国家 "十二五"规划重点图书
国家出版基金资助项目

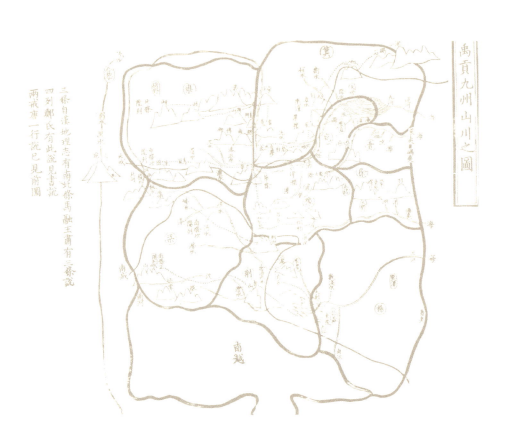

国家自然科学基金项目　国家社会科学基金项目
上海市社会科学重大项目

中國行政區劃通史

周振鹤 ◎ 主编

十六国北朝卷（上）

牟发松　毋有江　魏俊杰　著

复旦大学出版社

中国行政区划通史

周振鹤　主编

总论 先秦卷	周振鹤　李晓杰　著
秦汉卷	周振鹤　李晓杰　张　莉　著
三国两晋南朝卷	胡阿祥　孔祥军　徐　成　著
十六国北朝卷	牟发松　毋有江　魏俊杰　著
隋代卷	施和金　著
唐代卷	郭声波　著
五代十国卷	李晓杰　著
宋西夏卷	李昌宪　著
辽金卷	余　蔚　著
元代卷	李治安　薛　磊　著
明代卷	郭　红　靳润成　著
清代卷	傅林祥　林　涓　任玉雪　王卫东　著
中华民国卷	傅林祥　郑宝恒　著

全书简介

本书研究自先秦至民国时期的中国行政区划变迁史。这一研究不仅是传统的关于历时政区沿革的考证（纵向），而且对同一年代各政区并存的面貌作出复原（横向），在条件许可的情况下相关的复原以详细至逐年为尺度。全书在总论外，分为十三卷，依次是先秦卷、秦汉卷、三国两晋南朝卷、十六国北朝卷、隋代卷、唐代卷、五代十国卷、宋西夏卷、辽金卷、元代卷、明代卷、清代卷及中华民国卷。

在掌握传世与出土历史文献的基础上，本书充分吸收前人的研究成果，力求最大可能地反映历史真实。全书以重建政区变迁序列、复原政区变迁面貌为主要内容，而由于历史时期中国行政区划的变化很大，在正式政区以外又有准政区的形式存在，加之政区层级、幅员及边界在不同时期的变迁程度不一，因此各卷又独立成书，其考证过程和编写结构有各自的侧重点。

本书是中华人民共和国成立以来第一部学术意义上的行政区划变迁通史。各卷作者在相关领域有长期的学术积累，全书的写作也倾注了十余年之功，希望能成为中国行政区划变迁史研究的重要参考著作。

作者简介

牟发松，1954年生，湖北江陵人。武汉大学历史系1977级本科，提前毕业留校任教，1987年获博士学位。1993年任教授，1995年任博士生导师。2003年调入华东师范大学历史系，受聘终身教授。先后兼任日本京都大学、大阪市立大学客座教授，中国魏晋南北朝史学会副会长、常务理事，中国唐史学会理事。主要从事汉唐史研究，出版专著《唐代长江中游的经济与社会》、《汉唐历史变迁中的社会与国家》等多种，发表专题论文70余篇。协助业师唐长孺教授撰述其总结性专著《魏晋南北朝隋唐史三论》，汉译仁井田陞《中国法制史》，主持编辑《中国前近代史理论国际学术研讨会论文集》、《历史时期江南的经济、文化与信仰》等。

毋有江，1972年生，河南博爱人。复旦大学历史地理研究中心博士毕业，现为武汉大学历史学院副教授。主要从事秦汉魏晋南北朝史与历史政治地理的研究，曾在《历史研究》、《中国史研究》、《国学研究》、《人文杂志》、《中国中古史集刊》等刊物上发表多篇论文。其中《天兴元年徙民与北魏初年的行政区划》一文获谭其骧禹贡基金会第四届优秀青年历史地理论著一等奖。

魏俊杰，1982年生，安徽太和人。先后求学于上海师范大学人文与传播学院、复旦大学历史地理研究中心，现为衢州学院中国哲学与文化研究中心副教授。主要从事魏晋南北朝历史地理和历史文献的研究。主持国家级、省部级课题多项，在《历史地理》、《中国历史地理论丛》、《中国边疆史地研究》等刊物发表论文20余篇，参编《衢州文献集成》（200册），出版专著《衢州文献集成提要》、《衢州古代著述考》。

十六国北朝卷 提要

本卷从社会政治进程与政区演变关系的角度切入，依据相关正史、别史、地理总志、文集、墓志、考古发掘成果等资料，结合前人研究成果，对十六国北朝行政区划的演变过程进行了详尽考证和系统重建。内容既包括诸政治实体州郡县的设置与变动历程，也包括领民酋长、护军、军镇、行台等带有特殊政治意涵的政区置废情况，展示了这些特殊政区与州郡县制度之间错综复杂的关系。

全卷共分四编，在考证政区设置过程的基础上，对其变化趋势及特点亦做出归纳总结。

上编以淝水之战（383年）为界分前后两个时段，对十六国时期诸政治实体的疆域变动，行政区划的设置、分布及其沿革情况进行系统阐述，从行政区划演变的角度展示了十六国时期社会政治进程的图景。

中编为北魏疆域与行政区划的演变与设置，以北魏末年为基准考证了州郡县政区的沿革，反映了北魏与十六国、北朝这两个时代在政区设置上承前启后下编叙述东魏北齐、西魏北周的疆域变动，行政区划的设置、分布及其沿革，以《魏书·地形志》和《隋书·地理志》为参照，对东魏北齐、西魏北周的州郡县置废情况予以详尽考证。

附编对十六国诸政治实体治下的领民酋长、护军、军镇，以及北朝时期的特殊行政建置——东魏北齐行台、北周总管——做了详细的研究，从另一个侧面表达了本卷作者对这一时期行政区划演变过程的理解与把握。

本卷附有多幅图表，以更直观地展示十六国、北朝政区设置的概貌，以及政区演变的特点与变化趋势。

目　　录

十六国北朝诸政治实体兴衰示意图表 ………………………………………… 1

导　论 …………………………………………………………………………… 1

上编　十六国行政区划

绪　言 …………………………………………………………………………… 3

第一章　淝水之战前(304—383)十六国诸政权的疆域与政区演变(上) …………………………………………………… 30

　　第一节　汉赵 …………………………………………………………… 30

　　第二节　后赵(附　段国、冉魏) ……………………………………… 63

　　第三节　成汉(附　谯蜀) ……………………………………………… 134

第二章　淝水之战前(304—383)十六国诸政权的疆域与政区演变(下) …………………………………………………… 165

　　第一节　前凉 …………………………………………………………… 165

　　第二节　前燕 …………………………………………………………… 190

　　第三节　前秦 …………………………………………………………… 225

第三章　淝水之战后(383—439)十六国诸政权的疆域与政区演变(上) …………………………………………………… 282

　　第一节　后燕(附　西燕、翟魏) ……………………………………… 282

　　第二节　南燕 …………………………………………………………… 313

　　第三节　北燕 …………………………………………………………… 323

第四章 淝水之战后(383—439)十六国诸政权的疆域与政区演变(中) ········ 330

   第一节 后秦 ········ 330
   第二节 西秦 ········ 361
   第三节 夏(附 仇池) ········ 380

第五章 淝水之战后(383—439)十六国诸政权的疆域与政区演变(下) ········ 399

   第一节 后凉 ········ 399
   第二节 南凉 ········ 410
   第三节 西凉 ········ 419
   第四节 北凉 ········ 425

中编 北魏行政区划

绪 言 ········ 441

第一章 北魏疆域与政区演变的基本脉络 ········ 451

   第一节 道武帝时期(396—409)疆域演变与政区设置概况 ········ 451
   第二节 明元帝时期(409—423)疆域演变与政区设置概况 ········ 460
   第三节 太武帝时期(424—452)疆域演变与政区设置概况 ········ 461
   第四节 文成帝时期(452—465)疆域演变与政区设置概况 ········ 466
   第五节 献文帝时期(466—471)疆域演变与政区设置概况 ········ 467
   第六节 孝文帝迁洛以前(471—493)疆域演变与政区设置概况 ········ 469
   第七节 孝文帝迁洛以后(493—499)疆域演变与政区设置概况 ········ 480
   第八节 宣武帝时期(500—515)疆域演变与政区设置概况 ········ 483
   第九节 北魏末年(516—534)疆域演变与政区设置概况 ········ 487

第二章 恒州(北魏前期的司州)及相关州领郡沿革 ········ 503

   第一节 恒州(北魏前期的司州)州郡县沿革 ········ 503
   第二节 云、朔、燕、蔚、显诸州领属郡县 ········ 511

第三章 并、肆、汾、唐(晋)、建、南汾诸州领郡沿革 ········ 515

   第一节 并州领郡沿革 ········ 515

第二节　肆州领郡沿革 ………………………………………… 518
第三节　汾州领郡沿革 ………………………………………… 518
第四节　唐(晋)州领郡沿革 …………………………………… 520
第五节　建州领郡沿革 ………………………………………… 521
第六节　南汾州领郡沿革 ……………………………………… 522

第四章　河北诸州领郡沿革 ……………………………………… 524
第一节　冀州领郡沿革 ………………………………………… 524
第二节　定州领郡沿革 ………………………………………… 527
第三节　幽州领郡沿革 ………………………………………… 528
第四节　相州领郡沿革 ………………………………………… 529
第五节　营州领郡沿革(附　南营州) ………………………… 531
第六节　安州领郡沿革 ………………………………………… 532
第七节　平州领郡沿革 ………………………………………… 532
第八节　瀛州领郡沿革 ………………………………………… 533
第九节　沧州领郡沿革 ………………………………………… 534
第十节　殷州领郡沿革 ………………………………………… 534

第五章　河南诸州领郡沿革 ……………………………………… 536
第一节　司州领郡沿革 ………………………………………… 537
第二节　济州领郡沿革 ………………………………………… 545
第三节　洛州领郡沿革 ………………………………………… 546
第四节　豫州领郡沿革 ………………………………………… 547
第五节　徐州领郡沿革 ………………………………………… 549
第六节　东徐州领郡沿革 ……………………………………… 550
第七节　兖州领郡沿革 ………………………………………… 551
第八节　齐州领郡沿革 ………………………………………… 552
第九节　青州领郡沿革 ………………………………………… 553
第十节　南青州领郡沿革 ……………………………………… 554
第十一节　光州领郡沿革 ……………………………………… 555
第十二节　南兖州领郡沿革 …………………………………… 555
第十三节　西兖州领郡沿革 …………………………………… 556
第十四节　北徐州领郡沿革 …………………………………… 557
第十五节　胶州领郡沿革 ……………………………………… 558
第十六节　荆州领郡沿革 ……………………………………… 558
第十七节　广州、南广州、襄州、南襄州、郢州、南郢州、

　　　　析州领郡沿革……………………………………………………………… 560

第六章　关西诸州领郡沿革……………………………………………………… 562
　　第一节　雍州领郡沿革……………………………………………………… 564
　　第二节　华州领郡沿革……………………………………………………… 566
　　第三节　东雍州领郡沿革…………………………………………………… 568
　　第四节　北华州领郡沿革…………………………………………………… 568
　　第五节　泾州领郡沿革……………………………………………………… 569
　　第六节　豳州领郡沿革……………………………………………………… 570
　　第七节　岐州领郡沿革……………………………………………………… 571
　　第八节　河州领郡沿革……………………………………………………… 572
　　第九节　渭州领郡沿革……………………………………………………… 573
　　第十节　原州领郡沿革……………………………………………………… 573
　　第十一节　凉州领郡沿革…………………………………………………… 574
　　第十二节　夏州领郡沿革…………………………………………………… 576
　　第十三节　东夏州领郡沿革………………………………………………… 578
　　第十四节　秦州领郡沿革…………………………………………………… 580
　　第十五节　南秦州领郡沿革………………………………………………… 581
　　第十六节　南岐州领郡沿革………………………………………………… 583
　　第十七节　东益州领郡沿革………………………………………………… 584
　　第十八节　益州领郡沿革…………………………………………………… 585
　　第十九节　梁州领郡沿革…………………………………………………… 586
　　第二十节　巴州领郡沿革…………………………………………………… 588
　　第二十一节　东梁州领郡沿革……………………………………………… 590

下编　东魏北齐、西魏北周行政区划

绪　言…………………………………………………………………………… 595

第一章　东魏北齐与西魏北周疆域和政区演变的基本脉络………………… 616
　　第一节　侯景之乱前两魏疆域演变与政区设置概况……………………… 616
　　第二节　侯景之乱后两魏疆域演变与政区设置概况……………………… 617
　　第三节　北齐疆域演变与政区设置概况…………………………………… 619
　　第四节　北周疆域演变与政区设置概况…………………………………… 626

第二章　东魏北齐州郡县沿革(上) …………………………………… 636

第一节　司州领郡沿革 …………………………………………… 637
第二节　义州领郡沿革 …………………………………………… 642
第三节　怀州领郡沿革 …………………………………………… 643
第四节　定州领郡沿革 …………………………………………… 644
第五节　冀州领郡沿革 …………………………………………… 646
第六节　瀛州领郡沿革 …………………………………………… 648
第七节　赵州(原名殷州)领郡沿革 ……………………………… 649
第八节　沧州领郡沿革 …………………………………………… 651
第九节　幽州领郡沿革 …………………………………………… 652
第十节　安州领郡沿革 …………………………………………… 653
第十一节　南营州领郡沿革 ……………………………………… 654
第十二节　东燕州领郡沿革 ……………………………………… 655
第十三节　北齐北燕州领郡沿革 ………………………………… 655
第十四节　营州领郡沿革 ………………………………………… 656
第十五节　平州领郡沿革 ………………………………………… 656
第十六节　并州领郡沿革 ………………………………………… 656
第十七节　戎州(原名南垣州、丰州)领郡沿革 ………………… 659
第十八节　肆州领郡沿革(附　岚州) …………………………… 659
第十九节　东魏、北齐恒州(寄治肆州)与北齐恒州(亦称北恒州)领郡沿革 …………………………………………………… 660
第二十节　东魏、北齐朔州(寄治并州界)与北齐朔州(寄治马邑，又称北朔州)领郡沿革 ………………………………… 661
第二十一节　北灵州(原名武州)领郡沿革 ……………………… 662
第二十二节　北齐北蔚州领郡沿革 ……………………………… 663
第二十三节　北显州(原名廓州)领郡沿革 ……………………… 663
第二十四节　显州领郡沿革 ……………………………………… 664
第二十五节　北齐燕州沿革 ……………………………………… 664
第二十六节　云州领郡沿革 ……………………………………… 665
第二十七节　蔚州领郡沿革 ……………………………………… 665
第二十八节　宁州领郡沿革 ……………………………………… 665
第二十九节　灵州沿革 …………………………………………… 666
第三十节　西夏州领郡沿革 ……………………………………… 666
第三十一节　西汾州领郡沿革 …………………………………… 666

第三十二节　南汾州领郡沿革 ………………………………… 667
第三十三节　南朔州(因军户而设)沿革 ………………………… 667
第三十四节　北齐南朔州(治兹氏城)领郡沿革 ………………… 668
第三十五节　晋州领郡沿革 …………………………………… 669
第三十六节　建州领郡沿革 …………………………………… 672
第三十七节　东雍州领郡沿革 ………………………………… 673
第三十八节　东魏泰州领郡沿革 ……………………………… 674

第三章　东魏北齐州郡县沿革(下) …………………………… 675

第一节　兖州领郡沿革 ………………………………………… 675
第二节　青州领郡沿革 ………………………………………… 678
第三节　齐州领郡沿革 ………………………………………… 680
第四节　郑州(原名颍州)领郡沿革 …………………………… 682
第五节　济州领郡沿革 ………………………………………… 683
第六节　光州(治掖城)领郡沿革 ……………………………… 685
第七节　梁州领郡沿革 ………………………………………… 686
第八节　豫州领郡沿革 ………………………………………… 687
第九节　北豫州领郡沿革 ……………………………………… 692
第十节　徐州领郡沿革 ………………………………………… 693
第十一节　西兖州领郡沿革 …………………………………… 695
第十二节　南兖州领郡沿革 …………………………………… 696
第十三节　广州领郡沿革 ……………………………………… 698
第十四节　胶州领郡沿革 ……………………………………… 699
第十五节　洛州领郡沿革 ……………………………………… 701
第十六节　南青州领郡沿革 …………………………………… 703
第十七节　北徐州领郡沿革 …………………………………… 704
第十八节　信州(原名扬州、北扬州)领郡沿革 ………………… 705
第十九节　东楚州领郡沿革 …………………………………… 707
第二十节　东徐州领郡沿革 …………………………………… 708
第二十一节　海州领郡沿革 …………………………………… 710
第二十二节　东豫州领郡沿革 ………………………………… 713
第二十三节　义州领郡沿革 …………………………………… 714
第二十四节　颍州(治汝阴)领郡沿革 ………………………… 715
第二十五节　谯州领郡沿革 …………………………………… 717
第二十六节　北荆州领郡沿革 ………………………………… 719

第二十七节　东魏阳州领郡沿革………………………………… 720
第二十八节　郢州(原名南司州)领郡沿革……………………… 721
第二十九节　西楚州(原名楚州)领郡沿革……………………… 722
第三十节　合州领郡沿革………………………………………… 724
第三十一节　霍州领郡沿革……………………………………… 725
第三十二节　睢州领郡沿革……………………………………… 727
第三十三节　北齐潼州领郡沿革………………………………… 727
第三十四节　南定州领郡沿革…………………………………… 728
第三十五节　永州(原名西楚州)领郡沿革……………………… 730
第三十六节　东魏蔡州领郡沿革………………………………… 730
第三十七节　东魏西淮州领郡沿革……………………………… 731
第三十八节　谯州(治新昌城,又称南谯州)领郡沿革 ………… 731
第三十九节　扬州领郡沿革……………………………………… 733
第四十节　淮州(治淮阴城)领郡沿革…………………………… 735
第四十一节　仁州(治赤坎城)领郡沿革………………………… 736
第四十二节　光州(治光城,又称南光州)领郡沿革 …………… 737
第四十三节　南朔州(治齐坂城)领郡沿革……………………… 738
第四十四节　南建州领郡沿革…………………………………… 739
第四十五节　南郢州领郡沿革…………………………………… 740
第四十六节　东魏沙州领郡沿革………………………………… 741
第四十七节　北江州领郡沿革…………………………………… 741
第四十八节　东魏湘州(治大活关城)领郡沿革………………… 742
第四十九节　东魏汴州领郡沿革………………………………… 742
第五十节　东魏财州沿革………………………………………… 743
第五十一节　襄州领郡沿革……………………………………… 743
第五十二节　北齐洧州领郡沿革………………………………… 744
第五十三节　北齐瀍州领郡沿革………………………………… 744
第五十四节　北齐北建州领郡沿革……………………………… 745
第五十五节　北齐东广州领郡沿革……………………………… 745
第五十六节　北齐泾州领郡沿革………………………………… 746
第五十七节　北齐秦州领郡沿革………………………………… 747
第五十八节　北齐和州领郡沿革………………………………… 747
第五十九节　安丰州领郡沿革…………………………………… 748
第六十节　北齐衡州领郡沿革…………………………………… 748
第六十一节　北齐泸州沿革……………………………………… 749

第六十二节　北齐巴州沿革……749
　　第六十三节　北齐湘州沿革……749
　　第六十四节　北齐南司州领郡沿革……749
　　第六十五节　北齐义州沿革……750
　　第六十六节　北齐罗州(或雍州)领郡沿革……750
　　第六十七节　北齐江州领郡沿革……751
　　第六十八节　东魏陕州领郡沿革……753
　　第六十九节　南豫州沿革……754

第四章　西魏北周州郡县沿革(上)……755
　　第一节　雍州领郡沿革……755
　　第二节　恒州沿革……759
　　第三节　宜州(原名北雍州)领郡沿革……760
　　第四节　华州(原名东雍州)领郡沿革……761
　　第五节　同州(原名华州)领郡沿革……762
　　第六节　岐州领郡沿革……763
　　第七节　北周燕州沿革……765
　　第八节　北周显州(治陈仓)沿革……765
　　第九节　北周朔州(或翔州)领郡沿革……766
　　第十节　北周云州沿革……766
　　第十一节　陇州(原名东秦州)领郡沿革……766
　　第十二节　泾州领郡沿革……768
　　第十三节　宁州(原名豳州)领郡沿革……769
　　第十四节　显州(治阳周)沿革……771
　　第十五节　蔚州沿革……772
　　第十六节　云州沿革……772
　　第十七节　燕州领郡沿革……773
　　第十八节　豳州(原名南豳州)领郡沿革……773
　　第十九节　西魏恒州沿革……774
　　第二十节　敷州(原名北华州)领郡沿革……774
　　第二十一节　绥州领郡沿革……776
　　第二十二节　北周银州领郡沿革……778
　　第二十三节　延州(原名东夏州)领郡沿革……779
　　第二十四节　丹州(原名汾州)领郡沿革……780
　　第二十五节　西魏朔州沿革……782

第二十六节 原州领郡沿革 …… 782
第二十七节 会州沿革 …… 783
第二十八节 夏州领郡沿革 …… 784
第二十九节 长州(原名南夏州)领郡沿革 …… 785
第三十节 盐州(原名西安州)领郡沿革 …… 786
第三十一节 灵州领郡沿革 …… 786
第三十二节 秦州领郡沿革 …… 788
第三十三节 渭州领郡沿革 …… 790
第三十四节 交州(原名北秦州)领郡沿革 …… 791
第三十五节 河州领郡沿革 …… 791
第二十六节 北周廓州领郡沿革 …… 793
第三十七节 鄯州领郡沿革 …… 793
第三十八节 凉州领郡沿革 …… 794
第三十九节 甘州(原名西凉州)领郡沿革 …… 797
第四十节 瓜州领郡沿革 …… 798
第四十一节 梁州领郡沿革 …… 800
第四十二节 洋州领郡沿革 …… 802
第四十三节 集州(原名东巴州)领郡沿革 …… 803
第四十四节 金州(原名东梁州)领郡沿革 …… 805
第四十五节 北周洵州领郡沿革 …… 806
第四十六节 静州(原名北梁州)沿革 …… 807
第四十七节 直州(原名东梁州)领郡沿革 …… 808
第四十八节 北周迁州领郡沿革 …… 810
第四十九节 北周绥州沿革 …… 810
第五十节 罗州领郡沿革 …… 811
第五十一节 巴州领郡沿革 …… 811
第五十二节 北周蓬州领郡沿革 …… 814
第五十三节 北周万州领郡沿革 …… 816
第五十四节 通州(原名万州)领郡沿革 …… 816
第五十五节 西魏迁州领郡沿革 …… 818
第五十六节 西魏石州沿革 …… 818
第五十七节 并州领郡沿革 …… 819
第五十八节 开州领郡沿革 …… 819
第五十九节 渠州领郡沿革 …… 821
第六十节 邻州领郡沿革 …… 822

第六十一节	容州领郡沿革	823
第六十二节	成州(原名南秦州)领郡沿革	823
第六十三节	北周洮州领郡沿革	825
第六十四节	北周叠州领郡沿革	826
第六十五节	北周弘州领郡沿革	826
第六十六节	北周旭州领郡沿革	826
第六十七节	岷州领郡沿革	827
第六十八节	北周宕州领郡沿革	828
第六十九节	武州领郡沿革	829
第七十节	北周文州领郡沿革	831
第七十一节	邓州领郡沿革	832
第七十二节	北周扶州领郡沿革	833
第七十三节	北周芳州领郡沿革	834
第七十四节	凤州(原名南岐州)领郡沿革	834
第七十五节	北周康州领郡沿革	835
第七十六节	兴州(原名东益州)领郡沿革	836
第七十七节	利州(原名西益州)领郡沿革	837
第七十八节	西魏废华州沿革	840
第七十九节	沙州领郡沿革	840
第八十节	龙州领郡沿革	841
第八十一节	汶州(原名绳州)领郡沿革	842
第八十二节	北周翼州领郡沿革	843
第八十三节	北周覃州领郡沿革	844
第八十四节	始州(原名安州)领郡沿革	845
第八十五节	潼州领郡沿革	846
第八十六节	新州领郡沿革	849
第八十七节	隆州领郡沿革	851
第八十八节	北周遂州领郡沿革	853
第八十九节	合州领郡沿革	854
第九十节	楚州(曾名巴州)领郡沿革	855
第九十一节	信州领郡沿革	857
第九十二节	北周临州领郡沿革	859
第九十三节	向州沿革	859
第九十四节	北周南州领郡沿革	860
第九十五节	庸州沿革	861

第九十六节　益州领郡沿革……861
　　第九十七节　西魏东益州沿革……866
　　第九十八节　邛州领郡沿革……867
　　第九十九节　北周黎州领郡沿革……868
　　第一百节　嘉州(原名青州)领郡沿革……869
　　第一百零一节　眉州(原名青州)领郡沿革……870
　　第一百零二节　陵州领郡沿革……872
　　第一百零三节　西魏江州领郡沿革……873
　　第一百零四节　资州领郡沿革……874
　　第一百零五节　北周普州领郡沿革……875
　　第一百零六节　泸州领郡沿革……876
　　第一百零七节　戎州领郡沿革……878
　　第一百零八节　南宁州领郡沿革……879
　　第一百零九节　北周恭州沿革……880
　　第一百十节　北周西宁州(原名严州)领郡沿革……880
　　第一百十一节　北周黔州(原名奉州)沿革……882
　　第一百十二节　北周费州沿革……882
　　第一百十三节　麓州(原名宁州)沿革……883
　　第一百十四节　岩州(原名义州)沿革……883

第五章　西魏北周州郡县沿革(中)……884
　　第一节　北周洛州(原名司州)领郡沿革……884
　　第二节　陕州领郡沿革……886
　　第三节　北周废中州沿革……887
　　第四节　北周熊州(原名阳州)领郡沿革……888
　　第五节　北周和州(原名北荆州)领郡沿革……889
　　第六节　北周荥州领郡沿革……890
　　第七节　北周汴州(原名梁州)领郡沿革……891
　　第八节　北周亳州(原名南兖州)领郡沿革……892
　　第九节　北周谯州领郡沿革……893
　　第十节　北周曹州(原名西兖州)领郡沿革……894
　　第十一节　广州领郡沿革……895
　　第十二节　北周废澧州沿革……898
　　第十三节　北周许州(原名郑州)领郡沿革……899
　　第十四节　北周废汝州沿革……900

第十五节　北周废襄州沿革 ………………………………………… 900
第十六节　北周舒州(原名豫州)领郡沿革 ………………………… 900
第十七节　北周永州领郡沿革 ……………………………………… 903
第十八节　北周息州(原名东豫州)领郡沿革 ……………………… 904
第十九节　北周威州沿革 …………………………………………… 905
第二十节　北周洧州沿革 …………………………………………… 906
第二十一节　北周灅州沿革 ………………………………………… 906
第二十二节　北周陈州(原名信州)领郡沿革 ……………………… 906
第二十三节　北周颍州领郡沿革 …………………………………… 907
第二十四节　商州(原名洛州)领郡沿革 …………………………… 908
第二十五节　上州(原名南洛州)领郡沿革 ………………………… 909
第二十六节　东义州领郡沿革 ……………………………………… 911
第二十七节　淅州领郡沿革 ………………………………………… 911
第二十八节　北周丰州领郡沿革 …………………………………… 913
第二十九节　荆州(西魏北周领属)领郡沿革 ……………………… 914
第三十节　蒙州领郡沿革 …………………………………………… 917
第三十一节　湑州(原名南广州)沿革 ……………………………… 918
第三十二节　淮州(原名东荆州)领郡沿革 ………………………… 918
第三十三节　北周殷州领郡沿革 …………………………………… 919
第三十四节　鸿州(原名西郢州)沿革 ……………………………… 920
第三十五节　北周废澧州领郡沿革 ………………………………… 920
第三十六节　郑州沿革 ……………………………………………… 921
第三十七节　潘州沿革 ……………………………………………… 921
第三十八节　溱州沿革 ……………………………………………… 921
第三十九节　纯州(原名淮州)领郡沿革 …………………………… 922
第四十节　油州沿革 ………………………………………………… 923
第四十一节　西魏辅州(原名北应州)领郡沿革 …………………… 923
第四十二节　北周杞州领郡沿革 …………………………………… 923
第四十三节　北周鲁州领郡沿革 …………………………………… 924
第四十四节　北周济州领郡沿革 …………………………………… 925
第四十五节　北周魏州领郡沿革 …………………………………… 926
第四十六节　北周屯州领郡沿革 …………………………………… 927
第四十七节　北周沧州领郡沿革 …………………………………… 928
第四十八节　北周冀州领郡沿革 …………………………………… 929
第四十九节　北周贝州领郡沿革 …………………………………… 930

第五十节　北周相州(原名司州)领郡沿革……931
第五十一节　北周卫州(原名义州)领郡沿革……933
第五十二节　北周黎州领郡沿革……934
第五十三节　北周怀州领郡沿革……935
第五十四节　北周废怀州(又称西怀州)沿革……935
第五十五节　北周建州领郡沿革……936
第五十六节　北周潞州领郡沿革……936
第五十七节　北周废韩州沿革……937
第五十八节　北周废丰州沿革……938
第五十九节　北周蒲州领郡沿革……938
第六十节　北周虞州领郡沿革……939
第六十一节　北周绛州(原名东雍州)领郡沿革……941
第六十二节　北周废晋州沿革……943
第六十三节　北周废勋州(原名南汾州)沿革……943
第六十四节　邵州领郡沿革……944
第六十五节　北周南汾州(原名西汾州)领郡沿革……945
第六十六节　北周晋州领郡沿革……947
第六十七节　北周汾州领郡沿革……950
第六十八节　北周介州(原名南朔州、汾州)领郡沿革……952
第六十九节　北周废蔚州沿革……953
第七十节　北周石州(原名西汾州)领郡沿革……954
第七十一节　北周肆州领郡沿革……955
第七十二节　北周废北显州沿革……956
第七十三节　北周蔚州领郡沿革……956
第七十四节　北周朔州(原名北朔州)领郡沿革……957
第七十五节　北周废北恒州领郡沿革……958
第七十六节　北周并州领郡沿革……959
第七十七节　北周洺州领郡沿革……960
第七十八节　北周赵州领郡沿革……961
第七十九节　北周恒州领郡沿革……962
第八十节　北周定州领郡沿革……963
第八十一节　北周瀛州领郡沿革……965
第八十二节　北周幽州领郡沿革……966
第八十三节　北周废东燕州沿革……967
第八十四节　北周燕州(原名北燕州)领郡沿革……967

第八十五节　北周南营州领郡沿革…………………………………… 967
第八十六节　北周平州领郡沿革……………………………………… 968
第八十七节　北周玄州领郡沿革……………………………………… 968
第八十八节　北周青州领郡沿革……………………………………… 969
第八十九节　北周齐州领郡沿革……………………………………… 970
第九十节　北周光州领郡沿革………………………………………… 971
第九十一节　北周胶州领郡沿革……………………………………… 972

第六章　西魏北周州郡县沿革(下)………………………………… 973

第一节　北周徐州领郡沿革…………………………………………… 973
第二节　北周仁州领郡沿革…………………………………………… 974
第三节　北周睢州领郡沿革…………………………………………… 975
第四节　北周兖州领郡沿革…………………………………………… 975
第五节　北周沂州领郡沿革…………………………………………… 977
第六节　北周莒州(原名南青州)领郡沿革…………………………… 978
第七节　北周海州领郡沿革…………………………………………… 979
第八节　北周泗州(原名安州、东楚州)领郡沿革…………………… 981
第九节　北周宋州(原名潼州)领郡沿革……………………………… 982
第十节　北周邳州领郡沿革…………………………………………… 982
第十一节　北周吴州领郡沿革………………………………………… 984
第十二节　北周淮州领郡沿革………………………………………… 985
第十三节　北周南谯州领郡沿革……………………………………… 985
第十四节　北周方州领郡沿革………………………………………… 986
第十五节　北周西楚州领郡沿革……………………………………… 987
第十六节　北周扬州领郡沿革………………………………………… 988
第十七节　北周南光州领郡沿革……………………………………… 990
第十八节　北周南郢州领郡沿革……………………………………… 991
第十九节　北周南建州领郡沿革……………………………………… 992
第二十节　北周浍州领郡沿革………………………………………… 993
第二十一节　北周蕲州领郡沿革……………………………………… 994
第二十二节　北周义州领郡沿革……………………………………… 994
第二十三节　北周霍州领郡沿革……………………………………… 995
第二十四节　北周合州领郡沿革……………………………………… 996
第二十五节　北周晋州领郡沿革……………………………………… 996
第二十六节　北周和州领郡沿革……………………………………… 997

第二十七节　荆州(后梁藩国领属)领郡沿革······998
第二十八节　北周霍州沿革······999
第二十九节　北周平州领郡沿革······1000
第三十节　䣭州领郡沿革······1001
第三十一节　硖州(原名拓州)领郡沿革······1002
第三十二节　郢州领郡沿革······1003
第三十三节　北周废北新州沿革······1004
第三十四节　基州领郡沿革······1004
第三十五节　北周复州领郡沿革······1004
第三十六节　沔州(原名江州)领郡沿革······1006
第三十七节　北周亭州领郡沿革······1006
第三十八节　北周江州领郡沿革······1006
第三十九节　北周施州领郡沿革······1007
第四十节　北周业州领郡沿革······1007
第四十一节　北周襄州(原名雍州)领郡沿革······1008
第四十二节　北周沮州沿革······1010
第四十三节　昌州(原名南荆州)领郡沿革······1010
第四十四节　湖州(原名南襄州)领郡沿革······1011
第四十五节　西魏升州(原名南平州)领郡沿革······1012
第四十六节　西魏洞州领郡沿革······1012
第四十七节　蔡州(原名南雍州)领郡沿革······1013
第四十八节　随州(原名并州)领郡沿革······1013
第四十九节　土州领郡沿革······1014
第五十节　唐州(原名肆州)领郡沿革······1015
第五十一节　均州(原名恒州)沿革······1016
第五十二节　涢州沿革······1017
第五十三节　归州(原名南郢州)沿革······1017
第五十四节　㱿州(原名北郢州)沿革······1017
第五十五节　顺州(原名冀州)领郡沿革······1018
第五十六节　鄀州(原为安州)领郡沿革······1018
第五十七节　岳州(原名楚州)领郡沿革······1020
第五十八节　北周濮州领郡沿革······1020
第五十九节　宪州(原名司州、南司州)沿革······1021
第六十节　温州(原名新州)领郡沿革······1021
第六十一节　应州领郡沿革······1022

第六十二节　北周衡州(治南安)领郡沿革 …………………… 1023
第六十三节　北周弋州(原名巴州)领郡沿革 …………………… 1024
第六十四节　北周黄州(原名司州)领郡沿革 …………………… 1024
第六十五节　北周北江州领郡沿革 ……………………………… 1026
第六十六节　北周亭州(原名南定州)领郡沿革 ………………… 1026
第六十七节　北周申州(原名鄀州)领郡沿革 …………………… 1027
第六十八节　北周衡州(治黔中地)沿革 ………………………… 1029

附编　十六国北朝特殊政区

绪　言 …………………………………………………………… 1033

第一章　领民酋长 ……………………………………………… 1038
第一节　先行研究及相关问题 …………………………………… 1038
第二节　十六国时期的"离散诸部"与"领民酋长" …………… 1051
第三节　北朝的领民酋长 ………………………………………… 1069

第二章　地方护军 ……………………………………………… 1085
第一节　先行研究 ………………………………………………… 1085
第二节　十六国北魏地方护军的沿革、性质、职掌及组织机构 …… 1088

第三章　十六国北朝的军镇 …………………………………… 1107
第一节　先行研究 ………………………………………………… 1107
第二节　十六国时期的军镇及地方行政机构的军镇化 ………… 1110
第三节　北魏军镇的产生与"六镇"的设立 …………………… 1130
第四节　北魏军镇考补 …………………………………………… 1143
第五节　北魏军镇的种类、地位、组织机构及废改 ……………

第四章　北朝地方行台 ………………………………………… 1179
第一节　先行研究 ………………………………………………… 1179
第二节　行台的最初出现及其性质 ……………………………… 1180
第三节　十六国与北魏初期驻治地方的行台 …………………… 1182
第四节　北魏末(524—534)行台的地方官化 …………………… 1186
第五节　行台地方官化在东魏北齐的成熟定型 ………………… 1198

第六节　北魏末以降的大行台 …………………………… 1204
　　第七节　行台的消亡及其原因 …………………………… 1217

余论：十六国北朝社会政治进程与行政区划变动 ………………… 1220

附　录 ………………………………………………………………… 1225
　　一、疆域政区图 …………………………………………… 1227
　　　　1. 十六国疆域政区图 ………………………………… 1227
　　　　2. 北朝疆域政区图 …………………………………… 1231
　　二、政区沿革表 …………………………………………… 1234
　　　　1. 十六国政区沿革简表 ……………………………… 1234
　　　　2. 北魏州郡沿革简表 ………………………………… 1286
　　　　3. 东魏北齐州郡沿革简表 …………………………… 1298
　　　　4. 西魏北周州郡沿革简表 …………………………… 1311

主要参考文献 ………………………………………………………… 1338

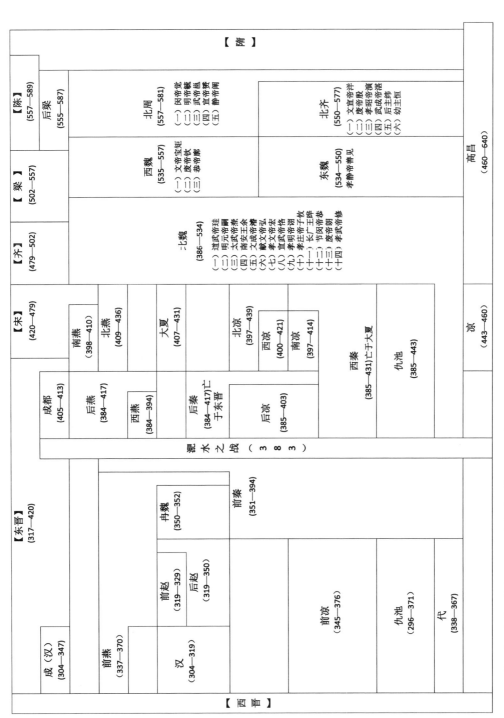

导　　论

一、本卷研究对象及分编

本卷讨论十六国北朝时期的行政区划。

自晋惠帝永兴元年(304)巴賨李雄在四川、匈奴刘渊在山西相继建立政权,至北魏太武帝太延五年(439)魏灭北凉统一中国北部,曾先后出现各族割据政权近二十个,史称"为战国者一百三十六载"①。北魏崔鸿所撰《十六国春秋》,就是记载这些"并因世故跨僭一方"、"建邦命氏成为战国者",即"刘渊(汉、前赵)、石勒(后赵)、慕容儁(前燕)、苻健(前秦)、慕容垂(后燕)、姚苌(后秦)、慕容德(南燕)、赫连屈丐(夏)、张轨(前凉)、李雄(成汉)、吕光(后凉)、乞伏国仁(西秦)、秃发乌孤(南凉)、李暠(西凉)、沮渠蒙逊(北凉)、冯跋(北燕)"等"十有六家"的历史②,后世遂以"十六国"指称这一时代——尽管当时出现的政治实体非止十六。本卷的"十六国"亦沿用此义,其中十六国以外诸政权的行政区划,则附录于或者归并于相应的政权中记述。

作为历史朝代名的"北朝"、"南朝"则得名于正史,即唐人李延寿所撰《北史》、《南史》。延寿在《上南北史表》中称二史分别记载"自魏以还"的"北朝"和"从宋以降"的"南朝"的历史③,可知《南史》、《北史》之"南"、"北",实为"南朝"、"北朝"之省称。事实上南北朝当时人,即以南朝、北朝自称、称人④。

尽管公元420年刘裕称帝建宋,南朝出现,但还有待于439年十六国中硕果仅存的北凉为北魏所灭,北朝方正式开启,十六国才最终落幕,进入南北朝对立的时代。534年北魏裂为东西,天下重现鼎峙之局,即如《通典·州郡·序目上》所说:"自东西魏之后,天下三分,梁陈有江东,宇文(西魏北周)有关

---

① 《资治通鉴》卷85晋惠帝永兴元年十月条,中华书局点校本,1956年。参《晋书》卷121《李雄载记》、卷101《刘元海载记》,中华书局点校本,1974年。《魏书》卷96《賨李雄传》、卷95《匈奴刘聪传》,中华书局点校本,1974年。
② 《魏书》卷67《崔光附崔鸿传》。
③ 《北史》卷100《序传》,中华书局点校本,1974年。
④ 《魏书》卷43《刘休宾传》、卷79《鹿悆传》,《南齐书》卷57《魏虏传》,中华书局点校本,1972年。《梁书》卷56《侯景传》,中华书局点校本,1973年。

西,高氏(东魏北齐)据河北。"这种王鸣盛所谓"天下再三分"的局面,要到577年北周灭齐,前后历四十四载,才重新恢复"南北"对立之势①。581年杨坚受周禅称帝,建立隋朝,北朝遂告结束,但就南北对峙而言,周隋嬗代不过是从陈周对立转变为陈隋对立而已。严格地说,直至589年隋灭陈,作为西魏北周后续政权的隋仍为北朝的延伸。唯其如此,李延寿《北史》遂将隋朝包括在北朝之内,叙事"尽隋义宁二年"亦即李渊代隋称帝之年②。由于《中国行政区划通史》于隋代政区设有专卷讨论,故本卷"北朝"止于北周禅隋(581)。

结束十六国的北魏,纵跨十六国和北朝两个时代,在北朝历史中具有极其重要的地位。高欢控制的东魏和宇文泰控制的西魏,元氏皇帝虽为傀儡,但两魏仍以北魏的正统继承者自居,北齐、北周不过是东魏、西魏的后续政权而已。因此之故,李延寿《北史》即始于"自魏以还",上溯至北魏道武帝复建代国的登国元年(386),而非北凉亡国之年(439)。但就行政区划史而言,北魏真正意义上或者说符合充分必要条件的政区③,尚待道武帝皇始元年(396)攻占后燕并州,"仍置"即承燕而置的并州及其所属郡县④,而其政区体系的正式形成,还要到天兴元年(398)迁都平城、攻占后燕河北地区之后。故本卷讨论北朝行政区划,实自北魏初入中原的皇始元年(396)始,至北周静帝大定元年(581)禅隋退位止⑤,凡一百八十六年。其间534年魏分东西,东魏迁都邺城,西魏定都长安,北中国从此进入东魏、西魏及其后续政权北齐、北周东西对峙之局。与这一政治过程的大变局相应的,则是北朝政区史上划阶段的重大变化。

有鉴于上述,本卷正编共分上、中、下三编,上编讨论十六国政区,中编和下编讨论北朝政区。中、下两编以534年为界,分别讨论北魏时期和东魏北齐、西魏北周东西对峙时期的政区。后缀附编,则简要讨论十六国北朝的特殊政区,包括这一时期出现的独具特色的高层政区。

二、十六国北朝政区演变的背景、过程及趋势

本书将十六国和北朝合为一卷讨论,既在于二者时间上前后相续,甚至可

---

① 《通典》卷171,中华书局王文锦等点校本,1988年。王鸣盛:《十七史商榷》卷66"天下再三分"条,上海书店出版社黄曙辉点校本,2005年,第554页。
② 《北史》卷100《序传》。
③ 说详周振鹤:《中国行政区划通史·总论》第一章第一节关于行政区划的定义、基本要素的论证,复旦大学出版社,2009年,第7—13页。
④ 《魏书》卷106上《地形志上》并州条。
⑤ 《北史》包括魏、齐、周、隋四朝历史,"尽隋义宁二年(618)"即李渊代隋称帝之年(上引《北史·序传》)。

以说是无缝对接——北魏的兴起、灭国与复国,与所谓"五胡"诸族在内地建立政权特别是前秦的兴亡密切相关,十六国中的最后一个政权北凉即为北魏所灭,空间上两个时代均以北中国为主要活动舞台;更在于二者的社会、政治进程,原为一具有内在联系的历史过程。如果对这一过程的趋势略加概括,那就是在民族关系上由胡(诸内迁少数民族)汉对立而趋于融和,政权形式上从多边分裂走向统一。与之相应,地方行政区划也发生了重大而深刻的变化,我们可以从以下两个方面或曰两种方向来把握变化的基本态势及走向。

一方面,伴随着北境诸少数民族或主动或被动的内徙,秦皇朝创立的以郡县制为标志的传统政区(以下简称"郡县制政区")被迫从北方边境地区后撤,代之以部落组织式的或者军事统制式的非郡县制特殊政区,这种现象两汉之际即已出现,魏晋时期更形加剧,而在所谓"五胡十六国"时代,这种特殊政区不限于边境,还一度交错杂存于长期以来实行郡县制的内地。特殊政区的大量存在,是十六国北朝地方行政制度的一个显著特征①;与此同时,传统的郡县制政区,在政区层级、数量乃至地方统治方式上也发生了若干重大变化,如地方行政机构的军事化,又如出于对地方大姓豪强、少数民族酋豪既有势力的承认和收编,增设郡县以署抚豪酋、酬赏劳勋,导致政区滥置——郡县制政区的密集化、细分化,甚至还出现了郡县制政区和特殊政区同治一地、其长官一身二任,"州置三刺史"、"郡置三太守"、"县置三令长"、"刺史令长各之州县"而太守"虽置而未临民"等非常可怪之现象②。上述变化主要发生在十六国和北朝前期。

另一方面,伴随着民族融合的深化,统一进程的加速,反映在政区上则是特殊政区的逐步退出或曰向传统郡县制政区的回归。北朝后期(大致始于北魏孝文帝朝)在政区层级数量上以省并精简为核心、在地方与中央关系上以削弱地方权力为旨归的努力,都促使郡县制政区的本质属性——作为秦始皇创立的中央集权体制的代表性制度或曰君主专制集权得以实现的保障性制度,逐步恢复和强化。隋朝初年将行政区划从州郡县三级改为州县(或郡县)二

---

① 本卷所谓"特殊政区",是相对于"郡县制政区"而言,实即周振鹤先生"特殊行政区划"、"特殊地方行政制度"的简称。周说详见氏著《中国地方行政制度史》绪言、第十二章、第十三章,上海人民出版社,2005年,第2、333—394页。并参周著《中国行政区划通史·总论》第五章,第100—151页。北朝特殊政区,严耕望先生称之为"诸特制",并对之作了开创性的系统研究,详见严著《中国地方行政制度史·魏晋南北朝地方行政制度》卷下《北朝地方行政制度》,特别是卷下第一章、第十一章至第十四章、卷末《约论》,台北:中研院历史语言研究所,1963年,第413—418、691—851、907—908页。
② 《魏书》卷113《官氏志》。

级,同时"存要去闲、并小为大",对政区大加省并,并将过去由州郡自行辟署当地大姓豪强为僚佐的权力尽收中央,"皆吏部除授,每岁考殿最"①,可视为北朝后期行政区划演变趋势的总结。

上述地方行政区划的变化,原因诚然是多方面的,有些变化如政区设置的密集化、细分化、军事化,在东晋南朝也有发生,但民族因素——边境少数民族的内迁及建立政权,无疑是十六国北朝政区演变最重要的背景和原因,甚至不妨说是特殊政区存在的前提,而变化的渊源可以上溯到东汉初年匈奴之分裂为南北两部,甚至更早。

"五胡十六国"连称而成为一固定词组,至迟已见于元代文献②。"十六国"一词出现于北魏已如上述,而"五胡"一词在十六国当时即已出现,苻坚面叱姚苌"五胡次序,无汝羌名"云云③,为治史者所熟知。"五胡"即匈奴(胡)、羯、鲜卑、氐、羌④。但十六国并非全为五胡所建,如前凉、北燕、西凉即为汉人所建,成汉为賨人(巴氐)所建。五胡所建政权亦非全部纳入十六国,如鲜卑人所建西燕、代国就不在其中。十六国中除賨人、汉人所建诸国外,五胡所建者凡十二:匈奴人所建汉赵、夏、北凉;羯人所建后赵;鲜卑人所建前燕、后燕、西秦、南凉、南燕;氐人所建前秦、后凉;羌人所建后秦⑤。创建北燕的冯跋虽出自长乐信都,但其父"东徙昌黎"之后"遂同夷俗",实为鲜卑化汉人⑥。北魏为鲜卑拓跋部所建。魏分东西以后执政西魏并最终代魏建周的宇文氏,为鲜卑族。执政东魏、其子最终代魏建齐的渤海高欢,史称其为渤海蓨人,自高欢祖父"坐

---

① 《隋书》卷46《杨尚希传》、卷1《高祖纪上》、卷29《地理志上》、卷28《百官志下》,中华书局点校本,1973年。《通典》卷32《职官·总论州佐》、卷14《选举·历代制中》。
② 陈栎:《历代通略》卷1"五胡十六国"条,影印文渊阁《四库全书》第688册第27页,台湾商务印书馆,1983年。
③ 《晋书》卷114《苻坚载记下》。
④ 关于五胡名称、次序等,陈寅恪先生考证甚详,见万绳楠整理:《陈寅恪魏晋南北朝史讲演录》第五篇"五胡种族问题",黄山书社,1987年,第82—98页。参周一良先生:《魏晋南北朝史札记·晋札记》"五胡次序,无汝羌名"条,中华书局,1985年,第113页。
⑤ 上文所谓"匈奴人所建汉赵"、"鲜卑人所建前燕"云云,是就创建集团的主体族群、统治集团的核心层而言的,如刘渊创立的汉赵即以匈奴贵酋集团及所统部族为立国根本,但这并不意味着汉赵国家及其统治集团是由单一的匈奴族群所组成的。
⑥ 《魏书》卷97《海夷冯跋传》、《北史》卷93《僭伪附庸·冯跋传》。冯跋建北燕后亦"崇信殊俗",按"殊俗"即"夷俗"。见《晋书》卷125《冯跋载记》。当时南朝人即径称冯跋为鲜卑,见《宋书》卷76《朱脩之传》,中华书局点校本,1974年。相关研究见张金龙:《北魏政治史研究》,甘肃教育出版社,1996年,第87—89页。三崎良章:《五胡十六国的基础性研究》第二部第六章《北燕的鲜卑化》,东京:汲古书院,2006年,第121—135页。

法徙居怀朔镇","故习其俗,遂同鲜卑",即鲜卑化汉人①。总之,十六国北朝的创建者大多为北边少数民族,当时被概称为"胡"②。诸胡族所建政权,直至今日学界,仍被习称为"胡族国家"、"北族国家"。相对于前此的秦汉、三国西晋,以及同时代南方的东晋南朝,这批胡族国家在政治体制上独具特色。长期以来,研究者以"胡汉分治"、"胡汉二元(重)体制"乃至"一国两制"之类表述来概括其特色③,在学界基本上已形成共识。以往研究亦表明,尽管诸胡族的社会发展程度并不一致,内迁及建立政权的时间早晚有别,所建政权在制度设施及统治结构上也各不相同,但就其中多数国家的政治、军事乃至社会体制的主要特征而言,用"胡汉二元体制"来概括是大体合适的。进而言之,胡族国家的特征,实际上是由二元体制中的胡族因素或曰胡族体制这一元所决定的。胡族因素也深深影响到十六国北朝的地方统治体制和行政区划设置。

所谓"胡族因素"、"体制",就其典型、原始面貌而言,要之有二:其一是主要经济形态为游牧,与之相应的生产生活方式上的流动不居("随畜牧而转

---

① 《北史》卷6《齐本纪上》。论者或谓高欢本出鲜卑,或谓出自高丽高氏,要之原非汉人,即使是汉人,其郡望渤海高氏亦属伪冒,但在论证中并无确凿无疑的史料根据,多为辗转推测,尚不足以证伪正史中有关高氏家世族属的记载。详参张金龙:《高欢家世族属真伪考辨》,《文史哲》2011年第1期。

② 汉代文献如《史记》、《汉书》中,屡见"胡"与"匈奴"互称。随着冒顿单于征服北亚草原诸游牧部落,建立起强大的游牧帝国,"胡"几乎成为匈奴的专名,其后又成为"北族通称"。详见吕思勉:《胡考》,《吕思勉读史札记(增订本)》下册,上海古籍出版社,2005年,第1308页。陈勇:《〈史记〉所见胡与匈奴称谓考》,《民族研究》2005年第6期。十六国北朝时,北边少数民族的通称除了"胡"之外,还有"夷"、"狄"等,当时所谓"六夷"、"北狄"亦如"五胡",实为北边诸少数民族通称,此不赘述。

③ 陈寅恪认为"胡族统治者实行胡汉分治,是一个历史现象"。始于汉赵的"胡汉分治"政策,包括"胡与汉、部落与编户为两个不同的系统,二系统分开治理",胡族当兵打仗,汉族耕织输贡赋。万绳楠整理:《陈寅恪魏晋南北朝史讲演录》第七篇"胡族的汉化及胡汉分治",第107—112页。唐长孺先生亦曾论证指出二赵"在其直接控制区域内建立了胡汉分治的军事化的制度以控制人民",氏撰《晋代北境各族"变乱"的性质及五胡政权在中国的统治》,氏著《魏晋南北朝史论丛》,三联书店,1955年,第160页。"胡汉二重体制"或"胡汉二元论"表述,在日本十六国北朝史研究者的论著中出现频率很高。如谷川道雄著,李济沧译:《隋唐帝国形成史论》,上海古籍出版社,2004年,"序说"第7—8页;谷川氏:《五胡十六国》,载富钦仕、李明仁译著:《征服王朝论文集》,台北:稻乡出版社,2002年,第213—215页。松下宪一:《北魏胡族体制论》,札幌:北海道大学出版会,2007年,"序"第1—2页。韩国学者朴汉济曾提出"胡汉体制论",认为五胡北朝国家最紧要的问题是胡汉矛盾问题,是胡汉间的相互冲突、妥协与融合。朴撰:《北魏王权与胡汉体制》,《北朝研究》1993年第1期。美国学者巴菲尔德认为十六国时期胡族政权的政治结构"是一种二元化的组织形式"(又简称"二元体制"),其中最典型的是鲜卑慕容部建立的前燕政权,后起的鲜卑拓跋国家即取法前燕。巴菲尔德著,袁剑译:《危险的边疆:游牧帝国与中国》,江苏人民出版社,2011年,第122—123、131—144、149—151页。"一国两制",见雷家骥:《汉赵国策及其一国两制下的单于体制》,《中正大学学报(人文分册)》第3卷第1期,1992年。

移"、"逐水草迁徙");其二是基本的社会政治组织为血缘结合的部落制(部族制),与之相应的兵民合一("士力能弯弓尽为甲骑")的部落兵制、军事民事合一的治理体系,其部落联盟国家即为高度军事化的"日常战斗共同体"("以马上战斗为国")①。其中部落制、军事化对胡族国家政区设置的影响最大,在特殊政区的设置上体现得最为显著。

差不多与秦帝国同时兴起的匈奴游牧帝国,也不过是部落制在更高联合层面上的复制和整合。单于之下的地方官体系二十四部首长(万骑)及其所属千长、百长、什长②,即是不同层次的部落联合体下至作为基层游牧生产生活单位的牧团的酋长。如果说有政区,那就是这些部落联合体范围大致稳定但时有变动的驻牧区,政区首长则是这些不同层面的部落集团首领。在"分枝性结构"的游牧社会政治体制中,具有"平等自主化"倾向的部落组织从来未曾消失过,无论是北部蒙古草原建立了大型游牧汗国的匈奴,还是东北部西辽河流域森林草原地带建立了"部落联盟"的东胡(乌桓、鲜卑),更不用说西北部河湟高原河谷地带长期处于部落分立、纷争状态之中的西羌及氐等游牧人群③。如果说汉武帝伐匈奴"取河南地"置朔方郡,降匈奴浑邪、休屠二王于其故地置河西四郡,开西南夷置武都郡等,是汉式郡县制政区向胡族游牧区的扩张,那么,两汉之际下至魏晋,北边游牧部族或主动侵入或被允许迁入或被强制移徙至帝国边郡乃至内地,则是胡族部落式、军事化的地方统治方式对郡县制政区的取代。如东汉初因匈奴南侵被迫放弃雁门、代、上谷三郡,吏民六万余口内迁,北地、朔方、五原、云中、代诸郡亦迹近废弃,故至光武帝建武二十五年(公元49)南匈奴八部降汉,即被安置在这实际上已不为汉朝控制的八郡中,南单于庭亦由五原西部塞而云中而西河美稷而离石节级南迁,匈奴部族亦随之蜂拥南下,至魏晋时已深入至并州汾水流域④。随着匈奴部族的南迁,原由匈奴

---

① 《史记》卷110《匈奴列传》,中华书局点校本,1959年。《汉书》卷94下《匈奴传》,中华书局点校本,1962年。谷川道雄先生认为"依然以部族制度作为支柱"的五胡国家,所实行的是"宗室的军事封建制","体现了对日常战斗共同体的塞外部落联盟国家的继承"。上揭谷川道雄:《隋唐帝国形成史论》,"序说"第5—6页。上揭松下宪一:《北魏胡族体制论》,"序"第1—2页。
② 《史记》卷110《匈奴列传》;《汉书》卷94上《匈奴传》。参林幹:《匈奴通史》,人民出版社,1986年,第26—28页。
③ 关于"分枝性组织",以及匈奴、鲜卑、西羌的社会、政治组织及其异同,系根据王明珂:《游牧者的抉择:面对汉帝国的北亚游牧部族》一书所论(广西师范大学出版社,2008年,第53—56、60、72、103、221—222、239—242页)。
④ 《后汉书》卷1下《光武帝纪下》、卷18《吴汉传》;同书卷89《南匈奴列传》。详参马长寿:《北狄与匈奴》,三联书店,1962年,第81—83页。

控制的东胡乌桓，逐步内迁至辽东、辽西、太原、朔方等沿边十郡①，同属东胡的鲜卑亦步乌桓后尘而渐次南徙、西迁。原居于大鲜卑山的鲜卑拓跋部，东汉时南迁至匈奴故地即阴山一带，及至西晋末拓跋猗卢受封代公，取得句注陉北地区五县地，乃率部落南徙居之②。西北的氐、羌各族，东汉一代多次被成批迁入关中，如建安二十四年（219），曹魏一次即徙氐人五万余落出居扶风、天水二郡界内，其后又多次移徙户以万计的武都氐族于关中③。东汉一代，曾多次移徙西羌到关中三辅，安定、北地、上郡、西河诸郡也有羌族分布，号称"东羌"，常与胡连称为"羌胡"，他们可能是东汉前随从匈奴从塞北、河西一同迁来。东汉时羌人多次举兵，一度建立滇零政权，汉廷不得不诏令陇西、安定、北地、上郡四郡郡民内徙，被镇压的降羌遍布关陇④。及至魏晋，"西北诸郡皆为戎居"，关中"戎狄居半"⑤。

"胡俗以部落为种类。"⑥东汉以来内迁诸胡长期与汉族错居杂处，但直到西晋末，他们基本上都保持着各自的部落组织，部落首领以往的名号、地位也得以保留下来，他们迁徙到哪里，就把部落组织带到哪里⑦，郡县制政区实际上也就从那里退出。汉武帝时对于率部降汉后被安置在西北五郡故塞的匈奴浑邪、休屠二王，汉朝"因其故俗"置五"属国"。所谓"故俗"，即是保存原来的国号、官称和部落组织，乃至游牧生产、生活方式及风俗习惯。属国虽臣属于汉，汉设有都尉进行管理，实际上为一自治性的特别行政区⑧。汉光武帝时对于叩关入塞附汉称臣的南匈奴呼韩邪部，汉朝设有"将兵卫护"即加以保护、监督的"使匈奴中郎将"（又称"护匈奴中郎将"），但对于南单于所统八部，仍由各

---

① 《后汉书》卷90《乌桓鲜卑列传》。《三国志》卷30《魏书·乌丸传》注引《魏书》，中华书局点校本，1959年。
② 《魏书》卷1《序纪》。关于鲜卑南下代北及其在当地与乌桓的共生关系，田余庆先生有精深研究，见田氏：《代北地区拓跋与乌桓的共生关系》，收入氏著《拓跋史探（修订本）》，三联书店，2011年。
③ 《三国志》卷15《张既传》、卷30《东夷传》注引《魏略·西戎传》。详见马长寿：《氐与羌》第二章"氐族"，广西师范大学出版社，2006年，第29—32页。
④ 详见马长寿：《氐与羌》第三章"羌族"，第91—94、104—128页。
⑤ 《晋书》卷97《北狄·匈奴传》、卷56《江统传》。
⑥ 《文选》卷43，丘迟《与陈伯之书》"部落携离、酋豪猜贰"句注引《晋中兴书》，中华书局，1977年，第609页。《晋书》卷97《北狄·匈奴传》作"北狄以部落为类"，当本于《晋中兴书》。
⑦ 唐长孺先生指出内迁诸胡大都仍保有其部落组织，尽管其中有一部分"实质上已编户化了"，氏撰《晋代北境各族"变乱"的性质及五胡政权在中国的统治》，氏著《魏晋南北朝史论丛》，第134—139页。黄烈先生则强调内迁诸胡的部落组织，直到西晋末都始终保持。黄烈：《中国古代民族史》，人民出版社，1987年，第331—335页。
⑧ 《史记》卷111《卫将军骠骑列传》"因其故俗为属国"句《正义》释："各依本国之俗而属于汉。"属国设都尉，详见《后（续）汉书志》卷28《百官志五》，中华书局点校本，1965年。

部"大人"统领,分驻于北地、朔方等八郡中①,中郎将官署和驻军并不直接干涉南匈奴部族的内部管理,实为一个有特定监护对象、戍守地域的军管、防戍区。建安中曹操分南匈奴为五部,立各部"贵者"为部帅(后改都尉),尽管配置"汉人司马以监督之"②,使部帅对部落的统治权受到削弱③,但五部仍然是以部落组织为基础,由部落酋长担任部帅(后来都尉司马亦有胡人充任),从而具有高度自治性质的特别行政区。汉魏朝廷对于"保塞降附"或经汉朝同意附塞、内迁的乌桓、鲜卑、羌、氐诸族,处置方法一如匈奴:或置属国,如"以处降羌"的金城属国,管理归附的乌桓、鲜卑的辽东属国;或置"使匈奴中郎将"之类的护羌校尉、护乌桓校尉等④。"因其故俗"的间接统治方式则一如既往。总之,汉魏朝廷对于主动归附或者被迫内徙的胡族部落,往往在安置地设置管理机构,驻军监护,同时给部落首领授予汉式官爵,但这些内迁的胡族部民,朝廷所设官署或驻军机构并不直接统治他们,他们仍旧生活在部落组织中,受原部落首领的直接领导,朝廷所设政军机构不过是通过部落首领对他们进行间接管理而已。于是内迁胡族部落的安置、聚居区,就原部落组织而言,是一个自治行政区;由于兵民合一,部落组织即是军事组织,因而同时也是一个部落军队驻镇防戍区;就朝廷所设管理机构而言,则是一个实施民族统制或曰民族压迫的特别行政区;因朝廷往往还派兵驻镇监护,因而又是一个兼具镇防、保护功能的军事防戍区。从这些胡族部落聚居区的特殊治理方式及复杂性质,可以窥见十六国北朝特殊政区的渊源所自。

当五胡在内地建立政权后,本部族及附从部族均以部落为单位聚族而居,实行部落制的地方统治,军事与民事、部落组织与武装组织合一,颇类后来北魏的"领民酋长"制。汉赵的"单于左、右辅,各主六夷十万落,万落置一都尉",都尉及以下首领,"皆以胡、羯、鲜卑、氐、羌豪杰为之",这些"豪杰"实即不同层

---

① 《后汉书》卷1下《光武帝纪》、卷89《南匈奴列传》。《后(续)汉书志》卷28《百官志五》。"护匈奴中郎将",见《后汉书》卷65《张奂传》。《资治通鉴》卷47《汉纪》"和帝永元二年冬十月(使匈奴)中郎将耿谭遣从事将护之"条胡注:"将,领也;护,监也。"故后来"使匈奴中郎将"又称"护匈奴中郎将"、"领护匈奴中郎将"。
② 《晋书》卷97《北狄·匈奴传》、卷101《刘元海载记》。详参马长寿:《北狄与匈奴》,第85—88页。
③ 五部内部亦出现分化,部落民中有的沦为部帅的部曲乃至国家的士家。见唐长孺:《晋书赵至传中所见的曹魏士家制度》,氏著《魏晋南北朝史论丛》,第31—32页。马长寿:《北狄与匈奴》,第87—92页。
④ 《汉书》卷8《宣帝纪》、卷69《赵充国传》。《后汉书》卷87《西羌传》、卷90《乌桓鲜卑列传》。《后(续)汉书志》卷23《郡国志五》、卷28《百官志五》。按金城属国、护羌校尉二职均始置于西汉,但金城属国都尉从未见于史载,王宗维论证指出,"由于护羌校尉治金城,金城不另设属国都尉",其说可从。又辽东属国设于东汉安帝时,具体时间不详,王氏考证推测大约置于元初二年(115)至永宁元年(120)间,不无理据。俱见王氏《汉代的属国》,《文史》第20辑,中华书局,1983年。

次的部落酋长,同时也是汉赵单于所统部落军队的各级将领,其中刘粲曾冤杀"氐羌酋长"十余人,刘曜杀巴氐酋长数十人,前者致"氐羌叛者十余万落",后者"四山羌、氐、巴、羯"反者三十余万人①。后赵石虎曾徙秦、雍民及氐、羌十余万户于关东,以氐帅苻(蒲)洪为龙骧将军、流民都督,使居枋头;又以羌帅姚弋仲为奋武将军、西羌大都督,使率其众数万徙居清河滠头。苻洪集团和姚弋仲集团各自作为一个完整的部族组织分别在枋头和滠头滞留达十八年之久,打下了以后前秦、后秦建国的政治、军事班底。他们自成一区,非郡非县,也与当地的郡县制政区并无隶属关系②,与后来北魏领民酋长尔朱氏率契胡部落世代割据于秀容川方三百里之地③,实异代同调。这种基于部落制的自治性政区、部落兵驻屯区,在十六国时期大量存在,如泾河东北卢水胡、屠各、西羌等皆"分堡而居"(彭沛谷堡、胡空堡、姚奴堡等),当时这类坞堡、垒壁林立于黄河流域,几乎部分取代了原有地方行政系统,其中由胡族酋豪所建者,固然为兼具部落制、军事性的领民酋长式政区,那些同样基于血缘、地缘关系的汉族大姓豪强所据坞堡,实具有同样的自治政区性质④。拓跋部建国前后曾实行统率本部族和附从部族的"分部制","部"原本为"游牧社会的体制"⑤,带有浓重的部族制传统,是兼具部族制性质和行政区划性质的特别行政区⑥,诸部大人虽不能等同于原来的部族酋长,实际上也不过是更高层面的部落联合体的"领民酋长"而已,而诸部大人所统,均是由领民酋长率领的大小部落⑦。十六国及北魏前期主要设置于少数民族聚居地区,以及郡县制政区内的军事枢纽或战略要冲之地的军镇,特别是专设于少数民族聚居地区的护军,实即取法于汉朝处置降附少数民族的属国、领护中郎将、校尉等特别行政区、军事防戍区制度,也可以说就是一种民族自治区。入主中原诸胡长期生息于特殊政

---

① 《晋书》卷102《刘聪载记》、卷103《刘曜载记》。
② 《晋书》卷112《苻洪载记》、卷116《姚弋仲载记》。《魏书》卷95《临渭氐苻健传》、《羌姚苌传》。唐长孺:《晋代北境各族"变乱"的性质及五胡政权在中国的统治》,氏著《魏晋南北朝史论丛》,第161—163页。罗新:《枋头、滠头两集团的凝成与前秦、后秦的建立》,《原学》第六辑,1998年。
③ 《魏书》卷74《尔朱荣传》。
④ 马长寿:《碑铭所见前秦至隋初的关中部族》,中华书局,1985年,第34页。唐长孺:《晋代北境各族"变乱"的性质及五胡政权在中国的统治》,氏著《魏晋南北朝史论丛》,第173—187页;同氏《魏晋南北朝隋唐史三论》,武汉大学出版社,1993年,第116—119页。陈琳国《中古北方民族史稿》第六章对十六国时期北方坞堡作了深入研究,并对相关资料作了疏列(商务印书馆,2010年,第382—398页)。
⑤ 详见严耀中:《北魏前期政治制度》第二章"分部制",吉林教育出版社,1990年,第26—49页。
⑥ 川本芳昭:《魏晋南北朝时代的民族问题》第一篇第四章"关于部族解散的理解",第五篇第二章第三节"八部·五部·六部",东京:汲古书院,1998年,第124—186、568—570页。
⑦ 松下宪一:《北魏胡族体制论》第二章《领民酋长制和"部族解散"》,第29—55页。

区内,因而在他们所建立的政权内出现多种特殊政区是容易理解的,其中入主中原最迟的鲜卑拓跋政权,统一了北方,年祚最长,特殊政区的设置也最为系统,存在时间也最久,故附编关于"特殊政区"的讨论,亦以北魏为主。

十六国北朝的特殊政区既根源于胡族因素,属于胡族体制,那么,随着这些胡族国家的民族政权色彩逐步淡化,其统治阶层逐步汉化,特殊政区的逐步消失乃是合乎逻辑的必然进程。正是在大力推进汉化改革的孝文帝时代,军镇、护军、领民酋长等特殊政区急速退出,渐为郡县制政区所取代。被孝文帝汉化潮流所抛弃、世代生活在非郡县制政区、或本为北族或已鲜卑化的北镇豪强所建立的东魏北齐、西魏北周政权,一度似乎有胡族体制回潮的迹象,在军队及统治核心的构成上,在姓氏(改胡姓)、语言(特别是军语)、风俗等方面都有明显表现,但在地方行政体制特别是政区设置方面却并无反映,郡县制政区之维护中央集权制的性质,反而有强化的倾向,北朝后期的特殊高层政区——地方行台制,其发展演变也与中央集权逐步加强的倾向合拍。

我们之所以将十六国北朝存在的带有部落制特征或曰民族统治色彩的政区称之为特殊政区,是相对于当时占统治地位的更具普遍性的郡县制政区而言的。

如果说"行政区划的基本前提首先是存在一个中央集权的国家",那么,秦始皇所确立的皇权专制的中央集权制国家便是中国古代行政区划由以产生的基本前提①。我们知道秦始皇中央集权体制是由皇帝制、官僚制、郡县制组成的,但其中最能体现中央集权体制特征的,实为郡县制。正如东汉初班彪所说,由于"汉家承秦之制,并立郡县",方使"主有专己之威"——皇帝的专制权力得以保障,"臣无百年之柄"——官吏选考有法、任免有期的官僚制得以成立②。正是郡县制("海内为郡县")结束了基于血缘的分土而治、各自为政的封建制时代,春秋战国以来从地方分权到中央集权的政治体制转换得以最终完成("法令为一统")③。秦皇朝郡县制的实质是在中央集权体制下,将全国政区分为基层的县级政区和统县政区的郡两个层级④,中央选派有任期的郡

---

① 周振鹤:《中国行政区划通史·总论》,第18页;《中国地方行政制度史》,第7页。
② 《汉书》卷100上《叙传》。
③ 括号中引文及下文所引李斯语,见《史记》卷6《秦始皇本纪》。
④ 关于县级政区、统县政区、高层政区等政区层级及其相互关系,据周振鹤《中国行政区划通史·总论》第9—10页。

县长官对辖区进行治理。由于层级少,体制简,"郡以仰达君相,县以俯亲民事"①,极便中央政令贯彻,即李斯所谓"甚足易制"。尽管汉唐间在统县政区和中央政府之间出现过各种名目的高层政区(如职在监察的两汉部刺史,军事镇防的都督,甚至作为郡上一级行政机构的魏晋南北朝州刺史,实际作为统州政区的唐代后期方镇等),但这都不过是以郡为代表的统县政区在层级及职能上的进一步析分②。总之,秦始皇广行"海内"的郡县制——我们将这种以县级政区和统县政区为基本构成的行政区划体系称之为"郡县制政区",既是帝制时代中央集权体制的基础性制度,也是中国古代行政区划体系的代表性制度。

自秦皇朝以降,郡县制政区一直是中国古代行政区划的主流形式,"千百年来一直并没有根本的变化"③,所谓"百代都行"的"秦政法",以郡县制概之可也④。十六国北朝也不例外。当时诸胡族政权,都是在秦汉以来长期实行郡县制的内地建立的。中原诸政权不论,诸燕发迹的东北,诸凉建政的河西,地处边陲,历来为多民族聚居之地,又是附汉诸少数民族安置之所,但这些地区同样自秦汉以来即置郡县。永嘉之乱后中原世家大族率宗族乡里避难四徙,辽水流域的幽州和河西凉州是仅次于江南的难民抵达地。本为汉人所建的前凉、慕容氏所建前燕,都曾大量吸收侨旧世家大族加入政权,前燕还专门为中原流人侨置郡县。前凉张氏和前燕慕容皝称王以前,均奉东晋为正朔,分别以凉州刺史(牧)和平州刺史(牧)为最高行政头衔,所统区域内自然也是实行郡县制。中原地区的汉赵、后赵二国,胡汉二元体制中的胡族体制占有较大比重,但胡汉分治主要体现在军事上,行政区划上仍沿袭汉晋以来的州郡县地方行政制度。地方行政体系几乎完全军镇化的赫连夏政权,其军镇长官仍带有州刺史的虚名,大夏之兴勃亡忽,与其郡县制政区缺失导致政权基础薄弱不

---

① 严耕望:《中国地方行政制度史(甲部)·序言》,《中国地方行政制度史——秦汉地方行政制度》卷首。
② 相对于秦朝,更加广土众民的两汉、隋唐、明清,在统县政区之上增设高层政区,对于国家治理来说也确有必要。至于主要设置于边疆及少数民族聚居地区的特殊政区,也是对郡县制体系的必要补充。实际上在"郡县单轨独行"(上引严耕望:《中国地方行政制度(甲部)·序言》)的秦皇朝,县级政区就有"主蛮夷"的"道"。
③ 周振鹤:《中国行政区划通史·总论》,第20页。
④ 毛泽东:《读〈封建论〉呈郭老》,徐四海编著:《毛泽东诗词全集》,东方出版社,2016年,第349页。诗中"百代都行秦政法",系化用柳宗元《封建论》"秦制之得,亦以明矣。继汉而帝者,虽百代可知也"句。谭嗣同《仁学》亦称"两千年之政,秦政也"。故论者或将秦皇朝以降的帝制时代名之为"郡县制时代",见李若晖:《郡县制时代——由权力建构与社会控制论秦至清的社会性质》,《文史哲》2011年第1期。

无关系。诸胡中社会发展相对落后、进入中原时间最迟的鲜卑拓跋族,在入主中原之初即在中央建立台省,地方设置州郡县,其后又顺应时势锐意汉化改革,逐步废止特殊政区,北魏能够成为十六国时代的终结者、新的时代的开启者,统治体制上的主动脱胡入汉,实为重要原因。本卷的研究表明,十六国北朝时期各政权总体上都沿袭了魏晋以来的州郡县制,郡县制政区居于统治地位,各政权中特殊政区之逐步退出并为郡县制政区所取代,成为不可逆转的大势所趋(尽管作为郡县制政区系统必要补充的特殊政区以后还会以新的形式出现)。这是因为在十六国北朝的所有政权中,统治阶层中不可或缺的世家大族,被统治者,或者说国家赖以存在的赋役承担者的绝大多数,都是世世代代生活在郡县制政区中的汉族人民,诸胡族政权如果要维持在内地的统治,实行郡县制实为最明智、最上策之选,随着特殊政区的逐步退出,随着南北重归一统,在行政区划上郡县制政区最终也占据了绝对的统治地位。

有鉴于上述,作为本卷主体的上、中、下三编,均以各编所述时代的郡县制政区为主要讨论对象,间涉特殊政区,而另立附编集中讨论特殊政区。除了上文所述理由外,将特殊政区作为附编还有一个原因,就是作为一种空间的、立体的研究的政区研究,"其研究结果必须能够体现在地理方面,能够画出地图来"①。十六国北朝时期的特殊政区之所以被视为特殊,就在于它是一种非普遍的、带有很强过渡性和临时性的行政区划,时置时废,暂置即废,并最终被废止,因而不被视为经制,在文献中鲜有记载,有记载也语焉不详。由于文献不足征,对于特殊政区诸要素及变迁的全过程,今日已难以系统掌握。如十六国北朝长期存在的领民酋长制,北魏前期地位要重的军镇,其置废时间、幅员大小及边界盈缩等大都不见于史载,今已不得其详,所以只能根据文献中的一些零星资料,作一些断面的、非连续的、不无推测的粗略描述,其研究结果自然无法以地图标示之。只是因为特殊政区对于观察、把握十六国北朝政区的全貌及特点具有极其重要的价值,故最后决定将之纳入附编,聊备一格。

三、几点说明

1. 本卷作者撰述分工。

牟发松:"导论",附编"十六国北朝特殊政区"。

魏俊杰:上编"十六国行政区划"。

毋有江:中编"北魏行政区划",下编"东魏北齐、西魏北周行政区划",

---

① 周振鹤:《中国行政区划通史》,"前言"第2页;第一章第三节,第15页。

"余论"。

2. 由于各编讨论的时代不同,政区设置状况及演变发展各具时代特点,加之存世文献史料及先行研究成果多寡有别,因而诸编各有绪言,分别就其研究思路、撰述体例、现存文献史料特点、已有前人成果状况等,作简要说明。

3. 从总体上看,十六国北朝政区的撰写可能别有难度,主要在于相关文献史料的缺乏和不系统。最早记载十六国历史的北魏崔鸿《十六国春秋》,至迟于宋代已亡佚。尽管《晋书》"载记"(卷101—130)、"列传"(卷56—57)和《魏书》相关"列传"(卷95—97、99)分别载述了十六国历史,但都没有系统记载十六国政区的"地理志"之类的原始资料流传下来。北齐、北周的政区设置,虽然在号称"五代史志"的《隋书·地理志》中不无记述,但《隋书·地理志》是以隋代政区为叙述框架的,只有在记述隋代政区的置废沿革时才涉及前朝。北魏一代有正史《魏书》传世,《魏书》亦设有"地形志",但北齐魏收撰写《魏书·地形志》时,所依据的是北齐视为正统的东魏武定年间的地理版籍,而"沦陷诸州"即已入西魏的地域,则是依据的魏分东西之际、业已脱漏不全的"永熙绾籍",但东西两魏的国土较之北魏已有伸缩,政区设置复多变化。总之,十六国北朝的政区设置,没有其他时代如两汉隋唐那样有见于正史"地理志"的原始政区资料。后世学者特别是清代和当代学者,相继有《十六国春秋》的辑录著作,以及诸如十六国的"疆域志",北周、北齐的"地理志"之类的著述问世,但这些著述终究是根据二手、三手资料撰成。囿于上述文献史料的缺略,加之作者的学术水平所限,势必严重制约本卷的水准。本卷各位作者虽然力图对已有前人成果广为利用,对现存文献史料特别是新出土文献博加蒐罗,但脱漏讹误甚至相互矛盾之处必在所难免。因而本卷对十六国北朝政区的研究,只能是一个粗陋的阶段性成果,希望能得到读者的指教,以便异日修订时加以改进。

上编　十六国行政区划

绪　　言

自刘渊建汉至北凉亡国,中国北方及西南地区出现了政权林立的局面,史称十六国时期。用"十六国"来统称这一时期,始于北魏崔鸿《十六国春秋》,该书记有前赵、后赵、前燕、前秦、后燕、后秦、南燕、夏、前凉、成汉、后凉、西秦、南凉、西凉、北凉、北燕诸政权,十六国各为一录①。但实际上,这一时期并存的政权并不止十六国,诸如鲜卑段氏、仇池杨氏、丁零翟氏、巴蜀谯氏及冉魏、西燕等都曾割据一方,各自为政。本编所言十六国时期,上起晋惠帝永兴元年(304)匈奴刘渊建立汉国,下讫北魏太武帝太延五年(439)灭北凉②。在具体考述时,以崔书所记"十六国"为主,兼及当时存在的各政权。

一、本编研究的学术基础

1. 学术研究回顾

清代以前,尚未有关于十六国疆域、政区的专著或专篇。即使有些史书涉及十六国政区,如《晋书·地理志》,也极为简略。至清代,有关十六国疆域政区研究的著作增多。清初,顾祖禹在皇皇巨著《读史方舆纪要》中仅用了半卷的篇幅叙述十六国疆域的分合③,较之十六国疆域频繁复杂的变迁过程,这显得极为单薄,而且顾氏对政权间的疆界表述得也极其模糊。顾氏之后,有洪亮吉《十六国疆域志》,这是一部有关十六国疆域政区的专门性著作,有开创之功。然洪氏之作问题太多,为近现代以来不少学者所诟病。余逊指出《十六国疆域志》之疏漏④,谭其骧先生称洪氏书中之误不胜枚举⑤,周振鹤先生称洪

---

① 《魏书》卷67《崔光传附崔鸿传》:"(崔鸿)以刘渊、石勒、慕容儁、苻健、慕容垂、姚苌、慕容德、赫连屈丐、张轨、李雄、吕光、乞伏国仁、秃发乌孤、李暠、沮渠蒙逊、冯跋等,并因世故,跨僭一方,各有国书,未有统一,鸿乃撰为《十六国春秋》,勒成百卷。"
② 一般而言,对十六国时期做如此断限。上限之所以定于西晋永兴元年,不仅是因为刘渊建汉,且此年李雄也于成都称王。但本编在考察疆域变迁、政区沿革时,需要追述某些政权建国之前已经占据的地区,如成汉、前燕在永兴元年前已经取有部分之地。本编下限断于北魏太延五年,此为传统上认为十六国结束的时间。但北凉亡国后,沮渠氏又在高昌建立政权,本编不再考述。
③ 顾祖禹:《读史方舆纪要》卷3《历代州域形势三》,中华书局,2005年,第118—146页。
④ 余逊:《汉魏晋北朝东北诸郡沿革表》,《中央研究院历史语言研究所集刊》第六本第四分,1936年。
⑤ 谭其骧:《〈补陈疆域志〉校补》,《长水集》(上),人民出版社,1987年,第104页。

《志》是不成功之作①。就具体研究而言,近人张鹏一《苻秦疆域志补正》,用前秦《邓太尉祠碑》和新发现的敦煌遗书来补正洪《志》有关前秦疆域的一些疏误,有一定的学术价值②,但仍有很多错误未能指正。徐文范《东晋南北朝舆地表》也涉及十六国疆域政区,该书"年表"部分逐年记述东晋南北朝诸并存政权的疆土得失及政区变迁。徐氏此作规模巨大,存在的问题也不少,胡阿祥先生认为"对徐氏此书的价值不宜估计之太高",不宜轻率征引③。就徐书有关十六国的内容而言,其错误之多不下于洪氏《十六国疆域志》。杨守敬是清末舆地学的大家,其精心绘制的《历代舆地沿革图》受到后世学者的褒奖。杨《图》有关十六国的部分则本于《十六国疆域志》,只有个别地方稍有辨证,其优劣可知④。清末胡孔福《南北朝侨置州郡考》,其中卷六专考十六国侨置州郡⑤,胡阿祥先生认为"此书的考证基本失败、略不足观"⑥。概而言之,清人顾氏《纪要》、洪《志》、徐《表》、杨《图》、胡《考》等对十六国疆域政区研究虽各有不同程度的贡献,但仍明显存在着许多不足。

清代以降,传统的舆地学逐渐转向近代的历史地理学,随之出现了不少疆域史著作。民国期间,顾颉刚、史念海合著《中国疆域沿革史》与童书业《中国疆域沿革略》,是近代疆域史研究的典范之作⑦,但此两书有关十六国疆域皆承顾祖禹陈说。近年又出现了一些疆域史著作,刘宏煊《中国疆域史》、林荣贵主编《中国古代疆域史》、葛剑雄《中国历代疆域的变迁》、杜瑜《中国历代疆域》均有一定的代表性。有关十六国部分,刘书立于"大一统"的角度,对于分裂时期的魏晋南北朝疆域避而不谈⑧;林著基本承袭顾氏之观点,且出于"统一多民族国家"的角度,叙述了十六国诸政权与其北边少数民族的关系⑨;葛先生之作限于篇幅,对十六国疆域变迁的叙说稍嫌简略,无法反映十六国疆域复杂的变迁情况⑩;杜著于十六国疆域部分,多承顾祖禹之说⑪。

---

① 周振鹤:《点石成金、披沙沥金与脸上贴金》,《随无涯之旅》,三联书店,2007年,第89页。
② 张鹏一:《苻秦疆域志补正》,在草山堂铅印本,1919年。
③ 胡阿祥:《东晋南朝侨州郡县与侨流人口研究》,江苏教育出版社,2008年,第22页。
④ 杨守敬编,熊会贞绘图:《历代舆地图》(十六国),宣统元年、宣统三年刻本。
⑤ 胡孔福:《南北朝侨置州郡考》,《二十四史订补》本。
⑥ 胡阿祥:《东晋南朝侨州郡县与侨流人口研究》,第22页。
⑦ 顾颉刚、史念海:《中国疆域沿革史》,商务印书馆,1938年;童书业:《中国疆域沿革略》,上海开明书店,1946年。
⑧ 刘宏煊:《中国疆域史》,武汉出版社,1995年。
⑨ 林荣贵主编:《中国古代疆域史》,黑龙江人民出版社,2007年。
⑩ 葛剑雄:《中国历代疆域的变迁》,商务印书馆,1997年。
⑪ 杜瑜:《中国历代疆域》,中国国际广播出版社,2011年。

在行政区划研究方面,严耕望、程幸超、周振鹤各自所著的《中国地方行政制度史》和李晓杰先生《九州郡县:中国历代地方行政制度的变迁》《体国经野:历代行政区划》,皆侧重于制度方面的研究[①];胡阿祥先生《六朝疆域与政区研究》《东晋南朝侨州郡县与侨流人口研究》则侧重于研究六朝地理[②]。这些著作对本编研究各具启发意义。李晓杰先生的《疆域与政区》,有专节叙述十六国疆域和政区[③],是以往各论著少有的,对本编的研究有重要参考价值。此外,区域性历史地理著作亦有涉及十六国者,方国瑜《中国西南历史地理考释》、孙进己和冯永谦主编《东北历史地理》(第二卷),对十六国疆域、政区的考证各有参考价值[④]。在历史地图集中,谭其骧先生主编的《中国历史地图集》是同类成果水平最高的,但有关十六国部分也有值得商榷的地方[⑤]。孔祥军《晋书地理志校注》对《晋书·地理志》作全面深入的整理[⑥],对研究十六国疆域政区极具参考价值。

就论文而言,有一些论文讨论了个别政权某些州郡的基本情况。20世纪最早发表的相关论文当是于鹤年的《河北省十六国时代郡县考略》,该文仅述在当时河北省内各郡曾为后赵、前燕、前秦、后秦所统政区,不言其得失过程[⑦]。张树棻、李维堂《十六国都邑考》,唯考前赵、后赵、前燕三个政权的都邑迁徙始末[⑧]。吴应寿《十六国汉、后赵及南朝齐司州治》指出了匈奴汉国和后赵司州治所之所在[⑨]。杨耀坤《咸安二年苻坚未陷仇池辨》、刘国元和吕叔桐《十六国时期的金城归属》、弓因《后燕平州曾改营州》、心雨《十六国汉政权左右司隶户数考》、宓达《十六国时期后燕未曾设过豫州》、苏润千《十六国时期二刘疆土的轮廓》、宓三能《说北魏初年破后燕后"迁徙山东六州吏民"的六州》、沧洲《后燕慕容垂的疆土无洛阳》和《十六国时成国的梁州先治于晋寿,后移于

---

① 严耕望:《中国地方行政制度史》,上海古籍出版社,2007年;程幸超:《中国地方行政制度史》,四川人民出版社,1992年;周振鹤:《中国地方行政制度史》,上海人民出版社,2005年;李晓杰:《九州郡县:中国历代地方行政制度的变迁》,沈阳出版社,1997年;李晓杰:《体国经野:历代行政区划》,长春出版社,2004年。
② 胡阿祥:《六朝疆域与政区研究》,学苑出版社,2005年;胡阿祥:《东晋南朝侨州郡县与侨流人口研究》,江苏教育出版社,2008年。
③ 李晓杰:《疆域与政区》,江苏人民出版社,2011年。
④ 方国瑜:《中国西南历史地理考释》,中华书局,1987年;孙进己、冯永谦主编:《东北历史地理》(第二卷),黑龙江人民出版社,1989年。
⑤ 魏俊杰:《〈中国历史地图集〉十六国部分献疑》,《中国历史地理论丛》2011年第3辑。
⑥ 孔祥军:《晋书地理志校注》,新世界出版社,2012年。
⑦ 于鹤年:《河北省十六国时代郡县考略》,《女子师范学院期刊》1933年第1期。
⑧ 张树棻、李维堂:《十六国都邑考》,《禹贡》1935年第3期。
⑨ 吴应寿:《十六国汉、后赵及南朝齐司州治》,复旦大学中国历史地理研究所编《历史地理研究》第2辑,复旦大学出版社,1990年,第152—160页。

涪》、崔向东和艾涛《前、后秦"京兆郡"辨正》,以上诸文虽然篇幅短小①,但均解决了一些具体问题。郑炳林《前凉行政区划初探》征引资料翔实,但未能反映前凉政区的演变②;其《西秦赤水、强川、甘松地望考》考证了西秦三地的地理位置,值得参考③。肖迎《成汉统治期间在西南民族地区设置的郡县》,针对成汉时期在民族地区设置的郡县及其调整加以研究,未能反映全貌④。吴宏岐《后秦"岭北"考》、侯甬坚《十六国北朝"岭北"地名溯源》、吴洪琳《十六国时期"岭北"考》,对史书所言十六国时期的"岭北"加以考辨⑤。胡阿祥《十六国北朝侨州郡县与侨流人口研究引论》、《东晋十六国南北朝之疆域及其分析》,对研究十六国政区有极高的参考价值⑥。周伟洲《十六国夏国新建城邑考》、胡玉春《赫连夏地方州、镇(城)考》、仇鹿鸣《侨郡改置与前燕政权中的胡汉关系》、高然《十六国前燕疆域、政区考》,对研究赫连夏、前燕的政区各具参考价值⑦。李万生《记两晋南北朝之华山郡》可供研究十六国的华山郡参考⑧。

对于十六国时期的地方行政制度,有不少学者撰文探讨。牟发松《十六国时期地方行政机构的军镇化》对十六国时期的地方行政制度作了研究,提出十六国时期地方机构有军镇化的趋势⑨。叶其峰《魏晋十六国时期的护军、中护

---

① 杨耀坤:《咸安二年苻坚未陷仇池辨》,《文史》第16辑,1982年;刘国元、吕叔桐:《十六国时期的金城归属——兰州历史沿革探索》,《兰州学刊》1992年第2期;弓因:《后燕平州曾改营州》,《社会科学辑刊》1986年第2期;心雨:《十六国汉政权左右司隶户数考》,《中国历史地理论丛》1991年第3辑;宓达:《十六国时期后燕未曾设过豫州》,《中国历史地理论丛》1991年第4辑;苏润千:《十六国时期二刘疆土的轮廓》,《中国历史地理论丛》1991年第4辑;宓三能:《说北魏初年破后燕后"迁徙山东六州吏民"的六州》,《中国历史地理论丛》1992年第3辑;沧洲:《后燕慕容垂的疆土无洛阳》,《中国历史地理论丛》1992年第3辑;沧洲:《十六国时成国的梁州先治于晋寿,后移于涪》,《中国历史地理论丛》1992年第3辑;崔向东、艾涛:《前、后秦"京兆郡"辨正》,《中国历史地理论丛》1996年第1辑。
② 郑炳林:《前凉行政区划初探(凉州)》,《敦煌学辑刊》1993年第1期;郑炳林:《前凉行政区划初探(河州沙州)》,《敦煌学辑刊》1993年第2期。
③ 郑炳林:《西秦赤水、强川、甘松地望考》,《西北民族学院学报》(哲学社会科学版)1994年第3期。
④ 肖迎:《成汉统治期间在西南民族地区设置的郡县》,《思想战线》1995年第5期。
⑤ 吴宏岐:《后秦"岭北"考》,《中国历史地理论丛》1995年第2辑;侯甬坚:《十六国北朝"岭北"地名溯源》,《中国历史地理论丛》2001年第1辑;吴洪琳:《十六国时期"岭北"考》,《陕西师范大学学报》(哲学社会科学版)2006年第5期。
⑥ 胡阿祥:《十六国北朝侨州郡县与侨流人口研究引论》,《中国历史地理论丛》2009年第3辑;胡阿祥:《东晋十六国南北朝之疆域及其分析》,《南京晓庄学院学报》2009年第4期。
⑦ 周伟洲:《十六国夏国新建城邑考》,《长安史学》第三辑,2007年;胡玉春:《赫连夏地方州、镇(城)考》,《内蒙古社会科学(汉文版)》2013年第2期;仇鹿鸣:《侨郡改置与前燕政权中的胡汉关系》,《中国历史地理论丛》2007年第4辑;高然:《十六国前燕疆域、政区考》,《中国历史地理论丛》2014年第3辑。
⑧ 李万生:《记两晋南北朝之华山郡》,《田余庆先生九十华诞颂寿论文集》,中华书局,2014年,第306—330页。
⑨ 牟发松:《十六国时期地方行政机构的军镇化》,《晋阳学刊》1985年第6期。

军及护军印》、郑炳林《仇池国二十部护军镇考》、高敏《十六国前秦、后秦时期的护军制》、龚元建《五凉护军考述》、张金龙《十六国"地方"护军制度补正》、吴宏岐《"护军"制度起始时间考辨》，从不同角度对十六国时期的护军和护军制度作了研究①。

近年，有学位论文以十六国北朝时期的疆域、政区为选题。毋有江《北魏政区地理研究》主要复原了北魏州郡两级政区的设置，考证极为精审②；史霖《十六国时期汉赵国疆域政区变迁》和郭雁鹏《十六国时期后赵疆域政区研究》③，分别考察了汉赵和后赵的疆域变迁和政区沿革，这些成果对于本编的研究各有参考价值。陈学伟《十六国北朝侨州郡县研究》是研究该时期侨置政区的专篇，但其所述十六国时期侨州郡县并不全面，且对可考的侨州郡县的地理位置缺乏考证④。

海外学者的论著中，重野安绎、河田羆《支那疆域沿革图》（附《略说》）中绘有十六国图3幅，把汉赵、后赵、前燕、成汉、前凉合为一图，前秦单独为一图，后燕、北燕、南燕、后秦、西秦、后凉、南凉、西凉、北凉合为一图，其图不仅没有标准年代，而且错误甚多⑤。《支那疆域沿革图》所附《略说》极为简短，并没有叙说十六国疆域政区的变迁过程，只是把五胡政权的兴替过程略作介绍而已。海外学者的论文中直接论及十六国疆域的，有日本前田正名的《关于前凉国的疆域》，该文按张轨、张寔、张茂、张骏、张重华以降五个时期来考察前凉的疆域，考证较为缜密⑥；但前田的论证也存在错误，如在考证前凉设置高昌郡的时间问题上，征引羽田亨、松田寿男的考证成果，从而得出错误的结论⑦；又如前田考证"汉中郡"归属时，误把当时成汉控制的汉中郡视为后赵的势力所在⑧。另外，关尾史郎《南凉政权（三九七—四一四）与徙民政策》中对4世纪

---

① 叶其峰：《魏晋十六国时期的护军、中护军及护军印》，《文物》1990年第1期；郑炳林：《仇池国二十部护军镇考》，《西北民族研究》1991年第2期；高敏：《十六国前秦、后秦时期的护军制》，《中国史研究》1992年第2期；龚元建：《五凉护军考述》，《敦煌学辑刊》1994年第1期；张金龙：《十六国"地方"护军制度补正》，《西北史地》1994年第4期；吴宏岐：《"护军"制度起始时间考辨》，《中国史研究》1997年第4期。
② 毋有江：《北魏政区地理研究》，复旦大学博士学位论文，2005年。
③ 史霖：《十六国时期汉赵国疆域政区变迁》，复旦大学硕士学位论文，2010年；郭雁鹏：《十六国时期后赵疆域政区研究》，复旦大学硕士学位论文，2011年。
④ 陈学伟：《十六国北朝侨州郡县研究》，山西大学硕士学位论文，2011年。
⑤ ［日］重野安绎、河田羆：《支那疆域沿革图》（附《略说》），日本明治二十九年（1896）东京富山房发行。
⑥ ［日］前田正名：《前凉国の境域について》，《驹泽大学文学部研究纪要39》，1981年。
⑦ 对于高昌郡设置时间的考证，详见前凉"疆域变迁"相关内容。
⑧ 对于该时期汉中郡的归属，详见成汉"疆域变迁"相关内容。

湟水黄河流域郡县的考述亦可作为参考①。

由上述可知,有关十六国疆域、政区的研究,缺乏全面系统的考证,且不能反映当时疆域、政区变迁复杂的过程。

2. 文献资料基础

研究十六国时期的疆域、政区,必须从现存的基本史料入手。现存有关十六国的研究资料相对缺乏,洪亮吉在《十六国疆域志序》中称其研究十六国疆域有"十难",其中之一便是资料匮乏。在有限的现存资料中,最为重要的是《晋书》、《资治通鉴》,其次为《魏书》、《宋书》、《华阳国志》、《水经注》、《元和郡县图志》、《太平寰宇记》,唐宋类书及其他典籍也散见一些有价值的资料,出土的墓志碑铭、造像碑记、敦煌文献、吐鲁番文书等也提供了少量极为珍贵的资料。当然,有些典籍的记载也存在着种种问题,清代以来诸家已有所辨正,本编在研究十六国政治地理相关内容时随文加以引用,对于他们考订中出现的错误也予以考辨。明万历间成书的兰晖堂本《十六国春秋》系屠乔孙等人对十六国史料的汇编,基本为二手资料,故本编考证中较少征引。汤球等人有关两晋十六国史的辑佚之作,如《十六国春秋辑补》等虽有参考价值,仍系二手资料,故亦不作征引②。

《太平御览·偏霸部》有关十六国部分,系从崔鸿《十六国春秋》中节录而来,其文献价值极高。除此之外,《晋书·载记》和《资治通鉴》晋纪部分是研究十六国史的最主要文献依据。《资治通鉴》中有不少关于十六国的史料,不见于《晋书》记载③,其长于《晋书》的十六国史录,"不但数量大,而且涉及的内容也很丰富"④。《晋书·载记》虽专记十六国史,但大多没有明确的时间记载,《资治通鉴》作为编年体史书可补其缺。《资治通鉴》在编年上是严谨的,司马光及其助手首先将其收集到的资料按年月顺序编成丛目,在此基础上加以考订编排而成长编,对于诸书记载不一的史料再出考异,这使得《资治通鉴》的系年大致可信。当然,也有学者指出《资治通鉴》有"系年方式之过整"等缺失⑤。就本编研究所涉及者而言,《通鉴》纪年可依据者毕竟占绝大多数,至于少量系年错误,则随文考订。

---

① [日]关尾史郎:《南凉政権(三九七—四一四)と徙民政策》,《史学雑誌》1980年第1期。
② 有关记载十六国史事的文献及其源流,详见魏俊杰:《十六国文献研究》,上海师范大学硕士学位论文,2009年。
③ 陈勇:《重温〈通鉴〉——以十六国史料为线索》,《文史》2009年第3辑。
④ 冯君实:《〈通鉴〉晋纪长于〈晋书〉之十六国史录》,见刘乃和、宋衍申主编:《司马光与资治通鉴》,吉林文史出版社,1986年,第286页。
⑤ 张煦侯:《通鉴学》(修订本),安徽人民出版社,1981年,第173页。吴玉贵《资治通鉴疑年录》(中国社会科学出版社,1994年)对《资治通鉴》纪年错误作了考订。汤勤福先生系列论文《〈资治通鉴〉取材〈三国志〉杂考》、《〈资治通鉴〉与正史在史实上的差异》、《〈资治通鉴〉对正史史料的增补》也指出不少《资治通鉴》的纪年问题,参见汤勤福:《半甲集》,上海三联书店,2010年。

二、十六国政区设置概说

十六国时期,各政权总体上沿袭了魏晋以来的州、郡、县三级制。多数政权都设有司隶部以管辖其京畿地区,除实土之州外,许多政权都多为"备职方"而设侨州,还出于政治统治的需要而设有虚封、遥领之州。十六国时,一些政权设有京都尹,因人口流徙等原因而侨置、增置了一些郡县,还有一些郡县被罢废或治所有所迁徙。这一时期,许多政权在其边境或异族聚居区采取军事监管的方式来统治,并相应地设有各种准政区。

1. 司隶部和州的设置

汉魏以来,置司隶校尉部以纠察京师百官和管辖京畿地区,此制为十六国绝大多数政权所继承。十六国时,汉赵、后赵、成汉、前燕、前秦、后秦、后燕、北燕、南燕、后凉、夏皆在京畿地区设有司隶部[①],仅前凉、西凉、北凉和西秦未见文献记载其有司隶部。据《晋书》卷24《职官志》,司隶校尉部虽统辖地方诸郡,但仍属于中央官职体系。只有完全独立的政权才在其京畿地区设置司隶部,而地方政权是不可能置有此官的。如前燕慕容廆称臣于晋,先后称平州刺史、平州牧,不置司隶校尉官;慕容皝初称燕王,便置司隶部。一般而言,十六国各政权在称王建号之时,基本都置有司隶部。前凉、西凉都是在汉人士族支持下建立的,在名义上为晋臣。除前凉张祚称帝外,张氏、李氏自称为刺史或州牧,已为地方官,不可能置有属于中央官的司隶校尉。据《乞伏乾归载记》和《沮渠蒙逊载记》,西秦乞伏乾归称秦王和北凉沮渠蒙逊称河西王,置有百官,或皆有司隶校尉官,而史书缺载。因此,在十六国分裂割据局面下,司隶部的设置是一个政权独立性的重要体现,具有强烈的政治意味。

十六国时期设置的州大致有实土州和侨置州。大体而言,实土诸州大多在原西晋州的基础上而置,州名、治所相对不变。十六国时还新置了一些州,其辖域和治所有别于西晋时的诸州。十六国时期,诸多政权并立,疆土有限,但务广虚名,为备职方而设置了不少侨州。

十六国所置诸州,大多沿用汉晋以来州的旧名以统其地,如五凉和前秦、西秦占有原晋时凉州或凉州部分之地,皆在其境内置有凉州。十六国各政权继承汉晋以来州的设置,主要是出于统治连续性的需要;而增置的一些州,也

[①] 司隶校尉本为职官名,但十六国文献中有时称"司隶",有时称"司隶校尉"。如《晋书》卷14《地理志上》载,苻健都长安,"乃于雍州置司隶校尉","苻坚时,分司隶为雍州"。本编下文统一称"司隶部",以表示司隶校尉这一职官所统辖的地域。

主要是出于政治统治的需要。如汉国刘聪时,"置殷、卫、东梁、西河阳、北兖五州,以怀安新附",为安抚归附者而增置五州。后赵时,石勒"平朔方,又置朔州";石虎灭鲜卑段部后,于段部所居辽西令支置营州,皆从统治的需要而设。张骏时,增置河州、沙州,是出于称王的需要而建置。其他各政权增置的诸州,皆出于不同的政治目的。

十六国时期,有些政权置有双头州,如前赵秦、凉二州治上邽,后燕兖、豫二州治滑台,后秦并、冀二州治蒲坂,北燕以并、青二州治白狼,又先后以幽、冀二州和幽、平二州治肥如。而且有些政权同为一州名,刺史、州牧并置,且治所不同,如前秦、后燕皆以冀州牧治邺,以冀州刺史治信都。虽然十六国时期州的变化较大,但一些重镇长期作为实土州(或司隶部)的治所而少有变化,这些重镇有洛阳、长安、邺、蓟、晋阳、龙城、广固、许昌、彭城、成都、上邽、姑臧、枹罕、蒲坂等。

这一时期,不少政权设置了很多侨州。东晋以来的侨置郡县主要有两种类型,一是处侨流而立,二是备职方而立①。十六国时期的侨置诸州并没有因有侨流人口流徙于此而设,基本都是为备职方而置。十六国时诸国并立,一些政权仅占有原西晋数州或数郡,为显示其统治区域较大,而备置以汉晋以来之州。如刘裕北伐南燕,燕主慕容超言其"据五州之强,带山河之固",然实际上南燕所据之地仅相当于西晋时青州及其附近几郡,慕容氏侨置诸州以示其疆土甚广。

一些政权随着其疆域的扩张,逐渐占据了原西晋时期的不少实土诸州,其在政权疆土较小时所置的诸州也随之废弃。如前秦曾以并州镇蒲坂、青州镇卢氏、幽州镇裴氏堡,苻坚灭前燕后,得有实土诸州,原侨置诸州遂废弃。也有的政权本有实土诸州,但随着疆土的缩减,而侨置诸州。如后燕强盛时有冀州、并州和青州部分之地,慕容氏为拓跋魏所破,徙都龙城,幽州以南地入于魏。慕容氏疆土虽失,仍于其占据之地置有冀州、并州、青州等。因此,各政权侨置诸州,多是"务广虚名",以示跨有数州,从而为其在政治上称王称帝等目的而虚造声势。

另外,有些政权在征讨某州前,先任命将领为该州刺史,实际当时并未占据该州,此与虚封略有不同。如后赵攻前凉,先以麻秋为凉州刺史,而当时后赵未有凉州尺土。又如前秦攻东晋徐州、益州、梁州,分别以彭越、王统、杨安为徐州刺史、益州刺史、梁州刺史。

十六国时期,一些政权虚张声势,不仅为"备职方"而侨置诸州,还会虚设诸州。十六国时的侨置诸州有一定的辖土、治所和人口,而虚设之州仅仅是臣服者的虚职、封号。由于虚设之州与实际的州有很大不同,本编没有将虚设之州列入正文考证。这里将十六国时期一些政权虚设之州列表于下。

---

① 周振鹤:《中国地方行政制度史》,第265—266页。

表 1　十六国时期虚设诸州表

政区	州名	加封者	受封者	资　料　来　源
汉赵	青徐二州	刘渊	王弥	《资治通鉴》卷86：会王弥为苟纯所败，灵亦为王赞所败，遂俱遣使降汉。汉拜弥镇东大将军、青徐二州牧、都督缘海诸军事，封东莱公
	青州	刘渊	王弥	《资治通鉴》卷87：汉主渊以王弥为侍中、都督青徐兖豫荆扬六州诸军事、征东大将军、青州牧
	冀州	刘渊	刘灵	《资治通鉴》卷87：王浚将祁宏败汉冀州刺史刘灵于广宗
	梁州	刘聪	彭荡仲	《资治通鉴》卷87：（贾）疋遂袭汉梁州刺史彭荡仲，杀之（胡注：荡仲，安定卢水胡也）
	凉州	刘聪	彭天护	《资治通鉴》卷88：彭仲荡之子天护帅群胡攻贾疋……汉以天护为凉州刺史
	并州	刘聪	石勒	《晋书》卷104：及元海死，刘聪授勒征东大将军、并州刺史、汲郡公
	幽州	刘聪	石勒	《晋书》卷104：（刘）聪署勒镇东大将军、督并幽二州诸军事、领并州刺史、持节、征讨都督、校尉、开府、幽州牧、公如故
	冀州	刘聪	石勒	《晋书》卷104：刘聪署勒使持节、散骑常侍、都督冀幽并营四州杂夷、征讨诸军事、冀州牧、进封本国上党郡公，邑五万户，开府、幽州牧、东夷校尉如故
	秦州	刘曜	石武	《晋书》卷103：休屠王石武以桑城降，曜大悦，署武为使持节、都督秦州陇上杂夷诸军事、平西大将军、秦州刺史，封酒泉王
	徐州	刘曜？	冷道	《元和姓纂》卷5：《前赵录》有徐州刺史冷道，字安义
后赵	豫州	石祗	姚襄	《资治通鉴》卷98：（石）祗以（姚）襄为骠骑将军、豫州刺史、新昌公。又以苻健为都督河南诸军事、镇南大将军、开府仪同三司、兖州牧、略阳郡公
	兖州	石祗	苻健	
前燕	益州	慕容儁	王擢	《资治通鉴》卷99：故赵将拥兵据州郡者，各遣使降燕；燕王儁以王擢为益州刺史，蘷逸为秦州刺史，张平为并州刺史，李历为兖州刺史
	秦州	慕容儁	蘷逸	
	兖州	慕容儁	李历	

续　表

政区	州名	加封者	受封者	资　料　来　源
前燕	广州	慕容儁	吕护	《资治通鉴》卷101：吕护复叛，奔燕，燕人赦之，以为广州刺史
	扬州	慕容暐	袁瑾	《资治通鉴》卷102：袁真卒。陈郡太守朱辅立真子瑾为建威将军、豫州刺史，以保寿春，遣其子乾之及司马爨亮如邺请命。燕人以瑾为扬州刺史，辅为荆州刺史
	荆州	慕容暐	朱辅	
前秦	冀州	苻健	张平	《资治通鉴》卷99：赵并州刺史张平遣使降秦，秦王以平为大将军、冀州牧
	扬州	苻坚	袁瑾	《资治通鉴》卷103：袁瑾、朱辅求救于秦，秦王坚以瑾为扬州刺史，辅为交州刺史
	交州	苻坚	朱辅	
	南秦州	苻坚	杨世	《资治通鉴》卷101：是岁，（东晋）以仇池公杨世为秦州刺史……世亦称臣于秦，秦以世为南秦州刺史
	平州	苻坚	刘特	《晋书》卷110：苻坚平州刺史刘特率户五千降于儁
	平州	苻丕	王兖	《资治通鉴》卷106：中山太守王兖，本新平氏也，固守博陵，为秦拒燕。十一月，丕以兖为平州刺史……十二月（慕容）麟拔博陵，执兖及苻鉴，杀之。昌黎太守宋敞帅乌桓、索头之众救兖，不及而还。秦主丕以敞为平州刺史
		苻丕	宋敞	
	冀州	苻丕	苻定	《晋书》卷115：（苻丕以）苻定为征东将军、冀州牧、高城侯……苻谟为征西将军、幽州牧、高邑侯……以（杨）定为骠骑大将军、雍州牧，（窦）冲为征西大将军、梁州牧
	幽州	苻丕	苻谟	
	雍州	苻丕	杨定	
	梁州	苻丕	窦冲	
	雍河二州	苻丕	苻登	《魏书》卷95：（群氏）推（苻）登为使持节、都督陇右征羌诸军事、抚军大将军、雍河二州牧、略阳公，率众五万东下陇，据南安，驰使请命。（苻）丕以登为征西大将军、开府仪同三司、南安王，余因其所称而授之
	雍州	苻登	徐嵩	《晋书》卷115：（苻）坚中垒将军徐嵩、屯骑校尉胡空各聚众五千，据险筑堡以自固……至是，各率众降（苻）登。拜嵩镇军将军、雍州刺史，空辅国将军、京兆尹……遣使拜苻师奴为抚军大将军、并州牧、朔方公……以窦冲为车骑大将军、南秦州牧，杨定为大将军、益州牧，杨璧为司空、梁州牧
	并州	苻登	苻师奴	
	南秦州	苻登	窦冲	
	益州	苻登	杨定	
	梁州	苻登	杨璧	

续　表

政区	州名	加封者	受封者	资　料　来　源
前秦	秦州	苻登	杨定	《资治通鉴》卷107：(杨)定自称秦州牧、陇西王；秦因其所称而授之。冬十月，秦主登以窦冲为大司马，都督陇东诸军事，雍州牧，杨定为左丞相，都督中外诸军事，秦梁二州牧，约共攻后秦；又约监河西诸军事并州刺史杨政、都督河东诸军事冀州刺史杨楷各帅其众会长安
	秦梁二州	苻登	杨定	
	雍州	苻登	窦冲	
	并州	苻登	杨政	
	冀州	苻登	杨楷	
	兖州	苻登	强金槌	《资治通鉴》卷107：秦兖州刺史强金槌据新平，降后秦
后秦	并州	姚苌	曹寅	《晋书》卷116：贰城胡曹寅、王达献马三千匹。以寅为镇北将军、并州刺史，达镇远将军、金城太守
	豫州	姚苌	苟曜	《资治通鉴》卷107：郑县人苟曜聚众数千附于后秦……后秦以曜为豫州刺史
	广州	姚兴	袁虔之	《晋书》卷117：晋辅国将军袁虔之……贰于桓玄，惧而奔(姚)兴……(兴)授假节、宁南将军、广州刺史
	扬州	姚兴	司马国璠	《晋书》卷118：晋河间王子国璠、章武王子叔道来奔……(兴)以国璠为建义将军、扬州刺史，叔道为平南将军、兖州刺史(按：《资治通鉴》卷115作"交州刺史")
	兖州	姚兴	司马叔道	
	扬州	姚兴	司马休之	《晋书》卷118：司马休之等为刘裕所败……奔于(姚)兴……姚兴以休之为镇南将军、扬州刺史
	幽州	姚兴	吕他	《新出魏晋南北朝墓志疏证》15：弘始四年十二月/乙未朔二十七日辛/酉秦故幽州刺史/略阳吕他葬于常/安北陵
后凉	益州	吕光	秃发乌孤	《晋书》卷126：(吕)光又遣使署乌孤征南大将军、益州牧、左贤王
	秦州	吕光	没奕于	《晋书》卷122：(吕)光又遣其将梁恭、金石生以甲卒万余出阳武下峡，与秦州刺史没奕于攻其东
西秦	东秦州	乞伏国仁	秘宜	《资治通鉴》卷106：秘宜与莫侯悌眷帅其众三万余户降于乞伏国仁，国仁拜宜东秦州刺史，悌眷梁州刺史
	南梁州	乞伏国仁	莫侯悌眷	《晋书》卷125：南梁州刺史悌眷为御史大夫 《通志》卷29：《西秦录》，南凉州刺史莫侯弟眷(按：此与《通鉴》、《晋书》记载不同)

续表

政区	州名	加封者	受封者	资料来源
西秦	北梁州	乞伏国仁	越质诘归	《元和姓纂》卷10：《后秦录》有北梁州刺史平襄公越质诘归 《古今姓氏书辩证》卷37：（越质）诘归后为北凉州刺史。（按：此与《元和姓纂》记载不同）
	北河州	乞伏乾归	彭奚念	《资治通鉴》卷107：枹罕羌彭奚念附于乞伏乾归，以奚念为北河州刺史
	沙州	乞伏乾归	视连	《资治通鉴》卷107：吐谷浑视连遣使献见于金城王乾归，乾归拜视连沙州牧、白兰王
	东秦州	乞伏乾归	权千成	《资治通鉴》卷108：权千成为秦所逼，请降于金城王乾归，乾归以为东秦州刺史、休官大都统、显亲公
	定州	乞伏乾归	翟瑥	《资治通鉴》卷109：（西秦王乾归以）定州刺史翟瑥为兴晋太守
	雍州	乞伏氏	出连本	《通志》卷29：《西秦录》，雍州刺史出连本
	安州	乞伏炽盘	阿柴	《资治通鉴》卷119：吐谷浑王阿柴遣使降秦，秦王炽盘以阿柴为征西大将军、开府仪同三司、安州牧、白兰王

十六国时期的虚封诸州大多是加给那些归降者的封号，如王弥遣使降汉，刘渊拜为青、徐二州牧，既而再败走投平阳，刘渊拜为青州牧，反少封一州，可见此封州之虚。十六国时，同一人还可能接受不同政权的加封，如前燕慕容暐分别封袁瑾、朱辅为扬州刺史、荆州刺史，前秦苻坚分别加之为扬州刺史、交州刺史。有时一州之名可以授封两位降服者，如前秦苻登先以杨璧为梁州牧，又以杨定为梁州牧；后秦姚兴先以来降的司马国璠为扬州刺史，再以投奔的司马休之为扬州刺史。由此可见，这些虚设的诸州是多么虚幻。当然，有些受封者仅占据一隅之地的，如前秦末，徐嵩筑有一坞壁（即徐嵩堡），降于前秦，苻登便拜其为雍州刺史，这仍然是虚封。十六国时期，当一政权实力较弱时，需要拉拢一些同盟者，这时往往采取虚封州刺史或州牧的方式（如前秦末苻丕、苻登）；而当一政权比较强大时（如前燕慕容儁、前秦苻坚、后秦姚兴时），也会把其尚未控制的州封加给来降者。

十六国时，政权间因其实力强弱而有不同的藩属关系，有些政权以州牧授予称藩于己者，如前赵刘曜兵临前凉边境，张茂惧而称臣，刘曜署张茂为凉州牧；此与虚封略有不同，仅表明两政权间的藩属关系，故未入上表。另有一些政权对于朔方等地区臣服于己的部族虚封以州刺史、州牧之号，如《资治通鉴》晋孝武帝太元十一年十月载，"刘卫辰居朔方，士马甚盛。后秦主苌以卫辰为大将军、大单于、河西王、幽州牧，西燕主永以卫辰为大将军、朔州牧"，此两政权皆以刘卫辰为州牧，显然为虚封。总之，十六国时期虚设诸州皆是出于不同的政治目的而授予臣服者的。

由上述可见，十六国时期不仅有实土州、侨置州，还有虚设州，较之汉、魏、西晋，州的设置有很大的变化。西汉时始设13州部以监察地方郡国，东汉承之，两汉时期刺史部或州基本上不是行政区，而是监察区。东汉末，州正式成为郡之上的一级政区，此后州的数目逐渐增加，至西晋太康时期已有19州。然至南北朝末年，《隋书》卷29《地理志上》载，北周统一北方后的大象二年（580）有211州。西晋以后，州的大量增加是从十六国时期开始的。由于州不断被分割，原西晋一州往往被分成数州，甚至有些州只领一郡甚或只领一、二县，可见州的幅员大大缩减。

2. 京都尹和郡县的设置

十六国时期，各政权对于诸州所辖郡县也有不同程度的调整。一些政权在其都城所在的郡设有京都尹，因人口流徙等原因而侨置、增置了一些郡县，还有一些郡县被罢废或治所有所变迁。当然，其时不少郡县的辖域各有不同程度的变化，但因史料所限，对这一时期郡县辖域的变化无法作具体考察。这里依现存史料，仅就可考郡县的增置、侨置、罢废和治所变化等方面的内容简述于下。

首先看京都尹设置的情况。汉国都平阳，设有平阳尹。前赵刘曜都长安后，基本上继承了汉国旧制，可能在长安设有京兆尹。前秦、后秦都长安，都设有京兆尹。前秦一度还设有左冯翊、右扶风。后赵石虎、前燕慕容儁与慕容暐都邺，皆设有魏尹。后燕慕容垂、慕容宝都中山，设有中山尹。后燕、北燕都龙城时，皆设有昌黎尹。南燕都广固，设有燕都尹。后凉都姑臧，设有凉都尹。赫连夏都统万城，设有北地尹。十六国时设置有京都尹的政权有汉赵、后赵、前秦、后秦、前燕、后燕、北燕、南燕、后凉、夏。而史料不载成汉、前凉、南凉、西凉、北凉、西秦设京都尹。据前述十六国司隶部可知，前凉、西凉、北凉、西秦未见史料载有司隶部的建置。成汉都成都，置有司隶部，或曾设成都尹。南凉都姑臧时，曾置司隶部，抑或承后凉置有凉都尹。前凉、西凉不置司隶校尉，当亦不设京都尹。北凉、西秦是否有京都尹，则难以断定。

十六国诸政权州的设置较之前朝各有不同程度的变化,同时其郡县也有所调整,既新置了许多郡县,也罢废了一些郡县,还有的郡县治所发生了迁移。此言新置郡县主要是相对于西晋时的郡县而言的,若某郡或县为西晋时未有,而为十六国某政权所置,则为新置。即使有些郡或县在汉、魏时曾置有,但西晋时已被罢废,至十六国又有某政权置此郡或县,则仍视为增置郡或县。就十六国各政权可考的新置郡县而言,以前凉新置的可考郡县为最多,后赵、前燕、西秦、前秦、后凉次之。据现存史料,唯有南凉、夏两个政权暂不见有新置的郡县。就地区而言,以河湟地区新置的郡县最多,其次为凉州地区和东北昌黎地区。

日本学者关尾史郎认为,十六国时期河湟地区新置的许多郡县,不少是为接纳流民而设立的①。陈寅恪指出,永嘉乱后,"当时北方人民避难流徙的方向有三:东北、西北和南方。流向东北的一支,托庇于鲜卑慕容政权之下。流向西北之一支,归依于凉州张轨的领域"②。前凉政权之所以有大量郡县的增加,其中中原人口大量流入该地区是重要背景。大量避难人口流入前凉张氏统治区,为安抚新来的流民,故而设置新的郡县加以统治。《晋书》卷86《张轨传》:"中州避难来者日月相继,分武威置武兴郡以居之。"又据李吉甫《元和郡县图志》卷4《关内道四》:"乌兰县,本汉祖厉县地,属安定郡,后汉属武威郡。前凉张轨收其县人,于凉州故武威县侧近别置祖厉县。"此祖厉亦为侨县。张氏所置诸郡县,有不少与流民大量迁入前凉有关。前凉因流民迁入而为之置郡县,这些郡县有侨置的性质。后来建立的西凉也增设有侨置郡县,《晋书》卷87《凉武昭王李玄盛传》:"初,苻坚建元之末,徙江汉之人万余户于敦煌,中州之人有田畴不辟者,亦徙七千余户。郭黁之寇武威,武威、张掖已东人西奔敦煌、晋昌者数千户。及玄盛东迁,皆徙之于酒泉,分南人五千户置会稽郡,中州人五千户置广夏郡,余万三千户分置武威、武兴、张掖三郡,筑城于敦煌南子亭,以威南虏。"西凉李暠于酒泉、敦煌所置会稽、广夏、武威、武兴、张掖显然是为处侨民而设。

永嘉乱后,不仅西北的五凉政权广设郡县而处流民,东北的慕容氏政权也增设郡县以纳外来之民。中原乱后,慕容廆据有昌黎。《资治通鉴》晋愍帝建兴元年,"辽东张统据乐浪、带方二郡,与高句丽王乙弗利相攻,连年不解。乐浪王遵说统帅其民千余家归廆,廆为之置乐浪郡,以统为太守,遵参军事"。慕容

---

① [日]关尾史郎:《南凉政権(三九七—四一四)と徙民政策》,《史学雑誌》1980年第1期。
② 万绳楠整理:《陈寅恪魏晋南北朝史讲演录》,第115页。

廆于其境内所置乐浪郡①,领有张统所帅之民,即为侨置。慕容廆还于昌黎郡境侨置带方郡,以王诞任带方太守②。前燕慕容廆时,还置有冀阳、成周、营丘、唐国等侨郡,是为统中原流人而侨置的。慕容皝时,新置兴集、宁集、兴平、育黎、吴县诸县,也是出于处侨民的目的。可见,慕容氏于昌黎郡或其附近所增置郡县大多是为处流民而设立的。

  十六国时期一些政权新置的郡县,以位于其京畿附近地区为多,这与这一时期各政权将新征服地区的人口迁徙至京畿附近地区有关。如前凉所置武兴郡、祖厉县,前燕所置乐浪、冀阳等郡,皆位于其京畿地区;又如后赵所置襄国郡、建兴郡和建始、兴德、临清、水东、南栾、苑乡等县皆在京畿及其附近地区;再如前秦所置咸阳郡和渭城、泾阳、渭南等县亦在京畿地区。西秦在京畿区设置的秦兴郡、兴国郡,分别是为处迁徙而来的鲜卑和羌而置的③。赫连夏被拓跋魏击破后,赫连定自统万城迁都平凉,此时关中地区亦不守。随着长安失守,关中大量民众被迫迁居平凉附近。乐史《太平寰宇记》卷151《陇右道二》引《帝王纪》云,阴槃县,"赫连定以胜光二年又自京兆移此,属平凉郡也"。夏将阴槃自京兆郡迁至平凉郡,当随阴槃民众迁徙而置,亦属侨县,此亦是将其他地区居民迁居京畿地区。十六国时战乱不断,"胡族的统治者往往将其武力所到地域的各族,迁往政治中心地带,以便控制役使"④。史念海考察了十六国时期各割据霸主的人口迁徙,认为几乎所有的霸主"所掠夺的人口率皆集中于其都城的所在或其统治区域内重要地区"⑤。因此,十六国政治中心地区郡县的增置,一方面当是各政权加强对其中心地区控制的手段之一,另一方面与其京畿附近地区人口的增加也有一定的关系。

  此外,原西晋不置郡县的边缘地带也增设了一些郡县。如前凉设置的高昌郡及其属县高昌、横截、田地、高宁、白力等在西域地区。前秦所置五原郡、长城郡、五原县、长城县和后秦所置中部郡、中部县、洛川县,皆在原朔方地区羌胡居地。后凉时设置的浇河郡,则在原吐谷浑居地的青藏高原边缘。北燕

---

① 余逊指出,"乐浪故壤,愍帝时陷于高句丽,慕容廆侨置于辽水之西昌黎郡地",见《汉魏晋北朝东北诸郡沿革表》,刊于《中央研究院历史语言研究所集刊》第六本第四分,1936年。
② 见《资治通鉴》晋成帝咸和八年。余逊认为,带方郡侨置于原晋昌黎郡境内,见《汉魏晋北朝东北诸郡沿革表》,刊于《中央研究院历史语言研究所集刊》第六本第四分,1936年。
③ 《资治通鉴》晋安帝义熙七年二月,"河南王乾归徙鲜卑仆浑部三千余户于度坚城,以子敕勃为秦兴太守以镇之";四月,"河南王乾归徙羌句岂等部众五千余户于叠兰城,以兄子阿柴为兴国太守以镇之"。
④ 万绳楠整理:《陈寅恪魏晋南北朝史讲演录》,黄山书社,1987年,第130页。
⑤ 史念海:《十六国时期各割据霸主的人口迁徙》,《河山集(七集)》,陕西师范大学出版社,1999年,第387页。

时见置的建德郡、石城郡、白狼县、建德县、石城县、平刚县等,皆位于昌黎郡以西的鲜卑宇文部、段部等居地。这些郡县基本都是为管辖迁徙而来的流民而设置的。

十六国时的侨置诸州基本都是为备职方设置的,而侨置郡县大多都是为处侨流人口而置。当然,有部分政权也有备职方性质的侨置郡县。如西秦乞伏国仁建国时,于陇西一隅之地设置了十二郡,显然是为了广其域、张声势。当时西秦并未占据天水、略阳二郡,而十二郡中有之,此二郡当有备职方的性质。在西秦失去南安郡后,亦曾于兴晋郡界侨置南安,此郡性质亦类如前置天水、略阳二郡。也有些侨置是为了招纳侨民,如《太平寰宇记》卷30《关西道六》载,宝鸡县,"苻健于此置武都郡"。宝鸡县与仇池杨氏占据的武都郡相邻,苻健于此侨置武都郡,当为了吸纳武都氐人。十六国个别政权有虚设性质的郡,如《晋书》卷87《凉武昭王李玄盛传》载,西凉李暠时,以"令狐迁为武卫将军、晋兴太守,氾德瑜为宁远将军、西郡太守,张靖为折冲将军、河湟太守,索训为威远将军、西平太守,赵开为驿马护军、大夏太守,索慈为广武太守,阴亮为西安太守,令狐赫为武威太守,索术为武兴太守,以招怀东夏"。李暠所署晋兴等郡太守,既无人民,又无实土,纯为招怀东夏而虚设。

十六国时期不仅虚设政区,还虚授官爵,故多数政权封爵地一般不可作为当时存在的政区。如汉国刘渊所封鲁王、齐王、北海王,前赵刘曜所封南阳王、汝南王、河间王,成汉所封武陵公、河南公、扶风公,前燕慕容暐所封吴王、上庸王、下邳王、宜都王,前秦苻生所封东海王、广平王、新兴王,后燕慕容宝所封安定王、宜都王、南安王,南燕慕容德所封北地王、南海王、桂林王,北燕所封范阳公、汲郡公、广川公,后秦姚兴所封齐公、广平公、东平公,夏赫连勃勃所封阳平公、太原公、酒泉公,后凉太原公、天水公、常山公,皆为虚封,故这些郡称等同虚设。后赵疆域较广,其所封诸郡王,皆有实土,故后赵时郡、国并置。前凉、南凉、北凉仅据凉州或凉州部分之地,所封公、侯一般为凉州境内的郡、县。西秦、西凉封爵多不详。

还有一些郡县则是由其他原因而增设的,如后赵石勒为上党武乡人而置武乡郡。又如,《晋书》卷106《石季龙载记上》载,后赵时,"(石)季龙以谶文天子当从东北来,于是备法驾行自信都而还以应之。分廮陶之柳乡立停驾县"。《晋书》卷113《苻坚载记上》载,前秦苻坚生长于枋头,前秦平燕后,"坚自邺如枋头,宴诸父老,改枋头为永昌县,复之终世"。这类郡县的设置是出于各种不同的政治目的。十六国时期新置郡县取名,不少赋予一定的政治内涵,如后赵置永石郡、赵兴郡、赵平郡、石安县、赵安县,前凉置永晋郡、晋兴郡、兴晋郡、广晋郡，西秦置秦兴郡、兴国郡等。

十六国时期增置了许多郡县，但见于史料记载被罢废的郡县不多。据正文所考，后赵石虎时置有襄国郡，《元和郡县图志》卷15《河东道四》载，"石氏既灭，罢之"。《资治通鉴》晋孝武帝太元十三年载，后燕时，代郡人许谦逐太守贾闰，以郡附独孤部刘显，"燕赵王麟击许谦，破之，谦奔西燕。遂废代郡，悉徙其民于龙城"。《太平寰宇记》卷29《关西道五》载，"《晋地道记》云：'莲勺县属冯翊。'后秦姚苌废"，又引郭缘生《述征记》云："敷西县，夷狄所置，谓苻坚、姚苌时置有敷西县，寻省执。"也有一些郡县被罢后而复置的，如慕容皝时"罢成周、冀阳、营丘等郡"，北燕时又见有这些郡。此外，有些郡的治所被迁徙，如《元和郡县图志》卷16《河北道一》载，馆陶县，"石赵移阳平郡理此"。据《太平寰宇记》卷58《河北道七》，清河郡，"永嘉乱后石赵移郡理平晋城……苻秦移理武城"；卷6《河北道十二》又载，庬口镇，"自石赵、苻秦、后魏并为博陵郡理于此"。可见，此阳平、清河、博陵等郡的治所在十六国时有迁移。在十六国战乱的时代，随着一些地区人口的流失，当有不少郡县被罢废，不少郡的治所也有变化，但不见于现存史料记载。

另外，不少郡县的名称有更改，其变更的原因有多种。如《元和郡县图志》卷18《河北道三》载："安喜县，本汉卢奴县，属中山国。黑水故池，在州城西北，去县四里，周回百余步，深入不流，俗谓水黑曰卢，不流曰奴，因以名县。后燕慕容垂都中山，故改卢奴为弗违县。"卢奴故为中山郡治所，后燕定都中山，而卢奴名不嘉，其改称弗违，取意嘉名，亦有一定的政治内涵。后赵改中丘为赵安县，亦有其政治含义。亦有因迷信谶纬之言而更改郡县名称者，如《晋书》卷107《石季龙载记下》载，后赵时，"谶言灭石者陵，寻而石闵徙封兰陵公，季龙恶之，改兰陵为武兴郡"。又据《太平寰宇记》卷152《陇右道三》，"昌松县，本汉苍松县，属武威郡。《十六国春秋》云：'后凉吕光麟嘉四年以郭䴰言谶改为昌松，兼于此立东张掖郡。'"①

在讨论十六国时期的郡县时，需要言及当时的坞壁、堡垒等。在十六国战乱的时代，"堡壁大帅，数不盈册"②。当时有些地方坞主不与异族建立的政权合作，甚至与之抗衡，这在十六国初期较为突出。据《晋书》卷63载，邵续、李矩、郭默、魏浚、魏该等各地坞主，成为留守中原的民众抗衡刘、石政权的主要

---
① 《晋书》卷14《地理志上》："吕光都于姑臧后，以郭䴰言谶，改昌松为东张掖郡。"《晋志》与《太平寰宇记》所载略不同。
② 罗振玉：《鸣沙石室佚书正续编》，北京图书馆出版社，2004年，第182—183页。

力量。又如,"永嘉之乱,汾阴薛氏聚其族党,阻河自固,不仕刘、石及苻氏"①。由《水经注》卷15《洛水注》、《伊水注》可知,仅河南郡就有零星坞、百谷坞、白马坞、袁公坞、盘谷坞、范坞、杨志坞、杨亮垒、白超垒等,不少坞壁为永嘉乱后所筑。《晋书》卷114《苻坚载记下》载,"关中堡壁三千余所",仅《苻登载记》、《姚苌载记》见载的就有徐嵩堡、胡空堡、彭沛谷堡、繁川诸堡、鸢泉堡、新罗堡、范氏堡、段氏堡、逆方堡(一作逆万堡)、路承堡、野人堡、姚奴堡、帛蒲堡、新支堡等。这些坞主、堡主所控制的不少据点,不少不在十六国郡县制的辖域内。十六国时有些政权以太守等官称来授予某些坞主,从而便于对其控制。如东晋灭后秦后,曾加河东汾阴大族薛辩为平阳太守,而实际薛辩仅领有其"乡邑"坞堡宗族②。而对于有些地处军事要冲的坞堡则以太守等镇之,如《晋书》卷115《苻登载记》载,胡空聚众五千,据险筑堡以自固,苻登拜空为京兆尹;又如东晋曾以平阳太守、上党太守镇守弘农郡界的皇天坞③。当时有些政权虽曾授予某些坞主为太守,而实际上这些"太守"有时仅能控制一个坞堡这样的据点,其太守之名如同虚封,因此,本编没有将其视为严格意义上的行政区④。当时不仅有自保的坞主、堡主,还有控有一方的地方守将或郡守,他们虽未建国称号,但在一地区实际自立为政。如后赵亡后,其故将周成一度占据洛阳,不臣于任何政权⑤。再如《晋书》卷117《姚兴载记上》载,"慕容永既为慕容垂所灭,河东太守柳恭等各阻兵自守",至姚兴征讨河东以前,柳恭等一直控有河

---

① 《资治通鉴》晋孝武帝太元二十一年。中华书局点校本此有误,已改。原文为:"初,永嘉之乱,汾阴薛氏聚其族党,阻河自固,不仕刘、石及苻氏。(姚)兴乃以礼聘薛强,拜镇东将军,强引秦兵自龙门济,遂入蒲坂,恭等皆降,兴以绪为并、冀二州牧,镇蒲阪。"点校本点为"汾阴薛氏聚其族党,阻河自固,不仕刘、石。及苻氏兴,乃以礼聘薛强",文义不通。而《北史》卷36《薛辩传》载有薛强不仕苻氏的相关史事。故中华书局点校本此点校有误。
② 《北史》卷36《薛辩传》:"薛辩字允白,河东汾阴人也","辩知姚氏运衰,遂弃归家保乡邑。及晋将刘裕平姚泓,即署相国掾。寻除平阳太守,委以北道镇捍。及长安失守,辩遂归魏"。
③ 《晋书》卷67《郗鉴传》:"河南太守杨佺期遣上党太守荀静戍皇天坞。"《晋书》卷84《杨佺期传》:"苻坚将窦冲率众攻平阳太守张元熙于皇天坞。"《水经注》卷4《河水注四》:"河水又东北,玉涧水注之,水南出玉溪,北流径皇天原西。《周地记》:开山东首上平博,方可里余,三面壁立,高千许仞,汉世祭天于其上,名之为皇天原。上有汉武帝思子台。又北径阆乡城西,《郡国志》曰:弘农湖县有阆乡,世谓之阆乡水也。"可见,皇天坞在弘农郡界内。
④ 周振鹤对"行政区划"的含义有界定,他认为形成行政区划的必要条件是,"一个行政区划必须有一定的地域范围,有一定数量的人口,存在一个行政机构"。见《中国行政区划通史·总论》,复旦大学出版社,2009年,第9页。十六国时期,某些地方坞主被授予太守等官称,而其控制之地仅为一据点,不算是地域;而且地方坞堡组织并非行政组织,也非行政机构。
⑤ 《晋书》卷8《穆帝纪》:永和十年正月,"冉闵降将周成举兵反,自宛陵袭洛阳。辛酉,河南太守戴施奔鲔渚";永和十二年八月,"桓温及姚襄战于伊水,大败之。襄走平阳,徙其余众三千余家于江汉之间,执周成而归。使扬武将军毛穆之,督护陈午,辅国将军、河南太守戴施镇洛阳"。可见,永和十年至十二年间,周成曾控制洛阳。据此亦可知,姚襄也曾控有洛阳附近和平阳郡内之地。

东郡。诸如汾阴薛氏、周成、柳恭等所控之地,皆不在十六国诸政权的行政区划内。

3. 准政区的设置

在正式政区设置的基础上,十六国不少政权还设有都督区、地方护军、镇戍、都护、都尉等不同类型的准政区来统辖地方。对于准政区设置,周振鹤先生曾指出:"组成我国历代王朝疆域的除正式政区外还有各种类型的准政区,尤其在边境和少数民族地区,往往采用军管或军事监护形式的特殊政区和行政组织进行统治管理。"[①]十六国时,大多政权在其边境或异族聚居区采取军事监管的方式来统治,并相应地设有各种准政区。

受魏晋地方行政制度的影响,一些政权也设有都督区。在十六国诸多政权并立、战乱纷争的时期,部分政权不仅设有实土辖域的都督区,还往往采用都督之称号来授予外来臣服者,有些都督仅遥领无土之州。

十六国时大多政权设有都督区,其中以前秦所置都督区最多。当时所设都督区多以州为单位而置,少者一州,多者数州,也有不及一州而仅领有数郡的。后秦则有"都督安定岭北二镇事",以军镇为单位设置。还有些都督区是以地域方位所在而置,如汉赵"督陕西诸军事"、前燕"都督河南诸军事"、北凉"都督建康以西诸军事"等。都督区不仅有辖域的大小,还有等级区别。《宋书》卷39《百官志上》载:"晋世则都督诸军为上,监诸军次之,督诸军为下。"十六国沿袭晋制,都督区亦有"都督"、"监"、"督"三个等级。

此外,不少政权是为了加强对新征服地区的统治而设置都督区。如刘聪遣刘曜攻取长安,灭西晋,遂以刘曜为督陕西诸军事,以控制新的占领区。后赵占据冀州后,境内叛乱不断,石勒遂以程遐监冀州七郡诸军事以平叛。前秦灭燕以后,疆土大增,为控制广大的地区,设置了诸多都督区以统其地,都督关东六州诸军事、都督幽州诸军事皆是。又如,西秦灭南凉后,以谦屯为都督河右诸军事,镇守南凉都城乐都以巩固对原南凉地区的统治。十六国时期,许多政权所置都督区多在边疆地区。一方面,这些都督区的设立有利于集中军事力量在边疆以防止相邻政权的侵袭或便于对相邻政权展开攻势。如后赵、前燕边疆战事频繁,后赵为了加强赵燕边境的军事力量,以大将李农为监辽西北平诸军事。其他如前秦所置都督北垂诸军事、后凉所置都督玉门以西诸军事,亦加强边疆地区的防守力量。另一方面,有些边疆地区和边境之外为不同部族聚居,都督区的设置有助于防守异族的反叛或边境之外异族的入侵,如前秦

---

① 周振鹤:《中国地方行政制度史》,第333页。

设立的都督雍州杂戎诸军事、后燕设立的都督幽平二州北狄诸军事等皆为此类。另外,有些都督区是为了当时爆发的战事而临时设置的,如前赵刘曜为讨伐巴氏叛乱而以游子远为都督雍秦征讨诸军事;又如淝水之战前夕,前秦为征伐东晋,以姚苌为督益梁州诸军事,使之从西边攻晋;再如后秦以杨佛嵩为都督岭北讨虏诸军事,是为了讨伐赫连勃勃。

出于不同的政治因素,十六国时期不少政权还以都督区来虚封外来臣服者,或授予某人以都督诸州之号以图占据这些地区。汉赵时,以都督区封于降服者,王弥、石勒兵败后,前来投靠汉国,刘渊、刘聪先后授予不同都督的称号;郭默为地方坞主,石武是部族统帅,降服汉赵后,皆授以都督之称。前燕慕容儁、慕容暐时,为经营河南等地,遂以宗室成员为都督,以图进取。前秦苻坚时,以梁成、杨安为都督诸军事,是为了占据荆、扬、益、梁诸州。而前秦苻丕、苻登时虚封的都督区,大多是为安抚其臣下尽忠于己。南燕、西秦虚封都督区也有进而占据这些地区的意图。

除此之外,还有其他不同情形而受任都督者。其一,十六国一些政权建立之初,建国者则自称都督诸军事。如成汉建国之初,李特自称都督梁益二州诸军事;前秦苻健初建国,自称都督关中诸军事;后凉吕光初得凉州,遂自称督陇右河西诸军事。其二,若两政权存有藩属关系,实力强大的政权往往会以都督诸军事授予藩属国。如慕容氏据有辽东、张氏霸有河西时皆称臣于司马氏,晋政权皆以都督之号授之;张茂称臣于前赵,刘曜署之以都督凉南北秦梁益巴汉陇右西域杂夷匈奴诸军事;张天锡称臣于前秦,苻坚以都督河右诸军事授之;姚兴时,曾授秃发傉檀都督河右诸军事。

受魏晋地方护军制的影响,十六国时许多政权还设有地方护军,对这一时期的地方护军制,已有不少学者加以研究[①]。据现存史料,十六国时,汉赵、后赵设有抚夷护军,前凉时设有枹罕、大夏、武街、石门、侯和、漒川、甘松、宣威、玉门等护军,前秦时设有抚夷、三原、铜官、宜君、土门、冯翊、云中、勇士、甘松、中田等护军,后秦设有抚夷、安夷、安定等护军,后燕设有离石护军,北燕设有

---

① 相关的论著主要有:冯君实:《魏晋官制中的护军》,《中国魏晋南北朝史学会第二届学术讨论会论文集》,1986年;叶其峰:《魏晋十六国时期的护军、中护军及护军印》,《文物》1990年第1期;郑炳林:《仇池国二十部护军镇考》,《西北民族研究》1991年第2期;高敏:《十六国前秦、后秦时期的护军制》,《中国史研究》1992年第2期;龚元建:《五凉护军考述》,《敦煌学辑刊》1994年第1期;张金龙:《十六国"地方"护军制度补正》,《西北史地》1994年第4期;吴宏岐《"护军"制度起始时间考辨》,《中国史研究》1997年第4期;陶新华:《魏晋南朝的地方护军和都护将军——兼说都护与督护》,《杭州师范学院学报》(人文社会科学版)2001年第2期;周振鹤:《中国地方行政制度史》第十三章第四节《魏晋十六国与北朝的诸部护军和部落酋长制》,第373—375页。

辽东护军，后凉设有中田护军，西秦时设有长城护军、宛川护军，赫连夏曾设吐京护军，南凉设有邯川护军、湟川护军，西凉和北凉设有骓马护军和敦煌护军。《秦汉南北朝官印征存》中有陇城护军司马章、安平护军章，分别收入南朝陈官印和北魏官印中①。叶其峰认为此二印皆为十六国时期的印章②，但其为十六国何政权的遗留物，暂不可考③。据《宋书》卷98《氐胡传》，仇池杨氏"分诸四山氐羌为二十部护军，各为镇戍，不置郡县"。《资治通鉴》载，晋恭帝元熙元年，吐谷浑为西秦所破后，觅地降，乞伏炽盘署觅地为弱水护军，但西秦与吐谷浑之间仅为藩属关系。

严耕望认为，"护军所统既为异族，大抵以户落为单位，不以土地为单位"；"护军地位既与郡守相若，又领民户兼辖土地，故即为地方官之一种"④。据严氏论证，十六国时期地方护军的地位大致与郡相当，有领民和土地，但统民以户落为单位，又与郡不同。据《元和郡县图志》和《太平寰宇记》，北魏时改十六国地方护军为县，这说明十六国时期的护军虽然地位类郡守，但其辖土大致与县差不多。因此，十六国时期的地方护军，与当时的郡县制有所不同，是一种主要管理少数民族的特殊政区。

《宋书》卷40《百官志下》载："魏、晋有杂号护军，如将军。"十六国一些政权承晋制，亦有杂号护军。前凉有宁羌护军和平虏护军，前燕有东夷护军和乌丸护军，前秦时有平羌护军，后凉有宁戎护军和北部护军，西凉有抚夷护军⑤，这些护军如同将军，大多对少数部族进行军事统治或为军事征伐而设，并非地方政区，与地方护军有所不同。

对于十六国时期的军镇制度，已有学者作深入探讨⑥。十六国军镇的设置，主要是管辖当地的少数民族。《元和郡县图志》卷3《关内道三》载，坊州，"魏、晋陷于夷狄，不置郡县。刘、石、苻、姚时，于今州理西七里置杏城镇，常以兵守之"；丹州，"其地晋时戎狄居之，苻、姚时为三堡镇"。可见杏城、三堡地区

---

① 罗福颐主编：《秦汉南北朝官印征存》，文物出版社，1987年，第417、423页。
② 叶其峰：《魏晋十六国时期的护军、中护军及护军印》，《文物》1990年第1期。
③ 叶其峰认为安平护军章为十六国前赵或后燕时印，陇城护军司马章为前赵、前秦或后秦时的印章。前赵时不曾占有博陵郡安平县地，当不可能是前赵的遗物。十六国时期，曾统有博陵安平的政权先后有后赵、前燕、前秦和后燕，统有略阳郡陇城的政权先后有前赵、后赵、前秦、后秦、西秦、夏。此二印章为十六国某政权的遗物难以证明。
④ 严耕望：《中国地方行政制度史(魏晋南北朝地方行政制度)》，第832、834页。
⑤ 分别见《晋书》卷98《张轨传附张茂传》、《资治通鉴》晋成帝咸康七年、《魏书》卷94《仇洛齐传》、《资治通鉴》晋穆帝升平三年、《晋书》卷122《吕光载记》、《魏书》卷52《刘昞传》。
⑥ 牟发松：《十六国时期地方行政机构的军镇化》，《晋阳学刊》1985年第6期；高敏：《十六国时期的军镇制度》，《史学月刊》1998年第1期。

夷狄较多,故设军镇守之。《晋书》卷119《姚泓载记》云:"(姚)懿遂举兵僭号,传檄州郡,欲运匈奴堡谷以给镇人。"后秦匈奴堡镇当是为管辖匈奴人而设置的军镇。严耕望认为,"镇与州地位相等,故史臣与诏书常州镇并举"①。周一良提出,"镇虽与州并称,然非如州之统辖郡县"②。可见镇与州的地位相当,但不辖郡县。

十六国时,许多政权设戍以守边地或军事要地。据《晋书》卷103《刘曜载记》,前赵刘曜遣刘岳与后赵石勒争洛阳,"岳攻石勒盟津、石梁二戍,克之"。《资治通鉴》晋穆帝永和五年载,后赵临亡,东晋来攻,"司马勋出骆谷,破赵长城戍"。可见,后赵曾置盟津、石梁、长城等戍。《刘曜载记》又载,前赵刘曜率军攻前凉张茂,"茂临河诸戍皆望风奔退",可见前凉于临河要地设戍以守。《元和郡县图志》卷39《陇右道上》:"米川县,本前凉张天锡于此置邯川戍。"据《晋书》卷109《慕容皝载记》,前燕时,"慕容恪攻高句丽南苏,克之,置戍而还",是前燕于边地置戍。《晋书》卷130《赫连勃勃载记》载,后秦衰落,周边政权乘机来攻,夏赫连勃勃"进讨姚兴三城已北诸戍",进而南侵,"姚泓岭北镇戍郡县悉降"。《晋书》卷125《乞伏炽盘载记》载,西秦遣将犯后秦边境,"进屯大利,破黄石、大羌二戍"。十六国时所置诸戍主要具有军事上的意义,应属于军管型准政区。

两汉时,为控制西域诸国,设有西域都护。十六国时的一些政权对西域亦有控制,也置有都护。前凉时所置沙州,下辖西域都护和戊己校尉以控西域。前秦苻坚时,西域有不服于前秦者,苻坚遣吕光征讨,以车师前部王弥寘为西域都护,作为吕光的向导。其后,吕光讨破西域不服之国,继而前秦乱亡,吕光据有河西,亦能控制西域诸国,曾以子吕覆为西域大都护,镇高昌。由《吐鲁番出土文书》所载西凉和北凉年号的文书可知,这两个政权都曾控制过这一地区③,或亦置有西域都护。不仅西域都护为准政区,前凉时设置的戊己校尉也是一种准政区。

两汉魏晋时,都尉的职务主要是掌管一郡的军事,"但在边境和内地某些地区,都尉又往往和太守分疆而治,单独管理一部分地域的军民两政,这部分地域也成为都尉,成为一种实际上的政区"④。十六国时,也有单独管辖一地

---

① 严耕望:《中国地方行政制度史(魏晋南北朝地方行政制度)》,第774页。
② 周一良:《北魏镇戍制度考及续考》,见《魏晋南北朝史论集》,北京大学出版社,1997年,第215页。
③ 武汉大学历史系等编:《吐鲁番出土文书》第一册,文物出版社,1981年。
④ 周振鹤:《中国地方行政制度史》,第333页。

的都尉。据《魏书》卷99《私署凉州牧张寔传》，前凉时，张骏曾以索孚为伊吾都尉。汉武帝后，为加强对边境少数民族地区的管辖，在某些地区设置部都尉以辖其地，以军事将领兼摄民事。东汉、三国、西晋沿袭其制，十六国时亦有此制。据《晋书》卷15《苻丕载记》，苻丕传檄州郡以讨叛者姚苌，"安定北部都尉鲜卑没奕于"出击姚苌，这表明前秦时曾置安定北部都尉于安定北部。可见，十六国时期的都尉也是一种准政区。

综上可知，十六国各政权基本上实行州、郡、县三级政区，同时不少政权还设有都督区、护军、镇戍等准政区。这一时期高级政区州的变化多出于政治统治目的的需要，郡县的调整不少与人口流徙有关，而准政区的设置多具有军事意义。

三、本编研究的基本思路和体例

1. 研究的基本思路

与统一王朝不同，十六国时期政权更迭较快，边境守将叛附不定，其疆域、政区的界定须仔细考量。一般而言，政权主体与地区之间具有上下直接的行政关系，则可视为其控制的疆域范围。对于政权主体与其间接控制或联系的地区则当具体讨论。胡阿祥先生认为：有些地区，"虽然或部分控制，或不能稳定地控制，或控制力量不及正式行政区，但主权仍较明确"，可以认为属于其疆域的范围；而对于称臣纳贡的属国，则不能划入其疆域之内①。对十六国时期政区的隶属关系，一般来说，若一政权内部某地区出现反叛势力，在较短的时间内即被镇压或平定，此地区仍可视为该政权疆域的范围②；如果一地区的政治（军事）集团自立为政，或称王，或自建年号，在较长的时间内具有较强的独立性，即使它名义上臣属于某一政权，仍不能把自立为政者控制的地域视为该政权的辖区③。鉴于十六国时疆域、政区的复杂性，还有两点需要说明：其一，疆域和政区在空间上一般具有一定的连续性，若一郡、县周边的州、郡都已经为某政权占据，即使没有史料记载该郡、县为此政权统辖，一般也可视为此

---

① 胡阿祥：《六朝疆域与政区研究》，第16—17页。
② 如后赵石生、郭权据雍、秦二州不附于石虎，不久被镇压，但此二州不应在石、郭反叛期间划出后赵疆域。又如前秦苻健定关中，有孔特等各据一县之地反秦，不久为前秦平定，仍应视关中为前秦辖域。
③ 如氐族杨氏在仇池建立政权后，称臣于南北不同政权（有时向几个政权同时称臣），但行政权力完全自主，则不能视仇池为其他某政权疆域的范围。又如谯纵据有巴蜀，虽向后秦姚兴称臣，但不能将巴蜀之地视为后秦疆土。

政权辖域。其二,如果某地郡守臣服于一政权,但该政权与此郡相距较远,实际上不可能控制该郡,则此郡不能视为该政权的统治区域①。

一般来说,"完全意义上的疆域,是设置了政区的地域,疆域变迁,政区随之而有增减;政区的置废,也往往代表了疆域的得失"②。在考证政区沿革时,需要考察疆域变迁的过程。十六国时战乱频仍,各政权疆域时有变迁。因此,在考察十六国政区时,必须对十六国疆域变迁的过程做研究。研究疆域变迁与政区沿革有所不同,其重点是考察各政区所归属的政权,若弄清高一层级政区的归属,对于高级政区下统辖的较低层级的政区则不作追究。如在考证后赵疆域变迁时,后赵灭鲜卑段部,得幽州之地,只要梳理清楚段部统辖诸郡即可,不必考虑段部统辖诸郡领县的情况。又如前秦灭前燕、前凉,前燕、前凉所统诸州、郡、县皆为前秦统辖。在考证十六国疆域变迁时,本编尽可能以"年"为单位来考察各政权疆域的变迁。在考证时,将《资治通鉴》的纪年与《晋书》、《魏书》、《太平御览》等有关资料作比对,择其善者,尽可能确定诸国疆域的逐年变迁。

在政区沿革部分,本编着力考述各政权的政区建置和沿革,考察各级政区的治所、不同层级政区的统辖关系以及当时设立的各种特殊形式的政区或准政区。如上文所述,十六国时期,除有实土州郡外,还有大量的虚设州郡。在考证过程中,对于十六国虚设的州郡情况,需要仔细辨析。一般而言,如果能够确定某州郡为实土或侨置州郡,则在政区沿革中予以考述;对于虚设诸州,上文已经列表详明,不出现在政区沿革考述的正文中;同样,对于个别政权(如西凉)虚设的郡,也不再详于正文。在考述政区沿革时,各政权各级政区设置的时间力求能够精确到"年",对于不能确定年代者则存疑。

由于十六国时期文献资料匮乏,各政权的很多政区没有确切的史料记载。因此,会出现两难的问题:其一,若完全按照史料记载来描述当时的政区,就会出现许多地区没有政区建置的空白。如赫连夏曾占据关陇等地区,除州外,有明确史料记载的可考政区仅有北地尹、弘农等几个郡和十个县;又如前秦统一了北方,但史料记载其可考的县仅有一百余,这就与实际的政区建置相差甚远。其二,根据前后政区的继承关系,预设前代政区建置有此郡县,若没有史料记载此郡县罢废,则视后来的政权继承此郡县。然而,十六国前后跨距一

---

① 如成汉时,爨量据盘南(今云南南部)叛东晋而降于成汉,此时成汉所控制的疆域不出今四川地区,成汉与爨量只能具有名义上的藩属关系,盘南则不能视为成汉有效的辖域。
② 胡阿祥:《六朝疆域与政区研究》,第18页。

百多年,政权更迭频繁,政区会有不少调整,其间的政区废置多不可考,这种推理也会出现错误。

针对上述难题,本编的处理办法是:其一,由于十六国的政区随着疆域的盈缩而不断变动,故首先要考证"疆域变迁"。其二,完全根据史料记载,考出当时确实设置的政区;对于史料记载不明确,疑似建置的政区,则存疑,在标题处加以(?)。这一部分为"政区考证"。其三,根据前后政权政区的继承关系,以及"疆域变迁"和"政区考证"的结论,推理十六国的政区设置及其统辖关系,尽力复原当时的政区,不至于使一些地区出现政区上的空白,这一部分为"政区概述"。在"政区概述"中,会涉及州、郡、县的统辖关系。对于无史料记载的诸州领郡情况,特别是新设置州的领郡,一般根据地望情况加以推理。当然,这种推测可能会有错误。但若没有推测,就无法建立州、郡、县的统辖关系。

在"政区考证"中,一般有州刺史、州牧、郡太守、县令长等官职者,基本可证当时该政权确实设立过此州、郡、县。对于史料记载该政权有某"州"、某"郡"、某"县"者,一般也可证当时设立过此政区。当然,对于十六国时虚设的州、郡,也需加辨别。而对于史料记载前一政权的郡、县为后来政权占据者,后继的政权可能会沿袭旧郡、县的建置,但也有可能会更改,对于这种有史料记载的郡、县,一般在标题后加以(?)。如《资治通鉴》记载前燕攻取鲁郡,而不再见史料记载前燕有鲁郡,其标题则为"前燕鲁郡(?)"。在文献资料中,常常会出现很多地名,但这些地名未必是当时设置的政区。一般州、郡级别的政区容易辨别,而史料中出现的地名是否为县则难以断定。若一地名出现而无法直接断定是否为县时,则参照《晋书·地理志》、《魏书·地形志》、《宋书·州郡志》等文献资料,看十六国前后的政权是否设置过此县。若十六国之前或之后的政权设有此县,则视其为县;若此地名从未为县名,则不以县视之。

由于十六国史料匮乏,大量的政区不见于史料记载,故本编"政区概述"中所列的政区,与实际的政区还是有一定差距的。如《晋书》卷113《苻坚载记》载,前秦灭前燕,得前燕157郡、1579县。而在前燕"政区考证"部分,切实可考的郡、县分别不足50个和60个,而"政区概述"中根据前后政权继承关系等方面所得前燕郡、县分别仅有67个和446个。又如《晋书》卷117《姚兴载记上》载,"晋求割南乡诸郡,兴许之","遂割南乡、顺阳、新野、舞阴等十二郡归于晋"。在后秦割让给东晋的12郡中,其余8郡为哪些,据现存史料则难以考证。虽然史料有限,难以完全复原十六国时期的政区建置,但依据现存的各种资料,努力缩小与当时实际政区的差距,是本编力争要做到的。

2. 本编的体例

其一，本编章节总体上以政权间的相互关系划分，16个政权各为一节。每章的划分，兼顾政权存在的时间、地域及政权间相互继承的关系。十六国时期，可以淝水之战为界分为两大阶段，故各章的名称为"淝水之战前（或后）十六国诸政权的疆域与政区演变"。淝水战前，有汉国、前赵、后赵、成汉、前凉、前燕、前秦等政权，分为两章；淝水战后，有后燕、南燕、北燕、后秦、西秦、夏、后凉、南凉、西凉、北凉等政权，分为三章。具体来说，第一章，汉国、前赵、后赵的疆域、政区有继承关系，成汉与汉国同时建立。第二章，前凉、前燕为前秦所灭，也有继承关系。第三章，后燕、南燕、北燕为淝水战后在关东地区建立的政权，有继承关系。第四章，后秦、西秦、夏为淝水战后在关陇地区建立的政权，有继承关系。第五章，后凉、南凉、西凉、北凉为淝水战后在凉州地区建立的政权，有继承关系。

其二，十六国时期，除上述政权外，另有其他政权割据一方而称王、称帝，并且存在了一定的时间，但不在"十六国"之内。对于这些政权，本编将其附于相关的政权之下。段国为后赵所灭，冉魏灭后赵而建国，故附于后赵之下。谯纵与成汉同为割据巴蜀地区的政权，故将谯蜀附于成汉之下。翟魏、西燕为后燕所灭，故附于后燕之下。十六国政权中，最后与仇池有疆土继承关系的是赫连夏，夏亡国后，其上邽之地入仇池，故将仇池附于赫连夏之下。

其三，本编分政权研究十六国的疆域与政区，每政权各为一节，各节皆分为"疆域变迁"和"政区沿革"两大部分，"政区沿革"又分为"政区概述"和"政区考证"两部分。"政区考证"中的政区，是根据直接的史料记载而考订的政区。"政区概述"中的政区，是以"政区考证"和"疆域变迁"考订结论为基础，以及间接的史料记载、前后政权政区的继承关系、政区设置的地望关系而概述的政区。

其四，在"政区概述"中，一般以各政权最盛时期的疆域为基准年，来概述该政权的政区沿革。对基准年前后该政权曾经占据而此年已失去的疆土，或此年尚未占据而后来占据的疆土，其政区则"附"见文后。对基准年前后该政权设置的政区，至此年名称已改变，或者政区的辖域前后有较多的不同，则分别以"承"、"含"、"暨"见于相应的政区之中。"承"，表示基准年下政区继承了原先的政区。"含"，一般表示该政区辖域内曾经置有某政区，但此政区在基准年下已罢废。"暨"，表示基准年时有此政区，但基准年之后此政区名称发生变化。

其五，十六国时期，各郡的领县情况绝大多数无史料记载。对此，一般在该郡首次出现于"政区概述"时，加以推理其可能统辖之县。如河东郡首见于匈奴汉国"政区概述",则根据前后政权政区的继承关系,推测十六国时河东郡的领县情况。至于汉国以后河东郡的领县变化,则另见于相应的政权"政区概述"中。

其六,十六国时期,一些政权有虚设之州、郡,此已在前文"十六国政区设置概说"中予以指出,各章正文中不再讨论这些虚设州、郡。

其七,本编在考述各政权疆域变迁与政区沿革时,以各政权自己使用的年号纪年,且加括号注明公元年。

其八,凡本书古地名在今何地,主要参照《嘉庆重修一统志》、谭其骧主编《中国历史地图集》和《中国历史大辞典(历史地理分册)》、《中国文物地图集》所标注的地名来定。若遇到《一统志》、谭《图》、《大辞典》中有不当者,则随文加以考订。其中今地市、县、区,一般是指城区所在位置。文中所标今地名截至 2014 年年底,参照《中华人民共和国行政区划简册(2015)》[①]。

其九,由于文献资料有限,难以制作十六国各政权政区沿革详表。正文后所附十六国政区简表,兼顾"政区概述"和"政区考证"的结论。各表选取的基准年与"政区概述"的基准年一致。凡属"政区考证"中可考的政区和疑有的政区,则在政区名下分别用"＿＿"和"﹒﹒﹒﹒"加以区别。

其十,本编制有十六国疆域政区图。十六国时期的疆域政区总图,选择的标准年代与《中国历史地图集》十六国部分中所定的年代一致。分政权疆域政区图则选取该政权疆域最大的时期来绘制,其基准年与"政区概述"选取的基准年一致。疆域政区图中的政区,一般出确切可考的政区。

其十一,本编征引文献,为节省篇幅,以下各章中部分书名以简称出现。《晋书》的各《载记》直接用载记名,而省《晋书》和卷数,如《晋书》卷 101《刘元海载记》简称为《刘元海载记》。《晋书·地理志》、《魏书·地形志》、《宋书·州郡志》分别简称《晋志》、《魏志》、《宋志》。《晋志》分上、下,分别称《晋志上》、《晋志下》。《魏志》分上、中、下,分别称《魏志上》、《魏志中》、《魏志下》。《宋志》分一、二、三、四,分别称《宋志一》、《宋志二》、《宋志三》、《宋志四》。

[①] 中华人民共和国民政部编:《中华人民共和国行政区划简册(2015)》,中国地图出版社,2015 年。

第一章 淝水之战前(304—383)十六国诸政权的疆域与政区演变(上)

第一节 汉 赵

汉元熙元年(304),刘渊建立汉国,都离石,不久迁于左国城。永凤元年(308),迁都蒲子。河瑞元年(309),迁都平阳。光兴元年(310),刘聪即位。汉昌元年(318),刘粲即位;同年,汉国亡,刘曜于赤壁即帝位,改元光初。光初二年(319),刘曜都长安,改国号为赵。光初十一年(328),刘曜被石勒所擒;次年,前赵太子刘熙被后赵所杀,国亡。

一、疆域变迁

自汉代以来,匈奴不断入居塞内。东汉初,匈奴分裂为南北二部,南匈奴不断南下。晋初,南匈奴大多分居并州地区。《晋书》卷97《北狄匈奴传》载,"平阳、西河、太原、新兴、上党、乐平诸郡靡不有焉"。匈奴内迁后,散布各地,以汾水流域的五部匈奴最为集中,据《刘元海载记》,"左部居太原兹氏,右部居祁,南部居蒲子,北部居新兴,中部居大陵。刘氏虽分居五部,然皆居于晋阳汾涧之滨"。刘渊趁晋室离乱之际,发动匈奴五部之众反晋建国,国号为汉,不断开疆拓土。

(一)汉国刘渊时期的疆域变迁

汉元熙元年(304),刘渊起兵反晋,建国称汉,都于离石。刘渊建国,首先占据了并州西河地区。据《晋志上》,西晋西河国统有离石、隰城、中阳、介休四县。汉国最早攻陷离石,并建都于此,不久又迁都左国城,也在离石县境内①。

---

① 《资治通鉴》晋惠帝永兴元年八月:"刘渊迁都左国城(《考异》曰:下云'离石大饥,迁于黎亭',则是渊犹在离石也。按杜佑《通典》:离石有南单于庭左国城。然则渊虽迁左国,犹在离石县境内也)。"

隰城为匈奴左部居地，当在刘渊建国时得之①。西晋经永嘉之乱，省中阳县，其地入隰城县②。元熙元年（304），刘渊遣其将乔晞攻陷介休，得此县③。《元和郡县图志》卷13《河东道二》载："晋惠帝时，（西河郡）为刘元海所攻破，郡遂废。"可见，西河郡为匈奴刘渊起兵之地，汉国建立不久便得其地。

刘渊建国之初，除据有西河郡外，还北向太原郡、东向上党郡不断扩展。元熙元年（304），"东嬴公腾遣将军聂玄击汉王渊，战于大陵，玄兵大败。渊遣刘曜寇太原，取泫氏、屯留、长子、中都"④。据《晋志上》，大陵、中都二县属太原国，泫氏、屯留、长子三县属上党郡。大陵为匈奴中部居地，祁县为匈奴右部居地，或在大陵之战后为汉国控制。据谭其骧主编《中国历史地图集》（以下简称"谭图"）⑤，西晋时期并州太原郡大陵、祁县、中都等县皆在晋阳以南。刘渊时，还在太原郡晋阳南筑鹅城、大于城⑥。因此，元熙元年（304），汉国取有泫氏、屯留、长子三县，太原郡晋阳以南地区也为汉国控制。《资治通鉴》晋惠帝永兴二年（汉元熙二年，305）载，"离石大饥，汉王渊徙屯黎亭（胡注：《续汉志》：上党郡壶关县有黎亭），就邸阁谷"，可见此年刘渊已经据有上党郡壶关县。攻取壶关后，刘渊遣将攻略太行以东之地⑦，但旋得旋失。

晋室遣刘琨出镇并州后，刘渊在并州的发展受阻。刘琨初到并州，自知力

---

① 据上文所引，匈奴左部居太原郡兹氏县。《晋书》卷97《北狄匈奴传》载，东汉末曹操时匈奴分五部。（唐）李吉甫《元和郡县图志》卷13《河东道二》："西河县，本汉兹氏县也，曹魏于此置西河郡，晋改为国，仍改兹氏县为隰城县。"可见，兹氏县时为曹魏时县的名称，至西晋时兹氏县改名隰城县，为西河国辖县。又据《刘元海载记》，刘渊父豹"为左部帅"。故刘渊建国时，当据有隰城县。
② 《元和郡县图志》卷13《河东道二》："孝义县，本汉兹氏县地，曹魏移西河郡中阳县于今理，永嘉后省入隰城。"
③ 《晋书》卷89《忠义传·贾浑传》："贾浑，不知何郡人也。太安中，为介休令。及刘元海作乱，遣其将乔晞攻陷之。"《资治通鉴》晋惠帝永兴元年十二月："（刘渊）遣冠军将军乔晞寇西河，取介休。介休令贾浑不降，晞杀之。"
④ 《资治通鉴》晋惠帝永兴元年十二月。《刘元海载记》亦载："元海遣其建武将军刘曜寇太原泫氏、屯留、长子、中都，皆陷之。"太原为郡名，其余皆为县名，据后文所考，刘曜并没有占据太原郡，中华书局点校本为"刘曜寇太原、泫氏"，当有误。
⑤ 谭其骧主编：《中国历史地图集》，中国地图出版社，1982年。若无特别说明，本卷上编所用《中国历史地图集》皆为第三册"西晋时期"图，此不再详注出处，都简称"谭图"。
⑥ 《元和郡县图志》卷13《河东道二·太原府》："鹅城，在（清源）县东南二十二里。《晋阳春秋》曰：'永嘉元年，洛阳步广里地陷，有二鹅，色黄苍者飞冲天，白者不能飞。苍杂色，故夷之象，刘渊以为己瑞，筑此城以应之'"；"大于城，在（文水）县西南十一里。本刘元海筑，令兄延年镇之，胡语长兄为大于，因以为名"。此文中"刘曜"当为"刘渊"，因永嘉元年（307）为刘渊统治期。《河东道二·太原府》又载："今太原有三城，府及晋阳县在西城"；又"晋阳县，本汉旧县也，属太原郡，至后魏并不改"；又"清源县，畿。东北至府三十九里"；又"祁县，畿。北至府一百里……本汉旧县"；又"文水县，畿。东北至府一百一十里……本汉大陵县地，属太原郡，今县东北十三里大陵故城是也"。可见，鹅城、大于城皆在晋阳之南。
⑦ 《晋书》卷5《怀帝纪》：永嘉二年（308）三月，"刘元海侵汲郡，略有顿丘、河内之地"。

弱,难以独力与匈奴汉国抗衡,遂引鲜卑拓跋部为援;当时拓跋部在拓跋猗卢统治下,甚为强盛,雄踞代北①。刘琨由此夺回了为汉国占据的太原、上党之地,有力阻止了汉国的北扩和东进。元熙三年(306),刘琨于介休县北的板桥击败刘渊②,于是汉国所得晋阳以南太原郡之地皆失③。据《资治通鉴》,晋怀帝永嘉二年(汉永凤元年,308)十一月,"并州刺史刘琨使上党太守刘惇帅鲜卑攻壶关,汉镇东将军綦母达战败亡归"。由下文所考汉国再得屯留、长子等地可知,綦母达败亡后,不仅壶关县不保,汉国所据泫氏、屯留、长子三县亦失。

刘渊北扩、东进受挫后,转而向南发展。据《晋书》卷5《怀帝纪》,汉永凤元年(308)七月,"刘元海寇平阳,太守宋抽奔京师,河东太守力战,死之"。又据《刘元海载记》,"元海遂入都蒲子,河东、平阳属县垒壁尽降"。永凤元年(308)据有平阳郡,并迁至蒲子。《资治通鉴》载,晋怀帝永嘉三年(汉河瑞元年,309)正月,徙都平阳。《刘元海载记》所言刘渊迁都蒲子时"河东、平阳属县垒壁尽降",不当。刘渊入都蒲子时当全有平阳郡,故于次年又徙都平阳。而河东郡有些属县并非在此年入汉国版图。《资治通鉴》又载,晋怀帝永嘉二年(汉永凤元年,308)九月,晋室令"平北将军曹武屯大阳以备蒲子",表明在汉国入都蒲子时,大阳县尚为司马氏所控制。据《资治通鉴》晋怀帝永嘉三年(汉河瑞元年,309)"八月,汉主渊命楚王聪等进攻洛阳;诏平北将军曹武等拒之,皆为聪所败。聪长驱至宜阳"。曹武败退以后,大阳陷于匈奴汉国,此后刘氏南攻洛阳,多由大阳出入。由下文可知,直至汉刘聪嘉平元年(311),汉国才获得出入关中的要地蒲坂。

大阳、蒲坂是汉国入洛川、关中的重要关津,而壶关则是汉国出入太行以东的要塞。汉国失壶关后,极力反扑。据《资治通鉴》晋怀帝永嘉三年(汉河瑞元年,309)四月,刘渊遣王弥、刘聪、石勒攻壶关,"聪遂破屯留、长子,凡斩获万九千级。上党太守庞淳以壶关降汉。刘琨以都尉张倚领上党太守,据襄垣"。由上党太守庞淳以壶关降汉和刘琨复使张倚领上党太守据襄垣推知,此时刘琨据有上党郡襄垣县及其以北之地,匈奴汉国则得上党郡壶关县及其以南之地。

据上所考,汉刘渊元熙元年(304)建立汉国,都离石,不久迁于左国城,得

---

① 《魏书》卷1《序纪》;《晋书》卷62《刘琨传》。
② 见《刘元海载记》。又据(北宋)乐史《太平寰宇记》卷41《河东道二》:介休县,"本秦汉之旧县(按,点校本《太平寰宇记》校勘记曰,'秦汉介休县在今介休县东南十五里,今县即唐宋县,乃后魏移治')","昭余祁……俗名邬城泊是。按薮自太原祁县连延西接至此。板桥城,《郡国志》云:'刘渊击刘琨于此。'中都城。冀州图云:'中都县,城东北五里(按,据点校本《太平寰宇记》校勘记,此当为'在介休县东北五十里')'"。据此,板桥应在介休县北,位于邬城泊和中都县之间。
③ 史霖认为,板桥之战后,汉国失去太原盆地南部一带数县,见《十六国时期汉赵国疆域政区的变迁》,第12页。

西河郡、太原郡(晋阳以南地区)和泫氏、屯留、长子三县。元熙二年(305),得壶关县。元熙三年(306),失太原郡(晋阳以南地区)。永凤元年(308),失壶关、泫氏、屯留、长子四县,得平阳郡和河东郡(除大阳、蒲坂二县);其年,迁都蒲子。河瑞元年(309),迁都平阳,得上党郡壶关及其以南之地和大阳县。

(二)汉国刘聪时期的疆土扩张

河瑞二年(310)七月,刘渊卒,太子刘和即位,寻而刘聪杀刘和自立,改元光兴,汉国进入刘聪统治时期。刘聪卒后,刘粲即位,同年汉国亡。刘聪在位时,疆土大有扩展,先后攻陷洛阳、长安,拥有河南和关中等地。下文兼顾时间的先后,分别考察汉刘聪时向东、南、西、北四边的扩张。

汉国取有壶关后,遂东出太行,攻太行以东之地。光兴元年(310)"五月,石勒寇汲郡,执太守胡宠","秋七月,刘聪从弟曜及其将石勒围怀,诏征虏将军宋抽救之,为曜所败,抽死之。九月,河内人乐仰执太守裴整叛,降于石勒"①。可见,光兴元年(310)河内郡、汲郡陷于匈奴汉国。据《太平寰宇记》卷52《河北道一》,孟州,"至汉又为河阳县,魏、晋因之,属河内郡。后入后汉刘聪",表明河内河阳县为刘聪所据。《石勒载记上》:"刘聪将赵固以洛阳归顺,恐勒袭之,遣参军高少奉书推崇勒,请师讨聪。勒以大义让之,固深恨恚,与郭默攻掠河内、汲郡。"这说明河内、汲郡为汉国所据。顾祖禹言:"二刘盛时,其地东不过太行,南不越嵩、洛。"②河内郡、汲郡在太行山东南,其地与河东郡、平阳郡、上党郡相接,为汉国占据,因此顾氏所言有误。

自河瑞元年汉国攻取大阳以后,得以渡河,遂多次南侵洛阳。汉嘉平元年(311)六月,洛阳为汉国攻陷。据《资治通鉴》,晋怀帝永嘉六年(汉嘉平二年,312)六月,刘聪以赵固为荆州刺史、领河南太守,镇洛阳。《晋书》卷63《魏浚传附族子该传》载,汉国攻陷洛阳后,魏该据有弘农郡宜阳县一泉坞抗拒汉国。此前,汉国都是经宜阳而攻洛阳;魏该屯于一泉坞后,汉国对洛阳附近的军事行动则改经他地。可见,汉国不能控有弘农郡宜阳县附近之地,当也不能控有洛水以南的河南郡地。《资治通鉴》载,晋元帝建武元年(汉麟嘉二年,317)八月,汉洛阳镇将赵固降晋荥阳太守李矩,"矩复令固守洛阳";十二月,刘粲"遣

---

① 见《晋书》卷5《怀帝纪》。下文提出石勒等攻掠之地不能视为汉国疆土,此石勒等寇河内、汲郡之地时,则有汉国宗室刘曜等参与。汉国置有殷、卫等州"以怀安新附",见《晋志上》。洪亮吉认为,殷州可能在河内郡,卫州当治汲郡朝歌县,见《十六国疆域志》卷1《前赵》,第2页。史霖认为,殷州、卫州在原汲郡境内,见《十六国时期汉赵国疆域政区的变迁》,第36页。殷、卫二州可能在河内郡、汲郡界内,因此,汉国攻占此地后,当设置行政区加以统辖,故视为汉国疆域。

② (清)顾祖禹:《读史方舆纪要》卷3《历代州域形势三》。

雅生攻洛阳,固奔阳城山(胡注:河南阳城县,有阳城山)";次年三月,李矩将耿稚为刘粲所败,"突围奔虎牢(胡注:河南成皋县,郑之虎牢也)"。这些均表明匈奴汉国在洛阳附近的统治并不稳定,不得不多次用兵争夺这一地区。《晋书》卷77《褚翜传》载,洛阳为汉国占据后,褚翜"率数千家将谋东下,遇道险,不得进,因留密县。司隶校尉荀组以为参军、广威将军,复领本县,率邑人三千督新城、梁阳城三郡诸营事"。此"三郡"为"三县"之误。据谭图,司州河南郡阳城、成皋、新城、梁等县均在洛水以南,此亦表明汉国不能控有河南郡洛水以南之地。由汉国与魏浚、李矩等地方坞主交战可见,双方多兵交于洛水以北,亦证汉国在河南郡的势力范围不越洛水。因此,顾祖禹言汉国疆域"南不越嵩、洛"是有道理的。嘉平元年(311),汉国攻陷洛阳后,占据河南郡洛水以北洛阳、河南、巩、新安四县①。嘉平二年(312),汉国得河阴县②。

《魏浚传附族子该传》又载,汉国攻洛阳之际,"杜预子尹为弘农太守,屯宜阳界一泉坞,数为诸贼所抄掠",弘农太守杜尹据一泉坞自保,据此推知当时弘农郡还应有不少地区为汉国攻取。一泉坞为魏该占据后,汉国不能得弘农郡宜阳县地。弘农郡与汉国占据的河东郡隔河水相邻,汉国占据大阳津后,弘农郡易受攻击。因此,占据洛阳不久,汉国还可能攻取了弘农郡(除宜阳县、华阴县)。至麟嘉二年(317),弘农郡华阴县才为汉国所取③。

汉国攻取弘农郡部分之地后,则向上洛郡和顺阳郡扩张。据《元和郡县图志》卷21《山南道二》,邓州,秦于此置南阳郡,汉因之,"永嘉五年(汉嘉平元年,311),为刘聪所没,成帝咸康四年复归于晋"。秦汉之南阳郡在上洛郡东南。据《太平寰宇记》卷142《山南东道一》,内乡县,"汉为析县,属弘农郡","永嘉末,没刘聪"。据《后汉书志》卷22《郡国志四》,荆州南阳郡有析县,言"故属弘农"。《左传》卷57哀公四年杜预注:"析县,属南乡郡。"《晋志下》载东汉末分南阳立南乡郡,晋武帝平吴后改南乡为顺阳郡,顺阳郡有析县。嘉平元

---

① 据谭图,司州洛水以北有洛阳、河南、巩、河阴、新安、偃师六县。其中偃师县在西晋时已省。河阴县至嘉平二年(312)才为汉国攻取。故嘉平元年(311),汉国攻陷晋都洛阳,仅得河南郡洛水以北洛阳、河南、巩、新安四县。
② 据《资治通鉴》卷87,晋怀帝永嘉五年(311)六月,洛阳为汉国攻陷后,"司徒傅祗建行台于河阴"。《晋书》卷47《傅玄传附傅祗传》载,傅祗在洛阳失陷后,以子畅"行河阴令"。又据《资治通鉴》卷88,晋怀帝永嘉六年(312)五月,"聪使河内王粲攻傅祗于三渚……会祗病薨,城陷,粲迁祗子孙并其士民二万余户于平阳。"傅祗子孙入汉国后,河阴县当亦为汉国占据。故嘉平二年(312),汉国得河阴县。
③ 《晋书》卷5《愍帝纪》:建兴三年(315)正月,晋"以侍中宋哲为平东将军,屯华阴"。《资治通鉴》晋元帝建武元年(317)正月:"汉兵东略弘农,太守宋哲奔江东。"

年(311),刘聪向南进兵,攻取顺阳郡析县附近之地,可能于此置有西扬州。

《晋书》卷96《列女传·王广女传》云:"(王)广仕刘聪,为西扬州刺史。蛮帅梅芳攻陷扬州,而广被杀。"此提有蛮帅,表明刘聪之西扬州有蛮族。由《魏书》卷101《蛮传》所载当时"蛮之种类"分布推知①,汉国所据之地有蛮族分布者在析县附近。因此,刘聪所置西扬州当在此地。由《蛮传》可知,刘、石乱后,此地又为蛮族据有。因此,西扬州刺史王广被蛮帅所杀后,其地没于蛮族,非刘聪所能据。上洛郡以南有陷于刘聪者,上洛郡也应有为刘聪所据者,后刘曜都长安后得以继续统治上洛地区②。

汉国不断向南扩张之际,还积极向其西部关中地区扩展。嘉平元年(311)七月,"南阳王模使牙门赵染成蒲坂(胡注:刘聪在平阳,欲窥关中;蒲坂,兵冲也),染求冯翊太守不得而怒,帅众降汉"③。蒲坂作为兵要之地,不易攻取,至嘉平元年(311)才为汉国所得。顾祖禹《读史方舆纪要》卷41《山西三》云:"赵染以蒲坂降刘聪,而关中从此多故矣。晋亡关中,由于失蒲坂也。"《晋书》卷5《怀帝纪》载,永嘉五年(汉嘉平元年,311)八月,"刘聪使子粲攻陷长安,太尉、征西将军、南阳王模遇害"。据《资治通鉴》,晋怀帝永嘉五年(汉嘉平元年,311)九月,刘聪以刘曜镇长安;长安虽陷,雍州各地太守不降,合力围攻刘曜;次年四月,刘曜被迫撤出长安。随后,晋秦王业入长安,不久即帝位,是为晋愍帝。

晋愍帝都于长安后,汉国遂以关中地区为主要攻击目标。据《晋书》卷5《愍帝纪》,建兴三年(汉建元元年,315)十月,"刘聪陷冯翊,太守梁肃奔万年";四年(汉麟嘉元年,316)四月,"刘曜寇上郡,太守籍韦率其众奔于南郑";七月,"刘曜攻北地,麹允帅步骑三万救之。王师不战而溃,北地太守麹昌奔于京师。曜进至泾阳,渭北诸城悉溃";十一月,汉国攻陷长安,晋愍帝出降。可见,在长安陷落前,冯翊郡、上郡、北地郡已先后陷没。又据《太平寰宇记》卷34《关西道十》:"按顾野王《舆地志》云:'汉末,北地郡但有泥阳、富平二县,魏、晋亦然。

---

① 《魏书》卷101《蛮传》:"蛮之种类,盖盘瓠之后,其来自久。习俗叛服,前史具之。在江淮之间,依托险阻,部落滋蔓,布于数州,东连寿春,西通上洛,北接汝颍,往往有焉。其于魏氏之时,不甚为患,至晋之末,稍以繁昌,渐为寇暴矣。自刘石乱后,诸蛮无所忌惮,故其族类,渐得北迁,陆浑以南,满于山谷,宛洛萧条,略为丘墟矣。"
② 《晋书》卷95《艺术传·台产传》载有刘曜征召隐居于商洛山的上洛人台产;上洛郡当归于前赵统辖之,故刘曜能召之。(北宋)李昉等《太平御览》卷559《礼仪部三十八》引《汉赵记》载上洛人张卢事;上洛郡应为汉赵辖域,因而《汉赵记》载之。
③ 《资治通鉴》晋怀帝永嘉五年七月。又据《刘元海载记》:"(刘元海)攻寇蒲坂、平阳,皆陷之。远海遂入蒲子,河东、平阳属县皆壁垒尽降。"当时蒲坂距离石较远,蒲子则与离石相邻,刘渊应先攻取蒲子,再得平阳,不可能跨越平阳、河东二郡数县地而攻取蒲坂。其下既而又言"遂入蒲子",亦证前言是"蒲子"非"蒲坂"。《刘元海载记》所载"蒲坂"当是"蒲子"之误。

西晋愍帝时,陷入刘聪。'"此亦可证当时北地郡为汉国占据。扶风郡和始平郡不少属县在"渭北",其中不少应为汉国攻取。长安为京兆郡治,该郡应在长安陷后入汉。《晋书》卷 89《麹允传附焦嵩传》云:"焦嵩,安定人。初率众据雍。曜之逼京都,允告难于嵩,嵩素侮允,曰:'须允困,当救之。'及京都败,嵩亦寻为寇所灭。"《资治通鉴》晋元帝太兴元年(汉汉昌元年,318)载,"焦嵩、陈安举兵逼上邽"。可见,太兴元年(318)前,焦嵩尚未被灭,当据有雍县。因此,汉麟嘉元年(316),汉国攻陷长安,据有雍县以东关中之地。

汉国北边一直受刘琨的威胁,与刘琨曾多次交战。刘聪时,曾攻取晋阳而旋失之。《资治通鉴》载,晋怀帝永嘉六年(汉嘉平二年,312)七月,刘聪遣刘粲、刘曜"乘虚袭晋阳,太原太守高乔、并州别驾郝聿以晋阳降汉";八月,"聪复以曜为车骑大将军,以前将军刘丰为并州刺史,镇晋阳";十一月,刘琨在拓跋猗卢的援助下击败匈奴汉兵,猗卢"留其将箕澹、段繁等戍晋阳。琨徙居阳曲",刘琨复得晋阳等地。又据《资治通鉴》,晋愍帝建兴三年(汉建元元年,315),"汉大司马曜攻上党,八月,癸亥,败刘琨之众于襄垣。曜欲进攻阳曲,汉主聪遣使谓之曰:'长安未平,宜以为先。'曜乃还屯蒲坂"。可见,汉国攻取上党郡襄垣县。《晋书》卷 67《温峤传》载,温峤曾为上党潞令,后为刘琨从事中郎、上党太守,"将兵讨石勒,屡有战功"。《石勒载记上》:"刘琨遣乐平太守焦球攻勒常山,斩其太守邢泰。琨司马温峤西讨山胡,勒将逯明要之,败峤于潞城。"可知当刘琨在并州时,温峤在上党郡潞县,潞县当一直为刘琨所控有。所以,在汉国攻取襄垣县后,其在上党郡当控制襄垣至壶关一线以南之地。

由上文所考,汉刘聪光兴元年(310),得河内郡、汲郡。嘉平元年(311),攻陷洛阳,得河南郡洛水以北(洛阳、河南、巩、新安四县)、弘农郡(除宜阳县、华阴县)、上洛郡;又得蒲坂县;又得长安及其附近之地;又得顺阳郡析县附近之地,其后失此地。嘉平二年(312),得河阴县,失长安及其附近之地;得太原郡,旋又失之。建元元年(315),得襄垣县。麟嘉元年(316),攻陷长安,得雍县以东关中之地。麟嘉二年(317),得华阴县。汉昌元年(318),汉国亡。

(三)汉赵交替之际的疆域变迁

汉昌元年(318)七月,刘聪卒,其子刘粲嗣位。八月,靳准弑刘粲,汉国大乱而亡。十月,刘曜称帝于赤壁①,后又屯兵冯翊郡粟邑,与石勒争夺汉国疆土。前赵刘曜光初二年(319)四月,还都长安,不久改国号为赵。下文考述自刘聪卒后至刘曜建赵时期汉赵疆域的变迁。

---

① 《资治通鉴》晋元帝太兴元年十月载此事,胡注曰:"《水经注》:河东皮氏县西北有赤石川。"

《晋志上》载:"刘曜徙都长安,其平阳以东地入石勒。"据此原汉国所据上党郡地区显然归属于石勒。平阳郡是否为石勒所有,仅据此言难以判断。据《资治通鉴》晋元帝太兴元年(前赵光初元年,318)十二月,"石虎帅幽、冀之兵会石勒攻平阳,靳明屡败,遣使求救于汉。汉主曜使刘雅、刘策迎之,明帅平阳士女万五千人奔汉。曜西屯粟邑,收靳氏男女,无少长皆斩之。曜迎其母胡氏之丧于平阳,葬于粟邑,号曰阳陵,谥曰宣明皇太后。石勒焚平阳宫室,使裴宪、石会修永光、宣光二陵,收汉主粲已下百余口葬之,置戍而归"。由刘曜迁葬和石勒置戍推知,刘曜基本失去了对平阳郡的控制。又据《石勒载记上》、《资治通鉴》晋元帝太兴二年(319)可知,石勒于太兴二年(319)称王,以河内、汲郡等二十四郡为赵国,其辖域"西达龙门"。龙门在平阳郡皮氏县西①,因此当时石赵辖境已经西抵河水之滨,平阳郡当已入其境内。河内郡、汲郡在平阳以东,当在刘曜都长安后归于石勒。《资治通鉴》载,晋成帝咸和三年(前赵光初十一年,328)刘曜"分遣诸将攻汲郡、河内",也表明河内、汲郡之地当时非刘曜所据。

汉国平阳以东地入石勒,而平阳以北之地则由拓跋鲜卑所占。曹永年提出,建兴元年(汉嘉平三年,313)左右,"太原、西河西部及于平阳西部地区,皆已入于拓跋氏和刘琨之手"②。此说不确。首先,汉国控制的西河西部及平阳西部地区为匈奴五部居地,刘琨和拓跋部不易占据。又,《资治通鉴》晋怀帝六年(汉嘉平二年,312)六月载,汉主刘聪以"高平王悝为征南将军,镇离石;济南王骥为征西将军,筑西平城以居之;魏王操为征东将军,镇蒲子",表明嘉平二年(312)时北屈以北的离石、蒲子并非为拓跋氏所据。若拓跋氏控有平阳西部,匈奴汉国都城平阳则近在咫尺,刘聪岂敢放手腹心之敌不问,却于嘉平三年(313)后不断对关中、河南地区用兵。可见,曹永年的观点有误。其实,曹氏所引证的史料也充分说明这一点:据《资治通鉴》晋愍帝建兴元年(汉嘉平三年,313)"六月,刘琨与代公猗卢会于陉北,谋击汉。秋,七月,琨进据蓝谷,猗卢遣拓跋普根屯于北屈(胡注:北屈县,汉属河东郡,晋属平阳郡,春秋晋公子夷吾所居邑也)。琨遣监军韩据自西河而南,将攻西平(胡注:西平城,在平阳西,汉主聪筑以居其子济南王骥)。汉主聪遣大将军粲等拒琨,骠骑将军易等拒普根,荡晋将军兰阳等助守西平。琨等闻之,引兵还。聪使诸军仍屯所在,为进取之计"。这段史料先言拓跋氏和刘琨南下"将攻西平",后又言"琨等闻

---

① 《水经注》卷4《河水注四》:"(河水)又南过皮氏县西。皮氏县,王莽之延平也。故城在龙门东南,不得延迳皮氏,方屈龙门也。"
② 曹永年:《补充与讨论两题》,载田余庆:《拓跋史探》,三联书店,2003年,第212—213页。

之,引兵还",当是退出了这一地区。可见,曹氏只取史料前半部分而得出结论是不能成立的。所以,嘉平三年(313)左右西河西部及平阳西部地区并非为拓跋氏和刘琨据有。

西河西部及平阳西部地区为拓跋部控制,是在汉国亡后。汉国大乱之际,正处拓跋部强盛之时,《资治通鉴》晋元帝太兴元年(318)载,拓跋部代王"郁律西取乌孙故地,东兼勿吉以西,士马精强,雄于北方"。《石勒载记下》:"(石勒)署石季龙为车骑将军,率骑三万讨鲜卑郁粥于离石,俘获及牛马十余万,郁粥奔乌丸,悉降其众城。"曹永年指出,"郁粥与郁律当是同音异译"①,其说甚是。郁粥(郁律)当乘匈奴汉国大乱之际南下,占据了离石及其以北地区,为巩固新征服地区,亲镇于此,后为石虎所破。因此,原汉国控制的平阳以北地区应在汉亡后为拓跋氏所据,后又为石勒夺取。

平阳以东、以北之地分别为石勒、拓跋部所取,其余汉国之地基本上入前赵疆土。据《刘曜载记》,"石勒遣石季龙率众四万,自轵关西入伐曜,河东应之者五十余县,进攻蒲坂";"曜尽中外精锐水陆赴之,自卫关北济。季龙惧,引师而退"。《资治通鉴》亦载此事,在晋成帝咸和三年(前赵光初十一年,328)七月,此年刘曜为石勒所擒,第二年前赵亡。可见,在前赵亡国前,河东郡一直为其所占。由下文所考前赵失洛阳等地可知,汉国所控河南郡洛水以北之地亦为前赵所承。刘曜都长安,原汉国所控雍州之地遂归刘曜,此无须详考。

前述弘农郡为匈奴汉国所有,前赵承袭之,而且还新得弘农郡宜阳县。《资治通鉴》晋元帝太兴二年(前赵光初二年,319)六月,"魏该为胡寇所逼,自宜阳率众南迁新野"。魏该南奔后,宜阳县遂为刘曜所据,原西晋弘农郡基本为前赵占据。《晋书》卷96《列女传·陕妇人传》载:"陕妇人,不知姓字,年十九。刘曜时嫠居陕县",后因一女所诬蒙冤而死,"曜遣呼延谟为太守,既知其冤,乃斩此女,设少牢以祭其墓"。陕县在弘农郡,据此事可知,刘曜据有弘农后置有太守。

原汉国所占上洛郡亦为刘曜所有。《晋书》卷95《艺术传·台产传》:"台产字国儁,上洛人。……隐居商洛南山,兼善经学,泛情教授,不交当世。刘曜时,灾异特甚,命公卿各举博识直言之士一人。其大司空刘均举产。曜亲临东堂,遣中黄门策问之,产极言其故。"台产为上洛人,隐居于商洛南山,在上洛郡内。刘曜当在其辖域内征召士人,上洛郡应属其统辖。《太平御览》卷559《礼仪部三十八》引《汉赵记》曰:"上洛男子张卢,死二十七日,人有盗发其冢,卢得苏起。"《汉赵记》应记汉赵国辖域内之事,此记上洛男子之事虽为荒诞,但可知

---

① 曹永年:《补充与讨论两题》,载田余庆:《拓跋史探》,第214页。

上洛当在汉赵领域之内。由下文所考前赵侵犯顺阳、南阳诸郡可推测,前赵刘曜是先占有上洛郡,后经上洛之地南下攻略。

由上文所考可知,在汉赵交替之际,汉国旧土分别归于前赵刘曜、后赵石勒和鲜卑拓跋部。原汉国所据平阳及其以东上党郡、河内郡和汲郡地归石勒,而平阳以北的西河地区归拓跋部,前赵刘曜得原汉国其余地区(即关中、河南郡洛水以北、河东郡、弘农郡、上洛郡等)。光初二年(319),前赵得宜阳县。

(四)前赵刘曜时的疆域盈缩

前赵刘曜都于长安以后,首先着力经营关中和陇右地区。但是司马氏的残余势力一时还比较强大,前赵若要稳居关中,必须击破司马氏及其余党。

《晋书》卷37《宗室传》载,南阳王司马模镇长安时,"表遣世子保为西中郎将、东羌校尉,镇上邽,秦州刺史裴苞距之。模使帐下都尉陈安率众攻苞,苞奔安定……模遇害,保在上邽。其后贾疋死,裴苞又为张轨所杀,保全有秦州之地"。刘曜初都长安时,原晋秦州之地四分,南阳王司马保据秦州天水、略阳、南安三郡,陇西郡为前凉张轨控制①,而仇池杨氏控有武都郡,成汉李雄得阴平郡②。据《刘曜载记》,光初二年(319),刘曜都长安不久,"黄石屠各路松多起兵于新平、扶风,聚众数千,附于南阳王保。保以其将杨曼为雍州刺史,王连为扶风太守,据陈仓;张颙为新平太守,周庸为安定太守,据阴密。松多下草壁,秦陇氐羌多归之"。《资治通鉴》载,晋元帝太兴三年(光初三年,320)正月,"曜攻陈仓,王连战死,杨曼奔南氏。曜进拔草壁,路松多奔陇城;又拔阴密。晋王保惧,迁于桑城(胡注:《水经注》,洮水自临洮县东北流,过索西城,又北出门峡,又东北迳桑城东,又北迳安故县)"。司马保败走桑城后,安定郡、新平郡及雍县以西扶风郡(即雍县、汧县)皆为前赵取有。另外,西晋末有抚夷护军,当在司马保败走后入前赵③。光初三年(320),司马保为其部将所杀,陈安遂控有天水郡、略阳郡地,南安郡为司马保部将杨韬控制。《资治通鉴》载,晋元

---

① 见后文所考前凉疆域与政区。
② (东晋)常璩:《华阳国志》卷2《汉中志》:武都郡,"永嘉初,天水氐傁杨茂搜率种人为寇,保据其郡";阴平郡,"永嘉末,太守王鉴粗暴,郡民毛深、左腾等逐出之,相率降李雄。晋民尽出蜀,氐、羌为杨茂搜所占有"。《晋书》卷5《怀帝纪》:永嘉六年(312)八月,"阴平都尉董冲逐太守王鉴,以郡叛降于李雄"。据《汉中志》和《怀帝纪》可知,武都、阴平二郡可分别为仇池杨氏和成汉李雄所控制。故司马保所统秦州之地不包括此二郡。由后文所考仇池疆域知,晋元帝太兴四年(321),阴平郡转为仇池所据。
③ 据《晋书》卷60《阎鼎传》,晋愍帝时,有抚夷护军索綝。《太平寰宇记》卷31《关内道七》:"《魏志》曰:'魏司马宣王抚慰关中,罢县,置抚夷护军。'及赵王伦镇长安,复罢护军。后氐羌反,又立护军,刘、石、苻、姚因之。'后魏罢护军。"可见前赵应有抚夷护军。

帝永昌元年（前赵光初五年，322）二月，刘曜攻取陇西郡、南安郡；十二月，此二郡则又为前凉夺取；同年，陈安攻取扶风郡汧县；次年，刘曜灭陈安，"陇上诸县悉降"，前赵遂取有天水郡、略阳郡，复得扶风郡汧县。

刘曜灭陈安后，取有其地。此时，杨难敌为仇池氐王，据有武都郡、阴平郡①。《资治通鉴》载，晋明帝太宁元年（前赵光初六年，323）八月，"杨难敌闻陈安死，大惧，与弟坚头南奔汉中，赵镇西将军刘厚追击之，大获而还。赵主曜以大鸿胪田崧为镇南大将军、益州刺史，镇仇池"。仇池杨氏南奔后，刘曜遂得武都郡、阴平郡。据《资治通鉴》晋明帝太宁三年（前赵光初八年，325）三月，"杨难敌袭仇池，克之，执田崧"，前赵所得武都、阴平二郡又失。

前赵疆土继续西扩，则与前凉交争。《晋书》卷86《张轨传附张骏传》："咸和初，（张骏）惧为刘曜所逼，使将军宋辑、魏纂将兵徙陇西、南安人二千余家于姑臧，使聘于李雄，修邻好。及曜攻枹罕，护军辛晏告急，骏使韩璞、辛岩率步骑二万击之，战于临洮，大为曜军所败。璞等退走，追至令居，骏遂失河南之地。"《资治通鉴》载张骏失河南之地在晋成帝咸和二年（前赵光初十年，327）十月。

前赵除积极向西拓境，为保障关中的稳固，还向东南东晋所控制的沔水以北诸郡扩张。《晋书》卷6《明帝纪》载，太宁二年（前赵光初七年，324）"三月，刘曜将康平寇魏兴，及南阳"，前赵入寇魏兴、南阳，当为兵势所及，并未占据此二郡。其后，前赵又攻晋土。据《资治通鉴》晋成帝咸和元年（前赵光初九年，326）十月，"赵将黄秀等寇酂（胡注：酂县，汉属南阳郡，及晋，分为顺阳郡治所），顺阳太守魏该帅众奔襄阳"。刘曜将寇酂，顺阳太守出奔，前赵当得有顺阳郡。

在前赵疆土向西推进之时，其东境受到日益强大的后赵政权蚕食。《资治通鉴》载，晋元帝太兴三年（前赵光初三年，320）二月，"赵将尹安、宋始、宋恕、赵慎四军屯洛阳，叛，降后赵。后赵将石生引兵赴之，安等复叛，降司州刺史李矩"。据《刘曜载记》，宋始等叛变后，刘曜"署其大将军、广平王岳为征东大将军，镇洛阳。会三军疫甚，岳遂屯渑池。石勒遣石生驰应宋始等，军势甚盛。曜将尹安、赵慎等以洛阳降生，岳乃班师，镇于陕城"。光初三年（320）后，刘曜便不能控制洛阳。《资治通鉴》载，晋明帝太宁二年（前赵光初七年，324）正月，"司州刺史石生击赵河南太守尹平于新安②，斩之（胡注：新安县，汉属弘农

---

① 见后文所考仇池国的疆域。
② 《晋书·石勒载记下》亦载此事，"河南太守"作"河内太守"。据《晋志上》，新安县属河南郡，当是前赵洛阳不守后，退于新安，于此置河南太守，《晋书》作"河内太守"恐有误。

郡,晋属河南郡),掠五千余户而归"。光初八年(325)"六月,石勒将石季龙攻刘曜将刘岳于新安,陷之"①。《晋书》卷63《李矩传》载,李矩遣使附于刘曜,"曜遣从弟岳军于河阴",欲攻取洛阳,《资治通鉴》晋明帝太宁三年(前赵光初八年,325)五月亦载此事。然前赵不但没能占据洛阳,反而刘岳被生擒,新安县、河阴县亦失。光初八年(325)前,刘曜当能控有河南郡新安县、河阴县,此又失之。光初十一年(328),刘曜为争洛阳,遂率大军亲征,石勒大破刘曜军,并俘刘曜。光初十二年(329)正月,前赵太子刘熙和南阳王刘胤闻曜被俘,率百官奔上邽,长安守将降于后赵。不久刘胤等为后赵所击败,刘熙、刘胤被杀,前赵亡。

据上文所考,前赵光初三年(320)得安定郡、新平郡、抚夷护军,又得扶风郡雍县、汧县,失河南郡洛阳等县。光初五年(322),失汧县,得陇西、南安二郡而旋失。光初六年(323),得略阳、天水、武都、阴平等4郡,并复得汧县。光初八年(325),失武都、阴平二郡和河南郡(新安县、河阴县)。光初九年(326),得顺阳郡。光初十年(327),得前凉河水以南之地。光初十二年(329),前赵亡。

(五) 石勒、王弥、曹嶷等攻掠之地

刘渊、刘聪时,石勒、王弥、曹嶷等附之,石勒等附于汉国时所攻掠之地是否为汉国疆土,此需加辨明。

石勒、王弥、曹嶷诸人,都是在兵败之后投靠汉国。刘渊在位时,遣石勒等率其固有将士出征四方。然石勒等人离开刘渊之后,行动与决策完全自主,非汉国所能节制②。石勒定都襄国前,虽臣于匈奴汉国刘氏,实为流寇,虽能攻城略地,却不能守之。据《资治通鉴》,晋怀帝永嘉二年(汉永凤元年,308)十一月,"(石)勒执魏郡太守王粹于三台,杀之";永嘉三年(309)十一月,"魏郡太守刘矩以郡降勒";永嘉六年(312)四月,"刘琨以兄子演为魏郡太守,镇邺"。可见,石勒虽多次寇掠魏郡,杀其太守,然不得魏郡之地,汉国也未必能切实据有魏郡。《资治通鉴》又载,晋怀帝永嘉二年(汉永凤元年,308)正月,"汉王渊遣抚军将军聪等十将南据太行,辅汉将军石勒等十将东下赵、魏"。据《晋书》卷5《怀帝纪》,永嘉二年(308)三月,"刘元海侵汲郡,略有顿丘、河内之地","九月,

---

① 《晋书》卷6《明帝纪》。又据《资治通鉴》晋明帝太宁三年五月、六月载,石虎擒刘岳于石梁(胡注:石梁在洛北),而刘曜军则退屯渑池;《刘曜载记》与《资治通鉴》所记基本相同。可能在石虎擒刘岳后,进而攻陷新安,故《明帝纪》载陷新安,而言攻"刘岳"于此,疑有误。

② 参见《晋书》卷100《王弥传》,卷104《石勒载记上》。

石勒寇赵郡,征北将军和郁自邺奔于卫国"①,此侵顿丘者当为石勒。据《晋志上》,顿丘郡有卫县。和郁逃至卫,当是顿丘未被汉国占据。且顿丘郡在魏郡东,匈奴汉国若不能据有魏郡,也就不能据有顿丘郡。石勒定都襄国后,还与汉国维持着藩属关系,然先后攻占了广平、魏郡、阳平、顿丘和冀州之地②,若这些地区为汉国实际有效控制的辖域,石勒当不会来攻占这些地区。据《石勒载记上》,石勒都襄国以前,"发迹河朔,席卷兖豫,饮马江淮,折冲汉沔",然"攻城而不有其人,略地而不有其土"。因此,石勒都襄国前寇掠之地,仅为兵势所及而据之,兵退以后又失之,不应视为汉国的疆域范围。《晋书》卷5《怀帝纪》载,永嘉二年(汉永凤元年,308)"王弥寇青、徐、兖、豫四州"。据《资治通鉴》晋怀帝永嘉三年(汉河瑞元年,309)十二月,"王弥表左长史曹嶷行安东将军,东徇青州"。曹嶷引兵东下,一路寇掠司、兖、徐诸州。当时,王弥、曹嶷与石勒一样为流寇,他们侵掠之地亦旋得旋失。

据《石勒载记上》,石勒征战四方,而无尺土之地,张宾为其谋曰:"邯郸、襄国,赵之旧都,依山凭险,形胜之国,可择此二邑而都之,然后命将四出,授以奇略,推亡固存,兼弱攻昧,则群凶可除,王业可图矣。"可见,石勒择襄国而都之,表明他已非汉臣,而图谋王业;都襄国后,名为附汉,实已独立。石勒擅自杀死王弥一事,已表明其军事集团完全脱离汉国自立。在石勒逐渐占据河朔之地后,曹嶷则据有青州之地。又据《刘聪载记》,刘聪时,"石勒遣石越率骑二万,屯于并州,以怀抚叛者。聪使黄门侍郎乔诗让勒,勒不奉命,潜结曹嶷,规为鼎峙之势",此亦表明石勒、曹嶷非为汉臣,其所控之地当亦不为汉有。对于石勒、曹嶷的独立性、威胁性,汉国臣僚有清醒的认识。《刘聪载记》又载,刘易、刘敷等人言,"石勒潜有跨赵魏之志,曹嶷密有王全齐之心";后来康相也称,"石勒鸱视赵魏,曹嶷狼顾东齐","今京师寡弱,勒众精盛,若尽赵魏之锐,燕之突骑自上党而来,曹嶷率三齐之众以继之,陛下将何以抗之"。可见,当时石勒、曹嶷等游离于汉国的掌控,名为藩臣,实为独立势力,更是潜在的敌手,因此他们所据之地不能视为汉国之壤。

《资治通鉴》晋愍帝建兴元年(汉嘉平三年,313)三月载,廷尉陈元达上谏刘聪言:"陛下承荒乱之余,所有之地,不过太宗之二郡(胡注:时聪所有之地,汉河东、西河二郡耳)。"《刘元海载记》载,刘渊建国称汉,"立汉高祖以下三祖

---

① 《晋书》卷5《怀帝纪》又载:"以尚书右仆射和郁为征北将军,镇邺。"《资治通鉴》晋怀帝永嘉二年(308)九月:"汉王弥、石勒寇邺,和郁弃城走。"《怀帝纪》言"寇赵郡",《资治通鉴》言"寇邺",当以"寇邺"为是。

② 参见后文所考后赵疆域变迁。

五宗神主而祭之"。故陈元达所称"太宗"当指汉文帝。嘉平三年时汉国疆域不过"太宗之二郡",不是实指,并非胡氏所言"汉河东、西河二郡",而是大略相当于"太宗之二郡",据此可见当时汉国疆域并不广。若以石勒等"寇掠"过的地区皆视为汉国疆土,岂止"太宗之二郡"?

顾祖禹言:"王弥、石勒以及曹嶷等,虽寇略纵横,东至青、齐,南抵江、汉,然皆不置戍守,或各私其地,名为附汉而已。"①据当时情势,顾氏之言极是,王弥、石勒、曹嶷所攻掠之地,或旋得旋失,或"各私其地",不能视为匈奴汉国之疆域。

二、政区沿革

据上考汉、前赵疆域可知,汉国麟嘉二年(317)疆域最盛(见图1),前赵光初十一年(328)疆域最盛(见图2)。下文分别以汉麟嘉二年(317)、前赵光初十一年(328)为基准年,先概述汉国、前赵政区沿革,再考证汉国、前赵可考的政区。

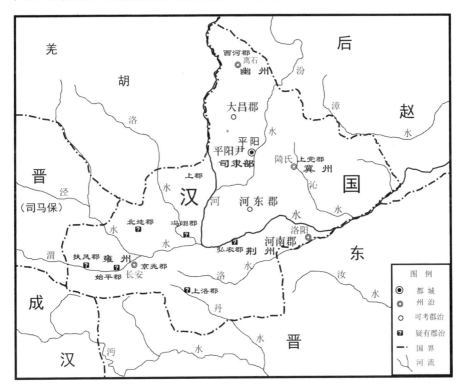

图1　汉国麟嘉二年(317)疆域政区示意图

---

① 顾祖禹:《读史方舆纪要》卷3《历代州域形势三·十六国》。

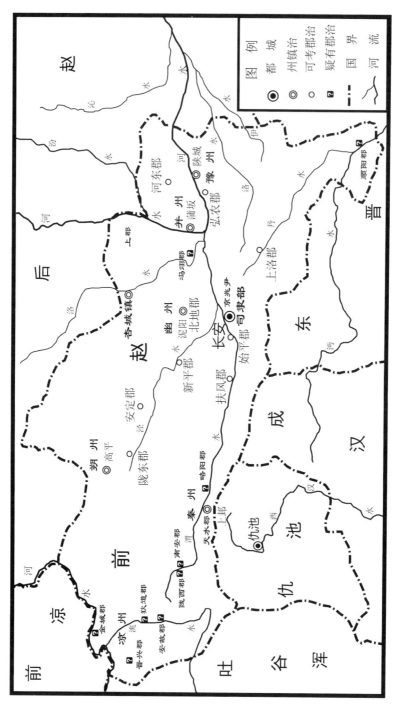

图 2 前赵光初十一年(328)疆域政区示意图

(一) 政区概述

1. **汉司隶部**(承雍州[治平阳]、含左右司隶)

汉司隶部,治平阳(今山西临汾市尧都区)。汉河瑞元年(309),刘渊迁都平阳。都平阳后,置雍州,当领平阳郡、河东郡。光兴元年(310),分平阳置大昌郡,改平阳郡为平阳尹;改雍州为司隶部,领平阳尹、河东郡、大昌郡。其后,分司隶校尉为左、右司隶部①,领四十三内史;可能左司隶部领原平阳尹、大昌郡地,右司隶领部原河东郡地②。汉昌元年(318)前,复置司隶部,领平阳尹、河东郡、大昌郡。

汉平阳尹(承平阳郡),治平阳(今山西临汾市尧都区)。《晋志上》载,平阳郡领平阳、杨、端氏、永安、蒲子、狐讘、襄陵、绛邑、濩泽、临汾、北屈、皮氏十二县。汉永凤元年(308),承西晋置平阳郡,领县当同《晋志》所载。光兴元年(310),分平阳蒲子县置大昌郡;改平阳郡为平阳尹,领平阳、杨、端氏、永安、狐讘、襄陵、绛邑、濩泽、临汾、北屈、皮氏十一县。其后,以左司隶领平阳尹、大昌郡地,其下置内史,各内史不可考。汉昌元年(318)前,复平阳尹,领县当同永凤元年。

汉河东郡,治安邑(今山西夏县西北)。《晋志上》载,河东郡领安邑、闻喜、垣、汾阴③、大阳、猗氏、解、蒲坂、河北九县。汉永凤元年(308),承西晋置河东郡,领安邑、闻喜、垣、猗氏、解、河北六县,废汾阴县④。河瑞元年(309),大阳县自西晋来属。嘉平元年(311),蒲坂县自西晋来属。其后,以右司隶领河东郡地,其下置内史,各内史不可考。汉昌元年(318)前,复河东郡,领安邑、闻喜、垣、大阳、猗氏、解、蒲坂、河北八县。

汉大昌郡,治蒲子(今山西隰县龙泉镇)。汉光兴元年(310),分平阳置大

---

① 吴应寿认为左右司隶皆治于平阳,见《十六国汉、后赵及南朝齐司州治》,复旦大学中国历史地理研究所编:《历史地理研究》第二辑,复旦大学出版社,1990年,第152—153页。
② 《刘聪载记》:"赵固、郭默攻其河东,至于绛邑,右司隶部人盗牧马负妻子奔之者三万余骑。"据此推测,原河东郡地当属右司隶,而平阳尹和大昌郡地区当属左司隶。
③ "汾阴"原作"汾阳",此据《晋书》"校勘记"改。
④ 《元和郡县图志》卷12《河道东一》:"宝鼎县,本汉汾阴县也,属河东郡。刘元海时废汾阴县入蒲坂县。后魏孝文帝复置汾阴县。"《太平寰宇记》卷46《河东道七》:宝鼎县,"刘元海省汾阴入蒲坂县,后魏大和十一年复置汾阴县于后土城";同卷又载,"万泉县,本汉汾阴县地,属河东郡,后汉及魏、晋不改。前赵刘元海时废。后魏孝文帝又于后土城置汾阴县"。而洪亮吉据郭璞《山海经注》有"今河东汾阴"之目,即疑汉国后汾阴复立。郭璞为河东闻喜人,于永嘉之乱后迁徙江南,卒于东晋初年,其所注《山海经》或成于永嘉之前,即使成书于永嘉后,其居于江南亦不知北方郡县废置情况,当仍从西晋郡县建置。而据《元和志》和《寰宇记》可知,洪氏当误。《资治通鉴》晋孝武帝太元二十一年:"初,永嘉之乱,汾阴薛氏聚其族党,阻河自固,不仕刘、石及苻氏。"刘渊之所以废汾阴县,当因汾阴县为河东大族薛氏控制。因此,河东郡入汉国后,汾阴县即废。

昌郡，领蒲子县。其后，以大昌郡地改属左司隶。汉昌元年（318）前，复大昌郡，仍领蒲子县。

2. 汉幽州

汉幽州，治离石（今山西吕梁市离石区）。汉河瑞元年（309），置幽州，领西河郡①。至汉昌元年（318），幽州领郡当不变。

汉西河郡，治离石（今山西吕梁市离石区）。《晋志上》载，西河国领离石、隰城、中阳、介休四县。汉元熙元年（304），承西晋置西河郡，领离石、隰城、介休三县，废中阳县②。至汉昌元年（318），西河郡领离石、隰城、介休三县。

3. 汉冀州

汉冀州，治䧊氏（今山西安泽县东南）。汉河瑞元年（309），迁都平阳，继而置雍州、幽州；随后汉国取有上党郡部分地区，置冀州，当领上党郡③。至汉昌元年（318），冀州领郡当不变。

汉上党郡，治䧊氏（今山西安泽县东南）。汉元熙元年（304），得西晋上党郡泫氏、屯留、长子三县。元熙二年（305），壶关县自西晋来属。永凤元年（308），失上党郡（四县）。河瑞元年（309），得西晋上党郡壶关、屯留、长子、泫氏、高都五县；或此年置䧊氏县，属上党郡④，䧊氏当为上党郡治所⑤。建元元年（315），襄垣县自西晋来属。至汉昌元年（318），上党郡领䧊氏、壶关、屯留、长子、泫氏、高都、襄垣七县。

4. 汉殷州、卫州、东梁州、西河阳州、北兖州

汉殷州、卫州、东梁州、西河阳州、北兖州，治所皆不可考。《晋志上》载，汉刘聪时，置殷州、卫州、东梁州、西河阳州、北兖州，"以怀安新附"。汉光兴元年（310），西晋河内郡、汲郡多为汉国占据。由于河内郡、汲郡地区曾为殷、卫之地，且新附汉国，故疑刘聪新置殷、卫等州统辖原西晋河内郡、汲郡地区。据下文所考，汉国有河阳县，或属西河阳州。至汉昌元年（318），殷州、卫州、东梁州、西河阳州、北兖州辖区当不变，其治所、领郡皆不可考。

---

① 刘渊都平阳后，以幽州刺史镇离石。离石于西晋为西河国治所，故汉西河郡当属幽州。
② 《元和郡县图志》卷13《河东道二》："曹魏移西河郡中阳县于今理，永嘉后省入隰城。"
③ 心雨认为汉国时上党郡由司隶校尉领（见心雨：《十六国汉政权左右司隶户数考》，《中国历史地理论丛》1991年第3期），史霖认为冀州领有河东郡（见史霖：《十六国时期汉赵国疆域政区的变迁》，复旦大学硕士学位论文，2010年，第33—34页），皆误，详见下文所考上党郡䧊氏县。
④ 《水经注》卷9《沁水注》："沁水又南径䧊氏县故城东，刘聪以詹事鲁繇为冀州，治此也。"《汉书》卷28上《地理志上》载上党郡领有䧊氏县，《晋志》无䧊氏县。此䧊氏县为汉国重置于西汉䧊氏故县，应属上党郡。
⑤ 冀州仅领有上党郡，䧊氏县为汉冀州治所，当也应为上党郡治所。

5. 汉荆州

汉荆州，治洛阳（今河南洛阳市城区东）。汉嘉平元年（311），置荆州，当领河南郡、弘农郡、上洛郡。至汉昌元年（318），荆州领郡当不变。

汉河南郡，治洛阳（今河南洛阳市城区东）。汉嘉平元年（311），得西晋河南郡洛阳、河南、巩、新安四县。嘉平二年（312），河阴县自西晋来属。至汉昌元年（318），河南郡领洛阳、河南、巩、新安、河阴五县。

汉弘农郡，治弘农（今河南灵宝市北）①。汉嘉平元年（311），得西晋弘农郡弘农、湖、陕、黾池四县。麟嘉二年（317），华阴县自西晋来属。至汉昌元年（318），弘农郡领弘农、湖、陕、黾池、华阴五县。

汉上洛郡，治上洛（今陕西商洛市商州区）。《晋志上》载，上洛郡领上洛、商、卢氏三县。汉嘉平元年（311），承西晋置上洛郡，领县当同《晋志》所载。至汉昌元年（318），上洛郡领县当不变。

6. 汉雍州

汉雍州，治长安（今陕西西安市未央区）。汉嘉平元年（311），置雍州，当领京兆、冯翊等郡。嘉平二年（312），雍州入西晋。麟嘉元年（316），复置雍州，治长安，当领京兆、冯翊、扶风、始平、北地、上郡六郡。至汉昌元年（318），雍州领郡不变。

汉京兆郡，治长安（今陕西西安市未央区）。《晋志上》载，京兆郡领长安、杜陵、霸城、蓝田、高陆、万年、新丰、阴般、郑九县。汉嘉平元年（311），承西晋置京兆郡，其领县当同《晋志》所载。嘉平二年（312），汉失京兆郡。麟嘉元年（316），复承西晋置京兆郡，领县同前。至汉昌元年（318），京兆郡领县当不变。

汉冯翊郡，治大荔（今陕西大荔县东）。《晋志上》载，冯翊郡领临晋、下邽、重泉、频阳、粟邑、莲芍、郃阳、夏阳八县。晋武帝时，改临晋为大荔县②。汉嘉平元年（311），承西晋置冯翊郡，领大荔、下邽、重泉、频阳、粟邑、莲芍、郃阳、夏阳八县。嘉平二年（312），汉失冯翊郡。麟嘉元年（316），复承西晋置冯翊郡，领县同前。至汉昌元年（318），冯翊郡领县当不变。

汉扶风郡，治池阳（今陕西泾阳县西北）。汉麟嘉元年（316），得扶风郡池

---

① 《太平寰宇记》卷6《河南道六》：弘农郡，"至（北魏）太和十一年，移郡理陕城"。这意味着此前弘农郡治所不变，仍治弘农县。又据《宋志二》，"（刘裕）北平关洛，河南底定，置司州刺史，治虎牢"，所领弘农郡首县为弘农县。故弘农郡当仍治弘农县。

② 《元和县图志》卷2《关内道二》："冯翊县，本汉临晋县，故大荔戎城，秦获之，更名。旧说秦筑高垒以临晋国，故曰临晋。晋武帝改为大荔县。"《太平寰宇记》卷28《关西道四》："后汉于此置临晋县，今取朝邑界故临晋城为名。晋改为大荔。后魏初复名临晋。"

阳、郿、美阳、好畤四县。至汉昌元年(318),扶风郡领县当不变。

汉始平郡,治槐里(今陕西兴平市东南)。《晋志上》载,始平郡领槐里、始平、武功、鄠、蒯城五县。西晋末至北魏,始平郡当领有鳌屋县①。西晋以后,不见有蒯城县,或于永嘉乱后废②。汉麟嘉元年(316),承西晋置始平郡,领槐里、始平、武功、鄠、鳌屋五县。至汉昌元年(318),始平郡领县当不变。

汉北地郡,治泥阳(今陕西铜川市耀州区南)。《晋志上》载,北地郡领泥阳县、富平县③。西晋末,当有灵武④。汉麟嘉元年(316),承西晋置北地郡,领泥阳、富平、灵武三县。至汉昌元年(318),北地郡领县当不变。

汉上郡,治所不可考。汉麟嘉元年(316),得上郡,领县不可考。至汉昌元年(318),上郡辖区当不变。

附1 汉并州

汉并州,治晋阳(今山西太原市晋源区)。汉嘉平二年(312),置并州,领太原郡;其年,又失并州。

汉太原郡,治晋阳(今山西太原市晋源区)。汉元熙元年(304),得西晋太原郡大陵、祁、中都、京陵、邬、平陶六县。元熙三年(306),失太原郡(领六县)。《晋志上》载,太原国领晋阳、阳曲、榆次、于离、盂、狼孟、阳邑、大陵、祁、平陶、京陵、中都、邬十三县。嘉平二年(312),承西晋置太原郡,其领县或同《晋志》所载;同年,又失此郡。

附2 汉西扬州

汉西扬州,治所不可考。汉嘉平元年(311),置西扬州,领郡不可考,后又失此州。

---

① 《元和郡县图志》卷2《关内道二》:鳌屋县,"后汉省,晋复立。"《太平寰宇记》卷30《关西道六》:鳌屋县,"后汉省,晋武复立,魏因之"。
② 《史记》卷98《傅靳蒯成列传》"蒯成侯绁者"下裴骃《集解》曰:"《舆地志》云蒯成县故陈仓县之故乡聚名也,周绁所封也。晋武帝咸宁四年,分陈仓立蒯成县,属始平郡也。"可见,《晋志》所载"蒯城"县,《史记集解》中作"蒯成"县,为晋咸宁四年(278)分陈仓置。晋以后无此县,或于晋末被废。
③ 《宋书》卷48《傅弘之传》:"傅弘之字仲度,北地泥阳人。傅氏旧属灵州,汉末郡境为虏所侵,失土寄寓冯翊,置泥阳、富平二县,灵州废不立,故傅氏悉属泥阳。晋武帝太康三年,复立灵州县,傅氏悉属灵州。"孔祥军认为,"太康三年增置灵州,似当属北地郡且旋置旋废",见《晋书地理志校注》,新世界出版社,2012年,第95页。《魏书》亦不载有灵州县,故太康三年(282)所置灵州县,当在晋末之前已废。
④ 《魏志下》雍州咸阳郡有灵武县,注曰:"前汉属北地,后汉罢,晋复,真君七年分属焉。"《刘聪载记》载:"麴允饥甚,去黄白而军于灵武。"又载:"麴允与刘曜战于磻石谷,王师败绩,允奔灵武。"可见西晋末有灵武县。

7. 前赵司隶部(承雍州)

前赵司隶部,治长安(今陕西西安市未央区)。前赵光初元年(318),承汉国置雍州,当领京兆、冯翊、扶风、始平、北地、上郡六郡。光初二年(319),都长安,改雍州置司隶部,当领京兆尹、冯翊郡、扶风郡、始平郡。至光初十二年(329),司隶部领郡、尹当不变。

前赵京兆尹(承京兆郡),治长安(今陕西西安市未央区)。前赵光初元年(318),承汉国置京兆郡,领长安、杜陵、霸城、蓝田、高陆、万年、新丰、阴般、郑九县。光初二年(319),都长安,当改京兆郡为京兆尹①。至光初十二年(329),京兆尹领县当不变。

前赵冯翊郡,治大荔(今陕西大荔县东)。前赵光初元年(318),承汉国置冯翊郡,领大荔、下邽、重泉、频阳、粟邑、莲芍、郃阳、夏阳八县。至光初十二年(329),冯翊郡领县当不变。

前赵扶风郡,治池阳(今陕西泾阳县西北)。前赵光初元年(318),承汉国置扶风郡,领池阳、郿、美阳、好畤四县。光初三年(320),雍、汧、陈仓三县来属②。光初五年(322),失汧县。光初六年(323),汧县来属。至光初十二年(329),扶风郡领池阳、郿、美阳、好畤、雍、汧、陈仓七县。

前赵始平郡,治槐里(今陕西兴平市东南)。前赵光初元年(318),承汉国置始平郡,领槐里、始平、武功、鄠、鳌屋五县。至光初十二年(329),始平郡领县当不变。

8. 前赵幽州

前赵幽州,治泥阳(今陕西铜川市耀州区南)。前赵光初元年(318),以雍州领北地郡、上郡。光初二年(319),前赵都长安,改雍州置司隶校尉;分置幽

---

① 十六国时,一般设置司隶校尉的政权,都会将都城所在的郡改称尹,故前赵当改汉国京兆郡为京兆尹。

② 《太平寰宇记》卷30《关西道六》:"《周地图记》云:'陈仓县,晋末废。'"据此晋末废陈仓县,似乎十六国也应不再置此县。据《刘曜载记》,西晋亡后,秦陇地区为司马保控制,刘曜都长安后,攻司马保,"保以其将杨曼为雍州刺史,王连为扶风太守,据陈仓","曜遣其车骑刘雅、平西刘厚攻杨曼于陈仓","王连死之,杨曼奔于南氐"。可见,西晋亡后,司马保在其控制的扶风郡地区以雍州刺史、扶风太守同治陈仓。前赵时当仍置陈仓县。据《资治通鉴》晋穆帝永和十年三月,桓温来伐,"(前)凉秦州刺史王擢攻陈仓以应温";五月,"王擢拔陈仓,杀秦扶风内史毛难";六月,"秦丞相雄击司马勋、王擢于陈仓,勋奔汉中,擢奔略阳"。可见,前秦时仍置有陈仓县。又据《姚兴载记下》、《姚泓载记》,后秦姚兴时,夏赫连勃勃攻秦,"兴将曹炽、曹云、王肆佛等各将数千户避勃勃内徙,兴处佛于渥山泽,炽、云于陈仓";后秦姚泓时,"泓使辅国敛曼嵬、前将军姚光儿讨杨倦于陈仓"。可见后秦时仍有陈仓县。据《魏书》卷4《世祖纪下》,太平真君七年二月,魏世祖拓跋焘先后幸长安、鳌屋、陈仓、雍城。可见陈仓初入北魏,仍保留此县。故十六国时,应置有陈仓县。

州,治泥阳①,领北地郡、上郡。光初三年(320),新平郡、安定郡、抚夷护军自晋王司马保来属。其后,分安定置陇东郡,当属幽州。至光初十二年(329),幽州当领北地、新平、安定、陇东、上郡五郡和抚夷护军。

前赵北地郡,治泥阳(今陕西铜川市耀州区南)。前赵光初元年(318),承汉国置北地郡,领泥阳、富平、灵武三县。至光初十二年(329),北地郡领县当不变。

前赵上郡,治所不可考。光初元年(318),承汉国置上郡,领县不可考。至光初十二年(329),上郡辖区当不变。

前赵新平郡,治漆(今陕西彬县)。《晋志上》载,新平郡领漆县、汾邑县。西晋亡后,新平郡为晋王司马保占据。前赵光初三年(320),承晋王司马保置新平郡,领漆县、汾邑县。至光初十二年(329),新平郡领县当不变。

前赵安定郡,治临泾(今甘肃镇原县东南)。《晋志上》载,安定郡领临泾、朝那、乌氏、都卢、鹑觚、阴密、西川等七县。西晋以后不见载有都卢县,或于永嘉乱后废。西晋亡后,安定郡为晋王司马保占据。前赵光初三年(320),承晋王司马保置安定郡,领临泾、朝那、乌氏、鹑觚、阴密、西川六县。其后,前赵分安定置陇东郡。然至光初十二年(329),安定郡领县或不变。

前赵陇东郡,治泾阳(今甘肃平凉市崆峒区西北)。前赵光初三年(320),安定郡自晋王司马保来属。其后,前赵分安定置陇东郡,领泾阳等县②。至光初十二年(329),陇东郡领县或不变。

前赵抚夷护军,治所不可考。西晋末置有抚夷护军③,西晋亡后为司马保占据。前赵光初三年(320),抚夷护军自司马保来属。至光初十二年(329),抚夷护军辖区当不变。

9. 前赵朔州

前赵朔州,治高平(今宁夏固原市原州区)。前赵光初三年(320),或于此

---

① 刘曜都长安,以"幽州刺史镇北地"。北地郡治泥阳,故前赵幽州应治泥阳。
② 《资治通鉴》晋成帝咸和四年八月:"赵南阳王胤帅众数万自上邽趣长安,陇东、武都、安定、新平、北地、扶风、始平诸郡戎,夏皆起兵应之(胡注:魏收《地形志》有陇东郡,领泾阳、祖厉、抚夷三县,盖后赵分安定置也)。"《刘曜载记》所载与《资治通鉴》同。此前赵末已有陇东郡,胡注言"盖后赵分安定置也"当误,应为前赵始置陇东,当分安定置。前赵置陇东郡后,为后来政权所继承。据《苻登载记》、《姚苌载记》、《姚兴载记》,前秦苻健时曾以苻敞为陇东太守,苻坚时曾以姚苌为陇东太守,后秦姚兴时先后任姚回、郭播为陇东太守。因此,十六国以至北魏,陇东郡当相沿而置。《魏志下》,陇东郡领有泾阳、祖居、抚夷等三县。《苻登载记》:"苻纂败姚硕德于泾阳。"前赵陇东郡当治泾阳县,领泾阳等县。十六国史料未见有祖居、抚夷二县,故不入陇东属县。
③ 见前考前赵疆域的相关内容。

年置朔州,辖区不可考①。至光初十二年(329),朔州辖区当不变。

10. 前赵并州

前赵并州,治蒲坂(今山西永济市蒲州镇蒲州故城)。前赵光初二年(319),置并州,当领河东郡。至光初十二年(329),并州领郡当不变。

前赵河东郡,治安邑(今山西夏县西北)。前赵光初元年(318),承汉国置河东郡,领安邑、闻喜、垣、大阳、猗氏、解、蒲坂、河北八县。至光初十二年(329),河东郡领县当不变。

11. 前赵豫州(承荆州)

前赵豫州,治陕(今河南三门峡市湖滨区)。前赵光初元年(318),承汉国置荆州②,治洛阳,领河南、弘农、上洛三郡。其后,改荆州置豫州,领弘农、河南、上洛三郡。光初三年(320),失洛阳,豫州当改治陕。光初八年(325),失河南郡。光初九年(326),顺阳郡自东晋来属。至光初十二年(329),豫州领弘农、上洛、顺阳三郡。

前赵弘农郡,治弘农(今河南灵宝市北)。前赵光初元年(318),承汉国置弘农郡,领弘农、湖、陕、黾池、华阴五县,或改黾池为渑池县③。光初二年(319),宜阳县自东晋魏该来属。至光初十二年(329),弘农郡领弘农、湖、陕、渑池、华阴、宜阳六县。

前赵上洛郡,治上洛(今陕西商洛市商州区)。前赵光初元年(318),承汉国置上洛郡,领上洛、商、卢氏三县。至光初十二年(329),上洛郡领县当不变。

前赵顺阳郡,治酂(今湖北均县东南)。《晋志下》载,晋武帝平吴以后,改南乡为顺阳郡,领酂、顺阳、南乡、丹水、武当、阴、筑阳、析八县。前赵光初九年(326),承东晋置顺阳郡,领县当同《晋志》所载。至光初十二年(329),顺阳郡领县当不变。

附 前赵河南郡,治洛阳(今河南洛阳市城区东)。前赵光初元年(318),承汉国置河南郡,领洛阳、河南、巩、河阴、新安五县。光初三年(320),失洛阳、

---

① 刘曜都长安,以"朔州牧镇高平"。前赵光初三年(320)得安定郡,高平在安定北,故置朔州应在此年或此年后。朔州不镇安定,而镇高平,当不领安定郡。朔州或为镇服朔方地区诸部族而设置。
② 《刘曜载记》载:"(前赵)镇东呼延谟率荆司之众自崤渑而东。"据此前赵似有荆州。《资治通鉴》晋明帝太宁三年五月亦载"镇东将军呼延谟帅荆司之众自崤、渑而东",胡注曰:"时荆州仍属晋,司明之地多入后赵,刘曜得其民处之关中者,使谟帅而东耳。或曰:刘聪以洛阳为荆州,此所谓荆司,皆晋州之众也。"由后文所考"前赵豫州"、"前赵弘农郡"可知,呼延谟曾为豫州牧、弘农太守。前赵所统弘农郡等地,于西晋为司州,于汉国为荆州,故前赵时又称之为荆司地区。
③ 据后文所考"前赵渑池县"可知,前赵称渑池县。

河南、巩三县,河南郡仅领新安县、河阴县,当改治新安。光初八年(325),又失新安县、河阴县,河南郡遂省。

12. 前赵秦州(承秦凉二州)

前赵秦州,治上邽(今甘肃天水市秦州区)。前赵光初六年(323),置秦凉二州,领天水郡、略阳郡。光初十年(327),陇西、南安、晋兴、安故、狄道、金城等郡自前凉来属;同年,以凉州领晋兴、安故、狄道、金城等郡,秦州则领天水、略阳、陇西、南安等郡。前赵时,侨置有武都郡,或属秦州①。至光初十二年(329),秦州领天水、略阳、陇西、南安、武都(侨置)五郡。

前赵天水郡②,治上邽(今甘肃天水市秦州区)。《晋志上》载,天水郡领上邽、冀、始昌、新阳、显新、成纪六县。西晋亡后,天水郡先后为晋王司马保、凉王陈安占据。光初六年(323),承凉王陈安置天水郡,领县当同《晋志》所载。至光初十二年(329),天水郡领县当不变。

前赵略阳郡,治临渭(今甘肃天水市麦积区东)。《晋志上》载,略阳郡领临渭、平襄、略阳、清水四县。西晋亡后,天水郡先后为晋王司马保、凉王陈安占据。此间,应于略阳郡置陇城县。前赵光初六年(323),承凉王陈安置略阳郡,领临渭、平襄、略阳、清水、陇城五县。至光初十二年(329),略阳郡领县当不变。

前赵陇西郡,治襄武(今甘肃陇西县东南渭水西岸)。《晋志上》载,陇西郡领襄武、首阳、临洮、狄道四县;晋惠帝时,临洮县、狄道县别属狄道郡,陇西郡仅领襄武县、首阳县③。西晋亡后,陇西郡为前凉控制。前赵光初十年(327),承前凉置陇西郡,领襄武县、首阳县。至光初十二年(329),陇西郡领县当不变。

前赵南安郡,治豲道(今甘肃陇西县东南渭水东岸)。《晋志上》载,南安郡领豲道、新兴、中陶三县。西晋亡后,南安郡为前凉控制。前赵光初十年(327),承前凉置南安郡,领县当同《晋志》所载。至光初十二年(329),南安郡领县当不变。

前赵武都郡(侨置),治所不可考。光初八年(325),前赵益州武都郡为仇

---

① 见后文"前赵武都郡",此武都郡当为前赵侨置。西晋时,武都郡属秦州,前赵侨置武都郡或亦属秦州。
② 《刘曜载记》:"署刘胤为大司马,进封南阳王,以汉阳诸郡十三为国。"洪亮吉将此条史事系于天水郡下,见《十六国疆域志》卷1《前赵》。盖因东汉曾改天水为汉阳郡。然南阳王为虚封,汉阳诸郡当为包括南阳在内汉水以北诸郡之意,实际上并非在前赵的辖域内。《苻坚载记上》载,"使王猛杨安等率众二万寇荆州北鄙诸郡,掠汉阳万余户而还";又载,"苟池等与强弩王显将劲卒四万从武当继进,大会汉阳。师次沔北"。此"汉阳"与《刘曜载记》中"汉阳"同,意为汉水以北的地区。
③ 《魏志下》陇西郡领襄武县、首阳县。可见,从晋惠帝时至北魏,陇西郡领县不变。

池占据,或在此年后侨置武都郡,领县不可考。至光初十二年(329),武都郡(侨置)辖区当不变。

13. 前赵凉州

前赵凉州,治所不可考。前赵光初十年(327),晋兴、安故、狄道、金城四郡自前凉来属,当以凉州领之①。至光初十二年(329),凉州领郡当不变。

前赵晋兴郡,治枹罕(今甘肃临夏市一带)。前赵光初十年(327),承前凉置晋兴郡,疑领枹罕、永固、临津等县。至光初十二年(329),晋兴郡领县当不变。

前赵狄道郡,治狄道(今甘肃临洮县)。前赵光初十年(327),承前凉置狄道郡,领狄道、临洮、河关、洮阳、遂平、武街、始兴、第五、真仇九县。至光初十二年(329),狄道郡领县当不变。

前赵安故郡,治安故(今甘肃临洮县东南)。前赵光初十年(327),承前凉置安故郡,或领安故、石门、桑城、临洮、洮阳五县。至光初十二年(329),安故郡领县当不变。

前赵金城郡,治金城(今甘肃兰州市西固区)。前赵光初十年(327),得前凉金城郡金城县、榆中县,仍以金城郡领之。至光初十二年(329),金城郡领县当不变。

14. 前赵杏城镇

前赵杏城镇,治杏城(今陕西黄陵县西南)。前赵光初三年(320),或在此年置杏城镇②。至光初十二年(329),杏城镇辖区当不变。

附3 前赵益州

前赵益州,治仇池(今甘肃西和县西南)。前赵光初六年(323),置益州,领武都郡、阴平郡。光初八年(325),失益州。

前赵武都郡,治仇池(今甘肃西和县西南)。《晋志上》载,武都郡领下辩、河池、沮、武都、故道五县。据《宋志三》,西晋时武都郡还领有上禄县③。西晋末年,武都郡为仇池杨氏占据。前赵光初六年(323),承仇池杨氏置武都郡,领武都、下辩、河池、沮、故道、上禄六县。至光初八年(325),武都郡领县当不变。

---

① 此前,前赵置有秦、凉二州,此得晋兴等郡,当以凉州领之。
② 前赵有杏城镇,详见"考证"部分。《刘曜载记》:"上郡氐羌十余万落保崄不降,酋大虚除权渠自号秦王",前赵讨之,权渠降,"以权渠为征西将军、西戎公,分徙伊余兄弟及其部落二十余万口于长安。西戎之中,权渠部最强,皆禀其命而为寇暴,权渠既降,莫不归附"。《资治通鉴》晋元帝太兴三年六月载前赵降服权渠部事。可能在前赵降服上郡权渠部后,置杏城镇以辖其地。
③ 《宋志三》武都郡上禄县:"汉旧县,后省,晋武帝太康三年又立。"

前赵阴平郡,治阴平(今甘肃文县西北)。《晋志上》载,阴平郡领阴平县、平武县①。西晋末年,阴平郡先后为成李雄、仇池杨氏占据。前赵光初六年(323),承仇池杨氏置阴平郡,领阴平县、平武县。至光初八年(325),阴平郡领县当不变。

(二) 政区考证

1. 司隶部、州、镇

1.1 汉司隶部(含汉左、右司隶部)

《资治通鉴》晋怀帝永嘉四年七月载,刘渊以刘义领司隶校尉。《晋志上》载,"及刘聪攻陷洛阳,置左、右司隶"。《刘聪载记》载,刘聪"置左、右司隶,各领户二十余万,万户置一内史,凡内史四十三";又载,刘聪临卒前,以靳准领司隶校尉。可见,刘渊时置有司隶部,刘聪时分置左、右司隶,至刘聪末年复置司隶部。

1.2 汉幽州

《晋志上》载,刘渊以"幽州刺史镇离石"。

1.3 汉冀州

《资治通鉴》晋怀帝永嘉四年四月载,"王浚将祁弘败汉冀州刺史刘灵于广宗,杀之"。刘灵与石勒、王弥、曹嶷等同,为刘渊所遣攻掠冀州等地将领。时汉国未能有稳定的冀州统治区,刘灵只是领冀州刺史之名,并未能统冀州之土。据《水经注》卷9《沁水注》,"沁水又南迳隰氏县故城东,刘聪以詹事鲁繇为冀州,治此也"。可见,刘聪曾置冀州,治隰氏。

1.4 汉殷州

《晋志上》载,汉刘聪时,置殷州,"以怀安新附"。《太平御览》卷519《宗亲部九》引《三十国春秋》曰"前赵殷州刺史杜广"。史家有时称汉国为前赵,此《三十国春秋》所言"前赵",当为汉国。

1.5 汉卫州

《晋志上》载,汉刘聪时,置卫州,"以怀安新附"。

1.6 汉东梁州

《晋志上》载,汉刘聪时,置东梁州,"以怀安新附"。

1.7 汉西河阳州

《晋志上》载,汉刘聪时,置西河阳州,"以怀安新附"。

1.8 汉北兖州

《晋志上》载,汉刘聪时,置北兖州,"以怀安新附"。

---

① "平武",《晋志》原作"平广",此据中华书局本《晋书》"校勘记"改。

1.9 汉荆州

《晋志上》载:"永嘉之后,司州沦没刘聪。聪以洛阳为荆州。"又据《资治通鉴》晋怀帝永嘉六年六月,"(刘)聪以(赵)固为荆州刺史、领河南太守,镇洛阳"。

1.10 汉雍州

《晋志上》载,刘渊都平阳后,以"雍州刺史镇平阳"。刘渊于平阳置司隶校尉,此雍州(治平阳)当罢。《资治通鉴》晋怀帝永嘉五年九月载,刘聪以刘曜为雍州牧,镇长安。汉嘉平二年(312),雍州入西晋。《资治通鉴》晋元帝太兴元年七月载,刘聪"以(刘)曜为丞相、领雍州牧"。可见汉刘渊时以雍州治平阳,置司隶校尉后罢雍州。刘聪时,得长安,置雍州治此。

附1 汉并州

《资治通鉴》晋怀帝永嘉六年七月载,刘聪遣刘粲等攻破晋阳,刘聪以"刘丰为并州刺史,镇晋阳";同年十一月,刘琨复取晋阳,擒刘丰,汉并州遂失。

附2 汉西扬州

《晋书》卷96《列女传·王广女传》云:"(王)广仕刘聪,为西扬州刺史。蛮帅梅芳攻陷扬州,而广被杀。"可见,刘聪时曾置西扬州,王广被杀后,汉西扬州当废。

1.11 前赵司隶部(?)

《晋志上》载,"及刘曜徙都长安,改号曰赵,以秦凉二州牧镇上邽,朔州牧镇高平,幽州刺史镇北地,并州牧镇蒲坂。石勒克长安,复置雍州。"可见,刘曜都长安,未置有雍州。刘曜称帝后,承汉国制度,当仍置有司隶部。故石勒克长安后"复置雍州",当是改前赵司隶部而来①。

1.12 前赵朔州

《晋志上》载,刘曜以"朔州牧镇高平"。

1.13 前赵幽州

《晋志上》载,刘曜以"幽州刺史镇北地"。

1.14 前赵并州

《晋志上》载,刘曜以"并州牧镇蒲坂"。

1.15 前赵秦州(承秦凉二州)

《晋志上》载,刘曜以"秦凉二州牧镇上邽"。据《刘曜载记》,前凉张茂遣使

---

① 史霖也认为,前赵于长安置有司隶校尉,见史霖:《十六国时期汉赵国疆域政区的变迁》,复旦大学硕士学位论文,2010年,第42—43页。

称藩,刘曜遣使署茂为凉州牧,此"凉州牧"之称署于前凉张茂。前赵秦凉二州当改为秦州。《刘曜载记》又载,刘曜"遣其河间王述发氐羌之众屯于秦州";前赵刘曜被擒,"(太子)熙及刘胤、刘咸等议西保秦州",可见当时已称秦州。

1.16　前赵豫州

《太平御览》卷559《礼仪部三十八》引《汉赵记》曰:"上洛男子张卢,死二十七日,人有盗发其冢,卢得苏起,且闻盗人姓名。郡县以元意奸轨,卢复由之而生,不能决。豫州牧呼延谟以闻,诏曰:'以其意恶要功善,论答三百,不齿终身。'"《汉赵记》所记之事虽说荒诞,但其载呼延谟为豫州牧事不假,故前赵当置有豫州。

1.17　前赵杏城镇

《太平寰宇记》卷35《关内道十一》载,坊州,"魏、晋陷于狄,不置郡县。刘、石、苻、姚时,于今州理西七里置杏城镇,常以重兵守之"。可见前赵时有杏城镇。

附　前赵益州

据《刘曜载记》,前赵得仇池后,"曜以大鸿胪田崧为镇南大将军、益州刺史,镇仇池"。《资治通鉴》晋明帝太宁元年八月载前赵得仇池;至太宁三年(325)前赵益州复为仇池杨氏攻取。

2.　(京都)尹、郡、护军

2.1　汉平阳尹

据《刘元海载记》,"遂进据河东,攻寇蒲坂、平阳,皆陷之。元海遂入都蒲子,河东、平阳属县垒壁尽降",可见汉国得平阳郡。《石勒载记上》载,石勒攻平阳,"平阳大尹周置等率杂户六千降于勒",可见汉国置有平阳尹。

2.2　汉河东郡

据前考"汉平阳尹"引《刘元海载记》可知,汉国得有河东郡。《刘聪载记》载,"河东大蝗,唯不食黍豆";又载,"赵固、郭默攻其河东,至于绛邑"。《资治通鉴》晋愍帝建兴四年(316)七月载,"河东、平阳大蝗,民流殍者什五六。石勒遣其将石越帅骑二万屯并州,招纳流民,民归之者二十万户。聪遣使让勒,勒不受命"。据此汉国应置有河东郡。

2.3　汉大昌郡

《元和郡县图志》卷12《河东道一》:"刘元海僭号称汉,初理于蒲子,后徙平阳,又于此置大昌郡,以蒲子属焉。"可见迁都平阳后置大昌郡,领有蒲子县。

2.4　汉上党郡(?)

《资治通鉴》晋怀帝永嘉三年四月载,"上党太守庞淳以壶关降汉",汉国遂得上党郡(部分)。

2.5 汉河南郡

据前考"汉荆州"可知,刘聪曾以赵固为河南太守,镇洛阳,故汉国有河南郡。

2.6 汉冯翊郡(?)

《资治通鉴》晋愍帝建兴三年十月载,"曜进拔冯翊,太守梁肃奔万年",汉国得冯翊郡。

2.7 汉北地郡(?)

《太平寰宇记》卷34《关西道十》云:"按顾野王《舆地志》云:'汉末,北地郡但有泥阳、富平二县,魏、晋亦然。西晋愍帝时,陷入刘聪。'"可见汉国得北地郡。

2.8 汉上郡(?)

《刘聪载记》云:"曜进攻上郡,太守张禹与冯翊太守梁肃奔于允吾。"可见汉国得上郡。

附 汉太原郡(?)

《资治通鉴》晋怀帝永嘉六年七月载,刘聪遣刘粲、刘曜"乘虚袭晋阳,太原太守高乔、并州别驾郝聿以晋阳降汉",可见汉国得太原郡;同年十一月,又失此郡。

2.9 前赵河东郡

《石勒载记下》载,石生攻前赵新安,"自是刘、石祸结,兵戈日交,河东、弘农间百姓无聊矣"。又据《刘曜载记》,"石勒遣石季龙率众四万,自轵关西入伐曜,河东应之者五十余县"。据此,前赵当有河东郡。

2.10 前赵弘农郡

《晋书》卷96《列女传·陕妇人》云:"陕妇人,不知姓字,年十九。刘曜时嫠居陕县。……曜遣呼延谟为太守,既知其冤。"《晋志上》陕县属弘农郡,又据下考"前赵陕县"可知东晋末陕县仍属弘农郡。故前赵时呼延谟应为弘农太守,前赵应有弘农郡。又据《石勒载记下》,石生攻前赵新安,"自是刘、石祸结,兵戈日交,河东、弘农间百姓无聊矣",亦证前赵有弘农郡。

2.11 前赵上洛郡

《晋书》卷95《艺术传·台产传》载有刘曜征召隐居于商洛山的上洛人台产,又《太平御览》卷559《礼仪部三十八》引《汉赵记》载上洛人张卢事,可见前赵有上洛郡。

2.12 前赵顺阳郡(?)

《资治通鉴》晋成帝咸和元年十月载,"赵将黄秀等寇酂,顺阳太守魏该帅众奔襄阳",前赵遂得顺阳郡。

2.13 前赵陇东郡

《刘曜载记》载,前赵亡前,"(刘)胤及刘遵率众数万,自上邽将攻石生于长安,陇东、武都、安定、新平、北地、扶风、始平诸郡戎夏皆起兵应胤"。据此前赵有陇东郡。

2.14 前赵北地郡

《晋志上》载,前赵以"幽州刺史镇北地",又据上考"前赵陇东郡"引《刘曜载记》可知,前赵有北地郡。

2.15 前赵武都郡(侨置)

据前考"前赵陇东郡"引《刘曜载记》可知,前赵有武都郡。前赵亡前,原西晋武都郡地为仇池杨氏占据。此"起兵应胤"之武都郡当为前赵侨置。

2.16 前赵安定郡

唐瞿悉达《唐开元占经》卷120《龙鱼虫蛇占》云:"《赵书》曰:前赵时,安定太守邵琨上言:'蛇与鼠斗于郡门,而蛇自死。'"《刘曜载记》:"曜进攻草壁,又陷之,松多奔陇城,进陷安定。"又据前考"前赵陇东郡"引《刘曜载记》,皆可证前赵有安定郡。

2.17 前赵新平郡

据前考"前赵陇东郡"引《刘曜载记》可知,前赵有新平郡。

2.18 前赵扶风郡

据前考"前赵陇东郡"引《刘曜载记》可知,前赵有扶风郡。

2.19 前赵始平郡

据前考"前赵陇东郡"引《刘曜载记》可知,前赵有始平郡。

2.20 前赵南安郡(?)

《刘曜载记》:"曜后复西讨杨韬于南安,韬惧,与陇西太守梁勋等降于曜。"前赵得南安郡。

2.21 前赵陇西郡(?)

据上考"前赵南安郡"所引《刘曜载记》可知,前赵得陇西郡。

2.22 前赵抚夷护军

《太平寰宇记》卷31《关内道七》:"《魏志》曰:'魏司马宣王抚慰关中,罢县,置抚夷护军。'及赵王伦镇长安,复罢护军。后氐羌反,又立护军,刘、石、苻、姚因之。后魏罢护军。"故前赵时得关中后,应置有抚夷护军。

附 前赵河南郡

前赵承汉国,统有洛阳。其后,洛阳为后赵占据,前赵退守新安。《资治通鉴》晋明帝太宁二年正月："司州刺史石生击赵河南太守尹平于新安。"①可见前赵亦置有河南郡。前赵失新安后，河南郡或省。

3. 县

3.1 汉平阳县

据《刘聪载记》，刘聪遣刘曜攻晋傅祗于三渚，"城陷，迁祗孙纯、粹并二万余户于平阳县"，可见汉国有平阳县。

3.2 汉蒲子县

据前考"汉大昌郡"引《元和郡县图志》，汉国有蒲子县。

3.3 汉绛邑县

据《刘聪载记》，"赵固、郭默攻其河东，至于绛邑"。据此汉国有绛邑县。

3.4 汉北屈县

《资治通鉴》晋愍帝建兴元年七月载，"猗卢遣拓跋普根屯于北屈"。《晋志上》平阳郡有北屈县。平阳于晋愍帝建兴元年(313)属汉国，"普根屯于北屈"当是此时进军所及，故当时应有北屈县。

3.5 汉离石县

据《刘元海载记》，刘渊建国后，"都于离石"，故汉国有离石县。

3.6 汉隰城县

《元和郡县图志》卷13《河东道二》："曹魏移西河郡中阳县于今理，永嘉后省入隰城。"据前考汉国疆域，永嘉后，西河之地入汉国，隰城县亦为汉国控制。因此，汉国应有隰城县②。

3.7 汉泫氏县(?)

据前考汉国疆域，汉元熙元年(304)得泫氏县，永凤元年(308)又失。

3.8 汉屯留县(?)

据前考汉国疆域，汉元熙元年(304)得屯留县，永凤元年(308)又失，河瑞元年(309)复得。

3.9 汉长子县(?)

据前考汉国疆域，汉元熙元年(304)得长子县，永凤元年(308)又失，河瑞

---

① 《石勒载记下》亦载此事，作"石生攻刘曜河内太守尹平于新安"。《晋志上》载新安县属河南郡，前赵以洛阳县后，当以河南郡治新安，非河内郡治新安。当以《资治通鉴》所载为是。

② 《晋书》卷89《忠义传·贾浑传》："贾浑，不知何郡人也。太安中，为介休令。及刘元海作乱，遣其将乔晞攻陷之。"《资治通鉴》卷85晋惠帝永兴元年十二月："(刘渊)遣冠军将军乔晞寇西河，取介休。介休令贾浑不降，晞杀之。"据此，汉国得西晋介休县。然《魏志上》载汾州西河郡介休县注文言"晋乱罢，太和八年复"。介休县与隰城县，于《晋志》、《魏志》同属西河国(郡)，故附注于此。

元年(309)复得。

3.10　汉壶关县(?)

据前考汉国疆域,汉元熙二年(305)得壶关县,永凤元年(308)又失,河瑞元年(309)复得。

3.11　汉襄垣县(?)

据前考汉国疆域,汉建元元年(315)得襄垣县。

3.12　汉隋氏县

据前考"汉冀州"引《水经注》可知,汉国有隋氏县。

3.13　汉河阳县

据《太平寰宇记》卷52《河北道一》,孟州,"至汉又为河阳县,魏、晋因之,属河内郡。后入后汉刘聪",表明汉国得河阳县。据《刘聪载记》,晋李矩遣其将耿稚潜济河,袭汉国,"刘勋追之,战于河阳",可见汉国有河阳县。河阳县,或属汉国所置西河阳州。

3.14　汉新丰县

《刘聪载记》载"杜人王秃、纪特等攻刘粲于新丰",又载"赵染次新丰",故汉国当有新丰县。

3.15　汉下邽县(?)

《刘聪载记》载:"(赵染)军至于下邽,模乃降染。"故汉国得下邽县。

3.16　汉池阳县(?)

《刘聪载记》载:"曜攻陷池阳,掠万余人归于长安。"据此汉国得池阳县。

3.17　汉洛阳县

据前考"汉荆州"可知,汉荆州镇洛阳,当有洛阳县。

3.18　汉河阴县(?)

《资治通鉴》晋怀帝永嘉五年六月载,洛阳为汉国攻陷后,"司徒傅祗建行台于河阴"。《晋书》卷47《傅玄传附傅祗传》载,傅祗在洛阳陷后,以子畅"行河阴令"。《资治通鉴》晋怀帝永嘉六年五月:"聪使河内王粲攻傅祗于三渚……会祗病薨,城陷,粲迁祗子孙并其士民二万余户于平阳。"傅祗子孙入汉国后,河阴县当亦为汉国占据。

3.19　汉蒲坂县

《元和郡县图志》卷12《河道东一》:"宝鼎县,本汉汾阴县也,属河东郡。刘元海时废汾阴县入蒲坂。"《太平寰宇记》卷46《河东道七》:宝鼎县,"刘元海省汾阴入蒲坂县"。可见,汉国置有蒲坂县。

3.20　汉大阳县

《资治通鉴》载,晋怀帝永嘉四年十月,刘聪遣刘粲等攻西晋洛阳,"石勒帅骑二万会粲于大阳"。故汉国有大阳县。

3.21　汉长安县

据前考"汉雍州"可知,汉雍州镇长安,当有长安县。

3.22　汉粟邑县

据《刘聪载记》,"刘曜又进军,屯于粟邑。"故汉国应有粟邑县。

附1　汉晋阳县

据前考汉国疆域和"汉并州"可知,汉嘉平二年(312)七月,汉以并州镇晋阳,故当有晋阳县,同年十一月又失晋阳县。

附2　汉中都县(?)

据前考汉国疆域,汉元熙元年(304)得中都县,元熙三年(306)又失。

3.23　前赵长安县

前赵都长安,应有长安县。

3.24　前赵蒲坂县

《晋志上》载,刘曜都长安后,以"并州牧镇蒲坂",可见前赵有蒲坂县。

3.25　前赵大阳县

据《刘曜载记》,刘曜攻后赵洛阳,"曜遂济自大阳,攻石生于金墉",可见前赵有大阳县。

3.26　前赵陕县

《晋书》卷96《列女传·陕妇人》:"陕妇人,不知姓字,年十九。刘曜时嫠居陕县。"《刘曜载记》载,"曜将尹安、赵慎等以洛阳降生,岳乃班师,镇于陕城";又载,"陕男子伍长平"、"石言于陕",皆表明前赵有陕县。

3.27　前赵渑池县

《刘曜载记》载,刘曜遣刘岳攻洛阳,"会三军疫甚,岳遂屯渑池";其后,刘曜再征洛阳,"曜次于金谷,夜无故大惊,军中溃散,乃退如渑池"。可见前赵应有渑池县。

3.28　前赵粟邑县

《刘曜载记》:"使刘雅迎母胡氏丧于平阳,还葬粟邑。"故前赵应有粟邑县。

3.29　前赵雍县

《刘曜载记》载,司马保以"王连为扶风太守,据陈仓","(光初)三年,曜发雍,攻陈仓","王连死之";又载,前赵征讨巴氐,"(游)子远次于雍城,降者十余万"。可见前赵有雍县。

3.30 前赵陈仓县(?)

据上考"前赵雍县"引《刘曜载记》,前赵当得陈仓县。

3.31 前赵汧县

《刘曜载记》:"陈安使其将刘烈、赵罕袭汧城,拔之。"此汧城当时属前赵。

3.32 前赵武功县

《刘曜载记》载"武功豕生犬",又有"武功男子苏抚",可见前赵有武功县。

3.33 前赵富平县

《刘曜载记》:刘曜攻后赵石他,"遣刘岳追之,曜次于富平,为岳声援"。可见前赵有富平县。

3.34 前赵临泾县

瞿昙悉达《唐开元占经》卷118《马休征》:"《赵书》曰:前赵临泾县马生角。"可见前赵有临泾县。

3.35 前赵阴密县(?)

《刘曜载记》载,前赵征讨氐羌,"进军安定,氐羌悉下,惟句氏宗党五千余家保于阴密,进攻平之",前赵遂得阴密县。

3.36 前赵上邽县

《晋志上》载,前赵以"秦凉二州牧镇上邽",当有上邽县。

3.37 前赵高平县

《晋志上》载,前赵以"朔州牧镇高平",当有高平县。

3.38 前赵平襄县(?)

据《刘曜载记》,刘曜征陈安,"右军刘干攻平襄,克之,陇上诸县悉降",前赵得平襄县。

3.39 前赵陇城县(?)

据《刘曜载记》,刘曜征陈安,"(安将)杨伯支斩姜冲儿,以陇城降",前赵得陇城县。

3.40 前赵狄道县

据《晋书》卷86《张轨传附张骏传》,前凉攻讨前赵秦州诸郡,"(刘)曜遣其将刘胤来距,屯于狄道城"。据此前赵时当有狄道县。

附1 前赵洛阳县

据《刘曜载记》,前赵初年,刘曜将宋始、宋恕、尹安、赵慎等以洛阳降后赵石勒,可见前赵初有洛阳县。然宋始降后赵后,前赵遂失洛阳县。

附2 前赵河阴县

《晋书》卷63《李矩传》载,"曜遣从弟岳军于河阴",据此前赵应有河阴县。

附3　前赵新安县

据前考"前赵河南郡"可知，前赵曾以河南太守治新安，故应有新安县。

第二节　后赵（附　段国、冉魏）

汉嘉平二年（312），石勒都襄国①。后赵赵王元年（319），石勒称王。建平四年（333），石勒卒，石弘即位。延熙元年（334），石虎杀石弘而篡位。太宁元年（349），石虎死，大乱，石世、石遵、石鉴先后即位。永年元年（350），石祗即位。永年二年（351），石祗被杀，后赵亡。

一、疆域变迁

魏晋时，西域康居种人内迁，入居上党，为杂胡，当时称之羯人②。石勒为上党武乡羯人，于晋末大乱时联络十八骑起兵，为兖州刺史苟晞所败而投奔刘渊。其后，石勒率军纵横于河朔至江汉之间，寇掠各地。据《石勒载记上》，在定都襄国前，石勒实为流寇，"攻城而不有其人，略地而不有其土"。汉嘉平二年（312），石勒择襄国而都之，自此对外开疆拓土。

（一）石勒在太行山东的开拓

石勒都襄国后，其周边有刘琨、王浚和刘聪等重要政治势力。当时，王浚为晋幽州刺史，镇蓟城，结鲜卑段部为援，基本上控有幽、冀二州；刘琨为晋并州刺史，与鲜卑拓跋部结盟，控有并州北部；刘聪为汉国之主，控有原西晋并州南部和司州部分地区，石勒名义上称臣于汉。石勒所都襄国，位于太行山东麓，首先与王浚发生冲突，二者势力的消长则直接影响到石氏疆土。

据《石勒载记上》，石勒初都襄国，称冀州牧，随后"分命诸将攻冀州郡县垒壁，率多降附，运粮以输勒"，这直接侵犯到王浚的利益。不久王浚联合鲜卑段部进攻襄国，石勒击退段部的来犯，俘获段末柸后与之结盟，遂使王浚与段部联盟破裂。王浚失去段部之援后，势单力薄，石勒的势力遂逐渐强大，疆土也不断扩展。

---

① 石勒称赵王前，虽然已经割据自立，但名义上臣属于匈奴汉国，故石勒称王前用汉国年号纪年。
② 陈寅恪提出，羯人为康居种，见万绳楠整理：《陈寅恪魏晋南北朝史讲演录》，第87页。谭其骧对于羯人族源的认识与陈氏相同，见《长水集》（上），第231页。唐长孺认为，至魏晋时，羯胡已为杂胡，见《魏晋南北朝史论丛》，河北教育出版社，2000年，第411页。

石勒都于襄国,首先经营的是"三魏"地区①。襄国属广平郡,该郡当于汉嘉平二年(312)为石勒所据②。据《石勒载记上》,"石季龙攻邺三台,邺溃,刘演奔于廪丘,将军谢胥、田青、郎牧等率三台流人降于勒,勒以桃豹为魏郡太守以抚之"。《资治通鉴》晋愍帝建兴元年四月亦载此事。故魏郡应在嘉平三年(313)为石氏占有。刘演自邺出奔,石勒于魏郡置太守,当亦辖有其境。刘演失魏郡等地后,企图收复,嘉平四年(314),刘演"遣其将韩弘、潘良袭顿丘,斩勒所署太守邵攀。支雄追击弘等,害潘良于廪丘。"③可见,石勒于嘉平四年(314)时已经据有顿丘郡,虽于此年为刘演将所袭,但仍能继续控有此郡。嘉平四年(314),石勒占有冀州大部,皆在黄河以北。不仅如此,此年司州之河水以北广平、魏郡、顿丘等皆为石勒所据,阳平郡处于其所据河水之北诸郡间,当亦入石氏。

石勒在"三魏"地区立足后,积极谋图北边之敌王浚。据《石勒载记上》、《晋书》卷5《愍帝纪》,嘉平四年(314),石勒袭幽州,杀王浚,寻而其所取幽州之地陷于鲜卑段氏。石勒虽没有占据幽州,然王浚所控制的冀州之地大部分为其所取。当然,石勒初统冀州并不稳定,冀州常山、中山二郡为刘琨所攻,但被石勒所击破④;其他郡县也有反叛者,不久也被平定⑤。石勒灭王浚时,茌平为宁黑所据。《石勒载记上》载,"逯明攻宁黑于茌平,降之",遂得茌平。

王浚被杀后,冀州诸郡太守仅有乐陵太守邵续、勃海太守刘胤不附石勒,《资治通鉴》载,晋愍帝建兴二年(314)三月"(王)浚所署勃海太守东莱刘胤弃郡依(邵)续","续遣刘胤使江东"。邵续屯乐陵厌次,引鲜卑段匹磾、段文鸯为援,与石勒抗衡。《资治通鉴》载,晋元帝太兴三年(后赵石勒赵王二年,320),

---

① 《元和郡县图志》卷16《河北道一》:"黄初二年,以广平、阳平、魏三郡为'三魏'。"晋武帝时分阳平置顿丘郡,见胡阿祥、孔祥军、徐成:《中国行政区划通史·三国两晋南朝卷》(上册),复旦大学出版社,2014年,第304页。故曹魏时"三魏"地区相对于西晋广平、阳平、魏郡、顿丘四郡之地。
② 据《资治通鉴》,晋怀帝永嘉六年(312)七月,石勒谋主张宾曰"邯郸、襄国,形胜之地,请择一都之","遂进据襄国";随后,"分命诸将攻冀州,郡县垒壁多降,运其谷以输襄国";"广平游纶、张豺拥众数万据苑乡(胡注:魏收《志》,广平郡任县有苑乡城)";十二月,"游纶、张豺请降于勒"。故永嘉六年(312),广平郡基本为后赵控制。
③ 见《石勒载记上》。《晋书》卷5《愍帝纪》载此事在建兴二年(314)九月。
④ 《石勒载记上》载:"刘琨遣乐平太守焦球攻勒常山,斩其太守邢泰……刘琨遣王旦攻中山,逐勒所署太守秦固。勒将刘劲距旦,败之,执旦于望都关。"
⑤ 《石勒载记上》:"章武人王脊起兵于科斗垒,扰乱勒河间、渤海诸郡。勒以扬武张夷为河间太守,参军临深为渤海太守,各率步骑二千以镇静之,使长乐太守程遐屯于昌亭为之声势……中山丁零翟鼠叛勒,攻中山、常山,勒率骑讨之,获其母妻而还。鼠保于胥关,遂奔代郡……南和令赵领招合广川、平原、渤海数千户叛勒,奔于邵续。河间邢嘏累征不至,亦聚众数百以叛。勒巡下冀州诸县,以右司马程遐为宁朔将军、监冀州七郡诸军事。"

"勒知续势孤,遣中山公虎将兵围厌次,孔苌攻续别营十一,皆下之。二月,续自出击虎,虎伏骑断其后,遂执续,使降其城","文鸯以亲兵数百力战,始得入城,与续子缉、兄子存、竺等婴城固守";次年三月,"后赵中山公虎攻幽州刺史段匹䃅于厌次,孔苌攻其统内诸城,悉拔之",匹䃅、文鸯被擒,石勒得厌次,全有冀州。

初,段匹䃅在石勒灭王浚不久便得有幽州部分地区,段部内部分裂,段末杯和段匹䃅相互攻击。《资治通鉴》晋元帝太兴二年(后赵赵王元年,319)四月载,石勒遣将"孔苌攻幽州诸郡,悉取之。段匹䃅士众饥散,欲移保上谷,代王郁律勒兵将击之,匹䃅弃妻子奔乐陵,依邵续"。由段匹䃅"欲移保上谷"即可知上谷非为孔苌所取,且辽西等郡还为段末杯所据,此言"孔苌攻幽州诸郡,悉取之"并不准确。孔苌破段匹䃅后,并非全得其地,此年石勒称赵王,其境内二十四郡于幽州仅有范阳、燕国、渔阳三郡①。由下文所考石虎灭鲜卑段氏所取之地可知,幽州辽西郡、北平郡、上谷郡、广宁郡、代郡和燕国渔阳二郡北部为段部所占,而石勒破段匹䃅仅得范阳郡和燕国、渔阳二郡南部。《太平寰宇记》卷69《河北道十八》:"晋永嘉后,(幽州)陷于石勒,勒僭号襄国,于蓟置幽州,于幽置燕郡。"可见,石勒称赵王时,于蓟置有幽州。《资治通鉴》载,晋元帝太兴三年(后赵赵王二年,320)七月,祖逖"练兵积谷,为取河北之计。后赵王勒患之,乃下幽州为逖修祖、父墓,置守冢二家(胡注:逖,范阳人,其祖、父墓在焉),因与逖书,求通使及互市"。祖逖为范阳人,石勒能修逖祖、父墓,当已控有范阳。

据上所考,汉嘉平二年(312),石勒都于襄国,随后着力在太行山东麓开拓疆土。嘉平三年(313),石勒得广平郡和魏郡。嘉平四年,石勒破王浚,得冀州(除乐陵郡)和顿丘郡、阳平郡。后赵赵王元年(319),得范阳郡、燕郡南部、渔阳郡南部。赵王二年(320),得乐陵郡(除厌次城)。赵王三年(321),得乐陵郡厌次城。又据前考汉赵疆域,汉昌元年(318),河内郡、汲郡为石勒占据。

(二)石勒在太行山西的拓土

石勒在太行山东部攫取大片疆土以后,又积极向太行山西部扩展。当时,太行山以西地区主要为刘琨和匈奴汉国所占据。另外,河水以西的地区为羌胡之地,石勒击破羌胡,于其地置朔州。下文对此作考订。

---

① 见《石勒载记上》;《资治通鉴》晋元帝太兴二年十一月。《晋志上》所载幽州不含渔阳郡,渔阳郡当是分燕国而置。《晋书》卷38《宣五王传》:"泰始元年,封(司马机)燕王……咸宁初,征为步兵校尉,以渔阳郡益其国。"咸宁初,渔阳郡并入燕国,当后又分之,故当时石勒二十四郡有渔阳郡。

由前考汉赵疆域可知,在刘琨与匈奴汉国对峙之时,汉国得西河郡和上党郡部分地区。并州其余之地多为刘琨所据,而鲜卑拓跋部据有雁门郡北部。《魏书》卷1《序纪》:"晋怀帝进帝大单于,封代公。帝以封邑去国悬远,民不相接,乃从琨求句注、陉北之地。琨自以托附,闻之大喜,乃徙马邑、阴馆、楼烦、繁畤、崞五县之民于陉南,更立城邑,尽献其地,东接代郡,西连西河、朔方,方数百里。帝乃徙十万家以充之。"可见在晋怀帝之时,拓跋部已经得有雁门郡陉北。

石勒灭王浚后,居于并州的刘琨成为后赵的主要敌手。汉刘聪嘉平四年(314),刘琨所控制的上党郡潞县为石勒所得①。《晋书》卷5《愍帝纪》,建兴四年(汉麟嘉元年,316)十一月,石勒出征并州,"围乐平,司空刘琨遣兵援之,为勒所败,乐平太守韩据出奔。司空长史李弘以并州叛,降于勒","刘琨奔蓟,依段匹䃅"。据《石勒载记上》,刘琨奔段匹䃅后,"勒迁阳曲、乐平户于襄国,置守宰而退"。至此,除匈奴汉国和鲜卑拓跋部所据并州部分之外,刘琨故地乐平郡、太原郡、晋昌郡、上党郡北部、雁门郡南部为石勒所得。汉汉昌元年(318),匈奴汉国大乱而亡,石勒兵入平阳,原汉国所据平阳郡、上党郡入于其手。汉国亡后,西河郡为拓跋氏所据。赵王三年(321),"(石勒)署石季龙为车骑将军,率骑三万讨鲜卑郁粥于离石,俘获及牛马十余万,郁粥奔乌丸,悉降其众城"②。因此,赵王三年(321),后赵取有原西河郡离石等县。由下文所考可知,后赵石勒太和二年(329),灭前赵,太行山以西前赵控制的河东郡遂入后赵。

雁门郡北部原为拓跋部所据,后赵曾越过陉岭而破拓跋部。《石勒载记下》:"使石季龙击托候部掘咄哪于岍北,大破之,俘获牛马二十余万。"《日知录》卷32"陉"条:"今井陉之'陉',古书有作'铏'者……有作'岍'者,《晋书·石勒载记》:'使石季龙击托候部掘咄哪于岍北,大破之'是也。"③此"岍北"即上文提及之"陉北";"托候部"当是"拓跋部"之同音异译。后赵虽击败拓跋氏,然似未完全占据其土。《资治通鉴》晋成帝咸康四年(后赵建武四年,338):"十一月,什翼犍即代王位于繁畤北(胡注:繁畤县,属雁门郡)。"显然,拓跋氏当

---

① 《晋书》卷37《温峤传》:"(温峤)补上党潞令。平北大将军刘琨妻,峤之从母也。琨深礼之,请为参军。琨迁大将军,峤为从事中郎、上党太守。"可见当时刘琨控制并州,温峤为上党太守。又,《石勒载记上》:"(刘)琨司马温峤西讨山胡,勒将逞明要之,败峤于潞城。勒以幽冀渐平,始下州郡阅实人户,户赀二匹,租二斛。"《石勒载记》不记逞明败温峤于潞城的时间。而《资治通鉴》晋愍帝建兴二年六月:"石勒始命州郡阅实户口,户出帛二匹,谷二斛。"晋建兴二年(即汉嘉平四年,314)三月,石勒杀王浚,取有幽冀。故石勒得潞城应在汉嘉平四年(314)。
② 见《石勒载记下》。依此载前后事与《资治通鉴》所载之事相比可知,此事在赵王三年(321)。
③ (清)顾炎武著,黄汝成集释:《日知录集释》卷32"陉"条,上海古籍出版社,2006年,第1835页。

时还控有雁门郡繁畤县。据《魏书》卷1《序纪》，代王什翼犍即位次年，"朝诸大人于参合陂，议欲定都灅源川"。《资治通鉴》载晋愍帝建兴元年(313)十二月猗卢"作新平城于灅水之阳"，胡注详考灅水，以为灅水源于雁门郡阴馆县。拓跋氏欲都灅源川，亦表明他们当时仍控有原雁门郡陉北之地。

《晋志上》载，东汉末年以后，定襄、云中、五原、朔方、上郡等郡陷于羌胡。《魏书》卷1《序纪》："穆帝始出并州，迁杂胡北徙云中、五原、朔方。"鲜卑拓跋部南迁，河套地区云中、五原、朔方等地为其所据，羌胡主要居于河套以南之地①。石勒破刘琨占据并州不久，挥兵西进。赵王元年(319)，"河西鲜卑日六延叛于勒，石季龙讨之，败延于朔方，斩首二万级，俘三万余人，获牛马十余万"②。此或为后赵取朔方地之始。赵王七年，石勒曾遣石佗击羌胡，被刘曜所破，石佗败死③。据《石勒载记下》，后赵太和二年(329)灭前赵，之后，"进攻集木且羌于河西，克之，俘获数万，秦陇悉平"。《晋志上》言石勒"平朔方，又置朔州"，当在太和二年(329)。当然，后赵在羌胡之地的统治并不稳定，石勒卒后，后赵曾多次征讨④，显然此处仍有异己势力存在。

由上考可知，汉嘉平四年(314)，石勒得上党郡潞县。麟嘉元年(316)，石勒得太原郡、乐平郡、晋昌郡、上党郡北部、雁门郡南部。汉昌元年(318)，石勒得平阳郡和上党郡南部。后赵赵王三年(321)，得原西河郡离石等县。太和二年(329)，后赵灭前赵，得河东郡；同年，平朔方，置朔州。

（三）石勒向河南、关陇的扩张

石勒略定河水以北诸地后，不断向河南进犯，继续扩大其统治区。本节所考后赵疆域之言"河南"，特指原西晋河水以南的司州、兖州和青州之地。石勒灭后赵后，得有雍、秦等地，也于此作考述。

刘琨兄子刘演本据邺城，为石勒击破后，逃奔廪丘。《晋书》卷5《愍帝纪》载，石勒遣将渡河向南攻击刘演，建兴三年（汉建元元年，315）"秋七月，石勒陷濮阳，害太守韩弘"。又据《石勒载记上》："逯明攻宁黑于茌平，降之，因破东燕

---

① 大致相当于谭图第三册"西晋时期全图"中的羌胡之地。
② 见《石勒载记上》。《资治通鉴》亦载此事，在太兴二年(319)。
③ 见《资治通鉴》晋明帝太宁三年三月。《刘曜载记》和《石勒载记下》，"石佗"均作"石他"。
④ 《石勒载记下附子弘传》载："长安陈良夫奔于黑羌，招诱北羌四角王薄句大等扰北地、冯翊，与石斌相持。石韬等率骑掎句大之后，与斌夹击，败之，句大奔于马兰山。郭敖等悬军追北，为羌所败，死者十七八。斌等收军，还于三城。"《石季龙载记上》："时羌薄句大犹保险未宾，遣其子章武王斌帅精骑二万，并秦、雍二州兵以讨之"；"使石宣率步骑二万击朔方鲜卑斛摩头破之，斩首四万余级"；"发百姓牛二万头配朔州牧官"。由"发百姓牛二万头配朔州牧官"，可见朔州之地为后赵辖域。

酸枣而还,徙降人二万余户于襄国。勒使其将葛薄寇濮阳,陷之,害太守韩弘。"可见,后赵在得濮阳同年,又得东燕郡。《愍帝纪》又载,建兴四年(汉麟嘉元年,316)四月,"石勒陷廪丘,北中郎将刘演出奔"。鄄城在濮阳、廪丘之间,廪丘陷没后,鄄城当亦为石勒控制。

据《资治通鉴》,晋元帝太兴二年(后赵赵王元年,319)四月,蓬陂坞主陈川以浚仪降石勒,后赵徙陈川部众于襄国,留将桃豹守浚仪。祖逖北伐,阻止了后赵的南下。晋元帝太兴三年(后赵赵王二年,320)六月,祖逖击败桃豹,"豹宵遁,屯东燕城,逖使潜进屯封丘以逼之。冯铁据二台,逖镇雍丘(胡注:封丘、雍丘二县,皆属陈留郡),数遣兵邀击后赵兵,后赵镇戍归逖者甚多,境土渐蹙"。桃豹败退东燕,后赵浚仪县亦失。晋元帝永昌元年(后赵赵王四年,322)十月,祖逖卒于雍丘,祖约代领其众,遂不敌于石勒;"祖逖既卒,后赵屡寇河南,拔襄城、城父,围谯。豫州刺史祖约不能御,退屯寿春。后赵遂取陈留,梁、郑之间复骚然矣"。可见,后赵在赵王四年(322)已取陈留郡。

石勒在兖州西部与祖逖争夺陈留之际,还对兖州东部泰山郡等地不断用兵。《资治通鉴》晋元帝太兴二年(赵王元年,319)四月载,在陈川降石勒时,晋泰山太守徐龛"以泰山叛,降石勒,自称兖州刺史"。《石勒载记下》:徐龛降后,"晋徐州刺史蔡豹败徐龛于檀丘,龛遣使诣勒,陈讨豹之计。勒遣将王步都为龛前锋,使张敬率骑继之。敬达东平,龛疑敬之袭己也,斩步都等三百余人,复降于晋。勒大怒,命张敬据其襟要以守之"。《资治通鉴》载此事在太兴三年(320)五月,且言石勒"命张敬据险以守之",石勒部将张敬此时当据东平郡某险要之地。《晋书》卷6《元帝纪》载,永昌元年(后赵赵王四年,322)七月,"石勒将石季龙攻陷太山,执守将徐龛。兖州刺史郗鉴自邹山退守合肥"。赵王四年(322),后赵取陈留郡的同时,亦取泰山郡。

《石勒载记下》载,后赵攻陷泰山郡后,"晋兖州刺史刘遐惧,自邹山退屯于下邳。琅邪内史孙默以琅邪叛降于勒。徐兖间垒壁多送任请降,皆就拜守宰"。此载"刘遐"误,当为"郗鉴"①。郗鉴自邹山退后,兖州又有不少地方陷于石勒。随后,东晋先后委刘遐、檀斌为兖州刺史。《晋书》卷6《明帝纪》载,太宁二年(后赵赵王六年,324)正月,"石勒将石季龙寇兖州,刺史刘遐自彭城退保泗口";太宁三年(后赵赵王七年,325)四月,"石勒将石良寇兖州,刺史檀赟力战,死之。将军李矩等并众溃而归,石勒尽陷司、兖、豫三州之地"。《石勒载记下》:"石瞻攻陷晋兖州刺史檀斌于邹山,斌死之";"李矩以刘岳之败也,惧,

---

① (清)王鸣盛:《十七史商榷》卷52《晋书十》,中国书店,1987年,第472页。

自荥阳遁归。矩长史崔宣率矩众二千降于勒。于是尽有司兖之地，徐豫滨淮诸郡县皆降之"①。据《资治通鉴》晋明帝太宁三年(后赵赵王七年，325)载，李矩南遁后，"于是司、豫、徐、兖之地，率皆入于后赵，以淮为境矣"。由上引《晋书》和《资治通鉴》所载可知，东晋在司州、兖州等地方势力退出后，其地基本入后赵，兖州当在赵王七年(325)全入后赵境内，兖州所领济阴、高平、东平、济北、济阳等郡即于此年为后赵占据。

永嘉乱后，青州渐为曹嶷所并。据《资治通鉴》，晋怀帝永嘉三年(汉河瑞元年，309)十二月，"王弥表左长史曹嶷行安东将军，东徇青州，且迎其家；(刘)渊许之"；晋愍帝建兴三年(汉建元元年，315)三月，"汉青州刺史曹嶷尽得齐、鲁间郡县，自镇临淄，有众十余万，临河置戍。石勒表称：'嶷有专据东方之志，请讨之。'汉主聪恐勒灭嶷，不可复制，弗许"；晋元年太兴二年(后赵赵王元年，319)四月，"曹嶷遣使赂石勒，请以河为境，勒许之"。据《晋书》卷6《明帝纪》，太宁元年(后赵赵王五年，323)八月，"石勒将石季龙攻陷青州，刺史曹嶷遇害"。赵王五年(323)，石勒灭曹嶷，据有青州。

匈奴汉国亡后，河水以南的司州之地分别为前赵刘曜和附于东晋的地方坞主控制，大致刘曜得弘农郡、上洛郡和河南郡洛水以北地区，而荥阳郡和河南郡洛水以南之地为附属东晋的地方势力所控制。《资治通鉴》晋元帝太兴三年(后赵赵王二年，320)二月，前赵洛阳守将先降于后赵，再降于东晋司州刺史李矩，"矩使颍川太守郭默将兵入洛"。不久，洛阳又落入后赵之手。据《石勒载记下》，前赵守将叛变不久，"勒徙洛阳铜马、翁仲二于襄国，列之于永丰门"②。可见，后赵已经控制了洛阳。吴应寿认为："太兴三年(即赵王二年)刘曜洛阳守将降于石勒，勒派石生为司州刺史镇洛阳。"③赵王二年(320)六月之前后赵据有洛阳，后得以据此与刘曜争锋。据前考汉中疆域可知，赵王七年(325)六月，后赵占领新安县、河阴县。《资治通鉴》晋明帝太宁三年(后赵赵王七年，325)六月，石勒遣将攻东晋在河南地区的地方势力，"郭默复为石聪所败，弃妻子南奔建康。李矩将士阴谋叛降后赵，矩不能讨，亦帅众南归"。由上文可知，李矩南奔后，东晋所控司、兖二州全陷于后赵，荥阳郡和河南郡洛水以南亦入后赵。

---

① 《晋书》中《帝纪》与《载记》分别作"石良"和"石瞻"、"檀赟"和"檀斌"，不知孰是。
② 据《石勒载记》所载此文前后事与《资治通鉴》所载史事对比，可知此事在太兴三年即赵王二年(320)。
③ 吴应寿：《十六国汉、后赵及南朝齐司州治》，《历史地理研究》第2辑，第154页。

后赵太和元年（328），刘曜亲征洛阳，为石勒所擒；次年，前赵太子刘熙被杀，前赵亡。前赵亡后，关陇地区大部和弘农郡、上洛郡等地于太和二年（329）为后赵所有。前赵原据秦凉二州之地并非全入后赵，有部分为前凉所得。《晋书》卷86《张轨传附张骏传》："及石勒杀刘曜，骏因长安乱，复收河南地，至于狄道，置武卫①、石门、候和、漒川、甘松五屯护军，与勒分境。"因此，太和二年（329），石勒灭前赵后，控有狄道以东的关陇地区。

据上文考述，汉建元元年（315），得东燕郡和濮阳郡濮阳县。麟嘉元年（316），石勒得濮阳郡廪丘县、鄄城县。后赵赵王元年（319），得陈留郡浚仪县。赵王二年（320），得河南郡洛阳等地，失浚仪县。赵王四年（322），得陈留郡、泰山郡。赵王五年（323），得青州。赵王七年（325），得济阴、高平、东平、济北、济阳、荥阳、河南等郡。太和二年（329），灭前赵，得狄道以东关陇地区和弘农郡、上洛郡。

（四）石勒在淮北地区的扩展

后赵夺取河南诸州郡后，继续向南拓展，兵临淮北诸郡。本节所言"淮北"地区，特指淮水以北的徐州和豫州之地，下文略作考述。

后赵攻取泰山郡，徐州之地直接暴露在后赵的兵锋之下。《晋书》卷6《元帝纪》载，永昌元年（赵王四年，322）八月，泰山郡陷后，"琅邪太守孙默叛，降于石勒"，琅邪郡入后赵。随后，石勒频频进攻徐州。据《晋书》卷6《明帝纪》，太宁元年（后赵赵王五年，323）三月，"石勒攻陷下邳，徐州刺史卞敦退保盱眙"。《晋书》卷70《卞壸传附卞敦传》："时石勒侵逼淮泗，帝备求良将可以式遏边境者，公卿举敦，除征虏将军、徐州刺史，镇泗口。及勒寇彭城，敦自度力不能支，与征北将军王邃退保盱眙，贼势遂张，淮北诸郡多为所陷。"又《石勒载记下》："勒将兵都尉石瞻寇下邳，败晋将军刘长，遂寇兰陵，又败彭城内史刘续。东莞太守竺珍、东海太守萧诞以郡叛降于勒。"《资治通鉴》晋明帝太宁二年（后赵赵王六年，324）正月："后赵将兵都尉石瞻寇下邳、彭城，取东莞、东海，刘遐退保泗口（胡注：《水经注》：泗水自淮阳城东流迳角城北，而东南流注于淮，谓之泗口）。"石勒将南侵，徐州守将退至淮水之滨，后赵遂取有东莞、东海等郡。据以上所载可见，至赵王六年（324），东晋退保泗口一线以后，徐州淮水以北地区基本上陷于后赵。

后赵占领兖州后，继续南下，进逼豫州诸地，以往后赵攻掠豫州，大多是掠之而去，不占其土。据《石勒载记上》，东晋初立，"石季龙济自长寿津，寇梁国，

---

① "武卫"为"武街"之讹，见《晋书》中华书局点校本"校勘记"。

害内史荀阎"。此为石赵都襄国后攻打豫州之始,但尚未能占有梁国之地。《晋书》卷6《元帝纪》,建武元年(汉麟嘉二年,317)六月,"石勒将石季龙围谯城,平西将军祖逖击走之"。此为石氏之围谯城,但未遂而去。祖逖为豫州刺史,镇陈留雍丘,"石勒不敢窥兵河南,使成皋县修逖母墓,因与逖书,求通使交市"①,可见其无法逾越豫州一线。祖逖卒后,祖约领其众,石勒随即攻豫州。《石勒载记下》:"时祖逖卒,勒始侵寇边戍守。勒征虏石他败王师于酂西,执将军卫荣而归","遣其将王阳屯于豫州,有窥觎之志,于是兵难日寻,梁郑之间骚然矣"。据《晋书》卷6《元帝纪》,永昌元年(后赵赵王四年,322)十月,"石勒攻陷襄城、城父,遂围谯,破祖约别军,约退据寿春"。但这并不意味着后赵就此占据了襄城和城父之地。赵王六年(324)前,李矩屯于荥阳新郑,郭诵屯于阳翟,石生进攻许、颍,郭诵击破之②,此时许昌亦未为石勒所取。石勒不取阳翟、新郑、许昌等地,则难守襄城,因此攻陷襄城后掠之而去。据《晋书》卷95《艺术传·戴洋传》,石勒之兵攻陷城父后,"乃掠城父妇女、辎重而去",也未占据此地;当时,"梁国人反,逐太守袁晏。梁城峻崄,约欲讨之而未决",戴洋因而谏之,"约从之,果平梁城"。此事在永昌元年攻掠城父后,可见此时梁国未为石勒所有。

石勒得豫州之地,当在赵王七年(325)后。据上文所考后赵攻陷河南兖州之地可知,赵王七年(325),"石勒尽陷司、兖、豫三州之地","司、豫、徐、兖之地,率皆入于后赵,以淮为境矣"。《晋书》卷95《艺术传·戴洋传》:"俄而(王)敦死,众败,(祖约)遂住寿阳。洋又曰:'江淮之间当有军事,谯城虚旷,宜还固守。不者,雍丘、沛皆非官有也。'约不从,豫土遂陷于贼。"此事在赵王七年。《资治通鉴》载,晋明帝太宁三年(后赵赵王七年,325)三月,"都尉鲁潜以许昌叛,降于后赵"。许昌为豫州之重镇,于是归后赵所有。虽然上文所引史料皆言豫州于赵王七年(325)归入后赵,但皆是以偏概全。据《晋书》卷7《成帝纪》,咸和元年(后赵赵王八年,326)四月,"石勒遣其将石生寇汝南,汝南人执内史祖济以叛",可见后赵得汝南郡在赵王八年(326)③。因此,豫州大部分地

---

① 《晋书》卷62《祖逖传》。《资治通鉴》晋元帝太兴三年七月作"乃下幽州为逖修祖、父墓",与《祖逖传》所载略不同。
② 《资治通鉴》晋元帝太兴二年六月:"赵固死,郭诵留屯阳翟(胡注:阳翟县,汉属颍川郡,晋属河南郡),石生屡攻之,不能克";晋明帝太宁二年正月,"石生寇许、颍(胡注:许昌、颍川,同是一郡地),俘获万计。攻郭诵于阳翟,诵与战,大破之,生退守康城(胡注:魏收《地形志》,阳翟县有康城)"。据《资治通鉴》所载可见,太宁二年(324)前,郭诵屯兵于阳翟。
③ 《资治通鉴》晋康帝建元元年七月:"赵汝南太守戴开帅数千人诣翼降。"汝南太守戴开帅众降晋,其郡当依然为后赵占据。

区在赵王七年(325)为后赵所占,而汝南郡则于赵王八年入后赵。

由上文所考可知,后赵石勒赵王四年(322),得有琅邪郡。赵王六年(324),基本取有徐州淮水以北之地。赵王七年(325),得豫州淮水以北之地(除汝南郡)。赵王八年(326),得汝南郡。

(五) 石勒向淮南和泗水流域的拓展

淮南之地最早入于后赵者,当是东晋侨置的下邳郡地。赵王八年(326),"济岷太守刘闿、将军张阖等叛,害下邳内史夏侯嘉,以下邳降于石生"①。《晋志下》载,济南郡,"或云魏平蜀,徙其豪将家于济河北,故改为济岷郡。而《太康地理志》无此郡名,未之详"。可见,济岷郡原在青州,而此地早已不属东晋,刘闿所领济岷郡显然是侨置之郡。据胡阿祥研究,东晋侨置济岷郡在旧晋陵郡界②,位于江南,因此后赵当不会占有此地。可能青州济岷郡失陷时,刘闿为济岷太守,南逃之后,仍冠以济岷太守之号,暂居南下邳郡。据《晋志下》,晋明帝遂立南下邳郡,赵王六年(324)下邳郡已陷于后赵,故咸和元年(326)夏侯嘉所领下邳郡应是侨置的南下邳郡。《晋志下》又载,"及太康元年,复分下邳属县在淮南者置临淮郡";元康七年(297),"分临淮置淮陵郡,以堂邑置堂邑郡","永嘉之乱,临淮、淮陵并沦没石氏"。临淮、淮陵旧为下邳郡之地,或晋明帝时侨置下邳郡当在其地。石氏侵至临淮、淮陵,当不会在明帝太宁之前,《晋志》所言意为永嘉乱后临淮、淮陵没于石氏,事应在晋明帝太宁以后。可能在咸和元年(326)济岷太守刘闿以下邳降后赵,位于淮南之临淮、淮陵二郡遂为后赵侵占。至此,除堂邑郡和广陵郡淮南地,徐州之地基本上为后赵占据。

后赵占据豫州后,遂即渡淮南侵。《晋书》卷7《成帝纪》载,咸和元年(后赵赵王八年,326)十一月,"石勒将石聪攻寿阳,不克,遂侵逡道、阜陵","历阳太守苏峻遣其将韩晃讨石聪,走之"。此次后赵攻打淮南,未得其土。赵王九年(327),东晋发生了苏峻、祖约之叛。太和元年(328),后赵乘机南下,攻东晋北境。《资治通鉴》晋成帝咸和三年(后赵太和元年,328):"祖约诸将阴与后赵通谋,许为内应。后赵将石聪、石堪引兵济淮,攻寿春。秋,七月,约众溃,奔历阳,聪等虏寿春二万余户而归。"祖约奔走历阳后,淮南郡当陷于后赵。据《晋志下》,晋惠帝时,"分淮南之乌江、历阳二县,置历阳郡",故此所言淮南郡不包括乌江、历阳二县。此后所引一些史事亦可证后赵仅占据淮南郡。《资治通鉴》

---

① 见《石勒载记下》。《晋书》卷7《成帝纪》:咸和元年"十二月,济岷太守刘闿杀下邳内史夏侯嘉,叛降石勒"。

② 胡阿祥:《东晋南朝侨置郡县和侨流人口研究》,江苏教育出版社,2008年,第245页。

晋成帝咸康元年(后赵石虎建武元年,335)三月:"赵王虎南游,临江而还。有游骑十余至历阳,历阳太守袁耽表上之,不言骑多少。朝廷震惧。"石虎南下能抵达历阳,说明后赵此时控有淮南郡。据《资治通鉴》,晋成帝咸康五年(后赵建武五年,339)八月,"时左卫将军陈光请伐赵,诏遣光攻寿阳";晋穆帝永和元年(后赵建武十一年,345)"八月,豫州刺史路永叛奔赵,赵王虎使永屯寿春"。这些都表明当时寿阳(即寿春)为后赵所据。又据《晋志下》,"成帝乃侨立豫州于江淮之间,居芜湖。时淮南入北,乃分丹杨侨立淮南郡,居于湖。又以旧当涂县流人渡江,侨立为县,并淮南、庐江、安丰并属豫州",可见,晋成帝时淮南郡非为晋土,当为后赵所有。

东晋扬州为临海之地,后赵曾遣将浮海攻之。据《晋书》卷7《成帝纪》,咸和五年(后赵建平元年,330)五月,"石勒将刘徵寇南沙,都尉许儒遇害,进入海虞";咸和六年(后赵建平二年,331)正月,"刘徵复寇娄县,遂掠武进";咸和七年(后赵建平三年,332)"三月,西中郎将赵胤、司徒中郎匡术攻石勒马头坞,克之。勒将韩雍寇南沙及海虞"。《宋志一》:"南沙令,本吴县司盐都尉署。吴时名沙中。吴平后,立暨阳县割属之。晋成帝咸康七年,罢盐署,立以为南沙县。"刘宋时,南沙属晋陵郡,即《晋志下》所载毗陵郡。又据《晋志下》,毗陵郡有武进县,吴郡有娄县、海虞县。《太平寰宇记》卷94《江南东道六》载"马头坞在县西南二十五里",其下即引《晋书》所载石勒将寇马头坞之事。《晋志下》载武康县在吴兴郡,马头坞在武康县西南二十五里,当临海,应属吴郡。因此,后赵将在建平年间曾浮海侵寇扬州毗陵郡、吴郡临海之地,但未能得之。

苏峻、祖约叛乱之际,后赵乘机攻掠荆、扬,淮南郡于此时陷于后赵,荆州南阳郡亦遭侵犯。太和元年(328)"夏四月,石勒攻宛,南阳太守王国叛,降于勒"①,南阳郡归后赵所有。据《晋书》卷6《成帝纪》,咸和五年(后赵建平元年,330)八月,"(石勒)使其将郭敬寇襄阳。南中郎将周抚退归武昌,中州流人悉降于勒。郭敬遂寇襄阳②,屯于樊城"。建平三年(332)"夏四月,勒将郭敬陷襄阳";"太尉陶侃遣子平西参军斌与南中郎将桓宣攻石勒将郭敬,破之,克樊

---

① 《晋书》卷7《成帝纪》。据《石勒载记下》,"晋龙骧将军王国以南郡叛降于堪。南阳都尉董幼叛,率襄阳之众又降于堪"。(清)钱大昕在《廿二史考异》附录二《诸史考异》卷1《晋书》"石勒载记"条指出,"南郡疑南阳之讹"(上海古籍出版社,2004年,第1492页)。《晋书》中华书局点校本亦有注。洪亮吉据《石勒载记》之文以为后赵得有南郡之地,亦误,见《十六国疆域志》卷2《后赵》。
② 王鸣盛《十七史商榷》卷45《晋书三》指出"'寇'字当作'毁'",第403页。

城。竟陵太守李阳拔新野、襄阳，因而戍之"①。据此，石赵曾于建平元年(330)得新野郡②，建平三年(332)又失之。

由上文可知，太和二年(329)石勒灭前赵，遂得荆州顺阳郡，此亦由其他史料可证。《太平寰宇记》卷142《山南东道一》："胡保山，石勒时立黄攀神祠于此山，号胡保山"；"丹水，汉因水名置丹水县，今废，城在县西南。《郡国记》云：'丹水，楚之商密城。'在今内乡县西南一百三十里丹水故城是也。永嘉乱后废"。此内乡县晋时为丹水县，《晋志下》载顺阳郡有丹水县，胡保山在其境内。石勒时于胡保山立祠，当已据有此地。据《资治通鉴》，晋康帝建元二年(后赵建武十年，344)七月，"征西将军庾翼使梁州刺史桓宣击赵将李罴于丹水，为罴所败"，此亦表明顺阳郡丹水流域为后赵控有。

由上文所考，后赵石勒赵王八年(326)，得临淮郡、淮陵郡。太和元年(328)，取有淮南郡和南阳郡。太和二年(329)，得顺阳郡。建平元年(330)得新野郡，三年(332)又失之。

（六）石虎统治期的疆土盈缩

建平四年(333)，石勒卒，石弘继立。后赵石弘延熙元年(334)，石虎废石弘自立。建武元年(335)，石虎迁都于邺。石虎篡位以后，继续对外扩张，北灭鲜卑段部，尽有幽州之地；西攻前凉，攻取前凉所据河南地。石虎虽然极力向沔水流域扩张，却反而失去了原先在此地区所占据的顺阳郡、南阳郡。

原幽州之地，在段匹磾败走后，分别为后赵和鲜卑段部占据。段末杯卒后，段牙立，不久段辽取段牙而代之。《晋书》卷63《段匹磾传》："自务勿尘已后，值晋丧乱，自称位号，据有辽西之地，而臣御晋人。其地西尽幽州，东界辽水。然所统胡晋可三万余家，控弦可四五万骑，而与石季龙递相侵掠，连兵不息。"此言段氏"其地西尽幽州，东界辽水"为段辽时之境。《石季龙载记上》载，建武四年(338)，石虎(即石季龙)攻段辽，"辽渔阳太守马鲍、代相张牧、北平相阳裕、上谷相侯龛等四十余城并率众降于季龙"。由此可知，段辽当时统有代郡、上谷、北平、渔阳等郡③。另，段氏世居辽西，该郡一直为段部所有。据谭图，幽州广宁郡位于代郡和上谷郡之间，至此当亦归段氏统辖。《慕容皝载记附

---

① 《晋书》卷7《成帝纪》。又据《资治通鉴》晋成帝咸和七年，"郭敬之退戍樊城也，晋人复取襄阳。夏，四月，敬复攻拔之，留戍而归"。
② 据钱大昕所考，晋惠帝时，分义阳郡新野、穰、蔡阳、邓、棘阳等县立新野郡，见《廿二史考异》卷19《晋书二》，第344—345页。据谭图，荆州义阳国有樊城，在邓县南，于晋惠帝时应属新野郡。
③ 段氏所统渔阳郡，当为统渔阳郡北部，渔阳郡南部为后赵之地。

阳裕传》载,段辽时,曾以阳裕为燕郡太守,表明段氏亦有燕郡部分之地①。段辽败后,幽州之地才全入后赵。据《慕容皝载记》,石虎击破段辽后,乘势攻鲜卑慕容氏,败还,燕将慕容恪"乘胜追之,斩获三万余级,筑成凡城而还","季龙又使石成入攻凡城,不克,进陷广城"。其后,石虎多次攻燕凡城②,终不能克之,凡城当为慕容燕防守石赵入侵之重镇③。《慕容垂载记》载,石虎伐前燕,"既还,犹有兼并之志,遣将邓恒率众数万屯于乐安,营攻取之备";又据《资治通鉴》晋成帝咸康六年九月,燕王慕容皝亦言"石虎自以乐安城防守重复",可见乐安城为后赵防前燕之重镇。因此,石虎灭段辽后,后赵与前燕的疆界大致稳定在凡城、乐安城一线。

石虎继石勒之后,继续进攻沔水流域。建武元年(335),"(石虎)遣其征虏石遇寇中庐,遂围平北将军桓宣于襄阳。辅国将军毛宝、南中郎将王国、征西司马王愆期等率荆州之众救之,屯于章山。遇攻守二旬,军中饥疫而还"④,石虎此次遣将征伐未有所得。后赵不仅未占据沔水流域,反而丢掉了在该地区原来所占据之地。据《元和郡县图志》卷21《山南道二》,邓州辖穰、南阳、新野、向城、临湍、菊潭、内乡七县,"永嘉五年,为刘聪所没,成帝咸康四年(后赵建武四年,338)复归于晋"。据谭图,唐时邓州地区大致相当于顺阳郡和南阳郡等地。建武四年(338),石虎大举北伐鲜卑段氏、慕容氏,东晋乘机收复其顺阳郡、南阳郡,故《元和郡县图志》言"复归于晋"。后赵失去了原所据沔水流域部分地区后,企图收回,大举南征。《晋书》卷7《成帝纪》载,咸康五年(后赵建武五年,339)九月,"石季龙将夔安、李农陷沔南,张貉陷邾城。因寇江夏、义阳,征虏将军毛宝、西阳太守樊俊、义阳太守郑进并死之。夔安等进围石城,竟陵太守李阳距战,破之,斩首五千余级。安乃退,遂略汉东,拥七千余家迁于幽、冀"。后赵军撤退以后,其所掠诸地当复归于晋⑤。《晋书》卷8《穆帝纪》载,后

---

① 段氏当得燕郡北部地区,燕郡南部归后赵。
② 《石季龙载记上》:"平北尹农攻慕容皝凡城,不克而还。"《慕容皝载记》:"季龙又使石成入攻凡城,不克。"《资治通鉴》晋成帝咸康五年九月:抚军将军李农"帅众三万与征北大将军张举攻燕凡城","攻之经旬,不能克,乃退"。
③ 《水经注》卷14《濡水注》:"卢龙东越清陉,至凡城二百许里。自凡城东北出,趣平冈故城可百八十里,向黄龙则五百里。"依此可知凡城位置所在。
④ 见《石季龙载记上》。又据《晋书》卷7《成帝纪》:"石季龙将石遇寇中庐,南中郎将王国退保襄阳。"
⑤ 据《晋书》卷83《袁瑰传附子乔传》,穆帝永和初,桓温谋伐蜀,以袁乔"督沔中诸军事并江夏随义阳三郡军事、建武将军、江夏相",表明东晋据有江夏、义阳二郡。据《晋书》卷73《庾亮传附弟翼传》,康帝初即位,庾翼上疏,请率江夏相谢尚、西阳太守曹据等北伐;晋康帝时署有江夏相、西阳太守,当未失江夏、西阳二郡。《水经注》卷35《江水注》载,邾城为后赵所攻后,"自尔丘墟焉";可见邾城被破后,后赵未在此地设戍。

赵末年，复攻南阳，"石遵将石遇攻宛，陷之，执南阳太守郭启"。但不久宛城被晋将司马勋攻破①，南阳郡复为东晋所有。

石虎窃位以后，为夺取前凉之地，多次遣将攻之。据《晋书》卷7《康帝纪》，建元元年(后赵建武九年，343)，"石季龙使其将刘宁攻陷狄道"②，"石季龙侵张骏，骏使其将军谢艾拒之，大战于河西，季龙败绩"；建元二年(后赵建武十年，344)，"张骏将张瓘败石季龙将王擢于三交城"，可见石赵初攻前凉受阻。后赵刘宁攻陷狄道后当又失之。据《晋书》卷8《穆帝纪》，永和二年(后赵建武十二年，346)六月，"石季龙将王擢袭武街，执张重华护军胡宣。又使麻秋、孙伏都伐金城，太守张冲降之。重华将谢艾击秋，败之"，此年后赵攻前凉，取有武街、金城③。据《资治通鉴》晋穆帝永和二年五月，"麻秋之克金城也，县令敦煌车济不降，伏剑而死。秋又攻大夏，护军梁式执太守宋晏，以城应秋"，后赵遂取有大夏。据后文所考政区可知，武街属武始郡，且武始在金城、大夏东，后赵应先得武始郡，再取金城郡、大夏郡。建武十三年(347)，"麻秋又袭张重华将张瑁于河陕，败之，斩首三千余级。枹罕护军李逴率众七千降于季龙。自河以南，氐羌皆降"④。据后文考述前凉政区，此前前凉置河州，于河水以南还领有兴晋、武城、永晋、汉中、南安五郡。建武十三年(347)，后赵取枹罕后，河水以南诸郡当皆入后赵。

太宁元年(349)，石虎死，后赵大乱，石世、石遵、石鉴、石祗先后继立，又相继被杀。结合后文所考前燕、前秦、前凉、冉魏等政权疆域、政区可知，后赵永宁元年(350)石祗即位时，冉魏控有洛州、豫州、徐州、荆州及魏尹、广平郡、冀州(赵郡、中山、常山三郡和渤海郡部分)等地，雍州、秦州和汲郡、河内郡、黎阳郡等为前秦控制，幽州、营州及冀州(高阳、河间、章武三郡和渤海郡部分)入前燕，青州入段龛，凉州入前凉。朔州当复为羌胡占据，扬州当入东晋。另有司隶部、冀州部分地区为后赵一些将领割据自主。后赵石祗仅能控制司隶部襄国郡、并州、兖州和冀州部分地区。永宁二年(351)四月，石祗被杀，后赵亡。

---

① 《石季龙载记下附石遵传》："(司马勋)拔宛城，杀遵南阳太守袁景而还。"
② 《石季龙载记上》："宁远刘宁攻武都狄道，陷之。"诸书均不载后赵时陷有仇池杨氏之武都。《晋志上》载，张骏"以狄道县立武始郡"。此"武都"当为"武始"之讹。洪亮吉《十六国疆域志》卷2《后赵》据"刘宁攻武都狄道"，遂将秦州武都郡归于后赵，有误。
③ 《石季龙载记下》记后赵陷武街、金城在永和三年(347)。此从《穆帝纪》和《资治通鉴》所载，为永和二年(346)。
④ 见《石季龙载记下》。《资治通鉴》亦载此事，系于永和三年(347)九月。

据上述,后赵石虎建武四年(338),得辽西郡、北平郡、代郡、广宁郡、上谷郡和燕郡北部、渔阳郡北部,失南阳郡、顺阳郡。建武十二年(346),攻前凉,得武始、金城、大夏三郡。建武十三年(347),得前凉兴晋、武城、永晋、汉中、南安五郡。永宁元年(350),后赵仅能控制司隶部襄国郡、并州、兖州和冀州部分地区。

二、政区沿革

据上考后赵疆域可知,后赵建武十三年(347)至太宁元年(349)疆域最盛(见图3)。下文以太宁元年(349)为基准年,先概述后赵政区沿革,再考证后赵可考的政区。

(一)政区概述

1. 司隶部

司隶部,治邺(今河北临漳县西南邺镇一带)。后赵建平元年(330),分冀州置司隶部,治襄国①,领广平、魏郡、阳平、顿丘、汲郡、河内、野王、河南、荥阳、河东、弘农、上洛十二郡。延熙元年(334),改顿丘郡为卫国郡,分魏郡立黎阳郡。建武元年(335),石虎迁都邺,司隶部改治邺,改魏郡为魏尹,分广平置襄国郡,河南、荥阳、河东、弘农四郡别属洛州,上洛郡别属荆州。至太宁元年(349),司隶部领魏尹、黎阳郡、广平郡、襄国郡、阳平郡、卫国郡、汲郡、河内郡、野王郡;太宁元年(349)末置武德国,既而罢。永宁元年(350),大乱,司隶部之地有入冉魏者,有入前秦者,后赵仅能控有襄国郡②。至后赵永宁二年(351),司隶部仍领襄国郡。

魏尹(承魏郡),治邺(今河北临漳县西南邺镇一带)。《晋志上》载,魏郡领邺、长乐、魏、斥丘、安阳、荡阴、内黄、黎阳八县。汉嘉平三年(313),后赵承西晋置魏郡,领县当同《晋志》所载。后赵延熙元年(334),黎阳县别属黎阳郡。建武元年(335),石虎迁都邺城,改魏郡为魏尹。至后赵永宁元年(350),魏尹领邺、长乐、魏、斥丘、安阳、荡阴、内黄七县。

黎阳郡,治黎阳(今河南浚县东)。后赵延熙元年(334),分魏郡置黎阳郡,领黎阳县。至永宁元年(350),黎阳郡领县当不变。

广平郡,治广平(今河北鸡泽县东南)。《晋志上》载,广平郡领广平、邯郸、易阳、武安、涉、襄国、南和、任、曲梁、列人、肥乡、临水、广年、斥漳、平恩十五

---

① 后赵石勒时,都襄国,司隶校尉应治此。
② 参见后文所考冉魏、前秦疆域与政区。

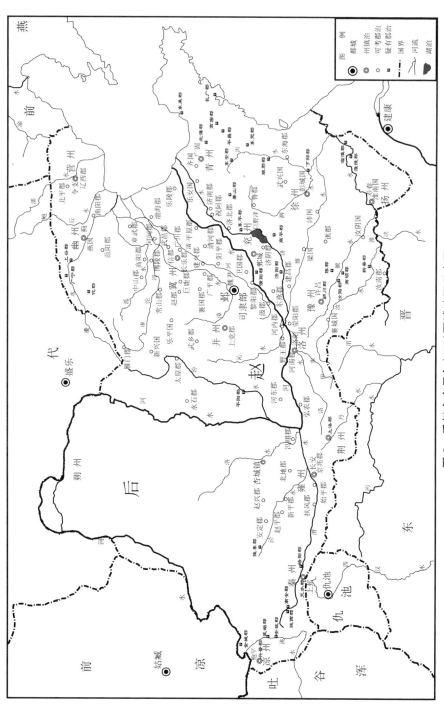

图3 后赵太宁元年(349)疆域政区示意图

县。汉嘉平二年(312),后赵承西晋置广平郡,领县当同《晋志》所载。其后,分任县置苑乡县①。后赵建武元年(335),分广平置襄国郡,襄国、任、苑乡、南和四县别属之。至后赵永宁元年(350),广平郡领广平、邯郸、易阳、武安、涉、曲梁、列人、肥乡、临水、广年、斥漳、平恩十二县。

襄国郡,治襄国(今河北邢台市城区一带)。后赵建武元年(335),分广平置襄国郡,改苑乡为清苑县。襄国郡领襄国、任、清苑、南和四县②。至后赵永宁二年(351),襄国郡领县当不变。

阳平郡,治馆陶(今河北馆陶县馆陶镇)。《晋志上》载,阳平郡领元城、馆陶、清渊③、发干、东武阳、阳平、乐平七县。汉嘉平四年(314),后赵承西晋置阳平郡,领县当同《晋志》所载。至后赵永宁元年(350),阳平郡领县当不变。

卫国郡(承顿丘郡),治顿丘(今河南清丰县西南)。《晋志上》载,顿丘郡领顿丘、繁阳、阴安、卫四县。汉嘉平四年(314),后赵承西晋置顿丘郡,领县当同《晋志》所载。后赵延熙元年(334),改顿丘为卫国郡。至永宁元年(350),卫国郡领县当不变。

汲郡,治汲(今河南卫辉市西南)。《晋志上》载,汲郡领汲、朝歌、共、林虑、获嘉、修武六县。西晋后,汲郡为汉国占据,于其地置有殷州等州。汉汉昌元年(318),后赵得此地,废殷州等州,复置汲郡,领县当同《晋志》所载。至后赵永宁元年(350),汲郡领县当不变。

河内郡,治怀(今河南武陟县西南)④。《晋志上》载,河内郡领野王、州、怀、平皋、河阳、沁水、轵、山阳、温九县。西晋后,河内郡为汉国占据,于其地置有西河阳州等州。汉汉昌元年(318),后赵得此地,废西河阳州等州,复置河内郡。后又分河内置野王郡,河内郡当领怀、州、温、平皋、山阳五县。至后赵永宁元年(350),河内郡领县当不变。

野王郡,治野王(今河南沁阳市)。汉汉昌元年(318),后赵得原晋河内郡地。其后,分河内置野王郡,当领野王、河阳、沁水、轵四县⑤。至后赵永宁元年(350),野王郡领县当不变。

---

① 《太平寰宇记》卷59《河北道八》:"晋省南蛮,又为广平郡之任县地。后赵石氏于此置苑乡县,季龙又改清苑县,属襄国郡。"
② 据谭图可知,任县在南和县北,苑乡(清苑县)在任县北,皆属襄国郡,故任县也应属襄国郡。
③ 其中"清渊"县原为"清泉"县,《晋志》避唐讳改,此已改。
④ 《元和郡县图志》卷16《河北道一》:"故怀城,在县西十一里。两汉河内郡并理之,晋移郡理野王。"后赵置野王郡,河内郡治应还治怀县。
⑤ 野王郡应领有野王及其以西的河阳、沁水、轵等三县。野王故为河内郡治所,后赵分河内置野王郡,野王应为野王郡治所。

武德国,或治武德(今河南武陟县东南)。后赵太宁元年(349)末,置武德国,当领武德等县,既而罢此国。

2. 冀州

冀州,治信都(今河北冀州市)。汉嘉平二年(312),石勒都襄国,称冀州牧。嘉平三年(313),后赵冀州领广平郡、魏郡。嘉平四年(314),长乐、赵郡、巨鹿、武邑、广川、平原、渤海、章武、河间、高阳、博陵、清河、中山、常山十四郡自西晋王浚来属,阳平郡、顿丘郡自西晋刘演来属,上党郡潞县自西晋刘琨来属。汉麟嘉元年(316),乐平郡、晋昌郡、雁门郡、太原郡、上党郡(领三县)自西晋刘琨来属,改晋昌郡为定襄郡。汉汉昌元年(318),平阳郡、上党郡(领六县)、河内郡、汲郡自汉国来属,后分河内置野王郡。后赵赵王元年(319),燕郡、范阳郡、渔阳郡自晋段匹䃅来属,不久又以此三郡别属幽州。赵王三年(321),乐陵郡自晋邵续来属;同年,分冀州置并州,乐平、定襄、雁门、太原、上党、平阳六郡别属并州①。后赵建平元年(330),分冀州置司隶部,广平、魏郡、阳平、顿丘、汲郡、河内、野王七郡别属司隶部;冀州领长乐、赵郡、巨鹿、武邑、广川、平原、渤海、章武、河间、高阳、博陵、清河、中山、常山、乐陵十五郡②。建武十二年(347),置建兴郡,属冀州。后赵一度改章武、河间、中山为国,后当又复为郡。至太宁元年(349),冀州领有长乐、赵郡、巨鹿、武邑、广川、平原、渤海、章武、河间、高阳、博陵、清河、中山、常山、乐陵、建兴十六郡。后赵永宁元年(350),后赵大乱,冀州之地有入前燕者,有入冉魏者,后赵冀州仅能控有长乐、巨鹿、武邑、广川、平原、博陵、清河、乐陵、建兴九郡;至后赵永宁二年

---

① 后赵赵王元年(319)以前,石勒以冀州牧领其控制区域。赵王元年(319),石勒称王,其后分置诸州。有关后赵置并州,详见下文。

② 据《石勒载记下附石弘传》,石勒即位之初,以石虎子宣、韬分别为冀州刺史、司隶校尉。可见,此时冀州和司隶部已经分别设置。《石勒载记下》又载,石勒称帝后,欲都邺,遂营建邺宫,又"以成周土中,汉晋旧京,复欲有移都之意,乃命洛阳为南都,置行台治书侍御史于洛阳"。可见,石勒称帝后,遂将襄国、邺城、洛阳作为三都,当将三都置于同一政区统辖。石勒称帝后,当即置司隶部,统辖西晋司州旧地,统有三都之地,故认为后赵置司隶部在石勒称帝之建平元年(330);而冀州仍领原西晋冀州辖境诸郡。吴应寿认为,后赵定都襄国后,没有在襄国置司州,而以冀州领之,石虎都邺置司州,见《十六国汉、后赵及南朝齐司州治》,《历史地理研究》第二辑,第153—156页。吴先生认为,石勒不于襄国置司州应是石勒称帝以前的事,石勒称帝后当应设置司隶部于襄国。石弘即位时,都襄国,以石韬为司隶校尉即是襄国置有司隶的明证。《资治通鉴》晋成帝咸康四年五月:"冀州八郡大蝗,赵司隶请坐守宰(胡注:赵都邺,以冀州为司部)。"然此"赵司隶请坐守宰",并非司隶领冀州之证。《资治通鉴》晋成帝咸康三年七月载,赵太子石邃"因谓颜等曰:'我欲至冀州(胡注:冀州治信都),杀宫间公。'"司隶部治所应在邺都,胡注此言冀州治信都,则与前注"以冀州为司部"矛盾。时河间公石宣为冀州刺史,治信都不误,而后赵另有司隶部治于邺城,故"以冀州为司部"有误。又据《资治通鉴》成帝咸康六年九月,"赵王虎命司、冀、青、徐、幽、并、雍七州之民五丁取三"。亦证当时司隶部、冀州并置。

(351),后赵冀州或仍领此九郡。

长乐郡,治信都(今河北冀州市)。《晋志上》载,安平国领信都、下博、武邑、武遂、观津、扶柳、广宗、经八县。《魏志上》载,安平国还领有堂阳县、南宫县①。晋武帝时,改安平国为长乐国,武邑、武遂、观津三县复别属武邑郡。汉麟嘉四年(314),后赵承西晋长乐国置长乐郡,领信都、下博、扶柳、广宗、经、堂阳、南宫七县。后赵建武十二年(346),广宗县别属建兴郡。至后赵永宁二年(351),长乐郡领信都、下博、扶柳、经、堂阳、南宫六县。

赵郡,治房子(今河北高邑县西南)。《晋志上》载,赵国领房子、元氏、平棘、高邑、中丘、柏人、平乡、下曲阳、鄡九县。方恺据《左传》杜预注和《魏志》认为,下曲阳县、鄡县属巨鹿郡②,谭图将下曲阳县、鄡县和平乡县划入冀州巨鹿国,此从谭图。赵王伦被杀后,赵国除③,下曲阳、鄡、平乡三县或入巨鹿国。汉麟嘉四年(314),后赵承西晋置赵郡,领房子、元氏、平棘、高邑、柏人、中丘等六县。后赵建武六年(340),分赵郡柏人立南栾县,或于此年改中丘为赵安县④。至永宁元年(350),赵郡领房子、元氏、平棘、高邑、柏人、南栾、赵安七县。

巨鹿郡,治廮陶(今河北宁晋县西南)。《晋志上》载,巨鹿国领廮陶县、巨鹿县。据上述"赵郡"可知,下曲阳、鄡、平乡三县于西晋末属巨鹿国。汉麟嘉四年(314),后赵承西晋巨鹿国置巨鹿郡,领廮陶、巨鹿、平乡、下曲阳、鄡五县。据后文所考"后赵广阿县"、"后赵曲阳县"可知,后赵有广阿县,下曲阳县改为曲阳县,属巨鹿郡。后赵建武元年(335),分廮陶之柳乡立停驾县。至后赵永宁二年(351),巨鹿郡领廮陶、巨鹿、平乡、曲阳、鄡、广阿、停驾七县。

武邑郡,治武邑(今河北武邑县)⑤。《太平寰宇记》卷63《河北道十二》载,

---

① 又据《晋书》卷37《宗室传》:"翼字子世,少历显位,官至武贲中郎将。武帝未受禅而卒,以兄邕之支子承为嗣,封南宫县王。"可证西晋置有南宫县。西晋也应置有堂阳县。孔祥军据《舆地广记》卷10《河北东路上》冀州上南宫县条推测,安平国后当复置南宫县、堂阳县,见《晋书地理志校注》,新世界出版社,2011年,第63—64页。

② 方恺:《新校晋书地理志》,《二十五史补编》本,第5页。

③ 《晋书》卷5《怀帝纪》:永嘉二年(308)九月,"石勒寇赵郡"。《刘聪载记》:"聪遣刘粲、刘曜等攻刘琨于晋阳"、"琨与左右数十骑,携其妻子奔于赵郡之亭头"。可见,晋末已无赵国,而称赵郡。

④ 《太平寰宇记》卷59《河北道七》:"《赵记》云:'晋于此立中邱县。'《十六国春秋》:'石季龙改为赵安县。'后魏省入柏人县,太和十九年于旧城东十里复置中邱县。"毛远明校注:《汉魏六朝碑刻校注》第三册之二八九《鲁潜墓志》:"赵建武十一年,大岁在乙巳,十一月丁酉朔,故大仆卿驸马都尉勃海赵安县鲁潜。"(线装书局,2008年,第88页)《鲁潜墓志》中的赵安县属勃海郡,与《太平寰宇记》所载不同,此从《太平寰宇记》。

⑤ 《水经注》卷10《浊漳水注》载,"晋武帝封子于县以为王县。后分武邑、武隧、观津为武邑郡,治此"。据此,武邑郡当治武邑。

西晋太康十年(289),"割武遂、武邑、观津三县为武邑国",其后省武邑国①。西晋末复置武邑郡②,领有武邑、武遂、观津、武强四县③,治武邑县。汉麟嘉四年(314),后赵承西晋置武邑郡,领武邑、武遂、观津、武强四县。至后赵永宁二年(351),武邑郡领县当不变。

广川郡,治广川(今河北景县西南)。西晋时,置有广川国④,后或为郡。《魏志上》载,西晋广川郡领广川、枣强、索卢三县。汉麟嘉四年(314),后赵承西晋置广川郡,领县当同《魏志》所载。至后赵永宁二年(351),广川郡领县当不变。

平原郡,治平原(今山东平原县南)。《晋志上》载,平原国领平原、高唐、茌平、博平、聊城、安德、西平昌、般、鬲九县。汉麟嘉四年(314),后赵承西晋平原国置平原郡,领县当同《晋志》所载。至后赵永宁二年(351),平原郡领县当不变。

渤海郡,治南皮(今河北南皮县东北)。《晋志上》载,勃海郡领南皮、东光、浮阳、饶安、高城、重合、东安陵、蓨、广川、阜城十县。据前述"广川郡"可知,晋置广川郡,广川县别属。据后文所考"后赵安陵县"可知,后赵时已改东安陵为安陵县。汉麟嘉四年(314),后赵承西晋置渤海郡⑤,领南皮、东光、浮阳、饶安、高城、重合、安陵、蓨、阜城九县。至后赵永宁元年(350),渤海郡领县当不变。

章武郡(含章武国),治东平舒(今河北大城县)。《晋志上》载,章武国领东平舒、文安、章武、束州四县。汉麟嘉四年(314),后赵承西晋章武国置章武郡,领县当同《晋志》所载。其后,改章武郡为章武国,后当复称章武郡。至永宁元年(350),章武郡领县当不变。

河间郡(含河间国),治乐城(今河北献县东南)。《晋志上》载,河间国领乐

---

① 《太平寰宇记》卷63《河北道十二》:"至晋泰始元年,封皇叔祖父孚为安平王;康康五年又改为长乐国,立孚曾孙祐为王;十年割武遂、武邑、观津三县为武邑国,以封南宫王承为武邑王。惠帝时承薨,无后,省还长乐。"
② 《晋书》卷63《邵续传》:西晋末,"续遣兄子武邑内史存与文鸯率匹磾众就食平原"。据此可知,西晋末复置武邑郡。
③ 《元和郡县图志》卷17《河北道二》:"武强县,本汉武隧县地也,属河间国。晋于此置武强县,属武强郡。"此"武强郡"为"武邑郡"之误,中华书局点校本《元和郡县图志》有校注。西晋太康十年(289)置武邑国,领武遂、武邑、观津等三县。晋末置武邑郡,又增置武强县。
④ 《晋书》卷64《武十三王传》:晋武帝孙司马端,"初封广川王"。可见西晋有广川国。《晋志下》:"咸康四年(338),侨置魏郡、广川、高阳、堂邑等诸郡,并所统县并寄居京邑。"一般来说,东晋侨置的郡都是原西晋北方原有其郡,此侨置有广川郡,亦可旁证西晋时有此郡。
⑤ 《晋志》载为"勃海郡"。据后文所考"后赵渤海郡""前燕渤海郡""前秦勃海郡""后燕勃海郡"可知,史载后赵、前燕时用"渤",而前秦、后燕用"勃"。本编于不同时期,按史书记载用字。

城、武垣、鄚、易城①、中水、成平六县。汉麟嘉四年(314),后赵承西晋河间国置河间郡,领县当同《晋志》所载。其后,改河间郡为河间国,后赵末当复称河间郡。至永宁元年(350),河间郡领县当不变。

高阳郡,治博陆(今河北蠡县南)。《晋志上》载,高阳国领博陆、高阳、北新城、蠡吾四县。汉麟嘉四年(314),后赵承西晋高阳国置高阳郡,领县当同《晋志》所载。至后赵永宁元年(350),高阳郡领县当不变。

博陵郡,治饶阳鲁口(今河北饶阳县)②。《晋志上》载,博陵郡领安平、饶阳、南深泽、安国四县。汉麟嘉四年(314),后赵承西晋置博陵郡,领县当同《晋志》所载。至后赵永宁二年(351),博陵郡领县当不变。

清河郡,治贝丘(今山东临清市东南)。《晋志上》载,清河国领清河、东武城、绎幕、贝丘、灵、鄃六县③。后西晋改东武城为武城④,后赵时亦称武城。汉麟嘉四年(314),后赵承西晋清河国置清河郡,领贝丘、清河、武城、绎幕、灵、鄃六县。后赵建武十二年(346),分清河县别立临清县、水东县,别属建兴郡。至永宁二年(351),清河郡领县不变。

中山郡(含中山国),治卢奴(今河北定州市)。《晋志上》载,中山国领卢奴、魏昌、新市、安喜、蒲阴、望都、唐、北平八县。汉麟嘉四年(314),后赵承西晋中山国置中山郡,领县当同《晋志》所载。其后,改中山郡为中山国,后当复称中山郡。至后赵永宁元年(350),中山郡领县当不变。

常山郡,治真定(今河北石家庄市长安区西北)。《晋志上》载,常山郡领真定、石邑、井陉、上曲阳、蒲吾、南行唐、灵寿、九门八县。汉麟嘉四年(314),后

---

① 中华书局本《晋书》"校勘记"于"易城"条出校记云:"易城。《汉志》上、《续汉志》二、《后魏志》上及《后汉书·刘虞传》并无'城'字。"然《晋书》卷29《五行志下》载,太康六年(285)三月,"河间易城等六县"陨霜伤桑麦,《宋书》卷33《五行志四》所载与《晋书》同。故西晋时当为易城县。
② 《太平寰宇记》卷63《河北道十二》:"(饶阳县)房口镇城,今邑理也。自石赵、苻秦、后魏并为博陵郡理于此。"《资治通鉴》晋穆帝永和六年三月:"王午留其将王佗以数千人守蓟,与邓恒走保鲁口(胡注:魏收《地形志》:博陵郡饶阳县有鲁口城)。"《慕容儁载记》:"慕容评攻王午于鲁口。"可见,后赵时博陵郡治所改治于饶阳县鲁口城。
③ 《太平寰宇记》卷58《河北道七》:"清阳县,汉县,属清河郡","后汉并入甘陵。西晋省甘陵,于此置清河县理清阳县,复汉名"。中华书局点校本于此卷后出校勘记:"'于此置清河县理清阳县'。库本同,惟'此'下衍'置'字。万本作'于此置清河国理清阳县'。按《晋书》卷一四《地理志上》,清河国,治清河县,本书清河县总序云:'晋于厝城西南七里置清河县。'是晋清河国治清河县,在汉厝城西南七里,非此清阳县也,万本误。汉置清河郡,理清阳县,后汉并入甘陵,晋复于清河郡理清阳县,属清河国,则此'清河县'之'县'盖为'郡'字之误。"据此,晋时当置有清河县。据谭图,西晋冀州清河国有清河县。谭图或据《太平寰宇记》所载。然《晋志》所载清河国无清阳县,《魏志》、《宋志》未载清阳县,《元和郡县图志》亦均不载晋时清河国有清阳县。或晋时曾置清阳县,后又废,或《太平寰宇记》所载有误。故此仍从《晋志》,清河国无清阳县。
④ 《太平寰宇记》卷58《河北道七》:"《汉书·地理志》东武城县属清河郡。晋太康年去'东'字。"

赵承西晋置常山郡，领县当同《晋志》所载。至后赵永宁元年（350），常山郡领县当不变。

乐陵郡，治厌次（今山东阳信县东南）。《晋志上》载，乐陵国领厌次、阳信、漯沃、新乐、乐陵五县。西晋亡后，乐陵为邵续控制。后赵赵王二年（320），后赵承晋邵续置乐陵郡，领县当同《晋志》所载。赵王三年（321），得厌次城。至永宁二年（351），乐陵郡领县当不变。

建兴郡，治广宗（今河北威县东）。后赵建武十二年（346），分长乐郡广宗县置建始、兴德二县，分清河郡清河县立临清县、水东县；置建兴郡，领广宗、建始、兴德、临清、水东五县①。至永宁二年（351），建兴郡领县当不变。

3. 洛州（承司州）

洛州，治洛阳（今河南洛阳市城区东）。后赵赵王二年（320），置司州②，治洛阳，领河南郡。赵王七年（325），荥阳郡自东晋来属司州。太和二年（329），河东、弘农、上洛三郡自前赵来属司州。建武元年（335），置洛州，领河南、荥阳、河东、弘农、陈留、东燕六郡；又改陈留为建昌郡，上洛郡别属荆州③。至永宁元年（350），洛州领河南、荥阳、河东、弘农、建昌、东燕六郡。

河南郡，治洛阳（今河南洛阳市城区东）。《晋志上》载，河南郡领洛阳、河南、巩、河阴、新安、成皋、缑氏、阳城、新城、陆浑、梁、阳翟十二县④。《宋志二》载："（宋）武帝北平关、洛，河南底定，置司州刺史，治虎牢，领河南、荥阳、弘农实土三郡。河南领洛阳、河南、巩、缑氏、新城、梁、河阴、陆浑、东垣、新安、西东垣凡十一县，荥阳领京、密、荥阳、卷、阳武、苑陵、中牟、开封、成皋凡九县。"此"武帝北平关、洛"，即刘裕灭后秦事。由《宋志》所载可见，刘裕据有河南、荥阳二郡，河南郡成皋县别属荥阳郡，而《晋志》所载河南郡领阳城县、阳翟县为《宋志》无，《宋志》所载东垣、西东垣不见于《晋志》。《晋志》言成皋县"有关，郑之武

---

① 参见后文所考"后赵建兴郡"。又据《魏志上》，广宗县，"后汉属巨鹿，晋属安平。中兴中，立南、北广宗，寻罢，后属。有广宗城、建始城、建德城"。《地形志下》"校勘记"指出，"建德"当为"兴德"。因此，建始、兴德自广宗分出。据谭图，与广宗县相邻的清水以东为冀州清河国清河县。临清县和水东县皆在清水以东，当从清河郡清河县析出。
② 后赵赵王元年（320），遣石生攻洛阳。其后，后赵司州刺史石生屯洛阳，见《资治通鉴》晋明帝太宁二年（323）正月，三年（325）五月。石生为司州刺史屯洛阳，当在太宁前，后赵应初得洛阳便以石生为司州刺史镇此。
③ 由《晋志上》可知，分司州置洛州，无上洛郡。当时，后赵占有荆州顺阳郡、南阳郡，上洛郡紧邻此二郡，可能在石虎置洛州时，改上洛郡别属荆州。
④ 方恺《新校晋书地理志》认为，河南郡有偃师县、谷城县（《二十五史补编》本，第1页）。孔祥军《晋书地理校注》已辨其误（第15页）。据谭图第三册"西晋时期司州图"，河南郡有偃师县。谭图当据方氏《新校志》。故此仍从《晋志》，河南郡无偃师、谷城二县。

牢",此"武牢"即"虎牢",避唐讳而曰"武牢"。《资治通鉴》晋恭帝元熙元年二年(419):"二月,宋公裕以(毛)德祖为荥阳太守,戍虎牢。"虎牢是当时的重要关隘,也属防守重镇,可能刘裕得有河南、荥阳二郡,荥阳郡移治虎牢①,成皋随之别属荥阳。《太平寰宇记》卷3《河南郡三》载有东垣、西垣二县设置的大致时间,其言:"宋武帝入洛,更置东垣、西垣二县,仍于虎牢置司州。"可见,东垣、西垣二县为刘裕灭后秦所置。《宋志》记为"西东垣",疑"东"字为衍文。据《宋志》,刘宋初颍川郡领有阳翟县,是阳翟别属颍川郡。《晋书》卷63《李矩传》载,晋元帝践阼,以矩为司州刺史;石勒将石生袭洛阳,洛中遂空,"矩乃表郭诵为扬武将军、阳翟令,阻水筑垒,且耕且守,为灭贼之计";又据同卷《郭默传》,郭默自河内怀县败后,投奔李矩;晋元帝太兴初,拜默颍川太守;后默惧石勒,解印奔阳翟。可能在东晋初,洛阳为石勒占据后,李矩以郭诵为阳翟令,郭默为颍川太守,阳翟遂别属颍川郡。后赵赵王二年(320),承前赵置河南郡,领洛阳、河南、巩三县。赵王七年(325),新安县、河阴县自前赵来属,成皋、缑氏、阳城、新城、陆浑、梁六县自东晋来属。至永宁元年(350),河南郡领洛阳、河南、巩、河阴、新安、成皋、缑氏、阳城、新城、陆浑、梁十一县。

荥阳郡,治荥阳(今河南荥阳市东北)。《晋志上》载,荥阳郡领荥阳、京、密、卷、阳武、苑陵、中牟、开封八县。由上述"河南郡"可知,十六国时荥阳郡领县当同西晋。后赵赵王七年(325),承东晋置荥阳郡,领荥阳、京、密、卷、阳武、苑陵、中牟、开封八县。至永宁元年(350),荥阳郡领县不变。

河东郡(含河东国),治安邑(今山西夏县西北)。后赵太和二年(329),承前赵置河东郡,领安邑、闻喜、垣、大阳、猗氏、解、蒲坂、河北八县。其后,河东郡一度改为河东国,后当复称河东郡。至永宁元年(350),河东郡领县当不变。

弘农郡,治弘农(今河南灵宝市北)。后赵太和二年(329),承前赵置弘农郡,领弘农、湖、陕、渑池、华阴、宜阳六县②。至永宁元年(350),弘农郡领县当不变。

建昌郡(承陈留郡),治仓垣(今河南开封市城区东北)③。《晋志上》载,陈留郡领小黄、浚仪、封丘、酸枣、济阳、长垣、雍丘、尉氏、襄邑、外黄十县。《宋志

---

① 刘裕灭后秦后,与北魏形成南北对峙的局面,刘裕沿河水置有金墉、虎牢、滑台、碻磝四镇,河南郡已有金墉重镇,因此改虎牢镇别属荥阳郡,移荥阳太守镇此。
② "渑池",《晋志上》作"黾池",此据后文所考"后赵渑池县"作"渑池"。
③ 据《石勒载记上》,石勒"围陈留太守王讃于仓垣"。可见西晋末陈留郡治仓垣。由《晋志上》可知,前秦、后秦皆由兖州刺史镇仓垣。刘裕灭后秦以后,仍以陈留太守戍仓垣,见《魏书》卷43《严棱传》。据此推测,十六国时期,陈留郡当治仓垣。

二》引《晋太康地志》称陈留郡有扶沟县,《魏志中》亦载扶沟县晋属陈留郡,故西晋太康时陈留郡当还领有扶沟县。由下文所述"东燕郡"、"济阳郡"可知,西晋末,酸枣县、长垣县别属东燕国,济阳县、外黄县别属济阳郡。后赵赵王四年(322),承东晋置陈留郡,领小黄、浚仪、封丘、雍丘、尉氏、襄邑、扶沟七县。建武元年(335),改陈留郡为建昌郡①。至永宁元年(350),建昌郡领县当不变。

东燕郡,治白马(今河南滑县东)②。晋惠帝末,封司马腾为东燕王,因分濮阳置东燕国。魏天兴二年(399),得东燕郡,改东燕为东郡。《魏志上》载,魏天兴时,东郡领白马、东燕、凉城、酸枣、长垣等县,当承晋末十六国以来建置。汉建元元年(315),后赵承西晋置东燕郡,领白马、东燕、凉城、酸枣、长垣五县。至后赵永宁元年(350),东燕郡领县不变。

4. 幽州

幽州,治蓟(今北京城西城区南)。后赵赵王元年(319),置幽州,领燕郡、渔阳郡、范阳郡③。其后,后赵一度置代国,后当又罢。建武四年(338),辽西、北平、渔阳、燕郡、上谷、广宁、代郡七郡自鲜卑段部来属。段部燕郡、渔阳郡当与此前后赵燕郡、渔阳郡合。建武五年(339),分幽州置营州,辽西郡、北平郡别属。其后,又改燕郡为燕国。至永宁元年(350),幽州领燕国、渔阳郡、范阳郡、上谷郡、广宁郡、代郡。

燕国(承燕郡),治蓟(今北京城西城区南)。《晋志上》载,燕国领蓟、安次、昌平、军都、广阳、潞、安乐、泉州、雍奴、狐奴十县。三国时,燕国领蓟、安次、昌平、军都、广阳五县,渔阳郡领渔阳、潞、雍奴、泉州、安乐、狐奴六县④。西晋承三国,燕国、渔阳郡分立。晋武帝咸宁时以渔阳郡益燕国⑤,《魏志上》载晋时罢渔阳县。西晋末,王浚分燕国置渔阳郡,当时可能承三国、晋初燕国、渔阳郡领县,燕国治蓟县,领蓟、安次、昌平、军都、广阳五县;渔阳郡治雍奴,领雍奴、潞、泉州、安乐、狐奴五县⑥。后赵赵王元年(319),得晋段匹䃅蓟、安次、广阳

---

① 《资治通鉴》晋穆帝永和五年正月:梁犊起兵反后赵,"东掠荥阳、陈留诸郡"。此称陈留郡,因建昌郡之称太短,故史家用晋旧称。
② 《魏志上》载东郡治滑台城。《元和郡县图志》卷8《河南道四》载,白马县有滑台城。故东燕郡当治白马县。
③ 《太平寰宇记》卷69《河北道十八》:"(石)勒僭号襄国,于蓟置幽州,于幽置燕郡。"又据《石勒载记上》,石勒僭号称赵王,所领诸郡有燕国、范阳、渔阳。
④ 胡阿祥、孔祥军、徐成:《中国行政区划通史·三国两晋南朝卷》(上册),第431页。
⑤ 据《晋书》卷38《宣五王传》,清惠亭侯,"以文帝子机字太玄为嗣。泰始元年,封燕王,邑六千六百六十二户。机之国,咸宁初征为步兵校尉,以渔阳郡益其国"。
⑥ 《魏书》卷106上《地形志上》。北魏渔阳郡治所当承前代。

三县,置燕郡;得雍奴、潞、泉州三县,置渔阳郡①。建武四年(338),昌平县、军都县自鲜卑段部来属。石虎时,改燕郡为燕国。至永宁元年(350),燕国领蓟、安次、广阳、昌平、军都五县。

渔阳郡,治雍奴(今天津武清区西北)。据上述"燕郡"可知,后赵赵王元年(319),得晋段匹䃅雍奴、潞、泉州三县,置渔阳郡。建武四年(338),安乐县、狐奴县自鲜卑段部来属。其后,废狐奴县,于其地置平谷县②。至永宁元年(350),渔阳郡领雍奴、潞、泉州、安乐、平谷五县。

范阳郡,治涿(今河北涿州市)。《晋志上》载,范阳国领涿、良乡、方城、长乡、遒、故安、范阳、容城八县。后赵赵王元年(319),承晋段匹䃅置范阳郡,领县当同《晋志》所载。至永宁元年(350),范阳郡领县当不变。

上谷郡,治沮阳(今河北怀来县东南)。《晋志上》载,上谷郡领沮阳县、居庸县。西晋亡后,上谷郡入鲜卑段部。后赵建武四年(338),承鲜卑段部置上谷郡,领县当同《晋志》所载。至后赵永宁元年(350),上谷郡领县当不变。

广宁郡,治下洛(今河北涿鹿县)。《晋志上》载,广宁郡领下洛、潘、涿鹿三县。西晋亡后,广宁郡入鲜卑段部。后赵建武四年(338),承鲜卑段部置广宁郡,领县当同《晋志》所载。至永宁元年(350),广宁郡领县当不变。

代郡(含代国),治代(今河北蔚县东二十里代王城)。《晋志上》载,代郡领代、广昌、平舒、当城四县。西晋亡后,代郡入鲜卑段部。后赵建武四年(338),承鲜卑段部置代郡,领县当同《晋志》所载。至永宁元年(350),代郡领县当不变。后赵石弘时,曾置代国,时后赵尚未得段国代郡,不知此代国辖域。

5. 营州

营州,治令支(今河北迁安市西)。后赵建武五年(339),分幽州置营州,领辽西郡、北平郡。至永宁元年(350),营州领郡不变。

辽西郡,治令支(今河北迁安市西)。《晋志上》载,辽西郡领阳乐、肥如、海阳三县。西晋亡后,辽西郡入鲜卑段部。后赵建武四年(338),承鲜卑段部置

---

① 由前考后赵疆域可知,段匹䃅败后,燕郡南部和渔阳郡南部为后赵占据,燕郡北部和渔阳郡北部为鲜卑段部占据。《太平寰宇记》卷69《河北道十八》:"晋永嘉后,(幽州)陷于石勒,勒僭号襄国,于蓟置幽州,于幽置燕郡。"可见,石勒时,蓟县为后赵占据,故疑后赵得蓟城以南的燕郡、渔阳郡地区。据谭图,燕郡蓟、安次、广阳三县和渔阳郡雍奴、潞、泉州三县大致在蓟城以南,故为后赵二郡所统。

② 狐奴、平谷为汉县,二县地相邻,见谭图第二册"东汉幽州刺史部图"。晋置狐奴县而无平谷县,平谷县地当属狐奴。据《魏志上》,北魏初,幽州渔阳郡有平谷县,于太平真君七年(446)并入潞县。北魏及其以后不再有狐奴县,可能在十六国时已废。

辽西郡,领令支、阳乐、肥如、海阳四县①。至永宁元年(350),辽西郡领县当不变。

北平郡,治徐无(今河北遵化市东)。《晋志上》载,北平郡领徐无、土垠、俊靡、无终四县。晋后,俊靡县或废②。西晋亡后,北平郡入鲜卑段部。后赵建武四年(338),承鲜卑段部置北平郡,领徐无、土垠、无终三县。至永宁元年(350),北平郡领县当不变。

6. 并州

并州,治潞(今山西潞城市东北)③。后赵赵王三年(321),分冀州置并州④,又置永石郡、武乡郡;并州领上党、太原、乐平、定襄、雁门、平阳、永石、武乡八郡。其后,又改太原郡为太原国,后当复为太原郡;又改乐平郡为乐平国,改定襄郡为新兴国。至后赵永宁二年(351),并州领上党郡、太原郡、乐平国、新兴国、雁门郡、平阳郡、永石郡、武乡郡。

上党郡,治潞(今山西潞城市东北)。汉嘉平四年(314),得潞县,当以上党郡领之。汉麟嘉元年(316),铜鞮、涅、武乡三县自西晋刘琨来属。汉汉昌元年(318),屯留、壶关、长子、泫氏、高都、襄垣六县自汉国来属。后赵赵王三年(321),武乡县、涅县别属武乡郡。至后赵永宁二年(351),领潞、屯留、壶关、长子、泫氏、高都、铜鞮、襄垣八县。

太原郡(含太原国),治晋阳(今山西太原市晋源区)。《晋志上》载,太原国领晋阳、阳曲、榆次、于离、盂、狼孟、阳邑、大陵、祁、平陶、京陵、中都、邬十三县。晋末,省狼孟县;于离县、盂县、京陵县或亦晋末乱后省⑤。汉麟嘉元年(316),后赵承西晋刘琨置太原郡,领晋阳、阳曲、榆次、阳邑、大陵、祁、平陶、中

---

① 后赵破段辽以前,令支为段部之都。石虎得有辽西郡次年便以营州牧镇令支,后赵辽西郡治所也应在令支县,其他政权应相沿不变。余逊《汉魏晋北朝东北诸郡沿革表》认为十六国时辽西郡除领有阳乐、肥如、海阳三县,有些政权所置的辽西郡还领有令支、建安、宿军、武兴四县(《中央研究院历史语言研究所集刊》第六本第四分,第457—458页)。十六国一些政权于辽西郡置有令支县则无疑;宿军"在龙城东北",不在辽西郡境内;建安和武兴为十六国兵行或攻伐之地,未必是县。故不取。
② 《魏志》、《元和郡县图志》、《太平寰宇记》等有关晋后政区建置之书均不载有俊靡县,或晋后已废。
③ 《石勒载记下》载,"勒西夷中郎将王胜袭杀并州刺史崔琨、上党内史王㬐,以并州叛于勒";《资治通鉴》晋明帝太宁三年四月载,"后赵西夷中郎将王腾袭杀并州刺史崔琨、上党内史王㬐,据并州降赵(胡注:刘琨镇并州,愍帝建兴四年为石勒所破,置并州刺史治上党)"。据此,并州刺史与上党内史同治一地,上党郡治潞县,且潞县为后赵最早所得并州之地,故认为后赵并州治潞县。
④ 由上条注释引《石勒载记下》及其《资治通鉴》晋明帝太宁三年四月可知,此时后赵已置有并州。又据前文所考后赵疆域可知,后赵赵王三年(321)石勒破拓跋氏,得故晋西河郡等地;且由下述"武乡郡"可知,武乡置郡亦载在赵王三年(321)。因此,后赵赵王三年(321)始置并州。
⑤ 《元和郡县图志》卷13《河东道二》:狼孟故城,"汉以为县,属太原郡,晋末省"。《魏志》不载于离县、盂县、京陵县,或于十六国战乱时废。

都、邬九县。其后，又改太原郡为太原国，后或复称太原郡。至后赵永宁二年(351)，太原郡领县当不变。

乐平国(承乐平郡)，或治乐平(今山西昔阳县)。《晋志上》载，乐平郡领沾、上艾、寿阳、轑阳、乐平五县。后改寿阳县为受阳县，晋永嘉后，省受阳县①。汉麟嘉元年(316)，后赵承西晋刘琨置乐平郡，领沾、乐平、上艾、轑阳四县。后赵赵王三年(321)，沾县别属武乡郡。其后，改乐平郡为乐平国。至永宁二年(351)，乐平国领乐平、上艾、轑阳三县。

新兴国(承定襄郡)，治九原(今山西忻州市忻府区)。《晋志上》载，新兴郡领九原、定襄、云中、广牧、晋昌五县；"惠帝改新兴为晋昌郡"。晋末，或省广牧县②。汉麟嘉元年(316)，后赵得西晋刘琨晋昌郡，当改为定襄郡，领九原、定襄、云中、晋昌四县。其后，后赵又改定襄郡为新兴国。当至后赵永宁二年(351)，新兴国领九原、定襄、云中、晋昌四县。

雁门郡，治广武(今山西代县上馆镇)。《晋志上》载，雁门郡领广武、崞、汪陶、平城、葰人、繁畤、原平、马邑八县。由下文所考推知，西晋末当置楼烦县、阴馆县，或废汪陶县。永嘉乱后，葰人县当省③。西晋永嘉四年(310)，楼烦、马邑、阴馆、繁畤、崞五县为拓跋部占据④。汉麟嘉元年(316)，后赵承西晋刘琨置雁门郡，领广武、平城、原平三县。至后赵永宁二年(351)，雁门郡领县当不变。

平阳郡，治平阳(今山西临汾市尧都区)。汉汉昌元年(318)，后赵承汉国平阳尹置平阳郡，领平阳、杨、端氏、永安、蒲子、狐讘、襄陵、绛邑、濩泽、临汾、北屈、皮氏十二县。至后赵永宁二年(351)，平阳郡领县当不变。

---

① 《水经注》卷6《洞过水注》："洞过水又西北，黑水西出山，三源合舍，同归一川，东流南屈迳受阳县故城东。按晋《太康地记》，乐平郡有受阳县，卢谌《征艰赋》所谓'历受阳而总辔'者也。"卢谌为西晋末人，故晋太康后，寿阳县当更名为受阳县。而此言"受阳县故城"，意为受阳县于郦道元时已废。《元和郡县图志》卷13《河东道二》："西晋于此置受阳县，属乐平郡，永嘉后省。晋末山戎内侵，后魏太武帝迁戎外出，徙受阳之户于太陵城南，置受阳县，属太原郡。"
② 《魏志上》载，广牧县属朔州附化郡。《辽史》卷41《地理志五》：西京大同府天成县，"本极塞之地，魏道武帝置广牧县"。此广牧县皆非晋时广牧县地，盖十六国时广牧县已废。又据《魏志上》：定襄县，"晋属新兴，真君七年并云中、九原、晋昌属焉"。此可证北魏前期有九原、定襄、云中、晋昌等四县。
③ 《魏书》不载葰人县，此后亦未置此县。《大清一统志》卷151《代州》：繁畤，"汉置葰人县，属太原郡，后汉省。晋复置，属雁门郡，永嘉后废。徙置繁畤县于此"(《大清一统志(四)》，上海古籍出版社，2008年，第10页)。《一统志》言永嘉后葰人县废，当是，或有所据。
④ 《魏书》卷1《序纪》："晋怀帝进帝大单于，封代公。帝以封邑去国悬远，民不相接，乃从(刘)琨求句注陉北之地。琨自以托附，闻之大喜，乃徙马邑、阴馆、楼烦、繁畤、崞五县之民于陉南，更立城邑，尽献其地。"《资治通鉴》载此事在晋怀帝永嘉四年十月。据谭图，汪陶县在陉岭以北。拓跋氏于晋怀帝永嘉四年(310)所得陉北五县中无汪陶县，可能该县在西晋末已废。

永石郡,治离石(今山西吕梁市离石区)。汉国时,置有西河郡,领离石、隰城、介休三县。汉亡后,西河郡为鲜卑拓跋部占据。后赵赵王三年(321),自鲜卑拓跋部得汉国西河郡故地,于此地置永石郡①,领离石、隰城、介休三县。至永宁二年(351),永石郡领县当不变。

武乡郡,治武乡(今山西榆社县西北)②。后赵赵王三年(321),置武乡郡③,领武乡、涅、沾、长城四县。至永宁二年(351),武乡郡领县当不变。

7. 青州

青州,治广固(今山东青州市西北)。西晋亡后,青州为曹嶷占据。后曹嶷归附东晋,东晋任以刺史。后赵赵王五年(323),承东晋曹嶷置青州,领齐郡、济南、北海、乐安、高密、平昌、东莱、长广八郡;其年,分济南立祝阿郡。其后,又改齐郡为齐国,改乐安郡为乐安国。至后赵永宁元年(350),青州领齐国、济南郡、北海郡、乐安国、高密郡、平昌郡、东莱郡、长广郡、祝阿郡。

齐国(承齐郡),治广固(今山东青州市西北)。《晋志下》载,齐国领临淄、西安、东安平、广饶、昌国五县。据《宋志二》,齐郡领临淄、西安、安平、般阳、广饶、昌国、益都七县。《太平寰宇记》卷19《河南道十九》引《舆地志》云:"魏明帝景初三年,以辽东新沓县吏民渡海来去,还于此地,置新沓县以居之,属齐郡也。"《晋书》卷43《山涛传》载,泰始初,晋武帝封山涛为新沓伯。晋亡后,新沓县或废,故《宋志》、《魏志》皆不载。《魏志中》亦载,晋时齐郡领有盘阳县,或为般阳县④。东安平县可能于十六国时改为安平县⑤,为刘宋所承。而《宋志》载齐郡所领益都,当在刘裕灭南燕后,改乐安郡益县为益都县而来。由下文所述"高密郡"、"平昌郡"可知,西晋末曹嶷据青州,于广县筑广固城,广县改称广固县,来属齐郡。后赵赵王五年(323),承东晋曹嶷置齐郡,领广固、临淄、西安、安平、般阳、广饶、昌国七县。其后,改齐郡为齐国。至永宁元年(350),齐国领县当不变。

济南郡,治历城(今山东济南市城区一带)。《晋志下》载,济南国领平寿、下密、胶东、即墨、祝阿五县。据钱大昕考证,济南郡领有历城、著、东平陵、于陵、

---

① 后赵赵王三年(321)得故西河之地。《晋志上》载,"自惠、怀之间,离石县荒废,勒于其处置永石郡"。石勒应在得其地当年置永石郡。
② 石勒为武乡人,于其家乡置武乡郡,当治武乡。
③ 《太平御览》卷120《偏霸部四》引崔鸿《十六国春秋》载,后赵赵王三年(321)十月,石勒回武乡,"令曰:'武乡,吾之丰、沛也,其复之三世。'"据此认为后赵置武乡郡在后赵赵王三年(321)。
④ 胡阿祥据《魏志》认为"《晋志》青州齐国脱般阳县",当是,见《宋书州郡志汇释》,第137页。
⑤ 据后文所考"前燕安平县(3)"可知,前燕时齐郡所领此县已改称安平县。

湿阴、祝阿六县,而平寿、下密、胶东、即墨四县属北海郡①。其中"湿阴",谭图作"漯阴",据《汉书》卷55《霍去病传》和卷99《王莽传》,"湿"、"漯"古时相通,意同。据《左传》哀公十年杜预注,济南郡有隰阴县。《太平寰宇记》卷19《河南道十九》:"隰阴县,汉县,今废城在县西十里,一谓黎丘。宋武帝平广固,遂移理于今临邑县西北五十里北隰阴城。"此亦证至宋初漯阴县未废。谭图中济南郡还领有菅县、邹平县②。《太平寰宇记》卷19《河南道十九》:"邹平县,本汉旧县,属济南郡。后汉及晋并不改,永嘉之乱,其县遂废。"又《晋书》、《宋书》、《魏书》、《北史》、《元和郡县图志》、《太平寰宇记》均不载有菅县,或永嘉乱后亦罢。《宋志二》和《魏志中》均载济南郡领历城、朝阳、著、土鼓、逢陵、平陵六县,北魏济南郡取自刘宋,故与其同。《魏志中》又载,逢陵县有于陵城。《元和郡县图志》卷10《河南道六》:"景帝三年为济南郡,理东平陵,属青州。晋永嘉之后,郡移理历城,即今州理是也。"又据《宋志二》,《永初郡国志》载济南郡有祝阿、于陵、逢陵县,而无朝阳、平陵二县。又据后文所考"后赵平陵县"可知,后赵有此县。据上述,永嘉乱后,济南郡移治历城县,可能领有历城、平陵、著、于陵、漯阴、祝阿六县。后赵赵王五年(323),承东晋曹嶷置济南郡,领历城、平陵、著、于陵、漯阴、祝阿六县;其年,祝阿县别属祝阿郡。至永宁元年(350),济南郡领历城、平陵、著、于陵、漯阴五县。

北海郡,治平寿(今山东潍坊市坊子区西南)。《晋志》不载北海郡。据上引钱大昕《廿二史考异》卷19《晋书二》,《晋志》中平寿、下密、胶东、即墨误入济南郡,当属北海郡,另北海郡还领有都昌县。《宋志二》载,北海郡领都昌、胶东、剧、即墨、下密、平寿等六县。由下述"高密郡"和"平昌郡"相关内容可知,最早在曹嶷据有青州时,剧县已来属。谭图青州北海郡治所列于平寿县下,《宋志二》言北海郡"寄治州下",《魏志中》曰北海郡治平寿城。因此,晋末北海郡治平寿县,领平寿、都昌、胶东、剧、即墨、下密六县。后赵赵王五年(323),承东晋曹嶷置北海郡,领平寿、都昌、胶东、剧、即墨、下密六县。至永宁元年(350),北海郡领县当不变。

乐安国(承乐安郡),治高苑(今山东邹平县东北)。《晋志下》载,乐安国领高苑、临济、博昌、利益、蓼城、邹、寿光、东朝阳八县。《晋书》卷29《五行志下》言太康六年(285)三月乐安国梁邹等八县"陨霜,伤桑麦",表明晋太康时有梁邹县,或《晋志》脱"梁"字。《后汉书志》卷22《郡国志四》载,乐安国领有利县、

---

① 钱大昕:《廿二史考异》卷19《晋书二》。
② 又据胡阿祥、孔祥军、徐成:《中国行政区划通史·三国两晋南朝卷》(上册),第370页。

益县,"利,故属齐。益,侯国,故属北海"。又据《水经注》卷5《河水注》、卷8《济水注》、卷26《淄水注》,乐安郡当有利县,而无利益县,故中华书局点校本《晋书》将利、益二县等为一县,有误。若利、益为二县,乐安国统县八则误,当为统县九。谭图青州乐安国有梁邹县而无邹县,有利县而无利益县,此皆从之。《宋志二》载,乐安郡领千乘、临济、博昌三县。据《魏志中》,刘宋初于原乐安郡地侨置有勃海、高阳、河间、乐陵、平原、广川等郡,故乐安郡统县减至三县。《元和郡县图志》卷10《河南道六》:"寿光县,本汉旧县也,属北海郡。后汉改属乐安国。宋省寿光县。"可见,寿光县至刘宋时方省。自西晋末至刘宋初,乐安郡领县或有变动,然不可考,此姑以《晋志》所载其领诸县属之。后赵赵王五年(323),承东晋曹嶷置乐安郡,领高苑、临济、博昌、利、益、蓼城、梁邹、寿光、东朝阳九县。石虎时,改乐安郡为乐安国。至永宁元年(350),乐安国领县当不变。

高密郡,治黔陬(今山东胶州市西南)。《晋志下》载,城阳郡领莒、姑幕、诸、淳于、东武、高密、壮武、黔陬、平昌、昌安十县;太康十年(289),"以青州城阳郡之莒、姑幕、诸、东武四县属东莞";"惠帝元康十年,又置平昌郡。又分城阳之黔陬、壮武、淳于、昌安、高密、平昌、营陵、安丘、大、剧、临朐十一县为高密国"。钱大昕认为:"营陵以下五县皆隶东莞,不隶城阳,恐有脱文也。东莞有广县,此云大者,疑避隋炀讳改之"①。钱氏之说当是。由此,城阳郡所统十县,四县别属东莞,六县别属高密,城阳郡随之而省。《晋志下》云"惠帝元康十年,又置平昌郡",事在置高密国前。然惠帝元康只有九年②,又据《资治通鉴》晋惠帝太康六年(285)正月,"太尉陇西王泰行尚书令,徙封高密王",故晋惠帝置平昌郡可能在元康元年(291)至元康六年(296)间,高密国应建于元康六年(296)。《宋志二》载,平昌郡,"故属城阳,魏文帝分城阳立,后省,晋惠帝又立";刘宋初,平昌郡领安丘、平昌、东武、琅邪、朱虚五县,高密郡领黔陬、淳于、高密、夷安、营陵、昌安六县。然而,晋惠帝高密国领有十一县,至宋初仅领有六县,且安丘、平昌二县又别属平昌郡。其间,何时有如此变化?此作如下推测。晋惠帝时,司马泰位高权重,故徙封高密大郡。然经八王之乱和永嘉之乱,晋室无力控制地方,青州为曹嶷占据,高密不再为国,而为郡。相比曹嶷所据青州其他诸郡,高密领县十一,辖域过大,可能因而被分割。《水经注》卷26《淄水注》:"(淄水)东北流迳广固城西,城在广县西北四里,四周绝涧,阻水深隍,晋永嘉

---

① 钱大昕:《廿二史考异》卷19《晋书二》。
② 此中华书局点校本已出校勘记。

中,东莱人曹嶷所造也。"可见广固应在广县。西晋时,齐郡为首郡,其所治临淄亦为青州治所。据《刘聪载记》,曹嶷据青州,先得齐郡,该郡应仍为其所得青州之首郡①。其后,曹嶷不以临淄为都,而都广固城,广县随之应别属齐郡。由上引《宋志》可知,安丘县、平昌县属平昌郡,而可能在曹嶷占据青州后已别属平昌郡。因宋初政区当承前而设,颇疑曹嶷时可能分割较大的高密国而益较小的平昌郡,因而安丘、平昌二县别属平昌郡。据谭图,姑幕县在安丘和平昌二县之间。又据《魏志中》,姑幕县,"二汉属琅邪,晋属城阳,后罢"。可能西晋末姑幕县被罢,故平昌郡领有安丘、平昌二县,而无位于二县间的姑幕县。《魏书》卷68《高聪传》载:"高聪,字僧智,本渤海蓨人。曾祖轨,随慕容德徙青州,因居北海之剧县。"据此,至迟南燕初据青州时,剧县已别属北海郡。据谭图,剧县距高密郡所领营陵县较远。安丘、平昌、广等县不属高密后,剧县当时可能别属北海郡。《太平寰宇记》卷20《河南道二十》:"壮武故城,在(即墨)县西六十里。古夷国,汉壮武县也。晋封张华为壮武侯,至宋省。"据《慕容超载记》,刘裕伐南燕,破临朐而灭南燕。可见,壮武、临朐二县,在刘宋灭南燕前当未废。据谭图所定壮武、临朐二县位置,壮武当属高密郡,临朐当属平昌郡。据上述所考,自曹嶷据青州至宋初,高密、平昌、齐郡、北海等郡国政区有较大变化。此推测,曹嶷时,原高密国广县别属齐郡,剧县别属北海郡,安丘、平昌二县别属平昌郡,夷安县复属高密;高密郡治黔陬县,领黔陬、淳于、高密、夷安、营陵、昌安、壮武七县;平昌郡治安丘县,领安丘、平昌、东武、琅邪、朱虚、临朐六县。后赵赵王五年(323),承东晋曹嶷置高密郡,领黔陬、淳于、高密、夷安、营陵、昌安、壮武七县。至永宁元年(350),高密郡领县当不变。

平昌郡,治安丘(今山东安丘市西南)。据上述"高密郡"可知,曹嶷时,平昌郡领安丘、平昌、东武、琅邪、朱虚、临朐六县。后赵赵王五年(323),承东晋曹嶷置平昌郡,仍领安丘、平昌、东武、琅邪、朱虚、临朐六县。至永宁元年(350),平昌郡领县当不变。

东莱郡,治掖(今山东莱州市)。《晋志下》载,东莱国领掖、当利、卢乡、曲城、黄、惤六县。西晋惠帝以后又置牟平县属东莱国②。西晋末可能分东莱置

---

① 《晋志下》载东晋得青州后,改青州为幽州,以辟闾浑为幽州刺史;又据《慕容德载记》,辟闾浑且兼任齐郡太守。此可证当时齐郡为首郡。
② 据《晋书》卷4《惠帝纪》,永宁元年(350)六月,封葛旟为牟平公。可见当时有牟平县。《元和郡县图志》卷10《河南道六》:"广固城,在县西四里。晋永嘉五年,东莱牟平人曹嶷为刺史所筑。"此亦表明晋末东莱郡领有牟平县。

有东牟郡,后当废①。《宋志二》载,东莱郡领曲城、掖、㟃、卢乡、牟平、当利、黄七县②,此与西晋分置东牟郡前领县一致。后赵赵王五年(323),承东晋曹嶷置东莱郡,领掖、当利、卢乡、曲城、黄、㟃、牟平七县。至永宁元年(350),东莱郡领县当不变。

长广郡,治不其(今山东青岛市城阳区一带)。《晋志下》载,长广郡领不其、长广、挺三县。《宋志二》载,长广郡治不其县,领不其、长广、挺、昌阳四县,昌阳县为"晋惠帝元康八年分长广县立"。可见,西晋末至刘宋初长广郡领县没有变化。后赵赵王五年(323),承东晋曹嶷置长广郡,领不其、长广、挺、昌阳四县。至永宁元年(350),长广郡领县当不变。

祝阿郡,治祝阿(今山东长清区东北)。后赵赵王五年(323),分济南置祝阿郡,领祝阿县③。至永宁元年(350),祝阿郡领县当不变。

8. 徐州

徐州,治彭城(今江苏徐州市城区一带)。后赵赵王四年(322),得东晋琅邪郡,当置徐州领之,治阳都。赵王六年(324),彭城、下邳、东海、兰陵、东莞、东安六郡自东晋来属,徐州改治彭城。赵王八年,淮陵郡、临淮郡自东晋来属。其后,又改彭城郡为彭城国,改兰陵郡为武兴国。至永宁元年(350),徐州领彭城国、下邳郡、琅邪郡、东莞郡、东安郡、东海郡、武兴国、临淮郡、淮陵郡。

彭城国(承彭城郡),治彭城(今江苏徐州市城区一带)。《晋志下》载,彭城国领彭城、留、广戚、傅阳、武原、吕、梧七县。据《宋志一》,晋惠帝元康中,蕃县、薛县自鲁郡来属;刘宋时,彭城郡领彭城、吕、蕃、薛、留五县。梁释慧皎《高僧传》卷7《宋京师龙光寺竺道生传》载,竺道生,"父为广戚令","(道生)以宋元嘉十一年(公元四三四年)冬十一月庚子,于庐山精舍升于法座"。淝水之战后,彭城郡为东晋占据,此后不再入十六国。竺道生卒年距彭城郡入东晋(在384年)有五十年,而竺道生父为广戚令大约在淝水之战前后。据此推断,彭城郡广戚县入东晋时当未罢。十六国时彭城郡是否领有傅阳、武原、梧等县,

---

① 据《晋书》卷5《怀帝纪》,永嘉元年(307)二月,"东莱人王弥起兵反,寇青、徐二州,长广太守宋罴、东牟太守庞伉并遇害"。晋东牟太守遇害后,或废东牟郡。
② "㟃"原作"㨍",《宋志》后有校勘记曰:"㨍今作:'㨍'《汉书·地理志》、《魏书·地形志》作'㟃'。《续汉书·郡国志》、《晋书·地理志》做'㟃'。按㟃,汉东莱郡属县,出㟃布,则应从巾。作'㟃'作'㨍'者,并'㟃'之或体。"其实,《晋书·地理志》亦作"㟃"。
③ 据《石勒载记下》,石季龙灭曹嶷,"季龙将尽杀嶷众,其青州刺史刘征曰:'今留征,使牧人也;无人焉牧,征将归矣。'季龙乃配男女七百口配征,镇广固"。可见,后赵得青州后,以刘征为青州刺史镇广固。《晋书》卷88《孝友传·桑虞传》:"石季龙太守刘征甚重之,征迁青州刺史,请虞为长史,带祝阿郡。"据此,后赵得青州后,即置祝阿郡,其可考领县者仅有祝阿县。

不可考,此姑存之。西晋亡,彭城国入东晋。后赵赵王六年(324),承东晋置彭城郡,领彭城、留、广戚、傅阳、武原、吕、梧、蕃、薛九县。其后,改彭城郡为彭城国。至永宁元年(350),彭城国领县当不变。

下邳郡,治下邳(今江苏睢宁县古邳镇北)。《晋志下》载,下邳国领下邳、凌、良城、睢陵、夏丘、取虑、僮七县。其中"凌"县当为"北凌"县①,永嘉后省②。西晋亡,下邳郡入东晋。后赵赵王六年(324),承东晋置下邳郡,领下邳、良城、睢陵、夏丘、取虑、僮六县。至永宁元年(350),下邳郡领县当不变。

琅邪郡,治阳都(今山东临沂市兰山区北)③。《晋志下》载,琅邪国领开阳、临沂、阳都、缯、即丘、华、费、东安、蒙阴九县;晋惠帝元康七年(297),置东安郡,东安县别属。西晋亡,琅邪郡入东晋。后赵赵王四年(322),承东晋置琅邪郡,领阳都、开阳、临沂、缯、即丘、华、费、蒙阴八县。至永宁元年(350),琅邪郡领县当不变。

东莞郡,治莒(今山东莒县)④。《晋志下》载,东莞郡领东莞、朱虚、营陵、安丘、盖、临朐、剧、广八县;太康十年(289),"以青州城阳郡之莒、姑幕、诸、东武四县属东莞"。据前述青州"高密郡"、"平昌郡"相关内容可知,晋惠帝建高密国,营陵、安丘、临朐、剧、广五县别属,东武、安丘又别属平昌郡,而姑幕县被罢。晋末,东莞郡当仅领东莞、盖、莒、诸等县。又据《晋志下》,晋惠帝元康七年(297),分东莞置东安郡。《宋志一》载,东莞郡领莒、诸、东莞三县,东安郡领盖、新泰、发干三县,《魏志中》与其同。故西晋后,东莞郡领莒、诸、东莞三县;东安郡领盖、新泰、发干三县。西晋亡,东莞郡入东晋。后赵赵王六年(324),承东晋置东莞郡,领莒、诸、东莞三县。至永宁元年(350),东莞郡领县当不变。

东安郡,治盖(今山东沂源县东南)。由上述"东莞郡"可知,西晋末,东安郡领盖、新泰、发干三县。西晋亡,东安郡入东晋。后赵赵王六年(324),承东晋置东安郡,领盖、新泰、发干三县。至永宁元年(350),东安郡领县当不变。

东海郡,治郯(今山东郯城县西北)。《晋志下》载,东海郡领郯、祝其、朐、襄贲、利城、赣榆、厚丘、兰陵、承、昌虑、合乡、戚十二县;晋惠帝元康元年(291),

---

① 孔祥军:《晋书地理志校注》,第145页。
② 《太平寰宇记》卷17《河南道十七》:"凌城,在今(宿迁)县东南五十里。汉县,属广陵。晋永嘉后省。"
③ 《石季龙载记上》:"(石季龙)克期将校猎。自灵昌津南于荥阳,东极阳都。"阳都或为郡治,故石虎至其地。《资治通鉴》晋穆帝永和十二年二月:"燕太原王恪招抚段龛诸城。己丑,龛所署徐州刺史阳都公王腾举众降,恪命腾以故职还屯阳都(胡注:段龛置徐州于琅邪阳都县)。"据此,段龛时,阳都当为琅邪郡治,当承后赵。故推测,十六国时阳都为琅邪郡治所。
④ 《太平寰宇记》卷24《河南道二十四》:"晋太康十年割莒县入东莞郡,惠帝自东莞移理莒城。"

分东海置兰陵郡。《太平寰宇记》卷23《河南道二十三》："晋惠帝分东海之兰陵、承、戚、合乡、昌虑五县置兰陵郡，理承城。"据此，晋惠帝元康元年(291)置兰陵郡后，东海郡治郯县，领郯、祝其、朐、襄贲、利城、赣榆、厚丘七县；兰陵郡治承县，领承、昌虑、合乡、兰陵、戚五县。西晋亡，东海郡入东晋。后赵赵王六年(324)，承东晋置东海郡，领郯、祝其、朐、襄贲、利城、赣榆、厚丘七县。至永宁元年(350)，东海郡领县当不变。

武兴国(承兰陵郡)，治承(山东枣庄市峄城区东南)。据上述"东海郡"可知，西晋时置兰陵郡，领领承、昌虑、合乡、兰陵、戚五县。西晋亡，兰陵郡入东晋。后赵赵王六年(324)，承东晋置兰陵郡，领承、昌虑、合乡、兰陵、戚五县。其后，改兰陵郡为武兴国。至永宁元年(350)，武兴国领县当不变。

临淮郡，治盱眙(今江苏盱眙县东北)。《晋志下》载，临淮郡领盱眙、东阳、高山、赘其、潘旌、高邮、淮陵、司吾、下相、徐十县；晋惠帝时分临淮立淮陵郡，以堂邑置堂邑郡。《宋志一》载，"淮陵太守，本淮陵县，前汉属临淮，后汉属下邳，晋属临淮，惠帝永宁元年以为淮陵国。《永初郡国》又有下相、广阳"，当时领司吾、徐、阳乐三县；其中广阳、阳乐为侨置；据此推测惠帝时置淮陵郡可能领淮陵、司吾、徐、下相四县。《宋志一》又载，晋惠帝永兴元年(304)分临淮、淮陵立堂邑郡。谭图载太康二年(281)徐州临淮郡有堂邑县无高邮县，而广陵郡有高邮县，当有所据。故西晋分临淮置淮陵国、堂邑郡后，临淮郡当领盱眙、东阳、高山、赘其、潘旌五县。西晋亡，临淮郡入东晋。后赵赵王八年(326)，承东晋置临淮郡，领盱眙、东阳、高山、赘其、潘旌五县。至永宁元年(350)，临淮郡领县当不变。

淮陵郡，治淮陵(今安徽明光市东北)。据上述"临淮郡"可知，惠帝时置淮陵郡可能领有淮陵、司吾、徐、下相四县。西晋亡，淮陵郡入东晋。后赵赵王八年(326)，承东晋置淮陵郡，领淮陵、司吾、徐、下相、淮浦五县①。至永宁元年(350)，淮陵郡领县当不变。

9. 兖州

兖州，治鄄城(今山东鄄城县北)②。汉建元元年(315)，后赵得西晋濮阳郡濮阳县和东燕郡，当置兖州领濮阳郡、东燕郡③。后赵赵王元年(319)，陈留

---

① 《晋志下》载淮浦县属广陵郡。据谭图，淮浦县在淮水北。后赵当时据有淮水以北地，疑淮浦县当别属淮陵郡。
② 《资治通鉴》晋穆帝永和七年五月："赵兖州刺史刘启自鄄城来奔。"据此，后赵兖州当治鄄城。然后赵初得濮阳郡、东燕郡等地时，治所不可考。
③ 濮阳郡、东燕郡故属兖州，后赵当仍以兖州领之。

郡浚仪县自东晋来属。赵王二年(320),陈留郡浚仪县入东晋。赵王四年(322),陈留郡、泰山郡自东晋来属。赵王七年(325),济阴、高平、东平、济北、济阳五郡自东晋来属。建武元年(335),陈留郡、东燕郡别属洛州。至永宁二年(351),兖州领濮阳、泰山、济阴、高平、东平、济北、济阳七郡。

濮阳郡,治濮阳(今河南濮阳县西南)。《晋志上》载,濮阳国领濮阳、廪丘、白马、鄄城等四县。据《宋志一》,濮阳郡,"本东郡,属兖州,晋武帝咸宁二年以封子允,以东不可为国名,东郡有濮阳县,故曰濮阳国。濮阳,汉旧名也。允改封淮南,还曰东郡。赵王伦篡位,废太孙臧为濮阳王,王寻废,郡名遂不改。"又据《宋志一》和《魏志上》可知,濮阳国还领有东燕县。晋惠帝末,封司马腾为东燕王,因分濮阳置东燕国。魏天兴二年(399)得东燕郡、濮阳郡,改东燕郡为东郡。《魏志上》载,魏天兴时,东郡领白马、东燕、凉城、酸枣、长垣等县,濮阳郡领有濮阳、廪丘、鄄城等县,当承晋末十六国以来建置。汉建元元年(315),得西晋濮阳县,当以濮阳郡领之。汉麟嘉元年(316),廪丘县、鄄城县自晋刘演来属。至后赵永宁二年(351),濮阳郡领濮阳、廪丘、鄄城三县。

泰山郡,治奉高(今山东泰安市城区东)。《晋志上》载,泰山郡领奉高、博、嬴、南城、梁父、山茌、新泰、南武阳、莱芜、牟、巨平十一县。由前述"东安郡"可知,西晋末,新泰县已别属东安郡。《宋志一》据《永初郡国》载,泰山郡无新泰县,有太原县(为"本郡侨立此县"),其余领县同《晋志》所载。《元和郡县图志》卷10《河南道六》载,莱芜县,"至晋废"。然据《宋志》,莱芜县至刘宋初仍未废。故以为十六国时,仍有莱芜县。西晋亡,泰山郡入东晋。后赵赵王四年(322),承东晋置泰山郡,领奉高、嬴、牟、南城、南武阳、梁父、博、山茌、莱芜、巨平十县。至后赵永宁二年(351),泰山郡领县当不变。

济阴郡①,治定陶(今山东定陶县定陶镇一带)。《晋志上》载,济阴郡领定陶、乘氏、句阳、离狐、冤句②、己氏、成武、单父、城阳九县。西晋亡,济阴郡入东晋。后赵赵王七年(325),承东晋置济阴郡,领县当同《晋志》所载。至永宁二年(351),济阴郡领县当不变。

---

① 孔祥军《晋书地理志校注》据《舆地广记》提出,中华书局点校本《晋书》误改"济阳"为"济阴"(第39—40页)。由两《汉志》、《宋志》、《魏志》等所载济阴郡领县来看,中华书局点校本《晋书》为"济阴"应不误。西晋时,或曾一度以济阴郡地别属济阳郡。八王之乱期间,赵王伦执政后,曾封其子馥为济阳王,见《晋书》卷59《赵王伦传》。或为扩大济阳国地域,而将济阴郡地别属济阳国。赵王伦被杀后,当复置济阴郡。东海王越执政时,曾以祖逖为济阴太守,见《晋书》卷62《祖逖传》。这表明晋末临亡之前,有济阴郡。又《晋书》卷59《东海王越传》载,东海王执政初,"诏越以太傅录尚书,以下邳、济阳二郡增封"。可见,晋末济阴、济阳二郡并存。
② "冤句",原作"宛句",此据《晋志》"校勘记"改。

高平郡，治昌邑（今山东金乡县东北）。《晋志上》载，高平国领昌邑、巨野、方与、金乡、湖陆、高平、南平阳七县，任城国领任城、亢父、樊三县。据《魏志中》，任城郡，"晋永嘉后罢"，其地入高平郡。西晋亡，高平郡入东晋。后赵赵王七年(325)，承东晋置高平郡，领昌邑、巨野、方与、金乡、湖陆、高平、南平阳、任城、亢父、樊十县。至永宁二年(351)，高平郡领县当不变。

东平郡，治须昌（今山东东平县西北）。《晋志上》载，东平国领须昌、寿张、范、无盐、富城、东平陆、刚平七县。西晋亡，东平郡入东晋。后赵赵王七年(325)，承东晋置东平郡，领县当同《晋志》所载。至永宁二年(351)，东平郡领县当不变。

济北郡，治卢（今山东平阴县西）①。《晋志上》载，济北国领卢、临邑、东阿、谷城、蛇丘五县。《宋志一》所载刘宋永初时济北郡，领县同《晋志》所载。十六国时期济北郡统县当仍同《晋志》。西晋亡，济北郡入东晋。后赵赵王七年(325)承东晋置济北郡，领县当同《晋志》所载。至永宁二年(351)，济北郡领县当不变。

济阳郡，或治济阳（河南兰考县东北）②。《晋书》卷77《蔡谟传》载，"蔡谟字道明，陈留考城人也"，可见西晋时陈留有考城县。据《宋志二》，晋惠帝时分陈留为济阳国，刘宋时侨置济阳郡领考城、鄄城二县。鄄城原属濮阳郡，距济阳较远，西晋时自然不属济阳郡。而考城县与济阳相邻，当属。《宋书》卷57《蔡廓传》："蔡廓字子度，济阳考城人也。曾祖谟，晋司徒。"可旁证考城属济阳郡。《魏志中》载济阳"有济阳城、外黄城、东缗城、崔"，且《永初郡国志》载陈留郡无外黄县，外黄当别属济阳郡。又《晋书》卷32《元敬虞皇后传》载，"元敬虞皇后讳孟母，济阳外黄人也"，亦证外黄属济阳郡。西晋末时，济阳郡可能领有济阳、考城、外黄等县。西晋亡，济阳郡入东晋。后赵赵王七年(325)，承东晋置济阳郡，领济阳、考城、外黄三县。至后赵永宁二年(351)，济阳郡领县当不变。

10. 豫州

豫州，治许昌（今河南许昌县东）。后赵赵王七年(325)，置豫州，领颍川、襄城、汝阴、新蔡、汝阳、南顿、梁郡、陈郡、沛郡、谯郡、鲁郡十一郡。后赵赵王八年(326)，汝南郡自东晋来属。其后，又改襄城郡为襄城国，改汝阴郡为汝阴国，改梁郡为梁国，改沛郡为沛国。后赵末，改谯郡为谯国，后当又复称谯郡。

---

① 《水经注》卷8《济水注》："京相璠曰：今济北所治卢子城。"卷16《谷水注》："京相璠与裴司空彦季修《晋舆地图》，作《春秋地名》。"可见，京相璠是西晋人，西晋时济北国治卢县卢子城，十六国时期济北郡或仍治卢县卢子城。

② 济阳郡或以治济阳而称郡名。

至永宁元年(350),豫州领颍川郡、襄城国、汝阴国、新蔡郡、汝南郡、汝阳郡、南顿郡、梁国、陈郡、沛国、谯郡、鲁郡。

颍川郡,治许昌(今河南许昌县东)。《晋志上》载,颍川郡领许昌、长社、颍阴、临颍、郾、邵陵、鄢陵、新汲、长平九县。据《宋志二》,刘宋永初时,颍川郡领邵陵、临颍、许昌、新汲、鄢陵、长社、颍阴、阳翟八县。阳翟县于东晋初自河南郡来属颍川郡,已见前述"河南郡"。《晋书》卷77《殷浩传》:"殷浩,字深源,陈郡长平人也。"《晋志上》载,晋惠帝"分梁国立陈郡"。可能惠帝置陈郡时,以长平县别属陈郡。西晋亡,颍川郡入东晋。后赵赵王七年(325),承东晋置颍川郡,领许昌、长社、颍阴、临颍、郾、邵陵、鄢陵、新汲、阳翟九县。至永宁元年(350),颍川郡领县当不变。

襄城国(承襄城郡),治襄城(今河南襄城县)。《晋志上》载,襄城郡领襄城、繁昌、郏、定陵、父城、昆阳、舞阳七县。西晋亡,襄城郡入东晋。后赵赵王七年(325),承东晋置襄城郡,领县当同《晋志》所载。其后,改襄城郡为襄城国。至永宁元年(350),襄城国领县当不变。

汝阴国(承汝阴郡),治汝阴(今安徽阜阳市城区一带)。《晋志上》载,汝阴郡领汝阴、慎、原鹿、固始、鮦阳、新蔡、宋、褒信八县;晋惠帝时分汝阴立新蔡郡。《宋志二》载新蔡郡领鮦阳、固始、新蔡、苞信四县。《太平寰宇记》卷11《河南道十一》载,褒信县,"本汉郾县之地,后汉光武分立褒信县。晋属汝阴。宋武北伐,改为苞信县也"。可见东晋末改褒信为苞信县。西晋亡,汝阴郡入东晋。后赵赵王七年(325),承东晋置汝阴郡,领汝阴、慎、原鹿、宋四县。石虎时,改汝阴郡为汝阴国。至永宁元年(350),汝阴国领县当不变。

新蔡郡,治新蔡(今河南新蔡县)。据上述"汝阴郡"可知,西晋末,新蔡郡当领新蔡、鮦阳、固始、褒信四县。西晋亡,新蔡郡入东晋。后赵赵王七年(325),承东晋置新蔡郡,当领新蔡、鮦阳、固始、褒信四县。至永宁元年(350),新蔡郡领县当不变。

汝南郡,治新息(今河南息县西南)。《晋志上》载,汝南郡领新息、南安阳、安成、慎阳、北宜春、朗陵、阳安、上蔡、平舆、定颍、灈阳、南顿、汝阳、吴房、西平十五县;晋惠帝时,分汝南立南顿郡。东晋初,又分汝南立汝阳郡①。南顿郡当领南顿县,汝阳郡当领汝阳县。西晋亡,汝南郡入东晋。后赵赵王八年(326),承东晋

---

① 祖逖为豫州刺史时,曾以张敞为汝阳太守,见《晋书》卷62《祖逖传》。《宋志二》载,汝阳郡,"应是江左分汝南立"。据《资治通鉴》晋孝武帝太元九年正月,慕容氏叛苻秦,"北召光烈将军平叡及叡兄汝阳太守幼于燕国(胡注:平幼盖先尝为汝阳太守时居燕国也)"。可见前秦时仍置汝阳郡。

置汝南郡,领新息、南安阳、安成、慎阳、北宜春、朗陵、阳安、上蔡、平舆、定颍、灈阳、吴房、西平十三县。至后赵永宁元年(350),汝南郡领县当不变。

汝阳郡,治汝阳(今河南商水县西北)。据上述"汝南郡"可知,东晋初,汝阳郡领汝阳县。后赵赵王七年(325),承东晋置汝阳郡,领汝阳县。至永宁元年(350),汝阳郡领县当不变。

南顿郡,治南顿(今河南商水县东南)。据前述"汝南郡"可知,西晋末,南顿郡领南顿县。西晋亡,南顿郡入东晋。后赵赵王七年(325),承东晋置南顿郡,领南顿县。至永宁元年(350),南顿郡领县当不变。

梁国(承梁郡),治睢阳(今河南商丘市睢阳区西南)。《晋志上》载,梁国领睢阳、蒙、虞、下邑、宁陵、谷熟、陈、项、长平、阳夏、武平、苦十二县;晋惠帝时分梁国立陈郡。梁国有长平县,中华书局点校本《晋书》"校勘记"以为重出,当是,长平县应属颍川郡。据《魏志中》,陈郡西华县,"二汉属汝南。晋初省,惠帝永康元年复,属颍川。后属"。可能惠帝置陈郡,以西华县来属。另,长平县自颍川郡来属陈郡,已见前述"颍川郡"。《晋志》所载梁国领县,在《续汉志》中,睢阳、蒙、虞、下邑、宁陵、谷熟属梁国,陈、长平、阳夏、武平、苦属陈国。故陈国还为郡后,梁国当领睢阳、蒙、虞、下邑、宁陵、谷熟六县,陈郡当领陈、项①、长平、阳夏、武平、苦、西华七县。西晋亡,梁国入东晋。后赵赵王七年(325),承东晋置梁郡,领睢阳、蒙、虞、下邑、宁陵、谷熟六县。其后,改梁郡为梁国。至永宁元年(350),梁国领县当不变。

陈郡,治陈(今河南淮阳县)。据上述"梁郡"可知,西晋末,陈郡领陈、项、长平、阳夏、武平、苦、西华七县。西晋亡,陈郡入东晋。后赵赵王七年(325),承东晋置陈郡,领陈、项、长平、阳夏、武平、苦、西华七县。据后文所考"后赵谷阳县(含苦县)"可知,后赵建武三年(337)更苦县为谷阳县。至后赵永宁元年(350),陈郡领陈、项、长平、阳夏、武平、谷阳、西华七县。

沛国(承沛郡),治相(今安徽濉溪县西北)。《晋志上》载,沛国领相、沛、丰、竺邑、符离、杼秋、洨、虹、萧九县。西晋亡,沛国入东晋。后赵赵王七年(325),承东晋置沛郡,领县当同《晋志》所载。其后,改沛郡为沛国。至永宁元年(350),沛国领县当不变。

谯郡(含谯国),治谯(今安徽亳州市谯城区)。《晋志上》载,谯郡领谯、城父、酂、山桑、龙亢、蕲、铚七县。《宋志二》于南豫州陈留太守下注"别见";豫州

---

① 《宋志二》载,"项城令,汉旧县,属汝南,《晋太康地志》属陈郡"。《元和郡县图志》卷8《河南道四》载,项城县,"在汉属汝南郡,晋属陈国。隋文帝改项县,加'城'字"。

陈留太守下载,"汉武帝元狩元年立,属兖州,中原乱废。晋成帝咸康四年复立。《永初郡国》属兖州,何、徐属豫州。《永初郡国》无浚仪,有酸枣","寄治谯郡长垣县界"。《晋志上》载,"咸康四年,于北谯界立陈留郡"。《晋志》此言当据《宋志》。由前文所考后赵"疆域变迁"可知,咸康四年(338)时谯郡为后赵占据,东晋何以能于其界侨置陈留郡?《宋志二》于南豫州刺史下言:"晋江左胡寇强盛,豫部歼覆,元帝永昌元年,刺史祖约始自谯城退还寿春。成帝咸和四年,侨立豫州,庾亮为刺史,治芜湖。"《宋志》所言"晋成帝咸康四年复立"陈留郡,并非立于谯郡属豫州,当属南豫州。《宋志》将陈留郡沿革见于豫州下,而于南豫州言"别见",又于豫州下末言"寄治谯郡长垣县界",故《晋志》误以为"咸康四年,于北谯界立陈留郡"。然豫州陈留郡何时侨置?由后文考后秦疆域变迁可知,十六国后秦弘始元年(东晋隆安三年,399)至后秦永和元年(东晋义熙十二年,416)时,陈留郡为后秦占据,而谯郡为东晋疆土,东晋于豫州谯郡侨置陈留郡当在此时。故十六国时,尚未在谯郡界侨置陈留郡。西晋亡,谯郡入东晋。后赵赵王七年(325),承东晋置谯郡,领县当同《晋志》所载。后赵末,曾一度改谯郡为谯国,寻复称谯郡。至永宁元年(350),谯郡领县当不变。

鲁郡,治鲁(今山东曲阜市)。《晋志上》载,鲁郡领鲁、汶阳、卞、邹、蕃、薛、公丘七县。《宋志一》载,晋惠帝元康中蕃县、薛县别属彭城郡。西晋亡,鲁郡入东晋。后赵赵王七年(325),承东晋置鲁郡,领鲁、汶阳、卞、邹、公丘五县。至后赵永宁元年(350),鲁郡领县当不变。

11. 扬州

扬州,治寿春(今安徽寿县寿春镇)。后赵太和元年(328),得东晋淮南郡,置扬州以领此郡。其后,改淮南郡为淮南国。至永宁元年(350),领淮南国不变。

淮南国(承淮南郡),治寿春(今安徽寿县寿春镇)。《晋志下》载,淮南郡领寿春、成德、下蔡、义城、西曲阳、平阿、历阳、全椒、阜陵、钟离、合肥、逡道、阴陵、当涂、东城、乌江十六县;晋惠帝永兴元年(304),分淮南之乌江、历阳二县置历阳郡。西晋亡,淮南郡入东晋。后赵太和元年(328),承东晋置淮南郡,领寿春、成德、下蔡、义城、西曲阳、平阿、阜陵、钟离、合肥、逡道、阴陵、当涂、全椒、东城十四县。其后,改淮南郡为淮南国。至永宁元年(350),淮南国领县当不变。

12. 荆州

荆州,治上洛(今陕西商洛市商州区)。后赵太和元年(328),置荆州,当治宛,领南阳郡。太和二年(329),顺阳郡自前赵来属。建平元年(330),新野郡自东晋来属。建平三年(332),新野郡入东晋,襄阳郡自东晋来属而旋入东晋。其后,后赵改南阳郡为南阳国,后当又复称为郡。建武元年(335),上洛郡自司州来属。建武四年（338），南阳郡、顺阳郡入东晋；荆州领上洛郡，改治上洛。石虎时，荆州或还领有义阳国、上庸国。至永宁元年（350），荆州或仍领上洛郡、义阳国、上庸国。

上洛郡，治上洛（今陕西商洛市商州区）。后赵太和二年（329），承前赵置上洛郡，领上洛、商、卢氏三县；此年前后又分商县置丰阳县①。至后赵永宁元年（350），上洛郡当领上洛、商、卢氏、丰阳四县。

义阳国，治所不可考。后赵石虎时，有义阳国，其辖域不可考。

上庸国，治所不可考。后赵石虎时，有上庸国，其辖域不可考。

以下四郡附

南阳郡（含南阳国），治宛（今河南南阳市宛城区）。《晋志下》载，南阳国领宛、西鄂、雉、鲁阳、犨、淯阳、博望、堵阳、叶、舞阴、比阳、涅阳、冠军、郦十四县。《宋志三》载刘宋永初时南阳郡统县与《晋志》同，仅淯阳在晋孝武帝后改为云阳，"堵阳"作"赭阳"（此姑从《晋志》）。西晋亡，南阳国入东晋。后赵太和元年（328），承东晋置南阳郡，领宛、西鄂、雉、鲁阳、犨、淯阳、博望、堵阳、叶、舞阴、比阳、涅阳、冠军、郦十四县。其后，改南阳郡为南阳国，后当又改称南阳郡。至建武四年（338），南阳郡领县当不变。

顺阳郡，治酂（今湖北丹江口市东南）。后赵太和二年（329），承前赵置顺阳郡，领酂、顺阳、南乡、丹水、武当、阴、筑阳、析八县。至后赵建武四年（338），顺阳郡领县当不变。

新野郡，治新野（今河南新野县）。《晋志下》载，晋惠帝时分南阳立新野郡。对《晋志》的记载，钱大昕指出："义阳本领十二县，新野、穰、邓、蔡阳、随、安昌、棘阳、厥西、平氏、义阳、平林、朝阳是也。后分新野、穰、蔡阳、邓、棘阳等县立新野郡，则新野亦义阳所分矣。即云义阳属南阳，则以例言之，当云分义阳，不当云南阳也。"②《宋志三》载，新野郡永初时领新野、穰、棘阳、蔡阳、邓等县。西晋惠帝时，新野郡当自义阳郡分，领有新野、穰、蔡阳、邓、棘阳等县。西晋亡，新野郡入东晋。后赵建平元年（330），承东晋置新野郡，或领新野、穰、棘阳、蔡阳、邓五县。至建平三年（332），新野郡领县或不变。

襄阳郡，治襄阳（今湖北襄阳市襄城区）。《晋志下》载，襄阳郡领宜城、中

---

① 据《资治通鉴》晋穆帝永和九年九月，前秦"置荆州于丰阳川"。《太平寰宇记》卷141《山南西道九》："晋太始三年分商县之地置丰阳县，因丰阳川以为名，寻废。"《苻健载记》："（苻）雄遣（苻）菁掠上洛郡，于丰阳县立荆州。"前秦初立时已有丰阳县，此县当后赵置，疑其置县在上洛郡别属荆州前后。

② 钱大昕：《廿二史考异》卷19《晋书二》。

庐、临沮、邔、襄阳、山都、邓城、鄾八县;其中邓城、鄾为衍文①。西晋亡,襄阳郡入东晋。后赵建平三年(332),承东晋置襄阳郡,领宜城、中庐、临沮、邔、襄阳、山都六县;同年,襄阳郡复入东晋。

13. 雍州

雍州,治长安(今陕西西安市未央区)。后赵太和二年(329),置雍州,领京兆、冯翊、扶风、始平、北地、新平、安定、陇东八郡和抚夷护军。其后,分安定置赵兴郡、赵平郡,属雍州;又曾一度改扶风郡为秦国。至永宁元年(350),雍州当领京兆、冯翊、扶风、始平、北地、新平、安定、陇东、赵兴、赵平十郡和抚夷护军。

京兆郡,治长安(今陕西西安市未央区)。后赵太和二年(329),承前赵京兆尹置京兆郡,领长安、杜陵、霸城、蓝田、高陆、万年、新丰、阴般、郑九县。其后,置石安县,属京兆郡。至永宁元年(350),京兆郡领长安、杜陵、霸城、蓝田、高陆、万年、新丰、阴般、郑、石安十县。

冯翊郡,治大荔(今陕西大荔县东)。后赵太和二年(329),承前赵置冯翊郡,领大荔、下邽、重泉、频阳、粟邑、莲芍、郃阳、夏阳八县。至永宁元年(350),冯翊郡领县当不变。

扶风郡(含秦国),治池阳(今陕西泾阳县西北)。后赵太和二年(329),承前赵置扶风郡,领池阳、郿、雍、汧、陈仓、美阳、好畤七县。其后,后赵曾改扶风郡为秦国,后赵末年或复称扶风郡。至永宁元年(350),扶风郡领县当不变。

始平郡,治槐里(今陕西兴平市东南)。后赵太和二年(329),承前赵置始平郡,领槐里、始平、武功、鄠、蟄屋五县。至永宁元年(350),始平郡领县当不变。

北地郡,治泥阳(今陕西铜川市耀州区南)。后赵太和二年(329),承前赵置北地郡,领泥阳、富平、灵武三县。至永宁元年(350),北地郡领县当不变。

新平郡,治漆(今陕西彬县)。后赵太和二年(329),承前赵置新平郡,领漆县、汾邑县,至永宁元年(350),新平郡领县当不变。

安定郡,治临泾(今甘肃镇原县东南)。后赵太和二年(329),承前赵置安定郡,领临泾、朝那、乌氏、阴密、西川五县。至永宁元年(350),安定郡领县当不变。

陇东郡,治泾阳(今甘肃平凉市崆峒区西北)。后赵太和二年(329),承前赵置陇东郡,领泾阳等县。至永宁元年(350),陇东郡领县当不变。

赵兴郡,治所不可考。后赵太和二年(329),承前赵置安定郡。其后,分安

---

① 胡阿祥、孔祥军、徐成:《中国行政区划通史·三国两晋南朝卷》(上册),第709页。

定置赵兴郡,领有赵安等县①。至永宁元年(350),赵兴郡领县当不变。

赵平郡,治鹑觚(今甘肃泾川县东南)。后赵太和二年(329),承前赵置安定郡。其后,分安定置赵平郡,当治鹑觚县,领鹑觚等县②。至永宁元年(350),赵平郡领县当不变。

抚夷护军,治所不可考。后赵太和二年(329),承前赵置抚夷护军。至永宁元年(350),抚夷护军辖区当不变。

14. 秦州

秦州,治上邦(今甘肃天水市秦州区)。后赵太和二年(329),置秦州,领天水、略阳、陇西、南安四郡。至永宁元年(350),秦州领郡当不变。

天水郡,治上邦(今甘肃天水市秦州区)。后赵太和二年(329),承前赵置天水郡,领上邦、冀、始昌、新阳、显新、成纪六县;其后,当改始昌县为西县。太宁元年(349),西县入仇池③。至永宁元年(350),天水郡领上邦、冀、新阳、显新、成纪五县。

略阳郡,治临渭(今甘肃天水市麦积区东)。后赵太和二年(329),承前赵置略阳郡,领临渭、平襄、略阳、清水、陇城五县。至永宁元年(350),略阳郡领县当不变。

陇西郡,治襄武(今甘肃陇西县东南渭水西岸)。后赵太和二年(329),承前赵置陇西郡,领襄武县、首阳县。至永宁元年(350),陇西郡领县当不变。

南安郡,治獂道(今甘肃陇西县东南渭水东岸)。后赵太和二年(329),承前赵置南安郡,领獂道、新兴、中陶三县。至永宁元年(350),南安郡领县当不变。

15. 朔州

朔州,治所不可考。后赵太和二年(329),平朔方,置朔州,辖区不可考。至永宁元年(350),朔州辖区当不变。

---

① 《晋书》卷95《艺术传·麻襦传》:"赵兴太守籍状收送诣季龙。"可见后赵置有赵兴郡。《太平寰宇记》卷34《关西道十》:宁州,"后周分置赵兴郡"。疑后赵所置赵兴郡位置与后周之赵兴郡一致,在故晋安定郡北界。《魏志下》载,北魏亦于真君二年(441)置赵兴郡,领有阳周、独乐、安定、赵安、高望等五县;其中赵安县疑后赵时曾置。《姚兴载记下》载有"赵兴太守姚穆",据此后秦时仍置有赵兴郡。

② 《太平寰宇记》卷34《关西道十》:废鹑觚县,"石勒改为赵平郡"。据《魏志下》,赵平郡领有鹑觚、东槃二县。据《魏书》卷112下《灵征志下》,景明四年(503)二月,"赵平郡上言鹑觚县木连理"。可见北魏宣武帝时赵平郡领有鹑觚县。

③ 据《晋书》卷8《穆帝纪》,永和五年(349)八月,仇池公杨初袭西城,破之。

16. 凉州

凉州，治枹罕(今甘肃临夏市一带)①。后赵建武十二年(346)，得前凉大夏、金城、武始等三郡和大夏护军，以凉州领之。建武十三年(347)，兴晋、永晋、汉中、武城、南安五郡和枹罕护军自前凉来属，当改永晋为安故郡；前凉所置南安郡当废，其地入后赵南安郡②。至后赵永宁元年(350)，凉州领兴晋、大夏、金城、武始、武城、安故、汉中七郡和枹罕护军、大夏护军。

兴晋郡，治枹罕(今甘肃临夏市一带)。后赵建武十三年(347)，承前凉置兴晋郡，疑领枹罕、永固、临津、河关四县。至永宁元年(350)，兴晋郡领县当不变。

大夏郡，治大夏(今甘肃广河县西北)。后赵建武十二年(346)，承前凉置大夏郡，疑领大夏、宛戍、金剑三县。至永宁元年(350)，大夏郡领县当不变。

金城郡，治金城(今甘肃兰州市西固区)。后赵建武十二年(346)，得前凉金城郡金城县、榆中县，仍以金城郡领之。至永宁元年(350)，金城郡领县当不变。

武始郡，治狄道(今甘肃临洮县)。后赵建武十二年(346)，承前凉置武始郡，领狄道、遂平、武街、始兴、第五、真仇六县。至永宁元年(350)，武始郡领县当不变。

武城郡，治所不可考。后赵建武十三年(347)，承前凉置武城郡，领县不可考。至永宁元年(350)，武城郡辖区当不变。

安故郡，治安故(今甘肃临洮县东南)。后赵建武十三年(347)，得前凉永晋郡，时领安故、石门、桑城、临洮、洮阳五县，疑后赵改永晋为安故郡③。至永宁元年(350)，安故郡领县当不变。

汉中郡，治所不可考。后赵建武十三年(347)，承前凉置汉中郡，领县不可考。至永宁元年(350)，汉中郡辖区当不变。

枹罕护军，治枹罕(今甘肃临夏市一带)。后赵建武十三年(347)，承前凉

---

① 后赵石虎时，曾以麻秋为凉州刺史攻前凉。据《晋书》卷8《穆帝纪》，永和三年(347)五月，"石季龙又使其将石宁、麻秋等伐凉州，次于曲柳。张重华使将军牛旋御之，退守枹罕"。当时，枹罕为前凉河州重镇，后赵反复攻之而不下，石虎曾叹曰："吾以偏师定九州，今以九州之力困于枹罕，彼有人焉。"见《资治通鉴》晋穆帝永和三年八月。十六国时期，枹罕多为河州治所，故疑后赵时其凉州亦治枹罕。然后赵攻取枹罕前，治所不可考。
② 此前，后赵秦州已有南安郡。后赵得前凉"河南地"后，亦得前凉武街、石门、侯和、漒川、甘松"五屯护军"，此五护军为防后赵而置，后赵当其地，当罢护军。
③ 前凉时，置安故郡，疑后来改为永晋郡，见后文所考前凉政区。因永晋有政治意味，故后赵得其郡后，当复称安故郡。

置枹罕护军。至永宁元年(350)，枹罕护军辖区当不变。

大夏护军，治大夏(今甘肃广河县西北)。后赵建武十二年(346)，承前凉置大夏护军。至永宁元年(350)，大夏护军辖区当不变。

17. 杏城镇

杏城镇，治杏城(今陕西黄陵县西南)。后赵太和二年(329)，承前赵置杏城镇，辖区不可考。至永宁元年(350)，杏城镇辖区当不变。

(二) 政区考证

1. 司隶部、州、镇

1.1 后赵司隶部

《石勒载记下附石弘传》载，石弘初即位，以石韬为司隶校尉。《资治通鉴》晋成帝咸康四年(后赵建武四年，338)五月载，"冀州八郡大蝗，赵司隶请坐守宰"，此亦证后赵有司隶校尉。《太平御览》卷382《人事部二十三》："车频《秦书》曰：苻(当作苻)坚六岁，戏于路，司隶徐统见而异焉。问曰：'苻(当作苻)郎，此官街，小儿戏，不畏缚耶？'"《苻坚载记上》："高平徐统有知人之鉴，过坚于路，异之，执其手曰：'苻郎，此官之御街，小儿敢戏于此，不畏司隶缚邪？'"《石季龙载记下》载，石虎死后，大乱将起，"侍中徐统叹曰：'祸将作矣，吾无为豫之。'"可见后赵时徐统曾为司隶校尉。石勒、石弘时都襄国，建武元年(335)石虎迁都邺，后赵司隶部应先后治襄国、邺。

1.2 后赵冀州

《石勒载记上》载，"勒巡下冀州诸县，以右司马程遐为宁朔将军、监冀州七郡诸军事"；《石勒载记下》又载，"以季龙子邃为冀州刺史"。据《太平寰宇记》卷63《河北道十二》，冀州，"西晋末，石赵自信都徙理襄国，至季龙，州徙于邺"，据此似乎冀州先后治襄国、邺。据《石勒载记下附石弘传》，石弘初即位，以石宣为冀州刺史，封河间王。石虎称赵天王后，诸王降为公，河间王遂降为河间公。《资治通鉴》晋成帝咸康三年(后赵建武三年，337)七月载，赵太子石邃"因谓颜等曰：'我欲至冀州(胡注：冀州治信都)，杀河间公。'"可见后赵冀州仍治信都。又据《资治通鉴》晋穆帝永和六年(350)正月，"(冉)闵欲去石氏之迹"，"汝阴王(石)琨奔冀州(胡注：赵之冀州治信都)"。河间公石宣为冀州刺史，赵太子石邃欲置冀州杀河间公，汝阴王琨自邺城出奔冀州，皆证冀州治所不在赵都城，应在信都。故《太平寰宇记》言冀州先后理襄国、邺城不确。

1.3 后赵洛州(承司州)

《资治通鉴》晋明帝太宁二年(后赵赵王六年，324)正月，"司州刺史石生击赵河南太守尹平于新安"；太宁三年(325)五月，"后赵将石生屯洛阳，寇掠河南"。可见,后赵置司州,当治洛阳。《晋志上》载:"石季龙又分司州之河南、河东、弘农、荥阳,兖州之陈留、东燕为洛州。"可见,后赵司州曾领有河南、河东、弘农、荥阳等郡。据《石季龙载记下附石世传》,"洛州刺史刘国等亦率洛阳之众至于李城",可见后赵洛州治洛阳。

1.4　后赵幽州

据《石勒载记上》,石勒灭王浚后,"以晋尚书刘翰为宁朔将军、行幽州刺史,戍蓟,置守宰而还";"勒既还襄国,刘翰叛勒"。据《石季龙载记上》,"(段)辽遣从弟屈云袭幽州,刺史李孟退奔易京";又载,"慕容皝袭幽、冀,略三万余家而去。幽州刺史石光坐懦弱征还"。可见后赵置有幽州。《资治通鉴》晋穆帝永和六年二月载,后赵乱,前燕来攻,"赵征东将军邓恒惶怖,焚仓库,弃安乐遁去,与幽州刺史王午共保蓟"。《太平寰宇记》卷69《河北道十八》载,"(石)勒僭号襄国,于蓟置幽州"。可见幽州治蓟。

1.5　后赵营州

据《石季龙载记上》,石虎"以其抚军李农为使持节、监辽西北平诸军事、征东将军、营州牧,镇令支"。可见,后赵石虎时有营州,治令支,当领辽西、北平诸郡。

1.6　后赵并州

《石勒载记下》载,"勒西夷中郎将王胜袭杀并州刺史崔琨、上党内史王㬣,以并州叛于勒"。《水经注》卷14《沽河注》:"沽水又西南迳赤城东,赵建武年并州刺史王霸为燕所败,退保此城。"《资治通鉴》载,晋穆帝永和六年,"八月,代郡人赵榼帅三百余家叛燕,归赵并州刺史张平"。以上皆表明后赵置有并州。

1.7　后赵青州

据《石勒载记下》,后赵灭曹嶷后,以刘征为青州刺史,镇广固。可见后赵置有青州,治广固。

1.8　后赵徐州

《魏书》卷90《睢夸传》:"(睢夸)祖迈,晋东海王越军谋掾,后没石勒为徐州刺史。"《石季龙载记上》:"季龙徐州从事朱纵杀刺史郭祥,以彭城归顺。"可见后赵置有徐州,当治彭城。

1.9　后赵兖州

《资治通鉴》载晋成帝咸和八年八月,石勒卒后,石虎谋篡位,石堪与太后谋曰:"臣请奔兖州,挟南阳王恢为盟主,据廪丘。"可能当时兖州治廪丘。《石季龙载记上》:"徙辽西、北平、渔阳万户于兖、豫、雍、洛四州之地。"《晋志上》载,"石季龙又分司州之河南、河东、弘农、荥阳,兖州之陈留、东燕为洛州"。可见石虎置洛州前,兖州曾领陈留、东燕等郡。据《资治通鉴》晋穆帝永和七年五月,"赵兖州刺史刘启自鄄城来奔",据此,后赵末,兖州治鄄城。

1.10　后赵豫州

据《石勒载记下》,后赵曾以桃豹为豫州刺史。《苻健载记》载,"援石季龙豫州刺史张遇于许昌"。可见后赵置豫州,治许昌。

1.11　后赵扬州

《资治通鉴》载,晋穆帝永和元年八月,"豫州刺史路永叛奔赵,赵王虎使永屯寿春"。林宝《元和姓纂》卷8"路氏"条有"石赵扬州刺史路永"。据《石季龙载记下》,后赵亡前,其"扬州刺史王浃以淮南归顺"。故后赵置有扬州,当治寿春。

1.12　后赵荆州

据《石勒载记下》,石勒遣"荆州监军郭敬"南侵襄阳。据《资治通鉴》晋成帝咸和五年九月,"(郭)敬毁襄阳城,迁其民于沔北,城樊城以戍之。赵以敬为荆州刺史",可见当时后赵荆州治樊城。其后,后赵失樊城,荆州当改治。

1.13　后赵雍州

《晋志上》载:"石勒克长安,复置雍州。"据《石季龙载记上》,石虎"以其右仆射张离为征西左长史、龙骧将军、雍州刺史",既而又"以石苞代镇长安"。故后赵雍州治长安。《石季龙载记下》载,后赵末,遣"故东宫谪卒高力等万余人当戍凉州",行达雍城,"敕雍州刺史张茂送之"。可见当时张茂为雍州刺史。

1.14　后赵秦州

据《石勒载记下》,"秦州休屠王羌叛于勒,刺史临深遣司马管光帅州军讨之"。《石季龙载记下附石鉴传》载,石鉴即位,以"秦州刺史刘群为尚书左仆射"。唐林宝《元和姓纂》卷一"逢氏"条有"后赵秦州刺史逢碧"。可见,后赵置有秦州,治上邽。

1.15　后赵朔州

《晋志上》载,"(石)勒平朔方,又置朔州"。《石季龙载记上》载,"敕河南四州具南师之备,并、朔、秦、雍严西讨之资";又载,"发百姓牛二万余头配朔州牧官"。可见石勒、石虎时皆置有朔州。

1.16　后赵凉州

据《石季龙载记上》,石虎"遣凉州刺史麻秋等伐张重华"。据《石季龙载记下》,后赵末,遣"故东宫谪卒高力等万余人当戍凉州"。可见后赵石虎置有凉州。

1.17　后赵杏城镇

《太平寰宇记》卷35《关内道十一》载,坊州,"魏、晋陷于狄,不置郡县。刘、石、苻、姚时,于今州理西七里置杏城镇,常以重兵守之"。可见后赵时有杏城镇。

2.（京都）尹、郡、护军

2.1　后赵魏尹（承魏郡）

《石勒载记上》载,"建兴元年,石季龙攻邺三台,邺溃","勒以桃豹为魏郡太守以抚之"。《石季龙载记上》载:"(石)勒之居襄国,署(石季龙)为魏郡太守,镇邺三台。"据《石勒载记上》,石勒称赵王时,合二十四郡为赵国,其中有魏郡。唐瞿昙悉达《唐开元占经》卷76《杂星占》:"《赵书》曰:石勒时,有星陨魏郡邺县东北六十里。"可见后赵石勒时置魏郡、邺县。据《元和郡县图志》卷16《河北道一》,邺城,"石季龙自襄国徙都之,仍改太守为魏尹"。《太平寰宇记》卷55《河北道四》所载与《元和志》同。可见后赵石虎时置魏尹,治邺。

2.2　后赵黎阳郡

《太平御览》卷120《偏霸部四》:"(石弘)延熙元年七月,改顿丘为卫国,分魏郡立黎阳。"可见后赵石弘时分魏郡置黎阳郡。

2.3　后赵广平郡

据《石勒载记上》,石勒称赵王时,合二十四郡为赵国,其中有广平郡。郑樵《通志》卷29《氏族略五》引《敦煌实录》:"石赵奉车都尉库成述,生济,大夏令,又郎中库成伫,广平太守库成防。"刘昞《敦煌实录》主要记十六国时凉州事,然凉州无广平郡,且前言"石赵",故疑此"大夏令"、"广平太守"皆在后赵任官。

2.4　后赵襄国郡

《太平寰宇记》卷59《河北道七》:"后赵石氏于此置苑乡县,季龙又改清苑县,属襄国郡。"可见襄国郡领有清苑等县。《元和郡县图志》卷15《河东道四》载,"至季龙徙都邺,为襄国郡。石氏既灭,罢之";又载,南和县,"石赵属襄国郡"。可见后赵有襄国郡,当领襄国县、清苑县、南和县等。

2.5　后赵阳平郡

据《石勒载记上》,石勒称赵王时,合二十四郡为赵国,其中有阳平郡。《元和郡县图志》卷16《河北道一》载,馆陶县,"石赵移阳平郡理此"。可见后赵阳平郡治馆陶县。

2.6　后赵卫国郡（承顿丘郡）

据《石勒载记上》,石勒称赵王时,合二十四郡为赵国,其中有顿丘郡。又据《石勒载记上》,"(刘)演遣其将韩弘、潘良袭顿丘,斩勒所署太守邵攀"。可知后赵石勒有顿丘郡。《太平御览》卷120《偏霸部四》:"(石弘)延熙元年七月,改顿丘为卫国。"据此石弘时改顿丘为卫国郡。《石季龙载记上》:"季龙如长乐、卫国,有田畴不辟、桑业不修者,贬其守宰而还。"可见石虎时仍称卫国郡。

2.7　后赵河内郡

据《石勒载记上》,石勒称赵王时,合二十四郡为赵国,其中有河内郡。

2.8　后赵野王郡

据《石勒载记下》,刘曜攻后赵,"勒荥阳太守尹矩、野王太守张进等皆降之"。可见后赵有野王郡。

2.9　后赵汲郡

据《石勒载记上》,石勒称赵王时,合二十四郡为赵国,其中有汲郡。《石勒载记下》有"勒汲郡内史石聪",亦证后赵有汲郡。

2.10　后赵武德国

《石季龙载记下附石鉴传》载,石鉴篡位后,以石闵(即冉闵)为武德王。可见后赵末有武德国。《汉书》卷28《地理志上》载河内郡有武德县,《晋志》无此县。

2.11　后赵长乐郡

据《石勒载记上》,石勒称赵王时,合二十四郡为赵国,其中有长乐郡。又据《石勒载记上》,石勒遣兵镇压王夔反叛,"使长乐太守程遐屯于昌亭为之声势"。可见后赵有长乐郡。

2.12　后赵赵郡

据《石勒载记上》,石勒称赵王时,合二十四郡为赵国,其中有赵郡。

2.13　后赵巨鹿郡

据《石勒载记上》,石勒称赵王时,合二十四郡为赵国,其中有巨鹿郡。

2.14　后赵武邑郡

据《石勒载记上》,石勒称赵王时,合二十四郡为赵国,其中有武邑郡。梁释慧皎《高僧传》卷5《晋长安五级寺释道安》:"时武邑太守卢钦,闻(道)安清秀。"亦证后赵有武邑郡。

2.15　后赵广川郡

《石勒载记上》:"勒之征乐平也,其南和令赵领招合广川、平原、渤海数千户叛勒,奔于邵续。"可见后赵有广川郡。

2.16　后赵平原郡

据《石勒载记上》,石勒称赵王时,合二十四郡为赵国,其中有平原郡。又据《石勒载记上》："徙平原乌丸展广、刘哆等部落三万余户于襄国。"又载："勒之征乐平也,其南和令赵领招合广川、平原、渤海数千户叛勒,奔于邵续。"可见后赵有平原郡。

2.17　后赵渤海郡

据《石勒载记上》,石勒称赵王时,合二十四郡为赵国,其中有渤海郡。又据《石勒载记上》："(石勒以)参军临深为渤海太守。"可见后赵有渤海郡。《晋志上》载冀州有勃海郡,而《石勒载记》均作"渤海",此从《载记》。

2.18　后赵章武郡(含章武国)

据《石勒载记上》,石勒称赵王时,合二十四郡为赵国,其中有章武郡。又据《石勒载记上》："章武人王眘起于科斗垒,扰乱勒河间、渤海诸郡。"据《石勒载记下》："勒以参军樊垣清贫,擢授章武内史。"可见后赵有章武郡。据《石勒载记下附石弘传》载,徙石斌为章武王。据后文所考"后赵燕国(承燕郡)"可知,石虎时石斌又徙为燕公、燕王。

2.19　后赵河间郡(含河间国)

据《石勒载记上》,石勒称赵王时,合二十四郡为赵国,其中有河间郡。又据《石勒载记上》："勒以扬武张夷为河间太守。"可见后赵有河间郡。据《石勒载记下附石弘传》,石弘封石宣为河间王。据《石季龙载记上》,石虎封石宣为河间公。可见后赵有河间国。石宣被杀后,河间国当复称河间郡。

2.20　后赵高阳郡

《石勒载记上》："署武遂令李回为易北都护、振武将军、高阳太守。"可见后赵有高阳郡。

2.21　后赵博陵郡

《太平寰宇记》卷63《河北道十二》："(饶阳县)庬口镇城,今邑理也。自石赵、苻秦、后魏并为博陵郡理于此。"可见后赵有博陵郡。《资治通鉴》晋穆帝永和六年三月,"王午留其将王佗以数千人守蓟,与邓恒走保鲁口(胡注:魏收《地形志》:博陵郡饶阳县有鲁口城)"。《慕容儁载记》："慕容评攻王午于鲁口。"可见,后赵时博陵郡治鲁口城。

2.22　后赵清河郡

据《石勒载记上》,石勒称赵王时,合二十四郡为赵国,其中有清河郡。《太平寰宇记》卷58《河北道七》："永嘉乱后,石赵移(清河)郡理平晋城。"可见,后赵时清河郡治平晋城。

2.23　后赵中山郡(含中山国)

据《石勒载记上》,石勒称赵王时,合二十四郡为赵国,其中有中山郡。又据《石勒载记上》:"刘琨遣王旦攻中山,逐勒所署太守秦固。"《太平御览》卷883《鬼神部三》:"崔鸿《十六国春秋·后赵录》曰:'魏豹字叔虎,范阳人也。迁中山太守,所在有治名。豹嬖妾先死,豹后守于廪丘南,妾形见,与豹言,翌日而卒。'"可见后赵有中山郡。《魏故太尉公录尚书事相州刺史杨公墓志铭》:"(杨顺)六世祖瑶,晋侍中、尚书令,高祖结,石中山相。"①此"石"当指后赵。据《石勒载记下》,石勒先后封石虎为中山公、中山王,可见当时有中山国。石虎篡位后,不见有此国,或改称郡。

2.24　后赵常山郡

据《石勒载记上》,石勒称赵王时,合二十四郡为赵国,其中有常山郡。又据《石勒载记上》:"刘琨遣乐平太守焦球攻勒常山,斩其太守邢泰。"北宋陈彭年等《重修广韵》卷2"十阳"条载"《后赵录》有常山太守将容"。可见后赵有常山郡。

2.25　后赵乐陵郡

据《石勒载记上》,石勒称赵王时,合二十四郡为赵国,其中有乐陵郡。

2.26　后赵建兴郡

《水经注》卷5《河水注》:"田融云:赵武帝十二年,立建兴郡,治广宗,置建始、兴德五县隶焉。"《水经注》卷9《淇水注》:"田融言,赵立建兴郡于城内,置临清县于水东,自赵石始也。……清河又北迳信成县故城西,应劭曰:甘陵西北五十里有信成亭,故县也。赵置水东县于此城,故亦曰水东城。"可见后赵置建兴郡,治广宗县,领广宗、建始、兴德、临清、水东等五县。《石季龙载记下》载,"建兴人史科告称"云云,亦证后赵石虎时有建兴郡。

2.27　后赵河南郡

据《晋志上》,石虎分司州河南等郡置洛州。可见河南郡先属司州,后属洛州。

2.28　后赵荥阳郡

据《石勒载记下》,刘曜攻后赵,"勒荥阳太守尹矩、野王太守张进等皆降之"。据《晋志上》,石虎分司州荥阳等郡置洛州。可见,荥阳郡先属司州,后属洛州。

2.29　后赵河东郡(含河东国)

《新唐书》卷72《宰相世系表上》:"(杜)曼,仕石赵,从事中郎、河东太守。"据《石勒载记下》,石勒曾封石生为河东王。石虎篡位之际,石生被杀,河东国

---

① 罗新、叶炜:《新出魏晋南北朝墓志疏证》,中华书局,2005年,第150页。

当改称河东郡。《石季龙载记下附石鉴传》:"前河东太守石晖谋诛闵、农。"据《晋志上》,石虎分司州河东等郡置洛州。可见,河东郡先属司州,后属洛州。

2.30 后赵弘农郡

据《晋志上》,石虎分司州弘农等郡置洛州。可见,弘农郡先属司州,后属洛州。

2.31 后赵建昌郡(承陈留郡)

据《晋志上》,石虎分兖州陈留等郡置洛州;又载,"石季龙改陈留郡为建昌郡,属洛州"。可见,陈留郡先属兖州,后改为建昌郡,属洛州。

2.32 后赵东燕郡

据《晋志上》,石虎分兖州东燕等郡置洛州。可见,东燕郡先属兖州,后属洛州。

2.33 后赵燕国(承燕郡)

《太平寰宇记》卷69《河北道十八》:"(石)勒僭号襄国,于蓟置幽州,于幽置燕郡。"可见石勒时已置燕郡。据《石勒载记上》,石勒称赵王时,合二十四郡为赵国,其中有燕郡。《石季龙载记下》载,后赵末,石斌先后为燕公、燕王,可见当时有燕国。

2.34 后赵渔阳郡

据《石勒载记上》,石勒称赵王时,合二十四郡为赵国,其中有渔阳郡。

2.35 后赵范阳郡

据《石勒载记上》,石勒称赵王时,合二十四郡为赵国,其中有范阳郡。《资治通鉴》载,晋穆帝永和六年三月,"燕兵至范阳,范阳太守李产欲为石氏拒燕"。可见后赵末仍有范阳郡。

2.36 后赵上谷郡(?)

据《石季龙载记上》,石虎攻段辽,"辽渔阳太守马鲍、代相张牧、北平相阳裕、上谷相侯龛等四十余城并率众降于季龙"。可见后赵得上谷郡。

2.37 后赵代郡(?)(含代国)

据上考"后赵上谷郡"引《石季龙载记上》可知,后赵得代郡。《石勒载记下附石弘传》载,石弘封石鉴为代王。由后文所考"后赵义阳国"可知,石鉴在石虎时先后为义阳公、义阳王,当自代王改封。然石弘时,后赵尚未得段国代郡,其代国辖域不可考。

2.38 后赵辽西郡

据《石季龙载记上》,石虎"以其抚军李农为使持节、监辽西北平诸军事、征东将军、营州牧,镇令支";又载,"徙辽西、北平、渔阳万户于兖、豫、雍、洛四州之地"。可见后赵有辽西郡。

2.39 后赵北平郡

据上考"后赵辽西郡"引《石季龙载记上》可知,后赵有北平郡。又据《慕容皝载记附阳裕传》:"石季龙克令支,裕以郡降,拜北平太守。"亦证后赵石虎时有北平郡。

2.40 后赵上党郡

据《石勒载记上》,石勒称赵王时,合二十四郡为赵国,其中有上党郡。又据《石勒载记下》:"勒西夷中郎将王胜袭杀并州刺史崔琨、上党内史王㬥,以并州叛于勒。"可见后赵有上党郡。

2.41 后赵太原郡(含太原国)

据《石勒载记下》,麃起西河介山,"历太原、乐平、武乡、赵郡、广平、巨鹿千余里"。可见后赵有太原郡。《石勒载记下》载,石勒时曾封石斌为太原王。《石勒载记下附石弘传》载,石弘即位后,"徙太原王斌为章武王"。

2.42 后赵乐平国(承乐平郡)

据《石勒载记上》,石勒称赵王时,合二十四郡为赵国,其中有乐平郡。《石勒载记下附石弘传》载,石弘封石苞为乐平王,《石季龙载记下》亦有"乐平王苞"。可见后赵有乐平国。

2.43 后赵雁门郡

《石季龙载记上》:"遣征北张举自雁门讨索头郁鞠。"可见后赵有雁门郡。

2.44 后赵新兴国(承定襄郡)

《资治通鉴》晋穆帝永和五年十二月载,后赵石虎时有新兴王祗。据《石季龙载记下附冉闵传》,冉闵为慕容氏击败后,"苏亥弃常山奔于新兴"。据《慕容儁载记》,后赵亡后,其故将张平据有并州,"跨有新兴、雁门、西河、太原、上党、上郡之地"。此皆表明后赵时有新兴郡。据《石勒载记上》,石勒称赵王时,合二十四郡为赵国,其中有定襄郡。《晋志上》载新兴郡领有定襄县,"惠帝改新兴为晋昌郡"。因晋昌郡有一定的政治意味,后赵得此郡后或改称定襄郡。其后,至后赵末又复称新兴国。

2.45 后赵永石郡

《晋志上》载:"自惠、怀之间,离石县荒废,勒于其处置永石郡。"可见后赵有永石郡。永石郡于西晋为西河国。《石勒载记下》载"麃起西河介山",此称"西河",或因永石郡仅为后赵所用,史家仍用旧称。

2.46 后赵武乡郡

《魏志上》:"乡郡,石勒分上党置武乡郡,后罢。"可见石勒置有武乡郡。《太平寰宇记》卷50《河东道十一》："晋始置武乡县，属上党郡。石氏分上党郡涅、沾二县置武乡郡，县属焉。"可见武乡郡领有武乡县、涅县、沾县。《石季龙载记上》："武乡长城徙人韩强获玄玉玺。"可见武乡郡还领有长城县。

2.47　后赵齐国

据《石勒载记下》，石勒曾封石邃为齐王。《石勒载记下附石弘传》载，石弘封石遵为齐王。《石季龙载记下》载，石虎封石世为齐公。可见后赵有齐国。

2.48　后赵济南郡

《石季龙载记上》："会青州言济南平陵城北石兽。"可见后赵有济南郡，属青州，领有平陵等县。

2.49　后赵乐安国（承乐安郡）

《魏书》卷33《李先传》："（李先）父樊，石虎乐安太守。"可见后赵有乐安郡。据《石勒载记下附石弘传》，石弘封石韬为乐安王。又据《石季龙载记上》，石虎封石韬为乐安公。《资治通鉴》晋穆帝永和七年四月载后赵有"乐安王炳"。可见后赵有乐安国。

2.50　后赵东莱郡（？）

《石勒载记下》："（石）季龙进兵围广固，东莱太守刘巴、长广太守吕披皆以郡降。"可见后赵得东莱郡。

2.51　后赵长广郡（？）

据上考"后赵东莱郡"引《石勒载记下》可知，后赵得长广郡。

2.52　后赵祝阿郡

《晋书》卷88《孝友传·桑虞传》："石季龙太守刘征甚器重之，征迁青州刺史，请虞为长史，带祝阿郡。"可见后赵有祝阿郡。

2.53　后赵彭城国（承彭城郡）

《晋书》卷6《明帝纪》载，太宁二年（324）正月，"石勒将石季龙寇兖州，刺史刘遐自彭城退保泗口"。《石勒载记上》："晋彭城内史周坚害沛内史周默，以彭、沛降于勒。"可见后赵得彭城郡。《石勒载记下》载石勒封石堪为彭城王；《石季龙载记下》载石虎封石遵为彭城公，后进爵为彭城王。可见后赵有彭城国。

2.54　后赵下邳郡（？）

《晋书》卷6《明帝纪》载，太宁元年（323）三月，"石勒攻陷下邳，徐州刺史卞敦退保盱眙"。可见后赵得下邳郡。

2.55　后赵琅邪郡

《石勒载记下》："琅邪内史孙默以琅邪叛降于勒。"《石季龙载记上》："晋将军淳于安攻其琅邪费县,俘获而归。"可见后赵有琅邪郡,且领有费县等。

2.56　后赵东莞郡(?)

《石勒载记下》:"东莞太守竺珍、东海太守萧诞以郡叛降于勒。"可见后赵得东莞郡。

2.57　后赵东海郡

据上考"后赵东莞郡"引《石勒载记下》可知,后赵得东海郡。《石季龙载记上》:"东海有大石自立。"亦可证后赵有东海郡。

2.58　后赵武兴国(承兰陵郡)

《石勒载记下》:"彭城内史刘续复据兰陵、石城,石瞻攻陷之。"《石季龙载记下附石鉴传》:"初,谶言灭石者陵,寻而石闵徙兰陵公,季龙恶之,改兰陵为武兴郡。"《资治通鉴》晋穆帝永和五年四月载后赵有"武兴公闵"。可见后赵先有兰陵郡,石虎时改为武兴国。

2.59　后赵濮阳郡(?)

《晋书》卷5《愍帝纪》载,建兴三年(315)"秋七月,石勒陷濮阳,害太守韩弘"。可见后赵得濮阳郡。

2.60　后赵济阴郡

《石勒载记下》:"济阴木连理。"可见后赵有济阴郡。

2.61　后赵济北郡

《太平御览》卷52《地部十七》:"《石虎邺中记》曰:孟津河东去邺城五百里,有济北郡谷城县……虎使采取以治宫殿,又免谷城令,不奏闻故也。"可见后赵有济北郡,领有谷城等县。

2.62　后赵泰山郡(?)

《晋书》卷6《元帝纪》载,永昌元年(322)七月,"石勒将石季龙攻陷太山,执守将徐龛"。可见后赵得泰山郡。史家有时书"泰山"郡为"太山"郡。

2.63　后赵襄城国

《石季龙载记上》载后赵有"襄城公涉归"。当时后赵诸王皆降爵为郡公,故后赵有襄城国。

2.64　后赵汝南郡

《晋书》卷7《成帝纪》载,咸和元年(326)"夏四月,石勒遣其将石生寇汝南,汝南人执内史祖济以叛"。《晋书》卷73《庾亮传附弟翼传》:"石季龙汝南太守戴开率数千人诣翼降。"可见后赵有汝南郡。

2.65　后赵汝阴国

《资治通鉴》晋穆帝永和五年四月有"汝阴王琨",可见后赵末有汝阴国。

2.66　后赵梁国

《石勒载记下》载,石勒封石挺为梁王。可见后赵有梁国。

2.67　后赵谯郡(含谯国)

《晋书》卷78《孔愉附从子坦传》:"会石勒新死,季龙专恣,石聪及谯郡太守彭彪等各遣使请降。"可见后赵有谯郡。《石季龙载记下附石世传》载,石遵篡位,封石世为谯王,寻杀之。可见后赵末曾置谯国,既而当复为谯郡。

2.68　后赵沛国

《石勒载记上》:"晋彭城内史周坚害沛内史周默,以彭、沛降于勒。"《资治通鉴》晋穆帝永和五年四月载后赵有"沛王冲",可见后赵有沛国。《晋书》卷93《褚裒传》载,石虎死,后赵大乱,"(褚裒)先遣督护徐龛伐沛,获伪相支重,郡中二千余人归降。鲁郡山有五百余家,亦建义请援,裒遣龛领锐卒三千迎之"。沛有相,亦证当时沛为国,而非为郡。

2.69　后赵鲁郡

据上考"后赵沛郡"引《褚裒传》可知,后赵有鲁郡。

2.70　后赵淮南国

《资治通鉴》晋穆帝永和五年十一月载后赵有"淮南王昭",可见后赵有淮南国。

2.71　后赵义阳国

《石季龙载记下》载石鉴为义阳公,后为义阳王。故后赵有义阳国。《晋志下》中的"义阳郡"时为东晋统辖。后赵"义阳"之地,或为侨置。

2.72　后赵上庸国

《石季龙载记上》载后赵有"上庸公日归"。当时后赵诸王皆降爵为郡公,故后赵有上庸国。《晋志下》有上庸郡,当时为东晋辖域。故此"上庸"之地当为侨置。

2.73　后赵京兆郡

《石勒载记下附石弘传》:"郭权以生败,据上邦以归顺,诏以权为镇西将军、秦州刺史,于是京兆、新平、扶风、冯翊、北地皆应之。"《石季龙载记下附石遵传》:"(司马勋)使治中刘焕攻京兆太守刘秀离。"可见后赵有京兆郡。

2.74　后赵冯翊郡

据上考"后赵京兆郡"引《石勒载记下附石弘传》可知,后赵有冯翊郡。

2.75　后赵扶风郡(含秦国)

据前考"后赵京兆郡"引《石勒载记下附石弘传》可知,后赵有扶风郡。《石勒载记上》载,石勒曾封石宏为秦王。据《石季龙载记下》,石宣杀石韬,李农谏曰"害秦公者恐在萧墙之内",可见石虎曾封石韬为秦公。《晋志上》载,"惠帝即位,改扶风国为秦国",故后赵也可能改扶风郡为秦国。

2.76　后赵始平郡

《石季龙载记上》："始平人马勖起兵于洛氏葛谷，自称将军。"可见后赵有始平郡。

2.77　后赵北地郡

据前考"后赵京兆郡"引《石勒载记下附石弘传》可知，后赵有北地郡。

2.78　后赵新平郡

据前考"后赵京兆郡"引《石勒载记下附石弘传》可知，后赵有新平郡。《苻坚载记下》："初，石季龙末，清河崔悦为新平相，为郡人所杀。"亦证后赵有新平郡。

2.79　后赵安定郡

《石季龙载记上》载，"安定人侯子光，弱冠美姿仪"。《石季龙载记下》又载，梁犊起义反石虎，"安西刘宁自安定击之"。可见后赵有安定郡。

2.80　后赵赵兴郡

《晋书》卷95《艺术传·麻襦传》："赵兴太守籍状收送诣季龙。"可见后赵置有赵兴郡。

2.81　后赵赵平郡

《太平寰宇记》卷34《关西道十》载，废鹑觚县，"石勒改为赵平郡"。可见后赵置有赵平郡。

2.82　后赵武始郡（？）

《石季龙载记上》："宁远刘宁攻武都狄道，陷之。"诸书均不载后赵时陷有仇池杨氏武都之地。《晋志上》载，张骏"以狄道县立武始郡"。此"武都"当为"武始"之讹。故后赵有武始郡。

2.83　后赵金城郡（？）

《石季龙载记下》："（张）重华金城太守张冲又以郡降石宁。"可见后赵得金城郡。

2.84　后赵大夏郡（？）

《晋书》卷89《忠义传·宋矩》："石季龙遣将麻秋攻大夏，护军梁式执太守宋晏，以城应秋。"可见后赵得大夏郡。

2.85　后赵抚夷护军

乐史《太平寰宇记》卷31《关内道七》："《魏志》曰：'魏司马宣王抚慰关中，罢县，置抚夷护军。'及赵王伦镇长安，复罢护军。后氐羌反，又立护军，刘、石、苻、姚因之。后魏罢护军。"可见后赵有抚夷护军。

2.86　后赵枹罕护军（？）

《石季龙载记下》："麻秋又袭张重华将张瑁于河陕，败之，斩首三千余级。枹罕护军李逵率众七千降于季龙。"可见后赵得枹罕护军。

2.87 后赵大夏护军(?)

据前考"后赵大夏郡"可知,后赵亦得大夏护军。

附1 后赵南阳郡(含南阳国)

《晋书》卷7《成帝纪》载,咸和三年(328)"夏四月,石勒攻宛,南阳太守王国叛,降于勒"。《石勒载记下》:"龙骧将军王国叛,以南郡降于勒。"钱大昕在《廿二史考异》附录二《诸史考异》卷1《晋书》"石勒载记"条指出,"南郡疑南阳之讹",当是。故王国叛晋后,后赵得南阳郡。据《石勒载记下》,石勒封小子石恢为南阳王。石虎篡位后,石勒诸子皆被杀,南阳国当复称南阳郡。据前考后赵疆域可知,后赵建武四年(338),南阳郡为东晋攻取。《晋书》卷8《穆帝纪》载,永和五年(349)"冬十月,石遵将石遇攻宛,陷之,执南阳太守郭启"。《石季龙载记下附石遵传》:"(司马勋)拔宛城,杀遵南阳太守袁景而还。"可知后赵末得南阳郡,既而复失。

附2 后赵新野郡

《晋书》卷7《成帝纪》载,咸和七年(332)七月,"竟陵太守李阳拔新野、襄阳,因而戍之"。可见后赵一度有新野郡,后复为东晋攻取。

附3 后赵襄阳郡

据上考"后赵新野郡"引《晋书》可知,后赵一度得襄阳郡,后复失于东晋。

3. 县

3.1 后赵邺县

据前考"后赵魏尹(承魏郡)"可知,后赵先后所置魏郡、魏尹,治邺,有邺县。

3.2 后赵魏县

《晋书》卷95《艺术传》载,"麻襦者,不知何许人也,莫得其姓名。石季龙时,在魏县市中乞丐"。可见后赵有魏县。

3.3 后赵襄国县

后赵石勒时都襄国,当有襄国县。

3.4 后赵荡阴县

据《石季龙载记下附石世传》,石遵击梁犊而归,"遵次于荡阴"。可见后赵有荡阴县。

3.5 后赵黎阳县

《太平御览》卷361《人事部二》:"《后赵书》曰:黎阳民妻产三男一女,勒赐乳母,谷绵以为休祥。"据《石季龙载记下附石鉴传》,冉闵诛胡羯,后赵公侯等出奔,"建义段勤据黎阳"。可见后赵有黎阳县。

3.6　后赵邯郸县

《石季龙载记下附冉闵传》:"石祇遣其相国石琨率众十万伐邺,进据邯郸。祇镇南刘国自繁阳会琨。"可见后赵有邯郸县。

3.7　后赵临水县

《太平御览》卷465《人事部一〇六》:"崔鸿《后赵录》曰:'张楼为临水长,严政酷刑,残忍无惠。'"可见后赵有临水县。

3.8　后赵清苑县(承苑乡县)

《太平寰宇记》卷59《河北道八》:"晋省南蛮,又为广平郡之任县地。后赵石氏于此置苑乡县,季龙又改清苑县,属襄国郡。"《石勒载记下》:"勒如苑乡。"又载:"甘露降苑乡。"可见后赵石勒时有苑乡县,石虎时改为清苑县,属襄国郡。

3.9　后赵南和县

《石勒载记上》:"勒之征乐平也,其南和令赵领招合广川、平原、渤海数千户叛勒。"可见后赵有南和县。

3.10　后赵馆陶县

《艺文类聚》卷85《布帛部》:"《赵书》曰:石勒参军周雅,为馆陶令,盗官绢数百匹。"可见后赵有馆陶县。据前考"后赵阳平郡"引《元和郡县图志》可知,后赵有馆陶县,属阳平郡。

3.11　后赵东武阳县(?)

《石勒载记上》:"支雄、逯明击宁黑于东武阳,陷之,黑赴河而死。"可见后赵得东武阳县。

3.12　后赵繁阳县

据前考"后赵邯郸县"引《石季龙载记下附冉闵传》可知,后赵有繁阳县。

3.13　后赵濩泽县

据《高僧传》卷5《晋长安五级寺释道安》,释道安"至邺,入中寺,遇佛图澄","后避难潜于濩泽"。可见后赵有濩泽县。

3.14　后赵襄陵县

据《石勒载记上》,汉国乱,石勒讨靳准,"勒统精锐五万继之,据襄陵北原"。可见后赵有襄陵县。

3.15　后赵朝歌县

据《刘曜载记》,石虎攻前赵,为刘曜所败,"奔于朝歌"。可见后赵有朝歌县。

3.16　后赵信都县

《石季龙载记上》:"季龙以谶文天子当从东北来,于是备法驾行自信都而还以应之。"可见后赵有信都县。

3.17 后赵堂阳县

《石勒载记下》:"堂阳人陈猪妻一产三男。"又载:"时大雨霖,中山西北暴水,流漂巨木百余万根,集于堂阳。"可见后赵有堂阳县。

3.18 后赵元氏县

据《石季龙载记下附石遵传》,石冲起兵攻石遵,"战于平棘,冲师大败,获冲于元氏,赐死"。可见后赵有元氏县。

3.19 后赵平棘县

据上考"后赵元氏县"引《石季龙载记下附石遵传》可知,后赵有平棘县。

3.20 后赵柏人县

据《石季龙载记下附冉闵传》,刘显杀石祗后,"骠骑石宁奔于柏人"。可见后赵有柏人县。

3.21 后赵南栾县

《太平寰宇记》卷59《河北道七》:"《十六国春秋》曰:石季龙建武六年,'分赵郡之柏人立南蛮县。'"《后汉书志》卷20《郡国志二》载,巨鹿郡有南䜌县,常山国有栾城县。巨鹿"南䜌"当较之"栾城"而言的。《魏志上》:"南栾,二汉属巨鹿,晋罢,后复。真君六年并柏人,太和二十一年复。有南栾城。"《太平寰宇记》中"南蛮"当是"南栾"之误。

3.22 后赵赵安县

《元和郡县图志》卷15《河东道四》:内丘县,"晋于此立中丘郡,石赵改为赵安县"。《太平寰宇记》卷59《河北道七》:"《赵记》云:'晋于此立中丘郡。'《十六国春秋》:'石季龙改为赵安县。'后魏省入柏人县。"毛远明校注《汉魏六朝碑刻校注》第三册之二八九《鲁潜墓志》载,"赵建武十一年,大岁在乙巳,十一月丁卯朔,故大仆卿驸马都尉勃海赵安县鲁潜"。其中赵安县属勃海郡,而《晋志上》载中丘县属赵国。

3.23 后赵廮陶县

《石季龙载记上》:"分廮陶之柳乡立停驾县。"可见后赵有廮陶县。

3.24 后赵停驾县

据上考"后赵廮陶县"引《石季龙载记上》可知,后赵石虎时新置停驾县。

3.25 后赵广阿县

《石勒载记下》:"广阿蝗。季龙密遣其子邃率骑三千游于蝗所。"《汉书》卷28《地理志上》载巨鹿郡有广阿县,《晋志》无此县。后赵时当复有此县。

3.26 后赵武遂县

《石勒载记上》:"署武遂令李回为易北都护、振武将军、高阳太守。"可见后赵有武遂县。

3.27 后赵枣强县

《石季龙载记附冉闵传》载,"清河王宁以枣强降于闵"。可见后赵有枣强县。

3.28 后赵茌平县

《石勒载记上》:"逯明攻宁黑于茌平,降之。"可见后赵得茌平县。《石勒载记下》载,"茌平令师欢获黑兔,献之于勒"。可见后赵有茌平县。

3.29 后赵饶安县

《晋书》卷6《明帝纪》载,太宁元年(323)三月,"饶安、东光、安陵三县灾,烧七千余家"。此三县在后赵境,故后赵有饶安县。

3.30 后赵东光县

据上考"后赵饶安县"引《晋书》卷6《明帝纪》可知,后赵有东光县。

3.31 后赵安陵县

据前考"后赵饶安县"引《晋书》卷6《明帝纪》可知,后赵有安陵县。

3.32 后赵贝丘县

《石季龙载记上》:"贝丘人李弘因众心之怨,自言姓名应谶,遂连结奸党,署置百僚。"可见后赵有贝丘县。

3.33 后赵武城县

《晋书》卷88《孝友传》:"石勒以(桑虞)为武城令。"可见后赵有武城县。

3.34 后赵绎幕县

《资治通鉴》晋穆帝永和八年三月:"赵立义将军段勤聚胡、羯万余人保据绎幕。"可见后赵有绎幕县

3.35 后赵曲阳县

《太平御览》卷367《人事部八》:"崔鸿《十六国春秋·后赵录》曰:'王谟字思贤,瓮鼻言不清畅,尫短无威仪,将拜曲阳令,勒疑之。'"可见后赵有曲阳县。又据后文所考"后燕曲阳县"可知,后燕时曲阳县属巨鹿郡,于《晋志上》属巨鹿郡。《魏志上》巨鹿郡有曲阳县,中山郡有上曲阳县。或自后赵时,下曲阳县改称曲阳县。

3.36 后赵厌次县(?)

《晋书》卷6《元帝纪》载,太兴四年(321)四月,"石勒攻厌次,陷之"。可见后赵得厌次县。

3.37 后赵广宗县

《石勒载记上》:"徙陈川部众五千余户于广宗。"可见后赵有广宗县。《晋志上》载,安平国(后改为长乐国)有广宗县。据前考"后赵建兴郡"引《水经注》可知,石虎时置建兴郡,治广宗县。

3.38　后赵建始县

据前考"后赵建兴郡"引《水经注》可知,石虎时置建兴郡,领有建始县。

3.39　后赵兴德县

据前考"后赵建兴郡"引《水经注》可知,石虎时置建兴郡,领有兴德县。

3.40　后赵临清县

据前考"后赵建兴郡"引《水经注》可知,石虎时置建兴郡,领有临清县。

3.41　后赵水东县

据前考"后赵建兴郡"引《水经注》可知,石虎时置建兴郡,领有水东县。

3.42　后赵洛阳县

据前考"后赵洛州(含司州)"可知,后赵先后所置司州、洛州治洛阳,故应有洛阳县。

3.43　后赵新安县

《晋书》卷6《明帝纪》载,太宁三年(325)六月,"石勒将石季龙攻刘曜将刘岳于新安,陷之"。《石季龙载记下》载,梁犊起义反石虎,石虎遣李农等讨之,"战于新安",可见后赵有新安县。

3.44　后赵成皋县

《石季龙载记下》载,石虎将李农击梁犊,"战于洛阳,农师又败,乃退壁成皋"。可见后赵有成皋县。

3.45　后赵阳城县

据《石季龙载记下附石鉴传》,冉闵诛胡羯,后赵公侯等出奔,"刘国据阳城"。可见后赵有阳城县。

3.46　后赵蒲坂县

据《石勒载记下附石弘传》,石弘时,石虎谋篡位,石生反石虎,"生统大军继发,次于蒲坂"。可见后赵有蒲坂县。

3.47　后赵渑池县

据《石勒载记下附石弘传》,石虎镇压石生反叛,战败,"季龙退奔渑池"。《石季龙载记上》:"(石虎)下书曰:'前以丰国、渑池二治初建,徙刑徒配之,权救时务。'"可见后赵有渑池县。

3.48　后赵华阴县

据《石勒载记下附石弘传》,石虎镇压郭权反叛,遣郭敖等讨之,"次于华阴"。可见后赵有华阴县。

3.49　后赵浚仪县

《晋书》卷6《元帝纪》载,太兴二年(319)四月,"龙骧将军陈川以浚仪叛,降于石勒";五月,"平北将军祖逖及石勒将石季龙战于浚仪,王师败绩"。可见后赵有浚仪县。

3.50　后赵封丘县

《石勒载记下》:"(石)季龙引军,城封丘而旋。"可见后赵有封丘县。

3.51　后赵东燕县

《晋书》卷62《祖逖传》载,"(后赵桃)豹宵遁,退据东燕城"。可见后赵有东燕县。

3.52　后赵蓟县

据前考"后赵幽州"可知,后赵幽州治蓟,故应有蓟县。

3.53　后赵安次县(?)

据《石季龙载记上》,后赵伐段辽,"支雄攻安次,斩其部大夫那楼奇"。可见后赵得安次县。

3.54　后赵广昌县

《太平御览》卷268《职官部六十六》:"《后赵录》曰:'申录字道时,为广昌令,白鸟巢其庭树,甘露降其厅事,后为三公。'"可见后赵有广昌县。

3.55　后赵令支县

据前考"后赵营州"可知,后赵营州治令支,故应有令支县。

3.56　后赵肥如县

《石季龙载记上》载,石虎"黜(赵揽)为肥如长"。可见后赵有肥如县。

3.57　后赵潞县(?)

《石勒载记上》:"(刘)琨司马温峤西讨山胡,勒将逯明要之,败峤于潞城。"可见后赵得潞县。

3.58　后赵晋阳县

《石季龙载记下附冉闵传》:"(慕容儁)遣慕容评率众围邺。刘宁及弟崇帅胡骑三千奔于晋阳。"可见后赵有晋阳县。

3.59　后赵阳曲县(?)

《石勒载记上》载,石勒破刘琨于并州后,"勒迁阳曲、乐平户于襄国,置守宰而退"。可见后赵得阳曲县。

3.60　后赵乐平县(?)

同上引《石勒载记上》,石勒破刘琨于并州后,"勒迁阳曲、乐平户于襄国,置守宰而退"。可见后赵得乐平县。

3.61　后赵武乡县

据前考"后赵武乡郡"引《太平寰宇记》可知,后赵有武乡县,属武乡郡。

3.62　后赵涅县

据前考"后赵武乡郡"引《太平寰宇记》可知,后赵有涅县,属武乡郡。

3.63　后赵沾县

据前考"后赵武乡郡"引《太平寰宇记》可知,后赵有沾县,属武乡郡。

3.64　后赵长城县

据前考"后赵武乡郡"引《石季龙载记上》可知,后赵有长城县,属武乡郡。

3.65　后赵临淄县

梁释僧佑撰《弘明集》卷2《明佛论》:"澄公仁圣于石勒、虎之世,谓虎曰:'临淄城中有古阿育王寺。'"可见后赵有临淄县。

3.66　后赵平陵县

据前考"后赵济南郡"引《石季龙载记上》可知,后赵有平陵县,属济南郡。

3.67　后赵阳都县

《石季龙载记上》:"自灵昌津南至荥阳,东极阳都,使御史监察。"可见后赵有阳都县。

3.68　后赵费县

据前考"后赵琅邪郡"引《石季龙载记上》可知,后赵琅邪郡领有费县。

3.69　后赵廪丘县

《石勒载记上》:"季龙回击败之,遂陷廪丘。"又据前考"后赵中山郡"引崔鸿《十六国春秋》可知,后赵有廪丘县。

3.70　后赵鄄城县(?)

《晋书》卷8《穆帝纪》载,永和七年(351)五月,"(石)祗兖州刺史刘启自鄄城来奔"。可见后赵得鄄城县。

3.71　后赵巨平县

《晋书》卷81《蔡豹传》:"时石季龙屯巨平,将攻豹,豹夜遁。"可见后赵有巨平县。

3.72　后赵谷城县

据前考"后赵济北郡"引《太平御览》可知,后赵有谷城县,属济北郡。

3.73　后赵许昌县

据前考"后赵豫州"可知,后赵豫州治许昌,故应有许昌县。

3.74　后赵襄城县(?)

《晋书》卷6《元帝纪》载,永昌元年(322)十月,"石勒攻陷襄城、城父,遂围谯,破祖约别军,约退据寿春"。可见后赵得襄城县。

3.75　后赵谷阳县(承苦县)

《宋志二》载,豫州陈郡领有谷阳县,为晋成帝咸康三年(337)苦县更名。

《宋志》用晋帝年号纪年,时陈郡属后赵,当是后赵改苦县为谷阳县。

3.76　后赵谯县

《石勒载记下附石弘传》:"(石堪)微服轻骑袭兖州,失期,不克,遂南奔谯城。"可见后赵有谯县。

3.77　后赵城父县

据前考"后赵襄城县"引《晋书》可知,后赵得城父县。《石勒载记下附石弘传》载,石堪奔谯,"(石)季龙遣其将郭太等追击之,获堪于城父"。可见后赵有城父县。

3.78　后赵寿春县

《石勒载记下》:"石聪与堪济淮,陷寿春,祖约奔历阳,寿春百姓陷于聪者二万余户。"《晋书》卷8《穆帝纪》载,永和元年(345)八月,"石季龙将路永屯于寿春"。可见后赵有寿春县。

3.79　后赵长安县

据前考"后赵雍州"可知,后赵雍州治长安,故应有长安县。

3.80　后赵石安县

《魏志下》载,后赵雍州咸阳郡有石安县,云"石勒置"。《太平寰宇记》卷26《关西道二》:"石安原,即石勒置石安县之所。"北宋宋敏求《长安志》卷13《县三》:"前赵石勒于渭城置石安县。"可见后赵有石安县。

3.81　后赵郿县

据《晋书》卷7《成帝纪》,咸和九年(334)四月,郭权叛后赵,"石弘将石季龙使石斌攻郭权于郿,陷之"。可见后赵有郿县。

3.82　后赵雍县

《石季龙载记下》:"故东宫谪卒高力等万余人当戍凉州,行达雍城。"可见后赵有雍县。

3.83　后赵鄠县

《石季龙载记上》:"(侯子光)游于鄠县爰赤眉家。"可见后赵有鄠县。

3.84　后赵汧县

《石勒载记下附石弘传》,石虎镇压石生反叛,"分遣诸将屯于汧"。可见后赵有汧县。

3.85　后赵泾阳县

《魏书》卷95《临渭氐苻健》:"石虎平秦陇,表石勒拜(苻洪)冠军将军、泾阳伯,又徙之枋头。"可见后赵有泾阳县。

3.86　后赵上邽县

据前考"后赵秦州"可知,后赵秦州治上邽,故应有上邽县。

3.87　后赵西县

《晋志上》天水郡有始昌县。《太平寰宇记》卷150《陇右道一》："始昌城,一名西城。按城即汉为西县城也。"《宋书》卷98《氐胡传》："(苻)坚死,(杨定)乃将家奔陇右,徙治历城,城在西县界,去仇池百二十里";"求割天水之西县、武都之上禄为仇池郡,见许"。可见十六国时有西县。《晋书》卷8《穆帝纪》:永和五年(349)八月,"梁州刺史司马勋攻石遵长城戍,仇池公杨初袭西城,皆破之"。据此,后赵当有西县。

3.88　后赵陇城县

据《石勒载记下》,秦州休屠王羌叛于勒,"勒遣石生进据陇城"以讨之,可见后赵有陇城县。

3.89　后赵枹罕县

据《晋书》卷8《穆帝纪》,永和三年(347)五月,"石季龙又使其将石宁、麻秋等伐凉州,次于曲柳。张重华使将军牛旋御之,退守枹罕"。可见后赵有枹罕县。

3.90　后赵大夏县(?)

据前考"后赵广平郡"引郑樵《通志》可知,疑后赵有大夏令库成济,故疑后赵有大夏县。

3.91　后赵狄道县(?)

据前考"后赵武始郡"引《石季龙载记上》可知,后赵得武始郡,领有狄道县。

3.92　后赵武街县(?)

《石季龙载记下》:"王擢克武街,执重华护军曹权、胡宣。"可见后赵得武街县。

附　后赵宛县(?)

据前考"后赵南阳郡"可知,后赵得宛县,属南阳郡。

附一　段国①

鲜卑段部与慕容部、宇文部同为东部鲜卑。西晋末年,段部与幽州刺史王浚结盟,势力比较强盛。据《晋书》卷63《段匹磾传》、《北史》卷98《徒何段就六眷传》和《资治通鉴》等相关记载,西晋建兴元年(313),辽西公段疾陆眷与王浚盟友关系破裂,段氏由此自立,当仍用晋年号。此时,段国居于辽西郡。建兴

---

① 鲜卑段部并未建国称号,但在西晋亡后,已割据自立,为实际上的独立之国,故称之为段国。

二年(314),石勒破擒王浚,以刘翰行幽州刺史;既而,刘翰叛石勒,归段匹䃔,匹䃔乃领幽州刺史。东晋太兴元年(318),疾陆眷卒,段涉复辰自立。寻而,段末杯杀涉复辰自立,并击破段匹䃔,自称幽州刺史。由前考后赵疆域可知,太兴二年(319),燕、渔阳二郡南部和范阳郡为石勒控制,而原西晋幽州其余之地(辽西郡、北平郡、上谷郡、广宁郡、代郡和燕、渔阳二郡北部)则为段末杯控制。东晋太宁三年(325),段末杯卒,段牙立。同年,段辽杀牙自立。至东晋咸康四年(338),段辽为石虎所灭,其地悉入后赵。

段国曾以幽州刺史领其地。西晋建兴二年(314),段国控有燕、渔阳、范阳、辽西、北平、代、上谷、广宁八郡,诸郡治所、领县与后赵建武四年(338)以后相同。东晋太兴二年(319),燕郡所领蓟、安次、广阳三县入后赵,渔阳郡所领雍奴、潞、泉州三县入后赵;自此年,段国燕郡领昌平县、军都县,渔阳郡领安乐县、狐奴县,治所皆不可考。至东晋咸康四年(338),段国统辖辽西、北平、燕、渔阳、上谷、广宁、代七郡。将其可考的州、郡、县考述于下。

1. 州

段国幽州

据《资治通鉴》晋愍帝建兴二年(314)三月,石勒破王浚后,以刘翰行幽州刺史,"刘翰不欲从石勒,乃归段匹䃔,匹䃔遂据蓟城"。《晋书》卷63《段匹䃔传》:"及王浚败,匹䃔领幽州刺史。"据《石勒载记上》,刘琨与段匹䃔、涉复辰、疾六眷、段末杯等谋讨石勒,勒使参军厚赂段末杯以间之,末杯说辰、眷等引还,"琨、匹䃔亦退如蓟城"。可见段匹䃔时,以幽州治蓟。据《资治通鉴》,晋愍帝建兴二年(314)三月,王浚败后,"王浚从事中郎阳裕,就之兄子也,逃奔令支,依段疾陆眷";晋元帝永昌元年(322)十二月,"慕容廆遣其世子皝袭段末杯,入令支,掠其居民千余家而还";晋明帝太宁三年(325),"慕容廆与段氏方睦,为段牙谋使之徙都;牙从之,即去令支,国人不乐。段疾陆眷之孙辽欲夺其位,以徙都为牙罪,十二月,帅国人攻牙,杀之,自立"。《石季龙载记上》载,石虎伐段辽,"辽惧弃令支,奔于密云山"。可见,段国自段疾陆眷以来居令支。《北史》卷98《徒何段就六眷传》:"(段)末波自称幽州刺史,屯辽西。"此"就六眷"、"末波"即《石勒载记》"疾六眷"、"末杯",音译不同。末杯领幽州刺史,亦治令支。

2. 郡

2.1 段国辽西郡

据前考"段国幽州"引《徒何段就六眷传》可知,段国有辽西郡,当治令支。

2.2 段国北平郡

据《石季龙载记上》,后赵伐段辽,"辽渔阳太守马鲍、代相张牧、北平相阳裕、上谷相侯龛等四十余城并率众降于季龙"。可见段国有北平郡。

2.3 段国燕郡

据《慕容皝载记附阳裕传》,段辽与慕容皝相攻,阳裕谏,"辽不从。出为燕郡太守"。可见段国有燕郡。

2.4 段国渔阳郡

据前考"段国北平郡"引《石季龙载记上》可知,段国有渔阳郡。

2.5 段国上谷郡

据前考"段国北平郡"引《石季龙载记上》可知,段国有上谷郡。

2.6 段国代郡

据前考"段国北平郡"引《石季龙载记上》可知,段国有代郡。

3. 县

3.1 段国令支县

据前考"段国幽州"可知,段国有令支县。

3.2 段国蓟县

据前考"段国幽州"引《资治通鉴》和《石勒载记上》可知,段国在段匹䃅时有蓟县。

3.3 段国安次县

据《石季龙载记上》,后赵伐段辽,"支雄攻安次,斩其部大夫那楼奇"。可见段国有安次县。

3.4 段国故安县

《文选注》卷28《乐府下·放歌行》注引王隐《晋书》曰:"段匹䃅讨石勒,进屯故安县。"可见段国有故安县。《石勒载记上》:"刘琨与段匹䃅、涉复辰、疾六眷,段末柸等会于固安,将谋讨勒。"此作"固安",而《晋志上》载范阳郡有"故安"县。

附二 冉魏

后赵太宁元年(349),石虎死,后赵大乱。其后,后赵的中央权力逐渐为冉闵所控制。冉魏永兴元年(350),冉闵杀石鉴,于邺称帝,国号大魏。至永兴三年(352),冉魏为前燕所灭。

一、疆域变迁

由前考后赵疆域知,后赵石虎末年统有司隶部及冀州、洛州、幽州、营州、并州、青州、徐州、兖州、豫州、扬州、荆州、雍州、秦州、朔州、凉州等十五州。冉闵自立不久,石祇于襄国称帝,前秦西取关中,段龛东据青州,前燕南定幽冀,东晋北争淮北,另有不少后赵故将拥兵割据,石虎末年时的疆土四分五裂。据后文所考前秦、前燕疆域变迁可知,永兴元年(350),前秦已占据雍州、秦州和洛州弘农、河东、河内、汲郡、黎阳等地;前燕南下,取有幽州和冀州高阳、河间、章武等地,阳平郡为孙元控制,卫国郡为李历控制。另外,后赵扬州已为东晋所取①,前凉乘乱取后赵凉州。据《石季龙载记附冉闵传》,冉闵初立,"石琨奔据冀州,抚军张沉屯滏口,张贺度据石渎,建义段勤据黎阳,宁南杨群屯桑壁,刘国据阳城,段龛据陈留,姚弋仲据混桥,苻洪据枋头,众各数万",皆不附于冉闵,可见当时邺城周边的司隶部地区亦不全归于冉魏。据《资治通鉴》永和六年七月所称"赵并州刺史张平"可知,并州及其以西之地亦不归冉魏。后赵乱后,鲜卑段龛拥其部落南徙,永兴元年(350)七月,龛引兵东据广固,自称齐王,青州之地归于段龛。朔州本为羌胡居地,后赵乱后,各族当亦不再归附中原王朝。除上述诸地为各方势力所据外,冉魏大体上能控有原后赵之司隶部、洛州、冀州、豫州、徐州、荆州的部分地区,然永兴二年(351)、三年(352)这些地区相继失陷。

《资治通鉴》晋穆帝永和七年(冉魏永兴二年,351)载,"五月,赵兖州刺史刘启自鄄城来奔","八月,魏徐州刺史周成、兖州刺史魏统、荆州刺史乐弘、豫州牧张遇以廪丘、许昌等诸城来降;平南将军高崇、征虏将军吕护执洛州刺史郑系以其地来降",可见冉魏所控有的徐州、荆州、豫州、洛州等地于永兴二年(351)八月已失。可能在此年五月赵兖州刺史投奔东晋后,兖州距东晋较远,未能为东晋控制,冉魏遂得兖州,然八月又失之。据《晋志上》,"石季龙又分司州之河南、河东、弘农、荥阳,兖州之陈留、东燕为洛州"。永兴元年(350),河东郡和弘农郡起初为冉魏控制,不久入前秦。冉魏永兴元年(350)所能控制的洛州有河南、荥阳、陈留、东燕四郡,于永兴二年(351)失之。

由于冉魏都邺城,当能控制魏尹;冉闵北攻襄国,取道广平,当控有广平郡;司隶部所领其余诸郡分别为前秦、石祗和后赵将领控制。《资治通鉴》晋穆帝永和七年四月:"渤海人逄约,因赵乱,拥众数千家,附于魏,魏以约为渤海太守。故太守刘准,隗之兄子也;土豪封放,奕之从弟也;别聚众自守。闵以准为幽州刺史,与约中分渤海。"可能永兴元年(350)时渤海郡已归于冉魏,至永兴二年(351)前燕慕容儁兵临渤海,逄约、刘准、封放皆降之,冉魏失渤海郡。《资治通鉴》晋穆帝永和七年八月载,前燕攻中山郡、赵郡,"魏中山太守上谷侯龛

---

① 《晋书》卷107《石季龙载记下附石遵传》:"遵扬州刺史王浃以淮南归顺。晋西中郎将陈逵进据寿春。"此事在冉闵篡位前。《晋书》卷8《穆帝纪》:永和六年(350)五月,"庐江太守袁真攻合肥,克之"。

闭城拒守","魏赵郡太守辽西李邽举郡降,(慕容)恪厚抚之,将邽还围中山,侯龛乃降",冉魏所控中山、赵郡亦为前燕所并。据后文所考"冉魏章武郡"可知,冉闵时还控有章武郡,于永和六年(350)九月为前燕攻取。石祇于襄国为其将刘显所杀,既而刘显称帝于襄国。据《石季龙载记附冉闵传》,刘显率众攻常山,冉闵"亲率骑八千救之";《资治通鉴》晋穆帝永和八年正月载此事,可见于永兴三年(352)常山郡仍属冉魏。不久冉闵攻陷襄国,杀刘显,襄国等地为冉闵所有。永兴三年(352)四月,冉闵于常山为燕将慕容恪所擒,冉魏邺城亦为前燕攻占,冉魏亡。

二、政区沿革

(一)政区概述

1. 司隶部

司隶部,治邺(今河北临漳县西南邺镇一带)。冉魏永兴元年(350),以司隶部领魏尹、广平郡。冉魏魏尹、广平郡治所、领县承后赵,同后赵末年。至魏永兴三年(352),司隶部仍领魏尹、广平郡。

2. 洛州

洛州,治洛阳(今河南洛阳市城区东)。冉魏永兴元年(350),承后赵置洛州,领河南、荥阳、弘农、河东、陈留、东燕六郡。此年,弘农郡、河东郡入前秦。冉魏洛州诸郡治所、领县承后赵,同后赵末年。至冉魏永兴二年(351),洛州领河南、荥阳、陈留、东燕四郡。

3. 冀州

冀州,治所不可考。冉魏永兴元年(350),以冀州领赵郡、中山、常山、章武、勃海五郡;同年九月,章武郡入前燕。冉魏赵郡、中山郡、常山郡、章武郡治所、领县承后赵同后赵末年,而渤海郡治所、领县不详。永兴二年(351),赵郡、中山、渤海三郡入前燕。至冉魏永兴三年(352),冀州领常山郡。

4. 徐州

徐州,治彭城(今江苏徐州市城区一带)。冉魏永兴元年(350),承后赵置徐州,领彭城、下邳、琅邪、东莞、东安、东海、武兴、临淮、淮陵九郡。冉魏徐州诸郡治所、领县承后赵,同后赵末年。至冉魏永兴二年(351),徐州领郡不变。

5. 兖州

兖州,治廪丘(今山东郓城县西北)。冉魏永兴二年(351),承后赵置兖州,领濮阳、济阴、高平、东平、济北、泰山、济阳七郡。八月,此州入东晋。冉魏兖州诸郡治所、领县承后赵,同后赵末年。

6. 豫州

豫州,治许昌(今河南许昌县东)。冉魏永兴元年(350),承后赵置豫州,领颍川、襄城、汝南、汝阳、汝阴、新蔡、南顿、梁郡、陈郡、沛郡、谯郡、鲁郡十二郡。冉魏豫州诸郡治所、领县承后赵,同后赵末年。至冉魏永兴二年(351),豫州领郡不变。

7. 荆州

荆州,治上洛(今陕西商洛市商州区)。冉魏永兴元年(350),承后赵置荆州,领上洛郡。冉魏上洛郡治所、领县承后赵,同后赵末年。至冉魏永兴二年(351),荆州领郡不变。

8. 幽州

幽州,治所不可考。冉魏永兴元年(350),置幽州,领原后赵渤海郡部分之地。至冉魏永兴二年(351),幽州辖区当不变。

(二) 政区考证

1. 司隶校尉、州

1.1 冉魏司隶校尉

《石季龙载记下附冉闵传》有冉魏"司隶校尉籍罴"。冉魏都邺城,其司隶部亦治邺。

1.2 冉魏洛州

《石季龙载记下附冉闵传》有冉魏"洛州刺史郑系",可见冉魏当有洛州。

1.3 冉魏冀州

《石季龙载记附冉闵传》载,"时慕容儁已克幽蓟,略地至于冀州。闵帅骑距之"。可见冉魏当有冀州。

1.4 冉魏徐州

《石季龙载记下附冉闵传》有冉魏"徐州刺史周成",可见冉魏当有徐州。

1.5 冉魏兖州

《石季龙载记下附冉闵传》有冉魏"兖州刺史魏统",可见冉魏当有兖州。

1.6 冉魏豫州

《石季龙载记下附冉闵传》有冉魏"豫州牧冉遇",可见冉魏当有豫州。

1.7 冉魏荆州

《石季龙载记下附冉闵传》有冉魏"荆州刺史乐弘",可见冉魏当有荆州。

1.8 冉魏幽州

《石季龙载记下附冉闵传》有冉魏"幽州刺史刘准",可见冉魏当有幽州。

2. 郡

2.1 冉魏赵郡

《资治通鉴》晋穆帝永和七年八月载,前燕来攻,"魏赵郡太守辽西李邽举郡降",可见冉魏当有赵郡。

2.2 冉魏渤海郡

《资治通鉴》晋穆帝永和七年四月载,"渤海人逢约,因赵乱,拥众数千家,附于魏,魏以约为渤海太守",可见冉魏当有渤海郡。

2.3 冉魏章武郡

《慕容儁载记》有"(冉)闵章武太守贾坚"①,故冉魏有章武郡。

2.4 冉魏中山郡

《慕容儁载记》:"(冉)闵将白同、中山太守侯龛固守不下。"可见冉魏有中山郡。

2.5 冉魏常山郡

《石季龙载记附冉闵传》:"刘显率众伐常山,太守苏亥告难于闵。"可见冉魏有常山郡。

3. 县

3.1 冉魏邺县

《石季龙载记附冉闵传》载,"石祇遣其相国石琨率众十万伐邺";又载,"闵潜于襄国行宫,与十余骑奔邺"。冉魏都邺城,当有邺县。

3.2 冉魏邯郸县

《晋书》卷8《穆帝纪》载,永和六年(350)"六月,石祇遣其弟琨攻冉闵将王泰于邯郸,琨师败绩"。可见冉魏有邯郸县。

3.3 冉魏陆浑县

释慧皎《高僧传》卷5《晋长安五级寺释道安》载,冉闵乱后,"(道安)渡河依陆浑"。《晋志上》载陆浑县属河南郡,时河南郡为冉魏控制,故冉魏有陆浑县。

3.4 冉魏安喜县

《资治通鉴》晋穆帝永和八年四月载,"闵军于安喜"。可见冉魏有安喜县。

---

① 《慕容儁载记》:"闵章武太守贾坚率郡兵邀评战于高城,擒坚于阵。"据《资治通鉴》晋穆帝永和六年九月,"初,勃海贾坚,少尚气节,仕赵为殿中督。赵亡,坚弃魏主闵还乡里,拥部曲数千家。燕慕容评徇勃海,遣使招之,坚终不降;评与战,擒之"。《资治通鉴》与《慕容儁载记》记载不同,此姑从《载记》。

3.5 冉魏魏昌县

《石季龙载记附冉闵传》载,冉闵帅骑拒前燕,"与慕容恪相遇于魏昌城"。可见冉魏有魏昌县。

第三节 成汉(附 谯蜀)

西晋永宁元年(301),李特于绵竹起兵反晋。成建初元年(303),李特自称益州牧,不久兵败被杀,弟李流自称益州牧;同年李流卒,众推李雄为益州牧,李雄攻取成都而都之。成建兴元年(304),李雄称成都王。成晏平元年(306),李雄称帝,国号大成①。成玉衡二十四年(334),李雄卒,李班即位;既而李班被杀,李期即位。汉汉兴元年(338),李期被废而自杀,李寿称帝,改国号汉。汉汉兴六年(343),李寿卒,李势即位。汉嘉宁二年(347),晋桓温来伐,李势出降,成汉亡。

一、疆域变迁

东汉末年,巴西郡宕渠賨人迁居汉中,依张鲁。曹操攻克汉中,遂迁賨人居略阳,谓之巴氐。晋元康中,关中扰乱,频岁大饥,李特等率流民入蜀就谷。益州刺史赵廞杀李特之弟李庠,李特遂率流民攻成都。此时中原大乱,李特遂谋图割据巴蜀。李特战亡后,李雄统率流民,击走益州刺史罗尚,入据成都,建国称号,逐渐占据梁、益、宁三州之地。

(一) 成汉在梁州的开拓②

李特率流民起事于广汉郡绵竹县,该县当时属梁州,因此成汉疆土开拓是从梁州开始的。据《华阳国志》卷8《大同志》,晋惠帝永宁元年(301),益州刺史赵廞杀李庠,李特兄弟率众归绵竹,遂起事攻成都,赵廞走死,罗尚遂任为益

---

① 关于李雄称帝的时间,《资治通鉴》有考异。《资治通鉴》晋惠帝光熙元年六月:"《考异》曰:《晋帝纪》、《三十国》、《晋春秋》皆云:'永兴二年六月,雄即帝位'。《华阳国志》:'光熙元年,雄即帝位'。《后魏书·序纪》及《李雄传》,皆云'昭帝十二年,雄称帝'即光熙元年也。《十六国春秋钞》:'晏平元年六月,雄即帝位。'《十六国春秋目录》,雄年号,建兴二、晏平五,与《华阳国志》同,今从之。"
② 《晋志上》载,梁州统汉中、梓潼、广汉、新都、涪陵、巴、巴西、巴东八郡;又载,"太康六年九月,罢新都郡并广汉郡。惠帝复分巴西置宕渠郡,统宕渠、汉昌、安汉三县,并以新城、魏兴、上庸合四郡以属梁州"。据《华阳国志》卷2《汉中志》,阴平郡于元康六年(296)还属梁州。结合成汉政权的统治区,本节所言"梁州"为汉中郡、梓潼郡、广汉郡、涪陵郡、巴郡、巴西郡、巴东郡和阴平郡,不包括新城、魏兴、上庸三郡。

州刺史;李特攻广汉,太守辛冉"溃围走德阳"。《李特载记》载,辛冉败走后,李特入据广汉,"以李超为太守"。李特遂得广汉郡。

《大同志》又载,晋惠帝太安元年(302)八月,李特破德阳。又据《李特载记》,李特得德阳后,"以骞硕为德阳太守,硕略地至巴郡之垫江";之后,晋荆州刺史宋岱来讨,"水军三万,次于垫江",李氏旋失垫江。据《资治通鉴》晋惠帝太安二年(303)二月,"(晋将)孙阜破德阳,获骞硕",李氏又失德阳。

又据《大同志》,李特在攻克德阳的同年,又破晋军于阳沔,"梓潼太守张演委仓库走巴西。巴西郡丞毛植、五官襄班举郡降特",李氏遂得梓潼郡、巴西郡①。成李雄初年,以李离为梓潼太守,马脱为巴西太守。《大同志》载,成宴平四年(309),李离被杀,五年马脱被杀,"梓潼、巴西还属"于晋;成玉衡元年(311),"巴西、梓潼复为雄有"。

李雄占据广汉、梓潼、巴西等郡,同时还攻取成都,据有蜀郡等地,在巴蜀得以立足后,疆土渐广。益州刺史罗尚被李雄击败后,率三府官属南走巴郡,不久卒于巴郡。其后,隗文在巴郡叛变,杀行三府事兼巴郡太守张罗,降于李雄。《大同志》载,玉衡二年(312),"三府文武复共表涪陵太守义阳向沈行西夷校尉,吏民南入涪陵",巴郡则为李雄所据。《资治通鉴》晋愍帝建兴二年(成玉衡四年,314)正月,李雄所据"巴郡尝告急,云有晋兵",亦证巴郡为李雄所据。其后,东晋再攻巴郡,亦未能得其地②。据谭图第三册"西晋时期益州图",德阳县在巴郡之北。东晋官吏南走涪陵后,德阳县当亦入成。

玉衡二年(312)八月,"阴平都尉董冲逐太守王鉴,以郡叛降于李雄"③,成得阴平郡。然至玉衡十年(320),阴平郡为氐王仇池杨氏所取④。《晋书》卷7《成帝纪》载,"李雄将李寿侵阴平,武都氐帅杨难敌降之",仇池杨氏仅称藩于

---

① 《晋书》卷4《惠帝纪》亦载,太安元年(302)五月,"太尉、河间王颙遣将衙搏击李特于蜀,为特所败。特遂陷梓潼、巴西"。
② 《华阳国志》卷9《李特雄期寿势志》载,咸康五年(339)二月,"晋将伐巴郡,获李闳","三月,拜李奕镇东,代闳"。
③ 见《晋书》卷5《怀帝纪》。又据《华阳国志》卷2《汉中志》,"永嘉末,(阴平)太守王鉴粗暴,郡民毛深、左腾等逐出之,相率降李雄"。《汉中志》所载与《怀帝纪》略有不同,但均表明阴平太守被逐出后,阴平郡入李雄。
④ 《华阳国志》卷2《汉中志》载,仇池杨氏"攻走雄阴平太守罗演"。由后文所考仇池国疆域知,杨氏取阴平郡在晋元帝太兴三年(即成玉衡十年,320)。

李雄,成汉未得杨氏所据武都、阴平二郡之地①。

汉中郡为晋梁州刺史所治,李雄多次出兵征讨,才得有此郡。《大同志》载,西晋永兴元年(成建兴元年,304)十二月,"雄太尉李离伐汉中,杀都战帅赵汶"。《晋书》卷5《怀帝纪》,光熙元年(成宴平元年,306)十二月,"李雄别帅李离寇梁州"。李离两次侵汉中,皆未有所得,后复来寇。《大同志》又载,永嘉元年(307)五月,"雄遣李离、李云、李璜、李凤入汉中","积十余日,离等引还。汉中民句方、白落率吏民还守南郑";晋愍帝建兴元年(成玉衡三年,313),汉中陷于杨虎和氐王杨难敌,"虎领吏民入蜀。汉中民张咸等讨难敌,难敌退还。咸复入蜀,于是三州没为雄矣"。据《资治通鉴》晋愍帝建兴二年(314)正月,"杨虎掠汉中吏民以奔成,梁州人张咸等起兵逐杨难敌。难敌去,咸以其地归成。于是汉嘉、涪陵、汉中之地皆为成有"。《晋书》卷5《愍帝纪》载,建兴元年(313)十一月,"流人杨武攻陷梁州";建兴二年(314)正月,"杨武大略汉中,遂奔李雄"②。《大同志》记事止于"三州没为雄矣",可能汉中为李雄所得在晋愍帝建兴二年(314)正月,《大同志》未再作纪年。其后,东晋遣将司马勋攻汉中,为李寿击败而走,汉中郡仍为李氏所有③。

梁州涪陵、巴东二郡,地接荆州,成汉多得之而复失。《资治通鉴》晋愍帝建兴二年(314)载,"汉嘉、涪陵、汉中之地,皆为成有",李雄当于此年取有涪陵郡。李雄得涪陵后,当后又失之,再与东晋争夺。据《晋书》卷7《成帝纪》,玉衡十六年(326)九月,"李雄将张龙寇涪陵,执太守谢俊";玉衡十八年(328)"冬十月,李雄将张龙寇涪陵,太守赵弼没于贼"。可见,涪陵郡不断在成汉和东晋间数易其手。同样,成汉与东晋也反复争夺巴东郡。《晋书》卷5《愍帝纪》载,玉衡七年(317)正月,"李雄使其将李恭、罗寅寇巴东";《晋书》卷6《元帝纪》又载,玉衡十二年(322)五月,"蜀贼张龙寇巴东,建平太守柳纯击走之";据《华阳国志》卷9《李特雄期寿势志》,玉衡二十年(330),"冬,寿率征南费黑、征东任邵伐巴东,至建平。监军毌丘奥退保宜都"④。李氏此次出征巴东、建平,当取其地,但守之不长,后复为晋有。又据《晋书》卷7《成帝纪》,汉汉兴二年(339)

---

① 《华阳国志》卷2《汉中志》载,仇池杨氏"自茂搜父子之结据也,通晋家,及李雄、刘曜、石勒、石虎、张骏,皆称臣奉贡,受其官号;所向用其官及其年号"。可见,杨氏向诸多政权称臣,实际上还是自立为政,故其所据武都、阴平二郡不能视为其他任何政权之疆土。
② 此"杨武"当为"杨虎",《晋书》避唐讳改为"杨武"。
③ 据《华阳国志校》卷9《李特雄期寿势志》,咸康二年(336)冬,李寿"北入汉中,破走司马勋"。据《晋书》卷7《成帝纪》,咸康二年(336)"十一月,遣建威将军司马勋安集汉中,为李期将李寿所败"。
④ 《晋书》卷7《成帝纪》亦载,咸和五年(330)十月,"李雄将李寿寇巴东、建平,监军毌丘奥、太守杨谦退归宜都"。

十二月,"李寿将李奕寇巴东,守将劳扬战败,死之"。或李氏此时又得巴东,但后又失之。《晋书》卷7《康帝纪》载,汉李势太和元年(344)九月,"巴东太守杨谦击李势将申阳,走之,获其将乐高",则表明巴东郡为晋有。可见,李氏曾于玉衡二十年(330)、汉兴二年(339)攻陷巴东郡,后复失之。

据上文所考,巴氏李氏自起兵后逐渐取有梁州。晋惠帝永宁元年(301),李特于绵竹起事,得广汉郡(除德阳县)。晋惠帝太安元年(302),李氏得梓潼郡、巴西郡和德阳县,且置德阳郡。成建初元年(303),失德阳郡。成宴平四年(309),失梓潼郡;五年(310),失巴西郡。玉衡元年(311),复得梓潼郡、巴西郡。玉衡二年(312),得巴郡、阴平郡和德阳县;四年(314),得汉中郡;十年(320),失阴平郡。涪陵、巴东二郡,成汉多得而复失,玉衡四年(314)、十六年(326)、十八年(328)李氏曾得涪陵;成玉衡二十年(330)、汉汉兴二年(339)曾得巴东郡,后又失之。成玉衡二十年(314),成取有巴东之际,亦得建平郡,后复失之。

(二)成汉在益州的拓展①

李特率流民起兵,其首要攻夺目标是益州治所成都。成建初元年(303),李特战亡后,李雄率流民争夺成都。建初元年(303)"六月,雄从帛羊頮渡,攻杀汶山太守陈图,趣郫城。秋七月朔,雄入郫城,流尽移营据之"②。李氏杀汶山太守后,随后入据郫城,当取有汶山郡③。不久,李雄又击走罗尚,入据成都。《太平寰宇记》卷72《剑南西道一》:"晋惠帝光熙元年(成宴平元年,306),李雄攻成都,遂自立。《十六国春秋》曰:'李雄定成都,严柽为蜀郡太守,雄即王位,迁益州刺史'是也。"可见,李雄定都成都后,据有蜀郡。

李氏得成都前,曾攻犍为。《华阳国志》卷8《大同志》载,西晋太安元年(成

---

① 《晋志上》载,益州统蜀、犍为、汶山、汉嘉、江阳、朱提、越嶲、牂柯八郡。据《华阳国志》卷4《南中志》,晋惠帝太安元年(303)"冬十一月丙戌,诏书复置宁州。增统牂柯、益州、朱提,合七郡"。此所述益州,不包括朱提郡、牂柯郡,仅为蜀、犍为、汶山、汉嘉、江阳、越嶲六郡。朱提郡、牂柯郡于下文成汉得宁州处考述。
② 常璩著,任乃强校注:《华阳国志校补图注》卷8《大同志》,上海古籍出版社,1987年,第465页。其中"趣"字,《华阳国志》原文为"据",任乃强依前后文意改,此从之。
③ 任乃强在《华阳国志校补图注》卷3《蜀志·汶山郡》后补有"元康八年,西夷校尉曲炳讨兴乐乱羌,大为羌胡所破。群羌皆叛,太守但保都安。永宁元年,刺史罗尚遣牙门将王敦讨之。为羌所杀。李雄入成都,汶山太守兰维随尚东走。雄弃其地,以都安属蜀郡",其下言"依本书《大同志》补",第185页。而该书《大同志》载,曲炳为羌胡败后,"败军征还。夏,用江夏太守陈总为代。胡退散",第445页。《华阳国志》未有"太守但保都安"的记载,其言"胡退散",表明汶山郡依然为晋辖有。而《大同志》和《李特雄期寿势志》均不见李雄弃汶山郡,"以都安属蜀郡"的记载。任氏所补未有所据,此不采。而《李特雄期寿势志》载,李雄卒后,李期篡立,以"弟保镇西、西夷校尉、汶山太守"。此表明李氏未弃汶山郡,于此地署有太守。

建初元年,303),李特"获太守武陵龚恢","以李溥为犍为太守",犍为郡为成所得。罗尚自成都退走后,屯于巴郡,反攻李雄。宴平二年(307),罗尚"施置关戍至汉安、僰道"①;《大同志》又载,西晋永嘉四年(成宴平五年,310),晋遣"折冲将军张罗进据犍为之合水"。《水经注》卷33《江水注一》:"(江水)又东南过犍为武阳县,青衣水、沫水从西南来,合而注之。"合水在青衣水、沫水入江(岷江)水处,属犍为郡②。因此,宴平五年(310),犍为郡合水以南为罗尚所据,署有犍为太守,当治僰道。据谭图第三册"西晋时期益州"图,犍为郡武阳、南安、资中、牛鞞四县在合水北,仅僰道县在合水南。《大同志》载,西晋永嘉五年(成玉衡元年,311),"雄众攻僰道,走犍为太守魏纪,杀江阳太守姚袭",同年,"雄将任回获犍为太守魏纪"。至玉衡元年(311),李雄全取犍为郡,亦取有江阳郡。晋失江阳后,亦图收复,几次来攻,皆未能收复江阳郡③。

　　李雄占据"三蜀"后,对临近的汉嘉郡构成威胁,汉嘉太守当因之出走。据《华阳国志》卷4《南中志》,光熙元年(306),宁州刺史李毅卒,"文武以毅女秀明达有父才,遂奉领州事。秀初适汉嘉大守广汉王载。载将家避地在南,故共推之,又以载领南夷龙骧参军",王载当在李雄据有成都后"将家避地"而南走,宴平元年(306)已在宁州。王载南走以后,汉嘉郡应随后为李雄占据。玉衡四年(314),"汉嘉、涪陵、汉中之地,皆为成有",汉嘉夷王冲归来附④。由以上所载推知,李氏可能在宴平元年(306)已得汉嘉之地,玉衡四年(314)汉嘉夷王来附。

　　对于成汉得越巂郡的时间,诸书记载不一。《华阳国志》卷9《李特雄期寿势志》载,晋元帝太兴二年(成玉衡九年,319),李骧伐越巂,"三年,获太守西夷校尉李钊。夏,进伐宁州,大败于螳螂,还"。《晋书》卷6《明帝纪》载,太宁元年(成玉衡十三年,323)正月,"李雄使其将李骧、任回寇台登,将军司马玫死之。越巂太守李钊、汉嘉太守王载以郡叛,降于骧"⑤。《资治通鉴》晋明帝太宁元年正月亦载此事,与《明帝纪》同。李骧伐宁州,时王逊为刺史。《晋书》卷81《王

---

① 常璩著,任乃强校注:《华阳国志校补图注》卷8《大同志》,第470页。据《晋书》卷4《惠帝纪》,永兴二年(305)八月,"李雄遣其将李骧寇汉安"。李骧此次寇汉安,当未取之。据《晋志上》,汉安县在江阳郡,僰道县在犍为郡。
② 《资治通鉴》晋穆帝永和三年二月载"自山阳趣合水"后,胡注引《水经注》此文指出合水在此处。
③ 据《华阳国志》卷11《后贤志》,宁州刺史王逊遣侯馥攻江阳,馥为成汉所擒。《晋书》卷7《成帝纪》、《康帝纪》载,咸康五年(339)和建元元年(343)晋曾遣将攻江阳。
④ 见《资治通鉴》晋愍帝建兴二年正月。《华阳国志》卷9《李特雄期寿势志》亦载,为"汉嘉夷王冲",无"归"字。
⑤ 汉嘉郡此时已为李雄占有,"汉嘉太守"为王载此前曾任官。

逊传》《资治通鉴》晋明帝太宁元年均载螳螂之战后,王逊怒其将不穷追李骧,怒甚而卒,又载王逊在宁州为官十四年。《王逊传》记朝廷于永嘉四年(成宴平五年,310)以王逊为宁州刺史,"逾年乃至";《资治通鉴》晋怀帝永嘉四年载,"是岁,宁州刺史王逊到官";《华阳国志》卷4《南中志》言,王逊"自永嘉元年受除,四年乃至"。因此,王逊当在永嘉四年(310)或五年(311)到宁州为官,其在州十四年,卒年应在太宁元年(323)或二年(324)①,应以《资治通鉴》载王逊卒于太宁元年(323)为是。因此,成汉取有越嶲郡当在东晋太宁元年即成玉衡十三年。《李特雄期寿势志》载,李氏取有越嶲当年,"斯臾反,攻围任回及太守李谦。遣其征南费黑救之。咸和元年夏,斯臾破"。成汉破斯臾后,完全据有越嶲。

由上文可知,成建初元年(303),李氏先后得汶山郡、蜀郡、犍为郡(除僰道县)。成宴平元年(306),得汉嘉郡。玉衡元年(311),得江阳郡和僰道县。玉衡十三年(323),得越嶲郡。

(三)成汉在宁州的疆土得失②

晋武帝泰始七年(271)置宁州,后又废,其地入益州。晋惠帝太安二年(303),复置宁州。西晋末,王逊出任为宁州刺史,以地势形便,又将宁州分置诸郡。王逊为官,严猛喜诛杀,致使宁州部分郡守叛变,或有降于李雄者。《华阳国志》卷4《南中志》:"犍为太守朱提雷炤、流民阴贡、平乐太守董霸,破牂柯、平夷、南广,北降李雄。建宁爨量,与益州太守李逷、梁水太守董憧,保兴古盘南以叛。"《晋书》卷5《愍帝纪》载,建兴四年(成玉衡六年,316),"五月,平夷太守雷炤害南广太守孟桓,帅二郡三千余家叛,降于李雄。"《晋书》卷6《明帝纪》载,太宁二年(成玉衡十四年,324)十二月,"梁水太守爨亮、益州太守李逷以兴古叛,降于李雄"。《华阳国志》将诸事合一述之,与《晋书》所载有所不同。时平夷、南广与李雄之地相接,雷炤杀孟桓后,降于李雄,平夷、南广之地即入成。《资治通鉴》晋愍帝建兴四年:"五月,平夷太守雷炤、平乐太守董霸帅三千余家叛,降于成。"平乐郡乃分建宁置③,其地不与李雄相接,董霸降成后当自

---

① 《华阳国志》卷4《南中志》载王逊卒在太兴四年(321),应有误。
② 据《晋志上》,泰始七年(271)置宁州,统云南、兴古、建宁、永昌四郡。《华阳国志》卷4《南中志》载,太安二年(303),"诏书复置宁州,增统牂柯、益州、朱提,合七郡,毅为刺史"。据《宋志四》,"惠帝太安二年复立,增牂柯、越嶲、朱提三郡"。《宋志》有越嶲郡而无益州郡,当以《华阳国志》所记为是。
③ 据《资治通鉴》晋愍帝建兴四年五月,"平乐太守董霸"后有胡注:"平乐郡,证以《隋志》,盖置于越嶲之邛部川,然不知谁所置也。"据《华阳国志》卷4《南中志》可知平乐郡当是分建宁而置,故胡注有误。洪亮吉亦因胡注而误,见《十六国疆域志》卷6《后蜀》。

治其民，李氏当不能得其土，故《南中志》言"太守董霸叛降李雄，郡县遂省。宁州北属，雄复为郡，以朱提太守李壮为太守"。《南中志》又载："刺史王逊时，爨量保盘南，逊出军攻讨，不能克。及逊薨后，寇掠州下，吏民患之。刺史尹奉，重募檄外夷，刺杀量，而诱降李逿。盘南平，奉以攻进安西将军。"爨量等叛于盘南，当时与李雄相隔悬远，李雄受其降，但不能署其官属，取有其地，此叛不久为宁州刺史尹奉所平。

李雄逐渐控有梁、益二州后，遂南征宁州。玉衡十三年（323）五月，"李骧等寇宁州，刺史王逊遣将姚岳距战于堂狼，大破之"①。李氏此次伐宁州，败绩而归，未取其土。王逊卒后，尹奉为宁州刺史。玉衡二十二年（332），李寿南征宁州；二十三年（333），"刺史尹奉举州委质。迁奉于蜀。寿领宁州。南夷初平，威禁甚肃。后转凌掠民。秋，建宁州民毛衍、罗屯等反，杀太守邵攀。牂柯太守谢恕举郡为晋，寿讨破之"②。李寿南征，全取宁州。

李雄末年所取宁州之地，至李寿时有所失。《晋书》卷7《成帝纪》载，东晋咸康二年（成玉恒二年，336）"冬十月，广州刺史邓岳遣督护王随击夜郎，新昌太守陶协击兴古，并克之"。此为李氏失夜郎、兴古二郡。成汉失夜郎、兴古后，当于汉汉兴元年（338）复取之。《晋志上》载："咸康四年，分牂柯、夜郎、朱提、越巂四郡，置安州。"晋咸康八年（汉汉兴五年，342）又罢安州。《太平御览》卷123《偏霸部七》载："（汉兴）六年，分宁州兴古、永昌、云南、朱提、越巂、河阳六郡为汉州。"李寿当是收复了兴古、夜郎二郡后置安州，以加强对该地区的统辖。后又废安州，置汉州。《华阳国志》卷9《李特雄期寿势志》载，汉李寿汉兴二年（339），"建宁太守孟彦率州人缚宁州刺史霍彪于晋，举建宁为晋。（李寿）遣右将军李位都讨之"。据《晋书》卷7《成帝纪》，咸康五年（339）三月，"广州刺史邓岳伐蜀，建宁人孟彦执李寿将霍彪以降"；六年（340）三月，"李寿陷丹川，守将孟彦、刘齐、李秋皆死之"。可见，孟彦以建宁降于晋，寻复为李氏有。此年，成汉当乘胜取有夜郎、兴古二郡。《李特雄期寿势志》载，汉兴二年（339）三月，李寿"拜李奕镇东"。又据《李寿载记》，李寿"遣其镇东大将军李奕征牂柯，太守谢恕保城距守者积日，不拔。会奕粮尽，引还"。可能汉兴二年（339）孟彦降晋时，牂柯太守谢恕亦随之降，故李奕征之；李奕未取之而还，牂柯不再

---

① 见《晋书》卷6《明帝纪》。《华阳国志》卷9《李特雄期寿势志》载此事在太兴二年（319）。由上考李氏得越巂郡可知，《华阳国志》有误。
② 见《华阳国志》卷9《李特雄期寿势志》。《华阳国志》卷4《南中志》载，咸和八年（333），尹奉"为雄弟寿所破获，南中尽为雄所有"。《晋书》卷7《成帝纪》和《资治通鉴》均作晋成帝咸和八年（333）李成取有宁州之地。

为成汉之地。

据上所述,成玉衡六年(316),得平夷郡、南广郡。玉衡二十三年(333),全取宁州。成玉恒二年(336),失夜郎郡、兴古郡。汉汉兴元年(338),复得夜郎郡、兴古郡。汉兴二年(339)失建宁、牂柯二郡,三年(340)复得建宁郡。

二、政区沿革

据上考成汉疆域可知,成玉衡二十三年(333)至玉恒二年(336)疆域最盛(见图4)。下文以成玉衡二十四年(334)为基准年,先概述成汉政区沿革,再考证成汉可考的政区。

(一)政区概述

1. 司隶部(承益州)

司隶部,治成都(今四川成都市城区一带)。西晋太安元年(302),李特自称益州牧,领广汉、梓潼、巴西、德阳四郡。成建初元年(303),蜀郡、汶山郡、犍为郡自西晋来属,德阳郡入西晋。成建兴元年(304),李雄称成都王,仍置益州,治成都,又分巴西置宕渠郡。成宴平元年(306),汉嘉郡自西晋来属,分汉嘉、蜀二郡立沈黎、汉原二郡,或改蜀郡为成都尹,改益州为司隶部,以梓潼、巴西、宕渠、广汉四郡别属梁州;司隶部领成都尹、犍为郡、汶山郡、汉嘉郡、汉原郡、沈黎郡。成玉衡二十四年(334),越巂郡自宁州来属①;至此,司隶部领成都尹、犍为郡、汶山郡、汉嘉郡、汉原郡、沈黎郡、越巂郡。汉汉兴元年(338),越巂郡别属安州。汉汉兴五年(342),越巂郡还属司隶部。汉汉兴六年(343),越巂郡别属汉州。至汉嘉宁二年(347),司隶部领成都尹、犍为郡、汶山郡、汉嘉郡、汉原郡、沈黎郡。

成都尹(承蜀郡),治成都(今四川成都市城区一带)。《晋志上》载,蜀郡领成都、广都、繁、江原、临邛、郫六县。《华阳国志》卷3《蜀志》所载蜀郡领县与《晋志》同。成建初元年(303),承西晋置蜀郡,领县同《晋志》所载。成宴平元年(306),改蜀郡为成都尹②,江原县、临邛县别属汉原郡。至汉嘉宁二年

---

① 《晋志上》载,"咸康四年,分牂柯、夜郎、朱提、越巂四郡置安州。八年,又罢并宁州,以越巂还属益州"。"越巂还属益州",表明此前越巂属益州。《晋志》以晋为正统,纪年、记事皆以晋为标准,成虽改益州称司隶校尉,而史书仍书之"益州"。由下文所考,越巂初入成汉,属宁州。至此年,成分宁州置交州,而越巂当于此年改属司隶校尉。

② 《后汉书》卷13《公孙述传》载,公孙述称帝,"改益州为司隶校尉,蜀郡为成都尹"。晋武帝时,曾以成都国封司马颖。《宋志四》载,"蜀郡太守,秦立。晋武帝太康中,改曰成都国"。李雄称帝前亦称成都王。李雄称帝,以汉、晋故事置百官,亦置有司隶校尉,当同时改蜀郡为成都尹。

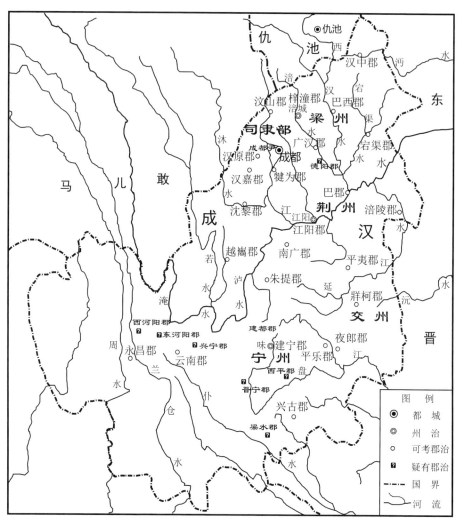

图 4 成汉玉衡二十四年(334)疆域政区示意图

(347)，成都尹领成都、广都、繁、郫四县。

犍为郡，治武阳（今四川眉山市彭山区双河乡北）。《晋志上》载，犍为郡领武阳、南安、僰道、资中、牛鞞五县。《华阳国志》卷3《蜀志》所载犍为郡领县与《晋志》同。成建初元年（303），承西晋置犍为郡，领武阳、南安、资中、牛鞞四县。成玉衡元年（311），僰道县自东晋来属。至汉嘉宁二年（347），犍为郡领武阳、南安、资中、牛鞞、僰道五县。

汶山郡，治汶山（今四川茂县北）。《晋志上》载，汶山郡领汶山、升迁、都安、广阳、兴乐、平康、蚕陵、广柔八县。成建初元年（303），承西晋置汶山郡，领县同《晋志》所载。至汉嘉宁二年（347），汶山郡领县当不变。

汉嘉郡，治汉嘉（今四川名山县北）。《晋志上》载，汉嘉郡领汉嘉、徙阳、严道、牦牛四县。成宴平元年（306），承西晋置汉嘉郡，领县当同《晋志》所载；其后，牦牛县别属沈黎郡。至汉嘉宁二年（347），汉嘉郡当领汉嘉、徙阳、严道三县。

汉原郡，治汉原（今四川崇州市西北）。成宴平元年（306），分蜀郡立汉原郡，改江原为汉原县，汉原郡领汉原、临邛等县①。至汉嘉宁二年（347），汉原郡领县当不变。

沈黎郡，治所不可考。成宴平元年（306），分汉嘉立沈黎郡，领牦牛等县②。至汉嘉宁二年（347），沈黎郡领县当不变。

越嶲郡，治邛都（今四川西昌市东南）。《晋志上》载，越嶲郡领会无、邛都、卑水、定莋、台登五县。《华阳国志》卷3《蜀志》载越嶲郡晋时治邛都县，另或有三缝县。西晋亡，越嶲郡入东晋。成玉衡十三年（323），承东晋置越嶲郡，领邛都、会无、卑水、定莋、台登等县，或还领有三缝县。至汉嘉宁二年（347），越嶲郡领县当不变。

---

① 《晋志上》："李雄又分汉嘉、蜀二郡立沈黎、汉原二郡。"据此，成李雄应分蜀郡立汉原郡。《元和郡县图志》卷31《剑南道上》载，"秦灭蜀，为蜀郡。在汉为郡之江原县也。李雄据蜀，分为汉原郡，晋穆帝改为晋原郡"，"晋原县，本汉江原县，属蜀郡。李雄时改为汉原，晋为晋原"。据《宋志四》，"晋原太守，李雄分蜀郡为汉原，晋穆帝更名"，领江原、临邛、晋乐、徙阳、汉嘉五县。盖李雄时江原县改称汉原县，为汉原郡治。

② 《晋志上》："李雄又分汉嘉、蜀二郡立沈黎、汉原二郡。"据上考汉原郡可知，汉原郡分蜀郡立，沈黎郡应分汉嘉郡置。据《汉书》卷6《武帝纪》，元鼎六年（111），定西南夷，以为武都、牂柯、越嶲、沈黎、文山郡，其注引臣瓒曰："《茂陵书》沈黎治笮，去长安三千三百三十五里，领县二十一"。《宋志四》载，"沈黎太守，《蜀记》云：'汉元鼎十一年，分蜀西部邛莋为沈黎郡，十四年罢'。案，元鼎至六年，云十一年，非也。又二汉、晋并无此郡，《永初郡国》有，何无。徐云旧郡"，领城阳、兰、牦牛三县；又载，"晋乐令，何志故属沈黎"。据此推测，汉、成汉、刘宋所置沈黎郡虽幅员大小不一，但地理位置基本一致，可能在原晋汉嘉郡牦牛县及其附近。故疑成汉沈黎郡领有牦牛县。

2. 梁州

梁州，治涪城（今四川三台县花园镇涪城村）。成晏平元年（306），置梁州①，治晋寿，领梓潼、巴西、宕渠、广汉四郡。成晏平四年（309），梓潼郡入西晋，梁州治所不可考。成晏平五年（310），巴西郡入西晋。成玉衡元年（311），梓潼郡、巴西郡入成，梁州当治涪城②。成玉衡二年（312），阴平郡自西晋来属，德阳郡自西晋来属。成玉衡四年（314），汉中郡自仇池来属。成玉衡十年（320），阴平郡入仇池。至成玉衡二十四年（334），领梓潼、巴西、宕渠、广汉、德阳、汉中六郡。成汉时，又置汉固、上庸、巴征三郡，或属梁州。至汉嘉宁二年（347），梁州领郡当仍同成玉衡二十四年。

梓潼郡，治涪城（今四川三台县花园镇涪城村）。《晋志上》载，梓潼郡领梓潼、涪城、武连、黄安、汉德、晋寿、剑阁、白水八县；又载，桓温灭成汉后，"又于晋寿置剑阁县，属梁州"，故成汉时梓潼郡当无剑阁县。《华阳国志》卷2《汉中志》载梓潼郡无武连、黄安、剑阁三县，盖此三县成汉时已省③。西晋太安元年（302），李特得西晋梓潼郡，治晋寿④，领梓潼、涪城、汉德、晋寿、白水五县。成晏平四年（309），梓潼郡入西晋，改治涪城⑤。成玉衡元年（311），梓潼郡自西晋入成。至汉嘉宁二年（347），梓潼郡领县当不变。

巴西郡，治阆中（今四川阆中市）。《晋志》载，巴西郡领阆中、西充国、苍溪、岐惬、南充国、汉昌、宕渠、安汉、平州九县。据《华阳国志》卷1《巴志》，巴西郡无苍溪县、岐惬县。盖西晋以后，苍溪、岐惬二县被罢。西晋太安元年（302），李特得西晋巴西郡，领阆中、西充国、南充国、安汉、平州、宕渠、汉昌七县。成建兴元年（304），宕渠县、汉昌县别属宕渠郡。成晏平五年（310），巴西郡入西晋。成玉衡元年（311），巴西郡自西晋入成。至汉嘉宁二年（347），巴西郡领阆中、西充国、南充国、安汉、平州五县。

宕渠郡，治宕渠（今四川营山县黄渡镇宕渠故城）。《晋志上》载，"惠帝复分巴西置宕渠郡，领宕渠、汉昌、宣汉三县"。据《华阳国志》卷1《巴志》，晋惠帝

---

① 成晏平元年（306），以汉、晋故事，置百官，此年当亦置梁州。
② 据《晋书》卷5《怀帝纪》，永嘉五年（311）正月，"李雄攻陷涪城，梓潼太守谯登遇害"。可见涪城为梓潼郡治所，李雄得梓潼郡后，当以梁州治此。《资治通鉴》晋成帝咸和九年十月载，李雄卒后，李期以李寿为梁州刺史，屯涪。对于成国梁州治所的变迁，可参见沧洲：《十六国时成国的梁州先治于晋寿，后移于涪》，《中国历史地理论丛》1992年第3辑。
③ 任乃强注《华阳国志》，于梓潼郡补入昭欢县，此不采。见常璩著，任乃强校注：《华阳国志校补图注》卷2《汉中志》，第91页。
④ 晋寿、涪城先后为梁州治所，梓潼郡治当随梁州治所的变化而变。
⑤ 据前述梁州治所引《晋书》卷5《怀帝纪》可知，西晋自成汉取有梓潼郡，以谯登为太守，治涪城。

永兴元年(304),李雄置宕渠郡。《晋志》载惠帝置宕渠郡,是采其年号,而实际上宕渠郡为成汉政权所置。故成建兴元年(304),置宕渠郡,领宕渠、汉昌、宣汉三县①。至汉嘉宁二年(347),宕渠郡领县当不变。

广汉郡,治雒(今四川广汉市北)。《晋志上》载,广汉郡领广汉、德阳、五城三县,新都郡领雒、什邡、绵竹、新都四县,"太康六年九月,罢新都郡并广汉郡"。《华阳国志》卷3《蜀志》载,广汉郡治雒县,领雒、绵竹、什邡、五城、郪、广汉、德阳七县,此从《华阳国志》所载。西晋永宁元年(301),李特得西晋广汉郡,领雒、绵竹、什邡、五城、郪、广汉六县。至汉嘉宁二年(347),广汉郡领县当不变。

德阳郡,治德阳(今四川遂宁市船山区东南)。西晋太安元年(302),得德阳县,以德阳郡领之。成建初元年(303),德阳郡入西晋。成玉衡二年(312),德阳自西晋入成,或以德阳郡领德阳县、巴兴县②。全汉嘉宁二年(347),德阳郡领县当不变。

汉中郡,治南郑(今陕西汉中市汉台区)。《晋志上》载,汉中郡领南郑、蒲池、褒中、沔阳、成固、西乡、黄金、兴道八县。据《华阳国志》卷2《汉中志》,汉中郡无黄金、兴道二县,盖当时已省③。晋愍帝建兴元年(313),仇池得汉中郡。成玉衡四年(314),汉中郡自仇池入成,领南郑、蒲池、褒中、沔阳、成固、西乡六县。至汉嘉宁二年(347),汉中郡领县当不变。

汉固郡,治所不可考。由后文所考"成汉汉固郡"可知有此郡,或属梁州,其设置时间及辖区皆不可考。

上庸郡,治所不可考。由后文所考"成汉上庸郡"可知有此郡,或属梁州,其设置时间及辖区皆不可考。

巴征郡,治所不可考。由后文所考"成汉巴徵郡"可知有此郡,或属梁州,其设置时间及辖区皆不可考。

附　阴平郡,治阴平(今甘肃文县西北)。成玉衡二年(312),承西晋置阴平郡,领阴平县、平武县。至成玉衡十年(320),阴平郡领县当不变。

3. 荆州

荆州,治江阳(今四川泸州市江阳区)。成玉衡元年(311),置荆州,治江阳,领江阳郡。成玉衡二年(312),巴郡自西晋来属。成玉衡四年(314),涪陵

---
① 《华阳国志注》卷1《巴志》:"宣汉县,今省。"由《晋志》可知,宣汉县入晋昌郡,盖非当时所省。
② 《宋志四》载,益州刺史遂宁太守领有巴兴、德阳、广汉、晋兴四县;其中,"巴兴令,徐志不注置立,疑是李氏所立"。此李氏即成汉政权。故成汉时或已置巴兴县,或属德阳郡。
③ 任乃强认为,李雄得汉中,失黄金、兴道二县,乃为六县。见常璩著,任乃强校注:《华阳国志校补图注》卷2《汉中志》,第79页。

郡自西晋来属。成玉衡十六年(326),前失涪陵郡于东晋,此年又自东晋来属。成玉衡十八年(328),前失涪陵郡于东晋,此年再自东晋来属。成玉衡二十年(330),巴东郡、建平郡自东晋来属,不久此二郡复失。至成玉衡二十四年(334),当领江阳、巴郡、涪陵等郡。汉汉兴元年(338),荆州改治江州,南广郡、平夷郡分别自宁州、交州来属①。汉汉兴二年(339),前失巴东郡于东晋,此年又自东晋来属,后又失之。至汉嘉宁二年(347),领巴郡、江阳、涪陵、平夷、南广等郡。

江阳郡,治江阳(今四川泸州市江阳区)。《晋志上》载,江阳郡领江阳、符、汉安三县。《华阳国志》卷3《蜀志》载,江阳郡还领有新乐县。成玉衡元年(311),承西晋置江阳郡,领江阳、符、汉安、新乐四县。至汉嘉宁二年(347),江阳郡领县当不变。

巴郡,治江州(今重庆市渝中区)。《晋志上》载,巴郡领江州、垫江、临江、枳四县。《华阳国志》卷1《巴志》所载晋时巴郡领县与《晋志》同。成玉衡二年(312),承西晋置巴郡,领县当同《晋志》所载。至汉嘉宁二年(347),巴郡领县当不变。

涪陵郡,治涪陵(今重庆彭水苗族土家族自治县)。《晋志上》载,涪陵郡领汉复、涪陵、汉平、汉葭、万宁五县。据《华阳国志》卷1《巴志》,涪陵郡治涪陵县,"汉复"作"汉发",此从《晋志》作"汉复"。成玉衡四年(314),承西晋置涪陵郡,当领涪陵、汉复、汉平、汉葭、万宁五县。成玉衡十六年(326),前失涪陵郡于东晋,此年又自东晋入成。成玉衡十八年(328),前失涪陵郡于东晋,此年再自东晋入成。至汉嘉宁二年(347),涪陵郡领县当不变。

以下二郡附

巴东郡,治鱼复(今重庆奉节县东)。《晋志上》载,巴东郡领鱼复、朐䏰、南浦三县。据《华阳国志》卷1《巴志》,巴东郡还应领有汉丰县。西晋亡,巴东郡入东晋。成玉衡二十年(330),承东晋置巴东郡,领鱼复、朐䏰、南浦、汉丰四县。汉汉兴二年(339),此前巴东郡入东晋,此年复得巴东郡,领县同前,此后此郡又入东晋。

建平郡,治巫(今重庆巫山县)。《晋志上》载,建平郡领巫、北井、泰昌、信陵、兴山、建始、秭归、沙渠八县。西晋亡,建平郡入东晋。成玉衡二十年(330),得东晋建平郡,领县当同《晋志》所载。此后,建平郡复入东晋。

---

① 此年,成汉省交州,置安州。安州领牂柯、夜郎、朱提、越巂四郡。此四郡别属后,南广郡、平夷郡与宁州地不相接,而与成汉荆州江阳郡相邻,当别属之。

4. 宁州

宁州，治味（今云南曲靖市麒麟区西山乡三岔村一带）。成玉衡六年（316），平夷郡、南广郡入成汉，当属宁州。成玉衡十三年（323），越嶲郡自东晋来属①。成玉衡二十三年（333），得东晋宁州之地，成以宁州治味县，领建宁、晋宁、建都、朱提、牂柯、越嶲、平夷、南广、夜郎、云南、兴宁、西河阳、东河阳、兴古、梁水、西平、永昌十七郡；同年，成新置平乐郡，属宁州。成玉衡二十四年（334），分宁州置交州，越嶲郡当别属益州。疑与东晋交州相近的牂柯、夜郎、平夷、兴古、梁水、西平六郡属交州②，而建宁、晋宁、朱提、南广、云南、永昌、东河阳、西河阳、平乐、建都、兴宁十一郡当属宁州。成玉恒二年（336），兴古郡、夜郎郡入东晋。汉汉兴元年（338），复得兴古郡、夜郎郡；同年省交州，兴古、梁水、西平三郡还属宁州，南广郡、平夷郡别属荆州，牂柯、夜郎、朱提等郡别属安州。汉汉兴二年（339），建宁郡、牂柯郡入东晋。汉汉兴三年（340），建宁郡自东晋来属。汉汉兴五年（342），罢安州，朱提郡、夜郎郡还属宁州。汉汉兴六年（343），东河阳、西河阳二郡合并，称河阳郡；兴古、永昌、云南、朱提、河阳等郡别属汉州。至汉嘉宁二年（347），宁州领建宁、晋宁、建都、平乐、兴宁、梁水、西平、夜郎八郡。

建宁郡，治味（今云南曲靖市麒麟区西山乡三岔村一带）。《晋志上》载，建宁郡领味、昆泽、存䭾、新定、谈槁、毋单、同濑、漏江、牧麻、谷昌、连然、秦臧、双柏、俞元、修云、冷丘、滇池十七县；太安二年（303），分建宁以西七县别立为益州郡，其后又改益州郡为晋宁郡。《华阳国志》卷4《南中志》载，建宁郡治味县，领有味、升麻、同乐、谷昌、同濑、双柏、存䭾、昆泽、漏江、谈槁、伶丘、修云、俞元十三县。《南中志》所载，是分建宁立益州郡后的领县。西晋亡，建宁郡入东晋。成玉衡二十三年（333），承东晋置建宁郡，领县同《南中志》所载。汉汉兴二年（339），建宁郡入东晋。汉汉兴三年（340），建宁郡自东晋入成汉。至汉嘉宁二年（347），建宁郡领县当不变。

晋宁郡，治滇池（今云南晋宁县东）。《南中志》载，晋宁郡治滇池县，领滇池、同劳、同安、连然、建伶、毋单、秦臧七县。西晋亡，晋宁郡入东晋。成玉衡

---

① 据《华阳国志》卷9《李特雄期寿势志》，成玉衡元年（311），李雄以任回为宁州刺史。《资治通鉴》晋明帝大宁元年（成玉衡十三年，323）正月，"成李骧、任回寇台登，将军司马玫战死，越嶲太守李钊、汉嘉太守王载皆以郡降于成"；又载，"是岁，越嶲斯叟攻成将任回"。汉嘉郡前已入成，王载失汉嘉后，逃亡至越嶲，此又与李钊同降成。任回攻取越嶲郡，当属宁州。时任回宁州刺史，越嶲郡反叛者攻之，亦证该郡属宁州辖域。
② 任乃强认为，与晋交州相接的兴古、梁水、西平、牂柯、夜郎、平夷等郡当属交州。见常璩著，任乃强校注：《华阳国志校补图注》卷9《李特雄期寿势志》注释21，第496页。

二十三年(333)，承东晋置晋宁郡，领县同《南中志》所载。至汉嘉宁二年(347)，晋宁郡领县当不变。

建都郡，或治新安(今地不可考)。《宋志四》载，"建都太守，晋成帝分建宁立"，领新安、经云、永丰、临江、麻应、遂安六县。成玉衡二十三年(333)，承东晋置建都郡，领县同《宋志》所载。至汉嘉宁二年(347)，建都郡领县当不变。

平乐郡，或治新定(今地不可考)。《南中志》载："平乐郡，元帝建兴元年刺史王逊割建宁之新定、兴迁二县，新立平乐、三沮二县，合四县为郡。后太守建宁董霸叛降李雄，郡县遂省。宁州北属，雄复为郡，以朱提李壮为太守。"成玉衡二十三年(333)，置平乐郡，领新定、兴迁、平乐、三沮四县。至汉嘉宁二年(347)，平乐郡领县当不变。

朱提郡，治朱提(今云南昭通市昭阳区)。《晋志上》载，朱提郡领朱提、南广、汉阳、南秦、堂狼五县。《南中志》载，朱提郡治朱提县，领朱提、堂螂、南秦、汉阳、南昌五县。《南中志》所载，为东晋分朱提立南广郡后所领郡县。成玉衡二十三年(333)，承东晋置朱提郡，领县同《南中志》所载。至汉嘉宁二年(347)，朱提郡领县当不变。

南广郡，治南广(今四川筠连县和云南盐津县一带)。《晋书》卷81《王逊传》载，王逊为宁州刺史，分朱提为南广郡。《南中志》载，"南广郡，蜀延熙中置……建武元年省。元帝世，刺史王逊移朱提郡治南广。太守李钊数破雄，杀其大将乐初。后刺史尹奉却郡还旧治。及雄定宁州，复置郡，以兴古太守朱提李播为太守"，南广郡治南广县，领南广、临利、常迁、新兴四县。《宋志四》载，"南广太守，晋怀帝分朱提立"，领南广、新兴、晋昌(江左立)、常迁四县。此从《南中志》所载南广郡治所、领县。成玉衡六年(316)，成得东晋朱提郡地，分置南广郡，领南广、临利、常迁、新兴四县。至汉嘉宁二年(347)，南广郡领县当不变。

云南郡，治云南(今云南祥云县东南)。《晋志上》载，云南郡领云平、云南、梇栋、青蛉、姑复、邪龙、楪榆、遂久、永宁九县。《南中志》载，宁州刺史王逊分云南置河阳郡，云南郡治云南县，领云南、叶榆、遂久、弄栋、蜻蛉五县①；河阳郡治河阳县，领河阳等县②。《宋志四》载，晋怀帝永嘉五年(311)分永昌、云南二郡立东河阳郡，领东河阳县、楪榆县；晋成帝时分河阳立西河阳郡，领芘苏(原

---

① 《晋志》作"梇栋"县，《南中志》作"弄栋"县。任乃强于《南中志》此"弄"字后注曰"张、吴、何、王本同《后汉志》作栿"。见常璩著，任乃强校注：《华阳国志校补图注》卷4《南中志》，第295—296页。故此从"梇"字。
② 《南中志》载河阳郡领四县，但仅载有河阳县，任乃强据《晋志》补姑复、永宁、邪龙三县。

属永昌郡)、成昌(成帝时新立)、建安(成帝时新立)三县；成帝时又分云南立兴宁郡，领梇栋县、青蛉县；而云南郡领云南、云平、东古复、西古复四县。云南郡、兴宁郡、西河阳郡、东河阳郡入成汉前，领县当同《宋志》所载。成玉衡二十三年(333)，承东晋置云南郡，领云南、云平、东古复、西古复四县。至汉嘉宁二年(347)，云南郡领县当不变。

兴宁郡，或治梇栋(今云南姚安县北)。据上述"云南郡"，东晋时兴宁郡领梇栋县、青蛉县。成玉衡二十三年(333)，承东晋置兴宁郡，领梇栋县、青蛉县。至汉嘉宁二年(347)，兴宁郡领县当不变。

西河阳郡，或治苴苏(今云南云龙县一带)①。据上述"云南郡"，东晋时西河阳郡领苴苏、成昌、建安三县。成玉衡二十三年(333)，承东晋置西河阳郡，领苴苏、成昌、建安三县。至汉汉兴六年(343)，西河阳郡领县当不变。

东河阳郡，或治东河阳(今地不可考)。据上述"云南郡"，东晋时东河阳郡领东河阳县、楪榆县。成玉衡二十三年(333)，承东晋置东河阳郡，领东河阳县、楪榆县。至汉汉兴六年(343)，东河阳郡领县当不变。

永昌郡，治永寿(今云南耿马傣族佤族自治县附近)。《晋志上》载，永昌郡领不韦、永寿、比苏、雍乡、南涪、嶲唐、哀牢、博南八县。《南中志》载永昌郡故治不韦县，后改治永寿县，除"南涪"作"南里"、"嶲唐"作"巂唐"外，其余领县与《晋志》同。据上文所考，东晋成帝时，苴苏县别属西河阳郡。成玉衡二十三年(333)，承东晋置永昌郡，领永寿、不韦、雍乡、南里、巂唐②、哀牢、博南七县。至汉嘉宁二年(347)，永昌郡领县当不变。

附　河阳郡，治所不可考。至汉汉兴六年(343)，西河阳郡、东河阳郡并为河阳郡，当领苴苏、成昌、建安、东河阳、楪榆五县。至汉嘉宁二年(347)，河阳郡领县当不变。

5. 交州

交州，治所不可考。成玉衡二十四年(334)，分宁州置交州③，疑领牂柯、夜郎、平夷、兴古、梁水、西平六郡④。成玉恒二年(336)，兴古郡、夜郎郡入东晋。至汉汉兴元年(338)，复取兴古郡、夜郎郡；同年省交州，兴古、梁水、西平三郡还属宁州，牂柯郡、夜郎郡别属安州，平夷郡别属荆州。

---

① 《宋志》作"苴苏"，《晋志》于永昌郡下作"比苏"。此从《宋志》。
② 古"巂"同"嶲"，此从《南中志》，用"巂"字。
③ 见《华阳国志》卷9《李特雄期寿势志》和《资治通鉴》晋成帝咸和九年三月。
④ 见上述"宁州"相关内容。

牂柯郡，治万寿（今贵州瓮安县一带）。《晋志上》载，牂柯郡领万寿、且兰、谈指、夜郎、毋敛、并渠、鳖、平夷八县；又载晋怀帝永嘉二年(308)分牂柯立平夷、夜郎二郡①。《晋书》卷81《王逊传》载，王逊为宁州刺史，分牂柯为平夷郡，分建宁为夜郎郡。夜郎县故属牂柯郡，当分牂柯立夜郎郡，《王逊传》所载疑有误②。《南中志》载刺史王逊"分鳖半为平夷郡，夜郎以南为夜郎郡"；牂柯郡治万寿县，领万寿、且兰、广谈、毋敛四县；平夷郡治平夷县，领平夷县、鳖县；夜郎郡治夜郎，领夜郎县、谈指县。牂柯郡、夜郎郡、平夷郡入成汉前，领县当同《南中志》所载。成玉衡二十三年(333)，承东晋置牂柯郡，领万寿、且兰、广谈、毋敛四县。至汉汉兴二年(339)，牂柯郡领县当不变。

夜郎郡，治夜郎（或在今贵州西部一带）。据上述"牂柯郡"，东晋时夜郎郡领夜郎县、谈指县。成玉衡二十三年(333)，承东晋置夜郎郡，领夜郎县、谈指县。成玉恒二年(336)，夜郎郡入东晋。汉汉兴元年(338)，夜郎郡自东晋入成。至汉嘉宁二年(347)，夜郎郡领县当不变。

平夷郡，治平夷（今贵州毕节市七星关区东一带）。据上述"牂柯郡"，东晋时平夷郡领平夷县、鳖县。成玉衡六年(316)，承东晋置平夷郡，领平夷县、鳖县。至汉嘉宁二年(347)，平夷郡领县当不变。

兴古郡，治宛温（今云南砚山县北）。《晋志上》载，兴古郡领律高、句町、宛温、漏卧、毋掇、贲古、滕休、镡封、汉兴、进乘、都篖十一县。《南中志》载，晋宁州刺史王逊分兴古立梁水郡，刺史尹奉分兴古立西平郡；兴古郡治宛温县，领宛温、律高、镡封、句町、汉兴、胜休、都唐七县；梁水郡治梁水县，领梁水、贲古、西随三县；西平郡领漏卧、盘江、来如、南零四县③。兴古郡、梁水郡、西平郡入成汉前，领县当同《南中志》所载。成玉衡二十三年(333)，承东晋置兴古郡，领宛温、律高、镡封、句町、汉兴、胜休、都唐七县。成玉恒二年(336)，兴古郡入东晋。汉汉兴元年(338)，兴古郡自东晋入成。至汉嘉宁二年(347)，兴古郡领县当不变。

梁水郡，治梁水（今地不可考）。据上述"兴古郡"，东晋时梁水郡领梁水、贲古、西随三县。成玉衡二十三年(333)，承东晋置梁水郡，领梁水、贲古、西随三县。至汉嘉宁二年(347)，梁水郡领县当不变。

---

① 钱大昕已经指出此"永嘉二年"有误，当是永嘉五年(311)，见《廿二史考异》卷19《晋书二》。
② 《宋志四》载宁州刺史王逊分牂柯、朱提、建宁三郡立夜郎郡，此亦不采。
③ 常璩著，任乃强校注：《华阳国志校补图注》卷4《南中志》，第302—304页。任乃强于梁水郡补毋掇、进乘、新丰、建安四县，于西平郡补漏卧县。《晋书》卷81《王逊传》载王逊分永昌郡立梁水郡。此不采《王逊传》。

西平郡,治漏卧(今云南罗平县一带)。据上述"兴古郡",东晋时西平郡领漏卧、盘江、来如、南零四县。成玉衡二十三年(333),承东晋置西平郡,领漏卧、盘江、来如、南零四县。至汉嘉宁二年(347),西平郡领县当不变。

附1　安州

安州,治所不可考。汉汉兴元年(338),置安州,领牂柯、夜郎、朱提、越巂四郡。汉汉兴二年(339),牂柯郡入东晋。至汉兴五年(342),罢安州,夜郎郡、朱提郡还属宁州,越巂郡还属益州。

附2　汉州

汉州,治所不可考。汉汉兴六年(343),置汉州,领兴古、永昌、云南、朱提、河阳、越巂六郡。至汉嘉宁二年(347),汉州领郡当不变。

(二) 政区考证

1. 司隶部、州

1.1　成汉司隶部(承成益州)

据《李特载记》、《李流载记》、《李雄载记》,李特、李流、李雄相继称益州牧。《华阳国志》卷9《李特雄期寿势志》载,李雄称成都王,以"(李)洪为益州刺史"①。《太平寰宇记》卷72《剑南西道一》:"《十六国春秋》曰'李雄定成都,严柽为蜀郡太守,雄即王位,迁益州刺史'是也。"可见成汉初,先以益州牧领其地,李雄称王后署有益州刺史。据《晋书》卷86《张轨传附张骏传》,李雄时有司隶校尉景骞。《资治通鉴》载景骞为司隶校尉在晋成帝咸和八年(成玉衡二十三年,333)。据《华阳国志》卷9《李特雄期寿势志》,李期即位后,"以司隶景骞为尚书令,征南费黑为司隶"。可见成汉中后期有司隶部。《李特雄期寿势志》又载,李雄改元玉衡,"以凤为征北、梁州,任回镇南、南夷、宁州,李恭征东、南蛮、荆州,皆大将军、校尉、刺史",而无益州。此下言及诸州者,皆无益州。可能成汉初置益州,后改为司隶部。成汉都成都,先后所置益州、司隶部当治成都。

1.2　成汉梁州

《华阳国志》卷9《李特雄期寿势志》载,李雄时曾以李凤为梁州刺史,李期时以李寿为梁州刺史,李寿时以任调为梁州刺史。《资治通鉴》载,晋愍帝建兴二年(314)正月,"成主雄以李凤为梁州刺史";晋元帝太兴元年(319)十二月,"成梁州刺史李凤数有功,成主雄兄子稚在晋寿,疾之。凤以巴西叛。雄自至

---

① 任乃强改"洪"为"溥"字。见常璩著,任乃强校注:《华阳国志校补图注》卷9《李特雄期寿势志》,第484页。

涪,使太傅骧讨凤,斩之;以李寿为前将军,督巴西军事";晋成帝咸和三年(328),"成汉献王骧卒,其子征东将军寿以丧还成都。成主雄以李玗为征北将军、梁州刺史,代寿屯晋寿"。可见,此间成梁州治晋寿。《资治通鉴》晋成帝咸和九年十月载,李雄卒后,李期以李寿为梁州刺史,屯涪。可见李雄以后,梁州治涪城。

1.3 成汉荆州

据《华阳国志》卷9《李特雄期寿势志》,李雄以李恭为征东大将军、荆州刺史。《资治通鉴》晋愍帝建兴二年正月亦载李雄以李恭为荆州刺史。《华阳国志》卷11《后贤志》载,江阳为李雄所占后,宁州刺史王逊欲克复江阳,表侯馥为江阳太守,当时,"雄征东大将军李恭已在江阳"。据此,李雄所置荆州当治江阳。据《华阳国志》卷9《李特雄期寿势志》,东晋咸康四年(338)七月,李寿"进李闳为征东、荆州,移镇巴郡"。据《资治通鉴》晋成帝咸康四年七月,李寿"以李闳为荆州刺史,镇巴郡"。巴郡治江州,汉荆州亦当治江州。

1.4 成汉宁州

《华阳国志》卷9《李特雄期寿势志》载,李雄先以李恭为宁州刺史,得东晋宁州后,以李寿领宁州刺史;次年,李雄分宁州置交州,以霍彪为宁州刺史;李寿时,省交州,以李权为宁州刺史,其后,又以霍彪为宁州刺史。《李特雄期寿势志》又载:"夏,建宁太守孟彦率州人缚宁州刺史霍彪于晋,举建宁为晋。"可见建宁郡治所与宁州治所同治一地。据《华阳国志》卷4《南中志》,建宁郡治味县。故宁州当治味县①。

1.5 成交州

《华阳国志》卷9《李特雄期寿势志》载李雄分宁州置交州,以爨深为交州刺史。《资治通鉴》晋成帝咸和九年(成玉衡二十四年,334)三月载李雄分宁州置交州。《李特雄期寿势志》又载,李寿称帝,改元汉兴,汉兴元年(338)省交州。

附1 汉安州

《晋志上》载,"咸康四年,分牂柯、夜郎、朱提、越巂四郡置安州。八年,又罢并宁州,以越巂还属益州"。《宋志四》:"成帝咸康四年,分牂柯、夜郎、朱提、越巂四郡为安州。"《晋志》、《宋志》用晋帝年号纪年,然当时安州辖域属汉国。

附2 汉汉州

《晋志上》载,"李寿分宁州兴古、永昌、云南、朱提、越巂、河阳六郡为汉州"。《太平御览》卷123《偏霸部》:"(汉兴)六年,分宁州兴古、永昌、云南、朱

---

① 方国瑜认为宁州治味县,见《中国西南历史地理考释》(上册),中华书局,1987年,第74页。

提、越嶲、河阳六郡为汉州。"

2. 郡

2.1 成蜀郡

据《李特载记》,"蜀郡太守徐俭以小城降,特以李瑾为蜀郡太守以抚之"。据《资治通鉴》晋惠帝太安二年正月,李特击益州刺史罗尚,"蜀郡太守徐俭以少城降";朝廷遣荆州刺史宗岱等救罗尚,"特遣李荡及蜀郡太守李璜就德阳太守任臧共拒之"。可见李特时已置蜀郡。《太平寰宇记》卷72《剑南西道一》:"《十六国春秋》曰:'李雄定成都,严柽为蜀郡太守。'"可见成李雄时有蜀郡。《晋志上》载"李雄又分汉嘉、蜀二郡立沈黎、汉原二郡",《宋志四》载"李雄分蜀郡为汉原"。可见李雄时,分蜀郡立汉原郡。

2.2 成汉广汉郡

据《李特载记》,"特入据广汉,以李超为太守,进兵攻(罗)尚于成都"。《华阳国志》卷9《李特雄期寿势志》载,李寿即位后,以"(解)思明为广汉太守"。《李寿载记》载,"有告广汉太守李乾与大臣通谋,欲废寿者"。可见成汉有广汉郡。

2.3 成汉犍为郡

据《华阳国志》卷8《大同志》,李雄攻取犍为郡后,"以李溥为犍为太守"。《李势载记》载,"初,蜀土无獠,至此,始从山而出,北至犍为、梓潼,布在山谷";又载,桓温来伐,李势遣昝坚等拒之,"昝坚到犍为,方知与温异道"。可见成汉有犍为郡。

2.4 成汉德阳郡

据《李特载记》,李特得德阳后,"以骞硕为德阳太守,硕略地至巴郡之垫江"。可见成汉有德阳郡。

2.5 成汉汶山郡

据《华阳国志》卷8《大同志》,"雄从帠羊頾渡,攻杀汶山太守陈岂"。可知成汉得汶山郡。又据《华阳国志》卷9《李特雄期寿势志》,李期即位后,以"弟保镇西、西夷校尉、汶山太守"。可见成汉有汶山郡。

2.6 成汉汉嘉郡

《李雄载记》载,"是时南得汉嘉、涪陵,远人继至,雄于是下宽大之令"。可见李雄时得汉嘉郡。《晋志上》载,"李雄又分汉嘉、蜀二郡立沈黎、汉原二郡"。《李寿载记》载,"寿令其子广与大臣盟于前殿,徙(李)乾汉嘉太守"。可见成汉时有汉嘉郡。

2.7 成汉汉原郡

《晋志上》载,"李雄又分汉嘉、蜀二郡立沈黎、汉原二郡"。《宋志四》:"晋原太守,李雄分蜀郡为汉原,晋穆帝更名。"《元和郡县图志》卷31《剑南道上》:"秦灭蜀,为蜀郡。在汉为郡之江原县也。李雄据蜀,分为汉原郡,晋穆帝改为晋原郡。"可见成汉时有汉原郡。

2.8　成汉沈黎郡

《晋志上》载,"李雄又分汉嘉、蜀二郡立沈黎、汉原二郡"。可见成汉有沈黎郡。

2.9　成汉越巂郡

《华阳国志》卷9《李特雄期寿势志》载,李雄时,"越巂斯叟反,攻围任回及太守李谦";李寿时,"(李)摅从兄演,自越巂上书,劝寿归正返本,释帝称王"。可见成汉时有越巂郡。《晋志上》载,"咸康四年,分牂柯、夜郎、朱提、越巂四郡置安州。八年,又罢并宁州,以越巂还属益州"。《太平御览》卷123《偏霸部》:"(汉兴)六年,分宁州兴古、永昌、云南、朱提、越巂、河阳六郡为汉州"。可见成汉时,越巂郡曾属安州、汉州等州。

2.10　成汉梓潼郡

《华阳国志》卷8《大同志》载,"李雄以李离为梓潼太守";其后,西晋复取梓潼郡,"(永嘉)五年,春正月,李骧破涪城,获(谯)登,巴西、梓潼复为雄有"。据《李势载记》,"初,蜀土无獠,至此,始从山而出,北至犍为、梓潼,布在山谷"。可见成汉时有梓潼郡。

2.11　成汉巴西郡

《华阳国志》卷8《大同志》载,"巴西郡丞毛植、五官襄班举郡降(李)特";又载,"(永嘉)四年,天水文石杀雄太宰李国,以巴西降(罗)尚";"(谯登)杀(李)雄巴西太守马脱,还住涪";"(永嘉)五年,春正月,李骧破涪城,获登,巴西、梓潼复为雄有"。《资治通鉴》晋怀帝永嘉五年正月载,"成太傅(李)骧拔涪城,获谯登;太保始拔巴西,杀文石"。可见成汉有巴西郡。

2.12　成汉宕渠郡

《晋志上》载,"惠帝复分巴西置宕渠郡,领宕渠、汉昌、宣汉三县"。《华阳国志》卷1《巴志》载,晋惠帝永兴元年(304),李雄置宕渠郡。《晋志》载惠帝置宕渠郡,是采其时间,而实际宕渠郡如《巴志》所载,为成李雄所置。据《华阳国志》卷8《大同志》,谯登"先征宕渠,杀雄巴西太守马脱",亦证当时成汉有宕渠郡。

2.13　成汉汉中郡

据《李雄载记》,"遣李国、李云等率众二万寇汉中,梁州刺史张殷奔于长安。国等陷南郑,尽徙汉中人于蜀"。《华阳国志》卷9《李特雄期寿势志》载,李寿镇涪,"当入朝觐,常自危嫌,辄造汉中守将张才急书告方外寇警。咸康二年冬,北入汉中,破走司马勋"。据《资治通鉴》晋成帝咸康二年十一月,晋将司马勋将兵安集汉中,"成汉王寿击败之。寿遂置汉中守宰,戍南郑而还"。可见成汉有汉中郡。

2.14　成汉汉固郡

据《石勒载记下》,"蜀梓潼、建平、汉固三郡蛮巴降于勒";又据《石季龙载记上》,"李寿以建宁、上庸、汉固、巴征、梓潼五郡降于季龙"。可见成汉有汉固郡。

2.15　成汉上庸郡

据《石季龙载记上》,"李寿以建宁、上庸、汉固、巴征、梓潼五郡降于季龙"。可见成汉有上庸郡。此上庸郡,当为成汉侨置,非原西晋时上庸郡。

2.16　成汉巴征郡

据上考"成汉上庸郡"引《石季龙载记上》可知,成汉时有巴征郡。此巴征郡,当为成汉侨置,非原西晋时巴征郡。

2.17　成汉江阳郡

《李班载记》:"(李)越时镇江阳,以班非雄所生,意甚不平。至此,奔丧,与其弟期密计图之。李许劝班遣越还江阳。"据《资治通鉴》晋成帝咸和九年十月,李期篡位后,"从兄始为征东大将军,代越镇江阳"。可见成汉有江阳郡。

2.18　成汉巴郡

据《李雄载记》,"巴郡尝告急,云有东军"。《资治通鉴》晋成帝咸和九年十月载,李期篡位后,"诏以许为巴郡太守"。据《华阳国志》卷9《李特雄期寿势志》,李寿时,"进李闳为征东、荆州,移镇巴郡"。可见成汉有巴郡。

2.19　成汉涪陵郡

《李雄载记》载,"是时南得汉嘉、涪陵,远人继至,雄于是下宽大之令"。据《晋书》卷7《成帝纪》,咸和元年(326)九月,"李雄将张龙寇涪陵,执太守谢俊";咸和三年(328)十月,"李雄将张龙寇涪陵,太守赵弼没于贼"。《华阳国志》卷9《李特雄期寿势志》:"(李)势时,涪陵民乐氏妇头上生角。"可见成汉有涪陵郡。

2.20　成汉建宁郡

据《晋书》卷7《成帝纪》,咸和八年(333)正月,"李雄将李寿陷宁州,刺史尹奉及建宁太守霍彪并降之"。《华阳国志》卷9《李特雄期寿势志》载,成得宁州不久,"建宁州民毛诜、罗屯等反,杀太守邵攀",宁州刺史李寿讨破之;又载,李寿时,"建宁太守孟彦率州人缚宁州刺史霍彪于晋,举建宁为晋"。可见成汉有建宁郡。

2.21　成汉平乐郡

《华阳国志》卷4《南中志》:"平乐郡,元帝建兴元年刺史王逊割建宁之新定、兴迁二县,新立平乐、三沮二县,合四县为郡。后太守建宁董霸叛降李雄,郡县遂省。宁州北属,雄复为郡,以朱提李壮为太守。"可见成汉有平乐郡。

2.22　成汉朱提郡

《资治通鉴》晋成帝咸和八年正月载,"成大将军李寿拔朱提,董炳、霍彪皆降,寿威震南中"。可见成得朱提郡。《晋志上》载,"咸康四年,分牂柯、夜郎、朱提、越巂四郡置安州。八年,又罢并宁州"。《太平御览》卷123《偏霸部》:"(汉兴)六年,分宁州兴古、永昌、云南、朱提、越巂、河阳六郡为汉州。"可见朱提郡曾属安州、宁州、汉州。

2.23　成汉南广郡

《华阳国志》卷4《南中志》载,"南广郡,蜀延熙中置……建武元年省。元帝世,刺史王逊移朱提郡治南广。太守李钊数破雄,杀其大将乐初。后刺史尹奉却郡还旧治。及雄定宁州,复置郡,以兴古太守朱提李播为太守"。可见成汉有南广郡。

2.24　成汉牂柯郡

据《华阳国志》卷9《李特雄期寿势志》,"牂柯太守谢恕举郡为晋。寿破之"。据《资治通鉴》晋成帝咸和八年八月,"成建宁、牂柯二郡来降,李寿复击取之"。可见成汉有牂柯郡。《晋志上》载,"咸康四年,分牂柯、夜郎、朱提、越巂四郡置安州。八年,又罢并宁州"。可见牂柯郡曾属安州、宁州。

2.25　成汉夜郎郡

《晋志上》载,"咸康四年,分牂柯、夜郎、朱提、越巂四郡置安州。八年,又罢并宁州"。《宋志四》亦载,"成帝咸康四年,分牂柯、夜郎、朱提、越巂四郡为安州"。可见成汉有夜郎郡,曾属安州、宁州。

2.26　成汉兴古郡

《晋志上》载,"李寿分宁州兴古、永昌、云南、朱提、越巂、河阳六郡为汉州"。《太平御览》卷123《偏霸部》:"(汉兴)六年,分宁州兴古、永昌、云南、朱提、越巂、河阳六郡为汉州。"可见成汉有兴古郡,汉时曾属汉州。

2.27　成汉永昌郡

据上考"成汉兴古郡"可知,成汉有永昌郡,汉时曾属汉州。

2.28　成汉云南郡

据上考"成汉兴古郡"可知,成汉有云南郡,汉时曾属汉州。

2.29　成汉河阳郡

据上考"成汉兴古郡"可知,成汉有河阳郡,汉时曾属汉州。

2.30　成汉平夷郡

据《晋书》卷5《愍帝纪》,建兴四年(316)五月,"平夷太守雷炤害南广太守孟桓,帅二郡三千余家叛,降于李雄"。可见成汉得平夷郡。

附1　成阴平郡

据《晋书》卷5《怀帝纪》,永嘉六年(312)八月,"阴平都尉董冲逐太守王鉴,以郡叛降于李雄"。《华阳国志》卷2《汉中志》载,"永嘉末,太守王鉴粗暴,郡民毛深、左腾等逐出之,相率降李雄";又载,"(仇池杨难敌)恃险骄慢,攻走(李)雄阴平太守罗演"。可见成一度有阴平郡。

附2　成汉巴东郡(?)

《华阳国志》卷9《李特雄期寿势志》载,"(咸和五年)冬,寿率征南费黑、征东任邵伐巴东,至建平。监军毋丘奥退保宜都"。《李雄载记》:"(李寿等)攻陷巴东,太守杨谦退保建平。寿别遣费黑寇建平,晋巴东监军毋丘奥退保宜都。"《晋书》卷7《成帝纪》载,咸和五年(330)十月,"李雄将李寿寇巴东、建平,监军毋丘奥①、太守杨谦退归宜都";咸康五年(339)十二月,"李寿将李奕寇巴东,守将劳扬战败,死之"。可见成汉一度得巴东郡。

附3　成汉建平郡

据上考"成汉巴东郡"可知,成汉一度得建平郡。《石勒载记下》载"蜀梓潼、建平、汉固三郡蛮巴降于勒",亦可证成汉曾有建平郡。

3. 县

3.1　成汉成都县

成汉都成都,当有成都县。

3.2　成汉郫县

据《李雄载记》,"流死,雄自称大都督、大将军、益州牧,都于郫城"。可见成汉有郫县。

3.3　成汉临邛县

据《李势载记》,"(李势)贬(李)广为临邛侯"。可见成汉有临邛县。

3.4　成汉绵竹县

据《李特载记》,"特兄弟既以怨庲,引兵归绵竹"。可见成汉有绵竹县。

---

① 此"毋"字,为"毌"字之误。

3.5 成汉郪县

据《李雄载记》,"雄军饥甚,乃率众就谷于郪,掘野芋而食之。"可见成汉有郪县。

3.6 成汉僰道县(?)

据《华阳国志》卷8《大同志》,"雄众攻僰道,走犍为太守魏纪"。可见成汉得僰道县。

3.6 成汉汉原县

据《元和郡县图志》卷31《剑南道上》,"晋原县,本汉江原县,属蜀郡。李雄时改为汉原,晋为晋原"。可见成汉时有汉原县。

3.7 成汉邛都县

据《李期载记》,李寿篡位后,"寿矫任氏令,废期为邛都县公"。可见成汉时有邛都县。

3.8 成汉台登县(?)

《晋书》卷6《明帝纪》载,太宁元年(323)正月,"李雄使其将李骧、任回寇台登,将军司马玖死之。越巂太守李钊、汉嘉太守王载以郡叛,降于骧"。可见成汉得台登县。

3.9 成汉涪城县

《华阳国志》卷8《大同志》载,"前锋建平太守孙阜,破(李)特德阳守将骞硕、太守任臧,径至涪"①;《大同志》又载,"(永嘉)五年,春正月,李骧破涪城,获(谯)登,巴西、梓潼复为雄有"。此成汉得涪城。《华阳国志》卷9《李特雄期寿势志》载,李凤以巴西叛,(李)骧讨之,"雄自至涪,骧遂斩凤";又载,李班即位,"遣玝还涪"。据《资治通鉴》晋成帝咸和九年十月,李期即位后,"以寿为梁州刺史,屯涪"。《李势载记》载,李势"遣太保李奕袭(李)广于涪城"。可见成汉时有涪城县。

3.10 成汉晋寿县

据《华阳国志》卷2《汉中志》,"刘曜自攻武都。敌、坚南奔雄,至晋寿,遣子为质。又厚赂雄兄晋寿守将稚"。《华阳国志》卷9《李特雄期寿势志》载,"李凤在北,数有战、降之功,时荡子稚屯晋寿,害其功"。据《资治通鉴》,晋怀帝永嘉二年(308)十二月,"成平寇将军李凤屯晋寿,屡寇汉中";晋成帝咸和三年(328),"成主雄以李玝为征北将军、梁州刺史,代(李)寿屯晋寿";晋穆帝永和

---

① 《李流载记》载此事,作"太守任臧等退屯涪陵县"。涪陵县在江水以南,距李氏控制区域尚远。故《李流载记》作"涪陵县"有误,当为"涪城县"。

二年(346),"冬,汉太保李奕自晋寿举兵反,蜀人多从之"。据《李势载记》,桓温来伐,李势自成都出走,"于昝坚走至晋寿"。可见成汉有晋寿县。

3.11　成汉白水县

《资治通鉴》晋明帝太宁元年载,"(李)雄遣稚兄侍中、中领军(李)琀与(李)稚出白水,征东将军李寿及琀弟玝出阴平,以击(杨)难敌"。《李势载记》载,桓温来伐,李势出走至晋寿,送降文于温,其中有言"即日到白水城"。可见成汉有白水县。

3.12　成汉宕渠县

据前考"成汉宕渠郡"可知,成汉有宕渠县,属宕渠郡。

3.13　成汉汉昌县

据前考"成汉宕渠郡"可知,成汉有汉昌县,属宕渠郡。

3.14　成汉宣汉县

据前考"成汉宕渠郡"可知,成汉有宣汉县,属宕渠郡。

3.15　成汉南郑县

据前考"成汉汉中郡"引《资治通鉴》可知,成汉有南郑县。

3.16　成汉垫江县

《李特载记》,"以塞硕为德阳太守,硕略地至巴郡之垫江"。唐徐坚《初学记》卷8《州郡部》:"《晋太康地记》曰:李雄乱,复于阳阙更置垫江县,亦属巴郡。"当原巴郡垫江县入成汉,晋复置垫江县。故成汉时当有垫江县。

3.17　成汉巴兴县(?)

《宋志四》载益州刺史遂宁太守条下有,"巴兴令,徐志不注置立,疑是李氏所立"。此李氏即成汉政权。故成汉时或已置巴兴县。

附　谯蜀①

一、疆域变迁

晋安帝即位以后,司马道子、元显父子先后当权,王恭、桓玄等先后起兵,孙恩、卢循相继起事。东晋内乱以后,对巴蜀控制减弱,谯纵遂割据巴蜀。晋安帝义熙元年(405),益州刺史毛璩参军侯晖于广汉郡五城水口逼立谯纵为主。《晋书》卷100《谯纵传》载,谯纵攻克成都,遂自称成都王,以弟谯

---

① 谯纵割据巴蜀,称臣后秦,后秦姚兴封为蜀王,故史称谯蜀。谯蜀与成汉同为割据巴蜀之地的政权,故附谯蜀于成汉后。

洪为益州刺史，弟谯明子为巴州刺史，屯兵白帝。据《水经注》卷33《江水注一》，白帝即巴东郡鱼复县，因此巴东郡以西巴蜀之地多为谯纵控制。杜佑《通典》卷171《州郡一》叙东晋疆域称"益、梁又陷于谯纵"，顾祖禹《读史方舆纪要》卷3《历代州域形势三》言"谯纵之地，北不得汉中，南不逾邛、僰"。汉中郡在谯纵霸蜀时归于后秦和仇池①，故谯纵北不得梁州汉中之地。邛、僰大致在当时益州越嶲郡南部和犍为郡南部，顾祖禹言谯氏"南不逾邛、僰"也是正确的。因此，谯纵割据巴蜀，当主要控有除汉中郡以外的益、梁二州江水以北之地。

《晋书》卷10《安帝纪》载，义熙二年（406），"司马荣期击谯纵将谯子明于白帝，破之"。据《宋书》卷48《毛修之传》，刘裕遣毛修之与司马荣期、文处茂等共讨谯纵，"修之至宕渠，荣期为参军杨承祖所杀，承祖自称镇军将军、巴州刺史，修之退还白帝"，后毛修之讨斩承祖；"时文处茂犹在巴郡，修之遣振武将军张季仁五百兵系处茂等"。据此，义熙二年（406），东晋伐谯纵，取其巴东郡、巴郡。其后，刘裕又遣刘敬宣伐谯纵，无功而返。义熙六年（410），卢循出兵攻荆州，谯纵乘机遣桓谦等攻伐荆州，兵临江陵，为刘道规所破。《安帝纪》又载，义熙六年（410），"谯纵陷巴东，守将温祚、时延祖死之"。巴东归于谯纵，巴郡在巴东西，当先入于谯氏。《安帝纪》又载，义熙九年（413），刘裕遣朱龄石伐蜀，"朱龄石克成都，斩谯纵，益州平"。

综上所述，义熙元年（405）谯纵据有益、梁二州江水以北之地（除汉中郡），二年（406）失巴东郡、巴郡而六年（410）复得之，九年（413）亡于东晋。

二、政区沿革

（一）政区概述

1. 益州

益州，治成都（今四川成都市城区一带）。东晋义熙元年（405），谯纵承东晋置益州，领蜀郡、犍为、汶山、越嶲、江阳、晋原、宁蜀七郡。至义熙九年（413），谯纵益州领郡当不变。

蜀郡，治成都（今四川成都市城区一带）。东晋义熙元年（405），谯纵承东晋置蜀郡，领成都、繁、郫、牛鞞四县②。至义熙九年（413），蜀郡领县当不变。

---

① 见后文所考后秦疆域和仇池疆域。
② 有关谯蜀诸郡领县，大多参见胡阿祥、孔祥军、徐成：《中国行政区划通史·三国两晋南朝卷》（上册），复旦大学出版社，2014年，第861—870页。对于与本书有歧异者，则在注文中加以考辨。

犍为郡，治武阳(今四川眉山市彭山区双河乡北)。东晋义熙元年(405)，谯纵承东晋置犍为郡，领武阳、南安、资中、僰道四县。至义熙九年(413)，犍为郡领县当不变。

汶山郡，治汶山(今四川茂县北)。东晋义熙元年(405)，谯纵承东晋置汶山郡，领汶山、都安、兴乐、平康、蚕陵、广柔六县。至义熙九年(413)，汶山郡领县当不变。

越嶲郡，治邛都(今四川西昌市东南)。东晋义熙元年(405)，谯纵承东晋置越嶲郡，领邛都、会无、卑水、定莋、台登五县。至义熙九年(413)，越嶲郡领县当不变。

江阳郡，治江阳(今四川泸州市江阳区)。东晋义熙元年(405)，谯纵承东晋置江阳郡，领江阳、汉安、绵水、常安四县①。至义熙九年(413)，江阳郡领县当不变。

晋原郡，治江原(今四川崇州市西北)。东晋义熙元年(405)，谯纵承东晋置晋原郡，领江原、临邛、汉嘉、徙阳、晋乐五县。至义熙九年(413)，晋原郡领县当不变。

宁蜀郡，治广都(今四川成都市双流区西北)。东晋义熙元年(405)，谯纵承东晋置宁蜀郡，领广都等县。至义熙九年(413)，宁蜀郡领县当不变。

2. 梁州

梁州，治涪城(今四川三台县花园镇涪城村)。东晋义熙元年(405)，谯纵承东晋置梁州，领梓潼、晋寿、广汉、遂宁、晋熙、晋宁、巴西、宕渠、晋昌、阴平十郡。至义熙九年(413)，梁州领郡当不变。

梓潼郡，治涪城(今四川三台县花园镇涪城村)。东晋义熙元年(405)，谯纵承东晋置梓潼郡，领涪城、梓潼、汉德、武连四县。至义熙九年(413)，梓潼郡领县当不变。

晋寿郡，治晋寿(今四川广元市昭化区南)。东晋义熙元年(405)，谯纵承东晋置晋寿郡，领晋寿、白水、兴安、邵欢四县。至义熙九年(413)，晋寿郡领县当不变。

广汉郡，治雒(今四川广汉市北)。东晋义熙元年(405)，谯纵承东晋置广

---

① 据胡阿祥、孔祥军、徐成《中国行政区划通史·三国两晋南朝卷》(上册)，东晋有东江阳郡，于谯纵时失汉安县、绵水县(第868—869页)。其据史料为《元和郡县图志》和《方舆胜览》。《宋志四》载，"江阳太守，刘璋分犍为立。中失本土，寄治武阳"，领江阳、汉安(别见)、绵水(别见)、常安四县；"东江阳太守，何志晋安帝初，中失寓入蜀，今新复旧土为郡"，领汉安县、绵水县。《元和郡县图志》和《方舆胜览》较《宋志》晚出，当以《宋志》为是。

汉郡，领雒、什邡、五城、新都、郪、阳泉六县①。至义熙九年（413），广汉郡领县当不变。

遂宁郡，治巴兴（今四川蓬溪县西南）。东晋义熙元年（405），谯纵承东晋置遂宁郡，领巴兴、德阳、广汉、小溪、晋兴五县。至义熙九年（413），遂宁郡领县当不变。

晋熙郡，治晋熙（今地不可考）。东晋义熙元年（405），谯纵承东晋置晋熙郡，领晋熙县、苌阳县②。至义熙九年（413），晋熙郡领县当不变。

晋宁郡，治所不可考。东晋义熙元年（405），谯纵承东晋置晋宁郡③，领县不可考。至义熙九年（413），晋宁郡辖区当不变。

巴西郡，治阆中（今四川阆中市）。东晋义熙元年（405），谯纵承东晋置巴西郡，领阆中、西充国、南充国、安汉、平州、益昌六县④。至义熙九年（413），巴西郡领县当不变。

宕渠郡，治宕渠（今四川营山县黄渡镇宕渠故城）。东晋义熙元年（405），谯纵承东晋置宕渠郡，领宕渠县、汉兴县⑤。至义熙九年（413），宕渠郡领县当不变。

晋昌郡，治长乐（今地不可考）。东晋义熙元年（405），谯纵承东晋置晋昌郡，领长乐、安晋、延寿、安乐、宣汉、宁都、新兴、吉阳、东关、永安十县⑥。至义熙九年（413），晋昌郡领县不变。

阴平郡（侨置），治绵竹（今四川绵竹市东南）。东晋义熙元年（405），谯纵承东晋置阴平郡，领绵竹县、阴平县。至义熙九年（413），阴平郡领县当不变。

3. 巴州

巴州，治白帝（今重庆奉节县白帝镇白帝村西南）。东晋义熙元年（405），谯纵置巴州，领巴东郡、巴郡。义熙二年（406），巴州入东晋。义熙六年（410），

---

① 《中国行政区划通史·三国两晋南朝卷》（上册）言西晋无郪县，然《华阳国志》卷3《蜀志》载广汉郡有此县，且成汉有此县，《宋志四》亦有此县。故以为谯纵广汉郡皆领有此县。
② 《晋志上》载，"隆安二年，又立晋熙、遂宁、晋宁三郡"。可见东晋安帝时有晋熙郡，谯纵当承东晋置此郡。《宋志四》载，"晋熙太守，秦州流民，晋安帝立"，领晋熙县、苌阳县。
③ 据上引《晋志上》可知，东晋安帝时有晋宁郡，谯纵当承东晋置此郡。
④ 据前述成汉"政区概述"中巴西郡可知，成汉时，巴西郡领阆中、西充国、南充国、安汉、平州五县。《晋志上》载，"及桓温平蜀之后"，"又置益昌、晋兴二县，属巴西郡"。据《中国行政区划通史·三国两晋南朝卷》（上册），晋兴县似在太元九年（384）别属遂宁郡。
⑤ 宕渠郡原领有宣汉县，后此县别属晋昌郡。
⑥ 《晋志上》载，"及桓温平蜀之后，以巴汉流人立晋昌郡，领长乐、安晋、延寿、安乐、安汉、宁都、新兴、吉阳、东关、永安十县"。据《太平寰宇记》卷72《剑南西道一》，"臧荣绪《晋书·穆帝纪》：永和八年，平西将军周抚攻涪，八月戊午克之，斩萧敬文，益州平。以三蜀流人立宁蜀、晋昌二郡"。可见，东晋置晋昌郡在永和八年（352）。

巴州自东晋入谯纵。至义熙九年(413),巴州领巴东郡、巴郡。

巴东郡,治鱼复(今重庆市奉节县东)。东晋义熙元年(405),谯纵承东晋置巴东郡,领鱼复、朐䏰、南浦、汉丰四县。义熙二年(406),巴东郡入东晋。义熙六年(410),巴东郡自东晋入谯纵。至义熙九年(413),巴东郡领县当不变。

巴郡,治江州(今重庆渝中区)。东晋义熙元年(405),谯纵承东晋置巴郡,领江州、垫江、临江、枳四县。义熙二年(406),巴郡入东晋。义熙六年(410),巴郡自东晋入谯纵。至义熙九年(413),巴郡领县当不变。

(二) 政区考证

1. 州

1.1 谯蜀益州

据《晋书》卷100《谯纵传》,"毛璩既死,纵以弟洪为益州刺史"。可见谯蜀置有益州,当治成都。

1.2 谯蜀梁州

《资治通鉴》载,晋安帝义熙六年(410)八月,谯纵以"谯道福为梁州刺史";晋安帝义熙九年(413)六月,东晋来伐,谯纵"命谯道福将重兵镇涪城"。可见谯蜀置有梁州,当治涪城。

1.3 谯蜀巴州

据《晋书》卷100《谯纵传》,毛璩既死,纵以"明子为镇东将军、巴州刺史,率其众五千人屯白帝"。可见谯蜀置有巴州,治白帝。

2. 郡

谯蜀广汉郡

《资治通鉴》晋安帝义熙九年(413)五月载,刘裕遣朱龄石伐谯纵,龄石等至白帝发函书,有言"众军悉从外水取成都,臧喜从中水取广汉"。可见谯蜀有广汉郡。

3. 县

3.1 谯蜀成都县

谯蜀都成都,当有成都县。

3.2 谯蜀牛鞞县

据《资治通鉴》晋安帝义熙九年(413)五月,"谯纵大将谯抚之屯牛脾(胡注:'牛脾',当作'牛鞞')"。可见谯蜀有牛鞞县。

3.3 谯蜀涪城县

据《晋书》卷100《谯纵传》,谯纵反后,"攻(毛)璩弟西夷校尉瑾于涪城,城陷,瑾死之";又载,刘裕遣将来伐,"纵遣谯道福重兵守涪"。可见谯纵有涪城县。

3.4 谯蜀广汉县

据《晋书》卷100《谯纵传》,"纵遣弟明子及(侯)晖距(王)琼于广汉";又载,谯纵为东晋击败,"(谯)道福独奔广汉,广汉人杜瑾执之"。可见谯蜀有广汉县。

3.5 谯蜀绵竹县

《晋书》卷100《谯纵传》载,"(王)琼击破(侯)晖等,追至绵竹"。可见谯蜀有绵竹县。

第二章 淝水之战前(304—383)十六国诸政权的疆域与政区演变(下)

第一节 前 凉

晋末大乱,散骑常侍张轨图据凉州以自保,遂求出任凉州刺史。晋惠帝永宁元年(301),张轨为凉州刺史,治姑臧,统领其地①。张轨以后,轨子寔、寔弟茂、寔子骏、骏子重华、重华子耀灵、耀灵伯父祚、耀灵弟玄靓、玄靓叔天锡,世霸凉州,史称前凉。晋愍帝建兴六年(316),西晋亡,而张轨子孙霸有凉土,仍用建兴年号。张祚称凉王,改元为和平。张祚被杀,复用建兴年号。至前凉建兴四十九年(361),始奉东晋年号。前凉咸安六年(376)②,前秦灭前凉。

一、疆域变迁

自张轨任凉州刺史后,凉州之地基本为前凉据有,张氏固守河西之地。前凉疆域的变迁,主要在于河南地及秦州等地的得失③,还在西域设置了政区,考述于下。

张氏据凉州,乘关中和中原丧乱之际渐趋东扩,遂取有陇西之地。据《资治通鉴》晋惠帝永兴二年(305)六月,陇西太守韩稚擅杀秦州刺史张辅,张轨"遣中督护氾瑗帅众二万讨稚,稚诣轨降"。韩稚降,张轨遂控制陇西。晋怀帝

---

① 《晋志上》载,凉州统金城、西平、武威、张掖、西郡、酒泉、敦煌、西海八郡,晋惠帝时又立晋昌郡。据谭图,西晋时凉州武威郡辖有黄河东原汉时祖厉县地。李吉甫《元和郡县图志》卷4《关内道四》载:"乌兰县,本汉祖厉县地,属安定郡,后汉属武威郡。前凉张轨收其县人,于凉州故武威县侧近别置祖厉县。""凉州故武威县",在河水西,因此谭图第三册西晋时期凉州武威郡河水以东所辖之地,自张轨时不统之,本编所述凉州不包括其地。
② 饶宗颐主编,王素、李方著《魏晋南北朝敦煌文献编年》有前凉咸安三年和前凉咸安五年文献(新文丰出版公司,1997年,第97—98页)。可见前凉亡前用东晋咸安年号。
③ 河水在入西平郡、金城郡后,总体呈东西流向。此所言河南地,指此段河水以南的地区。

永嘉元年(307),南阳王司马模镇长安。《晋书》卷86《张轨传》:"(张轨)遣主簿令狐亚聘南阳王模,模甚悦,遗轨以帝所赐剑,谓轨曰:'自陇以西,征伐断割悉以相委,如此剑矣。'"《资治通鉴》载,晋怀帝永嘉二年(308)二月,张越为陇西内史,与西平太守曹祛谋逐张轨而代之;张轨讨之,斩曹祛,"张越奔邺"。可见陇西为张轨控制。《晋志上》载,张轨"分西平界置晋兴郡,统晋兴、枹罕、永固、临津、临鄣、广昌、大夏、遂兴、罕唐、左南等县"。据前田正名和关尾史郎考述,枹罕、永固、临津、大夏四县原属陇西郡,在陇西郡西部①。前田正名推测,张轨可能在击斩曹祛后置晋兴郡②,此说可以成立。张轨卒,张寔即立。据《晋书》卷86《张轨传附张寔传》,西晋临亡,张寔遣陇西太守吴绍等东赴国难,亦证陇西为前凉控制。

张茂时,其疆土进一步东扩。西晋亡后,南阳王司马保控有秦州天水、略阳、南安等郡。司马保败亡,其地为陈安控制。前凉建兴十年(322),取有前赵所统南安郡③。陈安为前赵所灭,前凉遂与前赵为邻。张骏时,前赵来攻。据《晋书》卷7《成帝纪》,咸和二年(前凉建兴十五年,327),"冬十月,刘曜使其子胤侵枹罕,遂略河南地",张氏所据河水以南之地皆失。前凉建兴十七年(329),"石勒杀刘曜,骏因长安乱,复收河南地,至于狄道,置武卫、石门、候和、漒川、甘松五屯护军,与勒分境"④。其后,张骏置河州,领兴晋、金城、武始、南安、永晋、大夏、武城、汉中八郡⑤。由前考后赵疆域与政区可知,前凉建兴三十四年(346),大夏郡、武始郡、金城郡(河水以南)为后赵所取;三十五年,兴晋、永晋、汉中、武城、南安五郡入后赵。前凉建兴三十八年(350),后赵乱亡,

---

① [日]前田正名:《前涼国の境域について》,《驹沢大学文学部研究纪要39》,1981年;[日]关尾史郎:《南涼政権(三九七—四一四)と徙民政策》,《史学雜誌》1980年第1期。据前田氏所绘制的地图可知,枹罕、永固、临津、大夏四县在原陇西郡西部。
② [日]前田正名:《前涼国の境域について》,《驹沢大学文学部研究纪要39》,1981年。
③ 《晋书》卷86《张轨传附子茂传》载,"永昌初,茂使将军韩璞率众取陇西南安之地,以置秦州"。《资治通鉴》载,晋元帝永昌元年二月,"仇池氏、羌及故晋王保将杨韬、陇西太守梁勋皆降于曜";十二月,"张茂使将军韩璞帅众取陇西、南安之地,置秦州"。张茂使韩璞攻前赵,不仅夺回陇西,又取有南安郡地,遂置秦州,以加强对此地的统治。刘曜灭陈安后,遂乘势以击前凉。《资治通鉴》晋明帝太宁元年八月载,"赵主曜自陇上西击凉州,遣其将刘咸攻韩璞于冀城,呼延晏攻宁羌护军阴鉴于桑壁","张茂临河诸戍,皆望风奔溃"。据此,前凉曾一度占据冀城、桑壁。可能在太宁元年(323)六月、七月间,前赵攻陈安时,前凉乘机取有冀城和桑壁;前凉灭陈安后,于八月攻取冀城、桑壁。
④ 见《晋书》卷86《张轨传附张骏传》。中华书局本《晋书》"校勘记":"《(晋书)斠注》:'武卫'为'武街'之讹。按:《通鉴》九七胡注云:张骏置五屯,武街其一。《斠注》说是。"
⑤ 见《晋志上》和《魏书》卷99《私署凉州牧张寔传》。

后赵所占据前凉的河南地复为前凉占据①。

据《晋书》卷8《穆帝纪》，永和八年(前凉建兴四十年，352)，"冬十月，秦州刺史王擢为苻健所逼，奔于凉州"；永和九年(353)五月，"张重华复使王擢袭秦州，取之"，前凉遂得秦州。据《资治通鉴》晋穆帝永和十年(前凉和平元年，354)，桓温伐前秦，王擢乘机东侵，五月，"王擢拔陈仓，杀秦扶风内史毛难"；六月，前秦击王擢于陈仓，"擢奔略阳"；十一月，"擢帅众降秦"。王擢降，前凉秦州随之入前秦。前凉建兴四十三年(355)，再失河南地。《晋书》卷86《张轨传附张玄靓传》载，"有陇西人李俨，诛大姓彭姚，自立于陇右，奉中兴年号，百姓悦之。玄靓遣牛霸率众讨之，未达，而西平人卫缵又据郡叛。霸众溃，单骑而还"②。其后，前凉虽定西平，而河南地则为李俨所据。张天锡时，攻李俨所据大夏、武始、枹罕等地，而不能取其地。《资治通鉴》载，晋穆帝永和十二年(前凉建兴四十四年，356)二月，凉州牧张瓘言"我跨据三州，带甲十万，西苞葱岭，东距大河"，张瓘不言河水以南之地，当是此地已不为其所有。故自李俨割据后，前凉仅能控有河水以西凉州之地。其后李俨为苻坚所破，其地入前秦③。

《晋志上》载，"魏时复分以为凉州，刺史领戊己校尉，护西域，如汉故事，至晋不改"。可见，西晋时凉州刺史领戊己校尉以护西域。《晋书》卷86《张轨传附张骏传》："西域长史李柏请击叛将赵贞，为贞所败。议者以柏造谋致败，请诛之。骏曰：'吾每以汉世宗之杀王恢，不如秦穆之赦孟明。'竟以减死论，群心咸悦。"可见前凉署有西域长史。《张骏传》又载："初，戊己校尉赵贞不附于骏，至是，骏击擒之，以其地为高昌郡。"唐徐坚《初学记》卷8《州郡部》引《地舆志》曰："晋咸和二年置高昌郡，立田地县。"据此，前凉置高昌郡应在咸和二年(前凉建兴十五年，327)。可惜日本有些学者并未看到这两条史料，而根据几条没有明确时间记载的间接史料推测，分别提出高昌郡置于咸和三年(328)至五年(330)间说和咸和四年(329)说，对此王素都予以反驳，认定高昌郡置于咸和二年(327)④。唐长孺、余太山、山口洋等都认为高昌应置于咸和二年(327)⑤，

---

① 《资治通鉴》晋穆帝永和六年载，"赵凉州刺史石宁独据上邽不下，十二月，苻雄击斩之"。后赵以凉州刺史领原前凉河州之地，治枹罕。后赵乱后，凉州刺史不守枹罕，反在秦州上邽，意味着后赵凉州不守，此地复为前凉据有。
② 《资治通鉴》晋穆帝永和十一年九月载此事。
③ 前秦灭李俨后，置凉州治金城，亦表明李俨时控有河水以南之地。
④ 王素：《高昌史稿》(统治篇)，文物出版社，1998年，第120—131页。
⑤ 唐长孺：《高昌郡纪年》，《魏晋南北朝隋唐史资料》第3辑，1981年，第22页。余太山：《关于"李柏文书"》，《西域研究》1995年第1期，第84页。山口洋：《高昌郡设置年代考》，《小田义久博士还历记念东洋史论集》，真阳社，1995年，第29—50页。徐文范以为前凉张轨时开高昌郡，系之于晋怀帝永嘉六年(312)，有误，见徐文范：《东晋南北朝舆地表·年表》卷首。

其说可信。

据《资治通鉴》晋成帝咸康元年(前凉建兴二十三年,335),张骏"遣将杨宣伐龟兹、鄯善,于是西域诸国焉耆、于寘之属,皆诣姑臧朝贡"。张骏时降服西域诸国,当于此年置西域都护。《资治通鉴》晋穆帝永和元年(建兴三十三年,345)十二月载,"(张骏)分敦煌等三郡及西域都护三营为沙州,以西胡校尉杨宣为刺史"①。可见前凉置有西域都护。《太平御览》卷11《天部十一》引《前凉录》曰:"张植为西域校尉,与奋威将军牛霸率骑救张冲。六月,至于流沙。"颜之推《还冤记》亦载前凉时有"西域校尉张倾"②。可见,前凉时设有西域校尉。

据上所考,西晋永宁元年(301),张轨为凉州刺史,领凉州。西晋永兴二年(305),陇西郡改属凉州。前凉建兴十年(322),得南安郡。建兴十五年(327),前凉于原戊己校尉地置高昌郡,失河南地。建兴十七年(329),得河南地(狄道以西之地)。建兴二十三年(335),置有西域都护。建兴三十四年(346),失大夏、武始、金城(河水以南)三郡。建兴三十五年(347),失兴晋、永晋、汉中、武城、南安五郡。建兴三十八年(350),复得河南地。建兴四十一年(353),得秦州。前凉和平元年(354),失秦州。前凉建兴四十三年(355),失河南地。前凉咸安六年(376),为前秦所灭。

二、政区沿革

据上考前凉疆域可知,前凉建兴四十一年(353)疆域最盛(见图5)。下文以前凉建兴四十一年(353)为基准年,先概述前凉政区沿革,再考证前凉可考的政区。

(一) 政区概述

1. 凉州

凉州,治姑臧(今甘肃武威市凉州区)。《晋志上》载,凉州领武威、金城、西平、西郡、张掖、酒泉、敦煌、西海八郡;元康五年(295),分敦煌、酒泉置晋昌郡;凉州刺史领戊己校尉,护西域。西晋永宁元年(301),张轨以凉州刺史领武威、金城、西平、西郡、张掖、酒泉、敦煌、晋昌、西海九郡和戊己校尉;随后,分武威置武兴郡。西晋永兴二年(305),陇西郡和枹罕护军自西晋秦州来属;其后,当

---

① 前凉置沙州在张骏时,徐文范以为在张茂时,误,见《东晋南北朝舆地表·年表》卷1。
② (北齐)颜之推:《还冤记》,《丛书集成初编》本,第8页。(唐)释道世《法苑珠林》卷86《地狱部七·感应缘》作"西域校尉张顾"(中华书局,2003年,第2006页)。李昉等《太平广记》卷119《报应十八·麹俭》亦作"西域校尉张顾"(中华书局,1961年,第835页)。

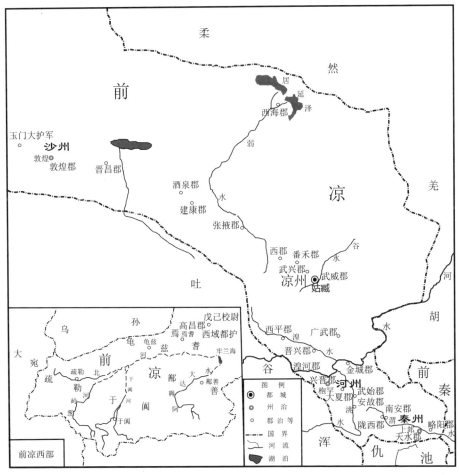

图 5 前凉建兴四十一年(353)疆域政区示意图

分陇西置狄道郡。西晋永嘉二年(308),分西平、狄道置晋兴郡,分狄道置安故郡。前凉建兴五年(317),张寔即位;其后,分金城置广武郡。前凉建兴十年(322),陇西郡、狄道郡别属秦州,武兴、金城、西平、安故四郡别属定州;凉州领武威、西郡、张掖、酒泉、敦煌、晋昌、西海、晋兴、广武九郡和戊己校尉、枹罕护军。前凉建兴十二年(324),张骏即位;其后,分酒泉置建康郡和玉门大护军,又置延兴郡、湟河郡、广晋郡,皆属凉州。前凉建兴十五年(327),枹罕护军入前赵。前凉建兴十八年(330),置武街、石门、侯和、漒川、甘松五护军。前凉建兴二十三年(335),降服西域诸国,置西域都护。前凉建兴二十九年(341),分晋兴置大夏郡,或于此年亦置大夏护军,皆属凉州。前凉建兴三十三年(345),

分凉州置河州、沙州，罢定州，又罢延兴郡、广晋郡，凉州领武威、武兴、西平、西郡、张掖、酒泉、西海、建康、湟河、晋兴、广武十一郡。前凉建兴三十五年（347），金城郡（河水北）来属。前凉建兴三十八年（350），金城郡（河水北）别属河州。前凉建兴四十一年（353），凉州领武威、武兴、西平、西郡、张掖、酒泉、西海、建康、湟河、晋兴、广武十一郡。其后，分武威置番禾郡，又置西河郡，当皆属凉州。前凉建兴四十三年（355），张玄靓即位；同年，金城郡（河水北）来属；其后，分张掖置祁连郡，属凉州。前凉升平七年（363），张天锡即位；其后，分西平、晋兴置广源郡，分张掖置临松郡，又置有宣威护军，皆属凉州。至前凉咸安六年（376），凉州领武威、武兴、西平、西郡、张掖、酒泉、西海、金城、晋兴、建康、湟河、广武、番禾、西河、祁连、广源、临松十七郡和宣威护军。

武威郡，治姑臧（今甘肃武威市凉州区）。《晋志上》载，武威郡领姑臧、宣威、揖次、仓松、显美、骊靬、番禾七县；此"揖次"为"揟次"之讹①。西晋太宁元年（301），武威郡领姑臧、宣威、揟次、仓松、显美、骊靬、番禾七县；其后，分武威置武兴郡，又置祖厉县属武威郡②。前凉建兴三十四年（346），张重华即位；其后，番禾县别属番禾郡。至前凉咸安六年（376），武威郡领姑臧、宣威、揟次、仓松、显美、骊靬、祖厉七县。

武兴郡，治武兴（今地不可考）。西晋太宁元年（301），张轨任凉州刺史；其后，分武威置武兴郡，领武兴、大城、乌支、襄武、晏然、新鄣、平狄、司监八县③。至前凉咸安六年（376），武兴郡领县不变。

西平郡，治西都（今青海西宁市城区一带）。《晋志上》载，西平郡领西都、临羌、长宁、安夷四县。西晋太宁元年（301），西平郡领县当同《晋志》所载。至前凉咸安六年（376），西平郡领县当不变。

---

① 孔祥军：《晋书地理志校注》，第100页。
② 李吉甫《元和郡县图志》卷4《关内道四》载，"乌兰县，本汉祖厉县地，属安定郡，后汉属武威郡。前凉张轨收其县人，于凉州故武威县侧近别置祖厉县"。郑炳林认为，前凉时还侨置鹯阴、武安、襄城、治城、蒙水、新阳、榆中等县，属武威郡，见《前凉行政区划初探（凉州）》，《敦煌学辑刊》1993年第1期。郑氏所用史料，除"鹯阴"记后凉事外，其余史料皆载北魏时情况，不能反映前凉政区建置，此不从。郑炳林另有《前凉行政区划初探（沙州河州）》，《敦煌学辑刊》1993年第2期。本编所考述前凉政区引郑炳林之见解，除单独注出引文外，皆引自《前凉行政区划初探》，下不再详注。
③ 《晋志上》载，"永宁中，张轨为凉州刺史，镇武威，上表请合秦雍流移人于姑臧西北，置武兴郡"。据此，置武兴郡应在永宁中。《晋书》卷86《张轨传》："王弥遂逼洛阳，轨遣将军张斐、北宫纯、郭敷等率精骑五千来卫京都。及京都陷，斐等皆没于贼。中州避难来者日月相继，分武威置武兴郡以居之。"据《张轨传》，置武兴郡或在晋愍帝建兴初年。由于传记中所载史事，有些未必按发生时间的先后记载，故此姑从《晋志》，系置武兴郡于永宁元年（301）。

西郡，治日勒（今甘肃永昌县西北）。《晋志上》载，西郡领日勒、删丹、仙提、万岁、兰池五县。西晋太宁元年（301），西郡领县当同《晋志》所载。至前凉咸安六年（376），西郡领县当不变。

张掖郡，治永平（今甘肃张掖市甘州区西北）。《晋志上》载，张掖郡领永平、临泽、屋兰三县。西晋时，还应置有氐池县，属张掖郡①。西晋太宁元年（301），张掖郡领永平、临泽、屋兰、氐池四县。西晋永兴二年（305），置汉阳县，属张掖郡②。前凉建兴十二年（324），张骏即位；其后，置祁连县，属张掖郡③。前凉建兴四十三年（355），张玄靓即位；其后，汉阳县、祁连县别属祁连郡。至前凉咸安六年（376），张掖郡领永平、临泽、屋兰、氐池四县。

酒泉郡，治福禄（今甘肃酒泉市肃州区）。《晋志上》载，酒泉郡领福禄、会水、安弥、骍马、乐涫、表氏、延寿、玉门、沙头九县；晋惠帝元康五年（295），沙头县别属晋昌郡。西晋太宁元年（301），酒泉郡领福禄、会水、安弥、骍马、乐涫、表氏、延寿、玉门八县；其后，又置玉石县、凉宁县，属酒泉郡④。前凉建兴十二年（324），张骏即位；其后，乐涫县、表氏县别属建康郡。前凉建兴二十一年（333），改玉石县为金泽县。至前凉咸安六年（376），酒泉郡领福禄、会水、安弥、骍马、延寿、凉宁、金泽、玉门八县。

西海郡，治居延（今内蒙古额济纳旗东南）。《晋志上》载，西海郡领居延县。西晋太宁元年（301），西海郡领居延县。至前凉咸安六年（376），西海郡领县不变。

建康郡，治乐涫（今甘肃酒泉市肃州区东南）。前凉建兴十二年（324），张

---

① 《晋书》卷3《武帝纪》载，泰始三年（267）四月，"张掖太守焦胜上言，氐池县大柳谷口有玄石一所"。可见西晋时当有氐池县。《秃发乌孤载记》："（吕）纂惧，烧氐池、张掖谷麦而还。"《秃发傉檀载记》："傉檀于是率师伐沮渠蒙逊，次于氐池。"《沮渠蒙逊载记》："比至氐池，众逾一万。"据此，至十六国时期，氐池县不废。
② 《晋志上》载，"永兴中，置汉阳县以守牧地，张玄靓为祁连郡"。西晋永兴共三年，此取永兴二年（305）。据下文所考祁连郡可知，祁连郡当分张掖置，故以为汉阳县属张掖郡。
③ 据后文所考"前凉祁连县"可知，张骏时有祁连县。祁连县当置于祁连山附近。李吉甫《元和郡县图志》卷40《陇右道下》："张掖县，本汉觻得县，属张掖郡"，"晋改名永平县"，"祁连山，在县西南二百里"；"福禄县，本汉乐涫县，属酒泉郡，后魏太武帝平沮渠茂虔，改县为戍"，"祁连戍，在县东南一百二十里"。据此，疑祁连县当属张掖郡。
④ 据下后文所考"前凉金泽县（承玉石县）"可知，前凉时置有玉石县。乐史《太平寰宇记》卷152《陇右道三》载，"玉门县，本汉旧县也，属酒泉郡"，"玉石障。按《十三州志》云：'延寿县在郡西，金山在其东，至玉石障，是亦汉遮房障也。'"疑玉石县置于玉石障附近，当属酒泉郡。郑炳林认为金泽县属张掖郡，此不从。据后文所考"前凉凉宁县"，前凉有凉宁县。郑炳林认为凉宁县属酒泉郡。

骏即位;其后,分酒泉置建康郡,领乐涫、建康、表氏三县①。至前凉咸安六年(376),建康郡领县当不变。

湟河郡,治所不可考。前凉建兴十二年(324),张骏即位;其后,当分西平置湟河郡②,领县不可考③。至前凉咸安六年(376),湟河郡辖区当不变。

晋兴郡,治晋兴(今青海民和回族土族自治县附近)④。西晋永嘉二年(308),分西平等郡置晋兴郡,领晋兴、枹罕、永固、临津、临鄣、广昌、大夏、遂兴、罕唐、左南十县⑤。前凉建兴二十九年(341),大夏等县别属大夏郡。前凉建兴三十三年(345),枹罕、永固、临津等县别属兴晋郡,左南县别属金城郡⑥。至前凉咸安六年(376),晋兴郡或领晋兴、临鄣、广昌、遂兴、罕唐五县。

广武郡,治令居(今甘肃永登县西北)。前凉建兴五年(317),张寔即位;其后,分金城置广武郡,领令居、枝阳、永登三县。前凉建兴十四年(326),置广武县属广武郡,疑在此年亦置振武县,属广武郡⑦。至前凉咸安六年(376),广武郡领令居、枝阳、永登、广武、振武五县。

以下郡、护军附

广晋郡,治所不可考。前凉建兴十二年(324),张骏即位;其后,置广晋郡⑧,领县不可考。至前凉建兴三十三年(345),罢广晋郡⑨,此前辖区当不变。

延兴郡,治所不可考。前凉建兴十二年(324),张骏即位;疑在张骏时置延

---

① 据《晋志上》,张骏置凉州,领有建康郡。《资治通鉴》晋孝武帝太元十一年二月载,后凉吕光时,张大豫叛,"建康太守李隰、祁连都尉严纯皆起兵应之(胡注:建康郡,张骏置,属凉州。《新唐书·地理志》:甘州张掖县西北百九十里有祁连山,北有建康军,盖张氏置郡地也)"。据胡注和下引《凉武昭王李玄盛传》可知,前凉张骏时分酒泉置建康郡。《晋书》卷87《凉武昭王李玄盛传》:"以张体顺为宁远将军、建康太守,镇乐涫。"可见,建康郡当治乐涫。郑炳林认为建康郡领有建康、乐涫、表氏三县。
② 据《晋志上》,张骏置河州,领有湟河郡。(唐)杜佑《通典》卷174《州郡典四》载,廓州,"汉末属西平郡。前凉以其地为湟河郡"。可见,前凉湟河郡当分西平郡而置。
③ 郑炳林疑广源郡治湟河县,领湟河、广威、邯川三县,其史料依据不足,此不从。
④ 《水经注》卷2《河水注二》:"湟水又东南迳小晋兴城北,故都尉治。阚骃曰:允吾县西四十里有小晋兴城。"此当为晋兴县所治。
⑤ 日本学者前田正名认为晋兴郡置于晋永嘉二年(308),当是,见前田正名:《前凉国の境域について》,《驹沢大学文学部研究纪要39》,1981年。
⑥ 《水经注》卷2《河水注》:"《十三州志》曰:左南津东六十里有白土城,城在大河之北,而为缘河济渡之处。"河水以南之地别属兴晋郡和大夏郡,而左南县与晋兴郡地不相接,当别属金城郡。
⑦ 关尾史郎认为广武郡领有振武县,见关尾史郎:《南凉政权(三九七—四一四)与徙民政策》,《史学杂志》1980年第1期。郑炳林也认为广武郡领有振武县。振武县或与广武县同年置。
⑧ 《晋书》卷87《凉武昭王李玄盛传》:"伯祖龙骧将军、广晋太守、长宁侯卓,亡祖武卫将军、天水太守、安世亭侯弇毗佐凉州,著功秦陇。"《太平御览》卷362《人事部三》:"崔鸿《十六国春秋·前凉录》曰:李弇字子玉,陇西狄道人也。弇本名良,又妻姓梁,张骏戏之。"可见,李玄盛之祖李弇当仕于张骏时,伯祖李卓应亦仕于此时。故疑张骏时置广晋郡,当在河水以南。
⑨ 张骏置凉州、河州、沙州,领郡无广晋郡。或此年置州,亦调整郡县,罢广晋郡。

兴郡,领县不可考①。至前凉建兴三十三年(345),罢延兴郡②,此前辖区当不变。

番禾郡,治番禾(今甘肃永昌县)。前凉四十一年(353)后,分武威置番禾郡③,领番禾县④。至前凉咸安六年(376),番禾郡领县当不变。

西河郡,治所不可考。前凉四十一年(353)后,置有西河郡,领县不可考。至前凉咸安六年(376),西河郡辖区当不变。

祁连郡,治汉阳(今地不可考)。前凉建兴四十三年(355),张玄靓即位;其后,分张掖置祁连郡,领汉阳县、祁连县。至前凉咸安六年(376),祁连郡领县当不变。

广源郡,治所不可考。前凉升平七年(363),张天锡即位;其后,分西平、晋兴置广源郡,领县不可考。至前凉咸安六年(376),广源郡辖区当不变。

临松郡,治临松(今地不可考)。前凉升平七年(363),张天锡即位;其后,分张掖置临松郡⑤,领临松等县⑥。至前凉咸安六年(376),临松郡领县当不变。

宣威护军,治宣威(今甘肃民勤县西南)。前凉升平七年(363),张天锡即位;其后,置有宣威护军⑦。至前凉咸安六年(376),宣威护军辖区当不变。

2. 河州

河州,治枹罕(今甘肃临夏市一带)。前凉建兴三十三年(345),置河州⑧,

---

① 《太平寰宇记》卷152《陇右道三》:"《十三州志》云:玉门县置长三百里,石门周匝山间,裁经二十里,众泉流入延兴海。"据此可知延兴郡的大体位置。郑炳林认为,延兴郡领延兴、玉门、会稽、新乡、沙头、乾齐五县,史料依据不足,此不从。
② 据后文所考"前凉延兴郡"可知,张骏二十一年(345),拜张祚延兴太守。张骏二十一年即前凉建兴三十三年(345)分置凉州、河州、沙州三州,所领无延兴郡。或张骏先拜张祚为延兴太守,后置三州,调整郡县,罢延兴郡。
③ 据后文所考"前凉番禾郡"可知,前凉有此郡。而张骏末年置凉州、河州、沙州所领诸郡无番禾郡,故番禾郡当置于前凉建兴四十一年(353)后。下前凉置西河郡,在前凉建兴四十一年(353)后,理由同此。
④ 郑炳林认为,番禾郡治番禾县,领番禾、彰、苕藿、骊靬、燕支五县。郑氏据《魏书》卷106《地形志》推断,前凉有彰、燕支二县,然无史料证十六国时有此二县,故不从。前凉时,未见史料载苕藿县,亦不从。据后文所考后凉昌松郡可知,显美县、骊靬县与仓松县临近,当属昌松郡,故不属番禾郡。
⑤ 《晋志上》载,"张天锡又别置临松郡"。《资治通鉴》晋安帝隆安元年四月载,"(沮渠蒙逊)结盟起兵,攻(后)凉临松郡,拔之(胡注:临松郡,张天锡置,后周废入张掖郡张掖县)"。据胡注,临松郡当分张掖郡而置。
⑥ 郑炳林认为,临松郡领有临松、和平、中田三县。据其所引史料,后凉、北凉有临松令。而和平、中田二县的史料依据分别为北凉有和平侯,后凉末有中田护军,难以证明前凉有和平、中田二县;且史料都不能反映和平县、中田县属临松郡。故认为前凉临松郡领临松等县。
⑦ 《资治通鉴》晋孝武帝太元元年八月:"(张)天锡怒,贬(宋)皓为宣威护军。"可见张天锡时有宣威护军。
⑧ 《元和郡县图志》卷39《陇右道上》:"张骏二十一年,以州界辽远,分置河州。"《资治通鉴》晋穆帝永和元年亦载,张骏置河州。

领兴晋、金城、武始、南安、永晋、大夏、武城、汉中八郡①,当还领有枹罕、大夏、武街、石门、侯和、漒川、甘松等护军。前凉建兴三十四年(346),大夏护军、武街护军、大夏郡、武始郡和金城郡金城、榆中二县入后赵。前凉建兴三十五年(347),兴晋、永晋、汉中、武城、南安五郡和枹罕、石门、侯和、漒川、甘松五护军入后赵;后赵当改永晋为安故郡,罢前凉所置南安郡,金城郡河北之地当别属凉州,罢河州;诸护军入后赵后当被罢。前凉建兴三十八年(350),兴晋、安故、大夏、武始、汉中、武城六郡和金城郡金城、榆中二县自后赵入前凉,当仍以河州领之,金城郡河北地亦来属河州。至前凉建兴四十三年(355),李俨占据河州(除金城郡河北地),前凉遂罢河州。

兴晋郡,治枹罕(今甘肃临夏市一带)。前凉建兴三十三年(345),置河州,或在此年亦置兴晋郡,领枹罕、永固、临津、河关四县②。前凉建兴三十五年(347),兴晋郡入后赵。前凉建兴三十八年(350),兴晋郡自后赵入前凉。至前凉建兴四十三年(355),兴晋郡领县当不变。

金城郡,治金城(今甘肃兰州市西固区)。《晋志上》载,金城郡领榆中、允街、金城、白土、浩亹五县。西晋时,当置令居县、枝阳县,属金城郡③。西晋太宁元年(301),金城郡当领金城、榆中、允街、白土、浩亹、令居、枝阳七县。前凉建兴五年(317),张寔即位;其后,令居县、枝阳县别属广武郡。前凉建兴十五年(327),金城县、榆中县入前赵④。前凉建兴十七年(329),金城县、榆中县自前赵来属。前凉建兴三十三年(345),左南县自晋兴郡来属。前凉建兴三十四年(346),金城县、榆中县入后赵。前凉建兴三十八年(350),金城县、榆中县自后赵来属。前凉建兴四十三年(355),金城县、榆中县入李俨。至前凉咸安六年(376),金城郡领允街、白土、浩亹、左南四县。

武始郡(承狄道郡),治狄道(今甘肃临洮县)。《晋志上》载,"惠帝分陇西之

---

① 见《晋志上》和《魏书》卷99《私署凉州牧张寔传》。郑炳林认为,河州除领上述八郡外,还应领有安故郡、陇西郡和广晋郡。由前考前凉疆域变迁可知,陇西郡时属后赵,自然不属前凉河州。广晋郡或北时已罢,安故郡或改称永晋郡。《晋志》《魏书》皆载河州领此八郡,当不误。

② 郑炳林认为,兴晋郡枹罕、永固、河内三县,此郡领枹罕、永固应是,不应领河内县。郑氏言兴晋郡有河内县,所用史料来自《晋书》卷86《张轨传》:"麻秋又据枹罕,有众十二万,进屯河内,遣王擢略地晋兴、广武,越洪池岭,至于曲柳,姑臧大震。"此河内未必为县名,当是后赵军已越过河水,其驻屯之地相对于前凉而言已为河内。河关县地近枹罕,当属兴晋郡。临津、左南距枹罕较近,距晋兴城很远,兴晋郡分晋兴而置,当领有临津县、左南县。

③ 《晋志上》载,"及张寔,分金城之令居、枝阳二县,又立永登县,合三县立广武郡"。据此,西晋时金城郡当领有令居县、枝阳县。

④ 据谭图,金城县、榆中县在河水以南。前凉河南地入前赵,金城县、榆中县也入前赵。其下二县归属,同此。

狄道、临洮、河关，又立洮阳、遂平、武街、始兴、第五、真仇六县，合九县置狄道郡"。西晋永兴二年(305)，张轨得陇西郡；惠帝时分陇西置狄道郡，当在陇西郡为张轨控制后。西晋永嘉二年(308)，临洮县、洮阳县别属安故郡。前凉建兴十五年(327)，狄道郡入前赵。前凉建兴十七年(329)，狄道郡复入前凉，别属定州。前凉建兴三十三年(345)，置河州，疑此年亦改狄道为武始郡①，领狄道、遂平、武街、始兴、第五、真仇六县；河关县别属兴晋郡。前凉建兴三十四年(346)，武始郡入后赵。前凉建兴三十八年(350)，武始郡自后赵入前凉。至前凉建兴四十三年(355)，武始郡领县当不变。

安故郡(含永晋郡)，治安故(今甘肃临洮县东南)。西晋永嘉二年(308)，或此年分狄道置安故郡②，领安故、石门、桑城、临洮、洮阳五县③。前凉建兴十五年(327)，安故郡入前赵。前凉建兴十七年(329)，安故郡自前赵入前凉。前凉建兴三十三年(345)，改安故郡为永晋郡④。前凉建兴三十五年(347)，永晋郡入后赵，当改称安故郡⑤。前凉建兴三十八年(350)，安故郡自后赵入前凉。至前凉建兴四十三年(355)，安故郡领县当不变。

大夏郡，治大夏(今甘肃广河县西北)。前凉建兴二十九年(341)，分晋兴置大夏郡，领大夏、金剑、宛成三县⑥。前凉建兴三十四年(346)，大夏郡入后赵。前凉建兴三十八年(350)，大夏郡自后赵入前凉。至前凉建兴四十三年(355)，大夏郡领县当不变。

武城郡，治所不可考。前凉建兴三十三年(345)，置河州，或于此年又置武

---

① 《晋志上》载，"(张骏)以狄道县立武始郡"。郑炳林认为武始郡由狄道郡改。《太平寰宇记》卷151《陇右道二》载，"惠帝时，改(狄道)为武始郡，以狄道为降狄道。《十三州志》云：'降狄道，今曰武始。'"。据《晋志上》，惠帝时，置狄道郡；前凉张骏时，置武始郡。《寰宇记》言惠帝时改为武始郡，或有误。而《晋书》、《魏书》、《资治通鉴》皆载十六国时期有狄道，无降狄道，故此仍称狄道县。
② 《资治通鉴》晋元帝建武元年正月载，张寔命安故太守贾骞为前驱以击汉。这表明此前已经置有安故郡。晋永嘉二年(308)，张轨置晋兴郡，疑或于此年置安故郡。
③ 郑炳林认为安故郡治安故县，领安故、石门、桑城三县。临洮、洮阳二县在安故、石门、桑城之南，安故等三县改属安故郡，临洮、洮阳当亦属安故郡。
④ 郑炳林认为，永晋郡治治城县，领治城、谭郊、临津、盘夷四县。然郑氏所用史料皆记载前秦以后西北诸政权史事，与前凉无涉，不足为证，且这些史料又不能说明治城等为县。按地理位置，安故当属张骏所置河州境内，然前凉河州境内有永晋郡而无安故郡，故认为张骏改安故为永晋郡。
⑤ 因永晋郡有政治意味，入后赵后，当复安故郡旧称。
⑥ 郑炳林认为，前凉大夏郡领有大夏、宛成、金剑、河关四县，此前三县当属大夏郡。河关县在枹罕西北，大夏郡在枹罕东南，河关县应属兴晋郡而非大夏郡。

城郡，领县不可考①。前凉建兴三十五年(347)，武城郡入后赵。前凉建兴三十八年(350)，武城郡自后赵入前凉。至前凉建兴四十三年(355)，武城郡辖区当不变。

汉中郡，治所不可考。前凉建兴三十三年(345)，置河州，或于此年又置汉中郡，领县不可考②。前凉建兴三十五年(347)，汉中郡入后赵。前凉建兴三十八年(350)，汉中郡自后赵入前凉。至前凉建兴四十三年(355)，汉中郡辖区当不变。

以下郡、护军附

南安郡，治所不可考。前凉建兴三十三年(345)，置河州，或于此年又置南安郡，领县不可考。前凉建兴三十五年(347)，南安郡入后赵，废此郡。

枹罕护军，治枹罕(今甘肃临夏市一带)。晋惠帝时，置有枹罕护军③。西晋永兴二年(305)，张轨得陇西郡；此年枹罕护军当亦为前凉控制。前凉建兴十五年(327)，枹罕护军入前赵，或罢此护军。前凉建兴三十三年(345)，置河州，或复置枹罕护军④。前凉建兴三十五年(347)，枹罕护军入后赵。

大夏护军，治大夏(今甘肃广河县西北)。前凉建兴二十九年(341)，置大夏郡，或于此年亦置大夏护军。前凉建兴三十四年(346)，大夏护军入后赵。

武街护军，治武街(今甘肃临洮县东)。前凉建兴十八年(330)，置武街护军。前凉建兴三十四年(346)，武街护军入后赵，或罢此护军⑤。

石门护军，治石门(今甘肃临洮县南)。前凉建兴十八年(330)，置石门护军。前凉建兴三十五年(347)，石门护军入后赵，或罢此护军。

侯和护军，治侯和(今甘肃临潭县东南)。前凉建兴十八年(330)，置侯和护军。前凉建兴三十五年(347)，侯和护军入后赵，或罢此护军。

漒川护军，治漒川(今地不可考)。前凉建兴十八年(330)，置漒川护军。前凉建兴三十五年(347)，漒川护军入后赵，或罢此护军。

甘松护军，治甘松(今地不可考)。前凉建兴十八年(330)，置甘松护军。

---

① 郑炳林认为，武城郡治武城县，领武城、武阳二县。然此武城、武阳皆在渭水支流武城川水附近，这些地区为后赵疆土，自然不属前凉政区辖域。《晋书》卷86《张轨传附张重华传》："麻秋进攻枹罕，时晋阳太守郎坦以城大难守，宜弃外城。武城太守张悛曰：'弃外城则大事去矣，不可以动众心。'"枹罕时为兴晋郡治，此"晋阳"当为"兴晋"之误。武城太守与兴晋太守同守枹罕，武城郡当距枹罕较近。
② 郑炳林认为，汉中郡治临洮，领临洮、水池、赤水、洮阳、甘松、候和、漒川等县，缺乏足够史料依据，此不采。
③ 《元和郡县图志》卷39《陇右道上》："晋惠帝立枹罕护军。"
④ 据后文所考"前凉枹罕护军"，河南地入前赵前和入后赵前，前凉皆有枹罕护军。
⑤ 张骏置"五屯护军"为防后赵，后赵得诸护军后，当罢。

前凉建兴三十五年(347),甘松护军入后赵,或罢此护军。

3. 沙州(含商州)

前凉沙州,治敦煌(今甘肃敦煌市西南)。前凉建兴三十三年(345),置沙州①,治敦煌,领敦煌郡、晋昌郡、高昌郡、西域都护、戊己校尉和玉门大护军。前凉和平元年(354),置商州,治敦煌,领敦煌郡。前凉建兴四十三年(355),废商州,敦煌郡还属沙州②。至前凉咸安六年(376),沙州当仍领敦煌郡、晋昌郡、高昌郡、西域都护、戊己校尉和玉门大护军。

敦煌郡,治敦煌(今甘肃敦煌市西南)。《晋志上》载,敦煌郡领昌蒲、敦煌、龙勒、阳关、效谷、广至、宜禾、冥安、渊泉③、伊吾、新乡、乾齐十二县;"元康五年,惠帝分敦煌郡之宜禾、伊吾、冥安、渊泉、广至等五县,分酒泉之沙头县,又别立会稽、新乡,凡八县为晋昌郡"。西晋永宁元年(301),敦煌郡领敦煌、昌蒲、龙勒、阳关、效谷、乾齐六县。前凉时,又置凉兴县,属敦煌郡④。至前凉咸安六年(376),敦煌郡领敦煌、昌蒲、龙勒、阳关、效谷、乾齐、凉兴七县。

晋昌郡(含冥安郡),治冥安(今甘肃瓜州县东南)。《晋志上》载,晋惠帝元康五年(295)置晋昌郡,领宜禾、伊吾、冥安、渊泉、广至、沙头、会稽、新乡八县。据后文所考"前凉冥安郡"可知,前凉时或有冥安郡,或晋昌郡因治冥安而曾改称冥安郡。西晋永宁元年(301),晋昌郡领县同《晋志》所载。至前凉咸安六年(376),晋昌郡领县当不变。

高昌郡,治高昌(今新疆吐鲁番市东)。前凉建兴十五年(327),置高昌郡,领高昌、横截、田地、高宁、白力五县⑤。至前凉咸安六年(376),高昌郡领县当不变。

西域都护,治高昌(今新疆吐鲁番市东)。前凉建兴二十三年(335),置西域都护。至前凉咸安六年(376),西域都护辖区当不变。

戊己校尉,治高昌(今新疆吐鲁番市东)。《晋志上》载,西晋时,凉州刺史领戊己校尉,以护西域。西晋永宁元年(301),承前置戊己校尉。至前凉咸安六年(376),戊己校尉辖区当不变。

玉门大护军,治玉门(今甘肃玉门市西北)。前凉建兴二十三年(335),置玉门大护军。至前凉咸安六年(376),玉门大护军辖区当不变。

---

① 据《资治通鉴》晋穆帝永和元年,张骏置沙州。
② 张祚夺取前凉政权后,改以敦煌为商州。次年,张祚被杀,商州当废。
③ "渊泉",《晋志》避唐讳原作"深泉",此改。
④ 据后文所考"前凉凉兴县"可知,前凉置有凉兴县。《晋书》卷87《凉武昭王李玄盛传》:"(段)业乃杀嗣,遣使谢玄盛,分敦煌之凉兴、乌泽、晋昌之宜禾三县为凉兴郡。"据此可知凉兴县属敦煌郡。
⑤ 郑炳林认为,前凉时高昌郡治高昌县,领有高昌、横截、田地、高宁、白力五县,此从之。

4. 秦州

秦州,治上邽(今甘肃天水市秦州区)。前凉建兴十年(322),置秦州①,当领陇西、南安、狄道三郡。前凉建兴十五年(327),秦州入前赵。其后,秦州之地先后为后赵、前秦占据。前凉建兴四十一年(353),复置秦州②,领天水、略阳、陇西、南安四郡。至前凉和平元年(354),秦州仍领天水、略阳、陇西、南安四郡。

天水郡,治上邽(今甘肃天水市秦州区)。前凉建兴四十一年(353),承前秦置天水郡,领上邽、冀、新阳、显新、成纪五县。至前凉和平元年(354),天水郡领县当不变。

略阳郡,治临渭(今甘肃天水市麦积区东)。前凉建兴四十一年(353),承前秦置略阳郡,领临渭、平襄、略阳、清水、陇城五县。至前凉和平元年(354),略阳郡领县当不变。

陇西郡,治襄武(今甘肃陇西县东南渭水西岸)。西晋永兴二年(305),陇西郡领襄武县、首阳县。前凉建兴十五年(327),陇西郡入前赵。其后,陇西郡先后入后赵、前秦。前凉建兴四十一年(353),陇西郡自前秦入前凉。至前凉和平元年(354),陇西郡领县当不变。

南安郡,治獂道(今甘肃陇西县东南渭水东岸)。西晋亡后,南安郡先后为司马保、陈安控制。前凉建兴十年(322),承陈安置南安郡,领獂道、新兴、中陶三县。前凉建兴十五年(327),南安郡入前赵。其后,南安郡先后入后赵、前秦。前凉建兴四十一年(353),南安郡自前秦入前凉。至前凉和平元年(354),南安郡领县当不变。

附 定州

定州,治所不可考。前凉建兴八年(322),张茂即位;其后,置定州,领武兴、金城、西平、安故四郡③。前凉建兴十五年(327),安故郡、金城郡(河南地)入前赵。前凉建兴十七年(329),安故郡、金城郡(河南地)自前赵来属。至前凉建兴三十三年(345),置河州,罢定州。

(二)政区考证

1. 州

1.1 前凉凉州

《晋书》卷86《张轨传》:"永宁初,(张轨)出为护羌校尉、凉州刺史。"《张轨

---

① 据《资治通鉴》晋元帝永昌元年十二月。
② 《资治通鉴》载,晋穆帝永和九年(353)五月,"张重华复使王擢帅众二万伐上邽,秦州郡县多应之;苻愿战败,奔长安";永和十年(354)三月,桓温伐前秦,"凉秦州刺史王擢攻陈仓以应温"。可见,前凉攻占上邽后,王擢为秦州刺史镇此。
③ 《晋志上》:"张茂分武兴、金城、西平、安故为定州。"

传》所附张寔等传载,张轨以后,张寔、张耀灵为凉州刺史,张茂、张骏、张重华、张祚(后又称凉王)、张玄靓、张天锡为凉州牧。《魏书》卷99《私署凉州牧张寔传》载,"(张骏)分武威、武兴、西平、张掖、酒泉、建康、西海、西郡、湟河、晋兴、广武十一郡为凉州,以长子重华为刺史",《晋志上》亦载。《资治通鉴》晋穆帝永和元年载,"(张)骏分武威等十一郡为凉州"。自张轨以来,前凉凉州皆治姑臧。

1.2 前凉河州

《晋书》卷86《张轨传附张骏传》载,"(张骏分)州东界六郡置河州"。《魏书》卷99《私署凉州牧张寔传》载,"(张骏分)兴晋、金城、武始、南安、永晋、大夏、武城、汉中八郡为河州,以其宁戎校尉张瓘为刺史";《晋志上》亦载,而"武城"作"武成"。《资治通鉴》晋穆帝永和元年载,"(张骏)分晋兴等八郡为河州,以宁戎校尉张瓘为刺史"。《张轨传附张祚传》又载,"祚宗人张瓘时镇枹罕"。可见河州当治枹罕。

1.3 前凉沙州

《晋书》卷86《张轨传附张骏传》载,"(张骏)又分州西界三郡置沙州"。《魏书》卷99《私署凉州牧张寔传》载,"(张骏分)敦煌、晋昌、高昌、西域都护、戊己校尉、玉门大护军三郡三营为沙州,以西胡校尉杨宣为刺史",《晋志上》亦载。《资治通鉴》晋穆帝永和元年载,"(张骏)分敦煌等三郡及西域都护三营为沙州"。

1.4 前凉秦州

《晋书》卷86《张轨传附张茂传》载,"永昌初,茂使将军韩璞率众取陇西、南安之地,以置秦州。"可见前凉有秦州。《张轨传附张重华传》载,张重华"复授(王)擢兵,使攻秦州,克之",可见张重华时得秦州。《张轨传附张祚传》有"秦州刺史牛霸"。

附1 前凉定州

《晋志上》载,"张茂分武兴、金城、西平、安故为定州"。可见前凉张茂时有定州,领武兴、金城、西平、安故四郡。

附2 前凉商州

《晋志上》载,"张祚又以敦煌郡为商州"。可见张祚时有商州,领敦煌郡。

2. 郡、护军、都护、校尉

2.1 前凉武威郡

《晋书》卷86《张轨传》有"武威太守张琠",《张轨传附张茂传》载张茂"以兄子骏为抚军将军、武威太守",《张轨传附张骏传》有"武威太守窦涛"。《苻登载记附索泮传》载,索泮曾为前凉武威太守,《资治通鉴》晋孝武帝太元元年亦有前凉"天锡武威太守敦煌索泮"。可见前凉有武威郡。据前考"前凉凉州"可知,张骏置凉州,领有武威郡。

2.2 前凉武兴郡

《晋书》卷86《张轨传》载:"中州避难来者日月相继,分武威置武兴郡以居之"。可见张轨置武兴郡。《张轨传附张骏传》有"武兴太守辛岩"。《魏书》卷52《宋繇传》载:"宋繇,字体业,敦煌人也。曾祖配、祖悌,世仕张轨子孙。父僚,张玄靓龙骧将军、武兴太守"。此皆证前凉有武兴郡。《晋志上》载:"永宁中,张轨为凉州刺史,镇武威,上表请合秦雍流移人于姑臧西北,置武兴郡,统武兴、大城、乌支、襄武、晏然、新鄣、平狄、司监等县。"由此可见武兴郡领县。《晋志上》又载,"张茂分武兴、金城、西平、安故为定州",可见张茂时武兴郡属定州。据前考"前凉凉州"可知,张骏置凉州,领有武兴郡。

2.3 前凉西平郡

《晋书》卷86《张轨传》有西平太守赵彝,《张轨传附张天锡传》有"西平相赵疑"。可见前凉有西平郡。《晋志上》载,"张茂分武兴、金城、西平、安故为定州",可见张茂时西平郡属定州。据前考"前凉凉州"可知,张骏置凉州,领有西平郡。

2.4 前凉张掖郡

《晋书》卷86《张轨传附张祚传》有"张掖太守索孚",可证前凉有张掖郡。据前考"前凉凉州"可知,张骏置凉州,领有张掖郡。

2.5 前凉酒泉郡

《晋书》卷86《张轨传》有"酒泉太守张镇",《张轨传附张骏传》有"酒泉太守马岌",《张轨传附张重华传》有酒泉太守谢艾,《张轨传附张玄靓传》有"酒泉太守马基"。英国藏斯坦因敦煌文书第1899号《敦煌氾氏家传残卷》载有"酒泉太守马模"[①]。可见前凉有酒泉郡。据前考"前凉凉州"可知,张骏置凉州,领有酒泉郡。

2.6 前凉建康郡

据前考"前凉凉州"可知,张骏置凉州,领有建康郡。

2.7 前凉西海郡

《晋书》卷86《张轨传附张寔传》有"西海太守张肃"。可见前凉有西海郡。

---

① 王仲荦:《敦煌石室地志残卷考释》,中华书局,2007年,第179页。

英国藏斯坦因敦煌文书第 1899 号《敦煌氾氏家传残卷》载氾祎曾为西海太守①。据前考"前凉凉州"可知,张骏置凉州,领有西海郡。

2.8　前凉西郡

据前考"前凉凉州"可知,张骏置凉州,领有西郡。《苻登载记附索泮传》载,索泮曾为前凉西郡太守。

2.9　前凉湟河郡

英国藏斯坦因敦煌文书第 1899 号《敦煌氾氏家传残卷》载,前凉曾以氾曼为湟河太守②。据前考"前凉凉州"可知,前凉有湟河郡,张骏时属凉州。

2.10　前凉晋兴郡

《晋书》卷 86《张轨传附张重华传》载,后赵攻前凉,"遣王擢略地晋兴、广武"。《张轨传附张天锡传》有"晋兴相常据",又有"晋兴相彭知正"。可见前凉有晋兴郡。《晋志上》载:"(张轨)又分西平界置晋兴郡,统晋兴、枹罕、永固、临津、临鄣、广昌、大夏、遂兴、罕唐、左南等县。"由此可见晋兴郡领县。据前考"前凉凉州"可知,张骏置凉州,领有晋兴郡。

2.11　前凉广武郡

《晋书》卷 86《张轨传附张重华传》载,后赵攻前凉,"遣王擢略地晋兴、广武"。《张轨传附张天锡传》有"广武太守辛章"。可见前凉有广武郡。《晋志上》载:"及张寔,分金城之令居、枝阳二县,又立永登县,合三县立广武郡。"可见广武郡领有令居县、枝阳县、永登县。据前考"前凉凉州"可知,张骏置凉州,领有广武郡。据《元和郡县图志》卷 39《陇右道上》,"广武县,本汉枝阳县也,前凉张骏三年分晋兴置广武郡"。此载张骏时置广武郡,与《晋志》载张寔置广武郡不同。

2.12　前凉兴晋郡

据前考"前凉河州"可知,张骏置河州,领有兴晋郡。

2.13　前凉金城郡

《大魏故信都县令张君墓志铭》:"君讳瓘,字瑛之,南阳西鄂人也。……曾祖华,晋明帝太宁中金城太守。"③晋明帝时,金城郡属前凉,故张华为前凉金城太守。《晋书》卷 86《张轨传附张寔传》有"金城太守窦涛",《张轨传附张骏传》有"金城太守张阆",《张轨传附张重华传》有"金城太守张冲"。据《北史》卷

---

① 王仲荦:《敦煌石室地志残卷考释》,第 180 页。
② 同上书,第 182 页。
③ 赵超:《汉魏南北朝墓志汇编》,天津古籍出版社,1992 年,第 314 页。

34《张湛传》,"(张湛)祖质,仕凉位金城太守",此"凉"当为前凉。可见前凉有金城郡。《晋志上》载,"张茂分武兴、金城、西平、安故为定州",可见张茂时金城郡属定州。据前考"前凉河州"可知,张骏置河州,领有金城郡。据《元和郡县图志》卷39《陇右道上》,"五泉县,本汉金城县也,属金城郡。前凉张寔徙金城郡理焉"。可见前凉张寔徙金城郡治金城县。

2.14　前凉武始郡

《晋志上》载,"(张骏)以狄道县立武始郡",可见前凉有武始郡。据前考"前凉河州"可知,张骏置河州,领有武始郡。

2.15　前凉安故郡

据《晋书》卷86《张轨传附张寔传》,张寔知刘曜兵逼长安,遣韩璞等东赴国难,"命讨虏将军陈安、故太守贾骞、陇西太守吴绍各统郡兵为璞等前驱"。据中华书局点校本《晋书》"校勘记"可知,此"故太守贾骞"当为"安故太守贾骞"。《资治通鉴》晋元帝建武元年正月亦作"安故太守贾骞"。可见前凉有安故郡。《晋志上》载,"张茂分武兴、金城、西平、安故为定州",可见张茂时安故郡属定州。

2.16　前凉南安郡（侨置）

据前考"前凉河州"可知,晋穆帝永和元年(345),张骏置河州,领有南安郡。据前考后赵"疆域变迁"和前凉"疆域变迁"可知,张骏置河州时,原西晋南安郡地为后赵占据,故河州所领南安郡,当为张骏侨置。

2.17　前凉大夏郡

《晋书》卷86《张轨传附张重华传》有大夏太守宋宴。可见前凉有大夏郡。《元和郡县图志》卷39《陇右道上》载,"大夏县,本汉旧县,属陇西郡。前凉张骏置大夏郡,县属焉"。《太平寰宇记》卷154《陇右道五》载,大夏县,"《十六国春秋》即前凉建兴二十九年:'张骏十八年分武始、晋兴、广武置大夏郡及县,取县西大夏水为名。'"可见张骏十八年(341)置大夏郡,领有大夏县。据前考"前凉河州"可知,张骏置河州,领有大夏郡。

2.18　前凉武城郡

《晋书》卷86《张轨传附张重华传》有"武城太守张悛",《资治通鉴》晋穆帝永和三年作"武成太守张悛"。《魏书》卷99《私署凉州牧张寔传》载,张骏置河州,领有武城郡,《晋志上》作"武成"郡。此从《张轨传附张重华传》和《私署凉州牧张寔传》所载,为"武城郡"。

2.19　前凉汉中郡

据前考"前凉河州"可知,张骏置河州,领有汉中郡。

2.20 前凉敦煌郡

《晋书》卷94《隐逸传·索袭传》载,"张茂时,敦煌太守阴澹奇而造焉"。《晋书》卷86《张轨传附张骏传》有敦煌太守黄斌。可见前凉有敦煌郡。《资治通鉴》晋孝武帝太元元年有前凉"敦煌太守张烈"。据前考"前凉沙州"可知,张骏置沙州,领有敦煌郡。《晋志上》载,"张祚又以敦煌郡为商州",可见张祚时敦煌郡属商州。

2.21 前凉晋昌郡(含冥安郡)

据《梁舒墓表》可知,前凉有晋昌太守梁舒①。《晋书》卷86《张轨传附张重华传》有"晋阳太守郎坦",中华书局点校本《晋书》"校勘记"曰:"'晋阳',《通鉴》九七作'晋昌',疑是。"此当为"晋昌"。据前考"前凉沙州"可知,张骏置沙州,领有晋昌郡。英国藏斯坦因敦煌文书第1899号《敦煌氾氏家传残卷》载氾祎为"冥安太守"②。或前凉有冥安郡。据《晋志上》可知,晋昌郡有冥安县,或晋昌郡曾改称冥安郡。

2.22 前凉高昌郡

《晋书》卷86《张轨传附张骏传》载,"初,戊己校尉赵贞不附于骏,至是,骏击擒之,以其地为高昌郡"。徐坚《初学记》卷8《州郡部》引《地舆志》曰:"晋咸和二年置高昌郡,立田地县。"可见前凉于晋咸和二年(327)置高昌郡,领有田地县。据前考"前凉沙州"可知,张骏置沙州,领有高昌郡。

2.23 前凉陇西郡

《晋书》卷86《张轨传附张寔传》有"陇西太守吴绍"。可见前凉有陇西郡。据《晋书》卷86《张轨传附张茂传》,"永昌初,茂使将军韩璞率众取陇西、南安之地,以置秦州"。可见张茂时陇西郡属秦州。

2.24 前凉南安郡

《晋书》卷86《张轨传附张茂传》载,前赵刘曜攻前凉,张茂遣参军陈珍击之,"珍募发氐羌之众,击曜走之,克复南安"。可见前凉有南安郡。据《晋书》卷86《张轨传附张茂传》,"永昌初,茂使将军韩璞率众取陇西、南安之地,以置秦州"。可见张茂时南安郡属秦州。

2.25 前凉天水郡

据后考"前凉广晋郡"可知,前凉时有天水太守李弇,故有天水郡。唐陆龟

---

① 毛远明校注《汉魏六朝碑刻校注》第三册,二八五《梁舒墓表》:"凉故中郎、中督护公国中尉、晋昌太守、安定焉弋县梁舒","以建元二十年十一月卅日葬城西十七里"(线装书局,2008年,第80页)。此"凉"当为前凉。梁舒应曾任前凉晋昌太守。

② 王仲荦:《敦煌石室地志残卷考释》,第179页。

蒙《小名录》载："凉天水太守史稷，暴疾而死，五旬乃苏，云见凉光殿中皆生白瓜。至秦使梁熙至。熙，小字白瓜。"据《苻坚载记上》可知，苻坚时有梁熙，曾率兵灭前凉。据《小名录》所载，亦可证前凉有天水郡。

2.26　前凉略阳郡

据《资治通鉴》晋穆帝永和十年六月，前凉据有秦州，遣王擢攻前秦，"秦丞相雄击司马勋、王擢于陈仓，勋奔汉中，擢奔略阳"。可见前凉时有略阳郡。

2.27　前凉西域都护

据前考"前凉沙州"可知，张骏置沙州，领有西域都护。

2.28　前凉戊己校尉

据前考"前凉沙州"可知，张骏置沙州，领有戊己校尉。

2.29　前凉玉门大护军

据前考"前凉沙州"可知，张骏置沙州，领有玉门大护军。

附1　前凉永晋郡

据前考"前凉河州"可知，张骏置河州，领有永晋郡。

附2　前凉广晋郡

《晋书》卷87《凉武昭王李玄盛传》载，"伯祖龙骧将军、广晋太守、长宁侯卓，亡祖武卫将军、天水太守、安世亭侯弇毗佐凉州，著功秦陇"。据《太平御览》卷362《人事部三》，"崔鸿《十六国春秋·前凉录》曰：李弇字子玉，陇西狄道人也。弇本名良，又妻姓梁，张骏戏之"。可见，李玄盛之祖李弇当仕于张骏时，伯祖李卓应亦仕于此时。故疑张骏时应置有广晋郡。

附3　前凉延兴郡

据《太平御览》卷124《偏霸部八》，"（张）骏之二十一年，拜（张）祚延兴太守"。可见前凉有延兴郡。

附4　前凉番禾郡

英国藏斯坦因敦煌文书第1899号《敦煌氾氏家传残卷》载，氾浡"为护羌参军、番禾太守"，弱冠时，"凉文王张骏嘉之"[1]。可见前凉有番禾郡。

---

[1] 王仲荦：《敦煌石室地志残卷考释》，第181页。《敦煌氾氏家传残卷》又有苍梧太守令狐溥，见王仲荦：《敦煌石室地志残卷考释》，第179页。郑炳林疑"苍梧"当为"苍松"之误，见《前凉行政区划初探（凉州）》，《敦煌学辑刊》1993年第1期。据《新唐书》卷75《宰相世系表下》，"令狐氏出自姬姓"，"十四世孙汉建威将军迈与、翟义起兵讨王莽，兵败死之。三子：伯友、文公、称，皆奔敦煌"，"（令狐）溥字文悟，苍梧太守"。可见，令狐溥为苍梧太守不误。前凉时，未置有苍松郡，附辨郑氏之误于此。

附 5　前凉西河郡

《晋书》卷 29《五行志下》载,成帝咸康八年(342),"张重华在凉州,将诛其西河相张祚"。可见前凉有西河郡。

附 6　前凉祁连郡

《晋志上》载,"永兴中,置汉阳县以守牧地,张玄靓改为祁连郡。"可见张玄靓时置祁连郡,当领汉阳县。

附 7　前凉广源郡

李吉甫《元和郡县图志》卷 39《陇右道上》:"前凉张轨分西平置晋兴郡。张天锡以晋兴、西平二郡辽远,分为广源郡。"可见前凉张天锡时置广源郡。

附 8　前凉临松郡

《晋志上》载,"张天锡又别置临松郡",可见张天锡时置临松郡。

附 10　前凉宣威护军

据《资治通鉴》晋孝武帝太元元年八月,"(张)天锡怒,贬(宋)皓为宣威护军"。可见前凉有宣威护军。

附 11　前凉枹罕护军

《晋书》卷 86《张轨传附张骏传》载,"及(刘)曜攻枹罕,护军辛晏告急,骏使韩璞、辛岩率步骑二万击之"。《石季龙载记下》载,"麻秋又袭张重华将张瑁于河陕,败之,斩首三千余级。枹罕护军李逵率众七千降于季龙"。可见前凉有枹罕护军。

附 12　前凉大夏护军

《晋书》卷 86《张轨传附张重华传》有大夏护军梁式。可见前凉有大夏护军。

附 13　前凉武街护军

《晋书》卷 86《张轨传附张骏传》载,"及石勒杀刘曜,骏因长安乱,复收河南地,至于狄道,置武卫、石门、候和、漒川、甘松五屯护军,与勒分境。"据中华书局点校本《晋志》"校勘记",此"武卫"为"武街"之讹,正是。可见前凉张骏时有武街护军。据《资治通鉴》晋穆帝永和二年五月,"赵将军王擢击张重华,袭武街,执护军曹权、胡宣",此亦证前凉有武街护军。

附 14　前凉石门护军

据上考"前凉武街护军"引《张轨传附张骏传》可知,前凉有石门护军。

附 15　前凉候和护军

据上考"前凉武街护军"引《张轨传附张骏传》可知,前凉有"候和护军"。《苻坚载记上》载,王猛伐敛岐,"猛遣邵羌追敛岐,使王抚守侯和";《资治通鉴》

海西公太和二年四月记载与此同,仍作"侯和"。据《三国志》卷4《三少帝纪》,陈留王景元三年(262)"冬十月,蜀大将姜维寇洮阳,镇西将军邓艾拒之,破维于侯和";《资治通鉴》魏元帝景元三年十月所载与此同,亦作"侯和";《三国志》卷28《邓艾传》、卷33《后主传》、卷44《姜维传》载此事,皆作"侯和"。故前凉所置当为"侯和护军"。

附16　前凉漒川护军

据上考"前凉武街护军"引《张轨传附张骏传》可知,前凉有漒川护军。

附17　前凉甘松护军

据上考"前凉武街护军"引《张轨传附张骏传》可知,前凉有甘松护军。

3. 县

3.1　前凉姑臧县

《晋书》卷86《张轨传附张茂传》有"姑臧令辛岩"。可见前凉有姑臧县。

3.2　前凉揩次县

《晋书》卷86《张轨传附张骏传》载,"有黄龙见于揩次之嘉泉"。英国藏斯坦因敦煌文书第1899号《敦煌汜氏家传残卷》载张寔拜汜昭为揩次长[①]。可见前凉有揩次县。

3.3　前凉仓松县

《张轨传附张天锡传》载,张天锡击李俨,"天锡子率三万人次仓松"。可见前凉有仓松县。

3.4　前凉祖厉县

李吉甫《元和郡县图志》卷4《关内道四》载,"乌兰县,本汉祖厉县地,属安定郡,后汉属武威郡。前凉张轨收其县人,于凉州故武威县侧近别置祖厉县"。可见前凉有祖厉县。

3.5　前凉武兴县

《晋志上》载,"永宁中,张轨为凉州刺史,镇武威,上表请合秦雍流移人于姑臧西北,置武兴郡,统武兴、大城、乌支、襄武、晏然、新鄣、平狄、司监等县"。可见前凉有武兴县,属武兴郡。《元和郡县图志》卷40《陇右道下》载,"神乌县,本汉鸾鸟县,张天锡改置武兴县,后废"。可见武兴县置于汉鸾鸟县地。

3.6　前凉大城县

据上考"前凉武兴县"引《晋志上》可知,前凉有大城县,属武兴郡。

---

① 王仲荦:《敦煌石室地志残卷考释》,第182页。

3.7　前凉乌支县

据上考"前凉武兴县"引《晋志上》可知,前凉有乌支县,属武兴郡。

3.8　前凉襄武县

据上考"前凉武兴县"引《晋志上》可知,前凉有襄武县,属武兴郡。

3.9　前凉晏然县

据上考"前凉武兴县"引《晋志上》可知,前凉有晏然县,属武兴郡。

3.10　前凉新鄣县

据上考"前凉武兴县"引《晋志上》可知,前凉有新鄣县,属武兴郡。

3.11　前凉平狄县

据上考"前凉武兴县"引《晋志上》可知,前凉有平狄县,属武兴郡。

3.12　前凉司监县

据上考"前凉武兴县"引《晋志上》可知,前凉有司监县,属武兴郡。

3.13　前凉长宁县

《晋书》卷86《张轨传》载,"(张轨)命(张)寔率尹员、宋配步骑三万讨(曹)祛,别遣从事田迥、王丰率骑八百自姑臧西南出石驴,据长宁"。据《张轨传附张耀灵传》,张祚为"长宁侯"。《张轨传附张祚传》载,张祚封张天锡为"长宁王"。可见前凉有长宁县。

3.14　前凉临羌县

《太平御览》卷124《偏霸部八》载,"永嘉四年十一月,黄龙出于临羌"。可见前凉有临羌县。

3.15　前凉安夷县

林宝《元和姓纂》卷3"员氏"条引《前凉录》有"安夷人员平"。可见前凉有安夷县。

3.16　前凉兰池县

《晋书》卷86《张轨传附张寔传》载,"兰池长赵奭上军士张冰得玺"。可见前凉有兰池县。

3.17　前凉福禄县

《晋书》卷86《张轨传》载,"西平王叔与曹祛余党麹儒等劫前福禄令麹恪为主"。《张轨传附张寔传》载,"(张寔)寻迁西中郎将,进爵福禄县侯"。据《张轨传附张重华传》,谢艾击败后赵,"重华封艾福禄伯"。英国藏斯坦因敦煌文书第1899号《敦煌氾氏家传残卷》载氾祎"徙福禄令"①。可见前凉有福禄县。

---

① 王仲荦:《敦煌石室地志残卷考释》,第179页。

3.18 前凉金泽县(承玉石县)

《太平御览》卷124《偏霸部八》载,"(张骏)十九年,田于建西,逾玉石县。九月,改玉石县为金泽县"。

3.19 前凉凉宁县

《晋书》卷86《张轨传附张耀灵传》载,张祚篡位,"废耀灵为凉宁侯"。可见前凉有凉宁县。

3.20 前凉居延县

《太平御览》卷428《人事部六十九》引《前凉录》载,"(氾)祎迁居延令"。可见前凉有居延县。

3.21 前凉晋兴县

《晋志上》载,"(张轨)又分西平界置晋兴郡,统晋兴、枹罕、永固、临津、临鄣、广昌、大夏、遂兴、罕唐、左南等县"。可见前凉有晋兴县,属晋兴郡。

3.22 前凉临鄣县

据上考"前凉晋兴县"引《晋志上》可知,前凉有临鄣县,属晋兴郡。

3.23 前凉广昌县

据上考"前凉晋兴县"引《晋志上》可知,前凉有广昌县,属晋兴郡。

3.24 前凉遂兴县

林宝《元和姓纂》卷7"掌氏"条载"前凉有遂兴侯掌据"。据上考"前凉晋兴县"引《晋志上》可知,前凉有遂兴县,属晋兴郡。

3.25 前凉罕唐县

据上考"前凉晋兴县"引《晋志上》可知,前凉有罕唐县,属晋兴郡。

3.26 前凉令居县

《晋书》卷86《张轨传附张骏传》载,前赵攻前凉,"济河,攻陷令居,入据振武,河西大震"。可见前凉有令居县。据前考"前凉广武郡"可知,令居县原属金城郡,张寔时改属广武郡。

3.27 前凉枝阳县

据前考"前凉广武郡"可知,前凉有枝阳县,原属金城郡,张寔时改属广武郡。

3.28 前凉永登县

据前考"前凉广武郡"可知,前凉有永登县,属广武郡。

3.29 前凉广武县

《晋书》卷86《张轨传附张重华传》载,后赵攻前凉,张重华遣征南将军裴恒御之,"恒壁于广武"。可见前凉有广武县。

3.30　前凉振武县

据前考"前凉令居县"引《张轨传附张骏传》可知,前凉可能有振武县。

3.31　前凉汉阳县

据前考"前凉祁连郡"引《晋志上》可知,前凉有汉阳县,属祁连郡。

3.32　前凉祁连县

《太平广记》卷 276《梦一》引《敦煌录》载,张骏时,侯亮"为祁连令"。可见前凉有祁连县。

3.33　前凉枹罕县

据《晋书》卷 86《张轨传附张骏传》,"时辛晏兵于枹罕,骏宴群僚于闲豫堂,命窦涛等进讨辛晏"。《张轨传附张祚传》载,"祚宗人张瓘时镇枹罕"。可见前凉有枹罕县。据上考"前凉晋兴县"引《晋志上》可知,张轨时枹罕县属晋兴郡。

3.34　前凉永固县(承白石县)

据上考"前凉晋兴县"引《晋志上》可知,前凉有永固县,属晋兴郡。《太平寰宇记》卷 154《陇右道五》载,"凤林县,本汉白石县地,属金城郡。前凉张骏八年改白石为永固县"。可见永固县由白石县而改。然《太平寰宇记》言张骏时改,与《晋志》不合。

3.35　前凉金城县

《晋书》卷 89《忠义传·车济传》载,"车济字万度,敦煌人也。果毅有大量。张重华以为金城令"。林宝《元和姓纂》卷 3"员氏"条引《前凉录》有"金城人员敞"。可见前凉有金城县。

3.36　前凉临津县

据上考"前凉晋兴县"引《晋志上》可知,前凉有临津县,属晋兴郡。

3.37　前凉白土县

《张轨传附张天锡传》载,张天锡击李俨,遣"游击将军张统出白土"。可见前凉有白土县。

3.38　前凉浩亹县

《晋书》卷 86《张轨传》载,张轨命张寔讨曹祛,"祛遣麹晁距战于黄阪。寔诡道出浩亹,战于破羌"。《晋书》卷 8《哀帝纪》载,隆和元年(362)四月,"浩亹山崩"。时浩亹属前凉。可见前凉有浩亹县。

3.39　前凉左南县

《晋书》卷 86《张轨传附张重华传》载,前凉击后赵麻秋,"张瑁从左南缘河而截其后"。据《张轨传附张天锡传》,张天锡击李俨,遣晋兴相常据"向左南"。可见前凉有左南县。据上考"前凉晋兴县"引《晋志上》可知,张轨时左南县属晋兴郡。

3.40　前凉狄道县

《晋书》卷86《张轨传附张骏传》载,"及石勒杀刘曜,骏因长安乱,复收河南地,至于狄道"。可见前凉有狄道县。《晋志上》载,"(张骏)以狄道县立武始郡",可见张骏时狄道县属武始郡。

3.41　前凉武街县

《石季龙载记下》载,后赵侵前凉,"刘宁、王擢进攻晋兴、武街"。可见前凉有武街县。

3.42　前凉临洮县

《晋书》卷86《张轨传附张茂传》载,前赵刘曜攻前凉,"临洮人翟楷、石琮等逐令长,以县应曜,河西大震"。可见前凉有临洮县。

3.43　前凉大夏县

林宝《元和姓纂》卷3"员氏"条引《前凉录》有"大夏人员仓景"。据上考"前凉晋兴县"引《晋志上》可知,前凉有大夏县,属晋兴郡。据前考"前凉大夏郡"可知,张骏十八年(341)置大夏郡,领有大夏县。故大夏县当先属晋兴郡,后又别属大夏郡。

3.44　前凉金剑县

《太平寰宇记》卷154《陇右道五》载,大夏县,"金剑山在县西二十里。亦有金剑故城,一号金柳城,即前凉曾为金剑县于其中"。可见前凉有金剑县。

3.45　前凉凉兴县

英国藏斯坦因敦煌文书第1899号《敦煌氾氏家传残卷》载前凉曾拜氾曼为凉兴令①。可见前凉有凉兴县。

3.46　前凉新乡县

《晋书》卷86《张轨传附张骏传》载,"骏观兵新乡,狩于北野,因讨轲没虏,破之"。可见前凉有新乡县。

3.47　前凉田地县

据前考"前凉高昌郡"引《初学记》可知,前凉有田地县,属高昌郡。

第二节　前　　燕

西晋元康四年(294),慕容廆徙居大棘城。西晋建兴元年(313),据有昌黎

---

① 王仲荦:《敦煌石室地志残卷考释》,第182页。

郡。东晋咸和八年(333),慕容皝即位。东晋永和元年(345),慕容皝不用晋年号,自称十二年。前燕慕容儁元年(349),慕容儁即位。前燕建熙元年(360),慕容暐即位。前燕建熙十一年(370),前秦灭前燕。

一、疆域变迁

初,鲜卑莫护跋入居辽西,号称慕容部。至涉归时,又迁居辽东之北。传至慕容廆,以辽东偏远,移居徒河之青山,后又徙于大棘城。此后,慕容氏乘晋末战乱,据有昌黎郡,扩有辽水东西,击破周边部族,乘后赵末年大乱而入据中原。

(一)慕容廆、慕容皝时的开拓

慕容氏迁回辽水之西后,其周边有诸多强敌,西南为鲜卑段部,西部为宇文部,北为扶余,东为高句丽。据《慕容廆载记》,慕容部迁居棘城后,"教以农桑,法制同于上国"。此后,慕容部日益强盛,在与周边部族斗争的过程中,疆土逐渐扩大。

晋末乱后,段部与幽州刺史王浚结盟,甚为强盛。《资治通鉴》晋愍帝建兴元年(313)四月载,在段部与王浚的同盟关系破裂后,"廆遣慕容翰攻鲜卑段氏,取徒河、新城,至阳乐……翰因留镇徒河,壁青山";昌黎太守裴嶷归慕容廆,昌黎郡当为慕容廆所统;"辽东张统据乐浪、带方二郡,与高句丽王乙弗利相攻,连年不解。乐浪王遵说统帅其民千余家归廆,廆为之置乐浪郡,以统为太守,遵参军事"。张统归慕容廆,原晋乐浪、带方二郡当为高句丽所据,慕容廆于其境内侨置乐浪郡①。

据《资治通鉴》晋元帝太兴二年(319),晋平州刺史、东夷校尉崔毖谋灭慕容廆,与高句丽及鲜卑宇文部、段部合众攻慕容氏;慕容皝击破之,转攻崔毖,"毖与数十骑弃家奔高句丽,其众悉降于廆。廆以其子仁为征虏将军,镇辽东"。平州刺史东奔,崔毖所统平州之地当归慕容廆。当时,慕容廆已据有昌黎郡,乐浪郡、带方郡陷于高句丽,崔毖所统平州仅有辽东、玄菟二郡,此时归廆。又据《慕容皝载记》和《资治通鉴》,晋成帝咸和八年(333),慕容廆卒,子皝即位,慕容仁以辽东叛,并占据玄菟;咸和九年(334),慕容皝讨仁,克襄平,居就、新昌等县皆降;晋成帝咸康二年(335),皝擒仁,全取辽东、玄菟二郡。随着

---

① 余逊指出,"乐浪故壤,愍帝时陷于高句丽,慕容廆侨置于辽水之西晋昌黎地"。见余逊:《汉魏晋北朝东北诸郡沿革表》,刊于《中央研究院历史语言研究所集刊》第六本第四分,1936年,第469页。后慕容氏所置带方郡,亦属侨置。

慕容部的强大及其疆域的扩展,其都城也在迁徙,咸康七年(341)慕容皝迁都龙城①。

慕容氏初期疆域的拓展,与其对周边部族的征服相伴随。据《慕容廆载记》,慕容廆率先并吞附塞鲜卑素连、木津二部,以存辽东郡。《慕容皝载记》载,慕容皝即位后,遂即出讨鲜卑宇文部,宇文部首领请和,"遂筑榆阴、安晋二城而还"。《资治通鉴》晋成帝咸康四年(338),慕容氏与后赵石虎共伐鲜卑段氏,灭之,又击败石虎来攻,"拓境至凡城"。《慕容皝载记》又载,慕容皝迁都龙城后,出伐高句丽,大败之,攻入其都城,"毁丸都而还";据《资治通鉴》,晋康帝建元二年(344)正月,慕容皝进讨鲜卑宇文部,宇文部首领远遁漠北,慕容皝"开地千余里",置戍于威德城而归;晋穆帝永和元年(前燕慕容皝燕王十二年,345)十月,慕容氏再征高句丽,"拔南苏,置戍而还";次年,东袭夫余,克之,虏其王以还。至此,慕容氏完成了对周边民族的征服,向中原开拓则无后顾之忧。

据上所考,西晋建兴元年(313)慕容廆统有昌黎郡,东晋太兴二年(319)得辽东郡、玄菟郡。东晋咸和八年(333),慕容皝即位,慕容仁叛,据辽东郡、玄菟郡,其余前燕之地为慕容皝控有。东晋咸康二年(336)慕容皝灭慕容仁,取有辽东郡、玄菟郡。慕容廆、慕容皝时,逐渐征服周边段部、宇文部、夫余、高句丽等部族。咸和八年(333)筑榆阴城、安晋城,咸康四年(338)得凡城。晋康帝建元二年(344),慕容皝得威德城。前燕慕容皝燕王十二年(345),得南苏城。

(二) 慕容儁向河北的扩张

前燕燕王十五年(348),慕容皝卒,慕容儁立。前燕慕容儁元年(349),石虎死,后赵大乱,慕容儁乘机南征。二年(350),冉闵篡夺后赵权位,进一步加剧了北方的动荡。当时,后赵残余势力守有襄国,故幽州刺史王午驻守于蓟城,故将张平据有并州;冀州诸郡或附于冉闵,或附于石氏。慕容儁趁北方大乱南伐,逐渐取有河水以北地区。

据《资治通鉴》②,晋穆帝永和六年(前燕慕容儁二年,350)三月,慕容氏大举南征,后赵幽州刺史王午留其将守蓟,"走保鲁口(胡注:魏收《地形志》:博陵饶阳县有鲁口城)",慕容儁拔蓟而都之,"悉置幽州郡县守宰"。王午退后,

---

① 关于慕容皝迁都龙城的时间,诸书记载不一,此采邱敏考证结论作"咸康七年"。见邱敏:《慕容皝迁都龙城年代考异》,《徐州师范学院学报》1981年第4期。
② 本章凡在段首用"据《资治通鉴》",如段中无其他引证文献,皆为本段引用文献来自《资治通鉴》。文中凡用晋帝年号纪年,皆为《资治通鉴》所载之年。

慕容儁获得幽州并迁都于蓟。慕容氏不仅取有幽州,且占领冀州部分郡县。王午走保鲁口,慕容儁追击,"军至清梁(胡注:魏收《地形志》:高阳蠡吾县有清凉城。《水经注》:中山蒲阴县东南有清梁亭)",当取有高阳郡①。同年九月,"燕王儁南徇冀州,取章武、河间……儁以评为章武太守,封裕为河间太守";又"儁以坚为乐陵太守,治高城(胡注:高城县,自汉以来属勃海郡)",遂得高城等县。晋穆帝永和七年(前燕慕容儁三年,351),慕容氏全取渤海郡,陷有中山郡,赵郡太守举郡降燕。晋穆帝永和八年(前燕元玺元年,352),慕容儁将慕容恪擒冉闵,进屯常山,后又屯于安平(胡注:"安平县……晋属博陵郡")②,慕容霸(即慕容垂)进取清河绎幕;此年,慕容儁称帝。晋穆帝永和九年(前燕元玺二年,353),"乐陵朱秃、平原杜能、清河丁娆、阳平孙元各拥兵分据城邑,至是皆请降于燕;燕主儁以秃为青州刺史,能为平原太守,娆为立节将军,元为兖州刺史,各留抚其营"。可见,乐陵、平原、清河、阳平四郡此年入前燕。同年,燕主慕容儁以慕容霸为北冀州刺史,镇常山。前燕慕容儁二年(350)王午据鲁口,慕容氏久攻不克。其后,王午称安国王。王午为其将秦兴所杀后,吕护杀兴,复自称安国王。晋穆帝永和十年(前燕元玺三年,354),慕容恪攻拔鲁口,吕护败走野王,慕容霸为冀州刺史徙信都③。吕护败走后,长乐、巨鹿、武邑、广川、博陵(除安平县、南深泽县)等郡当入前燕④。

据《资治通鉴》,晋穆帝永和八年(前燕元玺元年,352),冉闵被擒,随即遣将攻邺,拔之,"命慕容评镇邺"。在前燕得邺城前后,冉魏所控制的魏郡、广平郡等地应归慕容氏。由上文可知,元玺二年(353)孙元降燕,慕容氏得阳平郡。前燕元玺四年(355),"秦河内太守王会、黎阳太守韩高皆以郡降燕"。据谭图,司州河内郡在汲郡西,黎阳县原在魏郡南部。据前考后赵政区可知,黎阳郡为后赵时分魏郡所置。此年,前燕或攻取前秦汲郡,随后前秦河内、黎阳二郡太守因兵势所逼遂降前燕。前燕得黎阳郡后,又为后赵故将高昌取有。前燕光

---

① 据上文胡注,鲁口在饶阳县。高阳郡蠡吾县距饶阳较近。慕容儁由蓟城追击王午,当经高阳郡,而非中山郡。据谭图,冀州蠡吾县为高阳郡最南部县之一。前燕军至蠡吾,当取有高阳郡。
② 慕容恪屯安平,时王午据有饶阳县鲁口,博陵郡西部安平、南深泽或为前燕据有,东部饶阳县、安国县或为王午占据。
③ 冀州之地,以后赵故将于鲁口抗慕容氏最久,鲁口陷,冀州当全为燕取,故此后不见史文载慕容氏征冀州事。信都为原晋冀州治所,慕容霸由北冀州刺史镇常山而转徙为冀州刺史治此,也表明冀州之地为燕有。
④ 由前考可知,原后赵冀州所领其他诸郡,此前先后为前燕占据,仅长乐、巨鹿、武邑、广川、博陵(除安平县、南深泽县)五郡不见史载为前燕占据。长乐等五郡在王午所据鲁口附近,可能为王午、吕护控制,直到吕护败后才入前燕。

寿二年(358),攻高昌所据黎阳,不拔;攻李历,取其所控制的卫国郡和濮阳郡①。前燕光寿三年(359),"高昌不能拒燕,秋,七月,自白马奔荥阳",黎阳郡和东燕郡为前燕取有。此前,吕护鲁口败后,走奔野王而据此地,吕护在野王或降或叛。又据《晋书》卷8《哀帝纪》,升平五年七月(前燕建熙二年,361),"慕容恪攻陷野王,守将吕护退保荥阳",前燕才得野王。同年,前燕曾得平阳而旋失之②。

后赵乱亡后,张平据有并州。《慕容儁载记》载,"(张平)跨有新兴、雁门、西河、太原、上党、上郡之地,垒壁三百余,胡晋十余万户,遂拜置征、镇,为鼎跱之势"。前燕向中原扩张之际,并州人亦有降燕者。据《资治通鉴》,晋穆帝永和七年(前燕慕容儁三年,351)八月,"库傉官伟帅部众自上党降燕"。库傉官氏降前燕,慕容儁于其居地置以太守③。晋穆帝永和十一年(前燕元玺四年,355)十二月,"上党人冯鸯逐燕太守段刚,据安民城(胡注:魏收《地形志》:燕上党太守治安民城。安民城在襄垣县,刘琨遣张倚所筑,以安上党之民,因以为名),自称太守"。前燕慕容儁三年(351)得上党郡襄垣县,元玺四年(355)失之。晋穆帝升平二年(前燕光寿二年,358)九月,"燕主儁使司徒评讨张平于并州","并州壁垒百余降于燕,儁以右仆射悦绾为并州刺史以抚之。平所署征西诸葛骧等率壁垒百三十八降于燕,儁皆复其官爵。平率众三千奔于平阳,复请降于燕"。前燕征讨张平时,亦遣伐其将慕舆根伐冯鸯,"鸯奔于野王"④。至此,并州之地,除雁门北部为鲜卑拓跋部所据外,皆为前燕占据⑤。

据上所述,前燕慕容儁二年(350),得幽州,亦占有高阳郡、章武郡、河间郡和高城等县;三年(351),全取渤海郡,并得中山郡、赵郡和上党郡(襄垣县)。

---

① 《晋书》卷8《穆帝纪》载,永和七年(351)十二月,"时石季龙故将周成屯廪丘,高昌屯野王,乐立屯许昌,李历屯卫国,皆相次来降"。可见,李历控有卫国。据前文所考后赵政区可知,后赵时改顿丘为卫国。又据后文所考前燕政区,前燕改卫国郡为东郡。《资治通鉴》晋穆帝升平二年九月载,"燕主儁使司徒评讨张平于并州,司空阳骛讨高昌于东燕,乐安王臧讨李历于濮"。阳骛攻昌别将于黎阳,不拔。历奔荥阳,其众皆降。可见,李历还控有濮阳郡。李历奔荥阳后,卫国郡、濮阳郡皆入前燕。
② 《资治通鉴》晋穆帝升平五年载,"平阳人举郡降燕。燕以建威将军段刚为太守,遣督护韩苞将兵共守平阳";"张平袭燕平阳,杀段刚、韩苞;又攻雁门,杀太守单男。既而为秦所攻,平复谢罪于燕以求救。燕人以平反复,弗救也,平遂为秦所灭"。前燕得野王和得平阳郡又失之,是在慕容暐统治时,为行文方便于此叙述。
③ 《慕容垂载记》载,后燕复国初,慕容垂子慕容农"招库傉官伟于上党",表明库傉官氏居于上党。
④ 见《慕容儁载记》。据《晋书》卷8《穆帝纪》,升平二年(358)"六月,并州刺史张平为苻坚所逼,帅众三千奔于平阳,坚追败之。慕容恪进据上党,冠军将军冯鸯以众叛归慕容儁,儁尽陷河北之地"。《穆帝纪》在记载史事上与上引《资治通鉴》《慕容儁载记》有偏差,疑《穆帝纪》有误。
⑤ 雁门郡北部在前、后赵时已为拓跋氏所据,张平据并州亦不能得其地,前燕也未取之。

元玺元年(352),得常山郡、博陵郡(安平县、南深泽县)、魏郡、广平郡、清河郡(绎幕县);二年(353),得乐陵、平原、清河、阳平四郡;三年(354),攻破鲁口城,得长乐、巨鹿、武邑、广川、博陵(除安平县、南深泽县)等郡;四年(355),得河内郡、黎阳郡,失上党郡(襄垣县)。光寿二年(358),得并州和卫国郡,失黎阳郡。光寿三年(359),得黎阳郡。前燕建熙二年(361),取有野王郡,得平阳而旋失。

(三) 慕容儁向河南的拓展

前燕疆土向河南拓展,是从兖州济北郡开始的。元玺四年(355),济北太守高柱降前燕①,与济北郡相邻的阳平郡、平原郡时已陷于慕容氏,济北太守降燕,其地当入燕。后赵乱后,鲜卑段龛屯于广固,据有青州。据《慕容儁载记》,"段兰之子龛因冉闵之乱,拥众东屯广固,自号齐王,称藩于建邺"。元玺五年(356)十一月,慕容恪攻破广固,段龛被执,前燕遂得青州之地②。段龛据广固,不仅统辖青州之地,徐州东莞、琅邪二郡亦为其有。《慕容儁载记》载,慕容恪攻围段龛,"龛所署徐州刺史王腾、索头单于薛云降于恪。段龛之被围也,遣使诣建邺请救。穆帝遣北中郎将荀羡赴之,惮虏强迁延不敢进。攻破阳都,斩王腾以归。恪遂克广固"。据《晋志下》,琅邪郡有阳都县。段龛所署徐州刺史,镇阳都,琅邪郡当为其统有。据谭图,徐州东莞郡在琅邪郡北,紧邻青州广固,此时当亦为段龛占据,或为段龛所置徐州辖地。《资治通鉴》晋穆帝永和十二年十一月载,东晋将荀羡攻破阳都后,取有琅邪,"荀羡闻龛已败,退还下邳,留将军诸葛攸、高平太守刘庄将三千人守琅邪"。荀羡进兵,仅至琅邪,不及东莞,东莞郡当随青州一起没于前燕。

《慕容儁载记》载:"晋宁朔将军荣胡以彭城、鲁郡叛降于俊。"此载荣胡降燕在慕容氏攻拔鲁口(前燕元玺三年,354)之前,此时慕容氏着力经营冀州,无暇南顾,前燕之兵未曾渡越河水,兖州、青州皆非燕地。彭城、鲁郡与前燕之地相隔很远,晋将虽以彭城、鲁郡降慕容氏,前燕焉能得其土,仅为名义上归属而已,徐州彭城、鲁郡不可能为燕有③。据《资治通鉴》晋穆帝升平三年(359)十月,晋将郗昙"退屯彭城"。《晋书》卷8《哀帝纪》载,兴宁二年(364)四月,晋将朱辅"退保彭城",皆证彭城非前燕之域。《资治通鉴》晋穆帝永和十一年(前燕

---

① 见《慕容儁载记》和《资治通鉴》晋穆帝永和十一年四月。
② 据《资治通鉴》晋穆帝永和十二年十一月,前燕平青州,送段龛于蓟。《晋书》卷8《穆帝纪》载,升平元年(357)正月,"镇北将军、齐公段龛为慕容恪所陷,遇害"。《资治通鉴》所载当为前燕取有青州的时间,而《晋书》所载为段龛遇害的时间,故有所不同。
③ 据下文所考,至慕容暐建熙七年(366),前燕才得鲁郡。故此言以鲁郡降慕容儁,而前燕不得其地。

元玺四年,355)四月载,晋兰陵太守孙黑降,此前慕容氏并未染指兖、青二州之土。据《晋志下》,西晋时分徐州东海郡置兰陵郡。彭城郡不入前燕版图,兰陵郡亦难归之。徐州之地,除东莞郡外,不见有史料可证其地为前燕所取①。

后赵亡后,其将张平、李历、高昌皆遣使降燕,已而降晋,又降秦,各受官爵,欲中立以自固。《资治通鉴》载,晋穆帝升平二年(前燕光寿二年,358)九月,"燕主儁使司徒评讨张平于并州,司空阳骛讨高昌于东燕,乐安王臧讨李历于濮阳。骛攻昌别将于黎阳,不拔。历奔荥阳,其众皆降",前燕遂得濮阳;又载,此年十二月,前燕所署泰山太守贾坚屯山茌为晋将所擒,燕反攻,复取山茌,"燕主儁以贾坚子活为任城太守",前燕此时应取有泰山郡山茌及任城郡。据谭图,兖州东平郡在任城北,当在此年慕容恪渡河"略地河南"时所取。

据《晋书》卷8《穆帝纪》,升平三年(前燕光寿三年,359)"秋七月,平北将军高昌为慕容儁所逼,自白马奔于荥阳",东燕陷于前燕。《资治通鉴》晋穆帝升平三年(359)十月载,东晋遣谢万将击前燕,谢万以燕兵盛而退,其众惊溃,谢万狼狈单归,"于是许昌、颍川、谯、沛诸城相次皆没于燕"。颍川、谯、沛等郡在陈留郡、济阴郡、济阳郡南,前燕当先取陈留、济阴、济阳而后陷颍川等郡,故光寿三年(359)前燕应取有陈留郡、济阴郡、济阳郡。《慕容儁载记》载,"北中郎将谢万先据梁、宋,惧而遁归,恪进兵入寇河南。汝、颍、谯、沛皆陷,置守宰而还"。据下文可知前燕陷有汝南郡在慕容暐建熙五年(364),故《慕容儁载记》此言"汝"应指汝阴郡②。梁国在谯郡、沛郡之北,谢万自梁遁归,光寿三年(359)前燕应先陷梁国,再取谯、沛。又据《慕容儁载记》,慕容暐建熙元年(360)即位后,以慕容垂为"兖州牧、荆州刺史,领护南蛮校尉,镇梁国",表明梁国已为前燕之有③。《资治通鉴》晋穆帝升平四年(360)三月载,慕容垂镇梁国后,"帅骑二万,观兵河南,临淮而还",是前燕拓境已至淮水。光寿三年(359),谢万溃败后,豫州颍川、梁、谯、沛、汝阴等郡皆入前燕。

据上文所考,前燕元玺四年(355),得济北郡;五年(356),得青州和东莞郡。光寿二年(358),得东平、任城、濮阳三郡和泰山郡山茌县;三年(359),得陈留、济阴、济阳、东燕、颍川、汝阴、梁、谯、沛八郡。

---

① 谭图第四册"十六国时期前凉、前秦、前燕、代图",有关前燕疆域,淮水以北徐州之地皆属前燕,恐误。
② 据《晋志上》,晋惠帝时,"分汝阴立新蔡"。此所言"汝阴"不包括新蔡郡地。
③ 《晋志上》载,晋惠帝时,"分梁国立陈郡"。前燕于兴宁二年(364)得陈郡,故此所言梁国不包括陈郡地。

（四）慕容暐时期的继续扩张

前燕建熙元年(360)，慕容儁卒，慕容暐即位。慕容暐时期，在慕容恪的辅佐下，继续向河水以南的地区扩张。

慕容暐时，前燕与东晋在豫州重镇许昌反复争夺。随着许昌的得失，颍川郡也不断在前燕、东晋间易手。慕容儁时，前燕曾于光寿三年(359)攻陷许昌。《资治通鉴》晋穆帝升平五年(前燕建熙二年，361)四月，桓温弟桓豁"将兵取许昌，破燕将慕容尘"，前燕又失许昌。其后，前燕复取许昌，然建熙四年(363)又为东晋所得。据《晋书》卷8《哀帝纪》，兴宁元年(前燕建熙四年，363)，"慕容暐将慕容尘攻陈留太守袁披于长平。汝南太守朱斌承虚袭许昌，克之"。据《晋志上》，长平县在颍川郡，晋失陈留郡后当治于此。慕容氏此前曾占颍川许昌，此又失之。《哀帝纪》又载，兴宁二年(364)二月，"慕容暐将慕容评袭许昌，颍川太守李福死之。评遂侵汝南，太守朱斌遁于寿阳。又进围陈郡，太守朱辅婴城固守。桓温遣江夏相刘岵击退之"；"夏四月甲申，慕容暐遣其将李洪侵许昌，王师败绩于悬瓠，朱斌奔于淮南，朱辅退保彭城……慕容尘复屯许昌"。可见，前燕建熙五年(364)南侵，取有颍川、陈郡、汝南等郡。据《资治通鉴》晋哀帝兴宁三年(前燕建熙六年，365)三月，以慕容垂为荆州牧镇鲁阳。据谭图，鲁阳属荆州南阳郡，在襄城郡西南。前燕当在建熙五年(364)攻陷颍川、汝南之际亦取有襄城郡，而后再取鲁阳。东晋于建熙五年(364)失许昌后，退保淮南、彭城，原晋豫州淮水以北之地(除鲁郡)当皆为前燕攻取。

对于河水以南司州之地，慕容氏早有窥觊之心。据《资治通鉴》晋穆帝永和十年(前燕元玺三年，354)三月，"燕主儁以慕容评为镇南将军，都督秦、雍、益、梁、江、扬、荆、徐、兖、豫十州诸军事，权镇洛水；以慕容强为前锋都督，督荆徐二州、缘淮诸军事，进据河南"。慕容儁虽尚未占据洛水流域，其任命将帅有南征之意。然至慕容暐时，前燕才南攻洛阳。《资治通鉴》晋哀帝隆和元年(前燕建熙三年，362)七月载，前燕遣吕护屯河阴，攻洛阳不克，燕兵北渡，退屯野王，此次前燕出兵河南而无所得。《晋书》卷8《哀帝纪》载，兴宁元年(363)四月，"慕容暐寇荥阳，太守刘远奔鲁阳"；五月，"慕容暐陷密城，荥阳太守刘远奔于江陵"。此年前燕攻取荥阳郡。据《资治通鉴》，晋哀帝兴宁二年(前燕建熙五年，364)，"燕太宰恪将取洛阳，先遣人招纳士民，远近诸坞皆归之；乃使司马悦希军于盟津，豫州刺史孙兴军于成皋"；"(陈)祐闻许昌已没，遂奔新城。燕悦希引兵略河南诸城，尽取之"。此年河南郡大多为前燕所陷；次年，慕容恪攻拔洛阳，"恪略地至崤、渑(胡注：崤，崤谷也；渑，渑池也)，关中大震，秦王坚自将屯陕城以备之。燕人以左中郎将慕容筑为洛州刺史，镇金墉"。前燕攻取洛阳后，向西略地至弘农郡崤、渑之界。《资治通鉴》晋海西公太和四年(369)十一月载，慕容垂将投奔前秦，前燕"乙泉戍主吴归追及于阌乡(胡注：乙泉戍，即魏该所保乙泉坞也，在宜阳县西南，洛水之北原上。阌乡在弘农湖县)"，此亦表明弘农郡崤、渑以东之地已为前燕之域。据谭图，崤、渑以东为弘农郡宜阳县、黾池县。

建熙六年(365)，慕容垂为荆州牧镇鲁阳，前燕已取荆州南阳郡鲁阳城。《晋书》卷8《海西公纪》载，太和元年(前燕建熙七年，366)十二月，"南阳人赵弘、赵忆等据宛城反，太守桓澹走保新野"。据《慕容暐载记》，晋赵弘等叛后，以宛城降于慕容暐，"暐遣其南中郎将赵盘自鲁阳戍宛"，前燕遂得南阳郡。《资治通鉴》晋海西公太和二年(367)载，"夏，四月，燕慕容尘寇竟陵，太守罗崇击破之"；"荆州刺史桓豁、竟陵太守罗崇攻宛，拔之。赵亿走，赵盘退归鲁阳。豁追击盘于雉城，擒之，留兵戍宛而还"。此年，前燕攻竟陵不克，又失宛城，在南阳郡仅能守有鲁阳①。

慕容暐夺取洛阳以后，图全取兖州之地，遂加强对此地用兵。据《慕容暐载记》，"太和元年，暐遣抚军慕容厉攻晋太山太守诸葛攸。攸奔于淮南，厉悉陷兖州诸郡，置守宰而还"。《晋书》卷8《海西公纪》载，太和元年(366)，"慕容暐将慕容厉陷鲁郡、高平"。可见，此年前燕取有鲁郡、泰山、高平三郡。《资治通鉴》晋海西公太和四年(369)载，桓温伐前燕，燕高平太守降，晋将袁真克燕谯、梁二郡，军至枋头。桓温为慕容垂所破，大败而还，"东晋收复的淮北之地也告丧失"②。

淮南郡于淮水北有下蔡、平阿、义城三县③。据《晋书》卷8《穆帝纪》，升平三年(359)"冬十月，慕容儁寇东阿，遣西中郎将谢万次下蔡，北中郎将郗昙次高平以击之，王师败绩"。可见，前燕光寿三年(359)，淮南郡淮水以北下蔡等地尚属东晋。据前考，前燕光寿三年(359)十月，谢万溃败，东晋丧失淮水以北豫州之地。下蔡、平阿、义城三县在淮水之北，当随之入前燕。《资治通鉴》晋海西公太和五年(前燕建熙十一年，370)八月，袁瑾据淮南郡寿春叛东晋，降前燕，"燕左卫将军孟高将骑兵救瑾，至淮北，未渡，会秦伐燕，燕召高还"。前燕虽未渡淮，当得淮水以北下蔡、平阿、义城三县。《苻坚载记下》载，淝水战前，东晋攻前秦，"龙骧胡彬攻下蔡"，后有秦晋淝水之战。东晋攻下蔡，表明此前下

---

① 《慕容暐载记》载申绍上疏言请罢鲁阳之镇戍，由此可知燕守有鲁阳。
② 胡阿祥：《六朝疆域与政区研究》，学苑出版社，2005年，第99页。
③ 参见谭图第三册"西晋时期扬州图"。

蔡属前秦。前秦灭前燕后,当承前燕得下蔡等三县。

据上所考,前燕建熙二年(361),颍川郡失而复得;四年(363),得荥阳而失颍川;五年(364),基本上据有淮水以北原晋豫州之地(除鲁郡)和淮南郡下蔡、平阿、义城三县,河南郡大部陷于前燕;六年(365),攻拔洛阳,并得弘农郡崤、渑以东之地和南阳郡鲁阳县;七年(366),得鲁郡、泰山、高平、南阳四郡;八年(367),失南阳郡,仅守有鲁阳;十年(369),桓温北伐,取前燕淮北之地,桓温败后,燕复取其地。前燕建熙十一年(370),前燕国亡。

二、政区沿革

据上考前燕疆域可知,前燕建熙七年(366)疆域最盛(见图6)。下文以前燕建熙七年(366)为基准年,先概述前燕政区沿革,再考证前燕叫考的政区。

(一) 政区概述

1. 司隶部(承司州、中州)

司隶部,治邺(今河北临漳县西南邺镇一带)。前燕元玺元年(352),得冉魏魏尹、广平郡,改魏尹为魏郡;置司州,同年又改司州为中州,治邺,领魏郡、广平郡。元玺四年(355),汲郡、河内郡、黎阳郡自前秦来属中州。前燕光寿元年(357),改中州为司隶部,治邺,复改魏郡为魏尹;司隶部领魏尹、广平郡、汲郡、河内郡、黎阳郡、阳平郡。光寿二年(358),卫国郡自后赵故将李历来属,改卫国郡为东郡;此年或稍前黎阳郡入后赵故将高昌。光寿三年(359),黎阳郡自后赵故将高昌来属。前燕建熙元年(360),慕容暐即位;其后,分阳平置贵乡郡。至前燕建熙十一年(370),司隶部领魏尹、广平郡、汲郡、河内郡、黎阳郡、阳平郡、东郡、贵乡郡。

魏尹(承魏郡),治邺(今河北临漳县西南邺镇一带)。前燕元玺元年(352),承冉魏置魏郡,领邺、长乐、魏、斥丘、安阳、荡阴、内黄七县。前燕光寿元年(357),改魏郡为魏尹。至前燕建熙十一年(370),魏尹领县当不变。

广平郡,治广平(今河北鸡泽县东南)。前燕元玺元年(352),承冉魏置广平郡,领广平、邯郸、易阳、武安、涉、襄国、南和、任、曲梁、列人、肥乡、临水、广年、斥漳、平恩、清苑十六县①。至前燕建熙十一年(370),广平郡领县当不变。

汲郡,治汲(今河南卫辉市西南)。前燕元玺四年(355),承前秦置汲郡,领

---

① 后赵石虎时,置有襄国郡。《元和郡县图志》卷15《河东道四》:"至季龙徙都邺,为襄国郡。石氏既灭,罢之。"可见后赵亡后,罢襄国郡,其领县当还属广平郡。

图 6 前燕建熙七年(366)疆域政区示意图

汲、朝歌、共、林虑、获嘉、修武六县。至前燕建熙十一年(370)，汲郡领县当不变。

河内郡，治野王(今河南沁阳市)。前燕元玺四年(355)，承前秦置河内郡，治温，领温、州、怀、平皋、山阳五县。前燕建熙二年(361)，野王、河阳、沁水、轵四县自后赵故将吕护来属，河内郡改治野王①。至前燕建熙十一年(370)，河内郡领野王、温、州、怀、平皋、河阳、沁水、轵、山阳九县。

黎阳郡，治黎阳(今河南浚县东)。前燕元玺四年(355)，承前秦置黎阳郡，领黎阳县。前燕光寿二年(358)或稍前黎阳郡入后赵故将高昌。光寿三年(359)，黎阳郡自高昌入前燕。至前燕建熙十一年(370)，黎阳郡领县当不变。

阳平郡，治馆陶(今河北馆陶县馆陶镇)。前燕元玺二年(353)，阳平郡自后赵故将孙元入前燕，领馆陶、元城、清渊、发干、武阳②、阳平、乐平七县。其后，武阳县别属东郡。前燕建熙元年(360)，慕容暐即位；此后，元城县别属贵乡郡。至前燕建熙十一年(370)，阳平郡领馆陶、清渊、发干、阳平、乐平五县。

东郡，治顿丘(今河南清丰县西南)。前燕光寿二年(358)，卫国郡自后赵故将李历入前燕，改卫国郡为东郡③，领顿丘、繁阳、阴安、卫、武阳五县。至前燕建熙十一年(370)，东郡领县当不变。

贵乡郡，治元城(今河北大名县东)。前燕建熙元年(360)，慕容暐即位；其后，分阳平置有贵乡郡，领元城县。至前燕建熙十一年(370)，贵乡郡领县当不变。

2. 平州

平州，治襄平(今辽宁辽阳市城区一带)。西晋建兴元年(313)，慕容廆都大棘城，据有昌黎郡；同年，分昌黎侨置乐浪郡、带方郡。西晋建兴二年(314)，慕容廆分昌黎侨置冀阳、成周、营丘、唐国四郡。东晋太兴二年(319)，辽东郡、玄菟郡自晋崔毖入慕容廆。东晋太兴三年(320)，慕容廆领平州④，治棘城⑤，领昌黎、辽东、玄菟、乐浪、带方、冀阳、成周、营丘、唐国九郡。东晋咸康七年

---

① 前燕破吕护得野王郡，此后史书不载有野王郡，或罢，其地还属河内郡。野王原为河内治所，前燕得野王后，当以河内郡还治野王。
② 据后文所考"前燕武阳县"可知前燕有此县。后赵时东武阳县入前燕后当改称武阳县。
③ 据后文所考"前燕东郡"可知前燕有东郡。顿丘郡故属东郡，据《晋志上》，晋初"废东郡立顿丘"。因此，前燕所置东郡地应在原顿丘郡。后赵时，改顿丘郡为卫国郡。后燕得顿丘后，当废卫国郡之名，改称东郡。
④ 《资治通鉴》晋元帝太兴三年三月载，晋元帝以慕容廆为平州刺史。
⑤ 据《慕容廆载记》，慕容廆于元康四年(294)移居大棘城。慕容廆都棘城，故平州治此。

(341)，平州改治龙城①。前燕燕王十四年(347)，罢冀阳、成周、营丘、唐国、乐浪、带方等侨置诸郡。前燕光寿二年(358)，平州改治襄平②。至前燕建熙十一年(370)，平州领郡昌黎、辽东、玄菟三郡。

辽东郡，治襄平(今辽宁辽阳市城区一带)。《晋志上》载，辽东国领襄平、汶、居就、乐就、安市、西安平、新昌、力城八县。东晋太兴二年(319)，辽东郡自晋崔毖入慕容廆，领县同《晋志》所载。其后，当改西安平为安平县，置平郭县③，属辽东郡。东晋咸和九年(334)，置和阳、武次、西乐三县④，属辽东郡。至前燕建熙十一年(370)，辽东郡领襄平、汶、居就、乐就、安市、安平、新昌、力城、平郭、和阳、武次、西乐十二县。

昌黎郡，治龙城(今辽宁朝阳市双塔区)。《晋志上》载，昌黎郡领昌黎县、宾徒县。西晋建兴元年(313)，慕容廆据有昌黎郡，治棘城，领棘城、昌黎、宾徒三县；其年，侨置乐浪、带方二郡于昌黎郡界。其后，又置柳城县、徒河县，属昌黎郡。西晋建兴二年(314)，于昌黎郡界侨置冀阳、成周、营丘、唐国四郡。东晋咸康六年(340)，改柳城为龙城县⑤。东晋咸康七年(341)，昌黎郡改治龙城⑥。前燕燕王十四年(347)，罢乐浪、带方、冀阳、成周、营丘、唐国等侨置诸郡，其地还属昌黎郡；侨置兴集、宁集、兴平、育黎、吴县五县，当属昌黎郡⑦。至前燕建熙十一年(370)，昌黎郡当领棘城、昌黎、宾徒、龙城、徒河、兴集、宁集、兴平、育黎、吴十县。

玄菟郡，治高句丽(今辽东沈阳市浑南区东北)。《晋志上》载，玄菟郡领高句丽、望平、高显三县。东晋太兴二年(319)，玄菟郡自晋崔毖入慕容廆，领县同《晋志》所载。至前燕建熙十一年(370)，玄菟郡领县当不变。

以下六郡附

乐浪郡(侨置)，治朝鲜(今地不可考)。西晋建兴元年(313)，分昌黎郡

---

① 关于慕容皝迁都龙城的时间，诸书记载不一，此采邱敏考证结论作"咸康七年"。见邱敏：《慕容皝迁都龙城年代考异》，《徐州师范学院学报》1981年第4期。慕容皝迁都龙城后，平州治所亦治龙城。
② 《资治通鉴》晋穆帝升平二年十二月："出(慕容)垂为平州刺史，镇辽东。"辽东郡治襄平，故平州亦应治襄平。
③ 据后文所考"前燕安平县(1)"、"前燕平郭县"可知，辽东郡有安平县，又有平郭县。西晋省平郭县，前燕当复置。
④ 据《慕容皝载记》，慕容皝讨慕容仁，克襄平后，"置和阳、武次、西乐三县而归"。《资治通鉴》载慕容皝克襄平在晋成帝咸和九年(334)十一月。
⑤ 《资治通鉴》晋成帝咸康七年正月载，慕容皝筑龙城宫室，改柳城曰龙城。次年，慕容皝迁都龙城。慕容皝迁都龙城在咸康七年(341)，由此逆推，慕容皝置龙城县应在咸康六年(340)。
⑥ 此年前燕迁都龙城，昌黎郡治所当随之而迁。
⑦ 《慕容皝载记》记载慕容皝罢侨郡置侨县在其俘虏夫余王之后、去世之前，据此推测，慕容皝改置侨郡县可能在东晋永和三年(347)。

置乐浪郡，领朝鲜等县①。前燕燕王十四年(347)，罢乐浪郡，其地还属昌黎郡。

带方郡(侨置)，治所不可考。西晋建兴元年(313)，分昌黎郡置带方郡，领县不可考。前燕燕王十四年(347)，罢带方郡，其地还属昌黎郡。

冀阳郡(侨置)，治所不可考。西晋建兴二年(314)，分昌黎郡置冀阳郡，领县不可考。前燕燕王十四年(347)，罢冀阳郡，其地还属昌黎郡。

成周郡(侨置)，治所不可考。西晋建兴二年(314)，分昌黎郡置成周郡，领县不可考。前燕燕王十四年(347)，罢成周郡，其地还属昌黎郡。

营丘郡(侨置)，治武宁(今地不可考)。西晋建兴二年(314)，分昌黎郡置营丘郡，领武宁、武原等县②。前燕燕王十四年(347)，罢营丘郡，其地还属昌黎郡。

唐国郡(侨置)，治所不可考。西晋建兴二年(314)，分昌黎郡置唐国郡，领县不可考。前燕燕王十四年(347)，罢唐国郡，其地还属昌黎郡。

3. 幽州(含司隶部[治蓟])

幽州，治蓟(今北京西城区南)。前燕慕容儁二年(350)，置幽州，领燕郡、范阳、渔阳、上谷、广宁、代郡、北平、辽西八郡③。前燕元玺元年(352)，置司隶部，当与幽州同治蓟④。前燕光寿元年(357)，司隶部迁治邺。至前燕建熙十一年(370)，幽州领郡当不变。

燕郡，治蓟(今北京西城区南)。前燕慕容儁二年(350)，承后赵置燕郡，领蓟、安次、广阳、昌平、军都五县。至前燕建熙十一年(370)，燕郡领县当不变。

范阳郡，治涿(今河北涿州市)。前燕慕容儁二年(350)，承后赵置范阳郡，领涿、良乡、方城、长乡、遒、固安、范阳、容城八县。至前燕建熙十一年(370)，范阳郡领县当不变。

渔阳郡，治雍奴(今天津武清区西北)。前燕慕容儁二年(350)，承后赵置

---

① 据后文所考"前燕朝鲜县"可知前燕有此县。《晋志上》载乐浪郡治朝鲜县。余逊在《汉魏晋北朝东北诸郡沿革表》中亦以为前燕所侨置乐浪郡治朝鲜，见《中央研究院历史语言研究所集刊》第六本第四分，第470页。
② 洪亮吉认为营丘郡治武宁县，领有武宁、武原二县，见《十六国疆域志》卷3《前燕》。余逊在《汉魏晋北朝东北诸郡沿革表》采洪氏之说，见《中央研究院历史语言研究所集刊》第六本第四分，第471页。营丘郡应领有武宁县，而洪氏认为武原县属营丘郡，不知何据，此姑从之。
③ 后赵有营州，领辽西郡、北平郡，前燕当罢营州，辽西、北平二郡还属幽州。《慕容儁载记》："高句丽王钊遣使谢恩，贡其方物。(慕容)儁乃以为营州诸军事、征东大将军、营州刺史，封乐浪公，王如故。"此事在前燕得后赵幽州后。慕容儁以营州刺史封高句丽王，表明前燕不置营州，前燕得后赵营州后当罢之。
④ 《慕容儁载记》称，慕容儁称帝，都蓟，"置司隶校尉官"。前燕都蓟时，司隶部当治蓟。

渔阳郡，领雍奴、潞、泉州、安乐、平谷五县。至前燕建熙十一年(370)，渔阳郡领县当不变。

上谷郡，治沮阳(今河北怀来县东南)。前燕慕容儁二年(350)，承后赵置上谷郡，领沮阳县、居庸县。至前燕建熙十一年(370)，上谷郡领县当不变。

广宁郡，治下洛(今河北涿鹿县)。前燕慕容儁二年(350)，承后赵置广宁郡，领下洛、潘、涿鹿三县。至前燕建熙十一年(370)，广宁郡领县当不变。

代郡，治代(今河北蔚县东二十里代王城)。前燕慕容儁二年(350)，承后赵置代郡，领代、广昌、平舒、当城四县。至前燕建熙十一年(370)，代郡领县当不变。

北平郡，治徐无(今河北遵化市东)。前燕慕容儁二年(350)，承后赵置北平郡，领徐无、土垠、无终三县。至前燕建熙十一年(370)，北平郡领县当不变。

辽西郡，治令支(今河北迁安市西)。前燕慕容儁二年(350)，承后赵置辽西郡，领令支、阳乐、肥如、海阳四县。至前燕建熙十一年(370)，辽西郡领县当不变。

4. 冀州(承北冀州，含青州[治厌次])

冀州，治信都(今河北冀州市)。前燕元玺二年(353)，置北冀州，治真定①，领常山、中山、高阳、河间、章武、乐陵(治高城)、渤海、赵郡、上党(襄垣县)、博陵(安平县、南深泽县)、平原、清河等郡②；同年，乐陵郡自后赵故将朱秃入前燕，以青州领之③，治厌次；前乐陵郡(治高城)领县当还属渤海郡。元玺三年(354)，冀州改治信都，长乐、巨鹿、武邑、广川、博陵(除安平县)等郡自后赵故将吕护来属；乐陵郡改属冀州，罢青州④。元玺四年(355)，上党郡(襄垣)入冯鸯；冀州领长乐、赵郡、巨鹿、武邑、广川、平原、乐陵、渤海、章武、河间、高阳、博陵、清河、中山、常山十五郡。至前燕建熙十一年(370)，冀州领郡同元玺四年(355)。

长乐郡，治信都(今河北冀州市)。后赵亡后，长乐郡为后赵故将王午、吕护控有。前燕元玺三年(354)，承吕护置长乐郡，领信都、下博、扶柳、广宗、经、堂阳、南宫七县。至前燕建熙十一年(370)，长乐郡领县当不变。

---

① 据后文所考"前燕冀州(承北冀州)"可知，慕容霸为北冀州刺史镇常山。常山郡治真定，故北冀州也应治真定。
② 据前考前燕"疆域变迁"，此年前燕得有常山等郡。
③ 《资治通鉴》载，晋穆帝永和九年(353)十一月，乐陵朱秃据乐陵请降于燕，"燕主儁以秃为青州刺史"；永和十年(354)六月，"燕乐陵太守慕容钩，翰之子也，与青州刺史朱秃共治厌次"。
④ 《资治通鉴》晋穆帝永和十年七月："(朱秃)袭(慕容)钩，杀之，南奔段龛。"朱秃南奔，青州当罢。

赵郡，治房子(今河北高邑县西南)。前燕慕容儁三年(351)，承冉魏置赵郡，领房子、元氏、平棘、高邑、柏人、南栾、赵安七县。至前燕建熙十一年(370)，赵郡领县当不变。

巨鹿郡，治廮陶(今河北宁晋县西南)。后赵亡后，巨鹿郡为后赵故将王午、吕护控有。前燕元玺三年(354)，承吕护置巨鹿郡，领廮陶、巨鹿、平乡、曲阳、鄡、广阿六县①。至前燕建熙十一年(370)，巨鹿郡领县当不变。

武邑郡，治武邑(今河北武邑县)。后赵亡后，武邑郡为后赵故将王午、吕护控有。前燕元玺三年(354)，承吕护置武邑郡，领武邑、武遂、观津、武强四县。至前燕建熙十一年(370)，武邑郡领县当不变。

广川郡，治广川(今河北景县西南)。后赵亡后，武邑郡为后赵故将王午、吕护控有。前燕元玺三年(354)，承吕护置广川郡，领广川、枣强、索卢三县。至前燕建熙十一年(370)，广川郡领县当不变。

平原郡，治平原(今山东平原县南)。后赵亡后，平原郡为后赵故将杜能控制。前燕元玺二年(353)，承杜能置平原郡，领平原、茌平、博平、聊城、安德、西平昌、般、鬲、高唐九县。至前燕建熙十一年(370)，平原郡领县当不变。

乐陵郡，治厌次(今山东阳信县东南)。后赵亡后，乐陵郡为后赵故将朱秃控制。前燕元玺二年(353)，承朱秃置乐陵郡，领厌次、阳信、漯沃、新乐、乐陵五县。至前燕建熙十一年(370)，乐陵郡领县当不变。

渤海郡，治南皮(今河北南皮县东北)。前燕慕容儁三年(351)，承冉魏置渤海郡，领南皮、东光、浮阳、饶安、重合、安陵、蓨、阜城八县。前燕元玺二年(353)，高城县自乐陵郡来属。至前燕建熙十一年(370)，渤海郡当领南皮、东光、浮阳、饶安、高城、重合、安陵、蓨、阜城九县。

章武郡，治东平舒(今河北大城县)。前燕慕容儁二年(350)，承后赵置章武郡，领东平舒、文安、章武、束州四县。至前燕建熙十一年(370)，章武郡领县当不变。

河间郡，治乐城(今河北献县东南)。前燕慕容儁二年(350)，承后赵置河间郡，领乐城、武垣、鄚、易城、中水、成平六县。至前燕建熙十一年(370)，河间郡领县当不变。

高阳郡，治博陆(今河北蠡县南)。前燕慕容儁二年(350)，承后赵置高阳郡，领博陆、高阳、北新城、蠡吾四县。至前燕建熙十一年(370)，高阳郡领县当不变。

博陵郡，治饶阳鲁口(今河北饶阳县)。后赵亡后，博陵郡为后赵故将王午、吕护控有。前燕元玺元年(352)，自后赵故将王午得安平县、南深泽县，当

---

① 后赵石虎时，因谶言为篡位而立停驾县。前燕时，当废此县，其地还属廮陶县。

以博陵郡领之。前燕元玺三年(354),饶阳县、安国县自吕护来属。至前燕建熙十一年(370),博陵郡当领饶阳、安平、安国、南深泽四县。

清河郡,治贝丘平晋城(今山东临清市东南)。后赵亡后,清河郡为后赵故将段勤、丁娆控制。前燕元玺元年(352),自段勤得绎幕县,当以清河郡领之。前燕元玺二年(353),贝丘、清河、武城、灵、鄃五县自丁娆来属。至前燕建熙十一年(370),清河郡当领贝丘、清河、武城、绎幕、灵、鄃六县。

中山郡,治卢奴(今河北定州市)。前燕慕容儁三年(351),承冉魏置中山郡,领卢奴、魏昌、新市、安喜、蒲阴、望都、唐、北平八县。至前燕建熙十一年(370),中山郡领县当不变。

常山郡,治真定(今河北石家庄市长安区西北)。前燕元玺元年(352),承冉魏置常山郡,领真定、石邑、井陉、上曲阳、蒲吾、南行唐、灵寿、九门八县。至前燕建熙十一年(370),常山郡领县当不变。

以下二郡附

乐陵郡,治高城(今河北盐山县东南)。前燕慕容儁二年(350),置乐陵郡,领高城县。前燕元玺二年(353),高城县还属渤海郡①。

上党郡,治襄垣(今山西襄垣县北)。前燕慕容儁三年(351),置上党郡,领襄垣县。前燕元玺四年(355),上党郡入冯鸯。

5. 并州

并州,治晋阳(今山西太原市晋源区)。后赵亡后,并州为其故将张平控制。前燕光寿二年(358),承张平置并州,领太原、上党、乐平、新兴、雁门、西河、上郡七郡②。前燕建熙二年(361),平阳郡自张平来属,旋又入张平。至前燕建熙十一年(370),并州当领太原、上党、乐平、新兴、雁门、西河、上郡七郡。

太原郡,治晋阳(今山西太原市晋源区)。前燕光寿二年(358),承张平置太原郡,领晋阳、阳曲、榆次、阳邑、大陵、祁、平陶、中都、邬九县。至前燕建熙十一年(370),太原郡领县当不变。

上党郡,治壶关(今山西长治市郊区北)。前燕光寿二年(358),自冯鸯得襄垣县,自张平得潞、屯留、壶关、长子、泫氏、高都、铜鞮、涅、武乡九县③,以上

---

① 《资治通鉴》载,晋穆帝永和九年(353)十一月,乐陵朱秃据以其城邑降前燕;永和十年(354)六月,"燕乐陵太守慕容钩,翰之子也,与青州刺史朱秃共治厌次"。据此,前燕得有故赵乐陵郡后,当改乐陵郡还治厌次,而前燕此前所置乐陵郡领县当还属勃海郡。
② 《慕容儁载记》:"张平跨有新兴、雁门、西河、太原、上党、上郡之地。"此前燕破张平后,当置上述诸郡。另有乐平郡,前燕时当亦属并州。
③ 后赵时,涅县、武乡县别属武乡郡。石勒为其故乡而置,前燕时或罢,涅县、武乡县还属上党郡。后赵武乡郡原有长城县,后不见史书记载,或前燕时罢。

党郡领此十县。至前燕建熙十一年(370),上党郡领县当不变。

乐平郡,治沾(今山西昔阳县西南)。前燕光寿二年(358),承张平置乐平郡,领沾、上艾、辕阳、乐平四县①。至前燕建熙十一年(370),乐平郡领县当不变。

新兴郡,治九原(今山西忻州市忻府区)。前燕光寿二年(358),承张平置新兴郡,领九原、定襄、云中、晋昌四县。至前燕建熙十一年(370),新兴郡领县当不变。

雁门郡,治广武(今山西代县上馆镇)。前燕光寿二年(358),承张平置雁门郡,领广武、平城、原平三县。至前燕建熙十一年(370),雁门郡领县当不变。

西河郡,治离石(今山西吕梁市离石区)。前燕光寿二年(358),承张平置西河郡,领离石、隰城、介休三县。至前燕建熙十一年(370),西河郡领县当不变。

上郡,治所不可考。前燕光寿二年(358),承张平置上郡,领县不可考。至前燕建熙十一年(370),上郡辖区当不变。

附 平阳郡,治平阳(今山西临汾市尧都区)。前燕建熙二年(361)二月,承张平置平阳郡,领平阳、杨、端氏、永安、蒲子、狐䍮、襄陵、绛邑、濩泽、临汾、北屈、皮氏十二县,同年九月此郡又入张平。

6. 青州

青州,治广固(今山东青州市西北)。后赵亡后,青州为后赵故将段龛控制。前燕元玺五年(356),承段龛置青州,领齐郡、济南、北海、乐安、高密、平昌、东莱、长广、东莞、东安十郡。前燕建熙十一年(370),青州领郡当不变。

齐郡,治广固(今山东青州市西北)。前燕元玺五年(356),承段龛置齐郡,领广固、临淄、西安、安平、般阳、广饶、昌国七县。至前燕建熙十一年(370),齐郡领县当不变。

济南郡,治历城(今山东济南市城区一带)。前燕元玺五年(356),承段龛置济南郡,领历城、著、于陵、漯阴、祝阿五县。至前燕建熙十一年(370),济南郡领县当不变。

北海郡,治平寿(今山东潍坊市坊子区西南)。前燕元玺五年(356),承段龛置北海郡,领平寿、都昌、胶东、剧、即墨、下密六县。至前燕建熙十一年(370),北海郡领县当不变。

乐安郡,治高苑(今山东邹平县东北)。前燕元玺五年(356),承段龛置乐

---

① 后赵时,沾县别属武乡郡。前燕时,罢武乡郡,沾县当还属乐平郡。

安郡,领高苑、临济、博昌、利、益、蓼城、梁邹、寿光、东朝阳九县。至前燕建熙十一年(370),乐安郡领县当不变。

高密郡,治黔陬(今山东胶州市西南)。前燕元玺五年(356),承段龛置高密郡,领黔陬、淳于、高密、夷安、营陵、昌安、壮武七县。至前燕建熙十一年(370),高密郡领县当不变。

平昌郡,治安丘(今山东安丘市西南)。前燕元玺五年(356),承段龛置平昌郡,领安丘、平昌、东武、琅邪、朱虚、临朐六县。至前燕建熙十一年(370),平昌郡领县当不变。

东莱郡,治掖(今山东莱州市)。前燕元玺五年(356),承段龛置东莱郡,领掖、当利、卢乡、曲城、黄、惤、牟平七县。至前燕建熙十一年(370),东莱郡领县当不变。

长广郡,治不其(今山东青岛市)。前燕元玺五年(356),承段龛置长广郡,领不其、长广、挺、昌阳四县。至前燕建熙十一年(370),长广郡领县当不变。

东莞郡,治莒(今山东莒县)。前燕元玺五年(356),承段龛置东莞郡,领莒、诸、东莞三县。至前燕建熙十一年(370),东莞郡领县当不变。

东安郡,治盖(今山东沂源县东南)。前燕元玺五年(356),承段龛置东安郡,领盖、新泰、发干三县。至前燕建熙十一年(370),东安郡领县当不变。

7. 兖州

兖州,治睢阳蠡台(今河南商丘市睢阳区西南)。后赵亡后,兖州诸郡或入东晋,或为后赵故将控制。前燕元玺二年(353),自后赵故将孙元得阳平郡,置兖州,治馆陶[1]。元玺四年(355),济北郡自东晋来属。前燕光寿元年(357),阳平郡或在此年改属司隶部,兖州改治卢[2],领济北郡。光寿二年(358),濮阳郡自后赵故将李历来属,东平郡、任城郡、泰山郡(山茌县)自东晋来属。光寿三年(359),东燕郡自后赵故将高昌来属,陈留、济阳、济阴、梁郡四郡自东晋来属。前燕建熙元年(360),兖州改治睢阳。建熙七年(366),高平郡、鲁郡、泰山郡(除山茌县)自东晋来属。至前燕建熙十一年(370),兖州领梁郡、濮阳、东燕、陈留、济北、济阳、济阴、东平、任城、高平、泰山、鲁郡十二郡。

梁郡,治睢阳蠡台(今河南商丘市睢阳区西南)。前燕光寿三年(359),承东晋置梁郡,领睢阳、蒙、虞、下邑、宁陵、谷熟六县。至前燕建熙十一年(370),

---

[1] 《资治通鉴》晋穆帝永和九年十一月载,孙元拥兵据阳平,此年降燕,燕以元为兖州刺史。阳平郡治馆陶,兖州当亦治馆陶。
[2] 济北国治卢县,兖州当亦治卢县。

梁郡领县当不变。

濮阳郡，治濮阳（今河南濮阳县西南）。前燕光寿二年(358)，承后赵故将李历置濮阳郡，领濮阳、廪丘、鄄城三县。至前燕建熙十一年(370)，濮阳郡领县当不变。

东燕郡，治白马（今河南滑县东）。前燕光寿三年(359)，承后赵故将高昌置东燕郡，领白马、东燕、凉城、酸枣、长垣五县。至前燕建熙十一年(370)，东燕郡领县当不变。

陈留郡，治小黄仓垣（今河南开封市城区东北）。前燕光寿三年(359)，承东晋置陈留郡，领小黄、浚仪、封丘、雍丘、尉氏、襄邑、扶沟七县。至前燕建熙十一年(370)，陈留郡领县当不变。

济北郡，治卢（今山东平阴县西）。前燕元玺四年(355)，承东晋置济北郡，领卢、临邑、东阿、谷城、蛇丘五县。至前燕建熙十一年(370)，济北郡领县当不变。

济阳郡，治济阳（河南兰考县东北）。前燕光寿三年(359)，承东晋置济阳郡，领济阳、考城、外黄三县。至前燕建熙十一年(370)，济阳郡领县当不变。

济阴郡，治定陶（今山东定陶县定陶镇一带）。前燕光寿三年(359)，承东晋置济阴郡，领定陶、乘氏、句阳、离狐、冤句、己氏、成武、单父、城阳九县。至前燕建熙十一年(370)，济阴郡领县当不变。

东平郡，治须昌（今山东东平县西北）。前燕光寿二年(358)，承东晋置东平郡，领须昌、寿张、范、无盐、富城、东平陆、刚平七县。至前燕建熙十一年(370)，东平郡领县当不变。

任城郡，治任城（今山东济宁市任城区东南）。前燕光寿二年(358)，承东晋置任城郡，领任城、亢父、樊三县。至前燕建熙十一年(370)，任城郡领县当不变。

高平郡，治昌邑（今山东金乡县东北）。前燕建熙七年(366)，承东晋置高平郡，领昌邑、巨野、方与、金乡、湖陆、高平、南平阳七县。至前燕建熙十一年(370)，高平郡领县当不变。

泰山郡，治奉高（今山东泰安市城区东）。前燕光寿二年(358)，自东晋得山茌县，当以泰山郡领之。前燕建熙七年(366)，奉高、博、嬴、南城、梁父、南武阳、莱芜、牟、巨平九县自东晋来属。至前燕建熙十一年(370)，泰山郡领奉高、山茌、博、嬴、南城、梁父、南武阳、莱芜、牟、巨平十县。

鲁郡，治鲁（今山东曲阜市）。前燕建熙七年(366)，承东晋置鲁郡，领鲁、汶阳、卞、邹、公丘五县。至前燕建熙十一年(370)，鲁郡领县当不变。

8. 豫州

豫州，治许昌（今河南许昌县东）。后赵亡后，其豫州之地入东晋。其间，颍川等郡曾一度为前秦占据。既而又入东晋。前燕光寿三年（359），得颍川、谯郡、沛郡、汝阴四郡，置豫州领之。前燕建熙二年（361），颍川郡入东晋。建熙五年（364），颍川、襄城、陈郡、汝南、汝阳、南顿、新蔡七郡自东晋来属。至前燕建熙十一年（370），豫州领颍川、襄城、陈郡、汝阴、汝南、汝阳、南顿、新蔡、谯郡、沛郡十郡。

颍川郡，治许昌（今河南许昌县东）。前燕光寿三年（359），承东晋置颍川郡，领许昌、长社、颍阴、临颍、鄢、邵陵、鄢陵、新汲、阳翟九县。前燕建熙二年（361），颍川郡入东晋。建熙五年（364），颍川郡自东晋入前燕。至前燕建熙十一年（370），颍川郡领县当不变。

襄城郡，治襄城（今河南襄城县）。前燕建熙五年（364），承东晋置襄城郡，领襄城、繁昌、郏、定陵、父城、昆阳、舞阳七县。至前燕建熙十一年（370），襄城郡领县当不变。

陈郡，治陈（今河南淮阳县）。前燕建熙五年（364），承东晋置陈郡，领陈、项、长平、阳夏、武平、谷阳、西华七县。至前燕建熙十一年（370），陈郡领县当不变。

汝阴郡，治汝阴（今安徽阜阳市城区一带）。前燕光寿三年（359），承东晋置汝阴郡，领汝阴、慎、原鹿、宋四县。至前燕建熙十一年（370），汝阴郡领县当不变。

汝南郡，治新息（今河南息县西南）。前燕建熙五年（364），承东晋置汝南郡，领新息、南安阳、安成、慎阳、北宜春、朗陵、阳安、上蔡、平舆、定颍、灈阳、吴房、西平十三县。至前燕建熙十一年（370），汝南郡领县当不变。

汝阳郡，治汝阳（今河南商水县西北）。前燕建熙五年（364），承东晋置汝阳郡，领汝阳县。至前燕建熙十一年（370），汝阳郡领县当不变。

南顿郡，治南顿（今河南商水县东南）。前燕建熙五年（364），承东晋置南顿郡，领南顿县。至前燕建熙十一年（370），南顿郡领县当不变。

新蔡郡，治新蔡（今河南新蔡县）。前燕建熙五年（364），承东晋置新蔡郡，领新蔡、鲖阳、固始、褒信四县。至前燕建熙十一年（370），新蔡郡领县当不变。

谯郡，治谯（今安徽亳州市谯城区）。前燕光寿三年（359），承东晋置谯郡，领谯、城父、酂、山桑、龙亢、蕲、铚、下蔡、平阿、义城十县[①]。至前燕建熙十一

[①] 此年，下蔡、平阿、义城三县入前燕，当属谯郡，见前考前燕疆域变迁相关内容。

年(370),谯郡领县当不变。

沛郡,治相(今安徽濉溪县西北)。前燕光寿三年(359),承东晋置沛郡,领相、沛、丰、竺邑、符离、杼秋、洨、虹、萧九县。至前燕建熙十一年(370),沛郡领县当不变。

9. 洛州

洛州,治洛阳(今河南洛阳市城区东)。前燕建熙六年(365),置洛州,领河南、荥阳、弘农三郡。至前燕建熙十一年(370),洛州领郡当不变。

河南郡,治洛阳(今河南洛阳市城区东)。前燕建熙五年(364),承东晋置河南郡,领河南、巩、河阴、新安、成皋、缑氏、阳城、新城、陆浑、梁十县。前燕建熙六年(365),洛阳县自东晋来属。至前燕建熙十一年(370),河南郡领洛阳、河南、巩、河阴、新安、成皋、缑氏、阳城、新城、陆浑、梁十一县。

荥阳郡,治荥阳(今河南荥阳市东北)。前燕建熙四年(363),承东晋置荥阳郡,领荥阳、京、密、卷、阳武、苑陵、中牟、开封八县。至前燕建熙十一年(370),荥阳郡领县当不变。

弘农郡,治宜阳(今河南宜阳县西)①。前燕建熙六年(365),承前秦置弘农郡,领宜阳县、黾池县。至前燕建熙十一年(370),弘农郡领县当不变。

10. 荆州

荆州,治宛(今河南南阳市宛城区)。前燕建熙六年(365),得东晋南阳郡鲁阳县,置荆州,治鲁阳,领南阳郡(鲁阳县)。建熙七年(366),南阳郡(除鲁阳县)自东晋来属。建熙八年(367),南阳郡(除鲁阳县)入东晋。至前燕建熙十一年(370),荆州领南阳郡(鲁阳县)。

南阳郡,治宛(今河南南阳市宛城区)。前燕建熙六年(365),得东晋鲁阳县,当以南阳郡领之,治鲁阳。建熙七年(366),宛、西鄂、雉、犨、淯阳、博望、堵阳、叶、舞阴、比阳、涅阳、冠军、郦十三县自东晋来属,南阳郡改治宛。建熙八年(367),宛、西鄂、雉、犨、淯阳、博望、堵阳、叶、舞阴、比阳、涅阳、冠军、郦十三县入东晋,南阳郡还治鲁阳。至前燕建熙十一年(370),南阳领鲁阳县。

(二) 政区考证

1. 司隶部、州

1.1 前燕司隶部(承司州、中州)

《太平御览》卷121《偏霸部五》载,元玺元年(352)八月,克邺,"以辅弼(慕

---

① 据后文所考前秦"政区沿革"可知,前秦曾一度以洛州治宜阳,领宜阳、黾池二县,后此二县入前燕,洛州罢。前秦洛州治宜阳,前燕得宜阳后,当以弘农郡治宜阳。

容)评为司州刺史,镇邺"。《慕容儁载记》载,"改司州为中州,置司隶校尉官"。可见前燕先置司州,既而改司州为中州,治邺。《元和郡县图志》卷16《河北道一》载,邺城,"慕容儁平冉闵,又自蓟徙都之,仍置司隶校尉"。可见前燕迁都邺后,司隶部改治邺。

1.2　前燕平州

《慕容廆载记》载,"裴嶷至自建邺,帝遣使者拜廆监平州诸军事、安北将军、平州刺史,增邑二千户。寻加使持节、都督幽州东夷诸军事、车骑将军、平州牧","命备官司,置平州守宰"。《慕容皝载记》载,"廆卒,(慕容皝)嗣位,以平北将军行平州刺史,督摄部内"。可见前燕初以平州统其境内。《太平御览》卷121《偏霸部》载,光寿元年(357)十二月,"以吴王垂为东夷校尉、平州刺史,镇辽东"①。当时辽东郡治襄平,故平州当亦治襄平。

1.3　前燕幽州

《资治通鉴》晋穆帝升平元年(357)正月有前燕"幽州刺史乙逸",《慕容德载记》载慕容儁时慕容德曾任幽州刺史,(宋)邓名世《古今姓氏书辩证》卷7"孙氏"条载"(孙)岳,前燕侍中,子孙称昌黎孙氏,历幽州刺史",可见前燕有幽州。

1.4　前燕冀州(承北冀州)

《资治通鉴》载,晋穆帝永和九年(353)十二月,"燕主俊以霸为使持节、安东将军、北冀州刺史,镇常山";晋穆帝永和十年(354)四月,"命冀州刺史吴王霸徙治信都";晋哀帝隆和元年(362)六月,"燕征东参军刘拔刺杀征东将军、冀州刺史、范阳王友于信都"。可见前燕得冀州之地,初以北冀州镇常山;后全取冀州,以冀州治信都。

1.5　前燕并州

《慕容儁载记》载,前燕击败张平,取有并州,以悦绾为并州刺史。《慕容暐载记》载,慕容暐即位后,以孙希为并州刺史。《慕容暐载记附皇甫真传》载,皇甫真为并州刺史。可见前燕有并州。《苻坚载记上》载,前秦伐前燕,攻晋阳,执前燕"并州刺史慕容庄"。可见前燕并州治晋阳。

1.6　前燕青州

《资治通鉴》晋穆帝永和十年(354)六月载,"燕乐陵太守慕容钩,翰之子也,与青州刺史朱秃共治厌次";七月,"(朱秃)袭钩,杀之,南奔段龛"。可见前燕初置青州,治厌次。朱秃南奔后,此青州或罢。《慕容儁载记》载,段龛在后赵乱后,据有青州,前燕灭段龛,"留慕容尘镇广固";其后,东晋攻前燕山茌,"(慕

---

① 《资治通鉴》晋穆帝升平二年十二月:"出(慕容)垂为平州刺史,镇辽东。"

容)儁青州刺史慕容尘遣司马悦明救之"。可见此时前燕青州治广固。

1.7　前燕兖州

《资治通鉴》晋穆帝永和九年(353)十一月载,阳平孙元拥兵据城邑,至此降前燕,燕以孙元为兖州刺史。此时前燕仅能控制河水以北,未得原西晋兖州之地。据《慕容暐载记》,慕容暐即位后,以慕容垂为兖州牧镇梁国。《资治通鉴》晋穆帝升平四年(360)三月载,慕容暐以慕容垂为兖州牧镇梁国之蠡台。可见前燕有兖州。蠡台在梁郡睢阳县,前燕兖州当治睢阳。

1.8　前燕豫州

《慕容暐载记》有"豫州刺史孙兴"、"豫州刺史李邽"①,可见前燕有豫州。

1.9　前燕洛州

据《慕容暐载记》,前燕得洛阳后,以慕容筑为"洛州刺史,镇金墉"。可见前燕有洛州,治洛阳。《资治通鉴》晋海西公太和五年(370)正月载,"秦王猛遣燕荆州刺史武威王筑书","筑惧,以洛阳降"。而《苻坚载记上》载,前秦"攻暐洛州刺史慕容筑于洛阳","筑惧而请降"。前燕以慕容筑为洛州刺史镇洛阳,《资治通鉴》载为"荆州",当有误。

1.10　前燕荆州

据《慕容暐载记》,慕容暐以慕容垂为荆州牧,镇鲁阳。可见前燕有荆州,治鲁阳。

2.　(京都)尹、郡

2.1　前燕魏尹(承魏郡)

《元和郡县图志》卷16《河北道一》:"前燕慕容暐都邺,其魏郡并理于邺中也。"可见前燕有魏郡。《慕容暐载记》载"暐魏尹慕容德上疏",《慕容德载记》载"及暐嗣位,改封范阳王,稍迁魏尹"。可见前燕慕容暐时有魏尹。

2.2　前燕广平郡

据《魏书》卷33《宋隐传》,"(宋隐父恭)尚书、徐州刺史。慕容儁徙邺,恭始家于广平列人焉"。可见前燕有广平郡,领列人县。

2.3　前燕河内郡

据《慕容儁载记》,"苻生河内太守王会、黎阳太守韩高以郡归儁";又载,吕护据野王降前燕,慕容儁拜为河内太守。可见前燕有河内郡。

2.4　前燕黎阳郡(?)

据《慕容儁载记》,"苻生河内太守王会、黎阳太守韩高以郡归俊"。可见前

---

① 《资治通鉴》晋海西公太和四年九月作"豫州刺史李邽"。

燕得黎阳郡。

2.5 前燕东郡

据《慕容儁载记》,"晋太山太守诸葛攸伐其东郡。儁遣慕容恪距战,王师败绩"。可见前燕有东郡。

2.6 前燕贵乡郡

《太平寰宇记》卷54《河北道三》:"(汉)置魏郡,即今元城县北是也","前燕慕容暐都邺,于今州理置贵乡郡。"可见前燕慕容暐时置有贵乡郡。

2.7 前燕辽东郡

《慕容廆载记》有"行辽东相韩矫",《慕容廆载记附裴嶷传》载裴嶷"出为辽东相",《慕容皝载记》有"辽东相韩矫",《资治通鉴》晋成帝咸和八年五月载有慕容皝"辽东太守阳鹜",《慕容儁载记》载"使昌黎、辽东二郡营起廆庙",《慕容暐载记》有"辽东太守韩稠",《慕容暐载记附皇甫真传》载皇甫真"守辽东、营丘二郡太守",《太平御览》卷651《刑法部十七》引崔鸿《前燕录》载有"辽东内史宋该",皆证前燕有辽东郡。

2.8 前燕昌黎郡

《慕容皝载记》载"后徙昌黎郡,筑好城于乙连东",《慕容儁载记》载"使昌黎、辽东二郡营起廆庙",《资治通鉴》晋穆帝永和七年(351)四月有"昌黎太守高开",皆证前燕有昌黎郡。

2.9 前燕玄菟郡

《慕容皝载记》有"玄菟太守高诩",《资治通鉴》晋成帝咸康四年五月载有前燕"玄菟太守河间刘佩",《资治通鉴》晋穆帝永和八年(352)十一月载前燕"玄菟太守乙逸",皆证前燕有玄菟郡。

2.10 前燕燕郡

据《慕容儁载记》,"使昌黎、辽东二郡营起廆庙,范阳、燕郡构皝庙"。可见前燕有燕郡。

2.11 前燕范阳郡

《资治通鉴》晋穆帝永和六年(350)三月载,"燕兵至范阳,范阳太守李产欲为石氏拒燕,众莫为用,乃帅八城令长出降;儁复以产为太守"。《太平御览》卷487《人事部一百二十八》:"崔鸿《前燕录》曰:高商,渤海人也。刚毅严重,好学有事干,为范阳太守。"可见前燕有范阳郡。据上考"前燕燕郡"引《慕容儁载记》亦可证前燕有范阳郡。

2.12 前燕上谷郡

据《慕容儁载记》,"徙广宁、上谷人于徐无,代郡人于凡城"。可见前燕有上谷郡。

2.13　前燕广宁郡

《资治通鉴》晋穆帝永和六年(350)三月载,慕容儁以"孙泳为广宁太守"。可见前燕有广宁郡。据上考"前燕上谷郡"引《慕容儁载记》,亦证前燕有广宁郡。

2.14　前燕代郡

据上考"前燕上谷郡"引《慕容儁载记》可知,前燕有代郡。《资治通鉴》晋穆帝永和六年三月,"(慕容)儁以弟宜为代郡城郎"。《慕容儁载记》又载,"匈奴单于贺赖头率部落三万五千降于儁,拜宁西将军、云中郡公,处之于代郡平舒城"。可见前燕代郡领有平舒县。

2.15　前燕北平郡

《资治通鉴》晋穆帝永和七年(351)八月有前燕"北平太守孙兴"。可见前燕有北平郡。

2.16　前燕辽西郡

《太平御览》卷487《人事部一百二十八》引崔鸿《前燕录》,慕容儁召见高商,将拜昌黎太守,"商泣曰:'臣兄亡于此郡,臣故不忍为之。'儁憨而授辽西"。可见前燕有辽西郡。

2.17　前燕长乐郡

《慕容儁载记》有"长乐太守傅颜",可见前燕有长乐郡。

2.18　前燕赵郡(?)

《资治通鉴》晋穆帝永和七年(351)八月载,慕容恪攻冉魏,"魏赵郡太守辽西李邽举郡降,恪厚抚之"。可见前燕得赵郡。

2.19　前燕武邑郡

《慕容儁载记》有"武邑刘贡上书极谏",可见前燕有武邑郡。

2.20　前燕平原郡

《资治通鉴》晋穆帝永和九年(353)十一月载前燕以杜能为平原太守。可见前燕有平原郡。

2.21　前燕乐陵郡

《资治通鉴》载,晋穆帝永和六年(350)九月,"(慕容)儁以(贾)坚为乐陵太守,治高城";晋穆帝永和十年(354)六月,"燕乐陵太守慕容钧,翰之子也,与青州刺史朱秃共治厌次"。永和六年(350)时,前燕尚未得后赵乐陵郡,故以乐陵郡寄治高城。其后,前燕得乐陵郡,遂还治厌次。

2.22　前燕渤海郡

《资治通鉴》晋穆帝永和七年(351)四月载,"(慕容)儁以(封)放为渤海太守"。可见前燕有渤海郡。

2.23 前燕章武郡

《慕容儁载记》有"闵章武太守贾坚率郡兵邀评战于高城,擒坚于阵"。可见前燕得章武郡。《资治通鉴》载,晋穆帝永和六年(350)九月"(慕容)儁以(慕容)评为章武太守",晋穆帝永和十二年(356)十一月有前燕"章武太守鲜于亮",晋穆帝升平四年(360)十一月载慕容暐出李绩为章武太守,皆证前燕有章武郡。

2.24 前燕河间郡

《资治通鉴》晋穆帝永和六年(350)九月载,慕容儁以"封裕为河间太守"。《慕容儁载记》载,"河间李黑聚众千余,攻略州郡"。可见前燕有河间郡。

2.25 前燕中山郡

《慕容儁载记》载,"遣慕容恪略地中山,慕容评攻王午于鲁口","恪克中山"。可见前燕得中山郡。《魏书》卷58《杨播传》载,"(杨播)高祖结,仕慕容氏,卒于中山相"。后燕都中山,改中山郡为中山尹。《魏书》此称"中山相",当在前燕时。又据前考"后赵中山郡"引《杨顺墓志》可知,高结于后赵亦曾任中山相。故前燕得后赵中山郡,又以高结为中山相。《资治通鉴》晋穆帝永和七年(351)八月有前燕以"北平太守孙兴为中山太守"。可见前燕有中山郡。

2.26 前燕常山郡

《慕容儁载记》载"常山大树自拔",《资治通鉴》晋海西公太和五年(370)十一月载有"燕常山太守申绍",可见前燕有常山郡。

2.27 前燕上党郡

《苻坚载记上》载有前燕"上党太守慕容越"。《资治通鉴》载,晋穆帝永和十一年(355)十二月,"上党人冯鸯逐燕太守段刚,据安民城,自称太守";晋海西公太和五年(370)七月,前秦伐前燕,"王猛克壶关,执上党太守南安王越"。可见前燕有上党郡。《魏志上》载,上党郡,"慕容儁治安民城,后迁壶关城"。可见前燕上党郡先治安民城,后治壶关城。

2.28 前燕雁门郡

《资治通鉴》晋穆帝升平五年(361)九月载,"张平袭燕平阳,杀段刚、韩苞;又攻雁门,杀太守单男"。可见前燕有雁门郡。

2.29 前燕上郡

据《慕容暐载记》,尚书左丞申绍上疏称,"今鲁阳、上郡重山之外,云阴之北"。可见前燕有上郡。

2.30 前燕齐郡

《资治通鉴》晋穆帝永和十二年(356)十一月载,前燕灭段龛后,以"章武太守鲜于亮为齐郡太守"。可见前燕有齐郡。

2.31 前燕东莱郡

《资治通鉴》晋穆帝永和十二年(356)十一月载,前燕灭段龛后,"以尚书左丞鞠殷为东莱太守"。可见前燕有东莱郡。

2.32 前燕梁郡

据《慕容暐载记》,慕容暐即位后,以"慕容垂为河南大都督、征南将军、兖州牧、荆州刺史,领护南蛮校尉,镇梁国"。《资治通鉴》晋海西公太和四年八月载,桓温伐前燕,"温使豫州刺史袁真攻谯、梁"。可见前燕有梁郡。

2.33 前燕东燕郡(?)

《资治通鉴》载,晋穆帝升平二年(358)九月,慕容儁使"阳骛讨高昌于东燕";晋穆帝升平三年(359),"高昌不能拒燕,秋,七月,自白马奔荥阳"。可见前燕得东燕郡。

2.34 前燕济北郡(?)

据《慕容儁载记》,晋"济北太守高柱"以郡归于慕容儁。可见前燕得济北郡。

2.35 前燕任城郡

《资治通鉴》晋穆帝升平二年(358)十二月载,"燕主儁以贾坚子活为任城太守"。可见前燕有任城郡。

2.36 前燕高平郡

《资治通鉴》晋海西公太和元年(366)十月载,"燕抚军将军下邳王厉寇兖州,拔鲁、高平数郡,置守宰而还"。可见前燕得高平郡。《慕容暐载记》有"高平太守徐翻",可见前燕有高平郡。

2.37 前燕泰山郡

《慕容儁载记》有"太山太守贾坚",《资治通鉴》晋穆帝升平二年十二月载为"燕泰山太守贾坚"。可见前燕有泰山郡。

2.38 前燕鲁郡(?)

《资治通鉴》晋海西公太和元年(366)十月载,"燕抚军将军下邳王厉寇兖州,拔鲁、高平数郡,置守宰而还"。可见前燕得鲁郡。

2.39 前燕颍川郡

《晋书》卷8《哀帝纪》载,兴宁二年(364)二月,"慕容暐将慕容评袭许昌,颍川太守李福死之"。可见前燕得颍川郡。《慕容暐载记》载,桓温伐前燕,慕容暐遣使求救于前秦,"(苻)坚遣将军苟池率众二万,出自洛阳,师于颍川"。可见前燕有颍川郡。

2.40　前燕陈郡(?)

《晋书》卷8《哀帝纪》载,兴宁二年(364)二月,"(慕容评)又进围陈郡,太守朱辅婴城固守";四月,"朱辅退保彭城"。可见前燕得陈郡。

2.41　前燕汝阴郡(?)

《慕容儁载记》载,"恪进兵入寇河南,汝、颍、谯、沛皆陷,置守宰而还"。据前考前燕"疆域变迁"可知,此"汝"当为汝阴郡。可见前燕得汝阴郡。

2.42　前燕汝南郡(?)

《晋书》卷8《哀帝纪》载,兴宁二年(364)二月,"(慕容)评遂侵汝南,太守朱斌遁于寿阳"。可见前燕得汝南郡。

2.43　前燕汝阳郡(?)

《资治通鉴》晋孝武帝太元九年(384)正月载,"(慕容农)北召光烈将军平睿及睿兄汝阳太守幼于燕国(胡注:汝阳县,汉、晋属汝南郡,后分为汝阳郡。平幼盖先尝为汝阳太守,时居燕国也。……光烈将军,盖亦前燕以授平叡)"。疑平幼为汝阳太守,为前燕时所授,故前燕疑有汝阳郡。

2.44　前燕谯郡

据《慕容儁载记》,"恪进兵入寇河南,汝、颍、谯、沛皆陷,置守宰而还"。可见前燕得谯郡。据上考"前燕梁郡"引《资治通鉴》可知,前燕有谯郡。

2.45　前燕沛郡(?)

据上考"前燕谯郡"引《慕容儁载记》可知,前燕得沛郡。

2.46　前燕河南郡

(唐)林宝《元和姓纂》卷8"宋氏"条载"(宋)恭,前燕河南太守"。可见前燕有河南郡。

2.47　前燕荥阳郡(?)

据《慕容暐载记》,"(慕容暐)遣其宁东慕容忠攻陷荥阳"。可见前燕得荥阳郡。

2.48　前燕南阳郡(?)

《资治通鉴》晋海西公太和元年(366)十二月载,"南阳督护赵亿据宛城降燕,太守桓澹走保新野;燕人遣南中郎将赵盘自鲁阳戍宛"。可见前燕得南阳郡。

附1　前燕乐浪郡

《资治通鉴》晋愍帝建兴元年四月载,"辽东张统据乐浪、带方二郡,与高句丽王乙弗利相攻,连年不解。乐浪王遵说统帅其民千余家归廆,廆为之置乐浪郡,以统为太守,遵参军事"。可见前燕乐浪郡为侨郡。《资治通鉴》晋成帝咸康四年五月载有前燕"乐浪太守鞠彭"。《慕容廆载记附裴嶷传》载裴嶷"转乐浪太守"。

附2　前燕带方郡

《资治通鉴》晋成帝咸和八年(333)五月载有慕容皝"带方太守王诞"。据上考"前燕乐浪郡"可知,原晋乐浪郡、带方郡在西晋末为高句丽占据。故前燕所置此带方郡,亦为侨郡。

附3　前燕冀阳郡

据《慕容廆载记》,"时二京倾覆,幽、冀沦陷,廆刑政修明,虚怀引纳,流亡士庶多襁负归之。廆乃立郡以统流人,冀州人为冀阳郡,豫州人为成周郡,青州人为营丘郡,并州人为唐国郡"。《资治通鉴》载,晋愍帝建兴二年(314)三月,慕容廆侨置冀阳等郡;晋成帝咸康四年(338)五月,后赵攻前燕,"冀阳流寓之士共杀太守宋烛以降士赵"。据《慕容皝载记》,"罢成周、冀阳、营丘等郡"。可见慕容廆时侨置有冀阳郡,慕容皝时罢之。

附4　前燕成周郡

《资治通鉴》晋成帝咸康四年(338)五月载有"燕成周内史崔焘"。可见前燕有成周郡。据上考"前燕冀阳郡"可知,慕容廆时侨置有成周郡,慕容皝时罢之。

附5　前燕营丘郡

《太平寰宇记》卷71《河北道二十》引《十六国春秋》:"慕容廆东迁徙河县,置营丘郡北镇。"《慕容儁载记附韩恒传》载韩恒于慕容皝时"迁营丘太守"。《慕容暐载记附皇甫真传》载,慕容皝时,皇甫真"守辽东、营丘二郡太守"。《资治通鉴》晋成帝咸康四年(338)五月载有"营邱内史鲜于屈"。据上考"前燕冀阳郡"可知,慕容廆时侨置有营丘郡,慕容皝时罢之。

附6　前燕唐国郡

《资治通鉴》晋成帝咸康七年(341)正月有前燕"唐国内史阳裕"。可见前燕唐有国郡。据上考"前燕冀阳郡"可知,慕容廆时侨置有唐国郡,慕容皝时当随冀阳等郡同罢。

附7　前燕平阳郡

《资治通鉴》晋穆帝升平五年(361)二月载,"平阳人举郡降燕;燕以建威将军段刚为太守,遣督护韩苞将兵共守平阳";九月,"张平袭燕平阳,杀段刚、韩苞"。可见前燕一度有平阳郡。

3. 县

3.1　前燕邺县

据《慕容儁载记》,前燕慕容儁迁都至邺。可见前燕有邺县。

3.2　前燕安阳县

据《苻坚载记上》,前秦伐前燕,苻坚"躬率精锐十万向邺。七日而止于安阳"。可见前燕有安阳县。

3.3 前燕内黄县

据《慕容㬂载记》,"(慕容桓)闻(慕容)评败,引屯内黄"。可见前燕有内黄县。

3.4 前燕邯郸县

《资治通鉴》晋海西公太和四年(369)十一月载,"垂请畋于大陆,因微服出邺,将趋龙城。至邯郸"。可见前燕有邯郸县。

3.5 前燕列人县

据前考"前燕广平郡"引《魏书》可知,前燕有列人县,属广平郡。

3.6 前燕野王县

据《慕容㬂载记》,吕护据野王,慕容㬂遣慕容恪讨之,"野王溃,护南奔于晋";后又攻洛阳,败绩,"将军段崇收军北渡,屯于野王"。可见前燕有野王县。

3.7 前燕河阳县

《资治通鉴》晋海西公太和四年(369)十一月载,慕容垂西奔前秦,"至河阳,为津吏所禁,斩之而济"。可见前燕有河阳县。

3.8 前燕武阳县

《资治通鉴》载,晋穆帝升平二年(358)十月,"泰山太守诸葛攸攻燕东郡,入武阳";晋海西公太和四年(369),桓温伐前燕,"七月,温屯武阳,燕故兖州刺史孙元帅其族党起兵应温"。可见前燕有武阳县。

3.9 前燕襄平县

《慕容皝载记》有"襄平令王冰";又载,"皝自征辽东,克襄平"。可见前燕有襄平县。

3.10 前燕汶县

《资治通鉴》晋成帝咸和八年(333)闰十月载,慕容仁叛慕容皝,皝讨仁,"与仁战于汶城北"。可见前燕有汶县。

3.11 前燕居就县

《慕容皝载记》载,"皝自征辽东,克襄平。仁所署居就令刘程以城降,新昌人张衡执县宰以降"。《资治通鉴》晋成帝咸康四年(338)五月载有前燕"居就令游泓"。可见前燕有居就县。

3.12 前燕安平县(1)

《资治通鉴》晋成帝咸康七年(341)十月载,"赵横海将军王华帅舟师自海道袭燕安平"。可见前燕有安平县。《晋志上》载辽东国有西安平。此后赵渡海袭前燕安平,当为辽东郡安平县。

3.13　前燕新昌县

据上考"前燕居就县"引《慕容皝载记》可知,前燕有新昌县。《慕容儁载记附韩恒传》载韩恒于慕容廆时"出为新昌令",亦证前燕有新昌县。《资治通鉴》晋成帝咸和九年(334)十二月载,"慕容仁遣兵袭新昌,督护新兴王寓击走之,遂徙新昌入襄平(胡注:辽东治襄平。徙新昌吏民入襄平)"。胡三省言此徙为新昌吏民,当是。

3.14　前燕平郭县

《资治通鉴》晋元帝太兴四年(321)十二月载,慕容廆以"慕容仁镇平郭"。《慕容皝载记》载,慕容仁谋举兵废皝,"仁知事发,杀皝使,东归平郭"。可见前燕有平郭县。

3.15　前燕和阳县

《慕容皝载记》载,慕容皝自征辽东,"斩仁所置守宰,分徙辽东大姓于棘城,置和阳、武次、西乐三县而归"。可见前燕有和阳县。

3.16　前燕武次县

据上考"前燕和阳县"引《慕容皝载记》可知,前燕有武次县。

3.17　前燕西乐县

据上考"前燕和阳县"引《慕容皝载记》可知,前燕有西乐县。

3.18　前燕龙城县(承柳城县)

《太平寰宇记》卷71《河北道二十》引《十六国春秋·慕容皝传》:"柳城之北,龙山之南,所谓福德之地也,可营创规模,筑龙城,构宫庙,改柳城县为龙城。"《慕容皝载记》载:"(段)辽弟兰与翰寇柳城,都尉石琮击败之。旬余,兰、翰复围柳城,皝遣宁远慕容汗及封弈等救之。"可见前燕有柳城县。《慕容皝载记》载,"使阳裕、唐柱等筑龙城,构宫庙,改柳城为龙城县"。可见前燕改柳城县为龙城县。

3.19　前燕棘城县

《慕容廆载记》载,"廆以大棘城既颛顼之墟也,元康四年乃移居之"。《太平御览》卷175《居处部三》:"《燕书》:'咸康八年,秋,七月,丁卯,营新殿,昌黎大棘城县河岸崩。'"可见前燕有棘城县,属昌黎郡。

3.20　前燕徒河县

《太平寰宇记》卷71《河北道二十》引《十六国春秋》:"慕容廆东迁徒河县,置营丘郡北镇。"《慕容皝载记》:"段辽遂寇徒河,皝将张萌逆击,败之。"可见前燕有徒河县。

3.21　前燕兴集县

《慕容皝载记》:"以勃海人为兴集县,河间人为宁集县,广平、魏郡人为兴平县,东莱、北海人为育黎县,吴人为吴县,悉隶燕国。"可见前燕有兴集县。

3.22　前燕兴平县

据上考"前燕兴集县"引《慕容皝载记》可知,前燕有兴平县。

3.23　前燕育黎县

据上考"前燕兴集县"引《慕容皝载记》可知,前燕有育黎县。

3.24　前燕吴县

据上考"前燕兴集县"引《慕容皝载记》可知,前燕有吴县。

3.25　前燕武宁县

《资治通鉴》晋成帝咸康四年(338)五月载有前燕"武宁令广平孙兴"。可见前燕有武宁县。

3.26　前燕武原县

《资治通鉴》晋成帝咸康四年(338)五月载有前燕"武原令常霸"。可见前燕有武原县。

3.27　前燕朝鲜县

《资治通鉴》晋成帝咸康四年(338)五月载有前燕"朝鲜令昌黎孙泳"。可见前燕有朝鲜县。

3.28　前燕蓟县

据《慕容儁载记》,前燕慕容儁曾迁都至蓟;前燕幽州亦治蓟,故有蓟县。

3.29　前燕范阳县

《资治通鉴》晋海西公太和四年(369)十一月载,慕容垂北奔龙城,"太傅评白燕主暐,遣西平公强帅精骑追之,及于范阳"。可见前燕有范阳县。

3.30　前燕平舒县

据前考"前燕代郡"引《慕容儁载记》可知,前燕有平舒县,属代郡。

3.31　前燕徐无县

《慕容儁载记》载,"徙广宁、上谷人于徐无"。可见前燕有徐无县。

3.32　前燕信都县

《慕容暐载记》载,前秦伐前燕,"(苻)坚遣将邓羌攻信都"。可见前燕有信都县。据前考"前燕冀州"可知,前燕冀州治信都。

3.33　前燕枣强县

《慕容儁载记》有"枣强令卫颜",可见前燕有枣强县。

3.34　前燕厌次县

据前考"前燕乐陵郡"可知,前燕有厌次县,属乐陵郡。

3.35　前燕高城县

《资治通鉴》晋穆帝永和六年(350)九月载,"(慕容)儁以(贾)坚为乐陵太守,治高城"。可见前燕有高城县。

3.36　前燕高阳县

《慕容暐载记》载,前燕邺城为苻坚所破,慕容暐将北奔和龙,"坚遣郭庆追及暐于高阳",可见前燕有高阳县。

3.37　前燕安平县(2)

《资治通鉴》晋穆帝永和八年(352)十月载,"慕容恪屯安平,积粮,治攻具,将讨王午"。可见前燕有安平县。《晋志上》载博陵国有安平县。时王午据有博陵鲁口,慕容恪讨王午,此安平县属博陵郡。

3.38　前燕绛幕县(?)

据《慕容儁载记》,慕容儁遣"慕容垂讨段勤于绛幕","段勤惧而请降"。可见前燕得绛幕县。

3.39　前燕唐县

据《慕容儁载记》,"遣慕容恪略地中山,慕容评攻王午于鲁口。恪次唐城"。可见前燕有唐县。

3.40　前燕晋阳县

据《慕容暐载记》,尚书左丞申绍上疏称"重晋阳之戍";又载,前秦苻坚遣王猛、杨安伐前燕,"安攻晋阳"。可见前燕有晋阳县。

3.41　前燕壶关县

据《慕容暐载记》,皇甫真陈其事,言"洛阳、并州、壶关诸城,并宜增兵益守";又载,前秦苻坚遣王猛伐前燕,"猛攻壶关"。可见前燕有壶关县。

3.42　前燕安平县(3)

据《晋书》卷8《穆帝纪》,永和十二年(356)正月,"镇北将军段龛及慕容恪战于广固,大败之,恪退据安平"。可见前燕有安平县。《晋志下》载,齐国有东安平。慕容恪讨段龛于广固,此安平县属齐郡。

3.43　前燕白马县(?)

《资治通鉴》晋穆帝升平三年(359)载,"高昌不能拒燕,秋,七月,自白马奔荥阳"。可见前燕得白马县。

3.44　前燕襄邑县

《资治通鉴》晋海西公太和四年(369)九月载,"范阳王德先帅劲骑四千伏于襄邑东涧中,与(慕容)垂夹击(桓)温"。可见前燕有襄邑县。

3.45　前燕东阿县

《慕容儁载记》载,东晋攻前燕,"儁遣慕容评、傅颜等统步骑五万,战于东阿,王师败绩"。可见前燕有东阿县。

3.46　前燕金乡县

《资治通鉴》晋海西公太和四年(369)载,桓温自兖州伐前燕,六月,"温至金乡"。可见前燕有金乡县。

3.47　前燕湖陆县

《慕容暐载记》载,桓温伐前燕,"温部将檀玄攻胡陆,执暐宁东慕容忠"。《资治通鉴》晋海西公太和四年载,"温遣建威将军檀玄攻湖陆,拔之"。《晋志上》载高平国有湖陆县。可见前燕有湖陆县。

3.48　前燕山茌县

《慕容儁载记》载,"晋将荀羡攻山茌,拔之,斩儁太山太守贾坚。儁青州刺史慕容尘遣司马悦明救之,羡师败绩,复陷山茌"。可见前燕有山茌县。

3.49　前燕梁父县(?)

《晋书》卷73《庾亮传附庾冰传》:"初,慕容厉围梁父,断涧水,太山太守诸葛攸奔邹山,鲁、高平等数郡皆没。"可见前燕得梁父县。

3.50　前燕卞县

《资治通鉴》晋穆帝永和十二年(356)十一月载:"荀羡闻(段)龛已败,退还下邳,留将军诸葛攸、高平太守刘庄将三千人守琅邪,参军谯国戴遂等将二千人守泰山。燕将慕容兰屯汴城(胡注:汴城即浚仪城。余谓'汴'当作'卞'。鲁国卞县城也。刘昫曰:兖州泗水县,卞县古城也),羡击斩之。"胡三省所言当是,此"汴"字当为"卞"。可见前燕有卞县。

3.51　前燕许昌县

据《晋书》卷8《哀帝纪》,兴宁二年(364),"夏四月甲申,慕容暐遣其将李洪侵许昌,王师败绩于悬瓠","慕容尘复屯许昌"。可见前燕有许昌县。

3.52　前燕洛阳县

据《慕容暐载记》,皇甫真陈其事,言"洛阳、并州、壶关诸城,并宜增兵益守"。可见前燕有洛阳县。据前考"前燕洛州"可知,前燕洛州治洛阳。

3.53　前燕河阴县

据《慕容暐载记》,"(慕容暐)遣傅颜与(吕)护率众据河阴"。可见前燕有河阴县。

3.54　前燕成皋县

《慕容暐载记》载"孙兴分戍成皋",可见前燕有成皋县。

3.55　前燕荥阳县

据《慕容暐载记》,前秦攻前燕慕容筑于金墉,"暐遣慕容臧率众救之。臧次荥阳"。可见前燕有荥阳县。

3.56　前燕密县(?)

据《晋书》卷8《哀帝纪》,兴宁元年(363)五月,"慕容暐陷密城,荥阳太守刘远奔于江陵"。可见前燕得密县。

3.57　前燕鲁阳县

据《慕容暐载记》,尚书左丞申绍上疏称,"今鲁阳、上郡重山之外,云阴之北"。可见前燕有鲁阳县。据前考"前燕荆州"可知,前燕荆州治鲁阳。

3.58　前燕宛县

据《慕容暐载记》,"晋南阳督护赵弘以宛降于暐,暐遣其南中郎将赵盘自鲁阳戍宛。至此,晋右将军桓豁攻宛,拔之,赵盘退奔鲁阳。豁遣轻骑追盘,及于雉城,大战败之,执盘,戍宛而归"。可见前燕一度有宛县。

3.59　前燕雉县

据上考"前燕宛县"引《慕容暐载记》可知,前燕一度有雉县。

第三节　前　秦

东晋永和六年(350),苻健入据关中,都于长安。前秦皇始元年(351),苻健称大秦天王,次年称帝。前秦寿光元年(355),苻生即位。前秦永兴元年(357),苻坚即位。前秦建元十九年(383),于淝水为东晋所败。前秦大安元年(385)[1],苻坚自长安西奔,为姚苌所杀;同年,苻丕于晋阳称帝。前秦太初元年(386),苻丕兵败被杀,苻登于陇东称帝。前秦太初九年(394),苻登兵败被杀,前秦亡。

一、疆域变迁

永嘉之乱后,略阳临渭氐蒲洪被宗人推为盟主,应谶言而改姓苻氏。石勒灭前赵后,苻洪遂降于后赵。后赵石虎徙秦雍民及氐户于关东,以苻洪为流民都督,居于枋头。苻洪卒,苻健统领其众,时正值后赵末年大乱,苻健率众西行,争夺关中,取长安而都之,遂开苻氏基业。前秦疆土开拓始于苻健。

---

[1]　《苻丕载记》载苻丕年号为"太安",《太平御览》卷122《偏霸部六》引《前秦录》作"太平",《资治通鉴》晋孝武帝太元十年八月载苻丕改元"大安"。此从《通鉴》,用"大安"。

(一) 苻健、苻丕时的疆土开拓

据《资治通鉴》,后赵乱后,苻健居汲郡枋头,杜洪据长安。晋穆帝永和六年(350)八月,苻健密图关中,惧杜洪知之,"以赵俱为河内太守,戍温;牛夷为安集将军,戍怀"。此时,苻健署黎阳太守戍黎阳①。苻健入关中前,当据有汲郡、河内郡、黎阳郡等地。其后,苻健率众而西,至盟津,以鱼遵为前锋,苻雄、苻菁分攻河南、河北以入关,"苻菁、鱼遵所过城邑,无不降附"。当时苻菁自轵关经河东郡入关中,鱼遵、苻雄经弘农郡自潼关入关中,所过城邑皆降,河东郡、弘农郡于此时基本上为前秦所有。

东晋永和六年(350),苻健入关中,击走杜洪而入都长安。苻健都长安后,《苻健载记》载"三辅略定"。《资治通鉴》晋穆帝永和六年(350)十一月载:"秦、雍夷夏皆附之。"前秦皇始元年(351),苻健称秦王,次年称帝。杜洪出长安,先奔司竹,后屯宜秋。《资治通鉴》晋穆帝永和八年(前秦皇始二年,352)五月,杜洪为张琚所杀,苻健"攻张琚于宜秋,斩之",雍州基本为苻秦控制。苻健初据关中,统治并不稳定。据《苻健载记》,皇始三年(353),"孔特起池阳,刘珍、夏侯显起鄠,乔景起雍,胡阳赤起司竹,呼延毒起霸城,众数万人"。《资治通鉴》晋穆帝永和十年(前秦皇始四年,354),桓温伐前秦,军至灞上,司马勋亦应桓温,王擢攻取苻氏陈仓;后桓温败于白鹿原而退,司马勋、王擢亦奔走,诸叛悉平,前秦在关中统治才算稳固。

又据《资治通鉴》,后赵乱亡之际,石宁、王擢据秦州。东晋永和六年(350),石宁据上邽,不附于苻氏,苻雄击斩之,遂取秦州。晋穆帝永和九年(353)二月,张重华遣王擢伐前秦,为苻雄所败,"王擢弃秦州,奔姑臧。秦主健以领军将军苻愿为秦州刺史,镇上邽";五月,"张重华复使王擢帅众二万伐上邽,秦州郡县多应之;苻愿战败,奔长安"。可见,皇始三年(353)前秦秦州之地失于前凉。由前考前凉疆域所统秦州得失可知,皇始四年(354),王擢降前秦,苻氏复得秦州。

前秦在关中立足以后,逐渐向外扩张,先取有上洛郡和平阳郡。据《资治通鉴》,晋穆帝永和九年(353)九月,前秦遣苻菁略定上洛,"置荆州于丰阳川(胡注:上洛县,汉西都属弘农郡,东汉属京兆;武帝泰始二年,分置上洛郡,丰阳川在郡界)"。此年,前秦应有上洛郡。《苻健载记》载,皇始四年(354),桓温伐前秦,攻取上洛,桓温败退后,前秦复取上洛。《资治通鉴》晋穆帝永和七年(351)二月载,"赵并州刺史张平遣使降秦,秦王以平为大将军、冀州牧"。平阳

---

① 由下文所述前秦黎阳太守降前燕可知。

郡位于并州和前秦控制的河东郡之间,张平降秦后,或在此年为前秦攻取。《资治通鉴》晋穆帝永和九年(353)载,"西域胡刘康诈称刘曜子,聚众于平阳,自称晋王;夏,四月,秦左卫将军苻飞讨擒之"。刘康于平阳称王,前秦讨伐之,表明此前平阳郡已属前秦。《资治通鉴》晋穆帝永和十二年(前秦寿光二年,356)八月载,"姚襄奔平阳,秦并州刺史尹赤复以众降襄,襄遂据襄陵。秦大将军张平击之,襄为平所败,乃与平约为兄弟,各罢兵"。《苻生载记》载,"姚襄率众万余,攻其平阳太守苻产于匈奴堡,苻柳救之,为襄所败,引还蒲坂。襄遂攻堡,克之,杀苻产,尽坑其众"。可见,姚襄入平阳后,前秦势力退出平阳。姚襄为前秦败后,平阳则为张平所据。《资治通鉴》晋穆帝升平二年(前秦苻坚永兴二年,358)九月载,张平为前燕所败,"帅众三千奔平阳"。

后赵乱后,石氏故将张遇为豫州牧,据许昌,初降东晋,后又叛晋降前秦。《晋书》卷8《穆帝纪》载,永和八年(352)二月,张遇"使其党上官恩据洛阳"。《资治通鉴》载,晋穆帝永和八年(352)四月,"秦以张遇为征东大将军、豫州牧";六月,"谢尚、姚襄共攻张遇于许昌。秦主健遣丞相东海王雄、卫大将军平昌王菁略地关东,帅步骑二万救之。丁亥,战于颍水之诫桥,尚等大败";七月,"秦丞相雄徙张遇及陈、颍、许、洛之民五万余户于关中,以右卫将军杨群为豫州刺史,镇许昌";十月,"谢尚遣冠军王侠攻许昌,克之。秦豫州刺史杨群退屯弘农"①。可见,皇始二年(352)前秦曾得河南郡、颍川郡和陈郡而旋失之。由前考前燕疆域可知,寿光元年(355),前秦汲郡、河内、黎阳三郡为前燕占据。

据上文所述,晋穆帝永和六年(350),苻氏居于汲郡枋头,据有汲郡、河内郡、黎阳郡;此年,苻健西攻关中,入都长安,得雍州、秦州、河东郡、弘农郡。前秦皇始元年(351)得平阳郡,二年(352)得河南郡、颍川郡、陈郡而旋失之,三年(353)得上洛郡而失秦州,四年(354)得秦州。寿光元年(355)失汲郡、河内郡、黎阳郡,二年(356)失平阳郡。

(二)苻坚在淝水战前的对外扩张

前秦永兴元年(357),苻坚杀苻生自立。苻坚当政以后,不断对外扩张,灭张平而取平阳,破铁弗部而定朔方,擒李俨而得陇西,其后灭前燕、仇池、前凉而尽有其地,南取梁益、汉沔,进兵临淮,与东晋战于淝水。

据《资治通鉴》,前秦苻生时,平阳郡先失于姚襄,后又为张平所占。晋穆帝升平五年(前秦甘露三年,361)九月,苻坚攻张平,灭之,复取平阳郡。前秦

---

① 《晋书》卷79《谢尚传》载,"时苻健将杨平戍许昌,尚遣兵袭破之"。此与《资治通鉴》所记"杨群"不同。

强大以后，逐渐控有朔方。甘露元年(359)十二月，苻坚以"右仆射梁平老为使持节、都督北垂诸军事、镇北大将军，戍朔方之西；丞相司马贾雍为云中护军，戍云中之南"。此年，前秦据有朔方之地。前秦甘露二年(360)，"匈奴刘卫辰遣使降秦"，"乌桓独孤部、鲜卑没奕干各帅众数万降秦"。前秦建元元年(365)，匈奴右贤王曹毂、左贤王卫辰举兵叛，苻坚遣将讨破之；曹毂寻死，苻坚分其部落处于贰城东西，故号东、西曹。匈奴此叛被平后，朔方之地基本为前秦所控。建元元年(365)时，前燕略弘农崤、渑以东之地，前秦失此地①。建元三年(367)，王猛率众西讨前凉叛臣李俨，取有河州之地②。

在王猛的辅佐下，前秦国力日益强盛，先后并吞前燕、仇池、前凉和代国，尽取其地。建元六年(370)，前秦灭前燕，尽有其地。氐人杨氏据仇池，据有秦州阴平、武都二郡之地，至苻坚时，杨纂为仇池王。建元七年(371)，"苻坚遣杨安、苻雅等讨纂克之，徙其民于关中，空百顷之地"③。此年，前秦取武都郡、阴平郡。《晋书》卷9《孝武帝纪》载，太元元年(前秦建元十二年，376)七月，"苻坚将苟苌陷凉州，虏刺史张天锡，尽有其地"，前凉所据河西凉州之地皆入前秦。《苻坚载记上》载，前秦灭前凉后，以梁熙为凉州刺史，领护西羌校尉，镇姑臧。据《资治通鉴》，晋孝武帝太元元年(376)十二月，前秦又灭鲜卑拓跋部所建代国，"分代民为二部，自河以东属库仁，自河以西属卫辰，各拜官爵，使统其众"，前秦遂控有拓跋部居地。淝水战前，苻坚遣吕光西征西域。前秦建元十九年(383)，吕光至西域，"焉耆等诸国皆降，惟龟兹王帛纯拒之"。前秦建元二十年(384)，"帛纯出走，王侯降者三十余国"，吕光入龟兹城，"立帛纯弟为龟兹王"，西域诸国皆降。

苻坚在向周边诸国征讨之时，亦不断向东晋用兵，企图灭东晋而一统天下。《资治通鉴》晋简文帝咸安元年(前秦建元七年，371)三月载，"秦后将军金城俱难攻兰陵太守张闵子于桃山(胡注：魏收《地形志》：兰陵昌虑县有桃山)，大司马温遣兵击却之"。可见，前秦建元七年(371)曾向徐州北部用兵。据《太平御览》卷122《偏霸部六》，建元八年(372)五月，苻坚"以高平徐攀为琅邪太守"，此年前秦或取有琅邪郡，以徐攀为太守。建元十六年(380)，前秦遣

---

① 见前考前燕疆域相关内容。
② 此参见前考前凉疆域相关内容。《资治通鉴》晋简文帝咸安元年十二月载，前秦以凉州刺史治金城，表明前秦灭凉前已据有金城郡河南地。
③ 见《宋书》卷98《氐胡传》。《魏书》卷101《氐传》和《资治通鉴》均作晋简文帝咸安元年苻氏灭仇池。《晋书》卷9《孝武帝纪》载，咸安二年，"苻坚陷仇池，执秦州刺史杨世"。杨耀坤《咸安二年苻坚未陷仇池辨》指出《孝武帝纪》有误，见《文史》第16辑，1982年。

将攻彭城,晋彭城守将率众奔走,前秦遂据彭城,不久攻克广陵淮阴和临淮盱眙,兵袭堂邑,后为晋将所败,退屯淮北①,前秦遂取有原晋徐州淮水以北之地。

据《资治通鉴》,晋孝武帝宁康元年(前秦建元九年,373)九月,前秦出兵征讨梁、益二州,拔汉中,克剑阁,攻梓潼;十一月,杨安克梓潼,"秦遂取梁、益二州"②。前秦此次伐蜀地,梁、益二州多为其取,但也有部分郡县未陷于前秦。东晋为前秦所败后,退屯巴东,次年谋图收复梁、益失地,亦屯于巴东伺机进取,可见东晋守有巴东郡。涪陵郡在江水南,当亦不为前秦占据。前秦取蜀地后,以姚苌为宁州刺史,屯垫江。建元十年(374),"益州刺史竺瑶、威远将军桓石虔帅众三万攻垫江,姚苌兵败,退屯五城"。姚苌败退后,巴郡复入东晋。此后,东晋据巴郡而攻巴蜀。建元十九年(383),"辅国将军杨亮攻蜀,拔五城,进攻涪城"。东晋迅速占据五城、涪城,当自巴郡出发。次年,"梁州刺史杨亮帅众五万伐蜀,遣巴西太守费统将水陆兵三万为前锋。亮屯巴郡"。由杨亮伐蜀可证,巴郡在姚苌败退后入东晋。

对于荆州之地,早在苻健之时,前秦即前来争夺。据《晋书》卷8《穆帝纪》,永和八年(前秦皇始二年,352)三月,"苻健别帅侵顺阳,太守薛珍击破之"。前秦初侵荆州之地,败绩。《晋书》卷8《海西公纪》载,太和元年(前秦建元二年,366)十月,"苻坚将王猛、杨安攻南乡,荆州刺史桓豁救之,师次新野而猛、安退"。前秦再次争夺荆州而无所获。建元六年(370),前秦灭燕,取燕所据荆州南阳郡鲁阳县。《资治通鉴》载,晋孝武帝太元元年(前秦建元十二年,376)三月,"秦兵寇南乡,拔之,山蛮三万户降秦",前秦遂得顺阳郡南乡县;次年,前秦兵分三路,分出鲁阳、南乡、武当,会攻襄阳;晋将坚守襄阳,而前秦攻拔南阳,执晋南阳太守。据《晋书》卷9《孝武帝纪》,太元四年(前秦建元十五年,379)二月,"苻坚使其子丕攻陷襄阳,执南中郎将朱序。又陷顺阳";四月,"苻坚将韦钟陷魏兴,太守吉挹死之"。此年,前秦攻陷襄阳,攻取顺阳郡和魏兴郡。《资治通鉴》晋孝武帝太元八年(372)七月载,淝水之战前,晋将桓冲企图收复襄阳等失地,前秦遣苻叡军于新野以救之,表明新野当时已为前秦所取。淝水战后,东晋收复的失地有上庸郡、新城郡,表明此二郡先前亦为苻秦所取。新野、上庸、新城三郡,可能在前秦攻陷襄阳等地后趁晋军溃败之际所取。前

---

① 见《资治通鉴》晋孝武帝太元四年二月至六月。《晋志下》载,临淮郡有盱眙县,广陵郡有淮阴县。
② 又见《晋书》卷9《孝武帝纪》。《晋志上》载"咸安二年,益州复没于苻氏",所记时间应有误,此不取。

秦攻取襄阳等地后,继续南攻竟陵而遭败①。

据上所考,苻坚在淝水之战前疆土有大幅度的扩展。前秦甘露元年(359),置戍于朔方。甘露三年(361),得平阳郡。建元元年(365),失弘农郡崤、渑以东之地。建元三年(367),得李俨所据河州之地。建元六年(370),前秦灭前燕,尽得其地。建元七年(371),前秦灭仇池,得武都郡、阴平郡。建元八年(372),得琅邪郡。建元九年(373),得东晋益州、梁州(除巴东郡、涪陵郡)之地。建元十年(374),失巴郡。建元十二年(376),前秦灭前凉和代国,尽得其地;又得东晋顺阳郡南乡县。建元十四年(378),得东晋南阳郡。建元十五年(379),得原晋徐州淮水以北之地,又得东晋顺阳、魏兴、上庸、新城、新野等郡。

(三)前秦淝水之战后疆土的锐减

苻坚统一北方后,企图灭东晋而统一天下,遂举大军南侵,兵临淝水。然淝水一战,前秦大败,北方各族因此相继叛秦。慕容氏反于关东,姚苌乱于关中,乞伏氏割据陇右,杨氏复据仇池,吕光霸有凉州,东晋大举北伐,前秦疆土因此而锐减。

据《资治通鉴》,淝水之战后,丁零翟斌首叛前秦于河南,慕容垂随之亦反。晋孝武帝太元九年(前秦建元二十年,384),前秦荥阳太守降慕容垂,随后,慕容氏破阳平馆陶,克顿丘,取广平列人,拔河内野王,取汲郡枋头,进而攻邺城②;同年,慕容泓起兵于弘农华阴,前秦洛州刺史据上洛丰阳降东晋,苻晖"帅洛阳、陕城之众七万归于长安",东晋遣河南太守戍洛阳。此时,雍州为姚苌所乱,长安为慕容冲攻逼,除苻丕固守邺城外,前秦放弃洛阳,以救长安之急,故河南、荥阳、上洛、弘农等郡皆不为前秦据有。在前秦击败慕容冲后,河东郡、平阳郡暂为前秦所有③。慕容垂攻邺,"关东六州郡县多送任请降于燕";当时,"秦冀州刺史阜城侯定守信都,高城男绍在其国,高邑侯亮、重合侯谟守常山,固安侯鉴守中山",皆降于后燕。前秦建元二十年(384),冀州有博陵、勃海、清河诸郡守,为秦拒燕。前秦大安元年(385),后燕攻拔博陵、勃海、清河,执前秦所署太守④;此年,苻坚被杀,苻丕弃邺,奔于晋阳,称帝;冀州苻

---

① 《晋书》卷9《孝武帝纪》载,太元六年(381)十二月,"苻坚遣其襄阳太守阎震寇竟陵,襄阳太守桓石虔讨擒之"。由《晋书》此处"校勘记"可知,桓石虔时为南平太守,此作"襄阳太守",当误。
② 《晋志上》载,阳平郡有馆陶县,广平郡有列人县,河内郡有野王县。
③ 据《苻坚载记下》,"平阳太守慕容冲起兵河东,有众二万,进攻蒲坂,坚命窦冲讨之","窦冲击慕容冲于河东,大破之,冲率骑八千奔于泓军"。
④ 《资治通鉴》载,晋孝武帝太元十年(385)八月,"慕容麟、慕容隆自信都徇勃海、清河,麟击勃海太守封懿,执之,因屯历口";十二月,"(慕容)麟拔博陵,执(王)兖及苻鉴,杀之"。

氏归降于苻丕,苻定据信都、苻绍据高城拒后燕①。前秦苻登太初元年(386),冀州苻氏又皆降于慕容氏,信都、高城不守,平原郡亦失于后燕,前秦冀州尽为后燕占据。慕容垂反后,前秦幽州刺史王永、平州刺史苻冲率二州之众为前秦抗后燕。前秦大安元年(385),后燕攻幽州蓟城,"永使宋敞烧和龙及蓟城宫室,率众三万奔壶关",幽、平二州皆陷于慕容垂。

据《资治通鉴》晋孝武帝太元九年(前秦建元二十年,384),前秦败于淝水后,其所据豫、兖、青、徐之地渐为东晋所取。此年,晋将刘牢之攻克谯城;谢玄进据彭城,"使彭城内史刘牢之攻秦兖州刺史张崇。辛卯,崇弃鄄城奔燕。牢之据鄄城,河南城堡皆来归附";"谢玄遣阴陵太守高素攻秦青州刺史苻朗,军至琅邪,朗来降",可见前秦所据豫、兖、青、徐之地皆归于东晋。同年,"车骑将军桓冲部将郭宝伐新城、魏兴、上庸三郡,降之"②;"竟陵太守赵统收襄阳,秦荆州刺史都贵奔鲁阳";"将军刘春攻鲁阳,都贵奔长安";"荆州刺史桓石民据鲁阳"。东晋取有鲁阳后,遂克复所失荆州之地。东晋还在淝水之战后收复为前秦占据的梁、益之地。建元二十年(384),东晋西征,"将军杨佺期进据成固,击秦梁州刺史潘猛,走之";"梁州刺史杨亮帅众五万伐蜀";"秦康回兵数败,退还成都。梓潼太守垒袭以涪城来降"。据《晋书》卷9《孝武帝纪》,太元十年(前秦大安元年,385)二月,"蜀郡太守任权斩苻坚益州刺史李平,益州平"③,东晋遂收复梁、益二州。

苻丕在邺城,屡受慕容垂攻击,并州刺史迎之入晋阳,苻丕闻苻坚死讯,遂称帝于晋阳。太初元年(386),慕容冲被杀不久,慕容永继立,率鲜卑大军东下,在襄陵之战中击破前秦苻丕,并州以及河东、平阳二郡基本上为慕容永所据④。淝水之战后,北方诸族相继自立,不再附于苻氏。独孤部刘库仁出讨鲜卑而被杀,其弟刘头眷代立。大安元年(385),刘库仁子刘显杀刘头眷自立,鲜

---

① 《资治通鉴》载,晋孝武帝太元九年(384)三月,"秦冀州刺史阜城侯定守信都,高城男绍在其国,高邑侯亮、重合侯谟守常山,固安侯鉴守中山";五月,"秦苻定、苻绍皆降于燕";六月,"燕慕容麟拔常山,秦苻亮、苻谟皆降。麟进围中山,秋,七月,克之,执苻鉴";晋孝武帝太元十年(385)十月,"苻定、苻绍、苻谟、苻亮闻秦主即位,皆白河北遣使谢罪";十一月,"丕以(王)兖为平州刺史,定为冀州牧,绍为冀州都督,谟为幽州牧,亮为幽、平二州都督"。常山、中山为后燕攻取而得,且慕容温在中山经营后,为后燕都城所在,中山、常山为后燕根本,故当不再为前秦据有。信都、高城未遭后燕进攻而降,当仍以苻定、苻绍守其地,苻定、苻绍归前秦后,信都、高城则为前秦之地。
② 见《晋书》卷9《孝武帝纪》。
③ 《资治通鉴》晋孝武帝太元十年(385)四月亦载东晋"复取益州"。《晋志上》载太元八年(383)益州复为晋有,所记时间有误,此不取。
④ 此见后文所考后燕"疆域变迁"的相关内容。

卑拓跋部亦谋复国①。其后铁弗部刘卫辰亦自立，且受后秦姚苌及西燕慕容永官号，前秦此后不再能控御朔方之地。据《苻丕载记》，吕光降服西域诸国后，还师至凉州，擅杀刺史梁熙，据有凉州。太初元年（386），吕光闻苻坚被杀，改元，自称凉州牧，实已脱离前秦而自立。吕光自立后，前秦已垂亡，无暇顾及西域，西域诸国不再附于前秦。

  淝水之战后，姚苌反于关中，雍州之地渐为其陷。《晋书》卷9《孝武帝纪》载，太元九年（前秦建元二十年，384），"苻坚将姚苌背坚，起兵于北地，自立为王，国号秦"。据《姚苌载记》，姚苌起兵后，"北地、新平、安定羌胡降者十余万户"；大安元年（385），姚苌乘慕容冲进逼长安之际，"遣诸将攻新平，克之，因略地至安定，岭北诸城尽降之"，遂取岭北新平、安定之地②。此后，苻坚自长安出奔，为姚苌所杀，慕容冲入据长安。前秦太初元年（386），慕容氏弃长安东走，姚苌入长安而都之，雍州之地多陷于姚秦。苻坚被杀后，苻丕即位于晋阳，雍州之民有附于前秦者③。苻坚卒后，秦州之地渐为仇池杨氏、西秦乞伏氏、后秦姚氏等分据。由后文所考后秦疆域可知，在建元二十年（384）姚苌起兵后，秦州冀城、陇城和赤亭之地归属姚氏。仇池杨氏在苻坚被杀后，遂自立为政，控有武都郡、阴平郡④。《乞伏国仁载记》载，鲜卑乞伏部居于陇西、南安一带，前秦大安元年（385），乞伏国仁自立，置武城等十二郡，筑勇士城以居之。据《苻丕载记》，大安元年（385），前秦尚有河州刺史毛兴据枹罕，秦州刺史王统据上邽；苻坚卒后，秦、河二州刺史不受约束，相互攻击。《资治通鉴》晋孝武帝

---

① 见《魏书》卷2《太祖纪》和《资治通鉴》晋孝武帝太元十年八月。
② 据《资治通鉴》晋孝武帝太元九年十月，有劝姚苌攻取长安者，姚苌言："吾当移屯岭北（胡注：岭北，谓九嵕之北，凡新平、北地、安定之地皆是也），广收资实，以待秦亡燕去，然后拱手取之"。依此可知，岭北包括新平、北地、安定三郡之地。吴宏岐在《后秦"岭北"考》（载《中国历史地理论丛》1995年第2辑）中认为，广义的"岭北"，不仅兼有关中以北、陇山东西的雍、秦二州，雍州以北的朔方、上郡诸地也都在"岭北"的范围内；狭义的概念则指雍州"岭北五郡"。
③ 据《苻丕载记》，"天水姜延、冯翊寇明、河东王昭、新平张晏、京兆杜敏、扶风马郎、建忠高平牧官都尉王敏等咸承檄起兵，各有众数万，遣使应丕。皆就拜将、郡守，封列侯。冠军邓景拥众五千据彭池，与窦冲为首尾，击苌。平凉太守金熙、安定北部都尉鲜卑没奕于率都善王胡员吒、护羌中郎将梁苟奴等，与苌左将军姚方成、镇远强京战于孙丘谷，大败之"。《晋书》此段内容，中华书局点校本有一处点校有误，即原点作"击苌平凉太守金熙"。据《资治通鉴》晋孝武帝太元十一年，"秋，七月，秦平凉太守金熙、安定都尉没弈干与后秦左将军姚方成战于孙丘谷，方成兵败。后秦主苌以其弟征虏将军绪为司隶校尉，镇长安；自将兵至安定击熙等，大破之"。显然，金熙附于前秦，与后秦为敌，不是"苌平凉太守"，点校本点校有误。
④ 《宋书》卷98《氐胡传》载，"孝武帝太元八年，苻坚败于淮南，关中扰乱，定尽力奉坚。坚死，乃将家奔陇右，徙治历城，城在西县界，去仇池百二十里。置仓储于百顷。招合夷、晋，得千余家，自号龙骧将军、平羌校尉、仇池公，称蕃于晋孝武帝，孝武帝即以其号假之。求割天水之西县、武都之上禄为仇池郡，见许。"

太元十一年(前秦太初元年,386),枹罕诸氐杀河州刺史毛兴,推卫平为河州刺史,寻又废卫平,推立苻登,东下攻拔南安;姚苌攻秦州刺史王统,"天水屠各、略阳羌胡应之者二万余户。秦略阳太守王皮降之";"九月,王统以秦州降于后秦",姚苌以姚硕德为秦州刺史,镇上邽。时陇西、南安二郡多为乞伏氏及苻登所据,秦州刺史王统当时所统之地基本不出天水、略阳二郡。故王统降后秦,天水、略阳之地多陷于后秦。苻登入陇东后,与姚苌征战不休,陇西之地基本为乞伏氏所据①。

太初元年(386),苻丕兵败被杀,苻登即位于陇东,随后东击后秦。苻纂在苻丕被杀后亦奔雍州,据有杏城,与苻登共抗姚苌②。据《苻登载记》,苻登初即位,"氐县帅彭沛谷、屠各董成、张龙世、新平羌雷恶地等尽应之,有众十余万"。《资治通鉴》晋孝武帝太元十二年(387)载,此时冯翊太守兰椟据频阳附于苻登。此后,苻登与姚苌相攻,互有胜负。太初二年(387),苻登将窦冲攻克汧、雍二县③。《资治通鉴》晋孝武帝太元十二年(前秦太初二年,387)载,苻纂被杀,其弟师奴为后秦所败,亡奔鲜卑,兰椟降于后秦,杏城、频阳遂为后秦占据。苻纂、彭沛谷、兰椟等相继被诛灭,苻登之势渐孤立。据《资治通鉴》,晋孝武帝太元十四年(前秦太初四年,389),苻登袭克姚氏所据平凉,而失其所据大界;晋孝武帝太元十六年(391),苻登自雍东攻后秦,曾渡渭水,进兵长安东,为姚苌破,退屯于郿;此年,苻登取有郿县、陈仓县。另外,苻登还控有新平郡南部胡空堡等据点④。太初九年(394),苻登兵败为后秦姚兴所杀;登太子苻崇奔湟中,又奔于杨定,为西秦乞伏乾归所杀,前秦亡。

据上所考,前秦建元二十年(384),关东地区大部分丧失,仅能控制并州和河东、平阳、博陵、勃海、清河、平原六郡和邺城附近之地;关陇地区失北地郡和冀城、陇城等地;在巴蜀地区失梁州,仅能控制益州;而南秦州、河州、凉州、幽州、平州还为前秦控制。大安元年(385),失幽州、平州、益州、南秦州,又失博陵、勃海、清河三郡和邺城附近之地,关中地区和河州大部基本丧失,朔方地区复为羌胡占据;同年,苻丕据并州,都晋阳;信都、高城等入前秦。太初元年(386),吕光改元自立,凉州也不再附属前秦;同年,苻登即位于陇东,仅能控制

---

① 参见后文所考西秦"疆域变迁"。
② 据《资治通鉴》晋孝武帝太元十一年十月,"(苻)纂与其弟尚书永平侯师奴帅秦众数万走据杏城"。
③ 见《苻登载记》。据其载前后事与《资治通鉴》所载史事对比可知,事在太元十二年。
④ 《资治通鉴》晋孝武帝太元十一年十二月载,苻坚葬于徐嵩堡、胡空堡之间。《苻坚载记下》载苻坚被杀于新平佛寺中。李吉甫《元和郡县图志》卷3《关内道三》载,新平县东南有苻坚墓。可见胡空堡应在新平县东南。

陇东部分地区,以及安定、新平间部分地区和杏城等地。太初二年(387),得汧县、雍县,失杏城。太初四年(389),得平凉郡,失大界。太初六年(391),得郿县、陈仓县。太初九年(394),前秦亡。

二、政区沿革

据上考前秦疆域可知,前秦建元十八年(382)疆域最盛(见图7)。下文以前秦建元十八年(382)为基准年,先概述前秦政区沿革,再考证前秦可考的政区。前秦苻登时,控有安定、新平、扶风、平凉部分堡垒,曾以大界、胡空堡、雍、平凉为主要据点,所封州牧、刺史、太守基本为虚封,其政区建置并非完全意义上的州、郡、县制,故下文所述前秦政区截至前秦太初元年(386)。

(一)政区概述

1. 司隶部(含雍州[先后治长安、临泾])

司隶部,治长安(今陕西西安市未央区)。东晋永和六年(350),承后赵置雍州,治长安,领京兆、冯翊、扶风、始平、北地、新平、安定、陇东、赵兴九郡和抚夷护军①。其后,分京兆置咸阳郡,分安定置平凉郡,皆属雍州。前秦皇始四年(354),改雍州为司隶部,改京兆郡为京兆尹,冯翊郡为左冯翊,扶风郡为右扶风;司隶部领京兆尹、左冯翊、右扶风、始平郡、北地郡、新平郡、安定郡、陇东郡、赵兴郡、抚夷护军。前秦永兴元年(357),苻坚即位;其后,改左冯翊为冯翊郡,改右扶风为扶风郡,又置长城郡、五原郡,属司隶部。前秦甘露元年(359),置云中护军,属司隶部。前秦甘露二年(360),分司隶部置雍州,治临泾②,当领安定、新平、陇东、赵兴、平凉、长城、五原七郡和抚夷护军、云中护军;司隶部当领京兆尹、冯翊郡、扶风郡、始平郡、北地郡、咸阳郡。前秦建元六年(370),省雍州,所领诸郡、尹、护军还属司隶部。前秦时,于关中地区置有冯翊护军、铜官护军、土门护军、三原护军、宜君护军,又曾侨置武都郡,皆属司隶部。建元七年(371)罢侨置武都郡。建元二十年(384),北地郡入后秦。至前秦大安元年(385),司隶部领京兆尹、冯翊郡、扶风郡、始平郡、咸阳郡、安定郡、新平郡、陇东郡、赵兴郡、平凉郡、长城郡、五原郡、抚夷护军、云中护军、冯翊护军、铜官护军、土门护军、三原护军、宜君护军。

京兆尹(承京兆郡),治长安(今陕西西安市未央区)。东晋永和六年(350),

---

① 后赵雍州有赵平郡。据后文所考后秦雍州岭北五郡,当不会辖有赵平郡,故疑后赵亡后,赵平郡可能被罢。
② 《资治通鉴》晋穆帝升平四年正月载前秦雍州镇安定。安定治临泾,故前秦雍州亦治临泾。

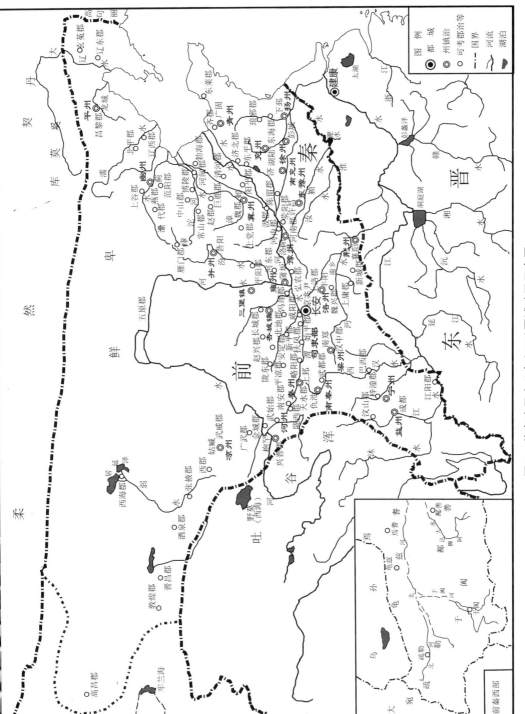

图 7 前秦建元十八年(382)疆域政区示意图

前秦承后赵置京兆郡，领长安、杜陵、霸城、蓝田、高陆、万年、新丰、阴槃①、郑、石安十县。其后，改石安为渭城县，分京兆置咸阳郡，渭城县别属之。前秦时，于京兆又置渭南县。前秦皇始四年(354)，改京兆郡为京兆尹。至前秦大安元年(385)，京兆尹领长安、杜陵、霸城、蓝田、高陆、万年、新丰、阴槃、郑、渭南十县。

冯翊郡，治大荔(今陕西大荔县东)。东晋永和六年(350)，前秦承后赵置冯翊郡，领大荔、下邽、重泉、频阳、粟邑、莲芍、郃阳、夏阳八县。前秦皇始四年(354)，改冯翊郡为左冯翊。前秦永兴元年(357)，苻坚即位；此后改左冯翊为冯翊郡。至前秦大安元年(385)，冯翊郡领县不变。

扶风郡，治池阳(今陕西泾阳县西北)。东晋永和六年(350)，前秦承后赵置扶风郡，领池阳、郿、雍、汧、陈仓、美阳、好畤七县。前秦皇始四年(354)，改扶风郡为左扶风。前秦永兴元年(357)，苻坚即位；此后，改左扶风为扶风郡。前秦时，于扶风置宛川县。至前秦大安元年(385)，扶风郡领池阳、郿、雍、汧、陈仓、美阳、好畤、宛川八县。

始平郡，治槐里(今陕西兴平市东南)。东晋永和六年(350)，前秦承后赵置始平郡，领槐里、始平、武功、鄠、蝥屋五县。至前秦大安元年(385)，始平郡领县当不变。

北地郡，治泥阳(今陕西铜川市耀州区南)。东晋永和六年(350)，前秦承后赵置北地郡，领泥阳、富平、灵武三县。至前秦建元二十年(384)，北地郡领县当不变。

咸阳郡，或治渭城(今陕西咸阳市渭城区)。前秦皇始元年(351)，苻健于关中建国称号。其后，分京兆置咸阳郡，当领渭城、泾阳等县。至前秦大安元年(385)，咸阳郡领县当不变。

安定郡，治临泾(今甘肃镇原县东南)。东晋永和六年(350)，承后赵置安定郡，领临泾、朝那、乌氏、阴密、西川、鹑觚六县②。前秦时，分安定立平凉郡，置焉弋县属安定郡；又置有贰县，或属安定郡。至前秦大安元年(385)，安定郡领临泾、朝那、乌氏、阴密、鹑觚、西川、焉弋、贰八县。

新平郡，治新平(今陕西彬县)。东晋永和六年(350)，前秦承后赵置新平郡，领漆县、汾邑县。前秦永兴元年(357)，苻坚即位；其后，改漆县为新平县。至前秦大安元年(385)，新平郡领新平、汾邑县。

陇东郡，治泾阳(今甘肃平凉市崆峒区西北)。东晋永和六年(350)，前秦

---

① 由后文所考"前秦阴槃县"和"夏阴槃县"可知，自前秦后，阴殷县改称阴槃县。
② 鹑觚县于后赵末属赵平郡，疑后赵亡后赵平郡被罢，鹑觚县还属安定郡。

承后赵置陇东郡,领泾阳等县。至前秦大安元年(385),陇东郡领县当不变。

赵兴郡,治所不可考。东晋永和六年(350),前秦承后赵置赵兴郡,领赵安等县。至前秦大安元年(385),赵兴郡领县当不变。

平凉郡,治鹑阴(今甘肃华亭县西)。前秦皇始元年(351),苻健于关中建国称号。其后,置平凉郡,领鹑阴等县①。至前秦大安元年(385),平凉郡领县当不变。

长城郡,治长城(今陕西洛川县西北)。前秦永兴元年(357),苻坚即位;其后,置长城郡,领长城等县。至前秦大安元年(385),长城郡辖区当不变。

五原郡,治五原(今地不可考)。前秦永兴元年(357),苻坚即位;其后,置五原郡,领县不可考。至前秦大安元年(385),五原郡领县当不变。

抚夷护军,治所不可考。东晋永和六年(350),前秦承后赵置抚夷护军。至前秦大安元年(385),抚夷护军辖区当不变。

云中护军,治所不可考。前秦甘露元年(359),置云中护军。至前秦大安元年(385),云中护军辖区当不变。

冯翊护军,治所不可考。前秦时,置冯翊护军。至前秦大安元年(385),冯翊护军辖区当不变。

铜官护军,治铜官(今陕西铜川市耀州区)。前秦时,置铜官护军。至前秦大安元年(385),铜官护军辖区当不变。

土门护军,治土门(今陕西富平县东北)。前秦时,置土门护军。至前秦大安元年(385),土门护军辖区当不变。

三原护军,治三原(今陕西淳化县东北)。前秦时,置三原护军。至前秦大安元年(385),三原护军辖区当不变。

宜君护军,治宜君(今陕西铜川市耀州区西南)。前秦时,置宜君护军。至前秦大安元年(385),宜君护军辖区当不变。

附 武都郡(侨置),治所不可考。前秦时,侨置武都郡,领县不可考。前秦建元七年(371),罢侨置武都郡②。

2. 秦州

秦州,治上邽(今甘肃天水市秦州区)。东晋永和六年(350),前秦承后赵

---

① 据《魏志下》,平凉郡治鹑阴县,领鹑阴县、阴密县。据此推测前秦置平凉郡时亦治鹑阴县。然《苻登载记》、《姚苌载记》载,苻登、姚苌相争时,苻登据平凉,姚苌据阴密,据此推测前秦、后秦时,阴密县不属平凉郡,或入魏后阴密县别属平凉郡。
② 建元七年(371),仇池降苻坚,前秦得仇池武都郡,当罢侨置武都郡。

置秦州,领天水、略阳、陇西、南安四郡。前秦皇始三年(353),秦州入前凉。前秦皇始四年(354),秦州自前凉入前秦。前秦建元七年(371),置勇士护军,属秦州。至前秦太初元年(386),秦州领天水、略阳、陇西、南安四郡和勇士护军。

天水郡,治上邽(今甘肃天水市秦州区)。东晋永和六年(350),前秦承后赵置天水郡,领上邽、冀、新阳、显新、成纪五县。前秦皇始三年(353),天水郡入前凉。前秦皇始四年(354),天水郡自前凉入前秦。至前秦太初元年(386),天水郡领县当不变。

略阳郡,治临渭(今甘肃天水市麦积区东)。东晋永和六年(350),前秦承后赵置略阳郡,领临渭、平襄、略阳、清水、陇城五县。前秦皇始三年(353),略阳郡入前凉。前秦皇始四年(354),略阳郡自前凉入前秦。至前秦太初元年(386),略阳郡领县当不变。

陇西郡,治襄武(今甘肃陇西县东南渭水西岸)。东晋永和六年(350),前秦承后赵置陇西郡,领襄武县、首阳县。前秦皇始三年(353),陇西郡入前凉。前秦皇始四年(354),陇西郡自前凉入前秦。至前秦太初元年(386),陇西郡领县当不变。

南安郡,治獂道(今甘肃陇西县东南渭水东岸)。东晋永和六年(350),前秦承后赵置南安郡,领獂道、新兴、中陶三县。前秦皇始三年(353),南安郡入前凉。前秦皇始四年(354),南安郡自前凉入前秦。至前秦太初元年(386),南安郡领县当不变。

勇士护军,治勇士(今甘肃榆中县北)。前秦建元七年(371),置勇士护军。至前秦太初元年(386),勇士护军辖区当不变。

3. 雍州(承并州[治蒲坂]、含幽州[治裴氏堡])

雍州,治蒲坂(今山西永济市蒲州镇蒲州故城)。前秦皇始元年(351),置并州,治蒲坂,当领河东、平阳、河内、汲郡、黎阳五郡①。前秦寿光二年(356),分并州置幽州,治裴氏堡,领垣县②;平阳郡入张平,河内郡、汲郡、黎阳郡入

---

① 《晋志上》载,苻健据关中,以"并州刺史镇蒲坂"。时河水以北,前秦据有河东、平阳、河内、汲郡、黎阳五郡,当属并州。

② (清)顾祖禹《读史方舆纪要》卷41《山西三》:"裴氏堡。在(垣曲)县东南。晋永嘉末居人裴氏筑堡自守处也,后因置屯戍于此。永和九年,秦苻健侨置幽州治焉。十一年,燕慕容隽遣慕容长卿入轵关,攻秦幽州刺史强哲于裴氏堡,败没"。据顾氏所言,永和九年(即苻健皇始三年)前秦置幽州,治裴氏堡,在垣曲县东南。据谭勤,两晋十六国时期,垣曲县东南为(东)垣县地。又前燕攻前秦幽州,自轵关入,而轵关属河内郡,垣县则与河内郡相接,因此可证裴氏堡在垣县。当时,前秦置幽州、青州,主要是防守前燕、东晋,并非建行政区划以管辖一定地域,所以其领县不多,可能此时幽州仅领有垣县之地。下文所述前秦置青州亦与此同。

前燕。前秦甘露三年(361),平阳郡自张平来属并州。前秦建元六年(370),灭前燕,并州移治晋阳,领太原、上党、乐平、新兴、雁门、西河、河东、平阳八郡;以幽州治蓟,罢前置幽州(治裴氏堡),垣县还属河东郡。建元七年(371),置雍州,治蒲坂,领河东郡、平阳郡。至前秦太初元年(386),雍州领河东郡、平阳郡。

河东郡,治安邑(今山西夏县西北)。东晋永和六年(350),前秦承冉魏置河东郡,领安邑、闻喜、垣、大阳、猗氏、解、蒲坂、河北八县。前秦寿光二年(356),垣县别属幽州。前秦建元六年(370),罢幽州,垣县还属河东郡。至前秦太初元年(386),河东郡领安邑、闻喜、垣、大阳、猗氏、解、蒲坂、河北八县。

平阳郡,治平阳(今山西临汾市尧都区)。前秦皇始元年(351),承冉魏置平阳郡,领平阳、杨、端氏、永安、蒲子、狐𧻹、襄陵、绛邑、濩泽、临汾、北屈、皮氏十二县。前秦寿光二年(356),平阳郡入姚襄。其后,平阳郡又为张平占据。前秦甘露三年(361),平阳郡自张平入前秦。至前秦太初元年(386),平阳郡领县当不变。

4. 洛州(含豫州[治陕城]、荆州[治丰阳]、青州[治卢氏])

洛州,治丰阳(今陕西山阳县)。前秦皇始元年(351),置洛州,治宜阳,领弘农郡①。前秦皇始三年(353),置荆州,治丰阳,领上洛郡。前秦寿光元年(355),分洛州置豫州,治陕城,领弘农郡陕、湖、弘农、华阴四县;洛州仅领宜阳、黾池二县。前秦寿光二年(356),分荆州置青州,治卢氏,领卢氏县。前秦建元元年(365),洛州入前燕。其后,改豫州为洛州,治陕城,领弘农郡(四县)。前秦建元六年(370),灭前燕,以青州治广固,罢前置青州(治卢氏)。前秦建元十五年(379),荆州改治襄阳。前秦建元十六年(380),洛州改治丰阳,领上洛郡、弘农郡。至前秦建元二十年(384),洛州仍领上洛郡、弘农郡。

上洛郡,治上洛(今陕西商州市)。后赵亡后,上洛郡可能入东晋。前秦皇始三年(353),承东晋置上洛郡,领上洛、丰阳、商、卢氏四县。前秦寿光二年(356),卢氏县别属青州。前秦建元六年(370),卢氏县还属上洛郡。至前秦建元二十年(384),上洛郡领上洛、丰阳、商、卢氏四县。

弘农郡,治弘农(今河南灵宝市北)。东晋永和六年(350),前秦承冉魏置弘农郡,领弘农、湖、陕、宜阳、黾池、华阴六县。前秦寿光元年(355),宜阳县、

---

① 《晋志》载,苻健据关中,以"洛州刺史镇宜阳"。时前秦于河水以南仅控有弘农郡,故洛州仅领弘农郡。

渑池县别属洛州，弘农郡领弘农、陕、湖、华阴四县①。前秦永兴元年(357)，苻坚即位；其后，分华阴县置敷西县，属弘农郡。前秦建元六年(370)，宜阳县、渑池县自前燕来属。至前秦建元二十年(384)，弘农郡领弘农、湖、陕、宜阳、渑池、华阴、敷西七县。

5. 豫州

豫州，治洛阳(今河南洛阳市城区东)。前秦皇始二年(352)七月，置豫州，治许昌，领颍川郡、陈郡、河南郡②；十月，豫州入东晋。前秦建元六年(370)，复置豫州，治洛阳，领河南、荥阳、颍川、襄城、汝南、汝阳、汝阴、新蔡、南顿、陈郡、南阳(鲁阳县)十一郡。前秦建元十四年(378)，南阳郡(鲁阳县)别属荆州。前秦建元十六年(380)，颍川、襄城、汝南、汝阳、汝阴、新蔡、南顿、陈郡八郡别属东豫州。至前秦建元二十年(384)，豫州领河南郡、荥阳郡。

河南郡，治洛阳(今河南洛阳市城区东)。后赵亡后，河南郡先后为冉魏、东晋控制。前秦皇始二年(352)，承东晋置河南郡，领洛阳、河南、巩、河阴、新安、成皋、缑氏、阳城、新城、陆浑、梁十一县，同年又入东晋。其后，河南郡入前燕。前秦建元六年(370)，河南郡自前燕入前秦。至前秦建元二十年(384)，河南郡领县当不变。

荥阳郡，治荥阳(今河南荥阳市东北)。后赵亡后，荥阳郡先后为冉魏、东晋、前燕占据。前秦建元六年(370)，承前燕置荥阳郡，领荥阳、京、密、卷、阳武、苑陵、中牟、开封八县。至前秦建元二十年(384)，荥阳郡领县当不变。

6. 冀州

冀州，治邺(今河北临漳县西南邺镇一带)。前秦建元六年(370)，灭前燕，置冀州，以冀州牧治邺，领魏郡、黎阳、广平、阳平、河内、汲郡、顿丘、贵乡、长乐、赵郡、巨鹿、武邑、广川、平原、勃海、乐陵、章武、河间、高阳、博陵、清河、中山、常山二十三郡③；以冀州刺史治信都，领长乐、赵郡、巨鹿、武邑、广川、平原、勃海、乐陵、章武、河间、高阳、博陵、清河、中山、常山十五郡④。前秦建元二十年(384)，魏郡(除邺)、广平、阳平、河内、汲郡、顿丘、贵乡、长乐、赵郡、巨

---

① 当时洛州治宜阳，豫州治陕，而宜阳、渑池二县在崤山东南，陕、弘农、湖、华阴四县在崤山西北，故以为前二县属洛州，后四县属豫州。而弘农郡治弘农，故以为弘农郡领后四县。
② 据《资治通鉴》晋穆帝永和八年七月，"秦丞相雄徙张遇及陈、颍、许、洛之民五万余户于关中"。此陈、颍、许、洛分别指陈郡、颍川郡、许昌、洛阳；可见，张遇当时必控有颍川、陈郡和河南郡。
③ 据《苻坚载记上》，前秦灭前燕，以王猛为冀州牧，镇邺。冀州牧当统辖原前燕司隶校尉和冀州辖境诸郡。原前燕魏尹改为魏郡。
④ 据《资治通鉴》晋孝武帝太元九年三月，"秦冀州刺史阜城侯定守信都"。可见前秦即置冀州牧于邺，又以冀州刺史治信都。冀州刺史应统辖原前燕冀州辖境诸郡。

鹿、武邑、广川、乐陵、章武、河间、高阳、中山、常山十八郡入后燕，黎阳郡入东晋。前秦大安元年(385)，博陵郡、勃海郡、清河郡和鄡县入后燕，信都、高城二县自后燕来属。至前秦太初元年(386)，仅领平原郡和信都、高城二县。

魏郡，治邺(今河北临漳县西南邺镇一带)。前秦建元六年(370)，承前燕魏尹置魏郡，领邺、长乐、魏、斥丘、安阳、荡阴、内黄七县。至前秦建元二十年(384)，除邺县外，诸县皆入后燕。至前秦大安元年(385)，魏郡仅领邺县。

黎阳郡，治黎阳(今河南浚县东)。东晋永和六年(350)，前秦承后赵置黎阳郡，领黎阳县。前秦寿光二年(356)，入前燕。前秦建元六年(370)，黎阳郡自前燕入前秦。至前秦建元二十年(384)，黎阳郡领县当不变。

广平郡，治广平(今河北鸡泽县东南)。前秦建元六年(370)，承前燕置广平郡，领广平、邯郸、易阳、武安、涉、襄国、南和、任、曲梁、列人、肥乡、临水、广年、斥漳、平恩、清苑十六县。至前秦建元二十年(384)，广平郡领县当不变。

阳平郡，治馆陶(今河北馆陶县馆陶镇)。前秦建元六年(370)，承前燕置阳平郡，领馆陶、清渊、发干、阳平、乐平五县。至前秦建元二十年(384)，阳平郡领县当不变。

河内郡，治野王(今河南沁阳市)。东晋永和六年(350)，前秦承后赵置河内郡，治温，领温、州、怀、平皋、山阳五县。前秦寿光二年(356)，河内郡入前燕。前秦建元六年(370)，河内郡自前燕入前秦，领野王、温、州、怀、平皋、山阳、河阳、沁水、轵九县。至前秦建元二十年(384)，河内郡领县当不变。

汲郡，治汲(今河南卫辉市西南)。东晋永和六年(350)，前秦承后赵置汲郡，领汲、朝歌、共、林虑、获嘉、修武六县。前秦光寿二年(356)，汲郡入前燕。前秦建元六年(370)，汲郡自前燕入前秦；同年，分朝歌枋头置永昌县，属汲郡。至前秦建元二十年(384)，汲郡领汲、朝歌、共、林虑、获嘉、修武、永昌七县。

顿丘郡，治顿丘(今河南清丰县西南)。前秦建元六年(370)，改前燕东郡置顿丘郡①，领顿丘、繁阳、阴安、卫、武阳五县。至前秦建元二十年(384)，顿丘郡领县当不变。

贵乡郡，治元城(今河北大名县东)。前秦建元六年(370)，承前燕置贵乡郡，领元城县。至前秦建元二十年(384)，贵乡郡领元城县当不变。

---

① 据《魏志上》，东郡，"治滑台城，晋改为濮阳，后复。天兴中置兖州，太和十八年改"，领东燕七县；又载，顿丘郡领顿丘、卫国、临黄、阴安四县。据此可见，北魏初东郡已非前燕时东郡之地，前燕时的东郡则复称为顿丘郡。据《资治通鉴》晋孝武帝隆安二年正月，北魏攻破后燕之后，广川太守贺赖卢"驱勒守兵掠阳平、顿丘诸郡"。可能后燕时称顿丘郡。疑在前秦时已称顿丘郡。

长乐郡,治信都(今河北冀州市)。前秦建元六年(370),承前燕置长乐郡,领信都、下博、扶柳、广宗、经、堂阳、南宫七县。前秦建元二十年(384),长乐郡入后燕。前秦大安元年(385),信都县自后燕入前秦。至前秦太初元年(386),长乐郡仅领信都县。

赵郡,治房子(今河北高邑县西南)。前秦建元六年(370),承前燕置赵郡,领房子、元氏、平棘、高邑、柏人、南栾、赵安七县。至前秦建元二十年(384),赵郡领县当不变。

巨鹿郡,治廮陶(今河北宁晋县西南)。前秦建元六年(370),承前燕置巨鹿郡,领廮陶、巨鹿、平乡、曲阳、鄡、广阿六县。至前秦建元二十年(384),巨鹿郡领县当不变。

武邑郡,治武邑(今河北武邑县)。前秦建元六年(370),承前燕置武邑郡,领武邑、武遂、观津、武强四县。至前秦建元二十年(384),武邑郡领县当不变。

广川郡,治广川(今河北景县西南)。前秦建元六年(370),承前燕置广川郡,领广川、枣强、索卢三县。至前秦建元二十年(384),广川郡领县当不变。

平原郡,治平原(今山东平原县南)。前秦建元六年(370),承前燕置平原郡,领平原、茌平、博平、聊城、安德、西平昌、般、鬲、高唐九县。至太初元年(386),平原郡领县当不变。

勃海郡,治南皮(今河北南皮县东北)。前秦建元六年(370),承前燕置勃海郡,领南皮、东光、浮阳、饶安、高城、重合、安陵、蓚、阜城九县。前秦建元二十年(384),高城县入后燕。前秦大安元年(385),勃海郡入后燕,高城县自后燕入前秦。至太初元年(386),勃海郡仅守有高城县。

乐陵郡,治厌次(今山东阳信县东南)。前秦建元六年(370),承前燕置乐陵郡,领厌次、阳信、漯沃、新乐、乐陵五县。至前秦建元二十年(384),乐陵郡领县当不变。

章武郡,治东平舒(今河北大城县)。前秦建元六年(370),承前燕置章武郡,领东平舒、文安、章武、束州四县。至前秦建元二十年(384),章武郡领县当不变。

河间郡,治乐城县(今河北献县东南)。前秦建元六年(370),承前燕置河间郡,领乐城、武垣、鄚、易城、中水、成平六县。至前秦建元二十年(384),河间郡领县当不变。

高阳郡,治博陆(今河北蠡县南)。前秦建元六年(370),承前燕置高阳郡,领博陆、高阳、北新城、蠡吾四县。至前秦建元二十年(384),高阳郡领县当不变。

博陵郡,治饶阳鲁口(今河北饶阳县)。前秦建元六年(370),承前燕置博陵郡,领饶阳、安平、南深泽、安国四县。至前秦大安元年(385),博陵郡领县当不变。

清河郡,治武城(今山东武城县西北)。前秦建元六年(370),承前燕置清河郡,领武城、贝丘、清河、绎幕、灵、鄃六县。至前秦大安元年(385),清河郡领县当不变。

中山郡,治卢奴(今河北定州市)。前秦建元六年(370),承前燕置中山郡,领卢奴、魏昌、新市、安喜、蒲阴、望都、唐、北平八县。至前秦建元二十年(384),中山郡领县当不变。

常山郡,治真定(今河北石家庄市长安区西北)。前秦建元六年(370),承前燕置常山郡,领真定、石邑、井陉、上曲阳、蒲吾、南行唐、灵寿、九门八县。至前秦建元二十年(384),常山郡领县当不变。

7. 并州(暨司隶部[治晋阳])

并州,治晋阳(今山西太原市晋源区)。前秦建元六年(370),承前燕置并州,领太原、上党、乐平、新兴、雁门、西河、河东、平阳八郡[1]。前秦建元七年(371),河东郡、平阳郡别属雍州。前秦大安元年(385),苻丕都晋阳,改并州为司隶部。至前秦太初元年(386),司隶部领太原、上党、乐平、新兴、雁门、西河六郡。

太原郡,治晋阳(今山西太原市晋源区)。前秦建元六年(370),承前燕置太原郡,领晋阳、阳曲、榆次、阳邑、大陵、祁、平陶、中都、邬九县。至前秦太初元年(386),太原郡领县当不变。

上党郡,治壶关(今山西长治市郊区北)。前秦建元六年(370),承前燕置上党郡,领壶关、潞、屯留、襄垣、长子、泫氏、高都、铜鞮、涅、武乡十县。至前秦太初元年(386),上党郡领县当不变。

乐平郡,治沾(今山西昔阳县西南)。前秦建元六年(370),承前燕置乐平郡,领沾、上艾、辽阳、乐平四县。至前秦太初元年(386),乐平郡领县当不变。

新兴郡,治九原(今山西忻州市忻府区)。前秦建元六年(370),承前燕置新兴郡,领九原、定襄、云中、晋昌四县。至前秦太初元年(386),新兴郡领县当不变。

---

[1] 前燕并州还领有上郡,至前秦或罢。前燕并州无河东郡、平阳郡。前秦灭燕前,也置有并州,领河东郡、平阳郡。灭燕后,前秦并州与前燕并州领郡合并,而有此八郡。

雁门郡,治广武(今山西代县上馆镇)。前秦建元六年(370),承前燕置雁门郡,领广武、平城、原平三县。前秦建元十二年(376),楼烦、马邑、阴馆、繁畤、崞等五县自代国来属。至前秦太初元年(386),雁门郡领广武、平城、原平、楼烦、马邑、阴馆、繁畤、崞八县。

西河郡,治离石(今山西吕梁市离石区)。前秦建元六年(370),承前燕置西河郡,领离石、隰城、介休三县。至前秦太初元年(386),西河郡领县当不变。

8. 幽州

幽州,治蓟(今北京西城区南)①。前秦建元六年(370),置幽州,领燕郡、渔阳、范阳、上谷、广宁、代郡、北平、辽西、昌黎、辽东、玄菟十一郡。建元十六年(380),昌黎、辽东、玄菟三郡别属平州。至前秦大安元年(385),幽州领燕郡、渔阳、范阳、上谷、广宁、代郡、北平、辽西八郡。

燕郡,治蓟(今北京西城区南)。前秦建元六年(370),承前燕置燕郡,领蓟、安次、广阳、昌平、军都五县。至前秦大安元年(385),燕郡领县当不变。

渔阳郡,治雍奴(今天津武清区西北)。前秦建元六年(370),承前燕置渔阳郡,领雍奴、潞、泉州、安乐、平谷五县。至前秦大安元年(385),渔阳郡领县当不变。

范阳郡,治涿(今河北涿州市)。前秦建元六年(370),承前燕置范阳郡,领涿、良乡、方城、长乡、遒、固安、范阳、容城八县。至前秦大安元年(385),范阳郡领县当不变。

上谷郡,治沮阳(今河北怀来县东南)。前秦建元六年(370),承前燕置上谷郡,领沮阳县、居庸县。至前秦大安元年(385),上谷郡领县当不变。

广宁郡,治下洛(今河北涿鹿县)。前秦建元六年(370),承前燕置广宁郡,领下洛、潘、涿鹿三县。至前秦大安元年(385),广宁郡领县当不变。

代郡,治代(今河北蔚县东二十里代王城)。前秦建元六年(370),承前燕置代郡,领代、广昌、平舒、当城四县。至前秦大安元年(385),代郡领县当不变。

北平郡,治徐无(今河北遵化市东)。前秦建元六年(370),承前燕置北平郡,领徐无、土垠、无终三县。至前秦大安元年(385),北平郡领县当不变。

辽西郡,治令支(今河北迁安市西)。前秦建元六年(370),承前燕置辽西郡,领令支、阳乐、肥如、海阳四县。至前秦大安元年(385),辽西郡领县当不变。

---

① 据后文所考"前秦幽州"可知,前秦幽州一度治龙城,后又还治蓟。

9. 平州

平州,治龙城(今辽宁朝阳市双塔区)。前秦建元十六年(380),分幽州置平州,领昌黎、辽东、玄菟三郡。至前秦大安元年(385),平州领郡当不变。

昌黎郡,治龙城(今辽宁朝阳市双塔区)。前秦建元六年(370),承前燕置昌黎郡,领龙城、棘城、昌黎、宾徒、徒河五县①。至前秦大安元年(385),昌黎郡领县当不变。

辽东郡,治襄平(今辽宁辽阳市城区一带)。前秦建元六年(370),承前燕置辽东郡,领襄平、汶、居就、乐就、安市、安平、新昌、力城、平郭、和阳、武次、西乐十二县。至前秦大安元年(385),辽东郡领县当不变。

玄菟郡,治高句丽(今辽东沈阳市浑南区东北)。前秦建元六年(370),承前燕置玄菟郡,领高句丽、望平、高显三县。至前秦大安元年(385),玄菟郡领县当不变。

10. 青州

青州,治广固(今山东青州市西北)。前秦建元六年(370),置青州,领齐郡、济南、北海、乐安、高密、平昌、东莱、长广、东莞、东安十郡。建元八年(372),琅邪郡自东晋来属。至前秦建元二十年(384),青州领齐郡、济南、北海、乐安、高密、平昌、东莱、长广、东莞、东安、琅邪十一郡。

齐郡,治广固(今山东青州市西北)。前秦建元六年(370),承前燕置齐郡,领广固、临淄、西安、安平、般阳、广饶、昌国七县。至前秦建元二十年(384),齐郡领县当不变。

济南郡,治历城(今山东济南市城区一带)。前秦建元六年(370),承前燕置济南郡,领历城、著、于陵、漯阴、祝阿五县。至前秦建元二十年(384),济南郡领县当不变。

北海郡,治平寿(今潍坊市西南)。前秦建元六年(370),承前燕置北海郡,领平寿、都昌、胶东、剧、即墨、下密六县。至前秦建元二十年(384),北海郡领县当不变。

乐安郡,治高苑(今山东邹平县东北)。前秦建元六年(370),承前燕置乐安郡,领高苑、临济、博昌、利、益、蓼城、梁邹、寿光、东朝阳九县。至前秦建元二十年(384),乐安郡领县当不变。

高密郡,治黔陬(今山东胶州市西南)。前秦建元六年(370),承前燕置高

---

① 前燕昌黎郡原还领有兴集、宁集、兴平、育黎、吴五县。余逊《汉魏晋北朝东北诸郡沿革表》不载前秦有兴集等五县(见《中央研究院历史语言研究所集刊》第六本第四分,第471页),此姑从之。

密郡,领黔陬、淳于、高密、夷安、营陵、昌安、壮武七县。至前秦建元二十年(384),高密郡领县当不变。

平昌郡,治安丘(今山东安丘市西南)。前秦建元六年(370),承前燕置平昌郡,领安丘、平昌、东武、琅邪、朱虚、临朐六县。至前秦建元二十年(384),平昌郡领县当不变。

东莱郡,治掖(今山东莱州市)。前秦建元六年(370),承前燕置东莱郡,领掖、当利、卢乡、曲城、黄、惉、牟平七县。至前秦建元二十年(384),东莱郡领县当不变。

长广郡,治不其(今山东青岛市城阳区一带)。前秦建元六年(370),承前燕置长广郡,领不其、长广、挺、昌阳四县。至前秦建元二十年(384),长广郡领县当不变。

东莞郡,治莒(今山东莒县)。前秦建元六年(370),承前燕置东莞郡,领莒、诸、东莞三县。至前秦建元二十年(384),东莞郡领县当不变。

东安郡,治盖(今山东沂源县东南)。前秦建元六年(370),承前燕置东安郡,领盖、新泰、发干三县。至前秦建元二十年(384),东安郡领县当不变。

琅邪郡,治阳都(今山东临沂市兰山区北)。前秦建元八年(372),承东晋置琅邪郡,领阳都、开阳、临沂、缯、即丘、华、费、蒙阴八县。至前秦建元二十年(384),琅邪郡领县当不变。

11. 兖州

兖州,治湖陆(今山东鱼台县东南)。前秦建元六年(370),承前燕置兖州,治仓垣,领陈留、东燕、濮阳、济阴、高平、东平、济北、泰山、济阳、鲁郡十郡①。前秦建元十五年(379),兖州改治湖陆。至前秦建元二十年(384),领郡当不变。

高平郡,治昌邑(今山东金乡县东北)。前秦建元六年(370),承前燕置高平郡,领昌邑、巨野、方与、金乡、湖陆、高平、南平阳、任城、亢父九县②。至前秦建元二十年(384),高平郡领县当不变。

陈留郡,治小黄仓垣(今河南开封市城区东北)。前秦建元六年(370),承前燕置陈留郡,领小黄、浚仪、封丘、雍丘、尉氏、襄邑、扶沟、陈留八县③。至前秦建元二十年(384),陈留郡领县当不变。

---

① 前秦时,省前燕任城郡,其属县并入高平郡;梁郡改属南兖州;前燕其余诸郡入前秦后仍属兖州。
② 前燕时,以任城、亢父、樊三县为任城郡,任城郡入前秦后,当复省,其领县并入高平郡。《宋志一》、《魏志中》皆载刘宋初和北魏初无任城郡,原任城郡领县属高平郡,或承前燕以来省并。《宋志一》所载高平郡无樊县,《魏志中》所载任城郡领县亦无樊县,当在省任城郡时所罢。
③ 据后文所考"前秦陈留县"可知,前秦时有陈留县。

濮阳郡,治濮阳(今河南濮阳县西南)。前秦建元六年(370),承前燕置濮阳郡,领濮阳、廪丘、鄄城三县。至前秦建元二十年(384),濮阳郡领县当不变。

东燕郡,治白马(今河南滑县东)。前秦建元六年(370),承前燕置东燕郡,领白马、东燕、凉城、酸枣、长垣五县。至前秦建元二十年(384),东燕郡领县当不变。

济北郡,治卢(今山东平阴县西)。前秦建元六年(370),承前燕置济北郡,领卢、临邑、东阿、谷城、蛇丘五县。至前秦建元二十年(384),济北郡领县当不变。

济阳郡,治济阳(河南兰考县东北)。前秦建元六年(370),承前燕置济阳郡,领济阳、考城、外黄三县。至前秦建元二十年(384),济阳郡领县当不变。

济阴郡,治定陶(今山东定陶县定陶镇一带)。前秦建元六年(370),承前燕置济阴郡,领定陶、乘氏、句阳、离狐、冤句、己氏、成武、单父、城阳九县。至前秦建元二十年(384),济阴郡领县当不变。

东平郡,治须昌(今山东东平县西北)。前秦建元六年(370),承前燕置东平郡,领须昌、寿张、范、无盐、富城、东平陆、刚平七县。至前秦建元二十年(384),东平郡领县当不变。

泰山郡,治奉高(今山东泰安市城区东)。前秦建元六年(370),承前燕置泰山郡,领奉高、山茌、博、嬴、南城、梁父、南武阳、莱芜、牟、巨平十县。至前秦建元二十年(384),泰山郡领当不变。

鲁郡,治鲁(今山东曲阜市)。前秦建元六年(370),承前燕置鲁郡,领鲁、汶阳、卞、邹、公丘五县。至前秦建元二十年(384),鲁郡领县当不变。

12. 南兖州

南兖州,治睢阳(今河南商丘市睢阳区西南)。前秦建元六年(370),灭前燕,置南兖州,当领梁郡、沛郡、谯郡。至前秦建元二十年(384),南兖州领郡当不变。

梁郡,治睢阳(今河南商丘市西南)。前秦建元六年(370),承前燕置梁郡,领睢阳、蒙、虞、下邑、宁陵、谷熟六县。至前秦建元二十年(384),梁郡领县当不变。

谯郡,治谯(今安徽亳州市谯城区)。前秦建元六年(370),承前燕置谯郡,领谯、城父、酂、山桑、龙亢、蕲、铚、下蔡、平阿、义城十县。至前秦建元二十年(384),谯郡领县当不变。

沛郡,治相(今安徽濉溪县西北)。前秦建元六年(370),承前燕置沛郡,领相、沛、丰、竺邑、符离、杼秋、洨、虹、萧九县。至前秦建元二十年(384),沛郡领县当不变。

13. 东豫州

东豫州，治许昌（今河南许昌县东）。前秦建元十六年（380），分豫州置东豫州，领颍川、襄城、汝南、汝阳、汝阴、新蔡、南顿、陈郡八郡。至前秦建元二十年（384），东豫州领郡当不变。

颍川郡，治许昌（今河南许昌县东）。前秦皇始二年（352），承东晋置颍川郡，领许昌、长社、颍阴、临颍、鄢、邵陵、鄢陵、新汲、阳翟九县，同年又入东晋。其后，颍川郡入前燕。前秦建元六年（370），颍川郡自前燕入前秦。至前秦建元二十年（384），颍川郡领县当不变。

襄城郡，治襄城（今河南襄城县）。前秦建元六年（370），承前燕置襄城郡，领襄城、繁昌、郏、定陵、父城、昆阳、舞阳七县。至前秦建元二十年（384），襄城郡领县当不变。

陈郡，治陈（今河南淮阳县）。前秦皇始二年（352），承东晋置陈郡，领陈、项、长平、阳夏、武平、谷阳、西华七县，同年又入东晋。其后，陈郡入前燕。前秦建元六年（370），陈郡自前燕入前秦。至前秦建元二十年（384），陈郡领县当不变。

汝阴郡，治汝阴（今安徽阜阳市城区一带）。前秦建元六年（370），承前燕置汝阴郡，领汝阴、慎、原鹿、宋四县。至前秦建元二十年（384），汝阴郡领县当不变。

汝南郡，治新息（今河南息县西南）。前秦建元六年（370），承前燕置汝南郡，领新息、南安阳、安成、慎阳、北宜春、朗陵、阳安、上蔡、平舆、定颍、灈阳、吴房、西平十三县。至前秦建元二十年（384），汝南郡领县当不变。

汝阳郡，治汝阳（今河南商水县西北）。前秦建元六年（370），承前燕置汝阳郡，领汝阳县。至前秦建元二十年（384），汝阳郡领县当不变。

南顿郡，治南顿（今河南商水县东南）。前秦建元六年（370），承前燕置南顿郡，领南顿县。至前秦建元二十年（384），南顿郡领县当不变。

新蔡郡，治新蔡（今河南新蔡县）。前秦建元六年（370），承前燕置新蔡郡，领新蔡、鲖阳、固始、褒信四县。至前秦建元二十年（384），新蔡郡领县当不变。

14. 南秦州

南秦州，治仇池（今甘肃西和县西南）。前秦建元七年（371），置南秦州，领武都郡、阴平郡。至前秦大安元年（385），南秦州领郡不变。

武都郡，治仇池（今甘肃西和县西南）。前秦建元七年（371），承仇池杨氏置武都郡，领武都、下辩、河池、沮、故道、上禄、西七县。至前秦大安元年（385），武都郡领县当不变。

阴平郡，治阴平（今甘肃文县西北）。前秦建元七年（371），承仇池杨氏置阴平郡,领阴平县、平武县。至前秦大安元年(385),阴平郡领县当不变。

15. 河州(承凉州[先后治枹罕、金城])

河州,治枹罕(今甘肃临夏市一带)。前凉置河州,既而其地多为后赵占据;后赵亡,此地复入前凉。其后,李俨割据,据有河州河水以南之地。前秦破李俨,得其地。前秦建元三年(367),承李俨置凉州,治枹罕,领兴晋、金城、武始、安故、大夏、武城、汉中七郡①。前秦建元七年(371)八月,分凉州置河州,治狄道,当领武始、安故、汉中三郡②;十二月,河州改治枹罕,凉州改治金城,河州领兴晋、大夏、武始、安故、武城、汉中六郡,凉州当仅领金城郡。前秦建元十二年(376),灭前凉,凉州改治姑臧。前秦苻坚时,置甘松护军。前秦大安元年(385),武始、安故、武城、汉中四郡和甘松护军入西秦。至前秦太初元年(386),河州仅领兴晋郡、大夏郡。

兴晋郡,治枹罕(今甘肃临夏市一带)。前秦建元三年(367),承李俨置兴晋郡,疑领枹罕、永固、临津、河关四县。至前秦太初元年(386),兴晋郡领县当不变。

大夏郡,治大夏(今甘肃广河县西北)。前秦建元三年(367),承李俨置大夏郡,疑领大夏、宛戍、金剑三县。至前秦太初元年(386),大夏郡领县当不变。

武始郡,治狄道(今甘肃临洮县)。前秦建元三年(367),承李俨置武始郡,疑领狄道、遂平、武街、始兴、第五、真仇六县。至前秦大安元年(385),武始郡领县当不变。

安故郡,治安故(今甘肃临洮县东南)。前秦建元三年(367),承李俨置安故郡,疑领安故、石门、桑城、临洮、洮阳、侯和六县。至前秦大安元年(385),安故郡领县当不变。

武城郡,治所不可考。前秦建元三年(367),承李俨置武城郡,领县不可考。至前秦大安元年(385),武城郡辖区当不变。

汉中郡,治所不可考。前秦建元三年(367),承李俨置汉中郡,领县不可考。至前秦大安元年(385),汉中郡领县当不变。

甘松护军,治甘松(今甘肃舟曲县界)。前秦苻坚时,置甘松护军。至前秦大安元年(385),甘松护军辖区当不变。

16. 凉州

凉州,治姑臧(今甘肃武威市凉州区)。前秦建元十二年(376),灭前凉,置

---

① 前凉时,曾置枹罕护军、大夏护军。李俨据有河州,或罢枹罕护军、大夏护军。
② 由地望来看,武始郡、安故郡、汉中郡在洮水流域及其南部,当属河州领;金城、兴晋等郡在洮水的下游及其西部,当仍属凉州领。

凉州,治姑臧,领武威、武兴、番禾、金城、西平、晋兴、广武、湟河、西郡、张掖、西海、临松、祁连、敦煌、酒泉、晋昌、建康、高昌十八郡和西域都护①。其后,前秦置中田护军,属凉州。至前秦太初元年(386),凉州领武威、武兴、番禾、金城、西平、晋兴、广武、湟河、西郡、张掖、西海、临松、祁连、敦煌、酒泉、晋昌、建康、高昌十八郡和西域都护、中田护军。

武威郡,治姑臧(今甘肃武威市凉州区)。前秦建元十二年(376),承前凉置武威郡,领姑臧、宣威、揟次、仓松、显美、骊靬、祖厉七县。至前秦太初元年(386),武威郡领县当不变。

武兴郡,治武兴(今地不可考)。前秦建元十二年(376),承前凉置武兴郡,领武兴、大城、乌支、襄武、晏然、新鄣、平狄、司监八县。至前秦太初元年(386),武兴郡领县当不变。

番禾郡,治番禾(今甘肃永昌县)。前秦建元十二年(376),承前凉置番禾郡,领番禾县。至前秦太初元年(386),番禾郡领县当不变。

金城郡,治金城(今甘肃兰州市西固区)。前秦建元三年(367),承李俨置金城郡,领金城县、榆中县。前秦建元十二年(376),允街、白土、浩亹、左南四县自前凉来属。至前秦太初元年(386),金城郡领金城、榆中、允街、白土、浩亹、左南六县。

西平郡,治西都(今青海西宁市城区一带)。前秦建元十二年(376),承前凉置西平郡,领西都、临羌、长宁、安夷四县。至前秦太初元年(386),西平郡领县当不变。

晋兴郡,治晋兴(今青海民和回族土族自治县附近)。前秦建元十二年(376),承前凉置晋兴郡,或领晋兴、临鄣、广昌、遂兴、罕唐五县。至前秦太初元年(386),晋兴郡领县当不变。

广武郡,治令居(今甘肃永登县西北)。前秦建元十二年(376),承前凉置广武郡,领令居、枝阳、永登、广武、振武五县。至前秦太初元年(386),广武郡领县当不变。

湟河郡,治所不可考。前秦建元十二年(376),承前凉置湟河郡,领县不可考。至前秦太初元年(386),湟河郡辖区当不变。

西郡,治日勒(今甘肃永昌县西北)。前秦建元十二年(376),承前凉置西郡,领日勒、删丹、仙提、万岁、兰池五县。至前秦太初元年(386),西郡领县当不变。

---

① 前凉时,凉州还有广源郡等。前凉后不见有,或入前秦后罢。

张掖郡,治永平(今甘肃张掖市甘州区西北)。前秦建元十二年(376),承前凉置张掖郡,领永平、临泽、屋兰、氐池四县;其后,置美水县,或属张掖郡。至前秦太初元年(386),张掖郡领永平、临泽、屋兰、氐池、美水五县。

西海郡,治居延(今内蒙古额济纳旗东南)。前秦建元十二年(376),承前凉置西海郡,领居延县。至前秦太初元年(386),西海郡领县当不变。

临松郡,治临松(今地不可考)。前秦建元十二年(376),承前凉置临松郡,领临松等县。至前秦太初元年(386),临松郡领临松等县。

祁连郡,治汉阳(今地不可考)。前秦建元十二年(376),承前凉置祁连郡,领汉阳县、祁连县。至前秦太初元年(386),祁连郡领县当不变。

酒泉郡,治福禄(今甘肃酒泉市肃州区)。前秦建元十二年(376),承前凉置酒泉郡,领福禄、会水、安弥、骍马、延寿、凉宁、金泽、玉门八县。至前秦太初元年(386),酒泉郡领县当不变。

建康郡,治乐涫(今甘肃酒泉市肃州区东南)。前秦建元十二年(376),承前凉置建康郡,领乐涫、表氏等县。至前秦太初元年(386),建康郡领县当不变。

敦煌郡,治敦煌(今甘肃敦煌市西南)。前秦建元十二年(376),承前凉置敦煌郡,领敦煌、昌蒲、龙勒、阳关、效谷、乾齐、凉兴七县。至前秦太初元年(386),敦煌郡领县当不变。

晋昌郡,治冥安(今甘肃瓜州县东南)。前秦建元十二年(376),承前凉置晋昌郡,领冥安、宜禾、伊吾、深泉、广至、沙头、会稽、新乡八县。至前秦太初元年(386),晋昌郡领县当不变。

高昌郡,治高昌(今新疆吐鲁番市东)。前秦建元十二年(376),承前凉置高昌郡,领高昌、横截、田地、高宁、白力五县。至前秦太初元年(386),高昌郡领县当不变。

西域都护,治高昌(今新疆吐鲁番市东)。前秦建元十二年(376),承前凉置西域都护。至前秦太初元年(386),西域都护辖区当不变。

中田护军,治中田(今地不可考)。前秦建元十二年(376),得凉州;其后置中田护军。至前秦太初元年(386),中田护军辖区当不变。

17. 梁州

梁州,治西乐(今陕西勉县东)。成汉亡后,梁州之地入东晋。前秦建元九年(373),承东晋置梁州,领汉中、梓潼、巴西、宕渠、晋昌、南阴平六郡。至前秦建元二十年(384),梁州领郡当不变。

汉中郡,治南郑(今陕西汉中市汉台区)。前秦建元九年(373),承东晋置汉中郡，领南郑、苞中、沔阳、成固、西乡六县①。至前秦建元二十年(384)，汉中郡领县当不变。

梓潼郡，治涪城(今四川三台县花园镇涪城村)。前秦建元九年(373)，承东晋置梓潼郡，领涪城、晋寿、梓潼、汉德、白水、武连、剑阁七县。至前秦建元二十年(384)，梓潼郡领县当不变。

巴西郡，治阆中(今四川阆中市)。前秦建元九年(373)，承东晋置巴西郡，领阆中、西充国、南充国、安汉、平州、宜昌、晋兴七县②。至前秦建元二十年(384)，巴西郡领县当不变。

宕渠郡，治宕渠(今四川营山县黄渡镇宕渠故城)。前秦建元九年(373)，承东晋置宕渠郡，领宕渠县、汉昌县③。至前秦建元二十年(384)，宕渠郡领县当不变。

晋昌郡，治长乐(今地不可考)。前秦建元九年(373)，承东晋置晋昌郡，领长乐、安晋、延寿、安乐、宣汉、宁都、新兴、吉阳、东关、永安十县④。至前秦建元二十年(384)，晋昌郡领县当不变。

南阴平郡，治绵竹(今四川绵竹县东南)。前秦建元九年(373)，承东晋置南阴平郡，领绵竹县、南阴平县。至前秦建元二十年(384)，南阴平郡领县当不变。

18. 益州

益州，治成都(今四川成都市城区一带)。前秦建元九年(373)，置益州，领蜀郡、犍为、汶山、越巂、江阳、晋原、宁蜀七郡。至前秦大安元年(385)，益州领郡当不变。

蜀郡，治成都(今四川成都市城区一带)。前秦建元九年(373)，承东晋置蜀郡，领成都、繁、郫、牛鞞四县。至前秦大安元年(385)，蜀郡领县当不变。

犍为郡，治武阳(今四川眉山市彭山区双河乡北)。前秦建元九年(373)，承东晋置犍为郡，领武阳、南安、资中、僰道四县。至前秦大安元年(385)，犍为郡领县当不变。

汶山郡，治汶山(今四川茂县北)。前秦建元九年(373)，承东晋置汶山郡，领汶山、都安、兴乐、平康、蚕陵、广柔六县。至前秦大安元年(385)，汶山郡领

---

① 前秦梁州、益州及后附宁州诸郡领县，大多参见胡阿祥、孔祥军、徐成：《中国行政区划通史·三国两晋南朝卷》上册，第859—870页。对于与本书歧义者，则在注文中加以考辨。据下考"前秦有成固县"可知，前秦有成固县。
② 参见谯蜀"政区概述"中"巴西郡"的相关内容。谯蜀时，晋兴县别属遂宁郡，前秦时当尚属巴西郡。
③ 宕渠郡原领有宣汉县，后此县别属晋昌郡。
④ 参见谯蜀"政区概述"中"晋昌郡"的相关内容。

县当不变。

越嶲郡,治邛都(今四川西昌市东南)。前秦建元九年(373),承东晋置越嶲郡,领邛都、会无、卑水、定莋、台登五县。至前秦大安元年(385),越嶲郡领县当不变。

江阳郡,治江阳(今四川泸州市江阳区)。前秦建元九年(373),承东晋置江阳郡,领江阳、汉安、绵水、常安四县①。至前秦大安元年(385),江阳郡领县当不变。

晋原郡,治晋原(今四川崇州市西北)。前秦建元九年(373),承东晋置晋原郡,领江原、临邛、汉嘉、徙阳、晋乐五县。至前秦大安元年(385),晋原郡领县当不变。

宁蜀郡,治广都(今四川双流区西北)。前秦建元九年(373),承东晋置宁蜀郡,领广都等县。至前秦大安元年(385),宁蜀郡领县当不变。

19. 宁州

宁州,治五城(今四川中江县)。前秦建元九年(373),置宁州,领广汉郡、遂宁郡、巴郡。至前秦建元十年(374),巴郡入东晋。至前秦建元二十年(384),宁州领广汉郡、遂宁郡。

广汉郡,治雒(今四川广汉市北)。前秦建元九年(373),承东晋置广汉郡,领雒、什邡、五城、新都、郪五县②。至前秦建元二十年(384),广汉郡领县当不变。

遂宁郡,治巴兴(今四川蓬溪县西南)。前秦建元九年(373),承东晋置遂宁郡,领巴兴、德阳、广汉、小溪四县。至前秦建元二十年(384),遂宁郡领县当不变。

附 巴郡,治江州(今重庆市渝中区)。前秦建元九年(373),承东晋置巴郡,领江州、垫江、临江三县。至前秦建元十年(374),巴郡领县当不变。

20. 荆州

荆州,治襄阳(今湖北襄阳市襄城区)。前秦皇始三年(353),置荆州,治丰阳,领上洛郡。前秦建元十二年(376),顺阳郡(南乡县)自东晋来属。前秦建元十四年(378),南阳郡自东晋来属。前秦建元十五年(379),襄阳、顺阳(除南乡县)、新野、魏兴、上庸、新城六郡自东晋来属,荆州改治襄阳。前秦建元十六年(380),上洛郡别属洛州。至前秦建元二十年(384),荆州领襄阳、南阳、顺阳、新野、魏兴、上庸、新城七郡。

---

① 参见谯蜀"政区概述"中"江阳郡"的相关内容。
② 前秦时,广汉郡当有郪县。参见谯蜀"政区概述"中"广汉郡"的相关内容。

襄阳郡，治襄阳（今湖北襄阳市襄城区）。《晋志》载，襄阳郡领宜城、中庐、临沮、邔、襄阳、山都、邓城、鄾八县；其中"邓城"、"鄾"为衍文①。前秦建元十五年（379），承东晋置襄阳郡，领襄阳、宜城、中庐、临沮、邔、山都六县。至前秦建元二十年（384），襄阳郡领县当不变。

南阳郡，治宛（今河南南阳市宛城区）。后赵、前燕时，曾一度得南阳郡，后皆入东晋。前秦建元十四年（378），承东晋置南阳郡，领宛、西鄂、雉、鲁阳、犨、淯阳、博望、堵阳、叶、舞阴、比阳、涅阳、冠军、郦十四县。至前秦建元二十年（384），南阳郡领县当不变。

顺阳郡，治酂（今湖北丹江口市东南）。前赵、后赵时，曾得顺阳郡，后又入东晋。前秦建元十二年（376），得东晋顺阳郡南乡县，当以顺阳郡领之。建元十五年（379），酂、顺阳、析、武当、阴、筑阳、汎阳、万岁八县自东晋来属。至前秦建元二十年（384），顺阳郡领酂、顺阳、南乡、析、武当、阴、筑阳、汎阳、万岁九县。

新野郡，治新野（今河南新野县）。后赵曾得新野郡，后又入东晋。前秦建元十五年（379），承东晋置新野郡，领新野、穰、蔡阳、邓、棘阳五县。至前秦建元二十年（384），新野郡领县当不变。

魏兴郡，治西城（今陕西安康市汉滨区西）②。《晋志上》载，魏兴郡领兴晋③、安康、西城、锡、长利、洵阳六县。《华阳国志》卷2《汉中志》载，魏兴郡领西城、锡、安康、兴晋、郧乡、洵阳六县。此采《华阳国志》④。前秦建元十五年（379），承东晋置魏兴郡，领西城、兴晋、安康、锡、郧乡、洵阳六县。至前秦建元二十年（384），魏兴郡领县当不变。

上庸郡，治上庸（今湖北竹山县西南）。《晋志上》载，上庸郡领上庸、安富、北巫、武陵、上廉、微阳六县。《华阳国志》卷2《汉中志》载，上庸郡领上庸、北巫、安富、武陵、微阳五县。此采《华阳国志》。《宋志三》"魏兴太守"条载，"广昌子相，何志属上庸，晋成帝立"。前秦建元十五年（379），承东晋置上庸郡，领上庸、安富、北巫、微阳、武陵、广昌六县。至前秦建元二十年（384），上庸郡领县当不变。

新城郡，治房陵（今湖北房县）。《晋志上》载，新城郡领房陵、绥阳、昌魏、沶乡四县。《华阳国志》卷2《汉中志》载新城郡统县同《晋志》。前秦建元十五年（379），承东晋置新城郡，领房陵、绥阳、昌魏、沶乡四县。至前秦建元二十年

---

① 胡阿祥、孔祥军、徐成：《中国行政区划通史·三国两晋南朝卷》（上册），第709页。而新野郡有邓县。
② 《太平寰宇记》卷141《山南西道九》："（魏兴郡）永嘉后复移理西城故城。"
③ 原作"晋兴"，据"校勘记"改。
④ 《华阳国志》成书于东晋，当更可信。故下考上庸郡，也依据《华阳国志》。

(384),新城郡领县当不变。

21. 徐州

徐州,治彭城(今江苏徐州市城区一带)。前秦建元十五年(379),置徐州,疑领彭城、东海、兰陵三郡。至前秦建元二十年(384),徐州领郡当不变。

彭城郡,治彭城(今江苏徐州市城区一带)。后赵时,曾得彭城郡,后入东晋。前秦建元十五年(379),承东晋置彭城郡,领彭城、留、广戚、傅阳、武原、吕、梧、蕃、薛九县。至前秦建元二十年(384),彭城郡领县当不变。

东海郡,治郯(今山东郯城县西北)。后赵时,曾得东海郡,后入东晋。前秦建元十五年(379),承东晋置东海郡,领郯、祝其、朐、襄贲、利城、赣榆、厚丘七县。至前秦建元二十年(384),东海郡领县当不变。

兰陵郡,治承(山东枣庄市峄城区东南)。后赵时,曾得兰陵郡,后入东晋。前秦建元十五年(379),承东晋置兰陵郡,领承、昌虑、合乡、兰陵、戚五县。至前秦建元二十年(384),兰陵郡领县当不变。

22. 扬州

扬州,治下邳(今江苏睢宁县古邳镇北)。前秦建元十五年(379),置扬州,疑领下邳郡、淮陵郡。至前秦建元二十年(384),扬州领郡当不变。

下邳郡,治下邳(今江苏睢宁县古邳镇北)。后赵时,曾得下邳郡,后入东晋。前秦建元十五年(379),承东晋置下邳郡,领下邳、良城、睢陵、夏丘、取虑、僮六县。至前秦建元二十年(384),下邳郡领县当不变。

淮陵郡,治淮陵(今安徽明光市东北)。后赵时,曾得淮陵郡,后入东晋。前秦建元十五年(379),承东晋置淮陵郡,领淮陵、司吾、徐、下相、淮浦五县[1]。至前秦建元二十年(384),淮陵郡领县当不变。

23. 杏城镇

杏城镇,治杏城(今陕西黄陵县西南)。前秦甘露元年(359),置杏城镇,辖区不可考。至前秦大安元年(385),杏城镇辖区不变。

24. 三堡镇

三堡镇,治三堡(今陕西宜川县东北)。前秦甘露元年(359),或置三堡镇[2],辖区不可考。至前秦大安元年(385),三堡镇辖区不变。

---

[1] 《晋志上》载淮浦县属广陵郡。又据谭图,淮浦县在淮水北。前秦据有淮水以北,疑淮浦县当别属淮陵郡。

[2] 李吉甫《元和郡县图志》卷3《关内道三》载,丹州,"秦置三十六郡,属上郡。汉因之。魏文帝省上郡。其地晋时戎狄居之,苻、姚时为三堡镇"。由上引《资治通鉴》晋穆帝升平三年十二月可知,此时前秦加强对朔方地区的管辖,或此年亦置三堡镇。

附　晋州

晋州，治所不可考。前秦建元七年(371)前，前秦或置有晋州，领郡不可考，后又罢此州。

(二) 政区考证

1. 司隶校尉、州、镇

1.1　前秦司隶部

《晋志上》载，苻健都长安，"乃于雍州置司隶校尉"；"苻坚时，分司隶为雍州"。《资治通鉴》载，晋穆帝永和十一年(355)四月有前秦"司隶校尉梁楞"，十一月载有"中护军赵诲为司隶校尉"；晋穆帝升平三年(359)十二月，苻坚以王猛为司隶校尉；前秦灭燕后，王猛为冀州牧；晋简文帝咸安二年(372)六月，复以王猛为司隶校尉；晋孝武帝太元五年(380)六月，苻坚以苻融为司隶校尉；晋孝武帝太元十年(385)六月，前秦"司隶校尉权翼等数百人奔后秦"。《苻坚载记下附苻融传》亦载苻融曾为司隶校尉。据《苻丕载记》，苻坚被姚苌所杀后，苻丕当时在邺城，"并州刺史王腾迎之，入据晋阳"，苻丕遂即皇帝位于晋阳，以王腾为司隶校尉。故苻丕时，前秦司隶部改治晋阳。可见前秦有司隶部。据下文所考"前秦雍州"可知，前秦甘露二年(360)，分司隶部置雍州；前秦建元六年(370)省雍州，其地还属司隶部。前秦都长安时，司隶部治长安；苻丕都晋阳，司隶部治晋阳。

1.2　前秦秦州

据《晋志上》，苻健以秦州刺史镇上邽。《资治通鉴》载，晋穆帝永和九年(353)二月，"秦主健以领军将军苻愿为秦州刺史，镇上邽"；晋穆帝永和十年(354)十月，"(秦)以上将军啖铁为秦州刺史"；晋海西公太和二年(367)九月有前秦秦州刺史苻双；太和三年(368)七月，以苻雅为秦州刺史；晋简文帝咸安元年(371)二月，以苻雅为秦州牧。《苻坚载记上》有前秦"秦州刺史苟池"，《苻丕载记》有前秦"秦州刺史王统"。《太平御览》卷520《宗亲部十》引崔鸿《前秦录》曰："秦州刺史窦滔妻，彭城令苏道之女。"《晋书》卷96《列女传·窦滔妻苏氏》亦载"(窦)滔，苻坚时为秦州刺史"。可见前秦有秦州，治上邽。

1.3　前秦雍州

据《苻健载记》，苻健都长安后，以苻雄为雍州刺史。《资治通鉴》晋穆帝永和九年正月载，苻健以苻雄为雍州牧。《晋志上》载，苻健时于雍州置司隶校尉，苻坚时分司隶为雍州；灭燕后，以雍州刺史镇蒲坂。《资治通鉴》载，晋穆帝升平四年(360)正月，"秦王坚分司隶置雍州"，以苻双为雍州刺史，镇安定。安定治临泾，故此所置雍州应治临泾。又，晋海西公太和二年(367)九月有前秦雍州刺史苻武;太和三年(368)八月,以苻丕为雍州刺史。又载,晋海西公太和五年(370)十二月,"秦省雍州(胡注:秦置雍州于安定,今省雍州入司隶校尉)"。可见前秦先置雍州,后改雍州为司隶部,又分司隶部置雍州,后又省雍州并司隶部。又载,晋简文帝咸安元年(371),"(前秦)复置雍州,治蒲阪",以苻丕为雍州刺史。《苻坚载记上》载,苻坚又以苻叡为雍州刺史,镇蒲坂。《苻坚载记下》载,苻坚以苻熙为雍州刺史,镇蒲坂。可见,前秦有雍州;苻健都长安后置雍州,治长安,后改雍州为司隶部;前秦甘露二年(360),分司隶部置雍州,治临泾;前秦建元六年(370),省雍州,其地还属司隶部;前秦建元七年(371),复置雍州,治蒲坂。

1.4 前秦洛州

据《晋志上》,苻健以洛州刺史镇宜阳,苻坚以洛州刺史镇陕城,后"移洛州居丰阳"。《资治通鉴》载,晋穆帝永和十年(354)六月,"秦以光禄大夫赵俱为洛阳刺史,镇宜阳"。据《通鉴》此处"校勘记"可知,"洛阳刺史"当为"洛州刺史"。又载,晋穆帝永和十一年(355)九月,"右仆射赵韶、中护军赵诲,皆洛州刺史俱之从弟也",可证赵俱为洛州刺史。又载,晋穆帝永和十二年(356)正月有"洛州刺史杜郁",晋海西公太和二年(367)九月有前秦洛州刺史苻廋据陕城,晋海西公太和三年(368)十二月前秦以"邓羌为洛州刺史,镇陕城",晋孝武帝太元三年(378)七月有前秦"洛州刺史邵保",太元五年(380)八月"移洛州治丰阳",十月以赵迁为洛州刺史,太元九年(384)六月"秦洛州刺史张五虎据丰阳来降"。可见,前秦有洛州;苻健时,洛州治宜阳;前秦建元元年(365),宜阳入前燕,其后洛州移治陕城;前秦建元十六年(380),洛州改治丰阳。

1.5 前秦豫州

据《晋志上》,苻健以豫州刺史镇许昌;灭燕后,苻坚以豫州刺史镇洛阳。据《苻健载记》,张遇降前秦,苻健遂遣苻雄"房张遇及众归于长安,拜遇司空、豫州刺史,镇许昌"。《资治通鉴》载,晋穆帝永和八年(352)七月,张遇降前秦,秦房张遇于关中,"以右卫将军杨群为豫州刺史,镇许昌";十月,东晋攻许昌,"秦豫州刺史杨群退屯弘农"。《苻健载记》言张遇为豫州刺史,当有误,应为杨群。据《苻生载记》,苻生以苻廋为豫州牧,镇陕城。《资治通鉴》载,晋穆帝永和十一年(355)八月,苻生以"魏王廋为镇东大将军、豫州牧,镇陕城"。《晋志上》载,前秦灭燕之后,以"豫州刺史镇洛阳"。《苻坚载记上》载,苻坚以苻晖为豫州牧,镇洛阳。《资治通鉴》载,晋简文帝咸安元年(371)二月,前秦以王鉴为豫州刺史;晋孝武帝太元三年(378)十月,"秦豫州刺史北海公重镇洛阳"。可见前秦有豫州。前秦皇始二年(352)七月置豫州,治许昌;十月,豫州入东晋;前秦寿光元年(355)，复置豫州，治陕城；前秦建元六年(370)，豫州治洛阳。

1.6 前秦冀州

《苻坚载记上》载，前秦灭前燕，以王猛为冀州牧，镇邺；其后，以王猛为丞相，以苻融"代猛为冀州牧"。《资治通鉴》载，晋孝武帝太元五年(380)六月，苻坚以苻丕为冀州牧；晋孝武帝太元九年(384)三月，"秦冀州刺史阜城侯定守信都"。可见前秦有冀州，冀州牧治邺，冀州刺史治信都。

1.7 前秦并州

《晋志上》载，苻健以并州刺史镇蒲坂；灭燕后，苻坚以并州刺史镇晋阳。《苻生载记》载，苻生以苻柳为并州牧，镇蒲坂。《资治通鉴》载，晋穆帝永和八年(352)三月，"尹赤奔秦，秦以赤为并州刺史，镇蒲阪"；晋穆帝永和十年(354)十二月，苻健以苻安为并州刺史，镇蒲阪；晋海西公太和三年(368)十二月，苻坚以苻抑为并州刺史，镇蒲阪；晋简文帝咸安元年(371)二月，苻坚以徐成为并州刺史；晋孝武帝太元元年(376)十月有前秦"并州刺史俱难"，十二月苻坚"以邓羌为并州刺史"；晋孝武帝太元四年(379)二月，前秦以"张蚝为并州刺史"。据《苻坚载记上》，苻坚以王腾为并州刺史，镇晋阳。可见，前秦有并州。苻健时并州治蒲坂，苻坚时改治晋阳。

1.8 前秦幽州

据《苻生载记》，"慕容㒞遣将慕舆长卿等率众七千入自轵关，攻幽州刺史张哲于裴氏堡"。《资治通鉴》载，晋穆帝永和十二年(356)二月，"燕将军慕舆长卿入轵关，攻秦幽州刺史强哲于裴氏堡(胡注：永嘉之乱，裴氏举宗据险筑堡以自守，后人因而置屯戍，故堡犹有裴氏之名，盖在河东界)"。可见前秦此时置有幽州，治裴氏堡。前秦建元六年(370)，灭前燕，以幽州治蓟，当罢前置幽州(治裴氏堡)。《晋志上》载，苻坚以幽州刺史镇蓟城。《苻坚载记上》载，苻坚以郭庆为幽州刺史镇蓟城；其后，又有"幽州刺史苻洛"。《姚苌载记》载，苻坚时，姚苌曾任幽州刺史。据《资治通鉴》晋孝武帝太元五年(380)正月可知，此时前秦以苻洛为幽州刺史，改镇和龙。《苻坚载记上》和《资治通鉴》晋孝武帝太元五年(380)皆载，苻坚平苻洛叛乱后，分幽州置平州，以梁谠为幽州刺史，镇蓟城。《资治通鉴》晋孝武帝太元七年(382)四月载，苻坚以王永为幽州刺史。可见，前秦有幽州。苻生时，幽州治裴氏堡；前秦建元六年(370)，以幽州治蓟，一度改治龙城；前秦建元十六年(380)，分幽州置平州，幽州复治蓟。

1.9 前秦平州

《晋志上》载，苻坚"分幽州置平州，镇龙城"。《苻坚载记上》和《资治通鉴》晋孝武帝太元五年(380)皆载，苻坚平苻洛叛乱后，"分幽州置平州，以石越为平州刺史,领护鲜卑中郎将,镇龙城"。《资治通鉴》晋孝武帝太元九年七月有前秦"平州刺史苻冲"。可见前秦有平州。前秦建元十六年(380)置平州,治龙城。

1.10　前秦青州

《苻生载记》载,"晋将军刘度等率众四千,攻青州刺史袁朗于卢氏"。《资治通鉴》晋简文帝咸安元年(371)二月载,"秦以魏郡太守韦钟为青州刺史(胡注:青州刺史治广固)"。据《苻坚载记下》,苻坚以苻朗为青州刺史。可见前秦有青州。苻生时青州治卢氏,苻坚灭燕后改治广固。

1.11　前秦兖州

据《晋志上》,前秦灭前燕后,以"兖州刺史治仓垣"。《姚苌载记》载,苻坚时,姚苌曾任兖州刺史。《苻坚载记上》有"兖州刺史彭超",后又载以毛盛为兖州刺史,镇"胡陆"。《资治通鉴》载,晋简文帝咸安元年(371)二月,苻坚以梁成为兖州刺史;晋孝武帝太元四年(379)七月,苻坚以"毛盛为兖州刺史,镇湖陆"。《晋志上》载兖州高平国有湖陆县,故当以《通鉴》所载"湖陆"为是。《晋书》卷9《孝武帝纪》载,太元九年(384)九月,"前锋都督谢玄攻苻坚将兖州刺史张崇于鄄城,克之"。可见前秦有兖州;前秦初置兖州,治仓垣;前秦建元十五年(379),兖州改治湖陆;前秦末,兖州治鄄城。

1.12　前秦南兖州

《资治通鉴》晋孝武帝太元五年(380)八月载,"平原公晖为都督豫洛荆南兖东豫阳六州诸军事、镇东大将军、豫州牧,镇洛阳(胡注:秦兖州刺史镇仓垣,南兖州镇湖陆……'阳',当作'扬')"。胡三省认为前秦南兖州镇湖陆,然据《资治通鉴》晋孝武帝太元四年(379),"毛盛为兖州刺史,镇湖陆"。此时前秦为讨伐东晋而移兖州刺史南镇湖陆,而非南兖州刺史镇湖陆。前燕时,以兖州治睢阳;前秦初,以兖州治仓垣,或以南兖州治睢阳。

1.13　前秦东豫州

据《晋志上》,苻坚"以许昌置东豫州"。《资治通鉴》晋孝武帝太元四年(379)十二月载,"置东豫州,以毛当为刺史,镇许昌"。可见前秦建元十六年(380)置东豫州,治许昌。

1.14　前秦南秦州

《苻坚载记上》和《资治通鉴》晋简文帝咸安元年(371)四月皆载,前秦灭仇池后,以杨统为南秦州刺史,镇仇池。《苻坚载记下》有前秦"南秦州刺史杨璧"。可见有南秦州。前秦建元七年(371)置南秦州[①],治仇池。

---

① 关于前秦陷仇池、置南秦州的时间,参见杨耀坤:《咸安二年苻坚未陷仇池辩》,《文史》第16辑,1982年。

1.15　前秦河州

据《晋志上》，苻坚以河州刺史镇枹罕。《资治通鉴》晋简文帝咸安元年(371)八月载，"秦以光禄勋李俨为河州刺史，镇武始(胡注：武始郡，治狄道)"；十二月，"秦以河州刺史李辩领兴晋太守，还镇枹罕"。《苻坚载记上》载，苻坚又以毛兴为河州刺史，镇枹罕。可见前秦有河州。前秦建元七年(371)置河州，治狄道，既而改治枹罕。

1.16　前秦凉州

《苻坚载记上》和《资治通鉴》晋海西公太和二年(367)四月皆载，前秦灭李俨后，苻坚以彭越为凉州刺史，镇枹罕。《资治通鉴》载，晋简文帝咸安元年(371)十二月，"徙凉州治金城"；咸安元年(371)二月，前秦以姜宇为凉州刺史。《苻坚载记上》和《资治通鉴》晋孝武帝太元元年(376)九月皆载，前秦平凉州，苻坚以梁熙为凉州刺史，镇姑臧。可见前秦有凉州。前秦建元三年(367)，以凉州治枹罕；前秦建元七年(371)，凉州改治金城。前秦建元十二年(376)，以凉州治姑臧。

1.17　前秦梁州

《苻坚载记上》和《资治通鉴》晋孝武帝宁康元年(373)十一月皆载，前秦平巴蜀之地，苻坚以毛当为梁州刺史，镇汉中。《苻坚载记上》又有前秦"梁州刺史韦钟"。《资治通鉴》载，晋简文帝咸安元年(371)二月，前秦以杨安为梁州刺史；晋孝武帝太元九年(384)正月有前秦"梁州刺史潘猛"。《水经注》卷27《沔水注》："沔水又东迳西乐城北……梁州刺史杨亮，以即险之固，保而居之，为苻坚所败，后刺史姜守、潘猛，亦相仍守此城。"可见前秦有梁州。前秦建元九年(373)置梁州，治西乐。

1.18　前秦益州

《苻坚载记上》和《资治通鉴》晋孝武帝宁康元年(373)十一月皆载，前秦平巴蜀，苻坚以杨安为益州牧，镇成都。可见前秦建元九年(373)置益州，治成都。《苻坚载记下》有前秦"益州刺史王广"，《资治通鉴》晋孝武帝太元十年(385)四月有前秦"益州刺史李丕"，《魏故使持节平西将军秦洛二州刺史王使君郭夫人墓志铭》载，"君讳悦，字文欢，略阳陇城人也。……曾祖符氏东宫中庶子、秘书监、太子詹事、仪曹尚书、使持节、平远将军、益州刺史、文乡侯，清晖令誉，声播于秦朝"①，皆证前秦有益州。

1.19　前秦宁州

据《苻坚载记上》，苻坚以"姚苌为宁州刺史"。《资治通鉴》载，晋孝武帝宁

---

① 赵超：《汉魏南北朝墓志汇编》，第310页。

康元年(373),"以姚苌为宁州刺史,屯垫江";宁康二年(374)五月,"(晋)益州刺史竺瑶、威远将军桓石虔帅众三万攻垫江,姚苌兵败,退屯五城";晋孝武帝太元五年(380)十月,前秦以"南巴校尉姜宇为宁州刺史"。可见前秦有宁州。前秦建元九年(373)置宁州,治垫江;前秦建元十年(374),宁州改治五城。

1.20　前秦荆州

据《晋志上》,苻健以"荆州刺史镇丰阳",苻坚"以荆州刺史镇襄阳"。《苻健载记》载,"雄遣菁掠上洛郡,于丰阳县立荆州";桓温来伐,"攻上洛,执健荆州刺史郭敬"。《资治通鉴》载,晋穆帝永和九年(353)九月,"秦丞相雄帅众二万还长安,遣平昌王菁略定上洛,置荆州于丰阳川"。《苻坚载记上》和《资治通鉴》晋孝武帝太元四年(379)二月皆载,前秦陷襄阳,以梁成为荆州刺史,镇襄阳。《苻坚载记上》又有前秦"荆州刺史都贵"。《资治通鉴》又载,晋简文帝咸安元年(371)二月,前秦以皇甫覆为荆州刺史;晋孝武帝太元三年(378)二月有前秦"荆州刺史杨安"。可见前秦有荆州。前秦皇始三年(353),以荆州治丰阳;前秦建元十五年(379),荆州改治襄阳。

1.21　前秦徐州

据《晋志上》,苻坚以徐州刺史镇彭城。《苻坚载记上》和《资治通鉴》晋孝武帝太元四年(379)七月皆载,苻坚以毛当为徐州刺史,镇彭城。《资治通鉴》晋简文帝咸安元年二月,前秦以彭越为徐州刺史。《苻坚载记下》有前秦"徐州刺史赵迁"。可见前秦有徐州。前秦建元十五年(379)置徐州,治彭城。

1.22　前秦扬州

《苻坚载记上》和《资治通鉴》晋孝武帝太元四年(379)七月皆载,苻坚以王显为扬州刺史,戍下邳。可见前秦建元十五年(379)置扬州,治下邳。

1.23　前秦杏城镇

《太平寰宇记》卷35《关内道十一》载,坊州,"魏、晋陷于狄,不置郡县。刘、石、苻、姚时,于今州理西七里置杏城镇,常以重兵守之"。可见前秦有杏城镇。

1.24　前秦三堡镇

《元和郡县图志》卷3《关内道三》载,丹州,"秦置三十六郡,属上郡。汉因之。魏文帝省上郡。其地晋时戎狄居之,苻、姚时为三堡镇"。可见前秦有三堡镇。

附　前秦晋州

《资治通鉴》晋简文帝咸安元年(371)二月载,"秦州刺史、西县侯雅为使持节、都督秦晋凉雍州诸军事、秦州牧(胡注:前此未有晋州;凉之张氏分西平界置晋兴郡,秦盖于此置晋州也)"。胡三省认为,前秦晋州可能置于晋兴郡界,由前考前秦"疆域变迁"和前凉"疆域变迁"、"政区沿革"可知,此时晋兴郡不属前秦管辖,尚在前凉境内,故前秦晋州不可能置于晋兴郡界。晋咸安元年(前秦太元七年,371)时,苻雅为秦州牧,都督有秦州、晋州等,故晋州当据秦州不远。

2. (京都)尹、郡、护军

2.1 前秦京兆尹(承京兆郡)

《苻坚载记上》载,"以王猛为侍中、中书令、京兆尹",又以慕容垂为京兆尹。可见前秦有京兆尹。

2.2 前秦冯翊郡(含左冯翊)

《资治通鉴》晋穆帝永和十二年(356)四月,苻生以苻黄眉为左冯翊。可见前秦苻生时有左冯翊。《魏书》卷42《寇赞传》:"赞少以清素知名,身长八尺,姿容严嶷,非礼不动。苻坚仆射韦华,州里高达,虽年时有异,恒以风味相待。华为冯翊太守,召为功曹,后除襄邑令。"《苻坚载记下》:"(苻坚)以甘松护军仇腾为冯翊太守。"可见苻坚时改称冯翊郡。《苻登载记》有前秦"冯翊太守兰犊"。可见前秦末仍称冯翊郡。

2.3 前秦扶风郡(含右扶风)

《资治通鉴》载,晋穆帝永和十年(354)五月,"王擢拔陈仓,杀秦扶风内史毛难";永和十二年(356)四月,苻生以苻飞为右扶风;晋孝武帝太元七年(382)四月有"(苻)坚扶风太守王永"。《姚苌载记》载,苻坚曾以姚苌为扶风太守;又载,前秦有"扶风太守段铿"。可见,前秦苻健时有扶风郡,前秦苻生时称右扶风,苻坚时复称扶风郡。

2.4 前秦始平郡

《苻登载记附徐嵩传》载徐嵩曾为苻坚时始平太守,可见前秦有始平郡。《晋书》卷96《列女传·窦滔妻苏氏》载:"窦滔妻苏氏,始平人也。"《文苑英华》卷834《苏氏织锦回文记》:"前秦苻坚时,秦州刺史扶风窦滔妻苏氏,陈留令武功苏道质第三女也。"可见窦滔妻苏氏为始平郡武功县人。故始平郡领有武功县。

2.5 前秦北地郡

《苻坚载记上》载,前秦灭燕后,"徙关东豪杰及诸杂夷十万户于关中,处乌丸杂类于冯翊、北地"。《晋书》卷9《孝武帝纪》载,太元九年(384)三月,"苻坚北地长史慕容泓、平阳太守慕容冲并起兵背坚"。可见前秦有北地郡。

2.6 前秦咸阳郡

《晋志上》载,"苻坚时,分司隶为雍州,分京兆为咸阳郡"。《苻坚载记下附王猛传》载,王猛曾为咸阳内史。《资治通鉴》载,晋穆帝永和十二年(356)四月,苻生以邓羌行咸阳太守。可见前秦苻生时已有咸阳郡。《元和郡县图志》卷1《关内道一》载,咸阳县,"秦咸阳在今县东二十二里,汉渭城县亦理于此,苻坚时改为咸阳郡";卷2《关内道二》载,泾阳县,"后魏废,于今县置咸阳郡,苻秦又置泾阳县"。故前秦咸阳郡当领渭城、泾阳等县。

2.7　前秦安定郡

《苻坚载记上》载,潞川之战,王猛请邓羌攻前燕,言"必以安定太守、万户侯相处"。《资治通鉴》载,晋海西公太和五年(370)十一月,前秦以邓羌为安定太守。可见前秦有安定郡。

2.8　前秦新平郡

《苻坚载记下》有"新平郡献玉器",又有"新平太守苟辅"。可见前秦有新平郡。

2.9　前秦陇东郡

据《苻登载记》,苻登父敞,苻健时为陇东太守。《姚苌载记》载苻坚以姚苌为陇东太守;《资治通鉴》晋海西公太和二年(367)三月载"秦王坚以(姚)苌为陇东太守"。可见前秦有陇东郡。

2.10　前秦平凉郡

《资治通鉴》晋孝武帝太元十一年(386)七月有前秦"秦平凉太守金熙"。可见前秦有平凉郡。

2.11　前秦长城郡

《元和郡县图志》卷3《关内道三》载,鄜州洛交县,"苻坚时为长城县";三川县,"苻坚时于长城原置长城县,属长城郡"。可见苻坚置长城郡,领有长城县。

2.12　前秦五原郡

据《资治通鉴》晋孝武帝太元元年(376)十二月,"刘卫辰耻在库仁之下,怒杀秦五原太守而叛"。可见前秦苻坚时置有五原郡。

2.13　前秦天水郡

《姚弋仲载记》载,"(姚弋仲)子襄之入关也,为苻生所败,弋仲之柩为生所得,生以王礼葬之于天水冀县"。可见前秦有天水郡,领有冀县。

2.14　前秦略阳郡

据《资治通鉴》晋孝武帝太元十一年(386)八月有前秦"略阳太守王皮",可见前秦有略阳郡。

2.15　前秦陇西郡

《苻坚载记上》有前秦"陇西太守姜衡",可见前秦有陇西郡。

2.16 前秦南安郡

《魏书》卷84《常爽传》:"(常爽)祖珍,苻坚南安太守。"《苻坚载记上》有前秦"南安太守邵羌",可见前秦有南安郡。

2.17 前秦河东郡

《姚苌载记》载,苻坚以姚苌为河东太守。《魏书》卷33《王宪传》:"王宪,字显则,北海剧人也。祖猛,苻坚丞相。父休,河东太守。"可见前秦有河东郡。

2.18 前秦平阳郡

《苻生载记》载,"姚襄率众万余,攻其平阳太守苻产于匈奴堡,苻柳救之"。《苻坚载记上》载,苻坚以慕容冲为平阳太守。可见前秦有平阳郡。

2.19 前秦上洛郡

《苻健载记》载,"(苻)雄遣菁掠上洛郡,于丰阳县立荆州";桓温来伐,"攻上洛,执健荆州刺史郭敬"。可见前秦有上洛郡。

2.20 前秦弘农郡

《资治通鉴》载,晋海西公太和五年(370)正月,前秦"以辅国司马桓寅为弘农太守"。可见前秦有弘农郡。

2.21 前秦河南郡

《苻坚载记下》载,淝水之战后,"丁零翟斌反于河南"。可见前秦有河南郡。

2.22 前秦荥阳郡

《资治通鉴》载,晋孝武帝太元九年(384)正月,"故扶余王余蔚为荥阳太守"。可见前秦有荥阳郡。

2.23 前秦魏郡

《资治通鉴》载,晋海西公太和五年(370)十一月,前秦以韦钟为魏郡太守;晋简文帝咸安元年(371)二月,"秦以魏郡太守韦钟为青州刺史"。可见前秦有魏郡。

2.24 前秦黎阳郡

《慕容儁载记》有前秦苻生"黎阳太守韩高",可见前秦初有黎阳郡。

2.25 前秦阳平郡

《资治通鉴》载,晋海西公太和五年(370)十一月,前秦以"彭豹为阳平太守"。《苻坚载记下》载前秦有"阳平太守邵兴"。可见前秦有阳平郡。

2.26 前秦河内郡

《资治通鉴》载,晋穆帝永和六年(350)八月,"(苻健)以赵俱为河内太守,戍温;牛夷为安集将军,戍怀"。《慕容儁载记》有"苻生河内太守王会"。《资治通鉴》载晋孝武帝太元八年(383)十二月,慕容垂叛前秦,"留辽东鲜卑可足浑潭集兵于河内之沙城"。可见前秦有河内郡。

2.27　前秦汲郡

《姚苌载记》载,苻坚以姚苌为汲郡太守。据《资治通鉴》,晋海西公太和三年(368)十二月,(前秦)"擢姚眺为汲郡太守"。可见前秦有汲郡。

2.28　前秦赵郡

《资治通鉴》载,晋孝武帝太元九年(384)十月,苻丕遣阳平太守邵兴招集冀州故郡县,"赵郡人赵粟等起兵柏乡以应兴"。可见前秦有赵郡。

2.29　前秦巨鹿郡

《魏书》卷33《贾彝传》:"(贾彝)父为苻坚巨鹿太守。"《资治通鉴》载,晋孝武帝太元十二年(387)正月,"及秦主丕自邺奔晋阳,(光)祚与黄门侍郎封孚、巨鹿太守封劝皆来奔"。可见前秦有巨鹿郡。

2.30　前秦勃海郡

《资治通鉴》载,晋孝武帝太元十年(385)八月,"(慕容)麟击(前秦)勃海太守封懿,执之"。可见前秦有勃海郡。

2.31　前秦河间郡

《资治通鉴》晋简文帝咸安二年(372)八月有前秦"河间相申绍"。《魏书》卷24《邓渊传》:"邓渊,字彦海,安定人也。祖羌,苻坚车骑将军。父翼,河间相。"可见前秦有河间郡。

2.32　前秦博陵郡

据《苻丕载记》,后燕攻前秦,"(前秦)王兖固守博陵"。《太平寰宇记》卷63《河北道十二》:"(饶阳县)虏口镇城,今邑理也。自石赵、苻秦、后魏并为博陵郡理于此。"可见前秦有博陵郡。

2.33　前秦清河郡

《资治通鉴》载,晋简文帝咸安二年(372)二月,前秦以"郝略为清河相"。《太平寰宇记》卷58《河北道七》:"(汉)景帝中改为清河国,至后汉复为郡。永嘉乱后,石赵移郡理平晋城,即今博州清平县也。苻秦移理武城。"可见,前秦有清河郡,治武城。

2.34　前秦中山郡

《苻坚载记上》载,苻洛叛,其治中平颜言"尽幽并之兵出自中山、常山"。《苻坚载记下》有前秦"中山太守王兖"。可见前秦有中山郡。

2.35　前秦常山郡

据上考"前秦中山郡"引《苻坚载记上》可知,前秦有常山郡。

2.36　前秦上党郡

《苻坚载记上》载,"(王)猛攻壶关,执(慕容)暐上党太守慕容越"。可见前秦得上党郡。《慕容垂载记》载,慕容农叛前秦,"农西招库傉官伟于上党"。可见前秦有上党郡。

2.37　前秦雁门郡

《资治通鉴》载,晋孝武帝太元九年(384)十月,"刘库仁闻公孙希已破平规,欲大举兵以救长乐公丕,发雁门、上谷、代郡兵,屯繁畤"。可见前秦有雁门郡。

2.38　前秦燕郡

《资治通鉴》载,晋孝武帝太元九年(384)正月,慕容农叛前秦,"北召光烈将军平叡及叡兄汝阳太守幼于燕国"。可见前秦有燕郡。

2.39　前秦范阳郡

《资治通鉴》载,晋简文帝咸安二年(372)二月,前秦出"(慕容)评为范阳太守"。可见前秦有范阳郡。

2.40　前秦上谷郡

《资治通鉴》载,晋孝武帝太元九年(384)十月,"刘库仁闻公孙希已破平规,欲大举兵以救长乐公丕,发雁门、上谷、代郡兵,屯繁畤"。可见前秦有上谷郡。

2.41　前秦代郡

《苻坚载记上》载,"(苻坚以)大鸿胪韩胤领护赤沙中郎将,移乌丸府于代郡之平城"。可见前秦有代郡。据上考"前秦上谷郡"引《资治通鉴》,亦证前秦有代郡。

2.42　前秦北平郡

《资治通鉴》晋孝武帝太元五年(380)三月有前秦"北平太守皇甫杰"。可见前秦有北平郡。

2.43　前秦辽西郡

《资治通鉴》晋孝武帝太元五年(380)三月有前秦"辽西太守王琳",《苻坚载记下》有"辽西太守冯杰"。可见前秦有辽西郡。

2.44　前秦昌黎郡

《资治通鉴》晋孝武帝太元五年(380)三月有前秦"昌黎太守王蕴",《苻丕载记》有前秦"昌黎太守宋敞"。可见前秦有昌黎郡。

2.45　前秦辽东郡

《资治通鉴》晋孝武帝太元五年(380)三月有前秦"辽东太守赵赞"。可见前秦有辽东郡。

2.46　前秦玄菟郡

《资治通鉴》晋孝武帝太元五年(380)三月有前秦"玄菟太守吉贞"。可见前秦有玄菟郡。

2.47　前秦齐郡

《魏书》卷32《崔逞传》载,"及苻坚并慕容暐,以为齐郡太守"。可见前秦有齐郡。

2.48　前秦东莱郡

《资治通鉴》晋孝武帝太元五年(380)五月载,"(前秦)屯骑校尉石越自东莱帅骑一万,浮海袭和龙"。《魏书》卷42《寇赞传》:"(寇赞)父修之,字延期,苻坚东莱太守。"可见前秦有东莱郡。

2.49　前秦琅邪郡

《太平御览》卷122《偏霸部六》载,建元八年(372)五月,苻坚"以高平徐攀为琅邪太守"。可见前秦有琅邪郡。

2.50　前秦陈留郡

《苻坚载记上》载,前秦灭燕后,"徙陈留、东阿万户以实青州"。可见前秦有陈留郡。

2.51　前秦济北郡

《资治通鉴》晋简文帝咸安二年(372)八月载,前秦以申绍为济北太守。可见前秦有济北郡。

2.52　前秦东平郡

《苻坚载记下》有前秦"东平太守杨光"。可见前秦有东平郡。

2.53　前秦武都郡

《太平寰宇记》卷30《关西道六》载,宝鸡县,"苻健于此置武都郡"。此武都郡为侨郡。前秦灭仇池,得其武都郡,侨置武都郡当罢。《苻坚载记上》载,前秦遣苻雅进攻仇池,"杨统帅武都之众降于雅"。可见前秦得武都郡。《姚苌载记》载苻坚以姚苌为武都太守,可证前秦有武都郡。

2.54　前秦兴晋郡

《资治通鉴》晋简文帝咸安元年(371)十二月载,"秦以河州刺史李辩领兴晋太守,还镇枹罕"。可见前秦有兴晋郡,治枹罕。

2.55　前秦武始郡

《资治通鉴》晋简文帝咸安元年(371)八月载,"秦以光禄勋李俨为河州刺史,镇武始(胡注:武始郡,治狄道)"。可见前秦有武始郡。

2.56 前秦武威郡

据《姚苌载记》,苻坚以姚苌为武威太守。《苻丕载记》有前秦"武威太守彭济"。唐释道世《法苑珠林》卷66《机辨篇第五十八》载有"秦苻坚臣武威太守赵正"。可见前秦有武威郡。

2.57 前秦金城郡

《资治通鉴》晋孝武帝太元元年(376)九月载,前秦以赵凝为金城太守。可见前秦有金城郡。

2.58 前秦广武郡

据《慕容超载记》,"苻坚破邺,以(慕容)纳为广武太守"。可见前秦有广武郡。

2.59 前秦西郡

《苻丕载记》有前秦"西郡太守索泮"。可见前秦有西郡。

2.60 前秦张掖郡

《资治通鉴》载,晋海西公太和五年(370)十二月,前秦以"慕容德为张掖太守"。《太平御览》卷126《偏霸部十》引崔鸿《十六国春秋》有前秦"张掖太守苻昌"。可见前秦有张掖郡。

2.61 前秦西海郡

《资治通鉴》载,晋孝武帝太元五年(380)五月,"(苻)坚赦(苻)洛不诛,徙凉州之西海郡"。可见前秦有西海郡,属凉州。

2.62 前秦酒泉郡

《苻丕载记》有前秦"酒泉太守宋皓"。可见前秦有酒泉郡。

2.63 前秦敦煌郡

《苻丕载记》有前秦"敦煌太守姚静",可见前秦有敦煌郡。

2.64 前秦晋昌郡

《苻丕载记》有前秦"晋昌太守李纯",可见前秦有晋昌郡。

2.65 前秦高昌郡

《苻丕载记》有前秦"高昌太守杨翰"。《资治通鉴》载,晋孝武帝太元七年(382),前秦"徙(苻)阳于凉州之高昌郡"。可见前秦有高昌郡,属凉州。

2.66 前秦汉中郡

《苻坚载记上》载,苻坚遣杨安、朱肜等伐蜀,"肜乘胜陷汉中",后以毛当为梁州刺史,镇汉中。可见前秦有汉中郡。

2.67 前秦梓潼郡

《苻坚载记上》载,苻坚遣杨安等伐蜀,"杨安进据梓潼"。可见前秦得梓潼郡。《苻坚载记下》载,苻坚以裴元略为巴西、梓潼二郡太守。可见前秦有梓潼郡。

2.68　前秦巴西郡

《姚苌载记》载苻坚以姚苌为巴西太守,《苻坚载记下》载苻坚以裴元略为巴西、梓潼二郡太守。可见前秦有巴西郡。

2.69　前秦汶山郡

《资治通鉴》晋孝武帝太元九年(384)十月有前秦"汶山太守冯苗",可见前秦有汶山郡。

2.70　前秦江阳郡

《资治通鉴》晋孝武帝太元十年(385)二月有前秦"江阳太守李丕",可见前秦有江阳郡。

2.71　前秦南阳郡(?)

《资治通鉴》晋孝武帝太元三年(378)四月载,前秦攻东晋,"慕容垂拔南阳,执太守郑裔"。可见前秦得南阳郡。

2.72　前秦顺阳郡(?)

《资治通鉴》晋孝武帝太元四年(379)二月载,"秦将军慕容越拔顺阳,执太守谯国丁穆"。可见前秦得顺阳郡。

2.73　前秦魏兴郡

《苻坚载记上》载,"梁州刺史韦钟寇魏兴,攻太守吉挹于西城","韦钟攻陷魏兴,执太守吉挹"。可见前秦得魏兴郡。《晋书》卷74《桓彝传附桓冲传》有前秦"魏兴太守褚垣"。《资治通鉴》晋孝武帝太元九年(384)正月载,"桓冲遣上庸太守郭宝攻秦魏兴、上庸、新城三郡,拔之"。可见前秦有魏兴郡。

2.74　前秦上庸郡

《晋书》卷74《桓彝传附桓冲传》有前秦"上庸太守段方"。又据上考"前秦魏兴郡"引《资治通鉴》可知,前秦有上庸郡。

2.75　前秦新城郡

《晋书》卷74《桓彝传附桓冲传》有前秦"新城太守麹常"。据上考"前秦魏兴郡"引《资治通鉴》可知,前秦有新城郡。

2.76　前秦东海郡

《魏书》卷45《韦阆传》载,"阆从叔道福。父黑,为苻坚丞相王猛所器重,以女妻焉,为坚东海太守"。可见前秦有东海郡。

2.77　前秦抚夷护军

《太平寰宇记》卷31《关内道七》:"《魏志》曰:'魏司马宣王抚慰关中,罢县,置抚夷护军。'及赵王伦镇长安,复罢护军。后氐羌反,又立护军,刘、石、苻、姚因之。后魏罢护军。"可见前秦有抚夷护军。

2.78　前秦冯翊护军

《邓艾祠堂碑》有冯翊护军郑能邀,《张产碑》有冯翊护军苟辅①。可见前秦有冯翊护军。

2.79　前秦铜官护军

《元和郡县图志》卷2《关内道二》:"同官县,本汉祋祤县地,属左冯翊。晋属频阳。苻秦于祋祤城东北铜官川置铜官护军,后魏太武帝改置铜官县。"可见前秦有铜官护军。

2.80　前秦土门护军

《太平寰宇记》卷31《关西道七》:"美原县,秦、汉频阳县地,旧县在今县南三里故城是也,因界内频山取名,属左冯翊,本秦厉公置。苻秦时置土门护军。后魏太平真君七年割入同官县。"可见前秦有土门护军。

2.81　前秦三原护军

《元和郡县图志》卷1《关内道一》:"三原县,本汉池阳县。嶻嶭山在今县西北六十里,苻秦于此山北置三原护军,以其地西有孟侯原,南曰丰原,北曰白鹿原。后魏太武七年罢,改置三原县,属北地郡。"可见前秦有三原护军。

2.82　前秦宜君护军

《元和郡县图志》卷3《关内道三》:"宜君县,前秦苻坚于祋祤县故城置宜君护军,后魏太武帝改为宜君县。"可见前秦有宜君护军。

2.83　前秦云中护军

《资治通鉴》载,晋穆帝升平三年(359)十二月,苻坚以"丞相司马贾雍为云中护军,戍云中之南";《苻坚载记上》亦有"云中护军贾雍"。可见前秦有云中护军。

2.84　前秦勇士护军

《乞伏国仁载记》:"(苻坚)以(乞伏)司繁从叔吐雷为勇士护军,抚其部众。"可见前秦有勇士护军。

2.85　前秦甘松护军

《苻坚载记下》:"(苻坚)以甘松护军仇腾为冯翊太守。"可见前秦有甘松

---

① 毛远明校注《汉魏六朝碑刻校注》第三册之二八三《邓艾祠堂碑》:"大秦苻氏建元三年,岁在丁卯,冯翊护军、建威将军、奉车都尉、城安县侯、华山郑能邀。"(第74页)同书二八四《张产碑》有"冯翊护军苟辅"(第77页)。

护军。

2.86　前秦中田护军

《宋书》卷98《氐胡传》:"(沮渠蒙逊)父法弘袭爵,苻氏以为中田护军。"可见前秦有中田护军。

附1　前秦淮南郡

《资治通鉴》载,晋孝武帝太元八年"十月,秦阳平公融等攻寿阳;癸酉,克之,执平虏将军徐元喜等。融以其参军河南郭褒为淮南太守"。可见前秦于淝水战前得淮南郡,然此郡于淝水之战后又失。

附2　前秦弋阳郡

据《苻坚载记下》,前秦攻东晋,"梁成与其扬州刺史王显、弋阳太守王咏等率众五万,屯于洛涧"。弋阳郡在淮水以南,当与淮南郡同,旋得旋失。

3. 县

3.1　前秦长安县

据《苻登载记》,苻登曾为长安令。《苻登载记附徐嵩传》载徐嵩曾为苻坚时长安令。前秦都长安,故有长安县。

3.2　前秦万年县

《资治通鉴》载,晋海西公太和三年(368)十月,"(梁)琛至长安,秦王坚方畋于万年"。《慕容宝载记》,"苻坚时(慕容宝)为太子洗马、万年令"。可见前秦有万年县。

3.3　前秦蓝田县

《晋书》卷8《穆帝纪》载,永和十年(354)四月,"(桓)温及苻健子苌战于蓝田,大败之"。可见前有蓝田县。

3.4　前秦霸城县

《苻健载记》载,"孔特起池阳,刘珍、夏侯显起鄠,乔景起雍,胡阳赤起司竹,呼延毒起霸城,众数万人"。可见前秦有霸城县。

3.5　前秦高陆县

《苻坚载记上》:"高陆人穿井得龟。"可见前秦有高陆县。

3.6　前秦郑县

《晋书》卷9《孝武帝纪》载,太元九年(384)七月,"苻坚及慕容冲战于郑西,坚师败绩"。可见前秦有郑县。

3.7　前秦阴槃县(?)

《苻健载记》载,苻健"遣(苻)雄略地渭北,又败张先于阴槃,擒之,诸城尽陷"。可见前秦得阴槃县。

3.8　前秦渭南县

《元和郡县图志》卷1《关内道一》："渭南县,本汉新丰县地,苻秦时置。"可见前秦置渭南县。

3.9　前秦频阳县

《苻登载记》载,"登征虏、冯翊太守兰犊率众二万自频阳入于和宁"。可见前秦有频阳县。

3.10　前秦莲勺县

《苻坚载记下》有"莲勺令冯翊",可见前秦有莲勺县。《晋志》、《魏志》皆作"莲芍",此从二志。

3.11　前秦池阳县

据前考"前秦霸城县"引《苻健载记》可知,前秦有池阳县。

3.12　前秦雍县

据前考"前秦霸城县"引《苻健载记》可知,前秦有雍县。《资治通鉴》载,晋穆帝升平二年(358)四月,"秦王坚如雍",亦证前秦有雍县。

3.13　前秦陈仓县

《资治通鉴》晋穆帝永和十年(354)载,桓温来前秦,"凉秦州刺史王擢攻陈仓以应温";"王擢拔陈仓,杀秦扶风内史毛难";"秦丞相雄击司马勋、王擢于陈仓,勋奔汉中,擢奔略阳"。可见前秦有陈仓县。

3.14　前秦美阳县

《吕光载记》载,苻坚时,"(吕光)除美阳令"。可见前秦有美阳县。

3.15　前秦好畤县(?)

《资治通鉴》载,晋穆帝永和六年(350)八月,"徐磋屯好畤",降前秦苻健。可见前秦得好畤县。

3.16　前秦宛川县

《太平寰宇记》卷30《关西道六》载,宝鸡县,"苻姚时于县界置宛川县"。可见前秦有宛川县。

3.17　前秦始平县

《苻坚载记下附王猛传》载,王猛曾为始平令。《太平寰宇记》卷26《关西道二》:"平陵城,汉平陵县,属右扶风。……魏黄初中改为始平县。苻秦移县于茂陵,故城因而荒废。"可见前秦有始平县。

3.18　前秦武功县

据前考"前秦始平郡"引《文苑英华》可知,前秦有武功县,属始平郡。

3.19　前秦鄠县

据前考"前秦霸城县"引《苻健载记》可知,前秦有鄠县。

3.20　前秦鳌屋县(?)

《魏书》卷42《寇赞传》载,寇赞父为苻坚东莱太守,赞之未贵时,与相者唐文言及鳌屋令杜琼。杜琼任鳌屋令当在苻坚时,故疑前秦有鳌屋县。

3.21　前秦渭城县

《资治通鉴》晋孝武帝太元五年(380)二月载,"(秦王坚)作教武堂于渭城(胡注:汉高帝元年,改咸阳曰新城;武帝元鼎三年,更名渭城;后汉、晋省;石勒置石安县,苻秦复曰渭城)"。可见前秦有渭城县。又据前考"前秦咸阳郡"可知,前秦时,渭城县属咸阳郡。

3.22　前秦泾阳县

据前考"前秦咸阳郡"可知,前秦时有泾阳县,可能属咸阳郡。

3.23　前秦朝那县

《苻登载记》载,"登率众下陇入朝那"。可见前秦有朝那县。

3.24　前秦焉弋县

据《梁舒墓表》可知,前秦时有焉弋县①。

3.25　前秦贰县

《苻登载记》有"贰县氐帅彭沛谷",可见前秦有贰县。

3.26　前秦新平县(承漆县)

《苻健载记》载,"新平有长人见","新平令以闻"。可见前秦有新平县。《太平寰宇记》卷34《关西道十》载,"后汉兴平元年分安定之鹑觚、右扶风之漆置新平郡,理漆县","历魏、晋同之,晋武帝分漆县,置邠汾邑县。苻秦时改漆取郡名为新平县"②。可见前秦时改漆县为新平县。

3.27　前秦长城县

据前考"前秦长城郡"可知,前秦时有长城县,属长城郡。

---

① 毛远明校注《汉魏六朝碑刻校注》第三册之二八五《梁舒墓表》:"凉故中郎、中督护公国中尉、晋昌太守、安定焉弋县梁舒","以建元二十年十一月卅日葬城西十七里"(第80页)。梁舒可能曾任前凉晋昌太守,前秦灭凉后入前秦。前凉之地未辖有安定郡,此安定郡焉弋县当为前秦所置。

② 中华书局点校本《太平寰宇记》(2007年)误改"新平县"为"新平郡",此已更正之。点校本"校勘记"为:"苻秦时改漆取郡名为新平郡。后'郡',底本作'县',万本、《库》本同。按《隋书》卷二九《地理志》上谓隋开皇四年改白土县为新平县,《元和郡县图志》卷三邠州新平县序同,则隋以前无'新平'。《晋书》卷一一四《苻健载记》:姚苌攻新平,新平太守苟辅凭城固守。则苻秦时设置新平郡。且本文云'取郡名为新平',则此'县'当为'郡'字之误,据改。"据《晋志上》,雍州于西晋时已置有新平郡,新平郡非苻秦时新置。各版本原文为"苻秦时改漆取郡名为新平县","校勘记"仅言"取郡名为新平",岂不知是取"新平郡"之名改"漆县"为"新平县"。然《太平寰宇记》此下又言"姚苌乱,郡县皆废",当有误。《姚兴载记上》载,"徙新平、安定新户六千于蒲坂";《姚泓载记》载,"征北姚恢弃安定,率户五千奔新平"。可见,后秦姚兴、姚泓时仍有新平郡。

3.28　前秦上邽县

据前考"前秦秦州"可知,前秦秦州治上邽。可见前秦有上邽县。

3.29　前秦冀县

据前考"前秦天水郡"可知,前秦有冀县,属天水郡。

3.30　前秦成纪县

《太平御览》卷122《偏霸部六》载,前秦甘露四年(362)七月,"黄龙见于成纪"。可见前秦有成纪县。

3.31　前秦略阳县

《苻坚载记上》载,羌敛岐叛,"坚遣王猛与陇西太守姜衡、南安太守邵羌讨敛岐于略阳"。可见前秦有略阳县。

3.32　前秦蒲坂县

据前考"前秦秦州"、"前秦雍州"可知,苻健时以并州治蒲坂,苻坚时以雍州治蒲坂。可见前秦有蒲坂县。

3.33　前秦解县

《魏书》卷88《裴佗传》:"裴佗,字符化,河东闻喜人。其先因晋乱避地凉州。苻坚平河西,东归桑梓,因居解县焉。"可见前秦有解县。

3.34　前秦襄陵县

《资治通鉴》载,晋穆帝永和十二年(356)八月,"姚襄奔平阳,秦并州刺史尹赤复以众降襄,襄遂据襄陵",其后姚襄又为前秦击败;晋孝武帝太元十一年(386)九月,"西燕慕容永遣使诣秦主丕,求假道东归。丕弗许,与永战于襄陵"。可见前秦有襄陵县。

3.35　前秦丰阳县

《苻健载记》:"(苻)雄遣菁掠上洛郡,于丰阳县立荆州。"据前考"前秦洛州"可知,至苻坚时,以洛州治丰阳。可见前秦有丰阳县。

3.36　前秦卢氏县

据前考"前秦青州"引《苻生载记》可知,前秦有卢氏县。

3.37　前秦弘农县

《资治通鉴》载,晋穆帝永和八年(352)十月,"秦豫州刺史杨群退屯弘农"。可见前秦有弘农县。

3.38　前秦陕县

据前考"前秦豫州"、"前秦洛州"可知,苻生时以豫州治陕城,苻坚时以洛州治陕城。可见前秦有陕县。

3.39 前秦宜阳县

据前考"前秦洛州"可知,前秦苻健时以洛州治宜阳。可见前秦有宜阳县。

3.40 前秦华阴县

《慕容暐载记》载:"(苻)坚恐暐乘衅入关,大惧,乃尽精锐以备华阴。"据《慕容垂载记》,慕容垂奔苻坚,坚"以为冠军将军,封宾都侯①,食华阴之五百户"。《苻坚载记下》载,淝水之战后,慕容泓"还屯华阴"。可见前秦有华阴县。

3.41 前秦渑池县

《资治通鉴》载,晋简文帝咸安元年(371)正月,前秦徙"丁零翟斌于新安、渑池"。《慕容垂载记》载,淝水战后,前秦败归,"(苻)坚至渑池"。可见前秦有渑池县。

3.42 前秦敷西县

《太平寰宇记》卷29《关西道五》载:"敷西城。郭缘生《述征记》云:'敷西县,夷狄所置,谓苻坚、姚苌时有敷西县,寻省之。'在(华阴)县西南。"可见前秦时有敷西县。

3.43 前秦洛阳县

据前考"前秦豫州"可知,前秦以豫州治洛阳。可见前秦有洛阳县。

3.44 前秦新安县

《苻坚载记上》载,前秦灭燕后,徙"丁零翟斌于新安"。可见前秦有新安县。

3.45 前秦邺县

据前考"前秦冀州"可知,前秦以冀州牧治邺。可见前秦有邺县。

3.46 前秦安阳县

《苻坚载记上》载,前秦伐前燕,苻坚躬率军向邺,"(王)猛潜至安阳迎坚"。《资治通鉴》晋孝武帝太元八年(383)十二月载,"慕容垂至安阳,遣参军田山修笺于长乐公丕"。可见前秦有安阳县。

3.47 前秦黎阳县

《苻坚载记下》载,东晋北伐,"将军颜肱、刘袭次于河北,(苻)丕遣将军桑据距之,为王师所败。袭等进攻黎阳,克之"。《资治通鉴》载,晋孝武帝太元九

---

① 据中华书局点校本《晋书》"校勘记"可知,此"宾都"当为"宾徒"。

年(384)十月,东晋攻前秦,"(苻)丕遣将军桑据屯黎阳以据之"。可见前秦有黎阳县。

3.48　前秦邯郸县

《慕容垂载记》载,前秦失关东郡县前,"(翟)斌兄子真率其部众北走邯郸,引兵向邺,欲与(苻)丕为内外之势"。可见前秦有邯郸县。

3.49　前秦襄国县

《资治通鉴》载,晋孝武帝太元九年(384)十月,苻丕遣阳平太守邵兴招集冀州故郡县,"与(光)祚期会襄国"。可见前秦有襄国县。

3.50　前秦列人县

《资治通鉴》载,晋孝武帝太元八年(383)十二月,"(慕容)农、(慕容)楷将数十骑微服出邺,遂同奔列人"。可见前秦有列人县。

3.51　前秦馆陶县

《资治通鉴》载,晋孝武帝太元九年(384)二月,"东胡王晏据馆陶,为邺中声援"。可见前秦有馆陶县。

3.52　前秦野王县

《资治通鉴》载,晋孝武帝太元九年(384)正月,后燕攻前秦,"可足浑潭集兵得二万余人,攻野王,拔之"。可见前秦有野王县。

3.53　前秦温县

据前考"前秦河内郡"引《苻健载记》可知,前秦初有温县,属河内郡。

3.54　前秦怀县

据前考"前秦河内郡"引《苻健载记》可知,前秦初有怀县。

3.55　前秦永昌县

《苻坚载记上》载,苻坚灭燕后,"改枋头为永昌县"。《资治通鉴》载,晋海西公太和五年(370)十二月,"秦王坚自邺如枋头,宴父老,改枋头曰永昌"。可见前秦苻坚置有永昌县。

3.56　前秦顿丘县

《资治通鉴》载,晋孝武帝太元九年(384)正月,后燕攻前秦,"遣兰汗攻顿丘(胡注：顿丘县,汉属东郡；武帝泰始二年,分置顿丘郡),克之"。可见前秦有顿丘县。

3.57　前秦信都县

据前考"前秦冀州"可知,前秦以冀州刺史治信都。可见前秦有信都县。

3.58　前秦高邑县

《苻坚载记下》有前秦"高邑侯苻亮",可见前秦有高邑县。

3.59　前秦广阿县

《资治通鉴》载,晋孝武帝太元九年(384)十月,苻丕遣阳平太守邵兴招集冀州故郡县,慕容垂遣慕容隆击邵兴,"隆与兴战于襄国,大破之;兴走至广阿"。可见前秦有广阿县。

3.60　前秦重合县

《苻坚载记下》有前秦"重合侯苻谟",可见前秦有重合县。

3.61　前秦阜城县

《苻坚载记下》有前秦"阜城侯苻定",可见前秦有阜城县。

3.62　前秦武城县

据前考"前秦清河郡"引《太平寰宇记》可知,前秦有武城县,属清河郡。

3.63　前秦唐县

《资治通鉴》载,晋孝武帝太元九年(384)八月,前秦幽州刺史王永"大破平规于蓟南,乘胜长驱,进据唐城"。可见前秦有唐县。

3.64　前秦晋阳县

据前考"前秦并州"、"前秦司隶校尉"可知,前秦苻坚时并州治晋阳,苻丕时司隶校尉治晋阳。可见前秦有晋阳县。

3.65　前秦壶关县(?)

据《苻坚载记上》,"(王)猛攻壶关,执(慕容)暐上党太守慕容越"。可见前秦或得壶关县。

3.66　前秦繁畤县

据前考"前秦雁门郡"引《资治通鉴》可知,前秦有繁畤县。

3.67　前秦蓟县

据前考"前秦幽州"可知,前秦幽州治蓟。可见前秦有蓟县。

3.68　前秦泉州县

《慕容垂载记》载,"(慕容)垂在(苻)坚朝,历位京兆尹,进封泉州侯"。可见前秦有泉州县。

3.69　前秦固安县

《苻坚载记下》有前秦"固安侯苻鉴",可见前秦有固安县。

3.70　前秦龙城县

据前考"前秦平州"可知,前秦平州治龙城。可见前秦有龙城县。

3.71　前秦湖陆县

据前考"前秦兖州"可知,前秦兖州治湖陆。可见前秦有湖陆县。

3.72 前秦襄邑县

据前考"前秦冯翊郡"引《魏书》可知,前秦有襄邑县。

3.73 前秦陈留县

据前考"前秦始平郡"引《文苑英华》可知,前秦有陈留县。

3.74 前秦鄄城县

据前考"前秦兖州"可知,前秦末兖州治鄄城。可见前秦有鄄城县。

3.75 前秦东阿县

《苻坚载记上》载,前秦灭燕后,"徙陈留、东阿万户以实青州"。据《慕容垂载记》,慕容农叛前秦,"东引乞特归于东阿"。可见前秦有东阿县。

3.76 前秦谯县

《资治通鉴》载,晋孝武帝太元九年(384)正月,"鹰扬将军刘牢之攻秦谯城,拔之"。可见前秦有谯县。

3.77 前秦下蔡县

《苻坚载记下》载,东晋桓冲遣"龙骧胡彬攻下蔡"。可见前秦有下蔡县。

3.78 前秦许昌县

据前考"前秦豫州"、"前秦东豫州"可知,苻健时曾以豫州治许昌,苻坚以东豫州治许昌。可见前秦有许昌县。

3.79 前秦项县

《苻坚载记下》载,淝水之战,苻坚"舍大军于项城",又言"群臣劝坚停项"。可见前秦有项县。

3.80 前秦慎县

《苻坚载记上》载,晋叛臣袁瑾固守寿春,遣使请救于前秦。苻坚遣王鉴、张蚝率骑救之,"桓温遣诸将夜袭鉴、蚝,败之,鉴、蚝屯慎城"。可见前秦有慎县。

3.81 前秦下辩县

《苻坚载记下》载,"(苻)宏之奔也,归其南秦州刺史杨璧于下辩"。可见前秦有下辩县。

3.82 前秦枹罕县

据前考"前秦河州"可知,前秦河州治枹罕。可见前秦有枹罕县。

3.83 前秦狄道县

据《苻登载记》,苻登曾为狄道长。可见前秦有狄道县。

3.84 前秦姑臧县

据前考"前秦凉州"可知,前秦凉州治姑臧。可见前秦有姑臧县。

3.85　前秦金城县

据前考"前秦凉州"可知,前秦凉州一度治金城。可见前秦有金城县。

3.86　前秦美水县

据《苻丕载记》,"吕光自西域还师,至于宜禾,坚凉州刺史梁熙谋闭境距之","美水令犍为张统说熙"。可见前秦有美水县,在凉州境内。《元和郡县图志》卷40《陇右道下》载,"祁连山,在(张掖)县西南二百里。张掖、酒泉二界上,美水茂草"。据此,张掖郡界有"美水茂草",或美水县因此得名,在张掖郡界。

3.87　前秦安弥县

据《苻丕载记》,吕光自西域还,前秦凉州刺史遣子胤距之,"胤及光战于安弥"。可见前秦有安弥县。

3.88　前秦玉门县

《资治通鉴》晋孝武帝太元十年(385)九月载,吕光子西域还,"至玉门,(梁)熙移檄责光擅命还师"。可见前秦有玉门县。

3.89　前秦宜禾县

《苻丕载记》载,"吕光自西域还师,至于宜禾,坚凉州刺史梁熙谋闭境距之"。可见前秦时有宜禾县。

3.90　前秦伊吾县

《苻丕载记》载杨翰言"伊吾之关亦可距也",可见前秦有伊吾县。

3.91　前秦成固县

《资治通鉴》载,晋孝武帝太元九年(384)正月,"将军杨佺期进据成固,击秦梁州刺史潘猛,走之"。可见前秦有成固县。

3.92　前秦涪城县

《苻坚载记下》载,东晋桓冲遣"辅国将军杨亮伐蜀,攻拔伍城,进攻涪城"。可见前秦有涪县。

3.93　前秦绵竹县

《苻坚载记上》载,前秦伐蜀,"(东晋)益州刺史周仲孙勒兵距(朱)彤等于绵竹,闻坚将毛当将至成都,仲孙率骑五千奔于南中";前秦得益州后,蜀人张育、杨光起兵反秦,苻坚遣邓羌击败之,"育、光退屯绵竹",邓羌复击,皆害之。可见前秦有绵竹县。

3.94　前秦成都县

据前考"前秦益州"可知,前秦益州治成都。可见前秦有成都县。

3.95　前秦五城县

据前考"前秦宁州"引《资治通鉴》可知,前秦姚苌兵败,退屯五城。据《苻坚载记下》,东晋桓冲遣"辅国将军杨亮伐蜀,攻拔伍城"。《载记》中的"伍城"当即"五城"。可见前秦有五城县。

3.96　前秦襄阳县

据前考"前秦荆州"可知,前秦荆州治襄阳。可见前秦有襄阳县。

3.97　前秦邓城县

据《苻坚载记下》,前秦攻东晋,"(慕容)垂次邓城"。可见前秦有邓城县。

3.98　前秦鲁阳县

《资治通鉴》载,晋孝武帝太元九年(384)四月,"秦荆州刺史都贵奔鲁阳"。据《苻坚载记下》,东晋攻前秦,"晋西中郎将桓石虔进据鲁阳"。可见前秦有鲁阳县。

3.99　前秦南乡县

《资治通鉴》载,晋孝武帝太元元年(376)"三月,秦兵寇南乡,拔之"。《苻坚载记上》载,苻坚遣将攻襄阳,以"慕容垂与姚苌出自南乡"。可见前秦有南乡县。

3.100　前秦武当县

《苻坚载记下》载,东晋桓冲遣"鹰扬郭铨攻武当"。可见前秦有武当县。

3.101　前秦万岁县

《资治通鉴》载,晋孝武帝太元八年(383)"六月,(桓)冲别将攻(前秦)万岁、筑阳(胡注:万岁,城名,盖近筑阳),拔之"。可见前秦有万岁县。

3.102　前秦筑阳县

据上考"前秦万岁县"引《资治通鉴》可知,前秦有筑阳县。

3.103　前秦新野县

据《苻坚载记下》,前秦攻东晋,"(苻)叡次新野"。可见前秦有新野县。

3.104　前秦西城县(?)

据前考"前秦魏兴郡"引《苻坚载记上》可知,前秦得西城县。

3.105　前秦彭城县

《太平御览》卷520《宗亲部十》引崔鸿《前秦录》曰:"秦州刺史窦滔妻,彭城令苏道之女。"可见前秦有彭城县。据前考"前秦徐州"可知,前秦徐州治彭城。

3.106　前秦留县

据《苻坚载记上》,"彭超围彭城也,置辎重于留城"。可见前秦有留县。

3.107　前秦下邳县

据前考"前秦扬州"可知,前秦扬州治下邳。可见前秦有下邳县。

3.108　前秦重光县

据《苻坚载记上》,"(苻)坚封(张)天锡重光县之东宁乡二百户"。可见前秦有重光县,其地望不可考。

3.109　前秦城安县

《邓艾祠堂碑》载,"大秦苻氏建元三年,岁在丁卯,冯翊护军、建威将军、奉车都尉、城安县侯、华山郑能邀"①。据此,前秦当有城安县,其地望不可考。

附　前秦垫江县

据前考"前秦宁州"可知,前秦宁州治垫江。可见前秦一度有垫江县。

---

① 毛远明校注:《汉魏六朝碑刻校注》第三册之二八三《邓艾祠堂碑》,第74页。

第三章 淝水之战后(383—439)十六国诸政权的疆域与政区演变(上)

第一节 后燕(附 西燕、翟魏)

淝水之战后,慕容垂谋图兴复燕国。后燕燕元元年(384),慕容垂称燕王。后燕燕元二年(385),慕容垂定都中山。后燕建兴元年(386),慕容垂称帝。后燕建兴十一年(396),慕容垂卒,慕容宝即位后,改元永康。永康二年(397),慕容宝为北魏所攻,弃中山,北走龙城。永康三年(398),慕容宝被杀,慕容盛即位,改元建平。后燕长乐三年(401),慕容盛被杀,慕容熙即位,改元光始。光始七年(407),慕容熙被杀,后燕亡。

一、疆域变迁

前燕慕容垂投奔苻坚,在前秦败于淝水后,谋图兴复燕国,欲取邺城而都之。但前秦苻丕固守邺城,慕容垂久攻不下,便择都中山称帝,据有冀州。其后,慕容垂北取幽、平二州,灭翟魏,平西燕,南攻兖州等地,疆土甚广。然在参合一战,为北魏所破,后燕由盛转衰。慕容宝即位后,北魏大举来伐,慕容宝北走龙城,后燕幽州以南之地尽失。慕容熙被杀,后燕遂亡。此将后燕疆域变迁分为前后两个时期:前期即慕容垂时期,此为后燕疆域不断对外扩张的时期;后期为慕容宝、慕容盛、慕容熙时期,实为后燕疆土逐渐削减的时期。

(一)后燕前期的扩张

据《资治通鉴》[①],苻坚败于淝水后,丁零翟氏率先叛前秦,苻丕令慕容垂

---

① 本章凡在段首用"据《资治通鉴》",如段中无其他引证文献,皆系本段引用文献来自《资治通鉴》。文中凡用晋帝年号纪年,皆为《资治通鉴》所载之年。

讨之,慕容垂亦反。晋孝武帝太元九年(后燕燕元元年,384)正月,慕容垂谋取邺而都之,率军东下,荥阳太守降之,慕容垂于荥阳称燕王①。随后,慕容氏破阳平馆陶,克顿丘,取广平列人,拔河内野王,取汲郡枋头,转攻邺城,"关东六州郡县多送任请降于燕",阳平、顿丘、广平、河内、汲郡等郡部分地区为后燕所占。慕容垂久攻邺城不下,即"以慕容绍行冀州刺史,屯广阿(胡注:广阿县,前汉属巨鹿郡,后汉并入巨鹿县。有广阿泽,在巨鹿县界,即大陆泽也)"。此年,前秦冀州刺史苻定以信都降于慕容垂,随后慕容氏攻拔常山、中山等地,冀州苻氏皆降于慕容垂。丁零翟氏初附于慕容垂,后又叛之,北走中山。晋孝武帝太元九年(384)十月,苻丕在邺遣使与翟氏相结,又招集冀州郡县,"是时,燕军疲弊,秦势复振,冀州郡县皆观望成败",后慕容氏击破秦兵,"冀州郡县复从燕"。可见,燕元元年(384)冀州诸郡县大多附于后燕。据前考前秦"疆域变迁"可知,燕元二年(385),博陵郡、清河郡和邺城为后燕攻取,而信都、高城反为前秦所有;后燕建兴元年(386),平原郡、信都、高城皆为后燕占据,前秦冀州尽入后燕。慕容氏初据冀州,其统治尚不稳定,部分郡县亦有反叛者,但不久即为慕容氏所平定。后燕基本占据冀州后,燕元二年(385)十二月,慕容垂定都中山。

据《资治通鉴》,晋孝武帝太元十年(后燕燕元二年,385)三月,荥阳人郑燮以郡降晋。此年,前燕攻略冀州之时,还向幽、平二州用兵,"燕带方王佐与宁朔将军平规共攻蓟,王永兵屡败。二月,永使宋敞烧和龙及蓟城宫室,帅众三万奔壶关;佐等入蓟"。前秦王永自蓟城奔走后,慕容佐不久入龙城,平州昌黎、辽东、玄菟三郡为后燕所据,慕容垂遂以幽州牧镇龙城;不久,高句丽寇陷辽东、玄菟二郡;后燕击破高句丽,复辽东、玄菟二郡,以平州刺史镇平郭。

据《资治通鉴》,晋孝武帝太元十二年(后燕建兴二年,387)正月,后燕攻晋济北太守温详,大破之,"详夜将妻子奔彭城,其众三万余户皆降于燕。垂以太原王楷为兖州刺史,镇东阿";二月,后燕击张愿,"进军历城(胡注:历城县自汉以来属济南郡),青、兖、徐州郡县壁垒多降。垂以陈留王绍为青州刺史,镇历城"。可见,此年后燕攻济北、济南二郡,取之。晋孝武帝太元十三年(388),"燕青州刺史陈留王绍为平原太守辟闾浑所逼②,退屯黄巾固(胡注:汉末黄巾保聚于其地,因以为名。齐人谓垒堡为固。绍自历城退屯焉,其地在济南郡章丘城北)。燕主垂更以绍为徐州刺史"。后燕虽退屯黄巾固,当不失济南郡。后燕在取有河南之地时,北部边郡则有所失。晋孝武帝太元十二年(387)三

---

① 《慕容垂载记》作慕容垂于太元八年于荥阳称燕王,有误,《晋书》"校勘记"已证其误。
② 此平原郡非冀州平原郡,为东晋侨置于青州之平原郡。

月,"燕上谷人王敏杀太守封戢,代郡人许谦逐太守贾闰,各以郡附刘显";七月,"燕赵王麟讨王敏于上谷,斩之"。晋孝武帝太元十三年(388),"燕赵王麟击许谦,破之,谦奔西燕。遂废代郡,悉徙其民于龙城"。可见,建兴二年(387),后燕失代郡、上谷,寻又复取上谷郡,至三年(388)击败代郡叛者,废此郡。

后燕定都中山以后,其周边也有一些政权相继建立,丁零翟魏居于河水南北,西燕慕容永控有并州等地,慕容垂先后灭翟魏、西燕。建兴三年(388),翟辽建国称魏。据后文所考翟魏疆域变迁,后燕建兴二年(387),翟魏攻取后燕顿丘郡、贵乡郡;建兴七年(392),后燕灭翟魏,得黎阳、顿丘、贵乡、东燕、陈留、济阴、荥阳七郡。淝水战后,慕容泓、慕容冲相继叛秦,慕容冲曾一度入据长安,不久被杀。其后,慕容永率鲜卑东下,破苻丕于河东,进据上党,称帝于长子。《资治通鉴》晋孝武帝太元十九年(后燕建兴九年,394)八月,慕容垂灭西燕慕容永,"得永所统八郡七万余户"。顾祖禹认为,西燕所据八郡为上党、太原、平阳、河东、乐平、新兴、西河、武乡①。石勒为上党郡武乡人,故分上党置武乡郡,后赵亡,武乡郡当罢。《魏志上》载:"慕容永分上党置建兴郡。"西燕所统八郡应有建兴郡,当无武乡郡。自西晋末年以来,雁门郡北部世为拓跋氏居地,至此当不会有变。慕容永据长子,"雁门陉北归于北魏,陉南当由西燕控制"②。西燕后,慕容永所署河东太守等拥兵自守,不降慕容垂,后燕不得河东郡及平阳汾水以西之地③。因此,后燕灭西燕后,当取有并州(除雁门郡北部)和平阳郡汾水以东之地。

据《资治通鉴》,晋孝武帝太元十九年(394),慕容垂灭西燕,当年即攻略河水以南诸地,十月,"燕主垂东巡阳平、平原,命辽西王农济河,与安南将军尹国略地青、兖。农攻廪丘,国攻阳城,皆拔之。东平太守韦简战死,高平、泰山、琅邪诸郡皆委城奔溃,农进军临海,遍置守宰";十一月,"燕辽西王农败辟闾浑于龙水,遂入临淄。十二月,燕主垂召农等还"。后燕攻廪丘当得濮阳郡,还陷有东平、高平、泰山、琅邪诸郡。鲁郡在高平郡和泰山郡之间,当亦于此时入后燕。《晋志下》载,前秦青州刺史苻朗降晋后,东晋置幽州,以辟闾浑为刺史,镇广固。后燕慕容农虽败辟闾浑,当未取有其地,此由其后慕容德再讨辟闾浑可证之,因此辟闾浑所据青州之地未为后燕所占。

---

① (清)顾祖禹:《读史方舆纪要》卷3《历代州域形势三·十六国》。
② 毋有江:《北魏政区地理研究》,复旦大学博士学位论文,2005年,第27页。
③ 河东郡和平阳郡汾水以西之地为故西燕河东太守柳恭等控制,后入后秦,详见后文所考后秦"疆域变迁"。

据上文考述，后燕慕容垂燕元年(384)，得前秦所置冀州大部分地区和荥阳郡。燕二年(385)，得前秦幽州、平州及勃海、清河、博陵三郡和邺，失荥阳郡、信都和高城。建兴元年(386)，得平原郡及信都、高城等地。建兴二年(387)，得济北郡、济南郡；此年失代郡、顿丘郡、贵乡郡。建兴七年(392)，灭翟魏，得黎阳、顿丘、贵乡、东燕、陈留、济阴、荥阳七郡。建兴九年(394)，灭西燕，得上党、太原、平阳(汾水以东)、乐平、新兴、西河、建兴七郡；此年又得濮阳、东平、高平、泰山、鲁郡、琅邪六郡。

(二) 后燕后期的疆土缩减

至慕容垂末年，拓跋部逐渐强盛，慕容垂企图讨平之，遣其太子慕容宝征讨，参合之战，后燕大败。慕容垂亲征拓跋部，在征伐途中病卒。慕容宝即位后，北魏拓跋珪大举来伐。后燕大片疆土陷于北魏，慕容宝北走龙城以后，幽州以南之地皆不保。

后燕永康元年(北魏皇始元年，396)，拓跋魏伐后燕慕容宝，从东西两线同时进攻。《魏书》卷2《太祖纪》载，皇始元年(396)六月，拓跋珪"遣将军王建等三军讨宝广宁太守刘亢泥，斩之，徙其部落。宝上谷太守慕容普邻，捐郡奔走"，后燕又失幽州广宁郡、上谷郡。《资治通鉴》晋孝武帝太元二十一年(后燕永康元年，396)十一月，魏别将攻蓟城不克，退屯渔阳，可见当年渔阳郡也为北魏占据。据《魏书》卷2《太祖纪》，皇始元年(396)九月，拓跋魏攻晋阳，"宝并州牧辽西王农大惧，将妻弃城夜出，东遁，并州平"。拓跋氏攻取并州后，当还取有后燕平阳郡①。《太祖纪》又载，皇始元年(396)十一月，拓跋魏兵临中山城下，"自常山以东，守宰或捐城奔窜，或稽颡军门，唯中山、邺、信都三城不下"；皇始二年(397)，慕容宝弃中山北奔，拓跋氏先后攻克信都、中山，后燕尽失冀州之地。永康二年(397)时，后燕鲁阳王慕容和镇守滑台，河水以南兖州等地仍为后燕占有。《魏书》卷2《太祖纪》又载，皇始三年(后燕建平元年，398)，慕容德自邺走保滑台，魏将追之至河，魏帝拓跋珪入邺，乃置行台于邺城，以重将镇之，后燕邺城亦不守。慕容德在滑台称燕王，史称南燕，滑台等地应属南燕，原后燕所据兖州等地不再属其所有。慕容宝北奔龙城后，其所置并州、雍州、冀州等地基本为拓跋氏所取。此时慕容氏内部已大乱，无暇南顾，幽州以南之地非慕容氏所能控制。

据《资治通鉴》，晋安帝隆安元年(后燕永康二年，397)三月，慕容宝北奔时，拓跋珪遣将追之，"至范阳，不及，破其新城戍而还(胡注：《前汉志》：中山国有北新城县。《郡国志》：涿郡有北新城县，晋省。《水经注》新城县在武遂县

---

① 因平阳郡在并州之西，并州陷于拓跋魏，平阳当应不保。

南,燕督亢之地也)"。可见,后燕永康元年(396)时范阳郡暂未失于拓跋氏。《资治通鉴》载,晋安帝隆安二年(后燕建平元年,398)三月,慕容宝因内乱而奔于蓟城,是燕郡蓟城暂未有失。据《魏书》卷2《太祖纪》,天兴二年(后燕长乐元年,399),"慕容盛征虏将军、燕郡太守高湖,率户三千内属"。《晋志上》载,"慕容垂子宝又迁于和龙,自幽州至于庐溥镇以南地入于魏",此"庐溥镇",当即"卢溥镇"①。《魏书》卷2《太祖纪》载,天兴二年(399)八月,"范阳人卢溥聚众海滨",攻掠魏郡县,魏遣将军和突讨卢溥;天兴三年(400)正月,"破卢溥于辽西"。因此,庐溥镇应在临海的辽西郡。魏军于天兴三年(400)已深入至辽西,并于天兴二年(399)得有燕郡,范阳郡在庐溥镇以南,当在燕郡入魏的当年亦为拓跋氏所取。据《资治通鉴》晋安帝隆安二年(398)九月,后燕以"慕容豪为幽州刺史,镇肥如",而不镇蓟城,亦表明燕郡等地非后燕疆土。

据《资治通鉴》,晋安帝隆安四年(后燕长乐二年,400)正月,北魏破卢溥后,于辽西郡署有守宰,"燕主盛遣广威将军孟广平救溥,不及,斩魏辽西守宰而还"。晋安帝隆安五年(后燕光始元年,401)十二月,"乙卯,魏虎威将军宿沓干伐燕,攻令支;乙丑,燕中领军宇文拔救之。壬午,宿沓干拔令支而戍之"。晋安帝元兴元年(后燕光始二年,402)正月,"丁丑,燕慕容拔攻魏令支戍,克之,宿沓干走,执魏辽西太守那颉。燕以拔为幽州刺史,镇令支,以中坚将军辽西阳豪为本郡太守"。可见,后燕曾失辽西,旋复取之。据谭图,幽州北平郡多在辽西郡以西,拓跋魏能擒卢溥于辽西且置辽西守宰,能取辽西令支且置辽西太守,当先取有辽西以西的北平郡濡水以西之地,可能在长乐元年(399)时拓跋氏已得之。慕容盛后,慕容熙即位。《晋志上》载,慕容熙以幽州刺史镇令支,冀州刺史镇肥如,令支、肥如皆在辽西郡。至长乐元年(399),后燕在幽州当仅能守有辽西郡。

《资治通鉴》载,晋安帝隆安四年(后燕长乐二年,400)二月,慕容盛伐高句丽,"拔新城、南苏二城,开境七百余里,徙五千余户而还"。此为后燕后期之拓境,取有新城、南苏二城。晋安帝元兴元年(后燕光始二年,402)五月,"高句丽攻宿军(胡注:宿军在龙城东北),燕平州刺史慕容归弃城走(胡注:北燕平州刺史治宿军)"。宿军在龙城东北,在辽东、玄菟以西。后燕初以平州刺史镇平郭,平州改治宿军,表明玄菟郡、辽东郡不守②。后燕失辽东后,企图夺回。晋

---

① (清)顾炎武:《营平二州地名记》,上海古籍出版社,1993年,第383页。
② 余逊在《汉魏晋北朝东北诸郡沿革表》中指出,"慕容熙时,(玄菟)郡与辽东同没入高句丽。"(见《中央研究院历史语言研究所集刊》第六本第四分,第477页)邹逸麟主编《中国历史人文地理》(科学出版社,2001年,第19页)在叙及魏晋南北朝疆界变迁时认为,后燕失辽东、玄菟二郡在404年(即元兴三年),此不从。

安帝义熙元年(后燕光始五年,405)正月,"燕主熙伐高句丽。戊申,攻辽东","不克而还"。后燕此弃宿军,后当又取之。《慕容熙载记》载,"攻木底城,不克而还";"大城肥如及宿军,以仇尼倪为镇东大将军、营州刺史,镇宿军"。《资治通鉴》晋安帝义熙二年(光始六年,406):"攻高句丽木底城,不克而还(胡注:木底城在南苏之东,唐置木底州)。"慕容熙时以营州刺史镇宿军在攻木底城之后,应在光始六年(406)后,表明此时宿军为后燕所据。

据上所述,后燕慕容宝永康元年(396),北魏伐后燕,慕容氏失其所置并州、雍州、司隶部(除中山城)、冀州(除信都城、邺城)、广宁郡、上谷郡、渔阳郡。永康二年(397),后燕徙都龙城,失中山城、信都城。慕容盛建平元年(398),失邺城,原据幽州以南尽失。长乐元年(399),失范阳郡、燕郡及北平郡濡水以西之地。长乐二年(400),伐高句丽,取新城、南苏二城。慕容熙光始二年(402),失辽东郡、玄菟郡及其以东新城、南苏等地。此后,后燕仅守有昌黎郡、辽西郡等地。后燕光始七年(407),慕容熙被杀,国亡。

二、政区沿革

据上考后燕疆域可知,后燕建兴十年(395)疆域最盛(见图8)。下文即以后燕建兴十年(395)为基准年,先概述后燕政区沿革,再考证后燕可考的政区。

(一)政区概述

1. 司隶部

司隶部,治中山(今河北定州市)。后燕建兴元年(386),置司隶部,领中山尹及常山、赵郡、巨鹿、博陵、高阳、河间六郡①;其后,分常山郡置唐郡,属司隶部。后燕永康元年(396),除中山城外,司隶部领地基本入北魏。至后燕永康二年(397),司隶部仅领有中山城。

中山尹(承中山郡),治弗违(今河北定州市)。后燕燕元元年(384),承前秦置中山郡,治卢奴,领卢奴、魏昌、新市、安喜、蒲阴、望都、唐、北平八县。后燕建兴元年(386),改中山郡为中山尹,改卢奴为弗违县。后燕永康元年(396),弗违(除中山城)、魏昌、新市、安喜、蒲阴、望都、唐、北平入北魏。至后燕永康二年(397),中山尹仅领有中山城。

---

① 后燕自中山败走龙城后,北魏得后燕司隶校尉地,改称安州,后又改称定州。《魏志上》载,"定州,太祖皇始二年置安州,天兴三年改",领有中山郡、常山郡、巨鹿郡、博陵郡;又载,"瀛州,太和十一年分定州河间、高阳,冀州章武、浮阳置";"南赵郡,太和十一年为南巨鹿,属定州"。据此,中山、常山、赵郡、巨鹿、博陵、高阳、河间七郡在后燕时当属司隶校尉。

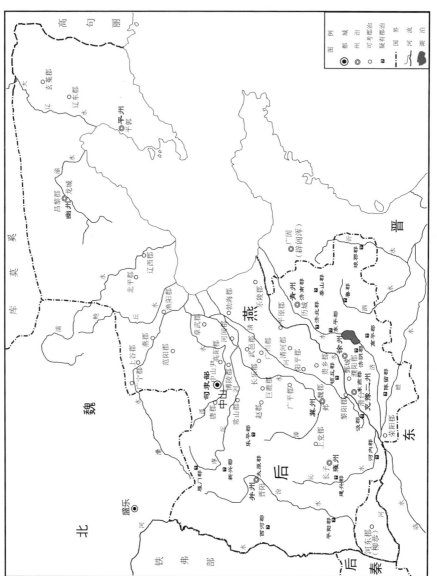

图 8 后燕建兴十年(395)疆域政区示意图

常山郡，治真定（今河北石家庄市长安区西北）。后燕燕元元年（384），承前秦置常山郡，领真定、石邑、井陉、上曲阳、蒲吾、行唐、灵寿、九门八县。其后，后燕分常山置唐郡，行唐县、上曲阳县当别属唐郡。至后燕永康元年（396），常山郡领真定、石邑、井陉、蒲吾、灵寿、九门六县。

赵郡，治房子（今河北高邑县西南）。后燕燕元元年（384），承前秦置赵郡，领房子、元氏、平棘、高邑、柏人、南栾、赵安七县。至后燕永康元年（396），赵郡领县当不变。

巨鹿郡，治廮陶（今河北宁晋县西南）。后燕燕元元年（384），承前秦置巨鹿郡，领廮陶、巨鹿、平乡、曲阳、鄡、广阿六县。至后燕永康元年（396），巨鹿郡领县当不变。

博陵郡，治饶阳鲁口（今河北饶阳县）。后燕燕元二年（385），承前秦置博陵郡，领饶阳、安平、深泽、安国四县。后燕时，当置有博陵县，属博陵郡。至后燕永康元年（396），博陵郡领饶阳、安平、深泽、安国、博陵五县。

高阳郡，治博陆（今河北蠡县南）。后燕燕元元年（384），承前秦置高阳郡，领博陆、高阳、北新城、蠡吾四县。至后燕永康元年（396），高阳郡领县当不变。

河间郡，治乐城（今河北献县东南）。后燕燕元元年（384），承前秦置河间郡，领乐城、武垣、鄚、易城、中水、成平六县。至后燕永康元年（396），河间郡领县当不变。

唐郡，治行唐（今河北行唐县东北）。后燕建兴元年（386），分常山置唐郡，领行唐县、上曲阳县①。至后燕永康元年（396），唐郡领县当不变。

2. 冀州

冀州，治邺（今河北临漳县西南邺镇一带）。后燕燕元元年（384），置冀州，治广阿，领魏郡（除邺城）、广平、阳平、河内、汲郡、顿丘、贵乡、长乐、赵郡、巨鹿、武邑、广川、乐陵、章武、河间、高阳、中山、常山、荥阳十九郡。燕元二年（385），勃海、清河、博陵三郡和邺来属，荥阳郡入东晋。后燕建兴元年（386），中山、常山、赵郡、巨鹿、博陵、高阳、河间七郡别属司隶部；平原郡来属；以冀州牧治邺，领魏郡、广平、阳平、河内、汲郡、顿丘、贵乡、长乐、武邑、广川、平原、勃海、清河、乐陵、章武十五郡；以冀州刺史治信都，领长乐、武邑、广川、平原、勃

---

① 《魏志上》载，"行唐，二汉、晋曰南行唐，属，后改。太和十四年置唐郡"。北魏唐郡当取后燕废郡名，故后燕唐郡应领有行唐县。《资治通鉴》载，晋孝武帝太元十年（385）五月，"燕王垂至常山，围翟成于行唐"；七月，"翟成长史鲜于得斩成出降，垂屠行唐，尽坑成众"。当时丁零为后燕的主要敌对势力，行唐附近为丁零翟氏的根据地，慕容垂得行唐后，当置唐郡，以统治新得原丁零翟氏势力范围。与行唐县紧邻的上曲阳县也应属于唐郡的辖域。

海、清河、乐陵、章武八郡。建兴二年(387),顿丘郡、贵乡郡入翟魏。后燕永康元年(396),除信都城、邺城,冀州领地基本入北魏。永康二年(397),信都城入北魏。后燕建平元年(398),邺城入北魏。

魏郡,治邺(今河北临漳县西南邺镇一带)。后燕燕元元年(384),承前秦置魏郡,领邺(除邺城)、长乐、魏、斥丘、安阳、荡阴、内黄七县。燕元二年(385),邺城来属。后燕永康元年(396),除邺外,诸县皆入北魏。至后燕永康二年(397),魏郡仅领有邺城。

广平郡,治广平(今河北鸡泽县东南)。后燕燕元元年(384),承前秦置广平郡,领广平、邯郸、易阳、武安、涉、襄国、南和、任、曲梁、列人、肥乡、临水、广年、斥漳、平恩、清苑十六县。至后燕永康元年(396),广平郡领县当不变。

阳平郡,治馆陶(今河北馆陶县馆陶镇)。后燕燕元元年(384),承前秦置阳平郡,领馆陶、清渊、发干、阳平、乐平五县。至后燕永康元年(396),阳平郡领县当不变。

河内郡,治野王(今河南沁阳市)。后燕燕元元年(384),承前秦置河内郡,领野王、温、州、怀、平皋、山阳、河阳、沁水、轵九县。至后燕永康元年(396),河内郡领县当不变。

汲郡,治汲(今河南卫辉市西南)。后燕燕元元年(384),承前秦置汲郡,领汲、朝歌、共、林虑、获嘉、修武六县①。至后燕永康元年(396),汲郡领县当不变。

长乐郡,治信都(今河北冀州市)。后燕燕元元年(384),承前秦置长乐郡,领信都、下博、扶柳、广宗、经、堂阳、南宫七县。后燕燕元二年(385),失信都。后燕建兴元年(386),得信都。后燕永康元年(396),长乐郡领县(除信都城)皆入北魏。至后燕永康二年(397),长乐郡仅领有信都城。

武邑郡,治武邑(今河北武邑县)。后燕燕元元年(384),承前秦置武邑郡,领武邑、武遂、观津、武强四县。至后燕永康元年(396),武邑郡领县当不变。

广川郡,治广川(今河北景县西南)。后燕燕元元年(384),承前秦置广川郡,领广川、枣强、索卢三县。至后燕永康元年(396),广川郡领县当不变。

平原郡,治平原(今山东平原县南)。后燕建兴元年(386),承前秦置平原郡,领平原、茌平、博平、聊城、安德、西平昌、般、鬲、高唐九县。至后燕永康元年(396),平原郡领县当不变。

---

① 枋头曾为苻坚出生之地,前秦灭燕后,"改枋头为永昌县"。此后史书不载此地置有永昌县,或入后燕时罢。

勃海郡,治南皮(今河北南皮县东北)。后燕燕元元年(384),得前秦勃海郡高城县。燕元二年(385),承前秦置勃海郡,领南皮、东光、浮阳、饶安、重合、安陵、蓨、阜城八县,高城县入前秦。建兴元年(386),高城县自前秦来属。至后燕永康元年(396),勃海郡领南皮、东光、浮阳、饶安、重合、安陵、蓨、阜城、高城九县。

乐陵郡,治厌次(今山东阳信县东南)。后燕燕元元年(384),承前秦置乐陵郡,领厌次、阳信、漯沃、新乐、乐陵五县。至后燕永康元年(396),乐陵郡领县当不变。

章武郡,治东平舒(今河北大城县)。后燕燕元元年(384),承前秦置章武郡,领东平舒、文安、章武、束州四县。至后燕永康元年(396),章武郡领县当不变。

清河郡,治武城(今山东武城县西北)。后燕燕元二年(385),承前秦置清河郡,领武城、贝丘、清河、绎幕、灵、鄃六县。至后燕永康元年(396),清河郡领县当不变。

3. 幽州(暨司隶部[治龙城],含冀州[治肥如]、并州[治凡城])

幽州,治龙城(今辽宁朝阳市双塔区)。后燕燕元二年(385),置幽州,治龙城,领昌黎、燕郡、渔阳、范阳、北平、上谷、广宁、代郡、辽西九郡。后燕建兴三年(388),代郡入刘显。后燕永康元年(396),渔阳、广宁、上谷三郡地入北魏。后燕建平元年(398),幽州改治肥如,领辽西、燕郡、范阳、北平四郡;置司隶部,治龙城,领有昌黎尹等;其后,侨置乐浪、带方、营丘、成周等郡,属司隶部。后燕长乐元年(399),燕郡、范阳、北平(三县)三郡入北魏;其后,置建德、石城、冀阳三郡,属幽州;又侨置燕郡,属司隶部。后燕光始二年(402),幽州改治令支,领辽西、建德、石城、冀阳四郡。后燕光始三年(403),分幽州置并州,治凡城,领建德、石城、冀阳三郡。后燕光始六年(406),分幽州置冀州①,治肥如,或领肥如县、阳乐县②。至后燕光始七年(407),司隶部领昌黎尹、乐浪郡(侨置)、带方郡(侨置)、营丘郡(侨置)、成周郡(侨置)、燕郡(侨置),幽州领辽西郡,冀州领肥如县、阳乐县,并州领建德、石城、冀阳三郡。

昌黎郡(含昌黎尹),治龙城(今辽宁朝阳市双塔区)。后燕燕元二年(385),承前秦置昌黎郡,领龙城、棘城、昌黎、宾徒、徒河五县。后燕建平元年

---

① 《慕容熙载记》亦载后燕慕容熙置冀州镇肥如,事在后燕攻高句丽木底城后。《资治通鉴》晋安帝义熙二年二月载慕容熙攻木底城。故认为后燕分幽州置冀州在光始六年。
② 当时后燕幽州仅领辽西郡,辖令支、阳乐、肥如、海阳五县。据谭图,令支县、海阳县在濡水西,肥如县、阳乐县在濡水东。或以幽州领濡水西两县,冀州领濡水东两县。

(398),改昌黎郡为昌黎尹。至后燕光始七年(407),昌黎尹领县当不变。

燕郡,治蓟(今北京西城区南)。后燕燕元二年(385),承前秦置燕郡,领蓟、安次、广阳、昌平、军都五县。至后燕长乐元年(399),燕郡领县当不变。

渔阳郡,治雍奴(今天津武清县西北)。后燕燕元二年(385),承前秦置渔阳郡,领雍奴、潞、泉州、安乐、平谷五县。至后燕永康元年(396),渔阳郡领县当不变。

范阳郡,治涿(今河北涿州市)。后燕燕元二年(385),承前秦置范阳郡,领涿、良乡、方城、长乡、遒、固安、范阳、容城八县。至后燕长乐元年(399),范阳郡领县当不变。

上谷郡,治沮阳(今河北怀来县东南)。后燕燕元二年(385),承前秦置上谷郡,领沮阳县、居庸县。至后燕永康元年(396),上谷郡领县当不变。

广宁郡,治下洛(今河北涿鹿县)。后燕燕元二年(385),承前秦置广宁郡,领下洛、潘、涿鹿三县。至后燕永康元年(396),广宁郡领县当不变。

北平郡,治徐无(今河北遵化市东)。后燕燕元二年(385),承前秦置北平郡,领徐无、土垠、无终三县。后燕时,又置白狼、广都、石城三县,属北平郡。后燕长乐元年(399),北平郡领徐无、土垠、无终三县入北魏[1];其后,白狼、广都、石城三县改属建德郡。

辽西郡,治令支(今河北迁安市西)。后燕燕元二年(385),承前秦置辽西郡,领令支、阳乐、肥如、海阳四县。后燕光始六年(406),肥如县、阳乐县别属冀州[2]。至后燕光始七年(407),辽西郡仅领令支县、海阳县。

以下九郡附

代郡,治代(今河北蔚县东二十里代王城)。后燕燕元二年(385),承前秦置代郡,领代、广昌、平舒、当城四县。至后燕建兴二年(387),代郡领县当不变。

乐浪郡(侨置),治所不可考。后燕建平元年(398),都龙城;其后,侨置乐浪郡,领县不可考。至后燕光始七年(407),乐浪郡辖区当不变。

带方郡(侨置),治所不可考。后燕建平元年(398),都龙城;其后,侨置带方郡,领县不可考。至后燕光始七年(407),带方郡辖区当不变。

---

[1] 由前文所考后燕"疆域变迁"可知,后燕长乐元年失北平郡濡水以西之地。据谭图西晋时"幽州平州"图可知,北平郡徐无、土垠、无终三县在濡水西;据谭图北魏时"相、冀、幽、平等州"图可知,广都、白狼二县在濡水东。又据后文所考北燕"政区沿革"可知,广都县、白狼县于北魏属建德郡,故于后燕时未入北魏。

[2] 见上述后燕"幽州(含冀州[治肥如])"的相关内容。

营丘郡(侨置),治所不可考。后燕建平元年(398),都龙城;其后,侨置营丘郡,领县不可考。至后燕光始七年(407),营丘郡辖区当不变。

成周郡(侨置),治所不可考。后燕建平元年(398),都龙城;其后,侨置成周郡,领县不可考。至后燕光始七年(407),成周郡辖区当不变。

燕郡(侨置),治所不可考。后燕长乐元年(399),原后燕燕郡入北魏;其后,侨置燕郡于昌黎郡之东,领县不可考。至后燕光始七年(407),燕郡辖区当不变。

建德郡,治白狼(今辽宁喀喇沁左翼蒙古族自治县西南)。后燕长乐元年(399),北平郡濡水以西入北魏;其后,置建德郡,领白狼、广都、建德三县①。至后燕光始七年(407),建德郡领县当不变。

石城郡,治石城(今辽宁建昌县西)。后燕长乐元年(399),北平郡濡水以西入北魏;其后,置石城郡②,领石城等县。至后燕光始七年(407),石城郡领县当不变。

冀阳郡,治平刚(今辽宁凌源市西南)。后燕长乐元年(399),北平郡濡水以西入北魏;其后,置冀阳郡,领平刚等县③。至后燕光始七年(407),冀阳郡领县当不变。

4. 平州(暨营州[治宿军],含青州[治新城])

平州,治平郭(今辽宁盖州市西南)。后燕燕元二年(385),置平州,治平郭,领辽东郡、玄菟郡。后燕光始二年(402),辽东郡、玄菟郡入高句丽;平州改治宿军,或领辽东郡(侨置)、玄菟郡(侨置)④。后燕光始三年(403),置青州,治新城⑤,领郡不可考。后燕光始六年(406),改平州为营州⑥,或领辽东郡(侨置)、玄菟郡(侨置)。至后燕光始七年(407),营州、青州辖区当不变。

辽东郡,治襄平(今辽宁辽阳市城区一带)。后燕燕元二年(385),承前秦置辽东郡,领襄平、汶、居就、乐就、安市、安平、新昌、力城、平郭、和阳、武次、西乐十二县。至后燕光始二年(402),辽东郡领县当不变。

---

① 据后文所考"北燕建德郡"可知北燕有此郡。《魏志上》载,建德郡治白狼城,领石城县、广都县(真君八年并白狼、建德等县属)、阳武县(正光末置)。石城、广都、白狼、建德四县当为后燕时所置。
② 据后文所考"北燕石城郡"可知,北燕有此郡,当承后燕。
③ 据后文所考"北燕冀阳郡"可知,北燕有此郡,当承后燕。《魏志上》载,冀阳郡,"真君八年并昌黎,武定五年复",领平刚、柳城二县。冀阳郡于太平真君八年并昌黎,应承北燕所置。柳城县即北燕时龙城县,不属冀阳郡。故平刚县当属冀阳郡,或为郡治所。
④ 据后文所考"北燕辽东郡"、"北燕玄菟郡"可知,北燕有此二郡,当承后燕。
⑤ 《慕容盛载记》载,后燕伐高句丽,"袭新城、南苏,皆克之"。不知后燕青州所治新城,是否为伐高句丽所得新城。
⑥ 据《慕容熙载记》,后燕慕容熙同置营州、冀州。因此,后燕置营州也应在光始六年。

玄菟郡,治高句丽(今辽宁沈阳市浑南区东北)。后燕燕元二年(385),承前秦置玄菟郡,领高句丽、望平、高显三县。至后燕光始二年(402),玄菟郡领高句丽、望平、高显三县。

以下二郡附

辽东郡(侨置),治所不可考。后燕光始二年(402),侨置辽东郡,领县不可考。至后燕光始七年(407),辽东郡辖区当不变。

玄菟郡(侨置),治所不可考。后燕光始二年(402),侨置玄菟郡,领县不可考。至后燕光始七年(407),玄菟郡辖区当不变。

5. 并州

并州,治晋阳(今山西太原市晋源区)。后燕建兴九年(394),置并州,领太原、乐平、新兴、雁门、西河五郡和离石护军。至后燕永康元年(396),并州领郡、护军当不变。

太原郡,治晋阳(今山西太原市晋源区)。后燕建兴九年(394),承西燕置太原郡,领晋阳、阳曲、榆次、阳邑、大陵、祁、平陶、中都、邬九县。至后燕永康元年(396),太原郡领县当不变。

乐平郡,治沾(今山西昔阳县西南)。后燕建兴九年(394),承西燕置乐平郡,领沾、上艾、辕阳、乐平四县。至后燕永康元年(396),乐平郡领县当不变。

新兴郡,治九原(今山西忻州市忻府区)。后燕建兴九年(394),承西燕置新兴郡,领九原、定襄、云中、晋昌四县。至后燕永康元年(396),新兴郡领县当不变。

雁门郡,治广武(今山西代县上馆镇)。后燕建兴九年(394),承西燕置雁门郡,领广武、平城、原平三县①。至后燕永康元年(396),雁门郡领县当不变。

西河郡,治离石(今山西吕梁市离石区)。后燕建兴九年(394),承西燕置西河郡,领离石、隰城、介休三县。至后燕永康元年(396),西河郡领县当不变。

离石护军,治离石(今山西吕梁市离石区)。后燕建兴九年(394),得西河郡;其后,置离石护军。至后燕永康元年(396),离石护军辖区当不变。

6. 雍州

雍州,治长子(今山西长子县西南)。后燕建兴九年(394),置雍州,领上党、平阳、建兴三郡。至后燕永康元年(396),雍州领郡当不变。

上党郡,治长子(今山西长子县西南)。后燕建兴九年(394),承西燕置上党郡,领长子、壶关、潞、屯留、铜鞮、涅、襄垣、武乡八县。至后燕永唐元年

---

① 前秦时,雁门郡还领有楼烦、马邑、阴馆、繁畤、崞五县,此五县原为拓跋鲜卑居地,前秦亡后为北魏占据。

(396),上党郡领县当不变。

建兴郡,治阳阿(今山西阳城县西北)。后燕建兴九年(394),承西燕置建兴郡,领阳阿、高都、泫氏、端氏、濩泽五县。至后燕永唐元年(396),建兴郡领县当不变。

平阳郡,治所不可考。后燕建兴九年(394),得西燕平阳郡杨、永安、襄陵、绛邑四县①,置平阳郡领之。至后燕永唐元年(396),平阳郡领县当不变。

7. 青州(含兖州[治东阿]、徐州[治历城])

青州,治历城(今山东济南市城区一带)。后燕建兴二年(387),置青州,治历城,领济南郡;置兖州,治东阿,领济北郡。后燕建兴三年(388),改青州为徐州。后燕建兴七年(392),徐州改治黎阳,济南郡复属青州;济北郡亦属青州,前置兖州罢。至后燕建平元年(398),青州领济南郡、济北郡。

济南郡,治历城(今山东济南市城区一带)。前秦淝水之战失败后,济南郡入东晋。后燕建兴二年(387),承东晋置济南郡,领历城、著、于陵、漯阴、祝阿五县。至后燕建平元年(398),济南郡领县当不变。

济北郡,治卢(今山东平阴县西)。前秦淝水之战失败后,济北郡入东晋。后燕建兴二年(387),承东晋置济北郡,领卢、临邑、东阿、谷城、蛇丘五县。至后燕建平元年(398),济北郡领县当不变。

8. 徐州

徐州,治鄄城(今山东鄄城县北)。后燕建兴七年(392),置徐州,治黎阳,领黎阳、顿丘、贵乡三郡②。后燕建兴九年(394),濮阳、东平、高平、泰山、鲁郡、琅邪六郡自东晋来属,徐州改治鄄城。后燕永康元年(396),黎阳、顿丘、贵乡三郡入北魏。后燕建平元年(398),徐州领濮阳、东平、高平、泰山、鲁郡、琅邪六郡。

濮阳郡,治濮阳(今河南濮阳县西南)。前秦淝水之战失败后,濮阳郡入东晋。后燕建兴九年(394),承东晋置濮阳郡,领濮阳、廪丘、鄄城三县。至后燕建平元年(398),濮阳郡领县当不变。

---

① 西燕亡后,平阳郡汾水以西为西燕故将控制,不附后燕。其后,汾水以西地入后秦,见后秦"政区沿革"平阳郡、泰平郡相关内容。后燕得汾水以东之地,后燕亡后,汾水以东入北魏。据北魏、后秦柴壁之战双方控制的战线也可证,北魏控有原平阳郡汾水以东之地,后秦控制汾水以西。据谭图,汾水以东有杨、永安、襄陵、绛邑四县。
② 后燕建兴七年灭翟魏,得黎阳、顿丘、贵乡、荥阳、陈留、济阴、东燕七郡。随后,慕容垂以徐州刺史镇黎阳,兖豫二州刺史镇滑台。其中,黎阳、顿丘、贵乡在河北,当属徐州;滑台、荥阳、陈留、济阴、东燕在河南,当属兖豫二州。

黎阳郡,治黎阳(今河南浚县东)。前秦淝水之战失败后,黎阳郡先后入东晋、翟魏。后燕建兴七年(392),承翟魏置黎阳郡,领黎阳县。至后燕永康元年(396),黎阳郡领县当不变。

顿丘郡,治顿丘(今河南清丰县西南)。后燕燕元元年(384),承前秦置顿丘郡,领顿丘、繁阳、阴安、卫、武阳五县。后燕建兴二年(387),顿丘郡入翟魏。后燕建兴七年(392),顿丘郡自翟魏来入后燕。至后燕永康元年(396),顿丘郡领县当不变。

贵乡郡,治元城(今河北大名县东)。后燕燕元元年(384),承前秦置贵乡郡,领元城县。后燕建兴二年(387),贵乡郡入翟魏。后燕建兴七年(392),贵乡郡自翟魏来入后燕。至后燕永康元年(396),贵乡郡领县当不变。

东平郡,治须昌(今山东东平县西北)。前秦淝水之战失败后,东平郡入东晋。后燕建兴九年(394),承东晋置东平郡,领须昌、寿张、范、无盐、富城、平陆、刚平七县。至后燕建平元年(398),东平郡领县当不变。

高平郡,治昌邑(今山东金乡县东北)。前秦淝水之战失败后,高平郡入东晋。后燕建兴九年(394),承东晋置高平郡,领昌邑、巨野、方与、金乡、湖陆、高平、南平阳、任城、亢父九县。至后燕建平元年(398),高平郡领县当不变。

泰山郡,治奉高(今山东泰安市城区东)。前秦淝水之战失败后,泰山郡入东晋。后燕建兴九年(394),承东晋置泰山郡,领奉高、山茌、博、嬴、南城、梁父、南武阳、莱芜、牟、巨平十县。至后燕建平元年(398),泰山郡领当不变。

鲁郡,治鲁(今山东曲阜市)。前秦淝水之战失败后,鲁郡入东晋。后燕建兴九年(394),承东晋置鲁郡,领鲁、汶阳、卞、邹、公丘五县。至后燕建平元年(398),鲁郡领县当不变。

琅邪郡,治阳都(今山东临沂市兰山区北)。前秦淝水之战失败后,琅邪郡入东晋。后燕建兴九年(394),承东晋置琅邪郡,领阳都、开阳、临沂、缯、即丘、华、费、蒙阴八县。至后燕建平元年(398),琅邪郡领县当不变。

9. 兖豫二州

兖豫二州,治滑台(今河南滑县东)。后燕建兴七年(392),置兖豫二州,领东燕、陈留、济阴、荥阳四郡。后燕建平元年(398),兖豫二州领郡当不变。

东燕郡,治白马(今河南滑县东)。前秦淝水之战失败后,东燕郡先后入东晋、翟魏。后燕建兴七年(392),承翟魏置东燕郡,领白马、东燕、凉城、酸枣、长垣五县。至后燕建平元年(398),东燕郡领县当不变。

陈留郡,治小黄仓垣(今河南开封市城区东北)。前秦淝水之战失败后,陈留郡先后入东晋、翟魏。后燕建兴七年(392),承翟魏置陈留郡,领小黄、浚仪、封丘、雍丘、尉氏、襄邑、扶沟、陈留八县。至后燕建平元年(398),陈留郡领县当不变。

济阴郡,治定陶(今山东定陶县定陶镇一带)。前秦淝水之战失败后,济阴郡先后入东晋、翟魏。后燕建兴七年(392),承翟魏置济阴郡,领定陶、乘氏、句阳、离狐、冤句、己氏、成武、单父、城阳九县。至后燕建平元年(398),济阴郡领县当不变。

荥阳郡,治荥阳(今河南荥阳市东北)。后燕燕元元年(384),承前秦置荥阳郡,领荥阳、京、密、卷、阳武、苑陵、中牟、开封八县。后燕燕元二年(385),荥阳郡入东晋。其后,又入翟魏。后燕建兴七年(392),荥阳郡自翟魏入后燕。后燕建兴九年(394),阳城县自东晋来属①。至后燕建平元年(398),荥阳郡领荥阳、京、密、卷、阳武、苑陵、中牟、开封、阳城九县。

(二) 政区考证

1. 司隶部、州

1.1 后燕司隶部

据《慕容垂载记》,慕容垂定都中山,以慕容德领司隶校尉。《资治通鉴》载晋孝武帝太元十一年(386)四月,慕容垂以"乐浪王温为司隶校尉(胡注:温守中山,有营宫室、建都邑之功,因用为司隶)";太元十四年(389)正月,慕容垂以慕容农为司隶校尉;太元二十一年(396)五月,慕容宝即位后,以慕容盛为司隶校尉;晋安帝隆安二年(398)八月,慕容盛都龙城,以慕容熙为司隶校尉。《慕容熙载记》有"司隶校尉张显"。可见后燕有司隶部。后燕建兴元年(386),以司隶部治中山;后燕建平元年(398),司隶部改治龙城。

1.2 后燕冀州

《资治通鉴》载,晋孝武帝太元九年(384)正月,"(燕王)垂以陈留王绍行冀州刺史,屯广阿";太元十年(385)十二月,"秦苻定据信都以拒燕,燕王垂以从弟北地王精为冀州刺史,将兵攻之";太元十一年(386)六月,苻定降燕;太元十四年(389)十月,"燕乐浪悼王温为冀州刺史";太元十七年(392)七月,"(慕容)垂如邺,以太原王楷为冀州牧";太元二十一年(396)二月有后燕"冀州刺史(平)喜";太元二十一年(396)五月,慕容宝即位,以慕容德为冀州牧镇邺,慕容凤为冀州刺史;晋安帝隆安元年(397),"魏王珪自攻信都。壬戌夜,燕宜都王(慕容)凤逾城奔中山。癸亥,信都降魏"。《慕容德载记》载,慕容宝嗣位,以慕容德为冀州牧镇邺,"以都督专总南夏"。《魏志上》载,冀州,"慕容垂治信都"。

---

① 阳城县原属河南郡,后燕于河南郡仅得此县后,当以其属相邻的荥阳郡。

《太平寰宇记》卷63《河北道十二》载,"慕容垂据中山,复移冀州于信都"。《晋志上》载,后燕慕容熙以"冀州刺史镇肥如"。《慕容熙载记》载,慕容熙以刘木为冀州刺史,镇肥如。可见,后燕初置冀州,治广阿;后燕得邺城后,冀州牧和冀州刺史同置,冀州牧治邺,冀州刺史治信都;后燕都龙城后,原冀州之地尽失,慕容熙时以冀州治肥如。

1.3 后燕幽州

《太平寰宇记》卷63《河北道十八》载,幽州,"慕容垂得其地,州郡之名如故"。《资治通鉴》载,晋孝武帝太元十年(385)十一月,慕容垂以慕容农为幽州牧,镇龙城。《慕容垂载记》载,慕容垂以慕容宝领幽州牧。《慕容宝载记》载,"垂之伐伐魏,以龙城旧都,宗庙所在,复使(慕容)会镇幽州,委以东北之重"。《资治通鉴》载,晋孝武帝太元十四年(389)正月,慕容垂以慕容隆为幽州牧;太元二十年(395)十二月,以慕容会为幽州刺州,镇龙城;晋安帝隆安二年(398)九月,后燕以慕容豪为幽州刺史,镇肥如;晋安帝元兴元年(402)正月,"燕以(慕容)拔为幽州刺史,镇令支"。据《晋志上》,"慕容熙以幽州刺史镇令支"。《慕容盛载记》载,"魏袭幽州,执刺史卢溥而去"。据《慕容熙载记》,慕容熙以上庸公慕容懿为幽州刺史,镇令支。可见后燕有幽州。后燕燕二年(385),以幽州治龙城;后燕建平元年(398),幽州改治肥如;后燕光始二年(402),幽州改治令支。

1.4 后燕平州(含后燕营州)

《资治通鉴》载晋孝武帝太元十年(385)十一月,后燕"徙平州刺史带方王佐镇平郭";晋安帝元兴元年(402)五月,"高句丽攻宿军(胡注:宿军城在龙城东北),燕平州刺史慕容归弃城走(胡注:北燕平州刺史治宿军)"。《晋志上》载,后燕慕容熙以"营州刺史镇宿军"。《慕容熙载记》载,慕容熙以仇尼倪为营州刺史,镇宿军。林宝《元和姓纂》卷5"仇尼"条:"《后燕录》有营州刺史洛阳公仇尼倪。"可见后燕有平州。后燕燕二年(385),以平州治平郭;辽东入高句丽后,平州改治宿军;其后,慕容熙又改营州治宿军。

1.5 后燕并州

《资治通鉴》载,晋孝武帝太元十九年(394)八月,后燕灭西燕,"燕主(慕容)垂以丹阳王瓒为并州刺史,镇晋阳";太元二十一年(396)五月,慕容宝即位后,以辽西王慕容农为并州牧,镇晋阳。《魏书》卷2《太祖纪》载,皇始元年(396)八月,北魏伐后燕,"临观晋阳,命诸将引骑围胁,已而罢还。(慕容)宝并州牧辽西王农大惧,将妻子弃城夜出,东遁,并州平"。《晋志上》载,慕容熙以并州刺史镇凡城。《资治通鉴》载,晋安帝元兴二年(403)十二月,后燕以"光禄大夫卫驹为并州刺史,镇凡城"。可见后燕有并州。后燕建兴九年(394),置并州,治晋阳;后燕都龙城后,原并州之地尽失,慕容熙时以并州治凡城。

1.6 后燕雍州

《资治通鉴》载,晋孝武帝太元十九年(394)八月,后燕灭西燕,慕容垂以"宜都王凤为雍州刺史,镇长子"。可见后燕建兴九年(394),置雍州,治长子。

1.7 后燕青州(含后燕兖州)

《资治通鉴》载,晋孝武帝太元十二年(387)正月,"(慕容)垂以太原王楷为兖州刺史,镇东阿";二月,"(慕容)垂以陈留王绍为青州刺史,镇历城"。《晋志上》载,慕容熙以青州刺史镇新城。《资治通鉴》载,晋安帝元兴二年(403)十二月,"燕以卫尉悦真为青州刺史,镇新城"。可见,后燕有青州。后燕先以青州治历城,都龙城后,原青州之地尽失,后燕光始三年(403),以青州治新城。

1.8 后燕徐州

《资治通鉴》载,晋孝武帝太元十三年(388)二月,"燕青州刺史陈留王绍为平原太守辟闾浑所逼,退屯黄巾固。燕主垂更以绍为徐州刺史";太元十七年(392)六月,后燕灭翟魏,"以彭城王脱为徐州刺史,镇黎阳"。《慕容垂载记》载,"徙徐州流人七千余户于黎阳"。《资治通鉴》载,晋孝武帝太元二十一年(396),慕容宝"以散骑常侍彭城刘该为徐州刺史,镇鄄城"。可见后燕有徐州,初治黄巾固;后燕建兴七年(392),徐州改治黎阳;其后,又改治鄄城。

1.9 后燕兖豫二州

据《资治通鉴》,晋孝武帝太元十七年(392),后燕灭翟魏,"以章武王宙为兖豫二州刺史,镇滑台"。可见后燕建兴七年(392)置兖豫二州,治滑台。

2. (京都)尹、郡、护军

2.1 后燕中山尹

据《慕容垂载记》,慕容垂定都中山,且有"中山尹封衡"。《慕容宝载记》有"中山尹苻谟"。《元和郡县图志》卷18《河北道三》载,定州,"后燕慕容垂僭号,建都于此,仍置中山尹"。可见后燕有中山尹。

2.2 后燕常山郡

《资治通鉴》载,晋孝武帝太元九年(384)六月,"燕慕容麟拔常山,秦苻亮、苻谟皆降";太元二十一年(396)十月,北魏伐后燕,"魏王珪进攻常山,拔之,获太守苟延";晋安帝隆安元年(397)八月,"魏王珪徙军于常山之九门"。可见后燕有常山郡,当领有九门县。

2.3 后燕赵郡

《魏书》卷24《邓渊传》载,"(慕容)垂乃用(邓翼)为建武将军、河间太守、尚书左丞,皆有声称,卒于赵郡内史"。《魏书》卷45《杜铨传》载,"(杜铨)父嶷,慕容垂秘书监，仍侨居赵郡"。可见后燕有赵郡。

2.4 后燕巨鹿郡

《慕容宝载记》载，"(慕容宝)遣慕舆腾招集散兵于巨鹿"。《魏书》卷2《太祖纪》载，北魏伐后燕，"(魏帝拓跋珪)军于巨鹿之柏肆坞"。《魏书》卷32《高湖传》载，"湖弟恒，字叔宗，慕容垂巨鹿太守"。可见后燕有巨鹿郡。

2.5 后燕博陵郡

《慕容宝载记》载，"魏攻中山不克，进据博陵鲁口"。《资治通鉴》载，晋孝武帝太元二十一年(396)二月，"(平)规以博陵、武邑、长乐三郡兵反于鲁口"；十一月，北魏伐后燕，"博陵太守申永奔于河南"。《魏书》卷33《屈遵传》载，"太祖南伐，车驾幸鲁口，博陵太守申永南奔河外"。可见后燕有博陵郡。《魏书》卷2《太祖纪》载，皇始二年(397)正月，"(慕容)宝闻帝幸信都，乃趣博陵之深泽"。可见后燕博陵郡领有深泽县。

2.6 后燕高阳郡

《资治通鉴》载，晋孝武帝太元十年(385)三月，后燕"以(睦)邃为高阳太守"；太元二十一年(396)十一月，北魏伐后燕，"高阳太守崔宏奔海渚"。《魏书》卷24《崔玄伯传》载，崔玄伯(即崔宏)，"慕容垂以为吏部郎、尚书左丞、高阳内史"；卷46《许彦传》载，"(许彦)祖茂，慕容氏高阳太守"。可见后燕有高阳郡。

2.7 后燕河间郡

《魏书》卷22《邓渊传》载，"(慕容)垂乃用(邓翼)为建武将军、河间太守"。据《资治通鉴》晋孝武帝太元十七年(392)二月，"燕主垂自鲁口如河间、渤海、平原"。《魏书》卷33《张蒲传》载，"(张蒲)为慕容宝阳平、河间二郡太守"；卷51《吕罗汉传》，吕罗汉祖显，"慕容垂以为河间太守"。可见后燕有河间郡。

2.8 后燕唐郡

《魏书》卷44《宇文福传》载，宇文福，"祖活拨，仕慕容垂，为唐郡内史"。可见后燕有唐郡。

2.9 后燕魏郡

《慕容垂载记》载，"垂攻拔邺郭，丕固守中城，垂堑而围之，分遣老弱于魏郡、肥乡"。《资治通鉴》载，晋孝武帝太元十二年(387)正月，"燕主垂拜(齐)涉魏郡太守"。可见后燕有魏郡。

2.10 后燕广平郡

《资治通鉴》载，晋孝武帝太元十三年(388)九月，"张申攻广平，王祖攻乐陵；壬午，燕高阳王隆将兵讨之"。可见后燕有广平郡。

2.11 后燕阳平郡

《资治通鉴》载晋孝武帝太元十九年(394)十月,"燕主垂东巡阳平、平原"。《魏书》卷33《张蒲传》载,"(张蒲)为慕容宝阳平、河间二郡太守"。可见后燕有阳平郡。

2.12 后燕长乐郡

《资治通鉴》载,晋孝武帝太元二十年(395)正月,"燕主垂遣散骑常侍封则报聘于秦;遂自平原狩于广川、勃海、长乐而归";太元二十一年(396)二月,"(平)规以博陵、武邑、长乐三郡兵反于鲁口"。可见后燕有长乐郡。

2.13 后燕武邑郡

据上考"后燕长乐郡"引《资治通鉴》可知,后燕有武邑郡。

2.14 后燕广川郡

《魏书》卷24《崔玄伯传》载,"(崔模)父遵,慕容垂少府卿。叔父整,广川太守"。《太平寰宇记》卷63《河北道十二》:"按《县道记》云:'今枣强县东北十八里有广川王故城,慕容垂于此置广川郡。'"可见后燕有广川郡。又据上考"后燕长乐郡"引《资治通鉴》亦证后燕有广川郡。

2.15 后燕平原郡

《资治通鉴》载,晋孝武帝太元十一年(386)八月,慕容垂"使高阳王隆东徇平原";太元十七年(392)二月,"燕主垂自鲁口如河间、渤海、平原";太元十九年(394)十月,"燕主垂东巡阳平、平原";太元二十年(395)正月,"燕主垂遣散骑常侍封则报聘于秦;遂自平原狩于广川、勃海、长乐而归"。《魏书》卷82《祖莹传》载,"(祖莹)曾祖敏,仕慕容垂为平原太守"。可见后燕有平原郡。

2.16 后燕勃海郡

《资治通鉴》载,晋孝武帝太元十年(385)八月,"慕容麟、慕容隆自信都徇勃海、清河。麟击勃海太守封懿,执之";太元十二年(387)五月,"勃海人张申据高城以叛";太元十七年(392)二月,"燕主垂自鲁口如河间、渤海、平原";太元二十年(395)正月,"燕主垂遣散骑常侍封则报聘于秦;遂自平原狩于广川、勃海、长乐而归"。可见后燕有勃海郡。

2.17 后燕乐陵郡

《资治通鉴》载,晋孝武帝太元十三年(388)九月,"王祖攻乐陵;壬午,燕高阳王隆将兵讨之"。可见后燕有乐陵郡。

2.18 后燕章武郡

《资治通鉴》载,晋孝武帝太元十二年(387)五月,"章武人王祖杀太守白钦"。可见后燕有章武郡。

2.19　后燕清河郡

《慕容垂载记》有后燕"清河太守贺耕",《资治通鉴》晋孝武帝太元十二年五月有后燕"清河太守丁国"。可见后燕有清河郡。

2.20　后燕昌黎郡(含昌黎尹)

《魏书》卷32《崔逞传》:"逞兄适,字宁祖,亦有名于时,慕容垂尚书左丞,范阳、昌黎二郡太守。"《魏书》卷33《贾彝传》载,"(慕容)垂弥增器敬,更加宠秩,迁骠骑长史,带昌黎太守"。《资治通鉴》载,晋孝武帝太元二十年(395)十一月有后燕"昌黎太守(贾)彝";晋安帝隆安二年(398)八月,慕容盛以张顺为昌黎尹;隆安三年(399)正月,"燕昌黎尹留忠谋反"。可见后燕都龙城前有昌黎郡,都龙城后有昌黎尹。

2.21　后燕燕郡

《魏书》卷2《太祖纪》载,天兴二年(399)十二月,"慕容盛征虏将军、燕郡太守高湖,率户三千内属"。可见后燕有燕郡。

2.22　后燕渔阳郡

《魏书》卷88《窦瑗传》载,窦瑗"曾祖堪,慕容氏渔阳太守"。可见后燕有渔阳郡。

2.23　后燕范阳郡

据前文考"后燕昌黎郡"引《魏书》、后文考"后燕营丘郡"引《北史》可知,后燕有范阳郡。

2.24　后燕上谷郡

《宋书》卷76《王玄谟传》:"(王玄谟)祖牢,仕慕容氏为上谷太守,随慕容德居青州。"王牢所仕当为后燕,后燕为北魏所破而随慕容德南下居青州。《资治通鉴》载,晋孝武帝太元十二年(387)三月,"燕上谷人王敏杀太守封戢"。《慕容垂载记》载,"垂至上谷之沮阳"。《魏书》卷23《莫含传》载,北魏伐后燕,"(慕容)宝上谷太守骓,捐郡逃走";《资治通鉴》晋孝武帝太元二十一年六月作"燕上谷太守开封公详弃郡走"。可见后燕有上谷郡,领有沮阳县。

2.25　后燕广宁郡

《魏书》卷23《莫含传》载,"太祖使(莫)题与将军王建等三军,讨慕容宝广宁太守刘亢埿,斩之"。可见后燕有广宁郡。

2.26　后燕北平郡

《隋书》卷1《高祖纪》:"汉太尉震八代孙(杨)铉,仕燕为北平太守。铉生元寿,后魏代为武川镇司马,子孙因家焉。"杨铉所仕当为后燕,故后燕有北平郡。又据《资治通鉴》晋孝武帝太元十五年(390)九月,"北平人吴柱聚众千余,立沙门法长为天子,破北平郡,转寇广都,入白狼城(胡注:白狼县,前汉属右北平郡,后汉、晋省。魏收《地形志》:后魏真君八年,置建德郡,治白狼城,广都县属焉。燕时当属北平郡)。燕幽州牧高阳王隆方葬其夫人,郡县守宰皆会之,众闻柱反……遣广平太守、广都令先归(胡注:'广平'当作'北平')"。可见后燕有北平郡,领有广都县。

2.27　后燕辽西郡

郑樵《通志》卷26《氏族略第二》:"《后燕录》:辽西太守那颉。"《资治通鉴》载,晋孝武帝太元二十一年(396)二月,后燕"(平)规弟海阳令翰亦起兵于辽西以应之";晋安帝元兴元年(402)正月,后燕"以中坚将军辽西阳豪为本郡太守";晋安帝义熙元年(405)八月,"燕辽西太守邵颜有罪,亡命为盗"。《慕容盛载记》载,"辽西太守立朗"叛后燕,"留其子养守令支,躬迎魏师于北平。(李)旱候知之,袭克令支"。可见后燕有辽西郡,当治令支,领有令支、海阳等县。

2.28　后燕辽东郡

《慕容垂载记》载,"高句骊寇辽东,垂平北慕容佐遣司马郝景率众救之,为高句骊所败,辽东、玄菟遂没";"进伐高句骊,复辽东、玄菟二郡,还屯龙城"。据《资治通鉴》晋孝武帝太元十年(385)十一月,"(慕容)农以骠骑司马范阳庞渊为辽东太守"。可见后燕有辽东郡。

2.29　后燕玄菟郡

据上考"后燕辽东郡"引《慕容垂载记》可知,后燕有玄菟郡。

2.30　后燕上党郡

邓名世《古今姓氏书辩证》卷5"崔氏"条:"后燕上党太守崔敦,博陵人。"可见后燕有上党郡。

2.31　后燕济北郡(?)

《晋书》卷9《孝武帝纪》载,太元十二年(387)正月,"慕容垂寇河东,济北太守温详奔彭城"。可见后燕得济北郡。

2.32　后燕濮阳郡

《魏书》卷42《郦范传》载,"(郦范)祖绍,慕容宝濮阳太守。太祖定中山,以郡迎降"。可见后燕有濮阳郡。

2.33　后燕黎阳郡

《资治通鉴》载,晋孝武帝太元十年(385)三月,"刘牢之攻燕黎阳太守刘抚于孙就栅"。可见后燕有黎阳郡。

2.34　后燕贵乡郡

《魏书》卷92《魏溥妻房氏传》:"巨鹿魏溥妻,常山房氏女也。父堪,慕容垂贵乡太守。"可见后燕有贵乡郡。

2.35　后燕东平郡（？）

《晋书》卷9《孝武帝纪》载，太元十九年（394）十月，"慕容垂遣其子恶奴寇廪丘，东平太守韦简及垂将尹国战于平陆，简死之"。可见后燕得东平郡。

2.36　后燕泰山郡（？）

《慕容垂载记》载，"使慕容农略地河南，攻廪丘、阳城，皆克之，太山、琅邪诸郡皆委城奔溃，农进师临海，置守宰而还"。《资治通鉴》载，晋孝武帝太元十九年（394）十月，后燕略地青、兖，"高平、泰山、琅邪诸郡皆委城奔溃"。可见后燕得泰山郡。

2.37　后燕高平郡（？）

据上考"后燕泰山郡"引《资治通鉴》可知，后燕得高平郡。

2.38　后燕琅邪郡（？）

据上考"后燕泰山郡"引《慕容垂载记》和《资治通鉴》可知，后燕得琅邪郡。

2.39　后燕荥阳郡

《资治通鉴》载，晋孝武帝太元八年（383）正月，慕容垂叛前秦，"故扶余王余蔚为荥阳太守"，降慕容垂；太元九年（384）三月，"荥阳人郑燮以郡来降（东晋）"。可见后燕初有荥阳郡。据前考后燕"疆域变迁"可知，后燕灭翟魏后，复得荥阳郡。

2.40　后燕离石护军

《魏书》卷28《奚牧传》载，"太祖征慕容宝，加（奚牧）辅国将军，略地晋川，获宝丹阳王买得及离石护军高秀和于平陶"。可见后燕有离石护军。

附1　后燕代郡

《资治通鉴》载，晋孝武帝太元十二年（387）三月，"代郡人许谦逐太守贾闰"；十三年（388）三月，"燕赵王麟击许谦，破之，谦奔西燕。遂废代郡，悉徙其民于龙城"。可见后燕初有代郡，后废此郡。

附2　后燕乐浪郡（侨置）

《魏书》卷53《游明根传》载，"（游明根）祖鳝，慕容熙乐浪太守。"可见后燕慕容熙时有乐浪郡。此乐浪郡为后燕侨置。

附3　后燕带方郡（侨置）

《太平御览》卷125《偏霸部旧》引崔鸿《十六国春秋》载，慕容熙光始二年（402）正月，"司隶部民刘瓒对问称旨，拜带方太守"。可见后燕有带方郡，为侨置。

附4　后燕营丘郡（侨置）

《周书》卷45《卢诞传》："卢诞，范阳涿人也，本名恭祖。曾祖晏，博学善隶书,有名于世,仕燕为给事黄门侍郎、营丘成周二郡守。祖寿,太子洗马。燕灭入魏。"《北史》卷30《卢玄传》:"卢玄字子真,范阳涿人也。曾祖谌,晋司空刘琨从事中郎。祖偃、父邈,并仕慕容氏,偃为营丘太守,邈为范阳太守。"据《晋书》卷62《刘琨传》、卷106《石季龙载记上》、卷107《石季龙载记下附冉闵传》,刘琨败亡后,卢谌先后仕于鲜卑段氏、后赵、冉魏。故卢偃当随父在石虎、冉闵朝。又据前考"前燕营丘郡"可知,慕容廆置营丘郡、成周郡,慕容皝时罢。而慕容儁时据有中原,灭冉闵。故卢偃入前燕应在慕容儁时,此时已无营丘郡、成周郡。故卢偃所仕慕容氏,为营丘、成周二郡太守,当在后燕。卢邈亦为后燕范阳太守。可见后燕有营丘郡,为侨置。

附5　后燕成周郡(侨置)

据上考"后燕营丘郡"可知,后燕当有成周郡,为侨置。

附6　后燕燕郡(侨置)

《慕容熙载记》载,"高句骊寇燕郡,杀略百余人"。据前考后燕"疆域变迁"和"后燕燕郡"可知,后燕燕郡太守高湖降北魏后,后燕已失原燕郡之地。高句骊所寇燕郡,当在昌黎郡东,为后燕侨置。

附7　后燕汝阴郡(?)

徐坚《初学记》卷8《州郡部》:"崔鸿《后燕书》:西平县,属汝阴。"此载崔书言及汝阴郡,然原西晋汝阴郡所在地区并未被后燕占据。不知崔书为何言此,姑附于此。

3. 县

3.1　后燕弗违县(承卢奴县)

《元和郡县图志》卷18《河北道三》载,"后燕慕容垂都中山,故改卢奴为弗违县"。《太平寰宇记》卷62《河北道十一》载,"后燕慕容垂都中山时,因改卢奴为弗违县"。《旧唐书》卷39《地理志二》载,"汉卢奴县,属中山国。慕容垂改为不连"。此姑从《元和郡县图志》和《太平寰宇记》。

3.2　后燕新市县

《魏书》卷2《太祖纪》载,皇始二年(397)九月,"贺骥饥穷,率三万人出寇新市"。《慕容宝载记》载,"中山饥甚,(慕容)麟出据新市,与魏师战于义台"。可见后燕有新市县。

3.3　后燕安喜县

《资治通鉴》载,晋孝武帝太元二十一年(396)九月,"(慕容宝)命辽西王农出屯安喜"。可见后燕有安喜县。

3.4　后燕望都县

《资治通鉴》载,晋孝武帝太元十一年(386)八月,"丁零鲜于乞保曲阳西山,闻垂南伐,出营望都,剽掠居民";晋安帝隆安元年(397)三月,"(慕容)麟不意(慕容)宝至,惊骇,帅其众奔蒲阴,复出屯望都"。可见后燕有望都县。

3.5 后燕蒲阴县

据上考"后燕望都县"引《资治通鉴》可知,后燕有蒲阴县。

3.6 后燕井陉县

《资治通鉴》载,晋孝武帝太元十二年(387)五月,"井陉人贾鲍(胡注:井陉县,属常山郡)招引北山丁零翟遥等五千余人,夜袭中山"。可见后燕有井陉县。

3.7 后燕灵寿县

《魏书》卷2《太祖纪》载,皇始二年(397)七月,"(慕容)普邻遣乌丸张骧率五千余人出城求食,寇常山之灵寿"。可见后燕有灵寿县,属常山郡。

3.8 后燕九门县

据前考"后燕常山郡"引《资治通鉴》可知,后燕有九门县,属常山郡。

3.9 后燕高邑县

《资治通鉴》载,晋孝武帝太元十年(385)三月,"(慕容)农至高邑,遣从事中郎眭邃近出"。可见后燕有高邑县。

3.10 后燕曲阳县

《慕容宝载记》载,"(慕容)宝闻魏有内难,乃尽众出距,步卒十二万,骑三万七千,次于曲阳柏肆"。《资治通鉴》载,晋安帝隆安元年(397)二月,"屯于曲阳之柏肆(胡注:此赵国之下曲阳县也。有柏肆坞,隋开皇十六年置柏肆县,后废入常山藁城县。《魏书·帝纪》作'巨鹿之柏肆坞'。按《地形志》巨鹿郡治曲阳)"。可见此曲阳县属巨鹿郡。据《晋志上》,巨鹿郡有下曲阳县,此则称曲阳县。

3.11 后燕广阿县

据前考"后燕冀州"可知,后燕初,冀州治广阿。可见后燕有广阿县。

3.12 后燕深泽县

据前考"后燕博陵郡"可知,后燕有深泽县,属博陵郡。

3.13 后燕博陵县

《魏书》卷33《屈遵传》:"(慕容)永灭,(慕容)垂以为博陵令。"《资治通鉴》载晋孝武帝太元二十一年(396)十一月,北魏伐后燕,"博陵令屈遵降魏"。可见后燕有博陵县。

3.14 后燕行唐县

《慕容垂载记》:"翟真去承营,徙屯行唐,真司马鲜于乞杀真,尽诛翟氏,自立为赵王";"翟成长史鲜于得斩成而降,垂入行唐,悉坑其众"。可见后燕有行唐县。

3.15　后燕邺县

据前考"后燕冀州"可知,后燕冀州牧治邺。可见后燕有邺县。

3.16　后燕内黄县

《慕容宝载记》载,慕容宝遣"段仪、段温收部曲于内黄"。可见后燕有内黄县。

3.17　后燕襄国县

《资治通鉴》载,晋孝武帝太元十四年(389)春正月,"燕以阳平王柔镇襄国";十月,"燕辽西王农邀击刺温者于襄国,尽获之"。可见后燕有襄国县。

3.18　后燕肥乡县

《慕容垂载记》载,"垂攻拔邺郛,丕固守中城,垂堑而围之,分遣老弱于魏郡、肥乡"。可见后燕有肥乡县。

3.19　后燕馆陶县

《资治通鉴》载,晋孝武帝太元九年(384)正月,"(慕容)农子将攻破馆陶";太元十七年(392)二月,"翟钊遣其将翟都侵馆陶,屯苏康垒"。可见后燕有馆陶县。

3.20　后燕野王县(?)

《资治通鉴》载,晋孝武帝太元九年(384)正月,"(后燕)可足浑潭集兵得二万余人,攻野王,拔之"。可见后燕得野王县。

3.21　后燕信都县

据前考"后燕冀州"可知,后燕冀州刺史治信都。可见后燕有信都县。

3.22　后燕南宫县

《冯跋载记附冯素弗传》载,"南宫令成藻,豪俊有高名,素弗造焉"。此南宫令为后燕时所任,故后燕有南宫县。

3.23　后燕武邑县

《慕容垂载记》载,"建节将军徐岩叛于武邑①,驱掠四千余人,北走幽州"。可见后燕有武邑县。

3.24　后燕聊城县

《资治通鉴》载,晋孝武帝太元十一年(386)十二月,"(慕容)垂进屯聊城之逢关陂"。可见后燕有聊城县。

3.25　后燕高唐县

《资治通鉴》载,晋孝武帝太元二十一年(396)六月,"平规收合余党据高唐"。可见后燕有高唐县。

---

① 据中华书局点校本《晋书》"校勘记",此"徐岩"当为"余岩"。

3.26　后燕高城县

据前考"后燕勃海郡"引《资治通鉴》可知,后燕有高城县,当属勃海郡。

3.27　后燕绛幕县

《资治通鉴》载,晋孝武帝太元十年(385)十一月,"绛幕人蔡匡据城以叛燕,燕慕容麟、慕容隆共攻之"。可见后燕有绛幕县。

3.28　后燕龙城县

据前考"后燕幽州"可知,后燕幽州曾治龙城。可见后燕有龙城县。

3.29　后燕蓟县

《慕容宝载记》载,"(慕容)宝与其太子策及农、隆等万余骑迎会于蓟";又载,"兰汗奉太子策承制,遣使迎宝,及于蓟城"。可见后燕有蓟县。

3.30　后燕安次县

《资治通鉴》载,晋孝武帝太元十二年(387)正月,"安次人齐涉聚众八千余家据新栅,降燕"。可见后燕有安次县。

3.31　后燕军都县

《资治通鉴》载,晋孝武帝太元二十一年(396)八月,"(魏帝拓跋珪)别遣将国封真等从东道出军都,袭燕幽州"。可见后燕有军都县。

3.32　后燕范阳县

《魏书》卷2《太祖纪》载,皇始二年(397)三月,慕容宝自中山北走,"(魏帝拓跋珪)遣将军长孙肥追之,至范阳,不及而还"。可见后燕有范阳县。

3.33　后燕沮阳县

据前考"后燕上谷郡"引《慕容垂载记》可知,后燕有沮阳县,属上谷郡。

3.34　后燕白狼县

《慕容盛载记》载,"(兰)汗二子鲁公和、陈公杨分屯令支、白狼"。据前考"后燕北平郡"可知,后燕有白狼县,或属北平郡。

3.35　后燕广都县

《慕容宝载记》载,"(慕容会)奔于广都黄榆谷"。据前考"后燕北平郡"可知,后燕有广都县,属北平郡。

3.36　后燕石城县

《慕容熙载记》载,"熙狩于北原,石城令高和杀司隶校尉张显,闭门距熙"。可见后燕有石城县。

3.37　后燕令支县

据前考"后燕幽州"、"后燕辽西郡"可知,后燕都龙城后,幽州曾治令支,后燕辽西郡亦治令支。可见后燕有令支县。

3.38　后燕肥如县

据前考"后燕冀州"、"后燕幽州"可知,后燕都龙城后,冀州、幽州曾先后治肥如。可见后燕有肥如县。

3.39　后燕海阳县

据前考"后燕辽西郡"可知,后燕有海阳县,属辽西郡。

3.40　后燕襄平县

《资治通鉴》载晋安帝隆安四年(400)三月,"燕襄平令段登等谋反,诛"。可见后燕有襄平县。

3.41　后燕平郭县

据前考"后燕平州"可知,后燕平州曾治平郭。可见后燕有平郭县。

3.42　后燕晋阳县

据前考"后燕并州"可知,后燕并州曾治晋阳。可见后燕有晋阳县。

3.43　后燕阳曲县

《魏书》卷2《太祖纪》载,皇始元年(396)九月,北魏伐后燕并州,"次阳曲,乘西山,临观晋阳"。可见后燕有阳曲县。

3.44　后燕平陶县

据前考"后燕离石护军"引《魏书》可知,后燕有平陶县。

3.45　后燕广武县

《魏书》卷94《段霸传》载:"段霸,雁门原平人。父乾,慕容垂广武令。"可见后燕有广武县。

3.46　后燕长子县

据前考"后燕雍州"可知,后燕雍州治长子。可见后燕有长子县。

3.47　后燕历城县

据前考"后燕青州"可知,后燕青州曾治历城。可见后燕有历城县。

3.48　后燕东阿县

据前考"后燕兖州"可知,后燕曾以兖州治东阿。可见后燕有东阿县。

3.49　后燕鄄城县

据前考"后燕徐州"可知,后燕徐州曾治鄄城。可见后燕有鄄城县。

3.50　后燕廪丘县(?)

《慕容垂载记》载,"使慕容农略地河南,攻廪丘、阳城,皆克之"。可见后燕得廪丘县。

3.51　后燕黎阳县

《慕容垂载记》载,"徙徐州流人七千余户于黎阳"。据前考"后燕徐州"可知,后燕徐州曾治黎阳。可见后燕有黎阳县。

3.52　后燕顿丘县(?)

《资治通鉴》载,晋孝武帝太元九年(384)正月,"(慕容农)遣兰汗等攻顿丘,克之"。可见后燕得顿丘县。

3.53　后燕平陆县(?)

据前考"后燕东平郡"引《晋书》可知,后燕得平陆县。

3.54　后燕阳城县(?)

据上考"后燕廪丘县"引《慕容垂载记》可知,后燕得阳城县。

附　后燕西平县(?)

徐坚《初学记》卷8《州郡部》:"崔鸿《后燕书》:西平县,属汝阴。"此载崔书言及西平县,然原西晋汝阴郡所在地区并未被后燕占据。不知崔书为何言此,姑附于此。

附一　西　燕

淝水之战后,前秦内部叛乱四起,前燕宗室亦谋图复兴燕国。西燕燕兴元年(384),前秦北地长史慕容泓起兵叛秦,屯兵华阴,平阳太守慕容冲亦于河东兴兵抗秦。不久,苻坚将窦冲击破慕容冲于河东,冲率骑奔慕容泓。慕容泓进兵攻长安,改元燕兴。随后,慕容泓为其臣下所杀,慕容冲被立,慕容氏遂进逼长安,并入据阿房城。

西燕更始元年(385)正月,慕容冲于阿房称帝。五月,苻坚自长安出奔。六月,慕容冲入据长安。西燕中兴元年(386),慕容冲为其部将所杀,段随被立为燕王。既而,慕容永杀段随,立慕容顗,自长安东走。其后,慕容顗又被杀,慕容瑶、慕容忠先后被拥立,旋相继被杀害,慕容永继立。慕容永东归途中,于平阳郡襄陵击破前秦苻丕的阻击。苻丕兵败身死,苻丕所控制的并州之地和平阳、河东二郡皆为西燕慕容永所有[①]。十月,慕容永于长子称帝。其后,慕容永企图攻取河南郡等地,皆败绩而归。中兴九年(394),后燕慕容垂伐西燕,长子陷落,西燕亡。

据上文可见,西燕燕兴元年(384),据有华阴、阿房附近之地。更始元年(385),得长安及其附近的京兆郡等地。中兴元年(386),弃长安、阿房、华阴等地,夺取并州和平阳、河东二郡,都于长子。中兴九年(394),西燕国亡。

西燕据长安时,所控京兆等郡治所、领县当同前秦末。西燕都长子时,据

---

① 参见前考前秦、后燕"疆域变迁"部分。

有上党、太原、乐平、新兴、雁门、西河、平阳、河东八郡；除河东郡、平阳郡外，其余诸郡治所、领县同后燕时。而河东郡治安邑，领安邑、闻喜、垣、大阳、猗氏、解、蒲坂、河北八县；平阳郡治平阳，领平阳、杨、永安、蒲子、狐讘、襄陵、绛邑、临汾、北屈、皮氏十县。以下先考述西燕都长子时可考的郡、县，将西燕据关中时可考之县附后。

1. 郡

1.1 西燕上党郡

《魏志上》载，建州，"慕容永分上党置建兴郡"。可见西燕有上党郡。

1.2 西燕建兴郡

《魏志上》载，建州，"慕容永分上党置建兴郡"。可见西燕有建兴郡。

1.3 西燕新兴郡

《魏书》卷2《太祖纪》载，"初，帝叔父窟咄为苻坚徙于长安，因随慕容永，永以为新兴太守"。可见西燕有新兴郡。

1.4 西燕河东郡

《姚兴载记上》载，"慕容永既为慕容垂所灭，河东太守柳恭等各阻兵自守"。可见西燕有河东郡。

2. 县

2.1 西燕长子县

西燕都长子，当有长子县。

2.2 西燕晋阳县

《魏书》卷95《徒河慕容廆传》载，"垂遣其龙骧将军张崇攻永弟武乡公友于晋阳"。可见西燕有晋阳县。

2.3 西燕闻喜县

《魏书》卷95《徒河慕容廆传》载，西燕去长安而东，"至闻喜，知慕容垂称尊号，托以农要弗集，筑燕熙城以自固"。可见西燕有闻喜县。

2.4 西燕高都县

《资治通鉴》载，晋孝武帝太元十九年(394)八月，后燕伐西燕，西燕主慕容永遣其太子亮为质，求救于东晋，"平规追亮，及于高都，获之"。可见西燕有高都县。

附1 西燕华阴县

《资治通鉴》载，晋孝武帝太元九年(384)三月，"秦北地长史慕容泓闻燕王垂攻邺，亡奔关东，收集鲜卑，众至数千，还屯华阴，败秦将军强永"。可见西燕初起兵时据有华阴县。

附2　西燕长安县

《晋书》卷9《孝武帝纪》载,太元十年(385)六月,"慕容冲入长安";太元十一年(386)正月,"慕容冲将许木末杀慕容冲于长安"。可见西燕曾一度据有长安。

附二　翟　魏

对于丁零翟魏的史事,谭其骧《记翟魏始末》一文有详尽的考述①,此据谭先生的研究成果,略述翟魏时期的疆域变迁。晋孝武帝太元八年(383),苻秦兵败淝水后,丁零翟斌首先举兵叛秦。九年(384),翟斌投靠后燕慕容垂,不久为垂所杀。翟斌兄子真北走邯郸,后又屯于中山承营。十年(385),翟真徙屯行唐,为其部将所杀,其众降于后燕,翟辽南奔。十一年(386)正月,翟辽据有黎阳;三月,晋泰山太守张愿降翟辽;八月,南寇晋谯城,被朱序击走。十二年(387)正月,南寇晋陈、颍,又被朱序击走;四月,晋高平人翟畅执太守徐含远以郡降翟辽。十三年(388),翟辽自称大魏天王,随后徙屯滑台。十四年(389),翟辽攻晋荥阳郡,执其太守。十五年(390),刘牢之进平泰山,追击翟钊于鄄城,败翟辽于滑台,张愿降。十六年(391),翟辽卒,子翟钊立。太元十七年(392),翟钊侵燕馆陶;慕容垂攻伐翟魏,灭之,得其所统七郡之地。谭先生认为,翟魏亡前,所统七郡为荥阳、顿丘、贵乡、黎阳、陈留、济阴、东燕。翟魏初建国时,东有高平郡、泰山郡,刘牢之击走翟韩②,当复为晋土。

翟魏所控制的七郡,入翟氏时间先后不同。太元十一年(386),翟魏得黎阳郡、泰山郡。十一年(386)、十二年(387),连寇晋谯、陈、颍诸地,当在十二年(387)时控有东燕、陈留、济阴三郡。十二年(387),得高平郡;寇抄清河郡、平原郡③,此前当得顿丘郡、贵乡郡。十四年(389),取有荥阳郡。十五年(390),失高平郡、泰山郡。此后,翟魏统东燕、黎阳、顿丘、贵乡、陈留、济阴、荥阳七郡。十七年(392),后燕灭翟魏。翟魏诸郡治所、领县当同后燕统辖时,此不详述。此将翟魏可考的郡、县考述于下。

1. 郡

1.1　翟魏黎阳郡(?)

《晋书》卷9《孝武帝纪》载,太元十一年(386)正月,"翟辽袭黎阳,执太守

---

① 谭其骧:《记翟魏始末》,《长水集》(上),人民出版社,1987年,第240—246页。
② 谭文中此"翟韩",当为"翟钊"。
③ 《资治通鉴》载,晋孝武帝太元十二年十月,"翟辽复叛燕,遣兵与王祖、张申寇抄清河、平原"。

滕恬之"。可见翟魏得黎阳郡。

1.2　翟魏太山郡

《晋书》卷9《孝武帝纪》载,太元十一年(386)三月,"太山太守张愿以郡叛,降于翟辽";太元十五年(390)正月,"龙骧将军刘牢之及翟辽、张愿战于太山,王师败绩"。可见翟魏有太山郡。

1.3　翟魏高平郡(?)

《晋书》卷9《孝武帝纪》载,太元十二年(387)四月,"高平人翟畅执太守徐含远,以郡降于翟辽"。可见翟魏得高平郡。

1.4　翟魏荥阳郡(?)

《晋书》卷9《孝武帝纪》载,太元十四年(389)四月,"翟辽寇荥阳,执太守张卓"。可见翟魏得荥阳郡。

2.　县

2.1　翟魏黎阳县

《晋书》卷9《孝武帝纪》载,太元十七年(392)六月,"慕容垂袭翟钊于黎阳,败之,钊奔于慕容永"。可见翟魏有黎阳县。

第二节　南　燕

南燕燕元年(398),慕容德自邺城徙居滑台,称燕王。燕二年(399),慕容德攻克广固而定都此地。南燕建平元年(400),慕容德称帝。南燕太上元年(405),慕容德卒,慕容超即位。太上五年(409),刘裕伐南燕;六年(410),广固被攻克,南燕亡。

一、疆域变迁

后燕慕容宝即位以后,以慕容德为冀州牧镇邺。北魏伐燕,慕容宝走保龙城。南燕燕元年(398),慕容德弃邺,迁居滑台,称燕王。燕二年(399),滑台兵变,慕容德无所归,遂东击辟闾浑,攻克广固,据有青州。

拓跋魏伐后燕,攻克燕都中山。南燕燕元年(398),慕容德恐邺城不保,自邺徙滑台。据《慕容德载记》,慕容德据滑台后遂称燕王,"时德始都滑台,介于晋魏之间,地无十城,众不过数万"。然慕容德都滑台,当控有东燕郡。《晋书》卷10《安帝纪》载,隆安元年(397)八月,"宁朔将军邓启方及慕容德将慕容法战于管城,王师败绩"。管城在荥阳郡,这表明当时慕容德还控有荥阳郡。燕二年(399),南燕内部叛乱,滑台陷于拓跋魏,慕容德进退失据,遂谋取广固而居之。《慕容德载记》载，慕容德引军东进，"兖州北鄙诸县悉降，置守宰以抚之"；又进据琅邪，寇陷莒城；传檄青州诸郡，"诸郡皆承檄降于德"；进而击斩晋青州守将辟闾浑，入广固而都之。建平元年（400），慕容德称帝于广固。

《晋志下》载，慕容德都广固后，"以并州牧镇阴平，幽州刺史镇发干，徐州刺史镇莒城，青州刺史镇东莱，兖州刺史镇梁父"。顾祖禹《读史方舆纪要》卷3《历代州域形势三》载，南燕并州镇平阴，当有所据。《水经注》卷8《济水注》："济水又北迳平阴城西……京相璠曰：平阴，齐地也，在济北卢县故城西南十里。平阴城南有长城，东至海，西至济，河道所由，名防门，去平阴三里。"《史记》卷43《赵世家正义》："齐长城西头在济州平阴县。"可见，兖州济北郡有平阴城，南燕并州牧当镇于此。《晋志下》作"阴平"，应为"平阴"倒文。据《晋志上》，泰山郡有梁父县，南燕兖州刺史应镇此。慕容德自滑台取广固，"兖州北鄙诸县悉降"，于此之际应取有兖州之济北、泰山、东平三郡，分别以并州牧、兖州刺史镇之。桓玄之乱，东晋宗室司马叔璠奔南燕。《资治通鉴》载，晋安帝义熙四年（南燕太上四年，408）七月，"司马叔璠自蕃城寇邹山，鲁郡太守徐邕弃城走，车骑长史刘钟击却之"。可见，鲁郡及其以西兖州之地非为南燕所取。据《魏志上》，"濮阳郡，晋置，天兴中属兖州"。因此，慕容德东徙广固后，濮阳郡入北魏，亦非南燕所能控制。故顾祖禹《历代州域形势三》言南燕疆域"西带巨野"，即南燕控有巨野泽以东之地。

《晋志下》载，徐州有东莞郡、琅邪郡，"太康十年，以青州城阳郡之莒、姑幕、诸、东武四县属东莞"；"（元康）七年，又分东莞置东安郡"。慕容德时，莒城应属徐州东莞郡。据《宋志一》，东安郡有发干县。《魏志中》亦载，东安郡有发干县。宋、魏时所置发干县，属东安郡，当承袭前代。慕容德时所署徐州刺史、幽州刺史当分别镇于东莞郡、东安郡，此二郡当亦归南燕。慕容德攻广固前，先取琅邪，表明徐州琅邪郡亦为南燕所有。慕容德取广固前，青州诸郡皆承檄降之，击斩辟闾浑后，青州之地全陷于南燕。南燕取有青州后，以青州刺史镇东莱。

太上元年（405），慕容德卒，慕容超即位。据《宋书》卷1《武帝纪上》，晋安帝义熙五年（南燕太上五年，409），刘裕北伐南燕，军过琅邪，"所过皆筑城留守。鲜卑梁父、莒城二戍并奔走"，兵临广固城下。广固城南以南有琅邪、东莞、东安、平昌、泰山等郡，至太上五年（409）皆为东晋占据。太上六年（410），刘裕攻克广固，南燕亡。

据上述,南燕元年(398),慕容德自邺徙都滑台,控有东燕郡、荥阳郡。燕二年(399),失东燕、荥阳二郡;得青州和济北、泰山、东平、东莞、东安、琅邪等郡。太上五年(409),失琅邪、东莞、东安、泰山、平昌等郡。太上六年(410),南燕亡。

二、政区沿革

据上考南燕疆域可知,南燕以燕二年(399)至太上四年(408)的疆域为盛(见图9)。下文以南燕太上四年(408)为基准年,先概述南燕政区沿革,再考证南燕可考的政区。

(一) 政区概述

1. 司隶部

司隶部,治广固(今山东青州市西北)。南燕燕二年(399),置司隶部,当领燕尹、齐郡、济南郡、乐安郡、平昌郡、京兆郡(侨置)、平原郡(侨置)、勃海郡(侨置)。太上五年(409),平昌郡入东晋。至南燕太上六年(410),司隶部当领燕尹、齐郡、济南郡、乐安郡、北海郡、京兆郡(侨置)、平原郡(侨置)、勃海郡(侨置)。

燕尹,治广固(今山东青州市西北)。南燕燕二年(399),或置燕尹,可能领广固等县。至南燕太上六年(410),燕尹领县或不变。

齐郡,治临淄(今山东淄博市临淄区北)。南燕燕二年(399),承东晋置齐郡,领临淄、西安、安平、般阳、广饶、昌国六县;原领广固县别属燕尹。至南燕太上六年(410),齐郡领县当不变。

济南郡,治历城(今山东济南市城区一带)。南燕燕二年(399),承东晋置济南郡,领历城、著、于陵、漯阴、祝阿五县。南燕时,分于陵置逄陵县。至南燕太上六年(410),济南郡领历城、著、于陵、漯阴、祝阿、逄陵六县。

乐安郡,治高苑(今山东邹平县东北)。前秦乱后,乐安郡入东晋。东晋侨置平原郡,梁邹县别属。南燕燕二年(399),承东晋置乐安郡,领高苑、临济、博昌、利、益、蓼城、寿光、东朝阳八县。至南燕太上六年(410),乐安郡领县当不变。

平昌郡,治安丘(今山东安丘市西南)。南燕燕二年(399),承东晋置平昌郡,领安丘、平昌、东武、琅邪、朱虚、临朐六县。至南燕太上五年(409),平昌郡领县当不变。

京兆郡(侨置),治所不可考。南燕燕二年(399),得青州,侨置京兆郡,领县不可考。至南燕太上六年(410),京兆郡辖区当不变。

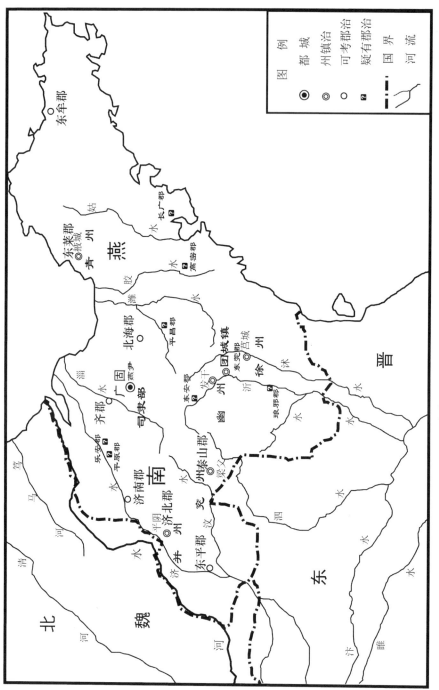

图 9 南燕太上四年(408)疆域政区示意图

平原郡(侨置),或治梁邹(今山东邹平县北)①。前秦淝水之战失败后,东晋得乐安郡、齐郡,当分乐安侨置平原郡,分乐安、齐郡侨置勃海郡。南燕燕二年(399),承东晋侨置平原郡,领梁邹、平原等县。至南燕太上六年(410),平原郡领县当不变。

勃海郡(侨置),治所不可考。南燕燕二年(399),承东晋侨置勃海郡,领县不可考。至南燕太上六年(410),勃海郡辖区当不变。

2. 青州

青州,治掖(今山东莱州市)。南燕燕二年(399),置青州,领东莱、北海、高密、长广四郡。其后,分东莱置东牟郡,属青州。至南燕太上六年(410),青州领东莱、北海、高密、长广、东牟五郡。

东莱郡,治掖(今山东莱州市)。南燕燕二年(399),承东晋置东莱郡,领掖、当利、卢乡、曲城、黄、惤、牟平七县。其后,分东莱置东牟郡。至南燕太上六年(410),东莱郡领县或不变。

北海郡,治平寿(今山东潍坊市坊子区西南)。南燕燕二年(399),承东晋置北海郡,领平寿、都昌、胶东、剧、即墨、下密六县。至南燕太上六年(410),北海郡领县当不变。

高密郡,治黔陬(今山东胶州市西南)。南燕燕二年(399),承东晋置高密郡,领黔陬、淳于、高密、夷安、营陵、昌安、壮武七县。至南燕太上六年(410),高密郡领县当不变。

长广郡,治不其(今山东青岛市城阳区一带)。南燕燕二年(399),承东晋置长广郡,领不其、长广、挺、昌阳四县。至南燕太上六年(410),长广郡领不其、长广、挺、昌阳四县。

东牟郡,治所不可考。南燕燕二年(399),得东晋置东莱郡;其后,分东莱置东牟郡,领东牟等县。至南燕太上六年(410),东牟郡领县当不变。

3. 徐州

徐州,治莒城(今山东莒县)。南燕燕二年(399),置徐州,领东莞郡、琅邪郡。至南燕太上五年(409),徐州领郡当不变。

东莞郡,治莒(今山东莒县)。南燕燕二年(399),承东晋置东莞郡,领莒、诸、东莞三县。至南燕太上五年(409),东莞郡领县当不变。

琅邪郡,治阳都(今山东临沂市兰山区北)。南燕燕二年(399),承东晋置

---

① 《魏志中》载,"东平原郡,刘裕置,魏因之,治梁邹"。北魏东平原郡承南燕、刘宋平原郡而置。据《魏志中》,疑南燕平原郡治梁邹县。

琅邪郡，领阳都、开阳、临沂、缯、即丘、华、费、蒙阴八县。至南燕太上五年(409)，琅邪郡领县当不变。

4. 幽州

幽州，治发干(今山东沂水县西北)。南燕燕二年(399)，置幽州，领东安郡。至南燕太上五年(409)，幽州领郡当不变。

东安郡，治盖(今山东沂源县东南)。南燕燕二年(399)，承东晋置东安郡，领盖、新泰、发干三县。至南燕太上五年(409)，东安郡领县当不变。

5. 兖州

兖州，治梁父(今山东泰安市城区东南)。南燕燕二年(399)，置兖州，领泰山郡。至南燕太上五年(409)，兖州领郡当不变。

泰山郡，治奉高(今山东泰安市城区东)。南燕燕二年(399)，承东晋置泰山郡，领奉高、山茌、博、嬴、南城、梁父、南武阳、莱芜、牟、巨平十县。至南燕太上五年(409)，泰山郡领县当不变。

6. 并州

并州，治平阴(今山东平阴县东北)。南燕燕二年(399)，置并州，领济北郡、东平郡。至南燕太上六年(410)，并州领郡当不变。

济北郡，治卢(今山东平阴县西)。南燕燕二年(399)，承东晋置济北郡，领卢、临邑、东阿、谷城、蛇丘五县。至南燕太上六年(410)，济北郡领县当不变。

东平郡，治须昌(今山东东平县西北)。南燕燕二年(399)，承东晋置东平郡，领须昌、寿张、范、无盐、富城、东平陆、刚平七县。至南燕太上六年(410)，东平郡领县当不变。

7. 团城镇

团城镇，治团城(今山东省沂水县)。南燕燕二年(399)，或于此年置团城镇，辖区不可考。至南燕太上五年(409)，团城镇辖区当不变。

以下二郡附

东燕郡，治白马(今河南滑县东)。南燕燕元年(398)，承后燕置东燕郡，领白马、东燕、凉城、酸枣、长垣五县。至南燕燕二年(399)，东燕郡领县当不变。

荥阳郡，治荥阳(今河南荥阳市东北)。南燕燕元年(398)，承后燕置荥阳郡，领荥阳、京、密、卷、阳武、苑陵、中牟、开封、阳城九县。至南燕燕二年(399)，荥阳郡领县当不变。

（二）政区考证

1. 司隶部、州、镇

1.1 南燕司隶部

据《慕容德载记》，慕容德都广固后，慕容达曾为司隶校尉；又据《慕容超载记》，慕容超也曾为司隶校尉。南燕都广固，其司隶部应治广固。

1.2 南燕青州

《晋志下》载，慕容德都广固后，以"青州刺史镇东莱"。据《慕容德载记》，慕容德时有"青州刺史鞠仲"。《慕容超载记》又载，慕容超时，以慕容钟为青州牧。《太平寰宇记》卷20《河南道二十》莱州掖县条："燕台，在县东北二里。燕慕容德以东莱掖城为青州理所筑。"据此，南燕青州治东莱郡掖县。

1.3 南燕徐州

《晋志下》载，慕容德都广固后，以"徐州刺史镇莒城"。《魏书》卷95《徒河慕容廆传附慕容德传》载，慕容德自滑台东下，攻青、徐、兖之地，"进克莒城，以潘聪为徐州刺史，镇莒城"；《资治通鉴》晋安帝隆安三年（399）八月所载与其同。《太平寰宇记》卷24《河南道二十四》载，"《南燕录》曰：慕容德以尚书潘聪为徐州刺史，镇莒城，又以桓遵为徐州刺史，亦理此。宋武北伐，遵举城降之"。据《太平寰宇记》此处"校勘记"，"桓遵"应作"垣遵"，正是。据《慕容超载记》，慕容超曾以段宏为徐州刺史。林宝《元和姓纂》卷六"是娄姓"条载："南燕有徐州刺史是娄卢。"《晋志下》载，晋太康十年（289）后，莒县属东莞郡。据《宋志一》、《魏志中》所载，莒县皆属东莞郡。

1.4 南燕幽州

《晋志下》载，慕容德都广固后，以"幽州刺史镇发干"。据《宋志一》，晋惠帝时分东莞置东安郡，领有发干县。《魏志中》亦载东安郡有发干县。

1.5 南燕兖州

《晋志下》载，慕容德都广固后，以"兖州刺史镇梁父"。《魏书》卷95《徒河慕容廆传附慕容德传》载，慕容德"以其南海王法为兖州刺史，镇梁父"；《资治通鉴》晋安帝隆安三年（399）八月所载与此同。据《晋志下》、《宋志一》、《魏志中》，泰山郡有梁父县。

1.6 南燕并州

《晋志下》载，慕容德都广固后，"德以并州牧镇阴平"；据上考前燕疆域变迁，并州牧应镇"平阴"，而非"阴平"。《资治通鉴》晋安帝隆安二年（398）正月载，慕容德自邺城南徙滑台；同月，"（北魏）广川太守贺赖卢，性豪健，耻居冀州刺史王辅之下，袭辅，杀之，驱勒守兵，掠阳平、顿丘诸郡，南渡河，奔南燕。南燕王德以赖卢为并州刺史,封广宁王"。据《慕容德载记》,"时德始都滑台,介于晋魏之间,地无十城,众不过数万"。固此时南燕慕容德所封贺赖卢,并非有实土,绝不是镇平阴之并州,而是虚封。洪亮吉《十六国疆域志》不辨,以"贺赖卢为并州刺史"系于"并州"下,当误。

1.7 南燕团城镇

《太平寰宇记》卷23《河南道二十三》沂州沂水县条:"县理城,本汉东莞县城也,南燕于此置团城镇,去东安郡三十里。城隍圆,因名团城。"可见,南燕时置有团城镇,当治团城。《水经注》卷25《沂水注》:"沂水又东南迳东莞县故城西……魏文帝黄初中立为东莞郡。《东燕录》谓之团城。刘武帝北伐广固,登之以望王难。"据此,团城为曹魏置东莞郡东莞县治处。

2.(京都)尹、郡

2.1 南燕燕尹(?)

《资治通鉴》晋安帝义熙六年(410)二月载,刘裕灭南燕后,"以韩范为都督八郡军事、燕郡太守(胡注:青州旧督齐、济南、乐安、城阳、东莱、长广、平昌、高密八郡;而所谓燕郡者,盖南燕于广固置燕都尹,而今改为燕郡太守耳)"。据胡注,南燕可能置有燕都尹,治广固。然《通鉴》此称"燕郡",若此前南燕于都城设尹,当是燕尹;如同后赵、前燕改魏郡太守为魏尹,前秦、后秦改京兆太守为京兆尹。

2.2 南燕齐郡

《魏书》卷76《张烈传》载:"(张烈)曾祖恂,散骑常侍,随慕容德南渡,因居齐郡之临淄。"又《新唐书》卷72《宰相世系表》"南祖崔氏"载,"怡生宋乐陵太守旷,随慕容德渡河居齐郡乌水,号乌水房"。可见南燕有齐郡,领有临淄县。

2.3 南燕济南郡

《慕容超载记》:"尚书都令史王俨诣事(公孙)五楼,迁尚书郎,出为济南太守。"段成式《酉阳杂俎》卷14《诺皋记》:"虎窟山。相传燕建平中,济南太守胡咨于此山窟得白虎,因名焉。"南燕慕容德都广固,年号建平。此亦证南燕置有济南郡。又《新唐书》卷71《宰相世系表》"房氏"载,"植八代孙谌,随慕容德南迁,因居济南"。可见燕有济南郡。

2.4 南燕京兆郡

《宋书》卷50《垣护之传》:"慕容德入青州,以(垣)敞为车骑长史。德兄子超袭伪位,伯父遵、父苗复见委任。遵为尚书,苗京兆太守。高祖围广固,遵、苗逾城归降。"可见,南燕慕容超有京兆郡。据《晋志上》,雍州有京兆郡。南燕京兆郡为侨置。由"苗逾城归降"可见,刘裕围广固,垣苗在广固城内。而京兆郡是否寄治广固不可知。《水经注》卷8《济水》载:"又北过临邑县东,又东北过卢县北。"郦道元于"又北过临邑县东"注有:"济水又东北迳垣苗城西,故洛当城也。伏韬《北征记》曰:济水又与清河合流,至洛当者也。宋武帝西征长安,令垣苗镇此,故俗有垣苗城之称。"此"垣苗城"在济北郡临邑县和卢县间济水之东。《济水注》言"宋武帝西征长安"即刘裕灭后秦事,时垣苗已降,刘裕后来委以此任,不能表明垣苗任京兆太守时镇之。

2.5 南燕平原郡(?)

《资治通鉴》晋安帝隆安三年(399)八月载,慕容德谋攻取广固,时东晋所置幽州刺史辟闾浑镇此,遂遣"平原太守张豁戍柳泉"以御,张豁承慕容德而降。《晋志上》载,平原国属冀州。东晋于青州置平原郡,应是侨置。《宋志二》冀州刺史条言,"江左立南冀州,后省。义熙中,更立治青州"。此冀州侨置于青州,领有平原郡,此郡有属县平原等县。《魏志中》齐州有"东平原郡",治梁邹,领有平原等县。《晋志》无梁邹县。然《晋书》卷29《五行志下》载,晋武帝太康六年(285)三月,"乐安梁邹等八县""陨霜伤桑麦"。可见太康六年(285)时乐安国有梁邹县。故《魏志中》所载"东平原郡"侨置于原乐安辖区。南燕得青州前有侨置平原郡,青州入东晋、刘宋、北魏后仍有侨置平原郡,在此期间南燕也可能有平原郡。

2.6 南燕勃海郡(?)

《资治通鉴》载,晋安帝隆安三年(399)八月,"燕吏部尚书封孚南奔辟闾浑,浑表为勃海太守;及(慕容)德至,孚出降";义熙六年(410)二月,刘裕灭南燕后,以"融为勃海太守"。据《晋志上》,勃海郡属冀州。《宋志二》冀州刺史条下有勃海郡,言"孝武又侨立",亦是侨置于原晋青州之侨郡。《魏志中》载,青州有勃海郡,此即侨置青州之侨郡。可见,南燕国前后皆有侨置勃海郡,可能南燕时也有此侨郡。

2.7 南燕东莱郡

《太平御览》卷377《人事部十八》:"《三十国春秋》曰:'燕征其东莱太守王鸾。鸾身长九尺,腰带十围,贯甲跨马,不据鞍由镫。燕王德见而奇其魁伟'",后"拜逄陵长"。后文引《太平御览》作"尹鸾",此作"王鸾",不知孰是。然由《三十国春秋》所记可知,南燕时置有东莱郡。《太平寰宇记》卷20《河南道二十》莱州掖县条:"燕慕容德以东莱掖城为青州理所筑。"可见南燕有东莱郡,治掖县。

2.8 南燕北海郡

《魏书》卷43《刘休宾传》:"刘休宾字处幹,本平原人。祖昶,从慕容德度河,家于北海之都昌县。"又《魏书》卷68《高聪传》:"(高聪)曾祖轨,随慕容德徙青州,因居北海之剧县。"可见南燕有北海郡,当领有都昌县、剧县。

2.9 南燕东牟郡

《魏书》卷64《张彝传》:"(张彝)曾祖幸,慕容超东牟太守。"可见南燕有东牟郡。

2.10 南燕泰山郡

《太平御览》卷391《人事部三十二》:"《南燕录》曰:慕容德建平四年,妖贼王始聚众于太山莱芜谷,自称太平皇帝。"《资治通鉴》晋安帝元兴二年(403)四月载,"泰山贼王始聚众数万,自称太平皇帝"。此作"泰山"。史书有时书"泰山郡"为"太山郡"。可见南燕有泰山郡。

2.11 南燕济北郡

《慕容德载记》:"慕容法及魏师战于济北之摽榆谷,魏师败绩。"可见南燕有济北郡。

2.12 南燕东平郡

《元和姓纂》卷8"艾姓"条:"南燕有牙门艾江,又东平太守艾诠。"可见南燕有东平郡。

3. 县

3.1 南燕临淄县

《太平御览》卷416《人事部五十七》:"崔鸿《南燕录》曰:'有司奏,沙门僧知,夜入临淄人冷平舍。'"可见南燕有临淄县。

3.2 南燕逢陵县

《太平御览》卷848《饮食部六》:"《南燕录》曰:'济南尹鸾,身长九尺,腰带十围,贯甲跨马,不据鞍由蹬。慕容德见而奇其魁伟……于是拜逢陵长。政理修明,大收民誉。'"可见南燕有逢陵县。据《宋志二》、《魏志中》,济南郡有逢陵县。尹鸾为济南郡人,所治逢陵县,应属济南郡。

3.3 南燕临朐县

《宋书》卷1《武帝纪上》:"(义熙四年,408)六月,慕容超遣(公孙)五楼及广宁王贺赖卢先据临朐城。"可见南燕有临朐县。

3.4 南燕平原县

《慕容德载记》载,慕容德"以(杜)雄为平原令"。可见南燕有平原县,当亦侨置,应属侨置平原郡。

3.5 南燕掖县

据前考"南燕东莱郡"引《太平寰宇记》可知,南燕有掖县,属东莱郡。

3.6 南燕都昌县

据前考"南燕北海郡"引《魏书》可知,南燕有都昌县,属北海郡。

3.7　南燕剧县

据前考"南燕北海郡"引《魏书》可知,南燕时置有剧县,属北海郡。

3.8　南燕东牟县

明末屠乔孙等辑录《十六国春秋》卷65《南燕录三》载:"刘昶,本平原人也。世仕慕容氏,昶从德南渡河,因家于北海之都昌县。子奉伯,为超东牟令,后归刘裕为北海太守。"刘奉伯为刘休宾父。据《魏书》卷43《刘休宾传》和《北史》卷39《刘休宾传》,皆仅言奉伯为刘宋北海太守,不言为慕容超东牟令。屠乔孙等或另有所据,故存此县。

3.9　南燕莒县

据前考"南燕徐州"可知,南燕徐州治莒城,故南燕应有莒县。

3.10　南燕发干县

据前考"南燕幽州"可知,南燕幽州治发干,故南燕应有发干县。

3.11　南燕梁父县

据前考"南燕兖州"可知,南燕兖州治梁父,故南燕应有梁父县。

3.12　南燕奉高县

释道宣《广弘明集》卷28《启福篇第八》有南燕主慕容德《与朗法师书》,其言"皇帝敬问太山朗和尚……并假东齐王,奉高、山茌二县封。"可见南燕时有奉高县。《晋志上》载,泰山郡有奉高县。

3.13　南燕山茌县

据上考"南燕奉高县"引《广弘明集》可知,南燕有山茌县。《晋志上》载,泰山郡有"山茌"县,《魏书》、《宋书》、《资治通鉴》所载皆作"山茌"。《广弘明集》中"山茌"当是"山茌"之误。

3.14　南燕莱芜县(?)

据前考"南燕泰山郡"引《太平御览》言"太山莱芜谷",或南燕时有莱芜县。《晋志上》载,泰山郡有莱芜县。

附　南燕东燕县

《元和郡县图志》卷8《河南道四》滑州胙城县条:"其后慕容德都之,复号东燕县。"此为慕容德据滑台时,置有东燕县。

第三节　北　燕

高云正始元年(407),后燕慕容熙被杀,慕容宝养子慕容云被拥立。慕容云,本高句丽人,即位后复其姓高氏,国号仍称燕。北燕太平元年(409),高云被杀,冯跋继立。北燕大兴元年(431),冯弘篡位。北燕大兴六年(436),北魏来伐,北燕亡。

一、疆域变迁

北燕立国后,北魏频频来伐,北魏和北燕多争战于辽西郡令支附近。《资治通鉴》载,晋安帝义熙三年(北燕正始元年,407)七月,燕幽州刺史以令支降于北魏;次年,燕以幽冀二州牧镇肥如。《水经注》卷14《濡水注》:"濡水又东南流迳令支县故城东,王莽之令氏亭也。秦始皇二十二年分燕置辽西郡,令支隶焉。《魏土地记》曰:肥如城西十里有濡水。"正始二年(408)后,北魏、北燕可能以濡水为界,北魏控有濡水以西,北燕据濡水以东。据《魏书》卷3《太宗纪》,太常元年(北燕太平八年,416)十月,魏将延普渡濡水,击斩北燕幽州刺史库傉官昌,据此亦可证此前北魏、北燕以濡水为界。北魏虽斩燕幽州刺史,但未取有辽西郡濡水以东之地。其后,北燕置幽冀二州镇肥如①。

《资治通鉴》载,晋安帝义熙十四年(北燕太平十年,418)五月,拓跋魏伐北燕,拔乙连城,攻和龙,不克而还。北燕冯崇为幽州刺史镇肥如,至大兴二年(432),崇弟冯朗奔辽西,劝崇降魏,崇遂以辽西降魏②,北燕失辽西郡濡水以东地区。据《魏书》卷4上《世祖纪上》,延和元年(北燕大兴二年,432)九月,拓跋魏再伐北燕,北燕石城太守、建德太守降魏,不久魏攻拔冀阳诸郡,"徙营丘、成周、辽东、乐浪、带方、玄菟六郡民三万家于幽州"。因此,大兴二年(432),后燕失辽西、石城、建德、冀阳、营丘、成周、辽东、乐浪、带方、玄菟等郡。《世祖纪上》又载,延和二年(433)六月,北魏又攻克北燕凡城。大兴六年(436),北魏伐北燕,冯弘奔高句丽,北燕亡。

据上述,北燕正始元年(407),失辽西郡(濡水以西)。北燕大兴二年(432),失濡水以东辽西地区和石城、建德、冀阳、营丘、成周、辽东、乐浪、带方、玄菟等郡。大兴三年(433),失凡城。大兴六年(436),北燕亡。

---

① 据《冯跋载记》,冯跋称天王,以"从兄万泥为骠骑大将军、幽平二州牧"。《资治通鉴》晋安帝义熙六年十二月,胡注曰:"跋以万泥为幽平二州牧,镇肥如。"
② 见《资治通鉴》宋文帝元嘉九年十一月、十二月。《魏书》卷4《世祖纪上》载,冯崇降魏在太武帝延和元年,即宋文帝元嘉九年。《太平寰宇记》卷71《河北道二十》载,"至冯弘大兴元年省辽西郡";《资治通鉴》宋文帝元嘉八年正月载北燕改元大兴。《太平寰宇记》所记太兴元年即元嘉八年,其所记废辽西郡在魏取辽西前,但《魏书》和《资治通鉴》载此时北燕尚有冯崇守辽西。此取《魏书》、《资治通鉴》所载,以元嘉九年为北燕失辽西之时。

二、政区沿革

据上考北燕疆域可知,北燕初建国,遂失辽西郡(濡水以西),此后至北燕大兴二年(432)疆域不变(见图10)。下文以北燕太平二年(410)为基准年,先概述北燕政区沿革,再考证北燕可考的政区。

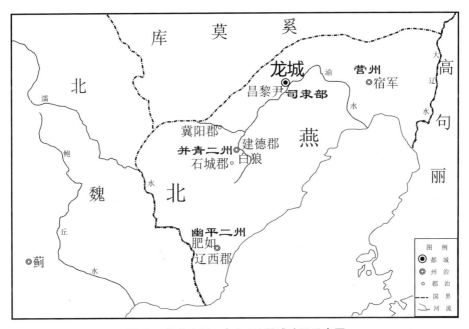

图10 北燕太平二年(410)疆域政区示意图

(一) 政区概述

1. 司隶部

司隶部,治龙城(今辽宁朝阳市双塔区)。北燕正始元年(407),承后燕置司隶部,领昌黎尹和燕郡(侨置)、营丘郡(侨置)、成周郡(侨置)、乐浪郡(侨置)、带方郡(侨置)①。北燕大兴二年(432),侨置营丘、成周、乐浪、带方四郡入北魏。至北燕大兴六年(436),司隶部仅领昌黎尹、燕郡(侨置)。

昌黎尹,治龙城(今辽宁朝阳市双塔区)。北燕正始元年(407),承后燕置昌黎尹,领龙城、棘城、昌黎、宾徒、徒河五县。至北燕大兴六年(436),昌黎尹

---

① 余逊在《汉魏晋北朝东北诸郡沿革表》中指出,成周等郡皆侨置于原昌黎郡地(见《中央研究院历史语言研究所集刊》第六本第四分,第468—469页)。据此推断,成周等郡可能属司隶校尉。

领县当不变。

燕郡(侨置),治所不可考。北燕正始元年(407),承后燕置燕郡,领县不可考。至北燕大兴六年(436),燕郡辖区当不变。

营丘郡(侨置),治所不可考。北燕正始元年(407),承后燕置营丘郡,领县不可考。至北燕大兴二年(432),营丘郡辖区当不变。

成周郡(侨置),治所不可考。北燕正始元年(407),承后燕置成周郡,领县不可考。北燕大兴二年(432),成周郡辖区当不变。

乐浪郡(侨置),治所不可考。北燕正始元年(407),承后燕置乐浪郡,领县不可考。至北燕大兴二年(432),乐浪郡辖区当不变。

带方郡(侨置),治所不可考。北燕正始元年(407),承后燕置带方郡,领县不可考。至北燕大兴二年(432),带方郡辖区当不变。

2. 并青二州(含并州[先后治凡城、白狼]、青州[治新城])

并青二州,治白狼(今辽宁喀喇沁左翼蒙古族自治县西南)。北燕正始元年(407),承后燕置青州,治新城,领郡不可考;承后燕置并州,治凡城,领建德、石城、冀阳等郡①。后燕正始二年(408),并州改治白狼。北燕太平元年(409),置并青二州,治白狼。北燕大兴二年(432),除凡城外,并青二州其余之地入北魏。至北燕大兴三年(433),仅守有凡城。

建德郡,治白狼(今辽宁喀喇沁左翼蒙古族自治县西南)。北燕正始元年(407),承后燕置建德郡,领白狼、广都、建德三县。至北燕大兴二年(432),建德郡领县当不变。

石城郡,治石城(今辽宁建昌县西)。北燕正始元年(407),承后燕置石城郡,领石城等县。至北燕大兴二年(432),石城郡领县当不变。

冀阳郡,治平刚(今辽宁凌源市西南)。北燕正始元年(407),承后燕置冀阳郡,领平刚等县。至北燕大兴二年(432),冀阳郡领县当不变。

3. 幽州(含冀州[治肥如]、幽平二州、幽冀二州[治肥如])

幽平二州,治肥如(今河北卢龙县北)。北燕正始元年(407),承后燕置冀州,治肥如,领肥如县、阳乐县;承后燕置幽州,治令支,领辽西郡(濡水以西),既而入北魏。北燕正始二年(408),以幽冀二州治肥如,或领辽西郡②。北燕

---

① 由下文所考可知,建德、石城、冀阳三郡分别治白狼、石城、平刚。又据谭图第四册"北魏相、冀、幽、平等州图",白狼、石城、平刚皆位于白狼水上游地区。据此,北燕初并州当领有建德、石城、冀阳等郡。
② 令支县、肥如县属辽西郡。辽西郡前治令支,令支入北魏后,北燕当于肥如置辽西郡。

太平元年(409),改幽冀二州为幽平二州,治肥如。其后,北燕改幽平二州为幽州。至北燕大兴二年(432),幽州领郡当不变。

辽西郡,治肥如(今河北卢龙县北)。北燕正始元年(407),承后燕置辽西郡,治令支,领令支、海阳等县,既而入北魏;北燕复置辽西郡,治肥如,领肥如、阳乐等县。北魏太平元年(409),冯跋即位。其后,置临渝县,属辽西郡。至北燕大兴二年(432),领肥如、阳乐、临渝等县。

4. 营州

营州,治宿军(今辽宁北镇市)。北燕正始元年(407),承后燕置营州,或领辽东郡(侨置)、玄菟郡(侨置)。北燕时,或置辽东护军,属营州。至北燕大兴二年(432),营州或领辽东郡(侨置)、玄菟郡(侨置)、辽东护军。

辽东郡(侨置),治所不可考。北燕正始元年(407),承后燕置辽东郡,领县不可考。至北燕大兴二年(432),辽东郡辖区当不变。

玄菟郡(侨置),治所不可考。北燕正始元年(407),承后燕置玄菟郡,领县不可考。至北燕大兴二年(432),玄菟郡辖区当不变。

辽东护军,治所不可考。北燕时,或置有辽东护军。至北燕大兴二年(432),辽东护军辖区当不变。

(二) 政区考证

1. 司隶部、州

1.1 北燕司隶部

据《冯跋载记》,冯跋称燕王,以姚昭为司隶校尉。《资治通鉴》晋安帝义熙四年(408)五月载,北燕以"抚军大将军冯素弗为司隶校尉,司隶校尉务银提为尚书令"。北燕都龙城,司隶部当治龙城。

1.2 北燕并青二州(承北燕并州)

据《晋志上》,高云以并州刺史镇白狼。《资治通鉴》晋安帝义熙四年(408)五月载,北燕以"中军将军冯乳陈为并州牧,镇白狼"。《冯跋载记》载,冯跋称燕王,以"从兄乳陈为征西大将军并青二州牧"。据《资治通鉴》晋安帝义熙六年(410)十二月,胡注曰冯跋以"乳陈为并青二州牧,镇白狼"。可见北燕先后置并州、并青二州。北燕正始二年(408),并州治白狼;北燕太平元年(409),改并青二州治白狼。

1.3 北燕幽平二州(承北燕幽冀二州)

据《晋志上》,"高云以幽冀二州牧镇肥如"。《资治通鉴》晋安帝义熙四年(408)五月载,"北燕以尚书令冯万泥为幽冀二州牧,镇肥如"。《冯跋载记》载,冯跋称燕王,以"从兄万泥为骠骑大将军、幽平二州牧"。据《资治通鉴》晋安帝义熙六年(410)十二月,胡注曰"跋以万泥为幽平二州牧,镇肥如"。可见北燕先后置幽冀二州、幽平二州。北燕正始二年(408),以幽冀二州治肥如;北燕太平元年(409),改幽平二州治肥如。

1.4　北燕幽州

据《魏书》卷3《太宗纪》,泰常元年(416)十月,骁骑将军延普渡濡水,斩"冯跋幽州刺史、渔阳公库傉官昌"。可见北燕有幽州。

2. (京都)尹、郡

2.1　北燕昌黎尹

《冯跋载记附冯素弗传》载冯素弗"初为京尹"。《资治通鉴》晋安帝义熙三年(407)七月载,高云以冯素弗为昌黎尹。《冯跋载记》有北燕"昌黎尹孙伯仁"。《资治通鉴》晋安帝义熙十一年(415)十一月载,"燕尚书令孙护之弟伯仁为昌黎尹"。可见北燕有昌黎尹。

2.2　北燕营丘郡

《魏书》卷4《太祖纪上》载,北魏伐北燕,"徙营丘、成周、辽东、乐浪、带方、玄菟六郡民三万家于幽州"。《冯跋载记》载,"库莫奚虞出库真率三千余落请交市,献马千匹,许之,处之于营丘"。《冯跋载记附冯素弗传》载冯素弗"及镇营丘,百姓歌之"。可见北燕有营丘郡。

2.3　北燕成周郡

《魏书》卷88《窦瑗传》载,"(窦瑗)祖表,冯文通成周太守"。又据上考"北燕营丘郡"引《魏书》可知,北燕有成周郡。

2.4　北燕辽东郡

《冯跋载记》载,冯跋称燕王,以"务银提为上大将军、辽东太守";"蝚蠕斛律为其弟大但所逐,尽室奔跋,乃馆之于辽东郡"。可见北燕有辽东郡。又据上考"北燕营丘郡"引《魏书》,亦证北燕有辽东郡。

2.5　北燕玄菟郡

据上考"北燕营丘郡"引《魏书》可知,北燕有玄菟郡。

2.6　北燕乐浪郡

据上考"北燕营丘郡"引《魏书》可知,北燕有乐浪郡。

2.7　北燕带方郡

《魏书》卷4《太祖纪上》载,北魏伐北燕,"平东将军贺多罗攻(冯)文通带方太守慕容玄于猴固"。又据上考"北燕营丘郡"引《魏书》可知,北燕有带方郡。

2.8　北燕建德郡

《魏书》卷4《太祖纪上》载,北魏伐北燕,"(冯)文通石城太守李崇、建德太守王融十余郡来降"。可见北燕有建德郡。

2.9　北燕石城郡

《魏书》卷46《李欣传》载,"(李欣)父崇,冯跋吏部尚书、石城太守"。又据上考"北燕建德郡"引《魏书》可知,北燕有石城郡。

2.10　北燕冀阳郡

《魏书》卷4《太祖纪上》载,北魏伐北燕,"骠骑大将军、乐平王丕攻冀阳"。可见北燕有冀阳郡。

2.11　北燕辽西郡

《魏书》卷4《太祖纪上》载,"冯文通长乐公崇及其母弟朗、朗弟邈,以辽西内属。文通遣将封羽围辽西"。《太平御览》卷880《咎征部七》引崔鸿《十六国春秋》有北燕"辽西太守高赞"。可见北燕有辽西郡。

2.12　北燕辽东护军(?)

《魏故沧州刺史石使君墓志铭》载,"君讳育,字伯生,乐陵厌次人也","祖邃,辽东护军。从燕归阙"①。北魏得辽东于北燕。故疑北燕时有辽东护军。

3. 县

3.1　北燕龙城县

北燕都龙城,当有龙城县。

3.2　北燕白狼县

《冯跋载记》载,"(冯万泥)遂奔白狼,阻兵以叛"。可见北燕有白狼县。据前考"北燕并州"可知,北燕曾以并州牧镇白狼。

3.3　北燕建德县

《魏书》卷62《高道悦传》载,"(高道悦)祖育,冯文通建德令"。可见北燕有建德县。

3.4　北燕肥如县

据前考"北燕幽冀二州"、"北燕幽平二州"可知,北燕先后以幽冀二州和幽平二州治肥如。可见北燕有肥如县。

3.5　北燕临渝县

《冯跋载记》载,"章武郡临海,船路甚通,出于辽西临渝"。可见北燕有临渝县。

---

① 赵超:《汉魏南北朝墓志汇编》,第306页。

第四章 淝水之战后(383—439)十六国诸政权的疆域与政区演变(中)

第一节 后 秦

淝水之战后,姚苌于渭北起兵。后秦白雀元年(384),姚苌称秦王。后秦建初元年(386),姚苌于长安称帝,改长安为常安。后秦皇初元年(394),姚兴即位。后秦永和元年(416),姚泓即位。后秦永和二年(417),东晋来伐,后秦亡。

一、疆域变迁

永嘉乱后,南安赤亭羌酋姚弋仲徙居榆眉,戎夏随之者数万。刘曜平陈安后,姚弋仲降前赵。石勒灭前赵,姚氏又降于后赵。石虎时,以姚弋仲为西羌大都督,使率其众数万,徙居清河之滠头。姚弋仲卒,姚襄统其众,时后赵已乱,姚襄遂降晋,出没于淮、泗、许、洛间。姚襄曾自河东谋取关中,然当时前秦已在关中立足,姚襄兵败而死,其弟姚苌降于前秦。前秦淝水之战溃败后,姚苌起兵于渭北,称秦王,后秦建国。姚苌之世,主要与苻登周旋于关内。至姚兴破苻登,后秦疆域渐广。然至赫连勃勃建夏后,后秦深受其害,疆土逐渐内缩,至姚泓时,为刘裕所灭。

(一)后秦在关内、陇右的开拓

苻坚败于淝水后,各地相继反秦。据《姚苌载记》,后秦白雀元年(384),姚苌奔渭北马牧,聚众反,不久"进屯北地","北地、新平、安定羌胡降者十余万户"。白雀二年(385),"苌遣诸将攻新平,克之,因略地至安定,岭北诸城尽降之"①,岭北地区郡县此时入后秦。后秦建初元年(386),姚苌入都长安,

---

① 见《姚苌载记》。《资治通鉴》载,晋孝武帝太元十年正月,"岭北诸城悉降(姚苌)"。

关中地区大多入姚秦。当时,关中仍有一些前秦残余势力,苻登即位陇东后,便与其结合,因此姚氏统治并不稳定。此后,姚苌与苻登相攻于安定、新平、扶风等地区。《姚苌载记》载,当时后秦大臣言,"三秦天府之国,主上十分已有其八",可见关中地区多为后秦占据。由前考前秦疆域可知,后秦建初元年(386),杏城镇入前秦;建初二年(387),汧县、雍县为苻登所取,杏城镇入后秦;建初四年(389),后秦失平凉郡;建初六年(391),郿县、陈仓县失于苻登;后秦皇初元年(394),灭前秦,苻登所据平凉郡和汧、雍、郿、陈仓等县全入姚秦。

苻秦乱后,刘卫辰控据朔方不少地区。《资治通鉴》载,晋孝武帝太元十六年(后秦建初六年,391)十二月,拓跋魏破刘卫辰后,"自河以南诸部悉降",朔方北部地区为拓跋氏所控。《姚兴载记上》载,"鲜卑薛勃于贰城为魏军所伐,遣使请救,使姚崇赴救。魏师既还,薛勃复叛,崇伐而执之,大收其士马而还";"鲜卑薛勃叛奔岭北,上郡、贰川杂胡皆应之,遂围安远将军姚详于金城。遣姚崇、尹纬讨之。勃自三交趣金城①,崇列营掎之";"兴率步骑二万亲讨之,勃惧,弃其众奔于高平公没奕于,于执而送之"。《资治通鉴》载,晋安帝隆安元年(后秦皇初四年,397),"鲜卑薛勃叛秦,秦主兴自将讨之。勃败,奔没弈干,没弈干执送之"②。因此,皇初四年(397),后秦讨平鲜卑薛勃,取有其所居三交城以南朔方之地。据《赫连勃勃载记》,后秦曾任用赫连勃勃,"配以三交五部鲜卑及杂虏二万余落,镇朔方"。

淝水战后,前秦秦州刺史王统控有天水、略阳等地。据《资治通鉴》晋孝武帝太元十一年(386),"初,后秦主苌之弟硕德统所部羌居陇上,闻苌起兵,自称征西将军,聚众于冀城以应之;以兄孙详为安远将军,据陇城,从孙训为安西将军,据南安之赤亭,与秦秦州刺史王统相持";建初元年(386),"苌自安定引兵会硕德攻统,天水屠各、略阳羌胡应之者二万余户。秦略阳太守王皮降之";"九月,王统以秦州降后秦。后秦主苌以姚硕德为使持节、都督陇右诸军事、秦州刺史,镇上邽"。故姚苌起兵时,其宗室即聚众陇右以应之。建初元年(386),王统降姚氏,天水郡、略阳郡入后秦。建初四年(389),"后秦主苌使姚硕德置秦州守宰,以从弟常戍陇城,邢奴戍冀城,姚详戍略阳。杨定攻陇、冀,

---

① 《资治通鉴》载,晋康帝建元二年四月,胡注:"三交城在朔方之西。宋白曰:三交土埂在绥州东北七十五里。"此"绥州"应为唐时绥州,在今陕西绥德县一带(参见谭图第五册"唐时期京畿道关内道图"),位于汉时上郡中部(参见谭图第二册"西汉时期并州、朔方刺史部图")。

② 《姚兴载记》作"没奕于",《资治通鉴》作"没弈干",不知孰是。

克之，斩常，执邢奴；详弃略阳，奔阴密。定自称秦州牧、陇西王"①，姚氏所据天水、略阳二郡为仇池杨定所陷。其后，杨定为西秦乞伏氏所败，被杀，天水姜乳据上邽，杨佛狗退守仇池。《资治通鉴》晋孝武帝太元二十一年(后秦皇初三年，396)十二月，"秦陇西王硕德攻姜乳于上邽，乳率众降。秦以硕德为秦州牧，镇上邽；征乳为尚书。强熙、权千成帅众三万共围上邽，硕德击破之，熙奔仇池，遂来奔。硕德西击千成于略阳，千成降"，后秦又取有天水、略阳之地。

后秦在姚兴统治前期甚为强盛，先后灭西秦、后凉，破仇池，攻取陇西、南安、武威和汉中等地。《晋书》卷10《安帝纪》载，隆安四年(后秦弘始二年，400)七月，"姚兴伐乞伏乾归，降之"。后秦降服乞伏氏，遂控有原西秦之地。《资治通鉴》载，晋安帝隆安五年(后秦弘始三年，401)七月，后秦遣姚硕德伐后凉，姜纪降后秦，"硕德乃表纪为武威太守，配兵二千屯据晏然(胡注：班固《地理志》，武威休屠县，王莽改曰晏然，后复曰休屠。永宁中，张轨于姑臧西北置武兴郡，晏然县属焉)"。可见，凉州武威郡晏然县此年归后秦。弘始五年(403)，后秦灭后凉，得武威、武兴、番禾三郡，又自南凉得昌松郡②。《姚兴载记上》载，后秦得姑臧后，以凉州刺史镇姑臧，仓松太守、番禾太守分戍二城。据《资治通鉴》晋安帝义熙元年(后秦弘始七年，405)二月，蜀地大乱，"汉中空虚，氐王杨盛遣其兄子平南将军抚据之"；"秦陇西公硕德伐仇池，屡破杨盛兵；将军敛俱攻汉中，拔成固，徙流民三千余家于关中。秋七月，杨盛请降于秦。秦以盛为都督益宁二州诸军事、征南大将军、益州牧"。后秦拔成固，当取有汉中郡。杨盛表面虽降后秦，实际上依然自立为政，其所据武都、阴平等地不能视为后秦之壤。

据上文所考，后秦白雀元年(384)，据有北地郡。白雀二年(385)，得岭北地区。建初元年(386)，姚秦都长安，得关中地区大部和秦州天水郡、略阳郡；同年，苻登即位陇东后，便与姚氏相攻于安定、新平、扶风间，后秦失杏城镇。建初二年(387)，失扶风郡汧县、雍县，得杏城镇。建初四年(389)，失天水郡、略阳郡、平凉郡。建初六年(391)，失扶风郡郿县、陈仓县。后秦皇初元年(394)，灭前秦，得平凉郡和汧、雍、郿、陈仓等县。皇初三年(396)，得天水郡、略阳郡。弘始二年(400)，破西秦，得西秦旧地。弘始三年(401)，得武威郡晏然县。弘始五年(403)，得武威、武兴、番禾、仓松四郡。弘始七年(405)，得汉中郡。

---

① 见《资治通鉴》晋孝武帝太元十四年九月。《魏书》卷101《氐传》载，北魏道武帝登国四年(即晋孝武帝太元十四年，389)杨定取秦州之地(当仅为天水、略阳二郡)。《宋书》卷98《氐胡传》载，太元十五年(390)杨氏进取天水、略阳二郡地。
② 参见后文所考后凉、南凉"疆域变迁"的相关内容。

(二) 后秦向关东的扩张

姚兴即位不久,灭前秦苻登,此后逐渐向关东地区扩张。前秦乱后,河东郡、平阳郡为西燕慕容永所占;西燕亡后,慕容氏所署河东太守柳恭等各拥兵自守。《资治通鉴》载,晋孝武帝太元二十一年(后秦皇初三年,396),姚兴遣姚绪攻河东,入蒲坂,柳恭等皆降,"兴以绪为并、冀二州牧,镇蒲阪"。此言"河东太守柳恭等",当不只有河东郡,在后秦攻取柳恭所守河东郡之际,当亦取有平阳郡汾水以西之地。弘始四年(402),北魏与后秦曾于柴壁交战。战前,北魏积极备战,"(拓跋)珪大阅士马,命并州诸郡积谷于平阳之乾壁以备秦(胡注:魏收《地形志》,平阳禽昌县,汉、晋之北屈也,有乾城。隋并禽昌入襄陵,又据姚兴《载记》乾壁即乾城)"①。可见,北魏当控有平阳郡汾水以东地区。《姚兴载记上》载,"魏平阳太守贰尘入侵河东",可见北魏置平阳郡统辖汾水以东地区。柴壁之战,后秦大败,但由于北魏遭柔然侵袭,并没有在柴壁之战后进而扩张。柴壁之战后,北魏、后秦在平阳维持战前的控制局面。《魏书》卷2《太祖纪》载,天赐元年(后秦弘始六年,404),北魏"遣离石护军刘托率骑三千袭蒲子。三月丙寅,擒姚兴宁北将军、泰平太守衡谭,获三千余口"。据此可见,此前后秦还控有汾水以西蒲子等县。北魏袭取蒲子后,后秦当失泰平郡。《姚泓载记》载,姚泓时,"并州、定阳、贰城胡数万落叛泓入于平阳,攻立义姚成都于匈奴堡,推匈奴曹弘为大单于,所在残掠。征东姚懿自蒲坂讨弘,战于平阳,大破之"。据此,后秦当控有平阳郡匈奴堡以南之地。顾祖禹《读史方舆纪要》卷41《山西三》载,"匈奴堡,旧《志》:'在(平阳)府西南七十里,匈奴种人尝保聚于此,因名'","襄陵县,(平阳)府西南三十里……乾壁城在县东南,亦曰乾城"。依此可知乾壁和匈奴堡在平阳郡的大致位置。因此,当时北魏应控有平阳郡乾壁以北之地,后秦控有平阳郡匈奴堡以南临汾、绛邑、皮氏三县之地②。

东晋趁苻秦之乱,遂大举北伐,河南、荥阳、弘农、上洛之地为其所取。据《资治通鉴》晋安帝隆安元年(后秦皇初四年,397)九月,"秦主兴入寇湖城,弘农太守陶仲山、华山太守董迈皆降之;遂至陕城,进寇上洛,拔之",后秦取有弘

---

① 见《资治通鉴》晋安帝元兴元年正月。据谭图第四册"北魏时期司、豫、荆、洛等州图",乾壁在襄汾县北近汾河处,柴壁在今襄汾县南汾河边。
② 据谭图第三册"西晋时期司州图"和匈奴堡、乾壁所在位置推测,当时后秦可能仅控有临汾、绛邑、皮氏三县。另平阳濩泽县在平阳郡东南,亦为北魏所控。《魏书》卷3《太宗纪》载,永兴五年(413)六月,"濩泽刘逸自号征东将军、三巴王,王绍为署官属,攻逼建兴郡,元屈等讨平之";《资治通鉴》载,晋安帝义熙十二年(416),"丁零翟猛雀驱掠吏民,入白涧山为乱;魏内都大官河内张蒲与冀州刺史长孙道生讨之"。据胡注,白涧山在濩泽县西。因此,濩泽县应为北魏之地。

农、华山、上洛三郡。《晋书》卷10《安帝纪》载,隆安三年(后秦弘始元年,399)"冬十月,姚兴陷洛阳,执河南太守辛恭靖"。《姚兴载记》载,"洛阳既陷,自淮汉已北诸城,多请降送任"。可能在后秦攻陷洛阳后不久,河南郡、荥阳郡、陈留郡当为后秦所取。《晋志》载,姚兴克洛阳,以豫州牧镇洛阳,兖州刺史镇仓垣。《水经注》23《汳水注》:"汳水东迳仓垣城南,即浚仪县之仓垣亭也。"据《晋志》,浚仪县属兖州陈留郡。慕容德之后,滑台陷于北魏。《魏书》卷3《太宗纪》载,泰常元年(后秦永和元年,416)九月,刘裕北伐后秦,"遣其部将王仲德为前锋,从陆道至梁城。兖州刺史尉建畏懦,弃州北渡,王仲德遂入滑台"。可见,滑台至后秦亡前夕一直为北魏所据。《资治通鉴》晋安帝义熙十二年(416)九月载,刘裕将沈林子自兖州伐后秦,"沈林子自汴入河,襄邑人董神虎聚众千余人来降,太尉裕版为参军。林子与神虎共攻仓垣,克之,秦兖州刺史韦华降"。据《晋志》,襄邑县属陈留郡。沈林子军过兖州,至陈留郡始遭遇后秦军,亦证陈留郡以东兖州之地不属后秦。

弘始四年(402),东晋内有桓玄之乱,其后,东晋北边郡守或有降于姚兴者,后秦趁机南侵。《姚兴载记上》载,"晋顺阳太守彭泉以郡降兴,兴遣杨佛嵩率骑五千,与其荆州刺史赵曜迎之,遂寇陷南乡,擒建威将军刘嵩,略地至于梁国而归",此事当在弘始五年(403)①。据此及下文所述姚兴割让汉北十二郡于晋推知,东晋汉北南乡、顺阳、南阳、新野、舞阴等郡以及淮北颍川、襄城、陈郡、梁郡、汝阳、南顿等郡当于此时陷于后秦。《姚兴载记上》载,"晋汝南太守赵策委守奔于兴",此事当在弘始七年(405)②。晋汝南太守降后秦,可能后秦乘势又取有新蔡郡③。

由上文所考,后秦皇初三年(396),得河东郡和平阳郡(汾水以西)。皇初四年(397),得弘农、华山、上洛三郡。弘始元年(399),得河南、荥阳、陈留三郡。弘始五年(403),得襄城、颍川、梁郡、顺阳、南阳、新野等郡。弘始六年(404),失泰平郡。弘始七年(405),得汝南郡、新蔡郡。

(三) 后秦后期疆土的内缩

弘始九年(407),赫连勃勃叛后秦,建国称夏。赫连勃勃建国以后,不断进攻后秦岭北之地,姚氏频年讨伐而不能破,后秦国势逐渐走向衰弱,疆土因此不断

---

① 《姚兴载记上》载此事,前为姚兴遣赵曜西屯金城,后为姚兴征吕超入朝。较之《资治通鉴》载此二事,彭泉降后秦和后秦略地至梁国之事当在晋安帝元兴二年(后秦弘始五年)。
② 《姚兴载记上》载此事,前后皆有姚兴将伐仇池杨盛事,参照《资治通鉴》晋安帝义熙元年所记诸事可知,晋汝南太守降姚兴应在义熙元年(后秦弘始七年)正月至六月间。
③ 据谭图,西晋时期豫州汝阴郡在汝南郡东。由下文述刘裕伐后秦先攻取新蔡郡推知,该地亦属后秦,可能在汝南太守降后秦时所取。

内缩。《赫连勃勃载记》载,赫连勃勃建国当年,"进讨姚兴三城已北诸戍,斩其将杨丕、姚石生等"。据此,弘始九年(407),三城以北之地为赫连氏所陷。此后,后秦岭北之地屡遭赫连夏攻掠。据《资治通鉴》,晋安帝义熙六年(后秦弘始十二年,410)三月,赫连勃勃攻拔定阳(胡注:"魏收《地形志》,敷城郡有定阳县");晋安帝义熙十一年(后秦弘始十七年,415)三月,"夏王勃勃攻秦杏城,拔之,执守将姚逵,坑士卒二万人";次年,赫连勃勃为姚绍所败,归杏城。可见,弘始十七年姚秦杏城不守。后秦失杏城前,在杏城之北的中部郡、长城郡、三堡镇皆入赫连夏①。

后秦后期,赫连氏雄踞朔方,骚扰姚秦北边,而且河西秃发氏、陇右乞伏氏逐渐转盛,也进攻后秦,因而后秦的西部边境不断内缩。弘始八年(406),南凉秃发傉檀窃取姑臧,后秦所据凉州之地陷于南凉②。后秦衰落以后,逐渐对河州失去控制。据《资治通鉴》,晋安帝义熙三年(407)十月,"秦河州刺史彭奚念叛,降于秃发傉檀,秦以乞伏炽磐行河州刺史";晋安帝义熙四年(408)十二月,"乞伏炽磐攻彭奚念于枹罕,为奚念所败而还";义熙五年(409)二月,乞伏氏击破奚念,攻克枹罕。可见弘始九年(407),后秦河州为彭奚念所据,弘始十一年(409)为乞伏氏控制。《晋书》卷10《安帝纪》载,义熙五年(后秦弘始十一年,409)七月,"乞伏乾归僭称西秦王于苑川"。西秦据有河州后,遂复国。据下考西秦"疆域变迁"可知,后秦失金城郡后,复侨置金城郡;弘始十二年(410),金城郡(侨置)、陇西郡、南安郡皆为西秦占据。

后秦衰落以后,不仅北境、西境国土有失,其南疆也在内缩。据《资治通鉴》晋安帝义熙元年(405)七月,"刘裕遣使求和于秦,且求南乡等诸郡,秦王兴许之";"遂割南乡、顺阳、新野、舞阴等十二郡归于晋"。可见,后秦弘始七年(405),姚兴所占荆州之地归于东晋。据《资治通鉴》晋安帝义熙三年(407)四月,"氐王杨盛以平北将军苻宣为梁州督护,将兵入汉中,秦梁州别驾吕莹等起兵应之;刺史王敏攻之。莹等求援于盛,盛遣军临沔口,敏退屯武兴。盛复通于晋,晋以盛为都督陇右诸军事、征西大将军、开府仪同三司,盛因以宣行梁州刺史"③。据此,后秦弘始九年(407),失汉中之地。

《资治通鉴》载,晋安帝义熙十二年(后秦永和元年,416)九月,刘裕北伐后秦,"王镇恶、檀道济入秦境,所向皆捷。秦将王苟生以漆丘降镇恶(胡注:漆丘

---

① 据后文所述前秦"政区沿革",由杏城镇、三堡镇、长城郡、中部郡的治所今地,可知中部郡、长城郡、三堡镇在杏城北。
② 见后文所考南凉"疆域变迁"。
③ 《姚兴载记下》载此事在义熙二年,有误,"校勘记"已指出。

盖在梁郡蒙县。晋庄周为蒙漆园吏,后人因以漆丘名城),徐州刺史姚掌以项城降道济,诸屯守皆望风款附。惟新蔡太守董遵不下(胡注:新蔡县,汉属汝南郡。蔡平侯自蔡徙此,故曰新蔡。魏分属汝阴郡,晋惠帝分汝阴立新蔡郡),道济攻拔其城,执遵,杀之。进克许昌,获秦颍川太守姚垣及大将杨业"。可见,此年后秦所占颍川等郡为东晋攻取。据《资治通鉴》晋安帝义熙十二年(416)十月,东晋攻取后秦许昌后,长驱入洛,"秦阳城、荥阳二城皆降,晋兵进至成皋","成皋、虎牢皆来降",不久后秦洛阳守将又降。可见,后秦永和元年(416),后秦洛阳及其以东、以南之地丧失殆尽。永和二年(417),刘裕入长安,后秦亡。

据上所述,后秦弘始七年(405),失荆州;八年(406),失凉州;九年(407),失河州和汉中郡;十二年(410),失金城(侨置)、陇西、南安三郡和定阳;十七年(415),失杏城镇、三堡镇、中部郡、长城郡。永和元年(416),失洛阳及其以东、以南地区。永和二年(417),后秦亡。

二、政区沿革

据上考后秦疆域可知,后秦弘始七年(405)疆域最盛(见图11)。下文以后秦弘始七年(405)为基准年,先概述后秦政区沿革,再考证后秦可考的政区。

(一)政区概述

1. 司隶部

司隶部,治常安(今陕西西安市未央区)。后秦建初元年(386),置司隶部,改长安为常安,当领京兆尹、冯翊郡、咸阳郡、扶风郡、始平郡、安定郡、北地郡、新平郡、陇东郡、赵兴郡、平凉郡、长城郡、抚夷护军、冯翊护军、铜官护军、土门护军、三原护军、宜君护军。其后,置平原郡和安夷护军,属司隶部。后秦建初二年(387),陇东郡、平凉郡别属秦州①。后秦弘始元年(399),安定、新平、赵兴、长城、平原五郡别属雍州。至后秦永和二年(417),司隶部领京兆尹、冯翊郡、扶风郡、始平郡、北地郡、咸阳郡、抚夷护军、安夷护军、冯翊护军、铜官护军、土门护军、三原护军、宜君护军。

京兆尹(承京兆郡),治常安(今陕西西安市未央区)。前秦自长安败走后,

---

① 《姚苌载记》载,姚苌置秦州,以姚硕德为秦州刺史,镇上邽。《资治通鉴》载,晋孝武帝太元十二年(387)四月,"后秦征西将军姚硕德为杨定所逼,退守泾阳(胡注:泾阳县,前汉属安定郡,后汉、晋省,秦属陇东郡。杜佑曰:汉泾阳县在今平凉郡界泾阳故城是)";晋孝武帝太元十四年(389)九月,"秦主登之东也,后秦主姚硕德置秦州守宰,以从弟常戍陇城,邢奴戍冀城,姚详戍略阳"。可见,姚硕德退守泾阳后,后秦仍置秦州。据胡注,后秦泾阳属陇东郡。随着姚硕德退守泾阳,陇东郡当亦别属秦州。平凉郡在陇东郡西南,当亦属秦州。

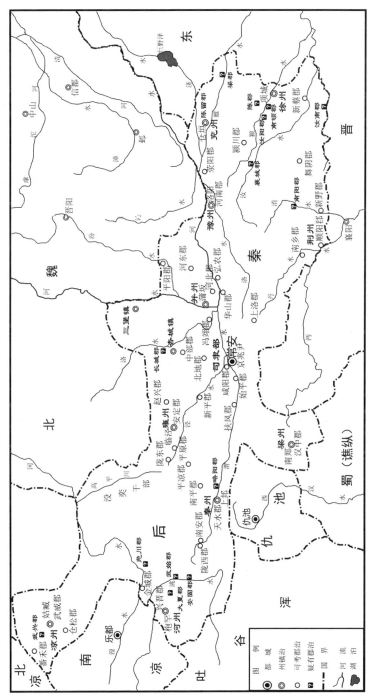

图 11 后秦弘始七年(405)疆域政区示意图

西燕得京兆尹。后秦建初元年(386),承西燕置京兆郡,后改为京兆尹,领常安、杜陵、霸城、蓝田、高陆、万年、新丰、阴槃、郑、渭南十县。后秦皇初元年(394),姚兴即位;其后又置山北县,当属京兆尹。至后秦永和二年(417),京兆尹领常安、杜陵、霸城、蓝田、高陆、万年、新丰、阴槃、郑、渭南、山北十一县。

冯翊郡,治临晋(今陕西大荔县东)①。前秦自长安败走后,西燕得冯翊郡。后秦建初元年(386),承西燕置冯翊郡,领临晋、下邽、重泉、频阳、粟邑、莲芍、郃阳、夏阳八县。其后,废莲芍县②。至后秦永和二年(417),冯翊郡领临晋、下邽、重泉、频阳、粟邑、郃阳、夏阳七县。

扶风郡,治池阳(今陕西泾阳县西北)。前秦自长安败走后,西燕得扶风郡。后秦建初元年(386),承西燕置扶风郡,领池阳、郿、雍、汧、陈仓、美阳、好畤、宛川八县。后秦建初二年(387),雍县、汧县入前秦。后秦建初六年(391),郿县、陈仓县入前秦。后秦皇初元年(394),雍、汧、郿、陈仓四县自前秦来属。至后秦永和二年(417),扶风郡领池阳、郿、雍、汧、陈仓、美阳、好畤、宛川八县。

始平郡,治槐里(今陕西兴平市东南)。前秦自长安败走后,西燕得始平郡。后秦建初元年(386),承西燕置始平郡,领槐里、始平、武功、鄠、盩厔五县。至后秦永和二年(417),始平郡领县当不变。

北地郡,治泥阳(今陕西铜川市耀州区南)。后秦白雀元年(384),承前秦置北地郡,领泥阳、富平、灵武三县。至后秦永和二年(417),北地郡领县当不变。

咸阳郡,或治渭城(今陕西咸阳市渭城区)。前秦自长安败走后,西燕得咸阳郡。后秦建初元年(386),承西燕置咸阳郡,领渭城、泾阳等县。至后秦永和二年(417),咸阳郡领县当不变。

抚夷护军,治所不可考。后秦白雀二年(385),承前秦置抚夷护军。至后秦永和二年(417),抚夷护军辖区当不变。

安夷护军,治所不可考。后秦时,置安夷护军。至后秦永和二年(417),安夷护军辖区当不变。

冯翊护军,治所不可考。后秦白雀二年(385),承前秦置冯翊护军。至后秦永和二年(417),冯翊护军辖区当不变。

---

① 据前述汉国时冯翊郡可知,临晋县改为大荔县。然据后文所考"后秦临晋县"可知,后秦时称临晋县。
② 《太平寰宇记》卷29《关西道五》载,"《晋地道记》云:'莲芍县属冯翊。'后秦姚苌废"。《晋地道记》作"莲芍县",《晋志》作"莲芍县",此姑从《晋志》。

铜官护军，治铜官(今陕西铜川市耀州区)。后秦白雀二年(385)，承前秦置铜官护军。至后秦永和二年(417)，铜官护军辖区当不变。

土门护军，治土门(今陕西富平县东北)。后秦白雀二年(385)，承前秦置土门护军。至后秦永和二年(417)，土门护军辖区当不变。

三原护军，治三原(今陕西淳化县东北)。后秦白雀二年(385)，承前秦置三原护军。至后秦永和二年(417)，三原护军辖区当不变。

宜君护军，治宜君(今陕西铜川市耀州区西南)。后秦白雀二年(385)，承前秦置宜君护军。至后秦永和二年(417)，宜君护军辖区当不变。

2. 雍州

雍州，治临泾(今甘肃镇原县东南)。后秦弘始元年(399)，分司隶部置雍州①，领安定、新平、赵兴、长城、平原五郡②；其后，置中部郡，当属雍州。后秦弘始十七年(415)，长城郡、中部郡入赫连夏。至后秦永和二年(417)，雍州领安定、新平、赵兴、平原四郡和安定护军。

安定郡，治临泾(今甘肃镇原县东南)。后秦白雀二年(385)，承前秦置安定郡，领临泾、朝那、乌氏、阴密、鹑觚、西川、焉氏、贰八县。其后，分安定置平原郡。至后秦永和二年(417)，安定郡领县当不变。

新平郡，治新平(今陕西彬县)。后秦白雀二年(385)，承前秦置新平郡，领新平县、汾邑县。至后秦永和二年(417)，新平郡领县不变。

赵兴郡，治所不可考。后秦白雀二年(385)，承前秦置赵兴郡，领赵安等县。至后秦永和二年(417)，赵兴郡领县当不变。

长城郡，治长城(今陕西洛川县西北)。后秦白雀二年(385)，承前秦置长城郡，领长城等县。其后，姚苌又置洛川县，属长城郡③。至后秦弘始十七年(415)，长城郡领长城、洛川等县。

---

① 《晋志上》载，"及苌子兴克洛阳"，"分司隶领(按：当为"岭")北五郡，置雍州刺史镇安定"。弘始元年姚兴克洛阳。
② 吴宏岐认为，后秦岭北五郡当是安定、北地、新平、赵兴、平凉。见《后秦"岭北"考》，《中国历史地理论丛》1995年第2辑。然当时的"岭北"应是较大山脉横山(今子午岭)以北的地区，十六国时期的北地郡在横山以南，不应属岭北五郡之一。又据《姚苌载记》，姚苌由北地移兵攻岭北，攻新平、安定而克之；此表明岭北辖有新平、安定而无北地。平凉郡已别属秦州，不在"岭北五郡"之列。由下考平原郡可知，此郡分安定郡所置，在岭北。又长城郡原为羌胡之地，亦在岭北。故后秦分司隶校尉部置岭北五郡当是安定郡、新平郡、赵兴郡、长城郡、平原郡。
③ 据后文引《元和郡县图志》卷3《关内道三》可知，后秦姚苌时置有洛川县。《元和郡县图志》载鄜州领有洛交县、洛川县，其中"洛交县"条载："苻坚时为长城县，后魏及周为三川县。隋开皇十六年，分三川、洛川二县置洛交县。"可见洛川县与苻坚所置长城县为邻。故后秦所置洛川县，当属长城郡。

平原郡，治所不可考。后秦白雀二年(385)，得安定郡；其后分安定置平原郡①，领县不可考。至后秦永和二年(417)，平原郡辖区当不变。

中部郡，治中部(今陕西黄陵县西南)。后秦弘始元年(399)后置中部郡，领中部县②。至后秦弘始十七年(415)，中部郡领县当不变。

安定护军，治所不可考。后秦时，置安定护军。至后秦永和二年(417)，安定护军辖区当不变。

3. 秦州

秦州，治上邽(今甘肃天水市秦州区)。后秦建初元年(386)，置秦州，治上邽③，领天水郡、略阳郡。建初二年(387)，秦州改治泾阳，陇东郡、平凉郡来属④。建初四年(389)，天水郡、略阳郡入仇池，平凉郡入前秦。后秦皇初元年(394)，平凉郡自前秦来属。皇初三年(396)，天水郡、略阳郡自西秦来属，秦州改治上邽⑤；其后，分略阳置南平郡。后秦弘始二年(400)，陇西郡、南安郡自西秦来属。弘始十一年(409)，侨置金城郡，属秦州。弘始十二年(410)，金城(侨置)、陇西、南安三郡入西秦。弘始十三年(411)，或罢南平郡；侨置陇西郡，属秦州。至后秦永和二年(417)，秦州领天水、略阳、陇东、平凉、陇西(侨置)等五郡。

天水郡，治上邽(今甘肃天水市秦州区)。后秦建初元年(386)，承前秦置天水郡，领上邽、冀、新阳、显新、成纪五县；其后，或废显新县⑥。后秦建初四年(389)，天水郡入仇池，后又入西秦。后秦皇初三年(396)，天水郡所领冀、新

---

① 《太平御览》卷261《职官部五十九》引崔鸿《十六国春秋·前秦录》曰："索棱字孟则，敦煌人。好学博闻，姚苌甚重之，委以机密，文章诏檄皆棱之文也。后为平原太守。"吴宏岐认为，"疑平原郡始建于赫连夏国"(见《后秦"岭北"考》，《中国历史地理论丛》1995年第2辑)。据《太平御览》，可见后秦时已置平原郡。《魏志下》载，平原郡领有阴槃县，此县"二汉属安定，晋属京兆，后属"。据《太平寰宇记》卷151《陇右道二》，"潘原县，汉阴槃县地，《地理志》云属安定郡。后汉末移县，属京兆郡。郭缘生《述征记》云：'阴槃县旧属安定郡，遇乱徙于新丰。'《帝王纪》云：'赫连定于胜光二年又自京兆移此，属平凉郡也。'"可见，阴槃县夏末属平凉郡，不属平原郡。而平原郡可能分安定郡置。
② 弘始元年，后秦置雍州时有五郡，当无中部郡，故中部郡应在弘始元年后置。
③ 《资治通鉴》晋孝武帝太元十一年九月：前秦秦州刺史王统降于后秦，"后秦主苌以姚硕德为使持节、都督陇右诸军事、秦州刺史，镇上邽"。
④ 《资治通鉴》晋孝武帝太元十二年四月："后秦征西将军姚硕德为杨定所逼，退守泾阳。"姚硕德前镇上邽，其退守泾阳后，后秦秦州应改治泾阳。陇东郡治泾阳，当属秦州。平凉郡在陇东郡南，当亦属秦州。
⑤ 《资治通鉴》晋孝武帝太元二十一年："秦以(姚)硕德为秦州牧，镇上邽。"
⑥ 据《资治通鉴》晋武帝太元十七年十二月，"休官权千成据显亲，自称秦州牧"；十八年正月，"权千成为秦所逼，请降于金城王乾归，乾归以为东秦州刺史、休官大都统、显亲公"。《资治通鉴》晋安帝义熙九年三月："显亲休官权小成、吕奴迦等二万余户白坑不服，昙达攻斩之，陇右休官悉降。"此"显亲"，即《晋志》所载显新县。可见，显亲县在前秦乱后，一直为休官部族控制，此县或废。

阳、成纪三县入后秦,上邽县自姜乳入后秦。至后秦永和二年(417),天水郡领上邽、冀、新阳、成纪四县。

略阳郡,治临渭(今甘肃天水市麦积区东)。后秦建初元年(386),承前秦置略阳郡,领临渭、平襄、略阳、清水、陇城五县;其后,或废平襄县①。后秦建初四年(389),略阳郡入仇池,后又入西秦。后秦皇初三年(396),略阳郡自西秦入后秦;其后,分略阳置南平郡。后秦后期,略阳郡当治柏阳堡,仍在临渭县界②。至后秦永和二年(417),略阳郡领临渭、略阳、清水、陇城四县。

陇东郡,治泾阳(今甘肃平凉市崆峒区西北)。后秦白雀二年(385),承前秦置陇东郡,领泾阳等县。至后秦永和二年(417),陇东郡领县当不变。

平凉郡,治鹑阴(今甘肃华亭县西)。后秦白雀二年(385),承前秦置平凉郡,领鹑阴等县。后秦建初四年(389),平凉郡入前秦。后秦皇初元年(394),平凉郡自前秦来属。至后秦永和二年(417),平凉郡领县当不变。

南平郡,治水洛(今甘肃庄浪县)。后秦皇初三年(396),得略阳郡。其后,当分略阳置南平郡,或领水洛等县③。后秦弘始十三年(411),或罢南平郡④。

陇西郡,治襄武(今甘肃陇西县东南渭水西岸)。后秦弘始二年(400),承西秦置陇西郡,领襄武县、首阳县。至后秦弘始十二年(410),陇西郡领县当不变。

南安郡,治獂道(今甘肃陇西县东南渭水东岸)。后秦弘始二年(400),承西秦置南安郡,领獂道、新兴、中陶三县。至后秦弘始十二年(410),南安郡领县当不变。

以下二郡附

金城郡(侨置),治所不可考。后秦弘始十一年(409),侨置金城郡,领县不可考。至后秦弘始十二年(410),金城郡(侨置)辖区当不变。

---

① 《资治通鉴》晋孝武帝太元十三年四月:"苑川王国仁破鲜卑越质叱黎于平襄,获其子诘归。"前秦乱后,越质部据有平襄,非略阳太守所能控御。西秦时,越质部虽降乞伏氏,当仍未以其地设郡县统辖。故《魏志》无平襄县,或在前秦乱后已罢。
② 《资治通鉴》晋安帝义熙七年十月:"河南王乾归攻秦略阳太守姚龙于柏阳堡。"据此,后秦略阳郡当治柏阳堡。
③ 《资治通鉴》晋安帝义熙七年十一月:"进攻南平太守王憬于水洛城(胡注:《水经注》:水洛亭在陇山之西,汉略阳界。郑戬曰:水洛城西占陇坻通秦州往来路,陇之二水环城西流,绕带渭河,川平上沃,广数百里。《元丰九域志》:德顺军西南一百里有水洛城,仁宗朝郑戬使刘沪所筑也),又克之,徙民三千户于谭郊。"据此,后秦置有南平郡,治水洛城。又据《水经注》所载,南平郡当在略阳、天水临界地区,或分略阳、天水置。
④ 据上引《资治通鉴》晋安帝义熙七年十一月,西秦攻破水洛城,徙其民于谭郊。南平郡民被迁走后,郡或罢,故此后不见史载此地有南平郡。

陇西郡（侨置），治所不可考。后秦弘始十三年（411），侨置陇西郡①，领县不可考。至后秦永和二年（417），陇西郡（侨置）辖区当不变。

4. 并州（承并冀二州）

并州，治蒲坂（今山西永济市蒲州镇蒲州故城）。后秦皇初三年（396），置并冀二州，治蒲坂，领河东郡和平阳郡（汾水以西）；其后，改并冀二州为并州，分河东置河北郡，分平阳置泰平郡，属并州。后秦弘始六年（404），泰平郡入北魏。至后秦永和二年（417），并州领河东、平阳、河北三郡。

河东郡，治安邑（今山西夏县西北）。前秦败亡后，河东郡为西燕控制。西燕亡，河东郡为其太守柳恭控制。后秦皇初三年（396），承柳恭置河东郡，领安邑、闻喜、垣、大阳、猗氏、解、蒲坂、河北八县；其后，分河东置河北郡，当领河北、大阳、垣等3县。至后秦永和二年（417），河东郡领安邑、蒲坂、闻喜、猗氏、解五县。

平阳郡，治匈奴堡（今山西临汾市尧都区西南）。前秦败亡后，平阳郡为西燕控制。西燕亡，平阳郡汾水以西为西燕故将控制，汾水以东入后燕。后秦皇初三年（396），承西燕故将置平阳郡，随后又置泰平郡。当时，汾水以西有六县②，蒲子、狐谮、北屈三县位于今吕梁山以西，平阳、临汾、皮氏三县位于今吕梁山以东的沿汾水地区。可能泰平郡领蒲子、狐谮、北屈三县，治蒲子县③；平阳郡应领平阳、临汾、皮氏三县，治匈奴堡④。至后秦永和二年（417），平阳郡领平阳、临汾、皮氏三县。

河北郡，治河北（今山西芮城县北）。后秦皇初三年（396），可能于此年分河东置河北郡，当领河北、大阳、垣三县⑤。至后秦永和二年（417），河北郡领

---

① 据上考后秦疆域变迁可知，弘始十二年陇西入西秦。《资治通鉴》晋安帝义熙七年（弘始十三年）正月："（姚兴）以太常索棱为太尉，领陇西内史，使招抚西秦。"此陇西郡当为侨置。《资治通鉴》晋安帝义熙九年三月，"秦太尉索棱以陇西降炽磐（胡注：七年，秦令索棱守陇西以招抚乞伏）"。索棱降西秦后，后秦又侨置陇西郡。《姚泓载记》："杨盛攻陷祁山"，"泓遣后将军姚平救之，盛引退。姚嵩与平追盛及于竹岭，姚赞率陇西太守姚秦都、略阳太守王焕赴之"。可见后秦姚泓时仍置有陇西郡，当属侨置，属秦州。
② 参见谭图第三册"西晋时期司州图"。
③ 《魏书》卷2《太祖纪》：天赐元年（404）正月，北魏"遣离石护军刘托率骑三千袭蒲子。三月丙寅，擒姚兴宁北将军、泰平太守衡谭，获三千余口"。据此，后秦泰平郡当治蒲子。
④ 《姚兴载记下》："平阳太守姚成都来朝。"《姚泓载记》："并州、定阳、貳城胡数万落叛泓，入于平阳，攻立义姚成都于匈奴堡。"可见，后秦平阳郡治匈奴堡。
⑤ 《太平寰宇记》卷6《河南道六》：芮城县，"汉以其地为河北县，属河东郡。姚秦于此置河北郡"。后秦皇初三年，在河东大族薛氏的支持下，姚兴击败河东柳氏，统有河东郡。当时，河东郡为当时地方大族薛氏、柳氏、裴氏所控制，姚秦当为分化地方大族而分河东郡置河北郡。河北郡应辖有河水以北、今中条山脉以南的河北、大阳和垣三县，疑治河北县。

县当不变。

附 泰平郡,治蒲子(今山西隰县龙泉镇)。后秦皇初三年(396),可能于此年分平阳置泰平郡,领蒲子、狐讘、北屈三县。至后秦弘始六年(404),泰平郡领县当不变。

5. 豫州

豫州,治洛阳(今河南洛阳市城区东)。后秦皇初四年(397),弘农、华山、北上洛三郡自东晋入后秦,改北上洛郡为上洛郡;置豫州,治陕城①,领弘农、华山、上洛三郡。后秦弘始元年(399),河南郡、荥阳郡自东晋来属,豫州改治洛阳。后秦永和元年(416),河南郡、荥阳郡入东晋,豫州当治陕城。至后秦永和二年(417),豫州领弘农、华山、上洛三郡。

河南郡,治洛阳(今河南洛阳市城区东)。前秦败亡后,河南郡入东晋。后秦弘始元年(399),承东晋置河南郡,领洛阳、河南、巩、河阴、新安、成皋、缑氏、阳城、新城、陆浑、梁十一县。至后秦永和元年(416),河南郡领县当不变。

荥阳郡,治荥阳(今河南荥阳市东北)。前秦败亡后,荥阳郡先后为后燕、南燕、东晋占据。后秦弘始元年(399),承东晋置荥阳郡,领荥阳、京、密、卷、阳武、苑陵、中牟、开封八县。至后秦永和元年(416),荥阳郡领县当不变。

弘农郡,治弘农(今河南灵宝市北)。前秦败亡后,弘农郡入东晋。东晋得弘农郡,省前秦所置敷西县②;又分弘农置华山郡,治湖县,领湖、华阴等县。其年,卢氏县来属弘农郡,又分卢氏置朱阳县,亦属弘农郡。因此,当时东晋弘农郡领弘农、陕、宜阳、黾池、卢氏、朱阳六县。对此,考证如下。据《资治通鉴》,晋孝武帝太元十一年(386)六月,"荆州刺史桓石民遣将军晏谦击弘农,下之。初置湖、陕二戍"。太元十七年(392)十月,"秦主(苻)登以窦冲为左丞相,冲徙屯华阴。郗恢遣将军赵睦守金墉,河南太守杨佺期帅众军湖城,击冲,走之"。此为东晋兵临华阴。次年,"氐帅杨佛嵩叛,奔后秦,杨佺期、赵睦追之。九月,丙戌,败佛嵩于潼关。后秦将姚崇救佛嵩,败晋兵,赵睦死"。东晋北伐遂止兵于此,而弘农郡基本上为东晋控制。晋安帝隆安元年(397)九月,"秦主

---

① 《晋志上》载,姚兴克洛阳后,以豫州牧镇洛阳。后秦得弘农、华山、上洛三郡后,当置豫州。前秦曾以豫州治陕城,夏得弘农后,亦曾置荆州治陕城。可见陕城于弘农郡地位较重。故认为,后秦得弘农、上洛、华山三郡,当置豫州治陕城。姚兴得洛阳后,豫州遂改治洛阳。
② 《太平寰宇记》卷29《关西道五》华阴县条下载:"敷西城。郭缘生《述征记》云:'敷西县,夷狄所置,谓苻坚、姚苌时有敷西县,寻省之。'在县西南。"敷西县或在弘农郡入东晋后置华山郡时省。

兴入寇湖城,弘农太守陶仲山、华山太守董迈皆降之;遂至陕城"。可证东晋有华山郡。疑东晋于太元十八年(393)控制弘农郡后分弘农置华山郡。后秦入寇湖城,东晋华山太守降之,其后后秦兵临陕城。据谭图,司州弘农县在湖、陕二县之间。而弘农郡本治弘农县,疑华山郡治湖县。《晋志上》载,弘农郡领弘农、湖、陕、宜阳、黾池、华阴六县。《宋志二》言,刘裕"北平关、洛",置司州,所统实土弘农郡领"弘农、陕、宜阳、黾池、卢氏、曲阳凡七县"。《宋志》所言"七县"疑为"六县"①。刘裕北平关、洛,灭后秦,在晋安帝义熙十三年(417),此时间距后秦主姚兴占据华山郡仅二十年。对比《宋志》和《晋志》可见,东晋末年的弘农郡无华阴、湖二县,而有卢氏、曲阳二县。《晋志》载卢氏县属上洛郡,东晋末当别属弘农郡。而《宋志》在曲阳下注解为"前汉属东海,后汉属下邳,《太康地志》无",此则可疑,岂有远在徐州东海(下邳)郡的曲阳县别属司州弘农郡的可能?《元和郡县图志》卷6《河南道二》载,虢州领有弘农、卢氏、朱阳等六县,又言朱阳县"本汉卢氏县"。据此,朱阳县应是分卢氏县而立。《宋志》"曲阳"当为"朱阳"之误。因此,卢氏、曲(朱)阳并非是华阴、湖二县的改名,而是另为一地。疑东晋太元十八年(393)对弘农郡政区有调整,可能其年卢氏、朱阳二县别属弘农郡。由下考上洛郡沿革引《宋志》可见,卢氏县当时亦不再属上洛郡。《宋志》不载弘农郡领华阴、湖二县,应有别属,当时最可能别属华山郡。后秦取有东晋华山郡后,未废,故《姚兴载记下》载有"华山郡地涌沸,广袤百余步"。后秦华山郡未废,东晋灭后秦之后也不应废华山郡。其后,弘农、华山二郡又为赫连夏所取,其郡、县设置或不变。后秦皇初四年(397),承东晋置弘农郡,领弘农、陕、宜阳、渑池、卢氏、朱阳六县。至后秦永和二年(417),弘农郡领县当不变。

华山郡,治湖(今河南灵宝市西北)。据上考"弘农郡"可知,东晋分弘农置华山郡,领湖、华阴等县。后秦皇初四年(397),承东晋置华山郡,领湖、华阴等县。至后秦永和二年(417),华山郡领县当不变。

上洛郡,治上洛(今陕西商洛市商州区)。前秦败亡后,上洛郡入东晋。此前,东晋已侨置上洛郡,遂改此上洛郡为北上洛郡,改商县为北商县②;又卢氏

---

① 钱大昕《廿二史考异》卷23《宋书一》:"'弘农郡领弘农、陕、宜阳、黾池、卢氏、曲阳凡七县',今数之,止六县。"
② 《宋志三》:"北上洛,晋孝武立,领上洛、北商、丰阳、阳亭、北拒阳五县","阳亭、北拒阳,并云安帝立";"南上洛郡,寄治魏兴",领有上洛县、商县。因为当时东晋有南上洛郡和商县,侨置于魏兴郡,可能晋孝文帝太元时得上洛郡后,遂改上洛郡为北上洛郡,商县为北商县。阳亭、北拒阳县于晋安帝时属后秦,应在此地自后秦入东晋后置。

县别属弘农郡①。后秦皇初四年(397),得东晋北上洛郡,当改为上洛郡,又改北商县为商县;后秦上洛郡领上洛、商、丰阳三县。至后秦永和二年(417),上洛郡领县当不变。

6. 兖州

兖州,治仓垣(今河南开封市城区东北)。后秦弘始元年(399),置兖州,领陈留郡。至后秦永和元年(416),兖州领郡当不变。

陈留郡,治小黄仓垣(今河南开封市城区东北)。后燕败走龙城后,陈留郡入东晋。后秦弘始元年(399),承东晋置陈留郡,领小黄、浚仪、封丘、雍丘、尉氏、襄邑、扶沟、陈留八县。至后秦永和元年(416),陈留郡领县当不变。

7. 徐州

徐州,治项城(今河南沈丘县)。后秦弘始五年(403),置徐州,领陈郡、颍川、襄城、梁郡、汝阳、南顿六郡。弘始七年(405),汝南郡、新蔡郡自东晋来属。至后秦永和元年(416),徐州领陈郡、颍川、襄城、梁郡、汝阳、南顿、汝南、新蔡八郡。

陈郡,治陈(今河南淮阳县)。前秦淝水之战失败后,陈郡入东晋。后秦弘始五年(403),承东晋置陈郡,领陈、项、长平、阳夏、武平、谷阳、西华七县。至后秦永和元年(416),陈郡领县当不变。

颍川郡,治许昌(今河南许昌县东)。前秦淝水之战失败后,颍川郡入东晋。后秦弘始五年(403),承东晋置颍川郡,领许昌、长社、颍阴、临颍、郾、邵陵、鄢陵、新汲、阳翟九县。至后秦永和元年(416),颍川郡领县当不变。

襄城郡,治襄城(今河南襄城县)。前秦淝水之战失败后,襄城郡入东晋。后秦弘始五年(403),承东晋置襄城郡,领襄城、繁昌、郏、定陵、父城、昆阳、舞阳七县。至后秦永和元年(416),襄城郡领县当不变。

梁郡,治睢阳(今河南商丘市睢阳区西南)。前秦淝水之战失败后,梁郡入东晋。后秦弘始五年(403),承东晋置梁郡,领睢阳、蒙、虞、下邑、宁陵、谷熟六县。至后秦永和元年(416),梁郡领县当不变。

汝阳郡,治汝阳(今河南商水县西北)。前秦淝水之战失败后,汝阳郡入东晋。后秦弘始五年(403),承东晋置汝阳郡,领汝阳县。至后秦永和元年(416),汝阳郡领县当不变。

南顿郡,治南顿(今河南商水县东南)。前秦淝水之战失败后,南顿郡入东晋。后秦弘始五年(403),承东晋置南顿郡,领南顿县。至后秦永和元年

---

① 由上考弘农郡郡县调整可知,卢氏县别属弘农郡。

(416),南顿郡领县当不变。

汝南郡,治新息(今河南息县西南)。前秦淝水之战失败后,汝南郡入东晋。后秦弘始七年(405),承东晋置汝南郡,领新息、南安阳、安成、慎阳、北宜春、朗陵、阳安、上蔡、平舆、定颍、灊阳、吴房、西平十三县。至后秦永和元年(416),汝南郡领县当不变。

新蔡郡,治新蔡(今河南新蔡县)。前秦淝水之战失败后,新蔡郡入东晋。后秦弘始七年(405),承东晋置新蔡郡,领新蔡、鲖阳、固始、褒信四县。至后秦永和元年(416),新蔡郡领县当不变。

8. 荆州

荆州,治所不可考。后秦弘始五年(403),置荆州,领南乡、顺阳、新野、舞阴、南阳等郡①。至后秦弘始七年(405),荆州领郡当不变。

南乡郡,治南乡(今河南淅川县西南)。后秦弘始五年(403),承东晋置南乡郡,或领南乡、析等县②。至后秦弘始七年(405),南乡郡领县当不变。

顺阳郡,治酂(今湖北丹江口市东南)。后秦弘始五年(403),承东晋置顺阳郡,领酂、顺阳、武当、阴、筑阳、汎阳等县。至后秦弘始七年(405),顺阳郡领县当不变。

新野郡,治新野(今河南新野县)。后秦弘始五年(403),承东晋置新野郡,领新野、穰、蔡阳、邓、棘阳等县。至后秦弘始七年(405),新野郡领县当不变。

舞阴郡,治舞阴(今河南泌阳县北)。后秦弘始五年(403),承东晋置舞阴郡,领舞阴、比阳等县。至后秦弘始七年(405),舞阴郡领县当不变。

南阳郡,治宛(今河南南阳市宛城区)。后秦弘始五年(403),承东晋置南阳郡,领宛、西鄂、雉、鲁阳、犨、清阳、博望、堵阳、叶、涅阳、冠军、郦十二县。至后秦弘始七年(405),南阳郡领县当不变。

9. 梁州

梁州,治南郑(今陕西汉中市汉台区)。后秦弘始七年(405),置梁州,领汉中郡。至后秦弘始九年(407),梁州领郡当不变。

汉中郡,治南郑(今陕西汉中市汉台区)。谯纵叛晋后,蜀地大乱,汉中空虚,仇池杨氏乘机取有汉中郡。后秦弘始七年(405),承仇池置汉中郡,领南郑、

---

① 《姚兴载记上》:"(姚兴)割南乡、顺阳、新野、舞阴等十二郡归于晋。"此十二郡,可考者仅南乡、顺阳、新野、舞阴、南阳等郡。据《晋志下》:"孝武始于襄阳侨立雍州,仍立京兆、始平、扶风、河南、广平、义成、北河南七郡,并属襄阳。襄阳故属荆州"。姚兴所割郡于东晋者,可能包含有侨置雍州所领侨郡。

② 疑此前东晋置南乡郡,治南乡,领南乡、析等县。

蒲池、褒中、沔阳、成固、西乡六县。至后秦弘始九年(407),汉中郡领县当不变。

10. 河州

河州,治枹罕(今甘肃临夏市一带)。后秦弘始二年(400),置河州①,当领兴晋、苑川、金城、武始、安固、大夏、武城、武阳八郡和苑川护军。至后秦弘始九年(407),河州领郡、护军当不变。

兴晋郡,治枹罕(今甘肃临夏市一带)。后秦弘始二年(400),承西秦置兴晋郡,疑领枹罕、永固、临津、河关四县。至后秦弘始九年(407),兴晋郡领县当不变。

苑川郡,治苑川(今甘肃榆中县宛川河流域)。后秦弘始二年(400),承西秦置苑川郡,领县不可考。至后秦弘始九年(407),苑川郡辖区当不变。

金城郡,治金城(今甘肃兰州市西固区)。后秦弘始二年(400),承西秦置金城郡,领金城、榆中、支阳、鹯武、允吾五县。至后秦弘始九年(407),金城郡领县当不变。

武始郡,治狄道(今甘肃临洮县)。后秦弘始二年(400),承西秦置武始郡,疑领狄道、遂平、武街、始兴、第五、真仇六县。至后秦弘始九年(407),武始郡领县当不变。

安固郡,治安固(今甘肃临洮县东南)。后秦弘始二年(400),承西秦置安固郡,疑领安固、石门、桑城、临洮、洮阳、侯和六县。至后秦弘始九年(407),安固郡领县当不变。

大夏郡,治大夏(今甘肃广河县西北)。后秦弘始二年(400),承西秦置大夏郡,疑领大夏、宛成、金剑三县。至后秦弘始九年(407),大夏郡领县当不变。

武城郡,治所不可考。后秦弘始二年(400),承西秦武城郡,领县不可考。至后秦弘始九年(407),武城郡辖区当不变。

武阳郡,治所不可考。后秦弘始二年(400),承西秦武阳郡,领县不可考。至后秦弘始九年(407),武阳郡辖区当不变。

苑川护军,治苑川(今甘肃榆中县宛川河流域)。后秦弘始二年(400),承西秦置苑川护军。至后秦弘始九年(407),苑川护军辖区当不变。

---

① 据《乞伏乾归载记》,姚兴破西秦乞伏乾归后,兴署乾归为河州刺史,还镇苑川。其后,后秦当以彭奚念为河州刺史。据《资治通鉴》晋安帝义熙三年十月,"秦河州刺史彭奚念叛,降于秃发傉檀,秦以乞伏炽磐行河州刺史";晋安帝义熙四年十二月,"乞伏炽磐攻彭奚念于枹罕,为奚念所败而还"。可见,后秦在彭奚念降南凉秃发氏以前,河州应治枹罕。彭奚念叛后,其河州治所暂不可考。

11. 凉州

凉州,治姑臧(今甘肃武威市凉州区)。后秦弘始五年(403),置凉州,领武威、武兴、番禾、仓松四郡。至后秦弘始八年(406),凉州领郡当不变。

武威郡,治姑臧(今甘肃武威市凉州区)。后秦弘始三年(401),得晏然县,以武威郡领之。后秦弘始五年(403),姑臧、宣威、揟次、祖厉四县自后凉来属。至后秦弘始八年(406),武威郡领姑臧、宣威、揟次、祖厉、晏然五县。

武兴郡,治武兴(今地不可考)。后秦弘始五年(403),承后凉置武兴郡,领武兴、大城、乌支、襄武、新鄣、平狄、司监、嘉麟八县。至后秦弘始八年(406),武兴郡领县当不变。

番禾郡,治番禾(今甘肃永昌县)。后秦弘始五年(403),承后凉置番禾郡,领番禾县、苕藋县。至后秦弘始八年(406),番禾郡领县当不变。

仓松郡,治显美(今甘肃武威市凉州区南)。后秦弘始五年(403),得南凉昌松郡,改昌松郡为仓松郡,昌松县当改为仓松县①;仓松郡领显美、丽軒、仓松、魏安、漠口五县。至后秦弘始八年(406),仓松郡领县当不变。

12. 杏城镇

杏城镇,治杏城(今陕西黄陵县西南)。后秦白雀二年(385),承前秦置杏城镇,辖区不可考。后秦建初元年(386),杏城镇入前秦。后秦建初二年(387),杏城镇入后秦。至后秦弘始十七年(415),杏城镇辖区不变。

13. 三堡镇

三堡镇,治三堡(今陕西宜川县东北)。后秦白雀二年(385),承前秦置三堡镇,辖区不可考。至后秦弘始十七年(415),三堡镇辖区不变。

14. 安定镇

安定镇,治所不可考。后秦白雀二年(385),得安定郡;其后置安定镇,辖区不可考。至后秦永和二年(417),安定镇辖区不变。

15. 李闰镇

李闰镇,治李闰(今陕西蒲城县东)。后秦建初元年(386),得冯翊郡;其后置李闰镇,辖区不可考。至后秦永和二年(417),李闰镇辖区不变。

---

① 据《姚兴载记上》,后秦灭后凉,"以将军阎松为仓松太守,郭将为番禾太守,分成二城"。《资治通鉴》晋安帝元兴二年八月所载与《姚兴载记上》同,亦作"仓松太守"。据此,后秦灭后凉后,当又改昌松郡为仓松郡。

16. 匈奴镇

匈奴镇,治匈奴堡(今山西临汾市尧都区西南)①。后秦皇初三年(396),得平阳郡汾水以西地;其后置匈奴镇,辖区不可考。至后秦永和二年(417),辖区当不变。

(二) 政区考证

1. 司隶部、州、镇

1.1　后秦司隶部

《姚苌载记》载,"(姚苌)以弟征虏绪为司隶校尉,镇长安②"。《姚兴载记上》有"司隶校尉郭抚"。可见后秦有司隶部,治常安。

1.2　后秦雍州

《晋志上》载,"(姚兴)分司隶校尉领北五郡,置雍州刺史镇安定"。据《姚苌载记》、《姚兴载记》、《姚泓载记》、《赫连勃勃载记》所言"岭北"可知,此"领"字当为"岭"。《姚兴载记下》载,"(姚)弼时为雍州刺史,镇安定";"(姚兴)以杨佛嵩都督岭北讨房诸军事、安远将军、雍州刺史,率岭北见兵以讨赫连勃勃"。据《姚泓载记》,姚恢叛,"自北雍州趣长安"。此称"北雍州"或因"雍州"在后秦都城常安之北而称。可见后秦有雍州,统岭北五郡。安定郡治临泾,雍州当亦治临泾。

1.3　后秦秦州

据《姚苌载记》,姚苌拜弟硕德为秦州刺史,镇上邽。《姚兴载记上》载,"(姚兴)以(姚)硕德为秦州牧,领护东羌校尉,镇上邽"。《姚兴载记下》有"秦州刺史姚嵩",又载"(姚兴)使(姚)弼将三万人镇秦州"。《姚泓载记》有"秦州刺史姚军都"。《资治通鉴》载,晋安帝义熙十二年(416)四月,"西秦襄武侯昙达等击秦秦州刺史姚艾于上邽"。可见后秦有秦州,治上邽。

1.4　后秦并州(含并冀二州)

《晋志上》载,姚兴得洛阳后,"以并冀二州牧镇蒲坂"。《资治通鉴》载,晋孝武帝太元二十一年(396),后燕得河东之地,"(姚)兴以(姚)绪为并冀二州牧,镇蒲阪"。《姚泓载记》载,"并州、定阳、贰城胡数万落叛泓,入于平阳";又先后有"并州牧姚懿"、"并州刺史尹昭"。据《宋书》卷100《自序》,东晋伐后秦,后

---

① 《姚兴载记下》:"平阳太守姚成都来朝。"《魏书》卷3《太宗纪》:泰常二年(417)九月,"姚泓匈奴镇将姚成都与弟和都举镇来降"。由此可见姚成都兼领平阳太守和匈奴镇,平阳郡和匈奴镇应同治一地。又据前述平阳郡可知,平阳郡治匈奴堡。

② 姚苌改长安为常安,而史书仍写为长安。

秦"并州刺史、河东太守尹昭据蒲坂"。《新唐书》卷72《宰相世系表二》载，"(裴)冲字太宁，后秦并州刺史"。《元和郡县图志》卷13《河东道二》载，"至苻坚、姚兴、赫连勃勃并于河东郡置并州"。可见后秦姚兴时初置并冀二州治蒲坂，后或改为并州。

1.5　后秦豫州

据《晋志上》，姚兴以"豫州牧镇洛阳"。《姚兴载记下》载，"镇东、豫州牧姚洸起兵洛阳"，将以赴姚泓之难。可见后秦有豫州，治洛阳。

1.6　后秦兖州

《晋志上》载，姚兴以"兖州刺史镇仓垣"。《资治通鉴》载，晋安帝义熙十二年(416)九月，东晋伐后秦，"(沈)林子与(董)神虎共攻仓垣，克之，秦兖州刺史韦华降"。可见后秦有兖州，治仓垣。

1.7　后秦徐州

《姚泓载记》载，东晋刘裕伐后秦，"(后秦)徐州刺史姚掌以项城降(檀)道济"。可见后秦有徐州，治项城。

1.8　后秦荆州

《姚兴载记上》载，"晋顺阳太守彭泉以郡降兴，兴遣杨佛嵩率骑五千，与其荆州刺史赵曜迎之"。可见后秦有荆州。

1.9　后秦梁州

《姚兴载记下》载，"平北将军、梁州督护苻宣入汉中，兴梁州别驾吕营、汉中徐逸、席难起兵应宣，求救于杨盛。盛遣军临沔口，南梁州刺史王敏退守武兴"。可见，后秦当于汉中置梁州。《资治通鉴》载，晋安帝义熙三年(407)四月，"氐王杨盛以平北将军苻宣为梁州督护，将兵入汉中，秦梁州别驾吕莹等起兵应之；刺史王敏攻之。莹等求援于盛，盛遣军临沔口，敏退屯武兴(胡注：刘蜀置武兴督于汉中沔阳县，隋、唐为兴州，今沔州城古武兴城也)"。《通鉴》此载王敏为"梁州刺史"，而非"南梁州刺史"。《载记》称"南梁州"，或因梁州在后秦都城常安之南而称。

1.10　后秦河州

《姚兴载记上》载，"乞伏乾归以穷蹙来降，拜镇远将军、河州刺史"。《姚兴载记下》载，"(秃发傉檀)傉檀遂东招河州刺史西羌彭奚念，奚念阻河以叛"。《资治通鉴》载，晋安帝义熙三年(407)十月，"秦河州刺史彭奚念叛，降于秃发傉檀，秦以乞伏炽磐行河州刺史"。可见后秦有河州。

1.11　后秦凉州

《姚兴载记上》载，后秦以"王尚行凉州刺史，配兵三千镇姑臧"。可见后秦有凉州,治姑臧。

1.12　后秦杏城镇

《太平寰宇记》卷35《关内道十一》"坊州"条载,"魏、晋陷于狄,不置郡县。刘、石、苻、姚时,于今州理西七里置杏城镇,常以重兵守之";"坊州中部县"条下又载,"姚苌置杏城镇,在今县东七里"。可见后秦有杏城镇。

1.13　后秦三堡镇

《元和郡县图志》卷3《关内道三》载,丹州,"秦置三十六郡,属上郡。汉因之。魏文帝省上郡。其地晋时戎狄居之,苻、姚时为三堡镇"。可见后秦有三堡镇。

1.14　后秦安定镇

《姚泓载记》载,"姚绍闻王师之至,还长安,言于泓曰:'晋帅已过许昌,豫州、安定孤远,卒难救卫,宜迁诸镇户内实京畿,可得精兵十万,足以横行天下……'其左仆射梁喜曰:'齐公恢雄勇有威名,为岭北所惮,镇人已与勃勃深仇,理应守死无贰,勃勃终不能弃安定远寇京畿'";又载,"时征北姚恢率安定镇户三万八千,焚烧室宇,以车为方阵,自北雍州趣长安"。可见后秦有安定镇。

1.15　后秦李闰镇

《姚苌载记》载,"苌寝疾,遣姚硕德镇李润"。《姚泓载记》载,"姚宣时镇李闰"。《魏书》卷19《安定王传》载,安定王休次子燮,世宗初,除华州刺史,燮表曰:"谨惟州治李润堡,虽是少梁旧地,晋、芮锡壤,然胡夷内附,遂为戎落。城非旧邑先代之名,爰自国初,护羌小戍。及改镇立郡,依岳立州,因籍仓府,未刊名实。窃见冯翊古城,羌魏两民之交,许洛水陆之际。"可见,北魏时李闰为华州治所,在故冯翊郡界。《太平寰宇记》卷28《关西道四》载,同州冯翊郡,今理冯翊县,汉武帝为左冯翊,后汉因之,魏为冯翊郡,后魏"自今奉先县东北五十里李润镇,分秦州置华州理于此。废帝三年又改为同州"。此亦证李闰镇在冯翊郡界。姚秦得冯翊郡后,为镇服李闰羌而置李闰镇。《晋书》于姚秦诸载记多次记载李闰或李润,以"李闰"为多,《晋志》亦作"李闰",此从《晋志》。

1.16　后秦匈奴镇

《魏书》卷3《太宗纪》载,泰常二年(417)九月,"姚泓匈奴镇将姚成都与弟和都举镇来降"。可见后秦有匈奴镇。

2. (京都)尹、郡、护军

2.1　后秦京兆尹(承京兆郡)

《苻登载记》载,"(苻登)攻(姚)苌京兆太守韦范于段氏堡"。《姚兴载记下》

有"京兆尹尹昭"。可见后秦初置京兆郡,后改为京兆尹。

2.2 后秦冯翊郡

《姚泓载记》载,"冯翊人刘厥聚众数千,据万年以叛"。《晋书》卷81《毛宝传》载,"(毛德祖)从刘裕伐姚泓,频攻荥阳、扶风、南安、冯翊数郡,所在克捷"。可见后秦有冯翊郡。

2.3 后秦扶风郡

《苻登载记》有"(姚)苌扶风太守齐益男"。《姚兴载记上》有"扶风太守强超",《姚泓载记》有"扶风太守姚隽"。可见后秦有扶风郡。

2.4 后秦始平郡

《姚兴载记上》有"始平太守姚详",又有"始平太守周班"。《慕容超载记附慕容钟传》载,"(慕容钟)奔于姚兴,兴拜始平太守"。林宝《元和姓纂》卷6"辅氏"条载"《姚秦录》有始平太守辅光"。可见后秦有始平郡。

2.5 后秦北地郡

《姚兴载记下》载,"兴如北地"。《姚兴载记下附尹纬传》载,"(姚苌)出(段)铿为北地太守"。《姚泓载记》有后秦"北地太守毛雍"。可见后秦有北地郡。

2.6 后秦咸阳郡

《姚兴载记上》载,"咸阳太守刘忌奴据避世堡以叛,兴袭忌奴,擒之"。可见后秦有咸阳郡。

2.7 后秦安定郡

《姚泓载记》有后秦"安定太守吕超"。可见后秦有安定郡。

2.8 后秦新平郡

《姚苌载记》载,"苌遣诸将攻新平,克之,因略地至安定,岭北诸城尽降之"。《姚兴载记上》载,"徙新平、安定新户六千于蒲坂"。《姚泓载记》载,赫连勃勃伐后秦,"征北姚恢弃安定,率户五千奔新平"。可见后秦有新平郡。

2.9 后秦赵兴郡

《姚兴载记下》有后秦"赵兴太守姚穆"。可见后秦有赵兴郡。

2.10 后秦平原郡

《太平御览》卷261《职官部五十九》引崔鸿《十六国春秋·前秦录》曰:"索棱字孟则,敦煌人。好学博闻,姚苌甚重之,委以机密,文章诏檄皆棱之文也。后为平原太守。"可见后秦有平原郡。

2.11 后秦中部郡

《魏志下》载,中部郡中部县,"姚兴置,魏因之"。《元和郡县图志》卷3《关内道三》载,坊州中部县,"后秦姚兴于今县南置中部县"。《太平寰宇记》卷35

《关西道十一》载,"后秦姚兴于今理南十八里置中部郡,后魏太武帝改为中部县"。可见后秦姚兴时置中部郡,领中部县。

2.12　后秦天水郡

《资治通鉴》载,晋孝武帝太元十五年(390)三月,"秦主登攻后秦天水太守张业生于陇东"。《姚兴载记下》有后秦"天水太守王松忿"。《魏书》卷52《赵逸传》载,"逸兄温,字思恭。博学有高名,姚泓为天水太守"。《姚泓载记》载,"天水冀县石鼓鸣"。可见后秦有天水郡,领有冀县。

2.13　后秦略阳郡

《姚兴载记下》有后秦"略阳太守姚寿都"。《资治通鉴》载,晋安帝义熙六年(410)九月,"西秦王乾归攻秦略阳、南安、陇西诸郡";义熙七年(411)十月,"河南王乾归攻秦略阳太守姚龙于柏阳堡"。《姚泓载记》有后秦"略阳太守王焕"。可见后秦有略阳郡。

2.14　后秦陇东郡

《姚兴载记上》有后秦"陇东太守姚回",《姚兴载记下》有后秦"陇东太守郭播",可见后秦有陇东郡。

2.15　后秦平凉郡

《姚兴载记上》有后秦"平凉太守姚兴都",《资治通鉴》晋安帝义熙十一年(415)九月作"平凉太守姚军都"。可见后秦有平凉郡。

2.16　后秦南平郡

《资治通鉴》载,晋安帝义熙七年(411)十月,"(乞伏乾归)进攻(后秦)南平太守王憬于水洛城"。可见后秦有南平郡,治水洛城。

2.17　后秦陇西郡

《姚兴载记下》载,"(姚兴)以其太常索棱为太尉,领陇西内史,绥诱乾归"。《资治通鉴》载,晋安帝义熙六年(410)九月,"西秦王乾归攻秦略阳、南安、陇西诸郡"。《姚泓载记》有后秦"陇西太守姚秦都"。《太平寰宇记》卷6《河南道六》载,芮城县太公祠,"后秦弘始十六年,陇西太守吕凭创基立庙,有二碑见在"。可见后秦有陇西郡。

2.18　后秦南安郡

《资治通鉴》载,晋安帝义熙六年(410)九月,"西秦王乾归攻秦略阳、南安、陇西诸郡"。郑樵《通志》卷29《氏族略第五》"蛇氏"条:"姚苌蛇后,南安人,兄越滂为南安太守。"可见后秦有南安郡。

2.19　后秦河东郡

《姚兴载记上》载,"慕容永既为慕容垂所灭,河东太守柳恭等各阻兵自守,兴遣姚绪讨之","恭势屈,请降";"兴如河东。时姚绪镇河东"。《宋书》卷100《自序》载,东晋伐后秦,后秦"并州刺史、河东太守尹昭据蒲坂",又有后秦"河东太守唐小方"。可见后秦有河东郡。

2.20 后秦平阳郡

《姚兴载记下》有后秦"平阳太守姚成都"。《姚泓载记》载,"并州、定阳、贰城胡数万落叛泓,入于平阳,攻立义姚成都于匈奴堡"。林宝《元和姓纂》卷9"敬氏"条载,"后秦有敬丕,子教为平阳太守"。可见后秦有平阳郡,当治匈奴堡。

2.21 后秦河北郡

《魏书》卷42《薛辩传》载,"(薛辩)为(姚)兴尚书郎、建威将军、河北太守"。据《宋书》卷100《自序》,东晋伐后秦,后秦"河北太守薛帛先据解县"。《资治通鉴》载,晋安帝义熙十三年(417)二月,东晋伐后秦,"秦河北太守薛帛奔河东"。可见后秦有河北郡。《太平寰宇记》卷6《河南道六》载,芮城县,"汉以其地为河北县,属河东郡。姚秦于此置河北郡"。可见后秦河北郡当领有河北县。

2.22 后秦河南郡

《晋书》卷10《安帝纪》载,隆安三年(399)十月,"姚兴陷洛阳,执河南太守辛恭靖"。《姚泓载记》有后秦"河南太守慕容筑"。可见后秦有河南郡。《梁书》卷18《康绚传》载,"(康)穆为姚苌河南尹"。姚苌时,尚未得河南郡,不知为何置有河南尹。

2.23 后秦荥阳郡

《晋书》卷81《毛宝传》载,"(毛德祖)从刘裕伐姚泓,频攻荥阳、扶风、南安、冯翊数郡,所在克捷"。可见后秦有荥阳郡。

2.24 后秦弘农郡

《姚兴载记上》载,"兴率众寇湖城,晋弘农太守陶仲山、华山太守董迈皆降于兴"。《姚泓载记》有后秦"弘农太守尹雅"。可见后秦有弘农郡。

2.25 后秦华山郡

《姚兴载记上》载,"兴率众寇湖城,晋弘农太守陶仲山、华山太守董迈皆降于兴"。《姚兴载记下》载,"华山郡地涌沸,广袤百余步"。可见后秦有华山郡。

2.26 后秦上洛郡

《姚兴载记上》载,"(姚兴)遂如陕城,进寇上洛,陷之"。《姚兴载记下》有后秦上洛太守宋林。可见后秦有上洛郡。

2.27 后秦颍川郡

《姚兴载记下》载,"颍川太守姚平都自许昌来朝"。可见后秦有颍川郡,治许昌。

2.28　后秦梁郡(?)

《姚兴载记上》载,后秦侵东晋,"略地至于梁国而归"。可见后秦得梁郡。

2.29　后秦汝南郡(?)

《姚兴载记上》载,"晋汝南太守赵策委守奔于兴"。可见后秦得汝南郡。

2.30　后秦新蔡郡

《姚泓载记》有后秦"新蔡太守董遵",可见后秦有新蔡郡。

2.31　后秦南乡郡

《姚兴载记上》载,后秦侵东晋,"遂寇陷南乡,擒建威将军刘嵩";又载后秦"割南乡、顺阳、新野、舞阴等十二郡归于晋"。可见后秦曾有南乡郡。

2.32　后秦顺阳郡

《姚兴载记上》载,"晋顺阳太守彭泉以郡降兴,兴遣杨佛嵩率骑五千,与其荆州刺史赵曜迎之";又载后秦"割南乡、顺阳、新野、舞阴等十二郡归于晋"。可见后秦曾有顺阳郡。

2.33　后秦新野郡

《姚兴载记上》载,后秦"割南乡、顺阳、新野、舞阴等十二郡归于晋"。可见后秦曾有新野郡。

2.34　后秦舞阴郡

《姚兴载记上》载,后秦"割南乡、顺阳、新野、舞阴等十二郡归于晋"。可见后秦曾有舞阴郡。

2.35　后秦汉中郡

《姚兴载记上》载,姚兴"遣其将敛俱寇汉中";"敛俱陷城固,徙汉中流人郭陶等三千余家于关中"。《姚兴载记下》载,"平北将军、梁州督护苟宣入汉中,兴梁州别驾吕营、汉中徐逸、席难起兵应宣"。可见后秦有汉中郡。

2.36　后秦兴晋郡

《乞伏乾归载记》载,"元兴元年,(乞伏)炽磐自西平奔长安,姚兴以为振忠将军、兴晋太守"。《资治通鉴》载,晋安帝元兴元年四月,"秦主兴以(乞伏)炽磐为兴晋太守"。可见后秦有兴晋郡。

2.37　后秦金城郡

《姚兴载记下》载,"乞伏乾归以众叛,攻陷金城,执太守任兰"。《资治通鉴》载,晋安帝义熙六年(410)三月,"西秦王乾归攻秦金城郡,拔之"。可见后秦有金城郡。《乞伏乾归载记》载,"又遣陇西羌昌何攻克姚兴金城郡,以其骁骑乞伏务和为东金城太守"。后秦金城郡为西秦占据后,当侨置有金城郡,后又为西秦攻占，西秦改称东金城郡。

2.38 后秦武威郡

《资治通鉴》载，晋安帝隆安五年(401)七月，后秦遣姚硕德伐后凉，姜纪降后秦，"硕德乃表纪为武威太守，配兵二千屯据晏然"。可见后秦有武威郡。

2.39 后秦仓松郡

《姚兴载记上》载，后秦"以将军阎松为仓松太守，郭将为番禾太守，分成二城"。可见后秦有仓松郡，治仓松。

2.40 后秦番禾郡

据上考"后秦仓松郡"引《姚兴载记上》可知，后秦有番禾郡，治番禾。

2.41 后秦抚夷护军

《太平寰宇记》卷31《关内道七》："《魏志》曰：'魏司马宣王抚慰关中，罢县，置抚夷护军。'及赵王伦镇长安，复罢护军。后氐羌反，又立护军，刘、石、苻、姚因之。后魏罢护军。"可见后秦有抚夷护军。

2.42 后秦安夷护军

《姚泓载记》有"安夷护军要墨蠡"。可见后秦有安夷护军。

2.43 后秦安定护军

《魏书》卷94《阉官传》载，"(孙小)父瓒，姚泓安定护军"。可见后秦有安定护军。

附 后秦泰平郡

据《魏书》卷2《太祖纪》，天赐元年(404)三月，北魏袭蒲子，"擒姚兴宁北将军、泰平太守衡谭，获三千余口"。可见后秦有泰平郡。

3. 县

3.1 后秦常安县

《姚苌载记》载，"以太元十一年苌僭即皇帝位于长安，大赦，改元曰建初，国号大秦，改长安曰常安"①。可见后秦有常安县。《姚兴载记上》有"长安令鱼佩"。《姚苌载记》载姚苌改长安为常安，而史书一般仍书为"长安"。

3.2 后秦万年县

《姚泓载记》载，"冯翊人刘厥聚众数千，据万年以叛"。可见后秦有万年县。

3.3 后秦蓝田县

《宋书》卷2《武帝本纪中》载，晋义熙十三年(417)八月，"扶风太守沈田子

---

① 毛远明校注《汉魏六朝碑刻校注》第三册之二八六《吕宪墓表》："弘始四年十二月乙未朔，二十七日辛酉，秦故辽东太守略阳吕宪葬于常安北陵，去城廿里。"(线装书局，2008年，第82页)

大破姚泓于蓝田"。可见后秦有蓝田县。

3.4 后秦郑县

《姚兴载记下》载,"辽东侯弥姐亭地率其部人南居阴密,劫掠百姓。(姚)弼收亭地送之,杀其众七百余人,徙二千余户于郑城"。《姚泓载记》载,东晋伐后秦,"(姚)赞退屯郑城"。可见后秦有郑县。

3.5 后秦山北县

《太平寰宇记》卷25《关西道一》载,万年县,"《周地图记》:后周明帝二年分长安、霸城及姚兴所置山北三县地,始于长安城中置万年县"。可见姚兴时始置山北县。

3.6 后秦临晋县

《姚泓载记》载,"姚绍济自薄津,击临晋叛户,大破之"。可见后秦有临晋县。

3.7 后秦池阳县

《姚泓载记》载,"(赫连)勃勃遣兄子提南侵池阳,车骑姚裕、前将军彭白狼、建义蛇玄距却之"。可见后秦有池阳县。

3.8 后秦郿县

《姚泓载记》载,"(赫连)勃勃遂据雍,抄掠郿城";又载梁喜言"若无安定,房马必及于郿、雍"。可见后秦有郿县。

3.9 后秦雍县

《姚兴载记上》载,"及(姚)硕德归于秦州,兴送之,及雍乃还"。《姚兴载记下》载,"平西姚谌起兵于雍,将以赴(姚)泓之难";又载"姚绍屯兵雍城"。可见后秦有雍县。

3.10 后秦汧县

《姚兴载记下》载,"右卫胡翼度从阴密出自汧城,讨(杨)盛"。可见后秦有汧县。

3.11 后秦陈仓县

《姚泓载记》载,"泓使辅国敛曼嵬、前将军姚光儿讨杨倦于陈仓,倦奔于散关"。可见后秦有陈仓县。

3.12 后秦宛川县

《太平寰宇记》卷30《关西道六》载,宝鸡县,"苻姚时于县界置宛川县"。可见后秦有宛川县。

3.13 后秦槐里县

《姚兴载记上》载,"太元十九年,(姚兴)僭即帝位于槐里",又有"槐里令李彭"、"槐里令彭明"。可见后秦有槐里县。

3.14　后秦武功县

《姚兴载记上》载,"安南强熙、镇远杨多叛,推窦冲为盟主,所在扰乱。兴率诸将讨之,军次武功"。可见后秦有武功县。

3.15　后秦阴密县

《姚苌载记》载,"(姚苌)徙安定千余家安于阴密,遣弟征南靖镇之"。《姚兴载记上》载,"(姚)苌死,兴秘不发丧,以其叔父绪镇安定,硕德镇阴密";"徙阴密三万户于长安"。可见后秦有阴密县。

3.16　后秦朝那县

《姚兴载记下》载,"兴自平凉如朝那"。可见后秦有朝那县。

3.17　后秦贰县

《姚苌载记》载,"(苻)坚宁朔将军宋方率骑三千从云中将赴长安,(姚)苌自贰县要破之"。《姚兴载记下》载,"时贰县羌叛兴,兴遣后将军敛成、镇军彭白狼、北中郎将姚洛都讨之";"勃勃遣其将赫连建率众寇贰县,数千骑入平凉。姚恢与建战于五井"。可见后秦有贰县。

3.18　后秦洛川县

《元和郡县图志》卷3《关内道三》载,"洛川县,本汉鄜县地,后秦姚苌于此置洛川县,以县界有洛川水为名"。可见后秦有洛川县。

3.19　后秦中部县

据前考"后秦中部郡"可知,后秦有中部县,属中部郡。

3.20　后秦上邽县

据前考"后秦秦州"可知,后秦秦州治上邽。可见后秦有上邽县。

3.21　后秦冀县

《资治通鉴》载,晋孝武帝太元十四年(389)九月,"后秦主苌使姚硕德置秦州守宰,以从弟常戍陇城,邢奴戍冀城,姚详戍略阳"。可见后秦有冀县。又据前考"后秦天水郡"引《姚泓载记》可知,后秦冀县属天水郡。

3.22　后秦成纪县

《姚兴载记上》载,"鲜卑越质诘归率户二万叛乞伏乾归,降于兴,兴处之于成纪"。可见后秦有成纪县。

3.23　后秦略阳县

据上考"后秦冀县"引《资治通鉴》可知,后秦有略阳县。

3.24　后秦陇城县

据上考"后秦冀县"引《资治通鉴》可知,后秦有陇城县。

3.25　后秦清水县

《姚泓载记》载,后秦遣姚嵩伐仇池杨盛,嵩追盛及于竹岭,姚赞等以禁兵赴之,"赞至清水,嵩为盛所败"。可见后秦有清水县。

3.26　后秦泾阳县

《姚兴载记上》载,"兴自安定如泾阳"。《资治通鉴》载,晋孝武帝太元十二年(387)四月,"后秦征西将军姚硕德为杨定所逼,退守泾阳"。可见后秦有泾阳县。

3.27　后秦蒲坂县

据前考"后秦并冀二州"可知,后秦并冀二州治蒲坂。可见后秦有蒲坂县。

3.28　后秦解县

《宋书》卷100《自序》载,东晋伐后秦,后秦"河北人守薛帛先据解县"。可见后秦有解县。

3.29　后秦河北县

据前考"后秦河北郡"引《太平寰宇记》可知,后秦有河北县,属河北郡。

3.30　后秦洛阳县

据前考"后秦豫州"可知,后秦豫州治洛阳。可见后秦有洛阳县。

3.31　后秦巩县

《姚泓载记》载,东晋刘裕伐后秦,"(姚洸遣)广武石无讳东戍巩城,以距王师"。可见后秦有巩县。

3.32　后秦新安县

《姚泓载记》载,东晋刘裕伐后秦洛阳,姚泓遣将来救,"时阎生至新安,益男至湖城,会洛阳已没,遂留屯不进"。可见后秦有新安县。

3.33　后秦阳城县

《姚泓载记》载,东晋刘裕伐后秦,"阳城及成皋、荥阳、武牢诸城悉降"。可见后秦有阳城县。

3.34　后秦成皋县

据上考"后秦阳城县"引《姚泓载记》可知,后秦有成皋县。

3.35　后秦荥阳县

据上考"后秦阳城县"引《姚泓载记》可知,后秦有荥阳县。

3.36　后秦陕县

《姚泓载记》载,后秦"遣抚军(姚)赞据陕城"。可见后秦有陕县。

3.37　后秦宜阳县

《姚泓载记》载,东晋伐后秦,"王镇恶至宜阳"。可见后秦有宜阳县。

3.38　后秦渑池县

《宋书》卷45《王镇恶传》载,东晋伐后秦,"(王镇恶)军次洛阳,伪陈留公姚洸归顺。进次渑池"。可见后秦有渑池县。

3.39　后秦湖县

据前考"后秦新安县"引《姚泓载记》可知,后秦有湖县。

3.40　后秦华阴县

《姚兴载记下》载,"兴如华阴"。可见后秦有华阴县。

3.41　后秦襄邑县

《资治通鉴》载,晋安帝义熙十二年(416)九月,东晋伐后秦,"沈林子自汴入河,襄邑人董神虎聚众千余人来降"。可见后秦有襄邑县。

3.42　后秦项县

据前考"后秦徐州"可知,后秦徐州治项,可见后秦有项县。

3.43　后秦许昌县

据前考"后秦颍川郡"引《姚兴载记下》可知,后秦有许昌县,属颍川郡。

3.44　后秦成固县(?)

《姚兴载记上》载,姚兴遣其将敛俱攻汉中,"敛俱陷城固,徙汉中流人郭陶等三千余家于关中"。《资治通鉴》载,晋安帝义熙元年(405)六月,"将军敛俱攻汉中,拔成固,徙流民三千余家于关中"。可见后秦得成固县。《晋志上》载梁州汉中郡有成固县。此从《通鉴》作"成固"。

3.45　后秦枹罕县

《姚兴载记上》载,"兴如枹罕"。可见后秦有枹罕县。

3.46　后秦金城县

《姚兴载记上》载,"兴遣镇远赵曜率众二万西屯金城"。可见后秦有金城县。

3.47　后秦姑臧县

据前考"后秦凉州"可知,后秦凉州治姑臧。可见后秦有姑臧县。

3.48　后秦晏然县

《资治通鉴》载,晋安帝隆安五年(401)七月,后秦遣姚硕德伐后凉,姜纪降后秦,"硕德乃表纪为武威太守,配兵二千,屯据晏然(胡注:班固《地理志》,武威休屠县,王莽改曰晏然,后复曰休屠。永宁中,张轨于姑臧西北置武兴郡,晏然县属焉)"。可见后秦有晏然县。

第二节 西 秦

淝水之战后,西秦谋图建国。西秦建义元年(385),乞伏国仁自领秦河二州牧。西秦太初元年(388),乞伏国仁卒,乞伏乾归即位。西秦太初十三年(400),乞伏乾归为姚兴所破,国土尽入于后秦。西秦更始元年(409),乞伏乾归复国。西秦永康元年(412),乞伏乾归被杀,乞伏炽磐即位。西秦永弘元年(428),乞伏炽磐卒,乞伏暮末即位。西秦永弘四年(431),乞伏暮末降赫连夏,西秦亡。

一、疆域变迁

陇西鲜卑乞伏述延居苑川,及赵亡,迁于麦田。至司繁时,迁居度坚山,为苻坚将王统所破,降于前秦。司繁卒,乞伏国仁镇勇士川。前秦于淝水之战失利,北方群雄并起,乞伏国仁遂自称大单于,领秦河二州牧,至此开疆拓土。此将西秦疆域变迁考述于下。

(一)西秦立国初的疆域

前秦败于淝水后,乞伏部谋图建国。据《乞伏国仁载记》,西秦建义元年(385),乞伏国仁自立,称秦河二州牧,"置武城、武阳、安固、武始、汉阳、天水、略阳、漒川、甘松、匡朋、白马、苑川十二郡,筑勇士城以居之"。下文先考此十二郡地望所在。

据《乞伏国仁载记》、《乞伏乾归载记》可知,苑川水流域的苑川、勇士川、度坚山为乞伏部早期活动地区,亦是西秦国前期的核心地区。又据《水经注》卷2《河水注二》,河水"又东过天水北界。苑川水出勇士县之子城南山,东北流,历此成川,世谓之子城川。又北迳牧师苑,故汉牧苑之地也……有东、西二苑城,相去七十里。西城,即乞佛所都也。又北入于河也"。可见,汉时苑川在天水勇士县界,西晋时当在南安郡临河附近①。苑川郡即在苑川水流域。在西秦立国之初,天水郡、略阳郡尚为前秦秦州刺史王统据有,未入西秦,乞伏国仁所置天水郡、略阳郡,当为侨置,此二郡或侨置于苑川水流域。

由前考前凉"政区沿革"可知,前凉时在洮水流域置武城、安固、武始等郡。武阳郡或在武城郡附近,也应在洮水流域。时大夏水流域(兴晋郡、大夏郡)和

---

① 参见谭图第二册"西汉时期凉州刺史部图"、"东汉时期凉州刺史部图",第三册"西晋时期雍州秦州图"。

渭水上游（陇西郡、南安郡、天水郡、略阳郡）分别为前秦河州刺史毛兴、秦州刺史王统控制，故乞伏国仁所控制者为洮水流域。

汉阳、漒川、甘松、匡朋、白马五郡当在羌水上游地区。"漒"、"羌"音同，"漒川"当即"羌水"，《水经注》卷 32《羌水注》："羌水出羌中参狼谷，彼俗谓之天池白水矣。《地理志》曰：出陇西羌道。东南流迳宕昌城东……又东南至广魏白水县，与汉水合。"因此，漒川郡应在秦州武都郡西部羌水流经处[1]。《元和郡县图志》卷 39《陇右道上》载，常芬县，属芳州，"甘松府，在城内"。甘松在唐时位于芳州常芬县地，亦在羌水上游地区[2]。《元和郡县图志》卷 23《山南道三》："成州，《禹贡》梁州之域。古西戎地也，后为白马氐国……秦逐西羌，置陇西郡。秦末，氐、羌又侵据之。元鼎六年平西南夷，置武都郡，今州界二郡之地。"据此，乞伏始白马郡当在武都郡与陇西郡临界一带。《华阳国志》卷 8《大同志》："初，蜀以汶山西部北逼阴平、武都，故于险要置守，自汶山、龙鹤、冉䮾、白马、匡用五围，皆置修屯牙门。"此"匡用"为"匡朋"之误，当与白马相邻。《乞伏国仁载记》载国仁置匡朋、白马等十二郡，亦是明证。又前凉时置汉中郡，其地望在羌水上游地区，西秦所置汉阳郡，或在汉中郡地区。

乞伏国仁自立时，正值后凉吕光与梁熙争夺凉州之际。据《资治通鉴》，晋孝武帝太元十年（西秦建义元年，385）九月，梁熙被杀，吕光入据姑臧，自领凉州刺史，"光以（尉）佑为金城太守，佑至允吾（胡注：允吾，汉县，属金城郡，晋省。据《水经注》允吾在广武西北，其地在当时盖属广武郡界），袭据其城以叛；姜飞击破之，佑奔据兴城（胡注：以《载记》参考《水经》，兴城当在允吾之西，白土之东）"；同月，乞伏国仁自立。允吾、白土、兴城皆为金城郡河西地，乞伏国仁自立后，乘凉州方乱，当据有金城郡河南地。乞伏国仁初置十二郡，无金城郡，或在国仁自立之后的第二年，西秦得金城郡河南地。据《乞伏乾归载记》，西秦太初元年（388），乞伏乾归即位，即迁于金城。

因此，西秦建义元年（385），乞伏国仁称秦河二州牧，在苑川水流域、洮水流域、羌水上游地区置武城、武阳、安固、武始、汉阳、天水、略阳、漒川、甘松、匡朋、白马、苑川等十二郡。或在建义二年（386）据有金城郡（河南地区）。

---

[1] 参见谭图第三册"西晋时期雍州秦州图"。郑炳林《西秦赤水、强川、甘松地望考》（载《西北民族学院学报》（哲学社会科学版）1994 年第 3 期）认为"强水（即漒川）即白龙江发源西倾山至两河口一段流域"。

[2] 参见谭图第五册"唐时期陇右道东部图"、第三册"西晋时期雍州秦州图"。郑炳林认为"甘松应在今宕昌西部的舟曲县境"。见《西秦赤水、强川、甘松地望考》，《西北民族学院学报》（哲学社会科学版）1994 年第 3 期。

(二) 西秦前期的疆域变迁

乞伏乾归即位后，积极向周边地区拓展。据《资治通鉴》，乞伏国仁建国时，前秦河州刺史毛兴镇守枹罕。晋孝武帝太元十一年（西秦建义二年，386）正月，"秦益州牧王广自陇右引兵攻河州牧毛兴于枹罕"，毛兴击破之。不久，毛兴被杀，枹罕诸氏相继推卫平、苻登为主。其后，苻登攻南安，东下陇东。苻登入陇东后，与后秦姚苌长期争战，原苻秦所据兴晋郡、大夏郡为枹罕羌彭奚念控制。晋孝武帝太元十四年（西秦太初二年，389）十一月，"枹罕羌彭奚念附于乞伏乾归，以奚念为北河州刺史"。兴晋郡、大夏郡遂入西秦。晋孝武帝太元十七年（西秦太初五年，392）八月，吕光击南羌彭奚念于枹罕，克之，奚念奔甘松。兴晋郡因此为后凉占据。晋安帝隆安元年（西秦太初十年，397）正月，吕光伐乞伏乾归，攻克金城，其将吕延以枹罕之众攻取临洮、武始、河关，寻而乾归击杀吕延，西秦复取枹罕；同年六月，乞伏乾归以定州刺史翟瑥为兴晋太守镇枹罕。至此，兴晋郡复为西秦所得。

苻登东下后，长期与姚苌争战于岭北和关中地区，无暇西顾，陇西郡、南安郡遂入西秦①。据《资治通鉴》晋孝武帝太元十三年（西秦太初元年，388）四月，"苑川王国仁破鲜卑越质叱黎于平襄，获其子诘归"。据《乞伏乾归载记》，乞伏乾归时，"陇西太守越质诘归以平襄叛，自称建国将军、右贤王。乾归击败之，诘归东奔陇山。既而拥众来降，乾归妻以宗女，署立义将军"。乞伏国仁破鲜卑越质氏后，当以越质诘归为陇西太守以统平襄之地，后叛乞伏氏，不久又降之。平襄县故属略阳郡，国仁能在太初元年（388）破诘归于平襄，当是首先占据了陇西、南安之地。据此，亦表明苻登东下后，陇西、南安二郡入西秦。

《乞伏乾归载记》载，太初二年（389），"休官阿敦、侯年二部各拥五千余落，据牵屯山，为其边害。乾归讨破之，悉降其众，于是声振边服"。据《资治通鉴》梁武帝中大通二年（530）六月胡三省注"牵屯山"可知，此山在安定郡泾阳县西，泾水所出，于唐时在原州高平县。又据谭图，牵屯山应在略阳郡与安定郡交界附近。因此，此时西秦边界应在略阳郡北边，与安定郡相临，略阳郡北部应为西秦之地。又据《资治通鉴》，休官权千成原据显亲，自称秦州牧。晋孝武帝太元十八年（西秦太初六年，393）正月，权千成为西秦所逼而请降，"乾归以为东秦州刺史"，于是显亲之地入西秦。

---

① 《乞伏国仁载记》和《资治通鉴》晋孝武帝太元十一年七月皆载南安秘宜等降于乞伏国仁。在前秦对南安郡、陇西郡失控后，当为秘宜控制。其后，苻登攻取南安，秘宜遂降于乞伏国仁。苻登东下后，南安、陇西二郡之地当入西秦。

仇池杨定略有天水、略阳之地后，自称陇西王。晋孝武帝太元十九年（西秦太初七年，394）十月，乞伏乾归击败杨定，杀之，"乾归于是尽有陇西之地"。此"陇西"泛指陇坻以西，包括原晋时天水、略阳、陇西、南安四郡。《乞伏乾归载记》载，杨定被杀后，天水姜乳据上邽，乞伏氏讨之，大败而归。《资治通鉴》载，晋孝武帝太元二十一年（西秦太初九年，396），后秦击败姜乳，取有上邽，越质诘归、权千成相继降后秦，西秦天水郡、略阳郡遂入后秦。

乞伏乾归不仅在陇右扩张，也曾渡河入侵河西。据《资治通鉴》，晋安帝隆安二年（西秦太初十一年，398）正月，"西秦王乾归遣乞伏益州攻凉支阳、鹯武、允吾三城，克之"。西秦遂得支阳、鹯武、允吾三县。晋孝武帝太元二十年（西秦太初八年，395）六月，"西秦王乾归迁于西城（胡注：苑川西城也）"。晋安帝隆安四年（西秦太初十三年，400）正月，"西秦王乾归迁都苑川"；同年，姚兴伐西秦，乞伏乾归兵败，奔南凉，不久降于后秦；次年，姚兴"使乞伏乾归还镇苑川，尽以其故部众配之"。其后，乾归入朝长安，姚兴留之。

据上所述，西秦建义二年（386），得陇西郡、南安郡。太初二年（389），得兴晋郡、大夏郡；五年（392），失兴晋郡；七年（394），得略阳郡、天水郡（除上邽县）；九年（396），失略阳郡、天水郡；十年（397），复得兴晋郡；十一年（398），得支阳、鹯武、允吾三县。十三年（400），国土入后秦和南羌①。

（三）西秦后期疆土的扩张

后秦国势衰落以后，西秦遂谋图复国。据《资治通鉴》，晋安帝义熙四年（408）十月，乞伏乾归子炽磐筑城于嵻崀山而据之。晋安帝义熙五年（西秦更始元年，409），乞伏炽磐攻克枹罕，乾归逃还苑川，西秦复国，不久徙都度坚山。西秦复国后，先后占据枹罕、苑川、度坚山等地区，当也控制了兴晋、大夏、苑川、金城、武始、安固、武城、武阳等郡。晋安帝义熙六年（西秦更始二年，410）三月，乾归攻拔姚兴金城郡。《乞伏乾归载记》载，西秦攻取后秦金城郡后，"以其骁骑乞伏务和为东金城太守"，西秦遂得东金城郡。

据《乞伏乾归载记》，更始二年（410），西秦"攻克兴略阳、南安、陇西诸郡，徙二万五千户于苑川、枹罕"②。此年西秦当得有南安郡、陇西郡，而略阳郡随后又为后秦夺回。《资治通鉴》晋安帝义熙七年（西秦更始三年，411）载，西秦再

---

① 西秦为姚兴所破后，姜水流域地区入南羌，详见下文所考。
② 《资治通鉴》晋安帝义熙六年九月载此事。

攻后秦略阳郡，"河南王乾归攻秦略阳太守姚龙于柏阳堡①，克之；冬十一月，进攻南平太守王憬于水洛城（胡注：《水经注》：水洛亭在陇山之西，汉略阳县界），又克之，徙民三千余户于谭郊"。西秦攻克略阳郡、南平郡，而略阳郡再为后秦夺回。《资治通鉴》载，晋安帝义熙十一年（西秦永康四年，415）十一月，"西秦以略阳太守镇赤水（胡注：《水经注》：赤亭水出南安郡东山赤谷，西流，迳城北，南入渭水）"。西秦侨置略阳于南安郡界，表明乞伏氏并未据有后秦略阳郡。又据《姚泓载记》，"仇池公杨盛攻陷祁山，执建节王悆，遂逼秦州"；"姚赞率陇西太守姚秦都、略阳太守王焕以禁兵赴之。赞至清水"。清水县属略阳郡，可见至姚泓时略阳郡仍属后秦。又据下文可知，西秦于后秦亡前攻上邽等地。西秦不得后秦秦州重镇上邽，当不可能据有上邽以东的略阳郡地。可见，西秦虽多次侵袭后秦略阳，但至后秦亡前终未得之。

据《资治通鉴》，晋安帝义熙八年（西秦永康元年，412），乾归徙都谭郊，命炽磐镇苑川；不久，乾归卒，炽磐即位，迁都枹罕。炽磐即位后，西秦走向强盛，其疆土逐渐向陇右、河西扩展。晋安帝义熙九年（413）三月，乞伏炽磐遣其将昙达击休官部，进据白石城，"显亲休官权小成、吕奴迦等二万余户据白坑不服，昙达攻斩之，陇右休官悉降"。后秦姚泓即位后，其四境皆遭邻国攻击，乞伏氏攻姚氏西境。晋安帝义熙十二年（西秦永康五年，416），西秦击后秦秦州刺史于上邽，破之；十月，"西秦王炽磐使秦州刺史王松寿镇马头，以逼秦之上邽"；次年，刘裕灭后秦，西秦乘机攻上邽，"西秦王炽磐遣左丞相昙达等击秦故将姚艾（胡注：艾，秦上邽之镇将），艾遣使称藩，炽磐以艾为征东大将军、秦州牧"。此年西秦取上邽，天水郡、略阳郡遂入西秦。

乞伏炽磐时，还不断用兵河西，进而灭南凉。据《资治通鉴》，晋安帝义熙八年（西秦永康元年，412）四月，"攻南凉三河太守吴阴于白土，克之，以乞伏出累代之"，遂得三河郡。《晋书》卷10《安帝纪》载，义熙十年（西秦永康三年，414）六月，"乞伏炽磐帅师伐秃发傉檀，灭之"。西秦灭南凉，尽取其地。

灭南凉后，西秦即与北凉沮渠氏为邻国，两国相互攻击。《资治通鉴》载，晋安帝义熙十一年（西秦永康四年，415）三月，"河西王蒙逊攻西秦广武郡，拔之。西秦王炽磐遣将军乞伏魋尼寅邀蒙逊于浩亹，蒙逊击斩之；又遣将军折斐等帅骑一万据勒姐岭，蒙逊击禽之"。据下文所考"西秦晋兴郡"可知，永康三年

---

① 据《资治通鉴》晋安帝隆安四年七月，胡注："《水经注》：伯阳出伯阳谷，在菫亭东；又东有伯阳城，城南谓之伯阳川。盖李耳西入往径所由，故369原畎谷，往往播其名，后又讹为栢杨。《五代志》：天水郡秦岭县，后魏置伯阳县，隋开皇中更名秦岭，唐并秦岭入清水县。"此"柏阳堡"当在伯阳川附近，在略阳郡界内。

(414),西秦灭南凉后,以晋兴郡治浩亹。由《资治通鉴》所载可知,西秦永康四年(415),广武郡和浩亹为北凉占据,晋兴郡当随之属北凉。《乞伏炽磐载记》载,西秦永康四年(415),"炽磐攻克沮渠蒙逊河湟太守沮渠汉平,以其左卫匹逮为河湟太守";又据此文后"校勘记"可知,"河湟"当为"湟河"。因此,永康四年(415),西秦失其广武郡、晋兴郡,取有北凉湟河郡。其后,炽磐继续攻掠河西。据《宋书》卷98《氐胡传》,西秦建弘五年(424),"乞佛炽槃出貂渠谷攻河西白草岭,临松郡皆没,执蒙逊从弟成都,从子日蹄、颇罗等而去"。此次西秦虽攻破北凉临松郡①,当未取有其地。《资治通鉴》载,宋文帝元嘉二年(西秦建弘六年,425)四月,西秦再袭北凉临松,徙其民于枹罕,当亦未取临松。

太初十年(397),西秦为后秦攻破后,其地多入后秦,而羌水流域则为南羌占据。至乞伏炽磐时,则攻南羌。《资治通鉴》晋恭帝元熙元年(西秦永康八年,419),西秦破彭利和于漒川,置益州刺史镇之,西秦遂得漒川。

据上文所考,西秦更始元年(409)复国,据有兴晋、大夏、苑川、金城、武始、安固、武城、武阳八郡。更始二年(410),得东金城、陇西、南安三郡。永康元年(412),得三河郡;三年(414),灭南凉,得西平、乐都、晋兴、广武、浇河五郡;四年(415),失广武郡、晋兴郡,得湟河郡;六年(417),得天水郡、略阳郡;八年(419),得漒川。

(四)西秦末年疆域的缩减

炽磐连年对外用兵,国力大受损耗,至炽磐末年,东遭赫连氏攻伐,西受吐谷浑攻击,北遭沮渠氏侵逼,南受群羌之袭,西秦国土渐失。

据《资治通鉴》,晋安帝义熙十四年(西秦永康七年,418),赫连夏攻克长安,取有关中,西秦由于受赫连氏之逼及姚艾叛变,乞伏炽磐以秦州牧镇南安,"徙上邽民五千余户于枹罕"。西秦徙上邽民后,可能在建弘元年(420)失上邽②,故后复图攻取之。宋武帝永初二年(西秦建弘二年,421)正月,"秦王炽磐遣征北将军木弈干、辅国将军元基攻上邽,遇霖雨而还",西秦亦未能取有上邽。其后,夏国一度以上邽为都。上邽入夏后,天水郡、略阳郡当随之入夏。宋文帝元嘉三年(西秦建弘七年,426),乞伏炽盘伐北凉,夏乘机大举袭击西秦,"夏主遣征南大将军呼卢古将骑二万攻苑川,车骑大将军韦伐将骑三万攻南安。炽盘闻之,引归。九月,徙其境内老弱、畜产于浇河及莫河仍寒川,留左

---

① 《太平寰宇记》卷152《陇右道三》载,张掖有临松山。故临松郡当置于原晋时张掖郡。
② 检相关史料,只有宋武帝永初二年西秦攻上邽的记载,可能在此年之前失上邽及天水郡、略阳郡。上文引顾祖禹《读史方舆纪要》中相关内容记作在"永初元年,夏取上邽",此姑从之。

丞相昙达守枹罕。韦伐攻拔南安,获秦秦州刺史翟爽、南安太守李亮",西秦遂失其秦州。

又据《资治通鉴》,宋文帝元嘉四年(西秦建弘八年,427)三月,西秦王乞伏炽磐以出连辅政为梁州刺史镇赤水;九月,"氐王杨玄遣将军苻白作围秦梁州刺史出连辅政于赤水;城中粮尽,民执辅政以降",赤水为仇池杨氏所得。同年十月,"秦以骁骑将军吴汉为平南将军、梁州刺史,镇南漒";十二月,"秦梁州刺史吴汉为群羌所攻,帅户二千还于枹罕"。赤水、南漒不保,西秦所得漒川当亦不守。

西秦永弘元年(428),炽磐卒,乞伏暮末即位。《资治通鉴》载,宋文帝元嘉五年(西秦永弘元年,428)正月,西秦商州刺史领浇河太守叛,降于北凉;次年,北凉沮渠氏攻拔西秦西平郡,执其太守;乞伏暮末为北凉所逼,迁保定连。永弘三年(430),西秦为北凉所逼,时赫连夏为北魏所破,暮末闻之,将家户东征,欲移居上邽①。《资治通鉴》宋文帝元嘉七年(西秦永弘三年,430)十月,"夏主闻暮末将至,发兵拒之。暮末留保南安,其故地皆入于吐谷浑"。可见,西秦东征不成,反而丧失了其所据凉州、河州之地。然而,西秦在东征途中,攻取了南安郡和广宁郡。《资治通鉴》宋文帝元嘉七年又载,"南安诸羌万余人叛秦,推安南将军、督八郡诸军事、广宁太守焦遗为主,遗不从;乃劫遗族子长城护军亮为主,帅众攻南安",暮末求救于仇池氏王杨难当,在仇池的援助下,击溃南安羌,"亮奔还广宁,暮末进军攻之。以手令与焦遗使取亮,十二月,遗斩亮首出降"。可见,西秦亡国之前,仅守有南安郡、广宁郡。西秦永弘四年(431),夏赫连定攻西秦,乞伏暮末出降,西秦亡。

据上文所考,西秦建弘元年(420),失天水郡、略阳郡;七年(426),失秦州;八年(427),失漒川。西秦永弘元年(428),失浇河郡;二年(429),失西平郡、乐都郡②;三年(430),失河州、凉州,得南安郡、广宁郡;四年(431),西秦亡。

二、政区沿革

据上考西秦疆域可知,西秦永康八年(419)疆域最盛(见图12)。下文以西秦永康八年(419)为基准年,先概述西秦政区沿革,再考证西秦可考的政区。

---

① 《宋书》卷98《氐胡传》载,元嘉七年(430)"夏四月,西虏赫连定为索虏拓跋焘所破,奔上邽。十一月,茂蔓闻定败,将家户及兴国东征,欲移居上邽"。"暮末",《宋书》中作"茂蔓"。《资治通鉴》宋文帝元嘉七年十月:"秦王暮末为河西所逼,遣其臣王恺乌讷阗请迎于魏,魏人许以平凉、安定封之。暮末乃焚城邑,毁宝器,帅户万五千,东如上邽。"当时上邽为夏主赫连定控制,乞伏暮末应该是"东征"而"欲移居上邽",而非"东如上邽",故有下文"夏主闻暮末将至,发兵拒之"。

② 由后文所考北凉"疆域变迁"可知,北凉占据西秦西平郡时,已取有西秦乐都郡。

图 12 西秦永康八年(419)疆域政区示意图

(一) 政区概述

1. 河州

河州,治枹罕(今甘肃临夏市一带)。西秦太初元年(388),置河州,治狄道,领武始、安固、武城、武阳四郡①。太初二年(389),兴晋郡、大夏郡自彭奚

---

① 据《资治通鉴》晋孝武帝太元十三年七月,乞伏乾归称河南王,以弟屈眷为河州牧。乞伏国仁所置十二郡,洮水流域武始、安固、武城、武阳四郡当属河州。前秦曾以河州治武始郡狄道,西秦当亦以河州治狄道。

念来属。太初五年(392),兴晋郡入后凉。太初十年(397),兴晋郡自后凉来属河州,河州改治枹罕。太初十三年(400),河州入后秦。西秦更始元年(409),复国,置河州,治枹罕,当领兴晋、大夏、武始、安固、武城、武阳六郡。西秦永康元年(412),三河郡自南凉来属;其后置西安郡,属河州。永康八年(419),河州当领兴晋、大夏、武始、安固、武城、武阳、三河、西安八郡。西秦建弘七年(426),于兴晋郡界侨置南安郡,当属河州。至西秦永弘三年(430),河州领兴晋、大夏、武始、安固、武城、武阳、三河、西安、南安(侨置)九郡。

兴晋郡,治枹罕(今甘肃临夏市一带)。前秦乱后,兴晋郡为西羌彭奚念控制。西秦太初二年(389),承彭奚念置兴晋郡,疑领枹罕、永固、临津、河关四县。太初五年(392),兴晋郡入后凉。太初十年(397),兴晋郡自后凉入西秦。太初十三年(400),兴晋郡入后秦。西秦更始元年(409),兴晋郡自后秦入西秦。至西秦永弘三年(430),兴晋郡领县当不变。

大夏郡,治大夏(今甘肃广河县西北)。前秦乱后,大夏郡为西羌彭奚念控制。西秦太初二年(389),承彭奚念置大夏郡,疑领大夏、宛戍、金剑三县。太初十三年(400),大夏郡入后秦。西秦更始元年(409),大夏郡自后秦入西秦。至西秦永弘三年(430),大夏郡领县当不变。

安固郡,治安固(今甘肃临洮县东南)。西秦建义元年(385),承前秦安故郡改置安固郡①,疑领安固、石门、桑城、临洮、洮阳、侯和六县。西秦太初十三年(400),安固郡入后秦。西秦更始元年(409),安固郡自后秦入西秦。至西秦永弘三年(430),安固郡领县当不变。

武始郡,治狄道(今甘肃临洮县)。西秦建义元年(385),承前秦置武始郡,疑领狄道、遂平、武街、始兴、第五、真仇六县。西秦太初十三年(400),武始郡入后秦。西秦更始元年(409),武始郡自后秦入西秦。至西秦永弘三年(430),武始郡领县当不变。

武城郡,治所不可考。西秦建义元年(385),承前秦置武城郡,领县不可考。西秦太初十三年(400),武城郡入后秦。西秦更始元年(409),武城郡自后秦入西秦。至西秦永弘三年(430),武城郡辖区当不变。

武阳郡,治所不可考。西秦建义元年(385),置武阳郡,领县不可考。西秦太初十三年(400),武阳郡入后秦。西秦更始元年(409),武阳郡自后秦入西秦。至西秦永弘三年(430),武阳郡辖区当不变。

---

① 此安固郡当是由前安故郡所改。

三河郡，治白土（今青海循化撒拉族自治县北）。西秦永康元年（412），承南凉置三河郡，领白土县、左南县。至西秦永弘三年（430），三河郡领县当不变。

西安郡，治所不可考。西秦永康元年（412），乞伏炽盘即位。疑在炽盘时，或分晋兴置有西安郡，领县不可考。至西秦永弘三年（430），西安郡辖区当不变。

附　南安郡（侨置），治所不可考。西秦建弘七年（426），于兴晋郡界侨置南安郡，领县不可考。至西秦永弘三年（430），辖区不变。

2. 秦州（承秦河二州）

秦州，治獂道（今甘肃陇西县东南渭水东岸）。西秦建义元年（385），乞伏国仁自称秦河二州牧，领苑川、武城、武阳、安固、武始、汉阳、天水、略阳、漒川、甘松、匡朋、白马十二郡。建义二年（386），南安郡、陇西郡、金城郡自前秦来属。至西秦太初元年（388），秦河二州领苑川、金城、武城、武阳、安固、武始、汉阳、天水、略阳、漒川、甘松、匡朋、白马、南安、陇西十五郡。西秦太初元年（388），分秦河二州置秦州，治金城，领苑川、金城、天水、略阳、南安、陇西六郡①。太初七年（394），略阳郡、天水郡自仇池来属，西秦前置天水郡、略阳郡或省并。太初九年（396），略阳郡、天水郡入后秦。太初十三年（400），秦州入后秦。西秦更始元年（409），复国，置秦州，领金城郡、苑川郡。更始二年（410），后秦金城郡、陇西郡、南安郡来属，改后秦金城郡为东金城郡；其后，置广宁郡、长城护军，属秦州。更始三年（411），置秦兴郡、兴国郡、武威郡（侨置），属秦州。西秦永康四年（415），侨置略阳郡，或属秦州。永康六年（417），天水郡、略阳郡自后秦来属，侨置略阳郡当省并。永康七年（418），西秦以秦州治獂道②。至西秦永康八年（419），秦州领南安、陇西、天水、略阳、金城、苑川、东金城、广宁、秦兴、兴国、武威（侨置）十一郡。西秦建弘元年（420），天水郡、略阳郡入赫连夏。至西秦建弘七年（426），秦州领南安、陇西、金城、苑川、东金城、广宁、秦兴、兴国、武威（侨置）九郡。

南安郡，治獂道（今甘肃陇西县东南渭水东岸）。西秦建义二年（386），承前秦置南安郡，领獂道、新兴、中陶三县。西秦太初十三年（400），南安郡入后

---

① 《资治通鉴》晋孝武帝太元十三年七月，乞伏乾归即位，以其弟益州为秦州牧。金城此时为西秦国都，当为秦州治所。据上文所考西秦疆域，乞伏国仁置十二郡中，金城、苑川、天水、略阳四郡在苑川水附近，当秦州辖境，陇西、南安入西秦后，当属秦州。

② 据《资治通鉴》晋安帝义熙十四年十月，西秦王以秦州牧镇南安。南安郡治獂道，故秦州当治獂道。

秦。西秦更始二年(410)，南安郡自后秦入西秦；此后，新兴县别属广宁郡。西秦建弘七年(426)，南安郡入夏。西秦永弘三年(430)，南安郡自夏入西秦。至西秦永弘四年(431)，南安郡领豲道县、中陶县。

陇西郡，治襄武(今甘肃陇西县东南渭水西岸)。西秦建义二年(386)，承前秦置陇西郡，领襄武县、首阳县。西秦太初十三年(400)，陇西郡入后秦。西秦更始二年(410)，陇西郡自后秦入西秦。至西秦建弘七年(426)，陇西郡领县当不变。

天水郡，治上邽(今甘肃天水市秦州区)。前秦乱后，天水郡先后为后秦、仇池控制；上邽县后为姜乳控制。西秦太初七年(394)，承仇池置天水郡，领冀、新阳、成纪三县。西秦太初九年(396)，天水郡入后秦。西秦永康六年(417)，天水郡自后秦入西秦，领上邽、冀、新阳、成纪四县。至西秦建弘元年(420)，天水郡领上邽、冀、新阳、成纪四县。

略阳郡，治临渭(今甘肃天水市麦积区东)。前秦乱后，略阳郡先后为后秦、仇池控制。西秦太初七年(394)，承仇池置略阳郡，领临渭、略阳、清水、陇城四县。西秦太初九年(396)，略阳郡入后秦。西秦永康六年(417)，略阳郡自后秦入西秦。至西秦建弘元年(420)，略阳郡领县当不变。

苑川郡，治苑川(今甘肃榆中县宛川河流域)。西秦建义二年(386)，置苑川郡，领县不可考。西秦太初十三年(400)，苑川郡入后秦。西秦更始元年(409)，苑川郡自后秦入西秦。至西秦建弘七年(426)，苑川郡辖区当不变。

金城郡，治金城(今甘肃兰州市西固区)。西秦建义二年(386)，得前秦金城郡金城县、榆中县，仍以金城郡领之。西秦太初十一年(398)，支阳、鹯武、允吾三县自后凉来属。太初十三年(400)，金城郡入后秦。西秦更始元年(409)，金城郡自后秦入西秦。至西秦建弘七年(426)，金城县、榆中县入夏。至西秦永弘三年(430)，金城郡领允吾、支阳、鹯武三县。

东金城郡，治所不可考。西秦更始二年(410)，得后秦金城郡(侨置)，改为东金城郡，领县不可考。至西秦建弘七年(426)，东金城郡辖区当不变。

广宁郡，治彰(今甘肃漳县西)。西秦更始二年(410)，得陇西郡、南安郡，疑此后于陇西郡、南安郡界置广宁郡，领彰县、新兴县[①]。西秦建弘七年(426)，广宁郡入夏。西秦永弘三年(430)，广宁郡自夏入后秦。至西秦永弘四

[①] 《魏志下》载，广宁郡领彰县、新兴县。彰县故属陇西郡，新兴县故属南安郡，广宁郡当分陇西、南安而置。

年(431),广宁郡领县当不变。

秦兴郡,治度坚城(今地不可考)。西秦更始三年(411),置秦兴郡,领县不可考。至西秦建弘七年(426),秦兴郡辖区当不变。

兴国郡,治叠兰城(今地不可考)。西秦更始三年(411),置兴国郡,领县不可考。至西秦建弘七年(426),兴国郡辖区当不变。

武威郡(侨置),治嵘峴城(今甘肃榆中县西南)。西秦更始三年(411),侨置武威郡,领县不可考。至西秦建弘七年(426),武威郡辖区当不变。

长城护军,治所不可考。西秦更始二年(410),南安郡自后秦入西秦;其后,西秦置长城护军①。至西秦建弘七年(426),长城护军辖区当不变。

以下二郡附

天水郡(侨置),治所不可考。西秦建义元年(385),侨置天水郡,领县不可考。至西秦太初七年(394),辖区不变。

略阳郡(侨置),治赤水(今地不可考)。西秦建义元年(385),侨置略阳郡,治所、领县不可考。西秦太初七年(394),得后秦实土略阳郡,侨置略阳郡或省并。西秦永康四年(415),分南安侨置略阳郡,治赤水,领县不可考。西秦永康六年(417),得后秦实土略阳郡,侨置略阳郡或又省并。西秦永弘三年(430),得南安郡,或再侨置略阳郡,治所、领县不可考;同年,此侨郡又入夏。

3. 益州(含梁州)

益州,治漒川(今甘肃迭部县界)。西秦太初元年(388),置梁州,或治漒川,领漒川、甘松、匡朋、白马、汉阳五郡②。西秦太初十三年(400),梁州入南羌。西秦永康八年(419),自南羌得漒川等郡,置益州领之,治漒川。西秦建弘八年(427)三月,以梁州治赤水;九月,赤水入仇池;十月,梁州改治南漒;十二月,梁州入南羌;或此梁州为益州所改,领漒川等郡。

漒川郡,治漒川(今甘肃迭部县界)。西秦建义元年(385),置漒川郡,领县不可考。西秦太初十三年(400),漒川郡入南羌。西秦永康八年(419),漒川等地自南羌入西秦,或复置漒川郡领此地。至西秦建弘八年(427),漒川郡辖区

---

① 据《资治通鉴》宋文帝元嘉七年十一月,南安诸羌叛秦,推焦遗为主,遗不从,"乃劫遗族子长城护军亮为主(胡注:《五代志》:平凉郡百泉县,后魏置长城郡)"。西秦亡于元嘉八年(431),其置长城护军应早于此,疑在乞伏炽磐时所置。胡三省引《五代志》,言长城护军设于后魏时长城县界,于十六国时在安定郡朝那县界,此不从。据上文,南安羌叛西秦,当在南安郡界,不可能在安定界。
② 据《资治通鉴》晋孝武帝太元十三年七月,乞伏乾归自称河南王,以从弟轲弹为梁州牧。乞伏国仁所置十二郡中,羌水流域漒川、甘松、匡朋、白马四郡当属梁州。西秦永康八年(419)置益州镇漒川,仍领其前所置梁州之地,故认为西秦初置梁州亦治漒川。

当不变。

以下四郡附

甘松郡,治甘松(今甘肃舟曲县界)。西秦建义元年(385),置甘松郡,领县不可考。至西秦太初十三年(400),甘松郡辖区当不变。

匡朋郡,治所不可考。西秦建义元年(385),置匡朋郡,领县不可考。至西秦太初十三年(400),匡朋郡辖区当不变。

白马郡,治所不可考。西秦建义元年(385),置白马郡,领县不可考。至西秦太初十三年(400),白马郡辖区当不变。

汉阳郡,治所不可考。西秦建义元年(385),置汉阳郡,领县不可考。至西秦太初十三年(400),汉阳郡辖区当不变。

4. 凉州(含商州)

凉州,治西都(今青海西宁市城区一带)。西秦永康三年(414),置凉州,治乐都,领乐都、西平、晋兴、广武、浇河五郡。永康四年(415),广武郡、晋兴郡入北凉,湟河郡自北凉来属凉州。永康七年(418),凉州改治西都①,乐都郡、湟河郡改属沙州,凉州领西平郡、浇河郡。西秦建弘七年(426),金城郡自秦州来属②。建弘八年(427),以沙州治西都,领西平;以凉州治乐都,领乐都郡、湟河郡、金城郡;置商州③,治浇河,当领浇河郡。西秦永弘元年(428),凉州改治湟河,商州入北凉。西秦永弘二年(429),乐都郡入北凉。至西秦永弘三年(430),凉州领湟河郡、金城郡。

西平郡,治西都(今青海西宁市城区一带)。西秦永康三年(414),承南凉置西平郡,领西都、临羌、长宁三县。至西秦永弘二年(429),西平郡领县当不变。

浇河郡,治所不可考。西秦永康三年(414),承南凉置浇河郡,领县不可考。至西秦永弘元年(428),浇河郡辖区当不变。

以下二郡附

广武郡,治令居(今甘肃永登县西北)。西秦永康三年(414),承南凉置广武郡,领令居、永登、广武、振武、允街五县。至西秦永康四年(415),广武郡领当县不变。

晋兴郡,治浩亹(今甘肃永登县西南)。西秦永康三年(414),承南凉置晋

---

① 建弘八年(427),以凉州刺史镇乐都,沙州刺史镇西平,西平治西都。此前置沙州、凉州,当时凉州治西都,沙州治乐都,至建弘八年(427),沙州、凉州互换治所。
② 秦州入夏后,金城郡河水以南之金城县、榆中县当入夏。而金城郡所领河水以北之允吾、支阳、鹯武三县当仍为西秦控制。在秦州入夏后,金城郡领此三县当改属凉州。
③ 或西秦商州于建弘八年(427)更换凉州、沙州治所时同时设置。

兴郡,或领浩亹、晋兴、临鄣、广昌、遂兴、罕唐六县。至西秦永康四年(415),晋兴郡领县当不变。

5. 沙州

沙州,治乐都(今青海海东市乐都区)。西秦永康七年(418),置沙州,治乐都,领乐都郡、湟河郡。西秦建弘八年(427),沙州改治西都,领西平郡。至西秦永弘二年(429),沙州领西平郡。

乐都郡,治乐都(今青海海东市乐都区)。西秦永康三年(414),承南凉置乐都郡,领乐都县、安夷县。至西秦永弘二年(429),乐都郡领县当不变。

湟河郡,治所不可考。西秦永康四年(415),承北凉置湟河郡,领县不可考。至西秦永弘三年(430),湟河郡辖区当不变。

6. 大夏镇

大夏镇,治大夏(今甘肃广河县西北)。西秦时,曾置大夏镇,辖区不可考。至西秦永弘三年(430),大夏镇辖区当不变。

(二) 政区考证

1. 州、镇

1.1 西秦河州

《资治通鉴》载,晋孝武帝太元十三年(388)七月,乞伏乾归称河南王,以弟屈眷为河州牧;晋安帝隆安元年(397)六月,"(乞伏乾归)以镇西将军屋弘破光为河州牧;定州刺史翟瑥为兴晋太守,镇枹罕"。此定州刺史当为翟瑥前封任。枹罕在西秦西部,乞伏氏击败后凉后复取枹罕,故屋弘破光为镇西将军镇守此。乾归又以翟瑥为兴晋太守,与屋弘破光共守枹罕。中华书局点校本《资治通鉴》于"河州牧"后用分号,当误,应用逗号。可见西秦太初十年(397),得枹罕后,以河州治此。《资治通鉴》载,晋安帝义熙五年(409)十月,"(乞伏乾归)以屋引破光为河州刺史,镇枹罕";义熙八年(412)正月,"(西秦)以乞伏审虔为河州刺史镇枹罕";义熙十一年(415)五月,"(西秦)以凉州刺史谦屯为镇军大将军、河州牧"。可见,西秦更始元年(409)复后,以河州治枹罕。

1.2 西秦秦州(承西秦秦河二州)

《乞伏国仁载记》载,乞伏国仁建国,都勇士城,自领秦河二州牧,所统之地属秦河二州。至乞伏乾归时,始分置秦州、河州、梁州等。《乞伏乾归载记》有"秦州牧乞伏益州"。《资治通鉴》载,晋孝武帝太元十三年(388)七月,乞伏乾归即位,以其弟益州为秦州牧;晋安帝义熙十一年(415)七月,"西秦王炽磐以秦州刺史昙达为尚书令,光禄勋王松寿为秦州刺史";义熙十二年(416)十月,"西秦王炽磐使秦州刺史王松寿镇马头,以逼秦之上邽(胡注:丁度曰:嶓冢山在古上邽县,西有神马山)";义熙十三年(417)十月,"西秦王炽磐遣左丞相昙达等击秦故将姚艾,艾遣使称藩,炽磐以艾为征东大将军、秦州牧。征王松寿为尚书左仆射(胡注:十二年,炽磐遣松寿屯马头以逼秦之上邽,上邽降,故征还)";义熙十四年(418)十月,乞伏炽磐"以左丞相昙达为都督洮、罕以东诸军事、征东大将军、秦州牧,镇南安";宋文帝元嘉三年(426)九月,赫连夏伐西秦,"韦伐攻拔南安,获秦秦州刺史翟爽、南安太守李亮"。可见西秦有秦州,乞伏炽磐时曾镇南安。

1.3 西秦梁州

《乞伏乾归载记》有"凉州牧乞伏轲弹"。《资治通鉴》载,晋孝武帝太元十三年(388)七月,乞伏乾归称河南王,以从弟轲弹为梁州牧。《载记》和《通鉴》所载不同,此以轲弹任梁州牧为是。《资治通鉴》载,宋文帝元嘉四年(427)三月,乞伏炽磐以"宁朔将军出连辅政为梁州刺史,镇赤水";九月,"氐主杨玄遣将军符白作围秦梁州刺史出连辅政于赤水;城中粮尽,民执辅政以降";十月,"秦以骁骑将军吴汉为平南将军、梁州刺史,镇南漒";十二月,"秦梁州刺史吴汉为群羌所攻,帅户二千还于枹罕"。可见西秦末曾置梁州,先后治赤水、南漒,既而又失此地。

1.4 西秦益州

《资治通鉴》载,晋恭帝元熙元年(419)十月,"(西秦)以尚书右仆射王松寿为益州刺史,镇漒川"。可见西秦有益州,治漒川。

1.5 西秦凉州

《乞伏炽磐载记》有"凉州刺史出连虔"。《魏书》卷52《段承根传》载,"乞伏炽磐以(段)晖为辅国大将军、凉州刺史"。《资治通鉴》载,晋安帝义熙十年(414)五月,西秦灭南凉,"以镇南将军廉屯为都督河右诸军事、凉州刺史,镇乐都";义熙十一年(415)五月,"(西秦)以尚书右仆射出连虔为都督岭北诸军事、凉州刺史;以凉州刺史谦屯为镇军大将军、河州牧";宋文帝元嘉四年(427)三月,"秦王炽磐以辅国将军段晖为凉州刺史,镇乐都";元嘉五年(428)六月,乞伏暮末以"叔父右禁将军千年为镇北将军、凉州牧,镇湟河";十月,"暮末以叔父光禄大夫沃陵为凉州牧,镇湟河"。可见西秦永康三年(414)、建弘八年(427)以凉州治乐都,永弘元年(428)以凉州治湟河。

1.6 西秦沙州

《资治通鉴》载,晋安帝义熙十四年(418)正月,"秦王炽磐以乞伏木弈干为沙州刺史,镇乐都";宋文帝元嘉三年(426)十月,赫连夏攻西秦,"(夏)呼卢古、韦伐又攻沙州刺史出连虔于湟河";元嘉四年(427)三月,乞伏炽磐以"平西将军麹景为沙州刺史,镇西平"。可见,西秦有沙州,曾治乐都、湟河、西平。

1.7 西秦大夏镇

《魏书》卷84《常爽传》载,"(常爽)父坦,乞伏世镇远将军、大夏镇将、显美侯"。可见西秦有大夏镇。

附 西秦商州

《资治通鉴》载,宋文帝元嘉五年(428)正月,"秦商州刺史领浇河太守姚俊叛,降河西"。可见西秦有商州,当治浇河。

2. 郡、护军

2.1 西秦兴晋郡

《资治通鉴》载,晋安帝隆安元年(397)六月,乞伏乾归以"定州刺史翟瑥为兴晋太守,镇枹罕"。可见西秦有兴晋郡,治枹罕。

2.2 西秦安固郡

《乞伏国仁载记》载,国仁自领秦河二州牧,"置武城、武阳、安固、武始、汉阳、天水、略阳、漒川、甘松、匡朋、白马、苑川十二郡"。可见西秦有安固郡。

2.3 西秦武始郡

《资治通鉴》载,晋安帝隆安元年(397),后秦伐西秦,"天水公(吕)延以枹罕之众攻临洮、武始、河关"。可见西秦有武始郡。又据上考"西秦安固郡"引《乞伏国仁载记》可知,西秦建国之初已置武始郡。

2.4 西秦武城郡

据上考"西秦安固郡"引《乞伏国仁载记》可知,西秦有武城郡。

2.5 西秦武阳郡

据上考"西秦安固郡"引《乞伏国仁载记》可知,西秦有武阳郡。

2.6 西秦三河郡

《资治通鉴》载,晋安帝义熙八年(412)四月,"乞伏炽磐攻南凉三河太守吴阴于白土,克之,以乞伏出累代之"。可见西秦有三河郡。

2.7 西秦西安郡

《资治通鉴》载,宋文帝元嘉六年(429)五月,"西安太守莫者幼眷据汧川以叛(胡注:此汧川非扶风之汧,当亦在枹罕左右),暮末讨之"。林宝《元和姓纂》卷10"莫者氏"条:"《西秦录》有卫将军莫者羧纸,西安太守莫者幼春"。可见,西秦时置有西安郡,当在枹罕附近。

2.8 西秦南安郡

《资治通鉴》载,晋安帝义熙十四年(418)十月,乞伏炽磐以左丞相昙达为秦州牧,镇南安;宋文帝元嘉三年(426)九月,赫连夏伐西秦,"韦伐攻拔南安,获秦秦州刺史翟爽、南安太守李亮"。可见西秦有南安郡。

2.9　西秦陇西郡

《乞伏乾归载记》有"陇西太守越质诘归"。《乞伏乾归载记》载,西秦击败杨定,"于是尽有陇西、巴西之地"。中华书局点校本《晋书》于此点校为"于是尽有陇西、巴西之地"。似乎西秦有巴西郡。然巴西郡远在巴蜀梁州,西秦从未染指此地。此"巴西"当为"已西"之误。检《晋书》可知,"以东"、"以西"、"以南"、"以北"的"以"字,《晋书》书为"已"字。故此处"巴西"应是"已西"之误。中华书局点校本《晋书》此处点校有误。

2.10　西秦苑川郡

据前考"西秦安固郡"引《乞伏国仁载记》可知,西秦有苑川郡。

2.11　西秦金城郡

《吕光载记》载,后凉伐西秦,"吕纂克金城,擒乾归金城太守卫犍"。《资治通鉴》载,晋安帝隆安三年(399)十月,"西秦以金城太守辛静为右丞相"。可见西秦有金城郡。

2.12　西秦东金城郡

《乞伏乾归载记》载,"(乾归)遣陇西羌昌何攻克姚兴金城郡,以其骁骑乞伏务和为东金城太守"。可见西秦有东金城郡。

2.13　西秦广宁郡

《资治通鉴》载,宋文帝元嘉七年(430),"南安诸羌万余人叛秦,推安南将军、督八郡诸军事广宁太守焦遗为主,遗不从;乃劫遗族子长城护军亮为主,帅众攻南安"。可见西秦有广宁郡。

2.14　西秦秦兴郡

据《资治通鉴》晋安帝义熙七年(411)二月,"河南王乾归徙鲜卑仆浑部三千余户于度坚城,以子敕勃为秦兴太守以镇之(胡注:乞伏乾归本建国号曰秦,故置秦兴郡于度坚山)"。可见西秦有秦兴郡。

2.15　西秦兴国郡

《资治通鉴》载,晋安帝义熙七年(411)四月,"河南王乾归徙羌句岂等部众五千余户于叠兰城(胡注:叠兰城在大夏西南,嵚岘东北)",以兄子阿柴为兴国太守以镇之(胡注:汉末,兴国氐王阿贵据兴国城,在略阳郡界,乞伏因其地名置郡)。可见西秦有兴国郡。

2.16　西秦武威郡(侨置)

《资治通鉴》载,晋安帝义熙七年(411)五月,"以子木弈干为武威太守,镇嵚岘城"。可见西秦有武威郡。武威郡本属凉州,西秦此置武威郡,当为侨置。

2.17 西秦漒川郡

据前考"西秦安固郡"引《乞伏国仁载记》可知,西秦有漒川郡。

2.18 西秦西平郡

《资治通鉴》载,晋安帝义熙十年(414)五月,西秦灭南凉,以"秃发赴单为西平太守,镇西平";宋文帝元嘉五年(428)六月载有西秦"西平太守麹承"。可见西秦有西平郡。

2.19 西秦浇河郡

《资治通鉴》载,宋文帝元嘉五年(428)正月,"秦商州刺史领浇河太守姚浚叛,降河西"。可见西秦有浇河郡。

2.20 西秦乐都郡

据前考"西秦凉州"引《资治通鉴》可知,西秦有乐都郡。

2.21 西秦湟河郡

《乞伏炽磐载记》载,"炽磐攻克沮渠蒙逊河湟太守沮渠汉平,以其左卫匹逵为河湟太守"。据此文后"校勘记"可知,"河湟"当为"湟河"。据《资治通鉴》,晋安帝义熙十一年(415)五月,"炽磐以左卫将军匹达为湟河太守"。可见西秦有湟河郡。

2.22 西秦长城护军

据上考"西秦广宁郡"引《资治通鉴》可知,西秦有长城护军。

附1 西秦略阳郡(侨置)

据前考"西秦安固郡"引《乞伏国仁载记》可知,西秦有略阳郡。然当时西秦尚未控有西晋略阳旧郡,乞伏国仁建国初所置略阳郡当属侨置。《资治通鉴》载,晋安帝义熙十一年(415),"西秦王炽盘遣襄武侯昙达等将骑一万击南羌弥姐、康薄于赤水,降之(胡注:《水经注》:赤亭水出南安郡东山赤谷,西流,迳城北,南入渭水);以王孟保为略阳太守,镇赤水"。略阳旧郡时为后秦统辖,西秦置此略阳郡治赤水,当为侨置。《资治通鉴》又载,宋文帝元嘉七年(430)十二月,"秦略阳太守弘农杨显以郡降夏"。元嘉七年(430)前,西晋略阳旧郡已入赫连夏,此时西秦仍有略阳郡,当亦侨置。

附2 西秦天水郡(侨置)

据前考"西秦安固郡"引《乞伏国仁载记》可知,西秦有天水郡。然当时西秦尚未控有西晋天水旧郡,乞伏国仁建国初所置天水郡当属侨置。

附3 西秦南安郡(侨置)

《资治通鉴》载,宋文帝元嘉六年(429)五月,"南安太守翟承伯等据罕幵谷以应河西(胡注:《水经注》:陇西白石县东有罕幵溪,又东则枹罕县故城)"。

据前考西秦疆域可知,西秦建弘七年(426),南安郡入夏。据胡注,《资治通鉴》所载此南安郡当侨置于兴晋郡界。

附 4　西秦甘松郡

据前考"西秦安固郡"引《乞伏国仁载记》可知,西秦有甘松郡。

附 5　西秦匡朋郡

据前考"西秦安固郡"引《乞伏国仁载记》可知,西秦有匡朋郡。

附 6　西秦白马郡

据前考"西秦安固郡"引《乞伏国仁载记》可知,西秦有白马郡。

附 7　西秦汉阳郡

《王司徒墓志》载,"君讳真保,秦川略阳人","烈祖伏仁,乞伏世祗连汉阳二郡太守"[1]。可见西秦有汉阳郡。据前考"西秦安固郡"引《乞伏国仁载记》可知,西秦建国之初已有汉阳郡。

附 8　西秦广武郡

《资治通鉴》载,晋安帝义熙十年(414)五月,西秦灭南凉,"以赵恢为广武太守,镇广武";义熙十一年(415)三月,"河西王蒙逊攻西秦广武郡,拔之"。可见西秦永康三年(414)有广武郡,次年失于北凉。

附 9　西秦晋兴郡

《资治通鉴》载,晋安帝义熙十年(414)五月,西秦灭南凉,以"曜武将军王基为晋兴太守,镇浩亹"。可见西秦有晋兴郡。

附 10　西秦宛川护军(?)

罗福颐主编《秦汉南北朝官印征存》第 9 卷有"宛川护军章",认为西秦时有宛川护军,又言"宛"通"苑"[2]。此印章是否为西秦,无确证,姑存此。

3. 县

3.1　西秦枹罕县

《资治通鉴》载,晋安帝隆安元年(397)六月,乞伏乾归以"定州刺史翟瑥为兴晋太守,镇枹罕"。《乞伏乾归载记》载,"乾归遂如枹罕,留(乞伏)炽磐镇之"。可见西秦有枹罕县。

3.2　西秦河关县

《资治通鉴》载,晋安帝隆安元年(397),后秦伐西秦,"天水公(吕)延以枹罕之众攻临洮、武始、河关"。可见西秦有河关县。

---

[1] 赵超:《汉魏南北朝墓志汇编》,第 272 页。
[2] 罗福颐主编:《秦汉南北朝官印征存》,文物出版社,1987 年,第 385 页。

3.3　西秦大夏县

《乞伏乾归载记》载,乞伏公府杀乞伏乾归,"公府奔固大夏"。可见西秦有大夏县。

3.4　西秦临洮县

据上考"西秦河关县"引《资治通鉴》可知,西秦有临洮县。

3.5　西秦白土县

据前考"西秦三河郡"引《资治通鉴》可知,西秦有白土县。

3.6　西秦上邽县

据前考"西秦秦州"可知,西秦有上邽县。

3.7　西秦金城县

《乞伏乾归载记》载,乾归即位后,称河南王,迁于金城。可见西秦有金城县。

3.8　西秦支阳县(?)

《乞伏乾归载记》载,西秦伐后凉,"使乞伏益州攻克支阳、鹯武、允吾三城"。可见西秦得支阳县。

3.9　西秦鹯武县(?)

据上考"西秦支阳县"引《乞伏乾归载记》可知,西秦得鹯武县。

3.10　西秦允吾县

据上考"西秦支阳县"引《乞伏乾归载记》可知,西秦得允吾县。《乞伏乾归载记》又载,西秦为后秦攻破,谓诸豪帅曰"吾欲西保允吾,以避其锋"。可见西秦有允吾县。

3.11　西秦乐都县

据前考"西秦凉州"、"西秦沙州"可知,西秦凉州、沙州曾治乐都。可见西秦有乐都县。

附　西秦浩亹县

据前考"西秦晋兴郡"引《资治通鉴》可知,西秦有浩亹县。

第三节　夏(附　仇池)

夏龙昇元年(407),刘勃勃自称天王、大单于,国号夏,其后改姓赫连。凤翔元年(413),赫连勃勃筑统万城而都之。昌武元年(418),勃勃攻取长安,据有关中。承光元年(425),勃勃死,赫连昌即位。胜光元年(428),赫连昌为北魏所擒,赫连定即位。胜光四年(431),赫连定为北魏所逼,欲西迁河西,途中为吐谷浑所灭。

一、疆域变迁

初,铁弗部居于朔方,至刘卫辰,降于苻坚。苻秦乱后,刘卫辰为北魏拓跋珪所灭,其子勃勃奔于薛干部。薛干部送勃勃于没奕干,因北魏所逼,勃勃遂与没奕干投奔后秦,姚兴使勃勃助没奕干镇高平。不久,姚兴又配以三交五郡鲜卑及杂虏二万余落,使勃勃镇朔方。夏龙昇元年(407),勃勃袭杀没奕干,称天王、大单于,国号夏。其后,勃勃改姓赫连氏。赫连勃勃兴起于朔方,在姚秦走向衰亡之际,逐渐控有关内不少地区。

据《赫连勃勃载记》,夏国建立后,勃勃"讨鲜卑薛干等三部,破之,降众万数千。进讨姚兴三城已北诸戍,斩其将杨丕、姚石生等",夏国据有三城以北朔方之地;夏国初立,未定都城,诸将谏言,"高平险固,山川沃饶,可以都也",勃勃不从,但可见当时高平亦为夏有。据《资治通鉴》,晋安帝义熙四年(夏龙昇二年,408)七月,姚兴遣将齐难伐夏,勃勃退保河曲(胡注:河曲在朔方东北),秦兵退,勃勃追至木城擒齐难,"于是岭北夷、夏附于勃勃者以万数,勃勃皆置守宰以抚之";次年九月,"勃勃复攻秦敕奇堡、黄石固、我罗城,皆拔之,徙七千余家于大城,以其丞相右地代领幽州牧以镇之";晋安帝义熙六年(410)三月,赫连勃勃攻拔定阳(胡注:魏收《地形志》,敷城郡有定阳县)。

夏凤翔元年(413),赫连勃勃筑城于朔方之北、黑水之南,名曰统万。夏凤翔三年(415),赫连勃勃攻取后秦杏城镇、三堡镇、中部郡、长城郡①。由夏龙昇二年(408)勃勃退保河曲可知,夏之北界已至河曲之地。据《元和郡县图志》卷4《关内道四》,灵州,"秦并天下为北地郡。汉时为富平县之地","其城赫连勃勃所置果园,今桃李千余株,郁然犹在。后魏太武帝平赫连昌,置薄骨律镇,后改置灵州"。可见,赫连夏所统朔方之地西至北魏时薄骨律镇所在。《魏书》卷3《太宗纪》载,神瑞元年(夏凤翔二年,414)二月,"赫连屈孑入寇河东蒲子,杀掠吏民,三城护军张昌等要击走之";"西河胡曹成、吐京民刘初原攻杀屈孑所置吐京护军及其守三百余人"。可见,夏曾置吐京护军于河东地区,并入侵至蒲子,旋败走。

《资治通鉴》载,晋安帝义熙十三年(夏凤翔五年,417)九月,刘裕伐后秦,夏赫连勃勃乘机攻后秦岭北,"进据安定,秦岭北郡县镇戍皆降之"。可见此年夏得岭北地区。刘裕灭姚秦后,留刘义真镇长安而还。据《赫连勃勃载记》,夏

---

① 参见前考后秦"疆域变迁"的相关内容。

昌武元年(418),赫连勃勃遂大举攻长安,"关中郡县悉降",遂入长安,赫连勃勃即皇帝位于灞上,关中之地皆入夏。刘义真等自长安溃退后,夏乘胜东侵。据《资治通鉴》晋恭帝元熙元年(夏真兴元年,419)正月,夏攻克河东蒲坂等地。据《元和郡县图志》卷6《河南道二》,"阌乡县,本汉湖县地";"赫连氏京观,俗号平吴台,在县西二十二里。赫连勃勃使太原公昌攻刘裕将龄石于潼关,克之,筑台以表武功"。《晋志上》载,夏以并州刺史镇蒲坂,荆州刺史镇陕。夏乘刘义真等溃败之际,攻取河东蒲坂和弘农陕城等地;华山郡在弘农郡西,当也得此郡;后秦所置河北郡,在河水北,东晋败走后,此郡当亦入夏。赫连夏击走刘义真后,亦逐渐向秦州扩展。真兴二年(420),夏取有西秦天水郡、略阳郡;夏赫连昌承光二年(426),又攻取西秦秦州之地①。

夏承光元年(425),赫连勃勃死,赫连昌即位。据《魏书》卷4《世祖纪上》,始光三年(夏承光二年,426),魏太武帝出兵伐夏,至统万城下,不克而还;北魏遣将袭蒲坂、陕城,夏弘农太守和蒲坂守将皆不战而走,夏长安守将亦弃长安西奔,魏军入长安,秦、雍氐羌皆降于魏;次年,北魏再伐夏,克统万,以将镇之,赫连昌奔上邽,安定民举城降魏。据此,夏承光二年(426),关中及其以东之地入北魏;承光三年(427),安定及其以北之地为北魏占据。据《资治通鉴》,宋文帝元嘉五年(夏胜光元年,428)二月,赫连昌被北魏所擒,赫连定即位于平凉;之后,夏反攻魏,魏军大败,退奔蒲坂,夏人复取长安,关中和安定应重归于夏;宋文帝元嘉七年(430),赫连定遣其弟谓以代伐魏鄜城(胡注:鄜城在汉上郡界,魏后置敷城郡,隋改曰鄜城,读与敷同),谓以代败走,夏赫连氏未能取其朔方故地;同年,北魏再次大举伐夏,攻取安定,赫连定奔上邽,"夏长安、临晋、武功地守将皆走,关中悉入于魏。魏主留巴东公延普镇安定,以镇西将军王斤镇长安"。据上考西秦疆域,西秦欲东征上邽,遂攻取南安郡、广宁郡。胜光四年(431),灭西秦,复得南安郡、广宁郡;随后赫连定为北魏所逼,拥众西走,为吐谷浑王慕璝所擒,夏亡。

据上文考述,夏龙昇元年(407),赫连勃勃建国,取有高平和三城以北朔方之地。龙昇四年(410),得定阳。凤翔元年(413),定都统万城。凤翔三年(415),得杏城镇、三堡镇、长城郡、中部郡。凤翔五年(417),得后秦岭北地区。昌武元年(418),得关中地区。真兴元年(419),得河东郡、河北郡、弘农郡、华山郡。真兴二年(420),得天水郡、略阳郡。承光二年(426),得西秦秦州,失关中及其以东地区。承光三年(427),失安定郡及其以北地区。胜光元年(428),

---

① 参见前考西秦"疆域变迁"的相关内容。

得关中地区和安定郡。胜光三年(430),失关中地区、安定郡、平凉郡、南安郡、广宁郡。胜光四年(431),得南安郡、广宁郡,不久夏亡。

二、政区沿革

据上考夏疆域可知,夏真兴三年(421)至夏承光元年(425)疆域最盛(见图13)。下文以夏真兴三年(421)为基准年,先概述夏政区沿革,再考证夏可考的政区。

(一) 政区概述

1. 司隶部

司隶部,治统万城(今陕西靖边县北白城子无定河北岸)。夏昌武元年(418),置司隶部,领北地尹等。至夏承光三年(427),司隶部辖区当不变。

北地尹,治统万城(今陕西靖边县北白城子无定河北岸)。夏昌武元年(418),置北地尹,领县不可考。至夏承光三年(427),北地尹辖区当不变。

2. 幽州

幽州,治大城(今内蒙古杭锦旗东南)。夏龙昇三年(409),置幽州,辖区不可考。至夏承光三年(427),幽州辖区当不变。

3. 朔州

朔州,治三城(今陕西延安市宝塔区东南)。夏昌武元年(418),置朔州,辖区不可考。至夏承光三年(427),朔州辖区当不变。

4. 东秦州(承秦州)

东秦州,治杏城(今陕西黄陵县西南)①。夏昌武元年(418),置秦州,治杏城,或领长城郡、中部郡②。真兴二年(420),改秦州为东秦州,仍治杏城③。至夏承光三年(427),东秦州领郡当不变。

长城郡,治长城(今陕西洛川县西北)。夏凤翔三年(415),承后秦置长城郡,领长城、洛川等县。至夏承光三年(427),长城郡领县当不变。

中部郡,治中部(今陕西黄陵县西南)。夏凤翔三年(415),承后秦置中部

---

① 据前考前赵、后赵、前秦、后秦政区可知,前后赵和前后秦置有杏城镇,前后秦置有三堡镇,这些军镇当是防卫朔方部族而设。据前考这些军镇可知,史载刘、石、苻、姚置杏城镇,苻、姚置三堡镇,而不言赫连氏置杏城镇、三堡镇。或赫连夏得此二镇后遂罢。

② 长城郡、中部郡在杏城附近,当属秦州。

③ 夏真兴二年,得天水郡、略阳郡,拥有秦州故地,以秦州治上邽。夏秦州治上邽后,当以东秦州治杏城。《元和郡县图志》卷3《关内道三》:"苻、姚置杏城镇,后魏孝文帝废镇,改为东秦州。"魏孝文帝以东秦州治杏城,其州名当承自赫连夏。

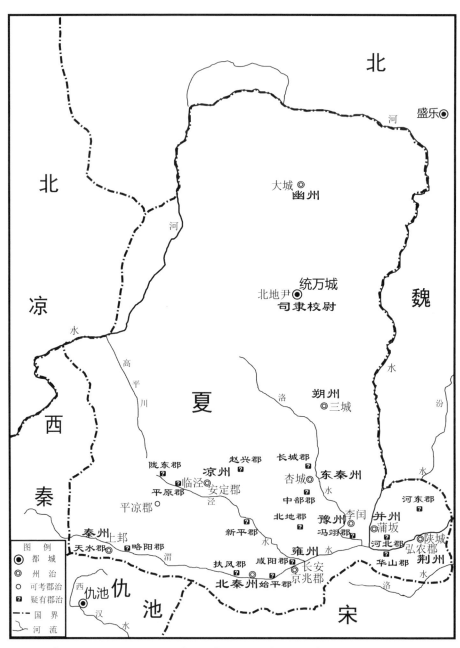

图 13 夏真兴三年(421)疆域政区示意图

郡,领中部县。至夏承光三年(427),中部郡领县当不变。

5. 凉州

凉州,治临泾(今甘肃镇原县东南)①。夏昌武元年(418),置凉州,领安定、新平、陇东、平凉、平原、赵兴六郡和安定护军。承光三年(427),安定郡入北魏。胜光元年(428),安定郡自北魏来属。至夏胜光三年(430),凉州领安定、新平、陇东、平凉、平原、赵兴六郡和安定护军。

安定郡,治临泾(今甘肃镇原县东南)。夏凤翔五年(417),承后秦置安定郡,领临泾、朝那、乌氏、阴密、鹑觚、西川、焉氏、贰八县。夏承光三年(427),安定郡入北魏。夏胜光元年(428),安定郡自北魏入夏。至夏胜光三年(430),安定郡领县不变。

新平郡,治新平(今陕西彬县)。夏凤翔五年(417),承后秦置新平郡,领新平县、汾邑县。至夏胜光三年(430),新平郡领县当不变。

陇东郡,治泾阳(今甘肃平凉市崆峒区西北)。夏凤翔五年(417),承后秦置陇东郡,领泾阳等县。至夏胜光三年(430),陇东郡领县当不变。

平凉郡,治鹑阴(今甘肃华亭县西)。夏凤翔五年(417),承后秦置平凉郡,领鹑阴等县。夏胜光二年(429),阴槃县来属平凉郡。至夏胜光三年(430),平凉郡领鹑阴、阴槃等县。

平原郡,治所不可考。夏凤翔五年(417),承后秦置平原郡,领县不可考。至夏胜光三年(430),平原郡辖区当不变。

赵兴郡,治所不可考。夏凤翔五年(417),承后秦置赵兴郡,领赵安等县。至夏胜光三年(430),赵兴郡领县当不变。

安定护军,治所不可考。夏凤翔五年(417),承后秦置安定护军。至夏胜光三年(430),安定护军辖区当不变。

6. 雍州

雍州,治长安(今陕西西安市未央区)。夏凤翔四年(416),以雍州治阴密,然此地旋入后秦②。昌武元年(418),置雍州,治长安,领京兆郡、扶风郡、咸阳郡、北地郡、抚夷护军、安夷护军、铜官护军、土门护军、三原护军、宜君护军。承光二年(426),雍州入北魏。胜光元年(428),雍州自北魏入夏。夏胜光三年

---

① 据后文所考"夏凉州"可知,夏以凉州镇安定。安定治临泾,凉州镇安定,当治临泾。
② 据《资治通鉴》晋安帝义熙十二年六月,赫连勃勃以赫连昌为雍州刺史镇阴密;随后,后秦姚绍来攻,"绍进击勃勃于马鞍阪,破之,追至朝那,不及而还"。据谭图,朝那在阴密西北。姚绍能远追勃勃至朝那,夏阴密当已不守。故夏所置雍州镇阴密,此地复入后秦。

(430),领郡、护军当不变。

京兆郡,治长安(今陕西西安市未央区)。后秦亡后,其京兆尹入东晋。夏昌武元年(418),承东晋置京兆郡,领长安、杜陵、霸城、蓝田、高陆、万年、新丰、阴槃、郑、渭南、山北十一县。承光二年(426),京兆郡入北魏。胜光元年(428),京兆郡自北魏入夏。胜光元年(429),省阴槃县。至夏胜光三年(430),京兆郡领长安、杜陵、霸城、蓝田、高陆、万年、新丰、郑、渭南、山北十县。

扶风郡,治池阳(今陕西泾阳县西北)。后秦亡后,扶风郡入东晋。夏昌武元年(418),承东晋置扶风郡,领池阳、郿、雍、汧、陈仓、美阳、好畤、宛川八县。承光二年(426),扶风郡入北魏。胜光元年(428),扶风郡自北魏入夏。至夏胜光三年(430),扶风郡领县当不变。

咸阳郡,或治渭城(今陕西咸阳市渭城区)。后秦亡后,咸阳郡入东晋。夏昌武元年(418),承东晋置咸阳郡,领渭城、泾阳等县。承光二年(426),咸阳郡入北魏。胜光元年(428),咸阳郡自北魏入夏。至夏胜光三年(430),咸阳郡领县当不变。

北地郡,治泥阳(今陕西铜川市耀州区南)。后秦亡后,北地郡入东晋。夏昌武元年(418),承东晋置北地郡,领泥阳、富平、灵武三县。承光二年(426),北地郡入北魏。胜光元年(428),北地郡自北魏入夏。至夏胜光三年(430),北地郡领县当不变。

抚夷护军,治所不可考。后秦亡后,抚夷护军入东晋。夏昌武元年(418),承东晋置抚夷护军。承光二年(426),抚夷护军入北魏。胜光元年(428),抚夷护军自北魏入夏。至夏胜光三年(430),抚夷护军辖区当不变。

安夷护军,治所不可考。后秦亡后,安夷护军入东晋。夏昌武元年(418),承东晋置安夷护军。承光二年(426),安夷护军入北魏。胜光元年(428),安夷护军自北魏入夏。至夏胜光三年(430),安夷护军辖区当不变。

铜官护军,治铜官(今陕西铜川市耀州区)。后秦亡后,铜官护军入东晋。夏昌武元年(418),承东晋置铜官护军。承光二年(426),铜官护军入北魏。胜光元年(428),铜官护军自北魏入夏。至夏胜光三年(430),铜官护军辖区当不变。

土门护军,治土门(今陕西富平县东北)。后秦亡后,土门护军入东晋。夏昌武元年(418),承东晋置土门护军。承光二年(426),土门护军入北魏。胜光元年(428),土门护军自北魏入夏。至夏胜光三年(430),土门护军辖区当不变。

三原护军,治三原(今陕西淳化县东北)。后秦亡后,三原护军入东晋。夏昌武元年(418),承东晋置三原护军。承光二年(426),三原护军入北魏。胜光元年(428),三原护军自北魏入夏。至夏胜光三年(430),三原护军辖区当不变。

宜君护军,治宜君(今陕西铜川市耀州区西南)。后秦亡后,宜君护军入东晋。夏昌武元年(418),承东晋置宜君护军。承光二年(426),宜君护军入北魏。胜光元年(428),宜君护军自北魏入夏。至夏胜光三年(430),宜君护军辖区当不变。

7. 豫州

豫州,治李闰(今陕西蒲城县东)①。夏昌武元年(418),置豫州,领冯翊郡和冯翊护军。承光二年(426),豫州入北魏。胜光元年(428),豫州自北魏入夏。至夏胜光三年(430),豫州领郡、护军当不变。

冯翊郡,治临晋(今陕西大荔县东)。后秦亡后,冯翊郡入东晋。夏昌武元年(418),承东晋置冯翊郡,领临晋、下邽、重泉、频阳、粟邑、郃阳、夏阳七县。承光二年(426),冯翊郡入北魏。胜光元年(428),冯翊郡自北魏入夏。至夏胜光三年(430),冯翊郡领县当不变。

冯翊护军,治所不可考。后秦亡后,冯翊护军入东晋。夏昌武元年(418),承东晋置冯翊护军。承光二年(426),冯翊护军入北魏。胜光元年(428),冯翊护军自北魏入夏。至夏胜光三年(430),冯翊护军辖区当不变。

8. 北秦州

北秦州,治武功(今陕西武功县西)。夏昌武元年(418),置北秦州,领始平郡。承光二年(426),北秦州入北魏。胜光元年(428),北秦州自北魏入夏。至夏胜光三年(430),北秦州领郡不变。

始平郡,治槐里(今陕西兴平市东南)。后秦亡后,始平郡入东晋。夏昌武元年(418),承东晋置始平郡,领槐里、始平、武功、鄠、盩厔五县。承光二年(426),始平郡入北魏。胜光元年(428),始平郡自北魏入夏。至夏胜光三年(430),始平郡领县当不变。

9. 并州

并州,治蒲坂(今山西永济市蒲州镇蒲州故城)。夏真兴元年(419),置并州,领河东郡、河北郡。至夏承光二年(426),并州领郡当不变。

河东郡,治安邑(今山西夏县西北)。后秦亡后,河东郡入东晋。夏真兴元年(419),承东晋置河东郡,领安邑、闻喜、猗氏、解、蒲坂五县。至夏承光二年(426),河东郡领县当不变。

---

① 据前考"后秦李闰镇"可知,后秦当置有李闰镇。李闰镇入东晋后或罢,自东晋入夏,当亦无李闰镇。

河北郡,治河北(今山西芮城县北)。后秦亡后,河北郡入东晋。夏真兴元年(419),承东晋置河北郡,领河北、大阳、垣三县。至夏承光二年(426),河北郡领县当不变。

10. 荆州

荆州,治陕(今河南三门峡市崔底乡三里桥村西北)。夏真兴元年(419),置荆州,领弘农郡、华山郡。至夏承光二年(426),荆州领郡当不变。

弘农郡,治弘农(今河南灵宝市北)。后秦亡后,弘农郡入东晋。夏真兴元年(419),承东晋置弘农郡,领弘农、陕、宜阳、黾池、卢氏、朱阳六县。至夏承光二年(426),弘农郡领县当不变。

华山郡,治湖(今河南灵宝市西北)。后秦亡后,华山郡入东晋。夏真兴元年(419),承东晋置华山郡,领湖县、华阴等县。至夏承光二年(426),华山郡领县当不变。

11. 秦州

秦州,治上邽(今甘肃天水市秦州区)。夏真兴二年(420),置秦州,领天水郡、略阳郡。至夏胜光四年(431),秦州领郡当不变。

天水郡,治上邽(今甘肃天水市秦州区)。夏真兴二年(420),承西秦置天水郡,领上邽、冀、新阳、成纪四县。至夏胜光四年(431),天水郡领县当不变。

略阳郡,治临渭(今甘肃天水市麦积区东)。夏真兴二年(420),承西秦置略阳郡,领临渭、略阳、清水、陇城四县。至夏胜光四年(431),略阳郡领县当不变。

附 河州

河州,治所不可考。夏承光二年(426),置河州,领南安、陇西、金城、苑川、广宁五郡①。夏胜光三年(430),南安郡、广宁郡入西秦。至夏胜光四年(431),南安郡、广宁郡自西秦来属,河州领南安、陇西、苑川、金城、广宁五郡。

南安郡,治豲道(今甘肃陇西县东南渭水东岸)。夏承光二年(426),承西秦置南安郡,领豲道县、中陶县。夏胜光三年(430),南安郡入西秦。夏胜光四年(431),南安郡自西秦入夏,领县当不变。

陇西郡,治襄武(今甘肃陇西县东南渭水西岸)。夏承光二年(426),承西秦置陇西郡,领襄武县、首阳县。至夏胜光四年(431),陇西郡领县当不变。

苑川郡,治苑川(今甘肃榆中县宛川河流域)。夏承光二年(426),承西秦

---

① 夏得西秦秦州之地,原西秦秦州还领有东金城、秦兴、兴国、武威四侨郡,夏得此四侨郡后,或罢。

置苑川郡,领县不可考。至夏胜光四年(431),苑川郡辖区当不变。

金城郡,治金城(今甘肃兰州市西固区)。夏承光二年(426),承西秦置金城郡,领金城县、榆中县。至夏胜光四年(431),金城郡领县当不变。

广宁郡,治彰(今甘肃漳县西)。夏承光二年(426),承西秦置广宁郡,领彰县、新兴县。夏胜光三年(430),广宁郡入西秦。夏胜光四年(431),广宁郡自西秦入夏,领县当不变。

(二)政区考证

1. 司隶部、州

1.1 夏司隶部

《赫连勃勃载记》载,夏建国,勃勃以"弟阿利罗引为征南将军、司隶校尉"。可见夏有司隶部。

1.2 夏幽州

《晋志上》载,"(夏)置幽州牧于大城"。《赫连勃勃载记》载,"勃勃又攻(姚)兴将金洛生于黄石固,弥姐豪地于我罗城,皆拔之,徙七千余家于大城,以其丞相右地代领幽州牧以镇之"。《资治通鉴》晋安帝义熙五年(409)九月所载与《载记》同。可见夏龙昇三年(409)置幽州,治大城。

1.3 夏朔州

《晋志上》载,夏"平刘义真于长安"后,"以朔州牧镇三城"。可见夏有朔州,治三城。

1.4 夏秦州

《晋志》载,夏"平刘义真于长安"后,以"秦州刺史镇杏城"。据《太平御览》卷127《偏霸部十一》引崔鸿《十六国春秋·夏录》,魏攻赫连昌于安定,"城溃,昌奔秦州"。《魏书》卷4《世祖纪上》亦载此事,称"昌将麾下数百骑西南走,奔上邽"。可见后秦占据上邽后,改秦州治此。

1.5 夏凉州

《晋志上》载,夏"平刘义真于长安"后,以"梁州牧镇安定"。此"梁州"当为"凉州"之误①。夏国置州,大体按旧"九州"方位而设,如幽州在北而镇大城,荆州在南而镇陕。安定在西北,当属"凉州"所镇。又据《田䎗墓志》,田䎗曾任夏凉州刺史②,亦证夏所置有凉州。

---

① 胡玉春认为,"梁州牧镇安定"之"梁州",当为"凉州"之误(见《赫连夏地方州、镇(城)考》,《内蒙古社会科学(汉文版)》2013年第3期)。
② 罗新、叶炜:《新出魏晋南北朝墓志疏证》,中华书局,2005年,第33页。

1.6　夏雍州

《晋志上》载,夏"平刘义真于长安"后,以"雍州刺史镇阴密"。据《赫连勃勃载记》,"(赫连勃勃)进攻阴密,又杀(姚)兴将姚良子及将士万余人。以其子昌为使持节、前将军、雍州刺史,镇阴密"。据《资治通鉴》,晋安帝义熙十二年(416)六月,赫连勃勃以赫连昌为雍州刺史,镇阴密。故夏以雍州镇阴密,并非在"平刘义真于长安"后,而在夏凤翔四年(416)。《赫连勃勃载记》又载,夏得长安后,"乃于长安置南台,以(赫连)璝领大将军、雍州牧、录南台尚书事";《资治通鉴》晋恭帝元熙元年(419)二月所载与《载记》同。可见夏"平刘义真于长安"后,以雍州牧治长安。

1.7　夏豫州

《晋志上》载,夏"平刘义真于长安"后,以"豫州牧镇李闰"。据中华书局点校本《晋书》此处"校勘记"可知,《姚苌载记》和《魏书·安定王燮传》所载,皆作"李润"。而《姚泓载记》作"李闰",《魏书》亦有作"李闰"者。《资治通鉴》"李闰"、"李润"兼用,而以"李闰"为多。暂从《晋志》,以夏豫州牧镇李闰。

1.8　夏北秦州

《晋志上》载,夏"平刘义真于长安"后,以"北秦州刺史镇武功"。可见夏有北秦州,治武功。

1.9　夏并州

《晋志上》载,夏"平刘义真于长安"后,以"并州刺史镇蒲坂"。据《赫连勃勃载记》,"(勃勃)以侯提为并州刺史,镇蒲坂"。可见夏有并州,治蒲坂。

1.10　夏荆州

《齐故直阁将军员外散骑侍郎镇东将军金紫光禄大夫□阳太守广州大中正皇甫公墓志铭》载,"君讳琳,字洛起,安定朝那人也","□祖预,赫连时荆州刺史、大将军、大司马"[①]。可见夏有荆州。《晋志上》载,夏"平刘义真于长安"后,以"荆州刺史镇陕"。可见夏有荆州,治陕。

附　夏河州

《魏故使持节平西将军秦洛二州刺史王使君郭夫人墓志铭》:"君讳悦,字文欢,略阳陇城人也……祖赫连时散骑常侍、金部尚书、使持节、平西将军、河州刺史。"[②]可见夏有河州。

---

① 赵超:《汉魏南北朝墓志汇编》,第404页。
② 同上书,第310页。

2. 郡、护军

2.1 夏北地尹

《田㫚墓志》载,"唯大夏二年庚申正/月丙戌朔廿八日癸丑/故建威将军散骑侍郎/凉州都督护光烈将军/北地尹将作大匠凉州/刺史武威田㫚之铭"①。可见夏有北地尹。夏都统万城,北地尹或治统万。

2.2 夏安定郡

《赫连勃勃载记》载,"(赫连勃勃)进据安定,姚泓岭北镇戍郡县悉降"。可见夏得安定郡。《魏书》卷4《世祖纪上》载,北魏伐夏,"诏安西将军古弼等击安定,攻平凉。(赫连)定闻之,弃鄜城,入于安定,自率步骑三万从鹑觚原将救平凉"。可见夏有安定郡。

2.3 夏平凉郡

据上考"夏安定郡"引《魏书》可知,夏有平凉郡。《太平寰宇记》卷151《陇右道二》:"潘原县,汉阴槃县地,《地理志》云属安定郡。后汉末移县,属京兆郡。郭缘生《述征记》云:'阴槃县旧属安定郡,遇乱徙于新丰。'《帝王纪》云:'赫连定于胜光二年又自京兆移此,属平凉郡也。'"可见夏有平凉郡,领有阴槃县。

2.4 夏京兆郡

据上考"夏平凉郡"引《太平寰宇记》可知,夏有京兆郡。

2.5 夏咸阳郡(?)

《赫连勃勃载记》载,夏攻东晋关中,"勃勃进据咸阳"。可见夏得咸阳郡。

2.6 夏弘农郡

《资治通鉴》载,宋文帝元嘉三年(426)十一月,北魏伐夏,"夏弘农太守曹达闻周几将至,不战而走"。可见夏有弘农郡。

附 夏吐京护军

《魏书》卷3《太宗纪》载,神瑞元年(414)二月,"西河胡曹成、吐京民刘初原攻杀屈子所置吐京护军及其守三百余人"。《资治通鉴》载,晋安帝义熙十年(414)二月,"魏并州刺史娄伏连袭杀夏所置吐京护军及其守兵"。可见夏曾置吐京护军,寻为北魏攻破。

3. 县

3.1 夏阴密县

据前考"夏雍州"可知,夏曾以雍州治阴密。可见夏有阴密县。

3.2 夏贰县

《资治通鉴》载,宋文帝元嘉四年(427)六月,"(娥)清、(丘)堆攻夏贰城,拔

---

① 罗新、叶炜:《新出魏晋南北朝墓志疏证》,第33页。

3.3 夏阴槃县

据前考"夏平凉郡"引《太平寰宇记》可知,夏有阴槃县,初属京兆郡,夏胜光二年(429)自京兆郡移属平凉郡。

3.4 夏长安县

据前考"夏雍州"可知,夏以雍州治长安。可见夏有长安县。

3.5 夏雍县

《资治通鉴》载,宋文帝元嘉四年(427)六月,"(赫连)定闻统万已破,遂奔上邽;斤追至雍,不及而还"。可见夏有雍县。

3.6 夏临晋县

《魏书》卷4《世祖纪上》载,"(赫连)定长安、临晋、武功守将皆奔走,关中平"。可见夏有临晋县。

3.7 夏武功县

据前考"夏北秦州"可知,夏以北秦州治武功。可见夏有武功县。

3.8 夏蒲坂县

据前考"夏并州"可知,夏以并州治蒲坂。可见夏有蒲坂县。

3.9 夏陕县

据前考"夏荆州"可知,夏以荆州治陕。可见夏有陕县。

3.10 夏上邽县

据前考"夏秦州"可知,夏以秦州治上邽。可见夏有上邽县。

附 仇 池

略阳氐人杨氏,自汉以来,世为陇右豪族。晋惠帝时,关陇遭齐万年之乱,氐人杨茂搜以仇池险绝,保据其地。常璩《华阳国志》卷2《汉中志》载,晋怀帝永嘉初,杨茂搜保据武都郡,"贡献长安",晋室授以官职。此时,杨茂搜遂据武都,然尚为西晋统辖。《宋书》卷98《氐胡传》载,晋愍帝建兴五年(317),杨茂搜卒,杨难敌袭位,与杨坚头分部曲,难敌屯下辩,坚头屯河池。西晋亡后,司马保据有秦州。当时,杨氏得武都郡地,称臣于保。《华阳国志》卷2《汉中志》载,司马保为刘曜所破后,杨氏与保故将陈安结盟,二者如一国。

晋元帝太兴三年(320),前赵刘曜攻仇池,杨难敌和杨坚头奔于成汉晋寿①。

---

① 见常璩《华阳国志》卷9《李特雄寿势志》。《宋书》卷98《氐胡传》载杨氏奔晋寿在太兴四年(421);《晋书》卷121《李雄载记》载,杨氏在陈安被平定前为刘曜所破,奔葭萌(即晋寿)。此采《华阳国志》所载时间。

《华阳国志》卷2《汉中志》载,刘曜兵退,杨氏还仇池,既而击走成汉阴平太守罗演。李雄遣将攻仇池,大败,杨氏遂得阴平郡。晋明帝太宁元年(323),刘曜平陈安,杨难敌大惧,奔汉中,曜以田崧为益州刺史镇仇池①。据《资治通鉴》晋明帝太宁三年(325)三月,"杨难敌袭仇池,克之,执田崧",复取武都、阴平二郡。《晋书》卷8《穆帝纪》载,永和五年(349),后赵大乱,仇池杨初乘机袭赵西城,破之。晋简文帝咸安元年(371),仇池为苻坚将攻克,遂为前秦所并②。

淝水之战后不久,苻坚兵败身死,杨定奔陇右。《宋书》卷98《氐胡传》载,杨定"徙治历城,城在西县界","割天水之西县、武都之上禄为仇池郡"。因此,杨定再建仇池国,遂有仇池、武都、阴平三郡。太元十四年(389),杨定取有天水、略阳二郡③,自称陇西王。据《宋书》卷98《氐胡传》,太元十九年(394),杨定为西秦乞伏乾归所杀,杨盛仍守仇池不失,然天水郡、略阳郡为西秦占据④。《氐胡传》又载,杨盛时,"分诸四山氐、羌为二十部护军,各为镇戍,不置郡县"。据《资治通鉴》,晋安帝义熙元年(405),谯纵于成都称王后,蜀大乱,"汉中空虚,氐王杨盛遣其兄子平南将军抚据之";既而汉中又为后秦所得;义熙三年(407),"氐王杨盛以平北将军苻宣为梁州督护,将兵入汉中,秦梁州别驾吕莹等起兵应之",杨氏复得汉中郡地。杨盛以苻宣行梁州刺史,称臣于东晋。义熙九年(413),东晋平定巴蜀谯纵,加强了对益、梁二州的控制,遂以索邈为梁州刺史镇汉中,苻宣还仇池。

杨盛卒,其子杨玄嗣位。《宋书》卷65《吉翰传》载,宋文帝元嘉三年(426),"仇池氐杨兴平遣使归顺,并儿弟为质,翰遣始平太守庞咨据武兴。仇池大帅杨玄遣弟难当率众拒咨,又遣将强鹿皮向白水。咨击破,难当等并退走"。刘宋兵进武兴,当是助杨兴平守有此地。由下文元嘉十九年(442)刘宋伐仇池而攻武兴推测,武兴当仍为杨氏之地。据《资治通鉴》宋文帝元嘉四年(427)九月,西秦以出连辅政镇赤水,"氐主杨玄遣将军苻白作围秦梁州刺史出连辅政于赤水;城中粮尽,民执辅政以降。辅政至骆谷,逃还",此年仇池得赤水。

杨玄卒,其子杨保宗即位,后杨难当废保宗自立。《魏书》卷4《世祖纪上》载,太延二年(宋元嘉八年,431)五月,夏赫连定为北魏所逼,自上邽西走,"赫连定之西也,杨难当窃据上邽"。《宋书》卷98《氐胡传》载,元嘉九年(432),"难

---

① 见《资治通鉴》晋明帝太宁元年八月。《刘曜载记》亦载刘曜平陈安后,杨难敌奔于汉中。
② 参见前考前秦"疆域变迁"的相关内容。
③ 参见前考前秦"疆域变迁"的相关内容。
④ 参见前考西秦"疆域变迁"的相关内容。

当拜保宗为镇南将军,镇宕昌,以次子顺为镇东将军、秦州刺史,守上邽"。仇池取上邽后,遂得天水、略阳二郡。《氐胡传》又载,元嘉十年(433),杨难当举兵袭梁州,"破白马,获晋昌太守张范,(梁州刺史甄)法护遣参军鲁安期、沈法慧等拒之,并各奔退。难当又遣建忠将军赵进攻葭萌,获晋寿太守范延朗。其年十一月,法护委镇奔洋川,难当遂有汉中之地。以氐苻粟持为梁州刺史,又以其凶悍,杀之,以司马赵温代为梁州";次年,宋收复梁州汉中失地。宋梁州刺史败走后,仇池得汉中郡、晋寿郡、晋昌郡,次年复归于宋。据《资治通鉴》宋文帝元嘉十三年(436)九月,北魏遣将取上邽,"杨难当惧,请奉诏,摄上邽守兵还仇池",仇池失天水、略阳二郡;随后,"(杨)难当以其子顺为雍州刺史,镇下辨";又"以其子虎为益州刺史,守阴平"①。据《宋书》卷98《氐胡传》,元嘉十八年(441),杨难当倾国南侵,以图据有蜀地,攻拔葭萌,获宋晋寿太守,得晋寿郡;元嘉十九年(442),刘宋大举反攻,杨难当奔走北魏。仇池为刘宋所平后,宋人立杨保炽守仇池。元嘉二十年(443),北魏攻取仇池,仇池国亡②。

据上文所述,杨氏自晋惠帝时据有仇池,至宋文帝元嘉二十年(443)为北魏所灭。东晋建武元年(317),据有武都郡。太兴三年(320),得阴平郡。太宁元年(323),杨氏失武都郡、阴平郡,太宁三年(325)复得之。永和五年(349),得西城。咸安元年(371),仇池降前秦。太元十年(385),仇池复国,统有仇池、武都、阴平三郡。太元十四年(389),得天水郡、略阳郡,太元十九年(394)失之。其后,仇池分四山氐、羌为二十部护军。义熙三年(407),得汉中郡,义熙九年(413)失之。刘宋元嘉四年(427),得赤水。元嘉八年(431),复得天水郡、略阳郡,以秦州领之,元嘉十三年(436)失之。元嘉十年(433)得汉中、晋寿、晋昌三郡,以梁州领其地,次年失之。元嘉十三年(436),仇池以雍州镇下辨,以益州镇阴平。元嘉十八年(441)得晋寿郡,次年失之。元嘉二十年(443),北魏灭仇池。下文将仇池可考的州、郡、护军、县考述于下。

1. 州

1.1 仇池秦州

据《资治通鉴》晋孝武帝太元十四年(389)九月,杨定攻克陇城、冀城,自称

---

① 据《资治通鉴》宋文帝元嘉十九年五月,刘宋遣裴方明伐仇池,"难当奔上邽;获难当兄子建节将军保炽。难当以其子虎为益州刺史,守阴平,闻难当走,引兵还,至下辨;方明使其子肃之邀击之,擒虎,送建康,斩之;仇池平"。杨难当以杨虎为益州刺史,当与杨顺为雍州刺史同年,同在自上邽入北魏后。

② 仇池国亡后,氐人杨氏相继建立了武都国、武兴国和阴平国。北周静帝大象二年(580),杨坚派兵灭阴平国,杨氏政权遂亡。

秦州牧、陇西王。可见杨定时，以秦州领其地。《宋书》卷98《氐胡传》载，太元十九年(394)，杨定被杀，杨盛袭位，自称秦州刺史；元嘉九年(432)，"(杨难当)以次子顺为镇东将军、秦州刺史，守上邽"。可见，仇池曾以秦州领其地；仇池得上邽后，亦以秦州领此地。

1.2　仇池梁州

《魏书》卷101《氐传》载，"(杨)盛以兄子抚为平南将军、梁州刺史，守汉中"。《宋书》卷98《氐胡传》载，义熙元年(405)，"汉中空虚，(杨)盛遣兄子平南将军抚守汉中"；义熙三年(407)，"盛又遣将苻宣行梁州刺史代抚"；义熙九年(413)，"(东晋)梁州刺史索邈镇南城，宣乃还"；元嘉十年(433)，杨难当得汉中之地后，"以氐苻粟持为梁州刺史，又以其凶悍杀之，以司马赵温代为梁州"。可见，仇池得汉中之地时，以梁州领此地。

1.3　仇池雍州

据《宋书》卷98《氐胡传》，北魏袭上邽，"(杨)难当子顺失守退，以为雍州刺史，守下辨"。据《资治通鉴》宋文帝元嘉十三年(436)九月，"(杨)难当以其子顺为雍州刺史，镇下辨"。可见仇池末年以雍州镇下辨。

1.4　仇池益州

《宋书》卷98《氐胡传》载，"(杨)难当遣第二子虎为镇南将军、益州刺史，守阴平"。据《资治通鉴》宋文帝元嘉十九年(442)五月，刘宋遣裴方明伐仇池，"难当奔上邽；获难当兄子建节将军保炽。难当以其子虎为益州刺史，守阴平，闻难当走，引兵还，至下辨"。可见仇池末年以益州镇阴平。

2. 郡、护军

2.1　仇池武都郡

《华阳国志》卷2《汉中志》载，武都郡，"永嘉初，天水氐傁杨茂搜率种人为寇，保据其郡，贡献长安"。据《资治通鉴》晋成帝咸和六年(331)七月，"成大将军(李)寿攻阴平、武都，杨难敌降之"。据《宋书》卷98《氐胡传》，永和三年(347)，东晋以杨国为武都太守；永和十一年(355)，桓温表杨安为武都太守；升平四年(360)，东晋以杨世为武都太守；太和三年(368)，以杨统为武都太守。可见仇池有武都郡。《晋志上》载，武都郡领下辨、河池、沮、武都、故道五县。《华阳国志》卷2《汉中志》载，武都郡治下辨，领下辨、武都、上禄、沮、平乐、修城、嘉陵七县。又据下考"仇池仇池郡"可知，上禄县在杨定时别属仇池郡。

2.2　仇池阴平郡

《华阳国志》卷2《汉中志》载，仇池"攻走(李)雄阴平太守罗演"。可见仇池得阴平郡。据前考"仇池益州"、"仇池武都郡"引《资治通鉴》可知，仇池有阴平郡。《晋志上》载,阴平郡领阴平县、平武县[1]。《华阳国志》卷2《汉中志》载,阴平郡治阴平,领阴平、甸氐、平武、刚氐四县。

2.3 仇池仇池郡

《宋书》卷98《氐胡传》载,"(杨定)割天水之西县、武都之上禄为仇池郡"。可见仇池有仇池郡,领有西县、上禄县。

2.4 仇池天水郡(?)

《宋书》卷98《氐胡传》载,"(杨定)进平天水、略阳郡,遂有秦州之地"。可见仇池曾得天水郡。《晋志上》载,天水郡领上邽、冀、始昌、新阳、显新、成纪六县。《魏志下》载,天水郡领上封(即上邽,犯太祖讳改)、显亲(真君八年并安夷)、平泉、当亭(真君八年置)四县。

2.5 仇池略阳郡(?)

据上考"仇池天水郡"引《宋书》可知,仇池曾得略阳郡。《晋志上》载,略阳郡领临渭、平襄、略阳、清水四县。《魏志下》载,略阳郡领安戎、绵诸、清水、阿阳(前汉属天水,后属汉阳,晋罢,太和十一年复属)四县。

2.6 仇池汉中郡(?)

《魏书》卷101《氐传》载,"(杨)盛以兄子抚为平南将军、梁州刺史,守汉中"。《宋书》卷98《氐胡传》载,义熙元年(405),"汉中空虚,(杨)盛遣兄子平南将军抚守汉中";元嘉十年(433),杨难当举兵袭梁州,"(宋梁州刺史甄)法护委镇奔洋川,难当遂有汉中之地"。可见仇池曾得汉中郡。《晋志上》载,汉中郡领南郑、蒲池、褒中、沔阳、成固、西乡、黄金、兴道八县。《华阳国志》卷2《汉中志》载,汉中郡治南郑,领南郑、沔阳、褒中、成固、蒲池、西乡六县。《宋志三》载,汉中太守领南郑、城固、沔阳、西乡四县,《永初郡国》又有苞中、怀安二县。

2.7 仇池晋昌郡(?)

《宋书》卷98《氐胡传》载,元嘉十年(433),杨难当举兵袭梁州,"破白马,获晋昌太守张范"。可见仇池曾得晋昌郡。

2.8 仇池晋寿郡(?)

《宋书》卷98《氐胡传》载,元嘉十年(433),杨难当举兵袭梁州,"遣建忠将军赵进攻葭萌,获晋寿太守范延朗";元嘉十八年(441),仇池南侵,"难当克葭萌,获晋寿太守申坦"。可见仇池曾得晋寿郡。《晋志上》载,"后孝武分梓潼北界立晋寿郡,统晋寿、白水、邵欢、兴安四县"。《宋志三》载,晋寿太守领晋寿、白水、邵欢、兴安四县。

---

[1] "平武",《晋志》原作"平广",此据《晋书》本卷"校勘记"改。

2.9　仇池二十部护军

《宋书》卷98《氐胡传》载,杨盛"分诸四山氐、羌为二十部护军,各为镇戍,不置郡县";亦见于《资治通鉴》晋孝武帝太元十九年(394)十月。郑炳林所考仇池二十部护军为:骆谷(即仇池,又称百顷)、历城、下辩、河池、武都、修城、兰皋、阴平、宕昌、固道、葭芦、武兴、白水、浊水、董亭、上邽、略阳、西阳堡、皮氏堡、平武①。然《乞伏乾归载记》载,"杨定之死也,天水姜乳袭据上邽";《资治通鉴》载,晋孝武帝太元十九年(394),杨定为西秦所杀后,"(乞伏)乾归于是尽有陇西之地"。杨定战亡后,其所控陇西之天水郡、略阳郡为西秦占据。又白水为梓潼郡属县。故当上邽、略阳、白水不应在仇池二十部护军之列。原武都郡所领沮县和仇池郡所领上禄县当是二十部护军之一。据《宋书》卷98《氐胡传》,元嘉二十年(395)"三月,前镇东司马苻达、征西从事中郎任胐等举义,立保宗弟文德为主。拓跋齐闻兵起遁走,达追击斩齐,因据白崖,分平诸戍"。据此白崖此前当为仇池二十部护军之一。

3.　县

3.1　仇池下辩县

据前考"仇池雍州"和下考"仇池河池县"引《宋书》可知,前秦有下辩县。

3.2　仇池河池县

据《宋书》卷98《氐胡传》,杨难敌袭位,与杨坚头分部曲。难敌屯下辩,坚头屯河池。可见仇池有河池县。

3.3　仇池修城县

据《宋书》卷98《氐胡传》,"(杨)难当世子抚军大将军和据修城"。可见仇池有修城县。

3.4　仇池西县

据前考"仇池仇池郡"可知,仇池有西县,先属天水郡,后属仇池郡。

3.5　仇池上禄县

据前考"仇池仇池郡"可知,仇池有上禄县,先属武都郡,后属仇池郡。

3.6　仇池上邽县

据前考"仇池秦州"引《宋书》可知,前秦一度有上邽县。

3.7　仇池冀县(?)

据《资治通鉴》晋孝武帝太元十四年(389)九月,"后秦主苌使姚硕德置秦州守宰,以从弟常戍陇城,邢奴戍冀城,姚详戍略阳。杨定攻陇、冀,克之"。可

---

① 郑炳林:《仇池国二十部护军镇考》,《西北民族研究》1991年第2期。

见仇池一度得冀县。

3.8　仇池陇城县(?)

据上考"仇池冀县"引《资治通鉴》可知,仇池一度得陇城县。

3.9　仇池白马县(?)

据前考"仇池晋昌郡"引《宋书》可知,前秦一度得白马县。

3.10　仇池葭萌县(?)

据前考"仇池晋寿郡"引《宋书》可知,前秦一度得葭萌县。

3.11　仇池白水县

据《宋书》卷98《氐胡传》,刘宋遣刘道真伐仇池,"道真又遣司马夏侯穆季西取白水"。可见仇池一度有白水县。

第五章 淝水之战后(383—439)十六国诸政权的疆域与政区演变(下)

第一节 后 凉

前秦建元十九年(383),吕光率军讨伐西域;次年攻克龟兹,降服西域诸国。前秦大安元年(385),吕光自西域还,夺取凉州,自领凉州刺史。后凉大安元年(386),吕光自称凉州牧。麟嘉元年(389),吕光自称三河王。龙飞元年(396),吕光称凉王。咸宁元年(399),吕光卒,吕纂篡位称凉王。神鼎元年(401),吕隆杀吕纂称凉王。后凉神鼎三年(403),后秦来伐,吕隆出降,后凉亡。

一、疆域变迁

吕光为略阳氐人,苻坚时为骁骑将军。淝水之战前,苻坚遣吕光讨伐西域。前秦建元十九年(383),吕光率军入西域,焉耆等国降。建元二十年(384),吕光攻克龟兹,西域诸国皆服。前秦大安元年(385),吕光自西域还,时苻秦已乱,遂有据凉州之志。吕光至高昌,太守迎降;至凉州,武威太守等杀凉州刺史以降,吕光入姑臧,自领凉州刺史,遂据有前秦凉州之地。

吕光初得凉州,正值北方大乱之际,时人多谋图自立,凉州政局也不稳定。据《吕光载记》,时前凉张天锡世子张大豫亦图据凉州,攻陷昌松郡,建康太守及祁连都尉皆应之,不久为吕光击破,张大豫被杀。当时,还有尉佑、王穆、彭晃等叛吕光,亦不久被击破。吕光夺取凉州之初,金城郡河南地已为西秦乞伏国仁所据[1],此地不为后凉之有。据《资治通鉴》,晋孝武帝太元十七年(后凉麟嘉四年,392)八月,吕光击南羌彭奚念于枹罕,克之,奚念奔甘松;晋安帝隆

---

[1] 参见前考西秦"疆域变迁"的相关内容。

安元年(后凉龙飞二年,397)正月,吕光伐西秦,其将吕纂攻拔金城,吕延以枹罕之众攻取临洮、武始、河关,寻而乞伏乾归击杀吕延;同年,乞伏乾归以兴晋太守镇枹罕。可见,后凉麟嘉四年(392)得枹罕,龙飞二年(397)又失。

吕光为西秦所败后,河西鲜卑秃发氏和卢水胡沮渠氏遂谋图建国。后凉龙飞二年(397),南凉秃发乌孤廉川堡自称西平王,北凉段业据建康郡、酒泉郡自立;龙飞三年(398),洪池岭以南之地为南凉占据,西郡及其以西之地为北凉占据;支阳、鹯武、允吾三县又为西秦攻占①。后凉咸宁元年(399),吕光卒,子吕绍立,寻为吕纂所纂。《吕纂载记》载,吕纂篡位之际,吕弘起兵抗之,兵败,出奔广武,表明广武郡时为后凉占有。据《资治通鉴》,晋安帝隆安四年(后凉咸宁二年,400)九月,"凉吕方降于秦,广武民三千余户奔武威王利鹿孤";晋安帝隆安五年(后凉神鼎元年,401),焦朗据魏安,姜纪据晏然,皆降于后秦,南凉秃发傉檀攻后凉昌松太守于显美;晋安帝元兴元年(402)正月,傉檀克显美,执昌松太守;晋安帝元兴二年(后凉神鼎三年,403)八月,后秦遣将齐难迎吕隆入长安,以王尚行凉州刺史镇姑臧,后凉亡。

据上文考述,后凉大安元年(385),吕光据有凉州。麟嘉四年(392),得枹罕。龙飞二年(397),失枹罕和建康郡、酒泉郡。龙飞三年(398),失洪池岭以南地区和西郡及其以西地区,且失支阳、鹯武、允吾等三县。咸宁二年(400),失广武郡。神鼎元年(401),失魏安县、晏然县。神鼎二年(402),失昌松郡。神鼎三年(403),国亡。

二、政区沿革

据上考后凉疆域可知,后凉麟嘉四年(392)至龙飞元年(396)疆域最盛(见图14)。下文以后凉龙飞元年(396)为基准年,先概述后凉政区沿革,再考证后凉可考的政区。

(一) 政区概述

1. 凉州(暨司隶部)

凉州,治姑臧(今甘肃武威市凉州区)。后凉大安元年(386),承前秦置凉州,领武威、武兴、番禾、金城、西平、晋兴、广武、湟河、西郡、张掖、西海、临松、祁连、敦煌、酒泉、晋昌、建康、高昌十八郡和西域都护、中田护军。其后,置昌松、乐都、浇河、三河、西安五郡,属凉州。后凉麟嘉四年(392),改昌松郡为东张掖郡。后凉龙飞二年(397),建康郡、酒泉郡入北凉。后凉龙飞三年(398),

---

① 参见南凉"疆域变迁"、北凉"疆域变迁"、西秦"疆域变迁"的相关内容。

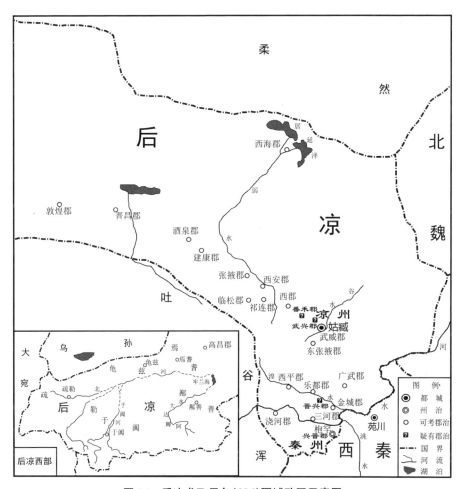

图 14 后凉龙飞元年(396)疆域政区示意图

西平、乐都、晋兴、湟河、浇河、三河六郡入南凉,张掖、西郡、西海、临松、祁连、西安、敦煌、晋昌、高昌九郡和西域都护、中田护军入北凉,金城郡入西秦。后凉咸宁元年(399),改武威郡为凉都尹,改东张掖郡为昌松郡;改凉州为司隶部,领凉都尹、武兴郡、番禾郡、昌松郡、广武郡。后凉咸宁二年(400),广武郡入南凉。后凉神鼎二年(402),昌松郡入南凉。至后凉神鼎三年(403),司隶部领凉都尹、武兴郡、番禾郡。

武威郡(暨凉都尹),治姑臧(今甘肃武威市凉州区)。后凉大安元年(386),承前秦置武威郡,领姑臧、宣威、揟次、显美、骊靬、仓松、祖厉七县。其后,显美、骊靬、仓松三县别属昌松郡。后凉咸宁元年(399),改武威郡为凉都尹。至后凉神鼎三年(403),凉都尹领姑臧、宣威、揖次、祖厉四县。

武兴郡,治武兴(今地不可考)。后凉大安元年(386),承前秦置武兴郡,领武兴、大城、乌支、襄武、晏然、新鄣、平狄、司监八县。其后,置嘉麟县,属武兴郡。后凉神鼎元年(401),晏然县入后秦。至后凉神鼎三年(403),武兴郡领武兴、大城、乌支、襄武、新鄣、平狄、司监、嘉麟八县。

番禾郡,治番禾(今甘肃永昌县)。后凉大安元年(386),承前秦置番禾郡,领番禾县。其后,置苕藿县,属番禾郡①。至后凉神鼎三年(403),番禾郡领番禾县、苕藿县。

金城郡,治允吾(今青海民和回族土族自治县南)。后凉大安元年(386),承前秦置金城郡,领允吾、鹯武、允街、白土、浩亹、左南六县②。其后,白土县、左南县别属三河郡。至后凉龙飞三年(398),金城郡领允吾、鹯武、允街、浩亹四县。

西平郡(含西河郡),治西都(今青海西宁市城区一带)。后凉大安元年(386),承前秦置西平郡,领西都、临羌、长宁、安夷四县。其后,安夷县别属乐都郡,改西平为西河郡,领西都、临羌、长宁三县;后又改称西平郡。至后凉龙飞三年(398),西平郡领西都、临羌、长宁三县。

晋兴郡,治晋兴(今青海民和回族土族自治县附近)。后凉大安元年(386),承前秦置晋兴郡,或领晋兴、临鄣、广昌、遂兴、罕唐五县。至后凉龙飞三年(398),晋兴郡领县当不变。

广武郡,治令居(今甘肃永登县西北)。后凉大安元年(386),承前秦置广武郡,领令居、支阳③、永登、广武、振武五县。后凉龙飞三年(398),支阳县入西秦,允街县自金城郡来属④。至后凉咸宁二年(400),广武郡领令居、永登、

---

① 《沮渠蒙逊载记》载,沮渠麴粥建议其兄罗仇反吕光,"勒众向西平,出苕藿"。可见后凉时有苕藿县。《秃发傉檀载记》载,秃发傉檀伐北凉,"五道俱进,番禾苕藿"。可见苕藿县当属番禾郡。

② 前秦时,金城郡领有金城、榆中、允街、白土、浩亹、左南六县。由前考西秦疆域和政区可知,金城县、榆中县在吕光据有凉州前已入西秦。《吕光载记》载,"(吕)光寻擢(尉)祐为宁远将军、金城太守,祐次允吾袭据外城以叛"。据《乞伏乾归载记》和《资治通鉴》晋安帝隆安二年正月,西秦伐后凉,乞伏益州攻克支阳、鹯武、允吾三城(胡注:支阳、允吾,皆汉古县,属金城郡;鹯武城当在二县之间。张寔分支阳属广武郡;允吾盖仍为金城郡治所)。可见后凉有鹯武县、允吾县,当属金城郡,后凉金城郡当治允吾县。据上述,金城、榆中二县入西秦,后凉得金城郡后,当以此郡治允吾,领允吾、鹯武、允街、白土、浩亹、左南六县。

③ 前秦时为枝阳县。据《乞伏乾归载记》,西秦伐后凉,攻克支阳、鹯武、允吾三城;可见后凉时称支阳县。

④ 据前考西秦、南凉疆域与政区可知,后凉龙飞三年(398),金城郡允吾县、鹯武县和广武郡支阳县自后凉入西秦,浩亹县入南凉。原后凉金城郡所领仅有允街县,当别属广武郡。

广武、振武、允街五县。

湟河郡,治所不可考。后凉大安元年(386),承前秦置湟河郡,领县不可考。至后凉龙飞三年(398),湟河郡辖区当不变。

西郡,治日勒(今甘肃永昌县西北)。后凉大安元年(386),承前秦置西郡,领日勒、删丹、仙提、万岁、兰池五县。其后,侨置有临洮县,或属西郡。至后凉龙飞三年(398),西郡或领日勒、删丹、仙提、万岁、兰池、临洮(侨置)六县。

张掖郡,治永平(今甘肃张掖市甘州区西北)。后凉大安元年(386),承前秦置张掖郡,领永平、临泽、屋兰、氐池、美水五县。至后凉龙飞三年(398),张掖郡领县当不变。

西海郡,治居延(今内蒙古额济纳旗东南)。后凉大安元年(386),承前秦置西海郡,领居延县。至后凉龙飞三年(398),西海郡领县当不变。

临松郡,治临松(今地不可考)。后凉大安元年(386),承前秦置临松郡,领临松等县。至后凉龙飞三年(398),临松郡领县当不变。

祁连郡,治汉阳(今地不可考)。后凉大安元年(386),承前秦置祁连郡,领汉阳县、祁连县。至后凉龙飞三年(398),祁连郡领县当不变。

酒泉郡,治福禄(今甘肃酒泉市肃州区)。后凉大安元年(386),承前秦置酒泉郡,领福禄、会水、安弥、骍马、延寿、凉宁、金泽、玉门八县。至后凉龙飞二年(397),酒泉郡领县当不变。

建康郡,治乐涫(今甘肃酒泉市肃州区东南)。后凉大安元年(386),承前秦置建康郡,领乐涫、表氏等县。至后凉龙飞二年(397),建康郡领县当不变。

敦煌郡,治敦煌(今甘肃敦煌市西南)。后凉大安元年(386),承前秦置敦煌郡,领敦煌、昌蒲、龙勒、阳关、效谷、乾齐、凉兴七县。其后,于敦煌郡置乌泽县①。至后凉龙飞三年(398),敦煌郡领敦煌、昌蒲、龙勒、阳关、效谷、乾齐、凉兴、乌泽八县。

晋昌郡,治冥安(今甘肃瓜州县东南)。后凉大安元年(386),承前秦置晋昌郡,领冥安、宜禾、伊吾、渊泉、广至、沙头、会稽、新乡八县。至后凉龙飞三年(398),晋昌郡领县当不变。

高昌郡,治高昌(今新疆吐鲁番市东)。后凉大安元年(386),承前秦置高昌郡,领高昌、横截、田地、高宁、白力五县。至后凉龙飞三年(398),高昌郡领县当不变。

---

① 《晋书》卷87《凉武昭王李玄盛传》:"(段)业乃杀嗣,遣使谢玄盛,分敦煌之凉兴、乌泽、晋昌之宜禾三县为凉兴郡"。疑乌泽县也为后凉所置。

东张掖郡(含昌松郡),治显美(今甘肃武威市南凉州区)①。后凉大安元年(386),承前秦置武威郡;其后分武威置昌松郡,改仓松县为昌松县,改骊靬县为丽靬县,昌松郡领显美、丽靬、昌松、魏安、漠口五县②。后凉麟嘉四年(392),改昌松郡为东张掖郡。后凉咸宁元年(399),改东张掖郡为昌松郡③。至后凉神鼎二年(402),昌松郡领县当不变。

乐都郡,治乐都(今青海海东市乐都区)。后凉大安元年(386),承前秦置西平郡;其后分西平置乐都郡,领乐都、安夷等县。至后凉龙飞三年(398),乐都郡领县当不变。

浇河郡,治所不可考。后凉大安元年(386),承前秦置凉州;其后置浇河郡,领县不可考。至后凉龙飞三年(398),浇河郡辖区当不变。

三河郡,治白土(今青海循化撒拉族自治县北)。后凉大安元年(386),承前秦置金城郡;其后分金城置三河郡,领白土县、左南县④。至后凉龙飞三年(398),三河郡领县当不变。

西安郡,治所不可考。后凉大安元年(386),承前秦置凉州;其后于凉州置西安郡,领县不可考。至后凉龙飞三年(398),西安郡领县当不变。

西域都护,治高昌(今新疆吐鲁番市东)。后凉大安元年(386),承前秦置西域都护。至后凉龙飞三年(398),西域都护辖区当不变。

中田护军,治中田(今地不可考)。后凉大安元年(386),承前秦置中田护军。至后凉龙飞三年(398),中田护军辖区当不变。

2. 秦州

秦州,治枹罕(今甘肃临夏市一带)。后凉麟嘉四年(392),兴晋郡自西秦

---

① 谭图和《中国历史大辞典(历史地理)》皆以显美县在甘肃永昌县东,当是据《大清一统志》卷206《凉州府·古迹》所载。然后文所考"后凉昌松郡"可知,显美县属昌松郡,且为昌松郡治,当距昌松县不远。又据《三国志》卷15《张既传》,张既击卢水胡,胡引还显美,既曰:"若虏见兵合,退依深山,追之则道险穷饿,兵还则出候寇钞。"今甘肃永昌县东附近无深山,而今武威市南有大山,故显美县应在武威市南山麓附近。
② 据《吕光载记》,吕光初得凉州后,"魏安人焦松、齐肃、张济等起兵数千,迎(张)大豫于揭次,陷昌松郡";《资治通鉴》晋孝武帝太元十一年二月亦载此事。可见后凉大安元年(386)已有昌松郡,当领有魏安县。《秃发利鹿孤载记》载,"(秃发利鹿孤)遣傉檀又攻吕隆昌松太守孟祎于显美,克之";"徙显美、丽靬二千余户而归"。可见后凉昌松郡领有显美县、丽靬县。又据《秃发利鹿孤载记》,南凉伐后凉,"屯于昌松漠口";《秃发傉檀载记》载,"(姚)弼众至漠口,昌松太守苏霸婴城固守"。可见,后凉时当置有漠口县。据上述,昌松郡当领昌松、显美、丽靬、魏安、漠口五县。
③ 后凉咸宁元年(399),吕纂改置司隶校尉和凉尹,当亦改置昌松郡。据《资治通鉴》晋安帝隆安五年十二月,南凉秃发傉檀与后凉战,"攻其昌松太守孟祎于显美"。可见,此时已称昌松郡。
④ 《资治通鉴》晋安帝义熙八年四月:"乞伏炽磐攻南凉三河太守吴阴于白土,克之。"可见,三河郡当治白土县。南凉时,亦置有三河郡。《水经注校证》卷2《河水注》:"《十三州志》曰:左南津西六十里有白土城,城在大河之北,而为缘河济渡之处。"可见左南县距白土县不远,当也属三河郡。

入后凉,当以秦州领之①。至后凉龙飞二年(397),秦州领兴晋郡。

兴晋郡,治枹罕(今甘肃临夏市一带)。后凉麟嘉四年(392),承西秦置兴晋郡,领枹罕、永固、临津、河关四县。至后凉龙飞二年(397),兴晋郡领县当不变。

(二) 政区考证

1. 司隶部、州

1.1 后凉凉州(暨后凉司隶部)

《吕光载记》载,吕光据有凉州后,自称凉州刺史,后又称凉州牧。《吕纂载记》载,吕纂篡位,以吕弘为司隶校尉;据《吕隆载记》,吕隆篡位,以吕超为司隶校尉。可见后凉先置凉州,后改为司隶部。后凉都姑臧,其先后所置凉州、司隶部当治姑臧。

1.2 后凉秦州

《高僧传》卷2《晋长安鸠摩罗什传》载"(吕)光庶子秦州刺史太原公纂"。可见后凉有秦州。

2. 郡、护军

2.1 后凉武威郡(暨凉都尹)

《吕光载记》载,"光入姑臧,自领凉州刺史、护羌校尉,表杜进为辅国将军、武威太守"。可见后凉得凉州后,置有武威郡。《吕纂载记》载,吕纂篡位后,以杨桓为凉都尹。后凉当改武威郡为凉都尹。

2.2 后凉番禾郡

《吕纂载记》有后凉"番禾吕超"。可见后凉有番禾郡。

2.3 后凉金城郡

《吕光载记》载,"光寻擢(尉)祐为宁远将军、金城太守。祐次允吾,袭据外城以叛"。可见后凉有金城郡,当领有允吾县。

2.4 后凉西平郡(含西河郡)

《吕光载记》有后凉"西平太守康宁",《魏书》卷99《沮渠蒙逊传》有后凉"西平太守(沮渠)罗仇",《宋书》卷99《氐胡传》载"(吕光以)蒙逊叔父罗仇为西平太守",可见后凉有西平郡。《艺文类聚》卷100《灾异部》:"《凉记》曰:'凉王吕光麟嘉二年,以沮渠罗仇为西宁太守。'"此"西宁"当为"西平"之误。

---

① 据后文所考"后凉秦州"可知,后凉曾以吕纂为秦州刺史。《吕光载记》:"光亲讨(乞伏)乾归、(彭)奚念,遣(吕)纂及扬武杨轨、建忠沮渠罗仇、建武梁恭军于左南。……光济自石堤,攻克枹罕,奚念单骑奔甘松,光振旅而旋。"可见后凉得枹罕。后凉得枹罕后,控有河水以南枹罕附近之地,或以吕纂为秦州刺史镇此,以图攻取河水以南其他地区。而兴晋郡治枹罕,故后凉秦州当领兴晋郡。

《吕光载记》又载,"光徙西海郡人于诸郡……复徙之于西河、乐都"。《元和郡县图志》卷39《陇右道上》载,"后凉吕光改西平为西河郡"。《太平御览》卷454《人事部九五》载吕光龙飞二年(397)有西河太守程肇。可见后凉曾改西平为西河郡。《资治通鉴》载,晋安帝隆安二年(398)九月,"(梁)饥进攻西平,西平人田玄明执太守郭幸而代之"。可见后凉龙飞三年(398)复称西平郡。

2.5　后凉广武郡

《吕纂载记》载,吕纂篡位后,"吕超出奔广武",后吕弘又"出奔广武"。可见后凉有广武郡。

2.6　后凉湟河郡

《秃发傉檀载记》载,"(宗)敞父燮,吕光时,自湟河太守入为尚书郎"。《资治通鉴》晋孝武帝太元十二年(387)十二月有后凉"湟河太守强禧",晋安帝隆安二年(398)九月有"湟河太守张襧"。可见后凉有湟河郡。

2.7　后凉西郡

《吕光载记》载,"(张)大豫自西郡诣临洮"。《沮渠蒙逊载记》有后凉西郡太守吕纯。可见后凉有西郡。

2.8　后凉张掖郡

《吕光载记》有后凉"张掖太守彭晃",可见后凉张掖郡。

2.9　后凉西海郡

《吕光载记》载,"(吕)光徙西海郡人于诸郡"。《晋书》卷95《艺术传·郭黁传》:"吕光之王河西也,西海太守王桢叛"。可见后凉有西海郡。

2.10　后凉临松郡

《吕光载记》载,"(沮渠)罗仇弟子蒙逊叛光,杀中田护军马邃,攻陷临松郡"。《沮渠蒙逊载记》载,"(蒙逊)斩光中田护军马邃、临松令井祥以盟,一旬之间,众至万余。屯据金山"。《资治通鉴》晋安帝隆安元年(397)四月,"(蒙逊)遂结盟起兵,攻凉临松郡,拔之,屯据金山"。可见后凉有临松郡,领有临松县。《宋书》卷98《氐胡传》载,"(蒙逊)因聚万余人叛光,杀临松护军,屯金山",与《吕光载记》、《沮渠蒙逊载记》、《资治通鉴》不同,此不从。

2.11　后凉祁连郡

《吕光载记》有后凉"祁连都尉严纯",可见后凉有祁连郡。

2.12　后凉酒泉郡

《吕光载记》载,王穆叛后凉,"袭据酒泉";吕光伐王穆,"率步骑二万攻酒泉,克之";又有后凉"酒泉太守垒澄"。《宋书》卷98《氐胡传》作后凉"酒泉太守垒滕"。《艺文类聚》卷92《鸟部下》："段龟龙《凉州记》曰：'吕光大安三年，白燕游酒泉郡，黑燕列从。'"可见后凉有酒泉郡。

2.13　后凉建康郡

《吕光载记》有后凉"建康太守李隰"，又有建康太守段业，可见后凉有建康郡。

2.14　后凉敦煌郡

《沮渠蒙逊载记》载"（后凉）孟敏以敦煌降（段）业"，《资治通鉴》晋安帝隆安二年（398）四月有后凉敦煌太守孟敏。《艺文类聚》卷86《果部上》："段龟龙《凉州记》曰：'吕光时，敦煌太守献同心梨。'"《太平御览》卷969《果部六》："吕光时，敦煌太守宋歆献同心梨。"可见后凉有敦煌郡。

2.15　后凉晋昌郡

《吕光载记》载，"（沮渠）蒙逊从兄男成先为将军，守晋昌"。《魏书》卷99《沮渠蒙逊传》有后凉"晋昌太守（沮渠）男成"。《沮渠蒙逊载记》载后凉王德以晋昌降段业，《资治通鉴》晋安帝隆安二年（398）四月有后凉晋昌太守王德。可见后凉有晋昌郡。

2.16　后凉高昌郡

《吕光载记》载，吕光自西域还，"光至高昌，翰以郡迎降"；又载，"光以子覆为使持节、镇西将军、都督玉门已西诸军事、西域大都护，镇高昌"。《魏书》卷101《高昌传》载，"晋以其地为高昌郡，张轨、吕光、沮渠蒙逊据河西，皆置太守以统之"。可见后凉有高昌郡。

2.17　后凉昌松郡（含后凉东张掖郡）

《吕光载记》载，吕光初得凉州，"魏安人焦松、齐肃、张济等起兵数千，迎（张）大豫于揟次，陷昌松郡"。《资治通鉴》载，晋孝武帝太元十一年（386）二月，"（张大豫）攻吕光昌松郡，拔之，执太守王世强"。可见后凉有昌松郡。《晋志上》载，"吕光都于姑臧后，以郭䃘言谶，改昌松为东张掖郡"。《太平寰宇记》卷152《陇右道三》载，"昌松县，本汉苍松县，属武威郡。《十六国春秋》云：后凉吕光麟嘉四年（392）以郭䃘言谶，改为昌松，兼于此立东张掖郡"。可见后凉麟嘉四年（392）改昌松为东张掖郡。《秃发利鹿孤载记》载，"（秃发利鹿孤）遣傉檀又攻吕隆昌松太守孟祎于显美，克之"；"徙显美、丽靬二千余户而归"。可见昌松郡当治显美县，领有显美、丽靬等县。《资治通鉴》晋安帝隆安五年（401）十二月载傉檀攻后凉昌松郡，可见后凉末复称昌松郡。

2.18　后凉乐都郡

《吕光载记》载，"光徙西海郡人于诸郡……复徙之于西河、乐都"。《资治通鉴》载,晋安帝隆安二年(398)九月,南凉攻后凉,"乐都太守田瑶(胡注:《五代志》:西平郡湟水县,后周置乐都郡。观此,则吕氏已置郡矣。杜佑曰:湟水一名乐都水,唐鄯州治)、湟河太守张祹、浇河太守王稚皆以郡降,岭南羌、胡数万落皆附于乌孤"。可见,后凉当分西平置乐都郡。

2.19　后凉浇河郡

《资治通鉴》载,晋安帝隆安二年(398)九月,南凉攻梁饥,"饥单骑奔浇河(胡注:浇河,吐谷浑之地,吕光开以为郡,隋、唐之廓州即其地也……杜佑曰:浇河城,吐谷浑阿豺所筑)"。据上考"后凉乐都郡"引《资治通鉴》可知,后凉有浇河郡。

2.20　后凉三河郡

《吕光载记》载,"光荒耄信谗,杀尚书沮渠罗仇、三河太守沮渠麹粥"。《资治通鉴》载,晋安帝隆安元年(397)四月,"及吕延败死,罗仇弟三河太守麹粥谓罗仇曰(胡注:吕光得凉州,自号三河王,此郡盖光置也。贤曰:三河,谓金城河、赐支河、湟河,此郡当置于汉张掖、金城郡界)"。可见后凉有三河郡。

2.21　后凉西安郡

《吕光载记》载,"(郭)廮遣军邀(吕)纂于白石,纂大败。光西安太守石元良率步骑五千赴难"。可见后凉有西安郡。

2.22　后凉中田护军

《吕光载记》有后凉"中田护军马邃",可见后凉有中田护军。

3.　县

3.1　后凉姑臧县

后凉都姑臧,当有姑臧县。

3.2　后凉揟次县

据前考"后凉昌松郡"引《吕光载记》可知,后凉有揟次县。

3.3　后凉嘉麟县

《元和郡县图志》卷40《陇右道下》载,"嘉麟县,本汉宣威县地,前凉张轨于此置武兴郡,后凉吕光改置嘉麟县"。可见后凉有嘉麟县。

3.4　后凉番禾县

《吕光载记》载,杨统、郭廮叛后凉,"(杨统)至番禾,遂奔郭廮"。可见后凉有番禾县。

3.5　后凉苕藿县

《沮渠蒙逊载记》载,沮渠麹粥建议其兄罗仇反吕光,"勒众向西平,出苕蘿"。可见后凉时有苕藋县。

3.6 后凉允吾县
《资治通鉴》载,晋安帝隆安二年(398)正月,"西秦王乾归遣乞伏益州攻凉支阳、鹯武、允吾三城"。可见后凉有允吾县。又据前考"后凉金城郡"引《吕光载记》可知,后凉允吾县属金城郡。

3.7 后凉鹯武县
据上考"后凉允吾县"引《资治通鉴》可知,后凉有鹯武县。

3.8 后凉浩亹县
《太平御览》卷125《偏霸部九》引崔鸿《十六国春秋·后凉录》:"龙飞元年,五龙见于浩亹,群臣咸贺。"可见后凉有浩亹县。

3.9 后凉支阳县
据上考"后凉允吾县"引《资治通鉴》可知,后凉有支阳县。

3.10 后凉临洮县(侨置)
《吕光载记》载,"(张)大豫自西郡诣临洮";又载,"光命吕纂讨(段)业,沮渠蒙逊进屯临洮,为业声势"。可见后凉有临洮县。郑炳林认为,临洮县在西郡界[①],或是。

3.11 后凉氐池县
《秃发乌孤载记》载,"段业为吕纂所侵,遣利鹿孤救之。纂惧,烧氐池、张掖谷麦而还"。可见后凉有丘池县。《吕光载记》有"丘池令尹兴",此"丘池"当作"氐池",中华书局点校本《晋书》"校勘记"已指出。

3.12 后凉临松县
《沮渠蒙逊载记》有后凉"临松令井祥",可见后凉有临松县。

3.13 后凉福禄县
《吕光载记》载,沮渠男成反后凉,"进攻福禄、建安"。可见后凉有福禄县。

3.14 后凉骊马县
《吕光载记》有后凉"骊马令郭文",可见后凉有骊马县。

3.15 后凉金泽县
《吕光载记》载"麟见金泽县",可见后凉有金泽县。

3.16 后凉乐涫县
《吕光载记》载,沮渠男成反后凉,"宁戎护军赵策击败之,男成退屯乐涫"。

---

① 郑炳林:《前凉行政地理区划初探(凉州)》,《敦煌学辑刊》1993年第1期。

可见后凉有乐涫县。

3.17 后凉凉兴县

《吕光载记》载，吕光"率步骑二万攻酒泉，克之，进次凉兴"。可见后凉有凉兴县。

3.18 后凉显美县

据前考"后凉昌松郡"引《秃发利鹿孤载记》可知，后凉有显美县，属昌松郡。

3.19 后凉丽靬县

据前考"后凉昌松郡"引《秃发利鹿孤载记》可知，后凉有丽靬县，属昌松郡。

3.20 后凉昌松县

据前考"后凉昌松郡"引《太平寰宇记》可知，后凉有昌松县，属昌松郡。

3.21 后凉魏安县

《吕光载记》载，杨轨、郭䈣反后凉，"郭䈣闻轨败，东走魏安，遂奔于乞伏乾归"。又据前考"后凉昌松郡"引《吕光载记》可知，后凉有魏安县。

3.22 后凉白土县

《吕光载记》载，"南羌彭奚念入攻白土"。可见后凉有白土县。

3.23 后凉左南县

《吕光载记》载，后凉攻西秦乞伏乾归，"军于左南"。可见后凉有左南县。

3.24 后凉枹罕县

《吕光载记》载，后凉伐西秦，"光弟天水公延以枹罕之众攻临洮、武始、河关"。可见后凉有枹罕县。

3.25 后凉阳川县

《艺文类聚》卷99《祥瑞部下》："段龟龙《凉州记》曰：'吕光太安三年，白雀巢阳川令盖敏室。'"可见后凉有阳川县。

第二节 南 凉

南凉太初元年（397），秃发乌孤居于廉川堡，自称西平王。太初三年（399），南凉先后徙治乐都、西平。建和元年（400），秃发利鹿孤即位。弘昌元年（402），秃发傉檀即位，称凉王，迁于乐都。弘始六年（404），去年号，用后秦年号。弘始八年（406），姚兴以傉檀为凉州刺史，南凉迁都姑臧。嘉平元年（408），傉檀复称凉王。嘉平三年（410），自姑臧迁回乐都。嘉平七年（414），西秦来伐，南凉亡。

一、疆域变迁

据《秃发乌孤载记》，鲜卑秃发部自塞北迁居河西，"其地东至麦田、牵屯，西至湿罗，南至浇河，北接大漠"。晋泰始中，秃发树机能雄居河西，为晋将马隆所败，其部众遂降。至秃发思复鞬，部众转盛。秃发乌孤嗣位后，吕光遣使拜为河西鲜卑大都统。及后凉衰乱，乌孤遂图建国。

《资治通鉴》载，晋孝武帝太元二十年（395）七月，"秃发乌孤击乙弗、折掘等诸部，皆破降之，筑廉川堡而都之（胡注：廉川在湟中）"。《秃发乌孤载记》载，南凉太初元年（397），乌孤自称大单于、西平王，"曜兵广武，攻克金城。光遣将军窦苟来伐，战于街亭，大败之"。又据《资治通鉴》，晋安帝隆安二年（南凉太初二年，398），乌孤欲攻后凉，其左司马赵振言："洪池以北，未可冀也，岭南五郡，庶几可取（胡注：岭南，谓洪池岭南也。五郡，谓广武、西平、乐都、浇河、湟河也）"；秃发乌孤攻取西平，"以田玄明为西平内史。乐都太守田瑶（胡注：《五代志》：西平郡湟水县，后周置乐都郡。观此，则吕氏已置郡矣。杜佑曰：湟水一名乐都水，唐鄯州治）、湟河太守张禂、浇河太守王稚皆以郡降，岭南羌胡数万落皆附于乌孤"；"凉建武将军李鸾以兴城降于秃发乌孤（胡注：兴城在允吾县西南龙支堡之东）"，乐都郡、湟河郡、浇河郡等岭南之地皆归南凉。三河郡治于白土，在洪池岭以南①，当在太初二年（398）亦入南凉。《资治通鉴》载，晋安帝隆安三年（南凉太初三年，399）正月，秃发乌孤徙治乐都，以从叔吐若留镇浩亹。浩亹当在太初二年（398）时已为南凉所得。故南凉太初二年（398），凉州洪池岭以南地区（除广武郡）为南凉控制②。

据《资治通鉴》，秃发乌孤得有岭南之地后，于晋安帝隆安三年（南凉太初三年，399）正月徙治乐都，分任守宰镇安夷、西平、湟河、浇河、岭南、廉川、浩亹诸地；"夷、夏俊杰，随才授任，内居显位，外典郡县，咸得其宜"；六月，以秃发利鹿孤为凉州牧，镇西平。晋安帝隆安三年（南凉建和元年，400）六月，"凉吕方降于秦，广武民三千余户奔武威王利鹿孤（胡注：吕方镇广武，既降于秦，其民无主，故奔秃发氏）"；次年七月，后秦伐后凉，"自金城济河，直趣广武，河西王利鹿孤摄广武守军以避之"，此表明当时南凉已取有广武地。南凉得广武郡

---

① 《资治通鉴》晋安帝义熙八年四月："乞伏炽磐攻南凉三河太守吴阴于白土。"可见三河郡治于白土。由谭图可知，西晋时白土县位于秦州金城郡临河之地，在洪池岭以南。
② 据下文考述，南凉建和元年始得广武郡。

地,当在建和元年(400)广武民来奔之时。

南凉太初三年(399),乌孤卒,其弟利鹿孤即位,徙都西平。后凉末年,秃发氏不断攻取其地。《秃发利鹿孤载记》载,"(利鹿孤)遣傉檀又攻吕隆昌松太守于显美,克之"。《资治通鉴》晋安帝元兴元年(南凉弘昌元年,402),"秃发傉檀克显美",南凉遂得昌松郡。南凉弘昌元年(402),利鹿孤卒,其弟傉檀立,迁于乐都。《秃发傉檀载记》载,"姚兴遣将齐难率众迎吕隆于姑臧,傉檀摄昌松、魏安二戍以避之";《资治通鉴》晋安帝元兴二年(403)七月亦载此事。故南凉弘昌二年(403)自昌松、魏安撤军①,此地遂失于后秦②。

后凉亡后,姑臧入后秦,姚兴以王尚为凉州刺史镇姑臧。秃发傉檀亦图取姑臧,乃去其年号,称臣于后秦。弘始六年(404),秃发傉檀用后秦年号。《资治通鉴》载,晋安帝义熙二年(406)六月,姚兴以傉檀为凉州刺史,镇姑臧,征王尚还长安,南凉遂得姑臧,随后迁都之。《秃发傉檀载记》载,南凉取有姑臧后,"傉檀伪游浇河,袭徙西平、湟河诸羌三万余户于武兴、番禾、武威、昌松四郡"。傉檀徙民于此,当已据有此地。因此,南凉于弘始八年(406)得姑臧,武威、武兴、番禾、昌松四郡为其所据。《资治通鉴》晋安帝义熙三年(南凉弘始九年,407)九月,"秃发傉檀将五万余人伐沮渠蒙逊,蒙逊与战于均石,大破之。蒙逊进攻西郡太守杨统于日勒,降之"。南凉迁都姑臧后,当曾攻陷北凉西郡,旋又为北凉所取。

据《资治通鉴》,晋安帝义熙三年(407)十一月,夏赫连勃勃伐南凉,至支阳,大掠而还,秃发傉檀追之,大败于阳武下峡,南凉国势由此转衰。晋安帝义熙六年(南凉嘉平三年,410),傉檀畏北凉沮渠蒙逊之逼,自姑臧迁于乐都;傉檀才出城,城内人即反,不久降于北凉;次年,秃发傉檀伐北凉,"至番禾、苕藋,掠五千余户而还";不久,沮渠蒙逊来追,击败傉檀,进围乐都。傉檀北伐,至番禾、苕藋,掠民而还,是此地已不属南凉。故姑臧陷于北凉后,武威、武兴、番禾、昌松四郡遂失。《资治通鉴》载,晋安帝义熙八年(南凉嘉平五年,412)四月,

---

① 《资治通鉴》晋安帝元兴二年七月:"南凉王傉檀摄昌松、魏安二戍以避之(胡注:摄,收也)。"此"摄"字意为从戍地撤军,此由《晋书》诸《载记》用"摄"可证。《刘元海载记》载,汉国攻洛阳不克,刘渊请还师,"于是摄蒲阪之戍,还于平阳"。《刘曜载记》载,刘曜围后赵洛阳金墉,曜闻石勒亲自来征,"曜色变,使摄金墉之围,陈于洛西"。《慕容暐载记》载,申绍上疏言,"今鲁阳、上郡,重山之外,云阴之北,四百有余,而未可以羁服塞表,为平寇之基,徙孤危后托落,令善附内骇。宜摄就并、豫,以临二河,通漕毂,拟之丘后;重晋阳之戍,增南藩之兵"。《姚泓载记》载,刘裕伐后秦,将攻洛阳,后秦洛阳守将姚洸部将赵玄说洸曰:"今寇逼已深,百姓骇惧,众寡势殊,难以应敌,宜摄诸戍兵士,固守金墉,以待京师之援。"《慕容垂载记》载,后燕伐西燕,"(慕容)垂顿于邺之西南,月余不进。(慕容)永谓垂诡运伐之,乃摄诸军还,杜太行扞关"。
② 据前文所考后秦疆域和政区演变可知,后秦得姑臧后,遂取有仓松郡、番禾郡。后秦得昌松郡后,改为仓松郡,而番禾郡领有魏安县。

"乞伏炽磐攻南凉三河太守吴阴于白土,克之,以乞伏出累代之",南凉失三河郡;次年四月,"南凉湟河太守文支以郡降于蒙逊",又失湟河郡。南凉嘉平七年(414),乐都被西秦乞伏炽磐攻破,傉檀降于炽磐,南凉亡。

据上述,南凉太初元年(397),秃发乌孤居廉川堡。太初二年(398),南凉得凉州洪池岭以南地区(除广武郡)。建和元年(400),得广武郡。弘昌元年(402),得昌松郡。弘昌二年(403),失昌松郡。南凉弘始八年(406),得武威、武兴、番禾、昌松四郡。南凉弘始九年(407),得西郡,旋又入北凉。嘉平三年(410),失武威、武兴、番禾、昌松等四郡。嘉平五年(412),失三河郡。嘉平六年(413),失湟河郡。嘉平七年(414),南凉亡。

二、政区沿革

据上考南凉疆域可知,南凉弘始八年(406)至南凉嘉平二年(409)疆域最盛(见图15)。下文以南凉嘉平二年(409)为基准年,先概述南凉政区沿革,再考证南凉可考的政区。

(一) 政区概述

1. 司隶部

司隶部,治姑臧(今甘肃武威市凉州区)。南凉嘉平元年(408),置司隶校尉,领武威、武兴、番禾、昌松四郡。至南凉嘉平三年(410),司隶部领郡不变。

武威郡,治姑臧(今甘肃武威市凉州区)。南凉弘始八年(406),承后秦置武威郡,领姑臧、宣威、揩次、祖厉、晏然五县。至南凉嘉平三年(410),武威郡领县当不变。

武兴郡,治武兴(今地不可考)。南凉弘始八年(406),承后秦置武兴郡,领武兴、大城、乌支、襄武、新鄣、平狄、司监、嘉麟八县。至南凉嘉平三年(410),武兴郡领县当不变。

番禾郡,治番禾(今甘肃永昌县)。南凉弘始八年(406),承后秦置番禾郡,领番禾县、苕藋县。至南凉嘉平三年(410),番禾郡领番禾县、苕藋县。

昌松郡,治显美(今甘肃武威市凉州区南)。南凉弘昌元年(402),承后凉置昌松郡,领显美、丽轩、昌松、魏安、漠口五县。南凉弘昌二年(403),昌松郡入后秦,后秦改称仓松郡。南凉弘始八年(406),仓松郡自后秦入南凉,当复称昌松郡①。至南凉嘉平三年(410),昌松郡领县当不变。

---

① 《秃发傉檀载记》载,南凉取有后秦凉州之地后,"傉檀伪游浇河,袭徙西平、湟河诸羌三万余户于武兴、番禾、武威、昌松四郡";其后,姚兴遣姚弼来伐南凉,"弼众至漠口,昌松太守苏霸婴城固守"。可见南凉称昌松郡。

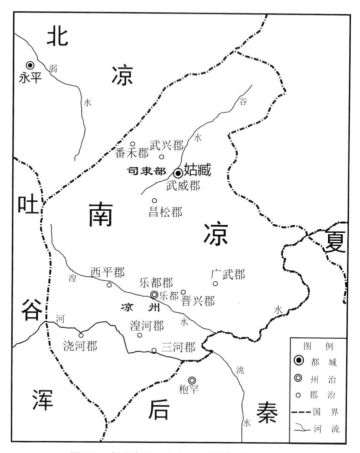

图 15 南凉嘉平二年(409)疆域政区示意图

2. 凉州

凉州,治乐都(今青海海东市乐都区)。南凉太初三年(399),置凉州,治西都①,领西平、乐都、晋兴、湟河、浇河、三河六郡。南凉建和元年(400),广武郡自后凉来属。南凉弘昌元年(402),凉州改治乐都②,昌松郡自后凉来属;其后,置邯川护军、湟川护军,属凉州。南凉弘始八年(406),武威、武兴、番禾、仓松四郡自后秦来属,凉州改治姑臧;其后,改仓松郡为昌松郡。南凉嘉平元年(408),以武威、武兴、番禾、昌松四郡属司隶部,凉州当改治乐都③。南凉嘉平

---

① 南凉以凉州镇西平,西平治西都,凉州当亦治西都。
② 南凉弘昌元年,秃发傉檀徙都乐都,凉州当改治乐都。
③ 南凉都于姑臧前后皆以乐都为都城,这表明乐都为南凉重镇,当仍为凉州治所。

五年(412),三河郡入西秦。南凉嘉平六年(413),湟河郡入北凉。至南凉嘉平七年(414),凉州领西平、乐都、晋兴、浇河、广武五郡和邯川护军、湟川护军。

乐都郡,治乐都(今青海海东市乐都区)。南凉太初二年(398),承后凉置乐都郡,领乐都、安夷等县。至南凉嘉平七年(414),乐都郡领县当不变。

西平郡,治西都(今青海西宁市城区一带)。南凉太初二年(398),承后凉置西平郡,领西都、临羌、长宁三县。至南凉嘉平七年(414),西平郡领县当不变。

晋兴郡,治浩亹(今甘肃永登县西南)。南凉太初二年(398),承后凉置晋兴郡,或领晋兴、临鄣、广昌、遂兴、罕唐五县;同年,得浩亹县,当属晋兴郡,且为此郡治所①。至南凉嘉平七年(414),晋兴郡或领浩亹、晋兴、临鄣、广昌、遂兴、罕唐六县。

湟河郡,治所不可考。南凉太初二年(398),承后凉置湟河郡,领县亦不可考。至南凉嘉平六年(413),湟河郡辖区当不变。

浇河郡,治所不可考。南凉太初二年(398),承后凉置浇河郡,领县不可考。至南凉嘉平七年(414),浇河郡辖区当不变。

三河郡,治白土(今青海循化撒拉族自治县北)。南凉太初二年(398),承后凉置三河郡,领白土县、左南县。至南凉嘉平五年(412),三河郡领县当不变。

广武郡,治令居(今甘肃永登县西北)。南凉建和元年(400),承后凉置广武郡,领令居、永登、广武、振武、允街五县。至南凉嘉平七年(414),广武郡领县当不变。

湟川护军,治湟川(今地不可考)。南凉弘昌元年(402),秃发傉檀即位;其后,置湟川护军。至南凉嘉平七年(414),湟川护军辖区当不变。

邯川护军,治邯川(今青海尖扎县东南)②。南凉弘昌元年(402),秃发傉檀即位;其后,置有湟川护军。至南凉嘉平七年(414),邯川护军辖区当不变。

附　西郡,治日勒(今甘肃永昌县西北)。南凉弘始九年(407),承北凉置

---

① 据《资治通鉴》晋安帝隆安三年正月,秃发乌孤徙治乐都,以从叔吐若留镇浩亹。可见浩亹为南凉重镇。据《资治通鉴》晋安帝义熙十年五月,"(西秦以)曜武将军王基为晋兴太守,镇浩亹"。可见,西秦时晋兴郡领有浩亹县,且为晋兴郡治,此当承南凉而来。
② 据《资治通鉴》晋安帝义熙七年二月,"南凉王傉檀欲复伐沮渠蒙逊,邯川护军孟恺谏(胡注:《水经》,河水自西平郡东流,迳浇河郡故城北,又东迳石城南,又东迳邯川城南。刘昫曰:廓州:化隆县东,古邯川地。杜佑曰:后汉和帝时,侯霸置东、西邯屯田五部。邯,水名也,分流左右,在宁塞郡。据《唐志》,宁塞本浇河郡,唐玄宗天宝中更名;今之廓州》"。《元和郡县图志》卷39《陇右道上》:"米川县,本前凉张天锡于此置邯川戍。"南凉所置邯川护军,置于前凉邯川戍所,此地应在今青海尖扎县东南。

西郡,领日勒、删丹、仙提、万岁、兰池、临洮六县;同年,西郡复入北凉。

(二) 政区考证

1. 司隶部、州

1.1 南凉司隶部

《秃发傉檀载记》载,傉檀即凉王位,都姑臧,以敬归为司隶校尉。可见南凉有司隶部,当治姑臧。

1.2 南凉凉州

《秃发乌孤载记》载,秃发乌孤以秃发利鹿孤为凉州牧,镇西平。《资治通鉴》载,晋安帝隆安三年(399)六月,"乌孤以利鹿孤为凉州牧,镇西平"。可见南凉太初三年(399)已置凉州镇西平。《资治通鉴》载,晋安帝隆安五年(401)正月,秃发利鹿孤以傉檀为凉州牧。《秃发傉檀载记》载,姚兴以傉檀为凉州刺史,镇姑臧。可见南凉凉州曾治姑臧。

2. 郡、护军

2.1 南凉武威郡

《秃发傉檀载记》载,"傉檀伪游浇河,袭徙西平、湟河诸羌三万余户于武兴、番禾、武威、昌松四郡"。可见南凉有武威郡。

2.2 南凉武兴郡

据上考"南凉武威郡"引《秃发傉檀载记》可知,南凉有武兴郡。

2.3 南凉番禾郡

据上考"南凉武威郡"引《秃发傉檀载记》可知,南凉有番禾郡。

2.4 南凉昌松郡

据上考"南凉武威郡"引《秃发傉檀载记》可知,南凉有昌松郡。《秃发傉檀载记》载,后秦遣姚弼伐南凉,"(姚)弼众至漠口,昌松太守苏霸婴城固守"。可知南凉昌松郡当领有漠口县。

2.5 南凉乐都郡

《秃发乌孤载记》载,乌孤承西平王,"降(吕)光乐都、湟河、浇河三郡"。可见南凉得乐都郡。

2.6 南凉西平郡

《秃发乌孤载记》载,秃发乌孤以秃发傉檀镇西平,后又以利鹿孤为凉州牧镇西平。《资治通鉴》载,晋安帝隆安二年(398)九月,秃发乌孤"以田玄明为西平内史"。可见南凉有西平郡。

2.7 南凉晋兴郡

《秃发利鹿孤载记》载,"乞伏乾归为姚兴所败,率骑数百来奔,处之晋兴"。

《资治通鉴》载,晋安帝隆安四年(400)七月有南凉"晋兴太守阴畅"。可见南凉有晋兴郡。

2.8　南凉湟河郡

《秃发乌孤载记》载,乌孤承西平王,"降(吕)光乐都、湟河、浇河三郡"。可见南凉得湟河郡。《秃发傉檀载记》有南凉"湟河太守文支",可见南凉有湟河郡。

2.9　南凉浇河郡

《秃发乌孤载记》载,乌孤承西平王,"降(吕)光乐都、湟河、浇河三郡"。可见南凉得浇河郡。

2.10　南凉三河郡

《资治通鉴》载,晋安帝义熙八年(412)四月,"乞伏炽磐攻南凉三河太守吴阴于白土"。可见南凉有三河郡,领有白土县。

2.11　南凉广武郡

《资治通鉴》载,晋安帝隆安五年(401)七月,"秦陇西公硕德自金城济河,直趣广武,河西王利鹿孤摄广武守军避之"。可见南凉有广武郡。

2.12　南凉湟川护军

《沮渠蒙逊载记》有南凉湟川护军成宜侯,可见南凉有湟川护军。

2.13　南凉邯川护军

《秃发傉檀载记》有南凉"邯川护军孟恺",可见南凉有邯川护军。

附　南凉西郡

《秃发傉檀载记》载,"傉檀率骑二万,运谷四万石以给西郡。蒙逊攻西郡,陷之"。《资治通鉴》载,晋安帝义熙三年(407)九月,"蒙逊进攻西郡太守杨统于日勒,降之"。可见南凉有西郡,然旋失之。

3. 县

3.1　南凉姑臧县

据前考"南凉凉州"引《秃发傉檀载记》可知,南凉有姑臧县。

3.2　南凉晏然县

《秃发傉檀载记》载,"屠各成七儿因百姓之扰也,率其属三百人叛傉檀于北城",其众散,"七儿奔晏然,殿中骑将白路等追斩之"。可见南凉有晏然县。

3.3　南凉显美县

《秃发利鹿孤载记》载,"(秃发利鹿孤)遣傉檀又攻吕隆昌松太守孟祎于显美,克之";"徙显美、丽轩二千余户而归"。《秃发傉檀载记》载,沮渠蒙逊伐南凉,"率骑五千至于显美方亭,破车盖鲜卑而还"。可见南凉有显美县。

3.4　南凉丽轩县

据上考"南凉显美县"引《秃发利鹿孤载记》可知,南凉有丽轩县。

3.5　南凉昌松县

《秃发傉檀载记》载,"姚兴遣将齐难率众迎吕隆于姑臧,傉檀摄昌松、魏安二戍以避之"。可见南凉有昌松县。

3.6　南凉魏安县

据上考"南凉昌松县"引《秃发傉檀载记》可知,南凉有魏安县。

3.7　南凉漠口县

据前考"南凉昌松郡"引《秃发傉檀载记》可知,南凉有漠口县,属昌松郡。

3.8　南凉乐都县

《秃发乌孤载记》载,"乌孤更称武威王。后三岁,徙于乐都"。《秃发傉檀载记》载,"傉檀大城乐都"。可见南凉有乐都县。

3.9　南凉安夷县

《秃发乌孤载记》载,秃发乌孤以弟利鹿孤镇安夷。可见南凉有安夷县。

3.10　南凉长宁县

《秃发乌孤载记》载,"利鹿孤立二年,龙见于长宁"。可见南凉有长宁县。

3.11　南凉浩亹县

《资治通鉴》载,晋安帝隆安三年(399)正月,秃发乌孤以从叔吐若留镇浩亹。《秃发傉檀载记》载,"乐都之溃也,诸城皆降于炽磐,傉檀将尉贤政固守浩亹不下"。可见南凉有浩亹县。

3.12　南凉白土县

据前考"南凉三河郡"引《资治通鉴》可知,南凉有白土县,属三河郡。

3.13　南凉左南县

《秃发傉檀载记》载,"傉檀至左南"。可见南凉有左南县。

3.14　南凉允街县

《秃发傉檀载记》载,"乞伏乾归之在晋兴也,以世子炽磐为质。……至是,炽磐又奔允街,傉檀归其妻子"。可见南凉有允街县。

附　南凉日勒县

据前考"南凉西郡"引《资治通鉴》可知,南凉有日勒县,属西郡。

第三节 西 凉

西凉庚子年(400),李暠于敦煌被推立为凉公,领秦凉二州牧。西凉建初元年(405),李暠迁于酒泉。西凉嘉兴元年(417),李歆即位,自领凉州牧。西凉永建元年(420),李恂即位。西凉永建二年(421),北凉灭西凉。

一、疆域变迁

后凉吕光末,沮渠蒙逊反,推立段业为主。李暠仕于段业,为敦煌效谷令,不久被推为敦煌太守,段业使李暠都督凉兴以西诸军事。《晋书》卷87《凉武昭王李玄盛传》载,西凉庚子年(400),晋昌太守唐瑶叛段业,移檄六郡,推李暠为凉公,领秦凉二州牧;随后,李暠"遣宋繇东伐凉兴,并击玉门已西诸城,皆下之,遂屯玉门、阳关,广田积谷,为东伐之资"。可见,西凉建国之初,取有玉门以西之地。

《资治通鉴》载,晋安帝隆安五年(西凉辛丑年,401)九月,沮渠蒙逊杀段业自立,其年,"沮渠蒙逊所部酒泉、凉宁二郡叛,降于西凉",西凉遂得此二郡。据《晋书》卷87《凉武昭王李玄盛传》,西凉建初元年(405),以建康太守镇乐涫,敦煌太守镇敦煌,迁居酒泉。据此可见,此前西凉已据有建康郡。《沮渠蒙逊载记》载,后秦姚兴封北凉沮渠蒙逊为西海侯,蒙逊问后秦使者张构曰:"朝廷何不即以张掖见封,乃更远封西海邪?"构曰:"张掖,规画之内,将军已自有之。所以远授西海者,盖欲广大将军之国耳。"依此可见,西海郡其时不为北凉所有,当属西凉。据《凉武昭王李玄盛传》,西凉建国后,李暠遣宋繇东伐,"屯玉门、阳关,广田积谷,为东伐之资"。在西凉辛丑年(401)得酒泉、凉宁二郡后,当乘势东伐,取有建康郡、西海郡。

《吐鲁番出土文书》有七件文书记有西凉年号[①]。这些西凉文书的写作时间自西凉建初二年(406)至嘉兴四年(420),表明西凉时高昌郡为其辖域。西凉取有高昌可能在西凉庚子年(400)击取玉门以西诸城时所得。据《晋书》卷87《凉武昭王李玄盛传》,李暠曾遣使晋室奉表中言:"敦煌郡大众殷,御制西域,管辖万里,为军国之本,辄以次子让为宁朔将军、西夷校尉、敦煌太守,统摄崐裔,辑宁殊方。"据此可见,西凉亦能御制西域。

西凉嘉兴元年(417),李暠卒,李歆即位,称凉州牧。据《资治通鉴》晋安帝

---

① 武汉大学历史系等编:《吐鲁番出土文书》(第一册),文物出版社,1981年。

义熙十三年(西凉嘉兴元年,417)四月,北凉沮渠蒙逊来伐,李歆战败,"蒙逊城建康,置戍而还",西凉失其建康郡。嘉兴四年(420),李歆战败,被沮渠蒙逊所杀,蒙逊遂得西凉之地。《资治通鉴》宋武帝永初元年(420)九月载,"(李)恂帅数十骑入敦煌,元绪东奔凉兴。承等推恂为冠军将军、凉州刺史,改元永建"。永建二年(421),敦煌被北凉攻陷,李恂自杀,西凉亡。

据上述,西凉庚子年(400),李暠称秦凉二州牧,据有玉门以西凉州之地和西域地区。西凉辛丑年(401),得酒泉、凉宁、建康、西海四郡。西凉嘉兴元年(417),失建康郡。西凉永建元年(420),仅守有敦煌郡和敦煌护军。永建二年(421),西凉亡。

二、政区沿革

据上考西凉疆域可知,西凉辛丑年(401)至西凉建初十二年(416)疆域最盛(见图16)。下文以西凉建初元年(405)为基准年,先概述西凉政区沿革,再考证西凉可考的政区。

(一)政区概述

凉州(承秦凉二州)

凉州,治福禄(今甘肃酒泉市肃州区)。西凉李暠庚子年(400),李暠称秦凉二州牧,治敦煌,领敦煌、晋昌、凉兴、高昌四郡和西域都护、敦煌护军。西凉辛丑年(401),酒泉、凉宁、建康、西海四郡和驿马护军自后凉来属秦凉二州。西凉建初元年(405),李暠称凉州牧,迁治酒泉;其后,分酒泉侨置会稽郡、广夏郡,分敦煌侨置武威、武兴、张掖三郡,又置新城郡,皆属秦凉二州。西凉嘉兴元年(417),李歆即位,自称凉州牧,治酒泉,同年建康郡入北凉。西凉永建元年(420),凉州(除敦煌郡和敦煌护军)入北凉;李恂据敦煌,称凉州刺史。至西凉永建二年(421),凉州仅领敦煌郡和敦煌护军。

酒泉郡,治福禄(今甘肃酒泉市肃州区)。西凉庚子年(400),得玉门县。西凉辛丑年(401),承北凉置酒泉郡,领福禄、会水、安弥、驿马、延寿、金泽、玉门七县。至西凉永建元年(420),酒泉郡领县当不变。

敦煌郡,治敦煌(今甘肃敦煌市西南)。西凉庚子年(400),承北凉置敦煌郡,领敦煌、昌蒲、龙勒、阳关、效谷、乾齐六县。至西凉永建二年(421),敦煌郡领县当不变。

晋昌郡,治冥安(今甘肃瓜州县东南)。西凉庚子年(400),承北凉置晋昌郡,领冥安、伊吾、渊泉、广至、沙头、会稽、新乡七县。至西凉永建元年(420),晋昌郡领县当不变。

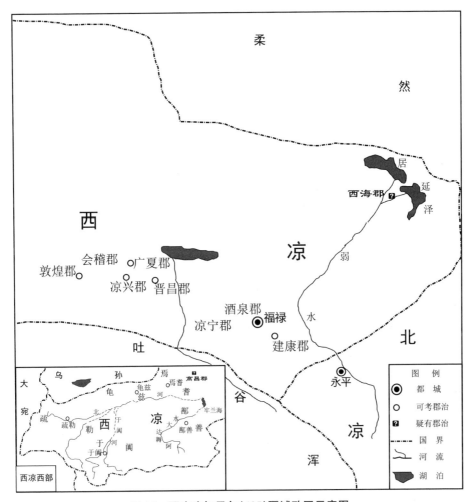

图 16　西凉建初元年(405)疆域政区示意图

凉兴郡，治凉兴(今地不可考)。西凉庚子年(400)，承北凉置凉兴郡，领凉兴、乌泽、宜禾三县。至西凉永建元年(420)，凉兴郡领县当不变。

建康郡，治乐涫(今甘肃酒泉市肃州区东南)。西凉辛丑年(401)，承北凉置建康郡，领乐涫、表氏等县。至西凉嘉兴元年(417)，建康郡领县当不变。

凉宁郡，治凉宁(今地不可考)。西凉辛丑年(401)，承北凉置凉宁郡，领凉宁等县。至西凉永建元年(420)，凉宁郡领县当不变。

新城郡，治所不可考。西凉建初元年(405)迁都酒泉；其后置新城郡，领县不可考。至西凉永建元年(420)，新城郡辖区当不变。

西海郡,治居延(今内蒙古额济纳旗东南)。西凉辛丑年(401),承北凉置西海郡,领居延县。至西凉永建元年(420),西海郡领县当不变。

高昌郡,治高昌(今新疆吐鲁番市东)。西凉庚子年(400),承北凉置高昌郡,领高昌、横截、田地、高宁、白力五县。至西凉永建元年(420),高昌郡领县当不变。

会稽郡(侨置),治所不可考。西凉建初元年(405),侨置会稽郡,领县不可考。至西凉永建元年(420),会稽郡辖区当不变。

广夏郡(侨置),治所不可考。西凉建初元年(405),侨置广夏郡,领县不可考。至西凉永建元年(420),广夏郡辖区当不变。

武威郡(侨置),治所不可考。西凉建初元年(405),侨置武威郡,领县不可考。至西凉永建元年(420),武威郡辖区当不变。

武兴郡(侨置),治所不可考。西凉建初元年(405),侨置武兴郡,领县不可考。至西凉永建元年(420),武兴郡辖区当不变。

张掖郡(侨置),治所不可考。西凉建初元年(405),侨置张掖郡,领县不可考。至西凉永建元年(420),张掖郡辖区当不变。

西域都护,治高昌(今新疆吐鲁番市东)。西凉庚子年(400),承北凉置西域都护。至西凉永建元年(420),西域都护辖区当不变。

敦煌护军,治敦煌(今甘肃敦煌市西南)。西凉庚子年(400),承北凉置敦煌护军。至西凉永建二年(421),敦煌护军辖区当不变。

骍马护军,治骍马(今甘肃玉门市西北)。西凉辛丑年(401),承北凉置骍马护军。至西凉永建元年(420),骍马护军辖区当不变。

(二) 政区考证

1. 州

西凉凉州(承西凉秦凉二州)

《晋书》卷87《凉武昭王李玄盛传》载,唐瑶推李暠为凉公,领秦凉二州牧,且李暠上表东晋自言被推为"凉公,领秦凉二州牧"。《宋书》卷98《氐胡传》载李暠自号沙州刺史,《资治通鉴》晋安帝隆安四年(400)十一月载唐瑶推李暠为沙州刺史。而李暠上表自言为秦凉二州牧,当以此为是。《宋书》卷98《氐胡传》载,"义熙元年正月,李暠改称大将军、大都督、凉州牧、护羌校尉、凉公;五月,移据酒泉"。《资治通鉴》载,晋安帝义熙元年(405)正月,"西凉公李暠自称大将军、大都督、领秦凉二州牧";九月,"迁于酒泉"。《资治通鉴》和《宋书》所载不同,此以《宋书》为是。据《晋书》卷87《凉武昭王李玄盛传附子士业传》,西凉嘉兴元年(417),李歆即位,称凉公、凉州牧;李歆被北凉所杀后,李恂入据敦煌城,称凉州刺史。

2. 郡、护军

2.1 西凉酒泉郡

《晋书》卷87《凉武昭王李玄盛传》载,"(李玄盛)迁居于酒泉"。《凉武昭王李玄盛传附子士业传》有西凉酒泉太守李翻。《北史》卷34《张湛传》载,"(张湛)父显,有远量。武昭王据有西夏,引为功曹,甚器异之。尝称曰:'吾之臧子原也。'位酒泉太守"。可见西凉有酒泉郡。

2.2 西凉敦煌郡

《晋书》卷87《凉武昭王李玄盛传》载,"(李玄盛以)其子敦煌太守让镇敦煌";又载,李玄盛遣使晋室奉表中言:"敦煌郡大众殷,御制西域,管辖万里,为军国之本,辄以次子让为宁朔将军、西夷校尉、敦煌太守,统摄崐裔,辑宁殊方。"《凉武昭王李玄盛传附子士业传》有西凉敦煌太守李恂。可见西凉有敦煌郡。

2.3 西凉晋昌郡

《晋书》卷87《凉武昭王李玄盛传》载,晋昌太守唐瑶移檄六郡,推李玄盛为凉公、领秦凉二州牧。可见西凉当有晋昌郡。

2.4 西凉凉兴郡(?)

《晋书》卷87《凉武昭王李玄盛传》载,"(李玄盛)遣宋繇东伐凉兴,并击玉门已西诸城,皆下之"。可见西凉得凉兴郡。

2.5 西凉建康郡

《晋书》卷87《凉武昭王李玄盛传》载,"(李玄盛)以张体顺为宁远将军、建康太守,镇乐涫"。林宝《元和姓纂》卷9"段氏"条有"西凉建康太守段信"。可见西凉有建康郡,领有乐涫县。

2.6 西凉凉宁郡

《资治通鉴》载,晋安帝隆安五年(401)九月,"沮渠蒙逊所部酒泉、凉宁二郡叛,降于西凉"。可见西凉得凉宁郡。

2.7 西凉新城郡

《晋书》卷87《凉武昭王李玄盛传附子士业传》有西凉新城太守李预,可见西凉有新城郡。

2.8 西凉会稽郡

《晋书》卷87《凉武昭王李玄盛传》载,"初,苻坚建元之末,徙江汉之人万余户于敦煌,中州之人有田畴不辟者,亦徙七千余户。郭黁之寇武威,武威、张掖已东人西奔敦煌、晋昌者数千户。及玄盛东迁,皆徙之于酒泉,分南人五千户置会稽郡,中州人五千户置广夏郡,余万三千户分置武威、武兴、张掖三郡,筑城于敦煌南子亭,以威南虏"。可见西凉迁居酒泉时,侨置有会稽郡。

2.9　西凉广夏郡

据上考"西凉会稽郡"引《凉武昭王李玄盛传》可知,西凉迁居酒泉时,侨置有广夏郡。据《晋书》卷87《凉武昭王李玄盛传附子士业传》,李歆以宋繇为广夏太守。

2.10　西凉武威郡

据上考"西凉会稽郡"引《凉武昭王李玄盛传》可知,西凉迁居酒泉时,侨置有武威郡。《魏书》卷52《阴仲达传》:"阴仲达,武威姑臧人。祖训,字处道,仕李暠为武威太守。"亦证西凉侨置有武威郡。

2.11　西凉武兴郡

据上考"西凉会稽郡"引《凉武昭王李玄盛传》可知,西凉迁居酒泉时,侨置有武兴郡。

2.12　西凉张掖郡

据上考"西凉会稽郡"引《凉武昭王李玄盛传》可知,西凉迁居酒泉时,侨置有张掖郡。另据《晋书》卷87《凉武昭王李玄盛传附子士业传》,李歆以索仙为张掖太守。

2.13　西凉敦煌护军

《晋书》卷87《凉武昭王李玄盛传》载,"(李玄盛)征宋繇为右将军,领敦煌护军"。可见西凉有敦煌护军。

2.14　西凉驿马护军

《晋书》卷87《凉武昭王李玄盛传》载,李玄盛以"赵开为驿马护军"。可见西凉有驿马护军。

3. 县

3.1　西凉玉门县

《晋书》卷87《凉武昭王李玄盛传》载,李玄盛遣宋繇东伐,"遂屯玉门、阳关,广田积谷,为东伐之资"。可见西凉有玉门县。

3.2　西凉安弥县

《晋书》卷87《凉武昭王李玄盛传》载,"且渠蒙逊来侵,至于建康,掠三千余户而归。玄盛大怒,率骑追之,及于弥安,大败之"。中华书局点校本《晋书》于此处"校勘记"已指出,此"弥安"为"安弥"之误。可见西凉有安弥县。

3.3　西凉敦煌县

据前考"西凉敦煌郡"引《凉武昭王李玄盛传》可知,西凉有敦煌县,属敦煌郡。

3.4 西凉阳关县

据上考"西凉玉门县"引《凉武昭王李玄盛传》可知,西凉有阳关县。

3.5 西凉效谷县

《晋书》卷87《凉武昭王李玄盛传附子士业传》载,"效谷地烈"。可见西凉有效谷县。

3.6 西凉伊吾县

《晋书》卷87《凉武昭王李玄盛传附子士业传》载,北凉灭西凉后,"(沮渠)蒙逊徙(李)翻子宝等于姑臧,岁余,北奔伊吾"。可见西凉有伊吾县。

3.7 西凉乐涫县

据前考"西凉建康郡"引《凉武昭王李玄盛传》可知,西凉有乐涫县,属建康郡。

第四节 北 凉

北凉神玺元年(397),段业于建康称凉州牧。神玺二年(398),迁于张掖。天玺元年(399),段业称凉王。永安元年(401),沮渠蒙逊杀段业,称凉州牧。玄始元年(412),沮渠蒙逊迁都姑臧,称河西王。永和元年(433),沮渠牧犍即位。北凉永和七年(439),北魏灭北凉。

一、疆域变迁

后凉时,临松卢水胡沮渠氏仕于吕光。据《资治通鉴》晋安帝隆安元年(北凉神玺元年,397),吕光杀沮渠罗仇等,沮渠蒙逊遂据临松反,屯于金山,不久蒙逊为后凉所破,逃入山中;蒙逊从兄沮渠男成闻蒙逊起兵,屯于乐涫,攻取酒泉,进攻建康,遂推建业太守段业为凉州牧,蒙逊亦归段业①。

《资治通鉴》晋安帝隆安二年(北凉神玺二年,398),"段业使沮渠蒙逊攻西郡,执太守吕纯以归";"于是晋昌太守王德、敦煌太守赵郡孟敏皆以郡降业。业封蒙逊为临池侯,以德为酒泉太守,敏为沙州刺史";"凉常山公弘镇张掖,段业使沮渠男成及王德攻之","弘引兵弃张掖东走,段业徙治张掖"。《吐鲁番出土文书》有北凉神玺三年(399)文书,可证高昌郡此时亦为北凉所据②。北凉

---

① 《宋书》卷98《氐胡传》载此事在隆安三年,当误。
② 武汉大学历史系等编:《吐鲁番出土文书(第一册)》,第32页。

得高昌郡当亦在神玺二年(398)。故北凉神玺二年(398),段业取有西郡及其以西之地。北凉天玺二年(400),李暠自立,玉门以西之地入西凉;北凉永安元年(401),酒泉、凉宁、建康、西海四郡入西凉①。

北凉永安元年(401),沮渠蒙逊杀段业,自称凉州牧。永安六年(406),南凉秃发傉檀迁都姑臧。永安七年(407),秃发傉檀攻取北凉西郡,旋又入北凉②。永安十年(410),南凉自姑臧迁于乐都,姑臧为焦朗据有。《资治通鉴》载,晋安帝义熙七年(北凉永安十一年,411)二月,沮渠蒙逊执焦朗,北凉攻取姑臧,以秦州刺史镇姑臧。据《沮渠蒙逊载记》,北凉玄始元年(412),沮渠蒙逊自张掖迁都至姑臧。

西秦灭南凉后,与北凉为邻。随着西秦的衰落,北凉逐渐取有西秦所据河西之地。《资治通鉴》载,晋安帝义熙九年(北凉玄始二年,413)四月,"南凉湟河太守文支以郡降于蒙逊",北凉得湟河郡。玄始四年(415),北凉攻取西秦广武郡、晋兴郡,而北凉湟河郡入西秦③。宋文帝元嘉五年(北凉承玄元年,428)正月,西秦浇河太守降于北凉;六月,"河西王蒙逊因秦丧伐秦西平,西平太守魏承谓之曰:'殿下若先取乐都则西平必为殿下之有;苟望风请服,亦明主之所疾也。'蒙逊乃释西平,攻乐都";次年正月,北凉攻拔西秦西平郡。宋文帝元嘉十六年(439)九月,北魏灭北凉,北凉乐都太守沮渠安周南奔吐谷浑。可见北凉有乐都郡,当得于攻西平郡之际。

北凉玄始六年(417),自西凉取有建康郡;玄始九年(420),沮渠蒙逊击破西凉,取有建康以西西凉之地(除敦煌城);玄始十年(421),得敦煌城④。《资治通鉴》宋武帝永初二年(421)三月载,北凉灭西凉后,"于是西域诸国皆请□□称臣朝贡"。西凉时,李氏能制御西域,北凉亦能使西域诸国归附⑤。又据《资治通鉴》,宋武帝永初二年(北凉玄始十年,421)十二月,"河西王蒙逊所署晋昌太守唐契据郡叛,蒙逊遣世子政德讨之";宋营阳王景平元年(北凉玄始十二年,423)四月,"河西世子政德攻晋昌,克之。唐契及弟和、甥李宝同奔伊吾"。

北凉义和元年(431),北魏拜沮渠蒙逊为凉王,以"武威、张掖、敦煌、酒泉、

---

① 参见前文所考西凉"疆域变迁"的相关内容。
② 参见前文所考南凉"疆域变迁"的相关内容。
③ 参见前文所考西秦"疆域变迁"的相关内容。
④ 参见前文所考西凉"疆域变迁"的相关内容。
⑤ 《吐鲁番出土文书》(第一册)有北凉玄始十一年(422)至承平八年(450)时的文书,可证北凉据有高昌郡。

西海、金城、西平七郡"封王①，可见北凉基本据有原西晋凉州河西之地。北凉永和元年(433)，沮渠蒙逊卒，子沮渠茂虔即位。永和七年(439)，北魏攻破姑臧城，沮渠茂虔出降，北凉亡。

据上述，北凉神玺元年(397)，据有建康郡、酒泉郡。神玺二年(398)，得西郡及其以西之地。天玺二年(400)，失玉门以西之地。永安元年(401)，失酒泉、凉宁、建康、西海四郡。永安十一年(411)，得姑臧及其附近之地。玄始二年(413)，得湟河郡。玄始四年(415)，得广武郡、晋兴郡，失湟河郡。玄始六年(417)，得建康郡。玄始九年(420)，灭西凉，得其地(除敦煌郡和敦煌护军)。玄始十年(421)，得敦煌郡和敦煌护军，失晋昌郡。玄始十二年(423)，得晋昌郡。承玄元年(428)，得浇河郡。承玄二年(429)，得西平郡、乐都郡。北凉永和七年(439)，国亡。

二、政区沿革

据上考北凉疆域可知，北凉承玄二年(429)至永和七年(439)疆域最盛(见图17)。下文以北凉承玄三年(430)为基准年，先概述北凉政区沿革，再考证北凉可考的政区。

(一) 政区概述

1. 凉州(承秦州)

凉州，治姑臧(今甘肃武威市凉州区)。北凉永安十一年(411)，置秦州，治姑臧，领武威、昌松、番禾、武兴四郡。玄始元年(412)，武威、昌松、番禾、武兴四郡改属凉州，治姑臧②。玄始二年(413)，湟河郡自南凉来属；同年，置湟川郡，属凉州。玄始四年(415)，湟河郡入西秦，广武郡、晋兴郡自西秦来属。承玄元年(428)，浇河郡自西秦来属。承玄二年(429)，西平郡、乐都郡自西秦来属。至北凉永和七年(439)，凉州领武威、武兴、番禾、昌松、湟川、广武、晋兴、浇河、西平、乐都十郡。

武威郡，治姑臧(今甘肃武威市凉州区)。南凉迁居乐都后，武威郡为焦朗占据。北凉永安十一年(411)，承焦朗置武威郡，领姑臧、宣威、揖次、祖厉、晏然五县。至北凉永和七年(439)，武威郡领县当不变。

武兴郡，治武兴(今地不可考)。南凉迁居乐都后，武兴郡为焦朗占据。北

---

① 见《魏书》卷99《沮渠蒙逊传》和《资治通鉴》宋文帝元嘉八年九月。此武威等七郡，皆西晋旧郡，并非北凉时诸郡。

② 北凉迁都姑臧，凉州随之自张掖改治姑臧。

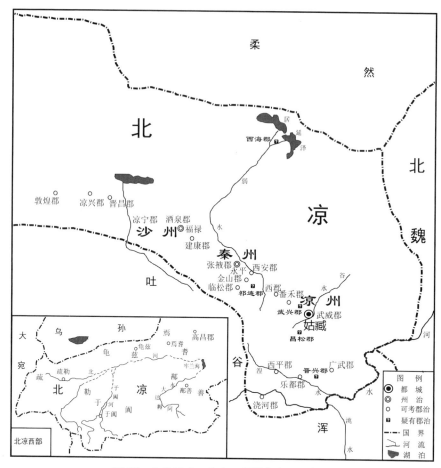

图 17　北凉承玄三年(430)疆域政区示意图

凉永安十一年(411),承焦朗置武兴郡,领武兴、大城、乌支、襄武、新郭、平狄、司监、嘉麟八县。至北凉永和七年(439),武兴郡领县当不变。

番禾郡,治番禾(今甘肃永昌县)。南凉迁居乐都后,番禾郡为焦朗占据。北凉永安十一年(411),承焦朗置番禾郡,领番禾县、苕藋县。至北凉永和七年(439),番禾郡领县当不变。

昌松郡,治显美(今甘肃武威市凉州区南)。南凉迁居乐都后,昌松郡为焦朗占据。北凉永安十一年(411),承焦朗置昌松郡,领显美、丽轩、昌松、魏安、漠口五县。至北凉永和七年(439),昌松郡领县当不变。

湟川郡,治湟川(今地不可考)。北凉玄始二年(413),得南凉湟川护军,改为湟川郡,领湟川县。至北凉永和七年(439),湟川郡领县当不变。

广武郡,治令居(今甘肃永登县西北)。北凉玄始四年(415),承西秦置广武郡,领令居、永登、广武、振武、允街五县。至北凉永和七年(439),广武郡领县当不变。

晋兴郡,治浩亹(今甘肃永登县西南)。北凉玄始四年(415),承西秦置晋兴郡,或领浩亹、晋兴、临鄣、广昌、遂兴、罕唐六县。至北凉永和七年(439),晋兴郡领县当不变。

浇河郡,治所不可考。北凉承玄元年(428),承西秦置浇河郡,领县不可考。至北凉永和七年(439),浇河郡辖区当不变。

西平郡,治西都(今青海西宁市城区一带)。北凉承玄二年(429),承西秦置西平郡,领西都、临羌、长宁三县。至北凉永和七年(439),西平郡领县当不变。

乐都郡,治乐都(今青海海东市乐都区)。北凉承玄二年(429),承西秦置乐都郡,领乐都县、安夷县。至北凉永和七年(439),乐都郡领县当不变。

附　湟河郡,治所不可考。北凉玄始二年(413),承西秦置湟河郡,领县不可考。至北凉玄始四年(415),湟河郡辖区当不变。

2. 秦州(承凉州)

秦州,治永平(今甘肃张掖市甘州区西北)。神玺元年(397),置凉州,治乐涫,领建康郡、酒泉郡。其后,分酒泉郡置凉宁郡和驲马护军,属凉州。神玺二年(398),张掖、西郡、西海、临松、祁连、西安六郡和中田护军自后凉来属凉州,凉州改治永平。其后,分张掖置临池郡,分西郡置金山郡,皆属凉州。北凉永安元年(401),酒泉、凉宁、建康、西海四郡和驲马护军入西凉。北凉玄始元年(412),张掖、西郡、临松、祁连、西安、临池、金山七郡和中田护军改属秦州,仍治永平①。北凉玄始六年(417),建康郡自西凉来属秦州。至北凉永和七年(439),秦州领张掖、西郡、建康、临松、祁连、西安、临池、金山八郡和中田护军。

张掖郡,治永平(今甘肃张掖市甘州区西北)。北凉神玺二年(398),承后凉置张掖郡,领永平、临泽、屋兰、氐池、美水五县。至北凉永和七年(439),张掖郡领县当不变。

西郡,治日勒(今甘肃永昌县西北)。北凉神玺二年(398),承后凉置西郡,领日勒、删丹、仙提、万岁、兰池、临洮六县。至北凉永和七年(439),西郡领县当不变。

建康郡,治乐涫(今甘肃酒泉市肃州区东南)。北凉神玺元年(397),承后

---

① 凉州改治姑臧,秦州自姑臧迁治张掖永平。

凉置建康郡,领乐涫、表氏等县。北凉永安元年(401),建康郡入西凉。北凉玄始六年(417),建康郡自西凉入北凉。至北凉永和七年(439),建康郡领县当不变。

临松郡,治临松(今地不可考)。北凉神玺二年(398),承后凉置临松郡,领临松等县。至北凉永和七年(439),临松郡领县当不变。

祁连郡,治汉阳(今地不可考)。北凉神玺二年(398),承后凉置祁连郡,领汉阳县、祁连县。至北凉永和七年(439),祁连郡领县当不变。

西安郡,治所不可考。北凉神玺二年(398),承后凉置西安郡,领县不可考。至北凉永和七年(439),西安郡辖区当不变。

临池郡,治所不可考。北凉神玺二年(398),得张掖郡;其后,分张掖置临池郡,领县不可考。至北凉永和七年(439),临池郡辖区当不变。

金山郡,治所不可考。北凉神玺二年(398),得西郡;其后,分西郡置金山郡,领县不可考。至北凉永和七年(439),金山郡辖区当不变。

中田护军,治中田(今地不可考)。北凉神玺二年(398),承后凉置中田护军。至北凉永和七年(439),中田护军辖区当不变。

3. 沙州

沙州,治福禄(今甘肃酒泉市肃州区)。北凉神玺二年(398),置沙州,治敦煌,领敦煌、晋昌、高昌三郡和西域都护。天玺元年(399),分敦煌置凉兴郡,属沙州。天玺二年(400),沙州入西凉。玄始九年(420),酒泉、晋昌、凉兴、凉宁、新城、西海、高昌七郡和西域都护、驿马护军自西凉入北凉①,以沙州领之,治福禄。玄始十年(421),敦煌郡和敦煌护军自西凉来属,晋昌郡入唐契。玄始十二年(423),晋昌郡自唐契来属。至北凉永和七年(439),沙州领酒泉、敦煌、晋昌、凉兴、西海、高昌、凉宁、新城八郡和西域都护、敦煌护军、驿马护军。

酒泉郡,治福禄(今甘肃酒泉市肃州区)。北凉神玺元年(397),承后凉置酒泉郡,领福禄、会水、安弥、驿马、延寿、凉宁、金泽、玉门八县;其后,凉宁县别属凉宁郡。北凉天玺二年(400),玉门县入西凉。北凉永安元年(401),酒泉郡入西凉。北凉玄始九年(420),酒泉郡自西凉入北凉,领福禄、会水、安弥、驿马、延寿、金泽、玉门七县。至北凉永和七年(439),酒泉郡领县当不变。

敦煌郡,治敦煌(今甘肃敦煌市西南)。北凉神玺二年(398),承后凉置敦

---

① 西凉时,侨置有会稽、广夏、武威、武兴、张掖等郡,入北凉后,这些侨郡或罢。

煌郡，领敦煌、昌蒲、龙勒、阳关、效谷、乾齐、凉兴、乌泽八县。北凉天玺元年（399），凉兴县、乌泽县别属凉兴郡。北凉天玺二年（400），敦煌郡自西凉入西凉。北凉玄始十年（421），敦煌郡自西凉来属。至北凉永和七年（439），敦煌郡领敦煌、昌蒲、龙勒、阳关、效谷、乾齐六县。

晋昌郡，治冥安（今甘肃瓜州县东南）。北凉神玺二年（398），承后凉置晋昌郡，领冥安、宜禾、伊吾、渊泉、广至、沙头、会稽、新乡八县。北凉天玺元年（399），宜禾县别属凉兴郡。北凉天玺二年（400），晋昌郡入西凉。北凉玄始九年（420），晋昌郡领冥安、渊泉、广至、沙头、会稽、新乡六县自西凉入北凉①。北凉玄始十年（421），晋昌郡入唐契。北凉玄始十二年（423），晋昌郡自唐契来属沙州。至北凉永和七年（439），晋昌郡领冥安、渊泉、广至、沙头、会稽、新乡六县。

凉兴郡，治凉兴（今地不可考）。北凉天玺元年（399），置凉兴郡，领凉兴、乌泽、宜禾三县。北凉天玺二年（400），凉兴郡入西凉。北凉玄始九年（420），凉兴郡自西凉入北凉。至北凉永和七年（439），凉兴郡领县当不变。

凉宁郡，治凉宁（今地不可考）。北凉神玺元年（397），得酒泉郡；其后，分酒泉置凉宁郡，领凉宁等县。北凉永安元年（401），凉宁郡入西凉。北凉玄始九年（420），凉宁郡自西凉入北凉。至北凉永和七年（439），凉宁郡领县当不变。

新城郡，治所不可考。北凉玄始九年（420），承西凉置新城郡，领县不可考。至北凉永和七年（439），新城郡辖区当不变。

西海郡，治居延（今内蒙古额济纳旗东南）。北凉神玺二年（398），承后凉置西海郡，领居延县。北凉永安元年（401），西海郡入西凉。北凉玄始九年（420），西海郡自西凉入北凉。至北凉永和七年（439），西海郡领县当不变。

高昌郡，治高昌（今新疆吐鲁番市东）。北凉神玺二年（398），承后凉置高昌郡，领高昌、横截、田地、高宁、白力五县。北凉天玺二年（400），高昌郡入西凉。北凉玄始九年（420），高昌郡自西凉入北凉。至北凉永和七年（439），高昌郡领县当不变。

西域都护，治高昌（今新疆吐鲁番市东）。北凉神玺二年（398），承后凉置

---

① 据前文所考"西凉伊吾县"可知，西凉亡后，伊吾县不为北凉控制。《宋书》卷98《氐胡传》："（永初）十二月，晋昌太守唐契反，复遣正德攻契。景平元年三月，克之，契奔伊吾。"亦证伊吾县不为北凉控制。

西域都护。北凉天玺二年(400),西域都护入西凉。北凉玄始九年(420),西域都护自西凉入北凉。至北凉永和七年(439),西域都护辖区当不变。

敦煌护军,治敦煌(今甘肃敦煌市西南)。北凉神玺二年(398),得敦煌郡;其后,置敦煌护军。北凉天玺二年(400),敦煌护军入西凉。北凉玄始十年(421),敦煌护军自西凉入北凉。至北凉永和七年(439),敦煌护军辖区当不变。

驿马护军,治驿马(今甘肃玉门市西北)。北凉神玺元年(397),得酒泉郡;其后,置驿马护军①。北凉永安元年(401),驿马护军入西凉。北凉玄始九年(420),驿马护军自西凉入北凉。至北凉永和七年(439),驿马护军辖区当不变。

(二) 政区考证

1. 州

1.1 北凉凉州

《宋书》卷98《氐胡传》载,段业为沮渠男成推为主,"自号龙骧大将军、凉州牧"。《魏书》卷99《沮渠蒙逊传》载,"蒙逊因举兵攻杀(段)业,私署使持节、大都督、大将军、凉州牧、张掖公,号年永安,居张掖。永兴中,蒙逊克姑臧,迁居之。改号玄始元年"。可见北凉有凉州。段业先后居建康、张掖,沮渠蒙逊先后居张掖、姑臧,凉州治当随之而迁。

1.2 北凉秦州

《沮渠蒙逊载记》载,蒙逊得姑臧后,"以其弟挐为护羌校尉、秦州刺史,封安平侯,镇姑臧。旬余而挐死,又以从祖益子为镇京将军、护羌校尉、秦州刺史,镇姑臧"。《宋书》卷98《氐胡传》载,"(沮渠茂虔)第六弟武兴县侯仪德为征东将军、秦州刺史、都督丹岭以西诸军事、张掖太守"。可见北凉有秦州,初镇姑臧,后镇张掖。

1.3 北凉沙州

《晋书》卷87《凉武昭王李玄盛传》载,"吕光末,京兆段业自称凉州牧,以敦煌太守赵郡孟敏为沙州刺史"。《宋书》卷98《氐胡传》载,"(沮渠)茂虔弟安弥县侯无讳先为征西将军、沙州刺史、都督建康以西诸军事、酒泉太守"。可见北凉有沙州,初镇敦煌,后镇酒泉。

---

① 《晋书》卷87《凉武昭王李玄盛传》载,以赵开为驿马护军,"又遣宋繇东伐凉兴,并击玉门已西诸城,皆下之,遂屯玉门、阳关,广田积谷,为东伐之资"。《晋书》于此所载西凉初所任太守、护军,皆非据有其地。驿马在玉门东,西凉屯兵玉门,当并未取有驿马。故驿马护军或为北凉段业时置。

2. 郡、护军

2.1 北凉武威郡

《资治通鉴》载,宋文帝元嘉十六年(439)九月,北魏灭北凉,"魏主使弋阳公元絜守酒泉,及武威、张掖皆置将守之";十二月,"沮渠牧犍尤喜文学,以敦煌阚骃为姑臧太守"。可见北凉有武威郡。武威郡治姑臧,故称阚骃为姑臧太守。

2.2 北凉番禾郡

《元和郡县图志》卷40《陇右道下》载,"天宝县,汉番禾县,属张掖郡,北凉沮渠蒙逊立为番禾郡"。可见北凉有番禾郡。

2.3 北凉湟川郡

《沮渠蒙逊载记》载,蒙逊以"成宜侯为振威将军、湟川太守"。可见北凉有湟川郡。

2.4 北凉广武郡

《资治通鉴》载,晋安帝义熙十一年(415)三月,"河西王蒙逊攻西秦广武郡,拔之"。《沮渠蒙逊载记》载,蒙逊"署文支镇东大将军、广武太守"。可见北凉有广武郡。

2.5 北凉浇河郡

《故城阳康王元寿妃之墓志》:"妃姓魏,沮渠时扬列将军、浇河太守魏宁孙之长女。"[①]可见北凉有浇河郡。

2.6 北凉西平郡

罗新、叶炜《新出魏晋南北朝墓志疏证》所收《张略墓志》载,"凉故西平郡阿夷县……张略之墓"[②]。罗新、叶炜在此墓志"疏证"中指出:"张略是从北凉入魏的,墓志所记张略历官封爵,应当都是自北凉。张略籍贯属西平郡阿夷县,阿夷当作安夷,音近致讹。"可见北凉有西平郡,领有安夷县。

2.7 北凉乐都郡

《资治通鉴》宋文帝元嘉十六年(439)九月有北凉乐都太守沮渠安周,可见北凉有乐都郡。

2.8 北凉张掖郡

《宋书》卷98《氐胡传》载,"(段业)寻又以蒙逊领张掖太守",又有张掖太守沮渠仪德。《沮渠蒙逊载记》载,"(段)业以(马)权代蒙逊为张掖太守";又载,

---

[①] 赵超:《汉魏南北朝墓志汇编》,第52页。
[②] 罗新、叶炜:《新出魏晋南北朝墓志疏证》,第48页。

蒙逊杀段业,称凉州牧,"署从兄伏奴为镇军将军、张掖太守";又有"张掖太守句呼勒"。《资治通鉴》晋安帝义熙十三年(417)三月有北凉"张掖太守沮渠广宗"。《魏书》卷30《奚眷传》载,"世祖平姑臧,遣眷讨沮渠牧犍弟私署张掖太守宜得"。可见北凉有张掖郡。

2.9　北凉西郡

《宋书》卷98《氐胡传》载,"(段)业使蒙逊将万人攻光弟子纯于西郡,经旬不克,乃引水灌城,窘急乞降,执之以归"。《沮渠蒙逊载记》载,蒙逊杀段业,称凉州牧,以"田昂为镇南将军、西郡太守";又载,"梁中庸为西郡太守",以"(沮渠)鄯为西郡太守"。可见北凉得西郡。

2.10　北凉建康郡

《沮渠蒙逊载记》载,姚硕德拜北凉沮渠挐为建康太守。可见北凉有建康郡。

2.11　北凉临松郡

《宋书》卷98《氐胡传》载,"太祖元嘉元年,枹罕虏乞佛炽盘出貊渠谷攻河西白草岭,临松郡皆没"。《沮渠蒙逊载记》有北凉"临松太守(沮渠)孔笃"。可见北凉有临松郡。

2.12　北凉西安郡

《沮渠蒙逊载记》载,"(段)业筑西安城,以其将臧莫孩为太守"。《宋书》卷98《氐胡传》载,"(沮渠蒙逊)转西安太守"。可见北凉有西安郡。

2.13　北凉临池郡

《宋书》卷98《氐胡传》载,"(段业)以蒙逊为镇西将军、临池太守"。可见北凉有临池郡。

2.14　北凉金山郡

《沮渠蒙逊载记》载,"(沮渠蒙逊)以从弟成都为金山太守"。《太平寰宇记》卷152《陇右道三》载,《魏氏春秋》:'明帝青龙三年,张掖郡删丹县金山有玄川溢涌,宝石出焉。'"《隋书》卷29《地理志上》载,张掖郡删丹县下注曰:"后周置金山县,寻废入焉"。《晋志上》载,西郡有删丹县。北凉当分西郡而置金山郡,在删丹县附近。

2.15　北凉酒泉郡

《宋书》卷98《氐胡传》载,"(段业)以王德为酒泉太守";又载,"蒙逊第三子茂虔时为酒泉太守",又有酒泉太守沮渠无讳。《沮渠蒙逊载记》载,"(段业)以蒙逊从叔益生为酒泉太守";又载,"酒泉、凉宁二郡叛降李玄盛"。可见北凉有酒泉郡。

2.16 北凉敦煌郡

《宋书》卷98《氐胡传》有北凉"敦煌太守李暠",又有敦煌太守沮渠唐儿。据《资治通鉴》,宋武帝永初元年(420)七月,北凉灭西凉,"蒙逊以索嗣之子元绪行敦煌太守"。可见北凉有敦煌郡。

2.17 北凉晋昌郡

《宋书》卷98《氐胡传》有北凉"晋昌太守唐瑶";又载,"(永初)十二月,晋昌太守唐契反,复遣正德攻契。景平元年三月,克之,契奔伊吾"。可见北凉有晋昌郡。

2.18 北凉凉兴郡

《晋书》卷87《凉武昭王李玄盛传》载,"(段业)分敦煌之凉兴、乌泽、晋昌之宜禾三县为凉兴郡"。《太平寰宇记》卷153《陇右道四》载,"《十六国春秋》云:'凉武昭王元年,分敦煌之凉兴、乌泽、晋昌之宜禾三县置凉兴郡。'"凉兴郡当是段业置,应在北凉天玺元年(399)。

2.19 北凉凉宁郡

《沮渠蒙逊载记》载,"蒙逊以吕隆既降于兴,酒泉、凉宁二郡叛降李玄盛"。可见北凉有凉宁郡。

2.20 北凉高昌郡

《魏书》卷101《高昌传》载,"晋以其地为高昌郡,张轨、吕光、沮渠蒙逊据河西,皆置太守以统之"。《沮渠蒙逊载记》载,蒙逊以隗仁为高昌太守。可见北凉有高昌郡。

2.21 北凉中田护军

《沮渠蒙逊载记》载,"蒙逊伯父中田护军亲信"。可见北凉有中田护军。

2.22 北凉敦煌护军

《晋书》卷87《凉武昭王李玄盛传》载,北凉段业时有敦煌护军郭谦。可见北凉有敦煌护军。

附 北凉湟河郡

《资治通鉴》载,晋安帝义熙九年(413)四月,"南凉湟河太守文支以郡降于蒙逊"。《沮渠蒙逊载记》载,蒙逊"以殿中将军王建为湟河太守";又载,"蒙逊以弟汉平为折冲将军、湟河太守","(乞伏)炽磐复进攻汉平。汉平纳(焦)昶、(段)景之说面缚出降"。可见北凉有湟河郡。

3. 县

3.1 北凉姑臧县

据前考"北凉凉州"、"北凉秦州"可知,北凉有姑臧县。

3.2 北凉苕藋县

《沮渠蒙逊载记》载,"蒙逊西如苕藋"。可见北凉有苕藋县。

3.3 北凉浩亹县

《沮渠蒙逊载记》载,"(蒙逊)自广武如湟河,度浩亹"。《宋书》卷98《氐胡传》载,"永初元年七月,蒙逊东略浩亹"。《资治通鉴》载,晋安帝义熙十一年(415)三月,"西秦王炽磐遣将军乞伏魋尼寅邀蒙逊于浩亹,蒙逊击斩之"。可见北凉有浩亹县。

3.4 北凉长宁县

《太平御览》卷268《职官部六十六》:"崔鸿《十六国春秋·北凉录》曰:'张谭字元庆,武威姑臧人也。为和宁令。'"可见北凉有和宁县。洪亮吉《十六国疆域志》卷9《北凉》疑此"和宁"为"长宁"。《晋志上》载西平郡有长宁县,而凉州无和宁县,或《太平御览》所载"和宁"为"长宁"之误。

3.5 北凉安夷县

据前考"北凉西平郡"引《张略墓志》可知,北凉有安夷县,属西平郡。

3.6 北凉永平县

《沮渠蒙逊载记》载,"时木连理,生于永安,永安令张披上书"。中华书局点校本《晋书》此处"校勘记"以为"永安"为"永平"之误,当是。故北凉有永平县。

3.7 北凉临泽县

《沮渠蒙逊载记》载,"太史令张衍言于蒙逊曰:'今岁临泽城西当有破兵。'"《宋书》卷98《氐胡传》载,"永初元年七月,蒙逊东略浩亹,李歆乘虚攻张掖;蒙逊回军西归,歆退走,追至临泽,斩歆兄弟三人"。可见北凉有临泽县。

3.8 北凉氐池县

《沮渠蒙逊载记》载,蒙逊叛段业,"比至氐池,众逾一万"。《秃发傉檀载记》载,"傉檀于是率师伐沮渠蒙逊,次于氐池"。可见北凉有氐池县。

3.9 北凉万岁县

《资治通鉴》载,晋安帝隆安五年(401)十月,"(秃发利鹿孤)遣张松侯俱延、兴城侯文支将骑一万袭蒙逊,至万岁、临松"。可见北凉有万岁县。

3.10 北凉临松县

《周书》卷28《史宁传》:"史宁字永和,建康表氏人也。曾祖豫,仕沮渠氏为临松令。"又据上考"北凉万岁县"引《资治通鉴》可知,北凉有临松县。

3.11 北凉效谷县

《晋书》卷87《凉武昭王李玄盛传》载,段业自称凉州牧,"署玄盛效谷令"。

《资治通鉴》载,晋安帝隆安四年(400)四月有北凉"效谷令张邈"。可见北凉有效谷县。

  3.12 北凉沙头县

《宋书》卷98《氐胡传》载,王德叛,沮渠蒙逊击之,"追德至沙头"。可见北凉有沙头县。

  3.13 北凉凉兴县

据前考"北凉凉兴郡"引《凉武昭王李玄盛传》可知,北凉有凉兴县,属凉兴郡。

  3.14 北凉乌泽县

据前考"北凉凉兴郡"引《凉武昭王李玄盛传》可知,北凉有乌泽县,属凉兴郡。

  3.15 北凉宜禾县

据前考"北凉凉兴郡"引《凉武昭王李玄盛传》可知,北凉有宜禾县,属凉兴郡。

中编　北魏行政区划

绪　　言

　　政治文化与政治制度是政治实体的一体两翼，它们总是受制于特定的时代背景和具体的自然及人文地理环境。作为一个游牧民族建立起来的王朝，北魏行政区划演变的过程其实也是一个统治阶层政治文化不断变化的过程。郡县制度对应的是中原的农耕社会，而拓跋鲜卑主导的部落联盟制度对应的是北方的游牧社会，这两种政治制度的地理背景不同，并各有与其地理背景相应的经济生活、社会组织和文化传统。自秦代建立以郡县制为基础的农业王朝以后，郡县制已经成为农业王朝在地方的重要制度支撑。拓跋鲜卑南向中原农耕地区政治发展的过程，也是接触、了解中原政治文化传统，并在此基础上逐步建构北魏王朝的过程①。北魏前期，王朝重视对地方的军事征服与控制，对中原农耕地区来讲在政治上具有较强的殖民色彩。而这种重视军事的现象则来源于游牧部落文化的传统②。从这样的思路去理解北魏前期的行政区划制度，很多现象都可以得到理解。

　　《魏书》卷113《官氏志》："凡此四方诸部，岁时朝贡，登国初，太祖散诸部落，始同为编民。"《北史》卷80《外戚贺讷传》："讷从道武平中原，拜安远将军。其后离散诸部，分土定居，不听迁徙，其君长大人皆同编户。讷以元舅，甚见尊重，然无统领。以寿终于家。"这说明北魏初创时代，曾经针对统辖或征服的游牧部落有过一个行政的处分与安置过程。这种处置的政治目的是建立皇帝对普通部落民众的直接统治权威③。但是游牧部落和农耕居民的经济生活、文化习性毕竟不同，所以北魏前期先后有针对原部落民众的八国或八部、六部

---

① 毋有江：《拓跋鲜卑政治发展的地理空间》，《魏晋南北朝隋唐史资料》第二十八辑，2012年。
② 北魏前期官员没有俸禄，官员从朝廷的班赐行为中获得从事重大军政活动的报酬，并在任职期间仍汲汲于有碍国家政治运转的经济营生，这是和游牧社会政治文化传统相关的一个政治现象。参见朴汉济：《北魏王权与胡汉体制》，载东洋史学会编：《中国史研究的成果与展望》，中国社会科学出版社，1991年，第87—107页；黄惠贤、陈锋主编：《中国俸禄制度史》第三章第三节，"从行赏到班禄——北魏的俸禄制度"，武汉大学出版社，1996年，第116—136页。
③ 这种政治行为模式在北魏时代应不鲜见。《北史》卷98《高车传》："薛干部常屯聚于三城之间……及平统万，薛干种类皆得为编户矣。"

之设(详见后文)。而且即便是游牧部落,也因具体生活的地理环境不同而有显著的差异。《北史》卷98《高车传》:"道武时分散诸部,唯高车以类粗犷,不任使役,故得别为部落。"所谓"以类粗犷",同传所记高车诸部"无都统大帅,当种各有君长。为性粗猛,党类同心,至于寇难,翕然相依。斗无行阵,头别冲突,乍出乍入,不能坚战",由于他们没有超越单个部族之上的政治组织传统,"不任使役,故得别为部落"。这样的情况在北魏前期应当不算少见,所以政治上的处分必然会有所不同。《魏书》卷74《尔朱荣传》:"尔朱荣,字天宝,北秀容人也。其先居于尔朱川,因为氏焉。常领部落,世为酋帅。高祖羽健,登国初为领民酋长,率契胡武士千七百人从驾平晋阳,定中山。论功拜散骑常侍。以居秀容川,诏割方三百里封之,长为世业。……曾祖郁德,祖代勤,继为领民酋长。……父新兴,太和中,继为酋长。"《北史》卷54《厍狄干传》:"曾祖越豆眷,魏道武时,以功割善无之西腊汗山地方百里以处之。后率部落北迁,因家朔方。"卷61《叱列伏龟传》:"其先为部落大人,魏初入附,遂世为第一领人(民)酋长,至龟五世。"《北齐书》卷27《破六韩常传》:"破六韩常……匈奴单于之裔也。……世领部落,其父孔雀,世袭酋长。"《魏故咸阳太守刘(玉)府君墓志铭》:"大魏开建,托定恒代,以曾祖初万头,大族之胄,宜履名宦,从驾之众,理须督率,依地置官,为何浑地汗。尔时此斑,例亚州牧。"①显示这种迁就游牧政治文化传统的管理方式对地方而言具有较强的自主性。周一良对此曾有专文研究②。不管怎样,在北魏建立以后,在游牧部落的政治文化中开始出现了超出部族之上的行政管理,并有了相对明确的地域划分。

游牧的政治文化传统依然存在并在北魏前期表现得特别明显,这一点从文成帝《南巡碑》里带有浓郁北族色彩的职官设置就可以看出来③。这种职官设置在针对农耕地区的行政区划上也有所反映。《魏书》卷113《官氏志》:道武帝天赐"二(当作三)年正月……又制诸州置三刺史,刺史用品第六

---

① 见赵超:《汉魏南北朝墓志汇编》,天津古籍出版社,2008年,第212页。
② 见周一良:《领民酋长与六州都督》,《魏晋南北朝史论集》,北京大学出版社,1997年,第190—214页。
③ 文成帝《南巡碑》据碑额又可称"皇帝南巡之颂"碑,具体情况参见靳生禾、谢鸿喜:《北魏〈皇帝南巡之颂〉碑考察报告》,《山西大学学报(哲社版)》1994年第2期;张庆捷:《北魏文成帝〈南巡碑〉碑文考证》,《考古》1998年第4期。除了文成帝《南巡碑》,尚有在此之前的太武帝"皇帝东巡之碑"(或称"御射碑"),只是现在残留的碑上文字较少,虽然经过实地的努力查找,仍没有文成帝《南巡碑》刻写的职官内容那样丰富多样,参阅罗新、李泉汇:《北魏太武帝东巡碑的新发现》,《中国国家博物馆馆刊》2011年第9期。

者,宗室一人,异姓二人,比古之上中下三大夫也。郡置三太守,用七品者,县置三令长,八品者。刺史、令长各之州县,以太守上有刺史,下有令长,虽置而未临民。自前功臣为州者征还京师,以爵归第"。这样的地方行政职官设置,在正史里极为罕见。严耀中认为北魏前期的"三刺史"制并非通行于境内所有的州,而只是在缘边和驻有重兵的战略要地之诸州方实行此制,并且不大可能实施至郡县①。如果考虑到北魏早期政治上极为浓厚的游牧文化色彩,天赐三年(406)道武帝在州、郡、县分别设置三刺史、三太守和三令长,虽然有违郡县制的精神,但显然符合分权制的部落文化传统。何况在天赐二年(405)北魏确实出现了职官制度全面回归鲜卑旧制的现象②。不过也正因为分权式的地方行政职官设置有违农耕地区的政治文化传统,即便这一制度全面推行过,也应是短期的现象,在文献里它之不见于具体事证亦是可以理解的。

北魏前期的社会政治情况从南朝史籍里也可以略窥一二。《南齐书》卷57《魏虏传》云:"什翼珪(指道武帝)始都平城,犹逐水草,无城郭,木末(指明元帝)始土著居处。佛狸(指太武帝)破梁州、黄龙,徙其居民,大筑郭邑。"总的来说,对于逐步面向农耕地区发展的游牧部族而言,经济生活上的游牧日趋为定居所替代。但这并不意味着政治文化的同步跟进。所以《魏虏传》又云:"国中呼内左右为'直真',外左右为'乌矮真',曹局文书吏为'比德真',檐衣人为'朴大真',带仗人为'胡洛真',通事人为'乞万真',守门人为'可薄真',伪台乘驿贱人为'拂竹真',诸州乘驿人为'咸真',杀人者为'契害真',为主出受辞人为'折溃真',贵人作食人为'附真'。三公贵人,通谓之'羊真'。佛狸置三公、太宰、尚书令、仆射、侍中,与太子共决国事。殿中尚书知殿内兵马仓库,乐部尚书知伎乐及角史伍柏,驾部尚书知牛马驴骡,南部尚书知南边州郡,北部尚书知北边州郡。又有俟勤地何,比尚书;莫堤,比刺史;郁若,比二千石;受别官比诸侯。诸曹府有仓库,悉置比官,皆使通虏、汉语,以为传驿。兰台置中丞御史,知城内事。又置九豆和官,宫城三里内民户籍不属诸军戍者,悉属之。"可以看出,职官设置上既有明显的北方游牧民族色彩,也有中原农耕社会的政治痕迹。这样一个游牧、农耕政治文化元素并列、混杂的职官设置,对应的是北魏统治下当时游牧与农耕两种生活方式并列、混杂的现实状态。

---

① 严耀中:《关于北魏"三刺史"制度的若干诠释》,《学习与探索》2009年第5期。
② 何德章:《北魏初年的汉化制度与天赐二年的倒退》,《中国史研究》2001年第2期。

北魏沿袭前代惯例,还设置有针对内地原先游牧民族的护军制度。《魏书》卷113《官氏志》:"(天兴)四年七月,罢匈奴中郎将官,令诸部护军皆属大将军府。"这说明护军在北魏初年的某个时候就已经存在,天兴四年(401)只是将管理护军的职权由"匈奴中郎将官"归并到"大将军府"。北魏的建立者也是游牧民族,这样的职官设置多少与实际情况脱节,所以《官氏志》记载:"太安三年五月,以诸部护军各为太守。"到了文成帝太安三年(457),护军改为太守,护军辖区也就变为郡县了。

除了游牧与农耕两种政治文化传统影响到职官设置与行政管理方式外,征服地域统治初期的军事性控制和外部对抗性的政治军事竞争也影响到了行政区划设置。《官氏志》:"旧制,缘边皆置镇都大将,统兵备御,与刺史同。城隍、仓库皆镇将主之,但不治。故为重于刺史。"这段内容语句可能存在错讹衍脱,大致意思是,在边疆地区设置的是权势高于内地刺史的"镇都大将"。其实北魏在内地很多地方也曾长期存在军镇的设置。伴随政治局势的稳定,内地诸军镇相继改镇为州。军镇凸显于边疆地区是国防的需要。而且北魏前期都城在代京平城,与北疆壤地相接,风俗习尚相通,有很深的利害关系,故政治联系密切,镇将享有较高的政治地位。

但在孝文帝迁都洛阳以后,国家发展重心彻底转向内地农耕地区,迅猛的汉化改革使军镇在政治上开始沦为边缘,边疆与内地在政治发展上出现了严重失衡,影响到整个王朝的政治稳定,于是在北魏末年出现了改镇为州的政治呼声。《北齐书》卷23《魏兰根传》提到"正光末,尚书令李崇为本郡都督,率众讨茹茹,以兰根为长史",魏兰根"因说崇曰:'缘边诸镇,控摄长远。昔时初置,地广人稀,或征发中原强宗子弟,或国之肺腑,寄以爪牙。中年以来,有司乖实,号曰府户,役同厮养,官婚班齿,致失清流。而本宗旧类,各各荣显,顾瞻彼此,理当愤怨。更张琴瑟,今也其时,静境宁边,事之大者。宜改镇立州,分置郡县,凡是府户,悉免为民,入仕次叙,一准其旧,文武兼用,威恩并施……'"但朝廷开始似乎不大重视这个建议,"崇以奏闻,事寝不报"。所谓"正光末",据《魏书》卷9《肃宗纪》:正光四年(523)二月"己卯,以蠕蠕主阿那瑰率众犯塞,遣尚书左丞元孚兼尚书,为北道行台,持节喻之。蠕蠕后主侯匿伐来朝京师。……夏四月,阿那瑰执元孚,驱掠畜牧北遁。甲申,诏骠骑大将军、尚书令李崇,中军将军、兼尚书右仆射元纂率骑十万讨蠕蠕,出塞三千余里,不及而还"。魏兰根建议及李崇上奏当在正光四年。据《魏书》卷66《李崇传》,正光五年(524),因"北镇破落汗拔陵反叛,所在响应。征北将军、临淮王彧大败于五原,安北将军李叔仁寻败于白道,贼众日甚"①。皇帝召集朝臣商议对策,仍然对魏兰根和李崇的建议予以否决:"去岁阿那瑰叛逆,遣李崇令北征,崇遂长驱塞北,返旆榆关,此亦一时之盛。崇乃上表求改镇为州,罢削旧贯。朕于时以旧典难革,不许其请。寻李崇此表,开诸镇非异之心,致有今日之事。"李崇则对自己的主张予以了辩护:"臣以六镇幽垂,与贼接对,鸣柝声弦,弗离旬朔。州名差重于镇,谓实可悦彼心,使声教日扬,微尘去塞。岂敢导此凶源,开生贼意? 臣之愆负,死有余责。"不难看出,改镇为州的政治用意在于提升北镇的政治地位,加强北魏朝廷对北疆的政治控制。但朝廷还是不重视这个建议。

等到李崇等北讨师出不利,广阳王(《李崇传》作广陵王)元渊又向朝廷上书云:"昔皇始(396—398)以移防为重,盛简亲贤,拥麾作镇,配以高门子弟,以死防遏。不但不废仕宦,至乃偏得复除。当时人物,忻慕为之。"这正是在呼应魏兰根、李崇的建议。"及太和(477—499)在历,仆射李冲当官任事,凉州土人,悉免厮役;丰沛旧门,仍防边戍。自非得罪当世,莫肯与之为伍。征镇驱使为虞候、白直,一生推迁,不过军主。然其往世房分,留居京者,得上品通官;在镇者,便为清途所隔。或投彼有北,以御魑魅,多复逃胡乡。"此即魏兰根所云"中年以来,有司乖实"直接导致的边镇兵将政治地位塌陷情状。边疆攘外安内,在政治地理格局里有内地无法取代的政治军事功能。边疆形势的变化不独受制于外部的政治军事情况,亦与国家整体的政治进程息息相关。边疆功能失调,其实是朝廷内部政治安排有失当之处。"乃峻边兵之格,镇人浮游在外,皆听流兵捉之。于是少年不得从师,长者不得游宦。独为匪人,言者流涕。自定鼎伊洛,边任益轻,唯底滞凡才,出为镇将。转相模习,专事聚敛。或有诸方奸吏,犯罪配边,为之指踪,过弄官府;政以贿立,莫能自改。咸言奸吏为此,无不切齿增怒。"元渊上书的内容可与魏兰根的话相互参照,揭示了造成北疆危机的政治根源。但元渊的上书也没有结果:"时不纳其策。"②

魏兰根、李崇和元渊的建议能否解决北疆面临的政治危机尚需另加讨论,

---

① 《李崇传》没有提及破六韩拔陵反叛的具体年月。据《魏书》卷9《肃宗纪》:正光五年(524)"三月,沃野镇人破落汗拔陵(即破六韩拔陵)聚众反,杀镇将……诏临淮王彧为镇军将军,假征北将军,都督北征诸军事以讨之。……五月,临淮王彧败于五原,削除官爵。壬申,诏尚书令李崇为大都督,率广阳王渊等北讨"。但《资治通鉴》卷149据《周书》卷14《贺拔胜传》将破六韩拔陵反叛系于正光四年(梁武帝普通四年,523)夏四月至秋七月之间。
② 《北史》卷16《太武五王广阳王建传孙元深(即元渊)附传》。同传将元渊上书系在"东道都督崔暹败于白道,深等诸军退还朔州"之后。据《魏书》卷9《肃宗纪》,正光五年(524)秋七月"都督崔暹失利于白道,大都督李崇率众还平城",元渊上书当是在正光五年(524)七月。

问题是朝廷除了军事镇压之外没有其他的应对举措,而单纯的军事镇压事实上并不是有效的对策。所以《魏书》卷9《肃宗纪》正光五年(524)八月丙申,朝廷下诏:"赏贵宿劳,明主恒德;恩沾旧绩,哲后常范。太祖道武皇帝应期拨乱,大造区夏;世祖太武皇帝纂戎丕绪,光阐王业,躬率六师,扫清逋秽;诸州镇城人,本充牙爪,服勤征旅,契阔行间,备尝劳剧。逮显祖献文皇帝,自北被南,淮海思义,便差割强族,分卫方镇。高祖孝文皇帝,远遵盘庚,将迁嵩洛,规遏北疆,荡辟南境,选良家酋帅,增戍朔垂,戎捍所寄,实惟斯等。先帝以其诚效既亮,方加酬锡,会宛邺驰烽,胸泗告警,军旗频动,兵连积岁,兹恩仍寝,用迄于今。怨叛之兴,颇由于此。朕明承乾历,抚驭宇宙,调风布政,思广惠液,宜追述前恩,敷兹后施。诸州镇军贯,元非犯配者,悉免为民,镇改为州,依旧立称。此等世习干戈,率多劲勇,今既甄拔,应思报效。可三五简发,讨彼沙陇。当使人齐其力,奋击先驱,妖党狂丑,必可荡涤。冲锋斩级,自依恒赏。"和前述内容比照,诏书的颁布,等于宣布朝廷接受了李崇和元渊先前提出的对策。但据《北史》卷16《太武五王广阳王建传孙元深附传》载:"东西部敕勒之叛,朝议更思深(即元渊)言。遣兼黄门侍郎郦道元为大使,欲复镇为州,以顺人望。会六镇尽叛,不得施行。"局势动荡,改镇为州在六镇似乎并没有真正实施到地方。但"改镇为州"一定有过一个具体的实施方案,并且这一举措本来的政治意图就是提升北镇官兵的社会政治地位。考量北魏末年北镇势力在政治军事上快速崛起的过程,方案的部分内容应该还是体现到具体的政区设置上了。《魏书》卷106《地形志上》:"朔州,本汉五原郡,延和二年置为镇,后改为怀朔,孝昌中改为州。""灵州,太延二年置薄骨律镇,孝昌中改……"《魏书》卷106《地形志下》:"原州,太延二年置镇,正光五年改置,并置郡县。治高平城。"《元和郡县图志》也有部分相关的记载,足以说明北魏改镇为州至少在一些地方还是具体实施了的。

六镇毕竟处于农耕地区的边缘地带,生态脆弱,经济状况不够稳定,军事给养仰赖农耕地区,长期战乱必然使普通镇民的基本生存出现问题。《北史》卷16《太武五王广阳王建传孙元深附传》云:"先是,别将李叔仁以拔陵来逼,请求迎援,深赴之,前后降附二十万人。"这是一个处置六镇叛乱的绝好时机。"深(即元渊)与行台元纂表求恒州北别立郡县,安置降户,随宜振赡,息其乱心。"但是朝廷"不从","诏遣黄门侍郎杨昱分散之于冀、定、瀛三州就食"。镇民反叛随之蔓延至北魏统治的核心地区河北平原,并造成河北人民为避乱而流徙他方;同期关陇地区的战乱动荡也此起彼伏。这些战乱动荡,冲击着北魏原先的州郡县行政区划格局。《北齐书》卷23《魏兰根传》:"孝昌末,河北流人南渡,以兰根兼尚书,使齐、济、二兖四州安抚,并置郡县。"《北史》卷15《魏诸宗室高凉王孤传元天穆附传》:"初,杜洛周、鲜于修礼为寇,瀛、冀诸州人多避乱南向。幽州前北平府主簿河间邢杲拥率部曲,屯据鄚城,以拒洛周、葛荣,垂将三载。及广阳王深等败后,杲南度,居青州北海界。灵太后诏流人所在皆置命属郡县,选豪右为守令以抚镇之。时青州刺史元世俊表置新安郡,以杲为太守,未报。会台申休简授郡县,以杲从子子瑶资荫居前,乃授河间太守。"这就出现了侨州郡县,《魏书·地形志》里出现多次的"寄治某地""寄治某某城"、"寄治某某界",就是指的这类现象。

永熙三年(534),由于不堪高欢军政集团的威压,孝武帝在反抗失败后匆忙奔入关中,投奔宇文泰军政集团,高欢改立元善见为帝(即东魏孝静帝),并迁都邺城;而宇文泰也在是年闰十二月毒杀孝武帝,立元宝炬为帝(即西魏文帝),这是北魏分裂为东魏和西魏的开端。但是北魏末年行政区划的这种变局,还是在相当一段时期内稳定了下来,因为两魏都要仰赖拥有私家武装的豪族与北镇出身民众政治和军事上的支持。所以《魏书》卷106《地形志上》之末,在概述自恒州以下诸侨州的政区设置情况后特意加了一句:"前自恒州已下十州,永安已后,禁旅所出,户口之数,并不得知。"因应战乱,为优崇乡豪而新置的政区也有不少,如《北史》卷49《毛遐传毛鸿宾附传》:"明帝以鸿宾兄弟所定处多,乃改北地郡为北雍州,鸿宾为刺史。诏曰:'此以昼锦荣卿也。'改三原县为建(中)[忠]郡,以旌其兄弟。"《北齐书》卷21《高乾传高翼附传》:"孝昌末,葛荣作乱于燕、赵,朝廷以翼山东豪右,即家拜渤海太守。至郡未几,贼徒愈盛,翼部率合境,徙居河、济之间。魏因置东冀州,以翼为刺史,加镇东将军、乐城县侯。"因应战乱,州郡官员的职掌也愈来愈重。"魏自孝昌已后,天下多难,刺史太守皆为当部都督,虽无兵事,皆立佐僚,所在颇为烦扰。"①"永安已后,远近多事,置京畿大都督,复立州都督,俱总军人。"②"(高)昂以寇难尚繁,非一夫所济,乃请还本乡,招集部曲。仍除通直常侍,加平北将军。所在义勇,竞来投赴。寻值京师不守,遂与父兄据信都起义。……后废帝立,除使持节、冀州刺史以终其身。"③军事需要形塑着行政区划的现实状态。"魏自孝昌之季,数钟浇否,禄去公室,政出多门,衣冠道尽,黔首涂炭。铜马、铁胫之徒,黑山、青犊之侣,枭张晋、赵,豕突燕、秦,纲纪从兹而颓,彝章因此而紊。是使豪

---

① 《北齐书》卷18《高隆之传》。
② 《魏书》卷113《官氏志》。
③ 《北齐书》卷21《高乾传高昂(敖曹)附传》。

家大族,鸠率乡部,托迹勤王,规自署置。或外家公主,女谒内成,昧利纳财,启立州郡。"①政治腐败亦是政区设置增加的一个重要原因。北魏末年复杂紊乱的行政区划格局,就是这样逐步衍化出来的。

  北魏的州郡县存在等第之差。据《魏书》卷113《官氏志》,道武帝天赐元年(404)"九月,减五等之爵,始分为四,曰王、公、侯、子,除伯、男二号。……王封大郡,公封小郡,侯封大县,子封小县"。"十二月,诏始赐王、公、侯、子国臣吏,大郡王二百人,次郡王、上郡公百人,次郡公五十人……皆立典师,职比家丞,总统群隶。"可见,在道武帝时代,已有大郡、小郡、大县、小县之别;郡还可以根据户数再细分大郡、次大郡、上郡、次上郡。只是这样的区别似乎是为了规范封爵制度,并非出自行政管理的需要。北魏初年民户寡少,从行政管理的角度似乎也没有再加细分的必要。天赐三年(406),"制诸州置三刺史,刺史用品第六者……郡置三太守,用七品者,县置三令长,八品者。刺史、令长各之州县,以太守上有刺史,下有令长,虽置而未临民"。郡一级行政首长的管理权限甚至一度被空悬,这种分等的实际行政意义当然分外有限。卷114《释老志》:"高宗践极,下诏曰:'……今制诸州郡县,于众居之所,各听建佛图一区,任其财用,不制会限。其好乐道法,欲为沙门,不问长幼,出于良家,性行素笃,无诸嫌秽,乡里所明者,听其出家。率大州五十,小州四十人,其郡遥远台者十人。……'"说明北魏前期州在观念上也存在大小之差。同级政区实际存在差别,这种差别也会影响政治制度的演进过程。太和八年(484),孝文帝颁行俸禄。考量到制度设计的公平性,太和十年(486)"二月甲戌,初立党、里、邻三长,定民户籍"。十一月,"议定州郡县官依户给俸"②。从制度运作的角度来看,这种规定未必完全合理,因为行政事务的繁简轻重,与户口数的多寡只存在一定的关联。孝文帝太和年间初作《职员令》,似乎对州郡县的等级尚无考虑,但到了太和二十三年(499)"复次职令",州郡县的等级已很明确③。州有上州(刺史为第三品)、中州(刺史为从第三品)、下州(刺史为第四品)之别;郡有上郡(太守、内史、相为第四品,与下州刺史同)、中郡(太守、内史、相为第五品)、下郡(太守、内史、相为第六品)之别;县有上县(令、相为第六品,与下郡太

---

① 见《北齐书》卷4《文宣纪》天保七年(556)十一月壬子诏书。
② 《魏书》卷7《高祖纪下》。
③ 《魏书》卷113《官氏志》没有交代孝文帝初定《职员令》的时间,但据卷7《高祖纪下》太和十七年(493)六月乙巳诏书:"自八元树位,躬加省览,远依往籍,近采时宜,作《职员令》二十一卷。事迫戎期,未善周悉。"《职员令》初定于太和十七年六月之前是没有疑问的。本年六月孝文帝声言要南伐,整军讲武,即诏书所谓"事迫戎期"。

守、内史、相同)、中县(令、相为第七品)、下县(令、相为第八品)。将行政区划再细分为九等,在提高制度运作弹性的前提下保证了政区的相对稳定。这种分等对后来的政区设置影响很大。

北魏州郡县设置,张穆《延昌地形志》立意宏阔,惜其书未及刊行,遂归散佚。现存抄本除司州外,其余各章,有目无文,但劳榦还是据此撰成《北魏州郡志略》①;王仲荦也在《延昌地形志》的基础上,旁征博引,对北边州镇做了系统考释②。本编相关部分,参考了他们的研究成果。

北魏的政区设置始于道武帝皇始元年(396),是年北魏攻占后燕并州。当时首都尚在盛乐,考量北魏当时游牧行国的政治形态,最初的政区设置应是承袭后燕旧规。行政区划虽始于道武帝皇始元年,但政区体系的正式形成则是在天兴元年(398)七月迁都平城之后。398年,北魏基本占领河北地区,同年迁都平城。国家以平城为中心,疆域不断拓展,政治形态逐渐由游牧行国向农业王朝转变,行政区划的承袭、置废、调整,贯穿北魏统一北方的整个进程。因此政区沿革应以396年为始③。孝文帝太和十七年(493),北魏迁都洛阳,行政区划以洛阳为中心发生重大变革。至北魏末年行政区划虽发生剧烈变动,但其变动仍然是围绕洛阳而展开。平城时代构成北魏行政区划演变史的大部分内容,洛阳时代关联到后来的东、西魏与北齐、北周。基于历史逻辑,本编叙述北魏州郡县行政区划,将道武帝至孝文帝代都平城时期为前期,自孝文帝迁都洛阳以后概属后期,这样时间逻辑与空间逻辑均会比较清晰。《括地志》云:"后魏孝文帝都洛阳,开拓土宇,明帝熙平元年凡州四十六,镇十二,郡国二百八十九矣。天平年凡州六十八,至武定年凡州一百一十一,郡五百一十九。周明帝受魏禅,至大象二年,凡州二百一十一。"④虽然我们不知道这些话的材料依据何在,但它透露的信息却符合我们对北魏政区演化进程的认识:自孝文帝定都洛阳到六镇叛乱之前,北魏的行政区划还是相对稳定的;行政区划的剧

---

① 安介生根据复旦大学历史地理研究所藏《魏延昌地形志》抄本及目录整理成《〈魏延昌地形志〉存稿辑校》一书。安校本没有注意到劳榦的文章。但张穆残稿的模样,可能各地所藏抄本都差不多,除司州外只有目录,笔者曾拿复旦的目录与武汉大学中国三至九世纪研究所藏抄本对校过,没有多大差异;劳榦的文章其实也是对《魏延昌地形志》的整理订补,仔细比较,增补的部分并不多。颇疑张穆所作本来就没有完成,因有关北魏的现存材料确实很有限。见安介生:《〈魏延昌地形志〉存稿辑校》,齐鲁书社,2011年。劳榦:《北魏州郡志略》,中研院《历史语言研究所集刊》第三十二本。
② 见王仲荦:《北周地理志》附录三种——《北魏延昌地形志北边州镇考证》、《魏书地形志营州所统郡县考证》、《东西魏北齐北周侨置六州考略》,中华书局,1980年,第1028—1156页。
③ 毋有江:《天兴元年徙民与北魏初年的行政区划》,《历史研究》2007年第5期。
④ 见《括地志辑校》卷首,(唐)李泰等著,贺次君辑校,中华书局,1980年,第2页。

烈变动发生在六镇叛乱之后,并影响到后来的东、西魏和北齐、北周。

对北魏行政区划演变情况进行逐年详细重建是困难的。《魏书·地形志》开篇即云:"孝昌之际,乱离尤甚。恒代而北,尽为丘墟;崤潼已西,烟火断绝;齐方全赵,死如乱麻。于是生民耗减,且将大半。永安末年,胡贼入洛,官司文簿,散弃者多,往时编户,全无追访。今录武定之世以为《志》焉。州郡创改,随而注之,不知则阙。内史及相仍代相沿。魏自明、庄,寇难纷纠,攻伐既广,启土逾众,王公锡社,一地累封,不可备举,故总以为郡。其沦陷诸州户,据永熙绾籍,无者不录焉。""不知则阙"、"无者不录",说明永熙版籍有残损,在武定版籍基础上记录的那一部分政区沿革也不完备。而且北魏一代疆域伸缩的幅度极大,缺乏两汉王朝那样相对稳定的区域界线。今天我们虽然有包括墓志在内的出土材料可资推考,但深入演变细节,缺环甚多。立足材料实际,本编以梳理行政区划演变脉络为先,细节考证能详则详,宜粗则粗。由于疆域伸缩过大,内部行政区划调整过频,故本编首先专列一章,以高层政区州的设置情况为中心,简略叙述北魏疆域政区演变的总体情况。前期政区设置情况,以平城为中心,基本参照北魏疆域拓展顺序罗列重建;后期政区设置情况,叙述稍简,在后面分区考证的章节中则予以重点说明。孝文帝太和二十一年(497),北魏的疆域仍处于不断扩张的阶段,《中国历史地图集》以此为北魏分幅图时间断限,大概是考虑到要与《齐、魏时期全图》相对应。本编分区考证范围与《中国历史地图集》相一致,适当照顾前后演变的情况。虽然目前的文字材料尚不足以完整体现北魏一代的行政区划演变过程,但借助前人工作和一些新材料,还是可以获得一个较清晰的演变轮廓。本编未予详言的一些设置情况可参考下编"东魏北齐、西魏北周行政区划的设置、分布及其沿革"相关部分。

第一章　北魏疆域与政区演变的基本脉络

本章叙述疆域与政区演变脉络以高层政区州为中心,以北魏皇帝在位年号起讫年代为基础。由于有当年改元的情况,在新老皇帝交替时会出现同一年份有两个皇帝的情况,但从我们研究的实际情况来看,即便有年代重叠,这样处理于行文逻辑影响并不大。北魏南安王拓跋余、长广王元晔、节闵帝元恭、安定王元朗,他们在位期间的州没有变化,或虽有变化但在史料中没有反映,这几个皇帝在位期间的情况从略。

第一节　道武帝时期(396—409)疆域演变与政区设置概况

《魏书》卷2《太祖纪》:天兴元年(398)正月,"徙山东六州民吏及徒何、高丽杂夷三十六(万)〔署〕,百工伎巧十万余口,以充京师"。十二月"徙六州二十二郡守宰、豪杰、吏民二千家于代都"。这是两条重要的材料①。像北魏这样有目的地大规模迁徙人口的举动,应该掌握有后燕时的政府版籍,所谓六州,应该是后燕统治时期的六州,至少要以此为基础②。据此可以进一步作出如下推断:第一,它是原后燕统治区域内的六州二十二郡;第二,它的政区建置情况截止于天兴元年。关于这六州究竟何指,宓三能认为是司、冀、幽、平、并、

---

① 《魏书》卷110《食货志》:"既定中山,分徙吏民及徒何种人、工伎巧十万余家以充京都,各给耕牛,计口授田。"与《太祖纪》的记载同为一事,但内容有不一致之处。葛剑雄经过辨析后认为皇始三年(即天兴元年)正月所迁人口是十余万户,但迁徙的次数并非仅此一次,由于已经是例行公事,所以并没有都留下记载,尤其是对普通百姓的迁移。见氏著《中国移民史》第二卷(先秦魏晋南北朝时期),福建人民出版社,1997年,第十三章第二节,第540—547页。
② 据《魏书》卷2《太祖纪》,皇始二年(397)十月,道武帝平定中山,"获其所传皇帝玺绶、图书、府库、珍宝,簿列数万",北魏应该掌握有后燕的政府版籍。

雍①。北魏的行政区划开始于道武帝皇始元年(396)攻占并州，并州是北魏历史上的第一个州。二年(397)，占信都，置冀州；平蓟城，克中山，在两地分别置幽州和安州(天兴三年改为定州)②。天兴元年，后燕慕容德放弃邺城南走滑台，北魏占领邺城，在邺城和中山分别设置行台。至此北魏除了令支以东以北的一小块外，完全控制了河北地区。

北魏设置的州级行政区划，根据现有材料只有并、冀、幽、安(后燕司州)可以确指。宓三能认为有镇长子的雍州，长子当时在北魏的疆域范围内，可从③。又认为有平州。平州，《魏书》卷106《地形志上》："平州，晋置。治肥如城。"下辖辽西、北平二郡。辽西当时仍由后燕统辖。据《资治通鉴》卷110，安帝隆安二年(398)九月，后燕以"慕容豪为幽州刺史，镇肥如"。北平郡从所辖

---

① 宓三能：《说北魏初年破后燕后"迁徙山东六州吏民"的六州》，《中国历史地理论丛》1992年第3辑，第244—246页。
② 北魏何时占领蓟城，史无明文。据《魏书》卷2《太祖纪》，皇始元年(396)八月，道武帝亲率四十余万大军，"南出马邑，逾于句注"，征伐后燕。"别诏将军封真等三军，从东道出袭幽州，围蓟"。《资治通鉴》卷109晋安帝隆安元年(397)三月，后燕国主慕容宝从中山出奔蓟城，"丙辰，(慕容)宝尽徙蓟中府库北趣龙城。魏石河头引兵追之……"尽管当时北魏追兵为后燕击溃，但至少说明北魏的军事力量已经扩展到了蓟城一带。而后燕在蓟城基本是弃退。联系随后的形势，笔者认为北魏占领蓟城应该在中山陷魏以前。此前后燕幽州牧驻守在龙城。据《魏书》卷106《地形志上》，北魏幽州治蓟城。
③ 宓三能：《说北魏初年破后燕后"迁徙山东六州吏民"的六州》。这里牵扯到了对山东概念的理解。前田正名在解释天兴元年徙民材料时说"山东，当然指太行山脉以东地区，包括今河北、山东一带"，见氏著《平城历史地理学研究》，李凭、孙耀、孙蕾译，书目文献出版社，1994年，第二章第三节，第64页。《辞海》历史地理分册编撰者的解释与此基本相同。葛剑雄也认为山东六州"大致就是今天太行山以东、黄河一线稍北、滦河以西地区，是后燕疆域的主要部分"。见前引氏著第十三章第二节，第546页。均将山东明确为太行山以东。但如果上述解释正确，似乎就与下面的材料发生了矛盾。《魏书》卷2《太祖纪》天兴元年"三月，离石胡帅呼延铁、西河胡帅张崇等聚党数千人叛，诏安远将军庾岳讨平之"。与卷28《庾业延(即庾岳)传》所记"离石胡帅呼延铁、西河胡帅张崇等不乐内徙，聚党反叛"为同一事。《魏书》里的内徙，有两种情况，一是在占领某地后将居民迁往京师一带，在北魏前期指的是以平城为中心的代北地区；另一种情况是由边疆地区移到内地，不一定是在首府附近。并州西河郡属北魏新占领区。并州在占领初期并不稳定，尚存有反对北魏统治的异己势力。皇始二年(397)二月柏肆之战时，就发生过"并州守将封真率其种族与徒何为逆"的事件，见卷2《太祖纪》。内徙的方向只能是代北平城一带。《资治通鉴》卷110东晋安帝隆安二年(398)三月，"离石胡帅呼延铁、西河胡帅张崇等不乐徙代，聚众叛魏"，表述符合历史实际。离石、西河胡反叛说明，天兴元年正月的徙民令涵盖了并州地区，徙民六州中应该有并州。雍州在并、冀两州之间，同理类推，也当有雍州。山东六州的"六"字也不会是虚指，因为《魏书》卷2《太祖纪》记载天兴元年十二月徙民事件里提到"六州二十二郡"，州郡连称。同时期还有两条材料提及山东。《太祖纪》天兴元年正月，"诏大军所经州郡，复赀租一年，除山东民租赋之半"，"帝虑还后山东有变，乃置行台于中山，诏左丞相、守尚书令、卫王仪镇中山，抚军大将军、略阳公元遵镇勃海之合口"，后一条明显指的是太行山。笔者认为山东之"山"为太行山是没有问题的，但要明白这里的"山东"，指代的是原后燕统治区，否则，同为新占地区，太行山以东地区减免租赋一半，以西地区却没有这种政策优待，与情势不合。六州中应该有并、雍两州。

两县考虑，应该是在太武帝延和元年(432)以后始置①。《晋书》卷14《地理志上》："平州初置，以慕容廆为刺史，遂属永嘉之乱，廆为众所推。及其孙儁移都于蓟。其后慕容垂子宝又迁于和龙，自幽州至于庐溥镇以南地入于魏。"庐溥镇，马与龙注：当在今承德府境②。当时这一带尚有庐溥的离心力量存在③。《地形志》平州治肥如。平州置于安帝义熙三年(407)，时治令支；肥如则迟至延和二年(433)始入魏。总而言之，这六州中不大可能有平州。那么不是平州，又会是哪一州呢？检视后燕慕容宝从中山奔龙城前所设诸州，天兴元年(398)黎阳所设徐州正好在北魏的控制范围内(见表2)。

表2　天兴元年(398)北魏州郡两级政区设置情况表④

州名	郡级政区
冀州	魏郡、阳平、广平、汲郡、贵乡、顿丘、清河、平原、河内、濮阳⑤、长乐、勃海、武邑、襄国、章武、广川、乐陵
安州	中山、常山、唐郡、巨鹿、博陵、高阳、河间、赵郡、上谷、广宁、代郡(登国三年曾废)⑥
幽州	燕郡、范阳、渔阳、北平、密云(皇始二年北魏置)
徐州	黎阳
并州	太原、乐平、平阳、新兴、西河、雁门
雍州	武乡、上党、建兴

并州统隶之郡，徐文范认为西燕慕容永"时有上党、太原、新兴、西河、永

---

① 《魏书》卷106《地形志上》平州北平郡领县二，其中朝鲜县是延和元年徙朝鲜民于肥如后侨置而成。另一县昌新，校勘记采纳温曰看法，认为与朝鲜县设置同时，亦为侨置。
② 马与龙：《晋书地理志注》，《二十四史订补》第六册，第930页。
③ 详情可参阅陈爽：《世家大族与北朝政治》，中国社会科学出版社，1998年，第三章第一节，第81—90页。
④ 由于天兴元年(398)七月迁都平城，北魏行政区划体系发生根本改变，故本表以天兴元年正月慕容德弃邺奔滑台时间为断限。据《二十史朔闰表》，天兴元年正月初一为公元398年2月3日。
⑤ 《魏书》卷42《郦范传》："郦范……祖绍，慕容宝濮阳太守。太祖定中山，以郡迎降，授兖州监军。"北魏当时无兖州，"授兖州监军"其事可疑，《郦范传》这部分的其他叙事如可信，后燕当设有濮阳郡。
⑥ 《通鉴》卷107，代郡民许谦反叛后燕。东晋孝武帝太元十三年(388)三月，"燕赵王麟击许谦，破之，谦奔西燕。遂废代郡，悉徙其民于龙城"。代郡被废。但参合陂之战时北魏俘获的后燕人员中又出现了代郡太守广川贾闰(见《资治通鉴》卷108，孝武帝太元二十年十一月)，此点令人生疑。《魏书》卷2《太祖纪》写作贾闰，没有提及此人当时官衔。卷33《贾彝传》云："垂遣其太子宝来寇，大败于参合陂，执彝及从兄代郡太守润等。"作贾润，且指明官衔是代郡太守，可见《通鉴》所记不为无据。贾闰在代郡被废前就是太守。这里暂将代郡列上。

石、河东、平阳,分上党立建兴郡"①,列有永石郡。永石在有关西燕的材料中不见记载。《晋书》卷14《地理志上》并州条下:"自惠怀之间,离石县荒废,勒于其处置永石郡,又别置武乡郡。"由此可知永石郡为后赵石勒所设,治离石。离石在北魏道武帝时设置的是护军②。徐表也没有列雁门郡。雁门本来在独孤部的控制之下。《魏书》卷23《刘库仁传》:慕容垂与前秦苻丕在邺城对峙,当时的独孤部首领刘库仁,"发雁门、上谷、代郡兵,次于繁畤",欲救援苻丕。后来由于内讧,在北魏的压逼下,退至马邑。接着又因为燕魏的联合打击,其首领刘显"奔马邑西山。(慕容)麟轻骑追之,遂奔慕容永于长子。部众悉降于麟,麟徙之中山"。从地形及当时形势考虑,雁门陉北归于北魏,陉南当由西燕控制。但没有材料证明西燕设有雁门郡。卷95《徒何慕容廆传慕容永附传》:慕容垂出师灭西燕,派遣龙骧将军张崇攻打慕容永"弟武乡公友于晋阳",《山西省历史地图集》政区图组里的《东晋十六国·北魏·西燕》一图释文推测此武乡公"当是郡公之封",可从③。《中国历史地图集》第13—14页将平阳郡划入后秦版图,不确。平阳先归西燕,后属后燕④。《中国历史地图集》在后燕版图里并州绘有定襄郡,冀州绘有建兴郡,因为没有直接的史料根据,不取⑤。

至于天兴元年十二月迁徙事件中的"二十二郡",则并不能涵盖六州中的所有郡一级行政区划。因为将此六州各自所辖郡数相加,其和数远大于二十二。推其缘由,这次迁徙的对象是"六州二十二郡守宰、豪杰、吏民二千家",而

---

① 徐文范:《东晋南北朝舆地表》晋太元十三年、西燕中兴三年,《二十五史补编》本,第6766页。
② 《魏书》卷2《太祖纪》:天兴元年(398)"三月,离石胡帅呼延铁、西河胡帅张崇等聚党数千人叛,诏安远将军庾岳讨平之","天赐元年(404)春正月,遣离石护军刘托率骑三千袭蒲子"。在现存史料中并无离石郡一说。合理的理解应该是北魏自占领该地开始就是护军。
③ 山西省地图集编纂委员会:《山西省历史地图集》,中国地图出版社,2000年,第39页。不排除这里武乡公是虚封,但是武乡当时确实在西燕版图里。按《隋书》卷30《地理志》上党郡乡县:"石勒置武乡郡,后魏去'武'字。"依据此一间接证据,暂将武乡郡列上。
④ 《资治通鉴》卷106,孝武帝太元十一年(386)十月,"西燕慕容永遣使诣秦主(苻)丕,求假道东归。丕弗许,与永战于襄陵,秦兵大败,左丞相王永、卫大将军俱石子皆死"。苻丕为东晋所杀,还有一部分前秦官员兵将渡河奔杏城。"其余王公百官皆没于永。永遂据长子,即皇帝位,改元中兴。"另据《魏书》卷95《徒何慕容廆传》,当时慕容永在河东,苻丕在平阳。慕容永消灭苻丕,平阳归西燕。又《资治通鉴》卷108,孝武帝太元二十一年(396):"西燕既亡,其所署河东太守柳恭等各拥兵自守。秦主兴遣晋王绪攻之,恭等临河拒守,绪不得济。初,永嘉之乱,汾阴薛氏聚其族党,阻河自固,不仕刘、石。及苻氏兴,乃以礼聘薛强,拜镇东将军。强引秦兵自龙门济,遂临蒲阪,恭等皆降。兴以绪为并、冀二州牧,镇蒲阪。"可知慕容垂灭西燕,平阳又属后燕,河东则为后秦取之。
⑤ 据《晋书》卷123《慕容垂载记》,慕容垂灭西燕,获慕容永"所统新旧八郡",并州五郡,即太原、乐平、平阳、新兴、西河,加上雍州武乡、上党、建兴三郡,刚好是八郡,建兴郡为慕容永时新置。《中国历史地图集》不当在并州列定襄郡。

且中原一带人口分布本就不均,各郡在战略上的重要性也有很大差异,一些郡由于某种原因可能根本没有列入强制移民计划。

由于这两次迁徙,山东六州人口大量减少,表现在行政区划上是中原地区一些州郡的被废置。在道武帝进占中原过程中出现在史料中的一些州郡随后之所以很快消失,笔者以为与这两次徙民有关。当然,道武帝时代设置与调整行政区划,不大可能有统一的步骤。可是徙民确实是一个重要的契机。类似事情在北魏历史上多次发生,做这种推测应该说还是合理的。下面根据表3和其他材料对道武帝省并州郡情况进行复原①,见表3。

表3 道武帝州郡调整情况表

州名	省 并 情 况
冀州	省并贵乡、襄国、广川;天兴四年(401)罢邺行台置相州
安州	天兴三年(400)改为定州;省并唐郡;代、广宁、上谷三郡划入平城之司州
徐州	省并徐州和黎阳郡,地归冀州汲郡
并州	划雁门郡入司州
雍州	省武乡郡,并雍州于并州

县级政区这时也进行了省并②。人口大量迁出,一些政区设置相机裁撤、调整,是北魏在后燕基础上重建统治秩序的一个重要举措。废置州郡是可能的,而且史有前例。《资治通鉴》卷107孝武帝太元十三年(388)三月,后燕击破在代郡的许谦反叛势力,"遂废代郡,悉徙其民于龙城"。

大致与中原地区裁撤省并政区同时,北魏在代北地区着手建立以平城为中心的行政区划。《魏书》卷106《地形志上》:"恒州:天兴中置司州,治代都平城,太和中改。"雁门郡也相应由并州划属司州③。《元和郡县图志》卷14云州条下:"后魏道武帝又于此建都,东至上谷军都关,西至河,南至中山隘门塞,北

---

① 此复原基于如下条件——(1) 山东六州在地域上处于后来的东魏武定版籍范围之内;(2) 在武定版籍基础上的这部分《地形志》资料较之永熙版籍要翔实可靠得多——假定:《地形志》没有记录,但在道武帝进占中原过程中出现过而此后在其他材料中却不见记载,且其在道武帝之后史料中的消失不影响其他相关材料内涵完整性的那些州郡,是在道武帝时期的天兴元年后省并。这样做必然会带来一定的误差。但在北魏初年史料稀缺的情况下,为了弥补逻辑缺环完成推导过程,不得不在有合理限定条件的情况下作此假设。
② 县级政区的裁撤省并,据《魏书》卷2《太祖纪》:天赐元年(404)三月,"初限县户不满百罢之"。但是具体的裁并情况在史料中表现得很不清楚。
③ 《地形志》肆州雁门郡条下:"天兴中属司州,太和十八年属(肆州)。"

至五原,地方千里,以为甸服。孝文帝改为司州牧,置代尹。"其中所描绘的,应该就是道武帝时期北魏司州的范围。不过在司州内部,似乎是郡县制与部落分部制并行,还残留有游牧行国时代的政治文化元素,《魏书》卷113《官氏志》八国与州郡并提,就说明了这一点①。但这毕竟是一个重要的开始。伴随形势的发展,政区继续在演变。天兴二年(399),在野王置豫州②。四年(401)罢邺行台置相州。天兴二年北魏占领滑台,四年(401)置兖州③。天赐四年(407),后燕幽州刺史慕容懿以辽西降魏,北魏因置平州④。以平城为中心的行政区划体系,就这样在裁并、新置以及领土拓展的过程中逐渐建立起来(见表4)。

表4　皇始元年(396)至天赐四年(407)北魏州郡两级政区设置情况表⑤

州名	设置时间	治地	郡 级 政 区
司州	天兴元年(398)	平城	东、西、南、北、前、后、左、右八国和代郡、广宁、上谷、雁门四郡

---

① 《魏书》卷2《太祖纪》:北魏于天兴元年(398)七月正式迁都平城,八月,"诏有司正封畿,制郊甸,端径术,标道里,平五权,较五量,定五度"。所谓"正封畿,制郊甸",卷110《食货志》:"天兴初,制定京邑,东至代郡,西及善无,南极阴馆,北尽参合,为畿内之田;其外四方四维面置八部帅以监之,劝课农耕,量校收入,以为殿最。"《元和郡县图志》卷14云州条下:"后魏道武帝又于此建都,东至上谷军都关,西至河,南至中山隘门塞,北至五原,地方千里,以为甸服。"《魏书》卷113《官氏志》:"天兴元年十一月,诏吏部郎邓渊典官制,立爵品。十二月,置八部大夫、散骑常侍、侍诏管官。其八部大夫于皇城四方四维面置一人,以拟八座,谓之八国。"天赐元年(404)十一月,"以八国姓族难分,故国立大师、小师,令辩其宗党,品举人才。自八国以外,郡各自立师,职分如八国,比今之中正人。宗室立宗师,亦如州郡八国之仪"。"四年五月,增置侍官,侍直左右,出内诏命,取八国良家,代郡、上谷、广宁、雁门四郡民中年长有器望者充之。"严耀中认为,八国即八部,和六部是北魏前期分部制中并列的两种编制。"六部之众是以拓跋氏为核心,包括宗室、勋臣、内入诸姓组成的鲜卑集团,以及少量与他们关系密切的其他族人,主要是一些外戚旧臣。"八部之众大都是一些归附者。北魏定都平城后,四面八方迁来的"新民",占了八部之众中的大多数。见严耀中:《北魏前期政治制度》,吉林教育出版社,1990年,第二章第三节,第37—38页。六部即天、地、东、西、南、北部,始于明元帝泰常二年(417)。无论如何,八国与郡并列,表明州郡制行政区划在司州内部推行得并不彻底,这也凸显出北魏政治社会转型初期的复杂态势。司州包括五原和云中地区,但《官氏志》八国之外只提到代郡、上谷、广宁、雁门四郡,据此也可知五原和云中当时都不是郡。
② 天兴二年(399),拓跋珪以穆崇为豫州刺史,镇野王。见《魏书》卷27《穆崇传》,以及《资治通鉴》卷111,安帝隆安三年(399)。又《魏书》卷112《灵征志下》:天兴三年"十二月,豫州上言木连理生于河内之沁县"。可见豫州的建置确实存在。
③ 《魏书》卷26《长孙肥传》。《资治通鉴》卷112,安帝隆安五年(401)。
④ 《魏书》卷95《徒何慕容廆传》。《资治通鉴》卷114,安帝义熙三年(407)。
⑤ 《魏书》卷15《昭成子孙列传陈留王虔传兄颎附传》提到道武帝时有平卢郡。平卢郡置时治地及州郡隶属关系均不详。这里点出存疑。

续表

州名	设置时间	治地	郡级政区
并州	皇始元年（396）	晋阳	太原、乐平、平阳、新兴、西河①、上党、建兴
冀州	皇始二年（397）	信都	平原、长乐、勃海、武邑、章武、乐陵、清河
幽州	皇始二年（397）	蓟城	燕郡、范阳、渔阳、北平、密云
定州	皇始二年（397）	卢奴	中山、常山、巨鹿、博陵、高阳、河间、赵郡
豫州	天兴二年（399）	野王	河内
相州	天兴四年（401）	邺城	魏郡、阳平、广平、汲郡、顿丘
兖州	天兴四年（401）	滑台	东郡、陈留、濮阳、济阳②
平州	天赐四年（407）	令支	辽西

综上，道武帝迁都平城前，一共设有六个州，依次是并州、雍州、冀州、安州、幽州、徐州。天兴元年（398），道武帝两次将山东六州的人口移往代北地区，同时迁都平城。围绕平城，北魏逐步建立起自己的行政区划体系。到天赐五年（408），北魏一共设置了九个州：司州、并州、冀州、定州、幽州、豫州、相州、兖州、平州。

（1）司州

《魏书》卷106《地形志上》："恒州，天兴中置司州，治代都平城，太和中改。"《元和郡县图志》卷14云州条下："后魏道武帝又于此建都，东至上谷军都关，西至河，南至中山隘门塞，北至五原，地方千里，以为甸服。"《元和志》所描绘的，应该就是道武帝时期北魏司州的范围。道武帝天兴元年（398）七月将首

---

① 西河郡，《魏书》卷106《地形志上》汾州西河郡条下："汉武帝置，晋乱罢。太和八年复。治兹氏城。"由于西河胡频繁反叛北魏，西河郡在道武帝至太武帝年间屡见记载，《地形志上》说法有误。据《魏书》卷4《世祖纪上》，延和三年（434）七月壬午，太武帝"行幸美稷，遂至隰城。命诸军讨山胡白龙于西河。九月戊子，克之，斩白龙及其帅，屠其城"。太延三年（437）七月戊子，太武帝又"使抚军大将军、永昌王健，司空、上党王长孙道生，讨白龙余党于西河，灭之"。又据《地形志上》汾州西河郡隰城："二汉、晋属。太延中改为什星军，太和八年复。"西河郡应在434年废置，置护军的时间应在437年之后。

② 《魏书》卷84《儒林梁祚传》："父劭，皇始二年归国，拜吏部郎，出为济阳太守。"卷23《莫含传莫题附传》："（李）栗坐不敬获罪，题亦被黜为济阳太守。后太祖欲广宫室，规度平城四方数十里，将模邺、洛、长安之制，运材数百万根。以题机巧，征令监之……"可见太祖时确实有济阳郡，就位置言，应属兖州管辖。

都由盛乐迁至平城,据此可将司州设置年代定于天兴元年。司州初设时领有东、西、南、北、前、后、左、右八国和代郡、广宁、上谷、雁门四郡。

(2) 并州

《魏书》卷106《地形志上》:"并州……后治晋阳。皇始元年平,仍置。"并州在皇始元年(396)平定时有太原、乐平、平阳、新兴、雁门、西河六郡。天兴元年以后,将原长子之雍州的上党(武乡郡已并入该郡)、建兴二郡也划入并州,雁门郡则划归司州。

(3) 冀州

《魏书》卷106《地形志上》:"冀州……慕容垂治信都。皇始二年平信都,仍置。"冀州在皇始二年(397)平定时有魏郡、阳平、广平、汲郡、贵乡、顿丘、清河、平原、河内、濮阳、长乐、勃海、武邑、襄国、章武、广川、乐陵十七郡。天兴元年以后,省并贵乡、襄国、广川三郡。天兴四年(401)罢邺行台置相州,魏郡、阳平、广平、汲郡、顿丘、河内六郡划出,冀州剩有平原、长乐、勃海、武邑、章武、乐陵、清河七郡。

(4) 定州

治卢奴。《魏书》卷106《地形志上》:"定州,太祖皇始二年置安州,天兴三年改。"皇始二年(397)置安州时,领有中山、常山、唐郡、巨鹿、博陵、高阳、河间、赵郡、上谷、广宁、代郡十一郡。天兴三年(400)改为定州。天兴元年以后,省并唐郡,代郡、广宁、上谷三郡划入司州。

(5) 幽州

《魏书》卷106《地形志上》:"幽州,治蓟城。"幽州皇始二年(397)平定,时领有燕郡、范阳、渔阳、北平、密云五郡。

(6) 豫州

治野王。《魏书·地形志》无。《魏书》卷27《穆崇传》:"姚兴围洛阳,司马德宗将辛恭靖请救,太祖遣崇六千骑赴之。未至,恭靖败,诏崇即镇野王,除豫州刺史,仍本将军。"据《资治通鉴》卷111,此事发生于东晋安帝隆安三年,即北魏天兴二年(399),胡三省在"魏王珪以穆崇为豫州刺史,镇野王"下注云:(后)秦既克洛阳,魏置镇于野王,以备其渡河侵轶。点出北魏在野王置镇的背景与动机。《魏书》卷112《灵征志下》:天兴三年(400)"十二月,豫州上言木连理生于河内之沁县"。可见豫州的建置确实存在。豫州初设时领有河内一郡。此豫州当于泰常八年(423)废置。

(7) 相州

《魏书》卷106《地形志上》:"司州,治邺城,魏武帝国于此。太祖天兴四年置相州。天平元年迁都改。"天兴元年(398),后燕慕容德放弃邺城南走滑台,北魏占领邺城,在邺城设置行台以加强控制。天兴四年(401)罢邺行台置相州。《魏书》卷28《庾业延传》:"及罢邺行台,以所统六郡置相州,即拜岳为刺史。"邺行台所统当为魏郡、阳平、广平、汲郡、顿丘、河内六郡。但当时河内已经置有豫州。相州应只领有魏郡、阳平、广平、汲郡、顿丘五郡。

(8) 兖州

《魏书》卷106《地形志上》司州东郡条下:"东郡,秦置,治滑台城。晋改为濮阳,后复。天兴中置兖州,太和十八年改。"又濮阳郡条下:"濮阳郡,晋置,天兴中属兖州,太和十一年属齐州,孝昌末又属西兖。天平初属(东魏司州)。"卷26《长孙肥传》:"除肥镇远将军、兖州刺史,给步骑二万,南徇许昌,略地至彭城。"据卷2《太祖纪》,此事发生在天兴四年(401)七月,长孙肥所任的兖州,应该就是镇滑台的兖州,初设时领有东郡、陈留、濮阳、济阳四郡。

(9) 平州

《魏书》卷106《地形志上》:"平州,晋置。治肥如城。"平州之设最早见于天赐四年(407)。《魏书》卷95《徒何慕容廆传》:"(高)云之立也,(慕容)熙幽州刺史、上庸公慕容懿以辽西归降,太祖以懿为征东将军、平州牧、昌黎王。"据卷2《太祖纪》,高云杀慕容熙而自立在天赐四年。另据《晋书》卷124《慕容熙载记》,慕容懿当时的身份是慕容熙镇西将军、幽州刺史,镇令支,北魏所封平州牧也当治令支。肥如,《魏书》卷97《海夷冯跋传》北燕主冯文通"废其元妻王氏,黜世子崇,令镇肥如。"延和元年(432),冯崇降魏。次年二月①,"世祖遣兼鸿胪李继持节拜崇假节、侍中、都督幽平二州东夷诸军事、车骑大将军、领护东夷校尉、幽平二州牧,封辽西王,录其国尚书事,食辽西十郡。"另据卷4《世祖纪上》,冯崇降魏的具体时间是延和元年十二月己丑,据《二十史朔闰表》推算,相当于公元433年1月25日。肥如433年始属北魏。如果407年所设平州一直未废的话,平州433年应改治肥如,但是平州治所似乎并没有因此固定下来。卷16《南平王元浑传》:"后拜假节、都督平州诸军事、领护东夷校尉、镇东大将军、仪同三司、平州刺史,镇和龙。"太延二年(436)北燕亡,和龙始属北魏。平州治所当在436年北移至和龙。当然,这也可能是为元浑兼任和龙镇将而做的变通安排。《魏书》卷106《地形志上》:"营州,治和龙城。太延二年为镇,真君五年改置(营州)。"由此可知,平州在真君五年(444)方才定治肥如。平州治所的迁移是北魏疆域东北向开拓的缩影。平州初设时领有辽西一郡。

---

① 时间根据《魏书》卷4《世祖纪上》所载。

第二节　明元帝时期(409—423)疆域演变与政区设置概况

　　道武帝天兴二年(399),北魏攻占滑台,后在此设置兖州,这是北魏进入河南地区的开始。明元帝时期,围绕着河南一带,北魏与东晋南朝发生了争夺。泰常元年(416),东晋刘裕北伐后秦,攻占北魏滑台。二年(417)八月,刘裕灭后秦。三年(418)赫连勃勃攻占关中;四年(419),占蒲坂。七年(422),北魏对刘宋河南地区展开全面进攻,重新攻占滑台,并占领碻磝、尹卯。八年(423),攻占洛阳和虎牢,北魏控制了北起河济之间的碻磝、尹卯,南至兖州高平、金乡以北,豫州许昌以北的河南地区①。

　　泰常八年,北魏在碻磝置济州,在洛阳先设豫州,旋改为洛州,在虎牢置豫州②。在洛阳侨置有南雍州(见下)。此外,北魏在颍川一带侨置了汝南、南阳、南顿、新蔡四郡,属豫州③。

　　综上,明元帝时期,共设置五个州:济州、洛州、豫州、南雍州、荆州。其中南雍州与荆州为侨置。

　　(1) 济州

　　《魏书》卷106《地形志中》:"济州,治济北碻磝城,泰常八年置。"碻磝泰常七年为北魏占领,次年即设置济州。济州初设时领有济北、东平二郡。

　　(2) 洛州

　　治金墉。《魏书》卷106《地形志中》:"洛州,太宗置,太和十七年改为司州,天平初复。"泰常八年(423),北魏攻占洛阳。卷31《于栗䃅传》:"奚斤之征虎牢也,栗䃅别率所部攻德宗河南太守王涓之金墉,涓之弃城遁走。迁豫州刺史,将军如故,进爵新安侯。洛阳虽历代所都,久为边裔,城阙萧条,野无烟火。栗䃅刊辟榛荒,劳来安集。德刑既设,甚得百姓之心。"可知北魏在洛阳初设的是豫州。但因虎牢豫州之设,当年洛阳豫州旋又改为洛州(见下)。洛州当时

---

① 《魏书》卷3《太宗纪》。《资治通鉴》卷119武帝永初三年(422),营阳王景平元年(423)。
② 《魏书》卷31《于栗䃅传》。于栗䃅占领金墉,北魏授予他豫州刺史的官衔,说明北魏在洛阳起先设置的是豫州,攻占虎牢之后,始改名洛州。虎牢当时所置应为豫州。刘宋侨置于悬瓠的司州降魏以后,由于在虎牢已经设置有豫州,悬瓠豫州就称作南豫州。
③ 《魏书》卷37《司马楚之传》:"及刘裕自立,楚之规欲报复,收众据长社,归之者常万余人。""太宗末,山阳公奚斤略地河南,楚之遣使请降。……奚斤既平河南,以楚之所率户民分置汝南、南阳、南顿、新蔡四郡,以益豫州。"

领有河南一郡。

（3）豫州

《魏书》卷106《地形志中》："北豫州……司马德宗置司州。泰常中复,治虎牢,太和十九年罢,置东中府,天平初罢,改复。"虎牢北魏泰常八年占领,泰常只有八年,豫州之设应在423年。豫州初设时领有荥阳、颍川两个实郡,汝南、南阳、南顿、新蔡四个侨郡（见下侨置荆州）。

（4）南雍州

《地形志》无。侨置。《魏书》卷42《寇赞传》："姚泓灭,秦雍人千有余家推赞为主,归顺。拜绥远将军、魏郡太守。其后,秦雍之民来奔河南、荥阳、河内者户至万数,拜赞安远将军、南雍州刺史、轵县侯,治于洛阳,立雍州之郡县以抚之。由是流民繦负自远而至,三倍于前。赐赞爵河南公,加安南将军,领护南蛮校尉,仍刺史,分洛豫二州之侨郡以益之。……赞在州十七年,甚获公私之誉,年老表求致仕。真君九年卒,年八十六。"南雍州约置于明元帝时期,废于太武帝时期①。

（5）荆州

《魏书·地形志》无。侨置。治长社。《魏书》卷37《司马楚之传》："及刘裕自立,楚之规欲报复,收众据长社,归之者常万余人。……太宗末,山阳公奚斤略地河南,楚之遣使请降。因表曰……于是假楚之使持节、征南将军、荆州刺史。奚斤既平河南,以楚之所率户民分置汝南、南阳、南顿、新蔡四郡,以益豫州。世祖初,楚之遣妻子内居于邺,寻征入朝。"据卷3《太宗纪》,司马楚之降魏在明元帝泰常四年。此荆州当废于太武帝初年。

第三节　太武帝时期(424—452)疆域演变与政区设置概况

太武帝时期,北魏统一北方,结束了五胡十六国时代。首先是针对铁弗部所建大夏的战争。始光三年(426),北魏出兵占领大夏弘农郡(治陕城)、河东郡(治蒲坂)和雍州(治长安)。四年(427),占领统万、贰城、安定,大夏局促于平凉及其以西的秦州地区。神麚元年(428),大夏重新收复安定和长安。三年,北魏重克安定、长安,并占领平凉,至此魏拥有了陇山以东的关中地区。四

---

① 文成帝兴光年间(454—455)北魏曾设置过南雍州。这是一个所谓的蛮左州(见下),与洛阳的南雍州无涉。

年,大夏灭西秦,同年迫于北魏的压力,渡河欲西击北凉,结果在中途为吐谷浑所灭,吐谷浑因此获得金城、枹罕、陇西之地;而南面的仇池氐杨难当则趁大夏西进之际,袭据上邽,占领秦州。

随后北魏对北燕展开军事攻势。延和元年(432),北魏进攻北燕,"徙营丘、成周、辽东、乐浪、带方、玄菟六郡民三万家于幽州",并相应设置益州和交州①。同年,北燕冯崇以肥如降魏②。太延二年(436),北魏军队进入和龙,北燕亡。同年在和龙置镇。真君五年(444)改置营州。

太延五年(439)北魏灭沮渠氏所建北凉,占武威、张掖、酒泉。但由于北凉残余势力的存在,它对河西及其以西地区的控制过程比较复杂。六年(440),沮渠无讳从晋昌攻占酒泉。真君二年(441)北魏占领酒泉。三年(442)沮渠无讳西据鄯善,西凉残余势力李宝乘机自伊吾取敦煌,并遣使附魏。同年无讳袭据高昌。六年(445)魏占领鄯善,置鄯善镇。九年,占焉耆并置镇③。

太延二年(436),北魏逼走仇池杨难当势力,占领上邽,取得秦州地区,并因此在雍州置平秦郡和武都郡。

太延五年(439),北魏从吐谷浑手里夺得金城与陇西;真君六年(445),占领枹罕④。

太武帝时期,在与刘宋的对抗中,北魏的国境线向南也有所推进。太延五年,北魏攻取刘宋的上洛郡,在上洛置荆州(此前曾在颍川长社利用司马楚之侨置有荆州),设上洛、魏兴二郡。真君四年(443),从南朝手中夺取仇池地区,七年(446),魏克葭芦,至十一年(450),葭芦又被刘宋重新占领。刘宋控制线停在葭芦以南、武兴以东。

综上,太武帝时期,陆续设置有十五个州:江州、东青州、泰州、雍州、泾

---

① 《魏书》卷4《世祖纪上》、卷97《海夷冯跋传》。对这些移民的安置,《世祖纪》只说"开仓以赈之",不及其他。考卷106《地形志》上安州广阳郡下:"延和元年(432)置益州,真君二年改为郡。"安乐郡下:"延和元年置交州,真君二年罢州置。"益、交二州之置当与这次移民有关。
② 据《魏书》卷4《世祖纪上》,冯崇降魏的具体时间是延和元年十二月己丑,据《二十史朔闰表》推算,相当于公元433年1月25日。
③ 此处主要参考了唐长孺的《高昌郡纪年》,见《魏晋南北朝隋唐史资料》第三辑。
④ 北魏占领陇西、金城的时间现存史料没有明确说法。《魏书》卷101《吐谷浑传》:"世祖征凉州,慕利延惧,遂率其部人西遁沙漠。世祖以慕利延兄有禽赫连定之功,遣使宣喻之,乃还。"这是太延五年(439)发生的事。北魏大举进攻北凉,牵扯到陇右一带整个的地缘政治格局,对吐谷浑构成极强的心理震撼。陇西与金城在魏秦州与北凉之间,地当交通要冲,不管征凉之役是否全沿秦州路,北魏趁吐谷浑势力西撤之机占领这一交通要冲,事在情理之中。而且据卷4《世祖纪下》所记,真君六年(445)"夏四月庚戌,征西大将军、高凉王那等讨吐谷浑慕利延于阴平白兰。诏秦州刺史、天水公封敕文击慕利延兄子什归于枹罕……什归闻军将至,弃城夜遁。秋八月丁亥,封敕文入枹罕,分徙千家还上邽"。不提攻取金城与陇西,当是此前两地已经纳入北魏版图。

州、秦州、益州(治所在上封城)、益州(治所在燕乐)、交州、徐州、荆州、朔州、东雍州、营州、肆州。行政区划变化的幅度相当巨大。

(1) 江州

《魏书·地形志》无。蛮左州。《魏书》卷101《蛮传》:"泰常八年,蛮王梅安率渠帅数千朝京师,求留质子以表忠款。始光中,拜安侍子豹为安远将军、江州刺史、顺阳公。"始光(424—428)是太武帝的第一个年号。江州治地及领郡情况不明。

(2) 东青州

《魏书·地形志》无。侨置。《魏书》卷64《张彝传》:"张彝,字庆宾,清河东武城人。曾祖幸,慕容超东牟太守,后率户归国。世祖嘉之,赐爵平陆侯,拜平远将军、青州刺史。祖准之袭,又为东青州刺史。"大概初名青州,后来改称东青州。关于这个州,同传还说:"初,彝曾祖幸,所招引河东民为州裁千余家,后相依合,至于罢入冀州,积三十年,析别有数万户,故高祖比校天下民户,最为大州。"据卷51《韩茂传附子均传》:"先是,河外未宾,民多去就,故权立东青州为招怀之本,新附之民,咸受优复。然旧人好逃者,多往投焉。均表陈非便,朝议罢之。后均所统,劫盗颇起,显祖诏书诮让之。"此州似废于献文帝时,在皇兴三年(469)北魏占领青齐地区稍后。东青州置郡情况不明。

(3) 泰州

《魏书》卷106《地形志下》:"泰州,神䴥元年置雍州,延和元年改,太和中罢,天平初复,后陷。"《水经注》卷4《河水注四》"又南过蒲坂县西"条下:"魏秦州刺史治,太和迁都,罢州,置河东郡。"此处的秦州是泰州之误,周一良先生在他的读史札记里已经指出了这一点①。结合《水经注》可知,泰州北魏太武帝延和元年(432)由治于蒲坂的雍州改置,太和迁都后罢州为河东郡,东魏天平初年复置泰州,后来陷于西魏。至于为何初设的名称是雍州,始光三年(426),北魏开始攻打大夏,出兵占领弘农郡(治陕城)、河东郡(治蒲坂)和雍州(治长安)。神䴥元年(428),大夏重新收复长安,北魏的势力后退至蒲坂以东,雍州因而改设于蒲坂。但三年(430),北魏再度攻克长安,长安重置雍州,蒲坂之州建置不废,稍后改称泰州。泰州初设时领有河东一郡。

(4) 雍州

《魏书》卷106《地形志下》:"雍州……治长安。"始光三年(426)北魏占领

---

① 周一良:《魏晋南北朝史札记·〈魏书〉札记》"秦州"条,见《周一良集》第贰卷,辽宁教育出版社,1998年,第620—621页。

雍州。神䴥元年(428)被大夏重新收复。三年(430),北魏重克长安。雍州初设时领有京兆、冯翊、扶风、始平、咸阳、北地六郡。

(5) 泾州

《魏书》卷106《地形志下》:"泾州,治临泾城。"始光四年(427)北魏占领安定。神䴥元年(428)被大夏重新收复。三年(430),北魏再克安定。《元和郡县图志》卷3《关内道三》泾州:"后魏太武神䴥三年于此置泾州,因水为名。"据《魏书》卷4《世祖纪上》:延和二年(433)正月"丙寅,以乐安王范为假节、加侍中、都督秦雍泾梁益五州诸军事、卫大将军、仪同三司,镇长安"。这是泾州见于《魏书》的最早记载。《地形志下》说泾州治临泾城,但是据卷9《肃宗纪》熙平二年(517)九月,"是月,城青、齐、兖、泾、平、营、肆七州所治东阳、历城、瑕丘、平凉、肥如、和龙、九原七城",泾州的治所是平凉,录此存疑。泾州初领郡,据《魏书》卷106《地形志下》所列推导,当领有安定、石堂、陇东、新平、赵平、平凉、平原、西北地八郡。

(6) 秦州

《魏书》卷106《地形志下》:"秦州,治上封城。"太延二年(436),北魏逼走仇池杨难当势力,占领上邽,取得秦州地区。秦州初设时领天水、略阳二郡。

(7) 益州

《魏书·地形志》无,侨置。亦治上封城。《魏书》卷51《封敕文传》:"敕文,始光初为中散,稍迁西部尚书。出为使持节、散骑常侍、镇西将军、开府、领护西夷校尉、秦益二州刺史,赐爵天水公,镇上邽。诏敕文率步骑七千征吐谷浑慕利延兄子拾归于枹罕……"据卷4《世祖纪下》,封敕文征讨拾归(《世祖纪》拾归写作什归)发生于真君六年(445)。益州侨置不应晚于是年①。这个益州一直延续至孝文帝太和年间。卷40《陆俟传附陆定国传》:"太和初,复除侍中、镇南将军,秦益二州刺史,复王爵。八年,薨于州。"益州在太和年间似又迁至梁州洛谷城。《魏书》卷106《地形志下》:"南秦州,真君七年置仇池镇,太和十二年为梁州,正始初置。治洛谷城。"卷45《裴骏传裴宣附传》:"出为征虏将军、益州刺史。宣善于绥抚,甚得羌戎之心。复晋寿,更置益州,改宣所莅为南秦州。"晋寿之益州508年始置,据此可将洛谷益州的废置定在508年。

---

① 从其他材料看,益州之设似乎更早。《魏书》卷36《李顺传》:世祖听从崔浩的建议,"以顺为太常,策拜蒙逊为太傅、凉王。使还,拜使持节、都督秦雍梁益四州诸军事、宁西将军、开府、长安镇都大将,进爵高平公。"卷4《世祖纪上》系策拜蒙逊为太傅、凉王一事于神䴥四年(431)九月。但这个益州可能是虚领,因为该年秦州由大夏赫连定转入仇池杨难当之手,并不属北魏;北魏太延二年(436)始得秦州。要之,还是《封敕文传》的记载比较坚实可靠。

(8) 益州

治燕乐。《魏书》卷106《地形志上》安州:"广阳郡,延和元年置益州,真君二年改为郡。"益州和交州的设置比较蹊跷。卷4《世祖纪上》:延和元年(432)九月,太武帝征讨北燕西还,"徙营丘、成周、辽东、乐浪、带方、玄菟六郡民三万家于幽州,开仓以赈之"。益、交二州之置当与这次移民有关。益州置郡情况不明。

(9) 交州

治所疑在土垠。《魏书》卷106《地形志上》安州:"安乐郡,延和元年置交州,真君二年罢州置。"交州置郡情况不明。

(10) 徐州

侨置。延和二年(433)置,治外黄。皇兴年间(467—471)罢。《魏书》卷106《地形志中》梁州阳夏郡:"济阳……延和二年置徐州,皇兴初罢。"卷38《刁雍传》:"会有敕追令随机立效,雍于是招集谯、梁、彭、沛民五千余家,置二十七营,迁镇济阴。延和二年,立徐州于外黄城,置谯、梁、彭、沛四郡九县,以雍为平南将军、徐州刺史,赐爵东安侯。"看来这个徐州也是侨置。

(11) 荆州

《魏书》卷106《地形志下》:"洛州,太延五年置荆州,太和十八年改①。治上洛城。"据卷4《世祖纪上》,神䴥元年(428)九月,"上洛巴渠泉午触等万余家内附"。太延四年(438)十二月,"上洛巴泉鄣等相率内附"。泉氏是上洛豪族,正由于泉氏转而效忠北魏,商洛地区得以较早纳入北魏版图。太延五年(439)"三月丁卯,诏卫大将军、乐安王范遣雍州刺史葛那取上洛,刘义隆上洛太守镡长生弃郡走"。荆州正是在这种背景下设置的。又《地形志中》广州:"鲁阳郡,太和十一年置镇,十八年改为荆州,二十二年罢,置。"《地形志下》:"荆州……太延中治上洛,太和中治穰城。"要之,荆州的治所439—494年在上洛,494—498年在鲁阳;由于孝文帝南伐夺得南阳盆地,太和二十二年(498),荆州又由鲁阳迁至穰城。荆州初设时有上洛、魏兴二郡。

(12) 朔州

治盛乐。《魏书》卷106《地形志上》:"云州,旧置朔州,后陷,永熙中改,寄治并州界。"卷37《司马楚之传》:"寻拜假节、侍中、镇西大将军、开府仪同三司、云中镇大将、朔州刺史,王如故。在边二十余年,以清俭著闻。和平五年薨,时年七十五。"司马楚之任朔州刺史在真君四年(443)征讨蠕蠕之后不久,

---

① 原文作"太和十一年改",钱大昕以为当作"太和十八年",校勘记从。据《地形志中》,洛阳之洛州在太和十七年改为司州。

所以朔州之设不晚于444年①。此点由鲍桐先生首先指出②。朔州领郡,《地形志上》列有盛乐、云中、建安、真兴四郡。此四郡无法确认初设州时均领有。另朔州初设时当还领有善无郡,参见本编第二章第一节"恒州(北魏前期的司州)及相关州领郡沿革"部分。

(13) 东雍州

《魏书》卷106《地形志上》晋州:"平阳郡……真君四年置东雍州,太和十八年罢,改置。"《水经注》卷6《汾水》:"又西迳魏正平郡南,故东雍州治,太和中,皇都徙洛,罢州立郡矣。"《元和郡县图志》卷12《河东道一》绛州:"后魏太武帝于今理西南二十里正平县界柏壁置东雍州及正平郡,其地属焉。孝文帝废东雍州,东魏静帝复置,周明帝武成二年改东雍州为绛州。""柏壁,在(正平)县西南二十里。后魏(明)[元]帝元年,于此置柏壁镇,太武帝废镇,置东雍州及正平郡。周武帝于此改置绛州。"据此知东雍州真君四年(443)由柏壁镇改置,治柏壁。东雍州初设时领有正平、平阳二郡。

(14) 营州

《魏书》卷106《地形志上》:"营州,治和龙城。太延二年为镇,真君五年改置。永安末陷,天平初复。"营州真君五年(444)由和龙镇改置而成。营州初设时领有昌黎、冀阳等郡。

(15) 肆州

《魏书》卷106《地形志上》:"肆州,治九原。天赐二年为镇,真君七年置州。"肆州真君七年(446)由肆卢镇改置而成,治九原。初设时领有新兴、秀容、肆卢、敷城四郡。

第四节 文成帝时期(452—465)疆域演变与政区设置概况

文成帝时置有一蛮左州南雍州,侨置一青州。

(1) 南雍州

《魏书·地形志》无。《魏书》卷101《蛮传》:"兴光(454—455)中,蛮王文武

---

① 《司马楚之传》在楚之任云中镇大将、朔州刺史之前,提到"车驾伐蠕蠕,诏楚之与济阴公卢中山等督运以继大军。时镇北将军封沓亡入蠕蠕,说令击楚之等以绝粮运"。据卷4《世祖纪下》,封沓降蠕蠕发生在真君四年。《司马楚之传》在楚之任云中镇大将、朔州刺史之后,还提到"在边二十余年,以清俭著闻。和平五年薨,时年七十五"。和平五年(464)距真君四年恰好二十余年。
② 鲍桐:《北魏北疆几个历史地理问题的探索》,《中国历史地理论丛》1999年第3期。但需要说明的是,鲍桐先生将盛乐之朔州(北魏孝昌年间改为云州)与由怀朔镇所改之朔州相混,恐系一时疏误。

龙请降,诏褒慰之,拜南雍州刺史、鲁阳侯。"北魏自此一直到孝武帝末期均有南雍州。另《隋书》卷31《地理志下》春陵郡:"蔡阳县,梁置蔡阳郡,后魏置南雍州。"又据《周书》卷49《异域传上》:"大统五年,蔡阳蛮王鲁超明内属,以为南雍州刺史,仍世袭焉。"卷2《文帝纪下》,西魏废帝三年(554),南雍改为蔡州。要之,南雍州454年左右置,534年陷于萧梁,改为蔡阳郡,西魏大统五年(539)夺得蔡阳后复名南雍。此南雍州置郡情况不明。

(2) 青州

侨置。《魏书》卷70《傅竖眼传傅灵越附传》:"灵根、灵越奔河北。灵越至京师,高宗见而奇之。灵越因说齐民慕化,青州可平,高宗大悦。拜灵越镇远将军、青州刺史、贝丘子,镇羊兰城;灵根为临齐副将,镇明潜垒。灵越北入之后,母崔氏遇赦免。刘骏恐灵越在边,扰动三齐,乃以灵越叔父琰为冀州治中,乾爱为乐陵太守。乐陵与羊兰隔河相对,命琰遣其门生与灵越婢诈为夫妇投化以招之。灵越与母分离思积,遂与灵根相要南走。灵越与羊兰奋兵相击,乾爱遣船迎之,得免。"看来设置时间不长。

第五节 献文帝时期(466—471)疆域演变与政区设置概况

献文帝时期,南朝刘宋发生内乱,北魏趁此机会,夺得刘宋淮北四州及豫州淮西之地。天安元年(466)九月,刘宋司州刺史常珍奇以悬瓠①、徐州刺史薛安都以徐州内属。北魏因此得淮西诸郡:汝南、新蔡、谯郡、梁郡、陈郡、南顿、颍川、汝阳、汝阴(469年属)②、陈留。并置南豫州。刘宋控制线后移至下邳以东。皇兴元年(467)魏占下邳、宿豫和淮阳。同年罢济阳所置徐州。

天安元年,刘宋兖州刺史毕众敬亦以瑕丘降魏,但北魏并没有控制住整个兖州地区。皇兴元年(467),北魏派遣征南大将军慕容白曜平定刘宋兖、冀、青诸州,并相应设置州镇。同年魏暂置冀州于盘阳。二年(468),刘宋东徐州刺史张谠以团城降,魏置东徐州于团城,东兖州于瑕丘。同年魏取历城、梁邹。拔宋东青州(不其城)。三年(469),北魏陷东阳,刘宋青州没。北魏改刘宋冀

---

① 刘宋司州当时侨治于豫州汝南悬瓠城。
② 《魏书》卷56《郑羲传》:"明年(467)春,又引军东讨汝阴。刘彧汝阴太守张超城守不下,石率精锐攻之,不克,遂退至陈项……遂旋师长社。至冬,复往攻超,超果设备,无功而还。历年,超死,杨文长代戍,食尽城溃,乃克之……"《资治通鉴》系杨文长抗击北魏一事于宋明帝泰始五年(469)三月。

州为齐州,在掖城置光州。

天安二年(467),北魏分相州置怀州。皇兴二年(468),分泾州置华州。

综上,献文帝时期一共设置有十个州:怀州、安州、徐州、东兖州、青州、齐州、光州、南豫州、东徐州、华州。

(1) 怀州

《魏书》卷106《地形志上》:"怀州,天安二年置,太和十八年罢,天平初复。"怀州河内郡:"野王……州、郡治。"据此,怀州天安二年(467)置,治野王。初设时领有河内、汲二郡。

(2) 安州

《魏书》卷106《地形志上》:"安州,皇兴二年置,治方城,天平中陷,元象中寄治幽州北界。"由之,安州皇兴二年(468)置,治方城。初设时领有密云、广阳、安乐三郡。

(3) 徐州

《魏书》卷106《地形志中》:"徐州……魏晋治彭城。"徐州天安元年(466)归北魏,初设时领有彭城、沛郡、下邳、兰陵、琅邪、东海、淮阳(467年占)、阳平、北济阴、南济阴十郡。谯郡、梁郡则于皇兴年间(467—471)划入。

(4) 东兖州

《魏书》卷106《地形志中》:"兖州……刘义隆治瑕丘,魏因之。"天安元年(466)刘宋兖州刺史毕众敬亦以瑕丘降魏,但北魏并没有控制住整个兖州地区。皇兴元年(467),北魏派遣征南大将军慕容白曜平定刘宋兖、冀、青诸州,并相应设置州镇。皇兴二年(468)北魏占领瑕丘,置东兖州。太和十八年(494)改称兖州。东兖州初设时领有泰山、鲁郡、高平、东平、东阳平五郡;刘宋所设济北郡此时当归并至北魏济州济北郡。

(5) 青州

《魏书》卷106《地形志中》:"青州……司马德宗治东阳,魏因之。"皇兴三年(469),北魏占领东阳。青州初设时领有齐郡、北海、乐安、勃海、高阳、河间、乐陵、平昌、高密、东莱、长广十一郡。

(6) 齐州

《魏书》卷106《地形志中》:"齐州,治历城。刘义隆置冀州,皇兴三年更名。"齐州初设时领有东魏、东平原、东清河、广川、济南、太原六郡。

(7) 光州

《魏书》卷106《地形志中》:"光州,治掖城。皇兴四年(470)分青州置,延兴五年改为镇,景明元年复。"①《魏书》卷51《吕罗汉传吕豹子附传》:"大檀弟豹子,东莱镇将。后改镇为州,行光州事。"可知光州皇兴四年(470)置,初设时领有东莱、长广二郡。

(8) 南豫州

《魏书》卷106《地形志中》:"豫州,刘义隆置司州,治悬瓠城。皇兴中改。"天安元年(466)九月,刘宋司州刺史常珍奇以悬瓠内属,北魏因置南豫州。太和十九年(495)改称豫州。南豫州初领襄城、汝南、新蔡、陈郡、南顿、汝阳、汝阴(469年属)、陈留诸郡。

(9) 东徐州

《魏书》卷106《地形志中》:"南青州,治团城。显祖置,为东徐州,太和二十二年改。"皇兴二年(468),刘宋东徐州刺史张谠以团城降,魏因置东徐州于团城。又改称南青州,《魏书》卷7《高祖纪下》:太和十九年(495)十月,"诏徐、兖、光、南青、荆、洛六州纂严戎备,应须赴集"。南青州在太和十九年就已经出现。据同纪,太和十七(493)年六月"己丑,诏免徐、南豫、陕、岐、东徐、洛、豫七州军粮"。东徐州大概在太和十八年前后改称南青州。东徐州初设时领有东安、东莞二郡。

(10) 华州

《魏书》卷106《地形志下》:"豳州,皇兴二年为华州,延兴二年为三县镇,太和十一年改为班州,十四年为邠州,二十年改焉。"豳州在太和八年已经出现,见上。另外《南齐书》卷57《魏虏传》提到北魏太和十年有西华州,疑即指此华州。华州初设时当领有西北地、赵兴二郡。

第六节 孝文帝迁洛以前(471—493)疆域演变与政区设置概况

孝文帝迁洛以前,北魏疆域南拓得并不多。但由于多次改镇为州,太和十年(486)置立三长、定民户籍、分置州郡,政区设置变动较大。

孝文帝所设诸州年限,部分在《魏书·地形志》与《元和郡县图志》中有反

---

① 《魏书》校勘记云:按卷7上《高祖纪上》太和七年正月、卷7下《高祖纪下》太和十九年十月诏(夹注:此诏又见《文馆词林》卷662)、卷57《崔挺传》太和十八年、卷112上《灵征志上》地震类太和十九年,并见光州。疑延兴五年(475)于光州置东莱镇,州实未废,或废而旋复,所谓"景明元年复"当误。

映，但也不是没有可置疑的地方。《魏书》卷110《食货志》："太和八年，始准古班百官之禄，以品第各有差。先是，天下户以九品混通，户调帛二匹、絮二斤、丝一斤、粟二十石；又入帛一匹二丈，委之州库，以供调外之费。至是，户增帛三匹，粟二石九斗，以为官司之禄。后增调外帛满二匹。所调各随其土所出。其司、冀、雍、华、定、相、泰、洛、豫、怀、兖、陕、徐、青、齐、济、南豫、东兖、东徐十九州，贡绵绢及丝；幽、平、并、肆、岐、泾、荆、凉、梁、汾、秦、安、营、豳、夏、光、郢、东秦，司州万年、雁门、上谷、灵丘、广宁、平凉郡，怀州邵上郡之长平、白水县，青州北海郡之胶东县，平昌郡之东武、平昌县，高密郡之昌安、高密、夷安、黔陬县，泰州河东之蒲坂、汾阴县，东徐州东莞郡之莒、诸、东莞县，雍州冯翊郡之莲芍县，咸阳郡之宁夷县，北地郡之三原、云阳、铜官、宜君县，华州华山郡之夏阳县，徐州北济阴郡之离狐丰县、东海郡之赣榆、襄贲县，皆以麻布充税。"这是一条很好的材料，因为它几乎将太和八年(484)北魏的州全部开列了出来。但出现在太和八年的这些州中，有不少却是与《地形志》以及《元和郡县图志》标示的设置年代相矛盾的。

华州，《魏书》卷106《地形志下》："太和十一年分(秦)[泰]州之华山、澄城、白水置。"

陕州，《魏书》卷106《地形志下》："太和十一年置。治陕城。"

岐州，《魏书》卷106《地形志下》："太和十一年置。治雍城镇。"

汾州，《魏书》卷106《地形志上》："延和三年为镇，太和十二年置州。治蒲子城。"

豳州，《魏书》卷106《地形志下》："皇兴二年为华州，延兴二年为三县镇，太和十一年改为班州，十四年为邠州，二十年改焉。"

夏州，《魏书》卷106《地形志下》："赫连屈子所都，始光四年平，为统万镇，太和十一年改置。治大夏。"

郢州，《魏书》卷106《地形志下》襄州："南安郡，太和十三年置郢州，十八年改为南中府。"

东秦州，《魏书》卷106《地形志下》："北华州，太和十五年置东秦州，后改。治杏城。"

需要说明的是，北魏州镇并称，下举凉州在北魏初设镇时仍旧沿用原来州名；设在仇池的梁州州名，根据《魏书》其他地方的记载亦未因置镇而弃用。如果没有出现其他置有刺史的记载，尚不足以否定《地形志》和《元和志》的相关记载，这里暂将之列出。

凉州，《魏书》卷106《地形志下》："汉置，治陇。神䴥中为镇，太和中复。"

《元和郡县图志》卷40《陇右道下》:"及太武帝,改州镇,置四军戍,孝文帝太和十四年复为凉州,领武威等十郡二十县。"

梁州,《魏书》卷106《地形志下》:"南秦州,真君七年置仇池镇,太和十二年为(渠)[梁]州,正始初置。治洛谷城。"

就文本来说,《食货志》这条材料的年代是明确的,不会有错误。在太和八年这件事之后,紧接着又有"九年,下诏均给天下民田","十年,给事中李冲上言(置立三长)","十一年,大旱,京都民饥","十二年,诏群臣求安民之术",逐年排列事件,时间上的逻辑甚为清楚。

班禄一事发生在太和八年,还可以得到其他材料的佐证。《魏书》卷7《高祖纪上》:太和八年"六月丁卯,诏曰:'置官班禄,行之尚矣。……自中原丧乱,兹制中绝,先朝因循,未遑厘改。朕永鉴四方,求民之瘼,夙兴昧旦,至于忧勤。故宪章旧典,始班俸禄。罢诸商人,以简民事。户增调三匹、谷二斛九斗,以为官司之禄。均预调为二匹之赋,即兼商用。虽有一时之烦,终克永逸之益。禄行之后,赃满一匹者死。变法改度,宜为更始,其大赦天下,与之惟新。'"与《食货志》所记显为一事。

由于史料的限制,离开《魏书·地形志》确实无法敲定这些州的设置年代,但仍然可以从史书中找到其他材料,进一步证明在《地形志》标示的年代之前,一些州确实已经出现了。

《资治通鉴》卷135齐高帝建元四年(相当于北魏孝文帝太和六年,即482)九月:"魏以荆州巴、氐扰乱,以镇西大将军李崇为荆州刺史。崇,显祖之舅子也。将之镇,敕发陕、秦(应作泰,下同①)二州兵送之……"对此胡三省颇有不解,在其注中说:"魏收《地形志》:太和十一年,置陕州。是年,太和七(应作六)年也,当考。"李崇,《魏书》卷66有传,传中云:"李崇……文成元皇后第二兄诞之子。年十四,召拜主文中散,袭爵陈留公,镇西大将军。高祖初,为大使巡察冀州。寻以本官行梁州刺史。时巴氐扰动,诏崇以本将军为荆州刺史,镇上洛。敕发陕秦二州兵送崇至治。崇辞曰:……高祖从之。乃轻将数十骑驰到上洛,宣诏绥慰,当即帖然。寻勒边戍,掠得萧赜人者,悉令还之。南人感德,仍送荆州之口二百许人。两境交和,无复烽燧之警。在治四年,甚有称绩。召还京师,赏赐隆厚。以本将军除兖州刺史。……后例降为侯。"这里提到高祖初,高祖孝文帝延兴元年(471)即位;提到南齐武帝萧赜,萧赜建元四年(482)即

---

① 毋有江:《南北朝史籍地理勘误二题》,徐少华主编,晏昌贵副主编:《荆楚历史地理与长江中游开发》,湖北人民出版社,2009年,第522—524页。

位；又提到"例降为侯"，卷7《高祖纪下》，太和十六年(492)正月乙丑，"制诸远属非太祖子孙及异姓为王，皆降为公，公为侯，侯为伯，子男仍旧，皆除将军之号"。《李崇传》在《魏书》中无阙，不存在因从《北史》中返补而致史料扭曲的情况。《资治通鉴》将这件事系在北魏太和七年，实是折中各方时间的结果，不一定有更多的材料根据，但却是合理的。根据《李崇传》，梁州置时应早于《地形志》所标；如果《资治通鉴》系年无误，陕州的置时也应早于《地形志》所标。

《食货志》太和八年的材料还可以与《南齐书》卷57《魏虏传》里的材料相印证。《魏虏传》云："(永明)三年，初令邻里党各置一长，五家为邻，五邻为里，五里为党。四年，造户籍。分置州郡，雍州、凉州、秦州、沙州、泾州、华州、岐州、河州、西华州、宁州、陕州、洛州、荆州、郢州、北豫州、东荆州、南豫州、西兖州、东兖州、南徐州、东徐州、青州、齐州、济州二十五州在河南；〔湘〕[相]州、怀州、秦州、东雍州、肆州、定州、瀛州、朔州、并州、冀州、幽州、平州、司州十三州在河北。凡分魏、晋旧司、豫、青、兖、冀、并、幽、秦、雍、凉十州地，及宋所失淮北为三十八州矣。"南齐永明三年相当于北魏太和九年(485)。据《魏书》卷7《高祖纪下》，初立党、里、邻三长，定民户籍发生在太和十年(486)，《南齐书》所记时间有误，但所记州名基本可靠①。河南诸州实数二十四，《资治通鉴》卷136齐武帝永明四年(486)胡注引《南齐书》有光州，可从。河北诸州中的秦州，中华书局点校本依胡注所引改作汾州，秦、汾字形不似，其实是泰州之误。《魏书》卷106《地形志下》："泰州，神䴥元年置雍州，延和元年改，太和中罢。"河南诸州中的沙州，指的应该是设于酒泉的沙州。《魏虏传》所列州名是南齐永明四年即孝文帝太和十年(486)北魏的情况，尽管不完整，却是比较可靠的，这一点何德章已经指出。但是，假如《魏虏传》的这条材料是可信的，那么《地形志》和《元和郡县图志》的某些记载就是不可信的，因为《魏虏传》里提到的凉州、华州、岐州和瀛州，根据《地形志》或《元和郡县图志》，这三个州在太和十年尚未设置②。

---

① 高敏：《北魏三长制与均田制的实行年代问题辨析》，《史学月刊》1992年第5期。侯旭东：《北朝"三长制"四题》，《中国史研究》2002年第4期。何德章：《北魏太和中州郡制改革考释》，《武汉大学学报(哲学社会科学版)》1995年第3期。

② 何德章：前引文。但需要指出的是，何文是将《魏虏传》所列州视为北魏太和十年"分置州郡"的规划。如果这一判断成立，一些州就不见得太和十年已经设置。但是《魏虏传》里所列很多州其实很早就已经存在，若扣除《魏书·食货志》里太和八年出现的州，太和十年规划后出现的州寥寥无几，与北魏置立三长、定民户籍的力度不符。北魏太和十年以后的改革对政区的调整其实主要体现在郡县两级，对州的影响并不大。而郡县两级的变化与户口数字的变动有很大关系，"分置州郡"至多与置立三长、定民户籍的工作同步进行，不可能用预先规划的方法确定，详参前引侯旭东文。对材料的不同解读会影响具体结论的可信性，这里列出仅仅作为佐证。

《魏书》卷19《景穆十二王列传·南安王元桢传》:"南安王桢,皇兴二年封,加征南大将军、中都大官,寻迁内都大官。高祖即位,除凉州镇都大将。寻以绥抚有能,加都督西戎诸军事、征西大将军、领护西域校尉、仪同三司、凉州刺史。征为内都大官……"据卷7《高祖纪上》,延兴元年(471)十月"庚寅,以征东大将军、南安王桢为假节、都督凉州及西戎诸军事、领护西域校尉、仪同三司,镇凉州"。与前传表述有差异,可能因原始材料出处不同所致,但可以断定元桢任凉州刺史是在延兴元年之后。卷94《仇洛齐传附养子仇俨传》:"太和中,为虎牢镇将。初洛齐贵盛之后,广、盆坐他事诛,世祖以其非仇氏子,不与焉。还取侯家近属,以俨为子。后欲还本。而广有女孙配南安王桢,生章武王彬,即中山王英弟也。……桢时在内都主司品臣,俨隶于桢,畏惮之,遂不敢。九年卒,谥曰静。"元桢任内都大官在太和九年之前,则凉州改镇为州也当在太和九年之前。不过南安王元桢的材料可能是有问题的,不构成强证①。

《地形志》得不到其他材料的支撑,而其他材料之间却互不矛盾,有些材料甚至可以互相支撑,这说明《地形志》(包括《元和郡县图志》)开列的部分州的设置年代可能有误。

有一条材料似乎可以推翻上面的论证。《魏书》卷19《景穆十二王列传上·京兆王子推传元太兴附传》:"拜长安镇都大将,以黩货,削除官爵。后除秘书监,还复前爵,拜统万镇将,改封西河。后改镇为夏州,仍以太兴为刺史。除守卫尉卿。"据卷7《高祖纪下》,元太兴免官削爵事发生在太和十四年(490)十月,改封西河王在太和二十年十月。这样一来,不但《食货志》的材料有问题,就是《地形志》标示的年代也是不可信的,因为《地形志》说夏州的设置是在太和十一年(487)。但在实际上,今本《元太兴附传》的材料在年代上却是有问题的。其一,夏州在太和二十年之前已经出现,卷7《高祖纪下》太和十三年(489)三月就有"夏州刺史章武王彬以贪赇削封"的记载。其二,据中华书局点校本校勘记,今本《景穆十二王传上》系"以《北史》卷一七《景穆十二王传》补,间有溢出字句,当出于《高氏小史》",而《北史》因过量删削而致的史料扭曲是相当严重的;再加上史书在流传中可能会出现的错简讹误,源自《北史》材料的可信度要低于《魏书》原本。所以《元太兴附传》在材料上不能否定上面的

---

① 《魏书》卷19《景穆十二王列传附城阳王长寿传元鸾附传》:"高祖时,拜外都大官,又出为持节、都督河西诸军事、征西大将军、领护西域校尉、凉州镇都大将。改镇立州,以鸾为凉州刺史,姑臧镇都大将,余如故。"如果凉州是在元鸾任镇都大将时才改镇为州(可惜无法弄清置州的具体年代),那么《南安王元桢传》的说法就是不可信的,后引《高祖纪上》并没有说元桢曾改任凉州刺史,现存《元桢墓志》也没有提到这一点。

论证。

附带要说明的是,《食货志》太和八年州名中不包括朔州、东雍、东荆、南雍、南兖等州,东荆与南雍当时是蛮左州,其他几个州可能少产或不产纺织品,也可能是今本《食货志》遗漏的缘故,与州的设置情况没有关系。

周一良批评魏收撰《地形志》"不据太和延昌之制,而取东西分裂以后东魏武定(543—549)时地理。已入西魏之地域,又采较早之'永熙(532—534)绾籍',参差重复,脱落讹误,不一而足。读北魏史书,地形志殊难凭信,较之南朝侨州郡县之纷纭错杂,尤不易理董也"①。由于北魏"孝昌之际,乱离尤甚。恒代而北,尽为丘墟;崤潼已西,烟火断绝;齐方全赵,死如乱麻。于是生民耗减,且将大半。永安末年,胡贼入洛,官司文簿,散弃者多,往时编户,全无追访。今录武定之世以为《志》焉。州郡创改,随而注之,不知则阙。内史及相仍代相沿。魏自明、庄,寇难纷纠,攻伐既广,启土逾众,王公锡社,一地累封,不可备举,故总以为郡。其沦陷诸州户,据永熙绾籍,无者不录焉"。魏收撰《地形志》时,可资凭借的资料并不多,将武定版籍与永熙版籍并排,实是不得已而为之。尽管如此,他拥有的材料还是比今人多,再加上同时代的优势,所修《魏书》完全不应该有那么多的歧异与矛盾。对这些歧异和矛盾的进一步解释可能是因为这是一部官修正史,书成众手,本来就易出现各卷在内容上的不相照应,而《魏书》的编修者大概于舆地之学留心不足,只顾照抄皇家版籍,不注意比勘校正相关材料,致使歧义丛生,极大影响了《魏书》这部书的专业水准。

尽管如此,《魏书·地形志》毕竟是转抄自皇家版籍,体例较为完整详细,也是我们重建北魏政区沿革的基本凭借。换言之,虽然我们在其他材料中找到了与之相互矛盾的现象,但其他材料尚不足以帮助我们建构起北魏政区演变的基本脉络。就《魏书》文本本身的复杂程度来说,还是不宜轻易否定《地形志》的说法。本章遇到这种情况,以《魏书·地形志》以及《元和郡县图志》年代断限为准,但把其他不利《地形志》说法的材料附注于后。

孝文帝迁洛以前,一共设置了十七个州:南徐州、东荆州、岐州、华州、东秦州、夏州、汾州、陕州、梁州、凉州、河州、瀛州、郢州、燕州、沙州、宁州、灵州。

(1) 南徐州

治宿预。《南齐书》卷57《魏房传》提到太和年间北魏有南徐州。《地形志》无南徐州。《水经注·泗水注》"泗水又迳宿预城之西"条下:"魏太和中,南徐州

---

① 周一良:《魏晋南北朝史札记·〈魏书札记〉》"西兖州与南兖州"条,《周一良集》,辽宁教育出版社,1998年,第 618—619 页。

治,后省为戍。"《隋书》卷31《地理志下》下邳郡:"后魏置南徐州,梁改为东徐州,东魏又改曰东楚州。"《通典》卷180《州郡典十》临淮郡(泗州)条下亦云:"后魏亦为下邳郡,兼置南徐州。东魏改为东楚州。"孝文帝时北魏确曾置有南徐州。《魏书》卷8《世宗纪》:太和二十三年(499)八月记有"南徐州刺史沈陵南叛"。卷61《沈文秀传沈陵附传》:"文秀族子陵……太和十八年,高祖南伐,陵携族孙智度归降,引见于行宫。……授前军将军。后监南徐州诸军事、中垒将军、南徐州刺史。"又据卷47《卢玄传卢渊附传》:"南徐州刺史沈陵密谋外叛,渊觉其萌渐,潜敕诸戍,微为之备。屡有表闻,朝廷不纳。陵果杀将佐,勒宿豫之众逃叛。滨淮诸戍,由备得全。"可见南徐州治所在宿豫。卷106《地形志中》东楚州:"司马德宗置宿豫郡。高祖初,立东徐州,后陷。世宗初,改为镇,后陷。武定七年复改。为宿豫郡。"东徐州当为南徐州之误。沈陵为南徐州刺史,在《魏书》中多次出现。然《南齐书》卷7《东昏侯纪》永元元年(499)闰八月有"虏伪东徐州刺史沈陵降,以为北徐州刺史"。《元和郡县图志》卷9泗州条下亦云:"后魏于此置东徐州。"中华书局点校本《魏书》校勘记据此怀疑此州初置本名南徐,太和二十二年改治团城之东徐州为南青州,而改治宿豫之南徐为东徐。"不及数月,沈陵降齐,州亦旋废,故《魏书》犹称其官。"校勘记的说法显然受到了《地形志》所列南青州材料的影响,但南青州在太和十九年就已经出现,见上所列东徐州,所以团城东徐州改置南青州与南徐州易名东徐州无直接关联。北魏在团城东徐州之外确实还有东徐州。《地形志中》:"东徐州,孝昌元年置,永熙二年州郡陷,武定八年复。治下邳城。"①《隋书·地理志》云梁在下邳置有东徐州,此东徐州不在下邳,因为下邳在永熙二年(533)始属梁,梁设置的是武州而不是东徐州;梁东徐州应在宿豫。到北齐初年修《魏书》,宿豫曾置有东徐州已经在人们头脑中留下很深印象。《地形志》误南徐为东徐,当缘此。南徐州领郡情况不详。

(2) 东荆州

治泚阳。《地形志》无。《魏书》卷101《蛮传》:"延兴中,大阳蛮酋桓诞拥沔水以北,淮叶以南八万余落,遣使内属。高祖嘉之,拜诞征南将军、东荆州刺史、襄阳王,听自选郡县。"据卷7《高祖纪上》,桓诞率户内属发生于延兴二年

---

① 《魏书》卷71《王世弼传》:"景明初,除冠军将军、南徐州刺史,拟戍钟离,悬封慎县开国伯,食邑七百户。后以本将军除东徐州刺史,治任于刑,为民所怨,有受纳之响。岁余,为御史中尉李平所弹,会赦免。"据卷65《李平传》,李平任御史中尉在永平元年(508)京兆王元愉冀州反叛之前。似乎508年之前已经有东徐州。但《北史》卷45《王世弼传》东徐州作东秦州,508年北魏有东秦州,此东徐州当是东秦州之误。

(472)正月。北魏此举显然是在利用桓诞在当地的影响控制南部边陲。卷45《韦阆传族弟韦珍附传》:"高祖初,蛮首桓诞归款,朝廷思安边之略,以诞为东荆州刺史。"这一策略相当成功。《蛮传》:"永平初,东荆州表□□太守桓叔兴前后招慰大阳蛮归附者一万七百户,请置郡十六、县五十,诏前镇东府长史郦道元检行置之。"《水经注》卷29《比水注》"比水出比阳东北太胡山":"余以延昌四年(515),蒙除东荆州刺史,州治比阳县故城,城南有蔡水,出南磐石山,故亦曰磐石川,西北流注于比"。《元和郡县图志》卷21《山南道二》唐州:"后魏太和中于此置东荆州,理比阳故地,其后改为淮州。隋开皇五年(585),又改为显州。贞观九年(635),改为唐州。"《嘉庆重修一统志》卷211《南阳府二》"古迹"条:"比阳故城,在泌阳县西。战国魏地。汉置县,属南阳郡。……晋属南阳国。宋属广平郡。后魏得其地,置乐陵镇。太和中,诏乐陵镇将韦镇移治比阳,置东荆州于此。改县曰阳平。西魏得之,常置重兵以防东魏。隋开皇七年(587)改为饶良。大业初又改比阳,属淮安郡。"东荆州置郡情况不明。

(3) 岐州

《地形志》太和十一年设。太和八年已出现,见上。治雍城镇。《魏书》卷70《刘藻传》:"太和中,改镇为岐州,以藻为岐州刺史。"岐州初设时应领有平秦、武都二郡。

(4) 华州

《地形志》太和十一年设。太和八年已出现,见上。华州治所,《魏书》卷19《景穆十二王传安定王元休子元燮附传》:"世宗初,袭拜太中大夫,除征虏将军、华州刺史。燮表曰:'谨惟州治李润堡,虽是少梁旧地,晋芮锡壤,然胡夷内附,遂为戎落。城非旧邑先代之名,爰自国初,护羌小戍。及改镇立郡,依岳立州,因籍仓府,未刊名实。窃见冯翊古城,羌魏两民之交,许洛水陆之际,先汉之左辅,皇魏之右翼,形胜名都,实惟西蕃奥府。'"元燮建议将华州由李润堡迁至冯翊古城,宣帝下诏:"一劳永逸,便可听移。"接受了他的建议。据此,华州先治李润堡,世宗初改治冯翊古城(即临晋)。华州初设时领有华山、澄城、白水三郡(另有河西郡设置情况不明)。

(5) 东秦州

《魏书》卷106《地形志下》:"北华州,太和十五年置东秦州,后改。治杏城。"东秦州太和八年已出现,见上。《魏书》卷88《良吏阎庆胤传》:"阎庆胤……为东秦州敷城太守。在政五年,清勤厉俗。……其部民杨宝龙等一千余人,申讼美政。有司奏曰:'……又案齐州东魏郡太守路邕,在郡治能与之相埒,语其分赡又亦不殊,而圣旨优隆赐以衣马,求情即理,谓合同赏。'灵太后卒无褒赏焉。"同卷《良吏路邕传》:"路邕……世宗时,积功劳,除齐州东魏郡太守,有惠政。灵太后诏曰……"说明此东秦州直至孝明帝初年仍未更名。《太平寰宇记》卷35《关西道十一》坊州:"后魏文帝改镇为东秦州,孝明改为北华州。"东秦更名北华当与汧城设置东秦州有关。据《地形志》,北华州领有中部、敷城二郡。

(6) 夏州

治统万城。《地形志》太和十一年设。太和八年已出现,见上。《魏书》卷19《景穆十二王列传上·京兆王子推传元太兴附传》:"后除秘书监,还复前爵,拜统万镇将,改封西河。后改镇为夏州,仍以太兴为刺史。"如果在太和八年以前已设,夏州初设时当领有金明、代名、徧城、朔方、上郡、定阳等郡。

(7) 汾州

《魏书》卷106《地形志上》:"延和三年为镇,太和十二年置州。治蒲子城。孝昌中陷,移治西河。"太和八年已出现,见上。《魏书》卷27《穆崇传穆罴附传》:"转征东将军、吐京镇将。……后改吐京镇为汾州,仍以罴为刺史。"卷69《裴延儁传裴良附传》:"时汾州吐京群胡薛羽等作逆,以良兼尚书左丞,为西北道行台。值别将李德龙为羽所破,良入汾州,与刺史、汝阴王景和及德龙率兵数千,凭城自守。……德龙议欲拔城,良不许,德龙等乃止。景和薨,以良为汾州刺史,加辅国将军,行台如故。都督高防来援,复败于百里候。先是官粟贷民。未及收聚,仍值寇乱。至是城民大饥,人相食。贼知仓库空虚,攻围日甚,死者十三四。良以饥窘,因与城人奔赴西河。汾州之治西河,自良始也。"据卷9《肃宗纪》,其事发生在孝昌二年(526)。汾州初设时当领有西河、吐京、五城、定阳四郡。

(8) 陕州

治陕城。《地形志》太和十一年设。至迟在太和八年已出现,见上①。陕州初设时当领有恒农一郡。

(9) 梁州

《魏书》卷106《地形志下》:"南秦州,真君七年置仇池镇,太和十二年为渠[梁]州,正始初置。治洛谷城。"梁州至迟在太和八年已出现,见上。梁州初设时当领有天水、汉阳、武都、白水、武阶、修城、仇池七郡。

(10) 凉州

治姑臧。《元和郡县图志》太和十四年设。但是根据《南齐书》卷57《魏虏

---

① 陕州和梁州这里均没有提到《资治通鉴》卷135北魏太和六年(382)李崇任荆州刺史的系年。因为《通鉴》的说法虽然合理,但材料上并不坚实,只是一种或然性判断。

传》,太和十年已经设置①。《魏书》卷19《景穆十二王列传下·城阳王长寿传元鸾附传》:"高祖时,拜外都大官,又出为持节、都督河西诸军事、征西大将军、领护西戎校尉、凉州镇都大将。改镇立州,以鸾为凉州刺史,姑臧镇都大将,余如故。"凉州初设时置郡情况不详。

(11) 河州

《魏书》卷106《地形志下》:"河州,有伏乾。阙二字。真君六年置镇,后改。治枹罕。"《元和郡县图志》卷39《陇右道上》:"后魏平定秦陇西,改置枹罕镇。孝文帝太和十六年(492)改镇复为河州。"但是根据《南齐书》卷57《魏虏传》,太和十年已经设置。河州初设时当领有金城、武始、洪和、临洮四郡。

(12) 瀛州

《魏书》卷106《地形志上》:"瀛州,太和十一年分定州河间、高阳,冀州章武、浮阳置,治赵都军城。"但是根据《南齐书》卷57《魏虏传》,瀛州在太和十年已经出现。瀛州初设时领有高阳、章武、河间、浮阳四郡。

(13) 郢州

治鲁阳(?)。《地形志》太和十三年设,太和八年已出现,见上。郢州领郡情况不明。

(14) 燕州

《魏书》卷106《地形志上》:"东燕州,太和中分恒州东部置燕州,孝昌中陷,天平中领流民置。寄治幽州(宣)[军]都城。"燕州在迁都洛阳前似乎就已经设置。《魏书》卷27《穆崇传穆罴附传》:"随例降王为魏郡开国公,邑五百户。又除镇北将军、燕州刺史,镇广宁。寻迁都督夏州、高平镇诸军事,本将军,夏州刺史,镇统万。"卷14《神元平文诸帝子孙列传·东阳王元丕传》:"及(孝文)帝还代,丕请作歌,诏许之。……乃诏丕等以移都之事,使各陈志。燕州刺史穆罴进曰……"燕州之设不晚于太和十七年(493)。燕州领郡,《地形志》列有昌平、上谷二郡。王仲荦又增补广宁、平原、东代、大宁四郡。

(15) 沙州

《地形志》无。治酒泉。《南齐书》卷57《魏虏传》提到北魏太和十年有沙州。《资治通鉴》卷117晋恭帝元熙元年(419)西凉主薄氾称上疏谏凉公李歆,其中提到"既而先王龙兴于瓜州",胡三省注:"瓜州,敦煌郡也。考之晋志,张氏置沙州于敦煌,未尝置瓜州。又考之《唐志》,沙州敦煌郡,本瓜州,武德五年(622)曰西沙州,贞观七年(633)曰沙州。瓜州晋昌郡,武德五年(622)析沙州

---

① 这里凉州没有采用《食货志》的太和八年,是因为凉州在北魏太和改州前曾经是镇名。

之常乐置。盖李暠兴于敦煌,自称秦、凉二州牧,其后迁于酒泉,以敦煌为瓜州;至唐复以敦煌为沙州,以晋昌为瓜州,而瓜州分为二州矣。"根据这个线索,《南齐书·魏虏传》提到的沙州当在酒泉。《汉魏南北朝墓志汇编》《周五记墓之铭》:"大魏永平三年(510)岁次庚寅,十月己巳朔十七日乙酉,讨虏将军□□令沙州建康郡□氏县周五记墓之铭也。"河西走廊之建康郡在酒泉东南。而在敦煌设沙州始于前凉,并为随后的割据政权所效仿①。北凉至少在沮渠牧犍时有沙州的行政建置。《魏书》卷99《沮渠蒙逊传沮渠牧犍附传》:"世祖又遣李顺拜牧犍使持节,侍中,都督凉沙河三州、西域羌戎诸军事,车骑将军,开府仪同三司,领护西戎校尉,凉州刺史,河西王。"北魏消灭北凉后废州置镇,但好像沿袭了此前的行政建置名称。卷26《尉古真传尉眷附传》:太延五年(439),"张掖王秃发保周之反也,征眷与永昌王健等率师讨之,破保周于番禾。保周遁走,眷率骑追之,保周穷迫自杀。诏眷留镇凉州,加都督凉沙河三州诸军事、安西将军,领护羌戎校尉。转敦煌镇将"。西凉的残余李宝也曾被北魏册封过沙州。太延五年北魏灭沮渠氏所建北凉,占武威、张掖、酒泉。但由于北凉残余势力的存在,它对河西及其以西地区的控制过程比较复杂。六年(440),沮渠无讳从晋昌攻占酒泉。真君二年(441)北魏占领酒泉。三年(442)沮渠无讳西据鄯善,西凉残余势力李宝乘机自伊吾取敦煌,并遣使附魏②。卷4《世祖纪下》:真君三年(442)十二月,"宝遣使朝贡,以宝为镇西大将军、开府仪同三司、沙州牧,封敦煌公"。说明沙州设在敦煌也有一定的历史渊源。沙州在北魏行政设置情况不详。

(16)宁州

《南齐书》卷57《魏虏传》提到北魏太和十年设有宁州。宁州置时、治地均不详。

(17)灵州

蛮左州。《魏书》卷101《宕昌传》:"后高祖遣鸿胪刘归、谒者张察拜(梁)弥机征南大将军、西戎校尉、梁益二州牧、河南公、宕昌王。后朝于京师,殊无风礼。……于是改授领护西戎校尉、灵州刺史,王如故,赐以车骑、戎马、锦彩等,

---

① 《魏书》卷99《张寔传张骏附传》:"分武威、武兴、西平、张掖、酒泉、建康、西海、西郡、湟河、晋兴、广武十一郡为凉州,以长子重华为刺史;兴晋、金城、武始、南安、永晋、大夏、武城、汉中八郡为河州,以其戎校尉张瓘为刺史;敦煌、晋昌、高昌,西域都护、戊己校尉、玉门大护军,三郡三营为沙州,以西胡校尉杨宣为刺史。"同卷《李暠传》提到"皇始(396—398)中,吕光建康太守段业自称凉州牧,以敦煌太守孟敏为沙州刺史"。

② 此处主要参考了唐长孺的《高昌郡纪年》,见《魏晋南北朝隋唐史资料》第三辑。

遣还国。"据卷7《高祖纪上》,梁弥机受北魏封为宕昌王一事发生在太和二年(478)三月。姑系灵州于此。

第七节 孝文帝迁洛以后(493—499)疆域演变与政区设置概况

自道武帝迁都平城,北魏的经营以平城为中心,但伴随北魏国家南向扩张的步伐,首都偏居并非经济核心区的代北一隅,对它履行政治中心职能来说有很大的局限性。洛阳位置偏南,然其地处中原腹心,是寻求王朝正统性的孝文帝理想的立都之地,迁都洛阳暗合了国家的汉化趋势和南向发展战略。但是需要指出的是,由于政治中心转移,原本在北部边陲与南部内地就已存在的经济文化差异也迅速扩大,这样客观上就造成了北魏地域上的南北矛盾与对立,为国家的瓦解埋下了一个远因。

太和十七年(493)孝文帝迁都洛阳是北魏历史上的重大事件,也带有根本性的政区地理意义。迁都洛阳以后,整个政区的设置围绕洛阳而展开。以洛阳为中心的政区体系取代平城为中心的政区体系,加速了北魏政治与社会的转型。北魏后期的行政区划格局因迁都洛阳而形成[①]。太和二十一年(497)孝文帝南伐,次年先后攻克新野、湖阳、赭阳、舞阴、南乡、宛、邓等地,取得除樊城之外的南阳沔北地区。

孝文帝迁都洛阳以后,共改州五个,罢州七个,新设州六个(州治所改移出原辖区的一概算作新设)。具体情况见表5。

表5 太和年间迁都后北魏州郡两级政区变迁简表

年份 \ 变动情况	州级变动	郡级变动
太和十七年(493)	改洛州为司州	改河南郡为河南尹
	平城之司州改为恒州	
太和十八年(494)	司州	罢兖州
		罢东雍州
		罢泰州

---

① 毋有江:《北魏的州建置》,《国学研究》第二十卷,北京大学出版社,2007年,第305—341页。

续　表

年份　变动情况	州级变动	郡级变动
太和十八年（494）	司州	罢怀州
		罢邵上郡并入河内郡
		罢陕州
		在恒农郡地置西中府
		改郢州为南中府
		征平郡改为正平郡
		罢陈留郡
		罢安邑郡
	改上洛荆州为洛州	
	鲁阳镇改置荆州	置建城郡
	改汝阴郡为东郢州,后罢	
	在涡阳置南兖州(具体情况见后)	
	相州	南巨鹿由定州划属
	肆州	雁门郡由恒州划属
太和十九年（495）	司州	罢豫州,置东中府
		新安郡复改为县
	置东豫州(具体情况见下)	
	南兖州(具体情况见下)	置下蔡郡
太和二十年（496）	司州	在河内郡地置北中府①
	邠州改为豳州	

---

① 《太平寰宇记》卷52《河北道一》孟州河阳县："北中府城,即郡城也。《洛阳记》云：'太和二十年(496)造北中府城。'又有南城,与县接,乃东魏元象二年(539)所筑,高齐于其中置行台,周武帝平齐又改为河阳镇。"《资治通鉴》卷152《梁纪八》梁武帝大通二年(528)四月"李神轨至河桥,闻北中不守"条下胡注："晋杜预建河桥于富平津。河北侧岸有二城相对,魏高祖置北中郎府,徙诸从隶府户并羽林虎贲领队防之。北中不守,可以平行至洛阳矣。宋白曰：北中城,即今河阳城。"宋白是北宋时人。知北中府可能设于太和二十年(496)。

续 表

年份 \ 变动情况	州级变动	郡级变动
太和二十一年（497）	定州	罢唐郡立行唐县，属常山
	冀州	沧水郡复改为勃海郡
太和二十二年（498）	荆州迁至穰城，罢鲁阳所置荆州	荆州置南阳、顺阳、新野、东恒农（?）、汉广、襄城、北湆、恒农诸郡
太和二十三年（499）	济州	太和末罢东平郡（姑系于此）

说明：资料主要取自《魏书·地形志》。为清晰显示迁都洛阳带来的政区设置上的根本调整，郡改为州列入"州级变动"一栏，州改作郡列入"郡级变动"一栏。西中府不知置于何时，我以为应不出太和十七年至二十年间（493—496），这里暂系于太和十八年。

（1）南兖州

孝文帝时期有南兖州，治涡阳。《魏书》卷61《孟表传》："青徐内属后，表因事南渡，仕萧鸾为马头太守。太和十八年，表据郡归诚，除辅国将军、南兖州刺史，领马头太守，赐爵谯县侯，镇涡阳。"可知南兖州太和十八年（494）置。而《隋书》卷30《地理志中》谯郡下云："山桑，后魏置涡州、涡阳县，又置谯郡。梁改涡州为西徐州。东魏改曰谯州。"《元和郡县图志》卷7《河南道三》亳州下亦云："蒙城县……后魏孝文帝于此置涡州，理山桑城。其地后入于梁，梁于此置西徐州。后复入魏，改为谯州，改谯县为涡阳县。"似乎孝文帝所置是涡州。孝文帝在涡阳所置是南兖州，《水经注》也可作参证。《水经注》卷23"东南至沛为涡水"条下："涡水又东南迳涡阳城北，临侧涡水，魏太和中为南兖州治，以孟表为刺史，后罢州立郡，袀带遏戍。"所谓"罢州立郡"，《魏书》卷106《地形志中》："谯州，景明中置涡阳郡，孝昌中陷，武定七年复置州，治涡阳城。"这个南兖州在史料中最晚见于景明初年。《魏书》卷71《裴叔业传杨令宝附传》："景明初，除辅国将军、南兖州刺史。"与景明中置涡阳郡的时间记载相衔接。南朝史籍对南兖州也有记录。《南齐书》卷51《裴叔业传》："永泰元年，叔业领东海太守孙令终、新昌太守刘思效、马头太守李僧护等五万人围涡阳，虏南兖州所镇，去彭城百二十里。"南齐永泰元年即北魏太和二十二年（498），《隋书·地理志》以及《元和郡县图志》的说法与当时的材料相矛盾，不可取。南兖州已知领有马头、谯、梁、下蔡(太和十九年置)、陈留诸郡①。

(2) 东豫州

《魏书》卷106《地形志中》:"东豫州,太和十九年置,治广陵城。孝昌三年陷,武定七年复。"广陵城即今河南省信阳市息县。《魏书》卷61《田益宗传》:"田益宗,光城蛮也。……世为四山蛮帅,受制于萧赜。太和十七年,遣使张超奉表归款。十九年,拜员外散骑常侍,都督光城弋阳汝南新蔡宋安五郡诸军事、冠军将军、南司州刺史;光城县开国伯,食蛮邑一千户;所统守宰,任其铨置。后以益宗既渡淮北,不可仍为司州,乃于新蔡立东豫州,以益宗为刺史。"东豫州初设时领有汝南、东新蔡、新蔡、弋阳、阳安(?)五郡。

(3) 广州

《魏书》卷7《高祖纪下》:太和二十年(496)"夏四月甲辰,广州刺史薛法护南叛",这里提到广州,不见于《地形志》。卷105《天象志二》:"(太和)二十一年四月,大将军,宋王刘昶薨,广州刺史薛法护南叛。"与《高祖纪下》为同一事,只是时间微异(标点本《魏书》怀疑"广州刺史"上有脱文)。此广州置时治地不详。当设于北魏南境。卷106《地形志中》:"广州,永安中置,治鲁阳。"据上荆州考,鲁阳太和十八年至二十二年为荆州。广州不大可能设在鲁阳。

第八节 宣武帝时期(500—515)疆域演变与政区设置概况

宣武帝时期,北魏疆域继续南扩,在行政区划建制上也有相应的变化。景明元年(500)南齐豫州刺史裴叔业降魏,北魏因此设置了扬州,控制了建安戍以东、小岘戍以西、巢湖以北②。正始元年(504),魏占梁义阳,将三关以北纳入版图,改梁司州为郢州。年底(据《二十史朔闰表》,公历已经进入505年)梁夏侯道迁以汉中降魏,北魏因改仇池梁州为南秦州,治洛谷城,而在南郑置梁

---

① 《魏书》卷55《刘芳传刘长文附传》:"子长文,高祖擢为南兖军冠军府长史,带谯郡太守。"据此知南兖州领有谯郡。梁郡和陈留郡在马头郡与谯郡之间,亦当有。
② 《魏书》卷8《世宗纪》正始元年(504)九月"乙丑,萧衍霍州刺史田道龙、义州刺史张宗之遣使内附"。又见卷98《岛夷萧衍传》。田道龙在北魏肃宗初年仍以梁将的身份活跃在梁魏边境一带。揆之当时形势,由于北魏在八月刚刚夺取义阳,霍州和义州受到来自北魏东西两侧的压力,这两个刺史当是先降而后叛。又据《梁书·武帝纪》,天监六年(507)十二月,始分豫州置霍州,普通四年(523)又分霍州置义州。与上引霍州和义州似为不同地方,疑正始元年投降北魏的是梁朝所设的蛮左州,地望大概与后来正式设置的霍州和义州相距不远。

州。三年(506),北魏攻克武兴,以为武兴镇,又改为东益州。疆域已经扩展到剑阁以北①。北魏并在晋寿置益州。延昌元年(512),置南荆州于安昌城,隶属东荆州,四年(515)开始不隶于东荆州。

南朝方面对北魏的攻势也进行了反击,特别是在502年梁朝建立之后。在徐州方面,504年,魏取角城。506年,梁拔宿预(即宿豫),克朐山城。同年,魏重占宿预、淮阳。507年魏淮阳、508年宿预降梁,梁因此占领了北魏的淮阳和宿预。扬州方面,506年,梁攻取小岘、合肥、羊石(即阳石)、霍丘,并将豫州由晋熙迁至合肥。

综上,宣武帝时期,一共新置有十二个州:南兖州、郢州、扬州、江州、东益州、南荆州、益州、巴州、梁州、东夏州、东扬州、江州。

(1) 南兖州

《魏书》卷106《地形志中》:"南兖州,正始中置。治谯城。"《魏书》卷79《范绍传》:"诏以徐豫二境,民稀土旷,令绍量度处所,更立一州。绍以谯城形要之所,置州为便,遂立南兖。"这件事发生在中山王元英钟离战败之后。据卷8《世宗纪》,钟离之败发生于正始四年(507)四月,次年八月北魏改元永平。南兖州之设可定在507年。初设时领有陈留、梁郡、下蔡、谯、马头、涡阳诸郡。

(2) 郢州

《魏书》卷106《地形志中》:"南司州,刘彧置司州,正始元年改为郢州,孝昌三年陷,萧衍又改为司州,武定七年复,改置。"正始元年,魏占梁义阳,将三关以北纳入版图,改梁司州为郢州。根据《魏书》卷10《孝庄纪》,郢州降梁发生于建义元年(528)四月,而不是孝昌三年(527)。郢州初设时领有齐安、义阳、宋安诸郡。

(3) 扬州

治寿春。《魏书》卷106《地形志中》:"扬州……晋乱,置豫州,刘裕、萧道成并同之。景明中改,孝昌中陷,武定中复。"景明元年(500)南齐豫州刺史裴叔业降魏,北魏因此设置扬州。扬州孝昌二年(526)降梁。扬州初设时领有梁郡、淮南、北谯、陈留、北陈(?)、边城、新蔡、安丰、下蔡、颍川诸郡。

(4) 江州

《地形志》无。《魏书》卷61《田益宗传》:"益宗兄兴祖,太和末,亦来归附。景明中,假郢州刺史。及义阳置郢州,改授征虏将军、江州刺史……治麻城。

---

① 《魏书》卷8《世宗纪》正始四年(507)十一月,北魏"自硙石至于剑阁,东西七千里,置二十二都尉"。说明剑阁此时已经在北魏的控制之下。

兴祖卒,益宗请(田)随兴代之,世宗不许,罢并东豫。"江州领郡情况不明。

(5) 东益州

《魏书》卷106《地形志下》："东益州,治武兴。"据《魏书》卷8《世宗纪》,正始三年(506)正月始克武兴。《北史》卷96《氐传》："安西将军邢峦遣建武将军傅竖眼攻武兴克之,执绍先,送于京师,遂灭其国,以为武兴镇,复改镇为东益州。"另卷56《魏收传魏子建附传》："初,宣武时平氐,遂于武兴立镇,寻改为东益州。"置镇与改州时间相隔未久,据此可将东益州定在506年设。《北史》同传还云："正光中,诏魏子建为刺史,以恩信招抚,风化大行,远近款附,如内地焉。后唐永代子建为州,未几,氐人悉反。永弃城东走,自此复为氐地。魏末,天下乱,绍先奔还武兴,复自立为王。"据《魏书》卷9《肃宗纪》,魏子建孝昌元年(525)八月尚在东益州任刺史兼行台。东益州废置应在526年之后。东益州初设时领有武兴、仇池、槃头、广苌、广业、梓潼、洛丛七郡。

(6) 南荆州

《地形志》无。《北史》卷95《蛮传》："永平初,东荆州表□□太守桓叔兴前后招慰大阳蛮归附者一万七百户,请置郡十六、县五十,诏前镇东府长史郦道元检行置之。……延昌元年,拜南荆州刺史,居安昌,隶于东荆。……四年,叔兴上表请不隶东荆,许之。"据此,南荆州延昌元年(512)置,始隶东荆,延昌四年(515)独立于东荆。《元和郡县图志》卷21《山南道二》随州枣阳县："本汉蔡阳地,属南阳郡。后汉分蔡阳立襄乡县,周改为广昌,隋仁寿元年(601)改为枣阳县,因枣阳村为名也。"《太平寰宇记》卷144《山南东道》随州枣阳县："本汉蔡阳县地,后魏于此立南荆州。隋大业初改置春陵郡,仍改邑为枣阳县。"南荆州领郡情况不明。

(7) 益州

《魏书》卷106《地形志下》："益州,正始中置。"《魏书》卷61《薛安都传薛怀吉附传》："永平初,分梁州晋寿为益州,除征虏将军、益州刺史。"正始五年即永平元年(508),据此将益州定在508年设置,治晋寿。益州领有东晋寿、西晋寿、新巴、南白水、宋熙五郡。

(8) 巴州

《魏书》卷106《地形志下》："巴州,郡县阙。"《魏书》卷65《邢峦传》："萧衍梁秦二州行事夏侯道迁以汉中内附,诏加峦使持节、都督征梁汉诸军事、假镇西将军,进退征摄,得以便宜从事。……拜峦使持节、安西将军、梁秦二州刺史。萧衍巴西太守庞景民恃远不降,峦遣巴州刺史严玄思往攻之,斩景民,巴西悉平。"据卷8《世宗纪》,夏侯道迁降魏发生于正始元年(504)闰十二月癸卯日。查《二十史朔闰表》,时已进入公元505年。则邢峦任梁、秦二州刺史应在505年,北魏巴州最早应见于505年。但是这个巴州刺史是严玄思自号并经邢峦认可的职衔,并非北魏中央正式颁授①。卷101《獠传》:"其后朝廷以梁益二州控摄险远,乃立巴州以统诸獠,后以巴酋严始欣为刺史。"《太平寰宇记》卷139《山南西道七》巴州:"后魏正始元年,梁州刺史夏侯道迁以其地内属。于是分其地于汉昌县理所置大谷郡,带防兵以镇抚之。延昌三年于大谷郡地置巴州,盖取古巴国以为名。"据此,巴州置于延昌三年(514)。《北周地理志》卷4《山南上》:"巴州,治化成。……按夏侯道迁叛梁降魏,梁秦沦陷,魏曾于北巴西郡置巴州,以巴酋严玄思行巴州事,及梁克复北巴西郡,魏乃更于大谷郡立巴州,即此巴州也。此巴州迄隋初未废。"巴州永熙年间(532—534)当领有大谷、归化、木门、北水、遂宁、义阳、哀戎七郡②。

(9) 梁州

治南郑。《魏书》卷106《地形志下》:"梁州,萧衍梁、秦二州,正始初改置。"梁州505年置(见上巴州),领晋昌、襃中、安康、汉中、华阳、金城、魏明、丰宁、其章(侨置)诸郡。

(10) 东夏州

治广武。《魏书》卷106《地形志下》:"东夏州,延昌二年置。"据此,东夏州延昌二年置。《魏书》卷42《薛辨传薛和附传》:"永平四年(511)正月,山贼刘龙驹扰乱夏州,诏和发汾、华、东秦、夏四州之众讨龙驹,平之。和因表立东夏州,世宗从之。"东夏州初设时领有徧城、朔方、定阳、乐川、宜川等郡。

(11) 东扬州

《地形志》无。《魏书》卷19《景穆十二王传·任城王云传元澄附传》:"先是朝议有南伐之意,以萧宝寅为东扬州刺史据东城,陈伯之为江州刺史戍阳石,以澄总督二镇,授之节度。"据卷8《世宗纪》,北魏任命萧宝寅为东扬州刺史在景明四年(503)四月。

(12) 江州

治阳石。景明四年置。见上。

---

① 《邢峦传》载邢峦随后上呈给北魏朝廷的表文,提到巴州:"又巴西、南郑相离一千四百,去州迢递,恒多生动。昔在南之日,以其统绥势难,故增立巴州,镇静夷獠,梁州藉利,因而表罢。……比建议之始,严玄思自号巴州刺史,克城以来,仍使行事。巴西广袤一千,户余四万,若彼立州,镇摄华獠,则大帖民情。从垫江已还,不复劳自,自为国有。"但是"世宗不从"。说明这时尚未正式立巴州。
② 巴州领郡数,张穆撰并经何秋涛增订之《延昌地形志》列有大谷、木门、北水、晋昌四郡。劳榦《北魏州郡志略》列有大谷、归化二郡。

第九节　北魏末年(516—534)疆域演变与政区设置概况

北魏从宣武帝时期就开始走向衰落。到孝明帝后期,北部边陲变乱频仍,萧梁在南部边陲趁机进攻,北魏王朝的有效控制范围大大缩减,政区也随而发生不小的变动,其间的变化甚为复杂。

515 年①,梁弘化(地望不详)太守杜桂举郡降魏。517 年,梁巴州(《资治通鉴》卷 148 胡注:《五代志》巴西郡,梁置南梁州、北巴州)刺史牟汉龙降魏。521 年,梁义州刺史文僧明举众降魏。魏南荆州刺史桓叔兴据所部自安昌降梁。523 年,北魏北境镇民发动叛乱。从 524 年开始,萧梁借势北伐,吞食北魏南境疆土。具体情况见表 6。

表 6　北魏末年南部疆域的退缩

方位 年份	北魏南秦梁州方向	北魏荆州方向	北魏郢州方向	北魏扬州方向	北魏南兖州方向	北魏徐州方向
524 年			萧梁克平靖关、武阳关、岘关	萧梁克建陵、曲木、狄城、甓城、黎浆、曲阳、秦墟,安城降	马头降,荆山降	萧梁拔童城、睢陵、琅邪、檀丘。司吾城降。萧梁又拔东莞
525 年		萧梁破南乡郡、晋城、马圈、雕阳。取顺阳、马圈		萧梁拔新蔡郡、郑城	萧梁拔龙亢	萧梁拔南阳平郡
526 年		萧梁据穰城		萧梁攻黎浆、寿阳,扬州(寿阳)降,梁复以寿阳为豫州,改合肥为南豫州		

---

① 北魏末年王朝年号更改频仍,本节前面部分所述主要采取公元年份。

续 表

方位 年份	北魏南秦梁州方向	北魏荆州方向	北魏郢州方向	北魏扬州方向	北魏南兖州方向	北魏徐州方向
527年			围东豫州,克平静、穆陵、阴山三关。东豫州降		拔涡阳,梁置西徐州	围琅邪。拔临潼、竹邑、萧城、厥固
528年		南荆州降梁。魏复穰城,夺回荆州①	郢州降,梁改为北司州			
529年	巴州降	淮安太守以湖阳降				
530年	魏收复巴州					
531年					南兖州(治谯城)降。梁置谯州	
532年					魏拔梁谯州	
533年		魏拔梁下迮城、冯翊、安定、沔阳、鄀城,"于是沔北荡为丘墟矣"	梁荞州、东荆州降魏			东徐州(下邳)降。梁改置武州

① 北魏穰城失守的起讫时间,据《周书》卷15《于谨传》:"(孝昌)二年,梁将曹义宗据守穰城,数为边患。乃令谨与行台尚书辛纂率兵讨之。相持累年,经数十战。"《魏书》卷77《辛雄传辛纂附传》:"萧衍遣将曹义宗攻新野,诏纂持节、兼尚书左丞、南道行台,率众赴接,至便破之。……庄帝即位,除通直散骑常侍、征虏将军、兼尚书,仍行台。后大都督费穆击义宗,擒之。"卷10《孝庄纪》:"先是,萧衍遣其将曹义宗寇荆州。"建义元年(528)五月"癸未,以中军将军、吏部尚书费穆为使持节、都督南征诸军事,节度荆州刺史王罴以讨之"。永安元年(528)十月,"大都督费穆大破萧衍军,擒其将曹义宗,槛送京师"。由此可知,穰城孝昌二年(526)失守,永安元年(528)收复,荆州平定。

续　表

方位 年份	北魏南秦梁州方向	北魏荆州方向	北魏郢州方向	北魏扬州方向	北魏南兖州方向	北魏徐州方向
534年			梁北伐，克陈郡濑乡①			

说明：本表主要根据《资治通鉴》相关记载拼合而成。这期间尚有永安二年(529)四月梁将陈庆之挟持元颢而行的北伐，梁军攻势甚锐，"自发铚县至于洛阳，十四旬平三十二城，四十七战，所向无前"②。但在北魏的打击下，梁军很快溃败，"(元)颢所得诸城，一时复降于魏"③。对北魏的年际疆域变化没有影响，故表内未列。还有表内所无的情况，如《魏书》卷9《废出三帝纪》：永熙三年(534)二月己未，"萧衍假节、豫州刺史、南昌王毛香举城内附，授以持节、安南将军、信州刺史、义昌王"。这应该是萧梁设的蛮左州，只是地望不详。

523年由六镇起义引发的北魏社会和政治大动乱不但改变了南北两方的力量对比，也改变了北方的政治版图。北魏的疆域不但在南部北缩，北部的有效控制线也向南后移了好多，为了在变乱中有效控制地方，北魏新设了不少高层政区。又由于版图南北两面内缩，六镇之民内徙，侨置政区纷然涌现。这是北魏历史上政区变化最为繁猥的时期。

正光四年(523)，北境怀荒、沃野镇陷。五年(524)，武川、怀朔镇陷。西部秦州、南秦州、高平镇、岐州、凉州相继陷落。在叛乱此起彼伏、政局风雨飘摇之际，北魏改镇为州，以怀朔镇为朔州，原云中朔州更名云州。同年营州亦陷。孝昌元年(525)，云州陷。二年(526)，朔州、燕州、恒州、平州、幽州陷。三年(527)，殷州、东秦州(治汧城)、岐州、幽州、北华州陷。永安二年(529)，东益州、汧城东秦州陷。武泰元年(528)，定州、瀛州、沧州陷。与陷城失地相应的是加强控制、收复失地的努力。正光五年(524)，北魏收复南秦六郡十二戍。孝昌元年(525)，平定岐、雍及陇东地区。三年(527)，南秦州、秦州向朝廷投降。建义元年(528)，冀、定、沧、瀛、殷五州皆平。永安二年(529)，幽州平，侨置平州于范阳。同年营州亦平。

综上所述，孝明帝时期(包括武泰年间)，北魏一共新置二十五个州：沧州、原州、西郢州、殷州、唐州、朔州、灵州、西兖州、东徐州、东秦州、颍州、南岐州、南梁州、东梁州、鄯州、东雍州、瓜州、襄州、东冀州、南幽州、西豫州、义州、

---

① 《魏书》卷106《地形志中》南兖州陈留郡武平条下注："正始中置。有武平城、赖乡城。天平二年(535)置镇，武定七年罢。"武平置镇当与濑乡被占有关。
② 《梁书》卷32《陈庆之传》。
③ 《资治通鉴》卷153梁纪九，梁武帝中大通元年(529)闰六月。

南冀州、南郢州、析[淅]州。此外,孝明帝时期史料中尚出现有玄州,无法确定置于何时。

(1) 沧州

《魏书》卷106《地形志上》:"沧州,熙平二年(517)分瀛、冀二州置,治饶安城。"《北史》卷15《辽西公意烈传洪超附传》:"叱奴子洪超,颇有学涉,大乘贼乱之后,诏洪超持节兼黄门侍郎,绥慰冀部。还,上言冀土宽广,界去州六七百里,负海险远,宜分置一州,镇遏海曲,朝议从之,后遂立沧州。"《元和郡县图志》卷18《河北道三》沧州:"后魏孝明帝熙平二年,分瀛州、冀州置沧州,以沧海为名。隋大业二年(606)罢州,为渤海郡。"可知沧州熙平二年(517)置。沧州初设时领有浮阳、乐陵二郡。

(2) 原州

《魏书》卷106《地形志下》:"原州,太延二年置镇,正光五年改置,并置郡县。治高平城。"可知原州正光五年(524)由高平镇改置,领有高平、长城二郡。

(3) 西郢州

蛮左州。《地形志》无。《魏书》卷45《裴骏传裴询附传》:裴询在孝明帝时出为平南将军、郢州刺史,"询以凡司戍主蛮酉田朴特地居要险,众逾数万,足为边捍,遂表朴特为西郢州刺史。朝议许之。萧衍遣将李国兴寇边,时四方多事,朝廷未遑外略,缘境城戍,多为国兴所陷"。据《梁书》卷3《武帝纪》,李国兴侵扰北魏边境一事发生在梁普通五年(524)十二月,可知西郢设于524年之前。《隋书》卷30《地理志中》淮安郡:"比阳,带郡。……又有比阳故县,置西郢州。西魏改为鸿州,后周废为真昌郡。开皇初郡废,大业初县废。"西郢州治比阳,领郡情况不明。

(4) 殷州

《魏书》卷106《地形志上》:"殷州,孝昌二年分定、相二州置,治广阿。"《魏书》卷56《崔辩传崔楷附传》:"未几,分定相二州四郡置殷州,以楷为刺史,加后将军。"殷州,《地形志上》列有赵郡、巨鹿、南赵三郡。《太平寰宇记》卷59《河北道八》邢州南和县下引李公绪《赵记》云:"孝昌三年,割广平郡之南和、襄国、任三县,于此置北广平郡,属殷州。"是殷州四郡有北广平郡。

(5) 唐州

《魏书》卷106《地形志上》:"晋州,孝昌中置唐州,建义元年改。治白马城。"卷57《崔挺传崔元珍附传》:"正光末,山胡作逆,除平阳太守,假右将军,为别将以讨之,频破胡贼,郡内以安。武泰初,改郡为唐州,仍除元珍为刺史,加右将军。"武泰不足一年,元年即528年,建义元年也是528年,可见唐州当年设,当年改为晋州。唐州领有平阳、北绛、西河三郡。

(6) 朔州

《魏书》卷106《地形志上》:"朔州,本汉五原郡,延和二年置为镇,后改为怀朔,孝昌中改为州。后陷,今寄治并州界。"从当时形势判断,朔州应置于孝昌元年(525)。据《地形志》,朔州领有大安、广宁、神武、太平、附化五郡。

(7) 灵州

《魏书》卷106《地形志上》:"灵州,太延二年置薄骨律镇,孝昌中改,后陷关西。天平中置,寄治汾州隰城县界。郡县阙。"《太平寰宇记》卷36《关西道十二》灵州:"后魏太武帝平赫连昌,后置薄骨律镇。在河渚上,旧赫连果城也。孝昌二年(526)置灵州。"灵州领郡情况不明。

(8) 西兖州

《魏书》卷106《地形志中》:"孝昌三年(527)置,治定陶城,后徙左城。"西兖州初设时领济阴、濮阳二郡。

(9) 东徐州

《魏书》卷106《地形志中》:"东徐州,孝昌元年置,永熙二年州郡陷,武定八年复。治下邳城。"东徐州初设时领下邳、东海二郡。

(10) 东秦州

治汧城。出现在北朝正史中的时间是孝昌三年(527)。《元和郡县图志》卷2:"陇州……后魏置东秦州,西魏文帝改名陇州,因山为名。"《太平寰宇记》卷32《关西道八》陇州:"孝明正光三年(522)分泾州、岐州之地兼置东秦州于故汧城,领陇东、安夷、汧阳三郡,至孝昌三年(527)为万俟丑奴所破。孝武永熙元年(532)于今州东南八里复置东秦州,仍于州所理置汧阴县。"

(11) 颍州

治汝阴。《魏书》卷106《地形志中》:"颍州,孝昌四年置,武泰元年陷,武定七年复。"颍州北魏时领郡情况不详。《元和郡县图志》卷7《河南道三》颍州:"后魏孝昌四年,改置颍州。高齐罢州置郡。"颍州汝阴县:"后魏孝昌三年,于此置颍州,北齐废,以县属汝阴郡。"北魏孝昌年间只有三年(525—527),据此知颍州孝昌三年(527)置。《太平寰宇记》卷11《河南道十一》颍州:"秦灭楚,为颍川郡地。两汉为汝南郡之汝阴县也。魏于此立汝阴郡……后废为颍川郡地。后魏景明四年(503)于此置颍州,取颍水为名。高齐罢州置郡。隋初废郡,大业初废州置郡。"认为颍州置于宣武帝景明四年(503)。这里以《地形志》和《元和志》为准。

(12) 南岐州

《元和郡县图志》卷22《山南道三》"凤州……太和元年置固道郡,孝昌中以固道郡置南岐州,废帝三年改南岐州为凤州。"南岐州领有固道、广化、广业三郡。

(13) 南梁州

《魏书》卷106《地形志下》:"南梁州,郡县阙。"《魏书》卷101《獠传》:"时萧衍南梁州刺史阴子春扇惑边陲,始欣谋将南叛。始欣族子恺时为隆城镇将,密知之,严设逻候,遂禽萧衍使人,并封始欣诏书、铁券、刀剑、衣冠之属,表送行台。(魏)子建乃启以镇为南梁州,恺为刺史,发使执始欣,囚于南郑。遇子建见代,梁州刺史傅竖眼仍为行台。"隆城镇,同传:"其后朝廷以梁益二州控摄险远,乃立巴州以统诸獠,后以巴酋严始欣为刺史。又立隆城镇,所绾獠二十万户,彼谓北獠,岁输租布,又与外人交通贸易。"此巴州置于延昌三年(514),详上,则隆城镇置于514年之后。据《北史》卷56《魏收传魏子建附传》,魏子建担任山南行台在正光五年(524)之后,傅竖眼代魏子建约在永安元年(528)。南梁州当在524—528年间置,治隆城。领郡情况不详。

(14) 东梁州

《魏书》卷106《地形志下》东梁州条无注。《魏书》卷71《淳于诞传》:"(孝昌)三年,朝议以梁州安康郡阻带江山,要害之所,分置东梁州,仍以诞为镇远将军、梁州刺史。"可知东梁州孝昌三年(527)置,治安康。东梁州领有金城、安康、魏明三郡。

(15) 鄯州

《魏书》卷106《地形志下》鄯州:"郡县阙。"《元和郡县图志》卷39《陇右道上》鄯州:"后魏以西平郡为鄯善镇,孝昌二年(526)改镇立鄯州。"又据《周书》卷46《柳桧传》:"大统四年(538),从太祖战于河桥,先登有功。授都督,镇鄯州。八年(542),拜湟河郡守,仍典军事。"鄯州当领有西平、湟河二郡。

(16) 东雍州

《隋书》卷29《地理志上》京兆郡:"郑,后魏置东雍州,并华山郡。"《元和郡县图志》卷2《关内道二》华州:"郑县……后魏东雍州,其县移在州西七里。"《太平寰宇记》卷29《关西道五》华州下引《后魏书》云:"太平真君元年(440)置华山郡。至孝明帝分华山郡又置武乡郡。孝昌二年(526)又改为东雍州,仍领华山郡。以西有雍州,故曰东雍。"可知东雍州孝昌二年(526)置,初设时领有华山一郡。

(17) 瓜州

《魏书》卷106《地形志下》瓜州:"郡县阙。"《元和郡县图志》卷40《陇右道下》肃州:"后魏太武帝平沮渠氏,以酒泉为军,属敦煌镇。明帝孝昌中,改镇立瓜州,复置酒泉郡。"沙州"后魏太武帝于郡置敦煌镇,明帝罢镇立瓜州,以地为名也,寻又改为义州,庄帝又改为瓜州。"《资治通鉴》卷117晋恭帝元熙元年(419)西凉主薄氾称上疏谏凉公李歆,其中提到"既而先王龙兴于瓜州",胡三省注:"瓜州,敦煌郡也。考之晋志,张氏置沙州于敦煌,未尝置瓜州。又考之《唐志》,沙州敦煌郡,本瓜州,武德五年(622)曰西沙州,贞观七年(633)曰沙州。瓜州晋昌郡,武德五年(622)析沙州之常乐置。盖李暠兴于敦煌,自称秦、凉二州牧,其后迁于酒泉,以敦煌为瓜州;至唐复以敦煌为沙州,以晋昌为瓜州,而瓜州分为二州矣。"瓜州治敦煌,当领有敦煌、酒泉、常乐、玉门、会稽、广夏、效谷、寿昌八郡①。

(18) 襄州

州治在北南阳郡(?)。《魏书》卷106《地形志下》:"襄州,孝昌中置。"襄州初设时领有襄城、舞阴、期城、北南阳四郡。

(19) 东冀州

侨置。《地形志》无。《魏书》卷49《崔鉴传崔秉附传》:"孝昌末,冀州流民聚于河外,因立东冀州,除秉为刺史,加征东将军。不之任。"《北齐书》卷21《高乾传高翼附传》:"孝昌末,葛荣作乱于燕、赵,朝廷以翼山东豪右,即家拜渤海太守。至郡未几,贼徒愈盛,翼部率合境,徙居河、济之间。魏因置东冀州,以翼为刺史,加镇东将军、乐城县侯。"东冀州置于527年左右,治地领郡情况不明。

(20) 南豳州

《地形志》无南豳州,出现在史料中的时间为正光五年(524)之后。《魏书》卷58《杨播传杨椿附传》:"正光五年,除辅国将军、南秦州刺史。时南秦州反叛,路

---

① 敦煌郡,《隋书》卷29《地理志上》敦煌郡敦煌县:"旧置敦煌郡,后周并效谷、寿(皇)[昌]二郡入焉。又并敦煌、鸣沙、平康、效谷、东乡、龙勒六县为鸣沙县。开皇初郡废。大业置敦煌郡,改鸣沙为敦煌。"《太平寰宇记》卷153《陇右道四》沙州:"后魏平凉州,燉煌仍旧不改。隋初废郡,置瓜州。炀帝初废州,后为燉煌郡。"酒泉郡,《元和郡县图志》卷40《陇右道下》肃州:"后魏太武帝平沮渠氏,以酒泉为军,属敦煌镇。明帝孝昌中,改镇立瓜州,复置酒泉郡。隋开皇三年(583)罢郡,立酒泉镇,所领县并属甘州。仁寿二年(602),以境宇辽远,分引州置肃州。"常乐郡,《隋书》卷29《地理志上》敦煌郡常乐县:"后魏置常乐郡。"《元和郡县图志》卷40《陇右道下》瓜州常乐县:"本汉广至县地,属敦煌郡。魏分广至置宜禾县,后魏明帝改置常乐郡。"玉门,《元和郡县图志》卷40《陇右道下》肃州玉门县:"本汉旧县,属酒泉郡。汉罢玉门关屯戍,徙其人于此,因以名县。后魏孝明帝改为玉门郡,周武帝省入会川县。"会稽郡、广夏郡,《通典》卷174《州郡典四》晋昌郡(瓜州):"今理晋昌县。……后魏属常乐、会稽二郡。后周属会稽郡。苻坚徙江汉之人万余户于燉煌,中州人有田畴不辟者亦徙七千余户。凉武昭王遂以南人置会稽郡,以中州人置广夏郡。后周因旧名置晋昌郡。隋废之,以属燉煌郡。大唐置瓜州,或为晋昌郡。"瓜州晋昌县:"汉冥安县地。武德四年改置。今县北有伊吾故城、白水。有昆仑障,汉屯禾所居,故城在县界。后魏明帝正光中置会稽郡即于此。"又敦煌所出《寿昌县地镜》云:"右本汉龙勒县,魏正光六年(525),改为寿昌郡,属瓜州。故书云旧瓜州即沙州是也。"见王仲荦:《〈寿昌县地镜〉考释》,《敦煌石室地志残卷考释》(郑宜秀整理),中华书局,2007年,第185页。效谷、寿昌二郡当均置于北魏末年。

又阻塞,仍停长安。转授岐州,复除抚军将军、卫尉卿。转左卫将军,又兼尚书右仆射,驰驿诣并肆,赍绢三万匹,募召恒朔流民,拣充军士。不行。寻加卫将军,出除都督雍南豳二州诸军事、本将军、雍州刺史,又进号车骑大将军、仪同三司。"卷59《萧宝夤传》:孝昌三年(527)"四月,除使持节、都督雍泾岐南豳四州诸军事、征西将军、雍州刺史、假车骑大将军、开府、西讨大都督,自关以西,皆受节度"。是北魏末年置有南豳州。但据同书卷80《贺拔胜传贺拔岳附传》:"元晔立,除骠骑大将军,增邑五百户,余如故。普泰初(531),都督二岐东秦三州诸军事,仪同三司、岐州刺史。寻加侍中,给后部鼓吹,仍诏开府。俄兼尚书左仆射、陇右行台,仍停高平。后以陇中犹有土民不顺,岳助侯莫陈悦所在讨平。二年(532),加岳都督三雍、三秦、二岐、二华诸军事,雍州刺史,关西行台,余如故。及尔朱天光率众赴洛,将抗齐献武王,岳与侯莫陈悦下陇赴雍,以应义旗。永熙初(532),仍开府、兼仆射、大行台、雍州刺史,增邑千户。二年(533),诏岳都督雍、华、北华、东雍、二岐、豳、四梁、二益、巴、二夏、蔚、宁、南益、泾二十州诸军事,大都督。"似永熙年间(532—534)南豳州又已省并。南豳州北魏时领郡情况不详。《太平寰宇记》卷31《关西道七》乾州永寿县:"南豳故城,后魏时所筑,在县北据山。其东西南三面险绝,实控御之地。"此当为北魏所置南豳州之地。

(21) 西豫州

蛮左州。《地形志》无。该州的设置和北魏南部边陲的变化有关。《北史》卷95《蛮传》:"正光中,叔兴拥所部南叛。蛮首成龙强率户数千内附,拜刺史;蛮帅田牛生率户二千内徙扬州,拜为郡守。梁义州刺史边城王文僧明、铁骑将军边城太守田官德等率户万余,举州内属。拜僧明平南将军、西豫州刺史,封开封侯。官德龙骧将军、义州刺史;自余封授各有差。僧明、官德并入朝。蛮出山至边城、建安者,八九千户。义州寻为梁将裴邃所陷。"《魏书》卷9《孝明纪》文僧明降魏发生于正光二年(521)四月。可知西豫州置于521年。西豫州治地领郡情况不详。

(22) 义州

蛮左州。《地形志》无。521年设,当年即为梁所陷,见上。义州治地领郡情况不详。

(23) 南冀州

《魏书》卷106《地形志中》济州:"平原郡……皇始中属冀州,太和十一年分属,武泰初立南冀州,永安中罢州。"《魏书》卷72《路恃庆传路思令附传》:"寻拜假节、征虏将军、阳平太守。又割冀州之清河、相州之阳平、齐(当为济)州之平原以为南冀州,仍以思令为左将军、南冀州刺史、假平东将军、都督。时葛荣遣其清河太守李虎据高唐城以招叛民,思令乃命麾下并率乡曲潜军夜往,出其不意,遂大破之,徐乃收众南还。……及葛荣灭,还镇平原。"可知南冀州置于武泰元年(528),治平原,初设时领有清河、阳平、平原三郡。

(24) 南郢州

《地形志》有两个南郢州。一为东魏武定年间(543—550)从梁所取之南郢州,见《魏书》卷106《地形志中》。一为后来归西魏之南郢州,见《魏书》卷106《地形志下》,杨守敬《北魏地形志札记》认为此南郢州当是西郢州之讹,不确。南郢州在北魏末年已经两次出现,西魏末年始改南郢州为归州。《魏书》卷45《韦阆传韦朏附传》:"南郢州刺史田夷启称朏父珍往任荆州,恩洽夷夏,乞朏充南道别将,领荆州骁勇,共为腹背。"这是孝明帝时候的例子。《周书》卷28《史宁传》:"贺拔胜为荆州刺史,宁以本官为胜军司,率步骑一千,随胜之部。值荆蛮骚动,三鸦路绝,宁先驱平之。因抚慰蛮左,翕然降附,遂税得马一千五百匹供军。寻除南郢州刺史。及胜为大行台,表宁为大都督。"这是孝武帝时候的例子。据《魏书》卷106《地形志下》,南郢州领有北遂安、冯翊、江夏、□子、香山、永安、新平、永平、宕郡、宜民、南遂安、□□十二郡。

(25) 析州

《魏书》卷106《地形志下》无注。《隋书》卷30《地理志中》:"淅阳郡,西魏置淅州。"这个淅州应当就是析州,但《隋志》将设置时间定在西魏,与史实不符。《周书》卷44《泉企传》:"迁左将军、淅州刺史,别封洎阳县伯,邑五百户。"泉企任淅州刺史事发生于武泰元年(528)。领有修阳、固郡、朱阳、南上洛、析阳五郡。

(26) 玄州

《魏书》卷73《崔延伯传》之后附列的名单里有所谓"玄州刺史邢豹"等人,他们在北魏后期"俱为将帅,并有攻讨之名,而事迹不存,无以编录"。邢豹任职的具体年代不详。又据《魏故假节中坚将军玄州刺史元使君墓志铭》(《元颢墓志》):"正光五年五月中,朔卒跋扈,侵扰边塞。以君王室英杰,智勇绝伦,服未卒哭,诏起君为统军,北征贺延。君以家国未康,冒哀从役。于时王师失据,逆党繁盛,君挥戈奋剑,大摧丑虏。匹马无援,柱卒乱行。……其年十月,迁柩洛阳。诏赠假节、中坚将军、玄州刺史……"是正光五年(524)北魏已经有玄州。玄州可能系由柔玄镇改置,后侨置于安州①。据本卷北周部分所述,北周改安

---

① 罗新、叶炜认为玄州很可能是柔玄镇改镇为州之后所设的州。随着北镇扰乱,镇民南迁,北魏侨置各镇所改之州于幽并地区,玄州或因此而得侨置于安州境内。从周隋之间玄州所在来看,北周所继承的北齐玄州,在北魏安州安乐郡境。北周干脆省安州入玄州,《隋书》所谓"旧置安州,后周改为玄州",当由此而来。参见罗新、叶炜:《新出魏晋南北朝墓志疏证》,中华书局,2005年,第117页。

州为玄州,治燕乐,即今北京密云县不老屯镇燕落村村中的燕落城址。北魏玄州置郡情况不详。

孝庄帝时期新设或在材料中出现的州有十一个：北雍州、建州、南汾州、蔚州、显州、广州、胶州、北徐州、渭州、南广州、郢州。

（1）北雍州

《地形志》无。《隋书》卷29《地理志上》京兆郡："华原,后魏置北雍州,西魏改为宜州,又置北地郡,寻改为通川郡。"《长安志》卷19华原县："本汉祋祤县之地……后魏初徙北地郡于今宜君县界义亭故城,于此置北雍州,永熙二年(533)自三原县界永安故城徙北雍州于今华原县,西魏改为宜州。"《北史》卷49《毛遐传毛鸿宾附传》："明帝以鸿宾兄弟所定处多,乃改北地郡为北雍州,鸿宾为刺史。诏曰：'此以昼锦荣卿也。'改三原县为建（中）[忠]郡,以旌其兄弟。"《元和郡县图志》卷1《关内道一》京兆府上："三原县……明帝孝昌三年,萧宝夤逆乱,毛洪宾立义栅捍贼。永安元年于此置北雍州,洪宾为刺史,亦谓之洪宾栅,其故城在县北五十五里。又割北地郡之三原县于此置建忠郡,以旌其功。隋开皇三年(583)罢郡,以县属雍州。"《太平寰宇记》卷31《关西道七》耀州三原县："孝武永熙元年,移北雍州于今宜州,仍于城中置永安镇。"《长安志》卷20同官县："本汉祋祤县之地,属左冯翊,晋为频阳县。《十六国春秋》：苻坚于祋祤城东北铜官川置铜官护军,后魏太武太平真君七年(446)罢护军置铜官县,属北地郡,庄帝永安元年(528)属宜君郡,后周武帝建德四年(575)自今县东南十里铜官故县徙于今治,'同'字旧从金,至是除'金'止作'同'字。隋开皇二年(582)改宜君郡为宜州,以县属焉。大业二年(606)省宜州,以县隶雍州。"可见北雍州永安元年(528)置,治三原。永熙元年(532)移治宜君县。初设时领有北地、建忠、宜君三郡。

（2）建州

治高都城。《魏书》卷106《地形志上》："慕容永分上党置建兴郡,真君九年省,和平五年复。永安中罢郡置州。治高都城。"《魏书》卷75《尔朱彦伯传尔朱仲远附传》："及孝庄即阼,除直寝、宁远将军、步兵校尉。寻特除平北将军、建兴太守……及改郡立州,迁使持节、车骑将军、建州刺史。"建州领有高都、长平、安平、泰宁四郡。

（3）南汾州

《北周地理志》以为治定阳①。《地形志》无注。在史料中出现的最早时间是永安三年(530),见下表。《隋书》卷30《地理志中》："文城郡,东魏置南汾州,后周改为汾州,后齐为（西）[南]汾州。"文城郡"吉昌,后魏曰定阳县,并置定阳

---

① 王仲荦：《北周地理志》卷9《河北上》南汾州,中华书局,1980年,第832页。

郡"。南汾州当由定阳郡改置。领有北吐京、西五城、南吐京、西定阳、定阳、北乡、五城、中阳、龙门九郡。

(4) 蔚州

侨置。《魏书》卷106《地形志上》："蔚州,永安中改怀荒、御夷二镇置,寄治并州邬县界。"蔚州初设时领有始昌、忠义二郡。

(5) 显州

寄治六壁城。《魏书》卷106《地形志上》："显州,永安中置。治汾州六壁城。"显州初设时领定戎、建平二郡。

(6) 广州

《魏书》卷106《地形志中》："广州,永安中置。治鲁阳。武定中陷,徙治襄城。"广州初设时领南阳(?)、顺阳、定陵、鲁阳、汝南、汉广、襄城(?)七郡。

(7) 胶州

《魏书》卷106《地形志中》："胶州,永安二年(529)置。治东武城。"胶州初设时领有东武、高密、平昌三郡。

(8) 北徐州

治临沂城。《魏书》卷106《地形志中》："北徐州,永安二年(529)置。"《旧唐书》卷38《地理志一·河南道》沂州临沂："后魏置郯郡,又改为北徐州,并在此县。"《地形志中》东徐州有郯郡,云"秦置,汉高改为东海,后汉为国,晋复,武定八年改。治郯城"。北徐州无郯郡,《旧唐志》说法有误。《太平寰宇记》卷23《河南道二十三》沂州："庄帝永安二年(529),置北徐州,琅邪郡属焉。"沂州临沂县："州理城,后魏北徐州城也。庄帝永安二年(529)筑,北徐州理之,周武帝改为沂州,至今不改。"北徐州领有东泰山、琅邪二郡。

(9) 渭州

治襄武。《魏书》卷106《地形志下》无注。《元和郡县图志》卷39《陇右道上》："渭州……后魏庄帝永安三年(530),于郡置渭州,因渭水为名。"渭州领有陇西、南安、广宁、安阳四郡。

(10) 南广州

《魏书》卷106《地形志下》南广州无注。在史料中出现的最早时间是永安元年(528)①。南广州领有襄城(治襄城)、鲁阳、高昌、南阳、襄城(治扶城)五郡。

---

① 据《周书》卷2《文帝纪》,西魏废帝三年(554),南广州改为渑州。然《隋书》卷30《地理志中》渑阳郡下注云："西魏置蒙州。仁寿中,改曰渑州。"西魏确实有蒙州。《周书》卷34《杨敷传》："除小载师下大夫,使北豫州迎司马消难,还,授使持节、蒙州诸军事、蒙州刺史。"隋开皇年间也有蒙州。《隋书》卷57《李孝贞传》："开皇初,拜冯翊太守,为犯庙讳,于是称字。后数岁,迁蒙州刺史,吏民安之。"蒙州当是在仁寿年间省并入渑州。

(11) 郢州

侨置。《魏书》卷106《地形志中》豫州:"义阳郡,永安三年置郢州,天平四年罢州置。"《魏书》卷106《地形志下》所列之郢州,疑与之实同一地。《魏书》卷41《源贺传源子恭附传》:"武泰初,郢州刺史元愿达以城降萧衍,诏征都督尉庆宾还京师,回众隶子恭以讨之。……子恭勒众渡淮,徙民于淮北,立郡县,置戍而还。"可知北魏武泰初(528)失去义阳之郢州。《隋书》卷30《地理志中》汝南郡:"真阳,旧治郢州。"据《魏书》卷106《地形志下》,郢州领有安阳、城阳、汝南三郡。

孝武帝时期史料中出现的州有四个:南益州、南襄州、南营州、信州。

(1) 南益州

《地形志》无。在史料中出现最早的时间是永熙二年(533)。《魏书》卷80《贺拔胜传贺拔岳附传》:"永熙初,仍开府、兼仆射、大行台、雍州刺史,增邑千户。二年,诏岳都督雍、华、北华、东雍、二岐、豳、四梁、二益、巴、二夏、蔚、宁、南益、泾二十州诸军事,大都督。"

(2) 南襄州

《魏书》卷106《地形志下》有南襄州但无注。《隋书》卷31《地理志下》春陵郡湖阳县:"后魏置西淮安郡及南襄州,后郡废,州改为南平州。"最早出现在史料中的时间是永熙三年(534)。据《周书》卷2《文帝纪下》,西魏废帝三年(554)正月始改南襄州为湖州。《嘉庆重修一统志》卷211《南阳府二》"古迹":"湖阳故城,在唐县南八十里。古蓼国地。秦置湖阳县。二汉因之。……晋省入棘阳。……后魏置西淮及南襄州。后郡废,州改为南平州。西魏改曰升州,后又改为湖州。后周改置升平郡。隋开皇初郡废,仁寿初复曰升州。大业初州废,以县属春陵郡。"南襄州领有西淮安、襄城、北南阳三郡。

(3) 南营州

《魏书》卷106《地形志上》:"南营州,孝昌中营州陷,永熙二年置。寄治英雄城。"初设时领昌黎、辽东、建德三郡。《元和郡县图志》卷18《河北道三》易州遂城县:"本汉北新城县,属涿郡。后魏除'北'字,寻又省。隋开皇三年,移后魏新昌县于此,属易州,十六年改新昌县为遂城县。……后魏孝武帝永熙二年,以韩瓒为营州刺史,行达此城,值卢曹构逆,就置南营州,以瓒为刺史。所部三千余人,并雄武冠时,因号英雄城。"

(4) 信州

蛮左州。《魏书》卷11《出帝纪》:永熙三年(534)二月"己未,萧衍假节、豫州刺史、南昌王毛香举城内附,授以持节、安南将军、信州刺史、义昌王。"治地及领郡情况不明。

另外尚有一些疑似北魏末年设置的新州以及在北魏末年出现但无法系年的州。

（1）殷州

治城阳。《地形志》无。《隋书》卷30《地理志中》淮安郡："比阳……又有后魏城阳县,置殷州、城阳郡。开皇初[州?]郡并废,其县寻省。"据《中国文物地图集·河南分册》,城阳郡故城在今河南省驻马店市泌阳县高店乡稻草庄北①。

（2）龙州

治阴平。《地形志》无。《隋书》卷29《地理志上》普安郡："阴平,宋置北阴平郡,魏置龙州。西魏改郡为阴平,又名县焉。"置时不详。

（3）南相州

《地形志》无。《魏书》卷19下《安定王休传东莱王贵平附传》："庄帝初,除散骑常侍、宗正少卿,封东莱王,邑百户。除平北将军、南相州刺史。"南相州仅此一见,疑为相州之误,南字衍,这里暂时列上。

（4）郑州

《地形志》无。《隋书》卷30《地理志中》淮安郡："慈丘……后魏有郑州、潘州、溱州及襄城、周康二郡,上蔡、青山、震山三县,并开皇初废。"

（5）潘州

《地形志》无。见上。

（6）溱州

《地形志》无。见上。

（7）西安州

《元和郡县图志》卷4《关内道四》盐州："汉武帝元朔二年置五原郡,地有原五所,故号五原。至晋,地没赫连勃勃,后魏平之,改为西安州,以其北有盐池,又改为盐州。隋大业三年为盐川郡。"但据《隋书》卷29《地理志上》盐川郡："西魏置西安州。"似乎非后魏置。又盐川郡五原县则注云："后魏置郡,曰大兴。西魏改为五原,后又为大兴。开皇初郡废,大业初置盐川郡。"后魏至少在这一带置有大兴郡。录此存疑。

（8）武州

《隋书》卷29《地理志上》："武都郡,西魏置武州。"《旧唐书》卷40《地理志

---

① 《中国文物地图集·河南分册》,中国地图出版社,1991年,"泌阳县文物图",第198页,"文物单位简介"之"驻马店地区·泌阳县",第457页。

三·陇右道》武州将利县:"后魏改武都为石门县,置武州。"武州盘堤县:"后魏于今县东南百四十二里移盘堤县于郡,置武州。"《地形志》无。但据《魏书》卷21《高阳王雍传嫡子元泰附传》,元泰河阴遇害,"追赠侍中、特进、骠骑大将军、太尉公、武州刺史、高阳王,谥曰文孝"。似北魏已经设有武州。

(9) 南垣州

《隋书》卷30《地理志中》上党郡乡县:"又有后魏南垣州,寻改丰州,后周废。"《太平寰宇记》卷50《河东道十一》威胜军武乡县:"涅城,《冀州图》云:'涅城在县西六十里。'后魏初,于此立丰州。北齐改曰戎州。后周废之。"

(10) 殷州

《隋书》卷30《地理志中》淮安郡比阳县:"又有后魏城阳县,置殷州、城阳郡。开皇初郡并废,其县寻省。"

(11) 西郢州

《隋书》卷30《地理志中》淮安郡比阳县:"又有比阳故县,置西郢州。西魏改为鸿州,后周废为真昌郡。开皇初郡废,大业初县废。"

(12) 南雍州

治蔡阳。《隋书》卷31《地理志下》舂陵郡蔡阳县:"梁置蔡阳郡,后魏置南雍州。西魏改曰蔡州……"

(13) 岚州

治岢岚。《地形志》无。《元和郡县图志》卷14《岚州》:"秦为太原郡地,在汉即太原郡之汾阳县地也。汉末大乱,匈奴侵边,自定襄已西尽云中、雁门、西河之闲遂空。建安中,曹公纠率散亡,立新兴郡,晋末陷刘元海。后魏于今理置岚州,因州西岢岚山为名也。隋大业四年(608),于静乐县界置楼烦郡,因汉楼烦县为名。"《太平寰宇记》卷41《河东道二》岚州:"后魏末于此置岚州,因界内岢岚山以立名。隋大业中于静乐县界置楼烦郡。"按《元和志》里的"后魏"有时指北魏,有时又指东魏或西魏,这里列出存疑。

(14) 湖州

《元和郡县图志》卷21《山南道二》唐州湖阳县:"后魏孝庄帝于此立湖州。贞观元年(627)废,以湖阳属唐州。"据《周书》卷2《文帝纪下》,西魏废帝三年(554)正月始改南襄州为湖州。《嘉庆重修一统志》卷211《南阳府二》:"古迹":"湖阳故城,在唐县南八十里。古蓼国地。秦置湖阳县。二汉因之。……晋省入棘阳。……后魏置西淮及南襄州。后郡废,州改为南平州。西魏改曰升州,后又改为湖州。后周改置升平郡。隋开皇初郡废,仁寿初复曰升州。大业初州废,以县属舂陵郡。"这里列出存疑。

由于北疆动荡与流民南下，北魏末年行政区划也出现了侨置现象（见表7）。

表7 北魏末年州郡侨置情况表

州	原治地	寄治地	郡	原治地	寄治地	备　注
			西河郡		白坑城	"旧汾州西河民，孝昌二年(526)为胡贼所破，遂居平阳界，还置郡。"属唐州（后称晋州）
			吐京郡	新城	兹氏城	三郡均属汾州。西河郡治兹氏城。孝昌年间(525—527)汾州州城陷落，州治遂由蒲子城移治兹氏城。其他三郡情况相同
			五城郡	五城	兹氏城	
			定阳郡	定阳	兹氏城	
南汾州	蒲子城	定阳（据《北周地理志》卷9《河北上》）	北吐京郡		平昌	《魏书》卷10《孝庄纪》永安三年(530)冬十月"以中军将军、前东荆州刺史元显恭为使持节、都督晋建南汾三州诸军事、镇西将军、晋州刺史、兼尚书左仆射，为征西道行台"，说明此前南汾州已经设置①。其隶属郡县名称多有与汾州隶属郡县雷同或相似者，当出于侨置汾州流民需要
			西五城郡		西五城	
			南吐京郡		新城	
			西定阳郡		洛陵	
			定阳郡		永宁	
			北乡郡		龙门	
			五城郡		五城	
			中阳郡		洛陵	
			龙门郡		西太平	
南营州		英雄城	昌黎郡	和龙	龙城	孝昌年间营州陷，永熙二年(533)置。初设时当名营州
			辽东郡	固都	太平	
			建德郡	白狼	石城	

---

① 今元恭（即元显恭）墓志题名作"魏故使持节假车骑将军都督晋建南汾三州诸军事镇西将军晋州刺史大都督节度诸军事兼尚书左仆射西北道大行台平阳县开国子元君墓志"。见赵超：《汉魏南北朝墓志汇编》，天津古籍出版社，2008年，第297页。拓片见北京图书馆金石组编：《北京图书馆藏中国历代石刻拓本汇编》第五册，中州古籍出版社，1989年，第172页。

续 表

州	原治地	寄治地	郡	原治地	寄治地	备 注
朔州	怀朔镇	不详	大安郡	狄那（怀朔镇）	不详	孝昌年间怀朔镇改为朔州。后陷，寄治并州界，具体地点不详
			广宁郡	石门	不详	
			神武郡	尖山	不详	
			太平郡	太平	不详	
			附化郡	附化	不详	
云州	归顺（即西汉定襄县故城）		盛乐郡	归顺	不详	孝昌年间陷，永熙年间（532—534）改，寄治并州界
			云中郡	延民	不详	
			建安郡	永定	不详	
			真兴郡	真兴	不详	
蔚州	怀荒镇		始昌郡	干门	不详	永安年间（528—530）改怀荒、御夷二镇置，寄治并州邬县界
			忠义郡	苇池	不详	
显州	不详	汾州六壁城	定戎郡	瓜城	不详	永安年间置显州
			建平郡	升原	不详	

资料来源：《魏书》卷106《地形志》。

在概述了北魏政区脉络之后，这里还要说明：北魏州郡县隶属关系多次发生变动，建置情况复杂，为清眉目，除恒州（北魏前期的司州）外，本编在以下各章中，将各郡沿革情况均置于其在永熙三年（534）所隶州的名下。作为游牧文明与农业文明的结合物，北魏前期的政治体制具有胡汉相糅、合中有分的二元结构[①]。州郡县设置在北魏的大部分时间实行得并不彻底，很多相邻政区的边界意识极其模糊，甚或不存在。本编尽可能标明政区治所，对边界则不强求厘定。州、郡的设置情况，尽可能标明治所及领郡、领县沿革，若州治、郡治和领郡、领县不详，则从阙。

---

① 严耀中：《北魏前期政治制度》，吉林教育出版社，1990年，第一章第二节，第10—20页。

第二章 恒州(北魏前期的司州)及相关州领郡沿革

北魏前期政治中心在代都平城。从今内蒙古河套地区沿黄河向东,包括雁门山—恒山—太行山—燕山西部一线以北,包括六镇在内,是北魏一个比较特殊的地域。北魏前期王朝在军事上的征服与政治上的整合,均以此为根据地;北魏后期王朝在军事上的颓败和政治上的瓦解,也与这一地域及其人群的政治动向和军事作为有关。在北魏行政区划演变过程中,这一地域变动一直比较大,而且变动有一定的内在相关性。所以本章以恒州(北魏前期的司州)为中心,叙述这一地域的州郡县沿革。

第一节 恒州(北魏前期的司州)州郡县沿革

北魏最初在平城设置的是司州。《魏书》卷106《地形志上》:"恒州,天兴中置司州,治代都平城,太和中改。"《元和郡县图志》卷14云州条下:"后魏道武帝又于此建都,东至上谷军都关,西至河,南至中山隘门塞,北至五原,地方千里,以为甸服。"《元和志》所描绘的,应该就是道武帝时期北魏司州的范围。道武帝天兴元年(398)七月将首都由盛乐迁至平城,据此可将司州设置年代定于天兴元年。司州初设时领有"八国"和代郡、广宁、上谷、雁门四郡。

首先需要厘清"八国"或"八部"的问题。《魏书》卷110《食货志》:"天兴初,制定京邑,东至代郡,西及善无,南极阴馆,北尽参合,为畿内之田;其外四方四维置八部帅以监之,劝课农耕,量校收入,以为殿最。"八部即八国。卷113《官氏志》:"(天兴元年)十二月,置八部大夫、散骑常侍、待诏等官。其八部大夫于皇城四方四维面置一人,以拟八座,谓之八国。"所谓"其外四方四维",是指"京邑"或皇城之外的畿内地区,这是北魏前期的一个特殊区划。在这一特区以外,才是一般的州郡县地区[①]。至于何谓"八国"或"八部",《资治通鉴》卷117

---

① 卢开万:《"代迁户"初探》,《武汉大学学报(哲学社会科学版)》1980年第4期。

晋安帝义熙十一年(415)九月,"魏比岁霜旱,云、代之民多饥死",在崔浩、周澹建议下,明元帝拓跋嗣"乃简国人尤贫者诣山东三州就食,遣左部尚书代人周几帅众镇鲁口以安集之"。其下胡三省注云:"魏初,四方四维置八部大人,分东、西、南、北、左、右、前、后,后又置八部尚书。"根据《魏书》卷30《周几传》,周几当时所任实为左民尚书,不是左部尚书。八部制与北魏早期的尚书职官之间也没有内在的传承关系。所以胡三省的解释并不确切①。胡注释"八部"为"东、西、南、北、左、右、前、后"八部,亦不知何据。查检现有文字材料,胡注之外,确实很难指实八国或八部的名目。

但是这一制度设计的行政管理意义十分明显。道武帝天赐元年(404)"十一月,以八国姓族难分,故国立大师、小师,令辩其宗党,品举人才。自八国以外,郡各自立师,职分如八国,比今之中正也。宗室立宗师,亦如州郡八国之仪"②。细绎材料,八部或八国对应的应该是与拓跋部有政治结盟关系的原代北地区各族群,也即《魏书·官氏志》所言神元皇帝力微时"余部诸姓内入者"和"岁时朝贡"的"四方诸部",它们与拓跋部(所谓"宗室十姓")一道,构成北魏早期的统治集团。在北魏国家从游牧转向定居农牧的过程中,八部组织曾是北魏平城时代基层社会的重要政权支撑。它们不但支撑着代北地区的农业生产,还承担着政权基础设施的建设。卷2《太祖纪》,天赐三年(406)六月,"发八部五百里内男丁筑灅南宫,门阙高十余丈;引沟穿池,广苑囿;规立外城,方二十里,分置市里,经涂洞达。三十日罢"。与此同时,"发八部人,自五百里内缮修都城,魏于是始有邑居之制"③。卷113《官氏志》:"(天赐)四年五月,增置侍官,侍直左右,出内诏命,取八国良家、代郡、上谷、广宁、雁门四郡民中年长有器望者充之。"至于与拓跋部政治关系较远的归附者、被征服者和降民,一类如高车等"粗犷不任使役"之游牧部族,"得别为部落"④。它们散处魏境,未同编户,"出《官氏志》所记诸氏之外","领民酋长者实为此类部落之酋帅也",它们应多居于平城畿外地区的游牧地区。特别是在阴山南北两侧居住的游牧部落,北魏以领民酋长制的方式将其与六镇军事管理体制相结合,形成军镇制与领民酋长制在北疆长期嵌合的局面,对北魏末年行政区划演变影响甚

---

① 俞鹿年:《北魏职官制度考》,社会科学文献出版社,2008年,第22页。
② 《魏书》卷113《官氏志》。
③ 此事亦发生于天赐三年(406)六月,见《魏书》卷105《天象志三》。
④ 《北史》卷98《高车传》。

巨①。另外一部分迁徙于平城畿内地区的被征服者和降民则可能沦为奴婢、隶户、佃户和牧子等身份②。八国的地位与郡大致相当，只不过郡是地缘关系在行政区划层面的表达，而八国要同时兼顾族缘关系。八国之设置与道武帝离散部落的政治举措当有内在联系③。所谓部落离散，很可能正如古贺昭岑所言，"就是为了集中兵力、强化帝权而重编部族，对于旧部族成员，使其在限定的范围内从事游牧，并且作为生活基础给予一定数量的土地和佃户"，并非使部民全然改行定居农耕④。

北魏的持续征服扩张使得新移民不断涌入，八国与郡县并置的政治空间架构开始发生变化。尽管八国或八部在道武帝时代非常活跃，但道武帝之后，八国或八部的存在与活动在现有史料中却了无痕迹。这里就需要注意到明元帝泰常二年(417)六部制的设置。《魏书》卷113《官氏志》："泰常二年夏，置六部大人官，有天部，地部，东、西、南、北部，皆以诸公为之。"对此严耀中认为，八国或八部，和六部一样是北魏前期分部制中并列的两种编制。"六部之众是以拓跋氏为核心，包括宗室、勋臣、内入诸姓组成的鲜卑集团，以及少量与他们关系密切的其他族人，主要是一些外戚旧臣。"而八部之众大都是一些

---

① 详参周一良：《领民酋长与六州都督》，见氏著《魏晋南北朝史论集》，北京大学出版社，1997年，第190—214页。
② 唐长孺：《拓跋国家的建立及其封建化》，《魏晋南北朝史论丛》，中华书局，2009年，第185—239页。
③ 关于离散部落，一共有三条材料。《魏书》卷113《官氏志》："凡此四方诸部，岁时朝贡，登国初，太祖散诸部落，始同为编民。"卷83上《贺讷传》："讷从太祖平中原，拜安远将军。其后离散诸部，分土定居，不听迁徙，其君长大人皆同编户。讷以元舅，甚见尊重，然无统领。以寿终于家。"《北史》卷98《高车传》："太祖时，分散诸部，唯高车以类俎犷，不任使役，故得别为部落。"登国是北魏的第一个年号。田余庆认为《官氏志》把道武帝离散部落的时间定在登国初年，时间偏早了点。见田余庆：《贺兰部落离散问题》，《拓跋史探》，三联书店，2003年，第75页。魏初的历史，是拓跋部与周边游牧部族相互缠绕的历史，充满了冲突与斗争，主导性的内容是拓跋部征服其他部族，重建其在代北的领导地位。登国初年，包括高车在内的被征服部落就开始不断内徙。大量的游牧部落涌入都城及其附近地区，必然有个具体处分安置的问题。道武帝离散部落从登国初年开始，不是没有可能。迁都平城以后，由于拓跋部在北魏的政治地位已经固定下来，离散部落的政治举措有进一步深入的趋势，盛乐时代没有纳入离散范围的部落这时也开始离散，贺讷所在的贺兰部就是一个明显的例子。这次离散应当主要发生于平城畿内地区。关于离散部落的过程，李凭有较为翔实的辨析。相关研究动态亦请参阅松下宪一：《北魏胡族体制论》，第一章"'部族解散'研究史"，第二章"领民酋长制と'部族解散'"，北海道大学出版会，2007年，第9—55页。但李凭认为八部大夫对应的是畿内的四方四维，八部帅则是就畿外的四方四维而言，两者不是一回事。他并结合大同盆地周边地形指出，就实际而言，畿外的四方四维只是一种理想的安排，能够大体上按方位划分的只是畿内，而畿内初时很可能就是以繁畤为中心去划分四方四维的。参见氏著《北魏平城时代》，社会科学文献出版社，2000年，第36—60页。李凭注意到繁畤对北魏早期发展的作用，很有政治地理眼光。但拙见倾向于认为八部帅就是八部大夫，京畿地区之外，未必有行政意涵明确的四方四维划分。
④ [日]古贺昭岑：《论北魏部族的解散》，刘世哲译，《民族译丛》1991年第5期。

归附者。北魏定都平城后,四面八方迁来的"新民",占了八部之众中的大多数①。他的看法值得思考。不可否认,在平城畿内归附与被征服者人数上可能占据优势,但八部或八国对应的应该是与拓跋部有政治结盟关系的原代北地区各族群,已如前述。如以六部与八部并列,首先要在文字材料里找到二者同时并存的证据,这一点在现有材料里得不到支持;其次,如八部或八国布列平城畿内地区,六部的空间布局亦一并需要考虑,此点同样没有文字材料上的说明或暗示。拙意如将八部或八国视作北魏京畿地区离散部落的阶段性成果,则六部可看作是这种政治意图的进一步强化。六部是当时国家兵力和战备物资的重要来源,可能同样具有八部或八国那样的行政管理意涵②。

《魏书》卷54《高闾传》,太和年间,高闾向朝廷上表防备柔然,提到"七月发六部兵六万人,各备戎作之具,敕台北诸屯仓库,随近作米,俱送北镇。"是时都城尚在平城,说明北魏平城时代六部自建置设立后就一直存在。据《魏书》卷68《甄琛传》,甄琛调任河南尹,上表宣武帝说:"京邑是四方之本,安危所在,不可不清。是以国家居代,患多盗窃,世祖太武皇帝亲自发愤,广置主司,里宰皆以下代令长及五等散男有经略者乃得为之。又多置吏士,为其羽翼,崇而重之,始得禁止。今迁都已来,天下转广,四远赴会,事过代都,五方杂沓,难可备简,寇盗公行,劫害不绝。此由诸坊混杂,厘比不精,主司暗弱,不堪检察故也。凡使人攻坚木者,必为之择良器。今河南郡是陛下天山之坚木,盘根错节,乱植其中。六部里尉即攻坚之利器,非贞刚精锐,无以治之。"这里提到京邑洛阳设有六部里尉管理六坊。六坊的建置一直到北魏结束都存在,并继续影响到后来的东西魏甚至齐周。据《隋书》卷24《食货志》:"是时六坊之众,从武帝而西者,不能万人,余皆北徙,并给常廪,春秋二时赐帛,以供衣服之费。"北齐"六坊之内徙者,更加简练,每一人必当百人,任其临阵必死,然后取之,谓之百保鲜卑。"我怀疑迁都洛阳之后,随迁的六部之众主要就聚居在首都"六坊"之内,所以又称"六坊之众"。六部之外,北魏前期尚有四部之设。《魏书》卷26《尉古真传附尉眷传》:"太武即位,命眷与散骑侍郎刘库仁等八人分典四部,绾奏机要,加陈兵将军。"四部的具体名目虽不清楚,但这里提到"分典四部,绾奏机要",显示四部与六部的性质似乎不同,两者不应是取代与被取代的关

---

① 严耀中:《北魏前期政治制度》,吉林教育出版社,1990年,第二章第三节,第37—38页。
② 《魏书》卷3《太宗纪》,泰常六年(421)三月乙亥,"制六部民,羊满百口输戎马一匹"。

系①。要言之,有着郡一级功能的八国行政管理体制只存在于道武帝一朝,明元帝泰常二年(417)设置的六部制是对八国或八部制的功能置换,它同样具备行政管理制度的意涵。只是依据今天残留的相关材料,已经很难指实八国或八部的具体活动范围。

由于移民的大量进入,在"八国"范围之内,并非全是拓跋部及其结盟部族,也并非全部都是游牧人群,其中还存在大量以农耕为主业的家庭。在司州地域范围内,对应游牧族群与农耕人群,司州初设时领有的"八国"和代郡、广宁、上谷、雁门四郡,两者的行政设置应该同时存在。但在平城畿内地区,由于以拓跋部为核心的游牧族群,生活方式发生从游牧向"邑居"的转变,从八国或八部到六部,亦可能显示京畿地区游牧色彩的淡化。平城畿内地区郡县制度的建立过程,可以佐证这一推断。2003年春在河南省济源市出土的《元苌墓志》云:"太和十二年,代都平城改俟勤曹,创立司州,拜建威将军,畿内高柳太守。俄迁辅国将军,北京代尹。"②这里提到太和十二年(488)"代都平城改俟勤曹,创立司州",《魏书》卷27《穆崇传穆亮附传》:"征为侍中、尚书右[左?]仆射。于时,复置司州。高祖曰:'司州始立,未有僚吏,须立中正,以定选举。然中正之任,必须德望兼资者。世祖时,崔浩为冀州中正,长孙嵩为司州中正,可谓得人。公卿等宜自相推举,必令称允。'尚书陆睿举亮为司州大中正。时萧赜遣将陈显达攻陷醴阳,加亮使持节,征南大将军,都督怀、洛、南、北豫、徐、兖六州诸军事以讨之。显达遁走,乃还。"穆亮征讨陈显达一事又见《魏书》卷7《高祖纪下》:太和十二年(488)"夏四月……陈显达攻陷醴阳,左仆射、长乐王穆亮率骑一万讨之"。可见《元苌墓志》所云"代都平城改俟勤曹,创立司州",与《穆亮传》所云"复置司州"当为一事。《元苌墓志》里的内容还可与《游肇传》与《元赞传》的材料相参照。《魏书》卷55《游明根传游肇附传》:"高祖初,为内秘书侍御中散。司州初建,为都官从事……"《北史》卷15《魏诸宗室元赞传》:"初置司州,以赞为刺史,赐爵上谷侯。孝文戒赞化畿甸,可宣孝道,必令风教洽和,文礼大备。……又诏曰:'司州刺史,官尊位重,职总京畿,选属懿亲,以允具瞻之望。但诸王年少,未闲政体,故以授赞,庶能助晖道化。今司州始立,郡县初置,公卿已下皆有本属,可人率子弟,用相展敬。'于是赐名曰

---

① 今本《魏书》、《北史》里有多处提到北魏前期有"四部尚书"的设置,但严耕望以为是"西部尚书"之讹,他的意见可能是正确的。见严耕望:《北魏尚书制度考》,中研院《历史语言研究所集刊》第十八本,中华书局1987年影印。
② 刘连香、蔡运章:《北魏元苌墓志考略》,《中国历史文物》2006年第2期。

'赞'。……孝文将谋迁洛,诸公多异同,唯赞赞成大策。"不管司州在名分上是否有过废而复置的过程,但在北魏前期代北地区浓厚的游牧政治文化传统下,体现农耕政治文化传统的司州行政设置长期存而不彰却是事实①。太和十二年(488),孝文帝形塑新的政治文化传统的努力,通过重建司州行政职官设置的过程,亦可以约略看到。太和十七年(493)孝文帝迁都洛阳,改置洛州为司州,平城之司州则改称恒州。永熙三年(534)之恒州政区见图18。

排除东部设燕州后被划割诸郡,司州以及后来的恒州先后设有如下郡。

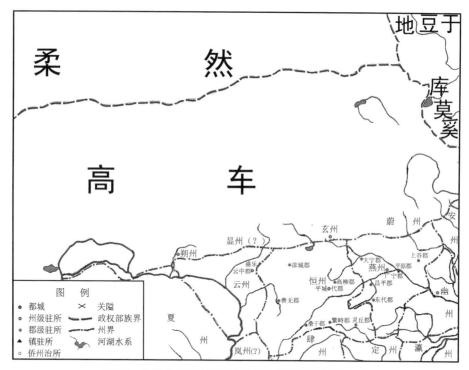

图18 北魏永熙三年(534)恒州及相关州政区示意图

---

① 明建根据《魏书》卷110《食货志》提到太和八年尚有司州,推测平城时期司州废置的时间是太和八年(484)至十二年之间,并认为《元苌墓志》所言"代都平城改俟勤曹,创立司州",宣告了平城地区分部治民管理模式的结束,似乎证据还有些不足。不过他认为这一举措"强化了司州对平城地区的管理职能,并很可能与当时推行的三长制、均田制发生了广泛而深刻的联系",则是很有见地的看法。见明建:《北魏太和十二年前后平城司州的废而复置——以〈元苌墓志〉为中心》,《魏晋南北朝隋唐史资料》第二十六辑,2010年。

1. 代郡

因首都平城而设,平城时代一度改称万年,长官称万年尹①。迁都后称代郡,而将燕州之代郡改称东代郡。代郡所设县,《地形志》仅列有四县。北魏前期,外来人口大量涌入代北特别是平城一带,四县的设置显然远远不够,即便经过迁都时的人口外移,作为北魏前期的政治中心,其政区设置规模也不会缩减到如此之少。李凭列有平城、永固、鼓城、武周、善无、崞山、繁畤、桑乾、北新城、阴馆、马邑、梁郡、灵丘、莎泉、平舒、代、高柳十七个平城畿内的城邑,这些城邑未必建于同一时期,也未必有县的政区设置,但可以在一定程度上说明代北在平城时代繁盛的状况②。《地形志》标示的应该是侨置后的县级政区名称。下面据史书明确记载属于代郡的县略作考释。

平城,为北魏前期首都,在平城时代亦称作代。在今山西大同市。

太平,《隋书》卷30《地理志中》马邑郡:"云内,后魏立平齐郡,寻废。后齐改曰太平县,后周改曰云中,开皇初改曰云内。"可见太平县系由平齐郡改置而成。《延昌地形志》未列太平县,但列有太平郡,大概以为太平县为魏末太平郡省并而成。根据李凭的说法,太平县置于北魏北新城,应在今山西朔州城关附近。

武周,《水经注》作武州,在北朝史籍中常写作武川③。在今山西左云县南。

永固,《水经注》卷13《漯水注》:"如浑水又东南流,迳永固县,县以太和中,因山堂之目以氏县也。"永固山堂即永固石室,据今本《魏书》卷13《皇后列传》:"太和五年起作,八年而成,刊石立碑,颂太后功德。"永固县当即《汉书》所谓之陵县,因文明冯太后陵墓而设。冯太后死于太和十四年(490)九月,永固县当在490年之后始设。在今山西大同市西北。

鼓城,王仲荦列有鼓城县,并推测在今山西大同市附近。庾信《丘乃敦崇传》:"崇,恒州代郡鼓城县广义乡孝让里人也。"④

桑乾,王仲荦未列桑乾县。《魏书》卷80《朱瑞传》:"朱瑞,字元龙,代郡桑乾人。"《北史》卷49《斛斯椿传斛斯元寿附传》:"历位吏部尚书,封桑乾县伯。"

---

① 《魏书》卷113《官氏志》:"延和元年三月,改代尹为万年尹,代令为万年令。"卷110《食货志》太和八年征收调外帛,提到"司州万年",说明自延和元年(432)以来,直到太和八年(484)官方仍旧以万年称呼代郡。
② 李凭:《北魏平城畿内的城邑》,前引书,第291—341页。
③ 安介生:《"代郡武川"辨析》,《历史地理》第十三辑,上海人民出版社,1996年,第204—207页。
④ 见《庾子山集注》卷11《周使持节大将军广化郡开国公丘乃敦崇传》。

可见北魏确实有桑乾县。李凭认为桑乾县当在今山西山阴县山阴城乡与桑乾河之间。

(2) 善无郡

《魏书》卷106《地形志上》云天平二年(535)置。王仲荦据墓志及史书证明北魏设有善无郡。善无郡当自代郡分出,领善无①、沃阳②二县。又据《贺拔昌墓志》:"君讳昌,字右引,朔州鄯无人也。……太昌之初,释褐除安东将军、亲信/大都督、捍殊县开国子,食邑三百户。"鄯无当即善无之别写,墓志云善无郡属朔州,此朔州当指治盛乐之朔州,据前述,盛乐朔州之设不晚于太武帝真君五年(444),善无郡或于朔州设立时由司州划入。孝昌元年(525),因在怀朔镇新置朔州,盛乐朔州遂改称云州,原领之善无郡或于此时重新划入恒州。因战乱影响,善无郡或一度于北魏末期废置。

(3) 凉城郡

《魏书》卷106《地形志上》作梁城郡,云天平二年置。《水经注》卷3《河水注》:"(盐)池北七里,即凉城郡治。"可知北魏已经有凉城郡。

(4) 繁畤郡

治繁畤。领崞山(今山西浑源县西北二十里)、繁畤(今山西应县东)二县。

(5) 桑乾郡

治桑乾。领县,王仲荦列有桑乾一县。桑乾县见代郡条下。

(6) 高柳郡

治高柳。《魏书》卷106《地形志上》云永熙中置。领安阳(今山西阳高县西北)、高柳(今河北阳原县东南)二县。

(7) 灵丘郡

治灵丘。《魏书》卷106《地形志上》云天平二年置。《魏书》卷7《高祖纪上》,太和六年(482)"二月辛卯,诏曰:'灵丘郡土既褊堉,又诸州路冲……'"可见北魏太和六年已经有灵丘郡。领县,王仲荦列有灵丘(今山西灵丘县城关)、莎泉(今山西浑源县东南)二县。

2. 平齐郡

平齐郡因青齐地区的徙民而成。《魏书》卷24《崔玄伯传崔道固附传》:"乃徙青齐士望共道固守城者数百家于桑乾,立平齐郡于平城西北北新城③。以

---

① 李凭认为旧址在今山西右玉县南古城村。
② 王仲荦认为在今山西右玉县北杀虎口之西三十里。
③ 王仲荦认为在今山西省山阴县岱岳。

道固为太守……寻徙治京城西南二百余里旧阴馆之西①。是时,频岁不登,郡内饥弊。道固虽在任积年,抚慰未能周尽,是以多有怨叛。"卷50《慕容白曜传》:"(皇兴)二年,崔道固及兖州刺史梁邹守将刘休宾并面缚而降。白曜皆释而礼之。送道固、休宾及其僚属于京师。后乃徙二城民望于下馆,朝廷置平齐郡,怀宁、归安二县以居之。自余悉为奴婢,分赐百官。"《水经注》卷13《漯水注》:"魏皇兴三年齐平,徙其民于(阴馆)县,立平齐郡。"据此可将平齐郡设置时间定在皇兴三年(469)。平齐郡初设时领有怀宁、归安二县。《魏书》卷43《刘休宾传》:"及立平齐郡,乃以梁邹民为怀宁县,休为县令。"同卷《房法寿传房崇吉附传》:"及立平齐郡,以历城民为归安县,崇吉为县令。"这两个县,据王仲荦的看法,怀宁在今山西朔州之东南,归安在今山西朔州南。与平齐郡相关的徙民事件还有一次。卷6《显祖纪》:皇兴三年(469)"五月,徙青州民于京师"。这些移民大概除了被没为奴婢的那一部分外,其余的也都被安排到了平齐郡。卷91《术艺传·蒋少游传》:"蒋少游,乐安博昌人也。慕容白曜之平东阳,见俘入于平城,充平齐户,后配云中为兵。"不过无法确定是否设置有新县。

平齐郡废置时间史书没有明确说法。《魏书》卷43《房法寿传房景先附传》记载平齐民房法寿"太和中,例得还乡,郡辟功曹",葛剑雄、安介生据此将其定在太和年间②。"例得还乡"的事情应在太和十七年(493)迁都之后才可能发生,其时青齐地区局势早已稳定下来,孝文帝正积极鼓励平城一带的人口南迁。如果这种推测成立,平齐郡应废于太和十七年之后不久。

此外,王仲荦尚列有内附郡。《魏书》卷106《地形志上》云天平二年置,因为没有直接根据说明北魏已经设置,不取。雁门郡见下章。

第二节 云、朔、燕、蔚、显诸州领属郡县

王仲荦在《北周地理志》所附《北魏延昌地形志北边州镇考证》中对北魏北边州镇已经作了详尽考释。但北魏末年的战乱对政区建置影响至深,北边政区名称在侨置过程中会有省并的现象,原地设置情况究竟如何,难以深究,不能将侨置后的政区名称与原地简单对应。本节参考《北魏延昌地形志北边州镇考证》,并结合文物考古资料,据《魏书·地形志》将云、朔、燕、蔚、显州郡县

---

① 王仲荦认为在今山西省朔州市东南。
② 葛剑雄:《中国移民史》第二卷(先秦魏晋南北朝时期),福建人民出版社,1997年,第十三章第二节,第560—561页。安介生:《山西移民史》,山西人民出版社,1999年,第三章第四节,第138—144页。

设置情况罗列如下(并请参见上图18)。

(一) 云州

治盛乐,即今内蒙古呼和浩特市和林格尔县盛乐镇上土城子村北1.5公里的土城子城址。本名朔州,其设置不晚于444年。孝昌元年(525)改为云州,旋陷。永熙中寄治并州界,今山西吕梁市文水县刘胡兰镇云周村。《魏书》卷106《地形志上》共列有四郡。

1. 盛乐郡

领归顺、还安二县。

2. 云中郡

领延民、云阳二县。

3. 建安郡

领永定、永乐二县。

4. 真兴郡

领真兴、建义、南恩三县。

此外,王仲荦还列有广牧郡,领广牧、富昌、黑城三县。

(二) 朔州

本怀朔镇。鲍桐云:内蒙古文物考古学界已一致公认,怀朔镇即今内蒙古包头市固阳县白灵淖乡圐囵村古城[①]。孝昌元年(525)改为朔州,二年(526)陷。寄治并州界,今山西寿阳县界。《魏书》卷106《地形志上》共列有五郡。

1. 大安郡

领狄那、捍殊二县。

2. 广宁郡

领石门、中川二县。

3. 神武郡

领尖山、殊颓二县。

4. 太平郡

领太平、太清、永宁三县。

5. 附化郡

领附化、息泽、五原、广牧四县。

(三) 燕州

治广宁,今河北涿鹿县西。孝昌二年(526)陷。关于燕州的设置时间,《魏

---

① 鲍桐:《北魏北疆几个历史地理问题的探索》,《中国历史地理论丛》1999年第3期。

书》卷106《地形志上》："东燕州,太和中分恒州东部置燕州,孝昌中陷,天平中领流民置。寄治幽州宣[军]都城。"燕州在迁都洛阳前似乎就已经设置。卷27《穆崇传穆罴附传》："随例降王为魏郡开国公,邑五百户。又除镇北将军、燕州刺史,镇广宁。寻迁都督夏州、高平镇诸军事,本将军,夏州刺史,镇统万。"卷14《神元平文诸帝子孙列传东阳王元丕传》："及(孝文)帝还代,丕请作歌,诏许之。……乃诏丕等以移都之事,使各陈志。燕州刺史穆罴进曰……"根据卷110《食货志》,至晚到太和八年(484)燕州尚未设立①。燕州之设当不晚于太和十七年(493)。燕州领郡,《地形志》列有昌平、上谷二郡。王仲荦又增补广宁、平原、东代、大宁四郡。

1. 昌平郡

治今河北阳原县东壶流河西岸。领万年、昌平二县。

2. 上谷郡

治居庸,今北京延庆县东。王仲荦列有居庸、沮阳二县②。

3. 广宁郡

治广宁。王仲荦列有广宁、潘、涿鹿三县。

4. 平原郡

王仲荦注:今河北怀来县西南桑乾河南岸。

5. 东代郡

治代,今河北蔚县东二十里代王城。王仲荦列有代、平舒二县。

6. 大宁郡

治今河北怀安县东南南洋河西洋河东洋河合流处洋河南岸。王仲荦列有宁、大宁二县。

---

① 《魏书》卷110《食货志》:"太和八年,始准古班百官之禄,以品第各有差。先是,天下户以九品混通,户调帛二匹、絮二斤、丝一斤、粟二十石;又入帛一匹二丈,委之州库,以供调外之费。至是,户增帛三匹,粟二石九斗,以为官司之禄。后调外帛满二匹。所调各随其土所出。其……司州万年、雁门、上谷、灵丘、广宁、平凉郡……皆以麻布充税。"里面提到司州所辖之上谷、广宁两郡,后来均是燕州的领郡,说明彼时燕州可能尚没有设置。

② 北魏上谷郡似有沮阳县。《魏书》卷24《张衮传》:"张衮,字洪龙,上谷沮阳人也。……太祖为代王,选为左长史。"卷88《良吏·张恂传》:"张恂,字洪让,上谷沮阳人也。随兄衮归国,参代王军事。"这是魏初事,沮阳标识的是籍贯。但卷87《节义·邵洪哲传》:"邵洪哲,上谷沮阳人也。县令范道荣先自朐城归款以除县令,道荣乡人徐孔明,妄经公府,讼道荣非勋,道荣坐除名。羁旅孤贫,不能自理。洪哲不胜义愤,遂代道荣诣京师,申明曲直。经历寒暑,不惮勤劳,道荣卒得复雪。又北镇反乱,道荣孤单,无所归附。洪哲兄伯川复率乡人来相迎接,送达幽州。"这是北魏末年事,且提到的"县令"似乎就是沮阳县令。

(四) 蔚州

永安中改怀荒、御夷二镇置,寄治并州邬县界。《嘉庆重修一统志》卷144《汾州府》"古迹":"蔚州故城,在平遥县。……旧志,城在县西北二十五里。《城塚记》谓之屈顿城,汉武帝于汾堤侧屈曲为顿,故名,后汾水溢毁。后魏侨置蔚州于此,后周废。今城址犹存。"《地形志》共列有二郡。

1. 始昌郡

领干门、兰泉二县。

2. 忠义郡

领苇池、杨柳二县。

(五) 显州

永安中置,寄治汾州六壁城,故址在今山西吕梁市孝义市西10公里六壁头村。《嘉庆重修一统志》卷144《汾州府》"古迹":"显州故城,在孝义县西。旧名六壁城,后魏置显州。……《隋志》州郡皆不见,盖北齐后周时废也。"《太平寰宇记》卷41《河东道二》汾州孝义县:"六壁府。《后魏书》曰:'太平真君五年,讨胡贼于六壁。'即此城也。俗以城有六门,因以为名,在县西八里。"《地形志》列北魏置有二郡。

1. 定戎郡

治瓜城。领零山、阳林二县。

2. 建平郡

领升原、赤谷二县。

第三章　并、肆、汾、唐(晋)、建、南汾诸州领郡沿革

本章考释今山西省境除恒州以外的诸州郡县沿革。皇始元年(396)北魏占领后燕并州与雍州(治长子),天兴元年(398)之后,北魏调整行政区划,将雁门郡划入平城之司州;长子之雍州省并入并州,其中武乡郡行政建置取消。神䴥元年(428)在蒲坂置雍州,延和元年(432)改为泰州。真君四年(443)在平阳置东雍州,七年(446)改肆卢镇置肆州。太和八年(484)以前,又改吐京镇为汾州。孝文帝迁都洛阳,泰州与东雍州均并入司州畿内。武泰元年(528),改平阳郡为唐州,旋改为晋州。永安年间,改建兴郡为建州,改定阳郡置南汾州。泰州与东雍州原领诸郡沿革见"河南诸州领郡沿革"之"司州领郡沿革"部分。

第一节　并州领郡沿革

并州治晋阳,在今山西太原市晋源区古城营村一带。天赐五年(408),并州置有太原、乐平、平阳、新兴、西河、上党、建兴七郡。永兴二年(410)置秀容郡。始光(424—428)初置敷城郡,肆卢郡疑亦在同一时期置。三年(426)北魏出兵占领大夏河东郡。神䴥元年(428)置禽昌郡、征平郡。延和二年(433)分上党郡置乡郡。西河郡434年废置,437年之后置护军。太和八年(484)复置,划属汾州。真君二年(441)罢禽昌郡为禽昌县,划入平阳郡。四年(443)因置东雍州,平阳郡划出。七年(446)并肆卢、敷城二郡于秀容郡。九年(448)罢乐平郡于太原,省建兴郡于上党。和平五年(464)复置建兴郡。太和十八年(494)建兴郡划入洛阳司州。孝昌二年(526)复置乐平郡,又置泰宁郡。建义元年(528)置襄垣郡。永熙三年(534)之并州政区见图19。

1. 太原郡

治晋阳。皇始元年(396)占。初占时领有晋阳、祁、榆次、中都、平遥、阳邑、阳曲七县。泰常二年(417)置长安县,真君中省。真君九年(448)罢榆次、

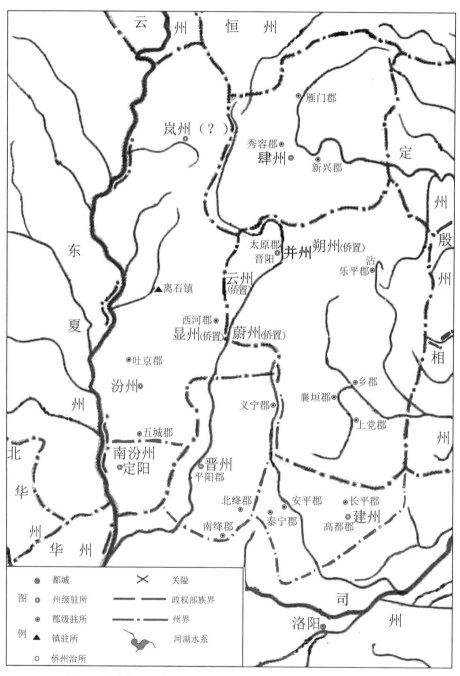

图 19 北魏永熙三年(534)并、肆、汾、唐、建、南汾诸州政区示意图

阳邑属晋阳；原乐平郡所属沾、受阳二县划入。太和十九年(495)置邬县。景明元年(500)复置榆次，二年(501)复置阳邑，长安县亦在此前后复。孝昌二年(526)沾县重新划属乐平郡。永安年间(528—530)阳曲县划归永安郡。

2. 上党郡

皇始元年(396)占，并由壶关迁治安民城(壶关县可能同时省并)。真君年间(440—451)复治壶关城。上党领有屯留、长子、涅、襄垣、乡、铜鞮、辽阳、潞等县。延和二年(433)置乡郡，涅、襄垣、乡、铜鞮、辽阳划归乡郡。真君九年(448)，省并建兴郡，原建兴所属高都、玄氏等县划入。十一年(450)改潞县为刈陵县①。和平五年(464)复置建兴郡，高都、玄氏等县被划归建兴郡。太和十三年(489)复置壶关县。景明元年(500)置寄氏县(原两汉猗氏县)。建义元年(528)刈陵划归襄垣郡。普泰年间(531—532)又分长子、寄氏置乐阳县。

3. 乡郡

治乡。天兴元年(398)之后省并。延和二年(433)复置，改称乡郡，初设时领有涅、襄垣、乡、铜鞮、辽阳五县。真君九年罢辽阳县属乡县。永安年间(528—530)涅县改为阳城县。辽阳县，据《元和郡县图志》卷13《河东道二》仪州："秦为上党郡地。今州理即汉上党郡之涅氏县地也，后汉于此置阳阿县，属上党郡。晋改为轑阳，属乐平郡。后魏明帝改轑阳为辽阳，隋开皇十(六)年(590)，于轑阳故城置辽山县，属并州，即今州理是也。"

4. 乐平郡

治沾。皇始元年(396)占。初占时领有沾、受阳、乐平、辽阳、石艾五县。真君九年(448)废置，石艾、乐平二县并入沾县，沾、受阳两县又划属太原郡；辽阳县划并入乡郡乡县。孝昌二年(526)复乐平郡，沾县重新划入；同时复置辽阳、乐平，石艾县亦在此前后复。受阳县，据《元和郡县图志》卷13《河东道二》太原府寿阳县："本汉榆次县地，西晋于此置受阳寿，属乐平郡，永嘉后省。晋末山戎内侵，后魏太武帝迁戎外出，徙受阳之户于太陵城南，置受阳县，属太原郡。受阳县，即今文水县是也，隋开皇十年改受阳为文水县，又于受阳故城别置受阳县，属并州，即今县是也。"

5. 襄垣郡

治襄垣城。建义元年(528)分乡郡之襄垣置襄垣县，分乡郡之铜鞮置五原县，分上党之屯留置建义县，置襄垣郡，并划上党之刈陵县入。领有襄垣、五

---

① 《隋书》卷30《地理志中》上党郡黎城县："后魏以潞县被诛遗人置[刈陵，开皇]十八年(598)改名黎城。"

原、建义、刈陵四县。

第二节　肆州领郡沿革

肆州治九原,今山西忻州市忻府区。真君七年(446)改肆卢镇为肆州,初置时领有新兴、秀容、肆卢、敷城四郡。同年,肆卢、敷城二郡省入秀容郡。太和十八年(494)雁门郡由恒州划入。

1. 新兴郡(永安郡)

治定襄。皇始元年(396)占。初占时领有定襄、云中、九原、晋昌、平寇、三堆、朔方、定阳、平河等县。始光三年(426)置蒲子县。真君七年(446)云中、九原、晋昌三县并入定襄县,三堆、朔方、定阳三县并入平寇县,平河县并入蒲子县。太和十年(486)复虑虒县,改为驴夷。永安年间(528—530)阳曲县由太原郡划入。

2. 秀容郡

治秀容。永兴二年(409)置,初置时设有秀容、石城等县。真君七年(446)肆卢、敷城二郡省并为县,划入秀容郡。

3. 雁门郡

治广武。天兴元年(398)后由并州划入司州。太和十八年(494)又由恒州划归肆州。雁门郡领县,《魏书》卷106《地形志上》列有原平、广武等县。《元和郡县图志》卷14《河东道三》代州崞县:"本汉旧县,因山为名,属雁门郡。汉末荒废,晋初又置,魏改为崞山县,后魏宣武帝移雁门郡理此。隋开皇十年(590)移平寇县于此,属代州,大业二年(606)改为崞县。"《太平寰宇记》卷49《河东道十》代州:"魏文帝移雁门郡南度句注,置广武城,即今州西故城是也。晋如之。后魏置梁城、繁畤二郡于此,寻废之,明帝又移置广武东古上馆城内,即今府城是也。"据《中国文物地图集·山西分册》,广武县故城在今山西忻州市代县阳明堡镇古城村西约200米①。是为北魏宣武帝之前的广武县城。孝明帝之后的广武县城则在今代县上馆镇。

第三节　汾州领郡沿革

汾州治蒲子城,今山西临汾市隰县龙泉镇。太和八年(484)以前由吐京镇

---

① 《中国文物地图集·山西分册》(上),中国地图出版社,2006年,"代县文物图(中部)",第252—253页;《中国文物地图集·山西分册》(中),"忻州市·代县",第598页。

改置。孝昌二年(526)因内乱,州治移至兹氏城。领有西河、吐京、五城、定阳等郡。永熙三年(534)汾州政区沿革见前图19。

1. 西河郡

西河郡本属并州。由于西河胡频繁反叛北魏,西河地区在道武帝至太武帝年间屡见记载,但据《魏书》卷106《地形志上》汾州西河郡条下:"汉武帝置,晋乱罢。太和八年复。治兹氏城。"在北魏初年并州似无西河郡。《元和郡县图志》卷13《河东道二》汾州:"秦属太原郡。汉武帝元朔四年(前125)置西河郡,领县三十六,理富昌县是也。后汉徙理离石,即今石州离石县也。献帝末荒废,魏黄初二年(221),乃于汉兹氏县置西河郡,即今州理是也。晋惠帝时,为刘元海所攻破,郡遂废。后魏孝文帝太和八年(484),复于兹氏旧城置西河郡,属吐京镇。按吐京镇,今隰州西北九十里石楼县是也,十二年(488)改吐京镇为汾州,西河郡仍属焉。明帝时为胡贼所破,因北移西河郡理平阳界,高齐又于此城置南朔州。"《魏书》卷24《崔玄伯传》:"太宗以郡国豪右,大为民蠹,乃优诏征之,民多恋本,而长吏逼遣。于是轻薄少年,因相扇动,所在聚结。西河、建兴盗贼并起,守宰讨之不能禁。"卷35《崔浩传》:"及车驾之还也,浩从太宗幸西河、太原。"似乎当时已有西河郡。据卷4《世祖纪上》,延和三年(434)七月壬午,太武帝"行幸美稷,遂至隰城。命诸军讨山胡白龙于西河。九月戊子,克之,斩白龙及其将帅,屠其城"。太延三年(437)七月戊子,太武帝又"使抚军大将军、永昌王健,司空、上党王长孙道生,讨山胡白龙余党于西河,灭之"。又据《地形志》汾州西河郡隰城:"二汉、晋属。太延中改为什星军,太和八年复。"西河郡应在434年废置,置护军的时间应在437年之后。太和八年(484)复置,改归汾州管辖。西河郡初置时领有隰城、介休二县。太和十七年(493)又分隰城置永安县。

2. 吐京郡

治吐京。真君九年(448)置。当时尚有吐京镇,应归吐京镇管辖。置汾州后改属。孝昌二年(526)因汾州内乱,寄治西河郡。领有岭东、岭西二县。太和二十一年(497),二县分别更名为新城、吐京。《元和郡县图志》卷12《河东道一》隰州温泉县:"本汉土军县地也,后魏于土军故县东七十里置新城县,属吐京郡,太武改为岭东县,孝文改为新城县。武德三年(620),于县东南四十里置北隰州及温泉县,因县南温泉为名。"隰州石楼县:"本汉土军县也,属西河郡,晋省。后魏孝文帝于此城置吐京郡,即汉土军县,盖胡俗音讹,以军为京也。隋开皇五年(585)又以吐京属隰州,十八年(598)改吐京为石楼县,因县东石楼山为名也。"

3. 五城郡

治五城。正平二年(452)置。当时尚有吐京镇,应归吐京镇管辖。置汾州后改属。孝昌二年(526)因汾州内乱,寄治西河郡。领有京军、刑军、定阳三县。太和二十一年(497)三县分别更名为五城、平昌、石城。

4. 定阳郡

治定阳。延兴四年(474)置,时属东雍州。置汾州后改属。孝昌二年(526)因汾州内乱,寄治西河郡。定阳郡初设时领有定阳、永宁、仵城(亦作五城、伍城)、昌宁等县。《元和郡县图志》卷12《河东道一》慈州:"汉北屈县,属河东郡。后魏孝文帝于北屈县南二十一里置定阳郡,即今州理是也。隋开皇元年(581)改定阳郡为文城郡。贞观八年(634)改为慈州,州内有慈乌戍,因以为名。"慈州吉昌县:"本汉北屈县地也,属河东郡。后魏孝文帝于今州置定阳郡,并置定阳县,会有河西定阳胡人渡河居于此,因以为名。"慈州文成县:"本汉北屈县地,属河东郡。后魏孝文帝于此置(斤)[仵]城县,属定阳郡。隋开皇十六年(596)改(斤)[仵]城县为文城县。"慈州昌宁县:"本汉临汾县地,属河东郡。后魏太武帝分临汾县置太平县,孝文帝又分太平县置昌宁县,属定阳郡。"

第四节 唐(晋)州领郡沿革

唐州治白马城,在今山西临汾市城区。武泰元年(528),在平阳郡置唐州,建义元年(528)旋改为晋州。初设时领有平阳、北绛、西河三郡。建义元年,又置永安、冀氏、南绛、义宁四郡。永熙三年(534)唐州政区见前图19。

1. 平阳郡

治白马城。本属并州,真君四年(443)置东雍州,划归。太和十八年(494)罢归洛阳司州。武泰元年(528)又划属唐州。平阳郡初领平阳、襄陵、临汾、永安、皮氏、端氏、濩泽。真君二年(441)罢禽昌郡为禽昌县,划入平阳郡。六年(445)平阳县并入禽昌。七年(446)置泰平县,并将临汾县并入泰平;永安县并入禽昌;端氏县省并;改皮氏县为龙门县,改属正平郡。太和十一年复置平阳、临汾二县。十二年(488)复置北绛县。二十年(496),复置端氏县,同时划端氏、濩泽置安平郡。二十一年(497)复杨县。正始二年(505)复永安县,治仇池壁。孝昌二年(526)侨置新安县。三年分新安、北绛二县置北绛郡。建义元年(528)分永安、杨二县置永安郡。

2. 北绛郡

孝昌三年(527)置,治绛。领有新安、北绛二县。

3. 永安郡

建义元年(528)置,治永安。领永安、杨二县。《太平寰宇记》卷43《河东道四》晋州霍邑县:"本汉彘县也,属河东郡,因彘水为名。……后汉顺帝改彘县为永安县,属郡不改。魏分河东置平阳,县又属焉。后魏真君七年(446)省,及宣武正始三年(506)又于今州赵城县东北十五里仇池壁置永安县,又移于赵城县东南三里。魏末复还今理。"

4. 西河郡

治白坑城。旧汾州西河民,孝昌二年(526)因山胡作乱,流入平阳郡界,不久置郡。领永安、隰城、介休三县。

5. 冀氏郡

《太平寰宇记》卷43《河东道四》晋州冀氏县:"本汉猗氏县地,属上党郡。……至晋省。后魏庄帝于猗氏城南置冀氏县及冀氏郡,即今县是也,属晋州。高齐文宣帝省冀氏郡,以县属义宁郡。"治冀氏城,建义元年在平阳郡置合阳县,并割禽昌、襄陵二县置冀氏县,在二县基础上置冀氏郡。领冀氏、合阳二县。

6. 南绛郡

治会交川。建义元年(528)置小乡县,并划出正平郡南绛县,在此两县基础上置南绛郡。领南绛、小乡二县。《元和郡县图志》卷12《河东道一》绛州绛县:"本汉闻喜县地,后魏孝文帝置南绛县,其地属焉,因县北绛山为名也,属正平郡。恭帝去'南'字,直为绛县。"

7. 义宁郡

治孤远城。《元和郡县图志》卷13《河东道二》沁州沁源县:"本汉谷远县地,旧在今县南百五十里孤远故城是也,语音讹转,故以'谷'为'孤'耳。后魏庄帝于今理置沁源县,因沁水为名也,属义宁郡。"建义元年(528)分平阳郡禽昌县置义宁县,并置团城、安泽、沁源三县,在此四县基础上置义宁郡。领团城、安泽、义宁、沁源四县。

第五节　建州领郡沿革

建州治高都城,当在今山西晋城市泽州县高都镇一带。永安年间(528—530)罢建兴郡置建州,领有高都、长平、安平、泰宁四郡。永熙三年(534)之建州政区见前图19。

1. 高都郡

治高都城。永安年间置。领高都、阳阿二县。

2. 长平郡

治玄氏城。永安年间置。领高平、玄氏二县。

3. 安平郡

治端氏。太和二十年(496),在平阳郡复置端氏县,同时划端氏、濩泽置安平郡。领端氏、濩泽二县。

4. 泰宁郡

治东永安。孝昌年间(525—527)置。《元和郡县图志》卷15《河东道四》泽州沁水县:"本汉端氏县地,后魏孝庄帝,于此置泰宁郡及东永安县,高齐省郡而县存。"领东永安、西河、西濩泽、高延四县。

第六节 南汾州领郡沿革

南汾州治定阳,今山西临汾市吉县吉昌镇。《魏书·地形志》无注,当因后来属于西魏北周的缘故。在史料中出现的最早时间是永安三年(530)。《魏书》卷106《地形志上》列有北吐京、西五城、南吐京、西定阳、定阳、北乡、五城、中阳、龙门九郡。均无注。这些郡有的可能为东魏所置,因材料不足,暂时罗列于下。永熙三年(534)之南汾州政区见前图19。

1. 北吐京郡

领有平昌、北平昌、石城、吐京四县。

2. 西五城郡

领有西五城、昌宁、平昌三县。

3. 南吐京郡

领有新城一县。

4. 西定阳郡

领有洛陵一县。

5. 定阳郡

领有永宁一县。

6. 北乡郡

当领有汾阴一县①。

---

① 《魏书》卷106《地形志上》北乡郡下列有龙门、汾阴二县。此当为东魏建置。《元和郡县图志》卷12《河东道一》绛州稷山县:"本汉闻喜县地,属河东郡。后魏孝文帝于今县东南三十里置高凉县,属龙门郡。隋开皇三年(583)罢郡,县属绛州。"绛州龙门县:"秦置为皮氏县,汉属河东郡。(转下页)

7. 五城郡

领有五城、平昌二县。

8. 中阳郡

领有洛陵、昌宁二县。

9. 龙门郡

领有西太平、汾阳二县。

（接上页） 后魏太武帝改皮氏为龙门县，因龙门山为名，属北乡郡。隋开皇三年(583)废郡，以县属绛州，十六年(596)割属蒲州。"《魏书》卷106《地形志上》东雍州高凉郡龙门县下注云："故皮氏，二汉属河东，晋属平阳，真君七年(446)改属。有临汾城。"是北乡郡之龙门县与高凉郡之龙门县实为一县。《北周地理志》卷9《河北上》蒲州龙门郡龙门县下云："盖后魏孝文帝分龙门置高凉县，后又置高凉郡，领高凉、龙门二县。此高凉县在汾水南岸，今山西稷山县东南。大统四年，西魏略定汾绛，高凉郡高凉县皆为西魏之境。而高凉郡之龙门县，在汾水北岸，则在东魏界内。时泰州北乡郡及汾阴县，本在汾水南岸者，亦沦没于西魏，而其民户或有北渡汾水北岸者，东魏乃侨置北乡郡汾阴县于龙门县界，而以龙门县改隶北乡郡。"

第四章 河北诸州领郡沿革

本章考释黄河以北、太行山以东诸州领郡沿革。皇始二年(397),占信都,置冀州;平蓟城,克中山,在两地分别置幽州和安州(400年改为定州)。天兴元年(398),后燕慕容德放弃邺城南走滑台,北魏占领邺城,在邺城和中山分别设置行台。四年(401)罢邺行台置相州。天赐四年(407)在令支置平州。泰常八年(423)野王豫州废置。延和元年(432)曾划幽州北部置益州和交州,太平真君二年(441)益、交二州废置。太平真君五年(444)在和龙置营州。此外,太武帝在河北尚侨置有青州(亦称东青州),起讫时间及领郡均不详。天安二年(467)在野王置怀州。皇兴二年(468)在方城置安州。太和十一年(487)分定、冀二州置瀛州。太和十八年(494)罢怀州为河内郡,领郡划归洛阳司州。熙平二年(517)分瀛、冀二州置沧州。孝昌二年(526)分定、相二州置殷州。武泰元年(528)割冀、相、齐三州置南冀州。永安年间(528—530)南冀州废置。永熙二年(533)营州寄治英雄城。永熙三年河北诸州政区见图20。

第一节 冀州领郡沿革

冀州治信都,今河北衡水市冀州市城区。皇始二年(397)平定时领有魏、阳平、广平、汲、贵乡、顿丘、清河、平原、河内、濮阳、长乐、勃海、武邑、襄国、章武、广川、乐陵十七郡。天兴元年(398)以后,省并贵乡、襄国、广川三郡。天兴二年(399)在野王置豫州,河内郡划出。四年(401)罢邺行台置相州,魏郡、阳平、广平、汲、顿丘五郡划出,冀州余有平原、长乐、勃海、武邑、章武、乐陵、清河七郡。太和十一年(487)分勃海、章武置浮阳郡,并将其与章武郡一道划入瀛州;划平原郡入济州;置广宗郡,寻罢。太和二十一年(497)置安德郡,寻并勃海,中兴年间(531—532)复置。熙平二年(517)置沧州,乐陵郡划出。孝昌年间复置广宗郡。武泰元年(528)清河郡划归南冀州。永安年间(528—530)南冀州罢,清河郡重新划入冀州。

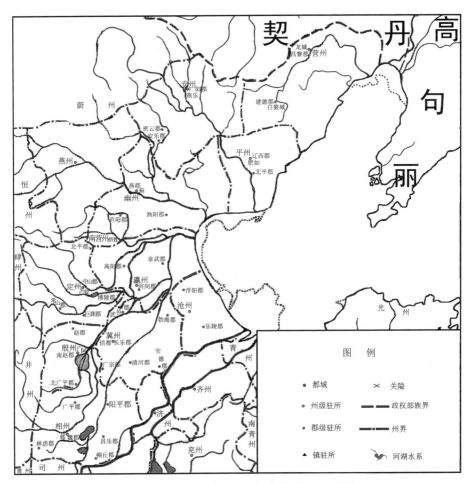

图 20 北魏永熙三年(534)河北诸州政区示意图

1. 长乐郡

治信都。《隋书》卷 30《地理志中》信都郡长乐县:"旧曰信都,带长乐郡。"初领堂阳、枣强、扶柳、索卢、广川、南宫、信都、下博、经、广宗、武强等县。神瑞二年(415)枣强、索卢二县并于广川县。真君二年(441)经县并于南宫,三年(442)扶柳并于堂阳;武强并于信都。太和二十二年(498)复置枣强、索卢、武强三县。景明元年(500)复置扶柳县。孝昌年间武强县划入广宗郡。又长乐郡尚有经县与广宗县。《魏书》卷 106《地形志上》长乐郡下不列经县。卷 33《宋隐传》:"后匿于长乐之经县,数年而卒。"宋隐生活在后燕与北魏道武帝时代,说明北魏初年确实有经县。卷 65《李平传》:"冀北刺史、京兆王愉反于信都,以平为使持节、都督北讨诸军事、镇北将军、行冀州事以讨之。……平进次经县,诸军大集。"据卷8《世宗纪》,京兆王元愉反叛事发生于正始五年(508)。《地形志上》司州广宗郡下列有经县,注云:真君二年(441)并南宫,后复,属(广宗郡)。而广宗郡系太和十一年(487)立后寻罢,孝昌年间复置。由上述可知,经县真君二年并于南宫县,太和十一年复,属广宗郡,广宗郡寻罢,重新划入长乐郡,孝昌年间广宗郡复置,经县又划入广宗郡。永安二年(529)又分经县置西经县,划归殷州巨鹿郡。《地形志上》在长乐郡下亦未列广宗县。卷94《阉官杨范传》:"杨范,字法僧,长乐广宗人也。"杨范为文成帝至孝明帝时人。卷72《潘永基传》:"潘永基,字绍业,长乐广宗人也。"潘永基为北魏末期至东魏时人。

2. 勃海郡

初治南皮,后移东光。《太平寰宇记》卷65《河北道十四》沧州:"秦并天下,以齐地置齐郡,以赵地置巨鹿郡,燕置上谷郡,为三郡之地。汉高帝五年(前201),又分三郡之地,置渤海郡,理浮阳。后汉移理南皮,曹魏不改。……宋文帝元嘉中,改置乐陵郡。孝武以其地广分其地,又置渤海郡。后魏初改渤海郡为沧水郡,太安四年(458)郡移理今东光县城。"渤海郡在《魏书》里作勃海郡。太武帝初年改为沧水郡,太和二十一年(497)复名勃海郡。领有南皮、东光、修、安陵、饶安、浮阳、高城、重合等县。正平元年(451)重合并入安陵县。太和十一年(487)饶安、浮阳、高城三县划入瀛州浮阳郡。十八年复置重合县。二十一年(497)安德郡废置,所领平原、安德、鬲、般四县划入。二十二年(498)平原郡西平昌县复置后划入。熙平年间(516—518)般、重合、西平昌三县划归乐陵郡。中兴年间(531—532)平原、安德、鬲三县划归复置的安德郡。

3. 武邑郡

《水经注》卷10《浊漳水注》:"漳水又东北迳武邑郡南,魏所置也。又东迳武强北。"杨守敬《水经注疏》引《太平寰宇记》云:后魏皇始三年(398),自武邑县移武邑郡于武强。据此知武邑郡治在武强县境内又与武强县治非同一地。领有武遂、阜城、灌津、武邑、武强等县。武强县,今本《魏书》卷106《地形志上》冀州武邑郡武强县下注云:神光二年并武邑,太和十八年复。按孝文帝之前北魏年号里有神瑞、始光、神䴥,并无神光,此当有讹误,暂且存疑。是武强县神光(?)二年曾并于武邑县,太和十八年(494)复置。

4. 清河郡

治武城。《隋书》卷30《地理志中》清河郡清河县:"旧曰武城,置清河郡。开皇初郡废,改名焉,仍别置武城县。""清阳,旧曰清河县,后齐省贝丘入焉,改为贝丘。开皇六年改为清阳。"可见清河郡治在武城。初领有清河、贝丘、东武城、绎幕、鄃、零等县。东武城后更名武城。真君三年(442)绎幕并于武城。太和十三年(489)又置侯城县。二十一年(497)复置绎幕县。太和年间(477—499)鄃、零二县划归平原郡。中兴年间绎幕划归安德郡。

5. 广宗郡

治经县城。《太平寰宇记》卷54《河北道三》魏州经城县："本后汉之经县地,分前汉堂阳县,于今县西北二十里置经县。后魏初,省并南宫县。太和十年(486),又于今理置经县,续于县理置广宗郡。高齐天保七年(556),省郡及县,仍移武强县于此。"太和十一年(487)置立,寻罢,孝昌年间(525—527)复置。初置时领县情况不详。复置时领有广宗、武强、经三县。中兴年间(531—532),分广宗置立南、北广宗,寻罢。

6. 安德郡

太和二十一年(497)置,寻并入勃海,中兴年间(531—532)复置。领有平原、安德、绎幕、鬲四县。

第二节 定州领郡沿革

定州治卢奴,今河北保定市定州市城区。皇始二年(397)置安州,天兴三年(400)改为定州。天赐五年(408),定州时领中山、常山、巨鹿、博陵、高阳、河间、赵七郡。太和十一年(487)置南巨鹿;高阳、河间二郡划入瀛州。十四年(490)分中山郡置唐郡。十八年(494)南巨鹿划归相州。二十一年(497)罢唐郡。孝昌二年(526)赵郡划入殷州。孝昌年间分中山郡置北平郡。永安二年(529)巨鹿郡划为二郡,南边的巨鹿郡划入殷州。

1. 中山郡

治卢奴。初占时领有卢奴、魏昌、新市、安喜、唐、蒲阴、北平、望都等县。太和十二年(488)复置毋极县。景明元年(500)复置上曲阳归中山郡。孝昌年间(525—527)蒲阴、北平、望都三县划置北平郡。

2. 常山郡

治安乐垒。《元和郡县图志》卷17《河北道二》恒州："后魏道武帝登恒山郡城,北望安乐垒,嘉其美名,遂移郡理之,即今州理是也。"初占时领有九门、真定、行唐①、蒲吾、灵寿、井陉、石邑、上曲阳。真君七年(446)上曲阳并于中山郡新市

---

① 《魏书》卷112《灵征志下》泰常三年(418)"十一月,中山行唐县献白雉",似乎行唐曾经归属过中山郡。但据卷2《太祖纪》,天兴五年(402)二月,"沙门张翘自号无上王,与丁零鲜于次保聚党常山之行唐",行唐确属常山郡。中山郡置有唐县,《灵征志》中的行唐县应改为唐县。

县。太和十四年(490)以行唐县置唐郡,二十一年(497)罢唐郡复置行唐县。

3. 巨鹿郡

治曲阳。初占时领有曲阳、鄡、廮陶、宋子①等县。太和十二年(488)复置藁城县。永安二年(529)复置宋子县,分廮陶置廮遥,廮陶、宋子、廮遥均划入殷州巨鹿郡。

4. 博陵郡

治鲁口城。《隋书》卷30《地理志中》博陵郡安平县:"后齐置博陵郡,开皇初废。"《太平寰宇记》卷63《河北道十二》深州饶阳县:"本汉旧县地,属涿郡。……今有古城,在今县东北二十里饶阳故城是也。齐文宣天保五年(554),移于今理。按饶阳县即后魏房渠口,置房口镇于此。后为县,隶深州。隋开皇三年(583),改属定州;十六年(586),属深州;大业三年(607),省深州,改属瀛州。……房口镇城,今邑理也,自石赵、苻秦、后魏,并为博陵郡,理于此。"房口镇即《魏书·地形志》饶阳县注中所提之"鲁口城"。初占时领有饶阳、安平、深泽、安国等县。真君七年(446)安国县并入深泽县。景明二年(501)复置安国县。

5. 北平郡

孝昌年间(525—527)分中山郡置,治北平城。领有蒲阴、北平、望都三县。

第三节 幽州领郡沿革

幽州治蓟城,据《中国文物地图集·北京分册》,蓟城遗址在今北京市西城区以广安门为中心的一带②。皇始二年(397)占。初占时领有燕、范阳、渔阳、北平、密云五郡。延和元年(432)曾划幽州北部置益州和交州,真君二年(441)益、交二州分别罢为广阳郡、安乐郡,划属幽州。真君七年(446)北平郡并入渔阳郡。皇兴二年(468)密云、广阳、安乐三郡划入安州。

1. 燕郡

治蓟城。领有蓟、广阳、良乡、军都、安城等县。

---

① 按北魏前期似有宋子县。《魏书》卷5《高宗纪》兴安元年(452)十一月有"平南将军、宋子侯周忸进爵乐陵王"。卷30《安同传》载,明元帝时,"(安)同东出井陉,至巨鹿,发众四户一人,欲治大岭山,通天门关,又筑坞于宋子,以镇静郡县"。卷91《术艺传》提到"巨鹿宋子人"耿玄,为北魏平城时代人。

② 《中国文物地图集·北京分册》(上),中国地图出版社,2008年,"宣武区文物图(一)",第172—173页;《中国文物地图集·北京分册》(下),"宣武区",第121页。

2. 范阳郡

治涿城。初领涿、固安、范阳、苌乡、方城、容城①、遒等县。容城县不知何时罢,太和年间(477—499)复置。

3. 渔阳郡

治渔阳县②。初领雍奴、潞、泉州、安乐、平谷等县。真君七年(446)并泉州入雍奴县;并安乐、平谷入潞县。废置北平郡,无终、土垠、徐无三县划入。

第四节 相州领郡沿革

相州治邺城,今河北邯郸市临漳县西南邺镇一带。天兴四年(401)罢邺行台置相州,初设时领有魏、阳平、广平、汲、顿丘五郡。泰常八年(423),野王之豫州罢,河内郡划入。天安二年(467)河内、汲二郡划归怀州。太和十八年(494)南巨鹿郡由定州划入,后改为南赵郡。孝昌二年(526)南赵郡又划归殷州。三年(527)分广平郡置北广平郡,划属殷州。武泰元年(528)阳平郡划入南冀州。永安元年(528)分广平郡之易阳县、北广平郡之襄国县、南赵郡之中丘县置易阳郡,分魏郡置昌乐郡。易阳郡不久当废③。永安年间(528—530)南冀州罢,阳平郡重新划归相州。

1. 魏郡

治邺城,今河北邯郸市临漳县西南邺镇一带。初领有邺、荡阴、安阳、内黄、斥丘、肥乡、魏、林虑等县。真君六年(445)林虑县及广平郡之临水县并入邺县;邯郸县划归广平郡。太和二十一年(497)分邺县复置林虑、临水二县,分魏县置昌乐县。《魏书》卷106《地形志上》言阳平郡元城县东魏天平初始划属魏郡,但据卷112《灵征志下》"孝昌元年十月,魏郡元城县木连理",元城孝昌元年(525)已经划归魏郡。永安元年(528)以昌乐县置昌乐

---

① 《魏书》卷46《李䜣传》:"高宗即位,䜣以旧恩亲宠……赠其母孙氏为容城君。"似乎高宗文成帝之前尚有容城县。
② 《水经注》卷14《鲍邱水注》:"鲍邱水又东南,迳渔阳县故城东,渔阳郡治也。"
③ 《北齐书》卷22《李元忠传李愍附传》:"尔朱荣至东关,愍乃见荣。荣欲别分贼势,遣愍别道向襄国,袭贼署广州刺史田怙军。愍未至襄国,已擒葛荣。即表授愍建忠将军。分广平易阳、襄国,南赵郡之中丘三县为易阳郡,以愍为太守。"此郡系因人设置,《地形志》不载。本传随后言:"永安末,假平北将军,持节、当郡大都督,迁乐平太守。未之郡,洛京倾覆,愍率所部西保石门山。潜与幽州刺史刘灵助及高昂兄弟、安州刺史卢曹等同契义举。助败,愍遂入石门。"所谓"洛京倾覆",指永安三年(530)十二月尔朱兆等袭占洛阳事。可能易阳郡存在于528—530年之间。

郡。据《元和郡县图志》卷16《河北道一》相州尧城县:"本汉内黄县地,晋于此置长乐县,高齐省长乐入临漳县。隋开皇十年(590),分临漳、洹水二县于此重置长乐县,十八年(598)改为尧城,因所理尧城为名也。"魏郡似乎尚有长乐县。

2. 阳平郡

治馆陶城。初领有馆陶、清渊、乐平、发干、武阳等县。太和二十一年(497)置临清县,分乐平复置阳平县。永安年间置武城县。

3. 广平郡

治曲梁城。初领有平恩、曲梁、列人、易阳、斥章、临水、南和、任、襄国等县。南和、襄国后并入任县。真君三年(442)斥章并入列人县。六年(445)临水县并入魏郡邺县;魏郡邯郸县划入广平郡。太和二十年(496)复置广平、广年、斥章、南和、襄国五县。景明年间(500—503)分平恩置曲安县。孝昌三年(527)南和、任、襄国三县划入北广平郡。永安元年(528)易阳划入新置的易阳郡。不久易阳郡废,易阳县还属广平郡。

4. 顿丘郡

初领有顿丘、卫国、临黄、阴安、繁阳等县。真君三年(442)临黄、阴安二县并入卫国县。六年(445)繁阳县并入顿丘县。太和十九年(495)复置阴安县和临黄县。太和十八年(494)顿丘县大部并入汲郡,景明年间(500—503)以城外余下的顿丘百姓为基础另置顿丘县。

5. 林虑郡

治林虑。永安元年(528)分魏郡置。初设时领有林虑、临水、武安三县①。

6. 昌乐郡

治昌乐。永安元年(528)改魏郡昌乐县置昌乐郡。《元和郡县图志》卷16《河北道一》魏州贵乡县:"本汉元城县地,后魏孝文帝分置贵乡县,属昌乐郡。隋开皇三年(583)罢郡,县属魏州。"《太平寰宇记》卷54《河北道三》魏州大名县:"本汉元城县地,后魏孝文帝太和二十一年(497)分置贵乡县,因前燕慕容暐之贵乡郡以名之,属昌乐郡。按《水经注》云'沙丘堰有贵乡',谓此也。隋开皇三年(583)罢郡,县属魏州。大业三年(607)改属武阳郡。"但据《魏书》卷

---

① 《北史》卷55《赫连子悦传》:"后除林虑太守。文襄往晋阳,由郡境,问所不便。悦云:'临水、武安,去郡遥远,山岭重叠。若东属魏郡,则地平路近。'文襄笑曰:'卿徒知便人,不觉损干。'悦答曰:'所言者人所疾苦,不敢以私润负公心。'文襄善之,乃敕依事施行。自是人属近便,行路称之。"林虑郡在初置时当领有临水、武安二县。到东魏时由于赫连子悦的建议,乃改划入魏郡。

106《地形志上》司州魏尹贵乡县:"天平二年(535)分馆陶置,治赵城。有东中郎将治。"贵乡县系天平二年(535)分馆陶县所置而成,《元和志》和《寰宇记》的说法可能有误①。昌乐郡初设时当领有昌乐一县。

第五节　营州领郡沿革(附　南营州)

营州治和龙城,今辽宁朝阳市城区。真君五年(444)改和龙镇置。正光五年(524)营州陷落。永安二年(529)平定营州。初领昌黎、冀阳等郡。北魏灭北燕后,在原北燕地区置立镇戍,伴随人口的大量外移,这一带的州郡县行政区划发生过大规模的省并。具体省并情况目前只能知晓个大概②。局势稳定下来之后,北魏改镇立州,重建这一带的州郡县体系。真君八年(447)冀阳郡并入昌黎郡,复置建德郡。正光年间(520—525)复置辽东郡。正光末年乐良、营丘二郡亦复。营州所统郡县,王仲荦有过详细考释③,这里依据《魏书》卷106《地形志上》仅叙述其沿革。

1. 昌黎郡

治和龙。初领龙城、广兴、昌黎、棘城、徒何、永乐、燕昌等县。真君八年(447)冀阳郡省并,平刚划入;柳城、昌黎、棘城并入龙城县,徒何、永乐、燕昌并入广兴县。正光末年置定荒县。

2. 建德郡

治白狼城。真君八年(447)置。领石城、广都二县。正光末年置阳武县。

3. 辽东郡

治固都城。正光年间(520—525)复置。领有襄平、新昌二县。

4. 乐良郡

治连城。正光末年复置。领有永洛、带方二县。

5. 营丘郡

治营丘城。正光末年复置。领富平、永安二县。

附　南营州

永熙二年(533)侨置南营州于英雄城,今河北保定市徐水县遂城镇遂城

---

① 此点尚有其他材料可以佐证。《旧唐书》卷39《地理志二》魏州:"汉魏郡元城县之地。后魏天平二年(535),分馆陶西界,于今州西北三十里古赵城置贵乡县。"
② 毋有江:《道武帝之后北魏在新占地区的政区设置》,《中国史研究》2010年第3期。
③ 见王仲荦:《北周地理志》附录二"魏书地形志营州所统郡县考证",中华书局,1980年,第1129—1145页。

村。《隋书》卷 30 上谷郡遂城："后魏置南营州,准营州置五郡十一县：龙城、广兴、定荒属昌黎郡。"领有昌黎、辽东、建德等郡。

1. 昌黎郡

永兴元年(532)侨置,领有龙城、广兴二侨县。

2. 辽东郡

永熙年间(532—534)侨置,领有太平、新昌二侨县。

3. 建德郡

永熙年间(532—534)侨置,领有石城一侨县。

第六节 安州领郡沿革

安州治方城,今河北承德市隆化县隆化镇。《水经注》卷 14《濡水注》"濡水从塞外来,东南过辽西令支县北"条下："濡水又东南,索头水注之。水北出索头川,南流迳广阳侨郡西,魏分右北平置。今安州治。"皇兴二年(468)置。领有密云、广阳、安乐三郡。

1. 密云郡

《魏书》卷 106《地形志上》云治提携城,由于安州和所属郡在东魏已属侨置状态,《地形志》所言未必反映北魏的情况,这里列出存疑。皇始二年(397)置。领有密云、要阳、白檀、方城四县。真君九年(448)方城并入密云县。

2. 广阳郡

治燕乐。真君二年(441)由益州改置。初领广兴、恒山、燕乐、永乐四县。真君九年(448)恒山并入广兴,永乐并入燕乐。普泰元年(531)置方城县。

3. 安乐郡

真君二年(441)由交州改置。初领安市、当平二县。真君九年(448)置土垠县,当平并入安市县。

第七节 平州领郡沿革

平州天赐四年(407)置,时治令支,当在今河北唐山市迁安市城区西面。延和二年(433)改治肥如,当在今河北秦皇岛市卢龙县潘庄镇附近。太延二年(436)移治和龙,当今辽宁朝阳市城区。太平真君五年(444)始定治肥如。初领辽西一郡,延和元年(432)置北平郡。

1. 辽西郡

治肥如。初领令支、阳乐、含资、海阳等县。太平真君七年(446)令支、含资并入阳乐。肥如县延和三年(433)划入。

2. 北平郡

治新昌。延和元年(432)徙朝鲜民于侨置朝鲜、新昌二县,因置北平郡。

第八节 瀛州领郡沿革

瀛州治赵都军城。《嘉庆重修一统志》卷22《河间府二》"古迹":"河间故城,今河间县治,汉州乡县地。后魏曰赵都军城……隋改置河间县。"《太平寰宇记》卷66《河北道十五》瀛州河间县:"本汉州乡县,今县东北四十里有故州乡城,即汉理也。……后汉省州乡县为武垣郡地。隋开皇三年(583)罢郡,武垣县属瀛州。十六年(596),移武垣县居其旧城,乃于此置河间县。……东武垣城。西武垣城在今郡西南三十八里,有故城存,即秦所置。其故城东微北三十里又有一武垣故城,时人谓之东武垣城,即当今郡南二十五里,盖因魏武凿渠引滹沱水,遂移西武垣县城于此,置武垣县。隋开皇三年(583),又移武垣理州城,此城因废。十六年(596),改武垣为河间县,仍于东武垣故城再置武垣县。大业二年(606)省。"可知赵都军城即清朝河间县治,今河北沧州市河间市城区。太和十一年(487)分定州河间、高阳二郡,冀州章武、浮阳二郡置。但据《南齐书·魏虏传》,瀛州太和十年(486)已经出现。初领四郡。景明初年浮阳郡并入章武郡,熙平二年(517)复置浮阳郡,划归沧州。

1. 高阳郡

治高阳。初领高阳、博野、蠡吾、易、新城、乐乡、永宁七县。太和元年(477)分新城县置清苑县。太和年间(477—499)改东乡县之樊舆为扶舆,复置县。樊舆故城位于今河北省保定市清苑县城东偏北18.6公里处,南与御城村相连。

2. 章武郡

治平舒①。初领成平、平舒、束州、文安、章武等县。章武县太和十一年(487)划归浮阳郡。景明(500—503)初年浮阳郡废置,饶安、浮阳、高城、章武四县划入。熙平二年(517)浮阳郡复置,四县又重新划出。正光年间(520—525)分沧州浮阳郡章武县置西章武县,划属。

---

① 《水经注》卷10《浊漳水注》浊漳水"过东平舒县南,东入海":"《魏土地记》曰:章武郡治。"

3. 河间郡

先治乐城,后相继治乐寿亭城、武垣城。《太平寰宇记》卷 66《河北道十五》瀛州:"后魏太和十一年(487),分定州河间、高阳,冀州章武三郡,置瀛州,以瀛海为名,其河间郡自乐城移理于今乐寿县西一里乐寿亭城置。历高齐及周,郡不改。"卷 63《河北道十二》深州乐寿县:"本汉乐成县地,属河间国。故城在今县东南十六里,是汉理所。……《续汉书·郡国志》云:'后汉桓帝改为乐陵县。帝追尊祖父河间王开为孝穆皇帝,以此邑奉山陵,故加陵字。'曹魏又改为乐城县。后魏太和十一年(487),自故郡移河间郡及县西南一里乐寿亭故城,其年郡又移理武(桓)[垣]城,今河间县是也。"领有武垣、乐城、中水、鄚等县。

第九节 沧州领郡沿革

沧州治饶安城,即今河北沧州市盐山县旧县镇。熙平二年(517)分瀛州浮阳郡,冀州乐陵郡置沧州。中兴(531—532)初年分乐陵郡置安德郡,太昌元年(532)罢。

1. 浮阳郡

治浮阳。太和十一年(487)划瀛州勃海郡之饶安、浮阳、高城三县,章武郡之章武县置。正光年间(520—525)分章武县置西章武县,划属瀛州章武郡。

2. 乐陵郡

治乐陵。初领乐陵、阳信、厌次、湿沃四县。熙平年间(516—518)勃海郡般、重合、西平昌三县划入。孝昌年间(525—527)置重平县。中兴(531—532)初年般、重合、西平昌、重平划入安德郡,太昌元年(532)安德郡罢,四县重新划入。西平昌永熙二年(533)改称平昌[①]。

第十节 殷州领郡沿革

殷州治广阿,今河北邢台市隆尧县旧城村。《嘉庆重修一统志》卷 51《赵州直隶州一》"古迹":"广阿故城,在隆平县东。……《宋史·河渠志》,大观二年(1108)以隆平下湿,迁于高地。《县志》:故城在今县东十二里,俗呼旧城村。"孝昌二年(526)划定州赵郡、相州南赵郡置殷州。三年(527)分相州广平郡置

---

① 《太平寰宇记》卷 64《河北道十三》德州德平县:"本汉平昌县,属平原郡,故城在今县西南三十里,即汉理所,后汉改为西平昌。后魏永熙二年(533),又除'西'字,移于今县东南废平昌县。"

北广平郡,划入。永安二年(529)分定州巨鹿郡另置巨鹿郡,划入。

1. 赵郡

治平棘。《隋书》卷 30《地理志中》赵郡平棘县:"旧置赵郡,开皇初省。"初领平棘、房子、元氏、高邑、南栾、柏人、巨鹿等县。真君六年(445)南栾并入柏人县。太和十一年(487)分平棘置栾城。

2. 巨鹿郡

永安二年(529)分定州巨鹿郡置,领有廮陶、宋子、廮遥、西经四县。

3. 南赵郡

治巨鹿城。初领巨鹿、柏人等县。太和十一年(487)置南巨鹿郡,时属定州,十八年(494)划归相州,后改为南赵郡。太和十三年(489)置广阿县。二十一年(497)置南栾、中丘二县。景明二年(501)置平乡县。永安元年(528)中丘县划入新置的易阳郡。不久易阳郡废,中丘县还属南赵郡。

4. 北广平郡

治南和。《魏书》卷 106《地形志上》言永安中分广平郡置立。但据《太平寰宇记》卷 59《河北道八》邢州南和县下引李公绪《赵记》云:"孝昌三年,割广平郡之南和、襄国、任三县,于此置北广平郡,属殷州。"知北广平郡孝昌三年(527)置立。领有南和、任、襄国三县。永安元年(528)襄国县又曾划入易阳郡。不久易阳郡废,襄国还属北广平郡。

第五章　河南诸州领郡沿革

　　本章主要考释黄河以南、潼关以东诸州领郡沿革。太和迁都以后,洛阳所置司州地跨黄河南北,本章考释包括司州黄河以北诸郡。上洛之荆州(后改称洛州)在潼关以南,但就政治关系和历史渊源来讲,与河南诸州的联系强于关西诸州,本章将其划入河南地区叙述。河南地区牵扯到对少数民族的行政管理,以及边疆地区的特殊设置,变动甚为复杂,由于材料限制,本章只能择其要者而言之,部分政区设置则点到为止。天兴二年(399),北魏攻占滑台,后在此设置兖州[皇兴二年(468)年后亦称西兖州],这是北魏进入河南地区的开始。泰常四年(419),在长社侨置荆州,此州当在太武帝初年罢。八年(423),北魏在碻磝置济州,在洛阳先设豫州,旋改为洛州,在虎牢置豫州。此外,在洛阳侨置有南雍州,太武帝时期废置。始光年间(424—428)置有蛮左州江州,治地领郡情况不详。延和二年(433)在济阳侨置徐州。太延五年(439)在上洛置荆州。天安元年(466)刘宋徐州降魏。刘宋司州刺史常珍奇同年亦以悬弧内属,北魏因置南豫州。皇兴元年(467)济阳之徐州罢置。二年(468)刘宋东徐州降,置东徐州于团城;占领瑕丘,置东兖州;占领刘宋冀州,次年改为齐州。三年(469),占领青州,并于次年在掖城置光州。延兴二年(472)置东荆州。太和(477—499)初年置南徐州。八年(484)之前置有陕州和郢州。

　　太和十七年(493)孝文帝迁都洛阳,改洛州为司州。十八年(494),罢西兖(治滑台)、东雍、泰、陕、怀、郢等州,领郡并入司州;改上洛之荆州为洛州,改鲁阳镇为荆州,汝阴郡为东郢州(后罢,具体罢时无考)。同年置西中、南中府。十九年(495)罢北豫州为东中府,置东豫州。二十年(496)置北中府。二十二年(498)荆州由鲁阳迁至穰城。此外北魏尚在其南境设置过广州,具体地点不详。景明元年(500)改南齐豫州为扬州。四年(503)为南伐,在东城、阳石分别置东扬州和江州。景明年间(500—503)罢南兖州置涡阳郡;在麻城置有蛮左州郢州(504年改称江州)。正始元年(504),改梁司州置郢州。四年(507),在谯城置南兖州。延昌元年(512)置南荆州。正光二年(521),在南部边疆置蛮左州西豫州和义州,义州寻为梁所陷。五年(524)之前在比阳置有蛮左州西郢州。孝昌元年(525),在下邳置东徐州。三年(527)在定陶置西兖州。在汝阴置颍州,不久陷于梁朝。孝昌末年在南部置有南郢州;在黄河下游与济水之间侨置有东冀州,治地领郡情况不详。武泰元年(528)郢州、南荆州降梁。在史料中发现当年已经设置有析州。永安二年(529)置胶州、北徐州。三年(530)侨置郢州。永安年间(528—530)在鲁阳置广州。在史料中出现于永安年间的还有南广州。永熙二年(533)东徐州降梁。三年(534)置蛮左州信州(此年河南诸州政区见图21)。北魏末年,似已设置有武州。此外,《隋书·地理志》提到北魏尚设置有殷州、郑州、潘州、溱州,均不见于此前的北魏史料。

第一节 司州领郡沿革

司州治洛阳,今河南洛阳市东约 15 公里处。泰常八年(423)置洛州。初设时领有河南一郡。太和十七年(493)改称司州,改河南郡为河南尹。十八年(494),罢西兖、东雍、泰、陕、怀、郢等州,东、陈留、正平、平阳、安平、河东、高凉、恒农、河北、河内、汲等郡划入;在鲁阳置南中府,恒农郡地置西中府①;并州建兴郡划入。同年罢陈留郡。鲁阳镇改置荆州。十九年(495)罢北豫州置东中府,荥阳、颍川两郡划入。二十年(496)置北中府。二十二年(498)罢鲁阳之荆州置鲁阳郡,南阳、顺阳、鲁阳、襄城等郡划入。孝昌初年置宜阳郡。孝昌

---

① 据《魏书》卷113《官氏志》,太和十七年(493)六月之前所定职员令"南、北、东、西中郎将"秩次为"第三品中"。到太和二十三年(499)"复次职令"时"四方中郎将"秩次为"从第三品"。北魏前期绝大部分时间似无四方中郎将的完整设置。孝文帝迁都洛阳以后,四方中郎将的执掌才有了具体的地理范围。笔者以为落实在空间上是在太和十八年至十九年间(494—495)。四方中郎将对于维护京畿地区的政治地位至关重要。据卷19《任城王元澄传》,孝明帝时"时四中郎将兵数寡弱,不足以襟带京师,澄奏宜以东中带荥阳郡,南中带鲁阳郡,西中带恒农郡,北中带河内郡,选二品、三品亲贤兼称者居之。省非急之作,配以强兵,如此则深根固本、强干弱枝之义也。灵太后初将从之,后议者不同,乃止。澄又重奏曰:'固本宜强,防微在豫,故虽有文事,不忘武功。况今南蛮仍犷,北妖频结,来事难图,势同往变。脱暴勃忽起,振动关畿,四府赢卒,何以防拟?平康之世,可以寄安,遗之久长,恐非善策。如臣愚见,郎将领兵,兼总民职,省官实禄,于是乎在。求还依前增兵益号。将位既重,则念报亦深,军郡相依,则表里庆济。朝廷无四顾之忧,奸宄绝窥觎之望矣。'卒不纳。"四方中郎将带兼所在地太守在宣武帝时期就已经出现。《魏书》卷14《高凉王孤传元苌附传》:"世宗时,为北中郎将,带河内太守。"卷58《杨播传杨津附传》:"延昌末,起为右将军、华州刺史,与兄播前后皆牧本州,当世荣之。……还除北中郎将,带河内太守。太后疑津贰己,不欲使其处河山之要,转平北将军、肆州刺史,仍转并州刺史,将军如故。"这里的太后指胡太后。延昌四年(515)正月宣武帝死,杨津当在此年之后被任命为北中郎将,带河内太守。结合《任城王元澄传》里的记载,四方中郎将带兼所在地太守可能并未作为制度普遍推行,但这种惯例还是有的。又卷40《陆俟传陆清都附传》:"转南中郎将,带鲁阳太守,进号前将军。"陆清都从本卷所记陆氏诸人传记情况来看,当是北魏后期的政治人物。西中府不知置于何时,笔者以为应不出太和十七至二十年间(493—496),这里暂系于太和十八年(494)。

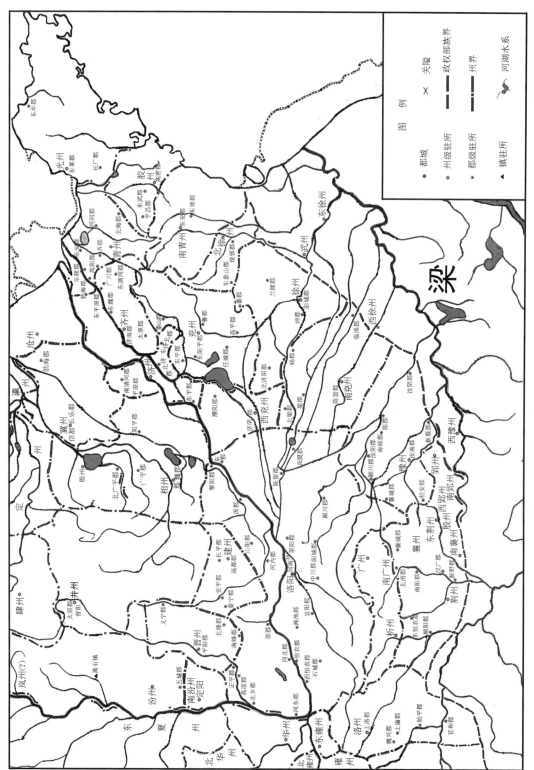

图 21 北魏永熙三年(534)河南诸州政区示意图

二年(526)置阳城郡,在平阳郡白坑城侨置西河郡,分汲郡山阳县置山阳郡。三年(527)置北绛郡、汝北郡。孝昌年间(525—527)置泰宁郡,复置陈留郡;分汲郡置黎阳郡。孝昌四年(528)①分东郡、陈留郡置阳夏郡。孝昌末年复置邵郡。武泰元年(528)分平阳、北绛、西河侨郡置唐州。另外尚有北乡、渑池、石城等郡,不知置于何时。永安年间(528—530)置五城、高都、长平等郡;罢建兴郡为建州,高都、长平、安平、泰宁四郡划归建州;置定陵、汉广二郡,南阳、顺阳、定陵、鲁阳、汝南、汉广、襄城等郡划归广州。永熙三年(534)分恒农郡置西恒农郡。北魏末年,司州领有河南、中川、阳城、东、陈留、阳夏、河东、北乡、正平、高凉、恒农、西恒农、渑池、河北、石城、宜阳、河内、邵、汲、黎阳、山阳、荥阳、颍川等郡。

1. 河南尹

治洛阳。泰常八年(423)占。太和十七年(493)迁都后改称河南尹。初领洛阳、缑氏、河阴、新安、东垣、河南、巩、新城等县②。河阴县不久并入洛阳。天安二年(467)置颍阳县。太和十二年(488)新安县改为新安郡,划出。十三年(489)分颍阳置堙阳县③。十七年(493),缑氏县并入洛阳。十九年(495)新安郡复改为新安县。正始二年(505)复置河阴县。正光年间(520—525)置阳城县。孝昌年间(525—527)分阳城县置康城县。孝昌二年(526)划阳城、颍阳、康城入阳城郡。河南郡亦可能领有甘棠县,《隋书》卷30《地理志中》河南郡寿安县:"后魏置县曰甘棠,仁寿四年(604)改焉。"《元和郡县图志》卷5《河南道一》河南府寿安县:"本汉宜阳县地,后魏分新安置甘棠县。隋开皇三年,以县属熊州。"

2. 中川郡

《魏书》卷106《地形志中》洛州有中川郡,注云:"天平初置。"但是《魏书》卷42《寇讚传寇臻附传》载:"显祖末,为中川太守。"另《汉魏南北朝墓志汇编》所收《寇臻墓志》亦提到寇臻确曾担任过中川太守,说明中川郡北魏已经设置过,可能之后有过省并。中川郡领县,《地形志中》列有堙阳、颍阳二县。

---

① 此据《魏书·地形志》标注。按北魏孝昌纪年止于三年,如确实发生在孝昌末年,则似应为527年。
② 《宋书》卷36《州郡志二》司州刺史条下提到刘宋时河南郡领有洛阳、河南、巩、缑氏、新城、梁、河阴、陆浑、东垣、新安、西东垣十一县。
③ 《元和郡县图志》卷5《河南道一》河南府颍阳县:"古纶氏县,本夏之纶国也,少康之邑在焉。汉属颍川,晋省。后魏太和中,于纶氏县城置颍阳县,属河南尹,又分颍阳置堙阳县。隋开皇六年,改堙阳为武林,十八年,又改为纶氏。"

3. 阳城郡

治阳城。孝昌二年(526)置。领有阳城、颍阳、康城三县。

4. 东郡

治滑台城。天兴二年(399)占。四年(401)置兖州,太和十八年(494)划归司州。初领东燕、白马、凉城、酸枣、长垣等县。真君八年(447)长垣县并入徐州济阳郡外黄县。太和十八年(494)罢陈留郡,阳夏、封丘、济阳、小黄等县并入。景明元年(500)复置圉、襄邑二县。圉县后改为圉城县。二年(501)复置封丘县。三年(502)复置长垣县。孝昌二年(526)分白马县置平昌县。武泰元年(528)分凉城县置长乐县。孝昌年间(525—527)复置陈留郡,部分县划归陈留郡。

5. 陈留郡

治浚仪。太和十八年(494)罢。孝昌年间(525—527)复置。陈留郡初领阳夏、襄邑、尉氏、浚仪、封丘、小黄等县。真君七年(446)阳夏县并入颍川郡扶沟县。八年(447)小黄县并入济阳郡外黄县。九年(448)封丘县并入东郡酸枣县。兴安(452—454)初年尉氏县并入荥阳郡苑陵县。皇兴元年(467)济阳之徐州罢,所领郡省并为济阳县划入。太和十二年(488)复置阳夏县。太和年间(477—499)复置小黄县。陈留郡复置时领县情况不完全清楚①。据《魏书》卷106《地形志中》,复置时至少领有开封、尉氏、浚仪、封丘、小黄等县。

6. 阳夏郡

治雍丘城。孝昌四年(528)分东郡、陈留郡置。领有阳夏、雍丘、济阳、圉城、襄邑五县。《元和郡县图志》卷8《河南道四》陈州太康县:"本汉阳夏县地,属淮阳国。后汉属陈国。后魏孝昌四年置阳夏郡,以县属焉。隋文帝改阳夏为大业县。"《隋书》卷30《地理志中》淮阳郡太康县:"旧曰阳夏,并置淮阳郡。开皇初郡废,七年(587)更名太康。"《元和志》所提之阳夏与《隋志》所提之阳夏当为一县。开皇七年(587)可能是分阳夏县另置太康县。参见下编第三章东魏北齐第十八节"信州(原名扬州、北扬州)领郡沿革"部分。

7. 河东郡

治蒲坂。始光三年(426)北魏占。本属泰州,太和十八年(494)划归司州。初占时领有蒲坂、猗氏、解、汾阴、闻喜、安邑、河北、太阳等县。太和元年(477)置安定县。十一年(487)置北解、北猗氏、南安邑等县。析安邑县置郡。北猗

---

① 《魏书》卷106《地形志中》梁州阳夏郡注云:"孝昌四年分东郡、陈留置。"但是阳夏郡的五个属县很难判定原属郡究竟是东郡还是陈留郡。

氏、汾阴县后划归北乡郡。据《魏书》卷110《食货志》太和八年(484)班禄征调提到"泰州河东之蒲坂、汾阴县",卷112《灵征志下》正始元年(504)"七月,河东郡上言闻喜县木连理",说明太和八年(484)汾阴县、正始元年(504)闻喜县尚属河东。汾阴后划归北乡郡,闻喜县划属东雍州正平郡。太和十八年(494)安邑郡罢,为北安邑县。北、南安邑,河北、太阳四县后划属陕州河北郡。北魏末年河东郡当领有安定、蒲坂、南解、北解、猗氏五县。

8. 北乡郡

不知置于何时,北魏末年尔朱荣妻被封北乡郡长公主。《魏书》卷106《地形志上》列有北猗氏、汾阴二县。

9. 正平郡

《魏书》卷106《地形志上》东雍州:"正平郡,故南太平,神䴥元年改为征平,太和十八年复。"正平郡盖神䴥元年(428)置,初设时领有闻喜等县。本属东雍州,太和十八年(494)划归司州。太和十一年(487)置曲沃县。太和十八年(494)置南绛县,建义元年(528)南绛县划入晋州南绛郡。

10. 高凉郡

高凉县太和十一年(487)分龙门置,疑高凉郡亦置于太和十一年(487)。置时属东雍州①。太和十八年(494)划归司州。据《魏书》卷106《地形志上》,高凉郡领龙门、高凉二县。《元和郡县图志》卷12《河东道一》绛州稷山县:"本汉闻喜县地,属河东郡。后魏孝文帝于今县东南三十里置高凉县,属龙门郡。隋开皇三年(583)罢郡,县属绛州。"绛州龙门县:"秦置为皮氏县,汉属河东郡。后魏太武帝改皮氏为龙门县,因龙门山为名,属北乡郡。隋开皇三年(583)废郡,以县属绛州,十六年(596)割属蒲州。"这里所谓"属北乡郡",当指后来东魏曾在龙门县侨置北乡郡,并非指龙门县在北魏属于北乡郡。

11. 恒农郡

治陕城。本弘农郡,北魏为避献文帝讳,改称。始光三年(426)占。太和八年(484)之前置立陕州,属。十八年(494)划归司州。初领陕中、北陕、恒农、

---

① 真君四年(443)改柏壁镇置东雍州。太和十八年(494)罢,地归洛阳司州。东雍州初设时领有正平、平阳二郡。《魏书》卷106《地形志上》列有东雍州,云:"世祖置,太和中罢,天平初复。"东魏复置东雍州后,仍以正平郡为首郡。《周书》卷34《杨㯹传》:"时东魏以正平为东雍州,遣薛荣祖镇之。"卷37《裴文举传裴邃附传》:"时东魏以正平为东雍州,遣其将司马恭镇之。"东魏东雍州辖正、高凉、正平三郡。邵郡即邵上郡,皇兴四年(470)置,属怀州,太和年间省并,孝昌末年复置。北魏东雍州领郡应无邵上郡。高凉郡,《太平寰宇记》卷47《河东道八》绛州稷山县:"后魏孝文帝于今县东南三十里置高凉县属高凉郡。周文帝移高凉县于玉壁,在县西南十二里。"若高凉郡设于太和十七年(493)迁都洛阳之前,北魏东雍州应有高凉郡。

宜阳、渑池、卢氏等县。《元和郡县图志》卷5《河南道一》河南府长水县："本汉卢氏县地,后汉、晋、宋不改。后魏宣武帝分卢氏东境置南陕县,属弘农郡,西魏废帝改为长渊。"南陕置于宣武帝时。卷6《河南道二》陕州陕县："本汉县也,历代不改。后魏改为陕中县,西魏去'中'字。周明帝于陕城内置崤郡,以陕、崤二县属焉。"陕中由前代陕县更名而来。东亭、金门、俱利等县不知置于何时①。正始二年(505)置同堤县(?)。太和十一年(487)置崤、北渑池二县②。孝昌初年宜阳、东亭二县划入宜阳郡。永熙三年(534)恒农县划入西恒农郡。

12. 西恒农郡

《太平寰宇记》卷6《河南道六》虢州："秦并天下,为三川郡,后立河南、南阳二郡。《汉·地理志》:元鼎四年(前113),丞相论广关中地。又楼船将军杨仆耻为关外人,于是徙关于新安,割秦河南、南阳二郡之西境,于故函谷置弘农郡并弘农县,义取弘大农桑为名,以属司隶。后魏避献文讳,改为恒农郡,至太和十一年(487)移郡理陕城。永熙三年(534)分恒农西界,又为西恒农郡。"《元和郡县图志》卷6《河南道二》虢州："孝武帝永熙三年(534),分为恒农郡,属陕州。"陕州天平初年复置,西恒农时属司州,《元和志》误。但是据此可知西恒农郡永熙三年(534)置,领有恒农一县。

13. 渑池郡

置时不详。领有俱利、北渑池二县。

14. 河北郡

《魏书》卷69《裴延儁传裴瑗附传》："太和中,析属河北郡。"裴氏是河东大族,河北郡正由河东郡析置。河北郡盖在太和年间置立。初领河北、太阳二县。太和十一年(487)置南安邑。十八年(494)安邑郡罢为安邑县,划入。

15. 石城郡

据《魏书》卷106《地形志下》,正始二年(505)置石城县,后改置郡。领有同堤一县。《元和郡县图志》卷6《河南道二》虢州玉城县："本汉卢氏县地,属弘农郡。后魏正始二年(505),分立石城县,废帝改为玉城县。周武帝天和元年

---

① 《宋书》卷36《州郡志二》司州刺史条下提到刘宋时弘农郡领有弘农、陕、宜阳、黾池、卢氏、曲阳等县。

② 《元和郡县图志》卷6《河南道二》陕州硖石县："本汉陕县地,属弘农郡,自汉至宋不改。后魏孝文帝分陕县东界置崤县。(周)明帝二年(558),分陕、崤二县置崤郡。"《太平寰宇记》卷6《河南道六》陕州硖石县："本汉陕县地,属弘农郡。《周地图记》:'后魏太和十一年(487)分陕县东界于冶卢置崤县,在冶之郊,属弘农郡,取崤山为名。'隋初改为硖石县,大业二年(606)废入陕县。"

(566)废。"《隋书》卷30《地理志中》弘农郡弘农县："旧置西恒农郡,后周废。大业初置弘农郡。又有石城郡、玉城县,西魏并废。"北魏末年石城郡或领有石城、同堤二县。

16. 宜阳郡

治宜阳。孝昌初年置立。领有宜阳、东亭二县。孝昌三年(527)置西新安县。

17. 河内郡

治野王。本属冀州。天兴二年(399)划归豫州。泰常八年(423),又划入相州。天安二年(467)由相州划归怀州。太和十八年(494)又划归司州。初领野王、沁水、河阳、轵县、平皋、温、怀、州等县。邵上郡废后,芪平、白水等县并入。孝昌三年(527)置邵郡,白水、芪平等县划出。沁水县似又称沁县。《魏书》卷112《灵征志下》:天兴三年(400)"十二月,豫州上言木连理生于河内之沁县"。《灵征志上》:"高祖太和八年五月戊寅,河内沁县泽自燃,稍增至百余步,五日乃灭。"均称河内有沁县。

18. 邵郡

治阳壶旧城。《太平寰宇记》卷47《河东道八》绛州垣县："本河东郡之县名……《晋书·地理志》云汉属河东郡。后魏献文帝皇兴四年(470)置邵[上]郡于阳壶旧城。""古阳壶城,南临大河。"皇兴四年(470)置邵上郡属怀州,太和年间并入河内郡,孝昌年间复置后改称邵郡。《魏书》卷110《食货志》太和八年(484)纳调提到"怀州邵上郡之长平、白水县",长平,《地形志上》写作芪平,说明邵上郡领有长平、白水二县。清廉、西太平不知置于何时,故无法断定是否领有。《太平寰宇记》卷47《河东道八》绛州垣县："古清廉县,在县西北五十二里。后魏割闻喜、安邑东界之人,于清廉山北置县,隶邵郡。隋大业二年(606)废。"《魏书》卷69《裴延僑传裴庆孙附传》:"正光末,汾州吐京群胡薛悉公、马牒腾并自立为王,聚党作逆,众至数万。诏庆孙为募人别将,招率乡豪,得战士数千人以讨之。……于后贼复鸠集,北连(刘)蠡升,南通绛蜀,凶徒转盛,复以庆孙为别将,从轵关入讨。至齐子岭东,贼帅范多、范安族等率众来拒,庆孙与战,复斩多首。乃深入二百余里,至阳胡城。朝廷以此地被山带河,衿要之所,肃宗末,遂立邵郡,因以庆孙为太守、假节、辅国将军、当郡都督。"《元和郡县图志》卷5《河南道一》河南府王屋县："本周时召康公之采邑,汉为垣县地,后魏献文帝分垣县置长平县,周明帝改为王屋县,因山为名,仍于县置王屋郡。"垣县《地形志》不载。《隋书》卷30《地理志中》绛郡垣县："后魏置邵郡及白水县。后周置邵州,改白水为亳城。开皇初郡废。"垣县在北魏后期似废。另《魏书》

卷9《肃宗纪》孝昌三年(527)"冬十月戊申,曲赦恒农已西,河北、正平、平阳、邵郡及关西诸州",据此,可以推测邵郡置于孝昌三年(527)。复置后领有白水、清廉、苌平、西太平四县。

19. 汲郡

治枋头。本属冀州,天兴四年(401)属相州。天安二年(467)由相州划归怀州。太和十八年(494)又划归司州。初领南修武、朝歌、山阳、共等县。太和十二年(488)复置汲县。十八年(494)顿丘县由顿丘郡划入。二十三年(499)复置获嘉县。孝昌年间(525—527)分南修武置北修武;复置黎阳县,与顿丘县划归黎阳郡。孝昌二年(526)分山阳县另置山阳郡。

20. 黎阳郡

治黎阳城。孝昌年间(525—527)分汲郡置。初领黎阳、顿丘等县。永安元年(528)分黎阳县置东黎县,分顿丘县并入魏郡内黄县。

21. 山阳郡

治山阳县。《隋书》卷30《地理志中》河内郡修武县:"又有东魏广宁郡,后周废。"《嘉庆重修一统志》卷202《怀庆府一》"怀庆府表":"修武县,属汲郡。东魏置西修武县属广宁郡,寻废。齐移修武县来治。""山阳县,魏孝昌二年(526)置山阳郡,东魏改为广宁郡。"据上所述,北魏末年曾置山阳郡于山阳县,东魏改为广宁郡,并增置西修武县(此当为《地形志》所云之汲郡北修武县)属之。山阳郡领有山阳一县。

22. 荥阳郡

治荥阳。泰常八年(423)占,属豫州。太和十九年(495)划属司州。初领荥阳、成皋、京、密、卷、阳武、中牟、苑陵、开封等县①。真君八年(447)卷县省并,中牟县并入阳武县,开封县并入苑陵县。兴安(452—454)初年尉氏县亦并入苑陵县。太安三年(457)复置尉氏县。太和十一年(487)复置卷县。景明元年(500)复置中牟、开封二县。孝昌年间分密县置曲梁县,复置原武县,开封、尉氏等县划入陈留郡。

23. 颍川郡

治长社。泰常八年(423)占,属豫州。天安元年(466),北魏获得刘宋豫州淮西地区,刘宋在该地所设颍川郡并省,但不知所领县是否划入。太和十九年(495)划属司州。初领长社、临颍、颍阴、许昌、扶沟、长平、鄢陵、新汲、阳

---

① 《宋书》卷36《州郡志二》司州刺史条下提到刘宋时荥阳郡领有京、密、荥阳、卷、阳武、苑陵、中牟、开封、成皋九县。

翟等县。真君七年(446)长平及陈留郡阳夏县并入扶沟县,颍阴县并入临颍县。

第二节 济州领郡沿革

济州治碻磝城,泰常八年(523)置。《嘉庆重修一统志》卷168《东昌府一》"古迹":"济州故城,在茌平县西南,即碻磝城也。"《中国文物地图集·山东分册》据《茌平县志》和《东昌府志》以汉代茌平县故城为北魏济州城,汉茌平县故城在今山东省聊城市茌平县韩集乡高垣墙村、南新村一带①。济州初设时领有济北、东平二郡。太和十一年(487)平原郡由冀州、濮阳郡由兖州划入。太和末年东平郡罢。孝昌三年(527)置东济北郡,濮阳郡划归西兖州。武泰元年(528)平原郡划归南冀州。建义元年(528)复置东平郡。永安年间南冀州罢,平原郡重新划入。普泰年间(531—532)分平原郡置南清河郡。

1. 济北郡

据《水经注》卷8《济水注二》,治卢子城。初领临邑、东阿、卢、肥城、谷城、蛇丘六县。孝昌三年(527)肥城、谷城、蛇丘三县划归东济北郡。

2. 东济北郡

治肥城。孝昌三年(527)置。领有肥城、谷城、蛇丘三县。

3. 东平郡

治秦城。泰常八年(523)置。太和末年罢,建义元年(528)复置。领有范、寿张二县。

4. 平原郡

治聊城。皇始二年(397)占,时属冀州。初领平原、安德、鬲、般、西平昌、聊城、博平、茌平等县。西平昌县后罢。真君三年(442)平原县并入鬲县。太和十一年(487)划入济州。二十一年(497)复置平原县。平原、安德、鬲、般等县划归安德郡。二十二年(498)复置西平昌县,划归勃海郡。太和年间(477—499)鄃、零二县由清河郡划入。景明三年(502)复置高唐县。孝昌年间分聊城县置西聊县。武泰元年(528)划归南冀州。永安年间(528—530)重新划入济州。

---

① 《中国文物地图集·山东分册》(上),中国地图出版社,2007年,"茌平县文物图",第330—331页;《中国文物地图集·山东分册》(下),"聊城市·茌平县",第848页。

5. 南清河郡

治莒城。普泰年间(531—532)分平原郡置。领有鄃、零、高唐三县。

第三节　洛州领郡沿革

洛州治上洛，今陕西商洛市。《魏书》卷106《地形志下》："洛州，太延五年(439)置荆州，太和十八年(494)改。治上洛城。"《太平寰宇记》卷141《山南西道九》："后魏太和十一年(487)又于此置洛州。"说法似乎有误，不可从。据《魏书》卷4《世祖纪上》，神䴥元年(428)九月，"上洛巴渠泉午触等万余家内附"。太延四年(438)十二月，"上洛巴泉蕈等相率内附"。泉氏是上洛豪族，正由于泉氏转而效忠北魏，商洛地区得以较早纳入北魏版图。太延五年(439)"三月丁卯，诏卫大将军、乐安王范遣雍州刺史葛那取上洛，刘义隆上洛太守镡长生弃郡走"。荆州正是在这种背景下设置的。荆州初设时有上洛、魏兴二郡。皇兴四年(470)分上洛置东上洛郡。太和十八年(494)荆州改称洛州。景明元年(500)改南齐北上洛郡为始平郡，南上洛郡为苌和郡①。永平四年(511)东上洛郡改称上庸郡。

1. 上洛郡

治上洛，今陕西商洛市城区。太延五年(439)占，领有上洛、拒阳、商等县。同年分商县置魏兴郡。据《魏书》卷106《地形志下》，领有上洛、拒阳二县。

2. 魏兴郡

治阳亭，今陕西商洛市山阳县。太延五年(439)置，初设时当领有商县。太安二年(456)析商县地置丰阳县。皇兴四年(470)分丰阳县置东上洛郡。太和五年(481)商县又划入东上洛郡，同时新置阳亭县以立郡。

3. 上庸郡

治丰阳，今陕西商洛市山阳县。皇兴四年(470)分魏兴郡置东上洛郡，永平四年(511)改称上庸郡。据《魏书》卷106《地形志下》，领有商、丰阳二县。

4. 始平郡

治上洛。景明元年(500)置。据《魏书》卷106《地形志下》，领有上洛

---

① 据《南齐书》卷15《州郡志下》，梁州领有北上洛郡与南上洛郡，这两郡所辖诸县中均有同名的上洛、商二县。南齐建武年间(494—498)是北魏孝文帝迁都洛阳后在军事上积极南进的时期。洛州郡县设置在宣武帝景明元年(500)的变化当是孝文帝南进成果的一项体现。由于当时南朝仍旧掌握着汉中谷地并置有梁州，北魏占领二郡以后，将北上洛郡改为始平郡，南上洛郡为苌和郡，遂就近划入洛州。北上洛郡所领诸县并合为上洛县，南上洛郡所领县当同时并合为南商县。

一县。

5. 苌和郡

治南商。景明元年(500)置。据《魏书》卷106《地形志下》,领有南商一县。

第四节 豫州领郡沿革

豫州(原名南豫州)治悬瓠城,即今河南驻马店市汝南县汝宁街。天安元年(466)九月,北魏趁南朝内乱之机,获得刘宋豫州淮西诸郡:汝南、新蔡、谯、梁、陈、南顿、颍川、汝阳、汝阴(469年属)、陈留。皇兴年间(467—471)省并颍川郡,置襄城郡,谯郡、梁郡划入徐州,在此基础上置南豫州。太和十九年(495)罢虎牢之豫州,南豫州改称豫州。延兴二年(472)置初安郡。太和三年(479)置城阳、刚陵、义阳三郡(见下)。刚陵郡情况不详。六年(482)复置颍川郡。十八年(494)陈留郡划入南兖州;汝阴郡划置东郢州,后罢。景明年间(500—503)罢南兖州置涡阳郡,涡阳、马头、陈留等郡划入。涡阳郡不见于随后记载,情况不明。正始四年(507)在谯城复置南兖州,马头、陈留等郡复划出。孝昌年间(525—527)新蔡郡陷落。永安三年(530)义阳郡划置郢州。豫州濒临南疆,由于南北疆界多次发生推移,政区设置方面的变动其实相当大,但是《魏书·地形志》的记载却极其简略。这里不强为考释,谨将相关记载罗列于下。

1. 汝南郡

治上蔡(悬瓠城)。天安元年(466)占。《魏书》卷106《地形志中》列有上蔡、临汝、平舆、安城、西平、瞿阳、阳安、保城八县①。《元和郡县图志》卷9《河南道五》蔡州上蔡县:"本汉旧县也,古蔡国。晋上蔡县,属汝南国。后魏神龟三年(520),于此置临蔡县,高齐废。"似乎汝南郡神龟三年(520)尚设有临蔡县。据《中国文物地图集·河南分册》,安城(《文物地图集》写作安成)故城在今河南驻马店市汝南县王岗镇北胡庄村,瞿阳(《文物地图集》写作灈阳)故城在今河南驻马店市汝南县罗店乡小王寺村,阳安县故城在今河南驻马店市汝南县

---

① 《宋书》卷36《州郡志二》豫州刺史条下提到刘宋时汝南郡领有上蔡、平乐[舆?]、北新息、慎阳(即真阳)、安成、南新息、朗陵、阳安、西平、瞿阳、安阳十一县。《元和郡县图志》卷9《河南道五》蔡州朗山县:"本汉安昌地,属汝南郡。东汉省。后魏太平真君二年(441),于朗陵故城复置。隋开皇三年(583)移于今理,属豫州,十六年(596)改为朗山县。"

韩庄乡古城湾村①。

2. 陈郡

治项城。《魏书》卷106《地形志中》北扬州陈郡条下列有项、长平、西华、襄邑四县②。

3. 南顿郡

治南顿。《魏书》卷106《地形志中》北扬州南顿郡条下列有南顿、和城、平乡、新蔡四县③。

4. 颍川郡

据《水经注》卷21《汝水注》,亦称南颍川郡,治奇领城。太和六年(482)复置。《魏书》卷106《地形志中》列有邵陵、临颍、曲阳三县④。

5. 汝阳郡

治汝阳。《魏书》卷106《地形志中》列有汝阳、武津、征羌等三县⑤。

6. 汝阴郡

治汝阴。太和十八年(494)改置东郢州,后罢。《魏书》卷106《地形志中》北扬州汝阴郡条下列有汝阴、宋(注云,后罢,太和元年复属)、许昌三县⑥。

7. 新蔡郡

治石母台。孝昌年间(525—527)陷落。《魏书》卷106《地形志中》列有新蔡、鲖阳(注云永安中陷)、固始三县⑦。

8. 初安郡

据《隋书》卷30《地理志中》汝南郡朗山县下注,治安昌。延兴二年(472)置。孝昌年间(525—527)陷落。《魏书》卷106《地形志中》列有新怀、安昌、怀德、昭越四县。《嘉庆重修一统志》卷211《南阳府二》:"古迹":"昭越故城,在泌阳县东。后魏置,属初安郡。隋开皇初郡废,大业初改为同光,寻废。"据《中国文物地图集·河南分册》,昭越故城在今河南驻马店市泌阳县大路庄乡古城岗村东⑧。

---

① 《中国文物地图集·河南分册》,中国地图出版社,1991年,"泌阳县文物图",第202—203页;"文物单位简介"之"驻马店地区·汝南县",第472页。
② 《宋书》卷36《州郡志二》豫州刺史条下提到刘宋时陈郡领有项城、西华、谷阳、长平四县。
③ 《宋书》卷36《州郡志二》豫州刺史条下提到刘宋时南顿郡领有南顿、和城二县。
④ 《宋书》卷36《州郡志二》豫州刺史条下提到刘宋时颍川郡领县与此相同。
⑤ 《宋书》卷36《州郡志二》豫州刺史条下提到刘宋时汝阳郡领有汝阳、武津二县。
⑥ 《宋书》卷36《州郡志二》豫州刺史条下提到刘宋时汝阴郡领有汝阴、宋、宋城、楼烦四县。
⑦ 《宋书》卷36《州郡志二》豫州刺史条下提到刘宋时新蔡郡领有新蔡、鲖阳、固始、苞信四县。
⑧ 《中国文物地图集·河南分册》,中国地图出版社,1991年,"泌阳县文物图",第198页,"文物单位简介"之"驻马店地区·泌阳县",第457—458页。

9. 襄城郡

治襄城。《魏书》卷106《地形志中》列有义绥、遂宁、武阳三县。

10. 城阳郡

太和三年(479)置。《魏书》卷45《韦阆传韦珍附传》:"萧道成司州民谢天盖自署司州刺史,规欲以州内附。……天盖寻为左右所杀,降于(崔)慧景。(韦)珍乘胜驰进,又破慧景,拥降民七千余户内徙,表置城阳、刚陵、义阳三郡以处之。"据《南齐书》卷38《萧景先传》,此事发生于南齐建元元年(479)冬天,时间地望基本相合。城阳郡后罢,不详是否在北魏。《魏书》卷106《地形志中》列有安定、淮阴、真阳、建兴、建宁五县。

第五节 徐州领郡沿革

徐州治彭城,今江苏徐州市老城区。天安元年(466)归北魏,初设时领有彭城、沛、下邳、兰陵、琅邪、东海、淮阳(467年占)、阳平、北济阴、南济阴十郡。南济阴郡刘宋时为济阴郡,北魏改称。南齐永明元年(483),南济阴郡已为南朝所得①。谯郡、梁郡则于皇兴年间(467—471)划入。皇兴初年置建昌郡。太和十八年(494)谯郡和梁郡划归南兖州。太和十五年(491)或十九年(495)建昌郡罢,领县划入彭城郡。景明年间(500—503)谯郡、梁郡重新划入。正始四年(507)在谯城复置南兖州,谯郡和梁郡复划归南兖州;淮阳郡降梁。正光六年(525),南阳平郡陷于萧梁。孝昌元年(525)下邳、东海二郡划入东徐州。三年(527)分彭城郡置蕃郡,济阴郡陷于萧梁。永安二年(529)琅邪郡划归北徐州。

1. 彭城郡

治彭城。初领彭城、吕、薛、蕃、留等县。另外尚有龙城县,不知置于何时②。太和十五年(491)或十九年(495)建昌郡罢,所领永兴、永福二县划入。孝昌三年(527)蕃、永兴、永福三县划入蕃郡。

---

① 《魏书》卷50《尉元传》,延兴三年(473)徐州刺史尉元上表朝廷:"淮阳郡上党令韩念祖始临之初,旧民南叛,全无一人。令抚绥招集,爱民如子,南亚民费系等前后归附,户至二百有余。南济阴郡睢陵县人赵怜等辞称念祖善于绥抚,清身洁己,请乞念祖为睢陵令。"《宋书》卷35《州郡志一》徐州刺史条下所载,睢陵县刘宋时属于济阴郡。可知北魏将原刘宋济阴郡改称南济阴郡。《南齐书》卷14《州郡志上》北徐州下列有济阴郡,领顿丘(注云:永明元年,罢定陶并)、睢陵、乐平(注云:永明元年,割钟离属)、济安(注云:永明元年,割钟离属)四县。南齐永明元年(483)为北魏太和七年。

② 《宋书》卷35《州郡志一》徐州刺史条下提到刘宋时彭城郡领有彭城、吕、蕃、薛、留五县。

2. 南阳平郡

治沛南界。正光六年(525)陷于萧梁,寄治彭城。领襄邑、阳平、濮阳三县①。

3. 蕃郡

治蕃城。孝昌三年(527)分彭城郡置蕃郡。领有蕃、永兴、永福三县。

4. 沛郡

据《隋书》卷31《地理志下》,治所在萧城。领有萧、沛、相三县②。

5. 兰陵郡

治承城。领有昌虑、承、合乡、兰陵四县③。

6. 北济阴郡

治单父城。领有丰、离狐、城武三县④。

第六节 东徐州领郡沿革

东徐州治下邳城,据《中国文物地图集·江苏分册》,下邳故城在今江苏徐州市睢宁县古邳镇北侧⑤。《魏书》卷106《地形志中》东徐州:"孝昌元年(525)置,永熙二年(533)州郡陷,武定八年(550)复。治下邳城。"据《梁书》卷3《武帝纪下》中大通五年(533)"六月己卯,魏建义城主兰宝杀魏东徐州刺史,以下邳城降。秋七月辛卯,改下邳为武州"。《隋书》卷31《地理志下》下邳郡下邳县:"梁曰归政,置武州、下邳郡。魏改县为下邳,置郡不改,改州曰东徐。"东徐州孝昌元年(525)初领下邳、东海二郡。孝昌三年(527)分下邳郡置下相县,并以此县为基础设盱眙郡。是永熙二年(533)东徐州领有下邳、东海、盱眙三郡。

1. 下邳郡

治下邳。据《魏书》卷106《地形志中》,领有下邳、良城、僮三县⑥。

---

① 《宋书》卷35《州郡志一》徐州刺史条下提到刘宋时阳平郡领有馆陶、阳平、濮阳三县。
② 《宋书》卷35《州郡志一》徐州刺史条下提到刘宋时沛郡领县与此相同。
③ 《宋书》卷35《州郡志一》徐州刺史条下提到刘宋时兰陵郡领县与此相同。
④ 《宋书》卷35《州郡志一》徐州刺史条下提到刘宋时北济阴郡领县与此相同。
⑤ 《中国文物地图集·江苏分册》(上),中国地图出版社,2008年,"睢宁县文物图",第322—323页;《中国文物地图集·江苏分册》(下),"徐州市·睢宁县",第774页。
⑥ 《宋书》卷35《州郡志一》徐州刺史条下提到刘宋时下邳郡领有下邳、良成、僮三县。

2. 东海郡

治建陵。初领有襄贲、赣榆二县①。据《魏书》卷106《地形志中》,后来可能增置郯、建陵二县。东海郡计领有襄贲、赣榆、郯、建陵四县。

3. 盱眙郡

治下相。领有下相一县。

第七节　兖州领郡沿革

兖州治瑕丘城,据《中国文物地图集·山东分册》和《山东省地图集》,瑕丘故城在今山东济宁市兖州区新驿镇东顿村南500米。皇兴二年(468)北魏占领瑕丘,置东兖州。太和十八年(494)改称兖州。初领泰山、鲁、高平、东平、东阳平五郡。皇兴三年(469)分泰山郡置东泰山郡。太和十八年(494)济阴郡划入。神龟元年(518)分高平郡置任城郡。孝昌三年(527)济阴郡划归西兖州。永安二年(529)东泰山郡划归北徐州。

1. 泰山郡

据《隋书》卷31《地理志下》,治博平。初领巨平、奉高、博平、嬴、牟、梁父、南城、新泰、武阳等县②。皇兴三年(469)南城、新泰、武阳三县划归东泰山郡。

2. 鲁郡

治鲁。据《魏书》卷106《地形志中》,鲁郡领有六县,但今本《魏书》仅列有鲁、汶阳、邹、阳平、新阳等五县。《金石萃编》卷29北魏《张猛龙清颂碑》(即《魏鲁郡太守张府君清颂之碑》)载张猛龙"以熙平之年除鲁郡太守",在该碑碑阴,条列当时鲁郡治下有鲁、汶阳、邹、阳平、弁、新阳六县,与《宋书·州郡志》所列县名有明显因袭关系③。参考《八琼室金石补正》卷15的订正,此碑刻于孝明帝正光三年(522),距孝明帝熙平年间(516—518)张猛龙任鲁郡太守为时不远。大概终北魏一世,鲁郡所辖一直是鲁、汶阳、邹、阳平、弁、新阳六县。

---

① 《宋书》卷35《州郡志一》徐州刺史条下提到刘宋时东海郡领有襄贲、赣榆二县。《魏书》卷110《食货志》:"太和八年,始准古班百官之禄,以品第各有差。……户增帛三匹,粟二石九斗,以为官司之禄。后增调外帛满二匹。所调各随其土所出。其……东海郡之赣榆襄贲县,皆以麻布充税。"是北魏东海郡仍应领赣榆、襄贲二县。
② 《宋书》卷35《州郡志一》兖州刺史条下提到刘宋时泰山郡领有奉高、钜平、嬴、牟、南城、武阳、梁父、博八县。
③ 《宋书》卷35《州郡志一》兖州刺史条下提到刘宋时鲁郡领有邹、汶阳、鲁、阳平、新阳、卞六县。

3. 高平郡

治高平。初领高平、方与、金乡、平阳、亢父、巨野六县。后又有任城县,不知何时置①。神龟元年(518)任城、亢父、巨野三县划归任城郡。

4. 任城郡

治任城。领有任城、亢父、巨野三县。

5. 东平郡

治无盐。领有无盐、范、须昌、寿张、平陆、富城、刚七县②。

6. 东阳平郡

治平陆城。领有元城、乐平、顿丘、馆陶、平原五县③。

第八节 齐州领郡沿革

齐州治历城,在今山东济南市城区。本刘宋冀州。皇兴二年(468)占,三年(469)改称齐州。领有东魏、东平原、东清河、广川、济南、太原六郡。

1. 东魏郡

治历城,后徙台城。领有蠡吾、顿丘、肥乡、聊城、卫国、博平、安阳、东魏、临邑等县④。

2. 东平原郡

治梁邹。领有平原、鬲、临济、茌平、广宗、高唐六县⑤。

3. 东清河郡

治盘阳城。领有清河、绎幕、鄃、零、武城、贝丘、饶阳七县⑥。

4. 广川郡

治武强。领有武强、索卢、中水三县⑦。

---

① 《宋书》卷35《州郡志一》兖州刺史条下提到刘宋时高平郡领有高平、方与、金乡、钜野、平阳、亢父六县。
② 《宋书》卷35《州郡志一》兖州刺史条下提到刘宋时东平郡领有无盐、平陆、须昌、寿昌(即寿张)、范五县。
③ 《宋书》卷35《州郡志一》兖州刺史条下提到刘宋时阳平郡领县与此相同。
④ 《宋书》卷36《州郡志二》冀州刺史条下提到刘宋时魏郡领有魏、安阳、聊城、博平、肥乡、蠡吾、顿丘、临邑八县。卫国县是刘宋时属顿丘郡。
⑤ 《宋书》卷36《州郡志二》冀州刺史条下提到刘宋时平原郡领有广宗、平原、鬲、安德、平昌、般、茌平、高唐八县。临济县是刘宋时属乐安郡。
⑥ 《宋书》卷36《州郡志二》冀州刺史条下提到刘宋时清河郡领有清河、武城、绎幕、贝丘、零、鄃、安次七县。
⑦ 《宋书》卷36《州郡志二》冀州刺史条下提到刘宋时广川郡领有广川、中水、武强、索卢四县。

5. 济南郡

治历城。领有历城、著、平陵、土鼓、逢陵、朝阳六县①。

6. 太原郡

据《水经注》卷8《济水注二》："丰水出山茌县,西北流,迳东太原郡南。郡治山茌。"太原郡领有太原、祝阿、山茌、卢四县②。

第九节 青州领郡沿革

青州治东阳。《太平寰宇记》卷18《河南道十八》青州益都县："本汉广县地。益都亦汉侯国。魏于今寿光县南十里益都城置益都县,属齐国。宋至后魏,县并属齐郡。慕容德都广固,即此地也。北齐天保七年(556)移于郡城之北门外,今县理也。""东阳城,即郡理东城是也。""广固城,在县西五里。"据《中国文物地图集·山东分册》,东阳故城在今山东潍坊市青州市王府街道北关村。初设时领有齐、北海、乐安、勃海、高阳、河间、乐陵、平昌、高密、东莱、长广十一郡③。永安二年(529)置东武郡,将东武、平昌、高密三郡划归胶州。

1. 齐郡

治临淄。领有临淄、昌国、益都、盘阳、平昌(注延兴三年属)、广饶、西安、安平、广川九县④。

---

① 《宋书》卷36《州郡志二》青州刺史条下提到刘宋时济南郡领有历城、朝阳、著(即《地形志》里的蓍县)、土鼓、逢陵、平陵六县。
② 《宋书》卷36《州郡志二》青州刺史条下提到刘宋时太原郡领有山茌、太原、祝阿三县。
③ 《魏书》卷106《地形志中》胶州高密郡下注云:"汉文帝为胶西国,宣帝更为高密国,后汉并北海,晋惠帝复,刘骏并北海。延昌中复。"似乎北魏延昌年间(512—515)始有高密郡。按《宋书》卷36《州郡志二》青州刺史条:"高密太守,汉文帝分齐为胶西,宣帝本始元年,更名高密。光武建武十三年,并北海,晋惠帝又分城阳立,宋孝武并北海。"显然《地形志》这里袭用了《宋书·州郡志》的说法。据《魏书》卷43《房法寿传》,房法寿袭据盘阳降魏,"诏以法寿为平远将军,与韩骐驎对为冀州刺史,督上租粮。以法寿从父房灵民为清河太守,思顺为济南太守,灵悦为平原太守,伯怜为广川太守,叔玉为高阳太守,叔玉兄伯玉为河间太守,伯玉从父弟思安为乐陵太守,思安弟幼安为高密太守,以安初附"。北魏所作任命都是在刘宋政区设置基础上实施的。《宋书》卷88《沈文秀传》:"虏围青州积久,太宗所遣救兵并不敢进,乃以文秀弟征北中兵参军文酂为辅国将军,统高密、北海、平昌、长广、东莱五郡军事,从海道救青州。"说明宋明帝时高密郡行政建置确实已经恢复。《魏书》卷60《程骏传》:程骏"皇兴中,除高密太守"。卷110《食货志》太和八年(484)班禄征调青州"高密郡之昌安、高密、夷安、黔陬县"皆以麻布充税。凡此种种均说明《地形志》所言高密郡系北魏延昌年间复置为误。
④ 《宋书》卷36《州郡志二》青州刺史条下提到刘宋时齐郡领有临淄、西安、安平、盘阳、广饶、昌国、益都七县。

2. 北海郡

治平寿城。领有下密、剧、都昌、平寿、胶东五县①。

3. 乐安郡

据《隋书》卷30《地理志中》,治所在千乘。领有千乘、博昌、安德、殷四县②。

4. 勃海郡

据《水经注》卷8《济水注二》,治被阳城。领有重合、修、长乐三县③。

5. 高阳郡

治高阳。领有高阳、新城、鄚、安次、安平五县④。

6. 河间郡

治乐城。领有阜城、城平、武垣、乐城、章武、南皮六县⑤。

7. 乐陵郡

治乐陵。领有阳信、乐陵、厌次、新乐、湿沃五县⑥。

第十节 南青州领郡沿革

南青州治团城,在今山东临沂市沂水县沂水镇。《太平寰宇记》卷23《河南道二十三》沂州沂水县:"县理城,本汉东莞县城也,南燕于此置团城镇,去东安郡三十里。城隍圆,因名团城。隋开皇十六年(596)于此置沂水县。"皇兴二年(468)置东徐州。太和十八年(494)前后改称南青州。领有东安、东莞二郡。

1. 东安郡

治团城。领有盖、新泰、发干三县⑦。

2. 东莞郡

治莒。领有莒、东莞、诸三县⑧。

---

① 《宋书》卷36《州郡志二》青州刺史条下提到刘宋时北海郡领有都昌、胶东、剧、即墨、下密、平寿六县。
② 《宋书》卷36《州郡志二》青州刺史条下提到刘宋时乐安郡领有千乘、临济、博昌三县。
③ 《宋书》卷36《州郡志二》冀州刺史条下提到刘宋时勃海郡领有长乐、蓨、重合三县。
④ 《宋书》卷36《州郡志二》冀州刺史条下提到刘宋时高阳郡领安平、饶阳、鄚、高阳、新城五县。
⑤ 《宋书》卷36《州郡志二》冀州刺史条下提到刘宋时河间郡领县与此相同。
⑥ 《魏书》卷112《灵征志上》:"正始二年三月,青、徐州大雨霖,海水溢出于青州乐陵之隰沃县,流漂一百五十二人。"可见湿沃又写作隰沃。据《宋书》卷36《州郡志二》冀州刺史条下提到刘宋时乐陵郡领县与此相同。
⑦ 《宋书》卷35《州郡志一》徐州刺史条下提到刘宋时东安郡领县与此相同。
⑧ 《宋书》卷35《州郡志一》徐州刺史条下提到刘宋时东莞郡领县与此相同。

第十一节　光州领郡沿革

光州治掖城,在今山东烟台市莱州市城区。皇兴四年(470)分青州置光州。初领东莱、长广二郡。孝昌四年(528)置东牟郡①。《元和郡县图志》卷11《河南道七》莱州:"汉高帝四年,韩信虏齐王广,分齐郡置东莱郡,领县十七,理掖县,属青州。后魏献文帝分青州置光州,取界内光水为名。隋开皇二年(582),改光州为莱州。"

1. 东莱郡

治掖城。领有掖、西曲城、东曲城(注云皇兴中分曲城置)、卢乡四县②。

2. 长广郡

治胶东城。领有昌阳、长广、不其、挺、即墨、当利六县③。

3. 东牟郡

治牟平。孝昌四年(528)分东莱郡置。领有牟平、黄、㤤三县④。

第十二节　南兖州领郡沿革

南兖州治谯城,今安徽亳州市谯城区城区。正始四年(507)置立。初设时领有陈留、梁、下蔡、谯、马头、涡阳诸郡。正光五年(524)马头郡降梁。孝昌元年(525)置临涣郡。二年(526)置砀郡⑤。孝昌年间下蔡郡陷梁。太昌元年(532)谯郡陷梁。

1. 陈留郡

据《隋书》卷30《地理志中》谯郡谯县下所记,治所在小黄。领有小黄、浚

---

① 《隋书地理志考证》卷6东莱郡黄县下引《地形志》:东牟郡,孝昌四年置,治牟平。杨守敬所引不见于中华书局点校本《魏书》。《元和郡县图志》卷11登州:"后魏孝静帝分东牟于黄县东一百步中郎故城置东牟郡,高齐废。"似乎东牟郡为东魏所置。《北史》卷43《邢峦传附臧附传》:"永安初,征为金部郎中,以疾不赴。转除东牟太守。时天下多事,在职少能廉白,臧独清慎奉法,吏人爱之。陇西李延宾,庄帝之舅,以太傅出除青州,启臧为属。"永安元年(528)即孝昌四年。这里暂从杨守敬所引。
② 《宋书》卷36《州郡志二》青州刺史条下提到刘宋时东莱郡领有曲城、掖、㤨、卢乡、牟平、当利、黄等县。
③ 《宋书》卷36《州郡志二》青州刺史条下提到刘宋时长广郡领有不其、长广、昌阳、挺四县。
④ 另外尚有观阳一县。注云:(东魏)兴和中复属。故不列入。
⑤ 砀郡《地形志中》列在徐州条下。但是《魏书》卷112《灵征志下》:"天平四年八月,有巨象至于南兖州,砀郡民陈天爱以告,送京师,大赦改年。"卷12《孝静纪》:"元象元年春正月,有巨象自至砀郡陂中,南兖州获送于邺。"《地形志中》标示的是武定末年的州郡隶属关系。砀郡至少在元象元年(538)之前一直归南兖州管辖。

仪、谷阳、东燕、武平(注云正始中置)等县①。

2. 梁郡

治梁国城。领有襄邑、睢阳二县。

3. 北梁郡

治城安县。孝昌年间(525—527)置。领有城安、孝阳二县。

4. 砀郡

治下邑城。孝昌二年(526)置。领有安阳、砀二县。

5. 临涣郡

《魏书》卷106《地形志中》南兖州马头郡下邑："孝昌元年置临涣郡,县属。兴和中罢郡,属。"可见临涣郡一直存在到东魏兴和年间。又《隋书》卷30《地理志中》谯郡临涣："后魏置临涣郡,又别置丹城县。"由之,知临涣郡治临涣,领有临涣、丹城、下邑三县。

第十三节　西兖州领郡沿革

西兖州治定陶城,后徙左城②。孝昌三年(527)置。领有济阴、濮阳二郡。

1. 济阴郡

据《水经注》卷7《济水注一》,治左城。明元帝或太武帝时占,时属滑台之兖州③。太和十八年(494)兖州罢,划归东兖州④。孝昌三年(527)属西兖州。初领定陶、离狐、冤句、乘氏、考城、己氏、城阳等县。城阳县后划归濮阳郡。

---

① 《宋书》卷36《州郡志二》豫州刺史条下提到刘宋时陈留郡领有浚仪、小黄、白马、雍丘四县。
② 《太平寰宇记》卷13《河南道十三》曹州："后魏于定陶城置西兖州,后又徙理左城,即今州理是也。仍移济阴郡理此,郡与州同理。"曹州济阴县："本汉定陶县之地,属济阴郡。自汉至周皆为定陶县之地。按定陶县,在今县东北四十七里定陶故城是也。隋开皇六年(586)于此置济阴县,属曹州。""州理中城,盖古之陶丘也,一名左城。《帝王世纪》：'舜陶于河滨,即《禹贡》之陶丘。'今济阴定陶之西有陶丘是也。《尔雅》曰：'再成为陶丘。'或成重载。左城,亦名之曰葬城,盖恭王之陵寝也。"《嘉庆重修一统志》卷181《曹州府一》"古迹"："定陶故城,在定陶县西北四里。"西兖州治所定陶城当在今山东菏泽市定陶县治所定陶镇一带,左城当在今山东菏泽市曹县韩集镇堤上范村一带。
③ 《魏书》卷38《刁雍传》："会有敕追令随机立效,雍于是招集谯、梁、彭、沛民五千余家,置二十七营,迁镇济阴。延和二年,立徐州于外黄城……"可知延和二年(433)前济阴已经归魏。另据卷3《太宗纪》推算,刁雍镇济阴应在泰常八年(423)之后。北魏当时并没有完全占领刘宋兖州。所以这个济阴郡如果当时已为北魏所占,只能归属于滑台之兖州。
④ 《魏书》卷85《文苑传·温子昇传》："父晖,兖州左将军府长史,行济阴郡事。"据同传随后的记载,温晖以兖州左将军府长史的身份行济阴郡事在宣武帝或孝明帝时。当时东兖州已经改称兖州。说明济阴郡确实于太和十八年(494)后划归东兖州。

2. 濮阳郡

天兴二年(399)占。四年(401)属兖州。太和十一年(487)划属济州。孝昌三年(527)划入西兖州。初领廪丘、濮阳、鄄城、东燕、白马等县。东燕、白马后划归东郡。城阳县后由济阴郡划入。

第十四节 北徐州领郡沿革

北徐州治临沂城,永安二年(529)置。《太平寰宇记》卷23《河南道二十三》沂州:"庄帝永安二年(529),置北徐州,琅邪郡属焉。"沂州临沂县:"州理城,后魏北徐州城也。庄帝永安二年(529)筑,北徐州理之,周武帝改为沂州,至今不改。"《魏书》卷106《地形志中》北徐州琅邪郡即丘县:"前汉属东海,后汉、晋属。有缯城、临沂城、即丘城、鲁国山庙、王休征冢。"据《中国文物地图集·山东分册》,中丘故城在今山东临沂市兰山区白沙埠镇诸葛城村,春秋鲁国为中丘邑,汉为临沂县①。此当为北徐州州治临沂城遗址。领有东泰山、琅邪两郡。

1. 东泰山郡

《中国历史地图集》标注治南城。皇兴三年(469)分泰山郡置。领有南城、新泰、武阳三县。

2. 琅邪郡

治即丘。领有即丘、费二县②。《太平寰宇记》卷23《河南道二十三》沂州费县:"古费国也……至汉为费县,属东海郡。后汉为侯国,属泰山郡。晋属琅邪国,宋属琅邪郡。自汉费县移理祊城,后魏孝文帝太和二十年(496)又自祊城移费县理于今县城北四十里阳口山。隋开皇三年(583)复自阳口山移入祊城,今县理是也。自宋至隋皆属琅邪郡。""县理中城,后魏太和二十年(496)筑,以置费县,周回二十里,外城即故祊城也。……后移理薛固,周移阳口山南,隋又移入祊城。"又据《中国文物地图集·山东分册》,今山东临沂市兰山区兰山街道古城村有古城城址,民国六年(1917)版《临沂县志》认为即北魏即丘县治所③。

---

① 《中国文物地图集·山东分册》(上),中国地图出版社,2007年,"临沂市兰山区文物图",第282—283页;《中国文物地图集·山东分册》(下),"临沂市·兰山区",第678页。
② 《宋书》卷35《州郡志一》徐州刺史条下提到刘宋时琅邪郡领县同。
③ 《中国文物地图集·山东分册》(上),中国地图出版社,2007年,"临沂市兰山区文物图",第282—283页;《中国文物地图集·山东分册》(下),"临沂市·兰山区",第677—678页。

第十五节　胶州领郡沿革

胶州治东武城,在今山东潍坊市诸城市城区。永安二年(529)分青州东武、高密、平昌三郡置。

1. 东武郡

永安二年(529)置。领有姑幕、扶其、梁乡三县①。

2. 高密郡

后治东武。初领高密、夷安、黔陬、淳于、营陵、昌安等县②。淳于、营陵、昌安三县后划归平昌郡。平昌郡之东武县后划入。延昌年间(512—515)平昌郡之平昌县划入。

3. 平昌郡

《隋书》卷30《地理志中》高密郡郚城县:"旧置平昌郡。"可见平昌郡治所在郚城。初领平昌、东武、安丘、朱虚、琅邪等县③。高密郡之淳于、营陵、昌安三县后划入。东武县后划归高密郡。延昌年间(512—515)平昌县划归高密郡。

第十六节　荆州领郡沿革

荆州的治所,太延五年(439)至太和十八年(494)在上洛,太和十八年(494)至二十二年(498)在鲁阳,太和二十二年(498),又由鲁阳迁至穰城。《魏书》卷106《地形志下》列荆州领有南阳、顺阳、新野、东恒农、汉广、襄城、北淯、恒农八郡。另太和十八年(494)尚置有建城郡,景明末年罢郡置戍,永熙二年(533)复置,划归襄州。又《元和郡县图志》卷21《山南道二》邓州向城县:"本汉西鄂县地,春秋时向邑。江夏有鄂,故此加'西'。后魏孝文帝于古向城置向城县,属淯阳郡。贞观九年(635),改属邓州。"似乎北魏置有淯阳郡。《嘉庆重

---

① 《魏书》卷106《地形志中》胶州东武郡梁乡县下注云:"永安中置。有梁乡城。……兴和中立临海郡,寻罢,属焉。"是梁乡县在东魏兴和年间(539—542)曾置过临海郡,现在无法判断临海郡置立之前是否有梁乡县,这里暂时列入。

② 《隋书》卷30《地理志中》高密郡诸城县:"旧曰东武,置高密郡。"可知郡治在东武。但是《魏书》卷110《食货志》太和八年(484)班禄征缴,提到青州平昌郡领有东武、平昌二县,高密郡领有昌安、高密、夷安、黔陬四县,高密郡治东武应该是后来的事情。《宋书》卷36《州郡志二》青州刺史条下提到刘宋时高密郡领有黔陬、淳于、高密、夷安、营陵、昌安六县。

③ 《宋书》卷36《州郡志二》青州刺史条下提到刘宋时平昌郡领有安丘、平昌、东武、琅邪、朱虚五县。

修一统志》卷211《南阳府二》"古迹"："育阳故城，在南阳县南六十里，一作涓阳。汉置县，属南阳郡，后汉因之。……晋属南阳国。东晋尝置涓阳郡，旋复旧。孝武避简文帝讳，改曰云阳。……魏因之。后周省入武川。""武川故城，在南阳县北。后魏县也，并北涓郡治此。西魏改置蒙州。隋改曰涓州，大业初又改涓阳郡，皆治武川。隋末郡县皆废。"按《魏书》卷106《地形志下》荆州南阳郡云阳县："二汉、晋曰育阳，属。司马昌明改，魏因之。"大概北魏曾分云阳和向城二县置涓阳郡。北魏末年涓阳郡和向城县均省废，云阳划入南阳郡。北魏末年荆州当领有南阳、顺阳、新野、东恒农、汉广、襄城、北涓、恒农八郡。

1. 南阳郡

治宛。领有宛、新城（注云：太和二十二年置）①、冠军、舞阴、郦、云阳、西平、涅阳、上陌、西鄂等县②。据《中国文物地图集·河南分册》，汉代舞阴故城在今河南驻马店市泌阳县羊册乡古城村③。

2. 顺阳郡

治顺阳。领有南乡、丹水、临洮、槐里、顺阳五县④。《嘉庆重修一统志》卷211《南阳府二》"古迹"："顺阳故城，在淅川县东，本汉淅县之顺阳乡。……晋于鄀县置顺阳郡，而以顺阳县属之。刘宋因之。萧齐避讳，郡县皆改曰从阳。建武五年(498)没于后魏，仍移治顺阳。西魏徙置郑县，寻改为清乡。后周又并顺阳入清乡。隋开皇初废郡，又改为顺阳，属南阳郡。"

3. 新野郡

据《隋书》卷30《地理志中》南阳郡新野县下注，治所在棘阳。领穰、新野、池阳三县⑤。

4. 东恒农郡

据《隋书》卷30《地理志中》南阳郡菊潭县下注，治所在郦。太和年间(477—499)置。领有西城、北郦、南乡、左南乡、上忆、东石等县。《嘉庆重修一统志》卷211《南阳府二》"古迹"："郦县故城，在内乡县东北。……汉置郦县。武帝元封元年，封黄同为侯国，属南阳郡。后汉魏晋宋齐因之。后魏析

---

① 按《元和郡县图志》卷21《山南道二》邓州临湍县："本汉冠军县地，后魏孝文帝割县北境置新城县，属南阳郡。废帝以近湍水，改为临湍。隋文帝复改为新城，天宝元年(742)又改为临湍县。"
② 《南齐书》卷15《州郡志下》雍州南阳郡领有宛、涅阳、冠军、舞阴、郦、云阳、许昌七县。
③ 《中国文物地图集·河南分册》，中国地图出版社，1991年，"泌阳县文物图"，第198页；"文物单位简介"之"驻马店地区·泌阳县"，第457页。
④ 《南齐书》卷15《州郡志下》雍州顺阳郡领有南乡、槐里、清水、丹水、郑、顺阳六县（"顺"字因避梁讳在文中改作"从"）。
⑤ 《南齐书》卷15《州郡志下》雍州新野郡领有新野、山都、池阳、穰、交木、惠怀六县。

置南北郦。南郦县属恒农郡,北郦县属东恒农郡。……后周复合为郦县,隋开皇初改曰菊潭。"据《中国文物地图集·河南分册》,北郦县故城在今河南南阳市西峡县丹水镇袁店村西,菊潭故城址在今河南南阳市西峡县丹水镇石盆岗村①。

5. 汉广郡

治汉广城。领有南棘阳、西棘阳二县。《嘉庆重修一统志》卷211《南阳府二》:"古迹":"棘阳故城,在新野县东北。古曰黄棘。……汉高帝七年(200),封杜得臣为棘阳侯,置县。……后魏置汉广郡,治南棘阳,兼领西棘阳县。西魏改郡曰黄冈,以西棘阳省入,而改南棘阳为百宁县。后周废郡,又省百宁入新野县。"

6. 襄城郡

治赭阳。领有方城、郏城、伏城、舞阴、清水、翼阳、郑、北平、赭城九县。《嘉庆重修一统志》卷211《南阳府二》:"古迹":"堵阳故城,在裕州东六里。本秦阳城县,汉改名,属南阳郡。……晋属南阳国,刘宋时省。齐置北襄城于此。永泰元年(498)地入于魏,改襄城郡。西魏改襄邑郡。寻废。《魏书·地形志》,襄城郡治赭阳城。……按《魏志》,襄城郡领赭阳县,建城郡亦领赭阳县。盖建城之赭阳,后并入方城,故方城县有赭阳城。襄城郡治此。"

7. 北淯郡

治武川。领有武川、北雉二县。《嘉庆重修一统志》卷211《南阳府二》:"古迹":"武川故城,在南阳县北。后魏县也,并北淯郡治此。西魏改置蒙州。隋改曰淯州,大业初又改淯阳郡,皆治武川。隋末郡县皆废。"

8. 恒农郡

治所无考。领有囷、恒农、南郦、邯郸四县②。参见上列"东恒农郡"条。

第十七节　广州、南广州、襄州、南襄州、郢州、南郢州、析州领郡沿革

北魏末年河南置州情况复杂,广州、南广州、襄州、南襄州、郢州、南郢州、析州在《魏书·地形志》中虽有记载,但内容简略。在本编第一章"北魏疆域与

---

① 《中国文物地图集·河南分册》,中国地图出版社,1991年,"西峡县文物图",第226页;"文物单位简介"之"南阳地区·西峡县",第546页。
② 《南齐书》卷15《州郡志下》雍州弘农郡领有邯郸、囷、卢氏三县。

政区演变的基本脉络"中,对其已经有所考释,这里以表 7 显示相关设置情况。

表 7　广州、南广州、襄州、南襄州、郢州、南郢州、析州领郡情况简表

州名	治地	置时	领郡情况	资料出处
广州	鲁阳	永安中置	南阳①、顺阳、定陵、鲁阳、汝南、汉广、襄城	《魏书》卷106《地形志中》
南广州	不详	不详	襄城(治襄城)、鲁阳、高昌、南阳、襄城(治扶城)	《魏书》卷106《地形志下》
襄州	北南阳	孝昌中置	襄城、舞阴、期城、北南阳、建城	《魏书》卷106《地形志下》
南襄州	湖阳	不详	西淮安、襄城②、北南阳	《魏书》卷106《地形志下》
郢州	真阳	约武泰元年(528)置	安阳、城阳、汝南	《魏书》卷106《地形志》中、下,卷41《源贺传源子恭附传》
南郢州	不详	不详	北遂安、冯翊、江夏③、□子、香山、永安(?)、新平、永安(?)、宕都、宜民、南遂安、□□	《魏书》卷106《地形志下》
析州	修阳④	不详	修阳、固、朱阳⑤、南上洛、析阳	《魏书》卷106《地形志下》

---

① 《元和郡县图志》卷6《河南道二》汝州龙兴县:"本汉郏县地,后魏太和十八年置汝南县,高齐天保七年废。"此汝南当属南阳郡管。

② 《元和郡县图志》卷21《山南道二》唐州泌阳县:"本汉棘阳县地,后魏于此置襄城郡,领城、上马二县,贞观元年(627)废入湖阳县。"《嘉庆重修一统志》卷211《南阳府二》:"古迹":"上马故城,今唐县治。汉棘阳县地。后魏于此治襄阳郡,领襄城、石马二县。后并为一县,因讹石马为上马。唐贞观元年(627)省。"

③ 《元和郡县图志》卷21《山南道二》唐州慈丘县:"本汉比阳县之地,后魏孝文帝于此置江夏县,并置江夏郡领之。隋开皇三年(583)废郡,县属淮州。十八年(598)改为慈丘,取慈丘山为名。"比阳县:"本汉旧县,属南阳郡。比水所出,故曰比阳。后魏属江夏郡,隋属淮安郡,贞观中改属唐州。"《隋书》卷30《地理志中》淮安郡比阳县:"后魏曰阳平,开皇七年(587)改为饶良,大业初又改焉。"知江夏郡治江夏,领江夏、阳平二县。

④ 《隋书》卷30《地理志中》浙阳郡下注:"西魏置淅州。"析、淅这里通用,淅州即析州,北魏已经设置,见本编第一章。《隋书·地理志》注误。

⑤ 《元和郡县图志》卷6《河南道二》虢州朱阳县:"本汉卢氏县,属弘农郡。后魏太和十四年(590),蛮人樊磨背梁归魏,立朱阳郡并朱阳县,令樊磨为太守。大统三年(537),分为朱阳郡,属东义州。"《太平寰宇记》卷6《河南道六》虢州朱阳县:"本汉卢氏县地。按《十三州记》:'卢氏有朱阳山,因以立县。'后魏太和十四年,蛮人樊磨背梁归魏,魏于今卢氏县南一百五十里立朱阳郡,以樊磨为太守。孝昌二省郡,大统(二)[三?]年又立,属东义州,仍于理所置朱阳县以属焉。"朱阳郡初设时为蛮郡。

第六章　关西诸州领郡沿革

　　本章主要考释潼关以西诸州领郡沿革。太武帝始光三年(426)，北魏出兵占领大夏雍州(治长安)。神䴥元年(428)，大夏重新收复安定和长安。三年(430)，北魏重克长安，再次占领雍州。延和二年(433)泾州在史料中已经出现。太延二年(436)，北魏逼走仇池杨难当势力，占领上邽，取得秦州。太武帝时期，尚在上封(北魏改上邽为上封)侨置有益州，太和年间此侨州似又移至洛谷城。皇兴二年(468)置华州。延兴二年(472)改华州为三县镇。太和八年(484)，置于李润堡之华州，以及陕州、岐州、汾州、豳州(即前皇兴二年所置之华州)、夏州、东秦州已经出现。太和十二年(488)改仇池镇为梁州。据《元和郡县图志》，太和十四年(490)凉州镇改为凉州。十六年(492)改枹罕镇为河州。此外，据《南齐书·魏房传》，太和十年(486)，北魏尚有沙州与宁州的设置，具体设置情况不详；据《魏书》卷101《宕昌传》，太和年间，尚设置有蛮左州——灵州。正始元年底(据《二十史朔闰表》，公历已经进入505年)梁夏侯道迁以汉中降魏，北魏因改仇池梁州为南秦州，治洛谷城，而在南郑置梁州。三年(506)，北魏攻克武兴，以为武兴镇，又改为东益州。北魏并在晋寿置益州。延昌二年(513)置东夏州。三年(514)置巴州。正光三年(522)分泾、岐二州之地置东秦州于汧城，原杏城之东秦州当同时更名为北华州。正光五年(524)高平镇改置原州。孝昌二年(526)薄骨律镇改置灵州，鄯善镇改置鄯州，分华州置东雍州。三年(527)，置东梁州。正光五年(524)至永安元年(528)间在隆城置南梁州。孝昌年间(525—527)，在固道郡置有南岐州。此外，孝明帝在关西地区尚置有瓜州与南豳州。永安元年(528)置北雍州。三年(530)分秦州于襄武置渭州。在史料中出现于永熙年间(532—534)的关西有南益州。永熙三年之关西诸州政区见图22。此外，据《隋书·地理志》和《旧唐书·地理志》，北魏末年在关西似已置有龙州和武州。现以《魏书·地形志》为基础，对一些领郡县情况较明的州的设置情况叙述如下。其他州的设置情况请参考本编第一章"北魏疆域与政区演变的基本脉络"。

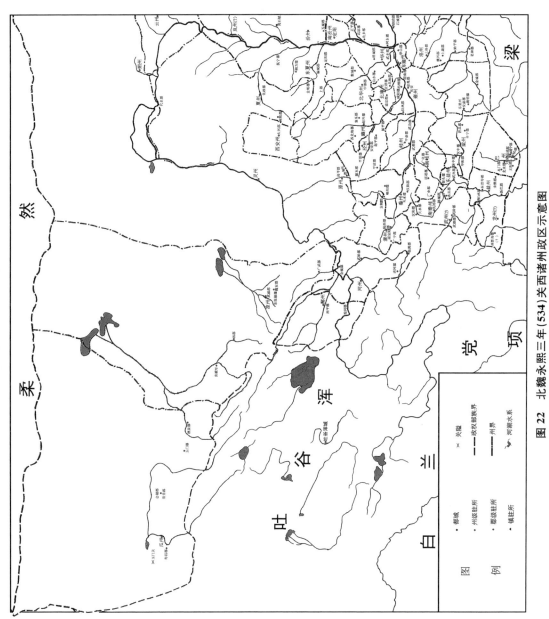

图 22 北魏永熙三年(534)关西诸州政区示意图

第一节　雍州领郡沿革

雍州治长安,在今陕西西安市未央区一带。始光三年(426)取自大夏。神䴥元年(428)大夏重新收复雍州。三年(430)北魏复取。初领京兆、冯翊、扶风、始平、咸阳、北地六郡。太延二年(436)置平秦郡与武都郡①。真君七年(446)罢始平郡入扶风郡②。孝明帝孝昌三年(527)在渭南县置渭南郡。孝文帝太和十一年(487)分扶风置武功郡,太和年间划平秦、武都、武功三郡置岐州。永安元年(528)划北地郡三原县置建忠郡,划铜官、宜君置宜君郡,并划北地郡、建忠郡与宜君郡置北雍州。

1. 京兆郡

治霸城。初领长安、杜、山北、新丰、霸城、阴槃、蓝田等县。真君七年(446)阴槃并入新丰县,蓝田并入霸城县;鄠县由始平郡划入。太和十一年(487)复置阴槃、蓝田二县。新丰和阴槃两县存在关联,《太平寰宇记》卷27《关西道三》雍州昭应县:"县即汉新丰之地……今县东一十二里故城,即汉县之所。后汉灵帝末,移安定郡阴盘县寄理于此,今亦谓之阴盘城。后魏太和九年,自此移阴盘县于今昭应县东三十二里泠水西、戏水东,司马村故城也。其新丰县自阴盘县寄理之后,又移理于故城三十里,盖在零水侧。"

2. 冯翊郡

治高陆。初领高陆、频阳、万年③、莲勺、夏封五县。太和二十二年(498)置鄜县。景明元年(500)置广阳县。《元和郡县图志》卷2《关内道二》京兆府栎阳县:"后汉省栎阳入万年,后魏宣武帝又分置广阳县,周明帝省万年入广阳,更于长安城中别置万年县,广阳仍属冯翊郡。"同卷《关内道二》华州下邽县:"本秦旧县,《地理志》属京兆,注'下邽,秦武公伐邽戎置',以陇西有上邽,故此加下也。……后魏避道武帝讳,改为夏封,隋大业二年复旧。后魏属冯翊,隋

---

① 《魏书》卷112《灵征志下》:"太和元年六月,雍州周城县献白兔。"周城县真君六年(445)置,属平秦郡,说明平秦郡在置立岐州前属雍州。武都郡在平秦郡东面,亦应属雍州。武都郡,《魏书》卷106《地形志下》注"太延年置",不合《地形志》书法。结合平秦郡下注"太延二年置",笔者认为太延后脱漏一"二"字。平秦与武都二郡的设置与北魏占领秦州一事有关,见毌有江:《道武帝之后北魏在新占地区的政区设置》,《中国史研究》2010 年第 3 期。
② 始平郡罢并时间,《地形志下》扶风郡下注云:世祖真君年中并始平郡焉。又京兆郡鄠县注云:"二汉属右扶风,晋属始平,真君七年分属。"扶风郡螯厔县下注云:"汉武帝置,属。后汉、晋属,后复,真君七年并武功属焉。"疑始平郡罢并于真君七年。据《晋书》卷14《地理志上》,始平郡西晋泰始二年(266)置,领槐里、始平、武功、鄠县、蒯城五县。
③ 据《晋书》卷14《地理志上》,万年县西晋时属京兆郡。

属华州……"据此知冯翊郡有夏封县。

3. 扶风郡

治好畤。初领好畤、美阳、雍等县。太延二年(436)划雍县置平秦郡。真君七年(446)始平郡武功县并入鳌屋县,同年始平、槐里、鳌屋等县由始平郡划入。太和十一年(487)分好畤县另置莫西县,莫西县与美阳县一起划入新置的武功郡,属岐州。据《长安志》卷14兴平县注引《十道志》曰:"永安元年(528)移扶风郡于文学城,领槐里、始平、鳌屋三县,属雍州。"是永安元年(528)扶风郡已改治文学城,领有槐里、始平、鳌屋三县。好畤县可能在此时省废。《嘉庆重修一统志》卷228《西安府二》"古迹":"文学城,在兴平县东南,相近有武学城。"

4. 咸阳郡

据《魏书》卷106《地形志下》,治池阳。《太平寰宇记》卷26《关西道二》雍州咸阳县:"苻坚时,于今县东北长陵城置咸阳郡。后魏太和二十年(496),移咸阳郡于泾水北,今泾阳县也。隋开皇十一年(591),移咸阳于故咸阳城西北三里,即今县城也。按今县即秦之杜邮也,大业二年(606)省。"初领石安、池阳、宁夷、泾阳四县①。真君七年(446)泾阳县并入石安县,灵武县由北地郡划入。景明二年(501)复置泾阳县。

5. 渭南郡

治今陕西渭南市城区。《魏书·地形志》无。《隋书》卷29《地理志上》京兆郡渭南县:"后魏置渭南郡,西魏分置灵源、中源二县,后周郡及二县并废入焉。"《元和郡县图志》卷1《关内道一》京兆府渭南县:"本汉新丰县地,苻秦时置。后魏孝明帝(夹注:亦云孝文帝。)于今县东南四里置渭南郡及南新丰县。"《太平寰宇记》卷29《关西道五》华州渭南县:"本汉新丰县地,盖苻坚新置。汉初有渭南郡,因以取名。郭缘生《述征记》云:'渭南县,夷狄所置。'则谓苻、姚也。后魏孝昌三年(527),于今县东四里明光原上置渭南郡及南新丰县。"

附:北地郡

治富平。初领富平、灵武、泥阳、弋居等县。真君七年(446)灵武县划归咸阳郡;泥阳、弋居二县并入富平;置立铜官、宜君、三原、云阳等县。景明元年(500)复置泥阳县,置立土门县。又据《太平寰宇记》卷31《关西道七》耀州三原县:"本汉池阳县地。始因苻坚于嶻嶭山北置三原护军,以地南有鄷原,西有孟侯原,北有白鹿原,是为三原。后魏太平真君七年(446)罢三原护军,置三

---

① 《长安志》卷16醴泉县:"醴泉县本汉左冯翊谷口县地,……后魏武帝于谷口置温秀、宁夷二护军,改池阳为宁夷县,隶咸阳郡。西魏置宁夷郡,后周改为宁秦郡。"这里的武帝应指北魏太武帝。

县,属北地郡。明帝孝昌三年(527)萧宝夤逆乱,毛洪宾立义栅捍贼。永安元年(528)于此置北雍州,俗呼洪宾栅,其故城在县北五十五里。又割北地郡之三原县于此置建忠郡,以旌其功。隋开皇三年,罢郡,以县属雍州。"弋居县不知何时复置。永安元年(528)划三原县置建忠郡;划铜官、宜君置宜君郡,北地、宜君与建忠三郡永安元年(528)之后已划入北雍州,参见本编第一章,但《魏书》卷106《地形志下》雍州仍列有北地郡,这里列出仅作为备注。

第二节 华州领郡沿革

华州《魏书》卷106《地形志下》云太和十一年(487)设。但据《魏书》卷110《食货志》,幽州在太和八年(484)已经出现。这里暂以《地形志》为准。《元和郡县图志》卷2《关内道二》同州:"《禹贡》雍州之域,春秋时其地属秦,本大荔戎国,秦获之,更名曰临晋。魏文侯伐秦,秦筑临晋,今朝邑西南有故城,七国时属魏。始皇并天下,京兆、冯翊、扶风并内史之地。及项羽灭秦,为塞国,立司马欣为塞王。及汉王定三秦,以为河上郡,复罢为内史,武帝更名左冯翊。魏除'左'字,但为冯翊郡,晋因之。后魏永平三年(510),改为同州。《禹贡》云'漆、沮既从,澧水攸同',言二水至此同流入渭,城居其地,故曰同州。"按"后魏永平三年,改为同州",中间当有夺文。据《周书》卷2《文帝纪下》,华州在西魏废帝三年(554)始更名为同州。《太平寰宇记》卷28《关西道四》同州:"按其地,即汉临晋县地。临晋,故大荔国,秦获之,更名临晋。景帝分左、右内史,此谓左内史,武帝改为左冯翊。后汉因之。魏除'左'字,但为冯翊郡。旧理在长安城内太上皇庙西南,今失所在。又按《魏略》云'建安初分冯翊为右内史,高陵东为左内史'是也。晋因之。后魏兼置华州。按《后魏书》云:'孝明帝分华山郡置武乡郡。'西魏改华州为同州,以'漆沮既从,沣水攸同',言二水至斯同流入渭,以城居其地,因为州之名在冯翊县,而冯翊郡如故。按《郡国记》云:'同州所理城,即后魏永平三年(510)刺史安定王元燮所筑。其东城,正光五年(524)刺史穆弼筑,西与大城通。其外城,大统元年(535)刺史王罴筑。'自今奉先县东北五十里李润镇,分(秦)[泰]州置华州理于此。废帝三年(554)又改为同州。其州城盖自后魏以后修筑,非汉之临晋县也。《地志》以为汉临晋县,未详其事,盖后汉于此置临晋县,取今朝邑界故临晋城为名。晋改为大荔,后魏初复名临晋。孝文太和十一年(487)又改为华阴。至孝昌二年(526),以重名又改为武乡县,仍属武乡郡,即撼实也。隋开皇初废郡。炀帝初州废,复置冯翊郡。"华州治所,《魏书》卷19《景穆十二王传安定王元休子元燮附传》:"世宗初,袭拜太中大夫,除征虏将军、华州刺史。燮表曰:'谨惟州治李润堡,虽是少梁旧地,晋、芮锡壤,然胡夷内附,遂为戎落。城非旧邑先代之名,爰自国初,护羌小戍。及改镇立郡,依岳立州,因籍仓府,未刊名实。窃见冯翊古城,羌魏两民之交,许洛水陆之际,先汉之左辅,皇魏之右翼,形胜名都,实惟西蕃奥府。'"元燮建议将华州由李润堡迁至冯翊古城,宣帝下诏:"一劳永逸,便可听移。"接受了他的建议。据此,华州先治李润堡,世宗初改治冯翊古城(即后来西魏北周同州的治所)。据《魏书》卷106《地形志下》,华州领有华山、澄城、白水三郡。北魏孝明帝时华山郡分置武乡郡,孝昌二年(526)划华山郡置东雍州,可是这些在《魏书·地形志》里全无反映(参见下节"东雍州领郡沿革"部分)。另据《魏书》卷42《薛辨传薛凤子附传》:"自徙都洛邑,凤子兄弟移属华州河西郡焉。"这里的"华州河西郡",到底是指华州有一个属郡名河西郡,还是指华州黄河西面的郡呢?信息有些模糊,特列出存疑。

1. 武乡郡

《太平寰宇记》卷29《关西道五》华州下引《后魏书》云:"太平真君元年(440)置华山郡。至孝明帝分华山郡又置武乡郡。"《元和郡县图志》卷2《关内道二》同州朝邑县:"本汉临晋县地。……后魏置南五泉县,西魏改为朝邑县,以北据朝阪,故以为名。"《太平寰宇记》卷28《关西道四》同州朝邑县:"在汉为临晋故地。后魏文帝分置南五泉县,西魏废帝三年(554)改为朝邑县,以北据朝阪为名。"武乡郡当领有武乡、郃阳、南五泉三县。

2. 澄城郡

治澄城,今陕西渭南市澄城县城关镇。据《魏书》卷106《地形志下》,真君七年(446)置澄城、五泉、三门、宫城四县,并在此基础上设置澄城郡。《元和郡县图志》卷2《关内道二》同州澄城县:"汉徵县也。韦昭云'徵,音惩'。徵、澄同声,后人误为'澄'。鲁文公十年,秦伐晋,取北徵,即此城是也。后魏太平真君七年,分合阳县置,又于今县理置澄城郡。隋开皇三年(583)罢郡,以县属同州。"太和二年(478)分澄城县置姚谷、白水二县,并以二县为基础置白水郡。太和十一年(487)分五泉县置南五泉县。南五泉从地望上看在孝明帝时当划入武乡郡。

3. 白水郡

治白水,今陕西渭南市白水县。据《魏书》卷106《地形志下》,太和二年(478)设置,初设时领有姚谷和白水两县。但据《元和郡县图志》卷2《关内道二》同州白水县:"本汉粟邑县之地,属左冯翊。……又为汉衙县地……后魏文成帝分澄城郡于此置白水县及白水郡,郡南临白水,因以为名。"《太平寰宇记》卷28《关西道四》同州白水县:"按《史记》秦文公分清水为白水县,即此地也,后废。在汉为粟邑县。粟邑故城,在县西北二十八里。……又为汉衙县地……后魏和平三年(462)分澄城郡于此置白水县及白水郡,南临白水,因以立名。永平三年(510)移郡于今县西南三十五里奉先县界。隋开皇三年(583)罢郡,以县属同州。"据《元和志》与《寰宇记》,白水郡设于和平三年(462),早于《地形志》所标示的太和二年(478),这里以《地形志》为准。太和十一年(487)分白水县置南白水县。

第三节 东雍州领郡沿革

东雍州治郑。《隋书》卷29《地理志上》京兆郡:"郑,后魏置东雍州,并华山郡。"《元和郡县图志》卷2《关内道二》华州:"郑县……后魏置东雍州,其县移在州西七里。"《太平寰宇记》卷29《关西道五》华州下引《后魏书》云:"太平真君元年(440)置华山郡。至孝明帝分华山郡又置武乡郡。孝昌二年(526)又改为东雍州,仍领华山郡。以西有雍州,故曰东雍。"可知东雍州孝昌二年(526)置,领有华山一郡。这个州的管辖范围不大。西魏废帝三年(554),华州改称同州,东雍州相应改称华州。

华山郡

治华阴,今陕西渭南华阴市城区。《太平寰宇记》卷29《关西道五》华州下引《后魏书》云:"太平真君元年(440)置华山郡。"据《魏书》卷106《地形志下》,初设时领有华阴、郑、夏阳三县。太和十一年(487)分夏阳县置敷西县。太和二十年(496)又分夏阳县置邰阳县。孝明帝时分华山郡置武乡郡,据《元和郡县图志》卷2《关内道二》同州冯翊县:"本汉临晋县,故大荔城,秦获之,更名。旧说秦筑高垒以临晋国,故曰临晋。晋武帝改为大荔县,后魏改为华阴县,后以名重,改为武乡。隋大业三年(607)改为冯翊县。"《太平寰宇记》卷28《关西道四》同州条:"孝文(大)[太]和十一年(487)又改(临晋)为华阴。至孝昌二年(526),以重名又改为武乡县,仍属武乡郡。"此当指太和十一年(487)改临晋县为华阴县。孝昌二年(526),划华山郡一部分置华阴郡,并因置武乡郡,后以华阴相邻重名,旋改称武乡县。邰阳县当亦与武乡县同时划入武乡郡。因孝昌二年(526)在华山郡已另置东雍州,《魏书》卷106《地形志下》于华州领郡之下似不应再列华山郡。

第四节 北华州领郡沿革

北华州治杏城。《魏书》卷106《地形志下》:"北华州,太和十五年置东秦州,后改。治杏城。"但据《魏书》卷110《食货志》,豳州在太和八年(484)已经出现。《魏书》卷88《良吏阎庆胤传》:"阎庆胤……为东秦州敷城太守。在政五年,清勤厉俗。……其部民杨宝龙等一千余人,申讼美政。有司奏曰:'……又案齐州东魏郡太守路邕,在郡治能与之相埒,语其分赡又亦不殊,而圣旨优隆赐以衣马,求情即理,谓合同赏。'灵太后卒无褒赏焉。"同卷《良吏路邕传》:"路邕……世宗时,积功劳,除齐州东魏郡太守,有惠政。灵太后诏曰……"说明此东秦州直至孝明帝初年仍未更名。《太平寰宇记》卷35《关西道十一》坊州:"后魏文帝改镇为东秦州,孝明改为北华州。"东秦更名北华当与汧城设置东秦州有关。据《地形志下》,北华州领有中部、敷城二郡。

1. 中部郡

治中部。据《魏书》卷106《地形志下》,领有中部、石保、狄道、长城四县。

2. 敷城郡

治敷城。据《魏书》卷106《地形志下》,领有敷城、洛川、定阳三县。

第五节 泾州领郡沿革

泾州治临泾①。太武帝神䴥三年(430)置。领有安定、石堂、陇东、新平、赵平、平凉、平原、西北地八郡。真君二年(441)由西北地郡析置赵兴郡。献文帝皇兴二年(468)分泾州西北地、赵兴两郡置华州(见下)。太和十一年(487)省石堂郡入安定郡。

1. 安定郡

据《隋书》卷29《地理志上》,治安定。初领安定、临泾、朝那、乌氏四县,太和十一年(487)石堂县划入。石堂,据《魏书》卷94《阉官传》,又写作石唐。

2. 陇东郡

《太平寰宇记》卷32《关西道八》陇州:"秦并天下,属内史。汉为汧县,属右扶风。自魏至晋亦然,永嘉后废。魏初于今汧源县界置陇东郡,今州即陇东郡故郡也。孝明正光三年(522)分泾州、岐州之地,兼置东秦州于故汧城,领陇东、安夷、汧阳三郡,至孝昌三年(527)为万俟丑奴所破。孝武永熙元年(532)于今州东南八里复置东秦州,仍于州所理置汧阴县。西魏大统十七年(551)改东秦州为陇州,因山为名。"据《晋书》相关《载记》所记,陇东郡前赵、前秦、后秦均设有陇东郡,具体地点不明,颇疑北魏初年所设即袭自前代。北宋汧源县在

---

① 据《魏书》卷9《肃宗纪》,熙平二年(517)九月,"城青、齐、兖、泾、平、营、肆七州所治东阳、历城、瑕丘、平凉、肥如、和龙、九原七城",似此时泾州治所在平凉。

今陕西陇县。据《太平寰宇记》所云,陇东郡在北魏正光三年(522)已划属东秦州。《魏书》卷106《地形志下》陇东郡领县三:泾阳、祖居、抚夷。杨守敬在《隋书地理志考证》扶风郡汧源县下认为此陇东郡在今平凉县,与《寰宇记》所记非一地,据此怀疑北魏有两陇东郡。由于太和年间北魏析置岐州,这一带政区设置有大的变动,而相关资料有限,无法弄清详情,这里列出存疑。《中国历史地图集》将陇东郡标注在泾阳。

3. 新平郡

治白土。《元和郡县图志》卷3《关内道三》邠州:"后汉于此置新平郡。及姚苌之乱,百姓夷灭,此地郡县并无理所,至后魏又置郡焉。"邠州新平县:"姚苌之乱,郡县不立,暨乎后魏,于今县西南十里陈阳原上置白土县,属新平郡。"《魏书》卷106《地形志下》列有白土、爰得、三水、高平四县。

4. 赵平郡

据《隋书》卷29《地理志上》,治所在鹑觚。《魏书》卷106《地形志下》列有鹑觚、东槃二县。《太平寰宇记》卷34邠州宜禄县下引《周地图记》云:"后魏孝明熙平二年析鹑觚县置东阴盘县。"《地形志下》东槃当为东阴槃之误。此点由中华书局版《魏书》校勘记首先指出。

5. 平凉郡

治鹑阴。据《魏书》卷106《地形志下》,领有鹑阴、阴密二县。

6. 平原郡

治阴槃。据《魏书》卷106《地形志下》,领有阴槃一县。

第六节 豳州领郡沿革

豳州治定安。据《魏书》卷106《地形志下》,献文帝皇兴二年(468)置华州,孝文帝延兴二年(472)为三县镇,太和十一年(487)改为班州,十四年(490)为邠州,二十年(496)改称豳州。但据《魏书》卷110《食货志》,豳州在太和八年(484)已经出现。《南齐书》卷57《魏虏传》提到北魏太和十年(486)有西华州,疑即指此华州。《元和郡县图志》卷3《关内道三》宁州定安县条下云:"本汉泥阳县,在今县理东南十五里泥阳故城是也。至后魏太武帝置定安县,取定俗安人为义,在今县理西北三里定安故关。自隋开皇三年(583)移县入废赵兴郡理,仍属宁州。"《太平寰宇记》卷34《关西道十》宁州:"暨秦并天下,是为北地郡。汉为泥阳县之地,亦为北地、上郡二郡之地。后汉兼属安定。按顾野王《舆地志》云:'汉末北地郡但有泥阳、富平二县,魏、晋亦然。西晋愍帝时,陷入刘聪,郡县之名,所不详悉。'按《后魏书·地形志》云:'皇兴二年(468)于今州郭置华州。至太和十一年(487)改为班州。'以班师振旅取其郡名;十四年(490)改为邠州;二十(四)年(496)改'邠'为'豳',取古地名也。"按太武帝真君二年(441)置赵兴郡,同时分置有定安、赵安、高望三县属之,查严耕望《唐代交通图考》篇十"关内河东间河上诸关津及其东西交通线",图十"唐代关内道交通图",唐代宁州北有定安故关,孝文帝延兴二年(472)所置三县镇当在此,三县可能指定安、赵安、高望三县。从地理方位来看,华州当由泾州析置而成。华州初设时领有西北地、赵兴二郡。太和十一年(487)置襄乐郡。

1. 西北地郡

治彭阳县。《魏书》卷106《地形志下》列有彭阳、富平、安武三县。初设时当领有彭阳、富平、安武、彭阳、富平、安武、阳周、独乐、襄乐、肤施十县。

2. 赵兴郡

太武帝真君二年(441)置赵兴郡。《魏书》卷106《地形志下》列有阳周、独乐、定安、赵安、高望五县。其中阳周、独乐二县可能原属于西北地郡,定安、赵安、高望三县为真君二年(441)新置。从地理位置上看,赵兴郡初置时当还领有襄乐、肤施二县。阳周县,《元和郡县图志》卷3《关内道三》宁州真宁县云:"本汉阳周县地,属上郡。……后魏置泥阳、惠涉二护军,孝文帝太和十一年(487)复置阳周县。隋开皇十八年(598)改为罗川,因县南罗水为名,属宁州。皇朝因之,天宝元年(742)改为真宁县。"

3. 襄乐郡

治襄乐,今甘肃宁县湘乐镇。此郡当由赵兴郡析置。《魏书》卷106《地形志下》列有襄乐、肤施二县。

第七节 岐州领郡沿革

岐州治雍城镇。据《魏书》卷106《地形志下》,孝文帝太和十一年(487)设,但据《魏书》卷110《食货志》,岐州在太和八年(484)已经出现。雍城镇,《元和郡县图志》卷2《关内道二》凤翔府:"后魏太武帝于今州理东五里筑雍城镇,文帝改镇为岐州。"这里的"文帝"应该是指孝文帝。《魏书》卷70《刘藻传》:"太和中,改镇为岐州,以藻为岐州刺史。"岐州当从雍州划设。岐州初设时应领有平秦、武都二郡。太和十一年(487)分扶风郡置武功郡。

1. 平秦郡

治雍城镇。据《魏书》卷106《地形志下》,太武帝太延二年(436)分扶风郡雍县置。真君六年(445)置周城县,十年(449)分周城县置横水县。

2. 武都郡

治虢县。《太平寰宇记》卷30《关西道六》凤翔府虢县:"今虢县,后魏立为武都郡。"太武帝太延二年(436)分扶风郡置。武都郡初领县情况不详。《魏书》卷106《地形志下》武都郡下列有平阳、南由、高车三县。真君六年(445)置平阳县。《元和郡县图志》卷2《关内道二》陇州南由县:"本汉汧县地,后魏孝明帝于县西南由谷口置县,因谷为名。"可知南由县置于孝明帝时代。高车县不知置于何时何地。

3. 武功郡

治武功城。《太平寰宇记》卷27《关西道三》雍州武功县下云:"釐城,一名武功城。……后魏孝文太和十一年改武功为美阳县,仍于此置武功郡。"据《魏书》卷106《地形志下》,太和十一年(487)分扶风郡置。《魏书》卷106《地形志下》列有美阳、莫西二县。其中莫西县系太和十一年(487)由雍州扶风郡好畤县析置。

第八节 河州领郡沿革

《魏书》卷106《地形志下》:"河州,有伏乾。阙二字。真君六年置镇,后改。治枹罕。"《元和郡县图志》卷39《陇右道上》河州:"后魏平定秦陇西,改置枹罕镇。孝文帝太和十六年(492)改镇复为河州。"但是根据《南齐书·魏房传》,太和十年(486)已经设置。这里以《魏房传》为准。河州初设时当已领有金城、武始、洪和、临洮四郡。

1. 金城郡

治榆中。据《魏书》卷106《地形志下》,领有榆中、大夏二县,其中大夏在皇兴三年(469)曾经置郡。

2. 武始郡

治勇田。据《魏书》卷106《地形志下》,领有勇田、狄道、阳素三县。其中勇田在真君八年(447)曾经置郡。

3. 洪和郡

《中国历史地图集》标注在泥和戍。《水经注》卷2《河水注》河水"又东过陇西河关县北,洮水从东南来流注之"条下:"洮水又东迳洪和山南,城在四山中。"《嘉庆重修一统志》卷256《巩昌府二》"古迹":"洪和故城,今洮州厅治。"按当在今甘肃甘南州临潭县一带。据《魏书》卷106《地形志下》,领有水池、蓝川、覃川三县。其中真君四年(443)在水池曾经置郡。真君八年(447)在蓝川曾经置郡。按三县中覃川县置于延兴四年(474),洪和郡可能置于此年。

4. 临洮郡

据《魏书》卷106《地形志下》,真君六年(445)分陇西郡置。领有龙城、石门、赤水三县。其中石门与龙城分别置于太和九年(485)、十年(486)。

第九节 渭州领郡沿革

渭州治襄武。《魏书》卷106《地形志下》无注。《元和郡县图志》卷39《陇右道上》:"渭州……后魏庄帝永安三年(530),于郡置渭州,因渭水为名。"据此可知渭州置于永安三年(530)。领有陇西、南安阳、广宁三郡。另根据《隋书·地理志》,渭州尚领有安阳郡。

1. 陇西郡

治襄武。据《魏书》卷106《地形志下》,领有襄武、首阳二县。

2. 南安阳郡

治中陶。《隋书》卷29《地理志上》陇西郡陇西县:"旧曰内陶,置南安郡。"南安郡当即南安阳郡。内陶即中陶,《隋志》因杨忠讳改。据《魏书》卷106《地形志下》,领有桓道、中陶二县。

3. 安阳郡

治安阳。《隋书》卷29《地理志上》陇西郡长川县:"后魏置安阳郡,领安阳、乌水二县。"

4. 广宁郡

治彰。据《魏书》卷106《地形志下》,领有彰、新兴二县。《魏书》卷106《地形志下》并于新兴县注云:"真君八年罢中陶、禄部、襄武属焉。"《太平寰宇记》卷151《陇右道二》渭州鄣县:"县本后汉立,属陇西郡。自永嘉南徙之后,县遂废焉。后魏景明三年(502)分武阳复置鄣县,因水名焉。"

第十节 原州领郡沿革

原州治高平,今宁夏固原市城区。《魏书》卷106《地形志下》:"原州,太延二年置镇,正光五年改置,并置郡县。治高平城。"可知原州正光五年(524)由高平镇改置,领有高平、长城二郡。

1. 高平郡

治高平。据《魏书》卷106《地形志下》，领有高平、里亭二县。据《隋书》卷29《地理志上》，隋代平凉郡领有默亭县，默亭县当即里亭县，《地形志下》"里亭"之"里"或系"默"之残字。

2. 长城郡

治黄石。据《魏书》卷106《地形志下》，领有黄石、白池二县。《元和郡县图志》卷3《关内道三》原州百泉县："本汉朝那县地，故城在今县理西四十五里。后魏孝明帝于今县西南阳晋川置黄石县，隋炀帝改为百泉县，武德八年(525)移于今所。"《太平寰宇记》卷33《关西道九》原州百泉县："亦汉朝那县地，故城在今县理西四十五里。后魏正光五年(524)于今县西[南]阳晋川置黄石县。废帝二年(553)改为长城县。"

第十一节　凉州领郡沿革

凉州治姑臧，今甘肃武威市城区。《元和郡县图志》卷40《陇右道下》凉州："及太武帝，改州镇，置四军戍，孝文帝太和十四年复为凉州，领武威等十郡二十县。"这里提到凉州在太和十四年(490)改镇立州。但是根据《南齐书·魏房传》，凉州在太和十年(486)已经设置。《魏书》卷19《景穆十二王列传下城阳王长寿传元鸾附传》："高祖时，拜外都大官，又出为持节、都督河西诸军事、征西大将军、领护西戎校尉、凉州镇都大将。改镇立州，以鸾为凉州刺史，姑臧镇都大将，余如故。"据《魏书》卷106《地形志下》，凉州领有武安、临松、建昌、番和、泉城、武兴、武威、昌松、东泾、梁宁十郡。另据《隋书·地理志》可补广武郡、魏安郡，据《太平寰宇记》可补西郡和东张掖郡。

1. 武安郡

治宣威。据《魏书》卷106《地形志下》，领有宣威一县。

2. 临松郡

治安平。据《魏书》卷106《地形志下》，领有安平、和平二县。

3. 建昌郡

治榆中。据《魏书》卷106《地形志下》，领有榆中、治城、蒙水三县。

4. 番和郡

治彰。据《魏书》卷106《地形志下》，领有彰、燕支二县。

5. 泉城郡

治新阳。据《魏书》卷106《地形志下》，领有新阳县。

6. 武兴郡

治晏然。据《魏书》卷106《地形志下》,领有晏然、马城、休屠三县。

7. 武威郡

治姑臧。据《魏书》卷106《地形志下》,领有林中、襄(城)[武?]、显美三县①。

8. 昌松郡

治温泉。据《魏书》卷106《地形志下》,领有温泉、揟次、莫口三县。

9. 东泾郡

治台城。据《魏书》卷106《地形志下》,领有台城县。

10. 梁宁郡

治园池。据《魏书》卷106《地形志下》,领有园池、页泽二县。

11. 广武郡

治广武。《隋书》卷29《地理志上》武威郡允吾县:"后魏置,曰广武,及置广武郡。"《元和郡县图志》卷39《陇右道上》兰州广武县:"本汉枝阳县地,前凉张骏三年分晋兴置广武郡,隋开皇三年(583)罢郡置广武县,属兰州。"广武郡当领有广武一县。

12. 魏安郡

《魏书·地形志》无。治魏安。《隋书》卷29《地理志上》武威郡昌松县:"又有后魏魏安郡,后周改置白山县,寻废。"魏安郡当领有魏安县。

13. 西郡

《魏书·地形志》无。治永宁。《隋书》卷29《地理志上》张掖郡删丹县:"后魏曰山丹,又有西郡、永宁县。西魏郡废,县改为弱水。后周省入山丹。大业改为删丹。又后周置金山县,寻废入焉。"《太平寰宇记》卷152《陇右道三》甘州删丹县:"本汉旧县也,属张掖郡。后汉兴平二年(195)分置西郡,以删丹县属焉。晋分删丹置兰池、万岁、仙提三县。隋炀帝并三县之地复改立删丹县焉。"西郡当领有永宁、山丹、兰池、万岁、仙提五县。

14. 东张掖郡

治昌松。《太平寰宇记》卷152《陇右道三》凉州昌松县:"本汉苍松县,属武威郡。《十六国春秋》云:'后凉吕光麟嘉四年(392)以郭䴢言谶改为昌松,兼于

---

① 据《隋书》卷29《地理志上》武威郡姑臧县:"又后魏置武安郡、襄武县,并西魏废。又旧有显美县,后周废。"《魏书》卷106《地形志下》襄城县似为襄武县之讹。显美县《地形志》不载,但据《魏书》卷112《灵征志下》,正光四年(523)"八月,凉州上言显美县木连理"。则北魏确有显美县。

此立东张掖郡。'至后周废郡,县仍旧隶凉州。"凉州番和县:"汉旧县,属张掖郡。后魏立张掖郡于此,寻废。"可能是因北魏在张掖设置的是张掖军,故在番和县立张掖郡,但因昌松县一带已有东张掖郡,故番和县之张掖郡很快废置。按昌松郡治之所以在温泉而不是昌松,可能亦与东张掖郡治昌松县有关。东张掖郡至少领有昌松一县。

第十二节　夏州领郡沿革

夏州治大夏(即统万城)。据《中国文物地图集·陕西分册》,统万城遗址在今陕西靖边县白城子村无定河北岸的毛乌素沙漠中(靠近内蒙古鄂尔多斯市乌审旗南境)。统万城,胡语又作"统万突"、"吐万突"。《周书》卷4《明帝纪》:"世宗明皇帝讳毓,小名统万突,太祖长子也。……永熙三年,太祖临夏州,生帝于统万城,因以名焉。"《大魏永平四年元保洛铭》:"曾祖故素连,侍中羽真使持节征南大将军都督河以西诸军事吐万突镇都大将中都内都大官仪同三司常山王,得铜虎符,谥曰康王。"[①]据《魏书》卷106《地形志下》,太武帝始光四年(427)北魏占领统万城,设置统万镇,孝文帝太和十一年(487)改置夏州。但据《魏书》卷110《食货志》,夏州在太和八年(484)已经出现。夏州初设时当领有金明、代名、徧城、朔方、上、定阳等郡。太和十二年(488)置化政、阐熙二郡。延昌二年(513)分徧城、朔方、上、定阳等郡置东夏州。

1. 化政郡

治岩绿。据《魏书》卷106《地形志下》,太和十二年(488)置,领有革融、岩绿两县。《太平寰宇记》卷37《关西道十三》夏州朔方县:"本汉县,汉末废。后魏真君六年更名岩绿县,属化政郡。"真君六年即445年。按《太平寰宇记》朔方县下列有统万城。统万城当在岩绿县境。革融县今地不明。杨守敬《历代舆地沿革图·北魏地形志图》注明无考。《北周地理志》卷1《关中》化政郡岩绿下推测在今陕西横山县境,其实也是揣测之词。岩绿、革融地名当出于北朝胡语。

2. 阐熙郡

治山鹿。据《魏书》卷106《地形志下》,太和十二年(488)置,领有山鹿、新囶二县。此二县今已难确指。《元和郡县图志》卷4《关内道四》夏州长泽县:"本汉三封县地,属朔方郡,即今县北二十里三封故城是也。后魏于此置长泽

[①] 见赵超:《汉魏南北朝墓志汇编》,天津古籍出版社,2008年,第59页。

县,属阐熙郡。隋罢郡,以县属夏州。皇朝因之。阐熙故城,在今县西南二十里。"《隋书》卷29《地理志上》朔方郡长泽县:"西魏置阐熙郡。又有后魏大安郡,及置长州。开皇三年(583)郡废,又废山鹿、新囶二县入焉。"长泽县可能置于西魏时。阐熙郡当在今内蒙古鄂尔多斯市鄂托克前旗城川镇与陕西定边县、靖边县接壤地带。

3. 金明郡

治永丰。据《魏书》卷106《地形志下》,真君十二年(451)置。但《元和郡县图志》卷3《关内道三》延州:"秦置三十六郡,属上郡。在汉为上郡高奴县之地,今州理即上郡高奴县之城也。……后魏灭赫连昌,以属统万镇。孝文帝置金明郡,宣武帝置东夏州。"则指孝文帝置金明郡。《魏书》卷106《地形志下》又谓真君十三年新置永丰县,太武帝太平真君年号只有十二年,"三"当为"二"之讹。初设时当领有永丰、启宁、广洛三县。启宁、广洛二县,杨守敬《历代舆地沿革图·北魏地形志图》注明无考。《元和郡县图志》卷3《关内道三》延州金明县:"本汉高奴县地,后魏太武帝于此置广洛县,属金明郡。"《太平寰宇记》卷36《关西道十二》延州金明县:"后魏太武十二年(451)于此置广洛县,以界有(清?)[洛?]水所经,故立广洛为名耳。隋仁寿元年(601)改为金明县,避炀帝名也。"高奴县,周振鹤《汉书地理志汇释》云治今陕西延安市北。《北周地理志》卷1《关中》金明郡永丰县下注:"今陕西安塞县西北。"启宁县下注:"今陕西安塞县西北。"而广洛县下则注云:"今陕西安塞县南。"均系揣测之词。广洛县如与洛水有关,从今日地形图上看,似在今陕西延安市西北。

4. 代名郡

治呼酋。据《魏书》卷106《地形志下》,太安二年(456)置呼酋县,并置代名郡。初设时领有呼酋一县。太和二年(478)又新置渠搜县。呼酋、渠搜二县,杨守敬《历代舆地沿革图·北魏地形志图》注明无考。《汉书·地理志》朔方郡下有呼遒、渠搜二县,周振鹤《汉书地理志汇释》均云治今内蒙古乌拉特前旗东南。《水经注》卷3《河水注》河水"屈南过五原西安阳县南":"河水自朔方东转,迳渠搜县故城北。《地理志》朔方有渠搜县,中部都尉治,王莽之沟搜亭也,《礼三朝记》曰,北发渠搜,南抚交趾。此举北对南,《禹贡》之所云析支、渠搜矣。"郦道元不提北魏渠搜县所在,今本《水经注》亦没有呼酋县的记载。据《中国文物地图集·内蒙古自治区分册》,在今乌拉特前旗东南,黑柳子乡堡子湾村内有堡子湾城址,平面呈长方形,南北约130米,东西约120米,城墙夯筑,遗址年代为北魏至西夏年间,战国时赵国九原城(秦九原郡、西汉五原郡)古城即在堡子湾遗址东边不远的黑柳子乡三顶账房村南边。又乌拉特前旗蓿亥乡张连喜店村东、战国赵北长城南约300米有张连喜店部址，平面呈长方形，东西宽280米，南北长250米，夯筑土墙，汉代沿用，东墙东部加筑瓮城。只是这个遗址目前没有报道过存在北魏痕迹①。

第十三节　东夏州领郡沿革

东夏州治广武，治所具体情况见下。据《魏书》卷106《地形志下》和《元和郡县图志》，延昌二年(513)分夏州徧城、朔方、定阳、乐川、义川等郡置。《魏书》卷42《薛辨传薛和附传》："永平四年正月，山贼刘龙驹扰乱夏州，诏和发汾、华、东秦、夏四州之众讨龙驹，平之。和因表立东夏州，世宗从之。"永平四年即511年。神龟元年(518)置上郡。又有抚宁郡，不知置于何时。

1. 徧城郡

治广武。据《魏书》卷106《地形志下》，太和元年(477)置。领有广武、沃野二县。《隋书》卷29《地理志上》延安郡丰林县："后魏置，曰广武，及徧城郡。"《元和郡县图志》卷3《关内道三》延州丰林县："本汉高奴县地，后魏孝文帝置广武县，属徧城郡，在今理东四十里。"《太平寰宇记》卷36《关西道十二》延州丰林县："后魏太和元年置广武县。后周大象元年移于今所，改为丰林县，隋末废。唐武德二年复置。"《梦溪笔谈》卷11《官政一》："延州故丰林县城，赫连勃勃所筑，至今谓之赫连城。紧密如石，剷之皆火出。其城不甚厚，但马面极长且密。予亲使人步之，马面皆长四丈，相去六七丈，以其马面密，则城不须太厚，人力亦难攻也。余曾亲见攻城，若马面长则可反射城下攻者，兼密则矢石相及，敌人至城下，则四面矢石临之。须使敌人不能到城下，乃为良法。今边城虽厚，而马面极短且疏，若敌人可到城下，则城虽厚，终为危道。其间更多其角，谓之团敌，此尤无益。全藉倚楼角以发矢石，以覆护城脚。但使敌人备处多，则自不可存立。赫连之城，深可为法也。"据《中国文物地图集·陕西分册》，丰林故城遗址在今陕西延安市宝塔区李家渠镇周家湾村西②。如果上述

---

① 《中国文物地图集·内蒙古自治区分册》(上)，西安地图出版社，2003年，"五原县、乌拉特前旗文物图"，第270—271页；《中国文物地图集·内蒙古自治区分册》(下)，"巴彦淖尔盟·乌拉特前旗"，第622—623页。

② 《中国文物地图集·陕西分册》(上)，西安地图出版社，1998年，"延安市宝塔区文物图(北部)"，第270—271页；《中国文物地图集·陕西分册》(下)，"延安市·宝塔区"，第763页。另参考《陕西省地图集》编纂委员会编制：《陕西省地图集》，西安地图出版社，2010年，"县市区域地理"之"延安市·宝塔区"，第242—243页。

情况不误,则北魏广武县治当在丰林故城遗址顺延河以东约四十里的甘谷驿镇附近。沃野县疑系北魏末年沃野镇民南下侨置而成,今地不详。

2. 朔方郡

治魏平。据《魏书》卷106《地形志下》,朔方郡领有魏平、政和、朔方三县。

3. 定阳郡

治临戎。据《魏书》卷106《地形志下》,定阳郡文成帝太安年间(455—459)改置。领有临戎、临真二县。据《中国文物地图集·陕西分册》,临真故城遗址在今陕西延安市宝塔区东南的临镇①。

4. 上郡

治因城。《元和郡县图志》卷4《关内道四》绥州:"后魏明帝神龟元年(518),东夏州刺史张邵于此置上郡,废帝元年(552)于郡内分治绥州。"可知上郡置于神龟元年(518)。据《魏书》卷106《地形志下》,上郡领有石城、因城两县。《元和郡县图志》卷3《关内道三》延州敷政县:"本汉高奴县地,后魏太和初置因城县。隋开皇六年于其中置金城镇,武德二年移县就镇,因改为金城县。天宝元年改敷政。"据《中国文物地图集·陕西分册》,唐敷政县故城在今陕西延安市甘泉县下寺湾镇阎家沟村西100米。北魏因城当在此附近②。另有城中县,《元和郡县图志》卷4《关内道四》绥州龙泉县:"本秦肤施县地,二汉同。后魏于此置上县,取郡为名。隋开皇三年(583),上县属绥州。"绥州延陵县:"本秦肤施县地,后魏置延陵县,理延陵村。隋文帝改为延福。"绥州城平县:"本秦肤施县,二汉不改。后魏孝明帝于今县理西三十里库仁川置城中县,隋改为城平县,自库仁川移于今理,属上郡。"绥州大斌县:"本秦肤施县之地,后魏孝明帝神龟元年(518),于今县东五里置大斌县,属上郡,周隋不改。武德七年(624),于今城平县界魏平故城改置,因隋旧名。大斌者,取稽胡怀化,文武杂半之义。"综上,至北魏末,上郡似领有上、延陵、石城、因城、城中、大斌等县。但《隋书》卷29《地理志》上、大斌、延陵、城中四县均为西魏置。《元和郡县图志》里的"后魏"有时是指西魏。据此排除,上郡至少领有石城、因城、城中、大斌四县。

---

① 《中国文物地图集·陕西分册》(上),"延安市宝塔区文物图(南部)",第272—273页;《中国文物地图集·陕西分册》(下),"延安市·宝塔区",第763页。另参考《陕西省地图集》,"县市区域地理"之"延安市·宝塔区",第242—243页。

② 《中国文物地图集·陕西分册》(上),"甘泉县文物图",第298—299页;《中国文物地图集·陕西分册》(下),"延安市·甘泉县",第922页。另参考《陕西省地图集》,"县市区域地理"之"延安市·甘泉县",第247页。

5. 乐川郡

《元和郡县图志》卷3《关内道三》丹州汾川县:"本秦上郡地,二汉因之。魏省上郡。后魏孝文帝置安平县,理薛川,属乐川郡。文帝改安平为汾川。隋开皇三年(583)罢郡,县属丹州。"

6. 义川郡

《元和郡县图志》卷3《关内道三》丹州义川县:"本秦上郡之地,二汉因之。魏省上郡。其地至晋为戎狄所居。后魏文帝大统三年(537)置义川县,属义川郡,因川为名。"咸宁县:"本秦上郡之地。后魏孝文帝太和十八年(494),于白水川置永宁县,属义川郡,在今县东二十里永宁故县是也。文帝改为太平县,移于今所。隋开皇三年(583)罢郡,属丹州。"似乎北魏已经设置有义川郡。

7. 抚宁郡

《隋书》卷29《地理志上》雕阴郡开疆县:"西魏置,有后魏抚宁郡,开皇三年(583)郡废。"隋雕阴郡又领有抚宁县,注云"西魏置"。《元和郡县图志》卷4《关内道四》银州抚宁县:"本汉圁阴县地,后魏废帝于县东抚宁故城置抚宁县,属抚宁郡。隋开皇三年(583)废郡,以县移于今理,属银州。"

第十四节 秦州领郡沿革

秦州治上封城。上封即上邽,因避道武帝拓跋珪名讳而改称。北魏在上封尚侨置有益州,具体情况见本编第一章第三节。太武帝太延二年(436),北魏逼走仇池杨难当势力,占领上邽,取得秦州地区。秦州初设时领天水、略阳二郡。真君七年(446)分天水郡阳廉、阶陵两县属汉阳郡。

1. 天水郡

治上封。初设时领有上封、显新、安夷、平泉、阳廉、阶陵六县。真君七年(446)分阳廉、阶陵两县属汉阳郡。真君八年(447)将安夷并入显新,并新置当亭县。据《水经注》卷17《渭水注》渭水"又东过上邽县",当亭县系因治在当亭川而得名。

2. 略阳郡

治陇城,据《中国文物地图集·甘肃分册》,略阳县(陇城)故城在今甘肃天水市秦安县陇城镇内①。初设时领有安戎、绵诸、陇城、清水四县。据《中国文

---

① 《中国文物地图集·甘肃分册》(上),测绘出版社,2010年,"秦安县文物图",第168—169页;《中国文物地图集·甘肃分册》(下),"天水市·秦安县",第151—152页。

物地图集·甘肃分册》,今甘肃天水市麦积区社棠镇绵诸村内有绵诸故城,面积约 8.67 万平方米①。太和十一年(487)又置阿阳县。《元和郡县图志》卷 39《陇右道上》渭州鄣县:"本汉鄣县也,属陇西郡……永嘉南渡,县遂废焉。后魏宣武帝复置,属略阳,隋开皇三年(583)罢郡,县属渭州。"是宣武帝时略阳郡又增设鄣县。

3. 汉阳郡

治黄瓜。真君七年(446)分天水郡置,初设时领有阳廉、阶陵两县。真君八年(447)新置黄瓜县。据《水经注》卷 17《渭水注》渭水"又东过上邽县",黄瓜县系因黄瓜水流经境内而得名。

第十五节　南秦州领郡沿革

南秦州,据《魏书》卷106《地形志下》:真君七年(446)置仇池镇,太和十二年(488)为(渠)[梁]州,正始初改置南秦州。治洛谷城。但据《魏书》卷110《食货志》,梁州至迟在太和八年(484)已出现。梁州初设时当领有天水、汉阳、武都、白水、武阶、修城、仇池七郡。正始元年(504)年底(据《二十史朔闰表》,公历已经进入 505 年)梁夏侯道迁以汉中降魏,北魏因改仇池梁州为南秦州,治洛谷城,而在南郑置梁州。真君九年(448)所置之白水郡在正始五年(508)改置为县,并将白水县划入武都郡。洛谷城又作骆谷城,据《中国文物地图集·甘肃分册》,在今甘肃陇南市西和县洛峪镇楼房里村东 200 米②。

1. 天水郡

治水南。据《魏书》卷106《地形志下》:真君二年(441)置水南县,三年(442)置平泉县。七年(446)划水南、平泉、平原三县置天水郡。《元和郡县图志》卷22《山南道三》成州长道县:"本汉上禄县地,后魏之天水郡也,废帝改为长道郡,又立汉阳县属焉。隋开皇三年(583)罢郡,县属成州。十八年改汉阳县为长道县。"《太平寰宇记》卷150《陇右道一》秦州长道县:"本汉上禄县地,后魏分上禄置长道县,于县置天水郡。隋开皇十八年改天水为汉阳郡,又改汉

---

① 见《中国文物地图集·甘肃分册》(上),"天水市秦州区、麦积区文物图(局部)",第 165 页;"天水市麦积区",《中国文物地图集·甘肃分册》(下),"天水市·麦积区",第 127 页。
② 见《中国文物地图集·甘肃分册》(上),"西和县文物图",第 285 页;《中国文物地图集·甘肃分册》(下),"陇南市·西和县",第 717 页。

阳为长道县，属成州。"水南县可能在后来废置且并入长道县。据《中国文物地图集·甘肃分册》，长道故城在今甘肃陇南市西和县长道镇西团村①。

2. 汉阳郡

治兰仓，在今甘肃陇南市礼县。据《魏书》卷106《地形志下》：真君三年(442)设置兰仓县。真君五年(444)划谷泉、兰仓二县置汉阳郡。

3. 武都郡

治石门。据《魏书》卷106《地形志下》，领有石门、白水、东平、孔提四县。其中石门、东平均系真君九年(448)设置。下辨县起初也归武都郡管辖，太和四年(480)被划归修城郡。白水在真君九年(448)起初置的是郡，后因正始五年(508)治晋寿之益州有白水郡而改置为县。

4. 武阶郡

治北部。据《魏书》卷106《地形志下》，领有北部、南五部、赤万三县。其中南五部和赤万在太和四年(480)都曾置郡。南五部县西魏时改名盘堤县，《隋书》卷29《地理志上》武都郡盘堤县："西魏置，曰南五部县，后改名焉。"据《中国文物地图集·甘肃分册》，盘堤故城在甘肃陇南市武都区枫相乡老盘堤村东200米，赤万故城遗址在陇南市武都区佛崖乡东古城村南200米②。

5. 修城郡

治广长。据《魏书》卷106《地形志下》，领有平洛、柏树、下辨、广长四县。其中平洛和广长为太和四年(480)置，下辨则是同年由武都郡划入。柏树县置于太和八年(484)。今甘肃陇南市西和县洛峪镇北有柏树村，尚不能判断与柏树县有关。修城郡可能置于太和四年(480)。

6. 仇池郡

治洛谷城。据《魏书》卷106《地形志下》，领有阶陵、仓泉两县。其中阶陵县置于真君四年(443)，仓泉县置于太和四年(480)。《元和郡县图志》卷22《山南道三》成州上禄县："本汉旧县，属武都郡。后魏改为阶陵县，周武帝改为仓泉县。隋开皇三年(583)罢郡，县属成州，大业三年改为上禄县。"按北魏已有仓泉县，《元和志》说法有误。可能阶陵县在北周武帝时并入仓泉县。仇池郡出现的背景，据《太平寰宇记》卷150《陇右道一》成州总叙："晋孝武时，氐豪杨

---

① 见《中国文物地图集·甘肃分册》(上)，"西和县文物图"，第285页；《中国文物地图集·甘肃分册》(下)，"陇南市·西和县"，第717页。
② 见《中国文物地图集·甘肃分册》(上)，"陇南市武都区文物图"，第278—279页；《中国文物地图集·甘肃分册》(下)，"陇南市·武都区"，第687页。

定拥众仇池,称蕃于晋,求割天水之西县、武都之上禄为仇池郡,置于历城,其地遂为杨氏所据。"成州栗亭县:"废上禄县,本汉旧县,属武都郡。东晋属仇池郡。宋分西山五羌为十二部,由是郡邑成焉。隋初为苍泉县,炀帝改苍泉为上禄,复汉旧名也。"

第十六节 南岐州领郡沿革

南岐州治固道,在今陕西宝鸡市凤县一带。《隋书》卷29河池郡:"后魏置南岐州,后周改曰凤州。"据《周书》卷2《文帝纪》,南岐州在魏废帝三年(554)改为凤州,《隋书》表述有误。《元和郡县图志》卷22《山南道三》凤州:"后魏太平真君二年,招定仇池,其年于此城置镇。太和元年置固道郡,孝昌中以固道郡置南岐州,废帝三年(554)改南岐州为凤州。"据《魏书》卷106《地形志下》,南岐州领有固道、广化、广业三郡。

1. 固道郡

治尚婆城。《水经注》卷20《漾水注》:"故道水又西南,入秦冈山,尚婆水注之。……水源北出利乔山,南径尚婆川,谓之尚婆水。历两当县之尚婆城南,魏故道郡治也。"尚婆水即今甘肃两当县的庙河。据《魏书》卷106《地形志下》,延兴四年(474)置。《地形志下》不载领县情况。《元和郡县图志》卷22《山南道三》凤州两当县:"本汉故道县地,属武都郡。……永嘉之后,地没氐、羌,县名绝矣。后魏变文为'固',于此置固道郡,领两当、广乡二县,因县界两当水为名,或云:县西界有两山相当,因取为名。"凤州梁泉县:"本汉故道县地,后魏太和元年(477)于此置梁泉县,取县西梁泉为名,属固道郡。隋开皇三年(583)罢郡,县属凤州。"据此可知固道郡领有两当、广乡二县。太和元年(477)又增置梁泉县。两当在今甘肃陇南市两当县一带。广乡,《水经注》卷20《漾水注》:"故道水又西南历广香交,合广香川水,水出南由县利乔山,南流至广香川,谓之广香川水,又南注故道水,谓之广香交。"广乡县名当源于广香川,广香川水即今甘肃两当县东的红崖河。

2. 广化郡

治广化。《魏书》卷106《地形志下》无注。《隋书》卷29《地理志上》河池郡河池县:"后魏曰广化,并置广化郡。"《水经注》卷20《漾水注》:"浊水又东南与仇鸠水合,水发鸠溪,南迳河池县故城西,王莽之乐平亭也。其水西南流注浊水。浊水又东南与河池水合,水出河池北谷,南迳河池戍东,西南入浊水。"浊水当为今甘肃成县南边的青泥河,仇鸠水、河池水分别指今甘肃徽县西边的洛河和南边的一水。又据《元和郡县图志》卷22《山南道三》凤州河池县："本汉旧县，属武都郡。河池，一名仇池。……今县所处，谓之河池川，故取以为名。永嘉之后，没于氐、羌，县名绝矣。后魏于此置广化郡广化县，隋开皇三年（583）罢郡，县属凤州，仁寿元年改为河池县，复汉旧名。""河池戍，在县城中。"河池戍当是在北魏孝昌年间（525—527）才改为广化郡广化县。

3. 广业郡

治白石。《魏书》卷106《地形志下》无注。《水经注》卷20《漾水注》："故道水南入东益州之广业郡界，与沮水枝津合，谓之两当溪，水上承武都沮县之沮水浢，西南流，注于两当溪。又西南，注于浊水，浊水南迳桀头郡东，而南合凤溪水，水上承浊水于广业郡，南迳凤溪，中有二石双高，其形若阙，汉世有凤凰止焉，故谓之凤凰台，北去郡三里（据《水经注疏》同卷，熊会贞认为此句有脱误。广业郡治故下辨，下辨东三十里余为白石县，白石即今成县，凤凰台在今成县东南十里，则西北去郡当四十余里，此北上当脱西字，三里当作四十余里）。"《元和郡县图志》卷22《山南道三》成州同谷县："本汉下辨道地，属武都郡。故氐白马王国。后魏宣武帝于此置广业郡并白石县，恭帝改白石为同谷县。"《太平寰宇记》卷150《陇右道一》成州同谷县："本汉下辨道地，属武都郡。后魏定仇池，正始中于此置广业郡，领白石、栗亭二县。"

第十七节　东益州领郡沿革

东益州治武兴，当今陕西汉中市略阳县治。据《魏书》卷8《世宗纪》，正始三年（506）正月始克武兴。《北史》卷96《氐传》："安西将军邢峦遣建武将军傅竖眼攻武兴克之，执绍先，送于京师，遂灭其国，以为武兴镇，复改镇为东益州。"另卷56《魏收传魏子建附传》："初，宣武时平氐，遂于武兴立镇，寻改为东益州。"《元和郡县图志》卷22《山南道三》兴州："汉武帝元鼎六年，以白马氐置武都郡，今州即汉武都郡之沮县也。晋永嘉末，氐人杨茂搜自号氐王，据武都。自后郡县荒废，而茂搜子孙承嗣为氐王。其后杨难当又据下辨，自称大秦王。难当弟伯宜为（茹）[葭]卢王。伯宜孙鼠分王武兴。……杨鼠既王武兴，又得武都、河池二县之地。鼠子集始称藩于魏，后谋叛魏，魏遂废武兴为藩镇。其年，改镇为东益州。废帝二年，改东益州为兴州，因武兴郡为名。"置镇与改州时间相隔未久，据此可将东益州定在正始三年（506）设。《北史》同传还云："正光中，诏魏子建为刺史，以恩信招抚，风化大行，远近款附，如内地焉。后唐永代子建为州，未几，氐人悉反。永弃城东走，自此复为氐地。魏末，天下乱，绍先奔还武兴,复自立为王。"据《魏书》卷9《肃宗纪》,魏子建孝昌元年(525)八月尚在东益州任刺史兼行台。东益州废置应在孝昌二年(526)之后。东益州初设时领有武兴、仇池、槃头、广苌、广业、梓潼、洛丛七郡。

1. 武兴郡

治武兴,今陕西汉中市略阳县。据《魏书》卷106《地形志下》,领有景昌、武兴、石门、武安四县。

2. 仇池郡

按南秦州亦有仇池郡,东益州所设当带有安置南秦州氐人流民的侨置性质。据《魏书》卷106《地形志下》,领有西乡、西石门二县。

3. 槃头郡

据《魏书》卷106《地形志下》,领有武世、苌举二县。《元和郡县图志》卷22《山南道三》兴州长举县:"本汉沮县地,后魏于此分置长举县,属槃头郡。周武帝废槃头郡,县改属落丛郡。""槃头故城,在县南三里。因水盘曲为名也。"

4. 广苌郡

治苌广。据《魏书》卷106《地形志下》,领有苌广、新巴二县。

5. 广业郡

按南岐州亦有广业郡,东益州所设当带有安置南岐州氐人流民的侨置性质。据《魏书》卷106《地形志下》,领有广业、广化二县。

6. 梓潼郡

治华阳。据《魏书》卷106《地形志下》,领有华阳、兴宋二县。

7. 洛丛郡

治明水。《元和郡县图志》卷22《山南道三》兴州鸣水县:"本汉沮县地也,后魏宣武帝于此置落丛郡,因落丛山为名。又置鸣水县,因谷为名。"落丛即洛丛,鸣水即明水。据《魏书》卷106《地形志下》,领有武都、明水二县。

第十八节　益州领郡沿革

益州治晋寿,在今四川广元市利州区。《魏书》卷106《地形志下》:"益州,正始中置。"《魏书》卷61《薛安都传薛怀吉附传》:"永平初,分梁州晋寿为益州,除征虏将军、益州刺史。"正始五年(508)即永平元年,据此将益州定在此年设置,治晋寿。益州领有东晋寿、西晋寿、新巴、南白水、宋熙五郡。

1. 东晋寿郡

《太平寰宇记》卷135《山南西道三》利州:"汉高祖分巴、蜀置广汉郡。先主改葭萌为汉寿县,属梓潼郡。晋改汉寿为晋寿县,其属不改。宋因之。齐明帝永泰元年(498)分晋寿郡之兴安县置东晋寿郡于乌奴城北一里,即今州是也。"据《魏书》卷106《地形志下》,领有黄、石亭、晋安、晋寿四县。据《中国文物地图集·四川分册》,石亭县遗址在今四川广元市朝天区沙河镇南华村①。

2. 西晋寿郡

治阴平。据《魏书》卷106《地形志下》,领有阴平一县。据《中国文物地图集·四川分册》,阴平遗址在今四川绵阳市江油市小溪坝镇阴平村南②。

3. 新巴郡

治新巴。据《魏书》卷106《地形志下》,领有新巴一县。

4. 南白水郡

据《魏书》卷106《地形志下》,领有始平、京兆二县。

5. 宋熙郡

据《魏书》卷106《地形志下》,领有兴乐、元寿二县。

第十九节　梁州领郡沿革

梁州治南郑,今陕西汉中市。《魏书》卷106《地形志下》:"梁州,萧衍梁、秦二州,正始初改置。"《魏书》卷65《邢峦传》:"萧衍梁秦二州行事夏侯道迁以汉中内附,诏加峦使持节、都督征梁汉诸军事、假镇西将军,进退征摄,得以便宜从事。……拜峦使持节、安西将军、梁秦二州刺史。萧衍巴西太守庞景民恃远不降,峦遣巴州刺史严玄思往攻之,斩景民,巴西悉平。"据卷8《世宗纪》,夏侯道迁降魏发生于正始元年(504)闰十二月癸卯日。查《二十史朔闰表》,时已进入公元505年。则邢峦任梁秦二州刺史应在505年,北魏的这个梁州应置于505年。领有晋昌、褒中、安康、汉中、华阳、金城、魏明、丰宁、其章、傥城诸郡。傥城郡于延昌三年(514)废置,所属兴势县划归晋昌郡。安康、金城、魏明三郡于孝昌三年(527)划入东梁州。

1. 晋昌郡

《通典》卷175《州郡典五》安康郡(金州)石泉县:"齐置晋昌郡于此。"《太

---

① 《中国文物地图集·四川分册》(上),"广元市朝天区文物图",文物出版社,2009年,第214—215页;《中国文物地图集·四川分册》(中),"广元市·朝天区",第374页。
② 《中国文物地图集·四川分册》(上),"江油市文物图",第196—197页;《中国文物地图集·四川分册》(中),"绵阳市·江油市",第302页。

平寰宇记》卷138《山南西道六》洋州兴道县："本汉城固县地,后魏宣武帝正始中分城固县地,于今理西北二十里兴势山置兴势县,兼立傥城郡,因山为名。按《地记》云:'晋于今西泉县置晋昌郡,魏复移于今县置晋昌郡,因郡旧名也。废帝三年(554)改为傥城郡。隋开皇三年(583)罢郡。'"此郡废于延昌三年(514),所属兴势县划归晋昌郡。据《魏书》卷106《地形志下》,晋昌郡领有龙亭、兴势、南城三县。

2. 褒中郡

治褒中。《太平寰宇记》卷133《山南西道一》兴元府褒城县："本汉褒中县,以其当褒斜大路,故名。汉都尉理此。其褒国城为褒水所坏,盖后汉末、曹魏初移于今理。东晋义熙末,梁州刺史理此,仍改为苞中县。后魏正始中又于此立褒中郡。故《周地图》云:'后魏分汉中郡之褒中、武乡二县立褒中郡。'"据《魏书》卷106《地形志下》,领有褒中、武乡、廉水三县。其中褒中县置于永平四年(511),武乡县置于延昌元年(512)。

3. 安康郡

治安康,今陕西安康市。据《魏书》卷106《地形志下》,领有安康、宁都二县。此安康郡安康县与东梁州安康郡所领安康县名称相同,详见东梁州安康郡条。

4. 汉中郡

治南郑,今陕西汉中市。据《魏书》卷106《地形志下》,领有南郑、汉阴、城固三县。

5. 华阳郡

治华阳,据《魏书》卷106《地形志下》,领有华阳、沔阳、嶓冢三县。《太平寰宇记》133《山南西道一》西县："按《郡国县道记》云:'西,本名白马城,因山以名县,又曰沔口城,即宋于此城侨立华山郡。'《周地图记》云:'后魏宣武正始中分沔阳县地置嶓冢县,属华阳郡。'开皇三年(583)罢郡,置白马镇于古诸葛城,县理不改。"

6. 丰宁郡

治西乡,今陕西汉中市西乡县东南。《魏书·地形志》无。《元和郡县图志》卷22《山南道三》洋州："本汉汉中郡成固县地,先主分成固立南乡县,为蜀重镇。晋改为西乡县。后魏宣武帝正始中,于丰宁戍置丰宁郡,废帝于此置洋州,因洋水为名。"洋州兴道县："本汉成固县地,后魏宣武帝分置兴势县,理在兴势山上,故以为名。"据此知丰宁郡领有西乡、兴势二县。

7. 其章郡

《魏书·地形志》无。《隋书》卷29《地理志上》清化郡符阳县："旧置其章郡,开皇初废。"《太平寰宇记》卷140《山南西道八》壁州符阳县:"本汉县,属巴郡。晋、宋废为宣汉县地。后魏正始中置其章郡,领符阳县,亦无人户,寄理渠[梁]州。"其章郡当领有符阳一县。

第二十节 巴州领郡沿革

巴州治地当在今四川巴中市巴州区化成镇。《魏书》卷106《地形志下》:"巴州,郡县阙。"可知北齐所藏北魏永熙年间(532—534)版籍巴州情况已阙然未明。《魏书》卷65《邢峦传》:"萧衍梁秦二州行事夏侯道迁以汉中内附,诏加峦使持节、都督征梁汉诸军事、假镇西将军,进退征摄,得以便宜从事。……拜峦使持节、安西将军、梁秦二州刺史。萧衍巴西太守庞景民恃远不降,峦遣巴州刺史严玄思往攻之,斩景民,巴西悉平。"据卷8《世宗纪》,夏侯道迁降魏发生于正始元年(504)闰十二月癸卯日。查《二十史朔闰表》,时已进入公元505年。则邢峦任梁秦二州刺史应在505年,北魏巴州最早应见于505年。但是这个巴州刺史是严玄思自号并经邢峦认可的职衔,并非北魏中央正式颁授①。卷101《獠传》:"其后朝廷以梁益二州控摄险远,乃立巴州以统诸獠,后以巴酋严始欣为刺史。"《太平寰宇记》卷139《山南西道七》巴州:"后魏正始元年(504),梁州刺史夏侯道迁以其地内属。于是分其地于汉昌县理所置大谷郡,带防兵以镇抚之。延昌三年(514)于大谷郡地置巴州,盖取古巴国以为名。"据此,巴州置于延昌三年(514)。孝庄帝永安二年(529)巴州一度为梁所占,次年北魏又收复巴州。《北周地理志》卷4《山南上》:"巴州,治化成。……按夏侯道迁叛梁降魏,梁秦沦陷,魏曾于北巴西郡置巴州,以巴酋严玄思行巴州事,及梁克复北巴西郡,魏乃更于大谷郡立巴州,即此巴州也。此巴州迄隋初未废。"巴州永熙年间(532—534)当领有大谷、归化、木门、北水、遂宁、义阳、哀戎七郡②。

1. 大谷郡

《通典》卷175《州郡典五》清化郡(巴州):"今理化城县。古巴国。秦、二

---

① 《邢峦传》载邢峦随后上呈给北魏朝廷的表文,提到巴州:"又巴西、南郑相离一千四百,去州迢递,恒多生动。昔在南之日,以其统绾势难,故增立巴州,镇静夷獠,梁州藉利,因而表罢。……比建议之始,严玄思自号巴州刺史,克城以来,仍使行事。巴西广袤一千,户余四万,若彼立州,镇摄华獠,则大帖民情。从垫江已还,不复劳征,自为国有。"但是"世宗不从"。说明这时尚未正式立巴州。

② 巴州领郡数,张穆撰并经何秋涛增订之《延昌地形志》列有大谷、木门、北水、晋昌四郡。按晋昌郡应属梁州管辖。劳榦《北魏州郡志略》列有大谷、归化二郡。

汉属巴郡。晋宋之间为夷獠所据,不置郡县。宋末于岭之南置归化郡,即今郡是也。齐因之。梁置归化、木兰二郡。后魏得其地,置大谷郡。隋初郡废,置巴州;炀帝初州废,置清化郡。"木兰的"兰"字当为"门"之讹。巴州化城县:"汉宕渠县地。后汉置汉昌县。梁曰大谷。后周改之。"《隋书》卷29《地理志上》清化郡化成县:"梁曰梁广,仍置归化郡。后周改县曰化成。"《太平寰宇记》卷139《山南西道七》巴州化城县:"本汉宕渠县地,后汉分置汉昌县,属宕渠郡。梁普通六年(525)于梁大溪西三里置梁大县,属大谷郡。"梁大县当即《隋志》所云梁广县。综上,大谷郡领有大谷、梁广二县。

2. 归化郡

治曾口。《通典》卷175《州郡典五》巴州曾口县:"汉宕渠县地。梁置今县。"《太平寰宇记》卷139《山南西道七》巴州曾口县:"本汉宕渠县地,宋末于此置归化郡,以抚獠户。梁普通六年(525)于郡理置曾口县,以曾口谷为邑名。后魏因而不改。"归化郡当领有曾口一县。

3. 木门郡

治伏强,据《中国文物地图集·四川分册》,木门郡遗址在今四川广元市旺苍县木门镇西50米①。《隋书》卷29《地理志上》清化郡清化县:"梁置,曰伏强,有木门郡。开皇三年(583)郡废,七年县改曰清化。有伏强山。"《通典》卷175《州郡典五》清化郡(巴州)清化县:"汉葭萌县地。有清水。梁置伏强县。隋改之。"据此知木门郡治伏强,领有伏强一县。

4. 北水郡

《太平寰宇记》卷139《山南西道七》巴州清化县:"废盘道县,在县东四十里。本汉宕渠县地,宋末于今县西南十里置北水郡。梁普通六年(525)于北水郡置难江县,因难江水为名。梁末其地内属。后魏恭帝三年(556)改难江县为盘道县,因龙腹山道路盘曲为名。"《通典》卷175《州郡典五》清化郡(巴州)盘道县:"有龙腹山。梁置难江县,后魏改之。"按盘道县《隋书》卷29《地理志上》清化郡盘道县:"梁置,曰难江,西魏改焉。有龙腹山。"北魏时难江县并未改名。北水郡当领有难江一县。

5. 遂宁郡

治始宁。《隋书》卷29《地理志上》清化郡始宁县:"梁置,并置遂宁郡。开皇初郡废。"《太平寰宇记》卷139《山南西道七》巴州其章县:"废始宁县,在县

---

① 《中国文物地图集·四川分册》(上),"旺苍县文物图",第218—219页;《中国文物地图集·四川分册》(中),"广元市·旺苍县",第395页。

东南十五里。本汉宕渠县地,梁普通六年(525)于此置遂宁郡,又于郡理置始宁县,因山为名。"巴州曾口县:"废归仁县,在县东八十里。本汉宕渠县地。梁普通六年(525)于此置平州县,属遂宁郡,因县界平州水为名。后魏不改。"《通典》卷175《州郡典五》清化郡(巴州)归仁县:"汉宕渠县地。梁置平州。隋改为县。"按《宋书》卷38《州郡志四》益州:"巴西太守……平州令:晋武帝太康元年,以野民归化立。"《南齐书》卷15《州郡志下》益州巴西郡下亦列有平州县。梁所置当为平州县。平州地名源自平州水。《太平寰宇记》卷140《山南西道八》壁州通江县:"平州水,北自通江县界来,南流经县理西,与广纳溪水合。"遂宁郡当领有始宁、平州二县。

6. 义阳郡

治义阳。《隋书》卷29《地理志上》清化郡恩阳县:"梁置,曰义阳。开皇末改。"《太平寰宇记》卷139《山南西道七》巴州恩阳县:"本汉阆中县地,梁普通六年(525)分阆中置义阳郡,又于郡置义阳县,因界内山为名,属巴州。后魏以郡属江州。"义阳郡当领有义阳一县。

7. 哀戎郡

治其章。《隋书》卷29《地理志上》清化郡其章县:"梁置。"《太平寰宇记》卷139《山南西道七》巴州其章县:"本汉葭萌县地,梁武帝普通六年(525)于此置哀戎郡,以界内哀戎水为名,又置其章县,以县东八里其章山为名。"哀戎郡当领有其章一县。

第二十一节 东梁州领郡沿革

《魏书》卷106《地形志下》"东梁州"条无注。《魏书》卷71《淳于诞传》:"(孝昌)三年,朝议以梁州安康郡阻带江山,要害之所,分置东梁州,仍以诞为镇远将军、梁州刺史。"可知东梁州孝昌三年(527)置,治安康。东梁州领有金城、安康、魏明三郡。

1. 金城郡

治直城。据《魏书》卷106《地形志下》,领有直城一县。

2. 安康郡

治安康。据《魏书》卷106《地形志下》,领有安康一县。此安康郡与梁州安康郡名同,所领安康县亦与梁州安康县名字相同。但是《魏书》卷106《地形志下》东梁州所领诸郡均标有户口数,此安康郡也不例外。而梁州诸郡(包括所列安康郡)均没有户口数字。笔者怀疑梁州到孝昌三年(527)已经没有安康郡。《魏书》抄缀永熙年间(532—534)版籍,由于之前战乱造成的版籍残损,会有部分行政设置记录含混不清,但撰《地形志》者出于审慎,还是原文照录,安康郡或许就是这种情况。但笔者也没有更多证据能够否定在北魏末年梁州存在安康郡。

3. 魏明郡

治汉阳。据《魏书》卷106《地形志下》,领有汉阳、宁都二县。

国家 "十二五"规划重点图书

国家出版基金资助项目

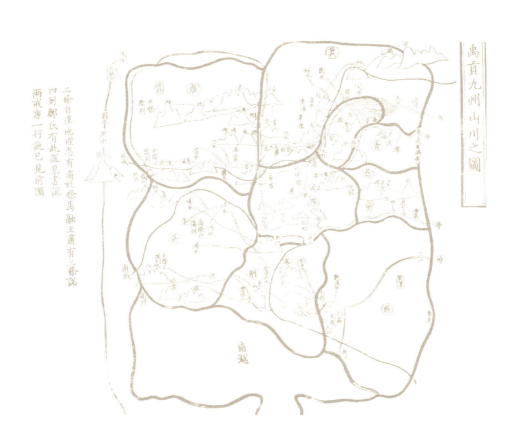

国家自然科学基金项目　国家社会科学基金项目
上海市社会科学重大项目

中國行政區劃通史

周振鶴 ◎ 主编

十六国北朝卷（下）

牟发松　毋有江　魏俊杰　著

復旦大學出版社

中国行政区划通史

周振鹤　主编

总论　先秦卷　　　　　周振鹤　李晓杰　著
秦汉卷　　　　　　　　周振鹤　李晓杰　张　莉　著
三国两晋南朝卷　　　　胡阿祥　孔祥军　徐　成　著
十六国北朝卷　　　　　牟发松　毋有江　魏俊杰　著
隋代卷　　　　　　　　施和金　著
唐代卷　　　　　　　　郭声波　著
五代十国卷　　　　　　李晓杰　著
宋西夏卷　　　　　　　李昌宪　著
辽金卷　　　　　　　　余　蔚　著
元代卷　　　　　　　　李治安　薛　磊　著
明代卷　　　　　　　　郭　红　靳润成　著
清代卷　　　　　　　　傅林祥　林　涓　任玉雪　王卫东　著
中华民国卷　　　　　　傅林祥　郑宝恒　著

绪　　言

　　行政区划是政治实体的一个重要层面，也是政治状况的反映。政治发展到什么样的程度，行政区划就表达出什么样的政治状况。政治过程是理解行政区划的关键。政治进程又与社会人群的政治结合有关，有了政治上的结合，才会有小到部落、豪族，大到部落联盟、国家这样的政治体。因为表达政治行为的人群往往存在文化与地域的联系，对政治体进行分析不但要有政治眼光，最好还要同时具备历史与地理思维。考察东魏北齐、西魏北周的行政区划，必须从各自的政治发展过程入手。它们的政治发展过程又有一个共同的直接渊源，并和某个特殊地域联系在一起。要理解东魏北齐、西魏北周的政治过程，必须上溯至北魏的政治发展过程。而北魏政治发展过程又与某些特殊人群——鲜卑以及胡人的政治发展过程有关[1]。

　　《魏书》卷1《序纪》："昔黄帝有子二十五人，或内列诸华，或外分荒服。昌意少子，受封北土，国有大鲜卑山，因以为号。……黄帝以土德王，北俗谓土为托，谓后为跋，故以为氏。"这显然是在攀附华夏英雄圣王，合理化拓跋鲜卑主导中原地区政治过程的历史[2]。当然攀附华夏英雄圣王只是问题的一方面。从北魏存在大量鲜卑、胡人的政治状况出发，《序纪》追溯北魏王朝的起源，特别重视拓跋鲜卑在北方草原地区主导政治发展过程的历史。作为游牧民族，拓跋鲜卑"畜牧迁徙，射猎为业，淳朴为俗，简易为化，不为文字，刻木纪契而已。世事远近，人相传授，如史官之纪录焉"。但是草原时期的拓跋鲜卑已经是"世为君长，统幽都之北，广漠之野"，"积六十七世，至成皇帝讳毛立，聪明武

---

[1] 十六国北朝政治史方面的研究论著甚多，特别是日本学者谷川道雄对十六国北朝政治过程全面系统的研究，曾经对笔者影响很大。但笔者现在的研究出自历史政治地理思维，与时贤特别是谷川先生的立论有较大差异，请参阅谷川道雄：《隋唐帝国形成史论》，李济沧译，上海古籍出版社，2011年。

[2] 见姚大力：《论拓跋鲜卑部的早期历史》，《北方民族史十论》，广西师范大学出版社，2007年，第1—17页。这里笔者更建议读者参阅王明珂：《英雄祖先与弟兄民族：根基历史的文本与情境》，中华书局，2009年。很难说王著的哪一部分更重要，也许可以说全书的每一部分都重要。虽然王著不是专门讨论拓跋鲜卑的，但读过王著的读者会感受到笔者这部分分析思路的学术来源。

略,远近所推,统国三十六,大姓九十九,威振北方,莫不率服"。从直接的目的来说,这是在形塑自己后来直接统治胡族社会的历史合法性。不过或许它也表达了一点真实的信息:拓跋鲜卑存在过一个由部族政治体出发建构跨部落政治体的政治发展阶段。有了这样的认知,我们再来看卷113《官氏志》里对拓跋鲜卑政治发展的表述:"魏氏本居朔壤,地远俗殊,赐姓命氏,其事不一,亦如长勺、尾氏、终葵之属也。初,安帝统国,诸部有九十九姓。"这里的"安帝",按照《序纪》罗列的谱系,是自"成皇帝"毛开始的第五代部落首领,两人相距不算过于遥远。"成皇帝"毛时已经"统国三十六,大姓九十九"。与草原社会日常生活各部自行管理的政治传统联系起来,笔者认为"大姓九十九"其实就是"诸部九十九姓",标示这九十九个部族(假如这"九十九"为实指的话)形塑了拓跋鲜卑,它们是拓跋鲜卑在草原的社会基础。换言之,拓跋鲜卑是一个标示政治结合的政治体概念。

如果这种认识无误,我们就可以进一步梳理《官氏志》随后的内容:"至献帝时,七分国人,使诸兄弟各摄领之,乃分其氏。自后兼并他国,各有本部,部中别族,为内姓焉。年世稍久,互以改易,兴衰存灭,间有之矣。""献帝"就是《序纪》里指导"圣武皇帝"诘汾南迁的第二推寅——邻,而正是这次南迁,拓跋鲜卑"始居匈奴之故地"。南迁匈奴故地对拓跋鲜卑的政治影响十分深远,在诘汾之子即所谓"始祖神元皇帝"力微领导时,拓跋鲜卑由弱变强,并开始与魏晋中原王朝发生政治联系,逐步走上了一条与纯草原社会不同的政治发展道路[①]。

从这样的政治发展过程中理解"献帝"邻的七分国人,笔者以为是一次针对部落社会政治结合方式的重大调整。"献帝以兄为纥骨氏,后改为胡氏。次兄为普氏,后改为周氏。次兄为拓跋氏,后改为长孙氏。弟为达奚氏,后改为奚氏。次弟为伊娄氏,后改为伊氏。次弟为丘敦氏,后改为丘氏。次弟为侯氏,后改为亥氏",这就是前面所说"七分国人,使诸兄弟各摄领之,乃分其氏"的具体内容。如果结合王明珂对其他游牧民族类似情况的介绍与分析,这很可能是一种基于现实社会联系与政治结构而产生的政治神话,是"弟兄祖先历史心性"的产物[②]。但也可以把它理解为一种现实政治安排的历史投影。这

---

① 毋有江:《拓跋鲜卑政治发展的地理空间》,《魏晋南北朝隋唐史资料》第二十八辑。更请参阅张继昊:《从拓跋到北魏——北魏王朝创建历史的考察》,台湾,稻乡出版社,2003年。
② 参阅王明珂:《游牧者的抉择:面对汉帝国的北亚游牧部族》,广西师范大学出版社,2008年,第19—30页。并请详细参阅前引王明珂的另一部专著。

种理解和《官氏志》的说辞是吻合的,"七族之兴,自此始也"。至于后面的"又命叔父之胤曰乙旃氏,后改为叔孙氏。又命疏属曰车焜氏,后改为车氏",从叙述语气上看好像也是"献帝"邻的政治安排的一部分。"凡与帝室为十姓,百世不通婚。"这种政治安排对拓跋鲜卑后来的发展影响很大,"太和以前,国之丧葬祠礼,非十族不得与也"。说明"帝室十姓"是拓跋鲜卑政治体的核心部族。它们和之后进入拓跋鲜卑政治体内的其他部族在政治地位与政治关系上有很大差异。《官氏志》:"神元皇帝时,余部诸姓内入者。……凡此诸部,其渠长皆自统众。""其渠长皆自统众"说明"帝室十姓"的部族成员在管理上可能直接听命于拓跋鲜卑首领,而"余部诸姓内入者"则要通过酋长大人才能与拓跋鲜卑首领发生社会联系。这是拓跋鲜卑这一政治体的边缘人群。除此之外,还有一个所谓的"四方诸部":"凡此四方诸部,岁时朝贡,登国初,太祖散诸部落,始同为编民。"登国(386—396)是北魏开国皇帝道武帝即位所用的第一个年号。这个"四方诸部"是拓跋鲜卑政治体的外围,它们直到北魏初年,通过离散部落的政治举措,才开始成为拓跋鲜卑主导的政治体的有机组成部分①。

通过上述对《序纪》与《官氏志》相关内容的分析,不难看出,《宋书》所称的"索虏"、"索头虏",《南齐书》所称的"魏虏",以及我们所说的拓跋鲜卑,首先应是一个因政治结合而生的政治概念,这个政治体有一个伴随时间与地域变化而发展演变的过程②。虽然政治秩序有等差,社会关系有疏密,但这个草原政治体的文化传统却表现出明显的包容性,在与魏晋中原王朝接触后则呈现出明显的开放性,笔者认为这种情形可能与草原社会的正常运转总是需要外部资源的不断挹注有关。这种政治文化传统也应是北方草原许多部族和一些汉族士人得以有效参与拓跋鲜卑政治进程的社会基础。北魏建立以后,通过离散部落,向前期首都平城京畿地区移民,在代北地区构建了一个胡汉诸族群社会相互交通、政治相互结合的地理空间③。这里面虽有像崔浩"国史之狱"这

---

① 关于离散部落的情况,参见中编"北魏行政区划"中的相关内容。
② 《宋书》卷95《索虏传》:"索头虏姓托跋氏,其先汉将李陵后也。陵降匈奴,有数百千种,各立名号,索头亦其一也。"《南齐书》卷57《魏虏传》:"魏虏,匈奴种也,姓托跋氏。"和《魏书》表述相同的地方在于它们都强调共同的血缘和种属出身。而人类学提供的大量草原社会调查资料则表明游牧部族,特别是游牧部落的构建在血缘和种属方面的原因并不太突出,现实的生存需要和共同的地域联系可能才是重要的原因。请参阅前引王明珂的著作:《英雄祖先与弟兄民族:根基历史的文本与情境》。
③ 北魏前期向京畿地区移民,规模大,次数多,范围广,延续时间长,详情请参阅葛剑雄:《中国移民史》第二卷(先秦至魏晋南北朝时期),福建人民出版社,1997年,第十三章第二节"北魏前期的移民",第533—566页。

样胡汉冲突的事情发生,但政治体的包容性也很明显。《魏书》里记载的汉族士人,从道武帝时代就开始在政治上发挥积极重要的作用,尽管他们在很长一段时间内军事上并不占主导。有了这样一个胡汉长期在文化上交融涵化,在政治上协同配合的社会基础,才可能有孝文帝时代力行汉化改革的政治行为发生。而有了这样的认知,我们也才能够理解北朝后期复杂的政治发展过程。

《隋书》卷33《经籍志二》:"后魏迁洛,有八氏十姓,咸出帝族。又有三十六族,则诸国之从魏者;九十二姓,世为部落大人者,并为河南洛阳人。其中国士人,则第其门阀,有四海大姓、郡姓、州姓、县姓。及周太祖入关,诸姓子孙有功者,并令为其宗长,仍撰谱录,纪其所承。又以关内诸州,为其本望。"《北史》卷5《魏本纪五》,大统十五年(549)五月"初诏诸代人太和中改姓者,并令复旧。"《周书》卷2《文帝纪下》:魏恭帝元年(554),"魏氏之初,统国三十六,大姓九十九,后多绝灭。至是,以诸将功高者为三十六国后,次功者为九十九姓后,所统军人,亦改从其姓。"卷4《明帝纪》明帝二年(558)三月庚申,周明帝下诏:"三十六国,九十九姓,自魏氏南徙,皆称河南之民。今周室既都关中,宜改称京兆人。"所谓"后多绝灭",并非指诸部族成员后裔绝代灭种,而是指自魏初以来,部落离散,部族意识逐渐消弭于无形。孝文帝太和十九年(495)下诏定姓族,姓氏族属开始关系到胡人的切身现实政治利益,相当多的胡人在利益驱逼下蒙昧考求自身姓族出身,导致"世宗世,代人犹以姓族辞讼"①。但是我们从中也可以看到,孝文帝通过这一政治行为,确实在中原地区成功形塑出一个以"河南洛阳人"——南迁鲜卑贵族为核心,与中原门阀世族相结合的统治阶层,而且这种形塑统治阶层的意识甚至还影响到了后来西魏、北周的政治运作,只是西魏北周采取的方式是由汉姓改从鲜卑旧姓(包括拥有军事实力的部分汉族人士)而已。

一般认为西魏改姓举措与大统八年(542)开始建立府兵制有关②。《北史》卷60传论云:"初,魏孝庄帝以尔朱荣有翊戴之功,拜荣柱国大将军,位在丞相上。荣败后,此官遂废。大统三年,魏文帝复以周文帝建中兴之业,始命为之。其后功参佐命,望实俱重者亦居此职。自大统十六年已前,任者凡有八人。周

---

① 见《魏书》卷113《官氏志》。
② 《北史》卷5《魏本纪五》:大统八年(542)春三月,"初置六军"。《玉海》卷137《兵制》引《后魏书》云:"西魏大统八年,宇文泰仿周典置六军,合为百府。十六年籍民之有材力者为府兵。"同书卷138引《邺侯家传》云:"初置府兵,皆于六户中等以上家有三丁者选材力一人,免其身租庸调,郡守农隙教试阅,兵仗衣驮牛驴及糗粮旨蓄,六家共备,抚养训导,有如子弟,故能以寡克众。"一般认为这些材料表达的是建立府兵制的情况。

文帝位总百揆,都督中外军事。魏广陵王欣,元氏懿戚,从容禁闼而已。此外六人,各督二大将军,分掌禁旅,当爪牙御侮之寄。当时荣盛,莫与为比。故今之称门阀者,咸推八柱国家。"

至于东魏、北齐的情况,《新唐书》卷212《儒学传中柳冲传》引柳芳论述北朝姓族情况云:"代北则为'虏姓',元、长孙、宇文、于、陆、源、窦首之。'虏姓'者,魏孝文帝迁洛,有八氏十姓,三十六族九十二姓。八氏十姓,出于帝宗属,或诸国从魏者;三十六族九十二姓,世为部落大人;并号河南洛阳人。'郡姓'者,以中国士人差第阀阅为之制,凡三世有三公者曰'膏粱',有令、仆者曰'华腴',尚书、领、护而上者曰'甲姓',九卿若方伯者为"乙姓",散骑常侍、太中大夫者为'丙姓',吏部正员郎为'丁姓'。凡得入者,谓之'四姓'。又诏代人诸胄,初无族姓,其穆、陆、奚、于,下吏部勿充猥官,得视'四姓'。北齐因仍,举秀才、州主簿、郡功曹,非'四姓'不在选。"可见东魏、北齐承继了北魏以门阀制度为标识的统治阶层格局。只是东魏、北齐与西魏、北周统治阶层的核心并不是前述的"河南洛阳人",而是所谓的"鲜卑"。如前所述,经过魏初以来在代北地区长达百年的胡汉交往磨合,经过北魏孝文帝的汉化改革,相当多胡族出身的统治阶层人士部族意识已然淡漠,但是这又如何理解北魏末年至两魏齐周涌动的鲜卑族群意识呢?对此我们必须把视野扩展至两魏齐周的缔造者——高欢、宇文泰早年所生活的北魏北镇地区。

《北史》卷6《齐本纪上神武纪》:"齐高祖神武皇帝姓高氏,讳欢,字贺六浑,勃海蓨人也。六世祖隐,晋玄菟太守。隐生庆,庆生泰,泰生湖,三世仕慕容氏。及慕容宝败,国乱。湖率众归魏,为右将军。湖生四子。第三子谧,仕魏,位至侍御史,坐法徙居怀朔镇。谧生皇考树生,性通率,不事家业。……及神武生而皇妣韩氏殂,养于同产姊婿镇狱队尉景家。神武既累世北边,故习其俗,遂同鲜卑。"高欢家族的族属问题是历史学界比较关注的一个问题,这里我们不予讨论①。我们要讨论的是高欢北镇起事之前社会交往对象的出身。

《神武纪》云:"与怀朔省事云中司马子如及秀容人刘贵、中山人贾显智为奔走之友。怀朔户曹史孙腾、外兵史侯景亦相友结。刘贵尝得一白鹰,与神武及尉景、蔡儁、子如、贾显智等猎于沃野。"司马子如,《北齐书》卷18《司马子如传》:"司马子如,字遵业,河内温人也。八世祖模,晋司空、南阳王。模世子保,晋乱出奔凉州,因家焉。魏平姑臧,徙居于云中,其自序云尔。父兴龙,魏鲁阳

---

① 请参阅吕春盛:《北齐政治史研究——北齐衰亡原因之考察》,第一章"高欢之族属问题与北齐政权之基础",台湾大学出版委员会,1987年,第13—49页。

太守。"刘贵,卷19《刘贵传》:"刘贵,秀容阳曲人也。父乾,魏世赠前将军、肆州刺史。"贾显智家世背景见于其兄贾显度的传记,《北史》卷49《贾显度传》:"贾显度,中山无极人也。父道监,沃野镇长史。显度形貌伟壮,有志气。初为别将,防守薄骨律镇。"孙腾,《北齐书》卷18《孙腾传》:"孙腾,字龙雀,咸阳石安人也。祖通,仕沮渠氏为中书舍人,沮渠灭,入魏,因居北边。"侯景,《梁书》卷56《侯景传》:"侯景,字万景,朔方人,或云雁门人。少而不羁,见惮乡里。及长,骁勇有膂力,善骑射。以选为北镇戍兵,稍立功效。"尉景,《北史》卷54《尉景传》:"尉景,字士真,善无人也。秦、汉置尉候官,其先有居此职者,因以氏焉。景性温厚,颇有侠气。"蔡儁,《北齐书》卷19《蔡儁传》:"蔡儁,字景彦,广宁石门人也。父普,北方扰乱,奔走五原,守战有功。……儁豪爽有胆气,高祖微时,深相亲附。与辽西段长、太原庞苍鹰俱有先知之鉴。长为魏怀朔镇将,尝见高祖,甚异之,谓高祖云:'君有康世之才,终不徒然也,请以子孙为托。'……苍鹰交游豪侠,厚待宾旅,居于州城。高祖客其舍,初居处于蜗牛庐中,苍鹰母数见庐上赤气属天。苍鹰亦知高祖有霸王之量,每私加敬,割其宅半以奉高祖,由此遂蒙亲识。"另高欢妻子娄昭君(即后来的武明皇后)家族出身,《北史》卷54《娄昭传》:"娄昭,字菩萨,代郡平城人也,武明皇后之母弟也。祖父提,雄杰有识度,家僮千数,牛马以谷量。性好周给,士多归附之。魏太武时,以功封真定侯。父内干,有武力,未仕而卒。……昭方雅正直,有大度深谋,腰带八尺,弓马冠时。神武少亲重之,昭亦早识人雄,曲尽礼敬。数随神武猎,每致请,不宜乘危历险。"

上列诸人传记,虽有伪托虚构的成分,但是总而言之不出胡、汉两类人范围,是北魏后期高欢生活的北镇社会与前述北魏前期平城京畿地区在族群关系上并无大的差异,都是一种胡汉杂糅共处的状态,而且北镇社会从人际互动的角度上看似乎并不存在种族的囿限。之前的研究者已有共识,北魏末年形成的高欢军政集团有源自北镇的社会关系基础,正如《隋书》卷24《食货志》所言:"六镇扰乱,相率内徙,寓食于齐、晋之郊。齐神武因之,以成大业。"这里笔者想强调的是,高欢集团还有一个基于胡汉杂糅而成的共通的政治文化基础。由于胡汉杂糅,游牧与农耕两种社会文化得以在北镇地区融汇,最终形成一种北镇胡汉共通的豪侠尚武、不循礼法的北镇文化。有了这样的基础,高欢即便真是胡族出身,他也会基于在北镇的社会交往经验和文化传统与内地汉族士人保持开放性接触。而相似的地域出身与共通的政治文化则维系了高欢与北镇武人的情感联系,帮助高欢在北魏末年快速崛起。

共通的文化在特定的历史情境下会产生特定的族群意识。普泰元年

(531)信都起兵之前,高欢与所统六镇将士约定"不得欺汉儿,不得犯军令,生死任吾"①。"欢每号令军士,常令丞相属代郡张华原宣旨,其语鲜卑则曰:'汉民是汝奴,夫为汝耕,妇为汝织,输汝粟帛,令汝温饱,汝何为陵之?'其语华人则曰:'鲜卑是汝作客,得汝一斛粟、一匹绢,为汝击贼,令汝安宁,汝何为疾之?'"②"(杜)弼性质直,前在霸朝,多所匡正。及显祖作相,致位僚首,初闻揖让之议,犹有谏言。显祖尝问弼云:'治国当用何人?'对曰:'鲜卑车马客,会须用中国人。'显祖以为此言讥我。"③"德政死后,显祖谓群臣曰:'高德政常言宜用汉人,除鲜卑,此即合死。又教我诛诸元,我今杀之,为诸元报仇也。'"④"韩凤,字长鸾,昌黎人也。……凤于权要之中,尤嫉人士,崔季舒等冤酷,皆凤所为。每朝士谘事,莫敢仰视,动致呵叱,辄詈云:'狗汉大不可耐,唯须杀却。'若见武职,虽厮养末品亦容下之。"⑤东魏、北齐的胡汉矛盾与冲突已为不少研究者所注意,并影响到对北朝后期政治进程与历史走向的理解⑥。但联系我们前面的分析,这些史料中的"鲜卑",已非南迁匈奴故地之初的拓跋鲜卑之旧,在种族与文化的构成上可能亦非此前诸史所言的鲜卑之旧,而是在北镇经胡汉杂糅,并经北魏末年乱局激发而成的一种新的族群意识的现实表征。跟随北魏孝文帝南下洛阳定居的胡族人士——"河南洛阳人"(在史料中又被称为"代人")此时亦重新集结在"鲜卑"的名号下。《隋书》卷24《食货志》:"是时六坊之众,从武帝而西者,不能万人,余皆北徙,并给常廪,春秋二时赐帛,以供衣服之费。"北齐"六坊之内徙者,更加简练,每一人必当百人,任其临阵必死,然后取之,谓之百保鲜卑"。"六坊之众"当指原居于洛阳的北魏鲜卑武人。

宇文泰军政集团和高欢集团有同样的崛起背景,但也有另外一些值得注意的现象。《周书》卷1《文帝纪上》:"太祖文皇帝姓宇文氏,讳泰,字黑獭,代武川人也。……有葛乌菟者,雄武多算略,鲜卑慕之,奉以为主,遂总十二部落,世为大人。其后曰普回……普回子莫那,自阴山南徙,始居辽西,是曰献侯,为魏舅生之国。九世至侯豆归,为慕容晃所灭。其子陵仕燕,拜驸马都尉,封玄

---

① 《北史》卷6《齐本纪上神武纪》。
② 《资治通鉴》卷157《梁纪十三》梁武帝大同三年(537)。
③ 《北齐书》卷24《杜弼传》。
④ 《北齐书》卷30《高德政传》。
⑤ 《北齐书》卷50《韩凤传》。
⑥ 缪钺:《东魏北齐政治上汉人与鲜卑之冲突》,《读史存稿》,三联书店1963年,第78—94页。黄永年:《论北齐的政治斗争》,《文史探微》,中华书局,2000年,第32—68页。牟发松:《旧齐士人与周隋政权》,《文史》2003年第1辑,后收入作者专著:《汉唐历史变迁中的社会与国家》,上海人民出版社,2011年,第299—315页。

菟公。魏道武将攻中山,陵从慕容宝御之。宝败,陵率甲骑五百归魏,拜都牧主,赐爵安定侯。天兴初,徙豪杰于代都,陵随例迁武川焉。陵生系,系生韬,并以武略称。韬生肱。肱仕有侠有气干。……武成初,追尊曰德皇帝。太祖,德皇帝之少子也。……少有大度,不事家人生业,轻财好施,以交结贤士大夫。"从出身背景上看,宇文泰出身胡族,和高欢一样同出北镇①。在随父兄流落河北之前,宇文泰社会交往对象的出身和高欢相比也没有大的不同②。前述豪侠尚武、不循礼法的北镇文化在宇文泰和出自北镇的其他集团成员身上自然也会有所体现。但问题尚不止于此。

《周书》卷11《晋荡公护传》:"晋荡公护字萨保,太祖之兄邵惠公颢少子也。幼方正有志度,特为德皇帝所爱,异与诸兄。年十一,惠公薨,随诸父在葛荣军中。荣败,迁晋阳。太祖之入关也,护以年小不从。普泰初,自晋阳至平凉,时年十七。太祖诸子并幼,遂委护以家务,内外不严而肃。"宇文护是宇文泰长兄宇文颢的小儿子,宇文颢早死于武川南河战场,见卷10《邵惠公颢传》。宇文护是宇文泰创业时期深相倚重的家族核心成员,并在宇文泰病逝后承担起了延续宇文氏家族政治核心地位的使命。宇文护出自北镇胡族家庭,他的政治文化习得经历或可反映胡族社会的某种时代风尚。据同传,北周保定四年(564),早年流落东魏北齐境内的宇文护母亲阎姬托人带信给宇文护,信中提及宇文护家庭成员在寿阳(传作受阳,据《魏书·地形志》,寿阳城在并州太原郡中都县境内)居住时,"元宝、菩提及汝姑儿贺兰盛洛,并汝身四人同学。博士姓成,为人严恶,(凌)[汝]等四人谋欲加害。吾共汝叔母等闻之,各捉其儿打之。唯盛洛无母,独不被打"。这里的元宝是宇文泰次兄宇文连的儿子,菩提是宇文泰三兄宇文洛生的儿子,宇文连死于定州唐河战场,洛生则是被尔朱荣诛杀,见《周书》卷10《杞简公连传》和《莒庄公洛生传》。此信虽出自齐人代作,但叙述宇文护少年经历的部分当出自阎姬真实的记忆。从这封信可以看出,尽管背井离乡,孤儿寡母,宇文氏家族还是非常重视子嗣的儒家政治文化教育。这说明至少北镇的部分胡族已开始接受儒家政治文化的熏陶,在豪侠尚武的北镇文化生活里面亦可能有中原地区儒家文化斑驳陆离的影子。这也应是北魏后期洛阳朝廷崇文重儒风尚在边疆地区的

---

① 参见周一良:《论宇文周之种族》,《魏晋南北朝史论集》,北京大学出版社,1997年,第239—255页。
② 详情请参阅吕春盛:《关陇集团的权力结构演变——西魏北周政治史研究》,第四章第一节,"宇文泰亲信集团的构成",台湾,稻乡出版社,2002年,第123—134页。

流风末韵。

西魏废帝三年(554),宇文泰"始作九命之典,以叙内外官爵。以第一品为九命,第九品为一命。改流外品为九秩,亦以九为上。又改置州郡及县……凡改州四十六,置州一,改郡一百六,改县二百三十。"恭帝三年(556)春正月丁丑,"初行周礼,建六官。以太祖为太师、大冢宰,柱国李弼为太傅,大司徒赵贵为太保,大宗伯独孤信为大司马,于谨为大司寇,侯莫陈崇为大司空。初,太祖以汉魏官繁,思革前弊。大统中,乃命苏绰、卢辩依周制改创其事,寻亦置六卿官,然为撰次未成,众务犹归台阁。至是始毕,乃命行之"①。宇文泰改革的现实成效如何,姑且不论。需要指出的是这种崇尚周礼、讲求秩序的政治行为或也有宇文泰早岁在北镇所受教育的影响。北魏后期北镇武人的政治文化观念,和北魏前期也有所不同,这种不同可能与北魏后期洛阳一带的政治文化存在时代上的关联②。

综上所述,北镇地区是东魏北齐、西魏北周政治文化传统的地理渊源,这种政治文化传统凸显为豪侠尚武、不循礼法,但也涌动着儒家政治文化的潜流。换言之,北镇文化与北魏前期平城京畿地区的政治文化比较契合,但也有迁都洛阳以后北魏后期主流文化的影子。政治文化是政治结构与政治联系在社会意识层面的体现。北魏前期,由于平城京畿地区与北镇地区地理相接,作为游牧民族建立的王朝,北镇地区与京畿地区在政治结构上其实为一体,"缘边诸镇,控摄长远。昔时初置,地广人稀,或征发中原强宗子弟,或国之肺腑,寄以爪牙"③。"昔皇始(396—398)以移防为重,盛简亲贤,拥麾作镇,配以高门子弟,以死防遏。不但不废仕宦,至乃偏得复除。当时人物,忻慕为之。"④两个地区的政治联系密切,政治地位平等。

---

① 《周书》卷2《文帝纪下》。
② 高欢家族在北镇时代对儒学的社会态度如何,无从考知,但我们知道高欢父子在政治上崛起之后很注重对家族成员进行儒家政治文化教育。《北史》卷6《齐本纪上》称高欢"仁恕爱士。始范阳卢景裕以明经称,鲁郡韩毅以工书显,咸以谋逆见禽,并蒙恩置之第馆,教授诸子。"《北齐书》卷44《儒林传》亦称"属疆场多虞,戎车岁驾,虽庠序之制有所未遑,而儒雅之道迺形心虑。魏天平中,范阳卢景裕同从兄礼于本郡起逆,高祖免其罪,置之宾馆,以经教授太原公以下。及景裕卒,又以赵郡李同轨继之,二贤并大蒙恩遇,待以殊礼。同轨之亡,复征中山张雕、渤海李铉、刁柔、中山石曜等递为诸子师友。及天保、大宁、武平之朝,亦引进名儒,授皇太子诸王经术。"高欢的儿子高澄,《北史》卷6《齐本纪上》:"魏中兴元年,立为勃海王世子。就杜询讲学,敏悟过人,询甚叹服。"高洋,《北齐书》卷4《文宣纪》:"幼时师事范阳卢景裕,默识过人,景裕不能测也。"高演,《北史》卷7《齐本纪中》:"及文襄执政,遣中书侍郎李同轨就霸府为诸弟师。"
③ 《北齐书》卷23《魏兰根传》。
④ 《北史》卷16《太武五王广阳王建传孙元深(即元渊)附传》。

但是自孝文帝迁都洛阳以后,北镇地区与政治核心地区在地理上彻底分离。由于孝文帝尚文崇经,洛阳京畿地区呈现出与前期平城京畿地区完全不同的政治文化风貌。通过定姓族、明婚宦而形塑成的北魏后期统治阶层,也与北镇人士有着文化教养与阶级情感上的巨大鸿沟①。在华夏中心观映照下的孝文帝汉化改革,使北镇地区迅速沦为政治与文化上的边缘,北镇武人因改革而失去了先前公平分享社会优质政治资源的机会。"自非得罪当世,莫肯与之为伍。征镇驱使为虞候、白直,一生推迁,不过军主。然其往世房分,留居京者,得上品通官;在镇者,便为清途所隔。或投彼有北,以御魑魅,多复逃胡乡。乃峻边兵之格,镇人浮游在外,皆听流兵捉之。于是少年不得从师,长者不得游宦。独为匪人,言者流涕。"②"中年以来,有司乖实,号曰府户,役同厮养,官婚班齿,致失清流。而本宗旧类,各各荣显,顾瞻彼此,理当愤怨。"③而且北魏末年政治腐败,北镇地区的吏治尤其腐败。"自定鼎伊洛,边任益轻,唯底滞凡才,出为镇将。转相模习,专事聚敛。或有诸方奸吏,犯罪配边,为之指踪,过弄官府;政以贿立,莫能自改。咸言奸吏为此,无不切齿增怒。"④由此可见,迁都所导致的北魏政治结构与政治关系的变化,是北镇地区与中原内地对立的政治根源。由于地处边疆军事要地,北镇民众尚武习战,隐含有巨大的军事潜能,再加上极端的吏治腐败,北魏末年的北镇地区,已成为最有可能萌生战乱的地方。也正由于北镇隐含的巨大军事能量,在北魏洛阳朝廷瓦解分崩之际,高欢和宇文泰才能借重源自北镇的武力,纠合各方势力,建立起东西颉颃对峙的北方新局。

行文至此,我们已能理解北魏末年至两魏齐周涌动的鲜卑族群意识之成因。它有北镇社会的土壤,是北魏政治结构与政治关系变动的产物,并由北魏后期洛阳朝廷不公的政治对待所激发。高欢集团和宇文泰集团既在政治支持与军事抗衡上要仰赖北镇武人,就不能不在具体的政治举措上对鲜卑族群意识有所呼应。所以高欢一度漠视官吏贪污腐败、将士掠夺百姓,宇文泰则有将

---

① 《北史》卷5《魏本纪五》:"帝(指后来随孝武帝入关并被推奉为西魏文帝的元宝炬)性强果,始为太尉时,侍中高隆之恃勃海王高欢之党,骄狎公卿。因公会,帝劝酒不饮,怒而殴之。骂曰:'镇兵,何敢尔也!'……及欢将改葬其父,朝廷追赠太师,百僚会吊者尽拜。帝独不屈,曰:'安有生三公而拜赠太师耶!'"这里面隐含的情绪可能不仅仅是对高欢个人专权的不满,当有长久以来洛阳权贵对北镇出身之人文化情感上的鄙视与憎恶。
② 《北史》卷16《太武五王广阳王建传孙元深(即元渊)附传》。
③ 《北齐书》卷23《魏兰根传》。
④ 《北史》卷16《太武五王广阳王建传孙元深(即元渊)附传》。

汉姓改从鲜卑旧姓,建立府兵制度的政治举措①。

在东魏北齐与西魏北周当然也活跃着汉族地方豪族的身影,他们是中原各地地方权益的保护者和代言人。东魏北齐和西魏北周政权要生存发展,同样要仰仗地方豪族与汉人武士的支持与配合。"于时鲜卑共轻中华朝士,唯惮服于昂。高祖(指高欢)每申令三军,常鲜卑语,(高)昂若在列,则为华言。"高昂(即敖曹)是渤海高氏家族的重要成员,拥有私家武装②。"及文宣受禅,多所创革。六坊之内徙者,更加简练,每一人必当百人,任其临阵必死,然后取之,谓之百保鲜卑。又简华人之勇力绝伦者,谓之勇士,以备边要。"③这是东魏北齐的情况。"是时六坊之众,从武帝而西者,不能万人"④,西魏由于出自鲜卑的兵力更为不足,在频繁战争的巨大消耗下必须借助豪族大姓军事资源的挹注,政权才能够得以维持。大统九年(543),邙山一战西魏最终不利,宇文泰"广募关陇豪右,以增军旅"⑤,府兵制的创设实有整合胡汉两种军事力量的政治意图在里面。东西政权的这种胡汉混合气质,很容易引发我们对十六国北朝整

---

① 宇文泰将汉姓改从鲜卑旧姓,建立府兵制度已如前述。东魏的情况,据《魏书》卷111《刑法志》:"天平后,迁移草创,百司多不奉法,货贿公行。"《北齐书》卷24《杜弼传》:"弼以文武在位,罕有廉洁,言之于高祖。高祖曰:'弼来,我语尔。天下浊乱,习俗已久。今督将家属多在关西,黑獭常相招诱,人情去留未定。江东复有一吴儿老翁萧衍者,专事衣冠礼乐,中原士大夫望之以为正朔所在。我若急作法网,不相饶借,恐督将尽投黑獭,士子悉奔萧衍,则人物流散,何以为国? 尔宜少待,吾不忘之。'及将有沙苑之役,弼又请先除内贼,却讨外寇。高祖问内贼是谁。弼曰:'诸勋贵掠夺万民者皆是。'高祖不答,因令军人皆张弓挟矢,举刀按矟以夹道,使弼冒出其间,曰:'必无伤也。'弼战栗汗流。高祖然后喻之曰:'箭虽注,不射,刀虽举,不击,矟虽按,不刺,尔犹顿丧魂胆。诸勋人身触锋刃,百死一生,纵其贪鄙,所取处大,不可以循常例也。'弼于时大恐,因顿颡谢曰:'愚痴无智,不识大理,今蒙开晓,始见圣达之心。'"

② 《北齐书》卷21《高昂(敖曹)传》。据同卷《高乾传》:"高乾,字乾邕,渤海蓨人也。父翼,字次同,豪侠有风神,为州里所宗敬。孝昌末,葛荣作乱于燕、赵,朝廷以翼山东豪右,即家拜渤海太守。至郡未几,贼徒愈盛,翼部率合境,徙居河、济之间。魏因置东冀州,以翼为刺史,加镇东将军、乐城县侯。及尔朱兆弑庄帝,翼保境自守。……事未辑而卒。……乾性明悟,俊伟有知略,美音容,进止都雅。少时轻侠,数犯公法,长而改修,轻财重义,多所交结。……起家拜员外散骑侍郎,领直后,转太尉士曹、司徒中兵,迁员外。……及尔朱荣入洛,乾东奔于翼。……乾兄弟本有从横志,见荣杀害人士,谓天下遂乱,乃率河北流人反于河、济之间,受葛荣官爵,屡败齐州士马。庄帝寻遣右仆射元罗巡抚三齐,乾兄弟相率来降。朝廷以乾为给事黄门侍郎。尔朱荣以乾前罪,不应复居近要,庄帝听乾解官还乡里。于是招纳骁勇,以射猎自娱。荣死,乾驰赴洛阳,庄帝见之,大喜。时尔朱徒党拥兵在外,庄帝以乾为金紫光禄大夫、河北大使,令招集乡闾为表里形援。……俄而尔朱兆入洛,寻遣其监军孙白鹞百余骑至冀州,托言普征民马,欲待乾兄弟送马,因收之。乾既宿有报复之心,而白鹞忽至,知将见图,乃先机定策,潜勒壮士,袭据州城,传檄州郡,杀白鹞,执刺史元仲宗。……北受幽州刺史刘灵助节度,共为影响。……属高祖出山东,扬声来讨……乾乃将十数骑于关口迎谒。"从中不难窥见渤海高氏的军事实力与政治能量。渤海高氏对高欢在河北的崛起影响深远,高欢伪托渤海高氏出身,或也有这方面的因由。

③ 《隋书》卷24《食货志》。
④ 《隋书》卷24《食货志》。
⑤ 《周书》卷2《文帝纪下》。

体政治进程的思考。

高欢与宇文泰集团出身的北镇地区在人文地理上属于所谓的农耕游牧交错带,从立足农耕地区王朝的政治发展需要出发,单靠北镇的政治文化传统自然不足以建立起长久有序的政治统治,必须依托中原政治文化传统,建立起最高领导者的政治权威和以最高领导者为中心的政治秩序①。这是东魏后期高欢授意其子高澄打击本集团勋贵、澄清吏治的政治动机②。而宇文泰重用苏绰、卢辩颁布六条诏书,改革官制,应也是出于这样的政治动机③。

北镇势力毕竟是一个不容忽视的客观存在,他们豪侠尚武、不循礼法的政治行为模式必然会牵动现实政局的走向。东魏北齐因为曾是北镇流民南下的主要地区,又在北魏分裂之际接收了自洛阳而来的大部分鲜卑势力,所以北镇武人的政治作为与最高领导者日益明显的集权意图,以及汉族士人重建以最高领导者为中心的政治秩序的努力之间的政治反差日益明显。由此考察东魏北齐的政治进程,之前学者所言东魏北齐剧烈的胡汉冲突,实因为在东魏北齐的政治架构里面没有有效的政治机制来和平化解源自不同地理背景的两种政治文化在同一政治体内的冲突。在三方鼎峙的军事压力与政治竞争面前,东魏北齐的最高领导者除了左右摇摆妥协之外,似乎也没有更好的化解渠道④。这是我们阅读《北齐书》时所应留意的地方。

---

① 笔者这里用最高领导者而不是皇帝来指代最高统治者,是因为东西魏时期皇帝并不是权力的真正中心。
② 参阅吕春盛:《北齐政治史研究——北齐衰亡原因之考察》,第五章第一节"高欢时代的政治冲突:五三四—五四六年",台湾大学出版委员会,1987年,第191—202页。
③ 《周书》卷23《苏绰传》:"苏绰字令绰,武功人,魏侍中则之九世孙也。累世二千石。父协,武功郡守。"显然苏绰出自关中豪族。"属太祖与公卿往昆明池观渔,行至城西汉故仓地,顾问左右,莫有知者。……太祖乃召绰。具以状对。太祖大悦,因问天地造化之始,历代兴亡之迹,绰既有口辩,应对如流。太祖益喜。乃与绰并马徐行至池,竟不设网罟而还。遂留绰至夜,问以治道,太祖卧而听之。绰于是指陈帝王之道,兼述申韩之要。太祖乃起,整衣危坐,不觉膝之前席。语遂达曙不厌。……即拜大行台左丞,参典机密。自是宠遇日隆。绰始制文案程序,朱出墨入,及计帐、户籍之法。""太祖方欲革易时政,务弘强国富民之道,故绰得尽其智能,赞成其事。减官员,置二长,并置屯田以资军国。又为六条诏书,奏施行之。""太祖甚重之,常置诸座右。又令百司习诵之。其牧守令长,非通六条及计帐者,不得居官。"卷24《卢辩传》:"卢辩字景宣,范阳涿人。累世儒学。……自魏末离乱,孝武西迁,朝章礼度,湮坠咸尽。辩因时制宜,皆以轨度。""初,太祖欲行周官,命苏绰专掌其事。未几而绰卒,乃令辩成之。于是依周礼建六官,置公、卿、大夫、士,并撰次朝仪,车服器用,多依古礼,革汉、魏之法。事并施行。"从《苏绰传》与《卢辩传》中我们不难窥见宇文泰的政治用心。
④ 吕春盛从君权与胡汉冲突的角度分析,对造成北齐政局不断冲突、动荡的根由,做了系统的历史学梳理,认为君权问题与胡汉冲突问题是北齐政权所面临的历史困境。参阅吕春盛:《北齐政治史研究——北齐衰亡原因之考察》,特别是第六章"北齐政权的历史困境"以及"结语",台湾大学出版委员会,1987年,第266—306页。

《隋书》卷29《地理志上》:"《周礼·职方氏》:'正西曰雍州。'上当天文,自东井十度至柳八度,为鹑首。于辰在未,得秦之分野。考其旧俗,前史言之详矣。化于姬德,则闲田而兴让,习于嬴敝,则相稽而反唇。斯岂土壤之殊乎?亦政教之移人也。京兆王都所在,俗具五方,人物混淆,华戎杂错。去农从商,争朝夕之利,游手为事,竞锥刀之末。贵者崇侈靡,贱者薄仁义,豪强者纵横,贫窭者窘蹙。桴鼓屡惊,盗贼不禁,此乃古今之所同焉。自京城至于外郡,得冯翊、扶风,是汉之三辅。其风大抵与京师不异。安定、北地、上郡、陇西、天水、金城,于古为六郡之地,其人性犹质直。然尚俭约,习仁义,勤于稼穑,多畜牧,无复寇盗矣。雕阴、延安、弘化,连接山胡,性多木强,皆女淫而妇贞,盖俗然也。平凉、朔方、盐川、灵武、榆林、五原,地接边荒,多尚武节,亦习俗然焉。河西诸郡,其风颇同,并有金方之气矣。"卷30《地理志中》:"冀州于古,尧之都也。舜分州为十二,冀州析置幽、并。其于天文,自胃七度至毕十一度,为大梁,属冀州。自尾十度至南斗十一度,为析木,属幽州。自危十六度至奎四度,为娵訾,属并州。自柳九度至张十六度,为鹑火,属三河,则河内、河东也。准之星次,本皆冀州之域,帝居所在,故其界尤大。至夏废幽、并入焉,得唐之旧矣。信都、清河、河间、博陵、恒山、赵郡、武安、襄国,其俗颇同。人性多敦厚,务在农桑,好尚儒学,而伤于迟重。前代称冀、幽之士钝如椎,盖取此焉。俗重气侠,好结朋党,其相赴死生,亦出于仁义。故《班志》述其土风,悲歌慷慨,椎剽掘冢,亦自古之所患焉。前谚云'仕官不偶遇冀部',实弊此也。魏郡,邺都所在,浮巧成俗,雕刻之工,特云精妙,士女被服,咸以奢丽相高,其性所尚习,得京、洛之风矣。语曰:'魏郡、清河,天公无奈何!'斯皆轻狡所致。汲郡、河内,得殷之故壤,考之旧说,有纣之余教。汲又卫地,习仲由之勇,故汉之官人,得以便宜从事,其多行杀戮,本以此焉。今风俗颇移,皆向于礼矣。长平、上党,人多重农桑,性尤朴直,盖少轻诈。河东、绛郡、文城、临汾、龙泉、西河,土地沃少瘠多,是以伤于俭啬。其俗刚强,亦风气然乎?太原山川重复,实一都之会,本虽后齐别都,人物殷阜,然不甚机巧。俗与上党颇同,人性劲悍,习于戎马。离石、雁门、马邑、定襄、楼烦、涿郡、上谷、渔阳、北平、安乐、辽西,皆连接边郡,习尚与太原同俗,故自古言勇侠者,皆推幽、并云。然涿郡、太原,自前代已来,皆多文雅之士,虽俱曰边郡,然风教不为比也。"

比较而言,西魏北周所据之关西地区自然地理状况更为复杂多样,种族与民族以多元杂处著称,人文地理环境和东魏北齐所据之河北地区相比有很大的差异。是时宇文泰所统鲜卑兵力远不及高欢军政集团,加上外部的政治压力与军事竞争,胡汉矛盾并不是西魏北周所面临的主要政治问题。在关中地方豪族协助与北镇武人配合下，宇文泰通过厉行军政改革，得以成功重建最高领导者的政治权威和以最高领导者为中心的政治秩序。西魏北周的问题在于宇文泰病故时子嗣幼弱，政治能力不足，不得不借助侄子宇文护之力维持家族的政治核心地位。但在北周建立以后，皇帝集权的政治文化传统与宇文护把持政柄的政治现实引发统治集团核心成员内讧不已，统治阶层相当一部分人因此明哲保身，政治态度趋于暧昧，宇文氏政治统治的权威已然下降。《资治通鉴》卷170《陈纪四》：陈临海王光大二年(568)秋七月，"(杨)坚为开府仪同三司、小宫伯，晋公护欲引以为腹心。坚以白忠，忠曰：'两姑之间难为妇，汝其勿往！'坚乃辞之"。杨坚行周隋禅代一事之所以有惊无险，与统治阶层对宇文氏的政治向心力不足有很大关系①。

现在已知东魏北齐与西魏北周的政治进程在时代共性之下又各有其特点，由此我们再来观察双方政治进程的另一个重要层面——行政区划的演变情况。东魏是北齐政区的基础，西魏是北周政区的前身，所以探究应该从东西魏着手。先据《魏书》卷12《孝静帝纪》(以下简称《孝静帝纪》)与《北史》卷6《齐本纪上》(以下简称《齐本纪上》)，从东魏说起。

天平元年(534)，《孝静帝纪》：冬十月"丙子，车驾北迁于邺。诏齐献武王(指高欢)留后部分。改司州为洛州，以卫大将军、尚书令元弼为骠骑大将军、仪同三司、洛州刺史，镇洛阳。诏从迁之户，百官给复三年，安居人五年"。十一月"庚寅，车驾至邺，居北城相州之廨。改相州刺史为司州牧，魏郡太守为魏尹，徙ošlo旧人西径百里，以居新迁之人。分邺置临漳县，以魏郡、林虑、广平、阳[平、顿]丘、汲郡、黎阳、东[郡]、濮阳、清河、广宗等郡为皇畿"。闰十二月，"初置四中郎将，于硙石桥置东中，蒲泉置西中，济北置南中，洺水置北中"。《齐本纪上》："正月壬辰，神武(指高欢)西伐费也头虏纥豆陵伊利于河西，灭之。迁其部落于河东。""初，神武自京师将北，以为洛阳久经丧乱，王气衰尽。虽有山河之固，土地褊狭，不如邺，请迁都。……神武以孝武既西，恐逼崤陕，洛阳复在河外，接近梁境。如向晋阳，形势不能相接。依议迁邺。……诏下三日，车驾便发，户四十万，狼狈就道。神武留洛阳部分，事毕还晋阳。自是军国政务，皆归相府。"由于高欢集团以河北平原与汾河谷地为统治根本，加上东西、南北均存在对峙形势，迁都邺城势所难免。"自是军国政务，皆归相府"，迁都邺城，也是高欢全面掌控东魏军政大权的开始。在这种情况下行政区划以邺城为中

---

① 详情请参阅吕春盛：《关陇集团的权力结构演变——西魏北周政治史研究》，第七章"周隋革命与统治阶层的变动"，第八章"结论"，台湾：稻乡出版社，2002年，第281—357页。

心予以某些重要的调整,势在必行。所以东魏和北魏的行政区划,在空间格局上实存在着一些重要差异。

天平二年(535),《孝静帝纪》:"春正月,宝炬(指西魏文帝)渭州刺史可朱浑道元拥部来降,齐献武王迎纳之,赈其廪食。""九月,齐献武王以治民之官多不奉法,请选朝士清正者,州别遣一人,问疾苦。"东魏初年,高欢集团军纪不严,但是我们注意到统治者也有通过改善行政管理来强化对地方控制的政治举措。在看似承自北魏的浑浊乱局里面,施政治民的行政区划功能在东魏时代开始有所恢复。

天平三年(536),《孝静帝纪》:春正月,"齐献武王袭宝炬西夏州,克之"。"二月丁未,萧衍光州刺史郝树以州内附。"秋七月,"萧衍夏州刺史田独鞞、颍川防城都督刘鸾庆并以州内附""九月壬寅,以定州刺史侯景兼尚书右仆射、南道行台,节度诸军南讨。""冬十有一月……侯景攻克萧衍楚州,获刺史桓和。"《齐本纪上》:"正月甲子,神武帅库狄干等万骑袭西魏夏州。……擒其刺史费也头贺拔俄弥突,因而用之。留都督张琼以镇守,迁其部落五千户以归。""西魏灵州刺史曹泥,与其婿凉州刺史刘丰,遣使请内属。……神武率骑迎泥、丰生,拔其遗户五千以归,复泥官爵。""二月,神武令阿至罗逼西魏秦州刺史建忠王万俟普拨,神武以众应之。六月甲午,普拨与其子太宰受洛干、幽州刺史叱干宝乐、右卫将军破六韩常及督将三百余人,拥部来降。"结合天平二年(535)西魏渭州刺史可朱浑道元和兴和二年(540)西魏行台宫延和、陕州刺史宫元庆(见下)投降东魏的例子,军政活动归根到底还是要由人力来支撑。在战争对人力存在巨大消耗的情况下,对人力的争取与掠夺,很多情况下比控制某些地方还要重要。这是东魏在迁都邺城时的必要举措之外很少对承自北魏的行政区划做调整的重要原因。这一点我们也可以拿来与后面西魏的情况相参照。

天平四年(537),《孝静帝纪》:春正月"丁巳,高敖曹攻上洛,克之,擒宝炬骠骑大将军、洛州刺史泉企"(按《魏书》卷113《官氏志》:"天平四年夏,罢六州都督,悉隶京畿,其京畿大都督仍不改焉。立府置佐")。"八月,宝炬、宇文黑獭(宇文泰字黑獭)寇陕州,城陷,刺史李徽伯为黑獭所杀。""冬十月……己酉,宝炬行台宫景寿、都督杨白驹寇洛州,大都督韩延大破之。宝炬又遣其子大行台元季海、大都督独孤如愿逼洛州,刺史广阳王湛弃城退还。季海、如愿遂据金墉。颍州长史贺若微执刺史田迅西叛,引宝炬都督梁回据城。宝炬又遣其都督赵继宗、右丞韦孝宽等攻陷豫州。"

元象元年(538),《孝静帝纪》:"春正月……大都督贺拔仁攻宝炬南汾州。

己卯,拔之,擒其刺史韦子粲。行台任祥率豫州刺史尧雄等与大行台侯景、司徒高敖曹、大都督万俟受洛干等于北豫相会,俱讨颍州。梁回等弃城遁走。颍州平。二月,豫州刺史尧雄攻扬州(笔者按:这里的扬州当指阳州,下同,阳、扬繁体在文献中经常有混写情况),拔之,擒宝炬义州刺史韩显、扬州长史丘岳,送京师。""八月……宝炬留其将长孙子彦守金墉。壬辰,齐献武王济河,子彦弃城走。"《齐本纪上》:"子彦亦弃城走。神武遂毁金墉而还。"

兴和元年(539),《孝静帝纪》:"九月甲子,发畿内民夫十万人城邺城,四十日罢。"

兴和二年(540),《孝静帝纪》:"夏五月己酉,西魏行台宫延和、陕州刺史宫元庆率户内属,置之河北。"

兴和三年(541),《孝静帝纪》:"冬十月……己巳,发夫五万人筑漳滨堰,三十五日罢。"

兴和四年(542),《孝静帝纪》:"秋八月庚戌,以开府仪同三司、吏部尚书侯景为兼尚书仆射、河南行台,随机讨防。"

武定元年(543),《孝静帝纪》:"二月壬申,北豫州刺史高仲密据虎牢西叛。三月,宝炬遣其子突与宇文黑獭率众来援仲密。……戊申,齐献武王讨黑獭,战于邙山,大破之……豫洛二州平。齐献武王追奔至恒农而还。"秋八月,"齐献武王召夫五万于肆州北山筑城,西自马陵戍,东至土隥。四十日罢"。

武定三年(545),《齐本纪上》:"十月丁卯,神武上言,幽、安、定三州北接奚、蠕蠕,请于险要修立城戍以防之。躬自临履,莫不严固。"

武定四年(546),《孝静帝纪》:"六月庚子,以司徒侯景为河南大行台,应机讨防。"

武定五年(547),《孝静帝纪》:"春正月丙午,齐献武王薨于晋阳,秘不发丧。辛亥,司徒侯景反,颍州刺史司马世云以城应之。景入据颍城,诱执豫州刺史高元成、襄州刺史李密、广州刺史暴显等。遣司空韩轨……等帅众讨之。景乃遣使降于宝炬,请师救援。宝炬遣其将李景和、王思政帅骑赴之。思政等入据颍川,景乃出走豫州。……二月,侯景复背宝炬,归于萧衍。衍署景河南[王]、大将军,承制。"

武定六年(548),《孝静帝纪》:"春正月己亥,大都督高岳等于涡阳大破侯景……景走淮南。"《齐本纪上》:"先是,文襄遣行台尚书辛术率诸将略江淮之北。至是,凡所获二十三州。"

武定七年(549),《孝静帝纪》:"春正月戊辰,萧衍弟子北徐州刺史、封山侯萧正表以钟离内属,封兰陵郡开国公、吴郡王。三月丁卯,侯景克建业,还以萧衍为主。衍弟子北兖州刺史、定襄侯萧祇,相谭侯萧退来降。衍江北郡国皆内属。""夏四月,大行台慕容绍宗、大都督刘丰遇暴风,溺水死。甲辰,诏以齐文襄王为相国、齐王,绿綟绶,赞拜不名,入朝不趋,剑履上殿,食冀州之勃海、长乐、安德、武邑,瀛州之河间五郡,邑十五万户,余如故。""五月,齐文襄王师众自邺赴颍川。六月丙申,克颍州。"八月,"齐文襄王薨于第,秘不发丧"。按《魏书》卷106《地形志中》:"前件自阳州已下二十三州并缘边新附,地居险远,故郡县户口有时而阙。"这些承自萧梁的州郡县的并入,对东魏的行政区划格局带来了比较重大的影响。体现在文献中,就是《地形志中》出现的大量"武定某年置","武定某年改","武定某年复"。南北之间基于政治对抗与军事对峙而产生的某些政区设置,也由于疆域的重大变动而出现了存在意义的消长。这也应是北齐天保七年(556年)省并政区的一个重要原因。

武定八年(550),《孝静帝纪》:"五月甲寅,诏齐王为相国,总百揆,封冀州之勃海、长乐、安德、武邑,瀛州之河间、高阳、章武,定州之中山、常山、博陵十郡,二十万户,备九锡之礼;以齐国太妃为王太后,王妃为王后。丙辰,诏归帝位于齐国,即日逊于别宫。"

综上所述,东魏的行政区划格局虽然承袭自北魏,但由于政治中心由洛阳东北移至邺城,政治地理格局发生重大变化,再加上疆域面积缩小,两者的政区设置还是存在着一些重要的差异。《魏书》卷106《地形志上》和《地形志中》反映的主要还是东魏的行政区划格局。而北齐由于在政治格局与疆域面积上与东魏有很大的因袭关系,两者在行政区划上的雷同之处要更多。这也是本编将东魏、北齐行政区划并在一起叙述的原因。

我们前面梳理东魏北齐的政治进程,已知东魏北齐的根本政治问题在于胡、汉两类族群、两种政治文化的交互磨合,政区问题并非政治发展的重点。所以和西魏比较起来,除了东魏初年迁都邺城的必要调整,东魏的行政区划演变过程缺少让人耳目一新之处。本编叙述东魏、北齐行政区划,以《魏书·地形志》提供的政治空间框架为基础。

再据《北史》卷5《魏本纪五》(以下简称《魏本纪五》)与《周书》卷2《文帝纪下》(以下简称《文帝纪下》)比较一下西魏的情况。

大统元年(535),《魏本纪五》:春正月,"东魏将侯景攻陷荆州"。"二月,前南青州刺史大野拔斩兖州刺史樊子鹄,以州降东魏。""秋七月……梁州刺史元罗以州降梁。"《文帝纪下》:"春正月己酉,进太祖(指宇文泰)督中外诸军事、录尚书事、大行台,改封安定郡王。太祖固让王及录尚书事,魏帝许之,乃改封安定郡公。"

大统二年(536),《魏本纪五》:春正月,"东魏攻陷夏州"。"二月,仪同三司段敬讨叛羌梁企定,平之。""夏五月……秦州刺史、建忠王万俟普拨及其子太宰寿乐干率所部奔东魏。"《文帝纪下》:"春三月,东魏袭陷夏州,留其将张琼、许和守之。""夏五月,秦州刺史、建中王万俟普拨率所部叛入东魏。太祖勒轻骑追之,至河北千余里,不及而还。"西魏政权以宇文泰军政集团为现实基础,而宇文泰在威望、实力上与高欢相比还存在一定的差距,只是因为合并东西对当时的高欢而言也是力所未逮,西魏才得以存续下来。西魏治下政区的不稳状态,应是宇文泰现实政治状况的直接投影。

大统三年(537),《魏本纪五》:"冬十月,安定公宇文泰大破东魏军于沙苑,拜泰柱国大将军。""十二月,司徒李叔仁自凉州通使于东魏,建昌太守贺兰植攻斩之。"《文帝纪下》:春正月,"东魏寇龙门,屯军蒲阪,造三道浮桥度河。又遣其将窦泰趣潼关,高敖曹围洛州。……庚戌,太祖率骑六千还长安,声言欲保陇右。辛亥,谒帝而潜出军。癸丑旦,至小关。窦泰卒闻军至,惶惧,依山为阵,未及成列,太祖纵兵击破之,尽俘其众万余人。斩泰,传首长安。高敖曹适陷洛州,执刺史泉企,闻泰之殁,焚辎重弃城走。……企子元礼寻复洛州,斩东魏刺史杜密"。"六月,遣仪同于谨取杨氏壁。""八月丁丑,太祖率李弼……等十二将东伐。遣于谨居军前,徇地至盘豆。东魏将高叔礼守栅不下,谨急攻之,乃降。……戊子,至弘农。东魏将高干、陕州刺史李徽伯拒守。……庚寅,城溃,斩徽伯,虏其战士八千。……于是宜阳、邵郡皆来归附。先是河南豪杰多聚兵应东魏,至是各率所部来降。"冬十月,"遣左仆射、冯翊王元季海为行台,与开府独孤信率步骑二万向洛阳;洛州刺史李显趋荆州;贺拔胜、李弼渡河围蒲阪。牙门将高子信开门纳胜军,东魏将薛崇礼弃城走,胜等追获之。太祖进军蒲阪,略定汾、绛。于是许和杀张琼以夏州降。初,太祖自弘农入关后,东魏将高敖曹围弘农,闻其军败,退守洛阳。独孤信至新安,敖曹复走度河,信遂入洛阳。东魏颍川长史贺若统与密县人张俭执刺史田迅举城降。荥阳郑荣业、郑伟等攻梁州,擒其刺史鹿永吉;清河人崔彦穆、檀琛攻荥阳,擒其郡守苏定,皆来附。自梁、陈已西,将吏降者相属。""是云宝杀其(东)扬州刺史那(桩)〔椿〕,以州来附。"

大统四年(538),《魏本纪五》:"二月,东魏攻陷南汾、颖、豫、广四州。""九月,车驾至自东伐。以抚军将军梁企定为南洮州刺史,安西蕃。"《文帝纪下》:"七月,东魏遣其将侯景……等围独孤信于洛阳。齐神武继其后。……八月……战并不利……由是乃班师,洛阳亦失守。大军至弘农,守将皆已弃城西走。所虏降卒在弘农者,因相与闭门拒守。进攻拔之,诛其魁首数百人。""冬十一月,东魏将侯景攻陷广州。""十二月,是云宝袭洛阳,东魏将王元轨弃城走。都督赵刚袭广州,拔之。自襄、广以西城镇复内属。"

大统七年(541),《魏本纪五》:"秋九月,诏班政事之法六条。""冬十一月,叛羌梁仚定徒党屯于赤水城,秦州刺史独孤信击平之。尚书奏班十二条制。"《文帝纪下》:"春三月,稽胡帅、夏州刺史刘平伏据上郡叛,遣开府于谨讨平之。"

大统八年(542),《魏本纪五》:"春三月,初置六军。""夏四月,鄯善王兄鄯朱那率众内附。"

大统九年(543),《魏本纪五》:"二月,东魏北豫州刺史高仲密据武牢内附。"

大统十二年(546),《魏本纪五》:"春二月,凉州刺史宇文仲和反,秦州刺史独孤信讨平之。"《文帝纪下》:"春,凉州刺史宇文仲和据州反。瓜州民张保害刺史成庆,以州应仲和。……夏五月,独孤信平凉州,擒仲和,迁其民六千余家于长安。瓜州都督令狐延起义诛张保,瓜州平。"

大统十三年(547),《魏本纪五》:"二月……东魏勃海王欢薨高。其司徒侯景据颍川率河南六州内附。""秋七月……大将军侯景据豫州叛。"《文帝纪下》:"春正月……齐神武薨。其子澄嗣,是为文襄帝。与其河南大行台侯景有隙,景不自安,遣使请举河南六州来附。齐文襄遣其将韩轨、库狄干等围景于颍川。三月,太祖遣开府李弼率军援之,轨等遁去。景请留收辑河南,遂徙镇豫州。于是遣开府王思政据颍川,弼引军还。"

大统十四年(548),《魏本纪五》:"春正月,赦颍、豫、广、北、洛、东荆、襄等七州。"《文帝纪下》:"春,魏帝诏封太祖长子毓为宁都郡公,食邑三千户。初,太祖以平元颢、纳孝庄帝之功,封宁都县子,至是改县为郡,而以封毓,用彰勤王之始也。"

大统十五年(549),《魏本纪五》:"五月……初诏诸代人太和中改姓者,并令复旧。""六月,东魏勃海王高澄攻陷颍川。""冬十二月,封梁雍州刺史、岳阳王萧詧为梁王。"《文帝纪下》:"初,侯景自豫州附梁,后遂度(渡)江,围建业。梁司州刺史柳仲礼以本朝有难,帅兵援之。梁竟陵郡守孙暠举郡来附,太祖使大都督符贵往镇之。及景克建业,仲礼还司州,率众来寇,暠以郡叛。太祖大怒。""冬十一月,遣开府杨忠率兵与行台仆射长孙俭讨之,攻克随郡。忠进围仲礼长史马岫于安陆。"

大统十六年(550),《魏本纪五》:"五月,东魏静帝逊位于齐。秋七月,安定公宇文泰东伐,至恒农。齐师不出,乃还。"《文帝纪下》:"春正月,柳仲礼率众来援安陆,杨忠逆击于漴头,大破之,擒仲礼,悉虏其众。马岫以城降。""九月丁巳,军出长安。时连雨,自秋及冬,诸军马驴多死。遂于弘农北造桥济河,自蒲阪还。于是河南自洛阳,河北自平阳以东,遂入于齐矣。"北齐建立,就内而言是经高仲密、侯景诸反叛事件之后,最高领导者的政治权威和以最高领导者为中心的政治秩序已然确立。对外而言,最重要的还是东西对峙格局已成稳定状态,西魏宇文泰尚没有实力争得更大的军事优势。

废帝元年(552),《魏本纪五》:"冬十一月,梁湘东王萧绎讨侯景,禽之。遣其舍人魏彦来告,仍嗣位于江陵。"《文帝纪下》:"春,王雄平上津、魏兴,以其地置[南洛州]、东梁州。""夏四月,达奚武围南郑,月余,梁州刺史、宜丰侯萧循以州降。武执循还长安。"

废帝二年(553),《魏本纪五》:"秋八月,大将军尉迟迥克成都,剑南平。"《文帝纪下》:"三月,太祖遣大将军、魏安公尉迟迥率众伐梁武陵王萧纪于蜀。……五月,萧纪潼州刺史杨干运以州降,引迥军向成都。"

废帝三年(554),《文帝纪下》:"三年春正月,始作九命之典,以叙内外官爵。以第一品为九命,第九品为一命。改流外品为九秩,亦以九为上。又改置州郡及县……凡改州四十六,置州一,改郡一百六,改县二百三十。"

恭帝元年(554),《魏本纪五》:"冬十一月,魏师灭梁,戕梁元帝。"《文帝纪下》:"梁元帝遣使请据旧图以定疆界,又连结于齐,言辞悖慢。……冬十月壬戌,遣柱国于谨、中山公护、大将军杨忠、韦孝宽等步骑五万讨之。十一月……丙申,谨至江陵,列营围守。辛亥,进攻城,其日克之。……立萧詧为梁主,居江陵,为魏附庸。""魏氏之初,统国三十六,大姓九十九,后多绝灭。至是,以诸将功高者为三十六国后,次功者为九十九姓后,所统军人,亦改从其姓。"侯景乱梁的一个重要政治后果是西魏版图大幅扩展,政治实力大增,三方鼎峙格局出现了有利于西魏的重大变化。另外由宇文泰从容进行军政改革,大幅调整行政区划来看,最高领导者的政治权威和以最高领导者为中心的政治秩序在西魏也已经稳定下来。

恭帝三年(556),《魏本纪五》:"春正月丁丑,初行《周礼》,建六官"。"冬十月乙亥,安定公宇文泰薨。""十二月庚子,帝逊位于周。"《文帝纪下》:"春正月丁丑,初行周礼,建六官。以太祖为太师、大冢宰,柱国李弼为太傅,大司徒赵贵为太保,大宗伯独孤信为大司马,于谨为大司寇,侯莫陈崇为大司空。初,太祖以汉魏官繁,思革前弊。大统中,乃命苏绰、卢辩依周制改创其事,寻亦置六卿官,然为撰次未成,众务犹归台阁。至是始毕,乃命行之。"

"有周创据关右,日不暇给,泊乎克清江、汉,爰议宪章。"①西魏初期政局不稳,而且宇文泰依托关中和高欢依托河北平原与汾河谷地也有不同,宇文泰的政治核心区域只有关中一块,所以政治中心虽由洛阳西移长安,我们在文献中看不到如东魏围绕迁都邺城所做的那种重大调整。前已述及,宇文泰集团鲜卑兵力不如高欢,又面临人力在战争中的不断消耗,在军事与政治上对关陇豪族存在较大依赖,胡汉矛盾不似高欢集团那样显著,所以一旦局势稳定,调整行政区划就会成为确立新的政治秩序的重要一环。从这样的角度来理解西魏废帝三年(554)大规模改置州郡县的举措,就会明白这和官制改革一样,是政治进程迈入北周时代的先声。由于隋代的行政区划承袭自北周,而北周又直接联系着西魏。本编梳理西魏、北周行政区划,以《隋书·地理志》提供的政治空间框架为基础。

---

① 《隋书》卷26《百官志上》。

第一章　东魏北齐与西魏北周疆域和政区演变的基本脉络

本章叙述的疆域与政区演变脉络以高层政区州一级为中心。由于两魏的疆域与政区在发展变化过程中存在部分空间上的显著重叠与逻辑关联，我们把东西魏的情况放在一起叙述；侯景之乱对两魏的疆域与政区均有重大影响，我们以侯景之乱为两魏前后期的时间分界；北齐关联到北周末期的疆域与政区，北周关联到隋初的疆域与政区，我们将北齐与北周的疆域和政区分别叙述。

第一节　侯景之乱前两魏疆域演变与政区设置概况

永熙三年(534)孝武帝西入关中，北魏分裂为东西两部分。东魏迁都邺城，西魏以长安为都。天平元年(534)冬十月"丙子，车驾北迁于邺。诏齐献武王(指高欢)留后部分。改司州为洛州，以卫大将军、尚书令元弼为骠骑大将军、仪同三司、洛州刺史，镇洛阳。诏从迁之户，百官给复三年，安居人五年"。十一月"庚寅，车驾至邺，居北城相州之廨。改相州刺史为司州牧，魏郡太守为魏尹，徙邺旧人西径百里，以居新迁之人。分邺置临漳县，以魏郡、林虑、广平、阳[平、顿]丘、汲郡、黎阳、东[郡]、濮阳、清河、广宗等郡为皇畿"。闰十二月，"初置四中郎将，于礓石桥置东中，蒲泉置西中，济北置南中，洛水置北中"①。这是东魏新的政治地理格局在行政区划层面的反映，但是西魏初年并没有这样的调整，原因已如前述。侯景之乱前，南北三方的疆域变化主要体现在东西魏。就南朝来说，西魏大统元年(535)，萧梁占领西魏的益州(治晋寿)和梁州，西魏因此丢失汉中及其以南的领土。东魏天平三年(536)，东魏一度占领萧梁

---

① 《魏书》卷12《孝静帝纪》。

楚州。《魏书》卷十二《孝静纪》，天平三年(536)"二月丁未，萧衍光州刺史郝树以州内附"；三月丁卯，"阳夏太守卢公纂据郡南叛，大都督元整破之"。大概投梁没有成功。七月，"萧衍夏州刺史田独鞞、颍川防城都督刘鸾庆并以州内附"。这些事均发生于同年九月东魏侯景伐梁前，具体细节已经很难弄清。东西魏的边界线，534年西魏侨置南汾州于杨氏壁。535年西魏开始控制渭州和灵州。536年东魏占领夏州。537年西魏攻取东魏陕州，占领邵郡、正平郡（东魏东雍州）。同年，西魏占领蒲坂，"略定汾、绛"。晋州以北则仍在东魏的掌握中。东魏夏州亦在此时投降西魏。537年西魏还一度控制了洛阳及东魏颍州（治长社）、梁州（治大梁）、荥阳、广州、阳州、豫州、荆州和南荆州。538年，东魏收复南汾、颍、豫、广四州，占领洛阳。同年，西魏重占东魏洛州（治洛阳）和广州，重新控制襄、广以西城镇。不过洛阳不久当又回到东魏的控制之下。543年，由于东魏北豫州刺史高仲密叛降，西魏一度掌握了东魏洛州和北豫州，但很快控制线就退缩回恒农。

第二节　侯景之乱后两魏疆域演变与政区设置概况

东魏武定五年(547)正月，高欢病死，其司徒、河南道大行台侯景拥河南诸州叛降西魏，继而降梁，自此改变了南北方、东西方的政治地理格局①。五月，东魏出师讨伐侯景。在东魏巨大的军事压力下，侯景割东荆、北荆、鲁阳、长社四城予西魏以求救。西魏一度因而据有东魏颍州以西以北的河南诸州②。七月，梁军占领悬瓠和项城，因在悬瓠置豫州，改寿阳豫州为南豫州，在合肥置合州，改东魏北扬州（治项城）为殷州。八月，梁还在东魏徐州方向攻拔了碻磝、

---

① 参阅吕春盛：《北齐政治史研究——北齐衰亡原因之考察》第二章第一节"侯景之乱对南北朝形势的影响"，台湾大学出版委员会，1987年，第52—69页。李万生：《侯景之乱与北朝政局》第五章"侯景之乱与北定三分"，中国社会科学出版社，2003年，第157—226页。
② 《北史》卷5《魏本纪》西魏文帝大统十三年(547)二月："东魏勃海王欢薨高。其司徒侯景据颍川率河南六州内附。"此条材料所系月份有误，应系在正月条下。秋七月，"大将军侯景据豫州叛"。十四（548）春正月，"赦颍、豫、广、北［荆］、洛、东荆、襄等七州"。北史校勘记认为颍（治长社）、豫（治悬瓠）、广（治鲁阳）、北荆（治伊阳）、洛（治洛阳）、东荆（治淮安）、襄（治赭阳）等七州"盖侯景降西魏后，初为西魏所得，故赦"。《资治通鉴》卷160梁武帝太清元年(547)六月亦言西魏大将王思政"据（侯）景七州、十二镇"。实则从文献的具体记载来看，这些地方并非全西魏所有，例如豫州在大统十四年(548)正月以前先属梁，后复归东魏。也可能这里的豫州指的是东魏设在虎牢的北豫州。

吕梁二戍。东魏对梁展开反击，十二月，占领梁的潼州①。武定六年(548)正月，东魏重新夺回悬瓠和项城，将与梁的边界线恢复到原来的位置。随后，东魏开始收复西魏占据的河南领土。武定七年(549)六月，东魏占领颍川，改颍州为郑州。除东荆州外，东魏与西魏的边境线也因而回复原位②。

侯景降梁后，由于战后梁与东魏关系的改善侵害了切身利益，于梁太清二年(548)八月反叛，这次反叛不但瓦解了梁朝，而且也从根本上改变了整个南北形势。从北魏末年北方大乱一直到侯景之乱前，在南北对峙方面南方要略强于北方，北方在防守中甚至还有所退却；侯景乱梁后，北朝无论是东魏还是西魏，都因为南朝萧梁统治的衰歇而呈现出积极进取的姿态来。

武定七年(549)正月，梁钟离北徐州、寿阳南豫州相继降东魏。三月，下邳东徐州、北青州降东魏，东魏还乘势占据了青州、山阳郡、淮阴北兖州。七月，东魏占领梁合州。十一月，"梁齐州刺史茅灵斌、德州刺史刘领队、南豫州刺史皇甫慎等并以州内属"③。十二月，义阳司州也向东魏投降。武定八年(550)正月，"梁楚州刺史宋安顾以州内属。……梁定州刺史田聪能、洪州刺史张显等以州内属"④。是年五月，东魏与北齐嬗代。

西魏疆域也有大幅度伸展。大统十五年(549)十一月，下溠的义阳郡投降西魏，十二月，西魏攻拔随郡。十六年(550)，占领安陆和竟陵二郡。十七年(551)二月，西魏重占去年丢失的重城汝南郡，在东南控制了汉东地区。废帝元年(552)正月，西魏夺取上津、魏兴二郡，西魏因梁置南洛州和东梁州⑤；五月，南郑也向西魏缴械，西魏控制了剑阁以北地区。二年(553)八月，西魏降下成都，益州也进入了西魏的版图。恭帝元年(554)五月，西魏占领巴州，并在白帝城置信州。十一月，西魏消灭盘踞在江陵一带的萧绎，在江陵建立后梁傀儡政权，并占据襄阳的雍州，改雍州为襄州。

西魏对行政区划最重要的调整发生于西魏废帝末年。《周书》卷2《文帝纪下》：西魏废帝三年(554)春正月，"又改置州郡及县：改东雍为华州，北雍为

---

① 《魏书》卷106《地形志中》睢州条下注："萧衍置潼州，武定六年平，改置。治取虑城。"《资治通鉴》卷160梁武帝太清元年(547)则记载梁是在十二月甲子朔日放弃潼州城的。《地形志中》中的年代可能是东魏官方上行文书到达中央的时间，与《通鉴》的记载并不一定矛盾。
② 西魏与东魏的边境线一直保持到北齐建立。《周书》卷2《文帝纪下》西魏大统十六年(550)，东魏北齐嬗代，西魏东伐北齐未果，"于是河南自洛阳，河北自平阳以东，遂入于齐矣"。
③ 《北齐书》卷4《文宣纪》。
④ 《北齐书》卷4《文宣纪》。
⑤ 梁南洛州治上津，东梁州治魏兴，西魏仅是承袭梁朝建置而已，见《周书》卷2《文帝纪》校勘记第十九。《中国历史地图集》第四册里的《梁图》与《西魏图》，由于编绘者没有重视杨守敬《隋书地理志考证》和这条校勘记的合理意见，梁朝的东梁州均被标注在安康郡，显误。

宜州,南雍为蔡州,华州为同州,北华为鄜(按当作敷)州,东秦为陇州,南秦为成州,北秦为交州,东荆为淮州,南荆为昌州,东夏为延州,南夏为长州,东梁为金州,南梁为隆州,北梁为静州,阳[周为显州],(都)[？]为汾州,南汾为勋州,汾州为丹州,南豳为[豳州,豳州为]宁州,南岐为凤州,南洛为上州,南广为淯州,南襄为湖州,西凉为甘州,西郢为鸿州,西益为利州,东巴为集州,北应为辅州,恒州为均州,沙州为深州,宁州为麓州,义州为岩州,新州为温州,江州为沔州,西安为盐州,安州为始州,并州为随州,肆州为塘州,冀州为顺州,淮州为纯州,扬州为颖州,司州为宪州,南平为升州,南郢为归州,青州为眉州。凡改州四十六,置州一,改郡一百六,改县二百三十"。这次调整为随后的北周行政区划奠定了基础。虽然据《魏书·地形志》,东魏政区设置一直有所调整,但并没有这样大规模、全局性的调整举措。

第三节　北齐疆域演变与政区设置概况

北齐一代承继的是东魏疆域与政区的格局,但也有不少变化。《北齐书》卷45《文苑颜之推传》记颜之推撰《观我生赋》,其中有词云:"自太清之内衅,彼天齐而外侵,始蹙国于淮浒,遂压境于江浔。"注曰:"侯景之乱,齐氏深斥梁家土宇,江北、淮北唯余庐江、晋熙、高唐、新蔡、西阳、齐昌数郡。至孝元之败,于是尽矣,以江为界也。"由于政治权力的中心在皇帝,文宣帝高洋时期(550—559)是北齐比较强盛的时代。据《北齐书》卷4《文宣纪》,天保二年(551)三月"梁交州刺史李景盛、梁州刺史马嵩仁、义州刺史夏侯珍洽、新州刺史李汉等并率州内附"(按这些州因与北齐地域不接,北齐并未实际统辖);"五月丙戌,合州刺史斛斯显攻克梁历阳镇";七月癸酉,"行台郎邢景远破梁龙安戍,获镇城李洛文"。天保五年(554)八月,"诏常山王演、上党王涣、清河王岳、平原王段韶等率众于洛阳西南筑伐恶城、新城、严城、河南城"。天保六年(555)"春正月壬寅,清河王岳以众军渡江,克夏首",占领梁郢州。但在六月又归还梁朝①。二月甲戌,"上党王涣克谯郡"。三月丙戌,"上党王涣克东关,斩梁将裴之横,俘斩数千"。四月丁卯,"仪同萧轨克梁晋熙城,以为江州"。十一月,"梁秦州刺

---

① 《资治通鉴》卷166《梁纪二十二》梁敬帝绍泰元年(550)正月:"齐主使清河王岳将兵攻魏安州,以救江陵。岳至义州,江陵陷,因进军临江,郢州刺史陆法和及仪同三司宋茞举州降之;长史王珉不从,杀之。甲午,齐召岳还,使仪同三司清都慕容俨戍郢州。"同年六月"齐人以城在江外难守,因割以还梁"。

史徐嗣辉、南豫州刺史任约等袭据石头城,并以州内附。壬辰,大都督萧轨率众至江,遣都督柳达摩等渡江镇石头。东南道行台赵彦深获秦郡等五城,户二万余,所在安辑之。……是月,柳达摩为霸先攻逼,以石头降"。这其实是继续利用了侯景之乱在江淮地区造成的有利形势。天保九年(558)三月虽有"北豫州刺史司马消难以城叛,入于周"一事发生,但司马消难实际上是举众投周,北周并没有占领北豫州①。天保十年(559)正月乙卯,"诏于麻城置衡州"。此时的北齐,正如唐人魏徵所云:"控带遐阻,西包汾、晋,南极江、淮,东尽海隅,北渐沙漠。六国之地,我获其五;九州之境,彼分其四。"②疆域达到了极盛。

除了占领淮南江北,文宣帝时期尚有三件影响疆域和政区变动的重要事情。

首先是长城的兴筑。由于游牧民族扰动,北齐核心地区——汾河谷地和河北平原——的西北与北部边缘局势时常不稳,文宣帝特别重视长城的防御作用。《北齐书》卷4《文宣纪》,天保三年(552)"冬十月乙未,至黄栌岭,仍起长城,北至社干戍四百余里,立三十六戍"。黄栌岭在今山西汾阳市与吕梁市离石区交界地带,社干戍故址在今山西岚县东北16公里的舍安村。这条长城是为了保证晋阳西侧的安全。《文宣纪》:天保六年(555),"发夫一百八十万人筑长城,自幽州北夏口至恒州九百余里"。《资治通鉴》卷166《梁纪二十二》将此事系于梁静帝绍泰元年(555)六月庚戌朔日下③。"自幽州北夏口至恒州九百余里",《资治通鉴》作"自幽州夏口西至恒州九百余里",胡注云:"幽州夏口,盖即居庸下口也。幽州军都县西北有居庸关。湿余水出上谷沮阳县之东,南流出关,谓之下口。"恒州,《元和郡县图志》卷14《河东道三》云州:"孝昌之际,乱离尤甚,恒、代之北,尽为邱墟,高齐文宣帝天保七年置恒安镇,徙豪杰三千家以实之,今名东州城。其年废镇,又置恒州。"似乎不是天保六年(555)所提到的恒州。《魏书》卷106《地形志上》恒州:"天兴中置司州,治代都平城,太和中

---

① 《周书》卷4《明帝纪》:明帝二年(558)"三月甲午,齐北豫州刺史司马消难举州来附,遣柱国、高阳公达奚武与大将军杨忠率众迎之"。《资治通鉴》卷167《陈纪一》陈武帝永定二年(558):"齐北豫州刺史司马消难,……密令所亲中兵参军裴藻托以私假,间行入关,请降于周。""三月甲午,周遣柱国达奚武、大将军杨忠帅骑士五千迎消难,从间道驰入齐境五百里,前后三遣使报消难,皆不报。去虎牢三十里,武疑有变,欲还,忠曰:'有进死,无退生!'独以千骑夜趣城下。城四面峭绝,但闻击柝声。武亲来,麾数百骑西去,忠勒余骑不动,俟门开而入,驰遣召武。齐镇城伏敬远勒甲士二千人据东城,举烽严警。武惮之,不欲保城,乃多取财物,以消难及其属先归,忠以三千骑为殿。……周以消难为小司徒。"
② 《北史》卷8《齐本纪下》魏徵总论。
③ 《北齐书》卷13《赵郡王琛传子叡附传》:"(天保)六年,诏叡领山东兵数万监筑长城。于时盛夏六月,叡在途中,屏除盖扇,亲与军人同其劳苦。"这可能是《通鉴》系时月的依据。

改。孝昌中陷,天平二年置,寄治肆州秀容郡城。"笔者认为《文宣纪》天保六年(555)所指的恒州,就是这个侨置于肆州秀容郡城、北魏原设的恒州。如果这种判断无误,则天保六年(555)所筑长城与天保三年(552)所筑长城段大致相接,将雁门关以南、以晋阳为中心的山西地区与以邺城为中心的河北平原从西面和北面包裹起来。可以看出,北齐修筑长城的意义并不在于划定疆界,而在于确保政治核心区的安全。天保八年(557),又"于长城内筑重城,自库洛拔而东至于坞纥戍,凡四百余里"(见《文宣纪》)。当然,文宣帝所筑长城尚不止此两段。"先是,自西河总秦戍筑长城东至于海,前后所筑东西凡三千余里,率十里一戍,其要害置州镇,凡二十五所。"[1]兴筑长城虽无关疆界变动,却影响到现实的行政区划设置。前引《元和志》所记天保七年(556)所置之恒安镇与恒州,当与修筑长城有关。

其次是天保七年(556)并省政区的举措。天保七年(556)十一月壬子日下诏并省行政区划:"魏自孝昌之季,数钟浇否,禄去公室,政出多门,衣冠道尽,黔首涂炭。铜马、铁胫之徒。黑山、青犊之侣,枭张晋、赵,豕突燕、秦,纲纪从兹而颓,彝章因此而紊。是使豪家大族,鸠率乡部,托迹勤王,规自署置。或外家公主,女谒内成,昧利纳财,启立州郡。离大合小,本逐时宜,剖竹分符,盖不获已。牧守令长,虚增其数,求功录实,谅足为烦,损害公私,为弊殊久,既乖为政之礼,徒有驱羊之费。自尔因循,未遑删改。""朕寅膺宝历,恭临八荒,建国经野,务存简易。将欲镇躁归静,反薄还淳,苟失其中,理从刊正。傍观旧史,逖听前言,周曰成、康,汉称文、景,编户之多,古今为最。而丁口减于畴日,守令倍于昔辰,非所以驭俗调风,示民轨物。且五岭内宾,三江乃化,拓土开疆,利穷南海。但要荒之所,旧多浮伪,百室之邑,便立州名,三户之民,空张郡目。譬诸木犬,犹彼泥龙,循名督实,事归乌有。今所并省,一依别制。"诏书列举了一连串调整行政区划的理由。概括而言,一是要纠正承自北魏、东魏的行政设置乱局,重塑以皇帝为中心的政治秩序;二是南北之间局势趋于和缓,北齐借助侯景之乱在淮南"拓土开疆"的局面行将结束,在疆域稳定的前提下,为使户口规模与政区层级高低对应起来,亦须对政区设置加以调整。"于是并省三州、一百五十三郡、五百八十九县、二镇二十六戍。"并省行政设置尚有节省财政开支的现实动因:"又制刺史、[守]、令(尽)行兼,不给干物。"[2]和西魏废帝三年

---

[1] 《北齐书》卷4《文宣纪》天保七年(556)。
[2] 见《北齐书》卷4《文宣纪》天保七年(556)。关于这次并省的背景及详情,亦请参见侯旭东:《地方豪右与魏齐政治——从魏末启立州郡到北齐天保七年并省州郡县》,《中国史研究》2004年第4期。

(554)的行政区划改革比较起来,西魏侧重于"改置",北齐强调"并省";西魏的高层政区是全面整体性的变动,北齐则是局部性的,但在郡县两级政区设置方面,北齐似乎力度要大很多。这可能是因为北齐范围内的大部分地方本来就是郡县制长期确立的地方,行政设置的范围大小与等级高低有足资评鉴的历史与现实依据。而西魏境内地理环境更为多样,族群关系复杂,不少地方都是新近才正式纳入有效管理,规范高层政区显然比省并不合时宜的郡县设置更有意义。

第三是行台开始完全地方官化。行台全称"行台尚书",在北魏末年出现,具有中央临时差遣性质。行台本为适应战时需要、加强从事军事活动的重要官员调动地方社会资源权威而临时设置,但由于三方政治竞争与军事对峙的常态化,到了东魏北齐之世,特别是北齐时代,行台已成为相当稳定的最高一级地方机构[①]。《北史》卷50《辛雄传辛术附传》:"武定(六)[五]年,侯景叛,除东南道行台尚书,封江夏县男。与高岳等破侯景,禽萧明。迁东徐州刺史,为淮南经略使。齐天保元年,侯景征江西租税,术率诸军度淮断之,烧其稻数百万石。还镇下邳,人随术北度淮者三千余家。东徐州刺史郭志杀郡守,文宣闻之,敕术:自今所统十余州地,诸有犯法者,刺史先启听报;以下先断后表闻。齐代行台兼总人事,自术始也。"北齐的行台不但职掌类同于北周的总管,它的分布格局对北周末年的总管设置也有影响。《周书》卷6《武帝纪下》建德六年(577)二月,北周灭北齐,"齐诸行台州镇悉降,关东平。……乃于河阳、幽、青、南兖、豫、徐、北朔、定并置总管府,相、并二总管各置宫及六府官"。北周所设总管处,多为北齐原置行台之地。行台在北齐已具备超越州一级的地方行政管理职能,只不过行台侧重于军事指挥调动,强调以军统政,设置机动灵活,而州郡县是成建制的行政区划体系,以民事管理为先,一经设置就不轻易更动,相对稳定。东魏武定五年(547)河南道大行台侯景起兵抗命高澄,成为南北朝政治地理格局重塑的重要契机,显示行台对中央与地方关系影响巨大。但是受制于三方相竞的总体格局,北齐在政治上仍选择了完善而不是废除行台制度。

据《隋书》卷27《百官志中》:北齐州、郡、县各分为上上、上中、上下、中上、中中、中下、下上、下中、下下九等;北齐沿袭北魏和西魏,也有镇戍的设置,镇、戍均有上、中、下三等之分,戍下领军,军下领幢。其中三等上州刺史为第三

[①] 牟发松:《东魏北齐的地方行台》,《魏晋南北朝隋唐史资料》第9—10期;《北朝行台地方官化考略》,《文史》第33辑。

品,三等中州刺史、三等上郡太守为从第三品,三等下州刺史、三等镇将为第四品,三等中郡太守为从第四品,三等下郡太守为从第五品,三等上县令为第六品,三等中县令为第七品,三等下县令为第八品,诸戍主、军主为从第七品。与北魏后期州、郡、县各分为上、中、下三等情况比较,北齐政区等级更为细密琐碎,这不仅是政区制度划分精致化的体现,也是北魏末年以来侨置、滥置行为引发行政区划体系过度膨胀的现实投影。

北齐在文宣帝高洋死后,围绕以皇帝为中心政治秩序的巩固与发展,有过多次惨烈的政治冲突。到后主高纬当政的时代(569—577),冲突仍在继续,但北镇出身的勋贵武人似已失去左右政局的能力,这表现为源自君权的恩倖政治日趋活跃。恩倖政治虽有助于皇帝集权,但也会侵蚀掉清明有序的政治发展环境,这是北齐衰亡的重要内因①。在一个三方鼎峙的政治坏境中,政治衰颓最明显的表征就是疆域被邻敌大幅蚕食。首先是陈朝对淮河南北的蚕食。陈宣帝太建五年,亦即后主武平四年(573),宣布北伐。

据《陈书》卷5《宣帝纪》,太建五年(573)"三月壬午,(陈宣帝)分命众军北伐,以镇前将军、开府仪同三司吴明彻都督征讨诸军事。己丑……北讨大都督吴明彻统众十万,发自白下。夏四月癸卯,前巴州刺史鲁广达克齐大岘城。辛亥,吴明彻克秦州水栅。庚申,齐遣兵十万援历阳,仪同黄法𣱪破之。辛酉,齐军救秦州,吴明彻又破之。……甲子,南谯太守徐槾克石梁城。五月己巳,瓦梁城降。癸酉,阳平郡城降。甲戌,徐槾克庐江郡城。景子,黄法𣱪克历阳城。己卯,北高唐郡城降。辛巳,诏征南大将军、开府仪同三司、南豫州刺史黄法𣱪(由宣城)徙镇历阳,齐改县为郡者并复之。乙酉,南齐昌太守黄咏克齐昌外城。景戌,庐陵内史任忠军次东关,克其东西二城,进克蕲城。戊子,又克谯郡城,秦州城降。癸巳,瓜步、胡墅二城降。六月庚子,郢州刺史李综克灄口城。乙巳,任忠克合州外城。庚戌,淮阳、沭阳郡并弃城走。癸丑……豫章内史程文季克泾州城。乙卯,宣毅司马湛陁克新蔡城。癸亥……黄法𣱪克合州城。吴明彻师次仁州,甲子,克其州城。……秋七月乙丑,镇前将军、开府仪同三司吴明彻进号征北大将军。戊辰,齐遣众二万援齐昌,西阳太守周炅破之。己巳,吴明彻军次峡口,克其北岸城,南岸守者弃城走。周炅克巴州城。淮北绛城及谷阳士民,并诛其渠帅,以城降。景戌,吴明彻克寿阳外城。八月乙未,山阳城降。壬寅,盱眙城降。戊申,罢南齐昌郡。壬子,戎昭将军徐敬辩克海安

---

① 参阅吕春盛:《北齐政治史研究——北齐衰亡原因之考察》第五章第四节"高纬时代的政治冲突:五六九——五七七",台湾大学出版委员会,1987年,第235—255页。

城。青州东海城降。戊午,平固侯陈敬泰等克晋州城。九月甲子,阳平城降①。壬申,高唐太守沈善度克马头城。甲戌,齐安城降。景子,左卫将军樊毅克广陵楚子城。……丁亥,前鄱阳内史鲁天念克黄城小城,齐军退保大城。戊子,割南兖州之盱眙郡属谯州。壬辰晦,夜明。黄城大城降。冬十月甲午,郭默城降。……乙巳,吴明彻克寿阳城,斩王琳,传首京师,枭于朱雀航。丁未,齐兵万人至颍口。樊毅击走之。辛亥,齐遣兵援苍陵,又破之。丙辰,诏曰:'梁末得悬瓠,以寿阳为南豫州,今者克复,可还为豫州。以黄城为司州,治下为安昌郡,浐、湍为汉阳郡,三城依梁为义阳郡,并属司州。'以征北大将军、开府仪同三司吴明彻为豫州刺史,进号车骑大将军;征南大将军、开府仪同三司、南豫州刺史黄法氍为征西大将军、合州刺史。戊午,湛陁克齐昌城。十一月甲戌,淮阴城降。庚辰,威虏将军刘桃根克朐山城。辛巳,樊毅克济阴城。己丑,鲁广达等克北徐州。十二月……乙未,谯城降。……壬午,任忠克霍州城。"②武平五年即陈太建六年(574),春正月"甲申,广陵金城降"③。武平六年、陈太建七年(575)"春正月……乙亥,左卫将军樊毅克潼州城。……二月戊申,樊毅克下邳、高栅等六城。三月辛未,诏豫、二兖、谯、徐、合、霍、南司、定九州及南豫、江、郢所部在江北诸郡置云旗义士,往大军及诸镇备防。戊寅……改梁东徐州为安州,武州为沅州。移谯州镇于新昌郡,以秦郡属之。盱眙、神农二郡还隶南兖州。……五月乙卯,割谯州之秦郡还隶南兖州。分北谯县置北谯郡,领阳平所属北谯、西谯二县。合州之南梁郡,隶入谯州。六月景戌,为北讨将士死王事者克日举哀。……秋八月壬寅,移西阳郡治保城。……闰九月壬辰,都督吴明彻大破齐军于吕梁"。武平七年、陈太建八年(576)冬十一月"丁酉,分江州晋熙、高唐、新蔡三郡为晋州"。可见当时的情况是,由于准备充分,陈军攻势甚锐,陈朝政区设置亦随军事推进而做相应调整;北齐则是军队节节败退,疆域迅速北缩。到了陈太建九年(577),齐陈冲突已因北齐亡国一变而为周陈相争了。

后主时代北周的进攻与蚕食当然更为致命,因为北周针对的是北齐政治核心区——汾河谷地与河北平原。在周齐相持的多数时间里双方冲突实际上

---

① 《隋书》卷31《地理志下》江都郡安宜县:梁置阳平郡及东莞郡,开皇初郡废。点校本《陈书》引钱大昕《廿二史考异》,疑五月所之之阳平城为曾置于隋江都郡安宜县地的阳平郡,而此为原东魏楚州北阳平郡的阳平城,当是。据《魏书》卷106《地形志中》,东魏楚州治钟离城。
② 按《北史》卷8《齐纪下》:武平四年(573),"是月(指五月),开府仪同三司尉破胡、长孙洪略等与陈将吴明彻战于吕梁南,大败,破胡走以免,洪略战殁。遂陷秦、泾二州。明彻进陷和、合二州。……六月,明彻进军围寿阳。……冬十月,陈将吴明彻陷寿阳"。
③ 按《北史》卷8《齐纪下》:武平五年(574)夏五月"丁亥,陈人寇淮北"。

往往互有胜负,对各自疆域影响不甚大。例如后主武平二年、周武帝天和六年(571)三月,北周攻拔北齐新筑的汾北五城,四月又攻取北齐宜阳等九城,但是同年六月,北齐也攻克了北周的汾州(治定阳)①。武平三年、周武帝建德元年(572),宇文护被诛,北周政治事权归一,并吞北齐随之提上政治日程。武平六年、周武帝建德四年(575)七月,北周出兵进攻北齐。武平七年、周武帝建德五年(576),晋州(治平阳)于十月、并州于十二月相继为周军攻破。幼主承光元年、北周建德六年(577)正月,周兵入邺,二月攻破冀州(治信都),至此北齐灭亡。据《周书》卷6《武帝纪下》,北齐亡时,"合州五十五,郡一百六十二,县三百八十五,户三百三十万二千五百二十八,口二千万六千(六)百八十六"②。

《通典》卷171《州郡典一·序目上》述东魏北齐疆域政区情况云:"北齐神武东魏天平末,大举西伐,至蒲津[注云:静帝天平四年(537),三道伐西魏,齐神武自总大众至蒲津,窦泰自风陵济河,至潼关,高敖曹入武关,陷上洛,以泰军败没并旋师。风陵在潼关北岸相对]。西魏乘胜攻陷陕州(注云:周文帝率李弼等东征,下陕州,擒刺史李徽伯。即今陕郡)。神武西至沙苑(注云:其年冬,大败而归。今冯翊郡界)。西军又乘胜袭陷洛阳(注云:西魏将独孤如愿据金墉)。明年(538),西师又至于河阴(注云:今洛阳县北)。时拒守河阳城[注云:潘相乐守北城,即据此。扬州公(高)永乐守南城,即今城。后周文帝亲征,不克],西师败归[注云:元象元年(538),周文帝亲征,败还。如愿亦弃金墉遁走,神武遂毁其城]。其后神武攻围西魏玉壁,不克[注云:兴和四年(542),西魏将王思政守之。今绛郡稷山县]。西师来伐,至于邙山(注云:武定初,周文帝亲征,神武御之,败,杀周将王雄)。后神武又围玉壁,不克[注云:武定四年(546),西魏将韦孝宽守之]。文襄遣将围颍川,拔之[注云:自武定五年(547)冬攻围,至明年六月城陷]。于是河南自洛阳之西,河北自晋州之西(注云:今平阳郡),悉入西魏。文宣之代,命将略地,南际于江矣[注云:天保二年(551),属侯景乱梁,遣辛术南讨,遂得传国玺。又过江得梁夏口,后二国通和,旋师矣]。武成河清中,筑戍于轵关[注云:河清二年(563),

---

① 见《北史》卷8《齐纪下》;《周书》卷5《武帝纪上》。
② 《隋书》卷29《地理志上》:"后齐承魏末丧乱,与周人抗衡,虽开拓淮南,而郡县偪小。天保之末,总加并省,泊乎国灭,州九十有七,郡一百六十,县三百六十五,户三百万。"与《周书》所记比较,州数多出四十二个,郡少两个,县少二十个,户数少了二十七万之多。推想而言,《地理志上》所据应为北齐灭亡时国家所藏版籍,该版籍可能包含施和金所言陈朝北伐所夺之淮南诸州以及北齐侨置的州,而《周书》则可能据实际战果统计而来。当然也不应排除这些数字本身存在讹误,因为两种材料之间的数字差异似乎缺乏可完整解释的逻辑。

遣斛律光筑之。今河南府济源界]。其年,周军至洛阳,败还(注云:晋公护统军将杨檦等至轵关,败走)。后主武平中,陈军来侵,尽失淮南之地[注云:武平五年(574)以后,陈将吴明彻频岁来侵,淮南城镇皆不守,诸将累败]。周师攻拔河阴大城(注云:周武亲征,有疾,班师)。幼主崇化末(按崇化即隆化,避唐玄宗李隆基讳改,476年),西师攻拔晋州(注云:今平阳郡),因之国灭(注云:齐都于邺,即今郡县)。自东、西魏之后,天下三分,梁陈有江东,宇文有关西,高氏据河北,有州九十有七,郡百六十,县三百六十有五[注云:文宣天保七年(556),已并省州三,郡百五十三,县五百八十九,镇二,戍二十六]。当齐神武之时,与周文帝抗敌,十三四年间,凡四出师,大举西伐,周师东讨者三焉(注云:略举齐神武、周文帝统师亲征,诸将攻战则不复纪)。自文宣之后,才守境而已。大抵西则姚襄城[注云:今文城郡西城,则姚襄所筑,西临黄河,控带龙门之险,周齐交争之地。后主武平二年(571),大将斛律光破周兵于城,遂立镇焉]、洪洞(注云:今平阳郡县北故城,四固垂复,控据要险。崇化末,周师既克晋州,其城主张元静以城降周)、晋州、武平关(注云:三关并今绛郡正平县界)、柏崖(注云:城侯景所筑,今河清县西)、轵关、河阳,南则武牢(注云:陆子章增筑城守)、洛阳、北荆州(注云:今陆浑县东北故城是)、孔城防(注云:今伊阙县东南故城是)、汝南郡(注云:今临汝郡梁县南)、鲁城(注云:今临汝郡鲁山县东北),置兵以防周寇(注云:自洛阳之南,襄城、汝阴、汝南以北,皆齐有)。及陈师侵轶,数岁齐亡,南境要害,未遑制置也。"

总而言之,后主武平四年(573)是北齐疆域与政区演变的一大关键点。武平三年(572)北齐疆域尚处最大状态,州郡县设置也比承光元年(577)要多一些。武平四年(573)之后,北齐不但损兵折将,失地丢州,连国家也很快亡掉了。《中国历史地图集》第四册《东晋十六国·南北朝时期》北齐全图以武平三年(572)为准,施和金先生撰《北齐地理志》断限亦在武平三年(572),理据显然相同。考虑到北齐本无地理志,本编叙述东魏、北齐行政区划沿革,在空间范围上以武平三年(572)为基础,与西魏北周部分相衔接。

第四节　北周疆域演变与政区设置概况

北周承继的是西魏末年的疆域与政区格局。疆域变迁是政治发展的一个显性观察指标。从疆域演变的角度来看,以宇文泰集团为基础的西魏政权立足初期形势不稳,势力主要局促于关中一带,具体情况已见前述。侯景之乱是宇文泰集团政治上站稳脚跟的一大契机,这是北周立国的重要历史前提①。北周建国后,在三方鼎峙的形势下主要着眼于解决、消化内部政治问题,大部分时间疆域拓展得并不太多。

《周书》卷49《异域传上·蛮传》:"有周承丧乱之后,属战争之日,定四表以武功,安三边以权道。赵、魏尚梗,则结姻于北狄;厩库未实,则通好于西戎。由是德刑具举,声名遐洎。卉服毡裘,辐凑于属国;商胡贩客,填委于旗亭。"在严酷的政治环境下汲取支撑其生存的各类社会资源是西魏北周政治行为的首要出发点。《周书》卷4《明帝纪》:武成元年(559)三月,"吐谷浑寇边,庚戌,遣大司马、博陵公贺兰祥率众讨之"。五月,"贺兰祥攻拔洮阳、洪和二城,吐谷浑遁走"。《周书》卷5《武帝纪上》保定元年(561)二月,"于洮阳置洮州"。天和四年(569)八月庚辰,"盗杀孔城防主,以其地入齐"。天和五年(570)十二月癸巳,"大将军郑恪率师平越巂,置西宁州"。"是冬,齐将斛律明月寇边,于汾北筑城,自华谷至于龙门。"天和六年(571)三月己酉,"齐国公宪自龙门度河,斛律明月退保华谷,宪攻拔其新筑五城"。夏四月,"陈国公纯、雁门公田弘率师取齐宜阳等九城"。六月,"齐将段孝先攻陷汾州"。周、齐双方各有得失。建德元年(572)三月丙辰,"诛大冢宰晋国公护","罢中外府",北周至此消除了政治权力中心两歧的不正常局面。

建德四年(575)秋七月,北周开始攻伐北齐。北周灭齐的情况在北齐一节已述。这里着重叙述灭齐之后与陈的疆土争夺情况。《陈书》卷5《宣帝纪》这方面的记载远较《周书》卷6《武帝纪下》、卷7《宣帝纪》为详。据《陈书》卷5《宣帝纪》,北齐灭亡,陈宣帝想与北周争夺徐兖地区,遂命司空吴明彻督诸军北伐。陈太建九年、周建德六年(577)冬十月戊午,"司空吴明彻破周将梁士彦众数万于吕梁"。陈军攻势甚锐,但随后形势急转直下。太建十年、周宣政元年(578)二月甲子,"北讨众军败绩于吕梁,司空吴明彻及将卒已下,并为周军所获"。夏四月戊午,"樊毅遣军度淮北对清口筑城","壬戌,清口城不守"。八月乙丑朔,"改秦郡为义州"。冬十月戊寅,"罢义州及琅邪、彭城二郡。立建

---

① 参阅吕春盛:《北齐政治史研究——北齐衰亡原因之考察》第二章第一节"侯景之乱对南北朝形势的影响",台湾大学出版委员会,1987年,第52—69页。李万生:《侯景之乱与北朝政局》第五章"侯景之乱与周定三分",中国社会科学出版社,2003年,第157—226页。另亦请同时参考吕春盛:《关陇集团的权力结构演变——西魏北周政治史研究》,稻乡出版社,2002年。此书从权力结构的角度梳理西魏北周至隋的政治发展过程,虽于疆域变迁没有着墨,但是对理解北周疆域演变过程却有很大帮助。

兴,领建安、同夏、乌山、江乘、临沂、湖熟等六县,属扬州"。十二月乙亥,"合州庐江蛮田伯兴出寇枞阳,刺史鲁广达讨平之"。太建十一年、周大象元年(579)三月丁未,"诏淮北义人率户口归国者,建其本属旧名,置立郡县,即隶近州,赋给田宅,唤订一无所预"。八月甲子,"青州义主朱显宗等率所领七百户入附"。十一月甲午,"周遣柱国梁士彦率众至肥口","戊戌,周军进围寿阳。辛丑,以车骑将军、开府仪同三司、南兖州刺史淳于量为上流水军都督;中领军樊毅都督北讨诸军事,加安北将军;散骑常侍、左卫将军任忠都督北讨前军事,加平北将军;前丰州刺史皋文奏率步骑三千趣阳平郡。癸卯,任忠率步骑七千趣秦郡。丙午,新除仁威将军、右卫将军鲁广达率众入淮。是日,樊毅领水军二万自东关入焦湖,武毅将军萧摩诃率步骑趣历阳。戊申,豫州陷。辛亥,霍州又陷。癸丑,以新除中卫大将军、扬州刺史始兴王叔陵为大都督,总督水步众军"。十二月乙丑,"南北兖、晋三州,及盱眙、山阳、阳平、马头、秦、历阳、沛、北谯、南梁等九(州)[郡],并自拔还京师。谯、北徐州又陷。自是淮南之地尽没于周矣"①。太建十二年、周大象二年(580)春正月戊戌,"以散骑常侍、左卫军任忠为平南将军、南豫州刺史,督缘江军防事"。秋八月己未,"周使持节、上柱国、郧州总管荥阳郡公司马消难以郧、随、温、应、土、顺、沔、(儇)[环]、岳等九州,鲁山、甑山、沌阳、应城、平靖、武阳、上明、涢水等八镇内附。……庚申,诏镇西将军樊毅进督沔、汉诸军事。遣平南将军、南豫州刺史任忠率众趣历阳;通直散骑常侍、超武将军陈慧纪为前军都督,趣南兖州。戊辰,以新除司空司马消难为大都督水陆诸军事。庚午,通直散骑常侍淳于陵克临江郡。癸酉,智武将军鲁广达克郭默城。甲戌,大雨霖。景子,淳于陵克祐州城"。九月癸未,"周临江太守刘显光率众内附"。丙戌,"改安陆郡为南司州"。丁亥,"周将王延贵率众援历阳,任忠击破之,生擒延贵等"。己酉,"周广陵义主曹药率众入附"。

从陈朝方面的情况来看,陈军虽然有淮南江北之失,但军队似乎并没有完全丧失战斗力,一有合适时机,仍能攻坚克难,这或许也是南北朝后期陈朝得以最后灭亡的一个重要理由②。陈朝的问题在于陈宣帝进取之心太急,对敌

---

① 按《周书》卷7《宣帝纪》:大象元年(579)十一月,"是月,韦孝宽拔寿阳,杞国公亮拔黄城,梁士彦拔广陵。陈人退走。于是江北尽平"。
② 吕春盛认为,一直到隋师灭陈,陈朝守军尚与隋朝南侵兵力相差不大。参阅吕春盛:《陈朝的政治结构与族群问题》第六章 "陈朝内部的弱点及其灭亡",稻乡出版社,2001年,第185—238页。

我双方情况的估计与实际误差太大①。太建十三年,周大定元年(581)二月,周隋嬗代,周陈对立已变成隋陈对立。太建十四年、隋开皇二年(582)春正月,陈宣帝病死,陈朝的战略攻势也至此宣告彻底结束。北周虽有司马消难之叛,但对江汉地区的疆域形势影响最终并不大②。

就政区设置而言,北周有过不少更动,特别是高层政区新置较北齐为多。据《周书》卷3《孝闵帝纪》,孝闵帝元年(557)春正月丙寅,"于剑南陵井置陵州,武康郡置资州,遂宁郡置遂州"。据卷4《明帝纪》,明帝二年(558)春正月丁巳,"雍州置十二郡。又于河东置蒲州,河北置虞州,弘农置陕州,正平置绛州,宜阳置熊州,邵郡置邵州"。三月,"以广业、修城二郡置康州,葭芦郡置文州"。六月,"分长安为万年县,并治京城"。"秋七月甲午,遣柱国、宁蜀公尉迟迥率众于河南筑安乐城。"安乐设置有防③。卷5《武帝纪上》保定元年(561)二月,"于洮阳置洮州"。保定二年(562)夏四月己未,"于伏流城置和州"。冬十月,"分南宁州置恭州"。保定三年(563)春正月辛未,"改光迁国为迁州";壬辰,"于乞银城置银州"。天和元年(566)春正月丁未,"于宕昌置宕州"。五月,"吐谷浑龙涸王莫昌率户内附,以其地为扶州"。天和二年(567)夏四月乙巳,"省东南诸州:以(颖)[欵]州、归州、涢州、均州入唐州,油州入纯州,鸿州入淮州,洞州入湖州,睢州入襄州,宪州入昌州"。另据《资治通鉴》卷170《陈纪四》陈临海王光大二年,即北周天和三年(568),周因平獠,置蓬州。据《周书》卷5《武帝纪上》,天和四年(569)六月,筑原州及泾州东城。十二月壬午,罢陇州。天和五年(570)十二月癸巳,"大将军郑恪率师平越巂,置西宁州"。建德二年(573)二月,"省雍州内八郡,并入京兆、冯翊、扶风、咸阳等郡"。据卷6《武帝纪下》,建德六年(577)六月癸亥,"于河州鸡鸣防置旭州,甘松防置芳州,广川

---

① 《陈书》卷16《蔡景历传》:"太建五年(573),都督吴明彻北伐,所向克捷,与周将梁士彦战于吕梁,大破之,斩获万计,方欲进图彭城。是时高宗(指宣帝)锐意河南,以为指麾可定,景历谏称师老将骄、不宜过穷远略。高宗恶其沮众,大怒,犹以朝廷旧臣,不深罪责,出为宣远将军、豫章内史。"卷29《毛喜传》:"及众军北伐,得淮南地,喜陈安边之术,高宗纳之,即日施行。又问喜曰:'我欲进兵彭、汴,于卿意如何?'喜对曰:'臣实才非智者,安敢预兆未然。窃以淮左新平,边氓未义,周氏始吞齐国,难与争锋,岂以弊卒疲兵,复加深入。且弃舟楫之工,践车骑之地,去长就短,非吴人所便。臣愚以为不若安民保境,寝兵结约,然后广募英奇,顺时而动,斯久长之术也。'高宗不从。"陈与北周相抗,天时、地利、人和均有很大不足,陈宣帝矜于战事初期的顺利,显然错估了形势。
② 《通典》卷171《州郡典一·序目上》:"(太建)十二年,周大将司马消难以淮西地来降,又遣将周罗睺攻克新野,寻并失之。"
③ 据《庾子山集注》卷13《周大将军崔说神道碑》:"柱国齐王,今上之介弟,龚行薄伐,问罪河阳,以公为行军长史,参谋帷幄。……除使持节、大将军、大都督,崇德、安义、建忠、九曲、安乐、三泉、伏流、周张、平泉、固安、蛮通谷(?)凡十三防御,熊、和、忠三州黄芦、起谷、王宴、供超、牵羊、温狐、交河、大岭、避雨、木栅寺十一戍诸军事,崇德防主。"安乐亦为防。

防置弘州"。宣政元年(578)春正月,"分相州广平郡置洺州,清河郡置贝州,黎阳郡置黎州,汲郡置卫州;分定州常山郡置恒州;分并州上党郡置潞州"。据卷7《宣帝纪》,大象元年(579)五月辛亥,"以洺州襄国郡为赵国,以齐州济南郡为陈国,以丰州武当、安富二郡为越国,以潞州上党郡为代国,以荆州新野郡为滕国,邑各一万户"。据卷8《静帝纪》,大象二年(580)八月,"移相州于安阳,其邺城及邑居皆毁废之。分相州阳平郡置(毛)[屯]州,昌(黎)[乐]郡置魏州"。

以上主要据《周书》本纪所列,并不是北周政区变动的全部。北周析置新州,皆在关中核心区之外。这些新州要么是治下原先的化外之地,要么是边疆新获之地,要么是灭亡北齐之后的新得之地,北周显然意在通过政区设置来加强地方控制。当然,加强地方控制也可以通过省并政区的方式来达到,具体事证已如上引。

在与政区有关的职官设置上,北周有新的发明。先来看总管的创设。据《周书》卷4《明帝纪》,武成元年(559)春正月,"初改都督诸州军事为总管"。自北魏末年战乱,都督之称逐渐泛化。"永安已后,远近多事,置京畿大都督,复立州都督,俱总军人。"①不但一州有都督,一郡也有都督。《北齐书》卷23《魏兰根传》:"正光末,尚书令李崇为本郡都督,率众讨茹茹,以兰根为长史。"《魏书》卷69《裴延儁传裴庆孙附传》:"朝廷以此地被山带河,衿要之所,肃宗末,遂立邵郡,因以庆孙为太守、假节、辅国将军、当郡都督。"都督名称隐含的社会政治权威虽迅速下沉,"都督诸州军事"的职掌却无法取消。特别是西魏北周频繁析置新州,州境大幅缩小,而军事活动往往跨州连境,北周创设总管制,是现实军政活动的需要。总管与北齐的行台情况比较类似,在北周一代逐渐演变为州一级之上的跨高层政区,对中央与地方关系影响甚大②。北周大象二年(580),相州总管尉迟迥、青州总管尉迟勤、郧州总管司马消难和益州总管王谦等人起兵抗命杨坚,依恃的就是总管府掌控的庞大社会资源。从中央与地方关系的角度来看,和为数众多的州比起来,总管的建置在北周更为重要。

再来看防的设置。防一般要依托城墙,所以有研究者称之为"防城"。《周书》多处提到筑某城,这些城有很多行政建置就是防。其设置来源有三:一为出自新筑之城;二为夺自敌方之军事战略要地;三为由已有之城而改设。总之

---

① 《魏书》卷113《官氏志》。
② 参阅严耕望:《中国地方行政制度史魏晋南北朝地方行政制度(下)》,第二章"州郡县与都督总管区",上海古籍出版社,2007年,第450—503页。

均出于军政活动之需①。防之名始见于北魏末年。《魏书》卷36《李顺传李裔附传》:"于时逆贼杜洛周侵乱州界,寻假平北将军,防城都督。"卷69《裴延儁传裴景颜附传》:"孝庄初,为广州防蛮别将,行汉广郡事。"《北齐书》卷45《文苑祖鸿勋传》:"及葛荣南逼,出为防河别将,守滑台。"《周书》卷15《于谨传》:"太祖(指宇文泰)临夏州,以谨为防城大都督,兼夏州长史。"卷35《裴侠传》:"元颢入洛,侠执其使人,焚其敕书。魏孝庄嘉之,授轻车将军、东郡太守,带防城别将。"东魏《封延之墓志》:"永安二年(529),孝庄流葵,潢池气梗,赤子盗兵,既欲安之,非公莫可。乃敕假节假征虏将军防境都督行勃海郡事。"②但这时并没有单称的"防",要与其他词连在一起标识其具体功能,如"防城"、"防蛮"、"防河"、"防境"。

到了西魏北周时代,"防"不但可以作为有特定意涵的单称,而且官署齐备,已发展成为战略要地不可或缺的行政设置。《周书》卷34《裴宽传》:"大统五年(539),授都督、同轨防长史,加征虏将军。十三年(547),从防主韦法保向颍川,解侯景围。"卷36《郑伟传》:"魏恭帝二年,进位大将军,除江陵防主、都督十五州诸军事。……及在江陵,乃专戮副防主杞宾王,坐除名。"防不但有防主、副防主,还有长史。卷10《邵惠公宇文颢传宇文会附传》:"(保定)二年(562),除蒲州潼关六防诸军事、蒲州刺史。"卷13《代奂王宇文达传》:"建德初,进位柱国,出为荆淮等十四州十防诸军事、荆州刺史。"同卷《纪厉王宇文康传》:"建德三年(574),进爵为王。仍出为总管利始等五州、大小剑二防诸军事、利州刺史。"卷16《侯莫陈崇传侯莫陈琼附传》:"天和四年(569),转荆州总管,十四州八防诸军事、荆州刺史。"卷40《尉迟运传》:"(建德)四年(575),出为同州、蒲津、潼关等六防诸军事、同州刺史。"卷43《魏玄传》:"(天和)二年(567),进爵为侯,除白超防主。……四年(569),转和州刺史、伏流防主,进爵为公。"类似的例子还有很多。

防的大量出现,与西魏北周以军统政的政治发展模式有关。《周书》卷19《达奚武传》:"(大统)十七年(551),诏武率兵三万,经略汉川。……明年,武振旅还京师。……以大将军出镇玉壁。武乃量地形胜,立乐昌、胡营、新城三防。"卷48《萧詧传》:"魏恭帝元年,太祖(指宇文泰)令柱国于谨伐江陵,詧以兵会之。及江陵平,太祖立詧为梁主,居江陵东城,资以江陵一州之地。……

---

① 详情请参阅周双林:《西魏北周防城考略》,载殷宪主编:《北朝研究》第六辑,科学出版社,2008年,第67—79页。
② 赵超:《汉魏南北朝墓志汇编》,天津古籍出版社,2008年,第344页。

太祖乃置江陵防主，统兵居于西城，名曰助防。外示助詧备御，内实兼防詧也。"卷41《异域传上·蛮传》：陆腾等人平蛮，"信州旧治白帝。腾更于刘备故宫城南，八阵之北，临江岸筑城，移置信州。又以巫县、信陵、秭归并是硖中要险，于是筑城置防，以为襟带焉"。防可以转化为州。《周书》卷6《武帝纪下》：建德六年(577)六月癸亥，"于河州鸡鸣防置旭州，甘松防置芳州，广川防置弘州"。《元和郡县图志》卷39《陇右道上》洮州："自秦、汉至于魏、晋，皆诸羌所居。至后魏吐谷浑又侵据其地，后周明帝武成中，西逐诸戎，其地内属，置洮阳防，武帝保定元年立洮州。"《太平寰宇记》卷38《关西道十四》银州："晋时戎翟所居。苻秦建元元年自骢马城巡抚戎狄，其城即今理是也。周武帝保定二年(562)于其城置银防，三年置银州，因谷为名。"州亦可能改置为防。《元和郡县图志》卷3《关内道三》庆州："后魏文帝大统十一年(545)置朔州，周武帝保定元年废朔州为周武防。"卷4《关内道四》会州："周太祖为西魏相，来巡，会师于此，土人张信馨资飨六军，太祖悦，因命置州，以'会'为名。周武帝保定二年(562)废州，改为会宁防。"

除此之外，与政区有关的职官设置，北周还有一些值得注意之处。如《周书》卷3《孝闵帝纪》：孝闵帝元年(557)九月，"改太守为郡守"。卷4《明帝纪》：明帝二年(558)三月"改雍州刺史为雍州牧，京兆郡守为京兆尹"。卷6《武帝纪下》：建德四年(575)三月，"郡县各省主簿一人"。这些职官更动，亦是政区演变过程的重要一环。

据《周书》卷24《卢辩传》，北周的州分为户三万以上州（刺史为正八命）、户二万以上州（刺史为八命）、户一万以上州（刺史为正七命）、户五千以上州（刺史为七命）、户不满五千以上州（刺史为正六命）五等；郡分为户一万五千以上郡（郡守为七命）、户一万以上郡（郡守为正六命）、户五千以上郡（郡守为六命）、户一千以上郡（郡守为正五命）、户不满千以下郡（郡守为五命）五等；县分为户七千以上县（县令为五命）、户四千以上县（县令为正四命）、户二千以上县（县令为四命）、户五百以上县（县令为正三命）、户不满五百以下县（县令为三命）五等。北周州郡县等级以户口数为标准各分为五等，显示户口对北周政权具有更为重要的政治意义。

北周统治区域之内尚有后梁傀儡政权。后梁始于西魏后期，是多方在江汉地区争夺、对峙的产物。《周书》卷48《萧詧传》："萧詧字理孙，兰陵人也，梁武帝之孙，昭明太子统之第三子"，梁"中大同元年(546)，除持节，都督雍梁东益南北秦五州、郢州之竟陵、司州之随郡诸军事，西中郎将，领宁蛮校尉，雍州刺史"。萧詧因与盘踞江陵的梁湘东王萧绎（即梁元帝）发生矛盾，"恐不能自固",西魏"大统十五年(549),乃遣使称藩,请为附庸。太祖(指宇文泰)令丞相府东阁祭酒荣权使焉。……是岁,梁元帝令柳仲礼率众进图襄阳。詧惧,乃遣其妻王氏及世子嶚为质以请救。太祖又令荣权报命,仍遣开府杨忠率兵援之。十六年(550),杨忠擒仲礼,平汉东,詧乃获安。时朝议欲令詧发丧嗣位,詧以未有玺命,辞不敢当。荣权时在詧所,乃驰还,具言其状。太祖遂令假散骑常侍郑穆及荣权持节策命詧为梁王。詧乃于襄阳置百官,承制封拜"。"魏恭帝元年(554),太祖令柱国于谨伐江陵,詧以兵会之。及江陵平,太祖立詧为梁主,居江陵东城,资以江陵一州之地。其襄阳所统,尽归于我。詧乃称皇帝于其国,年号大定。……其庆赏刑威,官方制度,并同王者。唯上疏则称臣,奉朝廷正朔。至于爵命其下,亦依梁氏之旧。其戎章勋级,则又兼用柱国等官。……太祖乃置江陵防主,统兵居于西城,名曰助防。外示助詧备御,内实兼防詧也。""初,江陵灭,梁元帝将王琳据湘州,志图匡复。及詧立,琳乃遣其将潘纯陁、侯方儿来寇。詧出师御之,纯陁等退归夏口。詧之四年(558),詧遣其大将军王操率兵略取王琳之长沙、武陵、南平等郡。五年(559),王琳又遣其将雷(又)[文?]柔袭陷监利郡,太守蔡大有死之。"此时王琳当又夺回长沙、武陵、南平等郡①。"寻而琳与陈人相持,称藩乞师于詧。詧许之。师未出而琳军败,附于齐。"

据《资治通鉴》卷168《陈纪二》,陈文帝天嘉元年(560),王琳军败。监利郡此时应还属后梁,王琳原据之长沙、武陵、南平等郡则当于天嘉二年(561)归陈②。《周书》卷48《萧詧传》:"詧在位八载,年四十四,保定二年(562)二月,薨。其群臣等葬之于平陵,谥曰宣皇帝,庙号中宗。……高祖(指周武帝宇文邕)又命其太子岿嗣位,年号天保。""五年(567),陈湘州刺史华皎、巴州刺史戴僧朔并来附。皎送其子玄响为质于岿,仍请兵伐陈。岿上言其状。高祖诏卫公直督荆州总管权景宣、大将军元定等赴之。岿亦遣其柱国王操率水军二万,会皎于巴陵。既而与陈将吴明彻等战于沌口,直军不利,元定遂没。岿大将军李广

---

① 据《资治通鉴》卷167《陈纪一》,陈武帝永定二年(558)正月王琳引兵东下伐陈,后方空虚,萧詧得以攻陷长沙、武陵、南平等郡。但同年八月,王琳与陈议和兵还,实力尚存,长沙等郡又是其立足根本,萧詧所夺诸郡,此时当已为王琳夺回。

② 《陈书》卷9《侯瑱传》:天嘉元年(560)王琳兵败入齐后,"诏以瑱为都督湘、巴、郢、江、吴等五州诸军事,镇溢城。周将贺若敦、独孤盛等寇巴、湘,又以瑱为西讨都督,与盛战于西江口,大败盛军,虏其人马器械,不可胜数。以功授使持节、都督湘桂郢巴武沅六州诸军事、湘州刺史,改封零陵郡公,邑七千户,余如故。二年(561),以疾求求还朝。三月,于道薨,时年五十二。"《通典》卷171《州郡典一·序目上》:"文帝天嘉初,湘川之地为周军所陷;二年(561),侯瑱克平之。湘川,今澧阳、武陵、长沙、衡阳等郡之地。"

等亦为陈人所虏,长沙、巴陵并陷于陈。……吴明彻乘胜攻克岿河东郡,获其守将许孝敬。明年(568),明彻进寇江陵,引江水灌城。岿出顿纪南以避其锐。江陵副总管高琳与其尚书仆射王操拒守。岿马军主马武、吉彻等击明彻,败之。明彻退保公安。岿乃还江陵。""初,华皎、戴僧朔从卫公直与陈人战败,率其麾下数百人归于岿。……岿之十年(571),皎来朝。至襄阳,请卫公直曰:'梁主既失江南诸郡,民少国贫。朝廷兴亡继绝,理宜资赡,岂使齐桓、楚庄独擅救卫复陈之美。望借数州,以裨梁国。'直然之,乃遣使言状高祖。高祖许之,诏以基、平、鄀三州归之于岿。""隋文帝既践极,恩礼弥厚。……开皇二年(582),隋文帝备礼纳岿女为晋王妃。又欲以其子场尚兰陵公主。由是罢江陵总管,岿专制其国。""岿在位二十三载,年四十四,(开皇)五年(585)五月薨。其群臣葬之于显陵,谥曰孝(文)[明]皇帝,庙号世宗。""隋文帝又命其太子萧琮嗣位,年号广运。""及嗣位,隋文帝征琮叔父岑入朝,因留不遣。复置江陵总管以监之。""琮之二年(587),隋文帝又征琮入朝。琮率其臣下二百余人朝于长安。隋文帝仍遣武乡公崔弘度将兵戍江陵。军至郢州,琮叔父岩及弟(巘)[瓛]等惧弘度掩袭之,遂虏居民奔于陈。隋文帝于是废梁国……寻拜琮为柱国,封莒国公。"至是后梁政权消失。"自詧初即位,岁在乙亥,至是,岁在丁未,凡三十有三岁矣。"

要之,后梁存在33年,疆域以江陵为中心,中间虽有波动,但大体而言,初期仅有荆州一州之地,571年之后则拥有荆、基、平、鄀四州之地。本编北周分区州郡沿革,包括后梁所统诸州。后梁之所以能够存在,在南朝而言,是梁陈之际萧梁尚存在一定的政治合法性;在西魏北周而言,是西魏北周在长江中游的政治权威尚嫌不足,扶持后梁,既可以牵制陈朝,保持长江中游的政治均势,又可以保证政治统治的平稳过渡。边缘区域的政治进程既取决于核心区域的政治状况,也与外部政治实体的影响有关。陈朝在长江中游的持续存在,是周隋政权长期保存后梁的重要地缘政治因素。

《隋书》卷29《地理志上》:"周氏初有关中,百度草创,遂乃训兵教战,务谷劝农,南清江、汉,西兼巴、蜀,卒能以寡击众,戡定强邻。及于东夏削平,多有省废。大象二年,通计州二百一十一,郡五百八,县一千一百二十四。"《通典》卷171《州郡典一·序目上》述西魏北周疆域政区情况云:"周文帝西魏大统中,东魏师至蒲津[注云:文帝大统二年(536),齐神武亲征至蒲津,以窦泰死,退军]。文帝东征,克陕州,兼得宜阳郡、邵郡(注云:邵郡,今绛郡垣县。宜阳郡,今福昌县)。东师又至沙苑(注云:其年冬,齐神武亲征,大败,走)。后文帝东征,至河阴,先胜后败[注云:大统四年(538),杀魏将高敖曹]。筑城于玉壁[注云：大统八年(542)，将王思政筑之，齐神武攻围不克。至十二年(546)，韦孝宽守之，齐神武又攻围六旬，不克]。文帝又至邙山，先胜后败[注云：大统九年(543)]。得梁雍州[注云：十六年(550)，梁雍州刺史岳阳王詧举州内附]。废帝初，克平汉中(注云：自梁侯景逆乱，遣将达奚武克之也)。又遣军平蜀(注云：将尉迟迥克之)。文帝西征至姑臧，后又平江陵。(注云：齐王廓后元初，于谨平之，杀梁元帝)。自是疆理西有姑臧，西南有全蜀，南至于江矣[注云：明帝武成二年(560)，将贺若敦克陈湘川之地，三年(561)失之。今澧阳、武陵、长沙、衡阳等地是]。其河南自洛阳之东之北，河东自平阳之界，属于高齐。至武帝建德中东征，拔齐晋州城，寻又东征，破齐师于晋州城下[注云：建德五年(576)，攻拔晋州，使梁士彦守之。齐后主来攻，三旬余不拔，六年(577)，又破齐后主军]。乘胜平齐。后遣军破陈军于吕梁(将土轨破陈将吴明彻，悉虏其众也)，其东南之境，尽于长江。通计州二百十有一，郡五百八，县千二十有四。当全盛战争之际，则玉壁(注云：初王思政守，后韦孝宽守，东师攻不拔，遂置勋州)、邵郡、齐子岭(注云：今王屋县东二十里周齐分界处)、通洛防(注云：故函关城，武帝保定中改名，在今新安县东)、黄栌三城(注云：今永宁县西北)、宜阳郡、陕州、土墌(注云：今长水郡西北二十五里)、三荆(注云：将独孤信略定北荆州，今即伊阳县。东荆州后改曰淮州，今淮安郡。荆州今南阳郡)、三鸦镇(注云：今汝州鲁山县西南，名平高城)，置兵以备东军。"

总而言之，北周疆域至大象二年(580)前后为最大。北周是北朝东西对峙局面的结束者，后期政治空间的迅速扩张亦为结束南北对峙创造了一定的历史基础。本编叙述西魏北周行政区划沿革，在空间范围上以北周大象二年(580)为基础，与隋代部分相衔接。

第二章　东魏北齐州郡县沿革(上)

东魏北齐行政区划,《魏书》卷106《地形志》所录武定年间(543—550)版籍其实已经展示了一个东魏末年行政区划的具体图景,王仲荦《北周地理志》卷7至卷10所辑资料,也包含有东魏北齐行政区划沿革的相关内容。在此基础上,施和金《北齐地理志》广揽博收,不但为北齐一代州郡县沿革梳理提供了系统的资料,而且确立了良好的体例与知识框架。当然任何著作都不会尽善尽美,例如周运中就曾对《北齐地理志》淮南以及河南淮北部分有过补正①。在具体材料的选取和判读上,《北齐地理志》也有一些地方与本书存在差异②。本编东魏北齐部分借助《北周地理志》,特别是《北齐地理志》资料提示之处甚多,表而出之,以明学术渊源与传承。但为正史作地理补志和研究政区演变过程,其学术取径毕竟有所不同,前者重材料的铺陈,后者更加注重政区演变的具体脉络。前章已对两魏齐周疆域与政区演变的政治背景与整体进程进行了梳理,本章依据《魏书》卷106《地形志上》与《地形志下》提供的时空顺序,主要叙述东魏北齐河北地区州郡县设置沿革。

东魏北齐河北地区,指北朝时期以潼关为基点的南北向黄河以东、东西向黄河以北的地区,这是东魏北齐的政治核心区。与西魏北周军事对峙有关的疆域与州级政区变动已见前章,这里的概述主要交代前文不及的州级政区变

---

① 周运中《〈北齐地理志〉淮南部分补正》,具体内容已刊于中华书局出版的《文史》2010年至2012年诸辑,另《〈北齐地理志〉河南淮北部分补正》(未刊稿)亦承蒙周先生惠赐。本编第三章一些具体结论对周文有所参考。

② 严耕望结合自身研究认为:尽管《读史方舆纪要》是专门著作,《嘉庆重修一统志》是成于众手的官修地理总志,但就查对古今地名这一角度而言,《读史方舆纪要》的记述显得很粗疏,而《嘉庆重修一统志》反较《纪要》为精赅。当然,他也强调"《纪要》在军事地理学史上的特殊价值,则不因此而受影响"。见严耕望:《读史方舆纪要与嘉庆一统志》,《汉学研究》第3卷第2期。《北齐地理志》可能出于使用便捷,援引《读史方舆纪要》之处甚多。考虑到《嘉庆重修一统志》选材较全面精审,并且可能汲取了《读史方舆纪要》里面的很多合理结论,本编一些具体结论如果没有别的材料,以《嘉庆重修一统志》为准。至于本编与《北齐地理志》不同之处,还请读者在阅读时同时参考《北齐地理志》,这不仅因为东魏北齐部分的工作是建立在《北齐地理志》基础之上的,也因为体裁不同,《北齐地理志》在很多材料细节上确实要比本编丰富。细读本编的读者也会发现,本编的一些材料为《北齐地理志》所无或所略,在具体问题的识断上也与《北齐地理志》存在不少差异。

动情况。天平元年(534)因为迁都,改北魏相州为司州,复置怀州、东雍州、营州、泰州。天平二年(535)在肆州秀容郡城侨置恒州。天平三年(536)正月,高欢攻陷西魏夏州,徙其民在并州地界置西夏州;西魏灵州刺史曹泥等遣使请归附东魏,高欢率骑迎之,因其所统人户在汾州隰城县界侨置灵州。天平年间(534—537)安州陷落;在幽州军都城因燕州流民置东燕州。元象年间(538—539)在幽州北界侨置安州。兴和二年(540)因恒农郡人户归附,在司州汲郡陈城设置义州。兴和年间(539—542)在汾州介休城侨置宁州。武定元年(543)在肆州敷城界郭城置廓州。同年,在雁门川置武州,武定三年(545)立武州州城。北齐时代,废陈城之义州置伍城郡,于离石置西汾州,于北魏桑乾郡地置朔州,怀戎置北燕州。改殷州为赵州,在汾州侨置南朔州,武州为北灵州,廓州为北显州,恒安镇为恒州。

第一节 司州领郡沿革

司州治邺城,今河北邯郸市临漳县西南邺镇一带。天平元年(534)十月丙子日,东魏开始迁都邺城,原北魏洛阳之司州改称洛州,十一月"庚寅,车驾至邺,居北城相州之廨。改相州刺史为司州牧,魏郡太守为魏尹,徙邺旧人西径百里,以居新迁之人。分邺置临漳县,以魏郡、林虑、广平、阳[平、顿]丘、汲郡、黎阳、东[郡]、濮阳、清河、广宗等郡为皇畿"。闰十二月,"初置四中郎将,于礓石桥置东中,蒲泉置西中,济北置南中,洺水置北中"①。据此可知,东魏初年司州领有魏尹、林虑、广平、阳平、顿丘、汲、黎阳、东、濮阳、清河、广宗等郡。清河郡在北魏时属于冀州,濮阳郡在北魏末年原属西兖州,广宗郡原属冀州,此时均划入司州。另据《魏书》卷106《地形志上》,殷州北广平郡此时亦划入司州,北魏末年相州所置昌乐郡此时则罢废为昌乐县,划归魏尹。山阳郡当在东魏天平初年省并,所领山阳县被划入汲郡。北齐时代,魏尹改称清都尹,废林虑郡、顿丘郡和北广平郡,并入广平郡,废广宗郡入清河郡。增置襄国郡。

1. 清都尹

治邺城,今河北邯郸市临漳县西南邺镇一带。东魏改北魏魏郡为魏尹。北齐改魏尹为清都尹。据《魏书》卷106《地形志上》,天平元年(534),荡阴、安阳二县并入邺县;分邺县一部分,与内黄、斥丘、肥乡三县合为临漳县;列人、武安、易阳、斥章等县由广平郡划入;元城县由阳平郡划入。北魏末年相州所置

---

① 《魏书》卷12《孝静帝纪》。

昌乐郡此时则罢废为昌乐县,划归魏尹。天平二年(535),繁阳县由顿丘郡划入;分元城县置平邑县;分阳平郡馆陶县置贵乡县,并划入魏尹①。东魏武定年间(543—550)魏尹领有邺、临漳、繁阳、列人、昌乐、武安、临水、魏、平邑、易阳、元城、斥章、贵乡、长乐十四县②。北齐废魏县入昌乐县,废元城入贵乡县③,废斥章县入广平郡平恩县④;废列人、平邑、繁阳诸县⑤;废易阳县入北广平郡襄国县;新置成安县;废林虑郡,原林虑郡所属林虑、临淇、共、魏德诸县划入。临淇、共、魏德当废于北齐天保七年(556)⑥。又据《元和郡县图志》卷16《河北道一》相州尧城县:"本汉内黄县地,晋于此置长乐县,高齐省长乐入临漳县。隋开皇十年(590),分临漳、洹水二县于此重置长乐县,十八年(598)改为尧城,因所理尧城为名也。"长乐县在北齐亦被省并。天保七年(556),清都尹领有邺、成安、临漳、昌乐、武安、临水、贵乡、林虑诸县。《北史》卷86《循吏路去病传》:"武平四年(573),为成安县令。都下有邺、临漳、成安三县,辇毂之下,旧号难为,重以政乱时艰,纲纪不立,近臣内戚,请属百端。"《隋书》卷27《百官志中》:"邺、临漳、成安三县令,各置丞、中正、功曹、主簿、门下督、录事、主记、议及功曹、记室、户、田、金、租、兵、骑、贼、法等曹掾员。邺又领右部、南部、西部三尉,又领十二行经途尉。凡一百三十五里,里置正。临漳又领左部、东部二尉,左部管九行经途尉。凡一百一十四里,里置正。成安又领后部、北部二尉,后部管十一行经途尉,七十四里,里置正。"邺、临漳、成安三县同治邺城,分

---

① 《旧唐书》卷39《地理志二》魏州:"汉魏郡元城县之地。后魏天平二年(535),分馆陶西界,于今州西北三十里古赵城置贵乡县。后周建德七年(578),以赵城卑湿,东南移三十里,就孔思集寺为贵乡县。大象二年(580),于县置魏郡。隋改名武阳郡。"
② 《北史》卷55《赫连子悦传》:"后除林虑太守。文襄往晋阳,由郡境,问所不便。悦云:'临水、武安,去郡遥远,山岭重叠。若东属魏郡,则地路近。'文襄笑曰:'卿徒知便人,不觉损干。'悦答曰:'所言者人所疾苦,不敢以私润负公心。'文襄善之,乃敕依事施行。自是人属近便,行路称之。"
③ 《元和郡县图志》卷16《河北道一》魏州元城县:"本汉旧县,属魏郡。……魏黄初三年(222),于此置阳平郡。高齐省元城县入贵乡,隋开皇六年(586)复置。"
④ 《太平寰宇记》卷58《河北道七》洺州平恩县:"本汉旧县,属魏郡……魏属广平郡。高齐天保七年(556)移于斥漳城,今洺水县是也。开皇六年(586)又自斥漳移在平恩川今理。"
⑤ 据《隋书》卷30《地理志中》武阳郡贵乡县下注,平邑县系北齐废置。又据《嘉庆重修一统志》卷32《广平府一》"广平府表",列人县系北齐省并。同书卷197《彰德府二》"古迹",繁阳县系北齐废置。
⑥ 据《魏书》卷106《地形志上》林虑郡所记,临淇县乃天平初分林虑县和汲郡朝歌、共县所置。共县系天平年间(534—537)由汲郡划入林虑郡。魏德县则是在天平二年(535)分汲郡朝歌县置。《隋书》卷30《地理志中》魏郡临淇县:"东魏置,寻废,开皇十六年(596)复。"河内郡共城县:"旧曰共,后齐废。开皇六年(585)复置,曰共城。"《太平寰宇记》卷56《河北道五》卫州共城县:"汉以为县,属河内郡,晋属汲郡,后齐又属林虑郡。高齐天保七年(556),省共县,仍移就获嘉县古城以处之,复为获嘉县焉。隋开皇四年(584),移获嘉县于修武故城,于此又置共城县。因此添'城'字以属卫州。"

区划治,显然是因为京畿一带人口高度密集,行政事务过于繁杂。

2. 阳平郡

治馆陶城。天平元年(534),元城县划入魏尹;罢省武城县。天平二年(535),分馆陶县置贵乡县,并划入魏尹;复置武城县。东魏武定年间(543—550),阳平郡领有馆陶、清渊、乐平、发干、临清、武城、武阳、阳平八县。据《嘉庆重修一统志》卷184《临清直隶州》"古迹":"清渊故城,在州西南。汉置县,属魏郡,魏改属阳平郡,晋及后魏因之。北齐改置于贝邱县界,而故城废。"贝丘县北齐时属于清郡,清渊县在北齐当由阳平郡划属清河郡。《隋书》卷30《地理志中》武阳郡武阳县:"后齐省,后周置。"发干、临清亦在北齐时废置。《隋书》卷30《地理志中》武阳郡莘县:"旧曰阳平,后齐改曰乐平。"北齐当是将乐平县省并于阳平县,并改阳平县为乐平县。武阳郡顿丘县:"后齐省,开皇六年置。又有旧阴安县,后齐废。"《嘉庆重修一统志》卷35《大名府一》"古迹":"顿丘故城:在清丰县西南。……汉置顿丘县于此,属东郡。晋为顿丘[郡]治,后魏因之。北齐郡、县俱废。"是东魏顿丘郡与顿丘县均废于北齐。据《魏书》卷106《地形志上》顿丘郡所记,东魏顿丘郡领有顿丘、卫国、临黄、阴安四县。《隋书》卷30《地理志中》武阳郡临黄县:"后魏置,后齐省,开皇六年(586)复。"观城县:"旧曰卫国,开皇六年(586)改。"原顿丘郡在北齐仅余一卫国县,被划入阳平郡。又武城县在北齐时因清河郡亦有武城县而省废。天保七年(556)之后,阳平郡当领有馆陶、乐平、卫国三县。

3. 广平郡

治曲梁城。据《魏书》卷106《地形志上》,广平郡领有平恩、曲安、邯郸、广平、曲梁、广年六县。《隋书》卷30《地理志中》武安郡邯郸县:"东魏废。开皇十六年复置陟乡,大业初省入焉。"《太平寰宇记》卷58《河北道七》洺州平恩县:"本汉旧县,属魏郡;宣帝以许广汉为平恩侯。魏属广平郡。高齐天保七年(556)移于斥漳城,今洺水县是也。开皇六年(586)又自斥漳移在平恩川今理。"《元和郡县图志》卷15《河东道四》洺州曲周县:"本汉旧县,属广平国……后汉属巨鹿郡,魏属魏郡。后魏宣武帝改置曲安县,属广平郡,高齐省。隋开皇六年(586)复置,属洺州,大业二年(606)省。"《隋书》卷30《地理志中》武安郡永年县:"旧曰广平,置广平郡,后齐废北广平郡及曲梁、广平二县入。开皇初郡废,复置广平,后改曰鸡泽。仁寿元年(601)改广平为永年。"是到北齐时广平郡原领县只剩广年、平恩二县。北广平郡到北齐已经并入广平郡。据《魏书》卷106《地形志上》,东魏时北广平郡领有南和、任县、襄国三县。《隋书》卷30《地理志中》襄国郡南和县:"旧置北广平郡,后齐省入广平郡,后周分置南和郡。开皇初郡废,十六年(586)置任县,大业初废入。"《嘉庆重修一统志》卷30《顺德府一》"顺德府表":"任县,后魏永安中属北广平郡,齐省。"襄国县则改置为襄国郡(见下),是北广平郡经废置后仅余南和一县。总而言之,广平郡在北齐天保七年(556)之后领有广年、平恩、南和三县。

4. 襄国郡

治襄国。《隋书》卷30《地理志中》武安郡临洺县:"旧曰易阳。后齐废入襄国县,置襄国郡。后周改为易阳县,别置襄国县。开皇六年(586)改易阳为邯郸,十年(590)改邯郸为临洺。开皇初郡废。"是襄国郡为北齐新置,至少领有襄国一县。

5. 汲郡

治枋头。《元和郡县图志》卷16《河北道一》卫州:"在汉为汲县,属河内郡。魏黄初中置朝歌郡,属冀州。晋武帝改朝歌为汲郡,仍属冀州。后魏孝静帝移汲郡理枋头城,在今卫县界,又于汲县置义州以处归附之人。周武帝改义州为卫州,隋大业三年(607)改为汲郡。"卫州汲县:"本汉旧县,属河内郡。后魏于此置义州及伍城郡伍城县,周改义州为卫州,伍城县属卫州。"据《魏书》卷106《地形志上》,东魏武定年间(543—550)汲郡领有北修武、南修武、汲、朝歌、山阳、获嘉六县。《隋书》卷30《地理志中》汲郡卫县:"旧曰朝歌,置汲郡。后周又分置修武郡。开皇初郡并废,十六年(596)又置清淇县。大业初置汲郡,改朝歌县曰卫,废清淇入焉。"河内郡获嘉县:"后周置修武郡,开皇初郡废。十六年(596)置殷州,大业初州废。"河内郡新乡县:"开皇初年置。有关官。旧有获嘉县,后齐废。"河内郡修武县:"后魏置修武,后齐并入焉。开皇十六年(596)析置武陟,大业初并入焉。又有东魏广宁郡,后周废。"《嘉庆重修一统志》卷202《怀庆府一》"怀庆府表":"修武县,属汲郡。东魏置西修武县属广宁郡,寻废。齐移修武县来治。""北修武县,魏孝昌二年(526)分置,齐废入修武。""山阳县,魏孝昌二年(526)置山阳郡,东魏改为广宁郡。"《太平寰宇记》卷53《河北道二》怀州修武县:"汉以为县,属河内郡。东魏置西修武县,寻省。高齐天保七年(556),自今获嘉县移修武县于西修武故城。隋大业十年(614),又移于永桥,即今武陟县。""武陵故城在县南二十五里,东魏置太宁郡(按当即广宁郡,可能为避隋炀帝讳改),后周废。"据上所述,北魏末年曾置山阳郡于山阳县,东魏改为广宁郡,并增置西修武县(此当为《地形志》所云之北修武)属之。但不久废弃,两县划入汲郡。北齐省并北修武,南修武改称修武县,县治定在原北修武治所。又据《隋书》卷30《地理志中》河内郡新乡县:"开皇初年置。有关官。旧有获嘉县,后齐废。"总之,北齐废并北修武、山阳、获嘉三县,汲郡天保七年(556)之后领有修武、汲、朝歌三县。

6. 东郡

治滑台。据《魏书》卷106《地形志上》，东魏武定年间(543—550)东郡领有东燕、平昌、白马、凉城、酸枣、长垣、长乐七县。《隋书》卷30《地理志中》东郡白马县："旧置东郡，后齐并凉城县入焉。大业初复置郡。"东郡卫南县："又有后魏平昌、长乐二县，后齐并废。"荥阳郡酸枣县："后齐废，开皇六年(586)复。"是北齐天保七年(556)废置平昌、凉城、长乐、酸枣四县，东郡尚领有东燕、白马、长垣三县。

7. 濮阳郡

治鄄城。《隋书》卷30《地理志中》东平郡鄄城县："旧置濮阳郡，开皇初郡废。"据《魏书》卷106《地形志上》，东魏武定年间(543—550)濮阳郡领有廪丘、濮阳、城阳、鄄城四县。《隋书》卷30《地理志中》东平郡雷泽县："旧曰城阳，后齐废。开皇十六年(596)置，曰雷泽，又分置临濮县。"知北齐废城阳县，又《隋书》卷30《地理志中》东郡卫南县："开皇十六年(596)置，大业初废西濮阳入焉。"《太平寰宇记》卷57《河北道六》澶州濮阳县："本汉县地，属济阴。……后魏天平三年(536)移濮阳县于此。"西濮阳当置于北齐之时。是天保七年(556)之后濮阳郡领有廪丘、濮阳、鄄城、西濮阳四县。

8. 黎阳郡

治黎阳城。据《魏书》卷106《地形志上》，黎阳郡东魏武定年间(543—550)领有黎阳、东黎、顿丘三县。《嘉庆重修一统志》卷35《大名府一》"大名府表"："东黎县，后魏永安元年(528)分置，属黎阳郡，齐省。"是北齐废东黎县。又《魏书》卷106《地形志上》司州黎阳郡顿丘县："二汉属东郡，晋属顿丘，太和十八年(494)属汲，后属。永安元年(528)分入内黄，天平中罢。"司州顿丘郡顿丘县："太和中并汲郡，余民在畿外者景明中置。"是顿丘郡之顿丘县乃分自黎阳郡之顿丘县。如若黎阳郡之顿丘县在天平年间(534—537)已经罢废，按《地形志》体例应只在注文中叙及，而不当在正文内标出。《隋书》卷30《地理志中》武阳郡顿丘县："后齐省，开皇六年(586)置。"《元和郡县图志》卷16《河北道一》澶州顿丘县："本汉旧县，因县东北顿丘以为名，属东郡。晋属顿丘郡。隋废郡，属魏州。"黎阳郡之顿丘县当是省并入顿丘郡之顿丘县。《嘉庆重修一统志》卷35《大名府一》"古迹"："顿丘故城：在清丰县西南。……汉置顿丘县于此，属东郡。晋为顿丘[郡]治，后魏因之。北齐郡、县俱废。"顿丘郡与顿丘县在北齐时均已省废，《元和志》表述亦有含混之处。天保七年(556)之后黎阳郡领有黎阳一县。

9. 清河郡

治武城县城。《隋书》卷30《地理志中》清河郡清河县："旧曰武城，置清河郡。开皇初郡废，改名焉，仍别置武城县。"《太平寰宇记》卷58《河北道七》贝州："秦并天下，为巨鹿郡。汉高帝三年(204)，韩信出井陉，定赵地，因分巨鹿郡地置清河郡，以郡临清水，故号清河，理清阳。景帝中改为清河国。至后汉复为郡。永嘉乱后，石赵移郡理平晋城，即今博州清平县也。苻秦移理武城。后魏移清河郡及清河县于汉厝城置。高齐自厝城移郡及武城县于今贝州西北十里故州城，其城即汉信成县理。后周建德六年(577)平齐，于郡理置贝州，郡亦不废。"据《魏书》卷106《地形志上》，清河郡东魏武定年间(543—550)领有清河、贝丘、侯城、武城四县。《隋书》卷30《地理志中》清河郡清阳县："旧曰清河县，后齐省贝丘入焉，改为贝丘。开皇六年改为清阳。又有后魏侯城县，后齐省以入武城，亦入焉。"《嘉庆重修一统志》卷184《临清直隶州》"古迹"："清渊故城，在州西南。汉置县，属魏郡，魏改属阳平郡，晋及后魏因之。北齐改置于贝邱县界，而故城废。"清渊县原属阳平郡，北齐划入清河郡。另东魏广宗郡北齐废入清河郡。据《魏书》卷106《地形志上》，东魏武定年间(543—550)广宗郡领有广宗、武强、经三县。《太平寰宇记》卷54《河北道三》魏州经城县："本后汉之经县地，分前汉堂阳县，于今县西北二十里置经县。后魏初，省并南宫县。太和十年(486)，又于今理置经县，续于县理置广宗郡。高齐天保七年(556)，省郡及县，仍移武强县于此。"《元和郡县图志》卷16《河北道一》贝州经城县："本后汉分前汉堂阳县，于今县西北二十里置经城县。后魏省并入南宫县，孝文帝又于今理置经城县，又置广宗郡。高齐省郡及县，仍置武强县于此。隋开皇六年(586)，移武强县于此，置经城县，属贝州。"天保七年(556)广宗郡与经县被省并，广宗、武强两县并入清河郡。综合上述，天保七年(556)之后清河郡领有贝丘、武城、广宗、武强、清渊五县。

第二节 义州领郡沿革

义州寄治汲郡陈城，今河南新乡市卫辉市西南。《魏书》卷106《地形志上》汲郡汲县："陈城，兴和二年(540)，恒农人率户归国，仍置义州于城中。"《隋书》卷30《地理志中》汲郡："东魏置义州，后周为卫州。"汲郡汲县："东魏侨置七郡十八县。后齐省，以置伍城郡，后周废为伍城县，开皇六年(586)改焉。"《元和郡县图志》卷16《河北道一》卫州："在汉为汲县，属河内郡。魏黄初中置朝歌郡，属冀州。晋武帝改朝歌为汲郡，仍属冀州。后魏孝静帝移汲郡理枋头城，在今卫县界,又于汲县置义州以处归附之人。"据《地形志上》,东魏义州领有五城、泰宁、新安、渑池、恒农、宜阳、金门七郡。其中五城郡领有隰城、介休、五城三县,泰宁郡领有泰宁、义兴、邵阳三县,新安郡领有西垣、新安、东垣三县,渑池郡领有北渑池、俱利、西新安三县,恒农郡领有恒农、北郑、崤三县,宜阳郡领有宜阳、南渑池、金门三县,金门郡领有北陆一县,共计十九县。《元和郡县图志》卷16《河北道一》卫州汲县:"本汉旧县,属河内郡。后魏于此置义州及伍城郡伍城县,周改义州为卫州,伍城县属卫州。"北齐时省并六郡十八县,义州领有伍城一郡,伍城郡领有伍城一县。

第三节 怀州领郡沿革

怀州天平元年(534)复置,治野王城,今河南焦作市沁阳市城区。据《魏书》卷106《地形志上》,东魏武定年间(543—550)怀州领有河内、武德二郡。北齐同[1]。

1. 河内郡

治野王城。据《魏书》卷106《地形志上》,东魏武定年间(543—550)领有野王、沁水、河阳、轵四县。《隋书》卷30《地理志中》河内郡济源县:"开皇十六年(586)置。旧有沁水县,后齐废入。"《元和郡县图志》卷5《河南道一》河南府济源县:"隋开皇十六年(586),分轵县置济源县,属怀州,以济水所出,因名。"沁水县应是省并入轵县。《隋书》卷30《地理志中》河内郡河阳县:"旧废,开皇十六年置。"《元和郡县图志》卷5《河南道一》河南府河阳县:"在汉为河阳县,属河内。高齐省入温、轵二县。隋开皇十六年,分温、轵二县重置,属怀州。"是北齐废沁水、河阳二县。天保七年(556)之后河内郡领有野王、轵二县。

2. 武德郡

治州县。《隋书》卷30《地理志中》河内郡安昌县:"旧曰州县,置武德郡。"据《魏书》卷106《地形志上》,东魏武定年间(543—550)领有平皋、温、怀、州四县。《隋书》卷30《地理志中》河内郡安昌县:"大业初改名安昌,又废怀县入焉。旧有平高县,后齐废。"河内郡温县:"旧废,开皇十六年置。"《嘉庆重修一统志》

---

[1] 按北齐曾在长平县(今河南济源市王屋镇)置有怀州。《太平寰宇记》卷5《河南道五》西京王屋县:"汉为河东郡垣县地。后魏皇兴四年(470)于此分置长平县,属邵州。北齐置怀州。后周武成元年(559)州废,改为王屋县,因县北十里山为名,仍于县理置王屋郡。天和六年(571)又于郡理立西怀州,建德六年(577)州省,又为王屋郡。"此怀州在野王城所置怀州的西面。

卷202《怀庆府一》"怀庆府表"："温县，东魏天平初改属武德郡，齐省。"知北齐废平皋、温二县。天保七年(556)之后，武德郡领有怀、州二县。

第四节 定州领郡沿革

定州治卢奴城，今河北保定市定州市城区。据《魏书》卷106《地形志上》，东魏武定年间(543—550)定州领有中山、常山、巨鹿、博陵、北平五郡。《隋书》卷30《地理志中》博陵郡北平县："旧置北平郡。后齐郡废，又并望都、蒲阴二县来入。开皇六年(586)又置望都，大业初又废。"是北齐天保七年(556)之后，定州领有中山、常山、巨鹿、博陵四郡①。

1. 中山郡

治卢奴城。据《魏书》卷106《地形志上》，东魏武定年间(543—550)中山郡领有卢奴、上曲阳、魏昌、新市、毋极、安喜、唐七县。《隋书》卷30《地理志中》博陵郡鲜虞县："旧曰卢奴，置鲜虞郡。后齐废卢奴入安喜。开皇初废郡，以置鲜虞县。"《元和郡县图志》卷18《河北道三》定州："隋开皇元年(581)，以'中'字犯庙讳，改中山郡为鲜虞郡。大业三年(607)，改为博陵郡，遥取汉博陵郡为名也。"东魏北齐并未改置鲜虞郡。又《隋书》卷30《地理志中》博陵郡隋昌县："后魏曰魏昌，后齐废。开皇十六年(596)复，仍改焉。"博陵郡唐县："旧县，后齐废，开皇十六年(596)复。"《元和郡县图志》卷18《河北道三》定州北平县："高齐省北平郡及蒲阴县，以北平县属中山郡。"定州恒阳县："本汉上曲阳县，属常山郡。后汉属中山国。高齐天保七年(556)除'上'字但为曲阳县，属中山郡。隋开皇六年(586)，改曲阳为石邑县，其年移石邑于井陉县，属恒州。七年(587)于此置恒阳县，属定州，以在恒山之南，因以为名。"是北齐天保七年(556)之后，中山郡领有曲阳、新市、毋极、安喜、北平五县。

2. 常山郡

治安乐垒。《元和郡县图志》卷17《河北道二》恒州："后魏道武帝登恒山

---

① 按《嘉庆重修一统志》卷27《正定府一》"正定府表"晋州："巨鹿郡，魏置。齐徙废。曲阳县，后魏去'下'字，郡治，齐省。"似乎北齐曾废省巨鹿郡。《通典》卷178《州郡典八》常山郡(镇州)槀城县："后周置巨鹿郡。隋置廉州。"《隋书》卷30《地理志中》赵郡槀城县："后齐废下曲阳入焉，改为高城县，置巨鹿郡。开皇郡废。十年(590)置廉州，十八年(598)改为槀城县，大业初州废。"北齐废省之巨鹿郡当是赵州巨鹿郡，(参见本章第七节"赵州(原名殷州)领郡沿革")。北周末年，将赵州之南赵郡省并入巨鹿郡，重置巨鹿郡，治高城(参见第五章第七十八节"北周赵州领郡沿革")，这可能就是《通典》所谓的"后周置巨鹿郡"。

郡城，北望安乐垒，嘉其美名，遂移郡理之，即今州理是也。周武帝于此置恒州，隋炀帝大业九年(613)罢州，以管县属高阳郡。"据《魏书》卷106《地形志上》，东魏武定年间(543—550)常山郡领有九门、真定、行唐、蒲吾、灵寿、井陉、石邑七县。《隋书》卷30《地理志中》恒山郡石邑县："旧县，后齐改曰井陉，开皇六年(586)改焉。"恒山郡井陉县："后齐废石邑，以置井陉。开皇六年(586)复石邑县，分置井陉。"石邑县当在北齐时废入井陉县。又恒山郡九门县："后齐废，开皇六年复。"此外北齐尚新置有恒山县。据《北齐书》卷44《儒林张景仁传》，张景仁在北齐后主时曾"迁假仪同三司、银青光禄大夫，食恒山县幹。"是北齐天保七年(556)之后，常山郡领有真定、行唐、蒲吾、灵寿、井陉、恒山六县。

3. 巨鹿郡

治高城(即东魏下曲阳)。《隋书》卷30《地理志中》赵郡藁城县："后齐废下曲阳入焉，改为高城县，置巨鹿郡。开皇初郡废。"据《魏书》卷106《地形志上》，东魏武定年间(543—550)巨鹿郡领有曲阳、藁城、鄡三县。《隋书》卷30《地理志中》信都郡鹿城县："旧曰鄡，后齐改曰安国。开皇六年(586)改为安定，十八年(598)改。"赵郡藁城县："后齐废下曲阳入焉，改为高城县，置巨鹿郡。开皇初郡废。十年(590)置廉州，十八年(598)改为藁城县，大业初州废。又开皇十六年(596)置栢乡县，亦废入焉。"《魏书》卷106《地形志上》定州巨鹿郡曲阳县："二汉、晋属赵国，曰下曲阳，后改。"又《北齐书》卷23《魏兰根传》："魏兰根，巨鹿下曲阳人也。"是曲阳县在东魏北齐时亦称下曲阳，或在北齐时已改为下曲阳也。下曲阳既废入高城县，天保七年(556)之后，巨鹿郡当领有高城、安国二县。

4. 博陵郡

东魏治鲁口城，北齐改治安平县。《隋书》卷30《地理志中》博陵郡安平县："后齐置博陵郡，开皇初废。"《太平寰宇记》卷63《河北道十二》深州饶阳县："本汉旧县地，属涿郡。……今有古城，在今县东北二十里饶阳故城是也。齐文宣天保五年，移于今理。按饶阳县即后魏房渠口，置房口镇于此。后为县，隶深州。隋开皇三年(583)，改属定州；十六年(586)，属深州；大业三年(607)，省深州，改属瀛州。……房口镇城，今邑理也，自石赵、苻秦、后魏，并为博陵郡，理于此。"又深州安平县："本汉旧县，属涿郡。……后属博陵郡。……自晋及高齐，博陵郡并理此。"是十六国、北魏、东魏时博陵郡治房口镇(即鲁口镇)，北齐改治安平县。据《魏书》卷106《地形志上》，博陵郡东魏武定年间(543—550)领有饶阳、安平、深泽、安国四县。《隋书》卷30《地理志中》博陵郡深泽县:"后齐废,开皇六年(586)复。"博陵郡义丰县:"开皇六年(586)置。旧有安国县,后齐废。"是北齐天保七年(556)之后,博陵郡领有饶阳、安平二县。

第五节　冀州领郡沿革

冀州治信都,今河北衡水市冀州市城区。据《魏书》卷106《地形志上》,东魏武定年间(543—550)冀州领有长乐、勃海、武邑、安德四郡。北齐省并武邑郡。《太平寰宇记》卷63《河北道十二》冀州武邑县:"本汉旧县地,属信都国。后汉属安平国。晋太康十年(289),于此置武邑郡。后魏皇始三年(398),移郡治武强。高齐天保中省武邑。隋开皇六年(586)复置。"据《魏书》卷106《地形志上》,东魏武定年间(543—550)武邑郡领有武遂、阜城、灌津、武邑、武强五县。《隋书》卷30《地理志中》信都郡武邑县:"旧县,后齐废。开皇六年置(586),并得后齐观津县地。"信都郡武强县:"旧置武邑郡,后齐郡废,又废武遂县入焉。"《太平寰宇记》卷63《河北道十二》冀州武邑县:"观津城在县东南二十五里。古堤尚存,即六国赵邑也。……又汉为县……高齐天保七年(556)废。"冀州阜城县:"本汉旧县地,属渤海郡。故城在今县东二十二里阜城故城是也。后汉属安平国。……高齐天保七年(556),自故城移于今理。隋开皇九年(589),改属观州。大业二年(606),复属冀州。"又《隋书》卷30《地理志中》平原郡东光县:"旧置渤海郡,开皇初郡废。九年(589)置观州,大业初州废,又并安陵入焉。"是武邑郡省并所余武遂县划入长乐郡,阜城县划入勃海郡。天保七年(556)之后,冀州当领有长乐、勃海、安德三郡。

1. 长乐郡

治信都。《隋书》卷30《地理志中》信都郡长乐县:"旧曰信都,带长乐郡,后齐废扶柳县入焉。开皇初郡废,分信都置长乐县。"据《魏书》卷106《地形志上》,东魏武定年间(543—550)长乐郡领有堂阳、枣强、扶柳、索卢、广川、南宫、信都、下博八县。《隋书》卷30《地理志中》信都郡堂阳县:"旧县,后齐废,开皇十六年复。"信都郡枣强县:"旧县,后齐废索芦、广川二县入焉。"信都郡南宫县:"旧县,后齐废,开皇六年复。"是北齐时已省并堂阳、扶柳、索卢、广川、南宫五县。又武遂县因武邑郡省并而划入长乐郡,是北齐天保七年(556)之后,长乐郡领有枣强、信都、下博、武遂四县。

2. 勃海郡

东魏治东光县城,北齐移治陶氏城。《太平寰宇记》卷65《河北道十四》沧州:"秦并天下,以齐地置齐郡,以赵地置巨鹿郡,燕置上谷郡,为三郡之地。汉高帝五年(前201),又分三郡之地,置渤海郡,理浮阳。后汉移理南皮,曹魏不改。……宋文帝元嘉中,改置乐陵郡。孝武以其地广分其地,又置渤海郡。后魏初改渤海郡为沧水郡,太安四年(458)郡移理今东光县城。寻又省,复为渤海郡。至熙平二年(517)分瀛州、冀州置沧州,取沧海为名,领浮阳、乐陵、安德三郡,理饶安,即今饶安县东千童故城是也。其浮阳郡理今浮阳县。高齐及后周渤海郡犹理东光,浮阳郡犹理浮阳。隋初三郡皆废为县,以元渤海所领县属冀州,以浮阳所领县属沧州,又以废乐陵郡之属县并属沧州。"卷68《河北道十七》定远军东光县:"本汉旧县也,属勃海郡,故城在今县东二十里东光故城。高齐天保七年(556)移于今县东南三十里陶氏故城。隋开皇三年(683)又移于后魏废渤海郡城,即今县理。"据《魏书》卷106《地形志上》,东魏武定年间(543—550)勃海郡领有南皮、东光、修、安陵四县。《太平寰宇记》卷64《河北道十三》德州安陵县:"本汉蓨县地,属渤海郡。汉立安县,旧地理书但云蓨县,并失安县理所。今县东七里晋所置东安陵县城,即汉安县旧理也。后魏省'东'字,今微有遗址。高齐天保七年(556)省。隋开皇六年(586)又分东光县于今县东二十二里新郭城再置,今安陵故县是也。"是北齐时安陵县已被省并,又阜城县因武邑郡省并而被划入,北齐天保七年(556)之后,勃海郡领有南皮、东光、修、阜城四县。

3. 安德郡

治安德县。《元和郡县图志》卷17《河北道二》德州:"汉分齐郡置平原郡。后汉至晋,平原为王国,封建子弟。后魏文帝于今州置安德郡,隋开皇三年(583)改为德州。大业三年(607)罢州,为平原郡。"《太平寰宇记》卷64《河北道十三》德州:"今理安德县。……后魏又改为郡,仍自平原移理今聊城界畔城。文帝太和中,于州东南三十利安德故城置安德郡,平原县属焉。隋开皇三年(583),罢郡,以平原属冀州。九年(589),于今安德复置德州,平原复属焉。大业三年(607),罢州为平原郡。"据《魏书》卷106《地形志上》,东魏武定年间(543—550)安德郡领有平原、安德、绎幕、鬲四县。《太平寰宇记》卷64《河北道十三》德州平原县:"本汉旧县,属平原郡,后属平原国。后魏属安德郡。隋开皇三年(583)罢郡,属冀州,九年改隶德州。……绎幕故城,汉县,在今县西北二十里故城是也,高齐省入平原县。"《隋书》卷30《地理志中》平原郡安乐县:"又开皇十六年(596)置绎幕县,至是废入焉。又有后魏鬲县,后齐废。"知北齐时绎幕、鬲二县已被省并,天保七年(556)之后,安德郡当仅领有平原、安德二县。

第六节 瀛州领郡沿革

瀛州治赵都军城,今河北沧州市河间市城区。据《魏书》卷106《地形志上》,东魏武定年间(543—550)瀛州领有高阳、章武、河间三郡,北齐同。

1. 高阳郡

治高阳县。《隋书》卷30《地理志中》河间郡高阳县:"旧置高阳郡,开皇初郡废。"据《魏书》卷106《地形志上》,东魏武定年间(543—550)高阳郡领有高阳、博野、蠡吾、易、扶舆、新城、乐乡、永宁、清苑九县。《隋书》卷30《地理志中》河间郡博野县:"旧曰博陆,后魏改为博野,后齐废蠡吾县入焉。"河间郡鄚县:"有易城县,后齐废。"易城县当即易县。河间郡清苑县:"旧曰乐乡。后齐省樊舆、北新城、清苑、乐乡入永宁,改名焉。开皇十八年(598)改为清苑。"樊舆县即扶舆县,《魏书》卷106《地形志上》瀛州高阳郡扶舆县:"前汉属涿,后汉罢,晋复属。前汉、晋曰樊舆,后罢。太和中改,复。"北新城即新城县。瀛州高阳郡新城县:"二汉、晋曰北新城。前汉属中山,后汉属涿,晋属。"《太平寰宇记》卷68《河北道十七》保州清苑县:"本乐乡县也。……后魏复置,属高阳郡。高齐天保七年(556)省,仍自易州满城界移永宁县理此城。隋开皇十六年(596)改为清苑县,因(后魏)易州满城县界清苑河为名。"可知北齐时省并蠡吾、易、扶舆、新城、乐乡、清苑六县入永宁县,并移永宁县治于原乐乡县治也。天保七年(556)之后,高阳郡仅领有高阳、博野、永宁三县。

2. 章武郡

治平舒。《隋书》卷30《地理志中》河间郡平舒县:"旧置章武郡,开皇初废。"据《魏书》卷106《地形志上》,东魏武定年间(543—550)章武郡领有成平、平舒、束州、文安、西章武五县。《隋书》卷30《地理志中》河间郡束城县:"旧曰束州,后齐废。开皇十六年(596)置,后改名焉。"《嘉庆重修一统志》卷8《顺天府三》"古迹":"西章武故城,在大城县南四十七里。汉章武县在今沧州界。后魏正光中,分置西章武县,属章武郡,北齐省。旧志以在章武之西,故加西也。"是北齐废省束州、西章武二县,天保七年(556)之后,章武郡领有成平、平舒、文安三县。

3. 河间郡

治武垣。《太平寰宇记》卷66《河北道十五》瀛州:"后魏太和十一年(587),分定州河间、高阳,冀州章武三郡,置瀛州,以瀛海为名,其河间郡自乐城移理于今乐寿县西一里乐寿亭城置。历高齐及周,郡不改。"据《魏书》卷106《地形志上》,东魏武定年间(543—550)河间郡领有武垣、乐城、中水、鄚四县。《太平寰宇记》卷63《河北道十二》深州乐寿县:"本汉乐成县地,属河间国。故城在今县东南十六里,是汉理所。……《续汉书·郡国志》云:'后汉桓帝改为乐陵县。帝追尊祖父河间王开为孝穆皇帝,以此邑奉山陵,故加陵字。'曹魏又改为乐城县。后魏太和十一年(487),自故郡移河间郡及县西南一里乐寿亭故城,其年郡又移理武(桓)[垣]城,今河间县是也。隋开皇三年(583)罢郡,以县属瀛州;十八年(598)改为广城县。仁寿元年(601)又改为乐寿,又取其理城为名。大业十三年,自乐寿亭故城移于今理。……故中水城,汉县也,在今县西北三十里。……居两河之间,故曰中水。又《郡国县道记》云:'其城南枕滹沱,北背高河。'高齐天保七年(556)省。"《北齐地理志》卷1《河北地区上》瀛州河间郡据《读史方舆纪要》列有河间县。《嘉庆重修一统志》卷21《河间府一》"河间府表"河间县:"大业初置,郡治。"《隋书》卷30《地理志中》河间郡河间县:"旧置河间郡,开皇初郡废。大业初复置郡,并武垣县入焉。"《读史方舆纪要》判断似乎不及《一统志》,河间县应该是在隋大业初年省并武垣县后所置,与北齐无关。《嘉庆重修一统志》卷21《河间府一》"河间府表"任邱县:"齐置任邱县。"是北齐河间郡省并中水县,新置任丘县,天保七年(556)之后,河间郡领有武垣、乐城、鄚、任丘四县。

第七节 赵州(原名殷州)领郡沿革

赵州治广阿,今河北邢台市隆尧县旧城村。《嘉庆重修一统志》卷51《赵州直隶州一》"古迹":"广阿故城,在隆平县东。……《宋史·河渠志》,大观二年(1108)以隆平下湿,迁于高地。《县志》:故城在今县东十二里,俗呼旧城村。"东魏为殷州,北齐改为赵州。《隋书》卷30《地理志中》赵郡大陆县:"旧曰广阿,置殷州及南巨鹿郡。后改为南赵郡,改州为赵州。"《北史》卷7《齐本纪中》:天保二年(551)秋七月"辛卯,改殷州为赵州以避太子之讳"。是殷州在天保二年(551)改为赵州。据《魏书》卷106《地形志上》,东魏武定年间(543—550)殷州领有赵、巨鹿、南赵三郡。其中巨鹿郡据《魏书》卷106《地形志上》治旧杨城,东魏武定年间(543—550)领有廮陶、宋子、西经、廮遥四县。《嘉庆重修一统志》卷51《赵州直隶州一》"赵州直隶州表"宁晋县:"廮陶县,齐省入廮遥。"《赵州直隶州一》"古迹":"廮陶故城,在宁晋县西南。汉置县,属巨鹿郡,后魏为郡治。……后魏属巨鹿郡,高齐省。"《隋书》卷30《地理志中》赵郡平棘县:"旧置赵郡,开皇初省。有宋子县,后齐废。大业初置赵郡,废宋子县入焉。"《嘉庆重修一统志》卷51《赵州直隶州一》"赵州直隶州表"："宋子县，后魏永安二年(529)复置，仍属巨鹿郡。齐省。开皇初复置，属栾州。大业初省入平林。"《元和郡县图志》卷17《河北道二》赵州平棘县："隋开皇二年(582)改属赵州，十六年(586)改属栾州，大业二年(606)又属赵州。"可知宋子县北齐省并，隋开皇初复置，大业初省入平林。《隋书》卷30《地理志中》清河郡经城县："后齐废，开皇六年(586)置，十六年(596)分置府城县，大业初省入焉。"《元和郡县图志》卷16《河北道一》贝州经城县："本后汉分前汉堂阳县，于今县西北二十里置经城县。后魏省并入南宫县，孝文帝又于今理置经城县，又置广宗郡。高齐省郡及县，仍置武强县于此。隋开皇六年(586)，移武强县于此，置经城县，属贝州。"《太平寰宇记》卷54《河北道三》魏州经城县："本后汉(之经县地)分前汉堂阳县，于今县西北二十里置经县。后魏初省并南宫县，太和十年(486)又于今理置经县，续于县理置广宗郡。高齐天保七年(556)省郡及县，仍移武强县于此。后周武建德七年(578)复于此置广宗郡。隋开皇三年(583)罢郡；六年(586)移武强县于武强城南置，复于此置经城县，属贝州。今属魏州。"据《魏书》卷106《地形志上》殷州巨鹿郡西经县："永安二年分经县置。"经县时属广宗郡，西经县当在北齐省并。综上，巨鹿郡在北齐省废廮陶、宋子、西经三县，仅余廮遥一县。《嘉庆重修一统志》卷51《赵州直隶州一》"赵州直隶州表"宁晋县："巨鹿郡，齐废。"廮遥县在巨鹿郡省废后当划入赵郡。天保七年(556)之后，赵州当领有赵、南赵二郡。

1. 赵郡

治平棘。《隋书》卷30《地理志中》赵郡平棘县："旧置赵郡，开皇初省。"据《魏书》卷106《地形志上》，东魏武定年间(543—550)赵郡领有平棘、房子、元氏、高邑、栾城五县。《隋书》卷30《地理志中》赵郡房子县："旧县，后齐省，开皇六年(586)复。"赵郡元氏县："旧县，后齐废，开皇六年置。"赵郡栾城县："旧县，后齐废，开皇十六年复。"知北齐时省废房子、元氏、栾城三县。又廮遥县因巨鹿郡省废而划入，天保七年(556)之后，赵郡当领有平棘、高邑、廮遥三县。

2. 南赵郡

治广阿。《隋书》卷30《地理志中》赵郡大陆县："旧曰广阿，置殷州及南巨鹿郡。后改为南赵郡，改州为赵州。"据《魏书》卷106《地形志上》，东魏武定年间(543—550)南赵郡领有平乡、南栾、巨鹿、柏人、广阿、中丘六县。《隋书》卷30《地理志中》襄国郡巨鹿县："后齐废，开皇六年(586)置，南栾县后废入焉。"《元和郡县图志》卷15《河东道四》邢州巨鹿县："本汉南栾县地，隋开皇六年(596)于此置巨鹿县，属赵州，取汉巨鹿县之名也。"可知北齐天保七年(556)之后,南赵郡领有平乡、南栾、柏人、广阿、中丘五县。

第八节　沧州领郡沿革

沧州治饶安城,即今河北沧州市盐山县旧县镇。《隋书》卷30《地理志中》渤海郡饶安县:"旧置沧州、浮阳郡,开皇初郡废,大业初州废。"据《魏书》卷106《地形志上》,东魏武定年间(543—550)沧州领有浮阳、乐陵、安德三郡。其中安德郡治般县界,领有般、重合、重平、平昌四县。《隋书》卷30《地理志中》平原郡平昌县:"后魏置东安[德]郡,后齐废,并以重平县入焉。"平原郡般县:"后齐省,开皇十六年(596)复。"《太平寰宇记》卷64《河北道十三》德州德平县:"本汉平昌县,属平原郡,故城在今县西南三十里,即汉理所,后汉改为西平昌。后魏永熙二年(533),又除'西'字,移于今县东南废平昌县。高齐天保七年(556),又移于今理。隋开皇三年(583)改属沧州,十六年(596)属德州,今为德平县。"重合县在北齐亦被省并。同书卷65《河北道十四》沧州乐陵县:"重合城,汉县,故城在今县东二百步。……高齐天保七年省。"可知北齐废安德郡,原领般、重合、重平三县亦被省并,平昌一县当被划入乐陵郡。天保七年(556)之后,沧州领有浮阳、乐陵二郡。

1. 浮阳郡

治浮阳。据《魏书》卷106《地形志上》,东魏武定年间(543—550)浮阳郡领有饶安、浮阳、高城、章武四县。除此之外,据高城县《地形志下》本注:"二汉、晋属渤海,治高城。……兴和中绾流民立东西河郡隰城县。武定末罢。"浮阳郡高城县东魏兴和年间(539—542)曾置有侨县,但在武定末年已罢废。《元和郡县图志》卷18《河北道三》沧州鲁城县:"本汉章武县,属渤海郡,有盐官。高齐省。隋开皇十六年(586),于此置鲁城县。"知北齐天保七年(556)之后,浮阳郡领有饶安、浮阳、高城三县。

2. 乐陵郡

治乐陵。《隋书》卷30《地理志中》渤海郡乐陵县:"旧置乐陵郡,开皇初郡废。"据《魏书》卷106《地形志上》,东魏武定年间(543—550)乐陵郡领有乐陵、阳信、厌次、湿沃四县。《隋书》卷30《地理志中》厌次县:"后齐废,开皇十六年复。"《太平寰宇记》卷64《河北道十三》棣州厌次县:"本汉富平县也,属平原郡。后汉明帝更名厌次,则厌次前已废矣。……后魏又徙厌次,理马岭城,即今阳信县东马岭城也。高齐天保七年(556)省,隋开皇十七年(597)于此复置,属沧州。唐武德四年(621)属棣州。"《隋书》卷30《地理志中》渤海郡滴河县:

"开皇十六年(596)置。又有后魏湿沃县,后齐废。"是北齐省厌次、湿沃二县,又平昌一县因安德郡废而划入,天保七年(556)之后,乐陵郡当领有乐陵、阳信、平昌三县。

第九节 幽州领郡沿革

幽州治蓟城,据《中国文物地图集·北京分册》,蓟城遗址在今北京西城区以广安门为中心的一带[1]。据《魏书》卷106《地形志上》,东魏武定年间(543—550)幽州领有燕、范阳、渔阳三郡,北齐同。

1. 燕郡

治蓟城。据《魏书》卷106《地形志上》,东魏武定年间(543—550)燕郡领有蓟、广阳、良乡、军都、安城五县。《太平寰宇记》卷69《河北道十八》幽州良乡县:"汉为良乡县,属涿郡。北齐天保七年(556)省,入蓟县。武平六年(575)复置。唐圣历元年(699),改为固节县。神龙元年(705),复旧为良乡。……广阳故城。在今县东北三十七里,汉为县。高齐天保七年(556)省入蓟县。"又幽州昌平县:"本汉军都县,属上谷郡,后汉改属广阳郡。晋《太康地记》云:'军都县属燕国。'后魏移军都县于今县东北二十里,即故城在其南也。更于今县郭城置东燕州及平昌郡昌平县,后郡废,而县隶幽州。"《魏书》卷106《地形志上》幽州燕郡军都县:"前汉属上谷,后汉属广阳,晋属。有观石山、军都关、昌平城。"《通典》卷178《州郡典八》范阳郡(幽州)昌平县:"汉旧县,故城在今县东南。……旧置东燕州。"军都县与昌平县曾同时存在,但在北齐之后只有昌平县见于记载,军都县当在北齐时与广阳县同被省并。《隋书》卷30《地理志中》涿郡下列有安次县。《魏书》卷106《地形志上》幽州燕郡安城县:"前汉属渤海,后汉属广阳,晋属。有安次城、苌道城。"安次县当由安城县改置而成。又《北齐书》卷19《侯莫陈相传》:"别封安次县男,又别封始平县公。天保初,除太师,转司空公。"《周书》卷20《阎庆传》:"既而齐神武举兵入洛,魏孝武西迁……(阎庆)遂以大统三年,自宜阳归阙。……(宇文泰)即拜中坚将军、奉车都尉。河桥之役,以功拜前将军、太中大夫,迁后将军,封安次县子,邑四百户。"西魏的这个封爵可能是属于遥封,据所列史料,似乎在北魏末年至东西魏初年安城县已经改为安次县。由上述可知,天保七年(556)之后,燕郡一度仅

---

[1] 《中国文物地图集·北京分册》(上),中国地图出版社,2008年,"宣武区文物图(一)",第172—173页;《中国文物地图集·北京分册》(下),"宣武区",第121页。

领有蓟、安次二县,武平六年(575)复置良乡县,燕郡领有三县。

2. 范阳郡

治涿城。《隋书》卷30《地理志中》涿郡涿县:"旧置范阳郡,开皇初郡废。"涿县有涿城。据《魏书》卷106《地形志上》,东魏武定年间(543—550)范阳郡领有涿、固安、范阳、苌乡、方城、容城、遒七县。《隋书》卷30《地理志中》涿郡固安县:"旧曰故安,开皇六年改焉。"《太平寰宇记》卷70《河北道十九》涿州固安县:"本汉方城县地,属广阳国。隋开皇九年(589)自今易州涞水县移固安县于此,属幽州,取汉固安县以为名。唐武德四年(621)又移理归义县界章信堡,贞观元年(627)又移今理。……故方城,《郡国志》云:'在今县南十五里。'故方城即六国时燕之旧邑也,汉改为涿郡,高齐天保七年(556)省,入涿县,此城尚存。……阳乡故城,汉为县,故城在今县西北二十七里是。后汉省,晋复置为长乡。高齐天保七年(556)省并入涿县,其城亦谓之长乡故城。"又《元和郡县图志》卷18《河北道三》易州容城县:"本汉旧县,属涿郡。高齐省入范阳县。隋开皇元年(581)改置乃县,天宝元年(742)改为容城县,复汉旧名。"知北齐省并固安、苌乡、方城、容城四县,天保七年(556)之后,范阳郡领有涿、范阳、遒三县。

3. 渔阳郡

治潞县。《隋书》卷30《地理志中》涿郡潞县:"旧置渔阳郡,开皇初废。"据《魏书》卷106《地形志上》,东魏武定年间(543—550)渔阳郡领有雍奴、潞、无终、渔阳、土垠、徐无六县。《嘉庆重修一统志》卷6《顺天府一》"顺天府表"密云县:"渔阳县,齐省。"卷45《遵化直隶州一》"遵化直隶州表"丰润县:"土垠县,属渔阳郡,齐省。"据此,北齐省并渔阳与土垠二县,天保七年(556)之后,渔阳郡领有雍奴、潞、无终、徐无四县。

第十节 安州领郡沿革

安州,当治燕乐,据《中国文物地图集·北京分册》,即今北京市密云县不老屯镇燕落村中的燕落城址①。《魏书》卷106《地形志上》安州:"皇兴二年置,治方城,天平中陷,元象中寄治幽州北界。"可见安州因天平年间(534—537)陷落,元象年间(538—539)在幽州北界另行侨置。东魏武定年间(543—550)安

---

① 《中国文物地图集·北京分册》(上),"密云县文物图",第206—207页;《中国文物地图集·北京分册》(下),"密云县",第386页。

州领有密云、广阳、安乐三郡。《嘉庆重修一统志》卷6《顺天府一》"顺天府表"密云县:"密云郡,后魏皇始二年(397)置,治提携城,属安州。齐废,周代置元州(按即玄州,避康熙皇帝名讳改)。"《隋书》卷30《地理志中》安乐郡:"旧置安州,后周改为玄州。开皇十六年(596)州徙,寻置檀州。"据《魏书》卷106《地形志上》,东魏武定年间(543—550)密云郡治提携城(白檀县下注云"郡治",似乎表明提携城在白檀县),领有密云、要阳、白檀三县。《隋书》卷30《地理志中》安乐郡密云县:"后魏置密云郡,领白檀、要阳、密云三县。后齐废郡及二县入密云。"原密云郡及其领县省并后所剩密云县当在北齐时划属安乐郡。又据《魏书》卷106《地形志上》,东魏武定年间(543—550)广阳郡领有广兴、燕乐、方城三县。《隋书》卷30《地理志中》安乐郡燕乐县:"后魏置广阳郡,领大兴(按即广兴,隋避炀帝杨广讳改)、方城、燕乐三县。后齐废郡,以大兴、方城入焉。大业初置安乐郡。"原广阳郡及其领县省并后所剩燕乐县当在北齐时划属安乐郡。天保七年(556)之后,安州只领有安乐一郡。安州本属侨置,大量省并反映北齐施政能力的增强。

安乐郡

《隋书》卷30《地理志中》安乐郡密云县:"又有旧安乐郡,领安市、土垠二县,后齐废土垠入安市,后周废安市入密云县。开皇初郡废。"是北齐时土垠县废入安市县,加上密云郡和广阳郡省并后划入的密云、燕乐两县,天保七年(556)之后,安乐郡共领有安市、密云、燕乐三县。

第十一节 南营州领郡沿革

南营州为北魏末年侨置,寄治英雄城,今河北保定市徐水县遂城镇遂城村。据《魏书》卷106《地形志上》,东魏武定年间(543—550)南营州领有昌黎、辽东、建德、营丘、乐良五郡,其中昌黎郡领有龙城、广兴、定荒(原注:兴和中置)三县;辽东郡领有太平、新昌二县;建德郡领有石城、广都(原注:兴和中置)二县;营丘郡领有富平(原注:天平四年置)、永安(原注:元象中置)、带方(原注:元象中置)三县;乐良郡领有永乐(原注:兴和二年置)一县。因系侨置,北齐在政局稳定后对南营州所领郡县予以大量省并。《隋书》卷30《地理志中》上谷郡遂城县:"旧曰武遂。后魏置南营州,准营州置五郡十一县:龙城、广兴、定荒属昌黎郡;石城、广都属建德郡;襄平、新昌属辽东郡;永乐属乐浪郡;富平、带方、永安属营丘郡。后齐唯留昌黎一郡,领永乐、新昌二县,余并省。"是北齐南营州领有昌黎一郡,昌黎郡领有永乐、新昌二县。

第十二节　东燕州领郡沿革

《魏书》卷106《地形志上》东燕州："太和中分恒州东部置燕州，孝昌中陷，天平中领流民置。寄治幽州（宣）[军]都城。"可见东燕州也是侨置。据《魏书》卷106《地形志上》，东魏武定年间（543—550）领有平昌、上谷、徧城三郡，其中平昌郡领有万（言）[年]、昌平二县，郡及县均为天平年间（534—537）置；上谷郡领有平舒、居庸二县，郡及县均为天平年间（534—537）置；徧城郡领有广武、沃野二县，郡及县均为武定元年（543）置。《太平寰宇记》卷69《河北道十八》幽州昌平县："本汉军都县，属上谷郡，后汉改属广阳郡。晋《太康地记》云：'军都县属燕国。'后魏移军都县于今县东北二十里，即故城在其南也，更于今县郭城置东燕州及平昌郡昌平县，后郡废而县隶幽州。"《隋书》卷30《地理志中》涿郡昌平县："旧置东燕州及平昌郡。后周州郡并废，后又置平昌郡。开皇初郡废，又省万年县入焉。"北齐当省废上谷、徧城二郡。北齐末年东燕州仅领有平昌一郡。

第十三节　北齐北燕州领郡沿革

北燕州治怀戎，今河北张家口市涿鹿县保岱镇。《隋书》卷30《地理志中》涿郡怀戎县："后齐置北燕州，领长宁、永丰二郡。后周去'北'字。开皇初郡废，大业初州废。"《太平寰宇记》卷71《河北道二十》妫州（妫川郡）："今理怀戎县。……北齐置北燕州。隋废，属涿郡。唐武德七年，讨平高开道，置北燕州，因齐旧名，领怀戎一县。"《北齐书》卷13《赵郡王高琛传高叡附传》："（天保）八年（557），征叡赴邺，仍除北朔州刺史，都督北燕、北蔚、北恒三州，及库推以西黄河以东长城诸镇诸军事。叡慰抚新迁，量置烽戍，内防外御，备有条法，大为兵民所安。"据《隋书》卷30《地理志中》，北齐北燕州领有长宁、永丰二郡，领有怀柔一县。《太平寰宇记》卷71《河北道二十》妫州："秦置三十六郡，为上谷郡地。汉为潘县地。晋属广宁郡。后魏孝明帝废之。北齐置北燕州。隋废，属涿郡。"妫州怀戎县："本汉潘县也，属上谷郡。《晋太康地志》：'潘县更属广宁郡。'魏孝昌中废。高齐天保六年（555）于此置怀戎县。"长宁郡或有可能是广宁郡，隋避杨广讳改。此地因属军事性质的郡县设置，长宁、永丰二郡当同治怀柔，同领怀柔一县。

第十四节　营州领郡沿革

营州治和龙城,今辽宁朝阳市城区。据《魏书》卷106《地形志上》,东魏武定年间(543—550)营州领有昌黎、建德、辽东、乐良、冀阳、营丘六郡。其中昌黎郡领有龙城、广兴、定荒三县;建德郡领有石城、广都、阳武三县;辽东郡领有襄平、新昌二县;乐良郡领有永洛、带方二县;冀阳郡[注云:武定五年(547)置]领有平刚、柳城二县;营丘郡领有富平、永安二县。由于北魏末年战乱伤亡,特别是原营州人口大量南下,原先的很多行政建置已经失去存在意义,北齐在营州大量省并郡县。《隋书》卷30《地理志中》辽西郡柳城县:"后魏置营州于和龙城,领建德、冀阳、昌黎、辽东、乐浪、营丘等郡,龙城、大兴、永乐、带方、定荒、石城、广都、阳武、襄平、新昌、平刚、柳城、富平等县。后齐唯留建德、冀阳二郡,永乐、带方、龙城、大兴(按即广兴,隋避炀帝杨广讳改)等县,其余并废。开皇元年(581)唯留建德一郡,龙城一县,其余并废。寻又废郡,改县为龙山,十八年改为柳城。大业初,置辽西郡。"隋辽西郡只有柳城一县。

第十五节　平州领郡沿革

平州治肥如城,当在今河北秦皇岛市卢龙县潘庄镇附近。据《嘉庆重修一统志》卷19《永平府二》"古迹",肥如故城在卢龙县西北三十里,当在今河北秦皇岛市卢龙县潘庄镇附近。据《魏书》卷106《地形志上》,东魏武定年间(543—550)平州领有辽西、北平二郡。其中辽西郡领有肥如、阳乐、海阳三县;北平郡领有朝鲜、昌新(当为新昌县)二县。《隋书》卷30《地理志中》北平郡卢龙县:"旧置北平郡,领新昌、朝鲜二县。后齐省朝鲜入新昌,又省辽西郡并所领海阳县入肥如。"又阳乐县在北齐之后不见于记载,当亦在北齐时省并。是天保七年(556)之后,平州领有北平一郡,北平郡领有肥如、新昌二县。

第十六节　并州领郡沿革

并州,东魏治晋阳,北齐晋阳改称龙山,均在今山西太原市晋源区古城营村一带。据《魏书》卷106《地形志上》,东魏武定年间(543—550)并州领有太原、上党、乡、乐平、襄垣五郡。其中襄垣郡治襄垣城,《隋书》卷30《地理志中》

上党郡襄垣县:"旧置襄垣郡,后齐郡废。后周置韩州,大业初州废。"知北齐废襄垣郡。据《魏书》卷106《地形志上》,东魏武定年间(543—550)襄垣郡领有襄垣、五原、建义、刈陵四县。五原与建义不见于之后文献记载,当在北齐省并,襄垣与刈陵则被划入上党郡。天保七年(556)之后,并州领有太原、上党、乡、乐平四郡。

1. 太原郡

治晋阳。《隋书》卷30《地理志中》太原郡晋阳县:"后齐置,曰龙山,带太原郡。开皇初郡废,十年(590)改县曰晋阳,十六年(596)又置清源县,大业初省入焉。有龙山、蒙山。"据《魏书》卷106《地形志上》,东魏武定年间(543—550)太原郡领有晋阳、祁、榆次、中都、邬、平遥、沽、受阳、长安、阳邑十县。《元和郡县图志》卷13《河东道二》太原府晋阳县:"本汉旧县也,属太原郡,至后魏并不改。按此前晋阳县理州城中,高齐武成帝河清四年(565),移晋阳县于汾水东,今太原县理是也。武平六年(575),于今理置龙山县,属太原郡,因县西龙山为名也。隋开皇三年(583)罢郡置并州。十年(590),废龙山县,移晋阳县理之。"是龙山县乃武平六年(575)析晋阳县新置。同卷太原府祁县:"本汉旧县……按汉祁县在东南五里故祁城是也,后汉迄后魏并不改。高齐天保七年省,隋开皇十年重置,属并州。"太原府榆次县:"本汉旧县,即春秋时晋魏榆地。……汉以为县,属太原郡。后魏太武帝并入晋阳县,宣武帝复置榆次县。高齐文宣帝省,自今县东十里移中都县理之,属太原郡。十年改中都县又为榆次县,三年罢州为郡,县仍属焉。"是榆次县并入中都县。又《嘉庆重修一统志》卷144《汾州府》"古迹":"邬县故城在介休县东北,春秋晋邬邑。……汉置邬县,属太原郡。……邬县至北齐时废。旧志,故邬城在县东北二十七里,今为邬城店。"此外,长安县和沽县不见于北齐之后文献,当在齐周之际省并。加上阳曲县因肆州之永安郡省并划入(见下),要之,天保七年(556)之后,太原郡领有晋阳、中都、平遥、受阳、阳邑、阳曲六县,长安县和沽县尚不能完全确定,但在北齐或北周时期省并应无问题。武平六年(575)又增置龙山县。

2. 上党郡

治壶关城。据《魏书》卷106《地形志上》,东魏武定年间(543—550)上党郡领有屯留、长子、壶关、寄氏、乐阳五县。《隋书》卷30《地理志中》上党郡长子县:"后齐废。开皇九年(589)置,曰寄氏县。十八年(598)改为长子。旧有屯留、乐阳二县,后齐废。"《元和郡县图志》卷15《河东道四》潞州长子县:"汉旧县……隋开皇九年,移寄氏县理此,属潞州,十八年改寄氏为长子县。"《嘉庆重修一统志》卷142《潞安府一》"古迹":"寄氏故城,在屯留县西南七十里。汉置隋氏县,在今平阳府岳阳县界。后魏景明元年改置于此,曰'寄氏'。北齐后周时废。"《读史方舆纪要》卷 42《山西四》潞安府屯留县则认为寄氏县是北齐时废置。又《隋书》卷 30《地理志中》上党郡屯留县:"后齐废,开皇十六年(596)复。"综上,北齐省并屯留、长子、乐阳三县,寄氏县亦有可能是北齐时省并。又襄垣与刈陵二县因襄垣郡省废而划入上党郡,天保七年(556)之后,上党郡至少领有壶关、襄垣、刈陵三县。

3. 乡郡

治乡县。据《魏书》卷 106《地形志上》,东魏武定年间(543—550)乡郡领有阳城、襄垣、乡、铜鞮四县。此襄垣县不见于北齐之后文献,当在北齐省并①。天保七年(556)之后,乡郡当领有阳城、乡、铜鞮三县。

4. 乐平郡

治沾城。《隋书》卷 30《地理志中》太原郡乐平县:"旧置乐平郡,开皇初废郡。"《元和郡县图志》卷 13《河东道二》太原府乐平县:"本汉沾县,属上党郡。晋于此置乐平郡,沾县属焉,又别置乐平县。后魏太武帝省乐平郡及县。(晋)孝明帝于今仪州和顺县重置乐平郡及县,高齐移理沾城,即今县是也。隋开皇十六年(596),于此置辽州,县属焉。大业二年(606),省辽州,以乐平属并州。皇朝因之。武德六年(623)属受州,贞观八年(634)省受州,县改属并州。""县城,即汉沾县城也,隋文帝更加修筑。"据《魏书》卷 106《地形志上》,东魏武定年间(543—550)乐平郡领有辽阳、乐平、石艾三县。《隋书》卷 30《地理志中》太原郡辽山县:"后魏曰辽阳,后齐省。开皇十年置,改名焉。"是辽阳县在北齐被省并。《隋书》卷 30《地理志中》太原郡和顺县:"旧曰梁榆,开皇十年改。"《嘉庆重修一统志》卷 159《辽州直隶州》"辽州直隶州表"和顺县:"梁榆县,齐置,属太原郡。""古迹":"和顺故城,在今和顺县东北。"按梁榆县从地理位置上当属

---

① 按北朝时期并州曾有两襄垣县,两襄垣城。《魏书》卷 106《地形志上》并州乡郡襄垣县:"二汉、晋属上党。有五音山神祠、襄垣城、临川城。"此襄垣县不见于北齐之后文献。又襄垣郡襄垣县:"郡治。建义元年分乡郡之襄垣置。有安民城、襄垣城。"此襄垣县频见文献。《隋书》卷 30《地理志中》上党郡襄垣县:"旧襄垣郡,后齐郡废。后周置韩州,大业初州废。"《元和郡县图志》卷 15《河东道四》潞州襄垣县:"本汉旧县,属上党郡,赵襄子所筑,因以为名。后魏孝庄帝改属襄垣郡。后周建德六年(577),于襄垣城置韩州,县属焉。贞观十七年(643)废州,县属潞州。"《太平寰宇记》卷 45《河东道六》潞州襄垣县:"亦汉旧县,属上党郡。赵襄子所筑,因以为名。后魏太武延和二年(433),改属武乡郡。后周建德六年(577),又于襄垣城置韩州。唐武德元年(618),移于甘罗水南,即今县也。贞观中废韩州,以襄垣、黎城、涉、铜鞮、武乡等五邑以隶潞焉。"按《嘉庆重修一统志》卷 142《潞安府一》"古迹":"襄垣故城,在今襄垣县北,汉置,属上党郡。后魏改属乡郡。……"又《县志》:'有故县中里,在县西北四十里;故县东里,县北三十里。'"这里的两个故县,不知是否与两个襄垣县有关。

乐平郡,《一统志》之说或有误。天保七年(556)之后,乐平郡当领有乐平、石艾、梁榆三县。

第十七节　戎州(原名南垣州、丰州)领郡沿革

戎州(原名南垣州、丰州)治涅城。《魏书·地形志》无此州。《隋书》卷30《地理志中》上党郡乡县:"又有后魏南垣州,寻改丰州,后周废。"《隋书》里的后魏一般指北魏,似乎北魏末年已经有此州。《太平寰宇记》卷50《河东道十一》威胜军武乡县:"涅城,《冀州图》云:'涅城在县西六十里。'后魏初,于此立丰州。北齐改曰戎州。后周废之。"《嘉庆重修一统志》卷158《沁州直隶州》"沁州直隶州表"武乡县:"东魏置南垣州,寻改丰州。周省。"领郡情况不明。按《北史》卷8《齐本纪八》:"大宁元年(561)冬十一月癸丑,皇帝即位于南宫。大赦,改皇建二年为大宁。乙卯……以丰州刺史娄睿为司空。"北齐改丰州为戎州当在大宁元年(561)之后。领郡情况不详。

第十八节　肆州领郡沿革(附　岚州)

肆州,东魏北齐时治九原,今山西忻州市忻府区。《元和郡县图志》卷14《河东道三》代州:"周宣帝大象元年(579),自九原城移肆州于今理。"《太平寰宇记》卷42《河东道三》忻州:"《后魏书》云:'天平二年(535)置肆州,寄理秀容城,领灵丘等八县。'后周武帝徙肆州于雁门郡。"是肆州在天平二年(535)曾侨置于秀容城。据《魏书》卷106《地形志上》,东魏武定年间(543—550)肆州领有永安、秀容、雁门三郡。《嘉庆重修一统志》卷150《忻州直隶州》定襄县:"后魏永安中为永安郡治,北齐省,改置平寇县。"据《魏书》卷106《地形志上》,东魏武定年间(543—550)永安郡领有定襄、阳曲、平寇、蒲子、驴夷五县。《元和郡县图志》卷14《河东道三》忻州秀容县:"本汉阳曲县地,属太原郡。后汉末于此置九原县,属新兴郡。后魏庄帝于今县东十里置平寇县。隋开皇十八年(598),于此置忻州,又于县西北五十里秀容故城移后魏明元所置秀容县于今理,属忻州。"定襄县:"本汉阳曲县,属太原郡。黄河千里一曲,县当其阳,故曰阳曲。后魏末移阳曲县于太原界,仍于此城置定襄县,属新兴郡。高齐省,武成帝移平寇县于此。隋开皇十年(590)移平寇于崞城,今代州崞县是也。武德四年(621),分秀容县于汉阳曲城重置定襄县。"永安郡和蒲子县均不见于北齐以后之文献,当和定襄县一道在北齐省并。余县阳曲当划回太原郡,平寇和

驴夷则划入雁门郡。又肆州所领秀容郡,据《魏书》卷 106《地形志上》,东魏武定年间(543—550)秀容郡领有秀容、石城、肆卢、敷城四县。《嘉庆重修一统志》卷 150《忻州直隶州》"古迹":"肆卢故城,在州西。东晋置肆卢郡及肆卢县。后魏郡废,县属秀容郡。齐省。"秀容郡及所领敷城县亦不见于北齐之后文献,当在北齐和肆卢县一道被省废,《隋书》卷 30《地理志中》楼烦郡秀容县:"旧置肆州,后齐又置平寇县。后周州徙雁门。开皇初置新兴郡、铜川县。郡寻废。"秀容郡所领秀容、石城则被划入雁门郡。天保七年(556)之后,肆州当领有雁门一郡。

雁门郡

治广武。《隋书》卷 30《地理志中》雁门郡雁门县:"旧曰广武,置雁门郡。开皇初郡废,十八年(598)改曰雁门。"据《魏书》卷 106《地形志上》,东魏武定年间(543—550)雁门郡领有原平、广武二县。原平县不见于北齐之后文献,《读史方舆纪要》卷 40《山西二》代州原平城下云"高齐废"。原平当在北齐省并。平寇、驴夷二县因永安郡省并,秀容、石城二县因秀容郡省并,均在北齐被划入雁门郡,加上雁门郡原有的广武县,天保七年(556)之后,雁门郡当领有广武、平寇、驴夷、秀容、石城五县。

附 岚州

《元和郡县图志》卷 14《岚州》:"秦为太原郡地,在汉即太原郡之汾阳县地也。汉末大乱,匈奴侵边,自定襄已西尽云中、雁门、西河之闲遂空。建安中,曹公纠率散亡,立新兴郡,晋末陷刘元海。后魏于今理置岚州,因州西岢岚山为名也。隋大业四年(608),于静乐县界置楼烦郡,因汉楼烦县为名。"《太平寰宇记》卷 41《河东道二》岚州:"后魏末于此置岚州,因界内岢岚山以立名。隋大业中于静乐县界置楼烦郡。"《魏书·地形志》与《隋书·地理志》均无岚州,按《元和志》里的"后魏"有时指北魏,有时又指东魏或西魏,这里列出存疑。

第十九节 东魏、北齐恒州(寄治肆州)与北齐恒州 (亦称北恒州)领郡沿革

恒州有二。一为东魏侨置,寄治肆州秀容郡城,今山西忻州市奇村镇;后移治繁畤郡崞山县云中城,今山西忻州市原平市楼板寨。《魏书》卷 106《地形志上》恒州:"天兴中置司州,治代都平城,太和中改。孝昌中陷,天平二年(535)置,寄治肆州秀容郡城。"《隋书》卷 30《地理志中》雁门郡崞县:"又有云

中城,东魏侨置恒州,寻废。"《太平寰宇记》卷49《河东道十》代州崞县:"云中城,在县西一百里,即管涔之异名也。"《嘉庆重修一统志》卷151《代州直隶州》"古迹":"云中故城,在崞县西南七十里。秦汉所置云中郡及县,俱在今大同府西北塞外,后汉建安中移置此,属新兴郡。北魏省。《晋书·地理志》,新兴郡领云中县。《魏书·地形志》永安郡定襄县,太平真君七年并云中、九原、晋昌属焉。……旧志,今名芦板塞。"据《魏书》卷106《地形志上》,除所领高柳郡(领有安阳、高柳二县)置于北魏永熙年间(532—534)外,恒州所领其他七郡,即:代(领有平城、太平、武周、永固四县)、善无(领有善无、沃阳二县)、梁城(领有参合、裋鸿二县)、繁畤(领有崞山、繁畤二县)、北灵丘(领有灵丘、莎泉二县)、内附(《地形志》不载领县)、灵丘(《地形志》不载领县),均为天平二年(535)置。

另一北齐恒州,系在恒安镇基础之上改置,在今山西大同市东2.5公里,州治因比寄治秀容郡城的恒州偏北,故北齐又称北恒州。《元和郡县图志》卷14《河东道三》云州:"孝昌之际,乱离尤甚,恒、代之北,尽为邱墟,高齐文宣帝天保七年(556)置恒安镇,徙豪杰三千家以实之,今名东州城。其年废镇,又置恒州。周武平齐,州郡并废,又于其所置恒安镇,属朔州。"此恒安郡、恒州当为北齐占领原北魏恒州之地所置。北齐恒州(北恒州)领郡,《隋书》卷30《地理志中》马邑郡云内县:"又有后齐安远、临塞、威远、临阳等郡属北恒州,后周并废。"两恒州在北齐同时并存。

第二十节 东魏、北齐朔州(寄治并州界)与北齐朔州(寄治马邑,又称北朔州)领郡沿革

朔州有二。一为北魏末年或东魏侨置,寄治并州界,在今山西省晋中市寿阳县境内。《魏书》卷106《地形志上》朔州:"本汉五原郡,延和二年(433)置为镇,后改为怀朔,孝昌中改为州。后陷,今寄治并州界。"《汉魏南北朝墓志汇编》载山西省晋中市寿阳县北齐厍狄洛墓所出河清元年(562)厍狄洛墓志及其妻斛律夫人墓志铭,云两人是葬于"朔州城南门"或"朔州城南",《嘉庆重修一统志》卷149《平定直隶州》"平定直隶州表"寿阳县:"大安郡,孝昌中侨置,领狄那等县,属朔州。"据《魏书》卷106《地形志上》,东魏武定年间(543—550)此朔州领有大安(领狄那、捍殊二县)、广宁(领石门、中川二县)、神武(领尖山、殊颓二县)、太平(领太平、太清、永宁三县)、附化(领附化、息泽、五原、广牧四县)五郡。

另一朔州(又称北朔州)为北齐侨置,《隋书》卷30《地理志中》马邑郡:"旧

置朔州。开皇初置总管府,大业初府废。"马邑郡善阳县:"又有后魏桑干郡,后齐以置朔州及广宁郡。后周郡废,大业初州废。"马邑郡治即善阳县治,今山西省朔州市城区。《元和郡县图志》卷14《河东道三》朔州:"秦为雁门郡地,在汉即雁门郡之马邑县也。……汉末大乱,郡遂荒废,建安中曹公又立马邑县,属新兴郡。晋改属雁门郡,晋乱,其地为猗卢所据,刘琨表卢为大单于,封代公,徙马邑。后魏都代,地属畿内。孝文帝迁洛之后,又于定襄故城置朔州,葛荣之乱,州郡又废,高齐文宣帝又于马邑城置朔州,即今理是也。武成帝置北道行台,周武帝置朔州总管。"《通典》卷179《州郡典九》朔州:"晋怀帝时,刘琨表以鲜卑猗卢为大单于,封代公,徙马邑,即其地也。其后称魏,建都于今郡北,兼置怀朔镇。及迁洛后,遂于郡北三百余里置朔州,葛荣之乱又废。北齐复置朔州。隋初置总管府;炀帝初府废,置代郡,寻属马邑郡。"其后注云:"后魏初,云中在今郡北三百余里定襄故城。北齐置朔州,在故都西南新城,一名平城也。后移于马邑,即今郡城也。"新城即《魏书》中曾出现过的"穆帝"猗卢所筑之新平城,从地望上看可能就是今山西朔州市怀仁县金沙滩镇安宿疃村的安宿疃城址①。"后移于马邑"的马邑,在今山西朔州市城区。《隋书》卷30《地理志中》马邑郡善阳县:"后齐置县曰招远,郡曰广安。……又有后魏桑干郡,后齐以置朔州及广宁郡。后周郡废。"马邑郡神武县:"后魏置神武郡,后齐改曰太平,后周罢郡。"马邑郡开阳县:"旧曰长宁,后齐置齐德、长宁二郡。后周废齐德郡。"是北齐北朔州可能领有广宁、广安、太平、齐德、长宁五郡。

第二十一节　北灵州(原名武州)领郡沿革

《魏书》卷106《地形志上》武州:"武定元年(543)置。治雁门川,武定三年(545)始立州城。"《隋书》卷30《地理志中》雁门郡繁畤县:"有东魏武州及吐京、齐、新安三郡,寄在城中。后齐改为北灵州,寻废。"《元和郡县图志》卷14

---

① 安宿疃城址位于山西省怀仁县金沙滩镇安宿疃村东北约2 000米,考古年代定为北魏。平面呈长方形,东西长约380米,南北宽约200米。城墙残高2—3米,墙体夯筑,夯层厚0.08—0.09米。采集有布纹瓦残片。安宿疃城址周边尚有金沙滩墓群、古城地遗址、安宿疃墓群、安宿疃遗址、翰林庄遗址、南阜遗址等汉代和汉代以前的文物古迹,面积均在1.2万平方米以上,安宿疃墓群甚至有约50万平方米,说明这一带早在汉代时就适宜人类居住。在安宿疃村东南,有黄花岭海拔1 153米。安宿疃城址正在"灅水之阳"。"黄瓜堆",可能就是今天的黄花岭。详参《中国文物地图集·山西分册》(上)《怀仁县文物图》,中国地图出版社2006年第1版,第186—187页;《中国文物地图集·山西分册》(中),第188—192页。山西省和山西省军区测绘处编制:《山西省地图集》,上海中华印刷厂1973年印刷,《怀仁》图,第29页。

《河东道三》代州繁畤县:"本汉旧县,属雁门郡。汉末匈奴侵寇,旧县荒废,晋又置繁畤县,周省。隋开皇十八年重置于今县东六十里大堡戍,大业十二年(616)移于武州城。圣历二年(699),以县在平川,难于固守,遂东移于今理。其城三面枕涧,东接峻阪,极为险固。"《太平寰宇记》卷49《河东道十》代州雁门县:"武州城,在县西六十里。东魏置武州,领吐京、齐、新安三郡,以统军户。齐改曰北灵州是也。"《嘉庆重修一统志》卷151《代州直隶州》"古迹":"武州故城,在繁畤县境。"据刘纬毅《山西历史地名词典》,武州州治故址当在今山西忻州市原平市北35公里官地乡。据《魏书》卷106《地形志上》,武定元年(543)武州领有齐(领有昌国、安平二县)、新安(领县无考)二郡。武定三年(545)武州置立州城,又置吐京、新城二县,武定八年(550)以吐京、新城二县置立吐京郡。

第二十二节 北齐北蔚州领郡沿革

北蔚州治灵丘,据《中国文物地图集·山西分册》,灵丘县故城在今山西大同市灵丘县武灵镇麻嘴村①。《隋书》卷30《地理志中》雁门郡灵丘县:"后魏置灵丘郡,后齐省莎泉县入焉。后周置蔚州,又立大昌县。开皇初郡废,县并入焉。大业初州废。"《元和郡县图志》卷14《河东道三》蔚州:"东魏孝静帝又于此置北灵丘郡,周宣帝于今理置蔚州。"但北齐亦置有北蔚州。《北齐书》卷13《赵郡王高琛传高叡附传》:"(天保)八年(557),征叡赴邺,仍除北朔州刺史,都督北燕、北蔚、北恒三州,及库推以西黄河以东长城诸镇诸军事。叡慰抚新迁,量置烽戍,内防外御,备有条法,大为兵民所安。"据《隋书·地理志》已知北齐北蔚州可能置有(北?)灵丘郡,(北?)灵丘郡领有莎泉县。又《元和郡县图志》卷14《河东道三》蔚州灵丘县:"本汉旧县,属代郡,后汉省。东魏孝静帝重置,属灵丘郡。隋开皇三年(583)罢郡,县属蔚州。"灵丘郡还领有灵丘一县。北齐省并莎泉县,故灵丘郡可能只领有灵丘县。

第二十三节 北显州(原名廓州)领郡沿革

《魏书》卷106《地形志上》廓州:"武定元年(543)置。治肆州敷城界郭

---

① 《中国文物地图集·山西分册》(上),中国地图出版社2006年第1版,"灵丘县文物图",第168—169页;《中国文物地图集·山西分册》(中),"大同市·灵丘县",第117页。

城。"《隋书》卷30《地理志中》雁门郡崞县:"后魏置,曰石城县。东魏置廓州。有广安、永定、建安三郡,寄山城。后齐废郡,改为北显州。后周废。开皇十年(590)改县曰平寇。大业初改为崞县。"《太平寰宇记》卷49《河东道十》代州崞县:"汉旧县,因山为名,属雁门郡。汉末荒废,晋初又置。后魏改为石城县。至东魏曾置廓州于此,以廓辟土疆为称;寻废,分为广安、永定、建安三郡,以领军户。后齐省郡,又立北显州。后周废。隋开皇十年(590),改县为平寇,大业初改为崞县焉(注:崞廓音近)。"总之,东魏武定元年(543)侨置廓州,领有广安、永定、建安三郡(三郡领县均无考),北齐废此三郡,并将廓州改为北显州。据刘纬毅《山西历史地名词典》和《中国文物地图集·山西分册》,廓州故址当在今山西忻州市原平市崞阳镇崞阳村。

第二十四节　显州领郡沿革

《魏书》卷106《地形志上》显州:"永安中置。治汾州六壁城。"故址在今山西吕梁市孝义市西10公里六壁头村。《嘉庆重修一统志》卷144《汾州府》"古迹":"显州故城,在孝义县西。旧名六壁城,后魏置显州。……《隋志》州郡皆不见,盖北齐后周时废也。"《太平寰宇记》卷41《河东道二》汾州孝义县:"六壁府。《后魏书》曰:'太平真君五年,讨胡贼于六壁。'即此城也。俗以城有六门,因以为名,在县西八里。"据《魏书》卷106《地形志上》,显州北魏末年领有定戎(治瓜城,领零山、阳林二县)、建平(领升原、赤谷二县)二郡。东魏天平年间(534—537)置真君郡(治东多城),武定元年(543)置武昌郡(治团城),二郡领县均无考。《太平寰宇记》卷41《河东道二》汾州孝义县:"团城,在县西北十八里。后魏筑以防稽胡,其城纡曲,故名团城。……虞、虢二城,相传晋灭虞、虢,迁其人于此,筑城以居之。……瓜城,在县北十里。此本虢城也。"

第二十五节　北齐燕州沿革

《读史方舆纪要》卷40《山西二》太原府寿阳县:"又县西二十五里有燕州城,《县志》云:北齐置州于此,今又名烟竹村。"《永乐大典》卷5204引洪武《太原志》:"废燕州,在寿阳县西二十五里。"刘纬毅《山西历史地名词典》据此指此燕州故址在今山西寿阳县西12.5公里燕竹村。按今山西晋中市寿阳县西有北燕竹村和南燕竹镇。燕州领郡情况不详。

第二十六节　云州领郡沿革

《魏书》卷106《地形志上》云州："旧置朔州,后陷,永熙中改,寄治并州界。"《元和郡县图志》卷13《河东道二》太原府祁县："云州故城,后魏云州城也,在县西二十里。孝武帝永熙中寄理并州界,谓此也。"《嘉庆重修一统志》卷138《太原府一》"太原府表"祁县："云州,孝昌中侨置,齐省。""古迹"："云州故城,在祁县东。"刘纬毅《山西历史地名词典》"云州"条引光绪《山西通志》卷4文水县："云州,今县东四十里云竹村。"按今山西吕梁市文水县东有云周村,云周村西原有云周西村,因刘胡兰而更名刘胡兰镇,北朝云州当侨置于云周村一带。据《魏书》卷106《地形志上》东魏云州领有盛乐(领归顺、述安二县)、云中(领延民、云阳二县)、建安(领永定、永乐二县)、真兴(领真兴、建义、南恩三县)四郡。北齐时州郡当均省并。

第二十七节　蔚州领郡沿革

《魏书》卷106《地形志上》蔚州："永安中改怀荒、御夷二镇置,寄治并州邬县界。"北魏侨置初蔚州有始昌(领有干门、兰泉二县)、忠义(领有苇池、杨柳二县)二郡。东魏天平年间(534—537)新置附恩郡,领有西凉、利石、化政三县。《嘉庆重修一统志》卷144《汾州府》"古迹"："蔚州故城,在平遥县。……旧志,城在县西北二十五里。《城塚记》谓之屈顿城,汉武帝于汾堤侧屈曲为顿,故名,后汾水溢毁。后魏侨置蔚州于此,后周废。今城址犹存。"

第二十八节　宁州领郡沿革

《魏书》卷106《地形志上》宁州："兴和中置,寄治汾州介休城。"知此宁州为东魏兴和年间(539—542)侨置。《嘉庆重修一统志》卷144《汾州府》"古迹"："介休故城,在介休县东南。……旧志,在县东南十五里。"据《魏书》卷106《地形志上》,领有武康(武定四年即546年置,治东多城)、灵武(武定元年即543年置)、初平(武定元年即543年置)、武定(武定元年即543年置)四郡,领县无考。又宁州武康郡与显州真君郡同治东多城,且州郡名目下领县情况在文献中不见踪影。宁州及其领郡可能省废于北齐天保七年(556)。

第二十九节　灵州沿革

《魏书》卷106《地形志上》灵州："灵州太延二年(436)置薄骨律镇,孝昌中改,后陷关西。天平中置,寄治汾州隰城县界。郡县阙。"《北史》卷6《齐本纪上》：天平三年(536)正月,"西魏灵州刺史曹泥,与其婿凉州刺史刘丰,遣使请内属。周文围泥,水灌其城,不没者四尺。神武命阿至罗发骑三万,径度灵州,绕出西军后。获马五十匹。西师乃退。神武率骑迎泥、丰生,拔其遗户五千以归,复泥官爵。"知此灵州可能置于天平三年(536)。

第三十节　西夏州领郡沿革

《魏书》卷106《地形志上》西夏州："寄治并州界。"《北史》卷6《齐本纪上》："(天平)三年(536)正月甲子,神武帅库狄干等万骑袭西魏夏州。身不火食,四日而至。缚槊为梯,夜入其城。擒其刺史费也头贺拔俄弥突,因而用之。留都督张琼以镇守,迁其部落五千户以归。"据《魏书》卷106《地形志上》,西夏州领有太安、神武二郡,领县无考。《北齐地理志》卷2《河北地区下》引《山西通志》寿阳县下云："据《魏志》,西夏州领太安、神武二郡,无属县,亦寄治并州界。疑县西北二十五里之下州,当即夏州,而太安村镇、神武皆两见,殆一为朔州郡,一为夏州郡也。"推测西夏州与朔州一样,亦寄治并州寿阳县界。

第三十一节　西汾州领郡沿革

《隋书》卷30《地理志中》离石郡："后齐置西汾州,后周改为石州。"《元和郡县图志》卷14《河东道三》石州："后魏明帝改为离石镇。高齐文宣帝于城内置西汾州,周武帝改为石州。隋大业二年(606),又为离石郡,武德元年(618)改为石州。"西汾州治所当在今山西吕梁市。《隋书》卷30《地理志中》离石郡离石："后齐曰昌化县,置怀政郡。后周改曰离石郡及县,又置宁乡县。开皇初郡废。大业初置郡,并宁乡入焉。"《元和郡县图志》卷14《河东道三》石州离石县："本汉旧县也,属西河郡,县东北有离石水,因取名焉。……高齐文宣帝于此置昌化县,属怀政郡。后周复为离石,属石州。隋氏不改。"石州方山县："本汉离石县地,高齐文宣帝于此县北六十八里置良泉县,属离石郡。隋大业三年(607)移就今县南三十五里方山置,故名方山。贞观十一年(637)移于今理。"

综上可知，北齐西汾州置于文宣帝天保年间(550—559)，治离石。领有怀政郡，怀政郡当领有昌化、良泉二县。

第三十二节　南汾州领郡沿革

南汾州治定阳，今山西临汾市吉县吉昌镇。《魏书》卷106《地形志上》南汾州及其所领郡县均无注，当有侨置情况。《隋书》卷30《地理志中》文城郡："东魏置南汾州，后周改为汾州，后齐为(西)[南]汾州。后周平齐，置总管府。"文城郡吉昌县："后魏曰定阳县，并置定阳郡。"南汾州当由定阳郡改置。《太平寰宇记》卷48《河东道九》慈州："汉为北屈县，属河东郡。……魏、晋属平阳郡。(东)[后]魏初置定阳郡，并置定阳县，值河西定阳胡人渡河居丁此，立为郡，因以名之。至天平元年(534)以州南界汾水所经，故置南汾州。后周建德六年(577)又改南汾州为西汾州。"按《北齐书》卷17《斛律金传斛律光附传》：武平元年(570)冬，"光又率步骑五万于玉壁筑华谷、龙门二城，与(周将宇文)宪、(擒跋)显敬等相持，宪等不敢动。光乃进围定阳，仍筑南汾城。置州以逼之，夷夏万余户并来内附。"是北齐在定阳所置是南汾州，今本《隋志》原作"西汾州"表述有误，北周灭北齐后所置当从《太平寰宇记》为西汾州。据《魏书》卷106《地形志上》，东魏武定年间(543—550)南汾州领有北吐京(领平昌、北平昌、石城、吐京四县)、西五城(领西五城、昌宁、平昌三县)、南吐京(领新城一县)、西定阳(领洛陵一县)、定阳(领永宁一县)、北乡(领龙门、汾阴二县)、五城(领五城、平昌二县)、中阳(领洛陵、昌宁二县)、龙门(领西太平、汾阳二县)九郡。北乡郡及汾阴县，西太平、汾阳二县不见于北齐之后文献，当在北齐时省废入龙门县，并于龙门县新置龙门郡。北齐龙门郡当领有龙门一县。

天保七年(556)之后，南汾州当领有北吐京(领平昌、北平昌、石城、吐京四县)、西五城(领西五城、昌宁、平昌三县)、南吐京(领新城一县)、西定阳(领洛陵一县)、定阳(领永宁一县)、五城(领五城、平昌二县)、中阳(领洛陵、昌宁二县)、龙门(领龙门一县)八郡。因为北齐在武平元年(570)重置南汾州，所列诸郡县后来当多有省并。

第三十三节　南朔州(因军户而设)沿革

东魏北齐南朔州有二。一为东魏置，在今山西晋中市介休市。《元和郡县图志》卷13《河东道二》汾州介休县:"后魏明帝时为胡贼所破,至孝静帝更修筑,迁朔州军人镇之,因立为南朔州,但领军人不领郡县,其介休县仍属汾州。高齐省介休入永安县。周武帝省南朔州,复置介休县,宣帝改介休为平昌县,隋开皇末又改平昌为介休县。"此州因北齐另在兹氏城新置南朔州而省废。另一为北齐置,参见下节"北齐南朔州(治兹氏城)领郡沿革"。

第三十四节 北齐南朔州(治兹氏城)领郡沿革

南朔州治兹氏城,在今山西吕梁市汾阳市城区。此地本为汾州治所。《隋书》卷30《地理志中》西河郡:"后魏置汾州,后齐置南朔州,后周改曰介州。"《元和郡县图志》卷13汾州:"后魏孝文帝太和八年,复于兹氏旧城置西河郡,属吐京镇。按吐京镇,今隰州西北九十里石楼县是也,十二年改吐京镇为汾州,西河郡仍属焉。明帝时为胡贼所破,因北移西河郡理平阳界,高齐又于此城置南朔州。周武帝废南朔州,宣帝于此置汾州。隋大业三年(607)废汾州,还于隰城县置西河郡。"据《魏书》卷106《地形志上》,东魏武定年间(543—550)汾州领有西河、吐京、五城、定阳四郡。其中吐京、五城、定阳三郡为侨置。吐京郡领有新城、吐京二县。《嘉庆重修一统志》卷144《汾州府》"古迹":"吐京废郡,在孝义县西。……县志,今有吐京村,在县西二十里。"按今山西吕梁市孝义市西有上吐京、下吐京两村。《隋书》卷30《地理志中》临汾郡汾西县:"后魏曰临汾,并置汾西郡。开皇初郡废,十八年县(598)改为汾西。又有后(周)[魏?]新城县,开皇十年(590)省入。"此吐京郡和吐京县不见于北齐之后文献,当在北齐省并。新城县则改属西河郡。五城郡东魏武定年间(543—550)领有五城、平昌、石城三县,《隋书》卷30《地理志中》西河郡介休县:"后魏置定阳郡、平昌县。后周改郡曰介休,以介休县入焉。开皇初郡废,十八年县改曰介休。"五城郡及五城、石城二县不见于北齐之后文献,当在北齐省并。平昌县则划入定阳郡。天保七年(556)之后,南朔州领有西河、定阳二郡。

1. 西河郡

据《魏书》卷106《地形志上》,治兹氏城。东魏武定年间(543—550)西河郡领有隰城、介休、永安三县。介休县在北齐时划入定阳郡,又因吐京郡省并,新城县亦在北齐时划入,是天保七年(556)之后,西河郡实领有隰城、永安、新城三县。

2. 定阳郡

寄治兹氏城。据《魏书》卷106《地形志上》,东魏武定年间(543—550)定阳郡领有定阳、昌宁二县。此二县不见于北齐之后文献,当在北齐省并。又平昌县因五城郡省并而划入定阳郡,加上介休县由西河划入,天保七年(556)之后,定阳郡领有介休、平昌二县。

第三十五节 晋州领郡沿革

东魏、北齐晋州治白马城,在今山西临汾市城区。《元和郡县图志》卷12《河东道一》晋州:"在秦为河东郡地,今州即汉河东郡之平阳县也。……后魏太武帝于此置东雍州,孝明帝改为唐州,寻又改为晋州,因晋国以为名也。高齐武成帝于此置行台,周武帝平齐,置晋州总管。"《魏书》卷106《地形志上》晋州平阳郡平阳县:"二汉属河东,晋属,州治。"《水经注》卷6《汾水注》汾水"又南过平阳县东":"汾水又南迳白马城西,魏刑白马而筑之,故世谓之白马城,今平阳郡治。"《太平寰宇记》卷43《河东道四》晋州:"今理临汾县。……后魏真君四年于此置东雍州。孝昌中改为唐州。建义元年(528)又改为晋州。[后周]置总管府,仍与郡同,移故平阳城东北二十里白马城为理,历东魏、北齐、后周,皆为重镇。隋[开皇]初改平阳为平河郡;三年(583)废郡,又为州。至炀帝初州废,又立为临汾郡,仍移于白马城南一里。"

据《魏书》卷106《地形志上》,东魏武定年间(543—550)晋州领有平阳、北绛、永安、北五城、定阳、敷城、河西、五城、西河、冀氏、南绛、义宁十二郡。其中河西郡当为天平四年(537)侨置,领有夏阳一县。河西郡及夏阳县不见于北齐之后文献,应在北齐时省并。冀氏郡东魏时领有冀氏、合阳二县。《隋书》卷30《地理志中》临汾郡冀氏县:"后魏置冀氏郡,领冀氏、合阳二县。后齐郡废,又废合阳入焉。"《元和郡县图志》卷12《河东道一》晋州冀氏县:"本汉陭氏县地也,属上党郡。至晋省。后魏庄帝于陭氏城南置冀氏县,属晋州。"《太平寰宇记》卷43《河东道四》晋州冀氏县:"本汉陭氏县地,属上党郡。按汉陭氏县在今县北三十五里陭氏故城是也,至晋省。后魏庄帝于陭氏城南置冀氏县及冀氏郡,即今县是也,属晋州。高齐文宣帝省冀氏郡,以县属义宁郡。隋开皇三年(583)罢郡,改属晋州。"是冀氏郡及合阳县均在北齐天保七年(556)省并,冀氏郡原领冀氏县则划入义宁郡。南绛郡治会交川。据《魏书》卷106《地形志上》,东魏武定年间(543—550)南绛郡领有南绛、小乡二县。南绛郡在北齐并入北绛郡。《隋书》卷30《地理志中》绛郡正平县:"旧曰临汾,置正平郡。开皇初郡废,十八年县改名焉。大业初置绛郡。又有后魏南绛郡,后周废郡,又并南绛县入小乡县。开皇十八年改曰汾东,大业初省入焉。"绛郡翼城县:"后魏置,曰北绛县,并置北绛郡。后齐废新安县,并南绛郡入焉。开皇初郡废,十八年改为翼城。"这里的"并南绛郡入焉"与前条似乎存在矛盾,这可能是因为东、西政权同时置有南绛郡的缘故。东魏、北齐南绛郡可能即《魏书》卷106《地形志上》所云之南绛郡。后西魏恭帝改南绛郡、南绛县为绛郡、绛县,北齐则省废南绛郡入北绛郡①。北齐又新置临汾郡。故天保七年(556)之后,晋州当领有平阳、北绛、永安、北五城、定阳、敷城、五城、西河、义宁、临汾十郡。

1. 平阳郡

治平阳。据《魏书》卷106《地形志上》,东魏武定年间(543—550)平阳郡领有禽昌、平阳、襄陵、临汾、泰平五县。《隋书》卷30《地理志中》临汾郡临汾县:"后魏曰平阳,并置平阳郡。开皇初改郡为平河,改县为临汾,寻郡废。又有东魏西河、敷城、伍城、北伍城、定阳等五郡,后周废为西河、定阳二郡。开皇初郡并废。又有后魏永安县,开皇初改为西河,大业初省。又有旧襄城县,后齐省。"临汾郡襄陵县:"后魏太武禽赫连昌,乃分置禽昌县。齐并襄陵入禽昌县。大业初又改为襄陵。"是北齐省并襄陵县。又临汾县在北齐时省入泰平县,《隋书》卷30《地理志中》绛郡太平县:"后魏置,后齐省临汾县入焉。"《元和郡县图志》卷12《河东道一》绛州太平县:"本汉临汾县地,属河东郡。后魏太武于今县东北二十七里太平故关城置泰平县,属平阳郡。周改泰平为太平县,因关名。"故天保七年(556)之后,平阳郡当领有禽昌、平阳、泰平三县。

2. 北绛郡

治绛。《隋书》卷30《地理志中》绛郡翼城县:"后魏置,曰北绛县,并置北绛郡。后齐废新安县,并南绛郡入焉。"据《魏书》卷106《地形志上》,东魏武定年间(543—550)北绛郡领有新安、北绛二县。由于新安县在北齐时省并,天保七年(556)之后,北绛郡当仅领北绛一县。

3. 永安郡

治永安。据《魏书》卷106《地形志上》,东魏武定年间(543—550)永安郡

---

① 《元和郡县图志》卷12《河东道一》绛州绛县:"本汉闻喜县地,后魏孝文帝置南绛郡,其地属焉,因县北绛山为名也,属正平郡。恭帝去'南'字,直为绛县。隋开皇三年(583)罢郡,改属绛州。"《隋书》卷30《地理志中》绛郡绛县:"旧置绛郡,开皇初郡废。后周置晋州,建德五年(576)废。"杨守敬《隋书地理志考证》于"旧置绛郡"下注云:按《元和志》于绛县云"西魏恭帝去'南'字",则郡亦同去可知。《志》于正平县下云周废南绛郡,于此又出绛郡,竟似南绛与绛郡为两地两事,其实因小乡属南绛郡,而小乡至隋并入正平,遂以南绛郡牵连书之,而于此又不言绛郡、绛县建置之由,遂令读者迷惑。若于正平下但云"有后魏小乡县"云云,而于此云"后魏置南绛郡,并置南绛县,西魏郡县并去'南字'",则无不合矣。

领有永安、杨二县。北齐同。

4. 北五城郡

侨郡。据《魏书》卷106《地形志上》，北五城郡及领县均为兴和二年(540)置。东魏武定年间(543—550)北五城郡领有平昌、石城、北平昌三县。北齐同。

5. 定阳郡

侨郡。据《魏书》卷106《地形志上》，定阳郡及领县均为兴和四年(542)置，东魏武定年间(543—550)定阳郡领有平昌、西五城等县。北齐同。

6. 敷城郡

侨置。治敷城县。据《魏书》卷106《地形志上》，东魏武定年间(543—550)敷城郡领有敷城一县，郡、县均置于天平四年(537)。北齐同。

7. 五城郡

天平年间(534—537)置。据《魏书》卷106《地形志上》，东魏武定年间(543—550)五城郡领有北枣(天平二年即535年置)、南枣(天平二年即535年置)、永安(元象元年即538年置)三县。北齐同。

8. 西河郡

侨郡，治永安白坑城。据《魏书》卷106《地形志上》，东魏武定年间(543—550)西河郡领有永安、隰城、介休三县。北齐同。

9. 义宁郡

治孤远城。据《魏书》卷106《地形志上》，东魏武定年间(543—550)义宁郡领有团城、义宁、安泽、沁源四县。《隋书》卷30《地理志中》上党郡沁源县："后魏置县及义宁郡，开皇初废。十六年(596)置沁州。又义宁县十八年(598)改为和川。"《元和郡县图志》卷13《河东道二》沁州沁源县："本汉谷远县地，旧在今县南百五十里孤远故城是也，语音讹转，故以'谷'为'孤'耳。后魏庄帝于今理置沁源县，因沁水为名也，属义宁郡。隋开皇三年(583)罢郡，县属晋州。十六年(596)置沁州，县属焉。"团城县不见于北齐之后文献，当在北齐省并。又冀氏县因冀氏郡省并而划入，则天保七年(556)之后，义宁郡当领有义宁、安泽、沁源、冀氏四县。

10. 临汾郡

北齐置。《隋书》卷30《地理志中》临汾郡汾西县："后魏曰临汾，并置汾西郡。开皇初郡废，十八年(598)县改为汾西。"《元和郡县图志》卷12《河东道一》晋州汾西县："本汉彘县地，属河东郡。后汉改彘县为永安县，高齐又于此置临汾郡及临汾县。隋开皇三年(583)改临汾县为汾西县"。《太平寰宇记》卷43《河东道四》晋州汾西县："亦汉彘县之地，属河东郡。后汉改彘县为永安县，自汉迄于后魏犹为永安县。高齐又于此置临汾郡及临汾县。隋开皇三年(583)改临汾为汾西县。"是《隋志》所云汾西郡应为临汾郡,与临汾县皆为北齐所置。天保七年(556)之后,临汾郡当领有临汾一县。

第三十六节　建州领郡沿革

东魏、北齐建州治高都城,当在今山西晋城市泽州县高都镇一带。《隋书》卷30《地理志中》长平郡:"旧曰建州。开皇初改为泽州。"《元和郡县图志》卷15《河东道四》泽州:"汉为上党郡高都县之地也。后魏道武帝置建兴郡,孝庄帝改置建州,周改建州为泽州。"据《魏书》卷106《地形志上》,东魏武定年间(543—550)建州领有高都、长平、安平、泰宁四郡。其中长平郡领高平、玄氏二县,《隋书》卷30《地理志中》长平郡丹川县:"旧曰高都。后齐置长平、高都二郡,后周并为高平郡。开皇初郡废,十八年(598)改为丹川。"长平郡高平县:"旧曰平高,齐末改焉,又并泫氏县入焉。"《元和郡县图志》卷15《河东道四》泽州高平县:"本汉泫氏县,属上党郡,在泫水之上,故以为名。后魏改为玄氏,属建兴郡。高齐文宣帝省玄氏县,自长平高城移高平县理之,仍改高平县,属高都郡。隋开皇三年(583),改属泽州。"可知长平郡与所领玄氏县在北齐被省并,高平县则被划入高都郡。又建州所领泰宁郡,据《魏书》卷106《地形志上》,领有东永安、西河、西濩泽、高延四县。《隋书》卷30《地理志中》长平郡沁水县:"旧置广宁郡。后齐郡废,县改为永宁。开皇十八年(598)改焉。"此"广宁郡"当为"泰宁郡"之误。《元和郡县图志》卷15《河东道四》泽州沁水县:"本汉端氏县地,后魏孝庄帝,于此置泰宁郡及东永安县,高齐省郡而县存。隋开皇十八年(598),改为沁水县。"《太平寰宇记》卷44《河东道五》泽州沁水县:"本汉端氏县地。后魏庄帝于此置泰宁郡及东永安县。高齐省郡,而县在。开皇十八年(598)改为沁水县,仍属泽州。"据上可知泰宁郡在北齐被省并,东永安县改为永宁,其他三县,西河、西濩泽、高延均不见于北齐之后文献,当与泰宁郡一齐被省并。原领永宁县当划入安平郡。是北齐天保七年(556)之后,建州共领有高都、安平二郡。

1. 高都郡

治高都。据《魏书》卷106《地形志上》,东魏武定年间(543—550)高都郡领有高平、阳阿二县。《嘉庆重修一统志》卷145《泽州府》"古迹":"阳阿故城,在凤台县西北。汉置县,属上党郡。……后魏太平真君九年省,和平五年复置。《魏土地记》'建兴郡治阳阿县'是也。永安中郡废,以县属高都郡。北齐省入高都。旧志,阳阿故城在州西北四十里大阳镇。"加上高平县因长平郡省并而划入,北齐天保七年(556)之后,高都郡领有高都、高平二县。

2. 安平郡

治端氏。《隋书》卷30《地理志中》长平郡端氏县:"后魏置安平郡,开皇初郡废。"据《魏书》卷106《地形志上》,东魏武定年间(543—550)安平郡领有端氏、濩泽二县。北齐废泰宁郡,永宁县因之划入安平郡。故天保七年(556)之后,安平郡当领有端氏、濩泽、永宁三县。

第三十七节　东雍州领郡沿革

东雍州治柏壁,今山西运城市新绛县万安镇柏壁村。《魏书》卷106《地形志上》东雍州:"世祖置,太和中罢,天平初复。"《隋书》卷30《地理志中》绛郡:"后魏置东雍州,后周改曰绛州。"《元和郡县图志》卷12《河东道一》绛州:"秦为河东郡地。今州,即汉河东郡之临汾县地也。魏正始八年(247),分河东汾北置平阳郡,又为平阳郡地。后魏太武帝于今理西南二十里正平县界柏壁置东雍州及正平郡,其地属焉。孝文帝废东雍州,东魏静帝复置,周明帝武成二年(560)改东雍州为绛州。"绛州正平县:"柏壁,在县西南二十里。后魏明帝元年,于此置柏壁镇,太武帝废镇,置东雍州及正平郡。……按柏壁高二丈五尺,周回八里。"《水经注》卷6《汾水注》汾水"又屈从县南西流":汾水"又西迳魏正平郡南,故东雍州治。太和中,皇都徙洛,罢州立郡矣。"据《魏书》卷106《地形志上》,东魏武定年间(543—550)东雍州领有邵(领白水、清廉、苌平、西太平四县)、高凉(领高凉、龙门二县)、正平(领闻喜、曲沃二县)三郡。北齐时,高凉、邵二郡及正平郡所领闻喜县皆属西魏北周,北齐东雍州只领有正平一郡。

正平郡

治临汾。据《魏书》卷106《地形志上》,正平郡领有闻喜、曲沃二县。《隋书》卷30《地理志中》绛郡正平县:"旧曰临汾,置正平郡。开皇初郡废,十八年(598)县改名焉。大业初置绛郡。"《元和郡县图志》卷12《河东道一》绛州正平县:"本汉临汾县地,属河东郡。隋开皇三年(583)罢郡,改属绛州。十八年(598)改临汾县为正平县,因正平故郡城为名也。"《隋书》卷30《地理志中》绛郡太平县:"后魏置,后齐省临汾县入焉。"《魏书》卷106《地形志上》晋州平阳郡临汾县:"二汉属河东,晋属。真君七年并泰平,太和十一年(487)复。"临汾县与泰平县毗邻。《元和郡县图志》卷12《河东道一》绛州太平县:"本汉临汾县地,属河东郡。后魏太武于今县东北二十七里太平故关城置泰平县,属平阳郡。周改泰平为太平县,因关名。"《嘉庆重修一统志》卷155《绛州直隶州一》"古迹":"临汾故城,在州东北。"北齐所省之临汾县当为北魏所置,隋代改称正平县的临汾县当为北齐所置。故天保七年(556)之后,正平郡当领有临汾、曲沃二县。

第三十八节　东魏泰州领郡沿革

东魏泰州治蒲坂,据《中国文物地图集·山西分册》,当今山西运城市永济市蒲州镇西厢村西南约1千米的蒲州故城。《魏书》卷106《地形志下》泰州:"天平初复,后陷。"《隋书》卷30《地理志中》河东郡:"后魏曰秦州,后周改曰蒲州。"这里的"秦州"当是泰州之讹。河东郡河东县:"旧曰蒲坂县,置河东郡。"因没有侨置问题,这些地名是可以和《魏书》卷106《地形志下》所载相对应的。此州为东魏天平初年复置,但不久就被西魏所占,故《北齐地理志》不载。据《魏书》卷106《地形志下》,东魏初年泰州领有河东(治蒲坂,领安定、蒲坂、南解、北解、猗氏五县)、北乡(领北猗氏、汾阴二县)二郡。这应当也是北魏末年泰州的郡县设置情况。

第三章　东魏北齐州郡县沿革(下)

东魏北齐河南地区，指北朝时期以潼关为起点的东西向黄河以南的地区。本章依据《魏书》卷106《地形志中》与《地形志下》提供的时空顺序，主要叙述东魏北齐河南地区州郡县设置沿革。与西魏北周以及南朝军事对峙有关的疆域与州级政区变动已见前章，这里的概述主要交代前文未涉及的州级政区变动情况。天平元年(534)废洛阳所置司州，在洛阳置洛州；罢东中府，改置北豫州；置颍州、梁州、陕州、阳州，阳州不久为西魏所占。天平二年(535)在陈留郡武平县置镇；在项城置北扬州。天平四年(537)罢郢州置义阳郡划入豫州。武定初年复置阳州。武定二年(544)置北荆州。武定七年(549)罢武平镇；宿豫镇改为东楚州。武定年间(543—550)，由于鲁阳陷于西魏，广州由鲁阳徙治襄城。北齐时代，在叶县置襄州，在蕲城置仁州。废东魏淮州为齐兴郡、蔡州为广宁郡，改东魏西楚州为永州、北扬州为信州，并北江州与湘州二州为北江州。改梁潼州为睢州、南兖州为东广州(陈朝占领后又改为南兖州)、晋州为江州(陈朝占领后又改为晋州)。废梁义州立东光城郡，在秦郡尉氏置秦州，在钟离郡钟离置西楚州，在定城置南郢州，在蕲春置雍州，在历阳置和州，在麻城置衡州，在南安置巴州(陈朝占领后废之)，在黄陂置南司州、沪州(陈朝占领后废之)，在固始置北建州，寻废州，置新蔡郡。废梁在庐江所置之湘州、霍山所置之霍州。

第一节　兖州领郡沿革

兖州治瑕丘城。《元和郡县图志》卷10《河南道六》兖州瑕丘县："本汉县，属山阳郡。……宋元嘉十三年立兖州，理瑕丘城。而瑕丘无县，至隋文帝割邹县、汶阳、平原三县界立瑕丘县，属兖州。"据《中国文物地图集·山东分册》和《山东省地图集》，瑕丘故城在今山东济宁市兖州区新驿镇东顿村南500米。由《魏书》卷106《地形志中》可知，东魏武定年间(543—550)兖州领有泰山、鲁、高平、任城、东平、东阳平六郡。北齐泰山、东平、东阳平三郡省并为东平郡,鲁、任城二郡省并为任城郡,天保七年(556)之后,兖州领有东平、高平、任城三郡。

东魏泰山郡治博平,东平郡治无盐,东阳平郡治平陆城;北齐省并三郡为东平郡,郡治博平。据《魏书》卷106《地形志中》,东魏武定年间(543—550)泰山郡领有巨平、奉高、博平、嬴、牟、梁父六县。《隋书》卷31《地理志下》鲁郡博城县:"旧曰博[平],置泰山郡。后齐改郡曰东平,又并(博)[巨]平、牟入焉。开皇初郡废,十六年(596)改县曰汶阳,寻改曰博城。有奉高县,开皇六年(586)改曰岱山,大业初州废,又废岱山县入焉。"是北齐废巨平、牟二县。东魏东平郡,据《魏书》卷106《地形志中》,东魏武定年间(543—550)领有无盐、范、须昌、寿张、平陆、富城、刚七县。《隋书》卷30《地理志中》东平郡宿城县:"后齐曰须昌,开皇十六年(596)改焉。旧置东平郡[及无盐县?],后齐并废。"《元和郡县图志》卷10《河南道六》郓州东平县:"两汉为无盐地。后齐于此置须昌县,属东平郡,县理无盐城。隋别置须昌县,属郓州,改须昌县为宿城县。贞元三年(787),移于州理,改为东平。"郓州须昌县:"本汉旧县,属东(平)[郡]……按此前须昌县,在今县东南三十二里,须昌故城是也。隋改须昌为宿城县,更立须昌县于今理,属郓州,县在州南四十五步。"是无盐与须昌两县合并,于无盐重置须昌县。此寿张县不见于北齐之后文献,《隋书》卷30《地理志中》济北郡:"旧置济州。"济北郡有寿张县。兖州东平郡寿张县当与济州东平郡之寿张县合并,划入济州。《隋书》卷31《地理志下》鲁郡平陆县:"后齐曰乐平,开皇十六年改焉。"《元和郡县图志》卷10《河南道六》郓州中都县:"本鲁国邑也……至汉,以其地为东平陆县,属东平国。齐高帝改平陆县为乐平县,隋复改乐平为平陆县,属兖州。"按东阳平郡有乐平县,北齐当是省并乐平、平陆二县为乐平县,县治则设在原平陆县。又富城、刚二县亦不见于北齐之后文献,当在北齐省并。东魏东阳平郡,据《魏书》卷106《地形志中》,东魏武定年间(543—550)东阳平郡领有元城、乐平、顿丘、馆陶、平原五县。乐平与东平郡平陆合并为一新的乐平县。东阳平郡及元城、顿丘、馆陶不见于北齐之后文献,当亦在北齐省并。综上,北齐将泰山、东平、东阳平三郡省并为一新的东平郡。又北齐有平原县,《隋书》卷31《地理志下》鲁郡龚丘县:"后齐曰平原县,开皇十六年(596)改焉。"北齐亦有岱山县,《太平寰宇记》卷21《河南道二十一》兖州乾封县:"废岱山县,在县东南四十里,依徂莱山。北齐于此置。隋开皇三年(583)废为奉高县,五年(585)又改为岱山县。大业二年(606)废入博城县。"是天保七年(556)之后,此东平郡领有奉高、博平、嬴、梁父、须昌、乐平、平原、岱山八县。

1. 高平郡

东魏治高平,北齐移治任城。《隋书》卷31《地理志下》鲁郡任城县:"旧置高平郡,开皇初废。"《元和郡县图志》卷10《河南道六》兖州任城县:"本汉旧县,属东平国。……齐天保七年(556),移高平郡于此,任城县属焉。隋开皇三年(583),罢高平郡,属兖州。"是原任城郡任城县划入高平郡,高平郡治移往任城。据《魏书》卷106《地形志中》,东魏武定年间(543—550)领有高平、方与、金乡、平阳四县。《隋书》卷31《地理志下》彭城郡方与:"后齐废,开皇十六年复。"《元和郡县图志》卷10《河南道六》兖州鱼台县:"本汉方与县,属山阳郡。高齐文宣帝废。隋开皇十六年(596)复置方与县,属戴州。"《太平寰宇记》卷14《河南道十四》单州鱼台县:"汉方与县。……属山阳郡。晋属高平国。高齐天保七年(556)废。隋开皇十六年,复置。"《嘉庆重修一统志》卷166《兖州府二》"古迹":"南平阳故城,今邹县治。……汉置南平阳县,属山阳郡。……刘宋曰平阳,属高平郡,后魏因之。北齐时省。""高平故城,在邹县西南。汉置橐县,属山阳郡。……刘宋时移高平郡来治,后魏因之。北齐郡县俱废。"高平郡只是移治任城,并未废省。但据此可知高平县在北齐时已废。综上,北齐废省高平、方与、平阳三县,又划入任城一县,天保七年(556)之后,高平郡当领有任城、金乡二县。

2. 任城郡

东魏鲁郡治鲁,任城郡治任城;北齐省并二郡为任城郡,郡治鲁。据《魏书》卷106《地形志中》,东魏武定年间(543—550)鲁郡领有鲁、汶阳、邹、阳平、弁(《地形志中》无,据北魏部分考证增补)、新阳六县。《隋书》卷31《地理志下》鲁郡曲阜县:"旧曰鲁郡,后齐改郡为任城。开皇三年(583)郡废,四年改县曰汶阳,十六年改名曲阜。"《元和郡县图志》卷10《河南道六》兖州曲阜县:"本汉鲁县……自后或为鲁国,或为鲁郡,而县属焉。高齐文宣帝省鲁郡,仍于鲁城置任城郡。隋开皇三年(583)罢郡,仍移汶阳县理此,属兖州。十六年(596),改汶阳县为曲阜县。"是北齐文宣帝省并鲁郡后,任城郡治移于鲁县。阳平、弁、新阳三县不见于北齐之后文献,当在北齐省并,鲁、汶阳、邹三县划入任城郡。据《魏书》卷106《地形志中》,东魏武定年间(543—550)任城郡领有任城、亢父、巨野三县。《隋书》卷30《地理志中》东平郡巨野县:"旧废,开皇十六年复"。《嘉庆重修一统志》卷181《曹州府一》"建置沿革":"巨野县……汉置巨野县,属山阳郡。……后魏属任城郡。北齐废。隋开皇十六年(596)复置。"卷183《济宁直隶州》"古迹":"亢父故城,在州南五十里。……秦置亢父县。……后魏属任城郡,后齐废。"任城县已划入高平郡,见上。是天保七年(556)之后,任城郡当领有鲁、汶阳、邹三县。

第二节 青州领郡沿革

青州治东阳城,据《中国文物地图集·山东分册》,东阳故城在今山东潍坊市青州市王府街道北关村。据《魏书》卷106《地形志中》,东魏武定年间(543—550)青州领有齐、北海、乐安、勃海、高阳、河间、乐陵七郡。北齐时青州省并郡县较多。省勃海、河间、乐陵三郡。勃海郡,《水经注》卷8《济水注二》济水"又东北过临济县南":"县,故狄邑也,王莽更名利居。……《地理风俗记》云:乐安太守治。晏谟《齐记》曰:有南北二城,隔济水,南城即被阳县之故城也,北枕济水。……今渤海侨郡治。"《太平寰宇记》卷19《河南道十九》淄州高苑县:"被阳故城,在县西南八十步,本汉旧县也,侯国,属千乘郡。高齐自汉狄故城移长乐县理于此。"

据《魏书》卷106《地形志中》,东魏武定年间(543—550)勃海郡领有重合、修、长乐三县。重合与修县沿革不载于北齐之后地理总志,当在北齐省并。又长乐县,《隋书》卷30《地理志中》齐郡高苑县:"后齐曰长乐。开皇十八年(598)改为会城。大业初改焉。"《元和郡县图志》卷11《河南道七》淄州高苑县:"本汉旧县也,属千乘国。后汉属乐安国。宋于此置长乐县,属渤海郡,隋开皇十八年(598),改为会城县,大业三年(607)改为高苑县,取县东南高苑故城为名。隋末陷贼,武德元年(618)重置高苑县,属邹州,八年(625)废邹州,县属淄州。"《太平寰宇记》卷19《河南道十九》淄州长山县:"高苑故城,在县北二十四里齐高苑县也。"淄州高苑县:"高苑县,按《汉地理志》云高苑县属千乘郡。后汉属乐安国。宋无高苑县,别于今县理西二里汉狄故城置长乐县,属渤海郡。高齐废渤海,改属长乐郡。隋开皇三年(583)罢郡,县属青州,十六年(596)隶淄州,十八年(598)改为会城县。大业三年(607),改为高苑县,取县东南高苑故城为名。"长乐县毗邻乐安郡,当划入乐安郡。河间郡,据《魏书》卷106《地形志中》,东魏武定年间(543—550)河间郡领有阜城、城平、武垣、乐城、章武、南皮六县。此河间郡及所领六县不见于《隋书·地理志》,当在北齐时省并①。乐陵郡,据

---

① 《北齐地理志》卷3《河南地区上》青州乐安郡条下谓北齐废河间郡后重置寿光县,并划入乐安郡,似不确。《隋书·地理志》确有寿光县,但《元和郡县图志》卷10《河南道六》青州寿光县:"本汉旧县也,属北海郡。后汉改属乐安国。宋省寿光县。隋开皇六年(586),于县北一里博昌故城置寿光县,属青州。武德二年(619)属乘州,八年(625)废乘州,还属青州。"《太平寰宇记》卷18《河南道十八》青州寿光县:"汉旧县,属北海郡,后汉改属乐安郡。宋无寿光县。隋开皇六年(586),于县北一里博昌故城置寿光县,属青州。"可见此寿光县与北朝政区设置无关。

《魏书》卷106《地形志中》，东魏武定年间(543—550)乐陵郡领有阳信、乐陵、厌次、新乐、湿沃五县。此乐陵郡及所领六县不见于《隋书·地理志》，当在北齐时省并。另北海郡与高阳郡合并为高阳郡，天保七年(556)之后，青州领有齐、高阳、乐安三郡。

1. 齐郡

治东阳城。《太平寰宇记》卷18《河南道十八》青州益都县："本汉广县地。益都亦汉侯国。魏于今寿光县南十里益都城置益都县，属齐国。宋至后魏，县并属齐郡。慕容德都广固，即此地也。北齐天保七年(556)移于郡城之北门外，今县理也。""东阳城，即郡理东城是也。""广固城，在县西五里。"据《魏书》卷106《地形志中》，东魏武定年间(543—550)齐郡领有临淄、昌国、益都、盘阳、平昌、广饶、西安、安平、广川九县。《隋书》卷30《地理志中》北海郡临淄县："（临淄）及东安平、西安，并后齐废。开皇十六年(596)又置临淄及时水县。大业初废高阳、时水二县入焉。"东安平即安平。又北海郡临朐县："旧曰昌国。开皇六年(586)改为逢山，又置般阳县。大业初改曰临朐，并废般阳入焉。"盘、般相通，是北齐时省并临淄、西安、安平、盘阳四县。另平昌、广川亦不见北齐之后文献，当是在北齐省并。又《嘉庆重修一统志》卷171《青州府二》"古迹"："广饶故城，在乐安县东北。汉置（侯国）。……后为县。……北齐省。"天保七年(556)之后，齐郡领有昌国、益都二县。

2. 高阳郡

东魏为北海郡、高阳郡；北齐并为高阳郡。据《魏书》卷106《地形志中》，东魏治平寿城。据《魏书》卷106《地形志中》，东魏武定年间(543—550)北海郡领有下密、剧、都昌、平寿、胶东五县。《隋书》卷30《地理志中》北海郡北海县："旧曰下密，置北海郡。后齐改郡曰高阳，开皇初郡废。"青州本有高阳郡，据《魏书》卷106《地形志中》，东魏武定年间(543—550)高阳郡领有高阳、新城、邺、安次、安平五县。《隋书》卷30《地理志中》北海郡临淄县："大业初废高阳、时水二县入焉。"高阳县北朝时期一直存在。新城、邺、安次、安平不见于北齐之后文献，当在北齐省并。是北齐郡省并北海与高阳两郡为高阳郡，郡治移往下密县。《嘉庆重修一统志》卷171《青州府二》"古迹"："剧县故城，在寿光县东南。……剧县晋属琅邪，宋还属北海郡。……北齐省。"《太平寰宇记》卷18《河南道十八》潍州北海县："废平寿县，在州西南三十里。……后魏皇兴三年(469)置，以旧号为县名。北齐天保七年(556)废。隋义宁二年(618)，复置。"《隋书》卷30《地理志中》北海郡下密县："后魏曰胶东，后齐废。开皇六年(586)复，改为潍水。大业初改名焉。"是北齐省废剧、平寿、胶东三县，加上原东魏高阳郡之高阳县,天保七年(556)之后,北齐高阳郡领有下密、都昌、高阳三县。

3. 乐安郡

治千乘。据《魏书》卷 106《地形志中》,东魏武定年间(543—550)乐安郡领有千乘、博昌、安德、般四县。《隋书》卷 30《地理志中》北海郡博昌县:"旧曰乐安,开皇十六年改焉。"《元和郡县图志》卷 10《河南道六》青州博昌县:"本汉旧县,属千乘郡。昌水其势平博,故曰博昌。后汉以千乘郡为乐安国,博昌县仍属焉。晋、宋、后魏并同。高齐省,移乐陵县今县东十二里乐陵故城。理此,属乐安郡。隋开皇三年(583)罢郡,乐陵县属青州,十六年(596)改为博昌县。"《大隋开府仪同三司龙山公墓志》:"公讳质,字弘宜。青州乐安人也。"是青州确有乐安县,《元和志》所记乐陵当为乐安之误。乐陵县安德、般二县不见于《隋书·地理志》,当在北齐省并。又长乐县因勃海郡省并划入。天保七年(556)之后,乐安郡当领有千乘、乐安、长乐三县。

第三节 齐州领郡沿革

齐州治历城,在今山东济南市城区。据《魏书》卷 106《地形志中》,东魏武定年间(543—550)齐州领有东魏、东平原、东清河、广川、济南、太原六郡。《隋书》卷 30《地理志中》济北郡长清县:"开皇十四年置。又有东太原郡,后齐废。"据《魏书》卷 106《地形志中》,东魏武定年间(543—550)太原郡领有太原(治升城)、祝阿、山茌、卢四县。《隋书》卷 30《地理志中》齐郡历城县:"大业初置齐郡,废山茌县入焉。"《嘉庆重修一统志》卷 163《济南府二》"古迹":"卢县故城,在长清县南。……汉初置卢县,属泰山郡,都尉治焉。……后魏改属太原郡。……《隋书·地理志》,长清县有东太原郡,齐废。盖县随郡废也。"是北齐废太原、卢二县。祝阿、山茌二县当划入济南郡。齐郡章丘县:"又宋置东魏郡,后齐废。"东魏郡治历城,后徙台城。据《魏书》卷 106《地形志中》,东魏郡武定年间(543—550)领有蠡吾、顿丘、肥乡、聊城、卫国、博平、安阳、东魏、临邑九县。《元和郡县图志》卷 10《河南道六》齐州临邑县:"本汉旧县,属东郡。至晋属济北国。宋孝武帝孝建二年(455),立东魏郡,理台城,以临邑县属焉。隋开皇三年(583)罢郡,临邑县属齐州。"《隋书》卷 30《地理志中》齐郡亭山县:"旧曰卫国,后齐并土鼓、肥乡入焉。开皇六年(586)改名亭山。"是肥乡并入卫国县。又蠡吾、顿丘、聊城、博平、安阳、东魏六县不见于北齐之后文献,当在北齐时省并。东魏郡剩余二县卫国、临邑划入济南郡。齐郡长山县:"旧曰武强,置广川郡,并东清河、平原二郡入,改曰东平原郡。开皇初郡废。"广川、东平原、东清河三郡当亦于北齐省并为东平原郡,郡治在武强。是天保七年(556)之后,齐州领有东平原、济南二郡。

1. 东平原郡

东魏东平原郡治梁邹,东清河郡治盘阳城,广川郡治武强;北齐广川、东平原、东清河三郡合并为新的东平原郡,郡治武强。据《魏书》卷106《地形志中》,东平原郡东魏武定年间(543—550)领有平原、鬲、临济、茌平、广宗、高唐六县。《隋书》卷30《地理志中》齐郡章丘县:"旧曰高唐,开皇十六年改焉,又置营城县。大业初废入焉。"鬲、临济、茌平、广宗不见于北齐之后文献,当在北齐时省并。原东魏东平原郡尚有平原、高唐二县。《太平寰宇记》卷19《河南道十九》淄州邹平县:"本汉旧县,属济南郡。后汉及晋并不改。永嘉之乱,其县遂废。后魏地属临济县。按临济在今高苑县界汉狄故城是也。"高齐天保七年(556),自今长山县界济南故城移平原县于今理东南三十五里汉梁邹故城地属焉,隶广川郡。周不改。隋开皇三年(583)自梁邹城移平原县入邹平城,属齐州,今理是也;十六年(596)改属淄州;十八年(598),改平原县为邹平县,复汉旧名也。大业二年(606)罢淄州,县属齐郡。"据《魏书》卷106《地形志中》,东清河郡在东魏武定年间(543—550)领有清河、绎幕、鄃、零、武城、贝丘、饶阳七县。《隋书》卷30《地理志中》齐郡淄川县:"旧曰贝丘,置东清河郡。后齐郡废。开皇十六年(596)置淄州,十八年(598)县改名焉。"清河、绎幕、鄃、零、武城、饶阳六县不见于北齐之后文献,当在北齐时省并。原东魏东清河郡仅剩贝丘一县。据《魏书》卷106《地形志中》,广川郡在东魏武定年间(543—550)领有武强、索卢、中水三县。索卢、中水二县不见于北齐之后文献,当在北齐时省并。原东魏广川郡仅剩武强一县。是天保七年(556)之后,东平原郡领有平原、高唐、贝丘、武强四县。

2. 济南郡

治历城。据《魏书》卷106《地形志中》,东魏武定年间(543—550)领有历城、菅、平陵、土鼓、逢陵、朝阳六县。《隋书》卷30《地理志中》齐郡历城县:"旧置济南郡,开皇初废。"《太平寰宇记》卷19《河南道十九》齐郡临邑县:"菅城,在县东南五十里。古老相传:'地生神菅草,每年贡四十九茎。'"《嘉庆重修一统志》卷163《济南府二》"古迹":"菅县故城,在济阳县西南。"《北周地理志》谓《地形志》所载菅县即此菅县。此县沿革不见于北齐之后文献,当在北齐省并。《嘉庆重修一统志》卷163《济南府二》"古迹":"东平陵故城,在历城县东。……汉置东平陵县,以右扶风有平陵,故此加'东'也。济南郡治焉。晋永嘉后移郡治历城,以东平陵为属县。后去'东'字,刘宋因之。……周省。""土鼓故城,在淄川县西,汉置县,属济南郡。……北齐并入平山。"平山当是亭山之讹。《隋书》卷30《地理志中》齐郡亭山县:"旧曰卫国,后齐并土鼓、肥乡入焉。开皇六年(586)改名亭山。"《嘉庆重修一统志》卷163《济南府二》"古迹":"逢陵故城,在淄川县西北。宋永初中置,属济南郡。后魏因之。……北齐省。""朝阳故城,在章丘县西北,汉置县,为侯国,属济南郡。……后魏因之,齐周时省。"综上所述,济南郡在省并后尚有历城、平陵二县,加上祝阿、山茌因太原郡省并,卫国、临邑因东魏郡省并划入,天保七年(556)之后,济南郡当领有历城、平陵、祝阿、山茌、卫国、临邑六县。

第四节　郑州(原名颍州)领郡沿革

郑州原名颍州,治长社城,在今河南许昌市长葛市城区。《魏书》卷106《地形志中》郑州:"天平初置颍州,治长社城。武定七年(549)改治颍阴城。"《隋书》卷30《地理志中》颍川郡:"旧置颍州,东魏改曰郑州,后周改曰许州。"《太平寰宇记》卷7《河南道七》许州:"今理长社县。……秦并为颍川郡,理阳翟。二汉为颍川之许县。……又西魏大统十三年(547),诏遣河南行台大都督王思政进据颍川,东魏遣将清河王高岳率众十万攻思政,思政不与战,岳造高堰引洧水以攻之,十五年(549)城陷,水自东北入城,思政为岳所执,即今长葛县之长社故城也。北齐高澄于此改立南郑州。"南郑州之南,系相对于隋唐时荥阳之郑州而言,并非正式名称带"南"字[①]。据《魏书》卷106《地形志中》,东魏武定年间(543—550)郑州领有许昌、颍川、阳翟三郡。北齐同。

1. 许昌郡

治许昌城。据《魏书》卷106《地形志中》,东魏天平元年(534)分颍川郡置(见下)。武定年间(543—550)领有许昌、扶沟、鄢陵、新汲四县。《元和郡县图志》卷8《河南道四》许州许昌县:"本许国,为楚所灭。至汉为县,属颍川郡。后汉因之。魏太祖迎献帝都许。文帝受禅,改为许昌。《宋志》无许昌县,天平

---

① 《元和郡县图志》卷8《河南道四》郑州:"秦并天下,属三川郡。汉高祖改三川为河南郡,荥阳属焉。晋武帝分河南置荥阳郡。东魏孝静帝分荥阳置成皋郡。高齐文宣帝又改为荥阳郡,周改为荥州。隋开皇三年(583)改荥州为郑州。十六年(596),分置管州。大业二年(606),废郑州,改管州为郑州。"此郑州在长社郑州之北。

元年(534)复置,今县理是也。高齐文宣帝省鄢陵入许昌。"许州鄢陵县:"本汉旧县,属颍川郡。……后魏颍川置许昌郡,仍立鄢陵县以属焉。高齐文宣帝废鄢陵,以其地入许昌县。隋开皇三年(583)复置,属许州。"许州扶沟县:"本汉旧县,属淮阳国。后汉属陈留郡,魏属许昌郡。高齐文宣帝自今县北移于今理。"《隋书》卷30《地理志中》颍川郡鄢陵县:"东魏置许昌郡,后齐废县。开皇初郡废,七年(587)复鄢陵县。"《嘉庆重修一统志》卷191《陈州府一》"古迹":"新汲故城,在扶沟县西南。……汉置新汲县。属颍川郡,后汉、晋因之。……隋废。唐武德初复置,属洧州。"认为新汲县废于隋代。按《读史方舆纪要》卷47《河南二》开封府洧川县:"新汲城,在县南。汉神爵三年(前59)置新汲县,以河内有汲县,故曰新汲。后汉章帝封马防为侯邑。晋仍属颍川郡。后魏因之。东魏改属许昌郡。北齐废。唐初复置,属洧州。"认为新汲县废于北齐。是天保七年(556)之后,许昌郡至少领有许昌、扶沟二县。另新汲县亦可能仍领有。

2. 颍川郡

北魏末年颍川郡领有长社、临颍、许昌、扶沟、鄢陵、新汲、阳翟等县。据《魏书》卷106《地形志中》,东魏天平元年(534)划许昌、扶沟、鄢陵、新汲四县置许昌郡;兴和元年(539)又分阳翟县置黄台县,划黄台、阳翟二县置阳翟郡;元象二年(539)分临颍县置颍阴县。武定年间(543—550),颍川郡领有长社、临颍、颍阴三县。《隋书》卷30《地理志中》颍川郡颍川县:"旧曰长社,置颍川郡。后齐废颍阴县入,开皇初废郡改县焉。"是颍阴县废于北齐时。天保七年(556)之后,颍川郡领有长社、临颍二县。

3. 阳翟郡

《隋书》卷30《地理志中》襄城郡阳翟县:"东魏置阳翟郡,开皇初郡废。"颍川郡颍川县:"又东魏置黄台县,大业初废入焉,置郡。"据《魏书》卷106《地形志中》,阳翟郡当系东魏兴和元年(539)分颍川阳翟县置黄台县,并以黄台、阳翟二县为基础置阳翟郡。武定年间(543—550)阳翟郡领有黄台、阳翟二县。北齐同。

第五节 济州领郡沿革

济州治碻磝城。《嘉庆重修一统志》卷168《东昌府一》"古迹":"济州故城,在茌平县西南,即碻磝城也。"《中国文物地图集·山东分册》据《茌平县志》和《东昌府志》以汉代茌平县故城为北魏济州城,汉茌平县故城在今山东聊城市茌平县韩集乡高垣墙村、南新村一带①。据《魏书》卷106《地形志中》，东魏武定年间(543—550)领有济北、平原、东平、南清河、东济北五郡。北齐废东平、南清河、东济北三郡。东魏东平郡治秦城。《隋书》卷30《地理志中》东平郡宿城县："后齐曰须昌，开皇十六年改焉。旧置东平郡，后齐并废。"

据《魏书》卷106《地形志中》，东魏东平郡武定年间(543—550)领有有范(治秦城)、寿张二县。《隋书》卷30《地理志中》济北郡范县："后齐废，开皇十六年(596)置。"经北齐废省郡县，原东平郡仅余寿张一县，划入济北郡。东魏南清河郡治莒城。据《魏书》卷106《地形志中》，东魏武定年间(543—550)领有鄃、零、高唐三县。《隋书》卷30《地理志中》清河郡高唐："后魏置南清河郡，后齐郡废。"清河郡鄃县："旧废，开皇十六年置。"《嘉庆重修一统志》卷184《临清直隶州》"古迹"："鄃县故城，今夏津县治，本后魏清河郡地。……后魏时犹治鄃城，自北齐废后，隋复改置于此。"是《一统志》认为鄃县废于北齐。《太平寰宇记》卷54《河北道三》博州高唐县："故灵城，汉为县，在今县西二十里。高齐天保七年(556)省。"灵、零相通。《元和郡县图志》卷16《河北道一》博州高唐县："本齐邑……汉以为县，属平原郡。后魏属济州，高齐改属平原郡。隋开皇十六年(596)，改属博州。"是鄃、零两县在北齐亦被省并，留高唐一县划入平原郡。东魏东济北郡治肥城。《隋书》卷30《地理志中》济北郡肥城县："宋置济北郡，后齐废。后周置肥城郡，寻废，又复。开皇初又废。"据《魏书》卷106《地形志中》，东魏武定年间(543—550)东济北郡领有肥城(治肥城)、谷城、蛇丘三县。《嘉庆重修一统志》卷179《泰安府一》"古迹"："谷城故城，今东阿县治。……后汉于此置县，北齐省。"是北齐省废郡县之后，原东济北郡仅余肥城、蛇丘二县，划入济北郡。天保七年(556)之后，济州当领有济北、平原二郡。

1. 济北郡

治卢县。《隋书》卷30《地理志中》济北郡卢县："旧置郡，开皇初废。"据《魏书》卷106《地形志中》，东魏武定年间(543—550)领有临邑、东阿、卢三县。这里的临邑县不见于北齐之后的文献，当在北齐时省并。又寿张县因东平郡省废，肥城、蛇丘二县因东济北郡省废，在北齐划入济北郡，是天保七年(556)之后，济北郡领有东阿、卢、寿张、肥城、蛇丘五县。

---

① 《中国文物地图集·山东分册》(上)，中国地图出版社，2007年，"茌平县文物图"，第330—331页；《中国文物地图集·山东分册》(下)，"聊城市·茌平县"，第848页。

2. 平原郡

治聊城。《隋书》卷 30《地理志中》武阳郡聊城县："旧置南冀州及平原郡，未几州废。开皇初郡废。"据《魏书》卷 106《地形志中》，东魏武定年间（543—550）领有聊城、博平、茌平、西聊四县。《隋书》卷 30《地理志中》清河郡茌平县："后齐废，开皇初复。"《嘉庆重修一统志》卷 168《东昌府一》"古迹"："聊城故城，在聊城县西北十五里。……又有西聊县，孝昌中分聊城置，治聊城。《水经注》，黄沟水迳王城北，魏泰常七年（422），安平王镇平原所筑，世谓之王城。太和二十三年（499）罢镇立平原郡，治此。隋开皇初郡废，兼废西聊。以聊城属武阳郡。"是西聊终北齐、北周世仍存。又高唐县因南清河郡省废而在北齐划入，天保七年（556）之后，平原郡当领有聊城、博平、西聊、高唐四县。

第六节　光州（治掖城）领郡沿革

光州治掖城，在今山东烟台市莱州市城区。据《魏书》卷 106《地形志中》，东魏武定年间（543—550）领有东莱、长广、东牟三郡。北齐省并长广、东牟二郡为长广郡。天保七年（556）之后，光州领有东莱、长广二郡。

1. 东莱郡

治掖县（掖城）。据《魏书》卷 106《地形志中》，东魏武定年间（543—550）领有掖、西曲城、东曲城、卢乡四县。《隋书》卷 30《地理志中》东莱郡掖县："旧置东莱郡，后齐并曲城、当利二县入焉。开皇初废郡，大业初复置郡。"东莱郡卢乡县："后齐卢乡及挺城并废。开皇十六年复置卢乡，并废挺城入焉。"《嘉庆重修一统志》卷 173《登州府》"登州府表"招远县："东曲成县，魏皇兴中析置，属东莱郡，齐省入掖。"似《隋书·地理志》所提省并入掖县的是西曲城、东曲城两县。是北齐省废西曲城、东曲城、卢乡，原东莱郡仅剩掖一县。加上从原长广郡划入之昌阳县，天保七年（556）之后，东莱郡领有掖、昌阳二县。

2. 长广郡

东魏长广郡治胶东城，东牟郡治黄县；北齐并长广、东牟二郡为一郡，郡治中郎故城。据《魏书》卷 106《地形志中》，东魏长广郡武定年间（543—550）领有昌阳、长广、不其、挺、即墨、当利六县。昌阳县，《元和郡县图志》卷 11《河南道七》莱州昌阳县："本汉旧县也，属东莱郡。置在昌水之阳，故名昌阳。有盐官。隋开皇三年（583）罢郡，昌阳县属莱州。"《隋书》卷 30《地理志中》东莱郡即墨县："后齐及不其县并废。开皇十六年复，并废不其入焉。"东莱郡掖县："旧置东莱郡，后齐并曲城、当利二县入焉。"东莱郡卢乡县："后齐卢乡及挺城并废。"是北齐废省不其、挺、即墨、当利四县,昌阳县则划入东莱郡。另北齐又新置文登县。《隋书》卷30《地理志中》东莱郡文登县:"后齐置。"《元和郡县图志》卷11《河南道七》登州文登县:"本汉牟平县也,属东莱郡。高齐后帝分牟平县置文登县,属长广郡,取县界文登山为名。隋开皇三年(583)废长广郡,文登县属莱州。武德元年(618),改属登州。"《太平寰宇记》卷20《河南道二十》登州文登县:"本汉牟平县地,按汉牟平县,在今黄县东一百三十里牟平故城是也。本属东莱郡。自汉迄魏皆为牟平县地。高齐后主天统四年(568)分牟平置文登县,属长广郡,取县界文登山为名。隋开皇三年(583),废长广郡,文登属莱州。唐武德四年(621),于此置登州,领文登、观阳二县。"东牟郡北魏末年领有牟平、黄、惤三县。据《魏书》卷106《地形志中》,东魏兴和年间(539—542)置观阳县并划归东牟郡,武定年间(543—550)东牟郡领有牟平、黄、惤、观阳四县。《隋书》卷30《地理志中》东莱郡黄县:"旧置东牟、长广二郡,后齐废东牟郡入长广郡,开皇初郡废。"《元和郡县图志》卷11《河南道七》登州:"古莱子之国……至汉为东莱郡之地。后魏孝静帝分东莱于黄县东一百步中郎故城置东牟郡,高齐废。隋开皇三年(583)改置牟州,大业三年(607)废。"《太平寰宇记》卷20《河南道二十》登州:"后魏武定元年(543),分东莱县于黄县东一百步中郎故城置东牟郡。高齐天保七年(556),废东牟郡,自今昌阳县东五十三里长广故城,移长广郡理中郎城。隋开皇三年(583)改为牟州,大业三年(607)为郡,废州。唐武德四年(621)又置州。后因文登县人不从贼党,遂于县理置登州。"

按东牟郡置于北魏末年,参见前面北魏部分考释。《元和志》和《寰宇记》部分表述不确。但两书记东牟郡废(实际是与长广郡合并)于北齐,长广郡治移于原东牟郡治则应无误。《太平寰宇记》卷20《河南道二十》登州黄县:"惤,汉县,在今县西南二十五里,有惤故城存。高齐天保七年(556)省入黄。"是北齐省并惤县入黄县。综上所述,天保七年(556)之后,长广郡领有长广、牟平、黄三县,天统四年(568)又分牟平置文登县。北齐末年长广郡领有长广、牟平、黄、文登四县。

第七节　梁州领郡沿革

梁州天平初年置,治浚仪(大梁城),当在今河南开封市城区。《隋书》卷30《地理志中》荥阳郡浚仪县:"东魏置梁州、陈留郡,后齐废开封郡入,后周改曰汴州。开皇初郡废,大业初州废。"据《魏书》卷106《地形志中》,东魏武定年间(543—550)梁州领有阳夏、开封、陈留三郡。北齐省废开封郡,天保七年(556)

之后,梁州领有阳夏、陈留二郡。开封郡治开封城。《隋书》卷30《地理志中》荥阳郡开封县:"东魏置郡,后齐废。"《元和郡县图志》卷7《河南道三》汴州开封县:"本汉旧县,属河南郡。……晋属荥阳郡。后魏天平元年(534),于此置开封郡,高齐天保七年(556)废。隋开皇六年(586),复置开封县,属汴州。大业二年(606)废汴州,以县属郑州。"据《魏书》卷106《地形志中》,东魏天平元年(534)分陈留郡开封、尉氏二县置开封郡,武定年间(543—550)开封郡领有开封、尉氏二县。《隋书》卷30《地理志中》颍川郡尉氏县:"后齐废,开皇六年复。"是北齐省并尉氏县。原开封郡仅余开封一县,划入陈留郡。

1. 阳夏郡

治雍丘城。《隋书》卷30《地理志中》梁郡雍丘县:"后魏置阳夏郡。开皇初郡废,十六年(596)置杞州。大业初州废。"据《魏书》卷106《地形志中》,东魏武定年间(543—550)领有阳夏、雍丘、济阳、圉城、襄邑五县。《隋书》卷30《地理志中》梁郡圉城县:"旧曰圉,后齐废。开皇六年(586)复置,曰圉城。"梁郡襄邑县:"后齐废,开皇十六年(596)复。"是北齐省废圉城、襄邑二县。又阳夏县,同《志》淮阳郡太康县:"旧曰阳夏,并置淮阳郡。开皇初郡废,七年(587)更名太康。"此阳夏县与阳夏郡之阳夏县应为一县。参见本章第十八节"信州(原名扬州、北扬州)领郡沿革"部分。《元和郡县图志》卷8《河南道四》陈州太康县:"本汉阳夏县地,属淮阳国。后汉属陈国。后魏孝昌四年(按孝昌年号只用三年,应为528年)置阳夏郡,以县属焉。隋文帝改阳夏为大业县。"是阳夏县北齐时分置淮阳郡,淮阳郡属信州(见后)。天保七年(556)之后,阳夏郡领有雍丘、济阳二县。

2. 陈留郡

治浚仪(大梁城)。《隋书》卷30《地理志中》荥阳郡浚仪县:"东魏置梁州、陈留郡,后齐废开封郡入。"陈留郡在北魏末年本有浚仪、封丘、小黄、开封、尉氏五县,天平元年(534)划开封、尉氏二县另置开封郡,据《魏书》卷106《地形志中》,东魏武定年间(543—550)领有浚仪、封丘、小黄三县。《隋书》卷30《地理志中》东郡封丘县:"后齐废,开皇十六年(596)复。"梁郡陈留县:"又有小黄县,后齐废入。"是北齐废封丘、小黄二县。又开封县因开封郡省废划入,天保七年(556)之后,陈留郡当领有浚仪、开封二县。

第八节 豫州领郡沿革

豫州治上蔡县(悬瓠城),在今河南驻马店市汝南县汝宁街道。《隋书》卷

30《地理志中》汝南郡:"后魏置豫州,东魏置行台。后周置总管府,后改曰舒州,寻复曰豫州,及改洛州为豫州,此为溱州,又改曰蔡州。"因处三方交争之地,豫州领郡情况很难完全厘清。北魏时期的情况参见中编北魏部分。三方在豫州一带争夺得失情况参见本编第一章。

据《魏书》卷106《地形志中》,东魏天平四年(537)罢郢州置义阳郡,兴和年间(539—542)分东豫州一部分置广陵郡并划入。武定年间(543—550)豫州领有汝南、颍川、汝阳、义阳、新蔡、初安、襄城、城阳、广陵九郡。其中义阳郡治真阳,北齐省并。《隋书》卷30《地理志中》汝南郡真阳县:"旧置郢州。东魏废州,置义阳郡。后齐废郡入保城县。开皇十一年(591)废县。"保城县属于汝南郡,见上考述。《元和郡县图志》卷9《河南道五》蔡州真阳县:"本汉慎阳县地,属汝南郡。晋属汝南国。后魏改为真阳县,高齐改为保城县。隋开皇十六年(596)改置真丘县,大业二年(606)复为真阳县,因慎水为名也。"武定年间(543—550)义阳郡领有义阳、清丘、平阳、真阳、安阳五县。《隋书》卷30《地理志中》汝南郡真阳县:"又有后魏安阳县,后废。"《嘉庆重修一统志》卷216《汝宁府二》"古迹":"安阳故城,在正阳县西南。汉文帝八年(前172),封淮南厉王子勃为安阳侯国,属汝南郡。……晋太康元年(280)改曰南安阳,刘宋复曰安阳。后(汉)[魏]属义阳郡。隋省县入真阳。"此郡因系侨置,除真阳、安阳二县之外,其他三县当与义阳郡一起废于北齐。城阳郡在北齐时亦应省废。据《魏书》卷106《地形志中》,东魏武定初年复置城阳郡,武定年间(543—550)领有安定、淮阴、真阳、建兴、建宁五县。按此城阳郡本为侨置性质,置废情况不见于北齐之后文献,除建宁县后划入汝南郡外,当在北齐时郡县俱废。真阳县则并入汝南郡之保城县。北齐废义阳、城阳二郡,改颍川郡为临颍郡,改襄城郡为文城郡,改新蔡郡为广宁郡(见下)。是天保七年(556)之后,豫州领有汝南、临颍、汝阳、广宁、初安、文城、广陵七郡。武平四年(573),广陵郡为陈所占。

1. 汝南郡

治上蔡县(悬瓠城)。《隋书》卷30《地理志中》汝南郡汝阳县:"旧曰上蔡,置汝南郡。开皇初郡废。大业初置郡,改县曰汝阳,并废保城县入焉。"据《魏书》卷106《地形志中》,东魏武定年间(543—550)领有上蔡、临汝、平舆、安城、西平、瞿阳、阳安、保城八县。另据《元和郡县图志》卷9《河南道五》蔡州上蔡县:"本汉旧县也,古蔡国。晋上蔡县,属汝南国。后魏神龟三年(520),于此置临蔡县,高齐废。"则汝南郡似应有临蔡县。《隋书》卷30《地理志中》汝南郡上蔡县:"后魏置,曰临汝。后齐废。开皇中置,曰武津。大业初改名焉。"《嘉庆重修一统志》卷215《汝宁府一》"建置沿革"："上蔡县，在府北七十里。秦置上蔡县，汉属汝南郡。后汉及晋宋齐因之。后魏神龟三年改置临汝县，仍属汝南郡。北齐废。隋开皇中置武津县，属溱州。"《隋书》卷30《地理志中》汝南郡平舆县："旧废，大业初改新蔡置焉。"《元和郡县图志》卷9《河南道五》蔡州平舆县："本汉平舆县地，属汝南郡。高齐废，隋大业二年重置。"《嘉庆重修一统志》卷216《汝宁府二》"古迹"："安成故城，在汝阳县东南。汉置县。……属汝南郡。后汉曰安城。三国魏为豫州治，晋仍属汝南郡。后魏因之。北齐废。""瞿阳故城，在遂平县东南。汉置县，属汝南郡。……晋因之。《宋志》作'瞿阳'。后魏因之，北齐省。""阳安故城，在确山县东北。汉置县，属汝南郡。……后汉及晋因之。东魏兼置阳安郡，领永阳一县。北齐郡县皆废。"按此阳安县与东豫州所置阳安郡无甚关系，《北齐地理志》卷4《河南地区下》豫州汝南郡阳安县已辨析之。阳安县不见于北齐之后文献，当在北齐省并。综上，北齐时省并临汝、平舆、安城、瞿阳、阳安、临蔡六县。西平县在北齐时则划属临颍郡。《太平寰宇记》卷11《河南道十一》蔡州西平县："本汉时旧县。……后汉末废。至后魏复焉，在郾南五十里，属汝南郡。高齐改属临颍郡。隋初改属道州。大业末又废之。"又真阳县因义阳郡省并入保城县，建宁县因城阳郡省并而划入，安阳县因义阳郡省并而划入，白狗县因齐兴郡省并划入（见本章第三十七节"东魏西淮州领郡沿革"部分）。天保七年（556）之后，汝南郡当领有上蔡、保城、白狗、建宁、安阳五县。

2. 临颍郡

东魏颍川郡，治邵陵县；北齐改称临颍郡，治地与东魏同。《隋书》卷30《地理志中》颍川郡郾城县："开皇初置，十六年置道州，大业初州废。又后魏置颍川郡，后齐改为临颍郡，开皇初郡废。又有邵陵县，大业初废。"《元和郡县图志》卷9《河南道五》蔡州郾城县："两汉以为县，属颍川郡。……高齐于今县置临颍郡，隋开皇三年（583）废。五年，又于废郡城中置郾城县，属许州。"据《魏书》卷106《地形志中》，东魏武定年间（543—550）颍川郡领有邵陵、临颍、曲阳三县。曲阳县不见于北齐之后文献，当在北齐省并。又西平县在北齐时从汝南郡划入，则天保七年（556）之后，临颍郡领有邵陵、临颍、西平三县。

汝阳郡《隋书》卷30《地理志中》淮阳郡溵水县："开皇十六年（596）置，又有后魏汝阳郡及县，后齐郡废，大业初县废。"但据《隋书》卷55《独孤楷传》："高祖为丞相，进授开府，每督亲信兵。及受禅，拜右监门将军，进封汝阳郡公。"《元和郡县图志》卷9《河南道五》蔡州汝阳县："本汉旧县地，属汝南郡。晋属汝南国，宋属汝阳郡。隋开皇二年（582）罢郡，县属豫州。"是隋初有汝阳郡。《唐故叠州密恭县丞杨公(师善)及夫人丁氏墓志文并序》:"夫人谯郡丁氏,曾祖泽,周任汝阳郡丞。"①《大周故相州刺史袁府君墓志铭并序》云:"君讳公瑜,字公瑜,陈郡扶乐人也。……曾祖虬,魏车骑大将军、行台大都督、汝阳郡开国公;祖钦,周昌城太守、汝阳郡开国公。"②是北周亦有汝阳郡。《隋书·地理志》表述似有不确。《太平寰宇记》卷11《河南道十一》蔡州汝阳县:"本汉县,属汝南郡。晋属汝南国。宋属汝阳郡。隋开皇十三年(593)罢郡,属豫州。十七年(597)改汝阳为溵水,属陈州。今界内有大溵水之名。其年又于上蔡县东北别置汝阳县,属豫州。即今县是也。"据《魏书》卷106《地形志中》,东魏武定年间(543—550)汝阳郡领有列有汝阳、武津、征羌三县。《隋书》卷30《地理志中》汝南郡上蔡县:"后魏置,曰临汝。后齐废。开皇中置,曰武津。大业初改名焉。"《嘉庆重修一统志》卷216《汝宁府二》"古迹":"武津故城,在上蔡县东。刘宋置县,属汝阳郡。……隋改临汝为武津而县废。"是武津县在北朝一直存在。《嘉庆重修一统志》卷218《许州直隶州一》"古迹":"征羌故城,在郾城县东南。……《郡国志》属汝南郡,晋省。后魏复置,属汝南郡。"不云后来废于何时。《读史方舆纪要》卷47《河南二》许州郾城县征羌城下则云"高齐废"。是汝阳郡在北齐时省并征羌一县,天保七年(556)之后,领有汝阳、武津二县。

3. 广宁郡

东魏新蔡郡,治石母台;北齐改称广宁郡。《隋书》卷30《地理志中》汝南郡新蔡县:"齐置北新蔡郡,魏曰新蔡郡,东魏置蔡州。后齐废州置广宁郡。开皇初郡废。"蔡州为梁首先设置,领有新蔡、汝南二郡,见本章第三十六节"蔡州领郡沿革"部分。北齐当是把蔡州及其所领郡县废置,然后改豫州新蔡郡为广宁郡。据《魏书》卷106《地形志中》,东魏武定年间(543—550)新蔡郡领有新蔡、鲖阳、固始三县。《隋书》卷30《地理志中》淮阳郡鲖阳县:"后齐废,开皇十一年(591)复。"《魏书》卷106《地形志中》财州:"武定八年(550)置。治豫州鲖县固始城。"据《北史》卷56《魏收传》,《魏书》全书成于北齐天保五年(554)十一月,后来虽有所修改,但内容不致有大变。财州本属寄治性质,置于东魏武定八年(550),同年魏齐嬗代,魏收在财州下的标注也许是北齐的行政建置。如是,则北齐时鲖阳与固始二县合并为鲖县(当然也可能这里的鲖县为鲖阳县之漏写)。《嘉庆重修一统志》卷216《汝宁府二》"古迹"亦云:"鲖阳故城,在新蔡县东北七十里,汉置县,属汝南郡。……晋属汝阴郡,后属新蔡郡。(成)[咸?]康

---

① 吴钢主编,王京阳副主编:《全唐文补遗》第3辑,三秦出版社,1996年,第485—486页。
② 周绍良主编,赵超副主编:《唐代墓志汇编》,上海古籍出版社,1992年,第975—976页。

二年(336)省入新蔡县,后复置,刘宋时因之。后魏永安中陷,武定中复。齐废,隋开皇十一年(591)复置,属淮阳郡。"北齐在广宁郡还新置有永康县。《隋书》卷30《地理志中》汝南郡新蔡县:"齐置北新蔡郡,魏曰新蔡郡,东魏置蔡州。后齐废州置广宁郡。开皇初郡废。十六年(596)置舒州及舒县、广宁县。仁寿元年(601)改广宁曰汝北。大业初州废,改汝北曰新蔡。又后齐置永康县,后改名曰澺水,至是及舒县并废入焉。"又包信县(亦作"褒信县")因北齐废财州而划入,是天保七年(556)之后,广宁郡当领有新蔡、鲖、永康、包信四县。

4. 初安郡

治安昌。北齐同。《隋书》卷30《地理志中》汝南郡朗山县:"旧曰安昌,置初安郡。"据《魏书》卷106《地形志中》,东魏武定年间(543—550)初安郡领有新怀、安昌、怀德、昭越四县。新怀县不见于北齐之后文献,当在北齐省并。大保七年(556)之后,初安郡领有安昌、怀德、昭越三县。《嘉庆重修一统志》卷211《南阳府二》:"古迹":"昭越故城,在泌阳县东。后魏置,属初安郡。隋开皇初郡废,大业初改为同光,寻废。"据《中国文物地图集·河南分册》,昭越故城在今河南驻马店市泌阳县大路庄乡古城岗村东①。

5. 文城郡

东魏襄城郡;北齐改称文城郡,治襄城。据《魏书》卷106《地形志中》,东魏武定年间(543—550)领有义绥、遂宁、武阳三县。《隋书》卷30《地理志中》汝南郡西平县:"后魏置襄城郡,后齐改郡曰文城,开皇初郡废。又有故武阳县,十八年(598)改曰吴房。"汝南郡吴房县:"故曰遂宁,后齐省绥义县(按当即《地形志》所载义绥县)入焉。大业初改曰吴房。"是北齐改襄城郡为文城郡,省并义绥县入遂宁县,天保七年(556)之后,文城郡领有遂宁、武阳二县。

6. 广陵郡

据《魏书》卷106《地形志中》,东魏兴和年间(539—542)分东豫州部分地域置宋安、光城、安蛮、新蔡、汝南五县,在此基础上置广陵郡,划入豫州。武定年间(543—550)广陵郡领有宋安、光城、安蛮、新蔡、汝南五县。《嘉庆重修一统志》卷222《光州直隶州一》"古迹":"广陵故城,今息县治,本汉新息县地。……后周大象元年(579)南伐,梁士彦复攻广陵,拔之。遂移新息县于此,改置息州。广陵郡及宋安县俱废入焉。""光城故城,今光山县治。刘宋元嘉二十五年,以豫部蛮民立光城县。大明中,分弋阳立光城左郡,八年罢郡。太始

---

① 《中国文物地图集·河南分册》,中国地图出版社,1991年,"泌阳县文物图",第198页,"文物单位简介"之"驻马店地区·泌阳县",第457—458页。

初,西阳蛮田益宗、田光兴等起义,攻克郢州。周复以蛮户立光成郡,以光兴为太守。"此郡武平四年(573)为陈所占。参见本章第二十二节"东豫州领郡沿革"部分。

第九节 北豫州领郡沿革

北豫州治虎牢。东魏天平元年(534)罢北魏东中郎将府,分荥阳郡置广武、成皋二郡,以此三郡置北豫州。《隋书》卷30《地理志中》荥阳郡汜水县:"旧曰成皋,即武牢也。后魏置东中府,东魏置北豫州,后周置荥州。"据《魏书》卷106《地形志中》,东魏武定年间(543—550)领有广武、荥阳、成皋三郡。北齐省并荥阳、成皋二郡为成皋郡,天保七年(556)之后,北豫州领有广武、成皋二郡。

1. 广武郡

治中牟城。据《魏书》卷106《地形志中》,东魏天平元年(534)划荥阳郡置,武定年间(543—550)领有曲梁、原武、阳武、中牟、苑陵五县。《隋书》卷30《地理志中》荥阳郡管城县:"旧曰中牟,东魏置广武郡。开皇初郡废,改中牟曰内牟。十六年(596)析置管城。十八年(598)改内牟曰圃田入焉。后魏置曲梁县,后齐废。"荥阳郡原武县:"开皇十六年(596)置。"《元和郡县图志》卷8《河南道四》郑州原武县:"本汉旧县,属河南郡。后魏属荥阳郡。东魏改置广武,县又属焉。高齐天保七年(556),郡县并废。隋重置原武县,属郑州。"《太平寰宇记》卷2《河南道二》开封府阳武县:"汉为阳武县,属河南郡。……按《郡国县道记》云:'阳武县所理,晋废。后魏孝昌中复置。高齐又省。隋开皇六年(586)移理于阳池城,即今原武县是也。唐武德四年(621)于汉原武故城复置阳武县,即今理也。'"又《隋书》卷30《地理志中》荥阳郡下列有阳武县,是北齐省废曲梁、原武二县。天保七年(556)之后,广武郡领有中牟、苑陵、阳武三县。

2. 成皋郡

东魏荥阳郡治荥阳,成皋郡治成皋城;北齐省并二郡为成皋郡,郡治荥阳。据《魏书》卷106《地形志中》,东魏武定年间(543—550)荥阳郡领有荥阳、成皋、京、密、卷五县。《隋书》卷30《地理志中》荥阳郡荥阳县:"旧置荥阳郡。后齐省卷、京二县入,改曰成皋郡。开皇初郡废。"又据《魏书》卷106《地形志中》,东魏天平元年(534)分荥阳郡成皋县置西成皋县,划西成皋、巩二县置成皋郡。武定年间(543—550)成皋郡领有西成皋、巩二县。《隋书》卷30《地理志中》河南郡巩县:"后齐废,开皇十六年(596)复。"西成皋县当与成皋县合并。

是北齐天保七年(556)之后,成皋郡领有荥阳、成皋、密三县。

第十节 徐州领郡沿革

徐州治彭城,今江苏徐州市老城区。《元和郡县图志》卷9《河南道五》徐州:"秦并天下,为泗水郡。……汉改泗水郡为沛郡,又分沛郡立楚国。按楚国,即今州理是也。宣帝地节元年(前69),更为彭城郡,寻复为楚国。自汉以来,或理彭城,或理下邳。晋氏南迁,又于淮南侨立徐州,安帝始分淮北为北徐州。宋永初二年(421),加淮南徐州曰南徐州,而改北徐州曰徐州。明帝时,淮北入魏。梁初暂收,太清之后寻复入魏,徐州复理彭城,仍立彭城郡。高齐及后周不改。隋开皇二年(582)于此置总管,罢郡,其所领县并属徐州。十四年(594),废总管府为彭城郡。"

据《魏书》卷106《地形志中》,东魏武定年间(543—550)徐州领有彭城、南阳平、蕃、沛、兰陵、北济阴、砀七郡。其中蕃郡治蕃城。据《魏书》卷106《地形志中》,东魏武定年间(543—550)领有蕃、永兴、永福三县。《隋书》卷31《地理志下》彭城郡滕县:"旧曰蕃,置蕃郡。后齐废。开皇十六年改曰滕县。"《元和郡县图志》卷9《河南道五》徐州滕县:"汉蕃县也,属鲁国。宋属彭城郡。……后魏置蕃郡,以县属焉。北齐郡县并废。隋于此置滕县,属徐州。"《嘉庆重修一统志》卷166《兖州府二》"古迹":"永兴废县,在滕县东南,后魏(黄)[皇]兴初置永兴、永福二县,属建昌郡。太和十五年罢郡属彭城。武定五年改属蕃郡。北齐省。"是蕃郡在北齐郡县俱废。砀郡治下邑城。据《魏书》卷106《地形志中》,东魏武定年间(543—550)领有安阳(治麻城)、砀(治鲁城)二县。《元和郡县图志》卷7《河南道三》宋州砀山县:"汉砀县,属梁国,后汉不改。晋以其地并入下邑。宋复置砀县,属梁郡。后魏置安阳,属砀郡。高齐文宣帝并废,以安阳县属彭城郡。隋开皇十八年(598),改安阳县为砀山县,大业二年(606)改属宋州。"是北齐省并砀郡与砀县,剩余安阳一县则划属彭城郡。是北齐省废蕃、砀二郡。又北齐时亦废北济阴郡,以其部分领县改置永昌郡(见下),天保七年(556)之后,徐州领有彭城、南阳平、沛、兰陵、永昌五郡。

1. 彭城郡

治彭城。据《魏书》卷106《地形志中》,东魏武定年间(543—550)领有彭城、吕、薛、龙城、留、睢陵六县。其中睢陵乃武定五年(547)划入。《嘉庆重修一统志》卷166《兖州府二》"古迹":"薛县故城,在滕县东南四十四里薛河之北。……秦置薛县,汉属鲁国。后齐废。"《隋书》卷31《地理志下》彭城郡留县:"后齐废,开皇十六年复。"《嘉庆重修一统志》卷101《徐州府二》"古迹":"睢陵旧城,在睢宁县治。……魏收《志》,彭城郡睢陵县……武定五年来属;又睢州睢阳郡领睢陵县,武定六年置。盖分故县所置有二睢陵矣。北齐皆废。"是彭城郡省废薛、留、睢陵三县。又安阳县因砀郡省并划入。原沛郡萧县改为承高县后亦划入。北齐天保七年(556)之后,彭城郡当领有彭城、吕、龙城、安阳、承高五县。

2. 南阳平郡

寄治彭城。据《魏书》卷106《地形志中》,东魏武定年间(543—550)领有襄邑、阳平、濮阳三县。北齐同。

3. 沛郡

《隋书》卷31《地理志下》彭城郡彭城县:"旧置郡,后周并沛及南阳平二郡入。"彭城郡萧县:"旧置沛郡,后齐废为承高县。开皇六年(586)改为龙城,十八年(598)改为临沛,大业初改曰萧。"《元和郡县图志》卷9《河南道五》徐州萧县:"汉萧县,属沛郡。北齐改为承高县,属彭城郡。隋开皇三年(583)罢郡,属徐州,改为龙城县,寻复为萧县。"《太平寰宇记》卷15《河南道十五》徐州萧县:"汉旧为县,属沛郡。北齐天保七年(556)改为承高县,隶彭城郡。隋开皇三年(583)罢郡,属徐州,改为龙城县,寻复为萧县。"据《魏书》卷106《地形志中》,东魏武定年间(543—550)沛郡领有萧、沛、相三县。北齐天保七年(556)之后,沛郡领有沛、相二县。

4. 兰陵郡

治承。《隋书》卷31《地理志下》彭城郡兰陵县:"旧曰承,置兰陵郡。开皇初郡废。"据《魏书》卷106《地形志中》,东魏武定年间(543—550)领有昌虑、承、合乡、兰陵四县。《读史方舆纪要》卷32《山东三》兖州府滕县:"昌虑城,县东南六十里。……汉置昌虑县,属东海郡。……建安三年曹操尝析置昌虑郡。十一年复故。晋亦曰昌虑县。元康中改属兰陵郡。刘宋泰始中为郡治,后乃属兰陵郡。北齐废。"《嘉庆重修一统志》卷166《兖州府二》"古迹":"兰陵故城,在峄县东五十里。汉置县,属东海郡。后汉及晋初因之。元康元年分置兰陵郡。刘宋移郡治昌虑,以兰陵省入承县。后魏复置,属兰陵郡。北齐废。隋开皇十六年复置。""合乡旧城,在滕县东。汉置县,属东海郡。后汉《志》作合城。晋仍曰合乡。宋属兰陵郡。后魏因之。北齐废。"是北齐时废昌虑、合乡、兰陵三县,天保七年(556)之后,兰陵郡领有承一县。

5. 永昌郡

东魏北济阴郡治离狐县(单父城);北齐废其后另置永昌郡,治城武。据

《魏书》卷106《地形志中》，东魏武定年间(543—550)北济阴郡领有丰、离狐、城武三县。《隋书》卷30《地理志中》济阴郡单父县："后魏曰离狐，置北济阴郡。后齐郡县并废。"济阴郡成武县："后齐置永昌郡。开皇初郡废。"《元和郡县图志》卷9《河南道五》徐州丰县："本汉旧县，属沛郡。……后汉属沛国，晋同。宋改属北济阴郡，北齐改郡为永昌，以县属焉。隋改属徐州。"是北济阴郡北齐时废置，另于城武县置永昌郡，永昌郡当领有丰、城武二县。北济阴郡废置可能是因为毗邻西兖州济阴郡之故。

第十一节　西兖州领郡沿革

西兖州先治定陶城，后徙左城。定陶城当在今山东菏泽市定陶县治所定陶镇一带，左城当在今山东菏泽市曹县韩集镇堤上范村一带。北魏末年领有济阴、濮阳二郡。东魏天平初年划濮阳郡入邺城之司州(见本编第二章第一节"司州领郡沿革")。北齐仍为西兖州。《隋书》卷30《地理志中》济阴郡："后魏置西兖州，后周改曰曹州。"据《魏书》卷106《地形志中》，兴和二年(540)分济阴郡置沛郡，武定年间(543—550)西兖州实领有沛、济阴二郡。其中沛郡治孝昌城。据《魏书》卷106《地形志中》，沛郡乃东魏兴和二年(540)划济阴郡考城、己氏二县置，兴和年间(539—542)又新置新安县，武定年间(543—550)领有考城、己氏、新安三县。《隋书》卷30《地理志中》济阴郡济阴县："后魏置沛郡，后齐废。"《元和郡县图志》卷7《河南道三》宋州楚丘县："至汉为己氏县，属梁国，后汉属济阴郡，北齐废。隋开皇五年(585)又置，属曹州，六年(586)改为楚丘县。"卷11《河南道七》曹州考城县："汉以为菑县。……孝章帝柴于岱宗，过菑县，诏御史曰：'陈留菑县，其称不令。故高祖鄗柏人之名，武帝休闻喜而显获嘉，其改菑县为考城县。'至晋属济阴郡。高齐天保七年(556)省考城县，移成安县理此。隋开皇十六年(596)仍改名考城县，属宋州。"沛郡本属侨置性质，北齐因徐州沛郡而废省。沛郡废后，所领新安县当亦同废。是天保七年(556)之后，西兖州领有济阴一郡。

济阴郡

北魏时初领定陶、离狐、冤句、乘氏、考城、己氏、城阳等县，城阳县后划入濮阳，兴和二年(540)划济阴郡考城、己氏二县置沛郡，据《魏书》卷106《地形志中》，东魏武定年间(543—550)领有定陶、离狐、冤句、乘氏四县。又城安县因北齐时北梁郡省废划入(见本章第十二节"南兖州领郡沿革")，天保七年(556)之后，济阴郡领有定陶、离狐、冤句、乘氏、城安五县。

第十二节　南兖州领郡沿革

南兖州治谯城，今安徽亳州市谯城区城区。《隋书》卷30《地理志中》谯郡："后魏置南兖州。后周置总管府，后改曰亳州。"据《魏书》卷106《地形志中》，南兖州天平初年领有陈留、梁、下蔡、谯、北梁、沛、马头、临涣①八郡。天平二年(535)改陈留郡武平县为武平镇，兴和年间(539—542)罢临涣郡，所领下邑县划入马头郡，武定七年(549)罢武平镇置武平县，重新划归陈留郡。东魏武定年间(543—550)领有陈留、梁、下蔡、谯、北梁、沛、马头七郡。北齐省并谯、北梁、沛、马头四郡。

谯郡治蒙县。据《魏书》卷106《地形志中》，谯郡为东魏武定年间(543—550)收复，领有蒙、蕲、宁陵三县。《隋书》卷30《地理志中》梁郡宁陵县："后齐废，开皇六年复。"《嘉庆重修一统志》卷194《归德府二》"古迹"："蒙县故城，在商丘县东北。……汉置县，属梁国。晋因之。……宋移谯郡治此，后魏因之。北齐省。"又蕲县，《隋书》卷30《地理志中》彭城郡蕲县："梁置蕲郡。后齐置仁州，又析置龙亢县。开皇初郡废，大业初州废。"《元和郡县图志》卷9《河南道五》宿州蕲县："本秦旧县，汉属沛郡，后汉属沛国。……宋于此置谯郡，齐以为北谯郡。后魏改蕲县为蕲城县，隋开皇三年(583)去'城'字，属仁州。即今宿州是也。大业二年属徐州，八年属谯州，后复隶徐州。"蕲县原与仁州无涉(见本章第四十一节"仁州领郡沿革")，东魏在此析置龙亢郡与蕲城郡，属谯州(见本章第二十五节"谯州领郡沿革")，至隋蕲县划属仁州。

北梁郡治城安县。据《魏书》卷106《地形志中》，东魏武定年间(543—550)领有城安、孝阳(治亳城)二县。《隋书》卷30《地理志中》梁郡考城县："后魏曰考阳，置北梁郡。后齐郡县并废，为城安县。开皇十八年以重名，改曰考城。"《元和郡县图志》卷11《河南道七》曹州考城县："高齐天保七年(556)省考城县，移成安县理此。隋开皇十六年(596)仍改名考城县，属宋州。"《太平寰宇记》卷2《河南道二》开封府考城县："秦灭六国，为甾县。汉隶梁国。后汉章帝东巡，改为考城，仍隶陈留郡。后魏为城安县，仍于县置北梁郡，隶南兖州。北齐郡废，县归济阴郡。隋复为考城，移属宋州。"是孝阳可能是考阳之误，北齐时北梁郡与考阳俱废，城安县移治原考阳县治，并划入西兖州之济阴郡。

---

① 《隋书》卷30《地理志中》谯郡临涣县："后魏置临涣郡，又别置丹城县。"由之，知临涣郡治临涣，领有临涣、丹城、下邑三县。

沛郡治黄杨城。据《魏书》卷106《地形志中》，东魏武定年间(543—550)领有萧(治虞城)、相二县。《隋书》卷30《地理志中》梁郡虞城县："后魏曰萧，后齐废。开皇十六年置，改名焉。又后魏置沛郡，后齐废。"相县当亦同时废于北齐。

马头郡治建平城。据《魏书》卷106《地形志中》，东魏武定年间(543—550)领有蕲、(已)[己]吾、下邑三县。其中己吾县在兴和年间(539—542)徙治平石城。《隋书》卷30《地理志中》谯郡鄼县："旧废，开皇十六年复。旧有马头郡，后魏又置下邑县，后齐并废。"又同志梁郡下邑县云："后齐废巳吾县入焉。"这里的'巳吾'当是'己吾'之讹写。按下邑县可能是与原砀郡下邑城合并为一新的下邑县(参见本章第十节"徐州领郡沿革")，因其地域接近，故《隋志》才有废、存两处记载。蕲县当亦同时废于北齐。下邑县在马头郡省并后当划入梁郡。

《隋书》卷30《地理志中》汝阴郡颍上县："梁置下蔡郡，后齐废郡。大业初县改名焉。"是下蔡郡废于北齐。据《魏书》卷106《地形志中》，下蔡郡及其领县均为东魏兴和年间(539—542)收复，武定年间(543—550)领有楼烦、下蔡、临淮、龙亢四县。《嘉庆重修一统志》卷126《凤阳府二》"古迹"："下蔡故城，在凤台县北三十里。……后汉属九江郡，晋属淮南郡，刘宋时废。……梁大通中，魏乱，梁得下蔡，改置汴州及汴郡。北齐郡废。隋仍为下蔡县，属汝阴郡。"此指下蔡县曾侨置有汴州与汴郡，《隋书》卷30《地理志中》汝阴郡下蔡县："梁置汴郡，后齐郡废。大业初县改名焉。"(见本章第四十九节"汴州领郡沿革")。楼烦、临淮、龙亢三县当废于北齐之时。下蔡郡省废后，下蔡县可能划入谯州南谯郡(参见本章第二十五节"谯州领郡沿革")。天保七年(556)之后，南兖州领有陈留、梁二郡。

1. 陈留郡

治小黄。据《魏书》卷106《地形志中》，东魏武定年间(543—550)领有小黄、浚仪、谷阳、东燕、武平五县。《隋书》卷30《地理志中》谯郡谷阳县："后齐省，开皇六年(586)复。"《元和郡县图志》卷7《河南道三》亳州真源县："汉属淮阳国。后汉苦县属陈国，晋属梁郡，成帝更名谷阳。高齐省入武平县。隋开皇六年(586)，复置谷阳县，理苦城。"是北齐省并谷阳县入武平县。另东燕亦不见于北齐之后文献，当亦在北齐省并。天保七年(556)之后，陈留郡当领有小黄、浚仪、武平三县。

2. 梁郡

治睢阳县(梁国城)。据《魏书》卷106《地形志中》，东魏武定年间(543—

550)领有襄邑、睢阳二县。《隋书》卷 30《地理志中》梁郡襄邑县："后齐废,开皇十六年(596)复。"《元和郡县图志》卷 7《河南道三》宋州襄邑县："本汉旧县,即春秋时宋襄牛地也。秦始皇徙承匡县于襄陵,改为襄邑县。汉以县属梁,后又属陈留。高齐文宣帝省入雍丘。隋开皇十六年(596),复置襄邑县,属杞州,大业三年(607)割属梁郡。"是北齐时省并襄邑县。又下邑县因马头郡省并而划入,天保七年(556)之后,梁郡当领有睢阳、下邑二县。

第十三节　广州领郡沿革

据《魏书》卷 106《地形志中》,广州本治鲁阳,武定年间(543—550)因陷于西魏,徙治襄城。东魏武定年间(543—550)领有南阳、顺阳、定陵、鲁阳、汝南、汉广、襄城七郡。其中汝南郡治符垒城。据《魏书》卷 106《地形志中》,东魏武定年间(543—550)领有汝南、符垒二县。《隋书》卷 30《地理志中》襄城郡汝南县："有后魏汝南郡及符垒县,并后齐废。"《元和郡县图志》卷 6《河南道二》汝州龙兴县："本汉郏县地,后魏太和十八年(494)置汝南县,高齐天保七年(556)废。隋开皇十八年(598)复置汝南,隋末废。"是汝南郡在北齐郡县俱废。另鲁阳郡,据《魏书》卷 106《地形志中》,东魏武定年间(543—550)鲁阳郡领有山北、河山二县。《隋书》卷 30《地理志中》襄城郡犨城县："后魏置南阳县、河山县,大业初并废入焉。"《元和郡县图志》卷 6《河南道二》汝州鲁山县："本汉鲁阳县,古鲁县也,属南阳郡。……后魏太和十一年(487),孝文帝南巡,置鲁阳镇,十八年(494)改镇为荆州,二十二年(498)罢荆州置鲁阳郡,改鲁阳县为北山县。周改为鲁山县。"《嘉庆重修一统志》卷 225《汝州直隶州二》"古迹"："鲁阳故城,今鲁山县治。……汉置鲁阳县,属南阳郡。……后魏改曰山北,后周始改曰鲁山。"是此郡陷于西魏北周,北齐广州不领此郡。北齐广州领有南阳、顺阳、定陵、汉广、襄城五郡。

1. 南阳郡

据《魏书》卷 106《地形志中》,东魏武定年间(543—550)领有南阳、堁城(即郏城)二县。《隋书》卷 30《地理志中》襄城郡郏城县："旧曰龙山。东魏置顺阳郡及南阳郡、南阳县。"《元和郡县图志》卷 6《河南道二》汝州郏城县："本春秋时郑地……至汉以为县,属颍川郡。晋属襄城郡。后魏属南阳郡。高齐省。"是北齐省并堁城县。南阳郡后仅领有南阳一县。

2. 顺阳郡

据《魏书》卷 106《地形志中》,东魏武定年间(543—550)领有龙阳、龙山二县。《隋书》卷30《地理志中》襄城郡郏城县："旧曰龙山。东魏置顺阳郡及南阳郡、南阳县。开皇初改龙山曰汝南,三年(583)二郡并废。十八年(598)改汝南曰辅城,南阳曰期城。大业初改辅城曰郏城,废期城入焉。"龙阳县不见于北齐之后文献,当在北齐省并。是顺阳郡在北齐领有龙山一县。

3. 定陵郡

治北舞阳。《隋书》卷30《地理志中》颍川郡北舞县："旧置定陵郡,开皇初废。"据《魏书》卷106《地形志中》,东魏武定年间(543—550)领有北舞阳、云阳、西舞阳三县。云阳县不见于北齐之后文献,当在北齐省并。天保七年(556)之后,定陵郡当领有北舞阳、西舞阳二县。《嘉庆重修一统志》卷211《南阳府二》:"古迹":"定陵故城,在舞阳县北十五里。"据《中国文物地图集·河南分册》,北舞渡遗址在今河南漯河市舞阳县北舞渡河北街,为北舞阳县治及定陵郡治所在①。

4. 汉广郡

《隋书》卷30《地理志中》颍川郡汝坟县："后齐置汉广郡,寻废。"《嘉庆重修一统志》卷211《南阳府二》"古迹":"汝坟故城,在叶县东北十五里。北齐改昆阳所置。……《县志》,今有汝坟店。"据《魏书》卷106《地形志中》,东魏武定年间(543—550)领有昆阳、高阳二县。高阳县,《北周地理志》卷5《山南下》广州汉广郡汝坟县据《天保三年(552)四月八日宋显伯造像龛记并碑阴》所记"使持节高阳戍主开佛光明主马周",认为北齐已经废县为戍。是北齐废高阳县,改昆阳为汝坟。汉广郡北齐后来只领有汝坟一县。

5. 襄城郡

治襄城县。《隋书》卷30《地理志中》颍川郡襄城县："旧置襄城郡,后周置汝州。开皇初郡废,大业初州废。"据《魏书》卷106《地形志中》,东魏武定年间(543—550)领有繁昌、襄城二县。北齐同。

第十四节 胶州领郡沿革

胶州治东武,今山东潍坊市诸城市城区。《隋书》卷30《地理志中》高密郡:"旧置胶州,开皇五年(585)改为密州。"《元和郡县图志》卷11《河南道七》密州:"秦并天下,属琅邪郡。汉文帝十六年(前164),分齐立胶西国,都高密。

---

① 《中国文物地图集·河南分册》,中国地图出版社,1991年,"舞阳县文物图",第164—165页,"文物单位简介"之"漯河市·舞阳县",第339页。

宣帝更名高密国。后魏永安二年(529)，分青州立胶州，取胶水为名也。"据《魏书》卷106《地形志中》，东魏初年胶州领有东武、高密、平昌三郡，兴和年间(539—542)曾立临海郡于梁乡城，不久罢郡置梁乡县，划属东武郡。武定年间(543—550)仍领有东武、高密、平昌三郡。其中东武郡在北齐省废。据《魏书》卷106《地形志中》，东魏武定年间(543—550)东武郡领有姑幕、扶其、梁乡三县。《隋书》卷30《地理志中》高密郡东莞县："后齐并姑幕县入焉。"《嘉庆重修一统志》卷171《青州府二》"古迹"："梁乡故城，在诸城县东南。……北齐废。""姑幕故城，在诸城县西南五十里。汉置县，属琅邪郡。……晋初属城阳郡，太康十年(589)分属东莞郡。刘宋省。……后魏永安中复置，属东武郡。北齐省入东莞。""扶淇故城，在诸城县西北。一作扶其。后魏永安中置县，取扶淇水为名。属东武郡。北齐废。《县志》，县西北有扶淇乡。"是北齐省废东武郡及所领姑幕、扶其、梁乡三县。天保七年(556)之后，胶州领有高密、平昌二郡。

1. 高密郡

治东武。《隋书》卷30《地理志中》高密郡诸城县："旧曰东武，置高密郡。开皇初郡废，十八年(598)县改名焉。大业初复置郡。"据《魏书》卷106《地形志中》，东魏武定年间(543—550)高密郡领有高密、夷安、黔陬、平昌、东武五县。《隋书》卷30《地理志中》高密郡高密县："后齐废淳于县入焉。"但《元和郡县图志》卷11《河南道七》密州高密县："本汉旧县也……高齐文宣帝省高密县，隋开皇中复置，属密州。"《太平寰宇记》卷24《河南道二十四》密州高密县："汉旧县也。……后汉以高密属北海郡。……宋孝武并入北海，后属高密郡。高齐文宣帝省高密县。隋开皇中，于今县东南二十里复置高密县，属密州。"似乎北齐已经废置高密县。《太平寰宇记》卷24《河南道二十四》密州高密县下又云："县理汉夷安县城之东南外城，即夷安城也。《史记》曰：'晏婴，齐之莱夷，潍人也。'汉以为夷安县，属高密国。故城在县西南四十里。隐公二年，'纪子帛、莒子盟于密'。注曰：'密，莒邑也。'汉以为高密县。"《嘉庆重修一统志》卷174《莱州府一》"古迹"："夷安故城，今高密县治，古夷潍邑。……《府志》，有旧土城在县西北一里。""高密故城，在高密县西南，故齐邑。"可能北齐省并高密、夷安二县为一新的高密县，至隋又移县治于夷安城，北齐所废其实是夷安县，故《隋志》与《元和志》、《寰宇记》表述有异也。《太平寰宇记》卷24《河南道二十四》密州安丘县："汉平昌故城，在县南六十里……高齐省。"又黔陬，《隋书》卷30《地理志中》高密郡胶西县："旧曰黔陬，置平昌郡。开皇初郡废。十六年置县，曰胶西。大业初又以黔陬入焉。"是黔陬县已划属平昌郡。综上，北齐省并夷安、平昌二县，黔陬县则划属平昌郡，天保七年(556)之后，高密郡领有高密、东武二县。

2. 平昌郡

东魏治琅邪县；北齐改治黔陬县。《隋书》卷30《地理志中》高密郡郚城县："旧置平昌郡。后齐废郡，置琅邪县，废朱虚入焉。大业初改名郚城。"高密郡胶西县："旧曰黔陬，置平昌郡。开皇初郡废。"据《魏书》卷106《地形志中》，东魏武定年间（543—550）平昌郡领有昌安、淳于、营陵、安丘、朱虚、琅邪六县。《隋书》卷30《地理志中》高密郡高密县："后齐废淳于县入焉。"北海郡营丘县："后齐废，开皇十六年复。"营丘当即营陵。《汉书》卷28《地理志上》北海郡营陵县："或曰'营丘'。"注云："应劭曰：'师尚父封于营丘，陵亦丘也。'臣瓒曰：'营丘即临淄也。营陵，《春秋》谓之缘陵。'师古曰：'临淄、营陵，皆旧营丘地。'"《太平寰宇记》卷24《河南道二十四》密州安丘县："汉为安丘县，属北海郡。后汉属北海国……晋属东莞郡，宋属南平昌郡，后魏属胶州，高齐文宣帝天保七年（556）省。隋开皇十六年（596），分昌安县于牟乡城置牟山县，……大业二年（606）省昌安县，改牟山县为安丘县，取汉旧名。三年（607）移于汉平昌城内。"是北齐省并淳于、营陵、安丘、朱虚四县，又从高密郡划黔陬县入，天保七年（556）之后，平昌郡领有黔陬、昌安、琅邪三县。

第十五节　洛州领郡沿革

洛州治洛阳，今河南洛阳市东约15公里处。据《魏书》卷106《地形志中》，东魏天平初年迁都邺城，在洛阳置洛州。洛阳地处东西对峙交争地带，政区名称屡有改易。《太平寰宇记》卷3《河南道三》河南府："孝武帝自洛阳迁都长安，是为西魏；孝静帝自洛阳徙都邺，是为东魏。按《郡国县道记》云：'东魏天平元年（534）又改司州为洛州，改河南尹为河南郡。'西魏大统三年（537），复收洛阳，又改洛阳为司州，仍置牧。司州寻陷入高齐，司州不改，又移河南郡于渑池县大坞城置，寻又改司州为洛州，河南郡惟领宜迁一县。"

据《魏书》卷106《地形志中》，武定年间（543—550）洛州领有洛阳、河阴、新安、中川、河南、阳城六郡。据《魏书》卷106《地形志中》，东魏天平初年划新安、东垣、河南三县置新安郡。武定年间（543—550）领有新安、东垣、河南三县。东魏武定末年新安郡当已陷于西魏，北齐洛州实际不领此郡。北周在新安设置有中州。《隋书》卷30《地理志中》河南郡新安县："后周置中州及东垣县，州寻废。开皇十六年（596）置谷州。"《通典》卷171《州郡典一·序目上》：

"后神武又围玉壁,不克[注云:武定四年(546),西魏将韦孝宽守之]。文襄遣将围颍川,拔之[注云:自武定五年(547)冬攻围,至明年六月城陷]。于是河南自洛阳之西,河北自晋州之西(注云:今平阳郡),悉入西魏。文宣之代,命将略地,南际于江矣[注云:天保二年(551),属侯景乱梁,遣辛术南讨,遂得传国玺。又过江得梁夏口,后二国通和,旋师矣]。……自文宣之后,才守境而已。大抵……南则武牢(注云:陆子章增筑城守)、洛阳、北荆州(注云:今陆浑县东北故城是)、孔城防(注云:今伊阙县东南故城是)、汝南郡(注云:今临汝郡梁县南)、鲁城(注云:今临汝郡鲁山县东北),置兵以防周寇(注云:自洛阳之南,襄城、汝阴、汝南以北,皆齐有)。"是新安郡已不在北齐版图之内,故洛州北齐末年当领有洛阳、河阴、中川、河南、阳城五郡。

1. 洛阳郡

据《魏书》卷106《地形志中》,东魏天平初年置洛阳郡和洛阳县,分洛阳县置缑氏县,东魏武定年间(543—550)领有洛阳、缑氏二县。北齐同。《隋书》卷30《地理志中》河南郡洛阳县:"又东魏置洛阳郡、河阴县。开皇初郡并废。"

2. 河阴郡

据《魏书》卷106《地形志中》,元象二年(539)置,东魏武定年间(543—550)领有河阴一县。《隋书》卷30《地理志中》河南郡洛阳县:"又东魏置洛阳郡、河阴县。"北齐河阴郡当亦领有河阴一县。

3. 中川郡

据《魏书》卷106《地形志中》,东魏天平初年划堙阳、颍阳二县置中川郡。武定年间(543—550)中川郡领有堙阳、颍阳二县。《隋书》卷30《地理志中》河南郡嵩阳县:"后魏置,曰颍阳。东魏分置堙阳,后周废颍阳入。"北齐中川郡领县情况当同东魏。

4. 河南郡

据《魏书》卷106《地形志中》,天平元年(534)改河南尹为河南郡,二年(535)置宜迁县,东魏武定年间(543—550)河南郡领有宜迁县。北齐同。《隋书》卷30《地理志中》河南郡洛阳县:"旧河南县,东魏迁邺,改为宜迁县。后周复曰河南。大业元年(605)徙入新都。"

5. 阳城郡

治阳城。《隋书》卷30《地理志中》河南郡阳城县:"后魏置阳城郡,开皇初废。"据《魏书》卷106《地形志中》,东魏武定年间(543—550)阳城郡领有阳城、颍阳、康城三县。北齐同。

第十六节　南青州领郡沿革

南青州治团城，今山东临沂市沂水县沂水镇。《隋书》卷31《地理志下》琅邪郡沂水县："旧置南青州及东安郡，后周改州为莒州。开皇初郡废，改县曰东安。"《太平寰宇记》卷23《河南道二十三》沂州沂水县："县理城，本汉东莞县城也，南燕于此置团城镇，去东安郡三十里。城隍圆，因名团城。隋开皇十六年(596)于此置沂水县。"

据《魏书》卷106《地形志中》，东魏武定七年(549)新置义塘郡，武定末年南青州领有东安、东莞、义塘三郡。其中东安郡据《魏书》卷106《地形志中》，东魏武定年间(543—550)领有盖、新泰、发干三县。《太平寰宇记》卷23《河南道二十三》沂州沂水县："汉盖县城，在县西北八十里，本齐邑，汉以为县……后汉属泰山郡。隋开皇十六年(596)于此置东安县，属莒州，后废入沂水县。"《隋书》卷31《地理志下》琅邪郡新泰县："后齐废蒙阴县入焉。"《元和郡县图志》卷11《河南道七》沂州沂水县："本汉东莞县……后魏孝文帝于此置新泰县，隋开皇四年(584)改为东安县，十六年(596)又于古盖城别置东安县，而此改名沂水县。"《嘉庆重修一统志》卷177《沂州府一》"古迹"："蒙阴故城，春秋鲁蒙邑。……汉置蒙阴县，后汉省。晋复置，宋省。后魏置新泰县。东魏改曰蒙阴。……旧志，汉故城在今县西南十五里。又有故城在县东十里，盖即后魏所置新泰县也。北齐废入新泰。""盖县故城，战国齐邑。汉为县，属泰山郡。……晋属东莞郡，元康元年(291)析置东安郡治此。宋魏因之。北齐徙郡治东莞，省县入焉。""发干故城，在沂水县西北。刘宋置，属东莞郡。齐省。"是北齐盖、新泰、发干三县均被省并。新泰县当省并于北徐州东泰山郡之新泰县。是北齐省废原东安郡，原东莞郡则改为东安郡(见下)。天保七年(556)之后，南青州领有东安、义塘二郡。

1. 东安郡

东魏称东莞郡，治东莞；北齐改称东安郡。据《魏书》卷106《地形志中》，东魏武定年间(543—550)领有莒、东莞、诸三县。《隋书》卷31《地理志下》琅邪郡莒县："旧置东莞郡。后齐废，后置义唐郡。"《太平寰宇记》卷24《河南道二十四》密州莒县："故莒子国也。……汉为莒县，《地理志》：'莒县属城阳国。'……魏明帝以为城阳郡，莒县属焉。而城阳郡徙理东武。晋太康十年(289)，割莒县入东莞郡。惠帝自东莞移理莒城。……后魏亦以莒县属东莞郡。高齐文宣帝罢东莞郡，以莒、东莞二县属东安郡。"密州诸城县："汉诸城，汉旧县,西南三十里,即春秋时鲁邑,故诸城。《左氏经》云:'季孙行父城诸及郓。'高齐天保七年(556)省。"是北齐省并诸县,天保七年(556)之后东安郡领有莒、东莞二县。

2. 义塘郡

先治黄郭城,后治辟阳城。《太平寰宇记》卷22《河南道二十二》海州怀仁县:"本汉赣榆县地,按汉赣榆,县东北三十里赣榆旧城是也。无定属。梁于此置黄郭戍,后魏改置义塘郡,理黄郭城,领义塘、归义、怀仁等三县,并理今密州莒县界。""怀仁故城,在县西二十三里。按《后魏地形志》云:'武定七年置,属义塘郡。'郡县俱移就高密郡莒县界内置,在古辟阳城,后废为义塘镇。""归义城,在县北二十五里。按后魏武定七年(549)置县,属义塘郡,隋废。"据《魏书》卷106《地形志中》,东魏武定七年(549)置义塘、归义、怀仁三县,在此基础上置义塘郡。武定末年义塘郡领县情况未变。北齐领县情况同。

第十七节　北徐州领郡沿革

北徐州治临沂城,《魏书》卷106《地形志中》北徐州琅邪郡即丘县:"前汉属东海,后汉、晋属。有缯城、临沂城、即丘城、鲁国山庙、王休征冢。"据《中国文物地图集·山东分册》,中丘故城在今山东临沂市兰山区白沙埠镇诸葛城村,春秋鲁国为中丘邑,汉为临沂县[①]。此当为北徐州州治临沂城遗址。《隋书》卷31《地理志下》琅邪郡:"旧置北徐州,后周改曰沂州。"据《魏书》卷106《地形志中》,东魏武定年间(543—550)北徐州领有东泰山、琅邪二郡。其中东泰山郡治南城。东泰山郡不见于北齐之后文献,当在北齐省并。据《魏书》卷106《地形志中》,东魏武定年间(543—550)领有南城、新泰、武阳三县。《隋书》卷31《地理志下》琅邪郡颛臾县:"旧曰南武阳,开皇十八年(598)改名焉。又有南城县,后齐废。"南武阳县即武阳县。《嘉庆重修一统志》卷177《沂州府一》"沂州府表"费县:"南城县,宋复故名,魏属东泰山郡,齐省。"是北齐时南城县亦省并,废郡后新泰、武阳二县当划入琅邪郡。天保七年(556)之后,北徐州领有琅邪一郡。

琅邪郡

治即丘。据《魏书》卷106《地形志中》,东魏武定年间(543—550)领有即

[①]《中国文物地图集·山东分册》(上),中国地图出版社,2007年,"临沂市兰山区文物图",第282—283页;《中国文物地图集·山东分册》(下),"临沂市·兰山区",第678页。

丘、费二县。又北齐时新泰、武阳二县因东泰山郡省并而划入，天保七年(556)之后，琅邪郡当领有即丘、费、新泰、武阳四县。《太平寰宇记》卷23《河南道二十三》沂州费县："古费国也……至汉为费县，属东海郡。后汉为侯国，属泰山郡。晋属琅邪国，宋属琅邪郡。自汉费县移理祊城，后魏孝文帝太和二十年(496)又自祊城移费县理于今县城北四十里阳口山。隋开皇三年(583)复自阳口山移入祊城，今县理是也。自宋至隋皆属琅邪郡。""县理中城，后魏太和二十年(496)筑，以置费县，周回二十里，外城即故祊城也。……后移理薛固，周移阳口山南，隋又移入祊城。"又据《中国文物地图集·山东分册》，今山东临沂市兰山区兰山街道古城村有古城城址，民国六年(1917)版《临沂县志》认为即北魏即丘县治所①。

第十八节　信州（原名扬州、北扬州）领郡沿革

北扬州东魏治项城。《隋书》卷30《地理志中》淮阳郡项城县："东魏置扬州及丹阳郡、秣陵县，梁改曰殷州，东魏又改曰北扬州，后齐改曰信州，后周改曰陈州。开皇初改秣陵为项城。"《元和郡县图志》卷8《河南道四》陈州："高齐文宣帝以百姓守信，不附侯景，改北扬州为信州。周武帝改信州为陈州。"《太平寰宇记》卷10《河南道十》陈州："秦灭楚，改为颍川郡。汉为淮阳国之地。后汉如之。晋为汝南郡、梁国二境，兼置豫州，领郡国十，理于此。后魏得之，又立为陈郡。至天平二年(535)以淮南内附，于此置北扬州，理项城，以居新附之户。高齐天保二年(551)以百姓守信，不附侯景，改北扬州为信州。"是北扬州本为侨置，北齐改为信州。

据《魏书》卷106《地形志中》，北扬州天平二年(535)置。东魏武定年间(543—550)领有陈、南顿、汝阴、丹杨、陈留五郡。其中南顿郡治南顿(后改称和城)，北齐废。《隋书》卷30《地理志中》淮阳郡南顿县："旧置南顿郡。后齐废郡及平乡县入，改曰和城。大业初又改为南顿。"《元和郡县图志》卷8《河南道四》陈州南顿县："本汉旧县，属汝南郡。……宋为南顿郡。东魏于此置和城县，北齐废郡，省县入和城。隋复为南顿县，属陈州"《嘉庆重修一统志》卷191《陈州府一》"古迹"："南顿故城，在项城县北五十里。……北齐郡废，改县曰'和城'。"是南顿与和城二县合并为一新的和城县，县治当在原

---

① 《中国文物地图集·山东分册》(上)，中国地图出版社，2007年，"临沂市兰山区文物图"，第282—283页；《中国文物地图集·山东分册》(下)，"临沂市·兰山区"，第677—678页。

南顿县,平乡县亦同时废入此和城县。据《魏书》卷106《地形志中》,东魏武定年间(543—550)南顿郡领有南顿、和城、平乡、新蔡四县。此新蔡县当为侨县,不见于北齐之后文献,当亦在北齐省并。是经北齐废省后,原南顿郡仅余和城一县。和城县当划入丹杨郡。陈留郡亦可能在北齐省并。据《魏书》卷106《地形志中》,东魏武定年间(543—550)陈留郡领有小黄、宋、雍丘、新蔡四县,郡及县均为武定六年(548)置。此郡及所领诸县因系侨置,又不见于北齐之后文献,当在北齐省并。是北齐省废南顿、陈留二郡。又北齐新置淮阳郡(见下),天保七年(556)之后,信州当领有陈、汝阴、丹杨、淮阳四郡。

1. 陈郡

治项。《隋书》卷30《地理志中》淮阳郡宛丘县:"后魏曰项,置陈郡。开皇初县改名宛丘。"《元和郡县图志》卷8《河南道四》陈州宛丘县:"本汉陈县。……汉属淮阳国,后汉属陈郡,晋属梁国,宋属陈郡。高齐文宣帝省陈郡,仍移项县理于此。隋文帝罢陈郡,改项县为宛丘县。"这里的"高齐文宣帝省陈郡"与"隋文帝罢陈郡"叙述逻辑冲突,北齐可能并未省废陈郡。据《魏书》卷106《地形志中》,东魏武定年间(543—550)陈郡领有项、长平、西华、襄邑四县。《隋书》卷30《地理志中》淮阳郡西华县:"旧曰长平,开皇十八年(598)改曰鸿沟。大业初改焉。有旧长平县,后齐废。"另此处的襄邑县不见于北齐之后文献,当亦在北齐省并。是北齐省并西华、长平二县为一新的长平县,又废置襄邑二县,天保七年(556)之后,陈郡当领有项、长平二县。

2. 汝阴郡

治社亭城。据《魏书》卷106《地形志中》,东魏武定年间(543—550)领有汝阴、宋、许昌三县。许昌县不见于北齐之后文献,当在北齐省并。天保七年(556)之后,汝阴郡当领有汝阴、宋二县。

3. 丹杨郡

侨治项城。《元和郡县图志》卷8《河南道四》陈州:"东魏孝静帝以淮南内附,置北扬州,理项城,乃于项城侨立北丹阳郡及秣陵县。"据《魏书》卷106《地形志中》,东魏武定年间(543—550)丹杨郡领有秣陵、邵陵、南阳、白水四县。《隋书》卷30《地理志中》淮阳郡宛丘县:"后魏曰项,置陈郡。……又后魏置南阳郡,东魏废。"《太平寰宇记》卷10《河南道十》陈州宛丘县:"南阳城,在县东三十里。后魏太和三年(479),于此置南阳、武定等县,七年(483)废。"《嘉庆重修一统志》卷191《陈州府一》"古迹":"南阳故县,在淮宁县东。"是丹杨郡之南阳县有北魏的历史渊源，当废于东魏或北齐。又邵陵、白水二县不见于北齐之后文献，当亦在北齐省并。加上和城县因南顿郡省并划入，天保七年（556）之后，丹杨郡当领有秣陵、和城二县。

4. 淮阳郡

治阳夏。北齐新置。《隋书》卷30《地理志中》淮阳郡太康县："旧曰阳夏，并置淮阳郡。开皇初郡废，七年（587）更名太康。"此淮阳郡不见于《魏书·地形志》，当为北齐新置。淮阳郡从地缘上当划归信州，领有阳夏一县。《元和郡县图志》卷8《河南道四》陈州太康县："本汉阳夏县地，属淮阳国。后汉属陈国。后魏孝昌四年（按孝昌年号只用三年，应为528）置阳夏郡，以县属焉。隋文帝改阳夏为大业县。"隋开皇七年（587）可能是分阳夏县置太康县，并将阳夏县改为大业县，均划属淮阳郡。

第十九节　东楚州领郡沿革

东楚州治宿豫，在今江苏宿迁市宿豫区东南。《隋书》卷31《地理志下》下邳郡："后魏置南徐州，梁改为东徐州，东魏又改曰东楚州，陈改为安州，后周改为泗州。"《梁书》卷3《武帝纪下》，太清三年（549）夏四月，"青、冀二州刺史明少遐、东徐州刺史湛海珍、北青州刺史王奉伯各举州附于魏"。

据《魏书》卷106《地形志中》，武定七年（549）改梁朝东徐州为东楚州，东魏武定末年领有宿豫、高平、淮阳、晋宁、安远、临沭六郡。北齐废晋宁、安远、临沭三郡。晋宁郡，据《魏书》卷106《地形志中》，武定七年（549）置临清县，改梁朝梁兴、临沂、兴义三县置魏兴县，下邳、扶风、清河三郡置富城县，改兰陵郡十二县置招农县。东魏武定末年晋宁郡领有临清、魏兴、富城、招农四县。《隋书》卷31《地理志下》下邳郡宿豫县："又梁置朝阳、临沭二郡，后齐置晋宁郡，寻并废。"是晋宁郡废于北齐，其所领临清、魏兴、富城、招农四县不见于北齐之后文献，当亦在北齐省并。安远郡治巨鹿县（安远城）。据《魏书》卷106《地形志中》，武定七年（549）改梁朝安远戍置安远郡，巨鹿郡六县置巨鹿县，泰山郡四县置淮浦县，并划入安远郡。东魏武定末年安远郡领有巨鹿、淮浦二县。《隋书》卷31《地理志下》下邳郡徐城县："又有安远郡，后齐废。"是安远郡废于北齐，其所领巨鹿、淮浦二县不见于北齐之后文献，当亦在北齐省并。临沭郡，据《魏书》卷106《地形志中》，东魏武定末年领有临沭、招远二县。《隋书》卷31《地理志下》下邳郡宿豫县："又梁置朝阳、临沭二郡，后齐置晋宁郡，寻并废。"是临沭郡废于北齐，其所领临沭、招远二县不见于北齐之后文献，当亦在北齐省并。

北齐既废晋宁、安远、临沭三郡,则天保七年(556)之后,东楚州当领有宿豫、高平、淮阳三郡。

1. 宿豫郡

治宿豫。《隋书》卷31《地理志下》下邳郡宿豫县:"旧置宿豫郡,开皇初郡废。大业初置下邳郡。又梁置朝阳、临沭二郡,后齐置晋宁郡,寻并废。"据《魏书》卷106《地形志中》,武定七年(549)置宿豫、新昌二县,改梁朝平原、清河二县置临泗县,在此基础上重置宿豫郡。东魏武定末年宿豫郡领有宿豫、新昌、临泗、濠夷四县。新昌、临泗、濠夷三县不见于北齐之后文献,当在北齐省并。天保七年(556)之后,宿豫郡领有宿豫一县。

2. 高平郡

治大徐城。《隋书》卷31《地理志下》下邳郡徐城县:"梁置高平郡。东魏又并梁东平、阳平、清河、归义四郡为高平县,又并梁朱沛、循仪、安丰三郡置朱沛县。……后周又并朱沛入高平。开皇初郡废,十八年(598)更名徐城。"《隋志》的部分信息来自《魏书·地形志》。据《魏书》卷106《地形志中》,武定七年(549)改梁朝东平、阳平、清河、归义四郡置高平县,改朱沛、修义、安丰三郡置朱沛县,改济阴郡置白水县,改馆陶、下邳、梁招、高平四县置襄邑县,在此基础上置高平郡,东魏武定末年高平郡领有高平、朱沛、白水、襄邑四县。白水、襄邑二县不见于北齐之后文献,当在北齐省并。天保七年(556)之后,高平郡当领有高平、朱沛二县。

3. 淮阳郡

治绥化。《隋书》卷31《地理志下》下邳郡淮阳县:"梁置淮阳郡。东魏并绥化、吕梁二郡置绥化县。后周改县为淮阳。开皇初郡废。又有梁临清、天水、浮阳三郡,东魏并为(甬)[角]城县,后齐改曰文城县,后周又改为临清,开皇三年(583)省入焉。"《隋志》的部分信息仍来自《魏书·地形志》。据《魏书》卷106《地形志中》,武定七年(549)改梁朝临清、天水、浮阳三县置角城县,改绥化、吕梁二郡置绥化县,改恩抚郡二县置招义县,改西淮郡七县置淮阳县,在此基础上重置淮阳郡。东魏武定末年淮阳郡领有角城、绥化、招义、淮阳四县。招义县不见于北齐之后文献,当在北齐省并。另北齐改角城县为文城县。天保七年(556)之后,淮阳郡当领有文城、绥化、淮阳三县。

第二十节 东徐州领郡沿革

东徐州治下邳城,据《中国文物地图集·江苏分册》,下邳故城在今江苏徐州市睢宁县古邳镇北侧①。《隋书》卷31《地理志下》下邳郡下邳县:"梁曰归政,置武州、下邳郡。魏改县为下邳,置郡不改,改州曰东徐。后周改州为邳州。"据《魏书》卷106《地形志中》,东徐州武定八年(550)夺自梁朝。东魏武定末年领有下邳、武原、郯、临清四郡。其中临清郡,据《魏书》卷106《地形志中》,武定七年(549)置睢陵、归义县,八年(550)改盱眙郡为临清郡,东魏武定末年领有下相、睢陵、归义三县。此郡及其领县不见于北齐之后文献,当在北齐省并。天保七年(556)之后,东徐州当领有下邳、武原、郯三郡。

1. 下邳郡

治下邳。据《魏书》卷106《地形志中》,武定七年(549)置归正县,其时下邳郡领有下邳、良城、僮、坊亭、栅渊、归正、武原县七县,武定八年(550)划武原县置武原郡,则东魏武定末年下邳郡领有下邳、良城、僮、坊亭、栅渊、归正六县。《太平寰宇记》卷17《河南道十七》淮阳军下邳县:"古良城,在今县北六十里良城。……汉为县,属东海郡。高齐天保七年(556)省。"僮、坊亭、栅渊、归正四县不见于北齐之后文献,当亦在北齐省并。是天保七年(556)之后,下邳郡当领有下邳一县。

2. 武原郡

治武原。据《魏书》卷106《地形志中》,武定八年(550)划下邳郡武原县置武原郡,同时分下邳郡良城县置开远县,僮县置艾山县,划入武原郡。东魏武定末年武原郡领有武原、开远、艾山三县。《隋书》卷31《地理志下》下邳郡良城县:"梁置武安郡,开皇初郡废,十一年(591)县更名曰良城。"这里的"梁置武安郡"当为"梁置武原县,东魏置武原郡"。开远、艾山二县不见于北齐之后文献,当在北齐省并。若然,天保七年(556)之后,武原郡当领有武原一县。《嘉庆重修一统志》卷101《徐州府二》"古迹":"武原故城,在邳州西北。……章怀太子曰,武原故城在下邳县北。《旧志》:在今州西北八十里泇口杜,亦名良城。"按武原县当在今江苏徐州市邳州市泇口镇。

3. 郯郡

治建陵县(郯城)。《隋书》卷31《地理志下》下邳郡郯县:"旧置郡,开皇初废。"据《魏书》卷106《地形志中》,武定八年(550)改东海郡为郯郡,占梁朝临沂县,置归昌县。东魏武定末年郯郡领有郯、临沂、建陵、归昌四县。《太平寰宇记》卷17《河南道十七》淮阳军下邳县:"古郯城,古郯子国,在县东北百五十

---

① 《中国文物地图集·江苏分册》(上),中国地图出版社2008年第1版,"睢宁县文物图",第322—323页;《中国文物地图集·江苏分册》(下),"徐州市·睢宁县",第774页。

里。……宋灭郯以为县,其故城周十余里,在沂、沭二水之间。后汉徐州刺史理此。高齐省。后周大象元年(579)复置。"《元和郡县图志》卷11《河南道七》沂州临沂县:"本汉旧县也,属东海郡,东临沂水,故名之。后汉改属琅邪国,晋属琅邪郡,高齐省。隋开皇末复置,属沂州。"《周书》卷35《郑孝穆传郑译附传》:"宣帝嗣位,授开府仪同大将军、内史中大夫,封归昌县公,邑千户。"是直到北周犹有归昌县。《嘉庆重修一统志》卷105《海州直隶州》"古迹":"建陵故城,在沭阳县西北建陵山下。……属东海郡。后汉省。梁普通五年(524)裴邃等攻魏,克建陵城。后魏复置建陵县为郯郡治。后周废。"是北齐省废郯、临沂二县,天保七年(556)之后,郯郡当领有建陵、归昌二县。

第二十一节　海州领郡沿革

东魏海州治龙沮城。武定七年(549)由梁朝青州改置。北齐移治朐山,据《中国文物地图集·江苏分册》,海州城址在今江苏连云港市海州区海州街道①。《隋书》卷31《地理志下》东海郡:"梁置南、北二青州,东魏改为海州。"《元和郡县图志》卷11《河南道七》海州:"秦置三十六郡,以鲁为薛郡,后分薛郡为郯郡。汉改郯郡为东海郡,领三十七县,理在郯县,属徐州。……梁武帝末年,长江已北悉附后魏,武定七年(549)改青、冀二州为海州。高齐文宣帝移海州理琅邪郡,改琅邪郡为朐山郡。隋末丧乱,臧君相窃据之。武德四年(621),君相以郡归顺,改为海州。"据《魏书》卷106《地形志中》,东魏武定末年海州领有东彭城、东海、海西、沭阳、琅邪、武陵六郡。其中东彭城郡,据《魏书》卷106《地形志中》,武定七年(549)改梁朝彭城县为安乐县、清河县为勃海县,东魏武定末年东彭城郡领有龙沮、安乐、勃海三县。《嘉庆重修一统志》卷105《海州直隶州》"古迹":"龙且故城,在州南。刘宋泰豫元年(472),以垣崇祖行徐州事,徙戍龙且,龙且在朐山南。梁武置龙沮县,兼置东彭城郡。后魏武定七年(559),改青州曰海州,亦自郁洲徙治于此。《魏书》《志》,海州治龙沮城,又东彭城郡龙沮有即邱城、房山。高齐时郡县俱废。唐武德四年(621)复置,属海州。八年(625)省入朐山。"是北齐废东彭城郡及其领县。天保七年(556)之后,海州领有东海、海安(原名海西)、沭阳、琅邪、武陵五郡。

---

① 《中国文物地图集·江苏分册》(上),中国地图出版社2008年第1版,"连云港市新浦区、海州区、连云区",第282—283页;《中国文物地图集·江苏分册》(下),"连云港市·新浦区、海州区、连云区",第660页。

1. 东海郡

治广饶县。《隋书》卷31《地理志下》东海郡东海县:"旧置广饶县及东海郡,后齐分广饶置东海县。开皇初废郡及东海县,仁寿元年(601),改广饶曰东海。"据《魏书》卷106《地形志中》,武定七年(549)改梁朝北海郡为东海郡,都昌县为安流县。东魏武定末年东海郡领有赣榆、安流、广饶、下密四县。文献中曾有两个赣榆县。《元和郡县图志》卷11《河南道七》海州东海郡:"赣榆故城,在县北四十九里。隋末土人臧君相筑。"另海州怀仁县:"赣榆故城,一名盐仓城,在县东北三十里。汉旧县也,属琅邪郡。"《太平寰宇记》卷22《河南道二十二》海州东海县:"废艾不城,在县北二十四里。今古相传田横避难,汉使艾不追横而筑,后晋移赣榆县于此。北齐天保元年(550),省。""赣榆故城,在县东北五十里青山之阴,故城犹存。《郡国县道记》云:'赣榆城,在怀仁县东北三十一里,一名盐仓城。'后汉改属东海国,曹魏时省。晋太康中复立,寻又省。隋大业末,臧君相窃据海州,以先有赣榆县,遂筑此城,因取旧名,更置赣榆县。唐武德八年(625)省。"《嘉庆重修一统志》卷105《海州直隶州》"古迹":"赣榆故城,有二。一在赣榆县东北,汉县也。……一在州东北东海故城北,唐县也。"据上可知,东海郡所领赣榆县省废于北齐天保元年(550)。《嘉庆重修一统志》卷105《海州直隶州》"海州直隶州表"海州直隶州:"安流县,宋置郁县,齐改都昌,东魏武定七年又改。齐废。"下密县不见于北齐之后文献,当亦在北齐省并。据上引《隋志》,北齐又分广饶置东海县,天保七年(556)之后,东海郡可能领有广饶、东海二县。

2. 海安郡(原名海西郡)

治襄贲县。《隋书》卷31《地理志下》东海郡涟水县:"旧曰襄贲,置东海郡。东魏改曰海安。开皇初郡废,县又改焉。"按《宋书》卷35《州郡志一》徐州东海郡列有襄贲、赣榆二县。《南齐书》卷14《州郡志上》冀州北东海郡(治连口,按即涟口)下列有襄贲、僮、下邳、厚丘、曲城五县。《元和郡县图志》卷9《河南道五》泗州涟水县:"本汉厹犹县之地,后汉为徐之地,晋为宿迁县之地。宋明帝于此置东海郡,又于城北置襄贲县属焉。后魏改为海安郡。隋开皇三年(583)废郡,以县属海州。五年(585)改襄贲为涟水县,因县界有涟水,故名。"《太平寰宇记》卷17《河南道十七》涟水军涟水县亦云:"汉厹犹县地。按厹犹城,今宿预也。后汉为徐州之地。魏曰海安县。晋为宿预之境。宋泰始五年(469)于此置东海郡,仍于此城北三十里东海王城别置襄贲县以属焉,南界又置冀州,寄理于此,以为边镇防阨之所。后魏改东海郡为海安郡,仍分置海西、临海二县以隶焉。隋开皇三年(583)废郡,以县属海州。五年(585),改襄贲为涟水县。因县界有涟水为名。"陈陈相因,均云东魏郡名海安郡。但《魏书》卷106《地形志中》则云东魏改东海郡为海西郡。这里以《地形志》为准。据《魏书》卷106《地形志中》武定七年(549)改萧梁东海郡为海西郡,分襄贲县置海西县。东魏武定末年海西郡领有襄贲、海西、临海三县。临海县不见于北齐之后文献,当在北齐省并。海西郡北齐改为海安郡。天保七年(556)之后,海安郡当领有襄贲、海西二县。

3. 沭阳郡

治怀文。《隋书》卷31《地理志下》东海郡沭阳县:"梁置潼阳郡。东魏改曰沭阳郡,置县曰怀文。后周改县曰沭阳。开皇初郡废。"《元和郡县图志》卷11《河南道七》海州沭阳县:"本汉厚丘县地,宋文帝元嘉四年(427)于此置县,属南彭城郡。至太清二年(548)地入魏,孝静帝改为沭阳郡,在沭水之阳,故以为名,仍于郡东置怀文县。周武帝改怀文为沭阳县。"《太平寰宇记》卷22《河南道二十二》海州沭阳县:"本汉厚丘县地,今县北四十五里厚丘故城是也。宋省,文帝元嘉四年(427)于此立僮县,属南彭城郡。梁武帝天监五年(506)复置僮阳郡,领僮县。至太清三年(549)地入魏;孝静帝改僮阳郡为沭阳,以在沭水之阳为名,仍于郡东置怀文县。周武帝建德七年(578)改怀文为沭阳县。隋开皇三年(583)废郡,移沭阳县入废郡城中,属海州,即今理。"据《魏书》卷106《地形志中》,武定七年(549)改梁朝僮阳郡为沭阳郡,东魏武定末年沭阳郡领有下城、临渣、怀文、服武四县,四县均为武定七年(549)置。《嘉庆重修一统志》卷105《海州直隶州》"古迹":"怀文故城,即今沭阳县。本汉厚丘县也。萧齐置僮县,属北东海郡。梁武置僮阳郡。东魏改曰沭阳郡以在沭水之阳,故名,兼置下城、临渣、怀文、服武等四县。陈太建五年(573)吴明彻等伐齐至淮南,齐沭阳郡守弃城走。遂省下城等三县入怀文。后周又改怀文县曰沭阳。"是北齐一代,沭阳郡仍领下城、临渣、怀文、服武四县。

4. 琅邪郡

治朐城。《隋书》卷31《地理志下》东海郡朐山县:"旧曰朐,置琅邪郡。后周改县曰朐山,郡曰朐山。开皇初郡废,大业初复,带郡。"《太平寰宇记》卷22《河南道二十二》海州朐山县:"本汉朐县也,属东海郡。……后汉属东海国,晋不改。《宋志》无朐县。按此前朐县,今县西九十里故朐城是也。梁于今县北二里琅邪故城置招远县,属琅邪郡,后属魏,改为朐县,高齐不改。"据《魏书》卷106《地形志中》,武定七年(549)改梁朝招远县为朐县、北谯郡为山宁县,东魏武定末年琅邪郡领有海安、朐、山宁三县。海安、山宁二县不见于北齐之后文献,当在北齐省并。是天保七年(556)之后,琅邪郡领有朐一县。

5. 武陵郡

《太平寰宇记》卷22《河南道二十二》海州怀仁县："武陵郡城，在县南五十九里。按《后魏志》云：'武定七年(549)置，为武陵郡。'隋初废。"《隋书》卷40《元胄传》："高祖受禅，进位上柱国，封武陵郡公，邑三千户。"是此郡一直延续至隋初。据《魏书》卷106《地形志中》，武定七年(549)改梁朝齐郡为上鲜县、高密县为洛要县。东魏武定末年武陵郡领有上鲜、洛要二县。北齐当同。

第二十二节　东豫州领郡沿革

东豫州本为北魏旧置，治广陵城，据《中国文物地图集·河南分册》，当即今河南信阳市息县城郊乡张庄东南的古息城遗址[①]。孝昌三年(527)陷落。《隋书》卷30《地理志中》汝南郡新息县："后魏置东豫州。梁改曰西豫州，又改曰淮州。东魏复曰东豫州，后周改曰息州，大业初州废。"《嘉庆重修一统志》卷222《光州直隶州一》"古迹"："广陵故城，今息县治，本汉新息县地。后魏太和十七年(493)，光城蛮田益宗来降，十九年(495)置东豫州于新息广陵城，以益宗为刺史。梁大通元年(527)，谯州刺史湛僧智克广陵，诏以僧智领东豫州，仍镇广陵。寻改为西豫州。太清元年(547)，又改北广陵为淮州。东魏武定七年(549)复取之，仍曰东豫州。陈太建五年(573)北伐，将军樊毅攻广陵楚子城，拔之。后周大象元年(579)南伐，梁士彦复攻广陵，拔之。遂移新息县于此，改置息州。"北齐有东豫州一直未改，治所则可能已移至新息。

据《魏书》卷106《地形志中》，东豫州武定七年(549)收复。东魏武定末年领有汝南、东新蔡、新蔡、弋阳、长陵、阳安六郡。其中东新蔡郡，据《魏书》卷106《地形志中》，东魏武定末年领有固始、鮦阳、苞信、汝阳四县。此郡及其领县不见于北齐之后文献，当在北齐省并。弋阳郡治弋阳县。据《魏书》卷106《地形志中》，东魏武定末年领有弋阳一县。此郡及其领县不见于北齐之后文献，当在北齐省并。长陵郡，据《魏书》卷106《地形志中》，东魏武定末年领有长陵、苞信、安宁三县。《隋书》卷30《地理志中》汝南郡褒信县："宋改曰包信。大业初改复旧焉。又梁置梁安郡，开皇初废。又有长陵郡，后齐废为县。大业初又省县焉。"长陵郡及其领县废为长陵县之后，当划入新蔡郡。阳安郡治永阳县。据《魏书》卷106《地形志中》，东魏武定末年领有永阳一县。《嘉庆重修

[①] 《中国文物地图集·河南分册》，中国地图出版社，1991年，"息县文物图"，第208—209页，"文物单位简介"之"信阳地区·息县"，第490页。

一统志》卷216《汝宁府二》"古迹"："阳安故城,在确山县东北。汉置县,属汝南郡。……后汉及晋因之。东魏兼置阳安郡,领永阳一县。北齐郡县皆废。"按此阳安县与东豫州所置阳安郡无甚关系,《北齐地理志》卷4《河南地区下》豫州汝南郡阳安县已辨析之。东豫州所置阳安郡领二十二户,一百三十一口,民户寡少,该郡及其领县当在北齐省废。是北齐省废东新蔡、弋阳、长陵、阳安四郡,天保七年(556)之后,东豫州当领有汝南、新蔡二郡。

1. 汝南郡

治新息。据《魏书》卷106《地形志中》,东魏武定末年领有南新息、北新息、安阳、汝阳、长平五县。《隋书》卷30《地理志中》汝南郡新息县："又后魏置汝南郡,开皇初郡废。……又有北新息县,后齐废。"按此当指北新息废入南新息,南新息更名新息县。安阳县在北齐当因豫州汝南郡有安阳县而省并(见本章第八节"豫州领郡沿革")。汝阳、长平二县不见于北齐之后文献,当与安阳县一起被省并。天保七年(556)之后,汝南郡领有新息一县。

2. 新蔡郡

治苞信。据《隋书》卷1《高祖纪》,北周大象二年(580)十二月甲子,周帝诏曰："可授相国,总百揆,去都督内外诸军事、大冢宰之号,进公爵为王,以……息州之新蔡、建安……郢州之汉东二十郡为隋国。"是东魏、北齐新蔡郡一直未废。据《魏书》卷106《地形志中》,东魏武定末年新蔡郡领有苞信、长陵二县。《隋书》卷30《地理志中》汝南郡褒信县："宋改曰包信。大业初改复旧焉。"《太平寰宇记》卷11《河南道十一》蔡州褒信县："本汉鄳县之地,后汉光武分立褒信县。晋属汝阴。宋武北伐,改为苞信县。隋末,复为褒信县也。"是苞信县至隋大业初年始改名褒信县,恢复旧名。又长陵县当与长陵郡省废所置之长陵县合并。天保七年(556)之后,新蔡郡当领有苞信、长陵二县。

第二十三节　义州领郡沿革

义州《魏书》卷106《地形志中》不列郡县,但列有户数二百一十五,口数三百二十二。《隋书》卷31《地理志下》弋阳郡定城县："又后齐置齐安、新蔡二郡,及废旧义州,立东光城郡。"蕲春郡罗田县："梁置义州、义城郡,开皇初并废。"据《魏书》卷106《地形志中》,义州东魏武定七年(549)占。按隋代弋阳郡定城县境的义州,当即东魏武定七年(549)所占之义州。隋代蕲春郡罗田县境之义州、义城郡,亦是由萧梁首先设置,属于蛮州左郡,本来在政治上就有羁縻之意,所以隋初始废。萧梁州郡设置同代同名现象并非仅此一例。北齐废隋代弋阳郡定城县境的义州,改立东光城郡,而保留隋代蕲春郡罗田县境之义州、义城郡,北周相沿不替,直到隋初。东光城郡可能就近划入南郢州(见本章第四十五节"南郢州领郡沿革")。

第二十四节　颍州(治汝阴)领郡沿革

颍州治汝阴,在今安徽阜阳市城区。东魏武定七年(549)占。《隋书》卷30《地理志中》汝阴郡:"旧置颍州。"《元和郡县图志》卷7《河南道三》颍州:"秦并天下,为颍川郡地。在汉则汝南郡之汝阴县也,魏、晋于此置汝阴郡……后魏孝昌(四)[三]年(527),改置颍州。高齐罢州置郡。"这里提到"高齐罢州置郡",据《北齐书》卷45《文苑樊逊传》,武定"八年(550),(樊逊)转兼长史,从军南讨。军还,(梁州刺史刘)杀鬼移任颍川,又引逊兼颍州长史"。《隋书》卷39《元景山传》:"从武帝平齐,每战有功,拜大将军,改封平原郡公……治亳州总管。……陈人张景遵以淮南内属,为陈将任蛮奴所攻,破其数栅。景山发谯、颍兵援之,蛮奴引军而退。"是北周亦有颍州。不过依然无法判断北齐是否曾经省废颍州。据《魏书》卷106《地形志中》,东魏武定末年颍州领有双头郡汝阴、弋阳二郡,北陈留、颍川二郡,财丘、梁兴二郡,西恒农、陈南二郡,东郡、汝南二郡,清河、南阳二郡,新蔡、南陈留二郡,荥阳、北通二郡,汝南、太原二郡,以及东恒农和新兴二郡,共计二十郡。

颍州及其领郡在东魏、北齐省废情况比较复杂,这里列出的很多仅是出于情理揣测,并无材料方面的坚实支撑。

1. 汝阴、弋阳二郡(北齐改为汝阴郡)

治汝阴。《隋书》卷30《地理志中》汝阴郡汝阴县:"旧置汝阴郡,开皇初郡废。大业初复置。"据《魏书》卷106《地形志中》,东魏武定末年汝阴、弋阳二郡领有汝阴、陈留、楼烦、宋、弋阳、新息、期思七县。此双头郡当在北齐改为汝阴郡。另陈留、楼烦、宋、弋阳、新息、期思六县不见于北齐之后文献,当在北齐省并。天保七年(556)之后,汝阴郡领有汝阴一县。

2. 北陈留、颍川二郡

治陈留、许昌。《隋书》卷30《地理志中》汝阴郡颍阳县:"梁曰陈留,并置陈留郡及陈州。东魏废州。开皇初废郡,十八年(598)县改名焉。有郑县,后齐废。"汝阴郡清丘县:"梁曰许昌,及置颍川郡。开皇初废郡,十八年(598)县改名焉。"到北齐可能已改双头郡为两个单头郡。《隋志》所提郑县为《魏书·地形志》所不载。据《魏书》卷106《地形志中》,梁朝曾在此置陈州,武定七年(549)

改置。东魏武定末年北陈留、颍川二郡领有许昌、围城、雍丘、陈留、小黄(治安阳城)五县。围城、雍丘、小黄三县不见于北齐之后文献,当在北齐省并。天保七年(556)之后,陈留郡领有陈留一县,颍川郡领有许昌一县。

3. 财丘、梁兴二郡

据《魏书》卷106《地形志中》,东魏武定末年此二郡领有梁兴、财丘、梁城、汝阳四县。《嘉庆重修一统志》卷128《颍州府一》"古迹":"财邱废郡,在阜阳县西。……齐周时废。旧志,颍州西南一百十里,有小土城二,东西相去二三里,俗谓之东才城、西才城。或以此为后魏财州。详河南陈州府古迹。"此双头郡废于北齐可能性较大。所领诸县当亦与郡同废于齐周之时。财州可参见本章第五十节"财州领郡沿革"。

4. 西恒农、陈南二郡

据《魏书》卷106《地形志中》,东魏武定末年此二郡领有恒农、胡城、南顿三县。此双头郡及其领县不见于北齐之后文献,当在北齐省并。

5. 东郡、汝南二郡

治牛心丘。据《魏书》卷106《地形志中》,东魏武定末年此二郡领有白马、济阳二县。此双头郡及其领县不见于北齐之后文献,当在北齐省并。

6. 清河、南阳二郡

据《魏书》卷106《地形志中》,东魏武定末年此二郡领有清河、南阳、汝南三县。此双头郡及其领县不见于北齐之后文献,当在北齐省并。

7. 东恒农郡

据《魏书》卷106《地形志中》,东魏武定末年领有荥阳、阳武、淮阳三县。此郡及其领县不见于北齐之后文献,当在北齐省并。

8. 新蔡、南陈留二郡

据《魏书》卷106《地形志中》,东魏此二郡武定末年领有鲖阳一县。此双头郡不见于北齐之后文献,当在北齐省并。鲖阳县,《隋书》卷30《地理志中》淮阳郡鲖阳县:"后齐废,开皇十一年(591)复。"参见本章第八节"豫州领郡沿革"。

9. 荥阳、北通二郡

据《魏书》卷106《地形志中》,东魏武定末年此二郡领有北通、临淮、临沂、汝阴四县。此双头郡及其领县不见于北齐之后文献,当在北齐省并。

10. 汝南、太原二郡

据《魏书》卷106《地形志中》,东魏武定末年此二郡领有平豫、安城、太原、新息四县。此双头郡及其领县不见于北齐之后文献,当在北齐省并。《嘉庆重修一统志》卷128《颍州府一》"古迹"："平舆故城，在阜阳县南。《魏书》《志》，颍州有平舆、安城等县。梁置，属汝南郡，齐周时废。《旧志》，平舆故城在颍州南百里，北枕谷河。周五六里，土城独完，有门四，俗呼为远城。"

11. 新兴郡

据《魏书》卷106《地形志中》，东魏武定末年领有安城、都立、新兴、义兴四县。此郡及其领县不见于北齐之后文献，当在北齐省并。

第二十五节　谯州领郡沿革

谯州治涡阳城，在今安徽阜阳市蒙城县香山乡姜楼刘寨村。《隋书》卷30《地理志中》谯郡山桑县："后魏置涡州、涡阳县，又置谯郡。梁改涡州曰西徐州。东魏改曰谯州。……又梁置北新安郡，东魏改置蒙郡。后齐废郡，置蒙县，后又置郡。……又梁置阳夏郡，东魏废。"《魏书》卷106《地形志中》，东魏武定七年(549)复置谯州。领有南谯、汴、龙亢、蕲城、下蔡、临涣、蒙七郡。

其中汴郡，据《魏书》卷106《地形志中》，东魏武定末年领有萧、颍川二县。《隋书》卷30《地理志中》梁郡虞城县："后魏曰萧，后齐废。开皇十六年置，改名焉。又后魏置沛郡，后齐废。"这里的沛郡，可能为汴郡之误。参见本章第四十九节"汴州领郡沿革"和第十二节"南兖州领郡沿革"。是北齐省并汴郡及萧县。颍川县当亦同时在北齐省并。下蔡郡，《隋书》卷30《地理志中》汝阴郡颍上县："梁置下蔡郡，后齐废郡。大业初县改名焉。"据《魏书》卷106《地形志中》，下蔡郡为武定六年(548)改梁朝颍川郡而置，同时改梁朝黄城戍为黄城县、宁陵县为肥阳县。东魏武定末年下蔡郡领有黄城、肥阳二县。黄城、肥阳二县不见于北齐之后文献，当在北齐与下蔡郡同废，并为下蔡县。临涣郡，《隋书》卷30《地理志中》谯郡临涣县："后魏置临涣郡，又别置丹城县。东魏析置白樟县，后齐郡废。开皇元年丹城省，大业初白樟又省，并入焉。"《元和郡县图志》卷7《河南道三》亳州临涣县："本汉铚县，属沛郡，后汉属沛国，魏属谯郡。梁武帝普通中克铚城，置临涣郡，以临涣水为名。后魏改为涣北县。高齐省临涣郡，改涣北县为临涣县，属谯郡。隋开皇三年(583)，废郡留县，改置谯州。"据《魏书》卷106《地形志中》，东魏武定年间(543—550)领有白樟(治白樟城)、丹城(治费城)、涣北三县。北齐时省临涣郡，改涣北县为临涣县。又据《太平寰宇记》卷17《河南道十七》宿州临涣县："废龙山城，在县西四十五里。北齐武平四年(573)置。隋开皇九年(589)废入临涣县。"似乎北齐置有龙山县。白樟、丹城、临涣、龙山四县在临涣郡废后当均划入南谯郡。综上，北齐省并汴、下蔡、临涣三郡,加上下述颍川郡,天保七年(556)之后,谯州当领有南谯、龙亢、蕲城、蒙、颍川五郡。

1. 南谯郡

《隋书》卷30《地理志中》谯郡山桑县:"后魏置涡州、涡阳县,又置谯郡。梁改涡州曰西徐州。东魏改曰谯州。开皇初郡废,十六年(596)改涡阳为肥水。大业初州废,改县曰山桑。"据《魏书》卷106《地形志中》,所领涡阳、茅冈、柏桥、蜀坡四县均置于武定六年(548)。东魏武定末年南谯郡领有涡阳、茅冈、柏桥、蜀坡四县。茅冈、柏桥、蜀坡三县不见于北齐之后文献,当在北齐省并。又白掸、丹城、临涣、龙山四县因临涣郡省废划入,又下蔡郡省废后新设之下蔡县划入本郡,是天保七年(556)之后,南谯郡领有涡阳、白掸、丹城、临涣、龙山、下蔡六县。

2. 龙亢郡

《隋书》卷31《地理志下》彭城郡蕲县:"梁置蕲郡。后齐置仁州,又析置龙亢郡。开皇初郡废,大业初州废。"据《魏书》卷106《地形志中》,武定六年(548)置葛山、龙亢二县,龙亢郡当置于同时。东魏武定末年龙亢郡领有葛山、龙亢二县。《太平寰宇记》卷17《河南道十七》宿州蕲县:"葛城戍,在县南九十里。《后魏·地形志》:'葛山县属龙亢郡'。北齐天保七年(556)废入龙亢县。隋开皇六年(586)为戍。十六年(596)废。"是天保七年(556)之后,龙亢郡领有龙亢一县。

3. 蕲城郡

《隋书》卷31《地理志下》彭城郡蕲县:"梁置蕲郡。后齐置仁州,又析置龙亢郡。开皇初郡废,大业初州废。"南北朝时期不同隶属关系的州郡杂沓错置现象不止此一处。据《魏书》卷106《地形志中》,武定六年(548)置广平、蕲城二县,蕲城郡当置于同时。东魏武定末年蕲城郡领有广平、蕲城二县。广平县不见于北齐之后文献,当在北齐省并。是蕲城郡领有蕲城一县。蕲郡、蕲城郡、仁州相关情况参见本章第十二节"南兖州领郡沿革"与第四十一节"仁州(治赤坎城)领郡沿革"。

4. 蒙郡

治蒙县。《隋书》卷30《地理志中》谯郡山桑县:"又梁置北新安郡,东魏改置蒙郡。后齐废郡,置蒙县,后又置郡。开皇初郡废。"据《魏书》卷106《地形志中》,东魏武定年间(543—550)蒙郡领有勇山、蒙二县。勇山县不见于北齐之后文献,当在北齐省并。北齐蒙郡后来仅领有蒙一县。

5. 颍川郡

《隋书》卷30《地理志中》汝阴郡下蔡县:"又梁置淮阳郡,后齐改曰颍川郡。开皇初郡废。"此颍川郡具体治地及领县情况不详。

第二十六节　北荆州领郡沿革

北荆州治伏流城,今河南洛阳市嵩县田湖镇古城村。《隋书》卷 30《地理志中》河南郡陆浑县:"又有东魏北荆州,后周改曰和州。"同《志》襄城郡下亦云:"东魏置北荆州,后周改曰和州。"《周书》卷 43《魏玄传》:大统"十三年(547),与开府李义孙攻拔伏流城,又克孔城,即与义孙镇之。寻移镇伏流"。卷 34《裴宽传》:大统"十六年(550),迁河南郡守,仍镇孔城。……魏废帝元年(552),进使持节、车骑大将军、仪同三司、散骑常侍。孝闵帝践阼,进爵为子。宽在孔城十三年,与齐洛州刺史独孤永业相对。……齐伊川郡守梁鲊,常在境首抄掠。太祖患之,命宽经略焉。鲊行过妻家,椎牛宴饮,既醉之后,不复自防。宽密知之,遣兵往袭,遂斩之"。这里的叙事在时间上略有混乱,不过提到"太祖"宇文泰,宇文泰死于西魏恭帝三年(556),时当北齐文宣帝天保七年(556),伊川郡守梁鲊被杀应在 556 年之前。《周书》卷 5《武帝纪上》:保定二年(562)夏四月己未,"于伏流城置和州"。卷 43《魏玄传》又云:天和"四年(569),转和州刺史、伏流防主,进爵为公。"卷 6《武帝纪下》:建德五年(576)"夏四月……开府、清河公宇文神举攻拔齐陆浑等五城"。似乎伊川郡在此前又曾为北齐所占。

据《魏书》卷 106《地形志中》,北荆州武定二年(544)置,东魏武定年间(543—550)领有伊阳、新城、汝北三郡。北齐改伊阳郡为伊川郡、汝北郡为汝阴郡(见下),领有伊川、新城、汝阴三郡,因地处东西交争地带,三郡都有侨置的现象。所以北齐在版籍中即便真列有以下所列诸郡县,亦不能说明实有其地。

1. 伊川郡(原名伊阳郡)

《隋书》卷 30《地理志中》河南郡陆浑县:"东魏置伊川郡,领南陆浑县。开皇初废郡,改县曰伏流。大业初改曰陆浑。"据前引《周书》卷 34《裴宽传》以及《魏书》卷 106《地形志中》,伊阳郡可能在北齐时改为伊川郡。据《地形志中》,伊阳郡武定二年(544)置,治伏流城。后因陷于西魏,寄治州城。东魏武定年间(543—550)领有南陆浑一县。北齐伊川郡当仍领有南陆浑一县。

2. 新城郡

治新城。《隋书》卷 30《地理志中》河南郡伊阙县:"旧曰新城,东魏置新城郡。开皇初废。十八年(598)县改名焉。"据《魏书》卷 106《地形志中》,新城郡天平年间(534—537)置,治孔城。后因陷于西魏,寄治州城。东魏武定年间(543—550)领有新城、北陆浑二县。其中北陆浑县武定五年(547)陷于西魏。北齐可能仍设有新城、北陆浑二县。

3. 汝阴郡(原名汝北郡)

东魏治杨志坞;北齐治王坞城。《隋书》卷30《地理志中》襄城郡承休县:"旧曰汝原,置汝北郡,后改曰汝阴郡。后周郡废。大业初改县曰承休,置襄城郡。"据《魏书》卷106《地形志中》,初治阳仁城,天平二年(535)汝北郡曾经罢置。武定元年(543)又复置,移治梁雀坞。武定五年(547)陷于西魏。后复,治杨志坞。《通典》卷177《州郡典七》临汝郡(汝州)梁县:"汉旧县。战国时谓之南梁,以别大梁、少梁也。……又有汉霍阳县,因山为名,俗谓之张侯城,亦在今郡西南,亦名王坞城,亦名高齐汝北郡,以备周寇也。"据《魏书》卷106《地形志中》,东魏武定年间(543—550)汝北郡领有石台、南汝原、治城、东汝南、梁五县。南汝原当即《隋志》所言之汝原,汝原或为北齐所改。《周书》卷49《异域传上·蛮传》:"魏恭帝二年(555),蛮酋宜民王田兴彦、北荆州刺史梅季昌等相继款附。以兴彦、季昌并为开府仪同三司,加季昌洛州刺史,赐爵石台县公。"《旧唐书》卷76《刘孝孙传》:"刘孝孙者,荆州人也。祖贞,周石台太守。"是西魏有石台县,北周甚至设有石台郡。《太平寰宇记》卷8《河南道八》汝州梁县:"汉旧县。战国时谓之南梁,以别大梁、少梁也。汉理在汝水之南,俗谓之治城。隔汝水与注城相对,其注城南面,已为汝水所毁。后魏于此置治城县,高齐省入今梁县。隋大业二年(606),改为承休县,属汝州,取汉旧承休城为名。贞观元年(627)复为梁县。"是北齐省废治城入梁县,另东汝南县不见于北齐之后文献,当亦在北齐省并。汝北郡可能在北齐末年改为汝阴郡。是北齐汝阴郡领有石台、汝原、梁三县。

第二十七节 东魏阳州领郡沿革

阳州治宜阳,今河南洛阳市宜阳县韩城镇。《隋书》卷30《地理志中》河南郡宜阳县:"后魏置宜阳郡,东魏置阳州,后周改曰熊州。又复后魏置南渑池县,后周改曰昌洛。开皇初郡废。十八年(598)改昌洛曰洛水。大业初废熊州,省洛水入宜阳。又东魏置金门郡,后周废。"据《魏书》卷106《地形志中》,天平初年由原来洛阳之司州划置,后陷入西魏。武定初年东魏收复。阳州为东魏武定年间(543—550)新附州,领有宜阳、金门二郡。后又陷入西魏北周。

1. 宜阳郡

据《魏书》卷106《地形志中》,天平初年由原来洛阳之司州划属阳州。东魏武定年间(543—550)领有宜阳、西新安、东亭三县。

2. 金门郡

据《魏书》卷106《地形志中》,置于天平初年,东魏武定年间(543—550)领有金门、南渑池、南陕、卢氏四县。

第二十八节 郢州(原名南司州)领郡沿革

郢州治平阳,今河南信阳市南四十里。《隋书》卷31《地理志下》义阳郡:"齐置司州。梁曰北司州,后复曰司州。后魏改曰郢州,后周改曰申州,大业二年(606)为义州。"按据《魏书》卷106《地形志中》,东魏所置为南司州。北齐改为郢州。据《地形志中》,东魏南司州为武定七年(549)改梁司州而置,为武定年间(543—550)新附州,领有齐安、义阳、宋安三郡。北齐又新增淮安郡(见下)。天保七年(556)之后,北齐郢州领有齐安、义阳、宋安、淮安四郡。

1. 齐安郡

《隋书》卷31《地理志下》义阳郡钟山县:"旧曰鼉。后齐改曰齐安,仍置郡。开皇初郡废,县改曰钟山。"《元和郡县图志》卷9《河南道五》申州钟山县:"本汉鄳县也,属江夏郡,宋永初中属义阳郡。高齐于此置齐安郡,后改为万岁郡。隋开皇三年(583)罢郡为齐安县。"《太平寰宇记》卷132《淮南道十》信阳军信阳县:"废钟山县,在州东南十八里。本汉之鄳县,属江夏郡。宋永初属义阳郡。高齐于此置齐安郡,后改为万岁郡。隋开皇三年(583)罢郡为齐安县,仍属申州。"改为万岁郡不知是在北齐还是在北周,这里存疑。《太平寰宇记》卷132《淮南道十》信阳军信阳县:"废钟山县,在州东南十八里。本汉之鄳县,属江夏郡。宋永初属义阳郡。高齐于此置齐安郡,后改为万岁郡。隋开皇三年(583)罢郡为齐安县,仍属申州;四年(584)以近钟山,故改齐安为钟山县。"据《魏书》卷106《地形志中》,齐安郡东魏武定年间(543—550)领有保城、鄳、齐安三县。《读史方舆纪要》卷50《河南五》汝宁府信阳州罗山县:"汉置鄳县,属江夏郡。晋因之,寻属义阳郡。宋、齐因之。后魏亦曰鄳县。正始初改属齐安郡。高齐改置高安县。隋开皇初县废。十六年(596)改置罗山县,属申州。""高安城,县西南二十里。高齐置县于此。隋初废,寻改置罗山县。又鄳县城,在县西南黄岘关外,汉县旧治也。后魏亦曰鄳县。鄳,与鄳通。高齐时废。今基址犹存。"是北齐改废鄳县,改置高安县,另保城县不见于北齐之后文献,当在北齐省并。天保七年(556)之后,齐安郡当领有高安、齐安二县。

2. 义阳郡

据《魏书》卷106《地形志中》,义阳郡东魏武定年间(543—550)领有平阳、义阳二县。据《隋书》卷1《高祖纪》,北周大象二年(580)十二月甲子,周帝诏曰:"可授相国,总百揆,去都督内外诸军事、大冢宰之号,进公爵为王,以……申州之义阳、淮安……郢州之汉东二十郡为隋国。"是义阳郡一直到北周末年仍存在。北齐时当仍领有平阳、义阳二县。

3. 宋安郡

《隋书》卷31《地理志下》义阳郡义阳县:"旧曰平阳,置宋安郡。开皇初郡废,县改名焉。大业初置义阳郡。"据《魏书》卷106《地形志中》,宋安郡东魏武定年间(543—550)领有乐宁、东随二县。《隋书》卷31《地理志下》义阳郡礼山县:"旧曰东随,开皇九年(589)改焉。"北齐当仍领有乐宁、东随二县。

4. 淮安郡

《隋书》卷31《地理志下》义阳郡淮源县:"后齐置,曰慕化,置淮安郡。开皇初郡废,大业初县改名焉。"是淮安郡乃北齐新置。据《隋书》卷1《高祖纪》,北周大象二年(580)十二月甲子,周帝诏曰:"可授相国,总百揆,去都督内外诸军事、大冢宰之号,进公爵为王,以……申州之义阳、淮安……郢州之汉东二十郡为隋国。"是淮安郡一直到北周末年仍存在。北周淮安郡领有淮安县(参见后述第六章第六十七节"北周申州(原名郢州)领郡沿革")。当是承袭北齐建置,是北齐时淮安郡领有慕化、淮安二县。

第二十九节　西楚州(原名楚州)领郡沿革

楚州东魏治钟离城。北齐改称西楚州。《隋书》卷31《地理志下》钟离郡:"后齐曰西楚州,开皇二年(582)改曰濠州。"《太平寰宇记》卷128《淮南道六》濠州:"秦并天下,属九江郡。汉置钟离县,复隶九江郡。晋立钟离郡,宋因之。宋明帝失淮北地,复立徐州于此,后废帝改号北徐州。梁因之,以昌义之为北徐州刺史,镇钟离。……州后入高齐,文宣帝改为西楚州。"据《魏书》卷106《地形志中》,东魏楚州系武定七年(549)改梁北徐州而置,为东魏武定年间(543—550)新附州,领有彭、沛二郡与钟离、陈留二郡两个双头郡,以及马头、沛、安定、广梁、鲁、北谯、济阳、北阳平等郡,共计十二郡。其中沛郡据《魏书》卷106《地形志中》,东魏武定年间(543—550)领有萧、相、(已)[己]吾三县。此郡及其领县不见于北齐之后文献,当在北齐省并。安定郡据《地形志中》,东魏武定年间(543—550)领有濮阳、临泾、新丰、南阳四县。此郡及其领县不见于北齐之后文献,当在北齐省并。广梁郡据《地形志中》,东魏武定年间(543—550)领有相邑一县。此郡及其领县不见于北齐之后文献,当在北齐省并。鲁郡据《地形志中》,东魏武定年间(543—550)领有邹、砀、鲁三县。此郡及其领县不见于北齐之后文献,当在北齐省并。北阳平郡据《地形志中》,东魏武定年间(543—550)领有阳平、濮阳二县。此郡及其领县不见于北齐之后文献,当在北齐省并。是北齐省废沛、安定、广梁、鲁、北阳平五郡,改彭、沛二郡为广安郡,钟离、陈留二郡为钟离郡,改马头郡为荆山郡、北谯郡为阴陵郡、济阳郡为济阴郡,是天保七年(556)之后,西楚州领有广安、钟离、荆山、阴陵、济阴五郡。

1. 广安郡

东魏彭、沛二郡,北齐改为广安郡。据《魏书》卷 106《地形志中》,东魏武定年间(543—550)领有南阳、中阳、洛阳三县。其中南阳县有曲阳城。《隋书》卷 31《地理志下》钟离郡定远县:"旧曰东城。梁改曰定远,置临濠郡。后齐改曰广安。开皇初郡废。又有旧九江郡,后齐废为曲阳县,县寻废。又有梁置安州,侯景乱废。"《元和郡县图志》卷 9《河南道五》濠州定远县:"本汉东城县地,属九江郡。梁武帝天监初置,属定远郡。高齐改为大安郡。"按大安郡当即广安郡之讳称(可能是避隋炀帝杨广之讳)。据此大略可知,北齐时改彭、沛二郡为广安郡,南阳、中阳、洛阳三县可能省并为曲阳县。北齐广安郡当领有曲阳一县。

2. 荆山郡

东魏马头郡,北齐改为荆山郡。据《魏书》卷 106《地形志中》,东魏武定年间(543—550)领有蕲、平预二县。《隋书》卷 31《地理志下》钟离郡涂山县:"旧曰当涂。后齐改曰马头,置郡曰荆山。开皇初改县曰涂山,废郡。"《元和郡县图志》卷 9《河南道五》濠州钟离县:"当涂县故城,本涂山氏国,在县西南一百一十七里。"北齐可能改马头郡为荆山郡,合并蕲、平预二县为马头县。北齐荆山郡当领有马头一县。

3. 阴陵郡

东魏北谯郡治阴陵城,北齐改为阴陵郡。据《隋故齐汉阳王府记室参军皇甫君墓志铭》(《皇甫深墓志》):"君讳深,字子渊,河南洛阳人也。……父,齐龙骧将军,北雍、东雍二州刺史,楚州阴陵郡守。"北齐已改北谯郡为阴陵郡。《魏书》卷 106《地形志中》,东魏武定年间(543—550)楚州北谯郡治阴陵城,领有南蔡、北谯二县。《元和郡县图志》卷 9《河南道五》濠州定远县:"阴陵县故城,在县西北六十五里。本汉县也"。南蔡、北谯二县不见于北齐之后文献,北齐时可能省废,并新置阴陵郡和阴陵县。是北齐阴陵郡领有阴陵一县。

4. 济阴郡

东魏济阳郡,北齐改为济阴郡 《隋书》卷 31《地理志下》钟离郡化明县:"故曰睢陵,置济阴郡。后齐改县曰池南,陈复曰睢陵,后周改为昭义。"《元和郡县图志》卷 9《河南道五》濠州招义县:"本汉淮陵县,属临淮郡。后汉属下邳郡。宋孝武帝自淮北徙睢陵县,改为池南县。陈为招义县。"《舆地纪胜》卷 44《盱眙军》"县沿革"招信县:"在郡西六十里。……《寰宇记》云:'《宋书》泰始三年以济北流人寓于此土,遂分钟离东界立济阴郡,又改南池县属徐州。北齐[河]清(和)二年(563)移于今理。'"据《魏书》卷 106《地形志中》,东魏武定年间(543—550)济阳郡领有乐平、睢阳、顿丘、齐丘四县。至北齐,济阳郡改名济阴郡,省并乐平、睢阳、顿丘、齐丘四县为池南县,北齐济阴郡当领有池南一县。

5. 钟离郡

东魏钟离、陈留二郡,北齐合并为钟离郡,《隋书》卷 31《地理志下》钟离郡钟离县:"旧置郡,开皇初郡废。大业中复置郡。"据《魏书》卷 106《地形志中》,东魏武定年间(543—550)领有燕、朝歌、零、浚仪、灌丘五县。《元和郡县图志》卷 9《河南道五》濠州钟离县:"本汉旧县,属九江郡,至晋属淮南郡。安帝时,因东郡燕县流入钟离者,于此置燕县,至高齐复为钟离县。"是高齐省燕县,改置钟离县,朝歌、零、浚仪、灌丘四县不见于北齐之后文献,当亦在北齐省并。北齐钟离郡领有钟离一县。

第三十节　合州领郡沿革

合州治汝阴(合肥城),今安徽合肥市中心城区。《隋书》卷 31《地理志下》庐江郡:"梁置南豫州,又改为合州。开皇初改为庐州。"据《魏书》卷 106《地形志中》,合州为东魏武定年间(543—550)新附州,领有汝阴、南顿、南梁、北梁、南谯、庐江、西汝南、北陈八郡。据《地形志中》,东魏武定年间(543—550),南顿郡领有南顿、和城二县,西汝南郡领有安城、新野二县,北陈郡领有西华、阳夏二县。此三郡及其领县均不见于北齐之后文献,当在北齐省并。是天保七年(556)之后,合州当领有汝阴、南梁、北陈、南谯、庐江五郡。

1. 汝阴郡

治汝阴。《隋书》卷 31《地理志下》庐江郡合肥县:"梁曰汝阴,置汝阴郡。后齐分置北陈郡。开皇初郡废,县改名焉。"据《魏书》卷 106《地形志中》,东魏武定年间(543—550)汝阴郡领有汝阴、天水二县。天水县不见于北齐之后文献,当在北齐省并。是天保七年(556)之后,汝阴郡领有汝阴一县。

2. 南梁郡

治慎县。《隋书》卷31《地理志下》庐江郡慎县:"东魏置平梁郡,陈曰梁郡,开皇初郡废。"此"平梁郡"当指南梁郡而言。据《魏书》卷106《地形志中》,东魏武定年间(543—550)南梁郡领有慎、南高二县。南高县不见于北齐之后文献,当在北齐省并。是天保七年(556)之后,南梁郡领有慎一县。

3. 北陈郡

东魏北梁郡,北齐改称北陈郡。《隋书》卷31《地理志下》庐江郡合肥县:"梁曰汝阴,置汝阴郡。后齐分置北陈郡。开皇初郡废,县改名焉。"所谓"后齐分置北陈郡",当指北齐改置北梁郡为北陈郡(因原北陈郡已经省并而北梁郡又有北陈县之故也)。据《魏书》卷106《地形志中》,东魏武定年间(543—550)北梁郡领有北蒙、北陈二县。北齐北陈郡当亦领有此二县。

4. 南谯郡

东魏有南谯郡,见《魏书》卷106《地形志中》。《北齐书》卷4《文宣纪》:天保六年(555)春正月,"诏以梁散骑常侍、贞阳侯萧明为梁主,遣尚书左仆射、上党王涣率众送之"。二月"甲戌,上党王涣克谯郡。三月丙戌,上党王涣克东关,斩梁将裴之横,俘斩数千"。《陈书》卷5《宣帝纪》:太建五年(473)五月"景戌,庐陵内史任忠军次东关,克其东西二城,进克蕲城。戊子,又克谯郡城,秦州城降"。是北齐一直有此南谯郡。据《魏书》卷106《地形志中》,东魏武定年间(543—550)南谯郡领有蕲、邵陵二县。《隋书》卷31《地理志下》庐江郡襄安县:"梁曰蕲,开皇初改焉。"不言有谯郡,南谯郡当在北周时省并。北齐南谯郡领县情况当同于东魏。

5. 庐江郡

《隋书》卷31《地理志下》庐江郡庐江县:"齐置庐江郡,梁置湘州,后齐州废,开皇初郡废。"据《魏书》卷106《地形志中》,东魏武定年间(543—550)庐江郡领有潜、北始新、南始新三县。此三县不见于北齐之后文献,当在北齐时省并为庐江县。是北齐庐江郡领有庐江一县。

第三十一节　霍州领郡沿革

霍州治岳安,今安徽六安市霍山县治衡山镇。《隋书》卷31《地理志下》庐江郡霍山县:"梁置霍州及岳安郡、岳安县。后齐州废。开皇初郡废,县改名焉。"《北齐书》卷21《封隆之传封子绘附传》:"子绘弟子绣,武平中,渤海太守、霍州刺史。陈将吴明彻侵略淮南,子绣城陷,被送扬州。"是北齐有霍州,《隋志》表述不确。据《陈书》卷5《宣帝纪》,太建十一年(579),因北周侵袭,陈朝渐失江北之地,十一月"辛亥,霍州又陷"。霍州可能废于周末隋初。《太平寰宇记》卷129《淮南道七》寿州六安县:"废霍山县,去县五十里。……汉为𤄵县,属庐江郡。梁天监四年(505)于𤄵县改置霍州,兼别筑城。隋初州废,即为县城也。隋末废之,并入(盛唐)[霍山]。""废霍州城,梁天监二年(503)置州。大象元年(579)废州存县。"据《魏书》卷106《地形志中》,霍州为东魏武定年间(543—550)新附州,领有安丰、平原、北颍川、梁兴、陈、北陈、扶风、北沛、南陈、新蔡、岳安、边城、西边城、西沛、淮南、乐安、南颍川十七郡。据《地形志中》,东魏武定年间(543—550),平原郡领有清化一县;北颍川郡领有颍川、邵陵、天水三县;梁兴郡治阳夏县,领有阳夏一县;陈郡领有开、阳夏、鲖阳三县;北陈郡治卫山城,领有阳夏一县;南陈郡领有南陈(治玄康城)、边水二县;新蔡郡领有汝阳、新蔡、固始三县;西沛郡领有萧、沛、平阳三县;淮南郡领有淮南、新兴、清河三县;乐安郡领有新蔡、乐安、颍川三县;南颍川郡领有谯一县;边城郡治麻步山,领有史水一县;扶风郡治乌溪城,领县无考。这些郡及其领县均不载于北齐之后文献,当在北齐时省并。西边城郡,据《魏书》卷106《地形志中》,东魏武定年间(543—550)领有史水、宇楼、开化三县。《隋书》卷31《地理志下》庐江郡开化县:"梁置。"不言西边城郡,当在北齐已废。又史水、宇楼均不见于北齐之后文献,当亦在北齐省并。开化县可能划入岳安郡。又安丰郡治安丰县(洛步城),据《魏书》卷106《地形志中》,东魏武定年间(543—550)领有安丰一县。此郡当与扬州之安丰郡合并(参见本章第三十九节"扬州领郡沿革")。是天保七年(556)之后,霍州仅领有北沛、岳安二郡。

1. 北沛郡

治新蔡县。据《魏书》卷106《地形志中》,东魏武定年间(543—550)领有沛、曲阳、相、顺、新蔡五县。《隋书》卷31《地理志下》庐江郡淠水县:"梁置北沛郡及新蔡县。开皇初郡废,又废新蔡入焉。"沛、曲阳、相、顺四县不见于北齐之后文献,当在北齐时省并。是天保七年(556)之后,北沛郡领有新蔡一县。

2. 岳安郡

据《魏书》卷106《地形志中》,东魏武定年间(543—550)领有安成、义兴二县。《隋书》卷31《地理志下》庐江郡霍山县:"梁置霍州及岳安郡、岳安县。后齐州废。开皇初郡废,县改名焉。"可能梁置岳安郡、岳安县,至东魏已改,北齐废安成、义兴二县,重置岳安县,又开化县因西边城郡废置来属,是北齐岳安郡领有岳安、开化二县。

第三十二节 睢州领郡沿革

东魏睢州治取虑县(取虑城),在今安徽宿州市灵璧县高楼镇潼郡村,为东魏武定年间(543—550)新附州。据《魏书》卷106《地形志中》,睢州为东魏武定六年(548)占领梁潼州后改置。领有淮阳、谷阳、睢南、南济阴、临潼五郡。淮阳、谷郡二郡情况参见本章第三章第三十三节"北齐潼州领郡沿革"和第四十一节"仁州(治赤坎城)领郡沿革"《隋书》卷31《地理志下》下邳郡夏丘县:"又东魏置临潼郡、睢陵县,后齐改郡为潼郡。又梁置潼州,后齐改曰睢州,寻废,亦入潼郡。开皇初郡县并废。"北齐废此睢州为潼郡,划入潼州(参见本章第三十三节"北齐潼州领郡沿革"),以部分地区另置睢州。北齐睢州治竹邑城,在今安徽宿州市埇桥区符离镇。《隋书》卷31《地理志下》彭城郡符离县:"后齐置睢南郡,开皇初郡废,有竹邑县,梁置睢州,开皇三年(583)州废,又废竹邑入焉。"萧梁原置南济阴郡在北齐省废。据《魏书》卷106《地形志中》,南济阴郡治竹邑城,武定五年(547)夺自萧朝,东魏武定年间(543—550)领有顿丘、定陶二县。此郡及其领县不载于北齐之后文献,当在北齐时省并。北齐省并郡县后置竹邑县,划入睢南郡。天保七年(556)之后,睢州当领有睢南一郡。

睢南郡

据《魏书》卷106《地形志中》,东魏武定年间(543—550)领有斛城、新丰二县。《隋书》卷31《地理志下》彭城郡符离县:"后齐置睢南郡,开皇初郡废,有竹邑县,梁置睢州,开皇三年(583)州废,又废竹邑入焉。"《元和郡县图志》卷9《河南道五》宿州符离县:"本秦旧县,汉属沛郡。高齐时属睢南郡,隋开皇三年(583)罢郡,以县属徐州。《尔雅》曰:'莞,符离也。'以地多此草,故名。"《太平寰宇记》卷17《河南道十七》宿州符离县:"本秦旧县也。……汉属沛郡,以县隶谯郡。晋武帝以为沛国,封献王,又为斛城县。高齐天保七年(556)复为符离县,移于古符离城内。""新城,在县西北百三十里。北齐武平七年(576)复置睢南郡于此。西北百步置符离县。"是北齐改斛城县为符离县。新丰县不见于北齐之后文献,当在北齐时省并。加上竹邑县因南济阴郡省废划入,天保七年(556)之后,睢南郡领有符离、竹邑二县。

第三十三节 北齐潼州领郡沿革

潼州治夏丘,今安徽宿州市泗县县治泗城镇。《隋书》卷31《地理志下》下邳郡夏丘县:"后齐置,并置夏丘郡,寻立潼州。后周改州为宋州,县曰晋陵。

开皇初郡废,十八年(598)州废,县复曰夏丘。又东魏置临潼郡、睢陵县,后齐改郡为潼郡。又梁置潼州,后齐改曰睢州,寻废,亦入潼郡。开皇初郡县并废。"据《魏书》卷106《地形志中》,为东魏武定六年(548)占领梁潼州后改置。领有淮阳、谷阳、睢南、南济阴、临潼五郡。其中淮阳郡据《地形志中》,东魏武定年间(543—550)领有淮阳、睢陵二县。《嘉庆重修一统志》卷101《徐州府二》"古迹":"睢陵旧城,在睢宁县治。……魏收《志》,彭城郡睢陵县……武定五年来属;又睢州睢阳郡领睢陵县,武定六年置。盖分故县所置有二睢陵矣。北齐皆废。"按淮阳县当在北齐废置,睢陵县据《隋志》可能划入潼郡。谷阳郡治高昌县(谷阳城,遗址在今安徽蚌埠市固镇县连城镇谷阳村北)。据《地形志中》,东魏武定年间(543—550)领有连城、高昌二县。谷阳郡北齐时省并入仁州临淮郡(参见本章第四十一节"仁州(治赤坎城)领郡沿革")。临潼郡北齐改称潼郡。是北齐置潼州,领有夏丘、潼二郡。

1. 夏丘郡

治夏丘。《隋书》卷31《地理志下》下邳郡夏丘县:"后齐置,并置夏丘郡,寻立潼州。后周改州为宋州,县曰晋陵。开皇初郡废,十八年(598)州废,县复曰夏丘。"据《魏书》卷106《地形志中》,东魏武定年间(543—550)临潼郡领有晋陵、取虑、宁陵、夏丘四县。取虑、宁陵不见于北齐之后文献,当在北齐时省并。北齐夏丘郡当领有晋陵、夏丘二县。

2. 潼郡

治睢陵。《隋书》卷31《地理志下》下邳郡夏丘县:"又东魏置临潼郡、睢陵县,后齐改郡为潼郡。又梁置潼州,后齐改曰睢州,寻废,亦入潼郡。开皇初郡县并废。"东魏临潼郡治临潼城。据《魏书》卷106《地形志中》,东魏武定年间(543—550)领有晋陵、取虑、宁陵、夏丘四县。北齐改临潼郡为潼郡。北齐既分晋陵、夏丘二县置夏丘郡,又睢陵县因淮阳郡省废划入,北齐潼郡当领有睢陵一县。按据《安徽省地图集》,今安徽宿州市灵璧县高楼镇有潼郡村,当为此潼郡治所在今地名上留下的痕迹[①]。

第三十四节　南定州领郡沿革

据《魏书》卷106《地形志中》,南定州治弋阳郡(蒙笼城)。《隋书》卷31《地

[①]　《安徽省地图集》编纂委员会:《安徽省地图集》,中国地图出版社,2011年,"市区县地图"之"灵璧县",第160—161页。

理志下》永安郡麻城县:"梁置信安,又有北西阳县。陈废北西阳,置定州。后周改州曰亭州,又有建宁、阴平、定城三郡。开皇初州郡并废,十八年(598)县改名焉。"这一带地处汉东江北,是三方交争之地,又有山地族群的因素,政区设置情况甚为复杂。据《北齐书》卷4《文宣纪》,武定八年(550)春正月"辛酉……梁定州刺史田聪能、洪州刺史张显等以州内属"。《陈书》卷13《周炅传》:"太建元年(569),迁持节、龙骧将军、通直散骑常侍。五年(573),进授使持节、西道都督安蕲江衡司定六州诸军事、安州刺史……其年随都督吴明彻北讨,所向克捷,一月之中,获十二城。齐遣尚书左丞陆骞以众二万出自巴、蕲,与炅相遇。炅……大败骞军……进攻巴州,克之。于是江北诸城及谷阳士民,并诛渠帅以城降。……仍敕追炅入朝。初,萧詧定州刺史田龙升以城降,诏以为振远将军、定州刺史,封赤亭王。及炅入朝,龙升以江北六州七镇叛入于齐,齐遣历阳王高景安帅师应之。于是令炅为江北道大都督,总统众军,以讨龙升。龙升使弋阳太守田龙琰率众二万阵于亭川,高景安于水陵、阴山为其声援,龙升引军别营山谷。炅乃分兵各当其军,身率骁勇先击龙升,龙升大败,龙琰望尘而奔,并追斩之,高景安遁走,尽复江北之地。"可知北齐的势力亦曾波及这一带。《嘉庆重修一统志》卷340《黄州府一》"古迹":"南定州故城,在麻城县东北,梁置,隋废。……《水经注》,举水西北流,迳蒙笼戍南,梁定州治。"

据《魏书》卷106《地形志中》,南定州为东魏武定年间(543—550)新附州,领有弋阳、汝阴、安定、新蔡、北建宁五郡。据《地形志中》,东魏武定年间,汝阴郡治汝阴城,领有汝阴一县;安定郡领有安定一县;新蔡郡治新蔡城,领有新蔡一县。汝阴、安定、新蔡三郡不见于北齐之后文献,可能在北齐时省并。剩余弋阳、北建宁二郡,北建宁郡在北齐、陈或北周时改为建宁郡。加上新置或新划入之阴平、定城二郡,北齐天保七年(556)之后南定州当领有弋阳、北建宁(或建宁)、阴平、定城四郡。

1. 弋阳郡

据《魏书》卷106《地形志中》,东魏武定年间(543—550)领有汝南、期思二县。据上引《陈书·周炅传》,定州有弋阳郡。汝南、期思二县不见于北齐之后文献,可能在北齐时省并。《隋书》卷31《地理志下》永安郡麻城县:"梁置信安,又有北西阳县。"北齐天保七年(556)之后弋阳郡当领有信安、北西阳二县。

2. 北建宁(或建宁)郡

据《魏书》卷106《地形志中》,东魏武定年间(543—550)领有建宁、阳武二县。《隋书》卷31《地理志下》永安郡麻城县:"又有建宁、阴平、定城三郡。开皇初州郡并废。"有可能北齐改称建宁郡。北建宁(或建宁)郡在北齐当领有建宁、阳武二县。

3. 阴平郡

北齐有阴平郡,见上引《隋志》。领县情况不详。

4. 定城郡

北齐有定城郡,见上引《隋志》。领县情况不详。

第三十五节 永州(原名西楚州)领郡沿革

东魏西楚州治楚城,即今河南信阳市平桥区长台关乡苏楼村城里庄楚王城。《隋书》卷30《地理志中》汝南郡城阳县:"旧废,梁置,又有义兴县。后魏置城阳郡,梁置楚州,东魏置西楚州,后齐曰永州。开皇九年(589),废入纯州。十八年(598)改义兴为纯义。大业初州县并废入焉。又梁置伍城郡,后齐废。"《北齐书》卷4《文宣纪》,武定"八年(550)春正月庚申,梁楚州刺史宋安顾以州内属"。据《魏书》卷106《地形志中》,西楚州为东魏武定年间(543—550)新附州,当时领有汝阳、仵城、城阳三郡。其中汝阳郡东魏武定年间(543—550)领有义阳一县。此郡及其领县不载于北齐之后文献,当在北齐时省并。据《魏书》卷106《地形志中》,东魏武定年间(543—550)仵城郡领有城阳、淮阴二县。《隋书》卷30《地理志中》汝南郡城阳县:"又梁置伍城郡,后齐废。"伍城郡即仵城郡,是北齐省废仵城郡,另淮阴县不见于北齐之后文献,当亦在北齐时省并;城阳县则划入城阳郡。据上所考,北齐永州领有城阳一郡。

城阳郡

据《魏书》卷106《地形志中》,东魏武定年间(543—550)领有淮阴、平春、义兴、晈城四县。淮阴、平春、晈城三县不见于北齐之后文献,当在北齐时省并。又城阳县因仵城郡省废划入,天保七年(556)之后,城阳郡领有城阳、义兴二县。

第三十六节 东魏蔡州领郡沿革

蔡州,《隋书》卷30《地理志中》汝南郡新蔡县:"齐置北新蔡郡,魏曰新蔡郡,东魏置蔡州。后齐废州置广宁郡。开皇初郡废。"据《魏书》卷106《地形志中》,蔡州治豫州鲖阳县新蔡城,为东魏武定年间(543—550)新附州,领有新蔡、汝南二郡。此州本属寄治性质,北齐时州郡俱废。

1. 新蔡郡

治四望城。《元和郡县图志》卷9《河南道五》蔡州朗山县："四望故城,在县东南七十里。后魏太和十一年(487),豫州刺史王肃于四望陂南筑之以御梁。梁太清二年(549),豫州刺史羊鸦仁以二魏交逼,粮运悬断,乃弃悬瓠归于义阳,上表曰:'臣辄率所领,缩还旧镇,仍留夏绍等停四望城防备。'即此城也。"据《魏书》卷106《地形志中》,东魏武定年间(543—550)新蔡郡领有南赵、新蔡二县。北齐时郡县俱废。

2. 汝南郡

治白马涧。据《魏书》卷106《地形志中》,东魏武定年间(543—550)领有新息、南顿二县。北齐时郡县俱废。

第三十七节　东魏西淮州领郡沿革

东魏承梁置西淮州,治淮川郡(即豫州界内真阳县之白苟堆)。此州本为梁朝侨置,称淮州。北齐时废。《隋书》卷30《地理志中》汝南郡真阳县："又有白狗县,梁置淮州。后齐废州,以置齐兴郡,郡寻废。开皇初,改县曰淮川,至是亦省入焉。"据《魏书》卷106《地形志中》,西淮州为东魏武定年间(543—550)新附州,领有淮川一郡。《太平寰宇记》卷11《河南道十一》蔡州真阳县："本汉慎阳县地,属汝南郡。梁为白狗堆戍于此。故后魏将尧雄曰:'白狗,梁之北面重镇。'即此。隋开皇十六年(596)改置真丘县。唐初改为真阳县,以在溱水之阳为名。""白狗城,在县西南七十里。"《嘉庆重修一统志》卷216《汝宁府二》"古迹"："白狗故城,在正阳县东南。"按白苟堆当为今河南信阳市息县白土店。

淮川郡

治真阳县之白苟堆。北齐改为齐兴郡。据《魏书》卷106《地形志中》,东魏武定年间(543—550)领有真阳、梁兴二县。北齐后废齐兴郡为白狗县。白狗县地处要冲,齐兴郡废置后当划入汝南郡。

第三十八节　谯州(治新昌城,又称南谯州)领郡沿革

谯州治新昌郡(新昌城),当在今安徽滁州市城区。《隋书》卷31《地理志下》江都郡清流县："旧曰顿丘,置新昌郡及南谯州。开皇初改为滁州,郡废。又废乐巨、高塘二县入顿丘,改曰新昌。十八年(598)又改为清流。大业初州废。"据《魏书》卷106《地形志中》,为东魏武定年间(543—550)新附州,领有高

塘、临涂、南梁、新昌四郡。北齐当同。

1. 高塘郡

治高塘城。《嘉庆重修一统志》卷130《滁州直隶州》"古迹"："高塘废郡,在来安县北。梁置高塘郡属谯州。……陈太建五年(573)北伐,齐北高塘郡城降。……《州志》,高塘在今县东北白塔镇。"此郡不见于《隋书·地理志》,可能废于北周。据《魏书》卷106《地形志中》,东魏武定年间(543—550)高塘郡领有平阿、盘塘、石城、兰陵四县。北齐当同。

2. 临涂郡

治北谯。《隋书》卷31《地理志下》江都郡全椒县："梁曰北谯,置北谯郡。后齐改郡为临滁,后周又曰北谯。开皇初郡废,改县为滁水。"临滁即临涂,这里以《地形志》写法为准。据《魏书》卷106《地形志中》,东魏武定年间(543—550)临涂郡领有怀德、乌江、鄸三县。其中乌江县在北齐划入和州齐江郡(见本章第五十八节"北齐和州领郡沿革")。《读史方舆纪要》卷20《南直二》应天府六合县："怀德城在县西。《宋志》:大明五年立,又以历阳之乌江,并二县立临江郡。永光初郡省,以怀德属秦郡。齐复置临江郡,怀德县属焉。东魏属临滁郡。后齐县废。临滁,今滁州全椒县。"卷29《南直十一》滁州全椒县："丰乐城,县西南七十里。梁置县,属北谯郡。隋废。《志》云:县西北二十五里有北谯城,即梁北谯郡治,遗址尚存。又县北二里有南谯城,或以为梁南谯州治云。""鄸湖,县西南三十里。《志》云:后魏临滁郡领鄸县,以湖名也。县盖置于此,其下流通滁河。"同卷和州："又鄸城,在州北,汉沛郡属县也。刘宋元嘉八年(431),侨置鄸县,属历阳郡。元徽初,改属新昌郡。萧齐又改属临江郡,梁因之。东魏属临滁郡。后周废。其地与滁州全椒县接界。"《嘉庆重修一统志》卷74《江宁府二》"古迹"："临滁废郡,在江浦县西北。梁末置,属谯州。寻入东魏。《魏书》《志》,郡治葛城。陈废。"综上,北齐省并怀德县,天保七年(556)之后,临涂郡领有北谯、鄸、丰乐三县。

3. 南梁郡

治阜陵城。《梁书》卷18《冯道根传》："天监二年(503),为宁朔将军、南梁太守,领阜陵城戍。初到阜陵,修城隍,远斥候,有如敌将至者。"据《魏书》卷106《地形志中》,东魏武定年间(543—550)领有慎、梁、蒙、谯四县。北齐同。据《陈书》卷5《宣帝纪》,太建七年(575)五月乙卯,"合州之南梁郡,隶入谯州"。是合州之南梁郡在陈占领后并入谯州之南梁郡。

4. 新昌郡

治顿丘。据《魏书》卷106《地形志中》,东魏武定年间(543—550)领有赤湖、荻港、薄阳、顿丘四县。赤湖、荻港、薄阳三县不见于北齐之后文献，当在北齐省并。是天保七年(556)之后，新昌郡领有顿丘一县。

第三十九节　扬州领郡沿革

扬州治寿阳，今安徽六安市寿县县治寿春镇。《隋书》卷31《地理志下》淮南郡："旧曰豫州，后魏曰扬州，梁曰南豫州，东魏曰扬州，陈又曰豫州，后周曰扬州。"据《魏书》卷106《地形志中》，扬州为东魏武定年间(543—550)新附州，领有梁、淮南、北谯、陈留、北陈、边城、新蔡、安丰、下蔡、颍川十郡。

其中新蔡郡治新蔡，据《魏书》卷106《地形志中》，东魏武定年间(543—550)领有新蔡、固始二县。此新蔡县不见于北齐之后文献，当在北齐省并。固始县则另置北建州(见本章第五十四节"北齐北建州领郡沿革")。下蔡郡据《魏书》卷106《地形志中》，东魏武定年间(543—550)领有下蔡、楼烦二县。此下蔡郡当因相邻南兖州下蔡郡而在北齐郡县俱废。颍川郡据《魏书》卷106《地形志中》，东魏武定年间(543—550)领有相、西华、许昌三县。颍川郡及所领相、许昌二县不载于北齐之后文献，当在北齐省并。省并后所剩西华县则划入北陈郡。是北齐时省并新蔡、下蔡、颍川三郡。又《隋书》卷31《地理志下》淮南郡寿春县下云："旧有淮南、梁郡、北谯、汝阴等郡，开皇初并废，并废蒙县入焉。大业初置淮南郡。"提到扬州有汝阴郡。据《陈书》卷5《宣帝纪》，陈宣帝太建五年(573)北伐，曾力图恢复萧梁时政区建置格局，"齐改县为郡者并复之"，反过来，"齐改郡为县者"可能有些也再次被陈朝恢复为郡。武平四年(573)扬州陷陈，陈朝承梁复置汝阴郡，北周相沿不替，故《隋志》云开皇初废。北齐实无汝阴郡。北齐省并三郡，又新置光化郡，天保七年(556)之后，扬州当领有梁、淮南、北谯、陈留、北陈、边城、安丰、光化八郡。

1. 梁郡

治崇义。《太平寰宇记》卷129《淮南道七》寿州寿春县："废崇义县，在县东南三里。按《宋略》云：'太初元年(453，宋文帝刘义隆长子刘劭行用数月的年号)迁金塘人于寿阳，号为崇义县。'"据《魏书》卷106《地形志中》，东魏武定年间(543—550)梁郡领有崇义、蒙二县。是天保七年(556)之后，梁郡领有崇义、蒙二县。

2. 淮南郡

治寿春。《隋书》卷31《地理志下》淮南郡寿春县："旧有淮南、梁郡、北谯、汝阴等郡,开皇初并废,并废蒙县入焉。"据《魏书》卷106《地形志中》,东魏武定年间(543—550)淮南郡领有寿春、汝阴、西宋三县。西宋县不见于北齐之后文献,当在北齐省并。是天保七年(556)之后,淮南郡领有寿春、汝阴二县。

3. 北谯郡

治北谯。《隋书》卷31《地理志下》淮南郡寿春县:"旧有淮南、梁郡、北谯、汝阴等郡,开皇初并废,并废蒙县入焉。"据《魏书》卷106《地形志中》,东魏武定年间(543—550)北谯郡领有安阳、北谯二县。安阳县不见于北齐之后文献,当在北齐省并。是天保七年(556)之后,北谯郡领有北谯一县。

4. 陈留郡

《隋书》卷31《地理志下》淮南郡安丰县:"梁置陈留、安丰二郡,开皇初并废。"据《魏书》卷106《地形志中》,东魏武定年间(543—550)陈留郡领有浚仪、雍丘二县。北齐同。

5. 北陈郡

《隋书》卷31《地理志下》淮南郡长平县:"梁置北陈郡,开皇初废,又并西华县入。"据《魏书》卷106《地形志中》,东魏武定年间(543—550)北陈郡领有长平一县。北齐时西华县因颍川郡省并划入,是天保七年(556)之后,北陈郡领有长平、西华二县。

6. 边城郡

治期思。《隋书》卷31《地理志下》弋阳郡期思县:"陈置边城郡。开皇初郡废,改县名焉。"据《魏书》卷106《地形志中》,东魏武定年间(543—550)边城郡领有期思、新息二县。新息县不载于北齐之后文献,当在北齐省并。是天保七年(556)之后,边城郡领有期思一县。

7. 光化郡

《隋书》卷31《地理志下》弋阳郡期思县:"陈置边城郡。开皇初郡废,改县名焉。有后齐光化郡,亦废入焉。"是此郡为北齐新置。领县情况不详。

8. 安丰郡

《隋书》卷31《地理志下》淮南郡安丰县:"梁置陈留、安丰二郡,开皇初并废。"据《魏书》卷106《地形志中》,东魏武定年间(543—550)安丰郡领有安丰、松兹二县。霍州之安丰郡(领有安丰一县)当并入本郡,北齐安丰郡当亦领有安丰、松兹二县。按安丰县梁大同元年(535)曾置有安丰州,东魏武定六年(548)安丰州归东魏,北齐天保七年(556)废州,地当并入本郡之安丰县(参见本章第五十九节"安丰州沿革")。

第四十节　淮州(治淮阴城)领郡沿革

淮州治怀恩(淮阴城)。据《中国文物地图集·江苏分册》,今江苏淮安市淮阴区码头镇东北 200 米有甘罗城址,为秦淮阴县县治[①]。怀恩县当在此一带。《隋书》卷 31《地理志下》江都郡山阳县:"旧置山阳郡,开皇初郡废。十二年(592)置楚州,大业初州废。有后魏淮阴郡,东魏改为淮州,后齐并鲁、富陵立怀恩县,后周改曰寿张,又侨立东平郡。开皇元年(581)改郡为淮阴,并立楚州,寻废郡,更改县曰淮阴。大业初州废,县并入焉。"据《魏书》卷 106《地形志中》,为东魏武定年间(543—550)新附州,淮州领有盱眙、山阳、淮阴、阳平四郡。又据《隋书·地理志》,从梁至隋这一带尚侨置有东莞郡,是北齐淮州当领有盱眙、山阳、淮阴、阳平、东莞五郡。此州武平四年(即陈太建五年,573 年)为陈所占。

1. 盱眙郡

治盱眙(盱眙城)。《隋书》卷 31《地理志下》江都郡盱眙县:"旧魏置盱眙郡。陈置北谯州,寻省。开皇初郡废,又并考城、直渎、阳城三县入。"据《魏书》卷 106《地形志中》,东魏武定年间(543—550)盱眙郡领有盱眙、阳城、直渎三县。北齐当因之。

2. 山阳郡

治山阳(山阳城)。《隋书》卷 31《地理志下》江都郡山阳县:"旧置山阳郡,开皇初郡废。十二年(592)置楚州,大业初州废。"据《魏书》卷 106《地形志中》,东魏武定年间(543—550)山阳郡领有山阳、左乡二县。左乡县不载于北齐之后文献,当在北齐省并。是天保七年(556)之后,山阳郡领有山阳一县。

3. 淮阴郡

治怀恩。据《魏书》卷 106《地形志中》,东魏武定年间(543—550)领有富陵、怀恩、鲁三县。《隋书》卷 31《地理志下》江都郡山阳县:"有后魏淮阴郡,东魏改为淮州,后齐并鲁、富陵立怀恩县,后周改曰寿张,又侨立东平郡。"是北齐时鲁、富陵省入怀恩县。天保七年(556)之后,淮阴郡当领有怀恩一县。

4. 阳平郡

治太清(阳平城)。据《魏书》卷 106《地形志中》,东魏武定年间(543—

[①] 《中国文物地图集·江苏分册》(上),中国地图出版社,2008 年,"淮安市清河区、清浦区、淮阴区文物图",第 252—253 页;《中国文物地图集·江苏分册》(下),"淮安市·淮阴区",第 591 页。

550)领有太清一县。但《隋书》卷 31《地理志下》江都郡安宜县下则云:"梁置阳平郡及东莞郡。开皇初郡废,又废石鳖县入焉。"据《南齐书》卷 14《州郡志上》,北兖州(镇淮阴)阳平郡(寄治山阳)领有泰清、永阳、安宜、丰国四县。《通典》卷 181《州郡典十一》楚州安宜县:"汉平安县地。魏邓艾筑石鳖城,在今县西八十里,以营田也。"《读史方舆纪要》卷 23《南直五》扬州府宝应县:"石鳖城,县西八十里。三国魏邓艾筑此以营田。晋永和中,荀羡镇淮阴,屯田于石鳖。萧齐建元二年(480),表于石鳖,立阳平郡。《地理志》:郡治泰清县,高齐时,又改泰清为石鳖。……后周亦置石鳖县。隋初废入安宜县。"《嘉庆重修一统志》卷 97《扬州府二》"古迹":"安宜旧县,在宝应县西南。汉置平安县。晋废。萧齐置安宜县。梁移阳平郡来治。大宝元年(550)侯景改阳平为北兖州。其地寻入北齐。陈太建五年(573),吴明彻北伐克阳平郡。十一年(579)复入于周。""石鳖城,在宝应县西。"是北齐改太清为石鳖县,并新置安宜县。北齐阳平郡计领有石鳖、安宜二县。

5. 东莞郡

《隋书》卷 31《地理志下》江都郡安宜县:"梁置阳平郡及东莞郡。开皇初郡废,又废石鳖县入焉。"是梁尚侨置有东莞郡,北齐当因之,领县情况不详。

第四十一节 仁州(治赤坎城)领郡沿革

仁州治己吾(赤坎城)。据《魏书》卷 106《地形志中》,为东魏武定年间(543—550)新附州,领有临淮一郡。北齐天保七年(556)之后,仁州领有谷阳一郡(见下)。《隋书》卷 30《地理志中》彭城郡蕲县:"梁置蕲郡。后齐置仁州,又析置龙亢郡。开皇初郡废,大业初州废。"《元和郡县图志》卷 9《河南道五》宿州蕲县:"本秦旧县,汉属沛郡,后汉属沛国。……宋于此置谯郡,齐以为北谯郡。后魏改蕲县为蕲城县,隋开皇三年(583)去'城'字,属仁州。即今宿州是也。大业二年属徐州,八年属谯州,后复隶徐州。"《太平寰宇记》卷 17《河南道十七》宿州虹县:"赤坎故城,在县西南一百九十五里。梁天监八年(509)置赤坎戍。大同二年(536)废戍,置仁州。唐武德四年(621)废。"《嘉庆重修一统志》卷 126《凤阳府二》"古迹":"仁州故城,在灵璧县东南。"此州武平四年(即陈太建五年,573 年)为陈所占。

临淮郡

治己吾(赤坎城)。北齐改置谷阳郡。据《魏书》卷 106《地形志中》,东魏武定年间(543—550)仁州临淮郡领有(巳)(己)吾、义城二县,睢州谷阳郡治谷阳城,领有连城、高昌二县。连城县不见于北齐之后文献,当在北齐省废。《隋书》卷31《地理志下》彭城郡谷阳县:"后齐置谷阳郡,开皇初郡废。又有巳吾、义城二县,后齐并以为临淮县,大业初并入焉。"这里的"巳吾"当是"己吾"之讹。《嘉庆重修一统志》卷125《凤阳府一》"凤阳府表":"谷阳县,开皇初废郡为县属彭城郡。"是北齐省废谷阳郡入临淮郡,并改临淮郡为谷阳郡,省并己吾、义城二县为临淮县。天保七年(556)之后,北齐谷阳郡领有临淮、高昌二县。隋初废谷阳郡,改高昌为谷阳县。按谷阳城遗址在今安徽蚌埠市固镇县连城镇谷阳村北。

第四十二节　光州(治光城,又称南光州)领郡沿革

光州治光城,在今河南信阳市光山县县城。据《魏书》卷106《地形志中》,为东魏武定年间(543—550)新附州。但据《魏书》卷12《孝敬帝纪》,天平三年(536)"二月丁未,萧衍光州刺史郝树以州内附"。东魏在天平三年(536)一度领有此州,可能不久又陷于萧梁。《元和郡县图志》卷9《河南道五》光州:"在秦属九江郡。在汉为西阳,属江夏。晋安帝立光城县,理于此。梁末于县置光州,隋大业二年(606),罢州为弋阳郡。"据《魏书》卷106《地形志中》,东魏武定年间(543—550)光州领有北光城、弋阳、梁安、南光城、宋安五郡。其中梁安郡治济阳,据《魏书》卷106《地形志中》,东魏武定年间(543—550)领有济阳、阳城二县。此郡及其领县不见于北齐之后文献,当在北齐省并。又北光城与南光城二郡合并而为光城郡(见下),是天保七年(556)之后,南光州领有光城、弋阳、宋安三郡。

1. 光城郡

据《魏书》卷106《地形志中》,东魏武定年间(543—550),北光城郡领有光城、乐安二县;南光城郡领有光城、南乐安二县。《隋书》卷31《地理志下》弋阳郡光山县:"旧置光城郡。开皇初郡废,十八年置县焉。"弋阳郡乐安县:"梁置宋安郡,及宋安、光城二县,又有丰安郡,开皇三年(583)并废入焉。"这几处的光城县应均指一处,《隋志》不分言南、北二光城郡,两郡当在北齐合并为光城郡。此外,乐安与南乐安亦当合并为乐安县。是北齐光城郡领有光城、乐安二县。

2. 弋阳郡

治北弋阳。据《魏书》卷106《地形志中》,东魏武定年间(543—550)领有

北弋阳、南弋阳二县。《隋书》卷 31《地理志下》弋阳郡定城县:"后齐置南郢州,后废入南、北二弋阳县,后又省北弋阳入南弋阳,改为定(远)[城]焉。又后魏置弋阳郡,及有梁东新蔡县,后周改为淮南郡。又后齐置齐安、新蔡二郡,及废旧义州,立东光城郡。至开皇初,五郡及郢州并废。""后废入南、北二弋阳县",此句当有脱漏或讹误。《太平寰宇记》卷 127《淮南道五》光州定城县:"汉为弋阳县地,属汝南郡。梁普通八年(527)自后魏徙弋阳郡于此置。《舆地志》云:'高齐后弋阳郡又为新蔡郡,改平舆县为南弋阳县。武平元年(570)改南弋阳县为定城县。'"东魏南郢州边城郡废置后领县可能划入弋阳郡。据《魏书》卷 106《地形志中》,东魏武定年间(543—550)边城郡领有茹由一县。《太平寰宇记》卷 127《淮南道五》光州光山县:"故茹由城,在县南六十二里。按顾野王《舆地志》云:'晋帝立茹由县。宋文帝元嘉二十五年(448)复立茹由县,属弋阳。'按孝武以属光城郡。隋开皇三年(583)废入乐安县。"乐安县在隋属弋阳郡。是弋阳郡北齐时可能领有定城、茹由二县。

3. 宋安郡

治乐宁(大城)。据《魏书》卷 106《地形志中》,东魏武定年间(543—550)领有乐宁、宋安二县。《隋书》卷 31《地理志下》弋阳郡乐安县:"梁置宋安郡,及宋安、光城二县,又有丰安郡,开皇三年(583)并废入焉。"《读史方舆纪要》卷 50《河南五》汝宁府罗山县:"乐宁废县,在县南。刘宋置县,属宋安郡,后废。萧齐复置。后魏宋安郡治此。高齐因之。后周移郡治平阳,县省入焉。"是北齐宋安郡一直领有乐宁、宋安二县。

第四十三节 南朔州(治齐坂城)领郡沿革

南朔州治齐坂城。此州据《北齐地理志》卷 5《淮南地区》南朔州下推测,可能废于北周大象元年(579)平陈之江北地后。是北齐一直未废此州,武平四年(573)南朔州陷于陈朝。北周大象元年(579)平陈之江北地后,省废南朔州入南建州。据《魏书》卷 106《地形志中》,为东魏武定年间(543—550)新附州,领有梁、新蔡、边城、义阳、新城、黄川六郡。据《魏书》卷 106《地形志中》,东魏武定年间(543—550),梁郡领有新息一县;新蔡郡领有鲖阳一县;边城郡治石头城,领有边城一县;义阳郡领有义阳一县。这四郡及其领县不载于北齐之后文献,当在北齐省并。是北齐南朔州领有新城、黄川二郡。

1. 新城郡

治新城。据《魏书》卷 106《地形志中》,东魏武定年间(543—550)领有新城一县。《隋书》卷31《地理志下》弋阳郡殷城县:"旧曰包信,开皇初改名焉。梁置义城郡及建州,并所领平高、新蔡、新城三郡,开皇初并废。"北齐领县情况当同于东魏。

2. 黄川郡

据《魏书》卷106《地形志中》,东魏武定年间(543—550)领有安定一县。《隋书》卷31《地理志下》弋阳郡光山县:"又有旧黄川郡,梁废。"《太平寰宇记》卷127《淮南道五》光州光山县:"故黄川城,在县南四十里。耆旧相传云古黄国别城。宋昇明年置郡,州带黄水,因名黄川郡。梁天监元年(502)废。"此郡当是东魏复置,北齐因之,陈占领后废置。据《陈书》卷5《宣帝纪》,陈宣帝太建五年(573)北伐,曾力图恢复萧梁时政区建置格局,"齐改县为郡者并复之",黄川郡可能就废于此时期,故《隋志》只云梁废。

第四十四节　南建州领郡沿革

南建州治高平城,今河南信阳市商城县东。北齐同。武平四年(573)陷于陈朝。据《魏书》卷106《地形志中》,南建州为东魏武定年间(543—550)新附州,领有高平、新蔡、陈留、鲁、南陈、光城、清河七郡。其中陈留郡治陈留。据《魏书》卷106《地形志中》,东魏武定年间(543—550),陈留郡领有陈留、京兆、颍川三县;鲁郡领有鲁、义兴二县;南陈郡领有南陈、环城二县;光城郡领有光城、边城、婆水三县;清河郡领有清河一县。这五郡及其领县不见于北齐之后文献,因其本属侨置,当在北齐省废。是北齐省废陈留、鲁、南陈、光城、清河五郡,天保七年(556)之后,南建州当领有高平、新蔡二郡。

1. 高平郡

据《魏书》卷106《地形志中》,东魏武定年间(543—550)领有高平、谯、弋阳、义昌四县。《隋书》卷31《地理志下》弋阳郡殷城县:"旧曰包信,开皇初改名焉。梁置义城郡及建州,并所领平高、新蔡、新城三郡,开皇初并废。"此平高郡当即东魏北齐时的高平郡,可能为北周所改。是东魏北齐一直有高平郡。谯、弋阳、义昌三县不见于北齐之后文献,当在北齐省并。天保七年(556)之后,高平郡当领有高平一县。

2. 新蔡郡

治新蔡。据《魏书》卷106《地形志中》,东魏武定年间(543—550)领有新蔡、安定二县。《隋书》卷31《地理志下》弋阳郡殷城县:"梁置义城郡及建州,并所领平高、新蔡、新城三郡,开皇初并废。"是东魏北齐一直有新蔡郡。安定县不见于北齐之后文献,当在北齐省并。天保七年(556)之后,新蔡郡当领有新蔡一县。

第四十五节 南郢州领郡沿革

南郢州治赤石关,今河南信阳市潢川县南。《太平寰宇记》卷127《淮南道五》光州:"又《舆地志》云:'梁末于光城置光州。后魏又为弋阳郡。北齐置南郢州。后周又改为淮南郡。'隋初郡废为州。炀帝初又为郡。"《嘉庆重修一统志》卷222《光州直隶州一》"古迹":"南郢废州,在州治南。"据《魏书》卷106《地形志中》,为东魏武定年间(543—550)新附州,领有定城、边城、光城三郡。其中定城郡据《魏书》卷106《地形志中》,东魏武定年间(543—550)领有宇娄、边城二县。该郡及其所领县不见于北齐之后文献,当在北齐省废。边城、光城二郡亦可能在北齐省废。《隋书》卷31《地理志下》弋阳郡定城县:"后齐置南郢州,后废入南、北二弋阳县,后又省北弋阳入南弋阳,改为定(远)〔城〕焉。又后魏置弋阳郡,及有梁东新蔡县,后周改为淮南郡。又后齐置齐安、新蔡二郡,及废旧义州,立东光城郡。至开皇初,五郡及郢州并废。""后废入南、北二弋阳县",此句当有脱漏或讹误。但大致可以看出,北齐新增弋阳、齐安、新蔡、东光城四郡。新蔡郡系由北齐废北建州后所置(见本章第五十四节"北建州领郡沿革")。弋阳郡北齐时属于南光州〔见本章第四十二节"光州(治光城,又称南光州)领郡沿革"〕。天保七年(556)之后,南郢州可能领有齐安、新蔡、东光城三郡。

1. 齐安郡

北齐置,领县情况不详。

2. 新蔡郡

《太平寰宇记》卷127《淮南道五》光州固始县:"本汉寝县。……《续汉书·志》改为固始。齐、梁俱属豫州。北齐置〔北〕建州。至梁末,寻复废州,又为新蔡郡,领固始一县也。后周又为浍州,以水名都。隋废州县额,复隶弋阳焉。皇朝并殷城县入。"知北齐时新蔡郡可能领有固始一县。

3. 东光城郡

北齐废隋代弋阳郡定城县境的义州改置东光城郡,并划入南郢州(参见本章第二十三节"义州领郡沿革")。东魏光城郡废后领县可能划入本郡。据《魏书》卷106《地形志中》,东魏武定年间(543—550)光城郡领有光城一县。《太平寰宇记》卷127《淮南道五》光州光山县:"本汉西阳县,属江夏郡。魏属弋阳郡。宋孝武帝大明初于此立光城县。隋开皇三年(583)废入乐安县,十八年(598)又置光山县。一名弋山县。"东光城郡当领有光城一县。

第四十六节　东魏沙州领郡沿革

沙州治白沙关城,当在今河南信阳市新县陡山河乡白沙关村。《元和郡县图志》卷27《江南道三》黄州黄陂县:"白沙关,西至大关六十里,在州西二百四十里,北至光州界二十五里。"《太平寰宇记》卷131《淮南道九》黄州黄冈县:"白沙关,在县北一百二十里。"《嘉庆重修一统志》卷341《黄州府二》"关隘":"白沙关,在麻城县西北九十里。西接黄安县界,北接河南光州光山县界。"又卷223《光州直隶州二》"关隘":"白沙关,在光山县西南一百四十里。接湖北黄安县界。"据《魏书》卷106《地形志中》,为东魏武定年间(543—550)新附州,领有建宁、齐安二郡,各领一县(建宁县、梁丰县)。此州及其领郡不见于北齐之后文献,当在北齐州郡俱废。

1. 建宁郡

据《魏书》卷106《地形志中》,东魏武定年间(543—550)领有建宁一县。北齐时郡县俱废。

2. 齐安郡

据《魏书》卷106《地形志中》,东魏武定年间(543—550)领有梁丰一县。北齐时郡县俱废。

第四十七节　北江州领郡沿革

北江州治鹿城关。《嘉庆重修一统志》卷340《黄州府一》"古迹":"北江州古城,在麻城县西,梁置,后齐废。"北江州废于隋初,《一统志》所言不确。《隋书》卷31《地理志下》永安郡木兰县:"后齐置湘州,后改为北江州。开皇初别置廉城县,寻及州、二郡相次并废。"湘州在北齐时省废入北江州,即《隋志》所云"后改为北江州"(参见本章第四十八节"湘州领郡沿革")。据《魏书》卷106《地形志中》,北江州为东魏武定年间(543—550)新附州,领有义阳、齐昌、新昌、梁安、光城、齐兴六郡。据《魏书》卷106《地形志中》,东魏武定年间,齐昌郡领有齐昌一县;光城郡领有光城一县;新昌郡领有兴义一县。此三郡及县北齐省废。又永安郡因湘州省并而划入,北齐改为丰安郡。是北齐时北江州当领有义阳、梁安、齐兴、丰安四郡。

1. 义阳郡

治鹿城关。据《魏书》卷106《地形志中》，东魏武定年间(543—550)领有义阳一县。北齐同。

2. 梁安郡

据《魏书》卷106《地形志中》，东魏武定年间(543—550)领有梁兴一县。北齐同。

3. 齐兴郡

据《魏书》卷106《地形志中》，东魏武定年间(543—550)领有西平一县。北齐同。

4. 丰安郡

东魏永安郡，北齐改称丰安郡，治新城县。据《魏书》卷106《地形志中》，东魏武定年间(543—550)领有新城一县。此郡本属湘州，北齐时因废湘州而划入北江州。《隋书》卷31《地理志下》弋阳郡乐安县："梁置宋安郡，及宋安、光城二县，又有丰安郡，开皇三年(583)并废入焉。"这里提到丰安郡，《嘉庆重修一统志》卷222《光州直隶州一》"古迹"："丰安故城，在光山县西。本后魏所置永安郡也，治新城县。隋废郡，以其地并入乐安。"北齐丰安郡当亦领有新城一县。

第四十八节　东魏湘州(治大活关城)领郡沿革

湘州，治大活关城。《元和郡县图志》卷27《江南道三》黄州黄陂县："大活关，东北至光州二百八里，西至安州礼山关一百里，在县北二百里。"《隋书》卷31《地理志下》永安郡木兰县："梁曰梁安，置梁安郡，又有永安、义阳二郡。后齐置湘州，后改为北江州。开皇初别置廉城县，寻及州、二郡相次并废。十八年(598)改县曰木兰。"按湘州与北江州为二地，北齐当是废湘州入北江州。据《魏书》卷106《地形志中》，湘州为东魏武定年间(543—550)新附州，领有安蛮、梁宁、永安三郡。其中安蛮郡治大活关城，据《魏书》卷106《地形志中》，东魏武定年间领有新化一县。梁宁郡治溻阳县，据《地形志中》，东魏武定年间领有溻阳一县。二郡及所领县不见于北齐之后文献，当在北齐省并。是北齐省废湘州及安蛮、梁宁二郡。永安郡则划入北江州(见上节"北江州领郡沿革")。

第四十九节　东魏汴州领郡沿革

汴州治汴城。据《魏书》卷106《地形志中》，为东魏武定年间(543—550)

新附州,领有沛(按或为"汴"字之讹)、临淮二郡。《嘉庆重修一统志》卷126《凤阳府二》"古迹":"下蔡故城,在凤台县北三十里。……后汉属九江郡,晋属淮南郡,刘宋时废。……梁大通中,魏乱,梁得下蔡,改置汴州及汴郡。北齐郡废。隋仍为下蔡县,属汝阴郡。"此汴州当为梁侨置。

1. 沛郡(按似应为"汴郡")

据《魏书》卷106《地形志中》,东魏武定年间(543—550)领有萧、颍川、相三县。《隋书》卷30《地理志中》梁郡虞城县:"后魏曰萧,后齐废。开皇十六年置,改名焉。又后魏置沛郡,后齐废。"此郡寄治南兖州下蔡郡之地,郡、县均省废于北齐(参见本章第十二节"南兖州领郡沿革")。

2. 临淮郡

据《魏书》卷106《地形志中》,东魏武定年间(543—550)领有临淮一县。此郡本属寄治性质,当在北齐时郡县俱废。

第五十节　东魏财州沿革

《魏书》卷106《地形志中》财州:"武定八年(550)置。治豫州铜县固始城。"为东魏武定年间(543—550)新附州。领郡情况不详。《隋书》卷30《地理志中》淮阳郡铜阳县:"后齐废,开皇十一年(591)复。又东魏置财州,后齐废,以置包信县。开皇初废。"《元和郡县图志》卷7颍州沈丘县:"本汉寝丘,孙叔敖子之封,一名沈丘。汉为寝县,属汝南郡。后汉加[丘]字。东魏于此置才州,高齐文宣帝废州,改置褒信县。隋不置县邑。"《太平寰宇记》卷10《河南道十》陈州宛丘县:"固陵,在县西北三十里,高一丈二尺。按《史记》,项羽南走固陵。即此陵也。今俗呼为谷陵。"《嘉庆重修一统志》卷191《陈州府一》"古迹":"固始故城,在淮宁县(按即今河南省周口市淮阳县)西北。旧曰固陵。汉县也,属淮阳国。"此州本属寄治性质,北齐废财州后所置包信县(亦作"褒信县")当划入豫州广宁郡。

第五十一节　襄州领郡沿革

据《魏书》卷106《地形志下》,东魏天平初年襄州领有襄城、舞阴、南安、期城、北南阳、建城六郡。州治北南阳郡。《地形志下》襄州及其所领郡县均不标户口数,盖因这一带位于东西交争之处,东魏北齐未能全有其地也。襄城郡,据《魏书》卷106《地形志下》,东魏天平初年领有方城、郏城、伏城、舞阴、翼阳、赭城六县。后陷入西魏。舞阴郡,据《魏书》卷106《地形志下》,东魏天平初年领有舞阴、安阳二县。后陷入西魏。期城郡,据《魏书》卷106《地形志下》,东魏天平初年领有西舞阳、东舞阳、南阳、新安四县。后陷入西魏。北南阳郡,据《魏书》卷106《地形志下》,东魏天平初年领有北平、白水二县。后陷入西魏。据《隋书》,东魏后来可能控制有南安、建城二郡。《魏书》卷106《地形志下》载,东魏天平初年建城郡领有赭阳、白水二县。《隋书》卷30《地理志中》淯阳郡方城县:"西魏置,及置襄邑郡。开皇初废。东魏又置建城郡及建城县,后齐郡县并废。又有业县,开皇末改为澧水,大业并入。"《嘉庆重修一统志》卷211《南阳府二》"古迹":"建城故城,在叶县西南。……《隋志》淯阳郡方城县有魏置建城郡及建城县,后齐并废。"北齐时又废建城郡。故北齐只领有南安一郡。《隋书》卷30《地理志中》颍川郡叶县:"后齐置襄州。后周废襄州,置南襄城郡。开皇初郡废。又东魏置定南郡,后周废为定南县,大业初省入。"《嘉庆重修一统志》卷211《南阳府二》"古迹":"叶县古城,在今叶县南三十里,云旧县店。……汉置县,属南阳郡。晋因之。北魏属南安郡。齐移襄州于此。"是北齐襄州治所移驻叶县。

南安郡

据《魏书》卷106《地形志下》,东魏天平初年领有安南、南舞、叶、南定四县。《嘉庆重修一统志》卷211《南阳府二》"古迹":"南安故城,在叶县南,本汉叶县地。……东魏天平初,改置南安郡,领南安、南定二县。后周郡废,改置定南县。隋大业初省入叶县。按《隋志》,叶县有东魏定南郡,周废为定南县。大业初省入。盖即故南安郡也。"

第五十二节 北齐洧州领郡沿革

洧州,北齐置。《隋书》卷30《地理志中》汝南郡西平县:"后魏置襄城郡,后齐改郡曰文城,开皇初郡废。又有故武阳县,十八年改曰吴房,大业初省。又有故洧州、瀗州,并后齐置,开皇初皆废。"洧州治地及所领郡县情况不详。隋代亦置有洧州,但和北齐的似不在一地。同《志》颍川郡鄢陵县:"东魏置许昌郡,后齐废县。开皇初郡废,七年(587)复鄢陵县。十六年(596)置洧州,大业初州废。"这是隋代所置洧州之地望。

第五十三节 北齐瀗州领郡沿革

瀗州,北齐置。《隋书》卷30《地理志中》汝南郡西平县:"后魏置襄城郡,后齐改郡曰文城,开皇初郡废。又有故武阳县,十八年改曰吴房,大业初省。又有故洧州、灉州,并后齐置,开皇初皆废。"灉州治地及所领郡县情况不详。

第五十四节 北齐北建州领郡沿革

北建州治固始县,故址在今河南信阳市固始县桥沟乡谢集村一带。北齐置。《隋书》卷31《地理志下》弋阳郡固始县:"梁曰蓼县。后齐改名焉,置北建州,寻废州,置新蔡郡。后周改置涝州。"《元和郡县图志》卷9《河南道五》光州固始县:"本汉封蓼侯之地。春秋时蓼国,楚并之,今县城是也。自东晋已后,蓼县省。宋明帝失淮北地,乃于此侨立新蔡郡,领固始一县。隋开皇七年(587)改属义州。"《通典》卷181《州郡典十一》弋阳郡(光州)固始县:"春秋时寝县。寝或为沈。楚封孙叔敖之子在此。有叔敖祠。北齐置北建州,寻废州,置新蔡郡。后周置涝州。"按废州所置之新蔡郡当划入南郢州。《嘉庆重修一统志》卷222《光州一》"古迹":"蓼县故城,在固始县东北。古蓼国。……后置县,属六安国。刘宋时省。梁复置,东魏改固始,故县遂废。……《县志》:今有蓼城冈,在县东北七十里。"据《中国文物地图集·河南分册》,蓼城岗遗址在今河南信阳市固始县桥沟乡谢集村①。

第五十五节 北齐东广州领郡沿革

东广州治广陵,据《中国文物地图集·江苏分册》,广陵城遗址在今江苏扬州市城区北蜀冈上②。《隋书》卷31《地理志下》江都郡:"梁置南兖州,后齐改为东广州,陈复曰南兖,后周改为吴州。开皇九年(589)改为扬州,置总管府,大业初府废。"江都郡江阳县:"旧曰广陵,后齐置广陵、江阳二郡。开皇初郡废,十八年改县为邗江,大业初更名江阳。"江都郡海陵县:"梁置海陵郡。开皇初郡废,又并建陵县入,寻析置江浦县,大业初省入。"江都郡高邮县:"梁析置竹塘、三归二县,及置广业郡,寻以有嘉禾,为神农郡。开皇初郡废,又并竹

---

① 《中国文物地图集·河南分册》,中国地图出版社,1991年,"固始县文物图",第218—219页,"文物单位简介"之"信阳地区·固始县",第521页。
② 《中国文物地图集·江苏分册》(上),中国地图出版社,2008年,"扬州市城区文物图(一)",第240—241页;《中国文物地图集·江苏分册》(下),"扬州市·广陵区、维扬区",第534页。

塘、三归、临泽三县入焉。"是神农郡领有竹塘、三归、临泽三县。江都郡盐城县:"后齐置射阳郡,陈改曰盐城,开皇初郡废。"是北齐置有射阳郡。由于北齐一度达至长江以北,上述涉及广陵的内容或均与北齐有关,但是也很难一概而论,因为这是北齐统治的薄弱地带,军事控制并不稳定。综上所述,北齐东广州可能领有广陵、江阳、海陵、神农、射阳五郡。广陵、江阳二郡当为一双头郡,领有广陵、江都二县①。海陵郡当领有海陵、建陵、宁海、如皋、临江、蒲涛、海安七县②。神农郡领有竹塘、三归、临泽三县。《宋书》卷35《州郡志一》南兖州刺史山阳太守下列有盐城令,射阳郡当领有盐城一县。

第五十六节　北齐泾州领郡沿革

《北史》卷53《潘乐传》:"齐受禅,(潘)乐进玺绶,进封河东郡王,迁司徒。……又为[东]南道大都督讨侯景。乐发石鳖,南度百余里,至梁泾州。泾州旧在石梁,侯景改为淮州。乐获其地,仍立泾州。"据《北齐书》卷4《文宣帝纪》,立泾州为天保三年(552)事。《太平寰宇记》卷123《淮南道一》扬州六合县:"石梁溪,西北自滁州清流县界流入。……《郡国志》云'梁于石梁置泾州'是也。"《隋书》卷31《地理志下》江都郡永福县:"旧曰沛,梁置泾城、东阳二郡。陈废州,并二郡为沛郡。后周改沛郡为石梁郡,改沛县曰石梁县,省横山县入焉。开皇初郡废。大业初改县曰永福。"《资治通鉴》卷165《梁纪二十一》梁元帝承圣三年(554)春正月"陈霸先自丹徒济江,围齐广陵,秦州刺史严超达自秦郡进围泾州"条胡注引《五代志》:"江都郡永福县旧曰沛,梁置泾州,领泾城、东阳二郡。陈废泾州,并二郡为沛郡。后周改沛郡为石梁县,唐并石梁县入六合。"是北齐承梁置有泾州,领有泾城、东阳二郡。又据上引《隋书·地理志》,泾城、东阳二郡当为一双头郡,梁、北齐时当领有石梁、横山二县。

---

① 据《南齐书》卷14《州郡志上》,南齐南兖州广陵郡领有海陵、广陵、高邮、江都、齐宁五县。又《隋书》卷31《地理志下》江都郡江都县:"自梁及隋,或废或置。"这里暂已北齐江都县仍存考虑。
② 据《南齐书》卷14《州郡志上》,南齐南兖州海陵郡领有建陵、宁海、如皋、临江、蒲涛、临泽、齐昌、海安八县。临泽县后划入神农郡,广陵郡海陵县萧梁时划入海陵郡。见本处正文所引。宁海、如皋见于《隋书·地理志》。齐昌县不见于《隋书·地理志》,当有省并。海安县亦不见于《隋书·地理志》,但据《陈书》卷5《宣帝纪》,太建五年(573)八月"壬子,戎昭将军徐敬辩克海安城",北齐当有海安县。又临江,《嘉庆重修一统志》卷106《通州直隶州》"古迹":"临江旧县,在如皋县南,晋义熙中置,初属山阳郡,寻属海陵郡。宋齐因之。周省入宁海。蒲涛县,《读史方舆纪要》卷23《南直隶五》通州:"蒲涛废县在州西。晋义熙中置,初属山阳郡,寻属海陵郡。宋、齐皆因之。后周省。"总之,北齐海陵郡当领有海陵、建陵、宁海、如皋、临江、蒲涛、海安七县。当然边疆之地,或因战乱,或因人口迁徙,政区设置或有分合增废,不能完全确定北齐真正统有这些县。

第五十七节　北齐秦州领郡沿革

秦州治尉氏，当在今江苏南京市六合区雄州街道。《隋书》卷31《地理志下》江都郡六合县："旧曰尉氏，置秦郡。后齐置秦州。后周改州曰方州，改郡曰六合。开皇初郡废，四年改尉氏曰六合，省堂邑、方山二县入焉。大业初州废。又后齐置瓦梁郡，陈废。"《北齐书》卷4《文宣帝纪》天保六年（555）十一月有"梁秦州刺史徐嗣辉、南豫州刺史任约等袭据石头城，并以州内附"一事，当为北齐置此秦州之始。又方山县，《读史方舆纪要》卷20《南直隶二》应天府六合县："棠邑城在县北。汉县也。晋改置尉氏县。萧梁仍置棠邑县，东魏又增置横山县。陈因之，并属秦郡。后周又改横山为方山县。隋开皇四年（584），俱省入六合县。"《嘉庆重修一统志》卷74《江宁府二》"古迹"："方山废县，在六合县东。……旧志，盖齐周时所置，在六合县方山下。"是北齐天保六年（555）在尉氏县置秦州，领有秦、瓦梁二郡。秦郡领有尉氏、堂邑、横山三县。瓦梁郡领县无考。

第五十八节　北齐和州领郡沿革

和州治历阳，在今安徽马鞍山市和县城区。《隋书》卷31《地理志下》历阳郡："后齐立和州。"历阳郡历阳县："旧置历阳郡，开皇初郡废。"历阳郡乌江县："梁置江都郡，后齐改为齐江郡，陈又改为临江郡，周改为同江郡。"《舆地纪胜》卷48《和州》"县沿革"历阳县："倚郭。《元和郡县志》云：'历阳县，本秦旧县，项羽封范增为历阳侯。县在水北，故曰历阳。'……'北齐以两国通和，改曰和州。'"《太平寰宇记》卷124《淮南道二》和州："梁末侯景乱，江北之地尽属高齐。高齐立为和州，改临江为齐江，以和州领历阳、齐江二郡。后又省齐江并乌江，并入历阳为一郡。隋开皇十三年（593）罢郡，省齐江之谯县入历阳县，以为和州。"是北齐在历阳县置和州，领历阳、齐江二郡。历阳郡领有历阳、龙亢、雍丘三县①。齐江郡

---

① 据《南齐书》卷14《州郡志上》，南齐南豫州历阳郡领有历阳、龙亢、雍丘三县。《太平寰宇记》卷124《淮南道二》和州含山县："废龙亢县，在县东南四十里。《舆地志》云：旧属谯国。周大象元年拓定江淮，并入历阳，依旧为龙亢县。隋平陈后以其地还历阳。"是齐有历阳、龙亢县。又《嘉庆重修一统志》卷131《和州直隶州》"古迹"："雍邱故城，在州南。《宋书·州郡志》：'本汉陈留郡属县，以流寓立，先隶泰山郡，文帝元嘉八年废，属历阳。'齐因之。后废。"《读史方舆纪要》卷29《南直隶十一》和州："雍丘城，在州南。本汉陈留郡属县，东晋侨置于此。宋、齐俱属历阳郡。后周时废。"是北齐历阳郡亦领有历阳、龙亢、雍丘三县。

领有乌江一县①。

第五十九节　安丰州领郡沿革

安丰州治在今安徽省六安市霍邱县城关镇南20公里的故洛步城(旧名射鹄村)。此州不见于《隋志》。《太平寰宇记》卷129《淮南道七》寿州霍丘县:"古安丰州,在县西南十三里,北临淮。……梁天监元年(502)移此县于霍丘戍城东北置安丰。至大同元年(535)又改为安丰州,此城遂废。""废安丰州,在县南四十里射鹄村。东魏天平二年(535),两魏初分,此地入梁,大同元年(535)徙旧安丰郡于此置州。至太清二年(548),侯景破梁,为中军大都督王贵显以寿春降魏,此州又入东魏。北齐天保七年(556)废州为县,遂于无期村置安丰县,入楚州。隋开皇三年(583)移就芍陂下,此州遂废。"按安丰州废为安丰县后,不当划入楚州,当划入扬州,《寰宇记》表述似有不确之处,所谓废州为县,当是省并入扬州安丰郡之安丰县,所领安丰郡亦一并省废(参见本章第三十九节"扬州领郡沿革")。《嘉庆重修一统志》卷128《颍州府一》"古迹":"安丰古城,在霍丘县西南。汉置县在今河南固始县界。……又废安丰州,在县南四十里。"要之,安丰州梁大同元年(535)初置,领有安丰一郡,东魏武定六年(548)归东魏,北齐天保七年(556)废州入安丰县,划入扬州安丰郡。

第六十节　北齐衡州领郡沿革

衡州治南安,当在今湖北武汉市新洲区。新洲区与今湖北省麻城市地理毗邻。《隋书》卷31《地理志下》永安郡:"后齐置衡州,陈废,后周又置,开皇五年(585)改曰黄州。"《北齐书》卷4《文宣帝纪》:天保十年(559)春正月"乙卯,诏于麻城置衡州"。《太平寰宇记》卷131《淮南道九》黄州:"晋为西阳国。宋为西阳郡。齐又分为齐安郡。北齐天保六年(555)于旧城西南面别筑小城置衡州,领(西)[齐]安一郡。陈武帝复废衡州。"是北齐于天保六年(555)置衡州,领有齐安一郡。《隋书》卷31《地理志下》永安郡黄冈县:"齐曰南安,又置齐安郡。开皇初郡废,十八年(598)改县曰黄冈。"《元和郡县图志》卷27《江南道

---

① 据《南齐书》卷14《州郡志上》,南齐南豫州临江郡领有乌江、怀德、酂三县。据《魏书》卷106《地形志中》,东魏治新昌城之谯州(又称南谯州)临涂郡领有怀德、乌江、酂三县。是东魏时临江郡改为临涂郡。北齐当分乌江县置齐江郡。

三》黄州黄冈县:"本汉西陵县地,故城在今县西二里。萧齐于此置齐安县,隋开皇十八年改为黄冈,因县东黄冈为名。"是齐安郡至少领有齐安、南安二县。

第六十一节　北齐沪州沿革

《隋书》卷31《地理志下》永安郡黄陂县:"又后齐置沪州,陈废之。"《陈书》卷5《宣帝纪》太建五年(573)冬十月丙辰,诏曰:"梁末得悬瓠,以寿阳为南豫州,今者克复,可还为豫州。以黄城为司州,治下为安昌郡,沪、湍为汉阳郡,三城依梁为义阳郡,并属司州。"是沪州似在陈太建五年(573)占领之后废置。沪州领郡情况不明。

第六十二节　北齐巴州沿革

巴州治西阳,当在今湖北黄冈市黄州区东南。《隋书》卷31《地理志下》永安郡黄冈县:"又后齐置巴州,陈废。后周置曰弋州,统西阳、弋阳、边城三郡。开皇初州郡并废,大业初置永安郡。"《太平寰宇记》卷131《淮南道九》黄州黄冈县:"本汉西陵县地,属江夏郡。齐曰南安县地。北齐置巴州,后周又为弋州,皆此邑城。"北齐巴州当领有西阳、弋阳、边城三郡[①]。

第六十三节　北齐湘州沿革

《隋书》卷31《地理志下》庐江郡庐江县:"齐置庐江郡,梁置湘州,后齐州废,开皇初郡废。"这里提到"后齐州废",是北齐占领该地后即废州,还是过后某一段时间才废?不明,录此存疑。

第六十四节　北齐南司州领郡沿革

南司州治黄城,在今湖北武汉市黄陂区东。《隋书》卷31《地理志下》永安郡黄陂县:"后齐置南司州。后周改曰黄州,置总管府,又有安昌郡。开皇初府

---

① 弋阳、边城二郡情况不明。据《南齐书》卷15《州郡志下》,南齐郢州西阳郡领有西陵、蕲阳、西阳、孝宁、期思、义安左县、希水左县、东安左县、蕲水左县。边境地带族群关系复杂,萧梁和北齐的设置情况很难据此揣测。

废(按当作'郡废')。"按《元和郡县图志》卷 27《江南道三》黄州黄陂县:"本汉西陵县地,三国时刘表为荆州刺史,以此地当江、汉之口,惧吴侵轶,建安中使黄祖于此筑城镇遏,因名黄城镇。周大象元年(579),改镇为南司州,并置黄陂县。隋初改为镇,后复为县。"与《隋志》说法不同,当以《隋志》为准①。《陈书》卷 5《宣帝纪》太建五年(573)冬十月丙辰,诏曰:"梁末得悬瓠,以寿阳为南豫州,今者克复,可还为豫州。以黄城为司州,治下为安昌郡,浐、湍为汉阳郡,三城依梁为义阳郡,并属司州。"黄城之司州当即北齐所置南司州,据此可知南司州领有安昌一郡。

第六十五节　北齐义州沿革

义州治罗田,今湖北黄冈市罗田县东 60 里。《嘉庆重修一统志》卷 340《黄州府一》"古迹":"罗田故城,在今罗田县东。……《县志》:县旧治在今县东六十里魁山之麓。元大德八年(1304)县尹周广移县于官渡河,即今治也。"《隋书》卷 31《地理志下》蕲春郡罗田县:"梁置义州、义城郡,开皇初并废。"梁末北齐的势力曾经伸入到这一带,北齐应承梁在罗田设有义州和义城郡。材料不够,情况不明,录此备疑。

第六十六节　北齐罗州(或雍州)领郡沿革

北齐罗州(或雍州)治齐昌,据《中国文物地图集·湖北分册》,罗州城遗址在今湖北黄冈市蕲春县漕河镇罗州城村②。《隋书》卷 31《地理志下》蕲春郡:"后齐置罗州,后周改曰蕲州。开皇初置总管府,九年(589)府废。"此罗州中华书局点校本《隋书》已改为雍州。《通典》卷 181《州郡典十一》蕲州:"今理蕲春县。春秋以来皆楚地。秦属九江郡。二汉属江夏郡。吴为蕲春郡,晋省而属弋阳郡。北齐置雍州,后周改曰蕲州。隋炀帝初州废,置蕲春郡。"《太平寰宇记》卷 127《淮南道五》蕲州:"秦灭六国,此为九江郡地。今州东广济县,即秦、汉之六县,而英布即县人。……后为蕲春县……吴复置蕲春郡。晋惠帝时,蕲

---

① 《隋书》卷 1《高祖纪上》:开皇六年(586)冬十月丙辰,以"衡州总管周法尚为黄州总管"。所记与《元和志》相左,而与《隋志》切近。
② 《中国文物地图集·湖北分册》(上),"蕲春县文物图",西安地图出版社,2002 年,第 218—219 页;《中国文物地图集·湖北分册》(下),"黄冈市·蕲春县",第 450 页。

春改为西阳郡。……后为罗州，属江夏郡。……齐高帝改置齐昌郡。梁侯景之乱，北齐高氏尽有淮南之地，因于此置雍州。后梁明帝附周，犹如之。至陈武帝建国，洎宣帝命将吴明彻经营淮南，《陈书》云：'明彻攻下晋州，进克蕲城。'隋初为蕲州。炀帝三年废州，复置蕲春郡。"均言之凿凿称北齐所置为雍州，点校本这样改动显然有其道理。

但《隋书》卷63《刘权传》："刘权，字世略，彭城丰人也。祖轨，齐罗州刺史。"则北齐确有罗州刺史。《嘉庆重修一统志》卷340《黄州府一》"古迹"："蕲春故城，在蕲州西北。汉置县，晋改曰蕲阳，隋仍曰蕲春。……《隋书·地理志》：蕲春郡，后齐置罗州，后周改曰蕲州。"说明《一统志》接受北齐置罗州的看法。文献不足征，这里两存之。又《隋书》卷31《地理志下》蕲春郡浠水县："旧置永安郡，开皇初郡废。"《嘉庆重修一统志》卷340《黄州府一》"古迹"："永安故城，在黄冈县北，后魏置郡，隋开皇初废。……今有永安乡，在县北六十里。"综上所列，北齐罗州（或雍州）当领有永安、齐昌二郡。

1. 永安郡

治浠水。当领有浠水一县。

2. 齐昌郡

治齐昌。《元和郡县图志》卷27《江南道三》蕲州："在汉为蕲春县也，属江夏郡。……后于此复置蕲郡。晋孝武帝改曰蕲阳，以郑太后讳故也。高齐于此立齐昌郡，后陷于陈，改为江州。周平淮南，改为蕲州。"《通典》卷181《州郡典十一》蕲州蕲春县："汉旧县。北齐置齐昌郡。"《隋书》卷31《地理志下》蕲春郡蕲春县："旧曰蕲阳，梁改曰蕲水。后齐改曰齐昌，置齐昌郡。开皇十八年（598）改为蕲春。"蕲春郡蕲水县："旧曰蕲春，梁改名焉。"北齐可能是将梁蕲水县分为二县，齐昌郡当领有齐昌、蕲水二县。

第六十七节　北齐江州领郡沿革

江州治怀宁，在今安徽安庆市潜山县治梅城镇。《隋书》卷31《地理志下》同安郡："梁置豫州，后改曰晋州，后齐改曰江州，陈又曰晋州，开皇初曰熙州。"《梁书》卷43《韦粲传》：太清二年（548），"先是，安北将军鄱阳王范亦自合肥遣西豫州刺史裴之高与其长子嗣，帅江西之众赴京师，屯于张公洲，待上流诸军至"。这里的西豫州，当即《隋志》所云萧梁所置之豫州。同书卷22《太祖五王鄱阳王恢传》："世子范嗣。……及景围京邑，范遣世子嗣与裴之高等入援，迁开府仪同三司,进号征北将军。京城不守,范乃弃合肥,出东关,请兵于魏,遣二子为质。魏人据合肥,竟不出师助范,范进退无计,乃溯流西上,军于枞阳,遣信告寻阳王。寻阳要还九江,欲共治兵西上,范得书大喜,乃引军至溢城,以晋熙为晋州,遣子嗣为刺史。"

《北齐书》卷4《文宣帝纪》:天保六年(555)夏四月"丁卯,仪同萧轨克梁晋熙城,以为江州"。是北齐设置江州在天保六年(555)。《陈书》卷5《宣帝纪》:太建五年(573)"三月壬午,分命众军北伐……(八月)戊午,平固侯陈敬泰等克晋州城。"太建六年(574)春正月壬戌朔,诏曰:"……可赦江右淮北……江州之齐昌、新蔡、高唐……士民,罪无轻重,悉皆原宥。将帅职司,军人犯法,自依常科。"太建八年(576)冬十一月"丁酉,分江州晋熙、高唐、新蔡三郡为晋州"。按齐昌郡在北齐当属罗州(一云雍州),划属江州当是陈宣帝北伐过程中的重新调整。是北齐江州领有晋熙、高唐、新蔡三郡,加上龙安、枞阳二郡(见下),陈占北齐江州之前,江州当领有晋熙、高塘、新蔡、龙安、枞阳五郡。

1. 龙安郡

《太平寰宇记》卷125《淮南道三》舒州太湖县:"本汉皖县地,在宋武帝初置,元嘉二十五年(448)废。又至泰始二年(466)复置,在龙山太湖水之侧,因为县名。元嘉末年以县居山险,移就平原,去旧县三十八里。至齐建元二年(480),行台左丞卢潜更修故太湖城,立为龙安郡,以太湖、东陈二县属焉。陈太建五年(573),郡及东陈县并废,唯太湖县独存。隋初又为晋熙县。"这里的"至齐建元二年,行台左丞卢潜更修故太湖城",中间当有脱漏,南齐高帝有建元二年(480),但《南齐书·州郡志》并未有龙安郡与东陈县,有太湖左县,却属晋熙郡管辖,此其一。文中所提"行台左丞卢潜"是东魏北齐人,此其二[①]。是龙安郡当为北齐所置,领有太湖、东陈二县。

2. 高塘郡

又作高唐郡,领有高塘(亦作高唐)一县,《隋书》卷31《地理志下》同安郡宿松县:"梁置高塘郡。开皇初郡废,改县曰高塘,十八年(598)又改名焉。"据《梁书》卷44《太宗十一王新兴王大庄传》:"新兴王大庄字仁礼。大同九年

---

① 《北齐书》卷42《卢潜传》:"卢潜,范阳涿人也。……仪同贺拔胜辟开府行参军,补侍御史。世宗引为大将军西合祭酒,转中外府中兵参军,机事强济,为世宗所知,言其终可大用。……天保初,除中书舍人,以奏事忤旨免。……寻除司州别驾,出为江州刺史,所在有治方。肃宗作相,以潜为扬州道行台左丞。……迁合州刺史,左丞如故。又除行台尚书,寻授仪同三司。"肃宗是北齐孝昭帝高演的庙号,在位两年,年号皇建。卢潜任职履历与《寰宇记》所记相合。

(543),封高唐县公,邑一千五百户。"是萧梁已置高塘(亦作高唐)县,《隋志》表述不确。

3. 晋熙郡

治怀宁。《隋书》卷 31《地理志下》同安郡怀宁县:"旧置晋熙郡,开皇初郡废。大业三年(607)置同安郡。"《旧唐书》卷 40《地理志三·淮南道六》舒州怀宁县:"汉皖县地,晋于皖县置怀宁县。晋置晋熙郡。隋改为熙州,又为同安郡。武德四年(621),改为舒州,以怀宁为州治。"《太平寰宇记》卷 125《淮南道三》舒州怀宁县:"本汉皖县……永嘉乱后遂废。晋安帝复于旧县改置怀宁县。"又《隋书》卷 31《地理志下》同安郡望江县:"陈置大雷郡。开皇十一年(591)改曰义乡,十八年(598)改名焉。"《太平寰宇记》卷 125《淮南道三》舒州望江县:"本汉皖县地,《宋书·州郡志》:'晋安帝于此立新冶县,属晋熙郡。'亦为大雷戍,按《宋书》注云:'西岸有大雷江,自寻阳、柴桑沿流三百里入江,即新冶县也。'历宋、齐、梁不改。至陈于新冶置大雷郡。隋开皇初郡废,十一年(591)改为义乡县,属熙州,十八年(598)又改为望江县。"是晋熙郡至少领有怀宁、新冶二县。

4. 新蔡郡

治永兴。《隋书》卷 31《地理志下》蕲春郡黄梅:"旧曰永兴,开皇初改曰新蔡,十八年改名焉。有黄梅山。"《元和郡县图志》卷 27《江南道三》蕲州黄梅县:"本汉蕲春县地,隋开皇九年(589)置新蔡县,属蕲州。仁寿元年(601)改为黄梅县,因县北黄梅山为名。"是新蔡郡领有永兴一县。

5. 枞阳郡

治枞阳。《隋书》卷 31《地理志下》同安郡同安:"旧曰枞阳,并置枞阳郡。开皇初郡废,十八年(598)县改名焉。"《太平寰宇记》卷 125《淮南道三》舒州桐城县:"阴安故城,在县东南一百八十里。按《宋书·州郡志》:'晋熙郡阴安县也。'又云梁以阴安改属枞阳郡。隋开皇三年(583)罢郡,县遂省。"是枞阳郡领有枞阳、阴安二县。

第六十八节 东魏陕州领郡沿革

陕州治陕,陕州故城在今河南三门峡市湖滨区崖底街道三里桥村西北。东魏天平初年曾经置陕州,后陷于西魏。据《魏书》卷 106《地形志下》,陕州领有恒农(领陕中、北陕、崤三县)、西恒农(领恒农一县)、渑池(领俱利、北渑池二县)、石城(领同堤一县)、河北(领北安邑、南安邑、河北、太阳四县)五郡。

第六十九节 南豫州沿革

东魏、北齐曾在今湖北随州市唐县镇一带置有南豫州,此州《魏书·地形志》不载。《隋书》卷31《地理志下》汉东郡唐城县:"后魏曰溠西,置义阳郡。西魏改溠西为下溠,又立肆州,寻曰唐州。后周省均、款、涢、归四州入,改曰唐州。又有东魏南豫州,至是改为溠川郡,又置清嘉县。开皇初郡并废。十六年(596)改下溠曰唐城,大业初州及诸县并废入焉。"《水经注》卷31《涢水注》涢水"东南过随县西":"有溠水出县西北黄山,南迳溠西县西,又东南,溠水入焉。"《元和郡县图志》卷21《山南道二》随州唐城县:"本汉随县地,梁于此置下溠戍。后没魏,改为下溠镇。隋开皇三年(583),改镇为唐城县,大业[二]年(606)废。开元二十四年(736),采访使宋鼎奏置。"《太平寰宇记》卷144《山南东道》随州唐城县:"汉随县地,后魏于此置溠西县,兼立义阳郡,后又改为肆州,或曰唐州。隋废之。唐开元二十五年(737)以客户编成十二乡置唐城县。后梁改为汉东县。汉初复旧。"《嘉庆重修一统志》卷343《德安府》"古迹":"溠西故城,在随州西北。……《宋会要》,绍兴五年(1135),省唐城县为镇,属随县。《州志》,唐县镇在溠水之东北岸镇司村。"据《隋志》,南豫州北周时始省废为溠川郡,领有清嘉一县。

第四章　西魏北周州郡县沿革(上)

《隋书·地理志》一共有三卷。由于隋朝的疆域、政区格局源自西魏北周，尽管不是完全对应，大致说来，《隋书》卷29《地理志上》反映的是北周灭齐前原西魏、北周的主要地理控制范围，卷30《地理志中》反映的是北齐末年的主要地理控制范围，卷31《地理志下》则反映的是北周、隋所占陈朝的地理控制范围。王仲荦《北周地理志》其实也是建立在《隋书·地理志》提供的政区结构基础之上的。本章和之后二章以《隋书·地理志》为基础，结合《北周地理志》与《北齐地理志》提供的线索，叙述西魏北周的州郡县沿革。

第一节　雍州领郡沿革

《元和郡县图志》卷1《关内道一》京兆府："后魏太武破赫连昌，复于长安置雍州，孝武自洛阳迁长安，改为京兆尹。"北魏末年，雍州领有京兆、冯翊、扶风、咸阳、渭南五郡。《周书》卷4《明帝纪》周明帝二年(558)春正月丁巳日："雍州置十二郡。"雍州十二郡，据《隋书》卷29《地理志上》京兆郡武功县："后周置武功郡，建德中郡废。"京兆郡盩厔县："后周置周南郡及恒州，又有仓城、温汤二县，寻并废。"京兆郡醴泉县："后魏曰宁夷，西魏置宁夷郡。后周改为秦郡，后废，又以新畤、甘泉二县入焉。开皇十八年(598)改县名醴泉。"京兆郡蓝田县："后周置蓝田郡，寻废郡，及白鹿、玉山二县入焉。"京兆郡渭南县："后魏置渭南郡，西魏分置灵源、中源二县，后周郡及二县并废入焉。"京兆郡三原县："后周置建忠郡，建德初郡废。"京兆郡富平县："旧置北地郡，后周改曰中华郡，寻罢。"又周明帝二年(558)在灵武县当还置有灵武郡(见咸阳郡条下)。武功、周南、秦、蓝田、渭南、建忠、中华、灵武八郡，加上京兆、冯翊、扶风、咸阳四郡，刚好是十二郡。《周书》卷5《武帝纪上》：建德二年(573)二月，"省雍州内八郡，并入京兆、冯翊、扶风、咸阳等郡"。

1. 京兆郡

西魏京兆郡，北周改称京兆尹，治长安，在今陕西西安市未央区一带。《周书》卷4《明帝纪》周明帝二年(558)六月:"分长安为万年县,并治京城。"《太平寰宇记》卷25《关西道一》雍州万年县:"本汉旧县也,属左冯翊,在今栎阳县东北二十五里栎阳故城是也。《周地图记》云:'后周明帝二年(558)分长安、霸城及姚兴所置山北三县地,始于长安城中置万年县,理八角街已东,属京兆尹,取汉旧县名也。'天和三年(568)废山北县,建德二年(573)又省霸城、杜城二县,以三县地并入万年。"鄠县,《元和郡县图志》卷2《关内道二》京兆府鄠县:"本夏之扈国……扈至秦改为鄠邑,汉属右扶风,自后魏属京兆,后遂因之。"盩厔县,《太平寰宇记》卷30《关西道六》凤翔府盩厔县:"本汉旧县也,武帝置,属右扶风。山曲曰盩,水曲曰厔,因山水之曲以名之。后汉省,晋武复立,魏因之。后周天和二年(567)乃移于今鄠县西北三十五里。"《元和郡县图志》卷1《关内道一》雍州蓝田县:"本秦孝公置。……盖以县出美玉,故曰蓝田。周闵帝割京兆之蓝田,又置玉山、白鹿二县,置蓝田郡,至武帝省郡复为蓝田县,属京兆,后遂因之。"《长安志》卷16蓝田县:"秦旧县也。……秦属内史,汉属京兆尹。后魏太武帝太平真君七年(446)省县。孝文帝太和十一年(487)复置,隶京兆郡。后周闵帝(三)[元]年(557)析县置玉山、白鹿县,以三县置蓝田郡。武帝建德二年(573)省郡,废玉山、白鹿入蓝田,以隶京兆。自县西三十里故城徙峣柳城,今治是也。"新丰县,《太平寰宇记》卷27《关西道三》雍州昭应县:"县即汉新丰之地。……属京兆,今县东一十二里故城,即汉县之所。后汉灵帝末移安定郡阴盘县寄理于此,今亦谓阴盘城。后魏太和九年(485)自此移阴盘县于今昭应县东三十二里泠水西、戏水东司马村故城也。其新丰县自阴盘县寄理之后,又移理于故城东三十里,盖在零水侧。周闵帝元年(557)又徙于天宝废新丰县东南七里,隋大业六年(610)又移于天宝中废县所治。"渭南县,《元和郡县图志》卷1《关内道一》京兆府渭南县:"本汉新丰县地,苻秦时置。后魏孝明帝(夹注:亦云孝文帝)于今县东南四里置渭南郡及南新丰县。西魏废帝二年(553),改南新丰为渭南县。"《太平寰宇记》卷29《关西道五》华州渭南县:"本汉新丰县地,盖苻坚新置。汉初有渭南郡,因以取名。……后魏孝昌三年(527),于今县东四里明光原上置渭南郡及南新丰县。西魏废帝三年(554),改南新丰为渭南县,周建德二年(573)省郡,以县属京兆府。隋开皇十四年(594),自明光原移于今理。"《长安志》卷17渭南县:"本汉新丰县地,前秦苻坚置渭南县,属京兆郡。……后魏孝昌三年(527)徙置今县东南四里明光原上,为南新丰县,仍置渭南郡。西魏废帝二年(553)分置灵源、中源二县,改南新丰为渭南县。后周建德二年(573)郡及二县并废入渭南,属雍州。"是北周建德二年(573)之后,京兆尹领有长安、万年、鄠、盩厔、蓝田、新丰、渭南七县。

2. 冯翊郡

西魏北周均治高陆县。北魏末年冯翊郡领有高陆、频阳、万年、莲勺、夏封、鄠、广阳等县。西魏分冯翊郡夏封、莲勺二县另置延寿郡(参见本章第四节"华州(原名东雍州)领郡沿革")。频阳县不见于《隋志》，当在西魏北周时省并①。《元和郡县图志》卷2《关内道二》京兆府高陵县："本秦旧县，孝公置。汉属左冯翊。魏文帝改为高陆，属京兆郡。隋大业二年(606)，复为高陵。"《太平寰宇记》卷26《关西道二》雍州高陵县："本汉旧县，属左冯翊，秦孝公所置。魏文帝改为高陆县，属京兆郡。自此以前，其县在今县西南一里故城是也。后魏移于今所。隋大业二年(606)复为高陵县城，县城大业七年(611)所筑。"广阳县，《元和郡县图志》卷2《关内道一》京兆府栎阳县："本秦旧县，献公自雍徙居焉，属左冯翊。……按高帝既葬太上皇于栎阳之万年陵，遂分栎阳置万年县以为陵邑，理栎阳县城中，故栎阳城亦名万年城。后汉省栎阳入万年，后魏宣武帝又分置广阳县，周明帝省万年入广阳，更于长安城中别置万年县，广阳仍属冯翊郡。隋开皇三年(583)罢郡，广阳县属雍州。武德元年(618)又改为栎阳县。"《太平寰宇记》卷26《关西道二》雍州栎阳县："后汉省栎阳入万年县，后魏太和中又分置鄠县。宣武又分置广阳县。周明帝二年省万年入广阳、高陵二县，更于长安城别置万年县，广阳仍属冯翊郡。隋开皇三年(583)罢郡，广阳属雍州。唐武德元年(618)改为栎阳。"《太平寰宇记》卷31《关西道七》耀州富平县："本汉旧县，属北地郡。前汉理在今灵州回乐县界，后汉移于今宁州彭原县界，晋又移于今县西南怀德城。后魏大统五年(539)自怀德城移于今理。周闵帝(二)[元]年(557)于县理置中华郡。隋废郡，县属雍州。"《隋书》卷29《地理志上》京兆郡三原县："后周置建忠郡，建德初郡废。"《大隋使持节上柱国德广郡开国公李使君之墓志铭》(《李和墓志》)云："公讳和，字庆穆，陇西狄道人也。……开皇二年(582)四月十五日，薨于家，春秋七十七。……其年岁次壬寅，十二月辛未朔，廿六日丙申葬于冯翊郡华池县万寿原。"是隋代冯翊郡领有华池县，此种情况当承自北周。是北周建德二年(573)之后，冯翊郡领有高陆、广阳、鄠、富平、三原、华池六县。

---

① 《北史》卷87《酷吏王文同传》："王文同，京兆频阳人也。性明辩，有干用。开皇中，以军功拜仪同，授桂州司马。"这里王文同的籍贯为"京兆频阳"，频阳县自汉以来一直属冯翊，《北史》所记似乎不确。又《新出魏晋南北朝墓志疏证》所收《韦彪墓志》云："君讳彪，字道亮，京兆杜人也。……属魏政陵迟，禄去王室，拥宠擅命，窥觎神器。遂使銮舆西幸，宗厝禾垂。君忧国忘家，志匡靖难，乃星言奔赴，奉卫途中。鱼水相见，君臣体合，裂封河山，用酬丹赤，赏频阳县开国侯，食邑八百户。值大周龙潜，扫清寰寓，君上攀云翼，下厕一毛，每从征战，义勇俱发。"是西魏曾有频阳县。

3. 扶风郡

《隋书》卷29《地理志上》京兆郡始平县:"故置扶风郡,开皇三年(583)郡废。"据《长安志》卷14兴平县注引《十道志》曰:"永安元年(528)移扶风郡于文学城,领槐里、始平、盩厔三县,属雍州。"是北魏永安元年(528)扶风郡已改治文学城,领有槐里、始平、盩厔三县。盩厔县北周时起初划入周南郡,后因周南郡省并而划入京兆尹(见上)。《嘉庆重修一统志》卷228《西安府二》"古迹":"文学城,在兴平县东南,相近有武学城。"按《元和郡县图志》卷2《关内道二》京兆府兴平县:"本汉平陵县,属右扶风。魏文帝改为始平。晋武改置始平郡,领槐里县,历晋至西魏数有移易。"《太平寰宇记》卷27《关西道三》雍州兴平县:"本周犬丘之地也。……汉高帝改为槐里,今县北故城是也。……属右扶风。魏黄初元年改为始平县,因原以建名。历晋至苻坚,移于茂陵城。后魏永安元年(528)移于今县东北一十五里,恭帝元年(554)又移于县东北二十五里,大象二年(580)复移于今县东南一十五里文学城。隋大业九年(613)自文学城移于今所。"北周扶风郡亦曾领有槐里县。《周书》卷3《孝闵帝纪》:孝闵帝元年春正月辛丑,"即天王位。柴燎告天,朝百官于路门。……是日,槐里献赤雀四"。五月己酉,"槐里献白燕"。槐里县不见于《隋书·地理志》。《嘉庆重修一统志》卷228《西安府二》"古迹":"槐里故城……盖隋初废也。"《读史方舆纪要》卷53《陕西二》西安府兴平县槐里城下云槐里县"后周废入始平县",可从。又武功郡在北周建德二年(573)省废,所领美阳县更名为武功县,与莫西县一并划入扶风郡。《太平寰宇记》卷27《关西道三》雍州武功县:"斄城,一名武功城。……汉为斄县也,在今县西南二十二里。后汉省,复自渭水南移武功县于斄故城,因谓之武功城。后魏孝文太和十一年(487)改武功为美阳县,仍于此置武功郡。周武天和四年(569)美阳还旧理。建德三年(574)省郡,别立武功县于中亭川,即今县理也。""美阳城,汉县,在今县西七里。南有周原。后魏太和十一年(487)移废县于古斄城中,后改武功为美阳县。周天和四年(569)武功复还旧理;建德三年(574)省,此邑今县余址殆尽。"《太平寰宇记》卷31《关西道七》乾州好畤县:"本汉旧县。……后汉省。故县在今县东南四十三里奉天县界好畤故城是也。晋元康中复于汉好畤县城东南二里再置好畤县。周建德三年(574)并入莫西县。隋开皇十八年(598)又改莫西为好畤县。大业三年(607)省。"是北周建德三年(574)之后,扶风郡当领有始平、武功、莫西三县。

4. 咸阳郡

据《魏书》卷106《地形志下》,咸阳郡治池阳。北魏永熙年间(532—534)

领有石安、池阳、灵武、宁夷、泾阳五县。《嘉庆重修一统志》卷228《西安府二》"古迹":"灵武旧县,在咸阳县东。汉县在今宁夏府界,晋时徙置于此。……《县志》,县东有零武乡,废县盖在此。'零'即'灵'之讹也。"又北周有灵武郡。《隋书》卷40《虞庆则传》:"虞庆则,京兆栎阳人也。本姓鱼。其先仕于赫连氏,遂家灵武,代为北边豪杰。父祥,周灵武太守。"此灵武郡当在周明帝二年(558)置于灵武县,建德二年(573)灵武郡废置,灵武县并入石安县。《元和郡县图志》卷2《关内道二》京兆府泾阳县:"本秦旧县。汉属安定郡,惠帝改置池阳县,属左冯翊,故城在今县西北二里,以其地在池水之阳,故曰池阳。后魏废,于今县置咸阳郡,苻秦又置泾阳县。隋文帝罢郡,移泾阳县于咸阳郡,属雍州,即今县是也。"这里的"后魏",当指西魏,是西魏并池阳与石安二县为石安一县,故西魏咸阳郡治石安县,隋又并泾阳与石安二县为泾阳一县,治所定于原咸阳郡治石安县城。又《长安志》卷16醴泉县:"醴泉县本汉左冯翊谷口县地,……后魏武帝于谷口置温秀、宁夷二护军,改池阳为宁夷县,隶咸阳郡。西魏置宁夷郡,后周改为宁秦郡。"《元和郡县图志》卷1《关内道一》京兆府醴泉县:"本汉谷口县地,在九嵕山东仲山西,当泾水出山之处,故谓之谷口。……后汉及晋,又为池阳县。后魏改为宁夷县。隋开皇十八年(598)改为醴泉县,以县界有周醴泉宫,因以为名。"这里的武帝应指北魏太武帝。又西魏咸阳郡尚领有新畤、甘泉二县,北周废入宁夷县。《隋书》卷29《地理志上》京兆郡醴泉县:"后魏曰宁夷,西魏置宁夷郡。后周改为秦郡,后废,又以新畤、甘泉二县入焉。开皇十八年(598)改县名醴泉。"北周建德二年(573)之后,咸阳郡领有石安、泾阳、宁夷三县。

第二节 恒州沿革

《隋书》卷29《地理志上》京兆郡鄠屋县:"后周置周南郡及恒州,又有仓城、温汤二县,寻并废。"《太平寰宇记》卷30《关西道六》凤翔府鄠屋县:"本汉旧县也。武帝置属右扶风。……后汉省,晋武复立,魏因之。后周天和二年(567),乃移于今鄠县西北三十五里。割雍州之终南郡于此置恒州,领周南郡。建德三年(574),从鄠县西北移于今所,置周南郡。唐武德二年(619),废恒州。天宝中改名宜寿,后又为鄠屋。后唐同光元年(923),割属凤翔。"《北周地理志》认为周南郡为雍州十二郡之一,不属恒州;恒州统军人,不领郡县。

第三节　宜州(原名北雍州)领郡沿革

宜州(原名北雍州)治泥阳。《隋书》卷29《地理志上》京兆郡华原县："后魏置北雍州，西魏改为宜州，又置北地郡，寻改为通川郡。开皇初郡废，大业初州废，及土门县入焉。"据《周书》卷2《文帝纪下》，西魏废帝三年(554)春正月，北雍州改为宜州。北雍州北魏永安元年(528)置，原治三原。永熙元年(532)移治宜君县。初设时领有北地、建忠、宜君三郡。建忠郡北周明帝二年(558)划入雍州(见本章第一节"雍州领郡沿革")。又据《隋书》卷29《地理志上》京兆郡云阳县："旧置，后周置云阳郡，开皇初郡废。"加上原有的宜君郡，北周宜州领有通川(原名北地)、宜君、云阳三郡。

1. 通川郡

北魏末年北地郡领有泥阳、土门、弋居、云阳、富平等县，治富平。西魏废帝三年(554)划北地郡一部分另置通川郡，治泥阳。北周明帝二年(558)富平县所置北地郡改称中华郡(参见本章第一节"雍州领郡沿革")。《元和郡县图志》卷2《关内道二》京兆府华原县："本汉祋祤县地，属左冯翊。魏、晋皆于其地置北地郡，元魏废帝三年(554)改为通川郡，领泥阳县。隋开皇三年(583)罢郡，以县属宜州，六年(586)改泥阳为华原县。大业二年(606)省宜州，县属京兆。"《太平寰宇记》卷31《关西道七》耀州华原县："本汉祋祤县地，属左冯翊。曹魏、元魏皆于其地置北地郡。元魏废帝三年(554)，改为通川郡，领泥阳县。隋开皇三年(583)罢郡，以县属宜州。六年(586)改泥阳为华原。大业二年(606)省宜州，县属京兆。"云阳县则划入云阳郡。弋居县不见于《隋志》，当在西魏北周时省并。又据《隋书》卷29《地理志上》京兆郡华原县："后魏置北雍州，西魏改为宜州，又置北地郡，寻改为通川郡。开皇初郡废，大业初州废，及土门县入焉。"是北周通川郡治泥阳，领有泥阳、土门二县。

2. 宜君郡

治宜君。《隋书》卷29《地理志上》京兆郡宜君县："旧置宜君郡，开皇初郡废。"《元和郡县图志》卷3《关内道三》坊州宜君县："前秦苻坚于祋祤县故城置宜君护军，后魏太武帝改为宜君县，文帝大统五年(539)又移于今华原县北。"《长安志》卷20同官县："《十六国春秋》：苻坚于祋祤城东北铜官川置铜官护军，后魏太武太平真君七年(446)罢护军置铜官县，属北地郡，庄帝永安元年(528)属宜君郡，后周武帝建德四年(575)自今县东南十里铜官故县徙于今治，'同'字旧从金，至是除'金'止作'同'字。隋开皇二年(582)改宜君郡为宜州，以县属焉。大业二年(606)省宜州,以县隶雍州。"北周建德四年(575)宜君郡治宜君,领有宜君、同官二县。

3. 云阳郡

治云阳。《隋书》卷29《地理志上》京兆郡云阳县:"旧置,后周置云阳郡,开皇初郡废。"《元和郡县图志》卷1《关内道一》京兆府云阳县:"本汉旧县,属左冯翊,魏司马宣王抚慰关中,罢县,置抚夷护军,及赵王伦镇长安,复罢护军。刘、石、苻、姚因之。魏罢护军,更于今理别置云阳县,隋因之。"北周云阳郡当领有云阳一县。

第四节　华州(原名东雍州)领郡沿革

东雍州治郑县,西魏废帝三年(554)改称华州。《隋书》卷29《地理志上》京兆府郑县:"后魏置东雍州,并华山郡。西魏改曰华州。开皇初郡废,大业初州废。"据《周书》卷2《文帝纪下》,西魏废帝三年(554)春正月,东雍州改为华州。《元和郡县图志》卷2《关内道二》华州:"后魏置东雍州,废帝改为华州。隋大业二年(606)省华州,义宁元年(617)置华山郡。武德元年(618)复为华州。"东雍州北魏末年本领有华山一郡,至西魏时分冯翊郡夏封、莲勺二县另置延寿郡,划入本州。

1. 华山郡

治郑县。《元和郡县图志》卷2《关内道二》华州郑县:"本秦旧县,汉属京兆。后魏置东雍州,其县移在州西七里。隋大业二年(606),州废移入州城,隶属雍州。"《太平寰宇记》卷29《关西道五》华州:"按《后魏书》云:'太平真君元年(440)置华山郡。至孝明帝分华山郡又置武乡郡。孝昌二年(526)又改为东雍州,仍领华山郡。以西有雍州,故曰东雍。'至西魏废帝三年(554),改东雍州为华州,今冯翊郡也。隋开皇三年(583)郡废,而华州如故。大业二年(606)省华州,其地属京兆、冯翊郡,至义宁元年(617)割京兆之郑县、华阴二县置华山郡,因后魏郡名。"据《魏书》卷106《地形志下》,北魏永熙年间(532—534)华山郡领有华阴、郑、夏阳、敷西四县。《太平寰宇记》卷28《关西道四》同州韩城县:"夏阳城,汉县名。唐初废县,后复置。今在县东北一百三十里。"此夏阳县唐初始废。因郃阳县在北周武帝时划属澄城郡,从地望考虑,夏阳县亦当同时划入澄城郡。是北周末期华山郡当领有郑、华阴、敷西三县。

2. 延寿郡

《隋书》卷29《地理志上》冯翊郡下邽县:"旧置延寿郡。开皇初郡废,大业初并莲勺县入焉。"《太平寰宇记》卷29《关西道五》华州下邽县："本秦旧县地。……后魏改邽为封，以下为夏，避道武帝讳也。隋开皇三年(583)以夏封县属华州，十七年(597)属同州，置在雄霸故城。大业二年(606)复旧名。按《四夷县道记》云：'下邽县东南二十五里有下邽古城，在渭水之北，即大业十一年自此城移入西魏废延寿郡城，即今县理是也……'""废下邽县城，在县东南三十五里。《地志》云：'秦下邽县也。'自汉及晋不改，魏初移于雄霸城。""《水经注》云：'渭水注下邽故城南。'即此也。""古莲勺城，在今县北二十二里。莲勺以草为名。《晋地道记》云：'莲勺县属冯翊。'后秦姚苌废。后魏(太和)[大统]三年(537)改冯翊为延寿郡，莲勺县仍旧。隋开皇十年罢郡，以莲勺属华州，今县城是也。大业二年(606)省莲勺入下邽。"综上，西魏北周延寿郡治夏封(北周作下邽)，领有夏封(北周作下邽)、莲勺二县。

第五节　同州(原名华州)领郡沿革

《隋书》卷29《地理志上》冯翊郡："后魏置华州，西魏改曰同州。"据《周书》卷2《文帝纪下》，西魏废帝三年(554)春正月，华州改为同州。《通典》卷173《州郡典三》同州："始皇平天下，为内史地。项羽分为塞国。汉高帝初置河上郡，后复为内史。景帝时为左内史。武帝改为左冯翊。后汉因之。魏除左字，但为冯翊郡。晋因之。后魏亦然，兼置华州。西魏改华州为同州(注：以'漆沮既从，沣水攸同'，言二水至斯同流入渭，以城居其地，故曰同州)，而冯翊郡如故。隋初郡废，炀帝初州废，复置冯翊郡。大唐为同州，或为冯翊郡。"

《太平寰宇记》卷28《关西道四》同州："按其地，即汉临晋县地。临晋，故大荔国，秦获之，更名临晋。景帝分左、右内史，此谓左内史，武帝改为左冯翊。后汉因之。魏除'左'字，但为冯翊郡。旧理在长安城内太上皇庙西南，今失所在。又按《魏略》云：'建安初分冯翊为右内史，高陵东为左内史'是也。晋因之。后魏兼置华州。按《后魏书》云：'孝明帝分华山郡置武乡郡。'西魏改华州为同州，以'漆沮既从，沣水攸同'，言二水至斯同流入渭，以城居其地，因为州之名在冯翊县，而冯翊郡如故。按《郡国记》云：'同州所理城，即后魏永平三年(510)刺史安定王元燮所筑。其东城，正光五年(524)刺史穆弼筑，西与大城通。其外城，大统元年(535)刺史王罴筑。'自今奉先县东北五十里李润镇，分(秦)[泰]州置华州理于此。废帝三年(554)又改为同州。其州城盖自后魏以后修筑，非汉之临晋县也。《地志》以为汉临晋县，未详其事，盖后汉于此置临晋县，取今朝邑界故临晋城为名。晋改为大荔，后魏初复名临晋。孝文大和十一年(487)又改为华阴。至孝昌二年(526),以重名又改为武乡县,仍属武乡郡,即撫实也。隋开皇初废郡。炀帝初州废,复置冯翊郡。"华州北魏永熙年间(532—534)领有武乡、澄城、白水三郡。西魏北周同州同。

1. 武乡郡

治武乡。北魏武乡郡领有武乡、邰阳、南五泉三县。《隋书》卷29《地理志上》冯翊郡冯翊县:"后魏曰华阴。西魏改为武乡,置武乡郡。开皇初郡废,大业初改名冯翊,置冯翊郡。"《元和郡县图志》卷2《关内道二》同州邰阳县:"本汉旧县,属左冯翊。……周武时属澄城郡,隋开皇三年(583)罢郡,以县属同州。"是北周武帝时邰阳县划属澄城郡。《元和郡县图志》卷2《关内道二》同州朝邑县:"本汉临晋县地。……后魏置南五泉县,西魏改为朝邑县,以北据朝阪,故以为名。"《太平寰宇记》卷28《关西道四》同州朝邑县:"在汉为临晋故地。后魏文帝分置南五泉县,西魏废帝三年(554)改为朝邑县,以北据朝阪为名。"是西魏废帝三年(554)南五泉县改为朝邑县,此后武乡郡领有武乡、邰阳、朝邑三县。到北周武帝时,因邰阳县划属澄城郡,武乡郡领有武乡、朝邑二县。

2. 澄城郡

治澄城。《隋书》卷29《地理志上》冯翊郡澄城县:"后魏置澄城郡,后周并五泉县入焉。开皇初郡废。"北魏永熙年间(532—534)澄城郡领有澄城、五泉、三门、宫城四县。北周时省并五泉县。在北周武帝时,邰阳县由武乡郡划入,夏阳县由华山郡划入,此外三门、宫城县不见于《隋志》,当在西魏北周时省并。是北周末期澄城郡当领有澄城、邰阳、夏阳三县。

3. 白水郡

治白水。据《魏书》卷106《地形志下》,白水郡北魏永熙年间(532—534)领有姚谷、白水、南白水三县。《隋书》卷29《地理志上》冯翊郡蒲城县:"旧置南、北二白水。西魏改为蒲城,置白水郡,开皇初郡废。"冯翊郡白水县:"有五龙山、马兰山。"《魏书》卷106《地形志下》华州白水郡白水县:"五龙山、粟邑城。"是南白水县西魏时改为蒲城县。北周时亦曾有姚谷县,《周书》卷33《杨荐传》:"孝闵帝践阼,除御伯大夫,进爵姚谷县公。"姚谷县《隋志》已不见记载,当在北周时省并。是北周末年,白水郡至少领有白水、蒲城二县。

第六节 岐州领郡沿革

岐州治雍城镇。《隋书》卷29《地理志上》扶风郡:"旧置岐州。"《元和郡县图志》卷2《关内道二》凤翔府:"后魏太武帝于今州理东五里筑雍城镇,文帝改镇为岐州。隋开皇元年(581),于州城内置岐阳宫,岐州移于今理。大业三年(607)罢州,为扶风郡,武德元年(618)复为岐州。"这里的"文帝"应该是指北魏孝文帝。据《魏书》卷106《地形志下》,北魏永熙年间(532—534)岐州领有平秦、武都、武功三郡。《太平寰宇记》卷27《关西道三》雍州武功县:"后魏孝文太和十一年(487)改武功为美阳县,仍于此置武功郡。周武天和四年(569)美阳还旧理。建德三年(574)省郡,别立武功县于中亭川,即今县理也。"是北周武帝建德三年(574)武功郡省废,所领诸县划入扶风郡(参见本章第一节"雍州领郡沿革")。《隋书》卷29《地理志上》扶风郡雍县:"后魏置秦平郡,西魏改为岐山郡,开皇三年(583)郡废。大业初置扶风郡。"秦平郡即平秦郡,当为西魏讳改。又《通典》卷173《州郡典三》扶风郡:"后魏置平秦郡,兼置岐州。西魏改平秦为岐阳郡。隋初郡废,置岐州;炀帝初州废,置扶风郡。"西魏北周所置究竟是岐山郡还是岐阳郡？抑或岐阳、岐山二者在郡名上有时间先后之差？难以完全确定。这里以《隋志》为准。《隋书》卷29《地理志上》扶风郡虢县:"后魏置武都郡,西魏改县曰洛邑。后周置朔州,州寻废。郡开皇初废,大业初改县为虢。"据此可知,岐州西魏时领有岐山、武功、武都三郡,北周武帝建德三年(574)之后,岐州领有岐山、武都二郡。

1. 岐山郡

治雍。据《魏书》卷106《地形志下》,北魏永熙年间(532—534)平秦郡领有雍、周城、横水三县。《隋书》卷29《地理志上》扶风郡雍县:"后魏置秦平郡,西魏改为岐山郡,开皇三年(583)郡废。"扶风郡岐山县:"后周曰三龙县,开皇十六年改名焉。又有后魏周城县,后周废。"周城县至隋时始废,《隋志》所言不确。《北周地理志》推测周城县治自岐山县东北迁至郿县东北渭水北岸,故《隋志》言废,是就治所而言。《元和郡县图志》卷2《关内道二》凤翔府岐山县:"本汉雍县之地,周武帝天和四年(569),割泾州鹑觚县之南界置三龙县,隋开皇十六年(596)移三龙县于岐山南十里,改为岐山县。"《太平寰宇记》卷30《关西道六》凤翔府岐山县:"本汉雍县之地。后周天和四年(569)割泾州鹑觚县之南界置三龙县,属岐州。隋开皇十六年(596)移三龙县于岐山南十里,改为岐山县,属州不改,因山为名。"又《嘉庆重修一统志》卷236《凤翔府二》"古迹":"横水旧县,在凤翔县东南。……后废。"横水县不见于西魏以后文献,当在西魏北周之际废置。综上,西魏北周时废省横水县,北周又新置三龙县,是北周末年,岐山郡当领有雍、周城、三龙三县。

2. 武都郡

治洛邑。据《魏书》卷106《地形志下》,北魏永熙年间(532—534)武都郡领有平阳、南由、高车三县。《隋书》卷29《地理志上》扶风郡郿县:"旧曰平阳县,西魏改曰郿城,后周废入周城县。开皇十八年(598)改周城为渭滨,大业二年(606)改为郿。"《太平寰宇记》卷30《关西道六》凤翔府郿县:"本秦县也。《汉志》郿属右扶风。《三辅黄图》云:'右辅都尉理所。'秦宁公徙居平阳,即此地。今县东十五里,渭水北故郿城是也。后魏废帝因县内郿城,改为郿城县。至天和三年(568)以郿城县并入周城县。隋开皇三年(583)废岐山郡,以周城县属岐州,十八年(598)改周城县为渭滨县。大业二年(606)复郿县。"是平阳县在西魏废帝时更名郿城县,北周天和三年(568)郿城县又并入岐山郡周城县。西魏在武都郡新置有洛邑县。《隋书》卷29《地理志上》扶风郡虢县:"后魏置武都郡,西魏改县曰洛邑。后周置朔州,州寻废。郡开皇初废,大业初改县为虢。"《太平寰宇记》卷30《关西道六》凤翔府虢县:"今虢县,后魏立为武都郡。大统十三年(547)迁同州洛邑县(入)于武都城西,置洛邑县,还取旧名。后周天和中又于洛邑置朔州,寻废州,移州原郡理之。隋开皇三年(583)废郡,以县属岐州。大业三年(607)改洛邑为虢县。"这里的"朔州"也可能是"翔州",如为"翔州",则武都郡应属"翔州"管辖(参见本章第九节"北周朔州(或翔州)领郡沿革")。南由县当在西魏时划入陇州(原名东秦州)安夷郡(参见本章第十一节"陇州(原名东秦州)领郡沿革")。又高车县不见于西魏北周之后文献,当在西魏北周之际省并。综上,北周末年武都郡当领有洛邑一县。

第七节 北周燕州沿革

《隋书·地理志》无。《通典》卷173《州郡典三》扶风郡(岐州)扶风县:"后周置燕州。"此州为侨置。《太平寰宇记》卷30《关西道六》凤翔府扶风县:"本汉美阳县地,今京兆府武功县北美阳故城是也。后周天和元年(566)于此置燕州。隋开皇十六年(596)于今岐阳县置岐山县,以属岐州(?),隋末废州。"

第八节 北周显州(治陈仓)沿革

《隋书》卷29《地理志上》扶风郡陈仓县:"后魏曰宛川,西魏改曰陈仓。后周置显州,寻州县俱废。开皇十八年(598)置,曰陈仓。"《太平寰宇记》卷30《关西道六》凤翔府宝鸡县:"《汉书·地理志》陈仓县属右扶风。……又《周地图记》云:'陈仓县,晋末废。苻姚时于县界置宛川县。后魏大统十六年(550)移宛川县入汉陈仓故城,复为陈仓县。'即今县东二十里古城是也,属武都郡。

后周天和三年(568)又于此置显州。建德三年(574)又废显州及陈仓。隋开皇十八年(598)又置陈仓县,属岐州。大业十年(614)移县理于渭水北留谷城,今县是也。唐至德二载(757)改为宝鸡县。以秦文公获若石于此,以征为名。"显州领郡情况不详。另西魏亦侨置有显州(参见本章第十四节"显州(治阳周)领郡沿革")。

第九节 北周朔州(或翔州)领郡沿革

《隋书》卷29《地理志上》扶风郡虢县:"后魏置武都郡,西魏改县曰洛邑。后周置朔州,州寻废。郡开皇初废,大业初改县为虢。"《太平寰宇记》卷30《关西道六》凤翔府虢县:"又按《地理志》云:'虢,汉并于雍。'今虢县,后魏立为武都郡。大统十三年(547)迁同州洛邑县人于武都城西置洛邑县,还取旧名。后周天和中,又于洛邑置翔州,寻废州,移州原郡理之。隋开皇三年(583)废郡,以县属岐州。大业三年(567)改洛邑为虢县。"《舆地广记》所记亦为翔州。杨守敬《隋书地理志考证》认为凤翔府取意"凤鸣岐山",北周置翔州似乎更合事理。如然,则此州非侨置,为北周新置州。如为"翔州",则武都郡应属"翔州"管辖,领有洛邑一县(参见本章第六节"岐州领郡沿革")。

第十节 北周云州沿革

《隋书》卷29《地理志上》扶风郡郿县:"旧曰平阳县,西魏改曰郿城,后周废入周城县。开皇十八年(598)改周城为渭滨,大业二年(606)改为郿。又后周置云州,建德中废。"《太平寰宇记》卷30《关西道六》凤翔府郿县:"本秦县也。《汉志》郿属右扶风。《三辅黄图》云:'右辅都尉理所。'……后魏废帝因县内郿城,改为郿城县。至天和三年(568)以郿城县并入周城县。隋开皇三年(583)废岐山郡,以周城县属岐州;十八年(598)改周城县为渭滨县。大业二年(606)复郿县。唐武德三年(620)移县于郿州城,即今理也。""斜城,在渭水南一里。周武帝天和元年(566)筑,置云州于此。建德三年(574)废。"此州侨置以统军人,当不领郡县。又西魏在丰城曾置有云州(参见本章第十六节"云州领郡沿革")。

第十一节 陇州(原名东秦州)领郡沿革

陇州治汧阴,今陕西宝鸡市陇县县治。《太平寰宇记》卷32《关西道八》陇州汧源县："汉汧县之地，属右扶风。晋《地道记》云：'汧县，属秦国。故城在今县南。汉置陇关，西当戎翟，今名大震关，在今县西。'后魏废帝改为汧阴县。周明帝移州并县于今理。隋改为汧源县。"《隋书》卷29《地理志上》扶风郡汧源县："西魏置陇东郡及汧阴县，后改县曰杜阳。后周又曰汧阴。开皇三年(583)郡废，五年(585)县改曰汧源。又有西魏东秦州，后改为陇州，大业三年(607)州废。"是汧阴县一度改称杜阳县。《太平寰宇记》卷32《关西道八》陇州："秦并天下，属内史。汉为汧县，属右扶风。自魏至晋亦然，永嘉后废。魏初于今汧源县界置陇东郡，今州即陇东郡故郡也。孝明正光三年(522)分泾州、岐州之地，兼置东秦州于故汧城，领陇东、安夷、汧阳三郡，至孝昌三年(527)为万俟丑奴所破。孝武永熙元年(532)于今州东南八里复置东秦州，仍于州所理置汧阴县。西魏大统十七年(551)改东秦州为陇州，因山为名。周明帝二年(558)移州于今所。武帝天和五年(570)省入岐州。宣帝大象(二)[元]年(579)复置。隋开皇五年(585)，改汧阴为汧源县，仍废郡，而陇州如故。炀帝二年(606)州废，以属县并入扶风郡。义宁二年(618)又于县理置陇东郡。唐武德元年(618)复为陇州。"

但据《周书》卷2《文帝纪下》，西魏废帝三年(554)春正月，东秦州改为陇州。改置之年当以《周书》为准。又据卷5《武帝纪上》，天和四年(569)十二月壬午，罢陇州，此处从《太平寰宇记》。综上，西魏废帝三年(554)改东秦州为陇州。北周武帝天和五年(570)陇州省入岐州。宣帝大象元年(579)复置。东秦州北魏末年初置时领有陇东、安夷、汧阳三郡。其中汧阳郡治汧阳。《元和郡县图志》卷2《关内道二》陇州汧阳县："本汉隃麋县地，因今县东八里隃麋泽为名。周武帝置汧阳郡及县，寻省郡，以县属陇州。"《太平寰宇记》卷32《关西道八》陇州汧阳县下引阚泽《县道记》云："隃麋县，因原以为名。今县东古城，是汉理之所，晋省。后周天和五年(570)于今县西四十里马牢故城置汧阳县及汧阳郡，以在汧山之阳为名。寻废郡，以县属陇州。建德四年(575)移于今理。"是北周末年陇州领有陇东、安夷二郡。

1. 陇东郡

治汧阴。据前文所引，陇东郡初设时领有汧阴一县。北周武帝时因汧阳郡省并，汧阳县划入。北周末年陇东郡当领有汧阴、汧阳二县。

2. 安夷郡

治长蛇。《隋书》卷29《地理志上》扶风郡南由县："后魏置，西魏改为镇，后周复置县。又有旧长蛇县，开皇末废。"是南由县西魏时改为镇，北周复置县。《元和郡县图志》卷2《关内道二》陇州吴山县："本汉隃麋县地，后魏孝昌二年

(526),于长蛇川置长蛇县,属东秦州,隋开皇十八年(598)改为吴山县。"陇州南由县:"本汉汧县地,后魏孝明帝于县西南由谷口置县,因谷为名。隋开皇二年(582)省长蛇县并入南由,属岐州,贞观四年(630)割入陇州。""长蛇川,在县西一百步。"北周末年安夷郡当领有南由、长蛇二县。

第十二节　泾州领郡沿革

泾州治安定。《隋书》卷29《地理志上》安定郡:"旧置泾州。"据《周书》卷5《武帝纪上》,天和四年(569)六月,筑原州及泾州东城。《元和郡县图志》卷3《关内道三》泾州:"春秋时属秦,至始皇分三十六郡,属北地郡。汉分北地郡置安定郡,即此是也。……后汉安帝永初五年(111),徙其人于美阳以避羌寇,郡寄理美阳,在今武功县界美阳故城是也。至顺帝移于今理。后魏太武神䴥三年(430)于此置泾州,因水为名,隋大业三年(607)改为安定郡。"是西魏北周一直置有此州。据《魏书》卷106《地形志下》,北魏永熙年间(532—534)泾州领有安定、陇东、新平、赵平、平凉、平原六郡。但据《周书》卷17《王德传》:北魏末年,"及侯莫陈悦害(贺拔)岳,德与寇洛等定议翊戴太祖。加征西将军、金紫光禄大夫、平凉郡守。德虽不知书,至于断决处分,良吏无以过也。泾州所部五郡,而德常为最"。因相邻的东秦州置有陇东郡,所以北魏末年陇东郡可能已经省并,故泾州此时只领有五郡。又新平郡在西魏时划入豳州(原名南豳州)(见本章第十八节"豳州(原名南豳州)领郡沿革")。

《隋书》卷29《地理志上》安定郡朝那县:"西魏置安武郡,及析置安武县。开皇三年(583)郡县并废入焉。"安定郡阴盘县:"后魏置平凉郡,开皇初郡废。"阴盘县(亦作阴槃县)据《魏书》卷106《地形志下》属于平原郡,可能在西魏时平原郡已经省并,所领阴盘县划入平凉郡,平凉郡治则由鹑阴迁至阴盘。是泾州在西魏末年当领有安定、赵平、平凉、安武四郡。《隋书》卷29《地理志上》安定郡鹑觚县:"旧置赵平郡。后周废郡,并以宜禄县入焉。大业初分置灵台县,二年(606)废。"是赵平郡在北周时废置。北周末年泾州当领有安定、安武、平凉三郡。

1. 安定郡

治安定。《太平寰宇记》卷32《关西道八》泾州:"《宋永初山川记》云:'安定,昆戎壤也。其郡在今原州高平县。'……按晋《太康地记》云:'安定郡,领临泾、朝那、乌氏、鹑觚、阴密、西川六县,属雍州。'魏、晋亦为安定郡。及后魏神䴥三年(428)于此置泾州。盖因泾水为其名。隋大业三年(607)改为安定郡。"

据《魏书》卷106《地形志下》，北魏永熙年间(532—534)安定郡领有安定、临泾、朝那、乌氏、石堂(亦作石唐)五县。朝那县在西魏时划入安武郡，石堂县不见于西魏北周之后文献，当已省并。又因陇东郡省并，所领抚夷县在西魏北周时当已划入安定郡，原领泾阳、祖居二县不见于西魏北周之后文献，当已省并。是北周末年安定郡当领有安定、临泾、乌氏、抚夷四县。

2. 安武郡

治朝那。《隋书》卷29《地理志上》安定郡朝那县："西魏置安武郡，及析置安武县。开皇三年(583)郡县并废入焉。"西魏北周时安武郡领有朝那、安武二县。

3. 平凉郡

治阴盘。《隋书》卷29《地理志上》安定郡阴盘县："后魏置平凉郡，开皇初郡废。"据《魏书》卷106《地形志下》，北魏永熙年间(532—534)平凉郡领有鹑阴、阴密二县。西魏北周有鹑阴县。《周书》卷27《田弘传》："及太祖初统众，弘求谒见，乃论世事，深被引纳，即处以爪牙之任。又以迎魏孝武功，封鹑阴县子，邑五百户。"《隋书》卷《田仁恭传》："田仁恭字长贵，平凉长城人也。……在周，以明经为掌式中士。后以父军功，赐爵鹑阴子。"《大隋上开府城皋公扈使君碑》(《扈志碑》)："公讳志，字须提，魏郡内黄人也。……周元年，授都督，左侍上士，转帅都督，宫伯，袭爵鹑阴县开国男，食邑二百户……从讨平阳，金汤失险，仍随銮驾，破高延宗于并州，云行电转，山崩水决。既制犬羊之群，即起鲸鲵之观。进授上开府，封修武县开国公，食邑一千四百户。"阴密县不见于西魏北周之后文献，当在西魏北周时省。又《隋书》卷29《地理志上》安定郡鹑觚县："旧置赵平郡。后周废郡，并以宜禄县入焉。"《太平寰宇记》卷34《关西道十》邠州宜禄县："本汉鹑觚县也。《周地图记》云：'后魏孝明帝熙平二年(517)析鹑觚县置东阴盘县。废帝元年(552)以县南临宜禄川，又改为宜禄县，属赵平郡，隶泾州。'"是赵平郡在西魏废帝时领有鹑觚、宜禄二县。北周废置赵平郡后，宜禄县并入鹑觚县，划入平凉郡。又阴盘县因平原郡省并而划入。北周末年平凉郡当领有鹑阴、鹑觚、阴盘三县。

第十三节 宁州(原名豳州)领郡沿革

宁州原名豳州。西魏北周时治定安。《隋书》卷29《地理志上》北地郡："后魏置豳州，西魏改为宁州。大业初复曰豳州。"据《周书》卷2《文帝纪下》，西魏废帝三年(554)春正月，改豳州为宁州。按《元和郡县图志》卷3《关内道三》宁州:"始皇分三十六郡,此为北地郡,即义渠旧地也。汉氏因之,后汉移北地郡居富平故城是也。后魏延兴二年(472)为三县镇,孝文帝太和十一年(487)改置班州,十四年(490)改为邠州,二十年(496)改'邠'为'豳',取古地名也。废帝三年(554)改豳州为宁州,以抚宁戎狄为名。后周改为北地郡,隋又为宁州,大业中又为郡。武德元年复为宁州。"《太平寰宇记》卷34《关西道十》宁州:"按《后魏书·地形志》云:'皇兴二年(468)于今州郭置华州。至太和十一年(487)改为班州。'以班师振旅取其郡名;十四年(490)改为邠州;二十(四)年(496)改'邠'为'豳',取古地名也;至废帝三年(554),改'邠'为'宁',以安宁取称也。后周分置赵兴郡,隋初如之。至炀帝又改为豳州,寻废豳州,改赵兴郡为北地郡。义宁元年(617)领定安、罗川、襄乐、彭原、新平、三水六县;二年(618)分定安置归义县,以新平、三水属新平郡。唐武德元年(618)改北地郡为宁州。"是西魏废帝三年(554)改南豳州为豳州,改豳州为宁州。

据《魏书》卷106《地形志下》,北魏永熙年间(532—534)豳州领有西北地、赵兴、襄乐三郡。《隋书》卷29《地理志上》北地郡定安县:"旧置赵兴郡。开皇初郡废,大业初置北地郡。"北地郡彭原县:"旧曰彭阳。后魏置西北地郡。"北地郡襄乐县:"后魏置襄乐郡,后周废。"是西魏废帝三年(554)之后,宁州领有西北地、赵兴、襄乐三郡。北周时省并襄乐郡,北周末年宁州当领有赵兴、西北地二郡。

1. 赵兴郡

治定安。《隋书》卷29《地理志上》北地郡定安县:"旧置赵兴郡。开皇初郡废,大业初置北地郡。"《元和郡县图志》卷3《关内道三》宁州定安县:"本汉泥阳县,在今县理东南十五里泥阳故城是也。至后魏太武帝置定安县,取定俗安人为义,在今县理西北三里定安故关。自隋开皇三年(583)移县入废赵兴郡理,仍属宁州。"据《魏书》卷106《地形志下》,北魏永熙年间(532—534)赵兴郡领有阳周、独乐、定安、赵安、高望五县。《隋书》卷29《地理志上》北地郡罗川县:"旧曰阳周,开皇中改焉。又西魏置显州,后周废。"《太平寰宇记》卷34《关西道十》邠州定平县:"本汉泥阳之地,后汉不改。又为独乐县,今县东北三十里独乐故城是也。后魏及周并为安定郡。隋大业十年(614)于此筑城,置枣社驿。"这里的"又为独乐县",当指"后魏又为独乐县"。赵安、高望二县不见于西魏北周之后文献,应和独乐县一样,在西魏北周时省并。是北周末年,赵兴郡当领有定安、阳周二县。

2. 西北地郡

治彭阳。《隋书》卷29 北地郡彭原县:"旧曰彭阳。后魏置西北地郡,有洛蟠城。西魏置蔚州，有丰城。西魏置云州。后周二州并废。开皇初郡废，十八年(598)改县曰彭原。"据《魏书》卷106《地形志下》，北魏永熙年间(532—534)西北地郡领有彭阳、富平、安武三县。《隋书》卷29《地理志上》安定郡朝那县："西魏置安武郡，及析置安武县。"是安武县在西魏时划入泾州安武郡。富平县不见于西魏北周之后文献，当在西魏北周时省并。《元和郡县图志》卷3《关内道三》宁州襄乐县："本汉襄洛县地，属上郡。后魏孝文帝改'洛'为'乐'，属襄乐郡。后周属北地郡。隋开皇三年(583)改属宁州。"庆州洛原县："本汉归德县地，属北地郡。后汉更始二年，封岑彭为归德侯，谓此地也。后汉迄晋，无复郡县。后魏文帝大统元年(535)，复置归德县。隋大业元年(605)改为洛原县，因洛水所出为名。"是北周末年西北地郡领有彭阳、襄乐、归德三县。

第十四节　显州(治阳周)沿革

西魏末年侨置。《隋书》卷29《地理志上》北地郡罗川县："旧曰阳周，开皇中改焉。又西魏置显州，后周废。"据《周书》卷2《文帝纪下》，西魏废帝三年(554)春正月，改阳周为显州。《通典》卷173《州郡典三》宁州罗川县："汉阳周县，今县城是。后魏为显州，隋改为罗川。"《元和郡县图志》卷3《关内道三》宁州真宁县："本汉阳周县地，属上郡。……后魏置泥阳、惠涉二护军，孝文帝太和十一年(487)复置阳周县。隋开皇十八年(598)改为罗川，因县南罗水为名，属宁州。皇朝因之，天宝元年(742)改为真宁县。"《嘉庆重修一统志》卷262《庆阳府二》"古迹"："阳周故城，在正宁县北。汉置阳周县，在今陕西延安府安定县界。后魏改置于此。……《县志》，一名驰武城，汉魏阳周县及西魏治显州皆治于此。按秦汉阳周本属上郡，自后魏重置，始属赵兴郡，即今正宁。唐宋诸志，皆以真宁为即古阳周，桥山、黄帝陵俱在县境。然以地界考之，正宁在子午山西，其东北为中部县，乃汉翟道县，属左冯翊；又北为汉直路县，属北地郡；又东北至鄜州，始为汉上郡境。阳周既属上郡，不应跨两郡，越重山，而在正宁界也。据《水经注》，古阳周在走马水北，应在今陕西延安府安定县北界。正宁之阳周，乃后魏侨置，非故县也。"《读史方舆纪要》卷57《陕西六》庆阳府真宁县："阳周城，县北三十五里。本秦县，属上郡。……汉亦为阳周县。后汉废。后魏复置阳周县。太平真君二年(441)，置赵兴郡治焉。西魏又置显州于此。后周州郡俱废。隋开皇中，并入罗川县。"此显州当因北周天和三年(568)在陈仓县新置显州而废置(参见本章第八节"北周显州(治陈仓)沿革")。

第十五节 蔚州沿革

西魏侨置。《隋书》卷29《地理志上》北地郡彭原县:"旧曰彭阳。后魏置西北地郡。有洛蟠城,西魏置蔚州。有丰城,西魏置云州。后周二州并废。开皇初郡废,十八年(598)改县曰彭原。"弘化郡华池县:"仁寿初置。又西魏置蔚州,后周废。"按《隋志》两处所提蔚州,因地理上毗邻,当为同一州。《元和郡县图志》卷3《关内道三》庆州乐蟠县:"本汉略畔地道,今县理北五里略畔故城是也。后汉及晋,为虏所侵逼,此地无复郡县。后魏文帝于此置蔚州,周武帝置北地郡。隋开皇三年(583)罢郡,以彭阳、襄乐二县属宁州。义宁元年(617),分合水县置乐蟠县,属弘化郡,取乐蟠城为名也。《百官表》云'县有蛮夷曰道',按略畔、乐蟠,指此城,方言讹舛,故不同耳。"庆州华池县:"本汉归德县地也。按汉归德县,今洛原县是。隋仁寿二年(602)于今县东北二里库多汗故城置华池县,因县西华池水为名,属庆州。"

《太平寰宇记》卷33《关西道九》庆州乐蟠县:"本汉略畔道之地,又为富平县地。后汉迄晋,为虏所侵,无复州县。后魏大统六年(540)于此置蔚州。后周建德二年(573)置北地郡。义宁元年(617)分合水县置乐蟠县,属弘化郡,取乐蟠城为名。"庆州华池县:"本汉归德县之地,即洛源县也。西魏时为华池县以隶蔚州,后废。至隋仁寿二年,于今县东北二里库多汗故城又置华池县。西有华池水,因旧额为名,属庆州。大业元年(605)自库多汗城移于今所。"《嘉庆重修一统志》卷262《庆阳府二》"古迹":"华池废县,在合水县东北,隋置。……《明统志》,华池废县在合水县东北百二十里。宋省为镇,今设巡检司。按《隋志》既云乐蟠城,西魏置蔚州,后周废。于华池县下又言西魏置蔚州,后周废。两县相去仅二百里,不应一时并有置蔚州。以《元和志》、《寰宇记》考之,则《隋志》华池县下之蔚州为重出。"此蔚州当废于北周平齐之后。

第十六节 云州沿革

西魏侨置。《隋书》卷29《地理志上》北地郡彭原县:"旧曰彭阳。后魏置西北地郡。有洛蟠城,西魏置蔚州。有丰城,西魏置云州。后周二州并废。开皇初郡废,十八年(598)改县曰彭原。"《元和郡县图志》卷3《关内道三》宁州丰义县:"本汉彭阳县地,今县理西四十里彭阳故城是也。后魏于县理置云州,周武帝保定二年(562)废州为防,隋文帝废防名为丰义城。武德二年(619)分彭原县置丰义县,因旧城为名,属彭州,贞观元年(627)州废,县属宁州。"此州当废于北周天和元年(566)(参见本章第十节"北周云州沿革")。

第十七节　燕州领郡沿革

西魏侨置。《隋书》卷29《地理志上》北地郡襄乐县:"后魏置襄乐郡,后周废。又西魏置燕州,后周废。"《元和郡县图志》卷3《关内道三》宁州襄乐县:"本汉襄洛县地,属上郡。后魏孝文帝改'洛'为'乐',属襄乐郡。后周属北地郡。隋开皇三年(583)改属宁州。"《太平寰宇记》卷34《关西道十》宁州襄乐县:"县城本后魏燕州城也。《周地图记》云:'文帝大统十六年(550)置燕州,因筑此城。后周属北地郡。'隋废郡而县属宁州。"《读史方舆纪要》卷57《陕西六》庆阳府宁州:"襄乐城,州东六十里。汉曰襄洛县,属上郡。后汉废。后魏置县曰襄乐,兼置襄乐郡。西魏又置燕州于此。后周州郡俱废,以县属宁州。"燕州领有襄乐一郡,襄乐郡领有襄乐一县。燕州与襄乐郡当废于北周平齐之后。

第十八节　豳州(原名南豳州)领郡沿革

北魏末年曾置有南豳州,但在永熙年间(532—534)似已省并。《隋书》卷29《地理志上》北地郡新平县:"旧曰白土,西魏置豳州。开皇四年(584)改县为新平,大业初州废。"据《周书》卷2《文帝纪下》,西魏废帝三年(554)春正月,改南豳州为豳州(参见本章第十三节"宁州(原名豳州)领郡沿革")。《元和郡县图志》卷3《关内道三》邠州:"秦并天下,分三十六郡,属内史。汉属右扶风,今州理即汉右扶风之漆县也。……后汉于此置新平郡。及姚苌之乱,百姓夷灭,此地郡县,并无理所,至后魏又置郡焉。文帝大统十四年(548)于今理置南豳州,废帝除'南'字。隋大业二年(606)省入宁州,义宁二年(618)复为新平郡,武德元年(618)复为豳州。"邠州新平县:"本汉漆县也,属右扶风。……姚苌之乱,郡县不立,暨乎后魏,于今县西南十里陈阳原上置白土县,属新平郡。隋开皇三年(583)罢郡,移白土县于今州城中,置豳州,四年(584)改白土县为新平县。大业二年(606),省豳州入宁州,义宁二年(618)复为新平郡。武德元年(618)以新平郡又为豳州,县属焉。"

《太平寰宇记》卷34《关西道十》邠州:"姚苌乱,郡县皆废。后魏大统十四年(548)分泾州之新平县置南豳州,以北别有豳,此为南。废帝三年(554)废北豳州,此遂去'南'字。后周因之。隋开皇三年(583)于今州西南十里陈阳原上移白土县入州城中,四年(584)又改为新平县。大业二年(606)省豳州,以县属宁州,其年又改宁州为豳州。三年(607)改豳州为北地郡,以其地属安定、北地二郡。至义宁二年(618)割北地之新平、三水二县,置新平郡,复后汉末旧名。"是此豳州直到隋代大业二年(606)始省入宁州。南豳州北魏时领郡情况不详。据前引《元和郡县图志》,西魏大统十四年(548)重置之南豳州当领有新平一郡。北周豳州当亦领有新平一郡。

新平郡

治白土。据《魏书》卷106《地形志下》,北魏永熙年间(532—534)新平郡领有白土、爰得、三水、高平四县。爰得和高平二县在文献中不见于西魏北周之时,当在西魏北周省并。《隋书》卷29《地理志上》北地郡新平县:"旧曰白土,西魏置豳州。"北地郡三水县:"西魏置恒州,寻废。"这里的恒州系为安置北镇武人而设,不领郡县(参见本章第十九节"西魏恒州沿革")。又《太平寰宇记》卷31《关西道七》乾州永寿县:"汉为漆县地。后魏大统十四年(548)于今县北广寿原上置广寿县。周大象元年(579)改为永寿。隋开皇三年(583)省入新平。"是北周末年新平郡当领有白土、三水、永寿(原名广寿)三县。

第十九节 西魏恒州沿革

西魏侨置恒州有二。《隋书》卷29《地理志上》北地郡三水县:"西魏置恒州,寻废。"《通典》卷173《州郡典三》邠州三水县:"汉旧县地。西魏置恒州。亦汉枸邑县地,故城在今县东北。"《隋书》卷29《地理志上》弘化郡归德县:"西魏置恒州,后周废。"《元和郡县图志》卷3《关内道三》庆州洛原县:"本汉归德县地,属北地郡。……后汉迄晋,无复郡县。后魏文帝大统元年(535)复置归德县。隋大业元年(605)改为洛原县,因洛水所出为名。"《北周地理志》认为西魏初侨置恒州于三水,寻移治于归德。

第二十节 敷州(原名北华州)领郡沿革

敷州治中部。《隋书》卷29《地理志上》上郡:"后魏置东秦州,后改为北华州。西魏改为敷州。大业二年(606)改为鄜城郡,后改为上郡。"上郡内部县:"旧置敷州及内部郡。开皇三年(583)郡废,大业初州废。"内部即中部,隋避杨忠讳改。据《周书》卷2《文帝纪下》,西魏废帝三年(554)春正月,北华州改为敷州。《元和郡县图志》卷3《关内道三》鄜州:"汉为上郡雕阴县地。按汉雕阴,在今洛交县北三十里雕阴故城是也。暨晋陷于戎、羯,不置州郡。苻、姚置杏城镇。后魏孝文帝废镇,改为东秦州,孝明帝改为北华州,废帝改为鄜州,因秦文公梦黄蛇自天降属地,遂于鄜衍立鄜畤为名。隋大业初复为上郡。武德元年(618)复为鄜州。"《太平寰宇记》卷35《关西道十一》鄜州:"秦始皇时地属上郡。汉为上郡雕阴之地。暨晋陷于戎羯,不置州郡,于今坊州中部界置杏城镇。后魏太和十五年(491)改镇为东秦州;孝明二年又改为北华州;废帝(二)[三]年(554)改为鄜州。因秦文公梦黄蛇自天下属地,遂于鄜衍立鄜畤为名。隋大业三年(583)罢州置鄜城郡。其年自杏城移理于五交城,即今州理。"据《魏书》卷106《地形志下》,北魏永熙年间(532—534)北华州领有中部、敷城二郡。西魏北周时敷州当亦领有中部、敷城二郡。

1. 中部郡

治中部。《隋书》卷29《地理志上》上郡内部县:"旧置敷州及内部郡。开皇三年(583)郡废,大业初州废。"据《魏书》卷106《地形志下》,北魏永熙年间(532—534)中部郡领有中部、石保、狄道、长城四县。《隋书》卷29《地理志上》上郡三川县:"旧名长城,西魏改焉。又有利仁县,寻废入焉。"《太平寰宇记》卷35《关西道十一》鄜州洛交县:"本汉雕阴县地,属上郡。雕山在西南,故曰雕阴。魏省上郡,晋为戎狄所居。苻坚时为长城。后魏及周为三川县。隋文帝分三川、洛川县以置此额,取洛水之交,故曰洛交,属鄜州。"鄜州三川县:"本汉翟道县地。按翟道县在今坊州中部县古城是也。《地理志》翟道属左冯翊。苻秦于县南长城原置长城县,属长城郡。后魏废帝三年(554)改为三川县,取古三川郡为名,属中部郡。隋开皇三年(583)隶鄜州。"是长城县在西魏废帝三年(554)之后更名为三川县。北周亦有石保县。《周书》卷20《阎庆传》:"孝闵帝践祚,出为河州刺史,进爵石保县公,增邑千户。"《隋书》卷68《阎毗传》:"阎毗,榆林盛乐人也。……父庆,周上柱国、宁州总管。毗七岁,袭爵石保县公,邑千户。"另据《太平寰宇记》卷35《关西道十一》坊州中部县:"翟道故城,在县西北四十里故城是也,周三里,有余址在,后汉省,宇文周曾于此城置利人县,寻废。"是狄道县在北周时更名为利人县(一云利仁县)。综上,北周时中部郡当领有中部、石保、三川、利人(利仁)四县。

2. 敷城郡

《隋书》卷29《地理志上》上郡鄜城县:"后魏曰敷城,大业初改焉。"据《魏书》卷106《地形志下》,北魏永熙年间(532—534)敷城郡领有敷城、洛川、定阳三县。《太平寰宇记》卷35《关西道十一》鄜州洛川县:"本汉鄜县地。后秦姚苌置县,因洛川水以立名。后魏置敷城郡。隋开皇三年(583)罢郡,以县属鄜州,自高槐移于今所。"鄜州鄜城县:"本汉鄜县地,属左冯翊。后汉省。后魏于今县理置敷城县,属敷城郡。隋大业元年(605)改'敷'为'鄜',属鄜州。"此外定阳县不见于西魏北周之后文献,当在西魏北周时省并。是北周末年敷城郡领有敷城、洛川二县。

第二十一节　绥州领郡沿革

《隋书》卷29《地理志上》雕阴郡:"西魏置绥州。大业初改为上州。"《元和郡县图志》卷4《关内道四》绥州:"秦并天下,始皇置三十六郡,为上郡。……按秦上郡城在今州理东南五十里上郡故城是也,自后汉末已来,荒废年久,俗是稽胡。及赫连勃勃都于统万,上郡之地,又为赫连部落所居。后魏明帝神龟元年(518)东夏州刺史张邵于此置上郡,废帝元年(552)于郡内分置绥州。隋炀帝又改为上州,后又改为雕阴郡,以雕山在西南,故名。"《太平寰宇记》卷38《关西道十四》绥州:"后魏明帝于此置上郡。废帝元年(552)于郡内分置绥州,今绥、延等州并为右部都尉理。隋开皇初郡废,而州如故。"绥州西魏北周时当领有安宁、安政、绥德、抚宁四郡。

1. 安宁郡

治安宁。《隋书》卷29《地理志上》雕阴郡上县:"西魏置安宁郡,与安宁、绥德、安人三县同置。开皇初郡废,改安人为吉万。大业初置雕阴郡,废安宁、吉万二县入。又后周置义良县,亦废入焉。"安人县当即安民县,避唐太宗李世民讳改。据上所列,西魏安宁郡初领有安宁、绥德、安民三县。绥德县后因绥德郡之置而划入绥德郡。安民县后分置文安县,并因安民、文安二县置文安郡,划入延州(参见本章第二十三节"延州(原名东夏州)领郡沿革")。北周又新置义良县。是北周末年安宁郡当领有安宁、义良二县。

2. 安政郡

《隋书》卷29《地理志上》雕阴郡大斌县:"西魏置,仍立安政郡。开皇初废。"《元和郡县图志》卷4《关内道四》绥州大斌县:"本秦肤施县之地,后魏孝明帝神龟元年(518),于今县东五里置大斌县,属上郡,周隋不改。武德七年(624),于今城平县界魏平故城改置,因隋旧名。大斌者,取稽胡怀化,文武杂半之义。"《太平寰宇记》卷38《关西道十四》绥州废大斌县:"亦肤施县地。后魏神龟元年(518)于今县东五里置大斌县,属上郡。唐武德七年(624)移于今城平县界魏平故城以置之,即今县也。"《隋书》卷29《地理志上》雕阴郡城平县:"西魏置。"《元和郡县图志》卷4《关内道四》绥州城平县:"本秦肤施县,二汉不改。后魏孝明帝于今县理西三十里库仁川置城中县,隋改为城平县,自库仁川移于今理,属上郡。"《太平寰宇记》卷38《关西道十四》绥州废城平县:"本秦肤施县地,二汉不改。后魏神龟元年(518)于今县西三十里库仁川置城中县。隋讳'中'改为城平县,仍自库仁川移于今理。"大斌和城中二县初置年代文献记载有异,这里依《隋志》。是西魏北周时安政郡领有大斌、城中二县。

3. 绥德郡

治绥德。绥德郡见于《周书》卷32《陆通传》:大统"九年(543),高仲密以地来附,通从若干惠战于邙山,众军皆退,唯惠与通率所部力战。至夜中乃阴引还,敌亦不敢逼。进授骠骑大将军、开府仪同三司、太仆卿,赐姓步六孤氏,进爵绥德郡公。周孝闵践阼,拜小司空。保定五年,累迁大司寇"。《太平寰宇记》卷38《关西道十四》绥州废绥德县:"亦秦肤施县地,二汉不改。魏省上郡。后魏大统十二年(546)分上郡南界丘尼谷置绥德县。"绥德郡当领有绥德一县。

4. 抚宁郡

治开疆。《隋书》卷29《地理志上》雕阴郡开疆县:"西魏置,有后魏抚宁郡,开皇三年(583)郡废。"《元和郡县图志》卷4《关内道四》银州抚宁县:"本汉圁阴县地,后魏废帝于县东抚宁故城置抚宁县,属抚宁郡。隋开皇三年(583)废郡,以县移于今理,属银州。"《太平寰宇记》卷38《关西道十四》银州抚宁县:"本汉圁阴县地。后魏废帝于今县东抚宁故城置抚宁县,属抚宁郡。隋开皇三年(583)罢郡,以县来属。"《隋书》卷29《地理志上》雕阴郡延福县:"西魏置,曰延陵。开皇中改焉。"《元和郡县图志》卷4《关内道四》绥州延福县:"本秦肤施县地,后魏置延陵县,理延陵村。隋文帝改为延福。"《太平寰宇记》卷38《关西道十四》绥州废延福县:"亦肤施县地。后魏废帝元年(552)于此置延陵县,属抚宁郡。隋开皇七年(587)改为延福县。此县城据崖,三面复绝,攻守颇为边防险固之所。"《元和郡县图志》卷4《关内道四》银州开光县:"汉圁阴县地,周武帝保定二年(562)于今县理置开光郡,宣帝大象二年(580)废郡,置开光县,属抚宁郡。隋开皇三年(583)罢郡,以县属银州。"《太平寰宇记》卷38《关西道十四》银州开光县:"汉圁阴县地。周武帝于今理置开光郡。宣帝大象二年(580)废郡,置开光县,属抚宁郡。隋开皇三年(583)罢郡,以县来属。大业中县废,以其地入真乡县。"据上所述,西魏抚宁郡领有抚宁、延陵二县,北周大象二年(580)因开光郡废置,开光、银城二县划入抚宁郡,是北周末年抚宁郡领有抚宁、延陵、开光、银城四县。但《隋书·地理志》言开光郡废于开皇三年(583),如然,则抚宁郡仅领有抚宁、延陵二县(参见本章第二十二节"北周银州领郡沿革")。

第二十二节　北周银州领郡沿革

银州治乞银城。《隋书》卷29《地理志上》雕阴郡儒林县:"后周置银州,开皇三年(583)改名焉。大业初州废。"《周书》卷5《武帝纪上》,保定三年(563)春正月壬辰,"于乞银城置银州"。《太平寰宇记》卷38《关西道十四》银州:"秦并天下,属上郡。汉为西河郡圁阴县。晋时为戎翟所居。苻秦建元元年(365)自骢马城巡抚戎狄,其城即今理是也。周武帝保定二年(562)于其城置银防。三年(563)置银州,因谷为名。旧有人牧骢马于此谷,羗语骢马为'乞银'。隋大业二年(606)废银州,县属雕阴郡。"据《中国文物地图集·陕西分册》和《陕西省地图集》,银州故城在今陕西榆林市横山县党岔镇北庄村东北1公里处[1]。又据《通典》卷173《州郡典三》银州:"苻秦有骢马城,即今郡是也,后周置真乡、开光二郡,兼置银州。隋初二郡并废,而银州如故;炀帝初州废,以其地并入雕阴郡。"真乡即中乡,隋因杨忠讳改。是银州北周时领有中乡、开光二郡。

1. 中乡郡

《隋书》卷29《地理志上》雕阴郡真乡县:"西魏置。后周置真乡郡,开皇初郡废。"《太平寰宇记》卷38《关西道十四》银州真乡县:"汉圁阴县地,后周保定二年(562)于今县理置中乡县,属中乡郡。至隋开皇元年(581)避'中'字,改真乡县,兼废中乡郡,以县割隶银川郡。"中乡郡当领有中乡一县。

2. 开光郡

《隋书》卷29《地理志上》雕阴郡开光县:"旧置开光郡,开皇三年(583)郡废。"但《元和郡县图志》卷4《关内道四》银州开光县则云:"汉圁阴县地,周武帝保定二年(562)于今县理置开光郡,宣帝大象二年(580)废郡,置开光县,属抚宁郡。隋开皇三年(583)罢郡,以县属银州。"似乎开光郡在大象二年(580)一度罢废。这里暂从《隋志》。又据《隋书》卷29《地理志上》雕阴郡银城县:"后周置,曰石城,后改名焉。"《元和郡县图志》卷4《关内道四》麟州银城县:"本汉圁阴县地,属西河郡。汉末大乱,匈奴侵边,云中、西河之闲,其地遂空,

---

[1] 《中国文物地图集·陕西分册》(上),"横山县文物图",第262—263页;《中国文物地图集·陕西分册》(下),"榆林地区·横山县",第712页。另参看《陕西省地图集》,"县市区域地理"之"榆林市·横山县",第278—279页。

讫于魏、晋,不立郡县。后魏时置石城县,废帝改为银城关。周武帝保定二年(562),移于废石龟镇城,即今县理是也。"《太平寰宇记》卷38《关西道十四》麟州银城县:"本汉圁阴县地,后魏时置石城县。至废帝三年(554)改属归真郡,隶绥州。后周保定二年(562)移县于废石龟镇。隋大业七年(611)改为银城县,以隶胜州。"是开光郡领有开光、银城二县。

第二十三节　延州(原名东夏州)领郡沿革

延州原名东夏州,治广武。治所具体情况参见中编第六章第十三节"东夏州领郡沿革"。《隋书》卷29《地理志上》延安郡:"后魏置东夏州。西魏改为延州,置总管府。开皇中府废。"据《周书》卷2《文帝纪下》,西魏废帝三年(554)春正月,东夏州改为延州。《元和郡县图志》卷3《关内道三》延州:"秦置三十六郡,属上郡。在汉为上郡高奴县之地,今州理即上郡高奴县之城也。……魏省上郡,至晋陷为戎狄,其后属赫连勃勃。后魏灭赫连昌,以属统万镇。孝文帝置金明郡,宣武帝置东夏州,废帝改为延州,以界内延水为名,置总管,管丹、延、绥三州。隋开皇八年(588)废总管,但为延州,炀帝以为延安郡。"据《魏书》卷106《地形志下》,北魏永熙年间(532—534)东夏州领有徧城、朔方、定阳、上四郡。另据前面北魏部分所考,乐川、义川、抚宁诸郡似乎始置于北魏,如然,东夏州当亦领有乐川、义川、抚宁三郡。乐川、义川二郡西魏时划入汾州。抚宁郡西魏时划入绥州。

《隋书》卷29《地理志上》延安郡魏平县:"后魏置,并立朔方郡。后周废郡,并朔方、政和二县入焉。"但据《隋书》卷39《源雄传》:"后从武帝伐齐,以功授开府,改封朔方郡公,拜冀州刺史。……伐陈之役,高祖下册书曰:'於戏!唯尔上大将军、朔方公雄,识悟明允,风神果毅。……'于是从秦王俊出信州道。"是自北周武帝至隋初均有朔方郡。或者朔方郡可能在北周前期有过废置。上郡可能废于西魏废帝元年(552)(参见本章第二十一节"绥州领郡沿革")。北魏东夏州所领定阳郡在文献中不见于西魏北周之世,可能亦废置于西魏北周时。又西魏曾置有神水郡,废置于北周。《隋书》卷29《地理志上》延安郡临真县:"有西魏神水郡、真川县,后周郡废,大业初废真川入焉。"加上西魏新置文安郡(见下),北周末年延州当领有徧城、朔方、文安三郡。

1. 徧城郡

治广武。据《魏书》卷106《地形志下》,北魏永熙年间(532—534)当领有广武、沃野二县。《隋书》卷29《地理志上》延安郡因城县："后魏置。后周废,寻又置。"因上郡在西魏废帝元年(552)废置,原领因城县可能至此划入徧城郡,原领石城县在西魏废帝时则改为银城关(参见本章第二十二节"北周银州领郡沿革")。北魏东夏州所领定阳郡废置后,原领临戎县在文献中不见于西魏北周之世,可能废置于西魏北周时,临真县则当划入徧城郡。又神水郡原领真川县因神水郡废置而在北周时划入徧城郡。《隋书》卷29《地理志上》延安郡延安县："西魏置,又置义乡县。大业中废义乡入焉。"《元和郡县图志》卷3《关内道三》延州延长县："本秦肤施县地,后魏废帝元年(552)于丘头原置广安县,隋仁寿元年(601)以'广'字犯皇太子名,改为延安,大业末废。"综上,北周末年徧城郡当领有广武、沃野、因城、临真、真川、广安、义乡七县。

2. 朔方郡

治魏平。据《魏书》卷106《地形志下》,北魏时朔方郡领有魏平、政和、朔方三县。《隋书》卷29《地理志上》延安郡魏平县："后魏置,并立朔方郡。后周废郡,并朔方、政和二县入焉。"西魏北周时领县情况当同。

3. 文安郡

治文安。《隋书》卷29《地理志上》延安郡延川县："西魏置,曰文安,及置文安郡。开皇初郡废,改县为延川。"《元和郡县图志》卷3《关内道三》延州延川县："本秦临河县地,汉不改,后汉省。后魏分安人县于此地置文安县,隋文帝改为延川,取吐延川为名。"《太平寰宇记》卷36《关西道十二》延州延川县："本临河县地。后汉省。后魏分安民县于此置文安县。以稽胡未淳,取文德以来之之义。隋开皇十八年(598)改为延川县,取界内吐延川为名。大业十三年(617)改为文州。"安人县当即安民县,避唐太宗李世民讳改。西魏北周时文安郡当领有文安、安民二县。

第二十四节　丹州(原名汾州)领郡沿革

丹州治丹阳,当在今陕西延安市宜川县丹州镇一带。《隋书》卷29《地理志上》延安郡义川县："西魏置汾州、义川郡,后改州为丹州。"据《周书》卷2《文帝纪下》,西魏废帝三年(554)春正月,改汾州为丹州。《元和郡县图志》卷3《关内道三》丹州："秦置三十六郡,属上郡。汉因之。魏文帝省上郡。其地晋时戎狄居之,苻、姚时为三堡镇。后魏文帝大统三年(537)割鄜、延二州地置汾州,理三堡镇。废帝以河东汾州同名,改为丹州,因丹阳川为名,领义川、乐川县。隋大业三年(607)废丹州,于义川县置延平县,十三年(617)为胡贼刘步禄所据。义宁元年(617)于义川县置丹阳郡。"《太平寰宇记》卷35《关西道十一》丹："废帝以河东汾州同名,改为丹州,因丹阳川为名,领义川、乐川郡。隋大业三年(607)废丹州,于义川县置延安郡;十三年((617)为胡贼刘步禄所据。"按西魏北周时曾有丹阳郡。《隋书》卷39《豆卢勣传》："周闵帝受禅,授稍伯下大夫、开府仪同三司,改封丹阳郡公,邑千五百户。"此丹阳郡或即义川郡所改。西魏废帝时丹州领有义川、乐川二郡。北周末年丹州当领有丹阳、乐川二郡。

1. 丹阳郡

治丹阳。西魏时本名义川郡,后更名。《隋书》卷29《地理志上》延安郡义川县："西魏置汾州、义川郡,后改州为丹州。后周改县为丹阳。开皇初郡废,改县曰义川,又废乐川郡入。大业初州废,又废云岩县入焉。"《元和郡县图志》卷3《关内道三》丹州义川县："本秦上郡之地,二汉因之。魏省上郡。其地至晋为戎狄所居。后魏文帝大统三年(537)置义川县,属义川郡,因川为名。"咸宁县："本秦上郡之地。后魏孝文帝太和十八年(494),于白水川置永宁县,属义川郡,在今县东二十里永宁故县是也。文帝改为太平县,移于今所。隋开皇三年(583)罢郡,属丹州。"《隋书》卷29《地理志上》延安郡咸宁县："旧曰永宁,西魏改为太平。开皇中改为咸宁。"综上,北周末年丹阳郡领有丹阳、太平、云岩三县。据《中国文物地图集·陕西分册》,云岩县故城在今陕西延安市宜川县云岩镇①。

2. 乐川郡

治汾川。《隋书》卷29《地理志上》延安郡汾川县："旧曰安平,后周改曰汾川。大业初废门山县入焉。"但据《元和郡县图志》卷3《关内道三》丹州汾川县："本秦上郡地,二汉因之。魏省上郡。后魏孝文帝置安平县,理薛川,属乐川郡。文帝改安平为汾川。隋开皇三年(583)罢郡,县属丹州,大业二年(606)属延州,武德元年(618)复属丹州。"似乎西魏时安平县已经改为汾川县。乐川郡当领有汾川、门山二县。据《中国文物地图集·陕西分册》,门山故城在今陕西延安市延长县雷赤乡门山村北400米②。

---

① 《中国文物地图集·陕西分册》(上),"宜川县文物图(北部)",第284—285页;《中国文物地图集·陕西分册》(下),"延安市·宜川县",第850页。
② 《中国文物地图集·陕西分册》(上),"延长县文物图",第282—283页;《中国文物地图集·陕西分册》(下),"延安市·延长县",第836页。

第二十五节 西魏朔州沿革

《隋书》卷29《地理志上》弘化郡："西魏置朔州,后周废。开皇十六年(596),置庆州。"《元和郡县图志》卷3《关内道三》庆州："至始皇时属北地郡。……后汉郡境为羌所侵,北地郡寄寓冯翊。后魏文帝大统十一年(545)置朔州,周武帝保定元年(561)废朔州为周武防。隋文帝开皇三年(583)改置合川镇,十六年(596)割宁州归德县置庆州,立嘉名也,义宁元年(617)为弘化郡。"《太平寰宇记》卷33《关西道九》庆州："春秋时为义渠戎之土。嬴秦灭之,得其地,以属北地郡。后汉至晋,戎羌所侵,不立郡县。后魏及周,以为镇防。故《后魏书》云:'大统十一年(545)置为朔州。'后周废。隋文帝改置合州镇,十年(590)废镇,十六年(596)割宁州归德县置庆州,以庆美取其嘉名也。炀帝初改州为弘化郡。"是朔州置于西魏大统十一年(545),北周保定元年(561)废为周武防。

第二十六节 原州领郡沿革

原州治平高,即今宁夏固原市城区。《隋书》卷29《地理志上》平凉郡："旧置原州,后周置总管府,大业初府废。"《周书》卷5《武帝纪上》云,天和四年(569)六月,筑原州及泾州东城。据《魏书》卷106《地形志下》,北魏永熙年间(532—534)原州领有高平、长城二郡。西魏改高平郡为平高郡,是西魏北周原州当领有平高、长城二郡。

1. 平高郡

治平高。《隋书》卷29《地理志上》平凉郡平高县："后魏置太平郡,后改为平高。开皇初郡废。大业初置平凉郡。"《元和郡县图志》卷3《关内道三》原州平高县："本汉高平县,属安定郡。后魏太武帝太延二年(436)于今县理置平高县,属平高郡。隋开皇三年(583)罢郡,以县属原州。大业三年(607)以原州为平凉郡。"北魏所置是高平郡和高平县,《元和志》表述不确。据《魏书》卷106《地形志下》,北魏永熙年间(532—534)高平郡领有高平、里亭二县。据《隋书》卷29《地理志上》,隋代平凉郡领有默亭县,默亭县当即里亭县,《地形志》字或有残讹。《元和郡县图志》卷4《关内道四》会州乌兰县："本汉祖厉县地,属安定郡,后汉属武威郡。前凉张轨收其县人,于凉州故武威县侧近别置祖厉县。周武帝西巡于此,置乌兰关,又置县,在会宁关东南四里。旧城内沙石不堪久居,天授二年(691),移于东北七里平川置。"西魏平高郡领有平高、默亭二县。北周平高郡领有平高、默亭、乌兰三县。据《中国文物地图集·甘肃分册》,北周乌兰县当在今甘肃白银市会宁县头寨子镇马家堡村西南七里①。

2. 长城郡

治长城。《隋书》卷29《地理志上》平凉郡百泉县:"后魏置长城郡及黄石县,西魏改黄石为长城。开皇初郡废,大业初县改为百泉。"据《魏书》卷106《地形志下》,北魏永熙年间(532—534)长城郡领有黄石、白池二县。《太平寰宇记》卷33《关西道九》原州百泉县:"亦汉朝那县地,故城在今县理西四十五里。后魏正光五年(524)于今县西[南]阳晋川置黄石县。废帝二年(553)改为长城县。隋大业二年(606)改长城为百泉。唐武德八年(525)移于今理。"是西魏废帝二年(553)黄石县改为长城县。白池县在文献中不见于西魏北周之世,可能废置于北周时。又据《隋书》卷29《地理志上》平凉郡平凉县:"后周置。"《元和郡县图志》卷3《关内道三》原州平凉县:"本汉泾阳县地,今县西四十里泾阳故城是也。后魏为长城郡长城县之地。周武帝建德元年(572),割泾州平凉郡于今理置平凉县,属长城郡。隋开皇三年(583)属原州。"综上,西魏末年长城郡当领有长城、白池二县。北周末年长城郡当领有长城、平凉二县。

第二十七节 会 州 沿 革

《隋书》卷29《地理志上》平凉郡会宁县:"西魏置会州,后周废,开皇十六年(596)置县。"灵武郡鸣沙县:"后周置会州,寻废。开皇十九年(599)置环州及鸣沙县。大业三年(607)州废。"《元和郡县图志》卷4《关内道四》会州:"周太祖为西魏相,来巡,会师于此,土人张信馨资饷六军,太祖悦,因命置州,以'会'为名。周武帝保定二年(562)废州,改为会宁防。隋开皇元年(581)改防为镇。"灵州鸣沙县:"本汉富平县地,属安定郡,在今县理东二百里原州。周保定二年(562)于此置会州,建德六年(577)废郡,立鸣沙镇。隋开皇十九年(599)置环州,以大河环曲为名,仍立鸣沙县属焉。大业三年(607)罢环州,以县属灵武郡。"会州领郡情况不详。

---

① 据《中国文物地图集·甘肃分册》,唐代乌兰县故城在今甘肃白银市会宁县头寨子镇马家堡村西100米。此故城是天授二年(691)城址迁移之后的遗迹。见《中国文物地图集·甘肃分册》(上),"会宁县文物图",第158—159页;《中国文物地图集·甘肃分册》(下),"白银市·会宁县",第94页。

第二十八节 夏州领郡沿革

夏州治岩绿,即统万城,在今陕西靖边县白城子村无定河北岸的毛乌素沙漠中(靠近内蒙古鄂尔多斯市乌审旗南境)。《隋书》卷29《地理志上》朔方郡:"后魏置夏州,后周置总管府,大业初府废。"《元和郡县图志》卷4《关内道四》夏州:"秦并天下,置三十六郡,属上郡。汉武帝分置朔方郡。后汉建武二十年(44)罢,二十七年(51)复置。灵帝末,羌胡为乱,塞下皆空。至晋末,赫连勃勃于今州理僭称大夏……至子昌,为魏太武帝所灭,置统万镇。孝文帝太和十一年(487)改置夏州,隋大业元年(605)以为朔方郡。"据《魏书》卷106《地形志下》,北魏永熙年间(532—534)夏州领有化政、阐熙、金明、代名四郡。代名郡不见于西魏北周之后文献,当废置于西魏北周之时。阐熙郡西魏时划入南夏州(参见本章第二十九节"长州(原名南夏州)领郡沿革"),西魏时新置弘化郡。北周末年化政郡当省并入弘化郡。是北周末年夏州领有弘化、金明二郡。

1. 弘化郡

治岩绿,即统万城。《隋书》卷29《地理志上》朔方郡岩绿县:"西魏置弘化郡。开皇初废,大业初置朔方郡。"《通典》卷173《州郡典三》夏州:"战国时属秦,为上郡地,后匈奴并有之。汉武取河南地,为朔方郡。后汉因之。晋亦为朔方郡,晋乱后,夏赫连勃勃建都于此。勃勃于朔方水北、黑水之南营起都城,号曰统万城,今郡城是。至赫连定,为后魏所灭。后魏置夏州。西魏置弘化郡。隋初郡废,炀帝初复置朔方郡。"《太平寰宇记》卷37《关西道十三》夏州:"秦并天下,属上郡。汉分置朔方郡……自汉至今,常为关中之根柢。西晋亦为朔方郡。后赫连勃勃据之,僭称大夏,蒸沙以筑其城,号为统万。……至后魏始光四年(427),为太武所灭,置统万镇。孝文太和十一年(487)改置夏州。西魏置弘化郡。至隋开皇初,复为夏州。炀帝初,复为朔方郡。"均言西魏置弘化郡。但据《周书》卷19《宇文贵传》:"从魏孝武西迁,进爵化政郡公。……孝闵帝践阼,进位柱国,拜御正中大夫。武成初,与贺兰祥讨吐谷浑。军还,进封许国公,邑万户。旧爵回封一子。……天和二年(567),还至张掖,薨。……子善嗣。……善弟忻,少以父军功赐爵化政郡公。骁勇绝伦,有将帅才略。大象末,位至上柱国,进封英国公。"西魏北周似仍有化政郡。或当时化政郡未废,同时析置有弘化郡,至北周末年化政郡始省并入弘化郡。据《魏书》卷106《地形志下》,北魏永熙年间(532—534)化政郡领有革融、岩绿二县。革融县不见于西魏北周之后文献,当废置于西魏北周之时。又《隋书》卷29《地理志上》朔方郡宁朔县:"后周置。"《齐故侍中车骑大将军开府仪同三司左仆射吏部尚书太常卿食贝丘县幹赫连公墓志》(《赫连子悦墓志》):"公讳子悦,字士忻,化政代名人。"据《赫连子悦墓志》和《北史》卷55《赫连子悦传》,赫连子悦活动于北魏末年、东魏北齐时。北周末年,弘化郡当领有岩绿、宁朔、代名三县。

2. 金明郡

治永丰。《周书》卷21《尉迟迥传》:"尚魏文帝女金明公主,拜驸马都尉。"据《魏书》卷106《地形志下》,北魏永熙年间(532—534)金明郡领有永丰、启宁、广洛三县。《周书》卷29《李和传》:"至大统初,加车骑将军、左光禄大夫、都督,累迁使持节、车骑大将军、仪同三司、散骑常侍、侍中、骠骑大将军、开府仪同三司、夏州刺史,赐姓宇文氏。……改封永丰县公,邑一千户。保定二年(562),除司宪中大夫,进爵义城郡公。"是西魏北周有永丰县。《全唐文》卷278《朝议郎行兖州都督府方与县令上护军独孤府君之碑铭》:"高祖永业,齐中书舍人、南道行台右丞、洛州刺史,迁左丞,加散骑常侍、仪同三司、特进、行台左仆射,封夏州启宁县开国公、武安郡开国公……"北齐既有此遥封,则西魏北周时或当有启宁县。《元和郡县图志》卷3《关内道三》延州金明县:"本汉高奴县地,后魏太武帝于此置广洛县,属金明郡。"《太平寰宇记》卷36《关西道十二》延州金明县:"后魏太武十二年(451)于此置广洛县,以界有(清)[洛?]水所经,故立广洛为名耳。隋仁寿元年(601)改为金明县,避炀帝名也。"是西魏北周金明郡领有永丰、启宁、广洛三县。

第二十九节　长州(原名南夏州)领郡沿革

长州原名南夏州,治长泽,当在今内蒙古鄂尔多斯市鄂托克前旗城川镇一带。《隋书》卷29《地理志上》朔方郡长泽县:"西魏置阐熙郡。又有后魏大安郡,及置长州。"据《周书》卷2《文帝纪下》,西魏废帝三年(554)春正月,改南夏州为长州。据《隋志》,南夏州或长州当领有大安、阐熙二郡。

1. 大安郡

治长泽。《隋书》卷29《地理志上》朔方郡长泽县:"西魏置阐熙郡。又有后魏大安郡,及置长州。"

2. 阐熙郡

《隋书》卷29《地理志上》朔方郡长泽县:"西魏置阐熙郡。又有后魏大安郡,及置长州。开皇三年(583)郡废,又废山鹿、新圌二县入焉。大业三年(607)州废。"《元和郡县图志》卷4《关内道四》夏州长泽县:"本汉三封县地,属朔方郡，即今县北二十里三封故城是也。后魏于此置长泽县，属阐熙郡。隋罢郡，以县属夏州。"是大安郡治长泽县，但长泽属于阐熙郡。此种情况，颇似夏州化政郡与弘化郡之关系（参见本章第二十八节"夏州领郡沿革"）。阐熙郡当领有山鹿、新囶、长泽三县。

第三十节　盐州（原名西安州）领郡沿革

盐州治大兴。《嘉庆重修一统志》卷264《宁夏府一》"古迹"："盐州故城在灵州东南花马池北。"《隋书》卷29《地理志上》盐川郡："西魏置西安州，后改为盐州。"据《周书》卷2《文帝纪下》，西魏废帝三年（554）春正月，改西安州为盐州。《通典》卷173《州郡典三》盐州："春秋戎狄之地。秦汉属北地郡。后魏置大兴郡。西魏改为五原郡，兼置西安州，后改为盐州。隋初废，炀帝初置盐川郡。"《太平寰宇记》卷37《关西道十三》盐州："后魏太武平赫连昌之后，初置大兴郡。至西魏改为五原郡，复立汉名，寻改为西安州，东有安州，故此加'西'字。废帝三年（554）以其地北有盐池，又有盐州。隋开皇初废之。大业中为盐川郡。"盐州当领有大兴一郡。

大兴郡

西魏曾更名为五原郡，治大兴。《隋书》卷29《地理志上》盐川郡五原县："后魏置郡，曰大兴。西魏改为五原，后又为大兴。开皇初郡废，大业初置盐川郡。"《隋书》卷1《高祖纪上》："明帝即位，授右小宫伯，进封大兴郡公。"卷75《儒林辛彦之传》："及周闵帝受禅，彦之与少宗伯卢辩专掌仪制。明、武时，历职典祀、太祝、乐部、御正四曹大夫，开府仪同三司。奉使迎突厥皇后还，赉马二百匹，赐爵龙门县公，邑千户。寻进爵五原郡公，加邑千户。宣帝即位，拜少宗伯。高祖受禅，除太常少卿，改封任城郡公，进位上开府。"杨坚封大兴郡公如在周明帝时，似与辛彦之封五原郡公在时间上有重叠。这里列出存疑。大兴郡当领有大兴一县。

第三十一节　灵州领郡沿革

灵州治回乐，当在今宁夏吴忠市西北。《隋书》卷29《地理志上》灵武郡："后魏置灵州，后周置总管府，大业元年（605）府废。"《太平寰宇记》卷36《关西道十二》灵州："后魏太武帝平赫连昌后，置薄骨律镇在河渚上，旧赫连果城也。孝昌二年（526）置灵州。按《括地志》云：'薄骨律镇城以在河渚之中，随水上下,未尝陷没,故号曰灵州。初在河北胡城。大统六年(540)于果园复筑城以为州,即今之州城是也。'按陆恭之《风土记》云:'朔方故城,太和十年(586)改为沃野镇。'至后周又置普乐郡。隋开皇初郡废,炀帝又置灵武郡。"《魏书》卷106《地形志下》灵州:"太延二年(436)置薄骨律镇,孝昌中改,后陷关西。天平中置,寄治汾州隰城县界。郡县阙。"是《魏书》作者对北魏永熙年间(532—534)灵州郡县设置情况已不甚了了。据《隋书·地理志》,灵州在北周时当置有普乐、怀远、临河、历城四郡。

1. 普乐郡

《隋书》卷29《地理志上》灵武郡回乐县:"后周置,带普乐郡。"但据《北齐书》卷27《刘丰传》:"刘丰,字丰生,普乐人也。……破六韩拔陵之乱,丰以守城之功,除普乐太守。魏永安初,除灵州镇城大都督。"普乐郡在北魏末年已经设置。当领有回乐一县。

2. 怀远郡

《隋书》卷29《地理志上》灵武郡怀远县:"后周置,仍立怀远郡。开皇三年(583)郡废。"《元和郡县图志》卷4《关内道四》灵州怀远县:"在州东北,隔河一百二十里。本名饮汗城,赫连勃勃以此为丽子园。后魏给百姓,立为怀远县。"《太平寰宇记》卷36《关西道十二》灵州废怀远县:"本汉富平县地。周建德三年(574)迁二万户于此置郡及县,并名怀远。隋开皇三年(583)罢郡,而县额不改,复隶灵州。县有盐池三所,隋废。"是北周怀远郡当领有怀远一县。

3. 临河郡

《隋书》卷29《地理志上》灵武郡回乐县:"后周置,带普乐郡。又西魏置临河郡。开皇元年(581)改临河郡曰新昌,三年(583)郡并废。大业初置灵武郡。"《嘉庆重修一统志》卷264《宁夏府一》"古迹":"新昌废郡在灵州东北。"临河郡当领有临河一县。

4. 历城郡

《隋书》卷29《地理志上》灵武郡灵武县:"后周置,曰建安,后又置历城郡。开皇三年(583)郡废,十八年(598)改建安为广闰,仁寿元年(601)改名焉。"《水经注》卷3《河水注三》河水"又北过北地富平县西":"太和初,三齐平,徙历下民居此,遂有历城之名矣。南去北地三百里。"此当为历城得名之由。《太平寰宇记》卷36《关西道十二》灵州废灵武县:"本汉富平县地。汉置浑怀都尉理所,《水经注》云'河水又东北经浑怀鄣西'是也。后魏太和初平三齐后,徙历下人处于此,遂有历城之名,后周因置历城郡于此。周天和三年(568)废郡为胡城镇以统之。"此处"周天和三年(568)废郡",与《隋志》"开皇三年(583)郡废"

不同，或郡在北周废而重置。历城郡当领有建安一县。

第三十二节　秦州领郡沿革

《隋书》卷29《地理志上》天水郡："旧[置]秦州。后周置总管府，大业初府废。"《元和郡县图志》卷39《陇右道上》秦州："魏分陇右为秦州，因秦邑以为名，后省入雍州。晋复改汉阳为天水郡，武帝泰始中又立秦川郡，与州同理。隋开皇三年(583)罢郡，所领县并属州。大业三年(607)罢州，为天水郡。"据《魏书》卷106《地形志下》，北魏永熙年间(532—534)秦州领有天水、略阳、汉阳三郡。《隋书》卷29《地理志上》天水郡上邽县："故曰上邽，带天水郡。"天水郡清水县："后魏置，及置清水郡。"天水郡陇城县："旧曰略阳，置略阳郡。"《大隋使持节上柱国德广郡开国公李使君之墓志铭》(《李和墓志》)云："窦泰蚁徒，轶我城保；高欢伪类，据我弘农。公负羽先鸣，蒙皮追北。河桥沙苑，功最居多。进爵为公，增邑五百。出为汉阳太守，兼城防大都督。"《全后周文》卷21《魏故谯郡太守曹枚乐碑》："君有六子：长回欢，次遵欢，次骠骑将军、右光禄都督、汉阳太守，又任虞州别驾……"

《北史》卷67《唐永传》："子陵……陵子悟，美风仪，博涉经史，文咏可观。周大象中，颇被宣帝任遇，位至内史下大夫、汉阳公。隋文帝得政，废于家而卒。"是西魏北周一直有汉阳郡。又秦州似乎还领有河阳郡。《隋书》卷56《张衡传》："张衡字建平，河内人也。祖嶷，魏河阳太守。父光，周万州刺史。"《周书》卷15《李弼传》：李弼之子李纶"最知名，有文武才用。以功臣子，少居显职，历吏部、内史下大夫，并获当官之誉。位至司会中大夫、开府仪同三司，封河阳郡公"。《隋书》卷54《李衍传》："衍弟子长雅，尚高祖女襄国公主，袭父纶爵，为河阳郡公。"综上，西魏北周秦州当领有天水、略阳、清水、汉阳、河阳五郡。

1. 天水郡

《隋书》卷29《地理志上》天水郡上邽县："故曰上邽，带天水郡。开皇初郡废，大业初复置郡，县改名焉。"据《魏书》卷106《地形志下》，北魏永熙年间(532—534)天水郡领有上封、显新、平泉、当亭四县。平泉县不见于西魏北周之后文献，当废置于西魏北周之时。又《元和郡县图志》卷39《陇右道上》秦州伏羌县："本冀戎地，秦伐冀戎而置县焉。汉冀县，属天水郡。……后魏以冀为当亭，周为黄瓜，隋大业二年(606)，改黄瓜为冀城县。"《隋书》卷29《地理志上》天水郡冀城县："后周曰冀城县，废入黄瓜县。大业初改曰冀城。"按《周书》

卷28《贺若敦传》："贺若敦,代人也。父统,为东魏颍州长史。大统(二)[三](537)年,执刺史田迅以州降。至长安,魏文帝谓统曰:'卿自颍川从我,何日能忘。'即拜右卫将军、散骑常侍、兖州刺史,赐爵当亭县公。"《隋书》卷52《贺若弼传》："贺若弼字辅伯,河南洛阳人也。父敦,以武烈知名,仕周为金州总管,宇文护忌而害之。……弼少慷慨,有大志,骁勇便弓马,解属文,博涉书记,有重名于当世。周齐王宪闻而敬之,引为记室。未几,封当亭县公,迁小内史。……及宣帝嗣位……寻与韦孝宽伐陈,攻拔数十城,弼计居多。拜寿州刺史,改封襄邑县公。"当亭县或废置于北周末年。又《周书》卷28《权景宣传》:"权景宣字晖远,天水显亲人也。……魏孝武西迁,授镇远将军、步兵校尉,加平西将军、秦州大中正。……太祖嘉之,征入朝。录前后功,封显亲县男,邑三百户。"显亲县当即显新县。是西魏有显新县。《北周地理志》卷2《陇右》引《宇文建造像》,似北周武帝时显新县尚未废。显新县不见于《隋志》,或废置于北周末年。是北周末年天水郡领有上邽一县。

2. 略阳郡

《隋书》卷29《地理志上》天水郡陇城县:"旧曰略阳,置略阳郡。开皇二年(582)郡废,县改曰河阳。六年(586)改曰陇城。"据《魏书》卷106《地形志下》,北魏永熙年间(532—534)略阳郡领有安戎、绵诸、陇城、清水、阿阳五县。在西魏时清水县当划入清水郡,阿阳县(即河阳县)当划入河阳郡。陇城县后改称略阳县。安戎、绵诸二县不见于西魏北周之后文献,当废置于西魏北周之时。《隋书》卷29《地理志上》天水郡成纪县:"旧废,后周置。"《元和郡县图志》卷39《陇右道上》秦州成纪县:"本汉旧县,属天水。……周成纪县,属略阳郡,隋开皇三年(583)罢郡,县属秦州。"是北周末年略阳郡领有略阳、成纪二县。据《中国文物地图集·甘肃分册》,略阳县(陇城)故城在今甘肃天水市秦安县陇城镇内①。

3. 清水郡

《隋书》卷29《地理志上》天水郡清水县:"后魏置,及置清水郡。开皇初郡废。"《元和郡县图志》卷39《陇右道上》秦州清水县:"本汉旧县也,属天水郡。后魏分略阳置清水郡,隋开皇三年(583)罢郡,县属秦州。"《太平寰宇记》卷150《陇右道一》秦州清水县:"本汉旧县地,属天水郡。《晋太康地志》:'清水属略阳郡。'……又《周地图记》云:'[文]成帝和平五年(464)分略阳郡置清水郡,寻废。至永安三年(530)移于清水城。'"《隋书》卷29《地理志上》天水郡秦岭县:

---

① 《中国文物地图集·甘肃分册》(上),"秦安县文物图",第168—169页;《中国文物地图集·甘肃分册》(下),"天水市·秦安县",第151—152页。

"后魏置,曰伯阳县。开皇中改焉。"北周末年清水郡当领有清水、伯阳二县。

4. 汉阳郡

据《魏书》卷106《地形志下》,北魏永熙年间(532—534)汉阳郡领有黄瓜、阳廉、阶陵三县。阳廉、阶陵二县不见于西魏北周之后文献,当废置于西魏北周之时。北周末年汉阳郡当领有黄瓜一县。

5. 河阳郡

治河阳(即阿阳)。西魏有河阳县。《周书》卷16《独孤信传》:大统"十三年(547),大军东讨。时以茹茹为寇,令信移镇河阳。十四年(548),进位柱国大将军。……信在陇右岁久,启求还朝,太祖不许。或有自东魏来者,又告其母凶问,信发丧行服。属魏太子与(世)[太]祖巡北边,因至河阳吊信"。卷19《豆卢宁传》:"豆卢宁字永安,昌黎徒何人。其先本姓慕容氏,前燕之支庶也。……魏孝武西迁,以奉迎勋,封河阳县伯,邑五百户。"豆卢宁即慕容宁。《庾子山集注》卷14《周柱国楚国公岐州刺史慕容公神道碑》:"公讳宁,字永安,昌黎徒河人也。……永熙元年(532),补子都督,并加鼓节军仪,除桑干郡守,转补都督。其年,以魏皇西幸,奉迎大驾,赐封河阳县开国伯,增邑三百户。"北周当亦有河阳县。河阳郡领有河阳一县,其郡、县当在隋初废置。

第三十三节　渭州领郡沿革

渭州治襄武。《隋书》卷29《地理志上》陇西郡:"旧渭州。"《元和郡县图志》卷39《陇右道上》渭州:"后魏庄帝永安三年(530)于郡置渭州,因渭水为名。……隋大业三年(607)罢州,复置陇西郡。"据《魏书》卷106《地形志下》和前面北魏部分考证,北魏永熙年间(532—534)领有陇西、南安阳、安阳、广宁四郡。安阳郡在西魏时划入北秦州。《隋书》卷29《地理志上》陇西郡鄣县:"后魏置。西魏置广安郡,后周郡废。"据《魏书》卷106《地形志下》,北魏永熙年间(532—534)广宁郡领有彰、新兴二县。是西魏改广宁郡作广安郡,北周时广安郡废。《隋书》卷29《地理志上》陇西郡陇西县:"旧城内陶,置南安郡。开皇初郡废,改为武阳,十年(590)改名焉。"又西魏大统十七年(551)分陇西郡置渭源郡。据上所述,北周末年,渭州当领有陇西、南安、渭源三郡。

1. 陇西郡

治襄武。《隋书》卷39《源雄传》:"源雄字世略,西平乐都人也。……属其父为高氏所诛,雄脱身而遁,变姓名,西归长安。周太祖见而器之,赐爵陇西郡公。后从武帝伐齐,以功授开府,改封朔方郡公,拜冀州刺史。"《周书》卷25

《李贤传》：李贤子李询，"少历显位。大象末，上柱国、陇西郡公"。是西魏北周有陇西郡。据《魏书》卷106《地形志下》，北魏永熙年间(532—534)陇西郡领有襄武、首阳二县。首阳县西魏大统十七年(551)更名渭源县，划入渭源郡。北周广安郡废后，所领鄣(《地形志下》作彰)、新兴二县当划入陇西郡。是北周末年陇西郡领有襄武、鄣、新兴三县。

2. 南安郡

《隋书》卷29《地理志上》陇西郡陇西县："旧城内陶，置南安郡。开皇初郡废，改为武阳，十年(590)改名焉。"据《魏书》卷106《地形志下》，北魏永熙年间(532—534)南安阳郡领有桓道、中陶二县。西魏北周当同。

3. 渭源郡

《太平寰宇记》卷151《陇右道二》渭州渭源县："本汉首阳县地，属陇西郡。后魏大统十七年(551)分陇西置渭源郡，因渭水以为名，又改首阳为渭源县。"西魏北周渭源郡当领有渭源一县。

第三十四节　交州(原名北秦州)领郡沿革

交州原名北秦州，治安阳，当在今甘肃天水市秦安县一带。《隋书》卷29《地理志上》陇西郡长川县："后魏置安阳郡，领安阳、乌水二县。西魏改曰北秦州，后又改曰交州。开皇三年(583)郡废。"据《周书》卷2《文帝纪下》，西魏废帝三年(554)春正月，北秦州改为交州。北秦州或交州当领有安阳一郡。

安阳郡

治安阳。《隋书》卷29《地理志上》陇西郡长川县："后魏置安阳郡，领安阳、乌水二县。西魏改曰北秦州，后又改曰交州。开皇三年(583)郡废。十八年(598)改州曰纪州，安阳曰长川。大业初州废，又废乌水入焉。"西魏北周安阳郡当领有安阳、乌水二县。

第三十五节　河州领郡沿革

河州治枹罕，当在今甘肃临夏回族自治州临夏市一带。《隋书》卷29《地理志上》枹罕郡："旧置河州。"《元和郡县图志》卷39《陇右道上》河州："古西羌地也。汉昭帝分陇西、天水、张掖三郡立金城郡，今州即金城郡之枹罕县也。……后魏平定秦陇西，改置枹罕镇。孝文帝太和十六年(492)改镇复为河州。隋大业三年(583)罢州，改为枹罕郡。"《周书》卷25《李贤传》：保定"四年

(564),王师东讨,朝议以西道空虚,虑羌、浑侵扰,乃授贤使持节、河州总管、三州七防诸军事、河州刺史。河州旧非总管,至是创置焉。……五年(565),宕昌寇边,百姓失业,乃于洮州置总管府以镇遏之。遂废河州总管,改授贤洮州总管、七防诸军事,洮州刺史。……俄废洮州总管,还于河州置总管府,复以贤为之。"据《魏书》卷106《地形志下》,北魏永熙年间(532—534)河州领有金城、武始、洪和、临洮四郡。《隋书》卷29《地理志上》金城郡金城县:"旧县曰子城,带金城郡。开皇初郡废。大业初改县为金城,置金城郡。"金城郡狄道县:"后魏置临洮郡、龙城县,后周皆废。又后魏置武始郡,开皇初废。"枹罕郡枹罕县:"旧置枹罕郡,开皇初郡废。大业初置郡。"临洮与洪和二郡可能在西魏或北周时已经省并(参见本章第六十三节"北周洮州领郡沿革"和第六十七节"岷州领郡沿革")。是北周末年河州领有枹罕、金城、武始三郡。

1. 枹罕郡

治枹罕。《隋书》卷29《地理志上》枹罕郡枹罕县:"旧置枹罕郡,开皇初郡废。大业初置郡。"《太平寰宇记》卷154《陇右道五》河州:"张骏二十一年(344)以州界辽远,分晋兴等六郡置河州,即今州是也。西秦乞伏乾归又据于此。后魏亦为河州。后周置枹罕郡。隋文帝废郡,复为河州。至炀帝废州,又为郡。"《隋书》卷29《地理志上》枹罕郡下列有大夏县。《元和郡县图志》卷39《陇右道上》河州大夏县:"本汉旧县,属陇西郡。前凉张骏置大夏郡,县属焉。周改属枹罕郡。隋开皇三年(583)罢郡,县属河州。"河州凤林县:"本汉白石县地,后魏大统十二年(546),刺史杨宽于河南凤林川置凤林县,因以为名。"又《隋书》卷29《地理志上》枹罕郡龙支县:"后魏曰北金城,西魏改焉。"《元和郡县图志》卷39《陇右道上》鄯州龙支县:"本汉允吾县也,属金城郡。后魏初于此置金城县,废帝二年(553)改名龙支县,西南有龙支谷,因取为名。"是北周末年枹罕郡当领有枹罕、大夏、凤林、龙支四县。

2. 金城郡

治子城。《隋书》卷29《地理志上》金城郡金城县:"旧县曰子城,带金城郡。开皇初郡废。大业初改县为金城,置金城郡。"据《魏书》卷106《地形志下》,北魏永熙年间(532—534)金城郡领有榆中、大夏二县。大夏县在北周时划属枹罕郡。榆中县可能在西魏时因凉州建昌郡亦有榆中县而废置。《舆地广记》卷16《陕西秦凤路下》兰州五泉县:"本金城县。汉属金城郡,为氐羌所据。东汉及晋因之。有故苑川城,西秦乞伏国仁据此。后曰子城县,置金城郡。隋开皇初郡废,置兰州。"子城县当置于西魏时,是西魏北周金城郡当领有子城一县。

3. 武始郡

治勇田。据《魏书》卷106《地形志下》，北魏永熙年间(532—534)武始郡领有勇田、狄道、阳素三县。《隋书》卷29《地理志上》金城郡狄道县："后魏置临洮郡、龙城县，后周皆废。又后魏置武始郡，开皇初废。"西魏北周武始郡当亦领有勇田、狄道、阳素三县。

第三十六节　北周廓州领郡沿革

《隋书》卷29《地理志上》浇河郡："后周武帝逐吐谷浑，以置廓州总管府。开皇初府废。"《元和郡县图志》卷39《陇右道上》廓州："古西羌地。……献帝建安中，分金城置西平郡。南凉秃发乌孤又以河南地为浇河郡。周建德五年(576)于今州理西南达化县界浇河故城置廓州，盖以开廓边境为义。隋大业三年(607)罢州，复为浇河郡。"《太平寰宇记》卷155《陇右道六》廓州："按《周地图记》云：'湟河郡，后魏太平真君十六年(按此当有阙文，太平真君年号只行用十二年)置洮河郡，属鄯州。'至后周建德五年(576)西逐吐谷浑，又得河南地，置廓州，取廓清之义为名。隋开皇初废郡为州，至炀帝废州，以其地属浇河郡。"廓州广威县："本后魏之石城县地，《周地图》云：'后魏景明三年(502)置石城县。废帝二年(553)因县内化隆谷改为化隆县，属浇河郡。'"廓州达化县："本后周之达化郡，建德五年(576)于此置达化郡并达化县以属焉。后郡废县属廓州。"又《隋书》卷29《地理志上》浇河郡达化县："后周置达化郡。"北周末年廓州当领有浇河、达化二郡。

1. 浇河郡

《隋书》卷29《地理志上》浇河郡河津县："后周置洮河郡，领洮河、广威、安戎三县。开皇初郡废，并三县入焉。大业初置浇河郡。"是北周末年洮河郡当领有洮河、广威、安戎三县。

2. 达化郡

《隋书》卷29《地理志上》浇河郡达化县："后周置达化郡。开皇初郡废，并绥远县入焉。"是北周末年达化郡当领有达化、绥远二县。

第三十七节　鄯州领郡沿革

《隋书》卷29《地理志上》西平郡："旧置鄯州。"《元和郡县图志》卷39《陇右道上》鄯州："后魏以西平郡为鄯善镇，孝昌二年(526)改镇立鄯州。隋大业三年(607)罢州,复为西平郡。"《太平寰宇记》卷151《陇右道二》鄯州:"后魏为镇,孝昌二年(526)改镇为鄯州。后周又为乐都郡。隋初郡废,置鄯州。炀帝初州废,置西平郡。"《魏书》卷106《地形志下》鄯州:"郡县阙。"鄯州在北魏末年当领有西平、湟河二郡。北周改西平郡为乐都郡。《隋书》卷29《地理志上》西平郡湟水县:"旧曰西都,后周置乐都郡。开皇初郡废,十八年改县曰湟水。"又据《周书》卷46《柳桧传》:"大统四年(538),从太祖战于河桥,先登有功。授都督,镇鄯州。八年(542),拜湟河郡守,仍典军事。"

《隋书》卷29《地理志上》西平郡化隆县:"旧魏曰广威,西魏置浇河郡,后周废郡,仁寿初改为化隆。"所谓"后周废郡",当指北周因廓州置有浇河郡,而废鄯州所领浇河郡也。《太平寰宇记》卷155《陇右道六》廓州:"按《周地图记》云:'湟河郡,后魏太平真君十六年(按此当有阙文,太平真君年号只行用十二年)置洮河郡,属鄯州。'至后周建德五年(576)西逐吐谷浑,又得河南地,置廓州,取廓清之义为名。隋开皇初废郡为州,至炀帝废州,以其地属浇河郡。"廓州广威县:"本后魏之石城县地,《周地图》云:'后魏景明三年(502)置石城县。废帝二年(553)因县内化隆谷改为化隆县,属浇河郡。'"综上,西魏末年鄯州当领有西平、浇河、湟河三郡,北周废置浇河郡,改西平郡为乐都郡,北周末年鄯州当领有乐都、湟河二郡。

1. 乐都郡

治西都。《隋书》卷29《地理志上》西平郡湟水县:"旧曰西都,后周置乐都郡。开皇初郡废,十八年改县曰湟水。又有旧浩亹县,又西魏置龙居、路仓二县,并后周废。大业初置西平郡。"西平郡北魏末年当领有西都、浩亹二县,西魏末年当领有西都、浩亹、龙居、路仓四县。北周废浩亹、龙居、路仓三县,北周末年乐都郡当领有西都一县。

2. 湟河郡

治广威。《隋书》卷29《地理志上》西平郡化隆县:"旧魏曰广威,西魏置浇河郡,后周废郡,仁寿初改为化隆。"《太平寰宇记》卷155《陇右道六》廓州广威县:"本后魏之石城县地,《周地图》云:'后魏景明三年(502)置石城县。废帝二年(553)因县内化隆谷改为化隆县,属浇河郡。'"西魏末年鄯州浇河郡当领有化隆一县。北周废置浇河郡,北周末年湟河郡当领有化隆县。

第三十八节 凉州领郡沿革

凉州治姑臧,今甘肃武威市城区。《隋书》卷29《地理志上》武威郡:"旧置凉州，后周置总管府，大业初府废。"《元和郡县图志》卷40《陇右道下》凉州："汉得其地，遂置张掖、酒泉、敦煌、武威四郡，昭帝又置金城一郡，谓之河西五郡，改州之雍州为凉州，五郡皆属焉。地势西北邪出，在南山之间，隔绝西羌、西域，于时号为断匈奴右臂。献帝时，凉州数有乱，河西五郡去州隔远，自求别立州，于是以五郡立为雍州。魏又分雍州置凉州，领河西五郡。……及太武帝，改州镇，置四军戍，孝文帝太和十四年（490）复为凉州，领武威等十郡二十县。周置总管府，隋大业三年（583）改为武威郡，废总管。"北魏末年至西魏前期，河西走廊一带政治上并不稳定。《北史》卷49《雷绍传》："（侯莫陈）悦平，以功授大都督、凉州刺史。绍请留所领兵以助东讨，请单骑赴州。刺史李叔仁拥州逆命，绍遂归。永熙三年（534），以绍为渭州刺史，进爵昌国伯。"①《北齐书》卷2《神武纪下》：东魏天平三年、西魏大统二年（536）正月，"西魏灵州刺史曹泥与其婿凉州刺史刘丰遣使请内属。周文围泥，水灌其城，不没者四尺。神武命阿至罗发骑三万径度灵州，绕出西军后，获马五十匹，西师乃退。神武率骑迎泥、丰生，拔其遗户五千以归，复泥官爵"。《北史》卷5《魏本纪五》：大统二年（536）"三月，以凉州刺史李叔仁为司徒，以司徒万俟寿乐干为太宰"。三年（537）"十二月，司徒李叔仁自凉州通使于东魏，建昌太守贺兰植攻斩之"。《周书》卷2《文帝纪下》：大统"十二年（546）春，凉州刺史宇文仲和据州反。瓜州民张保害刺史成庆，以州应仲和。太祖遣开府独孤信讨之。……夏五月，独孤信平凉州，擒仲和，迁其民六千余家于长安。瓜州都督令狐延起义诛张保，瓜州平"。

据《魏书》卷106《地形志下》和前面北魏部分所考，北魏永熙年间（532—534）凉州领有武安、临松、建昌、番和、泉城、武兴、武威、昌松、东泾、梁宁、广武、魏安、西、东张掖等十四郡。北魏末年政治动荡，加上高层政区析置导致的领域分割，凉州政区设置规模当有大幅缩减。北魏所置诸郡中的武安、昌松、魏安三郡均相继废置。《隋书》卷29《地理志上》武威郡姑臧县："又后魏置武安郡、襄武县，并西魏废。"武威郡昌松县："后魏置昌松郡，后周废郡，以揟次县入。开皇初改县为永世，后改曰昌松。又有后魏魏安郡，后周改置白山县，寻

---

① 西魏前期，受制于两魏对峙的整体形势和自身势力，宇文泰集团对陇右一带的政治控制并不严密，这也是北魏末年陇右政治局势演化的重要后果。《周书》卷1《文帝纪上》永熙三年（534）夏四月，宇文泰在关西消灭侯莫陈悦势力，"时凉州刺史李叔仁为其民所执，举州骚扰。宕昌羌梁（企）[仚]定引吐谷浑寇金城。渭州及南秦州氐、羌连结，所在蜂起。南岐至于瓜、鄯，跨州据郡者，不可胜数。太祖乃令李弼镇原州，夏州刺史拔也恶蚝镇南秦州，渭州刺史可朱浑元还镇渭州，卫将军赵贵行秦州事。征豳、泾、东秦、岐四州粟以给军"。可见陇右一带局势之复杂。

废。"另据《元和郡县图志》卷40《陇右道下》凉州嘉麟县:"本汉宣威县地,前凉张轨于此置武兴郡,后凉吕光改置嘉麟县,后废,万岁通天元年重置。"武兴郡当在西魏北周时省并。东张掖郡在北周时废置。《太平寰宇记》卷152《陇右道三》凉州昌松县:"本汉苍松县,属武威郡。《十六国春秋》云:'后凉吕光麟嘉四年(392)以郭黁言谶改为昌松,兼于此立东张掖郡。'至后周废郡,县仍旧隶凉州。"建昌郡在西魏前期尚见记载,但不见于《隋志》,当在北周时省并。西郡在西魏废置,其所领县改划入张掖郡(参见本章第三十九节"甘州(原名西凉州)领郡沿革")。临松、东泾、梁宁三郡在文献中不见于西魏北周之时,当在西魏北周省并①。故西魏时凉州领有武威、广武、番和、泉城四郡。北周改番和郡为镇,北周末年,凉州当领有武威、广武、泉城三郡。

1. 西魏番和郡

西魏番和郡,北周改为番和镇,治鄀(即《魏书》卷106《地形志下》所记之彰县)。《隋书》卷29《地理志上》武威郡番和县:"后魏置番和郡。后周郡废,置镇。开皇中为县,又并力乾、安宁、广城、障、燕支五县之地入焉。"据《魏书》卷106《地形志下》,北魏永熙年间(532—534)番和郡领有彰、燕支二县。据《隋志》,西魏时番和郡当领有力乾、安宁、广城、障、燕支五县。北周番和镇当同。

2. 武威郡

治姑臧。《隋书》卷29《地理志上》武威郡姑臧县:"旧置武威郡,开皇初郡废。大业初复置武威郡。"据《魏书》卷106《地形志下》和前述北魏部分所考,北魏永熙年间(532—534)武威郡领有林中、襄(城)[武?]、显美三县。《嘉庆重修一统志》卷267《凉州府一》"凉州府表""武威县":"魏改名林中,周复改。"襄(城)[武?]县,《隋书》卷29《地理志上》武威郡姑臧县:"又后魏置武安郡、襄武县,并西魏废。又旧有显美县,后周废。"西魏北周有姑臧县。《周书》卷32《唐瑾传》:"从破沙苑,战河桥,并有功,封姑臧县子。"《新唐书》卷74下《宰相世系表四下》:"(唐)保健,后周绥、夏二州守,姑臧公。"北周有武威县。《隋书》卷56《宇文敳传》:"后从帝平齐,以功拜上仪同,封武威县公,邑千五百户。"卷47《韦世康传韦艺附传》:"及破尉惇,平相州,皆有力焉。以功进位上大将军,改封武威县公,邑千户。"另昌松县因北周时昌松郡省并划入武威郡,魏安郡改置之白山县北周时当亦划入武威郡。是北周末年武威郡当领有姑臧、武威、昌松、白山四县。

---

① 《隋书》卷29《地理志上》张掖郡张掖县:"又有临松县,后周废。"临松郡似废置于北周之时。如然,临松郡在西魏时当划属甘州。

3. 广武郡

治广武。《隋书》卷29《地理志上》武威郡允吾县:"后魏置,曰广武,及置广武郡。开皇初郡废,改县曰邑次,寻改为广武,后又改为邑次。大业初改为允吾。"《元和郡县图志》卷39《陇右道上》兰州广武县:"本汉枝阳县地,前凉张骏三年分晋兴置广武郡,隋开皇三年(583)罢郡置广武县,属兰州。大业二年(606)改为允吾县,取汉旧名也,六年(610)改为会宁县。武德三年(620),重置广武县。"北魏末年广武郡领有广武一县。西魏北周时广武郡当仍领有广武一县。

4. 泉城郡

据《魏书》卷106《地形志下》,北魏永熙年间(532—534)泉城郡领有新阳一县。西魏北周时有新阳县。《大隋使持节上柱国德广郡开国公李使君之墓志铭》(《李和墓志》)云:"值天子西移,关河路断,公乃崎岖险阻,归卫乘舆。封新阳县开国伯、五百户……河桥沙苑,功最居多。进爵为公,增邑五百。……周元年,增邑一千,从班例也。改封阐熙郡公。"《周故开府仪同三司洮甘二州刺史新阳段公墓志铭》(《段威及妻刘妙容墓志》):"周受禅,转虎贲大夫,除使持节、洮州诸军事、洮州刺史。地迩边裔,俗杂戎羌,服叛不恒,犷黠难驭。公怀远以德,制强用武,曾未期稔,部内肃然。就拜骠骑大将军、开府仪同三司,进爵为公,定封一千五百户。……春秋六十有七,以建德四年七月十七日寝疾,薨于长安城之私第。赠使持节、河兆二州诸军事、兆州刺史。"西魏北周时当仍有泉城郡,领有新阳一县。

第三十九节 甘州(原名西凉州)领郡沿革

《隋书》卷29《地理志上》张掖郡:"西魏置西凉州,寻改曰甘州。"据《周书》卷2《文帝纪下》,西魏废帝三年(554)春正月,改西凉州为甘州。《元和郡县图志》卷40《陇右道下》甘州:"后魏太武帝平凉,以为张掖军,废帝(二)[三]年(554)改军置甘州,因州东甘峻山为名。或言地多甘草,故名。隋大业三年(607)罢州,为张掖郡。"《太平寰宇记》卷152《陇右道三》甘州:"后魏太武平凉,以为张掖军,至太和十一年(487)改军为郡。大统十二年(546)分凉州,以居张掖之地为西凉州。废帝(二)[三]年(554)更名甘州……后周又为张掖郡。隋因之。"北周末年甘州当领有张掖、建康二郡。

1. 张掖郡

治永平。《隋书》卷29《地理志上》张掖郡张掖县:"旧曰永平县,后周置张掖郡。开皇初郡废,十七年县改为酒泉。大业初改为张掖,置张掖郡。又有临松县,后周废。"《元和郡县图志》卷40《陇右道下》甘州张掖县:"本汉觻得县,属张掖郡。本匈奴觻得王所居,因以名之。晋改名永平县。隋开皇三年(583),改永平为酒泉县,大业二年(606)改为张掖县,取旧郡为名也。"《隋书》卷29《地理志上》张掖郡删丹县:"后魏曰山丹,又有西郡、永宁县。西魏郡废,县改为弱水。后周省入山丹。大业改为删丹。又后周置金山县,寻废入焉。"《太平寰宇记》卷152《陇右道三》甘州删丹县:"本汉旧县也,属张掖郡。后汉兴平二年(195)分置西郡,以删丹县属焉。晋分删丹置兰池、万岁、仙提三县。隋炀帝并三县之地复改立删丹县焉。"据上可知,北周时置张掖郡,北周末年当领有永平、山丹、金山、兰池、万岁、仙提六县。

2. 建康郡

治表氏。据《中国文物地图集·甘肃分册》,今甘肃张掖市高台县骆驼城乡坝口村西南3公里戈壁滩上的骆驼城,当为建康郡治所在①。据北魏碑刻拓片"大魏永平三年岁次庚寅十月己巳朔十七日乙酉讨虏将军□县令凉州建康郡表氏县周千记墓之铭也",北魏永平三年(510)尚有建康郡和表氏县。西魏北周似亦有建康郡和表氏县。《周书》卷28《史宁传》:"史宁字永和,建康(袁)[表]氏人也。"史宁生活于北魏末年至西魏北周时。西魏北周建康郡当亦领有表氏一县。

第四十节 瓜州领郡沿革

瓜州治敦煌。《隋书》卷29《地理志上》敦煌郡:"旧置瓜州。"《元和郡县图志》卷40《陇右道下》沙州:"后魏太武帝于郡置敦煌镇,明帝罢镇立瓜州,以地为名也,寻又改为义州,庄帝又改为瓜州。隋大业三年(607)又罢州为敦煌郡。"《太平寰宇记》卷153《陇右道四》瓜州:"汉初为匈奴右地,武帝拓开边封,立为燉煌郡,后又为武威、酒泉二郡之地。历汉至魏亦然。晋惠帝始分置晋昌郡,领冥安等八县。至苻坚时,徙江汉流人万余户于燉煌,又徙中州不辟田畴民七千余户于此。至凉武昭王遂以南人置会稽郡,以中州人置广夏郡。至后周初并之,复为晋昌郡。至武帝改晋昌为永兴郡。隋初罢郡,立瓜州。炀帝初废之,以其地并入燉煌。"据前面北魏部分所考,北魏永熙年间(532—534)瓜州

---

① 《中国文物地图集·甘肃分册》(上),测绘出版社,2010年,"高台县文物图",第212—213页;《中国文物地图集·甘肃分册》(下),"张掖市·高台县",第335—336页。

当领有敦煌、酒泉、常乐、玉门、会稽、广夏、效谷、寿昌八郡。北周初年会稽、广夏二郡省并为晋昌郡，效谷、寿昌二郡并入敦煌郡，周武帝时晋昌郡改为永兴郡，省废玉门郡。北周末年瓜州当领有敦煌、酒泉、常乐、永兴四郡。

1. 敦煌郡

治鸣沙。《隋书》卷29《地理志上》敦煌郡敦煌县："旧置敦煌郡，后周并効谷、寿(皇)[昌]二郡入焉。又并敦煌、鸣沙、平康、効谷、东乡、龙勒六县为鸣沙县。开皇初郡废。大业置敦煌郡，改鸣沙为敦煌。"《太平寰宇记》卷153《陇右道四》沙州："后魏平北凉，燉煌仍旧不改。隋初废郡，置瓜州。炀帝初废州，后为燉煌郡。"《舆地广记》卷17《陕西路化外州》沙州："战国及秦月氏有其地。汉时入匈奴，武帝开之，属酒泉郡，后分立敦煌郡。东汉、魏、晋因之。西凉李暠初据此。元魏亦曰敦煌郡，兼立瓜州。后周因之。隋开皇初郡废，大业初州废，复为敦煌郡。"沙州敦煌县："二汉为郡治。晋亦属焉。北魏立瓜州，后周改县为鸣沙。隋大业初复为敦煌。唐立沙州。汉効谷县，属敦煌郡。晋因之。元魏立効谷郡。后周郡、县皆废入焉。"沙州寿昌县："本龙勒。二汉属敦煌郡，晋因之。元魏立寿昌郡。后周郡、县皆废入敦煌。唐武德二年(619)析敦煌置寿昌。"又敦煌所出《寿昌县地镜》："右本汉龙勒县，魏正光六年(525)，改为寿昌郡，属瓜州。故书云旧瓜州即沙州是也。"① 北周末年敦煌郡当领有鸣沙一县。

2. 酒泉郡

治福禄。《隋书》卷29《地理志上》张掖郡福禄县："旧置酒泉郡，开皇初郡废。仁寿中以置肃州，大业初州寻废。又后周置乐涫县，寻废。"《元和郡县图志》卷40《陇右道下》肃州："后魏太武帝平沮渠(氏)[氏]，以酒泉为军，属敦煌镇。明帝孝昌中，改镇立瓜州，复置酒泉郡。隋开皇三年(583)罢郡，立酒泉镇，所领县并属甘州。仁寿二年(602)，以境宇辽远，分甘州置肃州。"酒泉郡西魏时当领有福禄一县，北周末年当领有福禄、乐涫二县。

3. 常乐郡

治凉兴。《隋书》卷29《地理志上》敦煌郡常乐县："后魏置常乐郡。后周并凉兴、大至、冥安、闰泉，合为凉兴县。开皇初郡废，改县为常乐。"这里的大至或为广至之讹。《元和郡县图志》卷40《陇右道下》瓜州常乐县："本汉广至县地，属敦煌郡。魏分广至置宜禾县，后魏明帝改置常乐郡。隋于此置常乐镇，

---

① 见王仲荦：《〈寿昌县地镜〉考释》，《敦煌石室地志残卷考释》(郑宜秀整理)，中华书局，2007年，第185页。

武德五年置常乐县也。"《舆地广记》卷17《陕西路化外州》瓜州："汉属敦煌郡。东汉、魏、晋皆因之。元康五年(295)立晋昌郡,后废。元魏、后周为常乐郡,隋开皇初郡废,属瓜州。"瓜州晋昌县："本冥安。二汉、晋属敦煌郡,惠帝分属晋昌郡。北凉李暠改为凉兴郡。元魏改为常乐郡。后周省冥安,别置凉兴郡。隋开皇初郡废,属瓜州,改凉兴为常乐县。"瓜州常乐县："本广至。二汉属敦煌郡。魏分置宜禾县。晋立晋昌郡。李暠改郡、县皆曰凉兴。元魏改郡曰常乐。后周废县,别置于冥安故城焉,既而改常乐县为晋昌。武德元年(618)别置常乐于此。"北周末年,常乐郡当领有凉兴一县。

4. 永兴郡

《隋书》卷29《地理志上》敦煌郡玉门县："后魏置会稽郡。后周废郡,并会稽、新乡、延兴为会稽县。开皇中改为玉门,并得后魏玉门郡地。"《元和郡县图志》卷40《陇右道下》肃州玉门县："本汉旧县,属酒泉郡。汉罢玉门关屯戍,徙其人于此,因以名县。后魏孝明帝改为玉门郡,周武帝省入会川县,隋开皇十年(590)复改为玉门县。"此会川县或为会稽县之讹。《通典》卷174《州郡典四》晋昌郡(瓜州)："今理晋昌县。……后魏属常乐、会稽二郡。后周属会稽郡。苻坚徙江汉之人万余户于燉煌,中州人有田畴不辟者亦徙七千余户。凉武昭王遂以南人置会稽郡,以中州人置广夏郡。后周因旧名置晋昌郡。隋废之,以属燉煌郡。大唐置瓜州,或为晋昌郡。"瓜州晋昌县："汉冥安县地。武德四年(621)改置。今县北有伊吾故城、白水。有昆仑障,汉宜禾所居,故城在县界。后魏明帝正光中置会稽郡即于此。"《太平寰宇记》卷153《陇右道四》瓜州："汉初为匈奴右地,武帝拓开边封,立为燉煌郡,后又为武威、酒泉二郡之地。历汉至魏亦然。晋惠帝始分置晋昌郡,领冥安等八县。至苻坚时,徙江汉流人万余户于燉煌,又徙中州不辟田畴民七千余户于此。至凉武昭王遂以南人置会稽郡,以中州人置广夏郡。至后周初并之,复为晋昌郡。至武帝改晋昌为永兴郡。隋初罢郡,立瓜州。炀帝初废之,以其地并入燉煌。"北周末年永兴郡当领有会稽一县。

第四十一节 梁州领郡沿革

梁州治光义,即今陕西汉中市城区。《隋书》卷29《地理志上》汉川郡："旧置梁州。"《元和郡县图志》卷22《山南道三》兴元府："自汉、宋已还,多理南郑。隋开皇三年(583)罢郡,所领县并属梁州。大业三年(607)罢州为汉川郡。"《太平寰宇记》133《山南西道一》兴元府："后魏亦置梁州及汉中郡。按《梁书》云:

'天监三年(504),刺史夏侯道迁以州郡叛入魏。大同初复之。元帝末又陷于西魏也。'西魏因之。后周奄有,又改曰汉川郡。隋开皇初郡废而州如故,大业初州废,复为汉川郡。"据前述北魏部分所考,梁州北魏永熙年间(532—534)当领有晋昌、褒中、汉中、华阳、丰宁、其章诸郡。晋昌郡西魏废帝三年(554)改为傥城郡。丰宁郡在西魏废帝二年(553)时划入洋州,其章郡则于北周天和五年(570)划属集州。是北周末年梁州当领有汉中、褒中、华阳、傥城四郡。

1. 汉中郡

治光义(即南郑)。《隋书》卷29《地理志上》汉川郡南郑县:"旧置汉川郡。开皇初郡废,大业初置郡。又西魏置白云县,至是并入焉。"据《魏书》卷106《地形志下》,北魏永熙年间(532—534)汉中郡领有南郑、汉阴、城固三县。《元和郡县图志》卷22《山南道三》兴元府南郑县:"本汉旧县,属汉中郡。……后魏改为光义县,隋开皇元年(581)又为南郑。"《太平寰宇记》卷133《山南西道一》兴元府南郑县:"本汉旧县,属汉中郡。后魏废帝三年(554)改为光义县,移理州东光义府。隋开皇初复为南郑县。大业八年(612)移南郑县理郡西城,南临汉水,即今所理。"兴元府城固县:"汉旧县,有南北二城相对。按《四夷县道记》云:'城固,今县东六里故北城是,以有南城,故谓此为北城。'《周地图记》云:'后魏宣武帝正始中,城固县移居婿乡川。'即今理。"汉阴县不见于西魏北周之后文献,当废置于西魏北周之时。北周末年汉中郡当领有光义、城固二县。

2. 褒中郡

据《魏书》卷106《地形志下》,北魏永熙年间(532—534)褒中郡领有褒中、武乡、廉水三县。《隋书》卷29《地理志上》汉川郡南郑县:"又西魏置白云县,至是并入焉。"《太平寰宇记》卷133《山南西道一》兴元府褒城县:"本汉褒中县,以其当褒斜大路,故名。汉都尉理此。其褒国城为褒水所坏,盖后汉末、曹魏初移于今理。东晋义熙末,梁州刺史理此,仍改为苞中县。后魏正始中又于此立褒中郡。故《周地图》云:'后魏分汉中郡之褒中、武乡二县立褒中郡。'后周天和元年(566)改武乡为白云县,而褒中郡领褒中、白云二县。隋初郡与县并改为褒内,三年罢郡,以县属梁州。仁寿元年(601)改为褒城。"廉水县不见于西魏北周之后文献,当废置于西魏北周之时。是北周末年褒中郡领有褒中、白云二县。

3. 华阳郡

据《魏书》卷106《地形志下》,北魏永熙年间(532—534)华阳郡领有华阳、沔阳、嶓冢三县。西魏北周时有华阳县,《周书》卷17《怡峰传》:"及齐神武与魏孝武帝构隙，帝频敕太祖简锐卒入卫京邑。太祖乃令峰与都督赵贵等率轻骑赴洛阳。至潼关，值魏孝武西迁，峰即从太祖拔回洛，复潼关。拜安东将军、华州刺史。寻转大都督。讨曹泥有功，进爵华阳县公，邑一千户。"卷34《杨㧑传》：大统"十六年（550），大军东讨，授大行台尚书，率义众先驱敌境，攻其四戍，拔之。时以齐军不出，乃追㧑还。并肥如、邵阳二邑，合一千八百户，改封华阳县侯。又于邵郡置邵州，以㧑为刺史，率所部兵镇之。"卷19《豆卢宁传》：豆卢宁子"赞以宁勋，建德初，赐爵华阳县侯（《北史》卷68《豆卢宁传》作'华阴县侯'）。"《元和郡县图志》卷22《山南道三》兴元府西县："本汉沔阳县地，后魏分置嶓冢，隋大业二年（606）改为西县。"《太平寰宇记》133《山南西道一》西县："沔阳故城，在县东南十六里沔阳故城是，南临汉水。隋开皇三年（583）废。"故西魏北周时华阳郡当亦领有华阳、沔阳、嶓冢三县。

4. 傥城郡

《隋书》卷29《地理志上》汉川郡兴势县："旧置傥城郡，开皇初郡废。"《太平寰宇记》卷138《山南西道六》洋州兴道县："本汉城固县地，后魏宣武帝正始中分城固县地，于今理西北二十里兴势山置兴势县，兼立傥城郡，因山为名。按《地记》云：'晋于今西泉县置晋昌郡，魏复移于今县置晋昌郡，因郡旧名也。废帝三年（554）改为傥城郡。隋开皇三年（583）罢郡。大业二年（606）县自山上移居废郡廨理。"据《魏书》卷106《地形志下》，北魏永熙年间（532—534）晋昌郡领有龙亭、兴势、南城三县。《太平寰宇记》卷138《山南西道六》洋州："后魏正始中……仍更立龙亭县……隋开皇三年（583）……并省龙亭县入洋州。"据上引《寰宇记》两处记载，西魏北周有龙亭、兴势二县。南城县不见于西魏北周之后文献，当废置于西魏北周之时。北周末年傥城郡当领有龙亭、兴势二县。

第四十二节　洋州领郡沿革

洋州治洋川，在今陕西汉中市西乡县东南。《隋书》卷29《地理志上》汉川郡西乡县："旧曰丰宁，置洋州及洋川郡。开皇初废郡，大业初废州，改县曰西乡。又旧有怀昌郡，后周废为怀昌县，至是入焉。有洋水。"《太平寰宇记》卷138《山南西道六》洋州："秦灭楚置三十六郡。此为汉中郡地。……三国时为蜀之重镇，故先主分城固立南乡县。……晋改南乡为西乡。后魏正始中废西乡县，仍于今西乡县西五十里丰宁戍置丰宁郡及丰宁县，仍更立龙亭县，郡属直州。废帝二年（553）于今西乡县置洋州，以水为名，领洋川、怀昌、洋中、丰宁四郡,其怀昌郡领怀宁一县。后周天和五年(570)省怀昌郡,改怀宁为怀昌县。隋开皇三年(583)又罢三郡,并省龙亭县入洋州,领丰宁、黄金、怀昌三县。大业二年(606)废洋州,仍省怀昌,以丰宁、黄金二县入汉川郡,仍改丰宁为西乡,移于废州廨理,又于州城置洋川镇。"据此可知,洋州置于西魏废帝二年(553),领有洋川、怀昌、洋中、丰宁四郡。北周天和五年(570)省并怀昌郡,所领怀宁县改为怀昌县,当划入丰宁郡。北周末年,洋州当领有洋川、洋中、丰宁三郡。

1. 洋川郡

治洋川。《隋书》卷29《地理志上》汉川郡西乡县:"旧曰丰宁,置洋州及洋川郡。开皇初废郡,大业初废州,改县曰西乡。"《太平寰宇记》卷138《山南西道六》洋州西乡县:"洋水,出废洋川县东巴岭。"洋州真符县:"废黄金县,在州东北一百三十里。本汉安阳县地,属汉中郡。后魏文帝大统十二年(546)分置黄金县,因县界有黄金水为名,属直州。废帝二年(553)分直州置洋川郡,以县属焉。隋开皇二年(582)废郡,以县属洋州。大业二年(606)废洋州,又以县属汉川郡,十一年(615)移于县治北六十里巴岭镇。"西魏北周时洋川郡当领有洋川、黄金二县。

2. 洋中郡

《太平寰宇记》卷138《山南西道六》洋州:"废帝二年(553)于今西乡县置洋州,以水为名,领洋川、怀昌、洋中、丰宁四郡,其怀昌郡领怀宁一县。后周天和五年(570)省怀昌郡,改怀宁为怀昌县。隋开皇三年(583)又罢三郡"。洋中郡领县情况不详。

3. 丰宁郡

治丰宁。《太平寰宇记》卷138《山南西道六》洋州西乡县:"本汉成固县地……蜀先主分成固之地立南乡县,属汉中郡。至晋太康二年(581)改南乡为西乡,即今县南十五里平阳故城也。后魏置洋州及丰宁郡丰宁县。隋开皇三年(583)罢郡。大业三年(607)废洋州,改丰宁县为西乡县,移于废州理,即今县也。"西魏废帝二年(553)丰宁郡当领有丰宁一县,北周天和五年(570)怀宁县改为怀昌县,因所属怀昌郡省并而划入。是北周末年丰宁郡当领有丰宁、怀昌二县。

第四十三节　集州(原名东巴州)领郡沿革

集州原名东巴州,治难江,即今四川巴中市南江县城关。《隋书》卷29《地理志上》汉川郡难江县:"后周置集州及平桑郡。开皇初郡废,大业初州废。"据

《周书》卷2《文帝纪下》,西魏废帝三年(554)春正月,改东巴州为集州。《通典》卷175《州郡典五》集州:"秦属巴郡。二汉属广汉、巴二郡地。晋属巴西郡。梁置东巴州,后改为集州。后周兼置平桑郡。隋初郡废,炀帝初州废,并其地入汉川、清化二郡。"《太平寰宇记》卷140《山南西道八》集州:"后魏景明中于巴岭南置洋川、其章、平素三郡。大统中,山南覆没。梁武帝大同中又于巴岭侧立安宁、敬水、平南三郡,仍立东巴州以领三郡,州理在木马。按木马地名在今洋州界,无复遗址。后魏恭帝二年(555)改东巴州为集州,以东北集川水为名,人户寡少,寄理洋州。后周天和五年(570)移集州于巴岭南,即今州理。领平桑、其章、安宁、敬水、平南五郡。隋开皇三年(583)罢所领郡,立集州,领难江、曲细、符阳、白石四县。大业三年(607)废集州,以难江属汉川郡,以长池(注:旧名曲细)、符阳、白石三县属巴州,仍于废集州城置公山镇。"北周末年集州当领有平桑、其章、安宁、敬水、平南五郡。

1. 平桑郡

治难江。《隋书》卷29《地理志上》汉川郡难江县:"后周置集州及平桑郡。"《太平寰宇记》卷140《山南西道八》集州难江县:"本汉宕渠县地,周天和五年(570)于此置难江县,因江水难涉,故以难江为名。隋大业中属汉川郡。"《隋书》卷29《地理志上》清化郡盘道县:"梁置,曰难江。西魏改焉。"《太平寰宇记》卷139《山南西道七》巴州清化县:"废盘道县,在县东四十里。本汉宕渠县地,宋末于今县西南十里置北水郡。梁普通六年(525)于北水郡置难江县,因难江水为名。梁末其地内属。后魏恭帝三年(556)改难江县为盘道县,因龙腹山道路盘曲为名。"因梁大同年间(535—546)立东巴州以领安宁、敬水、平南三郡,已不见北水郡。故北水郡当废于梁大同年间(535—546)。所领难江县在西魏恭帝三年(556)改为盘道县,划入平桑郡。又《隋书》卷29《地理志上》清化郡长池县:"后周置,曰曲细。开皇末改焉。"是北周末年平桑郡当领有难江、盘道、曲细三县。

2. 其章郡

治符阳。《隋书》卷29《地理志上》清化郡符阳县:"旧置其章郡,开皇初废。"《太平寰宇记》卷140《山南西道八》壁州符阳县:"本汉县,属巴郡。晋、宋废为宣汉县地。后魏正始中置其章郡,领符阳县,亦无人户,寄理(渠)[梁]州。"北魏末年其章郡领有符阳一县。又据《隋书》卷29《地理志上》,清化郡领有白石县。《太平寰宇记》卷140《山南西道八》壁州白石县:"亦宕渠县地,后魏废帝于今县西南十五里立白石县,因界内白石川为名,属其章郡。隋开皇三年(583)废郡,以县属集州。大业三年(607)废集州,以县属巴州。"是北周末年其章郡领有符阳、白石二县。

3. 安宁郡

梁大同年间(535—546)置东巴州,安宁郡为东巴州后所领郡之一。西魏恭帝二年(555)改东巴州为集州。后周天和五年(570)移集州于巴岭南,安宁郡为集州所领郡之一。隋开皇三年(583)罢郡。安宁郡治地及领县情况不详。

4. 敬水郡

梁大同年间(535—546)置东巴州,敬水郡为东巴州后所领郡之一。西魏恭帝二年(555)改东巴州为集州。后周天和五年(570)移集州于巴岭南,敬水郡为集州所领郡之一。隋开皇三年(583)罢郡。敬水郡治地及领县情况不详。

5. 平南郡

梁大同年间(535—546)置东巴州,平南郡为东巴州后所领郡之一。西魏恭帝二年(555)改东巴州为集州。后周天和五年(570)移集州于巴岭南,平南郡为集州所领郡之一。隋开皇三年(583)罢郡。平南郡治地及领县情况不详。

第四十四节 金州(原名东梁州)领郡沿革

金州原名东梁州,原治西城,北周天和四年(569)因西城县省入吉安县,治吉安,在今陕西安康市西北汉水北岸。《隋书》卷29《地理志上》西城郡:"梁置梁州,寻改曰南梁州。西魏改置东梁州,寻改为金州,置总管府。开皇初府废。"据《周书》卷2《文帝纪下》,西魏废帝三年(554)春正月,东梁州改为金州。《太平寰宇记》卷141《山南西道九》金州:"梁于魏兴郡置北梁州,寻改为南梁州。按后魏正始元年(504),北梁州长史夏侯道迁举汉中归魏,魏以汉中遗民在东垂者居此,由是改为魏兴郡。又按《梁州记》:'后魏合华阳、金城二郡为忠诚郡,领亭乡、锡城、金川三县。'即此地。孝昌三年(527)于安康郡置东梁州。西魏大统元年(535),梁将兰钦东伐取南郑,其魏兴等诸郡还梁。梁罢梁州。废帝元年(552),大将军达奚武吞并山南,东梁州刺史李迁哲降魏,魏又于魏兴置东梁州;三年(554)因其地出金,改为金州,仍领魏兴郡。后周天和四年(569)省西城县,仍移吉安县理西城废县廨。隋开皇三年(583)罢郡,所领县并属金州。大业二年(606)改吉安为金川县,三年(607)罢州,为西城郡。"

《周书》卷19《王雄传》:大统"十七年(551),雄率军出子午谷,围梁上津、魏兴。明年,克之,以其地为[南洛州、]东梁州"。西魏废帝元年(552),西魏吞并山南,改萧梁南梁州为东梁州,三年(554)东梁州又改为金州。按西魏吞并山南后所置东梁州与北魏所置东梁州有地域之别(参见本章第四十七节"直州

(原名东梁州)领郡沿革")。又《隋书》卷 29《地理志上》西城郡金川县:"旧有金城、吉安二郡,开皇初并废。"据上引《太平寰宇记》和《隋志》,西魏北周时此东梁州或金州当领有魏兴、吉安(北周改称吉阳)二郡。

1. 魏兴郡

原治西城,北周天和四年(569)因西城县省入吉安县,治吉安。《太平寰宇记》卷 141《山南西道九》金州西城县:"本汉旧县,属汉中郡。……西魏立郡于此。""西城故城。按《水经注》云:'汉水迳月川口,又东迳西城故城南。'其故城即汉之西城,今州西北四里汉江之北,西城山之东,魏兴郡故城是也,当谷口路南,与州城相对。其西城山在州西北五里,盖后魏时移今理。"西魏时魏兴郡当领西城一县。北周天和四年(569)魏兴郡领有吉安一县。

2. 吉安郡

西魏吉安郡治吉安;北周改称吉阳郡,当治吉阳。《隋书》卷 29《地理志上》西城郡金川县:"梁初曰上廉,后曰吉阳。西魏改曰吉安,后周以西城入焉。旧有金城、吉安二郡,开皇初并废。十八年(598)改县为吉安。大业三年(607)改曰金川,置西城郡。"《太平寰宇记》卷 141《山南西道九》金州平利县:"本汉西城地,两汉及魏盖为西城县地,晋于今县南平利川置上廉县,取上廉水为名,寻又改为吉阳县。按《周地图记》云:'上廉县后移还上庸,于平利川置吉阳县。后魏改为吉安县。后周天和四年(569)移吉安于今州理。'"又据《新唐书》卷 71 上《宰相世系表一上》:"(裴)彦,后周骠骑大将军,吉阳郡公。"吉安郡或在北周天和四年(569)改称吉阳郡,因吉安县县治移入西城废县廨并划入魏兴郡,北周当另设吉阳一县以统领之。

第四十五节　北周洵州领郡沿革

洵州治所当在今陕西安康市西北汉水北岸一带。《隋书》卷 29《地理志上》西城郡金川县:"又后周置洵州,寻废。"《周书》卷 44《泉企传泉仲遵附传》:"大将军王雄南征上津、魏兴,仲遵率所部兵从雄讨平之。遂于上津置南洛州,以仲遵为刺史。仲遵留情抚接,百姓安之,流民归附者,相继而至。初,蛮帅杜清和自称巴州刺史,以州入附。朝廷因其所据授之,仍隶东梁州都督。清和以仲遵善于抚御,请隶仲遵。朝议以山川非便,弗之许也。清和遂结安康酋帅黄众宝等,举兵共围东梁州。复遣王雄讨平之。改巴州为洵州,隶于仲遵。"《周书》卷 19《王雄传》:大统"十七年(551),雄率军出子午谷,围梁上津、魏兴。明年,克之,以其地为[南洛州、]东梁州。寻而复叛,又令雄讨之。"周书卷 44《阳雄传》:"除洵州刺史。俗杂赛、渝,民多轻猾。雄威惠相济,夷夏安之。"北周洵州当领有洵阳一郡。

洵阳郡

《隋书》卷29《地理志上》西城郡洵阳县:"旧置洵阳郡,开皇初郡废。"《太平寰宇记》卷141《山南西道九》金州洵阳县:"本汉旧县,在洵水之阳,属汉中郡。后汉省。晋太康四年(583)复立。故魏与此置郡。《舆地志》:'魏置魏兴郡,领洵阳等六县(于此)。'"北周所置洵阳郡当分自魏兴郡,领有洵阳一县。

第四十六节　静州(原名北梁州)沿革

静州本名北梁州,治所当在今陕西安康市西北。《隋志》无。据《周书》卷2《文帝纪下》,西魏废帝三年(554)春正月,改北梁州为静州。按此北梁州本为萧梁所置。《梁书》卷3《武帝纪下》:大同元年(535)十一月"壬戌,北梁州刺史兰钦攻汉中,克之,魏梁州刺史元罗降。"《资治通鉴》卷157《梁纪十三》梁武帝大同元年(535)十一月记载此事,胡三省注云:"梁以南郑为北梁州。盖以钦为刺史,使之图南郑也。"《梁书》卷46《杜崱传杜岸附传》:"岸,字公衡。少有武干,好从横之术。太清中,与崱同归世祖,世祖以为持节、平北将军、北梁州刺史,封江陵县侯,邑一千户。"

《隋书》卷21《天文志下》:中大通六年(534)"十二月,北梁州刺史兰钦举兵反,后年改为大同元年"。卷23《五行志下》:"中大通六年十二月,西南有声如雷。其年北梁州刺史兰钦举兵反。""梁天监二年(503),北梁州潭中有龙斗,渍雾数里。龙蛇之孽。"可见萧梁一直有北梁州的建置。另外萧梁于大同元年(535)之前在仇池地区曾设有带羁縻性质的北梁州。《梁书》卷54《诸夷传·武兴国传》:"武兴国,本仇池。杨难当自立为秦王,宋文帝遣裴方明讨之,难当奔魏。其兄子文德又聚众茄卢,宋因授以爵位,魏又攻之,文德奔汉中。从弟僧嗣又自立,复戍茄卢。卒,文德弟文度立,以弟文洪为白水太守,屯武兴,宋世以为武都王。武兴之国,自于此矣。难当族弟广香又攻杀文度,自立为阴平王、茄卢镇主。卒,子炅立;炅死,子崇祖立。崇祖死,子孟孙立。齐永明中,魏氏南梁州刺史、仇池公杨灵珍据泥功山归款,齐世以灵珍为北梁州刺史、仇池公。文洪死,以族人集始为北秦州刺史、武都王。天监初,以集始为使持节、都督秦雍二州诸军事、辅国将军、平羌校尉、北秦州刺史、武都王;灵珍为冠军将军;孟孙为假节、督沙州刺史、阴平王。集始死,子绍先袭爵位。二年(503),以灵珍为持节、督陇右诸军事、左将军、北梁州刺史、仇池王。十年(511),孟孙死,诏赠安沙将军、北雍州刺史。子定袭封爵。绍先死,子智慧立。大同元年(535),克复汉中,智慧遣使上表,求率四千户归国,诏许焉,即以为东益州。"静州当在西魏或北周时省废。

第四十七节　直州(原名东梁州)领郡沿革

　　北魏东梁州,后梁改称直州,治安康。《隋书》卷29《地理志上》西城郡安康县:"旧曰宁都,齐置安康郡,后魏置东梁州,后萧詧改直州。"《太平寰宇记》卷138《山南西道六》洋州真符县:"废黄金县,在州东北一百三十里。本汉安阳县地,属汉中郡。后魏文帝大统十二年(546)分置黄金县,因县界有黄金水为名,属直州。废帝二年(553)分直州置洋川郡,以县属焉。隋开皇二年(582)废郡,以县属洋州。大业二年(606)废洋州,又以县属汉川郡,十一年(615)移于县治北六十里巴岭镇。"又卷141《山南西道九》金州:"梁于魏兴郡置北梁州,寻改为南梁州。按后魏正始元年(504),北梁州长史夏侯道迁举汉中归魏,魏以汉中遗民在东垂者居此,由是改为魏兴郡。又按《梁州记》:'后魏合华阳、金城二郡为忠诚郡,领亭乡、锡城、金川三县。'即此地。孝昌三年(527)于安康郡置东梁州。西魏大统元年(535),梁将兰钦东伐取南郑,其魏兴等诸郡还梁。梁罢梁州。废帝元年(552),大将军达奚武吞并山南,东梁州刺史李迁哲降魏,魏又于魏兴置东梁州;三年(554)因其地出金,改为金州,仍领魏兴郡。"是安康所置东梁州承自北魏,魏兴所置东梁州承自萧梁南梁州,两者地域有别(参见本章第四十四节"金州(原名东梁州)领郡沿革")。

　　据《魏书》卷106《地形志下》,北魏永熙年间(532—534)东梁州领有金城、安康、魏明三郡。据前引《太平寰宇记》所引《梁州记》,西魏当新置有忠诚郡。魏明郡于西魏大统十四年(548)改为宁都郡。又《隋书》卷29《地理志上》西城郡石泉县:"旧曰永乐,置晋昌郡。西魏改郡曰魏昌……后周省魏昌郡入中城郡。"这里的中城郡当即忠诚郡。是西魏末年直州领有安康、金城、宁都、魏昌、忠诚五郡。北周省魏昌郡入忠诚郡,北周末年直州当领有安康、金城、宁都、忠诚四郡。

1. 安康郡

　　治安康。《隋书》卷29《地理志上》西城郡安康县:"旧曰宁都,齐置安康郡……开皇初郡废,大业初州废,县改曰安康。"北魏已有安康与宁都二县,宁都县当是在隋大业初并入安康县,《隋志》表述不确。据《魏书》卷106《地形志下》,北魏永熙年间(532—534)安康郡领有安康一县。西魏北周当同。

2. 金城郡

治直城。《隋书》卷29《地理志上》西城郡金川县:"旧有金城、吉安二郡,开皇初并废。"据《魏书》卷106《地形志下》,北魏永熙年间(532—534)金城郡领有直城一县。西魏北周当同。

3. 宁都郡

治宁都。《周书》卷2《文帝纪下》:大统"十四年(548)春,魏帝诏封太祖长子毓为宁都郡公,食邑三千户。初,太祖以平元颢、纳孝庄帝之功,封宁都县子,至是改县为郡,而以封毓,用彰勤王之始也。"是西魏大统十四年(548)改魏明郡为宁都郡。据《魏书》卷106《地形志下》,北魏永熙年间(532—534)魏明郡领有汉阳、宁都二县。汉阳县,《嘉庆重修一统志》卷242《兴安府二》"古迹":"汉阳旧县,在汉阴厅东。……北周省入西城。"按汉阳县治当在今陕西安康市汉阴县西南汉阳镇一带。是北周宁都郡领有宁都一县。

4. 忠诚郡

《太平寰宇记》卷141《山南西道九》金州:"又按《梁州记》:'后魏合华阳、金城二郡为忠诚郡,领亭乡、锡城、金川三县。'即此地。"忠诚郡不见于《魏书·地形志》,当为西魏所置。又《隋书》卷29《地理志上》西城郡石泉县:"旧曰永乐,置晋昌郡。西魏改郡曰魏昌,寻改永乐曰石泉,析置魏宁县。后周省魏昌郡入中城郡,又省魏宁县入石泉县。"中城郡当指忠诚郡。《太平寰宇记》卷141《山南西道九》金州石泉县:"本汉西城县地,梁武帝立晋昌郡,治王水口,夏侯道迁以梁州入魏,移晋昌郡于所领长乐县东阳村,即今石泉县理是也。后值黄众宝反叛,移晋昌郡于旧理,因改曰魏昌。周武成(三)[二]年(560),郡又移理东阳川,仍并郡所领诸县为永乐一县,理于今县南一里旧长乐县所理处,续改名石泉县,以县北石泉为名。保定三年(563)废魏昌郡,移石泉县理郡城,即今县理是也。"忠诚郡原领亭乡、锡城、金川三县不见于北周之后文献,当废置于北周之时。《周书》卷17《若干惠传》:"魏孝武西迁,除右卫将军、大都督,进爵魏昌县伯,邑五百户。"《庾子山集注》卷14《周兖州刺史广饶公宇文公神道碑》:"公讳常,字子元,豫州荥阳人也。……(大统)十五年(549),袭父封魏昌县开国伯,(传)[转]大都督。"魏昌郡西魏时当领有石泉、魏宁、魏昌三县。魏宁县北周时省入石泉县。又西魏有忠诚县。《北史》卷62《王思政传》:王思政子王恭,西魏时封"忠诚县伯"。忠诚县不见于北周之后文献,当废置于北周之时。北周末年忠诚郡当领有石泉、魏昌二县。

第四十八节　北周迁州领郡沿革

迁州治光迁，在今湖北十堰市房县。《隋书》卷29《地理志上》房陵郡："西魏置光迁国。后周国废，置迁州。大业初改名房州。"《元和郡县图志》卷21《山南道二》房州："侯景之乱，地入后魏。至周武帝，改为迁州。贞观十年(636)，废迁州，自竹山县移房州于废迁州廨，即今州理是也。"《太平寰宇记》卷143《山南东道二》房州："历晋、宋、齐为新城、上庸二郡。梁天监末立岐州，与郡同理房陵。侯景之乱，地入后魏，废帝二年(553)改新城郡为光迁国。《汉中记》云：'光迁国，昔传此地古有三百人于州西南房山中学道得仙，因名其地为广仙，后人语讹为光迁。'后周武帝保定三年(563)废国为迁州，改房陵为光迁县。隋因之，炀帝废州为房陵郡。"据《周书》卷5《武帝纪上》，保定三年(563)春正月辛未，"改光迁国为迁州"。领光迁一郡。

光迁郡

治光迁。本新城郡，废帝二年(553)改新城郡为光迁国。北周武帝保定三年(563)废国为迁州，改房陵为光迁县。又《隋书》卷29《地理志上》房陵郡永清县："旧曰大洪，后周改焉。"《元和郡县图志》卷21《山南道二》房州永清县："本房陵县地，后魏废帝分房陵东境置大洪县，周武帝改为永清县，属迁州。隋改属房陵郡。""大洪故县城，在县东六里。"《太平寰宇记》卷143《山南东道二》房州房陵县："废永清县，在县东一百一十里。本汉防陵县地，《周地图记》云：'后魏废帝三年(554)分房陵东境，于今县东六里置大洪县，属光迁国。'后周保定二年(562)移于今理，乃改为永清县。今并入房陵县。"北周末年光迁郡当领有光迁、永清二县。

第四十九节　北周绥州沿革

绥州治绥阳，当在今湖北神农架林区一带。《隋书》卷29《地理志上》房陵郡光迁县："旧曰房陵，置新城郡。梁末置岐州，后周郡县并改为光迁。又有旧绥州，开皇初，与郡并废。大业初置房陵郡。"《周书》卷44《扶猛传》："保定三年(563)，转绥州刺史。"《宋书》卷37《州郡志三》梁州新城郡："绥阳令，魏立，后改为秭归，晋武帝太康二年(281)，复为绥阳。"《南齐书》卷15《州郡志下》梁州南新城郡下亦列有绥阳县。《嘉庆重修一统志》卷349《郧阳府》"古迹"："绥阳故城，在房县西南一百七十里。三国魏置县，西魏置绥州，隋废。"绥州当领有绥阳一县。

第五十节　罗州领郡沿革

　　罗州治上庸,当在今湖北十堰市竹山县西南。《隋书》卷29《地理志上》房陵郡竹山县:"梁曰安城,西魏改焉,置罗州。开皇十八年(598)改曰房州,大业初州废。"《周书》卷44《扶猛传》:"扶猛字宗略,上甲黄土人也。其种落号(曰)〔白〕兽蛮,世为渠帅。猛,梁大同中以直后出为持节、厉锋将军、青州刺史,转上庸新城二郡守、南洛北司二州刺史,封宕渠县男。及侯景作乱,猛乃拥众自守,未有所从。魏大统十七年(551),大将军王雄拓定魏兴,猛率其众据险为堡,时遣使微通饷馈而已。魏废帝元年(552),魏兴叛,雄击破之,猛遂以众降。太祖以其世据本乡,乃厚加抚纳,授车骑大将军、仪同三司,加散骑常侍,复爵宕渠县男。割二郡为罗州,以猛为刺史。"是罗州置于西魏废帝元年(552),领有上庸、新城二郡,新城郡地后分置有迁州和绥州,故罗州在北周当领有上庸一郡。

　　上庸郡

　　治上庸。《隋书》卷29《地理志上》房陵郡上庸县:"梁曰新丰,西魏改焉。后周改曰孔阳。开皇十八年(598)复曰上庸。"《元和郡县图志》卷21《山南道二》房州竹山县:"本汉上庸县,古庸国也。……至汉初,立上庸县,属汉中郡。后汉于县立上庸郡。后魏改置竹山县,因黄竹岭以为名也。"房州上庸县:"本汉上庸县地。按汉上庸县,今竹山县理是也。萧齐武帝分上庸县地于此立新丰县,属上庸郡,后魏改为孔阳县,因界内孔阳水为名。隋开皇三年(583)罢孔阳县,仍移上庸县理于废孔阳县理,属罗州。"《太平寰宇记》卷143《山南东道二》房州竹山县:"废上庸县,在州西二百五十里。本汉上庸县,古上庸城,在县东四十里武陵故城是也。后汉省。曹魏更立,属新城郡,明帝改属上庸郡。萧齐改为武阳县。梁改立新丰县,又改为武陵县。后魏改为京川县,废帝二年(553)改为孔阳县,以西有孔阳水为名。隋开皇三年(583)罢郡,废孔阳县,仍于今竹山县移上庸县于废孔阳县为理,今并入竹山县。"是西魏北周上庸郡领有上庸、竹山、孔阳三县。

第五十一节　巴州领郡沿革

　　巴州治化成(亦作化城),即今四川巴中市巴州区化城镇。《隋书》卷29《地理志上》清化郡："旧置巴州。"《周书》卷49《异域传上·蛮传》："大统五年，蔡阳蛮王鲁超明内属，以为南雍州刺史，仍世袭焉。十一年，蛮首梅勒特来贡其方物。寻而蛮帅田杜清及沔、汉诸蛮扰动，大将军杨忠击破之。其后蛮帅杜青和自称巴州刺史，以州入附。朝廷因其所称而授之。青和后遂反，攻围东梁州。其唐州蛮田鲁嘉亦叛，自号豫州伯。王雄、权景宣等前后讨平之。语在泉仲遵及景宣传。"《周书》卷44《泉企传泉仲遵附传》："大将军王雄南征上津、魏兴，仲遵率所部兵从雄讨平之。遂于上津置南洛州，以仲遵为刺史。仲遵留情抚接，百姓安之，流民归附者，相继而至。初，蛮帅杜清和自称巴州刺史，以州入附。朝廷因其所据授之，仍隶东梁州都督。清和以仲遵善于抚御，请隶仲遵。朝议以山川非便，弗之许也。清和遂结安康酋帅黄众宝等，举兵共围东梁州。复遣王雄讨平之。改巴州为洵州，隶于仲遵。"这里的"杜清和"当即前引之"杜青和"。《周书》卷19《王雄传》：大统"十七年（551），雄率军出子午谷，围梁上津、魏兴。明年，克之，以其地为［南洛州、］东梁州。寻而复叛，又令雄讨之。"杨守敬《隋书地理志考证》以为巴州即洵州，《隋志》误系洵州于西城郡金川县下（见本章第四十五节"北周洵州领郡沿革"）。

《太平寰宇记》卷139《山南西道七》巴州："历代羁縻，不置郡县。至宋，乃于巴岭南置归化、北水（一作水北）二郡，以领獠户，归化郡即今理是也。齐因之。梁置归化、木门二郡。后魏正始元年（504），梁州刺史夏侯道迁以其地内属。于是分其地于汉昌县理所置大谷郡，带防兵以镇抚之。延昌三年（514）于大谷郡地置巴州，盖取古巴国以为名。隋大业三年（607）改巴州为清化郡。"据前述北魏部分所考，巴州北魏永熙年间（532—534）领有大谷、归化、木门、北水、遂宁、义阳、哀戎七郡。北水郡当废于梁大同年间（535—546）（参见本章第四十三节"集州（原名东巴州）领郡沿革"）。北周末年巴州当领有大谷、归化、木门、遂宁、义阳、哀戎六郡。

1. 大谷郡

治化成（亦作化城）。《隋书》卷29《地理志上》清化郡化成县："梁曰梁广，仍置归化郡。后周改县曰化成。开皇初郡废。大业初置清化郡。"《太平寰宇记》卷139《山南西道七》巴州化城县："本汉宕渠县地，后汉分置汉昌县，属宕渠郡。梁普通六年（525）于梁大溪西三里置梁大县，属大谷郡。按《后周地图记》云：'大象二年（580）改梁大县为化城县，以县南三里化城山为名。'"梁大县当即《隋志》所云梁广县。据前述北魏部分所考，北魏永熙年间（532—534）大谷郡领有大谷、梁广二县，北周并大谷、梁广二县为化成（亦作化城）县。北周末年大谷郡当领有化成（亦作化城）一县。

2. 归化郡

治曾口。《隋书》卷29《地理志上》清化郡曾口县:"梁置。"《通典》卷175《州郡典五》巴州曾口县:"汉宕渠县地。梁置今县。"《太平寰宇记》卷139《山南西道七》巴州曾口县:"本汉宕渠县地,宋末于此置归化郡,以抚獠户。梁普通六年(525)于郡理置曾口县,以曾口谷为邑名。后魏因而不改。隋开皇三年(583)废郡,以曾口属巴州。"西魏北周归化郡当仍领有曾口一县。

3. 木门郡

治伏强。据《中国文物地图集·四川分册》,木门郡遗址在今四川广元市旺苍县木门镇西50米①。《隋书》卷29《地理志上》清化郡清化县:"梁置,曰伏强,有木门郡。开皇三年(583)郡废,七年(587)县改曰清化。"据前述北魏部分所考,北魏正光年间(520—525)木门郡领有伏强一县。《太平寰宇记》卷139《山南西道七》巴州清化县:"本汉葭萌县地,梁普通六年(525)于今县北二十里置木门郡,又于郡置伏强县,并因山为名。隋开皇中罢郡,以县属巴州,七年(587)改伏强县为清化县。"卷140《山南西道八》集州嘉川县:"废通平县,在州西一百一十五里。梁大通六年于此置池川县,属木门郡。隋开皇三年(583)省池川县入伏强,七年(587)改伏强为清化县。"萧梁大通年号只行用三年(527—529),大通当为普通(520—527)或中大通(529—534)之误。西魏北周木门郡当领有伏强、池川二县。据《中国文物地图集·四川分册》,池川县故城在今四川广元市旺苍县普济镇大池村南100米②。

4. 遂宁郡

治始宁。《隋书》卷29《地理志上》清化郡始宁县:"梁置,并置遂宁郡。开皇初郡废。"《太平寰宇记》卷139《山南西道七》巴州其章县:"废始宁县,在县东南十五里。本汉宕渠县地,梁普通六年(525)于此置遂宁郡,又于郡理置始宁县,因山为名。隋开皇三年(583)罢郡,以县属巴州。"《太平寰宇记》卷139《山南西道七》巴州曾口县:"废归仁县,在县东八十里。本汉宕渠县地。梁普通六年(525)于此置平州县,属遂宁郡,因县界平州水为名。后魏不改。隋开皇三年(583)罢郡,以县属巴州,九年(589)改平州县为归仁县。"《隋书》卷29《地理志上》清化郡归仁县:"梁置,曰平州县。后周改曰同昌,开皇中改名焉。"

---

① 《中国文物地图集·四川分册》(上),"旺苍县文物图",第218—219页;《中国文物地图集·四川分册》(中),"广元市·旺苍县",第395页。
② 《中国文物地图集·四川分册》(上),"旺苍县文物图",第218—219页;《中国文物地图集·四川分册》(中),"广元市·旺苍县",第395页。

《太平寰宇记》卷140《山南西道八》壁州:"本汉宕渠县地,后魏大统中于今州理置诺水县,属遂宁郡。隋开皇三年(583)省诺水县入始宁县。大业三年(607)以始宁县属巴州。"据前述北魏部分所考,遂宁郡北魏永熙年间(532—534)当领有始宁、平州二县。西魏遂宁郡领有始宁、平州、诺水三县。北周末年遂宁郡当领有始宁、同昌、诺水三县。

5. 义阳郡

治义阳。《隋书》卷29《地理志上》清化郡恩阳县:"梁置,曰义阳。开皇末改。"《太平寰宇记》卷139《山南西道七》巴州恩阳县:"本汉阆中县地,梁普通六年(525)分阆中置义阳郡,又于郡置义阳县,因界内山为名,属巴州。后魏以郡属江州。恭帝改江州为万州。后周天和二年(567)废万州,以郡属巴州。隋开皇三年(583)罢郡,十八年(598)改义阳县为恩阳县。"又《周书》卷39《辛庆之传辛昂附传》:"天和初,陆腾讨信州群蛮,历时未克。高祖诏昂(便)[使]于通、渠等诸州运粮馈之。时临、信、楚、合等诸州民庶,亦多从逆。昂谕以祸福,赴者如归。乃令老弱负粮,壮夫拒战,咸愿为用,莫有怨者。使还,属巴州万荣郡民反叛,攻围郡城,遏绝山路。"是此时巴州尚统有万荣郡,万荣郡后划入万州(参见本章第五十三节"北周万州领郡沿革")。义阳郡当领有义阳一县。

6. 哀戎郡

治其章。《隋书》卷29《地理志上》清化郡其章县:"梁置。"《太平寰宇记》卷139《山南西道七》巴州其章县:"本汉葭萌县地,梁武帝普通六年(525)于此置哀戎郡,以界内哀戎水为名,又置其章县,以县东八里其章山为名。按其章山,一名隆城山。隋开皇三年(583)罢郡,以县属巴州。"哀戎郡当领有其章一县。

第五十二节　北周蓬州领郡沿革

蓬州治安固,即今四川南充市营山县安固乡群力村西10米的安固故城[①]。《隋书》卷29《地理志上》清化郡安固县:"梁置。后周置蓬州,大业初州废。"《周书》卷49《异域传上·獠传》:"天和三年(568),梁州恒稜獠叛,总管长史赵文表讨之。……文表顿军大蓬山下,示以祸福,遂相率来降。文表皆慰抚之,仍征其税租,无敢动者。后除文表为蓬州刺史,又大得獠和。"《资治通鉴》卷170《陈纪四》载陈临海王光大二年,即北周天和三年(568),周因平獠,置蓬

---

① 《中国文物地图集·四川分册》(上),文物出版社,2009年,"营山县文物图",第286—287页;《中国文物地图集·四川分册》(中),"南充市·营山县",第670页。

州。据《太平寰宇记》卷139《山南西道七》蓬州："梁大同元年(535)于此置伏虞郡，又北置安固县，以属巴州。寻入后周，故《周地图记》云：'天和四年(569)割巴州之伏虞郡、隆州之隆城郡，于此置蓬州，因蓬山以为名。'隋初郡废，大业初州废。"蓬州置年似当以《寰宇记》为准。《舆地纪胜》卷188《利州路·蓬州》"州沿革"："《图经》云：大象元年(579)又割渠州之景阳来属。""《图经》云：隋初郡废为州，仍以废伏虞郡之安固，废隆城郡之大寅、仪陇，废义安郡之宣汉，废景阳郡之宕渠、绥安六县来属。十八年(598)改宣汉为伏虞，改绥安为安固。"蓬州当领有伏虞、隆城、义安三郡。

1. 伏虞郡

治安固。《隋书》卷29《地理志上》清化郡伏虞县："梁置，曰宣汉，及置伏虞郡。开皇初郡废，十八年(598)改焉。"宣汉县属义安郡(见下)。《太平寰宇记》卷139《山南西道七》蓬州："梁大同元年(535)于此置伏虞郡，又北置安固县，以属巴州。"蓬州良山县："本汉宕渠县地，梁大同元年(535)分宕渠之地以置安固县，取安静永固为名，属伏虞郡。隋开皇三年(583)罢郡，以县属蓬州。"《舆地纪胜》卷188《蓬州》："《元和郡县图志》云：'本汉宕渠县地，梁大同元年(535)分置安固县。'《舆地广记》云：'后周因置蓬州。'《元和志》云：'隋开皇三年(583)罢郡，以县属蓬州，开元二十九年(741)，州自此移理蓬池。'"伏虞郡当领有宣汉、安固二县。

2. 隆城郡

治仪陇。《隋书》卷29《地理志上》巴西郡仪陇县："梁置，并置隆城郡。开皇初郡废。"《太平寰宇记》卷139《山南西道七》蓬州仪陇县："本汉阆中县地，梁天监元年(502)于此置隆城郡，因隆城山为名，及仪陇县。隋开皇三年(583)郡废，以县属蓬州。"蓬州蓬池县："本汉阆中县地，梁天监元年(502)分阆中之地置大寅县，取邑西大寅山为名，属蓬州。隋大业三年(607)废蓬州，县属巴西郡。"《舆地纪胜》卷188《蓬州》蓬池县："《元和郡县志》云：'本汉阆中县地，梁天监元年分置大寅县，因大寅县池以为名。'"隆城郡当领有仪陇、大寅二县。

3. 义安郡

治宣汉。《太平寰宇记》卷139《山南西道七》蓬州伏虞县："本汉宕渠县地，梁大同中于今县东三十里分置宣汉县，属义安郡。隋开皇三年(583)废郡，以县属蓬州；至十八年(598)改宣汉为伏虞县，以界内伏虞山为名。大业三年(607)废州，属清化郡。"《舆地纪胜》卷188《蓬州》："伏虞山，《元和郡县志》：'在伏虞县东南六十五里。甚险，夷獠被征讨，即入此山中也。'"义安郡当领有宣汉一县。

第五十三节　北周万州领郡沿革

万州治永康,即今四川达州市达川区桥湾乡永穆村一带。《太平寰宇记》卷137《山南西道五》达州永穆县:"本汉宕渠县地,后汉为宣汉县地。梁大同中分宣汉县置万荣郡于此,兼立永康县以属焉,即今县也。后周保定初于此置万州。隋开皇二年(582)废万州;三年(583)又废郡,以永康县属巴州;十八年(598)改永康县为永穆县。唐武德二年(619)于县理再置万州。贞观元年(627)州废,以永穆属通州。"北周天和二年(567)废义阳所置之万州,在万荣郡另置万州(参见本章第五十一节"巴州领郡沿革")。万州当领有万荣一郡。

万荣郡

治永康。《隋书》卷29《地理志上》清化郡永穆县:"梁置,曰永康,又有万荣郡。开皇初郡废,十八年(598)县改名焉。"万荣郡当领有永康一县。

第五十四节　通州(原名万州)领郡沿革

通州治石城,即今四川达州市通川区。《隋书》卷29《地理志上》通川郡:"梁置万州,西魏曰通州。"《太平寰宇记》卷137《山南西道五》达州:"梁大同二年(536)于宣汉县置万州,以州界内有地万余顷,因以数名之,领开巴、新宁、宁巴、寿阳、巴中五郡。后魏废帝二年(553)开拓山南,改宣汉为石城县,析置新南县,又于东关县置并州,仍并东关为宣汉县;其年又以万州居四达之路,改为通州。周武天和元年(566)通州领郡不改。建德五年(576)又割开州所领东关、三冈二郡来属,州领郡七。隋开皇三年(583)罢郡,废开巴郡之石城县,废新宁郡之三冈县,废临清郡之石鼓县,废三巴郡之东乡县,并属通州;五年(585)又以废并州之宣汉县来属。大业三年(607)罢州为郡,领通川、三冈、石鼓、东乡、宣汉、西流、万世七县。唐武德元年(618)改为通州,领通川、宣汉、三冈、石鼓、东乡五县,以宣汉属南并州;二年(619)置新宁、思来二县;三年(620)以东乡属南石州,又为通州总督府,管通、开、蓬、渠、万、南并、南石、南邻八州,通州领通川、三冈、石鼓、新宁、思来五县;八年(625)以废南石州之东乡县来属。"据《太平寰宇记》,西魏通州初领开巴、新宁、宁巴、寿阳、巴中五郡,北周保定三年(563)因石鼓迁州废置后之临清郡,天和四年(569)因石州废置新设之三巴郡,均划入本州。建德五年(576)又割开州所领东关、三冈二郡来属,州领开巴、新宁、宁巴、寿阳、巴中、东关、三冈、临清、三巴九郡。

1. 开巴郡

治石城。《隋书》卷29《地理志上》通川郡通川县:"梁曰石城,置东关郡。开皇初郡废。大业初置通川郡。"《太平寰宇记》卷137《山南西道五》达州通川县:"本汉宕渠县地,后汉分宕渠县于此置宣汉县。后魏废帝二年(553)开拓山南,改宣汉为石城县。隋开皇十八年(598)又改为通川县,以地带四达,故曰通川。"又同卷达州:"后魏废帝二年(553)开拓山南,改宣汉为石城县,析置新南县,又于东关县置并州,仍并东关为宣汉县。"是西魏北周石城县承自宣汉县,东关县则改并为新的宣汉县。开巴郡当领有石城、新南二县。

2. 新宁郡

治三冈。《隋书》卷29《地理志上》通川郡三冈县:"梁置,属新安郡。西魏改郡曰新宁。开皇初郡废。"《太平寰宇记》卷137《山南西道五》达州三冈县:"在两汉与宣汉县地同。梁大同二年(536)于此置新安郡,兼立三冈县,因邑界山有三陇为名。后魏废帝二年(553)改新安为新宁郡。隋开皇三年(583)罢郡,以县属通州。"新宁郡当领有三冈一县。

3. 宁巴郡

《太平寰宇记》卷137《山南西道五》达州:"梁大同二年(536)于宣汉县置万州……领开巴、新宁、宁巴、寿阳、巴中五郡。后魏废帝二年(553)开拓山南……其年又以万州居四达之路,改为通州。周武天和元年(566)通州领郡不改。"宁巴郡领县情况不详。

4. 寿阳郡

《太平寰宇记》卷137《山南西道五》达州:"梁大同二年(536)于宣汉县置万州……领开巴、新宁、宁巴、寿阳、巴中五郡。后魏废帝二年(553)开拓山南……其年又以万州居四达之路,改为通州。周武天和元年(566)通州领郡不改。"寿阳郡领县情况不详。

5. 巴中郡

《太平寰宇记》卷137《山南西道五》达州:"梁大同二年(536)于宣汉县置万州……领开巴、新宁、宁巴、寿阳、巴中五郡。后魏废帝二年(553)开拓山南……其年又以万州居四达之路,改为通州。周武天和元年(566)通州领郡不改。"巴中郡领县情况不详。

6. 东关郡

治蛇龙。《太平寰宇记》卷137《山南西道五》达州新宁县:"在两汉其地与宣汉县同。西魏废帝二年(553)于此置开州,领东关郡,郡领蛇龙、新宁二县。后周天和四年(569)移开州于浊水北。""东关故郡城,在今县西北五十里。""故新宁城,在县西北十里。即后魏恭帝二年(555)于此立县,隋开皇三年(583)废。唐武德二年(619)又置,后迁于寳城。"东关郡领有蛇龙、新宁二县。

7. 三冈郡

《太平寰宇记》卷137《山南西道五》开州:"后魏初得其地,于今达州新宁县理立开州,领东关、三冈、开江、马镫四郡,与州同理。后周天和元年(566)又于汉丰县理置周安郡;四年(569)自东关郡城移开州于今理……领周安、东关、三冈、开江四郡,其周安郡领西流一县;其年以东关、三冈二郡属通州。"此后魏指西魏。三冈郡领县情况不详(参见本章第五十八节"开州领郡沿革")。

8. 临清郡

治石鼓。领有石鼓、临清二县(参见本章第五十五节"西魏迁州领郡沿革")。

9. 三巴郡

治东乡。北周天和四年(569)废石州及巴渠郡,仍于故州城置三巴郡,领东乡、下蒲二县(参见本章第五十六节"西魏石州领郡沿革")。

第五十五节　西魏迁州领郡沿革

迁州治石鼓,在今四川达州市宣汉县东林乡一带。《隋书》卷29《地理志上》通川郡石鼓县:"西魏置迁州。后周废州,置临清郡。开皇初废郡。"《太平寰宇记》卷137《山南西道五》达州石鼓县:"本汉宕渠县地,后汉为宣汉县地。后魏恭帝三年(556)于此立迁州,领临清一郡,寻于郡置石鼓县,因石鼓山为名。隋开皇二年(582)废州,三年(583)罢郡,并临清县亦归石鼓县,以隶通州。""大石,在县东五十里大江次,号为石鼓。"此言"隋开皇二年(582)废州",与《隋志》有异。北周武帝保定三年(563)废光迁国为迁州,西魏在石鼓所置迁州当随之废省,当以《隋志》为准(参见本章第四十八节"北周迁州领郡沿革")。迁州原领临清郡当就近划入通州。

第五十六节　西魏石州沿革

石州治东乡,在今四川达州市宣汉县普光镇一带,北周天和四年(569)废。《隋书》卷29《地理志上》通川郡东乡县:"西魏置石州。后周废州,置三巴郡。开皇初郡废。"《太平寰宇记》卷137《山南西道五》达州东乡县:"在两汉其地与宣汉县同。按《四夷述》云'梁于今县西界置新安县',不详理所。西魏恭帝二年(555)分新安县于益迁、下蒲两水间置石州,即今县是也,又于州理置巴渠郡。周武天和四年(569)废石州及巴渠郡,仍于故州城置三巴郡,领东乡、下蒲二县。隋开皇三年(583)罢郡,仍废下蒲县入东乡县,以隶通州。唐武德三年(620)于此置南石州,又置下蒲、昌乐二县以属之;八年(625)又废南石州及昌乐、下蒲二县;其年仍移东乡县治于今县东一里安养故城。"

第五十七节 并州领郡沿革

并州治东关,当在今四川达州市宣汉县五宝镇一带。《隋书》卷29《地理志上》通川郡宣汉县:"西魏置并州及永昌郡。开皇三年(583)郡废,五年(585)州废。"《太平寰宇记》卷137《山南西道五》达州东乡县:"废宣汉县,在州北一百七十里。本汉宕渠县地,后汉分为宣汉县。后魏废帝二年(553)于今县东一百五十里梁所置南晋郡西百步置并州,仍自州移理宣汉县于南晋郡北二百里,今无遗址。按并州领南晋郡,郡领东关、宣汉二县,理东关。周改南晋郡为(和)[永]昌郡,又省郡郭东关入宣汉县。开皇三年(583)罢郡,以县属并州,五年(585)自并州北二百里移宣汉县理于东关故城是也。寻又废并州,以县属通州。唐武德元年(618)又置南并州及东关县,三年(620)移南并州理新安废镇城。"又据《周书》卷44《李迁哲传》:"魏恭帝三年(556)正月,军次并州。梁并州刺史杜满各望风送款。进围叠州,克之,获刺史冉助国等。"是并州建置可能源于萧梁(参见本章第五十四节"通州(原名万州)领郡沿革")。是并州置于西魏废帝二年(553),领有南晋一郡,北周改南晋郡为永昌郡,北周末年并州当领有永昌一郡。

永昌郡

治东关。本名南晋郡,领有东关(附郭县)、宣汉二县。北周改南晋郡为永昌郡,省并东关县入宣汉县,是北周末年永昌郡当领有宣汉一县。

第五十八节 开州领郡沿革

开州治西流,据《中国文物地图集·重庆分册》,在今重庆市开县汉丰街道开县故城[①]。《嘉庆重修一统志》卷398《夔州府二》"古迹"则云:"西流废县,在

[①] 《中国文物地图集·重庆分册》(上),文物出版社,2010年,"开县文物图",第186—187页;《中国文物地图集·重庆分册》(下),"重庆市·开县",第386页。

开县西北一百五十里。"与《中国文物地图集》所载不同。《隋书》卷29《地理志上》通川郡西流县:"后魏曰汉兴。西魏改焉,又置开州,及周安、万安、江会三郡。后周省江会入周安。开皇初郡并废,大业初州废。"《太平寰宇记》卷137《山南西道五》开州:"秦汉之代为巴郡朐䏰县地,后汉建安二年(197)分朐䏰西北界,于今州南二里置汉丰县,属固陵郡。蜀先主改固陵为巴东郡。历晋、宋、齐已来并属巴东郡。后魏初得其地,于今达州新宁县理立开州,领东关、三冈、开江、马镫四郡,与州同理。后周天和元年(566)又于汉丰县理置周安郡;四年(569)自东关郡城移开州于今理,今州西九十里,浊水北故州城是也,领周安、东关、三冈、开江四郡,其周安郡领西流一县;其年以东关、三冈二郡属通州;五年(570)改开江郡为江会郡。建德五年(576)省江会郡入周安郡。隋开皇三年(583)又罢周安、万安郡,乃以万安、永宁二县及废周安郡之西流、新浦二县共四县属开州;十八年(598)改永宁为盛山县。大业二年(606)废开州。义宁二年(618)于盛山县置万州,仍割巴东郡之新浦,通川郡之万世、西流三县来属。"

又《隋书》卷29《地理志上》通川郡西流县:"后魏曰汉兴。西魏改焉,又置开州,及周安、万安、江会三郡。后周省江会入周安。开皇初郡并废,大业初州废。"通川郡万世县:"后周置,及置万世郡。开皇初郡废。"万安郡当即万世郡,避唐讳改,《隋志》误为二郡。《太平寰宇记》卷137《山南西道五》开州万岁县:"亦朐䏰之地,蜀为汉丰之地,宋武帝又于此分置巴渠县,属巴东郡。后周天和元年(566)分巴东郡置万安郡,改巴渠为万岁县,取县北有万岁谷为名。隋开皇三年(583)罢郡,以县属开州。大业二年(606)废州,以县属万安郡。"《隋书》卷29《地理志上》通川郡万世县:"后周置,及置万世郡。开皇初郡废。"《太平寰宇记》卷137《山南西道五》达州新宁县:"在两汉其地与宣汉县同。西魏废帝二年(553)于此置开州,领东关郡,郡领蛇龙、新宁二县。后周天和四年(569)移开州于浊水北。唐贞观八年(634)自今县西北十里移魏所置新宁县于废开州城,其城俗谓之赛城,即今县理是也。"据上所述,开州西魏初设时领有东关、三冈、开江、马镫四郡。北周天和元年(566)于汉丰县理置周安郡,马镫郡当在此前后省废,天和四年(569)开州领有周安、东关、三冈、开江四郡,其周安郡领西流一县;其年以东关、三冈二郡属通州;五年(570)改开江郡为江会郡。建德五年(576)省江会郡入周安郡。又信州万世郡当在此前后划入开州,是北周末年开州当领有周安、万世二郡。

1. 周安郡

治西流。西流本由汉丰县分置而成。据《太平寰宇记》卷137《山南西道五》开州:"后汉建安二年(197)分朐䏰西北界,于今州南二里置汉丰县……后周天和元年(566)又于汉丰县理置周安郡……其周安郡领西流一县……隋开皇三年(583)又罢周安、万安郡,乃以万安、永宁二县及废周安郡之西流、新浦二县共四县属开州;十八年(598)改永宁为盛山县。大业二年(606)废开州。义宁二年(618)于盛山县置万州,仍割巴东郡之新浦,通川郡之万世、西流三县来属。唐武德元年(618)改为开州,领四县。贞观初省西流入盛山。"但《隋书》卷29《地理志上》巴东郡盛山县下则曰:"梁曰汉丰,西魏改为永宁,开皇末,曰盛山。"似与《寰宇记》所云相格。大概西魏又分汉丰县置永宁县,隋开皇十八年(598)改永宁为盛山县。唐贞观初省西流县入盛山县,盛山县治移往原西流县治,故《隋志》云然[《隋志》成书于唐高宗显庆元年(656)]。北周末年周安郡当领有西流、新浦二县。

2. 万世郡

治万世。《隋书》卷29《地理志上》通川郡万世县:"后周置,及置万世郡。开皇初郡废。"万世郡本属信州,建德五年(576)前后划入开州,据前引《太平寰宇记》,北周末年万世郡当领有万世、永宁二县(参见本章第九十一节"信州领郡沿革")。

第五十九节　渠州领郡沿革

渠州治流江,在今四川达州市渠县县治。《隋书》卷29《地理志上》宕渠郡:"梁置渠州。"《太平御览》卷168《州郡部十四》渠州:"《舆地志》曰:'梁大通三年(529)于此置渠州。'"《太平寰宇记》卷138《山南西道六》渠州:"汉初置宕渠县,属巴郡,今即流江县东北七十里宕渠故城是也。……李寿乱后,地为诸獠所侵,郡县悉废。宋又自汉宕渠县移郡理安汉故城。梁初又省。普通三年(522)又于汉宕渠县西南七十里置北宕渠郡,即今州理是也。大同三年(537)于郡理置渠州。后魏文帝十三年(547)其地内属,仍旧为渠州,领北宕渠郡。至后周武成元年(559)改北宕渠郡为流江郡,理流江县。隋开皇三年(583)罢郡,所领属渠州。大业三年(607)罢州,复为宕渠郡。"渠州当领有流江、境阳(亦作景阳)二郡。

1. 流江郡

治流江。《隋书》卷29《地理志上》宕渠郡流江县:"后魏置县,及置流江郡。开皇初郡废,大业初置宕渠郡。"《太平寰宇记》卷138《山南西道六》渠州流江县:"本汉宕渠地,梁武帝于此置北宕渠郡。周明帝改为流江郡,仍于郡理置流江县,即今县是也。开皇三年(583)郡废,属渠州。"《隋书》卷29《地理志上》宕渠郡賨县：" 旧曰始安，开皇十八年(598)改焉。"《太平寰宇记》卷138《山南西道六》广安军渠江县："本汉宕渠县地，后汉又为賨城县地，今县北十二里有古废賨城在焉，一名始安城。梁普通三年(522)于此置始安县，取古始安城为名，属北宕渠郡。隋开皇三年(583)罢郡，以县属渠州，十八年(598)改为賨城县。"《舆地广记》卷31《梓州路》广安军渠江县："本始安县，宋置，属巴郡。西魏属流江郡。隋开皇十八年(598)改曰賨城，属宕渠郡。"是流江郡领有流江、始安二县。

2. 境阳(亦作景阳)郡

治宕渠。《隋书》卷29《地理志上》宕渠郡宕渠县："梁置，并置境阳郡。开皇初郡废。"《太平寰宇记》卷139《山南西道七》蓬州良山县："废宕渠县，在州东一百里。本汉旧县，属巴郡。梁太清元年(547)于此置景阳郡及宕渠县，因县界山为名。隋初郡废而县存，割隶蓬州。按县城置在长乐山上。"又《隋书》卷29《地理志上》宕渠郡咸安县："梁置，曰绥安。开皇末改名焉。"《太平寰宇记》卷139《山南西道七》蓬州蓬山县："本汉宕渠县地，梁大同中于此置绥安县，属景阳郡。隋开皇三年(583)罢郡，以县属蓬州，十八年(598)改为咸安县。"是境阳郡或景阳郡领有宕渠、绥安二县。据《中国文物地图集·四川分册》，宕渠县在今四川南充市营山县黄渡镇晨中村北200米宕渠故城，绥安县在今四川南充市营山县三元乡兴福村南200米绥安故城①。

第六十节　邻州领郡沿革

邻州治邻山，《嘉庆重修一统志》卷409《绥定府二》"古迹"："邻山故城，在大竹县东南。"按当在今四川达州市大竹县四合乡四合场一带。《隋书》卷29《地理志上》宕渠郡邻水县："梁置县，并置邻州。后魏改邻山郡，开皇初郡废。"《周书》卷49《异域传上·蛮传》："文子荣复据荆州之汶阳郡，自称仁州刺史。并邻州刺史蒲微亦举兵逆命。诏田弘、贺若敦、潘招、李迁哲讨破之。"邻州当领有邻山一郡。

邻山郡

治邻山。《太平寰宇记》卷138《山南西道六》渠州邻山县："亦汉宕渠县地，自晋至齐，地并为夷獠所据。梁大同三年(537)于此置邻州及邻山县。后魏废

---

① 《中国文物地图集·四川分册》(上)，"营山县文物图"，第286—287页；《中国文物地图集·四川分册》(中)，"南充市·营山县"，第670页。

帝改为邻山郡，以山名之。至隋初郡废，并县入邻水。"渠州邻水县："亦汉宕渠县地。梁武大同三年(537)置邻水县，属邻山郡，因彼州水以名之，寄理州城。"是邻山郡当领有邻山、邻水二县。

第六十一节　容州领郡沿革

容州治魏安，在今重庆市垫江县桂溪镇。容州当置于西魏恭帝三年(556)(参见下引《太平寰宇记》)。《隋书》卷29《地理志上》宕渠郡垫江县："西魏置县及容(川)［州］、容山郡。后周改为魏安县。开皇初郡废，十八年(598)县改名焉。"此州设于蛮夼地区，《周书》卷28《陆腾传》："天和初，信州蛮、蜒据江峡反叛，连结二千余里，自称王侯，杀刺史守令等。又诏腾率军讨之。……涪陵郡守蔺休祖又据楚、向、临、容、开、信等州，地方二千余里，阻兵为乱。复诏腾讨之。……腾乃激励其众，士皆争奋，复攻拔其鱼令城，大获粮储，以充军实。又破铜盘等七栅，前后斩获四千人，并舡舰等。又筑临州、集市二城，以镇遏之。"容州当领有容山一郡。

容山郡

治魏安。《太平寰宇记》卷149《山南东道八》忠州垫江县："本汉临江县地，属巴郡。后魏恭帝三年(556)分临江地于此置垫江。后周天和二年(567)改垫江为魏安县。隋开皇十八年(598)改魏安复为垫江县。"北周末年容山郡当领有魏安一县。

第六十二节　成州(原名南秦州)领郡沿革

成州治洛谷城，洛谷城又作骆谷城，据《中国文物地图集·甘肃分册》，在今甘肃陇南市西和县洛峪镇楼房里村东200米[①]。《隋书》卷29《地理志上》汉阳郡："后魏曰南秦州，西魏曰成州。"《元和郡县图志》卷22《山南道三》成州："晋宋间氐帅杨定、杨难当窃据仇池，自称大秦王，宋遣将军裴方明讨平之。后魏于此置仇池镇，理百顷岑上，后又改为郡。梁改为秦州，(齐)［魏］废帝改为成州。隋大业三年(607)，改成州为汉阳郡。武德元年(618)，复为成州。"据《周书》卷2《文帝纪下》，西魏废帝三年(554)春正月，南秦州改为成

---

① 见《中国文物地图集·甘肃分册》(上)，"西和县文物图"，第285页；"陇南市·西和县"，《中国文物地图集·甘肃分册》(下)，第717页。

州。《周书》卷49《异域传上·氐传》："先是，氐首杨法深据阴平自称［王］……魏孝昌中，举众内附。自是职贡不绝。废帝元年(552)，以法深为黎州刺史。二年(553)，杨辟邪据（东益）州反，群氐复与同逆。诏叱罗协与赵昶讨平之。……是岁，杨法深从尉迟迥平蜀，军回，法深旋镇。寻与其种人杨崇集、杨陈侳各拥其众，递相攻讨。赵昶时督成武沙三州诸军事、成州刺史（按赵昶《周书》本传作武州刺史，与此不同），遣使和解之。法深等从命。乃分其部落，更置州郡以处之。"据《魏书》卷106《地形志下》，北魏永熙年间(532—534)南秦州领有天水、汉阳、武都、武阶、修城、仇池六郡。西魏废帝改南秦州为成州，郡县多有省并。

《隋书》卷29《地理志上》汉阳郡上禄县："旧置仇池郡，后魏置仓泉县，后周废阶陵、丰川、建平、城阶四县入焉。开皇初郡废，大业初置汉阳郡，改县曰上禄。"汉阳郡潭水县："西魏置潭水郡。后周郡废，并废甘若、相山、武定三县入焉。"汉阳郡长道县："后魏置汉阳郡。后周郡废，又省水南县入焉。开皇初郡废，十八年(598)改曰长道。"所谓"后周郡废"，当指汉阳郡废置于北周之时，西魏在长道县另置有长道郡领长道县。水南县北魏时为天水郡治所，天水郡西魏废帝时改为长道郡，《元和郡县图志》卷22《山南道三》成州长道县："本汉上禄县地，后魏之天水郡也，废帝改为长道郡，又立汉阳县属焉。"据《隋志》，西魏时南秦州尚置有潭水郡，与汉阳郡一样废置于北周之时。修城郡在北周明帝二年(558)划入康州（参见本章第七十五节"北周康州领郡沿革"）。武都、武阶二郡则在西魏时划入武州（参见本章第六十九节"武州领郡沿革"）。是北周末年成州当领有仇池、长道二郡。

1. 仇池郡

治洛谷城。据上述，北周末年仇池郡当领有仓泉、潭水二县。

2. 长道郡

《元和郡县图志》卷22《山南道三》成州长道县："本汉上禄县地，后魏之天水郡也，废帝改为长道郡，又立汉阳县属焉。隋开皇三年(583)罢郡，县属成州。十八年(598)改汉阳县为长道县。"据上述，北周末年长道郡当领有长道、汉阳二县。据《中国文物地图集·甘肃分册》，长道县故城在今甘肃陇南市西和县长道镇西团村①。

---

① 见《中国文物地图集·甘肃分册》(上)，"西和县文物图"，第285页；"陇南市·西和县"，《中国文物地图集·甘肃分册》(下)，第717页。

第六十三节　北周洮州领郡沿革

洮州治美相,《嘉庆重修一统志》卷256《巩昌府二》"古迹":"洮州故城,在洮州厅西南。"按当在今甘肃甘南州临潭县。《元和郡县图志》卷39《陇右道上》洮州临潭县:"本隋美相县,周保定元年(561)置。贞观四年(630),移美相县于东北洪和城内,五年于州理改置临潭县。其城东西北三面并枕洮水。"洮州美相县:"本汉、隋旧县,理在州城,贞观四年(630)移洮州在此,县亦随徙焉。"《隋书》卷29《地理志上》临洮郡:"后周武帝逐吐谷浑,以置洮阳郡,寻立洮州。开皇初郡废。"据《周书》卷5《武帝纪上》,保定元年(561)二月,"于洮阳置洮州"。《元和郡县图志》卷39《陇右道上》洮州:"古西羌地也。自秦、汉至于魏、晋,皆诸羌所居。至后魏吐谷浑又侵据其地,后周明帝武成中,西逐诸戎,其地内属,置洮阳防,武帝保定元年(561)立洮州。隋大业三年(607)罢州,改为临洮郡。隋季乱离,所在陷没,郡守孙长询率所部百姓婴城固守,以义宁元年(617)举城归国,武德二年(619)复于此置洮州。"《太平寰宇记》卷154《陇右道五》洮州:"后周明帝元年逐吐谷浑,始得其地,因置洮阳防,武帝保定初立为洮州。其郡城本名洮阳城,在洮水之北,乃吐谷浑所筑。南临洮水,极险。今谓之洪和城是也。"洮州当领有洮阳、博陵二郡。

1. 洮阳郡

治美相。《隋书》卷29《地理志上》临洮郡美相县:"后周置县,及置洮阳郡。开皇初郡废,并洮阳县入焉。大业初置临洮郡。"临洮郡临潭县:"后周曰泛潭,开皇十一年(591)改名焉。"《元和郡县图志》卷39《陇右道上》洮州临潭县:"本隋美相县,周保定元年(561)置。贞观四年(630),移美相县于东北洪和城内,五年(631)于州理改置临潭县。其城东西北三面并枕洮水。"洮州美相县:"本汉、隋旧县,理在州城,贞观四年(630)移洮州在此,县亦随徙焉。"北周末年洮阳郡当领有美相、洮阳、泛潭三县。

2. 博陵郡

治博陵。《隋书》卷29《地理志上》临洮郡当夷县:"后周置。又立洪和郡,郡寻废。又置博陵郡及博陵、宁人二县。开皇初并入。"博陵郡当领有博陵、宁人二县。

第六十四节　北周叠州领郡沿革

叠州治叠川,据《中国文物地图集·甘肃分册》,在今甘肃甘南州迭部县电尕镇克那村西50米[1]。《隋书》卷29《地理志上》临洮郡叠川县:"后周置叠州、叠川县。开皇四年(584)置总管府,大业元年(605)府废。"《元和郡县图志》卷39《陇右道上》叠州:"历秦、汉、魏、晋,诸羌常保据焉。至后魏,其地入吐谷浑。周武帝建德六年(577),西逐诸戎,始统有其地,乃置叠州,盖取山川重叠为义。隋大业元年(605)废叠州,以县属洮州。武德二年(619),西土内附,于今州西二十九里合川故城置叠州,五年(622)陷吐谷浑,七年(624)讨平之,复置叠州。今州城在独山上,西临绝涧,南枕羌水。"叠州当领有西疆一郡。

西疆郡

治合川。《隋书》卷29《地理志上》临洮郡合川县:"后周置,仍立西疆郡。开皇初郡废。"临洮郡叠川县:"后周置叠州、叠川县。"临洮郡乐川县:"后周置。"西疆郡当领有合川、叠川、乐川三县。

第六十五节　北周弘州领郡沿革

弘州治广川,当在今甘肃甘南州碌曲县西南。《隋书》卷29《地理志上》临洮郡归政县:"开皇二年(582)置,仍立疆泽郡,三年(583)废。又后周立弘州及开远、河滨二郡。开皇初州郡并废。"《周书》卷6《武帝纪下》:建德六年(577)六月癸亥,"于河州鸡鸣防置旭州,甘松防置芳州,广川防置弘州"。弘州当领有开远、河滨二郡。二郡各自领县情况不详。

第六十六节　北周旭州领郡沿革

旭州治金城,当在今甘肃甘南州碌曲县东。《隋书》卷29《地理志上》临洮郡洮源县:"后周置,曰金城,并立旭州,又置通义郡。开皇初郡废,十八年(598)县改为美俗。大业初州废,县改名焉。"《周书》卷6《武帝纪下》:建德六年(577)六月癸亥,"于河州鸡鸣防置旭州,甘松防置芳州,广川防置弘州"。旭

---

[1] 见《中国文物地图集·甘肃分册》(上),"迭部县文物图",第312—313页;"甘南藏族自治州·迭部县",《中国文物地图集·甘肃分册》(下),第808页。

州当领有通义、广恩二郡。

1. 通义郡

治金城。《隋书》卷 29《地理志上》临洮郡洮源县:"后周置,曰金城,并立旭州,又置通义郡。"通义郡当领有金城一县。

2. 广恩郡

治广恩。《隋书》卷 29《地理志上》临洮郡洮阳县:"后周置,曰广恩,并置广恩郡。开皇初郡废,仁寿元年,改县为洮河,大业初改曰洮阳。"广恩郡当领有广恩一县。

第六十七节 岷州领郡沿革

岷州治溢乐,当在今甘肃定西市岷县。《隋书》卷 29《地理志上》临洮郡临洮县:"西魏置,曰溢乐,并置岷州及同和郡。开皇初郡废,大业初州废,更名县曰临洮。又后周置祐川郡、基城县,寻郡县俱废。"《周书》卷 49《异域传上·宕昌传》:"宕昌羌者,其先盖三苗之胤。……汉有先零、烧当等,世为边患。其地,东接中华,西通西域,南北数千里。姓别自为部落,各立酋帅,皆有地分,不相统摄。宕昌即其一也。……有梁(勒)[勤]者,世为酋帅,得羌豪心,乃自称王焉。其界自仇池以西,东西千里,(带)[席]水以南,南北八百里。地多山阜,部众二万余落。勤孙弥忽,始通使于后魏。太武因其所称而授之。自弥忽至弥定九世,每修职贡不绝。后见两魏分隔,遂怀背诞。永熙末,弥定乃引吐谷浑寇金城。大统初,又率其种人入寇。诏行台赵贵督仪同侯莫陈顺等击破之。……四年(538),以弥定为南洮州刺史、要安蕃王。后改洮州为岷州,仍以弥定为刺史。"卷 19《宇文贵传》:大统"十六年(550),迁中外府左长史,进位大将军。宕昌王梁弥定为宗人獠甘所逐,来奔。又有羌酋傍乞铁忽因梁弥定反后,据有渠株川,拥种类数千家,与渭州民郑五丑扇惑诸羌同反,凭险置栅者十余所。太祖令贵与豆卢宁、史宁讨之。贵等擒斩铁忽及五丑。史宁又别击獠甘,破之,乃纳弥定。并于渠株川置岷州"。

《太平寰宇记》卷 155《陇右道六》岷州:"秦末至汉、魏、晋并为陇西郡地,至后魏大统十年(544)于此置同和郡及岷州,以南有岷山,因以为名。隋文帝初废郡,复为州。至炀帝初州废,并其地入临洮郡。"又《隋书》卷 29《地理志上》临洮郡和政县:"后周置洮城郡,寻废。"是西魏大统十年(544)置岷州,领有同和一郡。北周时又置洮城、祐川二郡,洮城郡,《太平寰宇记》卷 155《陇右道六》岷州和政县:"本后周之洮城郡,保定元年(561)置和政县。隋初废郡,县属岷州。"祐川郡,《隋书》卷29《地理志上》临洮郡临洮县:"又后周置祐川郡、基城县,寻郡县俱废。"《太平寰宇记》卷155《陇右道六》岷州祐川县:"本后周基城县,明帝武成元年(559)置,属洮城郡。"是祐川郡在北周时已废。另北魏时河州所领洪和郡,据《魏书》卷106《地形志下》,北魏永熙年间(532—534)领有水池、蓝川、覃川三县。《隋书》卷29《地理志上》临洮郡当夷县:"后周置。又立洪和郡,郡寻废。"《太平寰宇记》卷154《陇右道五》洮州美相县:"本后周之洪和郡也。周明帝武成元年(559)置洪和郡并当夷县,以郡属岷州。武帝时,郡省,以县属同和郡。"当夷县治当在北魏泥和戍一带。或自北魏末年至西魏时洪和郡已经废置,北周武成元年(559)又重置,北周武帝时洪和郡再次省废,所领县改划入同和郡。蓝川、覃川不见于西魏北周之后文献,当废置于西魏北周之时(参见本章第三十五节"河州领郡沿革")。是北周末年岷州当领有同和、洮城二郡。

1. 同和郡

治溢乐。《隋书》卷29《地理志上》临洮郡临洮县:"西魏置,曰溢乐,并置岷州及同和郡。"《太平寰宇记》卷155《陇右道六》岷州溢乐县:"后魏大统中置同和郡,仍改临洮县为溢乐县。隋复改为临洮。"岷州当夷县:"周武成元年(559)更修置金通戍,其城即吐谷浑所筑。"同和郡当领有溢乐、水池、当夷三县。

2. 洮城郡

治和政。据上引材料,洮城郡当领有和政、基城二县。

第六十八节　北周宕州领郡沿革

宕州治阳宕。《隋书》卷29《地理志上》宕昌郡:"后周置宕昌国,天和元年(566)置宕州总管府。开皇四年(584)府废。"宕昌郡良恭县:"后周置,初曰阳宕,置宕昌郡。"据《中国文物地图集·甘肃分册》,良恭故城在今甘肃陇南市宕昌县南阳镇杨家集村①。《周书》卷49《异域传上·宕昌传》:保定四年(564)宕昌王梁弥定"寇洮州,总管李贤击走之";"是岁,弥定又引吐谷浑寇石门戍,贤复破之。高祖怒,诏大将军田弘讨灭之,以其地为宕州"。据《周书》卷5《武帝纪上》,天和元年(566)春正月丁未,"于宕昌置宕州"。《元和郡县图志》卷39《陇右道上》宕州:"古西羌地也。自秦、汉至魏、晋,皆诸羌据焉。后魏招抚西戎,始有其地。有梁弥忽者,宕昌羌也,其先羌豪祖勤自称宕昌王。弥忽于太

---

① 见《中国文物地图集·甘肃分册》(上),"宕昌县文物图",第282—283页;"陇南市·宕昌县",《中国文物地图集·甘肃分册》(下),第709页。

武初表求内附,太武嘉之,拜弥忽为宕昌王,其后递相传袭,称藩于魏,谓其地为宕昌藩。周天和元年(566),改藩置宕州。隋大业三年(607)罢州,置宕昌郡……因宕昌山为名也。"《太平寰宇记》卷155《陇右道六》宕州:"秦、汉、魏、晋时,诸羌处之。后魏招抚四夷,始统有其地。"宕州当领有宕昌、甘松二郡。

1. 宕昌郡

治阳宕。《太平寰宇记》卷155《陇右道六》宕州良恭县:"本周阳宕县,后周天和五年(570)置宕昌郡。隋文帝开皇三年(583)属宕州,十八年(598)改为良恭县也。"《隋书》卷29《地理志上》宕昌郡良恭县:"后周置,初曰阳宕,置宕昌郡。开皇初郡废,十八年(598)改名焉。大业初置宕昌郡。"宕昌郡和戎县:"后周置。"宕昌郡当领有阳宕、和戎二县。

2. 甘松郡

治怀道。《隋书》卷29《地理志上》宕昌郡怀道县:"后周置甘松郡,开皇初郡废。"甘松郡当领有怀道一县。《元和郡县图志》卷39《陇右道上》宕州怀道县:"本周武帝天和元年(566)置,属甘松郡。隋开皇三年(583)罢郡,属宕州。"《太平寰宇记》卷155《陇右道六》宕州怀道县:"后周天和元年(566)置。唐贞观元年(618)移于此,因立郡。"《嘉庆重修一统志》卷256《巩昌府二》"古迹":"怀道废县,在岷州西南。"

第六十九节　武州领郡沿革

武州治将利,据《中国文物地图集·甘肃分册》,武州故城在今甘肃陇南市武都区城关镇西北1公里[①]。武州行政建置源自北魏南秦州,南秦州在西魏时被分置成州与武州(参见本章第六十二节"成州(原名南秦州)领郡沿革")。《隋书》卷29《地理志上》武都郡:"西魏置武州。"《元和郡县图志》卷39《陇右道上》武州:"后魏平仇池,于仙陵山东置武都镇,宣武帝于镇城复置武都郡,废帝改置武州。隋大业三年(607)又改为武都郡,武德元年(618)复为武州。"武州在西魏时当领有武都、绥戎、孔提、武阳、武阶等郡。《隋书》卷29《地理志上》武都郡建威县:"后魏置白水郡,后废,改为白水县。西魏复立郡,改为绥戎。后周郡废……又西魏有孔堤郡及县,后周并废。"武都郡盘堤县:"西魏置,曰南五部县,后改名焉;并立武阳郡及茄芦县。后周郡废。"北周时绥戎、孔提、武阳等

[①] 见《中国文物地图集·甘肃分册》(上),"陇南市武都区文物图",第278—279页;"陇南市·武都区",《中国文物地图集·甘肃分册》(下),第686—687页。

郡省废，北周末年武州当领有武都、武阶二郡。

1. 武都郡

治将利。据《魏书》卷106《地形志下》，北魏永熙年间（532—534）武都郡领有石门、白水、东平、孔提四县。据《隋书》卷29《地理志上》武都郡将利县："旧曰石门，西魏改曰安育。后周改曰将利，置武都郡，后改曰永都郡。开皇初郡废，大业初置武都郡。又有东平县，后周并入焉。"《元和郡县图志》卷39《陇右道上》武州将利县："本汉羌道县地，后魏于此置石门县。周闵帝改为将利县，属武都郡。隋开皇三年（583）罢郡，县属武州。"《太平寰宇记》卷154《陇右道五》阶州将利县："本汉之氐、羌地，汉置武都郡并县。后魏平仇池羌属，因改武都为石门县。周闵帝元年（557）改为将利县。旧为州理，今为外邑。"又《隋书》卷29《地理志上》武都郡建威县："后魏置白水郡，后废，改为白水县。西魏复立郡，改为绥戎。后周郡废，改为建威县，并废洪化县入焉。又西魏有孔提郡及县，后周并废。"至北周末年武都郡当领有将利、建威二县。

2. 武阶郡

治覆津。《隋书》卷29《地理志上》武都郡覆津县："后魏初曰玩当，置武阶郡。西魏又置覆津县，及置万郡，统赤万，接难、五部三县。后周一郡三县并玩当，并废入焉。开皇初武阶郡又废。"《元和郡县图志》卷39《陇右道上》武州福津县："本后魏之武阶郡也，属南秦州。文帝又置福津县，属武阶郡。隋开皇三年（583）罢郡，移福津县于郡置焉，属武州。"《太平寰宇记》卷154《陇右道五》阶州福津县："本汉河池县地，在后魏为武阶郡。按《魏志》：'大统五年（539）于今县东北三十里故万郡城置覆津县，属武阶郡。'隋废武阶郡，县属武都郡。自唐景福元年（892）再置县，改为福字。"《隋书》卷29《地理志上》武都郡盘堤县："西魏置，曰南五部县，后改名焉；并立武阳郡及茄芦县。后周郡废，县并入焉。"《元和郡县图志》卷39《陇右道上》武州盘隄县："本汉河池县地也，后魏废帝于此置武阳郡，领盘隄县。隋开皇三年（583）罢郡，县属武州。"《太平寰宇记》卷154《陇右道五》阶州将利县："废盘堤县，在州南一百三十五里，亦汉河池县地，后魏废帝前二年（553）于此置武阳郡，领盘堤县。后恭帝元年（554）于今县东南一百四十二里移盘堤县于故城以置县，因山名也。自武州陷（按当指陷于吐蕃）后废。"北周末年武阶郡当领有覆津、盘堤二县。据《中国文物地图集·甘肃分册》，盘堤故城在今甘肃陇南市武都区枫相乡老盘堤村东200米[①]。

[①] 见《中国文物地图集·甘肃分册》（上），"陇南市武都区文物图"，第278—279页；"陇南市·武都区"，《中国文物地图集·甘肃分册》（下），第687页。

第七十节　北周文州领郡沿革

　　文州治建昌,据《中国文物地图集·甘肃分册》,文州故城在今甘肃陇南市文县城关镇上城①。《隋书》卷29《地理志上》武都郡长松县:"西魏置,初曰建昌,置文州及卢北郡。开皇初郡废,十八年(598)县改曰长松,大业初州废。"据《周书》卷4《明帝纪》,北周明帝二年(558)三月,"以广业、修城二郡置康州,葭芦郡置文州"。《周书》卷49《异域传上·蛮传》:"武成初,文州蛮叛,州选军讨定之。"《元和郡县图志》卷22《山南道三》文州:"战国时,氐、羌据焉。汉开西南夷,置阴平道,以统兵众,属广汉郡。永平之后,羌虏数反,遂置为郡。后入于蜀,属雍州。晋永嘉末,太守王鉴以郡降李雄,自后氐、羌据之,不为正朔所颁,故江右诸志并不录也。至后魏平蜀,始于此置文州,理阴平郡。隋大业二年(606)罢州,县属武都。隋末又陷寇贼,至武德元年(618)陇、蜀平,复为文州。大历十四年(779),西戎犯边,刺史拔城南走。建中三年(782),以旧城在平地,窄小难守,遂移于故城东四里高原上,即今州理是也。"《太平寰宇记》卷134《山南西道二》文州:"后魏平蜀,始于此置文州及芦北郡,在今长松县。隋开皇初废州郡,并其地入武都郡之曲水县。"北周末年文州当领有卢北、阴平二郡。

　　1. 卢北(亦作芦北)郡

　　治建昌。《隋书》卷29《地理志上》武都郡长松县:"西魏置,初曰建昌,置文州及卢北郡。"《太平寰宇记》卷134《山南西道二》文州曲水县:"废长松县,在西一百里。后魏之建昌县也,属芦北郡。城内即后周武成二年(560)与同和郡同徙于此。隋开皇十八年(598)改长松县,属文州,以地多乔松为名。"又《隋书》卷29《地理志上》武都郡正西县:"西魏置。"北周末年卢北郡当领有建昌、正西二县。

　　2. 阴平郡

　　治曲水。《隋书》卷29《地理志上》武都郡曲水县:"西魏置。"《元和郡县图志》卷22《山南道三》文州曲水县:"本汉之阴平道也,属广汉郡。晋为阴平县,属阴平郡。永嘉末,地陷李雄,县遂废。后魏平蜀,置曲水县,属阴平郡。隋开皇三年(583)罢郡,县属文州。"《太平寰宇记》卷134《山南西道二》文州曲水

---

① 见《中国文物地图集·甘肃分册》(上),"文县文物图",第286—287页;"陇南市·文县",《中国文物地图集·甘肃分册》(下),第721页。

县:"本汉阴平道也,属广汉郡。晋为阴平县,属阴平郡。永嘉末,地陷李雄,县遂废。后魏平蜀,置曲水县,在南白二江之曲以为名,属阴平。隋开皇三年(583)废郡,县属文州。"北周末年阴平郡当领有曲水一县。

第七十一节 邓州领郡沿革

邓州治尚安,当在今四川阿坝藏族羌族自治州九寨沟县西北。《隋书》卷29《地理志上》同昌郡:"西魏逐吐谷浑,置邓州。开皇七年(587)改曰扶州。"《北史》卷96《邓至羌传》:"邓至者,白水羌也,世为羌豪,因地名号,自称邓至。其地自亭街以东,平武以西,汶岭以北,宕昌以南,士风习俗,亦与宕昌同。"《元和郡县图志》卷22《山南道三》扶州:"古西戎之地,自秦、汉迄魏、晋属蕃夷,无所建置。后魏讨定阴平邓至羌,立为宁州,分置昌宁、帖夷等郡,后改为邓州,因邓至羌为名也。隋开皇七年(587)改为扶州,大业三年(607)改为同昌郡。武德元年(618)重置扶州。"扶州帖夷县:"安昌故城,在县东北三十二里。后魏废帝遣宁同、宇文昶平阴平、邓至二蕃,立宁州,修筑故城。"扶州钳川县:"后魏废帝二年(553)置,因山为名。属尚安郡。"《太平寰宇记》卷134《山南西道二》文州:"废扶州,本同昌郡。……自秦汉迄于魏晋,地属蕃夷,无所建置。后魏废帝前元年西逐吐谷浑,讨定阴平,于此置邓州及邓宁郡,取前邓羌部落所居为州郡之名;时又置帖夷县,以隶帖夷郡,以戎夷宁帖为义也。其后改邓州为宁州,取安宁为称。至开皇七年(587)废郡,改宁为扶,义取扶持以立州名。炀帝初又废州,改为同昌郡。"杨守敬《隋书地理志考证》推测邓州治尚安郡,宁州治帖夷郡,本二州双立,后二州合并为一邓州,《寰宇记》云"改邓州为宁州"可能有误。邓州当领有邓宁、昌宁、封统三郡。

1. 邓宁郡

治尚安。《隋书》卷29《地理志上》同昌郡尚安县:"西魏置县及邓宁郡。开皇初郡废,大业初置同昌郡。"邓宁郡当领有尚安一县。

2. 昌宁郡

治帖夷。《隋书》卷29《地理志上》同昌郡帖夷县:"西魏置,又置昌宁郡。开皇三年(583)郡废。"但《元和郡县图志》卷22《山南道三》扶州同昌县:"本后魏之旧县也,废帝前元年(552)置,属昌宁郡。隋开皇初改属邓州,后属扶州。"扶州帖夷县:"本后魏废帝元年(552)置,属帖夷郡。隋开皇三年(583)属邓州,七年(587)改属扶州。"与《隋志》所记相格,这里姑且依《隋志》。昌宁郡当领有帖夷一县。

3. 封统郡

治同昌。《隋书》卷29《地理志上》同昌郡钳川县："西魏置。"同昌郡同昌县："西魏置。"《太平御览》卷167《州郡部十三》扶州："《后魏书》曰：'废帝前元年(552)西逐吐谷浑,定阴平,于此置邓州及邓宁郡,取前羌部落所居为之名。时又置帖夷县,属封统郡,以戎夷宁帖为义也。'"《周地图记》曰：'后(汉)[魏]废帝置同昌(郡)[县],属封统郡。'"与《隋志》所记相格,这里姑且依《隋志》。封统郡当领有同昌、钳川二县。

第七十二节　北周扶州领郡沿革

扶州治嘉诚,当在今四川阿坝藏族羌族自治州松潘县黄龙乡一带。《隋书》卷29《地理志上》同昌郡嘉诚县："后周置县并龙涸郡及扶州总管府。开皇初府废,三年(583)郡废,七年(587)州废。"据《周书》卷5《武帝纪上》,天和元年(566)五月,"吐谷浑龙涸王莫昌率户内附,以其地为扶州"。《元和郡县图志》卷32《剑南道中》松州："古西羌地也。……后汉至于魏、晋,或降或叛。至后魏邓至王象舒治者,并白水羌也,常为羌豪,因地自号为邓至王,其后子孙舒彭者,遣使内附,拜龙骧将军、益州刺史、甘松县开国子,假以渠帅之名。后魏末,平邓至番,始统有其地。后周保定五年(565)于此置龙涸防,天和元年(566)改置扶州,领龙涸郡。隋开皇三年(583)废龙涸郡,置嘉诚镇,与扶州同理焉。大业三年(607),改扶州为同昌郡,领嘉诚县。隋末陷于寇贼,武德元年(618)陇、蜀平定,改置松州,贞观三年(629)置都督府,后但为州。"《太平寰宇记》卷81《剑南西道十》叙西魏北周设州情况同。扶州当领有龙涸一郡。

1. 龙涸郡

治嘉诚。《隋书》卷29《地理志上》同昌郡嘉诚县："后周置县并龙涸郡及扶州总管府。"《元和郡县图志》卷32《剑南道中》松州嘉诚县："本周旧县也,武帝天和元年置,属龙涸郡。隋开皇三年(583)罢郡,属扶州,武德元年(618)改属松州。"松州交川县："本周旧县,天和中置,属龙涸郡。隋开皇三年(583)罢郡,属扶州,武德中改属松州。"《隋书》卷29《地理志上》汶川郡江源县："后周置。"《元和郡县图志》卷32《剑南道中》松州交川县："江源镇,在县西北三十里。"又《隋书》卷29《地理志上》同昌郡金崖县："后周置。"龙涸郡当领有嘉诚、交川、江源、金崖四县。

第七十三节　北周芳州领郡沿革

芳州治封德，当在今甘肃甘南藏族自治州迭部县东南。《隋书》卷29《地理志上》同昌郡封德县："后(魏)[周]置，又立芳州，有深泉郡。开皇初郡废，又省理定县入焉。大业初州废。"《周书》卷6《武帝纪下》：建德六年(577)六月癸亥，"于河州鸡鸣防置旭州，甘松防置芳州，广川防置弘州"。《元和郡县图志》卷39《陇右道上》芳州："秦、汉及魏、晋皆诸羌所居。至后魏吐谷浑入侵据焉，周明帝武成中西逐诸戎，始有其地，乃于三交口筑城置甘松防，武帝建德中改为芳州，领恒香、深泉二郡。隋大业二年(606)郡、州废，以县属扶州。隋氏丧乱，陷于寇贼。武德元年(618)，西边平定，复于常芳县置芳州。"芳州当领有深泉、恒香二郡。

1. 深泉郡

治理定。《隋书》卷29《地理志上》同昌郡封德县："后(魏)[周]置，又立芳州，有深泉郡。开皇初郡废，又省理定县入焉。"深泉郡当领有理定、封德二县。

2. 恒香郡

治恒香。《元和郡县图志》卷39《陇右道上》叠州常芳县："本周武成中所置恒香县，属芳州郭下，前上元中芳州没蕃，神龙元年(705)移县名于天法山东苏董谷西，即合川县理是也。"《隋书》卷29《地理志上》同昌郡常芬县："后周置，及立恒香郡。开皇初郡废。"《元和郡县图志》卷39《陇右道上》芳州常芬县："本周置，属恒香郡，隋开皇三年(583)罢郡，县属芳州。"综上，唐代常芬县源自北周恒香县。恒香郡当领有恒香、常芬二县。

第七十四节　凤州(原名南岐州)领郡沿革

凤州治梁泉，当即今陕西宝鸡市凤县凤州乡凤州村。《隋书》卷29《地理志上》河池郡："后魏置南岐州，后周改曰凤州。"据《周书》卷2《文帝纪下》，西魏废帝三年(554)春正月，改南岐州为凤州。《元和郡县图志》卷22《山南道三》凤州："其地本氐、羌所居……后魏太平真君二年(441)，招定仇池，其年于此城立镇。太和元年置固道郡，孝昌中以固道郡置南岐州，废帝三年(554)改南岐州为凤州，因州境有鹫鹫山为名。按成州同谷县本是凤州西界，县南有凤凰山，因为州名。隋大业三年(607)改为河池郡，武德元年(618)复为凤州。"《太平寰宇记》卷134《山南西道二》凤州："后魏太平真君二年(441)，拓定仇池，其年于此城立镇。太和元年(477)置固道郡。延昌中以固道郡置南岐州。废帝三年(554)改南岐为凤州。"据《魏书》卷106《地形志下》，北魏末年南岐州领有固道、广化、广业三郡。《隋书》卷29《地理志上》河池郡梁泉县："旧曰故道，后魏置郡，曰固道，县曰凉泉，寻改曰梁泉。西魏改郡曰归真。后周废郡。"固道郡在西魏时改为归真郡，并新置两当郡。至北周归真郡废置。而广业郡北周明帝二年(558)划入康州(参见本章第七十五节"北周康州领郡沿革")。是北周末年凤州当领有两当、广化二郡。

1. 两当郡

治两当。《隋书》卷29《地理志上》河池郡两当县："后魏置，及立两当郡。开皇初郡废。"《元和郡县图志》卷22《山南道三》凤州梁泉县："本汉故道县地，后魏太和元年(477)于此置梁泉县，取县西梁泉为名，属固道郡。隋开皇三年(583)罢郡，县属凤州。"《隋书》卷29《地理志上》河池郡梁泉县："旧曰故道，后魏置郡，曰固道，县曰凉泉，寻改曰梁泉。西魏改郡曰归真。后周废郡，又废龙安、商乐二县入。大业初置郡。"又《元和郡县图志》卷22《山南道三》凤州两当县："本汉故道县地，属武都郡。……永嘉之后，地没氐、羌，县名绝矣。后魏变文为'固'，于此置固道郡，领两当、广乡二县，因县界两当水为名。或云：县西界有两山相当，因取为名。隋开皇罢郡，县属凤州。"北周末年两当郡当领有两当、广乡、梁泉三县。

2. 广化郡

治广化。《隋书》卷29《地理志上》河池郡河池县："后魏曰广化，并置广化郡。开皇初郡废，仁寿初县改名焉。又后魏置思安县，大业初省入。"《元和郡县图志》卷22《山南道三》凤州河池县："本汉旧县，属武都郡。河池，一名仇池。按仇池山本名仇维山，上有池，似覆壶，有瀑布，其县因山为名。山在成州界，去县稍远，今县所处，谓之河池川，故取以为名。永嘉之后，没于氐、羌，县名绝矣。后魏于此置广化郡广化县，隋开皇三年(583)罢郡，县属凤州，仁寿元年(601)改为河池县，复汉旧名。"北周末年广化郡当领有广化、思安二县。

第七十五节　北周康州领郡沿革

康州治同谷，当在今甘肃陇南市康县县治所在地嘴台镇。《隋书》卷29《地理志上》河池郡同谷县："旧曰白石，置广业郡。西魏改曰同谷，后周置康州。开皇初郡废，大业初州废。"据《周书》卷4《明帝纪》，明帝二年(558)三月，"以广业、修城二郡置康州，葭芦郡置文州"。《太平寰宇记》卷150《陇右道一》成州同谷县：" 本汉下辨道地，属武都郡。后魏定仇池，正始中于此置广业郡，领白石、栗亭二县。恭帝后元元年改白石为同谷县。" 是北周明帝二年(558)置康州，领有广业、修城二郡。修城郡可能废于北周末年，北周末年康州当领有广业一郡。

广业郡

治同谷。《隋书》卷 29《地理志上》河池郡同谷县："旧曰白石，置广业郡。西魏改曰同谷，后周置康州。开皇初郡废，大业初州废。又有泥阳县，西魏废。"《元和郡县图志》卷 22《山南道三》成州同谷县："本汉下辨道地，属武都郡。故氐白马王国。后魏宣武帝于此置广业郡并白石县，恭帝改白石为同谷县。隋开皇三年(583)罢郡，以县属康州，大业初属凤州，贞观元年(627)属成州。"《太平寰宇记》卷 150《陇右道一》成州同谷县："本汉下辨道地，属武都郡。后魏定仇池，正始中于此置广业郡，领白石、栗亭二县。" 北魏末年广业郡领有白石、栗亭二县。西魏末年白石县改为同谷县。栗亭县当在西魏北周时废置。又《隋书》卷 29《地理志上》顺政郡修城县："旧置修城郡，县曰广长。后周郡废，又废下阪县入。仁寿初，县改名焉。又西魏置柏树县，后周废。" 据《魏书》卷 106《地形志下》，北魏时修城郡领有平洛、柏树、下辨、广长四县。《隋志》所言下阪县当即下辨县。平洛县当与下辨、柏树二县一样废于北周。是北周末年广业郡当领有同谷、广长二县。

第七十六节 兴州(原名东益州)领郡沿革

兴州治武兴，当今陕西汉中市略阳县治城关镇。《隋书》卷 29《地理志上》顺政郡："后魏置东益州，梁为武兴蕃王国，西魏改为兴州。"《周书》卷 49《异域传上·氐传》：大统"十一年(545)，于武兴置东益州，以(杨)辟邪为刺史"。《元和郡县图志》卷 22《山南道三》兴州："废帝二年(553)，改东益州为兴州，因武兴郡为名。隋大业二年(606)，罢州为顺政郡，武德元年(618)复置兴州。按州城，即古武兴城也。初，蜀以其处当冲要，遣蒋舒为武兴督守之。及钟会伐蜀，舒遂降魏，即其处也。城虽在平地，甚牢实，周回五百许步，唯开西北一门，外有垒，三面周匝。"

《太平寰宇记》卷 135《山南西道三》兴州条下表述西魏北周沿革与《元和志》同。北魏末年东益州当为萧梁所据。西魏大统十一年(545)，于武兴重置东益州，废帝二年(553)，又改东益州为兴州。此盖因西魏承袭萧梁建置在晋寿另置有东益州之故(见本章第九十七节"西魏东益州沿革")。据《魏书》卷

106《地形志下》,北魏末年东益州领有武兴、仇池、槃头、广苌、广业、梓潼、洛丛七郡。《隋书》卷29《地理志上》顺政郡顺政县:"旧曰略阳。西魏置郡,曰顺政,县曰汉曲;又置仇池县,后改曰灵道。"顺政郡鸣水县:"西魏置,曰落丛,并置落丛郡。开皇初郡废。六年(586),县改为厨北。八年(588),改曰鸣水。"顺政郡长举县:"西魏置,又立盘头郡。后周废郡。"是西魏改武兴郡为顺政郡,仇池、广苌、广业、梓潼四郡在萧梁或西魏时可能已经废置,至北周武帝时又废省槃头(亦作盘头)郡。北周末年兴州当领有顺政、落丛(亦作洛丛)二郡。

1. 顺政郡

治汉曲。《隋书》卷29《地理志上》顺政郡顺政县:"旧曰略阳。西魏置郡,曰顺政,县曰汉曲;又置仇池县,后改曰灵道。开皇初郡废。十八年(598),县改名焉。大业初置郡,又省灵道县并入。"《元和郡县图志》卷22《山南道三》兴州顺政县:"本汉沮县地,后魏废帝分置汉曲县,属顺政郡。隋开皇三年(583)罢郡,以汉曲县属兴州,十八年(598)改为顺政县。"《太平寰宇记》卷135《山南西道三》兴州顺政县:"本汉沮县地,后魏太武帝于此侨立略阳郡。至废帝三年(554)又省郡,仍改为汉曲县,属顺政郡。后周移郡于此,遂改为顺政县。"北周末年顺政郡当领有汉曲、灵道二县。

2. 落丛(亦作洛丛)郡

治落丛。《隋书》卷29《地理志上》顺政郡鸣水县:"西魏置,曰落丛,并置落丛郡。开皇初郡废。六年(586),县改为厨北。八年(588),改曰鸣水。"顺政郡长举县:"西魏置,又立盘头郡。后周废郡。"《元和郡县图志》卷22《山南道三》兴州长举县:"本汉沮县地,后魏于此分置长举县,属盘头郡。周武帝废盘头郡,县改属落丛郡。隋开皇三年(583)罢郡,县属兴州。"兴州鸣水县:"本汉沮县地也,后魏宣武帝于此置落丛郡,因落丛山为名。又置鸣水县,因谷为名。隋开皇三年(583)罢郡,县属兴州。"《太平寰宇记》卷135《山南西道三》兴州长举县:"本汉沮县地,后魏太武于此立长举县,以长举城为名,属槃头郡,县属落丛郡。隋开皇三年(583)罢郡,县属兴州。""废鸣水县,在州西一百一十里。本汉沮县地,后魏宣武帝于此置落丛郡,因落丛山为名,又置鸣水县,以谷为名。隋开皇三年(583)罢郡,属兴州,今并入长举县。"落丛郡当领有落丛、长举二县。

第七十七节 利州(原名西益州)领郡沿革

利州治兴安,在今四川广元市利州区。《隋书》卷29《地理志上》义城郡:

"后魏立益州,世号小益州。梁曰黎州。西魏复曰益州,又改曰利州,置总管府。大业初府废。"据《周书》卷 2《文帝纪下》,西魏废帝三年(554)春正月,改西益州为利州。《元和郡县图志》卷 22《山南道三》利州:"本秦蜀郡地,汉分巴、蜀置广汉郡,按今州即广汉郡之葭萌县地也。蜀先主改葭萌为汉寿县,属梓潼郡。晋改汉寿为晋寿。梁天监[中]以竺胤为太守,随夏侯道迁入后魏,改立西益州。梁大(通)[同](六)[元](535)年又克之,始通剑路,改西益州为黎州。武陵王萧纪僭号于蜀,以席嶷为黎州刺史。嶷反,州属魏,复改黎州为西益州。正始三年(506,按此处时间混乱,文字当有错讹),改西益州为利州。隋大业三年(607),改为义成郡,武德元年(618)又改为利州。州城西临嘉陵江。"

《太平寰宇记》卷 135《山南西道三》利州:"后魏正始五年(508)于东晋寿郡立西益州,世号为小益州。梁大同二年(536)改西益州为黎州。至西魏复曰西益州。……后周废州又为晋寿郡。隋初复为利州。大业初州废为义城郡。"按《周书》卷 6《武帝纪下》:建德五年(576)六月"丙辰,利州总管、纪王康有罪,赐死"。卷 19《豆卢宁传》:"初宁未有子,养弟永恩子勣。……及宁薨,勣袭爵,少历显位,大象末,上柱国、利州总管。"是北周并未废利州,《寰宇记》说法有误。是北魏益州萧梁据有后改称黎州,西魏占领后重置益州(亦称西益州),废帝三年(554),改西益州为利州。据《魏书》卷 106《地形志下》,北魏末年益州领有东晋寿、西晋寿、新巴、南白水、宋熙五郡。东晋寿、西晋寿当在萧梁或西魏时合并为晋寿郡,南白水郡则当在萧梁或西魏时省废。《隋书》卷 29《地理志上》义城郡葭萌县:"后魏曰晋安,置新巴郡。开皇初郡废。十八年(598),县改名焉。大业初又并恩金县入焉。"《八琼室金石补正》卷 23 所收《邵道生造象记》:"……建德元年六月廿日造讫,像主前将军、右银青光禄、都督、治恩金郡守邵道生一心供养。"是北周曾置有恩金郡。恩金郡当在北周末年之前废置。北周末年利州当领有晋寿、新巴、宋熙三郡。

1. 晋寿郡

治兴安。《隋书》卷 29《地理志上》义城郡绵谷县:"旧曰兴安,置晋寿郡。开皇初郡废。十八年(598),县改名焉。大业初置郡。又有华阳郡,梁置华州。西魏并废。"《元和郡县图志》卷 22《山南道三》利州绵谷县:"本汉葭萌县地,东晋孝武帝分晋寿县置兴安县,隋开皇十八年(598)改为绵谷县,因县东南绵谷为名。"利州益昌县:"本汉葭萌县地,晋改置晋寿县,周改为益昌县,属晋寿郡,隋改属利州。""晋寿故城,在县东南五十里。本汉葭萌县也。"《太平寰宇记》卷 135《山南西道三》利州:"汉高祖分巴、蜀置广汉郡。先主改葭萌为汉寿县,属梓潼郡。晋改汉寿为晋寿县,其属不改。宋因之。齐明帝永泰元年(498)分晋寿郡之兴安县置东晋寿郡于乌奴城北一里,即今州是也。"利州绵谷县:"汉葭萌县地,东晋太元十五年(390)分晋寿县置兴安县,属晋寿郡。隋开皇十八年(598)改兴安为绵谷县,因东南绵谷以为名。"又《隋书》卷29《地理志上》义城郡义城县:"西魏置。"《元和郡县图志》卷22《山南道三》利州胤山县:"本汉葭萌县地,后魏于今县西南十五里置义城县,隋义宁二年(618)改名义清县,天宝元年(742)改为胤山,以县北三十里有可胤山为名。"北周末年,晋寿郡当领有兴安、益昌、义城三县。

2. 新巴郡

治新巴。《隋书》卷29《地理志上》义城郡葭萌县:"后魏曰晋安,置新巴郡。开皇初郡废。十八年(598),县改名焉。大业初又并恩金县入焉。"恩金郡在北周末年废置后,恩金县当划入新巴郡。《周书》卷44《任果传》:"任果字静鸾,南安人也。世为方隅豪族,仕于江左。祖安东,梁益州别驾、新巴郡守、阆中伯。父褒,龙骧将军、新巴南安广汉三郡守、沙州刺史、新巴县公。"《太平寰宇记》卷135《山南西道三》利州葭萌县:"本汉葭萌县地,属广汉郡。蜀王封弟于此,以为苴侯国。先主改葭萌为汉寿。晋武帝改汉寿为晋寿。太元中分晋寿置晋安县,属新巴郡。隋开皇十八年(598)改晋安为葭萌,取汉旧名。"北周末年新巴郡当领有晋安、新巴、恩金三县。

3. 宋熙郡

治嘉川。《隋书》卷29《地理志上》义城郡嘉川县:"旧置宋熙郡,开皇初废。"《太平寰宇记》卷140《山南西道八》集州嘉川县:"本汉葭萌县地,宋武帝于此置宋熙郡及兴乐县。后入于魏,至恭帝元年(554)改兴乐为嘉川县,取嘉陵江所经为名。隋开皇三年(583)罢郡,以县属利州。"《宋书》卷37《州郡志三》梁州宋熙郡下列有元寿县,《南齐书》卷15《州郡志下》梁州宋熙郡下亦列有元寿县,据《隋书》卷65《吐万绪传》:"父通,周郢州刺史。绪少有武略,在周,起家抚军将军,袭爵元寿县公。数从征伐,累迁大将军、少司武。高祖受禅,拜襄州总管,进封谷城郡公,邑二千五百户。"是北周有元寿县。又《宋书》卷37《州郡志三》梁州宋熙郡下列有宋安县,《南齐书》卷15《州郡志下》梁州宋熙郡下亦列有宋安县。《太平寰宇记》卷135《山南西道三》利州昭化县:"本汉葭萌县之地,秦使司马错自剑阁道伐蜀,即此路也,亦为石牛道。宋武帝分晋寿置宋安县。后魏废帝三年(554)改宋安为岐坪县,因岐坪川以为名。"是西魏北周宋熙郡当亦有岐坪县。北周末年宋熙郡当领有嘉川、元寿、岐坪三县。据《中国文物地图集·四川分册》,嘉川县故城在今四川广元市旺苍县嘉川镇石桥村东 100 米米家坝①。

第七十八节　西魏废华州沿革

《隋书》卷 29《地理志上》义城郡绵谷县："旧曰兴安,置晋寿郡。开皇初郡废。十八年(598),县改名焉。大业初置郡。又有华阳郡,梁置华州。西魏并废。"

第七十九节　沙州领郡沿革

沙州治白水,据《中国文物地图集·四川分册》,沙州故城在今四川广元市青川县白河乡易家村②。《周书》卷 2《文帝纪下》,西魏废帝三年(554)春正月,改沙州为深州。《隋书》卷 29《地理志上》义城郡景谷县："旧曰白水,置平兴郡。后周省东洛郡入。开皇初郡废,县改名平兴。"据《元和郡县图志》卷 22《山南道三》利州景谷县："宋元嘉十七年(440),氐人杨难当自称大秦王,进军克葭萌,获晋寿太守申坦,因分白水置平兴县,属之沙州。……大业二年(606)废沙州,县属利州。"《周书》所记沙州如与《元和志》所言为一地,则沙州一度曾改为深州。北周末年沙州当领有平兴一郡。

平兴郡

治白水。《嘉庆重修一统志》卷 391《保宁府二》"古迹"："白水故城,在昭化县西北。汉置白水县,属广汉郡。……宋置白水郡。后魏为南白水郡。梁置平兴郡,兼置北益州。"据《中国文物地图集·四川分册》,白水县故城在今四川广元市青川县沙州镇江边村八组西隉坝③。《隋书》卷 29《地理志上》义城郡景谷县："旧曰白水,置平兴郡。后周省东洛郡入。开皇初郡废,县改名平兴。十八年(598),改曰景谷。大业初又省鱼盘县入焉。有关官。"《元和郡县图志》卷 22《山南道三》利州景谷县："本汉白水县地,属广汉郡。宋元嘉十七年(440),氐人杨难当自称大秦王,进军克葭萌,获晋寿太守申坦,因分白水置平兴县,属

---

① 《中国文物地图集·四川分册》(上),"旺苍县文物图",第 218—219 页;《中国文物地图集·四川分册》(中),"广元市·旺苍县",第 395 页。
② 《中国文物地图集·四川分册》(上),"青川县文物图",第 220—221 页;《中国文物地图集·四川分册》(中),"广元市·青川县",第 402 页。
③ 《中国文物地图集·四川分册》(上),"青川县文物图",第 220—221 页;《中国文物地图集·四川分册》(中),"广元市·青川县",第 402 页。

之沙州。隋开皇十八年（598）改为景谷县，因县北景谷为名。大业二年（606）废沙州，县属利州。县城，本平兴城，杨难当所筑。"《太平寰宇记》卷135《山南西道三》利州昭化县："废景谷县，在州东北六十里。本汉白水县地，宋武帝分白水地置平兴县。隋开皇十八年（598）改平兴为景谷县。宝历元年（825）山南西道节度使裴度废，以其地并入胤山县。"北周末年平兴郡当领有白水、平兴、鱼盘三县。

第八十节 龙州领郡沿革

龙州西魏治阴平，北周治江油。据《中国文物地图集·四川分册》，龙州故城在今四川绵阳市平武县南坝镇古龙村①。《隋书》卷29《地理志上》平武郡："西魏置龙州。"普安郡阴平县："宋置北阴平郡，魏置龙州。西魏改郡为阴平，又名县焉。后（周）[州]（从）[徙]江油郡，改曰静龙，县曰阴平。"这两处的龙州，其实为一州，只是州治有迁徙。《元和郡县图志》卷33《剑南道下》龙州："秦、汉及魏不置郡县。……晋于此置平武县，属阴平郡。至梁，有杨、李二姓最豪，分据其地，各称藩于梁。至西魏禅帝二年平蜀，于此立龙州。隋末陷贼，武德元年（618）陇蜀平定，改为龙门郡，其年加'西'字，贞观元年（627）改为龙州。"

《太平寰宇记》卷84《剑南东道三》龙州："至后魏武帝得其地，置江油郡。西魏废帝二年（553）定蜀，于此立龙州。隋大业初废州为平武郡。"此州置于山地族群盘根错节的地域，行政管理上有很大难度。《周书》卷39《辛庆之传辛昂附传》："及尉迟迥伐蜀，昂召募从军。蜀平，以功授辅国将军，魏都督。迥仍表昂为龙州长史，领龙安郡事。州带山谷，旧俗生梗。昂威惠洽著，吏民畏而爱之。"卷28《陆腾传》："魏废帝元年（552），安康贼黄众宝等作乱……攻围东梁州。……诏腾率军自子午谷以援之。……军还，拜龙州刺史，太祖（指宇文泰）谓腾曰：'今欲通江（由）[油]路，直出南（奏）[秦]，卿宜善思经略。'……州民李广嗣、李武等凭据岩险，以为堡壁，招集不逞之徒，攻劫郡县，历政不能治。腾密令多造飞梯，身率麾下，夜往掩袭，未明，四面俱上，遂破之，执广嗣等于鼓下。……即斩广嗣及武，以首示之。贼徒沮气，于是出兵奋击，尽获之。"《嘉庆重修一统志》卷399《龙安府》"古迹"："龙州故城，在平武县东南。……按今府

---

① 《中国文物地图集·四川分册》（上），"平武县文物图"，第202—203页；《中国文物地图集·四川分册》（中），"绵阳市·平武县"，第326页。

东南一百二十里涪城西有故城,名旧州坝,遗址尚存,疑即魏所置。"北周末年龙州当领有江油、马盘、建阳、静龙四郡。

1. 江油郡

治江油。《隋书》卷29《地理志上》平武郡江油县:"后魏置江油郡,开皇三年(583)郡废,大业初置郡。"《元和郡县图志》卷33《剑南道下》龙州江油县:"本晋平武县地,后魏于此置江油郡,并立江油县以属焉。"《太平寰宇记》卷84《剑南东道三》龙州江油县:"秦、汉、曹魏为无人之境,晋始置阴平县及平武县地,西魏废帝二年(553)置龙州及江油县,取江水以称邑兼郡。"又《隋书》卷29《地理志上》平武郡平武:"梁末,李文智自立为藩王,西魏废为县。"北周末年江油郡当领有江油、平武二县。

2. 马盘郡

治马盘。《隋书》卷29《地理志上》平武郡马盘县:"后魏置马盘郡,开皇三年(583)郡废。"《元和郡县图志》卷33《剑南道下》龙州清川县:"本后魏之马盘郡。领马盘一县,属龙州。隋开皇三年(583)罢郡,县入郡理,属龙州。"《太平寰宇记》卷84《剑南东道三》龙州清川县:"本后魏于此置马盘县及马盘郡,属龙州,以界内山名郡邑。隋初郡废,县仍属龙州,又改为清川县。"北周末年马盘郡当领有马盘一县。

3. 建阳郡

治秦兴。《隋书》卷29《地理志上》平武郡方维县:"旧曰秦兴,置建阳郡。开皇初郡废,县改焉。"北周末年建阳郡当领有秦兴一县。《嘉庆重修一统志》卷399《龙安府》"古迹":"方维故城,在平武县东北。……《县志》,方维城在今县东二百二十里。"

4. 静龙郡

治龙安。《隋书》卷29《地理志上》普安郡阴平县:"宋置北阴平郡,魏置龙州。西魏改郡为阴平,又名县焉。后(周)[州](从)[徙]江油郡,改曰静龙,县曰阴平。开皇初郡废。"《太平寰宇记》卷84《剑南东道三》剑州阴平县:"本汉梓潼县地,按顾野王《舆地志》:'晋人流寓于蜀者,仍于益州立北阴平郡。西魏废帝二年(553)定蜀,改阴平为龙安。'隋省龙安县,并为阴平县,属始州。"静龙郡当领有龙安一县。

第八十一节 汶州(原名绳州)领郡沿革

汶州治广阳,在今四川阿坝藏族羌族自治州茂县县治凤仪镇。《隋书》卷

29《地理志上》汶山郡:"后周置汶州。开皇初改曰蜀州,寻为会州,置总管府。大业初府废。"汶山郡汶山县:"旧曰广阳。梁改为北部都尉,置绳州、北部郡。后周改曰汶州。开皇初郡废,仁寿元年(601)改名焉。"《元和郡县图志》卷32《剑南道中》茂州:"本冉駹国……周保定四年(564)立汶州,隋开皇五年(585)改为会州,大业三年(607)罢会州为汶山郡。"《太平寰宇记》卷78《剑南西道七》茂州:"梁普通三年(522)置绳州,取桃关之路以绳为桥,因作州称。后周武帝改为汶州,取汶水为名,并置汶山郡。"北周末年汶州领有北部、汶山二郡。

1. 北部郡

《隋书》卷29《地理志上》汶山郡汶山县:"旧曰广阳。梁改为北部都尉,置绳州、北部郡。后周改曰汶州。开皇初郡废,仁寿元年(601)改名焉。"汶山郡北川县:"后周置。"《太平寰宇记》卷78《剑南西道七》茂州汶山县:"本汉汶江县,属蜀郡。故城在今县北二里。旧冉駹地,晋置广阳县,属汶山郡,在西北五百五十里,晋末废。今不详其处所。又立广阳县于石镜山南六十里置广阳,即今县也。后周为汶州,置汶山县。"北周末年北部郡当领有广阳、北川二县。

2. 汶山郡

《隋书》卷29《地理志上》汶山郡汶川县:"后周置(汝)[汶]山郡,开皇初郡废。"《元和郡县图志》卷32《剑南道中》茂州汶川县:"本汉绵虒县地,梁于此置汶川县,县西汶水,因以为名,仍于县置汶山郡。隋开皇三年(583)罢郡,以县属汶州,汶州,即茂州汶川县理是也。六年(586)又属会州。"北周末年汶山郡当领有汶川一县。

第八十二节　北周翼州领郡沿革

翼州治翼针,在今四川阿坝藏族羌族自治州茂县叠溪镇较场坝一带。《隋书》卷29《地理志上》汶山郡左封县:"又周置翼州,大业初废。"《元和郡县图志》卷32《剑南道中》翼州:"本秦、汉徼外羌也,武帝元鼎中开为县,今州即汉蜀郡蚕陵县之地也。梁太清中,武陵王萧纪于蚕陵旧县置铁州,寻废。周武帝天和元年(566)讨蚕陵羌,又于七顷山下置翼州,以翼针水为名。隋大业三年(607)省州,改置和山镇,以翼水等三县属会州。武德元年(618)重置翼州。其城西枕大江,南面临溪。"北周末年翼州当领有翼针、清江二郡。

1. 翼针郡

《隋书》卷29《地理志上》汶山郡翼针县:"后周置,及翼针郡。开皇初郡废。"《元和郡县图志》卷32《剑南道中》翼州卫山县:"本汉蚕陵县地,周武帝于此置翼针县,以翼针水为名,属翼针郡。隋开皇三年(583)罢郡,以县属翼州。"北周末年翼针郡当领有翼针一县。

2. 清江郡

《隋书》卷29《地理志上》汶山郡翼水县:"后周置,曰龙求,及置清江郡。开皇初郡废,县改曰清江。十八年(598),又改名焉。"《元和郡县图志》卷32《剑南道中》翼州翼水县:"本汉蚕陵县地,周于此置龙求县,属清江郡,隋开皇三年(583)改为清江县,寻罢郡,以县属翼州。十八年(598)又改清江为翼水县。"北周末年清江郡当领有龙求一县。

第八十三节　北周覃州领郡沿革

覃州治通轨,在今四川阿坝藏族羌族自治州黑水县芦花镇一带。《隋书》卷29《地理志上》汶山郡通轨县:"后周置县及覃州,并覃川、荣乡二郡。开皇初郡废,四年(584)州废。"《通典》卷176《州郡典六》当州:"今理通轨县。历代诸羌地。后周置覃州并覃川郡。隋废,其地入汶山郡。大唐贞观中置当州,或为江源郡。"《太平寰宇记》卷81《剑南西道十》当州:"二汉、晋、宋并为蜀郡地,至后周天和元年(566),雁门郡公纥干略于此讨浑胡,因置同昌郡,寻又改为覃川郡。"北周末年覃州当领有覃川、荣乡二郡,以及广年郡、左封郡。

覃川、荣乡二郡当为双头郡,治通轨。《隋书》卷29《地理志上》汶山郡通轨县:"后周置县及覃州,并覃川、荣乡二郡。开皇初郡废,四年(584)州废。"《太平御览》卷166《州郡部十二》当州:"《后周书》曰:'天和元年(566)雁门公纥干略于此讨浑胡,因置同昌郡。'"《太平寰宇记》卷81《剑南西道十》当州:"二汉、晋、宋并为蜀郡地,至后周天和元年(566),雁门郡公纥干略于此讨浑胡,因置同昌郡,寻又改为覃川郡。隋初废郡为扶州,仍于此置嘉诚县,即为扶州之属邑也。"北周末年覃川、荣乡二郡当领有通轨一县。

1. 广年郡

治广年。《隋书》卷29《地理志上》汶山郡左封县:"后周置,曰广年,及置广年郡、左封郡。开皇初郡并废。仁寿初县改名焉。又周置翼州,大业初废。"《元和郡县图志》卷32《剑南道中》当州利和县:"周天和元年(566)于此置广平县,寻废。显庆二年(657),于广平旧城置利和县。"此广平县不知与广年县有否关系?暂且存疑。又《隋书》卷29《地理志上》汶山郡平康县:"后周置。"北周末年广年郡当领有广年、平康二县。

2. 左封郡

《隋书》卷29《地理志上》汶山郡左封县:"后周置,曰广年,及置广年郡、左封郡。开皇初郡并废。仁寿初县改名焉。"左封之名当来自羌语。《北史》卷96《附国传》:"附国南有薄缘夷,风俗亦同。西有女国。其东北连山绵亘数千里,接于党项。往往有羌,大小左封、昔卫、葛延、白狗、向人、望族、林台、春桑、利豆、迷桑、婢药、大硖、白兰、北利摸徒、那鄂、当迷、渠步、桑悟、千硐,并在深山穷谷,无大君长。其风俗略同于党项,或役属吐谷浑,或附附国。"《元和郡县图志》卷32《剑南道中》悉州左封县:"周天和元年(566)于此置广平县,隋开皇十八年(598)改为左封。"北周末年左封郡当领有广平一县。

第八十四节 始州(原名安州)领郡沿革

始州治普安,即今四川广元市剑阁县普安镇。《隋书》卷29《地理志上》普安郡:"梁置南梁州,后改为安州。西魏改为始州。"按南梁州后改为隆州,与安州改为始州无涉,《隋志》表述有误(参见本章第八十七节"隆州领郡沿革")。据《周书》卷2《文帝纪下》,西魏废帝三年(554)春正月,改安州为始州。《元和郡县图志》卷33《剑南道下》剑州:"本汉广汉郡之梓潼县地……宋于此置南安郡,梁武陵王萧纪改郡立安州。后魏废帝二年(553),先下安州,始通巴、蜀,故改安州为始州。隋大业三年(607),罢始州为普安郡,武德元年(618)复为始州。先天二年(713)改为剑州,取剑阁为名也。"《太平寰宇记》卷84《剑南东道三》剑州:"梁天监中于此立南梁,以在梁州之南故也。梁末改为安州。后入西魏,废帝二年(553)先下安州,始通巴、蜀,因改安州为始州,取郡邑更始为名,兼置普安郡。"始州北周末年当领有普安、黄原、安都三郡。

1. 普安郡

治普安。《隋书》卷29《地理志上》普安郡普安县:"旧曰南安。西魏改曰普安,置普安郡。开皇初郡废,大业初置郡焉。"《太平寰宇记》卷84《剑南东道三》剑州:"废帝二年(553)先下安州,始通巴、蜀,因改安州为始州,取郡邑更始为名,兼置普安郡。"剑州普安县:"本汉梓潼县地,宋于此置南安县,周改为普安县。"又《隋书》卷29《地理志上》普安郡永归县:"旧曰白水,西魏改焉。"《元和郡县图志》卷33《剑南道下》剑州永归县:"本汉梓潼县地,宋于此置白水县,周闵帝改为永归县。"《太平寰宇记》卷84《剑南东道三》剑州临津县:"废永归县,在县北四十九里。本临津县地,西魏得蜀,于此立永归县。"《隋书》卷29《地理志上》普安郡临津县:"旧曰胡原,开皇七年改焉。"《元和郡县图志》卷33

《剑南道下》剑州临津县:"本汉梓潼县地,南齐于此置胡原县,隋开皇七年改为临津县。"北周末年普安郡当领有普安、永归、胡原三县。据《中国文物地图集·四川分册》,萧齐胡原故城在今四川广元市剑阁县香沉镇群英村南500米①。

2. 黄原郡

治黄安。《隋书》卷29《地理志上》普安郡黄安县:"旧曰华阳,西魏改焉,又置黄原郡。开皇初郡废。"《元和郡县图志》卷33《剑南道下》剑州黄安县:"本汉梓潼县地,宋于此置华阳县,属南安郡,后魏禅帝改为南安县,周武帝改为黄安县。"又《太平寰宇记》卷84《剑南东道三》剑州普成县:"废茂陵县城,在县西三十里。《益州记》云:宋大明年置,隶扶风郡。《图经》云:后魏□□元年改属黄原郡,至隋开皇三年(583)废。"北周末年黄原郡当领有黄安、茂陵二县。据《中国文物地图集·四川分册》,刘宋华阳故城在今四川广元市剑阁县王河镇南500米②。

3. 安都郡

治武连。《隋书》卷29《地理志上》普安郡武连县:"旧曰武功,置辅剑郡。西魏改郡曰安都,县曰武连。开皇初郡废。"《元和郡县图志》卷33《剑南道下》剑州武连县:"本汉梓潼县地,宋元嘉中,于县南五里侨立武都郡下辨县,又改下辨侨置武功县。周明帝改武功为武连县。隋开皇三年(583)罢郡,以县属始州。"北周末年安都郡当领有武连一县。据《中国文物地图集·四川分册》,刘宋武功故城在今四川广元市剑阁县武连镇③。

第八十五节　潼州领郡沿革

潼州治巴西,在今四川绵阳城区涪江东岸。《隋书》卷29《地理志上》金山郡:"西魏置潼州。开皇五年(585),改曰绵州。"《元和郡县图志》卷33《剑南道下》绵州:"本汉广汉郡之涪县,后魏废帝二年(553)徙梓潼郡理梓潼旧城,于此别置潼州。隋开皇五年(585),改潼州为绵州,因绵水为名也。大业三年(607)改为金山郡,武德元年(618)复为绵州。按州理城,汉涪县也,去成都三百五十里。依山作固,东据天池,西临涪水,形如北斗,卧龙伏马,为蜀东北之要冲。"《太平寰宇记》卷83《剑南东道二》绵州:"西魏又于此置潼州,取潼水为名。"北

---

①②③ 《中国文物地图集·四川分册》(上),"剑阁县文物图",第216—217页;《中国文物地图集·四川分册》(中),"广元市·剑阁县",第381页。

周时潼州当领有巴西、万安、安城(原名涪城)、潼川四郡。

1. 巴西郡

治巴西。《隋书》卷29《地理志上》金山郡巴西县:"旧曰涪,置巴西郡。西魏改县曰巴西。开皇初郡废。大业初置金山郡。"《元和郡县图志》卷33《剑南道下》绵州巴西县:"本汉涪县地,属广汉郡。先主据蜀,立梓潼郡,以县属焉。晋孝武帝徙梓潼郡于此。后魏改为巴中县,隋开皇元年避庙讳,改为巴西县。"《太平寰宇记》卷83《剑南东道二》绵州巴西县:"本汉涪县,属广汉郡。……刘备据蜀,立梓潼郡,以县属焉。隋改为巴西县。"说法互有不同,这里以《隋志》为准。又《隋书》卷29《地理志上》金山郡魏城县:"西魏置。"《元和郡县图志》卷33《剑南道下》绵州盐泉县:"本汉涪县地,后魏禅帝元年(554)割涪县置魏城县,武德三年(620)分魏城置盐泉县。"《太平寰宇记》卷83《剑南东道二》绵州魏城县:"本汉涪县地,西魏于涪县立潼州,故析涪之北部,立为魏城县。李膺记:'西溪东五十里有东西井,井西为涪县界,井东为梓潼界。'隋大业中自盐泉井移魏城县于此。"《隋书》卷29《地理志上》金山郡下列有昌隆县。《元和郡县图志》卷33《剑南道下》绵州昌明县:"本汉涪县地,晋孝武帝自白沙戍移汉昌县侨理于此,仍属巴西郡。后魏废帝改汉昌为昌隆县,先天元年(712)改为昌明县。"《太平寰宇记》卷83《剑南东道二》绵州彰明县:"本汉涪县地,西魏昌隆县地,初在清廉乡,大同四年(538)移于让水乡,魏移于孟津里。"《隋书》卷29《地理志上》金山郡金山县:"旧置益昌、晋兴二县,西魏省晋兴入益昌,后周别置金山。开皇四年(584),省益昌入金山。"《元和郡县图志》卷33《剑南道下》绵州龙安县:"本汉涪县地,周武帝天和六年,于此置金山县,隋大业二年(606)废。""金山,在县东五十步。每夏雨奔注,崩颓之所则金粟散出,大者如棋子。"绵州西昌县:"本汉涪县地,晋孝武帝于此侨置益昌县,隋开皇三年(583)省。永淳元年(682)又置,以与利州益昌县同名,以其在州西,因改为西昌县。"《隋书》卷29《地理志上》金山郡神泉县:"旧曰西充国,开皇六年(586)改名焉。"《元和郡县图志》卷33《剑南道下》绵州神泉县:"本汉涪县地,晋孝武帝于此侨置西充国县,属巴西郡。隋开皇三年(583)罢郡,县属潼州,六年(586)改为神泉县,因县西神泉为名。"《太平寰宇记》卷83《剑南东道二》绵州神泉县:"本汉涪县地,晋太元中置西充国县。梁武陵王改为平州县。后魏恭帝移于今所。隋开皇六年(586)改为神泉县。县西有泉,饮之疾愈,因以为名。"平州县当在北周时废入西充国。是西魏末年巴西郡领有巴西、魏城、昌隆、益昌、西充国、平州六县。北周置金山县,省废平州县,北周末年巴西郡当领有巴西、魏城、昌隆、金山、益昌、西充国六县。

2. 万安郡

治万安。《隋书》卷29《地理志上》金山郡万安县:"旧曰孱亭,西魏改名焉,置万安郡。开皇初郡废。"《太平寰宇记》卷83《剑南东道二》绵州罗江县:"本涪县地,晋于梓潼水尾万安故城置万安县。晋末乱,移就潺亭,今县城是也。梁置万安郡。隋开皇二年(582)废郡为县。唐天宝元年(742)改为罗江县。《水经注》云:'潺山石下有泉,曰潺水。'今县北三里有潺亭庙,有碑,磨灭,'潺亭'之字存。""万安故城,后魏恭帝元年(554)又于此置万安郡。隋罢郡,复徙万安县于此。"西魏北周时万安郡当领有万安一县。

3. 安城郡(原名涪城)

治涪城。《隋书》卷29《地理志上》金山郡涪城县:"旧置始平郡,西魏改郡为涪城,后周又改曰安城。开皇初郡废,改县曰安城。十六年(596),改为涪城。"《元和郡县图志》卷33《剑南道下》梓州涪城县:"本汉涪县地,隋开皇十六年(596)改置涪城县,属绵州。"《通典》卷176《州郡典六》巴西郡涪城县:"东晋置始平郡。隋改之。"《旧唐书》卷41《地理志四》绵州涪城县:"汉涪县地,东晋置始平郡。后魏改为涪城及潼县。隋改潼为涪城。"安城郡当领有涪城、潼二县。据《中国文物地图集·四川分册》,涪城故城在今四川绵阳市三台县花园镇涪城村①。

4. 潼川郡

治安寿。《隋书》卷29《地理志上》普安郡梓潼县:"旧曰安寿,西魏置潼川郡。开皇初郡废。大业初县改名焉。"《元和郡县图志》卷33《剑南道下》绵州:"本汉广汉郡之涪县,后魏废帝二年(553)徙梓潼郡理梓潼旧城,于此别置潼州。"《太平寰宇记》卷84《剑南东道三》剑州梓潼县:"本汉旧县,属广汉郡。《华阳国志》云:'汉孝武帝元鼎元年(前116)置。'以县东倚梓林,西枕潼水,以此为名。蜀先主分置梓潼郡。西魏于此置潼川郡,移县于郡南三十里,改为安寿县于此置。隋开皇三年(583)废郡,移县复旧治,犹以安寿为名。大业三年(607)还名梓潼。"西魏北周潼川郡当领有安寿一县。据《中国文物地图集·四川分册》,汉梓潼故城在今四川绵阳市梓潼县文昌镇西坝村西600米②。

---

① 《中国文物地图集·四川分册》(上),"三台县文物图",第206—207页;《中国文物地图集·四川分册》(中),"绵阳市·三台县",第339页。
② 《中国文物地图集·四川分册》(上),"梓潼县文物图",第200—201页;《中国文物地图集·四川分册》(中),"绵阳市·梓潼县",第318页。

第八十六节　新州领郡沿革

新州治昌城,在今四川绵阳市三台县潼川镇一带。《隋书》卷29《地理志上》新城郡:"梁末置新州。开皇末改曰梓州。"《元和郡县图志》卷33《剑南道下》梓州:"宋于此置新城郡,梁武陵王萧纪于郡置新州,隋开皇末改为梓州,因梓潼水为名也。州城,宋元嘉中筑,左带涪水,右挟中江,日居水陆之冲要。"《太平寰宇记》卷82《剑南东道一》梓州:"晋、宋、齐并为广汉郡。至梁初,武陵王萧纪于郡置新州。西魏又于此立昌城郡。"新州领有昌城、玄武(原为伍城)、高渠、盐亭、涌泉五郡。

1. 昌城郡

治昌城。《隋书》卷29《地理志上》新城郡郪县:"旧曰伍城。西魏改曰昌城,仍置昌城郡。开皇初郡废。大业初置新城郡,改县名焉。"《元和郡县图志》卷33《剑南道下》梓州郪县:"本汉旧县,属广汉郡,因郪江水为名也。后魏置昌城郡,后又改名昌城县,隋大业三年(607)复为郪县。"《太平寰宇记》卷82《剑南东道一》梓州郪县:"后魏置新城县于此,恭帝三年(556)改为昌城县。隋开皇三年(583)罢郡,县属新州;十年(590)改新州为梓州,县属不改。"又《隋书》卷29《地理志上》新城郡射洪县:"西魏置,曰射江,后周改名焉。"《元和郡县图志》卷33《剑南道下》梓州射洪县:"本汉郪县地,后魏分置射洪县。县有梓潼水,与涪江合流,急如箭,奔射涪江口,蜀人谓水口曰'洪',因名射洪。"《太平寰宇记》卷82《剑南东道一》梓州射洪县:"本汉广汉郡郪县地,后魏恭帝于此分置射洪县。《益州记》:'郪偻滩东六里有射江,土人语讹以江为洪。'"昌城郡当领有郪、射洪二县。

2. 玄武郡(原为伍城郡)

治伍城。《隋书》卷29《地理志上》蜀郡玄武县:"旧曰伍城,后周置玄武郡。开皇初郡废,改县名焉。仁寿初置凯州,大业初废。"玄武郡可能原为伍城郡(亦作五城郡)。《周书》卷11《晋荡公护传叱罗协附传》:魏废帝二年(553),"以功授开府。仍为大将军尉迟迥长史,率兵伐蜀。既入剑阁,迥令协行潼州事。时有五城郡氐酋赵雄杰等扇动新、潼、始三州民反叛,聚结二万余人,在州南三里,隔涪水,据槐林山,置栅拒守"。卷29《伊娄穆传》:"魏废帝二年(553),穆使于蜀。属伍城郡人赵雄杰与梓潼郡人王令公、邓朏等构逆,众三万余人,阻涪水立栅,进逼潼州。穆遂与刺史叱罗协率兵破之。"《元和郡县图志》卷33《剑南道下》梓州玄武县:"本先主所立五城县也,属广汉郡。后魏平蜀,立玄武郡，以县属焉。隋开皇三年(583)改五城为玄武县，因玄武山为名也，属益州。武德三年(620)，割属梓州。"《太平寰宇记》卷82《剑南东道一》梓州玄武县："本汉五城县地，《华阳国志》：'汉时立仓，发五城县人，尉部主之，后因以为县。'晋武改为五城县，属东广汉郡，在五城山。隋开皇三年(583)置玄武县，隶益州。唐贞观元年(627)割入梓州。""废怀归县，在西北二十里。《蜀记》云：'宋元嘉九年(432)置，后周明帝初并入玄武县。'"《大隋故金紫光禄大夫豆卢公墓志铭》(《豆卢寔墓志》)："君讳寔，字天裕，本河南洛阳人也。……父景，周使持节、车骑大将军，仪同三司，大都督内外府掾，怀归县开国公，追赠义州刺史。"是西魏北周确曾有怀归县。按北周时玄武县尚为伍城县。是西魏伍城郡当领有伍城、怀归二县；北周明帝省废怀归县入伍城县，伍城郡可能亦在此前后改为玄武郡，北周末年玄武郡当领有伍城一县。

3. 高渠郡

治高渠。《隋书》卷29《地理志上》新城郡盐亭县："有高渠县，大业初并入焉。"《太平寰宇记》卷82《剑南东道一》梓州盐亭县："废高渠郡城，在县西十六里，北临梓潼水。周保定初置。隋开皇三年(583)废为县，大业三年(607)县亦废。"高渠郡当领有高渠一县。

4. 盐亭郡（原名北宕渠郡）

治盐亭。《隋书》卷29《地理志上》新城郡盐亭县："西魏置盐亭郡。开皇初郡废。有高渠县，大业初并入焉。"《元和郡县图志》卷33《剑南道下》梓州盐亭县："本汉广汉县地，梁于此置北宕渠郡及县，后魏恭帝改为盐亭县，以近盐井，因名。隋开皇三年(583)罢郡，属梓州。"《太平寰宇记》卷82《剑南东道一》梓州盐亭县："按李膺《蜀记》云：'灵江东盐井亭，古方安县也。'《周地纪》：'梁大同元年(535)于此亭置县，因井为名。'管盐井三，一井见煎。"盐亭郡当领有盐亭一县。

5. 涌泉郡（原名西宕渠郡）

治涌泉。《隋书》卷29《地理志上》新城郡通泉县："旧曰通泉，置西宕渠郡。西魏改郡、县俱曰涌泉。开皇初郡废，县改名，又并光汉县入焉。"《元和郡县图志》卷33《剑南道下》梓州通泉县："本汉广汉县地，宋于此置西宕渠郡，后魏恭帝移于涌山，改名涌泉郡。周明帝置通井县，隋开皇三年(583)改为通泉县，十八年(598)改属梓州。"《舆地广记》卷31《梓州路》梓州通泉县："汉广汉县地，后置涌泉县及西宕渠郡。西魏改郡曰涌泉。隋开皇初郡废，改县曰通泉，属梓州。唐因之。广汉县，二汉属广汉郡。晋为郡治。宋徙郡治雒。元魏改县曰广魏，后改曰光汉。隋开皇初，省入通泉。"光汉当为广汉，盖隋代避隋炀帝讳所改。是西魏末年涌泉郡领有涌泉、广魏二县,北周末年涌泉郡当领有涌泉、广汉二县。

第八十七节　隆州领郡沿革

隆州治阆中,在今四川南充市阆中市。《隋书》卷29《地理志上》巴西郡:"梁置南梁、北巴州,西魏置隆州。"《太平寰宇记》卷86《剑南东道五》阆州:"今郡城即古之阆中城。梁天监中又于此立南梁州及北巴郡。西魏废帝二年(553)平蜀,改为隆州,取其连冈地势高隆为郡名。后魏《典略》云:'此州故有隆城坚隆,因置隆州。'寻又立盘龙郡,以郡中有盘龙冈为名。隋开皇初郡废而州存,兼改阆中为阆内县。大业初州废,并其地入巴西郡。"据《周书》卷2《文帝纪下》,西魏废帝三年(554)春正月,改南梁州为隆州。隆州当领有盘龙、南宕渠、金迁、白马四郡。

1. 盘龙郡

《隋书》卷29《地理志上》巴西郡阆内县:"梁置北巴[西]郡,后魏平蜀,置盘龙郡,开皇初郡废。大业初置巴西郡。"阆内县即阆中县,隋避杨忠讳改。《太平御览》卷167《州郡部十三》阆州:"《后魏典略》曰:'此州古有隆城,坚险,因置隆州,寻又立盘龙郡,以郡中有盘龙山为名。'"《隋书》卷29《地理志上》巴西郡南部县:"旧曰南充国,梁曰南部,西魏置新安郡,后周郡废。"《太平寰宇记》卷86《剑南东道五》阆州南部县:"亦充国县地,梁于此置南部郡。后周闵帝元年(557)罢郡,立南部县,属盘龙郡,以地居阆中之南,故曰南部。隋开皇三年(583)罢郡,以县属阆州。"《舆地纪胜》卷185《阆州》南部县:"《元和郡县志》云:'本汉南充县地,梁置南部郡,周闵帝天和初改为南部县,属盘龙郡。'……《元和郡县志》又云:'隋大业三年(607)改属巴西,先天二年(713)改属阆州。'"《隋书》卷29《地理志上》巴西郡苍溪县:"旧曰汉昌,开皇末改名焉。"《太平寰宇记》卷86《剑南东道五》阆州苍溪县:"本汉阆中县地,后汉永元中于今县北巴岳山侧置汉昌县。宇文周以县属阆州。隋开皇四年(584)移理曲肘川,即今县是也;十八年(598)改汉昌为苍溪县,因县界苍溪谷为名。"是北周末年盘龙郡当领有阆中、南部、汉昌三县。

2. 南宕渠郡

治安汉。《隋书》卷29《地理志上》巴西郡南充县:"旧曰安汉,置[南]宕渠郡。开皇初郡废。十八年(598),县改名焉。"按安汉县,《宋书》卷37《州郡志三》与《南齐书》卷15《州郡志下》梁州南宕渠郡均作汉安县,安汉之名或为西魏北周时所改,这里且从《隋志》。《太平寰宇记》卷 86《剑南东道五》果州:"《禹贡》梁州之域。春秋及战国时为巴子国。秦、二汉并属巴郡,即安汉县也,亦为充国之地。……今郡在嘉陵江之西。后魏平蜀,于今州北三十七里石苟坝置南宕渠郡,其县亦移就郡理。晋于此立巴西郡,宋、齐因之不改。隋开皇初郡废,以县属隆州,仍移理安汉城,十八年(598)改安汉为南充县。"果州南充县:"本汉安汉县地,属巴郡。宋于安汉城置南宕渠郡。隋开皇十八年(598)改安汉为南充县,以古充国为名。"《隋书》卷 29《地理志上》巴西郡相如县:"梁置梓潼郡,后魏郡废。"《太平御览》卷 167《州郡部十三》果州:"《周地图记》曰:'相如县有司马相如故宅,因以名县。'"《太平寰宇记》卷 86《剑南东道五》果州相如县:"亦巴西县地,梁天监六年(507)置相如县,兼立梓潼郡于此。至后周郡废而县存,即汉司马相如所居之地,因以名县。其宅今为县治。"《舆地纪胜》卷 156《顺庆府》相如县引《元和郡县志》云:"周闵帝省县。"又卷 188《蓬州》营山县:"《元和郡县志》云:本汉安汉县地,周武帝于此置相如县。属果州。"相如县或在北周有过废而复置的过程。是北周废梓潼郡,所领相如县划入南宕渠郡。南宕渠郡在北周末年当领有安汉、相如二县。据《中国文物地图集·四川分册》,相如故城在今四川南充市蓬安县河舒镇黄花村①。

3. 金迁郡

《隋书》卷 29《地理志上》巴西郡西水县:"梁置掌天郡,西魏改曰金迁,开皇初郡废。"但据《太平寰宇记》卷 86《剑南东道五》阆州晋安县:"本阆中县地,晋立巴郡于阆中,析此置晋安县。按《四夷县道记》:'梁于此置金迁戍,周闵帝改为金迁郡,仍置晋安、晋城、西水三县以属焉。'郡理晋安。隋开皇三年(583)罢郡,仍省晋安县,自今县东十四里移晋城县于晋安旧理。唐武德元年(618)改晋城为晋安县,即今理也。"阆州西水县:"亦阆中县地,梁大同中于今县西北三十五里置掌天戍,后魏废戍。后周闵帝元年(557)改为西水县,以界内西水为名。大业元年(605)移于今理。"大概萧梁所置掌天郡在西魏、北周易代之际改为金迁郡,金迁郡当领有晋安、晋城、西水三县。据《中国文物地图集·四川分册》,西水县故城在今四川南充市南部县西河乡高峰村南 200 米②。

---

① 《中国文物地图集·四川分册》(上),"蓬安县文物图",第 288—289 页;《中国文物地图集·四川分册》(中),"南充市·蓬安县",第 679 页。
② 《中国文物地图集·四川分册》(上),"南部县文物图",第 284—285 页;《中国文物地图集·四川分册》(中),"南充市·南部县",第 661 页。

4. 白马郡

《隋书》卷29《地理志上》巴西郡奉国县："梁置白马、义阳二郡，开皇初郡废，并废义阳县入焉。"《太平寰宇记》卷86《剑南东道五》阆州奉国县："本汉阆中县地，属巴郡。梁武帝始于此立白马、义阳二郡。后魏恭帝二年(555)废义阳郡，改为奉国县，属白马郡，始因此地附于魏，故以奉国为名。隋开皇三年(583)罢郡，以县属阆州。"是萧梁所置双头郡白马、义阳二郡在西魏恭帝二年(555)改为白马郡。白马郡当领有奉国、义阳二县。据《中国文物地图集·四川分册》，奉国县故城即今四川南充市阆中市老观镇城遗址[①]。

第八十八节　北周遂州领郡沿革

遂州治方义，在今四川遂宁市城区。《隋书》卷29《地理志上》遂宁郡："后周置遂州。仁寿二年(602)，置总管府。大业初府废。"《元和郡县图志》卷33《剑南道下》遂州："秦为蜀郡地，汉分置广汉郡，今州又为广汉郡之广汉县地。后分广汉为德阳县，东晋分置遂宁郡，周保定二年(562)立为遂州。后因之。"《太平寰宇记》卷87《剑南东道六》遂州："东晋分置遂宁郡，属益州……谯纵乱后，移于石坪，盖其地多獠，官长力弱，不相威慑。宋泰始五年(469)，刺史刘亮表分遂宁为东、西二郡，梁因之。后周武帝废郡，始置遂州，寻又置兴西郡。隋初废郡而州存，炀帝废州，又为遂宁郡。"据《周书》卷3《孝闵帝纪》，孝闵帝元年(557)春正月丙寅，"于剑南陵井置陵州，武康郡置资州，遂宁郡置遂州"。遂州当领有石山、怀化二郡。

1. 石山郡

治方义。《隋书》卷29《地理志上》遂宁郡方义县："梁曰小溪，置东遂宁郡。西魏改县名焉。后周改郡曰石山。开皇初郡废。大业初置遂宁郡。"按《宋书》卷38《州郡志四》益州遂宁郡下领有巴兴、德阳、广汉、晋兴四县，《南齐书》卷15《州郡志下》益州东遂宁郡下领有巴兴、小汉、晋兴、德阳四县，杨守敬《隋书地理志考证》据之怀疑小溪为小汉之讹。《北周地理志》卷3《剑南》认为："汉世县名与郡名同者，往往加小字以别之。故广汉县亦称小广汉，又简称为小汉。《隋志》之小溪，当是小汉之讹无疑。"进一步肯定了杨守敬的怀疑。这从情理上看似乎不错。但《隋志》所标是萧梁的行政建置，小溪为小汉之讹的说法在

[①] 《中国文物地图集·四川分册》(上)，"阆中市文物图"，第282—283页；《中国文物地图集·四川分册》(中)，"南充市·阆中市"，第649页。

证据上还有些不足,这里且从《隋志》。《元和郡县图志》卷 33《剑南道下》遂州方义县:"本晋小溪县也,穆帝永和十一年(355)置,属遂宁郡。后魏恭帝改为方义县。隋开皇三年(583)罢郡,县属遂州。"《太平寰宇记》卷 87《剑南东道六》遂州小溪县:"本晋小溪县地,穆帝永和十一年(355)置,属遂宁郡。后魏恭帝二年(555)改小溪为方义县。"是西魏恭帝二年(555)改小溪为方义县,西魏末年东遂宁郡当领有方义一县。北周武帝改东遂宁郡为石山郡,北周末年石山郡当领有方义一县。

2. 怀化郡

治长江。《隋书》卷 29《地理志上》遂宁郡长江县:"旧曰巴兴,西魏改名焉,又置怀化郡。开皇初郡废。"《元和郡县图志》卷 33《剑南道下》遂州长江县:"本晋巴兴县,魏恭帝改为长江县。"《太平寰宇记》卷 87《剑南东道六》遂州长江县:"本东晋巴兴县,穆帝永和十一年(355)置,属遂宁郡。后魏恭帝改巴兴为长江县,以界内大江为名,即涪江也。"又《隋书》卷 29《地理志上》遂宁郡青石县:"旧曰晋兴,西魏改名焉。(又置怀化郡。开皇初郡废。)"但据《元和郡县图志》卷 33《剑南道下》遂州青石县:"本晋之晋兴县也,本属巴郡,既置遂宁,乃割属焉。后魏改为始兴县。隋开皇十八年(598)改为青石县。"《太平寰宇记》卷 87《剑南东道六》遂州青石县:"亦广汉之地,东晋孝武帝于此立为晋兴县,宋因之。后魏武帝改为始兴县。隋改为青石县,以界内有青石山为名。"《隋志》表述有缺漏。北周末年怀化郡当领有长江、始兴二县。

第八十九节　合州领郡沿革

合州治石镜,即今重庆市合川区城区。《隋书》卷 29《地理志上》涪陵郡:"西魏置合州。开皇末改曰涪州。"《元和郡县图志》卷 33《剑南道下》合州:"今州即汉巴郡之垫江县地也,宋文帝元嘉中,于此置东宕渠郡,后魏恭帝于东宕渠郡改置合州,以涪江自梓、遂州来,至州南与嘉陵江合流,因名合州。"《太平寰宇记》卷 136《山南西道四》合州:"今州即巴郡之地。自秦至晋皆同之。宋于此置东宕渠郡。后魏大统初其地入魏。恭帝三年(556)改东宕渠为垫江郡,改县为石镜,以涪水北有圆石似镜,因以名之。仍于郡置合州,盖取涪、汉二水合于此,故为州称。后周于此复立宕渠郡。隋开皇初郡废而州存,改合州为涪州。大业初改州为涪陵郡。"是合州置于西魏恭帝三年(556)。北周末年合州当领有垫江、清居二郡。

1. 垫江郡

治石镜。《隋书》卷29《地理志上》涪陵郡石镜县:"旧曰垫江,置宕渠郡。西魏改郡为垫江,县为石镜。开皇初郡废。大业初置涪陵郡。"《元和郡县图志》卷33《剑南道下》合州石镜县:"本汉垫江县,属巴郡。……宋文帝于此置东宕渠郡。石似镜,因以为名。"《太平寰宇记》卷136《山南西道四》合州石镜县:"本汉垫江县,属巴郡。宋改为宕渠县。后魏恭帝三年(556)为石镜县,邑有石如镜可照,故以为名。"是西魏恭帝三年(556)改东宕渠郡为垫江郡,改宕渠县为石镜县,北周末年垫江郡当领有石镜一县。

2. 清居郡

治清居。《隋书》卷29《地理志上》涪陵郡汉初县:"梁置新兴郡。西魏改郡曰清居,名县曰汉初。开皇初郡废。"按《南齐书》卷15《州郡志下》益州东宕渠獠郡下列有宕渠、平州、汉初三县。是汉初县在萧齐时已经置立。《元和郡县图志》卷33《剑南道下》合州汉初县:"本汉垫江县地,后魏于此置汉初县,属合州。"《太平寰宇记》卷136《山南西道四》合州汉初县:"本汉垫江县[地],宋改垫江为东宕渠县。梁武大同中于此立新兴郡。后魏至恭帝三年(556)于今县西北六十里置清居郡,及立清居县,以地势爽垲,故曰清居以称邑。隋初郡废,改县为汉初县,属合州;十六年(596)自故郡城移于今理。"按《南齐书》卷15《州郡志下》益州东宕渠獠郡下列有宕渠、平州、汉初三县。是汉初县在萧齐时已经置立。西魏恭帝三年(556)改新兴郡为清居郡,改汉初县为清居县,北周末年清居郡当领有清居一县。

第九十节 楚州(曾名巴州)领郡沿革

楚州治巴,在今重庆市渝中区。《隋书》卷29《地理志上》巴郡:"梁置楚州。开皇初改曰渝州。"《元和郡县图志》卷33《剑南道下》渝州:"梁武陵王萧纪于巴郡置楚州,后魏改为巴州,周闵帝又改为楚州。隋开皇九年(589),改楚州为渝州,因渝水为名。"《太平寰宇记》卷136《山南西道四》渝州:"梁太清四年(550),武陵王萧纪于巴郡置楚州。西魏大统十七年(551)改楚州为巴州。周闵帝元年(557)改巴州为楚州,仍领巴郡。隋开皇元年(581)改楚州为渝州,三年(583)罢郡,所领县属州。大业三年(607)罢州,复为巴郡。"西魏时巴州领有巴、涪陵二郡,北周闵帝元年(557)新置七门郡,北周末年楚州当领有巴、七门、涪陵三郡。

1. 巴郡

治巴。《隋书》卷29《地理志上》巴郡巴县："旧置巴郡，后周废枳、垫江二县入焉。开皇初郡废。大业初置巴郡。"《元和郡县图志》卷33《剑南道下》渝州巴县："本汉江州县地，属巴郡，在岷江之西，汉水之南，即蜀将李严所修古巴城也。南齐改为垫江县，周明帝武成三年（561？按北周武成年号只行用两年）改为巴县，后遂不改。"《太平寰宇记》卷136《山南西道四》渝州巴县："本汉江州县地，属巴郡。……其江州，即南齐永明五年（487）自州理移于焚溪口，即今江津县理也；又自涪州界阳关移理属之垫江县就江州所理。后周明帝武成三年（561？）改垫江为巴县。"是西魏时巴郡领有巴、枳、垫江三县，北周武成三年（561？）省废枳、垫江二县入巴县。北周末年巴郡当领有巴一县。

2. 七门郡

治江阳。《隋书》卷29《地理志上》巴郡江津县："旧曰江州县。西魏改为江阳，置七门郡。开皇初郡废。十八年（598），县改名焉。"但据《元和郡县图志》卷33《剑南道下》渝州江津县："本汉江州县地，属巴郡。周改为江阳县，隋开皇三年（583）改为江津县，属渝州。"《太平寰宇记》卷136《山南西道四》渝州江津县："本汉江州县[地]，属巴郡。南齐永明五年（487），江州县自郡城移理焚溪口，即今县理是也。后周闵帝元年（557）于县理置七门郡，领江州一县，寻改江州为江阳县。隋开皇三年（583）罢郡，移县入废郡理，属渝州；其年改江阳为江津县，以斯地在江之津为名。"七门郡及江阳县置于闵帝元年（557），与《隋志》表述有异。北周末年七门郡领有江阳一县。

3. 涪陵郡

治汉平。《隋书》卷29《地理志上》巴郡涪陵县："旧曰汉平，置涪陵郡。开皇初郡废。十三年（593），县改名焉。"《元和郡县图志》卷30《江南道六》涪州涪陵县："本汉旧县，属巴郡。……蜀置涪陵郡。隋开皇废郡，县属渝州。""州城，本秦枳县城也……桓温定蜀，以涪郡理枳县城。"涪州乐温县："本汉枳县地，周明帝分置巴县，武德二年改为乐温县，因乐温山为名，在县南三十里。"涪州宾化县："本汉枳县地，周武成三年（561？）省入巴县，贞观十一年（637）分巴县置隆化县，以县西永隆山为名。"《太平寰宇记》卷120《江南西道十八》涪州宾化县："本秦为枳县地，后汉为巴县地，周明帝武成三年（561？）省桓元子（按桓温字元子）所置枳县入巴县。"涪州乐温县："秦枳县地，后周武成三年（561？）省桓元子所置枳县入巴县，此又为巴县之地。"是西魏涪陵郡领有汉平、枳二县，北周武成三年（561？）枳县省入巴县，北周末年涪陵郡当领有汉平一县。

第九十一节　信州领郡沿革

　　信州治白帝城,据《中国文物地图集·重庆分册》,白帝城在今重庆市奉节县白帝镇白帝村西南200米①。《隋书》卷29《地理志上》巴东郡:"梁置信州,后周置总管府,大业元年(605)府废。"《周书》卷49《异域传上·蛮传》:"武成初,文州蛮叛,州选军讨定之。寻而冉令贤、向五子王等又攻陷白帝,杀开府杨长华,遂相率作乱。前后遣开府元契、赵刚等总兵出讨,虽颇剪其族类,而元恶未除。天和元年(566),诏开府陆腾督王亮、司马裔等讨之。……信州旧治白帝。腾更于刘备故宫城南,八阵之北,临江岸筑城,移置信州。又以巫县、信陵、秭归并是硖中要险,于是筑城置防,以为襟带焉。"《太平寰宇记》卷148《山南东道七》夔州:"梁大同三年(537)于郡理立信州。……武帝天和元年(566)自白帝城移理于永安宫南五十步。宣政元年(578)州复还白帝城,仍置总管府。……大业元年(605)废总管府,三年(607)罢州为巴东郡。"按信州萧梁曾置有信陵郡,后废于北周(见下)。北周在信州置有万世郡。《太平寰宇记》卷137《山南西道五》开州万岁县:"亦朐䏰之地,蜀为汉丰之地,宋武帝又于此分置巴渠县,属巴东郡。后周天和元年(566)分巴东郡置万安郡,改巴渠为万岁县,取县北有万岁谷为名。隋开皇三年(583)罢郡,以县属开州。大业二年(606)废州,以县属万安郡。"万安郡当即万世郡,《隋书》卷29《地理志上》通川郡万世县:"后周置,及置万世郡。开皇初郡废。"万世郡当在北周建德五年(576)前后划入开州(参见本章第五十八节"开州领郡沿革")。北周亦曾先后置有始宁郡和永昌郡,始宁郡后废入永昌郡,永昌郡置后寻废(见下)。北周末年信州当领有永安、巴东、建平、秭归四郡。

1. 永安郡

　　治民复(原名鱼复)。《隋书》卷29《地理志上》巴东郡人复县:"旧置巴东郡,县曰鱼复。西魏改曰人复。开皇初郡废。大业初,置巴东郡。"《太平寰宇记》卷148《山南东道七》夔州:"周明帝二年(558)又于州理置永安郡,以鱼复、巫山县属焉,巴东郡惟领云安一县。"按巫山县本名巫县,至隋始改称巫山县,北周后划入建平郡(见下)。又据《大隋开府仪同三司龙山公墓志》:"公讳质,字弘宜。青州乐安人也。盖帝喾之后,司徒公仓之苗裔。随官巴庸,即此民复

---

① 《中国文物地图集·重庆分册》(上),"奉节县文物图",文物出版社,2010年,第190—191页;《中国文物地图集·重庆分册》(下),"重庆市·奉节县",第419页。

人矣。祖齐巴州刺(使)[史]。父梁授巴东、建平二郡太守。"西魏当是改鱼复为民复,至唐修《隋志》,避李世民讳改称人复。北周末年永安郡当领有民复一县。

2. 巴东郡

治云安(原名朐䏰)。《隋书》卷29《地理志上》巴东郡云安县:"旧曰朐䏰,后周改焉。"《太平寰宇记》卷148《山南东道七》夔州:"梁大同三年(537)于郡理立信州。后魏废帝三年(554)移巴东郡于梁置阳口县理,其县盖今州西阳水口,今无余址。周明帝二年(558)又于州理置永安郡,以鱼复、巫山县属焉,巴东郡惟领云安一县。武帝天和元年(566)自白帝城移理于永安宫南五十步。宣政元年(578)州复还白帝城,仍置总管府。隋开皇二年(582)罢郡,郡所领县并属信州。大业元年(605)废总管府,三年(607)罢州为巴东郡。"北周末年巴东郡当领有云安一县。

3. 建平郡

治巫。《隋书》卷29《地理志上》巴东郡巫山县:"旧置建平郡,开皇初郡废。"《太平寰宇记》卷148《山南东道七》夔州巫山县:"本楚巫郡地,《史记》云:'秦昭王三十年伐楚,取黔中、巫郡。'汉改为巫县,属南郡。故城在今县北,晋移于此,立建平郡。梁武帝废郡。隋加'山'字。"建平郡或在梁武帝时有过省废。又据《梁书》卷44《太宗十一王传》:萧大球,萧梁简文帝"大宝元年(550),封建平郡王,邑二千户。……二年(551),出为轻车将军、兼石头戍军事。其年秋,遇害,时年十一"。建平郡到梁末已经复置。至西魏占领本地时建平郡或又省废,故北周明帝二年(558)置永安郡,一度领有巫县(见上)。北周后又复置建平郡。《舆地广记》卷33《夔州路》夔州巫山县:"故楚之巫郡,秦昭王伐楚,取之,以为县,属南郡。二汉因之。晋立建平郡。宋、齐、梁、西魏、后周皆因之。隋开皇初郡废,属信州,曰巫山。"又《隋书》卷29《地理志上》巴东郡大昌县:"后周置永昌郡,寻废,又废北井县入焉。"《太平寰宇记》卷148《山南东道七》夔州大昌县:"本汉巫、秭归二县地,《舆地志》云:'晋太康元年(280)分秭归、巫县置建平县,后改为大昌县,属建平郡。'"《舆地广记》卷33《夔州路》大宁监大昌县:"本泰昌,晋太康初分秭归置,属建平郡。宋、齐因之。后周避文帝名,改曰建昌,而立永昌郡。寻废,又改县曰大昌。隋属巴东郡。……故北井县,晋属建平郡。宋、齐、梁因之。后周省入。"《舆地纪胜》卷181《大宁监》监沿革引《元和郡县志》曰:"隋开皇元年(581)改曰大昌县。"县沿革大昌县:"《图经》云'后周于县东置永昌县,又以北井县置始宁郡,后废始宁入永昌,寻废永昌,悉以归县。'"《新定九域志(古迹)》卷8大宁监:"始宁郡,后周置,天和二年(567)废入永昌郡。"北周末年建平郡当领有巫、建昌、北井三县。

4. 秭归郡

治长宁(原名秭归)。《隋书》卷29《地理志上》巴东郡秭归县："后周曰长宁,置秭归郡。开皇初郡废,改县曰秭归。"《舆地纪胜》卷74《归州》秭归县："《元和郡县志》云:汉置秭归县,周武帝改秭归为长宁县,隋开皇二年(582)属信州。大业中以信州为巴东郡,又改长宁为秭归县。"又《隋书》卷29《地理志上》巴东郡巴东县："旧曰归乡,梁置信陵郡。后周郡废,县改曰乐乡。开皇末,又改名焉。"《太平寰宇记》卷148《山南东道七》归州巴东县："本汉巫县地,三国时属吴。后周天和三年(568)于巴陵故城置乐乡县。隋开皇十八年(598)改乐乡为巴东县,在巴之东,因以为名。"北周末年秭归郡当领有长宁、乐乡二县。

第九十二节　北周临州领郡沿革

临州治临江,在今重庆市忠县忠州镇。《隋书》卷29《地理志上》巴东郡临江县："梁置临江郡,后周置临州。开皇初郡废,大业初州废。"此州设于蛮左地区,行政管理上有很大难度。《周书》卷28《陆腾传》："天和初,信州蛮、蜒据江峡反叛,连结二千余里,自称王侯,杀刺史守令等。又诏腾率军讨之。……涪陵郡守蔺休祖又据楚、向、临、容、开、信等州,地方二千余里,阻兵为乱。复诏腾讨之。……腾乃激励其众,士皆争奋,复攻拔其鱼令城,大获粮储,以充军实。又破铜盘等七栅,前后斩获四千人,并舩舰等。又筑临州、集市二城,以镇遏之。"《太平寰宇记》卷149《山南东道八》忠州："又谯周《巴记》云:'后汉初平元年(190)临江县属永宁郡,今郡东二里临江南古城是也。建安六年(201)改永宁郡为巴东郡,临江县属焉。'历晋、宋皆因之。至梁大同六年(540)于此立临江郡,以郡城临于江也。后魏废帝二年(553)改为临州,领临江、万川二郡。隋开皇三年(583)郡废而州存。大业五年(609)州废,以其地入巴东郡。"万川郡当在北周时划入南州(参见"北周南州领郡沿革")。北周末年临州当领有临江一郡。

临江郡

治临江,北周末年当领有临江一县。

第九十三节　向　州　沿　革

向州《隋书·地理志》不载,见前引《周书》卷28《陆腾传》。向州置地及领属郡县情况均不详。

第九十四节　北周南州领郡沿革

南州治万川,据《中国文物地图集·重庆分册》,即今重庆市万州区钟鼓楼街道①。《隋书》卷29《地理志上》巴东郡武宁县:"后周置南州、南都郡、源阳县,后改郡曰怀德,县曰武宁。开皇初州郡并废入焉。"《通典》卷175《州郡典五》万州:"秦、二汉巴郡之地。晋属巴东郡,宋及齐皆因之。后周置安乡郡,后改为万川郡,兼置南州。隋初郡废,炀帝初州废,并其地入巴东郡。大唐武德初置浦州,后改为万州,或为南浦郡。"《太平寰宇记》卷149《山南东道八》万州:"秦、汉皆为巴郡朐䏰县地。东汉末以朐䏰属巴东郡。魏、晋亦同,宋、齐因之。后魏分朐䏰县地置安乡郡及鱼泉县,后又改安乡郡为万川郡,鱼泉县为万川县,兼立南州于此。隋开皇初郡废而州存,十八年(598)改万川县为南浦县,大业三年(607)州又废,并其地复入巴东郡。"这一带政区设置在萧梁末、西魏、北周嬗代之际,时间表述上不同文献间可能会有所出入,但其实差异不甚大。北周末年南州当领有万川、怀德二郡。

1. 万川郡

治万川(原名鱼泉、安乡)。《隋书》卷29《地理志上》巴东郡南浦县:"后周置安乡郡,后改县曰安乡,改郡曰万川。开皇初郡废。十八年(598),县改名焉。"《太平寰宇记》卷149《山南东道八》万州南浦县:"本汉朐䏰县地,后魏废帝元年(552)分朐䏰之地置鱼泉县,以地土多泉,民赖鱼罟为名。后周改为万川县。隋开皇十八年(598)改万川为南浦,以浦为名。"又《隋书》卷29《地理志上》巴东郡梁山县:"西魏置。"《太平寰宇记》卷149《山南东道八》梁山军梁山县:"本汉朐䏰县地,后魏废帝分朐䏰置鱼泉县,今县即鱼泉县地,周天和二年(567)于此置梁山县,盖因界内高梁山为县名。"北周末年万川郡当领有万川、梁山二县。

2. 怀德郡

治武宁(原名源阳)。《隋书》卷29《地理志上》巴东郡武宁县:"后周置南州、南都郡、源阳县,后改郡曰怀德,县曰武宁。开皇初州郡并废入焉。"《太平寰宇记》卷149《山南东道八》万州武宁县:"本汉巴郡临江县地,后周武帝初分

---

① 《中国文物地图集·重庆分册》(上),"万州区文物图",第146—147页;《中国文物地图集·重庆分册》(下),"重庆市·万州区",第86页。

临江县地置源阳县,属南都郡。至建德四年(575)改南都郡为怀德郡,又改源阳县为武宁县,取威武以宁斯地为名。隋开皇三年(583)罢郡,以县属临州,大业二年(606)废临州,以县属巴东郡。"北周末年怀德郡当领有武宁一县。

第九十五节　庸州沿革

今重庆市黔江区舟白镇窑坪村北400米有隋庸州城址[①]。《隋书》卷29《地理志上》巴东郡石城县:"开皇初置庸州,大业初州废。"《元和郡县图志》卷30《江南道六》思州:"楚为黔(州)[中]地,秦拔之置郡。自汉至吴并为武陵郡酉阳县地。吴分置黔阳县,至梁、陈不改。隋开皇十七年置务川县,属庸州(注云:庸州,黔江县地是也),大业二年废。武德四年(621)于县置务川郡,贞观四年(630)改为思州,以思邛水为名。"《太平寰宇记》卷122《江南西道二十》思州:"春秋时楚地。自战国以后,土地与黔中同。晋陷蛮夷,无复郡县。至后周方得其地,未为郡县。隋初其地属清江郡。至开皇十九年(599)于此置务川县,属庸州。庸州,即今黔江县是也。大业二年(606)废庸州,以县属巴东郡。"据上列文献,似庸州置于隋初。但据《周书》卷21《王谦传》:"时[隋文帝秉政],谦令司录贺若昂奉表诣阙。昂还,具陈京师事势。谦以世受国恩,将图匡复,遂举兵,署官司。所管益、潼、新、始、龙、邛、青、泸、戎、宁、汶、陵、遂、合、楚、资、眉、普十八州及嘉、渝、临、渠、蓬、隆、通、兴、武、庸十州之人多从之。"至迟北周末年已置有庸州。庸州领属郡县情况均不详。

第九十六节　益州领郡沿革

益州治成都,今四川成都市城区。《隋书》卷29《地理志上》蜀郡:"旧置益州,开皇初废。后周置总管府。开皇二年(582),置西南道行台省,三年(583),复置总管府,大业元年(605)府废。"《元和郡县图志》卷31《剑南道上》成都府:"西魏废帝二年(553),地并入于魏,益州置总管。至周并省,郡与州同理成都。隋开皇二年(582),置西南道行台。大业三年(607),罢州为蜀郡。"《太平寰宇记》卷72《剑南西道一》益州:"《周地图记》:'梁大宝二年(551),武陵王萧纪僭号于蜀。西魏废帝二年(553)平蜀,二十一州并入于魏。'"益州从西晋末年以

[①] 《中国文物地图集·重庆分册》(上),"黔江区文物图",第150—151页;《中国文物地图集·重庆分册》(下),"重庆市·黔江区",第130页。

来，领郡甚多，沿革较为复杂，因为萧梁政区置废情况含糊，许多设置情况今天已难以详究。疑则从阙，这里罗列相关材料，概略叙述。北周末年益州当领有蜀、犍为、九陇、安固、广汉、晋熙、金渊、武康八郡。

1. 蜀郡

治成都。《隋书》卷29《地理志上》蜀郡成都县："旧置蜀郡，又有新都县。梁置始康郡，西魏废始康郡。开皇初废蜀郡，并废新繁入焉。十八年（598），改新都曰兴乐。大业初置蜀郡，省兴乐入焉。旧置怀宁、晋熙、宋兴、宋宁四郡，至后周并废。"新都县西魏北周时当属广汉郡（见下）。按西魏北周时益州有晋熙郡（见下），盖晋熙郡治所北周时有移动迁移，对郡治原地而言即为废置。又据《南齐书》卷15《州郡志下》，益州蜀郡领有成都、郫、牛鞞、繁、永昌五县。牛鞞县在西魏时划入武康郡（见下）。永昌县或废于萧梁、西魏之时。《元和郡县图志》卷31《剑南道上》成都府新繁县："本汉繁县地，属蜀郡，因繁江以为名也。周改为新繁，隋开皇三年（583）省。"据《南齐书》卷15《州郡志下》，益州怀宁郡领有万年、西平、怀道、始平四县。宋兴郡，据《宋书》卷38《州郡志四》，益州宋兴郡刘宋"文帝元嘉十年（433），免建平营立"。领有南汉、建昌、永川三县。而据《南齐书》卷15《州郡志下》，南齐时宋兴郡已经改为安兴郡，领有南汉、建昌二县。宋宁郡，据《宋书》卷38《州郡志四》，益州宋宁郡刘宋"文帝元嘉十年（433），免吴营侨立"。领有欣平、宜昌、永安三县。又据《南齐书》卷15《州郡志下》，南齐时宋宁郡已经改为永宁郡，领县与刘宋时相同。怀宁、安兴、永宁三郡在北周时省废的细节不明，三郡所领诸县当亦同时省废。《隋书》卷29《地理志上》蜀郡双流县："旧曰广都，置宁蜀郡，后周郡废。仁寿元年改县曰双流。"据《南齐书》卷15《州郡志下》，益州宁蜀郡领有广汉、升迁、广都、垫江四县。此广汉、垫江二县不见于《隋志》，当在萧梁或西魏北周时废置。按北周有升迁县。《隋书》卷37《李穆传》："周元年，增邑三千户，通前三千七百户。又别封一子为升迁伯。穆让兄子孝轨，许之。"《周书》卷《李贤传》："天和四年三月，卒于京师，时年六十八。……子端嗣。……端弟吉……吉弟崇……崇弟孝轨，开府仪同大将军、升迁县伯。"《隋书》卷29《地理志上》蜀郡郫县："西魏分置温江县，开皇初省入。仁寿初复置万春县，大业初又废入焉。"《太平寰宇记》卷73《剑南西道二》永康军导江县："本属都安县地，《太康地志》云：'都安属汶山郡。'周武帝天和三年（568）废汶山郡，以县并入益州之郫县，别于灌口置汶山县。唐武德元年（618）改为盘龙县，寻改为导江，取《禹贡》'汶山导江'之义，仍自灌口移于旧邑。"综上，北周末年蜀郡当领有成都、温江、郫、新繁、广都、升迁、汶山七县。据《中国文物地图集·四川分册》，广都故城在今四川成都市双流县华阳镇古城村①；导江故城在今四川成都市都江堰市聚源镇导江村东南 1 公里②。

2. 犍为郡

治僰道。《隋书》卷 29《地理志上》蜀郡新津县："后周置，并置犍为郡。开皇初郡废。大业初又废僰道县入焉。"《南齐书》卷 15《州郡志下》益州犍为郡领有僰道、南安、资中、冶官、武阳五县。据《隋书》卷 29《地理志上》蜀郡晋原县："旧曰江原，及置江原郡。后周废郡，县改名焉。"蜀郡清城县："旧置齐基郡，后周废为清城县。"《元和郡县图志》卷 31《剑南道上》蜀州晋原县："本汉江原县，属蜀郡。李雄时改为汉原，晋为晋原。周立多融县，又改为晋原，属益州。"蜀州青城县："本汉江原县地，周武帝于此置青城县，因山为名，属犍为郡。隋开皇三年（583）罢郡，县属益州。"蜀州新津县："本汉犍为郡武阳县地，故城东七里。又东有新津渡，谓之新津市，周闵帝元年（557）于此立新津县。"蜀州唐兴县："本汉江原县地，后魏于此立犍为郡。隋开皇三年（583）罢郡，又徙僰道县于此，大业二年（606）废入新津县。"《太平寰宇记》卷 75《剑南西道四》蜀州："其地与益州同。秦有蜀地，立为蜀郡。二汉因之。至晋于此置晋原郡。宋、齐以晋原之地属晋康郡。后周废而县存焉，属蜀郡。隋亦然。"蜀州晋原县："本汉江原县地，属蜀郡。李雄立江原郡。晋改为晋原郡多融县。后周废郡，改为晋原县，以县界晋原山为名。"蜀州江原县："本汉江原县地，后魏于此立犍为郡及僰道县。隋大业二年（606）省。"蜀州新津县："本汉犍为郡武阳县地也。李膺《益州记》云：'皂里江津之所曰新津市。'《周地图记》云：'闵帝元年（557）于此立新津县。'旧属益州。"卷 73《剑南西道二》永康军青城县："本汉江源县地，李膺记云：'齐武帝永明初置齐基'。《周地图记》：'武帝天和四年（569）改齐基为青城县，因山为名。'"《舆地广记》卷 30《成都府路下》永康军青城县："本汉江源县地，后置齐基郡。后周郡废，改曰清城县。隋属蜀郡。唐垂拱二年（686）属蜀州，开元十八年（730）去水作青城。"是北周末年犍为郡当领有僰道、新津、晋原、清城四县。据《中国文物地图集·四川分册》，晋原县遗址在今四川成都市大邑县晋原镇城中心十字路口东南 100 米③；清城县治即今

---

① 《中国文物地图集·四川分册》（上），"双流县、新津县文物图"，第 156—157 页；《中国文物地图集·四川分册》（中），"成都市·双流县"，第 123 页。
② 《中国文物地图集·四川分册》（上），"都江堰市文物图"，第 146—147 页；《中国文物地图集·四川分册》（中），"成都市·都江堰市"，第 70 页。
③ 《中国文物地图集·四川分册》（上），"大邑县文物图"，第 158—159 页；《中国文物地图集·四川分册》（中），"成都市·大邑县"，第 133 页。

四川成都市都江堰市徐渡乡古城村东 300 米的青城遗址①。

3. 九陇郡

治九陇。《隋书》卷 29《地理志上》蜀郡九陇县:"旧曰晋寿,梁置东益州。后周州废,置九陇郡,并改县曰九陇。仁寿初置蒙州。开皇初郡废,并陇泉、兴固、青阳三县入焉。大业初州废。"《元和郡县图志》卷 31《剑南道上》彭州九陇县:"本汉繁县地,旧曰小郫,言土地肥良,比之郫县也。梁于此置东益州,后魏改为九陇郡,取九陇山为名也。隋开皇三年(583)罢郡为九陇县,属益州。"兴固县在西魏北周时属于安固县。则北周末年九陇郡当领有九陇、陇泉、青阳三县(参见本章第九十七节"西魏东益州领郡沿革")。据《中国文物地图集·四川分册》,九陇遗址在今四川成都市彭州市丹景山镇西南 1 公里②。

4. 安固郡

治兴固。西魏北周有安固郡。据《北史》卷 62《尉迟迥传》,尉迟迥于废帝"三年(554),加督六州,通前十八州诸军事。以平蜀功,封一子(按当指尉迟顺)安固郡公"。《隋书》卷 60《于仲文传》:"于仲文,字次武,建平公义之兄子。父寔,周大左辅、燕国公。……起家为赵王属,寻迁安固太守。"安固郡当领有兴固一县。兴固县在隋初废入九陇县(见上)。据《南齐书》卷 15《州郡志下》,益州安固郡领有桓陵、临渭、兴固、南苞、清水、沔阳、南城固七县。北周末年安固郡至少领有兴固一县。

5. 广汉郡

治雒。广汉郡领县置废情况较为复杂,很难完全厘清。《隋书》卷 29《地理志上》蜀郡雒县:"旧曰广汉,又置广汉郡。开皇初郡废。十八年(598),改曰绵竹。大业初改名雒焉。又有西遂宁郡、南阴平郡。后周废西遂宁,改为怀中,南阴平郡曰南阴平县,寻并废。"关于"旧曰广汉",杨守敬《隋书地理志考证》云:"按汉之广汉县在今潼川府遂宁县东北,晋、宋不改,去今汉州治甚远。宋、齐宁蜀郡之广汉则在今成都县地,而隋之雒县即汉、晋、宋、齐以来之雒县,志误。"据《南齐书》卷 15《州郡志下》,益州南阴平郡领有阴平、绵竹、南郑、南长乐四县。益州所领没有西遂宁郡,只有东遂宁郡,西遂宁郡或为萧梁时新置。《元和郡县图志》卷 31《剑南道上》汉州德阳县:"本汉绵竹县地,后汉分绵竹县立德阳,属广汉郡。周闵帝元年(557),郡县并废。"云周闵帝元年(557)广汉郡

---

① 《中国文物地图集·四川分册》(上),"都江堰市文物图",第 146—147 页;《中国文物地图集·四川分册》(中),"成都市·都江堰市",第 70 页。
② 《中国文物地图集·四川分册》(上),"彭州市文物图",第 148—149 页;《中国文物地图集·四川分册》(中),"成都市·彭州市",第 81 页。

已经废置,与《隋志》不同,这里依从《隋志》。据《南齐书》卷15《州郡志下》,益州广汉郡领有雒、什方、新都、郪、伍城、阳泉六县。《元和郡县图志》卷31《剑南道上》汉州什邡县:"本汉旧县,属广汉郡……周闵帝改为方亭县,武帝省。"《隋书》卷29《地理志上》蜀郡成都县:"旧置蜀郡,又有新都县。……(开皇)十八年(598),改新都曰兴乐。大业初置蜀郡,省兴乐入焉。"伍城县或废于萧梁、西魏之时。阳泉县则划入晋熙郡(见下)。广汉郡境域萧梁之前似设置过南阳郡,南阳郡在西魏时废置。《太平寰宇记》卷73《剑南西道二》汉州什邡县:"南阳郡故城,在县西二十三里。李膺记云:'南阳,汉中李雄乱蜀,遣李寿尽掠汉川五千余家流寓于此,晋太康元年(280)立郡,后魏三年废。'"《嘉庆重修一统志》卷385《成都府二》"古迹":"南阳故城,在什邡县。"综上所述,如怀中、南阴平二县废于隋初,北周末年广汉郡当领有雒、怀中、南阴平、新都四县。

6. 晋熙郡

当治阳泉。《隋书》卷29《地理志上》蜀郡绵竹县:"旧置晋熙郡及长杨、南武都二县。后周并二县为晋熙,后又废晋熙入阳泉。开泉初郡废,十八年(598)改为孝水,大业二年(606)改曰绵竹。"据《宋书》卷38《州郡志四》,益州晋熙郡乃东晋安帝时依托秦州流民设置,领有晋熙、苌阳二县。而据《南齐书》卷15《州郡志下》,益州已无晋熙郡,晋熙县时属南新巴郡。苌阳当即《隋志》所记长杨。南武都县不见于《南齐志》,或为萧梁所置。晋熙郡当为萧梁或西魏重置。西魏末年晋熙郡当领有阳泉、长杨、南武都三县。北周并长杨、南武都二县为晋熙县,后又废晋熙入阳泉县,北周末年晋熙郡当领有阳泉一县。

7. 金渊郡

治金渊。《隋书》卷29《地理志上》蜀郡金泉县:"西魏置县及金泉郡。后周废郡,并废白牟县入焉。"《元和郡县图志》卷31《剑南道上》简州金水县:"本汉广汉郡之新都县地也,县有金堂山水通于巴、汉。东晋义熙末,刺史朱龄石帅建平生[獠]征蜀,仍于东山立金泉戍。后魏平蜀,置金泉县,隶金泉郡。隋开皇三年(583)罢郡,以县属益州。武德元年(618),以避神尧讳,改为金水县,属简州。"这里的神尧指的是唐高祖李渊,李渊死后曾有尊号为"神尧皇帝"或"神尧大圣大光孝皇帝",是金泉郡、金泉县在西魏北周隋时当即金渊郡、金渊县。金渊郡在西魏时当领有金渊、白牟二县,北周废白牟县入金渊县,北周末年金渊郡当领有金渊一县。

8. 武康郡

治阳安。《隋书》卷29《地理志上》蜀郡阳安县:"旧曰牛鞞,西魏改名焉,并置武康郡。开皇初郡废。仁寿初置简州,大业初州废。"《元和郡县图志》卷31《剑南道上》简州阳安县:"本汉牛鞞县也,后魏恭帝二年(555),于此置阳安县,属武康郡,隋开皇三年(583)罢郡,县属益州。"据《舆地纪胜》卷145《简州》碑记"后周宇文泰纪功碑":"碑在本州界首。云泰数遣都督入蜀,一治石冈县,一治怀远县,见《简池志》。"《八琼室金石补正》卷23载北周闵帝元年(557)《强独乐文帝庙造像碑》(《北周文王之碑》)云:"乐等与大都督夫蒙儁、帅都督杨哲、都督吕璨、都督治石岗县傅元绪、都督治阳安县史于德、武康郡丞刘延、治怀远县刘开、都督王祥、都督冯延、都督郑业等出自布素,蒙王採拔,解褐入朝,位登三司。"又《隋书》卷29《地理志上》蜀郡平泉县:"西魏置,曰婆闰。开皇十八年(598),改名焉。"《元和郡县图志》卷31《剑南道上》简州平泉县:"本汉牛鞞及符县地,后为夷獠所居。后魏恭帝二年(555)于此置婆闰县,属益州,[开皇]十八年(598)改为平泉县,以县内有泉源出于平地,故以为名。隋仁寿三年(603)置简州,以县属焉。"是西魏北周武康郡当领有阳安、石岗、怀远、婆闰四县。据《中国文物地图集·四川分册》,今四川资阳市简阳市草池镇平泉村西2.5公里有平泉坝遗址,位于绛溪河东北岸一级台地上。东西长约1700米,南北宽100—150米,面积约17万平方米,时代为隋至元。西魏北周婆闰县或与此遗址有关①。

第九十七节 西魏东益州沿革

西魏承袭萧梁置有东益州,治晋寿。《隋书》卷29《地理志上》蜀郡九陇县:"旧曰晋寿,梁置东益州。后周州废,置九陇郡,并改县曰九陇。"《太平寰宇记》卷73《剑南西道二》彭州:"秦、二汉属蜀郡。晋以后又为蜀、宁蜀二郡之地。梁天监中置东益州。至后周武帝废州,又为九陇郡。隋初郡废,复置濛州,取濛水为名。至炀帝初州废,并其地入蜀郡。"彭州九陇县:"梁置东益州。后魏为天水郡,仍改为九陇,以九陇山为名。隋初于县东三里置濛州,大业省。"北魏所置东益州治武兴,与萧梁所置东益州不同(参见本章第七十六节"兴州(原名东益州)领郡沿革")。北周武帝时废萧梁所置东益州为九陇郡,划入益州(参见本章第九十六节"益州领郡沿革")。

---

① 《中国文物地图集·四川分册》(上),"简阳市文物图",第242—243页;《中国文物地图集·四川分册》(中),"资阳市·简阳市",第481页。

第九十八节 邛州领郡沿革

邛州治依政,在今四川成都市邛崃市牟礼镇永丰场。《隋书》卷29《地理志上》临邛郡依政县:"西魏置,及置邛州,大业初废。"《元和郡县图志》卷31《剑南道上》邛州:"秦为蜀郡地,今州即蜀郡之临邛县地也。宋及齐、梁不置郡县,唯豪家能服獠者名为保主,总属益州。梁益州刺史萧范于浦水口立栅为城以备生獠,名为蒲口顿,武陵王萧纪于蒲口顿改置邛州,南接邛来山,因以为名,领依政一县。隋大业二年(606)废,以县属雅州。武德元年(618),割雅州依政等五县置邛州。"《太平寰宇记》卷75《剑南西道四》邛州:"梁益州刺史萧范于蒲水口立垒栅为城,以税生獠,名为蒲口顿。《周地图记》云:'梁武陵王萧纪于蒲水口始置邛州,取南界邛来山为名。'未为郡县。后魏废帝二年(553)定蜀,又置临邛、蒲源、蒲阳、濛山四郡以属之。蒲阳郡领依政一县。按此前邛州在今西南二里,无复其迹。周闵帝元年(557)移于今所。隋初废郡,复为依政县。"又《隋书》卷29《地理志上》临邛郡:"旧置雅州。"此雅州为隋置,与西魏北周无关。《太平寰宇记》卷77《剑南西道六》雅州:"后魏废帝二年(553),始更招遗民,渐垦殖,因侨立蒙山郡于此,领始阳、蒙山二县,属邛州。自后人户稍繁,舆赋有叙。隋开皇十三年(593)废郡,乃立雅州。炀帝初州废,以其地并入临邛郡。"邛州当领有蒲阳、临邛、蒲原、蒙山四郡。

1. 蒲阳郡

治依政。蒲阳郡按《隋志》写法当作蒱阳郡,这里暂且不改。《隋书》卷29《地理志上》临邛郡依政县:"西魏置,及置邛州,大业初废。"《元和郡县图志》卷31《剑南道上》邛州依政县:"本秦临邛县地,后魏于此置依政县,属蒲阳郡。隋开皇三年(583)罢郡,以县属邛州,大业属雅州,武德中复属邛州。"《太平寰宇记》卷75《剑南西道四》邛州依政县:"秦蒲阳县。汉临邛县。梁置蒲口镇及邛州。后魏于此置蒲阳郡依政县。隋改为临邛郡,治依政。梁、魏邛州,在今县西南二里,后周移治于今所,后移治于临邛。"蒲阳郡当领有依政一县。

2. 临邛郡

治临邛。《隋书》卷29《地理志上》临邛郡临邛县:"旧置临邛郡,开皇初废。"《元和郡县图志》卷31《剑南道上》邛州临邛县:"本汉县也,属蜀郡。晋末李雄乱后,为獠所侵。后魏废帝二年定蜀,复于旧城置临邛县,仍置临邛郡。隋开皇三年(583)罢郡,以县属邛州,大业二年(606)属雅州,武德中复属邛州。"《太平寰宇记》卷75《剑南西道四》邛州临邛县:"本秦、汉县,汉属蜀郡。……魏废。晋穆帝平李子仁,于益州唐隆县地又置临邛县。后魏平蜀,自唐隆县移临邛县城,又于此立临邛郡,以县属焉。隋开皇三年(583)罢郡,以县属邛州。"临邛郡当领有临邛一县。

3. 蒲原郡

治广定。《隋书》卷29《地理志上》临邛郡蒲江县:"西魏置,曰广定,及置蒲原郡。开皇初郡废。仁寿初县改名焉。"《元和郡县图志》卷31《剑南道上》邛州蒲江县:"本秦临邛县地,后魏恭帝置广定县,隋仁寿元年(601)改广定为蒲江县,南枕江水,因以为名。后因之。"《隋书》卷29《地理志上》临邛郡蒲溪县:"西魏置。"《元和郡县图志》卷31《剑南道上》邛州临溪县:"本秦临邛县地,后魏恭帝于此置临溪县,属蒲源郡,隋开皇三年(583)罢郡,县属邛州,后因之。县城三面据险,北面平坦。"蒲源郡即蒲原郡,这里依从《隋志》。《太平寰宇记》卷75《剑南西道四》邛州临溪县:"本汉临邛县地,后魏恭帝二年(555)分临邛县置临溪县。"《隋志》所云蒲溪,当为临溪之讹。蒲原郡当领有广定、临溪二县。据《中国文物地图集·四川分册》,临溪故城在今四川成都市蒲江县西来镇城址村西北1公里①。

4. 蒙山郡

治始阳。《隋书》卷29《地理志上》临邛郡严道县:"西魏置,曰始阳县,置蒙山郡。开皇初郡废。十三年(593),改曰蒙山,寻置雅州。大业置临邛郡,县改名焉。"《元和郡县图志》卷32《剑南道中》雅州严道县:"本秦旧县,属蜀郡。……后魏于此置始阳县,隋大业三年(607)改始阳为严道县。"《隋书》卷29《地理志上》临邛郡名山县:"旧曰蒙山。开皇十三年(593),改始阳曰蒙山,改蒙曰名山。"《元和郡县图志》卷32《剑南道中》雅州名山县:"本秦严道县地,后魏于此置蒙山县,属蒙山郡。隋开皇十三年(593)改为名山县,因县西北名山为名也,属邛州,仁寿四年(604)改属雅州。"蒙山郡当领有始阳、蒙山二县。

第九十九节 北周黎州领郡沿革

黎州治沈黎。据《中国文物地图集·四川分册》,北周黎州故城在今四川

---

① 《中国文物地图集·四川分册》(上),"蒲江县文物图",第160—161页;《中国文物地图集·四川分册》(中),"成都市·蒲江县",第147页。

雅安市汉源县富春乡黎家村西300米①。《隋书》卷29《地理志上》临邛郡沈黎县:"后周置黎州,寻并县废。开皇中置县。仁寿末置登州,大业初州废。"《周书》卷49《异域传上·氐传》:"先是,氐首杨法深据阴平自称[王]……魏孝昌中,举众内附。自是职贡不绝。废帝元年(552),以法深为黎州刺史。"《元和郡县图志》卷32《剑南道中》黎州:"汉武帝破夷于邛,置沈黎郡。周天和三年(568)开越巂,于此置黎州。隋废州,置沈黎镇。"《太平寰宇记》卷77《剑南西道六》黎州:"后周破羌夷,得此土,因立黎州。隋初改为登州。炀帝初废州,并其地入临邛郡。"卷80《剑南西道九》巂州台登县:"沈黎故城,周武帝天和二年(567)开越巂,于此置黎州,寻废。"巂州阳山县:"沈黎县,周武帝天和二年(567)开越巂,于此置黎州。"黎州当领有沈黎一郡。《太平御览》卷166《州郡部十二》黎州:"《图经》曰:'黎州洪源郡,汉为沈黎郡,宋、齐以来并为沈黎郡,后周破羌夷立黎州。'"

沈黎郡

治沈黎,据上引材料,沈黎郡当领有沈黎一县。

第一百节 嘉州(原名青州)领郡沿革

嘉州治平羌,在今四川乐山市市中区。《隋书》卷29《地理志上》眉山郡:"西魏曰眉州。后周曰青州,后又曰嘉州。大业二年(606)又改曰眉州。"《元和郡县图志》卷31《剑南道上》嘉州:"秦为蜀郡。今州即汉犍为郡之南安县地也,后夷獠所侵。梁武陵王萧纪开通外徼,立青州,遥取汉青衣县以为名也。周宣帝二年,改为嘉州。按州境近汉之汉嘉旧县,因名焉。隋大业二年(606),并嘉州入眉州,八年(612)改为眉山郡。武德二年(619)改为嘉州,割通义、洪雅等四县别置眉州。"《舆地纪胜》卷146《嘉定府》"府沿革"目下引《都安王庙碑》:"隋开皇九年(589)置青衣县。后周保定二年(562)置青州,宣政(二)[元]年(578)始为嘉州。"《太平御览》卷166《州郡部十二》嘉州:"《十道志》曰:'周武保定元年(561)于此置青州,遥取汉青衣县为名。宣政(二)[元]年(578)改为嘉州。'"《太平寰宇记》卷74《剑南西道三》嘉州:"后魏道武帝于此立眉州,取峨眉山为名,寻改青州,以青衣水为名;末年分青州平羌等县为嘉州,以其郡土嘉美为称,后复避九州之额也。后周又于此置平羌郡。隋开皇初郡废而州

---

① 《中国文物地图集·四川分册》(上),"汉源县、石棉县文物图",第356—357页;《中国文物地图集·四川分册》(下),"雅安市·汉源县",第1018页。

存,大业初废州,复立眉山郡"。按此条记载有不少错讹舛夺之处,"后魏道武帝于此立眉州"云云尤为荒诞不经,北魏初年领治地域远不及此;"后复避九州之额也",是言青州改眉州之事,与嘉州无关。嘉州与眉州本为二州,因地域接近,分并关系复杂,《隋志》浑言简述,其实不确(参见本章第一百一节"眉州(原名青州)领郡沿革")。北周末年嘉州当领有平羌一郡。

平羌郡

治平羌。《隋书》卷 29《地理志上》眉山郡平羌县:"后周置,仍置平羌郡。开皇初郡废。"《元和郡县图志》卷 31《剑南道上》嘉州平羌县:"本汉南安县地,周武帝置平羌县,因境内平羌水为名。隋开皇四年(584),改州理平羌县为峨眉县,仍于今县东六十里别立平羌县。大业十一年(615),夷獠侵没,移于今理。"嘉州峨眉县:"本汉南安县地,周武帝于此置平羌县,后改平羌为峨眉县,又以为青衣县,仍别立峨眉县。枕峨眉山东麓,故以为名,属嘉州。隋大业三年(607)割入眉州。"《隋书》卷 29《地理志上》眉山郡龙游县:"后周置,曰峨眉,及置平羌郡。开皇初郡废。九年(589)改县为青衣。平陈日,龙见水,随军而进,十年(590)改名焉。大业初置眉山郡。"《元和郡县图志》卷 31《剑南道上》嘉州龙游县:"本汉南安县地,周武帝保定元年(561)于此立平羌县,隋开皇三年(583)改为峨眉县。九年(589),又于峨眉山下别置峨眉县,改州理平羌县为青衣县,取青衣水为名也。十三年(593)改名龙游,以隋将伐陈,理舟舰此,有龙见江水,引军而前,故名县。"据《隋志》,北周已有峨眉县,平羌、峨眉二县当是同时并立,《元和志》此处叙述似有阙漏。又《读史方舆纪要》卷 72《四川七》嘉定州夹江县:"南安废县,县西北二十五里。汉县,高帝封功臣宣虎为侯邑。武帝时,属犍为郡。后汉因之。自晋以后,皆属犍为郡。梁属齐通郡。后周属平羌郡,寻废。今为南安镇,亦曰南安乡。"《嘉庆重修一统志》卷 405《嘉定府二》"古迹":"南安废县,在夹江县西北。汉高帝封功臣宣虎为邑侯。后为县。属犍为郡。宋齐后废。"按《北周地理志》所引《读史方舆纪要》云南安县废于北周是唐人贾耽的说法。似乎南安县在西魏北周曾经存在过。综上,北周末年平羌郡当领有平羌、峨眉二县。

第一百零一节　眉州(原名青州)领郡沿革

眉州治齐通,在今四川眉山市东坡区太和镇。《隋书》卷 29《地理志上》眉山郡通义县:"旧置齐通郡及青州。西魏改州曰眉州。开皇初郡废,改齐通曰广通。仁寿元年(601)改为通义。大业初州废。"《元和郡县图志》卷 32《剑南道中》眉州:"在汉即犍为郡武阳县之南境。梁太清二年(548),武陵王萧纪开通外徼,于此立青州,取汉青衣县为名也。后魏废帝二年(553)平蜀,改青州为眉州,因峨眉山为名也。武德元年(618)改眉州为嘉州,二年(619)于通义县复置眉州。"《太平寰宇记》卷74《剑南西道三》眉州:"后魏废帝二年(553)平蜀,改青州为眉州,因峨眉山为名。"《舆地纪胜》卷146《嘉定府》"府沿革"目下引《嘉定志》:"安都王庙碑书曰:'后周保定二年初置青州。'"据《周书》卷2《文帝纪下》,西魏废帝三年(554)春正月,改青州为眉州(参见本章第一百节"嘉州(原名青州)领郡沿革")。眉州领有齐通、青神二郡。

1. 齐通郡

治齐通。《隋书》卷29《地理志上》眉山郡通义县:"旧置齐通郡及青州。西魏改州曰眉州。开皇初郡废,改齐通曰广通。仁寿元年(601)改为通义。大业初州废。"《元和郡县图志》卷32《剑南道中》眉州通义县:"本汉武阳县之南境也,后魏于此置通义县,属齐通郡。隋开皇三年(583)罢郡,以县属眉州。"《太平寰宇记》卷74《剑南西道三》眉州通义县:"本汉犍为郡地,又为武阳县地。魏恭帝二年(555)置通义县,在眉州北二十里,属齐通郡。周明帝二年(558)废齐通郡为安乐县,仍旧属,其后又改为齐通县。隋开皇四年(584)改齐通为广通。仁寿元年(601)改广通为通义,属眉山郡。"《隋书》卷29《地理志上》眉山郡丹棱县:"后周置,曰齐乐。开皇中改名焉。"《元和郡县图志》卷32《剑南道中》眉州丹棱县:"本南齐之齐乐郡也,周明帝置齐乐县,武帝改为洪雅县。隋开皇十二年(592),因县南有洪雅镇,就立洪雅县,仍改今理为丹棱县,属眉州。"眉州洪雅县:"本齐乐郡之南境也,自晋迄宋,夷獠有其地。周武帝攘却夷獠,立洪雅镇。隋开皇十三年(593),改洪雅为彤棱县,更于此置洪雅县,兼带洪雅镇,属眉州。县西有洪雅川,以名县。"《太平寰宇记》卷74《剑南西道三》眉州洪雅县:"萧齐齐乐郡之南境,周武天和二年(567)攘夷獠,立洪雅镇。隋开皇十三年(593)改镇为县。"眉州丹棱县:"本南齐之齐乐郡。后周改为洪雅县。隋析为丹棱,属嘉州。"是北周末年齐通郡当领有齐通、洪雅二县。

2. 青神郡

治青神。《隋书》卷29《地理志上》眉山郡青神县:"后周置,并置青神郡。开皇初郡废。"《元和郡县图志》卷32《剑南道中》眉州青神县:"本汉南安县地,李雄之后,夷獠内侵,西魏恭帝遥于此置青衣县,属眉州之青(城)[神]郡。隋开皇三年(583)罢郡,徙县居郡理,属眉州。"《太平寰宇记》卷74《剑南西道三》眉州青神县:"汉南安县地,属犍为郡。县临青衣江,西魏分置青神县,本治思蒙水口,唐武德八年(625)移于今理,属眉州。"是北周末年青神郡当领有青神一县。

第一百零二节　陵州领郡沿革

陵州治陵井,当在今四川眉山市仁寿县治所文林镇一带。《隋书》卷 29《地理志上》隆山郡:"西魏置陵州。"据《周书》卷 3《孝闵帝纪》,孝闵帝元年(557)春正月丙寅,"于剑南陵井置陵州,武康郡置资州,遂宁郡置遂州"。卷 28《陆腾传》:"魏恭帝三年(556),拜骠骑大将军、开府仪同三司,转江州刺史,爵上庸县公,邑二千户。陵州木笼獠恃险粗犷,每行抄劫,诏腾讨之。獠既因山为城,攻之未可拔。"卷 36《裴果传》:"魏废帝三年(554),授龙州刺史……旬月之间,州境清晏。转陵州刺史。"是陵州之设,确实始于西魏。陵州系为控制盐井资源而置。《元和郡县图志》卷 33《剑南道下》陵州:"秦为蜀郡地,在汉即犍为郡之武阳县之东境也。晋孝武帝太元中,益州刺史毛璩置西城戍以防盐井,周闵帝元年(557)又于此置陵州,因陵井以为名。陵井者,本沛国张道陵所开,故以'陵'为号。晋太元中,刺史毛璩乃于东西两山筑城,置主将防卫之。后废陵井,更开狼毒井,今之煮井是也,居人承旧名,犹曰陵井,其实非也。今按州城南北二面悬岸斗绝,四面显敞,南临井。"《太平寰宇记》卷 85《剑南东道四》陵州下所记与此大致相同。陵州领有怀仁、和仁、隆山三郡。

1. 怀仁郡

治普宁。《隋书》卷 29《地理志上》隆山郡仁寿县:"梁置怀仁郡,西魏改县曰普宁。开皇初郡废,十八年(598)县改名焉。又西魏置蒲亭。大业初置隆山郡,蒲亭并入焉。"《太平寰宇记》卷 85《剑南东道四》陵州仁寿县:"本汉武阳县东境,《周地图》云:'后魏定蜀,于此置普宁县,属怀仁郡。'隋开皇三年(583)罢郡,以普宁属陵州,十八年(598)改普宁为仁寿县。""仁寿故城,在县东二里。后魏废帝元年(552)置普宁县,隋开皇十八年(598)改为仁寿县。"陵州井研县:"本汉武阳县地,东晋置西江阳郡。梁置怀仁郡。魏置蒲亭县。隋大业元年(605)因井研镇立井研县。"《舆地广记》卷 30《成都府路下》仙井监仁寿县:"汉武阳县地,晋置西城戍,以为盐井之防。梁置怀仁郡。西魏改西城戍置普宁县。"仙井监井研县:"汉武阳县地。东(汉)[晋]置西[江]阳郡。西魏置蒲亭县。隋改为井研,属隆山郡。"是怀仁郡当领有普宁、蒲亭二县。

2. 和仁郡

治贵平。《隋书》卷 29《地理志上》隆山郡贵平县:"西魏置,又立和仁郡。后周又废可昙、平井二县入焉。开皇初郡废。大业初,又废籍县入焉。"《通典》

卷175《州郡典五》仁寿郡贵平县："汉广都县地。西魏置和仁郡,并立贵平县。"《元和郡县图志》卷33《剑南道下》陵州贵平县："本汉广都县之东南地,后魏于此置和仁郡,仍立县。"《太平寰宇记》卷85《剑南东道四》陵州贵平县："本汉广都县之东南境,属蜀郡。后魏恭帝二年(555)置和仁郡,仍立平井、贵平、可昙三县,旧治和仁城。"又据《通典》卷175《州郡典五》仁寿郡籍县："梁席郡。"《元和郡县图志》卷33《剑南道下》陵州籍县："本汉武阳县地,周闵帝于此置籍县,因蜀先主籍田地为名。隋大业二年(606)省。"《太平寰宇记》卷85《剑南东道四》陵州籍县："梁天监中于此立席郡。隋废郡为县,始曰席,后之语讹,今曰籍。"是西魏末年和仁郡领有平井、贵平、可昙三县,北周废省可昙、平井二县,新置籍县,北周末年和仁郡当领有贵平、籍二县。

3. 隆山郡

治隆山。《隋书》卷29《地理志上》隆山郡隆山县："旧曰犍为,置江州。西魏改县曰隆山。后周省州,置隆山郡。开皇初郡废,又并江阳县入焉。"《元和郡县图志》卷32《剑南道中》眉州彭山县："本汉武阳县也。……汉昭帝时,犍为郡自僰道移理武阳。周武帝于此置隆山郡,以境内有鼎鼻山,地形隆起,故为名。隋开皇三年(583)罢郡,以隆山属益州。贞观元年(627),割属眉州。先天元年(712),以犯讳改为彭山县。"据《中国文物地图集·四川分册》汉代武阳故城在今四川眉山市彭山区双河乡北1公里①。又西魏曾在隆山郡地置有江州和江阳郡,废于北周之时(参见本章第一百三节"西魏江州领郡沿革")。据《南齐书》卷15《州郡志下》,益州江阳郡领有江阳、常安、汉安、绵水四县。常安、汉安二县可能废于萧梁、西魏之时。《嘉庆重修一统志》卷410《眉州直隶州》"古迹"："绵水废县,在彭山县东南十余里。《宋书·州郡志》,江阳郡领绵水县。后魏置。周武帝改为白水县。隋废。"是北周末年隆山郡当领有隆山、江阳、白水三县。

第一百零三节　西魏江州领郡沿革

江州治江阳,在今四川眉山市彭山区江口镇一带。《隋书》卷29《地理志上》隆山郡隆山县："旧曰犍为,置江州。西魏改县曰隆山。后周省州,置隆山郡。开皇初郡废,又并江阳县入焉。"《周书》卷28《贺若敦传》："魏废帝二年

---

① 《中国文物地图集·四川分册》(上),"彭山县文物图",第272—273页;《中国文物地图集·四川分册》(中),"眉山市·彭山县",第615页。

(553),拜右卫将军,俄加骠骑大将军、开府仪同三司,进爵为公。时岷蜀初开,民情尚梗。巴西人谯淹据南梁州,与梁西江州刺史王开业共为表里,扇动群蛮。太祖令敦率军讨之。山路艰险,人迹罕至。敦身先将士,攀木缘崖,倍道兼行,乘其不意。又遣仪同扶猛破其别帅向镇侯于白帝。淹乃与开业并其党泉玉成、侯造等率众七千,口累三万,自垫江而下,就梁王琳。敦邀击,破之。淹复依山立栅,南引蛮帅向白彪为援。敦设反间,离其党与,因其懈怠,复破之。斩淹,尽俘其众。"据传所述地理形势,萧梁西江州当即西魏后来之江州,因萧梁在长江中下游间另有江州故也。同卷《陆腾传》:"魏恭帝三年(556),拜骠骑大将军、开府仪同三司,转江州刺史。"是西魏确实置有江州。《嘉庆重修一统志》卷410《眉州直隶州》"古迹":"隆山故城,今彭山县治。""江阳故城,在彭山县东十五里。……《旧志》,江州本置于江阳,故取以为名。周时改为隆山郡,而江州及江阳郡俱废。"江州当领有江阳一郡。江阳郡当领有江阳、绵水等县。江州及江阳郡废于北周,江阳、绵水(北周改为白水)二县则划入陵州隆山郡(参见本章第一百二节"陵州领郡沿革")。

第一百零四节　资州领郡沿革

资州治资阳,今四川资阳市城区。《隋书》卷29《地理志上》资阳郡:"西魏置资州。"据《周书》卷3《孝闵帝纪》,孝闵帝元年(557)春正月丙寅,"于剑南陵井置陵州,武康郡置资州,遂宁郡置遂州"。《元和郡县图志》卷31《剑南道上》资州:"秦并蜀,为蜀郡。在汉即犍为郡资中县地也。李雄之乱,夷獠居之。后魏废帝二年(553)析武康郡之阳安县置资州,取资水为名也。隋大业三年(607),改为资阳郡,武德元年(618)复为资州。"《太平寰宇记》卷76《剑南西道五》资州:"秦为蜀郡。汉犍为郡之资中县地,历后汉、晋、宋、齐,或为资阳县戍而无州郡所理。自西魏克其地,始于此置资州,因资川水以名之,理今简州阳安县界故资阳城是。后周明帝武成二年(560)自阳安徙州于汉资中故城,置资中郡。隋初郡废,其地并于简州,炀帝又置资阳郡。"简州:"后魏恭帝二年(555)于此置资州。周明帝武成二年(560)移资州于汉资中城,今州南一百三里资州资阳县是也。"按《舆地纪胜》卷145《简州》"州沿革"目下引《简池志》则云:"今州南七十里资阳县是。"北周末年资州当领有资阳、资中二郡。

1. 资阳郡

治资阳。《隋书》卷29《地理志上》资阳郡资阳县:"后周置。"《元和郡县图志》卷31《剑南道上》资州资阳县:"本汉资中县地,属犍为郡。李雄乱蜀,县荒废。后魏废帝二年(553)始通巴、蜀,开拓资中。周明帝于资中县置资阳县,因资水为名,属资阳郡。隋开皇三年(583)罢郡,县属资州。"《太平寰宇记》卷76《剑南西道五》资州资阳县:"本汉资中县,属犍为郡。后周明帝武成二年(560)于资中故城置资阳县,以资水为名。隋开皇七年(587)自此移州于盘石县,资阳仍属焉。"北周末年资阳郡当领有资阳一县。

2. 资中郡

治盘石。《隋书》卷29《地理志上》资阳郡盘石县:"后周置县及资中郡,开皇初郡废。大业初置资阳郡。"《元和郡县图志》卷31《剑南道上》资州盘石县:"本汉资中县地,后为夷獠所居。周武帝于汉资中故城置盘石县,属资中郡。隋开皇三年(583)罢郡,属资州。"《太平寰宇记》卷76《剑南西道五》资州盘石县:"本汉资中县地,后周保定五年(565)于汉资中县故城置盘石县,属资中郡,兼移郡就此理。"《隋书》卷29《地理志上》资阳郡内江县:"后周置。"《元和郡县图志》卷31《剑南道上》资州内江县:"本汉资中县地,后汉分置汉安县。李雄之后,陷于夷獠。周武帝天和二年(567),于中江水滨置汉安成,其年改为中江县,属资中郡。隋文帝避庙讳,改为内江县,属资州。"《太平寰宇记》卷76《剑南西道五》资州内江县:"本汉资中县地,周武帝天和二年(567)于中江水滨置汉安成;其年改为中江县,因其北江,乃以中江为名。隋避讳改为内江,开皇二年(582)徙内江于汉安故城,即今县也。"是北周末年资中郡领有盘石、中江二县。

第一百零五节　北周普州领郡沿革

普州治安岳,在今四川资阳市安岳县北。《隋书》卷29《地理志上》资阳郡安岳县:"后周置,并置普州。大业初州废。"《元和郡县图志》卷33《剑南道下》普州:"秦、汉为巴、蜀二郡之地,今州即汉之资中、牛鞞、垫江,后汉之德阳四县之地,周武帝于此立普州,隋大业二年(606)罢普州,以所领县属资州。武德二年(619)重置。"《太平寰宇记》卷87《剑南东道六》普州:"李雄乱后,为獠所没。梁置普慈郡于此……周武帝建德四年(575)于郡立普州。隋炀帝初州废,并其地入资阳郡。"是普州系北周建德四年(575)在梁普慈郡基础之上设置而成。普州当领有普慈、安居二郡。

1. 普慈郡

治多业。《隋书》卷29《地理志上》资阳郡普慈县:"后周置郡,曰普慈,县曰多业。开皇初郡废。十三年(593),县改名焉。"《通典》卷175《州郡典五》普州:"秦时巴郡之西境及夜郎国之地。汉犍为、巴郡之境。李雄之乱,为羌夷所据。梁置普慈郡。后周置普州。隋炀帝初州废，以地入资阳郡。"《太平寰宇记》卷87《剑南东道六》普州："李雄乱后，为獠所没。梁置普慈郡于此，梁普通中，益州刺史临汝侯赐群獠金券镂书，其文云：'今为汝置普慈郡，可率属子弟，奉官租以时输送。'周武帝建德四年(575)于郡立普州。隋炀帝初州废，并其地入资阳郡。"普州乐至县："废普慈县，在县西一百里。本名多业县，周武帝建德四年(575)置。隋开皇十三年(593)改多业为普慈。"《隋书》卷29《地理志上》资阳郡安岳县："后周置，并置普州。"《元和郡县图志》卷33《剑南道下》普州安岳县："周武帝建德四年(575)与州同置。"《太平寰宇记》卷87《剑南东道六》普州安岳县："汉犍为、巴郡地，资中、牛鞞、垫江三县地，李雄乱后，为獠所据。梁招抚之，置普慈郡。后周建德四年(575)与州同置。……安岳县，本以邑地在山之上，四面险绝，故曰安岳。"《舆地纪胜》卷158《普州》"州沿革"注引《图经》云，安居县"旧治在铁门山，开宝四年(971)徙于今治"。《隋书》卷29《地理志上》资阳郡隆康县："后周置，曰永康。开皇十八年(598)改焉。"《元和郡县图志》卷33《剑南道下》普州普康县："周建德四年(575)于此置永康县，隋开皇十八年(598)改为隆康。"《太平寰宇记》卷87《剑南东道六》普州普康县："周建德四年(575)置永康县，属普安郡。"此普安郡当为普慈郡。普慈郡当领有多业、安岳、永康三县。据《中国文物地图集·四川分册》，唐宋普慈故城在今四川遂宁市安居区水井乡铺子村西南100米[①]。

2. 安居郡

治柔刚，据《中国文物地图集·四川分册》，当在今四川遂宁市安居区区治所在地。《隋书》卷29《地理志上》资阳郡安居县："后周置，曰柔刚，及置安居郡。开皇初郡废。十三年(593)，县改名焉。"《元和郡县图志》卷33《剑南道下》普州安居县："本周柔刚县也，因山为名。隋开皇十二年(592)改为安居县，因水为名。"《太平寰宇记》卷87《剑南东道六》普州安居县："本周柔刚县，属安居郡，周武帝建德四年(575)置。隋开皇十三年(593)改柔刚为安居。旧理柔刚山。"安居郡当领有柔刚一县。

第一百零六节　泸州领郡沿革

泸州治江阳，据《中国文物地图集·四川分册》，明清泸州故城在今四川泸

[①] 《中国文物地图集·四川分册》(上)，"遂宁市船山区、安居区文物图"，第224—225页；《中国文物地图集·四川分册》(中)，"遂宁市·安居区"，第416—417页。

州市江阳区滨江路1—3段、三星街、白招牌、太平街、小北城街一带①,北朝泸州当亦在此一带。《隋书》卷29《地理志上》泸川郡:"梁置泸州。仁寿中置总管府,大业初府废。"《元和郡县图志》卷33《剑南道下》泸州:"秦并天下为巴郡地。武帝分置犍为郡,今州即犍为郡之江阳、符二县之地。按江阳即今州(域)[城]是也。……后为獠所没。梁大通初,割江阳郡置泸川,魏置泸州,取泸水为名。隋大业三年(607)改为泸川郡,武德元年(618)复为泸州。"《太平寰宇记》卷88《剑南东道七》泸州:"晋于此立为江阳郡,宋、齐因之。梁大同中置泸州,远取泸川为名。……隋炀帝时州废,置泸川郡。"泸州当领有江阳、洛源二郡。

1. 江阳郡

治江阳。《隋书》卷29《地理志上》泸川郡泸川县:"旧曰江阳,并置江阳郡。开皇初郡废。大业初置泸川郡,县改名焉。"《元和郡县图志》卷33《剑南道下》泸州泸川县:"本汉江阳县地,属犍为郡。……晋穆帝于县置东江阳郡,领江阳县,隋开皇三年(583)废郡,以县属泸州。大业元年(605),改江阳县为泸川县。"又《隋书》卷29《地理志上》泸川郡江安县:"旧曰汉安,开皇十八年(598)改名焉。"泸川郡合江县:"后周置。"泸川郡绵水:"梁置。有绵溪。"《元和郡县图志》卷33《剑南道下》泸州绵水县:"本汉江阳县地,晋于此置绵水县。"泸州江安县:"本汉江阳县地也,李雄乱后,没于夷獠。晋穆帝于此置汉安县,[隋开皇]十八年(598)改为江安县。"泸州合江县:"本汉符县地,晋穆帝于此置安乐县,梁改置安乐戍,周改为合江县。"《太平寰宇记》卷88《剑南东道七》泸州合江县:"本汉符县地,梁于安乐溪置安乐戍于此,周武帝保定四年(564)改为合江县。"泸州江安县:"本汉江阳县,《晋中兴书》云:'穆帝永和二年(346),汉安獠反,攻郡县,又置汉安县于此。'隋开皇十八年(598)改汉安为江安。""废绵水县,在汉江阳县地,晋置绵水县,在绵水溪口,因以为县。"按《舆地纪胜》卷153《泸州》"县沿革"江安县下引《图经》云:"唐属泸州,旧县城在汶江中洲,水数为害,迁于南岸。"北周末年江阳郡当领有江阳、汉安、合江、绵水四县。

2. 洛源郡

治富世。《隋书》卷29《地理志上》泸川郡富世县:"后周置,及置洛源郡。开皇初郡废。"《元和郡县图志》卷33《剑南道下》泸州富义县:"本汉江阳县地,周武帝于此置富世县。"《太平寰宇记》卷88《剑南东道七》富顺监:"晋富世县,以县下有盐井,人获厚利,故曰富世。"按富世县置于北周,《寰宇记》所记有误。

---

① 《中国文物地图集·四川分册》(上),"泸州市江阳区、龙马潭区文物图",第170—171页;《中国文物地图集·四川分册》(中),"泸州市·江阳区",第194页。

洛源郡当领有富世一县。

第一百零七节　戎州领郡沿革

戎州治外江(原名僰道)，据《中国文物地图集·四川分册》，唐代戎州故城在今四川宜宾市翠屏区安阜街道岷江西路南①。《隋书》卷29《地理志上》犍为郡："梁置戎州。"《元和郡县图志》卷31《剑南道上》戎州："初，秦军破滇，通五尺道，至汉武帝建元六年(前135)，遣唐蒙发巴、蜀卒通西南夷自僰道抵牂柯，凿石开道二十余里，通西南夷，置僰道县，属犍为郡，今州即僰道县也。……李雄窃据，此地空废。梁武帝大同十年(545)，使先铁讨定夷獠，乃立戎州，即以铁为刺史，后遂不改。"《太平寰宇记》卷79《剑南西道八》戎州："梁大同十年(545)于此置六同郡，以六合所同为郡之名；寻又置戎州，以镇抚戎夷也。隋初郡废而州存。炀帝初废州，以其地为犍为郡。"《嘉庆重修一统志》卷396《叙州府二》"古迹"："僰道故城，今宜宾县治。"戎州当领有六同、沈犀二郡。

1. 六同郡

治南广。《隋书》卷29《地理志上》犍为郡南溪县："梁置，曰南广，及置六同郡。开皇初郡废。仁寿初县改名焉。"《元和郡县图志》卷31《剑南道上》戎州南溪县："本汉僰道县地，梁于此立南广县，属戎州，隋仁寿二年(602)改为南溪县，避炀帝讳也。"若据《太平寰宇记》卷79《剑南西道八》戎州南溪县："汉犍为郡之南广县，后废为南武戍。隋仁寿二年(602)改为龙原戍，避讳后改为南溪县，在僰溪之南，因为县名。"似乎南广县有过废置，这里暂依《隋志》。又《隋书》卷29《地理志上》犍为郡僰道县："后周置，曰外江。大业初改曰僰道，置犍为郡。"《元和郡县图志》卷31《剑南道上》戎州僰道县："本汉旧县也，属犍为郡。永嘉后荒废。梁于此立戎州，周保定三年(563)改僰道为外江县，隋大业三年(607)改为僰道县。"《太平寰宇记》卷79《剑南西道八》戎州僰道县："本汉武伐牂柯，始通路于此。亦旧夷国，故为僰道。梁武因加'县'字，而立郡于此。隋移郡于南溪。"是北周末年六同郡当领有南广、外江二县。

2. 沈犀郡

《隋书》卷29《地理志上》犍为郡犍为县："后周置，曰武阳。开皇初改焉。"《元和郡县图志》卷31《剑南道上》嘉州犍为县："本汉南安县地，周于此置沈犀

---

① 《中国文物地图集·四川分册》(上)，"宜宾市翠屏区文物图"，第294—295页；《中国文物地图集·四川分册》(下)，"宜宾市·翠屏区"，第709页。

郡，并立武阳县。隋开皇三年(583)废郡，以县属戎州，又改武阳为犍为县。"《太平寰宇记》卷74《剑南西道三》嘉州犍为县："本汉犍为郡，因山为名。后周保定三年(563)于沈犀山下置沈犀(州)[郡]。《益州地理志》云：'昔有犀牛渡江到此山而沈，故以为名。'至隋开皇三年(583)废沈犀(州)[郡]，于大鹿山下置犍为县。旧在武阳故城，后属戎州。"据《南齐书》卷15《州郡志下》，益州犍为郡领有僰道、南安、资中、冶官、武阳五县。武阳县或在萧梁、西魏时有过废置。北周末年沈犀郡当领有武阳一县。

第一百零八节　南宁州领郡沿革

南宁州治味县，在今云南曲靖市麒麟区西山乡三岔村一带。《隋书·地理志》不载。《周书》卷5《武帝纪上》：保定元年(561)"九月甲辰，南宁州遣使献滇马及蜀铠"；二年(562)冬十月，"分南宁州置恭州"。南宁州当在恭州附近。南宁州具有羁縻性质。《隋书》卷37《梁睿传》，"高祖总百揆，代王谦为益州总管。行至汉川而谦反，遣兵攻始州，睿不得进。高祖命睿为行军元帅，率行军总管于义、张威、达奚长儒、梁昇、石孝义步骑二十万讨之。……睿斩谦于市，剑南悉平。……睿时威振西川，夷、獠归附，唯南宁酋帅爨震恃远不宾。睿上疏曰：'窃以远抚长驾，王者令图，易俗移风，有国恒典。南宁州，汉世牂柯之地，近代已来，分置兴古、云南、建宁、朱提四郡。户口殷众，金宝富饶，二河有骏马、明珠，益宁出盐井、犀角。晋太始七年，以益州旷远，分置宁州。至伪梁南宁州刺史徐文盛，被湘东征赴荆州，属东夏尚阻，未遑远略。土民爨瓒遂窃据一方，国家遥授刺史。其子震，相承至今。而震臣礼多亏，贡赋不入，每年奉献，不过数十匹马。其处去益，路止一千，朱提北境，即与戎州接界。如闻彼人苦其苛政，思被皇风。伏惟大丞相匡赞圣朝，宁济区宇，绝后光前，方垂万代，辟土服远，今正其时。幸因平蜀士众，不烦重兴师旅，押獠既讫，即请略定南宁。自卢、戎已来，军粮须给，过此即于蛮夷征税，以供兵马。其宁州、朱提、云南、西爨，并置总管州镇。计彼熟蛮租调，足供城防食储。一则以肃蛮夷，二则裨益军国。今谨件南宁州郡县及事意如别。有大都督杜神敬，昔曾使彼，具所谙练，今并送往。'书未答，又请曰：'窃以柔远能迩，著自前经，拓土开疆，王者所务。南宁州，汉代牂柯之郡，其地沃壤，多是汉人，既饶宝物，又出名马。今若往取，仍置州郡，一则远振威名，二则有益军国。其处与交、广相接，路乃非遥。汉代开此，本为讨越之计。伐陈之日，复是一机，以此商量，决谓须取。'高祖深纳之，然以天下初定，恐民心不安，故未之许。后竟遣史万岁讨平之，并因睿之策也。"卷47《韦世康传韦冲附传》："俄而起为南宁州总管,持节抚慰。复遣柱国王长述以兵继进。冲上表固让。诏曰:'西南夷裔,屡有生梗,每相残贼,朕甚愍之,已命戎徒,清抚边服。以开府器干堪济,识略英远,军旅事重,故以相任。知在艰疚,日月未多,金革夺情,盖有通式。宜自抑割,即膺往旨。'冲既至南宁,渠帅爨震及西爨首领皆诣府参谒。"这是隋初的事。

可见西魏北周与南宁州的政治关系一直处于羁縻的状态。南宁州所领郡县情况不甚清楚。《大唐故上柱国内给事李君之碑(李愍碑)》云:"君讳愍,字强,陇西成纪人也……曾祖良,周上开府、南宁州同起县令。……祖郎,同乐县公,南宁州刺史。……父钦,隋仪同三司、郎州刺史。"据《宋书》卷38《州郡志四》,宁州建宁郡领有味、同乐、谈橐、牧麻、漏江、同濑、昆泽、新定、存䭰、同并、万安、毋单、新兴等县。《南齐书》卷15《州郡志下》:"宁州,镇建宁郡,本益州南中,诸葛亮所谓不毛之地也。道远土瘠,蛮夷众多,齐民甚少。诸爨、氏强族,恃远擅命,故数有土反之虞。"其中宁州所领建平郡领有同乐、同濑、牧麻、新兴、新定、味、同并、万安、昆泽、漏江、谈橐、毋单、存䭰等县。按《太平寰宇记》卷79《剑南西道八》郎州:"汉夜郎地,唐武德元年(618)开南中置南宁州,乃立味、同乐、升麻、同起、新丰、陇堤、泉麻、梁水、降九县;四年(621)置总管府,管南宁、恭、协、昆、尹、曾、姚、西濮、西宗九州。"其中同起县,据《李愍碑》当在西魏北周时已经设置。

第一百零九节　北周恭州沿革

恭州治所当在今云南昭通市昭阳区。《隋书》卷29《地理志上》犍为郡开边县:"开皇六年(586)置,七年(587)废训州入焉。大业初废恭州、协州入焉。"据《周书》卷5《武帝纪上》,保定二年(562)冬十月,"分南宁州置恭州"。按隋时有恭州之置。《元和郡县图志》卷32《剑南道中》曲州:"本汉夜郎国地,武帝于此置朱提县,属犍为郡。后立为郡,在犍为郡南一千八百里,后汉省郡。诸葛亮南征,复置朱提郡。自梁、陈以来,不复宾服。隋开皇四年(584)开置南中,立为恭州,武德元年(618)改为曲州。"此恭州与《隋志》所言恭州关系不明。北周恭州领郡县情况不详。

第一百十节　北周西宁州(原名严州)领郡沿革

西宁州原名严州,治巂城,当在今四川凉山彝族自治州西昌市海南乡古城村一带。《隋书》卷29《地理志上》越嶲郡："后周置严州。开皇六年(586)改曰西宁州，十八年(598)又改曰嶲州。"《周书》卷5《武帝纪上》：天和五年(570)十二月癸巳，"大将军郑恪率师平越嶲，置西宁州"。《元和郡县图志》卷32《剑南道中》嶲州："魏、晋已还，蛮、獠恃险钞窃，乍服乍叛，周武帝天和三年(568)，开越嶲地，于嶲城置严州。隋开皇六年(586)，改为西宁州，十八年(598)改为嶲州。"《太平寰宇记》卷80《剑南西道九》嶲州："至齐，彼夷长或来纳款，因为越嶲獠郡以统之。后周武帝征越嶲，又开其地，因立严州，取其严敬为称。"各类材料所述内容有一些差异，综合时间点来看，似乎是北周武帝天和三年(568)，开越嶲地，于嶲城置严州，天和五年(570)十二月癸巳，严州改置西宁州。西宁州当领有越嶲、亮善、宣化、白沙、邛部、平乐六郡。

1. 越嶲郡

治邛都。《隋书》卷29《地理志上》越嶲郡越嶲县："带郡。"这里所谓带郡，指隋时越嶲县治兼为越嶲郡治。《元和郡县图志》卷32《剑南道中》嶲州越嶲县："本汉邛都县地，隋开皇六年(586)分邛都置越嶲县。"《太平寰宇记》卷80《剑南西道九》嶲州越嶲县："本汉邛都县地，隋开皇六年(586)分邛都置越嶲县，属西宁州；十八年(598)改为嶲州，县仍属焉。"越嶲郡当领有邛都一县。

2. 亮善郡

治苏祇。《隋书》卷29《地理志上》越嶲郡苏祇县："旧置亮善郡，开皇初郡废。"《元和郡县图志》卷32《剑南道中》嶲州苏祁县："本汉旧县，属越嶲郡。后陷夷獠，周武帝重开越嶲，复立苏祁县，属严州。隋开皇初改属嶲州。"《旧唐书》卷41《地理志四》嶲州苏祁县："汉苏夷县，属越嶲郡。后周平南夷，于故城复置也。"《太平寰宇记》卷80《剑南西道九》嶲州苏祁县："汉旧县，属越嶲郡。后周武帝天和三年(568)开越嶲，后于嶲旧城立苏祁县，以苏祁之夷为邑。"亮善郡当领有苏祁一县。

3. 宣化郡

治可泉。《隋书》卷29《地理志上》越嶲郡可泉县："旧宣化郡，开皇初废。"《元和郡县图志》卷32《剑南道中》嶲州西泸县："本汉邛都县地，周武帝天和三年(568)于此置(本)可泉县。""姜磨戍，在县西南三里。"《旧唐书》卷41《地理志四》嶲州西泸县："汉邛都县地，梁置可泉县。隋治姜磨戍。"宣化郡当领有可泉一县。

4. 白沙郡

治台登。《隋书》卷29《地理志上》越嶲郡台登县："旧置白沙郡。开皇初郡废。"《元和郡县图志》卷32《剑南道中》嶲州台登县："本汉旧县，属越嶲郡。周武帝重开越巂,于旧理立台登县,后遂因之。"白沙郡当领有台登一县。

5. 邛部郡

治邛部。《隋书》卷29《地理志上》越巂郡邛部县:"旧置邛部郡,又有平乐郡。开皇初并废。"《元和郡县图志》卷32《剑南道中》巂州邛部县:"本汉阑县地,属越巂郡。周武帝于此邛部城置县,仍以旧城为名,属邛部郡。隋开皇三年(583)改属巂州。"《太平寰宇记》卷80《剑南西道九》巂州邛部县:"本汉阑县地,属越巂郡。又按《宋书·州郡志》有兰县,属沈黎郡。周武帝天和三年(568)又于县置邛部县,以县属焉。隋开皇三年(583)罢郡,改为邛部县,属巂州,仍带邛部镇。"邛部郡当领有邛部一县。

6. 平乐郡

治平乐城。《隋书》卷29《地理志上》越巂郡邛部县:"旧置邛部郡,又有平乐郡。开皇初并废。"

第一百十一节　北周黔州(原名奉州)沿革

黔州当在今重庆市彭水县郁山镇一带。《隋书》卷29《地理志上》黔安郡:"后周置黔州,不带郡。"《太平寰宇记》卷120《江南西道十八》黔州:"后周保定四年(564),蛮帅田思鹤以地内附,因置奉州。建德三年(574)改为黔州。至隋初如之。"同卷涪州:"周武保定四年(564),涪陵首领田思鹤归化,于故枳城又立涪陵镇。"《舆地广记》卷33《夔州路》黔州:"秦昭王伐楚,取黔中,以属黔中郡。二汉属武陵郡。晋、宋、齐皆因之。后不宾服。后周武帝时,蛮帅以其地归附,初立奉州,后改曰黔州,不带县。隋为黔安郡。"

第一百十二节　北周费州沿革

费州治今贵州铜仁市思南县思塘镇。《隋志》无。《太平寰宇记》卷121《江南西道十九》费州:"江山阻远,久不臣附。至后周宣政元年(578),信州总管、龙门公(裕、)王述招慰生獠王元殊、多质等归国,遂肇立为费州,因州界费水以立郡名。"《太平御览》卷171《州郡部十七》费州:"《十道志》曰:'费州涪川郡,《禹贡》荆州之域。春秋时属秦。汉武帝元鼎六年(前111)通牂牁郡,其地属焉。江山阻远,为黑獠所居,多不臣附。周宣改元,獠王元殊、多质等归国,遂立州,取费水为名。"《隋书》卷54《王长述传》:"王长述,京兆霸城人也。祖罴,魏太尉。父庆远,周淮州刺史。长述幼有仪范……长述早孤,少为祖罴所养,及罴薨,居丧过礼,有诏褒异之。免丧,袭封扶风郡公,邑三千户。除中书舍人,修起居注,改封龙门郡公。……周受禅,又增邑,通前四千七百户。……及高祖为丞相,授信州总管,部内夷、獠犹有未宾,长述讨平之,进位上大将军。"《周书》卷18《王罴传王述附传》:"(王罴)子庆远,弱冠以功臣子拜直阁将军。先罴卒,孙述嗣。述字长述,少聪敏,有识度。……以祖忧去职。述幼丧父,为罴所鞠养。及居丧,深合礼度。……丧毕,袭爵扶风郡公,累迁上大将军。"是王述即王长述。综上所述,费州系北周宣政元年(578)信州总管王述创设。

第一百十三节 麓州(原名宁州)沿革

《隋志》无。据《周书》卷2《文帝纪下》,西魏废帝三年(554)春正月,改宁州为麓州。麓州治地及领郡情况不详。

第一百十四节 岩州(原名义州)沿革

《隋志》无。据《周书》卷2《文帝纪下》,西魏废帝三年(554)春正月,改义州为岩州。岩州治地及领郡情况不详。

第五章　西魏北周州郡县沿革(中)

第一节　北周洛州(原名司州)领郡沿革

洛州治洛阳,在今河南洛阳市东约15公里处。《隋书》卷30《地理志中》河南郡:"旧置洛州。大业元年(605)移都,改曰豫州。……三年(607)改为郡,置尹。"河南郡洛阳县:"有汉已来旧都。后魏置司州,东魏改曰洛州。后周置东京六府、洛州总管。开皇元年(581)改六府,置东京尚书省。其年废东京尚书省。二年(582)废总管,置河南道行台省。"洛州处于东西政权对峙前沿,勾连关内、河南、河北、河东之地,加上政治上的强烈象征意义,因应形势变化,行政建置多有变化。

《太平寰宇记》卷3《河南道三》河南府:"宋武帝入洛,更置东垣、西垣二县,仍于虎牢置司州。后魏神䴥三年(430),遣将安颉攻洛阳,拔之,复为洛州。太和十七年(493)又改洛州为司州,十九年(495)改河南郡为河南尹。孝武帝自洛阳迁都长安,是为西魏;孝静帝自洛阳徙都邺,是为东魏。按《郡国县道记》云:'东魏天平元年(534)又改司州为洛州,改河南尹为河南郡。'西魏大统三年(537)复收洛阳,又改洛阳为司州,仍置牧。司州寻陷入高齐,司州不改,又移河南郡于渑池县大坞城置;寻又改司州为洛州,河南郡惟领宜迁一县。后周建德六年(577)平邺之后,于洛阳置洛州总管,仍省东魏及高齐两河南郡,改宜迁为河南县,仍于洛阳置洛阳郡;大象元年(579)移相州六府于洛州,以为东京,仍废河阳总管。隋初仍旧置总管。二年(582)废总管,置河南道行台省,并罢洛阳郡置洛州,以郡旧领县属焉。"北齐末年洛州领有洛阳、河阴、中川、河南、阳城五郡。河阴郡不见于北周之后文献,《隋书》卷30《地理志中》河南郡:"又东魏置洛阳郡、河阴县。开皇初郡并废,又析置伊川县。大业初河阴、伊川二县并入焉。"河阴郡当在北周占领之后省废。又《隋书》卷30《地理志中》河南郡嵩阳县:"后魏置,曰颍阳。东魏分置堙阳,后周废颍阳入。开皇六年(586)改曰武林。十八年(598)改曰轮氏,大业元年(605)改曰嵩阳。又有东魏中川郡,后周废。"是北周末年洛州当领有洛阳、河南、阳城三郡。

1. 洛阳郡

治洛阳。《隋书》卷30《地理志中》河南郡洛阳县："有汉已来旧都。后魏置司州，东魏改曰洛州。后周置东京六府、洛州总管。开皇元年（581）改六府，置东京尚书省。其年废东京尚书省。二年（582）废总管，置河南道行台省。三年（583）废行台，以洛州刺史领总监。十四年（594）于金墉城别置总监。炀帝即位，废省。旧河南县，东魏迁邺，改为宜迁县。后周复曰河南。大业元年（605）徙入新都。又东魏置洛阳郡、河阴县。开皇初郡并废，又析置伊川县。大业初河阴、伊川二县并入焉。"据前述东魏北齐部分所考，洛阳郡北齐时领有洛阳、缑氏二县。河阴郡省废后，河阴县当划入洛阳郡，是北周洛阳郡领有洛阳、缑氏、河阴三县。

2. 河南郡

治河南。《隋书》卷30《地理志中》河南郡渑池县："后周置河南郡，大象中废。"《太平寰宇记》卷3《河南道三》河南府："孝武帝自洛阳迁都长安，是为西魏；孝静帝自洛阳徙都邺，是为东魏。按《郡国县道记》云：'东魏天平元年（534）又改司州为洛州，改河南尹为河南郡。'西魏大统三年（537）复收洛阳，又改洛阳为司州，仍置牧。司州寻陷入高齐，司州不改，又移河南郡于渑池县大坞城置；寻又改司州为洛州，河南郡惟领宜迁一县。后周建德六年（577）平邺之后，于洛阳置洛州总管，仍省东魏及高齐两河南郡，改宜迁为河南县，仍于洛阳置洛阳郡；大象元年（579）移相州六府于洛州，以为东京，仍废河阳总管。隋初仍旧置总管。二年（582）废总管，置河南道行台省，并罢洛阳郡置洛州，以郡旧领县属焉。"是《隋志》所言"大象中废"之河南郡，当指在渑池县大坞城所置之河南郡。北周改宜迁县为河南县，北周末年河南郡当领有河南一县。

3. 阳城郡

治阳城。《隋书》卷30《地理志中》河南郡阳城县："后魏置阳城郡，开皇初废。十六年（596）置嵩州，仁寿四年（604）废。又后魏置康城县，仁寿四年（604）废入焉。"据前述东魏北齐部分所考，北齐末年阳城郡领有阳城、颍阳、康城三县，中川郡领有堙阳、颍阳二县。《隋书》卷30《地理志中》河南郡嵩阳县："后魏置，曰颍阳。东魏分置堙阳，后周废颍阳入。开皇六年（586）改曰武林。十八年（598）改曰轮氏，大业元年（605）改曰嵩阳。又有东魏中川郡，后周废。"北周所废颍阳县当为中川郡原领之颍阳县，是北周末年阳城郡当领有阳城、颍阳、康城、堙阳四县。

第二节　陕州领郡沿革

陕州治陕，陕州故城在今河南三门峡市湖滨区崖底街道三里桥村西北。《隋书》卷30《地理志中》河南郡陕县："后魏置，及置陕州、恒农郡。后周又置崤郡。开皇初郡并废。大业初州废，置弘农宫。"《元和郡县图志》卷6《河南道二》陕州："汉为弘农郡之陕县，自汉至宋不改。后魏孝文帝太和十一年（487），置陕州，以显祖献文皇帝讳'弘'，改为恒农郡。十八年（494），罢陕州。孝武帝永熙中重置，西魏文帝大统三年（537），又罢州。周明帝复置，屯兵于此以备齐。隋大业三年（607）复罢，以其地属河南郡。"西魏罢陕州不久可能在这一带置有义州（参见本章第二十六节"东义州领郡沿革"及《北齐地理志》卷1《河北地区（上）》"义州"部分）。据《周书》卷4《明帝纪》，明帝二年（558）春正月丁巳，"雍州置十二郡。又于河东置蒲州，河北置虞州，弘农置陕州，正平置绛州，宜阳置熊州，邵郡置邵州"。

《太平寰宇记》卷6《河南道六》虢州："后魏避献文讳，改（弘农郡）为恒农郡，至太和十一年（487）移郡理陕城。永熙三年（534）分恒农西界，又为西恒农郡。后周明帝废西郡，并入元郡，仍改恒农为弘农。隋开皇三年（583）废郡，以所领县并属陕。大业二年（606）废陕州，又以弘农县复立郡，即理于今州西古城；其年冬又移郡于鸿胪川，即今郡理也。义宁元年（617）改为凤林郡；其年又于卢氏县置虢郡。"陕州因为地处东西政权激烈交争对抗之地，因应军事之需的行政设置较多，变化较大，而文献有阙，梳理行政设置只能叙其概貌。北周末年陕州当领有崤、弘农、阌乡三郡。

1. 崤郡

治陕。《隋书》卷30《地理志中》河南郡陕县："后魏置，及置陕州、恒农郡。后周又置崤郡。开皇初郡并废。"《元和郡县图志》卷6《河南道二》陕州陕县："本汉县也，历代不改。后魏改为陕中县，西魏去'中'字。周明帝于陕城内置崤郡，以陕、崤二县属焉。隋开皇初罢郡，以县属陕州。"《太平寰宇记》卷6《河南道六》陕州："秦属三川，汉为弘农郡之陕县，自是至晋因之。后魏太和十一年（487）置陕州及恒农郡于此，十八年（494）又罢。孝武永熙中再置，大统三年（537）又罢。后周明帝又置。武帝改弘农为崤郡，州如故，兼屯兵于此备北齐。隋初郡废而州存，大业初又废州，以其地并入河南郡，仍置弘农宫于此，以备巡幸。义宁元年（617）又改为弘农郡，领陕、崤、桃林、长水四县，二年（618）省崤县。"陕州硖石县："本汉陕县地，属弘农郡。《周地图记》：'后魏太和十一年

(587)分陕县东界于冶卢置崤县,在冶之郊,属弘农郡,取崤山为名.'隋初改为硖石县,大业二年(606)废入陕县."又《隋书》卷30《地理志中》河南郡熊耳县:"又有后魏崤县,大业初废入。"北周末年崤郡当领有陕、崤二县。

2. 弘农郡

治弘农。《元和郡县图志》卷6《河南道二》陕州:"汉为弘农郡之陕县,自汉至宋不改。后魏孝文帝太和十一年(487),置陕州,以显祖献文皇帝讳'弘',改为恒农郡。十八年(494),罢陕州。孝武帝永熙中重置,西魏文帝大统三年(537),又罢州。周明帝复置,屯兵于此以备齐。隋大业三年(607)复罢,以其地属河南郡。"同卷虢州:"秦兼天下,属三川郡。至汉武帝元鼎四年(前113)置弘农郡,后魏以献文帝讳"弘",改为恒农郡。孝武帝永熙三年,分为西恒农,属陕州。周明帝复为弘农。隋开皇三年(583)废郡,以县属陕州,大业二年(606)又改属豫州。三年(607),又于弘农县置弘农郡,义宁元年(617)改为凤林郡。"北周末年弘农郡当领有弘农一县。

3. 阌乡郡

治阌乡。《元和郡县图志》卷6《河南道二》虢州阌乡县:"本汉湖县地,属京兆尹,自汉至宋不改。周明帝二年(558),置阌乡郡。……隋开皇三年(583),废阌乡群,十六年(596)移湖城县于今所,改名阌乡县,属陕州。"又《隋书》卷30《地理志中》河南郡阌乡县:"旧曰湖城,开皇十六年(596)改焉。"《太平寰宇记》卷6《河南道六》陕州阌乡县:"本汉湖县,属京兆尹。因津以名邑焉。又为戾园之地,有思子台、太子园陵存焉。周明帝二年(558)于湖城故地置阌乡郡。隋开皇三年(583)废,十六年(596)自湖城故城移于今理,仍改为阌乡县。"陕州湖城县:"汉县,属京兆尹。旧曰:'胡,建元元年(前140)更为湖。'即今县西北二里古胡城也。……后魏改为湖城县。隋开皇十六年(596)废,义宁元年(617)于古上阳宫再立。"是北周末年阌乡郡当领有阌乡、湖城(亦作胡城)二县。

第三节 北周废中州沿革

中州治东垣,在今河南洛阳市新安县城关镇。《隋书》卷30《地理志中》河南郡新安县:"后周置中州及东垣县,州寻废。"《元和郡县图志》卷5《河南道一》河南府新安县:"后魏属新安郡。周武帝保定三年(563),省新安郡,又于今县理置中州。建德六年(577)省中州,又置新安郡。"新安郡在州废后当划入熊州(参见本章第四节"北周熊州(原名阳州)领郡沿革")。

第四节　北周熊州(原名阳州)领郡沿革

熊州治宜阳,在今河南洛阳市宜阳县韩城镇。《隋书》卷30《地理志中》河南郡宜阳县:"后魏置宜阳郡,东魏置阳州,后周改曰熊州。……大业初废熊州。"据《周书》卷4《明帝纪》,明帝二年(558)春正月丁巳,"雍州置十二郡。又于河东置蒲州,河北置虞州,弘农置陕州,正平置绛州,宜阳置熊州,邵郡置邵州"。据前述东魏北齐部分所考,东魏武定年间(543—550)阳州领有宜阳、金门二郡。《隋书》卷30《地理志中》河南郡宜阳县:"又东魏置金门郡,后周废。"北周末年熊州当领有宜阳、同轨、新安三郡。

1. 宜阳郡

治宜阳。《隋书》卷30《地理志中》河南郡宜阳县:"后魏置宜阳郡,东魏置阳州,后周改曰熊州。又(复)后魏置南渑池县,后周改曰昌洛。开皇初郡废。十八年(598)改昌洛曰洛水。大业初废熊州,省洛水入宜阳。又东魏置金门郡,后周废。"东魏武定年间(543—550)宜阳郡领有宜阳、西新安、东亭三县。西新安县不见于西魏北周之后文献,当在西魏北周时已经省废。《隋书》卷30《地理志中》河南郡寿安县:"后魏置县曰甘棠,仁寿四年(604)改焉。"《元和郡县图志》卷5《河南道一》河南府寿安县:"本汉宜阳县地,后魏分新安置甘棠县。隋开皇三年(583),以县属熊州,十六年(596),改为谷州,仁寿四年(604),改名寿安县。"又《隋书》卷30《地理志中》河南郡陆浑县:"又有东魏东亭县,寻废。"是北周末年宜阳郡当领有宜阳、昌洛、甘棠、东亭四县。

2. 同轨郡

治熊耳。《隋书》卷30《地理志中》河南郡熊耳县:"后周置,及同轨郡。开皇初郡废。"《元和郡县图志》卷5《河南道一》河南府渑池县:"汉以为县,属弘农郡。隋文帝时属熊州,十六年(596)改属谷州。"《太平寰宇记》卷5河南府渑池县:"后魏初犹属弘农郡。大统十一年(545)又移于今县西十三里故渑池县为理,改属河南郡。周改属同轨郡。隋大业元年(605)又移于今县东二十五里新安驿置,属熊州;十二年(616)复移理大坞城。"北周末年同轨郡当领有熊耳、渑池二县。

3. 新安郡

治新安。《隋书》卷30《地理志中》河南郡新安县:"后周置中州及东垣县,州寻废。开皇十六年(596)置谷州,仁寿四年(604)州废,又废新安入东垣。大业初改名新安。"《元和郡县图志》卷5《河南道一》河南府新安县:"本汉旧县,属弘农郡。晋改属河南郡,后魏属新安郡。周武帝保定三年(563),省新安郡,又于今县理置中州。建德六年(577)省中州,又置新安郡。隋开皇十六年(596)改置谷州。"北周末年新安郡当领有新安、东垣二县。

第五节　北周和州(原名北荆州)领郡沿革

和州治伏流城,在今河南洛阳市嵩县田湖镇古城村。《隋书》卷30《地理志中》河南郡陆浑县:"东魏置伊川郡,领南陆浑县。开皇初废郡,改县曰伏流。大业初改曰陆浑。又有东魏北荆州,后周改曰和州。开皇初又改曰伊州。大业初州废。"襄城郡:"东魏置北荆州,后周改曰和州。开皇初改为伊州,大业初改曰汝州。"

《周书》卷49《异域传上·蛮传》:"魏恭帝二年(555),蛮酋宜民王田兴彦、北荆州刺史梅季昌等相继款附。以兴彦、季昌并为开府仪同三司,加季昌洛州刺史,赐爵石台县公。"《周书》卷43《魏玄传》:大统"十三年(547),与开府李义孙攻拔伏流城,又克孔城,即与义孙镇之。寻移镇伏流"。卷34《裴宽传》:大统"十六年(550),迁河南郡守,仍镇孔城。……魏废帝元年(552),进使持节、车骑大将军、仪同三司、散骑常侍。孝闵帝践阼,进爵为子。宽在孔城十三年,与齐洛州刺史独孤永业相对。……齐伊川郡守梁鲊,常在境首抄掠。太祖患之,命宽经略焉。鲊行过妻家,椎牛宴饮,既醉之后,不复自防。宽密知之,遣兵往袭,遂斩之"。这里的叙事在时间上略有混乱,不过提到"太祖"宇文泰,宇文泰死于西魏恭帝三年(556),时当北齐义宣帝天保七年(556),伊川郡守梁鲊被杀应在556年之前。卷5《武帝纪上》:保定二年(562)夏四月己未,"于伏流城置和州"。《周书》卷43《魏玄传》又云:天和"四年(569),转和州刺史、伏流防主,进爵为公"。卷6《武帝纪下》:建德五年(576)"夏四月……开府、清河公宇文神举攻拔齐陆浑等五城"。似乎伊川郡在此前又曾为北齐所占。据前述东魏北齐部分所考,北齐北荆州领有伊川、新城、汝阴三郡。《隋书》卷30《地理志中》襄城郡承休县:"旧曰汝原,置汝北郡,后改曰汝阴郡。后周郡废。"北周废汝阴郡,另置石台郡。北周末年和州当领有伊川、新城、石台三郡。

1. 伊川郡

治南陆浑。《隋书》卷30《地理志中》河南郡陆浑县:"东魏置伊川郡,领南陆浑县。开皇初废郡,改县曰伏流。大业初改曰陆浑。"据前述东魏北齐部分所考,北齐伊川郡领领有南陆浑一县。北周当同。

2. 新城郡

治新城。《隋书》卷30《地理志中》河南郡伊阙县："旧曰新城，东魏置新城郡。开皇初郡废。十八年(598)县改名焉。"据前述东魏北齐部分所考，北齐新城郡领有新城、北陆浑二县。《嘉庆重修一统志》卷206《河南府二》"古迹"："陆浑故城，在嵩县东北伏流城北二十余里。……汉置陆浑县，后魏尝置防蛮都督于此。东魏分置北陆浑县，属新城郡。隋初并入南陆浑。"是北周末年新城郡当领有新城、北陆浑二县。

3. 石台郡

治石台。《旧唐书》卷76《刘孝孙传》："刘孝孙者，荆州人也。祖贞，周石台太守。"是北周有石台郡。又《隋书》卷30《地理志中》襄城郡承休县："旧曰汝原，置汝北郡，后改曰汝阴郡。后周郡废。大业初改县曰承休，置襄城郡。"据前述东魏北齐部分所考，北齐汝阴郡领有石台、汝原、梁三县。汝阴郡省废后，领县或就近划入石台郡。《太平寰宇记》卷8《河南道八》汝州梁县："后魏于此置治城县，高齐省入今梁县。隋大业二年(606)，改为承休县，属汝州，取汉旧承休城为名。贞观元年(627)复为梁县。"如北周末年有石台郡，则当领有石台、汝原、梁三县。

第六节　北周荥州领郡沿革

荥州治成皋(虎牢)。《隋书》卷30《地理志中》荥阳郡："旧郑州。开皇十六年(596)置管州。大业初复曰郑州。"荥阳郡氾水县："旧曰成皋，即武牢也。后魏置东中府，东魏置北豫州，后周置荥州。开皇初曰郑州，十八年(598)改成皋曰氾水。大业初置武牢都尉府。"《元和郡县图志》卷8《河南道四》郑州："东魏孝静帝分荥阳置成皋郡。高齐文宣帝又改为荥阳郡，周改为荥州。隋开皇三年(583)改荥州为郑州。十六年(596)，分置管州。大业二年(606)，废郑州，改管州为郑州。"据前述东魏北齐部分所考，北齐北豫州领有广武、成皋二郡。北周荥州领郡当同。

1. 广武郡

治中牟城。《隋书》卷30《地理志中》荥阳郡管城县："旧曰中牟，东魏置广武郡。开皇初郡废，改中牟曰内牟。十六年(596)析置管城。十八年(598)改内牟曰圃田入焉。"荥阳郡原武县："开皇十六年(596)置。"据前述东魏北齐部分所考，天保七年(556)之后，北齐广武郡领有中牟、苑陵、阳武三县。《隋书》卷30《地理志中》荥阳郡下列有阳武县，《隋书》卷23《五行志下》："牛祸"："后周建德六年(577),阳武有兽三,状如水牛,一黄,一赤,一黑。""鱼孽":"后周大象元年(579)六月,阳武有鲤鱼乘空而斗。"又《隋书》卷30《地理志中》荥阳郡新郑县:"后魏废,开皇十六年(596)复,大业初并宛陵县入焉。"宛陵即苑陵,是北周末年广武郡当领有中牟、阳武、苑陵三县。

2. 成皋郡

治荥阳。《隋书》卷30《地理志中》荥阳郡荥阳县:"旧置荥阳郡。后齐省卷、京二县入,改曰成皋郡。开皇初郡废。"据前述东魏北齐部分所考,天保七年(556)之后,北齐成皋郡领有荥阳、成皋、密三县。《隋书》卷30《地理志中》荥阳郡汜水县:"旧曰成皋,即武牢也。……(开皇)十八年(598)改成皋曰汜水。"《元和郡县图志》卷5《河南道一》河南府密县:"本汉旧县……汉属河南郡。隋大业二年(606)废,十二年(616)又置。……《尔雅》曰'山如堂者曰密',因以为名。"是北周末年成皋郡当领有荥阳、成皋、密三县。

第七节　北周汴州(原名梁州)领郡沿革

汴州治浚仪(大梁城),当在今河南开封市城区。《隋书》卷30《地理志中》荥阳郡浚仪县:"东魏置梁州、陈留郡,后齐废开封郡入,后周改曰汴州。开皇初郡废,大业初州废。"《元和郡县图志》卷7《河南道三》汴州开封县:"本汉旧县,属河南郡。……晋属荥阳郡。后魏天平元年(534),于此置开封郡,高齐天保七年(556)废。隋开皇六年(586),复置开封县,属汴州。大业二年(606)废汴州,以县属郑州。"据前述东魏北齐部分所考,北齐梁州领有阳夏、陈留二郡,北周平齐,原北齐司州之东郡划入汴州,北周末年,汴州当领有陈留、阳夏、东三郡。

1. 陈留郡

治浚仪(大梁城)。《隋书》卷30《地理志中》荥阳郡浚仪县:"东魏置梁州、陈留郡,后齐废开封郡入。"据前述东魏北齐部分所考,天保七年(556)之后,北齐陈留郡领有浚仪、开封二县。又《隋书》卷30《地理志中》荥阳郡开封县:"东魏置郡,后齐废。"是北周末年陈留郡当仍领有浚仪、开封二县。

2. 阳夏郡

治雍丘城。《隋书》卷30《地理志中》梁郡雍丘县:"后魏置阳夏郡。开皇初郡废,十六年(596)置杞州。大业初州废。"据前述东魏北齐部分所考,天保七年(556)之后,北齐阳夏郡领有雍丘、济阳二县。据《周书》卷28《贺若敦传》:"子弼,有文武材略。大象末,位至开府仪同大将军、扬州刺史、襄邑县公。"《隋书》卷52《贺若弼传》:"贺若弼,字辅伯,河南洛阳人也。……及宣帝嗣位……寻与韦孝宽伐陈,攻拔数十城,弼计居多。拜寿州刺史,改封襄邑县公。"卷54《伊娄谦传》:"伊娄谦,字彦恭,本鲜卑人也。……帝克并州……寻赐爵济阳县伯,累迁前驱中大夫。大象中,进爵为侯,加位开府。高祖作相,授亳州总管,俄征还京。"是北周末年有襄邑县和济阳县。北周末年阳夏郡当领有雍丘、襄邑、济阳三县。

3. 东郡

治滑台。《隋书》卷30《地理志中》东郡白马县:"旧置东郡……大业初复置郡。"据前述东魏北齐部分所考,天保七年(556)之后,北齐东郡领有东燕、白马、长垣三县。《隋书》卷30《地理志中》东郡匡城县:"后齐曰长垣,开皇十六年(596)改焉。"《元和郡县图志》卷8《河南道四》滑州胙城县:"本古之胙国……汉为南燕县。其后慕容德都之,复号东燕县。隋开皇三年废东都,以县属汴州。十八年,文帝因览奏状,见东燕县名,曰:'今天下一统,何东燕之有?'遂改为胙城,属滑州。"是北周末年东郡领有白马、东燕、长垣三县。

第八节　北周亳州(原名南兖州)领郡沿革

亳州治谯城,在今安徽亳州市谯城区。《隋书》卷30《地理志中》谯郡:"后魏置南兖州。后周置总管府,后改曰亳州。开皇元年(581)府废。"《元和郡县图志》卷7《河南道三》亳州:"黄初元年(220),以先人旧郡,又立为谯国,与长安、许昌、邺、洛阳,号为'五都'。后魏复置南兖州,周武帝改为亳州。"据前述东魏北齐部分所考,天保七年(556)之后,北齐南兖州领有陈留、梁二郡。北周亳州当同。

1. 陈留郡

治小黄。据前述东魏北齐部分所考,天保七年(556)之后,北齐陈留郡领有小黄、浚仪、武平三县。《隋书》卷30《地理志中》谯郡谯县:"旧曰小黄,置陈留郡。开皇初郡废,十六年(596)分置梅城县。大业三年(607),改小黄为谯县,并梅城入焉。"谯郡城父县:"宋置,曰浚仪。开皇十八年(598)改焉。"淮阳郡鹿邑县:"旧曰武平,开皇十八年(598)改名焉。"北周末年陈留郡当领有小黄、浚仪、武平三县。

2. 梁郡

治睢阳县(梁国城)。据前述东魏北齐部分所考,天保七年(556)之后,北齐梁郡领有睢阳、下邑二县。《隋书》卷30《地理志中》梁郡宋城县:"旧曰睢阳,置梁郡。开皇初郡废,十八年(598)县改名焉。大业初又置郡。"梁郡下邑县:"后齐废(巳)[己]吾县入焉。"北周末年梁郡当领有睢阳、下邑二县。

第九节　北周谯州领郡沿革

谯州治涡阳,在今安徽亳州市蒙城县香山乡姜楼刘寨村。《隋书》卷30《地理志中》谯郡山桑县:"后魏置涡州、涡阳县,又置谯郡。梁改涡州曰西徐州。东魏改曰谯州。开皇初郡废,十六年(596)改涡阳为肥水。大业初州废,改县曰山桑。又梁置北新安郡,东魏改置蒙郡。后齐废郡,置蒙县,后又置郡。开皇初郡废。"据前述东魏北齐部分所考,天保七年(556)之后,北齐谯州领有南谯、龙亢、蕲城、蒙、颍川五郡。北周末年谯州当领有谯、蒙、龙亢、蕲城、颍川五郡。

1. 谯郡(即南谯郡)

治涡阳。《隋书》卷30《地理志中》谯郡山桑县:"后魏置涡州、涡阳县,又置谯郡。梁改涡州曰西徐州。东魏改曰谯州。开皇初郡废,十六年(596)改涡阳为肥水。大业初州废,改县曰山桑。"据前述东魏北齐部分所考,天保七年(556)之后,北齐南谯郡领有涡阳、白掸、丹城、临涣、龙山、下蔡六县。《隋书》卷30《地理志中》谯郡临涣县:"后魏置临涣郡,又别置丹城县。东魏析置白榇县,后齐郡废。开皇元年(581)丹城省,大业初白榇又省,并入焉。"汝阴郡颍上县:"梁置下蔡郡,后齐废郡。大业初县改名焉。汝阴郡下蔡县:"梁置汴郡,后齐郡废。大业初县改名焉。又梁置淮阳郡,后齐改曰颍川郡。开皇初郡废。"《太平寰宇记》卷17《河南道十七》宿州临涣县:"汉铚县地,属沛郡。《梁书》云:'普通六年北伐铚城,置临涣郡,以郡界临涣水为名,仍置下邑县以隶焉。'后魏改置涣北县。北齐省临涣郡,改涣北县为临涣县,属谯郡。隋开皇三年(583)废郡留县,改置谯州。"是北周末年谯郡领有涡阳、白榇(《魏书·地形志》作白掸)、丹城、临涣、龙山、下蔡六县。

2. 蒙郡

治蒙。《隋书》卷30《地理志中》谯郡山桑县:"又梁置北新安郡,东魏改置蒙郡。后齐废郡,置蒙县,后又置郡。开皇初郡废。"据前述东魏北齐部分所考,天保七年(556)之后,北齐蒙郡领有蒙县一县。北周当同。

3. 龙亢郡

治龙亢。据前述东魏北齐部分所考,天保七年(556)之后,北齐龙亢郡领有龙亢一县。《太平寰宇记》卷17《河南道十七》宿州蕲县:"龙亢故城,在县南八十里。《汉书·地理志》云龙亢县属沛郡。《舆地志》云'魏武至龙亢县,士卒多叛',即此地。隋开皇六年(586)废,隶蕲县。"北周末年龙亢郡当领有龙亢一县。

4. 蕲城郡

治蕲城。《隋书》卷31《地理志下》彭城郡蕲县:"梁置蕲郡。后齐置仁州,又析置龙亢郡。开皇初郡废,大业初州废。"据前述东魏北齐部分所考,天保七年(556)之后,北齐蕲城郡领有蕲城一县。《元和郡县图志》卷9《河南道五》宿州蕲县:"本秦旧县,汉属沛郡,后汉属沛国。……宋于此置谯郡,齐以为北谯郡。后魏改蕲县为蕲城县,隋开皇三年(583)去'城'字,属仁州。即今宿州是也。大业二年(606)属徐州,八年属谯州,后复隶徐州。"蕲县原与仁州无涉,东魏在此析置龙亢郡与蕲城郡,属谯州,至隋蕲县划属仁州。蕲城郡在东魏北齐属谯州,领有蕲城一县(见前述第三章第十二节"南兖州领郡沿革"和第三十八节"谯州领郡沿革")。北周末年蕲城郡当领有蕲城一县。

5. 颍川郡

《隋书》卷30《地理志中》汝阴郡下蔡县:"又梁置淮阳郡,后齐改曰颍川郡。开皇初郡废。"此颍川郡具体治地及领县情况不详。

第十节 北周曹州(原名西兖州)领郡沿革

曹州治左城,当在今山东菏泽市曹县韩集镇堤上范村一带。《隋书》卷30《地理志中》济阴郡:"后魏置西兖州,后周改曰曹州。"《元和郡县图志》卷11《河南道七》曹州:"后魏于定陶城置西兖州,周武帝改西兖州为曹州,取曹国为名也。隋大业三年(607),改为济阴郡。"《太平寰宇记》卷13《河南道十三》曹州:"汉为济阴郡之地,在济水之南,故以为名。景帝中六年(前144)别为济阴国。宣帝甘露二年(前52)更名定陶。哀帝更为济阴郡,属兖州。按此前济阴理在今州东北四十七里定陶故城,宋移理城阳。按城阳,今濮州雷泽县理是也。后魏于定陶城置西兖州,后又徙理左城,即今州理是也,仍移济阴郡理此,郡与州同理。周武帝宣政元年(578)改西兖州为曹州,取曹国为名也。隋大业三年(607)改为济阴郡。"据前述东魏北齐部分所考,天保七年(556)之后,北齐西兖州领有济阴一郡。北周占领北齐之后,领郡相沿不替,末年曹州当亦领有济阴一郡。

济阴郡

据前述东魏北齐部分所考,天保七年(556)之后,北齐济阴郡领有定陶、离狐、冤句、乘氏、城安五县。《太平寰宇记》卷13《河南道十三》曹州济阴县:"本汉定陶县之地,属济阴郡。自汉至周皆为定陶县之地。按定陶县,在今县东北四十七里定陶故城是也。隋开皇六年(586)于此置济阴县,属曹州。"曹州冤句县:"本汉旧县也,汉初属梁国,景帝时属济阴郡。后汉及晋同,宋无冤句县。后魏复置,属郡不改。隋开皇三年(583)罢郡,以县属曹州。"曹州乘氏县:"本汉旧县也,属济阳郡。至晋同。按此前乘氏县在今巨野县西南五十七里乘氏故城是也,宋废。后魏太和十二年(488)于今县置乘氏县,取汉乘氏县为名也。隋开皇三年(583)罢济阴郡,属曹州,大业末年废。"曹州南华县:"本汉离狐县,属东郡。莽曰瑞狐。……后汉属济阴郡,晋、宋不改。按此前离狐在今县西北三十三里离狐故城是也。后魏时移于今理。高齐及周属郡不改。隋开皇三年(583)罢郡,属曹州。"又《太平寰宇记》卷2《河南道二》开封府考城县:"秦灭六国,为甾县。汉隶梁国。后汉章帝东巡,改为考城,仍隶陈留郡。后魏为城安县,仍于县置北梁郡,隶南兖州。北齐郡废,县归济阴郡。隋复为考城,移属宋州。"是北周末年济阴郡当领有定陶、冤句、乘氏、离狐、城安五县。

第十一节 广州领郡沿革

广州治鲁山(即鲁阳),当即今河南平顶山市鲁山县县城南关的鲁阳故城。《隋书》卷30《地理志中》襄城郡鲁县:"后魏置荆州,寻废,立鲁阳郡,后置鲁州。开皇初郡废,大业初州废。有关官。"此鲁州当为隋代追改。《隋书》卷71《皇甫诞传》:"皇甫诞字玄(虑)[宪],安定乌氏人也。……诞少刚毅,有器局。周毕王引为仓曹参军。高祖受禅,为兵部侍郎。数年,出为鲁州长史。"《隋柱国左光禄大夫弘义明公皇甫府君之碑》(《皇甫诞碑》):"君讳诞,字玄宪,安定朝那人也。……起家除周毕王府长史,荣名蕃牧,则位重首寮;祛服睢阳,则誉光上客。既而苍精委驭,炎运启图,作贰边服,实资令望,授广州长史。"是至隋初尚称广州。据前述东魏北齐部分所考,在东西魏及齐周对峙时代,东西魏及齐周均置有广州。西魏及攻占北齐之前,北周广州治鲁山(鲁阳),当领有襄城、舞阴、期城、北南阳等郡,北齐广州治襄城,领有南阳、顺阳、定陵、汉广、襄城五郡。北周占领北齐后,两广州合而为一,又北周废北齐襄州,襄州所领郡县亦划入广州(襄州情况可参阅前述第三章第五十一节"襄州领郡沿革")。经过省并,北周末年广州当领有鲁阳、武山、襄邑、南襄城、期城、定陵、舞阴、汉广、顺阳、南阳、襄城十一郡。

1. 鲁阳郡

治鲁山。《隋书》卷30《地理志中》襄城郡鲁县:"后魏置荆州,寻废,立鲁阳郡,后置鲁州。开皇初郡废,大业初州废。"据《魏书》卷106《地形志中》,东魏武定年间(543—550)鲁阳郡领有山北、河山二县。此郡后陷于西魏北周,北齐广州不领此郡。《隋书》卷30《地理志中》襄城郡鞻城县:"后魏置南阳县、河山县,大业初并废入焉。"《元和郡县图志》卷6《河南道二》汝州鲁山县:"本汉鲁阳县,古鲁县也,属南阳郡。……后魏太和十一年(487),孝文帝南巡,置鲁阳镇,十八年(494)改镇为荆州,二十二年(498)罢荆州罢鲁阳郡,改鲁阳县为北山县。周改为鲁山县。"《嘉庆重修一统志》卷225《汝州直隶州二》"古迹":"鲁阳故城,今鲁山县治。……汉置鲁阳县,属南阳郡。……后魏改曰山北,后周始改曰鲁山。"北周末年鲁阳郡当领有鲁山、河山二县。

2. 武山郡

治雉阳。《隋书》卷30《地理志中》襄城郡鞻城县:"旧曰雉阳。开皇十八年(598)改曰湛水,大业初改名焉。又有后周置武山郡,开皇初废。"《元和郡县图志》卷6《河南道二》汝州龙兴县:"滍阳城,一名应城,在县南二十五里。后魏置滍阳县,隋开皇十年(590)改为湛水,武德四年(621)又置滍阳县。"按雉阳与滍阳当本为二县,至隋开皇年间省并为湛水一县。是北周末年武山郡当领有雉阳、滍阳二县。据《中国文物地图集·河南分册》,鞻城故城址在今河南平顶山市鲁山县张官营镇前城村周围[①]。

3. 襄邑郡

治赭阳城。《隋书》卷30《地理志中》淯阳郡方城县:"西魏置,及置襄邑郡。开皇初废。……又有业县,开皇末改为澧水,大业并入。"襄邑郡可能改自襄州襄城郡(因广州已有襄城郡之故),据《魏书》卷106《地形志下》,襄州襄城郡治赭阳城,领有方城、郏城、伏城、舞阴、翼阳、赭城六县。郏城、伏城、舞阴、翼阳、赭城五县不见于《隋志》,可能废于西魏北周之时。又襄州北南阳郡领有北平、白水二县。《隋书》卷30《地理志中》淮安郡真昌县:"旧曰北平,开皇九年(589)改焉。"北南阳郡和白水县可能废于西魏北周之时,北平县并入襄邑郡。北周末年襄邑郡当领有方城、业县、北平三县。

4. 南襄城郡

治叶县。《隋书》卷30《地理志中》颍川郡叶县:"后齐置襄州。后周废襄州,置南襄城郡。开皇初郡废。又东魏置定南郡,后周废为定南县,大业初省入。"北周末年南襄城郡当领有叶、定南二县。

---

① 《中国文物地图集·河南分册》,中国地图出版社,1991年,"鲁山县文物图",第88—89页,"文物单位简介"之"平顶山市·鲁山县",第90页。

5. 期城郡

治临舞。《隋书》卷30《地理志中》淮安郡临舞县:"东魏置,及置期城郡。开皇初郡废。又有东舞阳县,开皇十八年(598)改为昆水,大业初废。"北周末年期城郡当领有临舞、东舞阳二县。

6. 定陵郡

治北舞阳。《隋书》卷30《地理志中》颍川郡北舞县:"旧置定陵郡,开皇初废。"据前述东魏北齐部分所考,天保七年(556)之后,北齐定陵郡领有北舞阳、西舞阳二县。西舞阳县不见于《隋志》,或在北周时已经省并。《嘉庆重修一统志》卷211《南阳府二》:"古迹":"定陵故城,在舞阳县北十五里。"据《中国文物地图集·河南分册》,北舞渡遗址在今河南省漯河市舞阳县北舞渡河北街,为北舞阳县治及定陵郡治所在[①]。北周末年定陵郡当领有北舞阳一县。

7. 舞阴郡

治舞阴。《隋书》卷30《地理志中》淮安郡显冈县:"旧置舞阴郡,开皇初郡废。"卷65《薛世雄传》:"薛世雄字世英,本河东汾阴人也……父回,字道弘,仕周,官至泾州刺史。开皇初,封舞阴郡公,领漕渠监,以年老致事,终于家。"是隋初仍有舞阴郡。据《魏书》卷106《地形志下》,襄州舞阴郡领有舞阴、安阳二县。舞阴县当在隋初更名为显冈县。安阳县不见于《隋志》,当在西魏北周时省并,舞阴郡当领有舞阴一县。

8. 汉广郡(后或改为德广郡)

治汝坟。《隋书》卷30《地理志中》颍川郡汝坟县:"后齐置汉广郡,寻废。"汉广郡或改为德广郡。《魏故广州别驾襄城顺阳二郡守寇君墓志》(《寇炽墓志》):"君讳炽,字绍叔,上谷昌平人。……福善无征,祸衅奄及。春秋五十七,寝疾而殒。吏民哀号,朝廷伤痛。以周宣政二年(579)岁次己亥正月四月窆于万安山宣穆公之墓次。……小子士璋,广州主簿,辅国将军,中散,大都督,德广、期城、襄城三郡守,义安县开国侯。"《嘉庆重修一统志》卷211《南阳府二》"古迹":"汝坟故城,在叶县东北十五里。北齐改昆阳所置。……《县志》,今有汝坟店。"据前述东魏北齐部分所考,北齐汉广郡领有汝坟一县。北周德广郡如出自汉广郡,北周末年当领有汝坟一县。

9. 顺阳郡

治龙山。《隋书》卷30《地理志中》襄城郡郏城县:"旧曰龙山。东魏置顺阳

[①] 《中国文物地图集·河南分册》,中国地图出版社,1991年,"舞阳县文物图",第164—165页,"文物单位简介"之"漯河市·舞阳县",第339页。

郡及南阳郡、南阳县。开皇初改龙山曰汝南,三年(583)二郡并废。十八年(598)改汝南曰辅城,南阳曰期城。大业初改辅城曰郏城,废期城入焉。"据前述东魏北齐部分所考,北齐顺阳郡领有龙山一县。北周末年当同。

10. 南阳郡

据前述东魏北齐部分所考,北齐南阳郡领有南阳一县。《隋书》卷30《地理志中》襄城郡郏城县:"旧曰龙山。东魏置顺阳郡及南阳郡、南阳县。开皇初改龙山曰汝南,三年(583)二郡并废。十八年(598)改汝南曰辅城,南阳曰期城。大业初改辅城曰郏城,废期城入焉。"《元和郡县图志》卷6《河南道二》汝州郏城县:"本春秋时郑地,后属楚,又入于晋。七国时,又属韩。至汉以为县,属颍川郡。晋属襄城郡。后魏属南阳郡。高齐省。隋炀帝大业二年(606),移辅城县于今县西北五里,属汝州,四年(608)改辅城县为郏城县。"是北齐省并郏城县,隋代郏城县乃由辅城县改置而成。北周末年南阳郡当领有南阳一县。

11. 襄城郡

治襄城县。《隋书》卷30《地理志中》颍川郡襄城县:"旧置襄城郡,后周置汝州。开皇初郡废,大业初州废。"据前述东魏北齐部分所考,北齐襄城郡领有繁昌、襄城二县。又《隋书》卷30《地理志中》颍川郡下领有繁昌县,北周末年襄城郡领有襄城、繁昌二县。

第十二节　北周废澧州沿革

澧州治平氏。《周书》卷37《郭彦传》:"郭彦,太原阳曲人也。……孝闵帝践阼,出为澧州刺史。蛮左生梗,未遵朝宪。至于赋税,违命者多。聚散无恒,不营农业。彦劝以耕稼,禁共游猎,民皆务本,家有余粮。亡命之徒,咸从赋役。先是以澧州粮储乏少,每令荆州递送。自彦莅职,仓庾充实,无复转输之劳。齐南安城主冯显密遣使归降,其众未之知也。柱国宇文贵令彦率兵应接。齐人先令显率所部送粮南下,彦惧其众不从命,乃于路邀之。显因得自拔。其众果拒战,彦纵兵奋击,并虏获之。以南安无备,即引军掩袭。显外兵参军邹绍既为彦所获,因请为乡导。彦遂夜至城下,令绍诈称显归。门者开门待之,彦引兵而入,遂有其城。俘获三千余人。晋公护嘉之,进爵怀德县公,邑一千户。以南安悬远,寻令班师。"据此可知北周置有澧州。《水经注》卷29《比水注》"比水出比阳东北太胡山":"比水又南与澧水会。澧水源出于桐柏山,与淮同源而别流西注,故亦谓水为派水。澧水西北流迳平氏县故城东北,王莽更名其县曰平善。城内有《南阳都乡正卫弹劝碑》。澧水又西北合溲水,水出湖阳北山,西流北屈,迳平氏城西而北入澧水。澧水又西注比水。"澧州当据此澧水而得名。《隋书》卷30《地理志中》淮安郡平氏县:"旧置汉广郡,开皇初郡废。"澧州置时及所领郡县情况均不详。

第十三节　北周许州(原名郑州)领郡沿革

许州治长社城,在今河南许昌市长葛市城区。《隋书》卷30《地理志中》颍川郡:"旧置颍州,东魏改曰郑州,后周改曰许州。"《太平寰宇记》卷7《河南道七》许州:"今理长社县。……又西魏大统十三年(547),诏遣河南行台大都督王思政进据颍川,东魏遣将清河王高岳率众十万攻思政,思政不与战,岳造高堰引洧水以攻之,十五年(549)城陷,水自东北入城,思政为岳所执,即今长葛县之长社故城也。北齐高澄于此改立南郑州。周大定元年(581)改为许州,治长社焉,隋初不改,大业初州废,又为颍川郡。"南郑州之南,系相对于隋唐时荥阳之郑州而言,并非正式名称带"南"字。据前述东魏北齐部分所考,北齐郑州领有许昌、颍川、阳翟三郡。北周末年许州当领有颍川、许昌、阳翟三郡。

1. 颍川郡

治长社。《隋书》卷30《地理志中》颍川郡颍川县:"旧曰长社,置颍川郡。后齐废颍阴县入,开皇初废郡改县焉。"据前述东魏北齐部分所考,天保七年(556)之后,北齐颍川郡领有长社、临颍二县。《隋书》卷78《艺术·庾季才传》:"迁太史中大夫,诏撰《灵台秘苑》,加上仪同,封临颍伯,邑六百户。宣帝嗣位,加骠骑大将军、开府仪同三司,增邑三百户。"是北周有临颍县,北周末年颍川郡当领有长社、临颍二县。

2. 许昌郡

治许昌城。《隋书》卷30《地理志中》颍川郡鄢陵县:"东魏置许昌郡,后齐废县。开皇初郡废,七年(587)复鄢陵县。"据前述东魏北齐部分所考,天保七年(556)之后,北齐许昌郡领有许昌、扶沟、新汲三县。《元和郡县图志》卷8《河南道四》许州扶沟县:"本汉旧县,属淮阳国。后汉属陈留郡,魏属许昌郡。高齐文宣帝自今县北移于今理。武德四年(621)置北陈州,县隶焉。"《嘉庆重修一统志》卷191《陈州府一》"古迹":"新汲故城,在扶沟县西南。……汉置新汲县。属颍川郡,后汉、晋因之。……隋废。"新汲县废于隋代。另《隋书》卷30《地理志中》颍川郡下领有许昌县。北周末年许昌郡当领有许昌、扶沟、新汲三县。

3. 阳翟郡

治阳翟。据前述东魏北齐部分所考，北齐领有黄台、阳翟二县。《隋书》卷30《地理志中》襄城郡阳翟县："东魏置阳翟郡，开皇初郡废。"颍川郡颍川县："又东魏置黄台县，大业初废入焉，置郡。"北周末年阳翟郡当领有阳翟、黄台二县。

第十四节　北周废汝州沿革

汝州治襄城，即今河南许昌市襄城县城关镇。《隋书》卷30《地理志中》颍川郡襄城县："旧置襄城郡，后周置汝州。开皇初郡废，大业初州废。"然据《元和郡县图志》卷6《河南道二》汝州襄城县："本秦旧县，汉因之，属颍川郡。……盖以周襄王尝出居此，故名襄城。晋及后魏属襄城郡，隋开皇三年(583)改郡为汝州，以县属焉。大业三年(607)废汝州，以县属许州。"汝州初置于隋初。或北周一度改襄城郡为汝州，但不久旋废。所领襄城郡又划入广州（参见本章第十一节"广州领郡沿革"）。

第十五节　北周废襄州沿革

《隋书》卷30《地理志中》颍川郡叶县："后齐置襄州。后周废襄州，置南襄城郡。开皇初郡废。又东魏置定南郡，后周废为定南县，大业初省入。"（参见第三章第五十一节"襄州领郡沿革"和本章第十一节"广州领郡沿革"）。

第十六节　北周舒州(原名豫州)领郡沿革

舒州治上蔡县(悬瓠城)，即今河南驻马店市汝南县汝宁镇。《隋书》卷30《地理志中》汝南郡："后魏置豫州，东魏置行台。后周置总管府，后改曰舒州，寻复曰豫州，及改洛州为豫州，此为溱州，又改曰蔡州。"《元和郡县图志》卷9《河南道五》蔡州："宋文帝又于悬瓠城置司州。其后太武帝收河南地，献文帝改司州为豫州。周大象二年(580)改为舒州。隋文帝改为豫州，移入悬瓠城，今理是也。"据前述东魏北齐部分所考，北齐末年豫州领有汝南、临颍、汝阳、广宁、初安、文城六郡。北周末年舒州当领有汝南、临颍、汝阳、广宁、初安、文城六郡。

1. 汝南郡

治上蔡县(悬瓠城)。《隋书》卷30《地理志中》汝南郡汝阳县："旧曰上蔡，置汝南郡。开皇初郡废。大业初置郡,改县曰汝阳,并废保城县入焉。"据前述东魏北齐部分所考,天保七年(556)之后,北齐汝南郡领有上蔡、保城、白狗、建宁、安阳五县。《隋书》卷30《地理志中》汝南郡真阳县:"旧置郢州。东魏废州,置义阳郡。后齐废郡入保城县。开皇十一年(591)废县。十六年(596)置县,曰真丘。大业初改曰真阳。又有白狗县,梁置淮州。后齐废州,以置齐兴郡,郡寻废。开皇初,改县曰淮川,至是亦省入焉。又有后魏安阳县,后废。"《大周故瀛洲文安县令王府君墓志铭》(《王德表墓志》):"公讳德表,字文甫,太原晋阳人。高祖隆,后魏行台尚书、开府仪同三司、安阳县开国伯、绛郡太守。……祖子杰,宇文朝建威将军、徐州刺史,袭封安阳伯。"《嘉庆重修一统志》卷216《汝宁府二》"古迹":"安阳故城,在正阳县西南。……隋省县入真阳。"又《大隋故朝请大夫夷陵郡太守太仆卿元公之墓志铭》(《元智墓志》):"宣政元年(578),以军功封豫州之建宁县男,邑二百户。……大象二年(580),又仍旧封,进爵为子。"是北周末年汝南郡当领有上蔡、保城、白狗、安阳、建宁五县。

2. 临颍郡

治邵陵。《隋书》卷30《地理志中》颍川郡郾城县:"开皇初置,十六年置道州,大业初州废。又后魏置颍川郡,后齐改为临颍郡,开皇初郡废。又有邵陵县,大业初废。"《元和郡县图志》卷9《河南道五》蔡州郾城县:"两汉以为县,属颍川郡。……高齐于今县置临颍郡,隋开皇三年(583)废。五年(585),又于废郡城中置郾城县,属许州。"据前述东魏北齐部分所考,天保七年(556)之后,北齐临颍郡领有邵陵、临颍、西平三县。《元和郡县图志》卷8《河南道四》许州临颍县:"本汉旧县,属颍川郡,历代因之。隋开皇三年(583)罢郡,以县属许州。大业四年(608),自故城移于今理。""临颍皋,东西长五十里,即龙脾冈也。嵩高山东南三百里有龙脾,其地沃壤可居,即此冈也。今临颍县理在冈上。"《太平寰宇记》卷11《河南道十一》蔡州西平县:"本汉旧县。……后汉末废,至后魏复焉,在郾南五十里,属汝南郡。高齐改属临颍郡。隋初改属道州。大业末又废之。"北周末年临颍郡当领有邵陵、临颍、西平三县。

3. 汝阳郡

《隋书》卷30《地理志中》淮阳郡溵水县:"开皇十六年(596)置,又有后魏汝阳郡及县,后齐郡废,大业初县废。"但据《隋书》卷55《独孤楷传》:"高祖为丞相,进授开府,每督亲信兵。及受禅,拜右监门将军,进封汝阳郡公。"《元和郡县图志》卷9《河南道五》蔡州汝阳县:"本汉旧县地,属汝南郡。晋属汝南国,宋属汝阳郡。隋开皇二年(582)罢郡,县属豫州。"是隋初有汝阳郡。《唐故叠州密恭县丞杨公(师善)及夫人丁氏墓志文并序》:"夫人谯郡丁氏,曾祖泽,周任汝阳郡丞。"①《大周故相州刺史袁府君墓志铭并序》云:"君讳公瑜,字公瑜,陈郡扶乐人也。……曾祖虮,魏车骑大将军、行台大都督、汝阳郡开国公;祖钦,周昌城太守、汝阳郡开国公。"②是北周亦有汝阳郡。《隋书·地理志》表述似有不确。据前述东魏北齐部分所考,天保七年(556)之后,北齐汝阳郡领有汝阳、武津二县。《太平寰宇记》卷11《河南道十一》蔡州汝阳县:"本汉县,属汝南郡。晋属汝南国。宋属汝阳郡。隋开皇十三年(593)罢郡,属豫州。十七年(597)改汝阳为溵水,属陈州。今界内有大溵水之名。其年又于上蔡县东北别置汝阳县,属豫州。即今县是也。"据《魏书》卷106《地形志中》,东魏武定年间(543—550)汝阳郡领有汝阳、武津、征羌三县。《隋书》卷30《地理志中》汝南郡上蔡县:"后魏置,曰临汝。后齐废。开皇中置,曰武津。大业初改名焉。"《嘉庆重修一统志》卷216《汝宁府二》"古迹":"武津故城,在上蔡县东。刘宋置县,属汝阳郡。……隋改临汝为武津而县废。"是武津县在北朝一直存在。北周末年汝阳郡当领有汝阳、武津二县。

4. 广宁郡

治石母台。《隋书》卷30《地理志中》汝南郡新蔡县:"齐置北新蔡郡,魏曰新蔡郡,东魏置蔡州。后齐废州置广宁郡。开皇初郡废。"据前述东魏北齐部分所考,天保七年(556)之后,北齐广宁郡领有新蔡、铜、永康、包信四县。《隋书》卷30《地理志中》淮阳郡铜阳县:"后齐废,开皇十一年(591)复。"《魏书》卷106《地形志中》财州:"武定八年(550)置。治豫州铜县固始城。"据《北史》卷56《魏收传》,《魏书》全书成于北齐天保五年(554)十一月,后来虽有所修改,但内容不致有大变。财州本属寄治性质,置于东魏武定八年(550),同年魏齐禅代,魏收在财州下的标注也许是北齐的行政建置。如然,则北齐时铜阳与固始二县合并为铜县(当然也可能这里的铜县为铜阳县之漏写)。《嘉庆重修一统志》卷216《汝宁府二》"古迹"亦云:"铜阳故城,在新蔡县东北七十里,汉置县,属汝南郡。……晋属汝阴郡,后属新蔡郡。(成)[咸?]康二年(336)省入新蔡县,后复置,刘宋时因之。后魏永安中陷,武定中复。齐废,隋开皇十一年(591)复置,属淮阳郡。"北齐在广宁郡还新置有永康县。《隋书》卷30《地理志中》汝南郡新蔡县:"齐置北新蔡郡,魏曰新蔡郡,东魏置蔡州。后齐废州置广宁郡。开皇初郡废。十六年(596)置舒州及舒县、广宁县。仁寿元年(601)改广宁曰汝北。大业初州废,改汝北曰新蔡。又后齐置永康县,后改名曰澺水,

---

① 吴钢主编,王京阳副主编:《全唐文补遗》第3辑,三秦出版社,1996年,第485—486页。
② 周绍良主编,赵超副主编:《唐代墓志汇编》,上海古籍出版社,1992年,第975—976页。

至是及舒县并废入焉。"《嘉庆重修一统志》卷215《汝宁府一》"汝宁府表"新蔡县："魏为新蔡郡置。齐分置永康县,属广宁郡。周改名溵水。"《隋书》卷30《地理志中》淮阳郡铜阳县："又东魏置财州,后齐废,以置包信县。开皇初废。"是北周末年广宁郡当领有新蔡、铜、溵水、包信四县。

5. 初安郡

治安昌。北齐同。《隋书》卷30《地理志中》汝南郡朗山县："旧曰安昌,置初安郡。"据前述东魏北齐部分所考,天保七年(556)之后,北齐初安郡领有安昌、怀德、昭越三县。《周书》卷37《郭彦传》："郭彦,太原阳曲人也。……孝闵帝践祚,出为澧州刺史。……齐南安城主冯显密遣使归降……彦引兵而入,遂有其城。俘获三千余人。晋公护嘉之,进爵怀德县公,邑一千户。"是北周曾置有怀德县。怀德县不见于《隋志》,或在北周后期废置。又《隋书》卷30《地理志中》淮安郡比阳县："又有昭越县,大业初改为同光,寻废。"北周末年初安郡当领安昌、昭越二县。有《嘉庆重修一统志》卷211《南阳府二》："古迹"："昭越故城,在泌阳县东。后魏置,属初安郡。隋开皇初郡废,大业初改为同光,寻废。"据《中国文物地图集·河南分册》,昭越故城在今河南驻马店市泌阳县大路庄乡古城岗村东①。

6. 文城郡

治襄城。据前述东魏北齐部分所考,天保七年(556)之后,北齐文城郡领有遂宁、武阳二县。《隋书》卷30《地理志中》汝南郡西平县："后魏置襄城郡,后齐改郡曰文城,开皇初郡废。又有故武阳县,十八年(598)改曰吴房,大业初省。"汝南郡吴房县："故曰遂宁,后齐省绥义县(按当即《地形志》所载义绥县)入焉。大业初改曰吴房。"北周末年文城郡当领有遂宁、武阳二县。

第十七节　北周永州领郡沿革

永州治楚城,即今河南信阳市平桥区长台关乡苏楼村城里庄楚王城。《隋书》卷30《地理志中》汝南郡城阳县："旧废,梁置,又有义兴县。后魏置城阳郡,梁置楚州,东魏置西楚州,后齐曰永州。开皇九年(589)废入纯州。十八年(598)改义兴为纯义。大业初州县并废入焉。"据前述东魏北齐部分所考,北齐永州领有城阳一郡。北周当同。

---

① 《中国文物地图集·河南分册》,中国地图出版社,1991年,"泌阳县文物图",第198页,"文物单位简介"之"驻马店地区·泌阳县",第457—458页。

城阳郡

据前述东魏北齐部分所考,天保七年(556)之后,北齐城阳郡领有城阳、义兴二县。北周当同。

第十八节　北周息州(原名东豫州)领郡沿革

息州治广陵城,据《中国文物地图集·河南分册》,当即今河南信阳市息县城郊乡张庄东南的古息城遗址[①]。《隋书》卷30《地理志中》汝南郡新息县:"后魏置东豫州。梁改曰西豫州,又改曰淮州。东魏复曰东豫州,后周改曰息州,大业初州废。又后魏置汝南郡,开皇初郡废。又梁置滇州,寻废。又梁置北光城郡,东魏废,又有北新息县,后齐废。"《元和郡县图志》卷9《河南道五》蔡州新息县:"本息侯国,为楚所灭。汉以为新息县,属汝南郡。周武帝于此置息州,领此县。隋大业二年(606)州废,改属豫州。"《太平寰宇记》卷11《河南道十一》蔡州新息县:"春秋息国,为楚所灭。汉为新息县,属汝南郡。孟康曰:'其后东徙,故加新字。'后周宣政元年(578)于此置息州。隋大业二年(606)州废,改属豫州。"据前述东魏北齐部分所考,天保七年(556)之后,北齐东豫州领有汝南、新蔡二郡。北周划广陵、建安、梁安三郡入息州,北周末年息州当领有广陵、汝南、新蔡、建安、梁安五郡。

1. 广陵郡

治宋安。据《魏书》卷106《地形志中》,东魏兴和年间(539—542)分东豫州部分地域置宋安、光城、安蛮、新蔡、汝南五县,在此基础上置广陵郡,划入豫州。东魏武定年间(543—550)广陵郡领有宋安、光城、安蛮、新蔡、汝南五县。北齐武平四年即陈太建五年(573)广陵郡被陈朝所占,大象元年(579)北周又占广陵郡。《嘉庆重修一统志》卷222《光州直隶州一》"古迹":"广陵故城,今息县治,本汉新息县地。后魏太和十七年(493),光城蛮田益宗来降,十九年(495)置东豫州于新息广陵城,以益宗为刺史。梁大通元年(527),谯州刺史湛僧智克广陵,诏以僧智领东豫州,仍镇广陵。寻改为西豫州。太清元年(547),又改北广陵为淮州。东魏武定七年(549)复取之,仍曰东豫州。陈太建五年(573)北伐,将军樊毅攻广陵楚子城,拔之。后周大象元年(579)南伐,梁士彦复攻广陵,拔之。遂移新息县于此,改置息州。"广陵郡所领光城、安蛮、新蔡、

[①] 《中国文物地图集·河南分册》,中国地图出版社,1991年,"息县文物图",第208—209页,"文物单位简介"之"信阳地区·息县",第490页。

汝南诸县不见于《隋志》,或在陈、周之际省废。北周末年广陵郡当领有宋安一县。

2. 汝南郡

治新息。据前述东魏北齐部分所考,天保七年(556)之后,北齐汝南郡领有新息一县。《隋书》卷30《地理志中》汝南郡新息县:"又后魏置汝南郡,开皇初郡废。……又有北新息县,后齐废。"按此当指北新息废入南新息,南新息更名新息县。北周末年汝南郡当领有新息一县。

3. 新蔡郡

治苞信。据前述东魏北齐部分所考,天保七年(556)之后,北齐新蔡郡领有苞信、长陵二县。《隋书》卷1《高祖纪》,北周大象二年(580)十二月甲子,周帝诏曰:"可授相国,总百揆,去都督内外诸军事、大冢宰之号,进公爵为王,以……息州之新蔡、建安……郢州之汉东二十郡为隋国。"是北周息州领有新蔡郡。《隋书》卷30《地理志中》汝南郡褒信县:"宋改曰包信。大业初改复旧焉。……又有长陵郡,后齐废为县。大业初又省县焉。"《太平寰宇记》卷11《河南道十一》蔡州褒信县:"本汉鄳县之地,后汉光武分立褒信县。晋属汝阴。宋武北伐,改为苞信县。隋末,复为褒信县也。"是苞信县至隋大业初年始改名褒信县,恢复旧名。北周末年新蔡郡当领有包信、长陵二县。

4. 建安郡

据《隋书》卷1《高祖纪》,北周大象二年(580)十二月甲子,周帝诏曰:"可授相国,总百揆,去都督内外诸军事、大冢宰之号,进公爵为王,以……息州之新蔡、建安……郢州之汉东二十郡为隋国。"是息州领有建安郡。建安郡治地及领县情况均不详。

5. 梁安郡

治朗中。《隋书》卷30《地理志中》汝南郡褒信县:"又梁置梁安郡,开皇初废。"《大隋开皇十四年十月廿三日息州梁安郡守侯公铭》(《侯肇墓志》):"君讳肇,字永先,上谷人也。……起家授息州朗中县令,治道有闻,遐迩兼肃。大隋秉箓,开皇更始,诏授梁安郡守。"北周末年梁安郡当领有朗中一县。

第十九节 北周威州沿革

《隋书》卷30《地理志中》汝南郡朗山县:"旧曰安昌,置初安郡。废,十八年(598)县改名焉。又梁置陈州,后魏废,又齐置荆州,寻废。后周又置威州,后又废。"威州具体置废时间及所领郡县情况均不详。

第二十节 北周洦州沿革

《隋书》卷30《地理志中》汝南郡西平县:"后魏置襄城郡,后齐改郡曰文城,开皇初郡废。又有故武阳县,十八年(598)改曰吴房,大业初省。又有故洦州、灅州,并后齐置,开皇初皆废。"洦州治地及所领郡县情况均不详。

第二十一节 北周灅州沿革

《隋书》卷30《地理志中》汝南郡西平县:"后魏置襄城郡,后齐改郡曰文城,开皇初郡废。又有故武阳县,十八年(598)改曰吴房,大业初省。又有故洦州、灅州,并后齐置,开皇初皆废。"灅州治地及所领郡县情况均不详。

第二十二节 北周陈州(原名信州)领郡沿革

《隋书》卷30《地理志中》淮阳郡项城县:"东魏置扬州及丹阳郡、秣陵县,梁改曰殷州,东魏又改曰北扬州,后齐改曰信州,后周改曰陈州。开皇初改秣陵为项县。十六年(596)分置沈州,大业初州废。又有项城郡,开皇初分立陈郡,三年(583)并废。"《元和郡县图志》卷8《河南道四》陈州:"高齐文宣帝以百姓守信,不附侯景,改北扬州为信州。周武帝改信州为陈州。隋开皇二年(582)改为沈州。"《太平寰宇记》卷10《河南道十》陈州:"秦灭楚,改为颍川郡。汉为淮阳国之地。后汉如之。晋为汝南郡、梁国二境,兼置豫州,领郡国十,理于此。后魏得之,又立为陈郡。至天平二年(535)以淮南内附,于此置北扬州,理项城,以居新附之户。高齐天保二年(551)以百姓守信,不附侯景,改北扬州为信州。隋开皇十六年(596)于宛丘县更立陈州。炀帝初州废,又为淮阳郡。"据前述东魏北齐部分所考,天保七年(556)之后,北齐信州领有陈、汝阴、丹杨、淮阳四郡。北周因颍州有汝阴郡而废此汝阴郡,又新置项城郡,北周末年陈州当领有陈、丹阳(即丹杨)、淮阳、项城四郡。

1. 陈郡

治项。据前述东魏北齐部分所考,天保七年(556)之后,北齐陈郡领有项、长平二县。《隋书》卷30《地理志中》淮阳郡宛丘县:"后魏曰项,置陈郡。开皇初县改名宛丘。"《元和郡县图志》卷8《河南道四》陈州宛丘县:"本汉陈县。……汉属淮阳国,后汉属陈郡,晋属梁国,宋属陈郡。……隋文帝罢陈郡,改项县为宛丘县。"《隋书》卷30《地理志中》淮阳郡西华县："旧曰长平,开皇十八年(598)改曰鸿沟。大业初改焉。"北周末年陈郡当领有项、长平二县。

2. 丹阳郡

治项城。《隋书》卷30《地理志中》淮阳郡项城县："东魏置扬州及丹阳郡、秣陵县……开皇初改秣陵为项县。"据前述东魏北齐部分所考,天保七年(556)之后,北齐丹杨郡领有秣陵、和城二县。《隋书》卷30《地理志中》淮阳郡南顿县："旧置南顿郡。后齐废郡及平乡县入,改曰和城。大业初又改为南顿。"北周末年丹阳郡当领有秣陵、和城二县。

3. 淮阳郡

治阳夏。据前述东魏北齐部分所考,北齐淮阳郡领有阳夏一县。《隋书》卷30《地理志中》淮阳郡太康县："旧曰阳夏,并置淮阳郡。开皇初郡废,七年(587)更名太康。"此阳夏县与《魏书》卷106《地形志中》东魏梁州阳夏郡之阳夏县应为一县(参见前述第三章第十八节"信州(原名扬州、北扬州)领郡沿革")。《元和郡县图志》卷8《河南道四》陈州太康县："本汉阳夏县地,属淮阳国。后汉属陈国。后魏孝昌四年(按孝昌年号只用三年,应为528)置阳夏郡,以县属焉。隋文帝改阳夏为大业县。"隋开皇七年(587)可能是分阳夏县置太康县,并将阳夏县改为大业县,均划属淮阳郡。北周末年淮阳郡当仅领有阳夏一县。

4. 项城郡

《隋书》卷30《地理志中》淮阳郡项城县："又有项城郡,开皇初分立陈郡,三年(583)并废。"项城郡具体治地及领县情况不详。

第二十三节　北周颍州领郡沿革

颍州治汝阴,在今安徽阜阳市颍州区。《隋书》卷30《地理志中》汝阴郡："旧置颍州。"据《周书》卷2《文帝纪下》,西魏废帝三年(554)春正月,改扬州为颍州。《太平寰宇记》卷11《河南道十一》颍州汝阴县："本汉旧县,属汝南郡。魏文帝黄初三年(222)属汝阴郡。后魏孝昌三年(527)于此置颍州。北齐以县属汝阴郡。开皇三年(583)罢颍州。"据前述东魏北齐部分所考,颍州因地处南北交争地带,置废情况较为复杂。北周占领之后,经过省并,北周末年当领有汝阴、陈留、颍川三郡。

1. 汝阴郡

治汝阴。据前述东魏北齐部分所考,天保七年(556)之后,北齐汝阴郡领有汝阴一县。《隋书》卷30《地理志中》汝阴郡汝阴县："旧置汝阴郡,开皇初郡废。大业初复置。"汝阴郡颍上县："梁置下蔡郡,后齐废郡。大业初县改名焉。"《元和郡县图志》卷7《河南道三》颍州颍上县："本汉慎县地,属汝南郡,自汉迄宋不改。隋大业二年(606)置颍上县,属颍州。三年(607),以颍州为汝阴郡,县仍属焉。"《太平寰宇记》卷11《河南道十一》颍州颍上县："本汉慎县地,属汝南郡。吴、魏之际设关防,莫谨于此。隋大业二年(606)于今县南故郑城置颍上县,以地枕颍水上游为名,仍隶颍州焉。"是颍上县乃新置,《隋志》所云"大业初县改名焉"或有误。北周末年汝阴郡当领有汝阴一县。

2. 陈留郡

治陈留。据前述东魏北齐部分所考,天保七年(556)之后,北齐陈留郡领有陈留一县。《隋书》卷30《地理志中》汝阴郡颍阳县："梁曰陈留,并置陈留郡及陈州。东魏废州。开皇初废郡,十八年(598)县改名焉。"北周末年陈留郡当领有陈留一县。

3. 颍川郡

治许昌。据前述东魏北齐部分所考,天保七年(556)之后,北齐颍川郡领有许昌一县。《隋书》卷30《地理志中》汝阴郡清丘县："梁曰许昌,及置颍川郡。开皇初废郡,十八年(598)县改名焉。"北周末年颍川郡当领有许昌一县。

第二十四节　商州(原名洛州)领郡沿革

商州原名洛州,治上洛,在今陕西商洛市商州区城区。《隋书》卷30《地理志中》上洛郡："旧置洛州,后周改为商州。"《太平寰宇记》卷141《山南西道九》商州："后魏太和十一年(487)又于此置洛州,西魏如之。后周宣政元年(578)改洛州为商州,取古商於之地为名。隋大业三年(607)为上洛郡。"据《魏书》卷106《地形志下》,北魏永熙年间(532—534)洛州领有上洛、上庸、魏兴、始平、苌和五郡。

其中上庸郡(注云:皇兴四年置东上洛,永平四年改)领有商(注云:前汉属恒农,后汉属京兆,晋属上洛,后属)、丰阳(注云:郡治。太安二年置)二县。《太平寰宇记》卷141《山南西道九》商州丰阳县："汉为商县地,晋太始三年(267)分商县之地置丰阳县,因丰阳川以为名,寻废。后魏太安二年(456)于旧县复置,仍于县理南置上洛郡。永平五年(512)省为县。"商州商洛县："汉为商县,属弘农郡。《周地图记》云:'商洛郡领商、丰阳二县,属洛州。'……隋开皇四年(584)改商县为商洛县。"按《隋书》卷30《地理志中》上洛郡下列有商洛、丰阳二县。上庸郡当在西魏或北周时省并入上洛郡。据《魏书》卷106《地形志下》，北魏永熙年间（532—534）洛州魏兴郡领有阳亭一县，始平郡领有上洛一县，两郡不见于西魏北周之后文献，当在西魏北周时省并。苌和郡在西魏或北周时改置慎政郡（见下），另西魏北周又新设邑阳郡和拒阳郡，北周末年商州当领有上洛、邑阳、拒阳、慎政四郡。

1. 上洛郡

治上洛。《隋书》卷30《地理志中》上洛郡上洛县："旧置上洛郡，开皇初郡废，大业初复置。"据《魏书》卷106《地形志下》，北魏永熙年间（532—534）上洛郡领有上洛、拒阳二县。拒阳县后划出置拒阳郡。原上庸郡所领之商、丰阳二县在上庸郡废置后则划入上洛郡。《隋书》卷30《地理志中》上洛郡丰阳县："后周置，开皇初并南阳县入。"北周末年上洛郡当领有上洛、商、丰阳、南阳四县。

2. 邑阳郡

治邑阳。《隋书》卷30《地理志中》弘农郡朱阳县："有邑阳县，开皇末改为邑川，大业初并入。"《周书》卷44《阳雄传》："阳雄字元略，上洛邑阳人也。世为豪族。……后入洛阳，战河桥，解玉壁围，迎高仲密，援侯景，并预有战功。前后增邑四百五十户，世袭邑阳郡守。"北周末年邑阳郡当领有邑阳一县。

3. 拒阳郡

治拒阳。据《魏书》卷106《地形志下》，北魏永熙年间（532—534）拒阳县属于上洛郡。《隋书》卷30《地理志中》上洛郡洛南县："旧曰拒阳，置拒阳郡。开皇初郡废，县改名焉。"《太平寰宇记》卷141《山南西道九》商州洛南县："本汉上洛县地，晋太始三年（267）分上洛地，于今县东北八十里置拒阳县，属上洛郡，寻省。后魏真君二年（441）又于今县东四十里武谷川再置。隋开皇二年（582）罢郡，以拒阳属商州，五年（585）改拒阳为洛南县，取洛水之南为名。大业十一年（615）移于今理，俗谓之清池川。"北周末年拒阳郡当领有拒阳一县。

4. 慎政郡

治南商。据《魏书》卷106《地形志下》，苌和郡在北魏永熙年间（532—534）领有南商一县。《北周地理志》卷7《河南上》商州下引《费氏造像记》："天和六年（571）五月廿一日造像一区，□□将军谏议长利南商二县令慎政郡丞治都督费永进。"是北周置有慎政郡，领有南商、长利二县。慎政郡当为苌和郡所改。

第二十五节　上州（原名南洛州）领郡沿革

上州原名南洛州，治上津，据《中国文物地图集·湖北分册》，当在今湖北十堰市郧西县上津镇西街①。《隋书》卷30《地理志中》上洛郡上津县:"旧置北上洛郡,梁改为南洛州,西魏又改为上州,后周并漫川、开化二县入,大业初废州。"据《周书》卷2《文帝纪下》,西魏废帝三年(554)春正月,改南洛州为上州。《周书》卷44《泉企传泉仲遵附传》:"大将军王雄南征上津、魏兴,仲遵率所部兵从雄讨平之。遂于上津置南洛州,以仲遵为刺史。"按《周书》卷19《王雄传》:大统"十七年(551),雄率军出子午谷,围梁上津、魏兴。明年,克之,以其地为[南洛州、]东梁州。寻而复叛,又令雄讨之"。北周末年,上州当领有上津、甲二郡。

1. 上津郡

治上津。《太平寰宇记》卷141《山南西道九》商州上津县:"本汉长利县地,属汉中郡。宋于此置北上洛郡。梁改为南洛州。后魏废帝三年(554)为上州,以晋时于此置洛津戍为名,仍于州置上津郡及上津县。隋开皇三年(583)罢郡,以县属上州。大业二年(606)废上州,以县属商州。"《隋书》卷29《地理志上》西城郡丰利县:"梁置南上洛郡,西魏改郡曰丰利。后周省郡入上津郡,以熊川、阳川二县入丰利,后又废上津郡入甲郡。"按上津郡隋开皇三年(583)始罢郡,《隋志》表述似不确。《元和郡县图志》卷21《山南道二》均州丰利县:"本汉长利县之地也,理在长利川,故以为名。宋于此侨置南上洛郡,属梁州。后魏文帝改南上洛郡为丰利郡,又立丰利县。隋以丰利县属金州,贞观八年(634)改属均州。"《太平寰宇记》卷143均州郧乡县:"废丰利县……本汉长利县地,后汉省。晋复立,太康五年(284)改长利为锡县,所属不改。宋于此侨置南上洛郡,属梁州。后魏分锡县置丰利县。按《荆州图副》云:'丰利、熊川、阳川三县,即武当之地。'"北周末年上津郡当领有上津、丰利二县。

2. 甲郡

治黄土。《隋书》卷29《地理志上》西城郡黄土县:"西魏置洧阳郡。后周改郡,置县曰长冈。后郡省入甲郡,置县曰黄土,并赤石、甲、临江三县入焉。开皇初郡废。"《太平寰宇记》卷141《山南西道九》金州洧阳县:"废洧阳县,在州东三十里。本汉洧阳县地,晋于此置洧口戍。后魏大统十七年(551)改置洧阳郡,又于郡西三十三里置黄土县,居汉水南黄土山之西为名。后周保定二年(562)改洧阳郡为长冈郡,三年(563)郡废,移黄土县于洧阳郡廨为理。隋大业二年(606)以黄土县属金州。"北周末年甲郡当领有黄土一县。

---

① 《中国文物地图集·湖北分册》(上),"郧西县文物图",西安地图出版社,2002年,第178—179页;《中国文物地图集·湖北分册》(下),"十堰市·郧西县",第272页。

第二十六节　东义州领郡沿革

东义州治卢氏,在今河南三门峡市卢氏县城关镇。《隋书》卷 30《地理志中》弘农郡卢氏县:"后魏置汉安郡,西魏置[义州、]义川郡。开皇初郡废,州改为虢州。大业初州废。"《太平寰宇记》卷 6《河南道六》虢州卢氏县:"汉县,属弘农郡。后属虢,今不改。……后魏大统中于此立东义州。隋开皇三年(583)改为虢州,大业三年(607)废州。义宁元年(617)又置虢郡。"《魏书》卷 12《孝静帝纪》:元象元年(538)"二月,豫州刺史尧雄攻(扬)[阳]州,拔之,擒宝炬义州刺史韩显、(扬)[阳]州长史丘岳,送京师"。北周末年,东义州当领有义川一郡。

义川郡

治卢氏。《隋书》卷 30《地理志中》弘农郡卢氏县:"后魏置汉安郡,西魏置[义州、]义川郡。开皇初郡废。"弘农郡长泉县:"后魏曰南陕,西魏改焉。"《元和郡县图志》卷 5《河南道一》洛州长水县:"本汉卢氏县地,后汉、晋、宋不改。后魏宣武帝分卢氏东境置南陕县,属弘农郡,西魏废帝改为长渊。隋义宁元年(617),以犯高祖庙讳,改为长水。"《隋书》卷 30《地理志中》弘农郡朱阳县:"旧置朱阳郡,后周郡废。"《元和郡县图志》卷 6《河南道二》虢州朱阳县:"本汉卢氏县,属弘农郡。后魏太和十四年(590),蛮人樊磨背梁归魏,立朱阳郡并朱阳县,令樊磨为太守。大统三年(537),分为朱阳郡,属东义州。周武帝保定二年(562),又省郡。宣帝大象元年(579),割卢氏西界以益朱阳县。隋开皇四年(584)北属陕州,大业三年(607)改属虢州。"《太平寰宇记》卷 6《河南道六》虢州朱阳县:"本汉卢氏县地,按《十三州记》:'卢氏有朱阳山,因别立县。'后魏太和十四年(590),蛮人樊磨背梁归魏,魏于今卢氏县南一百五十里立朱阳郡,以樊磨为太守,孝昌二年(526)省郡,大统二年(536)又立,属东义州,仍于理所置朱阳以属焉。后周保定二年(562)省郡,大象二年(580)移县于今卢氏县西南鄢渠谷中。隋开皇四年(584)移理洛水北。大业二年(606)移于芹池川,即今县也。"北周末年义川郡当领有卢氏、长渊、朱阳三县。

第二十七节　淅州领郡沿革

淅州治修阳,故址在今河南南阳市西峡县桑坪乡柴林扒村。《隋书》卷 30《地理志中》淅阳郡:"西魏置淅州。"《嘉庆重修一统志》卷 211《南阳府二》:"古迹":"南乡故城,在淅川县东南。本汉析县及顺阳乡地。后汉建武中,改封顺阳侯嘉子参为南乡侯,遂置县,属南阳郡。三国魏置南乡郡。晋废属顺阳郡。咸康中复析置南乡郡。宋因之。后魏移郡治顺阳,改置南乡郡治此。西魏置析州。隋开皇初郡废,大业初又改淅州,置淅阳郡。县废入焉。唐初郡县皆废。"《魏书》卷106《地形志下》有析州,析州即淅州。又《周书》卷44《泉企传》:"迁左将军、淅州刺史,别封泾阳县伯,邑五百户。"泉企任淅州刺史事发生于武泰元年(528),是北魏末年已经设置有淅州。嗣后淅州一直在西魏北周的统辖范围之内。

据《魏书》卷106《地形志下》析州领有修阳、固、朱阳、南上洛、析阳五郡。其中修阳郡,据《魏书》卷106《地形志下》,领有盖阳、修阳二县。《嘉庆重修一统志》卷211《南阳府二》:"古迹":"修阳故城,在内乡县西北。后魏置修阳县兼置修阳郡。……后周时,郡县皆废。"《中国文物地图集·河南分册》指修阳县故城在今河南南阳市西峡县桑坪乡柴林扒村[①]。固郡,据《魏书》卷106《地形志下》,领有怀里、南乡、固三县。朱阳郡,据《魏书》卷106《地形志下》,领有黄水、朱阳二县。朱阳郡后划置东义州(参见本章第二十六节"东义州领郡沿革")。南上洛郡,据《魏书》卷106《地形志下》,领有单水、南上洛二县。《元和郡县图志》卷21《山南道二》均州丰利县:"宋于此侨置南上洛郡,属梁州。后魏文帝改南上洛郡为丰利郡,又立丰利县。"《太平寰宇记》卷143均州郧乡县:"宋于此侨置南上洛郡,属梁州。后魏分锡县置丰利县。"可知南上洛郡后改为丰利郡。丰利郡北周时废,丰利县则在北周时划入上州上津郡(参见本章第二十五节"上州(原名南洛州)领郡沿革")。北周末年,淅州可能领有淅阳一郡。

淅阳郡

治中乡。据《魏书》卷106《地形志下》,析州析阳郡领有西析阳、东析阳二县。《隋书》卷30《地理志中》淅阳郡内乡县:"旧曰西淅阳郡,西魏改为内乡。后周废,并淅川、石人二县入焉。"《嘉庆重修一统志》卷211《南阳府二》:"古迹":"析县故城,在内乡县西北。……汉置析县,因析水为名。后汉属南阳郡。晋属顺阳郡。宋省。后魏置析阳郡于此,领东、西二析阳县,此为西析阳。后周改曰中乡。隋改曰内乡。……《府志》:内乡有旧县城,在今县西北一百二十里内乡保,即析县城也。"据《中国文物地图集·河南分册》,汉析县故城在今

[①] 《中国文物地图集·河南分册》,中国地图出版社,1991年,"西峡县文物图",第226页,"文物单位简介"之"南阳地区·西峡县",第546页。

河南南阳市西峡县县城北关外,东析阳县故城在今河南南阳市西峡县丹水镇七峪村南①。淅阳郡当领有中乡一县。

第二十八节　北周丰州领郡沿革

丰州治武当,故址在今湖北十堰市丹江口市均县镇关门岩村,现丹江口水库淹没区内。《隋书》卷30《地理志中》淅阳郡武当县:"旧置武当郡。又侨置始平郡,后改为齐兴郡。梁置兴州,后周改为丰州。开皇初二郡并废,改为均州。大业初州废。"《周书》卷44《席固传》:"席固字子坚,其先安定人也。高祖衡,因后秦之乱,寓居于襄阳。仕晋,为建威将军,遂为襄阳著姓。……魏大统十六年(550),以地来附。是时太祖方欲南取江陵,西定蜀、汉,闻固之至,甚礼遇之。乃遣使就拜使持节、骠骑大将军、开府仪同三司、大都督、侍中、丰州刺史,封新丰县公,邑二千户。"

《太平寰宇记》卷143《山南东道二》均州:"齐永明七年(489)于今郧乡县置齐兴郡。《舆地志》云:'梁武帝以此郡为南始平郡,复有武功、武阳二县,仍属南雍州。太清元年(547)于梁州之齐兴郡置兴州。'后魏废帝元年(552)改兴州为丰州,因丰城为名。后周武成元年(559)自今郧乡县移于延岑城,即今理是也。隋开皇三年(583)罢郡,丰州不改;五年(585)改丰州为均州,因界内均水为名,大业初废州,改为淅阳郡,今郡城即后汉时延岑所筑。"《周书》卷7《宣帝纪》:大象元年(579)五月辛亥,"以洺州襄国郡为赵国,以齐州济南郡为陈国,以丰州武当、安富二郡为越国,以潞州上党郡为代国,以荆州新野郡为滕国,邑各一万户"。北周末年,丰州当领有武当、齐兴、安富三郡。

1. 武当郡

治武当。《隋书》卷30《地理志中》淅阳郡武当县:"旧置武当郡。又侨置始平郡,后改为齐兴郡。……开皇初二郡并废,改为均州。大业初州废。"《元和郡县图志》卷21《山南道二》均州:"汉南阳郡武当县地也,因山为名。永嘉之乱,雍州始平郡流人出在襄阳者,江左因侨立始平郡以领之,寄理襄阳。宋孝武帝割武当县以隶之。后魏改始平郡为武当郡,隋开皇三年(583)罢郡,置均州。"又《隋书》卷30《地理志中》淅阳郡均阳县:"梁置。"北周末年武当郡当领有武当、均阳二县。

---

① 《中国文物地图集·河南分册》,中国地图出版社,1991年,"西峡县文物图",第226页,"文物单位简介"之"南阳地区·西峡县",第546页。

2. 齐兴郡

治郧乡。《隋书》卷30《地理志中》淅阳郡武当县:"旧置武当郡。又侨置始平郡,后改为齐兴郡。……开皇初二郡并废,改为均州。大业初州废。"《太平寰宇记》卷143《山南东道二》均州:"齐永明七年(489)于今郧乡县置齐兴郡。《舆地志》云:'梁武帝以此郡为南始平郡,复有武功、武阳二县,仍属南雍州。太清元年(547)于梁州之齐兴郡置兴州。'后魏废帝元年(552)改兴州为丰州,因以丰城为名。后周武成元年(559)自今郧乡县移于延岑城,即今理是也。隋开皇三年(583)罢郡。"据《寰宇记》,北周末年齐兴郡当领有郧乡一县。

3. 安富郡

治安富。《隋书》卷30《地理志中》淅阳郡安福县:"梁置,曰广福,并为郡。开皇初郡废,仁寿初改焉。"按《南齐书》卷15《州郡志下》梁州齐兴郡下领有安富县。《汉魏南北朝墓志汇编》所收《齐御史中丞赫连公故夫人闾氏墓志铭》云:"夫人讳炫,字光晖,代郡平城人,即茹茹国主步浑之玄孙也。……父阿各头,平原镇将、安富侯。咸譬彼明珠,取珍于魏国;等兹神璧,见重于秦。"《周书》卷7《宣帝纪》:大象元年(579)五月辛亥,"以洺州襄国郡为赵国,以齐州济南郡为陈国,以丰州武当、安富二郡为越国,以潞州上党郡为代国,以荆州新野郡为滕国,邑各一万户"。《隋志》之安福、广福,就北朝来讲当均为安富。安富郡当领有安富一县。

第二十九节　荆州(西魏北周领属)领郡沿革

荆州治穰城,在今河南南阳市邓州市城区。《隋书》卷30《地理志中》南阳郡:"旧置荆州。开皇初,改为邓州。"《元和郡县图志》卷21《山南道二》邓州:"后魏孝文帝南侵,又陷之。梁普通中暂克,还入魏,太和中置荆州,理穰县,今邓州所理是也。隋开皇七年(587),梁王岿入隋,自穰县移荆州还江陵,于穰县置邓州。大业三年(607),改为南阳郡。武德二年(619),复为邓州。"《太平寰宇记》卷142《山南东道一》邓州:"后魏太和中置荆州,领南阳等八郡,居穰城,置兵以备齐。隋开皇初,州郡不改。三年(583)罢郡,因以南阳为县号,而废宛名焉,当时尚隶荆州。七年(587)梁祚既绝,荆州之称,复归江陵,改为邓州,以汉之邓县为州名。"此荆州是西魏北周朝廷直接领属之荆州,与后梁藩国领属之荆州为两地(参见本章第二十九节"荆州(后梁藩国领属)领郡沿革")。《周书》卷49《异域传上·蛮传》:"文子荣复据荆州之汶阳郡,自称仁州刺史。并邻州刺史蒲微亦举兵逆命。诏田弘、贺若敦、潘招、李迁哲讨破之。"《周书》卷

7《宣帝纪》：大象元年(579)五月辛亥，"以洺州襄国郡为赵国，以齐州济南郡为陈国，以丰州武当、安富二郡为越国，以潞州上党郡为代国，以荆州新野郡为滕国，邑各一万户"。

据《魏书》卷106《地形志下》，北魏永熙年间(532—534)荆州领有南阳、顺阳、新野、东恒农、汉广、襄城、北淯、恒农八郡。北淯郡西魏改置蒙州(参见本章第三十节"蒙州领郡沿革")。恒农郡省废，东恒农郡西魏改为武关郡。汉广郡西魏改为黄冈郡，北周废入新野郡。又，南乡郡不见于《地形志》，当为西魏析顺阳郡新置，是北周末年荆州当领有新野、南阳、武关、顺阳、南乡五郡。

1. 新野郡

治棘阳。《隋书》卷30《地理志中》南阳郡新野县："旧曰棘阳，置新野郡。又有汉广郡，西魏改为黄冈郡。又有南棘阳县，改为百宁县。后周二郡并废，并南棘县入焉。开皇初更名新野。"《周书》卷7《宣帝纪》：大象元年(579)五月辛亥，"以洺州襄国郡为赵国，以齐州济南郡为陈国，以丰州武当、安富二郡为越国，以潞州上党郡为代国，以荆州新野郡为滕国，邑各一万户"。《元和郡县图志》卷21《山南道二》邓州新野县："本汉旧县，属南阳郡。魏代新野县为荆州都督所理，王昶为都督，即镇此城。晋惠帝立新野郡，隋开皇三年(583)罢郡，县属邓州。"是北周有新野郡。据《魏书》卷106《地形志下》，北魏永熙年间(532—534)荆州新野郡领有穰、新野、池阳三县，汉广郡领有南棘阳、西棘阳二县。《元和郡县图志》卷21《山南道二》邓州穰县："汉旧县，本楚之别邑，取丰穰之义。后属韩，秦武王攻取之，封魏冉为穰侯。汉以为县，属南阳郡。后魏既克南阳，于此城置荆州。隋开皇三年(583)属邓州。"《嘉庆重修一统志》卷211《南阳府二》："古迹"："棘阳故城，在新野县东北。古曰黄棘。……汉高帝七年(200)，封杜得臣为棘阳侯，置县。……后魏置汉广郡，治南棘阳，兼领西棘阳县。西魏改郡曰黄冈，以西棘阳省入，而改南棘阳为百宁县。后周废郡，又省百宁入新野县。"原新野郡之池阳县不见于西魏北周之后文献，当在西魏北周时省并。综上，北周末年新野郡当领有新野、穰二县。

2. 南阳郡

治上宛(原名上陌)。《隋书》卷30《地理志中》南阳郡南阳县："旧曰上陌，置南阳郡。后周并宛县入，更名上宛。开皇初郡废，又改为南阳。"据《魏书》卷106《地形志下》，北魏永熙年间(532—534)荆州南阳郡领有宛、新城、冠军、舞阴、郦、云阳、西平、涅阳、上陌、西鄂等县。《嘉庆重修一统志》卷211《南阳府二》："古迹"："育阳故城，在南阳县南六十里，一作淯阳。汉置县，属南阳郡，后汉因之。……晋属南阳国。东晋尝置淯阳郡，旋复旧。孝武避简文帝讳，改曰云阳。……后周省入武川。""西鄂故城,在南召县南。两汉县,属南阳郡。……晋属南阳国,宋永初后省。后魏复置。后周废。"《隋书》卷30《地理志中》南阳郡新城县:"西魏改为临湍,开皇初复名焉。"《元和郡县图志》卷21《山南道二》邓州临湍县:"本汉冠军县地,后魏孝文帝割县北境置新城县,属南阳郡。废帝以近湍水,改为临湍。隋文帝复改为新城。"《隋书》卷30《地理志中》南阳郡课阳县:"旧曰涅阳,开皇初改焉。"又西魏北周有冠军县。《周书》卷11《晋荡公护传叱罗协附传》:"及河桥战不利,协随军而还。太祖知协不贰,封冠军县男,邑二百户。寻加车骑将军、左光禄大夫。(大统)九年(543),除直阁将军、恒州大中正,加都督,进爵为伯,增邑八百户。"卷36《裴果传》:"魏废帝三年(554),授龙州刺史,封冠军县侯,邑五百户。"《隋书》卷50《李礼成传》:"伐齐之役,从帝围晋阳,礼成以兵击南门,齐将席毗罗率精甲数千拒帝,礼成力战,击退之。加开府,进封冠军县公,拜北徐州刺史。"据上述,西魏改新城县为临湍县,北周并省上陌、宛二县为上宛县,云阳县省入蒙州北淯郡武川县(此县见下),废西鄂县,又舞阴、西平二县不见于《隋志》,或在西魏北周时已经省废,是北周末年,南阳郡当领有上宛、临湍、冠军、涅阳、西鄂五县。

3. 武关郡

治武关。《隋书》卷30《地理志中》南阳郡菊潭县:"旧曰郦,开皇初改焉。有东弘农郡,西魏改为武关,至是废入。"《嘉庆重修一统志》卷211《南阳府二》"古迹":"郦县故城,在内乡县东北。……汉置郦县。武帝元封元年,封黄同为侯国,属南阳郡。后汉魏晋宋齐因之。后魏析置南北郦。南郦县属恒农郡,北郦县属东恒农郡。……后周复合为郦县,隋开皇初改曰菊潭。"据《中国文物地图集·河南分册》,北郦县故城在今河南南阳市西峡县丹水镇袁店村西,菊潭故城址在今河南南阳市西峡县丹水镇石盆岗村①。又《隋书》卷30《地理志中》淅阳郡南乡县:"又有左南乡县,并置左乡郡。西魏改郡为秀山,改县为安山。后周秀山郡废。……大业初置淅阳郡,并安山县入焉。"北周末年,武关郡当领有武关、郦、安山三县。

4. 顺阳郡

治清乡。《隋书》卷30《地理志中》南阳郡顺阳县:"旧置顺阳郡。西魏析置郑县,寻改为清乡。后周又并顺阳入清乡。开皇初又改为顺阳。"北周末年顺阳郡当领有清乡一县。

---

① 《中国文物地图集·河南分册》,中国地图出版社,1991年,"西峡县文物图",第226页,"文物单位简介"之"南阳地区·西峡县",第546页。

5. 南乡郡

治南乡。《隋书》卷 30《地理志中》淅阳郡南乡县："旧置南乡郡,后周并龙泉、湖里、白亭三县入。又有左南乡县,并置左乡郡。西魏改郡为秀山,改县为安山。后周秀山郡废。开皇初南乡郡废。大业初置淅阳郡,并安山县入焉。"《嘉庆重修一统志》卷 211《南阳府二》："古迹"："南乡故城,在淅川县东南。本汉析县及顺阳乡地。后汉建武中,改封顺阳侯嘉子参为南乡侯,遂置县,属南阳郡。三国魏置南乡郡。晋废属顺阳郡。咸康中,复析置南乡郡。宋因之。后魏移郡治顺阳,改置南乡郡治此。西魏置析州。隋开皇初郡废,大业初又改淅州,置淅阳郡。县废入焉。唐初郡县皆废。""安山故城,在淅川县东南。西魏县。……《旧志》,白亭店,在县西三十里,即故白亭县。"又《隋书》卷 30《地理志中》淅阳郡丹水县："旧置丹川郡。后周郡废,并茅城、仓陵、许昌三县入。"《嘉庆重修一统志》卷 211《南阳府二》："古迹"："丹水故城,在淅川县西。"据《魏书》卷 106《地形志下》,丹水县在北魏末年属荆州南阳郡。北周末年南乡郡当领有南乡、丹水二县。

第三十节　蒙州领郡沿革

蒙州治武川,在今河南南阳市南召县东南。《隋书》卷 30《地理志中》淯阳郡："西魏置蒙州。仁寿中,改曰淯州。"《嘉庆重修一统志》卷 211《南阳府二》："古迹"："育阳故城,在南阳县南六十里,一作淯阳。汉置县,属南阳郡,后汉因之。……晋属南阳国。东晋尝置淯阳郡,旋复旧。孝武避简文帝讳,改曰云阳。……后周省入武川。""武川故城,在南阳县北。后魏县也,并北淯郡治此。西魏改置蒙州。隋改曰淯州,大业初又改淯阳郡,皆治武川。隋末郡县皆废。"据《周书》卷 2《文帝纪》,西魏废帝三年(554),南广州改为淯州。但西魏确实有蒙州。《周书》卷 34《杨敷传》："除小载师下大夫,使北豫州迎司马消难,还,授使持节、蒙州诸军事、蒙州刺史。"隋开皇年间也有蒙州。《隋书》卷 57《李孝贞传》："开皇初,拜冯翊太守,为犯庙讳,于是称字。后数岁,迁蒙州刺史,吏民安之。"蒙州当是在仁寿年间省并入淯州。北周末年蒙州当领有北淯、雉阳二郡。

1. 北淯郡

治武川。《嘉庆重修一统志》卷 211《南阳府二》："古迹"："育阳故城,在南阳县南六十里,一作淯阳。汉置县,属南阳郡,后汉因之。……晋属南阳国。东晋尝置淯阳郡,旋复旧。孝武避简文帝讳,改曰云阳。……后周省入武川。""武川故城,在南阳县北。后魏县也,并北淯郡治此。西魏改置蒙州。隋改曰淯州,大业初又改淯阳郡,皆治武川。隋末郡县皆废。""雉县故城,在南召县南。汉置县,属南阳郡。……后汉因之。晋属南阳国。宋永初后省。后魏改置北雉县。初属南阳郡,后改属北淯郡。西魏因置雉阳郡。隋初郡县俱废。"北周末年北淯郡当领有武川一县。

2. 雉阳郡

治北雉。《隋书》卷30《地理志中》淯阳郡向城县:"西魏置,又立雉阳郡。开皇初郡废。"《嘉庆重修一统志》卷211《南阳府二》:"古迹":"雉县故城,在南召县南。汉置县,属南阳郡。……后汉因之。晋属南阳国。宋永初后省。后魏改置北雉县。初属南阳郡,后改属北淯郡。西魏因置雉阳郡。隋初郡县俱废。""向城故城,在南召县南。本汉西鄂县地。后魏孝文帝置县,属淯阳郡,兼置雉阳郡。隋初郡废。"北周末年雉阳郡当领有北雉、向城二县。据《中国文物地图集·河南分册》,向城故城在今河南南阳市南召县皇路店镇沽沱村西①。

第三十一节 淯州(原名南广州)沿革

《隋志》无。据《周书》卷2《文帝纪》,西魏废帝三年(554),改南广州为淯州。又《隋书》卷30《地理志中》淯阳郡:"西魏置蒙州。仁寿中,改曰淯州。"西魏北周淯州与蒙州当为两州(参见本章第三十节"蒙州领郡沿革")。淯州当在蒙州附近。具体建置不明。

第三十二节 淮州(原名东荆州)领郡沿革

淮州原名东荆州,治比阳,据《中国文物地图集·河南分册》,沘阳(按即比阳)故城在今河南驻马店市泌阳县城关镇北②。《隋书》卷30《地理志中》淮安郡:"后魏置东荆州,西魏改为淮州。开皇五年(585)又改为显州。"卷31《地理志下》舂陵郡枣阳县:"旧曰广昌,并置广昌郡。开皇初郡废,仁寿元年(601)县改名焉。大业初置舂陵郡。又西魏置东荆州,寻废。"这一带因为地处东、西魏与萧梁三方势力交错地带,攻守形势多变,东荆州治所对西魏而言或曾有因应

---

① 《中国文物地图集·河南分册》,中国地图出版社,1991年,"南召县文物图",第232页,"文物单位简介"之"南阳地区·南召县",第566页。
② 《中国文物地图集·河南分册》,中国地图出版社,1991年,"泌阳县文物图",第198页,"文物单位简介"之"驻马店地区·泌阳县",第457页。

形势的变动,故《隋志》分两处提及。

《太平寰宇记》卷142《山南东道一》唐州:"《周地图记》:'后魏太和中置东荆州于比阳古城。恭帝元年(554)改为淮州,因淮水为名。'隋文帝开皇五年(585)改淮州为显州,取界内显望冈为名。隋末为淮安郡。"《嘉庆重修一统志》卷211《南阳府二》:"古迹":"比阳故城,在泌阳县西。战国魏地。汉置县,属南阳郡。……晋属南阳国。宋属广平郡。后魏得其地,置乐陵镇。太和中,诏乐陵镇将韦镇移治比阳,置东荆州于此。改县曰阳平。西魏得之,常置重兵以防东魏。隋开皇七年(587)改为饶良。大业初又改比阳,属淮安郡。"据《周书》卷2《文帝纪下》,西魏废帝三年(554)春正月,东荆州改为淮州。又据卷5《武帝纪上》,天和二年(567)夏四月乙巳,"省东南诸州:以(颖)[款]州、归州、渑州、均州入唐州,油州入纯州,鸿州入淮州,洞州入湖州,睢州入襄州,兖州入昌州"。北周末年淮州领有江夏、真昌二郡。

1. 江夏郡

治江夏。《元和郡县图志》卷21《山南道二》唐州慈丘县:"本汉比阳县之地,后魏孝文帝于此置江夏县,并置江夏郡领之。隋开皇三年(583)废郡,县属淮州。十八年(598)改为慈丘,取慈丘山为名。"比阳县:"本汉旧县,属南阳郡。比水所出,故曰比阳。后魏属江夏郡,隋属淮安郡,贞观中改属唐州。"《隋书》卷30《地理志中》淮安郡比阳县:"后魏曰阳平,开皇七年(587)改为饶良,大业初又改焉。"知江夏郡治江夏,领江夏、阳平二县。

2. 真昌郡

治比阳。《隋书》卷30《地理志中》淮安郡比阳县:"又有比阳故县,置西郢州。西魏改为鸿州,后周废为真昌郡。开皇初郡废,大业初县废。"真昌郡当领有比阳一县。

第三十三节　北周殷州领郡沿革

殷州治城阳,在今河南驻马店市泌阳县高店乡稻草庄北。《隋书》卷30《地理志中》淮安郡比阳县:"又有后魏城阳县,置殷州、城阳郡。开皇初郡并废,其县寻省。"据《中国文物地图集·河南分册》,城阳郡故城在今河南驻马店市泌阳县高店乡稻草庄北[①]。北周末年殷州当领有城阳一郡。

[①] 《中国文物地图集·河南分册》,中国地图出版社,1991年,"泌阳县文物图",第198页,"文物单位简介"之"驻马店地区·泌阳县",第457页。

城阳郡

治城阳,当领有城阳一县。

第三十四节 鸿州(原名西郢州)沿革

《隋书》卷 30《地理志中》淮安郡比阳县:"又有比阳故县,置西郢州。西魏改为鸿州,后周废为真昌郡。开皇初郡废,大业初县废。"据《周书》卷 2《文帝纪下》,西魏废帝三年(554)春正月,改西郢州为鸿州。又据卷 5《武帝纪上》,天和二年(567)夏四月乙巳,"省东南诸州:以(颖)[款]州、归州、淯州、均州入唐州,油州入纯州,鸿州入淮州,洞州入湖州,睢州入襄州,宪州入昌州"(参见本章第三十二节"淮州(原名东荆州)领郡沿革")。

第三十五节 北周废澧州领郡沿革

澧州治平氏。该州不见于《隋志》,据《周书》卷 5《武帝纪上》,天和二年(567)夏四月乙巳,"省东南诸州:以(颖)[款]州、归州、淯州、均州入唐州,油州入纯州,鸿州入淮州,洞州入湖州,睢州入襄州,宪州入昌州"。油州治地及领郡情况均不详,但设置时毗邻纯州,或为澧州之讹。《周书》卷 37《郭彦传》:"郭彦,太原阳曲人也。……孝闵帝践祚,出为澧州刺史。蛮左生梗,未遵朝宪。至于赋税,违命者多。聚散无恒,不营农业。彦劝以耕稼,禁共游猎,民皆务本,家有余粮。亡命之徒,咸从赋役。先是以澧州粮储乏少,每令荆州递送。自彦莅职,仓庾充实,无复转输之劳。齐南安城主冯显密遣使归降,其众未之知也。柱国宇文贵令彦率兵应接。齐人先令显率所部送粮南下,彦惧其众不从命,乃于路邀之。显因得自拔。其众果拒战,彦纵兵奋击,并虏获之。以南安无备,即引军掩袭。显外兵参军邹绍既为彦所获,因请为乡导。彦遂夜至城下,令绍诈称显归。门者开门待之,彦引兵而入,遂有其城。俘获三千余人。晋公护嘉之,进爵怀德县公,邑一千户。以南安悬远,寻令班师。"据此可知北周置有澧州,澧州影响可及北齐襄州南安郡,但距南安郡距离较远。按北齐南安郡大致在今河南平顶山市叶县、舞钢市和漯河市舞阳县一带。据《水经注》卷 29《比水注》"比水出比阳东北太胡山":"比水又南与澧水会。澧水源出于桐柏山,与淮同源而别流西注,故亦谓水为派水。澧水西北流迳平氏县故城东北,王莽更名其县曰平善。……澧水又西北合溲水,水出湖阳北山,西流北屈,迳平氏城西而北入澧水。澧水又西注比水。"澧州当据此澧水而得名。参照

《河南省地图集》,澧水当即今流经河南南阳市桐柏县与唐河县的三夹河。今河南南阳市桐柏县平氏镇西北、三夹河北岸的埠江镇有栗楼村,平氏镇东、三夹河上源鸿鸭河南岸新集乡有栗园村,其得名或与古澧水有关。澧州当治平氏,在今河南南阳市桐柏县平氏镇一带。《隋书》卷30《地理志中》淮安郡平氏县:"旧置汉广郡,开皇初郡废。"澧州当领有汉广一郡,汉广郡当领有平氏一县。澧州在北周省废后,汉广郡与平氏县当划入纯州(参见本章第三十九节"纯州(原名淮州)领郡沿革")。

第三十六节 郑 州 沿 革

《隋书》卷30《地理志中》淮安郡慈丘县:"后魏曰江夏,并置江夏郡。开皇初郡废,更置慈丘于其北境。后魏有郑州、潘州、溱州及襄城、周康二郡,上蔡、青山、震山三县,并开皇初废。"据《中国文物地图集·河南分册》,慈邱(即慈丘)故城在今河南驻马店市泌阳县付庄乡古城村[①]。

第三十七节 潘 州 沿 革

《隋书》卷30《地理志中》淮安郡慈丘县:"后魏曰江夏,并置江夏郡。开皇初郡废,更置慈丘于其北境。后魏有郑州、潘州、溱州及襄城、周康二郡,上蔡、青山、震山三县,并开皇初废。"据《中国文物地图集·河南分册》,慈邱(即慈丘)故城在今河南驻马店市泌阳县付庄乡古城村。

第三十八节 溱 州 沿 革

《隋书》卷30《地理志中》淮安郡慈丘县:"后魏曰江夏,并置江夏郡。开皇初郡废,更置慈丘于其北境。后魏有郑州、潘州、溱州及襄城、周康二郡,上蔡、青山、震山三县,并开皇初废。"据《中国文物地图集·河南分册》,慈邱(即慈丘)故城在今河南驻马店市泌阳县付庄乡古城村。溱州当领有襄城、周康二郡,上蔡、青山、震山三县。襄城、周康二郡治地及各自领县情况均不详。

[①] 《中国文物地图集·河南分册》,中国地图出版社,1991年,"泌阳县文物图",第198页,"文物单位简介"之"驻马店地区·泌阳县",第458页。

第三十九节 纯州(原名淮州)领郡沿革

纯州原名淮州,治淮安,在今河南南阳市桐柏县固县镇。《隋书》卷30《地理志中》淮安郡桐柏县:"梁置,曰淮安,并立华州,又立上川郡。西魏改州为淮州,后改为纯州,寻废。开皇初郡废,更名县曰桐柏。"《太平寰宇记》卷142《山南东道一》唐州桐柏县:"梁大同元年(535)于此置华州及上川郡。西魏元年改华州为淮州,三年又改为纯州。后周武帝建德三年(574)又分置义乡县以属焉。"《周书》卷49《异域传上·蛮传》:"魏废帝初,蛮酋樊舍举落内附,以为淮北三州诸军事、淮州刺史、淮安郡公。于谨等平江陵,诸蛮骚动,诏豆卢宁、蔡佑等讨破之。"据《周书》卷2《文帝纪下》,西魏废帝三年(554)春正月,改淮州为纯州。《嘉庆重修一统志》卷211《南阳府二》:"古迹":"桐柏故城,在桐柏县东。……今有故县镇,在县之东六十四里。"又据《周书》卷5《武帝纪上》,天和二年(567)夏四月乙巳,"省东南诸州:以(颖)[款]州、归州、湏州、均州入唐州,油州入纯州,鸿州入淮州,洞州入湖州,睢州入襄州,宪州入昌州"。纯州为西魏、北周东南一边境州。《周书》卷37《郭彦传》:"郭彦,太原阳曲人也。……保定四年(564)……属纯州刺史樊舍卒,其地既东接陈境,俗兼蛮左,初丧州将,境内骚然。朝议以彦威信着于东南,便令镇抚。彦至,吏人畏而爱之。"纯州当领有上川、汉广、大义三郡。

1. 上川郡

治淮安。《隋书》卷30《地理志中》淮安郡桐柏县:"梁置,曰淮安,并立华州,又立上川郡。西魏改州为淮州,后改为纯州,寻废。开皇初郡废,更名县曰桐柏。又梁置西义阳郡,西魏置淮阳郡及辅州,后周州郡并废,又置淮南县。开皇末改为油水,大业初废。"《元和郡县图志》卷21《山南道二》唐州桐柏县:"汉平氏县之东界也,梁于此置义乡县,隋开皇十八年(598)改为桐柏,取桐柏山为名也。"上川郡当领有淮安、淮南、义乡三县。

2. 汉广郡

治平氏。《隋书》卷30《地理志中》淮安郡平氏县:"旧置汉广郡,开皇初郡废。"《元和郡县图志》卷21《山南道二》唐州平氏县:"本汉旧县,属南阳郡。晋属义阳郡,其后为北人侵掠,县皆丘墟。后魏于平氏故城重置,属淮州。隋改属淮安郡,贞观中改属唐州。"汉广郡当领有平氏一县。汉广郡或曾置有澧州(参见本章第三十五节"北周废澧州领郡沿革")。

3. 大义郡

《隋书》卷30《地理志中》淮安郡桐柏县："又有大义郡,后周置,开皇初废。"

第四十节 油州沿革

据《周书》卷5《武帝纪上》,天和二年(567)夏四月乙巳,"省东南诸州:以(颖)[款]州、归州、㶇州、均州入唐州,油州入纯州,鸿州入淮州,洞州入湖州,睢州入襄州,宪州入昌州"。油州治地及领郡情况均不详(参见本章第三十九节"纯州(原名淮州)领郡沿革")。按此油州或为澧州之讹(参见本章第三十五节"北周废澧州领郡沿革")。

第四十一节 西魏辅州(原名北应州)领郡沿革

《隋书》卷30《地理志中》淮安郡桐柏县："又梁置西义阳郡,西魏置淮阳郡及辅州,后周州郡并废,又置淮南县。开皇末改为油水,大业初废。"据《周书》卷2《文帝纪下》,西魏废帝三年(554)春正月,改北应州为辅州。辅州当领有淮阳一郡。淮南县后属纯州上川郡(参见本章第三十九节"纯州(原名淮州)领郡沿革")。

第四十二节 北周杞州领郡沿革

杞州治滑台,在今河南安阳市滑县城关镇。《嘉庆重修一统志》卷200《卫辉府二》"古迹"："滑台故城,即今滑县治。……按大河南徙,滑州、白马,皆在河北,而滑州故城已沦河中。《县志》云,县东二里有滑台故城。"《太平寰宇记》卷9《河南道九》滑州："晋初为陈留、濮阳二国。十六国慕容德自邺徙都此,为燕。宋武帝平河南,于此置兖州,仍置东郡,以为边镇,领郡六,理于此。自东晋末,宋武尽得河南之北境,守在此。至宋末,属后魏。孝文迁都于洛,废兖州,以东郡属司州。后周建德六年(577)改为杞州。隋开皇中改为滑州,取滑台为名。炀帝初又为郡,而州废。"似乎北周建德六年(577)在东郡曾置有杞州,但据《隋书》卷30《地理志中》东郡："开皇九年(589)置杞州,十六年(596)改为滑州,大业二年(606)为兖州。"又似隋开皇九年(589)始置杞州。北周建德六年(577)可能在东郡短暂设置过杞州。杞州被废后,原杞州所领东郡可能就近划入汴州(参见本章第七节"北周汴州(原名梁州)领郡沿革")。

第四十三节　北周鲁州领郡沿革

鲁州治清泽,在今山东菏泽市郓城县东。《嘉庆重修一统志》卷181《曹州府一》"古迹":"古郓城,在郓城县东十六里。鲁西境邑,亦曰西郓。《金史·地理志》济州郓城:'大定六年(1166)徙治盘沟村,以避河决。'即今治也。"古郓城即北周清泽县治(见下)。《隋书》卷30《地理志中》东平郡:"后周置鲁州,寻废。开皇十年(590)置郓州。"《元和郡县图志》卷10《河南道六》郓州:"宋及后魏,并为东平郡。周宣帝于此置鲁州,寻废。隋分兖州万安县置郓州,大业三年(607)罢州,为东平郡。"《太平寰宇记》卷13《河南道十三》郓州:"晋宋及后魏为东平郡。周大象二年(580)于此置鲁州,寻废。隋开皇十六年(596)分兖州万安县置郓州,大业三年(607)罢州为东平郡,理古须句城。"《隋书》卷56《薛胄传》:"高祖受禅,擢拜鲁州刺史,未之官,检校庐州总管事。"卷47《柳机传柳旦附传》:"开皇元年(581),加授开府,封新城县男,迁授掌设骠骑。历罗、浙、鲁三州刺史,并有能名。"北周占领北齐之后,原北齐司州之濮阳郡当划入鲁州,北周末年若鲁州未废,当领有高平、濮阳二郡。

1. 高平郡

治清泽。《隋书》卷30《地理志中》东平郡郓城县:"后周置,曰清泽,又置高平郡。开皇初郡废,改县曰万安。十八年(598)改曰郓城。大业初置郡,并廪丘入焉。"《元和郡县图志》卷10《河南道六》郓州郓城县:"本汉寿良县地。《左传》曰:'晋人执季文子于苕丘,还待于郓。'按古郓城,即今县是也。后汉及魏皆为寿张县地。隋开皇四年(584)改为万安县,十六年(596)于此置郓城县。"《太平寰宇记》卷14《河南道十四》济州郓城县:"汉、魏皆为寿张县地。后周置高平郡,后并入廪丘县。隋开皇四年(584)改为万安县,十六年(596)于此置郓州,十八年(598)改万安为郓城县。"又寿张县毗邻清泽县,当从济北郡划入高平郡,北周末年高平郡当领有清泽、寿张二县。

2. 濮阳郡

治鄄城。《隋书》卷30《地理志中》东平郡鄄城县:"旧置濮阳郡,开皇初郡废。"据前述东魏北齐部分所考,天保七年(556)之后,北齐濮阳郡领有廪丘、濮阳、鄄城、西濮阳四县。《隋书》卷30《地理志中》东平郡郓城县:"大业初置郡,并廪丘入焉。"东郡濮阳县:"开皇十六年(596)分置昆吾县,大业初入焉。"《太平寰宇记》卷57《河北道六》澶州濮阳县:"本汉县地,属济阴。……后魏天平三年(536)移濮阳县于此。隋开皇十六年(596)又于颛顼城内置昆吾县,至大业二年(606)改昆吾县为濮阳县。"又《隋书》卷30《地理志中》东郡卫南县："开皇十六年(596)置,大业初废西濮阳入焉。"是北周末年濮阳郡当领有鄄城、廪丘、濮阳、西濮阳四县。

第四十四节　北周济州领郡沿革

济州治碻磝城。《嘉庆重修一统志》卷168《东昌府一》"古迹"："济州故城,在茌平县西南,即碻磝城也。"《中国文物地图集·山东分册》据《茌平县志》和《东昌府志》以汉代茌平县故城为北魏济州城,汉茌平县故城在今山东聊城市茌平县韩集乡高垣墙村、南新村一带①。《隋书》卷30《地理志中》济北郡："旧置济州。"《太平寰宇记》卷14《河南道十四》济州："后魏泰常八年(423)于此立济州,又为济北郡,其外城即后魏正光中刺史刁宣所筑。……至周建德七年(578)筑第二重城,又置肥城郡。隋初置济州。炀帝初复为济北郡。"据前述东魏北齐部分所考,天保七年(556)之后,北齐济州领有济北、平原二郡。北周又新置肥城郡,北周末年济州当领有济北、平原、肥城三郡。

1. 济北郡

治卢县。《隋书》卷30《地理志中》济北郡卢县："旧置郡,开皇初废。"据前述东魏北齐部分所考,天保七年(556)之后,北齐济北郡领有东阿、卢、寿张、肥城、蛇丘五县。北周寿张县划入鲁州高平郡,肥城、蛇丘二县划入肥城郡,北周末年济北郡当领有卢、东阿二县。

2. 平原郡

治聊城。《隋书》卷30《地理志中》武阳郡聊城县："旧置南冀州及平原郡,未几州废。开皇初郡废。"据前述东魏北齐部分所考,天保七年(556)之后,北齐平原郡领有聊城、博平、西聊、高唐四县。《嘉庆重修一统志》卷168《东昌府一》"古迹"："聊城故城,在聊城县西北十五里。……又有西聊县,孝昌中分聊城置,治聊城。《水经注》,黄沟水迳王城北,魏泰常七年(422),安平王镇平原所筑,世谓之王城。太和二十三年(499)罢镇立平原郡,治此。隋开皇初郡废,兼废西聊。以聊城属武阳郡。"是西聊县终北齐、北周世仍存。《隋书》卷30《地理志中》清河郡高唐县："后魏置南清河郡,后齐郡废。"北周末年平原郡当领有聊城、博平、西聊、高唐四县。

---

① 《中国文物地图集·山东分册》(上),中国地图出版社,2007年,"茌平县文物图",第330—331页;《中国文物地图集·山东分册》(下),"聊城市·茌平县",第848页。

3. 肥城郡

治肥城。《隋书》卷30《地理志中》济北郡肥城县:"宋置济北郡,后齐废。后周置肥城郡,寻废,又复。开皇初又废。"又济北郡原领之蛇丘县,《隋书》卷72《孝义王颁传》:"开皇初,以平蛮功,加开府,封蛇丘县公。"蛇丘县在隋初尚存,从地理位置看在北周当已划入肥城郡。是北周末年肥城郡当领有肥城、蛇丘二县。

第四十五节　北周魏州领郡沿革

魏州治孔思集寺,在今河北邯郸市大名县东。《嘉庆重修一统志》卷35《大名府一》"古迹":"魏州故城,在今府东。……《旧志》,宋熙宁六年(1073)省大名县入元城,后移南乐镇,自是元城独为府治。明洪武三十一年(1398)卫河泛滥,城圮,因迁今治。旧府城在今城东十里。"《隋书》卷30《地理志中》武阳郡:"后周置魏州。"《周书》卷8《静帝纪》:大象二年(580)八月,"移相州于安阳,其邺城及邑居皆毁废之。分相州阳平郡置(毛)[屯]州,昌(黎)[乐]郡置魏州"。《旧唐书》卷39《地理志二》魏州:"汉魏郡元城县之地。后魏天平二年(535),分馆陶西界,于今州西北三十里古赵城置贵乡县。后周建德七年(578),以赵城卑湿,东南移三十里,就孔思集寺为贵乡县。大象二年(580),于县置魏州。隋改名武阳郡。"《太平寰宇记》卷54《河北道三》魏州:"周静帝大象二年(580)又于贵乡郡之东界置魏州。隋大业三年(607)罢州为武阳郡。"魏州当领有昌乐一郡。

昌乐郡

治昌乐。《隋书》卷30《地理志中》武阳郡繁水县:"旧曰昌乐,置昌乐郡。东魏郡废,后周又置。旧有魏城县,后齐废。开皇初废郡。(开皇)六年(586)置县,曰繁水。大业初废昌乐县入焉。"武阳郡贵乡县:"东魏置。"《元和郡县图志》卷16《河北道一》魏州贵乡县:"本汉元城县地,后魏孝文帝分置贵乡县,属昌乐郡。隋开皇三年(583)罢郡,县属魏州。"《太平寰宇记》卷54《河北道三》魏州大名县:"本汉元城县地,后魏孝文帝太和二十一年(497)分置贵乡县,因前燕慕容暐之贵乡郡以名之,属昌乐郡。按《水经注》云'沙丘堰有贵乡',谓此也。隋开皇三年(583)罢郡,县属魏州。大业三年(607)改属武阳郡。"[1]《隋

---

[1] 据《魏书》卷106《地形志上》司州魏尹贵乡县:"天平二年(535)分馆陶置,治赵城。有东中郎将治。"贵乡县系天平二年(535)分馆陶县所置而成,《元和志》和《寰宇记》所谓北魏孝文帝分置贵乡县的说法可能有误。此点尚有其他材料可以佐证。《旧唐书》卷39《地理志二》魏州:"汉魏郡元城县之地。后魏天平二年(535),分馆陶西界,于今州西北三十里古赵城置贵乡县。"

书》卷30《地理志中》武阳郡观城县："旧曰卫国，开皇六年(586)改。"北周末年昌乐郡当领有昌乐、贵乡、卫国三县。

第四十六节　北周屯州领郡沿革

屯州治馆陶，当即今河北邯郸市馆陶县馆陶镇。《隋书》卷30《地理志中》武阳郡馆陶县："旧置毛州，大业初州废。又有旧阳平郡，开皇初废。"《周书》卷8《静帝纪》：大象二年(580)八月，"移相州于安阳，其邺城及邑居皆毁废之。分相州阳平郡置毛州，昌(黎)[乐]郡置魏州"。《太平寰宇记》卷54《河北道三》魏州馆陶县："石赵移阳平郡理此。周大象二年(580)置毛州，以近河为称。隋大业二年(606)废毛州，以馆陶县属魏州。"这三处的毛州当均为屯州之讹。《元和郡县图志》卷16《河北道一》魏州馆陶县："本春秋时晋地冠氏邑，陶氏在县西北七里。《尔雅》曰'再成为陶丘'。赵时置馆于其侧，因为县名。汉属魏郡，魏文帝改属阳平郡。石赵移阳平郡理此。周大象二年(580)置屯州，以近屯河为名。隋大业二年(606)废屯州，以县属魏州。""屯氏河，俗名屯河，在县西二里。"毛、屯二字手写形近易讹。屯州当领有阳平、武阳二郡。

1. 阳平郡

治馆陶。《隋书》卷30《地理志中》武阳郡馆陶县："又有旧阳平郡，开皇初废。"据前述东魏北齐部分所考，天保七年(556)之后，北齐阳平郡领有馆陶、乐平、卫国三县。卫国县在北周时划属昌乐郡，乐平县则在北周时划入武阳郡，北周末年阳平郡当领有馆陶一县。

2. 武阳郡

治乐平。《隋书》卷30《地理志中》武阳郡莘县："旧曰阳平，后齐改曰乐平。开皇六年(586)复曰阳平，八年(588)改曰清邑，十六年(596)置莘州。大业初州废，改县名莘，又废莘亭县入焉。后周置武阳郡焉，开皇初废。"武阳郡武阳县："后齐省，后周置。"《元和郡县图志》卷16《河北道一》魏州莘县："本卫地，汉为阳平县，属东郡。魏改属阳平郡。隋开皇六年(586)，又于乐平故城置阳平县，属魏州，八年(588)改阳平为清邑县，大业二年(606)改为莘县，因县北古莘亭为名。"《太平寰宇记》卷54《河北道三》魏州莘县："汉为阳平县，属东郡。周武帝建德七年(578)于此置武阳郡，在武水之阳，因以为名。隋开皇八年(588)改阳平县为清邑县，十六年(596)于县置莘州，十八年(598)改乐平县为莘亭。大业二年(606)废莘州，县属魏州；其年改清邑为莘县，因县北古莘亭为名。"是北周末年武阳郡当领有乐平、武阳二县。

第四十七节　北周沧州领郡沿革

沧州治饶安,即今河北沧州市盐山县旧县镇。《隋书》卷30《地理志中》渤海郡饶安县:"旧置沧州、浮阳郡,开皇初郡废,大业初州废。"《太平寰宇记》卷65《河北道十四》沧州:"后魏初改渤海郡为沧水郡;太安四年(458)郡移理今东光县城,寻又省,复为渤海郡。至熙平二年(517)分瀛州、冀州置沧州,取沧海为名,领浮阳、乐陵、安德三郡,理饶安,即今饶安县东千童故城是也,其浮阳郡理今浮阳县。高齐及后周渤海郡犹理东光,浮阳郡犹理浮阳。隋初三郡皆废为县,以元渤海所领县属冀州,以浮阳所领县属沧州,又以废乐陵郡之属县并属沧州。"据前述东魏北齐部分所考,天保七年(556)之后,北齐沧州领有浮阳、乐陵二郡。北周同。

1. 浮阳郡

治浮阳。《隋书》卷30《地理志中》渤海郡饶安县:"旧置沧州、浮阳郡,开皇初郡废,大业初州废。"据前述东魏北齐部分所考,天保七年(556)之后,北齐浮阳郡领有饶安、浮阳、高城三县。《隋书》卷30《地理志中》渤海郡清池县:"旧曰浮阳,开皇十八年(598)改。"《元和郡县图志》卷18《河北道三》沧州清池县:"本汉浮阳县,属渤海郡,在浮水之阳。后魏属沧州。隋开皇十八年(598)改为清池县。"沧州饶安县:"本汉千童县,即秦千童城,始皇遣徐福将童男女千人入海求蓬莱,置此城以居之,故名。汉以为县,属渤海郡。灵帝置饶安县,以其地丰饶,可以安人。后魏属沧州,隋不改。"又《隋书》卷30《地理志中》渤海郡盐山县:"旧曰高成。开皇十六年(596)又置浮水县。十八年(598)改高成曰盐山。大业初省浮水入焉。"高成,《地形志》写作高城,这里从《隋志》。《太平寰宇记》卷65《河北道十四》沧州盐山县:"汉置高城县,故城在今县南四十里……高齐天保七年移于今理。隋开皇十八年(598)改为盐山县,以东南八十里盐山为名。"是北周末年浮阳郡领有浮阳、饶安、高成三县。

2. 乐陵郡

治乐陵。《隋书》卷30《地理志中》渤海郡乐陵县:"旧置乐陵郡,开皇初郡废。十六年(596)分置鬲津县,大业初废入焉。"据前述东魏北齐部分所考,天保七年(556)之后,北齐乐陵郡当领有乐陵、阳信、平昌三县。又《隋书》卷30《地理志中》渤海郡下列有阳信县,平原郡下列有平昌县。《元和郡县图志》卷17《河北道二》棣州阳信县:"本汉旧县,属渤海郡。魏属乐陵国。后魏置乐陵郡,隋开皇三年(583)罢郡,属沧州。十六年(596),于阳信县置棣州。"德州平昌县：" 本汉旧县，属平原郡。后汉属平原国。隋开皇三年(583)属沧州，十六年(596)改属德州。"《太平寰宇记》卷 64《河北道十三》棣州阳信县："本汉旧县地，属渤海郡，县在河曲之中。魏属乐陵国。……后魏属乐陵郡。隋开皇三年(583)罢郡，属沧州，十七年(597)于阳信置棣州。"德州德平县："本汉平昌县，属平原郡，故城在今县西南三十里，即汉理所。后汉改为西平昌。后魏永熙二年(533)又除'西'字，移于今县东南废平昌县城。高齐天保七年(556)又移于今理。隋开皇三年(583)改属沧州，十六年(596)属德州。今为德平县。"是北周末年乐陵郡领有乐陵、阳信、平昌三县。

第四十八节　北周冀州领郡沿革

冀州治信都，在今河北衡水市冀州市城区。《隋书》卷 30《地理志中》信都郡："旧置冀州。"《太平寰宇记》卷 63《河北道十二》冀州："后魏平慕容氏，复为长乐郡，兼置冀州。北齐、后周皆因之。隋开皇三年(583)郡废而冀州如故。炀帝初州废，复为信都郡。"据前述东魏北齐部分所考，天保七年(556)之后，北齐冀州领有长乐、勃海、安德三郡。北周末年冀州当领有长乐、渤海、安德三郡。

1. 长乐郡

治信都。《隋书》卷 30《地理志中》信都郡长乐县："旧曰信都，带长乐郡……开皇初郡废，分信都置长乐县。"据前述东魏北齐部分所考，天保七年(556)之后，北齐长乐郡领有枣强、信都、下博、武遂四县。《隋书》卷 30《地理志中》信都郡武强县："旧置武邑郡，后齐郡废，又废武遂县入焉。"似乎北齐时已经省废武遂县，但据《隋书》卷 63《史祥传》："祥少有文武才干，仕周太子车右中士，袭爵武遂县公。高祖践阼，拜仪同，领交州事，进爵阳城郡公。"似乎北周占领北齐之后尚有武遂县。齐、周地理空间上的交替，必然会带来诸多行政区划地名上的调整、适配，这里我们暂按北齐未废或废而复置武遂县理解。又《隋书》卷 30《地理志中》信都郡下亦列有枣强、下博二县。是北周末年长乐郡当领有信都、枣强、下博、武遂四县。

2. 渤海郡

治陶氏城。《隋书》卷 30《地理志中》平原郡东光县："旧置渤海郡，开皇初郡废。九年置观州，大业初州废，又并安陵入焉。"《太平寰宇记》卷 68《河北道十七》定远军东光县："本汉旧县也，属渤海郡，故城在今县东二十里东光故城。高齐天保七年(556)移于今县东南三十里陶氏故城。隋开皇三年(583)又移于此后魏废渤海郡郡城，即今县理。"据前述东魏北齐部分所考，天保七年(556)

之后,北齐勃海郡领有南皮、东光、修、阜城四县。《隋志》勃海郡已写作渤海郡,这里从《隋志》。《隋书》卷30《地理志中》信都郡蓚县:"旧曰脩,开皇五年(585)改。十六年(596)分置观津县,大业初废。"《太平寰宇记》卷63《河北道十二》冀州蓚县:"本汉蓚县,即条侯国也,文帝封周亚夫为条侯。蓚县属信都国,后汉属渤海郡。晋改蓚为条。隋开皇三年(583)废渤海郡,属冀州;五年(585)改条县为蓚县,属观州。"又《隋书》卷30《地理志中》渤海郡下列有南皮县,信都郡下列有阜城县。北周末年渤海郡当领有东光、修、南皮、阜城四县。

3. 安德郡

治安德。《元和郡县图志》卷17《河北道二》德州:"后魏文帝于今州置安德郡,隋开皇三年(583)改为德州。大业三年(607)罢州,为平原郡。"《太平寰宇记》卷64《河北道十三》德州:"今理安德县。……后魏又改为郡,仍自平原移理今聊城界畔城。文帝太和中,于今州东南三十里安德故城置安德郡,平原县属焉。隋开皇三年(583),罢郡,以平原属冀州。九年(589),于今安德复置德州,平原复属焉。大业三年(607),罢州为平原郡。"据前述东魏北齐部分所考,天保七年(556)之后,北齐安德郡领有平原、安德二县。《元和郡县图志》卷17《河北道二》德州安德县:"本汉旧县,属平原郡。后魏属安德郡。隋开皇三年(583)废郡,改属冀州,九年(589)改属德州。"德州平原县:"本汉旧县,属平原郡。后汉属平原国。后魏属安德郡。隋开皇三年(583)罢郡,属冀州,九年(589)改属德州。"北周末年安德郡当领有平原、安德二县。

第四十九节　北周贝州领郡沿革

贝州治武城,即今河北邢台市清河县城关乡旧城村的贝州故城。《隋书》卷30《地理志中》清河郡:"后周置贝州。"《周书》卷6《武帝纪下》:宣政元年(578)春正月,"分相州广平郡置洺州,清河郡置贝州,黎阳郡置黎州,汲郡置卫州"。《太平寰宇记》卷58《河北道七》贝州:"后魏移清河郡及清河县于汉厝城置。高齐自厝城移郡及武城县于今贝州西北十里故州城,其城即汉信成县理。后周建德六年(577)平齐,于郡理置贝州,郡亦不废。隋开皇三年(583)废郡,以郡所领县属州;六年(586)移武城县还于旧理,自厝城移清河县于州郭。大业三年(607)罢州为清河郡。"据前述东魏北齐部分所考,北周末年贝州当领有清河、广宗二郡。

1. 清河郡

治武城。《隋书》卷30《地理志中》清河郡清河县:"旧曰武城,置清河郡。

开皇初郡废,改名焉,仍别置武城县。十六年(596)置夏津县,大业初废入,置清河郡。"据前述东魏北齐部分所考,天保七年(556)之后,北齐清河郡领有贝丘、武城、广宗、武强、清渊五县。《隋书》卷30《地理志中》清河郡清阳县:"旧曰清河县,后齐省贝丘入焉,改为贝丘。开皇六年(586)改为清阳。"清河郡清泉县:"后齐废千童县入。开皇十六年置贝丘县,大业二年(606)废入。"清泉即清渊,当为唐人避李渊讳改。北周占领北齐之后,广宗、武强二县划出另置广宗郡。北周末年清河郡当领有武城、贝丘、清渊三县。

2. 广宗郡

治武强县。《元和郡县图志》卷16《河北道一》贝州宗城县:"本后汉章帝分立广宗县,属巨鹿郡。后魏改属广宗郡。隋开皇三年(583)改属贝州,仁寿元年(601)改宗城县。"贝州经城县:"本后汉分前汉堂阳县,于今县西北二十里置经城县。后魏省并入南宫县,孝文帝又于今理置经城县,又置广宗郡。高齐省郡及县,仍置武强县于此。隋开皇六年(586),移武强县于此,置经城县,属贝州。"《太平寰宇记》卷54《河北道三》魏州经城县:"本后汉(之经县地)分前汉堂阳县,于今县西北二十里置经县。后魏初省并南宫县,太和十年(486)又于今理置经县,续于县理置广宗郡。高齐天保七年(556)省郡及县,仍移武强县于此。后周武建德七年(578)复于此置广宗郡。隋开皇三年(583)罢郡;六年(586)移武强县于武强城南置,复于此置经城县,属贝州。今属魏州。"卷58《河北道七》贝州清河县:"故武强城,后魏太和二十一年于其城置武强县,属广宗郡。隋废。"按此武强县当即《隋书》卷30《地理志中》信都郡下列之斌强县(因信都郡另有武强县之故)。北周末年广宗郡当领有武强、广宗二县。

第五十节 北周相州(原名司州)领郡沿革

相州治邺,在今河北邯郸市临漳县西南邺镇一带。大象二年(580)八月移治于安阳城,亦称邺,而原邺城及邑居则皆毁废,安阳城当在今河南安阳市安阳老城四周。《隋书》卷30《地理志中》魏郡:"后魏置相州,东魏改曰司州牧。后周又改曰相州,置六府。宣政初府移洛,以置总管府,未几,府废。"魏郡安阳县:"周大象初,置相州及魏郡,因改名邺。开皇初郡废,十年(590)复,名安阳,分置相县,邺还复旧。大业初废相入焉,置魏郡。"魏郡邺县:"东魏都。后周平齐,置相州。大象初县随州徙安阳,此改为灵芝县。开皇十年(590)又改焉。"《太平寰宇记》卷55《河北道四》相州:"东魏孝静帝迁都于此,改置魏尹及司州牧。北齐武帝又都焉,改魏尹为清都尹。后周平齐,复改为相州。大象二年(580)自故邺城移相州于安阳城,即今理也。隋初郡废而州立。炀帝初州废,复置魏都。"据《周书》卷6《武帝纪下》,宣政元年(578)春正月,"分相州广平郡置洺州,清河郡置贝州,黎阳郡置黎州,汲郡置卫州"。卷8《静帝纪》,大象二年(580)八月,"移相州于安阳,其邺城及邑居皆毁废之。分相州阳平郡置(毛)[屯]州,昌(黎)[乐]郡置魏州"。北周末年相州当领有魏、成安、林虑三郡。

1. 魏郡

由北齐的清都尹改置,原治邺城,大象二年(580)八月后治安阳城。据前述东魏北齐部分所考,天保七年(556),清都尹领有邺、成安、临漳、昌乐、武安、临水、贵乡、林虑诸县。其中邺、临漳、成安三县同治邺城,分区划治。北周占领北齐之后,昌乐、贵乡二县划入昌乐郡,林虑县划入林虑郡,武安、临水县划入成安郡。由于大象二年(580)八月平定尉迟迥之乱,相州及魏郡均迁治安阳城,原"邺城及邑居皆毁废之",临漳县当于此时废置。《元和郡县图志》卷16《河北道一》相州成安县:"本汉斥丘县地,属魏郡。土地斥卤,故曰斥丘。其地旧属邺县,高齐文宣帝分邺县置成安县,属清都尹。周平齐,属魏郡。隋开皇三年(583),改属相州。"相州临漳县:"本汉邺县地,东魏孝静帝分邺县之地,于邺城中置临漳县。周武帝平齐,自邺城移临漳县于今理,属魏郡。隋开皇三年(583),改属相州。"《隋书》卷30《地理志中》魏郡洹水县:"后周置。"《元和郡县图志》卷16《河北道一》相州洹水县:"本汉内黄县地,晋于此置长乐县,属魏郡。后魏省,孝文帝复置长乐县,高齐省入临漳县。周武帝分临漳置洹水县,因洹水流入,即以为名,属魏郡。隋开皇三年割属相州。"北周末年魏郡当领有邺、成安、临漳、洹水四县。

2. 成安郡

《元和郡县图志》卷15《河东道四》磁州:"本汉魏郡武安县之地,周武帝于此置滏阳县及成安郡,隋开皇十年(590)废郡,于县置磁州,以县西九十里有磁山,出磁石,因取为名。大业二年(606)废,以县属相州。"磁州滏阳县:"本汉武安县之地,魏黄初三年(222)分武安立临水县,属广平郡,以城临滏水,故曰临水;以城在滏水之阳,亦曰滏阳。周武帝于此别置滏阳县,属成安郡。隋开皇三年(583)废郡,县属相州。十年(590),于此置磁州,滏阳属焉。大业二年(606)废磁州,县属相州。"磁州昭义县:"魏黄初三年(222)于今滏阳县置临水县,北齐天保元年(550)移理松釜,周武帝建德六年(577)废。永泰元年(765)再置,仍改名昭义。"这里提到临水县废于建德六年(577)。但据《太平寰宇记》卷56《河北道五》磁州昭义县:"魏黄初三年(222)于今滏阳县置临水县。北齐天保元年移理松谷。周武帝建德六年(577)移理故涉城,即今涉县是也。隋开皇七年(587)移于西成;十年(590)移于今理。唐武德六年(623)废。永泰元年(765)再置,仍改名昭义。"联系《元和郡县图志》卷15《河东道四》磁州滏阳县所言"周武帝于此别置滏阳县,属成安郡",临水县只是治所有移徙,建德六年(577)并未省废。《隋书》卷30《地理志中》武安郡下列有武安县。《元和郡县图志》卷15《河东道四》磁州武安县:"汉属魏郡,魏属广平郡。隋开皇三年(583)属相州,十年(590)割属磁州,大业二年(606)磁州废,割属洺州。"北周末年成安郡当领有滏阳、临水、武安三县。

3. 林虑郡

治林虑。《隋书》卷30《地理志中》魏郡林虑县:"后魏置林虑郡,后齐郡废,后又置。开皇初郡废。"《元和郡县图志》卷16《河北道一》相州林虑县:"本汉隆虑县,属河内郡,以隆虑山在北,因以为名。后避殇帝讳,改曰林虑。(魏)属朝歌郡。晋属汲郡。后魏太武帝省入邺县,文帝立,复属魏郡。周武帝置林虑郡,隋开皇三年(583)罢郡,县属相州。"《太平寰宇记》卷55《河北道四》相州林虑县:"本汉隆虑县,属河内郡……后魏太武帝省入邺县,文帝复立,又于此置林虑郡。高齐郡废。后周平齐,复置林虑郡。隋开皇三年罢郡……按县城东魏天平元年筑。"又《隋书》卷30《地理志中》魏郡灵泉县:"后周置。"是北周末年林虑郡当领有林虑、灵泉二县。

第五十一节　北周卫州(原名义州)领郡沿革

卫州治枋头城,遗址在今河南鹤壁市浚县新镇西坊城村东北。《隋书》卷30《地理志中》汲郡:"东魏置义州,后周为卫州。"《周书》卷6《武帝纪下》:宣政元年(578)春正月,"分相州广平郡置洺州,清河郡置贝州,黎阳郡置黎州,汲郡置卫州"。《元和郡县图志》卷16《河北道一》卫州:"在汉为汲县,属河内郡。魏黄初中置朝歌郡,属冀州。晋武帝改朝歌为汲郡,仍属冀州。后魏孝静帝移汲郡理枋头城,在今卫县界,又于汲县置义州以处归附之人。周武帝改义州为卫州,隋大业三年(607)改为汲郡。"据前述东魏北齐部分所考,北齐时义州领有伍城一郡,伍城郡领有伍城一县。北周废伍城郡,分相州汲郡置卫州,并新置修武郡,北周末年卫州当领有汲、修武二郡。

1. 汲郡

治朝歌(即枋头城)。《隋书》卷30《地理志中》汲郡卫县:"旧曰朝歌,置汲郡。后周又分置修武郡。开皇初郡并废,十六年(596)又置清淇县。大业初置汲郡，改朝歌县曰卫，废清淇入焉。"据前述东魏北齐部分所考，天保七年(556)之后，北齐汲郡领有修武、汲、朝歌三县。北周占领北齐之后，修武县划入修武郡。《隋书》卷30《地理志中》汲郡汲县："东魏侨置七郡十八县。后齐省，以置伍城郡，后周废为伍城县，开皇六年(586)改焉。"《元和郡县图志》卷16《河北道一》卫州汲县："本汉旧县，属河内郡。后魏于此置义州及伍城郡伍城县，周改义州为卫州，伍城县属卫州。隋开皇六年(586)改伍城县为汲县，大业三年(607)改属汲郡。"隋当是将汲县并入伍城县，并将伍城县改为汲县。北周末年汲郡当领有朝歌、汲、伍城三县。

2. 修武郡

治修武。《隋书》卷30《地理志中》汲郡卫县："旧曰朝歌，置汲郡。后周又分置修武郡。开皇初郡并废。"《隋书》卷30《地理志中》河内郡获嘉县："后周置修武郡，开皇初郡废。十六年(596)置殷州，大业初州废。"河内郡新乡县："开皇初年置。……旧有获嘉县，后齐废。"《元和郡县图志》卷16《河北道一》怀州修武县："汉以为县，属河内郡。周武帝以为修武郡，修武县属修武郡。隋开皇三年(583)罢郡，属怀州。"怀州获嘉县："本汉县也，武帝将幸缑氏，至汲县之新中乡，得南越相吕嘉首，因立为获嘉县，属河内郡。前获嘉县理，在今卫州新乡县西南十里获嘉县故城是也，高齐又移于卫州共城，隋自共城移于今理。"北周末年修武郡当领有修武、获嘉二县。

第五十二节　北周黎州领郡沿革

黎州治黎阳，黎阳城遗址在今河南鹤壁市浚县黎阳镇东南。《隋书》卷30《地理志中》汲郡黎阳县："后魏置黎阳郡，后(周)置黎州。开皇初州郡并废。十六年(596)又置黎州，大业初罢。"《周书》卷6《武帝纪下》：宣政元年(578)春正月，"分相州广平郡置洺州，清河郡置贝州，黎阳郡置黎州，汲郡置卫州"。《太平寰宇记》卷57《河北道六》通利军黎阳县："汉为黎阳县，在黎阳山北，其地夹河为分，有冀、兖二州之域，属魏郡。后魏置黎州及黎阳郡。隋开皇三年(583)州郡俱废，为县属魏州。唐武德二年，重置黎州，县属焉。"北周末年黎州当领有黎阳一郡。

黎阳郡

治黎阳城。《隋书》卷30《地理志中》汲郡黎阳县："后魏置黎阳郡，后(周)置黎州。开皇初州郡并废。"据前述东魏北齐部分所考，天保七年(556)之后，北齐黎阳郡领有黎阳一县。北周当同。

第五十三节　北周怀州领郡沿革

怀州治野王城,在今河南焦作市沁阳市城区。《隋书》卷 30《地理志中》河内郡:"旧置怀州。"《太平寰宇记》卷 53《河北道二》怀州:"后魏置怀州,兼置河内郡,治古野王城是也。隋开皇三年(583)郡废而州存。十三年(593)改野王县为河内县。大业二年(606)废州,复为河内郡。"据前述东魏北齐部分所考,北齐怀州领有河内、武德二郡。北周同。

1. 河内郡

治野王城。《隋书》卷 30《地理志中》河内郡河内县:"旧曰野王,置河内郡。开皇初郡废,十六年(596)县改焉。有轵县,大业初废入,寻置郡。"据前述东魏北齐部分所考,天保七年(556)之后,北齐河内郡领有野王、轵二县。北周当同。

2. 武德郡

治州县。《隋书》卷 30《地理志中》河内郡安昌县:"旧曰州县,置武德郡。开皇初郡废,十八年(598)县改为邢丘。大业初改名安昌,又废怀县入焉。"据前述东魏北齐部分所考,天保七年(556)之后,北齐武德郡领有怀、州二县。北周当同。

第五十四节　北周废怀州(又称西怀州)沿革

北周原设怀州治王屋,在今河南济源市王屋镇。《隋书》卷 30《地理志中》河内郡王屋县:"旧曰长平,后周改焉,后又置怀州。及平齐,废州置王屋郡。开皇初郡废。"《元和郡县图志》卷 5《河南道一》河南府(洛州)王屋县:"汉为垣县地,后魏献文帝分垣县置长平县,周明帝改为王屋县,因山为名,仍于县置王屋郡。天和元年(566),又为西怀州。隋开皇三年(583),改为邵州。大业三年(607),废邵州,以县属怀州。"《太平寰宇记》卷 5《河南道五》西京王屋县:"汉为河东郡垣县地。后魏皇兴四年(470)于此分置长平县,属邵州。北齐置怀州。后周武成元年(559)州废,改为王屋县,因县北十里山为名,仍于县理置王屋郡。天和六年(571)又于郡理立西怀州,建德六年(577)州省,又为王屋郡。隋开皇三年(583)罢郡,以县属邵州;大业三年(607)省州,以县入河内郡。"天和五年(570)、六年(571),齐、周王屋县西北的北周勋、汾二州和黄河以南的宜阳一带有激烈军事冲突,西怀州当依《太平寰宇记》置于天和六年(571)。北周灭北齐,因在野王城新置有怀州,故此怀州遂废(参见"邵州领郡沿革")。

第五十五节　北周建州领郡沿革

建州治高都,当在今山西晋城市泽州县高都镇一带。《隋书》卷30《地理志中》长平郡:"旧曰建州。开皇初改为泽州。"《元和郡县图志》卷15《河东道四》泽州:"汉为上党郡高都县之地也。后魏道武帝置建兴郡,孝庄帝改置建州,周改建州为泽州,盖取濩泽为名也。"《太平寰宇记》卷44《河东道五》泽州:"后魏道武帝置建兴郡,理高都城。孝庄改为建州。北齐亦为建州,及置平阳、高都二郡。后周并二郡为高平郡。隋初郡废,置泽州,盖取濩泽为名。隋为长平郡。"据前述东魏北齐部分所考,天保七年(556)之后,北齐建州领有高都、安平二郡。《太平寰宇记》的说法似不确。北周改高都郡为高平郡,北周末年建州当领有高平、安平二郡。

1. 高平郡

治高都。《隋书》卷30《地理志中》长平郡丹川县:"旧曰高都。后齐置长平、高都二郡,后周并为高平郡。开皇初郡废,十八年(598)改为丹川。大业初置长平郡。"长平郡高平县:"旧曰平高,齐末改焉,又并泫氏县入焉。"据前述东魏北齐部分所考,天保七年(556)之后,北齐高都郡领有高都、高平二县。北周当同。

2. 安平郡

治端氏。《隋书》卷30《地理志中》长平郡端氏县:"后魏置安平郡,开皇初郡废。"长平郡沁水县:"旧置广宁郡。后齐郡废,县改为永宁。开皇十八年(598)改焉。"据前述东魏北齐部分所考,天保七年(556)之后,北齐安平郡领有端氏、濩泽、永宁三县。《隋书》卷30《地理志中》长平郡下列有濩泽县。《元和郡县图志》卷15《河东道四》泽州阳城县:"本汉濩泽县,属河东郡,因濩泽为名也。隋改属泽州。"北周安平郡当领有端氏、永宁、濩泽三县。

第五十六节　北周潞州领郡沿革

潞州治襄垣,当在今山西长治市襄垣县下良镇东故县村、西故县村一带。《隋书》卷30《地理志中》上党郡:"后周置潞州。"《周书》卷6《武帝纪下》,宣政元年(578)春正月,"分并州上党郡置潞州"。卷7《宣帝纪》:大象元年(579)五月辛亥,"以洺州襄国郡为赵国,以齐州济南郡为陈国,以丰州武当、安富二郡为越国,以潞州上党郡为代国,以荆州新野郡为滕国,邑各一万户"。《元和郡县图志》卷15《河东道四》潞州:"周武帝建德七年(578),于襄垣县置潞州,上党郡属焉。隋开皇十年(590)罢郡,自襄垣县复移潞州于壶关,即今州是也。州得名,因潞子之国。"潞州系从北齐并州分置而来,另北周在襄垣置潞州前曾经设过韩州(参见本章第五十七节"北周废韩州领郡沿革")。北周潞州当领有上党、乡二郡。

1. 上党郡

治壶关城。《隋书》卷30《地理志中》上党郡上党县:"旧置上党郡,开皇初郡废。有壶关县。大业初复置郡,废壶关入焉。"上党郡黎城县:"后魏以潞县被诛遗人置[刘陵,开皇]十八年(598)改名黎城。"据前述东魏北齐部分所考,天保七年(556)之后,北齐上党郡至少领有壶关、襄垣、刘陵三县。襄垣县北周时划入韩州。另北齐上党郡亦可能领有寄氏县。《嘉庆重修一统志》卷142《潞安府一》"古迹":"寄氏故城,在屯留县西南七十里。汉置猗氏县,在今平阳府岳阳县界。后魏景明元年改置于此,曰'寄氏'。北齐后周时废。"北周末年上党郡当领有壶关、襄垣、刘陵三县。

2. 乡郡

治乡县。《隋书》卷30《地理志中》上党郡乡县:"石勒置武乡郡,后魏去'武'字。开皇初郡废,十六年(596)分置榆社县,大业初废。又有后魏南垣州,寻改丰州,后周废。"上党郡铜鞮县:"有旧涅县,后魏改为阳城。开皇十八年(598)改为甲水,大业初省入。"据前述东魏北齐部分所考,天保七年(556)之后,北齐乡郡领有阳城、乡、铜鞮三县。北周当同。

第五十七节 北周废韩州沿革

韩州治襄垣城,当在今山西长治市襄垣县下良镇东故县村、西故县村一带。《隋书》卷30《地理志中》上党郡襄垣县:"旧置襄垣郡,后齐郡废。后周置韩州,大业初州废。"《元和郡县图志》卷15《河东道四》潞州襄垣县:"后魏孝庄帝改属襄垣郡。后周建德六年(577)于襄垣城置韩州,县属焉。"因建德七年(578)北周在襄垣县新置有潞州,韩州当在建德七年(578)时废置。韩州领郡情况不详。《隋志》所载隋大业初所废韩州当为隋朝新置(参见本章第五十六节"北周潞州领郡沿革")。

第五十八节　北周废丰州沿革

丰州治涅城。《隋书》卷30《地理志中》上党郡乡县："石勒置武乡郡,后魏去'武'字。开皇初郡废,十六年(596)分置榆社县,大业初废。又有后魏南垣州,寻改丰州,后周废。"《太平寰宇记》卷50《河东道十一》威胜军武乡县："涅城,《冀州图》云:'涅城在县西六十里。'后魏初,于此立丰州。北齐改曰戎州。后周废之。"《嘉庆重修一统志》卷158《沁州直隶州》"沁州直隶州表"武乡县："东魏置南垣州,寻改丰州。周省。"丰州领郡情况不明,在北周时废入潞州[参见第二章第十七节"戎州(原名南垣州、丰州)领郡沿革"和本章第五十六节"北周潞州领郡沿革"]。

第五十九节　北周蒲州领郡沿革

蒲州治蒲坂,据《中国文物地图集·山西分册》,在今山西运城市永济市蒲州镇西厢村西南约1千米的蒲州故城。《隋书》卷30《地理志中》河东郡："后魏曰(秦)[泰]州,后周改曰蒲州。"据《周书》卷4《明帝纪》,明帝二年(558)春正月丁巳,"雍州置十二郡。又于河东置蒲州,河北置虞州,弘农置陕州,正平置绛州,宜阳置熊州,邵郡置邵州。"《元和郡县图志》卷12《河东道一》河中府："后魏太武帝于今理置雍州,延和元年(432)改雍州为(秦)[泰]州。周明帝改(秦)[泰]州为蒲州,因蒲阪以为名。隋大业三年(607)罢州,又置河东郡。"据《魏书》卷106《地形志下》,泰州为东魏天平初年复置,但不久就被西魏所占,在东魏时泰州领有河东、北乡二郡,西魏北周时省废北乡郡,北周武帝时新置汾阴郡,北周末年蒲州当领有河东、汾阴二郡。

1. 河东郡

治蒲坂。《隋书》卷30《地理志中》河东郡河东县："旧曰蒲坂县,置河东郡。开皇初郡废,十六年(596)析置河东县。大业初置河东郡,并蒲坂入。"河东郡在北魏后期为洛阳之司州管辖,其设置分合情况甚为复杂(参见中编第五章第一节"司州领郡沿革")。据《魏书》卷106《地形志下》,河东郡领有安定、蒲坂、南解、北解、猗氏五县。《隋书》卷30《地理志中》河东郡虞乡县："后魏曰安定,西魏改曰南解,又改曰绥化,又曰虞乡。"《元和郡县图志》卷12《河东道一》河中府虞乡县："本汉解县地也,后魏孝文帝改置南解县,属河东郡。周明帝武成二年(560)废南解县,别置绥化县,武帝改绥化为虞乡。"河中府解县："本汉旧县也,属河东郡。隋大业二年(606)省解县,九年(613)自绥化故城移虞乡县于废解县理,即今县理是也。武德元年(618)改虞乡县为解县,属虞州,因汉书名也,仍于蒲州界别置虞乡县。"《太平寰宇记》卷46《河东道七》蒲州虞乡县:"本汉解县地,属河东郡。后魏太和十一年(487)于今县西十三里置南解县,属河东郡。周明帝废南解县,别置绥化县,今县西北三十里绥化故城是也。至保定元年(561)改绥化为虞乡县,复属河东郡。周末置解县于虞乡城东,于解县西五十里别置虞乡,即此邑也。"据上,安定县在西魏时省入南解县。北周明帝武成二年(560)废南解县,北解县当同时更名为解县,另置绥化县。武帝保定元年(561)改绥化为虞乡县。另猗氏县在西魏恭帝二年(555)改为桑泉县,北周明帝复改桑泉为猗氏县,武帝时划入汾阴郡(见下)。北周末年河东郡当领有蒲坂、解、虞乡三县。

2. 汾阴郡

治汾阴。《隋书》卷30《地理志中》河东郡汾阴县:"旧置汾阴郡,开皇初郡废。"《太平寰宇记》卷46《河东道七》蒲州宝鼎县:"古纶地,在夏为少康之邑。汉为汾阴县,属河东郡。河水南流过县,故曰汾阴。……今县北九里汾阴故城是也。后汉至晋不改。刘元海省汾阴入蒲坂县。后魏太和十一年(487)复置汾阴县于后土城。后周武帝又移于殷汤故城,复置汾阴郡,以汾阴县属之。隋开皇三年(583)废汾阴郡,县属蒲州。大业三年(607)罢蒲州,县改属河东郡。义宁元年(617)改汾阴郡为泰州,移泰州理龙门,县又属焉。"《隋书》卷30《地理志中》河东郡桑泉县:"开皇十六年(596)置。"《元和郡县图志》卷12《河东道一》河中府临晋县:"本汉解县地,后魏改为北解县。隋开皇十六年(596),分猗氏县于今理置桑泉县,因县东桑泉故城以为名也。"河中府猗氏县:"本汉旧县,即猗顿之所居也。(东)[西]魏恭帝二年(555),改猗氏为桑泉县,周明帝复改桑泉为猗氏县,属汾阴郡。隋开皇三年(583)罢郡,属蒲州。"北周末年汾阴郡当领有汾阴、猗氏二县。

第六十节　北周虞州领郡沿革

虞州治大阳城,当在今山西运城市平陆县张店镇古城村一带。《隋书·地理志》无。据《周书》卷4《明帝纪》,明帝二年(558)春正月丁巳,"雍州置十二郡。又于河东置蒲州,河北置虞州,弘农置陕州,正平置绛州,宜阳置熊州,邵郡置邵州"。《元和郡县图志》卷6《河南道二》陕州芮城县:"本汉河北县地,属河东郡,自汉至后魏因之。周明帝二年(558),改名芮城,属河北郡。其年,又于此置虞州。武(帝建)德二年(619),于县置芮州。贞观元年(627)废芮州,以县属陕州。"据《魏书》卷106《地形志下》,虞州当从陕州分置而来。北周末年虞州当领有河北、安邑二郡。

1. 河北郡

治大阳城。《隋书》卷30《地理志中》河东郡河北县:"旧置河北郡,开皇初郡废。"据《魏书》卷106《地形志下》,北魏末年河北郡领有北安邑、南安邑、河北、太阳四县。《元和郡县图志》卷12《河东道一》河中府永乐县:"本汉河北县地,周明帝改河北县为永乐县,武帝省永乐县,以地属芮城县。"卷6《河南道二》陕州平陆县:"本汉大阳县地,属河东郡。后魏于此置河北郡,领河北县。隋开皇十五年(595),河北县改属蒲州,贞观元年(627)又属陕州。天宝元年(742),改为平陆县。"陕州芮城县:"本汉河北县地,属河东郡,自汉至后魏因之。周明帝二年(558),改名芮城,属河北郡。"《太平寰宇记》卷6《河南道六》陕州芮城县:"汉以其地为河北县,属河东郡。姚秦于此置河北郡。后魏太和十一年(487),自此移郡于太阳城。后周明帝二年(558),自县东十里移安戎县于此置,寻改为芮城县,因古芮城为名。"陕州平陆县:"本汉大阳县地,属河东郡。后汉改为河北县,地属亦不改。后魏太和十一年(487),自今芮城县界故魏城移河北郡理于此。周武帝天和二年(567)省大阳县,仍自故魏城移河北县于郡理。隋开皇三年(583)罢郡,以县属陕州。"大、太二字相通。北周末年河北郡当领有河北、芮城二县。

2. 安邑郡

治夏县。《隋书》卷30《地理志中》河东郡夏县:"旧置安邑郡,开皇初郡废。"北周有安邑郡。《周书》卷12《齐炀王宪传》:"寻而高祖崩,宣帝嗣位,以宪属尊望重,深忌惮之。……乃缢之。……又杀上大将军安邑公王兴、上开府独孤熊、开府豆卢绍等,皆以昵于宪也。"《隋书》卷30《地理志中》河东郡安邑县:"开皇十六年(596)置虞州,大业初州废。"《元和郡县图志》卷6《河南道二》陕州夏县:"本汉安邑县地,属河东郡。后魏孝文帝太和十一年(487),别置安邑县,十八年(494)改为夏县,因夏禹所都为名。隋大业二年(606)属河东郡,武德元年(618)又属虞州,今陕州安邑县是也。"陕州安邑县:"本夏旧都,汉以为县,属河东郡。隋开皇十六年(596)属虞州。"《太平寰宇记》卷6《河南道六》陕州夏县:"本汉安邑故地。魏孝文太和元年(477)析安邑县置夏县,以夏禹所都之地为名,属河东郡。后周建德七年(578)移于此地。义宁初属虞州。"《嘉庆重修一统志》卷154《解州直隶州》"古迹":"南安邑故城,在安邑县西一里。古禹都,及汉置安邑县,在今夏县界。北魏分置南安邑县。隋曰安邑。""安邑故城,在夏县北。……汉置安邑县,为河东郡治。后魏改为夏县。"据上述所列,北魏孝文帝太和年间似曾置有夏县,后曾与安邑县或并或分,分置时曾称北安邑县,南、北安邑县均属河北郡。北周时分河北郡置安邑郡,北安邑县改称夏县,南安邑县改称安邑县。北周末年安邑郡当领有夏、安邑二县。

第六十一节 北周绛州(原名东雍州)领郡沿革

绛州原名东雍州。《隋书》卷30《地理志中》绛郡:"后魏置东雍州,后周改曰绛州。"《元和郡县图志》卷12《河东道一》绛州:"秦为河东郡地。今州,即汉河东郡之临汾县地也。魏正始八年(247),分河东汾北置平阳郡,又为平阳郡地。后魏太武帝于今理西南二十里正平县界柏壁置东雍州及正平郡,其地属焉。孝文帝废东雍州,东魏静帝复置,周明帝武成二年(560)改东雍州为绛州。隋大业三年(607)废州,为绛郡。"绛州正平县:"柏壁,在县西南二十里。后魏明帝元年,于此置柏壁镇,太武帝废镇,置东雍州及正平郡。周武帝于此改置绛州,建德六年(577)又自此移绛州于今稷山县西南二十里玉壁。"

《太平寰宇记》卷47《河东道八》绛州:"后魏太武帝于今理西南二十里正平县柏壁置东雍州及正平郡,其地属焉。孝文帝废东雍州,其正平郡不改。东魏孝静帝复置东雍州。周明帝武成二年(560)改东雍州为绛州,仍移于闻喜县东北二十里龙头城,正平郡亦与州俱迁。武帝又移于今正平县西南二十里柏壁,建德六年(577)又移于今稷山县西南二十里玉壁。隋开皇三年(583)罢郡,自玉壁移绛州于东雍州城,即今州理是也,领县八。大业三年(607)废州为绛郡。"据《周书》卷4《明帝纪》,明帝二年(558)春正月丁巳,"雍州置十二郡。又于河东置蒲州,河北置虞州,弘农置陕州,正平置绛州,宜阳置熊州,邵郡置邵州"。《元和志》和《寰宇记》云北周明帝武成二年(560)改东雍州为绛州可能有误。可知绛州在北周明帝二年(558)初设,治龙头城,在今山西运城市闻喜县礼元镇龙头堡。北周武帝时先是改治柏壁,即今山西运城市新绛县万安镇柏壁村;建德六年(577)又移治于玉壁,即今山西运城市稷山县太阳乡白家庄。据前述东魏北齐部分所考,北齐时高凉、邵二郡及正平郡所领闻喜县皆属西魏北周,北齐东雍州只领有正平一郡。北周省废勋州及灭齐之前原设之晋州后,二州原领郡县亦因之划入绛州,北周末年绛州当领有高凉、龙门、正平、绛四郡。

1. **高凉郡**

治高凉。《隋书》卷30《地理志中》绛郡稷山县:"后魏曰高凉,开皇十八年

(598)改焉。有后魏龙门郡,开皇初废。又有后周勋州,置总管,后改曰绛州,开皇初移。"据《魏书》卷106《地形志上》,东雍州高凉郡领有高凉、龙门二县。龙门县在东魏北齐时侨置有北乡郡,是高凉郡在西魏时仅领有高凉一县(参见前述中编第二章第三十二节"南汾州领郡沿革")。《元和郡县图志》卷12《河东道一》绛州稷山县:"本汉闻喜县地,属河东郡。后魏孝文帝于今县东南三十里置高凉县,属龙门郡。隋开皇三年(583)罢郡,县属绛州。"《太平寰宇记》卷47《河东道八》绛州稷山县:"本汉闻喜县地,属河东郡,自汉迄晋不改。后魏孝文帝于今县东南三十里置高凉县,属高凉郡。周文帝移高凉县于玉壁,属郡不改。其玉壁在县西南一十二里。隋开皇三年(583)罢郡,以县属绛州;十八年(598)改为稷山,以县南稷山为名。"高凉县当一直属于高凉郡,《元和志》云高凉县"属龙门郡"似乎不确。北周末年高凉郡当领有高凉一县。

2. 龙门郡

治龙门。《隋书》卷30《地理志中》绛郡稷山县:"有后魏龙门郡,开皇初废。又有后周勋州,置总管,后改曰绛州,开皇初移。"据前述东魏北齐部分所考,北齐龙门郡领有龙门一县。《元和郡县图志》卷12《河东道一》绛州龙门县:"后魏太武帝改皮氏为龙门县,因龙门山为名,属北乡郡。隋开皇三年(583)废郡,以县属绛州,十六年(596)割属蒲州。"按北乡郡在北齐时已经废置,开皇三年(583)所废之郡当为龙门郡。北周末年龙门郡当领有龙门一县。

3. 正平郡

治临汾。《隋书》卷30《地理志中》绛郡正平县:"旧曰临汾,置正平郡。开皇初郡废,十八年(598)县改名焉。大业初置绛郡。"《元和郡县图志》卷12《河东道一》绛州正平县:"本汉临汾县地,属河东郡。隋开皇三年(583)罢郡,改属绛州。十八年(598)改临汾县为正平县,因正平故郡城为名也。"据前述东魏北齐部分所考,北齐末年正平郡领有临汾、曲沃二县。《隋书》卷30《地理志中》绛郡曲沃县:"后周置,建德六年废。"《元和郡县图志》卷12《河东道一》绛州曲沃县:"本晋旧都绛县地也,汉以为绛县,属河东郡。后汉加'邑'字,属郡不改。晋改属平阳郡。后魏孝文帝于今县东南十里置曲沃县,属正平郡,因晋曲沃为名。隋开皇三年(583)罢正平郡,改属绛州。"《太平寰宇记》卷47《河东道八》绛州曲沃县:"本晋旧都绛县地,汉以为绛县,属河东郡,今县南二里绛邑故城是也。后汉加'邑'字,属郡不改。晋改属平阳郡。后魏孝文帝于今县东南十里绛山北置曲沃县,属正平郡,因晋曲沃为名。周明帝移乐昌城,今县南七里乐昌堡。隋开皇三年罢正平郡,改属绛州;十年又移于绛邑故城北,即今治也。"可知北周曲沃县只是曾经移治,曲沃县至隋仍未废。北周末年正平郡当领有临汾、曲沃二县。

4. 绛郡

治车厢城。《隋书》卷30《地理志中》绛郡绛县:"旧置绛郡,开皇初郡废。后周置晋州,建德五年(576)废。"绛郡正平县:"大业初置绛郡。又有后魏南绛郡,后周废郡,又并南绛县入小乡县。开皇十八年(598)改曰汾东,大业初省入焉。"绛郡翼城县:"后魏置,曰北绛县,并置北绛郡。后齐废新安县,并南绛郡入焉。开皇初郡废,十八年(598)改为翼城。"这里的"并南绛郡入焉"与前条似乎存在矛盾,这可能是因为东、西政权同时置有南绛郡的缘故。东魏、北齐南绛郡即《魏书》卷106《地形志上》所云之南绛郡。后西魏恭帝改南绛郡、南绛县为绛郡、绛县,北齐则省废南绛郡入北绛郡①。北周占领北齐之后,两绛郡当合而为一。隋开皇初年绛郡废置,大业初年在正平县又新置绛郡。《太平寰宇记》卷47《河东道八》绛州绛县:"本汉闻喜县地,自汉迄晋同。后魏孝文帝置南绛县,其地属焉,因县北绛山为名,属正平郡。孝庄帝改属南绛郡,县理车箱城,今县南十里车箱城是也。恭帝去'南'字,直为绛县。开皇三年(583)罢郡,改属绛州。"北周末年绛郡当领有绛、小乡二县。

第六十二节　北周废晋州沿革

晋州治绛县,在今山西运城市绛县古绛镇东南城村一带。《隋书》卷30《地理志中》绛郡绛县:"旧置绛郡,开皇初郡废。后周置晋州,建德五年(576)废。"因北齐在平阳郡已置有晋州,北周建德五年(576)占领北齐晋州之后,遂废此晋州入绛州[参见本章第六十一节"北周绛州(原名东雍州)领郡沿革"]。

第六十三节　北周废勋州(原名南汾州)沿革

勋州治玉壁,在今山西运城市稷山县太阳乡白家庄。《隋书》卷30《地理志

---

① 《元和郡县图志》卷12《河东道一》绛州绛县:"本汉闻喜县地,后魏孝文帝置南绛县,其地属焉,因县北绛山为名也,属正平郡。恭帝去'南'字,直为绛县。隋开皇三年(583)罢郡,改属绛州。"《隋书》卷30《地理志中》绛郡绛县:"旧置绛郡,开皇初郡废。后周置晋州,建德五年(576)废。"按杨守敬《隋书地理志考证》于"旧置绛郡"下注云:按《元和志》于绛县云"西魏恭帝去'南'字",则郡亦同去可知。《志》于正平县下云周废南绛郡,于此又出绛郡,竟似南绛与绛郡为两地两事,其实因小乡属南绛郡,而小乡至隋并入正平,遂以南绛郡牵连书之,而于此又不言郡、绛县建置之由,遂令读者迷惑。若于正平下但云"有后魏小乡县"云云,而于此云"后魏置南绛郡,并置南绛县,西魏郡县并去'南字'",则无不合矣。

中》绛郡稷山县:"后魏曰高凉,开皇十八年(598)改焉。有后魏龙门郡,开皇初废。又有后周勋州,置总管,后改曰绛州,开皇初移。"据《周书》卷2《文帝纪下》,西魏废帝三年(554)春正月,改南汾州为勋州。勋州当省废于建德六年(577),本年绛州自柏壁移治于玉壁[参见本章第六十一节"北周绛州(原名东雍州)领郡沿革"]。

第六十四节　邵州领郡沿革

邵州治阳壶城(亦作阳胡城),即今山西运城市垣曲县古城镇。《隋书》卷30《地理志中》绛郡垣县:"后魏置邵郡及白水县。后周置邵州,改白水为亳城。开皇初郡废。大业初州废。"《太平寰宇记》卷47《河东道八》绛州垣县:"本河东郡之县名……《晋书·地理志》云汉属河东郡。后魏献文帝皇兴四年(470)置邵[上]郡于阳壶旧城。西魏大统三年(537)置邵州,移于今所。隋大业三年(607)废邵州,置垣县,以其地近故垣城,因以名县。"《周书》卷4《明帝纪》:明帝二年(558)春正月丁巳,"雍州置十二郡。又于河东置蒲州,河北置虞州,弘农置陕州,正平置绛州,宜阳置熊州,邵郡置邵州"。但据卷34《杨㩖传》:大统"十六年(550),大军东讨,授大行台尚书,率义众先驱敌境,攻其四戍,拔之。时以齐军不出,乃追㩖还。……又于邵郡置邵州,以㩖为刺史,率所部兵镇之"。邵州在西魏已经设立。北周末年邵州当领有邵、王屋二郡。

1. 邵郡

治阳壶城(亦作阳胡城)。《隋书》卷30《地理志中》绛郡垣县:"后魏置邵郡及白水县。后周置邵州,改白水为亳城。开皇初郡废。大业初州废,县改为垣县,又省后魏所置清廉县及后周所置蒲原县入焉。"《魏书》卷69《裴延儁传裴庆孙附传》:"正光末,汾州吐京群胡薛悉公、马牒腾并自立为王,聚党作逆,众至数万。诏庆孙为募人别将,招率乡豪,得战士数千人以讨之。……于后贼复鸠集……复以庆孙为别将,从轵关入讨。至齐子岭东,贼帅范多、范安族等率众来拒,庆孙与战,复斩多首。乃深入二百余里,至阳胡城。朝廷以此地被山带河,衿要之所,肃宗末,遂立邵郡,因以庆孙为太守、假节、辅国将军、当郡都督。"据《魏书》卷106《地形志上》,东魏武定年间(543—550)邵郡领有白水、清廉、苌平、西太平四县。《元和郡县图志》卷6《河南道二》陕州垣县:"本汉县,属河东郡。后魏献文帝皇兴四年(470),置邵州及白水县。周明帝武成元年(559),改白水为亳城县,隋大业三年(607)改亳城为垣县,属绛郡。"《魏书》卷106《地形志上》东雍州邵郡:"皇兴四年(470)置邵上郡,太和中并河内,孝昌中改复。"北魏皇兴四年(470)所置为邵上郡和白水县,《元和志》所述不确。西太平县不见于西魏北周之后文献,或在西魏北周时省并。芑平县(亦作长平县)后划置王屋郡。北周末年邵郡当领有亳城、清廉、蒲原三县。

2. 王屋郡

《隋书》卷30《地理志中》河内郡王屋县:"旧曰长平,后周改焉,后又置怀州。及平齐,废州置王屋郡。开皇初郡废。"《元和郡县图志》卷5《河南道一》河南府(洛州)王屋县:"汉为垣县地,后魏献文帝分垣县置长平县,周明帝改为王屋县,因山为名,仍于县置王屋郡。"《太平寰宇记》卷5《河南道五》西京王屋县:"汉为河东郡垣县地。后魏皇兴四年(470)于此分置长平县,属邵州。北齐置怀州。后周武成元年(559)州废,改为王屋县,因县北七里山为名,仍于县理置王屋郡。天和六年(571)又于郡理立西怀州,建德六年(577)州省,又为王屋郡。隋开皇三年(583)罢郡,以县属邵州。"北周末年王屋郡当领有王屋一县。

第六十五节　北周南汾州(原名西汾州)领郡沿革

西汾州在北齐时名南汾州,治定阳,在今山西临汾市吉县吉昌镇。《隋书》卷30《地理志中》文城郡:"东魏置南汾州,后周改为汾州,后齐为西汾州。后周平齐,置总管府。开皇四年(584)府废,十六年(596)改为耿州,后复为汾州。"据《周书》卷2《文帝纪下》,西魏废帝三年(554)春正月,改阳都为汾州。按"阳都"二字当有讹误衍脱,西魏或是改定阳郡为汾州。

《太平寰宇记》卷48《河东道九》慈州:"汉为北屈县,属河东郡。……魏、晋属平阳郡。(东)[后]魏初置定阳郡,并置定阳县,值河西定阳胡人渡河居于此,立为郡,因以名之。至天平元年(534)以州南界汾水所经,故置南汾州。后周建德六年(577)又改南汾州为西汾州。隋开皇元年(581)改定阳郡为吉阳郡;三年(583)罢郡为县;十六年(596)改为耿州,以州南旧祖乙城为名;十八年(598)改为汾州,仍改定阳县为吉昌县。大业三年(607)废,置文城郡。"按《北齐书》卷17《斛律金传斛律光附传》:武平元年(570)冬,"光又率步骑五万于玉壁筑华谷、龙门二城,与(周将宇文)宪、(擒跋)显敬等相持,宪等不敢动。光乃进围定阳,仍筑南汾城。置州以逼之,夷夏万余户并来内附。"是北齐武平元年(570)在定阳所置是南汾州(北齐西汾州在离石),《隋志》表述似有误,建德六年(577)北周灭北齐后改南汾州为西汾州,后因北有汾州,旋改称南汾州。据前述东魏北齐部分所考,天保七年(556),北齐南汾州领有北吐京(领平昌、北平昌、石城、吐京四县)、西五城(领西五城、昌宁、平昌三县)、南吐京(领新城一县)、西定阳(领洛陵一县)、定阳(领永宁一县)、五城(领五城、平昌二县)、中阳(领洛陵、昌宁二县)、龙门(领龙门一县)八郡。因为北齐在武平元年(570)重置南汾州,所列诸郡县后来当多有省并。至北周末年南汾州当领有定阳、五城、中阳三郡。

1. 定阳郡

治定阳。《隋书》卷30《地理志中》文城郡吉昌县:"后魏曰定阳县,并置定阳郡。开皇初郡废,十八年(598)县改名焉。大业初,置文城郡。"文城郡文城县:"后魏置。"《元和郡县图志》卷12《河东道一》慈州:"秦兼天下,罢属河东郡。汉北屈县,属河东郡。后魏孝文帝于北屈县南二十一里置定阳郡,即今州理是也。隋开皇元年(581)改定阳郡为文城郡。"慈州吉昌县:"本汉北屈县地也,属河东郡。后魏孝文帝于今州置定阳郡,并置定阳县,会有河西定阳胡人渡河居于此,因以为名。十八年(598),改定阳县为吉昌县。"慈州文城县:"本汉北屈县地,属河东郡。后魏孝文帝于此置(斤)[仵]城县,属定阳郡。隋开皇十六年(596)改(斤)[仵]城县为文城县。"仵城即五城或伍城。按西魏北周已有文城县,《周书》卷35《薛端传》:"薛端字仁直,河东汾阴人也,本名沙陁。……年十七,司空高乾辟为参军,赐爵汾阴县男。……魏孝武西迁……从擒窦泰,复弘农,战沙苑,并有功。加冠军将军、中散大夫,进爵为伯。转丞相东阁祭酒,加本州大中正,迁兵部郎中,改封文城县伯,加使持节、平东将军、吏部郎中。……孝闵帝践阼,除工部中大夫,转民部中大夫,进爵为公,增邑通前一千八百户。……出为蔡州刺史。……寻转基州刺史。……至基州,未几卒,时年四十三。……赠本官,加大将军,追封文城郡公。"按北周末年豫州领有文城郡,但不领文城县,与定阳郡无关(参见本章第十六节"北周豫州(曾改名舒州)领郡沿革")。不知此文城郡是否与追封薛端之郡有关。《元和志》所提隋开皇十六年(596)改为文城县之仵城(五城或伍城),当是原西五城郡所领之西五城县,此县并入文城县,而县治从原文城县治移于原西五城县治也。北周末年定阳郡当领有定阳、文城二县。

2. 五城郡(亦作伍城郡、仵城郡)

治五城(亦作伍城)。《隋书》卷30《地理志中》文城郡伍城县:"后魏置,曰刑军县,后改为伍城,后又置伍城郡。开皇初郡废,又废后魏平昌县入焉。"《元和郡县图志》卷12《河东道一》慈州仵城县:"本汉北屈县地,属河东郡。后魏于此置仵城郡,领京军县,孝文帝改京军县为仵城县。隋开皇三年(583)废仵城郡,改属文城郡。"慈州吕香县:"本汉临汾县地也,属河东郡。后魏太武帝于此置刑军县,属仵城郡。孝文帝改为平昌县。隋开皇十六年(596)省平昌县入仵城县。"仵城郡即五城郡(亦作伍城郡)。《太平寰宇记》卷48《河东道九》慈州乡宁县:"废吕香县,本汉临汾县地。按《郡国县道记》云:'吕香,本汉之北屈地。或谓之临汾地则误矣。'后魏太和四年(480)于此置京军县,属仵城郡,即仵城县,孝文帝改为平昌县。隋开皇十六年(596)省平昌入仵城县。义宁元年(617)于今县东二十里又置平昌县,因后魏旧名。"又《隋书》卷30《地理志中》龙泉郡蒲县:"后周置,有伍城郡及石城郡及石城县,周末并废。又有后魏平昌县,开皇中改曰蒲川,大业初废入焉。"《元和郡县图志》卷12《河东道一》隰州蒲县:"本汉蒲子县地,后魏于此置石城县,后废。周宣帝于石城故县置蒲子县,因汉蒲子县为名也,属定阳郡。隋开皇五年(585)改属隰州,大业二年(606)改为蒲县。"《太平寰宇记》卷48《河东道九》隰州蒲县:"本汉蒲子县地,自汉至晋不改。后魏孝武帝于东南五十里置石城县,寻废。后周大象元年于石城故县置蒲子县,取古蒲子县为名。隋开皇元年(581)又移县于今县东北三十里故箕城置。大业二年(606)又移于今县西南二里,仍改为蒲县。"按蒲子县在五城县北,与定阳郡地理不接,在北周时当属五城郡,北周末年五城郡当领有五城、平昌、蒲子三县。

3. 中阳郡

治昌宁。《隋书》卷30《地理志中》文城郡昌宁县:"后魏置,并内阳郡。开皇初郡废。"内阳郡即中阳郡,隋避杨忠讳改。北周末年中阳郡当领有昌宁一县。

第六十六节　北周晋州领郡沿革

晋州治平阳,在今山西临汾市城区。《隋书》卷30《地理志中》临汾郡:"后魏置唐州,改曰晋州。后周置总管府,开皇初府废。"《元和郡县图志》卷12《河东道一》晋州:"在秦为河东郡地,今州即汉河东郡之平阳县也。永嘉之乱,刘元海僭号称汉,建都于此。……后魏太武帝于此置东雍州,孝明帝改为唐州,寻又改为晋州,因晋国以为名也。高齐武成帝于此置行台,周武帝平齐,置晋州总管。"《太平寰宇记》卷43《河东道四》晋州:"后魏真君四年(443)于此置东雍州。孝昌中改为唐州。建义元年又改为晋州。[后周]置总管府,仍与郡同移故平阳城东北二十里白马城为理。历东魏、北齐、后周,皆为重镇。隋[开皇]初改平阳为平河郡,三年(583)废郡,又为州。至炀帝初州废,又立为临汾郡,仍移于白马城南一里。"据前述东魏北齐部分所考,天保七年(556)之后,北齐晋州领有平阳、北绛、永安、北五城、定阳、敷城、五城、西河、义宁、临汾十郡。

《隋书》卷 30《地理志中》临汾郡临汾县："后魏曰平阳,并置平阳郡。开皇初改郡为平河,改县为临汾,寻郡废。又有东魏西河、敷城、伍城、北伍城、定阳等五郡,后周废为西河、定阳二郡。开皇初郡并废。"是北周时敷城、五城(即伍城)、北五城(即北伍城)三郡均被省废。北周末年,晋州当领有平阳、北绛、永安、定阳、西河、义宁、临汾七郡。

1. 平阳郡

治平阳。《隋书》卷 30《地理志中》临汾郡临汾县："后魏曰平阳,并置平阳郡。开皇初改郡为平河,改县为临汾,寻郡废。"据前述东魏北齐部分所考,天保七年(556)之后,北齐平阳郡领有禽昌、平阳、泰平三县。《隋书》卷 30《地理志中》临汾郡襄陵县："后魏太武禽赫连昌,乃分置禽昌县。齐并襄陵入禽昌县。大业初又改为襄陵。"《元和郡县图志》卷 12《河东道一》晋州襄陵县："本汉旧县也,属河东郡。高齐省。周平齐,自临汾县移禽昌县于今理,属晋州。隋大业二年(606),改禽昌为襄陵,取汉旧名也,县东南有晋襄公陵,因以为名。先是以禽昌名者,后魏禽赫连昌以置县故也。"《太平寰宇记》卷 43《河东道四》晋州襄陵县："本汉旧县也,属河东郡。魏正始八年(247)分河东汾北置平阳郡,以襄陵县属焉。后以此地擒赫连昌,遂于白马城置擒昌县。高齐天保七年(556)省。周平齐,自临汾县东北二十里白马故城移擒昌县于今县焉,亦隶平阳郡。隋初罢郡,置晋州。大业二年(606)改为襄陵县,以赵襄子、晋襄公俱陵于是邑,以名县;三年(607)罢州为郡,县仍隶之。"《隋书》卷 30《地理志中》绛郡太平县："后魏置,后齐省临汾县入焉。"《元和郡县图志》卷 12《河东道一》绛州太平县："本汉临汾县地,属河东郡。后魏太武于今县东北二十七里太平故关城置泰平县,属平阳郡。周改泰平为太平县,因关名。隋开皇三年(583)罢郡,改属晋州,十年(590)改属绛州。"北周末年平阳郡当领有平阳、禽昌、太平三县。

2. 北绛郡

治绛。《隋书》卷 30《地理志中》绛郡翼城县："后魏置,曰北绛县,并置北绛郡。"据前述东魏北齐部分所考,天保七年(556)之后,北齐北绛郡当仅领北绛一县。北周当同。

3. 永安郡

治永安城。《隋书》卷 30《地理志中》临汾郡霍邑县："后魏曰永安,并置永安郡。开皇初郡废。十六年(596)置汾州,十八年(598)改为吕州,县曰霍邑。大业初州废。"据前述东魏北齐部分所考,天保七年(556)之后,北齐永安郡领有永安、杨二县。《太平寰宇记》卷 43《河东道四》晋州洪洞县："本汉杨县,即春秋时杨侯国也。……《晋地道记》曰:'杨,故杨侯国,晋灭之,以赐大夫羊舌肸。

汉以为县，属河东郡。后汉同。魏置平阳郡，杨县属焉。'后魏改属永安郡。开皇三年(583)罢郡，改属晋州。炀帝罢州，置临汾郡，县仍属焉。"晋州霍邑县：
"本汉彘县也，属河东郡，因彘水为名。……后汉顺帝改彘县为永安县，属郡不改。魏分河东置平阳，县又属焉。后魏真君七年(446)省，及宣武正始三年(506)又于今州赵城县东北十五里仇池壁置永安县，又移于赵城县东南三里。魏末复还今理。隋开皇十八年(598)改为霍邑县，属吕州，因霍山为名。大业二年(606)废吕州，改属晋州。"北周末年永安郡当领有永安、杨二县。

4. 定阳郡

本为侨郡。《隋书》卷30《地理志中》临汾郡临汾县："后魏曰平阳，并置平阳郡。开皇初改郡为平河，改县为临汾，寻郡废。又有东魏西河、敷城、伍城、北伍城、定阳等五郡，后周废为西河、定阳二郡。开皇初郡并废。"据前述东魏北齐部分所考，天保七年(556)之后，北齐定阳郡领有平昌、西五城等县。北周领县情况不详。

5. 西河郡

侨郡，治永安白坑城。《隋书》卷30《地理志中》临汾郡临汾县："后魏曰平阳，并置平阳郡。开皇初改郡为平河，改县为临汾，寻郡废。又有东魏西河、敷城、伍城、北伍城、定阳等五郡，后周废为西河、定阳二郡。开皇初郡并废。又有后魏永安县，开皇初改为西河，大业初省。"据前述东魏北齐部分所考，天保七年(556)之后，北齐西河郡领有永安、隰城、介休三县。北周末年西河郡至少领有永安一县。

6. 义宁郡

治孤远城。《隋书》卷30《地理志中》上党郡沁源县："后魏置县及义宁郡，开皇初废。十六年(596)置沁州。又义宁县十八年(598)改为和川。"《元和郡县图志》卷13《河东道二》沁州沁源县："本汉谷远县地，旧在今县南百五十里孤远故城是也，语音讹转，故以'谷'为'孤'耳。后魏庄帝于今理置沁源县，因沁水为名也，属义宁郡。隋开皇三年(583)罢郡，县属晋州。十六年(596)置沁州，县属焉。"据前述东魏北齐部分所考，天保七年(556)之后，北齐义宁郡领有义宁、安泽、沁源、冀氏四县。《隋书》卷30《地理志中》临汾郡冀氏县："后魏置冀氏郡，领冀氏、合阳二县。后齐郡废，又废合阳入焉。"临汾郡岳阳县："后魏置，曰安泽。大业初改焉。"《太平寰宇记》卷43《河东道四》晋州冀氏县："本汉猗氏县地，属上党郡。……至晋省。后魏庄帝于猗氏城南置冀氏县及冀氏郡，即今县是也，属晋州。高齐文宣帝省冀氏郡，以县属义宁郡。隋开皇三年(583)罢郡，改属晋州。"晋州岳阳县："本汉谷远县地。后魏孝庄帝建义元年

(528)于今县西北七十八里安泽故城置安泽县,属义宁郡。隋开皇十六年(596)改属汾州。大业二年(606)改安泽为岳阳县,以太岳之南,故名之;十二年(616)罢州,置临汾郡,县仍属焉。"晋州和川县:"亦谷远县之地。后魏孝庄帝于今县南九里置义宁县,属义宁郡。隋开皇三年(583)罢郡,改属晋州;十六年(596)置沁州,县属焉;十八年(598)改为和川县。大业二年(606)省。"北周末年义宁郡当领有沁源、义宁、冀氏、安泽四县。

7. 临汾郡

北齐置。《隋书》卷 30《地理志中》临汾郡汾西县:"后魏曰临汾,并置汾西郡。开皇初郡废,十八年(598)县改为汾西。"《隋志》所云汾西郡应为临汾郡,与临汾县皆为北齐所置。《元和郡县图志》卷 12《河东道一》晋州汾西县:"本汉彘县地,属河东郡。后汉改彘县为永安县,高齐又于此置临汾郡及临汾县。隋开皇三年(583)改临汾县为汾西县,十六年(596)改属汾州,十八年(598)改属吕州,大业二年(606)改属晋州。"据前述东魏北齐部分所考,天保七年(556)之后,北齐临汾郡领有临汾一县。北周当同。

第六十七节 北周汾州领郡沿革

汾州治龙泉城,在今山西临汾市隰县龙泉镇。《隋书》卷 30《地理志中》龙泉郡:"后周置汾州。开皇四年(584)置西汾州总管,五年(585)改为隰州总管。大业初府废。"《元和郡县图志》卷 12《河东道一》隰州:"秦为河东郡地,在汉为蒲子县,属河东郡。后魏初属仵城郡。孝文改蒲子为长寿县,太和十二年(488)于此置汾州。周宣帝大象元年(579),于今州东百步置龙泉郡,隋开皇五年(585)改为隰州,大业三年(607)又改为龙泉郡。"按"改蒲子为长寿县"当为衍文,北周宣帝时始置长寿县(见下)。此州当为占领北齐之后北周据北魏原汾州旧址而重置。北周末年汾州当领有龙泉、吐京、临河三郡。

1. 龙泉郡

治龙泉城。《隋书》卷 30《地理志中》龙泉郡隰川县:"后周置县,初曰长寿,又置龙泉郡。开皇初郡废,县改曰隰川。大业初置郡。"《元和郡县图志》卷 12《河东道一》隰州隰川县:"本汉蒲子县地也,属河东郡。魏少帝分河东置平阳郡,蒲子县属焉。刘元海僭号称汉,初理于蒲子,后徙平阳,又于此置大昌郡,以蒲子属焉。周宣帝改置长寿县,隋开皇十八年(598)改为隰川县,南有龙泉下隰,因以为名,属隰州。"《太平寰宇记》卷 48《河东道九》隰州隰川县:"本汉蒲子县……属河东郡。后汉同。……周宣帝大象元年(579)改置长寿县。隋开皇十八年(598)改为隰川县,县南有龙泉下隰,因以为名,属隰州。"《隋书》卷30《地理志中》龙泉郡蒲县:"后周置,有伍城郡及石城郡及石城县,周末并废。又有后魏平昌县,开皇中改曰蒲川,大业初废入焉。"《元和郡县图志》卷12《河东道一》隰州蒲县:"本汉蒲子县地,后魏于此置石城县,后废。周宣帝于石城故县置蒲子县,因汉蒲子县为名也,属定阳郡。隋开皇五年(585)改属隰州,大业二年(606)改为蒲县。"《太平寰宇记》卷48《河东道九》隰州蒲县:"本汉蒲子县地,自汉至晋不改。后魏孝武帝于东南五十里置石城县,寻废。后周大象元年(579)于石城故县置蒲子县,取古蒲子县为名。隋开皇元年(581)又移县于今县东北三十里故箕城置。大业二年(606)又移于今县西南二里,仍改为蒲县。"《隋书》卷30《地理志中》文城郡伍城县:"大业初又废大宁县入焉。"《元和郡县图志》卷12《河东道一》隰州大宁县:"本汉北屈县地也,属河东郡。后魏于此置仵城县,寻废。周武帝又于废县西三里置大宁县,属南汾州。隋大业二年(606)省。"《太平寰宇记》卷48《河东道九》隰州大宁县:"汉北屈县之地也,属河东郡。后魏太武帝于今县东南六十里置仵城县,寻废。周武帝保定元年(561)于废仵城县西三里置大宁县。隋开皇二十年(600)移理废浮图镇,即今县理。大业二年(606)省并入仵城。"北周末年龙泉郡当领有长寿、平昌、大宁三县。

2. 吐京郡

《隋书》卷30《地理志中》龙泉郡石楼县:"旧置吐京郡及吐京县,开皇初郡废,十八年(598)县改名。"《元和郡县图志》卷12《河东道一》隰州石楼县:"本汉土军县也,属西河郡,晋省。后魏孝文帝于此城置吐京郡,即汉土军县,盖胡俗音讹,以军为京也。隋开皇五年(585)又以吐京属隰州,十八年(598)改吐京为石楼县,因县东石楼山为名也。"《太平寰宇记》卷48《河东道九》隰州石楼县:"本汉土军县,属西河郡。晋省。后魏孝文帝太和二十一年(497)于此城置吐京郡,领岭东、岭西二县,属汾州。……孝昌中陷贼,寄理西河。隋开皇三年(583)废吐京郡,以吐京、新城二县属汾州;五年(585)又以吐京县属隰州;十八年(598)改吐京为石楼县,因县东石楼山为名。大业三年(607)罢隰州为龙泉郡,县属不改。"《隋书》卷30《地理志中》临汾郡汾西县:"又有后周新城县,开皇十年(590)省入。"《元和郡县图志》卷12《河东道一》隰州温泉县:"本汉土军县地也,后魏于土军故县东七十里置新城县,属吐京郡,太武改为岭东县,孝文改为新城县。"《太平寰宇记》卷48《河东道九》隰州温泉县:"本汉土军县之地,后魏于故土军县东七十里置新城县。《地形志》云:'新城县属吐京郡,太武帝改名岭东县,太和二十一年(497)又改为新城县。'隋开皇三年(583)废吐京郡,以新城县属汾州；五年(585)改汾州为隰州，县属不改。"北周末年吐京郡当领有吐京、新城二县。

3. 临河郡

治临河。《隋书》卷30《地理志中》龙泉郡永和县："后周置，曰临河县及临河郡。开皇初郡废，十八年(598)县改名焉。"《元和郡县图志》卷12《河东道一》隰州永和县："本汉狐讘县，属河东郡，后汉省。魏初复置狐讘县，属河东郡，魏废。高齐后主于其城置永和镇，周宣帝废镇置临河郡及临河县，属汾州。隋开皇五年(585)改属隰州，十八年(598)改临河为永和县，以县西永和关为名也。"《太平寰宇记》卷48《河东道九》隰州永和县："本汉狐讘县之地，属河东郡。后汉省。今县西南三十五里狐讘故城是汉理所。曹魏初别置狐讘县，属河东郡。后魏太延二年(436)省。高齐武平元年(570)于曹魏狐讘城[置永和镇，周宣帝废镇]置临河郡并临河县，属汾州。隋开皇三年(583)废郡；十八年(598)改临河县为永和县，以县西南永和关为名。大业三年(607)罢隰州，置龙泉郡，又属焉。"《隋书》卷30《地理志中》龙泉郡楼山县："后周置，曰归化。开皇十八年(598)改名焉。"《太平寰宇记》卷48《河东道九》隰州永和县："楼山故县，在县南十五里。武德二年(619)置，县东有楼山，因名。贞观初废。"按唐武德二年(619)当是重置楼山县。北周末年临河郡当领有临河、归化二县。

第六十八节　北周介州(原名南朔州、汾州)领郡沿革

介州治隰城(即兹氏城)，在今山西吕梁市汾阳市城区。《隋书》卷30《地理志中》西河郡："后魏置汾州，后齐置南朔州，后周改曰介州。"《元和郡县图志》卷13《河东道二》汾州："秦属太原郡。汉武帝元朔四年(前125)置西河郡，领县三十六，理富昌县是也。后汉徙理离石，即今石州离石县也。献帝末荒废。魏黄初二年(221)，乃于汉兹氏县置西河郡，即今州理是也。晋惠帝时，为刘元海所攻破，郡遂废。后魏孝文帝太和八年(484)，复于兹氏旧城置西河郡，属吐京镇。按吐京镇，今隰州西北九十里石楼县是也，十二年(488)改吐京镇为汾州，西河郡仍属焉。明帝时为胡贼所破，因北移西河郡理平阳界，高齐又于此城置南朔州。周武帝废南朔州，宣帝于此置汾州。隋大业三年(607)废汾州，还于隰城县置西河郡。"汾州介休县："后魏明帝时为胡贼所破，至孝静帝更修筑，迁朔州军人镇之，因立为南朔州，但领军人不领郡县，其介休县仍属汾州。"

《太平寰宇记》卷41《河东道二》汾州："魏黄初二年(221)于汉兹氏县置西河郡。后魏于西河郡兼置汾州，取汾河为名。北齐又改为南朔州。后周改曰

介州。隋初亦如之,大业中废州,复为西河郡。"可知北周介州系据东魏北齐侨置之南朔州改设而成。据前述东魏北齐部分所考,天保七年(556)之后,北齐南朔州领有西河、定阳二郡。北周武帝时改南朔州为介州,改定阳侨郡为介休郡。宣帝又改介州为汾州,但北周已经在龙泉城置有汾州,此汾州或在北周末年旋又改回介州,设置时间甚短,故《隋志》不载。北周末年介州当领有西河、介休二郡。

1. 西河郡

治隰城(即兹氏城)。《隋书》卷30《地理志中》西河郡隰城县:"旧置西河郡,开皇初郡废,大业初复。"《元和郡县图志》卷13《河东道二》汾州:"后魏孝文帝太和八年(484),复于兹氏旧城置西河郡,属吐京镇。……十二年(488)改吐京镇为汾州,西河郡仍属焉。明帝时为胡贼所破,因北移西河郡理平阳界,高齐又于此城置南朔州。周武帝废南朔州,宣帝于此置汾州。隋大业三年(607)废汾州,还于隰城县置西河郡。"据前述东魏北齐部分所考,天保七年(556)之后,北齐西河郡领有隰城、永安、新城三县。新城县在北周时划属汾州吐京郡(参见本章第六十七节"北周汾州领郡沿革")。《隋书》卷30《地理志中》西河郡下列有永安县。《元和郡县图志》卷13《河东道二》汾州孝义县:"本汉兹氏县地,曹魏移西河郡中阳县于今理,永嘉后省入隰城。后魏又分隰城于今灵石县界三十里置永安县。贞观元年(627)以县名与涪州县名同,改为孝义,因县人郭兴有孝义,故以名焉。"北周末年西河郡当领有隰城、永安二县。

2. 介休郡

治平昌。《隋书》卷30《地理志中》西河郡介休县:"后魏置定阳郡、平昌县。后周改郡曰介休,以介休县入焉。开皇初郡废,十八年(598)县改曰介休。"据前述东魏北齐部分所考,天保七年(556)之后,北齐定阳郡领有介休、平昌二县。《元和郡县图志》卷13《河东道二》汾州介休县:"本秦、汉之旧邑,在介山西,因名之。后魏明帝时为胡贼所破,至孝静帝更修筑,迁朔州军人镇之,因立为南朔州,但领军人不领郡县,其介休县仍属汾州。高齐省介休入永安县。周武帝省南朔州,复置介休县,宣帝改介休为平昌县,隋开皇末又改平昌为介休县。"北周末年介休郡当领有平昌一县。

第六十九节 北周废蔚州沿革

《隋书》卷30《地理志中》西河郡平遥县:"开皇十六年(596)析置清世县,大业初废入焉。又后魏置蔚州,后周废。"蔚州当在北周时废入并州(参见第二章第二十七节"蔚州领郡沿革"和本章第七十六节"北周并州领郡沿革")。

第七十节　北周石州(原名西汾州)领郡沿革

石州治离石,在今山西省吕梁市城区。《隋书》卷30《地理志中》离石郡:"后齐置西汾州,后周改为石州。"《太平寰宇记》卷42《河东道三》石州:"秦并天下,为太原郡地,两汉为西河郡地……后石勒改为永石郡,后魏改为离石镇。北齐初置怀政郡,寻复为离石镇;天保三年(552)于城内置西汾州,因改离石为昌化县。后周建德六年(577)改西汾州为石州,改昌化县为离石县。隋大业二年(606)又改为离石郡。"据前述东魏北齐部分所考,天保七年(556)之后,北齐西汾州领有怀政一郡。北周建德六年(577)改西汾州为石州,改怀政郡为离石郡,新置窟胡、定胡、乌突三郡,北周末年石州当领有离石、窟胡、定胡、乌突四郡。

1. 离石郡

治离石。《隋书》卷30《地理志中》离石郡离石县:"后齐曰昌化县,置怀政郡。后周改曰离石郡及县,又置宁乡县。开皇初郡废。大业初置郡,并宁乡入焉。"据前述东魏北齐部分所考,天保七年(556)之后,北齐怀政郡领有昌化、良泉二县。北周建德六年(577)改昌化县为离石县。又《隋书》卷30《地理志中》离石郡平夷县:"后周置。"《太平寰宇记》卷42《河东道三》石州平夷县:"本汉离石县地,属西河郡。后周大象元年(579)割离石县西五十一里置平夷县,属石州。"《元和郡县图志》卷14《河东道三》石州方山县:"本汉离石县地,高齐文宣帝于此县北六十八里置良泉县,属离石郡。隋大业三年(607)移就今县南三十五里方山置,故名方山。"《太平寰宇记》卷42《河东道三》石州方山县:"本汉离石县地。北齐天保三年(552)于离石县北六十八里置良泉县。"北周末年离石郡当领有离石、宁乡、平夷、良泉四县。

2. 窟胡郡

治窟胡。《隋书》卷30《地理志中》离石郡修化县:"后周置,曰窟胡,并置窟胡郡。开皇初郡废,后县改为修化。又后周置卢山县,大业初并入焉。"北周末年窟胡郡当领有窟胡、卢山二县。

3. 定胡郡

治定胡。《隋书》卷30《地理志中》离石郡定胡县:"后周置,及置定胡郡。开皇初郡废。"《太平寰宇记》卷42《河东道三》石州定胡县:"本汉离石县地,属西河郡。后周大象元年(579)于此置定胡县,及置定胡郡,在今县西。"北周末年定胡郡当领有定胡一县。

4. 乌突郡

治乌突。《隋书》卷30《地理志中》离石郡太和县:"后周置,曰乌突,及置乌突郡。开皇初郡废,县寻改焉。"《元和郡县图志》卷14《河东道三》石州临泉县:"本汉离石县地,周大象元年(579),于此置乌突郡、乌突县。隋开皇元年(581)改乌突郡为太和郡,乌突县为太和县。三年(583)废郡,以太和县属石州。"北周末年乌突郡当领有乌突一县。

第七十一节　北周肆州领郡沿革

北周肆州治广武,在今山西忻州市代县上馆镇。《隋书》卷30《地理志中》雁门郡:"后周置肆州。开皇五年(585)改为代州,置总管府。大业初府废。"楼烦郡秀容县:"旧置肆州,后齐又置平寇县。后周州徙雁门。开皇初置新兴郡、铜川县。郡寻废。十年(590)废平寇县。十八年(598)置忻州,大业初州废,又废铜川。"《元和郡县图志》卷14《河东道三》代州:"周宣帝大象元年(579),自九原城移肆州于今理,隋开皇五年(585)改肆州为代州,大业三年(607)改为雁门郡。"《太平寰宇记》卷42《河东道三》忻州:"《后魏书》云:'天平二年(535)置肆州,寄理秀容城,领灵丘等八县。'后周武帝徙肆州于雁门郡。至隋初,复立新兴郡及云州。开皇十八年(598)改为忻州,取界内忻川水为名。"卷49《河东道十》代州:"魏文帝移雁门郡南度句注,置广武城,即今州西故城是也。晋如之。后魏置梁城、繁畤二郡于此,寻废之,明帝又移置广武东古上馆城内,即今府城是也。后周置肆州,大象元年(579)自九原城移肆州于此。隋开皇五年(585)改为代州,取古代郡为名。大业中改为雁门郡。隋末丧乱,陷于寇境。"据前述东魏北齐部分所考,天保七年(556)之后,北齐肆州领有雁门一郡。北周同。

雁门郡

治广武。《隋书》卷30《地理志中》雁门郡雁门县:"旧曰广武,置雁门郡。开皇初郡废,十八年(598)改曰雁门。"据前述东魏北齐部分所考,天保七年(556)之后,北齐雁门郡领有广武、平寇、驴夷、秀容、石城五县。《元和郡县图志》卷14《河东道三》忻州秀容县:"本汉阳曲县地,属太原郡。后汉末于此置九原县,属新兴郡。后魏庄帝于今县东十里置平寇县。隋开皇十八年(598),于此置忻州,又于今县西北五十里秀容故城移后魏明元所置秀容县于今理,属忻州。"忻州定襄县:"本汉阳曲县,属太原郡。黄河千里一曲,县当其阳,故曰阳曲。后魏末移阳曲县于太原界,仍于此城置定襄县,属新兴郡。高齐省,武成帝移平寇县于此。隋开皇十年(590)移平寇于崞城,今代州崞县是也。"代州雁门县:"本汉广武县地,属太原郡,后魏改属雁门郡。隋开皇三年(583)罢郡,县仍属肆州。后改肆州为代州,县属不改。十八年(598)改广武县为雁门县,盖避太子之讳也。"代州五台县:"本汉虑虒县,属太原郡,因虑虒水为名也。晋省,后魏孝文帝复置,即今县理是也,属新兴郡。高齐改为雁门郡。隋大业二年(606)改为五台县,因山为名也。"虑虒即驴夷也。《隋书》卷30《地理志中》雁门郡崞县:"后魏置,曰石城县。东魏置廓州。有广安、永定、建安三郡,寄山城。后齐废郡,改为北显州。后周废。开皇十年(590)改县曰平寇。大业初改为崞县。"《元和郡县图志》卷14《河东道三》代州崞县:"本汉旧县,因山为名,属雁门郡。汉末荒废,晋初又置,魏改为崞山县,后魏宣武帝移雁门郡理此。隋开皇十年(590)移平寇县于此,属代州,大业二年(606)改为崞县。"北周末年雁门郡领有广武、平寇、驴夷、秀容、石城五县。

第七十二节　北周废北显州沿革

《隋书》卷30《地理志中》雁门郡崞县:"后魏置,曰石城县。东魏置廓州。有广安、永定、建安三郡,寄山城。后齐废郡,改为北显州。后周废。开皇十年(590)改县曰平寇。大业初改为崞县。"北显州在北周时废入肆州雁门郡(参见本章第七十一节"北周肆州领郡沿革")。

第七十三节　北周蔚州领郡沿革

蔚州治灵丘,据《中国文物地图集·山西分册》,灵丘县故城在今山西大同市灵丘县武灵镇麻嘴村①。《隋书》卷30《地理志中》雁门郡灵丘县:"后魏置灵丘郡……后周置蔚州,又立大昌县。开皇初郡废,县并入焉。大业初州废。"《元和郡县图志》卷14《河东道三》蔚州:"东魏孝静帝又于此置北灵丘郡,周宣帝于今理置蔚州。隋大业三年(607),罢州置雁门郡。"按蔚州在北齐名北蔚州,据前述东魏北齐部分所考,北齐时领有灵丘一郡。北周同。

灵丘郡

治灵丘。《隋书》卷30《地理志中》雁门郡灵丘县:"后魏置灵丘郡……后周

---

① 《中国文物地图集·山西分册》(上),中国地图出版社,2006年,"灵丘县文物图",第168—169页;《中国文物地图集·山西分册》(中),"大同市·灵丘县",第117页。

置蔚州,又立大昌县。开皇初郡废,县并入焉。大业初州废。"据前述东魏北齐部分所考,北齐灵丘郡领有灵丘一县。《元和郡县图志》卷14《河东道三》蔚州灵丘县:"本汉旧县,属代郡,后汉省。东魏孝静帝重置,属灵丘郡。隋开皇三年(583)罢郡,县属蔚州。大业二年(606)省蔚州,改属代州。隋末陷贼。"《隋书》卷30《地理志中》上谷郡飞狐县:"后周置,曰广昌。仁寿初改焉。"《元和郡县图志》卷14《河东道三》蔚州飞狐县:"本汉广昌县地,属代郡,后汉属中山国,晋又属代郡。隋开皇三年(583)改属蔚州,仁寿元年(601)改为飞狐县,因县北飞狐口为名也。隋末陷贼。"《太平寰宇记》卷51《河东道十二》蔚州飞狐县:"本汉广昌县地,属代郡。后汉属中山国。魏封乐进为广昌侯,即谓此。后废。晋又属代郡。周大象二年(580)于五龙城复置广昌县,即此邑也。隋开皇三年(583)改属蔚州;仁寿元年(601)改广昌县为飞狐县,因县北飞狐口为名。隋末陷贼。"北周末年灵丘郡当领有灵丘、大昌、广昌三县。

第七十四节　北周朔州(原名北朔州)领郡沿革

朔州在北齐时为北朔州,治马邑城,在今山西朔州市城区。《隋书》卷30《地理志中》马邑郡:"旧置朔州。开皇初置总管府,大业初府废。"《元和郡县图志》卷14《河东道三》朔州:"秦为雁门郡地,在汉即雁门郡之马邑县也。……后魏都代,地属畿内。孝文帝迁洛之后,又于定襄故城置朔州,葛荣之乱,州郡又废,高齐文宣帝又于马邑城置朔州,即今理是也。武成帝置北道行台,周武帝置朔州总管。隋开皇罢总管,大业三年(607)罢州为马邑郡。"北齐时朔州有二,一为北魏末年或东魏侨置,寄治并州界,在今山西晋中市寿阳县境内。因属军事性质的侨置,此朔州当在北周时省废入并州太原郡。另一朔州(又称北朔州)为北齐侨置,《隋书》卷30《地理志中》马邑郡善阳县:"又有后魏桑干郡,后齐以置朔州及广宁郡。后周郡废,大业初州废。"马邑郡治即善阳县治,在今山西朔州市城区[参见前述第二章第二十节"东魏、北齐朔州(寄治并州界)及北齐朔州(寄治马邑,又称北朔州)领郡沿革"]。据前述东魏北齐部分所考,北齐北朔州领有广宁、广安、太平、齐德、长宁五郡。北周改北朔州为朔州,罢废广宁、太平、齐德二郡。北周末年朔州当领有广安、长宁二郡。

1. 广安郡

治招远。《隋书》卷30《地理志中》马邑郡善阳县:"后齐置县曰招远,郡曰广安。开皇初郡废。大业初县改曰善阳,置代郡,寻曰马邑。又有后魏桑干郡,后齐以置朔州及广宁郡。后周郡废,大业初州废。"《元和郡县图志》卷14

《河东道三》朔州鄯阳县:"本汉马邑县,属雁门郡,汉末荒废。建安中又置,属新兴郡。晋又属雁门郡,晋末又废。高齐于此置招远县,属郡不改。隋开皇三年(583)罢郡,改属朔州。大业元年(605)改为鄯阳县。"《隋书》卷30《地理志中》马邑郡神武县:"后魏置神武郡,后齐改曰太平,后周罢郡。"楼烦郡静乐县:"旧曰岢岚。开皇十八年(598)改为汾源,大业四年(608)改焉。"《元和郡县图志》卷14《河东道三》岚州宜芳县:"本汉汾阳县地,属太原郡。后魏于此置岢岚县,隋开皇十八年(598)改为汾源县,大业四年(608)改汾源为静乐县。八年(612),分静乐置岚城县,属楼烦郡。"岚州静乐县:"本汉汾阳地。城内有堆阜三,俗名三堆城。隋开皇三年(583),自今宜芳县北移岢岚县于三堆城,十八年(598)改为汾源县,大业二年(606),改为静乐县。"《隋书》卷30《地理志中》楼烦郡临泉县:"后齐置,曰蔚汾。大业四年(608)改焉。"《元和郡县图志》卷14《河东道三》岚州合河县:"本汉汾阳县地,后〔魏〕[齐]于蔚汾谷置蔚汾县,属神武郡。隋开皇三年(583)罢郡,县属石州。大业二年(606),改为临泉县,四年(608)属楼烦郡。"北周末年广安郡当领有招远、神武、岢岚、蔚汾四县。

2. 长宁郡

治长宁。《隋书》卷30《地理志中》马邑郡开阳县:"旧曰长宁,后齐置齐德、长宁二郡。后周废齐德郡。开皇初郡废,十九年(599)县改曰开阳。"马邑郡云内县:"后魏立平齐郡,寻废。后齐改曰太平县,后周改曰云中,开皇初改曰云内。有后魏都,置司州,又有后齐安远、临塞、威远、临阳等郡属北恒州,后周并废。"《元和郡县图志》卷14《河东道三》云州云中县:"本汉平城县,属雁门郡。汉末大乱,其地遂空。魏武帝又立平城县,属新兴郡。晋改属雁门郡。后魏于此建都,属代尹,孝文帝改代尹为恒州,县属不改。隋为云内县,属马邑郡。"北周末年长宁郡当领有长宁、云中二县。

第七十五节　北周废北恒州领郡沿革

《隋书》卷30《地理志中》马邑郡云内县:"后魏立平齐郡,寻废。后齐改曰太平县,后周改曰云中,开皇初改曰云内。有后魏都,置司州,又有后齐安远、临塞、威远、临阳等郡属北恒州,后周并废。"《元和郡县图志》卷14《河东道三》云州:"今州即秦雁门郡地,在汉雁门郡之平城县也。……汉末大乱,匈奴侵边,自定襄以西,云中、雁门、西河遂空。曹公鸠集荒散,又立平城县,属新兴郡。晋又改属雁门,晋乱,刘琨表封猗卢为代王,都平城。后魏道武帝又于此建都,东至上谷军都关,西至河,南至中山隘门塞,北至五原,地方千里,以为甸服。孝文帝改为司州牧,置代尹。孝文帝迁都洛邑,改置恒州。孝昌之际,乱离尤甚,恒、代之北,尽为邱墟,高齐文宣帝天保七年(556)置恒安镇,徙豪杰三千家以实之,今名东州城。其年废镇,又置恒州。周武平齐,州郡并废,又于其所置恒安镇,属朔州。自周迄隋,仍为镇也。"按北恒州及所领郡县当均废入朔州长宁郡(参见本章第七十四节"北周朔州(原名北朔州)领郡沿革")。

第七十六节　北周并州领郡沿革

并州治龙山,在今山西太原市晋源区古城营村一带。《隋书》卷30《地理志中》太原郡:"后齐并州,置省,立别宫。后周置并州六府,后置总管,废六府。开皇二年(582)置河北道行台,九年(589)改为总管府,大业初府废。"据前述东魏北齐部分所考,天保七年(556)之后,北齐并州领有太原、上党、乡、乐平四郡。北周宣政元年(578),分上党、乡二郡置潞州(参见本章第五十六节"北周潞州领郡沿革")。北周末年并州当领有太原、乐平二郡。

1. 太原郡

治龙山。《隋书》卷30《地理志中》太原郡晋阳县:"后齐置,曰龙山,带太原郡。开皇初郡废,十年(590)改县曰晋阳,十六年(596)又置清源县,大业初省入焉。"据前述东魏北齐部分所考,北齐末年太原郡领有龙山、晋阳、中都、平遥、受阳、阳邑、阳曲七县,另长安县不能完全确定置废时间,但在北齐或北周时期省并应无问题。《隋书》卷30《地理志中》太原郡太原县:"旧曰晋阳,带郡。开皇十年(590)分置阳真县,大业初省入焉。"太原郡汾阳县:"旧曰阳曲。开皇六年(586)改为阳直,十六年(596)又改名焉,复分置盂县,大业初废。"太原郡文水县:"旧曰受阳,开皇十年(590)改焉。"太原郡寿阳县:"开皇十年(590)改州南受阳县为文水;分州东故寿阳,置寿阳。"这个寿阳县当即北朝所谓东寿阳县。《北齐书》卷20《步大汗萨传》:"天平中,转东寿阳三泉都督。"《周书》卷6《武帝纪下》:建德六年(577)十二月"己未,东寿阳土人反,率众五千袭并州城,刺史东平公宇文神举破平之"。卷40《宇文神举传》:"及高祖东伐,诏神举从军。并州平,即授并州刺史,加上开府仪同大将军。……所部东寿阳县土人,相聚为盗,率其党五千人,来袭州城。神举以州兵讨平之。"《元和郡县图志》卷13《河东道二》太原府寿阳县:"本汉榆次县地,西晋于此置受阳县,属乐平郡,永嘉后省。晋末山戎内侵,后魏太武帝迁戎外出,徙受阳之户于太陵城南,置受阳县,属太原郡。受阳县,即今文水县是也,隋开皇十年(590)改受阳为文水县,又于受阳故城别置受阳县,属并州,即今县是也。大业三年(607),

罢州为太原郡,县仍属焉。"是太原郡领有东寿阳县,可能在北朝和隋时有过省并。又《隋书》卷30《地理志中》太原郡榆次县:"后齐曰中都,开皇中改焉。"太原郡太谷县:"旧曰阳邑,开皇十八年(598)改焉。"西河郡平遥县:"开皇十六年(596)析置清世县,大业初废入焉。又后魏置蔚州,后周废。"北周末年太原郡当领有龙山、晋阳、阳曲、受阳、东寿阳、中都、阳邑、平遥八县。

2. 乐平郡

治沾城。《隋书》卷30《地理志中》太原郡乐平县:"旧置乐平郡,开皇初废郡。十六年(596)分置辽州及东山县,大业初废州及东山。"据前述东魏北齐部分所考,天保七年(556)之后,北齐乐平郡领有乐平、石艾、梁榆三县。《元和郡县图志》卷13《河东道二》太原府乐平县:"本汉沾县,属上党郡。晋于此置乐平郡,沾县属焉,又别置乐平县。后魏太武帝省乐平郡及县。(晋)孝明帝于今仪州和顺县重置乐平郡及县,高齐移理沾城,即今县是也。隋开皇十六年(596),于此置辽州,县属焉。大业二年(606),省辽州,以乐平属并州。皇朝因之。武德六年(623)属受州,贞观八年(634)省受州,县改属并州。""县城,即汉沾县城也,隋文帝更加修筑。"太原府广阳县:"本汉上艾县地,属太原郡。后汉属常山国,晋属乐平郡,后魏改石艾县,属乐平郡不改。隋开皇三年(583)罢郡,改属辽州。大业三年(607),省辽州后属并州。"又《隋书》卷30《地理志中》太原郡和顺县:"旧曰梁榆,开皇十年(590)改。"北周末年乐平郡当领有乐平、石艾、梁榆三县。

第七十七节　北周洺州领郡沿革

洺州治广年,在今河北邯郸市永年县广府镇。《隋书》卷30《地理志中》武安郡:"后周置洺州。"《元和郡县图志》卷15《河东道四》洺州:"周武帝建德六年(577),于郡置洺州,以水为名。隋大业三年(607)罢州为(永)[武]安郡。"《周书》卷6《武帝纪下》:宣政元年(578)春正月,"分相州广平郡置洺州,清河郡置贝州,黎阳郡置黎州,汲郡置卫州"。《周书》卷7《宣帝纪》:大象元年(579)五月辛亥,"以洺州襄国郡为赵国,以齐州济南郡为陈国,以丰州武当、安富二郡为越国,以潞州上党郡为代国,以荆州新野郡为滕国,邑各一万户"。另北周又分广平郡置南和郡。北周末年洺州当领有广平、襄国、南和三郡。

1. 广平郡

治曲梁城。据前述东魏北齐部分所考,天保七年(556)之后,北齐广平郡领有广年、平恩、南和三县。《隋书》卷30《地理志中》武安郡永年县:"旧曰广平,置广平郡,后齐废北广平郡及曲梁、广平二县入。开皇初郡废,复置广平,后改曰鸡泽。仁寿元年(601)改广平为永年。大业初置武安郡,又并鸡泽县入。"北周分南和县置南和郡,又《隋书》卷30《地理志中》武安郡下列有平恩县。加上由赵州原南赵郡划入的平乡县,北周末年广平郡当领有广年、平恩、平乡三县。

2. 襄国郡

治易阳。《隋书》卷30《地理志中》武安郡临洺县:"旧曰易阳。后齐废入襄国县,置襄国郡。后周改为易阳县,别置襄国县。开皇六年(586)改易阳为邯郸,十年(590)改邯郸为临洺。开皇初郡废。"据前述东魏北齐部分所考,天保七年(556)之后,北齐襄国郡领有襄国一县。北周改襄国县为易阳县,另置襄国县。北周末年襄国郡当领有易阳、襄国二县。

3. 南和郡

治南和。《隋书》卷30《地理志中》襄国郡南和县:"旧置北广平郡,后齐省入广平郡,后周分置南和郡。开皇初郡废,十六年(596)置任县,大业初废入。"北周末年南和郡当领有南和一县。

第七十八节 北周赵州领郡沿革

赵州治广阿,在今河北邢台市隆尧县牛家桥乡旧城村。《隋书》卷30《地理志中》赵郡大陆县:"旧曰广阿,置殷州及南巨鹿郡。后改为南赵郡,改州为赵州。开皇十六年(596)分置栾州,仁寿元年(601)改为象城。大业初州废,县改为大陆。又开皇十六年(596)所置大陆县,亦废入焉。"《太平寰宇记》卷60《河北道二》赵州:"秦兼天下,此郡即邯郸、巨鹿二郡地。汉高帝更立赵国,后又分为巨鹿、常山二郡。后汉又立常山国,以巨鹿郡隶之,兼于此置冀州,领郡国九,理于鄗,今郡西南高邑县是也。西晋又为赵国,亦置冀州,领郡国十三,理于今郡西南临城县,即古房子城也。后魏废国为赵郡,改属殷州。至明帝[孝昌]二年(526)于广阿城置殷州。至高齐又改殷州为赵州。隋开皇三年(583)罢郡,以废赵郡之平棘、廮陶二县;并废巨鹿郡之广阿、安国、柏仁、内丘等四县,改置栾州,取柏乡县汉故南栾故城以名州也。仁寿初又改广阿为象城县。大业二年(606)废栾州,复为赵州,以其旧属之邑并隶之,仍改象城县为大陆县;(五)[三]年(607)又改为赵郡于平棘县置。"据前述东魏北齐部分所考,北齐赵州领有赵、南赵二郡。北周平定尉迟迥之乱后,将南赵郡省并入定州之巨鹿郡。是北周末年赵州当领有赵郡一郡。

赵郡

治平棘。《隋书》卷30《地理志中》赵郡平棘县:"旧置赵郡,开皇初省。有宋子县,后齐废,[开皇初复置]。大业初置赵郡,废宋子县入焉。"据前述东魏北齐部分所考,天保七年(556)之后,北齐赵郡领有平棘、高邑、廮遥三县。《隋书》卷30《地理志中》赵郡廮陶县:"旧曰廮遥,开皇六年改为'陶'。"又《隋志》赵郡下亦列有高邑,《元和郡县图志》卷17《河北道二》赵州柏乡县:"本春秋时晋鄗邑之地,汉以为县,属常山郡。后汉光武帝即位于鄗南千秋亭五成陌,因改曰高邑,属常山国。高齐天保七年(556),移高邑县于汉房子县东北界,今高邑县是也。隋开皇十六年(596),于汉鄗城南十八里改置柏乡县,遥取古柏乡县以为名,属栾州。大业二年(606),改属赵州。"北周末年赵郡当领有平棘、廮遥、高邑三县。

第七十九节　北周恒州领郡沿革

恒州治安乐垒,当在今河北石家庄市正定县正定镇附近。《隋书》卷30《地理志中》恒山郡:"后周置恒州。"《元和郡县图志》卷17《河北道二》恒州:"秦兼天下,为巨鹿郡之地。汉高帝三年(前204),韩信东下井陉,击破陈余、赵王歇,以巨鹿之北境置恒山郡,因恒山为名,后避文帝讳,改曰常山。两汉恒山太守皆理于元氏,晋理于真定,即今常山故城是也。后魏道武帝登恒山郡城,北望安乐垒,嘉其美名,遂移郡理之,即今州理是也。周武帝于此置恒州,隋炀帝大业九年(613)罢州,以管县属高阳郡。"《太平寰宇记》卷61《河北道十》镇州:"秦并天下,即秦之巨鹿郡地。汉高帝分巨鹿置恒山郡,因山为名也。……后改曰常山郡。……后汉属常山国,魏如之。晋为常山郡,后魏因之。后周建德六年(577)于此置恒州,领常山郡,因旧名也。隋初废郡而州存,至大业初州废,复立郡。"《周书》卷6《武帝纪下》:宣政元年(578)春正月,"分定州常山郡置恒州"。北周又分常山郡置蒲吾郡,是北周末年恒州当领有常山、蒲吾二郡。

1. 常山郡

治安乐垒。《隋书》卷30《地理志中》恒山郡真定县:"旧置常山郡,开皇初郡废。……大业初置恒山郡。"据前述东魏北齐部分所考,天保七年(556)之后,北齐常山郡领有真定、行唐、蒲吾、灵寿、井陉、恒山六县。《隋书》卷30《地理志中》恒山郡石邑县:"旧县,后齐改曰井陉,开皇六年(586)改焉。"恒山郡井陉县:"后齐废石邑,以置井陉。开皇六年(586)复石邑县,分置井陉。"恒山郡真定县:开皇"十六年(596)分置常山县。大业初置恒山郡,省常山入焉"。恒山县可能在北周时改称常山县,旋又废置,故《隋志》有开皇十六年(596)分真定县置常山县的说法。又行唐、蒲吾、灵寿三县在北周时划入蒲吾郡。北周末年常山郡当领有真定、井陉二县。

2. 蒲吾郡

治灵寿。《隋书》卷30《地理志中》恒山郡灵寿县:"后周置蒲吾郡,开皇初郡废。"恒山郡井陉县:"后齐废石邑,以置井陉。开皇六年(586)复石邑县,分置井陉。十六年(596)于井陉置井州,及置苇泽县。大业初废州,并废苇泽县及蒲吾县入焉。"《元和郡县图志》卷17《河北道二》恒州行唐县:"本赵南行唐邑,惠文王初置,汉因为县,属恒山郡。后魏去'南'字为行唐县。隋开皇三年(583)改属恒州。"北周末年蒲吾郡当领有灵寿、蒲吾、行唐三县。

第八十节　北周定州领郡沿革

定州治卢奴,在今河北保定市定州市城区。《隋书》卷30《地理志中》博陵郡:"旧置定州。后周置总管府,寻罢。"据前述东魏北齐部分所考,天保七年(556)之后,北齐定州领有中山、常山、巨鹿、博陵四郡。北周划常山郡入恒州(参见本章第七十九节"北周恒州领郡沿革")。《北史》卷62《尉迟迥传》:周宣帝崩,杨坚辅政,尉迟迥起兵反抗杨坚,遣"纥豆陵惠袭陷定州之巨鹿郡,遂围恒州"。是定州有巨鹿郡。北周平定尉迟迥之乱后,将赵州之南赵郡省并入巨鹿郡,是北周末年定州当领有中山、巨鹿、博陵三郡。

1. 中山郡

治安喜(卢奴城)。《隋书》卷30《地理志中》博陵郡鲜虞县:"旧曰卢奴,置鲜虞郡。后齐废卢奴入安喜。开皇初废郡,以置鲜虞县。大业初置博陵郡,又废安喜入焉。"《元和郡县图志》卷18《河北道三》定州:"隋开皇元年(581),以'中'字犯庙讳,改中山郡为鲜虞郡。大业三年(607),改为博陵郡,遥取汉博陵郡为名也。"是隋开皇元年(581)始改中山郡为鲜虞郡。据前述东魏北齐部分所考,天保七年(556)之后,北齐中山郡领有曲阳、新市、毋极、安喜、北平五县。《元和郡县图志》卷18《河北道三》定州恒阳县:"本汉上曲阳县,属常山郡。后汉属中山国。高齐天保七年(556)除'上'字但为曲阳县,属中山郡。隋开皇六年(586),改曲阳为石邑县,其年移石邑于井陉县,属恒州。七年(587)于此置恒阳县,属定州,以在恒山之南,因以为名。"《隋书》卷30《地理志中》恒山郡九门县:"后齐废,开皇六年(586)复。大业初又并新市县入焉。"《元和郡县图志》卷18《河北道三》定州北平县:"本秦曲逆县地,[汉]属中山国……后汉章帝巡岳,以曲逆名不善,改名蒲阴县。后魏孝明帝改名北平县,于今县东北二十里置北平郡,割中山国之蒲阴、望都、北平三县属之。高齐省北平郡及蒲阴县,以北平县属中山郡。隋开皇三年属定州。"定州无极县:"本汉毋极县,属中山国。后魏太武省,高齐重置,属中山郡。隋开皇三年(583),改属定州。"按《隋书》卷30《地理志中》博陵郡下有毋极县。北周末年中山郡当领有安喜、曲阳、新市、北平、毋极五县。

2. 巨鹿郡

治高城。《隋书》卷30《地理志中》赵郡藁城县:"后齐废下曲阳入焉,改为高城县,置巨鹿郡。开皇初郡废。十年(590)置廉州,十八年(598)改为藁城县,大业初州废。又开皇十六年(596)置柏乡县,亦废入焉。"北周末年,将赵州之南赵郡省并,原南赵郡领县多划入本郡。据前述东魏北齐部分所考,天保七年(556)之后,北齐南赵郡领有平乡、南栾、柏人、广阿、中丘五县,定州巨鹿郡领有高城、安国二县。《隋书》卷30《地理志中》襄国郡列有平乡、柏仁、内丘三县,《元和郡县图志》卷15《河东道四》邢州平乡县:"本春秋时邢国,后为赵地,始皇灭赵,以为巨鹿郡,亦大称也。……后魏自平乡故城移平乡县于此理之,属广平郡。隋开皇三年(583)属洺州,十六年(596)改属邢州。"平乡县当在北周时划入洺州广平郡(参见本章第七十七节"北周洺州领郡沿革")。《元和郡县图志》卷15《河东道四》邢州尧山县:"本曰柏人,春秋时晋邑,战国时属赵,秦灭赵属巨鹿郡。……后魏改'人'为'仁'。隋开皇三年(583)罢巨鹿郡,属赵州,大业三年(607),改属邢州。"邢州内丘县:"古邢国地,在汉为中丘县,属常山郡。晋于此立中丘郡,石赵改为赵安县。后魏孝文帝复立中丘县,隋室讳'忠',改为内丘。开皇三年属赵州,大业二年改属邢州。"又《隋书》卷30《地理志中》襄国郡巨鹿县:"后齐废,开皇六年(586)置,南栾县后废入焉。"北周末年巨鹿郡当领有高城、安国、广阿、柏仁、中丘、南栾六县。

3. 博陵郡

治安平。《隋书》卷30《地理志中》博陵郡安平县:"后齐置博陵郡,开皇初废。十六年(596)置深州,大业初州废。"据前述东魏北齐部分所考,天保七年(556)之后,北齐博陵郡领有饶阳、安平二县。《元和郡县图志》卷17《河北道二》深州饶阳县:"本汉旧县,属涿郡,在饶河之阳。隋开皇三年(583)改属定州,十六年(596)属深州,大业二年(606)省深州改属瀛州。"北周末年博陵郡当领有安平、饶阳二县。

第八十一节　北周瀛州领郡沿革

　　瀛州治赵都军城,在今河北沧州市河间市城区。《隋书》卷30《地理志中》河间郡:"旧置瀛州。"《太平寰宇记》卷66《河北道十五》瀛州:"秦并天下,为邯郸郡地。汉为河间国,后汉亦如之。……晋永嘉乱后,地没苻、石。后魏太和十一年(487)分定州河间、高阳,冀州章武、[浮阳](三)[四]郡置瀛州,以瀛海为名,其河间郡自乐城移理于今乐寿县西一里乐寿亭城置。历高齐及周,郡不改。隋开皇三年(583)废郡,置瀛州。炀帝初州废,为河间郡。"据前述东魏北齐部分所考,天保七年(556)之后,北齐瀛州领有高阳、章武、河间三郡,北周当同。

　　1. 高阳郡

　　治高阳县。《隋书》卷30《地理志中》河间郡高阳县:"旧置高阳郡,开皇初郡废。"据前述东魏北齐部分所考,天保七年(556)之后,北齐高阳郡领有高阳、博野、永宁三县。《隋书》卷30《地理志中》河间郡博野县:"旧曰博陆,后魏改为博野,后齐废蠡吾县入焉。"河间郡清苑县:"旧曰乐乡。后齐省樊舆、北新城、清苑、乐乡入永宁,改名焉。开皇十八年(598)改为清苑。"北周末年高阳郡当领有高阳、博野、永宁三县。

　　2. 章武郡

　　治平舒。《隋书》卷30《地理志中》河间郡平舒县:"旧置章武郡,开皇初废。"据前述东魏北齐部分所考,天保七年(556)之后,北齐章武郡领有成平、平舒、文安三县。《隋书》卷30《地理志中》河间郡景城县:"旧曰成平,开皇十八年(598)改焉。"《太平寰宇记》卷67《河北道十六》霸州文安县:"晋分瀛州之东平舒、束州、文安、章武四县置章武国,县在古文安城。至后魏太和十一年(487)置瀛州,以统章武郡,县遂归瀛州。北齐废章武入文安。隋大业七年(611)征辽,途经于河口,当三河合流之处,割文安、平舒二邑户于河口置丰利县。"北周末年章武郡当领有平舒、成平、文安三县。

　　3. 河间郡

　　治武垣。《隋书》卷30《地理志中》河间郡河间县:"旧置河间郡,开皇初郡废。大业初复置郡,并武垣县入焉。"据前述东魏北齐部分所考,天保七年(556)之后,北齐河间郡领有武垣、乐城、鄚、任丘四县。《隋书》卷30《地理志中》河间郡乐寿县:"旧曰乐城,开皇十八年(598)改为广城,仁寿初改焉。"河间郡鄚县:"开皇中置永宁县,大业初废入焉。"河间郡高阳县:"旧置高阳郡,开皇初郡废。十六年(596)置蒲州,大业初州废,并任丘县入焉。"北周末年河间郡当领有武垣、乐城、鄚、任丘四县。

第八十二节 北周幽州领郡沿革

幽州治蓟城,据《中国文物地图集·北京分册》,蓟城遗址在今北京市西城区以广安门为中心的一带①。《隋书》卷30《地理志中》涿郡:"旧置幽州,后齐置东北道行台。后周平齐,改置总管府。大业初府废。"北齐幽州领有燕、范阳、渔阳三郡,北周当同。

1. 燕郡

治蓟城。《隋书》卷30《地理志中》涿郡蓟县:"旧置燕郡,开皇初废,大业初置涿郡。"据前述东魏北齐部分所考,天保七年(556)之后,北齐燕郡领有蓟、安城二县,武平六年(575)又复置良乡县,北齐末年燕郡领有蓟、安次、良乡三县。《隋书》卷30《地理志中》涿郡下列有良乡、安次二县。北周末年燕郡当领有蓟、安次、良乡三县。

2. 范阳郡

治涿城。《隋书》卷30《地理志中》涿郡涿县:"旧置范阳郡,开皇初郡废。"据前述东魏北齐部分所考,天保七年(556)之后,北齐范阳郡领有涿、范阳、遒三县。《隋书》卷30《地理志中》上谷郡涞水县:"旧曰遒县,后周废。开皇元年(581),以范阳为遒,更置范阳于此。六年(586)改为固安,八年(588)废。十年(590)又置,为永阳。十八年(598)改为涞水。"上谷郡遒县:"旧范阳居此,俗号小范阳。开皇初改为遒。"《元和郡县图志》卷18《河北道三》易州涞水县:"本汉遒县,属涿郡。后周省入涿县。隋开皇元年(581),又于此置范阳县,遥取汉范阳为名,十年(590)又改为永阳县,属幽州,十六年(596)改属易州。十八年(598),以重名改涞水县,近涞水为名。"遒县即逎县。《太平寰宇记》卷67《河北道十六》易州易县:"废涞水县……本汉逎县,属涿郡……今县北一里故逎城是也。后汉移于故城南,即今涞水县所理。后周大象二年(580)省入涿县。隋初自伏图城移范阳名于此;六年(586)又改为故安县;九年(589)又移故安于涿县东界,今涿州故安也;十年(590)又于此置永阳县;十八年(598)改为涞水县,以近涞水为名。"是大象二年(580)逎县省入涿县。北周末年范阳郡当领有涿、范

---

① 《中国文物地图集·北京分册》(上),中国地图出版社,2008年,"宣武区文物图(一)",第172—173页;《中国文物地图集·北京分册》(下),"宣武区",第121页。

阳二县。

3. 渔阳郡

治潞。《隋书》卷30《地理志中》涿郡潞县:"旧置渔阳郡,开皇初废。"据前述东魏北齐部分所考,天保七年(556)之后,北齐渔阳郡领有雍奴、潞、无终、徐无四县。《隋书》卷30《地理志中》渔阳郡无终县:"后齐置,后周又废徐无县入焉。大业初置渔阳郡。"是北周省废徐无县入无终县。又《隋书》卷30《地理志中》涿郡下列有雍奴县,北周末年渔阳郡当领有潞、雍奴、无终三县。

第八十三节　北周废东燕州沿革

《隋书》卷30《地理志中》涿郡昌平县:"旧置东燕州及平昌郡。后周州郡并废,后又置平昌郡。开皇初郡废,又省万年县入焉。"东燕州省废后,其地当划入燕州(参见本章第八十四节"北周燕州(原名北燕州)领郡沿革")。

第八十四节　北周燕州(原名北燕州)领郡沿革

燕州治怀戎,在今河北张家口市涿鹿县保岱镇。北齐置北燕州。北周改称燕州。《隋书》卷30《地理志中》涿郡怀戎县:"后齐置北燕州,领长宁、永丰二郡。后周去'北'字。开皇初郡废,大业初州废。"《太平寰宇记》卷71《河北道二十》妫州:"汉为潘县地,晋属广宁郡,后魏孝明帝废之,北齐置北燕州。隋废,属涿郡。"据前述东魏北齐部分所考,北齐北燕州领有长宁(或亦可能是广宁)、永丰二郡,由于二郡出于军事特殊需要而设置,故长宁、永丰二郡同治怀柔,同领怀柔一县。北周燕州因而不改。又《隋书》卷30《地理志中》涿郡昌平县:"旧置东燕州及平昌郡。后周州郡并废,后又置平昌郡。开皇初郡废,又省万年县入焉。"北周末年燕州当领有长宁(或亦可能是广宁)、永丰、平昌三郡,其中平昌郡当领有昌平、万年二县。

第八十五节　北周南营州领郡沿革

南营州治英雄城,在今河北保定市徐水县遂城镇遂城村。《隋书》卷30《地理志中》辽西郡:"旧置营州,开皇初置总管府,大业初府废。"辽西郡柳城县:"后魏置营州于和龙城,领建德、冀阳、昌黎、辽东、乐浪、营丘等郡,龙城、大兴、永乐、带方、定荒、石城、广都、阳武、襄平、新昌、平刚、柳城、富平等县。后齐唯留建德、冀阳二郡,永乐、带方、龙城、大兴等县,其余并废。开皇元年唯留建德一郡,龙城一县,其余并废。寻又废郡,改县为龙山,十八年(598)改为柳城。大业初,置辽西郡。"《太平寰宇记》卷71《河北道二十》营州:"周建德中平齐,其地犹为高宝宁所据。隋开皇三年(583)讨平宝宁,复以其地置营州。"是北周并无营州之地。故南营州侨州在平齐后得以保留。据前述东魏北齐部分所考,经过省废,北齐南营州领有昌黎一郡,昌黎郡领有永乐、新昌二县。《隋书》卷30《地理志中》上谷郡遂城县:"旧曰武遂。后魏置南营州,准营州置五郡十一县:龙城、广兴、定荒属昌黎郡;石城、广都属建德郡;襄平、新昌属辽东郡;永乐属乐浪郡;富平、带方、永安属营丘郡。后齐唯留昌黎一郡,领永乐、新昌二县,余并省。开皇元年(581)州移,三年(583)郡废,十八年(598)改为遂城。"是北周末年南营州领有昌黎一郡,昌黎郡领有永乐、新昌二县。

第八十六节　北周平州领郡沿革

平州治肥如,当在今河北秦皇岛市卢龙县潘庄镇附近。《隋书》卷30《地理志中》北平郡:"旧置平州。"据前述东魏北齐部分所考,天保七年(556)之后,北齐平州领有北平一郡,北平郡领有肥如、新昌二县。《隋书》卷30《地理志中》北平郡卢龙县:"开皇六年(586)又省肥如入新昌,十八年(598)改名卢龙。大业初置北平郡。"是北周末年平州当领有北平一郡,北平郡当领有肥如、新昌二县。

第八十七节　北周玄州领郡沿革

玄州治燕乐,据《中国文物地图集·北京分册》,当即今北京市密云县不老屯镇燕落村村中的燕落城址①。《隋书》卷30《地理志中》安乐郡:"旧置安州,后周改为玄州。开皇十六年(596)州徙,寻置檀州。"《太平寰宇记》卷71《河北道二十》檀州:"至后魏因置密云郡,兼置安州,取怀安之义也。后周改安州为玄州。"据前述东魏北齐部分所考,天保七年(556)之后,北齐安州领有安乐一郡。北周改安州为玄州,北周末年玄州当领有安乐一郡。

安乐郡

治密云。安乐郡领有安市、密云、燕乐三县。《隋书》卷30《地理志中》安乐

---

① 《中国文物地图集·北京分册》(上),中国地图出版社,2008年,"密云县文物图",第206—207页;《中国文物地图集·北京分册》(下),"密云县",第386页。

郡密云县:"又有旧安乐郡,领安市、土垠二县,后齐废土垠入安市,后周废安市入密云县。开皇初郡废。"安乐郡燕乐县:"后魏置广阳郡,领大兴、方城、燕乐三县。后齐废郡,以大兴、方城入焉。大业初置安乐郡。"北周末年安乐郡当领有密云、燕乐二县。

第八十八节　北周青州领郡沿革

青州治东阳城,据《中国文物地图集·山东分册》,东阳故城在今山东潍坊市青州市王府街道北关村。《隋书》卷30《地理志中》北海郡:"旧置青州,后周置总管府,开皇十四年(594)府废。"据前述东魏北齐部分所考,天保七年(556)之后,北齐青州领有齐、高阳、乐安三郡。北周末年,青州当领有齐、高阳、乐安三郡。

1. 齐郡

治东阳城。《隋书》卷30《地理志中》北海郡益都县:"旧置齐郡,开皇初废,大业初置北海郡。"《太平寰宇记》卷18《河南道十八》青州益都县:"本汉广县地。益都亦汉侯国。魏于今寿光县南十里益都城置益都县,属齐国。宋至后魏,县并属齐郡。慕容德都广固,即此地也。北齐天保七年(556)移于郡城之北门外,今县理也。""东阳城,即郡理东城是也。""广固城,在县西五里。"据前述东魏北齐部分所考,天保七年(556)之后,北齐齐郡领有昌国、益都二县。《隋书》卷30《地理志中》北海郡临朐县:"旧曰昌国。开皇六年(586)改为逢山,又置般阳县。大业初改曰临朐,并废般阳入焉。"北周末年齐郡当领有益都、昌国二县。

2. 高阳郡

治下密。《隋书》卷30《地理志中》北海郡北海县:"旧曰下密,置北海郡。后齐改郡曰高阳,开皇初郡废。"据前述东魏北齐部分所考,天保七年(556)之后,北齐高阳郡领有下密、都昌、高阳三县。《隋书》卷30《地理志中》北海郡临淄县:"大业初废高阳、时水二县入焉。"又同《志》北海郡下列有都昌县。是北周末年高阳郡当领有下密、高阳、都昌三县。

3. 乐安郡

治千乘。《隋书》卷30《地理志中》北海郡千乘县:"旧置乐安郡,开皇初郡废。"据前述东魏北齐部分所考,天保七年(556)之后,北齐乐安郡领有千乘、乐安、长乐三县。《隋书》卷30《地理志中》北海郡博昌县:"旧曰乐安,开皇十六年改焉。"《元和郡县图志》卷10《河南道六》青州博昌县:"本汉旧县,属千乘郡。昌水其势平博,故曰博昌。后汉以千乘郡为乐安国,博昌县仍属焉。

晋、宋、后魏并同。高齐省,移乐(陵)[安]县今县东十二里乐陵故城。理此,属乐安郡。隋开皇三年(583)罢郡,乐(陵)[安]县属青州,十六年(596)改为博昌县。"又《隋书》卷30《地理志中》齐郡高苑县:"后齐曰长乐。开皇十八年(598)改为会城。大业初改焉。"是北周末年乐安郡当领有千乘、乐安、长乐三县。

第八十九节　北周齐州领郡沿革

齐州治历城,在今山东济南市城区。《隋书》卷30《地理志中》齐郡:"旧曰齐州。"《周书》卷7《宣帝纪》:大象元年(579)五月辛亥,"以洺州襄国郡为赵国,以齐州济南郡为陈国,以丰州武当、安富二郡为越国,以潞州上党郡为代国,以荆州新野郡为滕国,邑各一万户"。据前述东魏北齐部分所考,天保七年(556)之后,北齐齐州领有济南、东平原二郡。北周当同。

1. 济南郡

治历城。《隋书》卷30《地理志中》齐郡历城县:"旧置济南郡,开皇初废。大业初置齐郡,废山茌县入焉。"据前述东魏北齐部分所考,天保七年(556)之后,北齐济南郡当领有历城、平陵、祝阿、山茌、卫国、临邑六县。《隋书》卷30《地理志中》齐郡亭山县:"旧曰卫国,后齐并土鼓、肥乡入焉。开皇六年(586)改名亭山。"《隋书》卷30《地理志中》齐郡列有祝阿、临邑二县。又《嘉庆重修一统志》卷163《济南府二》"古迹":"东平陵故城,在历城县东。……汉置东平陵县,以右扶风有平陵,故此加'东'也。济南郡治焉。晋永嘉后移郡治历城,以东平陵为属县。后去'东'字,刘宋因之。……周省。"是北周末年济南郡当领有历城、山茌、卫国、祝阿、临邑五县。

2. 东平原郡

治武强。《隋书》卷30《地理志中》齐郡长山县:"旧曰武强,置广川郡,并东清河、平原二郡入,改曰东平原郡。开皇初郡废。又十六年(596)置济南县,十八年(598)改武强曰长山。大业初省济南县入焉。"据前述东魏北齐部分所考,天保七年(556)之后,北齐东平原郡领有平原、高唐、贝丘、武强四县。《隋书》卷30《地理志中》齐郡邹平县:"旧曰平原,开皇十八年(598)改名焉。"齐郡章丘县:"旧曰高唐,开皇十六年改焉,又置营城县。大业初废入焉。"齐郡淄川县:"旧曰贝丘,置东清河郡。后齐郡废。开皇十六年(596)置淄州,十八年(598)县改名焉。"是北周末年东平原郡当领有武强、平原、高唐、贝丘四县。

第九十节　北周光州领郡沿革

光州治掖城，在今山东烟台市莱州市城区。《隋书》卷30《地理志中》东莱郡："旧置光州，开皇五年(585)改曰莱州。"《元和郡县图志》卷11《河南道七》莱州："汉高帝四年，韩信房齐王广，分齐郡置东莱郡，领县十七，理掖县，属青州。后魏献文帝分青州置光州，取界内光水为名。隋开皇二年(582)，改光州为莱州。"据前述东魏北齐部分所考，天保七年(556)之后，北齐光州领有东莱、长广二郡。北周末年，光州当领有东莱、长广二郡。

1. 东莱郡

治掖县(掖城)。《隋书》卷30《地理志中》东莱郡掖县："旧置东莱郡……开皇初废郡，大业初复置郡。"据前述东魏北齐部分所考，天保七年(556)之后，北齐东莱郡领有掖、昌阳二县。《元和郡县图志》卷11《河南道七》莱州昌阳县："本汉旧县也，属东莱郡。置在昌水之阳，故名昌阳。有盐官。隋开皇三年(583)罢郡，昌阳县属莱州。"北周末年东莱郡当领有掖、昌阳二县。

2. 长广郡

治中郎故城。据前述东魏北齐部分所考，北齐末年长广郡领有长广、牟平、黄、文登四县。《隋书》卷30《地理志中》东莱郡黄县："旧置东牟、长广二郡，后齐废东牟郡入长广郡，开皇初郡废。"东莱郡胶水县："旧曰长广，仁寿元年(601)改名焉。"东莱郡文登县："后齐置。"《元和郡县图志》卷11《河南道七》登州文登县："本汉牟平县也，属东莱郡。高齐后帝分牟平县置文登县，属长广郡，取县界文登山为名。隋开皇三年(583)废长广郡，文登县属莱州。武德元年(618)，改属登州。"《太平寰宇记》卷20《河南道二十》登州："后魏武定元年(543)，分东莱县于黄县东一百步中郎故城置东牟郡。高齐天保七年(556)，废东牟郡，自今昌阳县东五十三里长广故城，移长广郡理中郎城。隋开皇三年(583)改为牟州，大业三年(607)为郡，废州。唐武德四年(621)又置州。后因文登县人不从贼党，遂于县理置登州。"登州文登县："本汉牟平县地，按汉牟平县，在今黄县东一百三十里牟平故城是也。本属东莱郡。自汉迄魏皆为牟平县地。高齐后主天统四年(568)分牟平置文登县，属长广郡，取县界文登山为名。隋开皇三年(583)，废长广郡，文登属莱州。唐武德四年(621)，于此置登州，领文登、观阳二县。"是北周末年长广郡当领有长广、牟平、黄、文登四县。

第九十一节　北周胶州领郡沿革

胶州治东武,在今山东潍坊市诸城市城区。《隋书》卷 30《地理志中》高密郡:"旧置胶州,开皇五年(585)改为密州。"《元和郡县图志》卷 11《河南道七》密州:"秦并天下,属琅邪郡。汉文帝十六年(前 164),分齐立胶西国,都高密。宣帝更名高密国。后魏永安二年(529),分青州立胶州,取胶水为名也。隋开皇五年(585),改胶州为密州,取境之密水为名也。"据前述东魏北齐部分所考,天保七年(556)之后,北齐胶州领有高密、平昌二郡。

1. 高密郡

治东武。据前述东魏北齐部分所考,天保七年(556)之后,北齐高密郡领有高密、东武二县。《隋书》卷 30《地理志中》高密郡诸城县:"旧曰东武,置高密郡。开皇初郡废,十八年(598)县改名焉。大业初复置郡。"高密郡高密县:"后齐废淳于县入焉。"北周末年高密郡当领有高密、东武二县。

2. 平昌郡

治黔陬。据前述东魏北齐部分所考,天保七年(556)之后,北齐平昌郡领有黔陬、昌安、琅邪三县。《隋书》卷 30《地理志中》高密郡郚城县:"旧置平昌郡。后齐废郡,置琅邪县,废朱虚入焉。大业初改名郚城。"高密郡胶西县:"旧曰黔陬,置平昌郡。开皇初郡废。"《太平寰宇记》卷 24《河南道二十四》密州安丘县:"汉为安丘县,属北海郡。后汉属北海国……晋属东莞郡,宋属南平昌郡,后魏属胶州,高齐文宣帝天保七年(556)省。隋开皇十六年(596),分昌安县于牟乡城,置牟山县……大业二年(606)省昌安县,改牟山县为安丘县,取汉旧名。"是北周末年平昌郡当领有黔陬、琅邪、昌安三县。

第六章 西魏北周州郡县沿革(下)

第一节 北周徐州领郡沿革

徐州治彭城,在今江苏徐州市老城区。《隋书》卷31《地理志下》彭城郡:"旧置徐州,后齐置东南道行台,后周立总管府。开皇七年(587)行台废,大业四年(608)府废。"据前述东魏北齐部分所考,天保七年(556)之后,北齐徐州领有彭城、南阳平、沛、兰陵、永昌五郡。北周末年徐州当领有彭城、永昌、兰陵三郡。

1. 彭城郡

治彭城。《隋书》卷31《地理志下》彭城郡彭城县:"旧置郡,后周并沛及南阳平二郡入。开皇初郡废,大业初复置郡。"据前述东魏北齐部分所考,天保七年(556)之后,北齐彭城郡领有彭城、吕、龙城、安阳、承高五县,沛郡领有沛、相二县,南阳平郡领有襄邑、阳平、濮阳三县。经历陈宣帝北伐,北周东讨,一些郡县逐渐被省并。《隋书》卷31《地理志下》彭城郡萧县:"旧置沛郡,后齐废为承高县。开皇六年(586)改为龙城,十八年(598)改为临沛,大业初改曰萧。"《嘉庆重修一统志》卷101《徐州府二》"古迹":"吕县故城,在铜山县北。……隋县废。"《隋书》卷31《地理志下》彭城郡萧县:"旧置沛郡,后齐废为承高县。开皇六年(586)改为龙城,十八年(598)改为临沛,大业初改曰萧。"《元和郡县图志》卷9《河南道五》徐州萧县:"汉萧县,属沛郡。北齐改为承高县,属彭城郡。隋开皇三年(583)罢郡,属徐州。改为龙城县,寻复为萧县。"所谓改承高为龙城,按照《隋志》与《元和志》文例,当是开皇六年(586)省并龙城入承高县,而承高更名龙城也。《隋书》卷30《地理志中》梁郡砀山县:"后魏置,曰安阳。开皇十八年(598)改名焉。"《元和郡县图志》卷7《河南道三》宋州砀山县:"汉砀县,属梁国,后汉不改。晋以其地并入下邑。宋复置砀县,属梁郡。后魏置安阳,属砀郡。高齐文宣帝并废,以安阳县属彭城郡。隋开皇十八年(598),改安阳县为砀山县,大业二年(606)改属宋州。"又《隋书》卷31《地理志下》彭城郡下列有沛县。是北周末年彭城郡当领有彭城、吕、龙城、承高、沛、安阳六县。

2. 永昌郡

治成武(亦写作城武)。《隋书》卷30《地理志中》济阴郡单父县:"后魏曰离狐,置北济阴郡。后齐郡县并废。开皇六年(586)更置,名单父。"济阴郡成武县:"后齐置永昌郡。开皇初郡废,十六年(596)置戴州。大业初州废。"《元和郡县图志》卷9《河南道五》徐州丰县:"本汉旧县,属沛郡。……后汉属沛国,晋同。宋改属北济阴郡,北齐改郡为永昌,以县属焉。隋改属徐州。"据前述东魏北齐部分所考,天保七年(556)之后,北齐永昌郡领有丰、城武二县。北周末年永昌郡当领有丰、成武二县。

3. 兰陵郡

治承。《隋书》卷31《地理志下》彭城郡兰陵县:"旧曰承,置兰陵郡。开皇初郡废,十六年(596)分承置鄫州及兰陵县。大业初州废,又并兰陵、鄫城二县入焉,寻改承为兰陵。"据前述东魏北齐部分所考,天保七年(556)之后,北齐兰陵郡领有承一县。《隋书》卷39《源雄传》:"及高祖为丞相,尉迥作乱。……迥遣其将毕义绪据兰陵,席毗陷昌虑、下邑。"《北史》卷62《尉迟迥传》:尉迟迥起兵反叛,遣"大将军、东南道行台席毗众号八万,军于藩城,攻陷昌虑、下邑、丰县"。知北周有昌虑县。北周末年兰陵郡当领有承、昌虑二县。

第二节 北周仁州领郡沿革

仁州治赤坎城。《隋书》卷31《地理志下》彭城郡蕲县:"梁置蕲郡。后齐置仁州,又析置龙亢郡。开皇初郡废,大业初州废。"《太平寰宇记》卷17《河南道十七》宿州虹县:"赤坎故城,在县西南一百九十五里。梁天监八年(509)置赤坎戍。大同二年(536)废戍,置仁州。唐武德四年(621)废。"《嘉庆重修一统志》卷126《凤阳府二》"古迹":"仁州故城,在灵璧县东南。"据前述东魏北齐部分所考,天保七年(556)之后,北齐仁州领有谷阳一郡。北周末年仁州当亦领有谷阳一郡。

谷阳郡

治临淮(赤坎城)。《隋书》卷31《地理志下》彭城郡谷阳县:"后齐置谷阳郡,开皇初郡废。又有(巳)[己]吾、义城二县,后齐并以为临淮县,大业初并入焉。"据前述东魏北齐部分所考,天保七年(556)之后,北齐谷阳郡领有临淮、高昌二县。北周末年谷阳郡当亦领有临淮、高昌二县。隋初废谷阳郡,改高昌为谷阳县。按谷阳城遗址在今安徽蚌埠市固镇县连城镇谷阳村北。

第三节　北周睢州领郡沿革

睢州治竹邑,在今安徽宿州市埇桥区符离镇。《隋书》卷31《地理志下》彭城郡符离县:"后齐置睢南郡,开皇初郡废,有竹邑县,梁置睢州,开皇三年(583)州废,又废竹邑入焉。"据前述东魏北齐部分所考,天保七年(556)之后,北齐睢州领有睢南一郡。北周当同。

睢南郡

《隋书》卷31《地理志下》彭城郡符离县:"后齐置睢南郡,开皇初郡废,有竹邑县,梁置睢州,开皇三年(583)州废,又废竹邑入焉。"《元和郡县图志》卷9《河南道五》宿州苻离县:"本秦旧县,汉属沛郡。高齐时属睢南郡,隋开皇二年(583)罢郡,以县属徐州。《尔雅》曰:'茡,苻离也。'以地多此草,故名。"《太平寰宇记》卷17《河南道十七》宿州符离县:"本秦旧县也。……汉属沛郡,以县隶谯郡。晋武帝以为沛国,封献王,又为斛城县。高齐天保七年(556)复为符离县,移于古符离城内。……隋大业二年(606),移于朝斛城。""新城,在县西北百三十里。北齐武平七年(576)复置睢南郡于此。西北百步置符离县。隋开皇年间废。"据前述东魏北齐部分所考,天保七年(556)之后,北齐睢南郡领有符离、竹邑二县。至北周末年,睢南郡仍领有符离、竹邑二县。

第四节　北周兖州领郡沿革

兖州治瑕丘,据《中国文物地图集·山东分册》和《山东省地图集》,瑕丘故城在今山东济宁市兖州区新驿镇东顿村南500米。《隋书》卷31《地理志下》鲁郡:"旧兖州,大业二年(606)改为鲁郡。"据前述东魏北齐部分所考,天保七年(556)之后,北齐兖州领有东平、高平、任城三郡。北周当同。

1. 东平郡

治博平。《隋书》卷31《地理志下》鲁郡博城县:"旧曰博[平],置泰山郡。后齐改郡曰东平,又并(博)[巨]平、牟入焉。开皇初郡废,十六年(596)改县曰汶阳,寻改曰博城。有奉高县,开皇六年(586)改曰岱山,大业初州废,又废岱山县入焉。"据前述东魏北齐部分所考,天保七年(556)之后,北周东平郡领有奉高、博平、嬴、梁父、须昌、乐平、平原、岱山八县。北周有博平县,《隋书》卷45《文四子传·房陵王勇传》:"房陵王勇字睍地伐,高祖长子也。周世,以太祖军功,封博平侯。"北周有岱山县和梁父县,《太平寰宇记》卷21《河南道二十一》兖州乾封县:"废梁父县,在县东南五十九里。隋开皇二年(582)移梁父县于此。唐武德七年(624)移入博城置。今废。""废岱山县,在县东南四十里,依徂莱山。北齐于此置。隋开皇三年(583)废为奉高县,五年(585)又改为岱山县。大业二年(606)废入博城县。"北周有嬴县,《元和郡县图志》卷10《河南道六》兖州莱芜县:"本汉县也,故城在今淄州东南六十里。……至晋废,后魏移古嬴县于此。贞观元年(627)废入博城县。"北周有须昌县,《元和郡县图志》卷10《河南道六》郓州东平县:"两汉为无盐地。后齐于此置须昌县,属东平郡,县理无盐城。隋别置须昌县,属郓州,改须昌县为宿城县。"郓州须昌县:"本汉旧县,属东(平)〔郡〕,故须句国。按此前须昌县,在今县东南三十二里,须昌故城是也。隋改须昌为宿城县,更立须昌县于今理,属郓州。"北周亦有平原县,《隋书》卷31《地理志下》鲁郡龚丘县:"后齐曰平原县,开皇十六年(596)改焉。"是北周末年东平郡当领有博平、奉高、岱山、梁父、嬴、须昌、平原七县。

2. 高平郡

治任城。《隋书》卷31《地理志下》鲁郡任城县:"旧置高平郡,开皇初废。"《元和郡县图志》卷10《河南道六》兖州任城县:"本汉旧县,属东平国。……齐天保七年(556),移高平郡于此,任城县属焉。隋开皇三年(583),罢高平郡,属兖州。"据前述东魏北齐部分所考,天保七年(556)之后,北齐高平郡领有任城、金乡二县。《元和郡县图志》卷10《河南道六》兖州金乡县:"本汉东缗县也,属山阳郡。……后汉于今兖州任城县西南七十五里置金乡县,盖因穿山得金,故曰金乡,属山阳郡。"《隋书》卷60《于仲文传》:"高祖为丞相,尉迥作乱,遣将檀让收河南之地。……迥将席毗罗,众十万,屯于沛县,将攻徐州。其妻子在金乡。仲文遣人诈为毗罗使者,谓金乡城主徐善净曰:'檀让明日午时到金乡,将宣蜀国公令,赏赐将士。'金乡人谓为信然,皆喜。仲文简精兵,伪建迥旗帜,倍道而进。善净望见仲文军且至,以为檀让,乃出迎谒。仲文执之,遂取金乡。……于是毗罗恃众来薄官军,仲文背城结阵,去军数里,设伏于麻田中。两阵才合,伏兵发,俱曳柴鼓噪,尘埃张天。毗罗军大溃,仲文乘之,贼皆投洙水而死,为之不流。获檀让,槛送京师,河南悉平。"这里提到金乡城主,似北周有金乡县的建置。如这种推测正确,北周末年高平郡当领有任城、金乡二县。

3. 任城郡

治鲁。《隋书》卷31《地理志下》鲁郡曲阜县:"旧曰鲁郡,后齐改郡为任城。开皇三年(583)郡废,四年改县曰汶阳,十六年改名曲阜。"《元和郡县图志》卷10《河南道六》兖州曲阜县:"本汉鲁县……自后或为鲁国,或为鲁郡,而县属焉。高齐文宣帝省鲁郡,仍于鲁城置任城郡。隋开皇三年(583)罢郡,仍移汶阳县理此,属兖州。十六年(596),改汶阳县为曲阜县。"据前述东魏北齐部分所考,天保七年(556)之后,北齐任城郡领有鲁、汶阳、邹三县。又《隋书》卷31《地理志下》鲁郡下列有邹县。是北周末年任城郡当领有鲁、汶阳、邹三县。

第五节　北周沂州领郡沿革

沂州治临沂城。《隋书》卷31《地理志下》琅邪郡:"旧置北徐州,后周改曰沂州。"《太平寰宇记》卷23《河南道二十三》沂州:"秦兼天下,以其地置琅邪郡,因山为名也。汉因之……后汉以为琅邪国,以皇子京为琅邪王。……晋武帝咸宁三年(277)改封东莞王伷为琅邪王……自永嘉之后,琅邪陷于胡寇……至宋武得河南地,寻又没于后魏,庄帝永安二年(529),置北徐州,琅邪郡属焉。周武帝宣政元年(578)改北徐州置沂州,以州城东临沂水,因以名之。大业三年(607)改为琅邪郡。"沂州临沂县:"州理城,后魏北徐州城也。庄帝永安二年(529)筑,北徐州理之,周武帝改为沂州,至今不改。"《魏书》卷106《地形志中》北徐州琅邪郡即丘县:"前汉属东海,后汉、晋属。有缯城、临沂城、即丘城、鲁国山庙、王休征冢。"据《中国文物地图集·山东分册》,中丘故城在今山东临沂市兰山区白沙埠镇诸葛城村,春秋鲁国为中丘邑,汉为临沂县①。此当为沂州州治临沂城遗址。据前述东魏北齐部分所考,天保七年(556)之后,北齐北徐州领有琅邪一郡。北周末年沂州领有琅邪一郡。

琅邪郡

治即丘。据前述东魏北齐部分所考,天保七年(556)之后,北齐琅邪郡领有即丘、费、新泰、武阳四县。《隋书》卷31《地理志下》琅邪郡临沂县:"旧曰即丘,带郡。开皇初郡废,十六年(596)分置临沂,大业初并即丘入焉。"琅邪郡颛臾县:"旧曰南武阳,开皇十八年(598)改名焉。"南武阳,《魏书》卷106《地形志中》北徐州东泰山郡武阳县:"二汉、晋为南武阳,属泰山,后改。"又《隋书》卷31《地理志下》琅邪郡下尚列有费与新泰二县。是北周末年琅邪郡当领有即丘、费、新泰、武阳四县。《太平寰宇记》卷23《河南道二十三》沂州费县:"古费国也……至汉为费县,属东海郡。后汉为侯国,属泰山郡。晋属琅邪国,宋属琅邪郡。自汉费县移理祊城,后魏孝文帝太和二十年(496)又自祊城移费县理于今县城北四十里阳口山。隋开皇三年(583)复自阳口山移入祊城,今县理是

---

① 《中国文物地图集·山东分册》(上),中国地图出版社,2007年,"临沂市兰山区文物图",第282—283页;《中国文物地图集·山东分册》(下),"临沂市·兰山区",第678页。

也。自宋至隋皆属琅邪郡。""县理中城,后魏太和二十年(496)筑,以置费县,周回二十里,外城即故祊城也。……后移理薛固,周移阳口山南,隋又移入祊城。"又据《中国文物地图集·山东分册》,今山东临沂市兰山区兰山街道古城村有古城城址,民国六年(1917)版《临沂县志》认为即北魏即丘县治所①。

第六节　北周莒州(原名南青州)领郡沿革

莒州治东莞,在今山东临沂市沂水县沂水镇。《隋书》卷31《地理志下》琅邪郡沂水县:"旧置南青州及东安郡,后周改州为莒州。开皇初郡废,改县曰东安。十六年(596)又改曰沂水。大业初州废。"《太平寰宇记》卷23《河南道二十三》沂州沂水县:"县理城,本汉东莞县城也,南燕于此置团城镇,去东安郡三十里。城隍圆,因名团城。隋开皇十六年(596)于此置沂水县。"据前述东魏北齐部分所考,天保七年(556)之后,北齐南青州领有东安、义塘二郡。北周末年莒州领有东安、义塘二郡。

1. 东安郡

治东莞。据前述东魏北齐部分所考,天保七年(556)之后,北齐东安郡领有莒、东莞二县。《隋书》卷31《地理志下》琅邪郡莒县:"旧置东莞郡。后齐废,后置义唐郡。开皇初废。"《太平寰宇记》卷24《河南道二十四》密州莒县:"故莒子国也。……汉为莒县,《地理志》:'莒县属城阳国。'……魏明帝以为城阳郡,莒县属焉。而城阳郡徙理东武。晋太康十年(289),割莒县入东莞郡。惠帝自东莞移理莒城。……后魏亦以莒县属东莞郡。高齐文宣帝罢东莞郡,以莒、东莞二县属东安郡。隋开皇三年(583)废郡,莒县属莒州。"是北周末年,东安郡当领有莒、东莞二县。

2. 义塘郡

治辟阳城。《隋书》卷31《地理志下》琅邪郡莒县:"旧置东莞郡。后齐废,后置义唐郡。开皇初废。"据前述东魏北齐部分所考,天保七年(556)之后,北齐义塘郡领有义塘、归义、怀仁三县。《元和郡县图志》卷11《河南道七》海州怀仁县:"本汉赣榆县地,梁于此置北海郡,后魏改置义唐郡。隋开皇初废郡,移怀仁县理于此,改属海州。"《太平寰宇记》卷22《河南道二十二》海州怀仁县:"本汉赣榆县地,按汉赣榆,县东北三十里赣榆县旧城是也。无定属。梁于此

---

① 《中国文物地图集·山东分册》(上),中国地图出版社,2007年,"临沂市兰山区文物图",第282—283页;《中国文物地图集·山东分册》(下),"临沂市·兰山区",第677—678页。

置黄郭戍,后魏改置义塘郡,理黄郭城,领义塘、归义、怀仁等三县,并理今密州莒县界。隋开皇三年(583)废郡,移怀仁县理于此,改属海州。""怀仁故城,在县西二十三里。按《后魏地形志》云:'武定七年置,属义塘郡。'郡县俱移就高密郡莒县界内置,在古辟阳城,后废为义塘镇。""归义城,在县北二十五里。按后魏武定七年(549)置县,属义塘郡,隋废。"是北周末年义塘郡当领有义塘、归义、怀仁三县。

第七节　北周海州领郡沿革

海州治朐山,据《中国文物地图集·江苏分册》,海州城址在今江苏连云港市海州区海州街道①。《隋书》卷31《地理志下》东海郡:"梁置南、北二青州,东魏改为海州。"据前述东魏北齐部分所考,天保七年(556)之后,北齐海州领有东海、海西、沭阳、琅邪、武陵五郡。北周末年海州当领有朐山、东海、武陵、沭阳、海安五郡。

1. 朐山郡

治朐山。《隋书》卷31《地理志下》东海郡朐山县:"旧曰朐,置琅邪郡。后周改县曰朐山,郡曰朐山。开皇初郡废,大业初复,带郡。"《太平寰宇记》卷22《河南道二十二》海州朐山县:"本汉朐县也,属东海郡。……后汉属东海国,晋不改。《宋志》无朐县。按此前朐县,今县西九十里故朐城是也。梁于今县北二里琅邪故城置招远县,属琅邪郡,后属魏,改为朐县,高齐不改。周武帝建德六年(577)改琅邪为朐山郡,改朐县为朐山县,取界内朐山为名也。隋开皇三年(583)废郡,县属海州。大业三年(607)以海州为东海郡,县仍属焉。"北周末年朐山郡当领有朐山一县。

2. 东海郡

治广饶。《隋书》卷31《地理志下》东海郡东海县:"旧置广饶县及东海郡,后齐分广饶置东海县。开皇初废郡及东海县,仁寿元年(601),改广饶曰东海。"《太平寰宇记》卷22《河南道二十二》海州东海县:"本秦末田横所保郁洲,亦曰郁州,亦谓之四横岛,为赣榆县地。宋泰始三年(467)失淮北,于郁洲上侨立青州,即此地。仍于州北一里置东海郡并县焉,即今县;又改为北海,后入于

---

① 《中国文物地图集·江苏分册》(上),中国地图出版社,2008年,"连云港市新浦区、海州区、连云区",第282—283页;《中国文物地图集·江苏分册》(下),"连云港市·新浦区、海州区、连云区",第660页。

魏。魏改青州为海州，仍移理龙沮城，复于此置临海镇，寻移东海入镇城，仍领广饶一县。后周建德四年(575)又增置东海县。隋开皇三年(583)废东海郡及东海县，因移广饶县于废郡界。仁寿元年(601)改广饶为东海县。"北周末年东海郡当领有广饶、东海二县。

3. 武陵郡

治上鲜。《太平寰宇记》卷22《河南道二十二》海州怀仁县："武陵郡城，在县南五十九里。按《后魏志》云：'武定七年(549)置，为武陵郡。'隋初废。"《隋书》卷40《元胄传》："高祖受禅，进位上柱国，封武陵郡公，邑三千户。"是此郡一直延续至隋初。据《魏书》卷106《地形志中》，武定七年(549)改梁朝齐郡为上鲜县，改梁朝高密县为洛要县，东魏武定末年武陵郡领有上鲜、洛要二县。北周当同。

4. 沭阳郡

治沭阳。《隋书》卷31《地理志下》东海郡沭阳县："梁置潼阳郡。东魏改曰沭阳郡，置县曰怀文。后周改县曰沭阳。开皇初郡废。"《元和郡县图志》卷11《河南道七》海州沭阳县："本汉厚丘县地，宋文帝元嘉四年(427)于此置县，属南彭城郡。至太清二年(548)地入魏，孝静帝改为沭阳郡，在沭水之阳，故以为名，仍于郡东置怀文县。周武帝改怀文为沭阳县。"《太平寰宇记》卷22《河南道二十二》海州沭阳县："本汉厚丘县地，今县北四十五里厚丘故城是也。宋省，文帝元嘉四年(427)于此立僮县，属南彭城郡。梁武帝天监五年(506)复置僮阳郡，领僮县。至太清三年(549)地入魏；孝静帝改僮阳郡为沭阳，以在沭水之阳为名，仍于郡东置怀文县。周武帝建德七年(578)改怀文为沭阳县。隋开皇三年(583)废郡，移沭阳县入废郡城中，属海州，即今理。"据前述东魏北齐部分所考，东魏北齐时沭阳郡领有下城、临渣、怀文、服武四县。《嘉庆重修一统志》卷105《海州直隶州》"古迹"："怀文故城，即今沭阳县。本汉厚丘县也。萧齐置僮县，属北东海郡。梁武置僮阳郡。东魏改曰沭阳郡，以在沭水之阳，故名，兼置下城、临渣、怀文、服武等四县。陈太建五年(573)吴明彻等伐齐至淮南，齐沭阳郡守弃城走。遂省下城等三县入怀文。后周又改怀文县曰沭阳。"是下城、临渣、服武三县于陈时废入怀文。北周建德七年(578)改怀文为沭阳县，北周末年沭阳郡当领有沭阳一县。

5. 海安郡

治襄贲县。《隋书》卷31《地理志下》东海郡涟水县："旧曰襄贲，置东海郡。东魏改曰海安。开皇初郡废，县又改焉。"《元和郡县图志》卷9《河南道五》泗州涟水县："本汉厹犹县之地，后汉为徐县之地，晋为宿迁县之地。宋明帝于此置东海郡，又于城北置襄贲县属焉。后魏改为海安郡。隋开皇三年(583)废郡，以县属海州。五年(585)改襄贲为涟水县，因县界有涟水，故名。"《太平寰宇记》卷17《河南道十七》涟水军涟水县亦云："汉厹犹县地。按厹犹城，今宿预也。后汉为徐州之地。魏曰海安县。晋为宿预之境。宋泰始五年(469)于此置东海郡，仍于此城北三十里东海王城别置襄贲县以属焉，南界又置冀州，寄理于此，以为边镇防陌之所。后魏改东海郡为海安郡，仍分置海西、临海二县以隶焉。隋开皇三年(583)废郡，以县属海州。五年(585)，改襄贲为涟水县。因县界有涟水为名。"据前述东魏北齐部分所考，天保七年(556)之后，北齐海安郡领有襄贲、海西二县。北周当同。

第八节　北周泗州(原名安州、东楚州)领郡沿革

泗州治宿豫，在今江苏宿迁市宿豫区东南。《隋书》卷31《地理志下》下邳郡："后魏置南徐州，梁改为东徐州，东魏又改曰东楚州，陈改为安州，后周改为泗州。"《元和郡县图志》卷9《河南道五》泗州："秦为泗水郡地，汉兴，改泗水为沛郡。武帝分置临淮郡，后汉下邳太守理此。自晋迄后魏，并为宿豫县。后魏于此置东徐州，周宣帝大象二年(580)改为泗州，隋大业三年(607)改为下邳，武德四年(621)复为泗州。"《太平寰宇记》卷16《河南道十六》泗州："晋置宿预县，属淮阳国。宋为南彭城、下邳二郡地。后魏亦为下邳郡，兼置东徐州。自晋至后魏为宿预县不改。后魏末又于此置东徐镇及宿预郡，后又为东徐州，又为东楚州。陈太建五年(573)，改为安州。后周建德五年(576)改为东楚州，兼立宿迁县；大象二年(580)改为泗州。隋改为下邳郡。唐武德四年(621)平王世充，又为泗州。"据前述东魏北齐部分所考，北齐天保七年(556)之后，东楚州当领有宿豫、高平、淮阳三郡。北周泗州当同。

1. 宿豫郡

治宿豫。《隋书》卷31《地理志下》下邳郡宿豫县："旧置宿豫郡，开皇初郡废。大业初置下邳郡。又梁置朝阳、临沭二郡，后齐置晋宁郡，寻并废。"据前述东魏北齐部分所考，北齐天保七年(556)之后，宿豫郡领有宿豫一县。北周当同。

2. 高平郡

治高平。《隋书》卷31《地理志下》下邳郡徐城县："梁置高平郡。东魏又并梁东平、阳平、清河、归义四郡为高平县，又并梁朱沛、循仪、安丰三郡置朱沛县。……后周又并朱沛入高平。开皇初郡废，十八年(598)更名徐城。"《隋志》

的部分信息来自《魏书·地形志》。据前述东魏北齐部分所考,北齐天保七年(556)之后,高平郡当领有高平、朱沛二县。北周并朱沛入高平县,北周末年高平郡当领有高平一县。

3. 淮阳郡

治淮阳。《隋书》卷31《地理志下》下邳郡淮阳县:"梁置淮阳郡。东魏并绥化、吕梁二郡置绥化县。后周改县为淮阳。开皇初郡废。又有梁临清、天水、浮阳三郡,东魏并为(甬)[角]城县,后齐改曰文城县,后周又改为临清,开皇三年(583)省入焉。"《隋志》的部分信息仍来自《魏书·地形志》。据前述东魏北齐部分所考,北齐天保七年(556)之后,淮阳郡当领有文城、绥化、淮阳三县。北周淮阳县并入绥化县,绥化县则改名淮阳县,文城县则改名临清县。北周末年淮阳郡当领有淮阳、临清二县。

第九节 北周宋州(原名潼州)领郡沿革

宋州治晋陵,在今安徽宿州市泗县县治泗城镇。《隋书》卷31《地理志下》下邳郡夏丘县:"后齐置,并置夏丘郡,寻立潼州。后周改州为宋州,县曰晋陵。开皇初郡废,十八年(598)州废,县复曰夏丘。又东魏置临潼郡、睢陵县,后齐改郡为潼郡。又梁置潼州,后齐改曰睢州,寻废,亦入潼郡。开皇初郡县并废。"据前述东魏北齐部分所考,北齐潼州领有夏丘、潼二郡。北周当同。

1. 夏丘郡

治晋陵。《隋书》卷31《地理志下》下邳郡夏丘县:"后齐置,并置夏丘郡,寻立潼州。后周改州为宋州,县曰晋陵。开皇初郡废,十八年(598)州废,县复曰夏丘。"据前述东魏北齐部分所考,北齐夏丘郡当领有晋陵、夏丘二县。至北周晋陵并入夏丘县,夏丘改称晋陵县,故北周末年夏丘郡当领有晋陵一县。

2. 潼郡

治睢陵。《隋书》卷31《地理志下》下邳郡夏丘县:"又东魏置临潼郡、睢陵县,后齐改郡为潼郡。又梁置潼州,后齐改曰睢州,寻废,亦入潼郡。开皇初郡县并废。"据前述东魏北齐部分所考,北齐潼郡领有睢陵一县。北周当同。

第十节 北周邳州领郡沿革

邳州治下邳,据《中国文物地图集·江苏分册》,下邳故城在今江苏徐州市睢宁县古邳镇北侧①。《隋书》卷31《地理志下》下邳郡下邳县："梁曰归政,置武州、下邳郡。魏改县为下邳,置郡不改,改州曰东徐。后周改州为邳州。开皇初郡废,大业初州废。"据前述东魏北齐部分所考,北齐东徐州当领有下邳、武原、郯三郡。北周邳州当同。

1. 下邳郡

治下邳。《隋书》卷31《地理志下》下邳郡下邳县："梁曰归政,置武州、下邳郡。魏改县为下邳,置郡不改,改州曰东徐。后周改州为邳州。"据前述东魏北齐部分所考,北齐下邳郡领有下邳一县。北周当同。

2. 武原郡

治武原。《隋书》卷31《地理志下》下邳郡良城县："梁置武安郡,开皇初郡废,十一年(591)县更名曰良城。"这里的"梁置武安郡"当为"梁置武原县,东魏置武原郡"。据《魏书》卷106《地形志中》,东魏武定八年(550)分东徐州下邳郡武原县置武原郡,领有武原、开远、艾山三县。据前述东魏北齐部分所考,北齐武原郡后领有武原一县。北周当同。《嘉庆重修一统志》卷101《徐州府二》"古迹"："武原故城,在邳州西北。……章怀太子曰,武原故城在下邳县北。《旧志》:在今州西北八十里泇口杜,亦名良城。"按武原县当在今江苏徐州市邳州市泇口镇。

3. 郯郡

治郯。《隋书》卷31《地理志下》下邳郡郯县："旧置郡,开皇初废。"据《魏书》卷106《地形志中》,东魏武定八年(550)改东海郡为郯郡。《太平寰宇记》卷17《河南道十七》淮阳军下邳县："古郯城,古郯子国,在县东北百五十里。……宋灭郯以为县,其故城周十余里,在沂、沭二水之间。后汉徐州刺史理此。高齐省。后周大象元年(579)复置。贞观元年(627)又省。"《元和郡县图志》卷11《河南道七》沂州临沂县："本汉旧县也,属东海郡,东临沂水,故名之。后汉改属琅邪国,晋属琛邪郡,高齐省。隋开皇末复置,属沂州。"《周书》卷35《郑孝穆传郑译附传》："宣帝嗣位,授开府仪同大将军、内史中大夫,封归昌县公,邑千户。"是直到北周末年犹有归昌县。《嘉庆重修一统志》卷105《海州直隶州》"古迹"："建陵故城,在沭阳县西北建陵山下。……属东海郡。后汉省。梁普通五年(524)裴邃等攻魏,克建陵城。后魏复置建陵县为郯郡治。后周废。"是北齐郯郡后仅领有建陵、归昌二县。北周大象元年(579)改建陵为郯县,北

---

① 《中国文物地图集·江苏分册》(上),中国地图出版社,2008年,"睢宁县文物图",第322—323页;《中国文物地图集·江苏分册》(下),"徐州市·睢宁县",第774页。

周末年郯郡当领有郯、归昌二县。

第十一节　北周吴州领郡沿革

吴州治广陵,据《中国文物地图集·江苏分册》,广陵城遗址在今江苏扬州市城区北蜀冈上①。《隋书》卷 31《地理志下》江都郡:"梁置南兖州,后齐改为东广州,陈复曰南兖,后周改为吴州。开皇九年(589)改为扬州,置总管府,大业初府废。"北周吴州当领有广陵、江阳二郡及海陵、山阳、盐城、神农、盱眙五郡。

1. 广陵、江阳二郡

治广陵。此为北齐所设双头郡。《隋书》卷 31《地理志下》江都郡江阳县:"旧曰广陵,后齐置广陵、江阳二郡。开皇初郡废,十八年(598)改县为邗江,大业初更名江阳。"江都郡江都县:"自梁及隋,或废或置。"如北周有江都县,北周末年广陵、江阳二郡当领有广陵、江都二县。

2. 海陵郡

治建陵。《隋书》卷 31《地理志下》江都郡海陵县:"梁置海陵郡。开皇初郡废,又并建陵县入,寻析置江浦县,大业初省入。"江都郡宁海县:"开皇初并如皋县入。"据《宋书》卷 35《州郡志一》和《南齐书》卷 14《州郡志上》,南兖州海陵郡首县均为建陵县,则宋齐时海陵郡治当在建陵。梁、北齐、陈、北周海陵郡治所当同,至隋开皇初郡废,建陵县并入海陵县,故《隋志》于海陵县下言"梁置海陵郡",非海陵郡治海陵也。北周末年海陵郡当领有建陵、海陵、宁海、如皋四县。

3. 山阳郡

治山阳。《隋书》卷 31《地理志下》江都郡山阳县:"旧置山阳郡,开皇初郡废。"北周末年山阳郡当领有山阳一县。

4. 盐城郡

治盐城。《隋书》卷 31《地理志下》江都郡盐城县:"后齐置射阳郡,陈改曰盐城,开皇初郡废。"北周末年盐城郡当领有盐城一县。

5. 神农郡

治高邮。《隋书》卷 31《地理志下》江都郡高邮县:"梁析置竹塘、三归二县,及置广业郡,寻以有嘉禾,为神农郡。开皇初郡废,又并竹塘、三归、临泽三县入焉。"北周末年神农郡当领有高邮、竹塘、三归、临泽四县。

---

① 《中国文物地图集·江苏分册》(上),"扬州市城区文物图(一)",第 240—241 页;《中国文物地图集·江苏分册》(下),"扬州市·广陵区、维扬区",第 534 页。

6. 盱眙郡

治盱眙。《隋书》卷31《地理志下》江都郡盱眙县:"旧魏置盱眙郡。陈置北谯州,寻省。开皇初郡废,又并考城、直渎、阳城三县入。"北周末年盱眙郡当领有盱眙、考城、直渎、阳城四县。

第十二节 北周淮州领郡沿革

淮州治寿张(淮阴城),据《中国文物地图集·江苏分册》,今江苏淮安市淮阴区码头镇东北200米有甘罗城址,为秦淮阴县县治[①]。寿张县当在此一带。《隋书》卷31《地理志下》江都郡山阳县:"旧置山阳郡,开皇初郡废。十二年(592)置楚州,大业初州废。有后魏淮阴郡,东魏改为淮州,后齐并鲁、富陵立怀恩县,后周改曰寿张,又侨立东平郡。开皇元年(581)改郡为淮阴,并立楚州,寻废郡,更改县曰淮阴。大业初州废,县并入焉。"北齐淮州领有盱眙、山阳、淮阴、阳平、东莞五郡。陈朝则于太建五年(573)占领淮州。北周从陈朝手中夺得淮州后,当领有东平、阳平、东莞三郡。

1. 东平郡

治寿张。《隋书》卷31《地理志下》江都郡山阳县:"有后魏淮阴郡,东魏改为淮州,后齐并鲁、富陵立怀恩县,后周改曰寿张,又侨立东平郡。开皇元年(581)改郡为淮阴,并立楚州,寻废郡,更改县曰淮阴。大业初州废,县并入焉。"东平郡当领有寿张一县。

2. 阳平郡

治安宜。《隋书》卷31《地理志下》江都郡安宜县:"梁置阳平郡及东莞郡。开皇初郡废,又废石鳖县入焉。"阳平郡当领有安宜、石鳖二县。

3. 东莞郡

《隋书》卷31《地理志下》江都郡安宜县:"梁置阳平郡及东莞郡。开皇初郡废。"东莞郡治地及领县无考。

第十三节 北周南谯州领郡沿革

南谯州治顿丘,当在今安徽滁州市琅琊区。《隋书》卷31《地理志下》江都

[①] 《中国文物地图集·江苏分册》(上),"淮安市清河区、清浦区、淮阴区文物图",第252—253页;《中国文物地图集·江苏分册》(下),"淮安市·淮阴区",第591页。

郡清流县：" 旧曰顿丘，置新昌郡及南谯州。开皇初改为滁州，郡废。又废乐巨、高塘二县入顿丘，改曰新昌。十八年(598)又改为清流。大业初州废。"北周南谯州承陈朝建置，当领有新昌、北谯、南梁三郡。

1. 新昌郡

治顿丘。《隋书》卷31《地理志下》江都郡清流县："旧曰顿丘，置新昌郡及南谯州。开皇初改为滁州，郡废。又废乐巨、高塘二县入顿丘，改曰新昌。"是北周末年新昌郡当领有顿丘、乐巨、高塘三县。

2. 北谯郡

治北谯。《隋书》卷31《地理志下》江都郡全椒县："梁曰北谯，置北谯郡。后齐改郡为临滁，后周又曰北谯。开皇初郡废，改县为滁水。"《陈书》卷5《宣帝纪》：太建七年(575)"五月乙卯，割谯州之秦郡还隶南兖州。分北谯县置北谯郡，领阳平所属北谯、西谯二县。合州之南梁郡，隶入谯州"。是北谯郡当领有北谯、北谯、西谯三县。

3. 南梁郡

治阜陵城。《梁书》卷18《冯道根传》："天监二年(503)，为宁朔将军、南梁太守，领阜陵城戍。初到阜陵，修城隍，远斥候，有如敌将至者。"《通典》卷181《州郡典十一》滁州全椒县："汉旧县也。梁置北谯郡，北齐改为临滁郡，后周复曰北谯。隋为滁县，大业初为全椒。有汉阜陵县故城，在今县之南也。"北齐南梁郡领有慎、梁、蒙、谯四县。《隋书》卷31《地理志下》庐江郡慎县："东魏置平梁郡，陈曰梁郡，开皇初郡废。"据《陈书》卷5《宣帝纪》，太建七年(575)五月乙卯，"合州之南梁郡，隶入谯州"。是合州之南梁郡在陈占领后并入谯州之南梁郡。北周末年南梁郡当领有慎一县。按慎县据《北周地理志》，当在今安徽合肥市肥东县梁园镇，而肥东县又与今滁州市南谯区、定远县、全椒县毗邻。故合州之南梁郡能与谯州之南梁郡相并。

第十四节　北周方州领郡沿革

方州治尉氏，当在今江苏南京市六合区雄州街道。《隋书》卷31《地理志下》江都郡六合县："旧曰尉氏，置秦郡。后齐置秦州。后周改州曰方州，改郡曰六合。开皇初郡废，四年(584)改尉氏曰六合，省堂邑、方山二县入焉。大业初州废。又后齐置瓦梁郡，陈废。"方州当领有六合、石梁二郡。

1. 六合郡

治尉氏。《隋书》卷31《地理志下》江都郡六合县："旧曰尉氏，置秦郡。后齐置秦州。后周改州曰方州,改郡曰六合。开皇初郡废,四年(584)改尉氏曰六合,省堂邑、方山二县入焉。"六合郡当领有尉氏、堂邑、方山三县。

2. 石梁郡

治石梁。《隋书》卷31《地理志下》江都郡永福县:"旧曰沛,梁置泾城、东阳二郡。陈废州,并二郡为沛郡。后周改沛郡为石梁郡,改沛县曰石梁县,省横山县入焉。开皇初郡废。大业初改县曰永福。"是北周末年石梁郡当领有石梁一县。

第十五节　北周西楚州领郡沿革

西楚州治钟离,当在今安徽滁州市凤阳县临淮关镇一带。《隋书》卷31《地理志下》钟离郡:"后齐曰西楚州,开皇二年(582)改曰濠州。"《太平寰宇记》卷128《淮南道六》濠州:"秦并天下,属九江郡。汉置钟离县,复隶九江郡。晋立钟离郡,宋因之。宋明帝失淮北地,复立徐州于此,后废帝改号北徐州。梁因之,以昌义之为北徐州刺史,镇钟离。……州后入高齐,文宣帝改为西楚州。隋开皇二年(582)改为濠州,以界内山名取。大业二年(606)又改为钟离郡。"据前述东魏北齐部分所考,天保七年(556)之后,北齐西楚州领有广安、钟离、荆山、阴陵、济阴五郡。阴陵郡和阴陵县不见于北周之后文献,当在陈或北周时省并,北周西楚州当领有钟离、广安、济阴、荆山四郡。

1. 钟离郡

治钟离。《隋书》卷31《地理志下》钟离郡钟离县:"旧置郡,开皇初郡废。大业中复置郡。"钟离郡当领有钟离一县。

2. 广安郡

治定远。《隋书》卷31《地理志下》钟离郡定远县:"旧曰东城。梁改曰定远,置临濠郡。后齐改曰广安。开皇初郡废。又有旧九江郡,后齐废为曲阳县,县寻废。又有梁置安州,侯景乱废。"《元和郡县图志》卷9《河南道五》濠州定远县:"本汉东城县地,属九江郡。梁武帝天监初置,属定远郡。高齐改为大安郡。隋仁寿元年(601)废郡,改定远县为临濠县,属濠州。国朝复为定远县。"按大安郡当即广安郡之讳称(可能是避隋炀帝杨广之讳)。《太平寰宇记》卷128《淮南道六》濠州定远县:"本汉东城县地……属九江郡也。……按梁天监三年(504),土人祭丰据东城自魏归,武帝嘉之,改曰丰城,立为定远郡,又改为广安郡定远县。隋开皇三年(583)废郡留县。"广安郡当领有定远一县。

3. 济阴郡

治昭义。《隋书》卷31《地理志下》钟离郡化明县："故曰睢陵，置济阴郡。后齐改县曰池南，陈复曰睢陵，后周改为昭义。开皇初郡废，大业初县改名焉。"《元和郡县图志》卷9《河南道五》濠州招义县："本汉淮陵县，属临淮郡。后汉属下邳郡。宋孝武帝自淮北徙睢陵县，改为池南县。陈为招义县。隋大业元年(605)为化明县，属濠州，武德七年(624)更名招义县。"《舆地纪胜》卷44《盱眙军》"县沿革"招信县："在郡西六十里。……《寰宇记》云：'《宋书》泰始三年以济北流人寓于此土，遂分钟离东界立济阴郡，又改南池县属徐州。北齐［河］清（和）二年(563)移于今理。'"济阴郡当领有昭义一县。

4. 荆山郡

治马头。《隋书》卷31《地理志下》钟离郡涂山县："旧曰当涂。后齐改曰马头，置郡曰荆山。开皇初改县曰涂山，废郡。"《隋书》卷45《长孙览传长孙炽附传》："其年王谦反，炽从信州总管王长述溯江而上。以炽为前军，破谦一镇，定楚、合等五州，擒伪总管荆山公元振，以功拜仪同三司。"是北周当有荆山郡，领有马头一县。

第十六节 北周扬州领郡沿革

扬州治寿春，在今安徽六安市寿县县治寿春镇。《隋书》卷31《地理志下》淮南郡："旧曰豫州，后魏曰扬州，梁曰南豫州，东魏曰扬州，陈又曰豫州，后周曰扬州。开皇九年(589)曰寿州，置总管府，大业元年(605)府废。"据前述东魏北齐部分所考，北齐天保七年(556)之后，扬州领有梁、淮南、北谯、陈留、北陈、边城、安丰、光化八郡。经历陈宣帝北伐，北周南攻，北周末年扬州当领有淮南、梁、北谯、汝阴、陈留、北陈六郡。

1. 淮南郡

治寿春。《隋书》卷31《地理志下》淮南郡寿春县："旧有淮南、梁郡、北谯、汝阴等郡，开皇初并废，并废蒙县入焉。大业初置淮南郡。"北齐天保七年(556)之后，淮南郡领有寿春、汝阴二县。汝阴县当在陈时析出置汝阴郡。是北周末年淮南郡当领有寿春一县。

2. 梁郡

治崇义。《太平寰宇记》卷129《淮南道七》寿州寿春县："废崇义县，在县东南三里。按《宋略》云：'太初元年(453，宋文帝刘义隆长子刘邵行用数月的年号)迁金墉人于寿阳，号为崇义县。'"北齐天保七年(556)之后，梁郡领有崇义、蒙二县。蒙县在陈占领之后划入北谯郡,故北周末年梁郡当领有崇义一县。

3. 北谯郡

治北谯。《隋书》卷31《地理志下》淮南郡寿春县:"旧有淮南、梁郡、北谯、汝阴等郡,开皇初并废,并废蒙县入焉。"《太平寰宇记》卷129《淮南道七》寿州寿春县:"废北谯县,在县东六十三里。按《舆地志》云:'宋明帝于淮南立梁郡,领北谯、北梁、蒙城、城父四县。梁克寿阳后,立北谯郡于故曲阳地,北谯、蒙城二县属焉。'"据前述东魏北齐部分所考,北齐天保七年(556)之后,北谯郡领有北谯一县。后陈宣帝北伐,立意恢复萧梁的疆域政区格局,蒙县或在此时又改隶北谯郡。北周末年北谯郡当领有北谯、蒙二县。

4. 汝阴郡

治汝阴。《隋书》卷31《地理志下》淮南郡寿春县:"旧有淮南、梁郡、北谯、汝阴等郡,开皇初并废。"《太平寰宇记》卷129《淮南道七》寿州寿春县:"故寿春县,在县西一里。……按《舆地志》云:'梁武克寿春,置豫州,立梁南、梁西、汝阴、武安四郡,于城中置淮南州城也。'"据《魏书》卷106《地形志中》,扬州在东魏占领后,领有梁、淮南、北谯、陈留、北陈、边城、新蔡、安丰、下蔡、颍川十郡,不含有汝阴郡,或东魏北齐曾有过省废合并。后陈宣帝北伐,立意恢复萧梁的疆域政区格局,此汝阴郡或为陈朝新置,并为北周所承袭,汝阴郡当领有汝阴一县。

5. 陈留郡

治浚仪。《隋书》卷31《地理志下》淮南郡安丰县:"梁置陈留、安丰二郡,开皇初并废。"北齐陈留郡领有浚仪、雍丘二县。《太平寰宇记》卷129《淮南道七》寿州安丰县:"汉为县,属六安国。《续汉书·郡国志》属庐江郡。梁置陈留、安丰二郡于此。隋罢郡,县属扬州,改隶寿州。""废陈留郡,在县东北五里。领浚仪、小黄、雍丘三县。""废浚仪县,在县东北二百五十步芍陂塘下。废雍丘县,在县南六十里。废小黄县,在县西北三十里。以上一郡三县,晋义熙十二年(416)刘义庆奏置。其陈留郡浚仪、雍丘两县,隋开皇三年(583)废。小黄县,唐武德七年(624)废。"安丰郡在陈占领时已经划入霍州(参见本章第二十三节"北周霍州领郡沿革")。据《魏书》卷106《地形志中》,东魏武定年间(543—550)陈留郡领有浚仪、雍丘二县。小黄县在北周之前或曾有过废置。北周末年陈留郡当领有浚仪、小黄、雍丘三县。

6. 北陈郡

治长平。《隋书》卷31《地理志下》淮南郡长平县:"梁置北陈郡,开皇初废,又并西华县入。"北齐天保七年(556)之后,北陈郡领有长平、西华二县。北周北陈郡领县当同。

第十七节　北周南光州领郡沿革

南光州(亦称光州)治光城,在今河南信阳市光山县县城。《隋书》卷31《地理志下》弋阳郡:"梁置光州。"《元和郡县图志》卷9《河南道五》光州:"在秦属九江郡。在汉为西阳,属江夏。晋安帝立光城县,理于此。梁末于县置光州,隋大业二年(606),罢州为弋阳郡。"南光州当领有光城、弋阳、宋安、丰安四郡。

1. 光城郡

治光城。《隋书》卷31《地理志下》弋阳郡光山县:"旧置光城郡。开皇初郡废,十八年(598)置县焉。大业初置光阳郡。又有旧黄川郡,梁废。"弋阳郡乐安县:"梁置宋安郡,及宋安、光城二县,又有丰安郡,开皇三年(583)并废入焉。"据《魏书》卷106《地形志中》东魏光州北光城郡领有光城、乐安二县,南光城郡领有光城、南乐安二县[二郡省并情况参加第四章第四十二节"光州(治光城,又称南光州)领郡沿革"]。北周光城郡当领有光城、乐安二县。

2. 弋阳郡

治定城。《隋书》卷31《地理志下》弋阳郡定城县:"后齐置南郢州,后废入南、北二弋阳县,后又省北弋阳入南弋阳,改为定(远)[城]焉。又后魏置弋阳郡。及有梁东新蔡县,后周改为淮南郡。又后齐置齐安、新蔡二郡,及废旧义州,立东光城郡。至开皇初,五郡及郢州并废。"《太平寰宇记》卷127《淮南道五》光州定城县:"汉为弋阳县地,属汝南郡。梁普通八年(527)自后魏徙弋阳郡于此置。《舆地志》云:'高齐后弋阳郡又为新蔡郡,改平舆县为南弋阳县。武平元年(570)改南弋阳县为定城县。'"北周弋阳郡当领有定城一县。

3. 宋安郡

治宋安。《隋书》卷31《地理志下》弋阳郡乐安县:"梁置宋安郡,及宋安、光城二县,又有丰安郡,开皇三年(583)并废入焉。"北周宋安郡当领有宋安一县。

4. 丰安郡

治新城。丰安郡在北齐属北江州(见前述第四章第四十七节"北江州领郡沿革")。《隋书》卷31《地理志下》弋阳郡乐安县:"梁置宋安郡,及宋安、光城二县,又有丰安郡,开皇三年(583)并废入焉。"《嘉庆重修一统志》卷222《光州直隶州一》"古迹":"丰安故城,在光山县西。本后魏所置永安郡也,治新城县。北齐改曰丰安。隋废郡,以其地并入乐安。"是丰安郡当领有新城一县。

第十八节 北周南郢州领郡沿革

南郢州治赤石关,在今河南信阳市潢川县南。《隋书》卷31《地理志下》弋阳郡定城县:"后齐置南郢州,后废入南、北二弋阳县,后又省北弋阳入南弋阳,改为定(远)[城]焉。又后魏置弋阳郡。及有梁东新蔡县,后周改为淮南郡。又后齐置齐安、新蔡二郡,及废旧义州,立东光城郡。至开皇初,五郡及郢州并废。"北周南郢州当领有光城、淮南、齐安、新蔡、边城五郡。

1. 光城郡(即北齐东光城郡)

治赤石城。据《魏书》卷106《地形志中》,东魏南郢州光城郡领有光城一县。《太平寰宇记》卷127《淮南道五》光州光山县:"本汉西阳县,属江夏郡。魏属弋阳郡。宋孝武帝大明初于此立光城县。隋开皇三年(583)废入乐安县,十八年(598)又置光山县。一名弋山县。"光城郡当领有光城一县。

2. 淮南郡

治东新蔡。《隋书》卷31《地理志下》弋阳郡定城县:"又后魏置弋阳郡。及有梁东新蔡县,后周改为淮南郡。"淮南郡当领有东新蔡一县。

3. 齐安郡

《隋书》卷31《地理志下》弋阳郡定城县:"又后齐置齐安、新蔡二郡,及废旧义州,立东光城郡。至开皇初,五郡及郢州并废。"齐安郡治地及领县情况不明。

4. 新蔡郡

《隋书》卷31《地理志下》弋阳郡定城县:"又后齐置齐安、新蔡二郡,及废旧义州,立东光城郡。至开皇初,五郡及郢州并废。"新蔡郡治地及领县情况不明。

5. 边城郡

治茹由。据《魏书》卷106《地形志中》,东魏武定年间(543—550)边城郡领有茹由一县。《太平寰宇记》卷127《淮南道五》光州光山县:"故茹由城,在县南六十二里。按顾野王《舆地志》云:'晋帝立茹由县。宋文帝元嘉二十五年(448)复立茹由县,属弋阳。'按孝武以属光城郡。隋开皇三年(583)废入乐安县。"《嘉庆重修一统志》卷222《光州直隶州一》"古迹":"茹由故城,在光山县南六十里。刘宋元嘉二十五年(448)置县,属弋阳郡。大明初分属光城左郡。齐因之。后魏改属边城郡。北齐废。"此言"北齐废",似不确。边城郡当领有茹由一县。

第十九节　北周南建州领郡沿革

南建州(有时亦称建州)治高平城,在今河南信阳市商城县东。《隋书》卷31《地理志下》弋阳郡殷城县:"旧曰包信,开皇初改名焉。梁置义城郡及建州,并所领平高、新蔡、新城三郡,开皇初并废。"建州当领有义城、平高、新蔡、新城四郡。

1. 义城郡

治包信。《隋书》卷31《地理志下》弋阳郡殷城县:"旧曰包信,开皇初改名焉。梁置义城郡及建州,并所领平高、新蔡、新城三郡,开皇初并废。"据《魏书》卷106《地形志中》,南建州为东魏武定年间(543—550)新附州,领有高平、新蔡、陈留、鲁、南陈、光城、清河七郡。并无义城郡,此或是《地形志》漏列义城郡,或东魏有所省并,北齐后又复置,或系陈宣帝北伐立意恢复萧梁疆域政区格局而重置也,当以末者可能性为最大。《太平寰宇记》卷127《淮南道五》光州固始县:"废殷城县,在县南一百二十里。本汉期思县地,属汝南郡。《宋书·州郡志》'侨立包信县于此',后成实土。按梁以项城县为殷城,以镇流人,是也。隋文帝以豫州苞信重名,改为殷城县,取古殷城为名。至炀帝又立义州于此。"义城郡当领有包信一县。《嘉庆重修一统志》卷222《光州直隶州一》"古迹":"殷城故城,在商城县西。"

2. 平高郡

治高平。《隋书》卷31《地理志下》弋阳郡殷城县:"梁置义城郡及建州,并所领平高、新蔡、新城三郡,开皇初并废。"据《魏书》卷106《地形志中》,东魏南建州有高平郡,领有高平、谯、弋阳、义昌四县。平高郡当为北周改北齐高平郡所置。北齐高平郡领有高平一县。北周平高郡当同。

3. 新蔡郡

治新蔡。《隋书》卷31《地理志下》弋阳郡殷城县:"旧曰包信,开皇初改名焉。梁置义城郡及建州,并所领平高、新蔡、新城三郡,开皇初并废。"北齐新蔡郡领有新蔡一县。北周当同。

4. 新城郡

治新城。《隋书》卷31《地理志下》弋阳郡殷城县:"旧曰包信,开皇初改名焉。梁置义城郡及建州,并所领平高、新蔡、新城三郡,开皇初并废。"新城郡在北齐属南朔州,北周大象元年(579)平陈之江北地后,省废南朔州入南建州,新城郡因而划入南建州(参见第三章第四十三节"南朔州(治赤坂城)领郡沿革")。北齐新城郡领有新城一县。北周当同。

第二十节 北周浍州领郡沿革

浍州治固始,故址在今河南信阳市固始县桥沟乡谢集村一带。《隋书》卷31《地理志下》弋阳郡固始县:"梁曰蓼县。后齐改名焉,置北建州,寻废州,置新蔡郡。后周改置浍州。开皇初州郡并废入,又改县为固始。"《元和郡县图志》卷9《河南道五》光州固始县:"本汉封蓼侯之地。春秋时蓼国,楚并之,今县城是也。自东晋已后,蓼县省。宋明帝失淮北地,乃于此侨立新蔡郡,领固始一县。隋开皇七年(587)改属义州。"《通典》卷181《州郡典十一》弋阳郡(光州)固始县:"春秋时寝县。寝或为沈。楚封孙叔敖之子在此。有叔敖祠。北齐置北建州,寻废州,置新蔡郡。后周置浍州。"《太平寰宇记》卷127《淮南道五》光州固始县:"本汉寝县。……《续汉书·志》改为固始。齐、梁俱属豫州。北齐置[北]建州。至梁末,寻复废州,又为新蔡郡,领固始一县也。后周又为浍州,以水名都。"《嘉庆重修一统志》卷222《光州直隶州一》"古迹":"蓼县故城,在固始县东北。古蓼国。……后置县,属六安国。刘宋时省。梁复置,东魏改固始,故县遂废。……《县志》:今有蓼城冈,在县东北七十里。"据《中国文物地图集·河南分册》,蓼城岗遗址在今河南信阳市固始县桥沟乡谢集村①。北周浍州当领有新蔡、边城、光化三郡。

1. 新蔡郡

治固始。《太平寰宇记》卷127《淮南道五》光州固始县:"本汉寝县。……《续汉书·志》改为固始。齐、梁俱属豫州。北齐置[北]建州。至梁末,寻复废州,又为新蔡郡,领固始一县也。后周又为浍州,以水名都。隋废州县额,复隶弋阳焉。皇朝并殷城县入。"北齐时新蔡郡可能领有固始一县。北周当同。

2. 边城郡

治期思。《隋书》卷31《地理志下》弋阳郡期思县:"陈置边城郡。开皇初郡废,改县名焉。有后齐光化郡,亦废入焉。"期思县《魏书·地形志》已载,《隋志》开皇初"改县名焉"不知云何。如北周有期思县,边城郡当领有期思一县。

3. 光化郡

《隋书》卷31《地理志下》弋阳郡期思县:"有后齐光化郡,亦废入焉。"光化

---

① 《中国文物地图集·河南分册》,中国地图出版社,1991年,"固始县文物图",第218—219页,"文物单位简介"之"信阳地区·固始县",第521页。

郡治地及领县情况均不详。

第二十一节　北周蕲州领郡沿革

蕲州治齐昌,据《中国文物地图集·湖北分册》,罗州城遗址在今湖北省黄冈市蕲春县漕河镇罗州城村①。《隋书》卷31《地理志下》蕲春郡:"后齐置罗州,后周改曰蕲州。开皇初置总管府,九年(589)府废。"此罗州中华书局点校本《隋书》已改为雍州。北齐所置究竟是雍州还是罗州,目前尚难以有确论[参见前述第三章第六十六节"北齐罗州(或雍州)领郡沿革"]。北齐罗州(或雍州)当领有永安一郡。陈占领北齐江州之后,一度将罗州(或雍州)之齐昌郡划入江州,北周平淮南后齐昌郡重新划回蕲州,故北周末年蕲州当领有永安、齐昌二郡。至隋时置蕲春郡,郡治始改于蕲春县(即原齐、陈、周齐昌郡之齐昌县)。

1. 永安郡

治浠水。《隋书》卷31《地理志下》蕲春郡浠水县:"旧置永安郡,开皇初郡废。"北齐永安郡领有浠水一县。北周当同。

2. 齐昌郡

治齐昌。《元和郡县图志》卷27《江南道三》蕲州:"在汉为蕲春县也,属江夏郡。……后于此复置蕲郡。晋孝武帝改曰蕲阳,以郑太后讳故也。高齐于此立齐昌郡,后陷于陈,改为江州。周平淮南,改为蕲州。"《通典》卷181《州郡典十一》蕲州蕲春县:"汉旧县。北齐置齐昌郡。"齐昌郡领县,《隋书》卷31《地理志下》蕲春郡蕲春县:"旧曰蕲阳,梁改曰蕲水。后齐改曰齐昌,置齐昌郡。开皇十八年(598)改为蕲春。"蕲春郡蕲水县:"旧曰蕲春,梁改名焉。"北齐可能是将梁蕲水县分为二县,北齐齐昌郡当领有齐昌、蕲水二县。北周同。

第二十二节　北周义州领郡沿革

义州治罗田,在今湖北黄冈市罗田县东60里。《嘉庆重修一统志》卷340《黄州府一》"古迹":"罗田故城,在今罗田县东。……《县志》:县旧治在今县东六十里魁山之麓。元大德八年(1304)县尹周广移县于官渡河,即今治也。"《隋书》卷31《地理志下》蕲春郡罗田县:"梁置义州、义城郡,开皇初并废。"义

---

① 《中国文物地图集·湖北分册》(上),"蕲春县文物图",西安地图出版社,2002年,第218—219页;《中国文物地图集·湖北分册》(下),"黄冈市·蕲春县",第450页。

州当领有义城一郡。

义城郡

治罗田,当领有罗田一县。

第二十三节 北周霍州领郡沿革

霍州治岳安,在今安徽六安市霍山县治衡山镇。《隋书》卷31《地理志下》庐江郡霍山县:"梁置霍州及岳安郡、岳安县。后齐州废。开皇初郡废,县改名焉。"霍州废于周末隋初,《隋志》表述不确。《太平寰宇记》卷129《淮南道七》寿州六安县:"废霍山具,去县五十里。……汉为灊县,属庐江郡。梁天监四年(505)于灊县改置霍州,兼别筑城。隋初州废,即为县城也。隋末废之,并入(盛唐)[霍山]。""废霍州城,梁天监二年(503)置州。大象元年(579)废州存县。"经历陈宣帝北伐,北周南攻,北周末年霍州当领有岳安、安丰、北沛三郡。

1. 岳安郡

治岳安。《隋书》卷31《地理志下》庐江郡霍山县:"梁置霍州及岳安郡、岳安县。……开皇初郡废,县改名焉。"庐江郡开化县:"梁置。"《太平寰宇记》卷129《淮南道七》寿州六安县:"废开化县,在新县西四十里。按《后(汉)[魏]书》边城有开化县,隋大业十三年(617)废。"是北周末年岳安郡当领有岳安、开化二县。

2. 安丰郡

治安丰。《太平寰宇记》卷129《淮南道七》寿州霍丘县:"古安丰州,在县西南十三里,北临淮。……梁天监元年(502)移此县于霍丘戍城东北置安丰。至大同元年(535)又改为安丰州,此城遂废。""废安丰州,在县南四十里射鹄村。东魏天平二年(535),两魏初分,此地入梁,大同元年(535)徙旧安丰郡于此置州。至太清二年(548),侯景破梁,为中军大都督王贵显以寿春降魏,此州又入东魏。北齐天保七年(556)废州为县,遂于无期村置安丰县,入楚州。隋开皇三年(583)移就芍陂下,此州遂废。"《嘉庆重修一统志》卷128《颍州府一》"古迹":"安丰古城,在霍丘县西南。汉置县在今河南固始县界。……又废安丰州,在县南四十。"又《太平寰宇记》卷129《淮南道七》寿州霍丘县:"废松滋县,在县东十五里。……东魏及周属安丰州。开皇三年(583)废。"北周末年安丰郡当领有安丰、松滋二县。

3. 北沛郡

治新蔡。《隋书》卷31《地理志下》庐江郡淠水县:"梁置北沛郡及新蔡县。

开皇初郡废,又废新蔡入焉。"北周末年北沛郡当领有新蔡一县。

第二十四节　北周合州领郡沿革

合州治汝阴郡(合肥城),在今安徽省合肥市中心城区。《隋书》卷31《地理志下》庐江郡:"梁置南豫州,又改为合州。开皇初改为庐州。"经历陈宣帝北伐,北周南攻,北周末年合州当领有汝阴、庐江、枞阳三郡。

1. 汝阴郡

治汝阴。《隋书》卷31《地理志下》庐江郡合肥县:"梁曰汝阴,置汝阴郡。后齐分置北陈郡。开皇初郡废,县改名焉。"据《魏书》卷106《地形志中》,东魏武定年间(543—550)南谯郡领有蕲、邵陵二县。北齐同。《隋书》卷31《地理志下》庐江郡襄安县:"梁曰蕲,开皇初改焉。"不言有南谯郡和邵陵县。南谯郡与邵陵县当在北周时已经省废,蕲县则当划入汝阴郡。是北周末年汝阴郡当领有汝阴、蕲二县。

2. 庐江郡

《隋书》卷31《地理志下》庐江郡庐江县:"齐置庐江郡,梁置湘州,后齐州废,开皇初郡废。"北齐庐江郡领有庐江一县。北周当同。

3. 枞阳郡

北齐江州领有枞阳郡,枞阳郡治枞阳,《陈书》卷5《宣帝纪》,陈宣帝太建十年(578)十二月乙亥,"合州庐江蛮田伯兴出寇枞阳,刺史鲁广达讨平之"。至陈、周时枞阳郡当已划入合州。《隋书》卷31《地理志下》同安郡同安:"旧曰枞阳,并置枞阳郡。开皇初郡废,十八年(598)县改名焉。"《太平寰宇记》卷125《淮南道三》舒州桐城县:"阴安故城,在县东南一百八十里。按《宋书·州郡志》:'晋熙郡阴安县也。'又云梁以阴安改属枞阳郡。隋开皇三年(583)罢郡,县遂省。"是北周末年枞阳郡当领有枞阳、阴安二县。

第二十五节　北周晋州领郡沿革

晋州治怀宁,在今安徽安庆市潜山县治梅城镇。《隋书》卷31《地理志下》同安郡:"梁置豫州,后改曰晋州,后齐改曰江州,陈又曰晋州,开皇初曰熙州。"萧梁末年改设晋熙郡之豫州(又称西豫州)为晋州,北齐又改称江州(参见前述东魏北齐"北齐江州领郡沿革")。《陈书》卷5《宣帝纪》:太建五年(573)"三月壬午,分命众军北伐……(八月)戊午,平固侯陈敬泰等克晋州城"。太建六年

(574)六年春正月壬戌朔,诏曰:"……可赦江右淮北……江州之齐昌、新蔡、高唐……土民,罪无轻重,悉皆原宥。将帅职司,军人犯法,自依常科。"太建八年(576)冬十一月"丁酉,分江州晋熙、高唐、新蔡三郡为晋州"。是陈朝又在晋熙郡重置晋州,领有晋熙、高塘(亦作高唐)、新蔡三郡。北周占领后不改,当亦领有晋熙、高塘(亦作高唐)、新蔡三郡。

《隋书》卷31《地理志下》同安郡望江县:"陈置大雷郡。开皇十一年(591)改曰义乡,十八年(598)改名焉。"《太平寰宇记》卷125《淮南道三》舒州望江县:"本汉皖县地,《宋书·州郡志》:'晋安帝于此立新冶县,属晋熙郡。'亦为大雷戍,按《宋书》注云:'西岸有大雷江,自寻阳、柴桑沿流三百里入江,即新冶县也。'历宋、齐、梁不改。至陈于新冶置大雷郡。隋开皇初郡废,十一年(591)改为义乡县,属熙州,十八年(598)又改为望江县。"《北周地理志》据此认为北周晋州领有大雷郡。周隋嬗代之际,北周内部发生重大政治冲突,无暇兼顾全局,曾有部分长江下游以西的沿江郡县落入陈朝之手,北周和州原领之临江郡就是这种情况。故大雷郡在北周末年是否属于晋州,在此只能存疑。

1. 晋熙郡

治怀宁。《隋书》卷31《地理志下》同安郡怀宁县:"旧置晋熙郡,开皇初郡废。大业三年(607)置同安郡。"又据前述东魏北齐部分所考,北齐江州曾置有龙安郡,领有太湖、东陈二县。《太平寰宇记》卷125《淮南道三》舒州太湖县:"陈太建五年(573),(龙安)郡及东陈县并废,唯太湖县独存。隋初又为晋熙县。""废东陈县,在县东四十四里。……至陈太建五年(573)废。"太湖县在龙安郡省废之后当划入晋熙郡。《隋书》卷31《地理志下》同安郡太湖县:"开皇初改为晋熙,十八年(598)复改名焉。"是北周末年晋熙郡当领有怀宁、太湖二县。

2. 高塘(亦作高唐)郡

治高塘(亦作高唐)。《隋书》卷31《地理志下》同安郡宿松县:"梁置高塘郡。开皇初郡废,改县曰高塘,十八年(598)又改名焉。"按据前述东魏北齐部分所考,萧梁已置高塘(亦作高唐)县,《隋志》表述不确。高塘郡当领有高塘一县。

3. 新蔡郡

治新蔡。《隋书》卷31《地理志下》蕲春郡黄梅:"旧曰永兴,开皇初改曰新蔡,十八年改名焉。有黄梅山。"新蔡郡当领有永兴一县。

第二十六节 北周和州领郡沿革

和州治历阳,在今安徽马鞍山市和县城区。《隋书》卷31《地理志下》历阳郡：“后齐立和州。”《太平寰宇记》卷124《淮南道二》和州：“高齐立为和州，改临江为齐江，以和州领历阳、齐江二郡。后又省齐江并乌江，并入历阳为一郡。隋开皇十三年(593)罢郡，省齐江之谯县入历阳县，以为和州。"据前述东魏北齐部分所考，北齐和州领有历阳、齐江二郡。

《隋书》卷31《地理志下》历阳郡历阳县："旧置历阳郡，开皇初郡废。大业初复置郡。"历阳郡乌江县："梁置江都郡，后齐改为齐江郡，陈又改为临江郡，周改为同江郡。开皇初郡废。大业初置历阳郡。"《通典》卷181《州郡典十一》和州乌江县："本乌江亭，汉东城县也。梁置江都郡，北齐改为密江郡，陈改为临江郡，后周改为乌江郡，隋为乌江县。"《旧唐书》卷40《地理志三》淮南道和州乌江县："汉东城县之乌江亭，属九江郡。北齐为密江郡，陈为临江郡，后周为问江郡，隋为乌江郡，县皆治此。"按《通典》、《旧唐书》里的密江郡，当均为齐江郡之讹写，密与齐之繁体"齊"字形接近，故有此讹。《旧唐书》里的问江郡，参照《隋志》，当是同江郡之讹写。《通典》谓北周改临江郡为乌江郡，与《隋志》不同。据《陈书》卷5《宣帝纪》，太建"六年(574)春正月壬戌朔，诏曰：'王者以四海为家，万姓为子……今使苛法蠲除，仁声载路。且肇元告庆，边服来荒，始睹皇风，宜覃曲泽，可赦江右淮北……南豫州之历阳、临江郡土民，罪无轻重，悉皆原宥。将帅职司，军人犯法，自依常科'"。太建十二年(580)"秋八月……庚午，通直散骑常侍淳于陵克临江郡。……九月癸未，周临江太守刘显光率众内附"。卷6《后主纪》：至德四年(586)"二月……景申，立皇弟叔谟为巴东王，叔显为临江王，叔坦为新会王，叔隆为新宁王"。北周所置似乎一直是临江郡。北周末年，政局动荡，权臣杨坚着力平息内部政治分歧，所以陈朝能够越江而西再次领有临江郡，与北周构成犬牙交错之势。是北周末年和州当仅领有历阳一郡。

历阳郡

治历阳。据前述东魏北齐部分所考，北齐历阳郡领有历阳、龙亢、雍丘三县。雍丘在北周时已经省并，北周末年历阳郡当领有历阳、龙亢二县。

第二十七节 荆州（后梁藩国领属）领郡沿革

荆州治江陵，在今湖北荆州市荆州区。《隋书》卷31《地理志下》南郡："旧置荆州。西魏以封梁为蕃国，又置江陵总管府。开皇初府废。七年(587)并梁，又置江陵总管，二十年(600)改为荆州总管。大业初废。"《周书》卷48《萧詧传》："魏恭帝元年(554)，太祖令柱国于谨伐江陵，詧以兵会之。及江陵平，太祖立詧为梁主,居江陵东城,资以江陵一州之地。其襄阳所统,尽归于我。詧乃称皇帝于其国,年号大定。"此荆州是后梁藩国的根据地,与西魏北周朝廷领属之荆州为两地(参见第五章第二十九节"荆州(西魏北周领属)领郡沿革")。北周末年,后梁藩国领属之荆州当领有南、新兴、监利三郡。

1. 南郡

治江陵。《隋书》卷31《地理志下》南郡江陵县:"带南郡。开皇初郡废,大业初复置郡。"北周末年南郡当领有江陵一县。

2. 新兴郡

治定襄。《隋书》卷31《地理志下》南郡安兴县:"旧置广牧县,开皇十一年(591)省安兴县入,仁寿初改曰安兴。又有定襄县,大业初废入。"《宋书》卷37《州郡志三》和《南齐书》卷15《州郡志下》荆州下均列有新兴郡,领有定襄、新丰、广牧三县。《梁书》卷44《太宗十一王传》:"新兴王大庄字仁礼。……大宝元年(550),封新兴郡王,邑二千户。"是萧梁末年亦有新兴郡,西魏北周或亦有新兴郡。北周末年新兴郡当领有定襄、广牧、安兴三县。

3. 监利郡

治监利。后梁置有监利郡。《周书》卷48《萧詧传》:"初,江陵灭,梁元帝将王琳据湘州,志图匡复。……詧之四年(558),詧遣其大将军王操率兵略取王琳之长沙、武陵、南平等郡。五年(559),王琳又遣其将雷又柔袭陷监利郡,太守蔡大有死之。寻而琳与陈人相持,称藩乞师于詧。詧许之。师未出而琳军败,附于齐。"《萧詧传蔡大宝附传》:"大宝弟大业。……詧称帝,历尚书左丞、开远将军、监利郡守、散骑常侍、卫尉卿。"《隋书》卷31《地理志下》南郡紫陵县:"西魏置华陵县,后周改名焉。其城南面,梁置鄀州,又置云泽县。大业初州县俱废入焉。"这里提到的鄀州为后梁侨置,后因571年北周归还鄀州,此侨置鄀州省废(参见本章第三十节"鄀州领郡沿革")。北周末年监利郡当领有监利、紫陵、云泽三县。

第二十八节 北周霍州沿革

《周书》卷42《柳霞传》:"柳霞字子昇,河东解人也。曾祖卓,晋汝南太守,始自本郡徙居襄阳。……及萧詧践帝位于江陵,以襄阳归于我。霞乃辞詧曰:'陛下中兴鼎运,龙飞旧楚。臣昔因幸会,早奉名节,理当以身许国,期之始终。自晋氏南迁,臣宗族盖寡。从祖太尉、世父仪同、从父司空,并以位望隆重,遂家于金陵。唯留先臣,独守坟柏。常诫臣等,使不违此志。今襄阳既入北朝,臣若陪随銮跸,进则无益尘露,退则有亏先旨。伏愿曲垂照鉴,亮臣此心。'誉重违其志,遂许之。因留乡里,以经籍自娱。太祖、世宗频有征命,霞固辞以疾。及誉殂,霞举哀,行旧君之服。保定中又征之,霞始入朝。授使持节、骠骑大将军、开府仪同三司、霍州诸军事、霍州刺史。……天和中卒,时年七十二。"《庾子山集注》卷15《周大将军闻嘉公柳遐墓志铭》:"君讳遐,字子昇,河东解人也。……既而言从梁国,服政郢都。……有诏授使持节、骠骑大将军、开府仪同三司、霍州诸军事、霍州刺史。……直以五溪辽远,马伏波之思归;三湘卑湿,贾长沙之不愿。是以宜城刺史,直会鹿门;白沙故地,仍留龙种。天厉弗戒,奄然终级,天和某年,归窆于襄阳白沙之旧茔。"这里柳遐即《周书》里的柳霞。霍州当为后梁侨置,具体治地及领郡情况均不详。

第二十九节　北周平州领郡沿革

平州治当阳,在今湖北宜昌市当阳市城区。《隋书》卷31《地理志下》南郡当阳县:"后周置平州,领漳川、安远二郡,属梁蕃。开皇七年(587)改为玉州,九年(589)州郡并废。"《周书》卷44《阳雄传》:"蛮帅文子荣窃据荆州之汶阳郡,又侵陷南郡之当阳、临沮等数县。诏遣开府贺若敦、潘招等讨平之。即以其地置平州,以雄为刺史。"《舆地纪胜》卷78《荆门军》"县沿革"当阳县:"在军南九十里。《元和郡县志》云:'本汉旧县,后周武成(三)[二]年(560)于此立平州,隋废平州。'"《周书》卷48《萧詧传》:"(萧)岿之十年(571)……诏以基、平、郢三州归之于岿。"平州在北周末年当领有漳川、安远二郡。

1. 漳川郡

治当阳。《隋书》卷31《地理志下》南郡当阳县:"后周置平州,领漳川、安远二郡,属梁蕃。开皇七年(587)改为玉州,九年(589)州郡并废。梁又置安居县,开皇十八年(598)改曰昭丘,大业初改曰荆台,寻废入。"《隋志》无临沮县,但刘宋和萧梁均有临沮县。《宋书》卷43《徐羡之传》:"高祖践阼,进号镇军将军,加散骑常侍。上初即位,思佐命之功,诏曰:'……西中郎司马南郡相宜阳侯张邵……或忠规远谋,扶赞洪业;或肆勤树绩,弘济艰难。经始图终,勋烈惟茂,并宜与国同休,缋兹大赉。……邵可封临沮县伯,……开国之制,率遵旧章。'"《梁书》卷14《江淹传》:"天监元年(502),为散骑常侍、左卫将军,封临沮县开国伯,食邑四百户。"《旧唐书》卷39《地理志二·山南东道》荆州总管府当阳县:"汉县,属南郡。武德四年(621),于县置平州,领当阳、临沮二县。六年(623),改属玉州。又省临沮入当阳,属荆州。"《舆地纪胜》卷78《荆门军》"县沿革"当阳县:"在军南九十里。《元和郡县志》云:'本汉旧县,后周武成(三)[二]年(560)于此立平州,隋废平州,至唐武德四年(621)又于此置平州,并析置临沮县,六年(623)改为玉州。'"临朐县或在萧梁末年,或在西魏北周时省并。北周末年漳川郡当领有当阳、安居二县。

2. 安远郡

《隋书》卷31《地理志下》南郡当阳县:"后周置平州,领漳川、安远二郡,属梁蕃。"安远郡治地、领县情况均不详。

第三十节 䢵州领郡沿革

《隋志》列有两个䢵州。《隋书》卷31《地理志下》南郡紫陵县:"西魏置华陵县,后周改名焉。其城南面,梁置䢵州,又置云泽县。大业初州县俱废入焉。"杨守敬《隋书地理志考证》认为此䢵州应当是萧詧侨置。《隋书》卷31《地理志下》竟陵郡乐乡县:"旧置武宁郡,西魏置䢵州。⋯⋯开皇七年(587)郡废,大业初州废。"《太平寰宇记》卷145《山南东道四》襄州宜城县:"废乐乡县,在州南二百二十里。⋯⋯后魏废帝元年(552)置䢵州。"《周书》卷37《高宾传》:"天和二年(567),除䢵州诸军事、䢵州刺史。"《周书》卷48《萧詧传》:"(萧)岿之十年(571)⋯⋯诏以基、平、䢵三州归之于岿。"萧詧所置䢵州自此省废。北周归还给后梁的䢵州治乐乡,当在今湖北荆门市钟祥市西北乐乡关。北周末年䢵州当领有武宁一郡。

武宁郡

治乐乡。《隋书》卷31《地理志下》竟陵郡乐乡县:"旧置武宁郡,西魏置䢵州。又梁置旌阳县,后改名惠怀,西魏又改曰武山。开皇七年(587)郡废,大业初州废,又废武山入焉。"《元和郡县图志》卷21《山南道二》襄州乐乡县:"本春秋时䢵国之城,在今县北三十七里䢵国故城是也。在汉为若县也,晋安帝于此置乐乡县,属武宁郡。隋大业三年(607)改属竟陵郡。"《太平寰宇记》卷145《山南东道四》襄州宜城县:"废乐乡县,在州南二百二十里。⋯⋯本春秋䢵国之地,迄今有若乡,在若水之傍。晋隆安五年(401)于今城戍置乐乡县,属武宁郡。后魏废帝元年(552)置䢵州。"《隋书》卷31《地理志下》南郡长林县:"旧曰长宁县。开皇十一年(591)省长林县入,十八年(598)改曰长林。"《太平寰宇记》卷146《山南东道五》荆门军长林县:"晋安帝隆安五年(401),刺史桓玄立武宁郡于故编县城,其属有长林县,与郡俱立,分编县所置也。盛弘之《荆州记》云:'当阳东有栎林长坂。昔时武宁至乐乡八十里中,拱树修竹,隐天蔽日,长林盖取名于此。"《宋书》卷37《州郡志三》与《南齐书》卷15《州郡志下》荆州永宁郡下列有长宁、上黄二县。上黄县在西魏北周已经划入基州上黄郡（参见本章第三十四节"基州领郡沿革"）。《隋志》不提永宁郡，永宁郡或在萧梁或西魏时已经废置，长宁县当划入武宁郡。《读史方舆纪要》认为永宁郡废于隋时，并无材料依据，当属揣测之词。《嘉庆重修一统志》卷352《荆门直隶州》"古迹"："长宁故城，在荆门州西北。"北周末年武宁郡当领有乐乡、武山、长林、长宁四县。

第三十一节　硖州（原名拓州）领郡沿革

硖州亦作峡州，治石鼻山。《隋书》卷31《地理志下》夷陵郡："梁置宜州，西魏改曰拓州，后周改曰硖州。"《太平寰宇记》卷147《山南东道六》峡州："梁武帝天监中于此置宜州，以旧宜都为州之名。后魏改宜州为拓州，盖取开拓之义。周武帝以州扼三峡之口，复改为峡州。陈尝得之，以为重镇。隋伐陈，陈人守荆门、狼尾滩，并在宜都界也。……隋为夷陵郡。"《舆地纪胜》卷73《峡州》"景物下"："石鼻山，《夷陵志》云：后周移峡州州治于此。其山隔大江，五百余仞，广袤二十里，下临江流。中有石横六七十丈，如簿筏然。相传但为簿筏，遂泯石鼻山之名。"《嘉庆重修一统志》卷350《宜昌府》"山川"："石鼻山，在东湖县西北三十里。一名石簿山，又名石簿峡。"按清东湖县城即今湖北宜昌市城区。北周末年硖州当领有宜都、汶阳二郡。

1. 宜都郡

治夷陵。《隋书》卷31《地理志下》夷陵郡夷道县："旧置宜都郡，开皇七年(587)废。"按夷道县在周陈对峙后期属陈朝，《太平寰宇记》卷147《山南东道六》峡州宜都县："本汉夷道县，属南郡，故城在今县西。后周天和三年(568)，江南为陈所并，陈文帝天嘉元年(560)于汉夷道县城置宜都县。"又《隋书》卷31《地理志下》夷陵郡夷陵县："带郡。"北周末年宜都郡当领有夷陵一县。

2. 汶阳郡

治远安（原名高安）。《隋书》卷31《地理志下》夷陵郡远安县："旧曰高安，置汶阳郡。又周改县曰安远。开皇七年(587)郡废。"《太平寰宇记》卷147《山南东道六》峡州远安县："本汉临沮县地，晋安帝立高安县，属汶阳郡。后周明帝武成元年(559)改高安为远安县。"《旧唐书》卷39《地理志二·山南东道》峡州远安县："汉临沮县地，属南郡。晋改高安县。后周改为远安，属硖州。"是北周末年汶阳郡当领有远安一县。

第三十二节 郢州领郡沿革

郢州治长寿，在今湖北荆门市钟祥市城区。《隋书》卷31《地理志下》竟陵郡："旧置郢州。"《太平寰宇记》卷144《山南东道三》郢州："西魏分属安州，武帝分置石城郡，后于石城置郢州。隋炀帝初废州，置安陆、竟陵二郡。"《太平御览》卷167《州郡部十三》郢州条引《十道志》云："西魏属安州，后周武置郢州。隋废。"《舆地纪胜》卷84《郢州》"县沿革"长寿县下引《元和郡县图志》云："魏文帝大统十七年(551)于县置郢州，以县属焉。后遂因之。"北周末年郢州当领有石城、汉东、漴川三郡。

1. 石城郡

治长寿。《隋书》卷31《地理志下》竟陵郡长寿县："后周置石城郡，开皇初郡废，大业初置竟陵郡。又梁置北新州及梁宁等八郡，后周保定中，州及八郡总管废入焉。"《元和郡县图志》卷21《山南道二》郢州长寿县："本汉竟陵县地，宋分置长寿县，理石城，即今县理是也，属竟陵郡。魏文帝大统后，属温州。""县城，本古之石城，背山临汉水，吴于此置牙门戍城，羊祜镇荆州，亦置戍焉，即今州理是也。"这里的"魏文帝大统后，属温州"似有误，长寿县当不在温州领辖范围之内[参见本章第六十节"温州(原名新州)领郡沿革"]。《太平寰宇记》卷144《山南东道三》郢州长寿县："汉为竟陵县地，属江夏郡。晋武帝改为长寿县，属竟陵郡。后周立郡于此，而县隶焉。"《资治通鉴》卷163《梁纪十九》：梁简文帝大宝元年(550)"二月，魏杨忠乘胜至石城，欲进逼江陵……(湘东王萧)绎遣舍人王孝祀等送子方略为质以求和，魏人许之。绎与忠盟曰：'魏以石城为封，梁以安陆为界，请同附庸，并送质子，贸迁有无，永敦邻睦。'忠乃还"。石城郡当领有长寿一县。

2. 汉东郡

治蓝水。《隋书》卷31《地理志下》竟陵郡蓝水县："宋侨立冯翊郡、莲勺县。西魏改郡为汉东，县为蓝水。又宋置高陆县，西魏改曰漴水。开皇初郡废，大业初省漴水入焉。"竟陵郡汉东县："齐置，曰上蔡，及置齐兴郡。后周郡废。开皇十八年(598)县改名焉。"是北周末年汉东郡当领有蓝水、漴水、上蔡三县。

3. 漴川郡

治芬川。《隋书》卷31《地理志下》竟陵郡芬川县："后周置，及置漴川郡。又置清县，西魏改曰漴陂。开皇初郡废，大业初省漴陂入焉。"是北周末年漴川郡当领有芬川、漴陂二县。

第三十三节　北周废北新州沿革

《隋书》卷31《地理志下》竟陵郡长寿县："后周置石城郡,开皇初郡废,大业初置竟陵郡。又梁置北新州及梁宁等八郡,后周保定中,州及八郡总管废入焉。"

第三十四节　基州领郡沿革

基州治丰乡。《隋书》卷31《地理志下》竟陵郡丰乡县："西魏置,又置基州及章山郡。开皇七年(587)郡废,大业初州废。"《周书》卷35《薛端传》云："基州地接梁、陈,事藉镇抚。"卷48《萧詧传》："(萧)岿之十年(571)……诏以基、平、郢三州归之于岿。"北周末年基州当领有章山、上黄二郡。

1. 章山郡

治丰乡。《隋书》卷31《地理志下》竟陵郡丰乡县："西魏置,又置基州及章山郡。"北周末年章山郡当领有丰乡一县。

2. 上黄郡

治上黄。《隋书》卷31《地理志下》竟陵郡章山县："西魏置,曰禄麻,及立上黄郡。开皇七年(587)郡废,大业初县改名焉。"《周书》卷48《萧詧传柳洋附传》："柳洋,河东解人。……位至吏部尚书,出为上黄郡守。梁国废,以郡归隋,授开府仪同三司。"《北史》卷36《薛辩传薛道衡传》："道衡兄温,字尼卿。……仕周为上黄郡守。周平齐,徙燕郡太守,以简惠称。"是北周有上黄郡。《水经注》卷28《沔水注》沔水"又南过宜城县东"："晋武帝平吴,割临沮之北乡、中庐之南乡立上黄县,治轵乡。"《周书》卷48《萧詧传魏益德附传》："魏益德,襄阳人也。……及詧称帝,进位柱国,封上黄县侯,邑千户,加车骑将军。"卷40《王轨传》："建德初,转内史中大夫,加授开府仪同三司,又拜上开府仪同大将军,封上黄县公,邑一千户。"北周末年上黄郡当领有上黄、禄麻二县。《嘉庆重修一统志》卷352《荆门直隶州》"古迹"："绿麻故城,在荆门州东南一百四十里。"绿麻,今中华书局点校本《隋书》作禄麻。

第三十五节　北周复州领郡沿革

复州治建兴。《隋书》卷31《地理志下》沔阳郡："后周置复州,大业初改曰沔州。"《元和郡县图志》卷 21《山南道二》复州："秦属南郡,在汉即江夏郡之竟陵县地也。晋惠帝分江夏立竟陵郡,周武帝改置复州,取州界复池湖为名也。贞观七年(633),州理在沔阳县,宝应二年(763)移理竟陵县。"《太平寰宇记》卷 144《山南东道三》复州："秦属南郡。于汉十三州,在荆州部,即江夏之竟陵县地。晋分置竟陵郡。宋、齐因之。后周得之,以其地置郢、复二州。隋初如之,炀帝初废州,于旧郢州置竟陵郡,今富水县是也,于旧复州却立沔阳郡。唐武德五年(622)改为复州,治竟陵县。贞观七年(633)移理沔阳。天宝元年(742)改为竟陵郡。乾元元年(758)复为复州。"据《中国文物地图集·湖北分册》,唐宋复州故城在今湖北仙桃市沔城回族镇沔城街东 1 公里①。复州当领有沔阳、竟陵二郡。

1. 沔阳郡

治建兴。《隋书》卷 31《地理志下》沔阳郡沔阳县："梁置沔阳、营阳、州城三郡。西魏省州陵、惠怀二县,置县曰建兴。后周置复州,后又省营阳、州城二郡入建兴。开皇初州移郡废,仁寿三年(603)复置州。大业初改建兴曰沔阳,州废,复置沔阳郡焉。"《元和郡县图志》卷 21《山南道二》复州沔阳县："本汉云杜县地,梁天监二年(503)分置沔阳县,即今县东三十里沔阳故城是也。今沔阳县,即后魏所置建兴县,隋大业三年(607)改建兴县为沔阳郡,武德五年改郡为县,属复州。"卷 27《江南道三》沔州："本汉安陆县地,晋于今州西临嶂山下置沌阳县,江夏郡自上昶城移理焉。后郡又移理夏口,沌阳县属郡下不改,入陈废,隋开皇九年(589)置戍,十七年(597)废戍,改置汉津县,属沔阳郡,大业二年(606)改为汉阳县。"北周末年沔阳郡当领有建兴一县。

2. 竟陵郡

治竟陵。《隋书》卷 31《地理志下》沔阳郡竟陵县："旧曰霄城,置竟陵郡。后周改县曰竟陵。开皇初置复州,仁寿三年(603)州复徙建兴。又有京山县,齐置建安郡,西魏改曰光川,后周郡废。大业初京山县又废入焉。"《元和郡县图志》卷 21《山南道二》复州竟陵县："汉旧县也,属江夏郡。旧县在今郢州长寿县界竟陵大城是也。周属复州,隋大业三年(607),改复州为沔州,县属不改。"北周末年竟陵郡当领有竟陵、京山二县。

---

① 《中国文物地图集·湖北分册》(上),"仙桃市文物图",西安地图出版社,2002 年,第 246—247 页;《中国文物地图集·湖北分册》(下),"省直辖行政单位·仙桃市",第 593—594 页。

第三十六节　沔州(原名江州)领郡沿革

沔州原名江州,治甑山,在今湖北孝感市汉川市东南10里。《隋书》卷31《地理志下》沔阳郡甑山县:"梁置梁安郡。西魏改曰魏安郡,置江州,寻改郡曰汶(汉)川。后周置甑山县,建德二年(573)州废。开皇初郡废。"据《周书》卷2《文帝纪下》,西魏废帝三年(554)春正月,改江州为沔州。北周末年沔州当领有汉川、鲁山二郡。

1. 汉川郡

治甑山。据上引《隋志》,汉川郡当领有甑山一县。

2. 鲁山郡

治鲁山镇。《资治通鉴》卷168《陈纪二》陈文帝天嘉二年(561)十一月:"周人许归安成王顼,使司会上士杜杲来聘。上悦,即遣使报之,并赂以黔中地及鲁山郡。"《北史》卷70《杜杲传》:"初,陈文帝弟安成王顼为质于梁,及江陵平,顼随例迁长安。陈人请之,周文帝许而未遣。至是,帝欲归之,命杲使焉。陈文帝大悦,即遣使报聘,并赂黔中数州地,仍请画野分疆,永敦邻好。以杲奉使称旨,进授都督,行小御伯,更往分界。陈于是归鲁山郡。"鲁山郡领县情况不详。

第三十七节　北周亭州领郡沿革

亭州治盐水,《北周地理志》云治所在今湖北宜昌市长阳县西清江流域龙王坑附近。按《嘉庆重修一统志》卷351《施南府》"古迹":"盐水故城,在恩施县东四十里。"《隋书》卷31《地理志下》清江郡:"后周置亭州,大业初改为庸州。"《通典》卷183《州郡典十三》施州:"后周置亭州及业州。隋炀帝初并置庸州,寻废,置清江郡。"《方舆胜览》卷60《施州》"山川":"都亭山……《隋书》云,后周置亭州。取此山以为名。"亭州当领有资田一郡。

资田郡

治盐水。《隋书》卷31《地理志下》清江郡盐水县:"后周置县,并置资田郡。开皇初郡废,大业初置清江郡。"资田郡当领有盐水一县。

第三十八节　北周江州领郡沿革

江州治宜昌,《北周地理志》云治所当在今湖北宜昌市夷陵区西北长江南岸黄陵庙至三斗坪一带。《隋书》卷31《地理志下》清江郡巴山县："梁置宜都郡、宜昌县，后周置江州。开皇初置清江县，十八年(598)改江州为津州，大业初废州，省清江入焉。"江州当领有宜都一郡。

宜都郡

治宜昌。《隋书》卷31《地理志下》清江郡巴山县："梁置宜都郡、宜昌县，后周置江州。"《太平寰宇记》卷147《山南东道六》峡州长阳县："废巴山县，在县南七十里。本佷山县地，即古捍关，楚肃王拒蜀之处。隋开皇五年(585)分佷山置巴山县，今县北有山曲折似巴字，因以为名。"宜都郡当领有宜昌一县。

第三十九节　北周施州领郡沿革

施州治沙渠，在今湖北恩施土家族苗族自治州恩施市城区。《隋书》卷31《地理志下》清江郡清江县："后周置施州及清江郡。开皇初郡废，五年(585)置清江县，大业初州废。"《元和郡县图志》卷30《江南道六》施州："秦属黔中郡，汉为巫县之地。巫县即今夔州巫山县是也，吴分立沙渠县，至梁、陈不改。周武帝建德三年(574)于此置施州，隋改为清江县，义宁二年(618)复置施州。"《太平御览》卷171《州郡部十七》："《十道志》曰：'施州清江郡……周武建德二年(573)，酋长向邵兄弟四人相率内附，立施州。'又曰：'清江郡本汉巫县地，属南郡巫县，今夔州巫山县是也。吴、晋及周为沙渠之地，隋于此置清江县。'"《方舆胜览》卷60《施州》"建置沿革"："东晋末，桓元诞窜太阳蛮中，筑城临施水，号施王城，子孙袭王。至后周保定初平之，以其地置施州，而清江郡隶焉；州乃施王之余址，故以名焉；寻改为亭州，又改为庸州，又为清江郡，恭帝复置施州。"施州当领有清江一郡。

清江郡

治沙渠。《南齐书》卷15《州郡志下》巴州建平郡领有沙渠县，北周当亦有沙渠县。又《隋书》卷31《地理志下》清江郡开夷县："后周置，曰乌飞，开皇初改焉。"是北周时清江郡当领有沙渠、乌飞二县。

第四十节　北周业州领郡沿革

业州治建始，当在今湖北恩施土家族苗族自治州建始县东。《隋书》卷31《地理志下》清江郡建始县："后周置业州及军屯郡。开皇初郡废，五年(585)置县，大业初州废。"《通典》卷183《州郡典十三》施州："后周置亭州及业州。隋炀帝初并置庸州，寻废，置清江郡。"《元和郡县图志》卷30《江南道六》施州建始县："本汉巫县地，后周以前无县邑。建德三年(574)于此置业州，并置建始县。"《方舆胜览》卷60《施州》"山川"："州基山，在建始县东三十五里。隋建业州于此。"《嘉庆重修一统志》卷351《施南府》"古迹"："故业州，在建始县东。"业州当领有军屯一郡。

军屯郡

治建始。据上引，军屯郡当领有建始一县。

第四十一节　北周襄州(原名雍州)领郡沿革

襄州治襄阳，在今湖北襄阳市襄城区。《隋书》卷31《地理志下》襄阳郡："江左并侨置雍州。西魏改曰襄州，置总管府。大业初府废。"《元和郡县图志》卷21《山南道二》襄州："梁太清二年(548)，岳阳王萧詧为雍州刺史，兄河东王誉为元帝所杀，詧怒，以州北附。西魏克江陵，以詧为梁王，都江陵，为西魏藩国。恭帝改雍州为襄州，因州南襄水为名也。"《太平寰宇记》卷145《山南东道四》襄州宜城县："宋大明元年(457)以胡人流寓者，立华山郡于大堤村，即今县也。后魏改华山郡为宜城郡，分新野郡之池阳县地，因立率道县，属威宁郡。后周保定四年(564)省宜城郡入率道县。今县南石宜城，即旧郡。"据《周书》卷5《武帝纪上》，天和二年(567)夏四月乙巳，"省东南诸州：以(颖)[款]州、归州、涢州、均州入唐州，油州入纯州，鸿州入淮州，洞州入湖州，睢州入襄州，宪州入昌州"。北周末年襄州当领有襄阳、河南、长湖、武泉、南襄阳、德广六郡。

1. 襄阳郡

治襄阳。《隋书》卷31《地理志下》襄阳郡襄阳县："带襄阳郡。开皇初郡废，大业初复置。"《元和郡县图志》卷21《山南道二》襄州襄阳县："本汉旧县也，属南郡，在襄水之阳，故以为名。魏武帝平荆州，分南郡置襄阳郡，县属焉。后遂不改。"《隋书》卷31《地理志下》襄阳郡阴城县："西魏置鄀城郡，后周废。又梁置南阳郡，西魏改为山都郡，后周省。"《舆地纪胜》卷87《光化军》"军沿革"：萧梁"于鄀立鄀城郡，领阴、鄀二县。西魏因之。后周废为县，属襄阳郡。隋改阴曰阴城"。《隋书》卷31《地理志下》襄阳郡谷城县："旧曰义城，置义城郡。后周废郡，开皇十八年(598)改县名焉。又梁有筑阳，开皇初废。又梁有兴国、义城二郡，并西魏废。"是北周末年襄阳郡当领有襄阳、阴、义城、筑阳四县。

2. 河南郡

治安养。《隋书》卷31《地理志下》襄阳郡安养县:"西魏置河南郡,后周废樊城、山都二县入,开皇初郡废焉。"《元和郡县图志》卷21《山南道二》襄州临汉县:"本汉邓县地,即古樊城,仲山甫之国也。西魏于此立安养县,属邓城郡。周天和五年(570)改属襄州。"《太平寰宇记》卷145《山南东道四》襄州邓城县:"汉邓县地,即古樊城。……隋改河南郡为邓城郡,废棘阳、襄乡二县立安养县。"说法互有异同,今以《隋志》为准。按《南齐书》卷15《州郡志下》雍州河南郡领有河南、新城、棘阳、襄乡、河阴五县。北周末年河南郡当领有安养一县。

3. 长湖郡

治常平(原名义安)。《隋书》卷31《地理志下》襄阳郡常平县:"西魏置,曰义安,置长湖郡,后改县曰常平。开皇初郡废。又后魏置旱停县,大业初废。"北周末年,长湖郡当领有常平、旱停二县。

4. 武泉郡

当治武泉。《隋书》卷31《地理志下》襄阳郡义清县:"梁置,曰穰县。西魏改为义清,属归义郡。后周废郡及左安、开南、归仁三县入焉。又有武泉郡,开皇初废。"襄阳郡率道县:"梁置。"《元和郡县图志》卷21《山南道二》襄州义清县:"本汉中庐县地也,西魏于此置义清县,后因之。"襄州宜城县:"本汉邔县地也。……宋孝武帝大明元年(457),以胡人流寓者,立华山郡理之。后魏改为宜城。周改宜城为率道县,属武泉郡。隋开皇三年(583)罢郡,属襄阳。"《太平寰宇记》卷145《山南东道四》襄州宜城县:"在汉为(鄢)[邔]县地,宋大明元年(457)以胡人流寓者,立华山郡于大堤村,即今县也。后魏改华山郡为宜城郡,分新野郡之池阳县地,因立率道县,属威宁郡。后周保定四年(564)省宜城郡入率道县。今县南石宜城,即旧郡。"此言率道县属威宁郡,与《隋志》、《元和志》所记有所不同,这里从《隋志》。《隋书》卷31《地理志下》襄阳郡汉南县:"宋曰华山,置华山郡。西魏改县为汉南,属宜城郡。后周废武建郡及惠怀、石梁、归仁、鄢等四县入,后省宜城郡入武泉。又梁置秦南郡,后周并武泉县俱废。"北周末年武泉郡当领有义清、率道、汉南三县。

5. 南襄阳郡

治思安(原名重阳)。《隋书》卷31《地理志下》襄阳郡南漳县:"西魏并新安、武昌、武平、安武、建平五县置,初曰重阳,又立南襄阳郡。后周置沮州,寻废,复改重阳县曰思安。开皇初郡废,十八年(598)改县曰南漳。"(沮州见本章第四十二节"北周沮州领郡沿革")《南齐书》卷15《州郡志下》雍州南襄郡领有新安、武昌、建武、武平四县。可知南齐南襄郡即西魏所谓南襄阳郡。《太平寰宇记》卷145《山南东道四》襄州南漳县："汉之临沮县地,属南郡。郭仲产《南雍州记》云:'晋平吴,割临沮之北乡立上黄县。'后魏又置重阳县。周改为思安县。"北周末年南襄阳郡当领有思安一县。

6. 德广郡

治上洪。《隋书》卷31《地理志下》襄阳郡上洪县："宋侨立略阳县,梁又立德广郡。西魏改县曰上洪。开皇初郡废。又梁置新野郡,西魏改曰威宁,后周废。"北周末年德广郡当领有上洪一县。

第四十二节　北周沮州沿革

《隋书》卷31《地理志下》襄阳郡南漳县："西魏并新安、武昌、武平、安武、建平五县置,初曰重阳,又立南襄阳郡。后周置沮州,寻废,复改重阳县曰思安。开皇初郡废,十八年(598)改县曰南漳。"《周书》卷5《武帝纪上》:天和二年(567)夏四月乙巳,"省东南诸州:以(颖)[款]州、归州、溠州、均州入唐州,油州入纯州,鸿州入淮州,洞州入湖州,睢州入襄州,宪州入昌州"。杨守敬《隋书地理志考证》认为这里的睢州就是沮州,"沮"与"睢",古字通用。按"睢"当为"雎"之讹写。沮州治地及领郡情况均不详[参见本章第四十一节"北周襄州(原名雍州)领郡沿革"]。

第四十三节　昌州(原名南荆州)领郡沿革

《隋书》卷31《地理志下》春陵郡："后魏置南荆州,西魏改曰昌州。"《太平寰宇记》卷144《山南东道》随州枣阳县："本汉蔡阳县地,后魏于此立南荆州。隋大业初改置春陵郡,仍改邑为枣阳县。"据《周书》卷2《文帝纪下》,西魏废帝三年(554)春正月,南荆州改为昌州。又据卷5《武帝纪上》,天和二年(567)夏四月乙巳,"省东南诸州:以(颖)[款]州、归州、溠州、均州入唐州,油州入纯州,鸿州入淮州,洞州入湖州,睢州入襄州,宪州入昌州。"《隋书》卷1《高祖纪上》:大象二年(580)"十二月甲子,周帝诏曰:'……可授相国,总百揆,去都督内外诸军事、大冢宰之号,进公爵为王,以隋州之崇业,郧州之安陆、城阳,温州之宜人,应州之平靖、上明,顺州之淮南,(士)[土]州之永川,昌州之广昌、安昌,申州之义阳、淮安,息州之新蔡、建安,豫州之汝南、临颖、广宁、初安,蔡州之蔡阳,郢州之汉东二十郡为隋国。'"是北周末年昌州当领有广昌、安昌二郡。

1. 广昌郡

治广昌。《隋书》卷31《地理志下》春陵郡枣阳县："旧曰广昌，并置广昌郡。开皇初郡废，仁寿元年(601)县改名焉。大业初置春陵郡。又西魏置东荆州，寻废。"又春陵郡下亦有清潭县[东荆州参见第五章第三十二节"淮州(原名东荆州)领郡沿革"]。《元和郡县图志》卷21《山南道二》随州枣阳县："本汉蔡阳地，属南阳郡。后汉分蔡阳立襄乡县，周改为广昌，隋仁寿元年(601)改为枣阳县，因枣阳村为名也。"《嘉庆重修一统志》卷347《襄阳府二》"古迹"："清潭故城，在枣阳县南，隋置县，唐省。"《北周地理志》据《读史方舆纪要》以为西魏置，故北周有清潭县。因为缺乏材料佐证，这里不取。是北周末年广昌郡当领有广昌一县。

2. 安昌郡

治春陵。《隋书》卷31《地理志下》春陵郡春陵县："旧置安昌郡，开皇初郡废。又后魏置丰良县，大业初废。"《周书》卷35《崔谦传崔说附传》："及贺拔胜出牧荆州，以说为假节、冠军将军、防城都督。又随胜奔梁，复自梁归国。授卫将军、都督，封安昌县子，邑三百户。"是西魏有安昌县，北周当同。北周末年安昌郡当领有春陵、安昌、丰良三县。

第四十四节　湖州(原名南襄州)领郡沿革

湖州治湖阳，当今河南南阳市唐河县湖阳镇。《隋书》卷31《地理志下》春陵郡湖阳县："后魏置西淮安郡及南襄州，后郡废，州改为南平州。西魏改曰升州，后又改曰湖州。后周改置升平郡。开皇初郡废。仁寿初改曰升州，大业初州废。又后魏置顺阳郡，西魏改为柘林郡。后周省郡，改县曰柘林。大业初县废入焉。"南襄州与南平州实为两州，南平州后改为升州，升州后来又省入湖州，《隋志》表述不确[参见本章第四十五节"西魏升州(原名南平州)领郡沿革"]。据《周书》卷2《文帝纪下》，西魏废帝三年(554)春正月，改南襄州为湖州。又据卷5《武帝纪上》，天和二年(567)夏四月乙巳，"省东南诸州：以(颖)[欵]州、归州、涢州、均州入唐州，油州入纯州，鸿州入淮州，洞州入湖州，睢州入襄州，宪州入昌州"。《元和郡县图志》卷21《山南道二》唐州湖阳县："后魏孝庄帝于此立湖州。贞观元年(627)废，以湖阳属唐州。"湖州当领有升平、洞川、襄城三郡。

1. 升平郡

治湖阳。《隋书》卷31《地理志下》春陵郡湖阳县："后魏置西淮安郡及南襄州，后郡废，州改为南平州。西魏改曰升州，后又改曰湖州。后周改置升平郡。

开皇初郡废。……又后魏置顺阳郡，西魏改为柘林郡。后周省郡，改县曰柘林。大业初县废入焉。"是北周末年升平郡当领有湖阳、柘林二县。

2. 洞川郡

治钟离。《隋书》卷31《地理志下》春陵郡上马县："后魏置，曰石马，后讹为上马，因改焉。有钟离县，置洞州、洞川郡。后周州废，开皇初郡废。十八年(598)改钟离曰洞川县，大业初废入焉。"北周末年洞川郡当领有钟离一县。《嘉庆重修一统志》卷211《南阳府二》："古迹"："上马故城，今唐县治。汉棘县地。后魏于此治襄阳郡，领襄城、石马二县。后并为一县，因讹石马为上马。唐贞观元年(627)省。""钟离废县，在唐县东南。后魏置西淮郡，治钟离县。"

3. 襄城郡

治上马。《隋书》卷30《地理志中》淮安郡慈丘县："后魏曰江夏，并置江夏郡。开皇初郡废，更置慈丘于其北境。后魏有郑州、潘州、溱州及襄城、周康二郡，上蔡、青山、震山三县，并开皇初废。"这里的襄城郡，在西魏北周应该属于南襄州或湖州。据《魏书》卷106《地形志下》南襄州襄城郡领有陈阳、上马二县。《元和郡县图志》卷21《山南道二》唐州泌阳县："本汉棘阳县地，后魏于此置襄城郡，领襄城、上马二县，贞观元年(627)废入湖阳县。"《隋书》卷31《地理志下》春陵郡上马县："后魏置，曰石马，后讹为上马，因改焉。"陈阳县不见于《隋志》，或西魏北周时已经省并。北周末年襄城郡当领有上马一县。

第四十五节　西魏升州(原名南平州)领郡沿革

《隋书》卷31《地理志下》春陵郡湖阳县："后魏置西淮安郡及南襄州，后郡废，州改为南平州。西魏改曰升州，后又改曰湖州。后周改置升平郡。开皇初郡废。仁寿初改曰升州，大业初州废。又后魏置顺阳郡，西魏改为柘林郡。后周省郡，改县曰柘林。大业初县废入焉。"据《周书》卷2《文帝纪下》，西魏废帝三年(554)春正月，改南平州为升州。升州可能后来并入湖州[参见本章第四十四节"湖州(原名南襄州)领郡沿革"]。升州省废之前具体建置情况不详。

第四十六节　西魏洞州领郡沿革

洞州治钟离，今地不详。《隋书》卷31《地理志下》春陵郡上马县："后魏置，曰石马，后讹为上马，因改焉。有钟离县，置洞州、洞川郡。后周州废，开皇初郡废。十八年(598)改钟离曰洞川县，大业初废入焉。"据《周书》卷5《武帝纪上》，天和二年(567)夏四月乙巳，"省东南诸州：以(颖)[欵]州、归州、涢州、均州入唐州，油州入纯州，鸿州入淮州，洞州入湖州，睢州入襄州，宪州入昌州"。北周未废之前洞州当领有洞川一郡［参见本章第四十四节"湖州(原名南襄州)领郡沿革"］。

第四十七节　蔡州(原名南雍州)领郡沿革

蔡州治蔡阳，当今湖北襄阳市枣阳市西南蔡阳镇。《隋书》卷31《地理志下》春陵郡蔡阳县："梁置蔡阳郡，后魏置南雍州。西魏改曰蔡州，分置南阳县，后改曰双泉，又置千金郡、瀷源县。开皇初郡并废，大业初州废，双泉、瀷源二县并废入焉。"《周书》卷49《异域传上·蛮传》："大统五年(539)，蔡阳蛮王鲁超明内属，以为南雍州刺史，仍世袭焉。"据《周书》卷2《文帝纪下》，西魏废帝三年(554)春正月，南雍州改为蔡州。北周末年，蔡州当领有蔡阳、千金二郡。

1. 蔡阳郡

治蔡阳。《隋书》卷31《地理志下》春陵郡蔡阳县："梁置蔡阳郡，后魏置南雍州。西魏改曰蔡州，分置南阳县，后改曰双泉；又置千金郡、瀷源县。开皇初郡并废，大业初州废，双泉、瀷源二县并废入焉。"又卷1《高祖纪上》：大象二年(580)"十二月甲子，周帝诏曰：'……可授相国，总百揆，去都督内外诸军事、大冢宰之号，进公爵为王，以隋州之崇业，郧州之安陆、城阳，温州之宜人，应州之平靖、上明，顺州之淮南，(士)[土]州之永川，昌州之广昌、安昌，申州之义阳、淮安，息州之新蔡、建安，豫州之汝南、临颍、广宁、初安，蔡州之蔡阳，鄀州之汉东二十郡为隋国。'"是北周蔡州领有蔡阳郡。北周末年蔡阳郡当领有蔡阳、双泉二县。

2. 千金郡

治瀷源。《隋书》卷31《地理志下》春陵郡蔡阳县："梁置蔡阳郡，后魏置南雍州。西魏改曰蔡州……又置千金郡、瀷源县。开皇初郡并废，大业初州废，双泉、瀷源二县并废入焉。"北周末年千金郡当领有瀷源一县。《嘉庆重修一统志》卷347《襄阳府二》古迹："瀷源故城，在枣阳县西南。……《府志》：瀷源店，在枣阳县南七十里。"

第四十八节　随州(原名并州)领郡沿革

随州治随，在今湖北随州城区。《隋书》卷31《地理志下》汉东郡："西魏置并州,后改曰隋州。"这里的"隋州",在西魏北周应写作"随州"。据《周书》卷2《文帝纪下》,西魏废帝三年(554)春正月,改并州为随州。《元和郡县图志》卷21《山南道二》随州:"汉立为随县,属南阳郡。晋太康九年(288),分义阳置随郡。自宋已还,多以封建子弟为王。后魏文帝大统十六年(550)改随州,后遂因之。"《太平寰宇记》卷144《山南东道三》随州:"晋属义阳郡,后分置随郡。宋、齐因之。西魏置并州,寻废,大统十六年(550)克定随、安陆二郡,改随郡为随州。隋初如之,大业初废州,以其地分置汉东、春陵二郡。"北周末年,随州当领有随、㵐西、崇业三郡。

1. 随郡

《隋书》卷31《地理志下》汉东郡隋县:"旧置随郡,西魏又析置㵐西郡及㵐西县。梁又置曲陵郡。开皇初郡并废。大业初废㵐西县,寻置汉东郡。"《元和郡县图志》卷21《山南道二》随州随县:"本汉旧县,属南阳郡。即随国城也,历代不改。"随州光化县:"本汉随县地,南齐武帝分其地立安化县,属随郡。后魏文帝改为新化县,废帝改为光化县。"是北周末年随郡领有随、光化二县。

2. 㵐西郡

治㵐西。据上引《隋志》,北周末年㵐西郡当领有㵐西一县。

3. 崇业郡

《周书》卷11《晋荡公护传》:周明帝"二年(558),拜太师,赐辂车冕服。封子至为崇业郡公。"卷45《儒林乐逊传》:"大象初,进爵崇业郡公,增邑通前二千户,又为露门博士。"《隋书》卷1《高祖纪上》:大象二年(580)"十二月甲子,周帝诏曰:'……可授相国,总百揆,去都督内外诸军事、大冢宰之号,进公爵为王,以隋州之崇业,郧州之安陆、城阳,温州之宜人,应州之平靖、上明,顺州之淮南,(士)[土]州之永川,昌州之广昌、安昌,申州之义阳、淮安,息州之新蔡、建安,豫州之汝南、临颍、广宁、初安,蔡州之蔡阳,鄀州之汉东二十郡为隋国。'"是北周随州领有崇业郡,崇业郡治地及领郡情况不详。

第四十九节 土州领郡沿革

土州治左阳,当在今湖北随州市东北50里。《隋书》卷31《地理志下》汉东郡土山县:"梁曰龙巢,置土州,东西二永宁、真阳三郡,及置石武县。后周废三郡为齐郡,改龙巢曰左阳;又有阜陵县,改为漳川县。开皇初郡废。十八年(598)改左阳为真阳,石武为宜人。大业初又改真阳为土山,州及宜人、漳川并废入焉。"江夏郡:"旧置鄀州。梁分置北新州,寻又分北新立土、富、涧、泉、豪五州。平陈,改置鄂州。"《嘉庆重修一统志》卷343《德安府》"古迹":"土山故城,在随州东北五十里。"土州当领有齐、永川二郡。

1. 齐郡

治左阳。据上引《隋志》,北周末年齐郡当领有左阳、石武、漳川三县。

2. 永川郡

《隋书》卷1《高祖纪上》:大象二年(580)"十二月甲子,周帝诏曰:'……可授相国,总百揆,去都督内外诸军事、大冢宰之号,进公爵为王,以隋州之崇业,郧州之安陆、城阳,温州之宜人,应州之平靖、上明,顺州之淮南,(士)[土]州之永川,昌州之广昌、安昌,申州之义阳、淮安,息州之新蔡、建安,豫州之汝南、临颍、广宁、初安,蔡州之蔡阳,鄂州之汉东二十郡为隋国。'"是北周土州领有永川郡。永川郡治地及领县情况均不详。

第五十节　唐州(原名肆州)领郡沿革

唐州治下溠,当在今湖北随州市唐县镇。《隋书》卷31《地理志下》汉东郡唐城县:"后魏曰溠西,置义阳郡。西魏改溠西为下溠,又立肆州,寻曰唐州。后周省均、款、涓、归四州入,改曰唐州。又有东魏南豫州,至是改为溠川郡,又置清嘉县。开皇初郡并废。十六年(596)改下溠曰唐城,大业初州及诸县并废入焉。"《周书》卷49《异域传上·蛮传》:"大统五年,蔡阳蛮王鲁超明内属,以为南雍州刺史,仍世袭焉。十一年,蛮首梅勒特来贡其方物。寻而蛮帅田杜清及沔、汉诸蛮扰动,大将军杨忠击破之。其后蛮帅杜青和自称巴州刺史,以州入附。朝廷因其所称而授之。青和后遂反,攻围东梁州。其唐州蛮田鲁嘉亦叛,自号豫州伯。王雄、权景宣等前后讨平之。语在泉仲遵及景宣传。"《太平寰宇记》卷144《山南东道》随州唐城县:"汉随县地,后魏于此置溠西县,兼立义阳郡,后又改为肆州,或曰唐州。隋废之。"据《周书》卷2《文帝纪下》,西魏废帝三年(554)春正月,改肆州为塘州,塘、唐互通。又据《周书》卷5《武帝纪上》,天和二年(567)夏四月乙巳,"省东南诸州:以(颖)[款]州、归州、涓州、均州入唐州,油州入纯州,鸿州入淮州,洞州入湖州,睢州入襄州,宪州入昌州"。北周末年,唐州当领有义阳、溠川、涓水、遂安四郡。

1. 义阳郡

治下溠。《隋书》卷31《地理志下》汉东郡唐城县:"后魏曰溠西,置义阳郡。西魏改溠西为下溠,又立肆州,寻曰唐州。……开皇初郡并废。十六年(596)

改曰唐城,大业初州及诸县并废入焉。"《太平寰宇记》卷144《山南东道》随州枣阳县:"下溠戍,梁天监中置,在县东南一百里。后魏宣武帝正光初(?)南伐,破之,置为镇,后梁又收复之,却为郡,即此戍也。"《周书》卷19《杨忠传》》:"时侯景渡江,梁武丧败,其西义阳郡守马伯符以下溠城降。朝廷因之,将经略汉、沔,乃授忠都督三荆二襄二广南雍平信随江二郢浙十五州诸军事,镇穰城。"北周末年义阳郡当领有下溠一县。

2. 溵川郡

治清嘉。《隋书》卷31《地理志下》汉东郡唐城县:"又有东魏南豫州,至是改为溵川郡,又置清嘉县。开皇初郡并废。"北周末年溵川郡当领有清嘉一县。

3. 涢水郡

治安贵。《隋书》卷31《地理志下》汉东郡安贵县:"梁置,曰定阳,又置北郢州。西魏改定阳曰安贵,改北郢州为款州,又寻废为涢水郡,别置戟城郡及戟城县。后废戟城郡,改戟城县曰横山。开皇初涢水郡废,大业初又废横山县入焉。"北周末年涢水郡当领有安贵、横山二县[参见本章第五十四节"款州(原名北郢州)领郡沿革"]。

4. 遂安郡

治梁安。《隋书》卷31《地理志下》竟陵郡清腾县:"梁置,曰梁安,又立崇义郡。后周废郡。后周又有遂安郡,开皇初废,七年(587)改名焉。"北周末年遂安郡当领有梁安一县。

第五十一节 均州(原名恒州)沿革

均州治所当在今湖北十堰市丹江口市一带。《隋书》卷31《地理志下》汉东郡唐城县:"后魏曰溵西,置义阳郡。西魏改溵西为下溠,又立肆州,寻曰唐州。后周省均、款、涢、归四州入,改曰唐州。又有东魏南豫州,至是改为溵川郡,又置清嘉县。开皇初郡并废。十六年(596)改下溠曰唐城,大业初州及诸县并废入焉。有清台山。有溵水。"据《周书》卷2《文帝纪下》,西魏废帝三年(554)春正月,改恒州为均州。卷5《武帝纪上》:天和二年(567)夏四月乙巳,"省东南诸州:以(颖)[款]州、归州、涢州、均州入唐州,油州入纯州,鸿州入淮州,洞州入湖州,睢州入襄州,宪州入昌州。"杨守敬在《隋书地理志考证》中认为隋代所设均州与西魏北周之均州地理位置相同。按《隋书》卷30《地理志中》淅阳郡武当县:"旧置武当郡。又侨置始平郡,后改为齐兴郡。梁置兴州,后周改为丰州。开皇初二郡并废,改为均州。大业初州废。"均州具体建置情况不详[参见本章第五十节"唐州(原名肆州)领郡沿革"]。

第五十二节 涢州沿革

《隋书》卷31《地理志下》汉东郡唐城县:"后魏曰濜西,置义阳郡。西魏改濜西为下溠,又立肆州,寻曰唐州。后周省均、款、涢、归四州入,改曰唐州。又有东魏南豫州,至是改为濜川郡,又置清嘉县。开皇初郡并废。十六年(596)改下溠曰唐城,大业初州及诸县并废入焉。有清台山。有濜水。"据《周书》卷5《武帝纪上》,天和二年(567)夏四月乙巳,"省东南诸州:以(颖)[款]州、归州、涢州、均州入唐州,油州入纯州,鸿州入淮州,洞州入湖州,睢州入襄州,宪州入昌州"。涢州具体建置情况不详[参见本章第五十节"唐州(原名肆州)领郡沿革"]。

第五十三节 归州(原名南郢州)沿革

《隋书》卷31《地理志下》汉东郡唐城县:"后魏曰濜西,置义阳郡。西魏改濜西为下溠,又立肆州,寻曰唐州。后周省均、款、涢、归四州入,改曰唐州。又有东魏南豫州,至是改为濜川郡,又置清嘉县。开皇初郡并废。十六年(596)改下溠曰唐城,大业初州及诸县并废入焉。有清台山。有濜水。"据《周书》卷2《文帝纪下》,西魏废帝三年(554)春正月,改南郢州为归州。又据卷5《武帝纪上》,天和二年(567)夏四月乙巳,"省东南诸州:以(颖)[款]州、归州、涢州、均州入唐州,油州入纯州,鸿州入淮州,洞州入湖州,睢州入襄州,宪州入昌州"。归州具体建置情况不详[参见本章第五十节"唐州(原名肆州)领郡沿革"]。

第五十四节 款州(原名北郢州)沿革

款州治安贵。《隋书》卷31《地理志下》汉东郡安贵县:"梁置,曰定阳,又置北郢州。西魏改定阳曰安贵,改北郢州为款州,又寻废为涢水郡,别置戟城郡及戟城县。后废戟城郡,改戟城县曰横山。开皇初涢水郡废,大业初又废横山县入焉。"横山县,杨守敬《隋书地理志考证》引《名胜志》云:"横山在应山县南二里。山横县治前,故名。"应山县即今湖北随州市广水市。《隋书》卷31《地理志下》汉东郡唐城县:"后魏曰濜西,置义阳郡。西魏改濜西为下溠,又立肆州,寻曰唐州。后周省均、款、涢、归四州入，改曰唐州。又有东魏南豫州，至是改为溓川郡，又置清嘉县。开皇初郡并废。十六年(596)改下溠曰唐城，大业初州及诸县并废入焉。有清台山。有溓水。"据《周书》卷5《武帝纪上》，天和二年(567)夏四月乙巳，"省东南诸州：以(颖)[款]州、归州、涢州、均州入唐州，油州入纯州，鸿州入淮州，洞州入湖州，睢州入襄州，宪州入昌州"。款州在废置之前，具体治所及领属郡县情况均不详[参见本章第五十节"唐州(原名肆州)领郡沿革"]。

第五十五节　顺州(原名冀州)领郡沿革

顺州治厉城，当在今湖北随州市厉山镇一带。《隋书》卷31《地理志下》汉东郡顺义县："梁置北随郡。西魏改为南阳，析置淮南郡；以厉城、顺义二县立冀州，寻改为顺州……大业初州废。"据《周书》卷2《文帝纪下》，西魏废帝三年(554)春正月，改冀州为顺州。顺州当领有南阳、淮南二郡。

1. 南阳郡

治厉城。《隋书》卷31《地理志下》汉东郡顺义县："梁置北随郡。西魏改为南阳，析置淮南郡；以厉城、顺义二县立冀州，寻改为顺州；又置安化县。开皇初郡并废，十八年(598)改安化曰宁化。大业初州废，改厉城为顺义，其旧顺义及宁化，并废入焉。"南阳郡当领有厉城、顺义二县。

2. 淮南郡

治安化。《隋书》卷31《地理志下》汉东郡顺义县："梁置北随郡。西魏改为南阳，析置淮南郡……又置安化县。开皇初郡并废，十八年(598)改安化曰宁化。大业初州废，改厉城为顺义，其旧顺义及宁化，并废入焉。"卷1《高祖纪上》：大象二年(580)"十二月甲子，周帝诏曰：'……可授相国，总百揆，去都督内外诸军事、大冢宰之号，进公爵为王，以隋州之崇业，郧州之安陆、城阳，温州之宜人，应州之平靖、上明，顺州之淮南，(土)[士]州之永川，昌州之广昌、安昌，申州之义阳、淮安，息州之新蔡、建安，豫州之汝南、临颍、广宁、初安，蔡州之蔡阳，郢州之汉东二十郡为隋国。'"是顺州确实有淮南郡。据前引《隋志》，淮南郡当领有安化一县。

第五十六节　郧州(原为安州)领郡沿革

郧州治安陆，在今湖北孝感市安陆市府城街道。《隋书》卷31《地理志下》

安陆郡:"梁置南司州,寻罢。西魏置安州总管府,开皇十四年(594)府废。"《元和郡县图志》卷27《江南道三》安州:"江夏郡自后汉末当吴、魏二国之境,永嘉南迁后又当苻秦、石赵与东晋犬牙为界,自后魏、周、隋与宋、齐、梁、陈交争之地,故江夏前史所载,或移于沙羡,或移于上昶,或移理鲁山城。南北二朝两置江夏郡。吴理武昌,曹魏与晋俱理安陆,故汉所理江夏郡前书多言在安陆。其云梦县东南四里涢水之北有江夏古城,周所理。据山川言之,此城南近夏水,余址宽大,则前汉江夏郡所理也。宋武帝分江夏置安陆郡,后魏大统十六年(550)改为安州。"《太平寰宇记》卷132《淮南道十》安州:"梁天监七年(508)于此置南司州。后废州,复为安陆县。西魏置安州总管府。后周改为郧州及安陆郡。隋文帝初郡废而州存。炀帝初州废,复为郡。"北周末年郧州当领有安陆、城阳、曲陵三郡。

1. 安陆郡

治安陆。《隋书》卷31《地理志下》安陆郡安陆县:"旧置安陆郡。开皇初郡废,大业初复置郡。有旧永阳县,西魏改曰吉阳,至是废入。"《太平寰宇记》卷132《淮南道十》安州安陆县:"本汉旧县,属江夏郡。宋孝武帝孝建元年(454)分江夏置安陆郡。刘澄之《宋永初山川志》云:'安陆县居郧城。'"北周末年安陆郡当领有安陆、吉阳二县。

2. 城阳郡

《隋书》卷31《地理志下》安陆郡应阳县:"西魏置,曰应城,又置城阳郡。开皇初郡废,大业初县改名焉。"卷1《高祖纪上》:大象二年(580)"十二月甲子,周帝诏曰:'……可授相国,总百揆,去都督内外诸军事、大冢宰之号,进公爵为王,以隋州之崇业,郧州之安陆、城阳,温州之宜人,应州之平靖、上明,顺州之淮南,(土)[土]州之永川,昌州之广昌、安昌,申州之义阳、淮安,息州之新蔡、建安,豫州之汝南、临颍、广宁、初安,蔡州之蔡阳,鄀州之汉东二十郡为隋国。'"是郧州领有城阳郡,又《元和郡县图志》卷27《江南道三》安州云梦县:"本汉安陆县地,后魏大统末于云梦古城置云梦县。"安州应城县:"故浮城县,在县西北三十五里。即古蒲骚城也……后魏于此置浮城县,隋废。"《太平寰宇记》卷132《淮南道十》安州云梦县:"本汉安陆县地,后魏大统十六年(550)于云梦古城置云梦县,因以为名,属城阳郡。隋罢郡,以云梦属安州。"城阳郡当领有应城、浮城、云梦三县。

3. 曲陵郡

治曲陵。《水经注》卷31《涢水注》涢水"又南过江夏安陆县西":"又右得潼水,水出江夏郡之曲陵县西北潼山,东南流迳其县南,县治石潼故城,城圆而不方,东入安陆,注于涢水。"《隋书》卷31《地理志下》汉东郡隋县:"梁又置曲陵郡。开皇初郡并废。"《通典》卷177《州郡典七》随州随县:"梁置曲阳郡。"《太平寰宇记》卷144《山南东道三》随州随县:"汉旧县……梁立曲阳郡。后西魏复得其地,因立郡于此。""曲阳郡"或即曲陵郡,这里以《隋志》为准。曲陵郡当领有曲陵一县。

第五十七节　岳州(原名楚州)领郡沿革

岳州治孝昌,当在今湖北孝感市孝昌县。《隋书》卷31《地理志下》安陆郡孝昌县:"西魏置岳州及岳山郡,后周州郡并废。又有澴岳郡,开皇初废。"《太平寰宇记》卷132《淮南道十》安州孝感县:"本汉安陆县地,宋于此置孝昌县,属江夏郡。后魏于此置楚州。后周武帝三年改为岳州及为岳山郡。隋废之。"《周书》卷21《司马消难传》:"隋文帝辅政,消难既闻蜀公迥不受代,遂欲与迥合势,亦举兵应之。以开府田广等为腹心,杀总管长史侯莫陈杲、郧州刺史蔡泽等四十余人。所管郧、随、温、应、(士)[土]、顺、沔、环、岳九州,鲁山、甑山、沌阳、应城、平靖、武阳、上明、(须)[涢]水八镇,并从之。使其子泳质于陈以求援。隋文帝命襄州总管王谊为元帅,发荆襄兵以讨之。八月,消难闻谊军将至,夜率其麾下,归于陈。陈宣帝以为都督安(赵)[随]九州八镇、车骑将军、司空、随公。"《通典》卷171《州郡典一·序目上》:陈"(太建)十二年(580),周大将司马消难以淮西地来降,又遣将周罗睺攻克新野,寻并失之"。岳州如废于北周,当在此之后不久。岳州在北周时当领有岳山、澴岳二郡。

1. 岳山郡

治孝昌。据前引材料,当领有孝昌一县。

2. 澴岳郡

《隋书》卷31《地理志下》安陆郡孝昌县:"又有澴岳郡,开皇初废。"澴岳郡治地及领县均不详。

第五十八节　北周澴州领郡沿革

澴州治京池,当在今湖北孝感市孝昌县。《隋书》卷31《地理志下》安陆郡吉阳县:"梁置,曰平阳,及立汝南郡。西魏改郡为董城,改县曰京池。后周置澴州,寻州郡并废。大业初改县曰吉阳。"《太平寰宇记》卷132《淮南道十》安州孝感县:"废吉阳县,在县北六十里。本安陆县地,梁于此置平阳县,属汝南郡。后魏大统十六年(550)改汝南郡为董城郡,又改平阳县为京池县。保定元年(561)于此置环州。隋大业二年(606)改京池为吉阳县,在吉阳山下,因以为名。"澴州北周末年当领有董城一郡。

董城郡

治京池。萧梁时置有汝南郡平阳县,西魏大统十六年(550)改汝南郡为董城郡,又改平阳县为京池县。北周末年董城郡至少领有京池一县。

第五十九节 宪州(原名司州、南司州)沿革

宪州治吉阳。《隋书》卷31《地理志下》安陆郡吉阳县:"又梁置义阳郡,西魏改为南司州,寻废。"据《周书》卷2《文帝纪下》,西魏废帝三年(554)春正月,改司州为宪州。又据卷5《武帝纪上》,天和二年(567)夏四月乙巳,"省东南诸州:以(颖)[颍]州、归州、涢州、均州入唐州,油州入纯州,鸿州入淮州,洞州入湖州,睢州入襄州,宪州入昌州"。《周书》卷44《席固传》:"魏大统十六年(550),以地来附。……乃遣使就拜使持节、骠骑大将军、开府仪同三司、大都督、侍中、丰州刺史,封新丰县公,邑二千户。后转湖州刺史。固……启求入觐。太祖许之。……寻拜昌归宪三州诸军事、昌州刺史。"宪州治地及领郡情况均不详。

第六十节 温州(原名新州)领郡沿革

温州治角陵,在今湖北荆门市京山县新市镇。《隋书》卷31《地理志下》安陆郡京山县:"旧曰新阳,梁置新州、梁宁郡。西魏改州为温州,改县为角陵,又置盘陂县。开皇初郡废,大业初州废。"《元和郡县图志》卷21《山南道二》郢州:"本江夏郡云杜县之地。《周地图记》曰:'蛮人酋渠田金生代居此地,常为边患,梁普通末,遣郢州刺史元树讨平之,因置新州。'后魏废帝二年(553)改为温州,因温水为名也。隋末废温州,县并入安陆郡。"据《周书》卷2《文帝纪下》,西魏废帝三年(554)春正月,改新州为温州。北周末年温州当领有梁宁、富水、宜民三郡。

1. 梁宁郡

治角陵。《隋书》卷31《地理志下》安陆郡京山县:"旧曰新阳,梁置新州、梁宁郡。西魏改州为温州,改县为角陵,又置盘陂县。开皇初郡废,大业初州废;改角陵曰京山,废盘陂入焉。"梁宁郡当领有角陵、盘陂二县。

2. 富水郡

治富水。《隋书》卷31《地理志下》安陆郡富水县:"旧曰南新市。西魏改为富水,又置富水郡。开皇初郡废。"《元和郡县图志》卷21《山南道二》郢州富水县:"本汉安陆县地,后汉分其地置新市县,属江夏郡。……后魏改新市为富水县,取县界富水为名。"富水郡当领有富水一县。

3. 宜民郡

《隋书》卷1《高祖纪上》:大象二年(580)"十二月甲子,周帝诏曰:'……可授相国,总百揆,去都督内外诸军事、大冢宰之号,进公爵为王,以隋州之崇业、郢州之安陆、城阳,温州之宜人,应州之平靖、上明,顺州之淮南,(士)[土]州之永川,昌州之广昌、安昌,申州之义阳、淮安,息州之新蔡、建安,豫州之汝南、临颍、广宁、初安,蔡州之蔡阳,郢州之汉东二十郡为隋国。'"宜人当指宜民,避唐太宗李世民讳改。《魏书》卷106《地形志下》南郢州下列有宜民郡,领有西新安、新安、平阳三县。根据《地形志》体例,南郢州应在西魏的控制范围之内。西魏废帝三年(554)春正月,改南郢州为归州。北周天和二年(567)归州省入唐州[参见本章第五十一节"归州(原名南郢州)领郡沿革"]。《隋书》卷55《乞伏慧传》:"齐文襄帝时,为行台左丞,加荡寇将军,累迁右卫将军、太仆卿,自永宁县公封宜民郡王。"此宜民郡王当属东魏或北齐时遥封。又《周书》卷49《异域传上·蛮传》:"魏恭帝二年(555),蛮酋宜民王田兴彦、北荆州刺史梅季昌等相继款附。"此宜民或与宜民郡有关。宜民郡治地、领县情况均不详。

第六十一节 应州领郡沿革

应州治永阳,在今湖北随州市广水市西北。《隋书》卷31《地理志下》安陆郡应山县:"梁置,曰永阳,仍置应州,又有平靖郡。西魏又置平靖县。开皇初郡废,大业初州废,又省平靖县入焉。"《元和郡县图志》卷27《江南道三》安州应山县:"本汉随县地,梁大同,以随州北界应浓山戍置应州,又分随县置永阳县。隋开皇十八年(598)改永阳为应山县。"《太平寰宇记》卷132《淮南道十》安州应山县:"本汉随县地,属南阳郡。梁大同二年(536)分随县置永阳县,兼立应州于此。寻废,以其县属平靖郡。隋开皇十八年(598)改永阳县为应山县,北近应山,以为名。"西魏曾在应州置有永阳郡,《周书》卷27《常善传》:"魏恭帝二年(555),进爵永阳郡公,增邑二千户。"永阳郡当领有永阳一县。永阳郡当在西魏末或北周时省废,所领永阳一县划入平靖郡。北周末年应州当领有上明、平靖二郡。

1. 上明郡

治平林。《梁书》卷32《陈庆之传》："中大通二年(530),除都督南北司、西豫、豫四州诸军事,南北司二州刺史,余并如故。庆之至镇,遂围悬瓠。破魏颍州刺史娄起、扬州刺史是云宝于溱水,又破行台孙腾、大都督侯进、豫州刺史尧雄、梁州刺史司马恭于楚城。罢义阳镇兵,停水陆转运,江(湖)[湘]①诸州并得休息。开田六千顷,二年之后,仓廪充实。高祖每嘉劳之。又表省南司州,复安陆郡,置上明郡。"是上明郡之设始于萧梁将领陈庆之在这一带的经营。《隋书》卷1《高祖纪上》:大象二年(580)"十二月甲子,周帝诏曰:'……可授相国,总百揆,去都督内外诸军事、大冢宰之号,进公爵为王,以隋州之崇业,郢州之安陆、城阳,温州之宜人,应州之平靖、上明,顺州之淮南,(士)[土]州之永川,昌州之广昌、安昌,申州之义阳、淮安,息州之新蔡、建安,豫州之汝南、临颍、广宁、初安,蔡州之蔡阳,郢州之汉东二十郡为隋国。'"是北周应州亦有上明郡。《隋书》卷31《地理志下》汉东郡平林县:"梁置上明郡,开皇初废。"汉东郡上明县:"西魏置,曰洛平县,开皇十八年(598)改名焉。"北周末年汉东郡当领有平林、洛平二县。

2. 平靖郡

治平靖。据上引《隋书》卷1《高祖纪上》,北周应州有平靖郡。《隋书》卷31《地理志下》安陆郡应山县:"梁置,曰永阳,仍置应州,又有平靖郡。西魏又置平靖县。开皇初郡废,大业初州废,又省平靖县入焉。"《太平寰宇记》卷132《淮南道十》安州应山县:"梁大同二年(536)分随县置永阳县,兼立应州于此。寻废,以其县属平靖郡。"北周末年平靖郡当领有平靖、永阳二县。

第六十二节　北周衡州(治南安)领郡沿革

衡州治南安,当在今湖北武汉市新洲区。《隋书》卷31《地理志下》永安郡:"后齐置衡州,陈废,后周又置,开皇五年(585)改曰黄州。"《周书》卷8《静帝纪》:大象二年(580)六月己巳"诏南定、北光、衡、巴四州民为宇文亮抑为奴婢者,并免为民,复其本业"。《太平寰宇记》卷131《淮南道九》黄州:"晋为西阳国。宋为西阳郡。齐又分为齐安郡。北齐天保六年(555)于旧城西南面别筑

---

① 按"湖"字南监本、汲古阁本、金陵局本俱作"湘",中华书局点校本据百衲本、北监本、殿本改作"湖",似可商榷。《隋书》卷31《地理志下》庐江郡庐江县:"齐置庐江郡,梁置湘州,后齐废,开皇初郡废。"

小城置衡州,领(西)[齐]安一郡。陈武帝复废衡州。后周又置之。至隋开皇三年(583)罢衡州,以齐安郡为黄州。炀帝初废州,又为永安郡。"衡州当领有齐安一郡。

齐安郡

治南安。《隋书》卷31《地理志下》永安郡黄冈县:"齐曰南安,又置齐安郡。开皇初郡废,十八年(598)改县曰黄冈。"齐安郡当领有南安一县。

第六十三节　北周弋州(原名巴州)领郡沿革

弋州原名巴州,治西阳,当在今湖北黄冈市黄州区东南。《隋书》卷31《地理志下》永安郡黄冈县:"又后齐置巴州,陈废。后周置曰弋州,统西阳、弋阳、边城三郡。开皇初州郡并废,大业初置永安郡。"《北史》卷64《韦孝宽传》:"大象元年(579)……又为行军元帅,徇地淮南。乃分遣杞公宇文亮攻黄城,郕公梁士彦攻广陵,孝宽率众攻寿阳,并拔之。……军还,至豫州,宇文亮举兵反,潜以数百骑袭孝宽营。时亮围官茹宽密白其状,孝宽有备。亮不得入,遁走,孝宽追获之。"《周书》卷8《静帝纪》,大象二年(580)六月己巳"诏南定、北光、衡、巴四州民为宇文亮抑为奴婢者,并免为民,复其本业"。是大象二年(580)北周仍有巴州。又《隋书》卷65《周法尚传》:"高祖受禅,拜巴州刺史,破三鸦叛蛮于铁山,复从柱国王谊击走陈寇。"是隋初亦有巴州,或在周隋嬗代之前北周一度改巴州为弋州,或《隋志》所记弋州为巴州之讹,这里暂从今本《隋志》。《太平寰宇记》卷131《淮南道九》黄州黄冈县:"本汉西陵县地,属江夏郡。齐曰南安县地。北齐置巴州,后周又为弋州,皆此邑城。"北周末年弋州当领有西阳、弋阳、边城三郡。

1. 西阳郡

治西阳。西阳郡当领有西阳一县。

2. 弋阳郡

据上引《隋志》,弋州领有该郡。治地及领县情况不详。

3. 边城郡

据上引《隋志》,弋州领有该郡。治地及领县情况不详。

第六十四节　北周黄州(原名司州)领郡沿革

黄州治黄城,在今湖北武汉市黄陂区东。《隋书》卷31《地理志下》永安郡黄陂县:"后齐置南司州。后周改曰黄州,置总管府,又有安昌郡。开皇初府废。"《元和郡县图志》卷27《江南道三》黄州黄陂县:"本汉西陵县地,三国时刘表为荆州刺史,以此地当江、汉之口,惧吴侵轶,建安中使黄祖于此筑城镇遏,因名黄城镇。周大象元年(579),改镇为南司州,并置黄陂县。隋初改为镇,后复为县。"此与《隋志》说法不同,当以《隋志》为准①。《陈书》卷5《宣帝纪》太建五年(573)冬十月丙辰,诏曰:"梁末得悬瓠,以寿阳为南豫州,今者克复,可还为豫州。以黄城为司州,治下为安昌郡,浐、湍为汉阳郡,三城依梁为义阳郡,并属司州。"按北齐曾置有浐州,《隋书》卷31《地理志下》永安郡黄陂县:"又后齐置浐州,陈废之。"《陈书·宣帝纪》里的"浐"可能是指浐州(参见前述第三章第六十一节"北齐浐州领郡沿革")。《北史》卷64《韦孝宽传》:"大象元年(579)……又为行军元帅,徇地淮南。乃分遣杞公宇文亮攻黄城,郕公梁士彦攻广陵,孝宽率众攻寿阳,并拔之。"是陈改北齐南司州为司州,北周黄州承陈司州(北齐称南司州)建置。《隋书》卷56《宇文㢸传》:"除浍州刺史,俄转南司州刺史。后司马消难之奔陈也,㢸追之不及。遇陈将樊毅……虏获三千人。除黄州刺史,寻转南定州刺史。"北周黄州当领有安昌、汉阳、义阳三郡。

1. 安昌郡

据上引《陈书》卷5《宣帝纪》太建五年(573)冬十月丙辰诏,安昌郡当治黄城。《元和郡县图志》卷27《江南道三》黄州黄陂县:"本汉西陵县地,三国时刘表为荆州刺史,以此地当江、汉之口,惧吴侵轶,建安中使黄祖于此筑城镇遏,因名黄城镇。周大象元年(579),改镇为南司州,并置黄陂县。隋初改为镇,后复为县。""安昌故城,在县西南七十里。高齐筑,以捍陈寇。"《太平寰宇记》卷131《淮南道九》黄州黄陂县:"本汉西陵县,北齐武帝置南司州。后周置黄州,大象元年(579)开拓淮,于古黄州西四十里独家村置黄陂县,属齐安郡。"按隋开皇三年(583)以齐安郡为黄州,炀帝初废州,又为永安郡。《寰宇记》常有以后世隶属关系陈述前代事者。是北周时安昌郡当领有黄陂一县。

2. 汉阳郡

治所不详,领县情况亦不明。《陈书》卷5《宣帝纪》太建五年(573)冬十月丙辰诏云以"浐、湍为汉阳郡"。

---

① 《隋书》卷1《高祖纪上》,开皇六年(586)冬十月丙辰,以"衡州总管周法尚为黄州总管",所记与《元和志》相左,而与《隋志》切近。

3. 义阳郡

治三城,领县情况不明。《陈书》卷5《宣帝纪》太建五年(573)冬十月丙辰诏云以"三城依梁为义阳郡",即按照萧梁的建置在三城重新设置义阳郡。

第六十五节　北周北江州领郡沿革

北江州治鹿城关,《嘉庆重修一统志》卷340《黄州府一》"古迹":"北江州古城,在麻城县西。"《隋书》卷31《地理志下》永安郡木兰县:"梁曰梁安,置梁安郡,又有永安、义阳二郡。后齐置湘州,后改为北江州。开皇初别置廉城县,寻及州、二郡相次并废。十八年(598)改县曰木兰。"按湘州与北江州为二地,北齐当是废湘州入北江州[参见前述第三章第四十八节"湘州(治大活关城)领郡沿革"和"北江州领郡沿革"]。据前述东魏北齐部分所考,北齐时北江州领有义阳、梁安、齐兴、永安四郡。齐兴郡已不见于《隋志》,当在北周占领后省并。北周末年北江州当领有义阳、梁安、永安三郡。

1. 义阳郡

治鹿城关。北齐领有义阳一县,北周当同。

2. 梁安郡

治梁兴。北齐领有梁兴一县,萧梁末年或北周时改梁兴为梁安,是北周时梁安郡当领有梁安一县。

3. 永安郡

治新城。北齐领有新城一县,北周当同。

第六十六节　北周亭州(原名南定州)领郡沿革

南定州治蒙笼城,《嘉庆重修一统志》卷340《黄州府一》"古迹":"南定州故城,在麻城县东北,梁置,隋废。……《水经注》:举水西北流,迳蒙笼戍南,梁定州治。"此州当为萧梁首先设置,带有羁縻性质(见前述第三章第三十四节"南定州领郡沿革")。《隋书》卷31《地理志下》永安郡麻城县:"梁置信安,又有北西阳县。陈废北西阳,置定州。后周改州曰亭州,又有建宁、阴平、定城三郡。开皇初州郡并废,十八年(598)县改名焉。"《周书》卷8《静帝纪》:大象二年(580)六月"己巳,诏南定、北光、衡、巴四州民为宇文亮抑为奴婢者,并免为民,复其本业"。《隋书》卷56《宇文弨传》:"后司马消难之奔陈也,弨追之不及。

遇陈将樊毅……虏获三千人。除黄州刺史,寻转南定州刺史。"按司马消难奔陈在大象二年(580)八月,北周时改南定州为亭州,或在此之后。据前述东魏北齐部分所考,天保七年(556)之后北齐南定州当领有弋阳、北建宁(或建宁)、阴平、定城四郡。亭州地处齐、陈、周三方交织地带,又有山地蛮族在中间叛服摇摆,内部行政设置必有一些模糊易变之处。参比东魏北齐设置,北周时亭州当领有弋阳、建宁、阴平、定城四郡。

1. 弋阳郡

治蒙笼城。北齐天保七年(556)之后弋阳郡当领有信安、北西阳二县。《隋书》卷31《地理志下》永安郡麻城县:"梁置信安,又有北西阳县。陈废北西阳,置定州。"北周弋阳郡当领有信安一县。

2. 建宁郡

治建宁。建宁郡在北齐当领有建宁、阳武二县。阳武县不见于《隋志》,当废于陈或北周之时。北周末年建宁郡当领有建宁一县。

3. 阴平郡

北周有阴平郡,见上引《隋志》。领县情况不详。

4. 定城郡

北周有定城郡,见上引《隋志》。领县情况不详。

第六十七节　北周申州(原名郢州)领郡沿革

申州治平阳,在今河南信阳市南四十里。《隋书》卷31《地理志下》义阳郡:"齐置司州。梁曰北司州,后复曰司州。后魏改曰郢州,后周改曰申州,大业二年(606)为义州。"《元和郡县图志》卷9《河南道五》申州:"宋元嘉末,于此立司州。自后入后魏为郢州,入梁为司州。周武帝平齐,改为申州,隋大业二年(606)改为义州。"《太平寰宇记》卷132《淮南道十》信阳军:"后魏既得司州,乃改为郢州。至周武帝改郢州为申州。隋开皇初改为义州。大业中废义,复为义阳郡。"据前述东魏北齐部分所考,天保七年(556)之后,北齐郢州领有齐安、义阳、宋安、淮安四郡。北周占领郢州后,改称申州,领有义阳、宋安、齐安、淮安四郡。

1. 义阳郡

治平阳。《隋志》未明言北周置有义阳郡。《隋书》卷38《皇甫绩传》:"宣政初,录前后功,封义阳县男,拜畿伯下大夫,累转御正下大夫。宣帝崩,高祖总己,绩有力焉……加位上开府,转内史中大夫,进封郡公,邑千户。"卷1《高祖纪上》：大象二年(580)"十二月甲子,周帝诏曰：'……可授相国,总百揆,去都督内外诸军事、大冢宰之号,进公爵为王,以隋州之崇业,郧州之安陆、城阳,温州之宜人,应州之平靖、上明,顺州之淮南,(士)[土]州之永川,昌州之广昌、安昌,申州之义阳、淮安,息州之新蔡、建安,豫州之汝南、临颍、广宁、初安,蔡州之蔡阳,郢州之汉东二十郡为隋国。'"是北周亦设有义阳郡。据前述东魏北齐部分所考,北齐末年义阳郡领有平阳、义阳二县。《元和郡县图志》卷9《河南道五》申州义阳县："本汉平氏县义阳乡之地也,魏文帝分平氏立义阳县。江左省义阳县地入平春县,晋孝武帝改平春曰平阳。隋开皇三年(583),改平阳为义阳县,属申州,大业二年(606)改属义州。"是北周时当有平阳县。又据前引《隋书》卷38《皇甫绩传》,北周时亦有义阳县。综上,北周时义阳郡当领有平阳、义阳二县。

2. 宋安郡

《隋书》卷31《地理志下》义阳郡义阳县："旧曰平阳,置宋安郡。开皇初郡废,县改名焉。大业初置义阳郡。"据前述东魏北齐部分所考,北齐末年宋安郡领有乐宁、东随二县。《隋书》卷31《地理志下》义阳郡礼山县："旧曰东随,开皇九年(589)改焉。"《隋志》不列乐宁县,《北周地理志》据《读史方舆纪要》以为隋开皇中乐宁县省入礼山县。是北周末年宋安郡当领有乐宁、东随二县。

3. 齐安郡

《隋书》卷31《地理志下》义阳郡钟山县："旧曰䥶。后齐改曰齐安,仍置郡。开皇初郡废,县改曰钟山。"《元和郡县图志》卷9《河南道五》申州钟山县："本汉䥶县也,属江夏郡,宋永初中属义阳郡。高齐于此置齐安郡,后改为万岁郡。隋开皇三年(583)罢郡为齐安县,仍属申州。四年(584),以近钟山,改齐安为钟山县。"《太平寰宇记》卷132《淮南道十》信阳军信阳县："废钟山县,在州东南十八里。本汉之䥶县,属江夏郡。宋永初属义阳郡。高齐于此置齐安郡,后改为万岁郡。隋开皇三年(583)罢郡为齐安县,仍属申州；四年(584)以近钟山,故改齐安为钟山县。"改为万岁郡不知是在北齐还是在北周,这里存疑。据前述东魏北齐部分所考,北齐末年齐安郡当领有高安、齐安二县。北周齐安郡领县当同。

4. 淮安郡

《隋书》卷31《地理志下》义阳郡淮源县："后齐置,曰慕化,置淮安郡。开皇初郡废,大业初县改名焉。"据前述东魏北齐部分所考,北齐末年淮安郡领有慕化、淮安二县。《周书》卷49《异域传上·蛮传》："魏废帝初,蛮酋樊舍举落内附,以为淮北三州诸军事、淮州刺史、淮安郡公。"此时淮安郡当在北齐统辖之下,西魏所任只是虚领。又《隋书》卷46《赵芬传》:"申国公李穆之讨齐也,引为行军长史,封淮安县男,邑五百户。……高祖为丞相,尉迥与司马消难阴谋往来,芬察知之,密白高祖。由是深见亲委,迁东京左仆射,进爵郡公。"北周末年淮安郡或领有慕化、淮安二县。

第六十八节　北周衡州(治黔中地)沿革

北周曾在今湖南张家界市西置有衡州。《隋书》卷31《地理志下》澧阳郡崇义县:"后周置衡州。开皇中置县,名焉。十八年(598)改州曰崇州,大业初州废。"《资治通鉴》卷168《陈纪二》陈文帝天嘉二年(561)十一月:"周人许归安成王顼,使司会上士杜杲来聘。上悦,即遣使报之,并赂以黔中地及鲁山郡。"《北史》卷70《杜杲传》:"初,陈文帝弟安成王顼为质于梁,及江陵平,顼随例迁长安。陈人请之,周文帝许而未遣。至是,帝欲归之,命杲使焉。陈文帝大悦,即遣使报聘,并赂黔中数州地,仍请画野分疆,永敦邻好。以杲奉使称旨,进授都督,行小御伯,更往分界。陈于是归鲁山郡。"按鲁山郡在今湖北武汉市,与衡州无地域关联[参见本章第三十六节"沔州(原名江州)领郡沿革"]。衡州所领郡县情况不详。

附编 十六国北朝特殊政区

绪　　言

　　本卷"导论"指出,十六国北朝地方行政制度的一个显著特征,是特殊政区的大量存在。所谓"特殊政区",是相对于"郡县制政区"而言的,实本于周振鹤先生《中国地方行政制度史》"特殊行政区划"、"特殊地方行政制度",以及严耕望先生《魏晋南北朝地方行政制度》北朝"诸特制"等提法①。具体而言,乃指此期带有地方行政区划性质的领民酋长、地方护军、军镇,以及作为高层政区的地方行台等。谓之特殊,除了在治理对象、方式上有异于一般郡县制政区外,还在于其中有的不见于前此时代,如领民酋长、军镇;有的虽名称见于前代,但实际内容却发生了变化,从而具有了政区性质,如行台。这一类特殊政区,就其实质而言,前此时代和同时代的东晋南朝也曾经出现过,如本卷"导论"中提到的"因其故俗而属于汉"的"属国",设置于少数民族聚居区以事监护的"护羌校尉"、"护乌桓校尉"等。又如两汉时期"主蛮夷"的县级政区"道"②,两晋时期诸少数民族聚居地的州刺史所兼护羌、护夷、护蛮(或宁蛮、安蛮、平蛮、南蛮)、三巴等校尉,护匈奴、羌、戎、蛮、夷、越等中郎将,以及东晋南朝加于蛮区刺史守令的镇蛮护军、安远护军③,南朝宋、齐"因群蛮部落"而署置、通常

---

① 周振鹤:《中国地方行政制度史》,上海人民出版社,2005年,第2、333—394页。并参周著《中国行政区划通史·总论》第五章,第100—151页。严耕望:《中国地方行政制度史·魏晋南北朝地方行政制度》卷下《北朝地方行政制度》,特别是卷下第一章、第十一章至第十四章、卷末《约论》,中研院历史语言研究所,1963年,第413—418、691—851、907—908页。
② 《汉书》卷19上《百官公卿表上》称"(县)有蛮夷曰道"(中华书局点校本,1962年,第742页)。《后(续)汉书志》卷28《百官志五》称"凡县主蛮夷曰道"(中华书局点校本,1965年,第3623页)。后汉卫宏《汉官旧仪》称"内郡为县,三边称道",则突出道实即蛮夷多在边境的特点。孙星衍等辑:《汉官六种》,中华书局,1990年,第50页。说明:因本编多系考证,引用文献烦杂,为便于复核,脚注中古籍文献也标注页码。
③ 《晋书》卷24《职官志》,中华书局点校本,1974年,第747页。《宋书》卷40《百官志》,中华书局点校本,1974年,第1255页。《南齐书》卷16《百官志》,中华书局点校本,1972年,第328—329页。《隋书》卷26《百官志上》叙梁、陈军号,中华书局点校本,1973年,第740、747页。

由"酋豪世袭"①其职的左郡、左县、僚郡、俚郡②。十六国北朝的护军,则前承曹魏为统治内迁氐族而置的安夷、抚夷二部护军之制③。然而十六国北朝时期特殊政区名目数量之多、分布地区之广、设置时间之长,则为前此时代所未见,如"导论"所指出的,这是由于当时北方边境少数民族之大量内迁及建立政权所导致的。五胡诸国及北魏前期在政治体制上残留着大量的游牧部族传统,即部落制残余,以及基于部落制的社会组织与军事组织合一、军政与民政合一的治理体系。为了统治包括汉族在内的在人口数量上占有绝对优势的非本族民众,包括北魏前期在内的"五胡"诸国大多建立了基于民族对立和民族统治的特殊政区,有的学者称之为"异民族统御官"④,而胡汉分治和军事化,则是其特殊性所在。如前所述,随着这些胡族国家的民族政权色彩逐步淡化,作为统治核心的北族⑤勋贵集团之逐步汉化,特殊政区也合乎逻辑地逐步退出,郡县制政区全面回归,这正是北朝后期地方行政区划演变的大趋势。

本编拟对十六国北朝特殊政区的置废沿革及其变化,在前人研究基础上作一概述。关于十六国北朝特殊政区的先行研究,仍以上揭严耕望先生的著作最称全面、系统,举凡十六国以来的诸部护军,北魏领民酋长、军镇,魏末北齐地方行台,均在书中设立专章或者专节进行探讨,是十六国北朝特殊政区研究的里程碑式著作。上揭周振鹤先生的专著,则对此期"特殊政区"的概念作了界定,并对其种类及各自属性、功能、沿革,结合史实作了理论上的概括。雷家骥先生探讨十六国"一国两制"下的统治体制、胡汉关系及其文化调适等问

---

① 《资治通鉴》卷135《齐纪》高帝建元二年正月条胡注,中华书局点校本,1956年,第4235页。《南齐书》卷58《蛮传》,第1007页。
② 据《宋书·州郡志》《南齐书·州郡志》所载,刘宋有左郡三,左县十六,萧齐有左郡六十三,左县一百三十八(以上数字均不包括两《志》所载左郡县置废沿革过程中被省罢者),萧齐有宕渠、越嶲、沈黎、甘松、始平等僚郡及吴春俚郡。详见吴永章:《南朝对"蛮"族的统治与"抚纳"政策》,《江汉论坛》1983年第6期。同氏《湖北民族史》,华中理工大学出版社,1990年,第88—98页。其后的相关研究,参张泽洪:《两晋南朝的蛮府和左郡县》,《四川师范学院学报(哲学社会科学版)》1990年第1期;方高峰:《试论左郡左县制》,《中国边疆史地研究》2006年第2期。
③ 《三国志》卷30《乌丸鲜卑东夷传》表注引《魏略·西戎传》,中华书局点校本,1959年,第858页;《元和郡县图志》卷1《关内道一》"京兆府云阳县"条,中华书局贺次君点校本,1983年,第10页。
④ 三崎良章:《异民族统御官所见五胡诸国的民族观》,《东洋史研究》第54卷第1号,1995年;氏著《五胡十六国的基础性研究》第四部《异民族统御官》,东京:汲古书院,2006年。
⑤ 本编所谓"北族"概指北亚诸游牧民族,亦包括北魏末年大乱之后流移到内地的北镇流民,这些流民多出自北亚游牧民族,以鲜卑族及其附从部落为主,但也有一部分鲜卑化的汉族民众。

题的系列论文①,对本编特殊政区研究亦具有重要参考价值。在各类特殊政区的研究方面,也积累了大量成果,以下分章讨论时将随文注出。

虽然民族对立、胡汉分治是十六国北朝特殊政区产生、演变的基本动因,部族制残余和军事化统制是这些特殊政区的特殊性或曰共性所在,但本编所述诸特殊政区仍各有其特点。如果说领民酋长制基本上保持了原少数民族部落固有的秩序,国家通过部落首领对部民实行间接统治,领民酋长自领其部落、自治其部众,在某种意义上带有民族自治色彩②,有类于秦汉"因其故俗"的属国和道,那么,护军和军镇则具有强烈的军事统制和民族压迫性质,是一种管理、统治少数民族或曰异民族部落组织的军管机构。护军通常设置在统治民族之外的其他少数民族聚居地③,这些少数民族的部落组织往往被保留,因而护军又称为"诸部护军"④。护军原本为统军的武职(护军将军),作为以军统民、政军合一的军管机构的地方护军,照例由军将出任,"军府"为其职能机构,属僚亦多同于"护军将军"府属官⑤,其军事统治性质是显而易见的。军镇的军事性更不待言喻,它原本脱胎于军队的驻防镇守之所。五胡诸国包括太武帝统一北方之前的北魏,主要是通过设置于交通要冲的军事据点对其统治地区实行点的控制,平时以武力威慑,乱时则出兵镇压。这些军事据点就是

---

① 雷家骥:《从汉匈关系的演变略论刘渊屠各集团的复国的问题——兼论其一国两制的构想》,《东吴文史学报》第 8 期,1990 年;《慕容燕的汉化统治与适应》,《东吴历史学报》第 1 期,1995 年;《汉赵国策及其一国两制下的单于体制》,《中正大学学报·人文分册》,第 3 卷第 1 期,1992 年;《后赵文化适应及其两制统治》,同前刊第 5 卷第 1 期,1994 年;《氐羌herbrew 华姓文化及其与秦汉魏晋的关系》,同前刊第 6 卷第 1 期,1995 年;《汉赵时期氐羌的东迁与返还建国》、《前后秦的文化、国体、政策与其兴亡的关系》,同前刊第 7 卷第 1 期,1996 年;《前、后赵军事制度研究》,同前刊第 8 卷第 1 期,1997 年。
② 魏末六镇之乱后被任命的领民酋长多为北镇流民首领,其中有的并非世领部落,如高欢(《北史》卷 6《齐本纪上》,中华书局点校本,1974 年,第 212 页)。论者指出这一类领民酋长制旨在将没有血缘关系的北镇流民纳入到仿拟的部族制中去,而非北魏初以来自统部落,即基于部族制的本来意义上的领民酋长制。说详胜畑冬实:《北魏的部族支配与领民酋长制》,《史滴》第 14 号,1993 年;吉田爱:《北魏雁臣考》,《史滴》第 27 号,2005 年。北齐时甚至出现没有部民的所谓"不领民酋长"(《隋书》卷 27《百官志中》,第 770 页),详见下文。
③ 有的护军也设置在本民族地区,如氐族所建仇池国,国主杨盛曾"分诸四山氐、羌为二十部护军,各为镇戍,不置郡县",则护军所统也包括本族氐族。杨盛父佛狗,曾投奔前秦被任为抚夷护军,关中的抚夷护军原为统治内迁氐族而置,可知护军有时也由被监管的少数民族的首领充任(《宋书》卷 98《氐胡传》,第 2405 页。参《北史》卷 96《氐传》,第 3173 页)。前秦还曾任命割据苑川的陇西鲜卑乞伏司繁的叔父吐雷为勇士护军,"抚其部众"(《晋书》卷 125《乞伏国仁载记》,第 3114 页)。
④ 关于"诸部护军",详见冯君实:《魏晋官制中的护军》,中国魏晋南北朝史学会编:《魏晋南北朝史论文集》,齐鲁书社,1991 年。陈寅恪先生在 20 世纪 40 年代即指出"护军所管为地方部落军队,故谓之'诸部护军'",说见万绳楠整理:《陈寅恪魏晋南北朝史讲演录》,黄山书社,1987 年,第 112 页。
⑤ 周伟洲:《魏晋南北朝时期的护军制》,《燕京学报》第 6 期,1999 年。

军镇的前身,十六国时期地方行政机构实已军镇化①。只是到了北魏,"镇"和"镇将"才正式成为以军统民的一级政区及其政军长官的名称。就以军统民、政军合一而言,护军与军镇名异而实同②。而且北魏军镇亦多设置于少数民族聚居地,最初主要针对柔然、敕勒等北边游牧族而设置在北部边境(六镇)③。对鲜卑拓跋族而言,汉族同样是异民族,只是由于汉族人口众多,分布广泛,因而只能在一些战略重地择要设镇,以配合内地长期实行的传统的郡县制政区。但如下文所述,护军与军镇在产生原因、分布区域、统治对象、政区级别以及终止时代等方面,仍存在显著的差异。魏末北齐因应世乱兵兴局势而出现的地方行台,作为高层政区,其产生机制仍与两汉以来的州刺史、都督诸州军事相类,即根源于中央集权与地方分权的矛盾,由中央派出的监察机构和军区转化而来。只是北朝的最高统治核心为北族勋贵集团,其军队构成亦以鲜卑族及其附从部落以及鲜卑化汉人为主,而且行台的设置也主要在于防范和镇压其他少数民族及汉族人民的反抗,因而在军事性之外,行台又带有一定的民族统治色彩。

最后就本编的撰写略作交代。

地方护军虽起源于曹魏,其广泛设置则是在五胡诸国以及北魏前期。作为政区职官的领民酋长和镇将,虽然直到北魏才正式出现,但这两种地方统治形式在十六国时期实已广泛存在。本卷上编《十六国行政区划》对诸政权的护军、军镇在"政区沿革"中已有论列,考虑到十六国护军、军镇中的相当一部分延存至北魏,而且这两种特殊政区亦终止于北魏,故专题处理特殊政区的本编,论述时虽以北魏为主,仍须上溯至十六国时期。唯在资料引证上前后有所关照、规避,以免过多重复。在本编论述中,除了作者的专题研究之外,凡本卷前面三编已有详细讨论或前人已有全面系统研究的,则尽量简略。

如"导论"所指出的,由于正史中有关十六国北朝政区的资料,特别是"地理志"之类的原始、系统政区资料十分匮乏,加之特殊政区多非经制,很少恒久设置,因而留存下来的资料更形零散。本编虽尽量收集和利用出土文献特别是碑志石刻中的特殊政区资料,但见于其中的政区多系追述先辈任官时提及,

---

① 牟发松:《十六国地方行政机构的军镇化》,《晋阳学刊》1985年第6期。
② 上揭周伟洲《魏晋南北朝时期的护军制》认为"军镇制可以说是护军制的演变和发展"。高敏则认为护军制是"以军镇统民方式的另一种表现形式",说见高氏《十六国时期的军镇制度》,武汉大学中国三至九世纪研究所编:《中国前近代史理论国际学术研讨会论文集》,湖北人民出版社,1997年。
③ 周一良:《北魏镇戍制度考及续考》、《北朝的民族问题及民族政策》,氏著《魏晋南北朝史论集》,北京大学出版社,1997年。

其置废时限、所在地望往往语焉不详,我们据以作出的相关论断亦多杂推测。因而本编只能就现有资料,在前人研究基础上对此期特殊政区的总体面貌略事勾勒,疑则阙疑,既不完整,更难以精确的图表呈现。尽管如此,仍拟在逐一疏列资料所见的各类特殊政区的基础上,分别列出简表。

第一章 领民酋长

第一节 先行研究及相关问题

关于领民酋长制,周一良先生《领民酋长与六州都督》是首次对之进行系统研究的开创之作①。周氏指出,虽经北魏道武帝之"离散诸部",但"尚有与魏同出之鲜卑及服属于鲜卑之部落,散处魏境,未同编户","领民酋长者实为此类部落之酋帅也"。这类部落酋帅中,也有"不蒙此称而实别为部落者"。及至魏末,"领民酋长见于史者渐多",但大多不是魏初以来世袭此职,而是"六镇乱后之北边雄豪","甚者徒有酋长虚号,而无部民",所领多为出身于北族或胡化汉族之六镇兵人,故号称六州领民都督(简称六州都督)。周文广搜传世文献及当时所能见到的石刻资料,揭示了领民酋长的性质、职官地位和变化过程,即"由部落酋长衍为不领部落之虚号",进而蜕变为"专领北人"(六镇流民)的六州领民都督的全过程,为以后的研究奠定了坚实基础。严耕望先生前承周氏研究,在充分占有、深入分析相关资料的基础上,既确认了周文的论点,又对北魏末大乱之前领民酋长所属种族,分布地域,典型酋长封地的幅员、称号、品级、政治地位,以及酋长与部民、酋长与北魏国家之间的关系,魏末北齐领民酋长性质之转变等问题,作了明晰的界说,其中不乏独立新见,且简明扼要,为北魏领民酋长制研究树立了新的标杆②。

周文明确指出北魏领民酋长制是以部落组织的存在为前提的。严文亦持同样观点,指出北魏初期"聚部落以立国",道武帝"分散诸部"以后,"直至魏分东西",北魏境内仍存在部落酋长之制,其例证甚多,"不胜枚举"。那么,这里就存在如下问题:其一,如何看待道武帝时代"离散诸部"政策的施行,特别是"离散诸部"政策与领民酋长制的关系?其二,道武帝"离散诸部"之前部落组织中的首领(史称酋长、酋帅、渠长、君长、统酋、酋大、部大、部帅、部落大人乃

---

① 周一良:《领民酋长与六州都督》,初刊于《历史语言研究所集刊》第20本,1948年,后收入周氏多种文集,如上揭氏著《魏晋南北朝史论集》。
② 上揭严耕望:《中国地方行政制度史·魏晋南北朝地方行政制度》卷下第十四章,第837—851页。

至汗、莫何弗等)与领民酋长有何异同,其后仍然存在着的部落中的首领与领民酋长之间有何异同? 其三,北魏末年六镇起事前后领民酋长的性质发生了转变,二者的各自特征以及二者间的本质区别何在? 由于离散部落不仅关系到领民酋长的性质,而且关系到北魏前期国家的体制特征,特别是胡汉二元统治结构及其变化(主要是汉化)等问题,因而近年来颇受研究者关注,也成为研究领民酋长首先要回答的问题。下文拟对前人相关研究作一简略回顾①,并在此基础上提出作者的浅见。

关于道武帝的"离散诸部",研究者的理解存在诸多歧见,其主要原因在于相关资料奇缺。其直接史料只有三条,为便讨论,兹先摘引如下:

> 凡此四方诸部(东方宇文、慕容氏……南方有茂眷氏……西方尉迟氏……北方贺兰……),岁时朝贡。登国初,太祖散诸部落,始同为编民。(《魏书》卷113《官氏志》)

> 讷从道武平中原,拜安远将军。其后离散诸部,分土定居,不听迁徙,其君长大人皆同编户。讷以元舅,甚见尊重,然无统领。以寿终于家。(《北史》卷80《外戚·贺讷传》)

> 道武时,分散诸部,唯高车以类粗犷,不任使役,故得别为部落。(《北史》卷98《高车传》)②

上引三条史料所载"离散诸部"的具体时间不同。《高车传》泛称"道武时",《官氏志》谓在道武帝登国(386—396)初,《贺讷传》谓在"道武平中原"后,即皇始元年(396)平定后燕占领河北地区之后。三条史料一称"离散诸部",一称"分散诸部",一称"散诸部落",提法各异,今日研究者多称为"解散部落"或"部族解散"。然而解散的对象是部落联盟,还是大部族,或者组成部落联盟和大部族的部落?《贺讷传》称"离散诸部"后"其君长大人皆同编户",其所属部落民是否也成为"编户"?《官氏志》称"散诸部落始同为编民",又似乎同指部落首领

---

① 关于"离散诸部"及其与领民酋长关系问题的研究史,要首举太田稔《关于拓跋珪的"部族解散"政策》(《集刊东洋学》第89号,2003年),该文末列有一表,按论著刊布年代先后,列举了二十位作者(含四位中国学者)关于"离散诸部"研究的三十一种论著,并就各论著的观点分别作了简明的标示,此表实为一全面扼要的研究史。其后松下宪一《北魏胡族体制论》(札幌:北海道大学出版会,2007年)第一章、第二章,张金龙《北魏政治史·二》(甘肃教育出版社,2008年)第四章第四节,亦有比较全面的综述。本章对以上论著多有参考利用。
② 《魏书》卷113,中华书局点校本,1974年,第3014页。《北史》卷80,第2671页;卷98,第3272页。《魏书》卷83《外戚·贺讷传》、卷103《高车传》均已亡佚,后人据《北史》补,溢出文字当是以《高氏小史》等他书附益之。详见中华书局点校本《魏书》各卷"校勘记"。以下类似情况径引《北史》,除非所引文字在《魏书》中有重要异文。

与部民。这些通过离散诸部而产生的"编户"、"编民",与一般郡县制政区中的编户齐民是否完全相同?所有这些问题实际上关系到如何理解"离散诸部"制度的内涵、目标、效果及意义,而这些问题又与领民酋长制的关系最为密切。

在"离散"时间上,分歧主要集中在是否认可《官氏志》所说的"登国初"。拓跋珪于登国元年(386)正月即位代王之时,东有强邻后燕,南有西燕(慕容永),西边的铁弗部刘卫辰,西南的独孤部刘显,西北的贺兰部,均实力强大。同年八月刘显遣军与西燕新兴太守窟咄(拓跋珪叔父)"来逼(代国)南境",以致"诸部骚动,人心顾望",拓跋珪被迫"北逾阴山",再一次逃奔舅氏贺兰部[①]。正是鉴于上述情势,河地重造认为《官氏志》所载登国初年"部族制解体"有误,恐怕还是应如《贺讷传》所载在皇始初年[②]。宫崎市定对河地氏的推断表示赞同,认为"离散诸部"应该在贺兰部大叛乱被平定的皇始二年(397)之后[③]。山崎宏从部族解散与南北二部废止的关系着眼,认为道武帝的部族解散政策虽然是在登国元年(386)发布的,但政策的遂行则还要等到天兴元年(398)新的魏国作为中原帝国的体制得到整备,亦即作为部族统治机关的南北二部制为带有"中国风"的八部制所取代之时[④]。谷川道雄前承宫崎氏之说,认为在登国元年(386)代国"草创时期采取如此大胆的措置(部落解散)令人难以置信",应该是在强敌后燕被驱逐出中原并创建帝国的皇始元年(396)至天兴元年(398)之际[⑤]。古贺昭岑则断言在登国初的特定形势下,"无论如何部族解散不会在此时",而应当在"北魏开始整顿国家体制的皇始之后",具体时段与山崎、谷川二氏的主张相仿佛,即皇始元年(396)至天兴元年(398)间[⑥]。

20世纪30年代,最早在论著中讨论"离散诸部"问题的内田吟风,即根据

[①] 《魏书》卷2《太祖纪》,第21页。参《北史》卷15《昭成子孙·窟咄传》,第579—580页。
[②] 河地重造:《关于北魏王朝的成立及其性质——从徙民政策的展开到田制》,《东洋史研究》第12卷第5号,1953年。
[③] 宫崎市定:《九品官人法研究——科举前史》,后收入《宫崎市定全集6》,东京:岩波书店,1992年,第313—324页。初版于1956年。韩昇等中译本,中华书局,2008年,第234页。
[④] 山崎宏:《关于北魏的大人官》(上、下),《东洋史研究》第9卷第5—6号、第10卷第1号,1947年。
[⑤] 谷川道雄:《隋唐帝国形成史论》(增补版),东京:筑摩书房,1998年,第123页。初版于1971年。李济沧中译本,上海古籍出版社,2004年,第95页。
[⑥] 古贺昭岑:《关于北魏的部族解散》,《东方学》第59辑,1980年。刘世哲中译,载《民族译丛》1991年第5期。

《官氏志》认为解散部族开始于登国初年①，其后田村实造②、宫川尚志③、胜畑冬实④诸氏亦持此说。但他们也绝不认为"离散诸部"在登国初年便毕其功于一役。如内田吟风即指出平定中原之后"解散"政策才得以强制性地彻底推行，在道武帝时代大体完成，但也不是没有例外，如边境地带的部落制度大多保存下来，《高车传》所载即为其例，因而道武以后诸帝仍在继续推行解散部落政策⑤。田村实造则认为在登国初年道武帝权力相当脆弱的情况下，难以设想当时能一举断行游牧民族部落的改编等大事，因而登国初年只对道武帝直属的极少数部落尝试实行过。胜畑冬实对上引三条有关部族解散的史料，特别是《官氏志》中的一条，作了深度解析。认为《官氏志》所谓登国初"太祖散诸部落"，并非针对"四方诸部"的措置（谓"凡此四方诸部，岁时朝贡"诸语是与此记载之前所述神元时期的情况相关联的），而是废止拓跋部内的部落大人制，道武帝给这些大人授予新的官称参加政权，并将其部落再编于自己麾下，借以强化其统治权力。他还认为三条史料所载"部族解散"各有特定时期、对象和措置，并非整齐划一之策。

内田氏高度评价道武帝的"离散诸部"之举，认为这是一个"英明重大的决断"，果断排除了五胡十六国时代诸北族王朝普遍实行的胡汉二重统治体制，"断然实行解散部落，使部民编民化，一律强行郡县制"，从而使"旧部落大人等同于编户，失去了对旧部民的统治权，分土定居，并无迁徙的自由"。他推算被解散的部落达数十万、部落民达数百万之众。一方面是北族部落民"中国编民化"，另一方面则是北族"部酋子孙中国贵族化"，从而为此后北魏的汉化政策

---

① 内田吟风：《北朝政局中鲜卑及北族系贵族的地位》，初刊于《东洋史研究》第 1 卷第 3 号，1936 年，后改订收载于《北亚史研究——匈奴篇》，京都：同朋舍，1975 年，第 347 页。
② 田村实造：《中国史上的民族移动期——五胡·北魏时代的政治和社会》，东京：创文社，1985 年，第 214—218 页。其观点本于田村氏早年论文《代国时代的拓跋政权》，《东方学》第 10 辑，1955 年。上揭太田稔《关于拓跋珪的"部族解散"政策》认为田村氏主张离散时间为皇始元年（396）平定中原后。按田村氏确实认为登国元年（386）道武帝难以一举断行此策，他根据《官氏志》推测拓跋珪只在其直属部落实施过（详下文）。但实施规模小、程度不彻底并不等于没有实施，故上揭松下氏《北魏胡族体制论》仍认为田村氏主张"登国初"即已施行。
③ 宫川尚志：《北朝贵族制度》，初刊于《东洋史研究》第 8 卷第 45、46 号，1943—1944 年，后收载于《六朝史研究——政治·社会篇》，京都：平乐寺书店，1964 年，第 416—417 页。
④ 胜畑冬实：《北魏的部族支配和领民酋长制》，《史滴》第 14 号，1993 年；同氏：《拓跋珪的"部族解散"与初期北魏政权的性格》，《早稻田大学大学院文学研究科纪要》文哲史学别册第 20 集，1994 年。
⑤ 上揭内田氏：《北亚史研究——匈奴篇》，第 337—338、346—349 页。

和胡汉融合奠定了基础①。这些论断为后来的研究者所接受,并成为共识。如宫崎市定前承内田氏、河地重造之说,称"北魏直到太祖道武帝时代,依然维持着北方民族共通的氏族制度。……(道武帝颁布离散部族命令)剥夺了部族首领以部落酋长身份役使部民的权力,将他们还原成单纯的个人。……直到此时仍属于部族首领的部民脱离部落首领的控制,转而直属于天子(成为编民)"②。谷川道雄称,"北魏帝国与五胡国家有一点截然不同,那就是在建国当初断然解散了游牧民诸部落。……至于解散部落的内容,即让诸部民在一定地区内居住,不允许迁徙,部落民受国家的直接统治,原来的君长大人被剥夺了部落统率权"③。

值得注意的是,20世纪晚期以来日本学者对离散诸部问题提出了许多新的看法,对以往的共识形成有力挑战。松永雅生通过研究北魏的审判制度,指出孝文帝改革前一直存续的三都审判制,是继承游牧民族所特有的部落审判,这就意味着当时北族的社会组织仍维持着部落制。他由此出发,认为此前关于道武帝登国初年及平定中原后解散部落为编户的认识,有必要重新加以深入检讨,继而又在讨论拓跋珪"离散诸部"的专文中,指出解散部落之后仍可见到表示部族存在的"部落"、"酋帅"等,结合《贺讷传》所载,认为"离散诸部"不过是将部族联合体切割成部族小联合体或者部落单位④。上引古贺昭岑《关于北魏的部族解散》则通过考察鲜卑拓跋族即"国人"的语言、服饰、家族关系、代都周围畜牧业、部族组织等五个方面,得出在京畿及邻近京畿的八国,虽经道武帝解散部族,酋帅率领的部族组织即部落仍多数存在着的结论,进而认为解散部族是为了在京师周围配置部族兵,以集中兵力,同时对各部族进行改编、重组。嗣后川本芳昭发表一系列专文,论证指出北魏官制中内朝制度是基于游牧传统的,通北魏一代,不限于边境,包括被解散部落民聚居的畿内,仍大量存在统领部落的领民酋长或酋帅,北族的语言、习俗和体现部落成员间固有结合关系的聚居、同姓婚、血缘姓氏等依然存续,总之,道武帝"解散部落"不过是对此前的部落联合体进行分割,或者将部族组织分解成更小的单位如氏族、部落,其后部落组织、部落酋长对部民的统治权依然存在,部族体制的本质得

---

① 上揭内田氏《北朝政局中鲜卑及北族系贵族的地位》,1936年初刊于《东洋史研究》;同氏《五胡之乱及北魏的匈奴》,初刊于《史林》第20卷第3号,1935年。均收入上揭氏著《北亚史研究——匈奴篇》,第346—347、337—339页。
② 上揭宫崎市定:《九品官人法研究——科举前史》,韩昇等中译本,第234—235页。
③ 上揭谷川道雄:《隋唐帝国形成史论(增补版)》,李济沧中译本,第95页。
④ 松永雅生:《北魏的三都》,《东洋史研究》第29卷第2—4号,1970—1971年。同氏《关于北魏太祖的"离散诸部"》,《福冈女子短大纪要》第8号,1974年。

以保存——而非以往通常所理解的仅仅是例外和残余。直到孝文帝改革，部族制度全面解体的"部族解散"始告完成①。

对"离散诸部"的新认识即强调北魏前期的部族制传统，得到不少研究者的认可，并继续加以论证。上揭胜畑冬实论文，也认为部族解散就是对部族联合体进行分割，被解散的部落仍继续从事游牧，部落组织可以说是一种游牧业协作体制。太田稔同样认为北魏的"部族解散"就是将"各部族单位"从"部族联合体"内分割出来，原部族联合体首领丧失对联合体的"统领"权。但他又指出，将版图划分为若干区域并设置监督者，让分割出来的部落分散定居于各区域以事游牧，并视情况课以税役，这种"部落解散"不始于道武帝，不过是沿袭五胡诸国所施行过的政策而已②。韩国学者崔珍烈通过重新解析上举《魏书》《北史》所载道武帝部落解散的三段史料，结合大量实例得出登国年间及以后很多部族仍然保持部落组织的结论，道武帝所谓解散部落，不过是剥夺了部落联合体君长的政治、经济特权及军队指挥权③。

中国学者大多不否认《官氏志》所载登国初离散部落的时间节点。李亚农先生称："拓跋族在侵入中原之时，他们还在过逐水草而居的游牧生活。他们的社会编制以部落为单位，军事编制亦以部落为单位。太祖拓跋珪时，曾有取消部落组织的命令……除了留居北方，与汉族远隔的拓跋族还保留游牧的部落组织而外，深入中原的拓跋族，在太祖珪的命令下，社会编制中的部落组织已被取消了，但在军事编制中的部落组织则仍存在。"④李先生认为"登国初"以内地的拓跋族为对象的解散部落命令已被执行，只是"社会编制中"的游牧部落组织虽被取消，但"军事编制中的部落组织"仍然存在。中国学者对于《官氏志》与《贺讷传》的不同记载，多予以折中调和。唐长孺先生称："我以为离散诸部可能不是一时之事，但大规模的执行必在破燕之后，此时由于军事上空前的胜利，拓跋珪在国内的威望大大提高，这样才能使部落大人、酋庶长驯顺地

---

① 川本芳昭：《北魏的内朝》，《九州大学东洋史论集》第6号，1977年；同氏：《北魏太祖的部落解散和高祖的部族解散——围绕着对所谓"部族解散"的理解》，《佐贺大学教养部研究纪要》第14卷，1982年；同氏：《关于北朝社会的部族制传统》，《佐贺大学教养部研究纪要》第21卷，1989年。以上俱收入氏著《魏晋南北朝时代的民族问题》第二篇第一章、第一篇第四章，东京：汲古书院，1989年。又，川本氏将道武帝时代的"离散诸部"称之为"部落解散"，将孝文帝汉化改革导致部族制度的全面解体称之为"部族解散"。参牟发松：《川本芳昭〈魏晋南北朝时代的民族问题〉述评》，殷宪主编：《北朝研究》第2辑，北京燕山出版社，2001年。
② 上揭太田稔：《关于拓跋珪的"部族解散"政策》。
③ 崔珍烈：《北魏道武帝时期部落解散的再检讨》，载中国魏晋南北朝史学会等编：《中国魏晋南北朝史学会第十届年会暨国际学术研讨会论文集》，北岳文艺出版社，2012年。
④ 李亚农：《周族的氏族制与拓跋族的前封建制》，上海：华东人民出版社，1954年，第137—138页。

服从其命令。"①马长寿先生也认为:"拓跋珪的分散部落始于登国初年即公元386年,《魏书·官氏志》云……但分散部落的事一直继续到平定燕国之后。……拓跋魏所属部落很多,且有许多部落是随着拓跋珪的军事经略的发展而日益增多的。还有在平燕以前,许多新附部落随同他们的部落大人或酋庶长在各处打仗,此时无暇分散而且也怕惹起部落酋长的反叛而不敢分散,所以大规模的分散乃在平燕以后。"马先生又详引《魏书·贺讷传》为例,并认为该传"实在是一部拓跋的分散部落史"②。李凭先生针对古贺昭岑认为登国元年(386)拓跋珪因受到西燕压迫率部逃往阴山之北,从而不可能离散诸部,指出登国元年(386)正月拓跋珪即位代王,至八月投奔贺兰部,"新建的部落联盟曾有相当一段安定的时间","因此在这段时间内离散诸部并非没有可能"③。

关于解散部落的原因、效果及意义,唐长孺先生认为,"由于从中国被迫迁入代京一带的人民非常多,促使各部落中杂居情况更为显著,部落组织完全不适合于新的局面,必须要加以改变",这是解散部落的内在原因。"部落的解散使贵族、人民都成为单独的编户,不用说正在消灭的氏族彻底地消灭了。其次离散的部落分土定居,不听移徙;纵然我们不能说所有从事畜牧的人民在此时忽然一律都变成定居的农民,因而在较小范围内的移动应该准许;但是这只能是在指定的范围内移动。这样就把人们束缚在一定的土地上面,同时也是地域划分代替部落、氏族的表现。"④也就是说被解散部落民的生产、生活方式也开始改变了,即渐由畜牧而农耕。唐先生于1955年提出的上述论断,既包括了上引内田吟风所提到的部落离散诸要素,同时又特别强调游牧民的农耕民化和与之相应的定居化,还提示了离散诸部在拓跋封建国家形成过程中的意义,可以说确立了国内解散部落研究的基本方向。

马长寿先生在唐先生的研究基础上续有推进。他在1962年出版的专著中指出,"分散部落的基本原因"是"部落生产力的发展要求冲破原有的部落联盟变为地域性的国家组织",而北魏境内的农牧业生产条件"使诸游牧部落有分土定居的可能"。他特别注意到拓跋珪登国元年(386)在定襄郡的盛乐附近

---

① 唐长孺:《拓跋国家的建立及其封建化》,氏著《魏晋南北朝史论丛》,三联书店,1955年,第204—205页。
② 马长寿:《乌桓与鲜卑》,上海人民出版社,1962年,第269—272页。
③ 李凭:《北魏离散诸部问题考实》,《历史研究》1990年第2期。后收入氏著《北魏平城时代》(第一章第二节),社会科学文献出版社,2000年。
④ 上揭唐长孺:《拓跋国家的建立及其封建化》,氏著《魏晋南北朝史论丛》,第205页。

"息众课农";登国九年(394)"拓跋珪把在盛乐课农的经验推广到黄河套北从五原到稒阳塞外进行屯田",并指出屯田民系魏之别部,官府将收获谷物按一定比例分给他们("分农稼");皇始年间(396—398)攻占河北后移徙山东六州吏民及杂夷"以充京师",在繁畤"计口受田","更选屯卫"(八部帅及所率屯卫兵)监督生产;十余年后的明元帝永兴五年(413),北魏在郊甸大宁川也实行"计口受田"式的移民屯田。马先生强调说:"在这里我们应当注意的,就是与进行屯田的同时,北魏政府对于旧有的部落和新征服的部落强迫执行一种'离散诸部、分土定居'的政策。"将部落解散政策与上述"息众课农"于盛乐,"屯田"于黄河套北塞外,"计口受田、更选屯卫"于繁畤及大宁川联系起来,认为离散诸部和分土定居、屯田二者"是一件事情",并将其源头追溯到376年苻坚灭代国后对拓跋部"散其部落"的处置,谓其为"日后拓跋珪"的离散诸部"奠定了一个有力的历史基础",实为马先生的洞见卓识。

  关注经济、社会层面的内容、效果与意义,是唐、马二位先生研究北魏解散部落的一个重要特色,并影响到后来的研究者。李凭先生不同意古贺昭岑先生的否定登国初离散诸部说,主张登国元年(386)已实施离散诸部,即认为《魏书·太祖纪》所载同年二月拓跋珪"幸定襄之盛乐息众课农",与《官氏志》所谓"散诸部落,始同为编民",实为一事。李氏又以登国九年(394)"河北屯田"(即马先生所说的"黄河套北屯田")为第二次离散诸部,破燕之后在京畿推行全面范围的离散诸部(即道武帝天兴元年针对随征中原的部落军和当地游牧部落民的"更选屯卫")则是第三次。李氏还指出,道武帝推行的离散诸部措施,"是前秦曾经对拓跋部实行过的所谓'散其部落'措施的翻版"[1]。以之对比上述马长寿关于离散诸部的意见,可见十分相似。不过李氏对三次离散诸部的考证更加细密,在离散时间、过程及对象方面提出了不少新的意见。他指出"北魏建国之初","划分为畿内与畿外两个区域,在畿内,安置的是内徙新民和经'离散'后的部民,他们在那里主要从事农业生产;在畿外,安置的是未被'离散'的游牧部落,他们继续从事游牧活动"。李氏特别强调游牧部民的农耕化、编民化(任使役),所论道武帝三次离散诸部的步骤和过程都突出了这一点,正是在这种意义上,他认为离散诸部"无疑是道武帝时期最有意义的改革"[2]。张金龙先生更是将"离散诸部"概括为"游牧向农耕的转变",认为"毫无疑问,

---

[1] 李凭:《北魏离散诸部问题考实》,《历史研究》1990年第2期。后收入氏著《北魏平城时代》(第二章第二节),社会科学文献出版社,2000年。
[2] 上揭李凭:《北魏离散诸部问题考实》。

离散部落是决定拓跋鲜卑民族由游牧向农耕转型的关键性措施,有助于推动北魏经济的发展和社会的进步","离散部落还意味着部落酋长原有的军事权力的削弱和剥夺。……这样,新兴的北魏王朝才能够迅速发展壮大",从而"在北魏王朝的发展史上具有划时代的意义"①。李凭强调畿内安置的是经"离散"后主要从事农业生产的部民,与上述古贺昭岑、川本芳昭等所论证指出的畿内仍存在诸多游牧部落组织相抵触,与唐长孺、马长寿二先生的意见也有所不同。

唐先生并不否认被离散的部落民有的仍继续从事畜牧业,认为畜牧业在畿内"占有颇大的比重";他还指出北魏社会中有着浓厚的部族制传统:"代京的留住集团,征服与降服的各部落,以及束缚在军镇上的府户在魏末不管是鲜卑人与否都呈现着强烈的鲜卑化倾向。"②马先生认为:"所谓计口授田是对汉人、徒何鲜卑人以及其它有农耕经验的部落民而言,而分土定居和不听迁徙则对游牧部落而言,因为游牧部落转徙无常,拓跋魏统治阶级把他们徙到一定地域以后,只允许他们在各个分地上进行农耕或定居畜牧,所以特别强调'不听迁徙'。"并不认为农、牧分工是就畿内、畿外地域而言的③。李亚农先生认为离散诸部后北魏的游牧部落组织在社会编制中被解散而在军事编制中被保存,已见前述,他又说:"一个部落单位,同时也是一个军事单位。一个部落的酋长,就是这个部族的军事统帅。部族的成员,平时都是从事于畜牧的生产者,战时又都是从事于战斗的士兵。"④这种军事编制中的部落组织的统帅仍是原部落酋长,部民仍从事游牧生产,似与离散前的所谓社会编制中的部落组织并无根本差别。何兹全先生说:"在拓跋珪时期,拓跋氏氏族部落组织开始解体散为编户。……但一些较为原始的氏族部落,并没有和拓跋部同时离散组织,它们的部落组织仍被保留着。……登国年间散诸部落同为编户,只是拓跋氏族部落解体的开始,在拓跋珪、拓跋嗣、拓跋焘祖孙三代及随后的一个时期,拓跋氏的部落组织仍然存在着。北魏的兵,仍然是以拓跋氏族部落联盟为主的部落兵。"⑤陈寅恪先生早就指出,十六国北朝的兵民之分,实胡汉之分,

---

① 上揭张金龙:《北魏政治史·二》第四章第四节"离散部落:游牧向农耕的转变"。
② 唐先生曾将北魏"从事畜牧业的劳动者"分为三类,其中之一就是"解散部落以后的自由农民"。上揭唐氏:《拓跋国家的建立及其封建化》,氏著《魏晋南北朝史论丛》,第208页。同氏撰:《拓跋族的汉化过程》,氏著《魏晋南北朝史论丛续编》,北京,1959年,第141页。
③ 上揭马氏:《乌桓与鲜卑》,第273页。
④ 上揭李亚农:《周族的氏族制与拓跋族的前封建制》,第137—138页。
⑤ 何兹全:《府兵制前的北朝兵制》,初刊《中华文史论丛》1980年第2期,收入氏著《读史集》,上海人民出版社,1982年,第317—318页。

即胡人当兵,汉人务农、服役,军民分治即胡汉分治。唐长孺先生亦持此说①。这些当兵的胡人、鲜卑化汉人被称为"部落兵","带有部落军性质",但他们是否仍生活在部落或者说真实而非虚拟的部落(如西魏北周府兵体制)中,尚待实证研究,然如何兹全先生所说,至少在北魏前期仍生活在部落组织中。

  新近研究北魏离散部落最重要同时也是别开生面的成果,应推田余庆先生分别就贺兰部落和独孤部落的离散问题所作的个案研究。基于个案,田先生认为,"《官氏志》把道武离散部落之事定在登国初年","说得早了一点"。道武帝诉诸武力的"离散部落",最直接、最急迫的原因是摆脱强大的外家部落贺兰部、独孤部对君权的牵制,以创建和巩固拓跋帝国。这种离散部落,是一个激烈、复杂、不无曲折反复的暴力强制过程,"都经历了反复多次的战争",而非简单的遵令而行。"贺兰部、独孤部终于被分割离散了,才促使一些较小的、有定居条件的、驻牧地与拓跋接近的部落接受离散的处置"②。对比以前的研究,田余庆先生对"离散诸部"的理解是新颖而独特的,但他也同样认定离散部落是部落组织被离散,"使被征服的部落分土定居,不许迁徙,同时剥夺其君长大人的部落特权","不许旧时君长继续领部活动,以免同拓跋对抗",君长大人、部众"同于编户齐民";同样肯定"离散部落是北魏道武帝拓跋珪开拓帝业时期的一个重大历史事件","正是他能结束五胡十六国纷纭局面重要的一着",从而没有使北魏成为第"十七国"③。但田先生所论贺兰部的四次或者五次、独孤部的三次被"离散",都是以战争为手段,以被征服、被离散的部族被"强制分割"徙置(甚至多次徙置)于他处定居、不得自由迁徙为主要内容,离散的部族首领或被杀或被击走,但也有获授官职继续作为其"部民之统领者"。这些论述与其弟子李凭所论道武帝实施的三次离散诸部之注重社会经济层面颇异其趣,与上述中日学者对"离散诸部"的传统理解也很不相同,倒与日本学者后起的认为部落解散不过是对部落联合体进行分割、分解,其部落组织、部落酋长统治部民权依然存续之说,异曲而同工。因此令人感到先生所界定的

---

① 陈寅恪:《隋唐制度渊源略论稿》第六章"兵制",中华书局,1963年。此章系氏撰《府兵制前期史料试释》一文增订而成,载《历史语言研究所集刊》第7本第3分,1937年。上揭万绳楠整理:《陈寅恪魏晋南北朝史讲演录》,第七、十七、十九诸篇。唐长孺:《魏周府兵制度辨疑》,载上揭氏著《魏晋南北朝史论丛》;同氏:《魏晋南北朝隋唐史三论》第二篇第三章第二节"十六国北朝兵制",武汉大学出版社,1993年。
② 田余庆:《贺兰部落离散问题——北魏"离散诸部"个案考察之一》,《历史研究》1997年第2期;《独孤部落离散问题——北魏"离散诸部"个案考察之二》,《庆祝邓广铭教授九十华诞论文集》,河北教育出版社,1997年;《北魏后宫子贵母死之制的形成与演变》,《国学研究》第5卷,北京大学出版社,1998年。均收入氏著《拓跋史探(修订本)》,三联书店,2011年。
③ 上揭田余庆:《拓跋史探(修订本)》,第36、52、65、79—81、141页。

离散诸部内涵(君长大人一同编户无统领部落权,部众同于编户齐民)与所述离散的具体过程、内容之间不无间隙①。

在离散诸部的对象上,中外学者亦有不同意见。如《官氏志》中"散诸部落"的对象,或谓拓跋部"帝室十姓"(上揭河地重造、胜畑冬实文。李亚农则限定于进入中原内地的拓跋部),或谓"帝室十姓"与"内入诸姓"(古贺昭岑),或谓"四方诸部"(宫川尚志),或谓"内入诸姓"与"四方诸部"(马长寿、李凭),或谓"帝室十姓"、"内入诸姓"与"四方诸部"(内田吟风)。又如"离散诸部"、"散诸部落",所"离散"的是部落联盟还是大部族,或者部落联盟和大部族之下的小部落?《官氏志》称"散诸部落始同为编民",是如《贺讷传》所说的"其君长大人皆同编户",还是包括其所属部落民也成为"编户"? 这些通过离散诸部而产生的"编户"、"编民",与一般郡县制政区中的编户齐民是否完全相同? 同样存在着不同看法,而所有这些问题不仅关系到如何理解"离散诸部"制度本身,而且影响到对离散诸部政策与领民酋长制二者关系的理解。

以上关于离散诸部的研究,如松下宪一所总结的②,主要有对立的两说,一是部族制解体,部民编户化乃至农耕化,这是传统的旧说("前说"),当然,此说也不否认有些部落不在离散之列;一种是部族制的再编(重组),即把部族联合体下的各个部族分断(分割),这是新起的"后说"。而原部族首领(部落酋长)与部民、国家的关系,与"前说"相应的是部族首领丧失对部民的统治权,部民作为编户直属国家;与"后说"相对应的部落首领对部民仍有统治权,国家通过部族首领对部民进行统治。对与离散诸部密切相关的领民酋长制的理解也有对立的两说:一是领民酋长制是针对部族解散对象之外的特殊部族,这是传统的一般理解;一是领民酋长制并不限于边境,即使畿内作为部落解散对象的部落,也曾实施此制,如前揭川本芳昭论著,他将领民酋长视为"北魏时代率领部落的酋帅的名称",畿内既有酋帅存在,也就有部落及领民酋长存在。此

---

① 也有学者对田余庆先生所论贺兰部离散过程中的史实问题,以及所述具体离散过程与通常认为的离散诸部内涵之间所存在的矛盾,提出了有根据的质疑。详见张金龙:《读史札记》之一"关于贺兰部研究的质疑",载氏著《北魏政治与制度论稿》,甘肃教育出版社,2003年;上揭同氏《北魏政治史·二》第四章第四节"离散部落:游牧向农耕的转变"。还有年轻学者撰文"就(部落)离散的时间、内涵及目的与唐长孺、周一良、田余庆诸名家商榷",提出了一些新的看法,学术勇气可嘉。但细绎其文,可知有的意见,如所论离散部落的目的和作用,实质上与被商榷者唐氏、田氏以及作者未提及的马长寿氏的意见并无不同。有的意见,如认为"北魏离散部落,只是将大的游牧部落分解为若干小部分……部族组织仍在一定程度上存在"云云,实际上与上文介绍的日本学者松永雅生、川本芳昭诸氏的意见相同。见杨恩玉:《北魏离散部落与社会转型——就离散的时间、内涵及目的与唐长孺、周一良、田余庆诸名家商榷》,《文史哲》2006年第6期。
② 详见上揭松下宪一:《北魏胡族体制论》,第14—15、29—30、24页。

外还有直江直子主张的第三说。

直江氏认为领民酋长制是为了统治作为"部族解散"对象的旧部民（北族国民）而设置的制度，不同于部族制下的酋帅，而是一种行政官员的称号，对于北族国民来说则是他们联系北魏国家的代表。直江直子还提到魏末尔朱荣执政时曾给许多北族出身者授予领民酋长称号，意味着北族地域社会仍是一个保持北族传统的社会，而这种领民酋长所率部落，可以说是一种拟制的部族制①。实际上在此之前，上揭胜畑冬实《北魏的部族支配与领民酋长制》即指出，关于领民酋长的记事，大多出于《北齐书》《周书》，而领民酋长的大多数，都是魏末特别是六镇之乱后尔朱荣授给投奔他的诸北族人物的，而领民酋长的实体化、制度化乃至世袭化，与之相应的北魏部落组织的解体、破坏，也是从魏末开始的。鉴于部族解散与领民酋长制不是同时发生的，二者并无直接关系，领民酋长也不是从魏初以来就恒常设置的。相对于学界对领民酋长制的一般理解，包括认为魏末以降领民酋长制发生变化的学者，胜畑氏的说法都独具特色。近年来吉田爱在胜畑氏基础上更进一步，论证得出："史书中所见'领民酋长'，可理解为对北方游牧社会具有很大影响力的酋长，是为了将他们纳入自己麾下的尔朱荣所创设的官爵，曾为尔朱荣部下的高欢也曾沿袭此制，从而在北齐的官制中也留下了领民酋长的官称。"②严耀中先生此前曾指出领民酋长是一种"有名无实的封爵"③，上揭直江直子认为领民酋长是一种"行政官员的称号"，但吉田爱认为领民酋长制是尔朱荣所创设，则是前所未有之说，若胜畑、吉田二氏之说成立，对于史籍所见北魏初以来的领民酋长都要重新考量。

最早研究领民酋长制的周一良先生就已指出，领民酋长在魏末北镇之乱后"由部落酋长衍为不领部落之虚号"④。张旭华曾对《隋书·百官志》中所载北齐作为流内比视官的领民酋长、庶长和不领民酋长、庶长进行探讨，认为北齐此制"使北魏以来的世袭领民酋长及其享有的各种政治、经济特权由此被固定下来，并得以法令化和制度化"。由张氏指导的段锐超君的博士论文则认为北齐此制体现了领民酋长制的"序列化"、"虚号化"⑤。松下宪一称尔朱荣实

---

① 直江直子：《"领民酋长"制和北魏的地域社会觉书》，《富山国际大学纪要》第8号，1998年；同氏：《北朝北族传——侯莫陈氏》，富山国际大学图书馆委员会编：《人文社会学部纪要》第1卷，2001年。
② 吉田爱：《北魏雁臣考》，《史滴》第27号，2005年。
③ 严耀中：《北魏前期政治制度》，吉林教育出版社，1990年，第187—193页。
④ 上揭周一良：《领民酋长与六州都督》。
⑤ 张旭华：《北齐流内比视官分类考述（上）》，《郑州大学学报（哲学社会科学版）》2002年第3期，后收入氏著：《魏晋南北朝官制论集》，大象出版社，2011年。段锐超：《北朝民族认同研究》，郑州大学博士论文，2014年，第63—72页。

施的领民酋长制将没有血缘关系的北镇流民降户纳入到部族制中去,是一种"拟制的部族"。这种领民酋长制虽为北齐所存续,但没有部民的酋长即"不领民酋长",只是一种"有名无实"的、"形骸化"的称号而已①。以上学者所论领民酋长在北朝后期的"虚号化"、"形骸化"、"拟制的部族",都是相对于此前领民酋长的实体化、实际存在的部族制而言的,不能据以否定魏初以来领民酋长及其所依托的部族制的存在。唐长孺先生曾指出北魏有"两种类型的领民酋长":"一种是老的世袭酋长,通过朝廷的任命和分封确立他们的家族在经济上和政治上统治部落的地位。另一种是新选拔出来的酋长,他们是在部落进一步瓦解,阶级急遽分化或发生变化的形势下产生的,也是通过北魏政权的委任而确立他们在所谓'部落'内的统治地位。"②这应是切合历史实际的平情之论。

综上所述,可知对北魏离散诸部、领民酋长制的理解,关系到对北魏社会政治体制及其历史走向的把握。上述强调北魏胡族体制特征的研究新动向,虽不足以否定北魏道武帝离散诸部在拓跋政权从部族联盟国家向中原王朝式国家转型中的重大作用和重要意义,却提示我们要高度重视这一特征对政区设置在内的北魏政治体制的影响。对汉族农耕民和北族游牧民分别治理的所谓胡汉二重统治体制,亦即胡汉分治体制,对于政治上的统治民族即胡人中占极少数的"胡人统治者",与胡人中"占绝大多数的"不同种族的"被统治者胡人",亦采取不同政策即所谓"胡胡分治"③,仍是十六国时期及北魏前期基本

---

① 上揭松下宪一:《北魏胡族体制论》,第48—49页。
② 唐长孺:《北魏末期的山胡敕勒起义》,《武汉大学学报》1964年第4期(与黄惠贤联名发表)。后收入氏著《山居存稿》,中华书局,1989年。
③ 所谓"胡胡分治",即五胡诸国统治民族与其他胡族(论者或称"异民族")的分治,陈寅恪先生很早就指出这一点,认为"北朝民族问题极为复杂",不仅有胡汉关系问题,也有各胡族不同种族间关系即胡胡关系问题,北魏之所以不能很快"一举并吞南朝",端在于此。说见上揭万绳楠整理:《陈寅恪魏晋南北朝史讲演录》,第229—235、271—275页。周一良先生亦曾指出,"其实五胡诸国境内种姓复杂,胡汉关系之矛盾冲突固有可论,即胡族与胡族间之关系亦颇有值得探索者",并在多篇论文中探讨此问题。周氏:《乞活考》《北朝的民族问题与民族政策》,均收入上揭氏著《魏晋南北朝史论集》。唐长孺先生对十六国北朝民族融和过程中各类杂胡及鲜卑、氐、羌之间的"相互影响与分解、融和的问题"至为关注,氏撰《魏晋杂胡考》即是讨论此问题的名作(收入上揭氏著《魏晋南北朝史论丛》)。最近有不少学者注意到这一问题。日本学者三崎良章对十六国时期的所谓"异民族统御官"进行了系统研究,实即研究胡胡分治问题。上揭氏著《五胡十六国的基础性研究》第四部《异民族统御官》。近年来陈勇明确提出了"胡胡分治"概念,并在前人基础上结合汉赵史进行了探讨,见氏著《汉赵史论稿——匈奴屠各建国的政治史考察》,商务印书馆,2009年,第18、161页。侯旭东专题研究了北魏对待境内胡族部落的两种政策,即相机逐步推行"离散部落"将部民编户化,以及在胡族聚居区设立旨在羁縻、镇抚的护军、军镇等。侯氏:《北魏境内胡族政策初探——从〈大代持节豳州刺史山公寺碑〉说起》,《中国社会科学》2008年第5期,后收入氏著(文题略有改动)《近观中古史——侯旭东自选集》,中西书局,2015年。

的国家体制。这种国家体制正是十六国北朝特殊政区存在的深层次原因,在最体现"胡族体制"特征的特殊政区"领民酋长制"上表现得也最为显著。

众所周知,十六国时期的"胡族体制"特征更为突出,北魏初即开始着手克服"胡族体制"特征,至孝文帝汉化改革,"胡族体制"特征在加速消失,尽管北朝后期还有曲折,因而在逻辑和历史上,这一体制变迁的过程与十六国北朝特殊政区的发展演变过程大体一致,这从本章下文所讨论的领民酋长制发展演变的具体过程可以得到证明。本节不惮辞费,对有关领民酋长制以及与之密切相关的离散诸部等问题的先行研究作系统回顾与反思,实际上因为它不仅关系到领民酋长制,而且能折射出十六国北朝时期各类特殊政区发展演变的背景、进程及意义等问题。下文将在前人研究基础上首先考述此期的离散诸部、领民酋长制及相关问题。

第二节 十六国时期的"离散诸部"与"领民酋长"

一、十六国时期的"离散诸部"

刘宋何法盛《晋中兴书》称"胡俗以部落为种类",《晋书》卷97《四夷·北狄匈奴传》称"北狄以部落为类。其入居塞内者有屠各种、鲜支种……凡十九种,皆有部落,不相杂错"[1],可见北族的"部落"是具有血缘关系的种族集团("种"、"种类"),是具有排他性、区分性的社会组织单位,这种血族集团同时也是政治集团[2]。羌人社会各群体在文献中例称"种"(或"种类"),诸胡部落或称"种落",均隐含其成员间具有以血缘为基础的共同起源关系的意蕴[3]。

内田吟风根据《三国志》、《后汉书》南匈奴、乌丸(桓)、鲜卑诸传及王沈《魏书》等资料[4],对后汉时代南匈奴、乌桓、鲜卑等族的社会政治组织进行了考

---

[1] 《文选》卷43,丘迟《与陈伯之书》"部落携离、酋豪猜贰"句注引《晋中兴书》(中华书局,1977年,第609页)。《晋书》卷97,第2549页,《晋书·北狄传》所载当本于《晋中兴书》,但文字略有改动。
[2] 参见上引内田吟风:《北亚史研究——匈奴篇》,第235—236页。
[3] 如《后汉书》卷87《西羌传》所谓"其俗氏族无定,或以父名母姓为种号","种类繁炽","庐落种人","子孙分别,各自为种",以及"犛牛种"、"白马种"、"参狼种"、"研种"、"爱剑种"、"牢姐种"等,其种类多至百数十种,例不胜举。诸胡称"种落"者:氐族,见《三国志》卷30《魏书·乌丸鲜卑东夷传》注引《魏略·西戎传》,第858页;东夷诸族,见同书同卷,第832页,同卷4《魏书·齐王芳纪》,第120页;羌族,见同书卷43《蜀书·张嶷传》,第1052页;匈奴族,见《晋书》卷97《北狄匈奴传》,第2548页;铁弗族,见《晋书》卷130《赫连勃勃载记》,第3201页。余不备举。
[4] 主要根据《后汉书》卷89《南匈奴传》、卷90《乌桓鲜卑列传》;《三国志》卷30《乌丸鲜卑东夷传》及注引晋王沈《魏书》等。

察。指出北族家户以穹庐为居，最基础的社会组织即游牧生产生活单位为"落"，为二三穹庐(帐户)组成的帐幕群，每帐户或家户约七人，每落约二十余人。若干个落组成"邑落"，每邑落约二三十帐户，百数十人乃至二百数十人，由小帅统辖。"数百千落"为"部"，南匈奴一部约四千到一万数千人，部首领为"部帅"、"(部)渠帅"、"部大人"。部一般为氏族名，大的部为支族名，更有包括数十部的部族联合体，其首领为"君长"①。马长寿将乌桓的"邑落"视为与"农村公社性质相近的邑落公社"，"最大的共同体为部，部内的单位为邑落"，关于每部的落数，每邑落的帐户数、每帐户及邑落的人数，马氏均同内田氏。但在马氏的论述中，似乎缺少了内田氏所讲的由二三帐户所组成的"落"这一层级。但马氏又说匈奴的"'落'乃指帐落而言"，每落约五人。另一处又说到乌桓的"所谓'落'，不是邑落，乃指由若干个帐户所组成的帐落群而言"，每"帐落群"有二十余口，可知马氏所说匈奴的"落"，相当于"家"、"户"，而乌桓的"帐落群"，正相当于内田氏所谓二三帐户、二十余人所组成的"帐幕群"即"落"②。后来林幹提出新说，认为"北方游牧民族的'落'通常都是'户'的意思"，"邑落"既是部的基层组织，每个邑落"数十户或数百户均有可能"，其规模要大于内田氏、马氏所说的"邑落"③。黄烈认为马氏的"帐落群"(即内田氏所谓"落")作为一个聚落体没有史料依据，考证指出乌桓、鲜卑所谓"落"，"即家户之意，与邑落有别"，每落约十口④。林、黄二氏关于"落"相当于家、户的意见合理可信，且有较坚实的史料依据。

由上述可知，作为北族社会组织的部族组织结构为：落(帐户)—邑落—部—部族联合体(部落联盟)。在上引有关北魏道武帝"离散诸部"的三条史料中，被离散的部族组织，《官氏志》和《高车传》是"部"和"部落"并称("凡此四方诸部……太祖散诸部落"；"道武时分散诸部……(唯高车)得别为部落")。《贺讷传》称"部"("离散诸部"、"贺兰部")，同传又称"其先世为君长，四方附国者数十部"，刘卫辰攻击贺讷时，讷向拓跋珪"告急请降"，珪"简精骑二十万救之。遂徙讷部落及诸弟处之东界"。则"部"又与"国"、"部落"相通。《官氏志》又称"安帝统国，诸部有九十九姓"，所列"余部诸姓内入者"、"四方诸部"皆称"氏"，

---

① 上揭内田吟风：《北亚史研究——匈奴篇》，第234—235、290页。同氏《《北亚史研究——鲜卑柔然突厥篇》，京都：同朋舍，1975年，第33—34、51页。
② 上揭马长寿：《乌桓与鲜卑》，第28、112、118—121、139页。
③ 林幹：《乌桓社会制度新探》，《社会科学战线》1988年第4期。同氏《匈奴通史》，人民出版社，1986年，第15页。
④ 上揭黄烈：《中国古代民族史研究》，第240—244页。

又作"贺兰诸部氏",则"部"又可称"姓"、称"氏",或"部氏"连称。但"部",特别是由作为最大共同体的"部"("部族联合体"或曰"部落联盟"并非古代文献中固有用语,且其作为政治组织的属性更强)和组成"部"的基层单位或曰基层社会组织的"(邑)落"所合成的"部落"一词①,则是最具代表性的部族组织名称,如上所述,它几乎可以作为各个层级的部族组织的代称,包括作为部族联合体的"国"。至于今日仍常用来指称氏族部落、部落组织的"部族",则属后起之词②。那么,北魏道武帝的"离散诸部"究竟离散的是哪一个层次的部落组织呢? 与之相应的具体内容、过程又是怎样的呢?

如果《官氏志》所载北魏道武帝登国初"散诸部落"属实,那么当时离拓跋魏平定中原还有十年,离十六国时代的结束更要等半个世纪之久。因此,如前文所述,有学者指出道武帝之"散诸部落",乃仿袭十余年前苻秦攻灭代国后"散其部落"的类似举措,实为值得重视的意见,因为新兴的道武帝政权在当时只能算十六国诸政权中的一员,而且还不是重要的一员。下文拟在先行研究基础上③,对苻秦灭代后"散其部落"事略作考述。

在鲜卑拓跋部首领什翼犍统治代国后期,居于黄河以西朔方郡内的铁弗部刘卫辰在代国和前秦间叛服无常,东晋太元元年(376),"刘卫辰为代所逼,求救于秦",秦王苻坚出兵三十万,以刘卫辰为向导,分数路攻代,军锋所向,代军无不大败,病中的什翼犍无法统军,率余众逃至阴山之北,复遭高车部落"四面寇钞,不得刍牧",不得已退回漠南。秦军退后什翼犍返回云中,旋为其长子寔君所杀④,代国遂亡。值得注意的是前秦灭代后的善后处置。《晋书》卷113

---

① 因而史籍中的"部落"二字,内田吟风或点断为"部、落",如上揭氏著《北亚史研究——匈奴传》引用《晋书·北狄匈奴传》"(入居塞内者)凡十九种,皆有部落,不相杂错"句时,就作"皆有部、落,不相杂错"(第235页)。

② "部族"似首见于《旧唐书》,均指部落组织,如卷158《郑余庆附孙郑从谠传》、卷174《李德裕传》,中华书局点校本,1975年,第4169、4521页。《辽史》卷32《营卫志中》始列"部族志",并释"部落曰部,氏族曰族"(中华书局点校本,1974年,第376页)。

③ 最早指出部落解散见于十六国(前燕)而非始于北魏的,是陈寅恪先生,见万绳楠整理:《陈寅恪魏晋南北朝史讲演录》,第105—106页,1947—1948年。其后,有上揭马长寿:《乌桓与鲜卑》,1962年,第262—263页;上揭川本芳昭:《北魏太祖的部落解散和高祖的部族解散——围绕着对所谓"部族解散"的理解》,1982年;韩国磐:《魏晋南北朝史纲》,人民出版社,1983年,第421—422页;上揭李凭:《北魏离散诸部问题考实》,1990年;蒋福亚:《前秦史》,北京师范学院出版社,1993年,第158—159页;上揭太田稔:《关于拓跋珪的"部族解散"政策》,2003年;以上都认为北魏拓跋珪离散部落是仿效苻坚灭代国后"散其部落"的举措,或受其影响和启示。其中太田稔论文考察最称详审,他还追溯了此前诸政权的类似举措,本章对之多有参考利用。

④ 《资治通鉴》卷104《晋纪》孝武帝太元八年十月至十二月条,第3277—3278页。《魏书》卷1《序纪》、卷24《燕凤传》,第16、610页。《北史》卷15《魏宗室传》寔君、窟咄二传,第560、579页。

《苻坚载记上》：

> 翼犍战败……退还阴山。其子翼圭缚父请降，洛等振旅而还，封赏有差。坚以翼犍荒俗，未参仁义，令入太学习礼。以翼圭执父不孝，迁之于蜀。散其部落于汉鄣边故地，立尉、监行事，官僚领押，课之治业营生，三五取丁，优复三年无税租。其渠帅岁终令朝献，出入行来为之制限。

又《南齐书》卷 57《魏虏传》：

> 太元元年，苻坚遣伪并州刺史苻洛伐犍，破龙庭，禽犍还长安，为立宅，教犍书学。分其部党居云中等四郡，诸部主帅岁终入朝，并得见犍，差税诸部以给之。

又《魏书》卷 1《序纪》：

> （昭成皇帝什翼犍三十九年）十二月，至云中，旬有二日，帝崩，时年五十七。

又同书卷 15《昭成子孙列传》(《北史》卷 15《魏宗室传》略同)：

> 寔君者，昭成皇帝（什翼犍）之庶长子也。性愚戆，安忍不仁。昭成季年，苻坚遣其行唐公苻洛等来寇南境。……昭成时不胜，不能亲勒众军，乃率诸部……度漠南，苻洛军退，乃还云中。……献明皇帝及秦明王翰皆先终，太祖年六岁（按：《北史·魏宗室·寔君传》作"年甫五岁"），昭成不豫……而国统未定。……（寔君）乃率其属尽害诸皇子，昭成亦暴崩。……苻坚闻之，召燕凤问其故，以状对。坚曰："天下之恶一也！"乃执寔君及（同谋什翼犍侄拓跋）斤，轘之于长安西市。
>
> 昭成子窟咄。昭成崩后，苻洛以其年长，逼徙长安。苻坚礼之，教以书学。

又同书卷 24《燕凤传》：

> 及昭成崩，太祖将迁长安。凤以太祖幼弱，固请于苻坚曰："代主初崩，臣子亡叛，遗孙冲幼，莫相辅立。其别部大人刘库仁勇而有智，铁弗卫辰狡猾多变，皆不可独任。宜分诸部为二，令此两人统之。两人素有深仇，其势莫敢先发。此御边之良策。待其孙长，乃存而立之，是陛下施大惠于亡国也。"坚从之。

上引《晋书·苻坚载记》称什翼犍为其子翼圭（即拓跋珪）"缚"而降秦，被俘至长安，习礼太学。《南齐书·魏虏传》亦称秦军"禽犍还长安"。按拓跋珪当时

"年甫五岁"(一作六岁),不太可能有如此行事;且珪为什翼犍之孙,而非其子。据上引《魏书》相关纪、传,什翼犍已"暴崩"于其子寔君之手,当时被俘至长安的实另有其人,即什翼犍见存诸子中"年长"的窟咄,苻坚予以优礼,使之入太学读书,而且什翼犍当时年近六十,也不是习礼太学的年龄①。

上引《晋书》、《南齐书》所载什翼犍被逼徙长安,与《魏书》所载不同。如上文及注释中所述,前秦灭代后被逼徙长安的,应据《魏书》为窟咄,而非已"暴崩"的什翼犍。那么,前秦灭代后的措置,综据上引,可概括如下数端。

甲."散其部落","分其部党",也就是离散拓跋代国部族联合体,使之散居于划定的区域内。苻坚接受燕凤的献策,将"代民"以黄河为界分为二部,由匈奴铁弗部酋长刘卫辰和匈奴独孤部酋长刘库仁分统。《魏书》卷95《铁弗刘虎传》称"(苻)坚遂分国民为二部,自河以西属之卫辰",先后委任刘卫辰为左贤王、西单于。同书卷23《刘库仁传》称"苻坚以库仁为陵江将军、关内侯,令与卫辰,分国部众而统之。……自河以东属库仁"。所谓"代民"②、"国民"、"国部众",即拓跋代国部族联合体所属全体部民。上引《晋书·苻坚载记》、《南齐书·魏虏传》称什翼犍兵败、代国被灭后"散其部落于汉鄣边故地"、"分其部党居云中等四郡"云云,应指什翼犍所直属的"部落"、"部党",他们被分散定置在"云中四郡"(云中、定襄、雁门、五原)③的"汉鄣边故地",虽然名义上属

---

① 《晋书》卷9《孝武帝纪》同年十二月条(第228页)、卷113《苻坚载记上》(第2898—2899页),《宋书》卷95《索虏传》(第2321页)、《南齐书》卷57《魏虏传》(第983页),均称什翼犍被秦军俘至长安。《魏书·序纪》(第16页)、《北史·魏宗室传》(第560、579页)则称什翼犍为其子寔君所杀,带到长安的是犍诸子中"年长"的窟咄。清代学者钱大昕(《廿二史考异》卷38《北史一·魏本纪一》,上海古籍出版社,方诗铭等点校本,第606—607页),当代学者唐长孺(上揭氏著《魏晋南北朝史论丛》,第203页)、马长寿(上揭氏著《乌桓与鲜卑》,第263页)、王仲荦(氏著《魏晋南北朝史》下册,上海人民出版社,1980年,第509页《宋书》卷95《索虏传》末"校勘记",第2360页)、蒋福亚(上揭氏著《前秦史》,第158—159页)、田余庆(上揭氏著《拓跋史探(修订版)》,第54—55页)、张金龙(氏著《北魏政治史·一》,甘肃教育出版社,2008年,第169—174页)诸氏,日本学者内田吟风(上揭氏著《北亚史研究——鲜卑柔然突厥篇》,京都:同朋舍,1975年,第110—113。其后又据《宋书·索虏传》所载认为什翼犍曾一度被徙长安,后放回,见同书第118页)、太田稔(上揭氏撰《关于拓跋珪的"部族解散"政策》)诸氏,均持什翼犍未徙长安说。周一良(氏著《魏晋南北朝史札记》,中华书局,1985年,第344—346页)、高敏(氏著《魏晋南北朝史发微》,中华书局,2005年,第271—274页)、万绳楠(氏著《魏晋南北朝史论稿》,安徽教育出版社,1983年,第253—254页)、李凭(上揭氏著《北魏平城时代》,第19—25页)诸氏,日本学者志田不动磨(氏撰《代王世系批判》,《史学杂志》第48编第2、3号,1987年。志田氏之说,系根据上揭内田吟风:《北亚史研究——鲜卑柔然突厥篇》,第95、112页)等,则主张什翼犍被徙长安说。本章取《魏书》、《资治通鉴》之说,认为被苻秦徙至长安为质的实为什翼犍子窟咄,详考不赘。张金龙《北魏政治史·一》曾对此问题作过学术史整理,见该书第169—174页。
② 《资治通鉴》卷104《晋纪》孝武帝太元元年十二月条,第2379页。
③ 参上揭马长寿:《乌桓与鲜卑》,第263页。

于刘库仁所统之黄河东部，①但苻秦既"立尉、监行事，官僚领押"，则与委托二刘管理的其他诸部不同，应为苻秦设官直接管理。上述举措即相当于前引《魏书·官氏志》中对于内附"四方诸部"的"散诸部落"，《魏书》、《北史》贺讷传中的"离散诸部，分土定居"，而被"离散"之前的贺兰部，也是"四方附国者数十部"的大型部族联合体。

乙．剥夺原代国部族联合体首领的统率权。原首领什翼犍，无论是如《晋书》、《南齐书》所载被秦军俘至长安，还是如《魏书》所载被其长子寔君所杀，都不再拥有对原部族联合体的统领权。最可能的是，在什翼犍"暴崩"、其长子寔君被俘并被车裂于长安、原部落联合体被离散之际，苻坚为了防止拓跋联合体重新凝聚而再生，遂将什翼犍"年长"因而最具潜在凝聚力的儿子窟咄带到长安，使其脱离原部族。从十年后拓跋珪复国称代王之际，独孤部酋长刘显进攻代国时仍"迎皇叔父窟咄"，以致拓跋"诸部骚动，人心顾望"，"诸部（大）人谋为逆而应之"，拓跋珪被迫再次逃奔贺兰部②，足可说明窟咄在拓跋部族联合体中的巨大影响力，也表明苻坚之"逼徙"窟咄至长安实为高明之举。为了使窟咄与被离散的拓跋部族保持联系，以便苻秦通过窟咄对原拓跋部族有所羁縻，苻秦要求被离散的"诸部主帅"每年"岁终入朝"时拜见窟咄，并"差税诸部"供养窟咄，以维持二者间的从属关系，这显然也是为了防范被离散的拓跋部族产生出新的联合体首领。按照燕凤对苻坚的献策，因什翼犍孙拓跋珪尚年幼（五六岁），待其长大"存而立之"，可以作为苻秦在原拓跋部族中的代理人。至于届时是否将拓跋珪扣留于长安一如窟咄，或如建安中南匈奴单于呼厨泉被曹操扣留于邺城，另使右贤王去卑归部落"监其国"③，则不得而知。上引《贺讷传》称贺兰部被离散后，"讷以元舅，甚见尊重，然无统领"，最后"以寿终于家"，实即赋闲或曰被控制在京师。

丙．设置官署监管被离散的部落。苻坚将什翼犍"所统部党"即直系部族离散为单个部落、徙置定居于云中等郡的"汉鄣边故地"之后，又设立"尉、监"

---

① 从《魏书》卷2《太祖纪》称"（苻）坚军既还，国众离散。……南部大人长孙嵩及元他等，尽将故民南依库仁"，同书卷23《刘库仁传》称当时"献明皇后携太祖及卫、秦二王自贺兰部来居（刘库仁部）焉"，亦可知。《魏书》卷2、卷23，第19、604—605页。
② 《魏书》卷2《太祖纪》，第20—21页。"诸部大人谋为逆而应之"句，《魏书》无"大"字，应据《北史》卷1《魏本纪》补（第10—11页）。《魏书》卷23《刘库仁附刘显传》，第606页。《北史》卷15《魏诸宗室·窟咄传》，第579页。
③ 《三国志》卷30《乌丸鲜卑东夷传》，第831页；《后汉书》卷89《南匈奴传》，第2965页。

等"官僚领押",实行监视、监督。分统东西二部的刘卫辰、刘库仁,苻坚均"各拜官爵"①。刘卫辰被授予匈奴官号(右贤王、西单于),意在突出他的匈奴铁弗部酋长的身份地位,而且他的主要职责是"督摄河西杂类"即原属拓跋部族联合体的诸北族部落。分统东部的刘库仁被授予陵江将军、关内侯,后来苻坚又数次进(将军)号、赐妻,"给幢麾鼓盖,仪比诸侯",以至于位在卫辰之上,导致"素有深仇"的二刘从此争战不已。实际上二刘都是苻坚在代国故地的代理人,以监管从拓跋部族联合体中离散出来的诸部落,只是相对于设立尉、监实施直接监管的什翼犍直系部落,二刘所统部落及其所监管的"河西杂类"等部落,则是通过二刘间接管理的,其自治程度相对更高。至于在二刘之间制造矛盾,使二者相互牵制,"莫敢先发",正是当年燕凤献策能够打动苻坚之所在。道武帝皇始、天兴间"离散诸部"之后,设定了"畿内"以及畿外四方四维的"郊甸",二者的民众构成、农牧分工及管理方式上存在着差别。笔者以为"置八部帅以监之"的"郊甸",大多是如上述二刘所统的自治程度高、甚至未经离散有若高车"别为部落"的游牧群体,仍以畜牧为主业,畿内民众的编户化、农耕化程度则要相对更高一些,大概有类于苻坚"立尉、监""领押""课之治业营生"的什翼犍直属部众②。总之,从拓跋部族联合体中离散出来的部落或直接或间接、或松懈或紧密地受到苻秦国家官僚机构的控管。

丁. 从拓跋部族联合体中离散的部落,其部落组织、部落首领对部民的统治权基本上得以保留。据上引《晋书·苻坚载记》、《南齐书·魏虏传》,被离散部落的"诸部主帅"、"渠帅",每年"岁终"要到长安"朝献",并要拜见被扣留在长安的拓跋部族联合体首领(按:二书指什翼犍,应据《魏书》为窟咄,见上文及注释),诸部"税租"的用途之一就是供养被扣留在长安的原联合体首领。由此可知被离散部族的部落组织、首领及其权力仍被保存下来,尽管这些首领的"出入行来"受到"制限",岁终要赴京师朝献,当然也包括所统部落不可随便迁徙。《魏书·官氏志》称先后附魏的"四方诸部","其渠长皆自统众","四时朝贡","太祖散诸部落"后"始同为编民",但其中相当一部分仍保留部落组织,其首领、部民仍与一般编民有别。其中有的部落首领在魏初被授予领民酋长,自

---

① 《资治通鉴》卷104《晋纪》孝武帝太元元年十二月条,第3279页。《魏书》卷23《刘库仁传》,第604—605页。
② 参上揭唐长孺:《魏晋南北朝史论丛》,第222页;马长寿:《乌桓与鲜卑》,第262—268页;严耀中:《北魏前期政治制度》,第26—48页;李凭:《北魏平城时代》,第53—60页。诸家具体意见并不相同,但认为畿内、畿外在民众构成、社会组织及生活生活方式上有偏重于农或偏重于牧之别,则是共同的。

统部落，自治部众，但同时也受任朝廷官爵，并有率部从征的义务（详下）。

戊. 被离散部落的部众，有"税租"、"差租"即赋役（租税、徭役、兵役）负担，迁徙有"制限"，一同编民，至少已步入编民化和与之相应的农耕化的途程。上引《晋书》称被离散定居于"汉鄣边故地"的什翼犍直系部落，有"官僚领押"，"课之治业营生，三五取丁，优复三年无税租"。"课之治业营生"的"课"，即督课，此前西晋之"课田"，此后北魏孝文帝施行均田制之前"敕在所督课田农"，"课"都有督课农耕、课税之意①。"优复三年无税租"，意味着三年以后仍须交纳税租。而且这三年之内，还有"三五取丁"的徭役兵役，至少如《南齐书》所载还有"差税诸部"以供给被拘留在长安的名誉首领窟咄及其随行人员的负担。"三五取丁"，督课生业，都需要苻秦国家对户口有一定程度的掌握。各部"渠帅出入行来"有制限，一般部民之不能自由迁徙可以推知。所有这些都意味着被离散部民的编民化，以及相应的农耕化，而且三年之后，其税租负担原则上即与一般编户齐民无异。前引《贺讷传》所谓"其后离散诸部，分土定居，不听迁徙，其君长大人皆同编户"，即有类于苻坚灭代后要求被离散的拓跋部落"渠帅岁终令朝献，出入行来为之制限"；前引《官氏志》所谓"登国初，太祖散诸部落，始同为编民"，即类似于苻坚灭代后被安置在"汉鄣边故地"，设置"官僚领押"、"课之租税营生"、承担赋役的被离散部民。

这里还要对被离散部民的编户化稍作探析。前文提到，马长寿先生认为北魏道武帝时的"离散诸部、分土定居"，与登国元年（386）"息众课农"于盛乐附近，登国九年（394）屯田于黄河套北稒阳塞外，皇始年间（396—398）攻占河北后"计口受田"、"更选屯卫"于繁畤实"是一件事"，即解散部落，并将其源头追溯到苻坚灭代国后对拓跋部"散其部落"的处置。李凭亦将这三次与课农、屯田、计口受田有关的举措认定为道武帝时的三次"离散诸部"，"是前秦曾经对拓跋部实行过的所谓'散其部落'措施的翻版"。二氏都强调了从前秦到道武帝时"离散诸部"政策的部民编民化、农耕化性质。秦汉以来所谓"编户"、"编民"，即是载入国家户籍、具有独立身份、承担国家赋役（租税、徭役、兵役）的平民百姓。但无论是苻坚灭代后被离散的原拓跋部族联合体的各个部落，还是北魏拓跋珪时被离散的四方诸部、贺兰部等部落，其部民编民化、农耕化的程度都各各不同，其过程也是动态的。《晋书·北狄匈奴传》称西汉宣帝时匈奴呼韩邪单于款五原塞附汉，"其部落随所居郡县，使宰牧之，与编户大同，而

---

① 参唐长孺：《西晋田制试释》，上揭氏著《魏晋南北朝史论丛》，第50—58页；同氏撰：《西晋户调式的意义》，上揭氏著《魏晋南北朝史论丛续编》，第5页。

不输贡赋"。我们知道当时呼韩邪所率部落,汉"居之(北边)亭郡,委以候望"①,且"不输贡赋",具有相当的独立性,但史籍仍称其"与编户大同",实即指他们臣属于汉,所在郡县对部落的人口、动向有一定程度的掌握而已。汉献帝建安中,执政的曹操命梁习到南匈奴麋集的并州任刺史,当时"胡狄在界,张雄跋扈,吏民亡叛,入其部落",梁习先"诱谕招纳"其"豪右"即酋渠到自己幕府任职,次发其丁壮为兵,然后"稍移其家","其不从命者兴兵致讨",以致"单于恭顺,名王稽颡,部曲服事供职,同于编户"②。至少在梁习任职并州期间,这部分南匈奴部落的"编户化"已达到相当的程度。晋惠帝时,五部匈奴的北部都尉、左贤王刘宣等密谋起事,自称"自汉亡以来,魏晋代兴,我单于虽有虚号,无复尺土之业,自诸王侯,降同编户"③。曹魏分南匈奴为五部以后,仍立部中贵者为帅,不过"选汉人为司马以监督之"、时有奉命出征之义务而已,但其中的王侯仍然痛感"降同编户",当是因为他们及其部曲须"服事供职"朝廷之故,而且诸部帅被限制居住于"晋阳汾涧之滨",与其部众隔离。及至北魏后期,史称为"匈奴别种、刘元海五部之苗裔"的稽胡,"虽分统郡县,列于编户,然轻其徭赋,有异齐民"④。他们是"编户",但仍有异于一般"齐民"。张家山二四七号墓所出《奏谳书》第一条,记男子毋忧自称"蛮夷大男子岁出五十六钱以当徭赋,不当为屯(被遣为都尉屯卒)",又称"有君长,岁出賨钱,以当徭赋"⑤。这位蛮民已被纳入编户化管理,同时又有自己所属的种落君长,据此可知,这种同时接受郡县官府和蛮夷君长双重管理的蛮夷编户,其来有自,且不独见于北族,他们在东汉碑刻和长沙走马楼三国吴简中被称之为"夷民",江陵松柏汉墓出土的西汉简牍中则被称之为"延(蜓)户"⑥。兹摘录《隶续》所载东汉《繁长张禅等题名》如下,以概其余。

> 长蜀郡繁张君讳禅字仲闻。　　故郡掾杨甫字季山。
> 郡掾杨雄字孟孝。　　　　　　议曹掾杨除字伯观。……

---

① 《晋书》卷97,第2548页。同书卷101《刘元海载记》,第2643页。
② 《三国志》卷15《魏书·梁习传》,第469页。《资治通鉴》卷65《汉纪》系于献帝建安十一年(206),第2066—2067页。
③ 《晋书》卷101《刘元海载记》,第2647页。
④ 《周书》卷49《异域上·稽胡传》,北京:中华书局点校本,1971年,第896—897页。
⑤ 《张家山汉墓竹简(二四七号墓)》(释文修订本),文物出版社,2006年,第91页。
⑥ 《隶续》卷16《繁长张禅等题名》,中华书局,1986年,第429—431页。走马楼简牍整理组:《长沙走马楼三国吴简·竹简》,第1册第984、1648号简,文物出版社,2003年;第3册第1926号简,文物出版社,2008年。彭浩:《读松柏出土的四枚西汉木牍》,《简帛》第4辑,上海古籍出版社,2009年,第338页。

民杜孔茂。	民杨伯章。
夷浅口㯳掾赵陵字进德。	夷侯李伯宣。
夷侯杨伯宰。	夷侯牟建明。……
邑长爰文山。	邑长□宰□。……
邑君兰世兴。	邑君宋□□。
夷民□□□	夷民□度山。
夷民李伯仁。	夷民□□□。
夷民爰□世。	夷民□长生。……
白虎夷王谢节。	白虎夷王资伟。①

其中的"夷侯"(凡九人)、"邑长"(凡三人)、"邑君"(凡三人)、"白虎夷王"(凡二人),即是"受中国封拜"的"蛮夷君长"②、云梦秦简中所谓"臣邦君长"③,"夷民"(凡六人)则是接受郡县官府和夷王、侯、君双重管理的编户,往往要承担兵役,但在租税上、与国家的关系上又不同于一般编民④。总之,如古贺昭岑所指出的,"不应根据北魏部族解散时的'始同为编民'、'皆同编户'记载,就认为(代国)国人马上就抛弃了以前的游牧生活,编户定居变成农耕民了"⑤。他们中的大多数还将长期延续游牧部落生活。要完全编户化、农耕化,前面还有很长的路程要走。

  以上对苻坚灭代后"散其部落"五条内容的分析⑥,以及通过与拓跋珪"离散诸部"进行对比,表明二者有诸多相似之处。准上举五条,十六国时期的离散部落,绝不止于苻秦,苻秦也不止于灭代国后一例,而是五胡诸国相互兼并战争中对失败者一方经常采取的处置措施,甚至还可以上溯到更早的时代。为省篇幅,兹举一例,即苻坚败匈奴右贤王曹毂后离散其部族事,以概其余。

---

① 《隶续》卷16,第429—430页。
② 《三国志》卷30《乌丸鲜卑东夷传》裴注引《魏略·西戎传》,第858页。《后汉书》卷86《南蛮西南夷列传》,第2841页;同书同传又载安帝永初二年(108)"青衣道夷邑长令田……举土内属。安帝增令田爵号为奉通邑君",第2857页。
③ 《睡虎地11号秦墓竹简·法律答问》,陈伟主编:《秦简牍合集·释文注释修订本(壹)》,武汉大学出版社,2016年,第210—211、226页。
④ 请参考王素:《说"夷民"——读长沙吴简札记之二》,《故宫博物院院刊》2004年第5期。中村威也:《中国古代西南地域的异民族——特别是关于后汉巴郡的"民"和"夷"》,《中国史学》第10期,2000年。魏斌:《古人堤简牍与东汉武陵蛮》,《历史语言研究所集刊》第85本第1分,2014年。
⑤ 上揭古贺昭岑:《关于北魏的部族解散》。
⑥ 以上五条分析,对上揭唐长孺、马长寿、李凭、古贺昭岑诸氏论著均有参考,对太田稔《关于拓跋珪的"部族解散"政策》参考犹多。但也有诸多不同意见,如认为被离散定居于"汉鄣边故地"的部落可能属于什翼犍直系部众,苻秦在处置上与对待刘卫辰、刘库仁所统其他旧代国诸部落有别。

《晋书》卷113《苻坚载记上》：

> 匈奴右贤王曹毂、左贤王卫辰举兵叛，率众二万攻其杏城已南郡县……坚率中外精锐以讨之，以其前将军杨安、镇军毛盛等为前锋都督。毂遣弟活距战于同官川，安大败之，斩活并四千余级，毂惧而降。坚徙其酋豪六千余户于长安。……邓羌讨卫辰，擒之于木根山。坚自骢马城如朔方，巡抚夷狄，以卫辰为夏阳公以统其众。毂寻死，分其部落，贰城已西二万余落封其长子玺为骆川侯，贰城已东二万余落封其小子寅为力川侯，故号东、西曹。

参据《资治通鉴》有关记事①，可知曹毂、卫辰叛秦在晋哀帝兴宁三年(365)七月。八月曹毂兵败降秦，秦徙其酋豪于长安。这类似上举"甲"条、"乙"条，即离散部落，将曹毂酋豪集团集体移徙长安，与其部民隔离。十一月，秦又"以曹毂为雁门公，刘卫辰为夏阳公，各使统其部落"，原徙长安的酋豪六千余户应当还归曹毂所统。这类似上举"丙"条，因为曹毂虽然恢复了对原部族的统领权，但他受拜苻秦公爵，在某种意义上可视为苻秦的代理人。当时朔方民族关系异常复杂，正在积极筹备统一中原的苻坚显然试图通过建立代理人笼络当地豪酋，以稳定当地局势。两年后，曹毂死，秦又将其部落一分为二，使之在指定的区域里分别定居，这仍属"甲"条，是对曹毂部族的进一步离散。苻坚最初将曹毂酋豪集团悉数强迁长安，大概是想彻底解散其部落，完成其部民的编民化，如果遂行，这将是上举"戊"条。看来并不成功，于是任命曹毂、卫辰为二公各统其部落，显然是为了防止这两支原属于什翼犍拓跋部族联合体的匈奴部落重新凝结成新的联合体。以贰城为界的东西二曹，使我们很容易地联想到苻坚灭代后让刘卫辰、刘库仁以黄河为界分统河西、河东原代国部众。东、西曹原有的部落组织及其酋豪，包括基层的"落"，仍得以保存，这是上举"丁"条。苻秦对曹毂的部族统领权既能予取予夺，对其所统部民自然也有支配权，尽管是间接的。在这种意义上说是他们是苻秦的编民也未尝不可，这从当时渭北、朔方其他北族部落与苻秦的关系也可以推知(详下)。

类似上举苻秦、拓跋魏之离散诸部，至迟可以上溯至东汉、曹魏时期。内迁南匈奴自东汉初年以来虽仍保留部落组织，却始终"受地方官的管理，或派遣监督"。建安二十一年(216)，曹操使南匈奴右贤王去卑诱呼厨泉单于来朝，

---

① 《资治通鉴》卷101《晋纪》哀帝兴宁三年七月、十一月条；同卷同纪海西公太和二年五月条，第3200—3201、3206页。参《晋书》卷8《海西公纪》，第210页。

然后抑留邺城为质,而以去卑"归监其国"。这是上举"乙"条。继而"听其部落散居六郡","分其众为五部,部立其中贵者为帅,选汉人为司马以监督之"。这是上举"甲"条、"丙"条。各部仍统数千、上万"落"部民,这是上举"丁"条。至于"戊"条即南匈奴部落的编户化,如上所述,汉献帝建安中梁习任并州刺史时就已有实行。值得注意的是,五部中"部族(实力)最强"的左贤王刘豹部,在曹魏时邓艾即建议将其分为二部,入晋以后,"咸熙之际,以(刘豹)一部太强,分为三率。泰始之初,又增为四",并以刘豹之子刘渊质于洛阳。此外,例由刘氏出任的五部帅被集中定居于"晋阳汾涧之滨",与其部民隔离。这些显然是对五部匈奴的进一步离散。①

如前所述,五胡诸政权不仅实行胡汉分治,也实行胡胡分治,其统治民族往往与其他胡族结成政治军事联盟。前后赵、前后燕、前后秦等政权,均曾立大单于,以统辖胡族人民,所谓"镇抚百蛮"、"统壹百蛮"、"主六夷"。大单于或由皇帝(王)自兼,或以太子兼领,其左右贤王(或左右辅)以下,"皆以胡、羯、鲜卑、氐、羌豪桀为之"。刘渊曾以其子刘聪任大单于。刘聪即位后以异母弟刘义为皇太弟领大单于,"氐、羌酋长属焉","单于左右辅,各主六夷十万落,万落置一都尉"。刘粲诬杀刘义后,"收氐羌酋长十余人","氐羌叛者十余万落"②。这些隶属于大单于台的六夷部落多被定置于汉赵首都平阳附近,其大小酋豪则为大单于系统中左右贤王以下的各级官属,部众则被组编成国家军队。总之,他们已远离本部族原聚居区,在某种意义上原部族共同体或其联合体已被离散、解体。靳准叛杀刘粲后石勒起兵勤王,先后有"羌羯降者四万余落","巴帅及诸羌羯降者十余万落",石勒皆"徙之司州(邺城)诸县"③。石虎曾徙"关中豪杰及氐羌"十余万户于关东,苻坚的祖父、氐族酋长苻(蒲)洪受任流民都

---

① 以上综据:《后汉书》卷89《南匈奴列传》,第2965页。《三国志》卷1《武帝纪》,第47页,同书卷28《魏书·邓艾传》,第776页。《晋书》卷97《四夷·北狄匈奴传》,第2548页;同书卷101《刘元海载记》,第2645页;同书卷56《江统传》,第1534页。《资治通鉴》卷67《汉纪》献帝建安二十一年七月条,第2146—2147页。《太平御览》卷119《偏霸部》引崔鸿《十六国春秋·前赵录》,中华书局,1985年,第574页。参见上揭唐长孺:《魏晋南北朝史论丛》,第134—135页;马长寿:《北狄与匈奴》,三联书店,1962年,第84—88页;周伟洲:《汉赵国史》,广西师范大学出版社,2006年(初版:山西人民出版社,1986年),第10页。上揭陈勇:《汉赵史论稿——匈奴屠各建国的政治史考察》,第103、110页。
② 《晋书》卷102《刘聪载记》,第2665、2675页;同书卷104—105《石勒载记》,第2730、2746页;同书卷106《石季龙载记上》,第2762页。《资治通鉴》卷99《晋纪》穆帝永和八年正月条,第3122页。参上揭周伟洲:《汉赵国史》,第165—168页。
③ 《晋书》卷104《石勒载记上》,第2727—2728页;同书卷116《姚弋仲载记》,第2960页。《资治通鉴》卷95《晋纪》成帝咸和八年十月条,第2989页。

督,率氐众等"戎晋"流民二万,被徙置于枋头,羌族酋长姚弋仲受任西羌大都督,率羌族"部众数万",被徙置于清河滠头。他们也都远离本民族聚居地,常奉命率部出征,故苻洪部下因战功"赐爵关内侯者二千余人"[1]。苻坚灭前燕,"徙关东豪杰及诸杂夷十万户于关中,处乌丸杂类于冯翊、北地,丁零翟斌于新安"[2]。所有这些被徙置于指定地区的胡人部族,都可以归之于"离散诸部"的范畴。

前文谈到田余庆先生曾对贺兰部、独孤部的"离散部落"个案进行过研究,称贺兰部被离散四到五次:北魏昭成帝建国二十年(357),贺兰部首领"贺赖头率部落三万五千降于(前燕慕容)儁",被徙置于代郡平舒城。田先生说此事相当于《贺讷传》中的"分土定居,不听迁徙"。道武帝登国三年(388),贺兰贺赖头部被后燕徙于龙城。登国五年(390),贺兰贺讷及诸弟所部降于拓跋部,被徙处"东界"。登国六年(391),贺兰贺染干部被徙置中山。皇始三年(398),贺兰贺讷部被"离散",讷"无统领"。独孤部则被离散三次:道武帝登国二年(387),独孤刘显部为后燕徙置中山;皇始元年(396),独孤刘亢泥部被北魏徙置平城。天兴元年(398),先后徙置平城的独孤部在平城被纳入"计口受田"之列,其部民进一步编民化、农耕化[3]。如果我们不斤斤于"离散诸部"诸要素中标志着"完成时"的"戊"条("编民化、农耕化")——它本来就是一个缓慢的、长期的、动态的过程,而更加注重部族联合体被解散,联合体首领的统领权被剥夺或被重新授权,部民被徙置、被控管,如上所述,五胡诸国中的"离散诸部"就是非常普遍的现象。

二、十六国时期的"领民酋长"

北族社会体制的特点是社会组织与军事、政治组织的合一。王明珂曾将汉代北族的政治组织划分为三种类型:正北的蒙古草原的匈奴国家,是中央化、阶序化的游牧帝国;东北的森林草原的鲜卑、乌桓等,为部落联盟的政治体制;西北甘青高原东缘河谷地带的西羌,尚处于分裂(分枝)性结构、不相统属且经常相互掠夺的众多"部落"(其中多为"邑落"层级)中[4]。上述政治组织都是建立在游牧部落的固有社会组织——不同规模的血缘集团即部族组织之上

---

[1] 《晋书》卷112《苻洪载记》,第2867页。
[2] 《晋书》卷113《苻坚载记上》,第2893页。
[3] 上揭田余庆:《拓跋史探(修订本)》,第52—81页。
[4] 王明珂:《游牧者的抉择:面对汉帝国的北亚游牧部族》,广西师范大学出版社,2008年,前言,第56、144—150、188—193、212—219、239—242页。

的,即使如权力集中程度较高的匈奴帝国,亦可视为"地方性政治在更高联合层面上的复制"。而西北河湟地区的羌、氐族群,"不立君臣,无相长一"①,"基本的游牧单位(落、邑落)既是游牧生产的单位,也是游牧政治的核心"。部落酋长在地方上保留着相当大的"自治权"②。因此当他们内部协商或与外部世界打交道时,出面的部落首领有时多达数百人之众③。尽管他们要受到所在州郡的管理,有的部族首领"受中国封拜","然故自有王侯在其虚落间"④,即部族内部仍维持着传统的固有秩序。

东汉以来内迁诸胡直到西晋末仍保持着各自的部落组织⑤,部落首领以往的名号、地位也得以保留下来⑥。如上所述,十六国及北魏初期对被征服的或者主动降附的部族虽曾推行"离散诸部"政策,但被离散部族的部落组织依旧,国家主要通过其部落首领对部民实行间接统治。前文谈到道武帝推行的领民酋长制与其"离散诸部"有相应关系,道武帝之离散诸部不过是前袭苻坚故智,那么,苻秦是否也有类似"领民酋长"之制呢?

上文谈到苻坚灭代国前十年(苻坚建元元年,365)平定"匈奴右贤王曹毂、左贤王卫辰"之叛后,对二刘所部采取了解散部落的处置。事后苻坚又亲自"自骢马城如朔方,巡抚夷狄",进一步离散曹毂部为"东西曹"。田余庆先生慧眼独具地注意到,"从苻坚出行路线看,是对散在朔方各族的大巡视,大扫荡,大整顿",田先生还联系到金石书所著录的前秦《郑能进修邓太尉祠碑》、《立界

---

① 《后汉书》卷87《西羌传》,第2869页。
② 巴菲尔德著,袁剑译:《危险的边疆:游牧帝国与中国》,江苏人民出版社,2011年,第6—11、48—49、52页。参上揭王明珂:《游牧者的抉择:面对汉帝国的北亚游牧部族》,第142—147页。
③ 西汉宣帝元康三年(前63),先零羌曾与"诸羌种豪二百余人解仇交质盟诅"。东汉章帝章和元年(87),护羌校尉张纡一次诱杀前来投降的迷吾种羌"酋豪八百余人"。桓帝延熹七年(164),诸种羌"酋豪三百五十五人率三千落"诣护羌校尉皇甫颎投降,一酋豪所率部民不足九落。即使"数百千落自为一部"即已形成部落联盟的乌桓,在东汉光武帝建武二十二年(49),"辽西乌桓大人郝旦等九百二十二人率众向化",作为部族的代表也是上千位头领。分别见:《汉书》卷69《赵充国传》,第2972页;《后汉书》卷87《西羌传》,第2882页;同书卷65《皇甫颎传》,第2147页;同书卷90《乌桓鲜卑列传》,第2982页。
④ 《三国志》卷30《魏书·乌丸鲜卑东夷传》注引《魏略·西戎传》,第858—859页。
⑤ 唐长孺先生指出内迁诸胡大都仍保存其部落组织。氏撰《晋代北境各族"变乱"的性质及五胡政权在中国的统治》,氏著《魏晋南北朝史论丛》,第134—139页。黄烈先生则强调内迁诸胡的部落组织,直到西晋末都始终得以保持。黄烈:《中国古代民族史研究》,人民出版社,1987年,第331—335页。
⑥ 内田吟风曾以《晋书·北狄传》所载五部匈奴使用单于号、左贤王以下王号为例,指出在整个魏晋时代匈奴官称都被保存下来,上揭内田氏《北亚史研究——匈奴篇》,第278页。最近陈勇对汉赵时期匈奴王号进行了深入的实证研究,见陈氏:《汉赵国官制拾零》,载上揭氏著《汉赵史论稿——匈奴屠各建国的政治史考察》。

石山祠碑》,指出"这两通碑铭年代分别为苻秦建元三年(367)和四年,正与苻坚扫荡朔方的时间建元元年衔接","两碑所涉区域,正是苻坚时或稍前徙置诸胡最为集中的地方","两碑主要内容都是军政人员会同当地官佐和部族酋豪勘定某个特定部族所驻地界","这正是苻坚巡抚朔方、扫荡群胡的后续行动"①。田先生的发明对本章的论题提供了宝贵的启示。上述两通前秦碑,经马长寿先生比勘校录并详加考证,已颇便利用②,值得我们特别注意的是碑中的部落首领。

《邓太尉祠碑》为前秦冯翊护军郑能进建立。冯翊护军下辖五部城堡,"夷类"即各种部族共十二种,其下详记军府吏属的姓名表字,其中以西羌军吏最多,共十九人,占军吏总数二十九人的68%以上。最后一名为"治下部大钳耳丁比"。《宋书·氐胡传》称"羌之酋豪曰大";《资治通鉴·晋纪》"怀帝永嘉二年七月'氐酋单征并降于汉'"条《考异》称"当时戎狄酋长皆谓之'大'";同书同纪"怀帝永嘉元年九月"条胡三省注"胡部大":"胡人一部之长呼为部大。"③则"治下部大钳耳丁比"显然是冯翊护军境内的西羌部落大人,他似乎没有担任冯翊护军府的军吏之职。那么碑中所列分别担任"军参事"、"军门下督"、"军功曹"的另外三位钳耳姓,以及担任军职的其他西羌大姓,如七位雷姓、三位罋姓等,他们是否也是"部大"呢? 马长寿先生认为当时的"关中西羌已经分化为编户和部落两种",部大所管理的就是无名籍的部落之民。

《立界山石祠碑》(旧沿《金石萃编》著录多作《广武将军□产碑》)首叙碑主家世,次述碑主(渭河以北一城镇之显官)会同当地显要与冯翊护军苟辅、抚夷护军(?)三分疆界之事,以及疆域内部族、吏民等情况,末为铭文。碑侧及碑阴题名中罗列的文武官秩甚众,可分为三类,第一类属军府系统,第二类属郡县系统,第三类属部落系统。第三类中称大人者一人,即大人白平君(其姓名泐缺),白姓为龟兹人;称酋大者二十四人;称部大者三十四人④。马先生指出,称酋大者,绝大多数为西羌酋帅,称部大者多系氐酋和杂胡的酋帅,题名总人数一百三十四人中,部族姓氏一百一十四人,占总数84%以上,其中最多的是

---

① 上揭田余庆:《拓跋史探(修订本)》,第170—173页。
② 马长寿:《碑铭所见前秦至隋初的关中部族》,中华书局,1985年,第12—38页。下文所引碑文即据马书校录本,相关论述亦多据马说。
③ 《宋书》卷98,第2412页;《资治通鉴》卷86,第2738、2731页。
④ 据上引马氏书第24—25页之间照原式抄录的《立界山石祠碑》释文插页。碑文泐缺甚多,此数字据释文统计,其中酋大一人"酋"后脱"大"字;部大四人"部"后脱"大"字,又有"□大秦熙","大"前应脱"部"字,因后文有"部大秦度地"、"部大秦道成"。马先生称"酋大和部大之名前后凡六十余见",大概包括已泐缺部分。

西羌姓，其次是氐姓。西羌人称将军者六人，称酋大、部大者三十五人，占部族将吏总数的一半以上。大部分羌户"仍在本族大姓部大的统治之下，过着落后的部落生活"。

《邓太尉祠碑》有多位西羌军吏，不带部大、酋大称号，唯一一位部大身无军职。《立界山石祠碑》中称酋大、部大者近六十人，以部落首领而兼军政职任者仅"扬威将军酋大白安"一人，而以部族大姓出任将军、录事、行事、租曹、户曹、功曹、兵曹、主簿、寺门者为数众多。我们更倾向于这些担任文武吏职的部族大姓同时也身为部落首领，他们所统领的部民同时也是冯翊护军治下的"编户"，即上文中谈到的生活在双重治理体制下的"夷民"。

两碑题名反映了苻秦境内自渭河以北至于朔方，散布着氐、羌及众多杂胡，"夷类"部族。在护军、郡县之下，是一个个各有酋豪统领的部落，与王明珂所谓西北河湟地区羌、氐族群"不立君臣，无相长一"的分枝性政治结构特征颇为相合。部民通过酋豪接受苻秦地方政权的管理。冯翊护军、抚夷护军等地方政军机构之间勘分疆界，需要这些小型政治体或曰地方基层组织的首领即部落酋豪参与，一方面表明他们的部落组织及其所据区域得到了官方认可，另一方面诸护军之间的地界勘定也需要得到所在部落的认可。这些见于两碑题名的大人、酋大、部大，在自然状态下的日常部落生活中，他们为部众所拥戴，自治其部落，所谓"自有王侯在其虚落间"，而在与官府发生关系时，他们是官方承认的部落首领，大人、酋大、部大遂被纳入到前秦的地方职官体系中，其部落也就带有了基层政区的性质。

新近出土的《前秦梁阿广墓表》，碑阳刻字九行，行八字（转行以/隔开）：

> 秦故领民酋大牙门/将、袭爵兴晋王、司州/西川梁阿广。以建元/十六年三月十日丙/戌终，以其年七月岁/在庚辰廿二日丁酉，/葬于安定西北小卢/川大墓茔内，壬去所/居青岩川东南卅里。①

梁阿广既是"领民酋大"，而且苻秦司州（雍州）安定郡西川县前身即曹魏时为镇抚自凉州徙附雍州的休屠胡梁元碧等种落而设置的西川都尉，加之墓表碑

---

① 银川美术馆编：《宁夏历代碑刻集》，宁夏人民出版社，2007年，第1页。第一行"牙门"原录文作"功门"，罗新：《跋前秦梁阿广墓志》录文作"牙门"，可从。罗文原载中国文物研究所编：《出土文献研究》第8辑，上海古籍出版社，2007年，第235—239页，其录文仍作"功门"，后收入氏著《中古北族名号研究》，录文遂改作"牙门"，北京大学出版社，2009年，第244—252页。又《宁夏历代碑刻集》的录文中"庚辰"误作"甲辰"，"卅里"作"三十里"，今据拓片改正。

阴还有双行刻字"碑表及送终之/具,于凉州作致",梁阿广的"袭兴晋王"爵位,或与前凉张骏时的河州兴晋郡有关联,因此梁阿广极有可能出自凉州休屠胡大姓梁氏①。

梁阿广的"牙门将""袭兴晋王""领民酋大"等官爵中,最值得注意的是"领民酋大"称号。它既令人联想到十二三年前苻秦《邓太尉祠碑》、《立界石山祠碑》中的"酋大"、"部大",也令人联想到六年后开始的北魏道武帝时代所设置的"领民酋长"称号。论者推测前述两碑的"酋大"、"部大"很可能是"领民酋大"、"领民部大"的"略称",考虑到二者如此相似,"领民酋大"应是"领民酋长"的"先驱"或前身②,总之,前秦的"领民酋大"制度与北魏的"领民酋长"制度"颇有渊源",具有"一致性",都体现了把部落的传统政治体制纳入到国家政治体制之内的努力。"北魏承前秦之火德为土德",那么,北魏在政权组织方式上、某些职官制度上学习、继承前秦,"是完全可能的,认为北魏的领民酋长制度是承续自前秦的领民酋大制度的观点,极有可能是成立的"③。这从上文分析的北魏道武帝之"离散诸部",实即取法前秦灭代后之"散其部落",也可以得到证明。领民酋大梁阿广同时担任牙门将、袭爵兴晋王,有如《立界石山祠碑》中酋大白安之任扬威将军,相对于那些仅有酋大、部大称号者,梁、白所领部落,在传统部族体制与国家政治体制之间的结合上更趋紧密。前已提及,这种双重体制下生活的部民,在兼容并包不同社会发展阶段的众多民族的秦汉帝国体制中就已存在,上举前秦祠碑、墓表中的大人、酋大、部大,实即相当于东汉《繁长张禅等题名》中的夷王、夷侯、邑君、邑长,云梦秦简中的"臣邦君长",酋大、部大所统部民则相当于《繁长张禅等题名》、走马楼三国吴简中的"夷人"。类似情况在北魏领民酋长制中同样存在。

前已述及,论者或谓北魏的"领民酋长"多出于成书甚晚的《北齐书》、《周书》中追述先辈的记事,受任领民酋长者多在魏末特别是六镇之乱以后,且多为尔朱荣所任命,因而对魏初以来世袭领民酋长的记载持怀疑态度④,更有论

---

① 说详町田隆吉:《〈前秦建元十六年(380)梁阿广墓表〉试释》,樱美林大学《国际学レヴュー》第18号,2006年;上揭罗新:《跋前秦梁阿广墓志》。
② 上揭町田隆吉:《〈前秦建元十六年(380)梁阿广墓表〉试释》。
③ 上揭罗新:《跋前秦梁阿广墓志》。上揭吉田爱《北魏雁臣考》也注意到《梁阿广墓表》中的"领民酋大",由于吉田氏认为"领民酋长"为魏末尔朱荣所创官爵,与《梁阿广墓表》中的"领民酋大"相距一百五十余年,因而不能明确二者是否有关联性。《魏书》明确记载道武帝时已有领民酋长,且有诸多史例,魏末六镇起事前的领民酋长亦常见诸多种石刻文献。吉田氏的推断是难以成立的。
④ 上揭胜畑冬实:《北魏的部族支配和领民酋长制》。

者径称"领民酋长"制是魏末尔朱荣所创设的官爵①。论者对于川本芳昭将领民酋长等同于部落首领的酋帅,且领民酋长制同样适用于接受"部族解散"的部落的观点,亦持怀疑态度②。实际上最早研究领民酋长制度的周一良先生就将此制的渊源上溯自昭成时代设立的"酋、庶长"制。《魏书》卷113《官氏志》:

> (昭成皇帝什翼犍)建国二年,初置左右近侍之职……又置内侍长四人……其诸方杂人来附者,总谓之"乌丸",各以多少称酋、庶长,分为南北部,复置二部大人以统摄之。时帝弟孤监北部,子寔君监南部,分民而治,若古之二伯焉。

同书卷1《序纪》:

> (昭成建国)二年春,始置百官,分掌众职。③

建国二年(339),什翼犍"始置百官",将诸方"来附"的被总称为"乌丸"的各部族的首领,按所统部民多少分别授予酋长、庶长称号,并分属于南北二部大人"统摄之"。④ 这些官方授任的自领部民的酋长、庶长,与苻秦的领民酋大、部大相类似,实为道武帝时代"领民酋长"的前身。周一良先生指出《魏书·官氏志》所载"酋庶长",同书本纪所载正始三年(506)"诏遣使者巡慰北边酋庶"、延昌四年(515)诏称"朔方酋庶北面所委"中"酋庶",《隋书·百官志》所载北齐流内比视官中的"领人(民)酋长"、"领人庶长"及"不领人酋长"、"不领人庶长"⑤,均同于北魏的"领民酋长"之职,尽管"纪传中则无授领民庶长之号者"⑥。史实亦表明,传世及出土文献中常被称为酋帅、酋豪、酋长、统酋等名目的北魏部落首领,实际上就是领民酋长(见下文)。

---

① 上揭吉田爱:《北魏雁臣考》。
② 上揭松下宪一:《北魏胡族体制论》,第29—30页。
③ 以上分别见《魏书》卷113,第2971—2972页;同书卷1,第12页。参见《资治通鉴》卷96《晋纪》成帝咸康五年(339,即昭成建国二年)五月条,第3030页。
④ 上引《魏书·官氏志》中"其诸方杂人来附者,总谓之'乌丸',各以多少称酋、庶长"一句二十一字,自来理解并无疑义。《资治通鉴》卷96《晋纪》成帝咸康五年五月将上引《官氏志》文字录作:"代人谓他国之民来附者皆为乌桓,什翼犍分之为二部,各置大人以监之。"(第3030页)与《官氏志》原义合。但田余庆先生认为这一句二十一字"大概属于窜简",田先生也不同意"把诸方杂人或他国来附之民不加区别地称为乌桓"(上揭田氏:《拓跋史探》(修订本))第149、142页)。然而若抽去此二十一字,下文"分为南北部,复置二部大人以统摄之"则无所指。将"其诸方杂人来附者总谓之'乌丸'理解为"代人谓他国之民来附者皆为乌桓",不仅司马光,今人马长寿、唐长孺等学者亦作此解,且有其他史料佐证,当然也有与此判断不合的史料存在,此不详论。
⑤ 《魏书》卷8《世宗纪》,第202页;同书卷9《肃宗纪》,第222—223页。《隋书》卷27《百官志中》,第770—771页。
⑥ 上揭周一良:《领民酋长与六州都督》。

就实质而言,"领民酋长"即是从属于某政权,得到官方授权、认可,并被纳入到国家官僚体制特别是地方行政建制中自统其部民的部落首领,他们原本就是部民所拥戴、依归的部落酋长。据之,诸如前文所述的石虎时被分别徙置定居于枋头、滠头的氐族酋长苻洪、羌族酋长姚弋仲,被苻坚离散后分置于贰城东西的匈奴曹毂部的东曹曹寅、西曹曹玺,苻坚灭代后被徙置于黄河东西、分统被离散的原拓跋部族的匈奴铁弗部首领刘卫辰、独孤部首领刘库仁,乃至苻秦境内渭河以北至于朔方星罗棋布的各部族部落的酋大、部大等首领,以及被代王什翼犍分置于南北部之下、"总谓之乌丸"的归附诸部落的"酋、庶长",乃至被道武帝离散徙置的"四方诸部"、贺兰部的大小部落的首领,他们虽然未必都有领民酋长的名号,但他们实际上是自统其部民、自治其部落并得到官方认可、往往还被授予其他官称的"领民酋长"。总之,十六国时代五胡诸国中"领民酋长"制度是普遍存在的,其渊源甚至可上溯至秦汉时代为朝廷所封拜、认可的蛮夷王侯、君长制度,尽管作为授予者、封拜者的中央政权的性质有汉族王朝、非汉族王朝之别,制度设计的初衷或有差异,但以部族自治为手段将这些"异民族"部落纳入到国家官僚体制特别是地方行政建制中,则是共同的。

第三节 北朝的领民酋长

一、魏末六镇起事以前的领民酋长

前文关于先行研究的综述表明,北朝领民酋长制以魏末六镇起事(孝明帝正光五年,524)为界,前后性质有很大变化。有鉴于此,本节讨论北朝领民酋长,分为魏末六镇起事以前、以降两个阶段。又因为北朝领民酋长的先行研究已很充分,故本节在前人基础上先列出分阶段领民酋长一览表(见表8),然后再据以略作分析。

表8 魏末六镇起事(524)以前的领民酋长一览表

姓名(与传主、志主关系)	出自部族/籍贯或住地等	称号(备注)	始任或附魏时间	出　处
尔朱羽健(尔朱荣高祖)	契胡/原居尔朱川,后获赐世业于北秀容川	领民酋长(常领部落,世为酋帅)	北魏道武帝登国初	《魏书》74/1643 《洛阳伽蓝记》1/5—6,上海古籍出版社范祥雍校注本,1978年

续　表

姓名(与传主、志主关系)	出自部族/籍贯或住地等	称号(备注)	始任或附魏时间	出　处
尔朱郁德(尔朱荣曾祖)	契胡/原居尔朱川,后获赐世业于北秀容川	继为领民酉长	约北魏道武帝、明元帝间	同上尔朱羽健条
尔朱代勤(尔朱荣祖)	同上	继为领民酉长	北魏太武帝时(即太武帝在位时期,下同)	同上尔朱羽健条
尔朱新兴(尔朱荣父)	同上(迁洛后特听其冬朝京师、夏归部落)	领民酉长——秀容第一领民酉长	北魏孝文帝太和中(477—479)	同上尔朱羽健条
尔朱荣	同上	继为第一领民酉长	北魏孝明帝正光中六镇起事前	同上尔朱羽健条
库狄越豆眷(库狄干曾祖)	鲜卑段部/善无人,后率部落北迁朔方	部落酋帅(领民酉长) 按:北魏道武时,以功割善无之西腊汙山地方百里以处库狄越豆眷部。越豆眷因功割地,《北齐道能造像记》称其曾孙库狄干魏末任第一镇(领)民酉长,以"家在寒乡……冬得入京师,夏归乡里",其待遇一同尔朱氏,故周一良推测越豆眷实如尔朱氏为"未编户之部落酋帅"。又《赛思鼎窟铭》称此窟为定州刺史、六州大都督、第一领民酉长库狄干所开,干先祖"十有余世大单于人",后移河西夏州,"统酋百姓,共赫连(匈奴独孤部铁弗支)并酋","六世公太祖越豆□(眷)","率领家宗诸族万有余家","移渡河北"五原,"附大魏",道武帝"赐部落主如故,封王怀朔镇,子孙世袭第一领民酉长,统领六世"。则越豆眷本有领民酉长之号,盖史失书。《赛思鼎窟铭》称越豆眷为库狄干六世祖,干本传则记为四世祖,就世代而言,窟铭似更准确,今仍从本传	北魏道武帝时	《北齐书》15/197 《北史》54/1956 刘师培:《北齐道能造像记拓本跋》,刘氏《左盦集》6/1264,《刘申叔遗书》下册,凤凰出版社,1997年。周一良:《领民酉长与六州都督》。孙钢:《河北唐县"赛思颠窟"》,《文物春秋》1998年第1期。宋燕鹏:《由一通摩崖造窟碑记看北朝库狄氏的起源及其早期活动》,《文物春秋》2001年第3期。姚薇元:《北朝胡姓考(修订本)》,中华书局,2007年,第200—203页

续 表

姓名(与传主、志主关系)	出自部族/籍贯或住地等	称号(备注)	始任或附魏时间	出处
库狄干祖	鲜卑段部/善无人,后率部落北迁朔方	第一领民酋长	约北魏太武帝时	同上库狄越豆眷条
库狄干父	同上	第一领民酋长	约北魏孝文帝时	同上库狄越豆眷条
库狄干	同上	第一领民酋长	约北魏孝明帝时	同上库狄越豆眷条
楼伏连	漠北贺楼部/代人	世为酋帅。按:连十三岁袭父位领部落,从道武帝破贺兰部、平中山,应即领民酋长,盖史失书	北魏道武帝时	《魏书》30/717
高宗(高琳五世祖)	高句丽	第一领民酋长	魏初率众归魏,道武帝时	《周书》29/495
刘初万头(刘玉曾祖)	匈奴独孤部/善无人	何浑地汗(领民酋长)按:《刘玉墓志》称"大魏开建,托(拓)定恒代。以曾祖初万头大族之胄……从驾之众,理须督率,依地置官,为何浑地汗。尔时此斑(班),例亚州牧"。周一良称领民酋长"虽是汉名,实亦给与此种部落酋帅之称号,此何浑地汗之类也"	魏初道武帝时	《刘玉墓志》(《汉魏汇编》212)周一良:《领民酋长与六州都督》
叱列伏龟高祖	高车/代郡西部人	世为第一领民酋长(至龟五世)	魏初入附。约北魏明元帝时	《周书》20/341,《北史》61/2182
叱列伏龟曾祖	同上	继为第一领民酋长	约北魏太武帝时	同上叱列伏龟高祖条
叱列伏龟祖	同上	继为第一领民酋长	约北魏文成帝、孝文帝时	同上叱列伏龟高祖条
叱列伏龟父	同上	继为第一领民酋长	约北魏孝文帝、宣武帝时	同上

续 表

姓名(与传主、志主关系)	出自部族/籍贯或住地等	称号(备注)	始任或附魏时间	出 处
叱列伏龟	高车/代郡西部人	嗣父业复为领民酋长	北魏孝明帝正光中六镇起事前	同上叱列伏龟高祖条
叱列平父	高车/代郡西部人	第一领民酋长(世为酋帅)	魏末六镇起事前	《北齐书》20/278
侯骨侯万斤	羯族(?)/朔州人	第一品(领民)大酋长(世酋部落)	北魏明元帝时	《显祖献文皇帝第一品嫔侯夫人墓志铭》(《汉魏汇编》42) 周一良:《领民酋长与六州都督》。 姚薇元:《北朝胡姓考(修订本)》第90—94页,疑此墓志为伪造,似无可靠根据
□堕曾祖	河南人	领民酋长	约北魏太武帝、文成帝时	《□堕暨妻赵氏志》(《隋汇考》四/324)
万真(万安国祖)	契丹吐万部/代人	世为酋帅。按:安国祖真恒率部民从世祖征伐,以功除平西将军、敦煌公,转骠骑大将军。安国父尚河南公主,任长安镇将。万真初入魏当为领民酋长,盖史失书	北魏太武帝时	魏34/804
侯莫陈伏颓(侯莫陈相祖)	鲜卑侯莫陈部/代人	第一领民酋长	约北魏太武帝、文成帝时	齐19/259
侯莫陈大骨都侯(侯莫陈崇高祖)	鲜卑侯莫陈部/代郡武川人。按:原居库斛真水,后以良家子镇武川,遂家焉	世为渠帅(领民酋长?)按:侯莫陈部为魏之别部。自崇高祖侯莫大骨都侯后,"世为渠帅"。崇祖允以良家子镇武川,至少崇高祖、曾祖二世仍在库斛真水领部为渠帅,准上条侯莫陈伏颓例,即为领民酋长,盖史失书	约北魏太武帝时	周16/268

续 表

姓名(与传主、志主关系)	出自部族/籍贯或住地等	称号(备注)	始任或附魏时间	出　处
侯莫陈崇曾祖	鲜卑侯莫陈部/代郡武川人	世为渠帅(领民酋长?)参上条(侯莫陈大骨都侯)按语	约北魏文成帝、献文帝时	周16/268
皇甫驎	安定朝那人	泾州统酋(领民酋长)按:《皇甫驎墓志》称驎任泾州州都、主簿时,"泾土夷民一万余家,诣京申诉,请君为统酋。然戎华理隔,本不相豫,朝议不可。圣上以此诸民丹情难夺,中旨特许"	北魏献文帝延兴中至孝文帝太和中	《皇甫驎墓志》(《汉魏汇编》80—82)
焦延昌祖	朔方郡	第一领□(民)酋长	约北魏献文帝、孝文帝时	《焦延昌造像碑》(《金石萃编》32/564—565),《石刻史料新编》第1辑第1册,台北:新文丰出版公司,1977年
斛律大那瓌(斛律金父)	朔州敕勒部人	第一领民酋长(斛律金高祖倍侯利道武时率户内附)	约北魏孝文帝时	《北齐书》17/219
斛律谨(斛律羌举父)	朔州敕勒部/太安人	世为部落酋长(领民酋长)。按:斛律羌举本传称其"世为部落酋长"。《北史·綦连猛传》称羌举为"故酋长子",则其父谨仍继任部落酋长即领民酋长	约北魏孝文帝、宣武帝时	《北齐书》20/266《北史》53/1927
斛律可知陵(斛律昭男父)	敕勒/朔州怀朔人	第一领民酋长。按:斛律昭男为库狄洛妻,均为部落酋长之后,库狄洛亦为领民酋长,见表9库(庫)狄洛条	约北魏宣武帝时	《斛律昭男墓志》(《汉魏汇编》414)
库(庫)狄洛祖	高车库狄部/怀朔人	大酋长公。按:《库狄洛墓志》称其"朔州部落人也,大□(酋)长公之孙,小酋长公之子"。又《库狄业墓志》称库狄氏"世居漠北,家传酋长之官","酋牧相承"。故此"酋长"当即领民酋长	约北魏孝文帝时	《北齐书》19/254《库狄洛墓志》(《汉魏汇编》414),《库狄业墓志》(《新出疏证》187,《北朝胡姓考(修订本)》200—203

续　表

姓名(与传主、志主关系)	出自部族/籍贯或住地等	称号(备注)	始任或附魏时间	出　处
库(库)狄洛父	高车库狄部/怀朔人	小酋长公(参上条按语)	约北魏宣武帝时	同上库(库)狄洛祖条
刘折(刘悦祖)	匈奴独孤部(?)/太安郡狄那人	领民酋长	约北魏孝文帝时	《刘悦墓志》(《汉魏汇编》445)
刘持真(刘亮父)	疑为匈奴独孤部/中山人	领民酋长	约北魏孝文帝时	《周书》17/284 周一良：《领民酋长与六州都督》，《北朝胡姓考(修订本)》50
张景略祖	燕州上谷人	第一领民酋长	约北魏孝文帝时	《张景略志》(《隋汇考》一/381—382)
独孤库者(独孤信父)	匈奴独孤部/云中人	领民酋长(其先伏留屯为部落大人，与魏俱起。信祖俟尼，和平中以良家子自云中镇武川，因家焉)	约北魏孝文帝时	《周书》16/263
乞伏周(乞伏慧祖)	马邑鲜卑人	第一领民酋长	约北魏孝文帝、宣武帝时	《隋书》55/1377
李僧养(李和父)	朔方岩绿人	夏州酋长。按：僧养"以累世雄豪，善于统御，为夏州酋长"，则当统夏州夷民。"酋长"前或脱"领民"二字	约北魏孝文帝、宣武帝时	《周书》29/497
彭成兴	泸水胡族/安定人	泸水(胡)统酋(袭封安定王、领护六夷校尉、武威太守)。按：彭氏世为安定泸水胡酋，成兴祖彭虎受封安定王，并为成兴所袭。又武威(姑臧)亦为泸水胡聚居地	北魏宣武帝时	《北魏征西将军……卢水统酋彭成兴墓志》(《新中国·陕西三》4)

续　表

姓名（与传主、志主关系）	出自部族/籍贯或住地等	称号（备注）	始任或附魏时间	出　　处
吕帛冰（宇文建崇祖）	氐族/秦州人	秦州都酋长（领民酋长）按：宇文建崇本姓吕，宇文泰赐姓宇文。祖帛冰秦州都酋长，伯兴成秦州刺史。吕氏当为氐族大姓	约北魏宣武帝时	《宇文建崇造像记》《全周补遗》104
索回（索睿祖）	敦煌效谷人	第三（领民）酋长	约北魏宣武帝时	《索睿墓志》《蒐佚续》169
乞伏纂（乞伏慧父）	马邑鲜卑人	第一领民酋长	约北魏宣武帝、明帝时	《隋书》55/1377

说明：

（1）本表及下表（表9）参考了上揭周一良：《领民酋长与六州都督》。上揭严耕望：《中国地方行政制度史·魏晋南北朝地方行政制度》卷下第十四章。上揭胜畑冬实：《北魏的部族支配与领民酋长制》所附"领民酋长表"。上揭吉田爱：《北魏雁臣考》所附"洛阳迁都后至北魏末部族长一览"表。康乐：《从西郊到东郊——国家祭典与北魏政治》所附"领民酋长表"，台北：稻禾出版社，1995年，第361—367页。

（2）本表及下表（表9）文献略称：

《汉魏汇编》＝赵超著：《汉魏南北朝墓志汇编》，天津古籍出版社，1992年。
《隋汇考》＝王其祎等编著：《隋代墓志铭汇考》，线装书局，2007年。
《新出疏证》＝罗新等著：《新出魏晋南北朝墓志疏证》，中华书局，2005年。
《新中国·陕西三》＝故宫博物院等编：《新中国出土墓志·陕西[叁]》，文物出版社，2015年。
《全齐（全周）补遗》＝韩理洲等辑校编年：《全北齐北周补遗》，三秦出版社，2008年。
《蒐佚续》＝赵文成等编：《秦晋豫新出墓志蒐佚续编》，国家图书馆出版社，2015年。
《新见集释》＝王连龙著：《新见北朝墓志集释》，中国书籍出版社，2013年。
所引正史及《资治通鉴》俱为中华书局标点本，表中文献名后所缀数字为页码，若数字间有"/"符号，"/"前为卷数（作方块汉字数字者为册数），后为页数。

（3）其他史籍，已见于本编前文注释者，不注版本信息。初见于本表，仅首次出现时注版本信息。有多种出处，择其最重要者入表。排列顺序按始任领民酋长时间先后，同一家族一般排在出任时间最早之下。无具体出任时间，如系追述某人先辈任此职者，其父辈则按某人出生年为其父出任时间，父辈以上则按一世代二十年上推，如某人祖父曾任领民酋长，则从某人出生年上推二十年为其祖父出任时间，余类推。因所推时间只是约数，故在其出任时间前加"约"字。

（4）领民酋长任期横跨六镇起事前、后，则六镇起事以前、以降二领民酋长一览表均予列入。

上文曾指出，就其实质而言，"领民酋长"原本就是部落酋长，而且如表8所示，往往"世为部落酋长"（"斛律谨"条）、"世为酋帅"（"尔朱羽健"等条）、"世为渠帅"（"侯莫陈大骨都侯"条）、"世酋部落"（"侯骨俟万斤"条）。其次，领民酋长及所率部落是从属于某政权，并得到官方授权、认可的，领民酋长往往还在部落内兼任或者离开部落出任中央官或地方官，从而被纳入到国家政军官僚体制之中。再次,领民酋长自统其部民,自治其部落。如下文所论,即使孝文帝迁洛后,仍允许他们作"冬朝京师,夏归部落"、"秋来春去"的"雁臣"。兹举数例以明。《魏书》卷74《尔朱荣传》:

> 尔朱荣,字天宝,北秀容人也。其先居于尔朱川,因为氏焉。常领部落,世为酋帅。高祖羽健,登国初为领民酋长,率契胡武士千七百人从驾平晋阳,定中山。论功拜散骑常侍。以居秀容川,诏割方三百里封之,长为世业。……曾祖郁德,祖代勤,继为领民酋长。代勤,世祖敬哀皇后之舅。以外亲兼数征伐有功,给复百年,除立义将军。曾围山而猎,部民射虎,误中其髀,代勤仍令拔箭,竟不推问,曰:"此既过误,何忍加罪。"部内闻之,咸感其意。高宗末,假宁南将军,除肆州刺史。高祖赐爵梁郡公。以老致仕,岁赐帛百匹以为常。年九十一,卒。……父新兴,太和中,继为酋长。家世豪擅,财货丰赢。……牛羊驼马,色别为群,谷量而已。朝廷每有征讨,辄献私马,兼备资粮,助裨军用。高祖嘉之,除右将军、光禄大夫。及迁洛后,特听冬朝京师,夏归部落。每入朝,诸王公朝贵竞以珍玩遗之,新兴亦报以名马。转散骑常侍、平北将军、秀容第一领民酋长。……肃宗世,以年老启求传爵于荣,朝廷许之。正光中卒,年七十四。……荣袭爵后,除直寝、游击将军。正光中,四方兵起,遂散畜牧,招合义勇,给其衣马。蠕蠕主阿那瓌寇掠北鄙,诏假荣节,冠军将军、别将,隶都督李崇北征。……秀容内附胡民乞扶莫于破郡,杀太守;南秀容牧子万子乞真反叛,杀太仆卿陆延;并州牧子素和婆崘崄作逆。荣并前后讨平之。……荣率众至肆州,刺史尉庆宾畏恶之,闭城不纳。荣怒,攻拔之,乃署其从叔羽生为刺史,执庆宾于秀容。自是荣兵威渐盛,朝廷亦不能罪责也。

上引可见,尔朱氏本"常领部落,世为酋帅"。荣高祖羽健在道武帝时被授予领民酋长,率部从驾征后燕,以功拜官散骑常侍,虽仍居秀容川,不在京师履职,但尔朱势力却因此被纳入到代国官僚体系中。诏割方三百里的秀容川为其"世业",实为一独立王国,故荣曾祖、祖、父及自己先后继任领民酋长。荣祖代勤又得以联姻皇室,加之数次征伐之功,获授将军号,赐爵郡公,特别是被任命为秀容川所在的肆州刺史,势力范围扩大,同时与朝廷的联系亦更加紧密,"世业"秀容川被完全纳入到地方行政体系中,实际上成为肆州的行政、军事中心。荣父新兴孝文帝时继任酋长,又加号"秀容第一领民酋长",迁洛后除"冬朝京师"外,平时仍生活在秀容川"部落"中。当时"北夷酋长遣子入侍者,常秋来春去,避中国之热,时人谓之'雁臣'"①。荣袭父郡公爵及第一领民酋长,仍受拜朝官,后值六镇起事,"四方兵起",遂招纳北镇流民,乘乱扩军,率部外征柔然,内平所在并、肆二州叛乱,攻拔肆州,俘执"畏恶"自己的刺史尉庆宾,而自任其叔父以代之,再其后更兴兵赴洛,废立天子,执掌朝权,第一领民酋长之职似乎对于位极人臣(大丞相、太师、天柱大将军、太原王)的尔朱荣已不再重要,但契胡部落兵仍是其武装队伍的骨干,所谓"藉部众之用",秀容川所在并肆仍是其后方基地,所谓"擅强并肆"②。而无论是其权势坐大,还是其最终"地逼贻毙",都与尔朱酋豪集团愈益深入地卷入国家官僚体制有关。

从尔朱荣侄尔朱育任"南北秀容第一领民酋长"(表9"尔朱育"条)、尔朱育弟天光任"北秀容第一酋长"(见表9)来看,尔朱荣发迹后可能不再兼任"秀容第一领民酋长",史亦不载荣子菩提继任领民酋长,且菩提被超授中书令、骠骑大将军、侍中等显职,可见荣领民酋长职已转授其侄尔朱育、尔朱天光。当年北秀容川封割为尔朱羽健"世业"时,道武帝"初以南秀容川原沃衍,欲令居之",但羽健仍以北秀容在畿内、"差近京师"为由拒绝,或因北秀容北接"朔垂"③,更适宜游牧部落生活之故。自荣祖代勤任肆州刺史,整个肆州,尔朱荣时则并肆二州,均已成为尔朱氏势力范围,秀容川自然包括其中,故尔朱育号为"南北秀容第一领民酋长"。

自魏初以来,秀容川的契胡部众完全在尔朱氏所世袭的历代领民酋长的统治之下。尔朱氏所拥有的为数巨大(以"谷量"、以"色别")的"牛羊驼马",自然是由所役使的部民牧养。部民同时也是兵士,他们要随时跟从其酋长出征。从荣祖代勤原谅围猎中误伤自己的部民,"竟不推问","部内闻之,咸感其意",可知酋长对于自己的部民拥有独立的司法权。表8"刘初万头"条,即因其"从驾之众,理须督率"故"依地置官",被任命为"何浑地汗"即汉名领民酋长。总之,领民酋长对于所统部落有完全的"督率"权,自治其部众。河浑地汗的地位"例亚州牧"即相当于郡守。尔朱氏所据北秀容川"方三百里",又领"部落八千余家",其幅员、户口亦相当于一个州级政区。故尔朱代勤曾被授任肆州刺史,他和儿子新兴死后亦分别以并州、恒州刺史作为赠官④。

---

① 上揭《洛阳伽蓝记》(范祥雍校注本)卷3"城南宣阳门归正寺"条,第160页。详见上揭吉田爱:《北魏雁臣考》。
② 《魏书》卷44《薛野䐗附薛昙尚传》,第999页。
③ 《北史》卷98《蠕蠕传》载孝昌三年(527)四月孝明帝下蠕蠕王阿那瓌诏有"今知停在朔垂,与尔朱荣邻接"云云(第3263页),可知北秀容北接朔方。
④ 上揭严耕望:《中国地方行政制度史·魏晋南北朝地方行政制度》卷下第十四章,第842页。

据表8"库狄越豆眷"条,可知库狄部早在拓跋珪复建代国之前,就已"十余世大单于人","子孙绍位,郡若国主"。后移河西夏州,与匈奴铁弗刘虎部共处"并酋",势力相当,所"统酋"的"百姓"即"家宗诸族万有余家",已是一个具有相当规模的部族联合体。及至道武帝兴起,当时的库狄部酋长越豆眷遂率部众北渡河至五原,投"附大魏",加盟拓跋部族联合体,后因从征立功,"割善无之西腊汙山地方百里",一如契胡尔朱部之受封割据秀容川,唯幅员差小,就户口(万有余家)而言,则地位或相当于郡级政区。"赐部落主如故",即受任领民酋长,在指定的区域统率其部落,其后"子孙世袭第一领民酋长"亦如尔朱氏①。表8中代郡西部高车叱列部、朔州敕勒斛律部、鲜卑侯莫陈部,其世袭领民酋长、自统部落一如尔朱氏、库狄氏,唯其部落规模相对小一些。而且我们相信,文献所见领民酋长,必定还有一些类似上揭前秦《立界山石祠碑》中的酋大、部大,前秦《梁阿广墓表》中的领民酋大一样,是一些规模较小,隶属于郡、县级政区或相当于郡县政区的地方护军之下的小型部落体,表9"□忠生等"条中白水郡白水县的"西部统酋"、"东部统酋",盖即此类。

又据表8"彭成兴条",成兴于魏宣武帝永平二年(509)过世,其砖质墓志的结衔为"帝授习(袭)爵、征西将军、领护六夷校尉、武威太守、东宫赦(舍)人、卢(泸)水统酋",其祖父彭虎孝文帝时为"使持节、大都督清(青)、徐、交、广四州诸军事、振武大将军、□赵王、安定彭王",按安定彭氏世为泸水胡酋,羯族人,分布于安定及武威(姑臧)、张掖一带②,可知彭成兴实以"卢(泸)水统酋"、"领护六夷校尉"统领本族人及当地其他夷族。朝廷授其祖父彭虎为安定王,并为其孙彭成兴所袭,实亦确认彭氏世为泸水胡酋长的地位。不过从彭虎、彭成兴所任其他官职来看,彭氏不再是纯粹的泸水胡酋长,而实已官僚化了,并奉命率族人出征、出镇。值得注意的是表8"皇甫驎"条,驎以泾州安定汉族大姓,被当地"夷民一万余家,诣京申诉",请他出任"统酋",但以"戎华理隔,本不相豫",即在制度上汉人是不能充任统领"夷民"的领民酋长的,故"朝议"以为"不可"。只因"夷民"诣京申请,以"丹情难夺",才被"中旨特许"。"统酋"应作"泾州统酋",犹如表8"李僧养"条"夏州酋长"、"吕帛冰"条"秦州都酋长"。泾州为羌族聚居地,夷民当多为羌族,却不尽是羌族。所谓"统酋",即统管泾州境内诸胡族,如表8"库狄越豆眷"条之"统酋百姓","百姓"即"家宗诸族","家宗"当即库狄部人,"诸族"即其他各部族。领民酋长本是统领所属部落的酋

---

① 参上揭宋燕鹏:《由一通摩崖造窟碑记看北朝库狄氏的起源及其早期活动》。
② 姚薇元:《北朝胡姓考》(修订本),中华书局,2007年,第396、307页。

帅,皇甫驎、李僧养却以汉人统领一州之内诸胡族,与其说是部落酋长,毋宁说是州级行政机构中管理胡族的官员。皇甫驎、李僧养原非"夷人",故其领民酋长职都不是来自世袭。皇甫驎或因任泾州主簿时"仁恕宽洽,接贵深到",特别是善待境内夷民,因而"望著西垂",得到当地夷民的爱戴,并经朝廷批准出任领民酋长。李僧养则"以累世雄豪,善于统御",即因家世和才干被任命为"夏州(领民)酋长"①。吕帛冰所任"都酋长",即总酋长之意,意即统管秦州境内所有的部落酋长,无疑也是管理胡族部落的官员,与汉魏以来传统的异民族统御官如护羌校尉、护匈奴中郎将之类有类似之处,它表明了领民酋长的官职化。这种领民酋长官职化的现象在六镇起事之后表现得更为显著。

最后还有一点要提及的是,以往认为领民酋长是针对未进行"离散诸部"的部族而设立的制度。如前所论,十六国及北魏早期的"离散诸部"或曰解散部落,对象主要是部族联合体,并不意味着联合体内的部落都被离散,更不意味着部民立即编户化、农耕化;北魏早期的领民酋长制,实亦前承十六国领民酋大制,以及魏昭成帝什翼犍时代为管理来附诸部族而设立的酋、庶长制度。总之,北魏初年之设立领民酋长制,正是为了管理从部族联合体中离散出来的部落,或者归附于拓跋代国的他族部落而设置的,意在将这些部落纳入到国家官僚、军事体制之中,被赋予奉命从征乃至赋役等义务(如表8"尔朱代勤"条,"以外亲兼数征伐有功,给复百年",可知尔朱部本应有赋役,原则上百年之后仍应照章服役。),因而如表8"皇甫驎"、"李僧养"、"吕帛冰"诸条所反映的领民酋长的官职化,实反映了领民酋长制的发展趋势(详下文)。

二、魏末六镇起事(524)以降的领民酋长

请先看表9。

表9　魏末六镇起事(524)以降的领民酋长一览表

姓名(与传主、志主关系)	出自部族/籍贯或住地等	称号(备注)	始任或附魏时间	出处
尔朱荣	契胡/北秀容川	承父新兴为第一领民酋长(常领部落,世为酋帅,自曾祖以来代为领民酋长)	北魏孝明帝正光中六镇起事前	《魏书》74/1643,《洛阳伽蓝记》1/5—6

---

① 参上揭唐长孺:《北魏末期的山胡敕勒起义》,载上揭氏著《山居存稿》。

续　表

姓名(与传主、志主关系)	出自部族/籍贯或住地等	称号(备注)	始任或附魏时间	出　　处
尔朱育(尔朱世邕父,尔朱荣侄,尔朱天光兄)	契胡/北秀容川	南北秀庸(容)第一领民酋长	约北魏孝庄帝初	《尔朱世邕墓志》(《新见集释》132)
尔朱天光	契胡/北秀容尔朱川	北秀容第一酋长	北魏孝庄帝永安中(528—530)	《魏书》75/1673
库狄干	鲜卑段部/善无人,后率部落北迁朔方	第一领民酋长	约北魏孝明帝时	同表8库狄越豆眷条
库(库)狄洛	高车库狄部/怀朔人	(领民)酋长	北魏末以降	同表8库(库)狄洛祖条
叱列伏龟	高车/代郡西部人	世为第一领民酋长,至龟五世,嗣父业复为领民酋长	北魏孝明帝正光中六镇起事前	《周书》20/341,《北史》61/2182
叱列平	高车/代郡西部人	袭第一领民酋长(世为酋帅)	约魏末六镇起事后,北魏孝明帝孝昌中	《北齐书》20/278
叱列延庆	高车/代郡西部人	西部第一领民酋长(世为酋帅)	北魏孝明帝武泰元年(528)	《魏书》80/1771
万俟普	匈奴别种/朔州太平人	第二领民酋长	北魏孝明帝孝昌中	《北史》53/1900《北齐书》27/375
破六韩孔雀(破六韩常父)	匈奴/朔州附化人	诏加第一领民酋长 按:孔雀"世领部落","世袭酋长",即本为领民酋长,后"率部下一万人降尔朱荣",加号"第一领民酋长"	北魏孝明帝孝昌中	《北齐书》27/378
斛律金	朔州敕勒部人	第二领民酋长—转第一领民酋长	北魏孝明帝孝昌中至东魏孝静帝武定元年(543)	《北齐书》17/219—220
斛律平(斛律金兄)	朔州敕勒部人	袭父爵第一领民酋长	北魏孝明帝孝昌中	《北齐书》17/228
斛律光(斛律金子)	朔州敕勒部人	袭第一领民酋长	北齐后主天统三年(567)	《北齐书》17/224

续表

姓名(与传主、志主关系)	出自部族/籍贯或住地等	称号(备注)	始任或附魏时间	出处
刘懿(贵)	疑为匈奴独孤部/秀容阳曲人	第一(领民)酋长	北魏孝明帝武泰元年(528)	《刘懿墓志》(《汉魏汇编》336)，《北齐书》19/250 周一良：《领民酋长与六州都督》《北朝胡姓考(修订本)》50
忠生鸠儿等	羌人/华州白水郡白水县	西部统酋、东部统酋等四统酋(领民酋长) 按：《北魏建义元年白水郡白水县六十人等造像记》有"领护西羌校尉司马大[将]篡魏改姓入羌"、"领护西部统酋□西公忠生"、"□为□公统□忠生鸠[儿]为西部统酋忠生鸠昌□[为]……"、"□□为东部统酋兄弟四人为四统酋"云云，可知"忠生"当为该家族魏晋鼎革之际"入羌"后所改姓氏，该家族兄弟四人为四统酋。西部统酋、东部统酋之外，似乎还有"忠(中)部统酋"。又，上述引文中"[ ]"及其中文字为原录文所括加	北魏孝庄帝建义元年(528)	《北魏建义元年白水郡白水县六十人等造像记》，台北中研院史语所藏。编号：傅图10793。录据《近观中古史——侯旭东自选集》247
高市贵	善无人	秀容大都督、第一领民酋长	北魏孝庄帝初	《北齐书》19/254
高欢	鲜卑族或鲜卑化汉人/渤海蓨人	累迁第三领民酋长—加授第一领民酋长	北魏孝庄帝永安二年(529)至北魏节闵帝普泰元年(531)	《北史》6/212、215 《北朝胡姓考(修订本)》146—148
梁御	其先安定人，后因官北边，遂家于武川镇	第一领民酋长	北魏孝庄帝永安三年(530)	《周书》17/279

续 表

姓名(与传主、志主关系)	出自部族/籍贯或住地等	称号(备注)	始任或附魏时间	出处
王怀	不知何许人	第一领民酋长	北魏后废帝中兴初(531)	《北齐书》19/249
薛孤延	代人	除第一领民酋长	北魏孝武帝永熙二年(533)	《北齐书》19/256
念贤	金城枹罕人,父求就以大家子成武川镇,仍家焉	拜第一领民酋长	北魏孝武帝永熙中(532—534)	《周书》14/226,《北史》49/1805
步大汗萨	匈奴/太安狄那人(《北史》作代郡西部人)	第三领民酋长(父领民别将)	北魏孝武帝永熙三年(534)	《北齐书》20/278—279,《北史》53/1917《北朝胡姓考(修订本)》136—137
王盖仁(王善来父)	西河人	第一领民酋长	东魏孝静帝时	《王善来志》(《隋汇考》三156—157)

表9可见,魏末六镇以降的领民酋长中有出自"常领部落,世为酋帅"的部族大姓,如"尔朱荣"、"叱列伏龟"、"库狄干"诸条,皆魏初以来五世甚至六世相继为领民酋长者。"斛律金"条,朔州敕勒部人,尽管其高祖在道武帝时即"率户内附",但直到孝文帝时,其父始任第一领民酋长。其兄斛律平"袭父爵第一领民酋长",也不是父死子继,自然承袭,而是因他率部投奔尔朱荣,荣"待之甚厚",特许他袭任酋长职。其弟斛律金于孝明帝正光末拥众跟随破六韩拔陵叛魏,后"度陵终败灭,乃统所部万户诣云州请降,即授第二领民酋长",当时其兄尚未袭父领民酋长职。总之,平、金兄弟之任领民酋长职,均是因功获授,或作为"爵"位获准承袭。世袭酋长的破六韩孔雀,亦因"率部下一万人降于尔朱荣"而"诏加第一领民酋长"。这与此前尔朱氏、库狄氏、叱列氏子孙之自然、自行承袭父辈领民酋长职有异,不过到了魏末孝明帝时,当尔朱荣父新兴拟"传爵于荣"时,也需要上表朝廷获准("启求"),"第一领民酋长"亦被视同爵位。"领民酋长"之民本指各酋长所统部众,表9中"高市贵"、"王怀"、"薛延孤"、"念贤"、"梁御"、"刘懿(贵)"、"万俟普"、"高欢"、"步大汗萨"、"王盖仁"等,其出身既非"世为酋帅",又非"世领部落",其中如王怀、念贤、梁御、王盖仁、高欢及表8"焦延昌祖"等,或者原非北族,或为鲜卑化汉人,更无部落可领,即如周

一良先生所说,领民酋长遂"由部落酋长衍为不领部落之虚号"。唐长孺先生亦曾指出:"似乎有两种类型的领民酋长。一种是老的世袭酋长,通过朝廷的任命和分封确立他们的家族在经济上和政治上统治部落的地位。另一种是新选拔出来的酋长,他们是在部落进一步瓦解,阶级急遽分化或发生变化的形势下产生的,也是通过北魏政权的委任而确立他们在所谓'部落'内的统治地位。"而当时的部落,"有时只剩下个名称,实际相当于一种军事行政基层组合"①。而"领民酋长"也只是一种官爵名称,不再有部落酋帅自统部落、自治部民的内涵。

六镇起事后的"领民酋长"多为乱后南徙的北镇流民,综观表8、表9所列领民酋长的籍贯或居住地,也大抵集中在北魏旧京平城的畿内、郊甸,特别是平城北部、西北的六镇地区②。在北魏前期初置六镇之时,不仅镇将、长吏多出拓跋宗室、北族勋贵,戍防镇兵也大都是拓跋部族成员,或中原强宗子弟,所谓"盛简亲贤,拥麾作镇,配以高门子弟","或征发中原强宗子弟,或国之肺腑,寄以爪牙"③。如表8"侯莫陈大骨都侯"、"独孤库者"等条,则是以部落酋帅,表9"念贤"、"梁御"等条,则是大家高门移戍六镇而家焉,因而六镇地区是北族游牧部落及其酋帅最为集中的地带,其中又以高车部族为多④。及至孝文帝迁都洛阳,推行门阀制度,武人,特别是远在朔北边陲的六镇官兵,被排斥出清官之列,"号曰府户,役同厮养",与朝廷矛盾日趋激化,因而宣武帝、孝明帝时代,常有"诏遣使者巡慰北边酋庶"、"朔方酋庶"之举。《元鸷墓志》即称他于宣武帝延昌中"奉敕使诣六州一镇,慰劳酋长而还",孝明帝熙平中又出任"抚巡六镇大使"⑤。所谓"酋庶"、"酋长",即为六镇地区的部落酋帅——"领民酋长"、"领民庶长",以及由酋帅转化而来的"乡里豪杰"、汉人豪族⑥。及至六镇起事爆发,镇民南徙,其中相当一部分"酋庶"、"豪杰"为秀容川的领民酋长尔朱荣所收留,并被授任"领民酋长"之职⑦。表9中"叱列伏龟"、"叱列延庆"、

---

① 上揭唐长孺:《北魏末期的山胡敕勒起义》,收入上揭氏著《山居存稿》。
② 参上揭吉田爱:《北魏雁臣考》所附"图7迁都洛阳后至北魏末部族长所在"。
③ 《北史》卷16《太武五王·广阳王元深(渊)传》,第617页;《北齐书》卷23《魏兰根传》,第329页。
④ 参上揭严耕望:《中国地方行政制度史·魏晋南北朝地方行政制度》卷下第十四章,唐长孺:《北魏末期的山胡敕勒起义》,上揭川本芳昭:《魏晋南北朝时代的民族问题》第一篇第四章《关于部族解散的理解》。
⑤ 《魏书》卷8《世宗纪》、卷9《肃宗纪》,第202、223页。上揭《汉魏南北朝墓志汇编》,第342页。
⑥ 上揭直江直子:《"领民酋长"制和北魏的地域社会觉书》;同氏《北魏的镇人》,《史学杂志》第92编第2号,1983年。
⑦ 唐长孺:《试论魏末北镇镇民暴动的性质》,初与黄惠贤联名发表在《历史研究》1964年第1期,收入上揭氏著《山居存稿》。

"叱列平""破六韩孔雀""斛律平""斛律金""高市贵""刘懿(贵)""高欢""步大汗萨"等,均有投奔尔朱荣的经历,其中多人的领民酋长之号即为尔朱荣或尔朱氏集团所授予。如前所述,他们中的大多数并非出身部落酋帅,因而也无部落可领,正如上引直江直子论文所说,尔朱荣通过给这些来自六镇的北族出身者(包括鲜卑化汉人)授以领民酋长称号,不过是构建一种拟制的部族制,领民酋长实如周一良先生所说,已演变为"不领部落之虚号"。不过也不全是虚号,它已成为一种官爵,故或曰"诏加"("破六韩孔雀"条),或曰"除"("薛延孤"条),或曰"拜"("念贤"条)。领民酋长既成为一种官职,自然有等级阶次之分,于是有第一、第二、第三之别,有从第三或第二升为第一的记载("斛律金""高欢"条),授任及升迁则或凭德、才(表8"皇甫驎""李僧养"条),或因功勋(表9"斛律金""斛律平""高欢""高市贵""薛孤延"等)。六镇起事后的领民酋长鲜见有世袭其职的。至北齐时,领民酋长已法令化、制度化为一种流内比视官,并分化出繁复的等级、阶次①,兹据《隋书·职官志》所载列表10如下。

表10 北齐领人(民)、不领人(民)酋长、庶长视品表

领人酋长、庶长	视品级	不领人酋长、庶长	视品级
第一领人酋长	从三	第一不领人酋长	四
第一领人庶长	从四	第一不领人庶长	五
第二领人酋长	从四	第二不领人酋长	五
第二领人庶长	从五	第二不领人庶长	六
第三领人酋长	从五	第三不领人酋长	六
第三领人庶长	从六	第三不领人庶长	七

从上表可见,北齐的领人酋长制已完全法令化、制度化同时也形式化、虚号化了,它较之六镇起事之前特别是北魏初期的领民酋长,性质已发生重大变化,已失却部族酋帅自统部落、自治部民的内涵,并因形式化、虚号化而趋于消亡,逐步退出了职官序列。

---

① 《隋书》卷27《百官志中》,第770页。上揭张旭华:《北齐流内比视官分类考述》,载上揭氏著《魏晋南北朝官制论集》。

第二章 地方护军

第一节 先行研究

十六国北朝时期护军的研究，业已积累丰富的成果，其中关于十六国时期的护军，近年来发表论义渐多，讨论亦较充分。近代以前的研究，代表性的论著应推洪亮吉、洪饴孙父子的《十六国疆域志》、《三国职官表》，前者首次对诸国所置护军详加考录、疏列，后者首次据性质将护军一职厘分为职"掌禁兵、总统诸将、任主武官选举"的护军、中护军，"皆随都督诸州置"的都督护军，"诸要镇及将军领兵出征者皆置"的诸护军①。近人研究护军最早、最系统的成果，仍推严耕望先生《魏晋南北朝地方行政制度》"诸部护军"章②。严氏称"所考之护军，乃就有蛮夷种落处，分部置军将以统护之，称为护军"，故又称为"蛮夷护军"。严氏推断诸部护军之置始于曹魏，废止于北魏文成帝太安三年（457），并在洪氏基础上，列出魏晋至北魏有名可考的诸部护军四十三个，还对护军的职掌及佐吏等进行了探讨。其后最早研究护军的专题论文为日本学者町田隆吉《关于前秦政权的护军》③。论文以前秦护军为中心，对创设于曹魏并为西晋、"五胡"政权所继承，至北魏废止的护军制度，进行了考察，指出护军相当于郡太守，原则上在同一地域内不与其他地方行政组织（郡、县）并置。町田氏最重要的创获是将前秦护军分为两种类型：其一是当局授任率种族民归顺的族长或有力者为护军；其二是当局任命或中央派遣的护军，带有统治少数民族的

---

① 洪亮吉：《十六国疆域志》，卷1《前赵》，第4088、4092—4094页；卷2《后赵》，第4116页；卷4《前秦》，第4132—4137、4140—4141、4146页；卷5《后秦》，第4153—4156页；卷7《前凉》、卷八《西凉》，第4172—4175页；卷9《北凉》，第4179页；卷10《后凉》，第4183页；卷11《南凉》，第4185页；卷12《后燕》，第4194页；卷15《西秦》，第4205页；卷16《夏国》，第4209页。洪饴孙：《三国职官表》，卷中，第2778—2779页；卷下，第2813—2814页。均为《二十五史补编》本，中华书局，1955年。
② 上揭严氏：《中国地方行政制度史·魏晋南北朝地方行政制度》卷下《北朝地方行政制度》第十三章"诸部护军"，第817—835页。
③ 町田隆吉：《关于前秦政权的护军——"五胡"时代诸种族支配之一例》，载《历史上的民族与文化——酒井忠夫先生古稀祝贺记念论集》，东京：国书刊行会，1982年。

地方官性质。但两种类型,前秦政权都不诉诸军事强力解散已归顺诸部族固有的部落组织,解除原部落首领与其部民的支配关系,而是通过部落首领对部民实行间接统治,以护军制度的名义将这些部落组合到前秦政权的国家统治机构中。第一类型表明前秦政权仍部分存在部族联合体国家的性质。

严耕望以降,中国学者的研究以冯君实《魏晋官制中的护军》较早,亦较为全面、系统①。他讨论的是作为中央禁军将领的护军将军、中护军之外的护军,包括以下四类:(1)都督、将军所置护军;(2)杂号护军;(3)诸要镇所置护军;(4)诸部护军。四类中(1)(3)系沿承《三国职官表》的分类。其中第(1)类纯属军职,相对于护军、中护军,不过是中央禁军将领和随出镇、出征将帅所置的军职之别而已。第(4)类性质同于上举严文的"诸部护军",但第(2)(3)两类中,有很多与严文的"诸部护军"重合。冯文还对护军性质、演变及分布特点等进行了论述,提出了许多值得重视的意见。冯文发表次年,高敏发表了《十六国前秦、后秦时期的"护军"制》②,虽然他没有注意到此前严、町田、冯诸氏的研究成果,故认为前、后两秦的护军制度"前人对此似无论述",但高文还是提出了不少新的看法。如认为两秦的护军制"实为十六国时期所独有的一种军事编制与统治形式","'护军'既是军职名称,也是地方长官的名称","护军拥有实际统辖地区";因而"'护军'制是一种军政、军民合一的组织机构与统治方式"。如同严文、冯文,高文也指出"护军制度是专为统治少数民族而设置的组织机构和统治形式"。他认为之所以出现护军这种以军统民的统治形式,因为十六国时期北族内迁及其存在部落兵制的残留所造成的,它体现了五胡诸国的政治体制特征即胡汉分治和军事统治。两年后,张金龙撰文与高文商榷③,指出地方护军制并非前后两秦所"独有",而是"普遍存在于十六国诸政权"。张文又指出十六国普遍存在的护军制度是"对前代中原王朝制度的继承",并在十六国特定的历史条件下"得以推广和发展",特别提到曹魏置抚夷护军并先后为刘、石、苻、姚等政权继承之例,还就护军制度的组织系统提

---

① 冯君实:《魏晋官制中的护军》,载《魏晋南北朝史论文集》(1986年中国魏晋南北朝史学会第2届年会论文集),齐鲁书社,1991年。
② 高敏:《十六国前秦、后秦时期的"护军"制》,《中国史研究》1992年第2期。
③ 张金龙:《十六国"地方"护军制度补正》,《西北史地》1994年第4期。

出了自己的意见①。五年后,周伟洲发表《魏晋南北朝时期的护军制》②,在前人基础上对护军制作了进一步的探讨,特别是就护军制性质提出了独立的意见。周文所讨论的护军,不包括"与军事有关"的"领护护军"和"杂号护军",而是"国家地方行政机构"。其主要特征为:"设置于少数民族聚居或多民族杂居、易生动乱的地区;取消了郡县的地方行政体制,代以军政合一、以军统民的护军机构。"因而护军制度是一种替代和"补充"郡县地方行政系统的"特有的制度"。相对于町田氏主张护军原则上不与郡县等地方行政系统并置,周氏的限定更加明确:凡与郡县并置者,便"不属护军制的范畴"。司马懿于魏明帝朝镇抚关中时"罢县"而置的抚夷、安夷二部护军,"完全具备了护军制的主要特征",但"确立于曹魏时"的护军制,西晋时"基本废止"。十六国时护军制得到发展,大部分政权都采取了此制。护军制一直沿袭到北魏初,至文成帝时废止。周文指出护军制的机构组织即"护军制军府组成基本上是属于军事之职官,而无地方郡县级文官"。最后还讨论了十六国时期护军制与军镇制的异同关系问题。

郑炳林就仇池国二十部"护军镇"的名称、地望,西秦赤水、漒川、甘松三个"护军镇"的地望,分别撰文进行实证考察,深入细致,言而有征,前人鲜有论及③。此外,叶其峰对传世的护军印及其所反映的护军制度,龚元建对五凉护军的沿革、地望,陶新华对"诸要镇及将军领兵出征"所置护军特别是都督护军,三崎良章就冯翊护军所反映的前秦的民族认识等,分别进行了考察,在不同侧面推进了护军制的研究④。

---

① 张金龙论文发表三年后,高敏在讨论十六国军镇制度的论文中专立一节,指出自己过去强调护军制"正式确立于前秦时期而后秦继之的一种制度","其实,除前秦、后秦时期外,几乎西北地区建立的所有少数民族政权类皆实行了这种始于曹魏的制度",并对"曹魏时用以统关陇地区氐人而设置的护军",以及十六国诸凉、西秦、夏等国的护军制度分别作了论述。不过仍然没有提及前此各位学者的研究。高敏:《十六国时期的军镇制度》,载武汉大学中国三至九世纪研究所编:《中国前近代史理论国际学术研讨会论文集》,湖北人民出版社,1997年(此文后收入高氏:《魏晋南北朝兵制研究》,大象出版社,1998年)。高文发表同年,吴洪岐发表《"护军"制起始时间考辨》(载《中国史研究》1997年第4期),针对高敏"既是军职名称也是地方长官的名称"的护军始于前秦的观点,指出这种护军始于曹魏所设的安夷、抚夷护军。不过这一观点此前严耕望、町田隆吉均已提出。
② 周伟洲:《魏晋南北朝时期的护军制》,《燕京学报》新6期,1999年。
③ 郑炳林:《仇池国二十部护军镇考》,《西北民族研究》1991年第2期。同氏:《西秦赤水、漒川、甘松地望考》,《西北民族学院学报(哲学社会科学版)》1994年第3期。
④ 叶其峰:《魏晋十六国时期的护军、中护军及护军印》,《文物》1990年第1期。龚元建:《五凉护军考述》,《敦煌学辑刊》1994年第1期。陶新华:《魏晋南朝的地方护军和都护将军——兼说都护与督护》,《杭州师范学院学报(人文社会科学版)》2001年第2期。三崎良章:《看冯翊护军论前秦的民族认识》,载中国魏晋南北朝史学会等编:《魏晋南北朝史论文集》,巴蜀书社,2006年。

下文拟在前人研究基础上,对十六国北魏地方护军的渊源、性质及其沿革等,略作考察。

第二节 十六国北魏地方护军的沿革、性质、职掌及组织机构

为便讨论,请先看下表。

表 11　十六国北魏地方护军置废沿革一览表

护军名	所　在	置废沿革(备注)	出处(备注)
抚夷 1	魏雍州冯翊郡云阳县	魏明帝时司马懿出镇关中时置,典降氐。西晋赵王伦镇长安时罢。后氐羌反,复立 刘(汉赵)、石(后赵)、苻(前秦)、姚(后秦)沿置 北魏太平真君七年(446)罢	《严书》819 《元和志》1/10,《三国志》30/858,《宋书》98/2404,《洪志》4116
安夷	魏雍州扶风郡美阳县(详下文)	魏明帝时司马懿出镇关中时置,典降氐 西晋、(前秦)、后秦仍沿置 按:据《晋书》卷119《姚泓载记》,后秦有安夷护军姚墨蠡。后秦护军当前承西晋、前秦而置	《严书》819 《元和志》1/10 《三国志》30/858(《严书》引《魏略》辑本,实出《三国志》裴注引《魏略·西戎传》) 《晋书》89/2307,《晋书》119/3013
略阳	晋秦州略阳郡略阳县	西晋置	《严书》820
三原	北魏雍州北地郡三原县	前秦置,后秦、北魏沿置 北魏太武帝太平真君七年(446)罢	《严书》820
铜官	北魏雍州北地郡铜官县	前秦置,后秦、北魏沿置 北魏太武帝太平真君七年(446)罢	《严书》820
土门	北魏雍州北地郡土门县	前秦置,后秦、北魏沿置。 北魏太武帝太平真君七年(446)罢	《严书》821
宜君	北魏雍州北地郡宜君县	前秦置,后秦、北魏沿置。 北魏太武帝太平真君七年(446)罢	《严书》821

续表

护军名	所　在	置废沿革（备注）	出处（备注）
冯翊	前秦司隶校尉冯翊郡	前秦置	《严书》821
安定	后秦雍州安定郡	后秦置	《严书》822
温秀	北魏咸阳郡宁夷县	北魏太武帝时置	《严书》822
宁夷	北魏咸阳郡宁夷县	北魏太武帝时置	《严书》822
泥阳（宜阳）	北魏豳州赵兴郡阳周县	北魏置，北魏孝文帝太和十一年（487）罢护军置阳周县	《严书》823
惠涉	北魏豳州赵兴郡阳周县	北魏置，北魏孝文帝太和十一年（487）罢护军置阳周县	《严书》823
长城	北魏长城郡黄石县	西秦置，大夏沿置，北魏在其地置黄石县	《严书》823《资治通鉴》121/3825
离石	西晋并州西河国离石县	后燕置。北魏道武帝时沿置，明元帝时改离石镇 按：《严书》谓离石护军"当亦袭（后）秦制"，误。《魏书》卷28《奚牧传》称武帝征后燕时，奚"略地晋川，获(慕容)宝丹阳王买得及离石护军高秀和于平陶"，《资治通鉴》系于北魏皇始元年（396）	《严书》823《魏书》28/683,《资治通鉴》108/3431
三城	北魏汾州蒲子城	北魏明元帝时置	《严书》823
吐京	北魏吐京镇	大夏置，北魏改置吐京镇	《严书》824
阳曲	北魏并州太原北	前赵置，北魏沿置 按：杨守敬《前赵疆域图》绘入此护军	《严书》824

续　表

护军名	所　在	置废沿革（备注）	出处（备注）
秀容	北魏岚州岢岚县	前赵置，北魏沿置 按：《洪志》以为前赵护军。杨守敬《前赵疆域图》绘入此护军。又《元和郡县图志》卷14《河东道三》"岚州宜芳县"条称因"刘元海感神而生"得名的"秀容故城"，在"（宜芳）县南三十里"，而"后魏"曾在宜芳县置岢岚县。但此处"后魏"是否指北魏，尚存疑	《严书》824 《元和志》14/396
匈奴	北魏平阳郡	东晋恭帝元熙（419—420）中置 按：《魏书》卷4《太宗纪》泰常四年（419）载称"司马德文宁朔将军、平阳太守、匈奴护军薛辩……遣使请降"。同书卷42《薛辩传》称："司马德宗拜为宁朔将军、平阳太守。……及裕失长安，辩来归国。"《北史》卷36《薛辩传》亦称："及晋将刘裕平姚泓，即署相国掾。寻除平阳太守，委以北道镇捍。及长安失守，辩遂归魏。"明元帝以为"长安主人"，"又除并州刺史，征授大羽真。泰常七年，卒于官"。河东诸薛自后赵前秦，即薛辩祖、父以来，皆"统部众、领部落"，"实介于胡汉之间"（周一良：《魏晋南北朝史札记·魏书札记》"瞎巴三千生啖蜀子"条，中华书局，1985年，第376页），东晋授辩护军职，使之自统其部落，以匈奴为名，则在于率部落以抗当地匈奴部族。传世有"河东匈奴护军"印。罗福颐《秦汉南北朝官印征存》第2404号（文物出版社，1987年）收入西魏部分。叶其峰以为是东晋末年为治理新占领的河东郡的匈奴人而颁发的官印。其说可从	《严书》825 叶其峰：《魏晋十六国时期的护军、中护军及护军印》，《文物》1990年第1期
乌丸	其地不详	前燕置	《严书》825

续 表

护军名	所　在	置废沿革（备注）	出处（备注）
辽东	前燕平州辽东郡	北燕前承前燕、后燕置	《严书》825 前揭张金龙：《十六国"地方"护军制度补正》
东夷（辽东?）	前燕平州辽东郡	前燕置	《晋书》109/2816 前揭张金龙：《十六国"地方"护军制度补正》
云中	前秦并州朔方郡一带	前秦置	《严书》825 《资治通鉴》100/3178 （《严书》系转引自《洪志》）
枹罕	西晋、前凉治狄道郡狄道县，后或改治晋兴郡枹罕县	西晋置，前凉沿置。后改置晋兴郡，张骏时分置河州 按：龚元建《五凉护军考述》（载《敦煌研究》1994年第1期）称：置于前凉建兴十二年（325）。咸和二年（327）骏失河南之地，则前凉枹罕护军仅存二年。前赵亡后，咸和五年（330）张骏收回河南之地，置五屯护军与后赵分境，却未见置枹罕。前凉张重华时再置，据《晋书》卷86《张轨传》，前凉建兴三十五年（347）有枹罕护军李逵。又据《晋书·五行志》，前凉张玄靓建兴四十三年（355）有枹罕护军张瓘。按西晋置枹罕护军于狄道县，张重华再置时，或改治枹罕县	《严书》826 《晋书》29/875
大夏	前凉大夏郡	前凉置。《晋书》卷86《张重华传》称"大夏护军梁式执太守晏"，则护军或与郡并置	《严书》826
勇士	西秦勇士城	前秦置	《严书》826
武街	西晋（惠帝）秦州狄道郡境内	前凉置五屯护军 按：据《晋书》卷86《张骏传》，咸和五年（330）骏因长安乱，复河南地，置五屯护军，与后赵分境。永和二年（346）后赵石虎执张重华武街护军	《严书》827

续 表

护军名	所 在	置废沿革（备注）	出处（备注）
石门	西晋（惠帝）秦州狄道郡境内	前凉置	《严书》827
侯和	西晋（惠帝）秦州狄道郡境内	前凉置	《严书》827
漒川	西晋（惠帝）秦州狄道郡境内	前凉置 按：郑炳林《西秦赤水、漒川、甘松地望考》（载《西北民族学院学报（哲学社会科学版）》1994年第3期）对漒川地望有考，请参看	《严书》827
甘松	西晋（惠帝）秦州狄道郡境内	前凉置 按：上揭郑炳林《西秦赤水、漒川、甘松地望考》对甘松地望有考，请参看。并请参看本表"仇池国二十部护军"条	《严书》827
邯川	南凉浇河郡	南凉置	《严书》828 《元和志》39/994 前揭冯君实《魏晋官制中的护军》
湟川	南凉湟川郡	南凉置，与郡并置。北凉改郡	《晋书》129/3195，《晋书》126/3154 前揭张金龙《十六国"地方"护军制度补正》
狄道1	北魏河州	西晋置，诸凉或沿置。北魏亦承置（太武帝太平真君中有狄道护军李洪之）。文成帝太安三年（457）罢 按：《元和郡县图志》卷39《陇右道上》"河州"条称"晋惠帝立枹罕护军……后魏平定秦陇西，置枹罕镇"。《太平寰宇记》卷154《陇右道五》"河州"条所载更详，称："晋元康中立枹罕护军，秩二千石，居之狄道县。"太武帝平定陇西后，改枹罕护军为枹罕镇，或在狄道另置护军	《严书》828

续 表

护军名	所 在	置废沿革（备注）	出处（备注）
狄道2	北魏北华州中部郡；或为北魏河州武始郡。	北魏（太武帝时）置（太武帝太平真君中有狄道护军李洪之）。文成帝太安三年(457)罢 按：《元和郡县图志》卷39《陇右道上》"河州"条称"晋惠帝立枹罕护军……后魏平定秦陇西，改置枹罕镇"。《太平寰宇记》卷154《陇右道五》"河州"条所载更详，称："晋元康中立枹罕护军，秩二千石，居之狄道县。"太武帝平定陇西后，改枹罕护军为枹罕镇，或在狄道另置护军，若是，则当在北魏河州	《严书》828
宣威	前凉武威郡宣威县	前凉置，似与县并置 按：上揭冯君实《魏晋官制中的护军》以为此护军为魏咸熙二年(265)所置"以统城外诸军"的四杂号护军之一。误。武威郡宣威县历见《汉书》、《续汉书》、《晋书》、《魏书》地志，至北魏始废	《严书》828 《资治通鉴》104/3275 （《严书》系转引自《洪志》）
中田	前凉临松郡(县)，与郡(县)并置。	前秦置，后凉、北凉沿置 按：《读史方舆纪要》卷63《陕西·甘肃镇》"临松城"条："《晋志》：前凉张天锡又别置临松郡，太元中吕光置中田护军。"（顾祖禹撰，贺次君等点校：《读史方舆纪要》，中华书局，2005年，第2975页）《晋书》卷122《吕光传》："耿稚及将军姜显收集散卒，屯于枹罕，光还于姑臧。光荒耄信谗，杀尚书沮渠罗仇、三河太守沮渠麹粥。罗仇弟子蒙逊叛光，杀中田护军马邃，攻陷临松郡，屯兵金山，大为百姓之患。"同书卷129《沮渠蒙逊载记》："蒙逊伯父中田护军亲信、临松太守孔笃，并骄奢侵害百姓苦之。蒙逊曰：乱吾国者二伯父也。……皆令自杀。"据上引，中田护军或与临松郡并置共治	《严书》828 《宋书》98/2412（《严书》系转引自《洪志》，且引文有误）

续 表

护军名	所 在	置废沿革(备注)	出处(备注)
平羌	前秦略阳郡	前秦置 按：西晋有略阳护军，不知前秦置于略阳的平羌护军是否沿承西晋并改名平羌	《资治通鉴》100/3174 前揭冯君实：《魏晋官制中的护军》
宁羌	前凉南安郡	前凉置 按：《资治通鉴》卷92《晋纪》"明帝太宁元年·(赵主曜遣其将)呼延晏攻(前凉)宁羌护军阴鉴于桑壁"条胡注称："桑壁，当在南安界"	《晋书》86/2231，《资治通鉴》92/2914
弱水	西晋凉州西郡删丹县	西秦置	《严书》829 《晋书》125/3125，《资治通鉴》118/3727 (《严书》系转引自《洪志》)
敦煌	西晋敦煌郡	后凉置，西凉沿置 与郡并置	《严书》829 《晋书》87/2258，2261 (《严书》系转引自《洪志》)
骍马	西晋酒泉郡骍马县	西凉置，似兼大夏郡守	《严书》829 《晋书》87/2259(《严书》系转引自《洪志》)
玉门 (大护军)	敦煌西北玉门关	前凉置	《严书》829 《晋书》14/434(《严书》系转引自《洪志》)
宁戎	后凉境内，具体地点不详	后凉置	《严书》829 《晋书》122/3061(《严书》系转引自《洪志》)
北部	西晋凉州武威郡(休屠城)	后凉置，或在武威郡休屠城 按：《汉书》卷28下《地理志》"武威郡休屠县"条："北部都尉治休屠城"《魏书》卷106下《地理志下》"凉州武威郡襄城县"条："有休屠城"。《水经注》卷40《禹贡山水泽地所在》"都野泽在武威县东北……泽水又东北流迳马城东"条，称"(马)城即休屠县之故城"	《严书》829 《晋书》122/3069(《严书》系转引自《洪志》)

续 表

护军名	所　在	置废沿革(备注)	出处(备注)
都营	其地不详	北凉或南凉 按：碑文称"祖兴宗，伪凉都营护军"。碑文既称北凉沮渠蒙逊为"武宣王大沮渠"，则此"伪凉"或指南凉？	《严书》829 《金石萃编》29/512—518《张猛龙清颂碑》跋引《蛾术编》，《石刻史料新编》第1辑，台北：新文丰出版公司，1986年
屋兰	西晋及诸凉张掖郡屋兰县	北凉/索曷(索泰曾祖)	《北齐索泰墓志》(《蒐佚续》131)。赵耀辉《北齐〈索泰墓志〉述说》，《青少年书法·青年版》2014年第2期。赵文成书此志拓片图版中"屋兰"二字模糊，略存轮廓而已；赵耀辉文所附拓片图版甚为清楚，"屋兰"二字明晰可辨 《晋书》14/433
抚夷2	西凉境内，具体地点不详	西凉置	《严书》829
仇池国二十部护军	仇池国	仇池国杨盛置 按：杨盛父杨佛狗为前秦抚夷护军，见《宋书》卷98《氐胡传》。郑炳林《仇池国二十部护军镇考》(载《西北民族研究》1991年第2期)考证仇池国所设二十部护军(郑氏称为"护军镇")名如下：(1)骆谷，(2)历城，(3)下辨，(4)河池，(5)武都，(6)修城，(7)兰皋，(8)阴平，(9)宕昌，(10)固道，(11)葭芦，(12)武兴，(13)白水，(14)浊水，(15)董亭，(16)上邽，(17)略阳，(18)西阳堡，(19)皮氏堡，(20)平武。兹录以备考	《严书》830

续　表

护军名	所　在	置废沿革（备注）	出处（备注）
丁零	北魏河北地区	北魏初 按：《刘未等造像记》称："武□景照皇帝时，宗祖刘黄兄弟九人，四人台士。"其中刘黄任丁零护军、冀州刺史，刘清任冀州脩（脩）郡太守，刘动任相州刺史、护军（丁零？），刘动、刘羌均封（幽州范阳郡）迺县子，可知刘氏兄弟任官、封爵均在河北。而河北地区特别是相州、定州，是"丁零最多的地方"，说详上揭周一良《北朝的民族问题与民族政策》。《匋斋臧石记》卷 6 此造像记录文末按语称："此乃刘未等追记其先世官阀，刻诸上方。《魏书》帝纪有景皇帝、昭皇帝，皆在魏未建号之先，此记'昭'作'照'，刻时偶误。……丁零护军，按《官氏志》天兴四年七月令诸部护军皆属大将军府，是魏先有诸部护军，而《志》未载。"按《魏书·序纪》所载昭皇帝禄官西晋惠帝朝在位，距拓跋珪复代国约早八十年，景皇帝利更在其前。刘黄兄弟所官冀、相二州刺史，道武帝皇始二年（397）平后燕信都后始置冀州，天兴四年（401）罢邺行台后始置相州，故刘黄、刘动之任丁零护军当在北魏初年。《资治通鉴》称皇始元年（396）秋因"早霜"民饥，后燕并州守将慕容农"又遣诸部护军分监诸胡"，以致"民夷俱怨，潜召魏军"，拓跋珪乘机大举兴兵伐燕，占领河北。可知后燕设置有管理诸胡的诸部护军，北魏初所设丁零护军或取法后燕	北魏宣武帝景明三年（502）《刘未等造像记》（《全魏补遗》446）。《匋斋臧石记》6/8032—8033《刘未等造像记》，《石刻史料新编》第 1 辑第 11 册 《资治通鉴》108/3429—3430

续 表

护军名	所在	置废沿革(备注)	出处(备注)
西部	魏代郡西部	孝文帝、宣武帝时期 按：北周《叱罗协墓志》称其"祖兴，为西部护军"。据协生卒（500—574）年代推算，其祖兴约当孝文帝前期任西部护军。又《北魏宇文永墓志》称其早年曾任平北府司马带西部护军。后历行高平镇事、柔玄镇副将，"武兴镇将带武兴太守，献计立州"，最后死于武川镇将任上。按改武兴为东益州在宣武帝朝，宇文永任西部护军应在此之前，至迟也在宣武帝时期。又代郡西部为敕勒叱列部即所谓"西部敕勒"聚居之所（见唐长孺：《北魏末期的山胡敕勒起义》，前揭氏著《山居存稿》，第 90—91 页），叱罗协为代人，其祖兴所任西部护军当为监护敕勒部族而置	《新出疏证》299，《蒐佚》24 《周书》11/177 《胡姓考》70

说明：

(1) 本表文献略称：

《严书》=严耕望：《中国地方行政制度史·魏晋南北朝地方行政制度》卷下《北朝地方行政制度》，第 13 章"诸部护军"，台北：中研院历史语言研究所，1963 年，第 817—835 页。

《元和志》=李吉甫撰、贺次君点校：《元和郡县图志》，中华书局，1983 年。

《洪志》=洪亮吉：《十六国疆域志》，《二十五史补编》本，中华书局，1955 年。

《胡姓考》=姚薇元：《北朝胡姓考（修订本）》，中华书局，2007 年。

《全魏补遗》=韩理洲等辑校编年：《全北魏东魏西魏文补遗》，三秦出版社，2010 年。

《蒐佚》=赵君平等编：《秦晋豫新出墓志蒐佚》，国家图书馆出版社，2012 年。

《蒐佚续》=赵文成等编：《秦晋豫新出墓志蒐佚续编》，国家图书馆出版社，2015 年。

《新出疏证》=罗新等著：《新出魏晋南北朝墓志疏证》，中华书局，2005 年。

所引正史及《资治通鉴》俱为中华书局标点本，表中文献名后所缀数字为页码，若数字间有"/"符号，则前为卷数，后为页码。

(2) 本表"所在"栏所列地名，多取与该护军设置时间切近或者有紧密关联的王朝政区，视相关资料之详备程度，或到县，或到郡，或仅指出大致范围，具体地望不能详悉者则阙。

(3) 凡《严书》引征史料完备，足以支撑表中各栏结论，"出处"但列《严书》，以尊重前人成果，并省篇幅。若《严书》引征不备（包括资料的原始性），或本编作者对所引文献史料的理解与《严书》有异，则补列相关文献，或加以简要说明。若表中所列护军不见于《严书》，"出处"栏注所据文献。

表 11 所列"地方护军"，是相对于中央禁军将领的护军，以及随诸州都督和率军征、镇的将领而置的护军而言的，相对于这些单纯的军职，"地方护军"是一种统治少数族部族的政军合一的地方政军机构，它仍属军职，同时又是一级地方长官，主要职能是监护、统治聚居于或者被集中安置于特定地区的少

数族部族①。如前揭严耕望、町田隆吉、张金龙、周伟洲等学者所指出的,这种地方护军起源于三国曹魏时期。《三国志》卷30《魏书·乌丸鲜卑东夷传》注引《魏略·西戎传》:

> (氐人)各有王侯,多受中国封拜。近去建安中,兴国氐王阿贵、白项(百项②)氐王千万各有部落万余,至十六年,从马超为乱。超破之后,阿贵为夏侯渊所攻灭,千万西南入蜀,其部落不能去,皆降。国家分徙其前后两端者,置扶风美阳,今之安夷、抚夷二部护军所典是也。

《元和郡县图志·关内道一》"京兆府云阳县"条对抚夷护军的设置时间、过程及沿革有更详细的记载:

> 本汉旧县,属左冯翊,魏司马宣王抚慰关中,罢县,置抚夷护军,及赵王伦镇长安,复罢护军。刘、石、苻、姚因之。魏罢护军,更于今理别置云阳县,隋因之。

按司马懿以都督雍、梁(凉)二州诸军事"西屯长安",始于魏明帝太和五年(231),至景初二年(238)去职征辽东③,知抚夷护军应置于其间(231—238),安夷护军亦当设置于此时。据上引《魏略·西戎传》,似乎安夷、抚夷二护军均置于扶风美阳,而上引《元和郡县图志》明言抚夷护军置于冯翊云阳。按上引《魏略·西戎传》称兴国、百项二氐王"各有部落万余","皆降"而被"分徙",《三国志》卷15《魏书·张既传》称"徙(武都)氐五万余落出居扶风、天水国",同书卷25《杨阜传》称"前后徙民、氐,使居京兆、扶风、天水界者万余户"④,按每户五口亦五万余。兹依曹魏人鱼豢《魏略》所载,二氐部落亦达二万余众,非美阳一县所能接纳。洪饴孙《三国职官表》参据《元和郡县图志》《魏略》,以为安夷护军"治美阳,典降氐",抚夷护军"治云阳,典降氐",可从⑤。二护军为西晋所沿置,西晋麴允曾兼任安夷护军、始平太守⑥。始平毗邻扶风美阳,魏黄初中改汉平陵县为始平县,而汉平陵县原属扶风。更重要的是,曹魏徙武都氐于关

---

① "地方护军"命名,实本于张金龙之说,见上揭张氏:《十六国"地方"护军制度补正》,并请参上揭高敏:《十六国前秦、后秦时期的"护军"制》、周伟洲:《魏晋南北朝时期的护军制》。
② "白项"应为"百项"之误,详见《宋书》卷98《氐胡传》,第2403页。参卢弼:《三国志集解》本条,台北:艺文印书馆,1972年,第729页。
③ 《三国志》卷3《魏书·明帝纪》,第98、111页。《晋书》卷1《宣帝纪》,第6、10页。参万斯同《魏方镇年表》,洪饴孙《三国职官表》,均为《二十五史补编》本,第2618—2619、2810页。
④ 《三国志》卷15、卷25,第472—473、704页。
⑤ 洪饴孙《三国职官表》,《二十五史补编》本,第2813页。
⑥ 《晋书》卷89《麴允传》,第2307页。

中时,同时将武都郡徙置于小槐里,而小槐里正是西晋始平郡所治①。从麴允以安夷护军兼始平太守,亦可见安夷护军置于扶风美阳或附近②。《中国历史地图集》"三国·魏·雍州"图幅,但标出抚夷护军,未标安夷护军,似可根据上引《魏略·西戎传》等文献补加。

投降夏侯渊的兴国氐、百顷氐部落被徙置于关中为建安十九年(214)③,至司马懿置护军管理降氐,其间约二十年,对于二万余众的氐人部落,当局自有必要驻屯军队监管,即使委托美阳、云阳等县管理,也势必屯兵镇慑。司马懿置抚夷护军同时,废罢了云阳县,表明护军是有实际辖区、具有军事管制性质的一级政区。这种政军合一的特殊政区,以监管徙置于此的氐、羌部族为主要职能。上引《元和郡县图志》"京兆府云阳县"条既称"(晋)赵王伦镇长安,复罢护军",又接着说"刘、石、苻、姚因之",其中显有脱文。《太平寰宇记·关西道七耀州》"云阳县"条在上引两句之间多出"后氐羌反,又立护军"八字④,透露了护军的设置就是为了防范、镇压氐、羌部族的反叛。魏高贵乡公正元二年(255)八月,蜀大将姜维于洮西大败魏雍州刺史王经,十月,魏诏书有云:"洮西之战,至取负败,将士死亡,计以千数。……其令所在郡典农及安、抚夷二护军各部大吏慰恤其门户,无差赋役一年。"⑤显示了安夷、抚夷二护军兼理军政民政的职能,而所统氐、羌部族除了应征参战之外,还有赋役负担⑥。

曹魏在扶风美阳、冯翊云阳设置的安夷、抚夷二护军,为西晋所沿置,其中抚夷护军虽在赵王伦镇长安时一度废罢,但不久又复置。十六国时期先后割据关中的前后二赵、前后二秦仍然沿置。见于传世文献的安夷护军有西晋麴允,后秦姚墨蠡等⑦。抚夷护军除见于《宋书》卷98《氐胡传》及上引《元和郡县图志》等传世文献外,又见于上揭前秦《立界石山祠碑》。抚夷护军至北魏,至

---

① 《太平寰宇记》卷26《关中道二·雍州二》"咸阳县·平陵城"条,同书卷27《关西道三·雍州三》"武功县·小槐里"条,第559、585页;《三国志》卷25《魏书·杨阜传》,第704页。
② 上揭吴洪岐《"护军"制起始时间考辨》认为司马懿置抚夷护军于冯翊郡云阳县,是因徙置扶风郡美阳县的氐人相率北徙至冯翊郡所致,同时"原设于扶风郡美阳县的安夷、扶(抚)夷二部护军相应撤消"。按此说并无实据,至曹魏末安夷、抚夷二部护军仍然存在,见上引《三国志》卷4《魏书·三少帝纪》。如上引《元和郡县图志》、《通典》等文献所载,二部护军西晋、十六国、北魏时仍然沿置。
③ 《资治通鉴》卷67《汉纪》"献帝建安十九年春"条,第2126页。
④ 乐史撰、王文楚等点校:《太平寰宇记》卷31,中华书局,2007年,第664页。上揭严耕望《中国地方行政制度史·魏晋南北朝地方行政制度》卷下《北朝地方行政制度》第十三章《诸部护军》"抚夷护军"条(第819页)已指出今本《元和志》脱此八字。
⑤ 《三国志》卷4《三少帝纪·高贵乡公纪》,第133—134页。
⑥ 上揭周伟洲《魏晋南北朝时期的护军制》对此已有论证,请参看。
⑦ 《晋书》卷89《麴允传》,第2307页;同书卷119《姚泓载记》,第3013页。

迟于北魏文成帝太安三年(457)"以诸部护军各为太守"①之时最终废罢,并于其地复置云阳县,其前后存在达二百二十余年之久,成为一稳定设置的职官。唯其如此,《通典·职官·秩品》所列魏、晋官品的第五品职官中,列有"安夷、抚夷护军",并将其列在武官的杂号将军"牙门将"、三都尉之一的"骑都尉"("骑督")之后,地方职官的"郡国太守、相、内史"之前②,这种排列恰恰体现了地方护军政军合一、以军统民的地方官性质。

作为一种特殊政区的地方护军,其渊源尚待究明。上揭洪饴孙《三国职官表》、冯君实论文将护军分为以下几类,即作为禁军将领护军将军、中护军的护军,率军征、镇的都督、将军所置护军,杂号护军,诸要镇所置护军,诸部护军。前二者为单纯的军职,其性质显然与地方护军有别。我们知道,军事性之外,地方护军最重要的特征是以少数民族部族为监护、统治对象。在名目繁多的"杂号护军"中,有很多是为了对少数民族实行军事统治或对其中反抗者兴兵征伐而设置的,其中有常设者,如《宋书》卷40《百官志下》所称:

> 平越中郎将,晋武帝置,治广州,主护南越。南蛮校尉,晋武帝置,治襄阳。江左初省,寻又置,治江陵。……魏、晋有杂号护军,如将军,今犹有镇蛮、安远等护军。镇蛮以加庐江、晋熙、西阳太守。安远以加武陵内史。

杂号护军"如将军",则表明它与纯粹军职的将军犹隔一间。庐江、晋熙、西阳、武陵诸郡皆为蛮族聚居之地,其太守例加镇蛮、安远等护军,即如晋所置"护羌、夷、蛮等校尉"、"护匈奴、羌、戎、蛮、夷、越中郎将"③,都是为了统治、监护("主护")诸蛮夷部族,唯庐江等郡护军由太守兼任,在蛮族聚居地长期稳定地设置,更具地方护军政军合一的特征,与其他纯粹军职的杂号将军有别。"今犹有镇蛮、安远等护军"之"今",即沈约撰写《宋书》的齐梁之际,如果说"镇蛮"、"安远"等护军的设置及其名号是取法魏晋设于关中的"安夷、抚夷护军",那么,安夷、抚夷护军的来源,则极有可能是前承东汉旨在监护附汉南匈奴部族而置的"护匈奴中郎将",以及"护羌校尉"等。《宋书·百官志》将庐江(晋熙、西阳)镇蛮护军、武陵安远护军和《晋书·职官志》中的"护匈奴、羌、戎、蛮、夷、越中郎将"、"护羌、夷、蛮等校尉"并列,视为同类职官,正是因为它们都是统治当

---

① 《魏书》卷113《官氏志》,第2975页。
② 杜佑撰,王文楚等点校:《通典》卷36《职官·秩品》"魏官品"、卷37《职官·秩品》"晋官品",中华书局,1988年,第992、1004页。
③ 《晋书》卷24《职官志》,第747页。

地少数民族部族的官署。后者中"或领刺史"者，与前者之例兼太守，都是一身而兼军政、民政二职的地方官，与安夷、抚夷护军一职而兼理军政、民政，实异曲而同工①。在这种意义上，地方护军之"护"，或渊源于"护四夷中郎、校尉"之"护"，即对四夷实施监护、统治之意，严耕望《魏晋南北朝地方行政制度》卷下第13章"诸部护军"，将诸部护军又称为蛮夷护军，实本此意。而作为《严书》章名的"诸部护军"，盖取自所引《魏书·官氏志》"（天兴）四年（401）七月罢匈奴中郎将官，令诸部护军皆属大将军府"，"（文成帝）太安三年（457）五月以诸部护军各为太守"②云云。

在"诸要镇所置护军"中，大多不与郡、县并置，甚或如抚夷护军乃罢（郡）县而置，有固定辖区，调离辖区其护军职随即免除。如前秦尚书仇腾因诋毁王猛而被黜为甘松护军，后升任冯翊太守其甘松护军职自然解除③，可知这类诸要镇护军实为地方护军。地方护军既以监护、统治四夷部族为主职，自然设于少数民族聚居区。反之，"诸要镇所置护军"如果不是置于少数民族聚居区，而是因其地处战略要冲，出于军事目的而设，则为单纯军职而非地方护军④。

所谓"诸部护军"，冯君实谓之"设于少数民族聚居地，并以他们的诸部为单位"，其根据是十六国后燕慕容农曾"遣诸部护军分监诸胡"、北魏天兴四年（401）"罢匈奴中郎将官，令诸部护军皆属大将军府"⑤。但这两条资料只能说明护军所统为胡人，而不能说"诸部护军"以所统胡人之"诸部"为单位并因之而得名。据前引鱼豢《魏略》，兴国氏王阿贵、百顷氏王杨千万"各有部落万余"，东汉建安中"从马超为乱"，"超破之后"二氏王或死或逃，其部落投降后被徙置关中，鱼豢称"今之安夷、抚夷二部护军所典是也"。鱼豢魏人，所谓"今"即指曹魏时，具体时间当为设置二部护军的魏明帝朝或其后。鱼豢称安夷、抚夷为"二部护军"，此二部是否即指兴国氏、百顷氏二大氏部呢？史无详言，如

---

① 如上揭冯君实《魏晋官制中的护军》所言，与郡守并置的专职护军，"本身并不属于地方一级行政建置，只是与郡守并列的地方军事长官"。周伟洲《魏晋南北朝时期的护军制》亦持此说。但郡、护军并置，与身兼郡守、护军二任者不同。实际上最早的地方护军安夷、抚夷二部护军，也有身兼太守之例，如上揭西晋魏允，即曾兼任安夷护军、始平太守，《立界石山祠碑》中□产即兼任建忠将军、抚夷护军、扶风太守。
② 《魏书》卷113《官氏志》，第2973、2975页。
③ 《晋书》卷113—114《苻坚载记》，第2884、2927、2931页。
④ 典型者如蜀汉之汉城护军，曹魏之合肥护军，西晋之益州护军、淮北护军，详见上揭冯君实《魏晋官职中的护军》。上揭陶新华《魏晋南朝的地方护军和都护将军——兼说都护与督护》对军职护军的设置、职能等有详考，请参看。
⑤ 《资治通鉴》卷108《晋纪》"孝武帝太元二十一年七月"条，第3429—3430页。《魏书》卷113《官氏志》，第2973页。

果是的,则冯氏所谓诸部护军是以所统少数民族的"部"(部族、部落)为单位,似非无据,但二部护军并非以"兴国"、"百顷"为名,其名"安夷"、"抚夷",只能说明护军监护对象为夷人。冯君实则说称"安夷、抚夷二部护军"是因为"护军的统治带有军事统治性质",所以对护军机构"或称部"、"或称营",盖以"二部"之"部"作为军队建制单位"部曲"的"部"①。然而亦如冯氏所指出的,"诸部护军是在那些不但民族聚居而且部落组织还存在的民族中设置的,其任务就是'分监诸部'",据之,"诸部护军"之"部"是指少数族的部落,所谓"分监诸部",即指护军的监护、统治对象,是作为少数族基本社会单位的部落,而非单个的部落成员。如果说"诸部护军"得名于此,于理可通,且有实据。

上揭前秦《邓太尉祠碑》称冯翊护军所领为"和(戎)、宁戎、鄜城、洛川、定阳五部领屠各",上郡夫施黑羌、白羌等"夷类十二种",题名中除了冯翊护军"治下"的"部大钳耳丁比"外,军府吏属题名凡二十九人,其中可以确定的西羌人有十九名,他们实际上也都是各部落首领,因而可以确定冯翊护军所领皆为诸夷部落。而在上揭前秦《立界石山祠碑》中,"君临此城"的□产,为建忠将军、抚夷护军、扶风太守之子,本人任职因碑刻泐缺而不可知。马长寿先生据其所统将军品秩,部属官称等,怀疑□产"是第三品的护军将军","而且兼领郡秩"。马先生的推测值得重视。只是"第三品的护军将军"显然是指作为中央禁军首领的护军将军,似与□产的仕历、行事不符。按□产以其在池阳令任上辑"和戎翟"之功擢升征西大将军左司马,旋以"敷教殊方"功绩"茂著"——似乎又属绥抚戎翟成绩,被调往洛水流域某城镇,此城镇辖地除与冯翊护军接壤外,周边还有抚夷、土门、铜官等护军,碑文即记载他与冯诩护军及另一位地方官"参分"疆界之事,所统亦为"戎翟"部族,则其所任护军应为"诸部护军"即地方护军。从其僚属中既有军事系统,亦有郡县系统,还有大量的部落首领,马先生谓其"不限于护军",还应兼任郡守,是合理的推测。而从题名中所见酋大、部大等部落首领近六十人,僚佐中亦多出自西羌、氐等少数民族者,可知其所领,亦如冯翊护军所领,为诸夷部落②。上表所列地方护军中,以少数民族名命名的"乌丸"、"匈奴"、"丁零"、"东夷"等护军,以及所谓"安夷"、"抚夷"、"宁夷"、"宁戎"、"平羌"、"宁羌"、"镇蛮"等护军,固然体现了护军"主护"少数

---

① 《资治通鉴》卷29《汉纪》"元帝建昭二年六月"胡三省注"部刺史"称:"各部一州,故曰部刺史。"(第928页)则上揭后燕慕容农"遣诸部护军分监诸胡"亦可理解为"各部一胡"。
② 详见上揭马长寿:《碑铭所见前秦至隋初的关中部族》,第12—38页,并请参上章《领民酋长》中的相关论述。

民族部落的属性,而为数更多的是冠以地名的护军,从其地名亦不难发现这些地方皆为少数民族部族聚居之所,如"秀容护军",即因"秀容胡人徙居之"而立,"阳曲护军"因"阳曲胡寄居"而立,"甘松护军",秦汉魏晋间"皆诸羌所居"①,余不备举。如前文所述,严耕望讨论"北朝地方行政制度"时专列"诸部护军"一章,或称"蛮夷护军"。本章采用张金龙论文之说,称之为地方护军,并在严说基础上对其渊源、性质续有阐发,除了民族性、军事性外,又特别强调它的地方官及政区属性。

论者以抚夷等护军系废县所置,因而认为其行政级别、政区等级相当于县②。如北魏雍州北地郡沿承前、后两秦所置的三原、铜官、土门、宜君诸护军,以及北魏沿承前朝为管制移居该地的阳曲胡、秀容胡而置的阳曲、秀容二护军,其后均改为县。北魏在阳周县地所置宜阳、惠涉二护军,后废二护军复置阳周县,上述护军的地位的确与县相仿佛。然而魏晋时抚夷、安夷二部护军各统氐族部落万余,西晋太康初全盛之时扶风郡六县共有户两万三千,平均每县不足四千户,冯翊郡八县共有户七千七百,平均每县不足一千户③,加之驻屯军队,因而其地位至少不低于郡。而《魏书》卷113《官氏志》载称"太安三年五月,以诸部护军各为太守",上引《通典》卷36《职官·秩品》"魏官品",安夷、抚夷护军列为第五品,诸(部)护军列第六品,诸部护军司马列第八品,同书卷37"晋官品",安夷、抚夷护军列为第五品,诸(部)护军长史、司马列第六品,严耕望据以认为"护军地位与郡守相若",其意见适切可从④。严氏又认为"护军所统既为异族,大抵以户落为单位,不以土地为单位",并举《邓太尉祠碑》冯翊护军统五部夷类十二种、统户七千,以及后燕辽东护军石邃领户三千等为证,亦值得重视⑤。

护军的组织机构及僚属,上引《通典·职官·秩品》"魏·晋官品"仅载有

---

① 郦道元注,杨守敬等疏,段熙仲点校:《水经注疏》卷6《汾水》,江苏古籍出版社,1989年,第527、529页。《元和郡县图志》卷39《陇右道上》"芳州"条,第1000页。
② 如上揭周伟洲:《魏晋南北朝时期的护军制》。
③ 《晋书》卷14《地理志上》,第430页。
④ 《元和郡县图志》卷39《陇右道上》"河州"条称"晋惠帝立枹罕护军",《太平寰宇记》卷154《陇右道五》"河州"条称"晋元康中立枹罕护军,秩二千石"。汉代郡守虽为秩二千石,但彼时郡为最高一级地方行政机构,与九卿秩中二千石稍有差隔。据《晋书》卷24《职官志》,西晋九卿、三品将军、太子太傅、光禄大夫等"秩中二千石",太子少傅二千石,则郡守不可能秩二千石。西晋枹罕护军,前凉张骏置河州,北魏改置枹罕镇,后又改镇复为河州,则西晋枹罕护军的行政等级当与刺史相当。当然这是特例。
⑤ 上引严氏观点,均据氏著《魏晋南北朝南北朝地方行政制度》卷下《北朝地方行政制度》第十三章"诸部护军"。

长史、司马二职①。所幸上揭《邓太尉祠碑》提供了前秦冯翊护军僚属的详细资料。据之可知，军政民政合一的地方护军既为军职，亦如将军得开府置吏。碑称冯翊护军"军府吏属一百五十人"，其组织系统如下：

护军郑能进(邈)②(后降为护军司马)

护军司马一人(郑能进(邈)降为护军司马后，是否与原护军司马并置，不得其详)；

军参事三人(或"参军事"之异称。军、事二字形似，或原碑书丹有误？)；

军门下督二人；

军功曹二人；

军主簿十一人；

军功曹二人；

军录事五人；

军功曹书佐一人；

功曹书佐二人；

治下部大一人。

以上包括部大一人在内约三十人，而"军府吏属"凡一百五十人，其余或为没有职名的吏员甚或吏役。上列吏属之前例冠"军"字，以示属于军府，但其中又有与"军功曹书佐"有别的"功曹书佐"二人，或前脱"军"字？如无脱文，而前面又只列有军功曹，而未列功曹，不知何故。又军主簿有十一人之多，军录事亦有五人，其中是否包括已卸职的前军主簿、前军录事，亦不可知。

如果上揭前秦《立界石山祠碑》中的□产确如马长寿先生所推测，有护军职并兼郡守，则其护军军府吏属有司马、参军、军监(护军监军)、军督(军门下督)、军禁、都统，以及功曹、主簿、参事、录事、书佐等；其郡县吏属有主簿、录事、功曹、户曹、法曹、金曹、兵曹、贼曹、租曹、左尉、书佐、行事、参事以及寺门、干、丁议(议生)、里禁等。如马先生所指出的，由于功曹、主簿、录事、参事、书

---

① 长史仅见于《通典·职官·秩品》"晋官品"，严耕望"疑'魏官品'条仅有司马者为正"，即"晋官品"所载护军长史或有误。见上引严氏《魏晋南北朝南北朝地方行政制度》卷下《北朝地方行政制度》第十三章"诸部护军"。出土的魏晋十六国护军印中有"枹罕护军长史"印(见罗福颐主编：《秦汉南北朝官印征存》第2367号，文物出版社，1987年)，故尚不能说《通典》"晋官品"必定有误。请参见叶其峰：《魏晋十六国时期的护军、中护军及护军印》，《文物》1990年第1期。

② 郑能进(邈)，上揭马长寿《碑铭所见前秦至隋初的关中部族》所载此碑录文作"郑能进"，并注称"《八琼室金石补正》以'进'字漫漶，解为'邈'，可备一说"(第12页)。罗振玉根据《金承安四年段继昌重立邓太尉祠碑》，断定此字为"邈"，可从。罗氏：《石交录》卷2，《罗振玉学术论著集》第3集，上海古籍出版社，2013年，第267页。

佐等官军府及郡县二系统均有设置①，此碑题名又不像上引《邓太尉祠碑》在军府吏属前例加"军"字，因而上文军府、郡县系统所列吏属，或有混淆、误列。又《立界石山祠碑》题名所列，包括参与分界的三方长官——□产、冯翊护军及另一地方长官，以及他们的吏属。□产之任护军尚属推测，而护军往往又加将军号，因此上列军事系统的吏属并不能肯定就是□产的护军军府所属。□产即使有地方护军职，从其"统户三万，领吏千人，大将三□"来看，也不是位侔郡守、级列五品的普通地方护军，因而其具僚员额、官秩也不具典型性。故以上所列仅备参考而已。

前揭町田隆吉论文将前秦护军分为两种类型：其一是当局授任率种族民归顺的族长或有力者为护军，即从被监护的少数部族中产生；其二是当局任命、派遣护军，并配备僚属、军队，后者带有明显的以武力控管、统治少数族的地方官性质。前一种情况，町田氏举出前秦将投降的百顷氐徙到关中后，任命百顷氐王家族的杨佛狗为"典降氐"的抚夷护军；西秦主乞伏司繁"降于苻坚"后，坚以其叔父乞伏吐雷为勇士护军，"抚其部众"；前秦以卢水胡酋豪沮渠法弘（沮渠蒙逊父）为中田护军，统其部众。这种情况并不限于前秦。如氐族所建仇池国"分诸四山氐、羌为二十部护军，各为镇戍"，这里的护军所统，其实是以仇池国的统治民族氐族部落为主。又如前所述，东晋以薛辩为匈奴护军，而河东诸薛自后赵前秦以来，盘踞河东、西河间近两百年，皆"分统部众"，"代（世）领部落"，"实介于胡汉之间，形成北魏境内少数民族势力之又一形态"。东晋授以护军，是承认并企图利用其地方势力，丝毫不改变诸薛自领部落、自统部众的现状。这样一种地方护军，在某种意义上相当于上章讨论的领民酋长。后一种类型即中央派遣的作为统治少数民族的地方官性质的护军，则更为普遍，但这类护军也不打破所监护部族的部落组织，而是通过部落酋长对部民实施间接统治，上揭前秦《邓太尉祠碑》、《立界石山祠碑》所反映的情况即非常典型，兹不复述。而这一类护军则与下章将要讨论的军镇相类似，唯军镇所统不尽为少数族，也包括汉人，少数族也不一定都是保持部落状态者。

以上在先行研究基础上，以最早的地方护军，即曹魏明帝（231—238年之间）所置抚夷、安夷二部护军为典型，对十六国北朝护军的渊源、沿革、性质、类型及政区级别、组织机构等，进行了粗略的考察。《魏书·官氏志》载北魏文成帝太安三年（457）"以诸部护军各为太守"，意味着地方护军在制度上退出职官

---

① 以上军府系统及郡县系统吏属，主要据上揭马长寿《碑铭所见前秦至隋初的关中部族》，第12—38页。

行列。但如表11所列,北魏所置泥阳、惠涉二护军,直到三十年后的孝文帝太和十一年(487)始罢。北魏西部护军的废罢可能还要更晚一些,而存续时间最长的仍推最早设立的抚夷护军,自曹魏明帝太和五年、景初二年间(231—238)设置,至北魏太武帝太平真君七年(446)废罢,存在时间长达210余年。表11所列地方护军约七十个(包括仇池国二十部护军,东晋所置匈奴护军,仅存于西晋的略阳护军),存在于十六国时期的有六十一个(实际上东晋所置匈奴护军本在后秦境内,所任护军亦为河东豪族薛氏,前秦置于略阳的平羌护军,或前承西晋所置之略阳护军,待考),十六国政权除成汉外都有护军存在,其中关中、河西诸政权的护军为数最多,不在十六国之列的仇池政权,甚至"不置郡县",以护军为基本政区单位。北魏时期存在的十五个护军中,新置的只有七个,其余八个皆承自十六国,而且新置的护军,有迹象表明其行政等级已降到县级,不似十六国时期护军地位至少与郡守相若。护军主要为统治非汉族的尚保留部落组织的少数族而设,在民族关系复杂、民族矛盾激烈的十六国时代,特别是众多少数族尚处于部落聚居状态、民族杂居最为突出的关中、河西及仇池地区,地方护军的大量出现是容易理解的。正是伴随着北魏太武帝统一北方,结束十六国时代,胡汉民族融合的进程逐步加速,少数族部落之逐步解体、部民之逐步编户化,护军政区之日渐式微,实为大势所趋,最终在孝文帝时代退出历史舞台。

第三章 十六国北朝的军镇

第一节 先行研究

周一良1935年发表的《北魏镇戍制度考》及《续考》(下文或简称《周考》)①，是开创北朝军镇②研究的筚路蓝缕之作。周氏将北魏军镇分为两种："设于全不立州郡之地"，"镇将兼理军民政务"；"设于州郡治所"即"州郡与镇并立于一地"，"镇将绾军而刺史治民"。他还对军镇的分布及作用、设镇数目及沿革，乃至东魏北齐、西魏北周时期军镇的性质演变等，进行了考察。《周考》奠定了北魏军镇研究的基本格局。

严耕望1962年初刊的《北魏军镇制度考》，在翌年出版的氏著《魏晋南北朝地方行政制度》中，列为卷下《北朝地方行政制度》第十一章"北魏军镇"(此章下文或简称《严书》)③。严氏在《周考》基础上，对北魏军镇制度作了迄今最为全面系统的研究。《严书》考得北魏军镇共九十三个，并就其所在地理分区分为五类，即"六镇及其以南以东诸镇"、"河东河北诸镇"、"黄河以西诸镇"、"河南诸镇"以及"地望无考诸镇"；就其设置时间分为四种，即"前后期均见置"、"前期置"、"后期(太和中叶以后)置"及"不能断为前期抑后期"置者，各作标记以明；复列《北魏诸镇置废表》，将以上考证结果疏列表中。《严书》还对镇的种类、地位与镇府组织分别作了考论。最后将其研究所得以"约论"总结之。

《严书》标志着北魏军镇研究的新高度，其后虽续有相关论著问世，但总体上不过是对《严书》的补苴完善。近年来综合研究北魏军镇的论著，有张金龙

---

① 周一良：《北魏镇戍制度考及续考》，上揭氏著《魏晋南北朝史论集》。初刊于《禹贡》半月刊第3卷第9期、第4卷第5期，1935年。
② 十六国北朝时期并无"军镇"之称，通常称为某某(地名)镇，或镇某地。至北魏，"镇"正式成为一级地方政军机构，但有时也泛指单纯的军事镇守之地。较早以军镇指称十六国北朝时期的镇，可能是唐长孺(详下)。严耕望系统研究北魏地方行政制度，专辟"北魏军镇"一章，"军镇"遂为后来的研究者所沿用。本编的"军镇"，即沿用唐、严之说。
③ 上揭严耕望：《中国地方行政制度史·魏晋南北朝地方行政制度》卷下《北朝地方行政制度》第十一章"北魏军镇"。此章先以《北魏军镇制度考》之名抽刊于《故院长胡适先生纪念论文集(上册)》,《历史语言研究所集刊》第34本，1962年。

《北魏政治史》第四卷《太武帝时代上》,该书专章探讨了"军镇设置与沿革"①,认为直到太武帝统一北方,北魏军镇制度始得完全确立,"成为北魏镇抚边疆地区的最重要的地方行政机构",并对北边六镇、东北、关陇及西部、南北及东南诸州镇,分地区进行考察,在充分掌握相关资料的前提下,提出了诸多新见。近年来先后有两篇硕士论文以北魏军镇为题,尽管其主体内容仍以综述前人成果为主,仍在个别问题上提出了作者的独立意见②。

军镇制度之不始于北魏,《周考》、《严书》均有指出。前者从后秦有匈奴镇将姚成都、西秦有大夏镇将常坦等例,推断二国存在设立于边地的军镇。后者认为"就文献可考者而言,(军镇)盖起于刘(前赵)、石(后赵)、苻(前秦)、姚(后秦)之世"。唐长孺亦曾指出,"赫连勃勃在其统治区域内根本不立郡县,以军镇统户",其军镇制度又遗留到北魏,后人考察北魏军镇时,"这一点是常常被忽略的"③。1985年,牟发松在上述前辈学者的提示下,发表《十六国时期地方行政机构的军镇化》④,对十六国时期普遍存在的军镇制度及地方机构的军镇化趋势进行了专题考察。十余年后高敏发表《十六国时期的军镇制度》⑤,虽然论文主题所论军镇"以军统民"、"合军事与民政于一体"的性质特征,与前揭牟文颇多相似,但仍在若干方面不无差别。牟发松还相继发表《北魏军镇考补》、《"六镇"新释》⑥,前者在实证研究基础上,对《周考》、《严书》所列北魏军镇数复有增减,最后确定为九十八镇;后者在唐长孺《北魏沃野镇的迁徙》⑦、陈仲安《六镇臆说》⑧的基础上,就六镇所含镇目及其变化、沃野镇的迁徙时间及地点等试图提出新解。佐川英治《北魏六镇史研究》⑨是近年来有关六镇研

---

① 张金龙:《北魏政治史三》第八章"州郡再编、军镇设置与沿革",甘肃教育出版社,2008年。
② 何建国:《北魏军镇研究》,山西大学硕士学位论文,2005年。程钊:《北魏军镇制度探究》,南昌大学硕士学位论文,2009年。何文对前人研究成果作了系统整理,对镇将带将军号、兼任都督诸州镇军事及侍中、散骑常侍职等问题的考察,为前人所鲜及。程文将北魏军镇分为边疆防御型、羁縻型、中原防御型等三种类型,亦不无新意。
③ 唐长孺:《晋代北境各族"变乱"的性质及五胡政权在中国的统治》,氏著:《魏晋南北朝史论丛》,三联书店,1955年,第167页。
④ 牟发松:《十六国时期地方行政机构的军镇化》,《晋阳学刊》1985年第6期。
⑤ 高敏:《十六国时期的军镇制度》,初刊于武汉大学中国三至九世纪研究所编:《中国前近代史理论国际学术研讨会论文集》,湖北人民出版社,1997年。后又刊于《史学月刊》1998年第1期。
⑥ 牟发松:《北魏军镇考补》,武汉大学中国三至九世纪研究所编:《魏晋南北朝隋唐史资料》第7辑,1985年。后收入《魏晋南北朝隋唐史资料(第1—7期合订本)》,香港:香港中华科技(国际)出版社,1992年。同作者:《"六镇"新释》,《争鸣》1987年第6期。
⑦ 唐长孺:《北魏沃野镇的迁徙》,《华中师范学院学报》1979年第5期。收入氏著《山居存稿续编》,中华书局,2011年。
⑧ 陈仲安:《六镇臆说》,《文史》第14辑,1982年。
⑨ 佐川英治:《北魏六镇史研究》,《中国中古史研究(第五卷)》,中西书局,2015年。

究最新、最重要的成果。该文不但对六镇研究史作了迄今为止最完备、系统的整理,而且在视角上,认为"需要将目光转向六镇作为都市之性质",在资料上,充分利用出土墓志、考古调查、历史地理资料,提出宣武帝时期六镇发生重大变革即进一步城塞化,沃野镇正是在这一变革中被纳入六镇等新的观点。余如鲍桐《北魏北疆几个历史地理问题的探索》、苏哲《内蒙古土默川、大青山的北魏镇戍遗迹》、张文平等《长城资源调查对于北魏长城及六镇镇戍遗址的新认识》等论文[1],都是密切结合传世文献资料和考古遗址报告、实地调查资料,对六镇方位及镇戍遗址、北镇与长城相结合的防御体系,以及历史自然地理条件对当时交通、行军路线的限定等问题,通过多学科渗透,考证得出许多新的认识,深化了北魏军镇的研究。

魏明帝正光四年(523)爆发的六镇暴动,从根本上动摇了北魏政权的统治,深刻地影响到魏分东西以后北朝历史发展的走向。动乱中崛起的以宇文泰为首的武川镇酋豪集团,不仅是西魏北周政权的创立者,而且是创建重归一统的隋唐帝国的所谓"关陇集团"的核心层。因而有关六镇起事的原因、性质及影响,镇民的构成、来源及其地位演变,以迁洛为标志的孝文帝汉化改革之后北镇酋豪集团与洛阳鲜卑勋贵集团之间的分裂与冲突等,积累了丰厚的成果,代表性论著有唐长孺探讨北魏末北镇起事的系列论文《试论魏末北镇镇民暴动的性质》、《北魏末期的山胡敕勒起义》等[2],谷川道雄《隋唐帝国形成史论》所收相关论文[3],近年来中青年学者的新作有薛海波的博士论文《5—6世纪北边六镇豪强酋帅社会地位演变研究》[4]、苏小华《北镇势力与北朝政治文化》等[5]。上述论著皆视野宏大,这里不拟详述,其中与本章有关的内容,下面将随文注出。

---

[1] 苏文载《国学研究》第3卷,北京大学出版社,1995年;鲍文载《中国历史地理论丛》1999年第3期;张文载《阴山学刊》第27卷第6期,2014年。
[2] 唐长孺:《试论魏末北镇镇民暴动的性质》,《历史研究》1964年第1期;同氏《北魏末期的山胡敕勒起义》,《武汉大学学报》1964年第4期;同氏《二秦城民暴动的性质和特点》,《武汉大学学报》1979年第4期。以上三文均与黄惠贤联名发表。唐氏《北魏南境诸州的城民》,氏著《山居存稿》,中华书局,1989年。
[3] 谷川道雄著,李济沧译:《隋唐帝国形成史论》,上海古籍出版社,2004年,特别是书中所收《北魏末的内乱与城民》(原刊《史林》第41卷第3号、第5号,1958年);该书补编《府兵制国家论》。
[4] 薛海波:《5—6世纪北边六镇豪强酋帅社会地位演变研究》,吉林大学博士论文,2010年。薛氏基于此论文发表了一批专题论文,如《北魏末年镇民暴动新探——以六镇豪强酋帅为中心》,《文史哲》2011年第2期。余不备举。
[5] 苏小华:《北镇势力与北朝政治文化》,中国社会科学出版社,2012年。

第二节 十六国时期的军镇及地方行政机构的军镇化①

一、后秦的军镇②

军镇制度之不始于北魏,前人早有察觉③。唐长孺曾在一篇文章中谈到过后秦的镇户和赫连勃勃的军镇,指出:"赫连勃勃在其统治区域内根本不立郡县,以军镇统户。……赫连勃勃的军镇制度又遗留到北魏,薄骨律、高平、沃野诸镇只是因袭旧制,后人考证北魏边镇创置之始及其制度,这一点是常常被忽略的。"④唐氏的批评无疑是正确的。但后人的忽略,除了由于缺乏历史联系的眼光外,现存资料的不足也是一个客观原因。由此,博学如周一良,在其早年研究北魏军镇问题时,对此也只提出了或然性的推断。他在前揭《北魏镇戍制度考及续考》那篇著名文章中,开首便说:

> 设镇于边要形胜之地盖非魏所独有之制,《魏书·太宗纪》:"泰常二年九月,姚泓匈奴镇将姚成都与弟和都举镇来降。"《常爽传》:"居凉州,父坦,乞伏世镇远将军大夏镇将。"制度虽不可考,然自"匈奴""大夏"之命名观之,则在边地无疑。

严耕望也有同样的推测:

> 镇之初兴,就文献可考者而言,盖起于刘石苻姚之世,如杏城镇、三堡镇是也。

本节试从以上诸位先生的揭示、推断出发,对十六国时期的军镇作一粗浅考察。

降魏的姚秦匈奴镇将姚成都及其兄弟和都,尽管史无专传,但也并非无迹

---

① 本节系根据本编作者《十六国时期地方行政机构的军镇化》(载《晋阳学刊》1985 年第 6 期)增订而成。
② 十六国北朝时期并无"军镇"之称,时人或后人一般称之为某某(地名)镇,或镇某地。北魏作为一级正式地方政军机构的镇,严耕望、唐长孺等前辈学者称之为军镇,本章沿用之。
③ 《元和郡县图志》卷 3 坊州、丹州条,中华书局,1983 年,第 72、74 页;洪亮吉:《十六国疆域志》卷 1 序、卷 16 案语、卷 5 西秦雍州条末,《二十五史补编》第 3 册,上海:开明书店,1937 年,第 4083、4206、4156 页。
④ 唐长孺:《晋代北境各族"变乱"的性质及五胡政权在中国的统治》,氏著《魏晋南北朝史论丛》,三联书店,1955 年,第 167 页。

可寻。《晋书》卷118《姚兴载记下》：

> 时魏遣使聘于(姚)兴，且请婚。会平阳太守姚成都来朝，兴谓之曰："卿久处东藩，与魏邻接，应悉彼事形。今来求婚，吾已许之，终能分灾共患，远相接援与不？"成都曰："魏自柴壁克捷已来，戎甲未曾损失，士马桓桓，师旅充盛。今修和亲……实亦永安之福也。"

按"成都来朝"，当魏神瑞元年(414)①。姚秦平阳郡，治今山西临汾市西隔汾水相望处，为与北魏交界的前哨。所谓"柴壁克捷"之役，指天兴五年(402)北魏与后秦对河东平阳一带的争夺。姚成都既"久处东藩"，则可能自天兴五年(402)便官平阳太守。魏平阳郡治为乾城，又称为乾壁②，当属于魏晋以来的坞壁堡垒之类。那么，与之对峙的秦平阳郡治在何处呢？《晋书》卷119《姚泓载记》云："并州、定阳、貳城胡数万落叛泓，入于平阳，攻立义姚成都于匈奴堡，推匈奴曹弘为大单于，所在残掠。"(《通鉴》卷117系此事于晋安帝义熙十二年六月条)则成都所领之平阳郡郡治当在匈奴堡。该堡所以名匈奴，《通鉴》胡三省注称："此匈奴种落相率保聚之地，因以为名。"这是对的。因后秦平阳郡所在之汾河两岸，正是魏晋时期五部匈奴的居地，也是上述打着匈奴大单于旗号造反的所谓"汾胡"的故乡。史书上也常称他们为匈奴后裔。后秦平阳郡治于匈奴堡，恐怕也是为了统治、役使这些"匈奴"种落。但这次以曹泓为首的胡人并没有攻下匈奴堡，很快就被镇于蒲坂的并州牧姚懿所镇压③。事后不久，当刘裕亲统大军伐秦，姚懿乘乱起兵称帝的时候，我们又看到姚成都与匈奴堡的一些情况。上引《姚泓载记》又称：

> (姚)懿遂举兵僭号，传檄州郡，欲运匈奴堡谷以给镇人。宁东姚成都距之，懿乃卑辞招诱，深自结托，送佩刀为誓，成都送以呈泓。懿又遣骁骑王国率甲士数百攻成都，成都擒国，囚之，遣让懿曰："……此镇之粮，一方所寄，镇人何功？而欲给之！……成都方纠合义众，以惩明公之罪，复须大兵悉集，当与明公会于河上。"乃宣告诸城，勉以忠义，厉兵秣马，征发义租。河东之兵无诣懿者，懿深患之。临晋数千户叛应懿。姚绍济自蒲津，击临晋叛户，大破之，懿等震惧。镇人安定郭纯、王奴等率众围懿。绍入于蒲坂，执懿囚之。

---

① 《魏书》卷95《姚兴传》，第2084页。
② 《晋书》卷117《姚兴载记上》，第2982页；《魏书》卷95《姚兴传》，第2082页。
③ 《晋书》卷119《姚泓载记》，第3009页。

从这一段资料,以及上文所述,对匈奴堡似可得出如下印象。其一,匈奴堡是后秦并州境内一个重要的军事基地,是北阻魏国入侵的前哨,又是控制当地胡人的堡垒,还是与蒲坂成掎角之势以拱卫秦都长安的据点。其二,从天兴五年(402)到姚秦灭亡前夕的十余年,姚成都一直镇守在这里。他虽有太守的头衔,但记载中见得更多的则是他的军号(太守仅一见)。匈奴堡与其说是一个郡守的府治,倒不如说是一个军将的镇所:这里屯有维系一方安危的军粮;驻有能轻易地战胜数百精甲的进攻,能抵抗数万落叛胡围攻而不陷的武装力量。所以他在责让姚懿的信中自称为"镇"。其三,作为平阳郡治的匈奴堡似不统县,身为平阳郡守的姚成都似不理民。他的主要职责当是外防北魏,内镇胡人。从姚成都为扩大队伍而"纠合义众",为增加军粮而"征发义租"来看,当地居民似不负担规定的兵役租赋①。其四,当时在姚秦并州境内类似匈奴堡的镇戍必定很多。姚成都拒姚懿时"宣告诸城,勉以忠义",以致"河东之兵无诣懿者"。《通鉴》本条作"懿发诸城之兵,莫有应者"。我们推测姚懿所统的就是这一个个诸如匈奴堡之类的大小军镇城戍。如并州河北郡就治襄邑堡。《晋书》卷118《姚泓载记》称"檀道济、沈林子攻拔襄邑堡,建威薛帛奔河东",《通鉴》本条载为"秦河北太守薛帛奔河东",胡三省注称:"襄邑堡在河北郡河北县,汉、晋属河东郡,秦分立河北郡。"②由上可知,后秦并州州治蒲坂不过是一个大军镇而已,"并州"如"平阳郡"一样徒有其名。构成蒲坂镇主要军事力量的是"镇人"。姚懿僭号后的第一件事就是欲运匈奴堡谷以给镇人,镇人倒戈立即导致姚懿失败,均可为证。类似匈奴堡等镇城的武装力量恐怕也属这类镇人。义熙十三年(417)八月中旬,姚泓降晋,后秦亡。姚成都见大势已去,又不愿降晋,便偕弟姚和都举镇奔魏。《魏书》系此事于泰常二年(417)九月,于时间正合。《魏书》中所谓"举镇来降",当是指率匈奴堡全部镇户与财产。至于《魏书》"匈奴镇将"之称,现在我们可以明白,即"匈奴堡镇将"之简称,正如李润堡镇常简称李润镇一样。只是这个"匈奴堡"的"堡"字一省,时隔久远,则不免滋生疑案,令人误解了。镇守匈奴堡的姚成都,有平阳太守之衔、宁东将军之号,他在后秦是否还有"匈奴堡镇将"之称,不得而知,但匈奴堡被称为"镇",

---

① 作为州郡地方政权,在军事紧急时向所属编户较正常情况下更多地征集兵员、征收租赋以充军用,不得视为"义众"、"义租"。第二年,东晋伐秦将领王镇恶深入到秦境弘农时缺粮,曾"说谕百姓,百姓竞送义租"(《资治通鉴》卷118《晋纪》"安帝义熙十三年三月"条,第3703页),亦可见义租含义。

② 《晋书》卷119《姚泓载记》,第3014页。《资治通鉴》卷118《晋纪》"安帝义熙十三年二月"条,第3700页。

其守将自称为"镇",则史有明据。匈奴堡就其政区性质而言,与北魏军镇相同,唯其如此,故魏人比照本国军镇制度,径将姚成都称之为"匈奴(堡)镇将"。

如果沿用《魏书》径称匈奴堡为军镇,那么,姚秦境内的军镇便不止于匈奴堡、襄邑堡和蒲坂,而是遍布全境的。如姚苌时期的杏城、李润二镇,在当时就占据有十分重要的地位。这不仅由于它们地扼长安东北的咽喉,而且更因为这两个地方是构成姚苌基本队伍的羌人的聚居地。所以,当姚苌和苻登相峙于安定做最后的较量时,"不忧六十里苻登,乃忧六百里褐飞",即"率氐胡数万人"攻打杏城、李润的羌酋魏褐飞。姚苌甚至不惜从与苻登相对峙的兵力中抽出人马去镇压魏褐飞,并招抚羌酋雷恶地,使之镇抚"岭北诸豪"①。从姚苌临死时的部署,"遣姚硕德镇李润,尹纬守长安",也可知李润地位之要重,差可与长安相仿佛②。此外,姚秦时著名的军镇还有安定、高平、上邽、三城等(详见下文表12),我们不拟逐个详述,仅以安定为例来作些探讨。

义熙十二年(416)九月,东晋军队已逼近洛阳。秦东平公姚绍向姚泓建议:"晋师已过许昌,豫州、安定孤远,卒难救卫,宜迁诸镇户内实京畿,可得精兵十万,足以横行天下。"③从姚绍所言,可知洛阳(后秦豫州治)、安定有为数不少的镇户,这些镇户又与兵力有直接关系。《通鉴》所载此条下胡三省注云:"姚苌之兴也,以安定为根本;后得关中,以安定为重镇,徙民以实之,谓之镇户。"④可见这些镇户多别处徙来。在姚兴中期以后,安定北接赫连夏,西邻乞伏秦,若北凉、南凉自西北来攻,亦当其冲,故为一重镇,作为主要武装力量的镇户自然不少。秦陇东太守郭播曾向姚兴说:"岭北二州(指安定所在雍州及秦州)镇户皆数万,若得文武之才以绥抚之,足以靖塞奸略。"⑤后来当晋师外退姚懿内叛时,有关安定镇户的情况表明郭播所言不虚。《晋书》卷118《姚泓载记》:"时征北姚恢率安定镇户三万八千,焚烧屋宇,以车为方阵,自北雍州趣长安。"时在义熙十三年(417)春。此举使"长安大震",不得不抽回抗击晋军的兵力,方才镇压下去。通过上述史料,以及前面谈及的蒲坂的镇户,使我们对姚秦的镇户有了一个粗略的认识:其一,这些镇户不属州郡,直接为军将所统。这些军将虽多有刺史太守头衔,为所镇之处的最高军政长官,但其最重要的职权是统军,或曰统领镇户。其二,正像镇将是军将又是刺史太守一样,这

---

① 《晋书》卷116《姚苌载记》,第2969—2970页。
② 《晋书》卷116《姚苌载记》,第2971页。
③ 《晋书》卷119《姚泓载记》,第3010—3011页。
④ 《资治通鉴》卷117安帝义熙十二年九月条胡注,第3692页。
⑤ 《晋书》卷118《姚兴载记》下,第2995页。

些镇户是兵又是民。他们构成各军镇的基本军事力量,户为兵籍,人皆军贯。其三,既是镇户,当然有家室老小。凡迁徙流动则合家相随,镇守征战则老幼皆兵。姚兴刚死,赫连勃勃便率军攻秦,"既克阴密,进兵侵雍,岭北杂户悉奔五将山。征北姚恢弃安定,率户五千奔新平,安定人胡俨、华韬等率众距恢,恢单骑归长安"①。这些奔五将山的杂户,当就是阴密的镇户。姚恢所率的五千户,更是安定镇户无疑。我们知道,安定的镇户有数万之众,绝不止这五千。当机动性极强的大夏骑兵来攻时,姚恢弃守安定,而这些镇户不可能率家室老小迅速转移。因此,留在安定的数万镇户以胡俨为首,倒戈拒恢。恢单骑逃走,其所率的五千镇户与胡俨的队伍合流,达五万余众,据有姚恢所弃之安定。后胡俨被迫降夏,勃勃"留镇东羊苟儿镇之,配以鲜卑五千",胡俨所率遂成为赫连勃勃的镇户。后勃勃为姚绍击败,退至安定时,胡俨等杀掉了勃勃留守的五千鲜卑,复归降姚绍②。我怀疑姚恢仓皇撤出安定时所率的五千镇户,本是安定镇户中的精壮者,并不包括他们的家室老小。胡俨等数万户之所以拒恢,恢之所率镇户所以弃泓与胡俨合流,盖因不愿弃下家室老小之故。其四,不能设想这数以万计的镇户衣食皆取给于官廪。当姚懿要运匈奴堡谷以给蒲坂镇人时,姚成都说,"镇人何功?而欲给之!"当然不排除征战的非常时刻由政府供给粮廪或赏赐有功者,但他们平时必定是要生产的。这从姚兴下书为参加攻灭苻登的马鬼堡户"给复二十年"亦可见③。至于生产的组织、分配方式等,由于史载阙如,并不清楚。其五,姚秦的镇户中羌人占有较大比重。姚兴曾徙李润羌三千家于安定,而杏城、李润的镇户多为羌人自不必说。又如三城、敕奇堡、黄石固、我罗城的镇户,也都是所谓羌胡。其中有的镇主即是羌酋④。由于后秦本是以羌人为核心组建的国家,因而其重要军镇的镇将往往由姚秦宗室出任。

上述镇户,不禁使我们联想起姚苌时的"大营"的营户和北魏军镇里的镇人。后者不拟在这里讨论。至于《晋书》卷116《姚苌载记》所记载的那种既从事征战镇守又"供继军粮"的军营,以及"以营领户、以户出兵吏"的制度⑤,正

---

① 《晋书》卷119《姚泓载记》,第3010页。
② 《晋书》卷119《姚泓载记》、卷130《赫连勃勃载记》,第3010、3207页。
③ 《晋书》卷117《姚兴载记上》,第2983页。
④ 《晋书》卷130《赫连勃勃载记》,第3204页。
⑤ 详参上揭唐长孺《晋代北境各族"变乱"的性质及五胡政权在中国的统治》,《魏晋南北朝史论丛》,第164—166页;关尾史郎:《"大营"小论——后秦政权的军事力量和徙民措置》,《中国古代的法和社会——栗原益男先生古稀记念论集》,东京:汲古书院,1988年。

是姚兴时军镇与镇户的前身。但镇户并不完全等于营户,他们毕竟原则上不属于某个将领,而是隶属于姚秦国家的某个军镇;他们原则上不随镇将的调动而移徙。这些镇户所在的军镇,是整个姚秦国家赖以存在的基础。这些镇或有郡的名号,如匈奴堡;或有州的名号,如蒲坂、安定。但它们上面直接对国家负责,下面直接统率其镇户,并没有为其统属的县级和乡邑组织。当然,在有些大镇和小镇之间,有一种比较松散的隶属关系,如蒲坂与匈奴堡,因名义上一为并州,一为并州所领之平阳郡。但实际上并没有州郡之间那种严格的行政上的上下级关系,有之,则是军事上的隶属而已。正因为姚秦境内遍布这种军镇,所以当时人和后人常径称他们的地方机构为"镇",径称其长官为"镇将"。后秦姚苌建初七年(晋太元十七年,392)曾下书:"令留台诸镇各置学官,勿有所废,考试优劣,随才擢叙。"当时姚苌率军在安定与前秦苻登对峙,太子姚兴在长安"留统后事",即所谓"留台"①。"留台诸镇"即分别指中央和地方的行政机构,后者称之为"镇",足见地方行政机构军镇化的普遍性②。

洪亮吉《十六国疆域志》"后秦"卷凡列14州,下统郡县,但州郡县之下又列出以军统民、政军合一的特殊政区:军镇,护军,以及各种名目的军事据点或曰镇戍——城、堡(垒、坞、壁、固、屯等)。这些军事据点的长官,往往带有统兵的军号,或兼任郡守县宰。兹据《洪志》"后秦"卷③,列表12如下。

表12 后秦军镇、护军、城堡表

所在州郡县		镇	护军	城、堡(垒、坞、壁、固、屯)
州	郡县			
司隶	京兆郡常安县			刘回堡
	京兆郡蓝田县			思乡城(一名柳城)

---

① 《晋书》卷116《姚苌载记》、卷117《姚兴载记上》,第2971、2975页。《资治通鉴》卷107《晋纪》"孝武帝太元十六年十二月"条,同书卷108"孝武帝太元十七年三月条,第3402—3404页。
② 上揭高敏《十六国时期的军镇制度》据姚苌下令"留台诸镇各置学官"等史料,认为:后秦时期的军镇"已正式有'军镇'之名";"军镇的长官,不仅领兵,而且领民,还在境内设立学校以培养人才和选拔官吏";镇"既是统民的机构,又是统兵的机构,具有合军事与民政于一体的特征"。这些观点具体体现了后秦地方行政机构的军镇化,与本节所论相合。唯"镇"正式作为一级地方行政机构的名称,要到北魏时代,且正式的名称为"镇"而非"军镇",如前文注释中所指出的,十六国北朝并无"军镇"之名。又,姚兴固以礼贤右文特别是尊崇佛教著称,但当时战乱情势,国都长安不论,"诸镇"置学官则绝少可能。
③ 洪亮吉:《十六国疆域志》(本编或简称《洪志》)卷五《后秦》,上揭《二十五史补编本》,第4152—4162页。

续　表

所在州郡县		镇	护军	城、堡(垒、坞、壁、固、屯)
州	郡县			
司隶	冯翊郡		抚夷 土门 铜官 宜君	彭沛谷堡 大苏堡
	冯翊郡铜官护军			赵氏坞①
	冯翊郡临晋县			香城
	扶风郡			新支堡
	扶风郡雍县			龙尾堡
	扶风郡陈仓县			三交城
	始平郡槐里县			马嵬堡②
雍		杏城 三堡 李润 安定 邢望 岭北③		

---

① 《洪志》"后秦"卷冯翊郡铜官护军、北地郡下均列有赵氏坞，所据均为《晋书》卷119《姚泓载记》所载："北地太守毛雍据赵氏坞以叛于泓，姚绍讨擒之。"(第3008页)《资治通鉴》卷117系于义熙十二年正月(按:《洪志》误为十一年)。又《晋书》卷114《苻坚载记下》载太元九年(380)"坚率步骑二万讨姚苌于北地，次于赵氏坞"(第2921页)，亦可见赵氏坞在北地郡。按后秦铜官护军亦在北地郡(详本编第二章)，但没有资料表明赵氏坞隶属于铜官护军。铜官护军赵氏坞在表12统计栏中不予计入。

② 《洪志》司隶始平郡槐里县列有马嵬，不云马嵬堡。《晋书》卷117《姚兴载记上》："(姚兴自称大将军率众伐苻登)苻登自六陌向废桥，始平太守姚详据马嵬堡以距登。"(第2976页)可知马嵬有堡。

③ 十六国时期的岭北所指地区，《资治通鉴》卷108《晋纪》"孝武帝太元二十年正月"条胡三省注称："岭北，谓九嵕岭北。"当代学者，如马长寿、谭其骧、史念海等，对岭北的理解各有不同，吴洪琳曾对各家意见有简明总结(《十六国时期"岭北"考》，《陕西师范大学学报》2006年第5期。氏著《铁弗匈奴与夏国史研究》，中国社会科学出版社，2011年，第54—55页)。诸说中，吴洪岐《后秦"岭北"考》(载《中国历史地理论丛》1995年第2期)认为"后秦'岭北'非仅限于九嵕山以北，而是泛指关中北缘山系(古称'北山')以北(甚至以西)广大的范围"，"不仅兼有关中以北、陇山东西的雍(作者按：指后秦置于安定的雍州)、秦二州，雍州以北的朔方、上郡诸地也都在'岭北'范围之内"。此说比较切近后秦的"岭北"，大抵而言，十六国时期的"岭北"，是与"关中"相对的地理概念。据之，洪亮吉以"岭北"为姚秦一镇，虽非无据，仍然失妥，详考不赘。

续 表

所在州郡县		镇	护军	城、堡(垒、坞、壁、固、屯)
州	郡县			
雍	安定郡		安定	
	安定郡朝那县			我罗城 赦奇堡 黄石固①
	北地郡		三原	刘回堡② 赵氏坞
	新平郡新平县			齐难城 胡空堡 徐嵩堡
	平凉郡平凉县			密造堡
秦	略阳郡略阳县			水洛城
	略阳郡清水县			伯阳堡(或作柏阳堡、伯崖堡)
河	陇西郡临洮县			俱城
并	河东郡			乾城
	河北郡河北县			襄邑堡
	弘农郡湖城县			曹公垒

① "固"亦堡、坞之属。《晋书》卷62《祖逖传》:"逖爱人下士……由于黄河以南尽为晋土。河上堡固先有任子在胡者,皆听两属。……诸坞主感戴,胡中有异谋,辄密以闻。"《元和郡县图志》卷5《河南道一》河南府缑氏县:"袁术固,一名袁公坞。"(第133页)可知堡、固、坞皆同义。

② 《洪志》"后秦"卷司隶京兆郡、北地郡下均列有刘回堡。《晋书》卷130《赫连勃勃载记》:"(勃勃)以子璝都督前锋诸军事,领抚军大将军,率骑二万南伐长安……璝至渭阳,降者属路。义真遣龙骧将军沈田子率众逆战,不利而退,屯刘回堡。田子与义真司马王镇恶不平,因镇恶出城,遂杀之。"(第3208页)《洪志》据之列刘回堡于京兆郡下。《宋书》卷45《王镇恶传》:"及(刘裕伐秦)大军东还,(勃勃)便寇逼北地。义真遣中兵参军沈田子距之。虏甚盛,田子屯刘回堡,遣使还报镇恶。……镇恶率军出北地,为田子所杀,事在《序传》。"(第1370页)同书卷100《自序》:"大军既还,桂阳公义真留镇长安,以田子为安西中兵参军、龙骧将军、始平太守。时佛佛来寇,田子与安西司马王镇恶俱出北地御之。……及俱出北地……(田子)请镇恶计事,使(宗人沈)敬仁于坐杀之。"(第2449页)《洪志》据之又列刘回堡于北地郡下。《资治通鉴》卷118《晋纪》"安帝义熙十四年夏"条:"赫连璝至渭阳,关中民降之者属路。龙骧将军沈田子将兵拒之,畏其众盛,退屯刘回堡,遣使还报王镇恶。……未几,镇恶与田子俱出北地以拒夏兵。……辛亥,田子请镇至傅弘之营计事……斩之幕中。"本条胡三省注:"赫连璝已至渭阳,王、沈乌能出北地乎? 此言北地者,谓长安以北之地耳。"按沈田子任始平太守,又夏兵已至渭阳,而且田子是"逆战不利"而"退屯刘回堡",刘回堡似应在长安北郊,北地郡刘回堡在表12统计栏中不予计入。

续表

所在州郡县		镇	护军	城、堡(垒、坞、壁、固、屯)
州	郡县			
并	弘农郡宜阳县			蠡吾城
	华山郡华阴县			定城 姚鸾屯
	华山郡夏阳县			杨氏壁 姚武壁
	平阳郡平阳县			匈奴堡
	平阳郡临汾县			子奇垒 柴壁 乾壁
	平阳郡北屈县			姚襄城
豫①	河南郡河南县			金墉城
	河南郡成皋县			虎牢城
	河南郡缑氏县			钩锁垒 柏谷坞
徐	谯郡山桑县			山桑垒
合计		6	6	城13、堡13、垒4、坞2、壁4、固1、屯1

前文提到,十六国北朝的特殊政区有两个特征:其一是军事性,即军事管理性质;其二是民族性,即民族统治色彩。军镇、护军,顾名思义,其军事性是不言而喻的。就上表所列军镇、护军皆设置于少数民族聚居区而言,军镇的民族压迫色彩也是很鲜明的。尽管作为正式地方行政机构的军镇始于北魏,但北魏军镇的设置,实渊源于十六国时代。上表中的杏城镇,《太平寰宇记·关西道十一》"坊州中部县"条:"杏城镇,姚苌置,在今郡东七里。"而《元和郡县图志·关内道三》"坊州"条称:"魏、晋陷于夷狄,不置郡县,刘、石、苻、姚时,于今州理西七里置杏城镇,常以兵守之。后魏孝文帝改镇为东秦州,孝明帝改为北

---

① 《洪志》豫州荥阳郡荥阳县有碻磝城,按碻磝城在晋济北郡,未曾在后秦领域内。又《洪志》豫州河南郡巩县巩城、徐州梁国项县项城等郡县治所,当时类皆有城隍堡垒,但既不以城堡著称,故上表原则上不予阑入。

华州。"①则杏城镇之置,可上溯至开启十六国时代的刘汉,历石赵、苻秦、姚秦,以及《元和志》失举的赫连夏(详下文),并为拓跋魏所继承,直到魏孝文帝时方改镇为州。《魏书》卷106《地形志》"北华州"条:"太和十五年置东秦州,后改。治杏城。"《太平寰宇记·关西道十一》"鄜州"条:"暨晋陷于戎羯,不置州郡,于今坊州中部界置杏城镇。后魏太和十五年改镇为东秦州。"②《太平寰宇记》所载自是本于上引《元和郡县图志》、《魏书·地形志》。据之可知,杏城镇不唯是十六国北朝"可考诸镇中最早建置者"③,若从西晋建兴四年(316)刘曜攻破长安俘获愍帝占领关中时算起,杏城镇存在时间凡历六朝一百七十余年,也应是十六国北朝可考诸镇中存续时间最长者。而从杏城镇之所在魏晋以来即"陷于夷狄","不置郡县","常以兵守之",可知军镇出现之初即具有强烈的军事管理性质和民族统治色彩。表中所列六镇,除了具体地望不确的邢望镇④、名称地望不无异议的岭北镇(详上文表12中该镇注释)之外,三堡、李润、安定诸镇均为北魏所沿置。其中三堡镇,《元和郡县图志·关内道三》"丹州"条称:"其地晋时戎狄居之。苻、姚时为三堡镇。后魏文帝大统三年,割鄜、延二州地置汾州,理三堡镇。废帝……改为丹州。"⑤则此镇初置于前秦时。若将上引《元和志》所谓西魏文帝"置汾州,理三堡镇"云云,理解为三堡镇迟至西魏大统三年(537)时始废镇为州,则其设置虽没有杏城早,其废罢却远远晚于杏城,准此理解,三堡镇存续时间之长甚至过于杏城。值得注意的是《元和志》但称"苻、姚时为三堡镇",不云北魏时有三堡镇,现存文献中也没有发现北魏时存在三堡镇的直接证据。北魏即使沿承两秦置有三堡镇,亦当废罢于孝文帝太和中。西魏时河西新立汾州所治之三堡镇,或袭称旧名,或者属于西魏时作为军事据点的城防镇戍系统。

从表12可见,后秦存在着为数众多的城、堡之类,其名不一,或称为垒、坞、壁、固、屯等,如乾城,又称乾壁。《元和郡县图志·河南道一》"河南府缑氏县"条有"袁术固","一名袁公坞",其中"可容十万众。一夫守隘,万夫莫当",

---

① 《太平寰宇记》卷35,第741页;《元和郡县图志》卷3,第72页。
② 《魏书》卷106下,第2626页;《太平寰宇记》卷35,第735页。
③ 上揭严耕望《魏晋南北朝地方行政制度》卷下《北朝地方行政制度》第十一章"北魏军镇",第726页。
④ 《晋书》卷119《姚泓载记》载姚泓继位之初,"时镇李闰"的姚宣(姚兴子)在其参军韦宗的鼓动下,"弃李闰,南保邢望。宣既南移,诸羌据李闰以叛"。则邢望在李闰(润)镇之南。《资治通鉴》卷117系此事于"晋安帝义熙十二年正月"条,但胡三省于邢望地望无注。《资治通鉴》卷107《晋纪》"孝武帝太元十五年四月"条"镇军将军雷恶地叛应之,攻镇东将军姚汉得于李润"句下,胡三省注称:"李润,地名,在邢望南。"则邢望在李润之北,未知胡注何据。
⑤ 《元和郡县图志》卷3,第73—74页。

是可以屯驻重兵的军事要地①。这些城堡实为大大小小的军镇,一如上文所说的匈奴堡。匈奴堡虽以堡名,实为后秦并州的军事重地,并被称之为"镇",其"镇人"即兵士,"镇户"即兵士家属。镇户又称堡户、城民,如上文提到的因攻灭苻登有功得以"给复二十年"的"马鬼堡户"。原则上他们对于国家负有赋役特别是兵役义务,有如北魏后期号称"府户"的北镇兵民。还有一些城堡本为郡县治所,如匈奴堡之于平阳郡,襄邑堡之于河北郡,赵氏坞之于北地郡,伯阳堡之于略阳郡②,金墉城之于豫州,这些郡县制政区③的存在,是以这些城堡的军事力量为支撑甚至为前提的。后秦豫州治洛阳,但洛阳城西北角的金墉城才是重兵所聚的军事要镇,扼守着后秦东南的门户。东晋刘裕灭后秦之役,"终不敢越金墉而西"。豫州所属巩城、"阳城及成皋、荥阳、武牢诸城",以及缑氏钩锁垒、柏谷坞等,名义上虽为豫州所属郡县,实为金墉所统"摄"的镇、戍④。这些城堡中,有的在北魏仍被立为军镇。如金墉城、虎牢城,即名列北魏前期著名的"河南四镇"之中⑤。

后秦时期的城堡之属并不止于《洪志》"后秦"卷所列。上文所举缑氏县"袁术固"外,咸阳县有避世堡,洛水一线即有檀山坞、金门坞、一泉(全)坞等⑥,余不备举。据研究⑦,两晋之际黄河南北的关中地区,因为遭受异族劫掠最甚,民族关系最复杂,所以以坞堡为据点的自卫组织也最多。前秦时"关中堡壁"多达"三千余所"⑧,虽屡遭当局镇压,或相互兼并,延存至后秦的应当为数不少。坞堡多为宗族乡里所结筑,以抵御内迁少数民族及乘乱而起的寇

---

① 《元和郡县图志》卷5,第133页。
② 平阳郡治匈奴堡、河北郡治襄邑堡,见上文。《晋书》卷119《姚泓载记》载"北地太守毛雍据赵氏坞以叛于泓"(第3008页)。同书卷125《乞伏乾归载记》载乾归称藩于后秦后,仍"攻克兴别将姚龙于伯阳堡"(第3122页);《资治通鉴》卷116《晋纪》"安帝义熙七年八月"条载"河南王乾归攻秦略阳太守姚龙于柏阳堡,克之"(第3648页)。
③ "郡县制政区"概念,见本卷《导论》。
④ 《晋书》卷119《姚泓载记》,第3010—3012页。
⑤ 《资治通鉴》卷121《宋纪》"文帝元嘉七年七月"条及胡注,第3818页。
⑥ 《晋书》卷117《姚兴载记上》、卷63《魏浚传附族子该传》,第2975、1713页。郦道元注、杨守敬疏:《水经注疏》卷15《洛水》,江苏古籍出版社,1989年,第1296、1298、1301页。
⑦ 关于十六国北朝时期坞堡组织的研究,较早的有金发根:《永嘉乱后北方的豪族》,台北:"中国学术著作奖助会",1964年。近年来比较全面系统的考察,则为具圣铭:《两汉魏晋南北朝的坞壁》,民族出版社,2004年。赵克尧:《论魏晋南北朝的坞壁》(载《历史研究》1980年第6期),为大陆学者中发表较早且影响较大的专题论文。以下有关坞堡的论述,参考利用了以上论著。
⑧ 《晋书》卷114《苻坚载记下》,第2926页。

盗的侵扰,或为避乱流移之民(包括内迁少数民族)所建立,即所谓流民坞堡①,其首领则例为豪强大族,所谓"豪右"、"豪望"②。五胡诸国曾对这些"村坞主帅"或假以军号或任为郡县守宰③,以便将这些坞堡组织纳入到地方统治体系中,坞堡组织可以说基本上取代了县以下的地方行政系统。作为一种社会组织,坞堡虽有多种社会功能,但武装自卫的军事功能仍是其基本功能,军事组织则是其基本属性。如上所述,后秦的地方行政机构虽然名义上仍为郡县制政区系统,实际上业已军镇化,而从大量存在的坞堡来看,县以下的地方行政组织也已军镇化了。这种情况并不限于后秦。

二、夏的军镇

东晋权臣刘裕攻灭后秦不久,便退回江南,赫连勃勃乘机夺取长安,称帝建夏,后秦故地大部为夏所有。赫连勃勃不仅继承了姚秦境内原有的军镇,而且将这种制度推行得更为彻底。其中最突出的,便是在境内根本不立郡县。对此前人早已具论,《十六国疆域志·夏国》"幽州契吴城"条下作者洪氏案语有云:

> 右四城(按:指统万、代来、三交、契吴)在汉朔方郡朔方县地。……案朔方、云中、上郡、五原等郡,自汉末至东晋久已荒废,赫连氏虽居有其地,然细校诸书,自勃勃至昌、定世,类皆不置郡县(原注:《元和郡县图志》胜州下,赫连氏之后迄于周代,往往置镇,不立州郡),惟以城为主。战胜克敌则徙其降虏,筑城以处之。故今志夏国疆域,唯以州统城,而未著其所在郡县以别之,与志他国异焉。④

按郡县之立,在姚秦也不过徒具虚名,已如上述,赫连勃勃只不过是干脆摒弃了这一虚号而已。洪氏志夏国疆域,以州统城,无疑是独具慧眼,抓住了赫连

---

① 《晋书》卷63《魏浚传》载浚"永嘉末与流人数百家东保河阴之硖石","及洛阳陷,屯于洛北石梁坞,抚养遗众,渐修军器"。浚为刘曜所杀,其族子魏该代领"余众",后袭杀屯于宜阳界一泉坞的弘农太守杜尹,而占据该坞,后"(晋)元帝承制加冠军将军、河东太守"(第1712—1714页)。上述硖石、石梁坞、一泉坞皆为流人坞堡。《晋书》卷62《祖逖传》称:"北中郎将刘演距于石勒也,流人坞主张平、樊雅等在谯,演署平为豫州刺史,雅为谯郡太守。"(第1695页)
② 《晋书》卷107《石季龙载记下》称石苞镇长安,"贪而无谋","雍州豪右知其无成",起兵反抗,"三辅豪右多杀其令长,拥三十余壁"(第2789—2790页)。《资治通鉴》卷100《晋纪》"穆帝升平元年九月"条:"张平据新兴、雁门、西河、太原、上党、上郡之地,壁垒三百余,夷、夏十余万户。"胡三省注"壁垒":"时遭乱离,豪望自相保聚所筑者。"(第3166页)
③ 《晋书》卷104《石勒载记上》,第2710—2711页;同书卷89《忠义·魏允传》,第2309页。
④ 《十六国疆域志》卷16,《二十五史补编》本,第4206页。

夏地方行政制度的变化及特征。然而赫连夏的州，恐怕实际上也并不存在，因为州在大夏境内并没有构成一个完整的体系。其以州名地，以州牧刺史官人，都不过徒有名号而已。

洪氏志夏国共分九州：幽、雍、朔、秦、北秦、并、凉、豫、荆。此九州之分盖本于《晋书·地理志》。兹照录《晋志》有关部分如下：

> ……及苻坚、姚兴、赫连勃勃，并州并徙置河东。（并州条）

> ……及姚泓为刘裕所灭，其地寻入赫连勃勃。勃勃僭号于统万，是为夏。置幽州牧于大城，又平刘义真于长安，遣子璝镇焉，号曰南台。以朔州牧镇三城，秦州刺史镇杏城，雍州刺史镇阴密，并州刺史镇蒲坂，梁州牧镇安定，北秦州刺史镇武功，豫州牧镇李闰，荆州刺史镇陕，其州郡之名并不可知也。（雍州条）①

细绎《晋志》所叙，似乎这九个州名并不就等于夏时实有这九个州，只是说夏时有任幽州牧者镇于大城、朔州牧者镇于三城等。至于大城所在区域是否即是夏国所置之幽州所在，便无从检核了，因"其州郡之名并不可知也"。当然这种理解或许不符《晋志》原意②，但我们要问，前此的刘、石、苻、姚之州郡名，唐人修《晋书》时尚能大体知道，为什么独有夏的"并不可知"呢？所以我们设想夏时本来无州。如果分析一下夏的州牧刺史的任官情况，可证这种设想并非向壁虚构。

限于笔者所见，上述九州中确实有出任州牧刺史的，但只有三个州，五人次③。其中出现最早的是幽州牧。《晋书》卷130《赫连勃勃载记》：

> （姚）兴将王奚聚羌胡三千余户于敕奇堡，勃勃进攻之。……堡人窘迫，执奚出降。……勃勃又攻兴将金洛生于黄石固，弥姐豪地于我罗城，皆拔之，徙七千余家于大城，以其丞相右地代领幽州牧以镇之。

可见右地代领幽州牧，正是为了镇守这迁徙到大城来的七千余家羌胡。这批羌胡并不是大城的第一批迁来者，也不是最后一批迁来者，第二年（夏龙升四年、晋安帝义熙六年，410）赫连勃勃又遣将攻破姚秦的伯崖堡（即伯阳堡，见上

---

① 《晋书》卷14，第429、432页。
② 按《晋志》书法，叙刘、石、苻、姚州郡沿革类皆如此，而如石赵、苻秦，则实有州郡，叙及州郡之分并置废。
③ 除下文提到的幽州牧赫连右地代、雍州刺史赫连昌、雍州牧赫连璝三人外，还有并州刺史叱奴侯提，见《晋书》卷130《赫连勃勃载记》，第3209页。又据《太平御览》卷127《偏霸部》"赫连定"条引崔鸿《十六国春秋·夏录》，称定于"凤翔二年封平原公雍州牧"（第616页）。

文表12），既而攻占秦略阳郡治清水城，"徙其人万六千家于大城"①。据《水经注》，夏的大城即是后来的统万城②，上引《晋书·地理志》亦称"置幽州牧于大城"，可见大城是当时大夏境内一个最重要的军镇。在统万城建立以前，它可能是赫连勃勃的大本营，故拥有为数众多的镇户。所以勃勃才任用具有长兄之亲、丞相之尊的右地代镇守此城③，实际上就是担任这个相当于"司州"的大城镇的最高长官，以统治移徙到这里来的镇户。其所以又带一个幽州牧，恐怕正属于洪氏所云："逞其胸臆，则务广虚名；核彼舆图，则多非事实。"④我们也不能想象，当时自称迁居无常，"云骑风驰"，连个都城都不准备有，也实际上不曾定都的赫连勃勃，却先建有一个真正的郡县制政区幽州来⑤。至于雍州刺史赫连昌，那是义熙十二年（416）五月赫连勃勃率军攻下后秦岭北后随宜而置的，其地旋即被后秦夺回。后来勃勃攻下长安后返回统万时，以太子璝为南台留镇长安，恐怕也是为了崇其名号顺其旧称而加以雍州牧的⑥。

赫连勃勃不设郡县，即使有州也是徒具空名这一点，是不难证明的。事实上，我们所见的上述几个所谓的州，没有也不可能构成一个完整的地方行政系统。这样说并不是非难洪亮吉氏用以州统城的形式来志夏国疆域，而是想证明，赫连勃勃几乎完全摒弃了姚秦时尚存在的州郡县虚号，其地方行政机构完全军镇化了。大夏国家就是由一个个大大小小的城镇壁堡所构成的。

应该感谢洪亮吉氏，他搜罗整理极其零散的资料，编撰了《十六国疆域志》，免去了我们对大夏军镇逐个考证之必要。这些军镇城堡，相当一部分是姚秦时甚至是晋末以来就有的，有很多是晋末大乱后占据在这里的少族民族，即所谓"夷狄"、"戎羯"所筑，如代来、三交、高平、朔方、安定、杏城、李润、三城等，以及诸如卢水胡所筑的彭沛谷堡，羌胡所筑的敕奇堡、我罗城等⑦。赫连勃勃是依靠姚兴配备给他的"三交五部鲜卑及杂虏二万余落"起家的，姚兴之所以不听姚邕之谏而信任勃勃，大概是想利用他与北魏的杀父之仇为秦守北边防魏。但勃勃很快便袭杀高平的没奕于而叛秦，尽有河套之地。既而频频

---

① 《晋书》卷130《赫连勃勃载记》，第3204—3205页，《资治通鉴》卷115《晋纪》"安帝义熙五年九月"条、"义熙六年三月"条，第3619—3620、3629—3630页。
② 《水经注疏》卷3河水注"又南过离石县西"条，第255页。
③ 《晋书》卷130《赫连勃勃载记》，第3202、3204页。
④ 洪亮吉：《十六国疆域志·序》，《二十五史补编》本，第4083页。
⑤ 《晋书》卷130《赫连勃勃载记》，第3203页。
⑥ 《晋书》卷130《赫连勃勃载记》，第3210页。
⑦ 洪亮吉：《十六国疆域志》卷16，第4205—4209页。

南侵姚秦,掳掠了大量的人户到河套这块自晋末以来便非常空荒的地带来①,并筑城以处之,命将以镇之。如大城、薄骨律城、契吴城、沃野城、黑城、吴儿城、太后城、饮汗城、赫连城以及著名的统万城等,大抵都是这样建筑起来的②。这些城的镇户民族成分很复杂,如大城,我们所知道的移来的两万多户中,有很多是羌人。吴儿城,据《元和郡县图志·关内道四》,系"赫连勃勃破刘裕子义真于长安,遂虏其人,筑此城以据之"③,可见是汉人。这种胡汉分置的办法,似为尔后的北魏所继承。这些直接统属于镇城的从远方合家移来的种族复杂的人户,毫无疑问,赫连勃勃是要从他们身上获取经济利益的。如薄骨律镇城一带适于屯田,在赫连勃勃时期有繁茂的桑果园,当郦道元之世,其"桑果余林,仍列洲上"④,因此,这些镇户们肯定是要从事农耕生产的。恐怕还要从事畜牧生产,因赫连勃勃的军事优势正建立在"云骑风驰"的骑兵之上,他叛秦的第一个举动便是截取河西鲜卑献给姚兴的八千匹马⑤。据说薄骨律镇名便是"赫连(勃)世"为纪念死在这里的一匹骏马而起的⑥。我们设想,这里可能还有很大的牧马场。至于这些从事农耕畜牧的劳动者,即镇户们的身份,从赫连勃勃筑统万城时对于工匠民夫的残虐便可推知,恐怕不会比奴隶高出多少⑦,况且他们本来就是以战俘的身份徙来的。另外,这些镇户们要为赫连勃勃提供兵役徭役更是不待言的。

三、西秦的军镇

本章开头曾提到"乞伏世大夏镇将常坦"。对这位常坦,我们没能在史籍上找到他其他更多的踪迹。但乞伏氏所建的西秦境内有类似后秦、大夏的军镇,却有极大的可能。属于高车一部的乞伏氏在西晋初才从遥远的漠北辗转迁到陇西来⑧。直到4世纪初,尚处于部落联盟阶段。到首领述延时,因吞并了在苑川的鲜卑莫侯部落二万余众,便定居于苑川,并以此为中心,每一部落

---

① 《元和郡县图志》卷4《关内道四》夏州、胜州条,第99、109页。
② 洪亮吉:《十六国疆域志》卷16《夏国》,第4205—4209页。参见《元和郡县图志》卷4《关内道四》,第91—117页。
③ 《元和郡县图志》卷4《关内道四》绥州龙泉县条,第103页。
④ 《水经注疏》卷3《河水》"河水又北,有薄骨律镇城"条,第205—206页;《元和郡县图志》卷4《关内道四》灵州条,第91页。
⑤ 《晋书》卷130《赫连勃勃载记》,第3202页。
⑥ 《水经注疏》卷3《河水》"河水又北,有薄骨律镇城"条,第206页。
⑦ 《晋书》卷130《赫连勃勃载记》,第3205—3206页。
⑧ 《晋书》卷125《乞伏国仁载记》称"乞伏国仁,陇西鲜卑人"(第3113页);唐长孺《魏晋杂胡考》考证乞伏氏当出自高车,氏著《魏晋南北朝史论丛》,第438页。

占一条适宜耕牧的山川,《晋书·乞伏国仁载记》称:"(乞伏部首领叔延)以叔父轲埿为师傅,委以国政。斯引乌埿为左辅将军,镇蔡园川;出连高胡为右辅将军,镇至便川;叱卢那胡为率义将军,镇牵屯山。"①这时的部落联盟组织虽然在向国家机构转变,但仍明显带有氏族社会末期的军事民主制特征,它是按军事方式组织起来的。这些官号无疑学自中原政权。

再传四世到酋长国仁时期,他趁淝水之战摆脱了苻秦的羁縻,自称大都督、大将军、大单于,领秦、河二州牧,建元署官,"分部内为十一郡,筑勇士城以都之"②。此时的乞伏氏已粗具国家形式。但这种初具雏形的国家仍保留着浓厚的氏族制度色彩。大都督、大将军表明了乞伏国仁最高军事统帅的身份,大单于表明他是乞伏族国家的最高首领,而州牧自然相对于下面的郡表明他是最高行政长官。这种军事、行政统一的军事民主制残余极易与当时的地方机构军镇化合拍,从国都勇士城亦可想见这十余个地方机构——郡,必定与之相类似,筑城以守,分部落以居,军事、行政、部落组织统于一体。当然,现在的十一个郡已不能同当年的分部落镇蔡园川同日而语,这些部落民虽仍被称为"部民",实际上早已分化③。但这种形式却直接使地方机构转化为军镇,加之西秦长期附庸于前秦、后秦,不可能不受到其地方机构军镇化的影响。况且在当时战乱频繁的割据时代,处在南凉、后秦、吐谷浑,后来又有赫连夏诸国夹缝中的西秦,不可能不在境内筑城设镇,以为军事控制。因此,尽管缺乏直接的材料,我们仍有理由推断西秦境内是有军镇的。

洪亮吉氏志西秦疆域,小小西秦,竟有十一个州。其中秦州便有十二个郡,但多不领县。上文所讲的大夏,属于河州的一个郡,仅领郡治所在之大夏一县,是西汉以来的旧县(今甘肃广河附近)④。前凉于此置郡,并设有护军,与郡并置,常屯有重兵。后赵石虎出兵攻前凉枹罕,曾先下大夏城以为据点,可见大夏为一军事要地⑤。晋安帝义熙八年(412),乞伏国仁的儿子公府以不得继父位之恨,杀其叔父乾归,然后"奔固大夏",表明大夏的城池比较坚固⑥。

---

① 《晋书》卷125,第3114页。
② 见《魏书》卷99《乞伏国仁传》,第2199页。《晋书》卷125《乞伏国仁载记》作"十二郡"(第3115页)。盖前者不包括苑川。
③ 《晋书》卷125《乞伏国仁载记》,第3115页。
④ 《晋书》卷14《地理志》凉州西海郡居延县条,第434页;《魏书》卷106下《地形志》河州金城郡,第2620页;谭其骧主编:《中国历史地图集》第2册,中国地图出版社,1982年,第33—34页⑤7。
⑤ 《晋书》卷86《张轨传》,第2241—2242页。
⑥ 《晋书》卷125《乞伏乾归载记》,第3122页;《资治通鉴》卷116《晋纪》安帝义熙八年六月、七月条,第3650—3651页。

其后公府被乞伏智达击破,又奔其弟阿柴所镇之叠兰城①。《资治通鉴》胡三省注以为此城"在大夏(城)西南"②,大概也是一个军镇。常爽兄弟奔魏当在神䴥三年(430),翌年西秦就灭亡了③。其父常坦可能在此前任过西秦大夏郡的军将,魏人便依本国制度将他径称为大夏镇将了。当然这只是推测④。

四、十六国时期地方行政机构的军镇化趋势

十六国时期,地方机构军镇化是当时的一种趋势,这种现象并不限于上述姚秦、大夏和西秦。

从横的方面,与之约略同时的其他割据政权差不多都程度不同地存在地方机构军镇化趋向,尽管其形式不尽相同,只是姚秦,尤其是大夏表现得更典型罢了。高敏以淝水之战为界,将十六国时期的军镇制度分为前后两期,前期为"军镇制度的萌芽期",至后期始具普遍性、典型性⑤。实际上十六国时期军镇制度的发展,表现出的地域特征似更为明显,即民族关系愈复杂,胡汉杂居程度愈高,如十六国的关陇河西地区,军镇制度愈为普遍。十六国前期的苻秦,是十六国时期疆域最大、中央和地方机构比较完备、基本上属于中央集权的国家,但境内仍然存在地方机构军镇化的现象。《晋书》卷113《苻坚载记上》云:

> (苻)洛既平,坚以关东地广人殷,思所以镇静之,引其群臣于东堂议曰:"凡我族类,支胤弥繁,今欲分三原、九嵕、武都、汧、雍十五万户于诸方要镇,不忘旧德,为磐石之宗,于诸君之意如何?"……于是分四帅子弟三千户,以配苻丕镇邺。……分幽州置平州,以石越为平州刺史,领护鲜卑中郎将,镇龙城;大鸿胪韩胤领护赤沙中郎将,移乌丸府于代郡之平城;中

---

① 《晋书》卷125《乞伏乾归载记》,第3122页。参见《资治通鉴》卷116《晋纪》"安帝义熙七年四月"条,第3646页。
② 《资治通鉴》卷116《晋纪》"安帝义熙七年四月·河南王乾归徙羌句岂等部众五千余户于叠兰城"条胡注,第3646页。
③ 《魏书》卷4上《世祖纪》,第76—77页。
④ 本编第二章《地方护军》章曾谈到西秦主乞伏司繁"降于苻坚"后,苻坚以其叔父乞伏吐雷为勇士护军"抚其部众"事。上揭高敏《十六国时期的军镇制度》将护军制理解为"以军镇统民方式的另一种表现形式",因而他认为勇士护军所之苑川,"实为一军镇",后来"乞伏乾归在与后秦的争夺战中,仍'镇苑川',而且多次移民于苑川……故苑川始终是一个以军镇统民的中心"。按:如本编所述,护军与军镇在军事性方面虽有相同之处,但也有诸多不同之处,不可混同。又,高敏将后秦首都长安,西秦首都苑川,均视为军镇,也与本章将军镇视为地方军机构的观点有别,尽管后秦的长安、西秦的苑川,乃至大夏的统万,虽是国都,实际上也是一个大军镇。
⑤ 上揭高敏:《十六国时期的军镇制度》。

书令梁说为安远将军、幽州刺史,镇蓟城;毛兴为镇西将军、河州刺史,镇枹罕;王腾为鹰扬将军、并州刺史,领护匈奴中郎将,镇晋阳;二州各配支(按:"支",《资治通鉴》作"氐",是)户三千;苻晖为镇东大将军、豫州牧,镇洛阳;苻睿为安东将军、雍州刺史,镇蒲坂。①

这分到诸方要镇的十五万氐户,也可以说是镇户。只是这些氐户尚属部落成员,又属统治民族,其身份地位较之姚秦尤其是大夏境内那种多以俘虏徙充的镇户来说,具有性质的差别。他们构成诸方要镇的中坚军事力量。据上引《元和郡县图志》卷3《关内道》"坊州"条(《太平寰宇记》卷35"坊州"条同)"刘、石、苻、姚时于今州理西七里置杏城镇"云云,可知刘、石、苻、姚诸国境内均有军镇。这个杏城镇的存在竟绵历了近两百年。不唯内地,5世纪中叶始建的西域高昌国,当魏氏盛时,其国"南接河南,东连燉煌,西次龟兹,北邻敕勒。置四十六镇,交河、田地、高宁……白力等,皆其镇名。官有四镇将军及杂号将军,长史,司马……国人言语与中国略同。有《五经》、历代史、诸子集"②。从其官号与文化渊源可知,这种军镇的形式当直接取法内地。在吐鲁番出土的高昌王国时期的文书中,上引《梁书》所举镇名多是高昌县名。但也出现过作为地方官府的"镇家"和"营家",是当地以军事性质为主的地方行政机构③。也许正因为高昌的地方行政机构具有较强的军镇性质,所以史籍才径称之为镇。在当时,即使一些很小的割据政权亦采用军镇的形式来统治。如晋太元(376—396)后期一度"尽有汉中之地"的仇池氐酋杨盛,"分诸氐羌为二十部护军,各为镇戍,不置郡县"④。有的学者将仇池国的这些护军称之为"护军镇"⑤,应该说抓住了仇池护军具有很强的军镇性质这一特征。

从纵的方面来看,十六国时期地方机构军镇化的趋势,一直到北魏军镇制度出现才告一段落。而这种趋势的根源,则可追溯到更早的时期。

---

① 《晋书》卷113,第2903页。《资治通鉴》卷104《晋纪》"孝武帝太元五年七月、八月"条,第3295—3296页。
② 《梁书》卷54《诸夷·高昌国传》,中华书局点校本,1973年,第811页。
③ "镇家",见《吐鲁番出土文书》第3册,文物出版社,1981年,第187、191页;第2册,第359页;"营家"见同书第3册第90页。王素先生认为此"镇家"为北魏"镇户"之比(见王文《〈吐鲁番出土文书〉前三册评介》,《中国史研究》1983年2期)。笔者亦曾沿用此说,后得朱雷先生教正,得知此"镇家"之"家",本有官府、机构义。《吐鲁番出土文书》中"镇家",当指镇西将军府。高昌王国郡守例带将军号,细玩原文,朱说甚是。营家亦当类此。按《三国志》卷49《太史慈传》中有"州家"(第1187页),即指青州州府,可证(此条资料亦承朱雷先生指示)。
④ 《魏书》卷101《氐传》,第2228—2229页。
⑤ 郑炳林:《仇池国二十部护军镇考》,《西北民族研究》1991年第2期。

众所周知,魏晋南北朝是我国历史上继春秋战国之后的又一个民族大融合时期。当时居住在北方和西方边境地带的匈奴、鲜卑、羯、氐、羌等少数民族,自东汉末就陆续向内地迁徙。三国时期,伴随着这些民族中的一部分向定居农业生活的转变进程,内徙的运动以不可逆转的趋势更为加速。晋末八王构乱,混战中原,更多的少数民族乘机整族整族地涌入内地。

这种民族大迁徙、社会大动乱的局势首先导致了秦汉时期在西部、北部边境渐次开辟的郡县制政区地带向内地逐步收缩。这种政区地理的改变在汉末已见端倪。东汉永初间,其北地郡、安定郡为"避羌寇"曾一度后撤①。魏晋时,"西北诸郡,皆为戎居"②。其"戎居"之初,州郡势必荡然。检查《元和郡县图志》所志今陕西铜川、甘肃泾川一线以北到银川、河套地区一带诸州的沿革情况,州郡地带后撤的形势十分明显。在这些少数民族为主人公的西部、北部边境,起初率以部落为居,其后逐步建立了与军事占领相适应的军事镇守性质的城堡,如杏城、三堡、薄骨律、沃野诸镇。由于这种军镇能较好地适应这些少数民族向定居农耕生活转变的现实需要,并加速了这种转变,从而造成了与州郡地带内撤同时发生的西部、北部边境地带的率先军镇化。

其次,这种大迁徙、大动乱的局面导致了整个北中国地方机构军镇化趋势的出现。由于阶级、民族矛盾的日益加剧与交相作用,酿成了北中国所谓"五胡乱华"的空前动乱。在大乱时期不可能全部流徙他方的人户和被割据政权强迫迁徙而来的人户,都不得不组织在或被强迫组织在军事性极强的城堡坞壁内。这种坞堡组织部分地取代了原有的地方行政系统和地方基层组织,是坞壁内部的人户在战乱中赖以生存、生产的组织形式,又是所属割据政权藉以统治剥削的组织形式。这些堡主常自号太守、刺史,割据政权亦常假以州郡之号。当彼战乱之时,武装力量是占有土地人口的先决条件,因此,当时割据政权的所谓州郡组织,也大都占据或新筑一个城堡要塞,直接控制一批掠来的人户,既作为士兵来源又作为经济剥削对象。这就是十六国时期军镇及镇户大量出现的社会历史根源③。其典型莫过于苻登的国都就设在胡空堡,和赫连

---

① 《元和郡县图志》卷3泾州条、卷4灵州条,第55、91页。
② 《晋书》卷97《匈奴传》,第2549页。
③ 上述观点,史学界前辈早已直接、间接论述过。笔者在这里仅作转述,主要参考:上揭唐长孺:《晋代北境各族"变乱"的性质及五胡政权在中国的统治》;陈仲安:《十六国北朝时期北方大土地所有制的两种形式》(《武汉大学学报》1980年第4期。直接研究十六国北朝时期坞堡组织的,有上揭金发根《永嘉乱后北方的豪族》、赵克尧《论魏晋南北朝的坞壁》、具圣铭《两汉魏晋南北朝的坞壁》。

勃勃干脆取消郡县组织而以军镇统户。读《魏书·地形志》，可以发现有两三个城的县为数不少。此期滥置郡县必多筑城隍自无疑义，但此期地方行政机构军镇化也是当时筑城之风大起的一个原因。

唐长孺先生曾指出，魏晋南北朝时期的大土地所有制在南方几乎直线上升，而在北方却经历了一段迂回的道路。陈仲安先生分析这种迂回，认为主要就表现在它经历了坞堡主经济和宗主督护制这个阶段，而这是由于北方所处的具体环境——长期战乱和民族矛盾上升所造成的①。笔者认为，与这种大土地所有制的迂回现象相适应的十六国时期地方郡县制出现的倒退现象，也正是基于陈先生指出的同样的原因。当入主中原的拓跋族面对北中国坞堡林立、城隍栉比的局势，仅仅是出于巩固占领区这一点，他们也会十分自然地承袭和利用原有的军镇系统，承认见在的愿意归降的军镇化的坞堡组织，这一点已为尔后的历史所证明。因此，十六国时期地方机构的军镇化正是北魏军镇制度的重要渊源，而几乎取代地方行政末端机构的坞堡组织则是北魏宗主督护制产生的社会基础。

军镇制度虽不始于北魏，但大备于北魏。作为一级正式地方军政机构的"镇"，作为一级正式地方长官的"镇将"，在《魏书》书法中，在北魏人的心目中，有着特定的含义。原则上，前者不得同城、军、戍之类相混，后者又与都将、守将、军将、州将、郡将之类大异②。而我们在上面讨论十六国时期地方机构军镇化的现象时，为了方便，一时又找不到其他更合适的名目，故常径称为"镇"，这实际上是不严格的。这些"镇"，诚然同北魏军镇有着密切的联系，其中有不少镇为北魏所承袭沿置，而且在史籍上亦不乏直接以镇相称之例，但它多数犹未以镇名，尚带州郡虚号；作为"镇"在名义上亦不预当时正式的地方机构系统，其长官也不以"镇将"名。总之，它们同制度化了的北魏军镇仍有着各种不同的量质兼有的差别。

---

① 上揭唐长孺：《晋代北境各族"变乱"的性质及五胡政权在中国的统治》；陈仲安：《十六国北朝时期北方大土地所有制的两种形式》。
② 《魏书》卷7《高祖纪》太和十八年八月丙寅条，"诏六镇及御夷城人"（第174页），是城不同于镇之显例。"都将"见《魏书》卷30《来大千传》（第725页）、《周观传》（第728页）、《闾大肥传》（第728—729页）、《尉拨传》（第729—730页），卷56《郑羲传》（第1237页），等等，属统军之将（又有营构、京染、宫宝诸色都将）。"守将"，见《魏书》卷4下《世祖纪下》（第98、99、100、105页）等。"军将"见《魏书》卷30《周观传》（第727—728页）、《尉拨传》（第729页）等，均显见不同于镇将。州将、郡将非正式官称。

第三节　北魏军镇的产生与"六镇"的设立

一、"拥麾作镇"与北魏军镇的产生

《北史》卷16《广阳王深(渊)传》载元深在六镇暴动后上书论北镇人户来源及其地位变化，其中有一句涉及北魏军镇的产生：

> 昔皇始以移防为重，盛简亲贤，拥麾作镇。

《资治通鉴》系此事于梁武帝普通五年(北魏明帝正光五年，524)七月条，本条胡三省注"拥麾作镇"云："谓镇将也。"[1]据之，北魏军镇始置于道武帝拓跋珪皇始年间。皇始前后共三年，元年(396)七月，"帝始建天子旌旗……于是改元"，即由代王登国十一年(396)改元皇始，至三年(398)十二月正式即皇帝位，改元天兴。据《魏书》卷2《太祖纪》，皇始中拓跋珪亲率大军先后攻克后燕并州、中山、邺城等重镇，占领河北地区(所谓"山东六州")，同时着手制度建设，包括"初建台省，置百官"、"议定国号"、"迁都平城"，乃至议定行次、服色、正朔等。就地方行政制度而言，从《魏书》卷2《太祖纪》"封拜……刺史、太守"，卷113《官氏志》"外职则刺史、太守、令长已下有未备者，随而置之"的记载，可知仍行州郡县之制，不过还有"其八部大夫于皇城四方四维面置一人"，以及在新占领区设置邺、中山二行台等特殊制度，但未见皇始中封拜镇将、设置军镇的记载[2]。《官氏志》按时代先后载述了北魏职官设置始末，在这一部分的最后有"旧制，缘边皆置镇都大将，统兵备御"云云[3]，但不载"旧制"最初施行的年代。

据上揭《严书》考证，道武帝时明确见于史载的军镇，有九原(《周考》作肆卢)、杏城、三堡，另有离石镇道武帝时"或已置"。其中九原镇《魏书·地形志》明载置于天赐二年(405)。杏城、三堡，据《元和郡县图志》，前者自刘、石、苻、姚置镇，至北魏孝文帝始改镇置州，后者苻、姚时为镇，至西魏时始改镇置州。然而二镇存在时期虽纵跨十六国北魏，但直到太武帝始光四年(427)北魏攻占夏国长安、统万，二镇所在地区先后属于后秦、夏国，均不在北魏版图之内。尽管二镇在道武帝时仍然存在，但并不属于北魏，而是姚秦、夏国的镇。而且如

---

[1]　《北史》卷16，第617页。《资治通鉴》卷150《梁纪》，第4681页。
[2]　以上详见《魏书》卷2《太祖纪》皇始元年至天兴元年，第27—34页；同书卷113《官氏志》，第2972页。
[3]　《魏书》卷113，第2976页。

前文所述,我们迄今尚未发现北魏时存在三堡镇的直接文献证据,尽管杏城镇是北魏承袭十六国军镇的佳例之一,太武帝攻占夏国关中岭北之地后,即有杏城镇将之置(详见《严书》)。离石镇,据《魏书》卷40《陆俟传》载,陆俟的"曾祖干,祖引,世领部落",父突,"太祖时率部民随从征伐,数有战功,拜厉威将军、离石镇将。天兴中,为上党太守、关内侯"①。这可能是道武帝皇始年间存在军镇制度的唯一一条确凿无疑的实例。所谓"拥麾作镇",即率领麾下镇守某地,陆突正是率领他祖父以来世代统领的部落民,跟随道武帝征伐。皇始元年(396)九月,北魏道武帝亲临晋阳,攻占后燕并州,治于离石的并州西河郡自然随之入魏,陆突受任离石镇将应当就在此时。离石是刘渊被匈奴贵族推为大单于时的建庭(左国城)之地,反晋建汉起事的策源之地,所谓"离石胡"、"西河胡"乃至尔后"稽胡"的聚居之地。后燕曾设置离石护军②,北魏占领之初以出自"勋臣八姓"的陆突为离石镇将,率其"部民"镇守,都是为了监管、威慑当地的胡人。陆突之任离石镇将,是上引元深上书中所谓"皇始中……盛简亲贤,拥麾作镇"的最佳实例。《严书》之所以对此例持疑,盖因《元和郡县图志》"石州"条称:"……石勒时改为永石郡,后魏明(元)帝改为离石镇。"谓离石镇置于明元帝时。实际上相对于二百数十年后成书的《元和志》,《魏书》的史料价值更值得信任,况且《元和志》此条本身即存在讹脱③。

陆突天兴中即转任上党太守,继其任的离石镇将是谁,甚至离石镇是否继续设置,由于史文缺载,不得而知。而在天兴元年(实皇始三年,398)三月,"离石胡帅呼延铁、西河胡帅张崇等聚党数千人叛,诏安远将军庾岳讨平之"。未见离石镇将参与讨伐④。六年后的天赐元年(404)"春正月,遣离石护军刘托率骑三千袭蒲子"⑤,则当时有离石护军。此离石护军,是北魏攻克后燕并州后即承后燕离石护军而设置,即与离石镇并置,还是离石镇将陆突调离后新立,今已不得而知,可能后者的可能性更大。从陆突受任离石镇将不到两年即离任,且直到太武帝时期均未见继任离石镇将者,表明离石镇的设置还不稳定。若以"拥麾作镇"作为北魏军镇产生之初的内涵特征,则

---

① 《魏书》卷40,第901页。
② 《魏书》卷28《奚牧传》,第683页。
③ 《元和郡县图志》卷14《河东道》"石州"条,第398页。条中"后魏明帝改为离石镇"句,上揭《周考》、《严书》并疑"明帝"应为"明元帝"之脱误。清张驹贤《〈元和志〉考证》却认为这里"离石镇"应为"离石郡",详见本章第四节"北魏军镇考补"第11条"离石镇"。
④ 《魏书》卷2《太祖纪》、卷28《庾业延(岳)传》,第32、684页。
⑤ 《魏书》卷2《太祖纪》,第41页。

率军镇守离石的护军赵托亦有军镇之实。这类"拥麾作镇"的军镇皇始中还有其例。

《魏书》卷2《太祖纪》皇始元年(396)春：

> 三月，慕容垂来寇桑乾川，陈留公元虔先镇平城，时征兵未集，虔率麾下邀击，失利死之。

《资治通鉴》卷108《晋纪》"孝武帝太元二十一年三月"条：

> 魏陈留公虔率部落三万余家镇平城；(慕容)垂至猎岭……虔素不设备，闰月，乙卯，燕军至平城，虔乃觉之，帅麾下出战，败死，燕军尽收其部落。①

元(拓跋)虔之镇平城，是典型的"盛简亲贤，拥麾作镇"，其"麾下"一如陆突，是所率三万部落，"出战"的则是其中能够"控弦上马"的部落兵。元虔"拥麾作镇"平城，当时虽无平城镇、平城镇将之称，实亦初具尔后军镇的雏形。又《魏故咸阳太守刘府君(玉)墓志铭》略云：

> 君讳玉，字天宝。……大魏开建，托(拓)定恒代。以曾祖初万头，大族之胄，宜履名宦，从驾之众，理须督率，依地置官，为何浑地汗。尔时此斑(班)，例亚州牧。义成王南讨芇(长)安，以祖可洛侯名家之孙，召接为副，充子都将。与王策谋帷内，制定雍境，遂又土荒，即令镇押。②

刘玉曾祖初万头因其"从驾之众，理须督率"，被任命为"何浑地汗"，本编第一章《领民酋长》据周一良说，认为"何浑地汗"盖即汉名领民酋长。当"督率"所领部落"从驾"征讨的初万头"依地置官"被任命为"例亚州牧"的"何浑地汗"时，实即"拥麾作镇"于该地，带有军镇镇将性质，唯其所统限于所率部落，因而相当于自治其部众的领民酋长。而当刘玉祖可洛侯受义成王之召率部随其"南讨长安"、占领"雍境"，并因当地"土荒"即民众难治而复受义成王之命"镇押"时，刘可洛侯便成了"拥麾作镇"于雍州所辖某地的镇将或者

---

① 《魏书》卷2，第27页；《北史》卷15《魏诸宗室·陈留王虔传》，第574页。《资治通鉴》卷108，第3426页。
② 赵超：《汉魏南北朝墓志汇编》，天津古籍出版社，1992年，第212页。

长安镇副将①。

皇始元年(396)三月元虔战死,平城失守,上引《资治通鉴》称"魏王珪震怖"而"不知所适",所统"诸部"一时"皆有二心"。当时拓跋魏国(时尚称代国)即由这些"诸部"组成,诸部首领可能都和陆突、元虔一样,平时率其部落镇守一方,有战事时则率部从征。由于燕主慕容垂自平城凯旋途中发病而死,形势不变,拓跋珪立即转守为攻,同年八月即率军南下,"大举"伐燕。及至皇始三年(天兴元年,398)春,并州、信都、中山、邺城先后被攻克,山东之地尽归魏有。拓跋珪虑还军之后,"山东有变","乃置行台"于邺城,"以龙骧将军日南公和跋为尚书,与左丞贾彝率郎吏及兵五千人镇邺","置行台于中山,诏左丞相、守尚书令、卫王仪镇中山,抚军大将军略阳公元遵镇勃海之合口"。又《魏书》卷58《杨椿传》称:"自太祖平中山,多置军府,以相威慑。凡有八军,军各配兵五千。"②元遵所镇勃海合口,以及平中山后所置军府,带有明显的军镇性质自不必论。邺、中山行台属地方行台,本编下章将详予讨论,这里要指出的是,二行台虽然在本质上仍是"拥麾作镇",但长官均带有尚书长官职务,并配备有尚书郎吏等大量文职人员,其强烈的行政机构色彩对军镇旨在威慑的军事统制性质不免有所冲淡。这是因为河北(即山东)地区自秦汉以来即为帝国腹地,当长期游牧朔北的拓跋征服者们占领山东之后,就必须面对并逐步适应该地区悠久的郡县制传统和高度发达的农业经济,以保证其政治统治和经济剥削。于是我们看到,拓跋族在所占领的中原地区推行了这里已实行千余年的州郡县制,同时给一些坞堡主假以州郡牧守之号,推行宗主督护制,启用了一批汉人强宗大族,组成以拓跋族为主的地方联合统治机构,如护军,军镇,乃至"(拓跋)宗室一人、异姓(其他民族及汉族)二人"的"州置三刺史",以及"郡置三太守"、"县置三县令"。林立于黄河两岸山险关隘之处的坞堡等宗族乡里组织,在拓跋族看来则视同部落,坞堡主及其宗乡首领则被视同部落酋豪,这种领民酋长式的基层社会组织和地方联合统治机构,是他们所能够理解的地方统治形式。当年的部落大人之类、何浑地汗者流,有的摇身一变为刺史、太守。本章讨论的镇将,也是由那些"拥麾作镇"的部落大人演蜕而来,上文论及的离石

---

① 魏宜城王奚斤是北魏攻取夏都长安的"元帅",事见《魏书》卷29《奚斤传》。不知《刘玉墓志》中"义成王"是否即"宜城王"之讹? 以刘可洛侯的资历,不可能出任长安镇将,或为雍州下属某军镇的镇将。北魏军镇往往设置副将,见于史籍的长安镇副将有多名(详见上揭严书第788页),志称"义成王南讨长安"时,刘可洛侯应其"召接为副,充子都将",长安平定后,刘可洛侯亦有可能任长安镇副将。不过以上均属推测。

② 《魏书》卷2《太祖纪》、卷58《杨播附弟杨椿传》,第27—32、1287页。参《资治通鉴》卷108—110《晋纪》"孝武帝太元二十一年"至"安帝隆安二年"相关诸条。

镇将陆突即是典型。这种由部落大人向镇将的演蜕，较之演蜕为州牧郡守要更为方便和顺利。因为在内地特别是少数民族聚居区有很多十六国时期就已存在的我们上文径称之为"镇"的军事据点，它们多处于战略要地，北魏占领后势必派兵镇守，以事威慑，具有很强的军事管理性质，因此很容易从"拥麾作镇"演蜕为制度化的北魏军镇。如长安、和龙、凡城、统万、蒲坂、杏城、离石诸军镇的产生（详《周考》、《严书》及本章第四节"北魏军镇考补"），莫不如此。所谓制度化，是指军镇已成为一级正式的稳定的地方政军机构，而不像十六国时期的"镇"多带有州郡虚号，且置废频繁。北魏即使是与州郡并置的军镇，其组织、官属及职责也是独立于州郡机构的。

北魏初年的"拥麾作镇"与制度化的军镇存在着诸多差别，后者麾下部落兵的成分越来越少，镇将作为部落大人的身份渐次丧失，但如上所述，后者正是从前者演蜕而来，元深将军镇的渊源上溯至北魏入主中原之初的皇始年间的"盛简亲贤，拥麾作镇"，是极有见识的。不过元深主要是就六镇为代表的北镇而言的，而六镇可以说就是从"拥麾作镇"直接转化而来的。

二、"六镇"的设立①

明元帝时期，先后在河北地区设置了平原、河内、广阿等军镇，后趁宋武帝去世刘宋皇位更替政局动荡之际，遣军"收刘裕前侵河南地"，夺得虎牢、洛城（金墉）等军事重地，并设置军镇②。这些军镇的设置，巩固了北魏在大河南北的统治，特别是在与南朝刘宋的军事对抗中发挥了重要作用。太武帝时期，随着统一战争的进展，疆域的扩大，军镇在北魏地方统治体制中的地位愈益重要。当时在新占领地区往往设立军镇，边境地区已形成完备的军镇体系，其中北防柔然的六镇系统的形成最为重要，标志着北魏军镇制度的完全确立。

道武、明元之际，柔然在首领社崘（号丘豆伐可汗）统治时期崛起，统一了整个漠北草原，成为新兴拓跋国家的头号劲敌，北魏不得不"盛简亲贤"作镇北边。明元帝泰常七年（422）十一月，皇太子焘"亲统六军出镇塞上"，八年（423）二月，"筑长城"、"置戍卫"，初构北镇防线③。太武帝神䴥二年（429），亲率大

---

① 本小节主要根据上揭本编作者《六镇新释》一文增订而成。
② 有关情况，见《魏书》卷29《奚斤传》、卷33《公孙表传》，第698—699、783页。并请参看《魏书》卷97《岛夷刘裕传》、《宋书》卷95《索虏传》。
③ 《魏书》卷3《太宗纪》，第62—63页。

军北伐柔然,深入到可汗庭所在的栗水流域,柔然首领大檀(号牟汗纥升盖可汗)"震怖"西走,魏军分兵"搜讨",柔然及属部高车"前后降魏者三十余万落,获戎马百余万匹",又乘胜于回军途中讨伐东部高车,俘降"数十万落,获马牛羊亦百余万",徙置新民于漠南,东西"竟三千里",遣将"镇抚"①。这次战争的胜利对于北魏国家的发展具有全局性的影响,以六镇为代表的北部边境防线因之而形成,"徙置漠南千里之地"的数以百万计的高车部众,成为此后六镇边防军乃至整个北魏军队的重要来源②。

何谓北魏六镇,自唐以来即有异说,聚讼未已,《禹贡》发刊辞视之为中国地理沿革史没有解决的重要问题之一。后经谷霁光、俞大纲二先生商榷,遂以沈垚《六镇释》所列六镇为定论,即沃野、怀朔、武川、抚冥、柔玄、怀荒③。20世纪60年代,台湾学者严耕望复献异说,谓北魏自孝文以后,六镇之目固当自西端沃野数起,至怀荒为止。唯太武始制可能有异,或许西不数沃野,而东端当数赤城④。其后陈仲安又著文认为:"北魏自孝文以前,六镇指沃野、怀朔、武川、抚冥、柔玄、怀荒六者,名与实同,本无疑义。……自太和之后,'六镇'一词,实兼沃野、御夷而有之,非谓其数仅止于六也。"⑤那么,沈垚六镇说又面临动摇之势——严说疑其不符合孝文以前,陈说谓之难成立于太和之后。

"六镇"一词之最早出现,陈仲安根据《魏书》卷30《来大千传》,将它从传统所说的太安五年(459)提前到延和初,从而使六镇格局形成于太武世有了更为直接的根据。但太武时北边军镇并非仅有六个,那么,当时人所谓"六镇",必是特指构成一个系统的六个军镇。这一系统,通常有以下两种根据。其一,见《魏书》卷3《太宗纪》泰常八年正月条:

> 蠕蠕犯塞。二月戊辰,筑长城于长川之南,起自赤城,西至五原,延袤二千余里,备置戍卫。

---

① 详见《魏书》卷103《蠕蠕传》、《高车传》,卷4上《世祖纪上》,第2293、2309、75页;参《资治通鉴》卷121《宋纪》"文帝元嘉六年",第3807—3812页。
② 唐长孺:《魏晋南北朝隋唐史三论》第二篇第三章第二节,武汉大学出版社,1993年;同氏《北魏末期的山胡敕勒起义》,初刊于《武汉大学学报》1964年第4期,后收入氏著《山居存稿》,中华书局,1989年。张金龙《北魏政治史三》第四卷第一章,甘肃教育出版社,2008年,第16—27页。
③ 沈垚:《六镇释》,氏著《落帆楼文集》卷1,《禹贡》第1卷第12期转载,1934年。谷霁光:《北魏六镇的名称和地域》,《禹贡》第1卷第8期,1934年;俞大纲:《北魏六镇考》,《禹贡》第1卷第12期。
④ 严耕望:《魏晋南北朝地方行政制度》卷下《北朝地方行政制度》第十一章"北魏军镇",第705页。氏著《唐代交通图考》第5卷《河东河北区》第53篇"北朝隋唐东北塞外东西交通线",对上书中有关北魏六镇中少数镇之地望,有更明确的论证,但基本观点未变,可参看(上海古籍出版社,2007年,第1773—1783页)。
⑤ 陈仲安:《六镇臆说》,《文史》第14辑,中华书局,1982年。

其二,见同书卷4上《世祖纪上》神麚二年十月条:

> 列置新民于漠南,东至濡源,西暨五原、阴山,竟三千里。诏司徒平原王长孙翰、尚书令刘洁、左仆射安原、侍中古弼镇抚之。

前者,如前文所述,是魏北边镇戍系统初构时所在范围;后者,为神麚时列置降民区域。如果上述各自从东向西划一线,则两条线基本上是吻合的。换言之,太武帝正列置新民于明元帝初构的北边镇戍系统之内①。但最重要的是当时六镇是否一定分布在这一线,或者说,只要是这一线上的军镇是否必预六镇之列,对此史籍上没有现成的回答。但可以看到,几种有代表性的尽管是互相对立的六镇说,包括现在视为定论的沈垚六镇说,都没有违背或者公开宣布依据这一标准。其中杜佑、胡三省、顾祖禹正是据此标准摒沃野于六镇之外②。明乎此,对于下面的具体讨论不无意义。

"北镇"一词,在北边镇戍系统初构的明元之世就有③,"六镇"在太武时最初出现便与之有关。据《魏书》卷30《来大千传》载:

> 延和初,车驾北伐,大千为前锋,大破虏军。世祖以其壮勇,数有战功,兼悉北境险要,诏大千巡抚六镇,以防寇虏。经略布置,甚得事宜。

可知六镇本在北境,即明元时所构成,太武所列置新民之北镇系统无疑。但当时北镇系统中于史有据的军镇至少有七个,即武川、柔玄、怀荒、怀朔、沃野、赤诚与抚冥。其中唯抚冥于献文之后始见记载,但它作为六镇之一已不容置疑,其余六镇之见于太武世均有案可查。那么,究竟哪一镇不属于六镇之列呢?这需要十分审慎地判别。

杜、胡、顾诸人以御夷排斥沃野而预六镇,今日已不足为据。但以杜佑之博学,以胡三省、顾相禹之精于舆地,俱摒沃野于六镇之外,却不能不引起我们对沃野的反省。而且,对于他们所强调的六镇由以确定的标准(即前面指出的北镇防线),我们应予以重视。他们是意识到了问题的症结的,而且也有比较

---

① 上述两条线不尽吻合,一为二千里,一为三千里,除后者东端濡源较赤城更在东北外,还因后者有旌扬战功的因素,《魏书》卷105《天象志三》便记载为"上北征蠕蠕,大破之,虏获以巨万计,遂降高车,以实漠南,辟地数千里云"(第2401页)。但《魏书》卷103《高车传》却称"高车诸部望军而降者数十万落……皆徙置漠南千里之地"(第2309页)。

② 杜佑:《通典》卷196《边防·蠕蠕》载刁雍上表"计六镇东西不过千里"句杜佑注,第5380页。《资治通鉴》卷136《齐纪》"武帝永明二年九月·(高)闾又上表"条胡注,同书卷145《梁纪》"武帝天监二年十一月乙亥·沃野镇将于祚"条胡注,第4262、4533页。顾祖禹撰,贺次君等点校:《读史方舆纪要》,卷61《陕西》"榆林镇沃野城"条,中华书局,2005年,第2913页。

③ 《魏书》卷30《周观传》,中华书局点校本,1974年,第728页。

权威的根据,那就是北魏人陆恭之的《风土记》。但遗憾的是,就算陆恭之也认为沃野不预于六镇之列,但他并没有说御夷在六镇之列,而胡三省臆加一御夷,却没有提出坚实的根据,遂使他们意见中的合理成分被淹没,以致所援引的原始根据《风土记》也受到株连。关于沃野与六镇的关系问题,我们在一定程度上同意严耕望先生的假说,即六镇初立时有赤城而无沃野。严氏对之不能肯定者,在于赤城镇仅见于《赵逸传》,既为孤证,或者赤城镇有旋废之嫌。但我认为,从《赵逸传》所见,已足以支持这一假说。

据《魏书》本传,赵逸原为赫连勃勃的著作郎,太武帝平统万后拜中书侍郎。神䴥末以后,"久之,拜宁朔将军、赤城镇将,绥和荒服,十有余年。百姓安之。频表乞免,久乃见许"。本传不载卒年。其子赵琰《魏书》卷86有传,传称当献文、孝文之际,"禁制甚严,不听越关葬于旧兆,琰积三十余年,不得葬二亲"。据之上推赵逸卒年,再加上他任镇将十有余年,即使不算他的前任,也可断定赤城镇从太延以后终太武帝之世始终存在。其地望,据《水经注疏》卷14《沽河》:"沽河出御夷镇西北九十里丹花岭下,东南流,大谷水注之。水发镇北大谷溪……大谷水又南迳独石西,又南迳御夷镇城西。魏太和中置,以捍北狄也。……沽水又西南迳赤城东。……城在山埠之上,下枕深隍、溪水之名,藉以变称,故河有赤城之号矣。"则赤城在御夷镇城南。《中国历史地图集》第4册第53页⑤⑥所标御夷镇、赤城方位,盖据此注。它位于魏北边防线的东端。当御夷城升格为镇时,其地位已很低,但它在北魏早期却十分重要,从道武、明元二帝每次东巡濡源都照例要幸赤城可见①。《魏书》卷24《张衮传》称其孙张陵约在太武帝延和时出任赤城典作都将,我推想赤城之筑城设镇应当始于此时。

鉴于上述,当太武帝规划北边六镇防区时,可以设想,赤城作为北边防线最东端的一个军镇是理应纳入六镇之列的,这正与防区西端的五原镇遥相呼应,也才与太武帝列置新民于西暨五原、阴山东至濡源的措施相适应。那么,沃野镇自然不在六镇之列了。我们知道,沃野镇在赫连夏时就有②,地点在汉朔方郡沃野县故城,镇名盖出于此。魏太武帝攻灭赫连昌后又直接沿置③。

---

① 《魏书》卷2《太祖纪》、卷3《太宗纪》,第22、55页。
② 洪亮吉《十六国疆域志》卷16所引隋《图经》,《二十五史补编》本,上海:开明书店,1937年,第4206页。
③ 太武帝始光四年(427)平赫连昌占领统万后,即设立统万镇、薄骨律镇,《元和郡县图志》卷4《关内道》"丰州"、"灵州"条有明言(第91、112页)。设沃野镇,似乎至《资治通鉴》卷145《梁纪》"武帝天监二年十一月乙亥·沃野镇将于祚"条胡注,始明言"魏平赫连,与统万同置(沃野)镇"(第4533页)。《读史方舆纪要》卷61《陕西》"榆林镇沃野城"条亦承胡三省说(第2913页)。

《中国历史地图集》第 4 册第 54—55 页②6 所标小字沃野镇即是,地望与《水经·河水注》中沃野故城、《魏书》卷 38《刁雍传》中所见的太平真君九年(448)的沃野镇是相符的。但它与当时北边防线西端见在的五原镇相距甚远,而与河西薄骨律诸镇构成一系统,从《魏书》卷 38《刁雍传》所载其军粮依赖河西屯谷补给可以得到证明。李吉甫在《元和郡县图志》中明确断定"沃野故城,在(天德)军城北六十里,即是后魏时六镇从西第一镇也"①,此一直作为沃野预六镇说最过硬的证据,但它与我们的观点(即太武帝初置六镇无沃野)并不矛盾。因为《元和志》所说的沃野镇既不是上述汉沃野故城之沃野镇,也不是《风土记》所云太和十年(486)改置于汉朔方故城之沃野镇,而是在唐天德军附近、离上述北镇防线西端五原镇西边不远处之沃野镇②。则《元和郡县图志》非但不能否定我们的推测,而且恰恰给我们的推测增加了一个反证:太武帝时僻在河水与其分支南河之曲的沃野镇就因为所在偏远而不预六镇系统。那么,沃野镇究竟何时自汉沃野故城东迁至北镇一线从而预为六镇之列?它是先迁至《元和郡县志》所说之天德军附近,还是先迁至《风土记》所说之汉朔方故城?这些都是不可回避而史籍上无直接答案的问题。

《太平寰宇记》卷 36《关西道》"灵州"条引用两条陆恭之《风土记》中的记述,第一条告诉我们汉朔方故城在太和十年(486)改为沃野镇,但并没有告诉我们改迁自何处;第二条构成排斥沃野预六镇说的最有力的论据,原文为:

> 正始三年,尚书源思礼、侍郎韩贞抚巡蕃塞,以沃野镇居南,与兰山泽六镇不齐,源别置三戍。

不管这是陆氏的原话,还是经后人改动过的引文,若说此时沃野尚不预六镇,显然不符合历史事实。《魏书》卷 41《源贺传附子源怀传》载:

> (景明中)又诏为使持节,加侍中、行台,巡行北边六镇、恒燕朔三州。……时后父于劲势倾朝野,劲兄于祚与怀宿昔通婚,时为沃野镇将,颇有受纳。怀将入镇,祚郊迎道左,怀不与语,即劾祚免官。怀朔镇将元尼须与怀少旧,亦贪秽狼藉……(怀)表劾尼须。

这可能是《魏书》中沃野镇被直接列为六镇之一的最早记载。它既然在宣武帝景明(500—503)中列为六镇,不会在三四年以后的正始(504—508)中突然不预六镇。据我的理解,《风土记》所谓沃野镇与兰山泽六镇不齐,盖因古人用语

---

① 《元和郡县图志》卷 4《关内道》"丰州天德军"条,第 115 页。
② 《中国历史地图集》第 4 册"东晋十六国·南北朝时期",第 54—55 页①7 小字"沃野镇"处。

简略,其意当为沃野与六镇(其余诸镇)不齐,所以别置三戍以弥补,并不一定是乐史转引致误,因《通典》卷196注引陆恭之《风土记》此条与《太平寰宇记》所引相同,而且不能据此否定其史料价值。这段记载可与《魏书》所记此事相互印证、相互补充,对解决本节所讨论的问题不无帮助。上引《源怀传》又称:

> 正始元年九月,有告蠕蠕率十二万骑六道并进,欲直趋沃野、怀朔,南寇恒代。诏怀以本官,加使持节、侍中,出据北蕃,指授规略。……怀至云中,蠕蠕亡遁。怀旋至恒代,案视诸镇左右要害之地,可以筑城置戍之处。皆量其高下,揣其厚薄,及储粮积仗之宜,犬牙相救之势,凡表五十八条。表曰:"……今定鼎成周,去北遥远。代表诸蕃北固,高车外叛,寻遭旱俭,戎马甲兵,十分阙八。去岁复镇阴山,庶事荡尽,遣尚书郎中韩贞、宋世量(景)等检行要险,防遏形便。谓准旧镇东西相望,令形势相接,筑城置戍,分兵要害,勤农积粟,警急之日,随便翦讨。如此则威形增广,兵势亦盛。……北方无忧矣。"世宗从之,今北镇诸戍东西九城是也。

又同书卷88《良吏·宋世景传》载:

> 频为左仆射源怀引为行台郎。巡察州镇十有余所,黜陟赏罚莫不咸允。迁徙七镇,别置诸戍,明设亭候,以备北房。

综观以上引文,我们对《风土记》的记载应该十分清楚了。正始元年(504),源怀就案视了诸镇左右可以筑城置戍的地方,既而上表陈述了有关北边防务的五十八条,其要旨是在北镇一线增置城戍,使六镇防线"东西相望","形势相接",在此基础上平时"储粮积仗",战时成"犬牙相救之势"。据称这一建议后来付诸实行了。它在沃野镇的执行情况,据前引《风土记》,是因太和十年(486)徙置于汉朔方故城的沃野镇偏南,不利于形势相接,因此别置了三戍。加上原有的高阙戍①,则沃野镇一带至少有了四个戍,从而补救了沃野镇城偏南对整个六镇防线的影响。若上述理解不误,是否可以得出如下判断:沃野镇在景明中为六镇之列固无疑问,在正始中别置三戍加强了它与整个六镇防线的一致性,更无理由将它排斥于六镇之外。由景明中我们又可以合理地上溯于太和十年(486)改置于汉朔方故城之时,判断它已预六镇之列。

据《风土记》,沃野镇太和十年(486)已东迁至汉朔方故城,仍然存在的问题是,自汉沃野故城东迁至北镇一线的沃野镇,是先迁至汉朔方故城,还是先

---

① 《水经注疏》卷3《河水注》"屈从县北东流"条称高阙"自古迄今,常置重捍,以防塞道",第214页。

迁至唐天德军北？唐长孺先生对此提出了自己的意见。他从《中国历史地图集》第4册北魏《雍秦幽夏等州、沃野薄骨律等镇》图幅中沃野镇何以标了三处出发①，考证指出，源怀、宋世景在正始间"筑城置戍"，实际上是重建六镇。由于敕勒暴动和旱灾，"部分镇戍可能后撤，或者破坏严重以致停废"。直到景明四年(503)才"复镇阴山"，其时源怀派韩、宋出去巡视要塞，筑城置戍，"只是约略依照旧镇'东西相望'的形势"而重新修建。此即《宋世景传》中所谓"迁徙七镇"，沃野镇就在此时即正始中从汉朔方故城又迁到了天德军城北六十里处②。沈垚《校唐述山房日录》亦曾提出类似假说："然则魏初置镇在汉(沃野)旧县，故(刁)雍言里数如此；后移在朔方故城，故陆恭之谓太和十年改朔方城为沃野镇；后又以镇偏南，与他镇不齐，益移而北，故在天德军城北六十里。"③惜无系统论证。

正是沈垚的假说和唐先生的论证，引发了我们对沃野镇迁徙过程的进一步思考。据《魏书》卷41《源贺传》，当文成、献文之世，"每岁秋冬，遣军三道并出，以备北寇，至春中乃班师"。他于是建议"二镇之间筑城，城置万人……多造马枪及诸器械，使武略大将二人以镇抚之。冬则讲武，春则种植，并戍并耕"，但史称"事寝未报"。此类建议在源贺以前的刁雍和稍后的高闾都曾提出过④。高闾甚至认为"六镇势分，倍斗不众"，建议于六镇北筑长城，自然也没有实行。源怀于诸镇左右筑城置戍、并戍并耕的措施与乃父的宿愿是相通的。他在正始上表中所谓"准旧镇东西相望"，是指于诸镇之间"筑城置戍"应准原有的北镇一线，"旧镇"相对于新筑城戍而言。不能排除六镇中个别镇城因年久失修，或不利于"犬牙相救之势"而略作迁徙、加固，如武川镇就可能在此时修整加固或迁徙重筑⑤，也不能否认迁都洛阳以后六镇地位及其军事力量的急速衰落，以及因高车外叛、长期干旱在景明时六镇更加破败的局势。但如果说六镇部分停废甚至全线后撤，到正始中才全部恢复重建，似无可能。

上述景明中，源怀为行台巡行六镇，弹劾沃野、怀朔镇将，上表建议将"诸镇水田""依地令分给细民"，还建议裁减各镇吏佐，列举沃野一镇"自将以下"

---

① 上揭谭其骧主编《中国历史地图集》第4册第54—55页①7、②6、②7三处。
② 唐长孺：《北魏沃野镇的迁徙》，《华中师范学院学报》1979年第3期。
③ 沈垚：《校唐述山房日录》，氏著《落帆楼文集》卷13《外集七·杂著汇存下》，《续修四库全书》第1525册，上海古籍出版社，2003年，第531页。参上揭严耕望：《魏晋南北朝地方行政制度》卷下《北魏地方行政制度》第11章"北魏军镇"，第696—697页。
④ 《魏书》卷38《刁雍传》、卷54《高闾传》，第868—869、1200—1202页。
⑤ 《水经注疏》卷3《河水注》，第234—235页。

多达八百余人,并无六镇已部分弃废或全线后撤的迹象。武川镇后来在正始中修筑过镇城,但当时亦未停废。据《魏书》卷30《陆真传》,真子陆延便于正始初除武川镇将。尽管此时蠕蠕势力正当衰微之时①,但北镇亦不得或废,否则柔然必长驱直入,直捣恒代。上引源怀表中所谓"去岁复镇阴山,庶事荡尽",正指他正始元年(504)出据北蕃以抗击柔然事。按《魏书》中"阴山"多指武川境内(即今内蒙古土默特左旗察素齐西北)之高山②,其地正在云中西北。"复镇阴山"正与前文所言源怀率军"至云中,蠕蠕亡遁"相符。源怀在表中极言六镇破败情形,"高车外叛,寻遭旱俭,戎马甲兵,十分阙八",加之去年又发兵镇守云中阴山("去岁复镇阴山"),六镇的情景更是百废待举了("庶事荡尽"),因此必须重整北防。故"复镇阴山"不应理解为重建六镇于北边防线。《宋世景传》所云"迁徙七镇",根据上考,笔者理解为各镇之间(六镇加御夷共七镇)筑城置戍的调整和个别镇城(如武川)的移徙,并非六镇尽迁或重建。至于《源怀传》中"今北镇诸戍,东西九城是也",盖指正始中在"诸镇左右"筑置的城戍,而不能理解为六镇加上沃野镇别置之三戍③,因为当时北边镇戍系统,经正始间重整防务,于史可据的镇有七,戍有四,尚不包括沃野以外的诸镇左右所增置的城戍。否则六镇数千里防线,倘仅增置三戍,源怀何能言"形势相接"、"北方无忧"?

《周书》卷14《贺拔胜传》称:"魏正光末,沃野镇人破落汗拔陵反,南侵城邑……其贼伪署王卫可孤徒党尤盛,既围武川,又攻怀朔。"唐长孺先生据之证明正始间沃野镇必从汉朔方故城北移到唐天德军附近,唯其如此,"才能以攻武川、怀朔为南侵"。但六镇起义本因沃野镇"高阙戍主御下失和"而引爆,拔陵等既占高阙,自当以攻武川、怀朔为南侵,而且攻(我们认为地在汉朔方故城的)沃野镇城更属南侵。当然,如果拔陵等先下高阙戍,然后全部兵力南下攻汉朔方故城之沃野镇,再遣卫可孤攻围武川、怀朔,便不能视为南侵了。但仅据上引《贺拔胜传》,尚难断定拔陵"南侵"是以高阙为起点,还是以沃野镇城为起点。今根据诸书,并根据当时情势,似乎可以判断,高阙事起后,义军兵分两路,一路由卫可孤率领攻围武川、怀朔,一路由拔陵率领南攻汉朔方故城之沃野镇城。拔陵一路很快占领了镇城,杀死了镇将,但卫可孤一路却并不顺利,"攻怀朔镇经年"。这时魏朝已派元彧统兵北伐,所以拔陵一路不遑助攻怀朔,

---

① 《魏书》卷103《蠕蠕传》,第2297页。
② 王仲荦:《北周地理志》,中华书局,1980年,第1093页。
③ 上揭陈仲安《六镇臆说》。

要先迎战元彧。元彧也想先消灭（汉朔方故城）沃野镇之敌，所以才不顾怀朔镇将杨钧的告急而同拔陵在沃野镇城东部、怀朔镇西南之汉五原决战。元彧大败于五原后，魏又派李崇、元渊率军北上，故拔陵虽在五原大胜，仍不得北助怀朔卫可孤，而要继续东进，在通往怀朔、武川的要冲白道设防，以阻李崇之军。于是有魏将崔暹失利于白道之役，李崇则自白道而云中、而平城节节败退①。综上可知，如果破落汗拔陵、卫可孤分兵之初，拔陵在天德军北之沃野镇，则元彧便不会越过危在旦夕的怀朔而与拔陵决战于汉朔方故城之东的五原了；反之，正因为沃野镇城在南，破落汗拔陵必须分兵攻怀朔、武川，自己南下沃野才不致两面受敌——东北有怀朔、武川镇兵，东南有元彧北伐大军。

前考若不误，则可说明沃野镇在正始中不曾北移，而且它是在太武之后、太和十年（486）以前这一段时期中从汉沃野故城迁到了《元和郡县图志》所说的天德军北六十里处（《中国历史地图集》第4册第54—55页①7所标小字沃野镇），并且就此时，取代了东边赤城镇的地位而预于六镇之列。这是适应当时柔然屡从北镇西北进攻的形势的。但沃野镇从汉沃野故城迁来的具体时间不详。以北魏太和二十一年（497）政区为准的《中国历史地图集》在唐天德军北标以小字"沃野镇"，显然也认为此前沃野镇一度设置在这里。但不知编绘该地图集者是否别有所据，还是如唐先生所说因误阑入。但遗留的问题是，既然太和十年（486）沃野镇已从汉沃野故城迁到了唐天德军北，何以又要在太和十年（486）南迁至汉朔方故城呢？而且如沈垚、唐先生所说，在太和十年（486）以后，即魏宣武帝时代，曾经有过筑城置戍、重整六镇防务之举。故在得到更坚实、更有力的证据之前，唐先生的意见是值得尊重的，故本章第四节表14"北魏军镇置废沿革一览表"仍取唐说。

总括上述，笔者认为：严耕望先生关于太武时六镇始置有赤城而无沃野的假说是可信的，至迟于太和十年（486）沃野镇已东迁至六镇一线，并取代赤城而预于六镇之列。正始中源怀重整北边防务，将至早于太和十八年（494）以后才升格为镇的御夷纳入了六镇防线，此即宋世景所言"迁徙七镇"。自此以后，如陈仲安先生所说，六镇含义"非谓其数仅止于六也"，六镇与北镇概念几乎等同②。六镇概念的外延由窄变宽导致其内涵由深变浅，陈先生的"臆说"，实即抓住了这一变化的本质。

---

① 《魏书》卷9《肃宗记》，第236页；《资治通鉴》卷150武帝普通五年七月条，第4681页；《周书》卷14《贺拔胜传》，第215—216页。同时请参见《魏书》元彧、李崇诸传。
② 《魏书》卷14《元天穆传》，第355页。正光起义后，"六镇之乱"与"北镇之乱"几乎同义，例不胜举。

佐川英治的新作《北魏六镇史研究》①，认为以孝文帝为界限，作为都市六镇的性质发生了巨大的变化。宣武帝时期的六镇大变革，怀朔、抚冥、柔玄、怀荒等军镇进一步城塞化，沃野镇被纳入六镇之列，并随着都督制的导入，六镇又进一步组织化。尽管论文中有个别观点，如他认为北魏的北边防御战略有一个从"游防"到"移防"的变化，或许值得进一步商榷，但他强调的孝文帝迁洛以后北边防御方针及防线构置的变革，与之相应的六镇性质的变化，是值得重视的新见。

第四节　北魏军镇考补

北魏设镇数目及其废置沿革，周一良先生早年曾予考订辑录（下文简称《周考》）②。20世纪60年代，严耕望先生在此基础上又多所弘益，并列表制图使之一目了然（下文简称《严书》）③。本节不过是遵循两位先生所开辟的研究途径，作了一些补苴性工作而已。

《周考》所举镇名，凡九十七；《严书》对之增删互有，凡九十三。笔者就所见材料，复有增减，总计一百零五。兹准《严书》分区，疏列如下（见表13）。其中本节有所考补者，镇名后依次括注序数。

表13　北魏军镇分布表

地　区	镇　　名
六镇及其以南以东诸镇	沃野、怀朔、武川(1)、抚冥、柔玄、怀荒(2)、赤城(3)、御夷、昌平、崎城、北平、凡城(4)、和龙(5)、云中(6)、白道(7)、平城、灵丘、广昌、度斤(8)、贺延(9)
河东河北诸镇	肆卢(10)、离石(11)、吐京(12)、六壁(13)、柏壁、绛城、蒲坂(14)、龙门、稷山、虏口(15)、广阿(16)、平原(17)、枋头、河内
黄河以西，南至隆城西至焉耆诸镇	统万、高平、长安、杏城、李润、三堡、安人、石龟、三县、安定、雍城、长蛇、汧城、上封、陇西(18)、仇池(19)、武都、葭芦(20)、武兴(21)、固道(22)、脩城(23)、清水(24)、隆城、薄骨律(25)、弘静(26)、榆中、枹罕、洮阳(27)、鄯善(28)〈一〉、鄯善〈二〉、凉州、敦煌、晋昌、焉耆

---

① 佐川英治：《北魏六镇史研究》，《中国中古史研究（第五卷）》，中西书局，2015年。
② 周一良：《北魏镇戍制度考及续考》，上揭氏著《魏晋南北朝史论集》。初刊《禹贡》半月刊第3卷第9期、第4卷第5期，1935年。
③ 上揭严耕望：《中国地方行政制度史·魏晋南北朝地方行政制度》卷下《北朝地方行政制度》第十一章，第691—797页。

续 表

地 区	镇 名
河南诸镇	虎牢、洛城、金门(29)、陕城、大谷、襄城、鲁阳、马圈、新野、沘阳(30)、乐陵(31)、长社(32)、下溠、梁国、瑕丘、槃阳、东阳、临济、东莱、悬瓠、彭城、谷阳、宿豫、汝阴、梁城、郯城、团城(33)、临海、明垒(34)、寿春、阳翟
地望无考诸镇	武州(35)、固州、五军、征西、华州、怀戎、乌苏

上表所列一百零五镇,较之《周考》,删十八,增二十六;较之《严书》,删四,增十六。为便检核,亦录增删之镇目于下。

删《周考》者:抚宜、永固、无善、姑臧、蒲城、洪洞、武平、历城、狭石、贞阳、济阴、抚宁、张掖、东城、阳名、北阳、安阳、且末。

增《周考》者:沘阳、武州、度斤、白道、洮阳、清水、长社、北平、庡口、三堡、石龟、葭芦、弘静、马圈、新野、下溠、谷阳、临海、金门、寿春、阳翟、五军、征西、华州、怀戎、乌苏。

删《严书》者:抚宜、永固、善无、骆谷。

增《严书》者:固道、脩城、武州、六壁、度斤、白道、洮阳、清水、长社、寿春、阳翟、五军、征西、华州、怀戎、乌苏。

上述增删之所据,以及其中有些镇的地望、置废时间私见与《周考》、《严书》相左处,或《周考》、《严书》互异而本人有所取舍者,下面均有说明(顺序按前列镇名右侧的序号),至于《严书》修正《周考》处而为笔者所赞同者,则不再赘言。

(1) 武川镇

《严书》谓置镇时代无考,据怀朔置镇时间,推断为延和二年(433)置。按《魏书》关于武川镇的最早记载见于献文时①。武川镇以武川水得名,而武川原名汝水,皇兴四年(470)始改武川②。故武川镇之名始见于献文世乃理所当

---

① 《魏书》卷48《高允传》、卷80《贺拔胜传》,第1085、1779页。
② 《北史》卷98《蠕蠕传》,第3255—3256页(《魏书》卷103《蠕蠕传》同)。上揭鲍桐《北魏北疆几个历史地理问题的探索》认为"此女水为今蒙古土拉河的一条支流","《(魏书)蠕蠕传》云,此次出征(按:指献文帝皇兴四年伐柔然之役,详下)'旬有九日,往返六千余里',可以说明其(按:指女水)与平城的距离约三千余里,绝不会是在漠南的武川县"。上揭佐川英治《北魏六镇史研究》亦据鲍桐说,认为本编者称武川镇以武川水得名,因而武川镇之名始见于献文世的判断有误,因为"这里的'武川'(按:即女水)与阴山下的武川不同"。但鲍氏的推断有值得商榷之处,在此略作说明。《北史》卷98《蠕蠕传》:"皇兴四年,(柔然可汗)子成犯塞,车驾北讨,京兆王子推、东阳公元丕督诸军出西道,任城王云等督军出东道,汝阴王赐、济南公罗乌拔督军为前锋,陇西王源贺督诸军为后继。诸将会车驾于女水之滨,献文亲誓众,诏诸将曰:'用兵在奇,不在众也。 (转下页)

然,但该镇之设置,据大镇设置时间推断,必早于献文。《周书》卷19《杨忠传》云:"(忠)高祖元寿,魏初为武川镇司马。"是该镇魏初已有。宇文泰先祖陵正是在道武天兴时被例迁至武川①。但当时武川镇究属何名,今已失考。上揭佐川英治《北魏六镇史研究》认为见于多方墓志的"贺延镇"(详见下文"贺延镇(9)"条)"是武川镇的北俗之名",虽属推测,尚无确证,仍可备一说。

武川镇何时废改,史无明载。六镇起事后,北镇均改为州郡,其中只有怀朔镇《魏书·地形志》明言"孝昌中改为(朔)州",但《资治通鉴》又称正光五年(524)怀朔镇改为朔州②。兹对武川镇在内的北镇改州事略作考释。正光四年(523)柔然犯塞,李崇率军北讨,其长史魏兰根向李崇建议"改镇立州,分置郡县,凡是府户(镇户),悉免为民",但李崇"奏闻"后,"事寝不报",明帝反倒认为"李崇此表开诸镇非异之心"。稍后沃野镇人破落汗拔陵起兵反魏,六镇纷起响应,参与镇压的广阳王元深上书力陈北镇官兵的悲惨遭遇,称李崇上书"改镇为州","抑亦先觉",言外之意即希望朝廷采纳李崇之策,但朝廷亦"不纳"③。继而秦州城人莫折大提和高平酋长胡琛掀起反魏暴动,"朝议更思"李崇、元深之言,孝明帝遂于正光五年(524)八月发布诏书,免"诸州镇军贯"为

(接上页)卿等但为朕力战,方略已在朕心。'乃选精兵五千人挑战,多设奇兵以惑之,虏众奔溃,逐北三十余里,斩首五万级,降者万余人,戎马器械,不可称计。旬有九日,往返六千余里。改女水曰武川,遂作《北征颂》,刊石纪功。"又《魏书》卷6《显祖纪》:"(皇兴四年秋八月)蠕蠕犯塞。九月丙寅,舆驾北伐,诸将俱会于女水,大破虏众。……壬申,车驾至自北伐,饮至策勋,告于宗庙。"据之,此次柔然"犯塞",即侵犯北魏北边边塞,亦即六镇一线。车驾亲征的北伐之军共分东道、西道、前锋、后继四路,而"诸将会车驾于女水之滨",即战前誓师,显然不会在三千里之外,而是在与来犯之敌对峙的边塞前线。战斗打响后,"虏众奔溃,逐北三十余里",魏军继续追击,共十九天,往返六千余里,此间皇帝应该仍留在誓师的女水,即前敌指挥部所在,后继部队陇西王源贺部也应该屯军女水。而且皇帝可能在初战告捷后即返回平城,并未随军远行,因为九月壬戌朔,丙寅即五日誓师,壬申即十一日返回平城,则此次车驾亲征往返共七天,追击柔然溃军的魏军尚未踏上返程。"改女水曰武川","作《北伐颂》,刊石纪功",可能是在"斩首五万级,降者万余人"的初战大捷之后,也可能是在追击敌军的魏军返旆之时即战争结束之后。据《魏书》卷48《高允传》,《北伐颂》的作者为"从显祖北伐"的高允,他是在"大捷而还至武川镇"时所作的,《魏书》中武川镇的最早记载见于显祖献文帝时代,即上揭《高允传》。正是为记载这次亲征柔然的大捷,所以将誓师之所的女水改为武川,原设在"女水之滨"的军镇也因而得名武川镇。高允的《北伐颂》作于武川镇,武川镇在文献中的最早记载见于《高允传》,均非偶然。我怀疑刻有《北伐颂》的纪功碑,也应当树立于武川镇。而且我们也不能设想,为纪念此次大捷,将三千里之外的一条河改名武川,其意义和显示度是不能与亲征誓师之处的女水改为武川相比的。《资治通鉴》卷132《宋纪》"明帝泰始六年九月·柔然部真可汗侵魏"条记载此次战役,其中"改女水曰武川"句下胡三省注:"按《魏纪》女水当在长川之西,赤城之西北,后魏置武川镇。"其说可取。

① 《周书》卷1《文帝纪》,第1页。
② 《魏书》卷106上,第2498页;《资治通鉴》卷150《梁纪》"武帝普通五年八月"条,第4683页。
③ 《魏书》卷66《李崇传》,第1473页;《北齐书》卷23《魏兰根传》,第229—230页;《北史》卷16《太武五王·广阳王深传》,第616—618页。

民,"镇改为州,依旧立称",并"遣兼黄门侍郎郦道元为大使,欲复镇为州,以顺人望。会六镇尽叛,不得施行"。《北史》卷27《郦道元传》详载其事:"明帝以沃野、怀朔、薄骨律、武川、抚冥、柔玄、怀荒、御夷诸镇并改为州,其郡、县、戍名,令准古城邑。诏道元持节兼黄门侍郎,驰驿与大都督李崇筹宜置立,裁减去留。会诸镇叛,不果而还。"①综上可知,正光五年(524)八月明帝下诏改六镇、薄骨律、御夷等八镇为州,应该还包括高平镇,并遣大使郦道元前往实施,但因诸镇尽叛,"不得施行"。若就法令层面而言,以上诸镇,均应于正光五年(524)准诏改镇为州了。《魏书》卷106《地形志下》:"原州,太延二年置镇,正光五年改置,并置郡县。"正光五年(524)高平、秦州乱事正炽,明帝改镇为州之诏也不可能在高平施行,《地形志》称高平镇正光五年(524)改置州郡,盖准改镇诏书而记述。《地形志》明载怀朔镇、薄骨律镇②是在孝昌中分别改为朔州、灵州的。六镇其余诸镇沃野、武川、抚冥、柔玄、怀荒,以及御夷诸镇,准怀朔、薄骨律例应在孝昌中改置州郡,准高平例则可以说正光五年(524)改置。武川镇或改为朔州神武郡③。魏末以降,原州、灵州为西魏所有,六镇一线陷于柔然,改自北镇的诸州后撤,侨置于并州界,如改自怀朔的朔州,改自怀荒、御夷二镇的蔚州,亦寄治并州④。

(2)怀荒镇

《严书》据《魏书》卷40《陆俟传》断定怀荒立镇不能迟于太延初。隋《王善来墓志》:"晋西河人也。……祖居伏,上仪同三司,魏道武皇帝以其有雄干勇毅,补任回荒镇将,御捍北蕃。……父盖仁……齐献武皇帝补任前锋直荡、第一领民酋长。"⑤是怀荒镇魏初道武帝时代即置。唯其祖、父两代纵跨道武帝、高欢执政时代,前后至少相隔一百二十余年,不免令人生疑,或"祖"前脱"高"字?或如佐川英治所推测,"道武"或许是"宣武"的误刻⑥。赵万里《汉魏南北朝墓志集释》谓"回荒即北魏六镇之怀荒",可从,从志文"御捍北蕃,猃狁见之,

---

① 《北史》卷16《太武五王·广阳王深传》,第618页;《魏书》卷9《肃宗纪》,第236—237页;《北史》卷27《郦范传附子道元传》,第995页。参《资治通鉴》卷150《梁纪》"武帝普通五年"条,第4677—4690页。
② 《魏书》卷106上《地形志》,第2504页。
③ 说见王仲荦:《北周地理志》"附录三种·北魏延昌地形志北边州镇考证",中华书局,1980年,第1092页。
④ 《魏书》卷106上《地形志》,第2501页。参上揭王仲荦《北周地理志》"附录三种·北魏延昌地形志北边州镇考证",第1083—1104页。
⑤ 王其祎等编著:《隋代墓志铭汇考》第三册,线装书局,2007年,第154—156页。
⑥ 上揭佐川英治:《北魏六镇史研究》。

无不胆碎,是以不敢内侵猾夏",亦可推知。又北齐《徐显秀墓志》载其祖安"怀戎镇将",论者从徐显秀籍贯为改自怀荒镇的蔚州属郡忠义郡,推测怀戎镇为怀荒镇之讹,其说虽有理据,但尚无的证,待考①。

(3) 赤城镇

《严书》谓该镇仅《魏书》卷52《赵逸传》一见,有旋废之嫌。据本章上文所考,赵逸出镇赤城不会迟于太延年间,赤城镇从太延以后终太武之世始终见在。赤城是北魏六镇防线最东端的一个重要军镇,与安置东部高车的濡源相近,如前所述,《严书》认为前期六镇有赤城而无沃野。《魏书》卷24《张衮传》载其孙张陵约在延和年间出任赤城典作都将,北魏设镇,如果无旧的城池可凭,则须新筑城②,赤城筑城设镇当在太武帝延和中。如果此推测不误,《严书》认为六镇当设置于延和二年(433)或稍后,从赤城地望,以及筑城设镇时间,均支持赤城为前期六镇之一的说法。《严书》考证指出赤城、御夷相距甚近,推测孝文帝时代御夷由城升格为镇,实取赤城镇而代之,"故赤城镇遂不复见于史传也",其废于"太和十八年稍后"。张金龙亦从严说,径称"御夷镇实为赤城镇所改置,只是其镇戍地由赤城北移至御夷城而已";进而认为孝文帝在太和十八年(494)"视察北镇后大概感觉到御夷城戍的地理形势十分重要,于是决定将其升格为镇"③。若张说可从,则御夷之升镇与赤城之废镇同在太和十八年(494)。然而《水经注》卷14《沽河》记载了两个御夷镇,一为西北离沽河河源九十里、其北边附近有同在沽河西岸的孤生"独石"者,一为沽水与候卤水汇合处旧名候卤城者,前者"太和中置以捍北狄",后者"太和中(由候卤城)更名御夷镇"者,《水经注》同卷《鲍邱水》又有"出御夷北塞中……又南迳镇东南九十里西密云戍西"云云,所说御夷镇盖指前者。沽河流域中的两个御夷镇有何关系,不明。又同卷《濡水》称,"濡水从塞外来……出御夷镇东南,其水二源双引,夹山西北流,出山合成一川。又西北迳御夷故城东(下略)",则又有一御夷故城④。我们看到《中国历史地图集》第4册第53页北魏《武川、御夷等镇》图幅标有三个御夷镇,分别为"御夷故城"、"御夷镇城"(④6)、"御夷镇"(⑤6)。"御夷故城"与《濡水注》中的"御夷故城"相对应,自不待说,但"御夷镇"与"御夷镇城"是否分别对应于《沽河注》注中的两个御夷镇?它们各自对应于哪一

---

① 罗新等著:《新出魏晋南北朝墓志疏证》,中华书局,2005年,第209—211页。
② 《魏书》卷30《陆真传》:"是时(文成帝时),初置长蛇镇,真率众筑城,未讫,而氐豪仇傉檀等反叛,氐民咸应,其众甚盛。真击平之,杀四千余人。卒城长蛇而还。"(第730页)
③ 上揭张金龙《北魏政治史三》第八章,第440—443页。
④ 《水经注疏》卷14《沽河》、《鲍邱水》、《濡水》,第1209—1210、1217、1240—1241页。

镇,由于看不到《地图集》释文,不明。上引《严书》及张金龙书似乎将沽河流域的两个御夷镇视之为一,未作区别。这些问题还有待进一步研究,本章所列御夷镇,姑以沽水上游太和中所置御夷镇当之。20世纪末成一农对此御夷镇所在地域范围进行了实地踏勘,并确定了今地所在①,值得参考。

(4) 凡城镇

《周考》、《严书》并作瓦城,《严书》谓其地望、置废时间无考。按"瓦"为"凡"之讹,说见《魏书》卷4(上)末"校勘记"[四],同书卷29末"校勘记"[三]。凡城镇之立,当在太延二年(436)魏平冯文通以后。不得早于攻下凡城的延和二年(433)六月。按奚斤死于真君九年(448),享年八十,其长子他观死于真君十二年(451)悬瓠之役。他观长子延袭爵,出任凡城镇将。参据奚延死后其子袭爵任官的时代,延出镇凡城至迟不得过孝文帝世②。

凡城是由卢龙塞到和龙的必经关口。石赵和前燕曾数次争夺这个地关和龙攻防的前哨。后燕所立并州治该城③。据《水经注》卷14《濡水》:"濡水又东南迳卢龙塞,塞道自无终县东出,渡濡水向林兰陉,东至青陉。……余(按:郦道元)按:卢龙东越青陉,至凡城二百许里,自凡城东北出,趣平罡故城,可百八十里,向黄龙(即和龙)则五百里。"参据《中国历史地图集》第4册第50—51页③6、⑨10所标卢龙塞、和龙城方位,凡城当在今河北、辽宁交界一带。

(5) 和龙镇

《魏书》卷106上《地形志》营州条:"治和龙城,太延二年为镇,真君五年改置。"按太延二年(436)五月冯文通奔高丽后,和龙方为魏有。《魏书》卷4上《世祖纪》太延三年(437)三月丁丑条云:"以南平王浑为镇东大将军、仪同三司,镇和龙。"同书卷16《广平王连附浑传》亦称:"(世祖时)领护东夷校尉、镇东大将军、仪同三司、平州刺史、镇和龙。"则可见《地形志》"太延二年为镇",即魏以军事占领而镇守之谓。南平王浑自是和龙镇第一任镇将。他以镇东之军号镇和龙,是否别有"镇将"或"镇都大将"头衔,史无明文,北魏军镇中,有很多在起初仅是军事占领、遣将镇守,而后演为军镇者,和龙即为佳例。又,元浑有平州刺史一职。按平州初为西晋分幽州而置,前燕、前秦、后燕、北燕先后承置,具见《晋书》之《地理志》及相关《载记》。晋安帝义熙三年(407)后燕主慕容熙被杀,

---

① 成一农:《太和年间北魏御夷镇初探》,《北大史学》第5期,1998年。
② 《魏书》卷29《奚斤传》,第701页。
③ 《资治通鉴》卷113《晋纪》"安帝元兴二年十二月"条,第3556页。

国灭,其幽州刺史慕容懿以令支投降北魏,魏以懿为平州牧,是北魏置平州之始①。前燕慕容皝、前秦苻坚时平州治和龙②,魏灭北燕后以元浑镇和龙带平州刺史职或袭燕、秦之旧。魏太武帝晚期,有于洛拔任和龙镇都大将、营州刺史③。文成帝至孝文帝时,频有出任和龙镇将者:如高宗时任城王云拜征东大将军、和龙镇都大将;孝文初安定王休任征东大将军、领护东夷校尉、和龙镇将;孝文帝前期安丰王猛出任和龙镇都大将、营州刺史;孝文帝中叶,乐陵王思誉任镇东大将军、和龙镇都大将、营州刺史④。则《地形志》所谓"真君五年改置",或指改平州为营州而言,并非罢镇置营州。而自太武帝时于洛拔以降,下至孝文帝时安丰王猛、乐陵王思誉,任和龙镇都大将者均带营州刺史,可见和龙镇本与营州并置。唯其如此,故《周考》《严书》亦对《地形志》"改置"云云颇为持疑,实因《地形志》语多简省所致。《严书》从"孝文中叶以后,营州刺史常见于史传,而竟不见(和龙)镇将",推测其后和龙镇或已废罢,其推测可从。和龙镇或称龙城镇,《周考》已引征指出,又称黄龙镇,屡见于出土碑志⑤。

(6) 云中镇

《严书》据《魏书》卷37《司马楚之传》,断定置镇于太武时;又据同书卷30《安同传》,其子原在明元时以军将镇守云中,乃疑此时已有云中镇。今据奚智、奚真墓志⑥,明元时有云中镇不误。奚智葬于正始四年(507),以七十三岁高龄卒,则生于太武帝太延元年(435)。志称其祖内亦干为"内行羽真……云中镇大将",按奚智年龄上推,内亦干必活动于道武、明元之际,从内亦干的父

---

① 《魏书》卷95《徒何慕容廆传》,第2071页;《资治通鉴》卷114《晋纪》"安帝义熙三年(407)七月"条,第3600页。
② 《晋书》卷109《慕容皝载记》、卷113《苻坚载记上》,第2818、2822、2903页。
③ 《魏书》卷31《于栗磾附子洛拔传》,第737页。按本传载于洛拔由和龙镇大将转任外都大官,即奉文成帝诏命讨伐陇西屠各王景文(参《资治通鉴》卷126《宋纪》"文帝元嘉二十九年(即魏文成帝兴安元年)十一月"条),则其出任和龙镇当在太武帝朝末叶,吴廷燮《元魏方镇表》系之于真君六年(前揭《二十五史补编》第四册,第4594页),应失之于太早。
④ 《魏书》卷19中《景穆十二王列传》《任城王云传》《安定王休传》《乐陵王思誉传》,卷20《文成五王列传·安丰王猛》,第461、517、516、528页。
⑤ 如北魏《皇甫驎墓志》《尔朱绍墓志》《尔朱袭墓志》(《汉魏南北朝墓志汇编》,第82、263、265页)、《长孙季墓志》(赵君平:《邙洛碑志三百种》,中华书局,2004年,第30页),东魏《慕容纂墓志》,北周《裴智英墓志》(赵文成:《秦晋豫新出墓志蒐佚续编》,国家图书馆出版社,2015年,第102、155页),北齐《华孝(墓)志铭》(贾振林编著:《文化安丰》,大象出版社,2011年,第262页),隋《郭善积墓志》(吕建中、胡戟主编:《大唐西市博物馆藏墓志》,陕西师范大学出版总社有限公司,2013年,第161页)等。以上八方墓志中所见黄龙镇将之任职时代,除了隋《郭善积墓志》外,均不迟于孝文帝中叶,详考不赘。《郭善积墓志》称其夫人汝南袁氏的祖父为周黄龙镇将。按北周灭齐,齐宗室营州刺史高宝宁据和龙城不降,至隋文帝初年始取其地。故和龙不在北周领域内(参上揭王仲荦:《北周地理志》,第1129—1135页),墓志所载有误。
⑥ 上揭赵超:《汉魏南北朝墓志汇编》,第50、142页。

亲乌洛头(《奚真墓志》作"乌筹")在昭成皇帝(什翼犍)时"位尊公傅"(《奚真墓志》)亦可佐证。

(7) 白道镇

《周考》、《严书》并无。赵超《汉魏南北朝墓志汇编·郑子尚墓志》:"祖万,白道镇将、云中太守。"子尚卒于北齐武平五年(574),五十七岁,生当魏明帝熙平三年(518)①,故其祖郑万任白道镇将,当在魏后期。北齐时亦有白道镇,见元载《(唐)朔方河东河西陇右节度使……清源公王府君(忠嗣)神道碑铭》②。或系前承魏末白道镇。

白道为云中出塞之要道。《魏书》卷4《太宗纪》泰常四年(419)十二月癸亥条:"西巡,至云中,逾白道北,猎野马于辱孤山。"《水经注》卷3《河水》:"芒干水又西南,迳白道南谷口,有城在右,萦带长城,背山面泽,谓之白道城。自城北出有高阪,谓之白道岭。"据之,知镇城在云中北、白道岭南③。

按白道与武川极近,不容同时有二镇。白道镇盖于魏之极末,即武川镇因六镇起义荒废后所置。故北齐时有白道镇而无武川。天保六年(555)七月,文宣帝出塞击柔然,顿辔重于白道,又云追柔然至怀朔镇、沃野镇,独不提武川。可证武川镇早已荒废④。

(8) 度斤镇

《周考》、《严书》并无。《汉魏南北朝墓志汇编·元龙墓志》:"河南洛阳人,平文皇帝(郁律)之六世孙也。……祖功符彼相,瞻八命以高骧;父任属维城,守四方而作镇。……(龙)太和之始,袭爵平舒男。……以正始元年十月十六日薨于第。……父讳度和,散骑常侍外都大官使持节镇北将军度斤镇大将平舒男。"又同书《宗欣墓志》:"父□,圣世□宁远将军□□□□北府司马度斤镇子都将。"又新出《北魏□忻墓志》:"字上乐,河南洛阳人也。……祖汗,大魏司徒公平阳王之玄孙;祖侯,冠军将军、散骑常侍、殿中尚书、竟陵侯之孙;考德,征东大将军、度斤镇将、中山王副将。君即副将之元子。……太和廿年起家积射将军,历官阿小,迁宁朔将军、长水校尉,未久,庶子队主。"⑤又《魏书》卷38

---

① 上揭赵超:《汉魏南北朝墓志汇编》,第468—469页。
② 《全唐文》卷369,上海古籍出版社,1990年,第1659页。
③ 参据《中国历史地图集》第4册"东晋十六国·南北朝时期"第52页北魏"并、肆、恒、朔等州"图②3所标白道城。
④ 《北齐书》卷4《文宣纪》,第60页。参见上揭王仲荦:《北周地理志》"附录三种·北魏延昌地形志北边州镇考证",第1092页。
⑤ 前揭赵超:《汉魏南北朝墓志汇编》,第45—46、367页。赵文成等编:《秦晋豫新出墓志蒐佚续编》,国家图书馆出版社,2015年,第49页。

《王惠龙传附子宝兴传》:"卢遐后妻,宝兴从母也,缘坐没官。宝兴亦逃避,未几得出。卢遐妻,时官赐度河[斤]镇高车滑骨。宝兴尽卖货产,自出塞赎之以归。"按"度河"《北史》卷35《王惠龙传附子宝兴传》作"度斤"①,是。上引北魏《元龙墓志》、《宗欣墓志》、《□忻墓志》均可为证。元龙于太和初袭爵,其父元度和出镇度斤自当在太和以前。卢遐妻(即崔浩女)当真君十一年(450)崔浩被诛事株连没官,而王宝兴又死于孝文初,而他出塞到度斤镇赎从母崔氏自当在太武帝真君末至孝文帝初之间。换言之,度斤镇亦当在这一段时间内见在。何时废罢,无考。

据元度河"镇北"军号,以及王宝兴出塞到度斤镇赎从母,可知该镇在塞北无疑。其镇人为高车滑骨,而北魏多安置高车于北镇,则其地亦当在北镇一线。《隋书》卷84《北狄·突厥传》称"突利本居北方,以尚主之故,南徙度斤旧镇"②。胡三省谓此度斤旧镇盖即突厥沙钵略旧所居之都斤山③,当因二者同音之故。但都斤山本名于都斤山,都斤系略称,为突厥可汗恒居之处④。是时当为沙钵略之子都兰可汗所据。《隋书》卷51《长孙晟传》载都兰可汗袭突利可汗所居度斤旧镇,"战于长城脚下"。突利从度斤南撤百余里便到伏远镇,可知其大致地望与上述推测相符。

(9) 贺延镇

《周考》据元宁、元偃墓志。元宁正光五年(524)卒,享年六十一岁。其曾祖渴洛侯任贺延镇都督不会迟于孝文世。《元偃墓志》云其太和十五年(491)任贺延镇大将,亦可证该镇见在于孝文世。《严书》谓见于宣武世,是因严先生转据《周考》,不曾实见墓志。元偃志作贺侯延,盖因此镇名为鲜卑语译音,故稍有不同,或贺延为其简称⑤。上引新出《北魏□忻墓志》称其"亲库狄氏,(亲)父吴捷□(房?)冠军将贺侯延镇将、昌国子"。又新出《元惥墓志》称"正光五年五月中,朔卒跋扈,侵扰边塞",即六镇暴动后,"诏起君为统军,北征贺延,冒哀从役"⑥。

---

① 《魏书》卷38,第877页;《北史》卷35,第1290页。
② 《北史》卷99《突厥传》,第3296页;《通典》卷197"突厥"条,第5406页,同《魏书》。本条史料承陈仲安先生示知。
③ 《资治通鉴》卷178《隋纪》"文帝开皇十七年七月"条"突利本居北方……居度斤旧镇"句胡注,第5558页。
④ 《北史》卷99《突厥传》,第3288页。
⑤ 上揭《严书》,第228页。《元宁墓志》、《元偃墓志》,分别见上揭赵超:《汉魏南北朝墓志汇编》,第36、157页。
⑥ 上揭《秦晋豫新出墓志蒐佚续编》,第49页;上揭罗新等:《新出魏晋南北朝墓志疏证》,第115—117页。

两志一称贺侯延,一称贺延。其地望无考。《严书》据《魏书》卷 19 上《阳平王新成传附长子安寿传》所称"累迁怀朔镇大将,都督三道诸军事,北讨。……与陆睿集三道诸将议军途所诣。于是中道出黑山,东道趋士卢河,西道向侯延河。军过大碛,大破蠕蠕",谓镇当在侯延河,"然地望亦无考"。就上引《元悫墓志》、《元安寿传》来看,当在怀朔镇之北。但罗新等认为"很可能在五原一带,位于沃野、怀朔诸镇的南边"。佐川英治同意牟发松关于贺侯延可能是鲜卑语译音的推测,进而认为"贺侯延镇是武川镇的北俗名"①,可备一说。

(10) 肆卢镇

《魏书》卷 106 上《地形态》"肆州"条:"治九原。天赐二年为镇,真君七年置州。"《周考》据徐文范《东晋南北朝舆地表》作肆卢镇,《严书》"据《(魏书·地形)志》一般书例",谓"此'为镇'者为九原镇也"。按《资治通鉴》卷 129《宋纪》"孝武帝大明五年三月魏主发并、肆州民五千人治河西猎道"条胡注:"魏道武天赐二年,分并州北境为九原镇。"其推测依据盖同严氏。今据《元和郡县图志》卷 14《河东道四》"忻州"条:"后汉末大乱,匈奴侵边,自定襄以西尽云中、雁门之间遂空,曹公立新兴郡以安集之,理九原,即今州是也。后魏宣武帝又于今州西北十八里故州城移肆州理此,因肆卢川为名也。"可知后魏肆州自宣武以还方治九原,立镇置州分别在道武、太武之世。当时州名因肆卢水得名,改州前之镇名亦当相同。唐长孺先生根据有关诸传,亦谓此镇当名肆卢②。

(11) 离石镇

《魏书》卷 40《陆俟传》:"父突,太祖时率部民随从征伐,数有战功,拜厉威将军、离石镇将。天兴中,为上党太守、关内侯。"是该镇置于道武世无疑,因此本章第三节认为离石镇可能是道武帝皇始年间存在军镇制度的唯一一条确凿无疑的实例。又《魏书》卷 29《奚斤传》载其孙受真于文成时为离石镇将,则该镇在文成时仍见在。按《元和郡县图志》卷 14《河东道》石州条称:"石勒时改为永石郡,后魏明帝改为离石镇",似乎离石为镇甚晚,《周考》、《严书》并疑"明帝"为"明元帝"之误,尽管离石镇道武帝时已置,但如前文所考,当时还不稳定,或许至明元帝时始稳定设置。清人张驹贤《(元和志)考证》指出"明帝改为

---

① 上揭《周考》,第 228 页;《严书》,第 751 页;罗新等:《新出魏晋南北朝墓志疏证》,第 117 页;佐川英治:《北魏六镇史研究》。
② 唐长孺:《北魏末期的山胡敕勒起义》,初刊《武汉大学学报》1964 年底 4 期,后收入氏著《山居存稿》,中华书局,1989 年。

离石镇"的"镇",官本"作'郡',乐史(按:《太平寰宇记》)同,此疑误"①。若是,则孝明帝时曾改石勒之永石郡为离石郡,所以下文称"隋大业二年,又为离石郡"。孝明正光五年(524)以后,原则上军镇并改为州郡,离石镇先属吐京镇,后隶属改自吐京镇之汾州②。吐京镇既改州,吐京镇原辖之六壁镇既改郡,则离石镇之改郡亦属势所必然。唯明帝所改离石郡,不应改自遥远的后赵永石郡,而应是改自北魏离石镇,故其间必有脱误。以金陵书局本为底本的王文楚点校本《太平寰宇记》"河东道石州"条作:"后石勒改为永石郡,后魏改为离石镇。北齐初置怀政郡,寻复为离石镇;天保三年于城内置西汾州。"但称"后魏改为离石镇",不云明帝或明元帝时改,并多出北齐改置怀政郡后又复为离石镇的沿革记录,较之今本《元和志》"石州"条更为准确、翔实。但不云北魏离石镇之废改,却称北魏时"复为离石镇",可知同样有脱文,王文楚点校本亦出有校记③。综观上述,可以推知离石镇道武帝时已设置,至明帝时始改置为郡。实际上道武帝所置离石镇,或系沿置十六国后燕乃至更早政权的军镇。此地为"离石胡"盘踞之所,有山险可依,当早有城堡壁垒之属。明元帝永兴二年(410),曾"诏将军周观率众诣西河、离石,镇抚山胡"④。此西河,即下文所讨论的六壁镇之所在。

(12) 吐京镇

(13) 六壁镇

《魏书》卷106上《地形志》汾州条:"延和三年为镇,太和十二年置州。治蒲子城。孝昌中陷,移治西河。"《元和郡县图志》卷13《河东道》汾州条:"魏黄初二年,乃于汉兹氏县置西河郡,即今州理是也。晋惠帝时,为刘元海所攻破,郡遂废。后魏孝文帝太和八年,复于兹氏旧城置西河郡,属吐京镇。按吐京镇,今隰州西北九十里石楼县是也,十二年改吐京镇为汾州,西河郡仍属焉。"据上引《地形志》,吐京镇,即太和十二年(488)以后之汾州,治蒲子城。孝昌中该城为山胡所据⑤,汾州方移治西河郡。蒲子城(即吐京镇治)地望何在?《水经注》卷3《河水》云:"河水又南,蒲川水出石楼山,南迳蒲城东,即重耳所奔之处也。又南历蒲子县故城西,今大魏之汾州治。"又《元和郡县图志》卷12《河

---

① 李吉甫撰,贺次君点校:《元和郡县图志》卷14末"校勘记"[十六]所引,中华书局,1983年,第412页。
② 《魏书》卷27《穆崇附穆羆传》,第666页。同时参见下吐京镇、六壁镇条。
③ 乐史撰,王文楚等点校:《太平寰宇记》卷42,中华书局,2007年,第884、892页。
④ 《魏书》卷3《太宗纪》,第50页。
⑤ 《魏书》卷69《裴良传》,第1531页。

东道·隰州》:"太和十二年于此置汾州。"则地在唐隰州(今山西隰县)。而前引《元和郡县图志》却云在隰州西北九十里之石楼县,既与史实不符,且前后自相矛盾。按上引《元和郡县图志》"隰州石楼县"条:"本汉吐军县也,属西河郡,晋省。后魏孝文帝于此城置吐京郡,即汉吐军县,盖胡俗音讹,以军为京也。隋开皇五年又以吐京属隰州,十八年改吐京为石楼县。"则隋唐之石楼县为后魏之吐京郡,《元和郡县图志》认为吐京镇在石楼县,盖认为吐京镇自当在吐京郡而致误,《严书》亦沿此误。实则吐京郡早在真君九年(448)即已设置,①先后隶属于吐京镇及改自吐京镇之汾州②。

《严书》又认为六壁镇即吐京镇之异称,从而删去了《周考》所列之六壁镇。《水经注》卷6《文水》:"东迳六壁城南,魏朝旧置六壁(《周考》云当脱"镇"字,疑是)于其下,防离石诸胡,因为大镇。太和中,罢镇,仍置西河郡焉。"《魏书》卷106上《地形志》汾州西河郡条:"汉武帝置,晋乱罢。太和八年复。治兹氏城。"上引可见,早在太和八年(484)置西河郡以前,魏已在此地之六壁设镇防胡。《魏书》卷5《高宗纪》和平元年(461)二月:"卫将军、乐安王良督东雍、吐京、六壁诸军西趣河西……以讨河西叛胡。"知吐京、六壁并为军镇,不得视为同一。据北魏《叔孙协墓志》③,其岳父宇文胡拨曾官六壁镇将,就其妻生年(魏文成帝兴安二年,453)推知,六壁镇至迟置于太武帝时代,设置时间不会迟于吐京镇(延和三年,434)。太和八年(484),当地诸胡已较魏初易制,且有重镇吐京在彼,因此罢镇置西河郡。该郡治兹氏城,所改自之六壁镇亦当在兹氏城或离其不远处,其地离吐京镇所治蒲子城有相当距离。《严书》显然忽视了兹氏城(即六壁所在)作为改自吐京镇的汾州州治乃是孝昌时事,从而误将后来改为西河郡(孝昌时为汾州州治)的六壁镇与改为汾州(孝昌中从蒲子城移治西河)的吐京镇等同起来。

(14) 蒲坂镇

《周考》又有蒲城镇,《严书》谓蒲城即蒲坂之异称,按严说是。蒲城镇将见《魏书》卷97《刘裕传》:"(刘)义隆又遣雍州刺史、竟陵王诞率其将薛安都、柳元景等入卢氏,进攻弘农。诏洛州刺史张提率众渡崤,蒲城镇将何难于风陵堆济河,秦州刺史杜道生至阌乡。元景退走。"按《宋书》卷77《柳元景传》云:"(庞)法起与(刘)槐即据潼关。房蒲城镇主遣伪帅何难于封陵堆列三营以拟

---

① 《魏书》卷106上《地形志上》,第2483页。
② 上揭《魏书·穆崇附穆罴传》,第666页。
③ 上揭赵超:《汉魏南北朝墓志汇编》,第117页。

法起。法起长驱入关……虏蒲阪成主秦州刺史杜道生率众二万至阌乡水。"参据二书,可知《魏书》中蒲城镇将何难,亦即《宋书》中蒲城镇主所遣之"伪帅"。这位蒲城镇主,当即下文之蒲阪成主、秦州刺史杜道生,即《魏书》中秦州刺史。封陵堆即风陵堆。按蒲坂镇本与秦州(《魏书》误作秦)同治,故有刺史杜道生、镇将何难。上述蒲坂、蒲城互称,可见蒲坂一作蒲城(不过当时有数蒲城,故无确证亦不可遽断蒲城必为蒲坂之异称)。

(15) 虏口镇

《严书》据《太平寰宇记》卷63深州饶阳县条。按虏口即鲁口[1]。魏皇始年间初拓山东时,道武帝曾以鲁口为据点[2]。后下邺、中山后设行台镇守,以防还军后"山东有变",盖于此时置镇鲁口。改废不详,《严书》标为宣武帝时仍见于史,未知何据。

(16) 广阿镇

《魏书》卷29《叔孙建传》称建于明元时迁广阿镇将,则广阿立镇不得迟于此时。而同书卷51《韩茂传附子均传》又云:"广阿泽在定、冀、相三州之界,土广民稀,多有寇盗,乃置镇以静之。以均在冀州(时任青冀二州刺史),劫盗止息,除本将军、广阿镇大将,加都督三州诸军事。……于是赵郡屠各、西山丁零聚党山泽以劫害为业者,均皆诱慰追捕,远近震跼。……延兴五年卒。"似乎广阿立镇迟至献文、孝文之际。按广阿泽多"盗",并不始于此时。《叔孙建传》称:"迁广阿镇将,群盗敛迹,威名远震。"可见明元之世,广阿镇将亦以镇压群盗为要务。《韩均传》所谓"乃置镇以静之",正追述前世置镇之缘由,以彰韩均靖盗之功效。《严书》已有此疑,今试为证之。

(17) 平原镇

《魏书》卷106《地形志中》济州平原郡聊城县条:"二汉属东郡,晋属。魏置太平镇,后罢并郡。有王城,郡、县治。"《元和郡县图志》卷16《河北道》博州聊城县条:"在汉为东郡聊城县之地。后魏明元帝于此置平原镇,孝文帝罢镇置平原郡。"据上述则平原郡治、聊城县治均在王城,平原镇亦在王城。但《中国历史地图集》第4册第48—49页②2、②3所标聊城、平原郡治王城并不在一处,换言之,平原镇治不在聊城。按上引《地形志》平原郡下又有西聊县,志云"孝昌中分聊城置。治聊城"。《水经注》卷5《河水》:"黄沟承聊城郭水……自城东北出,迳清河城南,又东北,迳摄城北……又东迳文乡城南,又东南迳王

---

[1] 《元和郡县图志》卷17《河北道》"深州饶阳县"条,第488页。
[2] 《魏书》卷2《太祖纪》,第28—30页。

城北。魏泰常七年,安平王镇平原所筑,世谓之王城。太和二十三年,罢镇,立平原郡,治此城也。"则聊城本与王城不在一处。孝昌以前,聊城县治聊城。平原镇,以及太和二十三年(499)改镇所置之平原郡却在聊城县内之王城。孝昌以后,聊城县分出西聊县,西聊治原县治聊城,聊城县既为郡治,则东移王城与郡并治。上引《地形志》所志平原郡、聊城县情况,即为孝昌以后事。《地图集》既以太和二十一年(497)之政区为准,则其时聊城县未分出西聊,自当与郡治(应是镇治)不在一处。可见《地图集》之精审。只是太和二十一年(497)尚未改镇为郡,而《地图集》却标为平原郡,不知是否别有所据?《地形志》所称"太平镇",若非平原镇之讹,则或为其别称。

(18) 陇西镇

《严书》据《魏书》卷61《薛安都传》称安都孙峦在孝明帝世任陇西镇将,断定孝明时该镇见在。今据同书《世宗纪》永平三年(510)二月"秦州陇西羌杀镇将赵儁"条,可将该镇见在时期上推至宣武世。又据新出东魏《徐府君故夫人李墓志铭》[1],其父李葵任镇远将军、陇西镇将,志主生于孝文帝延兴四年(474),则陇西镇置镇不迟于孝文帝时代。又据新出西魏《张子明墓志》[2],其祖张昇为"陇西镇将,气重山西,族昌关右"。志主在孝武帝西奔宇文泰时,"首膺旌召",任官拜爵,大统八年(542)卒,享年五十五,推其生年为孝文帝太和十二年(488),则其祖任陇西镇将至迟也在献文帝时代或更早。

(19) 仇池镇

置镇时间,《魏书》卷106下《地形志下》"南秦州"条云太平真君七年(446);《元和郡县图志》卷22《山南道三》"凤州"条称"太平真君二年,招定仇池,其年于此城立镇",似乎仇池镇立于真君二年(441);《严书》云真君四年(443)。《周考》视骆谷镇为仇池镇之异名,《严书》却视骆谷别为一镇。

429年(宋元嘉六年,魏神䴥二年),割据仇池的氐王杨玄卒后,其弟杨难当废玄子保宗自立,一如既往同时接受南北政权(刘宋、北魏)的册封。436年(宋元嘉十三年,魏太延元年),魏军攻取杨难当所占上邽(北魏讳改为上封,但包括《魏书》在内的史籍多沿称上邽),难当"奉(魏帝)诏摄上邽守兵还仇池"。宋元嘉十八年(441,北魏太平真君二年)十月,杨难当大举南侵刘宋,"谋据蜀土",及至次年五月宋将裴方明率军攻下仇池、

---

[1] 贾振林编著:《文化安丰》,大象出版社,2011年,第149页。
[2] 王其祎等编著:《隋代墓志铭汇考》第四册,线装书局,2007年,第379—371页。

杨难当败奔魏上邽镇①,仇池一直为杨难当所控制,于魏仍属羁縻,不得云魏正式立镇。真君二年(441)杨难当与刘宋决裂"倾国南寇"之时,显然得到北魏的首肯和支持,此即《魏书·地形志》所谓"真君二年招定仇池",即指长期依违于南北政权之间的仇池国此时完全倒向了北魏。宋将裴方明攻下仇池后,《魏书》载称"陷仇池"②,显然已视仇池为北魏军镇。太平真君三年(442)七月,北魏太武帝遣安西将军古弼督陇右诸军及武都王杨保宗"自祁山南入",征西将军皮豹子督关中诸军"自散关西入","俱会仇池",攻讨裴方明,号称"十道并进"、"为(杨)难当报仇"。据《魏书》卷51本传,皮豹子受命西讨之际,拜有"使持节、仇池镇将"之职③。据之,可以说魏仇池镇的建制,始设置于太平真君三年(442)。次年二月,魏军夺回仇池,以河间公元齐与武都王杨保宗"对镇骆谷(仇池)"。早在439年(宋元嘉十六年,北魏太延五年),被杨难当废黜的杨保宗即已奔魏,受任秦州牧、武都王,与镇将元勿头同镇上邽④,曾打退仇池杨难当的进攻,此时又与元齐"对镇"仇池,即《北史》、《魏书》之《氐传》所谓"诏(杨)保宗镇上邽,又诏镇骆谷,复其本国"。当时北魏在仇池的统治极不稳定,占领仇池未久,杨保宗弟文德即劝说保宗叛魏,并纠合诸氐酋豪举兵"进围仇池"。真君三年(442)受任仇池镇将的皮豹子则一直忙于镇压仇池境内残余敌对势力,并未之任。直到真君四年(443)五月,仇池"围解",《魏书》本传称皮豹子其时迁除"都督秦、雍、荆、梁、益五州诸军事,进号征西大将军","开府、仇池镇将、持节、公如故",可知真君三年(442)豹子获授仇池镇将的任命仍然有效。但他此时尚驻军下辨,仍戎务倥偬于平定杨文德之役中,未尝之镇。大概到这年的十一月,皮豹子、元齐、古弼等合力平定氐人的反叛和杨文德的攻击后,豹子才移镇仇池。《资治通鉴》卷124《宋纪》文帝元嘉二十年(魏真君四年,443)五月条称"魏以豹子为仇池镇将",或以真君四年(443)仇池方为魏有,四年五月北魏才相对稳定地控制仇池。真君九年(448),宋又以杨文德为武都王,守葭芦城,煽动氐民叛魏,为仇池镇将皮豹子攻

---

① 《北史》卷96《氐传》,第3171—3178页;《魏书》卷101《氐传》,第2227—2233页。《宋书》卷98《氐胡传》,第2403—2411页。《资治通鉴》卷121《宋纪》"文帝元嘉六年七月"条、"元嘉七年六月己卯"条,同书卷123《宋纪》"文帝元嘉十三年六月、九月"、"元嘉十八年十一月"条,同书卷124《宋纪》"文帝元嘉十九年五月"条,第3812、3818、3862—3863、3892、3896—3897页。本条下文所引史料出自上引《北史·氐传》、《宋书·氐胡传》及《资治通鉴》者,一般不再出注。
② 如《魏书》卷14《神元平文诸帝子孙列传·元齐传》、卷38《刁雍传》、卷51《皮豹子传》,第362、867、1129页。
③ 《魏书》卷4下《世祖纪下》、卷51《皮豹子传》,第95、1129—1130页。
④ 《魏书》卷4上《世纪祖下》,第90页。"元勿头",《魏书》卷51《吕罗汉传》(第1138页)作"元意头",《资治通鉴》卷123《宋纪》"文帝元嘉十六年"条(第3881)即本之,而改作"拓跋意头"。

灭。可见皮豹子自真君四年(443)至九年(448)一直镇于仇池①。《严书》谓"皮豹子始为镇将在真君四年,则《地形志》云七年始置,误也",是得其实。《元和郡县图志》卷22《山南道》凤州条云"真君二年……于此城立镇",并未明言所立为仇池镇。按唐凤州为北魏梁泉县,属固道郡,北魏曾于此郡立固道镇(详见《隋书》卷29《地理志上》河池郡梁泉县条,并参下文"固道镇"条),《元和志》称真君二年"于此城立镇",或许曾一时权置固道镇?

仇池镇先在骆谷。太和元年(477)前不久北徙建安城,旋即复镇于骆谷②。《周考》据之称:"仇池当在建安之南,骆谷更在仇池之南。以前骆谷置镇以卫仇池,复徙镇于建安,氐人遂得径据仇池矣。"周先生所论甚是,唯小有未妥处。因仇池本为山名,"地方百顷",故又名"百顷"③。"四方壁立,自然有楼橹却敌状,高并数丈。有二十二道可攀援而升,东西二门,盘道可七里。上有冈阜泉源。氐于上平地立宫室……所治处名洛(骆)谷"④。此洛(骆)谷,即上引《元和郡县图志》卷22《山南道》成州条所说"后魏于此置仇池镇,理百顷岑上",位于仇池山亦即百顷山的山顶上。据《魏书》卷51《吕罗汉传》,北魏献文帝时"仇池氐羌反,攻逼骆谷,镇将吴保元走登百顷,请援于罗汉"⑤,则骆谷为百顷山顶平地上的一个小山谷,即"百顷岑"(岑谓小而高的山)。据上所考,似不得云"骆谷更在仇池之南",因仇池镇治骆谷,本在仇池山上,故孝文帝诏称仇池镇从建安回迁至骆谷,是"复仇池之旧镇"⑥。上文谈到北魏太武帝真君四年(443)击走宋军收复仇池后,让原镇上邽的氐酋杨保宗回到仇池,《北史》卷96《氐传》称"诏(保宗)镇骆谷,复其本国",可知仇池镇治骆谷被视为仇池国的中心。《严书》以仇池、骆谷各为一镇,正如《周考》将本为一镇之异名的凉州、姑臧各为一镇一样。后虽一度徙于建安,但镇名仍云仇池,而不云建安。所以本编准《周考》,骆谷不别立镇。

传世文献中所见出任仇池镇将者,《严书》列出皮豹子、间骥(孝文帝以前)、皮喜、穆亮、元英等五人(孝文帝时)。按《长孙子泽墓志》载其祖父、蜀郡庄王长孙陵,曾任使持节、征西大将军、都督秦雍荆梁益五州诸军事、仇池镇都大将⑦,约献文

---

① 上述综据上揭《魏书》卷4下《世祖纪下》、卷51《皮豹子传》、卷101《氐传》及《资治通鉴》相应诸条。
② 《魏书》卷51《皮豹子附子喜传》,第1133—1134页。
③ 《元和郡县图志》卷22《山南道三》成州条,第571页。
④ 《南齐书》卷59《氐传》,中华书局,1972年,第1027页。
⑤ 《魏书》卷51《吕罗汉传》,第1138页。
⑥ 上揭《魏书·皮豹子附子喜传》,第1133—1134页。
⑦ 上揭赵超:《汉魏南北朝墓志汇编》,第312页。同书《魏侍中大司马华山王妃故公孙氏墓志铭》(第321页)载志主公孙氏的祖母长孙氏之父,"讳寿,字敕斤陵","都督秦雍荆梁益五州诸军事、仇池镇都大将"等任官及封谥,皆同长孙子泽祖父长孙陵,可知"敕斤陵"盖长孙陵之鲜卑本名。参罗新等《新出魏晋南北朝墓志疏证》所收《封□妻长孙氏墓志》之"疏证",中华书局,2005年,第113页。

帝时期在镇,其所统广至五州的都督区,与上列皮豹子、皮喜父子先后任仇池镇将时相同。又《北齐元圆墓志》载其曾祖"燕宣王受洛真"曾任"使持节、都督秦梁益雍四州、雍州刺史、领护羌戎校尉、仇池镇大都将"①,出镇时间亦当在北魏文成帝、献文帝之际。1965年麦积山78窟还曾发现北魏仇池镇经生王某等人的题名②。

(20) 葭芦镇

(21) 武兴镇

这两个镇都是在魏与宋、齐争夺仇池的过程中出现的,均为羁縻氐人而权置,存在时间短暂。

太武帝太平真君九年(448),魏仇池镇将皮豹子攻破据于葭芦的杨文德。魏当时于此地立镇戍与否,史无明文。不久文德复聚众葭芦,干扰仇池。传至杨文度,自称武兴王,依违于宋、魏之间。献文因其王号授以武兴镇将之号,文度实据葭芦城。后来又叛魏投宋,故《魏书》称之为"刘准葭芦戍主"。文度势力渐大,遣其弟杨鼠攻下魏仇池,仇池镇被迫北撤建安。后北魏皮喜在文度族弟杨广香配合下率军夺回仇池,故孝文帝下诏称扬皮喜"复仇池之旧镇,破葭芦之新邦"。又称"今军威既振,群愚慑服,革弊崇新,有易因之势,宽猛之宜,任其量处;应立郡县者,亦听铨置"③。皮喜就在此时表授杨广香为葭芦镇主。此即葭芦镇之实置,时在孝文初。葭芦镇所在葭芦城,史无明载。《资治通鉴》卷124《宋纪》"文帝元嘉二十年七月癸丑"条"文德屯葭芦城"下,胡三省注引《隋书·地理志》武都郡盘堤县条:"西魏置,曰南五部县,后改名焉,并立武阳郡及茄芦县。"其意似指西魏所立茄芦县即葭芦城所在。按《魏书》卷106下《地形志》南秦州武阶郡:"领县三。……南五部,太和四年置郡,后改。"则葭芦城在魏南五部县境。王仲荦《北周地理志》亦主此说④。然则《元和郡县图志》卷22《山南道》文州长松县条称:"后魏之建昌县也,属芦北郡,隋开皇十八年改为长松县。……芦北故城,在县东五十二里。因葭芦镇为名也。"上引《隋书·地理志》武都郡长松县:"西魏置,初曰建昌,置文州及卢(芦)北郡。开皇初郡废,十八年县改曰长松。"则葭芦镇即隋武都郡长松县东之芦北故城,亦即西魏芦北郡治。不过同是西魏所立的武阳郡及茄芦县与文州及芦北郡有何关

---

① 贾振林编著:《文化安丰》,大象出版社,2011年,第239页。赵文成等编:《秦晋豫新出墓志蒐佚续编》,国家图书馆出版社,2015年,第123页。"大都将"当为"都大将"之讹。
② 王素等著:《魏晋南北朝敦煌文献编年》,台北:新文丰出版公司,1997年,第144页。
③ 《魏书》卷51《皮豹子附子喜传》、卷101《氐传》,第1133—1134、2231—2232页。
④ 上揭王仲荦:《北周地理志》卷2《陇右》武州武阶郡盘堤县,第155—156页。

系,尚待进一步考察。

上述杨文度武兴镇将之号,乃献文帝因其自署之武兴王而权授,他实据葭芦,故不得视为武兴置镇之始。文度叛魏后,以弟文弘(鼠)屯于武兴,文弘后一度攻下仇池已如上述。后为皮喜所败,"奉表谢罪"①,孝文帝乃署以南秦州刺史等官爵。其子苟奴、集始分别称藩于魏。集始后被仇池镇将袭破而奔齐。景明初复奔魏,魏还授其爵位,使归守武兴。逮其子绍先时,魏灭其国,而置武兴镇,旋改镇为东益州,事在宣武帝正始三年(506)②。此即武兴镇之实置,存在时间甚短。《严书》将杨文度时武兴镇将之号与此时武兴镇视为同一,似欠妥当。新出北魏《宇文永墓志》称其自"振武将军、柔玄镇副将,迁显武将军,武兴镇将带武兴太守。献计立州"③,可知武兴镇将兼武兴太守,而武兴镇改镇为州,实出自宇文永的建议,那么他应该是武兴镇最后一位镇将。其妻韩氏墓铭亦已出土,首题"魏假节员外散骑常侍显武将军柔玄武兴二镇将宇文永妻昌黎韩氏墓铭"④。麦积山洞窟中还发现了"武兴镇将王胜供养佛时"的题名,被确定为北魏时期的题名,如果断代是正确的,那么王胜只能是宇文永的前任⑤。

(22) 固道镇

(23) 脩城镇

《周考》有此二镇,《严书》谓实无考而删去。《魏书》卷19中《任城王传附长子元澄传》:"(高祖时)以氐羌反叛,除都督梁益荆三州诸军事、征南大将军、梁州刺史。……梁州氐帅杨仲显、婆罗、杨卜兄弟及符叱盘等,自以居边地险,世为山狄。澄至州,量彼风俗,诱导怀附。表送婆罗,授仲显循城镇副将,杨卜广业太守,叱盘固道镇副将……于是仇池帖然,西南款顺。"按澄出任梁州,当在太和十二年(488)改仇池镇为梁州以后、十六年(492)以前⑥。时仇池南有脩城、广业、固道诸郡⑦。此循城当脩城之误⑧。其镇与郡并治,当是以魏所任太守兼镇将,任用这些氐帅为副将,以收"诱导怀附"之用。此类镇与葭芦、武

---

① 《魏书》卷101《氐传》,第2232页。
② 《北史》卷56《魏收传》,2023页;同书卷96《氐传》,第3176页。《资治通鉴》卷146《梁纪》"武帝天监五年正月"条,第4555页。
③ 赵君平等编:《秦晋豫新出墓志蒐佚》,国家图书馆出版社,2012年,第23—24页。
④ 乔栋等编著:《洛阳新获墓志续编》,科学出版社,2008年,拓片、录文分别见第5、310—311页。
⑤ 上揭赵君平编《邙洛碑志三百种》,第13页。韩理洲等辑校编年:《全北魏东魏西魏文补遗》,西安:三秦出版社,2010年,第717页。
⑥ 吴廷燮《元魏方镇表》系于十三年,《二十五史补编》第4册,第4568页。
⑦ 《魏书》卷106下《地形志》南秦州条、南岐州条,第2611—2613页。
⑧ 魏齐碑刻"亻"旁多从"彳"旁,故循、脩二字多相混,参见钱大昕:《廿二史考异》卷31"北齐书薛循义传"条,上海古籍出版社,2004年,第516页。

兴相当,均属一时权置(参上文"仇池镇"条),不久便废。东魏《王忻墓志》载其祖曾任固道镇将,隋《王清墓志》载其祖为"千人军帅、固道大将"①。

(24) 清水镇

《周考》、《严书》并无。上揭《汉魏南北朝墓志汇编》所载《皇甫驎墓志》称:"太和廿年中,仇池不靖,扇逼泾陇。君望著西垂,勘能厌服,旨召(驎)为中书博士,加议郎,驰驿慰劳,陈示祸福。凶顽尽悟,面缚归降,动有数万。刺史任城王嘉其远量,表为长史。……复除为清水太守,领带军镇。"按太和二十年(496)稍前,仇池氏反叛迭起。"或拒课输,或害长吏,自前守宰,率皆依州遥领,不入郡县。"②上述固道、脩城以及此清水诸镇,都是在这种情况下临时与郡并置的。清水早在姚秦时就是一个军镇性质的城堡③,魏时为县,辖于秦州略阳郡④,盖因置镇而权升为郡。

(25) 薄骨律镇

(26) 弘静镇

《魏书》卷106上《地形志》灵州条云太武帝太延二年(436)置薄骨律镇,《元和郡县图志》卷4《关内道》灵州条云平赫连昌置镇。按神䴥元年(428)俘赫连昌离太延二年(436)置镇相隔六七年,盖因当时魏军分路攻夏,战线很长,不遑及时设镇之故。据《水经注》卷3《河水注》,薄骨律镇城附近有胡城、汉城,而薄骨律镇及后来所改之灵州本治河北胡城⑤,即上引《元和郡县图志》灵州灵武县条所说之胡地城。魏破赫连昌后继承了大夏胡汉分置的办法,当时所置之薄骨律镇(实系沿大夏而置),其居民就以胡户为主。又据《元和郡县图志》卷4《关内道》灵州保静县条:"本汉富平县地,后魏立弘静镇,徙关东汉人以充屯田,俗谓之汉城。"则弘静镇的居民乃以汉人为主,主要负责屯田。不过这些镇户不见得全由关东徙来,恐怕其中有很多是大夏境中原有的汉人镇户⑥。弘静镇之初置恐怕就为处置这些汉户,后来又陆续移徙汉人来。《魏书》卷38《刁雍传》载其太武帝太平真君五年(444)赴任薄骨律镇后上表,称"户口殷广。……督课诸屯,以为储积"。又称"官渠乏水,不得广殖","富平西南三

---

① 上引赵文成等编:《秦晋豫新出墓志蒐佚续编》,第110页;赵君平等编:《秦晋豫新出墓志蒐佚》,第101页。
② 《魏书》卷70《刘藻传》,第1550页。
③ 《晋书》卷130《赫连勃勃载记》,第3205页。
④ 《魏书》卷106下《地形志》秦州条,第2610页。
⑤ 《太平寰宇记》卷36《关内道》灵州条引《括地志》,第759页。
⑥ 如夏吴儿城即以汉人为主,见《元和郡县图志》卷4《关内道》绥州龙泉县"吴儿城"条,第103页。参洪亮吉:《十六国疆城志》卷16 幽州吴儿城条,《二十五史补编》本,第4206页。

十里,有艾山……凿以通河,似禹旧迹。其两岸作溉田大渠,广十余步,山南引水入此渠中",但因"沙土漂流"、淤积,"渠高于河水二丈三尺","水不得上",因此请求兴修水渠。两年后又上表称薄骨律等四镇奉诏"运屯谷五十万斛付沃野镇",可见其屯田规模宏大,成效显著,而农业生产原非胡民所长,因此,笔者推测弘静镇当与薄骨律镇同时设置,设镇之初即迁来大量汉户,二镇分处胡、汉镇户,故世有胡城、汉城之称。刁雍上表中讲到的艾山的"溉田大渠",拟动工("计用四千人、四十日功")兴修的新渠,均在汉富平县地,而如上引《元和志》所言,此地正是徙关东汉人而置的弘静镇之所在,推测这些汉民亦当以军屯形式组织生产。弘静距薄骨律不远,可能附属于后者,故不见有任镇将者。《严书》推测弘静镇"盖(魏)中叶以后置镇",未知所据。

(27) 洮阳镇

《周考》、《严书》并无。《太平寰宇记》卷150《陇右道》仪州条:"本西戎之界,秦、陇之地,凤翔之边镇。后魏普泰二年筑城置镇,以扼蕃戎之路。唐为神策军。"神策军在唐洮州界,但《元和郡县图志》卷39《陇右道》洮州条唯称此地在北魏时为吐谷浑所"侵据",不言普泰中置镇。按北魏在此地立郡甚早①,但地处与吐谷浑交争之界,未曾稳定控制。献文、孝文之际,魏于此筑城置洮阳戍,隶于枹罕镇,作为防扼吐谷浑内侵的前哨。后吐谷浑致力争夺,洮阳戍或失或守。若《寰宇记》所言不误,则北魏曾于普泰间在此筑城置镇。镇名虽不可考,但据其前之洮阳戍,其后北周之洮阳防,则镇名亦当为洮阳,今姑名之。据西魏《贺兰祥墓志》②,吐谷浑亦设洮阳镇,与洪和镇并称"二大镇"(《周书》卷4《明帝纪》作"二城"),"户将十万,是(吐谷)浑之沃壤,谷畜所资"。北周明帝武成元年(559),贺兰祥率军讨吐谷浑,夺取此二大镇后"留兵据守而还"。北周洮阳防之置,当自此始,周寻置洮阳郡、立洮州。

(28) 鄯善镇(一)、鄯善镇(二)

鄯善镇当有二,一为西域鄯善国,真君九年(448)交趾公韩拔镇鄯善即是③;一为《元和郡县图志》卷39《陇右道》鄯州条所云:"后魏以西平郡为鄯善镇,孝昌二年改镇立鄯州。"笔者所见史籍、墓志中出任西域之鄯善镇将者,韩拔之外,似仅有王安都④,其余并为后者。两个鄯善镇关系尚待进一步研究,或谓二者有前后继承关系⑤。出土文献所见任鄯善镇将者,除《严书》所举《周

---

① 《魏书》卷106下《地形志》河州临洮郡条,第2620页。
② 上揭罗新等:《新出魏晋南北朝墓志疏证》,第245—247页。
③ 《魏书》卷4下《世祖纪下》,第102页。
④ 《魏书》卷30《王建传附子安都传》,第711页。
⑤ 苗普生:《北魏鄯善镇、焉耆镇考》,《西北历史资料》1984年2期。

巩宾墓志》载其祖周幼文任西平镇将外,还有魏宣武帝延昌四年(515)《陈雷子等造窟题记》,北魏《渴丸瑰墓志》、《乞伏宝墓志》,西魏《元颢墓志》,北齐《高建墓志》、《屈护墓志》①,均为孝文帝后期以降治于西平郡者,包括改镇为州之际在任的最后一任镇将元颢,他本人即由鄯善镇将转任鄯州刺史。

(29) 金门镇

《周考》无。《严书》据《新唐书》卷 1《高祖纪》叙李渊曾祖熙任金门镇将而增。并云其地望无考。

按李熙任金门镇将事又见于《新唐书》卷 70 上《宗室世系表》、《旧唐书》卷 1《高祖纪》、《册府元龟》卷 1《帝王部·帝系门》等。陈寅恪先生曾考证此金门镇即《宋书·柳元景传》中的金门坞戍②。若陈说不误,则地望大致可考。

《宋书》卷 77《柳元景传》载元嘉二十七年(450)柳元景"总统群帅"北伐:"殿中将军邓盛、幢主刘骏乱使人入荒田,招宜阳人刘宽纠率合义徒二千余人,共攻金门坞,屠之。杀戍主李买得。"据之,金门坞当在宜阳附近。《隋书》卷 30《地理志中》河南郡宜阳县条:"后魏置宜阳郡,东魏置阳州。……又东魏置金门郡,后周废。有……金门山。"《魏书》卷 106 中《地形志中》有东魏天平初所置阳州,领有宜阳及"天平初置"金门等二郡,显然此金门郡是东魏于后魏宜阳郡地新置阳州时分宜阳而置的,因金门山而得名。那么,《宋书》中金门坞所在之宜阳郡乃东魏阳州,即隋宜阳县地。《太平御览》卷 42《地部·河南宋郑齐鲁诸山》"金门山"条引戴氏《西征记》云:"宜阳县地名金门坞。"《水经注疏》卷 15《洛水》云:"(蠡)城西有坞水,出北四里山上,原高二十五丈,故黾池县治。南对金门坞,水南五里,旧宜阳县治也。洛水右会金门溪水,水南出金门山,北迳金门坞西,北流入于洛。"则金门坞当在洛水与金门溪水汇合处之南、金门山之北。该坞背山阻水,地势十分险要。

《宋书》称魏金门守将李买得为戍主,则金门坞并非为镇,两《唐书》《高祖纪》称金门镇将或许是为了抬高李熙地位而改。但我们必须看到,宋魏异制,又为敌国,互称其官常以本国制度附会,且多贬词。上引《宋书》卷 77《柳元景传》记述此役,正称魏蒲坂镇为蒲坂戍,其守将或称镇主或称戍主(参见本"考补"第 14 条"蒲坂镇"),则金门坞本是军镇亦未可知。今据两书《高祖纪》,姑列之。如是,则金门置镇当在北魏前期。何时废改无考。

---

① 以上墓志,依次见上揭韩理洲等辑校编年:《全北魏东魏西魏文补遗》,第 704 页;上揭赵君平:《邙洛碑志三百种》,第 15 页;上揭赵超:《汉魏南北朝墓志汇编》,第 304 页;上揭赵文成等编:《秦晋豫新出墓志蒐佚续编》,第 95 页;《汉魏南北朝墓志汇编》,第 399 页;《秦晋豫新出墓志蒐佚续编》,第 137 页。

② 陈寅恪:《唐代政治史述论稿》上篇,上海古籍出版社,1982 年,第 1—6 页。

(30) 泚阳镇

(31) 乐陵镇

《魏书》卷45《韦阆传附族弟珍传》:"高祖初,蛮首桓诞归款,朝廷思安边之略,以诞为东荆州刺史。令珍为使,与诞招慰蛮左。珍自悬瓠西入三百余里,至桐柏山,穷淮源,宣扬恩泽,莫不降附。……以奉使称旨,除左将军、乐陵镇将,赐爵霸城子。萧道成司州民谢天盖自署司州刺史,规欲以州内附。事泄,为道成将崔慧景攻围。诏珍率在镇士马渡淮援接。……破慧景……高祖诏珍移镇比阳。"按韦珍以招慰蛮左之功除乐陵镇将,后率"在镇士马渡淮援接"齐司州叛民谢天盖。可见乐陵镇当在他新辟的淮源一带蛮人群居处,与萧齐司州接界。后破慧景,地更南推,故移镇比阳,并改名比阳镇。寇臻盖继韦珍为比阳镇将①。《严书》谓此乐陵镇为魏青州之乐陵郡所在②,偶误。又《读史方舆纪要》卷51河南南阳府唐县:"比阳废县……魏、晋皆曰比阳县。后魏得其地,置乐陵镇于此。……其后置东荆州于此。西魏得之,常置重兵以防东魏。"《中国历史地图集》第4册第46—47页⑤5正将泚阳城、乐陵镇、东荆州标在一处,或本顾说。据《魏书》卷101《蛮传》,桓诞所任之东荆州先治朗陵,后于太和十年(486)移颍阳。《读史方舆纪要》谓东荆州治泚阳未知何据。据上考,泚阳、乐陵二镇地非一处,又异其名,故各列为镇。

(32) 长社镇

《周考》、《严书》并无。《魏书》卷61《毕众敬传附常珍奇传》:"汝南人也。为刘骏司州刺史,亦与薛安都等推立刘子勋。子勋败,遣使驰告长社镇请降。"薛、常奔魏在献文帝天安元年(466),则长社镇之置至迟当在文成帝时代。据《魏书》卷106中《地形志中》郑州条,东魏武定七年(549)以前治长社城,即颍川郡长社县。天安间该地与宋接壤,故置镇以防,疑与颍川郡同治。后薛安都等降魏,边界南推,其镇盖废。地在今河南长葛县东北。

(33) 团城镇

《魏书》卷106中《地形志中》南青州条:"治团城。显祖置,为东徐州,太和二十二年改。"上引明言南青州原名东徐,至太和末才改,而《严书》却谓徐文范《东晋南北朝舆地表》③称太和时代之东徐州治团城镇无据,或为一时疏忽④。

---

① 《魏书》卷42《寇赞传附子臻传》,第948页;上揭赵超:《汉魏南北朝墓志汇编》,第48页。
② 严书所据,为《魏书》卷106中《地形志》青州条,第2524页。
③ 见徐文范:《东晋南北朝舆地表》卷6《魏孝文帝疆域》东徐州条,《二十五史补编》本第5册,第6817页。
④ 参见《魏书》卷106中《地形志中》卷末校勘记[43]、[44],第2601—2602页。

又《周考》谓《魏书》卷50《尉元传》中"团城子都将"即团城镇之子都将,疑有误解。此团城,当指汾州界内之团城,见《元和郡县图志》卷13《河东道》汾州孝义县"团城"条。又《魏书》卷106上《地形志上》显州条,显州为东魏所侨置,所统武昌郡亦治此团城。上引《元和郡县图志》汾州条称此团城,"后魏筑以防稽胡,其城纡曲,故名团城",而汾州所在,本多胡人。观《尉元传》载元所上表云:"今计彼戍兵,多是胡人,臣前镇徐州之日,胡人子都将呼延笼达因于负罪,便尔叛乱,鸠引胡类,一时扇动。……又团城子都将胡人王敕勤负衅南叛,每惧奸图,狡诱同党。"可知这种子都将是这些胡人戍兵中的下级军官。团城子都将,当即从团城征来的胡人戍兵,由一子都将率领,似与东徐州所在之团城镇无关。

(34) 明垒镇

《魏书》卷24《许谦传附子洛阳传》:"太宗追录谦功,以洛阳为雁门太守。……(世祖时)加镇南将军。出为明垒镇将。"是太武时已置镇。《严书》云其地望无考,据洛阳"镇南"军号,推测其地当在山西。按《魏书》卷70《傅竖眼传》载,竖眼父灵越与叔父明根在高宗时奔魏,拜灵越青州刺史,镇羊兰城;灵根为临齐副将,镇明潜垒。当时在今山东济南以东,宋魏以黄河为界。羊兰城就在宋的乐陵郡对岸,明潜垒亦距羊兰城不远处①。若明垒即明潜垒之简称,则当在今山东高青境内。

(35) 武州镇

《魏书》卷112上《灵徵志》:"(宣武帝永平)二年四月辛亥,武州镇霣霜。"其地望无考,疑为武川之讹。

上文尚未涉及本考补所删《周考》、《严书》原列镇目的问题,下面略作说明。

《周考》有《宋书》卷95《索虏传》中所见安阳、狭石、贞阳诸镇,为《严书》所删,本考补亦未列入。按《索虏传》称:"泰豫元年,虏狭石镇主白虎公、安阳镇主莫索公、贞阳镇主鹅落生、襄阳王桓天生等,引山蛮马步二万余人,攻围义阳县义阳戍。"时值魏孝文帝延兴二年(472)。当时南北以淮水为界,在淮水上流,汝水流域,正是所谓大阳蛮群聚之所。其蛮首桓诞(天生)在此时以蛮户八万余落附魏,魏縻以官爵,遣使诱抚,权置郡县,以扰宋境②。《宋书》所称三个镇主应该都属于《魏书》卷45《韦阆传》中韦珍所招慰的"蛮左"者流。魏是否在这一带立有这三个镇并授予白虎公等镇将官号?若无其他佐证,尚不能据《索虏传》便遽作断定。因宋魏异制,互称其官不能全以为据。如前揭《宋书》

---

① 《魏书》卷70《傅竖眼传》,第1556页。
② 《魏书》卷45《韦阆附族弟珍传》、卷101《蛮传》,第1013、2246页。

卷77《柳元景传》称治蒲坂的泰州刺史为蒲城镇主、蒲坂戍主,而称蒲坂镇将为军帅,可见宋"镇主"之称并无定规。而且魏在与宋义阳郡交界的豫州有真阳、安阳县①,这一带又有硖石(一作峡石)戍②。笔者怀疑上述狭石即硖石、贞阳即真阳,这三个地方都是魏在边境设置的三个军戍,以县令戍主之号授予当地蛮左豪首,为魏捍边扰宋,当然这仅限于推测。并非说凡宋称为镇主的都不是镇将,只是在缺乏确证的情况下姑且不列入。其他与此相类者亦然。如《周考》中的东城、阳石③、历城④等。《魏书》中有许多以将军号或其他官号镇某某城的,其中有的时间既久,遂为军镇,将军则为镇将(如统万镇、长安镇、和龙镇等),但在无确证的情况下本考补亦不列入。如《周考》所列济阴镇⑤即属此类。因为"镇"既是名词,又是动词;在《魏书》中既是军镇专称,又可用于通称。另外,东西魏初期见在的军镇,尽管很难断定它不是承自北魏,但无参证仍不列入。如《周考》、《严书》并收的永固镇⑥,因只见于东魏武定中,故本考补不予列入北魏军镇之目。所删镇目中也间有属于误收的,除上文提到《严书》误收的骆谷以外,还有《周考》、《严书》并收的善无、抚宜二镇,前者为鄯善之讹⑦,后者为抚冥之误。抚宜镇见《北齐书》卷18《孙腾传》:"(正光中)邢杲师次齐城,有抚宜镇军人谋逆。……腾知之,密启高祖(高欢)。"卷末《校勘记》疑为抚冥之讹。今按高欢部下,主要是六镇军人,抚宜镇又不见他处,故当是抚冥之讹。《资治通鉴》卷139《齐纪》明帝建武元年(494)八月癸丑条:"魏主如怀朔镇,己未,如武川镇;辛酉,如抚宜镇;甲子,如柔玄镇。"此抚宜显为抚冥之讹。本条胡三省注云:"按北史,'宜'当作'冥'。"可见胡三省所见之《魏书》此处亦作"抚宜"。《北齐书》或本此,并以讹传讹。且抚冥之称,本与柔玄、怀荒、怀朔同义,若作抚宜则无义。

又新出石刻文献中有大量有关军镇的资料,但多在疑似之间。本章据之有所增益,皆为其资料相对翔实者。

兹据《周考》《严书》及以上"考补"所得,列出下表。

---

① 《魏书》卷106中《地形志》,第2534页。
② 《魏书》卷72《潘永基传》,第1624页。同书卷73《奚康生传》作"峡石",第1630页。
③ 《周考》误作"阳名",《严书》云无考,见《魏书》卷19《任城王传》,第472页。
④ 《宋书》卷95《索虏传》,中华书局,1974年,第2354页。
⑤ 《魏书》卷38《刁雍传》,第866页。
⑥ 《汉魏南北朝墓志集释》图版47《元贤墓志》,第332页。
⑦ 《魏书》卷86末校勘记[三],第1888页。《北周地理志》"附录三种·北魏延昌地形志北边州镇考证"亦有此误(第1053页)。

表 14　北魏军镇置废沿革一览表

镇　名	所　在	置　废	出　处
六镇及其以南以东诸镇			
沃野	汉沃野故城，太和十年(486)前——汉朔方故城，太和十年后——唐天德军城北，宣武帝景明正始(500—508)年间	太武帝始光四年(427)设置，或与怀朔同时(延和二年或稍后)置。正光五年(524)诏改为州，实未施行，孝昌中(525—527)改镇为州。见"考补"(1)	《周考》227，《严书》694，上揭唐长孺《北魏沃野镇的迁徙》，本章第三节二"'六镇'的设立"《元郁墓志》(《新见集释》2)载郁太和六年(482)曾任沃野镇都大将
怀朔（初置名五原）	汉五原郡故城。至早太武帝时，至迟孝文帝初迁至阴山怀朔镇	延和二年(433)置镇，正光五年(524)诏改为州，实未施行，孝昌中(525—527)改镇为州。见"考补"(1)	《周考》223，《严书》697，参上揭佐川英治《北魏六镇史研究》
武川	怀朔之东、白道岭之北	与怀朔同时(延和二年)或稍后置。正光五年(524)诏改为州，实未施行。孝昌中(525—527)改镇为州	《周考》226，《严书》698，"考补"(1)
抚冥（一作抚宁）	武川、柔玄二镇之间	置镇不迟于太延末年，与怀朔同时(延和二年，433)或稍后置。正光五年(524)诏改为州，实未施行，孝昌中(525—527)改镇为州。见"考补"(1)	《周考》227，《严书》699
柔玄	汉且如县之北	置镇不迟于太武帝世，与怀朔同时(延和二年)或稍后置。正光五年(524)诏改为州，实未施行，孝昌中(525—527)改镇为州。见"考补"(1)	《周考》227，《严书》700
怀荒	柔玄之东	魏道武帝时置，与怀朔同时(延和二年)或稍后置。正光五年(524)诏改为州，实未施行，孝昌中(525—527)改怀荒、御夷二镇为蔚州。魏末六镇内撤，蔚州侨置于并州。见"考补"(1)	《周考》223，《严书》701，"考补"(2)《王善来志》(《隋汇考三》154—156)，《徐显秀墓志》(《新出疏证》209—211)

续 表

镇 名	所 在	置 废	出 处
赤城	御夷镇南,沽水西岸	约置于延和年间。孝文帝太和后期御夷由城升镇,赤城或因之而废	《周考》233,《严书》706,"考补"(3)
御夷	沽河上游西岸,西北离河源九十里,赤城北百里许	孝文帝太和中置。正光五年(524)诏改为州,实未施行,孝昌中(525—527)改怀荒、御夷二镇为蔚州。魏末六镇内撤,蔚州侨置于并州。见"考补"(1)	《周考》223,《严书》707 成一农:《太和年间北魏御夷镇初探》,《北大史学》第5辑,1998年
昌平	燕州昌平县	孝文帝太和中叶以后置。废时不详	《周考》233,《严书》710
崎城	雁门崎城县	置镇不迟于太武帝世。孝文帝延兴中已改置崎城县。魏末或东魏时复置崎城镇	《周考》227,《严书》710《(北齐)陆延寿墓志铭》(《安丰》362—364),《魏书》112上/2894
北平	平州肥如县	孝文帝太和中叶以后置。废时不详	《严书》710
凡城	卢龙塞东二百许里	太延二年(436)魏平冯文通以后置。孝文帝以后废	《周考》227,《严书》751,"考补"(4)
和龙(或称龙城、黄龙)	先后与平州、营州(太平真君五年改平州为营州)并置同治	太延二年(436)置,孝文帝太和中废	《周考》223,《严书》711,"考补"(5)
云中	与朔州同治	道武、明元之际置。太和中废	《周考》227,《严书》712,"考补"(6)
白道	云中北、白道岭南	魏末置。北齐时仍有白道镇,或前承魏末而置	"考补"(7)
平城	与恒州并置同治	孝文帝迁都洛阳后置。废时不详	《周考》227,《严书》713
灵丘	恒州灵丘郡治	置镇不迟于太和九年(485),约天平二年(535)改镇为州	《周考》227,《严书》713
广昌	汉广昌县	太和迁都前置镇,废时不详	《周考》227,《严书》714《(北齐)高建墓铭》(《汉魏汇编》399)

续表

镇 名	所 在	置 废	出 处
度斤	塞北都斤山	太武真君末至孝文帝初之间置。废时不详	"考补"(8)
贺延(一作贺侯延)	怀朔镇北	置镇不迟于太和十五年(491),废时不详	《周考》228,《严书》751,"考补"(9)
河东河北诸镇			
肆卢	肆州治九原西北十八里——九原	道武帝天赐二年(405)置。太平真君七年(446)改镇为州	《周考》223,《严书》714,"考补"(10)
离石	离石郡治	道武帝时置。明帝时改镇为郡	《周考》225,《严书》714,"考补"(11)
吐京	汾州治(蒲子城)	延和三年(434)置镇。太和十二年(488)改镇置汾州	《周考》223,《严书》715,"考补"(12)《元平墓志》(《汉魏汇编》192)
六壁	西河郡治(兹氏城)	太武帝时置。孝文帝太和八年(484)改镇置西河郡	《周考》226,"考补"(13)
柏壁	东雍州治	明元帝时置。太武帝时废镇置东雍州	《周考》225,《严书》715
绛城	汾水之东,距柏壁镇不远	置镇不迟于太和中,废时不详	《周考》227,《严书》716
蒲坂(一作蒲城)	河东郡蒲坂县	置镇不迟于太武帝时,废时不详	《周考》227,《严书》716,"考补"(14)
龙门	高凉郡龙门县	置镇不迟于魏明帝时,西魏时犹存	《周考》233,《严书》716《(西魏)蔡氏造老君像记》(《全魏补遗》671),《北齐薛修义墓志》(《蒐佚续》122)
稷山	正平郡南绛县、北绛县附近	置镇不迟于魏明帝时,废时不详	《周考》233,《严书》716
鲁口	博陵郡鲁口城	约道武帝皇始年间置。废时不详	《严书》716,"考补"(15)

续　表

镇　名	所　在	置　废	出　处
广阿	南赵郡广阿县	置镇不迟于明元帝世。改废时间不详,疑于太和十一年(433)改镇置巨鹿郡	《周考》226,《严书》717,"考补"(16)
平原(或作太平)	平原郡聊城县之王城	明元帝泰常七年(422)置镇,孝文帝太和二十三年(496)改镇置平原郡	《周考》225,《严书》718,"考补"(17)
枋头	汲郡朝歌县南	置镇不迟于太平真君十一年(450),废时不详,至孝文帝迁都前仍见在	《周考》227,《严书》719
河内	怀州治	明元帝时置。献文帝天安二年(467)改镇置怀州	《周考》232,《严书》720
黄河以西,南至隆城西至焉耆诸镇			
统万(或作统万突、吐万突)	夏州治	始光四年置。太和十一年(487)置夏州,与镇同治。约太和十三年(489)以后废	《周考》224,《严书》721《元举墓志》(《汉魏汇编》215)、《元保洛墓志》(《汉魏汇编》59)
高平	原州治	太延二年(436)置。正光五年(524)改镇置原州	《周考》224,《严书》722
长安	与雍州同治	神䴥四年(431)平关中后置。孝文帝太和十三年(489)废 按:《严书》称魏太武帝"神䴥年间"平定关中后置长安镇。据《魏书》卷4上《世祖纪上》,魏平关中为神䴥四年(431)十二月。又《辛术墓志》称术孝昌初曾任雍州镇(或为长安镇异称)军府中兵参军,或一时权置	《周考》218,《严书》723《魏书》4上/78,西魏《辛术夫妇墓志》(新北集释110)
杏城	东秦州治	道武帝时已置。太和十五年(491)改镇置东秦州	《周考》226,《严书》725
李润(一作李闰、里润)	华州治	约魏初置。太和中改镇置华州冯翊郡	《周考》228,《严书》726《纥干广墓志》(《墨香阁》224);《东魏王忻墓志》(《蒐佚续编》110)

续　表

镇　名	所　在	置　废	出　处
三堡	西魏汾州（后改丹州）治	苻姚时已置，北魏或沿置，废时不详	《严书》726
安人	东夏州境内	置时不明，隋文帝时废	《周考》227,《严书》727
石龟	北周银城县	置、废时间不详，应是魏末大乱以前旧镇	《严书》727
三县	豳州治	延兴二年(472)置镇，太和十一年(487)改镇置班州，后改豳州	《周考》224,《严书》727
安定	泾州治	置镇不迟于太武帝世，废时不详	《周考》232,《严书》727
雍城	岐州治	太武帝时置。太和十一年(487)改镇置岐州	《周考》225,《严书》728《公孙猗墓志》(《汉魏汇编》197);《和绍隆墓志》(《全齐补遗》107)
长蛇	秦州天水郡境（西魏安夷郡境）	置于文成帝末，改废情况不明。西魏时仍有此镇	《周考》226,《严书》728
汧城	东秦州治 按：《元和志·陇州》:"陇州……后魏置东秦州,西魏文帝改名陇州,因山为名。"《寰宇记·陇州》:"孝明正光三年分泾州、岐州之地,兼置东秦州于故汧城"	置镇不迟于魏末，废时不详 按：据《东魏王忻墓志》，汧城镇设置于姚秦时期。北魏或沿置。《魏书》卷4《世祖纪》太平真君六年(445),盖吴起事后,"安定诸夷酋皆聚众应之,杀汧城守将"。可证	《周考》233,《严书》729《东魏王忻墓志》(《蒐佚续编》110),《魏书》4下/99《元和志》2/44,《寰宇记》32/684
上邽(封)	与秦州同治	太武帝时置。改废情况不明。据《张元伯造像记》,宣武帝景明三年(502)仍见在	《周考》225,《严书》729北魏《张元伯造像记》(《全魏补遗》445—446)
陇西	与秦州陇西郡同治	置镇不迟于献文帝时代，废时不详	《周考》233,《严书》729,"考补"(18)
仇池	南秦州治（骆谷—建安城—骆谷）	太平真君四年(443)置,太和十二年(488)改镇置渠(梁)州	《周考》224,《严书》729,"考补"(19)

续 表

镇 名	所 在	置 废	出 处
武都	武都郡治	太平真君年间置,宣武帝改镇置武都郡	《周考》227,《严书》731
葭芦	葭芦城(西魏芦北郡治即隋武都郡长松县之芦北故城)	孝文帝初置,废时不详	《严书》733,"考补"(20)
武兴	东益州治	献文帝时置,旋废。宣武帝正始三年(506)复置,旋改镇置东益州	《周考》226,《严书》734,"考补"(21)
固道	固道郡治	孝文帝太和中置,不久即改镇置固道郡	《周考》227,"考补"(22)
脩城	脩城郡治	孝文帝太和中置,不久即改镇置脩城郡	《周考》227,"考补"(23)
清水	略阳郡清水县	孝文帝太和中置。废时不详	"考补"(24)
隆城	南梁州治	宣武帝延昌三年(514)或稍后。孝庄帝永安二年(529)改镇为南梁州	《周考》226,《严书》735。《寰宇记》139/2702,《资治通鉴》153/4767
薄骨律	灵州治	太延二年(436)置。明帝正光五年(524)诏改为州,实未施行,孝昌中(525—527)改镇为灵州。参见"考补"(1)	《周考》224,《严书》735,"考补"(25)
弘静	灵州汉城	盖于太延二年(436)与薄骨律镇同置而隶属之。其改废亦当在薄骨律镇改镇为州的明帝孝昌中	《严书》736,"考补"(26)
榆中	河州金城郡榆中县	孝文帝太和中叶以后置,废时不详	《周考》233,《严书》736
枹罕	河州治	太武帝太平真君六年(445)置。孝文帝太和十六年(492)改镇置河州	《周考》224,《严书》736
洮阳	唐洮州界	节闵帝(前废帝)普泰二年(532)置。废时不详	"考补"(27)

续 表

镇 名	所 在	置 废	出 处
鄯善〈一〉	西域鄯善国		《周考》226,《严书》737,"考补"(28)
鄯善〈二〉(一作西平)	鄯州治	孝昌二年(526)改镇置鄯州	《周考》226,《严书》737,"考补"(28)
凉州(一作姑臧)	凉州治(自孝文帝时始与凉州同治)	太延五年(439)置。太和十四年(490)改凉州镇名姑臧镇,与凉州同治	《周考》224,《严书》737 周、严二书所举皆传世文献中史证,而石刻文献中亦屡见任凉州镇将者,如北魏《高树生墓志》《蒐佚续编》85)、《高盛碑》(《全魏补遗》85)、《元寿安墓志》(《汇编》190)、《段通墓志》(《墨香阁》90)等,余不备举
敦煌	瓜州治	太武帝时置,明帝孝昌中改镇为瓜州	《周考》225,《严书》739 周、严二书所举皆传世文献中史证,而石刻文献中亦屡见任敦煌镇将者,如北魏《皮演墓志》《新出疏证》83)、《元倪墓志》(《汉魏汇编》134)、《张斌墓志》(《邙洛》20),等等,余不备举
晋昌	敦煌郡东	高宗文成帝时置,废时不详	《周考》227,《严书》739
焉耆	焉耆	太武帝时置,废时不详	《周考》232,《严书》740
河南诸镇			
虎牢	北豫州治	明元帝时置,太和中废	《周考》227,《严书》740 墓志中亦见任虎牢镇将者,如北魏《元贿墓志》(《全魏补遗》164)、北齐《独孤忻墓志铭》(《安丰》229)等
洛城	洛阳金墉城	明元帝时置,废时不详	《周考》231,《严书》742
金门	东魏金门郡	置镇当在明元帝时,废时不详	《严书》751,"考补"(29)

续表

镇 名	所 在	置 废	出 处
陕城	陕州治	献文帝末孝文帝初置。太和十一年(487)改镇为陕州	《周考》232,《严书》742
大谷	弘农胡城	置镇不迟于正光中,废时不详	《周考》233,《严书》742
襄城	地望不明,《严书》疑即古襄城地	见于文成帝、献文帝时,废时不详	《周考》227,《严书》743
鲁阳	荆州鲁阳郡治	太和十一年(487)置。太和十八年(494)改镇为荆州	《周考》224,《严书》743
马圈	(太和中)荆州治穰城东北	孝文帝太和末置。废时不详	《严书》743,《纪要》51/2417
新野	新野郡治	置镇不迟于东海王元晔建明初(孝庄帝永安三年,530),废时不详	《严书》744,《王士良妻董荣晖墓志》(《新出疏证》255)
沘阳	魏东荆州南部,乐陵镇南	孝文帝初置,废时不详	《严书》744,"考补"(30)
乐陵	当在魏东荆州南部	孝文帝初见在,废时不详	《周考》232,《严书》718,"考补"(31)
长社	颍川郡治	置镇不迟于文成帝时,废时不详	"考补"(32)
下溠	北周唐州下溠郡治	梁置下溠戍,宣武帝时得其地置镇,改废情况不明。开皇三年(583)改镇为唐城县,则北周、隋初下溠镇或与下溠郡同治	《严书》744,王仲荦《北周地理志》483—484
梁国	南兖州梁郡治	太和初见在,废时不详。按:《元举墓志》载其卒于明帝孝昌三年(527),诏赠梁国镇将,则梁国镇迄明帝时尚见在。又据隋《□大墓志》,其祖曾任梁国镇将,□大生于552年,则其祖当活动于北魏后期,梁国镇或改置于北魏末年	《周考》232,《严书》744;北魏《元举墓志》(《全魏补遗》261),隋《□大志》(《隋汇考》四/297)

续表

镇 名	所 在	置 废	出 处
瑕丘	与东兖州同治	献文帝、孝文帝时见在,或天安元年置。太和中改废 按:据《刘整墓志》,其祖曾任瑕丘镇将。刘整生于东魏孝静帝兴和四年(542),其祖当活动于北魏后期,则瑕丘镇之改废或在孝文帝以后	《周考》227,《严书》744;北齐《刘整墓志》(《安丰》259)
槃阳	与东清河郡同治	献文帝平定青齐后置,迄东魏仍见在 按:据东魏《王融墓志》,其祖惠休于献文帝平定青齐后,即以功任槃阳镇将。而据东魏《张遵墓志》,其任槃阳镇将已在东魏时	《周考》227,《严书》745。周、严二书所举皆传世文献中史证,而石刻文献中亦屡见任槃阳镇将者,如北魏《王休墓志》(《蒐佚》40),东魏《王融墓志》(《蒐佚》41),东魏《张遵墓志》(《墨香阁》74),隋《段摸墓志》(《隋汇考》四/122)等
东阳	与青州同治	献文帝皇兴元年(467)平定青齐后置,太和中废	《周考》227,《严书》745
临济	齐州东平原郡临济县	太武帝文成帝之际置,废时不详	《周考》227,《严书》746
东莱	与光州同治	孝文帝延兴五年(475)置,宣武帝景明元年(500)罢镇	《周考》217、224,《严书》746
悬瓠	与豫州同治	天安元年(466)置,太和中废	《周考》227,《严书》747
彭城	与徐州同治	天安元年(466)置,太和中废	《周考》227,《严书》748
谷阳	与谷阳郡同治	太和中置,宣武帝时改镇为平阳郡	《严书》748
宿豫	宿豫郡治	宣武帝时改东徐州置,废时不详	《严书》748
汝阴	与汝阴郡同治	孝文帝时见在,改废情况不详	《周考》227,《严书》749

续表

镇 名	所 在	置 废	出 处
梁城	颍州梁城县	献文帝初置,废时不详 按:东魏《文罗气墓志》载:"祖虎龙,魏太武皇帝太延三年秋七月,帝以龙承勋望胄,文武超群,诏除冠军将军、梁城镇将、鲁阳侯。"据之,太武帝太延三年(437)已有梁城镇。而据北齐《问度墓志》:"正平年中,以祖(虎龙)英略有闻,文成皇帝召赴平城都。……释褐直阁将军。祖勤恭帝侧,除龙骧将军、雍州刺史。后除冠军将军、梁城镇将、鲁阳侯。"则问(文)虎龙任梁城镇将在文成帝时代。以上二志所载不一,且记述多有疑点,待考	《周考》227,《严书》749;东魏《雷亥郎妻文罗气墓志》(《墨香阁》68),北齐《问度墓志》(《墨香阁》248)
郯城	与淮阳郡同治	孝文帝迁都以前已置镇,改废情况不明	《周考》227,《严书》749
团城	与南青州(东徐州)同治	置镇不迟于孝文帝迁都,废时不详	《周考》233,《严书》750,"考补"(33)
临海	北周海州东海县	魏太和以后置,北齐废	《严书》750
明垒	青州羊兰城附近	置镇不迟于太武帝世,废时不详	《周考》227,《严书》750,"考补"(34)
寿春	扬州淮南郡寿春县	置镇不迟于北魏正光年间,不早于景明年间	北魏《元恭墓志》(《汉魏汇编》297)
阳翟	阳翟郡治	北魏末置 按:《敬使君碑》称"阳翟镇将带阳翟太守晋州平阳郡晋秋乡吉迁里人敬鸿显",据《魏书·地形志》,晋州建义元年(528)由唐州改,则该碑当在北魏末立	北魏《敬使君碑阴》(《全魏补遗》74)

续表

镇 名	所 在	置 废	出 处
地望置废不明待考诸镇			
武州（疑为武川之讹）		置镇不迟于宣武帝永平二年(509)，废时不详	"考补"(35)
固州	不明	置镇不迟于永平中，废时不详	《严书》751
五军	不明。《元郁墓志》称济阴王小新成任五军镇都大将时所带征西大将军号，以及"在治融道，扬光万里，梁□饮其德，伪民归其仁"，当属"黄河以西、南至隆城、西至焉耆诸镇"	文成帝时见在，改废情况不明 按：《元郁墓志》称其父济阴王小新成"幼除使持节、征西大将军、五军镇都大将"。据《魏书》卷5《高宗纪》、卷6《显祖纪》，小新成文成帝和平二年(461)封济阴王，献文帝皇兴元年(467)卒	北魏《元郁墓志》（《新见集释》2—4）
征西	不明（酒泉境内？）	不明（或一时权置，或非正式的习称）	北魏《张略墓志》（《新出疏证》48）
华州	不明（华州治？）	宣武帝时见在	北魏《辛祥妻李氏墓志》（《全魏补遗》107）
怀戎	不明	孝文帝太和中见在 据《徐显秀墓志》，其祖徐安曾任怀戎镇将。按徐显秀生于魏宣武帝景明三年(502)，其祖任镇将当在孝文帝太和前期。论者或推测怀戎镇为怀荒镇之讹，待考	北齐《徐显秀墓志》（《新出疏证》209—211），"考补"(2)
乌苏	不明 按：据其所任大行台"检校军粮"时所涉范围，应为"河东河北诸镇"	北魏末置，改废情况不明 按：《叱罗协墓志》称其尔朱荣执政时任"上郡、上党、建州、怀州、乌苏镇大行台，检校军粮"，则当在北魏末	《叱罗协墓志》（《全周补遗》30）

说明：
(1) 本表略称。
《周考》=周一良：《北魏镇戍制度考及续考》，氏著《魏晋南北朝史论集》，北京大学出版社，1997年。

《严书》=严耕望:《中国地方行政制度史·魏晋南北朝地方行政制度》卷下《北朝地方行政制度》,第 11 章《北魏军镇》,台北:中研院历史语言研究所,1963 年。

周考=周一良:《北魏镇戍制度考及续考》,氏著《魏晋南北朝史论集》,北京大学出版社,1997 年。

"考补"=牟发松:《北魏军镇考补》,初刊武汉大学中国三至九世纪研究所编:《魏晋南北朝隋唐史资料》第 7 辑,1985 年。本章第四节"北魏军镇考补"即本于此文,并有增订。

《元和志》=李吉甫撰、贺次君点校:《元和郡县图志》,中华书局,1983 年。

《寰宇记》=乐史撰、王文楚等点校:《太平寰宇记》,中华书局,2007 年。

《纪要》=顾祖禹撰、贺次君等点校:《读史方舆纪要》,中华书局,2005 年。

《洪志》=洪亮吉:《十六国疆域志》,《二十五史补编》本,中华书局,1955 年。

《全魏补遗》=韩理洲等辑校编年:《全北魏东魏西魏文补遗》,三秦出版社,2010 年。

《全齐(全周)补遗》=韩理洲等辑校编年:《全北齐北周文补遗》,三秦出版社,2008 年。

《邙洛》=赵君平编:《邙洛碑志三百种》,中华书局,2004 年。

《蒐佚》=赵君平等编:《秦晋豫新出墓志蒐佚》,国家图书馆出版社,2012 年。

《蒐佚续》=赵文成等编:《秦晋豫新出墓志蒐佚续编》,国家图书馆出版社,2015 年。

《隋汇考》=王其祎等编著:《隋代墓志铭汇考》,线装书局,2007 年。

《汉魏汇编》=赵超著:《汉魏南北朝墓志汇编》,天津古籍出版社,1992 年。

《新出疏证》=罗新等著:《新出魏晋南北朝墓志疏证》,中华书局,2005 年。

《西市》=吕建中等主编《大唐西市博物馆藏墓志》,陕西师范大学出版总社有限公司,2013 年。

《安丰》=贾振林编著:《文化安丰》,大象出版社,2011 年。

《新见集释》=王连龙著:《新见北朝墓志集释》,中国书籍出版社,2013 年。

《墨香阁》=叶炜、刘秀峰主编:《墨香阁藏北朝墓志》,上海古籍出版社,2016 年。

所引正史及《资治通鉴》俱为中华书局标点本,表中文献名后所缀数字为页码,若数字间有"/"符号,"/"前为卷数(作方块汉字数字者为册数),后为页数。

(2) 表中军镇依所在地域分类排列,地域分类系据《严书》。

(3) "所在"栏一般列北魏政区,或列前后时代政区为参照。具体地点不能确指者,则列出其大致地域范围,不明者注"不明"或"不详"。

(4) 表中所列军镇并见于《周考》《严书》或其中一种,各栏内容主要根据周、严所考,"出处"栏但列《周考》《严书》或者其中一种的页码,以尊重前人成果,并省篇幅。本编作者"考补"在周、严基础上续有订补,或增加新的镇目,则在"出处"栏列"考补"序号。新发表成果及新出土文献包含有《周考》《严书》所列军镇的相关信息,择其重要者或周、严书中史证较少甚至孤证者,列入"出处"及相关栏目,以备参考。

第四章 北朝地方行台

第一节 先行研究

关于北朝地方行台的研究,前揭严耕望《魏晋南北朝地方行政制度》卷下《北朝地方行政制度》第十二章"魏末北齐地方行台",不仅是筚路蓝缕的开创之作,而且迄今仍然是典范之作。严氏不仅首次提出了"地方行台"的概念,而且对魏末地方行台的设置原因,北魏末年形成的行台区,以及行台之制渐见普遍的东魏北齐的行台区的产生过程及分布,作了深入的实证研究。其后有古贺昭岑《关于北朝的行台》、蔡学海《北朝行台制度》先后推出①。古贺氏分别对北魏初的行台及其性质,北魏末及东魏北齐、西魏北周行台的置废、机构及功能,进行了探讨,具有很强的实证研究色彩。蔡氏同样探讨了北朝行台的沿革、组织、分布、职权,以及行台官员的出身,对资料作了系统处理,并列出诸多表格。以上二氏的研究几乎是同时分别进行,因而不免有所重复。相对于严氏的研究,他们在史实考证及制度细节上均有推进,但在基本观点上仍不出严氏窠臼。

其后,牟发松在其硕士论文《魏晋南北朝隋唐行台制度述论》的基础上,发表了一系列专题论文②,仍以北朝行台为重点,将十六国北朝行台分为初步发展、高度发展、成熟定型三个阶段,随皇帝出征行幸的行台、作为中央使者的行台、统军监军行台和地方行台四种类型,在前人基础上作了全面系统的研究。

本章主要依据以上牟文撰成。相关的研究还有祝总斌《关于北魏行台的

---

① 古贺昭岑:《关于北朝行台》,共分三部分刊出,分别见《九州大学东洋史论集》第3辑,1974年;同刊第5辑,1977年;同刊第7辑,1979年。蔡学海:《北朝行台制度》,《台湾师范大学历史学报》1977年第5期。
② 牟发松:《魏晋南朝的行台》、《东魏北齐的地方行台》、《六镇起义前的北魏行台》,分别载武汉大学中国三至九世纪研究所编《魏晋南北朝隋唐史资料》第9、10合辑(1988年)、第11辑(1991年)。同作者《北朝行台地方官化考略》,《文史》第33辑,中华书局,1990年。此文经古贺昭岑日译,以《北朝行台の地方官化についての考察》之题载《日本九州大学东洋史论集》第25辑,1997年。同作者《北魏末以降的大行台与权臣专政》,载《邺城暨北朝史研究》,河北人民出版社,1991年。

两个问题》、张小稳《魏晋南北朝时期行台性质的演变》①,以及前岛佳孝《西魏行台考》、《关于西魏宇文泰的大行台》等论文②。其中前岛氏对前人研究不多的西魏行台作了专题探讨,值得关注。

第二节 行台的最初出现及其性质

魏、晋至隋、唐时期存在的行台制度在其发展过程中性质有很大变化,其中地方官化是北朝行台的发展特点,这一特点实际上反映了中国古代地方官制演变的某种普遍规律,本节拟在前人研究基础上对之略作考论。

《通典》卷22《职官·尚书》行台省条称行台"魏晋有之",并举魏末高贵乡公甘露年间(256—260)裴秀、陈泰、钟会等人以行台从司马昭讨诸葛诞为例。实际上行台至迟已出现于魏明帝世。《三国志》卷24《王观传》:"明帝幸许昌,召观为治书侍御史,典行台狱。"不过王观所典行台并非等同于后世的行尚书台。因为皇帝出行,通常是根据需要抽调中央政府有关机构的官员从行,皇帝既是帝制时代最高权力的代表和象征,则这支以皇帝为中心加上有关随从官员所组成的队伍,便形成一个移动着的中央机构。王观所典行台正是指以明帝为代表的随行中央政府,其所以称"台",乃因东汉以降"事归台阁",尚书权力急遽膨胀,致使作为尚书台简称的台逐渐具有中央政府代称的含义③;而所以称行台,则如皇帝行幸所居称为"行宫"、"行在"一样,乃相对于留在京师之台而言。

此类性质的行台可以追溯到曹魏初期。《三国志》卷2《文帝纪》黄初六年(225)二月注引《魏略》所载文帝诏曰:"吾今当征贼,欲守之积年。其以尚书令颍乡侯陈群为镇军大将军,尚书仆射西乡侯司马懿为抚军大将军。若吾临江授诸将方略,则抚军当留许昌,督后诸军,录后台文书事;镇军随车驾,当董督诸军,录行尚书事。"《资治通鉴》卷70《魏纪二》本条胡注云:"行尚书,谓尚书之随驾者;后台,谓尚书台之留许昌者也。"据上引很清楚,魏文帝南征时留在许昌的尚书台机构,正是相对于跟随车驾征行的尚书机构而言的,尚书令陈群

---

① 祝总斌:《关于北魏行台的两个问题》,载《周一良先生八十生日纪念论文集》,中国社会科学出版社,1993年。张小稳:《魏晋南北朝时期行台性质的演变》,《人文杂志》2008年第3期。
② 前岛佳孝:《西魏行台考》,《东洋学报》第90卷第4号,2009年;同氏:《关于西魏宇文泰的大行台》,载《池田雄一教授古稀记念亚洲史论丛》,中央大学《亚洲史研究》第32号,2008年。
③ 《容斋续笔》卷5"台城少城"条,中华书局,2005年,第282—283页。东汉初即有指中央政府为"台朝"之例,见《后汉书》卷82上《方术·王乔传》,中华书局,1965年,第2712页。六朝时"台"成为中央政府代词,如称中央军队为"台军",中央使者为"台使",例不胜举。

所谓"录行尚书事",换言之即"录行台尚书事"。行台一名诚然直到稍后的魏明帝世方见载籍,但此时陈群之"录行尚书事"实即尔后行台之滥觞①。逮至魏末司马昭率军征诸葛诞时,亦与尚书俱行。《三国志》卷4《高贵乡公纪》记此事云:"(甘露二年五月,257)丁丑,诏曰:'诸葛诞造为凶乱,荡覆扬州。……今宜皇太后与朕暂共临戎(后略)。'……(六月)甲子,诏曰:'今车驾驻项,大将军恭行天罚,前临淮浦。昔相国大司马征讨,皆与尚书俱行,今宜如旧。'乃令散骑常侍裴秀、给事黄门侍郎钟会咸与大将军俱行。"按当时曹魏国柄实已操于司马氏之手,司马昭"奉天子及皇太后东征",主要是怕留在后方生变②。曹髦既是被挟于军中,自然不能像曹丕当年南征时亲自统军临阵,而是车驾顿项。于是相对于天子顿驾之处,出现了随军征讨的行台。《三国志》卷22《陈泰传》:"转为左仆射。诸葛诞作乱寿春,司马文王率六军军丘头,泰总署行台。"同书卷28《钟会传》:"及诞反,车驾住项,文王至寿春,会复从行。……寿春之破,会谋居多。……诏曰:'会典综军事,参同计策,料敌制胜,有谋谟之勋(后略)。'"又《晋书》卷35《裴秀传》:"帝(司马昭)之讨诸葛诞也,秀与尚书仆射陈泰、黄门侍郎钟会以行台从,豫参谋略。"综据上引可知:(一)此行台由尚书左仆射陈泰总署,主要成员有散骑常侍裴秀、黄门侍郎钟会。(二)此行台不同于黄初六年(225)魏文东征时跟随车驾"录行尚书事",而是随军事统帅司马昭前行,它相对于曹髦驻项之台。(三)此行台名义上代表皇帝或曰代表中央随军征讨,实际上不过是军事统帅司马昭的参谋机构,职在"参预谋略"、"典综军事"。(四)此次军事活动结束,行台即告解散。(五)据上引甲子诏书,司马昭军征时"与尚书俱行"并非始作俑者,而是援引前例。如司马师讨毋丘俭,即以尚书傅嘏、中书侍郎钟会从,二人"典知密事",谋谟帷幄③,与陈泰总署之行台无大差别。

综上所考,可知行台的最初出现是在魏初,魏明帝世行台一词始见于正史。皇帝行幸、亲征导致以尚书台为核心的中央政府机构的一部分官员与皇帝随行,是行台最初发生的主要原因。在司马氏实际当权的曹魏末年,出现了代表皇帝和中央政府随军征讨的行台,并由尚书长官总署,从而开了此后行尚书台制度的先河。但此期行台并不完全是行尚书台。皇帝征行时的行台,由

---

① 陈仲安撰:《中国大百科全书·中国历史》"行台"词条,中国大百科全书出版社,1992年,第1329页。
② 《资治通鉴》卷77《魏纪》"高贵乡公甘露二年六月"本条胡注,第2437页;《晋书》卷2《文帝纪》,第34页。
③ 《三国志》卷21《傅嘏传》、卷28《钟会传》,第627、785页。

皇帝及其随从官员组成，它堪称临时中央政府；陈泰总署之行台，则是中央政府的派出与代表机构。二者的组成都不限于尚书官员，行台之台实际上指代整个中央政府。不过录行尚书事的陈群、总署行台的陈泰，均为尚书长官；行台之台所以具有中央政府的含义，亦因东汉已降"事归台阁"所致，而且曹魏时尚书台又从文属少府独立为名副其实的最高政务机构，故未尝不可把此期行台看作行尚书台。总之，此期开始出现的行台兼有行尚书台和代表整个中央政府这两种相互联系而又有所区别的性质。

此期行台又具有明显的军事性[1]，如陈群录行尚书事"董督诸军"，傅嘏以尚书从征参谋军机，陈泰总署行台"典综军事"。这是因为当是时行台的出现多与皇帝的亲征和重大军事活动有关，故一俟战争结束，行台即告废罢，因此此期行台又具有临时和权宜的性质。

根据有关史载，我们看到两晋南朝时期间有出现的行台在性质上大抵类似于曹魏时期[2]，我们还看到甚至在行台制度得到高度发展的北朝后期，上述性质的行台也仍然存在。不过这类行台终究是非常情况下的产物，属于一种权宜之制或乱时之政，而非经制彝规。然而在北朝特别是北朝后期，行台制度的发展却出现了一种新的情况，即行台渐渐演变成一种地方性常设职官，也就是本章下文所说的行台地方官化。

第三节 十六国与北魏初期驻治地方的行台

北朝行台的地方官化滥觞于十六国时期。众所周知，十六国的统治者尽管多为少数族贵族，但由于这些少数族内迁较早，长期受中原文化熏染，而且这些少数族贵族大都笼络北方世家大族共建联合政权，故其职官系统大抵承袭魏晋，如尚书省制度，除前凉、西凉因奉东晋正朔其官不备外，其余政权均有，而与之有联系的行台亦时见史乘。

《晋书》卷105《石勒载记》下："勒以成周土中，汉晋旧京，复欲有移都之意，乃命洛阳为南都，置行台治书侍御史于洛阳。"《资治通鉴》系此事于晋成帝咸和六年(331)九月，称"赵主勒复营邺宫；以洛阳为南都，置行台"。按后赵本

---

[1] 对此日人青山公亮氏早已揭示，见所著《历代行台考》，载台北帝国大学文政学部《史学科研究年报》第2辑，第145、148页。
[2] 关于两晋南朝行台，参上揭牟发松《魏晋南朝的行台》，此不赘述。

都襄国,南都洛阳即相对于北都襄国①,故洛阳行台自相对于襄国中台,为中央政府的一个分部。关于这个行台的具体情况由于史载简略今已不得而知,但它与魏晋南朝的行台有重大差别却显而易见。后者如前所考多为非常时期的临时中央政府,或为中央派出临时随军征讨、事毕即罢的使职机构,行台长官多为尚书职官,此行台则是作为中央的一个分部固定地常设于洛阳,代表中央行使权力,而且名之为"行台治书侍御史",不禁令人怀疑这个行台到底是行尚书台还是行御史台。

这种行台十六国时期还见之于后燕。《资治通鉴》卷99《晋纪》孝武帝太元十六年(391)正月条:"燕置行台于蓟,加长乐公盛录行台尚书事。"慕容盛以行台常驻于蓟,直到太元二十年(395)十二月,后燕才"以阳城王兰汗为北中郎将,代长乐公盛镇蓟"②。为了明了这种行台的职官性质,我们有必要追溯到前燕的留台。留台在两晋南朝偶见史籍③,都是相对于皇帝行在,称首都之中央机构为留台。前述魏文帝伐吴时司马懿留在许昌"录后台文书"之后台,实即后世之所谓留台。前燕之有留台,在慕容儁称帝之后。《资治通鉴》卷99《晋纪》穆帝永和八年(352)十一月戊辰条称:"儁即皇帝位,大赦。……改司州为中州;建留台于龙都,以玄菟太守乙逸为尚书,专委留务。"本条胡注云:"燕初都龙城,时迁于蓟,故建留台于龙城,谓之龙都。"按辽东龙城是慕容燕的发祥地,也是本族人聚居地即基本兵源所在,所以前燕尽管随着军事势力的西渐,其政治经济中心(首都)逐步内迁,龙城却因其特殊地位始终置有留台,此龙城留台即相对于首都蓟(后为邺)而言。但我们却不可以说蓟(或邺)为行台,恰恰相反,龙城留台只是蓟(或邺)台的一个分部,其所以称留台,乃因龙城是前燕的根本所在,或许慕容儁当年率军初出辽东本以行台相从。总之,前燕的龙城属于陪都,长期设在这里的留台与两晋南朝的留台不同,与之相对的不是行台,而是首都的中台。

前燕败亡,继起的后燕版图相对前燕大为收缩,首都也从邺城北退至中山。太元十四年(389)后燕"建留台于龙城,以高阳王慕容隆录留台尚书事",

---

① 石勒即皇帝位时定都于襄国,但终勒之世未尝果迁于邺,亦未迁都洛阳。参《晋书》卷105末《校勘记》[一四],第2758页。
② 《资治通鉴》卷107《晋纪》"孝武帝太元十六年正月"条,同书卷108"孝武帝太元二十年十二月"条,第3398、3425页。
③ 《资治通鉴》卷110《晋纪》"安帝隆安二年正月条"及胡注,第3462页;《晋书》卷4《惠帝纪》"永兴元年十一月"条,第104页。

"又以护军将军平幼为征北长史,散骑常侍封孚为司马,并兼留台尚书"①。此留台一如前燕,是中央在陪都龙城的代表机构。前燕以乙逸为尚书,"专委留(台)事";后燕以高阳王隆录留台尚书事,又以其府长史、司马并兼留台尚书;可知两燕的龙城留台即留尚书台,是中央尚书省常设于龙都的一个分部。

据前文所引《资治通鉴》,后燕在太元十六年(即置龙城留台的后二年,391)又置行台于蓟,该行台终后燕之世一直存在。蓟行台长官慕容盛本官尚书左仆射②,受命为行台时加录行台尚书事,即行台录尚书事。蓟为后燕重镇,地位与龙城相当,设在两地的留台与行台都是后燕中央尚书省的代表机构,是当地最高权力机关。其长官常兼当地州牧刺史,如前燕乙逸为龙都留台尚书,兼幽州刺史;后燕慕容隆为录龙城留台尚书亦兼幽州牧③。慕容盛以行台镇蓟城仅见于《通鉴》,是否兼刺史不详。尚书既无事不总,又兼地方州职,其权综军民自不待言,不过在当时军事镇守之职尤重④。

这种以尚书省的一个分部固定地常设于某地,作为当地综理军民而以军事镇守为主的最高权力机关的行台(或称留台),是在慕容燕时才初次出现的。晋恭帝元熙元年(419)赫连夏在长安置南台,以赫连璝领大将军、雍州牧、录南台尚书事,率重兵镇守,亦属此类⑤。

两燕在龙城的留台与后燕的蓟行台,其名虽异,其职官内容则一。它们的出现是行台制度发展史上一件具有重要意义的事件,标志着行台地方官化的初步进展。笔者推测北魏灭后燕后所置的邺、中山行台即取法于此。

《魏书》卷2《太祖纪》天兴元年(398)正月条载:"帝至邺,巡登台榭,遍览宫城,将有定都之意。乃置行台,以龙骧将军日南公和跋为尚书,与左丞贾彝率郎吏及兵五千人镇邺。车驾自邺还中山……帝虑还后山东有变,乃置行台于中山,诏左丞相、守尚书令、卫王仪镇中山。"据此可知,邺、中山行台与十六国时期出现的以军事镇守为主的地方行台完全相同。当时拓跋珪虽大破后燕,尽有今山西河北二省之地,但当地豪强多不宾服,且南有东晋,西有姚秦,被逐到龙城的慕容熙和新兴于广固的南燕慕容德更是亡魏复燕之心不死。"虑

---

① 《晋书》卷123《慕容垂载记》,第3087页;《资治通鉴》卷107《晋纪》"孝武帝太元十四年正月"条,第3386—3387页。
② 《魏书》卷95《慕容廆附盛传》,第2069页。
③ 《资治通鉴》卷100《晋纪》"穆帝升平元年正月"条及该条胡注,第3160页;同书卷107"孝武帝太元十四年正月"条,第3386—3387页。
④ 《资治通鉴》卷108《晋纪》"孝武帝太元二十年十二月"条、"太元二十一年正月"条,第3425页。
⑤ 《晋书》卷130《赫连勃勃载记》,第3210页;《资治通鉴》卷118《晋纪》"恭帝元熙元年二月"条,第3726页。

还后山东有变",正是拓跋珪置邺、中山行台的主要动因。根据有关史料,我们看到行台的第一个任务便是率军镇守新辟的版图①,并在新征服地"招携初附",叙用当地士人,组织地方政权②,总之邺、中山行台是北魏设置于山东新征服地兼理军民的最高权力机构③。为明其内部结构,兹将二行台长官及其属佐之于史可查者表列如后。

表15 魏初邺、中山行台官属表

项 目	姓 名	尚书省职务	行台职务	出 处
行台长官	和跋	尚书	邺行台尚书	《魏书》卷28本传、卷2《太祖纪》
	庾业延(岳)	不明	当为邺行台尚书	《魏书》卷28本传、卷2《太祖纪》
	元仪	尚书令	中山行台守尚书令	《魏书》卷15本传、卷2《太祖纪》
	元遵	左仆射	当为中山行台左仆射	《魏书》卷15本传、卷2《太祖纪》
行台属佐	贾彝	左丞	邺行台左丞	《魏书》卷33本传、卷2《太祖纪》
	邓晖	不明	邺行台郎	《魏书》卷28《和跋传》
	燕凤	吏部郎	中山行台尚书④	《魏书》卷28本传
	宋隐	吏部郎	中山行台郎转左丞	《魏书》卷33本传

据表,行台长官及其属佐多为中央尚书官兼任,其中大多数人的尚书省官与行台官一致,即以中台职径为行台职;若不同,则行台职高于中台(如燕凤、宋隐)。这些都体现了行台作为尚书省派出机构的性质。中山行台长官为令、

---

① 《魏书》卷2《太祖纪》天兴二年三月,第35页。
② 《魏书》卷33《宋隐传》、《贾彝传》,第773、792页。
③ 和跋任邺行台,辽西公意烈为广平太守,"自以帝属,耻居跋下",遂谋反,被杀,由之可知行台为当地最高长官。和跋、拓跋意烈事各见《魏书》卷28、卷15本传。
④ 据《魏书》卷24本传,燕凤曾在太祖世出任行台尚书,则其任非邺即中山行台职。按邺行台初置时长官为和跋,继之为庾岳,至景时废。且二人并官行台尚书,其属佐不得为尚书,故燕凤当为中山行台尚书无疑。按元遵任中山行台长官时经常离职出征,燕凤以行台尚书留总中山行台。此处参考了日本学者古贺昭岑《关于北朝行台》一文的考证,文见日本《九州大学东洋史论集》1974年第3号、1975年第5号、1979年第7号。

仆,邺行台长官但为尚书;与之相应,中山行台属佐有尚书、丞、郎,而邺行台只有丞、郎,它表明中山地位高于邺,也表明行台组织不必完备如中台,行台长官不必位高至令、仆,均视情况而置。前引《魏书·太祖纪》称和跋为行台尚书时"率郎吏及兵五千人镇邺",则尚书之低级属佐如令史之类行台亦当置备,唯其地位卑下不见诸史籍而已。

北魏初置台省不足两年便置邺、中山行台,且当时台省组织甚为粗糙;而这种作为尚书省的一个分部驻治地方的行台早就存在于后燕境内;故魏破后燕后所置邺、中山行台极有可能取法燕制,只不过组织机构更加完备一些而已。

如所周知,这两个行台存在时间都不长。邺行台罢于天兴四年(401),改置相州。① 中山行台据考当废于天兴三年(400)②。废罢的原因史无详言,若不作更多的追究,加强中央集权可能是最直接的动因。因为这种作为尚书省派出机构综理一方军政、民政的行台,对于正在加强的皇权(即刚刚称帝的拓跋珪)无疑构成威胁,从出任行台的四位长官元仪、元遵、和跋、庾岳,分别以"衣服鲜丽"、"好修虚誉"、"压当天灾"等莫须有的罪名在道武帝世被一一诛杀③,实可见知。

魏初邺、中山行台的设置,继承和发展了十六国时期出现的行台向驻治地方机构过渡的趋向。尽管随着邺、中山行台的废罢这一趋向受到阻碍,但它仍为魏末行台的地方官化提供了某种成例,从而在行台制度发展史上具有自己的地位。

第四节　北魏末(524—534)行台的地方官化

自魏初废罢邺、中山行台,作为驻治地方的行台直到魏末大乱不复出现,但此期非地方性的行台却史出有间。概括起来大致有三种类型:一为随皇帝出征、行幸的行台④,曹魏时最初出现的行台即为此类;二是作为中央使者的

---

① 《魏书》卷2《太祖纪》天兴四年四月,第38页;卷28《庾业延传》,第684—685页;卷106上《地形志上》司州条,第2456页。
② 综据《魏书》卷2《太祖纪》天兴元年正月、三月、四月诸条;同书卷15《元遵传》;卷106上《地形志上》定州条;《水经注》卷11《滱水》;《魏书》卷83上《刘罗辰传》;吴廷燮《元魏方镇年表》定州条(《二十五史补编》本,北京:中华书局,1955年,第4册第4582页。以下简称"吴表")。详考不赘。
③ 各见《魏书》本传(参表15出处栏)。此论点参考了上揭古贺昭岑论文。
④ 《魏书》卷35《崔浩传》,第824页;同书卷40《陆俟传》,第908页;卷69《裴延儁传》,第1529页;卷49《李灵传》,第1099页。

行台,此亦见之于东晋南朝①;三是统军监军的行台,此类行台也不是北魏才有②,但从北魏孝明帝以降(516年以后)为数见多,并且愈来愈多③。不过当时出使、统军的行台诚然有较大的权力,但因出任者往往职卑名微,而且事毕即罢,故无长期驻治一方甚至与中央分庭抗礼者。及至明帝正光五年(524)六镇起事全面爆发一直到永熙三年(534)魏分东西的魏末十年,行台制度得到了广泛的运用,行台数量急遽增加,比如此期北魏政府派往关陇地区镇压起义的行台,于史可查的就达二十例左右④。在六镇、河北地区,魏梁交争的徐扬一线,以及少数民族聚居的三荆、梁益、汾晋等地,也都出现了为数不少的行台。特别值得注意的是,此期驻治地方的行台开始出现,并日益增多,形成了相对稳定的地方行台区。尽管北魏政府对这种地方行台的设置十分谨慎,但它还是以各种形式应运而生。概括而言大致有如下数种。

其一是以行台驻守于某地,与当地长官并治。《魏书》卷9《肃宗纪》孝昌元年(525)正月庚辰条:"徐州刺史元法僧据城反,害行台高谅。"同书卷57《高祐附孙谅传》称谅正光中"加骁骑将军,徐州行台",后为元法僧所害。按高谅约于正光五年(524)抵达彭城,当时梁朝正趁魏乱遣将攻魏扬州及徐州东南附近之淮阳,高谅受命为徐州行台正为加强彭城防务,也许还为了监视、控制元法僧。这种常驻于地方的行台显然分割了当地长官的权力,故元法僧反叛时先除高谅以免部下离心。与高谅同时又有以西道行台驻治高平镇的高元荣,以北道行台驻治晋阳的宋纪,此后又有常景、崔孝芬、羊深、甄琛、郦恽等,此不备举⑤。这种与刺史(镇将)并治的行台,其权力大小往往因人而异,大者或总理一方军民,刺史形同虚设,如甄琛之为相州行台竟可废立州刺史⑥;而小者但

---

① 《魏书》卷41《源贺传》,第926页;《元昭墓志》,赵超:《汉魏南北朝墓志汇编》,第144页。余不备举。东晋南朝见《晋书》卷81《蔡豹传》,第2112页;《南齐书》卷40《竟陵王子良传》,中华书局点校本,1972年,第692页。参上揭牟发松《魏晋南朝的行台》。

② 《晋书》卷127《慕容德载记》,第3170页;同书卷107《石季龙载记》下,第2794页。北魏见《魏书》卷41《源怀传》,第933页;同书卷67《崔光传》,第1501页;卷65《李平传》,第1453页。余不备举。

③ 据笔者统计,统军监军行台自宣武帝景明中至孝明帝神龟中见于史载者十一例,孝明帝正光元年(510)至四年(523)即出现十一例。详见上揭牟发松《六镇起义前的北魏行台》。

④ 据考有如下20例,出处详见笔者硕士论文《魏晋南北朝隋唐行台制度述论》第三章第二节"高度发展的北魏末行台",武汉大学硕士论文,1984年。正光末:高元荣、元修义、萧宝夤、元颢、元继、元朗、元修义(复任)。孝昌元年:元匡、韦彧。二年:羊深。三年:杨椿、萧宝夤(复任)、长孙稚、魏兰根、源子邕、崔士和、(元徽)。永安中:尔朱天光、元永、朱瑞。

⑤ 分别见《魏书》卷89《高遵传》,第1921页;同书卷63《宋弁传》,第1417页;卷82《常景传》,第1804页;卷57《崔挺传》,第1267页;卷77《羊深传》,第1703页;卷68《甄琛传》,第1518页;卷42《郦范传》,第952页。

⑥ 《魏书》卷68《甄琛传》,第1518页;参同书卷70《李神传》,第1562页。

为监察驻防,事权在刺史之下,如上述徐州行台之高谅,以及尔后的二徐行台羊深,手中均无实权①。

其二是仅以行台驻治某地。据考元纂至迟从正光六年(525)开始,一直到孝昌二年(526)七月,都以行台镇守恒州②,当时恒州并无刺史③。在元纂任职恒州行台之际,平城正处于北镇起事民众的包围之中,元纂主要是率军镇守平城和镇压起事,但在其权力所及的范围内能够兼理民政并具有其他随机处置之权自不待言。孝昌二年(526)梁遣将攻魏新野,辛纂以南道行台率众赴援,既而以行台驻镇荆州达两三年之久,其情况与元纂略同④。此期出现的单以行台驻镇某地之例多为军事镇守性质,往往置于军事要地。如尔朱荣死后,孝庄帝以裴良为潼关都督,兼尚书为河东、恒农、河北、宜阳行台以备尔朱天光⑤。其行台驻治于潼关,又辟周围四郡为行台辖区,旨在加强行台长官对行台所在地区的直接统治权,以便于临时征发和防守。东西魏分立之际,由于潼关地处要冲,为东西争战之地,故双方都曾在这里设置过行台⑥。

其三是统军征讨的行台加行州职而为地方行台。这种情况往往因军事行动旷日持久,统军作战的行台不得不常设于某地所致。《魏书》卷69《裴延儁传附从祖弟良传》:"时汾州吐京群胡薛羽等作逆,以良兼尚书左丞,为西北道行台。……良入汾州,与刺史、汝阴王景和及(别将李)德龙率兵数千,凭城自守。贼并力攻逼,诏遣行台裴延儁……(等赴援)。景和薨,以良为汾州刺史,加辅国将军,行台如故。"按裴良以行台率兵入汾州在正光五年(524)⑦。由于胡人"攻围日甚",不仅将他困于城中,而且大败前来增援的西北道行台裴延儁和大都督元融⑧。孝昌初,汾州刺史元景和死,裴良得兼刺史,治于汾州的西北道行台从而地方化。萧宝夤自正光五年(524)到孝昌三年(527)一月始终以行

---

① 《魏书》卷77《羊深传》,第1703页;参同书卷58《杨播附从子昱传》,第1293页。
② 《魏书》卷18《元渊传》,第431页;《资治通鉴》卷150《梁纪》"武帝普通六年六月"条、卷151"普通七年七月"条,第4705、4715页。
③ 元纂入据平城之前恒州刺史为司马仲明,已卒于正光五年(524),见《魏书》卷37《司马叔璠传附孙仲明传》,第862页。《吴表》在元纂任恒州期间又列有刺史元瑱,实为元项之误,说见《魏书》卷21上末《校勘记》[十九],第569页。按元项曾除平北将军、相州刺史,诸史并无异说,且可证以墓志(《元项墓志》,赵超:《汉魏南北朝墓志汇编》,第290页),此或吴氏偶误。
④ 《魏书》卷77《辛雄传》,第1699页。
⑤ 《魏书》卷69《裴延儁传》,第1531页。
⑥ 当时长孙子彦、郭琰、薛长瑜均曾以行台镇守潼关。长孙、郭为西魏任命,薛为东魏任命。郭见《北史》卷85本传,第2849页;长孙、薛二人均见《北齐书》卷2《神武纪》,第17页。
⑦ 《魏书》卷9《肃宗纪》正光五年十二月条,第238页。
⑧ 《魏书》卷69《裴延儁传》,第1531页。

台、都督转战于关陇,不带州职。直到孝昌三年(527)四月才代杨椿为关西行台、雍州刺史。自是权力大增,"自关以西,皆受节度"。刑赏自专,补授任意,自长史司马等上佐到五品以上郡县,皆得"任其牒用"。杨椿受代之际,曾向朝廷报告,说以萧宝夤之地位,不须"藉刺史为荣",而宝夤既为刺史,"喜悦不少",其事权太大,恐启异心云云①。实则杨椿受代之前亦为关西行台、雍州刺史,凡萧宝夤今日之权杨椿曩时无不有之,这些单为刺史或者单为行台都不应享有的巨大权限,正是行台与州职兼于一身的结果。孝昌元年(525)徐州刺史元法僧反后,安丰王延明受诏以东道行台南讨。《元延明墓志》云:"除卫将军,仍侍中,领国子祭酒。……又以本官兼尚书右仆射。……岬起边垂,窃宝叛邑,爰自徐部。……除卫大将军、东道仆射大行台,本官如故。伪人乘间……萧综来奔……公智力纷纭,一麾席卷。……仍以本大行台、本官行徐州事,仍除使持节,都督三徐诸军事、本将军、徐州刺史,侍中、大行台仆射如故。复除使持节,都督雍州诸军事、本将军、雍州刺史。俄间复除徐州刺史,仍侍中本将军。"②按志文所载历官详于《魏书》卷20本传。据本传及《肃宗纪》,元延明在孝昌元年(525)四月萧综降魏后,"以军乘之,复东南之境,至宿豫而还,迁都督、徐州刺史"。而据墓志,他先是以行台、本官权行州事,后又正式除授都督、刺史,以"招携新故","大行台仆射如故",可知仍带行台职。史称直到孝昌三年(527)杨昱代他,他一直在徐州任上,而据墓志,他曾一度受任雍州,但"俄间"复除徐州,实未之任雍州。然而这未遂的转授却非毫无意义,当他"复"除徐州刺史时,行台职便被剥夺了。朝廷的用心可谓良苦,因徐州为北魏东南重镇,且密迩江南,非精兵猛将不足以镇守,事权过大又易成反噬,元延明所讨之元法僧就是前鉴。延明亦以宗王出镇,又兼带行台,故朝廷不得不设法渐夺之权,后来索性将其调离徐州,继任之杨昱不带行台职,同时又遣徐州行台崔孝芬、羊深等常驻彭城,可知非万不得已,朝廷绝不肯将州职同时授予拥兵在外的行台。

其四是以刺史加行台职。正光五年(524)六月,就在莫折太提发动起事后的几天,南秦州城民韩祖香、张长命便据城响应。七八月间,莫折念生两次派兵接应南秦城民,都被东益州刺史魏子建打败③。尽管如此,当时骆谷仍为城民据守,南秦氐民暴动势力也依然存在,梁益地区随时可能与秦州起事连成一

---

① 《魏书》卷59《萧宝夤传》,第1323页;同书卷58《杨播附弟椿传》,第1288页。
② 赵超:《汉魏南北朝墓志汇编》,第286—288页。
③ 《魏书》卷9《肃宗纪》,第236—237页;同书卷104《自序》,第2321—2322页。

片。为了有效控制当地局势,魏朝以东益州刺史魏子建为山南行台。参据《魏书》本传及《肃宗纪》,知魏子建至迟在正光五年(524)十二月已出任山南行台,"刺史如故"。史称"于是威震蜀土,其梁、巴、二益、两秦之事,皆所节度"。孝昌元年(525)二月、八月,莫折念生又曾两次遣将南攻仇池,均为子建所败,可见山南行台之设有效阻遏了关陇起事队伍的南进,致使梁益城民、氐民起事因孤立而败。直到永安二年(529)七月魏子建为唐永所代之前都以刺史带山南行台职,而且该行台未尝因他卸任而罢,直到两魏分立始终存在,为魏末一个较稳定的行台区。孝昌三年(527)正月,萧宝夤败退雍州时,"扶风以西,非复国有",长安成了与关陇反魏军队对峙的前线,魏以雍州刺史杨椿"兼尚书右仆射为行台,节度关西诸将"。自此,魏末任雍州刺史者例带行台,关西行台成为魏末又一稳定而且十分重要的行台区。魏末于豫州设置行台始于曹世表,《魏书》卷9《肃宗纪》孝昌三年(527)七月条:"陈郡民刘获、郑辩反于西华,号年天授,州军讨平之。"据《魏书》卷72本传,曹世表当时为豫州刺史,"朝廷以源子恭代世表为州,以世表为东南道行台,率元安平……等讨之。……(诸贼悉平)复以世表行豫州事,行台如故"。则知世表受任东南道行台之初即解州职,其后又以行台行州事,东南道行台方告地方化。不过他旋即还朝,该行台亦被废罢。次年即武泰元年(528)四月,为了抵御梁军,朝廷加源子恭为镇南将军,兼尚书行台,直到永安二年(529)七月平元颢后被征入朝,子恭始终以刺史带行台职①,豫州(或东南道)行台自此常设。

其五是行台、刺史二职同授。在魏末地方行台中以此种情况最多。正光五年(524)六月秦州起事爆发,元修义受任为西道行台、行秦州事出讨,可能是魏末行台、刺史同授的最早实例②。但修义因病久顿长安,朝廷乃遣萧宝夤代之为行台,而以修义为雍州刺史。孝昌元年(525)魏朝复以修义为西道行台、行秦州事,但他"停军陇口,久不西进",最后死于汧城③,无由抵达当时仍由起事军队占领的秦州,故元修义所任之西道行台实际上不属于地方行台。正光五年(524)冬,卢同受任为幽州刺史兼尚书行台慰抚谋反的营州城民;崔孝芬以荆州刺史兼尚书南道行台援代被梁军攻围的荆州刺史李神儁,事毕仍以刺

---

① 《魏书》卷41《源贺传附子子恭传》,第935页。
② 正光三年(522),张普惠曾同时受任凉州刺史、西道行台,但他因疾不果行。事见《魏书》卷78本传,第1741页。
③ 《元寿安墓志》,赵超:《汉魏南北朝墓志汇编》,第190—192页。参《魏书》卷19上末《校勘记》[七],第567页;同书卷59《萧宝夤传》,第1323页。

史、行台驻镇荆州①。尽管两人在任时间不长,均于次年因党元叉征还,但他们仍是魏末较早出现的刺史行台同授之地方行台。河阴事变以后,刺史行台同授之例遍见史籍,于此无庸备举②。

由上述可见,北魏中央对地方固定行台的设置十分谨慎,非置不可,也往往刺史、行台分别授人。其以统军行台加行州职,或以州职加兼行台,则是应长期军事行动的特别需要。元渊以行台北讨六镇起事镇兵时,曾表请于恒州北部别立郡县以安置六镇降众,并称恒州人要求他任刺史,大概借以谋兼州职。但对此要求,左仆射元徽却"斐然言不可测"③,终未满足之。元渊时为北征统帅,复求为州,故朝廷疑而不许。当时恒州刺史元纂以行台镇恒州两三年而不加州职,殆出于同样原因。《魏书》卷14《元天穆传》称尔朱荣欲结托天穆,遂向朝廷为天穆求行台职,但"朝廷不许",后仅除并州刺史。而《元天穆墓志》却称:"于时塞虏叩关,山胡叛命……充西北道行台,除征虏将军、并州刺史。"④可见朝廷最后还是应尔朱荣之"请"将行台刺史二职同授于元天穆。当时尔朱荣屯兵秀容,横行并肆,以从叔羽生为刺史,"朝廷亦不能罪责"⑤,故墓志所言当不虚,王绰曾出任元天穆北道行台郎中适可佐证⑥。并肆地方行台即是在朝廷无力控制的情况下出现的。

河阴事变以后,驻治地方的行台逐渐增多,由前此因特殊情况一时设置到相沿成例长期稳定地设置,从而出现了一批比较稳定的地方行台区,其行台、刺史往往同时除授,一如都督诸州军事例兼首州刺史一样,地方行台长官亦例兼行台治所州刺史。如果我们把行台制度由统军征讨临时设置到驻治地方稳定设置作为一个发展的全过程来看,那么,上述情况表明,魏末已接近这个发展过程的基本完成期。当时北魏境内主要的地方行台区如下表所列,其行台长官可考者大致按时间顺序列于各行台区之后(加括号者为行台区域内之较小行台)⑦。

---

① 卢同事见《魏书》卷76本传,第1684页;崔孝芬见同书卷57《崔挺传》,第1267页。
② 据笔者统计,河阴事变前出现的地方行台三十一例,兼州职者十八例,二职同授者十余例。后出现的四十四例地方行台率兼州职,且多数为二职同授。以上数据,据上揭笔者硕士论文《魏晋南北朝隋唐行台制度述论》末附《北魏末行台总表(正光五年——永熙三年十月)》统计而得。
③ 《魏书》卷18《元渊传》,第433页。
④ 赵超《汉魏南北朝墓志汇编》,第276—277页。
⑤ 《魏书》卷74《尔朱荣传》,第1645页。
⑥ 《魏书》卷93《恩倖·王叡附从孙绰传》,第1994页。
⑦ 关于魏末、北齐地方行台的区划,关于大行台之下又辖有较小行台的观点,本节都参考利用了严耕望先生的研究成果。见上揭严著《中国地方行政制度史·魏晋南北朝地方行政制度》卷下《北朝地方行政制度》第十二章"魏末北齐地方行台"。

表16 魏末地方行台区(附长官姓名)①

行 台 区	长 官 姓 名
雍州西道行台(又称关西、关右、关中)	(高元荣) 杨椿 萧宝夤 (魏兰根) (羊深) 长孙稚 (毛遐) 尔朱天光 (贺拔岳) 贺拔岳(侯莫陈悦) 贾显度 宇文泰
并州北道行台	(元纂) 元天穆 宋纪 薛庆之 尔朱荣 尔朱天光 杨津 穆健 尔朱兆 (叱列延庆) (侯莫陈相)
晋汾西北道行台	裴良 元显恭 (郦恽) 樊子鹄
冀相定等州河北行台(又称北道)	(卢同) (常景) 杨津 甄密 元鉴 元颢 侯景 尔朱世隆 (刘灵助) 薛昙尚 高欢 孙腾 李憨 高盛 孙腾
荆州南道行台	崔孝芬 (邓俨) 辛纂 寇胤之 李琰之 崔孝芬 源子恭 贺拔胜 辛纂
梁益山南道行台	魏子建 傅竖眼 董绍 元孚
豫州东南道行台	曹世表 源子恭 郑先护 樊子鹄
徐兖东道行台	高谅 元延明 崔孝芬 羊深 羊深 尔朱仲远 贾显度 邸珍

上表16所列仅限于魏末比较重要且相对稳定的地方行台区,余如一时权置或徒具文书未尝果行者②,本表未予列入。需要指出的是,魏末主要行台区虽已趋于稳定,但这种稳定只是相对的。如当时行台辖区往往不固定,常因出任行台长官的地位和所处形势而伸缩。杨椿初为关西行台,由于关陇义军攻占了泾、豳、岐、北华诸州,行台实际所辖不出雍与南豳二州。逮贺拔岳为关西行台,关陇义军已被镇压,加之孝武帝欲倚岳为外援,以抗衡高欢,故行台区域极大,督州多达二十,且陇右行台实亦属之③。又如当时有的行台始终设置,有的却间有置废。前者如关西、并州、山南、荆州诸行台,其长官的前后替代清楚可稽;后者如汾晋西北道行台,便时置时罢。再如,有的行台治所经常变动,

---

① 为避琐繁,本表所据之资料出处及有关考证不拟详列。大抵出于《魏书》、《北齐书》、《周书》、《北史》、《梁书》;以及赵超《汉魏南北朝墓志汇编》所收录之《元天穆墓志》、《元延明墓志》等,并请参上揭笔者硕士论文《魏晋南北朝隋唐行台制度述论》末附《北魏末行台总表》。
② 如元肃曾受任为青齐一带的东南道大行台兼青州刺史,但实未之任(《元肃墓志》,《汉魏南北朝墓志汇编》第303页;《魏书》卷19下本传,第508页);又如高欢曾任命高慎为沧州刺史、东南道行台尚书,乃属一时权置(《北齐书》卷21《高乾传》,第293页)。
③ 《魏书》卷80《贺拔胜传》、《侯莫陈悦传》,第1781、1785页。

如魏子建以东益州刺史为山南行台,治武兴,继之的傅竖眼以梁州刺史为山南行台,则治骆谷。冀、定、相河北行台的治所亦依何州刺史任行台而定。尽管如此,魏末行台地方化的发展趋势仍然十分明显,且已达到相当程度,最初多种形式的地方行台由于行台与州职的日益结合渐趋统一规整,逐步走向制度化。

北魏行台在六镇起义前终究为数不多,而且在职官地位上具有明显的差遣性质,即因事而设,事毕即罢,存在时间长不足半年,短则月余,行台官员亦临时从尚书省或其他中央部门中抽调。六镇起义后,长期驻治地方的行台既大量出现,而且有了相对稳定的行台区,故行台已实际构成魏末地方职官系统中一个重要组成部分,并逐步由临时差遣演为地方常设职官。

首先我们看到,行台一职渐与都督诸州军事乃至地方州职相结合。正光五年(524),寇治以都督三荆诸军事、行台尚书征讨三鸦蛮①,可能是魏末行台与都督诸州军事职结合的较早实例。同年元渊、元修义、萧宝夤、元颢诸人受任行台时也都有都督诸州军事职。行台、都督二职集于一身,其意义首先在于它扩大了军事长官支配地方的权力,其次是规定了统军征讨的行台所负责的战区范围,其随机裁处之权所施行的区域。北魏行台在六镇起义前就有以东、西、南、北各道及地名为称者,魏末更有明确地冠以州名者,所加都督职往往与之相适应。如魏兰根为都督泾、岐、东秦、南岐四州诸军事,四州行台尚书;尔朱仲远为三徐州大行台、都督三徐州诸军事②等。起初作为临时差遣、事权极大的行台官职与统率一方军政的正式常设官职都督有机结合,在职官制度上具有重要意义,它不仅使行台的权力具体化、明确化,而且使都督的职权出现虚化的倾向,逐渐为行台职所包容、取代。例如参军、从事中郎、军正这些本来属于都督府的僚佐,由于其府主兼任行台,以至于在当时人的心目中他们也成了行台属佐③,这正是行台高于都督的职官地位有以致之。行台还利用了都督的正式职官形式使自身的临时差遣性质向常设职官转化,后来的结果正如唐代的节度使所带的都督不过是一个虚化了的例带官号,亦如本为尚书长官仆射在中唐不加同平章事反而不是真宰相一样,原来统领一方军民的都督诸

---

① 《魏书》卷42《寇讚传》,第948页;《寇治墓志》,赵超:《汉魏南北朝墓志汇编》,第581页。
② 《北齐书》卷23《魏兰根传》,第330页;《魏书》卷75《尔朱彦伯传》,第1666页。
③ 行台参军见《周书》卷39《梁昕传》,第695页;《魏书》卷82《李琰之传》及该卷末《校勘记》[二],第1797、1809页。行台军正见安徽亳县出土之北魏《□爽墓志》(载《考古》1977年第1期);北齐《韦略墓志》,王其祎等编著:《隋代墓志铭汇考》,线装书局,2007年,第263—264页。行台从事中郎见下文。

州军事在魏末不加行台，似乎不能充当总统一方的元帅和地方长官，故魏末统军征战之官大都带有行台职，而地方行台则开始成为最高一级地方军政机构。《魏书》卷57《崔挺传附长子孝芬传》："荆州刺史李神儁为萧衍遣将攻围，诏加孝芬……以将军为荆州刺史，兼尚书、南道行台，领军司，率诸将以援神儁，因代焉。……后以元叉之党……除名，征还。……普泰元年，南阳太守赵脩延袭据荆州城，因刺史李琰之，招引南寇。除孝芬卫将军、荆州刺史，兼尚书、南道行台。"按崔孝芬的行台、军司职务初因统兵援代李神儁所加，援代以后，由于当地蛮民"扰动"方兴未艾，且常与梁朝呼应，荆州动辄被围，所以他任刺史、都督后仍带行台职，作为驻治地方的荆州南道行台亦由之而常设，行台长官例为荆州刺史、都督三荆（或加二郢）诸军事。我们看到孝芬除名以后继任荆州的李琰之①，以及李琰之之后再任荆州刺史的崔孝芬，均带以上诸职，前表所列的雍州西道、并州北道及梁益山南诸道地方行台，大抵一如荆州为当地州级以上的最高地方机构。

魏末行台由临时差遣到地方常设职官的发展还表现在组织机构的臻于完备。前述魏初邺、中山行台的官属全以尚书省官员充任，行台与中台是分部与总部的关系，乃纯粹意义上的派出机构，因而在组织结构上并无独立性。魏后期至六镇起义前的行台，多属于直接以尚书丞、郎出任行台出使、统军，行台之下鲜有属佐，唯本官为尚书仆射的元怀，尚书的李平、杨钧等三人出任行台有属佐，观其属佐原即为尚书本官的下属②，可知整个行台机构乃临时从尚书省中拨出，仍为尚书省的一个分部，且事毕即罢，固无完备与稳定之组织机构可言。魏末行台长官亦例带尚书官，但动辄为令、仆、尚书，故不可能尽以尚书省官员充任③，即便以尚书省官员出任，亦须通过加兼方式升格，其升格后的职务但为行台职，复回台省若非因功升迁则仍官复原职④。且魏末地方行台既常设不罢，以尚书官出任行台者亦因长期离职而实际免去了中台职务。如萧宝夤正光五年（524）以尚书左仆射出为西道行台后，其左仆射职随之转为行台

---

① 《魏书》卷82《李琰之传》，第1797页。
② 如源怀的行台郎宋世景本官尚书祠部郎；李平（吏部尚书）的行台郎刘懋、阳固本官尚书吏部考功郎。各见《魏书》卷88《良吏·宋世景传》，第1902页；同书卷72《阳尼传》，第1611页；卷55《刘芳传》，第1230页。
③ 宣武帝景明年间至孝明帝正光四年（523）出现的行台中，长官为尚书以上的占百分之三十左右，孝明帝正光五年（524）至孝武帝永熙三年（534），长官为尚书以上的占百分之七十左右。以上数据，据上揭笔者硕士论文《魏晋南北朝隋唐行台制度述论》末附《北魏末行台总表》统计而得。
④ 此类例子甚多，如源子恭以主客郎出为行台左丞，事毕仍回尚书省为郎，其普泰二年（532）以行台仆射入为尚书，见《魏书》卷41《源贺传》，第936页。

职,中央尚书省则另行委任左仆射。他在孝昌三年(527)四月代杨椿为关西大行台时所除尚书令实为行台职①。可知行台职官已开始独立于中央尚书省而自成系统,故行台仍兼尚书省职时有必要特别注明,如羊深正光五年(524)以驾部郎出任西道行台元颢的左丞时,史称"仍领郎中",此郎中即指中台驾部郎职②。《周书》卷34《赵善传》:"天光讨邢杲及万俟丑奴,以善为长史。……天光为关右行台,表善为行台左丞。……普泰初,赏平关、陇之功,拜骠骑将军、大行台(尚书)。"按尔朱天光永安二年(529)率兵出陇之初并不带行台职,后升为关右行台,普泰初又升兼尚书令为关西大行台,其部下赵善则由其府属而行台左丞而行台尚书递为迁转,此事亦足见行台组织之自成体系、自为升迁,已臻于完备稳定。

魏末行台长期固定地设置促进了行台组织的发展。雍州西道行台为魏末地方行台区中最为稳定者,兹将其行台(自长官萧宝夤以下)组织表列如下。

表 17 魏末雍州西道行台组织

行台长官			行台属佐			
姓名	职务	任职时间	尚书	丞	郎中	都令史	其他
萧宝夤	尚书令雍州刺史	正光五年(524)至孝昌三年(527)		崔士和(左)	封伟伯 郭子帔 苏湛 柳楷 高道穆 辛术	冯景	(参军) 梁昕
长孙稚	兼尚书领雍州刺史	孝昌三年(527)至永安中		杨侃(左) 韦旭(右) 长孙盛(左)	苏亮 长孙盛		
尔朱天光	兼尚书领雍州刺史	永安中至普泰二年(532)	董绍(吏部) 赵善 长孙盛	赵善(左)	苏亮 薛孝通 韦子粲		(从事中郎)董绍 (兼尚书)

---

① 《魏书》卷59本传,第1323页;参万斯同:《魏将相大臣年表》,《二十五史补编》本,第4册第4516页。
② 《魏书》卷77本传,第1703页。

续 表

行台长官			行台属佐			
姓名	职务	任职时间	尚书	丞	郎中	都令史	其他
贺拔岳	兼仆射雍州牧	普泰元年(531)至永熙元年(532)		宇文泰(左)苏亮(左)薛孝通(右)	辛庆之(吏部)吕思礼(吏部)王子直冯景		(从事中郎)周惠达
元景哲	仆射、殿中尚书						

资料来源：萧宝夤、尔朱天光、董绍，各见《魏书》本传；长孙稚，同书《长孙道生传》；贺拔岳，《贺拔胜传》；崔士和，《崔亮传》；封伟伯，《封懿传》；柳楷，《柳崇传》；高道穆，《高崇传》；杨侃，《杨播传》。宇文泰，见《周书》本纪；赵善、冯景、梁昕、辛庆之、王子直、苏亮、吕思礼、周惠达，各见《周书》本传；苏湛，同书《苏亮传》，韦旭，《韦孝宽传》。韦子粲—辛术，各见《北齐书》本传。郭子恢，《北史·郦范传》。薛孝通，《资治通鉴·梁纪》"武帝中大通三年二月"条。元景哲，《卢贵兰墓志》，赵超：《汉魏南北朝墓志汇编》，第370—371页。长孙盛，《长孙盛墓志》，赵文成等编：《秦晋豫新出墓志蒐佚续编》，国家图书馆出版社，2015年，第77页。

表中所列仅限于史籍可考者，然其组织之整备已颇可观，其中令、仆、尚书、丞、郎中乃至都令史均有出现。属佐中丞分左右，郎中往往有数名，或有冠以吏部者，可知已分曹理事。至于属佐中有参军、从事中郎，则如前文所述，乃因行台长官所兼诸职中行台一职最为显赫重要，以致史家误将其军府僚佐归诸行台。行台属佐的产生原则上应由中央任命，或由行台长官表荐。魏末比较稳定的行台地方长官往往例兼都督诸州军事与刺史，故其行台属佐或由州府僚佐转任或者兼任，如辛俊本为"东益州征房府外兵参军，府主魏子建为山南行台，以为郎中"①。有如魏晋以来的刺史加军号或任都督者皆得开府置佐，从而其僚属有府吏州吏之分一样，魏末行台的僚佐已开始独立于州府而自成系统。有关史料表明，在行台长官的州、府、台属佐中，行台属佐的地位可能最为重要，他们往往参与机密，兼任府州上佐，或出任州郡

---

① 《魏书》卷77《辛雄附族祖琛传》，第1701页；《周书》卷34《赵善传》，第587页。辛庆之为关西行台贺拔岳的吏部郎中，又为其开府掾及雍州别驾，乃一身台、府、州三任焉，见《周书》卷39本传，第697页。

乃至行台区内较小之行台①。从上表中还可得知,雍州西道行台的长官前后替代可查,而且有些行台属佐并不因长官替代而去职,它表明该行台的组织机构已相当完善与稳定。不过要指出的是,魏末行台也不是都有属佐,其组织完备如雍州西道行台者毕竟不多。

关于魏末开始成为地方最高军政机构的行台在职官机能上的特点,我们可以从山南行台魏子建的事迹窥见一斑。前述魏子建在正光五年(524)以东益州刺史加兼山南行台以后,"威震蜀土,其梁、巴、二益、两秦之事,皆所节度"。他曾总统山南诸州的军事力量有效遏制了秦州反魏武装的南进。据《魏书》卷104《自序》称,子建在山南行台的显赫地位使得"梁州刺史傅竖眼子敬和中心以为愧,在洛大行货贿,以图行台。先是,子建亦屡求归京师,至此,乃遣刺史唐永代焉,竖眼因为行台"。按傅竖眼子敬和当时正在益州任上②,史称其在州"聚敛无已,好酒嗜色",从他设法挤走魏子建,为其父图谋行台,可知山南行台对所属诸州不仅有军事上的节度权,而且有行政上的控制权。根据《魏书》卷101《獠传》、卷71《淳于诞传》,我们看到魏子建还有启置州级机构、荐任和逮捕州级长官,以及直接任命部下兼行行台内州郡的权力。而据《魏书》卷87《节义传》,魏子建曾上启以被俘梁将萧世澄换回死节之部将胡小虎的尸体归葬,其直接同敌国交涉的权力乃为一般地方长官所不及。

魏末地方行台事权膨胀之例不限于山南行台。《魏书》卷58《杨播传附弟椿传》载椿"以本官加侍中、兼尚书右仆射"为雍州西道行台时,"节度关西诸将,其统内五品已下,郡县须有补用者,任即拟授"。后来"萧宝夤代椿为刺史、行台,椿还乡里,遇子昱将还京师,因谓曰:'当今雍州刺史亦不贤于萧宝夤,但其上佐,朝廷应遣心膂重人,何得任其媵媵?……至于赏罚云为,不依常宪,恐有异心。关中可惜。……'"。据之,关西行台的职能十分广泛,辖区之内的军事、法律、行政民事,无不自行其事。非但任命州郡长官,而且还有表立下属为较小行台的记载。至于皇权衰弱、权臣柄政的魏之极末,地方行台更是割据一方,"行台采募者皆得权立中正","斟酌授官",如三徐州大行台尔朱仲远即自置中正,"随情补授,肆意聚敛","自荥阳以东,输税悉入其军,不送京师。……

---

① 吕思礼为贺拔岳行台郎中,"专掌机密";高道穆为萧宝夤行台郎中,"军机之事,多以委之"。出处见上文表17"魏末雍州西道行台组织"表。萧宝夤曾以其行台左丞崔士和兼度支尚书,为陇右行台(《魏书》卷66《崔亮传》,第1481页);贺拔岳曾以其行台左丞宇文泰为夏州刺史(《周书》卷1《文帝纪上》,第4页)。
② 据《魏书》卷70《傅竖眼附子敬和传》,敬和在孝庄时任益州刺史,按永安三年(530)正月有益州刺史长孙寿,则敬和任刺史当在其前,《吴表》系于孝武世,疑误。

东南牧守下至民俗,比之豺狼,特为患苦"①。综上可知,魏末地方行台职兼文武,权总军民,其事权之巨较之魏晋以来实际成为州级以上最高地方长官的都督诸州军事,已远过之而无不及。

总括本节所论,我们看到六镇起义后的魏末十年,行台由临时差遣到长期驻治地方,演为一种常设的最高地方军政机关,各行台区趋于稳定,组织机构臻于完备。尽管魏末地方行台区未曾遍及全境,有的地方行台尚欠稳定,相当一部分行台仍作为临时差遣的出使统军之官,行台仍在法律上被视为非常之制,不入职令官品,但行台由临时差遣到地方常设职官的发展即地方官化的进程,在魏末已接近于完成,并在地方职官体系中具有十分重要的地位。魏末还出现了一种实际柄持国政的大行台,虽然它不同于一般的地方行台,但它也是在地方行台的基础上发展起来的,在名义上仍属地方行台,下文将要论及。

第五节　行台地方官化在东魏北齐的成熟定型

魏分东西以后,行台的地方官化在两魏表现出不同的发展态势。西魏境内,魏末比较稳定的地方行台区只有雍州西道和荆州南道,前者已为西魏首都,后者在两魏分张之初几次易手,直到沙苑之战后方为西魏稳定占有,仍在此地设置东南道行台。该行台与驻治弘农(后移玉壁)的东道行台是西魏仅有的两个设置时间较长的地方行台,东道废罢于大统十二年(546),东南道至迟也在废帝二年(553)罢,大约从此时起西魏不再存在行台这一建置②。北周行六官,故无台阁,因之亦无行台③。魏末得到空前发展的行台制度率先在西魏衰亡。

然而东魏、北齐却完全继承了魏末行台地方官化和制度化的趋势,并将这一趋势做了总结性的发展。当北齐之世,行台已完全成熟定型为最高一级地方机构。请先阅下表。

---

① 《魏书》卷75《尔朱彦伯附弟仲远传》,第1666—1667页。
② 《周书》卷26《长孙俭传》,429页;《文苑英华》卷905庾信《周柱国大将军拓拔俭神道碑》,中华书局,1966年,第4760页。《周书》卷18《王思政传》,第295页。按废帝二年既因施行六官制罢大行台(《周书》卷2《文帝纪下》,第33页),一般行台自当悉数废罢。
③ 但北齐《徐徹墓志》(赵超:《汉魏南北朝墓志汇编》,第405—407页)称其为周之东道行台步六孤败死。据考此步六孤盖北周将领陆通,然据《周书》卷32本传(第559页),陆通时官小司空、大司寇,他没有也不可能任行台(周行六官本无台阁),或撰墓者以北齐制度附会北周致讹。

表 18 东魏北齐地方行台表

行台名称（治所）	长官姓名	行台官职	主要兼职	在任时间	资料来源
幽州东北道行台（蓟城）	斛律羡	仆→令	都督幽等六州、幽刺	天统1→武平3	卷17《斛律金传》
	独孤永业	仆	幽刺	武平3→武平4	卷41本传
	潘子晃	右仆	幽刺	武平4→齐亡	卷41《高保宁传》
朔州北道行台（马邑）	高思好	令	朔刺	河清中→武平5	卷14本传
	高劢	仆	（朔刺）	武平6→齐亡	卷13本传
山东(河北、东北)行台（中山）	段荣		六州大都督、定刺	天平4→元象中	卷16本传
	高润	仆	都督定等八州、定刺	天保中→河清1	卷10本传；《高润墓志》，《考古》1979年第3期
	皮景和	右仆	赵刺	武平2（寻转任）	卷41本传
晋州行台（平阳）	薛修义		晋刺	天平4→元象中	卷20本传
	慕容绍宗	（尚）	晋刺	兴和中→武定1	卷20本传
	高岳		西南道大都督、晋刺	武定1→武定5	卷19《任延敬传》
	尉相贵	仆	晋刺	武平末→齐亡	卷19《张保洛传》
（东雍州行台）	傅伏	右仆	东雍刺	武平7→齐亡	卷41本传
（建州道行台）	雷显和	左仆	建刺	武平7→齐亡	卷41《傅伏传》
河阳道(一称河南道)行台（河阳）	裴英起	（左仆）	洛刺	天保5前	《赵韶墓志》，《隋汇考》第2册，第390页。
	王峻	左丞	洛刺	乾明1→河清1	卷25本传
	独孤永业	左丞→尚	洛刺	乾明初→河清末	卷41本传
	乞伏贵和			河清末→武平末	卷41《独孤永业传》
	高润	令→录		① 河清末→天统3 ② 武平1→武平2	卷10本传；《高润墓志》，《考古》1979年第3期
	皮景和	右仆	洛刺	武平2→武平4	卷41本传
	独孤永业	仆	洛刺	武平5→齐亡	卷41本传

续　表

行台名称（治所）	长官姓名	行台官职	主要兼职	在任时间	资料来源
豫州行台（悬瓠）	侯景	仆	司徒	兴和4→武定5	《魏书》卷12《孝静纪》
	张亮	右仆	都督二豫八州、豫刺	武定7→武定8	卷25本传
	王士良	（尚）	豫刺	河清初→河清3	卷36本传
	娄叡	令	太尉	河清4	《娄叡墓志》，《文物》1983年第10期
	元景安	仆→令	豫刺	天统4→武平6	卷41本传
	斛珍	令	豫刺	武平初	卷19《张保洛传》
	高普	令	司空	武平6→齐亡	卷14本传
东南道行台（彭城）	任祥	仆	徐刺	天平2→元象1	卷19本传
	慕容绍宗	仆	徐刺	武定5	卷20本传
	辛术	尚	东徐刺	武定5→天保3	卷38本传
	赵彦深	尚	徐刺	天保6→天保8	卷38本传；《韦略墓志》，《隋汇考》第1册，第263—264页
	阳斐	左丞	徐刺	天保9→乾明1	卷42本传；《韦略墓志》，《隋汇考》第1册，第263—264页
	段懿	右仆	兖刺	天保中	卷16《段荣传》
	苏琼	左丞	行徐州事	皇建中	《北史》本传
	高孝珩		司徒	武平2	卷8《后主纪》
	段深	左仆	徐刺	武平末→齐亡	卷16《段荣传》
扬州道（一称寿阳道）行台（寿阳）	司马恭			天保6→天保7	卷21《封隆之传》
	阳斐	左丞	行南谯州事	天保7→天保9	卷42本传
	慕容俨			天保10→乾明初	卷20本传
	卢潜	左丞→尚	合刺→扬刺	乾明1→武平3	卷42本传

续表

行台名称（治所）	长官姓名	行台官职	主要兼职	在任时间	资料来源
扬州道（一称寿阳道）行台（寿阳）	王贵显	仆	扬刺	武平3→武平4	《北史》卷30《卢玄传》
	卢潜	尚		武平4	卷42本传

说明：出自《北齐书》者但标卷数；须参据诸书者只注最要出处。《隋汇考》＝王其祎等编著：《隋代墓志铭汇考》，线装书局，2007年。行台官职、兼职用简称：尚＝尚书，幽刺＝幽州刺史，余类推。任职时间用略称，天统1＝天统元年；余同。下文涉及本表行台长官时不再详注出处。

近年来出土石刻方面中有不少东魏北齐行台的相关资料。如东魏《辛琛墓志》，载其北魏末、东魏初之际，曾任三徐州刺史、东南道大行台、尚书右仆射，在天平三年（536）卒于武原。北魏孝昌元年（525）所置东徐州，有武原郡、武原县、武原城①，因而辛琛极有可能是卒于徐州刺史、东南道行台任上，在时间上也正好与上表中天平、元象间任徐州刺史、东道台行台任祥的任职相衔接。东魏《刘懿墓志》，载其北魏末兼尚书仆射，为西南道行台，使持节都督二汾晋三州诸军事、晋州刺史；东魏初复以使持节、都督陕州诸军事、陕州刺史，兼尚书右仆射、西南道行台，两地均为东西魏对峙的前线，故在都督、刺史之职上，又加地方行台，以重权任。任职地点不太明确的，有北齐《万宝墓志》，称其天保四年（553）任东南道行台步大汗萨麾下营主，在合州与梁军交战；北齐《高涣墓志》，称其天保六年（555）任南道行台，以应付南朝梁陈交替之际可能出现的不测形势，则此二行台似乎又为统军行台。出任时间、地点均不明的，还有隋《□子建墓志》，称其祖父任西南道行台；隋《张波墓志》，载其祖父张老曾任骠骑将军、西道行台，据志主年龄推测，均可能在东魏北齐时期出任行台。隋《刘辟恶墓志》称其曾祖刘康任度支尚书、东道大行台、河北道大使，襄冀并定四州诸军事、四州刺史，就其任职，似乎应为地方行台，但各项任职间的时间关系和兼任关系均无法厘清，因而无法将东道大行台与某刺史职联系起来②。鉴于资料原因，上述行台尽管都可能是东魏北齐时期的，但其具体的任职时

---

① 《魏书》卷106中《地形志中》东徐州武原郡条，第2555—2556页。
② 《辛琛墓志》，王连龙：《新见北朝墓志集释》，中国书籍出版社，2013年，第82页。《刘懿墓志》，赵超：《汉魏南北朝墓志汇编》，天津古籍出版社，1992年，第335页。《万宝墓志》，赵文成等编：《秦晋豫新出墓志蒐佚续编》，国家图书馆出版社，2015年，第180页。《高涣墓志》，上揭王连龙：《新见北朝墓志集释》，第149页。《□子建墓志》，贾振林编著：《文化安丰》，大象出版社，2011年，第391页。《张波墓志》，王其祎等编著：《隋代墓志铭汇考》，线装书局，2007年，第5册第164页。《刘辟恶墓志》，吕建中等主编：《大唐西市博物馆藏墓志》，陕西师范大学出版总社有限公司，2013年，第123—124页。

间、地点甚至行台性质都无法判明,因而没有纳入上表。但这也表明,上表所见东魏北齐地方行台的情况并不是完备无遗的。

关于东魏北齐地方行台的形成过程、长官替代、辖区伸缩、各自地位变化等具体情况,如前所述,已有诸多成果,这里不拟详论,仅就上表略作说明。

在上表所列八个行台中,晋州、山东、豫州和徐州属于承自魏末,其余则为北齐时新置。在布局特点上各行台沿北、西、南呈弧形分布,若依次将定、幽、朔、晋、河阳、豫、扬、徐诸道行台用一根线连接起来,便宛如一张竖起的弯弓,正对着西方。这种分布特点实际上反映了东魏北齐的周边形势。在这张弓的正面是河阳、晋州行台,抗峙着西魏北周,其进可顺汾水而下,或斩潼关以入,飞镝直指长安;退则南保河阳,北固平阳,掎角以备来犯之敌。豫、扬、徐诸道行台组成这张弓的下端,主要是对付南朝。构成这张弓上端的幽、朔二州行台则应为北防突厥而生。山东行台所辖的河北冀定地区,乃为东魏北齐立国的经济支柱,该行台即为控制这一经济中心而置。

览上表可知,北齐境内除了邺城附近及青齐一带,差不多都已包括在行台区内。据考多数行台有比较稳定的辖区,行台长官亦例兼驻治州刺史。其中如辛术、卢潜、独孤永业、高思好、元景安、斛律羡等人,都连续担任行台近十年甚至十多年,独孤永业由行台右丞而左丞而尚书而仆射节级升迁,均证明北齐地方行台为一十分稳定的地方职官。严耕望先生考东魏北齐的都督区时说:"东魏北齐四十余年间,州刺史都督他州之见于史传者惟此数例而已。盖其时已有行台制与之参杂,且逐渐代替都督行使统辖权。"①严先生所论极是。魏末驻治地方行台兼都督诸州军事较为常见,而北齐地方行台兼都督诸州军事者唯高润、斛律羡二人,而且斛律羡初任幽州刺史、都督幽等六州诸军事,后来转任行台,其都督职或者授行台时已罢去,继任之独孤永业、潘子晃均不再带都督职可证。前述魏末行台已有取代和包含都督职权的趋向,及至北齐行台已完全取代了都督诸州军事的地位,并且不仅在事实上而且在制度法律层面上成为名正言顺的州级之上的最高地方机构。《周书》卷6《武帝纪下》下建德六年(577)二月条云:"齐诸行台州镇悉降,关东平。……乃于河阳、幽、青、南兖、豫、徐、北朔、定并置总管府。"《资治通鉴》本条胡注云:"(河阳)地临河津,实重镇也。幽州治蓟……定治中山,或都会之地,或守御之要也,故皆置总管府。总管,犹魏晋之都督也。"由上引可知北周灭齐后在行台所治之处均置有

---

① 上揭严耕望:《中国地方行政制度史·魏晋南北朝地方行政制度》卷下《北朝地方行政制度》,第二章第449页。参上揭蔡学海:《北朝行台制度》。

总管,按北周总管本改自都督①,总管诸州军事与都督诸州军事名异而实同,则北周改置齐行台为总管实表明齐之行台相当于魏晋以来都督和周隋总管,为州级之上最高地方机构,这从上引《周书》中"行台、州、镇"连称亦可看出。隋人刘炫在同牛弘谈及北齐地方行政系统时说,"齐氏立州不过数十,三府行台递相统领"②,足见当时人心目中北齐行台作为地方最高军政机构固无疑问。

《隋书》卷27《百官志中》称"(齐)行台,在令无文","其文未详",则知唐修《隋书》时已对北齐行台难以详悉其制。按北齐行台"在令无文"并不足怪,因在中国古代职官制度史上往往有这种情形,即一种新的官职出现之初甚至在它起着十分重要的作用时,多是作为权制而不入典章,方其发展完备跻身正式职官之列,它又已经成熟到接近消亡了。如北魏前期的镇都大将是当时一重要的地方官职,但它到北齐时才入流品,而此时镇将不过一小小的军戍守将而已。因之齐行台即使在令无文也无损它作为地方最高机构的实际地位。隋之行台入流内视品,隋《开皇令》卷7为"行台诸监职员"③。按隋之典章制度多采自东魏北齐④,隋之流内视品亦最早见于后魏北齐⑤;那么,隋之行台入令入品是否属于继承齐制呢?至少不能完全排除其可能。因为唐修《隋书》时对北齐行台制度已不能详悉,且"齐令"在唐时著录有异:《唐六典》作50卷;《隋书·刑法志》作40卷,又云别有"权令"2卷;《通典》记30卷;《旧唐书·经籍志》作8卷(《新志》同)。因而是齐令无文?抑所见令文不备?还是因载入"权令"而视为权制?今虽不得其详,但从有关文献记载中尚可考出行台的实际地位来。

北齐行台既为名副其实的地方最高军政长官,因而它在所统区域内拥有兼治军民之权自不待言。史称卢潜任寿阳道行台十三年,"任总军民,大树风绩"。斛律羡为幽州行台,"以北虏屡犯边,须备不虞,自库堆戍东拒于海,随山屈曲二千余里,其间二百里中凡有险要,或斩山筑城,或断谷起障,并置立戍逻五十余所"。又"导高梁水北合易京,东会于潞,因以灌田,边储岁积,转漕用

---

① 《周书》卷4《明帝纪》武成元年正月条,第56页。
② 《隋书》卷75《儒林·刘炫传》,第1721页。
③ 《隋书》卷28《百官志》下,第789—790页;《唐六典》卷6刑部尚书·刑部郎中条,中华书局,1992年,第184页。
④ 陈寅恪:《隋唐制度渊源略论稿》"刑律"篇,中华书局,1963年,第113页。
⑤ 《通典》卷19《职官一·官品》,中华书局,1988年,第481—482页;《隋书》卷27《百官志》中,第751页。

省,公私获利焉"①。类此之例尚多。但要特别指出的是,行台的上述军政、民政权入齐以后得到法定。《北齐书》卷38《辛术传》:"武定八年……除东南道行台尚书。……齐天保元年……东徐州刺史郭志杀郡守。文宣闻之,敕术自今所统十馀州地诸有犯法者,刺史先启听报,以下先断后表闻。齐代行台兼总人事,自术始也。安州刺史、临清太守、盱眙蕲城二镇将犯法,术皆案奏杀之。"按天保元年(550)即高齐称帝之始,则上引"齐代行台兼总人事,自术始也",即是说齐代行台自始便兼总人(民)事。早在魏末时地方行台即实际握有一方军政、民政大权已如前考,只不过入齐以后该权力被正式赋予,且出自有法律效力的皇帝诏敕,从而具有法定性质。故史家将之作为行台制度发展过程中的重大事件载诸史籍,《通典》行台省条亦照录不误。当然我们不能认为行台自此时才兼总人(民)事②,只可说直到此时,魏末以来地方行台即实际拥有的权力方被长期稳固地法定下来。

总之,行台在北齐完全制度化,临时差遣色彩消失殆尽,作为地方最高军政机构的职官地位已成熟定型,并得到法律的肯定,行台的地方官化最终完成。

不过行台的制度化和地方官化也相应规定了它作为地方机构的地位,不复具有此前行台衔命中央随机裁处等非常之权。而且随着时势推移,当年堪与高欢"雁行"的第一代骁将业已凋零殆尽,各地方行台长官多为忠于皇室的亲信,稍有不测即被代换③。随着北齐中央集权的逐步加强,行台组织机构似在萎缩,魏末地方行台颇为整齐的行台属佐就不见于北齐④,这可能与正在加强的中央集权对地方行台的限制有关。

第六节 北魏末以降的大行台

一、魏分东西以前的大行台

如上所述,北魏末年特别是六镇起义以后,行台一职普遍运用于统军出镇,并因长期驻治地方而由中央临时差遣演为地方常设职官,在魏末以至东魏北齐

---

① 《北齐书》卷42《卢潜传》,第555页;同书卷17《斛律金传附羡传》,第227页。
② 请参上揭严耕望《魏晋南北朝地方行政制度》卷下《北朝地方行政制度》第十二章"魏末北齐地方行台",上揭蔡学海《北朝行台制度》。本节此处参考利用了二位先生的成果。
③ 参见上揭古贺昭岑《关于北朝行台》之二。
④ 北齐行台属佐就笔者所见史籍、墓志文献,不过十余例而已。

的地方行政系统中占据重要地位。当时还出现了一种大行台,它虽然实际上秉持国政,作为权臣专政的霸府在相当程度上行使中央政府的职权,但它也是从一般地方行台发展而来,仍残留有地方行台的性质,本节对之略作探讨。

明帝正光四年(523),元纂以大行台仆射率众北讨柔然,是最早见诸史籍的大行台,次年元渊、元继又分别以大行台统军出征①。这三人均为皇室大臣,所任行台冠以"大"字,盖因其地位崇重之故。此后随着行台的普遍出现,大行台之称日见其多,通常冠以所统州道之名,有些稳定、重要的地方行台,如雍州西道、并州北道等,则例称大行台。不过当时的大行台除了长官位任较高、权限稍重以外,与一般行台并无实质性差别。

河阴事变以后,尔朱荣实际掌握着国家军政大权,所立魏庄帝徒为傀儡。他自任都督中外诸军事、大将军、尚书令,后来又加录尚书事、太师以及"访古无闻"的天柱大将军,位号之尊已极人臣。事变不久还军晋阳,又有北道大行台等职的除授②。按设于晋阳的北道行台并不始于尔朱荣,但尔朱荣所任北道大行台却与前此之北道行台有很大区别。这种区别不仅仅在于行台加"大",辖区扩展,最重要的还在于行台与中央的关系上。史载尔朱荣还北后"遥制朝廷,亲戚腹心,皆补要职,百僚朝廷动静,莫不以申。至于除授,皆须荣许,然后得用。……荣使入京,虽复微蔑,朝贵见之,莫不倾靡"③。可知北道大行台所治之晋阳,实为尔朱荣遥控朝政的权力中心,这是此前任何大行台都不能与之比拟的,因为那些大行台辖地再广,毕竟有州道之限;权力再重,充其量尾大不掉而已,尚不致反过来"遥制朝廷",号令全国。因此尔朱荣所任北道大行台虽仍驻治晋阳,却实际控制着军国大政,是事实上的最高权力机构。

尔朱荣的大行台属佐,于史可查的有左丞窦瑗和数名郎中,并已分曹理事。这些人均是尔朱荣的亲信死党,参预机密,或遣任洛阳中台要职,"为腹心之寄",控制朝权④。行台郎中李显和曾偕尔朱荣来到洛阳,竟扬言:"天柱(尔朱荣)至,那无九锡,安须王自索也?亦是天子不见机!"⑤骄横之态可掬,亦足

---

① 《周书》卷15《于谨传》及卷末校勘记[二一],第224、255—256页;《魏书》卷85《温子升传》、《封肃传》,第1875、1871页。
② 《魏书》卷74《尔朱荣传》、卷10《孝庄纪》,第1655、257页。
③ 《北史》卷48《尔朱荣传》,第1757页。《魏书》卷74《尔朱荣传》略同,第1654页。
④ 左丞窦瑗,见《魏书》卷88本传,第1908页。另有吏部郎中王绰,见《魏书》卷93《王睿传》,第1995页;郎中樊子鹄、朱瑞,各见《魏书》卷80本传,第1777、1769页;郎中司马子如,见《北齐书》卷18本传;郎中崔猷,见《周书》卷35本传,第615页。
⑤ 《北史》卷48《尔朱荣传》,第1760页。《资治通鉴》卷154《梁纪》"武帝中大通二年九月"条,第4781页。

见以大行台为主的晋阳霸府在政治上的实际地位。

庄帝不堪凌逼设计谋杀尔朱荣后,立即任命杨津为都督并肆诸州军事、兼尚书令、北道大行台,攻讨晋阳。但尔朱氏的军事实力十分强大,杨津之军未出滏口,尔朱兆已率晋阳重兵入洛,重新控制了整个局势,实际执掌着全国军政大权,所谓"立君废主易于弈棋,庆赏威刑咸出于己"①。当时尔朱天光据于陇右(长安),尔朱仲远"镇捍东南"(徐州),尔朱世隆主政洛阳,尔朱兆则仍屯重兵于晋阳,作为本家族专政的后盾。据《魏书》本传,当年尔朱荣所任官职,尔朱兆基本承袭,而值得特别注意的是,尔朱兆所任大行台去掉了"北道"二字,这是一个重要的变化,它体现了设于晋阳的北道大行台在发展过程中形式与内容、名与实的统一。尔朱荣所任北道大行台既权兼中外,并不限于北道,故继荣为之的尔朱兆干脆去掉了这个限制词。这不同于一般诸道大行台省文称大行台,正像都督诸州军事所督地域虽可大到数十州却毕竟有州道之限,不能同无所不督的都督中外诸军事相比,尔朱兆既官都督中外诸军事,又去掉"北道"但称大行台,从而使设于晋阳的大行台高居于一般行台之上。其后高欢父子、宇文泰并以大行台总揽国政即滥觞于此②。

尔朱兆继承了尔朱荣的职位,却不及他叔父的才略和威权,当他把二十万三州六镇之众转给高欢指挥,不啻把当时一笔最雄厚的政治资本拱送他人。此后不过两年,尔朱势力即为高欢剪灭,开始了高欢父子以大行台专制国政的时代。

二、东魏大行台与北齐并省

普泰元年(531)十月,高欢推立元朗为帝,改元中兴,自任侍中、丞相、都督中外诸军事、大将军、录尚书事、大行台等职,是为高欢任大行台之始。次年四月,高欢在韩陵大败尔朱联军,攻占洛阳,改立孝武帝元修。史称元修"以世易,复除齐献武王(高欢)为大丞相、天柱大将军、太师"③,似解去大行台职。

---

① 《魏书》卷75末"史臣曰",第1677页。
② 传本《周书·赵善传》称:"普泰初,赏平关陇之功,拜(善)骠骑大将军、大行台。"中华书局校点本卷末出校云:"张森楷云,'大行台官尊,时止宇文泰、高欢为之,非善所得官也。《北史》台下有尚书二字,是。'按张以为时止高欢、宇文泰为大行台之说,误。但赵善不能为此官和当从《北史》的意见是对的。"《校勘记》所言极是,只是魏末官某道大行台者比比,张森楷不可能不知,他说大行台"止宇文泰、高欢为之",盖指本节所谓专政权臣特带之大行台。不过任此类大行台者除宇文泰、高欢以外,还有尔朱兆、高洋等。
③ 《魏书》卷11《出帝纪》,第282页。

今考《北齐书》卷18《司马子如传》及子如墓志,知高欢实际上仍带此职①。《北史》卷5《魏孝武帝纪》永熙二年(533)正月丁酉条称,"勃海王高欢大败尔朱氏,山东平,罢诸行台",高欢的大行台原则上也当废罢。但同年三月,因"(高车)阿至罗十万户内附,诏复以勃海王高欢为大行台,随机裁处"。则旋即复大行台职。永熙三年(534)孝武帝投奔关西,高欢又拥立孝静帝,天平、武定之际,高欢虽屡辞"相国",以避嫌疑,事关军国大权的都督中外诸军事、录尚书事、大行台等职却绝不放弃。史载李裔、杨愔分别在天平初,张纂、封子绘、薛忱(安民)分别在武定中担任高欢的大行台属佐②,可知高欢直到武定五年(547)去世始终带有大行台职。

高欢死后世子高澄继承了他的全部官爵,《魏书》卷12《孝静帝纪》武定五年(547)七月条称:"以齐文襄王(澄)为使持节、大丞相、督中外诸军事、录尚书事、大行台、勃海王。"但其中高澄所任大行台一职却不待此时继承父位时才有。《北齐书》卷3《文襄纪》载:"天平元年,加使持节、尚书令、大行台、并州刺史,三年,入朝辅政,加领左右、京畿大都督。"《北齐书》本卷已缺,后人补自《北史》,故《北史》亦同。但《魏书》卷12《孝静帝纪》却将尚书令、大行台之授系于天平三年(536)二月丁酉条。司马光修《资治通鉴》时发现了上述歧异,在梁武帝大同二年(即东魏天平三年,536)二月条叙此事云:"东魏勃海世子澄,年十五,为大行台、并州刺史。求入邺辅朝政,丞相欢不许,丞相主簿乐安孙骞为之请,乃许之。丁酉,以澄为尚书令,加领军、京畿大都督。"乃将高澄受任大行台和任尚书令入朝辅政的时间分开,并在《考异》中说明:"按尚书令不在外,大行台不在内,今两舍之。"即天平元年(534)高澄为大行台时不当有尚书令职,三年入朝辅政时又不当有大行台职,二职只能有一,不能共兼。所谓"两舍"法是否正确暂置不论,从上引可知《通鉴》关于高澄任大行台的时间采用了《北齐书》之说,即天平元年(534)。高澄死于武定七年(549),卒年二十九岁,《通鉴》称他十五岁出任大行台,于时间、年龄均合。《崔昂墓志》的出土又为此说提供了实证③。志云:"世宗文襄皇帝屈身佐相……以君为记室参军,寻转帝大行台郎中。……帝入朝辅政……擢授开府长史。"表明高澄入朝辅政前已任大行台无疑。

---

① 《司马遵业(子如)墓志》,见赵超:《汉魏南北朝墓志汇编》,第389—392页。
② 李裔见《魏书》卷36《李顺传》,第843页;杨愔见《北齐书》卷34本传,第455页;张纂见《北齐书》卷25本传,第360页;封子绘见《北齐书》卷21《封隆之传》,第304页;薛安民见《魏书》卷44《薛野腊传》,第998页。
③ 河北省博物馆:《河北平山北齐崔昂墓调查报告》,《文物》1973年第11期。

如果上考不误,那么至少从天平元年(534)到天平三年(536)高欢、高澄都带有大行台职。笔者推测高欢父子同时所任之大行台本为一个,高欢为大行台录尚书事,高澄为大行台尚书令①。由于当时权臣遥专朝政的非常局面,《通鉴考异》所谓"尚书令不在外,大行台不在内"的原则性说法与史实不尽相符。上录《崔昂墓志》称高澄在并州任大行台时"屈身佐相",即暗指澄同时所任之尚书令职。前述尔朱兆、高欢任大行台时也都同时担任丞相、录尚书事、都督中外诸军事等中央官职,且常驻晋阳遥专朝政。据《魏书》卷12《孝静帝纪》,高澄天平三年(536)入朝辅政时仍带大行台职,这还可以从其他记载中得到佐证②。

综据上考,我们看到高澄天平初在并州时所任尚书令,以及高欢父子相继在晋阳遥专朝政时所带录尚书事,既是大行台职,又是中央尚书省职。并州的大行台和邺城的中央尚书省在职官系统上有合一的趋向。因此在某种意义上这种大行台已带有中央官的性质,这是尔朱荣叔侄、高欢父子先后在晋阳以大行台遥专朝政的产物,可以说是地方行台制度发展中出现的异化。

武定七年(549)高澄被杀,其弟高洋又如数继承了他的官爵。直到高洋改元称帝,高欢父子相继专政时都带有几个相同的职务,其中除了历来都是军国重职的丞相、都督中外诸军事、录尚书事等以外,还有前所未有的大行台,它表明大行台在控制全国军政方面有着其他职务所不能取代的作用。这首先是由于大行台所在的晋阳的战略地位决定的。晋阳自古为"四塞之地",军事上有险可据,加之晋末以来北方少数民族成批迁徙于此,导致"人性劲悍,习于戎马"③。尔朱荣叔侄即凭借在并肆一带纠聚的武装力量,遥控朝廷④,横行天下,但他们始终以大行台居于晋阳,作为根本。高欢攻灭尔朱氏后亦建大丞相府、大行台于晋阳,并将军队中坚部分的三州六镇之众迁往该地,侨置州县居处,政治上予以优待,经济上予以保证,所谓"割天子调",使并州受山东课输,取晋阳田种禾饲马以供军需⑤。从而晋阳成为东魏的军事大本营所在,精兵猛将咸萃于此,战略地位远甚邺都,即如《北齐书》卷18末传论所云:"高祖(高欢)以晋阳戎马之地,霸图攸属,治兵训旅,遥制朝权。"高欢临终,"征世子澄至

---

① 《资治通鉴》卷157《梁纪》"武帝大同二年二月"条,胡注称梁中大通五年即魏永熙二年(533)高欢将大行台让给高澄(第4871页),今未知何据。
② 《周书》卷36《王士良传》,第638页;《北齐书》卷42《阳休之传》,第561页。
③ 《隋书》卷30《地理中》,第860页。
④ 参唐长孺、黄惠贤:《试论魏末北镇镇民暴动的性质》,《历史研究》1964年第1期。
⑤ 王仲荦:《北周地理志》附录《东西魏北齐北周侨置六州考略》,第1149—1156页;《隋书》卷24《食货志》,第676页;《北齐书》卷15《尉景传》、卷17《斛律金传》,第194、220页。

晋阳",高澄凶死于邺,"勋贵以重兵皆在并州,劝(高)洋早如晋阳"①。可见高欢父子始终以晋阳作为霸业的根本和依托。

在高欢父子专政时所任诸职中,丞相固是崇重的职务,相府固是晋阳霸府的重要机构,但行台由于魏末以来即是兼理军民的统兵之官,故大行台在控制军权方面有着自己的特殊作用。《北齐书》卷13《赵郡王琛传》载:"及斛斯椿等衅结,高祖将谋内讨,以晋阳根本,召琛留掌后事,以为并肆汾大行台仆射,领六州九酋长大都督,其相府政事琛悉决之。"此并肆汾大行台仆射即高欢所任大行台之仆射,高欢赴洛时任命高琛以留后。高琛担任留后的大行台长官后即既可总并州之兵(六州九酋长大都督),又可"悉决"相府政事,显然是并州霸府最重要的官职。《魏书》卷12《孝静帝纪》载静帝"诏加"高澄为尚书令、大行台后接着说:"以鲜卑、高车酋庶皆隶之。"亦表明大行台对"晋阳之甲"的统率权。高欢数让相国,又曾请解丞相,却始终不让大行台职,同样在于大行台对于并州之兵乃至全国军事力量的统率权。

高欢父子通过并州的大行台控制军权,遥专朝政,使东魏的军事政治中心偏于晋阳。《资治通鉴》卷157《梁纪》武帝大同元年(东魏天平二年,535)七月条:"或告东魏司空济阴王晖业与七兵尚书薛琡贰于魏。八月,辛卯,执送晋阳,皆免官。"《通鉴》胡注比诸春秋经义对之大发感慨,其实这并不足怪,因为东魏的首都虽在邺城,重大军政决策却出自晋阳,高欢父子的晋阳霸府才是东魏真正的政治核心,一如元魏王姓未改,天下早已姓高。

史载表明,作为晋阳霸府核心的大行台是一个完备稳定的组织系统。有录尚书事、尚书令、仆射、尚书、左右丞、郎中。见于记载的郎曹有吏部、都官、中兵等。总之尚书省官属,大行台基本具备。陈元康天平中为大行台都官郎,武定初升右丞,后迁左丞,以行台僚佐跟随高欢凡十三年,欢死又转属高澄,表明大行台的组织机构十分稳定。请见下表。

表19　东魏大行台组织机构及属僚一览表

姓　名	行台职务	时　间	资料来源
高　欢	录尚书事	中兴1→武定5	卷1、卷2本纪,《魏书》卷11、卷12
高　澄	尚书令	天平1→天平3	卷3本纪

---

① 《北齐书》卷2《神武纪下》,第23页;《资治通鉴》卷162《梁纪》"武帝太清三年八月"条,第5027页。

续　表

姓　名	行台职务	时　间	资　料　来　源
高　澄	录尚书事	武定 5→武定 7	卷 3 本纪,《魏书》卷 12
高　琛	仆射	永熙 3	卷 13 本传
邸　珍	右仆射		《邸珍碑》(《全齐补遗》,第 48 页)
司马子如	尚书	永熙 1→天平 1	卷 18 本传,《司马遵业墓志》(《汉魏汇编》,第 389—392 页)
高　慎	尚书	永熙 2→天平中	卷 21 本传
高隆之	尚书	永熙 3	卷 18 本传
宋　显	右丞	中兴中→天平 1	卷 20 本传
高　慎	左丞	永熙 2	卷 21 本传
杨　愔	右丞	① 永熙 1　② 天平 2	卷 34 本传
郭　秀	右丞	永熙 1→天平初	卷 50 本传
元　永	左丞	天平初	卷 41《元景安传》
李　裔	右丞	天平 1	《魏书》卷 36《李顺传》
陈元康	左丞	武定初	卷 24 本传,《北史》55 本传
张　纂	右丞	① 永熙 3　② 武定 4	卷 25 本传
薛安民	左丞	武定中	《魏书》卷 44《薛野䐗传》
封延之	右丞	永安 3	《封延之墓志》(《汉魏汇编》,第 344—346 页)
王士良	左丞(《周书》本传作右丞)	武定中	《周书》卷 36、《北史》卷 67 本传;《王士良墓志》(《新出疏证》,第 345—349 页)
张　纂	郎中	永熙 1→永熙 3	卷 25 本传
崔季舒	都官郎中	① 永熙中→兴和 2　② 武定 2	卷 39 本传

续表

姓　名	行台职务	时　间	资料来源
崔　昂	郎中	天平1	《崔昂墓志》(《汉魏汇编》,第433—434页)
陈元康	都官郎	天平2→武定初	卷24本传,《北史》本传
杜　弼	郎中	元象初→武定中	卷24本传
封子绘	吏部郎中	兴和初→武定5	卷21《封隆之传》
王士良	左中兵郎中(《北史》本传作右中兵郎中)	武定中	《周书》卷36,《北史》卷67本传
陆元规	郎中	武定中	卷24《陈元康传》

说明：
(1) 出自《北齐书》者但标卷数；须参据诸书者只注最主要出处。任职时间用略称,中兴1=中兴元年；余同。
(2) 文献略称：《全齐(全周)补遗》=韩理洲等辑校编年：《全北齐北周文补遗》,三秦出版社,2008年。《汉魏汇编》=赵超：《汉魏南北朝墓志汇编》,天津古籍出版社,1992年。《新出疏证》=罗新等：《新出魏晋南北朝墓志疏证》,中华书局,2005年。

大行台属佐在并州霸府中素受信重,史称司马子如为大行台尚书,"朝夕左右,参知军国"。陈元康为大行台丞郎十余年,"以智能才干,委质霸朝,绸缪帷幄,任寄为重"。高欢死后,秘不发丧,"唯行台左丞陈元康知之"。高澄柄国后,崔暹嫌陈元康权重,"荐陆元规为大行台郎,欲以分元康之权也"。总之大行台属佐在晋阳霸府中处于决策核心,高欢也特重其人选,曾"亲简丞郎"①。而从司马子如、高隆之以大行台尚书出任邺都中央尚书省仆射,亦可见大行台与中央尚书省的关系之一斑。

武定八年(550年)五月高洋代魏称帝,高欢以来遥专朝政的并州大行台已无存在必要。《资治通鉴》卷167《陈纪》武帝永定元年(557)四月条胡注称："及齐显祖(高洋)受魏禅,遂以并州行台为并省,位任亚于邺省。"按魏末行台或称行省②,以行台本为中央尚书省之派出机构得名,但"并省"虽由高欢父子所任之大行台演蜕而来,却不可视为行省,它的全称应为"并州尚书省",与之

---
① 《北齐书》卷39《崔季舒传》,第511页。
② 《魏书》卷58《杨播附杨遁传》,第1300页。

相对的是"京省"或"邺省"①。《北齐书》卷40《白建传》称晋阳为"国之下都",《太平御览》卷155《州郡部》亦云"东魏禅北齐,高洋以邺为上都。晋阳为下都"。可知并省、邺省同是中央尚书省,邺城晋阳并为北齐国都。魏收所著《魏书》奉诏施行,即"一本付并省,一本付邺下"②。而且名义上并省亚于邺省,下都低于上都,实际地位却并非如此。因为北齐的军政布局与东魏一脉相承,并州仍是精兵良马所在,"晋阳之甲"仍是高齐立国之本③。北齐诸帝除文宣帝高洋因受魏禅在邺即位外,余皆即位于晋阳宫,除武成帝高湛暴死于邺宫外,余皆卒于晋阳。他们一般居于晋阳,如高洋在位十年,在邺城的时间加起来不足三年④。由于晋阳的重要战略地位,加之最高统治者常居于此,故使并省的实际地位不下于邺省,军国大计往往通过并省而后决,官员们亦以服职晋阳为荣⑤,并省的官员常与邺省对调⑥。正因为如此,有的学者将并省令仆划属北齐"真宰相"之列⑦。

并省的组织机构与邺省并无二致,见于史籍的并省官员有录尚书事、尚书令、仆射、尚书及丞郎等,对此前人已有论考⑧,于此不赘。

前文曾经指出,尔朱荣叔侄与高欢父子置于晋阳的大行台在某种意义上带有中央官的性质,作为北齐中央尚书省之一的并省,正是这一性质发展的总结。

三、西魏的地方行台与大行台

西魏的一般行台多为统军出征性质,其中地方行台为数不多,且多不稳定,诸如长孙俭,自大统六年(540)以后,以荆州刺史、东南道行台仆射长期出镇荆州,实为个例⑨。其中宇文泰所任大行台,设置稳定,机构完备,但它作为权臣专政的霸府,虽然带有地方行台性质,亦属特例。关于西魏一般行台,日本学者前岛佳孝有专题研究⑩,本节不再赘述。

---

① 《北齐书》卷8《后主纪》、卷42《崔劼传》,第102、558页。
② 《北齐书》卷37《魏收传》,第491页。
③ 高元海曾劝执政邺城的高湛举兵反,湛云以"邺城兵马抗并州,几许无智"。见《北齐书》卷14《高思宗附高元海传》,第184页。
④ 诸帝各见《北齐书》卷3至卷8诸帝本纪。
⑤ 《北齐书》卷30《崔暹传》、卷37《魏收传》,第404、485页。
⑥ 《北齐书》卷4《文宣帝纪》、卷8《后主纪》,第44、104页。
⑦ 王素:《三省制略论》第六章末所附《魏晋南北朝真宰相表》,齐鲁书社,1986年,第183—185页。
⑧ 古贺昭岑:《关于北朝行台》,载《九州大学东洋史论集》第5号,1977年。
⑨ 《周书》卷26《长孙俭传》,第427—429页。
⑩ 前岛佳孝:《西魏行台考》,《东洋学报》第90卷第4号,2009年。

魏分东西以后，宇文泰一如高欢，是西魏境内的无冕之王，也长期任有大行台一职。永熙三年（534）六月孝武帝西奔关中前夕，即以宇文泰兼尚书仆射，为关西大行台，入关以后，史称"军国之政，咸取太祖（宇文泰）决焉。仍加授大将军、雍州刺史、兼尚书令。……别置二尚书，随机处分"①。根据《周书》卷22《周惠达传》与《北史》卷49《毛遐传》，所别置的二尚书即周、毛二人，他们是宇文泰的大行台尚书。永熙三年十二月，宇文泰杀孝武帝，改立文帝元宝炬，《北史》卷5《西魏文帝纪》称文帝登位后，"即进丞相、略阳公宇文泰都督中外诸军、录尚书事、大行台"。这些职务与尔朱荣叔侄、高欢父子专政时完全相同，可见大行台成为当时权臣专政的必带之职，而自尔朱荣以降到北齐、北周建国均是权臣专政的时代，因而如前所述大行台也逐渐具有中央官的色彩。《通典》卷22《职官·尚书》行台省条，将北魏末以降宇文泰等人的大行台与魏晋时期具有临时中央政府性质的行台归于一流，可见杜佑也注意到了这种大行台的性质、特点。

大统三年（537），宇文泰请罢行台，事未果行。直到废帝二年（553）才去大行台职。《周书》卷2《文帝纪下》云："魏帝诏太祖（宇文泰）去丞相、大行台，为都督中外诸军事。"按当时宇文泰"以冢宰总百揆"，故去掉已为重叠的丞相之职，而所以去大行台，则是实行六官制的先声。当时改行周官的工作大致准备就绪，只因"撰次未成，众务犹归台阁"②。此时宇文泰既任周官体系中的冢宰，不宜再兼任尚书职，故去掉大行台。据《周书》卷33《王悦传》，魏废帝二年（553）"改行台为中外府，尚书员废"。可知整个大行台机构被合并到宇文泰的中外府。

从永熙三年（534）到废帝二年（553），宇文泰任大行台凡二十年。作为霸府的权力核心，大行台组织健全，具僚完备，地位要重。见于记载的大行台尚书有周惠达、毛遐、冯景、于谨、李远、苏绰、长孙俭、苏亮、杨檦、王悦、元端等，丞郎则多达三十余人（详见下文表20）。《周书》卷23《苏绰传》称："太祖乃召为行台郎中。在官岁余，太祖未深知之。然诸曹疑事，皆询于绰而后定。所行公文，绰又为之条式。台中咸称其能。"则知西魏大行台非但具员甚众，而且郎曹组织健全。行台属员中具记曹名的只有度支尚书苏绰，属于度支的仓曹郎中

---

① 《周书》卷1《文帝纪上》，第13页；《资治通鉴》卷156武帝中大通六年六八月条，第4853页。
② 《周书》卷2《文帝纪下》，第36页。

裴诹之,以及兵部郎中梁昕①。联系宇文泰初立大行台时别置二尚书,可能大行台只有度支、兵部二部尚书。隋代的行台省也只有二尚书,一为兵部,一为度支兼管余部②,笔者推测即承自西魏。其组织机构及僚属,请详见下表。

表20 西魏大行台组织机构及属僚一览表

姓 名	行台职务	时 间	资 料 来 源
周惠达	尚书	永熙3→大统3	卷22本传
毛遐	尚书	永熙3	《北史》卷49本传
冯景	尚书	大统初	卷22本传
于谨	尚书	① 大统4→大统7 ② 大统13	卷15本传
李远	尚书	大统9	卷25本传
苏绰	度支尚书	大统10→大统12	卷23本传
长孙俭	尚书	大统12→大统14	卷26本传;《拓跋俭神道碑》,《文苑英华》卷905,北京:中华书局,1966年,第4759—4761页
苏亮	尚书	大统14→大统16	卷38本传
杨㯄	尚书	大统16→废帝2	卷34本传
王悦	尚书	大统16→废帝2	卷33本传
元端	尚书	?	《北史》卷16《元孚传》
冯景	左丞	永熙3→大统1	卷22本传
陆政	左丞	永熙3→大统中	卷32《陆通传》
吕思礼	右丞	永熙3	卷38本传
苏绰	左丞	大统1→大统10	卷23本传

---

① 《周书》卷23《苏绰传》、卷39《梁昕传》,第382、695页;《北齐书》卷35《裴让之附弟诹之传》,第467页。
② 《通典》卷22《职官·尚书》行台省条,第611页;《隋书》卷28《百官志下》行台省条,第779页。

续 表

姓　名	行台职务	时　间	资料来源
韩 褒	左丞	大统初	卷37本传
杨 㯃	左丞	大统3→大统9	卷34本传
韦 瑱	左丞	① 大统初 ② 大统3→大统8	卷39本传
辛庆之	左丞	大统初→大统6	卷39本传
权景宣	左丞	大统4	卷28本传
王 悦	右丞→左丞	大统6→大统16	卷33本传
赵 刚	左丞	大统9	卷33本传
卢 光	右丞	大统10	卷45本传
柳 庆	右丞	大统16	卷22本传
柳带韦	左丞	大统17	卷22《柳庆传》
张 轨	郎中	永熙3	卷37本传
达奚寔	郎中	① 永熙3 ② 大统13	卷29本传
苏 绰	郎中	永熙3→大统1	卷23本传
权景宣	郎中	永熙3→大统初	卷28本传
申 徽	郎中	永熙3→大统4	卷32本传
卢 柔	郎中	大统2	卷32本传
裴 侠	郎中	① 大统3→大统4 ② 大统9	卷35本传
薛 善	郎中	大统3	卷35本传
敬 祥	郎中	大统3	卷35《薛善传》
叱罗协	郎中	大统初	卷11《宇文护传》

续　表

姓　名	行台职务	时　间	资 料 来 源
尔朱敞	郎中	大统初	《隋书》卷55本传;《尔朱敞墓志》,王其祎等编著《隋代墓志铭汇考》,北京:线装书局,2007年,第17—18页
裴诹之	仓曹郎中	大统4	《北齐书》卷35《裴让之传》
梁　昕	兵部郎中	大统中	卷39本传
卢　光	郎中	大统6→大统10	卷45本传

说明:出自《周书》者但标卷数;须参据诸书者仅列其重要出处。任职时间用略称,永熙3=永熙三年,余同。

　　大行台属佐是宇文泰霸府的核心层和决策层。如于谨任大行台尚书兼相府长史,长孙俭任大行台尚书兼相府司马,均是宇文泰的左右手。大行台郎中多由亲信充任,往往入为中书舍人、黄门侍郎以控制朝政,张轨、卢柔、申徽、李昶等均是其例[1]。苏绰自宇文泰霸府初开便是大行台属佐,由郎中而左丞而尚书,最后卒于大行台度支尚书之位。凡西魏文案程式,计帐户籍之法,六条诏书,前后三十六条新制,无不出于绰手。至于文风改革,创制周官,苏绰亦为谋主。史称宇文泰"或出游,常预署空纸以授绰,若须有处分,则随事施行"。这固然体现了宇文泰对苏绰的信重,同时也体现了苏绰所在机构——大行台的地位[2]。宇文泰又曾"于行台省置学,取丞郎及府佐德行明敏者充生,悉令旦理公务,晚就讲习,先《六经》,后子史"[3]。这一点与东魏的大行台颇不相同,东魏北齐儒雅风流多集邺下,晋阳的大行台以控制军事力量为主。两相比较,似乎宇文泰的大行台在政务上的作用更为突出,这也许与西魏行府兵制以控制军事力量有关。

　　西魏的大行台与中央尚书省在地位上至少不分轩轾,如果不是更为要重的话,这从二者的人事交流可以得到证明[4]。当时两魏分立,战事不绝,宇文

---

[1] 《周书》卷37《张轨传》,第664页;同书卷32《卢柔传》、《申徽传》,第563、556页;卷38《李昶传》,第686页。
[2] 《周书》卷23《苏绰传》,第394页。
[3] 《周书》卷45《薛善附薛慎传》,第624—625页。
[4] 《周书》卷22《周惠达传》、卷26《长孙俭传》,第363、428页。

泰常驻同州，以便接应。其初别置大行台尚书二人在长安以总留务，后来大行台机构与中央尚书省几乎在职能、人事上合二为一①。从现存史料很难将西魏的大行台与中央尚书省严格区分，当时宇文泰的霸府即是事实上的中央政府，因此三者也许本来就没有严格区别。大统十三年（547）苏绰卒于大行台度支尚书任上，本传称"绰归葬武功……太祖与群公皆步送出同州郭门外"，这表明西魏首都虽在长安，宇文泰的大行台机构及中央官属却常驻于同州，当然这有待进一步研究。

尽管西魏的大行台较之东魏在更大程度上体现出政务机构的色彩，但军事性终究是行台的基本属性之一。如大统九年（543）东魏北豫州刺史高仲密叛投西魏，宇文泰授李远为大行台尚书"前驱东出"，自己亲统大军继进，同时又以赵刚兼大行台左丞，"持节赴颍川节度义军"②。可见战时整个大行台即刻转为军事统帅机关。宇文泰还常常将那些拥有乡兵、"义众"的大姓豪强署为大行台属佐③，使之归于自己的麾下。

总之，西魏大行台是宇文泰霸府的核心机构，是他借以控制全国军政的最高权力机关。西魏大行台和中央尚书省的区别迹近湮灭，或者说大行台完全取代了中央尚书省。废帝二年（553）作为施行六官制先声的罢大行台，在权力分配上并无意义，宇文泰专擅国政的局面未尝丝毫改变，大行台不过是完成了自己的使命而寿终正寝。

第七节　行台的消亡及其原因

魏末得到空前发展的行台在东魏北齐成熟定型为最高一级地方机构以后，不久便随着北周灭齐改行台为总管退出职官舞台。后来在隋初、唐初戎马倥偬、制度草创之际，都曾在并、洛、益、扬等重要地区设置行台，以宗室亲王临统，但一俟天下平定、制度整备，就都迅速废罢。行台的地方官化过程在北齐业已全部完成，隋初、唐初行台不过是一个尾声而已。

中国古代地方官制的演变有一个显著的特点，即最高一级地方机构常演蜕自中央派遣机构和使职差遣之官。为了加强对地方的控制，中央常常在原

---

① 据《周书》卷23《苏绰传》，行台与尚书省官属常在一起办公，行台与中台不分，详考不赘。
② 《周书》卷25《李贤附弟远传》、同卷33《赵刚传》，第420、574页。
③ 《北史》卷49《毛遐传》，第1808页；《周书》卷35《裴侠传》、卷39《韦瑱传》、卷34《杨檦传》、卷33《王悦传》，第618、693、591、579页。

来最高地方机构之上设立若干监察区,抽调官员组成监察机构,以加强中央对地方的联系和控制;或者在某些重要地区建立军事重镇,以统辖一方军事,集地方兵权于中央,且便应付紧急。这种最高地方机构之上的监察机构或地方军区往往属于临时差遣而非常设官职,其长官品级甚或低于最高地方长官,对地方的权力也仅限于监察或者军事。但由于他们直接对中央或皇帝负责,带有钦差色彩,故随着时间的推移和他们对地方权力的侵夺以至凌驾,最终便由中央派出之监察机构或地方军区演变为最高一级地方军政机关,原来属于临时差遣性质的派出官员亦成为最高一级地方长官。观两汉刺史、魏晋南朝的都督,以及唐代的节度使、明清的督抚,若不论各自的特点,其演变发展就几乎全部经过了如上所述的过程。回顾北朝行台的地方官化过程,我们几乎看到了同样的轨迹。方北魏后期行台制大行之初,多以尚书丞郎为之,其较之州郡虽居高临下,相对中央却不过一介台使,且事毕即罢,初无长期驻治地方者。但随着魏末行台制度的空前发展,行台逐步地方官化,最后实际成为驻治地方、权总军民的最高一级地方官,至东魏、北齐完全成熟定型。其尤为甚者,如尔朱荣叔侄、高欢父子专擅一方的大行台竟由遥控朝政到取而代之。行台作为北朝特殊的高层政区,其发展演变也不过重蹈了帝制时代最高一级地方行政机构演变的轨迹。

  大行台是北魏末年行台制度高度发展的产物。大行台作为权臣专政的霸府,作为国家事实上的最高实权机构,东西两魏的大行台完全相同。不过东魏的大行台始终不废,入齐后又演蜕为并省;西魏的大行台因改行周官而废罢,尽管并不意味着权力的转移。东魏的大行台设在军事重心并州,旨在掌握"晋阳之甲",以固专政立国之本,政治文化中心毕竟在上都邺城。西魏的大行台完全垄断了国家的军政大权,几乎与中央尚书省合二为一,大行台虽然驻治军事重镇同州,但由于规制严密的府兵系统控制着国家的主要军事力量,从而使大行台在更大程度上体现出中央政务机构的性质。由行台到权臣霸府的大行台,对于元魏中央旨在加强中央控制而大量派遣行台的初衷来说,的确适得其反。但大行台的出现,只是标志着中央最高权力在元魏皇帝与权臣之间的分配与转移,在某种意义上毋宁说大行台是魏末动乱、王权衰弱时重新出现的一种中央集权。

  由于行台直接作为中央最高政务机构——尚书省的派出机构,因而一如其名称,始终带有中央官的痕迹,其权力由于尚书省无事不总而远过于刺史都督,对中央具有更大的离心力,这也是它作为特殊高层政区的特殊性所在，所以它始终为中央集权所警惕，不能为较强的中央集权所容忍，这是北朝地方行台在魏末皇权衰弱、世乱兵兴之际迅速发展，而逮东魏北齐成熟定型之后即迅速消亡，以及北周、隋、唐中央集权对之不能容忍的根本原因所在。

余论：十六国北朝社会政治进程与行政区划变动

魏晋南北朝时期，行政区划的繁复变化常令相关研究者头疼。但如能立足政治实体政治进程与具体地理环境的关系条分缕析，即便一些细节依然暧昧不明，行政区划演变的脉络依然有章可循。就游牧族群来讲，行政区划是一种源自外部的政治制度，体现了一种与游牧生活本身很不一样的政治文化传统和政治行为模式。游牧族群依靠自身的政治文化传统，固然可以在草原社会内部发展出有较大地域规模的政治实体，但这一政治实体如要向广大农耕地区发展，汲取与草原社会截然不同的社会资源，就必须在政治层面大量借用农耕地区的政治文化资源。这种情况不仅适用于曾经完全立足草原的拓跋鲜卑这样的族群，也适用于在农耕社会内部生活的边缘族群。

西晋时匈奴刘渊"幼好学，师事上党崔游，习《毛诗》、《京氏易》、《马氏尚书》，尤好《春秋左氏传》、《孙吴兵法》，略皆诵之，《史》、《汉》、诸子，无不综览"。任北部都尉时，"明刑法，禁奸邪，轻财好施，推诚接物，五部俊杰无不至者。幽冀名儒，后门秀士，不远千里，亦皆游焉"①。正是由于熟悉并善用两种政治文化资源，刘渊才得以顺利开启胡族在中原内地建立政权的序幕。前赵刘曜，"立太学于长乐宫东，小学于未央宫西，简百姓年二十五已下、十三已上，神志可教者千五百人，选朝贤宿儒明经笃学以教之。以中书监刘均领国子祭酒。置崇文祭酒，秩次国子。散骑侍郎董景道以明经擢为崇文祭酒"②。刘渊、刘曜早年教养甚好，情况似乎不够典型。后来建立后赵的石勒，"其先匈奴别部，分散居于上党武乡羯室，因号羯胡。祖邪弈于，父周曷朱，一字乞翼加，并为部落小帅。周曷朱性凶粗，不为群胡所附。勒壮健，有胆略，好骑射，周曷朱每使代己督摄部胡，部胡爱信之"③。从其早年经历看不出他有受中原农耕政治文

---

① 《晋书》卷101《刘元海载记》。
② 《晋书》卷103《刘曜载记》。
③ 《魏书》卷95《羯胡石勒传》。

化传统影响的痕迹①。但是一俟称雄河北,"增置宣文、宣教、崇儒、崇训十余小学于襄国四门,简将佐豪右子弟百余人以教之,且备击柝之卫"②。石勒的侄子石虎,"虽昏虐无道,而颇慕经学,遣国子博士诣洛阳写石经,校中经于秘书。国子祭酒聂熊注《谷梁春秋》,列于学官"。类似的政治行为,我们在成汉、前燕、前秦、后秦、南凉、南燕、北燕的一些统治者身上也可以看到③。

对此,今人每以汉化的思路加以理解,这当然不能算错。但从这些政治实体的社会政治进程来看,它们各自依托的族群并没有强烈的汉化动机,这也是胡汉矛盾在十六国时期凸显的重要原因。笔者觉得这里的关键在于这些政治实体均立足于农耕政治文化传统占优势的地域,单凭居统治地位族群的政治文化资源难以确保自己的政治合法性,实现长久有序的统治。这些统治者用心儒学,尊崇文教,延续汉晋中原王朝固有的政治文化传统与政治行为模式,不在于他们对儒学和文教有多深的了解,而在于他们与汉族士人一样相信,这些行为是标识自身统治合法性的重要政治行为。如果我们接受这样的判断,就不难理解像石虎这样暴虐苛酷的统治者竟然也会"颇慕经学",有心文教。这些政治实体的发展已与十六国时期更为复杂的整体社会政治进程联系在一起。政治文化与政治制度是政治实体的一体两翼,它们总是受制于特定的时

---

① 《晋书》卷105《石勒载记上》:"勒生时赤光满室,白气自天属于中庭,见者咸异之。年十四,随邑人行贩洛阳,倚啸上东门,王衍见而异之,顾谓左右曰:'向者胡雏,吾观其声视有奇志,恐将为天下之患。'驰遣收之,会勒已去。"王衍与石勒名位相殊,特别是石勒当时卑微不足道,两者行为即便有实际交集,也不大可能被人刻意记录下来。《晋书》叙述石勒少年时特异情状,颇值得怀疑。
② 《晋书》卷105《石勒载记上》。
③ 据《晋书》卷121《李雄载记》,李雄在成都建王称帝之后,"时海内大乱,而蜀独无事,故归之者相寻。雄乃兴学校,置史官,听览之暇,手不释卷"。卷109《慕容皝载记》:前燕慕容皝"尚经学,善天文",曾"赐其大臣子弟为官学生者号高门生,立东庠于旧宫,以行乡射之礼,每月临观,考试优劣。皝雅好文籍,勤于讲授,学徒甚盛,至千余人。亲造《太上章》以代《急就》,又著《典诫》十五篇,以教胄子"。卷113《苻坚载记》:前秦苻坚"广修学官,召郡国学生通一经以上充之,公卿已下子孙并遣受业。其有学为通儒、才堪干事、清修廉直、孝悌力田者,皆旌表之";"亲临太学,考学生经义优劣,品而第之。问难五经,博士多不能对"。卷117《姚兴载记》:后秦姚兴在位时,"天水姜龛、东平淳于岐、冯翊郭高等皆耆儒硕德,经明行修,各门徒数百,教授长安,诸生自远而至者万数千人。兴每于听政之暇,引龛等于东堂,讲论道艺,错综名理。凉州胡辩,苻坚之末,东徙洛阳,讲授弟子千有余人,关中后进多赴之请业。兴敕关尉曰:'诸生谘访道艺,修己厉身,往来出入,勿拘常限。'"又据卷119《姚泓载记》,姚兴之子姚泓,"博学善谈论,尤好诗咏。尚书王尚、黄门郎段章、尚书郎富允文以儒术侍讲,胡义周、夏侯稚以文章游集。……泓受经于博士淳于岐。岐病,泓亲诣省疾,拜于床下。自是公侯见师傅皆拜焉"。卷126《秃发利鹿孤载记》:南凉祠部郎中史暠劝南凉王(时称"西河王")秃发利鹿孤"宜建学校,开庠序,选耆德硕儒以训胄子","利鹿孤善之,于是以田玄冲、赵诞为博士祭酒,以教胄子"。卷127《慕容德载记》:南燕慕容德称帝后,"建立学官,简公卿已下子弟及二品士门二百人为太学生"。卷125《冯跋载记》:北燕冯跋下令:"武以平乱,文以经务,宁国济俗,实所凭焉。……可营建太学,以长乐刘轩、营丘张炽、成周翟崇为博士郎中,简二千石已下子弟年十五已上教之。"

代背景和具体的自然及人文地理环境。郡县制行政区划在十六国时期虽然受到非华夏族群政治文化传统的冲击与影响,但依然相沿不替,这是华夏政治文化传统在农耕地区存在重要影响的制度表现。拓跋鲜卑随后开启的北朝社会政治进程,虽然跌宕起伏,但在总体上与十六国并没有根本的不同,已如前述。当源自塞外或边疆的族群进入华夏农耕地区时,原先相对独立的游牧生活方式开始变为游牧、农耕混杂的生活方式。

《南齐书》卷57《魏虏传》说北魏"什翼珪(指道武帝)始都平城,犹逐水草,无城郭,木末(指明元帝)始土著居处。佛狸(指太武帝)破梁州、黄龙,徙其居民,大筑郭邑。""伪太子宫在城东,亦开四门,瓦屋,四角起楼。妃妾住皆土屋。婢使千余人,织绫锦贩卖,酤酒,养猪羊,牧牛马,种菜逐利。太官八十余窖,窖四千斛,半谷半米。又有悬食瓦屋数十间,置尚方作铁及木。其袍衣,使宫内婢为之。伪太子别有仓库。""其郭城绕宫城南,悉筑为坊,坊开巷。坊大者容四五百家,小者六七十家。每(南)[闭]坊搜检,以备奸巧。城西南去白登山七里,于山边别立父祖庙。城西有祠天坛,立四十九木人,长丈许,白帻,练裙,马尾被,立坛上,常以四月四日杀牛马祭祀,盛陈卤簿,边坛奔驰奏伎为乐。城西三里,刻石写《五经》及其国记,于邺取石虎文石屋基六十枚,皆长丈余,以充用。"这里面当然有崔浩这样的汉族士人的作用。但是族群生活环境的变化,统治者追求统治正当性的政治需要,更有助于我们理解《魏虏传》里的描述。孝文帝迁都洛阳、全面汉化,不过是在刻意凸显汉族农耕地区对北魏王朝政治统治合法性的根本性意义而已。

然而从政治地理的角度来说,统治中心的彻底转移,还是改变了政治核心区与边缘区的关系,形塑了北魏新的政治地理格局,以洛阳为中心的黄河南北地区成为北魏后期的政治核心区,包括六镇在内、以平城为中心的阴山南北地区则由核心区变为边缘,并由此在北魏社会内部造成新的地域对立与族群冲突。六镇地区变为新的族群意识蓬勃生长的地理空间。北魏末年的六镇之乱固然冲垮了北魏的统治秩序,但也开启了新的社会政治进程。由于镇民南下分处东西,六镇原先的政治潜能转化为东魏北齐、西魏北周并立的政治现状。也由于镇民南下,北镇豪侠尚武、不循礼法的政治文化亦被带入中原内地,并与讲求以皇帝为中心、尊卑有序的汉族政治文化传统发生剧烈冲突。但是鲜卑或曰镇民原有的政治文化基础毕竟随着原有生活地域的彻底改变而消失殆尽。北周大定元年(581)二月壬子,已经把持政权的杨坚下令:"已前赐姓,皆复其旧。"[①]这是对应西魏恭帝元年(554)宇文泰改从鲜卑胡姓的政治举措。

---

① 《隋书》卷1《高祖纪》。

开皇元年(581)二月甲子,杨坚正式即位,周隋嬗代完成,"易周氏官仪,依汉、魏之旧"①。隋文帝杨坚的政治作为,是政治体内族群共通的政治文化传统开始确立的一个重要象征。

可以说,制度演替是文化嬗变的现实风向标。但我们还可以把制度变迁视为一政治实体社会共通之整体文化建构过程的一项重要技术体现。如果文化本身体现的是社会互动关系体系,则政治表达的就是在社会互动关系体系中由权力支配格局决定的社会资源占有、分配形态。行政区划制度则是这种占有、分配形态的技术体现。换言之,行政区划制度体现的是国家或政治实体汲取和分配社会资源的空间方式。所以政区的形态演变,包括它所隐含的社会价值观流变,很能体现国家或政治实体汲取和分配社会资源的模式变化,也很能体现一个政治实体内部不同族群、不同社会人群的权力支配格局和相应社会价值认知的变动。不论是十六国时期行政设置上胡汉分立的二元式区隔处理,还是在南北地域均曾频行普见的州郡县侨置,其背后支撑的是多元复杂的社会互动关系格局,是多种文化在广大地理空间里密切互动的体现。没有这种互动,中国历史发展的格局就会是另一番风貌。隋的建立,看似偶然,但当看到社会政治进程迅速由分裂而归于统一时,也许我们会觉得,三百年来不同社会人群、不同文化间相互冲撞、磨合的结果,确实是借助隋这一政治实体的政治实践来体现的。

隋之建立也为行政区划的合理调整提供了历史契机。《隋书》卷46《杨尚希传》:"高祖受禅,拜度支尚书,进爵为公。岁余,出为河南道行台兵部尚书,加银青光禄大夫。尚希时见天下州郡过多,上表曰:'自秦并天下,罢侯置守,汉、魏及晋,邦邑屡改。窃见当今郡县,倍多于古,或地无百里,数县并置,或户不满千,二郡分领。具僚以众,资费日多;吏卒人倍,租调岁减。清干良才,百分无一,动须数万,如何可觅?所谓民少官多,十羊九牧。琴有更张之义,瑟无胶柱之理。今存要去闲,并小为大,国家则不亏粟帛,选举则易得贤才,敢陈管见,伏听裁处。'帝览而嘉之,于是遂罢天下诸郡。"行政区划在隋初由魏晋南北朝的州郡县三级制一变而为州县两级制,这是隋代开启新的社会政治进程的重要体现。

---

① 《周书》卷2《文帝纪下》:"魏氏之初,统国三十六,大姓九十九,后多绝灭。至是,以诸将功高者为三十六国后,次功者为九十九姓后,所统军人,亦改从其姓。"这是宇文泰从社会人群中形塑鲜卑族群意识、建构统治阶层的重要举措,在杨坚看来,可能也是魏周嬗代的重要政治迹象,但在杨坚类似的政治行为里面当有政治文化观念变动的影响。

附 录

一、疆域政区图

1. 十六国疆域政区图

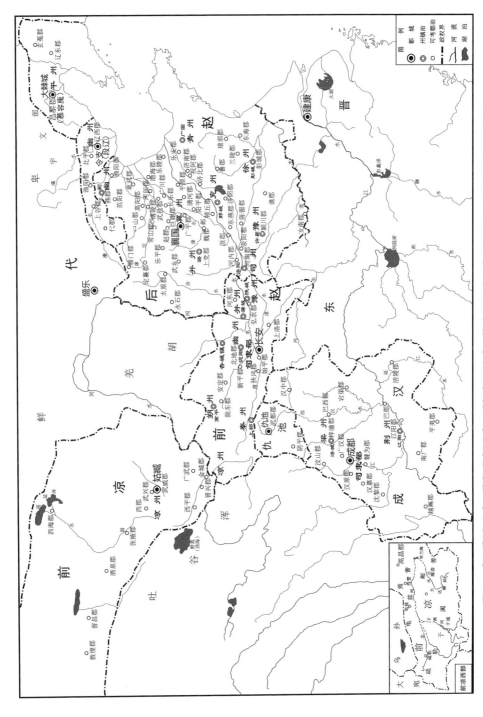

图1 成王玉衡十七年、前赵光初十年、后赵赵王九年、前凉建兴十五年(327)十六国疆域政区示意图

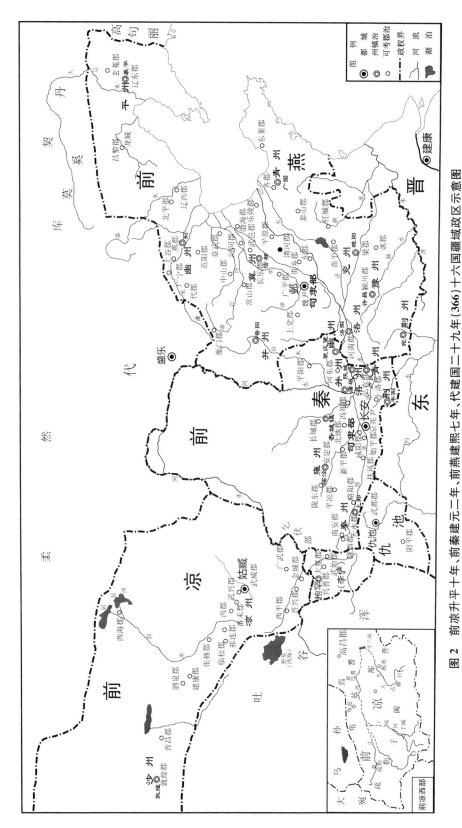

图 2 前凉升平十年、前秦建元二年、前燕建熙七年、代建国二十九年(366)十六国疆域政区示意图

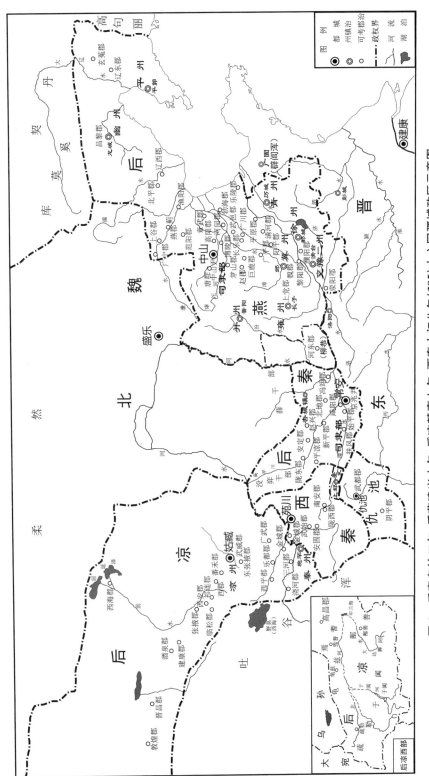

图 3 后秦皇始二年、后燕建兴十年、后凉麟嘉七年、西秦太初八年(395)十六国疆域政区示意图

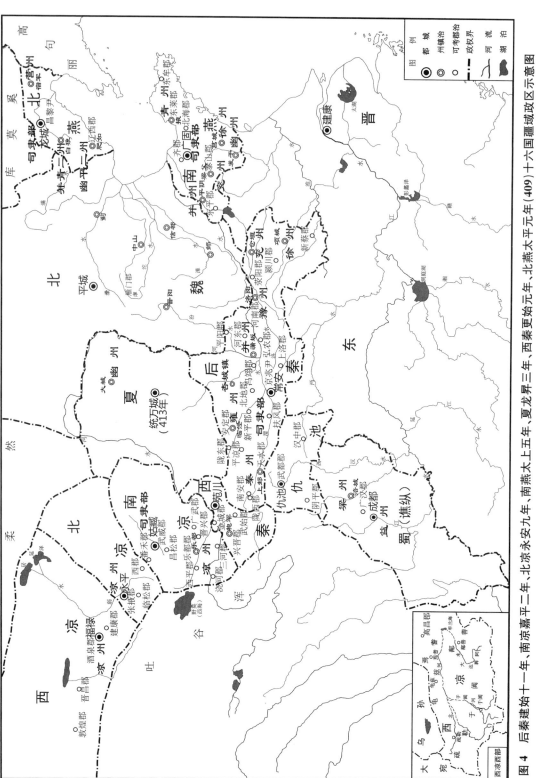

图 4 后秦建初十一年、南凉嘉平二年、北凉永安九年、北燕太上五年、南燕太上五年、夏龙昇三年、西秦更始元年、北燕太平元年（409）十六国疆域政区示意图

2. 北朝疆域政区图

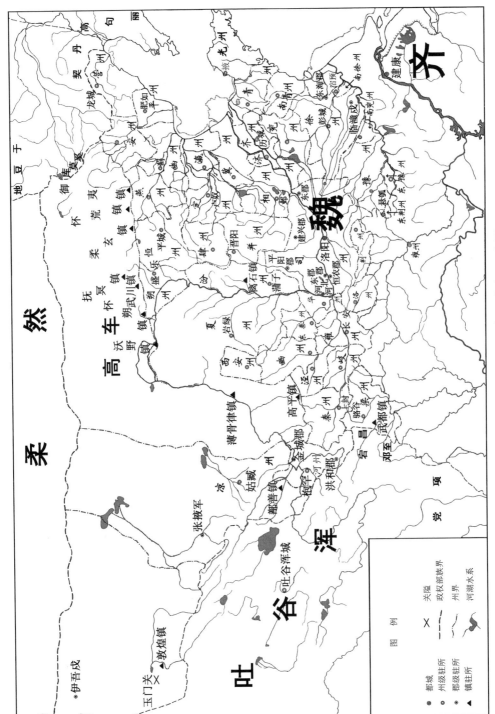

图 1 北魏太和二十一年(497)北朝疆域政区示意图

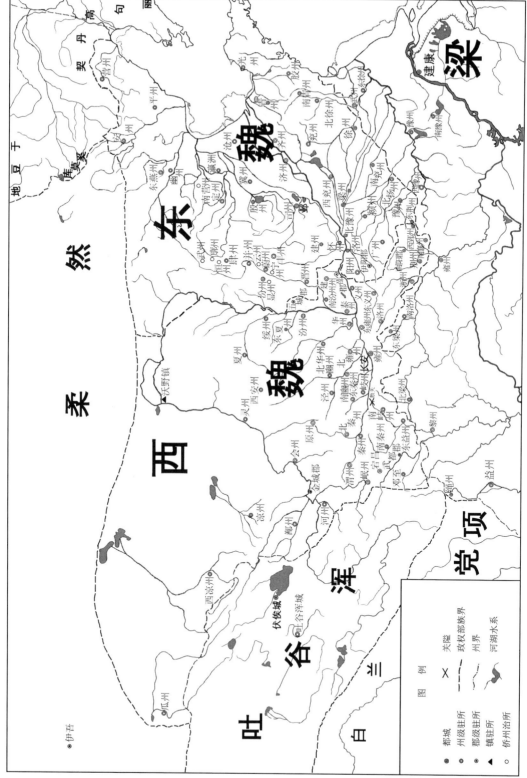

图 2 东魏武定四年、西魏大统十二年(546)北朝疆域政区示意图

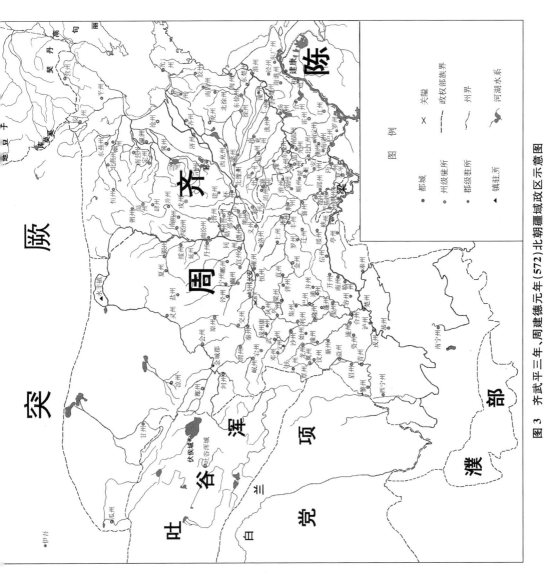

图 3 齐武平三年、周建德元年(572)北朝疆域政区示意图

二、政区沿革表

1. 十六国政区沿革简表

说明：

1. 各政区简表选取的基准年与各政权"政区沿革"中的基准年一致。
2. 凡加下划线"＿＿"的政区名，为有文献资料记载确切可考的政区。
3. 凡加下划虚线"......"的政区名，为见于文献记载的可能设置的政区。
4. "[ ]"中的文字，反映政区沿革的变化，字号皆小一号。凡县级政区中在"[ ]"的县名，为基准年前后曾经设置过的县，用分号与基准年下的县分开。
5. 凡县级政区中不加建置年代的县，其起讫时间与所属郡的起讫时间相同。
6. 有些政权会先置郡县，随疆域扩大再置司隶部或州，故表中有些郡县建置会早于司隶校尉或州，而在基准年间则属某州或某司隶校尉。
7. 除所附诸州外，其余诸司隶部、州、镇的治所为基准年时的治所。
8. 诸郡领县中，凡首县，一般为该郡的治所。

汉国政区简表

司隶部、州	（京都）尹、郡	县
司隶部（310—?，?—318）[承雍州(309—310)，含左右司隶部]，治平阳	平阳尹(310—?，?—318) [承平阳郡(308—310)]	平阳、杨、端氏、永安、狐讘、襄陵、绛邑、濩泽、临汾、北屈、皮氏；[蒲子(308—310)]
	河东郡(308—?，?—318)	安邑、闻喜、垣、猗氏、解、河北、大阳(309—318)、蒲坂(311—318)
	大昌郡(310—?，?—318)	蒲子
幽州(309—318)，治离石	西河郡(304—318)	离石、隰城、介休
冀州(309?—318)，治隰氏	上党郡(304?—308，309—318)	陭氏(309?—318)、泫氏(304—308，309—318)、屯留(304—308，309—318)、长子(304—308，309—318)、壶关(305—308，309—318)、高都(309—318)、襄垣(315—318)
殷州(310?—318)，治所乏考	辖区不可考	领县不可考
卫州(310?—318)，治所乏考	辖区不可考	领县不可考

续 表

司隶部、州	(京都)尹、郡	县
东梁州(?—318),治所乏考	辖区不可考	领县不可考
西河阳州(?—318),治所乏考	辖区不可考	河阳等
北兖州(?—318),治所乏考	辖区不可考	领县不可考
汾州(?—318),治所乏考	辖区不可考	领县不可考
荆州(311—318),治洛阳	河南郡(311—318)	洛阳、河南、巩、河阴(312—318)、新安
	弘农郡(311—318)	弘农、湖、陕、黾池、华阴(317—318)
	上洛郡(311—318)	上洛、商、卢氏
雍州(311—312,316—318),治长安	京兆郡(311—312,316—318)	长安、杜陵、霸城、蓝田、高陆、万年、新丰、阴般、郑
	冯翊郡(311—312,316—318)	大荔、下邽、重泉、频阳、粟邑、莲芍、郃阳、夏阳
	扶风郡(316—318)	池阳、郿、美阳、好畤
	始平郡(316—318)	槐里、始平、武功、鄠、鳌屋
	北地郡(316—318)	泥阳、富平、灵武
	上郡(316—318)	领县不可考
附:并州(312),治晋阳	太原郡(304—306,312)	晋阳、阳曲、榆次、于离、盂、狼孟、阳邑、大陵(304—306,312)、祁(304—306,312)、平陶(304—306,312)、京陵(304—306,312)、中都(304—306,312)、邬(304—306,312)
附:西扬州(311?—?),治所乏考	辖区不可考	领县不可考

说明:本表以汉麟嘉二年(317)为基准年。

前赵政区简表

司隶部、州、镇	（京都）尹、郡、护军	县
司隶部（319—329）[承雍州(318—319)]，治长安	京兆尹(319—329)[承京兆郡(318—319)]	<u>长安</u>、杜陵、霸城、蓝田、高陆、万年、新丰、阴般、郑
	冯翊郡(318—329)	大荔、下邽、重泉、频阳、<u>粟邑</u>、莲芍、郃阳、夏阳
	扶风郡(318—329)	池阳、郿、美阳、好畤、<u>雍</u>(320—329)、<u>汧</u>(320—322,323—329)、<u>陈仓</u>(320—329)
	始平郡(318—329)	槐里、始平、<u>武功</u>、鄠、盩厔
	附：北地郡(318—319)	泥阳、富平、灵武
	附：上郡(318—319)	领县不可考
幽州(319—329)，治泥阳	北地郡(319—329)	泥阳、<u>富平</u>、灵武
	上郡(319—329)	领县不可考
	新平郡(320—329)	漆、汾邑
	安定郡(320—329)	<u>临泾</u>、朝那、乌氏、鹑觚、<u>阴密</u>、西川
	陇东郡(320—329)	泾阳等
	抚夷护军(320—329)	
朔州(320—329)，治高平	辖区不可考	
并州(319—329)，治蒲坂	河东郡(318—329)	安邑、闻喜、垣、<u>大阳</u>、猗氏、解、<u>蒲坂</u>、河北
豫州（319?—329)[承荆州(318—319?)]，治陕城	弘农郡(318—329)	弘农、湖、<u>陕</u>、渑池、华阴、宜阳(319—329)
	上洛郡(318—329)	上洛、商、卢氏
	顺阳郡(326—329)	鄏、顺阳、南乡、丹水、武当、阴、筑阳、析
	附：河南郡(318—325)	<u>洛阳</u>(318—320)、河南(318—320)、巩(318—320)、河阴、新安
秦州（327—329)[承秦凉二州(323—327)]，治上邽	天水郡(323—329)	<u>上邽</u>、冀、始昌、新阳、显新、成纪
	略阳郡(323—329)	临渭、<u>平襄</u>、略阳、清水、<u>陇城</u>
	陇西郡(327—329)	襄武、首阳
	南安郡(327—329)	豲道、新兴、中陶
	武都郡(侨置,325?—329)	领县不可考

续 表

司隶部、州、镇	(京都)尹、郡、护军	县
凉州(327—329)，治所乏考	晋兴郡(327—329)	枹罕、永固、临津等
	狄道郡(327—329)	狄道、临洮、河关、洮阳、遂平、武街、始兴、第五、真仇
	安故郡(327—329)	安故、石门、桑城、临洮、洮阳
	金城郡(327—329)	金城、榆中
杏城镇(320—329)，治杏城		
附：益州(323—325)，治仇池	武都郡(323—325)	武都、下辩、河池、沮、故道、上禄
	阴平郡(323—325)	阴平、平武

说明：本表以前赵光初十一年(328)为基准年。

后赵政区简表

司隶部、州、镇	(京都)尹、郡国、护军	县
司隶部(330—351)[分冀州置]，治邺	魏尹(335—350)[承魏郡(330—335)]	邺、长乐、魏、斥丘、安阳、荡阴、内黄；[黎阳(330—334)]
	黎阳郡[分魏郡置](334—350)	黎阳
	广平郡(330—350)	广平、邯郸、易阳、武安、涉、曲梁、列人、肥乡、临水、广年、斥漳、平恩；[襄国(330—335)、任县(330—335)、苑乡(?—335)、南和(330—335)]
	襄国郡[分广平郡置](335—351)	襄国、任、清苑、南和
	阳平郡(330—350)	元城、馆陶、清渊、发干、东武阳、阳平、乐平
	卫国郡(334—350)[承顿丘郡(330—334)]	顿丘、繁阳、阴安、卫
	汲郡(330—350)	汲、朝歌、共、林虑、获嘉、修武
	河内郡(330—350)	怀、州、温、平皋、山阳
	野王郡(330?—350)	野王、河阳、沁水、轵
	武德国(349)	武德

续 表

司隶部、州、镇	（京都）尹、郡国、护军	县
冀州(312—351)，治信都	长乐郡(314—351)	信都、下博、扶柳、经、堂阳、南宫；[广宗(314—346)]
	赵郡(314—350)	房子、元氏、平棘、高邑、柏人、南栾、赵安(340?—350)
	巨鹿郡(314—351)	廮陶、巨鹿、平乡、曲阳、鄡、广阿(?—351)、停驾(335—351)
	武邑郡(314—351)	武邑、武遂、观津、武强
	广川郡(314—351)	广川、枣强、索卢
	平原郡(314—351)	平原、高唐、茌平、博平、聊城、安德、西平昌、般、鬲
	渤海郡(314—350)	南皮、东光、浮阳、饶安、高城、重合、安陵、蓨、阜城
	章武郡[含章武国](314—350)	东平舒、文安、章武、束州
	河间郡[含河间国](314—350)	乐城、武垣、鄚、易城、中水、成平
	高阳郡(314—350)	博陆、高阳、北新城、蠡吾
	博陵郡(314—351)	安平、饶阳、南深泽、安国
	清河郡(314—351)	贝丘、清河、武城、绎幕、灵、鄃
	中山郡[含中山国](314—350)	卢奴、魏昌、新市、安喜、蒲阴、望都、唐、北平
	常山郡(314—350)	真定、石邑、井陉、上曲阳、蒲吾、南行唐、灵寿、九门
	乐陵郡(320—350)	厌次、阳信、漯沃、新乐、乐陵
	建兴郡(346—351)	广宗、建始、兴德、临清、水东
	附：广平郡(313—330)	广平、邯郸、易阳、武安、涉、曲梁、列人、肥乡、临水、广年、斥漳、平恩、襄国、任县、南和、苑乡
	附：魏郡(313—330)	邺、长乐、魏、斥丘、安阳、荡阴、内黄、黎阳

续 表

司隶部、州、镇	(京都)尹、郡国、护军	县
冀州(312—351),治信都	附:阳平郡(314—330)	元城、馆陶、清渊、发干、东武阳、阳平、乐平
	附:顿丘郡(314—330)	顿丘、繁阳、阴安、卫
	附:上党郡(314—321)	潞、铜鞮(316—351)、涅(316—321)、武乡(316—321)、屯留(318—351)、壶关(318—351)、长子(318—351)、泫氏(318—351)、高都(318—351)、襄垣(318—351)
	附:太原郡(316—321)	晋阳、阳曲、榆次、阳邑、大陵、祁、平陶、中都、鄥
	附:乐平郡(316—321)	乐平、上艾、轑阳、沾
	附:定襄郡(316—321)	九原、定襄、云中、晋昌
	附:雁门郡(316—321)	广武、平城、原平
	附:平阳郡(318—321)	平阳、杨、端氏、永安、蒲子、狐讘、襄陵、绛邑、濩泽、临汾、北屈、皮氏
	附:汲郡(318—330)	汲、朝歌、共、林虑、获嘉、修武
	附:河内郡(318—330)	怀、州、温、平皋、山阳、野王、河阳、沁水、轵
	附:燕郡(319)	蓟、安次、广阳
	附:渔阳郡(319)	雍奴、潞、泉州
	附:范阳郡(319)	涿、良乡、方城、长乡、遒、故安、范阳、容城
洛州(335—350)[承司州(320—335)],治洛阳	河南郡(320—350)	洛阳、河南、巩、新安(325—350)、河阴(325—350)、成皋(325—350)、缑氏(325—350)、阳城(325—350)、新城(325—350)、陆浑(325—350)、梁(325—350)
	荥阳郡(325—350)	荥阳、京、密、卷、阳武、苑陵、中牟、开封
	河东郡[含河东国](329—350)	安邑、闻喜、垣、大阳、猗氏、解、蒲坂、河北
	弘农郡(329—350)	弘农、湖、陕、黾池、华阴、宜阳

续　表

司隶部、州、镇	(京都)尹、郡国、护军	县
洛州(335—350)[承司州(320—335)],治洛阳	建昌郡[承陈留郡(322—335)](335—350)	小黄、浚仪、封丘、雍丘、尉氏、襄邑、扶沟
	东燕郡(315—350)	白马、东燕、凉城、酸枣、长垣
	附:上洛郡(329—335)	上洛、商、卢氏、丰阳
幽州(319—350),治蓟	燕国[承燕郡](319—350)	蓟、安次、广阳、昌平(338—350)、军都(338—350)
	渔阳郡(319—350)	雍奴、潞、泉州、安乐(338—350)、平谷(338—350)
	范阳郡(319—350)	涿、良乡、方城、长乡、遒、故安、范阳、容城
	上谷郡(338—350)	沮阳、居庸
	广宁郡(338—350)	下洛、潘、涿鹿
	代郡[含代国?](338—350)	代、广昌、平舒、当城
	附:辽西郡(338—339)	令支、阳乐、肥如、海阳
	附:北平郡(338—339)	徐无、土垠、无终
营州(339—350)[分幽州置],治令支	辽西郡(339—350)	令支、阳乐、肥如、海阳
	北平郡(339—350)	徐无、土垠、无终
并州(321—351)[分冀州置],治潞	上党郡(321—351)	潞、铜鞮、屯留、壶关、长子、泫氏、高都、襄垣
	太原郡[含太原国](321—351)	晋阳、阳曲、榆次、阳邑、大陵、祁、平陶、中都、邬
	乐平国[承乐平郡](321—351)	乐平、上艾、辕阳
	新兴国[承定襄郡](321—351)	九原、定襄、云中、晋昌
	雁门郡(321—351)	广武、平城、原平
	平阳郡(321—351)	平阳、杨、端氏、永安、蒲子、狐谳、襄陵、绛邑、濩泽、临汾、北屈、皮氏
	永石郡(321—351)	离石、隰城、介休
	武乡郡(321—351)	武乡、涅、沾、长城

续 表

司隶部、州、镇	(京都)尹、郡国、护军	县
青州(323—350), 治广固	齐国[承齐郡](323—350)	广固、临淄、西安、安平、般阳、广饶、昌国
	济南郡(323—350)	历城、平陵、著、于陵、漯阴
	北海郡(323—350)	平寿、都昌、胶东、剧、即墨、下密
	乐安国[承乐安郡](323—350)	高苑、临济、博昌、利、益、蓼城、梁邹、寿光、东朝阳
	高密郡(323—350)	黔陬、淳于、高密、夷安、营陵、昌安、壮武
	平昌郡(323—350)	安丘、平昌、东武、琅邪、朱虚、临朐
	东莱郡(323—350)	掖、当利、卢乡、曲城、黄、惤、牟平
	长广郡(323—350)	不其、长广、挺、昌阳
	祝阿郡(323—350)	祝阿
徐州(322—350), 治彭城	彭城国[承彭城郡](324—350)	彭城、留、广戚、傅阳、武原、吕、梧、蕃、薛
	下邳郡(324—350)	下邳、良城、睢陵、夏丘、取虑、僮
	琅邪郡(322—350)	阳都、开阳、临沂、缯、即丘、华、费、蒙阴
	东莞郡(324—350)	莒、诸、东莞
	东安郡(324—350)	盖、新泰、发干
	东海郡(324—350)	郯、祝其、朐、襄贲、利城、赣榆、厚丘
	武兴国[承兰陵郡](324—350)	承、昌虑、合乡、兰陵、戚
	临淮郡(324—350)	盱眙、东阳、高山、赘其、潘旌
	淮陵郡(324—350)	淮陵、司吾、徐、下相、淮浦
兖州(315—351), 治鄄城	濮阳郡(315—351)	濮阳、廪丘(316—351)、鄄城(316—351)
	泰山郡(322—351)	奉高、嬴、牟、南城、南武阳、梁父、博、山茌、莱芜、巨平
	济阴郡(325—351)	定陶、乘氏、句阳、离狐、冤句、己氏、成武、单父、城阳

续 表

司隶部、州、镇	（京都）尹、郡国、护军	县
兖州(315—351)，治郸城	高平郡(325—351)	昌邑、巨野、方与、金乡、湖陆、高平、南平阳、任城、亢父、樊
	东平郡(325—351)	须昌、寿张、范、无盐、富城、东平陆、刚平
	济北郡(325—351)	卢、临邑、东阿、谷城、蛇丘
	济阳郡(325—351)	济阳、考城、外黄
	附：东燕郡(315—335)	白马、东燕、凉城、酸枣、长垣
	附：陈留郡(322—335)	小黄、浚仪、封丘、雍丘、尉氏、襄邑、扶沟
豫州(325—350)，治许昌	颍川郡(325—350)	许昌、长社、颍阴、临颍、郾、邵陵、鄢陵、新汲、阳翟
	襄城国[承襄城郡]（325—350)	襄城、繁昌、郏、定陵、父城、昆阳、舞阳
	汝阴国[承汝阴郡]（325—350)	汝阴、慎、原鹿、宋
	新蔡郡(325—350)	新蔡、鲖阳、固始、褒信
	汝南郡(326—350)	新息、南安阳、安成、慎阳、北宜春、朗陵、阳安、上蔡、平舆、定颍、灈阳、吴房、西平
	南顿郡(325—350)	南顿
	汝阳郡(325—350)	汝阳
	梁国[承梁郡]（325—350)	睢阳、蒙、虞、下邑、宁陵、谷熟
	陈郡(325—350)	陈、项、长平、阳夏、武平、西华、谷阳(337—350)；[苦(325—337)]
	沛国[承沛郡]（325—350)	相、沛、丰、竺邑、符离、杼秋、洨、虹、萧
	谯郡[含谯国]（325—350)	谯、城父、酂、山桑、龙亢、蕲、铚
	鲁郡(325—350)	鲁、汶阳、卞、邹、公丘
扬州(328—350)，治寿春	淮南国[承淮南郡]（328—350)	寿春、成德、下蔡、义城、西曲阳、平阿、阜陵、钟离、合肥、逡遒、阴陵、当涂、全椒、东城

续　表

司隶部、州、镇	（京都）尹、郡国、护军	县
荆州(328—350)，治上洛	上洛郡(335—350)	上洛、商、卢氏、丰阳
	义阳国	领县不可考
	上庸国	领县不可考
	附：南阳郡[含南阳国](328—338)	宛、西鄂、雉、鲁阳、犨、涓阳、博望、堵阳、叶、舞阴、比阳、涅阳、冠军、郦
	附：顺阳郡(329—338)	酂、顺阳、南乡、丹水、武当、阴、筑阳、析
	附：新野郡(330—332)	新野、穰、棘阳、蔡阳、邓
	附：襄阳郡(332)	宜城、中庐、临沮、邔、襄阳、山都
雍州(329—350)，治长安	京兆郡(329—350)	长安、杜陵、霸城、蓝田、高陆、万年、新丰、阴般、郑、石安(？—350)
	冯翊郡(329—350)	大荔、下邽、重泉、频阳、粟邑、莲芍、郃阳、夏阳
	扶风郡[含秦国](329—350)	池阳、鄠、雍、汧、陈仓、美阳、好畤
	始平郡(329—350)	槐里、始平、武功、鄠、鳌屋
	北地郡(329—350)	泥阳、富平
	新平郡(329—350)	漆、汾邑
	安定郡(329—350)	临泾、朝那、乌氏、阴密、西川
	陇东郡(329—350)	泾阳
	赵兴郡(？—350)	赵安
	赵平郡(？—350)	鹑觚
	抚夷护军(329—350)	
秦州(329—350)，治上邽	天水郡(329—350)	上邽、冀、新阳、显新、成纪、西(？—349)；[始昌(329—？)]
	略阳郡(329—350)	临渭、平襄、略阳、清水、陇城
	陇西郡(329—350)	襄武、首阳
	南安郡(329—350)	獂道、新兴、中陶
朔州(329—350)，治所乏考	辖区不可考	领县不可考

续 表

司隶部、州、镇	（京都）尹、郡国、护军	县
凉州(346—350)，治枹罕	兴晋郡(347—350)	枹罕、永固、临津、河关
	大夏郡(346—350)	大夏、宛戍、金剑
	金城郡(346—350)	金城、榆中
	武始郡(346—350)	狄道、遂平、武街、始兴、第五、真仇
	武城郡(347—350)	领县不可考
	安故郡(347—350)	安故、石门、桑城、临洮、洮阳
	汉中郡(347—350)	领县不可考
	枹罕护军(347—350)	
	大夏护军(346—350)	
杏城镇(329—350)，治杏城		

说明：本表以后赵太宁元年(349)为基准年。

成汉政区简表

司隶部、州	（京都）尹、郡	县
司隶部(306—347)[承益州(302—306)]，治成都	成都尹(306—347)[承蜀郡(303—306)]	成都、广都、繁、郫；[江原(303—306)、临邛(303—306)]
	犍为郡(303—347)	武阳、南安、资中、牛鞞、僰道(311—347)
	汶山郡(303—347)	汶山、升迁、都安、广阳、兴乐、平康、蚕陵、广柔
	汉嘉郡(306—347)	汉嘉、徙阳、严道
	汉原郡(306—347)	汉原、临邛等
	沈黎郡(306—347)	牦牛等
	越巂郡(334—338,342—343)	邛都、会无、卑水、定莋、台登、三缝
	附：广汉郡(301—306)	雒、绵竹、什邡、五城、郪、广汉
	附：梓潼郡(302—306)	涪城、梓潼、汉德、晋寿、白水

续表

司隶部、州	（京都）尹、郡	县
司隶部（306—347）[承益州(302—306)]，治成都	附：巴西郡(302—306)	阆中、西充国、南充国、安汉、平州；[宕渠(302—304)、汉昌(302—304)]
	附：宕渠郡(304—306)	宕渠、汉昌、宣汉
	附：德阳郡(302—303)	德阳、巴兴
梁州（306—347）[分益州置]，治涪城	梓潼郡(306—309，311—347)	涪城、梓潼、汉德、晋寿、白水
	巴西郡(306—309，311—347)	阆中、西充国、南充国、安汉、平州
	宕渠郡(306—347)	宕渠、汉昌、宣汉
	广汉郡(306—347)	雒、绵竹、什邡、五城、郪、广汉
	德阳郡(312—347)	德阳、巴兴
	汉中郡(314—347)	南郑、蒲池、褒中、沔阳、成固、西乡
	汉固郡(?—347)	领县不可考
	上庸郡(?—347)	领县不可考
	巴征郡(?—347)	领县不可考
	附：阴平郡(312—320)	阴平、平武
荆州(311—347)，治江阳	江阳郡(311—347)	江阳、符、汉安、新乐
	巴郡(312—347)	江州、垫江、临江、枳
	涪陵郡（314—?，?—326—?，328—347）	涪陵、汉复、汉平、汉葭、万宁
	附：巴东郡(330—?，?—339—?)	鱼复、朐䏰、南浦、汉丰
	附：建平郡(330—?)	巫、北井、泰昌、信陵、兴山、建始、秭归、沙渠
	附：平夷郡(338—347)	平夷、鳖
	附：南广郡(338—347)	南广、临利、常迁、新兴
宁州(316—347)，治味	建宁郡(333—347)	味、升麻、同乐、谷昌、同濑、双柏、存駬、昆泽、漏江、谈槀、伶丘、修云、俞元

续　表

司隶部、州	(京都)尹、郡	县
宁州(316—347),治味	晋宁郡(333—347)	滇池、同劳、同安、连然、建伶、毋单、秦臧
	建都郡(333—347)	新安、绎云、永丰、临江、麻应、遂安
	平乐郡(333—347)	新定、兴迁、平乐、三沮
	朱提郡(333—338,342—343)	朱提、堂螂、南秦、汉阳、南昌
	南广郡(316—338)	南广、临利、常迁、新兴
	云南郡(333—343)	云南、云平、东古复、西古复
	兴宁郡(333—347)	梇栋、青蛉
	西河阳郡(333—343)	苠苏、成昌、建安
	东河阳郡(333—343)	东河阳、楪榆
	永昌郡(333—343)	永寿、不韦、雍乡、南里、㠍唐、哀牢、博南
	附:牂柯郡(333—334)	万寿、且兰、广谈、毋敛
	附:夜郎郡(333—334,342—347)	夜郎、谈指
	附:平夷郡(316—334)	平夷、鳖
	附:兴古郡(333—334,338—343)	宛温、律高、镡封、句町、汉兴、胜休、都唐
	附:梁水郡(333—334,338—347)	梁水、贲古、西随
	附:西平郡(333—334,338—347)	漏卧、盘江、来如、南零
	附:越巂郡(323—334)	邛都、会无、卑水、定莋、台登、三缝
交州(334—338)[分宁州置],治所乏考	牂柯郡(334—338)	万寿、且兰、广谈、毋敛
	夜郎郡(334—336)	夜郎、谈指
	平夷郡(334—338)	平夷、鳖
	兴古郡(334—336)	宛温、律高、镡封、句町、汉兴、胜休、都唐

续 表

司隶部、州	(京都)尹、郡	县
交州(334—338)[分宁州置],治所乏考	梁水郡(334—338)	梁水、贲古、西随
	西平郡(334—338)	漏卧、盘江、来如、南零
附：安州(338—342)[分宁州置],治所乏考	牂柯郡(338—339)	万寿、且兰、广谈、毋敛
	夜郎郡(338—342)	夜郎、谈指
	朱提郡(338—342)	朱提、南广、汉阳、南秦、堂狼
	越巂郡(338—342)	邛都、会无、卑水、定莋、台登、三缝
附：汉州(343—347)[分宁州置],治所乏考	兴古郡(343—347)	宛温、律高、镡封、句町、汉兴、胜休、都唐
	永昌郡(343—347)	永寿、不韦、雍乡、南里、嶲唐、哀牢、博南
	云南郡(343—347)	云南、云平、东古复、西古复
	朱提郡(343—347)	朱提、南广、汉阳、南秦、堂狼
	河阳郡(343—347)	芘苏、成昌、建安、东河阳县、楪榆
	越巂郡(343—347)	邛都、会无、卑水、定莋、台登、三缝

说明：本表以成玉衡二十四年(334)为基准年。

前凉政区简表

州	郡、护军	县
凉州(301—376),治姑臧	武威郡(301—376)	姑臧、宣威、揖次、仓松、显美、骊靬、祖厉(?—376)、番禾(301—?)
	武兴郡(301?—322?,345—376)	武兴、大城、乌支、襄武、晏然、新鄣、平狄、司监
	西平郡(301—322?,345—376)	西都、临羌、长宁、安夷
	西郡(301—376)	日勒、删丹、仙提、万岁、兰池
	张掖郡(301—376)	永平、临泽、屋兰、氐池、汉阳(305?—?)、祁连(?)
	酒泉郡(301—376)	福禄、会水、安弥、骍马、延寿、玉门、凉宁(?—376)、金泽(333—376);[玉石(?—333)、乐涫(301—?)、表氏(301?—?)]

续 表

州	郡、护军	县
凉州(301—376)，治姑臧	西海郡(301—376)	居延
	晋兴郡(308—376)	晋兴、临鄣、广昌、遂兴、罕唐；[大夏(308—327,329—341)、枹罕(308—327,329—345)、永固(308—327,329—345)、临津(308—327,329—345)、左南(308—345)]
	广武郡(?—376)	令居、枝阳、永登、广武、振武
	建康郡(?—376)	乐涫、建康、表氏
	湟河郡(?—376)	领县不可考
	附：金城郡(301—322?，355—376)	金城(301—322?)、榆中(301—322?)、允街、白土、浩亹、左南(355—376)；[令居(301—?)、枝阳(301—?)]
	附：广晋郡(?—376)	领县不可考
	附：延兴郡(?—376)	领县不可考
	附：番禾郡(?—376)	番禾等
	附：西河郡(?—376)	领县不可考
	附：祁连郡(?—376)	汉阳、祁连
	附：广源郡(?—376)	领县不可考
	附：临松郡(?—376)	临松等
	附：狄道郡(305—327)	狄道、河关、遂平、武街、始兴、第五、真仇；[临洮(305—308)、洮阳(305—308)]
	附：安故郡(308?—322?)	安故、石门、桑城、临洮、洮阳
	附：陇西郡(305—322)	襄武、首阳
	附：大夏郡(341—345)	大夏、金剑、宛戍
	附：敦煌郡(301—345)	敦煌、昌蒲、龙勒、阳关、效谷、乾齐、凉兴(?—345)
	附：晋昌郡(301—345)[含冥安郡]	冥安、宜禾、伊吾、渊泉、广至、沙头、会稽、新乡
	附：高昌郡(327—345)	高昌、横截、田地、高宁、白力
	附：玉门大护军(335—345)	

续表

州	郡、护军	县
凉州(301—376),治姑臧	附:西域都护(335—345)	
	附:戊己校尉(301—345)	
	附:宣威护军(?—376)	
	附:枹罕护军(305—327)	
	附:大夏护军(341—345)	
	附:武街护军(330—345)	
	附:石门护军(330—345)	
	附:侯和护军(330—345)	
	附:漒川护军(330—345)	
	附:甘松护军(330—345)	
附:定州(322?—345),治所乏考	武兴郡(322?—345)	武兴、大城、乌支、襄武、晏然、新鄣、平狄、司监
	金城郡(322?—345)	金城(322?—327,329—345)、榆中(322?—327,329—345)、允街、白土、浩亹
	西平郡(322?—345)	西都、临羌、长宁、安夷
	安故郡(322?—327,329—345)	安故、石门、桑城、临洮、洮阳
	狄道郡(329—345)	狄道、河关、遂平、武街、始兴、第五、真仇
河州(345—355),治枹罕	兴晋郡(345—347,350—355)	枹罕、永固、临津、河关
	金城郡(345—355)	金城(345—346,350—355)、榆中(345—346,350—355)、允街、白土、浩亹、左南
	武始郡(345—355)[承狄道郡]	狄道、遂平、武街、始兴、第五、真仇
	安故郡(350—355)[承永晋郡(345—347)]	安故、石门、桑城、临洮、洮阳

续 表

州	郡、护军	县
河州(345—355)，治枹罕	大夏郡(345—346,350—355)	大夏、金剑、宛戍
	武城郡(345—347,350—355)	领县不可考
	汉中郡(345—347,350—355)	领县不可考
	附：南安郡(345—347)	领县不可考
	附：枹罕护军(345—347)	
	附：大夏护军(345—346)	
	附：武街护军(345—346)	
	附：石门护军(345—347)	
	附：侯和护军(345—347)	
	附：漒川护军(345—347)	
	附：甘松护军(345—347)	
沙州(345—376)，治敦煌	敦煌郡(345—354,355—376)	敦煌、昌蒲、龙勒、阳关、效谷、乾齐、凉兴
	晋昌郡(345—376)[含冥安郡]	冥安、宜禾、伊吾、渊泉、广至、沙头、会稽、新乡
	高昌郡(345—376)	高昌、横截、田地、高宁、白力
	玉门大护军(345—376)	
	西域都护(345—376)	
	戊己校尉(345—376)	
附：商州(354—355)，治敦煌	敦煌郡(354—355)	敦煌、昌蒲、龙勒、阳关、效谷、乾齐、凉兴
秦州(322—327,353—354)，治上邽	天水郡(353—354)	上邽、冀、新阳、显新、成纪
	略阳郡(353—354)	临渭、平襄、略阳、清水、陇城
	陇西郡(322—327,353—354)	襄武、首阳
	南安郡(322—327,353—354)	獂道、新兴、中陶

说明：本表以前凉建兴四十一年(353)为基准年。

前燕政区简表

司隶部、州	(京都)尹、郡	县
司隶部(357—370)[承司州(352)、中州(352—357)]，治邺	魏尹(357—370)[承魏郡(352—357)]	邺、长乐、魏、斥丘、安阳、荡阴、内黄
	广平郡(352—370)	广平、邯郸、易阳、武安、涉、襄国、南和、任、曲梁、列人、肥乡、临水、广年、斥漳、平恩、清苑
	汲郡(355—370)	汲、朝歌、共、林虑、获嘉、修武
	河内郡(355—370)	野王(361—370)、温、州、怀、平皋、山阳、河阳(361—370)、沁水(361—370)、轵(361—370)
	黎阳郡(355—358?,359—370)	黎阳
	阳平郡(357—370)	馆陶、清渊、发干、阳平、乐平
	东郡(358—370)	顿丘、繁阳、阴安、卫、武阳
	贵乡郡(?—370)	元城
平州(320—370)，治襄平	辽东郡(319—370)	襄平、汶、居就、乐就、安市、安平(?—370)、新昌、力城、平郭(?—370)、和阳(334—370)、武次(334—370)、西乐(334—370);[西安平(319—?)]
	昌黎郡(313—370)	龙城(340—370)、棘城、昌黎、宾徒、徒河(?—370)、兴集(347—370)、宁集(347—370)、兴平(347—370)、育黎(347—370)、吴(347—370);[柳城(?—340)]
	玄菟郡(319—370)	高句丽、望平、高显
	附:乐浪郡(侨置,313—347)	朝鲜等
	附:带方郡(侨置,313—347)	领县不可考
	附:冀阳郡(侨置,314—347)	领县不可考
	附:成周郡(侨置,314—347)	领县不可考

续　表

司隶部、州	(京都)尹、郡	县
平州(320—370)，治襄平	附：营丘郡(侨置，314—347)	武宁、武原等
	附：唐国郡(侨置，314—347)	领县不可考
幽州(350—370)[含司隶校尉(352—357)]，治蓟	燕郡(350—370)	蓟、安次、广阳、昌平、军都
	范阳郡(350—370)	涿、良乡、方城、长乡、遒、固安、范阳、容城
	渔阳郡(350—370)	雍奴、潞、泉州、安乐、平谷
	上谷郡(350—370)	沮阳、居庸
	广宁郡(350—370)	下洛、潘、涿鹿
	代郡(350—370)	代、广昌、平舒、当城
	北平郡(350—370)	徐无、土垠、无终
	辽西郡(350—370)	令支、阳乐、肥如、海阳
冀州(354—370)[承北冀州(353—354)]，治信都	长乐郡(354—370)	信都、下博、扶柳、广宗、经、堂阳、南宫
	赵郡(351—370)	房子、元氏、平棘、高邑、柏人、南栾、赵安
	巨鹿郡(354—370)	廮陶、巨鹿、平乡、曲阳、鄡、广阿
	武邑郡(354—370)	武邑、武遂、观津、武强
	广川郡(354—370)	广川、枣强、索卢
	平原郡(353—370)	平原、茌平、博平、聊城、安德、西平昌、般、鬲、高唐
	乐陵郡(350—370)	厌次(353—370)、阳信(353—370)、漯沃(353—370)、新乐(353—370)、乐陵(353—370)；[高城(350—353)]
	渤海郡(351—370)	南皮、东光、浮阳、饶安、重合、安陵、蓨、阜城、高城(353—370)
	章武郡(350—370)	东平舒、文安、章武、束州
	河间郡(350—370)	乐城、武垣、鄚、易城、中水、成平
	高阳郡(350—370)	博陆、高阳、北新城、蠡吾

续　表

司隶部、州	(京都)尹、郡	县
冀州(354—370)[承北冀州(353—354)],治信都	博陵郡(352—370)	饶阳(354—370)、安平、安国(354—370)、南深泽(354—370)
	清河郡(352—370)	贝丘(353—370)、清河(353—370)、武城(353—370)、绎幕、灵(353—370)、鄃(353—370)
	中山郡(351—370)	卢奴、魏昌、新市、安喜、蒲阴、望都、唐、北平
	常山郡(352—370)	真定、石邑、井陉、上曲阳、蒲吾、南行唐、灵寿、九门
	附：上党郡(351—355)	襄垣
附：青州(353—354),治厌次	乐陵郡(353—354)	厌次、阳信、漯沃、新乐、乐陵
并州(358—370),治晋阳	太原郡(358—370)	晋阳、阳曲、榆次、阳邑、大陵、祁、平陶、中都、邬
	上党郡(358—370)	潞、屯留、壶关、长子、泫氏、高都、铜鞮、涅、武乡、襄垣
	乐平郡(358—370)	沾、上艾、辖阳、乐平
	新兴郡(358—370)	九原、定襄、云中、晋昌
	雁门郡(358—370)	广武、平城、原平
	西河郡(358—370)	离石、隰城、介休
	上郡(358—370)	领县不可考
	附：平阳郡(361)	平阳、杨、端氏、永安、蒲子、狐𧥞、襄陵、绛邑、濩泽、临汾、北屈、皮氏
青州(356—370),治广固	齐郡(356—370)	广固、临淄、西安、安平、般阳、广饶、昌国
	济南郡(356—370)	历城、著、于陵、漯阴、祝阿
	北海郡(356—370)	平寿、都昌、胶东、剧、即墨、下密
	乐安郡(356—370)	高苑、临济、博昌、利、益、蓼城、梁邹、寿光、东朝阳

续　表

司隶部、州	（京都）尹、郡	县
青州(356—370)，治广固	高密郡(356—370)	黔陬、淳于、高密、夷安、营陵、昌安、壮武
	平昌郡(356—370)	安丘、平昌、东武、琅邪、朱虚、临朐
	东莱郡(356—370)	掖、当利、卢乡、曲城、黄、㤈、牟平
	长广郡(356—370)	不其、长广、挺、昌阳
	东莞郡(356—370)	莒、诸、东莞
	东安郡(356—370)	盖、新泰、发干
兖州(353—370)，治睢阳	梁郡(359—370)	睢阳、蒙、虞、下邑、宁陵、谷熟
	濮阳郡(358—370)	濮阳、廪丘、鄄城
	东燕郡(359—370)	白马、东燕、凉城、酸枣、长垣
	陈留郡(359—370)	小黄、浚仪、封丘、雍丘、尉氏、襄邑、扶沟
	济北郡(355—370)	卢、临邑、东阿、谷城、蛇丘
	济阳郡(359—370)	济阳、考城、外黄
	济阴郡(359—370)	定陶、乘氏、句阳、离狐、冤句、己氏、成武、单父、城阳
	东平郡(358—370)	须昌、寿张、范、无盐、富城、东平陆、刚平
	任城郡(358—370)	任城、亢父、樊
	高平郡(366—370)	昌邑、巨野、方与、金乡、湖陆、高平、南平阳
	泰山郡(358—370)	奉高(366—370)、山茌、博(366—370)、嬴(366—370)、南城(366—370)、梁父(366—370)、南武阳(366—370)、莱芜(366—370)、牟(366—370)、巨平(366—370)
	鲁郡(366—370)	鲁、汶阳、卞、邹、公丘
	附：阳平郡(353—357)	馆陶、清渊、发干、阳平、乐平；[武阳(353—?)、元城(353—?)]

续表

司隶部、州	(京都)尹、郡	县
豫州(359—370),治许昌	颍川郡(359—361,364—370)	许昌、长社、颍阴、临颍、郾、邵陵、鄢陵、新汲、阳翟
	襄城郡(364—370)	襄城、繁昌、郏、定陵、父城、昆阳、舞阳
	陈郡(364—370)	陈、项、长平、阳夏、武平、谷阳、西华
	汝阴郡(359—370)	汝阴、慎、原鹿、宋
	汝南郡(364—370)	新息、南安阳、安成、慎阳、北宜春、朗陵、阳安、上蔡、平舆、定颍、灈阳、吴房、西平
	汝阳郡(364—370)	汝阳
	南顿郡(364—370)	南顿
	新蔡郡(364—370)	新蔡、鮦阳、固始、褒信
	谯郡(359—370)	谯、城父、鄤、山桑、龙亢、蕲、铚、下蔡、平阿、义城
	沛郡(359—370)	相、沛、丰、竺邑、符离、杼秋、洨、虹、萧
洛州(365—370),治洛阳	河南郡(364—370)	洛阳(365—370)、河南、巩、河阴、新安、成皋、缑氏、阳城、新城、陆浑、梁
	荥阳郡(363—370)	荥阳、京、密、卷、阳武、苑陵、中牟、开封
	弘农郡(365—370)	宜阳、黾池
荆州(365—370),治宛	南阳郡(365—370)	宛(366—367)、鲁阳、西鄂(366—367)、雉(366—367)、犨(366—367)、淯阳(366—367)、博望(366—367)、堵阳(366—367)、叶(366—367)、舞阴(366—367)、比阳(366—367)、涅阳(366—367)、冠军(366—367)、郦(366—367)

说明:本表以前燕建熙七年(366)为基准年。

前秦政区简表

司隶部、州、镇	(京都)尹、郡、护军	县
司隶部（354—385）[含雍州(350—354,360—370)]，治长安	京兆尹(354—385)[承京兆郡(350—354)]	长安、杜陵、霸城、蓝田、高陆、万年、新丰、阴槃、郑、渭南(？—385)；[石安(350—？)]
	冯翊郡(350—354,357?—385)[含左冯翊(354—357?)]	大荔、下邽、重泉、频阳、粟邑、莲勺、郃阳、夏阳
	扶风郡(350—354,357?—385)[含右扶风(354—357?)]	池阳、郿（350—385,391—394)、雍(350—385,387—394)、汧(350—385,387—394)、陈仓(350—385,391—394)、美阳、好畤、宛川(？—385)
	始平郡(350—385)	槐里、始平、武功、鄠、鳌屋
	北地郡(350—384)	泥阳、富平、灵武
	咸阳郡(350—385)	渭城、泾阳等
	安定郡(350—385)	临泾、朝那、乌氏、阴密、西川、鹑觚、爰戎(？—385)、贰(？—385)
	新平郡(350—385)	新平(？—385)、汾邑；[漆(350—？)]
	陇东郡(350—385)	泾阳等
	赵兴郡(350—385)	赵安等
	平凉郡(350—385,389—394)	鹑阴等
	长城郡(？—385)	长城等
	五原郡(？—385)	领县不可考
	抚夷护军(350—385)	
	冯翊护军(？—385)	
	铜官护军(？—385)	
	土门护军(？—385)	
	三原护军(？—385)	
	宜君护军(？—385)	
	云中护军(359—385)	
	附：武都郡(侨置,？—371)	领县不可考

续　表

司隶部、州、镇	（京都）尹、郡、护军	县
秦　州（350—353,354—386）,治上邽	天水郡（350—353,354—386）	上邽、冀、新阳、显新、成纪
	略阳郡（350—353,354—386）	临渭、平襄、略阳、清水、陇城
	陇西郡（350—353,354—386）	襄武、首阳
	南安郡（350—353,354—386）	獂道、新兴、中陶
	勇士护军（371—386）	
雍　州（371—386）[承并州（351—370）],治蒲坂	河东郡（350—370,371—386）	安邑、闻喜、垣（350—356,371—386）、大阳、猗氏、解、蒲坂、河北
	平阳郡（351—356,361—386）	平阳、杨、端氏、永安、蒲子、狐讘、襄陵、绛邑、濩泽、临汾、北屈、皮氏
	附：河内郡（351—356）	温、州、怀、平皋、山阳
	附：汲郡（351—356）	汲、朝歌、共、林虑、获嘉、修武
	附：黎阳郡（351—356）	黎阳
附：幽　州（356—370）,治裴氏堡		垣
洛州（351—384）,治丰阳	上洛郡（380—384）	上洛、丰阳、商、卢氏
	弘农郡（350—355,365—384）	弘农、湖、陕、华阴、宜阳（350—355,370—384）、渑池（350—355,370—384）、敷西（？—384）
		宜阳（355—365）、渑池（355—365）
附：豫　州（355—365）,治陕城	弘农郡（355—365）	陕、湖、弘农、华阴
附：青　州（356—370）,治卢氏		卢氏
豫　州（352,370—384）,治洛阳	河南郡（352,370—384）	洛阳、河南、巩、河阴、新安、成皋、缑氏、阳城、新城、陆浑、梁

续 表

司隶部、州、镇	(京都)尹、郡、护军	县
豫州(352,370—384)，治洛阳	荥阳郡(370—384)	荥阳、京、密、卷、阳武、苑陵、中牟、开封
	附：颍川郡(352,370—380)	许昌、长社、颍阴、临颍、郾、邵陵、鄢陵、新汲、阳翟
	附：襄城郡(370—380)	襄城、繁昌、郏、定陵、父城、昆阳、舞阳
	附：汝南郡(370—380)	新息、南安阳、安成、慎阳、北宜春、朗陵、阳安、上蔡、平舆、定颍、灈阳、吴房、西平
	附：汝阳郡(370—380)	汝阳
	附：汝阴郡(370—380)	汝阴、慎、原鹿、宋
	附：新蔡郡(370—380)	新蔡、鲖阳、固始、苞信
	附：南顿郡(370—380)	南顿
	附：陈郡(352,370—380)	陈、项、长平、阳夏、武平、谷阳、西
	附：南阳郡(370—378)	鲁阳
冀州(370—386)，治邺	魏郡(370—385)	邺、长乐(370—384)、魏(370—384)、斥丘(370—384)、安阳(370—384)、荡阴(370—384)、内黄(370—384)
	黎阳郡(350—356,370—384)	黎阳
	广平郡(370—384)	广平、邯郸、易阳、武安、涉、襄国、南和、任、曲梁、列人、肥乡、临水、广年、斥漳、平恩、清苑
	阳平郡(370—384)	馆陶、清渊、发干、阳平、乐平
	河内郡(350—356,370—384)	野王(370—384)、温、州、怀、平皋、山阳、河阳(370—384)、沁水(370—384)、轵(370—384)
	汲郡(350—356,370—384)	汲、朝歌、共、林虑、获嘉、修武、永昌(370—384)
	顿丘郡(370—384)	顿丘、繁阳、阴安、卫、武阳
	贵乡郡(370—384)	元城

续 表

司隶部、州、镇	(京都)尹、郡、护军	县
冀州(370—386)，治邺	长乐郡(370—384)	信都(370—384,385—386)、下博、扶柳、广宗、经、堂阳、南宫
	赵郡(370—384)	房子、元氏、平棘、高邑、柏人、南栾、赵安
	巨鹿郡(370—384)	廮陶、巨鹿、平乡、曲阳、鄡、广阿
	武邑郡(370—384)	武邑、武遂、观津、武强
	广川郡(370—384)	广川、枣强、索卢
	平原郡(370—386)	平原、茌平、博平、聊城、安德、西平昌、般、鬲、高唐
	勃海郡(370—385)	南皮、东光、浮阳、饶安、高城(370—384,385—386)、重合、安陵、蓚、阜城
	乐陵郡(370—384)	厌次、阳信、漯沃、新乐、乐陵
	章武郡(370—384)	东平舒、文安、章武、束州
	河间郡(370—384)	乐城、武垣、鄚、易城、中水、成平
	高阳郡(370—384)	博陆、高阳、北新城、蠡吾
	博陵郡(370—385)	饶阳、安平、南深泽、安国
	清河郡(370—385)	武城、贝丘、清河、绎幕、灵、鄃
	中山郡(370—384)	卢奴、魏昌、新市、安喜、蒲阴、望都、唐、北平
	常山郡(370—384)	真定、石邑、井陉、上曲阳、蒲吾、南行唐、灵寿、九门
并州(370—385)[暨司隶部(385—386)]，治晋阳	太原郡(370—386)	晋阳、阳曲、榆次、阳邑、大陵、祁、平陶、中都、邬
	上党郡(370—386)	壶关、潞、屯留、襄垣、长子、泫氏、高都、铜鞮、涅、武乡
	乐平郡(370—386)	沾、上艾、轑阳、乐平
	新兴郡(370—386)	九原、定襄、云中、晋昌
	雁门郡(370—386)	广武、平城、原平、楼烦(376—386)、马邑(376—386)、阴馆(376—386)、繁畤(376—386)、崞(376—386)

续 表

司隶部、州、镇	(京都)尹、郡、护军	县
并州(370—385)[暨司隶部(385—386)],治晋阳	西河郡(370—386)	离石、隰城、介休
	附:河东郡(370—371)	安邑、闻喜、垣、大阳、猗氏、解、蒲坂、河北
	附:平阳郡(370—371)	平阳、杨、端氏、永安、蒲子、狐讘、襄陵、绛邑、濩泽、临汾、北屈、皮氏
幽州(370—385),治蓟	燕郡(370—385)	蓟、安次、广阳、昌平、军都
	渔阳郡(370—385)	雍奴、潞、泉州、安乐、平谷
	范阳郡(370—385)	涿、良乡、方城、长乡、遒、固安、范阳、容城
	上谷郡(370—385)	沮阳、居庸
	广宁郡(370—385)	下洛、潘、涿鹿
	代郡(370—385)	代、广昌、平舒、当城
	北平郡(370—385)	徐无、土垠、无终
	辽西郡(370—385)	令支、阳乐、肥如、海阳
	附:昌黎郡(370—380)	龙城、棘城、昌黎、宾徒、徒河
	附:辽东郡(370—380)	襄平、汶、居就、乐就、安市、安平、新昌、力城、平郭、和阳、武次、西乐
	附:玄菟郡(370—380)	高句丽、望平、高显
平州(380—385),治龙城	昌黎郡(380—385)	龙城、棘城、昌黎、宾徒、徒河
	辽东郡(380—385)	襄平、汶、居就、乐就、安市、安平、新昌、力城、平郭、和阳、武次、西乐
	玄菟郡(380—385)	高句丽、望平、高显
青州(370—384),治广固	齐郡(370—384)	广固、临淄、西安、安平、般阳、广饶、昌国
	济南郡(370—384)	历城、著、于陵、漯阴、祝阿
	北海郡(370—384)	平寿、都昌、胶东、剧、即墨、下密
	乐安郡(370—384)	高苑、临济、博昌、利、益、蓼城、梁邹、寿光、东朝阳

续　表

司隶部、州、镇	（京都）尹、郡、护军	县
青州(370—384)，治广固	高密郡(370—384)	黔陬、淳于、高密、夷安、营陵、昌安、壮武
	平昌郡(370—384)	安丘、平昌、东武、琅邪、朱虚、临朐
	东莱郡(370—384)	掖、当利、卢乡、曲城、黄、惤、牟平
	长广郡(370—384)	不其、长广、挺、昌阳
	东莞郡(370—384)	莒、诸、东莞
	东安郡(370—384)	盖、新泰、发干
	琅邪郡(372—384)	阳都、开阳、临沂、缯、即丘、华、费、蒙阴
兖州(370—384)，治湖陆	高平郡(370—384)	昌邑、巨野、方与、金乡、湖陆、高平、南平阳、任城、亢父
	陈留郡(370—384)	小黄、浚仪、封丘、雍丘、尉氏、襄邑、扶沟、陈留
	濮阳郡(370—384)	濮阳、廪丘、鄄城
	东燕郡(370—384)	白马、东燕、凉城、酸枣、长垣
	济北郡(370—384)	卢、临邑、东阿、谷城、蛇丘
	济阳郡(370—384)	济阳、考城、外黄
	济阴郡(370—384)	定陶、乘氏、句阳、离狐、冤句、己氏、成武、单父、城阳
	东平郡(370—384)	须昌、寿张、范、无盐、富城、东平陆、刚平
	泰山郡(370—384)	奉高、山茌、博、嬴、南城、梁父、南武阳、莱芜、牟、巨平
	鲁郡(370—384)	鲁、汶阳、卞、邹、公丘
南兖州（370—384），治睢阳	梁郡(370—384)	睢阳、蒙、虞、下邑、宁陵、谷熟
	谯郡(370—384)	谯、城父、酂、山桑、龙亢、蕲、铚、下蔡、平阿、义城
	沛郡(370—384)	相、沛、丰、竺邑、符离、杼秋、洨、虹、萧

续　表

司隶部、州、镇	（京都）尹、郡、护军	县
东豫州（380—384），治许昌	颍川郡(380—384)	许昌、长社、颍阴、临颍、鄢、邵陵、鄢陵、新汲、阳翟
	襄城郡(380—384)	襄城、繁昌、郏、定陵、父城、昆阳、舞阳
	陈郡(380—384)	陈、项、长平、阳夏、武平、谷阳、西
	汝阴郡(380—384)	汝阴、慎、原鹿、宋
	汝南郡(380—384)	新息、南安阳、安成、慎阳、北宜春、朗陵、阳安、上蔡、平舆、定颍、灈阳、吴房、西平
	汝阳郡(380—384)	汝阳
	南顿郡(380—384)	南顿
	新蔡郡(380—384)	新蔡、鲖阳、固始、褒信
南秦州（371—385），治仇池	武都郡(371—385)	武都、下辩、河池、沮、故道、上禄、西
	阴平郡(371—385)	阴平、平武
河州（371—386），治枹罕	兴晋郡(371—386)	枹罕、永固、临津、河关
	大夏郡(371—386)	大夏、宛戍、金剑
	武始郡(371—385)	狄道、遂平、武街、始兴、第五、真仇
	安故郡(371—385)	安故、石门、桑城、临洮、洮阳、侯和
	武城郡(371—385)	领县不可考
	汉中郡(371—385)	领县不可考
	甘松护军(?—385)	
附：凉州（367—376），先后治枹罕、金城	兴晋郡(367—371)	枹罕、永固、临津、河关
	大夏郡(367—371)	大夏、宛戍、金剑
	武始郡(367—371)	狄道、遂平、武街、始兴、第五、真仇
	安故郡(367—371)	安故、石门、桑城、临洮、洮阳、侯和
	武城郡(367—371)	领县不可考
	汉中郡(367—371)	领县不可考
	金城郡(367—376)	金城、榆中

续 表

司隶部、州、镇	(京都)尹、郡、护军	县
凉州(376—386),治姑臧	武威郡(376—386)	姑臧、宣威、揟次、仓松、显美、骊靬、祖厉
	武兴郡(376—386)	武兴、大城、乌支、襄武、晏然、新鄣、平狄、司监
	番禾郡(376—386)	番禾
	金城郡(376—386)	金城、榆中、允街、白土、浩亹、左南
	西平郡(376—386)	西都、临羌、长宁、安夷
	晋兴郡(376—386)	晋兴、临鄣、广昌、遂兴、罕唐
	广武郡(376—386)	令居、枝阳、永登、广武、振武
	湟河郡(376—386)	领县不可考
	西郡(376—386)	日勒、删丹、仙提、万岁、兰池
	张掖郡(376—386)	永平、临泽、屋兰、氏池、美水(?—386)
	西海郡(376—386)	居延
	临松郡(376—386)	临松等
	祁连郡(376—386)	汉阳、祁连
	酒泉郡(376—386)	福禄、会水、安弥、骍马、延寿、凉宁、金泽、玉门
	建康郡(376—386)	乐涫、表氏等
	敦煌郡(376—386)	敦煌、昌蒲、龙勒、阳关、效谷、乾齐、凉兴
	晋昌郡(376—386)	冥安、宜禾、伊吾、深泉、广至、沙头、会稽、新乡
	高昌郡(376—386)	高昌、横截、田地、高宁、白力
	西域都护(376—386)	
	中田护军(?—386)	
梁州(373—384),治南郑	汉中郡(373—384)	南郑、苞中、沔阳、成固、西乡
	梓潼郡(373—384)	涪城、晋寿、梓潼、汉德、白水、武连、剑阁

续 表

司隶部、州、镇	(京都)尹、郡、护军	县
梁州(373—384)，治南郑	巴西郡(373—384)	阆中、西充国、南充国、安汉、平州、宜昌、晋兴
	宕渠郡(373—384)	宕渠、汉昌
	晋昌郡(373—384)	长乐、安晋、延寿、安乐、宣汉、宁都、新兴、吉阳、东关、永安
	南阴平郡(373—384)	绵竹、南阴平
益州(373—385)，治成都	蜀郡(373—385)	成都、繁、郫、牛鞞
	犍为郡(373—385)	武阳、南安、资中、僰道
	汶山郡(373—385)	汶山、都安、兴乐、平康、蚕陵、广柔
	越巂郡(373—385)	邛都、会无、卑水、定莋、台登
	江阳郡(373—385)	江阳、汉安、绵水、常安
	晋原郡(373—385)	江原、临邛、汉嘉、徙阳、晋乐
	宁蜀郡(373—385)	广都等
宁州(373—384)，治五城	广汉郡(373—384)	雒、什邡、五城、新都、郪
	遂宁郡(373—384)	巴兴、德阳、广汉、小溪
	附：巴郡(373—374)	江州、垫江、临江
荆州(353—384)，治襄阳	襄阳郡(379—384)	襄阳、宜城、中庐、临沮、邔、山都
	南阳郡(378—384)	宛、西鄂、雉、鲁阳、犫、淯阳、博望、堵阳、叶、舞阴、比阳、涅阳、冠军、郦
	顺阳郡(376—384)	酂(379—384)、顺阳(379—384)、南乡、析(379—384)、武当(379—384)、阴(379—384)、筑阳(379—384)、汎阳(379—384)、万岁(379—384)
	新野郡(379—384)	新野、穰、蔡阳、邓、棘阳等
	魏兴郡(379—384)	西城、兴晋、安康、锡、郧乡、洵阳
	上庸郡(379—384)	上庸、安富、北巫、微阳、武陵、广昌
	新城郡(379—384)	房陵、绥阳、昌魏、沶乡
	附：上洛郡(353—379)	上洛、丰阳、商、卢氏(353—356,370—379)

续　表

司隶部、州、镇	(京都)尹、郡、护军	县
徐州(379—384)，治彭城	彭城郡(379—384)	彭城、留、广戚、傅阳、武原、吕、梧、蕃、薛
	东海郡(379—384)	郯、祝其、朐、襄贲、利城、赣榆、厚丘
	兰陵郡(379—384)	承、昌虑、合乡、兰陵、戚
扬州(379—384)，治下邳	下邳郡(379—384)	下邳、良城、睢陵、夏丘、取虑、僮
	淮陵郡(379—384)	淮陵、司吾、徐、下相、淮浦
杏城镇(359—385，386—387)，治杏城		
三堡镇(?—385)，治三堡		
附：晋州(?—371—?)	领郡不可考	
?	?	重光
?	?	城安

说明：本表以前秦建元十八年(382)为基准年。

后燕政区简表

司隶部、州	(京都)尹、郡、护军	县
司隶部(386—397)[分冀州置]，治中山	中山尹(386—397)	弗违、魏昌(386—396)、新市(386—396)、安喜(386—396)、蒲阴(386—396)、望都(386—396)、唐(386—396)、北平(386—396)
	常山郡(386—396)	真定、石邑、井陉、蒲吾、灵寿、九门
	赵郡(386—396)	房子、元氏、平棘、高邑、柏人、南栾、赵安
	巨鹿郡(386—396)	廮陶、巨鹿、平乡、曲阳、鄡、广阿
	博陵郡(386—396)	饶阳、安平、深泽、安国、博陵(?—396)
	高阳郡(386—396)	博陆、高阳、北新城、蠡吾
	河间郡(386—396)	乐城、武垣、鄚、易城、中水、成平
	唐郡(386—396)	行唐、上曲阳

续 表

司隶部、州	（京都）尹、郡、护军	县
冀州(384—397)，治邺	魏郡(384—397)	邺（385—397）、长乐（384—396）、魏（384—396）、斥丘（384—396）、安阳（384—396）、荡阴（384—396）、内黄（384—396）
	广平郡(384—396)	广平、邯郸、易阳、武安、涉、襄国、南和、任、曲梁、列人、肥乡、临水、广年、斥漳、平恩、清苑
	阳平郡(384—396)	馆陶、清渊、发干、阳平、乐平
	河内郡(384—396)	野王、温、州、怀、平皋、山阳、河阳、沁水、轵
	汲郡(384—396)	汲、朝歌、共、林虑、获嘉、修武
	长乐郡(384—397)	信都（384，386—397）、下博（384—396）、扶柳（384—396）、广宗（384—396）、经（384—396）、堂阳（384—396）、南宫（384—396）
	武邑郡(384—396)	武邑、武遂、观津、武强
	广川郡(384—396)	广川、枣强、索卢
	平原郡(386—396)	平原、茌平、博平、聊城、安德、西平昌、般、鬲、高唐
	勃海郡(385—396)	南皮、东光、浮阳、饶安、高城（384，386—396）、重合、安陵、蓨、阜城
	乐陵郡(384—396)	厌次、阳信、漯沃、新乐、乐陵
	章武郡(384—396)	东平舒、文安、章武、束州
	清河郡(385—396)	武城、贝丘、清河、绎幕、灵、鄃
	附：中山郡(384—386)	卢奴、魏昌、新市、安喜、蒲阴、望都、唐、北平
	附：常山郡(384—386)	真定、石邑、井陉、上曲阳、蒲吾、行唐、灵寿、九门
	附：赵郡(384—386)	房子、元氏、平棘、高邑、柏人、南栾、赵安

续 表

司隶部、州	(京都)尹、郡、护军	县
冀州(384—397),治邺	附:巨鹿郡(384—386)	廮陶、巨鹿、平乡、曲阳、鄡、广阿
	附:博陵郡(385—386)	饶阳、安平、深泽、安国、博陵
	附:高阳郡(384—386)	博陆、高阳、北新城、蠡吾
	附:河间郡(384—386)	乐城、武垣、鄚、易城、中水、成平
	附:顿丘郡(384—387)	顿丘、繁阳、阴安、卫、武阳
	附:贵乡郡(384—387)	元城
	附:荥阳郡(384—385)	荥阳、京、密、卷、阳武、苑陵、中牟、开封
幽州(385—407),治龙城	昌黎郡(385—398)	龙城、棘城、昌黎、宾徒、徒河
	燕郡(385—399)	蓟、安次、广阳、昌平、军都
	渔阳郡(385—396)	雍奴、潞、泉州、安乐、平谷
	范阳郡(385—399)	涿、良乡、方城、长乡、遒、固安、范阳、容城
	上谷郡(385—396)	沮阳、居庸
	广宁郡(385—396)	下洛、潘、涿鹿
	北平郡(385—399)	徐无、土垠、无终、白狼(?—399?)、广都(?—399?)、石城(?—399?)
	辽西郡(385—407)	令支、海阳、阳乐(385—406)、肥如(385—406)
	附:代郡(385—387)	代、广昌、平舒、当城
	附:建德郡(399—403)	白狼、广都、建德
	附:石城郡(399—403)	石城等
	附:冀阳郡(399—403)	平刚等
附:司隶部(398—407),治龙城	昌黎尹(398—407)	龙城、棘城、昌黎、宾徒、徒河
	乐浪郡(侨置,398—407)	领县不可考
	带方郡(侨置,398—407)	领县不可考
	营丘郡(侨置,398—407)	领县不可考
	成周郡(侨置,398—407)	领县不可考
	燕郡(侨置,399—407)	领县不可考

续 表

司隶部、州	(京都)尹、郡、护军	县
附：并州(403—407)，治凡城	建德郡(403—407)	白狼、广都、建德
	石城郡(403—407)	石城等
	冀阳郡(403—407)	平刚等
附：冀州(406—407)，治肥如	?	肥如、阳乐
平州(385—406)，治平郭	辽东郡(385—402)	襄平、汶、居就、乐就、安市、安平、新昌、力城、平郭、和阳、武次、西乐
	玄菟郡(385—402)	高句丽、望平、高显
	附：辽东郡(侨置，402—406)	领县不可考
	附：玄菟郡(侨置，402—406)	领县不可考
附：营州(406—407)，治宿军	辽东郡(侨置，402—406)	领县不可考
	玄菟郡(侨置，402—406)	领县不可考
附：青州(403—407)，治新城	领郡不可考	领县不可考
并州(394—396)，治晋阳	太原郡(394—396)	晋阳、阳曲、榆次、阳邑、大陵、祁、平陶、中都、邬
	乐平郡(394—396)	沾、上艾、辚阳、乐平
	新兴郡(394—396)	九原、定襄、云中、晋昌
	雁门郡(394—396)	广武、平城、原平
	西河郡(394—396)	离石、隰城、介休
	离石护军(394—396)	
雍州(394—396)，治长子	上党郡(394—396)	长子、壶关、潞、屯留、铜鞮、涅、襄垣、武乡
	建兴郡(394—396)	阳阿、高都、泫氏、端氏、濩泽
	平阳郡(394—396)	杨、永安、襄陵、绛邑

续 表

司隶部、州	(京都)尹、郡、护军	县
青州(387—388,392—398),治历城	济南郡(387—388,392—398)	历城、著、于陵、漯阴、祝阿
	济北郡(392—398)	卢、临邑、东阿、谷城、蛇丘
附：徐州(388—392),治历城	济南郡(388—392)	历城、著、于陵、漯阴、祝阿
附：兖州(387—392),治东阿	济北郡(387—392)	卢、临邑、东阿、谷城、蛇丘
徐州(392—398),治鄄城	濮阳郡(394—398)	濮阳、廪丘、鄄城
	黎阳郡(392—396)	黎阳
	顿丘郡(392—396)	顿丘、繁阳、阴安、卫、武阳
	贵乡郡(392—396)	元城
	东平郡(394—398)	须昌、寿张、范、无盐、富城、平陆、刚平
	高平郡(394—398)	昌邑、巨野、方与、金乡、湖陆、高平、南平阳、任城、亢父
	泰山郡(394—398)	奉高、山茌、博、嬴、南城、梁父、南武阳、莱芜、牟、巨平
	鲁郡(394—398)	鲁、汶阳、卞、邹、公丘
	琅邪郡(394—398)	阳都、开阳、临沂、缯、即丘、华、费、蒙阴
兖豫二州(392—398),治滑台	东燕郡(392—398)	白马、东燕、凉城、酸枣、长垣
	陈留郡(392—398)	小黄、浚仪、封丘、雍丘、尉氏、襄邑、扶沟、陈留
	济阴郡(392—398)	定陶、乘氏、句阳、离狐、冤句、己氏、成武、单父、城阳
	荥阳郡(392—398)	荥阳、京、密、卷、阳武、苑陵、中牟、开封、阳城(394—398)
?	汝阴郡(?)	西平(?)

说明：本表以后燕建兴十年(395)为基准年。

南燕政区简表

司隶部、州、镇	(京都)尹、郡	县
司隶部(399—410),治广固	燕尹(399—410)	广固
	齐郡(399—410)	临淄、西安、安平、般阳、广饶、昌国
	济南郡(399—410)	历城、著、于陵、漯阴、祝阿、逄陵(？—410)
	乐安郡(399—410)	高苑、临济、博昌、利益、蓼城、寿光、东朝阳
	平昌郡(399—410)	安丘、平昌、东武、琅邪、朱虚、临朐
	京兆郡(侨置,？—410)	领县不可考
	平原郡(侨置,399—410)	梁邹、平原等
	勃海郡(侨置,399—410)	领县不可考
青州(399—410),治掖	东莱郡(399—410)	掖、当利、卢乡、曲城、黄、㟪、牟平
	北海郡(399—410)	平寿、都昌、胶东、剧、即墨、下密
	高密郡(399—410)	黔陬、淳于、高密、夷安、营陵、昌安、壮武
	长广郡(399—410)	不其、长广、挺、昌阳
	东牟郡(？—410)	东牟等
徐州(399—409),治莒城	东莞郡(399—409)	莒、诸、东莞
	琅邪郡(399—409)	阳都、开阳、临沂、缯、即丘、华、费、蒙阴
幽州(399—409),治发干	东安郡(399—409)	盖、新泰、发干
兖州(399—409),治梁父	泰山郡(399—409)	奉高、山茌、博、嬴、南城、梁父、新泰、南武阳、莱芜、牟、巨平
并州(399—410),治平阴	济北郡(399—410)	卢、临邑、东阿、谷城、蛇丘
	东平郡(399—410)	须昌、寿张、范、无盐、富城、东平陆、刚平
团城镇(399—410),治团城		

续 表

司隶部、州、镇	（京都）尹、郡	县
	附：东燕郡(398—399)	白马、东燕、凉城、酸枣、长垣
	附：荥阳郡(398—399)	荥阳、京、密、卷、阳武、苑陵、中牟、开封、阳城

说明：本表以南燕太上四年(408)为基准年。

北燕政区简表

司隶部、州	（京都）尹、郡、护军	县
司隶部（407—436），治龙城	昌黎尹(407—436)	龙城、棘城、昌黎、宾徒、徒河
	燕郡(侨置,407—436)	领县不可考
	营丘郡(侨置,407—432)	领县不可考
	成周郡(侨置,407—432)	领县不可考
	乐浪郡(侨置,407—432)	领县不可考
	带方郡(侨置,407—432)	领县不可考
并青二州(409—433)，治白狼	建德郡(409—432)	白狼、广都、建德
	石城郡(409—432)	石城等
	冀阳郡(409—432)	平刚等
附：并州（407—409），先后治凡城、白狼	建德郡(407—409)	白狼、广都、建德
	石城郡(407—409)	石城等
	冀阳郡407—409)	平刚等
附：青州（407—409），治新城	领郡不可考	领县不可考
幽平二州(409—432)，治肥如	辽西郡(409—432)	肥如、阳乐、临渝(?—432)
附：冀州（407—408），治肥如	辽西郡(407—408)	肥如、阳乐
附：幽州（407—408），治令支	辽西郡(407)	令支、海阳
附：幽冀二州（408—409），治肥如	辽西郡(408—409)	肥如、阳乐

续　表

司隶部、州	（京都）尹、郡、护军	县
营州(407—432)，治宿军	辽东郡(侨置,407—432)	领县不可考
	玄菟郡(侨置,407—432)	领县不可考
	辽东护军(407—432)	

说明：本表以北燕太平二年(410)为基准年。

后秦政区简表

司隶部、州、镇	（京都）尹、郡、护军	县
司隶部（386—417），治常安	京兆尹[承京兆郡](386—417)	常安、杜陵、霸城、蓝田、高陆、万年、新丰、阴槃、郑、渭南、山北(?—417)
	冯翊郡(386—417)	临晋、下邽、重泉、频阳、粟邑、郃阳、夏阳；[莲芍(386—?)]
	扶风郡(386—417)	池阳、郿（386—391，394—417）、雍（386—387，394—417）、汧（386—387，394—417）、陈仓（386—391，394—417）、美阳、好畤、宛川
	始平郡(386—417)	槐里、始平、武功、鄠、鳌屋
	北地郡(384—417)	泥阳、富平、灵武
	咸阳郡(386—417)	渭城、泾阳等
	抚夷护军(385—417)	
	安夷护军(?—417)	
	冯翊护军(385—417)	
	铜官护军(385—417)	
	土门护军(385—417)	
	三原护军(385—417)	
	宜君护军(385—417)	
	附：安定郡(385—399)	临泾、朝那、乌氏、阴密、鹑觚、西川、焉式、贰
	附：新平郡(385—399)	新平、汾邑
	附：赵兴郡(385—399)	赵安等

续表

司隶部、州、镇	（京都）尹、郡、护军	县
司隶部(386—417),治常安	附：长城郡(385—399)	长城等
	附：平原郡(385—399)	领县不可考
	附：陇东郡(385—387)	泾阳等
	附：平凉郡(385—387)	鹑阴等
雍州(399—417),治临泾	安定郡(399—417)	临泾、朝那、乌氏、阴密、鹑觚、西川、焉氏、贰
	新平郡(399—417)	新平、汾邑
	赵兴郡(399—417)	赵安等
	长城郡(399—415)	长城、洛川等
	平原郡(？—417)	领县不可考
	中部郡(？—415)	中部
	安定护军(？—417)	
秦州(386—417),治上邽	天水郡(386—389,396—417)	上邽、冀、新阳、成纪；[显新(386—？)]
	略阳郡(386—389,396—417)	临渭、略阳、清水、陇城；[平襄(386—？)]
	陇东郡(387—417)	泾阳等
	平凉郡(387—389,394—417)	鹑阴等
	南平郡(？—411？)	水洛等
	陇西郡(400—410)	襄武、首阳
	南安郡(400—410)	獂道、新兴、中陶
	金城郡(侨置,400—410)	领县不可考
	陇西郡(侨置,411—417)	领县不可考
并州(？—417)[承并冀二州(396—？)],治蒲坂	河东郡(396—417)	安邑、闻喜、猗氏、解、蒲坂；[河北(396—？)、大阳(396—？)、垣(396—？)]
	平阳郡(396—417)	平阳、临汾、皮氏；[蒲子(396—？)、狐讘(396—？)、北屈(396—？)]

续 表

司隶部、州、镇	（京都）尹、郡、护军	县
并州（？—417）[承并冀二州（396—？）]，治蒲坂	河北郡（？—417）	河北、大阳
	附：泰平郡（？—404）	蒲子、狐讘、北屈
豫州（397—417），治洛阳	河南郡（399—416）	洛阳、河南、巩、河阴、新安、成皋、缑氏、阳城、新城、陆浑、梁
	荥阳郡（399—416）	荥阳、京、密、卷、阳武、苑陵、中牟、开封
	弘农郡（397—417）	弘农、陕、宜阳、渑池、卢氏、朱阳
	华山郡（397—417）	湖、华阴等
	上洛郡（397—417）	上洛、商、丰阳
兖州（399—416），治仓垣	陈留郡（399—416）	小黄、浚仪、封丘、雍丘、尉氏、襄邑、扶沟、陈留
徐州（403—416），治项城	陈郡（403—416）	陈、项、长平、阳夏、武平、谷阳、西华
	颍川郡（403—416）	许昌、长社、颍阴、临颍、郾、邵陵、鄢陵、新汲、阳翟
	襄城郡（403—416）	襄城、繁昌、郏、定陵、父城、昆阳、舞阳
	梁郡（403—416）	睢阳、蒙、虞、下邑、宁陵、谷熟
	汝阴郡（403—416）	汝阴、慎、原鹿、宋
	汝阳郡（403—416）	汝阳
	南顿郡（403—416）	南顿
	汝南郡（405—416）	新息、南安阳、安成、慎阳、北宜春、朗陵、阳安、上蔡、平舆、定颍、灈阳、吴房、西平
	新蔡郡（405—416）	新蔡、铜阳、固始、褒信
荆州（403—405），治所乏考	南乡郡（403—405）	南乡、析等
	顺阳郡（403—405）	酂、顺阳、武当、阴、筑阳、汎阳等
	新野郡（403—405）	新野、穰、蔡阳、邓、棘阳等
	舞阴郡（403—405）	舞阴、比阳等
	南阳郡（403—405）	宛、西鄂、雉、鲁阳、犨、淯阳、博望、堵阳、叶、涅阳、冠军、郦

续 表

司隶部、州、镇	（京都）尹、郡、护军	县
梁州(405—407)，治南郑	汉中郡(405—407)	南郑、蒲池、褒中、沔阳、成固、西乡
河州(400—407)，治枹罕	兴晋郡(400—407)	枹罕、永固、临津、河关
	苑川郡(400—407)	领县不可考
	金城郡(400—407)	金城、榆中、支阳、鹯武、允吾
	武始郡(400—407)	狄道、遂平、武街、始兴、第五、真仇
	安固郡(400—407)	安固、石门、桑城、临洮、洮阳、侯和
	大夏郡(400—407)	大夏、宛戌、金剑
	武城郡(400—407)	领县不可考
	武阳郡(400—407)	领县不可考
	苑川护军(400—407)	
凉州(403—406)，治姑臧	武威郡(401—406)	姑臧(403—406)、宣威(403—406)、揟次(403—406)、祖厉(403—406)、晏然
	武兴郡(403—406)	武兴、大城、乌支、襄武、新鄣、平狄、司监、嘉麟
	番禾郡(403—406)	番禾、苕藋
	仓松郡(403—406)	显美、丽轩、仓松、魏安、漠口
杏城镇(385—386，387—415)，治杏城		
三堡镇(385—415)，治三堡		
安定镇(?—417)，治所乏考		
李闰镇(?—417)，治李闰		
匈奴镇(?—417)，治匈奴堡		

说明：本表以后秦弘始七年(405)为基准年。

西秦政区简表

州、镇	郡、护军	县
河州（388—400, 409—430），治枹罕	兴晋郡（389—392, 397—400, 409—430）	枹罕、永固、临津、河关
	大夏郡（389—400, 409—430）	大夏、宛戍、金剑
	安固郡（388—400, 409—430）	安固、石门、桑城、临洮、洮阳、侯和
	武始郡（388—400, 409—430）	狄道、遂平、武街、始兴、第五、真仇
	武城郡（388—400, 409—430）	领县不可考
	武阳郡（388—400, 409—430）	领县不可考
	三河郡（412—430）	白土、左南
	西安郡（412?—430）	领县不可考
	附：南安郡（侨置，426?—430）	
秦州（388—400, 409—426），治獂道	南安郡（388—400, 410—426, 430—431）	獂道、中陶；[新兴(?—430)]
	陇西郡（388—400, 410—426）	襄武、首阳
	天水郡（394—396, 417—420）	上邽(417—420)、冀、新阳、成纪
	略阳郡（394—396, 417—420）	临渭、略阳、清水、陇城
	苑川郡（388—400, 409—426）	领县不可考
	金城郡（388—400, 409—426）	金城、榆中、支阳（398—400, 409—426）、鹯武（398—400, 409—426）、允吾（398—400, 409—426）
	东金城郡（410—426）	领县不可考

续 表

州、镇	郡、护军	县
秦州（388—400，409—426），治獂道	广宁郡（？—426，430—431）	彰、新兴
	秦兴郡（411—426）	领县不可考
	兴国郡（411—426）	领县不可考
	武威郡（侨置，411—426）	领县不可考
	长城护军（？—426）	
	附：天水郡（侨置，388—394）	领县不可考
	附：略阳郡（侨置，388—394，415—417，430）	领县不可考
益州（419—427），治漒川	漒川郡（419—427）	领县不可考
附：梁州（388—400，427），或治漒川	漒川郡（388—400，427）	领县不可考
	甘松郡（388—400）	领县不可考
	匡朋郡（388—400）	领县不可考
	白马郡（388—400）	领县不可考
	汉阳郡（388—400）	领县不可考
附：秦凉二州（385—388），治苑川	苑川郡（385—388）	领县不可考
	武城郡（385—388）	领县不可考
	武阳郡（385—388）	领县不可考
	安固郡（385—388）	安固、石门、桑城、临洮、洮阳、侯和
	武始郡（385—388）	狄道、遂平、武街、始兴、第五、真仇
	天水郡（385—388）	领县不可考
	略阳郡（385—388）	领县不可考
	汉阳郡（385—388）	领县不可考
	漒川郡（385—388）	领县不可考
	甘松郡（385—388）	领县不可考
	匡朋郡（385—388）	领县不可考

续　表

州、镇	郡、护军	县
附：秦凉二州（385—388），治苑川	白马郡(385—388)	领县不可考
	南安郡(386—388)	獂道、中陶、新兴(386—?)
	陇西郡(386—388)	襄武、首阳
	金城郡(386—388)	金城、榆中
凉州(414—430)，治西都	西平郡(414—430)	西都、临羌、长宁
	浇河郡(414—427)	领县不可考
	附：乐都郡（414—418，427—429）	乐都、安夷
	附：晋兴郡(414—415)	浩亹、晋兴、临鄣、广昌、遂兴、罕唐
	附：广武郡(414—415)	令居、永登、广武、振武、允街
	附：湟河郡（415—418，427—430）	领县不可考
	附：金城郡(426—430)	允吾、支阳、鹯武
附：商州(427—428)，治浇河	浇河郡(427—428)	领县不可考
沙州(418—429)，治乐都	乐都郡(418—427)	乐都、安夷
	湟河郡(418—427)	领县不可考
	附：西平郡(427—429)	西都、临羌、长宁
大夏镇(?)，治大夏		

说明：本表以西秦永康八年(419)为基准年。

夏政区简表

司隶部、州	(京都)尹、郡、护军	县
司隶部（418—427），治统万城	北地尹(418—427)	领县不可考
幽州(409—427)，治大城	辖区不可考	

续表

司隶部、州	（京都）尹、郡、护军	县
朔州(418—427)，治三城	辖区不可考	
东秦州（418—420）[承秦州(420—427)]，治杏城	长城郡(415—427)	长城、洛川等
	中部郡(415—427)	中部
凉州(418—430)，治临泾	安定郡（417—427，428—430）	临泾、朝那、乌氏、阴密、鹑觚、西川、焉氏、贰
	新平郡(417—430)	新平、汾邑
	陇东郡(417—430)	泾阳等
	平凉郡(417—430)	鹑阴、阴槃(429—430)等
	平原郡(417—430)	领县不可考
	赵兴郡(417—430)	赵安等
	安定护军(417—430)	
雍州（418—426，428—430），治长安	京兆郡（418—426，428—430）	长安、杜陵、霸城、蓝田、高陆、万年、新丰、阴槃（418—427，428—429）、郑、渭南、山北
	扶风郡（418—426，428—430）	池阳、郿、雍、汧、陈仓、美阳、好畤、宛川
	咸阳郡（418—426，428—430）	渭城、泾阳等
	北地郡（418—426，428—430）	泥阳、富平、灵武
	抚夷护军（418—426，428—430）	
	安夷护军（418—426，428—430）	
	铜官护军（418—426，428—430）	
	土门护军（418—426，428—430）	

续 表

司隶部、州	(京都)尹、郡、护军	县
雍州(418—426,428—430),治长安	三原护军(418—426,428—430)	
	宜君护军(418—426,428—430)	
附:雍州(416),治阴密	领郡不可考	阴密等
豫州(418—426,428—430),治李闰	冯翊郡(418—426,428—430)	临晋、下邽、重泉、频阳、粟邑、郃阳、夏阳
	冯翊护军(418—426,428—430)	
北秦州(418—426,428—430),治武功	始平郡(418—426,428—430)	槐里、始平、武功、鄠、盩厔
并州(419—426),治蒲坂	河东郡(419—426)	安邑、闻喜、猗氏、解、蒲坂
	河北郡(419—426)	河北、大阳、垣
荆州(419—426),治陕	弘农郡(419—426)	弘农、陕、宜阳、黾池、卢氏、朱阳
	华山郡(419—426)	湖、华阴
秦州(420—431),治上邽	天水郡(420—431)	上邽、冀、新阳、成纪
	略阳郡(420—431)	临渭、略阳、清水、陇城
附:河州(426—431),治所乏考	南安郡(426—430,431)	豲道、中陶
	陇西郡(426—431)	襄武、首阳
	苑川郡(426—431)	领县不可考
	金城郡(426—431)	金城、榆中
	广宁郡(426—430,431)	彰、新兴
	附:吐京护军(?—414)	

说明:本表以夏真兴三年(421)为基准年。

后凉政区简表

司隶部、州	(京都)尹、郡、护军	县
凉州(386—399),治姑臧	武威郡(386—399)	姑臧、宣威、揩次、祖厉;[显美(386—?)、骊轩(386—?)、仓松(386—?)]
	武兴郡(386—399)	武兴、大城、乌支、襄武、晏然、新鄣、平狄、司监、嘉麟(?—399)
	番禾郡(386—399)	番禾、苕藿(?—399)
	金城郡(386—398)	允吾、鹯武、允街、白土(386—?)、浩亹、左南(386—?)
	西平郡(386—?,?—398)[含西河郡(?)]	西都、临羌、长宁;[安夷(386—?)]
	晋兴郡(386—398)	晋兴、临鄣、广昌、遂兴、罕唐
	广武郡(386—399)	令居、永登、广武、振武、支阳(386—398);[允街(398—399)]
	湟河郡(386—398)	领县不可考
	西郡(386—398)	日勒、删丹、仙提、万岁、兰池、临洮(?—398)
	张掖郡(386—398)	永平、临泽、屋兰、氐池、美水
	西海郡(386—398)	居延
	临松郡(386—398)	临松等
	祁连郡(386—398)	汉阳、祁连
	酒泉郡(386—397)	福禄、会水、安弥、骓马、延寿、凉宁、金泽、玉门
	建康郡(386—397)	乐涫、表氏等
	敦煌郡(386—398)	敦煌、昌蒲、龙勒、阳关、效谷、乾齐、凉兴、乌泽(?—398)
	晋昌郡(386—398)	冥安、宜禾、伊吾、渊泉、广至、沙头、会稽、新乡
	高昌郡(386—398)	高昌、横截、田地、高宁、白力
	东张掖郡(392—399)[承昌松郡(?—392)]	显美、丽轩、昌松、魏安、漠口

续　表

司隶部、州	（京都）尹、郡、护军	县
凉州(386—399)，治姑臧	乐都郡(?—398)	乐都、安夷等
	浇河郡(?—398)	领县不可考
	三河郡(?—398)	白土、左南
	西安郡(?—398)	领县不可考
	西域都护(386—398)	
	中田护军(386—398)	
附：司隶部(399—403)，治姑臧	凉都尹(399—403)	姑臧、宣威、揟次、祖厉
	武兴郡(399—403)	武兴、大城、乌支、襄武、晏然(399—401)、新鄣、平狄、司监、嘉麟
	番禾郡(399—403)	番禾、苕藿
	昌松郡(399—402)	显美、丽轩、昌松、魏安、漠口
	广武郡(399—400)	令居、永登、广武、振武、允街
秦州(392—397)，治枹罕	兴晋郡(392—397)	枹罕、永固、临津、河关
?	?	阳川

说明：本表以后凉龙飞元年(396)为基准年。

南凉政区简表

司隶部、州	郡、护军	县
司隶部(408—410)，治姑臧	武威郡(408—410)	姑臧、宣威、揟次、祖厉、晏然
	武兴郡(408—410)	武兴、大城、乌支、襄武、新鄣、平狄、司监、嘉麟
	番禾郡(408—410)	番禾、苕藿
	昌松郡(408—410)	显美、丽轩、昌松、魏安、漠口
凉州(399—414)，治乐都	乐都郡(398—414)	乐都、安夷等
	西平郡(398—414)	西都、临羌、长宁
	晋兴郡(398—414)	浩亹、晋兴、临鄣、广昌、遂兴、罕唐
	湟河郡(398—413)	领县不可考

续　表

司隶部、州	郡、护军	县
凉州(399—414)，治乐都	浇河郡(398—414)	领县不可考
	三河郡(398—412)	白土、左南
	广武郡(400—414)	令居、永登、广武、振武、允街
	湟川护军(?—414)	
	邯川护军(?—414)	
	附：武威郡(406—408)	姑臧、宣威、揩次、祖厉、晏然
	附：武兴郡(406—408)	武兴、大城、乌支、襄武、新鄣、平狄、司监、嘉麟
	附：番禾郡(406—408)	番禾、苕藿
	附：昌松郡(402—403，406—408)	显美、丽轩、昌松、魏安、漠口
	附：西郡(407)	日勒、删丹、仙提、万岁、兰池、临洮

说明：本表以南凉嘉平二年(409)为基准年。

西凉政区简表

州	郡、护军	县
凉州(405—421)〔承秦凉二州(400—405)〕，治福禄	酒泉郡(401—420)	福禄、会水、安弥、骍马、延寿、金泽、玉门(400—420)
	敦煌郡(400—421)	敦煌、昌蒲、龙勒、阳关、效谷、乾齐
	晋昌郡(400—420)	冥安、伊吾、渊泉、广至、沙头、会稽、新乡
	凉兴郡(400—420)	凉兴、乌泽、宜禾
	建康郡(401—420)	乐涫、表氏等
	凉宁郡(401—420)	凉宁等
	新城郡(?—420)	领县不可考
	西海郡(401—420)	居延
	高昌郡(400—420)	高昌、横截、田地、高宁、白力
	会稽郡(侨置，405—420)	领县不可考

续　表

州	郡、护军	县
凉州（405—421） ［承秦凉二州（400—405）］,治福禄	广夏郡（侨置,405—420）	领县不可考
	武威郡（侨置,405—420）	领县不可考
	武兴郡（侨置,405—420）	领县不可考
	张掖郡（侨置,405—420）	领县不可考
	西域都护（400—420）	
	敦煌护军（400—421）	
	骍马护军（401—420）	

说明：本表以西凉建初元年（405）为基准年。

北凉政区简表

州	郡、护军	县
凉州（412—439） ［承秦州（411—412）］,治姑臧	武威郡（411—439）	姑臧、宣威、揩次、祖厉、晏然
	武兴郡（411—439）	武兴、大城、乌支、襄武、新鄣、平狄、司监、嘉麟
	番禾郡（411—439）	番禾、苕藿
	昌松郡（411—439）	显美、丽轩、昌松、魏安、溱口
	湟川郡（413—439）	湟川
	广武郡（415—439）	令居、永登、广武、振武、允街
	晋兴郡（415—439）	浩亹、晋兴、临鄣、广昌、遂兴、罕唐
	浇河郡（428—439）	领县不可考
	西平郡（429—439）	西都、临羌、长宁
	乐都郡（429—439）	乐都、安夷
	附：湟河郡（413—415）	领县不可考
秦州（412—439） ［承凉州（397—412）］,治永平	张掖郡（398—439）	永平、临泽、屋兰、氐池、美水
	西郡（398—439）	日勒、删丹、仙提、万岁、兰池、临洮
	建康郡（397—401,417—439）	乐涫、表氏等
	临松郡（398—439）	临松等

续 表

州	郡、护军	县
秦州（412—439） 〔承凉州（397—412）〕，治永平	祁连郡(398—439)	汉阳、祁连
	西安郡(398—439)	领县不可考
	临池郡(?—439)	领县不可考
	金山郡(?—439)	领县不可考
	中田护军(398—439)	
	附：酒泉郡(397—401)	福禄、会水、安弥、骓马、延寿、凉宁、金泽、玉门(397—400)
	附：凉宁郡(?—401)	凉宁等
	附：西海郡(398—401)	居延
	附：骓马护军(?—401)	
沙州（398—400,420—439），治福禄	酒泉郡(420—439)	福禄、会水、安弥、骓马、延寿、金泽、玉门
	敦煌郡(398—400,421—439)	敦煌、昌蒲、龙勒、阳关、效谷、乾齐；〔凉兴(398—399)、乌泽(398—399)〕
	晋昌郡(398—400,420—421,423—439)	冥安、渊泉、广至、沙头、会稽、新乡；〔伊吾(398—400)、宜禾(398—399)〕
	凉兴郡(399—400,420—439)	凉兴、乌泽、宜禾
	凉宁郡(420—439)	凉宁等
	新城郡(420—439)	领县不可考
	西海郡(420—439)	居延
	高昌郡(398—400,420—439)	高昌、横截、田地、高宁、白力
	西域都护(398—400,420—439)	
	敦煌护军(?—400,421—439)	
	骓马护军(420—439)	

说明：本表以北凉承玄三年(430)为基准年。

2. 北魏州郡沿革简表

说明：

1. 因为有行政区划设置同名异地的情况，所以本表以"某州（某治所）"的形式标注治所，如治所不详则在括号内标注"不详"，治所变动在备注内予以说明。

2. 由于皇帝年号纪年在公元纪年层面存在重叠现象，本表概以公元纪年为准。

3. 本表未标注县级政区沿革，县级政区详情请参见前述正文。

时代	在位皇帝	州及治所	辖 郡 情 况	本州置时及变动情况
平城时代	道武帝	司州（平城）	初设时领有"八国"和代郡、广宁、上谷、雁门四郡。后"八国"变为"六部"；自代郡分出善无郡，先后新设有凉城、繁畤、桑乾、高柳、灵丘、平齐等郡。平齐郡迁洛后罢废。493年广宁、上谷二郡划入燕州；494年雁门郡划入肆州	398年置，493年改名恒州
		并州（晋阳）	初领太原、乐平、平阳、新兴、雁门、西河六郡。398年后上党、建兴二郡划入，雁门郡划归司州。410年置秀容郡。始光（424—428）初置敷城郡，肆卢郡疑亦在同一时期置。428年置禽昌、征平二郡。433年分上党郡置乡郡。434年废置西河郡，484年复置后划属汾州。441年罢禽昌郡。443年平阳郡划入东雍州。446年并肆卢、敷城二郡于秀容郡。448年罢乐平郡，省建兴郡。464年复置建兴郡，494年划入洛阳之司州。526年复置乐平郡，又置泰宁郡。528年置襄垣郡	396年置
		冀州（信都）	初领魏郡、阳平、广平、汲郡、贵乡、顿丘、清河、平原、河内、濮阳、长乐、勃海、武邑、襄国、章武、广川、乐陵十七郡。398年以后，省并贵乡、襄国、广川三郡。399年河内郡划入野王之豫州。401年魏郡、阳平、广平、汲郡、顿丘五郡划入相州。487年分勃海、章武置浮阳郡，并将其与章武郡一道划入瀛州；划平原郡入济州；置广宗郡，寻罢。497年置安德郡，寻并勃海，中兴年间（531—532）复置。517年乐陵郡划入沧州。孝昌年间复置广宗郡。528年清河郡划归南冀州。永安年间（528—530）清河郡重新划入冀州	397年置

续 表

时代	在位皇帝	州及治所	辖郡情况	本州置时及变动情况
平城时代	道武帝	定州(卢奴)	初领中山、常山、唐郡、巨鹿、博陵、高阳、河间、赵郡、上谷、广宁、代郡十一郡。398年以后,省并唐郡,代郡、广宁、上谷三郡划归司州。487年置南巨鹿;高阳、河间二郡划入瀛州。490年分中山郡置唐郡。494年南巨鹿划归相州。497年罢唐郡。526年赵郡划入殷州。孝昌年间(525—527)分中山郡置北平郡。529年巨鹿郡划为二郡,南边的巨鹿郡划入殷州	397年置安州,400年改为定州
		幽州(蓟城)	初领燕郡、范阳、渔阳、北平、密云五郡。441年广阳、安乐二郡划入。446年北平郡并入渔阳郡。468年密云、广阳、安乐三郡划归安州	397年置
		豫州(野王)	河内郡	399年置,423年罢
		相州(邺城)	初领魏郡、阳平、广平、汲郡、顿丘五郡。423年河内郡划入。467年河内、汲郡划归怀州。494年南巨鹿郡由定州划入,后改为南赵郡。526年南赵郡又划归殷州。527年分广平郡置北广平郡,划属殷州。528年阳平郡划入南冀州。528年分广平郡之易阳,北广平郡之襄国,南赵郡之中丘县置易阳郡,分魏郡置昌乐郡。易阳郡不久废。永安年间(528—530)阳平郡重新划入	401年罢邺行台后所置
		兖州(滑台)	初领东郡、陈留、濮阳、济阳四郡。济阳郡当在明元帝之后废入陈留郡	401年置。468年后亦称西兖州。494年罢入洛阳所设之司州
		平州(肥如)	初领辽西一郡。432年置北平郡	407年置,治令支,433年改治肥如。436—444年曾治和龙

续 表

时代	在位皇帝	州及治所	辖郡情况	本州置时及变动情况
平城时代	明元帝	济州(碻磝)	初领济北、东平二郡。487年平原郡、濮阳郡划入。太和末年东平郡罢。527年置东济北郡。濮阳郡划归西兖州。528年平原郡划归南冀州,同年复置东平郡。永安年间(528—530)南冀州罢,平原郡重新划入。普泰年间(531—532)分平原郡置南清河郡	423年置
		洛州(金墉)	初领河南一郡。所领侨郡情况不详	493年改置司州
		豫州(虎牢)	初领荥阳、颍川二郡,以及汝南、南阳、南顿、新蔡四个侨郡。荥阳、颍川二郡495年划入洛阳之司州	495年罢,改置东中府
		南雍州(洛阳)	从洛、豫二州所领之侨郡分领,具体领郡及置废情况均不明	约置于明元帝时期,废于太武帝时期
		荆州(长社)	为安置司马楚之而设,似无领郡。废时分置汝南、南阳、南顿、新蔡四侨郡,划属虎牢所设之豫州	约侨置于419—424年
	太武帝	江州(不详)	始光(424—428)年间设置。治地、具体置废时间及领郡情况均不明	蛮左州
		东青州(不详)	侨置,初名青州,后改称东青州,置郡情况不明	约置于太武帝初年。469年北魏占领青齐地区之后罢入冀州
		泰州(蒲坂)	初领河东一郡。494年河东郡划入洛阳新置之司州	428年侨置雍州,432年改为泰州。494年罢废
		雍州(长安)	初领京兆、冯翊、扶风、始平、咸阳、北地六郡。436年置平秦、武都二郡。446年罢始平郡入扶风郡。527年在渭南县置渭南郡。487年分扶风郡置武功郡,太和年间划平秦、武都、武功三郡置岐州。528年划北地郡三原县置建忠郡,划铜官、宜君二县置宜君郡,北地、建忠、宜君三郡划入北雍州	426年设置。428年移治蒲坂。430年复治长安

续 表

时代	在位皇帝	州及治所	辖 郡 情 况	本州置时及变动情况
平城时代	太武帝	泾州(临泾)	初领安定、石堂、陇东、新平、赵平、平凉、平原、西北地八郡。441年由西北地郡析置赵兴郡。468年西北地、赵兴二郡划入华州。487年省石堂郡于安定郡	430年置
		秦州(上封)	初领天水、略阳二郡。446年分天水郡阳廉、阶陵二县置汉阳郡	436年置
		益州(上封)	置郡情况不明	445年前侨治。508年废置
		益州(燕乐)	置郡情况不明	约432年置。441年罢
		交州(土垠)	置郡情况不明	约432年置。441年罢
		徐州(外黄)	置有谯、梁、彭、沛四侨郡九侨县。罢废情况不详	433年侨置。皇兴年间(467—471)罢
		荆州(上洛)	初领上洛、魏兴二郡。470年分上洛郡置东上洛郡。500年改南齐南上洛郡为始平郡和苌和郡。511年东上洛郡改称上庸郡	439年置。494年改置洛州
		朔州(盛乐)	除善无一郡之外,初置郡县情况不详。《地形志》列有盛乐、云中、建安、真兴四郡	约444年之前置
		东雍州(柏壁)	初领正平、平阳二郡。494年正平、平阳二郡划入司州	443年由柏壁镇改置。494年罢入司州
		营州(和龙)	初领昌黎、冀阳等郡。447年冀阳郡并入昌黎郡,复置建德郡。正光年间(520—525)复置辽东郡。正光末年乐良、营丘二郡亦复	444年由和龙镇改置。524年陷于叛民。529年重新收复
		肆州(九原)	446年设州前后肆卢、敷城二郡省入秀容郡。447年之后领有新兴、秀容二郡。494年雁门郡由恒州划入	446年由肆卢镇改置

续 表

时代	在位皇帝	州及治所	辖郡情况	本州置时及变动情况
平城时代	文成帝	南雍州(蔡阳?)	置郡情况不明	蛮州。454年左右置,疑与蔡阳所置南雍州为一地。534年陷于萧梁
		青州(羊兰)	置郡情况不明	侨置。具体置废时间不详
	献文帝	怀州(野王)	初领河内、汲二郡。494年二郡划归洛阳之司州	467年分相州置,494年罢
		安州(方城)	领有密云、广阳、安乐三郡	468年置
		徐州(彭城)	初领彭城、沛、下邳、兰陵、琅邪、东海、阳平、北济阴、南济阴九郡。467年淮阳郡划入,置建昌郡。皇兴年间(467—471)谯郡、梁郡划入。494年谯郡、梁郡划归南兖州。491年或495年建昌郡罢,领县划入彭城郡。景明年间(500—503)谯郡、梁郡重新划入。507年谯郡、梁郡复划归南兖州;淮阳郡降梁。525年南阳平郡陷于萧梁,下邳、东海二郡划入东徐州。527年分彭城郡置蕃郡;济阴郡陷于萧梁。529年琅邪郡划归北徐州	466年置
		东兖州(瑕丘)	初领泰山、鲁郡、高平、东平、东阳平五郡。469年分泰山郡置东泰山郡。494年济阴郡划入。518年分高平置任城郡。527年济阴郡划归西兖州。529年东泰山郡划归北徐州	468年置。494年改称兖州
		青州(东阳)	初领齐郡、北海、乐安、勃海、高阳、河间、乐陵、平昌、高密、东莱、长广十一郡。470年东莱、长广二郡划入光州。529年置东武郡,将东武、平昌、高密三郡划归胶州	469年置
		齐州(历城)	领有东魏、东平原、东清河、广川、济南、太原六郡	468年占领刘宋冀州,469年改置齐州

续 表

时代	在位皇帝	州及治所	辖 郡 情 况	本州置时及变动情况
平城时代	献文帝	光州（掖城）	初领东莱、长广二郡。528年置东牟郡	470年分青州置
		南豫州（悬瓠）	初领汝南、新蔡、谯郡、梁郡、陈郡、南顿、颍川、汝阳、陈留等郡。469年汝阴郡划入。皇兴年间（467—471）省并颍川郡，置襄城郡，谯郡、梁郡划入徐州。472年置初安郡。479年置城阳、刚陵、义阳三郡。482年复置颍川郡。494年陈留郡划入南兖州；汝阴郡曾设置东郢州，后罢。涡阳、马头、陈留等郡划入。涡阳郡不见随后记载，情况不明。507年马头、陈留等郡复划归南兖州。孝昌年间新蔡郡陷落。530年义阳郡划入郢州	皇兴年间（467—471）由刘宋司州改置，495年改称豫州
		东徐州（团城）	领有东安、东莞二郡	468年置，494年前后改称南青州
		华州（定安）	初领西北地、赵兴二郡。487年置襄乐郡	468年置华州，472年为三县镇，487年改为班州，490年为邠州，496年改称豳州
	孝文帝迁洛前	南徐州（宿豫）	置郡情况不明	孝文帝初年置，499年叛降萧齐
		东荆州（沘阳）	置郡情况不明	472年置
		岐州（雍城）	初领平秦、武都二郡。487年分雍州扶风郡置武功郡，划入本州	文献中首见于484年，据《地形志》487年置
		华州（临晋）	领有华山、澄城、白水三郡。孝明帝时分华山郡置武乡郡，526年华山郡划入东雍州	文献中首见于484年，据《地形志》487年置
		东秦州（杏城）	领有中部、敷城二郡	文献中首见于484年，据《地形志》491年置。522年更名为北华州

续 表

时代	在位皇帝	州及治所	辖郡情况	本州置时及变动情况
平城时代	孝文帝迁洛前	夏州（统万）	初领金明、代名、偏城、朔方、上郡、定阳等郡。488年置化政、阐熙二郡。513年偏城、朔方、上郡、定阳等郡划入东夏州	文献中首见于484年，据《地形志》487年置
		汾州（蒲子）	领有西河、吐京、五城、定阳等郡	文献中首见于484年，据《地形志》488年置。526年移治西河
		陕州（陕城）	领有恒农郡	文献中首见于484年，据《地形志》487年置
		梁州（洛谷）	初领天水、汉阳、武都、白水、武阶、修城、仇池七郡。508年白水郡废为白水县，划入武都郡	文献中首见于484年，据《地形志》488年置。505年改为南秦州
		凉州（姑臧）	前后领有武安、临松、建昌、番和、泉城、武兴、武威、昌松、东泾、梁宁、广武、魏安、西郡、东张掖等郡	文献中首见于486年，据《元和志》490年置
		河州（枹罕）	领有金城、武始、洪和、临洮四郡	文献中首见于486年，据《地形志》492年由枹罕镇改置
		瀛州（赵都军）	初领河间、高阳、章武、浮阳四郡。500年浮阳郡并于章武郡，517年复置浮阳郡，划入沧州	文献中首见于486年，据《地形志》487年置
		郢州（鲁阳？）	置郡情况不明	文献中首见于484年，据《地形志》489年置
		燕州（军都）	据《地形志》领有昌平、上谷二郡。可能还领有广宁、平原、东代、大宁等郡	设置时间不晚于493年

续表

时代	在位皇帝	州及治所	辖郡情况	本州置时及变动情况
平城时代	孝文帝迁洛前	沙州(酒泉)	置郡情况不明	文献中首见于486年,置废情况不明
		宁州(不详)	置郡情况不明	文献中首见于486年,置废情况不明
		灵州(宕昌)	置郡情况不明	478年之后置,蛮左州
洛阳时代	孝文帝迁洛后	南兖州(涡阳)	领有马头、谯、梁、下蔡(495年置)、陈留诸郡	494年置。景明年间(500—503)罢,改置涡阳郡
		东豫州(广陵)	领有汝南、东新蔡、新蔡、弋阳、阳安(?)五郡	495年置。527年陷于萧梁
		广州(不详)	置郡情况不明	具体置时治地不详与末年置广州当非一地
		东郢州(汝阴)	当领有汝阴一郡	494年改阴郡为东郢州。具体罢废时间不详
		荆州(鲁阳)	当领有南阳、顺阳、襄城等郡	494年由鲁阳镇改置。498年罢州置鲁阳郡,划入司州
		荆州(穰城)	领有南阳、顺阳、新野、东恒农、汉广、襄城、北淯、恒农建城、淯阳等郡,景明末年罢建城郡置成,533复置后划入襄州。淯阳郡当废于北魏末年	498年置。526年陷于萧梁。528年收复
	宣武帝	南兖州(谯城)	初领陈留、梁郡、下蔡、谯、马头、涡阳诸郡。524年马头郡降梁。525年置临涣郡。526年置砀郡。孝昌年间(525—527)下蔡郡陷梁。532年谯郡陷梁	507年置

续　表

时代	在位皇帝	州及治所	辖郡情况	本州置时及变动情况
洛阳时代	宣武帝	郢州(义阳)	当领有齐安、义阳、宋安诸郡	504年占萧梁司州(治义阳),改萧梁司州为郢州。528年陷于萧梁
		扬州(寿春)	当领有梁、淮南、北谯、陈留、北陈(?)、边城、新蔡、安丰、下蔡、颍川诸郡	500年南齐豫州(治寿春)降魏,改南齐豫州为扬州。526年降于萧梁
		江州(麻城)	置郡情况不明	景明年间(500—503)置
		东益州(武兴)	领有武兴、仇池、槃头、广长、广业、梓潼、洛丛七郡	506年置,526年左右废置
		南荆州(襄乡)	置郡情况不明	512年置,隶属于东荆州,515年独立于东荆州
		益州(晋寿)	领有东晋寿、西晋寿、新巴、南白水、宋熙五郡	508年置
		巴州(化成)	领有大谷、归化、木门、北水、遂宁、义阳、哀戎七郡	514年置
		梁州(南郑)	领有晋昌、襄中、安康、汉中、华阳、金城、魏明、丰宁、其章(侨置)诸郡	505年置
		东夏州(广武)	初领徧城、朔方、定阳、乐川、宜川等郡。518年置上郡。另有抚宁郡,置时不明	513年置
		东扬州(东城)	置郡情况不明	503年置
		江州(阳石)	置郡情况不明	503年置
	孝明帝	沧州(饶安)	初领浮阳、乐陵二郡。531年分乐陵置安德郡。532年罢安德郡	517年分瀛、冀二州置
		原州(高平)	领有高平、长城二郡	524年由高平镇改置

续 表

时代	在位皇帝	州及治所	辖郡情况	本州置时及变动情况
洛阳时代	孝明帝	西郢州(比阳)	置郡情况不明	置于524年之前
		殷州(广阿)	领有赵、巨鹿、南赵、北广平四郡	526年置
		唐州(白马)	领有平阳、北绛、西河三郡	528年置,旋改为晋州
		朔州(怀朔)	领有大安、广宁、神武、太平、附化五郡	525年置
		灵州(薄骨律)	置郡情况不明	526年置
		西兖(定陶)	领有济阴、濮阳二郡	527年置
		东徐州(下邳)	领有下邳、东海二郡。527年置盱眙郡	525年置。533年陷于萧梁
		东秦州(汧城)	领有陇东、安夷、汧阳三郡	522年置
		颍州(汝阴)	置郡情况不明	527年置
		南岐州(固道)	领有固道、广化、广业三郡	孝昌年间(525—527)置
		南梁(隆城)	置郡情况不明	当在524—528年间置
		东梁州(安康)	领有金城、安康、魏明三郡	527年置
		鄯州(鄯善)	领有西平、湟河二郡	526年由鄯善镇改置
		东雍州(郑)	领有华山郡	526年置
		瓜州(敦煌)	领有敦煌、酒泉、常乐、玉门、会稽、广夏、效谷、寿昌八郡	孝昌年间(525—527)置
		襄州(北南阳郡?)	初领襄城、舞阴、期城、北南阳(原名宣义)四郡。533年置建城郡	孝昌年间(525—527)置
		东冀州(不详)	置郡情况不明	置于527年左右

续 表

时代	在位皇帝	州及治所	辖郡情况	本州置时及变动情况
洛阳时代	孝明帝	南幽州（不详）	置郡情况不明	不详
		西豫州（不详）	置郡情况不明	蛮左州，521年置
		义州（不详）	置郡情况不明	蛮左州，521年置
		南冀州（平原）	领有清河、阳平、平原三郡	528年置。永安年间（528—530）废置
		南郢州（不详）	领有北遂安、冯翊、江夏、□子、香山、永安、新平、永平、宕都、宜民、南遂安、□□十二郡	不详
		析州（修阳）	领有修阳、固郡、朱阳、南上洛、析阳五郡	不详
		玄州（燕乐）	置郡情况不明	具体置时不详，由柔玄镇改置，后侨置于安州
	孝庄帝	北雍州（三原）	领有北地、建忠、宜君三郡	永熙元年（532）移治宜君县
		建州（高都）	领有高都、长平、安平、泰宁四郡	永安年间（528—530）置
		南汾州（定阳）	领有北吐京、西五城、南吐京、西定阳、定阳、北乡、五城、中阳、龙门九郡	永安年间（528—530）置
		蔚州（寄治并州邬县界）	领有始昌、忠义二郡	永安年间（528—530）置
		显州（寄治六壁城）	领有定戎、建平二郡	永安年间（528—530）置
		广州（鲁阳）	领有南阳（?）、顺阳、定陵、鲁阳、汝南、汉广、襄城（?）七郡	永安年间（528—530）置
		胶州（东武）	领有东武、高密、平昌三郡	529年置
		北徐州（临沂）	领有东泰山、琅邪两郡	529年置

续 表

时代	在位皇帝	州及治所	辖郡情况	本州置时及变动情况
洛阳时代	孝庄帝	渭州（襄武）	领有陇西、南安、广宁、安阳四郡	530年置
		南广州（不详）	领有襄城（治襄城）、鲁阳、高昌、南阳、襄城（治扶城）五郡	具体置时不详
		郢州（真阳）	领有安阳、城阳、汝南三郡	530年置
	孝武帝	南益州（不详）	置郡情况不明	具体置时不详
		南襄州（湖阳）	领有西淮安、襄城、北南阳三郡	具体置时不详
		南营州（寄治英雄城）	领有昌黎、辽东、建德等郡	533年侨置营州，因处原营州之南，故名
		信州（不详）	置郡情况不明	蛮左州。具体置时不详
	疑似末年新置但无法系年州郡	殷州（城阳）	领有城阳一郡	具体置时不详
		龙州（阴平）	领有北阴平一郡	具体置时不详
		南相州（不详）	置郡情况不明	具体置时不详
		郑州（不详）	置郡情况不明	具体置时不详
		潘州（不详）	置郡情况不明	具体置时不详
		溱州（不详）	置郡情况不明	具体置时不详
		西安州（五原）	领有大兴一郡	具体置时不详
		武州（石门）	领有武都一郡	具体置时不详
		南垣州（涅城）	置郡情况不明	具体置时不详。寻改丰州
		殷州（城阳）	领有城阳一郡	具体置时不详
		西郢州（比阳）	置郡情况不明	具体置时不详

续 表

时代	在位皇帝	州及治所	辖郡情况	本州置时及变动情况
洛阳时代	疑似末年新置但无法系年州郡	南雍州（蔡阳）	领有蔡阳一郡	具体置时不详
		岚州（岢岚）	置郡情况不明	具体置时不详
		湖州（湖阳）	置郡情况不明	具体置时不详

说明：北魏末年侨置州郡情况请参阅本书中编第一章表7"北魏末年州郡侨置情况表"。

3. 东魏北齐州郡沿革简表

说明：

1. 因为有行政区划设置同名异地的情况，所以本表以"某州（某治所）"的形式标注治所，如治所不详则在括号内标注"不详"，治所变动在备注内予以说明。

2. 如东魏、北齐均设有某州，则径书"某州（某治所）"；如某州仅在东魏设有，北齐并省，则书"东魏某州（某治所）"；如某州为北齐新置，则书"北齐某州（某治所）"；如某州在东魏名某某州，北齐改名，则书"某州（原名某某州，某治所）"。

3. 由于皇帝年号纪年在公元纪年层面存在重叠现象，本表概以公元纪年为准。

4. 本表未标注县级政区沿革，县级政区详情请参见前述正文。

所在地域	州及治所	辖郡情况	本州置时及变动情况
河北部分	司州（邺城）	534年东魏司州领有魏郡、林虑、广平、阳平、顿丘、汲郡、黎阳、东郡、濮阳、清河、广宗、北广平等郡。东魏改北魏魏郡为魏尹。北齐时魏尹改称清都尹，废林虑郡、顿丘郡和北广平郡，并入广平郡，废广宗郡入清河郡。增置襄国郡。北齐末年司州当领有清都尹、广平、阳平、汲郡、黎阳、东郡、濮阳、清河、襄国等郡	534年东魏改相州为司州
	义州（陈城）	东魏义州领有五城、泰宁、新安、渑池、恒农、宜阳、金门七郡，北齐时省并泰宁、新安、渑池、恒农、宜阳、金门六郡十八县，北齐义州后仅领有五城（亦作伍城）一郡	侨置。540年为安置恒农郡降人而设，寄治汲郡陈城。北周废为伍城郡

续　表

所在地域	州及治所	辖郡情况	本州置时及变动情况
河北部分	怀州(野王)	东魏怀州领有河内、武德二郡。北齐同	534年置
	定州(卢奴城)	东魏武定年间(543—550)定州领有中山、常山、巨鹿、博陵、北平五郡。北齐省废北平一郡。556年之后,北齐定州领有中山、常山、巨鹿、博陵四郡	承袭北魏建置
	冀州(信都)	东魏武定年间(543—550)冀州领有长乐、勃海、武邑、安德四郡。北齐省并武邑郡。556年之后,北齐冀州当领有长乐、勃海、安德三郡	承袭北魏建置
	瀛州(赵都军城)	东魏瀛州领有高阳、章武、河间三郡,北齐同	承袭北魏建置
	赵州(原名殷州,广阿)	东魏武定年间(543—550)殷州领有赵、巨鹿、南赵三郡。北齐省并巨鹿郡入赵郡。556年之后,北齐赵州当领有赵、南赵二郡	东魏承袭北魏置殷州。551年北齐改为赵州
	沧州(饶安城)	东魏武定年间(543—550)领有浮阳、乐陵、安德三郡。北齐省废安德郡入乐陵郡。556年之后,北齐沧州领有浮阳、乐陵二郡	承袭北魏建置
	幽州(蓟城)	东魏领有燕、范阳、渔阳三郡,北齐同	承袭北魏建置
	安州(燕乐)	东魏武定年间(543—550)领有密云、广阳、安乐三郡。北齐省并密云、广阳二郡。556年之后,北齐安州只领有安乐一郡	承袭北魏建置。天平年间(534—537)陷落,元象年间(538—539)寄治幽州北界
	南营州(英雄城)	东魏武定年间(543—550)南营州领有昌黎、辽东、建德、营丘、乐良(即乐浪)五郡。北齐省废辽东、建德、营丘、乐良四郡。北齐南营州仅领有昌黎一郡	北魏末年侨置,寄治英雄城
	东燕州(军都城)	东魏天平年间(534—537)领有平昌、上谷二郡。武定元年(543)又置偏城郡。东魏武定年间(543—550)当领有平昌、上谷、偏城三郡。北齐省废上谷、偏城二郡。北齐末年东燕州仅领有平昌一郡	天平年间(534—537)为管理燕州流民而侨置,寄治幽州军都城。北周省废

续　表

所在地域	州及治所	辖郡情况	本州置时及变动情况
河北部分	北燕州(怀戎)	北齐北燕州领有长宁(或广宁)、永丰二郡,领有怀柔一县	天保年间(550—559)设置,具体设置时间不详
	营州(和龙城)	东魏武定年间(543—550)营州领有昌黎、建德、辽东、乐良(即乐浪)、冀阳、营丘六郡。北齐省废昌黎、辽东、乐良、营丘四郡。北齐末年营州仅领有建德、冀阳二郡	承袭北魏建置
	平州(肥如)	东魏武定年间(543—550)平州领有辽西、北平二郡。北齐省并辽西郡入北平郡。556年之后,北齐平州仅领有北平一郡	承袭北魏建置
	并州东魏(晋阳)	东魏武定年间(543—550)并州领有太原、上党、乡郡、乐平、襄垣五郡。北齐省废襄垣郡。556年之后,北齐并州领有太原、上党、乡郡、乐平四郡	承袭北魏建置。东魏治晋阳,北齐晋阳改称龙山,在汾水东另置晋阳县
	戎州(原名南垣州、丰州,涅城)	置郡情况不明	东魏置南垣州,寻改丰州。561年之后北齐改丰州为戎州。北周省废
	肆州(九原)	东魏武定年间(543—550)肆州领有永安、秀容、雁门三郡。北齐省废永安、秀容二郡。556年之后,北齐肆州当领有雁门一郡	承袭北魏建置。535年曾侨置于秀容城
	岚州(岢岚)	置郡情况不明	约置于北魏末年或东魏时
	恒州	东魏535年领有代、善无、梁城、繁畤、高柳、北灵丘、内附、灵丘八郡。北齐置废情况不明	东魏535年侨置,寄治肆州秀容郡城,后移治繁畤郡崞山县云中城。北齐天保年间(550—559)此恒州仍存在

续 表

所在地域	州及治所	辖郡情况	本州置时及变动情况
河北部分	恒州	北齐领有安远、临塞、威远、临阳等郡	北齐在恒安镇基础之上改置,州治因比寄治秀容郡城的恒州偏北,故北齐又称北恒州。北周州郡俱废
	朔州	东魏武定年间(543—550)此朔州领有大安、广宁、神武、太平、附化五郡	北魏末年或东魏侨置,寄治并州界
		北齐北朔州当领有广宁、广安、太平、齐德、长宁五郡	天保年间(550—559)侨置。治马邑城
	北灵州(原名武州,雁门川)	543年东魏武州领有齐、新安二郡。550年以吐京、新城二县立吐京郡。北齐省废吐京、齐、新安三郡	543年东魏置武州。治雁门川,545年始立州城。北齐改为北灵州,寻废
	北齐北蔚州(灵丘)	当领有(北?)灵丘一郡	天保年间(550—559)置
	北显州(原名廓州)	东魏廓州领有广安、永定、建安三郡,北齐废此三郡,北齐北显州不领郡	543年东魏侨置廓州,北齐改为北显州。北周省废
	显州	534年领有定戎、建平二郡。东魏天平年间(534—537)置真君郡(治东多城),543置武昌郡(治团城)。北齐、北周时四郡均省废	承袭北魏建置。北齐、北周时省废
	北齐燕州	置郡情况不明	具体置废时间不详
	云州	东魏云州领有盛乐、云中、建安、真兴四郡。北齐时四郡当均省并	承袭北魏末年建置。寄治并州界。北齐时省废云州
	蔚州(屈顿城)	北魏末年蔚州有始昌、忠义二郡。东魏天平年间(534—537)新置附恩郡。北齐省废情况不明。北周当均省废	承袭北魏末年建置。北周时省废
	宁州(介休城)	东魏时领有武康(546年置)、灵武(543年置)、初平(543年置)、武定(543年置)四郡	东魏兴和年间(539—542)侨置。556年北齐省废

续　表

所在地域	州及治所	辖郡情况	本州置时及变动情况
河北部分	灵州	置郡情况不明	536年寄治汾州隰城县界。北齐情况不详
	西夏州	东魏西夏州领有太安、神武二郡。北齐情况不明	536年置，寄治并州寿阳县界
	西汾州(离石)	领有怀政一郡	置于北齐天保年间(550—559)
	南汾州(定阳)	东魏武定年间(543—550)南汾州领有北吐京、西五城、南吐京、西定阳、定阳、北乡、五城、中阳、龙门九郡。北齐省并北乡郡入龙门郡。所领北吐京、西五城、南吐京、西定阳、定阳、北乡、五城、中阳、龙门八郡在武平元年(570)后当亦有省并	534年东魏置南汾州，北周占后改为汾州，武平元年(570)北齐夺回，又改为南汾州
	东魏南朔州	管理军户，不领郡县	东魏置，寄治介休县。北齐省并介休县入永安县。北周省废
	北齐南朔州(兹氏城)	领有西河、定阳二郡	北齐置，寄治兹氏城。北周省废
	晋州(白马城)	东魏武定年间(543—550)晋州领有平阳、北绛、永安、北五城、定阳、敷城、河西(537年侨置)、五城、西河、冀氏、南绛、义宁十二郡	承袭北魏建置
	建州(高都)	东魏武定年间(543—550)建州领有高都、长平、安平、泰宁四郡。北齐省并长平郡入高都郡，泰宁郡入安平郡。556年之后，北齐建州共领有高都、安平二郡	承袭北魏建置。周隋时改为泽州
	东雍州(柏壁)	东魏武定年间(543—550)东雍州领有邵、高凉、正平三郡。北齐时高凉、邵二郡及正平郡所领闻喜县皆属西魏北周，北齐东雍州只领有正平一郡	534年置。北周改为绛州
	东魏泰州(蒲坂)	534年泰州领有河东、北乡二郡。旋为西魏所占	534年置。旋陷于西魏

续表

所在地域	州及治所	辖郡情况	本州置时及变动情况
河南部分	兖州（瑕丘城）	东魏武定年间(543—550)兖州领有泰山、鲁、高平、任城、东平、东阳平六郡。北齐省并泰山、东平、东阳平三郡为新的东平郡，省并鲁、任城二郡为新的任城郡，556年之后，北齐兖州领有东平、高平、任城三郡	承袭北魏建置
	青州（东阳城）	东魏武定年间(543—550)青州领有齐、北海、乐安、勃海、高阳、河间、乐陵七郡。北齐省并勃海、河间、乐陵三郡，将北海郡与高阳郡合并为新的高阳郡。556年之后，北齐青州领有齐郡、高阳、乐安三郡	承袭北魏建置
	齐州（历城）	东魏武定年间(543—550)齐州领有东魏、东平原、东清河、广川、济南、太原六郡。北齐省并东魏、太原二郡入济南郡，省并广川、东平原、东清河三郡为东平原郡，郡治在武强。556年之后，北齐齐州领有东平原、济南二郡	承袭北魏建置
	郑州（原名颍州，颍阴城）	534年分颍川郡置许昌郡，划许昌、颍川二郡置颍州。539年又分颍川阳翟县置黄台县，并以黄台、阳翟二县为基础置阳翟郡。东魏武定年间(543—550)郑州领有许昌、颍川、阳翟三郡。北齐同	534年东魏置颍州，治长社城。549年改为郑州，治颍阴城。北齐郑州当治颍阴城
	济州（碻磝城）	东魏武定年间(543—550)领有济北、平原、东平、南清河、东济北五郡。北齐废东平、南清河、东济北三郡，556年之后，北齐济州领有济北、平原二郡	承袭北魏建置
	光州（掖城）	东魏武定年间(543—550)领有东莱、长广、东牟三郡。北齐省并长广、东牟二郡为长广郡。556年之后，北齐光州领有东莱、长广二郡	承袭北魏建置
	梁州（大梁城）	东魏武定年间(543—550)梁州领有阳夏、开封、陈留三郡。北齐省废开封郡，556年之后，北齐梁州领有阳夏、陈留二郡	534年分陈留郡开封、尉氏二县置开封郡。划阳夏、开封、陈留三郡置梁州。北周改为汴州

续　表

所在地域	州及治所	辖郡情况	本州置时及变动情况
河南部分	豫州(悬瓠城)	534年当领有汝南、新蔡、初安、襄城、颍川、汝阳、城阳等郡。537年东魏罢郢州置义阳郡划入豫州。兴和年间(539—542)分东豫州一部分置广陵郡并划入,武定年间(543—550)豫州领有汝南、颍川、汝阳、义阳、新蔡、初安、襄城、城阳、广陵九郡。北齐废义阳、城阳二郡,改颍川郡为临颍郡,改襄城郡为文城郡,改新蔡郡为广宁郡。556年之后,豫州领有汝南、临颍、汝阳、广宁、初安、文城、广陵七郡。573年广陵郡为陈所占	承袭北魏建置
	北豫州(虎牢)	534年分荥阳郡置广武、成皋二郡,以此三郡置北豫州。北齐省并荥阳、成皋二郡为成皋郡。556年之后,北豫州领有广武、成皋二郡	534年罢北魏东中郎将府,置北豫州。北周改为荥州
	徐州(彭城)	东魏武定年间(543—550)领有彭城、南阳平、蕃、沛、兰陵、北济阴、砀七郡。北齐省废蕃、砀二郡,废北济阴郡,以其部分领县改置永昌郡。556年之后,北齐徐州领有彭城、南阳平、沛、兰陵、永昌五郡	承袭萧梁建置
	西兖州(左城)	北魏末年领有济阴、濮阳二郡。534年划濮阳郡入邺之司州。540年分济阴郡置沛郡,武定年间(543—550)西兖州实领有沛、济阴二郡。北齐因徐州置有沛郡而废省西兖州沛郡。556年之后,北齐西兖州领有济阴一郡	先治定陶城,后徙左城
	南兖州(谯城)	534年领有陈留、梁、下蔡、谯、北梁、沛、马头、临涣八郡。535年改陈留郡武平县为武平镇,兴和年间(539—542)罢临涣郡,所领下邑县划入马头郡,549年罢武平镇置武平县,重新划归陈留郡。东魏武定年间(543—550)领有陈留、梁、下蔡、谯、北梁、沛、马头七郡。北齐省并谯、北梁、沛、马头、下蔡五郡。556年之后,北齐南兖州领有陈留、梁二郡	574年陷于陈朝
	广州(襄城)	东魏武定年间(543—550)领有南阳、顺阳、定陵、鲁阳、汝南、汉广、襄城七郡。鲁阳郡陷于西魏北周,北齐时又省废汝南郡。广州在北齐领有南阳、顺阳、定陵、汉广、襄城五郡	本治鲁阳。武定年间(543—550)因鲁阳陷于西魏,徙治襄城

续 表

所在地域	州及治所	辖郡情况	本州置时及变动情况
河南部分	胶州(东武)	534年胶州领有东武、高密、平昌三郡,兴和年间(539—542)曾立临海郡于梁乡城,不久罢郡置梁乡县,划属东武郡。武定年间(543—550)仍领有东武、高密、平昌三郡。北齐省废东武郡。556年之后,胶州领有高密、平昌二郡	承袭北魏建置
	洛州(洛阳)	东魏武定年间(543—550)洛州领有洛阳、河阴、新安、中川、河南、阳城六郡。东魏武定末年新安郡已陷于西魏,北齐洛州实际不领此郡。洛州北齐末年当领有洛阳、河阴、中川、河南、阳城五郡	534年改司州为洛州,改河南尹为河南郡。537陷于西魏,又改为司州
	南青州(团城)	534年领有东安、东莞二郡。549年新置义塘郡,东魏武定末年南青州领有东安、东莞、义塘三郡。北齐省废原东安郡,原东莞郡则改为东安郡。556年之后,南青州领有东安、义塘二郡	承袭北魏建置。北周改为莒州
	北徐州(临沂城)	东魏武定年间(543—550)北徐州领有东泰山、琅邪二郡。北齐省并东泰山郡。556年之后,北徐州领有琅邪一郡	承袭北魏末年设置
	信州(原名扬州、北扬州,项城)	东魏武定年间(543—550)领有陈、南顿、汝阴、丹杨、陈留五郡。北齐省废南顿、陈留二郡,新置淮阳郡。556年之后,信州当领有陈、汝阴、丹杨、淮阳四郡	535年东魏置北扬州。551年北齐改北扬州为信州
	东楚州(宿豫)	549东魏领有宿豫、高平、淮阳、晋宁、安远、临沭六郡。北齐废晋宁、安远、临沭三郡。556年之后,东楚州当领有宿豫、高平、淮阳三郡	东魏549年改萧梁东徐州为东楚州
	东徐州(下邳城)	550年东魏领有下邳、武原、郯、临清四郡。北齐省并临清郡。556年之后,东徐州当领有下邳、武原、郯三郡	东魏550年夺自萧梁。575年陷于陈朝
	海州(龙沮城)	549年东魏领有东彭城、东海、海西、沭阳、琅邪、武陵六郡。北齐废东彭城郡及其领县,改海西郡为海安郡。556年之后,海州领有东海、海安、沭阳、琅邪、武陵五郡	549年东魏由萧梁青州改置。北齐移治朐山

续　表

所在地域	州及治所	辖郡情况	本州置时及变动情况
河南部分	东豫州（广陵城）	549年领有汝南、东新蔡、新蔡、弋阳、长陵、阳安六郡。北齐省废东新蔡、弋阳、长陵、阳安四郡，556年之后，东豫州当领有汝南、新蔡二郡	549年东魏置。北齐有东豫州治所可能已移至新息。573年陷于陈朝
	义州	不领郡县	549年东魏占。北齐废州改立东光城郡，划入南郢州
	颍州（汝阴）	549年东魏颍州领有双头郡汝阴、弋阳二郡，北陈留、颍川二郡，财丘、梁兴二郡，西恒农、陈南二郡，东郡、汝南二郡，清河、南阳二郡，新蔡、南陈留二郡，荥阳、北通二郡，汝南、太原二郡，以及东恒农和新兴二郡，共计二十郡。其中财丘、梁兴二郡，西恒农、陈南二郡，东郡、汝南二郡，清河、南阳二郡，东恒农郡，新蔡、南陈留二郡，荥阳、北通二郡，汝南、太原二郡，新兴郡均在北齐时省并。汝阴、弋阳二郡，北齐改为汝阴郡。北陈留、颍川二郡，北齐由双头郡改为两个单头郡。北齐颍州后仅领有汝阴、北陈留、颍川三郡	549年置
	谯州（涡阳城）	549年领有南谯、汴、龙亢、蕲城、下蔡、临涣、蒙七郡。北齐省并汴、下蔡、临涣三郡，改萧梁所置淮阳郡（原隶属关系不明）为颍川郡，556年之后，谯州当领有南谯、龙亢、蕲城、蒙、颍川五郡	549年置谯州
	北荆州（伏流城）	544年领有伊阳、新城、汝北三郡。北齐改伊阳郡为伊川郡，汝北郡为汝阴郡，领有伊川、新城、汝阴三郡	544年置。562年北周改为和州
	阳州（宜阳）	领有宜阳、金门二郡。后陷入西魏北周	534年后由原来洛阳之司州划置，后陷入西魏。543年后东魏收复。后陷入西魏北周
	郢州（原名南司州，平阳）	549年东魏南司州领有齐安、义阳、宋安三郡。北齐新增淮安郡，556年之后，北齐郢州领有齐安、义阳、宋安、淮安四郡	549年东魏改梁司州为南司州。北齐改为郢州

续　表

所在地域	州及治所	辖郡情况	本州置时及变动情况
河南部分	西楚州（原名楚州，钟离城）	549年领有彭、沛二郡与钟离、陈留二郡两个双头郡，以及马头、沛、安定、广梁、鲁、北谯、济阳、北阳平等郡，共计十二郡。北齐省废沛、安定、广梁、鲁、北阳平五郡，改彭、沛二郡为广安郡，钟离、陈留二郡为钟离郡，改马头郡为荆山郡，北谯郡为阴陵郡，济阳郡为济阴郡，556年之后，西楚州领有广安、钟离、荆山、阴陵、济阴五郡	549年东魏改萧梁北徐州为楚州。北齐改称西楚州
	合州（合肥城）	东魏时领有汝阴、南顿、南梁、北梁、南谯、庐江、西汝南、北陈八郡。北齐省并原北陈郡、南顿、西汝南郡，改北梁郡为北陈郡。556年之后，当领有汝阴、南梁、北陈、南谯、庐江五郡	东魏武定年间（543—550）新附州。573年陷于陈朝
	霍州（岳安）	东魏时领有安丰、平原、北颍川、梁兴、陈、北陈、扶风、北沛、南陈、新蔡、岳安、边城、西边城、西沛、淮南、乐安、南颍川十七郡。北齐省并安丰、平原、北颍川、梁兴、陈、北陈、扶风、南陈、新蔡、边城、西边城、西沛、淮南、乐安、南颍川十五郡。556年之后，北齐霍州仅领有北沛、岳安二郡	东魏武定年间（543—550）新附州。574年陷于陈朝
	东魏睢州（取虑城）	为东魏武定六年（548）占领梁潼州后改置。领有淮阳、谷阳、睢南、南济阴、临潼五郡。北齐省并淮阳郡入潼州潼郡，省并谷阳郡入仁州临淮郡，省废南济阴郡，改临潼郡为潼郡，划入潼州。556年之后，北齐睢州当领有睢南一郡	548年占领梁潼州后改置。北齐改治竹邑城。575年陷于陈朝
	北齐潼州（夏丘）	北齐时由原东魏睢州分划而成。北齐改临潼郡为潼郡，新置夏丘郡。北齐潼州领有夏丘、潼二郡	548年占领梁潼州后改置。575年陷于陈朝
	南定州（蒙笼城）	东魏时领有弋阳、汝阴、安定、新蔡、北建宁五郡。北齐时省并汝阴、安定、新蔡三郡。北建宁郡在北齐、陈或北周时改为建宁郡，加上新置或新划入之阴平、定城二郡，556年之后当领有弋阳、北建宁（或建宁）、阴平、定城四郡	东魏武定年间（543—550）新附州

续　表

所在地域	州及治所	辖郡情况	本州置时及变动情况
河南部分	永州（原名西楚州，楚城）	东魏时西楚州领有汝阳、仵城、城阳三郡。北齐时省废汝阳、仵城二郡，永州领有城阳一郡	东魏武定年间（543—550）新附州。北齐改为永州
	东魏蔡州（新蔡城）	东魏时领有新蔡、汝南二郡。北齐时二郡省废	东魏武定年间（543—550）新附州。北齐时省废
	东魏西淮州（白苟堆）	领有淮川一郡。北齐改为齐兴郡，寻废为白狗县，划入汝南郡	东魏承梁置西淮州。北齐时省废
	谯州（新昌城）	领有高塘、临涂、南梁、新昌四郡	东魏武定年间（543—550）新附州
	扬州（寿春）	东魏时领有梁、淮南、北谯、陈留、北陈、边城、新蔡、安丰、下蔡、颍川十郡。北齐省并新蔡、下蔡、颍川三郡。又新置光化郡，556年之后，当领有梁、淮南、北谯、陈留、北陈、边城、安丰、光化八郡	东魏武定年间（543—550）新附州。573年陷于陈朝
	淮州（淮阴城）	东魏时领有盱眙、山阳、淮阴、阳平四郡。北齐领有盱眙、山阳、淮阴、阳平、东莞五郡	东魏武定年间（543—550）新附州。573年陷于陈朝
	仁州（赤坎城）	领有临淮一郡	东魏武定年间（543—550）新附州。573年陷于陈朝
	光州（光城）	东魏时领有北光城、弋阳、梁安、南光城、宋安五郡。北齐省梁安郡，并北光城、南光城二郡为光城郡，556年之后，领有光城、弋阳、宋安三郡	东魏武定年间（543—550）新附州
	南朔州（齐坂城）	东魏时领有梁、新蔡、边城、义阳、新城、黄川六郡。北齐省并梁、新蔡、边城、义阳四郡，后仅领有新城、黄川二郡	东魏武定年间（543—550）新附州。573年陷于陈朝

续　表

所在地域	州及治所	辖郡情况	本州置时及变动情况
河南部分	南建州（高平城）	东魏时领有高平、新蔡、陈留、鲁、南陈、光城、清河七郡。556年之后，当领有高平、新蔡二郡	东魏武定年间（543—550）新附州
	南郢州（赤石关）	东魏时领有定城、边城、光城三郡。北齐省废上述三郡，新设齐安、新蔡、东光城三郡隶属之。556年之后，当领有齐安、新蔡、东光城三郡	东魏武定年间（543—550）新附州
	东魏沙州（白沙关城）	东魏时领有建宁、齐安二郡。北齐时二郡省废	东魏武定年间（543—550）新附州。北齐时州省废
	北江州（鹿城关）	东魏时领有义阳、齐昌、新昌、梁安、光城、齐兴六郡。北齐省废齐昌、新昌、光城三郡，又湘州省废后丰安郡划入，北齐末年州当领有义阳、梁安、齐兴、丰安四郡	东魏武定年间（543—550）新附州
	东魏湘州（大活关城）	东魏时领有安蛮、梁宁、永安三郡。北齐省废安蛮、梁宁二郡，改永安郡为丰安郡，划入北江州	东魏武定年间（543—550）新附州。北齐时废入北江州
	东魏汴州（汴城）	领有沛（按或为"汴"字之讹）郡、临淮二郡。北齐时二郡省废	东魏武定年间（543—550）新附州。北齐时省废
	东魏财州（固始城）	置郡情况不明	东魏武定年间（543—550）新附州。北齐废财州置包信县（亦作"襃信县"），划入豫州广宁郡
	襄州（东魏治北南阳郡）	534年领有襄城、舞阴、南安、期城、北南阳、建城六郡。襄城、舞阴、期城、北南阳四郡后陷于西魏。北齐省并建成郡，只领有南安一郡	北齐时州治移驻叶县。北周废襄州，置南襄城郡
	北齐洧州	置郡情况不明	置时不详

续 表

所在地域	州及治所	辖郡情况	本州置时及变动情况
河南部分	北齐灉州	置郡情况不明	置时不详
	北齐北建州（固始）	当领有新蔡一郡。州废新蔡郡划入南郢州	置时不详。后寻废
	北齐东广州（广陵）	可能领有广陵、江阳、海陵、神农、射阳五郡	置时不详。573年陷于陈朝
	北齐泾州	领有泾城、东阳二郡	552年置，573年陷于陈朝
	北齐秦州（尉氏）	领有秦、瓦梁二郡	555年置。573年陷于陈朝
	北齐和州（历阳）	领有历阳、齐江二郡	置时不详。573年陷于陈朝
	安丰州（安丰）	领有安丰一郡。556年州废入安丰县，划入扬州安丰郡	535年萧梁置。548年东魏得之。556年废州入安丰县
	衡州（南安）	领有齐安一郡	555年（一云559年）置。573年陷于陈朝
	北齐浐州（黄陂）	置郡情况不明	置时不详。573年陷于陈朝
	北齐巴州（西阳）	领有西阳、弋阳、边城三郡	置时不详。573年陷于陈朝
	北齐湘州（庐江）	置郡情况不明	本萧梁建置，废时不详
	北齐南司州（黄城）	领有安昌一郡	置时不详。573年陷于陈朝
	北齐义州（罗田）	领有义城一郡	本萧梁建置。573年陷于陈朝
	北齐罗州（一云雍州，齐昌）	领有永安、齐昌二郡	置时不详。573年陷于陈朝

续 表

所在地域	州及治所	辖郡情况	本州置时及变动情况
河南部分	北齐江州(怀宁)	领有晋熙、高塘、新蔡、龙安、枞阳五郡	555年置。573年陷于陈朝
	东魏陕州(陕城)	领有恒农、西恒农、渑池、石城、河北五郡	约534年置,537年陷入西魏
	南豫州(不详)	置郡情况不明	置时不详。北周改为灖川郡,置清嘉县

4. 西魏北周州郡沿革简表

说明:

1. 因为有行政区划设置同名异地的情况,所以本表以"某州(某治所)"的形式标注治所,如治所不详则在括号内标注"不详",治所变动在备注内予以说明。

2. 如西魏、北周均设有某州,则径书"某州(某治所)";如某州仅在西魏设有,北周并省,则书"东魏某州(某治所)";如某州为北周新置,则书"北周某州(某治所)";如某州在西魏名某某州,北周改名,则书"某州(原名某某州,某治所)"。

3. 由于皇帝年号纪年在公元纪年层面存在重叠现象,本表概以公元纪年为准。

4. 本表未标注县级政区沿革,县级政区详情请参见前述正文。

所在地域	州及治所	辖郡情况	本州置时及变动情况
《隋书·地理志上》反映的西魏北周州郡设置范围	雍州(长安)	北魏末年,雍州领有京兆、冯翊、扶风、咸阳、渭南五郡。西魏增置宁夷郡。558年,北周雍州置有京兆、冯翊、扶风、咸阳、武功、周南、秦(本西魏宁夷郡)、蓝田、渭南、建忠、中华、灵武十二郡。573年武功、周南、秦、蓝田、渭南、建忠、中华、灵武等八郡分别并入京兆、冯翊、扶风、咸阳等四郡	承袭北魏建置
	恒州(鳌屋)	管理军户,不领郡县	567年北周置
	宜州(泥阳)	初领北地、建忠、宜君三郡。554年西魏划北地郡一部另置通川郡,治泥阳。558年北周将富平县所置北地郡改称中华郡,与建忠郡一起划入雍州。另北周又新置云阳郡。北周宜州后领有通川、宜君、云阳三郡	原为北雍州,528年北魏置。554年西魏将北雍州改为宜州

续 表

所在地域	州及治所	辖郡情况	本州置时及变动情况
《隋书·地理志上》反映的西魏北周州郡设置范围	华州（原名东雍州，郑县）	原领有华山一郡，537年西魏分冯翊郡夏封、莲勺二县另置延寿郡，划入本州。北周华州领有华山、延寿二郡	526年北魏置东雍州。554年西魏改称华州
	同州（原名华州，冯翊）	北魏永熙年间(532—534)华州领有武乡、澄城、白水三郡。西魏北周同州同	北魏置华州，554年西魏改为同州
	岐州（雍城镇）	北魏永熙年间(532—534)岐州领有平秦、武都、武功三郡。西魏时领有岐山（即原平秦郡，西魏改）、武功、武都三郡，574年北周省并武功郡。574年之后，北周岐州领有岐山、武都二郡	承袭北魏建置
	北周燕州（扶风）	管理军户，不领郡县	566年北周置
	北周显州（陈仓）	管理军户，不领郡县	568年北周置。574年废
	北周朔州（或翔州，洛邑）	如所置为朔州当为管理军户，不领郡县。如所置为翔州，当领有武都一郡	北周天和年间(566—572)年置
	北周云州	管理军户，不领郡县	566年北周置，574年省废
	陇州（原名东秦州，汧阴）	北魏末年东秦州领有陇东、安夷、汧阳三郡。汧阳郡北魏西魏时或有废置。570年北周省汧阳郡，寻废省。北周末年陇州领有陇东、安夷二郡	522年北魏置东秦州。554年西魏改为陇州。558年北周移州于今所。570年省入岐州。579年复置
	泾州（安定）	北魏永熙年间(532—534)泾州领有安定、陇东、新平、赵平、平凉、平原六郡。北魏末年或西魏初年陇东郡可能已省并。西魏省并平原郡，将新平郡划入豳州（原名南豳州），另置安武郡。北周时赵平郡被省废。北周末年泾州领有安定、安武、平凉三郡	承袭北魏建置

续 表

所在地域	州及治所	辖郡情况	本州置时及变动情况
《隋书·地理志上》反映的西魏北周州郡设置范围	宁州（原名豳州，定安）	北魏永熙年间(532—534)豳州领有西北地、赵兴、襄乐三郡。554年之后，西魏宁州领有西北地、赵兴、襄乐三郡。北周时省并襄乐郡。北周末年宁州领有赵兴、西北地二郡	北魏末年名豳州，554年西魏改为为宁州
	显州（阳周）	管理军户，不领郡县	554年西魏改阳周为显州。568年北周废省
	蔚州（洛蟠城）	管理军户，不领郡县	西魏侨置。废于北周平齐之后
	云州（丰城）	管理军户，不领郡县	西魏侨置。562年北周废州为防
	燕州	管理军户，不领郡县	西魏侨置。废于北周平齐之后
	豳州（原名南豳州）	548年西魏南豳州领有新平一郡。北周豳州同	548年西魏置南豳州554年改为豳州。北周因之
	西魏恒州	管理军户，不领郡县	西魏置，治三水。寻废
		管理军户，不领郡县	西魏置，治归德。北周废
	敷州（原名北华州，中部）	北魏永熙年间(532—534)北华州领有中部、敷城二郡。西魏、北周敷州同	北魏末年名北华州，554年西魏改为敷州。北周因之
	绥州（安宁）	领有安宁、安政、绥德、抚宁四郡	552年西魏置。北周因之
	北周银州（乞银城）	领有中乡、开光二郡	563年北周置
	延州（原名东夏州，广武）	北魏永熙年间(532—534)东夏州领有徧城、朔方、定阳、上郡四郡。西魏东夏州初领徧城、朔方、定阳、上郡、乐川、义川、抚宁七郡。西魏将乐川、义川二郡划入汾州，抚宁郡划入绥州。552年省废上郡。又定阳郡西魏北周时废置。又西魏曾置有神水郡，北周时废置。另西魏尚新置有文安郡。北周末年延州领有徧城、朔方、文安三郡	北魏置东夏州。554年西魏改为延州。北周因之

续　表

所在地域	州及治所	辖 郡 情 况	本州置时及变动情况
《隋书·地理志上》反映的西魏北周州郡设置范围	丹州（原名汾州，丹阳）	西魏废帝时丹州领有义川、乐川二郡。北周末年丹州领有丹阳、乐川二郡	西魏置汾州。554年改为丹州。北周因之
	西魏朔州	管理军户，不领郡县	545年西魏置。561年北周废为周武防
	原州（平高）	北魏永熙年间（532—534）原州领有高平、长城二郡。西魏改高平郡为平高郡，西魏、北周原州领有平高、长城二郡	承袭北魏建置。北周因之
	会州（会宁）	置郡情况不明	西魏置会州。562年北周废州为会宁防
	夏州（岩绿）	北魏永熙年间（532—534）夏州领有化政、阐熙、金明、代名四郡。代名郡当废置于西魏北周之时。阐熙郡西魏时划入南夏州。又西魏时新置有弘化郡。北周末年化政郡当省并于弘化郡。是北周末年夏州领有弘化、金明二郡	承袭北魏建置。北周因之
	长州（原名南夏州，长泽）	领有大安、阐熙二郡	西魏置南夏州。554年改为长州。北周因之
	盐州（原名西安州，大兴）	领有大兴一郡	北魏或西魏置西安州，554年西魏改为盐州。北周因之
	灵州（回乐）	北周时领有普乐、怀远、临河、历城四郡	承袭北魏建置
	秦州（上邽）	西魏、北周时领有天水、略阳、清水、汉阳、河阳五郡	承袭北魏建置
	渭州（襄武）	北魏永熙年间（532—534）领有陇西、南安阳、安阳、广宁四郡。南安阳郡西魏、北周时改称南安阳。安阳郡在西魏时划入北秦州。西魏改广宁郡作广安郡，北周时广安郡废。551年分陇西郡置渭源郡。北周末年，渭州领有陇西、南安、渭源三郡	承袭北魏建置

续 表

所在地域	州及治所	辖郡情况	本州置时及变动情况
《隋书·地理志上》反映的西魏北周州郡设置范围	交州（原名北秦州,安阳）	领有安阳一郡	西魏置北秦州,554年改为交州。北周因之
	河州（枹罕）	北魏永熙年间(532—534)河州领有金城、武始、洪和、临洮四郡。北周时新置枹罕郡。又临洮、洪和二郡可能在西魏、北周时省并。北周末年河州领有枹罕、金城、武始三郡	承袭北魏建置
	北周廓州（浇河）	北周末年领有浇河、达化二郡	576年北周置
	鄯州	西魏末年鄯州领有西平、浇河、湟河三郡,北周废置浇河郡,改西平郡为乐都郡。北周末年鄯州领有乐都、湟河二郡	承袭北魏建置
	凉州（姑臧）	西魏时凉州领有武威、广武、番和、泉城四郡。北周改番和郡为镇,北周末年,凉州领有武威、广武、泉城三郡	承袭北魏建置
	甘州（原名西凉州,永平）	北周末年甘州领有张掖、建康二郡	546年西魏置西凉州。554年改为甘州。北周因之
	瓜州（敦煌）	北魏永熙年间(532—534)瓜州当领有敦煌、酒泉、常乐、玉门、会稽、广夏、效谷、寿昌八郡。北周初年会稽、广夏二郡省并为晋昌郡,效谷、寿昌二郡并入敦煌郡,周武帝时晋昌郡改为永兴郡,省废玉门郡。北周末年瓜州领有敦煌、酒泉、常乐、永兴四郡	承袭北魏建置
	梁州（光义）	北魏永熙年间(532—534)当领有晋昌、褒中、汉中、华阳、丰宁、其章诸郡。553年西魏将丰宁郡划入洋州。554年改晋昌郡为傥城郡。570年北周将其章郡划属集州。北周末年梁州领有汉中、褒中、华阳、傥城四郡	承袭北魏建置
	洋州（洋川）	西魏领有洋川、怀昌、洋中、丰宁四郡。570年北周省并怀昌郡。北周末年洋州领有洋川、洋中、丰宁三郡	553年西魏置。北周因之

续 表

所在地域	州及治所	辖郡情况	本州置时及变动情况
《隋书·地理志上》反映的西魏北周州郡设置范围	集州（原名东巴州，难江）	西魏东巴州初领安宁、敬水、平南三郡。北周末年集州领有平桑、其章、安宁、敬水、平南五郡	西魏承袭萧梁建置设东巴州。555年西魏改为集州，寄理洋州。570北周移治难江
	金州（原名东梁州，吉安）	西魏时金州领有魏兴、吉安二郡。北周改吉安郡为吉阳郡。北周末年金州领有魏兴、吉阳二郡	552年西魏改萧梁南梁州为东梁州，554年又更为金州。北周因之
	北周洵州（洵阳）	领有洵阳一郡	北周改蛮左州巴州为洵州。寻废
	静州（原名北梁州）	置郡情况不明	西魏承袭萧梁建置设北梁州。554年改为静州。西魏或北周时省废
	直州（原名东梁州，安康）	北魏永熙年间(532—534)东梁州领有金城、安康、魏明三郡。548年西魏改魏明郡为宁都郡。另西魏新置有忠诚郡和魏昌郡（由萧梁晋昌郡改置）。西魏末年直州领有安康、金城、宁都、魏昌、忠诚五郡。北周省魏昌郡入忠诚郡，北周末年直州当领有安康、金城、宁都、忠诚四郡	北魏东梁州，后梁萧詧改称直州。西魏、北周因之
	北周迁州（光迁）	领有光迁一郡	553年西魏改新城郡为光迁国。563年北周废国为迁州，改房陵为光迁县
	北周绥州（绥阳）	领有绥阳一县	西魏或北周置
	罗州（上庸）	552年罗州初领上庸、新城二郡，新城郡地后分置有迁州和绥州，故罗州在北周当领有上庸一郡	552年西魏置。北周因之

续 表

所在地域	州及治所	辖郡情况	本州置时及变动情况
《隋书·地理志上》反映的西魏北周州郡设置范围	巴州(化成)	北魏永熙年间(532—534)巴州领有大谷、归化、木门、北水、遂宁、义阳、哀戎七郡。后陷于萧梁,郡县有改置。梁大同年间(535—546)北水郡省废。北周末年巴州领有大谷、归化、木门、遂宁、义阳、哀戎六郡	本北魏设置。北魏末年陷于萧梁。西魏收复。北周因之
	北周蓬州(安固)	初领伏虞、隆城二郡。后又增领义安郡,共三郡	569年北周割巴州之伏虞郡、隆之隆城郡置蓬州
	北周万州(永康)	领有万荣一郡	561年北周置。又西魏恭帝时(555—557)曾改江州县为万州。567年北周因永康已置有万州,废江州县之万州,以郡属巴州
	通州(原名万州,石城)	西魏通州初领开巴、新宁、宁巴、寿阳、巴中五郡。北周563年因石鼓迁州废置后之临清郡,569年因石州废置后新置之三巴郡,均划入本州;建德五年(576)割开州所领东关、三冈二郡来属,州至此领有开巴、新宁、宁巴、寿阳、巴中、东关、三冈、临清、三巴九郡	553年西魏改萧梁原置万州为通州。北周因之
	西魏迁州(石鼓)	领有临清一郡。563年因州废,临清郡就近划入通州	556年西魏于石鼓一带立迁州。563年北周废置
	西魏石州(东乡)	西魏石州领有巴渠一郡。569年北周废石州及巴渠郡,仍于故州城置三巴郡,划入通州	555年西魏置。569年北周废置
	并州(东关)	西魏并州领有南晋一郡,北周改晋郡为永昌郡,北周末年并州当领有永昌一郡	553年西魏置。北周因之
	开州(西流)	西魏初设时领有东关、三冈、开江、马镫四郡。566年北周于汉丰县治置周安郡,马镫郡当在此前后省废。569年北周开州领有周安、东关、三冈、开江四郡,其年以东关、三冈二郡属通州;570年改开江郡为江会郡。576年省江会郡入周安郡。又信州万世郡当在此前后划入开州,北周末年开州领有周安、万世二郡	553年西魏置。北周因之

续　表

所在地域	州及治所	辖郡情况	本州置时及变动情况
《隋书·地理志上》反映的西魏北周州郡设置范围	渠州(流江)	领有流江、境阳(亦作景阳)二郡	承袭萧梁建置
	邻州(邻山)	领有邻山一郡	承袭萧梁建置
	容州(魏安)	领有容山一郡	556年西魏置。北周因之
	成州(原名南秦州,洛谷城)	北魏永熙年间(532—534)南秦州领有天水、汉阳、武都、武阶、修城、仇池六郡。西魏废帝改南秦州为成州,郡县多有省并。武都、武阶二郡则在西魏时划入武州。天水郡西魏废帝时改为长道郡。西魏时南秦州尚置有潭水郡,与汉阳郡一样废置于北周之时。558年北周将修城郡划入康州。北周末年成州领有仇池、长道二郡	北魏置南秦州。554年西魏改为成州。北周因之
	北周洮州(美相)	领有洮阳、博陵二郡	561年北周置
	北周叠州(叠川)	领有西疆一郡	577年北周置
	北周弘州(广川)	领有开远、河滨二郡	577年北周改广川防置弘州
	北周旭州(金城)	领有通义、广恩二郡	577年北周改河州鸡鸣防置旭州
	岷州(溢乐)	544年西魏岷州领有同和一郡。北周时又置洮城、祐川二郡。祐川郡后废。559年北周置洪和郡并当夷县,以郡属岷州。北周武帝时,郡省,以县属同和郡。北周末年岷州领有同和、洮城二郡	544年西魏改蛮左洮州置岷州。北周因之
	北周宕州(阳宕)	领有宕昌、甘松二郡	566年北周在宕昌置宕州
	武州(将利)	西魏时武州领有武都、绥戎、孔提、武阳、武阶等郡。北周时绥戎、孔提、武阳等郡省废,北周末年武州领有武都、武阶二郡	西魏时分南秦州置成州与武州

续 表

所在地域	州及治所	辖郡情况	本州置时及变动情况
《隋书·地理志上》反映的西魏北周州郡设置范围	北周文州（建昌）	西魏领有卢北一郡。北周末年文州领有卢北、阴平二郡	西魏置。北周因之。一云558年北周置，领有葭芦一郡
	邓州（尚安）	北周末年领有邓宁、昌宁、封统三郡	西魏讨定阴平邓至羌，立邓州，宁州，后二州合并为一邓州
	北周扶州（嘉诚）	领有龙涸一郡	566年北周改龙涸防置扶州
	北周芳州（封德）	领有深泉、恒香二郡	577年北周改甘松防置芳州
	凤州（原名南岐州，梁泉）	北魏末年南岐州领有固道、广化、广业三郡。西魏改固道郡为归真郡，并新置两当郡。至北周归真郡废置。558年北周将广业郡划入康州，是北周末年凤州当领有两当、广化二郡	本北魏南岐州。554年西魏改为凤州。北周因之
	北周康州（同谷）	558年领有广业、修城二郡。修城郡后废，北周末年康州当领有广业一郡	558年北周置康州
	兴州（原名东益州，武兴）	北魏末年东益州领有武兴、仇池、槃头、广芘、广业、梓潼、洛丛七郡。东益州之地后为萧梁所据。西魏改武兴郡为顺政郡，仇池、广芘、广业、梓潼三郡在萧梁或西魏时可能已经废置，至北周武帝时又废省槃头（亦作盘头）郡。北周末年兴州当领有顺政、落丛（亦作洛丛）二郡	545年，西魏于武兴重置东益州，553年改为兴州。北周因之
	利州（原名西益州，兴安）	北魏末年益州领有东晋寿、西晋寿、新巴、南白水、宋熙五郡。东晋寿、西晋寿在萧梁或西魏时合并为晋寿郡，南白水郡则当在萧梁或西魏时省废。北周曾有恩金郡。恩金郡当在北周末年之前废置。北周末年利州当领有晋寿、新巴、宋熙三郡	北魏后期曾置有益州。萧梁据有后改称黎州。西魏占领后重置益州（亦称西益州）。554年，西魏改为利州。北周因之

续　表

所在地域	州及治所	辖郡情况	本州置时及变动情况
《隋书·地理志上》反映的西魏北周州郡设置范围	沙州（白水）	领有平兴一郡	南朝刘宋始设。554年西魏改为深州。北周复为沙州
	龙州（江油）	北周末年龙州领有江油、马盘、建阳、静龙四郡	553年西魏置，治阴平。北周改治江油
	汶州（原名绳州，广阳）	北周末年汶州领有北部、汶山二郡	萧梁原置绳州。564年北周改立汶州
	北周翼州（翼针）	北周末年翼州领有翼针、清江二郡	566年北周置
	北周覃州（通轨）	北周末年覃州领有覃川、荣乡、广年、左封四郡	566年北周置
	始州（原名安州，普安）	北周末年领有普安、黄原、安都三郡	553西魏占领萧梁安州，始通巴、蜀，因改安州为始州。北周因之
	潼州（巴西）	北周时潼州领有巴西、万安、安城（原名涪城）、潼川四郡	553年西魏置。北周因之
	新州（昌城）	西魏、北周时领有昌城、玄武（原为伍城）、高渠、盐亭、涌泉五郡	承袭萧梁建置
	隆州（阆中）	领有盘龙、南宕渠、金迁、白马四郡	本萧梁南梁州。554年西魏改为隆州。北周因之
	北周遂州（方义）	领有石山、怀化二郡	557年北周于遂宁郡置遂州
	合州（石镜）	北周末年领有垫江、清居二郡	556年西魏置
	楚州（曾名巴州，巴）	西魏时巴州领有巴、涪陵二郡，557年北周新置七门郡，北周末年楚州领有巴、七门、涪陵三郡	551西魏改萧梁楚州为巴州。557年北周又改巴州为楚州

续 表

所在地域	州及治所	辖郡情况	本州置时及变动情况
《隋书·地理志上》反映的西魏北周州郡设置范围	信州（白帝城）	北周末年信州领有永安、巴东、建平、秭归四郡	承袭萧梁建置
	北周临州（临江）	北周末年领有临江一郡	北周置。一云553年西魏置，领有临江、万川二郡
	向州（不详）	置郡情况不明	置时不详
	北周南州（万川）	北周末年领有万川、怀德二郡	具体置时不详
	庸州	置郡情况不明	具体置时不详
	益州（成都）	北周末年领有蜀、犍为、九陇、安固、广汉、晋熙、金渊、武康八郡	承袭萧梁建置
	西魏东益州（晋寿）	领有天水一郡	西魏承袭萧梁置有东益州，北周武帝时废萧梁所置东益州为九陇郡，划入益州
	邛州（依政）	领有临邛、蒲源（亦作蒲原）、蒲阳（亦作蒲阳）、濛山（亦作蒙山）四郡	承袭萧梁建置
	北周黎州（沈黎）	领有沈黎一郡	567年或568年北周置。一云552年西魏置
	嘉州（原名青州，平羌）	北周末年领有平羌一郡	562年北周置青州，578年改为嘉州
	眉州（原名青州，齐通）	领有齐通、青神二郡	萧梁置青州。553年西魏平蜀，改青州为眉州。北周因之
	陵州（陵井）	领有怀仁、和仁、隆山三郡	557年北周于剑南陵井置陵州。一云西魏置陵州

续　表

所在地域	州及治所	辖郡情况	本州置时及变动情况
《隋书·地理志上》反映的西魏北周州郡设置范围	西魏江州(江阳)	西魏江州领有江阳一郡。江阳郡当领有江阳、绵水等县。江州及江阳郡废于北周,江阳、绵水(北周改为白水)二县则划入陵州隆山郡	西魏承袭萧梁西江州建置而设江州。北周废省
	资州(资阳)	北周末年领有资阳、资中二郡	557年北周于武康郡置资州。一云553年西魏析武康郡之阳安县置资州。又一云555年西魏置资州
	北周普州(安岳)	领有普慈、安居二郡	575年北周置
	泸州(江阳)	领有江阳、洛源二郡	承袭萧梁建置
	戎州(外江)	领有六同、沈犀二郡	承袭萧梁建置
	南宁州(味县)	置郡情况不明	
	北周恭州	置郡情况不明	562年北周分南宁州置恭州。此州靠近南宁州
	北周西宁州(原名严州,巂城)	领有越巂、亮善、宣化、邛部、平乐、白沙六郡	568年北周开拓越巂地,于巂城置严州,571年,严州改置为西宁州
	北周黔州(原名奉州)	不带郡县	564年,蛮帅田思鹤以地内附,北周因置奉州。574年北周改为黔州
	北周费州	不带郡县	578年北周置
	麓州(原名宁州)	置郡情况不明	554年西魏改宁州为麓州。治地不详
	岩州(原名义州)	置郡情况不明	554年西魏改义州为岩州。治地不详

续 表

所在地域	州及治所	辖 郡 情 况	本州置时及变动情况
《隋书·地理志中》反映的西魏北周州郡设置范围	北周洛州（原名司州，洛阳）	北齐末年洛州领有洛阳、河阴、中川、河南、阳城五郡。北周废河阴、中川二郡。北周末年洛州领有洛阳、河南、阳城三郡	承袭北齐建置
	陕州（陕）	北周末年陕州当领有崤、弘农、阌乡三郡	537年西魏罢陕州。558年北周于弘农置陕州
	北周废中州（新安）	存在时领有新安一郡。577年州废，新安郡划入熊州	563年北周省新安郡，于新安县治置中州。577年省中州，又置新安郡
	北周熊州（原名阳州，宜阳）	东魏武定年间(543—550)阳州领有宜阳、金门二郡。北周废金门郡，置同轨郡。又577年新安郡划入本州。北周末年熊州领有宜阳、同轨、新安三郡	东魏置阳州。558年北周于宜阳置熊州
	北周和州（原名北荆州，伏流城）	北齐北荆州领有伊川、新城、汝阴三郡。北周废汝阴郡，另置石台郡。北周末年和州领有伊川、新城、石台三郡	东魏置北荆州。562年北周于伏流城置和州
	北周荥州（成皋）	领有广武、成皋二郡	东魏、北齐置北豫州。北周改为荥州
	北周汴州（原名梁州，浚仪）	北齐梁州领有阳夏、陈留二郡，北周平齐，原北齐司州之东郡划入汴州，北周末年，汴州当领有陈留、阳夏、东郡三郡	东魏、北齐置梁州。北周改为汴州
	北周亳州（原名南兖州，谯城）	北齐南兖州领有陈留、梁二郡。北周亳州同	北齐为南兖州。北周置总管府，后改为亳州
	北周谯州（涡阳）	北齐末年谯州领有南谯、龙亢、蕲城、蒙、颍川五郡。北周末年谯州领有谯、蒙、龙亢、蕲城、颍川五郡	承袭北齐建置
	北周曹州（原名西兖州，左城）	北齐末年西兖州领有济阴一郡。北周曹州同	北齐为西兖州，北周改为曹州

续 表

所在地域	州及治所	辖郡情况	本州置时及变动情况
《隋书·地理志中》反映的西魏北周州郡设置范围	广州(鲁山)	西魏及攻占北齐之前北周广州治鲁山(鲁阳),当领有襄城、舞阴、期城、北南阳等郡,北齐广州治襄城,领有南阳、顺阳、定陵、汉广、襄城五郡。北周废北齐襄州后,襄州所领郡县亦划入广州。经过省并,北周末年广州领有鲁阳、武山、襄邑、南襄城、期城、定陵、舞阴、汉广、顺阳、南阳、襄城十一郡	东、西魏及齐、周均置有广州。北周占领北齐后,两广州合而为一
	北周废澧州(平氏)	置郡情况不明	置废时间不详
	北周许州(原名郑州,长社城)	北齐郑州领有许昌、颍川、阳翟三郡。北周许州同	北齐为郑州。北周改为许州
	北周废汝州(襄城)	如北周置有汝州,当领有襄城一郡	具体情况存疑
	北周舒州(原名豫州,悬瓠城)	北齐末年豫州领有汝南、临颍、汝阳、广宁、初安、文城六郡。北周末年舒州同	北齐为豫州。580年北周改为舒州
	北周永州(楚城)	北齐永州领有城阳一郡。北周同	承袭北齐建置
	北周息州(原名东豫州,广陵城)	北齐东豫州领有汝南、新蔡二郡。北周划广陵、建安、梁安三郡入息州,北周末年息州领有广陵、汝南、新蔡、建安、梁安五郡	北齐为东豫州。578年北周改置息州
	北周威州(安昌)	置郡情况不明	具体置废情况不详
	北周洵州(不详)	置郡情况不明	具体置废情况不详
	北周灉州(不详)	置郡情况不明	具体置废情况不详
	北周陈州(原名信州,项城)	北齐信州领有陈、汝阴、丹杨、淮阳四郡。北周因颍州有汝阴郡而废此汝阴郡,又新置项城郡,北周末年陈州当领有陈、丹杨(即丹杨)、淮阳、项城四郡	北齐为信州。北周改为陈州

续 表

所在地域	州及治所	辖 郡 情 况	本州置时及变动情况
《隋书·地理志中》反映的西魏北周州郡设置范围	北周颍州（汝阴）	北周末年领有汝阴、陈留、颍川三郡	承袭北齐建置
	商州（原名洛州，上洛）	北魏永熙年间(532—534)洛州领有上洛、上庸、魏兴、始平、苌和五郡。上庸郡当在西魏或北周时省并入上洛郡。西魏北周时省并魏兴、始平二郡。苌和郡在西魏或北周时改置慎政郡。西魏北周又新设邑阳郡和拒阳郡，北周末年商州领有上洛、邑阳、拒阳、慎政四郡	北魏、西魏为洛州。578年北周改为商州
	上州（原名南洛州，上津）	北周末年，上州领有上津、甲二郡	552年西魏占领萧梁南洛州。554年改为上州。北周因之
	东义州（卢氏）	北周末年，领有义川一郡	西魏大统年间（535—551）置东义州
	淅州（修阳）	北周末年，淅州可能领有淅阳一郡	承袭北魏建置
	北周丰州（武当）	北周末年，丰州领有武当、齐兴、安富三郡	梁置兴州，北周改为丰州。一云552年西魏改兴州为丰州
	荆州（西魏北周领属，穰城）	北魏永熙年间(532—534)荆州领有南阳、顺阳、新野、东恒农、汉广、襄城、北淯、恒农八郡。北淯郡西魏改置蒙州。恒农郡省废，东恒农郡西魏改为武关郡。汉广郡西魏改为黄冈郡，北周废入新野郡。南乡郡不见于《地形志》，当为西魏析顺阳郡新置。北周末年荆州领有新野、南阳、武关、顺阳、南乡五郡	为西魏北周朝廷直接领属之荆州，与后梁藩国领属之荆州为两地
	蒙州（武川）	北周末年领有北淯、雉阳二郡	西魏置蒙州。北周因之
	淯州（原名南广州）	置郡情况不明	554年，西魏改南广州为淯州。淯州当在蒙州附近

续 表

所在地域	州及治所	辖郡情况	本州置时及变动情况
《隋书·地理志中》反映的西魏北周州郡设置范围	淮州（原名东荆州，比阳）	北周末年淮州领有江夏、真昌二郡	北魏置东荆州，西魏改为淮州。北周因之
	北周殷州（城阳）	北周末年领有城阳一郡	具体置废情况不详
	鸿州（原名西郢州）	置郡情况不明	554年西魏改西郢州为鸿州。567年北周省废鸿州入淮州
	北周废澧州（平氏）	澧州领有汉广一郡，汉广郡当领有平氏一县。澧州在北周省废后，汉广郡与平氏县当划入纯州	置时不详。567年北周省废澧州入纯州
	郑州	置郡情况不明	具体置废情况不详
	潘州	置郡情况不明	具体置废情况不详
	溱州	置郡情况不明	具体置废情况不详
	纯州（原名淮州）	领有上川、汉广、大义三郡	萧梁置华州，西魏改为淮州，554年又改为纯州。寻废
	油州	置郡情况不明	或为澧州之讹
	西魏辅州（原名北应州）	领有淮阳一郡	554年，西魏改北应州为辅州
	北周杞州（滑台）	领有东郡一郡	577年北周可能在东郡短暂设置过杞州。杞州被废后，原杞州所领东郡可能就近划入汴州
	北周鲁州（清泽）	领有高平、濮阳二郡	580年北周置鲁州
	北周济州（碻磝城）	北齐济州领有济北、平原二郡。北周又新置肥城郡，北周末年济州领有济北、平原、肥城三郡	承袭北齐建置

续 表

所在地域	州及治所	辖郡情况	本州置时及变动情况
《隋书·地理志中》反映的西魏北周州郡设置范围	北周魏州（孔思集寺）	领有昌乐一郡	580年北周分相州昌乐郡置魏州
	北周屯州（馆陶）	领有阳平、武阳二郡	580年北周分相州阳平郡置屯州
	北周沧州（饶安）	北齐沧州领有浮阳、乐陵二郡。北周沧州同	承袭北齐建置
	北周冀州（信都）	北齐冀州领有长乐、勃海、安德三郡。北周末年冀州领有长乐、渤海、安德三郡	承袭北齐建置
	北周贝州（武城）	领有清河、广宗二郡	578年北周分相州清河郡置贝州
	北周相州（原名司州，邺）	领有魏郡、成安、林虑三郡	北齐司州。北周改为相州。580年北周移相州治所于安阳城，亦称邺
	北周卫州（原名义州，枋头城）	北齐时义州领有伍城一郡。北周废伍城郡，分相州汲郡置卫州，并新置修武郡。北周末年卫州领有汲郡、修武二郡	北齐义州侨置于此。578年北周分相州汲郡置卫州
	北周黎州（黎阳）	领有黎阳一郡	578年北周分相州黎阳郡置黎州
	北周怀州（野王城）	北齐怀州领有河内、武德二郡。北周同	承袭北齐建置
	北周废怀州（又称西怀州，王屋）	领有王屋一郡	566年（一云571年）北周置西怀州。577年废置
	北周建州（高都）	北齐建州领有高都、安平二郡。北周改高都郡为高平郡，北周末年建州领有高平、安平二郡	承袭北齐建置
	北周潞州（襄垣）	领有上党、乡郡二郡	578年北周分并州上党郡置潞州
	北周废韩州（襄垣城）	置郡情况不明	577年北周于襄垣城置韩州，578年废

续 表

所在地域	州及治所	辖 郡 情 况	本州置时及变动情况
《隋书·地理志中》反映的西魏北周州郡设置范围	北周蒲州（蒲坂）	泰州东魏534年复置，但不久就被西魏所占。在东魏时泰州领有河东、北乡二郡，西魏北周时省废北乡郡。北周武帝时新置汾阴郡。北周末年蒲州当领有河东、汾阴二郡	源自东魏所置泰州。558年北周于河东置蒲州
	北周虞州（大阳城）	北周末年虞州领有河北、安邑二郡	558年北周于河北置虞州。虞州当从陕州分置而来
	北周绛州（原名东雍州）	北齐时高凉、邵二郡及正平郡所领闻喜县皆属西魏北周，北齐东雍州只领有正平一郡。北周省废勋州及灭齐之前原设之晋州后，二州原领郡县亦因之划入绛州。北周末年绛州领有高凉、龙门、正平、绛四郡	558年北周于正平置绛州，治龙头城。北周武帝时先是改治柏壁，577又移治于玉壁
	北周废晋州（绛县）	置郡情况不明	北周灭齐之前所设之晋州。576年北周占领北齐晋州之后，遂废此晋州入绛州
	北周废勋州（原名南汾州，玉壁）	置郡情况不明	554年西魏改南汾州为勋州。577年北周省废勋州
	邵州（阳壶城）	北周末年邵州领有邵郡、王屋二郡	550年西魏已经置有邵郡。558年北周于邵郡置邵州
	北周南汾州（原名西汾州，定阳）	北周末年南汾州领有定阳、中阳、五城三郡	577年北周灭北齐后改北齐南汾州为西汾州，后因北有汾州，旋改称南汾州
	北周晋州（平阳）	北齐晋州领有平阳、北绛、永安、北五城、定阳、敷城、五城、西河、义宁、临汾十郡。北周时敷城、五城（即伍城）、北五城（即北伍城）三郡均被省废。北周末年，晋州领有平阳、北绛、永安、定阳、西河、义宁、临汾七郡	承袭北齐建置

续 表

所在地域	州及治所	辖 郡 情 况	本州置时及变动情况
《隋书·地理志中》反映的西魏北周州郡设置范围	北周汾州（龙泉城）	北周末年领有龙泉、吐京、临河三郡	此州当为占领北齐之后北周据北魏原汾州旧址而重置
	北周介州（原为南朔州、汾州，隰城）	北齐南朔州领有西河、定阳二郡。北周末年介州领有西河、介休二郡	北周介州系据东魏北齐侨置之南朔州改设而成。北周宣帝又改介州为汾州，但北周已经在龙泉城置有汾州，此汾州或在北周末年旋又改回介州
	北周石州（原名西汾州，离石）	北齐西汾州领有怀政一郡。577年北周改怀政郡为离石郡，新置窟胡、定胡、乌突三郡，北周末年石州当领有离石、窟胡、定胡、乌突四郡	北齐置西汾州。577年北周改西汾州为石州
	北周肆州（广武）	北齐肆州领有雁门一郡。北周同	承袭北齐建置
	北周蔚州（灵丘）	北齐时北蔚州领有灵丘一郡。北周蔚州同	北齐北蔚州，北周为蔚州
	北周朔州（原名北朔州，马邑城）	北齐北朔州领有广宁、广安、太平、齐德、长宁五郡。北周改北朔州为朔州，罢废广宁、太平、齐德二郡。北周末年朔州领有广安、长宁二郡	北齐北朔州，北周为朔州
	北周并州（龙山）	北齐并州领有太原、上党、乡郡、乐平四郡。578年北周分上党、乡郡二郡置潞州。北周末年并州领有太原、乐平二郡	承袭北齐建置
	北周洺州（广年）	北周末年领有广平、襄国、南和三郡	578年北周分相州广平郡置洺州
	北周赵州（广阿）	北齐赵州领有赵、南赵二郡。北周平定尉迟迥之乱后，将南赵郡省并入定州之巨鹿郡。北周末年赵州领有赵郡一郡	承袭北齐建置

续 表

所在地域	州及治所	辖郡情况	本州置时及变动情况
《隋书·地理志中》反映的西魏北周州郡设置范围	北周恒州(安乐垒)	北周分常山郡置蒲吾郡,北周末年恒州领有常山、蒲吾二郡	578年北周分定州常山郡置恒州
	北周定州(卢奴)	北齐定州领有中山、常山、巨鹿、博陵四郡。北周划常山郡入恒州。北周平定尉迟迥之乱后,将赵州之南赵郡省并入巨鹿郡。北周末年定州领有中山、巨鹿、博陵三郡	承袭北齐建置
	北周瀛州(赵都军城)	北齐瀛州领有高阳、章武、河间三郡。北周同	承袭北齐建置
	北周幽州(蓟城)	北齐幽州领有燕郡、范阳、渔阳三郡。北周同	承袭北齐建置
	北周燕州(原名北燕州,怀戎)	北齐北燕州领有长宁(或亦可能是广宁)、永丰二郡,由于二郡出于军事特殊需要而设置,故长宁、永丰二郡同治怀柔,同领怀柔一县。北周燕州因而不改。又平昌郡因北周省并东燕州而划入。北周末年燕州领有长宁(或亦可能是广宁)、永丰、平昌三郡	北齐置北燕州。北周改称燕州
	北周南营州(英雄城)	北齐南营州领有昌黎一郡。北周同	北周并无营州之地。故南营州侨州在平齐后得以保留
	北周平州(肥如)	北齐平州领有北平一郡。北周同	承袭北齐建置
	北周玄州(燕乐)	北齐安州领有安乐一郡。北周末年玄州领有安乐一郡	北齐置安州,北周改为玄州
	北周青州(东阳城)	北齐青州领有齐郡、高阳、乐安三郡。北周末年,青州领有齐郡、高阳、乐安三郡	承袭北齐建置
	北周齐州(历城)	北齐齐州领有东平原、济南二郡。北周同	承袭北齐建置
	北周光州(掖城)	北齐光州领有东莱、长广二郡。北周末年同	承袭北齐建置
	北周胶州(东武)	北齐胶州领有高密、平昌二郡。北周同	承袭北齐建置

续　表

所在地域	州及治所	辖郡情况	本州置时及变动情况
《隋书·地理志下》反映的西魏北周州郡设置范围	北周徐州（彭城）	北齐徐州领有彭城、南阳平、沛、兰陵、永昌五郡。北周末年徐州领有彭城、永昌、兰陵三郡	承袭北齐建置
	北周仁州（赤坎城）	北齐仁州领有谷阳一郡。北周同	承袭北齐建置
	北周睢州（竹邑）	北齐睢州领有睢南一郡。北周同	承袭北齐建置
	北周兖州（瑕丘）	北齐兖州领有东平、高平、任城三郡。北周同	承袭北齐建置
	北周沂州（临沂城）	北齐北徐州领有琅邪一郡。北周末年沂州领有琅邪一郡	北齐为北徐州。北周改为沂州
	北周莒州（原名南青州，东莞）	北齐南青州领有东安、义塘二郡。北周末年莒州领有东安、义塘二郡	北齐为南青州。北周改为莒州
	北周海州（朐山）	北齐海州领有东海、海西、沭阳、琅邪、武陵五郡。北周末年海州当领有朐山、东海、武陵、沭阳、海安五郡	承袭北齐建置
	北周泗州（原名安州、东楚州，宿豫）	北齐东楚州领有宿豫、高平、淮阳三郡。北周泗州同	北齐为东楚州。573年陈朝改为安州。576年北周改为东楚州，兼立宿迁郡；580年改为泗州
	北周宋州（原名潼州，晋陵）	北齐潼州领有夏丘、潼二郡。北周宋州同	北齐为潼州。北周改为宋州
	北周邳州（下邳）	北齐东徐州当领有下邳、武原、郯三郡。北周邳州同	北齐为东徐州。北周改为邳州
	北周吴州（广陵）	北周吴州领有广陵、江阳、海陵、山阳、盐城、神农、盱眙七郡	陈朝为南兖州，北周改为吴州
	北周淮州（寿张）	北齐淮州领有盱眙、山阳、淮阴、阳平、东莞五郡。573年陈朝占领淮州。北周从陈朝手中夺得淮州后，领有东平、阳平、东莞三郡	承袭北齐建置

续 表

所在地域	州及治所	辖郡情况	本州置时及变动情况
《隋书·地理志下》反映的西魏北周州郡设置范围	北周南谯州（顿丘）	领有新昌、北谯、南梁三郡	承袭陈朝建置
	北周方州（尉氏）	领有六合、石梁二郡	北齐为秦州。北周改为方州
	北周西楚州（钟离）	北齐西楚州领有广安、钟离、荆山、阴陵、济阴五郡。阴陵郡和阴陵县不见于北周之后文献，当在陈或北周时省并，北周西楚州领有钟离、广安、济阴、荆山四郡	承袭北齐建置
	北周扬州（寿春）	北齐扬州领有梁、淮南、北谯、陈留、北陈、边城、安丰、光化八郡。经历陈宣帝北伐，北周南攻，北周末年扬州领有淮南、梁、北谯、汝阴、陈留、北陈六郡	北齐为扬州。陈朝改为豫州。北周改为扬州
	北周南光州（光城）	领有光城、弋阳、宋安、丰安四郡	承袭北齐建置
	北周南郢州（赤石关）	领有光城、淮南、齐安、新蔡、边城五郡	承袭北齐建置
	北周南建州（高平城）	领有义城、平高、新蔡、新城三郡	承袭陈朝建置
	北周浍州（固始）	领有新蔡、边城、光化三郡	北周置
	北周蕲州（齐昌）	北周末年领有齐昌、永安二郡	承袭北齐建置
	北周义州（罗田）	领有义城一郡	承袭陈朝建置
	北周霍州（岳安）	领有岳安、安丰、北沛三郡	承袭陈朝建置
	北周合州（合肥城）	领有汝阴、庐江、枞阳三郡	承袭陈朝建置
	北周晋州（怀宁）	领有晋熙、高唐、新蔡三郡	承袭陈朝建置

续　表

所在地域	州及治所	辖郡情况	本州置时及变动情况
《隋书·地理志下》反映的西魏北周州郡设置范围	北周和州（历阳）	北齐和州领有历阳、齐江二郡。北齐领有历阳一郡	
	荆州（后梁藩国领属,江陵）	领有南、新兴、监利三郡	此荆州是后梁藩国的根据地,与西魏北周朝廷领属之荆州为两地
	北周霍州（不详）	置郡情况不明	霍州当为后梁侨置,具体置废情况不详
	北周平州（当阳）	北周末年领有漳川、安远二郡	北周置
	鄀州	置郡情况不明	治云泽,后梁萧詧侨置。571年省废
		领有武宁一郡	治乐乡,552年西魏置。571年归还后梁
	硖州（原名拓州,石鼻山）	北周末年硖州领有宜都、汶阳二郡	梁置宜州,西魏改为拓州,北周改为硖州
	郢州（长寿）	北周末年领有石城、汉东、澨川三郡	551年西魏置
	北周废北新州	置郡情况不明	萧梁置北新州及梁宁等八郡。北周保定年间（561—565）州郡俱废
	基州（丰乡）	北周末年领有章山、上黄二郡	西魏置。571年归还后梁
	北周复州（建兴）	领有沔阳、竟陵二郡	北周置
	沔州（原名江州,甑山）	北周末年沔州领有汉川、鲁山二郡	梁置梁安郡。西魏改曰魏安郡,置江州。554年,西魏又改江州为沔州

续表

所在地域	州及治所	辖郡情况	本州置时及变动情况
《隋书·地理志下》反映的西魏北周州郡设置范围	北周亭州（盐水）	领有资田一郡	北周置
	北周江州（宜昌）	领有宜都一郡	北周置
	北周施州（沙渠）	领有清江一郡	保定年间（561—565）或573年、574年北周置施州
	北周业州（建始）	领有军屯一郡	574年北周置业州
	北周襄州（原名雍州，襄阳）	北周末年襄州领有襄阳、河南、长湖、武泉、南襄阳、德广六郡	西魏恭帝时（554—556）改雍州为襄州
	北周沮州	置郡情况不明	治地及置废情况均不详
	昌州（原南荆州，枣阳）	北周末年昌州领有广昌、安昌二郡	北魏置南荆州。554年西魏改为昌州。567年省宪州入昌州
	湖州（原名南襄州，湖阳）	领有升平、洞川、襄城三郡	554年，西魏改南襄州为湖州。567年北周省并洞州入湖州
	西魏升州（原名南平州）	置郡情况不明	554年，西魏改南平州为升州
	西魏洞州（钟离）	北周未废之前洞州领有洞川一郡	567年北周省并洞州入湖州
	蔡州（原名南雍州，蔡阳）	北周末年，蔡州领有蔡阳、千金二郡	554年西魏将南雍州改为蔡州

续　表

所在地域	州及治所	辖郡情况	本州置时及变动情况
《隋书·地理志下》反映的西魏北周州郡设置范围	随州（原名并州，随）	北周末年，随州领有随、漅西、崇业三郡	550年西魏克定随、安陆二郡，改随郡为随州。554年，西魏改并州为随州
	土州（左阳）	领有齐、永川二郡	承袭萧梁建置
	唐州（原名肄州，下溠）	北周末年，唐州领有义阳、漅川，涢水、遂安四郡	554年西魏改肄州为唐州
	均州（原名恒州）	置郡情况不明	554年，西魏改恒州为均州。567年，北周以款州、归州、涢州、均州省入唐州
	涢州（不详）	置郡情况不明	567年北周省并款州、归州、涢州、均州入唐州
	归州（原名南郢州）	置郡情况不明	554年西魏改南郢州为归州。567年北周省并款州、归州、涢州、均州入唐州
	款州（原名北郢州，安贵）	置郡情况不明	萧梁在定阳置北郢州。西魏改定阳为安贵，改北郢州为款州。567年北周省并款州、归州、涢州、均州入唐州
	顺州（原名冀州，厉城）	领有南阳、淮南二郡	西魏以以厉城、顺义二县立冀州，554年改为顺州

续　表

所在地域	州及治所	辖郡情况	本州置时及变动情况
《隋书·地理志下》反映的西魏北周州郡设置范围	郧州（原为安州，安陆）	北周末年郧州领有安陆、城阳、曲陵三郡	508年萧梁置南司州。后废州，复为安陆县。西魏置安州总管府。北周改为郧州
	岳州（原名楚州，孝昌）	北周时领有岳山、澴岳二郡	西魏置楚州，北周改为岳州
	北周瀴州（京池）	北周末年领有董城一郡	561年北周置，亦作环州
	宪州（原名司州、南司州，吉阳）	置郡情况不明	西魏在吉阳之义阳郡设置司州。554年又改司州为宪州。567年北周省并宪州入昌州
	温州（原名新州，角陵）	梁朝新州领有梁宁一郡。北周末年温州领有梁宁、富水、宜民三郡	萧梁置新州。554年西魏改新州为温州
	应州（永阳）	梁朝应州领有平靖郡。西魏曾在应州置有永阳郡，永阳郡当在西魏末或北周时省废，所领永阳一县划入平靖郡。北周末年应州领有上明、平靖二郡	承袭萧梁建置
	北周衡州（南安）	领有齐安一郡	北齐置衡州。陈朝占领后省废。北周复置衡州
	北周弋州（原名巴州，西阳）	北周弋州领有西阳、弋阳、边城三郡	北齐置巴州，陈朝占领后省废。北周一度改置弋州
	北周黄州（原名司州，黄城）	北周黄州领有安昌、汉阳、义阳三郡	北齐南司州，陈朝改为司州，北周改为黄州

续 表

所在地域	州及治所	辖郡情况	本州置时及变动情况
《隋书·地理志下》反映的西魏北周州郡设置范围	北周北江州（鹿城关）	北齐时北江州领有义阳、梁安、齐兴、永安四郡。北周占领后省并齐兴郡。北周末年北江州领有义阳、梁安、永安三郡	承袭北齐建置
	北周亭州（原名南定州，蒙笼城）	北齐南定州领有弋阳、北建宁（或建宁）、阴平、定城四郡。北周时亭州领有弋阳、建宁、阴平、定城四郡	北齐南定州，北周改为亭州
	北周申州（原名郢州，平阳）	北齐郢州领有齐安、义阳、宋安、淮安四郡。北周占领郢州后，改称申州，领有义阳、宋安、齐安、淮安四郡	北齐郢州，北周改为申州
	北周衡州（黔中地）	置郡情况不明	约561年北周置

主要参考文献

一、基础文献

（汉）司马迁：《史记》，中华书局，1972年。
（汉）班固：《汉书》，中华书局，1975年。
（南朝宋）范晔：《后汉书》，中华书局，1965年。
（晋）陈寿：《三国志》，中华书局，1959年。
（唐）房玄龄等：《晋书》，中华书局，1974年。
（南朝梁）沈约：《宋书》，中华书局，1974年。
（梁）萧子显：《南齐书》，中华书局，1972年。
（北齐）魏收：《魏书》，中华书局，1974年。
（唐）姚思廉：《梁书》，中华书局，1973年。
（唐）姚思廉：《陈书》，中华书局，1972年。
（唐）令狐德棻等：《周书》，中华书局，1971年。
（唐）李百药：《北齐书》，中华书局，1972年。
（唐）魏徵等：《隋书》，中华书局，1973年。
（唐）李延寿：《南史》，中华书局，1975年。
（唐）李延寿：《北史》，中华书局，1974年。
（后晋）刘昫：《旧唐书》，中华书局，1975年。
（北宋）欧阳修等：《新唐书》，中华书局，1975年。
（北宋）司马光：《资治通鉴》，中华书局，1956年。
（晋）常璩著，任乃强校注：《华阳国志校补图注》，上海古籍出版社，1987年。
（晋）王隐撰，（清）毕沅集：《晋书地道记》，《丛书集成初编》本。
（南朝宋）刘义庆著，（南朝梁）刘孝标注，余嘉锡笺疏：《世说新语笺疏》，中华书局，1983年。
（南朝梁）释僧祐：《出三藏记集》，中华书局，1995年。

（南朝梁）梁释慧皎：《高僧传》，中华书局，1992年。
（南朝梁）萧统编，（唐）李善注：《文选》，中华书局，1977年。
（北魏）杨衒之著，杨勇校笺：《洛阳伽蓝记校笺》，中华书局，2006年。
（北魏）郦道元著，王国维校：《水经注校》，上海人民出版社，1984年。
（北魏）郦道元著，陈桥驿校证：《水经注校证》，中华书局，2007年。
（北魏）崔鸿：《十六国春秋》，明兰晖堂刻本。
（唐）李泰等著，贺次君辑校：《括地志辑校》，中华书局，1980年。
（唐）欧阳询：《艺文类聚》，上海古籍出版社，1982年。
（唐）徐坚：《初学记》，中华书局，1962年。
（唐）虞世南：《北堂书钞》，天津古籍出版社，1988年。
（唐）李吉甫：《元和郡县图志》，中华书局，1983年。
（唐）杜佑：《通典》，中华书局，1988年。
（北宋）乐史：《太平寰宇记》，中华书局，2007年。
（北宋）李昉等：《太平御览》，中华书局，1960年。
（北宋）吴淑：《事类赋》，中华书局，1989年。
（北宋）宋敏求：《长安志》，中华书局，1991年。
（北宋）税安礼：《历代地理指掌图》，上海古籍出版社，1989年。
（南宋）王象之：《舆地纪胜》，中华书局，1992年。
（南宋）郑樵：《通志》，中华书局，1987年。
（南宋）李焘：《六朝通鉴博议》，南京出版社，2007年。
（南宋）张敦颐：《六朝事迹类编》，南京出版社，2007年。
（南宋）王应麟：《通鉴地理通释》，中华书局，2013年。
（南宋）王应麟：《玉海》，江苏古籍出版社，1987年。
（清）顾炎武著，黄汝成集释：《日知录集释》，上海古籍出版社，2006年。
（清）顾炎武：《天下郡国利病书》，上海古籍出版社，2012年。
（清）顾炎武：《历代宅京记》，中华书局，1984年。
（清）顾祖禹：《读史方舆纪要》，中华书局，2005年。
（清）钱大昕：《廿二史考异》，上海古籍出版社，2004年。
（清）钱大昕：《十驾斋养新录》，江苏古籍出版社，2000年。
（清）王鸣盛：《十七史商榷》，上海书店出版社，2005年。
（清）赵翼著，王树民校证：《廿二史札记校证》，中华书局，1984年。
（清）徐松辑：《河南志》，中华书局，1994年。
（清）王谟辑：《汉唐地理书钞》，中华书局，1961年。

（清）汤球：《十六国春秋辑补》，《丛书集成初编》本。
（清）汤球：《三十国春秋辑本》，《丛书集成初编》本。
罗振玉编纂：《鸣沙石室佚书正续编》，北京图书馆出版社，2004年。
武汉大学历史系等编：《吐鲁番出土文书（第一册）》，文物出版社，1981年。
王仲荦：《敦煌石室地志残卷考释》，中华书局，2007年。
郑炳林校注：《敦煌地理文书汇辑校注》，甘肃教育出版社，1989年。
刘纬毅：《汉唐方志辑佚》，北京图书馆出版社，1997年。
赵超：《汉魏南北朝墓志汇编》，天津古籍出版社，2008年。
罗新、叶炜：《新出魏晋南北朝墓志疏证》，中华书局，2005年。
孟宪实主编：《新获吐鲁番出土文献》，中华书局，2008年。

二、考证、补注、表谱类研究及历史地图

（清）徐文范：《东晋南北朝舆地表》，《二十五史补编》本。
（清）毕沅：《晋书地理志新补正》，《二十五史补编》本。
（清）方恺：《新校晋书地理志》，《二十五史补编》本。
（清）马与龙：《晋书地理志注》，《二十四史订补》本。
（清）洪亮吉：《东晋疆域志》，《二十五史补编》本。
（清）洪亮吉：《十六国疆域志》，《二十五史补编》本。
（清）周济：《晋略州郡表》，中华书局，1928—1933年。
（清）洪亮吉撰，谢钟英补注：《补三国疆域志补注》，《二十五史补编》本。
（清）吴增仅撰，杨守敬补正：《三国郡县表附考证》，《二十五史补编》本。
（清）谢钟英：《三国疆域表》，《二十五史补编》本。
（清）温曰鉴：《魏书地形志校录》，《二十五史补编》本。
（清）胡孔福：《南北朝侨置州郡考》，《二十四史订补》本。
［日］重野安绎、河田羆：《支那疆域沿革图》，东京富山房发行，1896年。
杨守敬：《历代舆地沿革图》，联经出版事业公司1981年影印本。
张鹏一：《苻秦疆域志补正》，在山草堂1919年铅印本。
金兆丰：《校补三国疆域志》，商务印书馆，1935年。
贺次君：《西晋以下北方官族地望表》，《禹贡》第53卷第5期，1935年。
余逊：《汉魏晋北朝东北诸郡沿革表》，《中央研究院历史语言研究所集刊》第六本，1936年。
劳榦：《北魏州郡志略》，《中央研究院历史语言研究所集刊》第三十二本，

1961年。

顾颉刚、章巽编：《中国历史地图集·古代史部分》，地图出版社，1955年。

郭沫若主编：《中国史稿地图集》，地图出版社，1979年。

程光裕、徐圣谟主编：《中国历史地图》，台北：中国文化大学出版部，1980年。

王仲荦：《北周地理志》，中华书局，1980年。

谭其骧主编：《中国历史地图集》，中国地图出版社，1982年。

国家文物局主编：《中国文物地图集·河南分册》，中国地图出版社，1991年；《中国文物地图集·陕西分册》，西安地图出版社，1998年；《中国文物地图集·湖北分册》，西安地图出版社，2002年；《中国文物地图集·内蒙古自治区分册》，西安地图出版社，2003年；《中国文物地图集·山西分册》，中国地图出版社，2006年；《中国文物地图集·山东分册》，中国地图出版社，2007年；《中国文物地图集·北京分册》，中国地图出版社，2008年；《中国文物地图集·江苏分册》，中国地图出版社，2008年；《中国文物地图集·四川分册》，文物出版社，2009年；《中国文物地图集·重庆分册》，文物出版社，2010年；《中国文物地图集·甘肃分册》，测绘出版社2010年。

谭其骧主编：《清人文集地理类汇编》，浙江人民出版社，1986年。

胡阿祥：《宋书州郡志汇释》，安徽教育出版社，2006年。

施和金：《北齐地理志》，中华书局，2008年。

孔祥军：《晋书地理志校注》，新世界出版社，2012年。

三、相关研究著作及论文集

顾颉刚、史念海：《中国疆域沿革史》，商务印书馆，1938年。

夏威：《中国疆域拓展史》，文化供应社印行，1941年。

童书业：《中国疆域沿革略》，上海开明书店，1946年。

张维：《仇池国志》，甘肃银行印刷厂承印，1949年。

姚薇元：《北朝胡姓考》，科学出版社，1958年。

金发根：《永嘉乱后北方的豪族》，台湾商务印书馆，1964年。

侯仁之：《历史地理学的理论与实践》，上海人民出版社，1979年。

冀朝鼎著，朱诗鳌译：《中国历史上的基本经济区与水利事业的发展》，中国社会科学出版社，1981年。

吕思勉：《两晋南北朝史》，上海古籍出版社，1983年。

杨伟立：《成汉国史》，重庆出版社，1983年。
马长寿：《碑铭所见前秦至隋初的关中部族》，中华书局，1985年。
林幹：《匈奴通史》，人民出版社，1986年。
李祖桓：《仇池国志》，书目文献出版社，1986年。
万绳楠整理：《陈寅恪魏晋南北朝史讲演录》，黄山书社，1987年。
谭其骧：《长水集》，人民出版社，1987年。
方国瑜：《中国西南历史地理考释》，中华书局，1987年。
黄烈：《中国古代民族史研究》，人民出版社，1987年。
尤中：《中国西南边疆变迁史》，云南教育出版社，1987年。
吕春盛：《北齐政治史研究——北齐衰亡原因之考察》，台湾大学出版委员会，1987年。
胡志佳：《两晋时期西南地区与中央之关系》，台湾商务印书馆，1988年。
孙进己、冯永谦主编：《东北历史地理》（第二卷），黑龙江人民出版社，1989年。
复旦大学中国历史地理研究所编：《历史地理研究》（第二辑），复旦大学出版社，1990年。
严耀中：《北魏前期政治制度》，吉林教育出版社1990年。
史念海：《河山集·四集》，陕西师范大学出版社，1991年。
［日］前田正名著，陈俊谋译：《河西历史地理研究》，中国藏学出版社，1993年。
蒋福亚：《前秦史》，北京师范学院出版社，1993年。
［日］前田正名著，李凭、孙耀、孙蕾译：《平城历史地理学研究》，书目文献出版社，1994年。
刘宏煊：《中国疆域史》，武汉出版社，1995年。
白翠琴：《魏晋南北朝民族史》，四川民族出版社，1996年。
周一良：《魏晋南北朝史论集》，北京大学出版社，1997年。
葛剑雄：《中国历代疆域的变迁》，商务印书馆，1997年。
史念海：《中国古都和文化》，中华书局，1998年。
王素：《高昌史稿·统治编》，文物出版社，1998年。
史念海：《河山集·七集》，陕西师范大学出版社，1999年。
唐长孺：《魏晋南北朝史论丛及续编》，河北教育出版社，2000年。
李凭：《北魏平城时代》，社会科学文献出版社，2000年。
刘学铫：《五胡史论》，南天书局，2001年。

汪波:《魏晋北朝并州地区研究》,人民出版社,2001年。

吕春盛:《陈朝的政治结构与族群问题》,台北:稻乡出版社,2001年。

吕春盛:《关陇集团的权力结构演变——西魏北周政治史研究》,台北:稻乡出版社,2002年。

陈寅恪:《隋唐制度渊源略论稿(外二种)》,河北教育出版社,2002年。

毛汉光:《中国中古政治史论》,上海书店出版社,2002年。

[日]三崎良章:《五胡十六国:中国史上の民族大移動》,東方書店,2002年。

任乃强,任建新:《四川郡县沿革图说》,四川地图出版社,2002年。

李文才:《南北朝时期益梁政区研究》,商务印书馆,2002年。

田余庆:《拓拔史探》,三联书店2003年。

张继昊:《从拓跋到北魏——北魏王朝创建历史的考察》,台北:稻乡出版社,2003年。

[日]谷川道雄著,李济沧译:《隋唐帝国形成史论》,上海古籍出版2004年。

田余庆:《东晋门阀政治》,北京大学出版社,2005年。

周振鹤:《中国地方行政制度史》,上海人民出版社,2005年。

胡阿祥:《六朝疆域与政区研究》,学苑出版社,2005年。

陈金凤:《魏晋南北朝中间地带研究》,天津古籍出版社,2005年。

[日]三崎良章:《五胡十六国の基礎的研究》,汲古書院,2006年。

马长寿:《乌桓与鲜卑》,广西师范大学出版社,2006年。

马长寿:《氐与羌》,广西师范大学出版社,2006年。

周伟洲:《汉赵国史》,广西师范大学出版社,2006年。

周伟洲:《南凉与西秦》,广西师范大学出版社,2006年。

周伟洲:《吐谷浑史》,广西师范大学出版社,2006年。

张敏:《生态史学视野下的十六国北魏兴衰》,湖北人民出版社,2006年。

劳榦:《古代中国的历史与文化》,中华书局,2006年。

王伊同:《王伊同学术论文集》,中华书局,2006年。

周一良:《魏晋南北朝史札记》,中华书局,2007年。

严耕望:《中国地方行政制度史(魏晋南北朝地方行政制度)》,上海古籍出版社,2007年。

林荣贵主编:《中国古代疆域史》,黑龙江教育出版社,2007年。

胡阿祥主编:《兵家必争之地:中国历史军事地理要览》,海南出版社,

2007年。

林幹:《匈奴史》,内蒙古人民出版社,2007年。

林幹:《东胡史》,内蒙古人民出版社,2007年。

胡阿祥:《东晋南朝侨州郡县与侨流人口研究》,江苏教育出版社,2008年。

葛剑雄:《统一与分裂:中国历史的启示》,中华书局,2008年。

王蕊:《魏晋十六国青徐兖地域政局研究》,齐鲁书社,2008年。

周振鹤:《中国行政区划通史·总论》,复旦大学出版社,2009年。

陈勇:《汉赵史论稿》,商务印书馆,2009年。

中国魏晋南北朝史学会等编:《魏晋南北朝史研究(回顾与探索)》,湖北教育出版社,2009年。

贾小军:《魏晋十六国河西史稿》,天津古籍出版社,2009年。

王明珂:《英雄祖先与弟兄民族:根基历史的文本与情境》,中华书局,2009年。

汤勤福:《半甲集》,上海三联书店,2010年。

陈琳国:《中古北方民族史探》,商务印书馆,2010年。

何德章:《魏晋南北朝史丛稿》,商务印书馆,2010年。

牟发松:《汉唐历史变迁中的社会与国家》,上海人民出版社,2011年。

李晓杰:《疆域与政区》,江苏人民出版社,2011年。

四、主要学术论文

于鹤年:《河北省十六国时代郡县考略》,《女子师范学院期刊》1933第1期。

张树棻、李维堂:《十六国都邑考》,《禹贡》1935年第3期。

冯家昇:《慕容氏建国始末》,《禹贡》1935年第8期。

Hartshorne, Richard. The Function Approach in Political Goegraphy, *Annals of the Association of American Geographers*, Vol. 40, 1950.

竺可桢:《中国近五千年来气候变迁的初步研究》,《气象科技》1973年第1期。

[日]前田正名:《三—五世纪における太行山脉东麓の地域构造に关する论考—住民构造を通じて—》,《立正大学教养部纪要10》,1976年。

唐长孺:《从吐鲁番出土文书中所见的高昌郡县行政制度》,《文物》1978年第6期。

［日］关尾史郎：《南凉政権(三九七—四一四)と徙民政策》,《史学雑誌》1980年第1期。

［日］前田正名：《前凉国の境域について》,《駒沢大学文学部研究紀39》,1981年。

邱敏：《慕容皝迁都龙城年代考异》,《徐州师范学院学报》(哲学社会科学版)1981年第4期。

唐长孺：《高昌郡纪年》,《魏晋南北朝隋唐史资料》第三辑,1981年。

唐长孺：《吐鲁番文书中所见的高昌郡军事制度》,《社会科学战线》1982年第3期。

杨耀坤：《咸安二年苻坚未陷仇池辨》,《文史》第16辑,1982年。

周伟洲：《魏晋十六国时期鲜卑族向西北地区的迁徙及其分布》,《民族研究》1983年第5期。

牟发松：《十六国时期地方行政机构的军镇化》,《晋阳学刊》1985年第6期。

弓因：《慕容儁称帝建都何处》,《社会科学辑刊》1986年第1期。

张国庆：《慕容皝迁都龙城的前因及目的》,《辽宁大学学报》(哲学社会科学版)1988年第1期。

郑炳林：《仇池二十部护军镇考》,《西北民族研究》1991年第2期。

心雨：《十六国汉政权左右司隶户数考》,《中国历史地理论丛》1991年第3辑。

宓达：《十六国时期后燕未曾设过豫州》,《中国历史地理论丛》1991年第4辑。

苏润千：《十六国时期二刘疆土的轮廓》,《中国历史地理论丛》1991年第4辑。

沧洲：《后燕慕容垂的疆土无洛阳》,《中国历史地理论丛》1992年第3辑。

沧洲：《十六国时成国的梁州先治于晋寿,后移于涪》,《中国历史地理论丛》1992年第3辑。

高敏：《十六国时期前秦、后秦时期的"护军"制》,《中国史研究》1992年第2期。

郑炳林：《前凉行政区划初探(凉州)》,《敦煌学辑刊》1993年第1期。

郑炳林：《前凉行政区划初探(河州沙州)》,《敦煌学辑刊》1993年第2期。

［日］三崎良章：《五胡十六国与护羌校尉》,《文史哲》1993年第3期。

［韩］朴汉济：《西魏北周时代胡姓再行与胡汉体制》,《文史哲》1993年第

3期。

龚元建：《五凉护军考述》，《敦煌学辑刊》1994年第1期。

郑炳林：《西秦赤水、强川、甘松地望考》，《西北民族学苑学报》（哲学社会科学版）1994年第3期。

张金龙：《十六国"地方"护军制度补正》，《西北史地》1994年第4期。

吴宏岐：《后秦"岭北"考》，《中国历史地理论丛》1995年第2辑。

肖迎：《成汉统治期间在西南民族地区设置的郡县》，《思想战线》1995年第5期。

崔向东、艾涛：《前、后秦"京兆郡"辨正》，《中国历史地理论丛》1996年第1辑。

高敏：《十六国时期的军镇制度》，《史学月刊》1998年第1期。

［韩］朴汉济：《北魏洛阳与胡汉体制》，《中原文物》1998年第4期。

周振鹤：《建构中国历史政治地理学的设想》，《历史地理》第15辑，1999年。

胡阿祥：《六朝疆域与政区的演变及其经验教训》，《江苏行政学院学报》2001年第3期。

侯甬坚：《十六国北朝"岭北"地名溯源》，《中国历史地理论丛》2001年第1辑。

胡阿祥：《六朝疆域与政区述论》，《南京理工大学学报》（社会科学版）2003年第1期。

孙进己：《我国历史上疆域形成、变迁的理论研究》，《中南民族大学学报》（人文社会科学版）2003年第2期。

周振鹤：《中国历史上两种基本政治地理格局的分析》，《历史地理》第20辑，2004年。

陈喜波、韩光辉：《统万城名称考释》，《中国历史地理论丛》2004年第3辑。

张晓稳：《近百年来魏晋至隋地方行政制度研究概况》，《中国史研究动态》2004年第11期。

吴洪琳：《试论十六国时期契吴山的地理位置》，《中国历史地理论丛》2005年第1期。

吴洪琳：《十六国时期"岭北"考》，《陕西师范大学学报》（哲学社会科学版）2006年第5期。

孙宏年：《中国疆域理论的发展历程》，《中国社会科学院院报》2006年4

月4日。

周伟洲：《十六国夏国新建城邑考》，《长安史学》第3辑，2007年。

孔祥军：《〈晋书·地理志〉断代考》，《书品》2007年第3期。

仇鹿鸣：《侨郡改置与前燕政权中的胡汉关系》，《中国历史地理论丛》2007年第4辑。

胡阿祥：《东晋十六国南北朝之疆域及其分析》，《南京晓庄学院学报》2009年第4期。

刘清涛：《60年来中国历史疆域问题研究》，《中国边疆史地研究》2009年第3期。

高然：《十六国前燕疆域、政区考》，《中国历史地理论丛》2014年第3辑。

李万生：《记两晋南北朝之华山郡》，载《田余庆先生九十华诞颂寿论文集》，中华书局，2014年。

五、主要学位论文

罗新：《十六国时期中国北方的民族形势与社会整合》，北京大学博士学位论文，1995年。

李椿浩：《十六国政权政治体制研究》，北京师范大学博士学位论文，2001年。

毋有江：《北魏政区地理研究》，复旦大学博士学位论文，2005年。

孔祥军：《三国政区地理研究》，南京大学博士学位论文，2007年。

史霖：《十六国时期汉赵国疆域政区变迁》，复旦大学硕士学位论文，2010年。

郭雁鹏：《十六国时期后赵国疆域政区研究》，复旦大学硕士学位论文，2011年。

陈学伟：《十六国北朝侨州郡县研究》，山西大学硕士学位论文，2011年。

图书在版编目(CIP)数据

中国行政区划通史·十六国北朝卷/周振鹤主编;牟发松,毋有江,魏俊杰著. —2版. —上海:复旦大学出版社,2017.9(2025.2重印)
ISBN 978-7-309-12968-7

Ⅰ. 中… Ⅱ.①周…②牟…③毋…④魏… Ⅲ.①政区沿革-历史-中国
②政区沿革-历史-中国-十六国时期 ③政区沿革-历史-中国-北朝时代 Ⅳ.K928.2

中国版本图书馆CIP数据核字(2017)第103609号

中国行政区划通史·十六国北朝卷(第二版)
周振鹤　主编　牟发松　毋有江　魏俊杰　著
责任编辑/史立丽

复旦大学出版社有限公司出版发行
上海市国权路579号　邮编:200433
网址: fupnet@fudanpress.com　http://www.fudanpress.com
门市零售:86-21-65102580　团体订购:86-21-65104505
出版部电话:86-21-65642845
浙江新华数码印务有限公司

开本 787 毫米×1092 毫米　1/16　印张 86.5　字数 1432 千字
2025年2月第2版第3次印刷

ISBN 978-7-309-12968-7/K·613
定价:220.00元

如有印装质量问题,请向复旦大学出版社有限公司出版部调换。
版权所有　侵权必究